U0876659

中国神话：文化母题（W6）数据目录

中国神话数据库建设关键词索引

A Motif Catalogue of China's Mythical Culture

（3-1）

王宪昭　著

中国社会科学出版社

图书在版编目（CIP）数据

中国神话：文化母题（W6）数据目录：中国神话数据库建设关键词索引：全三册／王宪昭著．—北京：中国社会科学出版社，2023.9

ISBN 978 – 7 – 5227 – 2034 – 0

Ⅰ.①中…　Ⅱ.①王…　Ⅲ.①神话—数据库—资源建设—关键词索引—中国　Ⅳ.①B932.2

中国国家版本馆 CIP 数据核字（2023）第 106601 号

出 版 人　赵剑英
责任编辑　史慕鸿　吴丽平
责任校对　王　京
责任印制　戴　宽

出　　版　中国社会科学出版社
社　　址　北京鼓楼西大街甲 158 号
邮　　编　100720
网　　址　http://www.csspw.cn
发 行 部　010 – 84083685
门 市 部　010 – 84029450
经　　销　新华书店及其他书店

印刷装订　北京君升印刷有限公司
版　　次　2023 年 9 月第 1 版
印　　次　2023 年 9 月第 1 次印刷

开　　本　787 × 1092　1/16
印　　张　174.75
字　　数　3713 千字
定　　价　1099.00 元（全三册）

凡购买中国社会科学出版社图书，如有质量问题请与本社营销中心联系调换
电话：010 – 84083683
版权所有　侵权必究

总 目 录

3 – 1
【W6000 ~ W6449】

3－2
【W6450～W6699】

3 - 3

【W6700 ~ W6999】

说　明

中国各民族神话是中华民族传统文化的记忆与表述。本书数据目录以神话母题的形式将中华文化划分为 58712 个可检索元数据，“文化”类型在数据代码中用“W6”表示，据此建构中国各民族神话数据的关联性渠道，进而形成神话人物、神话事件、神话属性等多类型相互关联的神话专题数据库检索体系。

一　概说

1. 本书描述

本目录通过对中国各民族神话中“与生产有关的文化”“与生活有关的文化”“图腾与崇拜”“民间文化”“习俗（风俗）”“语言文字（文学）”“姓氏与命名”以及“其他常见的文化现象”等多种文化的产生与特征的母题系统编码和实例展示，旨在帮助人文社科研究者或中华文化欣赏者宏观了解中国各民族神话中对文化起源与特征的多角度阐释，借此发现其中的文化共性及文化创作规律。书中的每一个文化类型又可细分为相应文化的起源、特征、传承等情形，基本母题层级为 6 级母题。

2. 适用范围

本目录适用于中国文化研究、中国神话研究、中国传说研究、中国故事研究、母题学研究、文学研究、民俗学研究以及数据库建设中的有关问题。

3. 使用价值

神话是人类漫长的发展历程中积淀出的不可再生的文化遗产，也是人类历史文化信息的重要载体，通过文化母题（W6）数据目录可以对这一类型进行深入细致的研究。

（1）有利于中国传统文化研究。“母题”作为传统文化的分析元素，一方面有其自身所具有的典型含义，另一方面也具有结构功能的相对稳定性。在研究过程中把“母题”作为中国传统叙事的基本分析单位，即从作品基本元素或叙事单元入手进行梳理识别，可以对中华优秀传统文化作出全面系统的考察与分析。

（2）有利于中国神话的系统性研究。本目录对进一步梳理中华传统文化的内容与体系具有重要的作用。通过目录中预设的各类母题，可以从不同角度建构出中华文化叙事体系，进而寻找相应叙事的逻辑规则。

（3）有利于神话的类型学分析。针对类型学方面分析而言，母题的提取与表述表象上看带有随意性，但其本质却体现出神话包括叙事文学内在的类型结构。通过本目录的总体体例设计，阅读者可以进一步探讨该神话叙事中的母题组合规律，同时对进一步了解和批评 AT 民间文学分类、艾伯华中国民间故事类型、丁乃通中国民间故事类型乃至 ATU 民间故事分类都将起到重要的鉴别作用。

（4）有利于深入解析神话的叙事结构。本目录表明，众多母题可以组合成不同的叙事类型，即具有普遍性分析意义的“叙事结构模型”，依据这些模型，理论上可以对任何一篇神话进行量化分析、定性分析或比较研究。如①链条式叙事结构；②发散式叙事结构；③嵌入式叙事结构；④平行式叙事结构；⑤复合式叙事结构；⑥其他形式叙事结构模型，等等。

（5）有利于中国神话数据库建设。目前，信息传媒与网络新技术的迅猛发展促使社会科学研究方法的根本性变革，在神话数据的梳理与神话数据的检索方面，系统的母题目录可以作为最直接的知识来源与学术方法支持。

4. 其他

与本目录对应的数据源为“中国各民族神话母题数据集成”，包括所列举的母题以及相对应实例的原文本摘要、流传地区、详细出处等信息。

二　母题数据的查找

为帮助读者迅速查找所需要的母题，需要说明如下两个方面。

1. 本目录的主要构成

本目录正文为“母题编目图表”，包括中国神话中有关文化母题的“W 编码”“母题描述”和“关联项”三个方面。

（1）“母题描述”的基本层级为 6 个层级，不同层级采用小数点标示方法。

（2）“参照项”包括与“W6 母题”相对应的汤普森《世界民间文学母题索引》[①] 中的“汤普森母题编码”、母题实例流传的民族、W 母题其他类型中与之相联系的母题编码及描述。

2. 查找母题的方法

本目录为方便使用者检索母题，共设置了 4 种检索方式：

（1）通过本目录的“总目”，可以了解全书基本母题类型及结构。

（2）通过“基本母题检索目录”，可以查阅到本目录第一层级或相当于基本母题的所有以自然数为代码的母题。

（3）通过正文“关联项”中的“【汤普森】”项，可以将 W6 母题与汤普森《世界民间文学母题索引》中的世界民间叙事母题进行关联。

（4）通过“关联项”中的“民族”与其他各项，可以发现该母题流传的民族以及其他相关母题。

使用者可以根据研究需要，选择使用相应的检索方式。

三　母题目录的特点

文化母题（W6）数据目录主要基于作者对中国各民族 36000 余篇神话文本及相关叙事文类的分析，这些母题在中国传统文化的叙事中具有较强的涵盖性，能够基本上满足分析任何一篇神话以及与文化有关的其他文类。

1. 母题目录具有包容性

本目录关注神话母题共性与个性的有机结合，无论是母题编码还是表述，均讲求最大程度的包容性，以有益于神话研究者和爱好者各取所需。

2. 母题编目的开放性

本目录是一个开放性的母题体系。虽然针对神话、传说甚至故事等叙事文学中关涉中华文化母题进行了系统性编排，但这个体系不是封闭的，可以实现进一步的修补和完善。本目录在母题编码过程中以开放式为前提，为今后母题的增加保留了空间。每一位使用者或研究者可以根据自己的经验判断将新发现的母题增加到合适

---

① Stith Thompson, *Motif-index of Folk-literature: A Classification of Narrative Elements in Folktales, Ballads, Myths, Fables, Mediaeval Romances, Exempla, Fabliaux, Jestbooks, and Local Legends* (V1 -6), Bloomington, Indiana Universty Press, 1989.

的位置，以便使中国文化母题变得更为丰富合理。

3. 母题设定的个性化

由于母题产生的背景和母题分析在不同的研究者那里存在很大差异，在母题的选择与使用方面也会有很大的差别。本目录虽然在母题提取方法上带有个人经验或主观因素，而在具体表述与展示特定的母题时，尽可能以神话文本或相关资源的客观表述为依据。

四　母题目录资料来源

鉴于有关文化描述的母题会发生在各种文类中，故神话母题析出的文本并不完全局限于它是不是一个真正的“神话文本”“传说文本”或“故事文本”。本目录涉及的资料主要来源如下：

（1）公开出版的民间文学类丛书。如中国民间文学集成全国编辑委员会编《中国民间故事集成》（中国 ISBN 中心出版，各省卷本）。

（2）神话作品结集或集成类出版物。如陶阳、钟秀编《中国神话》（商务印书馆 2008 年版）。

（3）与神话有关的工具书。如吕大吉、何耀华主编《中国各民族原始宗教资料集成》（中国社会科学出版社，分民族卷本）。

（4）与神话有关的学术著作。如马昌仪编《中国神话学文论选萃》（中国广播电视台出版社 1994 年版）。

（5）中国少数民族文学史。如马学良、梁庭望、张公瑾主编《中国少数民族文学史》（中央民族大学出版社 2001 年版）。

（6）未公开出版地方性出版物。如各省（市、州、县、区）三套集成办公室或领导小组收集整理的《中国民间故事集成》（县、市、区卷本）。

（7）学术期刊、报纸。如《民族文学研究》《山茶》。

（8）个人田野调研搜集的神话相关材料。包括本人于 20 世纪 80 年代末开始在民族地区采集的各类素材。

（9）网络资料。如中国知网、中国少数民族文学网。

（10）其他介质中的神话母题素材。

五　目录生成方法

本目录列举的文化母题（W6）数据目录只是常见的典型母题，属于神话数据库建设中的结构模型，并非完全归纳。

1. 母题提取方法

在母题选择、提取与生成中，主要运用直观—演绎法。母题提取过程中的“直观”不是感性经验意义上的直观而是理性直观，主要是从神话文本的复杂现象中通过知识经验抽取出具有符号性的叙事元素，同时还需要通过设定的母题进一步推论演绎出其他一系列母题。

2. 目录生成方法

先从复杂神话文本中分析出最简单母题项，然后对若干母题进行类型归纳，进而确立各类型母题之间的逻辑关系。神话母题的演绎推论中涉及的母题顺序是先验的，这种“先验”会努力考虑到各类型母题特别是同一类型母题间的环环相扣和因果关系。

从母题文本研究与最终形成母题目录是一个复杂而艰辛的过程。一方面要准确记忆与反复论证，另一方面要积极应用现代技术手段。整个过程大致可以分解为以下几个相互交织的阶段：

（1）采集神话或相关文本。包括古代文献文本与田野调查采录整理的文本。

（2）文本数字化。借助计算机技术将神话文本转化为便于检索与摘录的电子文本，在计算机上形成专题性质的神话文本数据库。

（3）提取核心母题或基础性母题。在神话文本阅读基础上，以文本的主题为导向首先选择一定数量的重点母题，作为母题类型的基础。

（4）利用数理方法建构母题体系。如利用微积分、拓扑学知识对母题排列进行预测，利用统计学方法对特定类型母题出现概率进行统计等。

（5）将中国神话母题与斯蒂·汤普森《民间文学母题索引》对照。通过对照，对已产生的母题查遗补缺，调整或修正母题类型与母题描述。

（6）母题顺序编排。使用“Microsoft Excel 工作表”对各类型已有的母题进行自然排序与编码，同时通过观察与分析对母题编码进一步修正与调整。

（7）目录格式转化。将“Microsoft Excel 工作表”转化为便于操作的“word 文档”格式。在“word 文档”格式下，每一个大类下面的母题按照一定的逻辑关系进行若干个层级的划分，同时对一些关联项做出必要的标记，以免某些母题在不同的类型中反复出现或重复编码。

（8）母题目录呈现。通过设置计算机模块检索改进母题类型编排与表述，注重母题呈现的规范性、系统性、直观性和科学性。

（9）母题增补。根据神话文本及相关神话资源采集阅读数量的扩大，发现提炼新母题并对原母题目录进行动态性增补。

六　母题目录的表述与编排

本目录作为中国神话研究带有通约性质的学术成果和工具书，在体例编排方面采用国际通行的数表形式，力求简便易行，适合广大读者和研究者快速检索。

1. 母题目录表述规则

为展现数据目录的逻辑性、直观性、检索便捷性以及便于对照，本目录在形式上采取了表格与注释相结合的表述方式。

2. 母题目录表述构成

（1）目录宏观编排结构。母题编目的主体由“类型说明”“母题图表”和“注释”三个部分构成。

（2）具体母题表述。一个具体母题一般包括“W6 编码”“母题描述”“关联项”与“注释”四个部分。各部分均表达与该母题相关的信息。

3. 母题表述方法

神话母题由小到大可以划分为名称性母题、情景母题和情节母题三种情形，尽管许多母题很难使用同一种句式结构程式进行概括，本目录在尽可能避免因文害意的前提下，照顾到如下几个方面的通约性。

（1）母题一般为一个名词、名词性词组或名词性短语。

（2）同类母题表述为名词性词组时，采用相同的语法结构。

（3）同类母题表述为名词性短语时，尽量采用主谓语法结构，保持所有母题表述的一致性。

4. 神话母题的编排

文化母题编排规则与《中国神话母题 W 编目》的母题编排规则一致。主要表现在四个方面：

（1）具有时间维度的母题，按时间顺序排列。

（2）具有空间维度的母题，按空间顺序排列。

（3）具有叙事逻辑关系的母题，按叙事逻辑关系排列。

（4）具有其他叙事逻辑关系的母题，按相应逻辑规则排列。

需要说明的是，任何一种规则所引导的顺序设定，都会遇到特定语境的限制，有时还会受到编目者自身局限性的影响。因此，这种情况在神话母题编码中有时会根据实际需要作出相应调整，以更符合母题编排的认知规律。

在文化母题这个类型中，母题目录的排列注重叙事内在的逻辑关系。如“文字”类神话母题的编排，其所包含的母题一般可以包括如下相关联的内容：

①文字的产生

②文字的特征

③文字的载体

④文字的书写

⑤文字的类型

⑥文字的发展演变

⑦文字的消失

⑧与文字有关的其他母题

其中，“文字的产生”又可以分为下一级母题，如“文字产生的原因”“文字源于某个地方”“文字是创造的（文字是发明的）”“文字源于某种痕迹”“文字源于生育（文字是生出来的）”“文字产生的其他方式”等。这类情形又可以依次逐级细分。

上述表述程式对于形成母题目录的体系规范具有重要作用。

5. 母题编码编排中其他问题

（1）编码空号现象。在母题编码中，根据实际情况或因为母题调整，会出现极少数母题的空号。

（2）关联项与脚注。一些不便于在表格中呈现的其他内容，在本页采用了“关联项”与页码“脚注”的形式。其中，关于民族排序采用民族汉语名称的音序排序法。

（3）增补新母题编码的编排。新增母题代码置入的具体方法如下：

①使用原来的 W6 编目中预留的编码。

②在原编目的并列母题的母题代码后加“a、b、c……”。

③在原编目的逻辑关系母题的母题代码之前加“.0”或之后加小数点。

七　本目录与汤普森母题索引对比

文化母题（W6）数据目录的全部母题，与目前国际通行的汤普森“民间文学母题索引”中的民间文学母题索引中的神话母题和相关非神话母题做出一一对照，并在目录表中对应列出，使用者据此可以进行中外创世神话母题的比较。

1. 汤普森制定的母题类型

参见斯蒂·汤普森《民间文学母题索引》中的神话母题类型及相关类型。

2. 本目录对汤普森母题索引的改进

本母题目录并没有采用汤普森母题索引的母题类型代码与母题编码，并对汤普森索引中的母题做出如下几个方面的修正与改进。

（1）增加神话母题数量。根据中国各民族神话母题的实际情况，增加了大量的符合中国神话特点的母题，并作出相对概括的母题描述和数字代码。

（2）合理界定神话母题范围。根据民间文学叙事与母题分析的需要，将汤普森索引中一些母题类型作了调整。

（3）调整汤普森民间文学母题排序。通过对“母题”识别、类型结构的系统建构等建立新的排序，进一步增强了中国神话母题间的时空逻辑性和形式逻辑性。

八 创新与局限

1. W6 母题系列数据的创新之处

（1）W6 母题系列数据目录及实例索引，是国内外第一部系统的有关中国神话中文化母题的描述、编码与检索。

（2）本数据目录正文的表述采取了直观的图表形式。不同层次的母题序列能展示出各类母题的层级关系，增强了母题外在表现形式的逻辑性和系统性。

（3）本母题系列设置了与汤普森全部民间文学母题对照项，便于国与国间叙事文学的关联性研究。

（4）本数据目录图表对一些母题附加了注释，丰富了母题的内涵与外延。

（5）W6 母题系列的所有母题均为本项目对中国各民族民间文学作品的提取和归纳。

2. 母题编目的局限

（1）各类母题采集过程中，涉及文本复杂。由于我国民族成分自身的多样性，一个民族之中可能流传一些截然不同的观念或母题，或者由于神话等作品搜集时间、采录背景、翻译等方面的原因，有时对每种图书观点的可信度进行鉴定比较困难，对此，作者采取了客观辑录的方式。有些母题可能不会准确地反映一个民族的神话传说或故事母题传承的主流，这类情况将根据信息反馈及时更正。

（2）中国各民族民间文学非常丰富，情形非常复杂，本编目建立在作者个人采集资料积累基础上，在母题提取、表述及结构编排方面主要依赖于个人主观理解，难免有一些不完善之处。

（3）本编目尽管容纳了数以万计的母题，但有些层级母题的列举只能是有选择的例证，难以完全归纳。对此本编目设定了相应的开放式表述结构，读者可以据此进行必要的修订或增补。

九　其他说明

1. 一些看似非母题的叙事列入母题

如古井贡酒等某某酒类，龙井茶等某某茶类，赵州桥等某某桥类，以及生产生活中的一些看似比较现代的用品作为母题列举出来，因为任何文化产品只有融于生产生活才会体现价值，有时一些看似现代的东西，与神话思维及传统文化叙事却藕断丝连，作者与受众有时也会悄悄达成创作与接受的默契，这种做法某种程度上体现出神话母题的创新性发展，值得关注和研究。

2. 不同类型母题数量不均衡

对于每一类母题的采集与细分而言，都可能数量巨大或无限，本项目只是根据采集到的材料采集、梳理与实际分析情况，选取一些可供检索的母题。

3. 编号有时不合逻辑

从母题数据体系的建构原则讲，各个层次的母题编码完全符合逻辑是再好不过的事情了。如每一个神话人物的母题编排都高度程式化，每一个情节母题的描述都达到恰如其分的规范。事实上，这样追求完美主义只会给正常工作进展添乱。编码只是形式，而许多个性化母题描述的本身才是需要关注的重点。原因在于，不仅每一种知识体系的发生、发展都不会按照某个人设计或预期的样子去实现，而且关于母题的编码一旦拘泥于某个形式化逻辑规则的建构，会对更大的宏观考察发生掣肘。因此幻想通过今后的大数据技术的不断成熟，会有效解决有些编码的非程式化问题。

4. 有些母题编码的罗列显得繁杂

在本目录中、会常常看到一些看似相似的母题描述，而且还产生不同的代码，如“W6227.4.2.4 满天喜鹊飞到天河互相咬着尾巴搭起一座鹊桥”和“W6227.4.4.3.1 满天喜鹊在天河互相咬着尾巴搭起一座天桥”，可能会觉得这类情况应该合二为一。其实，“删繁就简三秋树”并不一定就自然会与“标新立异二月花”有同工异曲之妙，神话数据库建设的根本目的是应用于人文社科大数据分析。

数据分析的本质是力求在及其细微处发现问题，分析问题，最后解决问题。之所以把上面两者作为不同母题，一是这看似相同的母题析出源自不同的流传地和讲述人；二是通过对其中如“天桥”“鹊桥”的区别，结合相关数据分析，可以考察民间叙事中某些典型母题的区域性变化，寻找常见民间事象的语言表述演变的原因或规则。

本目录所有数据编码及其表述具有代码的稳定性，可以作为神话专题数据库建设的体系结构支撑，也可以作为中华传统文化探源的参考。

作　者

2023年6月

凡　　例

为读者更好使用本目录，设计了“母题检索凡例”和“目录正文凡例”两部分内容。简单示例如下。

一　母题检索

本书母题检索设定了三种形式：（1）目录检索；（2）关联项检索；（3）页眉标注检索。

1. 目录检索

本目录主要适用于母题类型的检索，对于具体母题的检索需要与其他检索形式结合使用。

（1）总目。标注了文化母题大类下的所有 2 级母题类型。

（2）基本母题检索目录。通过此目录可以查阅到本书第一层级或相当于基本母题的所有以自然数为代码的母题。

2. 关联项检索

通过目录中的“关联项”一栏，可以检索到与该母题相关的其他母题。据此可以建立母题的立体性关联。

3. 页眉标注检索

为方便读者查找具体母题，在每页页眉可设置相应的母题提示。

二　目录正文

目录正文共划分为“W 编码”“母题描述”“关联项”3 个栏目。

1. W 编码

“W 编码”具有界定母题类型和母题排序两个方面作用。

（1）母题编码的表示

目录中的各类型采取了统一的编码方式。

【例】W6082　工具的特征

W6082.1　工具特征的产生

W6082.2　特定工具的特征

W6082a　工具的使用

母题编码包含如下信息：

❶ “W6”为中国神话“文化”类母题编码标志。

❷ 数字代码为该母题唯一代码，小数点表示同类型母题的层级关系。数字中的“a”是新增加母题代码的一种方式。

（2）母题代码的编排

本目录共划分出 6 个层级的母题。每一个层级母题的上一级母题均可以视为该母题的类型。

【例】W6037　人以前不会耕种（以前，人不会耕田）

W6037.0　很古的时候，人不会种田

W6037.0.1　以前特定的群体不会耕种

W6037.0.1.1　很古的时候，土族地方没人种庄稼

…………

上述各个层级的母题中上一级母题对下一级母题具有包含关系。

2. 母题描述

母题的汉字表述以判断句为主。同类母题会尽量使用相同名词、动词和相同语法结构。

【例】W6038.1　人只有劳动才能获得食物

W6038.2　人为了生存耕种

3. 关联项

“关联项”是与“W 编码”“母题描述”具有实质关联的内容。包括汤普森母题、民族属性、关联母题三种情形。

（1）汤普森母题

【例】“W6038.1 人只有劳动才能获得食物”关联项中：

【汤普森】A1346. 2

表示“W6038. 1”与斯蒂·汤普森《世界民间文学母题索引》中的“A1346. 2”是对应母题。

（2）母题流传的民族

【例】“W6040. 2. 4　神农教人耕种（炎帝教人耕种；炎帝是农业的发明者；神农发明农业）”关联项中：

【汉族】【布依族】【毛南族】

表示“W6040. 2. 4”母题来源的文本涉及“汉族、布依族、毛南族”等民族。

（3）关联母题

【例】“W6040. 2. 4　神农教人耕种（炎帝教人耕种；炎帝是农业的发明者；神农发明农业）”关联项中：

［W0731］神农；［W6044. 2. 1］天雨粟，神农耕而种之；［W6011. 1. 1］神农教人采集种子；［W6049. 1. 2. 3］神农教人撒种；［W6052. 1. 2. 4］神农教人种五谷

表示该母题与“［W0731］［W6044. 2. 1］［W6011. 1. 1］［W6049. 1. 2. 3］”有叙事内容上的关联，读者可以据此考察神话创作规则，扩大神话研究视野。

出现多个关联性母题时，按母题代码大小顺序排列。

三　目录中常见符号示例

本书在表述过程中使用了一些特殊符号。示例如下表。

编码	符号	标记位置	举例	表意与特点
1	W	母题数字前	W6001　文化产生的原因； W6083　农具的产生（农具的来历）	①本项目设计的中国神话母题编码的标志。 ②以示与汤普森分类和其他一些母题分类代码的区别。
2	◎	“W 编码”栏	◎［常见的食品、饮品］	①标志性符号。 ②表示其后的文字是提示性文字，不设母题代码。
3	✿	母题代码前	✿ W6035 耕种（农耕；农业）	①母题层次标志。 ②表示该母题下面的其他编号母题均归属于此母题。

续表

编码	符号	标记位置	举例	表意与特点
4	❇	母题代码前	❇ W6002 文化产生的方法	①母题层次标志。 ②属于✿标记母题之后的层级母题。
5	【汤普森】	关联项	【汤普森】A620	①代指性符号。 ②表示“A620”是与 W 母题代码相对应的“汤普森”母题代码。
6	≈	【汤普森】母题代码之前	【汤普森】≈A13. 1	①标志性符号。 ②表述此项汤普森母题与 W 代码具有一定相似性。
7	@	关联项，页注	【中华民族】@［W6040. 2. 3a］伏羲教人耕种（伏羲发明耕种）	①间隔符号。 ②用于“民族名称”与“关联母题”之间。
8	*	母题代码之后	W6216. 3. 30. 2. 1*　北斗是天帝之车	表示该母题为研究成果中出现的母题。
9	【民族名称】	脚注	【汉族】【回族】【纳西族】【壮族】	①提示性符号。 ②正文“关联项”栏中民族数量超过 3 个时，采用脚注形式。 ③表述对应母题析出文本流传的民族。
10	【关联项】	脚注	［W6024. 3. 4. 1. 1］向蜘蛛学会结网；［W6042. 1］人从动物那里学会耕种（动物教人种田）；［W6147. 1. 2］向动物学会饮食	①提示性符号。按母题代码的顺序排序。 ②为节约排版空间，一个母题超过 2 个以上关联项时，采取脚注的方式。
11	［］	全文	［W6052. 3. 1. 1］盘古发明种稻；［W6073. 1. 1. 1. 1. 4a］黄帝发明制陶	①标示性符号。 ②对 WH 母题代码的提示性标注。

续表

编码	符号	标记位置	举例	表意与特点
12	( )	全文	傣族（水傣）； ❇W6004 文化是发明的（文化是创造出来的）	①标示性符号。 ②用于对前面的内容的补充说明或同类项。
13	a，b，c……	母题代码	W6019.3.1a 宓牺氏教民以猎； W6019.3.1b 虙牺氏教民以猎； W6019.3.1c 庖牺氏教人狩猎； ……	①标示性符号。 ②表示该母题是原母题编码基础上的新添加母题。

基本母题检索[①]

6.0 文化概说
【W6000～W6009】

6.0.1 文化概说
【W6000～W6009】

6.1 与生产有关的文化
【W6010～W6109】

6.1.1 采集
【W6010～W6014】

① 本书为方便使用者检索母题，共设置了4种不同类型的检索方式，即❶总目；❷基本母题检索目录；❸正文［汤普森］项；❹正文［关联项］。(1) 通过“❶总目”，可以了解全书母题类型的宏观结构。(2) 通过“❷基本母题检索目录”，可以查阅到本书第一层级或相当于基本母题的所有以自然数为代码的母题。(3) 通过“❸正文［汤普森］项”可以将带有标示的母题与汤普森《世界民间故事母题索引》中的世界性民间叙事母题进行关联。(4) 通过“❹正文［关联项］”可以实现标示母题与其他相关母题的迅速关联。使用者可以根据研究需要，选择使用相关检索方式。

6.1.2 渔猎 【W6015～W6034】

6.1.3 耕种（农耕；农业） 【W6035～W6054】

6.1.4 饲养

【W6055 ~ W6069】

6.1.5 手工制作

【W6070 ~ W6074】

6.1.6 其他生产方式【W6075～W6079】

6.1.7 生产工具【W6080～W6094】

6.1.8 与生产有关的其他母题【W6095～W6099】

6.2 与生活有关的文化【W6100 ~ W6279】

6.2.1 衣（衣服，服饰等）【W6100 ~ W6139】

6.2.2 食（饮食、食物、食品）【W6140～W6159】

6.2.3 住（人的居所，住所）【W6160～W6209】

6.2.5 医药（医术）【W6230～W6249】

6.3.2 常见的图腾物【W6290～W6349】

6.3.3 与图腾有关的其他母题
【W6350～W6359】

6.3.4 崇拜的产生
【W6360～W6369】

6.3.5 常见的崇拜物
【W6370～W6434】

6.3.6 与崇拜有关的其他母题【W6435 ~ W6439】

6.3.7 与图腾崇拜有关的现象【W6440 ~ W6449】

6.4 民间文化【W6450 ~ W6549】

6.4.1 宗教文化概说【W6450 ~ W6459】

6.4.2 民间信仰概说【W6460 ~ W6464】

6.4.3 常见的民间信仰【W6465～W6469】

6.4.4 庆典（立功庆典、高中庆典）【W6470～W6479】

6.4.5 祭祀【W6480～W6509】

6.4.6 禁忌

【W6510～W6539】

6.4.7 娱乐【W6540 ~ W6544】

6.4.8 与民间文化有关的其他母题【W6545 ~ W6549】

6.5 习俗（风俗）【W6550 ~ W6699】

6.5.1 习俗的产生【W6550 ~ W6559】

6.5.2 生产习俗
【W6560 ~ W6579】

6.5.3 生活习俗
【W6580 ~ W6599】

6.5.4 节日习俗【W6600 ~ W6629】

6.5.5 生育习俗【W6630 ~ W6634】

6.5.8 其他常见习俗【W6690～W6694】

6.5.9 与习俗有关的其他母题【W6695～W6699】

6.6 语言文字（文学）【W6700～W6819】

6.6.1 语言的产生【W6700～W6714】

6.6.2 语言的类型与特征【W6715～W6729】

6.6.3 文字的产生【W6730～W6739】

6.6.4 文字的特征与类型 【W6740～W6759】

6.6.5 文学概说 【W6760～W6769】

6.6.6 神话、史诗（诗歌） 【W6770～W6789】

6.6.7 传说故事（童话；寓言）【W6790 ~ W6799】

6.6.8 其他常见文类【W6800 ~ W6809】

6.6.9 与语言文字有关的其他母题【W6810 ~ W6819】

6.7 姓氏与命名【W6820 ~ W6899】

6.7.1 姓氏的产生【W6820 ~ W6829】

6.7.2 姓氏命名方法（命名姓氏的方法；姓氏划分方式）【W6830 ~ W6839】

6.7.3 百家姓与姓氏数量
【W6840～W6849】

6.7.4 姓氏特征（功能）与常见姓氏
【W6850～W6854】

6.7.5 与姓氏有关的其他母题
【W6855～W6859】

6.7.6 名称（姓名）与命名
【W6860～W6869】

6.7.7 人的名字（人的姓名）【W6870～W6884】

6.7.8 其他常见的命名【W6885～W6894】

6.7.9 与姓氏、命名有关的其他母题【W6895 ~ W6899】

6.8 其他常见的文化现象【W6900 ~ W6949】

6.8.1 知识与智慧【W6900 ~ W6904】

6.8.2 文具【W6905 ~ W6909】

6.8.3 音乐（乐器）【W6910 ~ W6919】

6.8.4 体育（舞蹈）【W6920～W6924】

6.8.5 美术（绘画、雕塑等）【W6925～W6929】

6.8.6 表演艺术（戏剧）【W6930～W6934】

6.8.7 游艺（游戏）【W6935～W6939】

6.8.8 其他常见的文化现象【W6940～W6944】

6.8.9 与文化现象有关的其他母题【W6945～W6949】

6.9 与文化有关的其他母题【W6950～W6999】

6.9.1 火的产生（火的发明；火的创造；火的获取）【W6950～W6959】

6.9.2 度量衡的发明【W6960～W6964】

6.9.3 其他代表性文化发明【W6965～W6969】

6.9.4 教育（文化教育）【W6970 ~ W6974】

6.9.5 伦理道德【W6975 ~ W6979】

6.9.6 观念信仰【W6980 ~ W6984】

6.9.7 审美（审美文化）【W6985 ~ W6989】

6.9.8 生肖文化（属相）【W6990 ~ W6994】

6.9.9 与文化有关的其他母题【W6995～W6999】

3－1
【W6000～W6449】

（本卷“基本母题检索”见本书第18—29页“基本母题检索”）

6.0 文化概说
【W6000 ~ W6009】

6.0.1 文化概说①
【W6000 ~ W6009】

W 编码	母题描述	关联项
※ **W6000**	**文化的产生（文化的获得）**	【汤普森】A1400
W6000. 1	人以前没有文化	【汉族】
W6000. 2	特定时代的人没文化	
W6000. 2. 1	原始人没文化	【汉族】
W6000. 3	特定地方的人没文化	
W6001	**文化产生的原因**	
※ **W6002**	**文化产生的方法**	
W6003	**文化本来存在（人类生来就有文化；文化自然产生）**	
W6003. 1	文化源于特定的地方	
W6003. 1. 1	到远方学文化	【布朗族】

① 文化概说，本书为母题数据类型的管理，对本类母题编目在《中国神话母题 W 编目》（中国社会科学出版社 2013 年版）中的原类型一些描述作出较大修订。其中修订的原母题编码中的部分第一层级母题为：［※W6000］文化的产生（文化的获得）；［W6001］人类生来就有文化；［W6002］神传授文化；［W6003］神性人物传授文化；［W6004］特定的人传授文化；［W6005］从动物那里获得文化；［W6006］获得文化的其他方法；［W6007］与文化产生有关的其他母题。

W 编码	母题描述	关联项
W6004	**文化是发明的（文化是创造出来的）**	
W6004. 1	神发明文化（神创造文化）	
W6004. 2	神性人物发明文化（神性人物创造文化）	
W6004. 2. 1	盘古发明特定文化	【中华民族】@［W6052. 3. 1. 1］盘古发明种稻
W6004. 2. 2	伏羲发明特定文化	【中华民族】@［W6040. 2. 3a］伏羲教人耕种（伏羲发明耕种）
W6004. 2. 2. 1	伏羲发明多种文化	【中华民族】
W6004. 2. 3	女娲发明特定文化	【中华民族】@［W6040. 1. 1. 3］女娲发明农桑
W6004. 2. 4	神农发明特定文化	【中华民族】@［W6040. 2. 4. 3c］炎帝神农发明农耕
W6004. 2. 5	炎帝发明特定文化	【中华民族】@［W6045. 3. 1. 8］炎帝发明牛耕
W6004. 2. 6	黄帝发明特定文化	【中华民族】@［W6073. 1. 1. 1. 1. 4a］黄帝发明制陶
W6004. 2. 7	尧舜发明特定文化	【中华民族】
W6004. 2. 8	禹发明特定文化	【中华民族】
W6004. 2. 9	其他特定神性人物发明文化	
W6004. 3	特定的人发明文化（特定的人创造文化）	
W6004. 4	动植物发明文化（动植物创造文化）	
W6004. 5	其他特定人物发明文化（其他特定人物创造文化）	
W6004. 6	与发明创造文化有关的其他母题	
W6004. 6. 1	发明文化的原因（创造文化的原因）	
W6004. 6. 2	发明文化的时间（创造文化的时间）	

W 编码	母题描述	关联项
W6004.6.3	发明文化的地点（创造文化的地点）	
W6004.6.4	发明文化的过程（创造文化的过程）	
W6004.6.5	发明文化的结果（创造文化的结果）	
W6005	**文化是传授产生的（文化源于特定人物的传授；学习文化）**	
W6005.1	神传授文化	【汤普森】A1404
W6005.2	神性人物传授文化	
W6005.2.1	从祖先那里获得文化	【汤普森】A1405
W6005.2.2	黄帝传授文化	【汉族】@［W0697b.4.2.1］黄帝制文字定法律
W6005.2.2.1	黄帝让岐伯、仓颉整理文字传授文化	【汉族】
W6005.3	特定的人传授文化	
W6005.3.1	从以前的人那里获得文化	【汤普森】A1401
W6005.3.2	从远方来的人那里获得文化	【满族】
W6005.3.3	头人传授文化	【藏族】
W6005.4	动物传授文化	
W6005.5	植物传授文化	
W6005.6	其他特定人物传授文化	
W6005.7	与传授文化有关的其他母题	
W6005.7.1	传授文化的原因（传承文化的原因）	
W6005.7.2	传授文化的时间（传承文化的时间）	
W6005.7.3	传授文化的地点（传承文化的地点）	

W 编码	母题描述	关联项
W6005. 7. 4	传授文化的过程（传承文化的过程）	
W6005. 7. 5	传授文化的结果（传承文化的结果）	
W6006	**获得文化的其他方法（文化产生的其他方法）**	［W9059］魔物（法）带来技能
W6006. 1	盗取文化	
W6006. 2	无意中获得文化	
W6006. 3	从特定的人物那里获得文化（文化是从特定人物那里得到的）	
W6006. 3. 1	从特定的神或神性人物那里得到文化	
W6006. 3. 2	从特定的人那里得到文化	
W6006. 3. 3	从动物那里获得文化	【关联】①
W6006. 4	从特定的事件中获得文化（文化是从特定事件中得到的）	
W6006. 4. 1	梦中获得文化	［W6900. 2. 6. 1］知识梦授
W6006. 5	通过想象创造文化	
W6006. 5. 1 *	华夏先民将天宇想象为玉质，然后赋予玉器特定的文化意义	【华夏民族】
W6006. 6	通过影响产生文化	
W6006. 6. 1 *	中国文化产生受到玉文化的影响	【中华民族】
W6007	**文化的特征**	
W6007. 1	文化的实用性	
W6007. 2 *	文化的兼容性	【中华民族】

① ［W6024. 3. 4. 1. 1］向蜘蛛学会结网；［W6042. 1］人从动物那里学会耕种（动物教人种田）；［W6147. 1. 2］向动物学会饮食。

W 编码	母题描述	关联项
W6007.3＊	文化的表征性	
W6007.3.1＊	文化的象征性	
W6008	**文化的类型**①	［W6996］文化的类型（文化类型；文化分类；文化分期）
W6008.1	时间维度的文化类型	
W6008.1.1	原始文化	
W6008.1.2	古典文化	
W6008.2	从生产方式的角度划分文化类型	
W6008.2.1	采集文化	【多民族】
W6008.2.2	渔猎文化	【多民族】
W6008.2.3	农耕文化	
W6008.2.3.1	牛耕文化	【汉族】
W6008.2.3.2	稻作文化	【壮族】
W6008.2.4	游牧文化（草原文化）	【蒙古族】
W6008.2.5	其他的生产制造文化	
W6008.2.5.1	建筑文化	
W6008.2.5.2	酿造文化	【汉族】
W6008.3	从生活方式的角度划分文化类型	
W6008.3.1	服饰文化	【中华民族】
W6008.3.2	饮食文化	【中华民族】
W6008.3.3	居住文化	【中华民族】
W6008.3.4	出行文化	【中华民族】

① 文化的类型，从严格意义而言，任何一种文化或特定的文化现象、文化产品都可能是一个文化的综合体，因此，关于文化类型的划分只能是为了研究或表达的需要从某一个角度为其贴一个标签。因此这个标签带有一定的主观性或偶然性，一种文化现象同时属于多个类型是非常普遍而自然的，鉴于文化类型的大量交叉与变形形式的极其复杂，本书只列举一些代表性名称，对类型的描述仅做一点抛砖引玉的尝试。

W 编码	母题描述	关联项
W6008. 3. 5	交往文化	【中华民族】
W6008. 4	按文化的地域或时代归属划分文化类型（地域文化）	
W6008. 4. 1	中华文化	
W6008. 4. 1. 1	中华文化的产生	
W6008. 4. 1. 2	中华文化的特征	
W6008. 4. 1. 2. 1 *	华夏—汉文化是中华文化的核心和主流	【中华民族】
W6008. 4. 1. 3	与中华文化有关的其他母题	
W6008. 4. 2	华夏文化	【中华民族】
W6008. 4. 3	中原文化	【汉族】
W6008. 4. 4	海洋文化	【汉族】
W6008. 5	按文化的民族属性划分文化类型	
W6008. 5. 1	汉族文化	【汉族】
W6008. 5. 2	少数民族文化	【多民族】
W6008. 6	按文化的综合性质划分文化类型	
W6008. 6. 1	传统文化	【中华民族】
W6008. 6. 2	现代文化	
W6008. 6. 3	新文化	【中华民族】
W6008. 7	按特定的文化载体划分文化类型	
W6008. 7. 1	日月星辰类型文化	
W6008. 7. 1. 1	日月文化	
W6008. 7. 2	山川河流文化	
W6008. 7. 2. 1	泰山文化	【汉族】
W6008. 7. 2. 2	黄河文化	【汉族】
W6008. 7. 3	汉族文化	

W 编码	母题描述	关联项
W6008.8	按文化的综合性质划分文化类型	
W6008.8.1	物质文化（有形文化）	【中华民族】
W6008.8.2	非物质文化（无形文化）	【中华民族】
W6008.8.2.1	宗教文化	【多民族】
W6008.8.2.2	风俗	
W6008.8.2.3	礼仪文化	
W6008.9	文化划分的其他类型	
W6009	**与文化产生有关的其他母题**	
W6009.1	文化发明者（文化创造者）	
W6009.1.1	文化发明者的产生	
W6009.1.2	文化发明者的特征（文化发明者的品质）	
W6009.1.2.1	发明者执着	【彝族】
W6009.1.2.1.1	发明者在失败中不断尝试	【彝族】
W6009.1.3	文化发明者发明的原因	
W6009.1.3.1	特定人物的发明是神的安排	【布依族】
W6009.1.4	特定的文化发明者	
W6009.1.5	与文化发明者有关的其他母题	
W6009.1.5.1	发明者得到感谢	【珞巴族】
W6009.1.5.2	发明者得到尊重	
W6009.1.5.3	发明者得到怀念（发明者被纪念）	【彝族】
W6009.2	艺术的产生	【汤普森】A1460；［W0489］艺术之神

6.1 与生产有关的文化【W6010 ~ W6109】

6.1.1 采集[①]【W6010 ~ W6014】

W 编码	母题描述	关联项
※ **W6010**	**采集（采集文化；采集时代；摘采；采摘）**	【布朗族】
W6011	**采集的产生（采集产生的原因）**	
W6011. 0	人以前不知道采集	
W6011. 1	神或神性人物教人采集	
W6011. 1. 1	神农教人采集种子	【民族，关联】[②]
W6011. 1. 1a	协鲁王教最早的人采种子	【彝族】
W6011. 1. 2	灶神教人采集	［W3952］灶神取粮种
W6011. 2	特定人物教人采集	
W6011. 2. 1	能人发明采集	
W6011. 2. 1. 1	能人沙者看见鸟觅食啄荞穗、啄高粱，学会采集粮种	【哈尼族】

① 采集，本书为母题数据类型的管理，对本类母题编目在《中国神话母题 W 编目》（中国社会科学出版社 2013 年版）中的原类型一些描述作出较大修订。其中修订的原母题编码的中的部分第一层级母题为：［※W6010］采集的产生；［W6011］神或神性人物教人采集；［W6012］动物教人采集；［W6013］与采集有关的其他母题。

② 【汉族】@［W0731］神农；［W3957］神农发现粮种。

W 编码	母题描述	关联项
W6011.3	动物教人采集	
W6011.3.1	动物教人采野果	【哈尼族】
W6011.3.2	人仿照动物采集果实	
W6011.4	偶然事件中学会采集	
W6011.5	特定人物发明采摘	
W6011.5.1	采集的最早发明者	
W6011.5.1.1	妇女最早采集果实	【汉族】
W6011.6	因不会种庄稼采摘	［W6030.2.3］因人不会种庄稼捕鱼
W6011.6.1	天地婚生的姐弟俩不会种庄稼，不知道用火，全靠采撷草实野果度日	【珞巴族】@［W6030.2.3］因人不会种庄稼捕鱼
W6011.7	因打猎猎物少采摘	
W6011.7.1	因野兽越打越少，人没办法就去摘野果、挖野菜吃	【汉族】
W6011.8	采集产生的其他原因	
W6011.8.1	为充饥摘野果	【傈僳族】
W6011.9	与采集产生有关的其他母题	
W6011.9.1	采集产生的时间	
W6011.9.1.1	神农氏时，人类进入采摘时代	【瑶族】
W6011a	**采集的时间**	
W6011b	**采集的地点**	
W6011b.1	到山林中采集	
W6011b.1.1	到山上林中摘野果子	【汉族】
W6011b.2	到山上采集	【汉族】
W6011c	**采集者（采摘者）**	
W6011c.1	女子采集	
W6011c.1.1	小女儿在山中采野果给一家食用	【高山族】
W6011c.2	一对男女采摘	
W6011c.2.1	一男一女盘儿和古儿采野菜	【汉族】

W 编码	母题描述	关联项
W6011d	**采集的帮助者（采摘的助手）**	
W6011e	**采集的方法（采集的情形）**	**【汉族】**
W6011e. 1	人爬到树杈上采集	
W6012	**采集的特征**	
W6012. 1	采摘度日生活质量不高	
W6012. 1. 1	摘果子和挖野菜度日常常是半饱半饥	【苗族】
W6012. 1. 2	最早的兄妹全靠采撷草实野果度日，生活十分艰难	【珞巴族】
W6012. 2	人以前采集很容易	
W6012. 2. 1	人以前会飞采集果子很容易	【景颇族】
W6012. 3	人以前采集很艰难	
W6012. 3. 1	密林中野兽横行，人要找吃的很难	【瑶族】
W6013	**采集的类型（采集特定物）**	
W6013. 1	采集野果（采摘水果）	【藏族】@［W6011. 6. 1］天地婚生的姐弟俩不会种庄稼，不知道用火，全靠采撷草实野果度日
W6013. 1. 0	采集野果的产生	
W6013. 1. 0. 1	女娲让人学上树采摘水果	【汉族】
W6013. 1. 1	采集树上的野果	
W6013. 1. 1. 1	小动物飞虎教会哈尼人摘食树果	【哈尼族】
W6013. 1. 2	神农采野果	
W6013. 1. 2. 1	神农在百草洼里采野果	【汉族】
W6013. 1. 3	古老先人们每天靠摘鲜果充饥	【仡佬族】

W 编码	母题描述	关联项
W6013. 1. 4	以前，人和一切动物靠采摘树果生活	【佤族】
W6013. 1. 5	到山下采集野果	
W6013. 1. 5. 1	一大群凡人到尼罗甲格山下采摘红红绿绿的果子	【羌族】
W6013. 2	采集植物种子	［W6047. 0. 1. 1］收集、挑选能吃的植物种子
W6013. 2. 1	采集粮种	【哈尼族】@［W6011. 2. 1. 1］能人沙者看见鸟觅食啄荞穗、啄高粱，学会采集粮种
W6013. 2. 1. 1	后稷采集粮种	
W6013. 2. 1. 1. 1	后稷把野生的谷子、麦子、稷子、高粱、大豆以及各种野菜、瓜果的种子采集起来	【汉族】
W6013. 2. 2	采摘草籽	
W6013. 2. 2. 1	先人把树上的果子和草窝窝里的莓子吃光后，就去刨山药，摘毛稗、草籽活命	【仡佬族】
W6013. 2. 3	采莲蓬	
W6013. 2. 3. 1	女娲让人学下河摘莲蓬	【汉族】
W6013. 2. 4	采集树种	
W6013. 2. 4. 1	采集野果种子	【汉族】
W6013. 2. 5	采集花草果实	【土族】
W6013. 3	采摘草叶	
W6013. 3. 1	以前，人和一切动物靠采摘草叶生活	【佤族】
W6013. 3. 2	从前，有姐弟俩春天靠捋桑叶生活	【汉族】
W6013. 4	采集野菜	
W6013. 4. 1	从前，有姐弟俩春天靠挖野菜生活	【汉族】

W 编码	母题描述	关联项
W6013.5	采集其他特定植物	
W6013.5.1	挖山药	
W6013.5.1.1	始祖母塔坡到河边去挖山药充饥	【哈尼族】
W6013.6	采集动物的蛋	
W6013.6.1	女娲教人在树上掏鸟蛋	【汉族】
W6013.7	采集其他特定物	
W6013.8	采集多种食物	
W6013.8.1	采集野菜野果	
W6013.8.1.1	远古时，人靠采摘野菜、野果充饥	【藏族】
W6013.8.2	捋草籽、摘树叶、采野果	【汉族】
W6014	**与采集有关的其他母题**	［W3687］植物的辨识
W6014.1	采集是人类最早的生产方式	
W6014.1.1	人最早主要靠渔猎和采集	
W6014.2	采集的管理	
W6014.2.1	采集的组织者	
W6014.2.1.1	女首领组织采摘	【羌族】
W6014.3	采集规则（采集的经验）	
W6014.3.1	采集禁忌	
W6014.4	采集果实的保存	
W6014.4.1	采集的果实无法保存	
W6014.4.2	保存采集果实的产生	
W6014.4.2.1	把采集的核果贮藏起来以备缺果时用	【羌族】
W6014.4.3	采集果实保存的方法	
W6014.4.3.1	采集的果实存放在洞中	
W6014.5	采集的结果	
W6014.5.1	采集与狩猎难保生活持久	【汉族】
W6014.6	采集与渔猎的关系	

W 编码	母题描述	关联项
W6014.6.1	采集渔猎的男女分工	
W6014.6.1.1	田公上山打猎，下河捉鱼，地母采集野果子	【白族】
W6014.6.2	采集与渔猎相辅相成	
W6014.6.2.1	以前世上粮草不分，人上到山上摘野果打野虫，下到河里捞吃鱼鳖虾蟹	【汉族】
W6014.6.2.2	苗族原来居住在山上吃野果和打猎为生	【苗族】
W6014.6.2.2a	以前，高山族祖先过着采摘野果、追逐野兽的生活	【高山族】
W6014.6.2.3	很早以前，天下百姓只知道打猎采果	【汉族】
W6014.6.3 *	农耕与渔猎采集互补	【汉族】

6.1.2 渔猎[①]
【W6015 ~ W6034】

W 编码	母题描述	关联项
✿ **W6015**	**狩猎（打猎；渔猎）**	
W6016	**狩猎的原因（打猎的原因）**	

① 渔猎，本书为母题数据类型的管理，对本类母题编目在《中国神话母题 W 编目》（中国社会科学出版社 2013 年版）中的原类型一些描述作出较大修订。其中修订的原母题编码的中的部分第一层级母题为：［W6015］渔猎的产生；［※W6016］狩猎的产生；［W6017］神教人狩猎；［W6018］神性人物教人狩猎；［W6019］特定的人教人狩猎；［W6020］动物教人狩猎；［W6021］与狩猎产生有关的其他母题；［※W6022］捕鱼的产生；［W6023］特定的人物教人捕鱼；［W6024］用网捕鱼的产生；［W6025］与捕鱼有关的其他母题；［※W6026］狩猎方法（渔猎方法）；［W6027］狩猎对象的确定；［W6028］围攻猎物；［W6029］狩猎需要众人合作；［W6030］狩猎需要特定的工具；［W6031］追打猎物；［W6032］设陷阱狩猎；［W6033］用网狩猎；［W6034］其他狩猎方法；［※W6035］猎物的处置；［W6036］处置猎物有特定仪式；［W6037］与处置猎物有关的其他母题；［W6038］与渔猎有关的其他母题。

W 编码	母题描述	关联项
W6016. 1	神让人狩猎	
W6016. 1. 1	以前人和动物因寻食经常打架，神同意让人捕捉一些动物充饥（神赋予狩猎合法性）	【佤族】
W6016. 1. 2	人狩猎动物是因为天王向动物撒下了死种籽	【彝族】
W6016. 1. 3	山神让人狩猎野兽	【普米族】
W6016. 2	人因食物不足开始狩猎（人因食物问题打猎）	
W6016. 2. 1	祖先靠采摘野果不能维持生活时开始捕捉鸟兽	【黎族】
W6016. 2. 2	以前地上没有种子，人只能靠着天天出外打猎为生	【藏族】
W6016. 2. 2a	人不会种庄稼，只会打野物吃	【汉族】
W6016. 2. 3	因食物不足狩猎	
W6016. 2. 3. 1	因粮食歉收狩猎	【毛南族】
W6016. 2. 3. 2	神农和族民因没有东西可吃，上山寻找猎物	【汉族】
W6016. 2. 4	因野果不够吃狩猎	【鄂伦春族】
W6016. 2. 4. 1	先民把野果子吃完了，挨饿时开始狩猎	【傣族】
W6016. 2. 5	为温饱狩猎	
W6016. 2. 5. 1	祖先两兄弟因吃不饱，穿不暖，不得不去打猎营生	【侗族】
W6016. 3	人因悠闲去狩猎	
W6016. 3. 1	以前粮食会自己走到主人的家里，所以人的大部分时间用在打猎上	【汉族】
W6016. 4	狩猎源于特定的分工	

W 编码	母题描述	关联项
W6016.4.1	弟弟分的动物少，照哥哥说的话，弟弟上山去杀哥哥的动物吃	【傈僳族】
W6016.5	狩猎是对人惩罚	
W6016.5.1	一贪婪女人操刀从野鹿腿上割取生肉犯忌，猎神遂让人以狩猎为生	【高山族·泰雅人】
W6016.6	狩猎源于人的特征	
W6016.6.1	人可以狩猎野兽是因为人的背脊不朝天	【哈尼族】
❄ **W6017**	**狩猎的产生（渔猎的产生；打猎的来历）**①	【汤普森】A1458；A1520；E501
W6017.1	人以前不会狩猎	【珞巴族】【满族】
W6017.1.1	人以前不会狩猎造成动物猖獗	【白族】
W6017.2	狩猎的原因	
W6017.2.1	古时候，因没有粮食，人靠打猎过生活	【汉族】
W6017.3	古时候因没有五谷杂粮，人全靠打猎捕鱼为生	【汉族】
W6017.4	以前的人只晓得捕鱼、打猎、采集树果当饭吃	【汉族】
W6018	**神教人狩猎（神发明狩猎）**	
W6018.1	神让人捕捉动物	【佤族】
W6018.2	天神教人狩猎	【鄂伦春族】
W6018.2.1	天公遮帕麻教孩子们打猎	【阿昌族】
W6018.2.2	天神恩都力造人后，交给这些人木棒、石头让其去打地上的野兽	【鄂伦春族】
W6018.3	猎神教人狩猎	
W6018.3.1	女猎神教人狩猎	【怒族】

① 渔猎的产生，在人类早期的叙事中常常狩猎和捕鱼不分。如据考古资料，距今1.8万年的山顶洞人，主要靠采集、狩猎为生，也从事捕鱼，还能用磨制的骨针缝制衣服。

W 编码	母题描述	关联项
W6018. 3. 2	猎神发明狩猎	
W6018. 3. 2. 1	猎神王沙罗反是傣族第一个发明狩猎之神	【傣族（水傣）】
W6018. 4	上帝让人狩猎	
W6018. 4. 1	上帝让造出的人以狩猎为业	【鄂伦春族】
W6018. 5	特定名称的神教人狩猎	
W6018. 5. 1	巴那吉额姆地母神教人类狩猎	【满族】
W6018. 5. 2	神官捧腊哈纳罗负责教人渔猎	【傣族】
W6018. 6	其他特定的神教人狩猎	
W6018. 6. 1	土地神教人渔猎	【傣族】
W6018. 7	与神教人狩猎有关的其他母题	
W6018. 7. 1	神教给始祖召集动植物的本领	【佤族】
W6018. 7. 2	地（大地）教人狩猎制服兽类	【哈尼族】
W6019	**神性人物教人狩猎**	
W6019. 0	造人者教人狩猎	
W6019. 0. 1	造人的老两口教造的人狩猎谋生	【珞巴族】
W6019. 1	盘古教人狩猎	
W6019. 2	三皇五帝教人狩猎	【汉族】
W6019. 3	伏羲女娲教人狩猎	【汉族】
W6019. 3. 0	伏羲女娲教人们猎获鸟兽	【汉族】
W6019. 3. 0a	伏羲女娲教人捕鱼、打猎、养畜生	【汉族】
W6019. 3. 1	伏羲教人狩猎	［W6030. 4. 2. 2］伏羲教人捕鱼
W6019. 3. 1. 1	伏羲在宛丘教人打猎	【汉族】
W6019. 3. 1. 1. 1	伏羲在宛丘山教人擒猛虎	【汉族】
W6019. 3. 1. 2	玉皇大帝派伏羲教人狩猎	【汉族】
W6019. 3. 1a	宓牺氏教民以猎	【中华民族】
W6019. 3. 1b	虙牺氏教民以猎	【中华民族】

W 编码	母题描述	关联项
W6019. 3. 1c	庖牺氏教人狩猎	【中华民族】
W6019. 3. 1d	伏羲教人打猎捕鱼	【汉族】
W6019. 3. 2	女娲教人狩猎	【汉族】
W6019. 4	祖先教后代狩猎方法	【拉祜族】
W6019. 4. 1	祖先发明打猎工具	【景颇族】
W6019. 4. 2	男始祖教人狩猎	
W6019. 4. 2. 1	男始祖遮帕麻教人狩猎	【阿昌族】
W6019. 5	长白山主教人渔猎	
W6019. 5. 1	天神阿不凯恩都哩的弟子长白山主教满族人打鱼狩猎	【满族】@［W6122. 8. 1. 1］长白山主教人种麻织布
W6019. 6	天上菩萨教人狩猎	
W6019. 6. 1	人到天上菩萨那里请教撵鹿的方法	【普米族】
W6019. 7	伏羲女娲教人渔猎	【汉族】
W6019. 7. 1	女娲教人狩猎	
W6019. 7. 1. 1	女娲教人逮野虫	【汉族】
W6019. 8	其他特定的神或神性人物教人狩猎	
W6020	**特定的人教人狩猎（特定的人发明狩猎）**	
W6020. 1	族长教族人狩猎	
W6020. 1. 1	族长鄂多教族人捕鱼打猎	【满族】
W6020. 2	首领教人狩猎	［W6041. 1］酋长教人耕种（首领教人耕种）
W6020. 2. 1	人类首领达摆卡木手把手教人们学会撵山打猎	【佤族】
W6020. 2. 2	头人告诉人狩猎	【苗族】

W 编码	母题描述	关联项
W6020. 2. 3	酋长墨尔根教大家使用弓箭打猎	【鄂温克族】@［W6024. 3. 5. 1］首领来墨尔根教人使用弓箭打山里野物
W6020. 2. 4	氏族族长教族人捕鱼打猎	【满族】
W6020. 3	老人教人狩猎	【鄂伦春族】
W6020. 3. 1	统格萨兄妹俩向老人学狩猎	【普米族】
W6020. 4	父母教人狩猎（祖辈教人狩猎）	【鄂伦春族】
W6020. 4. 1	父亲教狩猎	【民族，关联】①
W6020. 4. 1. 1	父亲传授儿子狩猎	【珞巴族】
W6020. 4. 1. 1. 1	虎父亲传授儿子狩猎	【彝族】
W6020. 4. 1. 1. 1a	父亲传授女儿狩猎	【鄂伦春族】
W6020. 4. 1. 2	盘瓠王（龙犬）要求儿女学打猎	【瑶族】
W6020. 4. 2	母亲教狩猎	
W6020. 4. 2. 1	放勋（尧）12 岁时，母亲让他学打猎	【汉族】
W6020. 4. 3	爷爷教打猎本领	【布朗族】
W6020. 5	猎手教人狩猎	
W6020. 5. 1	老猎人教人狩猎	【阿昌族】
W6020. 5. 2	猎人伯益教尧狩猎	【汉族】
W6020. 6	其他特定的人教人狩猎	
W6020. 6. 1	英雄教人狩猎	
W6020. 6. 1. 1	岑逊（英雄名）教人捕杀毒蛇猛兽	【壮族】
W6020. 6. 2	外来者教人狩猎	
W6020. 6. 2. 1	南蛮教打猎	【满族】
W6020. 7	与特定的人教人狩猎有关的其他母题	

① 【阿昌族】【白族】@［W6018. 2. 1］天公遮帕麻教孩子们打猎；［W6021. 1. 3. 1］彝族喜欢打猎是跟虎父亲学来的。

W 编码	母题描述	关联项
W6020.7.1	猎手教神狩猎	
W6020.7.1.1	猎手能嬷教山神织网、支网和下扣子	【白族】@［W6026.1.2.2］天神厄莎让人做扣子捕鸟
W6021	**其他特定人物教人狩猎**	
W6021.1	动物教人狩猎	【哈尼族】
W6021.1.1	猴子教人狩猎	
W6021.1.1.1	猴子教姐弟俩用石块打獐子，用弩箭射鹞鹰，用陷坑下老熊	【白族】
W6021.1.1.2	母猴教人狩猎	【藏族（白马）】
W6021.1.2	狗教人狩猎	
W6021.1.2.1	神狗教人进山追捕野兽	【纳西族（摩梭）】
W6021.1.3	向老虎学习打猎	
W6021.1.3.1	彝族喜欢打猎是跟虎父亲学来的	【彝族】
W6022	**与狩猎产生有关的其他母题**	
W6022.1	狩猎产生的时间	
W6022.1.1	打猎早于种田	【汉族】
W6022.1.2	发明弓箭后产生狩猎	【鄂温克族】
W6022.1.3	远古人们群居在一起的时候靠打猎为生	【汉族】
W6022.1.4	人类先采摘后狩猎	【德昂族】
W6022.1.5	人类刚产生时以打猎为生	【汉族】
W6022.1.6	盘古时代出现狩猎	【汉族】
W6022.1a	渔猎产生的时间	
W6022.1a.1 *	中国北方地区新石器时代（距今约1.8万年至距今约4000年出现渔猎）	【中华民族】
W6022.2	通过模仿学会狩猎	
W6022.3	受特定启发学会狩猎	
W6022.3.1	特定人物受启发学会狩猎	【汉族】

W 编码	母题描述	关联项
W6023	**狩猎方法（打猎的方法；狩猎过程；狩猎环节；打猎技术；狩猎本领）**	
W6023. 0	狩猎方法的获得	
W6023. 0. 1	特定的人物教人狩猎方法	
W6023. 0. 1. 1	神教人打猎方法	［W6018］神教人狩猎
W6023. 0. 1. 1. 1	女猎神教会猎人捕猎山禽野兽的办法	【怒族】
W6023. 0. 1. 2	祖先教人打猎方法	
W6023. 0. 1. 3	父母教子女打猎	
W6023. 0. 1. 3. 1	洪水后幸存的 1 对兄妹教子孙捕捉野兽的办法	【拉祜族】
W6023. 0. 1. 3. 2	父亲传授狩猎方法	【白族】
W6023. 0. 1. 4	老人教人狩猎	
W6023. 0. 1. 4. 1	老头儿教人射飞龙，学会打猎	【鄂伦春族】
W6023. 0. 1. 4. 2	老猎人伯益教尧狩猎本领	【汉族】
W6023. 0. 1. 5	外地人教人打猎（外乡人教人打猎）	
W6023. 0. 1. 5. 1	南蛮阿玛教收养的女儿打猎	【满族】
W6023. 0. 1. 6	勒布爷爷根据梦境学会用支起石板捕捉野兽的方法	【珞巴族】
W6023. 0. 2	特定渠道获得狩猎方法	
W6023. 0. 2. 1	梦授狩猎方法（托梦学会狩猎）	
W6023. 0. 3	通过练习获得狩猎技能	
W6023. 0. 3. 1	狩猎要练三力，即眼力、臂力、脚力	【汉族】
W6023. 0. 3. 2	狩猎要练跑、练腿、练射法	【汉族】
W6023. 0. 4	画图传授狩猎方法	
W6023. 0. 4. 1	始祖布洛陀在铜鼓上画图案教人打猎本事	【壮族】

W 编码	母题描述	关联项
W6023.1	狩猎前的准备	
W6023.1.1	狩猎前祭祀	
W6023.1.1.1	打猎要祭猎神	【独龙族】
W6023.1.1.1.1	出猎数日打不到野兽时，要在下次狩猎前祭猎神“玛路毛木台”	【鄂伦春族】
W6023.1.1.2	狩猎前祭祀以求多获猎物	
W6023.1.1.3	狩猎前祭山神土地	【仫佬族】
W6023.1.1.3.1	每次上山打猎必到山神树前祝祷	【傣族】
W6023.1.1.3.2	狩猎前祭山神	【壮族】
W6023.1.1.4	狩猎前告知山神	【侗族】
W6023.1.2	狩猎前占卜	
W6023.1.2.1	举行弩弓竞射以占卜山神是否放他的野兽	【独龙族】
W6023.1.2.2	狩猎前，萨满占卜出猎方向	【鄂伦春族】
W6023.1.2.3	出猎前要占卜竹卦	
W6023.1.2.3.1	出猎前占卜竹卦时，竹卦以双仰为阳，双俯为阴，阴卦为吉	【仡佬族】
W6023.1.3	狩猎前念经	【珞巴族】
W6023.1.4	狩猎前禁忌做特定事	［W6028.5.1］狩猎前不和女人同房
W6023.2	追打猎物（追捕猎物；追撵猎物）	［W6028.2.1.2］以前人和熊一起生活，一起追赶猎物
W6023.2.1	以前用石头、树枝追打野兽	【水族】
W6023.2.1.1	古时的人拿着磨制的石器和粗糙的棍棒东奔西跑追捕野兽	【汉族】
W6023.2.2	以前，人天天跑着打猎	【汉族】
W6023.2.3	人通过追撵动物狩猎	【白族】
W6023.2.4	借助工具追赶猎物	
W6023.2.4.1	猎人制成独木舟追赶渡水猎物	【高山族（曹人）】

W 编码	母题描述	关联项
W6023. 3	围攻猎物（围猎）	
W6023. 3. 1	围猎的产生	
W6023. 3. 1. 1	恩都力天神教人们结群围猎	【鄂伦春族】
W6023. 3. 1. 2	女娲教人们用绳子结网围猎	【汉族】
W6023. 3. 1. 2a	女娲教大家围打野兽	【汉族】
W6023. 3. 2	围猎的方法（围猎的情形）	
W6023. 3. 2. 1	众人拿石头、木棒围猎	【佤族】
W6023. 3. 2. 2	用火围猎	【汉族】
W6023. 3. 2. 2. 1	商伯教人用火围成圈儿逮野兽	【汉族】
W6023. 3. 2. 2. 2	放火烧山围猎	【汉族】
W6023. 3. 3	与围猎有关的其他母题	［W6031. 7］围堰捕鱼
W6023. 3. 3. 1	围猎方法强于光用石头去砸野物	【汉族】
W6023. 3. 3. 2	围捕一只野兽要靠大伙的力量	【佤族】
W6023. 4	群体狩猎（合作狩猎；狩猎需要众人合作）	【苗族】
W6023. 4. 0	群体狩猎的原因	
W6023. 4. 0. 1	群体狩猎力量大	【佤族】@［W6023. 3. 3. 2］围捕一只野兽要靠大伙的力量
W6023. 4. 0. 2	合作狩猎可多获猎物	
W6023. 4. 0. 2. 1	七八个人自愿抱团去打猎后猎获很多野兽	【鄂伦春族】
W6023. 4. 0. 3	联合起来才能打大的动物	【汉族】
W6023. 4. 1	夫妻合作狩猎	【汉族】
W6023. 4. 1. 1	丈夫坡头吹笛子招引走兽，妻子坐在箐尾弹口弦招引飞禽	【纳西族】
W6023. 4. 2	众人结伴狩猎	【佤族】
W6023. 4. 2. 1	以前，人集队上山狩猎	【哈尼族】
W6023. 4. 2. 2	人联合起来狩猎	【汉族】@［W6026. 9. 1. 1］以前人捕捉小动物，后来大家联合打大的动物

W 编码	母题描述	关联项
W6023.4.3	众兄弟群体狩猎	
W6023.4.3.1	九兄弟每天磨好戈矛和箭镞，结队到深山打猎	【藏族】
W6023.4.3.2	兄弟配合狩猎	【哈尼族】
W6023.4.4	一家人狩猎	【汉族】
W6023.4.4.1	槃瓠王领着子孙一起狩猎	【畲族】
W6023.4.4.2	一个家族就是一个猎队，家族越大出猎的人越多	【苗族】
W6023.4.5	老老少少一起狩猎	【苗族】
W6023.4.6	群体狩猎的其他情形	
W6023.4.7	与群体狩猎有关的其他母题	［W6023.7.5］狩猎者的组合
W6023.5	设陷阱狩猎	【汤普森】A1458.1
W6023.5.1	陷阱的产生	
W6023.5.1.1	猴子教姐弟俩挖陷坑	【白族】@［W6021.1.1.1］猴子教姐弟俩用石块打獐子，用弩箭射鹞鹰，用陷坑下老熊
W6023.5.1.2	天神厄莎让人挖深坑捕猛兽	【拉祜族】
W6023.5.1.3	尧受掉落坑中的启发发明陷阱	【汉族】
W6023.5.1.3a	黄帝发明陷阱	【中华民族】
W6023.5.1.3b	伯益发明捕兽的陷阱	【汉族】@［W6020.5.2］猎人伯益教尧狩猎
W6023.5.1.4	陷阱的制作方法	
W6023.5.1.4.1	在野兽出没的路上挖陷阱	【汉族】
W6023.5.1.4.2	陷阱上面盖上树枝做伪装	【汉族】
W6023.5.2	陷阱的特征	
W6023.5.2.1	陷阱可捕大野兽	【汉族】
W6023.5a	套夹猎物	
W6023.5a.1	下扣子（下夹子）	【民族，关联】①

① 【怒族】@［W6020.7.1.1］猎手能嬷教山神织网、支网和下扣子；［W6026.1.2.2］天神厄莎让人做扣子捕鸟。

W 编码	母题描述	关联项
W6023. 5a. 1. 1	五弟兄下扣子捉老熊时锄头作踩板，锄把作夹弓，犁头作横担，耕索作扣绳，犁杆作扣杆，犁耳作扣梢，犁头作扣环	【彝族】
W6023. 5a. 1. 2	五弟兄捉老熊时到地头、地中、地尾各下一个扣	【彝族】
W6023. 5a. 2	夹子的制作	
W6023. 5a. 2. 1	天神厄莎让麂子、马鹿、岩羊做夹子	【拉祜族】
W6023. 5a. 3	通过设套子捕捉动物	
W6023. 5a. 3. 1	布碌陀用麻皮搓成了三十个圈套，用柴枝做成了七十个木夹子捉住斑鸠、山鸡和老鼠	【壮族】
W6023. 6	其他狩猎方法	［W9070］魔物（法）捕捉动物；［W9071］魔物（法）捕杀动物
W6023. 6. 1	诱捕动物	
W6023. 6. 1. 1	用特定的声音诱捕动物	【纳西族】@［W6023. 4. 1. 1］丈夫坡头吹笛子招引走兽，妻子坐在箐尾弹口弦招引飞禽
W6023. 6. 1. 1. 1	猎人学兽叫诱捕野兽	【布朗族】
W6023. 6. 1. 2	用动物诱捕猎物	
W6023. 6. 1. 2. 1	用牛诱捕老虎	【傣族】
W6023. 6. 2	用咒语狩猎	【关联】①
W6023. 6. 2. 1	狩猎时念咒语	【壮族】
W6023. 6. 2a	狩猎巫术	【多民族】
W6023. 6. 3	狩猎时高声喊叫（狩猎时搞动静）	

① ［W9113. 2］通过咒语获得魔力；［W9175］咒语。

W 编码	母题描述	关联项
W6023.6.3.1	捕猎山驴、岩羊时喊叫吹号角	【彝族】
W6023.6.4	羁绊狩猎法	
W6023.6.4.1	用绊子捕捉猎物	【傣族】
W6023.6.4.2	用藤子绊路捉住麂子、马鹿	【傣族】
W6023.6.5	狩猎时化装（狩猎时伪装）	
W6023.6.5.1	狩猎时变成图腾动物会多获猎物	【蒙古族（布里亚特）】
W6023.6.6	与猎物拼力气	
W6023.6.6.1	以前狩猎时徒手和野兽厮拼	【哈尼族】
W6023.7	与狩猎方法有关的其他母题（与狩猎情形有关的其他母题）	
W6023.7.0	打猎的基本技能	
W6023.7.0.1	打猎要学会爬树、登山、钻洞	【汉族】
W6023.7.1	最早的狩猎方法	
W6023.7.1.1	以前人用手抓动物	【彝族】
W6023.7.2	狩猎方法的改变	
W6023.7.2.1	人以前用手就可以捉动物，天神认为人太贪心，就改为人只能用刀枪才能获得猎物	【彝族】
W6023.7.3	猎特定动物有特定的方法	
W6023.7.3.1	撵麂子要有猎狗、麻索和猎网	【彝族】
W6023.7.4	快乐的狩猎	
W6023.7.4.1	人们白天一起打猎，晚上一起围着火堆唱山歌	【汉族】
W6023.7.5	狩猎者的组合	
W6023.7.5.1	男子随舅舅狩猎	【纳西族（摩梭）】
W6023.7.6	偷猎	【满族】
W6023.7.7	召集动物	
W6023.7.7.1	造物之神教会祖先召集动植物的本领	【佤族】

W 编码	母题描述	关联项
W6023. 7. 8	狩猎的风险	
W6023. 7. 8. 1	狩猎时出现跌打损伤等事故	【汉族】
W6024	**狩猎工具**	［W6081］工具的产生（工具的获得；一般性工具的产生；农具的来历）
W6024. 1	狩猎工具的产生	
W6024. 1. 1	狩猎工具源于特定地方	
W6024. 1. 2	特定人物制造狩猎工具（特定人物发明狩猎工具）	
W6024. 1. 2. 0	盘古规定狩猎工具	
W6024. 1. 2. 0. 1	盘王规定人以石尖为武器	【壮族】
W6024. 1. 2. 1	人祖彭干支伦和木占外顺造打猎武器	【景颇族】
W6024. 1. 2. 2	能人最先创造狩猎工具	【哈尼族】
W6024. 1. 2. 3	天鬼造狩猎工具	【景颇族】
W6024. 1. 2. 4	官员发明狩猎工具	
W6024. 1. 2. 4. 1	黄帝的大臣常先发明狩猎工具	【汉族】
W6024. 1. 2. 5	猎手发明狩猎工具	
W6024. 1. 2. 5. 1	猎手阿宾肯日发明比棍棒、石块更轻巧的狩猎工具	【珞巴族】
W6024. 1. 2. 6	伏羲女娲教人造狩猎工具	【汉族】
W6024. 1. 2. 6. 1	女娲教人造狩猎的斧、弓	【汉族】
W6024. 2	狩猎工具的特征	
W6024. 3	特定的狩猎工具	
W6024. 3. 1	用石头狩猎	【汉族】【哈尼族】
W6024. 3. 1. 1	以前，人靠捡石头砸飞鸟	【水族】
W6024. 3. 1. 2	人把石块磨磨尖作狩猎工具	【汉族】@［W6024. 1. 2. 0. 1］盘王规定人以石尖为武器
W6024. 3. 1. 2. 1	人把石块磨磨尖，打大的动物	【汉族】

W 编码	母题描述	关联项
W6024.3.1.3	祖先看见一只麂子被崖上滚下的石头砸倒，知道了用石头作狩猎的工具	【哈尼族】
W6024.3.1.4	白石做狩猎武器	【藏族】
W6024.3.2	用棍棒狩猎	【苗族】
W6024.3.2.1	以前，人掰断树上的枝丫追打野兽	【水族】
W6024.3.2.2	用棍棒、石块打猎很艰难	【珞巴族】
W6024.3.3	用刀枪狩猎（用刀狩猎；用枪狩猎）	【水族】
W6024.3.3.1	鄂伦春人用石头做扎枪	【鄂伦春族】
W6024.3.3.2	猎枪	
W6024.3.3.2.1	射鹰枪	【苗族】
W6024.3.4	用网狩猎	【瑶族】@［W6031.2］用网捕鱼（网鱼）
W6024.3.4.1	猎网的产生	【汤普森】A1457.3
W6024.3.4.1.1	向蜘蛛学会结网	【侗族】【哈尼族】
W6024.3.4.1.1.1	伏羲向蜘蛛学会结网	【汉族】
W6024.3.4.1.2	女人用头发织出捕猎的网	【汉族】
W6024.3.4.1.3	猎手把织网方法教给山神（猎手会织网）	【白族】@［W6020.7.1.1］猎手能嬷教山神织网、支网和下扣子
W6024.3.4.1.4	猎人和山神一起把织网方法教给其他人	【白族】
W6024.3.4.1.5	特勒么的女人会搓麻索，结猎网	【彝族】
W6024.3.4.1.6	女娲教人结网狩猎	【汉族】
W6024.3.4.1.7	射手雅拉用妻子的头发织成一张捕老虎的大网	【瑶族】
W6024.3.4.2	用网狩猎的情形	
W6024.3.4.2.1	惊吓后的野猪乱跑，被蜘蛛缠住	【珞巴族】

W 编码	母题描述	关联项
W6024. 3. 4. 3	用网狩猎的结果	
W6024. 3. 4. 3. 1	用网去围猎比光用石头去砸野物要强得多	【汉族】
W6024. 3. 4. 4	特定的猎网	
W6024. 3. 4. 4. 1	捕蛟的网	
W6024. 3. 4. 4. 1. 1	大禹的捕蛟神网	【汉族】
W6024. 3. 4. 5	与用网狩猎有关的其他母题	
W6024. 3. 5	用弓箭狩猎（用弩狩猎）	【汉族】［W6965］弓箭的发明（弓箭的产生；弓的产生；箭的产生）
W6024. 3. 5. 1	首领来墨尔根教人使用弓箭打山里野物	【鄂温克族】
W6024. 3. 5. 2	女娲发明用弓箭狩猎	【汉族】@［W6032. 1. 1. 0. 1. 1］伏羲女娲发明用网捕鱼虾
W6024. 3. 5. 3	母系社会发明用弓箭狩猎	【汉族】
W6024. 3. 5. 4	置地弩狩猎	【布朗族】
W6024. 3. 6	弹弓	
W6024. 3. 6. 1	朱蒙弹弓打得好，天上飞的，树上落的，百发百中，被称神弹弓	【朝鲜族】
W6024. 3. 7	梭镖	
W6024. 3. 7. 1	兄弟用乌墨石打磨成梭镖	【白族】
W6024. 3. 8	用树杈石斧狩猎	【白族】@［W6085. 4. 3. 4］石斧
W6024. 3. 8. 1	树杈作捕猎的工具	【哈尼族】
W6024. 3. 8a	用树杈石头狩猎	【水族】
W6024. 3. 9	用其他工具狩猎	
W6024. 3. 9. 1	猎鼓（用鼓狩猎）	
W6024. 3. 9. 1. 1	敲猎鼓能使猎物原地发抖，寸步难行	【壮族】
W6024. 3. 9. 1. 2	黄帝的大臣常先发明了狩猎的工具鼓	【汉族】@［W6917. 1. 3. 1. 2］常先造鼓（常先发明鼓）

W 编码	母题描述	关联项
W6024.4	狩猎工具的使用	
W6024.4.1	女娲教会人使用狩猎工具	【汉族】
W6024.5	与狩猎工具有关的其他母题	
W6024.5.1	狩猎工具的改进	
W6025	**猎物的处置（猎物的处理；猎物的分配；分割猎物）**	【汤普森】≈A1421；A1422
W6025.1	处置猎物者	
W6025.2	处置猎物的时间	
W6025.3	处置猎物的地点	
W6025.4	处置猎物有特定仪式	【基诺族】@［W6499.2.2］杀动物前的祭祀
W6025.4.1	猎物的心脏为什么要分给狩猎者	
W6025.4.2	猎物的头为什么要分给族长	【佤族】
W6025.4.3	猎物的头分给猎物的捕获者	【珞巴族】
W6025.4.4	猎物其他特定肢体的分配	
W6025.5	处理猎物的具体方法	
W6025.5.1	分食猎物	
W6025.5.1.1	打死麂子后，肉要分给大家吃	【彝族】
W6025.5.1.2	分食猎物特定部分	
W6025.5.1.2.1	打到野兽后，取心煮熟蘸上生姜分给同氏族的男人吃，以求打到更多的猎物	【珞巴族】
W6025.5.1.3	猎手打到的野物分给大家吃	【壮族】
W6025.5.1.4	蚩尤兄弟把猎物和鱼虾分给周围百姓	【汉族】
W6025.5.1.5	猎人盘坝每次获得猎物都要给寨里的人家每家送上一份	【布朗族】
W6025.5.2	平均分配猎物（分发猎物）	【彝族】【彝族（俚颇）】

W 编码	母题描述	关联项
W6025. 5. 2. 1	猎人把野猪肉剁成份子肉坨分送亲戚朋友	【纳西族（摩梭）】
W6025. 5. 2. 2	猎物要分一半给遇到的人	【鄂伦春族】
W6025. 5. 2. 3	捕获的恶鱼肉平摊分给大家	【侗族】
W6025. 5. 2. 4	小伙子们钓到的岜洛黑鱼男女老少每人分得三斤鱼肉	【布依族】
W6025. 5. 2a	不平均分配猎物（分猎物不公）	
W6025. 5. 2a. 1	把猎的虎肉分成十二份，有的没有分到	【彝族】
W6025. 5. 3	猎物各取所需	【瑶族（布努）】
W6025. 5. 4	猎手主动把打到的野物分给大家吃	【壮族】
W6025. 5. 5	获取的猎物分解处理	
W6025. 5. 5. 1	捕获的麝肉喂大狗，麝血喂小狗，麝香官家要，麝皮送给西波，麝牙留着换药苗	【彝族】
W6025. 5. 5. 2	妹崽打到猎物后，留下兽头，其他部分分给山上的每一个土家人	【土家族】
W6025. 5. 5. 3	猎人把猎到的鹿或狎的心和头切成若干块分给各家吃	【鄂温克族】
W6025. 5. 6	分食猎物的其他规定	
W6025. 5. 6. 1	分食猎物时，骨头不分	【彝族（俚颇）】
W6025. 6	处置猎物的结果	
W6025. 7	与处置猎物有关的其他母题	
W6025. 7. 1	被人吃的动物	【汤普森】A1422. 0. 2；［W3067. 4］有些动物为什么被人吃
W6025. 7. 2	动物为什么被人吃	
W6026	**狩猎特定动物（狩猎对象；打猎的类型）**	
W6026. 0	狩猎动物的原因	
W6026. 0. 1	动物因愚笨被狩猎	【水族】

W 编码	母题描述	关联项
W6026.1	猎鸟（捕鸟；捉鸟；打鸟）	
W6026.1.1	猎鸟的产生	
W6026.1.1.1	尧发明猎鸟	
W6026.1.1.1.1	尧发明猎鸟的“石流星”	【汉族】
W6026.1.2	猎鸟的方法（猎鸟的情形）	
W6026.1.2.1	伏羲氏教会人捉鸟	【汉族】
W6026.1.2.2	天神厄莎让人做扣子捕鸟	【拉祜族】
W6026.1.2.3	用网捕鸟	【汉族】
W6026.1.2.3.1	木神句芒仿照渔网编成了捕鸟的网	【汉族】
W6026.1.2.4	用筐捕鸟	
W6026.1.2.4.1	竹筐倒过来里面放一个小鸡作诱饵捕鸟	【珞巴族】
W6026.1.2.5	用石板压鸟	
W6026.1.2.5.1	在支起的石板下放蚂蚁、蚂蚱做诱饵，雀鸟来吃时拉支石板的棍子把雀鸟压住	【哈尼族】
W6026.1.3	捉特定的鸟	
W6026.1.3.1	捉鹰	
W6026.1.3.1.1	有巢氏捉鹰	【汉族】
W6026.1.4	与猎鸟有关的其他母题	[W6079.1.1.1.1] 人由捉鸟兽，后来变为砍山种山兰稻
W6026.2	猎鹿	
W6026.2.1	猎鹿的产生	
W6026.2.2	猎鹿的方法（猎鹿的情形）	
W6026.2.2.1	数人围猎山鹿	【高山族】
W6026.2.3	猎特定的鹿	
W6026.2.3.1	打麇鹿	
W6026.2.3.1.1	打麇鹿要跑得比鹿还快	【汉族】
W6026.2.4	与猎鹿有关的其他母题	[W6023.6.4.2] 用藤子绊路捉住麂子、马鹿

W 编码	母题描述	关联项
W6026. 3	猎牛	
W6026. 3. 1	猎牛的产生	
W6026. 3. 2	猎牛的方法（猎牛的情形）	
W6026. 3. 3	与猎牛有关的其他母题	
W6026. 3. 3. 1	狩猎野牛	【汉族】
W6026. 4	猎猪	
W6026. 4. 1	猎猪的产生	
W6026. 4. 2	猎猪的方法（猎猪的情形）	
W6026. 4. 3	与猎猪有关的其他母题	
W6026. 5	猎羊	
W6026. 5. 1	猎羊的产生	
W6026. 5. 2	猎羊的方法（猎羊的情形）	
W6026. 5. 3	猎特定的羊	
W6026. 5. 3. 1	打黄羊	
W6026. 5. 3. 1. 1	打黄羊要跑得比羊快	【汉族】
W6026. 5. 4	与猎羊有关的其他母题	
W6026. 6	猎熊	
W6026. 6. 1	猎熊的产生	
W6026. 6. 2	猎熊的方法（猎熊的情形）	【彝族】@［W6023. 5a. 1. 1］五弟兄下扣子捉老熊时锄头作踩板，锄把作夹弓，犁头作横担，耕索作扣绳，犁杆作扣杆，犁耳作扣梢，犁头作扣环
W6026. 6. 2. 1	用强弓硬箭和加重的铁夹猎熊	【哈萨克族】
W6026. 6. 3	与猎熊有关的其他母题	
W6026. 6. 3. 1	猎人们联合起来围猎黑熊以失败告终	【哈萨克族】
W6026. 7	猎虎	

W 编码	母题描述	关联项
W6026. 7. 1	猎虎的产生	
W6026. 7. 2	猎虎的方法（猎虎的情形）	
W6026. 7. 2. 1	用网猎虎	［W6024. 3. 4］用网狩猎
W6026. 7. 2. 1. 1	猎人的妻子用头发结成捕捉猛虎的大网	【汉族】
W6026. 7. 2. 2	打虎要比虎还猛	【汉族】
W6026. 7. 2. 3	轩辕带领大家狩猎遇猛虎	【侗族】
W6026. 7. 3	与猎虎有关的其他母题	
W6026. 8	捕猎其他特定动物	
W6026. 8. 1	捕猎白麝	
W6026. 8. 1. 1	用十二张猎网捕猎白麝	【彝族】
W6026. 8. 2	猎兔子	
W6026. 8. 2. 1	勇士追兔子	【蒙古族】
W6026. 8. 3	捕蛙	
W6026. 8. 3. 1	姜央捕捉青蛙	【苗族】
W6026. 8. 4	捕蛇	
W6026. 8. 4. 1	姜央捕捉青蛇	【苗族】
W6026. 8. 5	捉松鼠	
W6026. 8. 5. 1	捉松鼠要比松鼠灵活	【汉族】
W6026. 8. 6	捉猴子	
W6026. 8. 6. 1	捉猴子要比猴子还灵活	【汉族】
W6026. 9	与狩猎动物有关的其他母题	
W6026. 9. 1	狩猎对象的变化	［W6027. 1］狩猎对象的确定
W6026. 9. 1. 1	以前人捕捉小动物，后来大家联合打大的动物	【汉族】@［W6026. 6. 3. 1］猎人们联合起来围猎黑熊以失败告终
W6026. 9. 2	以前狩猎对象很单一	
W6026. 9. 2. 1	以前，人只知道撵麂子打豹子	【景颇族】
W6026. 9. 3	猎杀图腾物	

W 编码	母题描述	关联项
W6026. 9. 3. 1	猎杀图腾物后的仪式	
W6026. 9. 3. 1. 1	猎杀图腾物后要用对人的方法对待它	【蒙古族（布里亚特）】
W6026. 9. 3. 1. 2	杀图腾物后学其他动物的叫声	
W6026. 9. 3. 1. 2. 1	杀死熊后学乌鸦叫	【蒙古族（布里亚特）】
W6026. 9. 3. 1. 3	猎杀图腾物后对猎物说是对手打死的	【蒙古族（布里亚特）】
W6026. 9. 3. 1. 4	猎杀图腾物后为它送终	【蒙古族（布里亚特）】
W6027	**狩猎规则（打猎规矩；捕鱼经验）**	【纳西族】
W6027. 1	狩猎对象的确定	
W6027. 1. 1	神安排人的狩猎	【鄂伦春族】
W6027. 1. 2	狩猎规则是猎大不猎小	【傣族】
W6027. 1. 2. 1	忌猎杀小动物	【汉族】
W6027. 1. 3	忌猎杀怀胎的雌性动物	
W6027. 2	猎取猎物的数量	
W6027. 2. 1	猎神规定猎物的数量	【达斡尔族】
W6027. 3	狩猎时举行特定仪式（狩猎仪式）	
W6027. 3. 1	为猎物祷念仪式	
W6027. 3. 1. 1	举行祈求狩猎活动获得胜利的仪式上，诵念咒语仪式不可缺少	【怒族】
W6027. 3. 2	狩猎祭祀仪式	
W6027. 3. 2. 1	上山打猎要祭献山神树，打猎捕获猎物也要祭献	【彝族（葛泼）】
W6027. 3. 3	狩猎时求神保佑	
W6027. 3. 3. 1	三兄弟狩猎杀象时，因不能杀死，请求天神烟沙保佑	【哈尼族】

W 编码	母题描述	关联项
W6027.3.4	狩猎猎物后祭祀	［W6050.4.1.1］收获新粮后祭神（收获后祈祷）
W6027.3.4.1	每当猎得各种大小野兽，要先祭祀神主	【佤族】
W6027.3.4.2	狩猎归来后祭祀山神	【傣族】
W6027.3.4.3	猎获山羊、野猪后要取出内脏去祭敬（回草）	【仡佬族】
W6027.3.4.4	狩猎后祭祀猎物	
W6027.3.4.4.1	狩猎后祭祀猎物以防它向人讨还血债	【壮族】
W6027.3.4.5	狩猎后祭神	
W6027.3.4.5.1	上山打猎归来要敬梅山神	【土家族】
W6027.3.5	狩猎猎物后庆祝	
W6027.3.5.1	狩猎后击鼓庆祝	【汉族】
W6027.4	狩猎过程有特定的程序或禁忌	
W6027.4.1	猎手出猎要事先约定，按时出门会合，路上互不讲话，各行其道，捕获猎物后先祭猎神，后分食	【仡佬族】
W6028	**与狩猎有关的其他母题（与渔猎有关的其他母题）**	【关联】①
W6028.0	狩猎者（猎兽人；打猎人；猎手）	
W6028.0.1	神是狩猎者（神狩猎）	
W6028.0.2	神性人物是狩猎者（神性人物狩猎）	
W6028.0.2.1	神仙狩猎	
W6028.0.2.2	祖先狩猎	
W6028.0.2.3	燧人氏打猎	【汉族】
W6028.0.2.4	嫘祖在雷泽打猎	【汉族】

① ［W3095］动物为什么被狩猎；［W6100.8.1］远古时的人全靠打猎为生；［W6574］狩猎习俗。

W 编码	母题描述	关联项
W6028. 0. 2. 5	神农狩猎	【汉族】
W6028. 0. 3	特定的人是狩猎者（特定的人狩猎）	
W6028. 0. 3. 1	老人狩猎	
W6028. 0. 3. 2	父子狩猎	
W6028. 0. 3. 2. 1	盘瓠领着儿子们上山打猎	【瑶族】
W6028. 0. 3. 3	夫妻狩猎	［W6023. 4. 1］夫妻合作狩猎
W6028. 0. 3. 4	男人狩猎	
W6028. 0. 3. 4. 1	练武打猎只是男人们的事	【阿昌族】
W6028. 0. 3. 4. 2	男人因为不会养动物所以狩猎	【布朗族】
W6028. 0. 3. 5	女人狩猎（女人是狩猎者；女猎人）	【汉族】
W6028. 0. 3. 5. 1	共工氏的女儿农奇出外猎兽	【汉族】
W6028. 0. 3. 5. 2	女子米才伦天天到山里打猎	【鄂伦春族】
W6028. 0. 3. 6	猎手世家	
W6028. 0. 3. 6. 1	祖祖辈辈都是有名的猎手	【塔吉克族】
W6028. 0. 3. 6. 2	父子猎手	【毛南族】
W6028. 0. 3. 7	特定的群体是狩猎者	
W6028. 0. 3. 7. 1	毕兹卡靠打猎捕鱼为生	【土家族】
W6028. 0. 4	动物是狩猎者（动物狩猎）	
W6028. 0. 5	其他特定的狩猎者	
W6028. 0. 6	好猎手的特征（著名狩猎者的标准；杰出的猎手；猎手的本领）	
W6028. 0. 6. 1	著名的猎手家中堆满兽骨	【珞巴族】
W6028. 0. 6. 2	从来没有被野兽伤害过的猎手	【珞巴族】
W6028. 0. 6. 3	好猎手独自打死老虎	【苗族】
W6028. 0. 6. 4	猎手用一颗石头子砸死两只飞鹅，用一顿木棒扪死一只老虎	【水族】
W6028. 0. 6. 5	猎手弩箭擒虎豹，长刀杀野猪	【阿昌族】

W 编码	母题描述	关联项
W6028.0.7	与狩猎者有关的其他母题	【关联】①
W6028.0.7.1	最厉害的猎人	
W6028.0.7.1.1	天底下最厉害的猎人阿崩嘎仁	【珞巴族】
W6028.0.7.2	猎户	
W6028.0.7.2.1	猎户居住在靠山临水的荒野地带	【蒙古族】
W6028.0.7.3	个色的猎手	
W6028.0.7.3.1	不会制作弓箭的猎人	【珞巴族】
W6028.0a	狩猎的指挥者（狩猎的带路人）	
W6028.0a.1	首领带领狩猎	【汉族】
W6028.0a.1.1	半坡氏族的头人带人狩猎	【苗族】
W6028.0a.2	狩猎靠猎神领路	【壮族】
W6028.0a.3	长辈让后代狩猎	【汉族】
W6028.0a.3.1	长辈带领子孙狩猎	
W6028.0a.3.1.1	祖公盘瓠王领子孙狩猎	【畲族】
W6028.0a.4	特定人物带领打猎	
W6028.0a.4.1	燧人氏经常带领人们四处打猎	【汉族】
W6028.0a.4.2	轩辕黄帝带领大家打猎	【侗族】
W6028.0a.4.3	蚩尤带领众弟兄上山打猎	【汉族】
W6028.0b	狩猎的护佑者	
W6028.0b.1	人在动物父亲佑护下狩猎颇丰	【苗族】
W6028.1	狩猎的帮助者	
W6028.1.1	神或神性人物是打猎的帮助者	
W6028.1.1.1	猎神帮人狩猎	
W6028.1.1.1.1	猎神化身姑娘帮人狩猎	【怒族】
W6028.1.2	特定的人是打猎的帮助者	
W6028.1.3	动物是打猎的帮助者（动物帮人狩猎）	
W6028.1.3.1	狗帮人打猎	【傣族】@［W3133.8］猎狗

① ［W6023.4］群体狩猎（合作狩猎；狩猎需要众人合作）；［W6023.7.5］狩猎者的组合。

W 编码	母题描述	关联项
W6028. 1. 3. 1. 1	狗为什么帮人打猎	［W3105 ~ W3133］狗
W6028. 1. 3. 1. 1. 1	观音让狗帮人打猎撵野兽	【白族】
W6028. 1. 3. 1. 1. 2	菩萨给的天上的猎狗到地上帮人狩猎	【普米族】
W6028. 1. 3. 1. 2	撵山狗帮人打猎（猎狗帮人打猎）	【珞巴族】【彝族】
W6028. 1. 3. 1. 3	山狗帮人撵山羊	【白族】
W6028. 1. 3. 2	鹰帮人打猎	
W6028. 1. 3. 2. 1	鹰像猎犬一样帮人打猎	【塔吉克族】
W6028. 1. 3. 3	鹤帮人打猎	
W6028. 1. 3. 3. 1	鹤在空中帮猎人找猎物	【汉族】
W6028. 1. 3. 4	猴帮人打猎	
W6028. 1. 3. 4. 1	毛猴出猎时当帮手	【汉族】
W6028. 1. 4	植物是打猎的帮助者（特定植物帮人狩猎）	
W6028. 1. 4. 1	以前树木帮人打猎	［W9987］帮助者
W6028. 1. 4. 1. 1	以前，树有眼睛，打猎时帮人观察撵野兽	【白族】
W6028. 1. 4. 5	其他人物是狩猎帮助者	
W6028. 1. 4. 6	与狩猎帮助者有关的其他母题	
W6028. 1. 4. 6. 1	动物主动把自己奉献给猎人	【白族】
W6028. 2	狩猎的参与者（打猎的合作者）	
W6028. 2. 1	动物是狩猎的参与者	
W6028. 2. 1. 1	人约集土蜂、苍蝇等一同猎猪	【珞巴族】
W6028. 2. 1. 2	以前人和熊一起生活，一起追赶猎物	【鄂温克族】
W6028. 2. 2	以前人与神共同狩猎	【布依族】
W6028. 2. 3	兄弟共同狩猎	【纳西族】@［W6023. 4. 3］众兄弟群体狩猎
W6028. 2a	狩猎的干扰者（狩猎的破坏者）	

W 编码	母题描述	关联项
W6028. 2a. 1	猎神阻止猎人狩猎	【哈尼族】
W6028. 3	狩猎的时间（狩猎时间；捕猎时间）	
W6028. 3. 0	开天辟地时，人靠渔猎生存	【白族】
W6028. 3. 0. 1	天地形成后，人以猎获小动物为食	【苗族】
W6028. 3. 1	白天狩猎	【汉族】【满族】@［W6023. 7. 4. 1］人们白天一起打猎，晚上一起围着火堆唱山歌
W6028. 3. 2	夜间狩猎	
W6028. 3. 3	特定季节狩猎	
W6028. 3. 3. 1	冬天狩猎	【侗族】
W6028. 3. 3a	特定月份狩猎	
W6028. 3. 3a. 1	每年九月至十月间是打猎的最好时候	【汉族】
W6028. 3. 4	农闲时狩猎	【水族】
W6028. 3. 5	特定的时代狩猎	
W6028. 3. 5. 1	伏羲时代，人只晓得打野物	【汉族】
W6028. 3. 5. 2	黄帝时代，靠打野物为生	【汉族】
W6028. 3. 5. 3	炎帝时代狩猎	【汉族】@［W6028. 8. 3. 3］炎帝时，人得不到猎物就要挨饿
W6028. 4	狩猎的地点（渔猎的地点）	
W6028. 4. 1	狩猎有特定地点	
W6028. 4. 1. 1	人到天上的稀丁湖渔猎	【珞巴族】
W6028. 4. 1. 2	黑龙江上游的达斡尔人上山靠打飞禽走兽、下河靠捕鱼为生	【达斡尔族】
W6028. 4. 2	荒岛渔猎	
W6028. 4. 2. 1	丑女与狗丈夫荒岛渔猎为生	【高山族（赛夏）】
W6028. 4. 3	到山上林中打野物	【汉族】
W6028. 5	狩猎禁忌	

W 编码	母题描述	关联项
W6028. 5. 1	狩猎前不和女人同房	
W6028. 5. 1. 1	狩猎前不和女人同房才能获得更多的野物	【傈僳族】
W6028. 5. 2	狩猎语言禁忌	
W6028. 5. 2. 1	狩猎不能说特定动物的名字	
W6028. 5. 2. 1. 1	猎人出猎期间不能说熊（博博克）和虎（塔斯哈）的真名	【达斡尔族】
W6028. 5. 3	特定时间禁猎	［W6028. 3. 3］特定季节狩猎
W6028. 5. 3. 1	黄帝教民江湖陂泽山林原隰皆收采禁捕以时	【中华民族】
W6028. 6	狩猎中的分工	［W6095. 4. 1］劳动中的分工
W6028. 6. 1	狩猎时有人追撵动物，有人堵截	
W6028. 6. 1. 1	五个人去打猎时，四个人在崖子四围堵截，一个人领着狗沿山崖去撵	【独龙族】
W6028. 7	动物获得猎物	
W6028. 7. 1	动物有特定狩猎本领的来历	
W6028. 7. 2	动物捉人为食	［W6149. 1. 4. 0a. 2］大动物吃人
W6028. 8	狩猎的结果（狩猎结果；渔猎的结果）	
W6028. 8. 1	猎有所获	
W6028. 8. 1. 1	远古时，人能猎些弱小动物	【藏族】@［W6026. 9. 1. 1］以前人捕捉小动物，后来大家联合打大的动物
W6028. 8. 2	狩猎失败	
W6028. 8. 2. 1	因误杀父亲狩猎一无所获	【苗族】
W6028. 8. 3	狩猎不能满足食用	【汉族】
W6028. 8. 3. 1	靠打猎捕鱼填不饱肚子	【汉族】
W6028. 8. 3. 2	野物打得少或打不到，人就会挨饿	【汉族】

W 编码	母题描述	关联项
W6028.8.3.3	炎帝时，人得不到猎物就要挨饿	【汉族】
W6028.8.4	为什么不同的人猎到的猎物多少不同	
W6028.8.4.1	不同的人猎到的猎物多少不同，是因为丢失了特定猎具	【珞巴族】
W6028.8.5	猎物的归属（猎物的处理）	
W6028.8.5.1	神规定猎物归狩猎者	【鄂伦春族】
W6028.8.6	猎物的存放	
W6028.8.6.1	猎物用泥巴糊好藏起来	【苗族】
W6028.9	与狩猎有关的其他情形	
W6028.9.1	猎物为什么打不完	
W6028.9.1.1	猎物不绝是因为老喇嘛每天造野兽	【蒙古族】
W6028.9.2	获取猎物时要祭神	［W6050.4.1.1］收获新粮后祭神（收获后祈祷）
W6028.9.2.1	下套子的人在取回猎物之前要先祭告山神	【壮族】@［W6023.1.1.4］狩猎前告知山神
W6028.9.3	捕到猎物的征兆	
W6028.9.3.1	看天象判断是否获得猎物	【珞巴族】
W6028.9.4	游猎生活	
W6028.9.4.1	五千年前的黄帝时代，人们过着游猎生活	【汉族】
***W6029**	**捕鱼**	
W6030	**捕鱼的产生**	【汤普森】A1457；［W6017］狩猎的产生（渔猎的产生；打猎的来历）
W6030.1	人以前不会捕鱼	
W6030.1.1	人以前想不出捉鱼的办法	【哈尼族】
W6030.2	捕鱼的原因	
W6030.2.1	人为了解决饥饿捕鱼	【高山族（泰雅）】

W 编码	母题描述	关联项
W6030. 2. 1. 1	伏羲见儿孙靠打猎吃不饱就教他们捉鱼	【汉族】
W6030. 2. 2	因打猎不够吃捕鱼	【汉族】
W6030. 2. 3	因人不会种庄稼捕鱼	【汉族】
W6030. 3	捕鱼的发明者	
W6030. 3. 1	伏羲发明捕鱼	【汉族】
W6030. 4	特定的人物教人捕鱼	
W6030. 4. 1	神教人捕鱼	
W6030. 4. 2	神性人物教人捕鱼	
W6030. 4. 2. 0	盘古教人捕鱼	【壮族等】
W6030. 4. 2. 1	伏羲女娲教人捕鱼	【汉族】
W6030. 4. 2. 2	伏羲教人捕鱼	【民族，关联】①
W6030. 4. 2. 2. 1	伏羲在宛丘教人捕鱼	【汉族】
W6030. 4. 2. 2. 2	宓牺氏教人捕鱼	【汉族】@［W6031. 2. 2. 3. 1］宓牺氏结网罟教人捕鱼
W6030. 4. 2. 2. 3	伏羲结网罟以教捕鱼	【汉族】
W6030. 4. 2. 2. 4	伏羲派人教别处的儿孙们学捉鱼	【汉族】
W6030. 4. 2. 3	布洛陀教人捕鱼	【壮族】
W6030. 4. 3	特定的人教人捕鱼	
W6030. 4. 3. 1	南蛮阿玛教人捕鱼	【满族】@［W6020. 6. 2. 1］南蛮教打猎
W6030. 4. 4	动物教人捕鱼	
W6030. 4. 4. 1	小动物飞虎教会哈尼人捕鱼	【哈尼族】@［W6013. 1. 1. 1］小动物飞虎教会哈尼人摘食树果
W6030. 4. 5	其他特定人物教人捕鱼	
W6030. 4. 6	通过模仿学会捕鱼	［W6022. 2］通过模仿学会狩猎
W6031	**捕鱼方法**	

① 【汉族】@［W6030. 2. 1. 1］伏羲见儿孙靠打猎吃不饱就教他们捉鱼；［W6031. 2. 2. 3］伏羲发明渔网。

W 编码	母题描述	关联项
W6031.1	捕鱼方法的产生（捕鱼方法的获得）	
W6031.1.1	神或神性人物教人捕鱼	
W6031.1.1.1	女娲教儿女们捕鱼	【汉族】
W6031.1.1.2	祖先布洛陀教人捕鱼方法	【壮族】
W6031.1.2	特定的人教人捕鱼	
W6031.1.2.1	鱼凫（古国王名）教民捕鱼	【汉族】
W6031.1.3	动物教人捕鱼	
W6031.1.4	其他特定人物教人捕鱼	
W6031.1.5	捕鱼方法产生的其他方式	
W6031.1.6	与捕鱼方法的获得	
W6031.2	用网捕鱼（网鱼）	【汤普森】A1527；【汉族】@［W6032.1］渔网（网）
W6031.2.1	为什么用网捕鱼	【汤普森】A2465.1
W6031.2.2	渔网的发明者	［W6032.1.1］渔网的产生（网的产生）
W6031.2.2.1	人从鬼那里学会织渔网	【独龙族】
W6031.2.2.2	太昊造渔网	【汉族】
W6031.2.2.2.1	太昊师蜘蛛而结网	【汉族】
W6031.2.2.3	伏羲发明渔网	【汉族】
W6031.2.2.3.1	宓牺氏结网罟教人捕鱼	【汉族】
W6031.2.2.3.1a	包牺氏作结绳而网罟	【中华民族】
W6031.2.2.3.2	伏羲观察蜘蛛结网学会制作渔网	【汉族】@［W6024.3.4.1.1.1］伏羲向蜘蛛学会结网
W6031.2.2.3.3	伏羲模仿蜘蛛结网创造了网罟	【汉族】
W6031.2.2.3.4	伏羲教人们用网来捕鱼	【汉族】
W6031.2.2.3.4.1	伏羲教儿孙结网捕鱼	【汉族】
W6031.2.2.3.4.1.1	伏羲的儿孙们没到三天都学会捉鱼	【汉族】

W 编码	母题描述	关联项
W6031. 2. 2. 4	第三代人铜罗与萨可仿照蜘蛛学会结网捕鱼	【侗族】
W6031. 2. 2. 5	布洛陀教人造渔网捕鱼	【壮族】
W6031. 2. 2. 6	天神厄莎让大鱼小鱼织大网	【拉祜族】
W6031. 2. 2. 7	其他特定人物织渔网	
W6031. 2. 2. 7. 1	始祖的子女亨卓枝和班卓芝姐弟俩仿照着蜘蛛织网编织渔网	【白族】
W6031. 2. 2. 7. 2	特定的女子造渔网	【汉族】
W6031. 2. 2. 8	用网捕鱼的结果	
W6031. 2. 2. 8. 1	用网捕鱼比用手捉鱼捉得多	【汉族】
W6031. 2. 2. 8. 2	用网能捕很多鱼虾	【汉族】
W6031. 2. 2. 9	与用网捕鱼有关的其他母题	
W6031. 2. 2. 9. 1	用网捕鱼的时间	
W6031. 2. 2. 9. 1. 1	趁黑夜撒网捕鱼	【汉族】
W6031. 3	用鱼篓捕鱼（用笼捕鱼）	
W6031. 3. 1	鱼篓捕鱼的产生	
W6031. 3. 1. 1	天神教孤儿编捕鱼的鱼笼	【傣族】
W6031. 3. 2	鱼篓捕鱼的情形	
W6031. 3. 3	特定的鱼篓捕鱼	
W6031. 3. 3. 1	箔筌捕鱼	
W6031. 3. 3. 1. 1	栅箔捕鱼	
W6031. 3. 3. 1. 2	笼箅捕鱼	
W6031. 4	用手摸鱼	
W6031. 4. 1	伏羲到河里用手摸鱼摸虾	【汉族】
W6031. 5	钓鱼	
W6031. 5. 1	钓鱼的产生	
W6031. 5. 1. 1	为祭祖先钓鱼	【布依族】
W6031. 5. 1. 2	因无聊钓鱼	【汉族】

W 编码	母题描述	关联项
W6031.5.1.3	舜发明钓鱼	
W6031.5.1.3.1	舜受鱼水中吃虫的启发发明钓鱼	【汉族】
W6031.5.1.4	舜教人钓鱼	【汉族】
W6031.5.2	钓鱼的时间	
W6031.5.3	钓鱼的地点	
W6031.5.3.1	江边钓鱼	【汉族】
W6031.5.3.2	河边钓鱼	【侗族】
W6031.5.3.2.1	天河边钓鱼	【汉族】
W6031.5.3.3	海子边钓鱼	【布依族】
W6031.5.3.4	海边钓鱼	
W6031.5.3.4.1	在东海边钓鱼	【汉族】
W6031.5.4	钓鱼者（垂钓者）	
W6031.5.4.1	姜子牙钓鱼	【汉族】
W6031.5.5	钓鱼方法	
W6031.5.5.1	筒钓	
W6031.5.5.2	拖钓	
W6031.5.5.3	滚钩钓	
W6031.5.5.4	饵延绳钓	
W6031.5.5.5	直钩钓鱼	
W6031.5.5.5.1	姜太公用直钩钓鱼	【汉族】
W6031.5.6	钓鱼的情形	
W6031.5.7	钓鱼用品	
W6031.5.7.1	鱼饵	
W6031.5.7.1.1	牛仔做钓饵	【侗族】
W6031.5.7.1.2	两头小牛做钓饵	【布依族】
W6031.5.7.2	鱼线（钓线；鱼绳）	
W6031.5.7.2.1	四十斤黄麻搓成钓线	【侗族】
W6031.5.7.2.2	舜造鱼绳	【汉族】

W 编码	母题描述	关联项
W6031. 5. 8	钓特定的鱼	
W6031. 5. 8. 1	钓恶鱼	【侗族】
W6031. 5. 8. 2	钓大黑鱼	【布依族】
W6031. 5. 9	与钓鱼有关的其他母题	
W6031. 5. 9. 1	钓乌龟	
W6031. 5. 9. 1. 1	姜子牙的妻子钓上来一只又大又古怪的乌龟	【汉族】
W6031. 6	竭泽而渔（干水捕鱼）	
W6031. 6. 1	筑拦河堤，把水截断弄干后捕鱼	【珞巴族】
W6031. 7	围堰捕鱼（筑坝捉鱼）	
W6031. 7. 1	围堰捕鱼方法的产生	
W6031. 7. 1. 1	布洛陀教人筑坝捉鱼	【壮族】
W6031. 7. 2	围堰捕鱼的情形	
W6031. 7. 2. 1	人们到河里去筑水坝，架鱼帘（在出水口下面打上木桩，架上细木条）捕得很多鱼	【壮族】
W6031. 8	射鱼	
W6031. 8. 1	用矛射鱼	
W6031. 8. 2	用箭射鱼	
W6031. 8a	叉鱼	［W6032. 6］鱼叉
W6031. 8a. 1	格格到海浪河叉鱼	【满族】
W6031. 9	用动物捕鱼	
W6031. 9. 1	鸬鹚捉鱼（鱼鹰捉鱼的来历）	
W6031. 9. 1. 1	鱼鹰入水出水捉得很多鲜鱼	【汉族】
W6031. 9. 2	水獭捕鱼	
W6031. 10	其他捕鱼方法	
W6031. 10. 1	凿冰捕鱼	
W6031. 10. 1. 1	在冰冻江中凿窟捞鱼	【朝鲜族】
W6031. 10. 2	用鱼帘架捕鱼	

W 编码	母题描述	关联项
W6031.10.2.1	布碌陀砍木做鱼帘架捕鱼	【壮族】
W6031.11	与捕鱼方法有关的其他母题	
W6031.11.1	捉鱼不容易	【汉族】
W6031.11.2	以前，捕鱼很容易	
W6031.11.2.1	以前，捕鱼如囊中取物	
W6031.11.2.1.1	以前，因河里鱼多且笨，捕鱼如囊中取物	【壮族】
W6032	**捕鱼工具**	
W6032.1	渔网（网）	
W6032.1.1	渔网的产生（网的产生）	【关联】①
W6032.1.1.0	网产生的原因	
W6032.1.1.0.1	为捕捉鱼虾造网	【汉族】
W6032.1.1.0.1.1	伏羲女娲发明用网捕鱼虾	【汉族】
W6032.1.1.0.2	为捉龙造网	【中华民族】
W6032.1.1.1	伏羲造渔网	
W6032.1.1.1.1	伏羲看到蜘蛛结网知道做渔网	【民族，关联】②
W6032.1.1.1.2	伏羲结绳为网罟	【中华民族】
W6032.1.1.1.3	伏羲用葛藤造渔网	【汉族】
W6032.1.1.1a	太昊师蜘蛛而结网	【中华民族】
W6032.1.1.1b	盘古氏发明结网	【中华民族】
W6032.1.1.2	人学蜘蛛用野藤、树皮织成了渔网	【哈尼族】
W6032.1.1.2.1	女娲教人们用绳子结网	【汉族】@［W6024.3.4.1.6］女娲教人结网狩猎
W6032.1.1.2.2	高祖公看到蜘蛛结的网能捉住蚊子、苍蝇，知道了结网捕鱼	【汉族】

① ［W6024.3.4.1］猎网的产生；［W6026.1.2.3.1］木神句芒仿照渔网编成了捕鸟的网；［W6031.2.2］渔网的发明者。

② 【汉族】@［W6031.2.2.2.1］太昊师蜘蛛而结网；［W6031.2.2.4］第三代人铜罗与萨可仿照蜘蛛学会结网捕鱼。

W 编码	母题描述	关联项
W6032. 1. 1. 3	网罟取法于蜘蛛	【哈尼族】
W6032. 1. 1. 3. 1	仓颉告诉黄帝说网罟取法于蜘蛛	【汉族】
W6032. 1. 1. 4	渔网产生的其他情形	
W6032. 1. 1. 4. 1	嫘祖用蚕丝拧成细线织渔网	【汉族】
W6032. 1. 1. 4. 2	观音发明捕鱼的工具罾、网	【汉族】
W6032. 1. 1. 5	与渔网的产生有关的其他母题	［W6031. 2. 2］渔网的发明者
W6032. 1. 2	渔网的特征（网的特征）	
W6032. 1. 2. 1	渔网捕鱼效率高	
W6032. 1. 2. 1. 1	织网捕鱼比手抓快得多	【汉族】
W6032. 1. 2. 2	人性化的渔网	
W6032. 1. 2. 2. 1	渔网无底，罾上无盖，为鱼留逃生的地方	【汉族】
W6032. 1. 3	渔网的类型（特定的网）	
W6032. 1. 3. 1	抄网（撩罟）	
W6032. 1. 3. 2	罾	
W6032. 1. 3. 3	刺网	
W6032. 1. 3. 4	围网（索罛；围罛）	
W6032. 1. 3. 5	拖网（拉网）	
W6032. 1. 3. 6	手网	
W6032. 1. 3. 7	铁网	
W6032. 1. 3. 7. 1	扶余国渔夫织铁网	【朝鲜族】
W6032. 1. 3. 8	藤网	【哈尼族】
W6032. 1. 3. 9	其他类型的网	
W6032. 1. 3. 9. 1	粗网	【苗族】
W6032. 1. 3. 9. 2	细网	【苗族】
W6032. 1. 4	造渔网的方法	
W6032. 1. 4. 0	造渔网方法的获得	
W6032. 1. 4. 0. 1	伏羲教人织渔网	

W 编码	母题描述	关联项
W6032.1.4.0.2	嫘祖教人织渔网	【汉族】@［W6032.1.1.4.1］嫘祖用蚕丝拧成细线织渔网
W6032.1.4.0.3	人从鬼那里学会织渔网	【独龙族】
W6032.1.4.0.4	人向特定动物学会织网	
W6032.1.4.0.4.1	人向蜘蛛学会织网	【汉族】
W6032.1.4.1	伏羲编成一张粗糙的网，砍了两根木棍做成个十字架绑到网上，拿了一根长棍绑到十字架的中间做成了渔网	【汉族】
W6032.1.4.2	伏羲女娲用树皮、草茎编织成网	【汉族】
W6032.1.4.2.1	女娲撕下建木树皮编成一张能伸能缩的大网	【中华民族】@［W6032.1.1.2.1］女娲教人们用绳子结网
W6032.1.5	造网的材料	
W6032.1.5.1	用头发织网	【瑶族】
W6032.1.5.2	用树皮造网	【中华民族】
W6032.1.5.3	用葛藤造网	【汉族】
W6032.1.5.4	用蚕丝造网	【汉族】@［W6032.1.1.4.1］嫘祖用蚕丝拧成细线织渔网
W6032.1.5.5	用麻造渔网	
W6032.1.5.5.1	安王用麻织渔网	【布依族】
W6032.1.6	渔网的配件	
W6032.1.6.1	渔网的纲	
W6032.1.6.2	渔网网坠	
W6032.1.7	渔网的使用（使用渔网的情形）	
W6032.1.8	与渔网有关的其他母题	
W6032.1.8.1	织补渔网	【汉族】
W6032.1.8.2	其他特定的网	
W6032.1.8.2.1	麻网	

W 编码	母题描述	关联项
W6032. 1. 8. 2. 1. 1	嫘祖带领妇女上山剥树皮，织麻网	【汉族】
W6032. 2	渔船	［W6217. 1］船的发明（船的产生；船的制造；造船者；造舟者）
W6032. 3	鱼枪	
W6032. 4	鱼标	
W6032. 5	鱼钩	
W6032. 5. 1	鱼钩的产生	
W6032. 5. 1. 1	舜造鱼钩	【汉族】
W6032. 5. 2	鱼钩的特征	
W6032. 5. 2. 1	鱼钩是弯的	
W6032. 5. 3	特定的鱼钩	
W6032. 5. 3. 1	直钩钓（鱼卡）	
W6032. 5. 3. 2	石鱼钩	
W6032. 5. 3. 3	骨鱼钩	
W6032. 5. 3. 4	青铜鱼钩	
W6032. 5. 3. 5	铁鱼钩	
W6032. 5. 4	与鱼钩有关的其他母题	
W6032. 5. 4. 1	姜子牙的鱼钩是直的	【汉族】
W6032. 6	鱼叉	
W6032. 6. 1	金鱼叉（金叉）	【满族】
W6032. 7	鱼篓	［W6031. 3］用鱼篓捕鱼（用笼捕鱼）
W6032. 8	沪	
W6033	**捕鱼过程（捕鱼规则；捕鱼经验）**	
W6033. 1	捕鱼准备	
W6033. 1. 1	捕鱼前准备渔具	

W 编码	母题描述	关联项
W6033. 1. 2	捕鱼前祭祀	［W6482. 1. 2. 4］耕种前祭祀可以丰收
W6033. 1. 3	渔汛的判断	
W6033. 1. 3. 1	鲥鱼定期在特定地方停留	【汉族】
W6033. 2	捕鱼过程的分工	
W6033. 3	捕鱼的结果	
W6033. 3. 1	捕鱼失败	
W6033. 3. 1. 1	王放钩钓不到鱼，下网捕不到鱼	【壮族】
W6033. 3. 2	捕鱼很多	
W6033. 3. 3	捕鱼后的分配	
W6033. 4	捕鱼禁忌	
W6033. 4. 1	不能竭泽而渔的来历	
W6033. 4. 2	捕鱼时间禁忌	［W6536. 3. 2］狩猎时间禁忌
W6033. 4. 3	捕鱼地点禁忌	
W6033. 4. 4	捕鱼方法禁忌（捕鱼时行为禁忌）	
W6033. 4. 4. 1	捕鱼时忌背手行走	【达斡尔族】
W6033. 4. 4. 2	捕鱼时不能拿鞭子	【达斡尔族】
W6033. 4. 4. 3	捕鱼忌捉第一条鱼	【汉族】
W6033. 4. 5	捕鱼时忌特定的人	
W6033. 4. 5. 1	忌萨满进入渔场	【达斡尔族】
W6033. 4. 5. 2	忌服丧者进入渔场	【达斡尔族】
W6033. 4. 5. 3	忌妇女进入渔场	【达斡尔族】
W6033. 4. 6	忌捕特定的鱼	
W6033. 4. 6. 1	忌捕产卵的鱼	
W6033. 4. 6. 2	忌捕小鱼	
W6033. 4. 6. 3	忌捕神圣的鱼	
W6033. 4. 6. 4	忌捕特定体征的鱼	

W 编码	母题描述	关联项
W6033. 4. 6. 4. 1	黄河捞鱼忌捞到头顶有红的鲤鱼	【汉族】
W6034	**与捕鱼有关的其他母题**	
W6034. 1	捕鱼时间	
W6034. 1. 1	渔汛时捕鱼	【高山族】
W6034. 2	捕鱼的地点	
W6034. 2. 0	江边捕鱼	
W6034. 2. 0. 1	鲥鱼精告诉人到江边捕鲥鱼	【汉族】
W6034. 2. 1	到河里捕鱼	
W6034. 2. 1. 1	伏羲教会儿孙们到河里捉鱼	【汉族】
W6034. 2. 2	到海里捕鱼	【高山族】
W6034. 2. 2a	湖里捕鱼	
W6034. 2. 2a. 1	蚩尤众弟兄下湖捕鱼	【汉族】
W6034. 2. 2b	泽中捕鱼	
W6034. 2. 2b. 1	舜到雷夏泽捕鱼	【中华民族】
W6034. 2. 3	旱地捕鱼	
W6034. 2. 3. 1	按阴阳先生的指点在平地上网到一条鲤鱼	【汉族】
W6034. 2. 3. 2	按风水先生的指点在庄稼地里网到一条鲤鱼	【汉族】
W6034. 2. 4	在地脉捕鱼	
W6034. 2. 4. 1	按风水先生的指点在地脉挖到一条鲤鱼	【汉族】
W6034. 3	捕鱼者（渔翁）	
W6034. 3. 1	生活在海边的靠捕鱼捞虾为生	【白族】
W6034. 3. 2	特定的人物打鱼为生	
W6034. 3. 2. 1	歌神戕云出身贫苦，以打鱼为生	【苗族】
W6034. 3. 3	舜是捕鱼者	
W6034. 3. 3. 1	舜渔雷泽	【中华民族】
W6034. 3. 3. 1. 1	舜带鱼竿雷泽钓鱼	【汉族】

W 编码	母题描述	关联项
W6034.3a	捕鱼的阻挠者	
W6034.3a.1	龙王阻挠捕鱼	【汉族】
W6034.4	渔文化	［W6981.2.3.5.3.3.1 ＊］华夏文明由中原华夏农耕文化、游牧文化、游耕文化、渔猎文化，以及东南沿海海洋文化融合汇成
W6034.5	渔歌	［W6913］歌（歌曲；歌的产生）
W6034.6	捕捉其他水中动物的来历	
W6034.7	捕其他水产（捕捞）	
W6034.7.0	捞鱼鳖虾蟹	
W6034.7.0.1	人因没粮食吃，就下水里捞鱼鳖虾蟹吃	【汉族】
W6034.7.0.1a	伏羲时，因野果吃光去摸鱼摸虾	【汉族】
W6034.7.0.2	女娲教人学下河能摸鱼虾	【汉族】@［W6032.1.1.0.1.1］伏羲女娲发明用网捕鱼虾
W6034.7.1	捕虾	【苗族】【水族】
W6034.7.1.1	捕虾的产生	
W6034.7.1.2	捕虾的方法	
W6034.7.1.3	与捕虾有关的其他母题	
W6034.7.2	捕蟹	【苗族】
W6034.7.3	捕蚌	【苗族】
W6034.8	因捕鱼引发纠葛	
W6034.8.1	伏羲捕鱼与龙王发生争议	【汉族】

6.1.3 耕种（农耕；农业）[①]
【W6035～W6054】

W 编码	母题描述	关联项
✿ W6035	**耕种（农耕；农业）**	
✻ W6036	**耕种的产生（农耕的产生；农事的产生；农业的产生）[②]**	【汤普森】A1441；【汉族】【回族】【壮族】@［W1423.4.1.1］玉皇大帝让人人会种庄稼后绝地天通
W6037	**人以前不会耕种（以前，人不会耕田）**	【民族，关联】[③]
W6037.0	很古的时候，人不会种田	【汉族】【哈尼族】
W6037.0.1	以前特定的群体不会耕种	
W6037.0.1.1	很古的时候，土族地方没人种庄稼	【土族】
W6037.0.2	远古的时候，人不知道种庄稼	【汉族】

① 耕种，本书为母题数据类型的管理，对本类母题编目在《中国神话母题W编目》（中国社会科学出版社2013年版）中的原类型一些描述作出较大修订。其中修订的原母题编码的中的部分第一层级母题为：［※W6040］耕种的产生（农业的产生）；［W6041］人以前不会耕种；［W6042］神或神性人物发明耕种；［W6043］人发明或传授耕种；［W6044］从动物那里学会耕种；［W6045］与耕种的产生有关的其他母题；［※W6046］耕种方法；［W6047］刀耕火种；［W6048］开荒造田；［W6049］动物耕田；［W6050］与耕种方法有关的其他母题；［W6051］与耕种有关的其他母题。

② 耕种的产生（农耕的来历；农事的产生；农业的产生），据考古资料证明，新石器时代的人类已经会使用磨制石器、制造陶器、饲养家畜等，其中农业的出现是最根本的特征。特别是到七八千年前，中国北方和南方的农业与农耕聚落发展迅速，主要耕作方法是，先用石斧把树木砍倒，通过焚烧开辟出新的田地，之后使用石铲、石锄、骨耜、木耜等翻土耕种。据中国社会科学院历史研究所编写：《简明中国历史读本》（中国社会科学出版社2012年版）描述，远古先民们在当时的采集和狩猎生活中，也开始对沃野上的可食性植物进行有意识地培育，这种从采集植物过渡到培育植物，就是所谓农业的起源。若神农氏的传说代表的是农业的起源，反映的是距今12000—9000年新石器时代早期阶段的事，若传说的是耜耕或锄耕农业，则属于农业起源之后，即距今9000—7000年新石器时代中期的事。

③ 【汉族】【布依族】【哈尼族】【纳西族】【彝族】【藏族】【壮族】@［W6100.7.1］以前的人靠天吃饭；［W6149.2.4.3.1］人以前吃草。

W 编码	母题描述	关联项
W6037.0.3	伏羲兄妹造人的时候，人不会种庄稼	【汉族】@［W2064.1］伏羲兄妹造人
W6037.0.3a	伏羲时的人与现在的人大不相同，不晓得做庄稼	【汉族】
W6037.0.4	开天辟地的时候，人们不会盘庄稼	【白族】
W6037.0.5	以前，因大地不稳不能在上面种庄稼	【藏族】
W6037.0.6	以前，大地一片浑浑，人们智慧不开不知耕耘	【汉族】
W6037.1	人不会耕种的原因	
W6037.1.1	以前因世界黑暗人不会耕种	【藏族】
W6037.1.2	人以前不用耕种是因为粮食很多	
W6037.1.2.1	以前满地都长着粮食，人不用耕种	【汉族】
W6037.1.3	以前世上没有粮种，人不会种庄稼	【苗族】
W6037.1.3.1	古时候侗家没有谷种，不知道开田种地	【侗族】
W6037.1.4	以前的因身体变化太快不耕种	
W6037.1.4.1	始祖每天都会从娃娃变成老人，来不及种植庄稼	【苗族】
W6037.1.5	以前粮食与草不分	【汉族】
W6037.1.6	以前，因日子长短认不得，不知何时该耕种、何时该收割	【彝族】
W6037.1.7	以前因大地不稳不能耕种	【藏族】
W6037.1.8	因不懂时间不会耕种	
W6037.1.8.1	没有季节不能耕种	【傣族】
W6037.1.9	与人不会耕种的原因有关的其他母题	
W6037.1.9.1	以前，人只晓得捕鱼、打猎、采集树果当饭吃，不晓得种田	【汉族】

W 编码	母题描述	关联项
W6037. 2	人不会耕种的时间	
W6037. 2. 1	开天辟地时，人不会盘庄稼	【白族】
W6037. 2. 2	特定时代不会耕种	
W6037. 2. 2. 1	先祖莫元时代，人不会耕田种地	【哈尼族】
W6037. 2. 2. 2	高祖公高祖婆造人后，人不知道种庄稼	【汉族】
W6037. 2. 2. 3	天神造的第三代人不耕田、不种地	【彝族】
W6037. 2. 2. 4	女始祖塔婆最早生出的人不会开田地种庄稼	【哈尼族】
W6037. 3	人不会耕种的表现	
W6037. 3. 1	天神造出的第三代人不耕田不种地，不薅草不拔草	【彝族】
W6037. 3. 2	最早时，有地无法种五谷	【满族】
W6037. 3. 3	以前，不知道犁田，不懂得耙地	【布依族】
W6037. 3. 4	以前，不会种庄稼	【仡佬族】
W6037. 3. 5	以前，人不懂耕种	【水族】
W6037. 3. 6	以前，人们不种粮	【哈尼族】
W6037. 4	人以前不会耕种的后果	
W6037. 4. 1	以前的人因不懂得开垦，每天成群结队到处串游找食吃	【水族】
W6037. 4. 2	人因不会种田，生活很苦	【汉族】
W6038	**耕种产生的原因（耕田的原因）**	
W6038. 1	人只有劳动才能获得食物	【汤普森】 A1346. 2
W6038. 2	人为了生存耕种	【苗族】
W6038. 2. 1	因为不能靠打猎为生而改为耕种	
W6038. 2. 1. 1	洪水后打猎艰难想法种五谷	【汉族】
W6038. 2. 1. 2	因猎物不够吃耕种	【彝族】

W 编码	母题描述	关联项
W6038.2.2	人食物匮乏时开始耕种	
W6038.2.2.1	祖先靠采摘野果不能维持生活开始耕种	【黎族】
W6038.2.2.2	为不挨饿种庄稼	【汉族】
W6038.2.3	人因饥寒交迫，学会了适时播种	【汉族】
W6038.2.4	因禽兽不足，神农教民农作	【中华民族】
W6038.3	人受惩罚开始耕种	［W9906］惩罚
W6038.3.1	天神惩罚人天上不再降白面，人慢慢学会种地	【达斡尔族】@［W6142.2.1.3］天降白面（天上下白面）
W6038.3.2	惩罚人类作物变小后人必须耕种	
W6038.3.2.1	谷子变小后人们必须到田间辛勤劳动	【苗族】
W6038.3.3	谷神惩罚懒汉暴殄天物开始耕种	【高山族（泰雅人）】
W6038.3.4	玉皇大帝惩罚天上的懒人，让他们到地上种庄稼	【仡佬族】
W6038.3.5	玉皇大帝惩罚天下人心歹毒又糟蹋粮食，让他们种庄稼	【民族，关联】①
W6038.4	人的体征变化后开始耕种	
W6038.4.1	人有了膝盖骨后开始耕种	
W6038.4.1.1	人有了膝盖骨因捕不到太多的猎物，只好开始种地	【鄂温克族】
W6038.5	耕种与人的出生有关	
W6038.5.1	出生时手里拿着泥的人从事耕种	
W6038.5.1.1	太阳的女儿生的孩子出生时手里攥块土，后来就种植五谷	【蒙古族】
W6038.5.2	因人口增多开始耕种	【藏族】
W6038.6	自然学会耕种（学习耕种）	
W6038.6.1	祖先由狩猎学会开荒种田	【傣族】
W6038.6.2	祖先逐渐学会耕种	

① 【汉族】@［W8177.1］人糟蹋粮食引发洪水；［W9913.2］天神惩罚人类糟蹋粮食。

W 编码	母题描述	关联项
W6038. 6. 2. 1	祖先逐步摸清了老天爷的脾气和作物的种植规律	【壮族】
W6038. 6. 2a	早期的祖先学养学种	【佤族】
W6038. 6. 3	因尝到丰收酒的滋味，开始学种庄稼	【土家族】
W6038. 6. 4	摸索着学会耕种	
W6038. 6. 4. 1	人看到玉皇大帝撒下来的五谷开花结籽后，摸索着学会耕种	【汉族】
W6038. 7	耕种是特定人物的指令	
W6038. 7. 1	父母要求儿女会耕种	
W6038. 7. 1. 1	盘瓠王（龙犬）要求儿女学耕织	【瑶族】@［W6020. 4. 1. 2］盘瓠王（龙犬）要求儿女学打猎
W6038. 7. 2	人耕种是神的旨意	
W6038. 7. 2. 1	地王决定让人类盘庄稼	【彝族】
W6038. 8	耕种的产生源于承诺	
W6038. 8. 1	人应许了神的条件后开始耕种	【苗族】
W6039	**神发明耕种（神教人耕种；神是农业的发明者）**	
W6039. 1	天神教人种地（天神教人耕种）	【门巴族】【佤族】
W6039. 1. 1	天神厄莎教人种地	【拉祜族】
W6039. 1. 2	老天教人耕种	【佤族】@［W6054. 1. 7. 1. 1］老天告诉人用竹子挖地种谷
W6039. 1. 3	天神发明特定的种植	
W6039. 1. 3. 1	天神木尼斤发明种大米	【独龙族】
W6039. 1. 4	格兹天神教人耕种	
W6039. 1. 4. 1	格兹天神教造出的第三代人种荞、种谷、种麦子	【彝族】
W6039. 1. 5	学天神种庄稼	【藏族】
W6039. 2	玉皇大帝教人耕种	

W 编码	母题描述	关联项
W6039.2.1	玉皇大帝告诉人种庄稼	【仫佬族】
W6039.3	地皇教人耕种	
W6039.3.1	地皇看到人受饿就告诉人们种庄稼	【汉族】
W6039.4	神灵教人耕种	
W6039.4.1	从神灵那里学会耕种	【珞巴族】
W6039.5	太阳神教人耕种	［W6045.3.1.6］太阳教给人牛耕田方法
W6039.5.1	太阳神授一对兄妹耕作、播粟之道	［W6486.4.5.2］太阳神授一对兄妹祭祀之道
W6039.5.2	太阳神教阿美人播种粟	【高山族（阿美）】
W6039.6	农神教人耕种	
W6039.6.1	先农神耒耜教民	【白族】
W6039.7	其他特定的神教人农耕	
W6039.7.1	神官捧腊哈纳罗教人渔猎农耕	【傣族】
W6039.7.2	土地神教人耕种	【傣族】
W6039.7.3	五谷神教人耕种	【汉族】
W6039.7.4	女神教人种庄稼	
W6039.7.4.1	女神让造物者教人种庄稼	【苗族】
W6039.7.4.2	女天神教人耕种	
W6039.7.4.2.1	洪水后，女天神阿波米淹教幸存的兄妹开荒、播种、收获	【哈尼族】
W6039.7.4.3	女神竺妞教人种田种地种庄稼	【苗族】@［W6052.4.2.1］大神竺妞教人种玉麦
W6039.7.4a	神女教人种庄稼	
W6039.7.4a.1	女娲让手下俩神女教人耕种	【汉族】
W6039.7.5	智慧神教人耕种	
W6039.7.5.1	智慧的万能之神帕达丝教人种地	【德昂族】

W 编码	母题描述	关联项
W6040	**神性人物发明耕种（神性人物教人种田；特定神性人物是农业的发明者）**	
W6040. 1	祖先教人耕种（祖先发明耕种）	【回族】
W6040. 1. 1	女始祖教人耕种	
W6040. 1. 1. 1	女始祖教阿佤人农时耕种	【佤族】
W6040. 1. 1. 2	女始祖姆六甲教人耕种	【壮族】@［W6052. 3. 1. 4］姆六甲采山上的野生稻米种到地里
W6040. 1. 1. 3	女娲发明农桑	
W6040. 1. 1. 3. 1	女娲让神农氏种植农桑	【汉族】
W6040. 1. 2	男始祖教人耕种	
W6040. 1. 2. 1	始祖旨示老是农耕的始祖	【苗族】
W6040. 1. 2. 2	炎帝兴农耕	【汉族】
W6040. 1. 3	男女祖先教人耕种	
W6040. 1. 3. 1	生育各民族的兄妹教人播种、薅草、锄地	【傈僳族】
W6040. 1. 4	祖先发明种特定作物	
W6040. 1. 4. 1	祖先发明种山兰稻	【黎族】
W6040. 2	特定名称的祖先教人耕种（特定的文化英雄教人耕种，特定的文化始祖教人耕种，文化英雄教人耕种）	
W6040. 2. 1	盘古教人耕种	
W6040. 2. 2	伏羲女娲教人耕种	【民族，关联】①
W6040. 2. 2. 1	伏羲女娲的 5 个儿子分头教人耕种	【汉族】
W6040. 2. 3	女娲教人耕种	［W6019. 3. 2］女娲教人狩猎
W6040. 2. 3. 1	女娲娘娘送粮种教人耕种	【汉族】

① 【汉族】@［W0675］伏羲；［W0710］女娲。

W 编码	母题描述	关联项
W6040.2.3.2	女娲教子女耕种	【汉族】
W6040.2.3a	伏羲教人耕种（伏羲发明耕种）	【民族，关联】①
W6040.2.3a.1	天帝派伏羲到人间教人们耕地	【汉族】
W6040.2.3a.2	伏羲教人开垦荒地，种植五谷	【汉族】
W6040.2.4	神农教人耕种（炎帝教人耕种；炎帝是农业的发明者；神农发明农业）	【民族，关联】②
W6040.2.4.1	神农教人耕田（神农教人种地；神农种庄稼）	【汉族】@［W6052.3.1.4］神农教人种稻
W6040.2.4.1.1	神农在嘉禾县耕种	【中华民族】
W6040.2.4.1a	神农氏教人种地	【汉族】@［W6048.7.1.3］神农氏教人造梯田
W6040.2.4.1b	神农氏教民种庄稼	【汉族】
W6040.2.4.1c	神农氏教会人种庄稼后，五谷丰登	【汉族】
W6040.2.4.1d	神农教民农作	【中华民族】
W6040.2.4.1e	神农三岁知稼穑	【中华民族】
W6040.2.4.1f	神农氏炎帝教民耕种	【中华民族】
W6040.2.4.1g	神农用农业、天文知识帮助人们种田	【汉族】
W6040.2.4.1h	神农亲身劝耕	【中华民族】
W6040.2.4.1j	盘古神农氏分工去耕地种粮食	【汉族】
W6040.2.4.1k	神农之神先农教民耕农	【中华民族】
W6040.2.4.1m	厉（神农）教人耕田种地	【汉族】
W6040.2.4.1n	神农教人种粮食不辞辛劳	【汉族】

① 【汉族】@［W6019.3.1］伏羲教人狩猎；［W6030.4.2.2］伏羲教人捕鱼；［W6049.1.1.2］伏羲教人播种。

② 【汉族】【布依族】【毛南族】@［W0731］神农；［W6044.2.1］天雨粟，神农耕而种之；［W6011.1.1］神农教人采集种子；［W6049.1.2.3］神农教人撒种；［W6052.1.2.4］神农教人种五谷。

W 编码	母题描述	关联项
W6040. 2. 4. 1p	田祖神农教人耕种	【中华民族】
W6040. 2. 4. 1q	神农氏是农业的老祖宗	【汉族】
W6040. 2. 4. 2	炎帝从麻雀那里学会种五谷后教人耕种	【汉族】
W6040. 2. 4. 3	炎帝教人耕作技术	【汉族】@［W6045. 6. 0. 2］炎帝传播农业技术
W6040. 2. 4. 3a	太阳神炎帝教人自己种粮食	【汉族】
W6040. 2. 4. 3b	炎帝神农氏始教人耕种	【汉族】
W6040. 2. 4. 3c	炎帝神农发明农耕	［W6052. 1. 2. 4a］炎帝神农氏教人种五谷
W6040. 2. 4. 3c. 1	炎帝神农在随州创造农耕	【中华民族】
W6040. 2. 4. 3c. 2	炎帝神农在厉山教民稼穑	【中华民族】
W6040. 2. 4. 3d *	炎帝神农氏是中国农业的开拓者	【中华民族】
W6040. 2. 4. 3e *	炎帝神农氏在实践中开创中国的农业起源	【中华民族】
W6040. 2. 4. 3f *	炎帝神农氏是中国农耕文化的缔造者	【中华民族】
W6040. 2. 4. 4	神农氏创世农业	【汉族】
W6040. 2. 4. 5	神农教人们种禾粒	【汉族】
W6040. 2. 4. 6	神农教人们种庄稼	【汉族】
W6040. 2. 4. 7 *	炎帝时属于锄耕农业时代	【中华民族】@［W6040. 2. 5. 5 * ］黄帝时属于犁耕农业时代
W6040. 2. 5	黄帝教人耕种	【汉族】@［W6048. 2. 2. 2. 1］轩辕黄帝带子孙在陕西一带开荒造田
W6040. 2. 5. 1	轩辕教人种谷黍	【汉族】@［W0690］黄帝
W6040. 2. 5. 2	轩辕黄帝教子孙开荒造田	【汉族】
W6040. 2. 5. 3	轩辕教老百姓开田种庄稼	【汉族】
W6040. 2. 5. 4	炎帝和黄帝是中国农耕文化的创始者	【中华民族】

W 编码	母题描述	关联项
W6040.2.5.5＊	黄帝时属于犁耕农业时代	【中华民族】@［W6040.2.4.7＊］炎帝时属于锄耕农业时代
W6040.2.6	后稷教人耕种（稷发明耕种；后稷是农业的发明者）	【民族，关联】①
W6040.2.6.1	后稷最早教会人种田	【汉族】
W6040.2.6.2	稷劝五个侍从学耕种	【汉族】
W6040.2.6.3	稷尝百草分五谷开创农业	【汉族】
W6040.2.6.4	后稷教民稼穑	【汉族】
W6040.2.6.4a	周弃作稼穑而死为稷	【汉族】
W6040.2.6.5	稷降播种	【汉族】
W6040.2.6.5.1	稷降播种，农殖嘉谷	【中华民族】
W6040.2.6.6	后稷在冬闲时月教稼穑	【汉族】
W6040.2.6.7	后稷在扶风县揉谷乡教人种庄稼	【汉族】
W6040.2.6.7a	后稷在陕西省武功县武功镇东河滩岸教人种庄稼	【汉族】
W6040.2.6.8	稷弟台玺生叔均，始作耕	【中华民族】
W6040.2.7	尧教人耕种	
W6040.2.7.1	尧帝派儿子丹朱到长子开垦土地教民耕种	【汉族】
W6040.2.7.2	尧命羲和教民稼穑，务好农事	【汉族】
W6040.2.8	舜教人耕种	【汉族】@［W6048.3.3.1］舜辟地树谷
W6040.2.8.1	舜王在位期间亲自烧荒开地，教百姓种庄稼	【汉族】
W6040.2.8.2	尧让舜教人耕种	【汉族】
W6040.2.9	禹教人耕种（大禹发明农事）	【汉族】@［W6049.1.2.1］大禹让田公地母教人知道哪种草往水里撒种，哪种草往高地方撒种
W6040.2.9.1	大禹教人用鸟耕田	【汉族】@［W6044.4.6］鸟耕田

① 【汉族】@［W6052.1.2.6.4］稷教人种五谷；［W6052.1.2.6.4a］后稷教人种五谷。

W 编码	母题描述	关联项
W6040. 2. 9. 2	大禹能分辨农事	
W6040. 2. 9. 2. 1	大禹靠祖传的砣宝石分辨农事	【汉族】
W6040. 2. 9. 3	大禹定九州后教民稼穑	【汉族】
W6040. 2. 10	其他特定文化英雄教人耕种	
W6040. 2. 10. 1	则嘎老发明耕种	【苗族】
W6040. 2. 10. 2	杜宇教民务农	【汉族】
W6040. 2. 10. 3	傣族古代英公桑木底开创农耕	【傣族】
W6040. 2. 11	与祖先教人耕种有关的其他母题	
W6040. 2. 11. 1	祖先通过特定形式教人耕种	［W6042. 5. 1］从祖先的绘制的图案中学会耕种
W6040. 3	天女教人耕种	
W6040. 3. 1	天帝的女儿教人耕种	【布依族】
W6040. 3. 2	天神的女儿稻谷仙姑教会人种稻谷	【哈尼族】
W6040. 4	仙人教人耕种（神仙教人耕种，仙女教人耕种）	
W6040. 4. 1	仙姑教人种稻	【哈尼族】
W6040. 4. 2	仙女教人耕种	【水族】
W6040. 4. 2. 1	种田仙女教人耕种	【水族】@［W6052. 1. 2. 2］仙女教人种五谷
W6040. 4. 3	仙人教神童耕种	【土族】
W6040. 4. 3. 1	仙人教 3 岁神童耕地种庄稼	【土族】@［W6045. 3. 3. 1. 2］3 岁神童捉黄牛耕田
W6040. 5	民间信仰中的人物教人耕种（宗教人物教人耕种）	
W6040. 5. 1	太上老君教人耕种	【汉族】@［W6088. 3. 1. 2. 2. 3］太上老君造锄头
W6040. 5. 2	长白山主教人耕种	【关联】①

① ［W6019. 5］长白山主教人渔猎；［W6122. 8. 1. 1］长白山主教人种麻织布。

W 编码	母题描述	关联项
W6040.5.2.1	天神阿不凯恩都哩的弟子长白山主教满族人种五谷	【满族】
W6040.5.3	玉皇大帝让人耕种	
W6040.5.3.1	玉皇大帝告诉人种庄稼	【仫佬族】
W6040.5.4	佛陀告诉耕种方法	
W6040.5.4.1	佛陀告诉猴子种子种植、收获和食用方法	【藏族】
W6040.5.5	上天告诉人耕种方法	【佤族】
W6040.6	神性动物教人耕种	
W6040.6.1	神牛教人耕种	
W6040.6.1.1	女子从神牛父亲那里学会中山谷、山瓜	【傣族】
W6040.6.1.2	天上的神仙贯公让神牛下凡告诉人耕田	【侗族】
W6040.6.2	老鳖精劝种庄稼	
W6040.6.2.1	天塌地陷后，老鳖精劝幸存的姐弟俩种庄稼	【汉族】
W6040.6.3	神龙教人耕种	［W6052.1.4.2］龙教人种五谷
W6040.6.3.1	补摩（神龙）教人将粮种播种在火地上	
W6040.6.4	蛤蟆精教人耕种	【苗族】
W6040.6.4.1	蛤蟆精带领苗家开荒造田，犁田打耙	
W6040.7	其他神性人物教人耕种	
W6040.8	与神性人物教人耕种有关的其他母题	
W6040.8.1	大王教人耕种	
W6040.8.1.1	沙漠大王教人种五谷	【白族】
W6041	**人发明或传授耕种（特定的人传授耕种）**	

W 编码	母题描述	关联项
W6041. 1	酋长教人耕种（首领教人耕种）	［W6024. 3. 5. 1］首领来墨尔根教人使用弓箭打山里野物
W6041. 1. 1	女首领发明耕种	【佤族】@［W5067］女首领
W6041. 1. 2	特定部落的酋长教人耕种	
W6041. 1. 2. 1	龙图腾部民之长果贝教子女耕种	【苗族】
W6041. 1. 3	麻王教人种粮食	【仡佬族】
W6041. 1. 4	大恕王教最早的人种地	【彝族】@［W6011. 1. 1a］协鲁王教最早的人采种子
W6041. 1. 5	九隆王教人耕种	【古代民族】
W6041. 2	长老教人耕种	
W6041. 2. 1	长老达穆那伊传授五谷播种之术	【高山族（曹人）】
W6041. 3	老人教人耕种	
W6041. 3. 1	老人教人刀耕火种的方法	【黎族】
W6041. 3. 2	老太婆教人种田（向老年女人学会耕种）	
W6041. 3. 2. 1	老太婆连年种燕子衔来的谷种，蒙古人向她学会了种田	【蒙古族】
W6041. 3. 2. 2	老寡妇教人耕种	【阿昌族】@［W6627. 1. 3. 1］尝新节祭祀传人耕作的老寡妇
W6041. 3. 3	尧向王亥老人学种地	【汉族】
W6041. 4	母亲教子女耕种（向母亲学种庄稼）	【彝族】@［W6040. 2. 3. 2］女娲教子女耕种
W6041. 4. 1	跟阿妈学种、学收	【壮族】
W6041. 4. 2	母亲带儿子耕种	【瑶族】
W6041. 5	父亲教子女耕种	［W6019. 4］父子传授儿子狩猎
W6041. 5. 1	女子向父亲学会耕种	
W6041. 5. 1. 1	姑娘与神牛父亲生活 3 年学会种山谷	【傣族】
W6041. 5. 1a	父亲劝子女耕种	【苗族】

W 编码	母题描述	关联项
W6041.5a	父母教子女耕种	
W6041.5a.1	龙狗盘护与公主教子女田猎耕织	【瑶族】
W6041.5a.2	父母教儿子耕田耕地要勤劳	【苗族（大花苗）】
W6041.5.2	男人向女人学习耕种（女人发明耕种）	
W6041.5.2.1	最初的种庄稼是女人教会的	【佤族】
W6041.5.2.1.1	男人看到女人会种庄稼过上好日子，就向女人学耕种	【瑶族】
W6041.5.2.2	男人通过交易从女人学会耕种	
W6041.5.2.2.1	祖先阿巴达尼通过与远方村子的女族长结婚学会播种技术	【珞巴族】
W6041.5.2.3	细心的女子发明耕种	【珞巴族】
W6041.5.2.4	聪明的女人发明耕种	【彝族】
W6041.6	复活的人教人耕种	
W6041.6.1	死去的丑女人烟斯复活后教人开水田	【佤族】
W6041.7	从其他民族学会耕种技术	
W6041.7.1	迁徙来的门巴人把烧荒种地技术传授给当地珞巴人	【门巴族】@［W6053.3.1.2］割倒茅草放把火，撒上谷种做旱地
W6041.7.2	土家族向苗族学会种庄稼	【土家族】
W6041.8	其他人发明或传授耕种	
W6041.8.1	住在天上的人回到人间后开始耕种	【仡佬族】
W6041.8.2	孟优发明耕种方法	【白族】
W6041.9	与人发明耕种有关的其他母题	
W6042	**耕种产生的其他情形**	
W6042.1	人从动物那里学会耕种（动物教人种田）	
W6042.1.1	猴子教人种庄稼	【拉祜族】

W 编码	母题描述	关联项
W6042. 1. 2	牛教会人插秧	【阿昌族】
W6042. 1. 3	老鼠教人栽种	
W6042. 1. 3. 1	山鼠教人耕种	【普米族】
W6042. 1. 3. 2	人通过老鼠的行为学会耕种	
W6042. 1. 3. 2. 1	人看到老鼠打的洞里长出庄稼学会了栽种	【哈尼族】
W6042. 1. 4	麻雀教人耕种	【珞巴族】
W6042. 1. 4. 1	麻雀教祖先耕种	
W6042. 1. 4. 2	麻雀教炎帝耕种	【汉族】@［W6040. 2. 4. 2］炎帝从麻雀那里学会种五谷后教人耕种
W6042. 1. 5	猪教人耕种	
W6042. 1. 5. 1	母猪告诉人用竹棍翻耕播种	【珞巴族】
W6042. 1. 5. 2	母猪教女婴砍林种地	【珞巴族】
W6042. 1. 6	从其他特定动物那里学会耕种	
W6042. 2	人从植物那里学会耕种（植物告诉人种田）	
W6042. 3	从无生命物那里学会耕种（无生命物告诉人种田）	
W6042. 3. 1	太阳告诉人造犁头套上牛耕地	【民族，关联】①
W6042. 4	从特定地方学会耕种	
W6042. 5	从特定的图案中学会耕种	
W6042. 5. 1	从祖先的绘制的图案中学会耕种	【壮族】
W6042. 6	粮种的获得	
W6042. 6. 1	天神找来粮种	【藏族】
W6042. 6. 2	尝草获得粮种	
W6042. 6. 2. 1	洪水过后，幸存的伏羲女娲尝百草获得粮种	【汉族】@［W6052. 1. 2. 4. 2］神农尝百草尝出麦、稻、谷子、豆子、高粱后教人种五谷

① 【回族】@［W6039. 5］太阳神教人耕种；［W6045. 3. 1. 6］太阳教给人牛耕田方法。

W 编码	母题描述	关联项
W6043	**与耕种的产生有关的其他母题**	
W6043.1	耕种产生的时间（农业产生的时间；种田的产生时间）	［W6053.1］耕种时间（耕地时间；耕种的时节；种庄稼时间；农时的产生）
W6043.1.1	耕种产生在很早以前	
W6043.1.1a	有了太阳后开始耕种	【拉祜族（苦聪人）】
W6043.1.2	耕种产生在特定人物出现时期	
W6043.1.2.1	田公地母时开始盘庄稼	【白族】
W6043.1.2.2	黄帝战败蚩尤后开始种五谷	【汉族】
W6043.1.2.2a	黄帝建立部落联盟后，经神农氏尝百草辨五谷，开始耕地种粮食	【汉族】@［W6040.2.6.3］稷尝百草分五谷开创农业
W6043.1.3	得到种子后开始耕种	［W3950～W3999］种子的获取（盗取）
W6043.1.3.0	人发现谷种后产生农业	【傣族】
W6043.1.3.1	猕猴取得谷种籽后开始靠耕耘农作为生	【藏族】
W6043.1.3.2	鸟衔来谷种后开始做活	【布依族】
W6043.1.3.3	茫耶和狗取回五谷种后，人们开始耕种	【布依族】
W6043.1.3.4	上天给人粮种后，人开始种庄稼	【维吾尔族】
W6043.1.3.5 *	粟是农业的开始	【汉族】
W6043.1.4	部落产生后开始耕种	
W6043.1.4.1	黄帝建立部落联盟后开始耕种粮食	【汉族】
W6043.1.5	特定时代产生农业	
W6043.1.5.1	女娲时代产生农业	
W6043.1.5.1.1	女娲时代稷开创农业	【汉族】
W6043.1.5.2 *	炎帝时代已经出现初级的农业	【中华民族】

W 编码	母题描述	关联项
W6043. 1. 5. 3 ＊	尧舜时期农业生产已是主要的生业形态	【中华民族】
W6043. 1. 6	耕种产生在发明火之后	
W6043. 1. 6. 1	粮食产生在发明火之后	【彝族】
W6043. 1. 7	人类饲养后开始种田	
W6043. 1. 7. 1	人类养家禽后会种田	【彝族】
W6043. 1. 8	特定时间点产生农耕（农业产生于特定时间段）	
W6043. 1. 8. 1 ＊	距今 14000 年前出现原始农业	
W6043. 1. 8. 1. 1 ＊	距今 14000 年前出现原始农业，相当神农时代	【中华民族】
W6043. 1. 8. 1. 1a ＊	唐尧时代从事着原始的农业生产	【汉族】
W6043. 1. 8. 1. 1a. 1 ＊	10000 万年以前，人类发明了农业	【多民族】
W6043. 1. 8. 2 ＊	9000 年前产生农耕	
W6043. 1. 8. 2. 1 ＊	炎帝神农创造农耕的时间应早在 9000 年前	【中华民族】
W6043. 1. 8. 3 ＊	8000 年前由采集经济时代进入农业经济时代	
W6043. 1. 8. 3. 1 ＊	江西、湖南等地发现近万年前的稻作遗迹	【中华民族】
W6043. 2	弃猎从耕（狩猎变化为农耕）	
W6043. 2. 1	弃猎从耕的原因	
W6043. 2. 1. 1	人不能靠打猎为生时改为耕种	
W6043. 2. 1. 2	为了不伤与山神的和气，放弃打猎，改为种庄稼	【纳西族】
W6043. 2. 2	弃猎从耕的情形	
W6043. 2. 2. 1	祖先先以狩猎为生，后来学会开荒种田	【傣族】
W6043. 2. 3	弃猎从耕的结果	

W 编码	母题描述	关联项
W6044	**耕种者（种田者；农耕参与者）**	
W6044.1	耕种者的产生（寻找耕田者）	［W9930］寻找
W6044.1.1	寻找耕田的动物	
W6044.1.1.1	寻找耕田的动物不成功	
W6044.1.1.2	人寻找到的水獭和鱼不愿意耕田	【藏族】
W6044.1.2	种田的创始人	
W6044.1.2.1	神农是种田人的祖师爷	【汉族】
W6044.2	神或神性人物是耕种者	
W6044.2.0	神种田	
W6044.2.0.1	天神下凡种田	【傣族】
W6044.2.1	天雨粟，神农耕而种之	【汉族】
W6044.2.2	神的子女耕种	
W6044.2.2.1	天王生的9个儿子和地王生的7个姑娘盘庄稼	【彝族】
W6044.2.3	种田仙子	［W6052.1.2.2a］天上的仙子教人种五谷
W6044.2.3.1	天上的种田仙子阿幸	【水族】
W6044.2.4	巨人耕田	
W6044.2.4.1	巨人扎努扎别吆牛犁地，一天犁三架山	【拉祜族】
W6044.2.5	仙女生的孩子耕田	
W6044.2.5.1	男子与天上月神婆婆的女儿生的孩子天王会种庄稼	【布依族】
W6044.2.6	黄帝种植禾苗	
W6044.2.6.1	黄帝打败炎帝与蚩尤后开垦土地，种植禾苗	【汉族】
W6044.3	人是耕种者（人耕田；人犁地）	
W6044.3.0	人耕田的原因	

W 编码	母题描述	关联项
W6044. 3. 0. 1	古时，因无动物助耕人拉犁耕田	【土族】
W6044. 3. 1	人以前亲自拉犁耙	
W6044. 3. 1. 1	以前牛使用人耕种	【汤普森】A1101. 2. 1；【藏族】【藏族（白马）】
W6044. 3. 1. 2	以前没有牛，人亲自拉耙拖犁	【壮族】
W6044. 3. 1. 3	神牛死后，只能用人拉犁耕田	【壮族】
W6044. 3. 1. 4	人类祖先刚开始种地时，用人拉犁	【汉族】
W6044. 3. 2	男人是耕种者	
W6044. 3. 2. 1	向父亲学犁地	【壮族】
W6044. 3. 3	女人是耕种者	
W6044. 3. 3. 1	耕种是女人的事	【彝族】
W6044. 3. 4	男女共同作为耕种者（男女共同耕田）	
W6044. 3. 4. 1	女人先会种地，后来男人与女人耕田种地	【珞巴族】
W6044. 3. 5	特定的人是耕种者	
W6044. 3. 5. 1	黄帝与后代是耕种者	【汉族】@［W6048. 2. 2. 2. 1］轩辕黄帝带子孙在陕西一带开荒造田
W6044. 3. 5. 2	舜耕田	【汉族】@［W6044. 6. 1a. 1］象帮舜耕田
W6044. 3. 5. 2. 1	虞舜曾在余姚历山耕田（舜耕历山）	【汉族】
W6044. 3. 5. 2. 1a	舜耕历山	【汉族】
W6044. 3. 5. 2. 2	舜在历山脚下开一片荒地种庄稼	【汉族】
W6044. 3. 5. 2. 3	舜在家乡诸冯（今诸城市北）种地	【汉族】
W6044. 3. 5. 3	男孩耕种	
W6044. 3. 5. 3. 1	男孩十一二岁代母耕耘	【侗族】

W 编码	母题描述	关联项
W6044.3.6	特定关系者共同耕田	
W6044.3.6.1	兄妹挖地种田	【傈僳族】@［W6052.6.1.1］天上回到人间的阿力和达勒兄妹俩开田种出了棉花
W6044.3.6.1a	兄妹种田	【汉族】
W6044.3.6.1b	姐弟播种	
W6044.3.6.1b.1	洪水后，幸存的姊弟种庄稼	【苗族】
W6044.3.6.2	夫妻耕田	【独龙族】@［W6023.4.1］夫妻合作狩猎
W6044.3.6.3	兄弟耕田	【苗族（花苗）】
W6044.3.6.4	母子耕种	
W6044.3.6.4.1	地母带领三个儿子种稻	【白族】
W6044.3.6.5	父子耕种	
W6044.3.6.5.1	老汉率领九个儿子开荒种地	【汉族】
W6044.3.7	人耕田的情形（耕种的情形）	
W6044.3.7.1	人以前使用木器和石器亲自耕田，非常艰辛	【汉族】
W6044.3.7.2	最早时，人类没有先进工具，用人来耕田种地十分艰苦	【汉族】
W6044.3.7.3	在暴晒中耕田	【拉祜族】
W6044.3.7.4	黑暗中耕田（黑暗中耕种）	【哈尼族】
W6044.3.7.4.1	黑暗中耕田时牛角上点着蜂蜡和松明照明	【拉祜族】
W6044.3.7.5	人拉犁杖累折腰脊效果甚微	【土族】
W6044.3.7.6	人拉犁地犁得不好，田耙不平	【壮族】
W6044.3.7.7	耕田遇到特定物	
W6044.3.7.7.1	耕田时犁头前边遇石头，犁铧旁边见鲵鱼	【苗族】
W6044.3.7.8	耕田速度很快	
W6044.3.7.8.1	一天犁出三架山	【拉祜族】

W 编码	母题描述	关联项
W6044. 3. 7. 9	与耕种情形有关的其他母题	
W6044. 3. 7. 9. 1	以前耕种碰运气	【佤族】
W6044. 3. 7. 9. 2	放勋牵牛头，老人扶木犁，牛不紧不慢地拉犁向前走	【汉族】
W6044. 4	动物是耕种者（动物耕田；动物作为耕种者；动物种庄稼）	
W6044. 4. 0	以前人耕田无牲口	
W6044. 4. 0. 1	盘古开始种地时，没有牲口使唤	【汉族】
W6044. 4. 1	神兽耕田	
W6044. 4. 1. 1	神人驱赶神兽犁地	【苗族】
W6044. 4. 1. 2	野牛精被制服后为人犁地	【彝族】
W6044. 4. 2	牛耕田	［W6045. 3］牛耕田（牛耕田的产生；扼牛耕田的来历）
W6044. 4. 2. 1	天神降别羊给人找牛耕田	【藏族】
W6044. 4. 3	马耕田	
W6044. 4. 3. 1	人制出口嚼、笼头、鞍子将马管束起来后耕田	【塔吉克族】@［W6083. 3. 2. 1］马耕田时人造出口嚼、笼头、鞍子
W6044. 4. 3a	驴耕田	
W6044. 4. 3a. 1	人变成的驴拉磨耕田	【汉族】
W6044. 4. 4	狗耕田（狗种田）	【汤普森】B292. 4. 3；【汉族】【毛南族】
W6044. 4. 4. 0	狗耕田的原因（狗耕田的来历）	
W6044. 4. 4. 0. 1	射日者王姜带狗去耕田	【布依族】
W6044. 4. 4. 0. 2	人祖爷显灵让泥泥狗犁地	
W6044. 4. 4. 0. 3	因没有其他牲口只好用狗耕田	【瑶族】
W6044. 4. 4. 1	金毛狗种五谷	【汉族】
W6044. 4. 4. 2	哈巴狗耕田	
W6044. 4. 4. 2. 1	兄弟分家后弟弟用分到的哈巴狗耕田	【汉族】

W 编码	母题描述	关联项
W6044.4.4.3	黄狗耕田	
W6044.4.4.3.1	兄弟分家后弟弟用分到的黄狗耕田	【瑶族】
W6044.4.4.4	其他特定的狗耕田	［W6054.1.7.2.2］泥泥狗耕田
W6044.4.4.4.1	小土狗耙田	【拉祜族】
W6044.4.4.4.2	九尾狗耕田	【壮族（沙人）】
W6044.4.4.4.3	瘦狗犁田	【毛南族】
W6044.4.4.5	狗耕田的方法（狗耕田的情形）	
W6044.4.4.5.1	狗耕田又快又好	
W6044.4.4.5.1.1	黄狗耙田像牯牛一样	【瑶族】
W6044.4.4.5.1.2	老狗在前头拉，弟弟在后头掌犁，地耕得比牛快	【彝族】
W6044.4.4.5.2	狗耕田时，人甩一个粑在前头，狗想吃粑就要朝前奔以达到犁地的目的	【仡佬族】
W6044.4.4.5.2a	狗犁地时，在前面丢一个粑粑，狗见到粑粑就前进一步	【彝族】
W6044.4.4.5.3	特定人物用狗耕田	
W6044.4.4.5.3.1	神用狗耕田	【毛南族】
W6044.4.4.5.4	狗耕田很慢	【彝族】
W6044.4.4.6	狗耕田的结果	
W6044.4.4.6.1	狗耕田成功	
W6044.4.4.6.2	狗耕田不成功	
W6044.4.4.6.2.1	狗儿犁田不肯走	【苗族】
W6044.4.4.6.2.2	狗自恃有功懒得犁地	【壮族】
W6044.4.4.6.2.3	狗耕田到处乱跑	【仡佬族】
W6044.4.4.6.2.4	狗力气太小耕田累趴窝	【苗族】
W6044.4.4.7	与狗耕田有关的其他母题	［W6049.1.4.2］神狗带着妇女下种

W 编码	母题描述	关联项
W6044.4.4.7.1	狗耕田代表人祈雨	【布依族】
W6044.4.5	猴子耕种	
W6044.4.5.1	猕猴耕耘	【藏族】@［W6043.1.3.1］猕猴取得谷种籽后开始靠耕耘农作为生
W6044.4.5.2	母猴耕种	【拉祜族】@［W6052.4.1］母猴在山坡上种苞谷
W6044.4.5.3	天神教会猴子种庄稼	【门巴族】
W6044.4.6	鸟耕田	【汉族】@［W6040.2.9.1］大禹教人用鸟耕田
W6044.4.6.1	鹰	
W6044.4.6.1.1	鹰是不称职的犁地播种者	【藏族】
W6044.4.7	母猪龙耕田	
W6044.4.7.1	特定人物用母猪龙耕田	
W6044.4.7.2	射日者把犁枷在母猪龙身上耕田	【布依族】@［W6083.5.1.1］射日者耕田时拉龙来做犁田的绳子，拿红虾做犁肩，把鳝鱼拿来做赶牛的鞭子
W6044.4.8	其他特定动物耕田	
W6044.4.8.1	蛙耕田	
W6044.4.8.1.1	榜香公赶只公蛙去犁地	【苗族】
W6044.4.8.2	猪耕田	
W6044.4.8.2.1	大野猪架小犁犁田	【苗族】
W6044.4.8.2.2	猪努力翻地	【壮族】
W6044.4.8.3	龙耕田	
W6044.4.8.3.1	扎哩、娜哩按天神厄莎的话驱龙耕田	【拉祜族】
W6044.4.8.3.2	捉青龙驾金犁耕田	【土族】
W6044.4.8.3.3	小白龙下凡来耕种	【汉族】
W6044.4.8.3.4	龙耕田不成功	【土族】

W 编码	母题描述	关联项
W6044.4.8.4	羊耕田	
W6044.4.8.4.1	人捉住下凡的山羊后套犁耕田	【纳西族】
W6044.4.8.4.2	岩羊耕田	［W6045.3.4b.1］牛可怜岩羊耕田辛苦替羊为人耕田
W6044.4.8.4.2.1	猎人用捉到的岩羊耕田	【白族】
W6044.4.8.4.2.2	古时候，人用岩羊犁地	【白族】
W6044.4.8.4.2.3	岩羊犁地时，公羊独犁，母羊换犁	【白族】
W6044.4.8.4.2a	猎人用羊拉犁耕田	【白族】
W6044.4.8.4.3	老祖宗把羊子拉来套着试犁	【仡佬族】
W6044.4.8.4.4	羊耕田效率低下	【白族】
W6044.4.8.5	豹子耕田	
W6044.4.8.5.1	祖先强迫豹子拉犁	【汉族】
W6044.4.8.5.2	盘古用豹子耕田不成功	【汉族】
W6044.4.8.6	螺蛳耕田	
W6044.4.8.6.1	盘古见到两个螺蛳在水田耕田	【汉族】
W6044.4.8.7	蛙耕田	
W6044.4.8.7.1	赶公蛙犁地	【苗族】
W6044.4.8.8	象耕田	
W6044.4.8.8.1	舜服野象后用象耕田	【汉族】
W6044.4.8.8.2	象在九嶷山箫韶峰耕田	【汉族】
W6044.4.8.8.3	舜架着两只象犁地	【汉族】
W6044.4.8.9	与特定动物耕田有关的其他母题	
W6044.4.8.9.1	蚂蚱种地	【彝族】
W6044.4.8.9.2	石蚌盘田	【彝族】
W6044.4.8.9.3	鱼耕田	
W6044.4.8.9.3.1	金鱼犁地不成功	【藏族】
W6044.4.9	众多动物参与耕田	【傈僳族】

W 编码	母题描述	关联项
W6044. 4. 9. 1	老虎野猪耕田	【汉族】@［W6044. 4. 8. 2. 1］大野猪架小犁犁田
W6044. 4. 9. 1. 1	野猪耕地	【彝族】
W6044. 4. 9. 2	用马、牛、骡耕地	【汉族】
W6044. 4. 10	动物耕田的情形	
W6044. 4. 11	动物耕田的结果	
W6044. 4. 11. 1	动物耕田通过种庄稼效率	【汉族】
W6044. 4. 12	与动物耕田有关的其他母题	【汤普森】B299. 9
W6044. 5	其他特定的耕种者（特定的种田者）	
W6044. 6	耕种的帮助者（耕田的帮助者）	【关联】①
W6044. 6. 1	虎帮人耕田	【汤普森】B292. 4. 2；［W9430］老虎报恩
W6044. 6. 1a	象帮人耕田	［W6044. 4. 8. 8］象耕田
W6044. 6. 1a. 1	象帮舜耕田	【汉族】
W6044. 6. 2	鸟帮人耕田	
W6044. 6. 2. 1	飞鸟为舜撒种	【汉族】
W6044. 6. 2. 2	百鸟助人耕田	【中华民族】
W6044. 6. 3	众多动物帮人耕田	
W6044. 6. 3. 0	野兽帮人耕种	
W6044. 6. 3. 0. 1	一群野兽帮舜耕种	【汉族】
W6044. 6. 3. 1	猪虎帮助耕田	
W6044. 6. 3. 1. 1	老虎野猪帮助舜开垦田地	【民族，关联】②
W6044. 6. 3. 1. 1. 1	野猪帮舜造水田	【汉族】
W6044. 6. 3. 1. 1. 2	山猪用利嘴帮助舜拱地哩	【汉族】
W6044. 6. 3. 1. 1a	野猪大象帮助舜在烈山开荒种地	【汉族】
W6044. 6. 3. 2	鸡狗帮人耕田	【汉族】

① ［W6049］动物耕田；［W6049. 5］狗耕田。

② 【汉族】@［W6044. 4. 9. 1］老虎野猪耕田；［W6048. 2. 4a. 1］野猪、老熊、马鹿、獐子、猴子帮人开荒挖地。

W 编码	母题描述	关联项
W6044.6.3.3	猫狗帮人耕田	
W6044.6.3.3.1	兄弟分家后，弟弟用分到的猫狗耕田	【汉族】
W6044.6.3.3.2	猫狗耕田的情形	
W6044.6.3.3.2.1	猫狗耕田速度很快	【汉族】
W6044.6.3.4	龙蛇作为耕种帮助者	【仡佬族】
W6044.6.3.5	野猪、小鸟作为耕种帮助者	
W6044.6.3.5.1	野猪、小鸟帮助舜耕种	【汉族】
W6044.6.4	神帮人耕田	
W6044.6.5	神性人物帮人耕田	
W6044.6.5.1	牛魔老王帮神农耕田地	【汉族】
W6044.6.6	其他特定物作为耕种的帮助者	
W6044.6.6.1	铜牛、铁马帮助耕田	【白族】
W6044.7	耕种的组织者	
W6044.7.1	太阳神约罗白天带人种地	【哈尼族】
W6044.7.2	炎黄组织耕种	【中华民族】@［W6052.3.1.4a］炎帝教人种稻谷
W6044.7a	耕种的破坏者（耕田的干扰者）	［W6028.2a］狩猎的干扰者（狩猎的破坏者）
W6044.7a.1	天神破坏人的耕种	【拉祜族】
W6044.7a.1.1	天神厄莎使法让田地里长满大树和石头	【拉祜族】
W6044.7a.2	鸟兽糟蹋的庄稼	【黎族】
W6044.7a.2.1	鸟类糟蹋庄稼	【景颇族】
W6044.7a.3	其他特定破坏耕种者	
W6044.7a.3.1	金马将山坡庄稼全食尽	【哈尼族】
W6044.7a.3.2	牛魔王糟蹋庄稼	【汉族】
W6044.8	与耕种者有关的其他母题（与耕田者有关的其他母题）	

W 编码	母题描述	关联项
W6044. 8. 1	耕种者学艺	［W6045. 1］耕种方法的获得
W6044. 8. 2	耕种者的关系	
W6044. 8. 3	不成功的耕田者（失败的耕种者）	
W6044. 8. 3. 1	虎犁地不成功	【水族】
W6044. 8. 3. 2	豹犁地不成功	【水族】
W6044. 8. 3. 3	用青龙驾金犁耕地没有成功	【土族】
W6044. 8. 3. 4	水獭和鱼不愿意耕田逃到水里	【藏族】
W6044. 8. 3. 5	马鹿不愿意犁地播种	【藏族】
W6044. 8. 3. 5a	马鹿不习犁地	【藏族】
W6044. 8. 3. 6	天上的神鹰不愿耕田	【藏族】
W6044. 8. 4	最早的耕种者（第一个种庄稼的人）	
W6044. 8. 4. 1	女人最先会种庄稼	【珞巴族】
W6044. 8. 4. 1. 1	姐弟中的姐姐发明种庄稼	【珞巴族】
W6044. 8. 5	农事观测者	
W6044. 8. 5. 1	昌亮（观山人）天天观看花草树木生长情况	【瑶族】
W6045	**耕种方法（种田方法；耕田方法；种庄稼的方法）**	【汤普森】A1441. 1；A1441. 4
W6045. 1	耕种方法的获得（耕种方法的发明者）	
W6045. 1. 1	神或神性人物教人耕种方法	
W6045. 1. 1. 1	白鹤仙翁教人耕田方法	【汉族】
W6045. 1. 1. 2	稻谷仙子教播种、匀苗、插秧等法	【民族，关联】①
W6045. 1. 2	特定的人教人耕种（特定的人发明耕种方法）	

① 【哈尼族】@［W6042. 1. 2］牛教会人插秧；［W6044. 2. 3］种田仙子。

W 编码	母题描述	关联项
W6045.1.2.1	高辛教人耕田方法	【畲族】@［W6075.3.3.1.1］高辛皇帝教人放羊
W6045.1.2.2	女首领教人播种、浇水、薅草、追肥种庄稼	【白族】
W6045.1.3	动物教人耕种方法（人受动物启发知道了耕种方法）	
W6045.1.4	耕种方法的其他来历	
W6045.2	刀耕火种	
W6045.2.0	刀耕火种的原因	
W6045.2.0.1	人因缺少粮食后开始刀耕火种	【汉族】
W6045.2.0.2	火烧过的土壤能变得疏松，有助于耕作	【中华民族】
W6045.2.1	刀耕火种的产生	【佤族】@［W6041.3.1］老人教人刀耕火种的方法
W6045.2.1.1	女火神发明刀耕火种	
W6045.2.1.1.1	火畲神婆发明刀耕火种	【土家族】@［W6052.2.1.2］火畲神婆砍火畲种小米
W6045.2.1.2	特定的人发明刀耕火种	［W6041.3.1］老人教人刀耕火种的方法
W6045.2.1.2.1	居诗老领人开创刀耕火种	【苗族】
W6045.2.1.3	火地种植（火种）	
W6045.2.1.3.1	神农发明在火烧的地上种庄稼	【汉族】
W6045.2.1.3.2	女神感龙生的补摩教人烧火地耕种	【羌族】
W6045.2.1.3.3	人类首领达摆卡木教人烧火种山地	【佤族】
W6045.2.1.4	以前的人通过观察发明刀耕火种	【佤族】
W6045.2.2	刀耕火种的时间	
W6045.2.2.1	天地开辟后开始刀耕火种	【苗族】
W6045.2.2.2	有了铁器后开始刀耕火种	【独龙族】

W 编码	母题描述	关联项
W6045. 2. 2. 3	神农氏时刀耕火种	【满族】@［W6050. 4. 4. 3］神农氏时用刀耕火种打粮不多
W6045. 2. 2. 4	天气干燥晴朗，砍倒的大树树叶干得吱吱响时就是烧火的时间	【苗族】
W6045. 2. 2. 5	水旱灾荒后，人又开始刀耕火种	【汉族】
W6045. 2. 2a	刀耕火种的地点	
W6045. 2. 2a. 1	在中原地区的黄河两岸刀耕火种	【汉族】
W6045. 2. 2a. 2	在山阳刀耕火种	
W6045. 2. 2a. 2. 1	在太行山南面刀耕火种	【汉族】
W6045. 2. 3	刀耕火种者	
W6045. 2. 3. 1	祖先刀耕火种	
W6045. 2. 3. 1. 1	亚鲁王与王妃刀耕火种	【苗族】@［W6052. 2. 1. 3］亚鲁王率领王妃刀耕火种撒小米
W6045. 2. 3. 2	大树洞生的朋更朋以刀耕火种为生	【独龙族】
W6045. 2. 3. 3	华夏族曾刀耕火种	【汉族】
W6045. 2. 3. 4	炎帝神农氏的部落火种	【中华民族】@［W6048. 2. 2. 2b. 1］炎帝焚林垦荒
W6045. 2. 4	刀耕火种的工具	
W6045. 2. 4. 1	耕种时以石当刀	【黎族】
W6045. 2. 4. 2	人用铁器刀耕火种	【独龙族】@［W6045. 2. 2. 1］有了铁器后开始刀耕火种
W6045. 2. 5	刀耕火种的方法	
W6045. 2. 5. 1	人发现火烧过的地方种谷子收成好，后来种地就砍倒大树，用火烧后，用竹子挖土撒谷子	【佤族】
W6045. 2. 5. 2	刀耕火种时，先用芟刀把地面的灌木树丛砍去，然后放火烧	【拉祜族】
W6045. 2. 6	刀耕火种的情形	
W6045. 2. 6. 1	刀耕火种很辛苦	【白族】

W 编码	母题描述	关联项
W6045.2.6.1.1	刀耕火种盘田种庄稼全是凭力气很辛苦	【白族】
W6045.2.6.2	刀耕火种很自在	【汉族】
W6045.2.7	刀耕火种的结果	
W6045.2.7.1	烧出草灰种纸树	【彝族】
W6045.2.8	与刀耕火种有关的其他母题	
W6045.3	牛耕田（牛耕田的产生；扼牛耕田的来历）	【汤普森】A1441.2；【民族，关联】①
W6045.3.0	以前没有牛耕田	
W6045.3.0.1	神农教人种庄稼时没耕牛	【汉族】
W6045.3.0.2	从前，牛和驴不拉犁和拉磨	【汉族】
W6045.3.0.2.1	牛开始时不会耕田	【彝族】
W6045.3.0.2.1.1	水牛以前不会耕田	【苗族】@［W6045.3.9.3］水牛耕田
W6045.3.0.3	古时候，老百姓种地没牛，耕地困难	【汉族】
W6045.3.0.4	很古时，人间没有牛，不兴用牛耕地	【白族】
W6045.3.0.5	远古时，彝族不懂得用牛犁地	【彝族】
W6045.3.0.5a	远古时，人们没有学会用牛耕田	【汉族】
W6045.3.0.6	人以前害怕牛，不敢用它犁地	【彝族】
W6045.3.0a	牛耕田的原因	
W6045.3.0a.1	老天爷见人犁地很苦让牛帮人耕田	【民族，关联】②
W6045.3.0a.2	玉皇大帝认为牛在凡间没人经管，让人经管牛，并帮人犁地	【汉族】
W6045.3.0a.3	玉帝答应人用牛耕田的请求	【汉族】
W6045.3.0a.3a	玉皇大帝见人耕种艰辛，就让牛帮人做活	【汉族】

① 【藏族】@［W3200～W3219］牛；［W6044.4.2］牛耕田。

② 【汉族】@［W6044.4.8.5］豹子耕田；［W6044.4.8.5.1］祖先强迫豹子拉犁。

W 编码	母题描述	关联项
W6045. 3. 0a. 4	太上老君同情人间耕田苦，让天上的神牛帮人耕田	【汉族】
W6045. 3. 0a. 4a	玉帝把传错圣旨的太上老君变成一头牛，打入人间为人耕耘	【汉族】
W6045. 3. 0a. 5	孙悟空同情人耕田苦，说服牛帮人耕田	【汉族】
W6045. 3. 0a. 6	结拜兄弟的水牛替豹子为盘古爷耕田	【民族，关联】①
W6045. 3. 0a. 6a	牛为了帮助羊开始耕田	【白族】
W6045. 3. 0a. 7	黄牛通人性要帮人拉犁拉耙	【汉族】
W6045. 3. 0a. 8	农夫见从天上下凡的牛身高体大，让它帮耕田犁地	【汉族】
W6045. 3. 0a. 9	与牛耕田原因有关的其他母题	
W6045. 3. 0a. 9. 1	牛传错话自知理亏，自愿到凡间为人拉犁耕地	【汉族】
W6045. 3. 0a. 9. 2	天上管牛的神仙把黄牛、水牛放到人间后，牛为人耕地	【汉族】
W6045. 3. 1	特定人物规定牛耕田（特定人物教人用牛耕田）	
W6045. 3. 1. 1	玉皇大帝送给人类耕田的牛	【彝族】
W6045. 3. 1. 1. 1	玉皇大帝把犯错的牛神贬到人间为农民耕田	【汉族】
W6045. 3. 1. 1a	老天爷派天上的牛下凡帮人种地	【汉族】
W6045. 3. 1. 1b	玉帝让牛神下凡协助农民种田	【汉族】
W6045. 3. 1. 2	牛王菩萨让牛为人耕田	【羌族】
W6045. 3. 1. 3	神让牛去为人拉车犁地	【汉族】
W6045. 3. 1. 4	天神找到了牛后，给它套上犁头，让它耕犁大地	【藏族】
W6045. 3. 1. 4. 1	天老爷罗拉甲伍叫人把绳索套在牛身上去耕田	【藏族（白马）】

① 【汉族】@［W6044. 4. 8. 5］豹子耕田；［W6044. 4. 8. 5. 1］祖先强迫豹子拉犁。

W 编码	母题描述	关联项
W6045.3.1.4.2	天神降别央令牛种田	【藏族】
W6045.3.1.4.2a	天神降别央给牛套上犁头，让它耕田	【藏族】
W6045.3.1.4.2b	天神降别央令牛犁地播种	【藏族】
W6045.3.1.5	天神送耕牛为人耕田	【彝族】
W6045.3.1.5a	太上老君送牛帮人耕地	【汉族】
W6045.3.1.6	太阳教给人牛耕田方法	【回族】
W6045.3.1.7	后稷之孙发明牛耕	【汉族】@［W6040.2.6］后稷教人耕种（稷发明耕种；后稷是农业的发明者）
W6045.3.1.8	炎帝发明牛耕	【汉族】
W6045.3.1.9	其他特定人物教人用牛耕田	
W6045.3.1.9.1	神农教人用牛耕田	【汉族】
W6045.3.1.9.2	罗英驯牛耕田	【仫佬族】
W6045.3.1.9.3	盖天佛见神牛传错令，就派它下凡帮人们干活	【汉族】
W6045.3.1.9.4	安拉给人一头牛去耕田	【塔吉克族】
W6045.3.1.9.5	天上的金牛星打发儿子和儿媳妇下界，帮神农氏种地	【满族】
W6045.3.1.9.6	动神指点人用牛耕田	【纳西族】
W6045.3.1.9.6.1	喜鹊告知人用牛耕田	【彝族】
W6045.3.1.9.7	特定物教人用牛耕田	
W6045.3.1.9.7.1	金牛星向人演示牛耕田	【汉族】
W6045.3.2	驯牛耕田（养牛耕田；骗牛耕田；用特定工具扼牛耕田）	【关联】①
W6045.3.2.1	神童捉黄牛耕种	【土族】
W6045.3.2.2	驯服牛后开始用牛耕田	【汉族】［✻W6056］饲养的产生（驯养动物的起源；养殖的起源）

① ［W6062.6.1.6］牛被驯服源于感恩；［W6049a.4a.1.1］神农把1头仙牛豢养成耕牛。

W 编码	母题描述	关联项
W6045. 3. 2. 2. 1	神农氏捉牛驯服后套在犁杖上翻地	【汉族】
W6045. 3. 2. 2. 2	罗英（人名）驯牛后开始用牛耕作	【仫佬族】@［W6045. 3. 1. 9. 2］罗英驯牛耕田
W6045. 3. 2a	造牛耕田	
W6045. 3. 2a. 1	男始祖布洛陀造牛为人耕田	【壮族】
W6045. 3. 2a. 2	女娲造水牛为人耕田	【汉族】
W6045. 3. 2. 3	与牛做朋友后牛耕田	
W6045. 3. 2. 3. 1	祖先保洛陀与动物交朋友，让牛帮人耕种	【壮族】
W6045. 3. 2. 4	用特定工具驯牛耕田	
W6045. 3. 2. 4. 1	曲布居木家的儿子用格尼树做犁头，用阿吉树做枷担，用嫩竹做牵绳，用黄竹做鞭子赶牛耕田	【彝族】
W6045. 3. 2. 4. 2	橡子树做犁架，安上铁犁头，水牛黄牛脖子架弯担，拴上皮索子去耕田	【彝族】
W6045. 3. 3	捉牛耕田	
W6045. 3. 3. 1	特定人物捉牛耕田	
W6045. 3. 3. 1. 1	大禹捉黄牛耕田	【羌族】
W6045. 3. 3. 1. 2	3 岁神童捉黄牛耕田	【土族】@［W6040. 4. 3. 1］仙人教 3 岁神童耕地种庄稼
W6045. 3. 3. 1. 3	一个叫如意的孩子捉伏牛山的老黄牛耕田	【汉族】
W6045. 3. 3. 2	利恩若和兄弟扼牛耕田	【纳西族】
W6045. 3. 3. 3	观音捉牛耕田	【白族】@［W6062. 6. 4. 1. 1］观音捉牛为人耕田
W6045. 3. 3. 4	把野牛鼻子上扎孔穿上鼻圈儿耕田	【汉族】
W6045. 3. 3. 5	农夫捉下凡的天牛耕田	【汉族】
W6045. 3. 3. 6	金牛星派天牛下凡耕田	【汉族】

W 编码	母题描述	关联项
W6045.3.3a	借牛耕田	
W6045.3.3a.1	恩（人名）到天上向弟弟雷借牛耕田	【汉族】
W6045.3.3a.2	水牛耕完田后送走	【苗族】
W6045.3.4	牛因犯错被罚耕田	
W6045.3.4.1	牛撒庄稼和草种错了比例，罚它替人类耕田	【苗族】
W6045.3.4.2	牛传错话，被惩罚为人耕地	【汉族】【土族】
W6045.3.4.2.0	牛传错话，天帝让它们下凡耕地种粮食	【彝族】
W6045.3.4.2.0.1	黄牛传错话，被玉帝惩罚下凡帮助人耕地	【汉族】@［W6045.3.9.2］黄牛耕田
W6045.3.4.2.0.2	牛传错话，被玉皇大帝惩罚下凡干苦力活，帮人犁田耕地	【白族】
W6045.3.4.2.1	牛神犯错，被罚耕田	
W6045.3.4.2.1.1	牛神错传圣旨，玉皇大帝贬下凡戴上枷担拉犁头种庄稼	【汉族】
W6045.3.4.2.1.1a	牛王神传错话，被罚下凡耕田	【汉族】@［W6045.3.1.2］牛王菩萨让牛为人耕田
W6045.3.4.2.1.1a.1	牛王神传错话，玉帝责罚它下凡当牲畜，终生为人耕作	【汉族】
W6045.3.4.2.1.1a.2	牛王神传错话，被玉皇大帝一脚踢到凡间给人拉犁扯耙	【汉族】
W6045.3.4.2.1.1a.3	墨特巴把牛王贬到人间帮农民耕田种地	【土家族】
W6045.3.4.2.1.1b	牛头夜叉错传旨意，玉帝惩罚它帮人犁田耙地	【汉族】
W6045.3.4.2.1.2	牛神传错话，天上的神仙罚它为人耕田	【侗族】
W6045.3.4.2.1.2a	牛神传错话，玉皇大帝让它下凡间养活人	【汉族】

W 编码	母题描述	关联项
W6045. 3. 4. 2. 1. 3	牛神撒多了草籽，玉帝让它到人间帮人耕田	【汉族】
W6045. 3. 4. 2. 3	牛毛大王做错事，玉帝罚牛王下界帮人拖犁拖耙	【土家族】
W6045. 3. 4. 2. 4	牛大仙错撒草种，王母娘娘罚它到人间耕田	【汉族】
W6045. 3. 4. 2. 5	牛星撒错草种比例，玉皇大帝罚牛替人类耕田	【苗族】
W6045. 3. 4. 3	牛将军传错圣旨，被玉帝惩罚一辈子为人拉犁耕地	【汉族】
W6045. 3. 4a	牛因闲不住为人耕田（牛乐意为人耕田）	
W6045. 3. 4a. 1	天牛被贬到人间后闲不住，就帮人拉犁耕田	【汉族】
W6045. 3. 4b	牛处于恻隐之心为人耕田（牛替代其他动物为人耕田）	
W6045. 3. 4b. 1	牛可怜岩羊耕田辛苦替羊为人耕田	【白族】
W6045. 3. 5	神牛耕田（天牛耕田）	
W6045. 3. 5. 1	神牛变耕牛	
W6045. 3. 5. 1. 1	玉皇大帝令太白金星去传旨让神牛帮人种田	【汉族】
W6045. 3. 5. 2	天牛下凡后耕田	【汉族】
W6045. 3. 5. 3	神牛犁地	【纳西族（摩梭人）】
W6045. 3. 5. 4	神牛因耳朵不好使下凡为人耕田	【汉族】
W6045. 3. 6	仙牛耕田（牛仙耕田）	
W6045. 3. 6. 1	仙牛变成耕牛	
W6045. 3. 6. 1. 1	神农把一头仙牛豢养成耕牛	【汉族】
W6045. 3. 6. 2	牛大仙耕田	【汉族】@［W6045. 3. 4. 2. 4］牛大仙传错话，王母娘娘罚它到人间耕田

W 编码	母题描述	关联项
W6045.3.6a	牛魔王耕田	
W6045.3.6a.1	牛魔王帮助痛苦不堪的农民们耕田种地	【汉族】
W6045.3.6a.2	神农抓住牛魔王，让它现原形为人耕田	【汉族】
W6045.3.6a.3	玉帝惩罚牛魔王，让它现原形为人耕田	【回族】
W6045.3.7	野牛耕田（野牛为人拉犁）	【汤普森】B292.4.1；［W6048.8.3a.1］野牛翻地
W6045.3.7.1	野牛精被制服后为人犁地	【彝族】
W6045.3.7.2	玉帝派牛魔王下凡让野牛替人耕种	【汉族】@［W6045.3.6a.1］牛魔王帮助痛苦不堪的农民们耕田种地
W6045.3.7.3	捉野牛驾银犁耕田	【土族】
W6045.3.7.4	野牛耕田不成功	
W6045.3.7.4.1	野牛耕田时甩掉绳、犁和鼻圈	【土族】
W6045.3.7a	犀牛耕田	
W6045.3.7a.1	翁戛老祖把天上的犀牛拉来耕田	【布依族】
W6045.3.8	母牛耕田	
W6045.3.8.1	玉皇大帝赐人一头母牛来耕田	【彝族】
W6045.3.9	其他特定的牛耕田	
W6045.3.9.1	黄脸黑头的牯牛犁地	【彝族】
W6045.3.9.2	黄牛耕田	【民族，关联】①
W6045.3.9.2.1	盘瓠与辛女婚后使用黄牛耕地	【苗族】
W6045.3.9.2.2	黄牛太郎为农民耕地	【羌族】
W6045.3.9.2.3	老黄牛耕田耙地	【汉族】
W6045.3.9.2a	其他颜色的牛耕田	
W6045.3.9.2a.1	舜使一头黄牛和一头黑牛耕田	【汉族】

① 【汉族】@［W6045.3.3.1.1］大禹捉黄牛耕田；［W6045.3.3.1.2］3岁神童捉黄牛耕田；［W6045.3.3.1.3］一个叫如意的孩子捉伏牛山的老黄牛耕田。

W 编码	母题描述	关联项
W6045. 3. 9. 2a. 2	白牛助人犁田耙地	【壮族】
W6045. 3. 9. 2a. 3	青牛耕田	
W6045. 3. 9. 2a. 3. 1	神农收服犁田种五谷的怪兽取名为青牛	【汉族】
W6045. 3. 9. 3	水牛耕田	
W6045. 3. 9. 3. 1	人捉水牛后在鼻子上打孔穿绳让它耕田	【纳西族】
W6045. 3. 9. 3. 2	因水牛多嘴受惩罚为人耕田	【苗族】
W6045. 3. 9. 3. 3	天神让传错话的水牛为人耕田	【德昂族】
W6045. 3. 9. 3. 3a	天神阿波摩米惩罚传错话的水牛，让它到人间耕田犁地	【哈尼族】
W6045. 3. 9. 3. 4	蚩尤族会用水牛犁田耕种	【中华民族】
W6045. 3. 9. 3. 5	水牛因听信豹子的话后被捉，为人耕田	【汉族】
W6045. 3. 9. 3. 6	天神俄沙扒莫令水牛下到人间为人做活，水牛天天给人耕田犁地	【傈僳族】
W6045. 3. 9. 4	犏牛善耕田	［W6062. 6. 3. 3］驯犏牛
W6045. 3. 9. 4. 1	犏牛善犁地	【藏族】
W6045. 3. 9. 5	铁牛耕田	
W6045. 3. 9. 5. 1	如来佛派铁牛下凡帮东土众生耕田犁地	【汉族】
W6045. 3. 9. 5. 2	天上的铁牛犯错，被玉皇大帝贬到人间耕田	【汉族】
W6045. 3. 9. 6	天牛耕田	【关联】①
W6045. 3. 9. 6. 1	善良的天神留下天牛供给人们犁田	【汉族】
W6045. 3. 10	牛耕田的方法（牛耕田的情形）	
W6045. 3. 10. 1	牛耕田方法的获得	
W6045. 3. 10. 1. 1	特定人物教人用牛耕田	

① ［W6045. 3. 3. 5］农夫捉下凡的天牛耕田；［W6045. 3. 3. 6］金牛星派天牛下凡耕田。

W 编码	母题描述	关联项
W6045.3.10.1.1.1	后稷的孙子叔均是最早教民用牛耕地的人	【汉族】
W6045.3.10.2	牛耕田的情形	
W6045.3.10.2.1	单牛耕田	
W6045.3.10.2.2	双套牛拉犁	
W6045.3.10.2.2.1	舜以双套牛拉犁	【汉族】
W6045.3.10.2.3	小孩执牛耳指挥耕田	【维吾尔族】
W6045.3.10.2.4	黄牛驾铁犁耕地种庄稼	【土族】
W6045.3.10.2.5	牛耕田很具画面感	
W6045.3.10.2.5.1	黄牛耕田时，蹄儿不快不慢，犁杖匀匀前行，犁杖划破地皮，黑土翻向两边	【土族】
W6045.3.10.3	与牛耕田方法有关的其他母题	［W6044.3.7］人耕田的情形（耕种的情形）
W6045.3.10.3.1	牛耕田前要先喂熟	【汉族】
W6045.3.10.3.2	牛耕田的工具	［W6062.6.2a］驯牛的工具
W6045.3.10.3.2.1	牛轭	
W6045.3.10.3.2.1.1	榜香猷公造牛轭	【苗族】
W6045.3.10a	牛耕田的结果	
W6045.3.10a.1	牛耕田效果良好	
W6045.3.10a.1.1	用牛耕作，田地越开越多	【仫佬族】
W6045.3.10a.1.2	用牛耕田，半天就犁了一大片	【彝族】
W6045.3.10a.1.3	老祖宗拉牛试犁，一铧赶一铧，半天犁了一大坡	【仡佬族】
W6045.3.11	与牛耕田有关的其他母题	
W6045.3.11.1	以前，牛驱使人耕地种庄稼	【藏族（白马）】
W6045.3.11.2	稷之孙叔均始作牛耕	【中华民族】
W6045.4	翻土挖地	
W6045.4.1	女始祖密洛陀教子孙翻土、挖地	【瑶族（布努）】

W 编码	母题描述	关联项
W6045. 4. 1. 1	挖地	［W6044. 3. 6. 1］兄妹挖地种田
W6045. 4. 1. 1. 1	用钉锄挖地	【仫佬族】
W6045. 4. 1. 1. 2	王亥老人带放勋用木耒挖地	【汉族】
W6045. 4. 1. 2	翻土	［W6048. 8. 3a］翻地
W6045. 4. 1. 2. 1	用锄头翻土	【白族】
W6045. 4a	用巫术种田	
W6045. 4a. 1	神农氏时，人用巫术种田	【汉族】
W6045. 5	耕田时要处理特定事情	
W6045. 5. 1	犁地时，人跟在后面用石块敲打碎土	【纳西族（摩梭人）】
W6045. 5. 2	耕种时除稗	【壮族】
W6045. 6	与耕种方法有关的其他母题	
W6045. 6. 0	耕种技术（农业技术）	［W6041. 7］从其他民族学会耕种技术
W6045. 6. 0. 1	神农掌握耕耘的技巧	【中华民族】
W6045. 6. 0. 1a	神农的儿子掌握农耕技术	
W6045. 6. 0. 1a. 1	炎帝神农氏之子柱将农耕技术带到了历乡	【中华民族】@［W6045. 6. 0. 6. 1］耕柱子教人耕作手艺
W6045. 6. 0. 2	炎帝传播农业技术	【汉族】@［W6040. 2. 4. 3］炎帝教人耕作技术
W6045. 6. 0. 3	人从铜鼓身上的图案中学会高超一点的耕种	【壮族】
W6045. 6. 0. 4	蚩尤传播农耕技术	
W6045. 6. 0. 4. 1	蚩尤把先进的农耕技术传给华夏部落	【中华民族】
W6045. 6. 0. 5	深耕技术	
W6045. 6. 0. 5. 1	柱发明深耕种植	【中华民族】
W6045. 6. 0. 6	耕作手艺	
W6045. 6. 0. 6. 1	耕柱子教人耕作手艺	【汉族】

W 编码	母题描述	关联项
W6045.6.0.7	农业人工种植技术	［W6052.3.1.8.1.1］人工种植粳稻产生于7500—9000年前
W6045.6.0.7.1 *	神农氏部落掌握了农业人工种植的技术	【中华民族】
W6045.6.1	不成功的耕种方法	
W6045.6.2	颠倒的耕种方法	
W6045.6.2.1	以前不是人让牛耕田而是牛驱使人耕田	【藏族（白马）】@［W6044.3.1.1］以前牛使用人耕种
W6045.6.3	以前耕种很简单（以前耕种很容易）	【民族，关联】①
W6045.6.3.1	以前，每年把种子播到田里就万事大吉，就等秋天去收割	【汉族】
W6045.6.3.1.1	以前，把小麦和五谷杂粮种子撒到地里，等着到时候收就行	【汉族】
W6045.6.3.2	以前，地上只长庄稼不长草，播下种子就会收获	【汉族】
W6045.6.3.3	很早以前种五谷很轻松	【汉族】
W6045.6.3.4	以前种庄稼不需要干活	【汉族】
W6045.6.3.5	以前，种庄稼不须劳作，拿只铜锣天天打，五谷就会自然生长	【汉族】
W6045.6.3.6	虞舜时，田里不长草，种田十分省力	【汉族】
W6045.6.4	耕种中一些问题的解决	
W6045.6.4.1	用巫术解决种庄稼遇到的问题	
W6045.6.4.1.1	作物生长不佳时举行接田魂仪式	【壮族】
W6045.6.5	耕种靠人不靠天	【汉族】
W6045.6.6	治水后耕种	
W6045.6.6.1	大禹治海水种庄稼	【汉族】
W6045.6.7	耕种有特定的要求	

①【汉族】@［W6012.2］人以前采集很容易；［W6050.4.2］以前庄稼自然收获。

W 编码	母题描述	关联项
W6045. 6. 7. 1	像抚育孩子一样细心耕种	【汉族】
W6045. 6. 7. 2	人勤庄稼好	【民族，关联】①
W6045. 6. 7. 3	耕种成功的关键是勤劳	【白族】
W6045. 6. 8	种田是用铁板撬	【土家族】
＊**W6046**	**耕种程序（耕种环节；耕种过程）**	
W6046. 1	耕种过程的产生	
W6046. 2	耕种的具体环节	
W6046. 2. 1	耕种环节有播种、浇水、薅草、追肥等	【白族】
W6046. 2. 2	春种、夏锄、秋收、冬藏，循环往复	【汉族】
W6047	**耕种前准备（种庄稼前的准备）**	
W6047. 0	耕种前的常见行为	
W6047. 0. 1	耕种前粮种的选择	【汉族】
W6047. 0. 1. 1	收集、挑选能吃的植物种子	【汉族】
W6047. 0. 2	耕种前寻找良田	
W6047. 0. 2. 1	耕种前随动物找到良田	【苗族】
W6047. 1	耕种前算播种日期	
W6047. 2	耕种前举行仪式	
W6047. 2. 1	羌民四月举行玉麦播种仪式	【羌族】
W6047. 2. 2	耕种前禳除仪式	
W6047. 2. 2. 1	耕种前不禳除，种出的庄稼像豆芽	【壮族】
W6047. 2. 3	耕种前祭天地神	
W6047. 2. 3. 1	每年春耕前，各家各户用猪祭地神和天神祈求丰年	【锡伯族】

① 【汉族】［W6049. 4. 1. 5］仙人告诉神童勤锄草庄稼长得苗壮；［W6050. 4. 3. 4］因人勤劳庄稼丰收。

W 编码	母题描述	关联项
W6047.2.3.2	每年春耕前祭地时，把谷神神偶中装的旧谷撒在地上	【锡伯族】
W6047.2.4	耕地前祭土地神	【达斡尔族】
W6047.2.4.1	开耕2月祭祀土地神，求五谷丰登	【仡佬族】
W6047.2.4a	开耕时节先祭山神、土地神	【瑶族（排瑶）】
W6047.2.5	耕种前戒斋	
W6047.2.5.1	耕种前，王戒斋5日	【中华民族】
W6047.2.6	种庄稼前在禁地祭祀	【壮族】
W6047.2.7	春耕栽插季节，抬猪鸡鱼肉祀山神树	【傣族】
W6047.3	种庄稼前先晒地	
W6047.3.1	砍树种田时，要先在5月到9月砍光杂树，10月晒到腊月尾	【彝族】
W6047.4	耕种前占卜	
W6047.4.1	每年大年三十用种子占卜，以判断来年耕种情况	【仡佬族】
W6048	**开辟田地（造田；开荒造田；土地的修整）**	［W1252.5a.1］祖先为开荒造灰泥
W6048.0	以前没有农田	
W6048.0.1	以前没有田地之分	【汉族】
W6048.0.2	特定时代没有田地	
W6048.0.2.1	虞舜七八岁时还没有田	【汉族】
W6048.0.3	没有农田的情形	
W6048.0.3.1	舜时还没有田，人全靠在山上开点地种点芦稷（高粱）和粟混日子	【汉族】
W6048.1	造田的来历（造田地的原因）	
W6048.1.1	人向神灵学会开荒	【珞巴族】

W 编码	母题描述	关联项
W6048. 1. 2	首领教人开荒造田	【佤族】@［W6043. 2. 2. 1］祖先先以狩猎为生，后来学会开荒种田
W6048. 1. 3	祖先教人开荒造田	
W6048. 1. 3. 1	伏羲教人制造农具，开垦荒地	【汉族】
W6048. 1. 4	为养育人民造田地	【壮族】
W6048. 1. 5	人有了房屋后，开垦土地	【汉族】
W6048. 2	造田者（开荒造田者；开荒者）	
W6048. 2. 1	神作为造田者（神造田）	
W6048. 2. 1. 1	山神担山造田	【瑶族】
W6048. 2. 1. 2	女神开荒种地	
W6048. 2. 1. 2. 1	大神竺妞造田	【苗族】
W6048. 2. 2	神性人物作为造田者	
W6048. 2. 2. 1	祖先造田	
W6048. 2. 2. 1. 1	人祖阿丹和好娃开荒平田	【回族】
W6048. 2. 2. 2	黄帝率子孙开荒造田	
W6048. 2. 2. 2. 1	轩辕黄帝带子孙在陕西一带开荒造田	【汉族】
W6048. 2. 2. 2. 2	轩辕带领百姓在中原治水除害，开荒种地	【汉族】
W6048. 2. 2. 2a	尧开荒	
W6048. 2. 2. 2a. 1	尧帝在封地唐县带领人们开垦荒地	【汉族】
W6048. 2. 2. 2b	炎帝开荒	
W6048. 2. 2. 2b. 1	炎帝焚林垦荒	【中华民族】
W6048. 2. 2. 3	大舜开荒	【汉族】
W6048. 2. 2. 3. 1	舜在历山上开荒种地	【汉族】
W6048. 2. 2. 3. 2	舜把石头搬开，把荆棘砍倒开荒造田	【汉族】

W 编码	母题描述	关联项
W6048.2.2.3a	大禹治水造良田	【中华民族】
W6048.2.2.4	盘古造田（盘古造田地）	【壮族】
W6048.2.2.4.1	有水火后，盘古皇复造田地	【瑶族】
W6048.2.2.4.2	盘古置山河与田园	【瑶族】
W6048.2.2.5	仙人开荒	
W6048.2.2.5.1	仙人把荒芜大坝变成油黑田土	【水族】
W6048.2.2.6	神农教人开垦土地	【汉族】
W6048.2.2.6a	神农锄耨，以垦草莽	【中华民族】
W6048.2.2.6b	神农为耒耜锄耨，以垦草莽	【中华民族】
W6048.2.2.6c	神农始造田谓之田祖	【中华民族】
W6048.2.2.7	伏羲教民开荒种地	【汉族】
W6048.2.3	人作为造田者（特定的人拓荒）	
W6048.2.3.1	兄妹开荒	
W6048.2.3.2	兄弟开荒	
W6048.2.3.2.1	古时候，芦卡芦雅兄弟俩在天堂山上开荒	【侗族】
W6048.2.3.3	夫妻开荒（夫妻开田）	
W6048.2.3.3.1	一对夫妇一起开垦精灵住过的山坡地	【珞巴族】
W6048.2.3.4	王华开荒造田地	【毛南族】
W6048.2.4	动物作为造田者	
W6048.2.4.1	猴子夫妻代儿孙用石头和棍棒在雅鲁藏布江边开出了一块土地种庄稼	【藏族】
W6048.2.4.2	狗开荒	
W6048.2.4.2.1	观音菩萨让一只狗开出不少荒地	【白族】
W6048.2.4.3	猫和狗一齐开荒	【白族】
W6048.2.4.4	猪拱地造田	【布依族】@［W6044.4.8.2］猪耕田

W 编码	母题描述	关联项
W6048. 2. 4a	动物作为开荒造田的帮助者（使用动物开荒）	［W6048. 8. 1］造田的帮助者
W6048. 2. 4a. 1	野猪、老熊、马鹿、獐子、猴子帮人开荒挖地	【独龙族】
W6048. 2. 4a. 1. 1	一群野兽帮舜开种谷塘	【汉族】
W6048. 2. 4a. 2	用牛开荒	
W6048. 2. 4a. 2. 1	舜赶病牛开荒	【汉族】
W6048. 3	开荒造田（开地）	
W6048. 3. 0	开荒造田地点的选择	［W6048. 8. 0. 2］神农教人选可开荒的土地
W6048. 3. 0. 1	选石缝缝能长出草的地方开荒造田	【苗族】
W6048. 3. 0. 2	走出老林开荒种地	【苗族】
W6048. 3. 0. 3	开垦祖上的荒地	【哈尼族】
W6048. 3. 0. 4	寻找能开荒的山地	【苗族】
W6048. 3. 0. 5	开地前占卜地是否能开垦	【佤族】
W6048. 3. 0. 6	在沟内开荒	【汉族】
W6048. 3. 1	烧荒造田（烧荒种田）	【关联】①
W6048. 3. 1. 0	烧荒种田的原因	
W6048. 3. 1. 0. 1	人为了驱赶神，开始烧荒种田	【哈尼族】
W6048. 3. 1. 1	首领教人烧火种山地	【佤族】
W6048. 3. 1. 2	兄妹烧荒种田	
W6048. 3. 1. 2. 1	兄妹教人砍倒大树，杀掉茅草，烧地种旱谷	【佤族】
W6048. 3. 1. 3	砍一块火山地种粮食	【独龙族】
W6048. 3. 1. 4	仙人牙花撒仙烧荒造田	【水族】
W6048. 3. 1. 5	炎帝发明烧荒种田	【汉族】

① ［W6041. 7. 1］迁徙来的门巴人把烧荒种地技术传授给当地珞巴人；［W6053. 3. 1. 2］割倒茅草放把火，撒上谷种做旱地。

W 编码	母题描述	关联项
W6048.3.1.6	烧火地	［W6045.2.1.3.2］女神感龙生的补摩教人烧火地耕种
W6048.3.1.6.1	补摩（神龙）教人烧火地	【羌族】
W6048.3.1.6.2	砍倒的大树树叶干得吱吱响时就是烧火地的时候	【苗族】
W6048.3.2	砍树开荒（砍树种田）	［W7788］考验求婚者开荒难题
W6048.3.2.1	人类拿刀砍树后盘庄稼	【彝族】
W6048.3.2.2	用斧头和砍刀砍树开荒	【苗族】
W6048.3.3	辟地树谷	
W6048.3.3.1	舜辟地树谷	【汉族】
W6048.3.4	开山造田（平山开荒造田）	【水族】
W6048.3.4.1	密洛陀造的人到各个山头建村立寨，开山种地	【瑶族】
W6048.3.4.2	在山上开荒	【布朗族】
W6048.3.4.3	神仙教人开山造田	【苗族】
W6048.3.5	填土开荒造田	
W6048.3.6	其他开荒造田的方法（用特定的工具开荒）	［W6088.3.2.2］用锄开荒
W6048.3.6.1	用斧子、锄头开荒造田	【苗族】@［W6048.3.2.2］用斧头和砍刀砍树开荒
W6048.3.6.1.1	盘古手拿金斧开田地	【壮族】
W6048.3.6.1.2	女神竺妞挥起金斧猛劈怪石	【苗族】
W6048.3.6.2	远古，人间开荒种田全靠双手	【回族】
W6048.3.6.3	用手开荒	【汉族】
W6048.3.6.4	开荒时薅草、砍荒、搬石头	【汉族】
W6048.3.7	开荒造田的结果	［W6048.5.2］开垦的荒山变成良田
W6048.3.7.1	开好的坡田从东铺到西伸到云彩里	【苗族】
W6048.3.7.2	开荒后，地下现出一片黑油油的黑土	【苗族】

W 编码	母题描述	关联项
W6048. 3. 8	与开荒造田有关的其他母题	
W6048. 3. 8. 1	开荒造田的时间	
W6048. 3. 8. 1. 1	二月二十七布谷鸟叫起来，石蚌叫起来时要放火烧荞地	【彝族】
W6048. 3. 8. 1. 2	鼠日烧荒	【彝族】
W6048. 3. 8. 1. 3	洪水后开荒	【布朗族】
W6048. 3. 8. 1. 3. 1	大禹治洪水后，人开荒种地	【汉族】
W6048. 3. 8. 2	开荒造田的地点	
W6048. 3. 8. 2. 1	神仙到月亮上去开荒	【汉族】
W6048. 3. 8. 2. 2	山林中开荒造田	
W6048. 3. 8. 2. 2. 1	三兄弟入山林垦荒	【普米族】
W6048. 3. 8. 2. 3	山野中开荒造田	
W6048. 3. 8. 2. 3. 1	三兄弟到山野里去垦田	【普米族】
W6048. 3. 8. 2. 3. 2	在山上治田改地	【汉族】
W6048. 3. 8. 3	开荒造田的仪式	
W6048. 3. 8. 3. 1	砍火地时请神	【藏族】
W6048. 3. 8. 3. 2	砍地仪式是新年头举行的第一个农祭	【基诺族】
W6048. 3. 8. 4	开荒岭	【仡佬族】
W6048. 3. 8. 5	开荒造田的关联事件	
W6048. 3. 8. 6	开荒的管理者	
W6048. 3. 8. 6. 1	伯益专管开荒和焚山驱兽	【民族，关联】①
W6048. 4	赶山造田	［W9007. 2］赶山填海
W6048. 4. 1	特定人物赶山造田	
W6048. 4. 1. 1	稼赶山造田	【仫佬族】
W6048. 4. 2	翻犁移岭造田	
W6048. 4. 2. 1	密洛陀的儿子勒则勒郎用翻犁移岭造田	【瑶族（布努）】

① 【中华民族】@［W6020. 5. 2］猎人伯益教尧狩猎；［W6023. 5. 1. 3b］伯益发明捕兽的陷阱。

W 编码	母题描述	关联项
W6048.4.3	赶土石造田	
W6048.4.3.1	天神赶土石造田	【彝族】
W6048.4.3.2	稼（人名）赶石造田	【仫佬族】
W6048.5	造良田	
W6048.5.1	特定人物造良田	
W6048.5.1.1	天人下凡造良田	
W6048.5.1.1.1	天上的男孩阿力和女孩达勒下凡造良田	【仡佬族】
W6048.5.2	开垦的荒山变成良田	【高山族（阿美）】
W6048.6	造水田	［W6053.3.2］种水田（耕水田）
W6048.6.1	田公地母的儿子造水田	［W0147.4］田公地母
W6048.6.1.1	田公地母的两个儿子用石头片开水潭种稻	【汉族】
W6048.6.2	箐底开水田	
W6048.6.2.1	弟兄五人山上犁生地，箐底开水田	【彝族】
W6048.6.3	用特定物造水田	
W6048.6.3.1	天神用牛血做水田	【哈尼族】
W6048.6.4	造水田者	
W6048.6.4.1	虞舜造水田（虞舜开种谷塘）	【汉族】
W6048.6.4.2	田公地母的两个儿子造水田	【汉族】
W6048.6.5	造水田的方法（早水田的情形）	
W6048.6.5.1	杨大汉用锄头开出水田	【白族】
W6048.6.5.2	划分出水田	
W6048.6.5.2.1	舜叫人一格一丘划分出 360 丘，形成现在的水田	【汉族】
W6048.6.5.3	用石头片开出低水潭种水稻	【汉族】
W6048.6.6	造水田的结果	
W6048.6.7	与造水田有关的其他母题	

W 编码	母题描述	关联项
W6048. 7	造其他特定的田	
W6048. 7. 1	造梯田	
W6048. 7. 1. 1	仿着白水台的台阶模样修造出梯田	【纳西族】
W6048. 7. 1. 2	用牛肋造梯田	【哈尼族】
W6048. 7. 1. 3	神农氏教人造梯田	【汉族】
W6048. 7. 2	造丘田	
W6048. 7. 2. 1	妇女用鞭子抽打出丘田	【傈僳族】
W6048. 7. 2. 2	大神竺妞开荒种地时垒好丘丘田	【苗族】
W6048. 7. 3	特定名称的田	
W6048. 7. 3. 1	鸟田	【中华民族】
W6048. 8	与造田有关的其他母题（与开田有关的其他母题）	
W6048. 8. 0	选择土地	
W6048. 8. 0. 1	炎帝相土地	【中华民族】
W6048. 8. 0. 2	神农教人选可开荒的土地	【汉族】
W6048. 8. 1	造田的帮助者	
W6048. 8. 1. 1	动物是造田的帮助者	［W6048. 2. 4a］动物作为开荒造田的帮助者（使用动物开荒）
W6048. 8. 1. 1. 1	尼帕和子孙赶着老虎牵着蛟龙开辟田地	【傈僳族】
W6048. 8. 1. 2	仙女是造田帮助者	
W6048. 8. 1. 2. 1	九位仙女下凡间帮水族先民造山造田	【水族】
W6048. 8. 2	田地的分布	
W6048. 8. 2. 1	有的地方田少的来历	
W6048. 8. 2. 1. 1	因传错话造成山多田少	［W9953. 1. 1］传错话
W6048. 8. 2. 1. 1. 1	因天使传错话造成山多田少	【水族】
W6048. 8. 3	刨田（刨地）	

W 编码	母题描述	关联项
W6048.8.3.1	神仙化成讨饭人教人刨田	【汉族】
W6048.8.3.2	用身体刨地	
W6048.8.3.2.1	人和野兽种谷子刨地时，有的用手、有的用脚、有的用嘴	【佤族】
W6048.8.3.3	以前，人用手刨地	【汉族】
W6048.8.3a	翻地	【关联】①
W6048.8.3a.1	野牛翻地	【仫佬族】
W6048.8.3a.2	翻地让肥土黑泥翻下去，瘦土黄泥翻上来	【苗族】
W6048.8.3b	垄地	
W6048.8.3b.1	猪精黑煞神下界帮人把地拱成垄	【满族】
W6048.8.3d	平地（平整农田）	
W6048.8.3d.1	用锤平地	【彝族】
W6048.8.3d.2	特定人物帮人平地	
W6048.8.3d.2.1	花山爷变花猪把山拱平让人种地	【汉族】
W6048.8.3e	铲地	［W6054.1.5.3］用芟刀铲地
W6048.8.3e.1	人拿石片去铲地	【汉族】
W6048.8.4	造田的方法（造田的情形；造田的过程）	［W6048.3］开荒造田
W6048.8.4.1	用特定工具造田	【白族】@［W6048.6.5.1］杨大汉用锄头开出水田
W6048.8.4.2	用手脚造田	
W6048.8.4.2.1	盘古皇以右脚刮成一块大田	【瑶族】
W6048.8.4.3	用法术造田（用巫术造田）	［W6045.4a］用巫术种田
W6048.8.4.3.1	神农氏用法术转移河底淤泥造成良田	【汉族】
W6048.8.4.3.1a	神农把淤泥清到下游去建造良田	【汉族】
W6048.8.4.4	平整田地	

① ［W6044.4.8.2.2］猪努力翻地；［W6045.3.2.2.1］神农氏捉牛驯服后套在犁杖上翻地。

W 编码	母题描述	关联项
W6048. 8. 4. 4. 1	人与猪共同平整田地	【布依族】
W6048. 8. 5	特定的造田地点	［W6048. 3. 8. 2. 1］神仙到月亮上去开荒
W6048. 8. 5. 0	造田地点的选择	
W6048. 8. 5. 0. 1	神根据动物行踪寻找造田地点	【苗族】
W6048. 8. 5. 1	女首领在螺峰山下开旱地	【白族】
W6048. 8. 6	农田的构成	
W6048. 8. 6. 1	田埂	
W6048. 8. 6. 1. 0	为储水砌田埂	【汉族】
W6048. 8. 6. 1. 1	祖先请燕子帮助造田埂	【拉祜族】
W6048. 8. 6. 1. 2	管事的人造田埂	【傣族】
W6048. 8. 6. 1. 3	舜帝教人砌田埂	【汉族】
W6048. 8. 6. 2	田心	
W6048. 8. 6. 2. 1	造田时造田心	【苗族】
W6048. 8. 6. 3	田基	
W6048. 8. 6. 3. 1	用石头垒成田基	【瑶族】
W6049	**耕种的环节（种庄稼的环节；耕种过程）**	
W6049. 1	播种（撒种；耕种中的撒种）	【汤普森】A1441. 4
W6049. 1. 1	特定的神教人撒种	
W6049. 1. 1. 1	稷神教人播种	
W6049. 1. 1. 1. 1	稷神收稻谷后教村民播种	【汉族】
W6049. 1. 1. 2	伏羲教人播种	
W6049. 1. 1. 2. 1	天帝派伏羲到人间教人播种	【汉族】
W6049. 1. 2	特定的神性人物教人撒种	
W6049. 1. 2. 1	大禹让田公地母教人知道哪种草往水里撒种，哪种草往高地方撒种	【汉族】

W 编码	母题描述	关联项
W6049. 1. 2. 2	太上老君下凡教人把种子撒进地里	【汉族】
W6049. 1. 2. 3	神农教人撒种	【中华民族】【汉族】
W6049. 1. 2. 4	伏羲女娲教儿子播种	【汉族】
W6049. 1. 2. 5	稷发明播种	
W6049. 1. 2. 5. 1	稷让随从把种子撒在肥沃的土壤里	【汉族】
W6049. 1. 3	特定的人教人播种	［W6040. 1. 3. 1］生育各民族的兄妹教人播种、薅草、锄地
W6049. 1. 4	动物让人播种	
W6049. 1. 4. 1	猪教人播种	［W6053. 1. 4. 1］野桃树开花时母猪告诉播种
W6049. 1. 4. 2	神狗带着妇女下种	【纳西族（摩梭）】@［W6044. 4. 4］狗耕田（狗种田）
W6049. 1. 5	其他特定人物教人播种	
W6049. 1. 6	播种准备	
W6049. 1. 6. 1	播种前要叫魂	
W6049. 1. 6. 1. 1	播荞种时，将荞魂从谷仓里唤出	【彝族】
W6049. 1. 6. 1. 2	撒种时祭谷神	【阿昌族】
W6049. 1. 6. 2	播种前举行驱农害仪式	【羌族】
W6049. 1. 6. 3	播种前先泡种	【彝族】
W6049. 1. 6a	播种者	
W6049. 1. 6a. 1	神或神性人物是播种者	
W6049. 1. 6a. 2	特定的人是播种者	
W6049. 1. 6a. 2. 1	妇女作为播种者	
W6049. 1. 6a. 2. 1. 1	神狗带着妇女下种	【纳西族（摩梭）】
W6049. 1. 6a. 3	动物作为播种者	［W6044. 4. 6. 1. 1］鹰是不称职的犁地播种者
W6049. 1. 6a. 4	其他特定人物是播种者	
W6049. 1. 6a. 5	与播种者有关的其他母题	

W 编码	母题描述	关联项
W6049. 1. 6a. 5. 1	最会播种的人	
W6049. 1. 6a. 5. 1. 1	达蕊是祖先中最会撒种的人	【佤族】
W6049. 1. 6a. 5. 2	播种的帮助者	
W6049. 1. 6a. 5. 2. 1	百鸟帮助舜撒种	【汉族】
W6049. 1. 7	播种的方法（播种环节；播种的情形）	
W6049. 1. 7. 1	用尖木锌在地上掘坑，撒下谷种，然后掩上浮土	【汉族】
W6049. 1. 7. 2	通过风的帮助播种	【仫佬族】
W6049. 1. 7. 2a	借风撒种	
W6049. 1. 7. 2a. 1	女神密洛陀忙把种子放在手上任风吹，任风飘	【瑶族】
W6049. 1. 7. 3	点种	
W6049. 1. 7. 3. 1	用木棍棍剜开土层，把种子放在土里	【土族】
W6049. 1. 7. 3. 2	用水棒戳洞洞下种	【彝族】
W6049. 1. 7. 3. 3	用木棒把土撬出窝窝来种苞谷	【仡佬族】
W6049. 1. 7. 4	播种后掩埋种子	
W6049. 1. 7. 4. 1	神羊领着小娃娃为播下的种子盖土	【纳西族（摩梭）】
W6049. 1. 7. 5	播种过程的其他规定动作	
W6049. 1. 7. 6	播种后的仪式	
W6049. 1. 7. 6. 1	播种后要念叨	
W6049. 1. 7. 6. 1. 1	天神下完瓜种要念叨成熟过程	【傈僳族】
W6049. 1. 7. 7	与播种方法有关的其他母题	
W6049. 1. 7. 7. 1	播种技术	
W6049. 1. 7. 7. 1. 1	女族长妻子传授播种技术	【珞巴族】
W6049. 1. 8	播种结果	

W 编码	母题描述	关联项
W6049. 1. 9	与播种有关的其他母题	【关联】①
W6049. 1. 9. 1	播种时间（撒种的时间）	
W6049. 1. 9. 1. 0	以前，播种不分季节	【汉族】
W6049. 1. 9. 1. 1	播种时间的确定（特定的播种时间）	
W6049. 1. 9. 1. 1. 1	龙日播种	
W6049. 1. 9. 1. 1. 1. 1	属龙日撒荞子就会像龙一样旺	【彝族】
W6049. 1. 9. 1. 1. 2	爷爷奶奶去世的日子撒种效果尤佳	【傈僳族】
W6049. 1. 9. 1. 1. 3	正月初一开始播种	【彝族】
W6049. 1. 9. 1. 1. 4	远古时人不晓得什么时候撒种	【布依族】
W6049. 1. 9. 1. 1. 5	布谷鸟叫时就撒种	【汉族】
W6049. 1. 9. 1. 1. 5. 1	神农按布谷鸟叫声撒种	【中华民族】
W6049. 1. 9. 1. 1. 5. 2	首领让人按布谷鸟叫声种下小米、黄瓜、火麻	【苗族】
W6049. 1. 9. 1. 2	清明前后，种瓜点豆	【汉族】
W6049. 1. 9. 2	播种的地点	
W6049. 1. 9. 2. 1	在荒滩野坡撒种子	【土族】
W6049. 1. 9. 3	难伺候的种子	
W6049. 1. 9. 3. 1	玉茭树种子要培育成高大的玉茭树还很麻烦	【汉族】
W6049. 1. 9. 4	播种经验	
W6049. 1. 9. 4. 1	神农告诉人根据土壤颜色播特定的种子	【中华民族】
W6049. 2	育苗	
W6049. 3	插秧（耕种中的移栽秧苗）	
W6049. 3. 1	移栽秧苗技术的获得	
W6049. 3. 1. 1	人发现水牛打架踏踩变少的秧苗收成好之后学会移栽秧苗	【侗族】

① ［W6049. 6. 0a. 1］播种时施肥；［W7790］考验求婚者限时撒种的本领。

W 编码	母题描述	关联项
W6049. 3. 2	特定人物发现移栽秧苗技术	
W6049. 3. 2. 1	美易姑娘发明移栽秧苗技术	【侗族】
W6049. 3. 3	插秧产生的其他方式	
W6049. 3. 4	插秧的方法（插秧的情形）	【关联】①
W6049. 3. 4. 1	栽秧时唱特定的歌	【哈尼族】
W6049. 3. 4. 2	开秧门那天先祭秧神	【侗族】
W6049. 3. 4. 3	秧时田里插棍子	
W6049. 3. 4. 3. 1	秧时田里插棍子是为了不让天女来洗澡弄烂了秧田	【壮族】
W6049. 3. 5	插秧的结果	
W6049. 3. 6	插秧禁忌	
W6049. 3. 7	与插秧有关的其他母题	
W6049. 4	除草（耕种中的除草；锄草；薅草）	
W6049. 4. 0	以前，不除草	【汉族】
W6049. 4. 0. 1	古时候，田里只长庄稼不长草	【汉族】
W6049. 4. 0. 2	盘古开天地时，田地里没有草	【汉族】
W6049. 4. 1	除草的原因	
W6049. 4. 1. 1	老天告诉人种田前除草	【佤族】
W6049. 4. 1. 2	玉皇大帝嫌人懒，派大仙把杂草撒到地上，所以要除草	【瑶族】
W6049. 4. 1. 2a	牛往庄稼地里撒草种让人有事做	【土家族】
W6049. 4. 1. 2b	天神担心人粮食多了会变懒，撒杂草种子让人除草	【独龙族】
W6049. 4. 1. 2c	玉帝令百草仙子撒下草种与庄稼争着长以后，人忙于除草	【汉族】
W6049. 4. 1. 2d	玉帝令吕洞宾撒下草种后，人开始除草	【汉族】

① ［W6042. 1. 2］牛教会人插秧；［W6045. 1. 1. 2］稻谷仙子教播种、匀苗、插秧等法。

W 编码	母题描述	关联项
W6049. 4. 1. 3	管草的神按玉皇大帝的吩咐撒草种，让人除草	【汉族】
W6049. 4. 1. 3a	草皇落凡撒草种，让人除草	【汉族】
W6049. 4. 1. 4	除草可保证庄稼正常成长	【白族】
W6049. 4. 1. 5	仙人告诉神童勤锄草庄稼长得茁壮	【土族】
W6049. 4. 1. 6	直眼人无奈下田地去薅草	【彝族】
W6049. 4. 1. 7	人除草的口诀不灵后，开始用锄除草	【汉族】
W6049. 4. 1. 8	人被没收特定的除草工具后开始锄草	【汉族】
W6049. 4. 2	除草的时间	
W6049. 4. 2. 1	以前，不知什么时候该薅草	【布依族】
W6049. 4. 2. 2	夏天除草	【白族】
W6049. 4. 3	除草的方法（锄草的情形）	
W6049. 4. 3. 0	特定人物教人除草方法	
W6049. 4. 3. 0. 1	神农教人除草方法	【中华民族】【汉族】
W6049. 4. 3. 0. 1. 1	神农告诉人用锄头除草	【汉族】
W6049. 4. 3. 0. 1. 2	神农锄耨以垦草莽	【中华民族】
W6049. 4. 3. 1	把山鬼变的百草根烧死，才会把草除掉	【景颇族】
W6049. 4. 3. 2	通过敲打石片与念咒语除草	【汉族】@［W6045. 6. 3］以前耕种很简单（以前耕种很容易）
W6049. 4. 3. 2. 1	念咒语除草	
W6049. 4. 3. 2. 1. 1	在垄沟里念咒“草死苗活土发松”，草就死	【汉族】
W6049. 4. 3. 2. 1. 2	在地里边走边喊“草死苗活地发暄”，杂草就死	【汉族】
W6049. 4. 3. 2. 1. 3	念咒语除草是老天爷派观音菩萨帮助人	【汉族】

W 编码	母题描述	关联项
W6049. 4. 3. 2a	通过敲打石头与念咒语除草	【汉族】
W6049. 4. 3. 2a. 1	神农氏时，人拿着石片在庄稼地里走着敲着，喊着“草死苗长，草死苗长”草就死	【汉族】
W6049. 4. 3. 2b	在有草的地里敲敲木梆子，草就被惊吓死	【汉族】
W6049. 4. 3. 2b. 1	用木梆子在有草的地里转悠着敲敲，草就惊吓死	【汉族】
W6049. 4. 3. 3	敲锣除草	
W6049. 4. 3. 3. 0	以前，人用上神给的一面锣除草	【汉族】
W6049. 4. 3. 3. 0a	老天爷同情老百姓赐击锣除草的办法	【汉族】
W6049. 4. 3. 3. 1	敲铜锣，杂草会闻声死掉	【汉族】@［W6045. 6. 3. 5］以前，种庄稼不须劳作，拿只铜锣天天打，五谷就会自然生长
W6049. 4. 3. 3. 1a	敲敲铜锣，念“草死苗活，草死苗活”，草就死	【汉族】
W6049. 4. 3. 3. 1b	敲敲铜锣，念“草死苗长，草死苗长”49 遍，草就死	【汉族】
W6049. 4. 3. 3. 2	敲铜锣除草失效	【汉族】
W6049. 4. 3. 3. 2. 1	玉皇大帝派天神到人间使出法术，让敲锣除草不灵	【汉族】
W6049. 4. 3. 3a	用铁棒敲铁板除草	
W6049. 4. 3. 3a. 1	用铁棒敲铁板并念“草死苗活”，庄稼地里的野草就死掉	【汉族】
W6049. 4. 3. 4	人一锄一镐地除草	【汉族】
W6049. 4. 3. 5	老百姓在地里不分白天黑夜除草	【汉族】
W6049. 4. 3. 6	用拐杖除草	【汉族】
W6049. 4. 3. 6. 1	用玉皇大帝的龙头拐杖往地里一榜，草就死	【汉族】
W6049. 4. 3. 7	用铲子铲草	【汉族】

W 编码	母题描述	关联项
W6049.4.3.7.1	用铁铲除草	【汉族】
W6049.4.3.8	用手拔草	
W6049.4.3.8.1	除草得用手一棵一棵拔，又慢又累又费事	【汉族】
W6049.4.3.9	除草的其他方法	［W6049.8.2.0.3］为除草锄地
W6049.4.3.9.1	用牙齿咬草	
W6049.4.3.9.1.1	因草齐人高，只能用牙齿去咬	【哈尼族】
W6049.4.4	除草者	
W6049.4.4.1	鸟除草	【汉族】@［W6044.6.2］鸟帮人耕田
W6049.4.4.1.1	小鸟帮舜啄草	【汉族】
W6049.4.4.2	龙除草	
W6049.4.4.2.1	青龙帮神农铲草	【汉族】
W6049.4.5	除特定的草	
W6049.4.5.1	拔除稗草	【汉族】
W6049.4.5.2	打尖刀草	【哈尼族】
W6049.4.6	与除草有关的其他母题	［W6088.4］除草器
W6049.4.6.1	大禹让手下七十二名大将中的田公地母管田间草	【汉族】
W6049.4.6.2	开荒拍草	【仡佬族】
W6049.4.6.3	草除后又生	【汉族】
W6049.4.6.4	打草	【哈尼族】
W6049.5	浇水（耕种中的灌溉；庄稼浇水；浇地）	
W6049.5.1	以前，庄稼不用浇水	
W6049.5.1.1	以前，老天爷让种地不用浇水	【汉族】@［W6050.4.2.1］以前老天爷怜惜人，春种秋收用不着锄耕浇灌就能收获
W6049.5.1a	以前，人无法灌溉庄稼	

W 编码	母题描述	关联项
W6049. 5. 1a. 1	以前，因为水里全是些泥沙无法引水浇灌庄稼	【白族】
W6049. 5. 2	浇地的产生（庄稼需要浇水的来历；灌溉的产生）	
W6049. 5. 2. 1	天帝降冰花滋润田地	【汉族】
W6049. 5. 2. 2	孙叔敖规划开凿芍陂发展农业灌溉	【汉族】
W6049. 5. 2. 3	神农氏发明九井相通的灌溉技术	【汉族】
W6049. 5. 2. 4	大神竺妞发明引水灌溉	【苗族】
W6049. 5. 2. 5	许由教山民们挖塘蓄水，引水灌田	【汉族】
W6049. 5. 2. 6	尧发明灌溉	【汉族】
W6049. 5. 3	为庄稼浇水的方法	
W6049. 5. 3. 1	特定人物教人灌溉	
W6049. 5. 3. 1. 1	动神教人灌溉禾苗田	【纳西族】
W6049. 5. 3. 1. 2	女始祖米里几德发明用竹子作水槽，从山间引泉水	【基诺族】
W6049. 5. 3. 1. 3	西王母派管水的水仙姑娘给人间放水种庄稼	【汉族】
W6049. 5. 3. 2	用特定的水浇地	
W6049. 5. 3. 2. 1	王母娘娘在天池洗脚淌下来的仙水浇地	【汉族】
W6049. 5. 3. 2. 2	引天河水灌溉	【苗族】
W6049. 5. 3. 2. 2. 1	垒好丘田后，开沟渠引来天河水灌在大田	【苗族】
W6049. 5. 3. 2. 2a	引河水灌溉	
W6049. 5. 3. 2. 2a. 1	则福老教人们引河水灌溉	【苗族】
W6049. 5. 3. 2. 2b	凿水灌溉	
W6049. 5. 3. 2. 2b. 1	女子凭着当年跟随父亲的经验凿开水源	【汉族】

W 编码	母题描述	关联项
W6049.5.3.2.3	用井水浇灌土地	【汉族】@［W6049.5.3.4］挖井灌溉
W6049.5.3.2.3a	用坎儿井灌溉	【维吾尔族】
W6049.5.3.2.4	用始母的尿灌溉	【壮族】
W6049.5.3.2.5	用特定取水点的水灌溉	
W6049.5.3.2.5.1	尧带人用一洼清水灌溉	【汉族】
W6049.5.3.2.6	引泉水灌溉	
W6049.5.3.2.6.1	在坝子石壁上凿洞引泉水灌溉田地	【彝族】
W6049.5.3.2.7	用海水灌溉	
W6049.5.3.2.7.1	为种庄稼，水王罗塔纪打开四海之门让海水流进大地	【彝族】
W6049.5.3.3	开河灌溉	
W6049.5.3.3.1	李冰的儿子二郎穿三十六江灌溉川西数州县稻田	【汉族】
W6049.5.3.4	挖井灌溉	
W6049.5.3.4.1	神农用神鞭造井灌溉	【汉族】
W6049.5.3.4.2	神农用神鞭的鞭杆地上戳洞浇水（神农戳地打井浇庄稼）	【汉族】
W6049.5.3.5	用潭水浇庄稼	【汉族】
W6049.5.4	为庄稼浇水的情形	
W6049.5.4.1	几十里以外的地方拉水浇地	【汉族】
W6049.5.4.2	金角老龙为庄稼浇水	【仡佬族】
W6049.5.4.3	神为人灌溉庄稼	
W6049.5.4.3.1	女神达摩天子看到哪丘田干灌哪丘	【侗族】
W6049.5.4.4	动物灌溉农田	
W6049.5.4.4.1	金凤凰泉水旁汲水灌溉千万亩良田	【仫佬族】
W6049.5.5	为庄稼浇水的结果	

W 编码	母题描述	关联项
W6049. 5. 5. 1	浇地后庄稼丰收	【壮族】
W6049. 5. 5. 2	灌溉使庄稼复活	【汉族】
W6049. 5. 6	与浇水有关的其他母题	
W6049. 5. 6. 1	分水的来历	
W6049. 5. 6. 1. 1	灌溉时根据神树占卜分水	【哈尼族】
W6049. 5. 6. 2	因干旱无法浇地	【汉族】
W6049. 6	施肥（耕种中的施肥；肥料的来历）	
W6049. 6. 0	施肥的来历	
W6049. 6. 0. 0	神农教人施肥	【中华民族】
W6049. 6. 0. 1	男始祖布洛陀告诉人们撒上骨头灰，穗多粒饱满	【壮族】
W6049. 6. 0. 1a	特定的人教人施肥	
W6049. 6. 0. 1a. 1	纹香姑娘教人把羊粪撒到瓜地里	【汉族】
W6049. 6. 0. 2	烧山为肥	
W6049. 6. 0. 2. 1	野火烧山土地肥	【高山族】
W6049. 6. 0. 3	雨水是作物的肥料	【哈尼族】
W6049. 6. 0a	施肥的时间	
W6049. 6. 0a. 1	播种时施肥	【拉祜族】
W6049. 6. 1	天堂里的禁果变成土地的肥料	
W6049. 6. 1. 1	真主把天堂里的麦果赏赐给人祖做肥料	【回族】
W6049. 6. 2	粪为什么使作物枝叶茂密	【汉族】
W6049. 6. 3	腐肉作为肥料	
W6049. 6. 3. 1	野猪的肉使地比以前更肥沃	【珞巴族】
W6049. 6. 4	其他特定的肥料	
W6049. 6. 4. 1	烧草木灰作为肥料	【高山族】
W6049. 6. 4. 2	草沤成肥料	【汉族】
W6049. 6. 4. 3	苦豆子是瓜田必不可少的肥料	【汉族】

W 编码	母题描述	关联项
W6049.6.4.4	后稷教人为播种的种子施上人粪、畜肥	【汉族】
W6049.6.5	施肥方法	
W6049.6.5.1	神农氏采取放火烧山法，把草木灰作肥料	【汉族】
W6049.6.6	施肥结果	
W6049.6.7	与施肥有关的其他母题	【关联】①
W6049.6.7.1	以前，种田不用施肥	
W6049.6.7.1.1	虞舜时候，种田不用施肥	【汉族】
W6049.7	庄稼的保护（作物的护理）	
W6049.7.1	为庄稼驱虫害（除虫；驱虫）	［W6092.4.4］捉虫器
W6049.7.1.1	拉网保护庄稼	【独龙族】
W6049.7.1.2	神农教人捉虫	【中华民族】
W6049.7.1.3	通过巫术驱虫	
W6049.7.1.3.1	念咒语驱虫	
W6049.7.1.3.1.1	念咒语把所有的懒虫冻死	【汉族】
W6049.7.1.3.2	用特定的图像驱虫	
W6049.7.1.3.2.1	用“谷王像”驱虫	
W6049.7.1.3.2.1.1	农夫把神农的“谷王像”贴在堂屋正中的神龛上用来驱虫免灾	
W6049.7.1.4	用火驱虫	
W6049.7.1.4.1	人用火把烧死害虫	【彝族】
W6049.7.1.5	庄稼除虫的其他方法	
W6049.7.1.6	与庄稼除虫有关的其他母题	
W6049.7.1.6.1	庄稼除虫的时间	
W6049.7.1.6.1.1	每年四五月除虫	【汉族】
W6049.7.1.6.2	庄稼除虫的地点	
W6049.7.1.6.2.1	农夫把神农的“谷王像”挂在秧田角来驱虫免灾	【汉族】

① ［W1252.6.1］肉变成肥沃的土地；［W6090］施肥工具（用于施肥的农具）。

W 编码	母题描述	关联项
W6049. 7. 1. 6. 3	除虫的管理者	
W6049. 7. 1. 6. 3. 1	皋陶专管种植稻麦和除虫	【中华民族】
W6049. 7. 2	为庄稼驱鸟兽	
W6049. 7. 2. 1	用糯米做饭弄成饭团驱赶毁坏庄稼的鸟兽	【黎族】
W6049. 7. 2. 2	制作稻草人为庄稼驱鸟	【独龙族】
W6049. 7. 3	为庄稼驱鼠	
W6049. 7. 3. 1	沙达老蛇帮古老先人捉老鼠	【仡佬族】
W6049. 8	其他作物管理（耕种中的其他管理）	
W6049. 8. 1	作物生长中的禁忌	
W6049. 8. 1. 1	稻谷开花时，忌在稻田旁洗衣、剥麻	【傈僳族】
W6049. 8. 2	锄地（耪地）	［W6040. 1. 3. 1］生育各民族的兄妹教人播种、薅草、锄地
W6049. 8. 2. 0	锄地的产生（锄地的原因）	
W6049. 8. 2. 0. 1	以前，不锄地	
W6049. 8. 2. 0. 1. 1	上古时种庄稼，不懂得锄田	【汉族】
W6049. 8. 2. 0. 2	为松土锄地	
W6049. 8. 2. 0. 3	为除草锄地	
W6049. 8. 2. 1	特定人物教人锄地	
W6049. 8. 2. 1. 1	太上老君教人夏日锄耘	【汉族】
W6049. 8. 2. 2	管庄稼的神仙撒草籽让人耪地	【汉族】
W6049. 8. 2. 3	人很早以前不用锄耪地	【汉族】
W6049. 8. 2. 4	锄地的方法	
W6049. 8. 2. 4. 1	锄地要直腰的来历	【汉族】
W6049. 8. 2. 4. 2	以前锄地是往前推的	【汉族】
W6049. 8. 2. 4. 3	锄地往后拉	【汉族】
W6049. 8. 2. 5	锄地的情形	

W 编码	母题描述	关联项
W6049.8.2.5.1	以前耪地是一下一下地往前铲，很费力气	【汉族】
W6049.8.2.6	锄地的结果	
W6049.8.2.7	与锄地有关的其他母题	［W6088.3］锄
W6049.8.3	松土（松耕）	［W6049.8.2.0.2］为松土锄地
W6049.8.3.1	青稞勤松土才会长得苗壮	【土族】
W6049.8.3.2	用棍把地松耕	【哈尼族】
W6049.8.3.3	后稷教人用木棍、石片把地挖松	【汉族】
W6049.9	与耕种环节有关的其他母题	
W6049.9.1	种庄稼是一个复杂的过程	
W6049.9.1.1	种稻谷后，需要间苗、锄草、捉虫、防鸟，所有谷苗没有一株不需照管	【瑶族（布努）】
W6050	**收获（收割）**	
W6050.0	人要收割庄稼的产生	
W6050.0.1	农人必须亲自收割庄稼背回家，源于一个女人的箴言	【土家族】
W6050.0.2	庄稼成熟	
W6050.0.2.1	庄稼迅速成熟	【布依族】
W6050.1	收获前的准备	
W6050.1.1	辨别庄稼的成熟	
W6050.1.1.1	黑暗时代，人们通过葫芦碰击庄稼的响声分辨生熟	【哈尼族】
W6050.1.1.2	麦收时，三天西南风一刮，麦子就会提早黄	【汉族】
W6050.1a	收获时间（庄稼收割时间）	
W6050.1a.0	以前不知道什么时间收获	
W6050.1a.0.1	以前因没有历法，人不知道什么时间收获	【布依族】
W6050.1a.1	为什么特定的日子收割	

W 编码	母题描述	关联项
W6050. 1a. 1. 1	收割庄稼选在属龙日	【哈尼族】
W6050. 1a. 2	特定人物告知收获时间	
W6050. 1a. 2. 1	仙人告诉神童，青稞穗头发黄时割下	【土族】
W6050. 1a. 2. 2	祖先翁戛规定秋天收获	【布依族】
W6050. 2	收获的过程（收割庄稼的方法；收割庄稼的情形）	
W6050. 2. 0	特定人物教人收获	
W6050. 2. 0. 1	尧帝让后稷教天下的民众收割	【中华民族】
W6050. 2. 1	收割庄稼前祭祀	
W6050. 2. 2	通过特定仪式收割庄稼（通过巫术收获庄稼）	
W6050. 2. 2. 1	通过念经，粮食会自己走到家中	【彝族】
W6050. 2. 3	庄稼自己收获	
W6050. 2. 3. 1	以前地里的五谷杂粮到收成时节就会自己滚到家里	【土家族】
W6050. 2. 4	人收割庄稼不用心	
W6050. 2. 4. 1	人收割时只摘顶梢上的一个穗，腰不愿弯，下面的穗子都烂在泥里	【汉族】
W6050. 2a	收获特定庄稼	
W6050. 2a. 1	割麦子	
W6050. 2a. 1. 1	为什么麦收怕西南风	【汉族】
W6050. 3	收获庄稼时的禁忌	
W6050. 3. 1	收获庄稼的时间禁忌	
W6050. 3. 2	收获庄稼的事件禁忌	
W6050. 4	与收获庄稼有关的其他母题	［W7791］考验求婚者限时捡种（收割）的本领
W6050. 4. 0	收获预测	
W6050. 4. 0. 1	通过占卜预测农事的丰歉	【彝族（撒尼）】

W 编码	母题描述	关联项
W6050.4.1	收获后祭祀	
W6050.4.1.1	收获新粮后祭神（收获后祈祷）	
W6050.4.1.1.1	每年秋收后要祈祷天神“阿不确克”	【羌族】
W6050.4.1.2	收获新粮后祭祖	
W6050.4.1.3	收获新粮后敬特定动物	
W6050.4.1.4	收割后接禾魂	【壮族】
W6050.4.2	以前庄稼自然收获	［W6045.6.3］以前耕种很简单（以前耕种很容易）
W6050.4.2.1	以前老天爷怜惜人，春种秋收用不着锄耕浇灌就能收获	【汉族】
W6050.4.3	庄稼丰收（庄稼丰产；丰收的原因）	【汉族】【哈尼族】【拉祜族】
W6050.4.3.1	以前，庄稼年年丰收，粮食多得没处装	【藏族】
W6050.4.3.1.1	一连12年风调雨顺，五谷丰登	【汉族】
W6050.4.3.1a	以前，粮食年年收成好，吃不完用不尽	【汉族】
W6050.4.3.2	以前，因庄稼穗多丰收	【羌族】
W6050.4.3.3	因风调雨顺庄稼丰收	【汉族】
W6050.4.3.4	因人勤劳庄稼丰收	【水族】@［W6049.4.1.5］仙人告诉神童勤锄草庄稼长得苗壮
W6050.4.3.5	因生产工具给力丰收	【汉族】
W6050.4.3.6	导致丰收的其他原因	
W6050.4.3.6.1	丰收与因果有关	
W6050.4.3.6.1.1	善有善报导致丰收	【汉族】
W6050.4.3.6.2	水的原因导致丰收	
W6050.4.3.6.2.1	龙王运水获丰收	【多民族】
W6050.4.3.6.3	特定人物可以让庄稼丰收	
W6050.4.3.6.3.1	纹香姑娘可让瓜农的纹香瓜丰收	

W 编码	母题描述	关联项
W6050. 4. 3. 6. 4	神的帮助使庄稼丰收	
W6050. 4. 3. 6. 4. 1	露神、沟神、河神帮助下，出现一年比一年好的收成	【汉族】
W6050. 4. 3. 6. 5	因太阳多丰收	
W6050. 4. 3. 6. 5. 1	以前天上有 12 个太阳，常年全是白天，谷收 18 茬，麦出 24 穗，年年大丰收	【汉族】
W6050. 4. 3. 7	特定的行为不能导致丰收	
W6050. 4. 3. 7. 1	祭天不能五谷丰登	【汉族】
W6050. 4. 3. 8	与庄稼丰收有关的其他母题	
W6050. 4. 3. 8. 1	玉皇大帝派阿宝专门掌管人间五谷丰歉	【汉族】
W6050. 4. 3. 8. 2	战胜风神庄稼丰收	【中华民族】
W6050. 4. 4	庄稼歉收	
W6050. 4. 4. 1	种庄稼，种一葫芦收一瓢	【白族】
W6050. 4. 4. 2	很古时，种庄稼费劲大收获少	【土族】
W6050. 4. 4. 3	神农氏时用刀耕火种打粮不多	【满族】
W6050. 4. 4. 4	因特定灾害庄稼歉收	
W6050. 4. 4. 4. 1	因洪灾庄稼歉收	【汉族】
W6050. 4. 4. 4. 2	因野兽偷吃庄稼歉收	【仫佬族】
W6050. 4. 4. 5	收获的庄稼不饱满	
W6050. 4. 4. 5. 1	收获的谷穗全是瘪壳	【仡佬族】
W6050. 4. 4. 6	五谷不登	【古代民族】
W6050. 4. 5	庄稼收获的主宰者	
W6050. 4. 5. 1	能否收获庄稼与谷魂有关	【傣族】
W6050. 4. 6	收获特定物	
W6050. 4. 6. 1	收获不知何用的东西	【珞巴族】
W6050. 4. 7	收获的节日	
W6050. 4. 7. 1	旺果节	【藏族】

W 编码	母题描述	关联项
W6050.4.8	收获后的其他事项	
W6050.4.8.1	收获后谷仓里插栗树枝	
W6050.4.8.1.1	收获后谷仓里插栗树枝以求来年粮食粒大如栗	【壮族】
W6050.4.9	与收获有关的其他母题	
W6050.4.9.1	粮食的保存（粮食的储存）	
W6050.4.9.1.1	蚩尤族会窖藏储备粮食	【中华民族】
W6051	**与耕种程序有关的其他母题**	
W6051.1	耕种中的难题	
W6051.1.1	庄稼遭毁坏	
W6051.1.1.1	庄稼遭动物毁坏	【珞巴族】
W6052	**种植特定作物（种植特定作物的来历）**	［W3840］作物的产生
W6052.1	种五谷	【彝族】@［W6044.4.4.1］金毛狗种五谷
W6052.1.0	以前没有五谷	
W6052.1.0.1	盘古开天辟地时，地上没有五谷	【汉族】
W6052.1.0a	种五谷的原因	
W6052.1.0a.1	因行虫走兽难以养民种五谷	【中华民族】
W6052.1.0a.1a	因人口增多，野兽野果不够吃，人种五谷粮食	【汉族】
W6052.1.0a.2	神农皇帝造出五谷	【汉族】
W6052.1.1	自然会种五谷	
W6052.1.1.1	特定的人生下来就会种五谷	
W6052.1.1.1.1	太阳的女儿生的汉族自然会种五谷	【蒙古族】
W6052.1.2	神或神性人物教人种五谷	
W6052.1.2.1	长白山主教人播种五谷	【满族】

W 编码	母题描述	关联项
W6052. 1. 2. 2	仙女教人种五谷	［W6040. 4. 2. 1］种田仙女教人耕种
W6052. 1. 2. 2. 1	九仙女下凡教人种五谷	【水族】
W6052. 1. 2. 2a	天上的仙子教人种五谷	【水族】
W6052. 1. 2. 3	女娲教人种五谷	【汉族】
W6052. 1. 2. 4	神农教人种五谷（神农种五谷）	【中华民族】【汉族】【瑶族】@［W6052. 1. 2. 6. 6］王母娘娘带神农、百草等教人种五谷
W6052. 1. 2. 4. 1	神农在黎山教人种五谷	【汉族】@［W6052. 2. 1. 4. 3. 3］神农在淇山之阳种五谷
W6052. 1. 2. 4. 2	神农尝百草尝出麦、稻、谷子、豆子、高粱后教人种五谷	【汉族】
W6052. 1. 2. 4. 3	神农树五谷淇山之阳	【中华民族】
W6052. 1. 2. 4. 4	神农氏带着孩子下山教人种五谷	【汉族】
W6052. 1. 2. 4. 5	神农辨植物选五谷	
W6052. 1. 2. 4. 5. 1	神农氏辨别地上的植物筛选出稻（大米）、黍（黄米）、稷（高粱）、麦（小麦）、菽（大豆）五谷	【中华民族】
W6052. 1. 2. 4. 6	神农黄帝帮人制了五谷	【汉族】
W6052. 1. 2. 4. 7	神农兴五谷以助果蓏之实	【中华民族】
W6052. 1. 2. 4. 8	神农得到仙鸟含的灵苗后教人种五谷	【汉族】
W6052. 1. 2. 4a	炎帝神农氏教人种五谷	【民族，关联】①
W6052. 1. 2. 4b	太阳神炎帝教人种五谷	【汉族】
W6052. 1. 2. 4c	炎帝播种五谷	【中华民族】
W6052. 1. 2. 4c. 1	炎帝在太行山尝百草，种五谷	【汉族】
W6052. 1. 2. 4d	轩辕教民种五谷	【汉族】
W6052. 1. 2. 4d. 1	黄帝战败蚩尤后开始种五谷	【汉族】

① 【汉族】@［W6048. 7. 1. 3］神农氏教人造梯田；［W6052. 1. 8. 1. 1］炎帝开垦土地撒种后，生根、发芽、开花、结果，收获，有了黍、稷、麻、麦、豆五谷。

W 编码	母题描述	关联项
W6052.1.2.4d.2	轩辕黄帝研究四时气节变化，种植五谷	【汉族】
W6052.1.2.4e	后稷树艺五谷	【中华民族】
W6052.1.2.5	神牛教人种五谷	【汉族】
W6052.1.2.6	其他特定的神或神性人物教人种五谷	［W6040.8.1.1］沙漠大王教人种五谷
W6052.1.2.6.1	人祖阿丹和好娃种植五谷	［W6048.2.2.1.1］人祖阿丹和好娃开荒平田
W6052.1.2.6.2	五谷神下凡教民种五谷	【白族（那马）】
W6052.1.2.6.3	大禹教种五谷	
W6052.1.2.6.3.1	大禹教田公地母撒种五谷	【汉族】
W6052.1.2.6.4	稷教人种五谷	【汉族】@［W6040.2.6］后稷教人耕种（稷发明耕种；后稷是农业的发明者）
W6052.1.2.6.4a	后稷教人种五谷	【汉族】
W6052.1.2.6.5	伏羲教人种五谷	【汉族】
W6052.1.2.6.6	王母娘娘带神农、百草等教人种五谷	【汉族】
W6052.1.2.6.7	盘古皇教人种五谷	【瑶族】
W6052.1.2.6.7a	盘古培植五谷	【汉族、壮族等】
W6052.1.2.6.8	玉皇大帝让人种五谷	【汉族】
W6052.1.2.6.8.1	玉皇大帝派主管南天的火星下凡教人种植五谷	【汉族】
W6052.1.3	特定的人教人种五谷（特定的人种五谷）	
W6052.1.3.1	长老教人播种五谷	【高山族】
W6052.1.3.2	首领教人种五谷	
W6052.1.3.3	南蛮阿玛教人种五谷	【民族，关联】①
W6052.1.3.4	女瞎子教种五谷	【阿昌族】

① 【满族】@［W6020.6.2.1］南蛮教打猎；［W6030.4.3.1］南蛮阿玛教人捕鱼。

W 编码	母题描述	关联项
W6052. 1. 3. 5	最早产生的肉核姑娘教人种五谷	【白族】
W6052. 1. 3. 6	世人因饥饿难忍尝百草，积经验，学会种五谷	【汉族】
W6052. 1. 4	动物教人种五谷	
W6052. 1. 4. 1	麻雀教人种五谷	
W6052. 1. 4. 1. 1	炎帝从麻雀那里学会种五谷	【汉族】
W6052. 1. 4. 2	龙教人种五谷	
W6052. 1. 4. 2. 1	诺谷（龙）造五谷粮撒在大地上，命人来培植	【彝族】
W6052. 1. 5	种五谷的其他来历	
W6052. 1. 5. 1	人在寻找食物中积累经验，学会了种五谷	【汉族】
W6052. 1. 6	种五谷的时间	
W6052. 1. 6. 1	神农氏时期开始种五谷	【汉族】
W6052. 1. 6. 2	黄帝被推选首领后开始种五谷	【汉族】
W6052. 1. 7	种五谷的地点	［W6052. 1. 2. 4. 1］神农在黎山教人种五谷
W6052. 1. 7. 1	神农氏教人种五谷先从山顶上种起一直种到山底下	【汉族】
W6052. 1. 7. 2	炎帝神农教先民们在蒙峪沟一带种五谷	【汉族】
W6052. 1. 8	种五谷的方法	
W6052. 1. 8. 1	种五谷有特定程序	
W6052. 1. 8. 1. 1	炎帝开垦土地撒种后，生根、发芽、开花、结果，收获，有了黍、稷、麻、麦、豆五谷	【汉族】
W6052. 1. 8. 2	精心耕作田地种植五谷	【汉族】
W6052. 1. 9	与种五谷有关的其他母题	
W6052. 1. 9. 1	烈山氏的儿子柱殖百谷百蔬	【中华民族】
W6052. 1. 9. 1a	烈山氏的儿子农殖百谷	【中华民族】

W 编码	母题描述	关联项
W6052.1.9.2	种五谷杂粮	
W6052.1.9.2.1	太白金星送来五谷杂粮种子	【汉族】@［W6050.2.3.1］以前地里的五谷杂粮到收成时节就自己滚到家里
W6052.1.9.2.2	神农氏发现能食的五谷杂粮	【汉族】
W6052.1.9.2.3	首领保洛陀教人播种五谷杂粮	【壮族】
W6052.1a	种百谷	
W6052.1a.1	种百谷的产生	
W6052.1a.1.1	神农播百谷	【中华民族】【汉族】
W6052.1a.1.1a	炎帝神农	【汉族】
W6052.1a.1.2	后稷播百谷	【汉族】
W6052.1a.1.3	稷降以百谷，叔均代父及稷播百谷	【中华民族】
W6052.1a.2	种百谷的情形	
W6052.1a.3	与种百谷有关的其他母题	
W6052.2	种谷子（种谷，种小米；种粟）	
W6052.2.1	种谷的来历	【关联】①
W6052.2.1.1	上天教人种谷	【佤族】@［W6054.1.7.1.1］老天告诉人用竹子挖地种谷
W6052.2.1.1a	粮食神为人间造新谷	【仡佬族】
W6052.2.1.2	火畲神婆砍火畲种小米	【土家族】
W6052.2.1.3	亚鲁王率领王妃刀耕火种撒小米	【苗族】
W6052.2.1.4	神农发明种粟	【汉族】
W6052.2.1.4.1	神农氏在最早形成的地上种谷	【汉族】
W6052.2.1.4.2	神农教人种谷	【汉族】
W6052.2.1.4.2.1	神农皇帝得到龙犬取来的谷种后教人种谷	【瑶族】
W6052.2.1.4.2a	神农尝百草实，察咸苦之味，教民食穀	【中华民族】

① ［W3851］谷子的产生；［W6039.5.2］太阳神教阿美人播种粟；［W6040.2.5.1］轩辕教人种谷黍。

W 编码	母题描述	关联项
W6052. 2. 1. 4. 3	神农种谷	【汉族】@［W6052. 1. 2. 4］神农教人种五谷
W6052. 2. 1. 4. 3. 1	神农以赭鞭鞭百草以播百谷	【汉族】
W6052. 2. 1. 4. 3. 2	神农皇帝开初种的谷子都是空壳	【汉族】
W6052. 2. 1. 4. 3. 3	神农在淇山之阳种五谷	【中华民族】@［W6040. 2. 4. 1. 1］神农在嘉禾县耕种
W6052. 2. 1. 4a	炎帝在羊头山找到粟种	【汉族】
W6052. 2. 1. 4b	炎帝根据托梦发现谷子教人种谷	【汉族】
W6052. 2. 1. 5	动物教人种谷（向动物学种谷）	【布朗族】@［W6041. 3. 2. 1］老太婆连年种燕子衔来的谷种，蒙古人向她学会了种田
W6052. 2. 1. 6	仙人告诉人种谷时间	【佤族】
W6052. 2. 1a	种谷方法	
W6052. 2. 1a. 1	用竹子挖地，把杂草收拢，然后撒谷子	【佤族】
W6052. 2. 1a. 2	砍倒大树用火烧后，用竹子挖土再撒谷子	【佤族】@［W6048. 3. 1］烧荒造田（烧荒种田）
W6052. 2. 1a. 3	火烧之地种谷	【佤族】
W6052. 2. 2	种金谷	
W6052. 2. 2. 1	吕洞宾播撒金谷	【汉族】
W6052. 2. 3	种旱谷	
W6052. 2. 3. 1	一对兄妹教人种旱谷	【佤族】@［W6048. 3. 1. 2. 1］兄妹教人砍倒大树，杀掉茅草，烧地种旱谷
W6052. 2. 4	种其他特定的谷物	
W6052. 2. 5	与种谷有关的其他母题	
W6052. 2. 5. 1	谷种的获得	［W6394. 3. 1. 1］人为报答布谷鸟传谷种的恩德爱戴布谷鸟
W6052. 2. 5. 2	南方不种谷子（燕子到南方讨谷种没有成功）	【汉族】

W 编码	母题描述	关联项
W6052.2.5.3	种谷的环节	
W6052.2.5.3.1	在花开时撒谷种，三月来到谷发芽，四月薅锄，五月谷打苞；七月谷子低头平；八月谷子黄澄澄，九月十月打谷忙	【拉祜族】
W6052.2.5.4	谷子的收割	
W6052.2.5.4.1	天神从宗爷爷的妻子教孩子们割谷子	【壮族】
W6052.2.5.5	种谷的结果	
W6052.2.5.5.1	种谷后人能吃饱	【傈僳族】
W6052.2.5.6	与种谷有关的其他母题	
W6052.2.5.6.1	谷子的生长	
W6052.2.5.6.1.1	谷子成熟源于女娲喂奶水	【汉族】
W6052.2.5.6.1.2	谷子午时扬花	【汉族】
W6052.3	种稻（种稻谷；种水稻）	［W6048.6.1.1］田公地母的两个儿子用石头片开水潭种稻
W6052.3.1	种稻发明者（种稻者；水稻的发明者）	［W3854.1］稻子在特定的地方
W6052.3.1.1	盘古发明种稻	［W6019.1］盘古教人狩猎
W6052.3.1.1.1	布依族祖先盘古发明种水稻	【布依族】@［W6627.5.2.2］布依族六月六是纪念祖先盘古谢世之日
W6052.3.1.1.2	盘古王教人种稻子	【仡佬族】
W6052.3.1.1.3	盘古的儿子新横学会父亲盘古栽培水稻的技术	【布依族】
W6052.3.1.1.4	盘古夫妇带领众男女耕田撒秧种水稻	【壮族等】
W6052.3.1.2	稻谷仙姑教人种稻	【哈尼族】
W6052.3.1.3	女始祖种稻	
W6052.3.1.3.1	姆六甲采山上的野生稻米种到地里	【壮族】

W 编码	母题描述	关联项
W6052. 3. 1. 4	神农教人种稻	【民族，关联】①
W6052. 3. 1. 4. 1	神农炎帝大梁山中寻稻子	【汉族】
W6052. 3. 1. 4. 2	神农氏尝百草发现稻谷后教村民种植稻谷	【汉族】
W6052. 3. 1. 4. 3	神农氏按两童子的嘱咐，教天下农人学种稻子	【汉族】
W6052. 3. 1. 4. 4	神农用班雀衔来的种子教人种稻	【汉族】
W6052. 3. 1. 4a	炎帝教人种稻谷	【汉族】
W6052. 3. 1. 5	其他神或神性人物发明种稻	
W6052. 3. 1. 5. 1	大禹教田公地母种水稻	【汉族】
W6052. 3. 1. 6	特定的人发明种稻	
W6052. 3. 1. 6. 1	猎人发明种水稻	【汉族】
W6052. 3. 1. 7	种稻产生的其他情形	
W6052. 3. 1. 8	与种稻产生有关的其他母题	
W6052. 3. 1. 8. 1	种稻产生时间	
W6052. 3. 1. 8. 1. 1 *	人工种植粳稻产生于 7500—9000 年前	【中华民族】
W6052. 3. 1. 8. 1. 2 *	澧县梦溪镇发现 8000 年前的人工栽培稻	【中华民族】
W6052. 3. 1a	种稻时间	
W6052. 3. 1a. 1	一年两季种稻	【汉族】
W6052. 3. 1b	种稻地点	［W6048. 6. 1. 1］田公地母的两个儿子用石头片开水潭种稻
W6052. 3. 1b. 1	稻田中种稻	
W6052. 3. 1b. 1. 1	特定的人物造稻田	
W6052. 3. 1b. 1. 1. 1	英雄岑逊给人们造稻田鱼塘	【壮族】
W6052. 3. 1b. 2	在低水潭里种水稻	【汉族】
W6052. 3. 2	种稻的类型	

① 【汉族】@［W6040. 2. 4］神农教人耕种；［W6052. 1. 2. 4］神农教人种五谷。

W 编码	母题描述	关联项
W6052.3.2.1	种野生稻	【壮族】
W6052.3.2.2	种水稻	【民族，关联】①
W6052.3.2.3	种旱稻	［W3856.2.1］水稻与旱稻
W6052.3.2.3.1	黎母砍山种山兰（一种旱稻）	【黎族】
W6052.3.3	种稻的方法	
W6052.3.3.1	向白胡子爷爷学习种稻	【白族】
W6052.3.3.2	先造田后种稻	
W6052.3.3.2.1	造出平原用来种稻	【彝族】
W6052.3.3.2.2	造水田种稻	
W6052.3.3.2.2.1	田公地母的两个儿子用石头片开出不少低水潭种稻	【汉族】
W6052.3.3.3	种稻有具体方法	
W6052.3.3.3.1	种稻子要勤松土，勤浇水，勤施肥，勤除草	【民族，关联】②
W6052.3.3.4	稻田的管理	［W6049.8.1.1］稻谷开花时，忌在稻田旁洗衣、剥麻
W6052.3.3.4.1	雨后稻田被水淹要开沟清渠	【壮族】
W6052.3.3.4.2	稻田施肥	【壮族】
W6052.3.4	种稻者	
W6052.3.4.1	地母母子种稻	【白族】
W6052.3.5	种稻的结果	
W6052.3.5.1	不同地方的水稻成熟时间不同	【汉族】
W6052.3.6	与种稻有关的其他母题	［W6052.2.1］种谷的来历
W6052.3.6.1	为什么有的民族不种稻	
W6052.3.6.1.1	独龙族不种大米是因为天神拔掉了稻子的根	【独龙族】

① 【汉族】@［W6052.3.1.1.1］布依族祖先盘古发明种水稻；［W6052.3.1.6.1］猎人发明种水稻。

② 【白族】［W6049.4.1.5］仙人告诉神童勤锄草庄稼长得茁壮；@［W6049.8.3］松土（松耕）；［W6050.4.3.4］因人勤劳庄稼丰收。

W 编码	母题描述	关联项
W6052. 3a	种禾	［W6040. 2. 4. 5］神农教人们种禾粒
W6052. 3a. 1	帝（炎帝神农）种九穗禾	【中华民族】
W6052. 4	种玉米	
W6052. 4. 1	母猴在山坡上种苞谷	【拉祜族】
W6052. 4. 2	神教人种玉米	
W6052. 4. 2. 1	大神竺妞教人种玉麦	【苗族】@［W6039. 7. 4. 3］女神竺妞教人种田种地种庄稼
W6052. 5	种棉（种棉花）	
W6052. 5. 1	种棉花的产生（种棉花的发明者）	
W6052. 5. 1. 1	天人下凡种棉花	［W3870］棉花的产生
W6052. 5. 1. 1. 1	天上回到人间的阿力和达勒兄妹俩开田种出了棉花	【仡佬族】
W6052. 5. 1. 2	一个老婆婆种棉花	
W6052. 5. 1. 2. 1	人向老婆婆学种白花	【汉族】
W6052. 5. 1. 3	织女教人种棉	【汉族】@［W6065. 1. 1. 4. 2. 1］牛郎与织女私奔人间后，织女教邻居姐妹养蚕种棉
W6052. 5. 1. 4	天神让人种棉	
W6052. 5. 1. 4. 1	天神厄莎给人种子让人种棉	【拉祜族】
W6052. 5. 1. 4a	女祖神达摩天子种棉	【侗族】
W6052. 5. 1. 5	动物教人种棉	
W6052. 5. 1. 5. 1	白鹇姑娘带来棉花种子，教人种棉、收棉	【布朗族】
W6052. 5. 2	种棉花的时间	
W6052. 5. 3	种棉花的地点	
W6052. 5. 3. 1	棉花长在河坝里	【哈尼族】
W6052. 5. 4	种棉花的方法	
W6052. 5. 5	种棉花的结果	

W 编码	母题描述	关联项
W6052.5.5.1	采摘棉花	
W6052.5.5.1.1	人们学着把棉花采来，像鸟窝一样垒起来睡觉	【哈尼族】
W6052.5.6	与种棉花有关的其他母题	
W6052.6	种麻	
W6052.6.1	特定人物种麻（种麻的发明者）	【满族】@［W6122.8.1.1］长白山主教人种麻织布
W6052.6.1.1	祖先发明种麻	【傈僳族】
W6052.6.1.2	月宫下凡的女子把麻种带到凡间栽种	【汉族】@［W6108.2.2.2］月宫下凡的女子绩麻织布
W6052.6.1.3	洪水后兄妹夫妻发明了种麻	【傈僳族】
W6052.6.1.3a	麻王教人种麻技术	【仡佬族】
W6052.6.1.4	种特定的麻	
W6052.6.1.4.1	炎帝和娘娘种潞麻	【汉族】
W6052.7	种蔬菜（种菜）	
W6052.7.1	种蔬菜的产生（种蔬菜的原因）	
W6052.7.1.1	树果、草叶被吃光后开始学种蔬菜	【佤族】
W6052.7.1.2	蜂子和蝴蝶从天上带来瓜果种子	【纳西族（摩梭人）】
W6052.7.1.3	轩辕教民植百蔬	【汉族】
W6052.7.1.4	炎帝发明蔬菜	【汉族】
W6052.7.1.5	烈山氏部落种谷物蔬菜，被奉为稷神	【中华民族】
W6052.7.2	种蔬菜的方法	
W6052.7.3	种特定的蔬菜	
W6052.7.3.1	种白菜的来历	
W6052.7.3.2	种萝卜	
W6052.7.4	种蔬菜的结果	
W6052.7.5	与种蔬菜有关的其他母题	

W 编码	母题描述	关联项
W6052.8	种其他粮食作物（种其他经济作物）	
W6052.8.1	种小麦（种麦）	
W6052.8.1.1	种小麦的产生（种小麦的来历）	
W6052.8.1.1.1	后稷采集麦种	【汉族】
W6052.8.1.1.2	神农得到老天爷给的麦种种麦	【汉族】
W6052.8.1.2	种小麦的情形	
W6052.8.1.2.1	刚有人世的时候，种的小麦是一种多穗的田禾，一圪节一个穗儿	【汉族】
W6052.8.1.3	与种小麦有关的其他母题	［W6147.2.1］面食的产生
W6052.8.1.3.1	人驯服黄牛后开始种小麦	【土族】
W6052.8.1.3.2	受鸟的启发采集荞麦种子	【哈尼族】
W6052.8.1.3.3	皋陶专管种植稻麦	【中华民族】
W6052.8.2	种青稞	
W6052.8.2.1	种青稞的产生（种青稞的来历）	
W6052.8.2.2	种青稞的情形	
W6052.8.2.3	与种青稞有关的其他母题	
W6052.8.2.3.1	人驯服黄牛后开始种青稞	【土族】
W6052.8.3	种豆（种豆子）	
W6052.8.3.1	种豆的产生（种豆的来历）	
W6052.8.3.1.1	神农寻找豆种	【汉族】
W6052.8.3.2	种豆的情形	
W6052.8.3.3	种特定的豆子	
W6052.8.3.3.1	种大豆	【汉族】
W6052.8.3.3.1.1	神农中大豆	【汉族】
W6052.8.3.3.2	种小豆	
W6052.8.3.3.2.1	小豆出荒田	【汉族】
W6052.8.3.4	与种豆有关的其他母题	

W 编码	母题描述	关联项
W6052.8.4	种菜籽	
W6052.8.4.1	种菜籽的产生（种菜籽的来历）	
W6052.8.4.2	种菜籽的情形	
W6052.8.4.3	与种菜籽有关的其他母题	
W6052.8.4.3.1	人驯服黄牛后开始种菜籽	【土族】
W6052.8.5	种番薯（种山芋）①	
W6052.8.5.1	种番薯的产生（番薯的来历）	
W6052.8.5.1.1	洪水后，幸存的两夫妇小岛上种番薯	【高山族（阿美人）】
W6052.8.5.2	种番薯的情形	
W6052.8.5.2.1	番薯两三个月后就可以收成	【高山族（阿美人）】
W6052.8.5.3	与种番薯有关的其他母题	
W6052.8.5.3.1	人驯服黄牛后开始种山芋	【土族】
W6052.8.5.3.2	种地瓜	
W6052.8.5.3.2.1	尧封的农官弃种地瓜	【汉族】
W6052.8.6	种荞子（种荞麦）	［W6052.8.1.3.2］受鸟的启发采集荞麦种子
W6052.8.6.1	鹧鸪扎实叫就要种荞子	【彝族（腊罗、摩察、纳苏、给尼、葛泼）】
W6052.8.6.2	逢秋旱就种荞麦	【汉族】
W6052.8.7	种瓜	
W6052.8.7.1	种瓜的产生	
W6052.8.7.1.1	伏羲兄妹得到鸟儿衔来瓜种种瓜	【汉族】
W6052.8.7.1.2	神农种瓜	【汉族】
W6052.8.7.2	种瓜的方法（种瓜的情形）	
W6052.8.7.2.1	种瓜讲究水土	【汉族】
W6052.8.7.3	特定的人种瓜	

① 种番薯（种山芋），“番薯”名称很多，如甘储、甘薯、朱薯、金薯、番茄、红山药、玉枕薯、山芋、地瓜、甜薯、红薯、红苕、白薯、阿鹅、萌番薯等。

W 编码	母题描述	关联项
W6052. 8. 7. 4	种特定的瓜	
W6052. 8. 7. 4. 1	种冬瓜	【汉族】
W6052. 8. 7. 4. 2	种倭瓜	【汉族】
W6052. 8. 7. 5	种瓜的结果	
W6052. 8. 7. 5. 1	种出巨大的瓜	
W6052. 8. 7. 5. 1. 1	种的倭瓜磨盘大	【汉族】
W6052. 8. 7. 6	与种瓜有关的其他母题	
W6052. 8. 8	种高粱	
W6052. 8. 8. 1	种高粱的产生	
W6052. 8. 8. 1. 1	虞舜时代开始种高粱	【汉族】
W6052. 8. 8. 1. 2	受鸟的启发采集高粱种子	【哈尼族】
W6052. 8. 8. 1. 3	大禹教田公地母种高粱	【汉族】
W6052. 8. 8. 2	种高粱的方法	
W6052. 8. 8. 2. 1	高粱种在峡谷中	【瑶族（布努）】@［W6052. 9. 1. 1］石头缝里种玉米，深山峡谷点高粱，山顶上面种小米，石头窝里播豆类
W6052. 8. 8. 2. 2	在高墩头上种高粱	【汉族】
W6052. 8. 8. 3	种高粱的结果	
W6052. 8. 8. 4	与种高粱有关的其他母题	
W6052. 8. 8. 4. 1	人最早种的庄稼是高粱	【汉族】
W6052. 9	与种植特定作物有关的其他母题	
W6052. 9. 1	种植多种作物	【土族】
W6052. 9. 1. 1	石头缝里种玉米，深山峡谷点高粱，山顶上面种小米，石头窝里播豆类	【瑶族（布努）】
W6052. 9. 2	有的地方为什么只能种特定的作物	
W6053	**耕种规则（耕种经验）**	

W 编码	母题描述	关联项
W6053.1	耕种时间（耕地时间；耕田的时间；耕种的时节；种庄稼时间；农时的产生）	［W4770］季节
W6053.1.0	人以前不知道耕种时间	
W6053.1.0.1	人以前因不知道年月不知道何时耕种	【彝族】
W6053.1.0.2	古时候的人不知道趁时播种瞎忙活，得不到好收成	【汉族】
W6053.1.0.3	以前因不知年月不知何时耕种	【布依族】
W6053.1.0.4	因昼夜不分造成耕种无时	【苗族】
W6053.1.1	特定人物规定耕种时间	
W6053.1.1.1	根据神的指令决定耕种季节	
W6053.1.1.2	人类祖先翁戛规定辰时吃早饭后就下田	【布依族】
W6053.1.1.3	仙人教人耕种时节	【佤族】
W6053.1.2	根据特定人物告诉人耕种季节	
W6053.1.2.1	天女指点人们按季节耕种	【哈尼族】
W6053.1.3	根据动物活动确定耕种时间	
W6053.1.3.1	根据动物的叫声耕种（根据鸟的叫声耕种）	【景颇族】@［W6052.8.6.1］鹧鸪扎实叫就要种荞子
W6053.1.3.1.1	根据布谷鸟的叫声耕种	【佤族】【藏族】@［W6048.3.8.1.1］二月二十七布谷鸟叫起来，石蚌叫起来时要放火烧荞地
W6053.1.3.1.1.1	老母亲死前告诉女儿她将变成布谷鸟，用叫声告诉种鸡爪谷和谷子的时间	【珞巴族】
W6053.1.3.1.2	根据阳雀的叫声耕种	
W6053.1.3.1.2.1	每年三四月，阳雀一叫唤就耕田种地	【壮族】

W 编码	母题描述	关联项
W6053. 1. 3. 1. 3	根据特定候鸟的叫声耕种	
W6053. 1. 3. 1. 3. 1	山神的 24 个儿子，变成 24 只候鸟，呼唤人们按时耕作	【白族】
W6053. 1. 4	根据植物变化确定耕种时间	
W6053. 1. 4. 1	野桃树开花时母猪告诉播种	【珞巴族】
W6053. 1. 4a	根据其他特定物确定耕种时间	
W6053. 1. 4a. 1	根据石头确定耕种时间	
W6053. 1. 4a. 1. 1	大禹靠祖传的一坨宝石分辨农事季节	【中华民族】
W6053. 1. 4a. 2	根据日月确定耕种时间	
W6053. 1. 4a. 2. 1	凭看日头、月亮，身上试着冷热暑寒种麦、种稻子	【汉族】
W6053. 1. 5	耕种时节的其他来历	
W6053. 1. 5. 1	出现雷声时播种	【彝族】
W6053. 1. 5. 2	根据月亮变化耕种	【高山族】
W6053. 1. 5. 3	根据老天爷的脾气和庄稼的性子确定耕种时间	【壮族】
W6053. 1. 5. 4	开春后耕田	【汉族】
W6053. 1. 5. 5	春天到时开始种地	【汉族】
W6053. 1. 6	特定日子播种（特定时间种地）	
W6053. 1. 6. 1	正月二十属鼠日撒竹种	【彝族】
W6053. 1. 6. 2	六月二十属龙日开始犁生地	【彝族】
W6053. 1. 6. 3	二月种地	
W6053. 1. 6. 3. 1	天上的哥哥让地上的弟弟二月种地	【珞巴族】
W6053. 1. 6. 4	冬天耕地	
W6053. 1. 6. 4. 1	草白王冬来犁地	【白族】
W6053. 1. 7	与耕种时间有关的其他母题	［W6040. 1. 1. 1］女始祖教阿佤人农时耕种
W6053. 1. 7. 1	耕种不论季节	

W 编码	母题描述	关联项
W6053.1.7.1.1	以前因不分昼夜种谷子不论季节	【佤族】
W6053.1.7.2	特定时节休耕（特定时间停止农业生产）	
W6053.1.7.2.1	立了秋，挂锄勾	【汉族】
W6053.1.7.3	耕种周而复始	【汉族】
W6053.1.7.4	狩猎猎杀完动物后开始耕种	【彝族】
W6053.2	耕种地点的规定（耕田地点；种庄稼的地点）	
W6053.2.1	在山脚下耕种	
W6053.2.1.1	舜在泰山脚下开荒种地	【汉族】
W6053.2.2	在山上耕种	
W6053.2.3	在水边耕种	
W6053.2.3.1	在河岸山地里刀耕火种	【仡佬族】
W6053.2.4	平坝河川上耕种	
W6053.2.4.1	盘古王让人们到平坝河川上学种庄稼	【布依族】
W6053.2.4a	在草原上耕种	【汉族】
W6053.2.4b	在那蚯蚓吐出来的泥土上耕种	【高山族（排湾族）】
W6053.2.5	到特定名称的地方耕种	
W6053.2.5.1	首领带大家走出老林到一个叫找福兆的地方开荒种地	【苗族】
W6053.2.5.2	神农在五谷畦种嘉谷	【中华民族】
W6053.2.5.3	炎帝到太行山教人耕种	【汉族】
W6053.2.6	有的地方无法耕种	
W6053.2.6.1	山高坡陡无法耕种	【汉族】
W6053.2.6.2	冒出好多石头橛子地方庄稼种不成	【汉族】
W6053.2.6.3	被污染的土地不能耕种	【汉族】
W6053.2.6.4	大地在海洋里沉浮不定，不能种庄稼	【藏族】

W 编码	母题描述	关联项
W6053. 2. 6a	不适合耕种的土地	
W6053. 2. 6a. 1	大碱滩不适合耕种	【汉族】
W6053. 2. 7	耕种地点的变化	
W6053. 2. 7. 1	因成果遭抢，变化耕种地点	【汉族】
W6053. 2. 8	与耕种地点有关的其他母题	
W6053. 2. 8. 1	农场	
W6053. 2. 8. 1. 1	天神家农场	【纳西族】
W6053. 3	种特定的田	
W6053. 3. 1	种旱田（耕旱田；开旱地）	
W6053. 3. 1. 1	女首领开辟旱地	【白族】
W6053. 3. 1. 1a	最早产生的肉核姑娘带着五谷种子到螺峰山下开了一片旱地	【白族】
W6053. 3. 1. 2	割倒茅草放把火，撒上谷种做旱地	【拉祜族】
W6053. 3. 2	种水田（耕水田）	【苗族】@［W6048. 6］造水田
W6053. 3. 3	水田旱地的划分	
W6053. 3. 3. 1	按天神厄莎的话分出水田和旱地	【拉祜族】
W6053. 3. 4	种其他特定的田地	
W6053. 3. 5	与种田地有关的其他母题	
W6053. 3. 5. 1	自己长庄稼的田地	【珞巴族】@［W6050. 2. 3］庄稼自己收获
W6053. 3. 5. 2	祖先开田后人种	【壮族】
W6053. 4	耕种禁忌	
W6053. 4. 1	忌特定的日子耕种	
W6053. 4. 1. 1	忌在鼠日和火日开犁播种	【达斡尔族】
W6053. 4. 2	特定日子必须完成耕种	
W6053. 4. 2. 1	五月初五日以前必须插完秧	【侗族】
W6053. 4. 3	耕种忌特定气象	

W 编码	母题描述	关联项
W6053.4.3.1	响第一次春雷忌耕种七天，响第二次春雷逐渐减少禁忌天数	【布依族】
W6053.5	耕田的其他规则	
W6053.5.1	犁地结束后把农具送走	【苗族】
W6053.5.2	耕田纳税	
W6053.5.2.1	人耕种后向天神交税	【彝族】
W6053.6	与耕种规则有关的其他母题	
W6053.6.1	玉帝规定粮食留根，草留籽	【汉族】
W6053.6.2	舜开创出一套农事经验	【汉族】
W6054	**与耕种有关的其他母题（与耕田有关的其他母题；与农业有关的母题）**	
W6054.0	作物管理（农田管理；管理庄稼）	
W6054.0.0	以前庄稼不需要管理	
W6054.0.0.1	以前种粮不要施肥除草	【土家族】
W6054.0.0a	以前，人们管理庄稼很省劲	【汉族】
W6054.0.1	作物管理非常重要	【白族】
W6054.0.2	后稷浇水、除草，精心呵护禾苗	【汉族】
W6054.0.3	庄稼服人管的来历	
W6054.0.3.1	人皇打败五谷神们后，五谷服了人管	【汉族】
W6054.0.4	特定的农田管理者	
W6054.0.4.1	伏羲命阴康为土龙氏治田里	【中华民族】
W6054.1	特定的耕种工具	
W6054.1.1	用木棒种地	
W6054.1.1.1	人最早时用木棒撬土耕种	【仡佬族】
W6054.1.2	用石斧种地	［W6048.3.6.1.1］盘古手拿金斧开田地

W 编码	母题描述	关联项
W6054. 1. 2. 1	以前种地用石斧	【独龙族】
W6054. 1. 2. 2	用石头当刀斧种地	【黎族】
W6054. 1. 3	用铲耕种	【壮族】
W6054. 1. 3. 1	用铲耕种山地	【佤族】
W6054. 1. 4	用犁耕种	
W6054. 1. 4. 1	神农氏教人用犁耕田	【汉族】@［W6045. 3. 2. 2. 1］神农氏捉牛驯服后套在犁杖上翻地
W6054. 1. 4. 2	太阳告诉人用犁耕田的方法	【回族】
W6054. 1. 4. 3	汉族会用大犁耕田	【佤族】
W6054. 1. 4. 4	用犁种水田	【佤族】
W6054. 1. 5	用刀耕种	
W6054. 1. 5. 1	黎母婚后以石当刀耕地	【黎族】@［W6092. 1. 4. 3. 1］石刀
W6054. 1. 5. 2	用石片开田种地	【汉族】
W6054. 1. 5. 3	用芟刀铲地	【拉祜族】
W6054. 1. 6	用锹耕种	
W6054. 1. 7	其他耕种工具	
W6054. 1. 7. 1	用竹子耕种	
W6054. 1. 7. 1. 1	老天告诉人用竹子挖地种谷	【佤族】
W6054. 1. 7. 2	用制作的特定工具耕田	
W6054. 1. 7. 2. 1	木马耕田	
W6054. 1. 7. 2. 1. 1	鲁班制作木马犁田耕地	【汉族】
W6054. 1. 7. 2. 2	泥泥狗耕田	
W6054. 1. 7. 2. 2. 1	太昊陵人祖的泥泥狗下来给人犁地	【汉族】
W6054. 1. 7. 2. 3	用锄耕种山地	【佤族】
W6054. 1. 8	与耕种工具有关的其他母题	
W6054. 1. 8. 1	以前工具自己会耕种	

W 编码	母题描述	关联项
W6054.1.8.1.1	直眼人时薅刀自己会薅地，挖锄会自来挖土	【苗族】
W6054.2	耕田的阻碍者	
W6054.2.1	特定人物让耕田复原	
W6054.2.1.1	菩萨坐在地中央使兄妹耕的田复原	【傈僳族】
W6054.3	耕田失败（不成功的耕种）	
W6054.3.1	耕田因复原失败	
W6054.3.1.1	耕田干扰神灵失败	
W6054.4	种植树木（种树；植树；栽树；林业）	
W6054.4.1	植树的产生	
W6054.4.1.1	特定人物教人植树	
W6054.4.1.1.1	牛郎教人种树	【汉族】
W6054.4.1.2	特定人物种树	
W6054.4.1.2.1	玉皇大帝命九天玄女把柏树籽撒在桥山上	【汉族】
W6054.4.2	植树的时间	
W6054.4.2.1	特定的树有特定种植时间	【彝族】@［W6054.4.7.2.1］五月初五栽竹子
W6054.4.2.2	在特定的时间种树	
W6054.4.2.2.1	阿志大神在丑年的一天种树	【彝族】
W6054.4.3	植树的地点	
W6054.4.3.1	神在空中栽了一棵树	【彝族】
W6054.4.4	植树者	
W6054.4.5	植树的方法	
W6054.4.5.1	植树要勤于管理	【白族】
W6054.4.5.2	培育树苗（树的培育）	
W6054.4.5.2.1	仙女下凡育树苗	【彝族】

W 编码	母题描述	关联项
W6054. 4. 5. 3	合伙种树	
W6054. 4. 5. 3. 1	三人齐撒种，树种撒得多	【彝族】
W6054. 4. 5. 4	种树环节严格	
W6054. 4. 5. 4. 1	玉茭树种子要埋在净土里，发芽后浇上生长水，开花后再浇上千穗水	【汉族】
W6054. 4. 6	植树的结果	
W6054. 4. 7	植树的类型（种植特定的树）	
W6054. 4. 7. 1	天鹅把松树衔到地上种植	【傈僳族】
W6054. 4. 7. 2	栽竹子	
W6054. 4. 7. 2. 1	五月初五栽竹子	【彝族】
W6054. 4. 7. 3	种植果树	
W6054. 4. 7. 3. 1	给果树浇水、翻土、施肥、除草	【白族】
W6054. 4. 7. 3. 1a	聪明人卡叶英把最好吃的、最甜的果树子栽在海洋边	【彝族】
W6054. 4. 7. 3. 1b	小白龙下凡培植果树	【汉族】
W6054. 4. 7. 3. 2	种植梨树	
W6054. 4. 7. 3. 2. 1	姑娘精心培育凤凰丢下的梨枝种植出砀山酥梨	【汉族】
W6054. 4. 7. 4	种植玉树	【中华民族】@ ［W6095. 3. 2. 4. 2. 1］种玉
W6054. 4. 7. 5	种枫树	【苗族】
W6054. 4. 7. 6	种桑	【汉族】
W6054. 4. 8	与植树有关的其他母题	
W6054. 5	种植花草（种花；种草；草业）	
W6054. 5. 1	种植花草的产生	［W3800］花的产生
W6054. 5. 1. 1	人为方便割草移栽种草	【汉族】
W6054. 5. 2	种植花草的时间	
W6054. 5. 3	种植花草的地点	

W 编码	母题描述	关联项
W6054.5.4	种植花草者	
W6054.5.5	种植花草的方法	
W6054.5.6	种植花草的结果	
W6054.5.7	种植花草的类型（种植特定的花草）	
W6054.5.8	与种植花草有关的其他母题	［W3811］花的特征
W6054.6	研究耕种现象	
W6054.6.1	天子祖乙召集百官商议五谷不收的原因	【汉族】
W6054.6.2	辨识草木和作物	［W6037.1.5］以前粮食与草不分
W6054.6.2.1	天神让水牛教人辨识草木和五谷	【哈尼族】
W6054.7	庄稼的成长	
W6054.7.1	作物迅速生长	［W6050.0.2.1］庄稼迅速成熟
W6054.7.1.1	粮种刚一种下，就冒芽、长叶、扬花、结穗	【纳西族·摩梭人】
W6054.7.1a	作物自己生长	【民族，关联】①
W6054.7.2	庄稼不生长	
W6054.7.2.1	因没有白天，庄稼不长	【拉祜族（苦聪人）】
W6054.7.3	庄稼灌浆	
W6054.7.3.1	特定人物用奶让庄稼灌浆	【汉族】
W6054.8	鼓励农业发展	
W6054.8.1	文王奖励农桑	【汉族】@［W6065.1.7.4.1］黄帝鼓励养蚕

① 【汉族】@［W6050.2.3］庄稼自己收获；［W6053.3.5.1］自己长庄稼的田地。

6. 1. 4 饲养[①]

【W6055 ~ W6069】

W 编码	母题描述	关联项
✿ **W6055**	**饲养（养殖；畜牧）**	
✻ **W6056**	**饲养的产生（驯养动物的起源；养殖的起源）**	
W6056. 1	人以前不知道饲养动物	
W6056. 1. 1	以前，所有飞禽走兽都归山神菩萨管辖，人无家禽牲畜可养	【普米族】
W6056. 2	人饲养动物的原因	
W6056. 2. 1	动物因为要服从人被饲养	【关联】[②]
W6056. 2. 2	人的猎物有了剩余后产生饲养	【汉族】
W6056. 2. 2. 1	猎物多了，除了杀吃以外就喂养起来	【佤族】
W6056. 2. 3	人饲养动物源于喜爱	
W6056. 2. 3. 1	猎人对猫、狗、雀、兽喜爱，捕到后饲养起来	【傣族】
W6056. 2. 4	为防野兽饲养	
W6056. 2. 4. 1	为防野兽圈养动物	【毛南族】

① 饲养，本书为母题数据类型的管理，对本类母题编目在《中国神话母题 W 编目》（中国社会科学出版社 2013 年版）中的原类型一些描述作出较大修订。其中修订的原母题编码的中的部分第一层级母题为：［※W6052］饲养的产生※；［W6053］驯养动物的起源；［W6054］神或神性人物教人饲养动物；［W6055］特定的人教人饲养动物；［W6056］与驯养动物的产生有关的其他母题；［※W6057］特定动物的驯养；［W6058］野生动物被驯服；［W6059］养蚕的来历；［W6060］养鸡的来历；［W6061］养鹿的来历（驯鹿的来历）；［W6062］养马的来历（驯马的来历）；［W6063］养牛的来历；［W6064］养鸭的来历；［W6065］养鱼的来历；［W6066］养猪的来历；［W6067］其他特定动物的驯养；［W6068］与动物的饲养有关的其他母题；［※W6070］家畜的饲养方法；［W6071］圈养；［W6072］笼养；［W6073］其他饲养动物的方法；［W6074］与饲养有关的其他母题。

② ［W3130. 1］狗要服从人；［W6063. 6. 1. 2］人养鸡是因为鸡请太阳有功。

W 编码	母题描述	关联项
W6056.2.5	驯养动物是为了让其繁殖	
W6056.2.5.1	炎帝担心吃光猎物饿肚子，教人驯养野兽以更好繁殖	【汉族】
W6056.2.6	人为保护某些动物产生驯养	
W6056.2.6.1	支格阿龙为保护某些动物产生驯养	【彝族】
W6056.2.7	为征战饲养动物	
W6056.2.7.1	轩辕氏战蚩尤前命巨灵氏驯兽	【汉族】
W6056.2.8	为了吃肉饲养动物	
W6056.2.8.1	伏羲饲养动物，教人肉食	【中华民族】
W6056.2.9	饲养动物的其他原因	
W6056.2.9.1	饲养动物作牺牲	
W6056.2.9.1.1	伏羲驯服牺牲	【中华民族】
W6056.2.9.2	为让动物采药饲养动物	
W6056.2.9.2.1	神农训练一些野兽，让它们到深山或森林里采集药草	【汉族】
W6056.3	动物为什么被驯养（动物被饲养的原因）	
W6056.3.1	动物被驯养是因为牲畜愚笨	【蒙古族】
W6057	**神或神性人物教人饲养动物**	
W6057.1	神教人饲养动物	【关联】①
W6057.1.1	猎神教人驯养动物	
W6057.1.1.1	女猎神教人驯养家畜家禽	【怒族】
W6057.1.2	玉皇大帝告诉人养牛养马	【仫佬族】
W6057.1.3	天神下凡教人饲养禽畜	
W6057.1.3.1	玉皇大帝派主管南天的火星天神下凡教人饲养禽畜	【汉族】
W6057.1.3.2	天神的弟子鄂多哩教人饲养野兽	【满族】

① ［W6060.1］神让在家中养鸡；［W6062.1］马神发明牧养马；［W6063.1］神让在家中养牛。

W 编码	母题描述	关联项
W6057. 2	神性人物教人饲养动物	
W6057. 2. 1	文化英雄驯化动物	【汤普森】F618
W6057. 2. 1. 1	文化英雄驯牛耕地	
W6057. 2. 2	祖先教人饲养（文化始祖教人饲养）	
W6057. 2. 2. 1	女祖先教人饲养	
W6057. 2. 2. 1. 1	女娲教人饲养	【民族，关联】①
W6057. 2. 2. 1. 1. 1	女娲跟伏羲成亲后用黄泥造人并教这些人养畜生	【汉族】
W6057. 2. 2. 1. 2	太祖母密洛陀教导后人养牛、喂猪	【瑶族（布努）】
W6057. 2. 2. 2	男祖先教人饲养	
W6057. 2. 2. 2. 1	布洛陀教人饲养	【壮族】
W6057. 2. 2. 2. 2	黄帝教人饲养	［W6060. 1. 4 *］黄帝时代产生原始畜牧业
W6057. 2. 2. 2. 2. 1	黄帝告诉各部落饲养马牛	【汉族】
W6057. 2. 2. 2. 2. 2	轩辕下凡让老百姓养殖	【汉族】
W6057. 2. 2. 2. 3	炎帝教人饲养	【汉族】@［W6056. 2. 5. 1］炎帝担心吃光猎物饿肚子，教人驯养野兽以更好繁殖
W6057. 2. 2. 2. 4	伏羲教人饲养	【中华民族】
W6057. 2. 3	狐狸精教人饲养动物	
W6057. 2. 3. 1	仓颉的狐狸精媳妇捉了猪、牛、羊后饲养	【汉族】
W6058	**特定的人教人饲养动物（特定的人养动物）**	
W6058. 1	女子教人饲养动物（女人养动物）	【佤族】
W6058. 2	女子发明饲养（女人驯化动物）	

① 【汉族】@［W6062. 11. 1. 3］女娲教人养六畜；［W6063. 1. 1. 3. 3］女娲捕来的鸟兽吃不完时就叫人们留着养起来。

W 编码	母题描述	关联项
W6058. 2. 1	一位能人姑娘遮姒发明原始饲养业	【哈尼族】@［W6075. 1. 1. 1］一位能人姑娘遮姒发明畜牧业
W6058. 2. 2	女人捉动物饲养	
W6058. 2. 2. 1	女人用带子捆住野物牵回家饲养	【佤族】
W6058. 2. 3	女人养男人捉到的动物	
W6058. 2. 3. 1	父亲捉野牛来不及驯养，他的女儿承担驯养任务	【仫佬族】
W6058a	**特定动物教人饲养动物**	
W6058a. 1	小白龙教人饲养	【汉族】
W6059	**饲养源于特定的事件**	
W6060	**与饲养动物起源有关的其他母题（与驯养动物的产生有关的其他母题）**	
W6060. 1	饲养产生的时间	
W6060. 1. 1	第六代人开始驯养家禽	【侗族】
W6060. 1. 2	狩猎有剩余时产生饲养	【汉族】
W6060. 1. 2. 1	女娲饲养吃不完的动物	【汉族】
W6060. 1. 3 *	距今 5000 年前出现原始畜牧业	【中华民族】
W6060. 1. 3a *	距今 1 万多年前出现饲养	
W6060. 1. 3a. 1 *	中国北方地区距今约 1.8 万年至距今约 4000 年的新石器时代出现驯养家畜	【中华民族】
W6060. 1. 4 *	黄帝时代产生原始畜牧业	【中华民族】@［W6057. 2. 2. 2. 2. 1］黄帝告诉各部落饲养马牛
W6060. 2	饲养产生的地点	
W6060. 3	驯服特定动物	
W6060. 3. 1	驯服兽王	
W6060. 3. 1. 1	伦竹王杰按照阿妈的吩咐用金刀驯服了虎王	【藏族】

W 编码	母题描述	关联项
＊**W6061**	**饲养特定动物（特定动物的驯养）**	【汤普森】A1443；H1155
W6061. 1	饲养特定动物的选择	
W6061. 1. 1	选择有益的动物饲养	
W6061. 1. 1. 1	从前达斡尔莫日根养狗又养狼，后来发现狼恶狗善，就打死狼只养狗	【达斡尔族】
W6061. 2	养神性动物	
W6061. 2. 1	养神马	
W6061. 2. 1. 1	养的神马能一跃跨过九座山	【普米族】
W6061. 2. 2	养龙	
W6061. 2. 2. 1	养龙的产生	
W6061. 2. 2. 1. 1	云阳先生养龙	【汉族】
W6061. 2. 2. 2	养龙的方法	
W6061. 2. 2. 2. 1	在神龙池养龙	【汉族】
W6061. 2. 2. 3	养特定的龙	
W6061. 2. 2. 3. 1	养神龙	【汉族】
W6061. 2. 2. 4	与养龙有关的其他母题	
W6061. 2. 3	养凤凰	
W6061. 2. 3. 1	养凤凰的产生	
W6061. 2. 3. 2	养凤凰的方法	
W6061. 2. 3. 2. 1	凤凰食竹实	【汉族】
W6061. 2. 3. 3	与养凤凰有关的其他母题	
W6061. 2. 4	养夔（驯夔牛）	
W6061. 2. 4. 1	黄帝驯养的八百头夔牛懂人语，知鼓音	【民族，关联】①
W6061. 3	养奇怪的动物（驯服怪兽）	

① 【汉族】@［W6062. 6. 1. 1. 2. 1］黄帝教人养牛（轩辕教人养牛）；［W6062. 6. 1. 1. 2. 1a］部落首领轩辕教人养牛羊。

W 编码	母题描述	关联项
W6061.3.1	养龙马	
W6061.3.1.1	伏羲养龙马	【汉族】
W6061.3.1.2	伏羲驯服龙马后圈养	【汉族】
W6061.3.1.3	伏羲把龙马养在高台子上	【汉族】
W6061.3.2	特定人物驯服怪兽	
W6061.4	驯养百兽（养野兽）	【关联】①
W6061.4.1	虞氏驯百兽	【汉族】
W6061.4.2	驯兽大王巨灵氏	
W6061.4.2.1	黄帝让驯兽大王巨灵氏养野兽	【汉族】
W6061.4.3	黄帝善驯兽	【关联】②
W6061.4.3.1	黄帝驯虎狼雕夔	【汉族】
W6061.4.3.2	黄帝向白泽兽学会制服飞禽走兽	【汉族】
W6061.4.4	其他人物驯兽	
W6061.4.4.1	力牧驯兽	
W6061.4.4.1.1	黄帝的大将力牧驯养虎豹熊罴	【汉族】@［W6056.2.7.1］轩辕氏战蚩尤前命巨灵氏驯兽
W6061.4.4.2	伯益驯兽	【关联】③
W6061.4.4.2.1	伯益曾帮助帝舜训鸟兽	【汉族】
W6061.4.5	驯兽的时间	
W6061.4.5.1	人传无数代，时过数万年后学驯兽	【彝族】
W6061.4.6	驯兽的地点	
W6061.5	养特定的野兽（驯养特定动物）	
W6061.5.1	养豹子	
W6061.5.1.1	巨灵氏养豹	【汉族】

① ［W6056.2.5.1］炎帝担心吃光猎物饿肚子，教人驯养野兽以更好繁殖；［W6069.1］动物的驯化（驯化动物）。

② ［W6061.2.4.1］黄帝驯养的八百头夔牛懂人语，知鼓音；［W6061.5.7.1］黄帝手下驯养动物的能手王亥训练熊。

③ ［W6020.5.2］猎人伯益教尧狩猎；［W6023.5.1.3b］伯益发明捕兽的陷阱。

W 编码	母题描述	关联项
W6061. 5. 2	养貂	
W6061. 5. 3	养虎	
W6061. 5. 3. 1	巨灵氏养虎	【汉族】
W6061. 5. 3. 2	黄帝驯虎	【汉族】
W6061. 5. 4	养狐狸	
W6061. 5. 5	养狼	［W6069. 2. 1］从前达斡尔莫日根养狗又养狼
W6061. 5. 5. 1	巨灵氏养狼	【汉族】
W6061. 5. 5. 2	黄帝驯狼	【汉族】
W6061. 5. 6	养狮子	
W6061. 5. 7	养熊	
W6061. 5. 7. 1	黄帝手下驯养动物的能手王亥训练熊	【汉族】
W6061. 5. 8	养其他野兽	［W6062. 10. 1］养象
W6061. 5. 8. 1	养罴	
W6061. 5. 9	与驯养野兽有关的其他母题	
W6061. 5. 9. 1	野兽为什么不能饲养	
W6062	**家畜饲养（哺乳类动物的饲养；养家畜；饲养牲畜）**	
W6062. 0	饲养家畜的产生	
W6062. 0. 1	特定人物发明养家畜（特定人物教人养家畜）	
W6062. 0. 1. 1	仓颉的媳妇是个狐狸精，发明养猪、牛、羊等家畜	【汉族】【满族】
W6062. 0. 1. 2	山神菩萨教人抓住特定禽兽饲养	【普米族】
W6062. 0. 2	少昊氏驯服牲畜	【汉族】
W6062. 0. 3	女娲驯养动物	
W6062. 0. 3. 1	女娲造六畜后圈之六日而俱驯	【汉族】@［W6062. 11. 1. 3］女娲教人养六畜

W 编码	母题描述	关联项
W6062. 0. 3a	女娲伏羲成亲后教人养牲畜	【汉族】
W6062. 0. 3b	神农氏教人豢养家畜	【中华民族】
W6062. 0. 3c	舜王教人饲养牲畜	【汉族】
W6062. 0. 4	野兽变成家畜	
W6062. 0. 4. 1	猎人养在家里的野兽变成家畜	【彝族】
W6062. 0. 4. 2	姐弟俩赶回的动物一部分变成家畜	【黎族】
W6062. 0. 5	特定环境形成饲养	
W6062. 0. 5. 1	兄弟分家后产生饲养	
W6062. 0. 5. 1. 1	哥弟分家后，分给哥哥的牲畜留在山里变成野兽，弟弟赶回家里的变成家畜	【纳西族】
W6062. 1	狗的饲养（养狗；养犬）	［W3105］狗的产生
W6062. 1. 1	养狗的来历（养狗的原因）	
W6062. 1. 1. 1	拉祜族喜欢养狗	【拉祜族】@［W6532. 1. 6. 2. 1］拉祜族不吃狗肉是因为狗救喂养过祖先
W6062. 1. 1. 2	人感恩狗求情玉帝留下麦穗的功劳养狗	【汉族】
W6062. 1. 1. 3	女娲教人养狗	【汉族】
W6062. 1. 1. 4	人祖伏羲氏驯养狗	
W6062. 1. 1. 4. 1	伏羲驯养狗为人祖爷守陵的，所以又称“陵狗”	【汉族】
W6062. 1. 2	养狗的方法	【关联】①
W6062. 1. 3	与养狗有关的其他母题	【关联】②
W6062. 1. 3. 1	养狗产生的时间	
W6062. 1. 3. 1. 1 *	河南贾湖遗址发现 7800 年前家养犬狗陶器	【中华民族】

① ［W3118］狗的食物；［W3122］狗的居所。

② ［W3111］狗的特征；［W3130. 1］狗要服从人；［W6061. 1. 1. 1］从前达斡尔莫日根养狗又养狼，后来发现狼恶狗善，就打死狼只养狗；［W6069. 2. 1］从前达斡尔莫日根养狗又养狼。

W 编码	母题描述	关联项
W6062. 2	鹿的饲养（养鹿；驯鹿）	［W3284］鹿的产生
W6062. 2. 1	养鹿的来历（驯鹿的来历；养鹿的原因）	【汤普森】A1875. 1；【鄂温克族】@［W3284 ~ W3286］鹿
W6062. 2. 2	养鹿的方法	
W6062. 2. 3	与养鹿有关的其他母题	［W3285］鹿的特征
W6062. 3	骆驼的饲养（养骆驼）	［W3288. 1］骆驼的产生
W6062. 3. 1	养骆驼的来历（养骆驼的原因）	
W6062. 3. 2	养骆驼的方法	
W6062. 3. 3	与养骆驼有关的其他母题	［W3288. 2］骆驼的特征
W6062. 4	马的饲养（驯马；养马）	［W3175］马的产生
W6062. 4. 1	养马的来历（驯马的来历；养马的原因）	【蒙古族】@［W6057. 1. 2］玉皇大帝告诉人养牛养马
W6062. 4. 1. 1	神或神性人物发明养马	［W0435. 3. 3］管马的神
W6062. 4. 1. 1. 1	马神发明牧养马	
W6062. 4. 1. 1. 1. 1	马神康巴尔阿塔是人类发明牧养马的第一人	【柯尔克孜族】
W6062. 4. 1. 1. 1. 2	女娲教人养马（娲娘教人养马）	【汉族】
W6062. 4. 1. 2	特定的人发明养马	
W6062. 4. 1. 2. 1	黄帝派驯养动物的能手王亥驯化野马	【汉族】
W6062. 4. 1. 2. 2	支格阿龙应马鞍、缰绳等驯服吃人的马	【彝族】
W6062. 4. 1. 2. 2a	支格阿龙为保护马不受野兽伤害，开始家中养马	【彝族】@［W6056. 2. 6. 1］支格阿龙为保护某些动物产生驯养
W6062. 4. 1. 2. 3	找火种的小伙子阿当驯养野马	【回族】
W6062. 4. 1. 3	特定的马变成驯马	
W6062. 4. 1. 3. 1	神马与马王婚生的三个儿子中的老三马儿库戎芒答变成驯马	【藏族】
W6062. 4. 2	养马的方法	【关联】①

① ［W3187］马的食物；［W3188］马的习性。

W 编码	母题描述	关联项
W6062. 4. 2. 1	安拉教人制出口嚼、笼头、鞍子将马管束起来	【塔吉克族】
W6062. 4. 2. 1a	支格阿龙驯马时骑上马抓紧缰绳，勒住笼头，用鞭子重重抽打	【彝族】
W6062. 4. 2. 2	马告诉人驯养马的方法	【汉族】
W6062. 4. 2. 3	特定的人告诉驯马方法	
W6062. 4. 2. 3. 1	三眼老人告诉尧，驯马不用棍，不用鞭，一根麻绳嘴上拴	【汉族】@［W6062. 6. 2. 5］牛王爷、马王爷指点尧说驯牛不用棍，不用鞭，一根麻绳鼻中穿
W6062. 4. 3	养特定的马	［W6061. 3. 1］养龙马
W6062. 4. 3. 1	红的、黄的、黑的、棕色的马从水里到陆地上各自分家变成驯服的骏马	【纳西族】
W6062. 4. 3. 2	驯野马（养野马）	［W6062. 4. 1. 2. 3］找火种的小伙子阿当驯养野马
W6062. 4. 3. 2. 1	野马与人交往中变成家马	【回族】
W6062. 4. 3. 2. 2	驯野马缰绳要长	【藏族】
W6062. 4. 4	养马的工具（驯马用品）	
W6062. 4. 4. 1	马鞍	
W6062. 4. 4. 1. 1	杜鹃木削成马鞍	【汉族】
W6062. 4. 4. 2	马镫	
W6062. 4. 4. 2. 1	黄金做马镫	【汉族】
W6062. 4. 5	驯马的结果	
W6062. 4. 5. 1	驯马成功	
W6062. 4. 5. 1. 1	马被驯得不再吃人	【彝族】
W6062. 4. 5. 2	驯马失败	【汉族】
W6062. 4. 6	与养马有关的其他母题	［W3188. 4. 1］马的驯化
W6062. 5	猫的饲养（养猫）	［W3190］猫的产生
W6062. 5. 1	养猫的来历（养猫的原因）	
W6062. 5. 1. 1	人发现猫吃老鼠就开始养猫	【汉族】

W 编码	母题描述	关联项
W6062. 5. 2	养猫的方法	［W3198］猫的食物
W6062. 5. 3	与养猫有关的其他母题	
W6062. 6	牛的饲养（驯牛；养牛）	［W3200］牛的产生
W6062. 6. 1	养牛的来历（养牛的原因）	【民族，关联】①
W6062. 6. 1. 0	以前人不会养牛	【壮族】
W6062. 6. 1. 1	特定人物发明养牛（特定人物教人养牛）	［W0435. 3. 2］管牛的神
W6062. 6. 1. 1. 1	神教人养牛	
W6062. 6. 1. 1. 1. 1	神让在家中养牛	【傈僳族】
W6062. 6. 1. 1. 1. 2	五谷神教人养牛	【汉族】@［W6062. 10. 2. 1］五谷神教人养驴
W6062. 6. 1. 1. 2	祖先教人养牛（祖先驯牛）	【壮族】
W6062. 6. 1. 1. 2. 1	黄帝教人养牛（轩辕教人养牛）	【汉族】
W6062. 6. 1. 1. 2. 1a	部落首领轩辕教人养牛羊	【汉族】
W6062. 6. 1. 1. 2. 2	女娲教人养牛（娲娘教人养牛）	【汉族】
W6062. 6. 1. 1. 2. 3	炎帝驯服牛	【汉族】@［W6057. 2. 2. 2. 3］炎帝教人饲养
W6062. 6. 1. 1. 2. 4	神农驯牛	【汉族】
W6062. 6. 1. 1. 2. 4. 1	神农驯化黄牛沟的一群野牛	【汉族】
W6062. 6. 1. 1. 2. 4a	神农教人养牛	【汉族】
W6062. 6. 1. 3	三岁神童驯服黄牛	【土族】
W6062. 6. 1. 4	牛郎教人养牛	【汉族】
W6062. 6. 1. 5	支格阿龙为保护牛不受野兽伤害开始家中养牛	【彝族】@［W6056. 2. 6. 1］支格阿龙为保护某些动物产生驯养
W6062. 6. 1. 6	牛被驯服源于感恩	
W6062. 6. 1. 6. 1	野牛为感谢罗英救命之恩被驯服	【仫佬族】
W6062. 6. 1. 7	权善养牛耕田地	【毛南族】

① 【仫佬族】@［W3200～W3219］牛；［W6045. 3］牛耕田（牛耕田的产生；扼牛耕田的来历）。

W 编码	母题描述	关联项
W6062.6.2	养牛的方法（驯牛的方法）	［W3215］牛的食物；［W3216］牛的生育
W6062.6.2.1	布洛陀、姆洛甲教人捉野牛喂养	【壮族】@［W6062.8.2.2］布洛陀、姆洛甲指点人捉野羊喂养
W6062.6.2.2	圈养养牛	【水族】
W6062.6.2.3	养牛要白天吃嫩草，晚上喂潲水	【水族】
W6062.6.2.4	驯养野牛要祭祀	
W6062.6.2.4.1	捕获野牛驯养时，捕前和捕后都要祭祀牛王菩萨	【仡佬族】
W6062.6.2.5	牛王爷、马王爷指点尧说驯牛不用棍，不用鞭，一根麻绳鼻中穿	【汉族】
W6062.6.2.6	驯牛时，用铁锥子刺穿野牛鼻子后，用绳子穿起来	【彝族】
W6062.6.2.7	唤牛的方法	
W6062.6.2.7.1	唤牛时要发喔喔的声音源于盘古奶	【汉族】
W6062.6.2a	驯牛的工具	
W6062.6.2a.1	驯牛的鼻圈	
W6062.6.2a.1.1	驯牛时砍木为牛鼻圈	【土族】
W6062.6.2a.1.1.1	男孩布勒砍柏木做了一副牛鼻圈	【土族】
W6062.6.2a.1.1.2	盘古砍尖棍子做“牛鼻圈子”	【汉族】
W6062.6.2a.2	驯牛的套绳（牛套绳）	
W6062.6.2a.2.1	驯牛时搓牛毛为套绳	【土族】
W6062.6.2a.3	驯牛的牛缰绳	
W6062.6.2a.3.1	尕娃用一团牛毛搓成一根拴牛的绳索	【土族】
W6062.6.3	养特定的牛（驯养特定的牛）	
W6062.6.3.1	驯服水牛	［W3219.3］水牛的产生
W6062.6.3.1.1	女祖先姆洛甲制服水牛后改了它的野性	【壮族】

W 编码	母题描述	关联项
W6062. 6. 3. 2	养牦牛	［W3219. 5］牦牛的产生
W6062. 6. 3. 2. 1	男孩把山上的野牦牛赶回来让妈妈喂养	【藏族】
W6062. 6. 3. 3	驯犏牛	
W6062. 6. 3. 3. 1	大力嘎莎驯服犏牛	【羌族】
W6062. 6. 3. 4	驯黄牛	
W6062. 6. 3. 4. 1	尧训练黄牛	【汉族】
W6062. 6. 3. 4. 2	小孩布勒河滩驯黄牛时，砍相木为牛鼻圈，拔柳条作鞭杆，搓牛毛为套绳	【土族】
W6062. 6. 3. 5	驯野牛	【关联】①
W6062. 6. 3. 5. 1	女子驯养母野牛	【仫佬族】
W6062. 6. 3. 6	驯金牛	
W6062. 6. 3. 6. 1	鲁班制服金牛	【彝族】
W6062. 6. 3. 7	驯仙牛	
W6062. 6. 3. 7. 1	神农豢养仙牛	【汉族】
W6062. 6. 4	养牛的结果（驯牛的结果）	
W6062. 6. 4. 1	养牛耕田	
W6062. 6. 4. 1. 1	观音捉牛为人耕田	【白族】
W6062. 6. 5	与养牛有关的其他母题	【关联】②
W6062. 6. 5. 1	牛的驯养很艰难	【仫佬族】
W6062. 6. 5. 1. 1	驯牛时鞭子抽、棍子打都无济于事	【汉族】
W6062. 7	兔子的饲养（养兔）	［W3230］兔子的产生
W6062. 7. 1	养兔的来历（养兔的原因）	
W6062. 7. 2	养兔的方法	
W6062. 7. 3	与养兔有关的其他母题	

① ［W3219. 2］野牛的产生；［W6062. 6. 2. 4］驯养野牛要祭祀。

② ［W3206］牛的特征；［W3217］牛的语言；［W6058. 2. 3. 1］父亲捉野牛来不及驯养，他的女儿承担驯养任务；［W6075. 3. 2］牧牛（放牛）。

W 编码	母题描述	关联项
W6062.8	羊的饲养（养羊）	［W3250］羊的产生
W6062.8.1	养羊的来历（养羊的原因）	
W6062.8.1.1	祖先发明养羊	【壮族】
W6062.8.1.2	黄帝教人养羊（轩辕教人养羊）	【汉族】@［W6062.6.1.1.2.1］黄帝教人养牛（轩辕教人养牛）
W6062.8.1.3	老虎教人养羊	
W6062.8.1.3.1	彝族爱养羊是虎阿爹教会的	【彝族】
W6062.8.1.4	女娲教人养羊（娲娘教人养羊）	【汉族】
W6062.8.1.5	支格阿龙为保护羊不受野兽伤害开始家中养羊	【彝族】@［W6056.2.6.1］支格阿龙为保护某些动物产生驯养
W6062.8.2	养羊的方法	［W3260.2］羊的食物
W6062.8.2.1	太阳告诉牧羊人每年剪两次羊毛	【回族】
W6062.8.2.2	布洛陀、姆洛甲指点人捉野羊喂养	【壮族】@［W6062.9.2.1.1］布洛陀、姆洛甲指点人捉野猪后开始饲养猪
W6062.8.3	与养羊有关的其他母题	【关联】①
W6062.8.3.1	女人不放羊是特定人物诅咒的结果	【彝族】
W6062.9	猪的饲养（养猪）	［W3261］猪的产生
W6062.9.1	养猪的产生（养猪的原因）	
W6062.9.1.1	人从天上带来猪后开始养猪	
W6062.9.1.2	特定人物发明养猪（特定人物教人养猪）	［W6062.0.1.1］仓颉的媳妇是个狐狸精发明养猪、牛、羊等家畜
W6062.9.1.2.1	祖先发明养猪（祖先教人养猪）	【壮族】
W6062.9.1.2.1.1	祖先布洛陀、姆洛甲发明养猪	【壮族】
W6062.9.1.2.1.2	女娲教人养猪（娲娘教人养猪）	【汉族】
W6062.9.1.2.2	人驯服野猪后养猪	
W6062.9.1.2.2.1	人们把抓来的野猪放在圈里饲养变成家猪	【满族】

① ［W3256］羊的特征；［W6075.3.3］牧羊（放羊）。

W 编码	母题描述	关联项
W6062. 9. 1. 2. 2. 2	密洛陀的八女儿把野猪搞成家猪	【瑶族（布努）】
W6062. 9. 1. 2. 3	女始祖密洛陀的八女儿包养猪	【瑶族（布努）】
W6062. 9. 1. 2. 4	因猪取麦种有功养猪	【汉族】
W6062. 9. 1. 2. 5	因猪帮助治洪水供养猪	【藏族（白马）】
W6062. 9. 1. 2. 6	支格阿龙为保护猪不受野兽伤害养猪	【彝族】@［W6056. 2. 6. 1］支格阿龙为保护某些动物产生驯养
W6062. 9. 1. 2. 7 *	黄帝时代已开始养猪	【中华民族】
W6062. 9. 2	养猪的方法	［W3272］猪的食物
W6062. 9. 2. 1	先捉猪再养猪	
W6062. 9. 2. 1. 1	布洛陀、姆洛甲指点人捉野猪后开始饲养猪	【壮族】
W6062. 9. 2. 2	在圈里饲养猪	【满族】
W6062. 9. 2. 2. 1	特定人物让人圈养猪	【彝族】
W6062. 9. 3	养特定的猪	
W6062. 9. 4	与养猪有关的其他母题	［W3267］猪的特征
W6062. 9. 4. 1	饲养的野猪变成家猪	【珞巴族】【满族】
W6062. 10	其他家畜的饲养（其他哺乳动物的饲养）	
W6062. 10. 1	养象	［W3294］象的产生
W6062. 10. 1. 1	傣族先民学会了养象	【傣族】
W6062. 10. 2	养驴	［W3289］驴的产生
W6062. 10. 2. 1	五谷神教人养驴	【汉族】
W6062. 11	与饲养家畜有关的其他母题	
W6062. 11. 1	六畜的饲养（饲养猪、牛、羊、马、鸡、狗）	［W3075. 4］六畜来源于龙宫
W6062. 11. 1. 1	人最早会养猪、牛、羊、马、鸡、狗	
W6062. 11. 1. 2	伏羲氏驯养六畜家禽	【汉族】
W6062. 11. 1. 3	女娲教人养六畜	【民族，关联】①

① 【汉族】@［W6057. 2. 2. 1. 1. 1］女娲跟伏羲成亲后用黄泥造人并教这些人养畜生；［W6062. 0. 3. 1］女娲造六畜后圈之六日而俱驯。

W 编码	母题描述	关联项
W6062.11.2	家畜中为什么没有喜鹊和马鹿	
W6062.11.2.1	家畜中没有喜鹊和马鹿是因为它们被人杀掉了	【彝族】
W6063	**家禽饲养（鸟类动物的饲养；养鸟）**	
W6063.1	家禽的饲养（养家禽）	
W6063.1.1	养家禽的来历（家禽饲养的产生）	
W6063.1.1.1	养家禽的原因	
W6063.1.1.2	特定人物养家禽	
W6063.1.1.2.1	第六代人宜仙与宜美开始驯养家禽	【侗族】
W6063.1.1.3	女人发明饲养（女人会饲养）	【佤族】
W6063.1.1.3.1	女人心细把狩猎得到的动物照料得很好，便变成家禽牲畜	【布朗族】
W6063.1.1.3.2	打猎时，女人把跑不动的动物拴回家，又把抱回来的小动物养大	【佤族】
W6063.1.1.3.3	女娲捕来的鸟兽吃不完时就叫人们留着养起来	【汉族】
W6063.1.2	养家禽的方法	
W6063.1.2.1	人把从山上和水中捉到的鸡鸭装到笼里喂养	【壮族】
W6063.2	鸟的饲养（养鸟）	
W6063.2.1	养鸟的来历（养鸟的原因）	［W6061.4.4.2.1］伯益曾帮助帝舜训鸟兽
W6063.2.1.1	管鸟神教人养鸟	【哈尼族】
W6063.2.1.2	因抓的鸟吃不完养鸟	【汉族】【满族】
W6063.2.2	养鸟的方法	
W6063.3	鹌鹑的饲养（养鹌鹑）	
W6063.3.1	养鹌鹑的来历（养鹌鹑的原因）	

W 编码	母题描述	关联项
W6063. 3. 2	养鹌鹑的方法	
W6063. 3. 3	与养鹌鹑有关的其他母题	
W6063. 4	鹅的饲养（养鹅）	［W3339］鹅的产生
W6063. 4. 1	养鹅的来历（养鹅的原因）	
W6063. 4. 2	养鹅的方法	
W6063. 4. 3	与养鹅有关的其他母题	［W3340］鹅的特征
W6063. 5	鸽子的饲养（养鸽）	［W3342］鸽子的产生
W6063. 5. 1	养鸽的来历（养鸽的原因）	
W6063. 5. 2	养鸽的方法	
W6063. 5. 3	与养鸽有关的其他母题	［W3343］鸽子的特征
W6063. 6	鸡的饲养（养鸡）	［W3348］鸡的产生
W6063. 6. 1	养鸡的来历（养鸡的原因）	
W6063. 6. 1. 1	神让在家中养鸡	【傈僳族】
W6063. 6. 1. 2	人养鸡是因为鸡请太阳有功	【畲族】
W6063. 6. 1. 3	女祖先驯养鸡	【布依族】
W6063. 6. 1. 4	女娲教人养鸡（娲娘教人养鸡）	【汉族】
W6063. 6. 1. 5	尧养鸡	【汉族】
W6063. 6. 2	养鸡的方法	［W3350. 1］鸡的食物
W6063. 6. 2. 1	鸡养在笼中的来历	
W6063. 6. 2. 2	造鸡窝	
W6063. 6. 2. 3	把野鸡慢慢驯服改良为各式各样的家鸡	【汉族】
W6063. 6. 2. 4	野鸟抓回家圈住喂养形成养鸡	【汉族】
W6063. 6. 3	与养鸡有关的其他母题	［W3349］鸡的特征
W6063. 7	天鹅的饲养（养天鹅）	［W3360］天鹅的产生
W6063. 7. 1	养天鹅的来历（养天鹅的原因）	
W6063. 7. 2	养天鹅的方法	
W6063. 7. 4	与养天鹅有关的其他母题	［W3361］天鹅的特征

W 编码	母题描述	关联项
W6063.8	鸭的饲养（养鸭）	［W3369］鸭的产生
W6063.8.1	养鸭的来历（养鸭的原因）	
W6063.8.1.1	女娲教人养鸭（娲娘教人养鸭）	【汉族】
W6063.8.2	养鸭的方法	
W6063.8.2.1	河边撒粳米、糯米养鸭	【壮族】
W6063.8.2.2	开春养鸭，早放晚收	【汉族】
W6063.8.2.3	用小田螺、小鱼儿喂鸭	【汉族】
W6063.8.3	与养鸭有关的其他母题	［W3370］鸭的特征
W6063.8.3.1	伏羲造鸡鸭后养鸭	【壮族】
W6063.9	鹰的饲养（养鹰）	［W3376］鹰的特征
W6063.9.1	养鹰的来历（养鹰的原因）	
W6063.9.1.1	为了狩猎养鹰	【塔吉克族】
W6063.9.2	养鹰的方法	［W3377.3］鹰的特定食物
W6063.9.3	与养鹰有关的其他母题	［W3376］鹰的特征
W6063.10	鹦鹉的饲养（养霸哥）	［W3378］鹦鹉的产生
W6063.10.1	养鹦鹉的来历（养鹦鹉的原因）	
W6063.10.2	养鹦鹉的方法	
W6063.10.3	与养鹦鹉有关的其他母题	［W3379］鹦鹉的特征
W6063.11	其他禽鸟的饲养	
W6063.12	与饲养禽鸟有关的其他母题	
W6064	**水产类动物饲养（水中动物的饲养）**	
W6064.1	鱼的饲养（养鱼）	［W3410］鱼的产生
W6064.1.1	养鱼的来历（养鱼的原因）	
W6064.1.1.0	以前人不会养鱼	【壮族】
W6064.1.1.1	因鱼吃不完开始养鱼	【壮族】
W6064.1.1.2	岑逊教人养鱼	【壮族】
W6064.1.2	养鱼的方法	

W 编码	母题描述	关联项
W6064. 1. 2. 1	王母娘娘用仙水养鱼	【汉族】
W6064. 1. 3	养鱼地点	［W3418. 4］鱼的居所
W6064. 1. 3. 1	鱼塘的产生	【汤普森】A1457. 6；【侗族】
W6064. 1. 4	养特定的鱼	［W3416］特定的鱼的产生
W6064. 1. 4. 1	养鲤鱼	
W6064. 1. 4. 1. 1	用虾草喂养鲤鱼	【布依族】
W6064. 1. 5	与养鱼有关的其他母题	［W3417］鱼的特征
W6064. 2	虾的饲养（养虾）	
W6065	**昆虫类动物的饲养（饲养昆虫）**	
W6065. 1	养蚕（蚕的饲养）	［W3460］蚕的产生
W6065. 1. 1	养蚕的产生（养蚕的原因）	
W6065. 1. 1. 1	神教人养蚕	
W6065. 1. 1. 1. 1	蚕神教会嫘祖养蚕	【民族，关联】①
W6065. 1. 1. 2	神性人物教人养蚕	
W6065. 1. 1. 2. 1	王母娘娘教人养蚕	【汉族】@［W6065. 1. 3. 1. 1］王母娘娘梦授嫘祖养蚕方法
W6065. 1. 1. 2. 2	蚕丛教人养蚕	【汉族】
W6065. 1. 1. 2. 2a	蚕丛氏教人养蚕	【汉族】
W6065. 1. 1. 2. 2b	蜀王蚕丛氏教人蚕桑	【汉族】
W6065. 1. 1. 2. 2c	蜀王教人找桑叶喂蚕	【汉族】
W6065. 1. 1. 2. 3	少昊领着大家植桑养蚕	【汉族】
W6065. 1. 1. 2. 4	舜教人养蚕	【汉族】
W6065. 1. 1. 3	其他神性人物教人养蚕	
W6065. 1. 1. 3. 1	嫘祖教人养蚕（嫘祖养蚕）	【汉族】@［W6065. 1. 1. 2］嫘祖发明养蚕
W6065. 1. 1. 3. 1. 1	嫘祖带领女子开始栽桑养蚕	【汉族】

① 【汉族】@［W0534. 1］蚕神；［W0703. 3］嫘祖是王母娘娘的侍女。

W 编码	母题描述	关联项
W6065.1.1.3.1.1a	嫘祖教部落里的姑娘采集野外桑树上的蚕茧，后来自己采桑养蚕	【汉族】
W6065.1.1.3.1.2	西陵氏嫘祖蚕稼	【汉族】
W6065.1.1.3.1.2.1	黄帝命西陵氏劝蚕稼	【汉族】
W6065.1.1.3.1.3	轩辕的妃子嫘祖娘娘在花石沟一带教民栽桑养蚕	【汉族】
W6065.1.1.3.1.4	黄帝的正妃嫘祖随黄帝巡游九州时教民育桑养蚕	【汉族】
W6065.1.1.3.1.5	帝元妃西陵氏之女嫘祖始教民育蚕	【中华民族】@［W6065.1.1.4.3.1］黄帝的原配天后娘娘向蚕神讨蚕宝宝养起来，众人效仿养蚕
W6065.1.1.4	其他特定人物教人养蚕	
W6065.1.1.4.1	太阳教人养蚕	【珞巴族】
W6065.1.1.4.2	织女教人养蚕	
W6065.1.1.4.2.1	牛郎与织女私奔人间后，织女教邻居姐妹养蚕种棉	【汉族】
W6065.1.1.4.2.2	织女把天蚕分给众人并教她们养蚕	【汉族】
W6065.1.1.4.3	天后娘娘教人养蚕	
W6065.1.1.4.3.1	黄帝的原配天后娘娘向蚕神讨蚕宝宝养起来，众人效仿养蚕	【汉族】
W6065.1.1.4.3a	嫫母教人养蚕	
W6065.1.1.4.3a.1	黄帝把嫫母娶到国中后，她把种桑养蚕技术传授给该国的闺女和媳妇	【中华民族】
W6065.1.1.4.4	金蚕姑娘教人养蚕	
W6065.1.1.4.4.1	玉皇大帝派金蚕姑娘下凡教天下女子养蚕	【畲族】
W6065.1.1.4.5	老太太教人养蚕	
W6065.1.1.4.5.1	一位老太太指点马姑娘学会养蚕	【汉族】

W 编码	母题描述	关联项
W6065. 1. 1. 5	蚕为报恩让人饲养	
W6065. 1. 1. 5. 1	蚕子为了报答慈母恩，年年吐丝结茧让人取丝	【汉族】
W6065. 1. 1. 6	为让人有衣服穿养蚕	【珞巴族】
W6065. 1. 1. 6. 1	嫘祖为让族人有衣穿，就向蚕神要蚕种喂养	【汉族】
W6065. 1. 1. 6. 2	嫘祖为了多抽丝养蚕	【汉族】
W6065. 1. 1. 7	与养蚕的产生有关的其他母题	
W6065. 1. 1. 7. 1	蚕的来历	
W6065. 1. 1. 7. 1. 1	太阳送人蚕虫	【珞巴族】
W6065. 1. 1. 7. 1. 2	马皮裹的姑娘变成蚕虫	【汉族】
W6065. 1. 1. 7. 1. 3	蚕王天子到天上找龙蚕	【汉族】
W6065. 1. 1. 7. 2	养蚕产生的时间	
W6065. 1. 1. 7. 2. 1	养蚕产生于新石器时代	【汉族】
W6065. 1. 2	养蚕发明者	
W6065. 1. 2. 1	西陵圣母发明养蚕	【汉族】
W6065. 1. 2. 1. 1	西陵氏女子嫘祖因教民植桑养蚕，被尊为蚕姑圣母	【汉族】
W6065. 1. 2. 1. 2	西陵氏之女嫘祖，被后世奉为先蚕（蚕神）	【中华民族】
W6065. 1. 2. 2	嫘祖发明养蚕	【汉族】@［W6110. 2. 3］嫘祖织布（嫘祖发明织布）
W6065. 1. 2. 2. 1	嫘祖传授栽桑养蚕	【汉族】
W6065. 1. 2. 2. 1. 1	嫘祖在黄帝支持下发明栽桑养蚕	【汉族】
W6065. 1. 2. 2. 2	嫘祖从天书中得到启示发明养蚕织丝	【汉族】
W6065. 1. 2. 2. 3	嫘祖把马皮和雪花姑娘变成的小白虫养起来发明养蚕	【汉族】
W6065. 1. 2. 2. 4	王母娘娘托梦告诉嫘祖养蚕	【汉族】
W6065. 1. 2. 2. 5	黄帝元妃西陵氏日嫘祖始养蚕	【中华民族】

W 编码	母题描述	关联项
W6065.1.2.2.6	嫘祖是最早的养蚕人	【中华民族】
W6065.1.2.2.7	嫘祖最早开始采桑养蚕，被尊称“先蚕神”	【汉族】
W6065.1.2.3	孝女嫘凤发明养蚕	【汉族】
W6065.1.2.4	一个女子发明养蚕	
W6065.1.2.4.1	泽梗子地方的满五月姑娘第一个知道采桑养蚕	【彝族】
W6065.1.2.4.2	一个农妇见天虫要吃桑叶就不时采些喂养起来	【汉族】
W6065.1.3	养蚕的方法	
W6065.1.3.1	梦授养蚕方法	
W6065.1.3.1.1	王母娘娘梦授嫘祖养蚕方法	【汉族】
W6065.1.3.1.2	采集蚕茧	【彝族】
W6065.1.3.1.3	喂蚕（蚕的食物）	
W6065.1.3.1.3.1	养蚕先喂柞桑叶，再喂甜桑叶，后喂马桑叶	【彝族】
W6065.1.3.1.3.2	蚕王天子用柞树叶子养龙蚕	【汉族】
W6065.1.3.1.3.3	养蚕尝试多种食物	【彝族】
W6065.1.3.1.4	培育野蚕	
W6065.1.3.1.4.1	嫘祖把野蚕带回家，通过观察生长、清理粪便等方法养蚕	【中华民族】
W6065.1.3.1.5	采桑养蚕（采桑）	
W6065.1.3.1.5.1	满五月姑娘第一个知道采桑养蚕	【彝族】
W6065.1.3.1.5.2	嫘祖采桑	【中华民族】
W6065.1.3.1.6	养蚕的时间	
W6065.1.3.1.6.1	清明过后养蚕	【汉族】
W6065.1.3.1.7	养蚕的地点	
W6065.1.3.1.7.1	在山上养蚕	【汉族】
W6065.1.3.1.7.2	在蚕房中养蚕	【汉族】

W 编码	母题描述	关联项
W6065. 1. 3. 1. 7. 3	在特定的村子养蚕	
W6065. 1. 3. 1. 7. 3. 1	嫘祖在夏县西阴村养蚕	【中华民族】
W6065. 1. 4	养蚕者（养蚕人）	
W6065. 1. 4. 1	神养蚕	
W6065. 1. 4. 2	神性人物养蚕	
W6065. 1. 4. 2. 1	黄帝种桑养蚕	【汉族】
W6065. 1. 4. 2. 1a	黄帝正妃嫘祖养蚕	【汉族】
W6065. 1. 4. 2. 2	天女养蚕	
W6065. 1. 4. 2. 2. 1	天女皇娥养蚕	
W6065. 1. 4. 2. 2. 1. 1	玉皇大帝最小的女儿皇娥采桑养蚕	【汉族】
W6065. 1. 4. 3	特定的人养蚕	
W6065. 1. 4. 3. 1	园客养蚕	【汉族】
W6065. 1. 4. 3. 2	蚩尤的老婆养蚕	【苗族】
W6065. 1. 4. 4	其他特定人物养蚕	
W6065. 1. 4. 4. 1	汉族养蚕	【彝族】
W6065. 1. 4. 4. 2	藏族养蚕	
W6065. 1. 4. 4. 2. 1	藏族的一支（布郎米由采集蚕蛹为食品到开始养蚕抽丝）	【藏族】
W6065. 1. 4. 5	养蚕的帮助者	
W6065. 1. 4. 5. 1	神女帮助养蚕	【汉族】
W6065. 1. 4. 6	与养蚕者有关的其他母题	
W6065. 1. 4. 6. 1	养蚕人世代相传	【白族】
W6065. 1. 5	养蚕工具	
W6065. 1. 5. 1	蚕养在簸箕筛子中	【彝族】
W6065. 1. 6	养蚕的结果	
W6065. 1. 6. 1	蚕吐丝	
W6065. 1. 6. 1. 1	蚕吐出五种丝	

W 编码	母题描述	关联项
W6065.1.6.1.1.1	白蚕吐白丝，黑蚕吐黑丝，绿蚕吐绿丝，红蚕吐红丝，黄蚕吐黄丝	【彝族】
W6065.1.6.1.2	龙蚕吐丝	【汉族】
W6065.1.6.2	养蚕缫丝	【汉族】
W6065.1.6.3	蚕丝的发现	
W6065.1.6.3.1	嫘祖发现蚕丝	【汉族】
W6065.1.6.3.2	嫘祖是蚕丝始祖	【汉族】
W6065.1.7	与养蚕有关的其他母题	［W3461］蚕的特征
W6065.1.7.1	蚕的发现	
W6065.1.7.1.1	为嫘祖治病时采集到白色果子是蚕茧	【汉族】
W6065.1.7.2	抽取蚕丝（缫丝）	【彝族】@［W6112.2.1］抽丝方法
W6065.1.7.3	养蚕的种类	
W6065.1.7.3.1	养黑白红绿黄五种蚕	【彝族】
W6065.1.7.4	推广养蚕	
W6065.1.7.4.1	黄帝鼓励养蚕	【汉族】
W6065.1.7.4.2	嫘祖倡导栽桑养蚕	【汉族】
W6065.1.7.5	祀先蚕	【中华民族】@［W6065.1.2.2.7］嫘祖最早开始采桑养蚕，被尊称“先蚕神”
W6066	**其他特定动物的驯养**	
W6066.1	两栖类动物的饲养（养两栖动物）	［W3502］两栖动物的产生
W6066.1.1	养龟	［W3506］龟的产生
W6066.1.1.1	养龟的产生	
W6066.1.1.2	养龟的方法	
W6066.1.1.3	养特定的龟	
W6066.1.1.3.1	养白龟	

W 编码	母题描述	关联项
W6066. 1. 1. 3. 1. 1	伏羲认为白龟是白龟老祖的子孙就养起来	【汉族】
W6066. 1. 1. 4	与养龟有关的其他母题	［W3512］龟的特征
W6066. 2	爬行类动物的饲养	［W3500］爬行动物的产生
W6066. 2. 1	养蛇	【汤普森】A2433. 6. 8；【关联】①
W6066. 2. 1. 1	人养蛇作伴	【汉族】
W6066. 2. 1. 2	一对无儿女老夫妻养小蛇	【汉族】
W6066. 3	神话动物的饲养	【汉族】@［W6061. 2］养神性动物
W6067	**饲养方法（饲养动物的方法；饲养的类型）**	
W6067. 0	饲养方法的产生（饲养方法的获得）	
W6067. 0. 1	饲养方法产生的原因	
W6067. 0. 2	特定人物传授饲养方法（学习饲养方法）	
W6067. 0. 2. 1	人类学驯兽	【彝族】
W6067. 0. 3	饲养方法产生的时间	
W6067. 0. 4	饲养方法产生的地点	
W6067. 0. 4. 1	天神在河的下游教人制服野兽的方法	【满族】
W6067. 1	散养	
W6067. 2	圈养	
W6067. 2. 1	小白龙教人圈养捕到的小动物	【汉族】@［W6056. 2. 4. 1］为防野兽圈养动物
W6067. 3	笼养	
W6067. 4	捆养	［W6063. 6. 2. 1］鸡养在笼中的来历
W6067. 5	放养	【傣族】@［W6069. 4. 2. 1］放养在山上

① ［W3520］蛇的产生；［W3531］蛇的居所；［W3532］蛇的食物。

W 编码	母题描述	关联项
W6067.6	其他饲养动物的方法	
W6067.6.1	槽养法	
W6067.6.1.1	三界以木石砌成牛栏改为槽养	【毛南族】
W6067.7	饲养规则（饲养经验）	
W6067.8	饲养禁忌	［W6521］行为禁忌（生活禁忌；特定事件中的禁忌；处理特定事务中的禁忌）
W6067.9	与饲养方法有关的其他母题	
W6068	**饲养的结果**	
W6068.1	饲养成功	
W6068.2	饲养失败	［W6062.4.5.2］驯马失败
W6068.3	饲养使野物变成家畜	【傈僳族】
W6069	**与饲养有关的其他母题**	
W6069.1	动物的驯化（驯化动物）	【关联】①
W6069.1.1	野生动物被驯服	
W6069.1.1.1	驯服野猪	【珞巴族】
W6069.1.2	神驯化动物	
W6069.1.2.1	天神驯化猎犬	【纳西族】
W6069.1.3	特定的人驯化动物	
W6069.1.3.1	女子驯化被捉的动物	［W6058.2］女子发明饲养（女人驯化动物）
W6069.1.3.2	男人驯化动物	【汉族】@［W6062.4.1.2.1］黄帝派驯养动物的能手王亥驯化野马
W6069.2	养多种动物	
W6069.2.1	从前达斡尔莫日根养狗又养狼	【达斡尔族】
W6069.3	饲养的时间	
W6069.4	饲养的地点（饲养场所）	

① ［W9069.2］魔物（法）驯化动物；［W6045.3］牛耕田（牛耕田的产生；扼牛耕田的来历）。

W 编码	母题描述	关联项
W6069. 4. 1	家中饲养	
W6069. 4. 2	在住处周围饲养	
W6069. 4. 2. 1	女人拴来的动物后，在山洞周围的草地上放养	【佤族】
W6069. 4. 3	野外饲养	
W6069. 4. 3. 1	放养在山上	【傣族】
W6069. 5	饲养的程序（饲养的过程）	
W6069. 6	饲养的情形	
W6069. 7	饲养禁忌	
W6069. 8	饲养的其他母题	

6. 1. 5 手工制作 (W6070 ~ W6074)

W 编码	母题描述	关联项
W6070	**手工制作（做手工）**	【汤普森】A1440
W6071	**手工制作的产生（手工艺的获得；传授手艺；学手艺）**	［W6073. 1. 1. 1］制陶的产生（陶器的产生）
W6071. 1	手工制作产生的时间	【汉族】@［W6124. 4］衣服产生的时间
W6071. 2	手工制作产生的地点	【汉族】@［W6251. 6. 2］陶器产生的地点（制陶的地点）
W6071. 3	手工制作的传授者	
W6071. 3. 1	神传授手工制作（神传授技艺，从神那里学手艺）	【民族，关联】①

① 【彝族】@［W6096. 1. 2］神传授技能；［W6096. 1. 3. 1. 1］仙人传授能工巧匠技能。

W 编码	母题描述	关联项
W6071.3.1.1	从天神那里学来手艺	
W6071.3.1.2	从特定的神那里学手艺	
W6071.3.1.3	特定人物从特定的神那里学手艺	
W6071.3.1.3.1	神农跟太上老君学手艺	【汉族】@［W0791］太上老君
W6071.3.3	神性人物传授手工制作（神性人物传技艺，从神性人物那里学手艺）	
W6071.3.3.1	祖先传授技艺	［W6207.1.3.1］祖先教人造房
W6071.3.3.2	文化英雄教手工制作	【汤普森】A541
W6071.3.4	特定的人传授手工制作（特定的人传技艺，从特定的人那里学手艺）	
W6071.3.4.1	老大传手艺	【瑶族（布努）】
W6071.3.4.2	干爹传授技艺	【彝族】
W6071.3.5	其他特定人物传授手工制作（其他特定人物传技艺，从其他特定人物那里学手艺）	
W6071.4	手工制作传授方法（传艺方法；授艺过程）	
W6071.5	手工制作传授的条件	［W6038.8.1］人应许了神的条件后开始耕种
W6071.6	手工制作传授的结果（传艺结果；授艺结果）	
W6071.7	与手工艺的获得有关的其他母题	
W6071.7.1	传授技术的时间	
W6071.7.1.1	临终授徒	
W6071.7.1.1.1	鲁班临终授徒	【汉族】
W6072	**手工制作的特点**	
W6072.1	手工制作有特定的规矩	

W 编码	母题描述	关联项
W6072. 1. 1	泥水匠和木匠干活不能全干完，得留下点活茬	【汉族】
W6073	**手工制作的类型**①	
W6073. 1	手工制作	
W6073. 1. 1	制陶（陶艺；陶器）	
W6073. 1. 1. 1	制陶的产生（陶器的产生）	
W6073. 1. 1. 1. 1	特定人物发明制陶	［W0459. 6］制陶神
W6073. 1. 1. 1. 1. 1	昆吾制陶	【汉族】
W6073. 1. 1. 1. 1. 2	宁封发明制陶	【汉族】
W6073. 1. 1. 1. 1. 2. 1	宁封发明火烧制陶	【汉族】
W6073. 1. 1. 1. 1. 2. 2	黄帝身边能工巧匠宁封子第一个发明制陶	【汉族】
W6073. 1. 1. 1. 1. 2. 3	宁封子悟出泥土经过火烧能变成硬壳的道理后，经多次实验和失败发明中华民族的第一批陶器	【汉族】@［W1252. 5］陶土
W6073. 1. 1. 1. 1. 3 *	原始制陶术为妇女发明	【多民族】
W6073. 1. 1. 1. 1. 4	炎帝发明制陶	

① 手工制作的类型，手工艺是人类文明进程中的产物。一般认为，手工艺主要指以手工劳动进行制作并且具有独特艺术风格的个性化制作，与以大工业机械化方式批量生产规格化日用工艺品的过程具有明显的区别，但并不排除手工艺可以批量化生产以及群体间传承。手工艺的产物是手工艺品，这些产品一般是纯手工或借助工具制作的产品，但制作过程中可以使用机械工具，产品的主要来源则是工艺制造者直接的手工制作。手工制作种类庞杂，人们在生产生活的类型划分也并存多个维度，如百度百科中的解释就存在很多标准，如按历史范畴分类，主要有原始社会手工艺，如彩陶、骨雕、石雕等；传统手工艺，如景泰蓝、雕漆、玉器、金银器皿等；现代手工艺，如纤维编结壁挂、棒针编结等。按社会属性关系分类，有宫廷手工艺（后称特种手工艺）、民间手工艺等。按产品分类，有雕塑手工艺、印染手工艺、织锦手工艺、陶瓷手工艺、刺绣手工艺等。按使用功能又可将民间手工艺品分为欣赏类、实用类和宗教、祭祀类。从社会生活出发，则可将民间手工艺品分为实用类、节日喜庆类、叙事和抒情类。实用类如服饰、印染、刺绣、陶器、砖雕建筑装饰；节日喜庆类如木版年画、首饰、剪纸、民间玩具、彩塑、面塑、木雕糕点模子、风筝、灯彩、皮影、木偶头雕刻、面具等；叙事和抒情类如绣花球、刺绣香荷包、刺绣服装和鞋帽等，作为定情信物或结婚纪念物。按照行业的类型，民间手工艺品则可分为雕塑（如木雕、砖雕、彩塑、面塑、吹糖人）、印染（如蓝印花布、木版彩英蜡染）、刺绣（如香荷包、布老虎）、编织（竹编和草编器皿）、陶器、服饰、首饰以及木版年画、剪纸、风筝、皮影、木偶、绒制工艺品、绢花、灯彩、彩扎狮头、面具、民间玩具等。本母题编目如果如此细分，必将陷入锱铢混杂，在此采取打破类型选取典型的方法，只对一些经典的手工艺制作作为样例提取出来。使用者对某一特定手工艺制作有意深究，可以此为参考，建立自己的类型体系。

W 编码	母题描述	关联项
W6073.1.1.1.1.4.1	炎帝烧泥为陶	【汉族】
W6073.1.1.1.1.4a	黄帝发明制陶	【汉族】
W6073.1.1.1.1.5	尧发明制陶	【汉族】@［W6073.1.1.5.1.1.0.1］尧发明窑
W6073.1.1.1.1.6	其他特定人物发明制陶	
W6073.1.1.1.1.6.1	头人发明制陶	【苗族】
W6073.1.1.1.2	特定人物教人制陶	
W6073.1.1.1.2.1	尧教人制陶	【汉族】@［W6073.1.1.1.6.3］尧制陶
W6073.1.1.1.2.2	舜教人制陶	【汉族】@［W6073.1.1.1.6.1］大舜制陶
W6073.1.1.1.2.2.1	舜传授烧制陶器的艺道	【汉族】
W6073.1.1.1.3	制陶产生的其他方法	
W6073.1.1.1.4	制陶的时间（陶器产生时间）	
W6073.1.1.1.4.1	黄帝时发明制陶	【汉族】
W6073.1.1.1.4.2 *	陶器是神农时期的重大发明	【汉族】
W6073.1.1.1.5	制陶的地点	
W6073.1.1.1.5.1	在水边制陶	
W6073.1.1.1.5.1.1	大舜在河滨制陶瓦器	【汉族】
W6073.1.1.1.5.1.2	舜在黄河边上制作陶器	【中华民族】
W6073.1.1.1.5.2	在山上制陶	
W6073.1.1.1.5.2.1	宁封在青城山垒窑制陶	【汉族】
W6073.1.1.1.6	制陶者	
W6073.1.1.1.6.0	女娲制陶	【汉族】
W6073.1.1.1.6.1	大舜制陶	【汉族】
W6073.1.1.1.6.2	宁封制陶	
W6073.1.1.1.6.2.1	轩辕黄帝让宁封当陶正	【汉族】
W6073.1.1.1.6.3	尧制陶	［W6073.1.1.1.1.5］尧发明制陶
W6073.1.1.1.6.3.1	尧的母亲庆都的娘家陈锋氏族会制陶	【汉族】

W 编码	母题描述	关联项
W6073. 1. 1. 1. 6. 3. 2	尧学习制陶技术	【汉族】
W6073. 1. 1. 1. 6. 3. 2. 1	放勋向制陶师傅虞老人学制陶	【汉族】
W6073. 1. 1. 1. 6. 4	其他特定人物是制陶者	
W6073. 1. 1. 1. 6. 5	特定的群体是制陶者	
W6073. 1. 1. 1. 6. 5. 1	特定的氏族会制陶	【汉族】
W6073. 1. 1. 1. 7	与制陶有关的其他母题	
W6073. 1. 1. 2	陶的特征（陶器的特征；陶器的功能）	
W6073. 1. 1. 2. 1	不经用的陶器	
W6073. 1. 1. 2. 1. 1	最早的陶器水一泡就垮	【汉族】
W6073. 1. 1. 2. 2	制陶是上古最先进的科学技术	【汉族】
W6073. 1. 1. 2. 3	陶器的形制	
W6073. 1. 1. 2. 3. 1	陶的花纹	[W6073. 1. 1. 4. 2. 1. 2. 1 *] 彩陶的花纹含有一定的意义
W6073. 1. 1. 2. 3. 1. 1	龙纹陶片	【中华民族】
W6073. 1. 1. 2. 3. 2	陶器的图案	
W6073. 1. 1. 2. 3. 2. 1 *	陶器上的图案有一定的神话内涵	
W6073. 1. 1. 2. 3. 2. 1. 1 *	陶器的鸟形纹样代表了制作者和拥有者的祖宗神	【中华民族】
W6073. 1. 1. 2. 4	陶器可以蒸煮食物	【汉族】
W6073. 1. 1. 2. 5	陶器可以储存东西	【汉族】
W6073. 1. 1. 3	制陶的方法（制陶方法；制陶的情形）	
W6073. 1. 1. 3. 1	制陶方法的获得	
W6073. 1. 1. 3. 1. 1	受特定启发发明制陶方法	
W6073. 1. 1. 3. 1. 1. 1	头人发现烧煳了泥巴的野猪的外壳变硬发明制陶方法	【苗族】
W6073. 1. 1. 3. 1. 1. 2	受燕子做窝启发学会制陶	【珞巴族】
W6073. 1. 1. 3. 1. 1. 3	受石锅烧不烂的启示学会烧陶	【珞巴族】

W 编码	母题描述	关联项
W6073.1.1.3.1.2	向特定人物学习制陶方法	
W6073.1.1.3.1.2.1	向神仙学习制陶方法	
W6073.1.1.3.1.2.1.1	宁封向仙人学会烧窑方法	【汉族】
W6073.1.1.3.2	先做用泥造成器皿晒干再烧制成陶器	【汉族】
W6073.1.1.3.3	制陶的特定材料（制陶材料）	
W6073.1.1.3.3.1	制陶需要煤炭和陶土	【汉族】
W6073.1.1.3.3.1.1	舜烧用煤炭烧陶土制陶	【汉族】
W6073.1.1.3.3.2	黄泥作为制陶材料	【汉族】
W6073.1.1.3.4	烧陶要控制火候	
W6073.1.1.3.4.1	烧陶的时间不能长也不能短	【汉族】
W6073.1.1.3.5	其他特定制陶方法	
W6073.1.1.3.5.1	制陶的准备	
W6073.1.1.3.5.2	制陶前祭祀	
W6073.1.1.3.6	制陶有特定程序	
W6073.1.1.3.6.1	制陶有取土、练泥、做坯、上釉、装窑、出窑等环节	【汉族】
W6073.1.1.3.6.2	制陶流程为淋土、和泥、制坯、整形、装窑、烧火、出窑	【汉族】
W6073.1.1.3.6.3	早期烧陶方法是垛起干陶坯，外面抹上泥，堆土烧后剥去外面泥土，晾几天做成陶器	【汉族】
W6073.1.1.3.6.4	制陶时先用泥做好样子，晒干后再用火烧	【汉族】
W6073.1.1.3.7	与制陶方法有关的其他母题	
W6073.1.1.3.7.1	制陶方法经过反复试验	【汉族】
W6073.1.1.3.7.2	多代人不断改进制陶技术	【苗族】
W6073.1.1.4	陶的类型（特定的陶器）	
W6073.1.1.4.1	以陶的质地划分陶器	

W 编码	母题描述	关联项
W6073. 1. 1. 4. 1. 1	粗陶	
W6073. 1. 1. 4. 2	以陶的颜色划分陶器	
W6073. 1. 1. 4. 2. 1	彩陶	
W6073. 1. 1. 4. 2. 1. 1	宁封用山上不同泥巴烧成不同花纹的彩陶	【汉族】
W6073. 1. 1. 4. 2. 1. 2	彩陶的花纹	
W6073. 1. 1. 4. 2. 1. 2. 1 *	彩陶的花纹含有一定的意义	【多民族】
W6073. 1. 1. 4. 2. 1. 2. 2 *	特定时代陶器有特定纹饰	
W6073. 1. 1. 4. 2. 1. 2. 2. 1 *	半坡陶器的典型纹饰图案为鱼纹	【中华民族】
W6073. 1. 1. 4. 2. 1. 2. 2. 2 *	庙底沟类型的典型纹饰图案为鸟纹	【中华民族】
W6073. 1. 1. 4. 2. 2	红陶	
W6073. 1. 1. 4. 2. 3	黑陶	
W6073. 1. 1. 4. 2. 3. 1 *	黑陶是两昊鸟图腾部落集团的典型器物	【中华民族】
W6073. 1. 1. 5	制陶设施（制陶工具；制陶地点）	
W6073. 1. 1. 5. 1	窑	
W6073. 1. 1. 5. 1. 1	窑的产生	
W6073. 1. 1. 5. 1. 1. 0	特定的人物发明窑	
W6073. 1. 1. 5. 1. 1. 0. 1	尧发明窑	
W6073. 1. 1. 5. 1. 1. 0. 1. 1	放勋挖洞做窑	【汉族】
W6073. 1. 1. 5. 1. 1. 1	仿照乌龙窑造窑	【汉族】
W6073. 1. 1. 5. 1. 1. 2	尧仿照太上老君炼丹炉的样子用土垒了一个土窑	【汉族】
W6073. 1. 1. 5. 1. 1. 3	宁封在青城山垒窑包	【汉族】
W6073. 1. 1. 5. 1. 2	窑的特征（窑的功能）	［W6155. 3. 5. 1. 2］用石窑造酒
W6073. 1. 1. 5. 1. 3	特定的窑	
W6073. 1. 1. 5. 1. 3. 1	龙窑	【汉族】

W 编码	母题描述	关联项
W6073.1.1.5.1.3.1.1	龙窑筑在土坡上，龙头朝下，龙尾朝上	【汉族】
W6073.1.1.5.1.3.1.2	龙窑由龙嘴头、户口、鳞眼洞、龙眼等部分构成	【汉族】
W6073.1.1.5.1.3.1a	乌龙窑	【汉族】
W6073.1.1.5.1.4	与窑有关的其他母题	
W6073.1.1.5.1.4.1	窑的升级换代	【汉族】
W6073.1.1.5.1.4.2	以洞做窑	
W6073.1.1.5.1.4.2.1	尧用洞装陶坯	【汉族】
W6073.1.1.5.2	制陶模具（制陶模型）	
W6073.1.1.5.2.1	葫芦容器是原始人类制造陶容器的天然模型	【中华民族】
W6073.1.1.6	与制陶有关的其他母题	
W6073.1.1.6.1	沙制陶器（沙制器具）	
W6073.1.1.6.1.1	沙锅	【苗族】
W6073.1.2	木器制作	
W6073.1.2.1	木偶制作	
W6073.1a	玉器（玉刻；玉雕）	
W6073.1a.1	玉器的产生	
W6073.1a.1.1	玉器源于特定地方	
W6073.1a.1.2	特定人物赐玉器	
W6073.1a.1.3	制作玉器	
W6073.1a.1.3.1	特定人物造玉器	
W6073.1a.1.3.2	制作玉器的方法	
W6073.1a.1.3.2.1	仿照特定物制作玉器	【中华民族】
W6073.1a.1.3.3	制作玉器的材料（玉料）	
W6073.1a.1.3.3.1	蛇纹石玉种	【中华民族】
W6073.1a.1.3.3.2	半石半玉	【中华民族】
W6073.1a.1.3.4	玉器的使用	

W 编码	母题描述	关联项
W6073. 1a. 1. 3. 5	与制作玉器有关的其他母题	
W6073. 1a. 1. 3. 5. 1	玉器产生时间	
W 6073. 1a. 1. 3. 5. 1. 1 *	公元前六千年前兴隆洼文化已经开始制作小件玉器	【中华民族】
W 6073. 1a. 1. 3. 5. 1. 2 *	玉器生产脱胎于石器生产	【多民族】
W6073. 1a. 2	玉器的特征（玉器的功能）	［W6073. 1a. 3. 7. 1］商代玉器按功能分礼玉、武器和工具、装饰品三类
W6073. 1a. 2. 1	玉器有信仰功能	
W6073. 1a. 2. 1. 1 *	玉器是华夏社会建构精神权威的主要生产对象	【中华民族】
W6073. 1a. 2. 2 *	玉器有神圣性	【中华民族】
W6073. 1a. 3	玉器的种类（特定的玉器）	
W6073. 1a. 3. 1	玉圭（玉珪）	
W6073. 1a. 3. 1. 1	玉圭的产生	
W6073. 1a. 3. 1. 1. 1	禹东海得玉珪	【中华民族】
W6073. 1a. 3. 1. 2	玉圭的特征	
W6073. 1a. 3. 1. 3	玉圭的使用	
W6073. 1a. 3. 1. 4	特定的玉圭	
W6073. 1a. 3. 1. 4. 1	琬圭	
W 6073. 1a. 3. 1. 4. 1. 1	琬圭九寸	【中华民族】
W6073. 1a. 3. 1. 4. 2	琰圭	
W 6073. 1a. 3. 1. 4. 2. 1	琰圭有锋芒、伤害、征伐、诛讨之象	【中华民族】
W6073. 1a. 3. 1. 5	与玉圭有关的其他母题	
W6073. 1a. 3. 2	玉璜	
W6073. 1a. 3. 2. 1	玉璜的产生	
W6073. 1a. 3. 2. 1. 1	天上如虹赤气化为玉璜	【中华民族】
W6073. 1a. 3. 2. 1. 2	姜太公钓得玉璜	【中华民族】

W 编码	母题描述	关联项
W6073. 1a. 3. 2. 2	玉璜的特征	
W6073. 1a. 3. 2. 2. 1 *	玉璜是礼器而非简单的装饰品	【中华民族】
W6073. 1a. 3. 2. 2. 2 *	玉璜是华夏第一王朝的第一位王夏启佩在身上的神圣标记	【中华民族】
W6073. 1a. 3. 2. 2. 3 *	玉璜是通天符号	【中华民族】
W6073. 1a. 3. 2. 2. 4	璜是半璧	【中华民族】
W6073. 1a. 3. 2. 2. 5	玉璜龙形	【中华民族】
W6073. 1a. 3. 2. 3	特定的玉璜	
W6073. 1a. 3. 2. 3. 1	夏后氏之璜	
W 6073. 1a. 3. 2. 3. 1. 1 *	夏后氏之璜是通神升天法宝	【中华民族】
W6073. 1a. 3. 2. 4	与玉璜有关的其他母题	
W6073. 1a. 3. 2. 4. 1 *	璜被称为“曲玉”“勾玉”	【中华民族】
W6073. 1a. 3. 2. 4. 2 *	制作玉璜不能使用假玉	【中华民族】
W6073. 1a. 3. 3	玉璧	
W6073. 1a. 3. 3. 1	玉璧的产生	
W6073. 1a. 3. 3. 2	玉璧的特征	
W6073. 1a. 3. 3. 2. 1 *	玉璧是天国之门的象征	【中华民族】
W6073. 1a. 3. 3. 3	特定的玉璧	
W6073. 1a. 3. 3. 3. 1	和氏璧	【汉族】
W6073. 1a. 3. 3. 4	与玉璧玉圭有关的其他母题	
W6073. 1a. 3. 4	玉琮	
W6073. 1a. 3. 5	其他特定的玉器	
W6073. 1a. 3. 5. 1	玉璋	
W6073. 1a. 3. 5. 2	玉贝	【中华民族】
W6073. 1a. 3. 5. 3	玉玺	
W6073. 1a. 3. 5. 3. 1	玉玺在春秋战国时期已开始使用	【中华民族】
W6073. 1a. 3. 5. 4	玉玦	
W6073. 1a. 3. 5. 4. 1	龙形玦	【中华民族】

W 编码	母题描述	关联项
W6073. 1a. 3. 6	以出产地划分的玉器	
W6073. 1a. 3. 7	以功能划分的玉器	
W6073. 1a. 3. 7. 1 *	商代玉器按功能分礼玉、武器和工具、装饰品三类	【中华民族】
W6073. 1a. 3. 7. 1. 1 *	商代玉器中的礼玉	
W 6073. 1a. 3. 7. 1. 1. 1 *	商代玉器中的礼玉又称六瑞	【中华民族】
W 6073. 1a. 3. 7. 1. 1. 2 *	商代玉器中的礼玉又称六器	【中华民族】
W 6073. 1a. 3. 7. 1. 1. 3 *	商代玉器中的礼玉六瑞，即琼、璧、圭、璋、璜、琥	【中华民族】
W6073. 1a. 3. 7. 1. 2 *	商代的武器和工具类玉器	
W 6073. 1a. 3. 7. 1. 2. 1 *	商代玉器中武器和工具类指矛、镞、戈、斧、锛、凿、铲、刀、刻刀等	【中华民族】
W6073. 1a. 3. 7. 1. 3 *	商代装饰品类玉器	
W 6073. 1a. 3. 7. 1. 3. 1 *	商代玉器中的装饰品类具有避邪等巫术意义	【中华民族】
W 6073. 1a. 3. 7. 1. 3. 2 *	商代装饰品类玉器包括篦、调色盘、扳指、玉人、各种生肖形动物雕件、佩饰品等	【中华民族】
W6073. 1a. 3. 8	以形状划分的玉器	
W6073. 1a. 3. 8. 1	龙形玉器	【中华民族】@［W6073. 1a. 3.5.4.1］龙形玦
W6073. 1a. 3. 8. 2	鸟形玉器	
W6073. 1a. 3. 8. 2. 1 *	鸦类是红山文化中人们最爱表现的玉器造型	【中华民族】
W6073. 1a. 3. 9	其他类型的玉器	
W6073. 1a. 3. 9. 1	商代圆曲系玉器有环、璧、璜、镯、玦等	【中华民族】
W6073. 1a. 3. 9. 2	商代直方系玉器有琮、圭、斧、璋等	【中华民族】
W6073. 1a. 3. 9. 3	商代像生系玉器有动物与人像等	【中华民族】

W 编码	母题描述	关联项
W6073. 1a. 4	与玉器有关的其他母题	［W6996. 1. 2. 3. 3. 1 ＊］玉器时代第三期以玉圭、玉璋、玉璧、玉璜、玉柄形器为主要种类
W6073. 1a. 4. 1	玉器的名称（玉器的命名）	
W6073. 1a. 4. 1. 1	瑞玉	【汉族】
W6073. 1a. 4. 2	玉礼器	【中华民族】@［W6073. 1a. 3.2.2.1＊］玉璜是礼器而非简单的装饰品
W6073. 2	雕刻（雕塑）	［W6927. 2］雕塑（雕刻艺术）
W6073. 2. 1	骨雕	
W6073. 2. 2	石雕	
W6073. 2. 3	玉雕	［W6073. 1a］玉器（玉刻；玉雕）
W6073. 2. 4	砖雕	
W6073. 2. 5	面塑	
W6073. 2. 5. 1	泥人张	
W6073. 2. 6	漆雕	
W6073. 2. 7	食品雕	
W6073. 2. 7. 1	酥油花雕	
W6073. 2. 7. 2	瓜果雕	
W6073. 2. 8	其他特定质料的雕塑	
W6073. 2. 8. 1	泥塑	
W6073. 2. 8. 1. 1	伏羲教孩子们做泥泥狗、泥泥猴	【汉族】
W6073. 2. 9	与雕刻有关的其他母题	［W6927. 2］雕塑（雕刻艺术）
W6073. 3	金属类工艺制作	
W6073. 3. 1	铜艺	
W6073. 3. 2	铁艺	
W6073. 4	综合类制作	

W 编码	母题描述	关联项
W6073. 4. 1	风筝	
W6073. 4. 1. 1	风筝的产生	
W6073. 4. 1. 2	风筝的特征	
W6073. 4. 1. 3	与风筝有关的其他母题	
W6073. 4. 1. 3. 1	纸鸢化鸟	【汉族】
W6073. 5	编制类（编织）	
W6073. 5. 1	竹编	［W6092. 2. 1. 1. 2］受山雀做窝的启示学会用竹藤编织簸箕
W6073. 5. 1. 1	竹编的产生	
W6073. 5. 1. 1. 1	特定人物发明竹编	
W6073. 5. 1. 1. 1. 1	阿宾肯日（猎手）受鸟的启发发明竹编	【珞巴族】
W6073. 5. 1. 1. 2	洪水幸存者用竹子编织物件	【侗族】
W6073. 5. 1. 2	竹编的特征	
W6073. 5. 1. 3	特定的竹编	
W6073. 5. 1. 3. 1	竹篮	【彝族】
W6073. 5. 1. 4	与竹编有关的其他母题	
W6073. 5. 2	藤编（藤篾编织）	
W6073. 5. 2. 1	藤编的产生	
W6073. 5. 2. 1. 1	祖先用藤篾编织用具	【哈尼族】
W6073. 5. 2. 1. 2	奥马阿能懂党散威（人名）最先编织篾具	【哈尼族】
W6073. 5. 2. 2	藤编的特征	
W6073. 5. 2. 3	特定的藤编	
W6073. 5. 2. 4	与藤编有关的其他母题	
W6073. 5. 3	草编	
W6073. 5. 4	多种材料混编	
W6073. 5. 4. 1	竹篾粽叶编	
W6073. 5. 4. 1. 1	竹篾粽叶编的雨帽有洞眼的来历	【毛南族】
W6073. 5. 5	其他特定的编织物	

W 编码	母题描述	关联项
W6073.6	剪纸	［W2104.3］剪纸造人
W6073.7	布艺	
W6073.8	面艺（捏面人）	
W6073.8.1	捏面人的来历	
W6073.8.1.1	效仿女娲五色石的五种颜色捏面人	【汉族】
W6073.8.2	用面捏动物	
W6073.8.2.1	龙女用面粉做三百只雏鸡	【汉族】
W6073.9	其他手工艺类型	【关联】①
W6073.9.1	吹糖人	
W6073.9.1.1	吹糖人时烧糖稀的马勺是仿照女娲炼石补天用过的器具造的	【汉族】
W6073.9.2	扎花	
W6073.9.2.1	女娲的女儿扎花	【汉族】
W6073.9.3	镶嵌工艺	【中华民族】
W6074	**与手工制作有关的其他母题**	
W6074.1	女工	
W6074.1.1	七仙女教女工	【汉族】

6.1.6 其他生产方式 (W6075～W6079)

W 编码	母题描述	关联项
W6075	**放牧（游牧；畜牧）**	
W6075.1	放牧的产生（游牧的原因）	
W6075.1.1	特定的人物发明畜牧	

① ［W6207.4.2］建房手艺；［W6217.2］船的制造方法（造船的材料）。

W 编码	母题描述	关联项
W6075. 1. 1. 1	一位能人姑娘遮姒发明畜牧业	【哈尼族】@［W6058. 2. 1］一位能人姑娘遮姒发明原始饲养业
W6075. 1. 1. 2	太阳的女儿生的孩子会放牧牲畜	
W6075. 1. 1. 2. 1	太阳的小女儿嫁到草原生的儿子手里攥着一把马鬃，所以会放牧牲畜	【蒙古族】
W6075. 1. 2	特定的人物教人放牧（向特定人物学习放牧）	
W6075. 1. 2. 1	神或神性人物教人放牧	
W6075. 1. 2. 2	特定的人教人放牧	
W6075. 1. 2. 2. 1	皇帝教人放牧	【畲族】@［W6075. 3. 3. 1. 1］高辛皇帝教人放羊
W6075. 1. 2. 2. 2	炎帝率领他的部落游牧	【汉族】
W6075. 1. 2. 3	动物教人放牧（人向动物学习方法）	
W6075. 1. 2. 3. 1	人祖丽恩向白蝴蝶学习放牧	【纳西族】
W6075. 1. 3	因不能耕种放牧	【汉族】
W6075. 1a	游牧的特征	
W6075. 1a. 1	游牧迁徙不定	【汉族】
W6075. 1a. 2	游牧者骑得好马，射得好箭	【汉族】
W6075. 2	放牧的方法	
W6075. 2. 1	逐水草游牧	【哈萨克族】
W6075. 2. 2	荒漠上靠一口苦水井放牧	【汉族】
W6075. 2. 3	用特定工具放牧	
W6075. 2. 3. 1	小伙木依用羌笛放牧	【羌族】
W6075. 3	放牧特定的动物（放牧特定的牲畜）	
W6075. 3. 1	牧马	
W6075. 3. 2	牧牛（放牛）	

W 编码	母题描述	关联项
W6075.3.2.1	牧牛的产生	
W6075.3.2.1.1	牛神桑戈巴巴是发明放牧养牛的第一人	【柯尔克孜族】
W6075.3.2.2	牧牛的时间	
W6075.3.2.3	牧牛的地点	
W6075.3.2.3.1	在天上放牛	【汉族】
W6075.3.2.4	牧牛的方法	
W6075.3.2.4.1	造出平坝用来放牛	【彝族】
W6075.3.2.5	牧牛的工具	
W6075.3.2.5.1	吆牛棍	
W6075.3.2.5.1.1	用牛的一节骨头做成吆牛棍	【哈尼族】
W6075.3.2.6	放牛人	
W6075.3.2.6.1	牛郎星放牛	【汉族】
W6075.3.2.6.2	孤儿成了放牛娃	【哈尼族】
W6075.3.2.7	与牧牛有关的其他母题	［W6062.6］牛的饲养（驯牛；养牛）
W6075.3.3	牧羊（放羊）	
W6075.3.3.1	牧羊的产生	
W6075.3.3.1.1	高辛皇帝教人放羊	【畲族】
W6075.3.3.1.2	草白王开始放羊	【白族】
W6075.3.3.2	牧羊的方法	
W6075.3.3.2.1	牧羊人的角号	【塔吉克族】
W6075.3.3.3	牧羊的工具	
W6075.3.3.4	牧羊者（牧羊人）	［W6075.4.2.2］苏武牧羊
W6075.3.3.4.1	大舜牧羊	【汉族】
W6075.3.3.4.2	母女牧羊	【汉族】
W6075.3.3.4.3	聪明的迭拉阿巴颇是第一个牧羊的人	【彝族（俚颇）】
W6075.3.3.4.4	草白王放羊	【白族】

W 编码	母题描述	关联项
W6075. 3. 3. 5	放牧特定的羊	
W6075. 3. 3. 6	特定的地方牧羊	
W6075. 3. 3. 6. 1	高原牧羊	【纳西族】
W6075. 3. 3. 6. 2	大舜在燕河草场牧羊	【汉族】
W6075. 3. 3. 6. 3	高山上牧羊	【白族】
W6075. 3. 3. 7	与牧羊有关的其他母题	
W6075. 3. 3. 7. 1	牧羊的分配	【白族】
W6075. 3. 3. 7. 2	牧羊挤奶	【汉族】
W6075. 3. 4	牧猪	
W6075. 3. 4. 1	八岁甲布牧猪	【普米族】
W6075. 4	放牧者	
W6075. 4. 1	特定性别的人放牧	
W6075. 4. 1. 1	女子放牧	【藏族】
W6075. 4. 2	特定名称的人放牧	
W6075. 4. 2. 1	伏羲女娲兄妹放牛羊	【汉族】
W6075. 4. 2. 2	苏武牧羊	【汉族】
W6075. 5	与放牧有关的其他母题	
W6075. 5. 1	游牧的时间	
W6076	**冶炼（金属冶炼的产生）**	【汤普森】A1447；【关联】①
W6076. 0	冶炼技术的产生	
W6076. 0. 0	人以前不会冶炼	【彝族】
W6076. 0. 1	冶炼技术源于特定地方	
W6076. 0. 2	特定人物发明冶炼	
W6076. 0. 2. 1	黄帝向蚩尤学会冶炼技术	【汉族】
W6076. 0. 2. 2	神发明冶炼术	

① ［W1980］金属的产生（获得）；［W1980. 5. 2］造金属（炼金属）；［W1984. 1］铜的产生；［W1983］铁的产生；［W1984. 1. 3］炼造产生铜。

W 编码	母题描述	关联项
W6076. 0. 2. 2. 1	西方腾格里之子博和・穆亚和东方腾格里之子博和・泰里共同发明炼铁技术	【蒙古族（布里亚特）】
W6076. 0. 2. 3	蚩尤发明冶炼	
W6076. 0. 2. 3. 1	黄帝从蚩尤那里学到冶炼技术	【汉族】
W6076. 0. 3	冶炼源于特定事件	
W6076. 0. 4	受特定的启发产生冶炼	
W6076. 0. 5	冶炼产生的其他方式	
W6076. 0. 5. 1	从祖先的图案中学会冶炼	【壮族】
W6076. 0. 6	与冶炼产生有关的其他母题	
W6076. 0. 6. 1	冶炼产生的时间	
W6076. 0. 6. 1. 1	第五代人七童与金姑开始会炼铜	【侗族】
W6076. 0. 6. 2	冶炼产生的地点	
W6076. 1	冶炼技术的发明者（特定人物会冶炼；冶炼技术持有者；冶炼的传授者）	【汉族】
W6076. 1. 1	神会冶炼（神教人冶炼）	
W6076. 1. 1. 1	天神教人冶炼	
W6076. 1. 1. 1. 1	天神的 9 个儿子教会布里亚特人冶铁技术	【蒙古族（布里亚特）】
W6076. 1. 1. 2	天神的关系人会冶炼	
W6076. 1. 1. 2. 1	天神更资的弟弟德布阿尔掌握铸铁锻铜的技术	【彝族】
W6076. 1. 2	神性人物会冶炼（神性人物教人冶炼）	
W6076. 1. 2. 1	蚩尤会冶炼	【汉族】@［W6076. 0. 2. 1］黄帝向蚩尤学会冶炼技术
W6076. 1. 2. 2	伏（羲）制牺牛，冶金成器	【汉族】
W6076. 1. 2. 3	造物者教人冶炼	【景颇族】
W6076. 2	冶炼方法	

W 编码	母题描述	关联项
W6076. 2. 1	冶炼器具（冶炼工具）	［W1109. 3］用锅冶炼天地
W6076. 2. 1. 1	化金熔银在炉膛	【苗族】
W6076. 2. 1. 2	冶炼炉（特定的熔炉）	
W6076. 2. 1. 2. 1	乾坤八卦炉	【汉族】
W6076. 2. 1. 2. 2	黄泥土炉	
W6076. 2. 1. 2. 2. 1	黄泥土炉铸铁锅	【苗族】
W6076. 2. 1. 2. 3	阿勒阿德两兄弟用土基砌炼矿石的大炉子	【彝族】
W6076. 2. 2	冶炼情形	
W6076. 2. 2. 1	冶炼时，用水牛角做手把，用鸡毛做活塞，青冈木材做炭烧，鼓风来回吹	【苗族】
W6076. 2. 2. 2	在坑中冶炼	
W6076. 2. 2. 2. 1	巨人在坑中炼制金银	【苗族】
W6076. 2. 3	铸造	
W6076. 2. 3. 1	铸造的产生	
W6076. 2. 3. 2	铸造的特征	
W6076. 2. 3. 3	铸造方法	
W6076. 2. 3. 3. 1	淬火	
W6076. 2. 3. 3. 1. 1	用特定的水淬火	【汉族】
W6076. 2. 3. 4	铸造的类型（铸造特定物）	［W6259. 0. 1. 1. 1. 0］黄帝作鼎
W6076. 2. 3. 4. 1	铸剑	【汉族】
W6076. 2. 3. 4. 1. 1	铸剑千锤百炼	【汉族】
W6076. 2. 3. 4. 1. 2	铸剑时太阳宫的火炉里铸炼，月寒宫冰天池淬火	【白族】
W6076. 2. 3. 4. 1. 3	七仙教人铸宝剑方法	【汉族】
W6076. 2. 3. 4. 1. 4	铸造特定的剑	
W6076. 2. 3. 4. 1. 4. 1	铸造七星剑	【汉族】

W 编码	母题描述	关联项
W6076.2.3.4.1.4.2	炼造阴阳斩妖除魔剑	
W6076.2.3.4.1.4.2.1	女娲用五色石子熔炼成一柄阴阳斩妖除魔剑	【汉族】
W6076.2.3.4.1.5	与铸剑有关的其他母题	
W6076.2.3.4.1.5.1	铸剑前祭炉神	【汉族】
W6076.2.3.4.2	铸造定海神针	【汉族】@［W6125a.1.3.4］定海针（定海神针）
W6076.2.3.5	与铸造有关的其他母题	
W6076.3	炼金	［W1981］金的产生
W6076.3.1	炼金的产生	
W6076.3.2	炼金者	
W6076.3.2.1	金匠的产生	【汤普森】A1447.3
W6076.3.2.2	嘎姆朋到天上去造金银	【独龙族】
W6076.3.3	炼金的方法	［W6076.2.2.2.1］巨人在坑中炼制金银
W6076.3.3.1	用魔法造金	【汤普森】D2102
W6076.3.3.2	炼石为金（炼石为金属）	
W6076.3.3.2.1	蚩尤众弟兄召集百工炼石为金	【汉族】
W6076.3.4	炼金的结果	
W6076.3.4.1	造金银作货币	【壮族】
W6076.3.5	与炼金有关的其他母题	
W6076.4	炼银	［W1982］银的产生
W6076.4.1	炼银的产生	
W6076.4.2	炼银者	
W6076.4.2.1	银匠的产生	
W6076.4.3	炼银的方法	［W6076.2.2.2.1］巨人在坑中炼制金银
W6076.4.3.1	用魔法造银	【汤普森】D2103
W6076.4.4	炼银的结果	

W 编码	母题描述	关联项
W6076. 4. 5	与炼银有关的其他母题	
W6076. 5	炼铜	
W6076. 5. 1	炼铜的产生	
W6076. 5. 1. 1	神教人炼铜	
W6076. 5. 1. 2	向创世者学习炼铜	
W6076. 5. 1. 2. 1	人向改天整地者宁贯娃学炼铜	【景颇族】@［W6076. 6. 1. 2. 1］人向改天整地者宁贯娃学炼铁
W6076. 5. 1. 3	向老人学习炼铜	
W6076. 5. 1. 3. 1	祖先布洛陀向一个老头子学会铸铜技术	【壮族】
W6076. 5. 2	炼铜者	
W6076. 5. 2. 1	达尼·让罗玛（祖先婚生的第一个儿子）是第一个开创作铜匠活的人	
W6076. 5. 2. 2	特定的时代人学会炼铜	
W6076. 5. 2. 3	黄帝炼铜	【汉族】@［W6076. 5. 3. 2. 1］黄帝命人到昆仑山凿山炼铜
W6076. 5. 2. 4	山神娘冶炼铁铜	【彝族】
W6076. 5. 2. 5	蚩尤炼铜	【苗族】
W6076. 5. 2. 5. 1	蚩尤炼青铜	
W6076. 5. 2. 5. 1. 1	蚩尤把黄绿色会闪光的石头放到陶釜中架到火上烧炼出“青铜”	【中华民族】
W6076. 5. 2. 6	布洛陀炼铜	
W6076. 5. 2. 6. 1	布洛陀从远方的老头子那里学会熔化矿石炼铜	【壮族】
W6076. 5. 3	炼铜的方法	【彝族】@［W6076. 6. 3. 7］打铜打铁时马鹿头拿来做砧，马鹿角拿来做锥，马鹿脚拿来做钳子，马鹿身子做风箱
W6076. 5. 3. 1	拉风箱炼铜	【壮族】

W 编码	母题描述	关联项
W6076. 5. 3. 2	凿山炼铜	
W6076. 5. 3. 2. 1	黄帝命人到昆仑山凿山炼铜	【汉族】
W6076. 5. 3. 3 *	炼铜方法从河西走廊一带传播到中原	【中华民族】
W6076. 5. 3. 4	把铜放进铁焊的炉子炼铜	【苗族】
W6076. 5. 4	炼铜的结果	
W6076. 5. 5	与炼铜有关的其他母题	
W6076. 5. 5. 1	铜神献铜	【汉族】@［W6238. 3. 1. 1. 2］黄帝找铜炼丹时，铜神献黄铜
W6076. 5. 5. 2	特定的地方有铜	
W6076. 5. 5. 2. 1	东川出铜	【彝族】
W6076. 6	炼铁（制铁）	［W6085. 4. 1. 4. 4. 1］铁匠熔化石头变成铁片，打成斧头
W6076. 6. 1	炼铁的产生	
W6076. 6. 1. 0	神发明炼铁	
W6076. 6. 1. 0. 1	众神共同发明炼铁	
W6076. 6. 1. 0. 1. 1	东西方腾格里之子共同发明了炼铁技术	【蒙古族（布里亚特）】
W6076. 6. 1. 1	神赐给冶铁技术	【蒙古族（布里亚特）】@［W6076. 1. 1. 1. 1］天神的 9 个儿子教会布里亚特人冶铁技术
W6076. 6. 1. 1. 1	至上的腾格里赐给人打铁技能	【蒙古族】
W6076. 6. 1. 1. 2	不同方位的神都传授炼铁技术	【蒙古族】
W6076. 6. 1. 2	向创世者学习炼铁	
W6076. 6. 1. 2. 1	人向改天整地者宁贯娃学炼铁	【景颇族】@［W6076. 5. 1. 2. 1］人向改天整地者宁贯娃学炼铜
W6076. 6. 1. 3	大地的儿子普苏达东和罗马达当兄弟俩找到了铁矿后炼铁	【珞巴族】
W6076. 6. 1. 4	宗教人物教人炼铁	
W6076. 6. 1. 4. 1	摩批父亲告诉儿子用天上掉下的铁石头炼铁	【哈尼族】

W 编码	母题描述	关联项
W6076.6.1.5	首领教人炼铁	【壮族】
W6076.6.1.6	老祖公教人打铁	仡佬族
W6076.6.2	炼铁者	【哈尼族】【彝族】@［W6076.5.2.4］山神娘冶炼铁铜
W6076.6.2.1	兄弟炼铁	【珞巴族】
W6076.6.2.2	铁匠炼铁	【土家族】
W6076.6.2.3	老子长大后会打铁	【羌族】
W6076.6.2.4	女人是炼铁者	
W6076.6.2.4.1	傈僳妇女阿弓玛会法术，会炼铁	【傈僳族】
W6076.6.2.5	老寿星炼铁	【汉族】
W6076.6.2.6	蚩尤炼铁	【汉族】
W6076.6.2.7	其他特定的炼铁者	
W6076.6.2.7.1	特定的祖先炼铁	
W6076.6.2.7.1.1	老祖公嗲赫亨炼铁	【仡佬族】
W6076.6.2.8	炼铁的帮助者	
W6076.6.2.8.1	猴子帮助炼铁	【珞巴族】
W6076.6.3	炼铁的方法（炼铁的情形；炼铁的过程）	
W6076.6.3.0	选矿炼铁	
W6076.6.3.0.1	用高山的铁矿炼铁	【傈僳族】
W6076.6.3.0.2	寻找铁矿	【珞巴族】
W6076.6.3.0.3	挖出铁矿，架起火炉炼铁	【苗族】
W6076.6.3.1	用木炭炼铁	
W6076.6.3.1.1	始祖夫妻烧木炭炼铁	【傈僳族】
W6076.6.3.1.2	两兄弟砍松树、柏树、栗树在窑子中烧出炼铁的木炭	【彝族】
W6076.6.3.2	用石炼铁	
W6076.6.3.2.1	用树木烧一种特别的石头炼出铁	【珞巴族】
W6076.6.3.2.2	在昆吾以石炼铁	【汉族】

W 编码	母题描述	关联项
W6076.6.3.2.3	用红石头青石头黑石头炼铁	【汉族】
W6076.6.3.2.3.1	蚩尤炼铁烧的是黑石头（煤炭）	【汉族】
W6076.6.3.2.4	用铁石头炼铁	【哈尼族】
W6076.6.3.2.5	用金石冶炼铁	
W6076.6.3.2.5.1	蚩尤用金石（矿石）日夜冶炼铜铁	【汉族】
W6076.6.3.3	火炭炼铁	
W6076.6.3.3.1	祖公布洛陀教人类用火炭炼生铁	【壮族】
W6076.6.3.3a	打铁用粪便做燃料	
W6076.6.3.3a.1	打铁用晒干的鸡屎当燃料	【珞巴族】
W6076.6.3.4	熔山炼铁	
W6076.6.3.4.1	用煤炭和木柴熔化铁矿山炼铁	【蒙古族】
W6076.6.3.4.2	用烈火将废铁矿熔化炼铁	【蒙古族】
W6076.6.3.4a	熔化铁石炼铁	【蒙古族】
W6076.6.3.5	铁矿炼出铁水后用麂子的蹄子做火钳，腿骨做大锤，头骨做铁砧炼铁	【拉祜族】
W6076.6.3.6	鼓风、加炭，炼出铁块	【珞巴族】
W6076.6.3.7	打铜打铁时马鹿头拿来做砧，马鹿角拿来做锥，马鹿脚拿来做钳子，马鹿身子做风箱	【彝族】
W6076.6.3.7a	炼铁时口做风箱	【仡佬族】
W6076.6.3.8	在身体上打铁	
W6076.6.3.8.1	老子把烧红的铁拿在膝盖上捶打出用具	【羌族】
W6076.6.3.8.1a	哆赫亨在髁膝头上打铁	【仡佬族】
W6076.6.3.9	与炼铁方法有关的其他母题	
W6076.6.3.9.1	用身体做打铁工具	
W6076.6.3.9.1.1	炼铁时口腔当风箱，拳头当铁锤，手指当火钳	【彝族】@［W6092.1.3.1.2.1］受拳头的启发发明了锤

W 编码	母题描述	关联项
W6076. 6. 3. 9. 1. 2	小伙打铁时嘴做风箱，手做锤，磕膝头用来做砧礅	【仡佬族】
W6076. 6. 3. 9. 2	炼铁有特定程序	
W6076. 6. 3. 9. 2. 1	炼铁时先挖泥做模子，然后炼熔浆倒入模子中成型	【壮族】
W6076. 6. 3. 9. 2. 2	炼铁时蘸水（打铁淬火）	［W6076. 2. 3. 3. 1］淬火
W6076. 6. 3. 9. 2. 2. 1	炼铁时蘸水使铁变硬	【哈尼族】
W6076. 6. 3. 9. 2. 2. 2	烧红的铁块放到江水里淬火	【哈尼族】
W6076. 6. 3. 9. 3	用巫术炼铁	【汉族】
W6076. 6. 3. 9. 4	建红炉炼铁	【土家族】
W6076. 6. 3. 9. 5	打铁方法的改变	
W6076. 6. 3. 9. 5. 1	在膝盖上动铁变为在铁墩上捶打	【羌族】
W6076. 6. 4	炼铁的结果	
W6076. 6. 4. 1	炼铁造工具	【拉祜族】
W6076. 6. 4. 2	开烘炉打制铁铲	【汉族】
W6076. 6. 4. 3	炼出大量的铁块	【珞巴族】
W6076. 6. 4. 4	冶炼金、银、铜、铁、锡造出各种工具	【傣族】
W6076. 6. 5	与炼铁有关的其他母题	［W6610. 2. 4］除夕夜祭火和炼铁习俗
W6076. 6. 5. 1	打铁	
W6076. 6. 5. 1. 1	天上的人请地上的人讷恰格瓦彭和讷恰格瓦讷两兄妹到天上帮他们打铁	【怒族】
W6076. 6. 5. 1. 2	祖先打铁	
W6076. 6. 5. 1. 2. 1	为了造刀学习打铁技艺	【阿昌族】
W6076. 6. 5. 2	特定的地方有铁	
W6076. 6. 5. 2. 1	蒙化出铁	【彝族】
W6076. 7	炼锡	

W 编码	母题描述	关联项
W6076.7.1	山神爷采炼锡锑	【彝族】
W6076.8	炼其他特定物	
W6076.8.1	炼铅	
W6076.8.1.1	特定的地方有铅	
W6076.8.1.1.1	沙拉出铅	【彝族】
W6076.8.2	炼丹	
W6076.8.2.1	炼丹的产生（炼丹的原因）	【汉族】@［W6238.3.1］炼丹造药治病
W6076.8.2.1.1	为了治病炼丹	
W6076.8.2.1.1.1	黄帝为百姓炼丹治病	【汉族】
W6076.8.2.1.2	为了长寿炼丹	【汉族】
W6076.8.2.2	炼丹的方法	
W6076.8.2.2.1	用柴炼丹	
W6076.8.2.2.1.1	打柴供天宫炼丹用	【汉族】
W6076.8.2.2.2	取白龙潭水煮石炼丹	【汉族】
W6076.8.2.3	炼丹的工具	［W6259.5.3.3］炼丹炉
W6076.8.2.4	炼丹的材料	
W6076.8.2.4.1	绿素匹草是炼丹中不可缺的原料	【彝族（撒尼）】
W6076.8.2.4.2	用石炼丹	【汉族】
W6076.8.2.4.3	用煤炼丹	【汉族】
W6076.8.2.4.4	采药炼丹	【汉族】
W6076.8.2.4.5	采多种精华炼丹	
W6076.8.2.4.5.1	用的99枝灵芝草，99根九节参，99对羚羊角，99朵玉露花，99个豹子胆等加上99滴甘露水炼丹	【汉族】
W6076.8.2.5	炼丹者	
W6076.8.2.5.1	浮丘公和容成子炼丹	【汉族】
W6076.8.2.5.2	黄帝炼丹	【汉族】

W 编码	母题描述	关联项
W6076. 8. 2. 5. 3	老君炼丹	【汉族】
W6076. 8. 2. 5. 4	王鳌仙师炼丹	【汉族】
W6076. 8. 2. 6	炼丹的时间	
W6076. 8. 2. 7	炼丹的地点	
W6076. 8. 2. 7. 1	在黟山炼丹	【汉族】
W6076. 8. 2. 7. 2	在黄山炼丹	【汉族】
W6076. 8. 2. 7. 3	在天宫炼丹	【汉族】
W6076. 8. 2. 8	炼丹的情形	
W6076. 8. 2. 9	与炼丹有关的其他母题	
W6076. 8. 2. 9. 1 *	炼丹是先秦道教思想的体现	【汉族】
W6076. 9	与冶炼有关的其他母题	【珞巴族】
W6076. 9. 1	采矿的产生（找矿；勘探；寻找矿山；寻找矿藏；矿藏的发现）	【汤普森】A1448；［W1985 ~ W1989］矿物
W6076. 9. 1. 1	动物引导找矿	
W6076. 9. 1. 1. 1	人们追着蜂的踪迹找到铁矿	【拉祜族】
W6076. 9. 1. 2	找矿者	
W6076. 9. 1. 2. 1	阿勒阿德两兄弟认得藏金银铜铁的地方	【彝族】
W6076. 9. 1. 2. 2	大禹为铸造定海神针找到红色的铁山	【汉族】
W6076. 9. 1. 2. 3	天神派动物采出铜铁矿	【彝族】
W6076. 9. 1. 2. 4	黄帝采矿	
W6076. 9. 1. 2. 4. 1	黄帝派人到昆吾山采矿	【汉族】
W6076. 9. 1. 3	找矿的过程	
W6076. 9. 1. 4	找矿的结果	
W6076. 9. 1. 4. 1	阿勒阿德兄弟俩找到五种矿	【彝族】
W6076. 9. 2	选矿	
W6076. 9. 2. 1	阿勒阿德兄弟俩选出埋在山中的金石头、银石头、铜石头、铁石头和锡石头	【彝族】

W 编码	母题描述	关联项
W6076.9.3	洗矿	
W6076.9.3.1	阿勒阿德两兄弟一齐用水洗矿石	【彝族】
W6077	**培养植物**	
W6077.1	养花	［W3800］花的产生
W6077.2	养草	［W3806］草的产生
W6078	**其他特定类型的物质生产（其他常见的生产劳动）**	
W6078.1	伐木（砍柴；砍伐）	
W6078.1.1	以前的柴会自己到人的家中	【傈僳族】
W6078.1.1a	以前砍伐林木混乱无度	【汉族】
W6078.1.2	伐木的产生（人砍柴的来历）	
W6078.1.2.1	因为人贪心只得自己去找柴背柴	【傈僳族】
W6078.1.2.2	向野猪、猩猩学会砍树、破竹	【白族】
W6078.1.3	伐木的方法	
W6078.1.3.1	用手伐树	【哈尼族】
W6078.1.4	伐木的情形	
W6078.1.4.1	人砍柴没得刀用石头砸，把蛇捉来做绳子捆柴	【羌族】
W6078.1.5	砍伐特定树木	
W6078.1.6	伐木者	
W6078.1.7	砍伐禁忌	
W6078.1.7.1	若没有特殊的需要禁止砍伐树木	【蒙古族（布里亚特）】
W6078.1.7.2	忌砍伐特定的树	
W6078.1.7.2.1	忌砍伐祭祀过的树木	【达斡尔族】
W6078.1.8	与伐木有关的其他母题	

W 编码	母题描述	关联项
W6079	**与物质生产有关的其他母题（与生产方式有关的其他母题）**	
W6079. 0	生产的准备	
W6079. 0. 1	生产前祭祀	
W6079. 0. 1. 1	二月砍山整地前要举行杀白猪祭山神仪式	【基诺族】
W6079. 0. 1. 2	开工仪式上，石匠、木匠都要祭祀祖师爷	【布依族】
W6079. 0. 1. 3	建筑开工时祭鲁班	【布依族】
W6079. 1	生产方式的变化	
W6079. 1. 1	人由狩猎变化为农耕	
W6079. 1. 1. 1	人由狩猎变为稻作	
W6079. 1. 1. 1. 1	人由捉鸟兽，后来变为砍山种山兰稻	【黎族】
W6079. 1. 2	由渔猎变为农耕	
W6079. 1. 2. 1	因无处打鱼变成上山砍柴割草，开荒地维持生活	【汉族】
W6079. 1. 3	游牧变为定居	
W6079. 1. 3. 1	炎帝神农氏建国后由游牧被定居	【中华民族】
W6079. 1. 4	渔猎变为农耕	
W6079. 1. 4. 1	炎帝神农氏建国后由渔猎变为农耕	【中华民族】
W6079. 2	多种生产方式并重	［W6052. 9. 1］种植多种作物
W6079. 2. 1	耕种与狩猎兼顾	【瑶族（布努）】
W6079. 2. 2	粮食无收时，人就打猎、采野菜野果	【毛南族】
W6079. 2. 3	劳作与经营并重	
W6079. 2. 3. 1	平时卖茶为生，闲时捕捞鱼虾，开荒种田	【汉族】

W 编码	母题描述	关联项
W6079. 2. 4	采集与狩猎并重	
W6079. 2. 4. 1	不知道种庄稼时，挖野菜、采野果和打猎追捕野兽过日子	【汉族】
W6079. 2. 5 *	炎帝时代，黄河流域已形成渔猎、采集、农业和手工业等多种经济	【中华民族】

6.1.7 生产工具 (W6080 ~ W6094)

W 编码	母题描述	关联项
✿ W6080	**生产工具（劳动工具；农具；耕种工具）**	
W6080. 1	以前没有工具	
W6080. 1. 1	刚出现人类时，人世间没有工具	【哈尼族】
W6080. 1. 1. 1	女娲刚造出人时，世上没有家什	【汉族】
W6080. 1. 1. 2	盘古开辟混沌世界时，人不懂得使用工具	【汉族】
W6080. 1. 2	最早时，人类没有先进的工具	【汉族】
W6081	**工具的产生（工具的获得；一般性工具的产生；农具的来历）**[①]	**【汤普森】** A1446

① 工具的获得，“工具”是个宽泛的概念，本母题包括：（1）劳动工具；（2）作战工具；（3）治疗工具；（4）书写工具；（5）交通工具等。此处所有母题一律按音序编排，不再按上述类型细分出上述类型。以神话中最为常见的“农具”为例，据一些常识性的介绍，农具，指农业生产使用的工具，多指非机械化的，也称农用工具、农业生产工具。农具是农民在从事农业生产过程中用来改变劳动对象的器具。中国农业历史悠久，地域广阔，民族众多，农具丰富多彩。就各个地域而言、不同的环境而言、相应不同的农业生产而言，使用的农具又有各自的适用范围与局限性。历朝历代农具都不断得到创新、改造，为人类文明进步做出了贡献。参见百度百科，https：//baike. baidu. com/item/% E5% 86% 9C% E5% 85% B7/9403032? fr = aladdin。

W 编码	母题描述	关联项
W6081.1	工具自然产生（工具源于某个特定地方）	
W6081.2	工具是给予的（特定人物赐予工具）	
W6081.3	工具是造出来的（工具是发明的；特定人物造工具；工具是特定人物发明的）	
W6081.3.0	制造工具的原因	
W6081.3.0.1	制作工具是逼出来的	【汉族】
W6081.3.1	神造工具	
W6081.3.1.1	天神教人制作工具	【门巴族】
W6081.3.1.2	按照天神的安排造农具	［W6085.8.1.1］按照天神的安排造犁
W6081.3.1.2.1	洪水后幸存的1对兄妹按照天神的安排造农具	【拉祜族】
W6081.3.1.3	天神剪纸变成农具	【傣族】
W6081.3.1.4	地母造农具	
W6081.3.1.4.1	地母用石头片做成锄头，用弯木棒做成犁头	【白族】
W6081.3.2	神性人物造工具	
W6081.3.2.1	祖先造工具	
W6081.3.2.2	祖先发明农具	【景颇族】
W6081.3.2.2.1	伏羲兄妹造用具	【瑶族】
W6081.3.2.2.1a	女娲造用具	【汉族】
W6081.3.2.2.1b	盘古兄妹造农具	【汉族】
W6081.3.2.2.2	始祖旨示老教人造工具	【苗族】@［W6040.1.2.1］始祖旨示老是农耕的始祖
W6081.3.2.3	创世者教人造工具	
W6081.3.2.3.1	创世者宁贯娃教人炼铜炼铁制造工具	【景颇族】

W 编码	母题描述	关联项
W6081.3.2.4	天上老寿星教人造铁制农具	【汉族】
W6081.3.2.5	后稷造农具	
W6081.3.2.5.1	后稷用木头和石块打造了几样简单的农具	【汉族】
W6081.3.2.5.2	后稷长大人后根据经验制作简单的农具耕田种地	【汉族】
W6081.3.2.6	黄帝的部下共鼓和货狄教民造生产工具	【汉族】
W6081.3.3	特定的人造工具	
W6081.3.3.1	首领教人造工具	【民族，关联】①
W6081.3.3.1.1	主事的首领旨示老教人造工具	【苗族】
W6081.3.3.2	铁匠造工具	
W6081.3.3.2.1	铁匠用铁钳、锤子打出各种各样的工具	【哈尼族】
W6081.3.3.3	祭师的儿子造工具	【哈尼族】
W6081.3.4	其他造工具者	
W6081.3.5	造工具的方法	
W6081.3.5.1	特定人物教人造工具	【汉族】【苗族】
W6081.3.5.2	向动物学造工具	【汉族】
W6081.3.5.3	多个人物合作发明特定工具	
W6081.3.5.3.1	阿崩岗日、鼹鼠、汉斯伯格鸟和猴子合力做成弓	【珞巴族】
W6081.3.6	造工具的材料	
W6081.3.6.1	人以前用木头和石头造工具	【珞巴族】
W6081.3.7	用铁造工具	
W6081.3.7.1	化铁矿为水造出工具	【哈尼族】
W6081.3.7.2	布素布如是专门制造铁制工具的乌佑	【珞巴族】
W6081.3.8	用多种金属造工具	

① 【苗族】@［W5065］首领有特定的本领；［W6082a.1.1］首领教人使用工具。

W 编码	母题描述	关联项
W6081. 3. 8. 1	用金、银、铜、铁、锡造工具	【傣族】
W6081. 3. 8. 2	用锡铅做成各种用具	【彝族】
W6081. 3. 8. 3	黄帝时代会用铁铜制造工具	【汉族】
W6081. 4	工具是生育产生的（特定的人物生工具）	
W6081. 5	工具是变化产生的（变化产生工具）	
W6081. 6	用特定物做工具	
W6081. 6. 1	用骨骼做工具	
W6081. 6. 1. 1	用马鹿的干角做挖掘工具	【拉祜族】
W6081. 7	工具产生的其他方式	
W6081. 7. 1	寻找劳动工具	
W6081. 7. 1. 1	两兄弟总想着找一种更坚硬的东西替代木头和石头造的工具	【珞巴族】
W6081. 8	与工具的产生有关的其他母题（与获得工具有关的其他母题）	【关联】①
W6081. 8. 1	工具是盗来的（盗取工具）	
W6081. 8. 1. 1	文化英雄为人盗来工具	【汤普森】A1446. 0. 1;［W0560］文化英雄
W6081. 8. 2	偶然得到工具	【水族】@［W6085. 4. 1. 1. 2］兄妹从泉边偶得一把斧子
W6081. 8. 3	工具产生的时间	
W6081. 8. 3. 1	黄帝战败蚩尤后开始制造生产工具	【汉族】@［W6043. 1. 2. 2］黄帝战败蚩尤后开始种五谷
W6081. 8. 4	工具产生的意义	
W6081. 8. 4. 1 *	劳动工具的产生使人口增多	【傣族】
W6082	**工具的特征**	

①［W6125a. 1. 1］针的产生；［W6965］弓箭的发明（弓箭的产生；弓的产生；箭的产生）。

W 编码	母题描述	关联项
W6082.1	工具特征的产生	
W6082.2	特定工具的特征	
W6082.2.1	特定时代的劳动工具简单	
W6082.2.1.1	共工氏时代的工具是木棍和石头，十分简陋	【汉族】
W6082.3	与工具特征有关的其他母题	
W6082a	**工具的使用**	
W6082a.1	特定人物教人使用工具	
W6082a.1.1	首领教人使用工具	
W6082a.1.1.1	头人保洛陀教人使用工具	【壮族】
W6083	**农具的产生（农具的来历）**	
W6083.0	以前没有农具	
W6083.0.1	以前不会做农具	
W6083.0.1.1	以前没有会打农具的人	【彝族】
W6083.0.1.2	神农教黎民种庄稼时没农具	【汉族】
W6083.0.1.3	古时，人没有农具，劳动很辛苦	【白族】
W6083.1	农具源于特定的地方	
W6083.2	特定人物赐农具	
W6083.2.1	神让人挑选农具	
W6083.2.1.1	人神莫伟拿出夺铲、锄头、小犁、大犁、背索、扁担、鞍子让人挑拣	【佤族】
W6083.3	特定人物造农具	
W6083.3.1	神造农具	
W6083.3.1.1	天神剪纸造农具	【傣族】
W6083.3.2	神性人物造农具	
W6083.3.2.1	人祖彭干支伦和木占外顺造农具	【景颇族】
W6083.3.2.2	祖先翁嘎造农具	【布依族】

W 编码	母题描述	关联项
W6083. 3. 2. 3	伏羲教人造农具	【汉族】
W6083. 3. 2. 3. 1	伏羲在孟津老城一带教人造农具	【汉族】
W6083. 3. 2. 3a	炎帝发明农具	
W6083. 3. 2. 3a. 1	炎帝发明最早的农耕工具	【汉族】
W6083. 3. 2. 3b	炎帝神农氏造农具	【汉族】
W6083. 3. 2. 4	天鬼造农具	
W6083. 3. 2. 4. 1	一对天鬼娃袤能退腊和能星农锐木占造耕种用的工具	【景颇族】
W6083. 3. 3	人造农具（特定的人物造农具）	
W6083. 3. 3. 1	人用从特定的山上滚下的铁打造农具	【彝族】
W6083. 3. 3. 2	人造耕田农具	
W6083. 3. 3. 2. 1	马耕田时人造出口嚼、笼头、鞍子	【塔吉克族】
W6083. 3. 3. 3	特定名称的人造农具	
W6083. 3. 3. 3. 1	阿幸带人制造农具	【水族】
W6083. 4	特定物变成农具	
W6083. 5	把特定物作为农具	
W6083. 5. 1	把特定动物作为农具	
W6083. 5. 1. 1	射日者耕田时拉龙来做犁田的绳子，拿红虾做犁肩，把鳝鱼拿来做赶牛的鞭子	【布依族】
W6083. 5. 1. 2	用猴子的上颚骨和下颚骨做农具	【珞巴族】@［W6086. 11. 4. 1］用猴子的颚骨耙地种庄稼
W6083. 5. 2	石狮爪作农具	
W6083. 5. 2. 1	洪水后，盘古爷姐弟拿石狮子爪子当工具种地	【汉族】
W6083. 6	与农具的产生有关的其他母题	

W 编码	母题描述	关联项
*** W6084**	**常见农具（常见农具的产生）①**	
W6085	**耕翻工具（用于耕翻的农具；与农具相关的工具）**	
W6085.1	锛	
W6085.1.1	锛的产生	
W6085.1.2	锛的特征	
W6085.1.2.1	锛像荸荠叶	【苗族】
W6085.1.3	特定的锛	
W6085.1.3.1	石锛	
W6085.1.3.1.1	石锛的产生距今约 24000 年至 16000 年	【汉族】
W6085.1.3.1.2	石锛用于斩草	【汉族】
W6085.1.4	与锛有关的其他母题	
W6085.2	锸	
W6085.2.1	锸的产生	
W6085.2.2	锸的特征	
W6085.2.3	特定的锸	
W6085.2.4	与锸有关的其他母题	
W6085.3	铲	
W6085.3.1	铲的产生	

① 常见农具（常见农具的产生），本类母题编目在《中国神话母题 W 编目》（中国社会科学出版社 2013 年版）中表述为“常见的劳动工具的产生”，本书为母题数据类型的管理，对原类型中的各项作出大的修订，以“常见的农具”为主体，列出相应的工具类型，本类型的划分主要参考了杨锡林、葛汝凤编著《齐民要术之农具沿革研究》（中国农业科学技术出版社 2017 年版），百度百科网等有关内容。其中修订的原母题编码的中的部分第一层级母题为：［W6081］刨子；［W6082］簸箕；［W6083］扁担；［W6084］杵；［W6085］锄；［W6086］锤；［W6087］刀；［W6088］风箱；［W6089］斧（斧子、斧头）；［W6090］锯；［W6091］筐（箩筐）；［W6092］犁；［W6093］磨；［W6094］耙；［W6095］钳子；［W6096］扫帚；［W6097］其他一些劳动工具的产生；［W6098］与工具有关的其他母题，等。本书列为分类后的第二层级母题。同时，将原书“常见的劳动工具的产生”中的一些母题，单独列为“其他类型的劳动工具”一级母题编目。此后的数据处理以修订后的编码为准。

W 编码	母题描述	关联项
W6085. 3. 1. 0	铲从天降（天降铲）	
W6085. 3. 1. 0. 1	天给人下的直的铁片成为铲	【汉族】
W6085. 3. 1. 1	特定人物造铲	
W6085. 3. 1. 1. 1	老寿星用巫术变化出炼铁炉炼铁造铲	【汉族】@［W6088. 3. 1. 2. 3. 3］老寿星用巫术变化出炼铁炉炼铁造锄
W6085. 3. 2	铲的特征	
W6085. 3. 3	特定的铲	
W6085. 3. 3. 1	石铲	
W6085. 3. 3. 1. 1	石铲又钝又笨，开垦荒地还是很困难	【汉族】
W6085. 3. 3. 1. 2	神农时用上了石镰石铲	【汉族】
W6085. 3. 3. 2	木铲	
W6085. 3. 3. 3	铜铲	
W6085. 3. 3. 4	铁铲	【汉族】@［W6049. 4. 3. 7. 1］用铁铲除草
W6085. 3. 3. 4. 1	人发明钻木取火后开烘炉打制出铁铲	【汉族】
W6085. 3. 3. 5	骨铲	
W6085. 3. 3. 5. 1	大禹用骨铲开龙门山治水	【汉族】
W6085. 3. 4	与铲有关的其他母题	
W6085. 4	斧（斧子、斧头）①	
W6085. 4. 1	斧子的产生	【汤普森】A1446. 2
W6085. 4. 1. 1	斧子源于特定地方	
W6085. 4. 1. 1. 1	公鸡刨一个老屋基时刨来一把好斧子	【苗族】
W6085. 4. 1. 1. 2	兄妹从泉边偶得一把斧子	【水族】
W6085. 4. 1. 1. 3	黄帝在洪水退去的地方发现石刀	【汉族】

① 斧，又称斧头，最早是人类刀耕火种时代开山伐木的砍削工具，后来逐渐成为作战武器或者木工加工工具。

W 编码	母题描述	关联项
W6085.4.1.2	特定人物给予斧子	
W6085.4.1.2.1	神赐斧	
W6085.4.1.2.1.1	天神送斧子	
W6085.4.1.2.1.1.1	天神送给光璧（人名）一把斧子，专门砍杀妖精	【白族（勒墨）】
W6085.4.1.2.2	神农从太上老君那里得到开山斧	【民族，关联】①
W6085.4.1.2.3	奥玛赐给洪水幸存者生活用的斧子	【哈尼族】
W6085.4.1.3	生斧子	
W6085.4.1.4	造斧子	
W6085.4.1.4.1	神或神性人物教人造斧	
W6085.4.1.4.1.1	夫妻神教人间的子女造石斧	【门巴族】@［W6085.4.3.4.1］女神扎深木和男神支乌江求深巴到人间婚后教生育的孩子造出世间第一把石斧
W6085.4.1.4.1.1a	天神让人做石斧	【满族】@［W6092.1.4.3.1.1.6］天神让人做石刀
W6085.4.1.4.1.2	祖先造斧子	
W6085.4.1.4.1.2.1	布依族祖先翁嘎造斧子	【布依族】@［W6083.3.2.2］祖先翁嘎造农具
W6085.4.1.4.1.3	神农造斧子	【汉族】
W6085.4.1.4.1.3.1	神农作陶冶斧斤	【汉族】
W6085.4.1.4.1.3a	炎帝神农发明斧斤耒耙	【汉族】
W6085.4.1.4.1.4	女娲造斧子	
W6085.4.1.4.1.4.1	娲娘造了一把大斧	【汉族】
W6085.4.1.4.2	特定的人造斧子	
W6085.4.1.4.2.1	人类第一对夫妻生的第二代公楼与萨当造石斧	【侗族】
W6085.4.1.4.2.2	特殊来历的人造斧子	

① 【汉族】@［W6071.3.1.3.1］神农跟太上老君学手艺；［W6088.3.1.2.2.3］太上老君造锄头。

W 编码	母题描述	关联项
W6085. 4. 1. 4. 2. 2. 1	神蛋孵出工匠制造斧子	【哈尼族】
W6085. 4. 1. 4. 2. 3	老寿星用巫术变化出炼铁炉炼铁造斧子	【汉族】@［W6088. 3. 1. 2. 3. 3］老寿星用巫术变化出炼铁炉炼铁造锄
W6085. 4. 1. 4. 2. 4	铁匠打铁造斧子	【仡佬族】
W6085. 4. 1. 4. 3	其他人物造斧子	
W6085. 4. 1. 4. 3. 1	动物教人造斧子	【哈尼族】@［W6085. 4. 3. 9. 1. 1］猫头鹰教彝家人造手斧
W6085. 4. 1. 4. 4	造斧子的方法	
W6085. 4. 1. 4. 4. 1	铁匠熔化石头变成铁片，打成斧头	【瑶族（布努）】@［W6092. 1. 8. 1. 1. 2. 1］铁匠熔化石头变成铁片后打成锯子
W6085. 4. 1. 4. 4. 2	用挖出的废铁打造斧子	【苗族】
W6085. 4. 1. 4. 4. 3	磨制斧子	
W6085. 4. 1. 4. 4. 3. 1	盘古把神铁在乾坤石上磨了三年，装上木柄做成斧头	【汉族】
W6085. 4. 1. 4. 5	造斧子的材料	
W6085. 4. 1. 4. 5. 1	用特定人物的肢体做斧子	
W6085. 4. 1. 4. 5. 1. 1	用妖魔的牙做斧子	【珞巴族（德根等部落）】
W6085. 4. 1. 4. 5. 1. 2	盘古捏土末儿形成斧子	【汉族】
W6085. 4. 1. 4. 6	与造斧子有关的其他母题	
W6085. 4. 1. 5	变化产生斧子	
W6085. 4. 1. 6	斧子产生的其他方法	
W6085. 4. 1. 7	与斧子产生有关的其他母题	
W6085. 4. 1. 7. 1	斧子产生的时间	
W6085. 4. 1. 7. 1. 1	第二代人开始造石斧	【侗族】
W6085. 4. 2	斧子的特征（斧子的功能）	
W6085. 4. 2. 1	斧子的大小	
W6085. 4. 2. 1. 1	斧子像脚掌	【苗族】

W 编码	母题描述	关联项
W6085.4.2.1.2	巨大的斧子（巨斧）	
W6085.4.2.1.2.1	巨斧劈开天门	【汉族】
W6085.4.2.1.3	很小的斧子	
W6085.4.2.1.3.1	指甲大的斧子	【苗族】
W6085.4.2.3	斧子能开天辟地	
W6085.4.2.3.1	盘古用斧子开天辟地	【汉族】
W6085.4.2.4	奇特的斧子	
W6085.4.2.4.1	水中不沉的斧子	【汉族】
W6085.4.2.4.2	会自己砍树的斧子	【彝族】
W6085.4.2.5	斧子的颜色	
W6085.4.2.5.1	开天斧银光闪闪	【汉族】
W6085.4.2.6	质量不佳的斧子	
W6085.4.2.6.1	石斧不能伐树	【壮族】
W6085.4.3	特定的斧子	
W6085.4.3.1	扁斧的产生	【汤普森】A1446.4
W6085.4.3.2	雷公斧	【关联】①
W6085.4.3.2.1	雷公斧的产生	
W6085.4.3.2.1.1	孤儿兄妹在泉边得到巨大的雷公斧	【水族】
W6085.4.3.2.1.2	河岸上的石洞中有一把雷公斧	【回族】
W6085.4.3.2.2	雷公斧的特征	
W6085.4.3.2.2.1	雷公斧威力巨大	【水族】
W6085.4.3.2.2.2	雷公斧与火有关	
W6085.4.3.2.2.2.1	雷公斧是火镰子	【回族】
W6085.4.3.2.3	与雷公斧有关的其他母题	
W6085.4.3.3	开天辟地斧	【汉族】
W6085.4.3.3.1	盘古王经过 9999 年造出一把开天辟地的大板斧	【布依族】

① ［W6964.2］火镰是雷公斧；［W8891.3］用雷公斧斗恶龙。

W 编码	母题描述	关联项
W6085. 4. 3. 3. 2	混沌中生开天辟地斧	【汉族】
W6085. 4. 3. 3. 3	开天斧	［W1110. 4］用斧子造天地
W6085. 4. 3. 3. 3. 1	金星化为开天斧	【汉族】
W6085. 4. 3. 4	石斧	【侗族】
W6085. 4. 3. 4. 1	石斧的产生	［W6085. 4. 1. 4. 2. 1］人类第一对夫妻生的第二代公楼与萨当造石斧
W6085. 4. 3. 4. 1. 0	石斧自然存在	【汉族】
W6085. 4. 3. 4. 1. 1	女神扎深木和男神支乌·江求深巴到人间婚后教生育的孩子造出世间第一把石斧	【门巴族】
W6085. 4. 3. 4. 1. 2	石匠用石头打制斧头	【瑶族】
W6085. 4. 3. 4. 1. 3	伏羲女娲教人用石头磨制成斧	【汉族】
W6085. 4. 3. 4. 1. 4	太荒中出现石斧	【汉族】
W6085. 4. 3. 4. 2	勇士用石斧斩龙精	【满族】
W6085. 4. 3. 4. 3	神子用石斧劈碎魔锁	【普米族】
W6085. 4. 3. 4. 4	小伙子用石斧开荒	【独龙族】
W6085. 4. 3. 4. 5	石斧的其他功能	【关联】①
W6085. 4. 3. 4. 5. 1	盘古石斧化雷电	【汉族】
W6085. 4. 3. 4. 6	特定的石斧	
W6085. 4. 3. 4. 6. 1	大禹的石斧	【汉族】
W6085. 4. 3. 4. 6. 2	黄帝的石斧	
W6085. 4. 3. 4. 6. 2. 1	轩辕用石斧斗猛虎	【侗族】
W6085. 4. 3. 4. 7	与石斧有关的其他母题	
W6085. 4. 3. 4. 7. 1	金石斧	
W6085. 4. 3. 4. 7. 1. 1	盘古有一把不知几千几万斤的金石斧头	【汉族】
W6085. 4. 3. 4a	陶斧	

① ［W6024. 3. 8］用树杈石斧狩猎；［W6054. 1. 2］用石斧种地。

W 编码	母题描述	关联项
W6085.4.3.4a.1	神农制作陶斧	【汉族】@［W6085.4.1.4.1.3.1］神农作陶冶斧斤
W6085.4.3.5	木斧	
W6085.4.3.6	铜斧	
W6085.4.3.6.1	炼铜铸模造铜斧	【壮族】
W6085.4.3.6a	铁斧	
W6085.4.3.6a.1	发现火后，聪明人用铁造斧子	【彝族（阿细）】
W6085.4.3.6b	金斧	［W6048.3.6.1.1］盘古手拿金斧开田地
W6085.4.3.6b.1	金斧头可砍梭罗树	【汉族】
W6085.4.3.7	砍斧	
W6085.4.3.7.1	猫头鹰教汉人造砍斧	【哈尼族】
W6085.4.3.8	偏斧	
W6085.4.3.8.1	猫头鹰教哈尼人造偏斧	【哈尼族】
W6085.4.3.9	其他特定的斧子	
W6085.4.3.9.1	手斧	
W6085.4.3.9.1.1	猫头鹰教彝家人造手斧	【哈尼族】
W6085.4.3.9.2	七星斧	
W6085.4.3.9.2.1	裂开的石头中出现一把金光闪闪的七星斧	【满族】
W6085.4.3.9.3	玉斧	
W6085.4.3.9.3.1 *	玉斧作为殉葬品是身份的标志	【中华民族】
W6085.4.3.9.4	开山斧	［W6085.4.1.2.2］神农从太上老君那里得到开山斧
W6085.4.3.9.4.1	天帝赐特定人物开山斧	
W6085.4.3.9.4.2	盘古神手执一把开山斧	【汉族】
W6085.4.3.9.4.3	大禹的开山斧	【汉族】@［W6085.4.3.9.6.3］大禹的开山神斧
W6085.4.3.9.5	板斧	

W 编码	母题描述	关联项
W6085. 4. 3. 9. 5. 1	盘古造板斧	【布依族】
W6085. 4. 3. 9. 6	神斧	
W6085. 4. 3. 9. 6. 1	天神赐神斧	【满族】
W6085. 4. 3. 9. 6. 2	鲁班的神斧	【汉族】
W6085. 4. 3. 9. 6. 3	大禹的开山神斧	【汉族】
W6085. 4. 3. 9. 6. 3. 1	大禹用开山神斧治水	【汉族】
W6085. 4. 3. 9. 7	斩妖斧	
W6085. 4. 3. 9. 7. 1	盘古的斩妖斧	【汉族】
W6085. 4. 3. 9. 8	宝斧	
W6085. 4. 3. 9. 8. 1	为帮大禹治水，瑶姬从天宫借劈山宝斧	【汉族】
W6085. 4. 4	与斧子有关的其他母题	［W8752. 2］战斧
W6085. 5	镐	
W6085. 5. 1	镐的产生	
W6085. 5. 2	镐的特征	
W6085. 5. 3	特定的镐	
W6085. 5. 4	与镐有关的其他母题	
W6085. 6	镢（扳镢；镢头）	
W6085. 6. 1	镢的产生	
W6085. 6. 1. 1	黄帝与炎帝用制兵器的铜铸造镢	【汉族】
W6085. 6. 1. 2	神农造镢	【汉族】
W6085. 6. 1. 2. 1	老天爷梦中指点神农造镢	【汉族】
W6085. 6. 1. 2. 2	神农用钩石造镢	【汉族】
W6085. 6. 2	镢的特征（镢的功能）	
W6085. 6. 2. 1	镢头能提高开荒速度	【汉族】
W6085. 6. 3	特定的镢	
W6085. 6. 3. 1	石镢	
W6085. 6. 3. 1. 1	神农用石头制成石镢	【汉族】
W6085. 6. 4	与镢有关的其他母题	

W 编码	母题描述	关联项
W6085.6.4.1	“镢头”名称源于最早的“决头”	【汉族】
W6085.7	耒	
W6085.7.1	耒的产生	［W6039.6.1］先农神耒耜教民
W6085.7.1.1	仿照动物牙齿造耒	
W6085.7.1.1.1	最早的姐弟俩仿照地老鼠的牙齿造木耒	【珞巴族】@［W6088.3.1.2.3.2.1.1］最早的姐弟俩仿照地老鼠的牙齿造木锄
W6085.7.1.2	神农氏揉木为耒	【汉族】
W6085.7.1.2a	神农氏之裔赤制氏作耒	【中华民族】
W6085.7.1.2b	神农发明耒耜	【中华民族】@［W6039.6.1］先农神耒耜教民
W6085.7.1.3	炎帝氏揉木为耒	【汉族】
W6085.7.1.3a	炎帝的臣下制耒	【汉族】
W6085.7.1.3b *	炎帝发明耒耜	【中华民族】
W6085.7.1.4	尧造耒	
W6085.7.1.4.1	尧派咎繇传授制造耒耜技术	【汉族】
W6085.7.2	耒的特征	
W6085.7.2.1	耒是挖地的工具	【汉族】
W6085.7.2.2	耒耜可以翻土	【中华民族】
W6085.7.2.3	耒耜可以铲除杂草	【中华民族】
W6085.7.3	特定的耒产生	
W6085.7.3.1	木耒	
W6085.7.3.1.1	木耒是挖地的工具	【汉族】
W6085.7.3.1.2	木耒像吃饭用的刀叉	【汉族】
W6085.7.4	与耒有关的其他母题	
W6085.7.4.1 *	湖南耒阳市得名于“神农作耒”	【中华民族】
W6085.7.4.1a *	神农氏之裔赤制氏在郴州耒山造耒	【中华民族】
W6085.7.4.2	耒耙	

W 编码	母题描述	关联项
W6085. 7. 4. 2. 1	神农和族民造的耒耙是人用的第一张犁	【汉族】
W6085. 8	犁	
W6085. 8. 1	犁的产生	
W6085. 8. 1. 1	按照天神的安排造犁	【拉祜族】
W6085. 8. 1. 2	从特定的地方得到犁	
W6085. 8. 1. 2. 1	从山洞中得到石犁	【满族】
W6085. 8. 1. 2. 2	龙头山里有金犁	【满族】
W6085. 8. 1. 3	特定的人物造犁	
W6085. 8. 1. 3. 1	祖先造犁	
W6085. 8. 1. 3. 1. 1	祖先翁嘎造犁	【民族，关联】①
W6085. 8. 1. 3. 2	炎帝造犁（炎帝造犁锄）	【壮族】
W6085. 8. 1. 3. 2a	神农造犁（炎帝造犁）	【汉族】@［W6085. 8. 1. 4. 9. 2］神农和族民们把一棵弯曲的树干顶端砍尖，拴上藤条造成犁
W6085. 8. 1. 3. 2a. 1	神农教人做犁耙	【汉族】
W6085. 8. 1. 3. 2a. 2	神农氏部落创造耕田用的犁	【中华民族】
W6085. 8. 1. 3. 3	炎黄造犁	
W6085. 8. 1. 3. 3. 1	炎黄联合用铜铸造犁	【汉族】@［W6085. 6. 1. 1］黄帝与炎帝用制兵器的铜铸造镢
W6085. 8. 1. 3. 3. 2	炎帝造犁	【汉族】
W6085. 8. 1. 3. 4	其他特定人物造犁	
W6085. 8. 1. 3. 4. 1	摩批的儿子炼铁造犁头	【哈尼族】@［W6076. 6. 1. 4. 1］摩批父亲告诉儿子用天上掉下的铁石头炼铁
W6085. 8. 1. 4	造犁的方法（造犁的材料）	
W6085. 8. 1. 4. 1	曲布居木家的儿子用格尼树做犁头	【彝族】@［W6045. 3. 2. 4. 1］曲布居木家的儿子用格尼树做犁头，用阿吉树做枷担，用嫩竹做牵绳，用黄竹做鞭子赶牛耕田

① 【布依族】@［W6083. 3. 2. 2］祖先翁嘎造农具；［W6085. 4. 1. 4. 1. 2. 1］布依族祖先翁嘎造斧子［W6086. 11. 1. 3］祖先翁嘎造耙。

W 编码	母题描述	关联项
W6085.8.1.4.2	砍橡子树做犁架，安上铁犁头	【彝族】
W6085.8.1.4.2a	用树木兜勒造犁头和铧口	【苗族】
W6085.8.1.4.2b	用栎木造犁头，用生钢铸造铧口	【苗族】
W6085.8.1.4.3	人炼出铁后，照着牛屎虫打出第一把犁头	【拉祜族】
W6085.8.1.4.4	太阳告诉人在木犁上安装一张铁的铧尖	【回族】
W6085.8.1.4.5	削栗木为犁	【白族】
W6085.8.1.4.5a	砍松木做犁杖	【土族】
W6085.8.1.4.6	白帝用太阳炼金造犁	【汉族】
W6085.8.1.4.7	拔龙角为犁	【瑶族】
W6085.8.1.4.8	人用两根粗木棒做成一个“丫”形架子，拴上绳索造犁	【土族】
W6085.8.1.4.9	造犁的其他方法	
W6085.8.1.4.9.1	炎帝用弯曲的木头做成犁	【汉族】
W6085.8.1.4.9.2	神农和族民们把一棵弯曲的树干顶端砍尖，拴上藤条造成犁	【汉族】
W6085.8.1.5	变化产生犁	
W6085.8.1.5.1	太上老君的拂尘变成神犁	【汉族】
W6085.8.1.6	与犁的产生有关的其他母题	［W6432.3.1］犁崇拜
W6085.8.1.6.1	木棒做犁	【白族】
W6085.8.1.6.2	特定人物教人造犁耙	
W6085.8.1.6.2.1	岑逊教人们制造犁耙	【壮族】
W6085.8.2	犁的特征（犁的功能；犁的结构）	
W6085.8.2.1	犁的形状	
W6085.8.2.2	犁头（犁铧）	
W6085.8.2.2.0	向蚯蚓学会造犁头	【白族】

W 编码	母题描述	关联项
W6085. 8. 2. 2. 1	花椒树做犁头	【羌族】
W6085. 8. 2. 2. 2	用栎树装犁头	【彝族】
W6085. 8. 2. 2. 2a	格尼树做犁头	【彝族】
W6085. 8. 2. 2. 3	铁做犁铧	【苗族】
W6085. 8. 2. 2. 4	犁铧产生的其他情形	【关联】①
W6085. 8. 2. 2. 4. 1	龙角来作犁头	【瑶族】
W6085. 8. 2. 2. 4. 2	非金非铁的犁铧	【汉族】
W6085. 8. 2. 2. 5	犁铧的特征	
W6085. 8. 2. 2. 5a	犁头的使用	［W6045. 3. 2. 4. 2］橡子树做犁架，安上铁犁头，水牛黄牛脖子架弯担，拴上皮索子去耕田
W6085. 8. 2. 2. 6	与犁铧有关的其他母题	
W6085. 8. 2. 2. 6. 1	犁铧竖堂心	【纳西族】
W6085. 8. 2. 2. 6. 2	与犁铧有关的名称	
W6085. 8. 2. 2. 6. 2. 1	曲阜城西的犁锌店传说是神农教民做犁铧的地方	【中华民族】
W6085. 8. 2. 3	犁身	
W6085. 8. 2. 3. 1	尧砍巨槐做犁身	【汉族】
W6085. 8. 2. 4	犁耙	
W6085. 8. 2. 5	用犁耕田省力	【回族】
W6085. 8. 3	特定的犁（犁的类型）	
W6085. 8. 3. 0	木犁	
W6085. 8. 3. 0. 1	神农用树木制成木犁	【汉族】
W6085. 8. 3. 0. 2	牛拉木犁犁地	【汉族】
W6085. 8. 3. 1	石犁	
W6085. 8. 3. 1. 1	特定人物教人造石犁	
W6085. 8. 3. 1. 1. 1	开山格格教人造石犁	【满族】
W6085. 8. 3. 2	铁犁	【彝族】

① ［W6081. 3. 1. 4. 1］地母用石头片做成锄头，用弯木棒做成犁头；［W6085. 8. 1. 3. 4. 1］摩批的儿子炼铁造犁头。

W 编码	母题描述	关联项
W6085.8.3.3	金犁	【汤普森】F858；【汉族】
W6085.8.3.3.1	金犁源于特定地方	［W6085.8.1.2.2］龙头山里有金犁
W6085.8.3.3.1.1	金犁源于山洞	【满族】
W6085.8.3.3.2	神人使用金犁	【哈尼族】
W6085.8.3.3.3	大金牛拉金犁	【汉族】
W6085.8.3.3a	银犁	【土族】@［W6045.3.7.3］捉野牛驾银犁耕田
W6085.8.3.4	江东犁	
W6085.8.3.5	仙犁	
W6085.8.3.5.1	禹有神牛仙犁	【汉族】
W6085.8.3.6	龙角犁	［W6085.8.1.4.7］拔龙角为犁
W6085.8.3.6.1	龙角犁能自行犁地	【瑶族】
W6085.8.3.7	双犁耙索	
W6085.8.3.7.1	用稻草芯扭成双犁耙索	【苗族】
W6085.8.3.8	天犁	
W6085.8.3.8.1	尧造三张天犁	【汉族】
W6085.8.4	与犁有关的其他母题	
W6085.8.4.1	用龙角犁田	
W6085.8.4.1.1	龙角自动犁田	【瑶族】
W6085.8.4.2	用脚趾当犁耙犁地	【瑶族】
W6085.8.4.3	犁的其他名称	
W6085.8.4.3.1	犁又称“耒耙”	【汉族】
W6085.9	鞭子（牛鞭）	
W6085.9.1	鞭的产生（牛鞭的产生）	
W6085.9.1.1	女娲造鞭	
W6085.9.1.1.1	女娲把束发的红头绳解下来送给稷做鞭	【汉族】

W 编码	母题描述	关联项
W6085. 9. 1. 2	神农氏造鞭子	
W6085. 9. 1. 2. 1	神农氏剥树皮拧成一条鞭子	【汉族】
W6085. 9. 1. 3	炎帝造鞭	
W6085. 9. 1. 3. 1	炎帝拔大树用树皮拧成一条鞭子	【汉族】
W6085. 9. 1. 4	小男孩造鞭	
W6085. 9. 1. 4. 1	小男孩拔柳条当鞭杆	【土族】
W6085. 9. 2	鞭的特征（牛鞭的特征）	
W6085. 9. 3	特定的鞭	
W6085. 9. 3. 1	竹鞭	
W6085. 9. 3. 1. 1	牛鞭要用竹子做	【苗族】
W6085. 9. 3. 2	赭鞭	
W6085. 9. 3. 2. 1	神农的“赭鞭”是神鞭	【汉族】
W6085. 9. 3. 2. 2	神农的赭鞭能变色	【中华民族】
W6085. 9. 3. 2. 3	神农以赭鞭辨百草的药性	【汉族】
W6085. 9. 3. 2. 4	赭鞭赤褐色	
W6085. 9. 3. 2. 4. 1	赤褐色赭鞭是神农火德化身	【中华民族】
W6085. 9. 3. 3	金鞭	
W6085. 9. 3. 3. 1	蛇变成金鞭	【汉族】
W6085. 9. 3. 3a	铁鞭	
W6085. 9. 3. 3a. 1	老子造铁鞭	【汉族】
W6085. 9. 3. 4	神鞭	［W6049. 5. 3. 4. 1］神农用神鞭造井灌溉
W6085. 9. 3. 4. 1	盘古送女娲娘神鞭	【汉族】
W6085. 9. 3. 4. 2	天帝赐神鞭	【汉族】
W6085. 9. 3. 4. 2. 1	天帝给神农一支神鞭	【汉族】
W6085. 9. 3. 4. 3	神鞭能除去毒草的毒	【汉族】
W6085. 9. 3. 5	赶山鞭	【汉族】
W6085. 9. 3. 5. 1	赶山鞭能移山	【壮族】

W 编码	母题描述	关联项
W6085.9.3.6	驱邪鞭	
W6085.9.3.6.1	南山仙子使者的桃枝变成驱邪鞭	【仫佬族】
W6085.9.4	与鞭有关的其他母题	
W6085.10	牲口套（嚼子）	
W6085.10.1	牲口套的产生	
W6085.10.2	牲口套的特征	
W6085.10.3	特定的牲口套	
W6085.10.4	与牲口套有关的其他母题	
W6085.11	耜	
W6085.11.1	耜的产生	
W6085.11.1.1	神农氏斫木为耜	【汉族】@［W6085.7.1.2］神农氏揉木为耒
W6085.11.1.1a	神农桡木为耒	【中华民族】
W6085.11.1.1b	神农氏之裔赤制氏造耜	【中华民族】
W6085.11.1.2	炎帝斫木为耜	【汉族】
W6085.11.1.2a	炎帝用结实的木头做成耜	【汉族】
W6085.11.1.2b	炎帝断木作理，揉木作耒	【中华民族】
W6085.11.2	耜的特征	
W6085.11.3	特定的耜	
W6085.11.3.1	骨耜	
W6085.11.3.1.1	尧的臣属倕发明骨耜	【汉族】
W6085.11.3.1.2	骨耜用水牛的肩胛骨加工修整而成	【汉族】
W6085.11.4	与耜有关的其他母题	［W6085.7］耒
W6085.11.4.1	神农氏之裔赤制氏在郴州耒山造耜	【中华民族】
W6085.12	耙	
W6085.12.1	耙的产生	

W 编码	母题描述	关联项
W6085. 12. 2	耙的特征	
W6085. 12. 3	特定的耙	
W6085. 12. 3. 1	木齿耙	
W6085. 12. 3. 2	铁齿耙	
W6085. 12. 4	与耙有关的其他母题	
W6085. 13	锨	
W6085. 13. 1	锨的产生	
W6085. 13. 2	锨的特征	
W6085. 13. 3	特定的锨	
W6085. 13. 3. 1	木锨	
W6085. 13. 4	与锨有关的其他母题	
W6085. 14	锹	
W6085. 14. 1	锹的产生	
W6085. 14. 1. 1	祖先造锹	【侗族】
W6085. 14. 2	锹的特征	
W6085. 14. 2. 1	锹用来铲平	【汉族】
W6085. 14. 3	特定的锹	
W6085. 14. 3. 1	石锹	
W6085. 14. 3. 1. 1	人类第一对夫妻生的第二代公楼与萨当造石锹	【侗族】@［W6085. 4. 1. 4. 2. 1］人类第一对夫妻生的第二代公楼与萨当造石斧”
W6085. 14. 4	与锹有关的其他母题	
W6085. 15	与耕翻工具有关的其他母题	
W6085. 15. 1	拖拉式农具	
W6086	**整地工具（用于整地的农具）**	
W6086. 1	耖	
W6086. 1. 1	耖的产生	
W6086. 1. 2	耖的特征	
W6086. 1. 3	特定的耖	

W 编码	母题描述	关联项
W6086.1.4	与耖有关的其他母题	
W6086.2	打坌器	
W6086.2.1	打坌器的产生	
W6086.2.2	打坌器的特征	
W6086.2.3	与打坌器有关的其他母题	
W6086.3	挞	
W6086.3.1	挞的产生	
W6086.3.2	挞的特征	
W6086.3.3	与挞有关的其他母题	
W6086.4	扶坌器	
W6086.4.1	扶坌器的产生	
W6086.4.2	扶坌器的特征	
W6086.4.3	与扶坌器有关的其他母题	
W6086.5	砘子	
W6086.5.1	砘子的产生	
W6086.5.2	砘子的特征	
W6086.5.3	特定的砘子	
W6086.5.4	与砘子有关的其他母题	
W6086.6	刮板	
W6086.6.1	刮板的产生	
W6086.6.2	刮板的特征	
W6086.6.3	特定的刮板	
W6086.6.4	与刮板有关的其他母题	
W6086.7	磙（碌碡；石磙；陆轴）	
W6086.7.1	磙的产生	
W6086.7.1.1	伏羲兄妹为验证婚姻造石磙子	【汉族】
W6086.7.1.2	伏羲兄妹先各自锤出石磙子，再打磨光	【汉族】

W 编码	母题描述	关联项
W6086. 7. 1. 3	石匠做碌碡	【东乡族】
W6086. 7. 2	磙的特征	
W6086. 7. 2. 1	碌碡用来碾场	【东乡族】
W6086. 7. 3	特定的磙	
W6086. 7. 4	与磙有关的其他母题	
W6086. 8	合墒器	
W6086. 8. 1	合墒器的产生	
W6086. 8. 2	合墒器的特征	
W6086. 8. 3	特定的合墒器	
W6086. 8. 4	与合墒器有关的其他母题	
W6086. 9	耢（劳）	
W6086. 9. 1	耢的产生	
W6086. 9. 2	耢的特征	
W6086. 9. 3	特定的耢	
W6086. 9. 4	与耢有关的其他母题	
W6086. 10	砺礋	
W6086. 10. 1	砺礋的产生	
W6086. 10. 2	砺礋的特征	
W6086. 10. 3	特定的砺礋	
W6086. 10. 4	与砺礋有关的其他母题	
W6086. 11	耙	
W6086. 11. 1	耙的产生	
W6086. 11. 1. 1	神造耙	【黎族】
W6086. 11. 1. 2	按照天神的安排造耙	【拉祜族】@［W6085. 8. 1. 1］按照天神的安排造犁
W6086. 11. 1. 3	祖先翁嘎造耙	【布依族】
W6086. 11. 1. 4	太上老君造耙梳	【汉族】
W6086. 11. 1. 5	最早的兄妹用猴骨造耙	【珞巴族】
W6086. 11. 1. 6	从特定地方带来耙	
W6086. 11. 1. 6. 1	从天上带来耙	【瑶族】

W 编码	母题描述	关联项
W6086.11.2	耙的特征	
W6086.11.2.1	耙的重量	
W6086.11.2.1.1	耙重九千九百八十斤	【瑶族】
W6086.11.3	特定耙的产生	
W6086.11.3.1	水田耙	［W6048.6］造水田
W6086.11.3.2	钉耙	
W6086.11.3.2.1	九钉神耙	【羌族】
W6086.11.3.3	铁耙	
W6086.11.3.3.1	九齿铁耙	【瑶族】
W6086.11.3.4	神耙	
W6086.11.3.4.1	抓山神耙	【中华民族】
W6086.11.4	与耙有关的其他母题	
W6086.11.4.1	用猴子的颚骨耙地种庄稼	【珞巴族】
W6086.12	平板	
W6086.12.1	平板的产生	
W6086.12.2	平板的特征	
W6086.12.3	特定的平板	
W6086.12.4	与平板有关的其他母题	
W6086.13	田荡	
W6086.13.1	田荡的产生	
W6086.13.2	田荡的特征	
W6086.13.3	特定的田荡	
W6086.13.4	与田荡有关的其他母题	
W6086.14	挖坑器	【关联】①
W6086.14.1	挖坑器的产生	
W6086.14.2	挖坑器的特征	
W6086.14.3	特定的挖坑器	
W6086.14.4	与挖坑器有关的其他母题	

① ［W6044.3.6.1］兄妹挖地种田；［W6045.4］翻土挖地。

W 编码	母题描述	关联项
W6086. 15	耰	
W6086. 15. 1	耰的产生	
W6086. 15. 2	耰的特征	
W6086. 15. 3	特定的耰	
W6086. 15. 4	与耰有关的其他母题	
W6087	**种植工具（播种农具；用于种植的农具；用于播种的农具）**	
W6087. 1	播种器	［W6049. 1］播种（撒种；耕种中的撒种）
W6087. 1. 1	播种器的产生	
W6087. 1. 2	播种器的特征	
W6087. 1. 3	特定的播种器	
W6087. 1. 4	与播种器有关的其他母题	
W6087. 2	插秧器	［W6049. 3］插秧（耕种中的移栽秧苗）
W6087. 2. 1	插秧器的产生	
W6087. 2. 2	插秧器的特征	
W6087. 2. 3	特定的插秧器	
W6087. 2. 4	与插秧器有关的其他母题	
W6087. 3	点播器（撒播器、穴播器）	
W6087. 3. 1	点播器的产生	
W6087. 3. 2	点播器的特征	
W6087. 3. 3	特定的点播器	
W6087. 3. 4	与点播器有关的其他母题	
W6087. 4	耧（耧车）	
W6087. 4. 1	耧的产生	
W6087. 4. 2	耧的特征	
W6087. 4. 3	特定耧的产生	
W6087. 4. 4	与耧有关的其他母题	

W 编码	母题描述	关联项
W6087.5	窍瓠	
W6087.5.1	窍瓠的产生	
W6087.5.2	窍瓠的特征	
W6087.5.3	与窍瓠有关的其他母题	
W6087.6	秧马	［W6049.3］插秧（耕种中的移栽秧苗）
W6087.6.1	秧马的产生	
W6087.6.2	秧马的特征	
W6087.6.2	与秧马有关的其他母题	
W6087.7	与种植工具有关的其他母题	
W6088	**中耕工具（用于中耕的农具）**①	
W6088.1	拌斫	
W6088.1.1	拌斫的产生	
W6088.1.2	拌斫的特征	
W6088.1.3	特定的拌斫	
W6088.1.4	与拌斫有关的其他母题	
W6088.3	锄	
W6088.3.0	以前，没有锄	
W6088.3.0.1	很古以前，锄地没有锄	【汉族】
W6088.3.0.2	最早时，人锄地用手	【汉族】
W6088.3.0.3	从前，榜地不用锄而是用铲	【汉族】
W6088.3.1	锄的产生	【汉族】
W6088.3.1.1	锄源于特定地方（特定人物给人锄）	
W6088.3.1.1.0	锄从天降（天降锄）	

① 中耕工具，这类农具主要用于除草、间苗、培土作业。从目前见到的传统农业劳作方式又可分为旱地除草工具和水田除草工具两类。如旱地除草工具中最具有代表性的“锄”，最早时是石锄，后来的铁锄据说春秋战国时期开始使用。同样，“耘耥”作为水田除草工具，据说在宋元时期开始使用。但神话讲述与传承中解释这类农具的来历时往往会与神话思维结合在一起。

W 编码	母题描述	关联项
W6088. 3. 1. 1. 0. 1	天给人下的弯的铁片成为锄	【汉族】
W6088. 3. 1. 1. 1	奥玛赐给洪水幸存者锄头	【哈尼族】
W6088. 3. 1. 1. 2	一个老人送给敬老者一把锄头	【汉族】
W6088. 3. 1. 2	造锄	
W6088. 3. 1. 2. 1	神造锄	
W6088. 3. 1. 2. 1. 1	雷神打造出锄头	【彝族】
W6088. 3. 1. 2. 1. 2	天神造锄	
W6088. 3. 1. 2. 1. 2. 1	天上神仙把人锄草的铁棒弯个大弯，把铁板戳一个孔成为锄	【汉族】
W6088. 3. 1. 2. 2	特定的人物造锄	［W6076. 1. 1］神蛋孵出工匠
W6088. 3. 1. 2. 2. 1	卵生的工匠打出锄镰	【哈尼族】
W6088. 3. 1. 2. 2. 1. 1	神蛋孵出工匠制造锄头	【哈尼族】
W6088. 3. 1. 2. 2. 2	炎帝造锄	【壮族】@［W6085. 8. 1. 3. 2］炎帝造犁（炎帝造犁锄）
W6088. 3. 1. 2. 2. 2a	神农造锄	
W6088. 3. 1. 2. 2. 2a. 1	神农氏创造出木锄模子	【汉族】
W6088. 3. 1. 2. 2. 2a. 2	神农氏把玉皇大帝的龙头拐杖当做锄	【汉族】
W6088. 3. 1. 2. 2. 3	炎黄造锄	
W6088. 3. 1. 2. 2. 3. 1	黄帝与炎帝用制兵器的铜铸造锄	【民族，关联】①
W6088. 3. 1. 2. 2. 4	太上老君造锄头	
W6088. 3. 1. 2. 2. 4. 1	太上老君教人造锄	【汉族】@［W6952. 2. 5. 1］太上老君为人间点化了生火方法

① 【汉族】@［W6085. 6. 1. 1］黄帝与炎帝用制兵器的铜铸造镢；［W6085. 8. 1. 3. 3. 1］炎黄联合用铜铸造犁；［W6091. 8. 1. 1］黄帝与炎帝联盟后把制兵器的铜铸造成镰。

W 编码	母题描述	关联项
W6088.3.1.2.2.4.1.1	太上老君点化人们生火和制作锄头的方法	【汉族】
W6088.3.1.2.2.5	1 对兄妹造锄	
W6088.3.1.2.2.5.1	洪水后幸存的 1 对兄妹俩按照天神的安排造了锄头	【拉祜族】@［W6088.3.3.4.1］天地生的兄妹仿照地老鼠的牙齿制作木锄
W6088.3.1.2.2.6	汉族和侗族会造锄	【苗族】
W6088.3.1.2.2.7	老子打造锄头	【羌族】
W6088.3.1.2.2.8	懒汉发明锄	【汉族】
W6088.3.1.2.3	造锄方法（造锄方法的获得）	
W6088.3.1.2.3.1	特定人物教人造锄	
W6088.3.1.2.3.1.1	按照天神的安排造锄	【拉祜族】
W6088.3.1.2.3.1.2	特定祖先教人造锄	
W6088.3.1.2.3.1.2.1	太祖母密洛陀教导人制锄头	【瑶族（布努）】
W6088.3.1.2.3.2	受到特定物的启发造锄	【汉族】
W6088.3.1.2.3.2.1	仿照动物牙齿造锄	
W6088.3.1.2.3.2.1.1	最早的姐弟俩仿照地老鼠的牙齿造锄	【珞巴族】
W6088.3.1.2.3.2.2	向啄木鸟学会造锄	【白族】@［W6091.8.1.6.1］向啄木鸟学会造镰
W6088.3.1.2.3.2.3	模仿拐杖造锄	【汉族】
W6088.3.1.2.3.3	老寿星用巫术变化出炼铁炉炼铁造锄	【汉族】
W6088.3.1.2.4	造锄的材料	
W6088.3.1.2.4.1	用石头做锄头	【汉族】
W6088.3.1.2.4.2	用木棍当锄头	【黎族】
W6088.3.1.2.4.3	用铁打成锄头	【彝族】
W6088.3.1.2.4.4	用铜造锄	
W6088.3.1.2.4.4.1	黄帝与炎帝用制兵器的铜铸造锄	【汉族】

W 编码	母题描述	关联项
W6088. 3. 1. 2. 5	与造锄有关的其他母题	
W6088. 3. 1. 3	变化产生锄（锄是变化产生的）	
W6088. 3. 1. 3. 1	母猪骨头变成锄	【珞巴族】
W6088. 3. 1. 4	特定农具变形为锄	
W6088. 3. 1. 4. 1	人耪地时摔弯铲头成为锄	【汉族】
W6088. 3. 1. 4. 2	铲变弯形成锄	【汉族】
W6088. 3. 1. 4. 2. 1	小铁匠打老君铲子碰在石头上折弯变成锄	【汉族】
W6088. 3. 1. 4. 2. 2	懒汉的铲子头碰弯变成锄	【汉族】
W6088. 3. 1. 4. 2. 3	铁铲铲地时把铲铲弯变成锄	【汉族】
W6088. 3. 1. 4. 2. 4	太上老君把铲窝个钩儿成了锄头	【汉族】
W6088. 3. 1. 4. 3	薅锄被杵变形变成现在的锄	【汉族】
W6088. 3. 1. 4. 4	月亮变成锄	
W6088. 3. 1. 4. 4. 1	月亮上面抠个眼安上木把成为锄	【汉族】
W6088. 3. 2	锄的特征（锄的功能）	［W6054. 1. 7. 2. 3］用锄耕种山地
W6088. 3. 2. 1	锄为什么是弯的	【汉族】@［W6088. 3. 1. 4. 2］铲变弯形成锄
W6088. 3. 2. 1. 1	人为省劲把锄勾改成弯的	【汉族】
W6088. 3. 2. 1. 2	把在下巴底下被拄弯	【汉族】
W6088. 3. 2. 1. 3	好吃懒做的女人手杵起锄头睡着了把锄头颈子杵弯	【汉族】
W6088. 3. 2. 1a	以前，锄是直的没有勾	【汉族】
W6088. 3. 2. 2	用锄开荒	【仫佬族】
W6088. 3. 2. 3	用锄除草比用铲子往前铲省力	【汉族】
W6088. 3. 2. 3a	用锄耪地比以前铲地省力	【汉族】
W6088. 3. 2. 3b	铲子脖弯后翻过来扒比铲草得劲	【汉族】

W 编码	母题描述	关联项
W6088.3.2.3c	锄除草比铲子好用	【汉族】
W6088.3.3	特定的锄	
W6088.3.3.1	漏锄	
W6088.3.3.2	耧锄	
W6088.3.3.3	耘锄	
W6088.3.3.4	木锄	【黎族】【珞巴族】@［W6088.3.1.2.4.2］用木棍当锄头
W6088.3.3.4.1	天地生的姐弟仿照地老鼠的牙齿制作木锄	【珞巴族】
W6088.3.3.4.2	农人根据神农氏给的式样制造木锄	【汉族】
W6088.3.3.4a	石锄	
W6088.3.3.4a.1	用石头片做成锄头	【白族】
W6088.3.3.5	仙锄	【水族】
W6088.3.3.5a	宝锄	
W6088.3.3.5a.1	宝锄把十天活路一天就做完	【布依族】
W6088.3.3.6	薅锄	
W6088.3.3.6.1	为除草打铁薅锄	【土家族】
W6088.3.3.6.2	以前，薅锄和锹一样，是直颈项	【汉族】
W6088.3.3.7	撬锄	
W6088.3.3.7.1	发现火后，聪明人用铁造撬锄	【彝族（阿细）】
W6088.3.3.8	板锄	
W6088.3.3.8.1	发现火后，聪明人用铁造板锄	【彝族（阿细）】
W6088.3.4	锄的附件	
W6088.3.4.1	锄头	
W6088.3.4.1.1	古时候锄头是直的	【汉族】@［W6088.3.2.1a］以前，锄是直的没有勾

W 编码	母题描述	关联项
W6088. 3. 4. 1. 2	捡来宝珠镶在锄头上	【布依族】
W6088. 3. 5	与锄有关的其他母题	
W6088. 4	除草器	
W6088. 4. 1	除草器的产生	
W6088. 4. 2	除草器的特征	
W6088. 4. 3	特定的除草器	
W6088. 4. 3. 1	水田除草器	［W6086. 11. 3. 1］水田耙
W6088. 4. 4	与除草器有关的其他母题	［W6085. 1. 3. 1. 2］石锛用于斩草
W6088. 5	锋	
W6088. 5. 1	锋的产生	
W6088. 5. 2	锋的特征	
W6088. 5. 3	与锋有关的其他母题	
W6088. 6	耩子	
W6088. 6. 1	耩子的产生	
W6088. 6. 2	耩子的特征	
W6088. 6. 3	与耩子有关的其他母题	
W6088. 7	钩	［W6032. 5］鱼钩
W6088. 7. 1	木钩	【珞巴族】
W6088. 8	与中耕工具有关的其他母题	
W6089	**排灌工具（用于排灌的农具）**	
W6089. 1	抽水器	［W6049. 5］浇水（耕种中的灌溉；庄稼浇水；浇地）
W6089. 1. 1	抽水器的产生	
W6089. 1. 2	抽水器的特征	
W6089. 1. 3	特定的抽水器	
W6089. 1. 4	与抽水器有关的其他母题	

W 编码	母题描述	关联项
W6089.2	翻车	[W6216.3] 特定的车（特定名称的车）
W6089.2.1	翻车的产生	
W6089.2.2	翻车的特征	
W6089.2.3	特定的翻车	
W6089.2.4	与翻车有关的其他母题	
W6089.3	筒车	[W6216.3] 特定的车（特定名称的车）
W6089.3.1	筒车的产生	
W6089.3.2	筒车的特征	
W6089.3.3	特定的筒车	
W6089.3.4	与筒车有关的其他母题	
W6089.4	桔槔	
W6089.4.1	桔槔的产生	
W6089.4.2	桔槔的特征	
W6089.4.3	特定的桔槔	
W6089.4.4	与桔槔有关的其他母题	
W6089.5	戽斗	
W6089.5.1	戽斗的产生	
W6089.5.2	戽斗的特征	
W6089.5.3	特定的戽斗	
W6089.5.4	与戽斗有关的其他母题	
W6089.6	辘轳	[W6216.1.4.1] 车轮（车轱辘）
W6089.6.1	辘轳的产生	
W6089.6.2	辘轳的特征	
W6089.6.3	特定的辘轳	
W6089.6.4	与辘轳有关的其他母题	
W6089.7	水车	[W6216.3.24a] 水车

W 编码	母题描述	关联项
W6089. 7. 1	水车的产生	
W6089. 7. 1. 1	水车是刘三姐造的	【壮族】
W6089. 7. 1. 2	鲁班造水车	【汉族】
W6089. 7. 2	水车的特征	
W6089. 7. 3	特定的水车	
W6089. 7. 3. 1	木水车	
W6089. 7. 3. 2	立井水车	
W6089. 7. 4	与水车有关的其他母题	
W6089. 8	压井	
W6089. 8. 1	压井的产生	
W6089. 8. 2	压井的特征	
W6089. 8. 3	特定的压井	
W6089. 8. 4	与压井有关的其他母题	［W6209. 6］井
W6090	**施肥工具（用于施肥的农具）**	［W6049. 6］施肥（耕种中的施肥；肥料的来历）
W6090. 1	粪杈	［W6091. 2. 1］杈的产生
W6090. 1. 1	粪杈的产生	
W6090. 1. 2	粪杈的特征	
W6090. 1. 3	特定的粪杈	［W6091. 2. 3］特定的杈
W6090. 1. 4	与粪杈有关的其他母题	
W6090. 2	粪筐	
W6090. 2. 1	粪筐的产生	【汉族】@［W6091. 6. 1］筐的产生
W6090. 2. 2	粪筐的特征	
W6090. 2. 3	特定的粪筐	
W6090. 2. 4	与粪筐有关的其他母题	
W6090. 3	粪耧	

W 编码	母题描述	关联项
W6090. 3. 1	粪耧的产生	
W6090. 3. 2	粪耧的特征	
W6090. 3. 3	特定的粪耧	
W6090. 3. 4	与粪耧有关的其他母题	
W6090. 4	粪舀	
W6090. 4. 1	粪舀的产生	
W6090. 4. 2	粪舀的特征	
W6090. 4. 3	特定的粪舀	
W6090. 4. 4	与粪舀有关的其他母题	
W6091	**收获工具（用于收获的农具）**	
W6091. 1	扁担（担；担子）	
W6091. 1. 1	扁担的产生	
W6091. 1. 1. 1	按照天神的安排造扁担	【拉祜族】
W6091. 1. 1. 2	彩虹当扁担	
W6091. 1. 1. 2. 1	大力神到天上取下彩虹当扁担	【黎族】
W6091. 1. 1. 3	用植物杆做扁担	
W6091. 1. 1. 3. 1	用向日葵杆做扁担	【汉族】
W6091. 1. 1. 4	砍树木做扁担	【仫佬族】
W6091. 1. 2	扁担的特征	
W6091. 1. 2. 1	挑枫扁担像鸭翅	【苗族】
W6091. 1. 3	特定的扁担	
W6091. 1. 3. 1	木扁担	
W6091. 1. 3. 1. 1	汉人制造木扁担	【苗族】
W6091. 1. 3. 2	金子扁担（金扁担）	
W6091. 1. 3. 2. 1	金扁担使人丰衣足食	【汉族】
W6091. 1. 4	与扁担有关的其他母题	
W6091. 2	杈（叉）	

W 编码	母题描述	关联项
W6091. 2. 1	杈的产生	
W6091. 2. 1. 1	炼造叉	
W6091. 2. 1. 1. 1	人就按照布洛陀的嘱咐学会用孔雀石来炼叉	【壮族】
W6091. 2. 2	杈的特征	
W6091. 2. 3	特定的杈	［W6032. 6］鱼叉
W6091. 2. 3. 1	排杈	
W6091. 2. 3. 2	铜铁叉	
W6091. 2. 3. 2. 1	男性仙子阿尔师傅制成四把铜铁叉	【彝族】
W6091. 2. 3. 3	铁叉	
W6091. 2. 3. 3. 1	人造铁叉抵挡猛兽	【彝族（阿细）】
W6091. 2. 3. 3. 2	人最先打铁造出铁叉	【彝族（阿细）】
W6091. 2. 4	与杈有关的其他母题	
W6091. 3	桶（水桶；稻桶）	
W6091. 3. 0	以前，人没有水桶	【汉族】
W6091. 3. 1	桶的产生	
W6091. 3. 2	桶的特征	
W6091. 3. 3	特定的桶	
W6091. 3. 3. 1	木桶	
W6091. 3. 3. 1. 1	汉人造木桶	【苗族】
W6091. 3. 3. 1. 2	奇特的木桶	
W6091. 3. 3. 1. 2. 1	水母娘娘的木桶能盛下五湖四海的水	【汉族】
W6091. 3. 4	与桶有关的其他母题	
W6091. 3. 4. 1	被凿了洞的水桶	【独龙族】
W6091. 4	垛钩	
W6091. 4. 1	垛钩的产生	
W6091. 4. 2	垛钩的特征	
W6091. 4. 3	特定的垛钩	

W 编码	母题描述	关联项
W6091.4.4	与垛钩有关的其他母题	
W6091.5	呱嗒子	
W6091.5.1	呱嗒子的产生	
W6091.5.2	呱嗒子的特征	
W6091.5.3	特定的呱嗒子	
W6091.5.4	与呱嗒子有关的其他母题	
W6091.6	筐（箩筐）	
W6091.6.1	筐的产生	
W6091.6.1.1	按照天神的安排造背箩	【拉祜族】
W6091.6.1.2	舜造筐	【汉族】
W6091.6.2	筐的特征	
W6091.6.3	特定的筐	［W6090.2］粪筐
W6091.6.4	与筐有关的其他母题	［W8376］洪水时用筐（篮子）逃生
W6091.6a	篓	
W6091.6a.1	篓的产生	
W6091.6a.1.1	舜造篓	【汉族】
W6091.6a.2	篓的特征	
W6091.6a.3	特定的篓	［W6032.7］鱼篓
W6091.6a.3.1	背水篓	【汉族】
W6091.6a.3.2	竹篓	
W6091.6a.3.2.1	细竹篾编制的竹篓	【侗族】
W6091.6a.4	与篓有关的其他母题	
W6091.7	剪（剪子；剪刀）	
W6091.7.1	剪的产生	
W6091.7.1.1	用铁打造剪子	【彝族】
W6091.7.1.2	黄帝时代用骨做剪刀	【中华民族】
W6091.7.1.3	黄帝时代用木做剪刀	【中华民族】
W6091.7.2	剪的特征	
W6091.7.3	特定的剪	
W6091.7.3.1	铁剪	【彝族】

W 编码	母题描述	关联项
W6091. 7. 4	与剪有关的其他母题	
W6091. 8	镰（镰刀）	
W6091. 8. 1	镰的产生	
W6091. 8. 1. 1	黄帝与炎帝联盟后把制兵器的铜铸造成镰	【民族，关联】①
W6091. 8. 1. 2	太上老君造镰刀	【汉族】
W6091. 8. 1. 3	天神打制镰刀	【纳西族】
W6091. 8. 1. 4	神农造镰	【汉族】
W6091. 8. 1. 5	三兄弟用用铁打成镰刀	【彝族】
W6091. 8. 1. 6	其他特定人物造镰	
W6091. 8. 1. 6. 1	向啄木鸟学会造镰	【白族】
W6091. 8. 1. 6. 2	聪明人造镰刀	【彝族（阿细）】
W6091. 8. 1. 7	变化产生镰	
W6091. 8. 1. 7. 1	仙女把树叶变成小镰刀	【汉族】
W6091. 8. 1. 8	镰刀产生的其他情形	
W6091. 8. 1. 9	与镰刀产生有关的其他母题	
W6091. 8. 1. 9. 1	用铁打成镰刀	【彝族】
W6091. 8. 2	镰的特征	
W6091. 8. 2. 1	镰刀收割庄稼	
W6091. 8. 2. 1. 1	镰刀可以割麦子	【汉族】
W6091. 8. 3	特定的镰	
W6091. 8. 3. 1	石镰	
W6091. 8. 3. 1. 1	神农用石头制成石镰	【汉族】
W6091. 8. 3. 1. 2	神农时用石镰耕种	【汉族】
W6091. 8. 3. 2	铁镰	【彝族】
W6091. 8. 3. 3	铚（短镰刀）	
W6091. 8. 4	与镰有关的其他母题	
W6091. 9	梿枷	

① 【汉族】@［W6085. 6. 1. 1］黄帝与炎帝用制兵器的铜铸造镢；［W6085. 8. 1. 3. 3. 1］炎黄联合用铜铸造犁。

W 编码	母题描述	关联项
W6091.9.1	梿枷的产生	
W6091.9.2	梿枷的特征	
W6091.9.3	特定的梿枷	
W6091.9.4	与梿枷有关的其他母题	
W6091.10	掐刀	
W6091.10.1	掐刀的产生	
W6091.10.2	掐刀的特征	
W6091.10.3	特定的掐刀	
W6091.10.4	与掐刀有关的其他母题	
W6091.11	筢	
W6091.11.1	筢的产生	
W6091.11.2	筢的特征	
W6091.11.3	特定的筢	
W6091.11.4	与筢有关的其他母题	
W6091.12	扫帚	
W6091.12.1	扫帚的产生	【汤普森】A1446.5.1
W6091.12.2	扫帚的特征	
W6091.12.3	特定扫帚的产生	
W6091.12.4	与扫帚有关的其他母题	［W9680］宝扫帚
W6091.12.4.1	神奇的扫帚	【汤普森】F857
W6091.12.4.2	会飞的扫帚	【汉族】
W6091.13	扇车	
W6091.13.1	扇车的产生	
W6091.13.2	扇车的特征	
W6091.13.3	特定的扇车	
W6091.13.4	与扇车有关的其他母题	
W6091.15	甩耙	
W6091.15.1	甩耙的产生	［W6086.11.1］耙的产生

W 编码	母题描述	关联项
W6091. 15. 1. 1	特定人物造耙	
W6091. 15. 1. 1. 1	老寿星用巫术变化出炼铁炉炼铁造耙	【汉族】@［W6088. 3. 1. 2. 3. 3］老寿星用巫术变化出炼铁炉炼铁造锄
W6091. 15. 2	甩耙的特征	
W6091. 15. 3	特定的甩耙	
W6091. 15. 4	与甩耙有关的其他母题	［W6086. 11. 3］特定耙的产生
W6092	**其他特定功能的工具**	
W6092. 1	加工工具（加工类劳动工具）	
W6092. 1. 1	刨子	
W6092. 1. 1. 1	刨子的产生	
W6092. 1. 1. 1. 1	铁匠嗲赫亨造刨子	【仡佬族】
W6092. 1. 1. 2	刨子的特征	
W6092. 1. 1. 2. 1	刨子像水虿儿	【苗族】
W6092. 1. 1. 3	特定的刨子	
W6092. 1. 1. 3. 1	推刨	【仡佬族】
W6092. 1. 1. 4	与刨子有关的其他母题	
W6092. 1. 2	杵	
W6092. 1. 2. 1	杵的产生	【汤普森】A1446. 5. 2
W6092. 1. 2. 1. 1	用牛的膝盖骨做石杵	【哈尼族】
W6092. 1. 2. 1. 2	伏羲制杵臼	【中华民族】
W6092. 1. 2. 1. 3	黄帝的臣子雍父发明杵臼	【中华民族】
W6092. 1. 2. 2	杵的特征（杵的功能）	
W6092. 1. 2. 2. 1	杵臼用来稻谷脱壳	【中华民族】
W6092. 1. 2. 3	特定的杵	
W6092. 1. 2. 3. 1	石杵	【哈尼族】
W6092. 1. 2. 3. 2	铁杵	
W6092. 1. 2. 3. 2. 1	铁杵磨针	

W 编码	母题描述	关联项
W6092.1.2.3.3	金刚杵的来历（降魔杵的来历）	
W6092.1.2.4	与杵有关的其他母题	
W6092.1.3	锤（锤子）	
W6092.1.3.1	锤的产生	【汉族】
W6092.1.3.1.1	锤源于特定地方	
W6092.1.3.1.2	受启发发明锤	
W6092.1.3.1.2.1	受拳头的启发发明了锤	
W6092.1.3.1.3	特定物做锤	
W6092.1.3.1.3.1	石头当锤	
W6092.1.3.1.3.1.1	造日月时，用石头当锤	【苗族】
W6092.1.3.1.3.2	骨头做锤	
W6092.1.3.1.3.2.1	炼铁时，用麂子的腿骨做大锤	【拉祜族】
W6092.1.3.1.3.3	龙角当锤	
W6092.1.3.1.3.3.1	小伙补天时用龙角当锤	【汉族】
W6092.1.3.1.4	特定人物造锤	
W6092.1.3.1.4.1	老寿星用巫术变化出炼铁炉炼铁造锤	【汉族】@［W6088.3.1.2.3.3］老寿星用巫术变化出炼铁炉炼铁造锄
W6092.1.3.2	锤的特征	
W6092.1.3.3	特定的锤	
W6092.1.3.3.1	石锤	［W6092.1.4.3.3.3］普苏达东和罗马达当兄弟俩炼出铁块后用石砧、石锤造铁刀
W6092.1.3.3.1.1	天神的儿子用石锤开沟	【景颇族】
W6092.1.3.4	与锤有关的其他母题	
W6092.1.4	刀	［W9672］宝刀
W6092.1.4.0	以前没有刀	【布依族】
W6092.1.4.1	刀的产生	

W 编码	母题描述	关联项
W6092. 1. 4. 1. 1	刀源于特定的地方（特定的人物给人刀）	
W6092. 1. 4. 1. 1. 1	刀是从天上掉下来的	【傈僳族】
W6092. 1. 4. 1. 2	刀是制造产生的（造刀）	
W6092. 1. 4. 1. 2. 0	造刀的原因	
W6092. 1. 4. 1. 2. 0. 1	为完成特定目的造刀	
W6092. 1. 4. 1. 2. 0. 1. 1	人为了取火，把家锄头请铁匠打成刀	【布朗族】
W6092. 1. 4. 1. 2. 1	特殊来历的人造刀	
W6092. 1. 4. 1. 2. 1. 1	神蛋孵出工匠制造刀	【哈尼族】@［W6092. 1. 4. 3. 5. 1］白色神蛋孵出的工匠造砍刀
W6092. 1. 4. 1. 2. 1. 2	大地生的普苏达东和罗马达当兄弟俩炼铁造刀	【珞巴族】
W6092. 1. 4. 1. 2. 2	特定身份的人造刀	
W6092. 1. 4. 1. 2. 2. 1	某个特定祖先发明了刀	
W6092. 1. 4. 1. 2. 2. 1. 1	叫阿举的能人祖先发明刀	【布依族】
W6092. 1. 4. 1. 2. 3	其他特定人物造刀	
W6092. 1. 4. 1. 2. 4	造刀的材料	
W6092. 1. 4. 1. 2. 4. 1	用石头锻造刀	【汉族】
W6092. 1. 4. 1. 2. 4. 1. 1	用孔石炼成刀	【壮族】
W6092. 1. 4. 1. 2. 5	造刀的方法	
W6092. 1. 4. 1. 2. 5. 1	烧石成汁炼成刀	【傣族】
W6092. 1. 4. 1. 2. 5. 2	用铁和火打造了刀矛	【纳西族】
W6092. 1. 4. 1. 2. 6	与造刀有关的其他母题	
W6092. 1. 4. 1. 2. 6. 1	人发明炼铁后造刀	【珞巴族】
W6092. 1. 4. 1. 3	刀是生育产生的（生刀）	
W6092. 1. 4. 1. 4	刀是变化产生的（变化产生刀）	
W6092. 1. 4. 1. 5	刀产生的其他方法	

W 编码	母题描述	关联项
W6092. 1. 4. 1. 6	与刀的产生有关的其他母题	
W6092. 1. 4. 2	刀的特征（刀的功能）	
W6092. 1. 4. 2. 1	刀的大小	【壮族】@［W6092. 1. 4. 3. 1. 4. 1］石头大刀
W6092. 1. 4. 2. 1. 1	大刀	【珞巴族】
W6092. 1. 4. 2. 1. 2	小刀	【珞巴族】
W6092. 1. 4. 2. 2	刀的形状	
W6092. 1. 4. 2. 3	刀的重量	
W6092. 1. 4. 2. 3. 1	数百斤重的刀	【壮族】
W6092. 1. 4. 2. 4	用刀生产	
W6092. 1. 4. 2. 4. 1	刀用来砍树木	【布依族】
W6092. 1. 4. 2. 4. 2	刀用来割茅草	【布依族】
W6092. 1. 4. 3	特定的刀（刀的类型）	
W6092. 1. 4. 3. 1	石刀	
W6092. 1. 4. 3. 1. 1	石刀的产生	
W6092. 1. 4. 3. 1. 1. 1	人在打猎中慢慢学会做一种剥刮兽皮的石刀	【鄂伦春族】
W6092. 1. 4. 3. 1. 1. 2	女始祖米里几德利用磨刀石磨山造石刀	【基诺族】
W6092. 1. 4. 3. 1. 1. 2. 1	虎的腰子变成磨刀石	【彝族】
W6092. 1. 4. 3. 1. 1. 3	山岭锐石当石刀	【苗族】
W6092. 1. 4. 3. 1. 1. 4	猴子教姐弟俩做石刀	【白族】@［W6021. 1. 1. 1］猴子教姐弟俩用石块打獐子，用弩箭射鹞鹰，用陷坑下老熊
W6092. 1. 4. 3. 1. 1. 5	黄帝和神农发现石刀	【汉族】
W6092. 1. 4. 3. 1. 1. 5. 1	轩辕捡一块石片当做裁兽皮的刀子	【侗族】
W6092. 1. 4. 3. 1. 1. 6	天神让人做石刀	【满族】
W6092. 1. 4. 3. 1. 1. 7	石匠打制出石刀	【瑶族】

W 编码	母题描述	关联项
W6092. 1. 4. 3. 1. 1. 8	伏羲女娲教人石头磨制成刀	【汉族】
W6092. 1. 4. 3. 1. 2	石刀的特征	
W6092. 1. 4. 3. 1. 2. 1	巨大的石刀	
W6092. 1. 4. 3. 1. 2. 1. 1	最早出现的重甲人使用三五百斤的石头大刀	【壮族】
W6092. 1. 4. 3. 1. 3	石刀的功能（石刀的使用）	
W6092. 1. 4. 3. 1. 3. 1	用石刀割肉	【藏族】
W6092. 1. 4. 3. 1. 3. 2	用石刀雕刻	
W6092. 1. 4. 3. 1. 3. 2. 1	用石片刀刻木头人	【满族】
W6092. 1. 4. 3. 1. 3. 3	用石刀割脐带	【苗族】
W6092. 1. 4. 3. 1. 4	特定的石刀	
W6092. 1. 4. 3. 1. 4. 1	石头大刀	【壮族】
W6092. 1. 4. 3. 1. 4. 2	佛陀妈妈的石刀	【满族】
W6092. 1. 4. 3. 1. 4. 3	山石刀	【基诺族】
W6092. 1. 4. 3. 1. 5	与石刀有关的其他母题	
W6092. 1. 4. 3. 1a	木刀	
W6092. 1. 4. 3. 1a. 1	密洛陀的儿子把五倍木树削成一边平面的大刀	【瑶族（布努）】
W6092. 1. 4. 3. 1b	玉刀	
W6092. 1. 4. 3. 1b. 1 *	玉刀属于装饰性的小件玉器	【中华民族】
W6092. 1. 4. 3. 1b. 1. 1 *	玉刀距今 10000 年至 6000 年	【中华民族】
W6092. 1. 4. 3. 2	骨刀	
W6092. 1. 4. 3. 2. 1	杀的母猪骨头变成刀	【珞巴族】@［W6088. 3. 1. 3. 1］母猪骨头变成锄
W6092. 1. 4. 3. 3	铁刀	
W6092. 1. 4. 3. 3. 1	珞巴族叔侄二人用虎皮从藏族那里换来铁刀	【珞巴族】
W6092. 1. 4. 3. 3. 2	人炼出铁后，照着白花树的果子打出第一把铁刀	【拉祜族】

W 编码	母题描述	关联项
W6092. 1. 4. 3. 3. 3	普苏达东和罗马达当兄弟俩炼出铁块后用石砧、石锤造铁刀	【珞巴族】
W6092. 1. 4. 3. 3. 4	蚩尤冶炼造铁刀	【苗族】
W6092. 1. 4. 3. 4	铜刀	
W6092. 1. 4. 3. 4. 1	铜刀的产生	
W6092. 1. 4. 3. 4. 1. 1	在特定地方得到铜刀	
W6092. 1. 4. 3. 4. 1. 1. 1	在沙中捡到铜刀	【彝族】
W6092. 1. 4. 3. 4. 1. 2	人制造铜刀	【哈尼族】
W6092. 1. 4. 3. 4. 2	铜刀的特征（铜刀的功能）	
W6092. 1. 4. 3. 4. 2. 1	用铜刀杀死了岩羊	【哈尼族】
W6092. 1. 4. 3. 4. 3	特定的铜刀	
W6092. 1. 4. 3. 4. 3. 1	生锈的铜刀	【彝族】
W6092. 1. 4. 3. 4. 4	与铜刀有关的其他母题	
W6092. 1. 4. 3. 5	砍刀（砍柴刀）	
W6092. 1. 4. 3. 5. 1	白色神蛋孵出的工匠造砍刀	【哈尼族】
W6092. 1. 4. 3. 5. 2	磨制砍石刀	【瑶族】
W6092. 1. 4. 3. 6	金刀	
W6092. 1. 4. 3. 6. 1	天降金刀	【土家族】
W6092. 1. 4. 3. 7	银刀	
W6092. 1. 4. 3. 8	腰刀	
W6092. 1. 4. 3. 8. 1	祖传的一把“什样锦”腰刀	【保安族】
W6092. 1. 4. 3. 9	长刀	
W6092. 1. 4. 3. 9. 1	铁匠造 99 把长刀	【阿昌族】
W6092. 1. 4. 3. 9. 2	长刀是吃血镇鬼邪的宝物	【纳西族】
W6092. 1. 4. 3. 9. 3	长刀能砍断鬼头	【傣族】
W6092. 1. 4. 3. 10	直刀	
W6092. 1. 4. 3. 11	弯刀	【蒙古族】@［W6094. 1. 1. 1］天神的九把弯刀会自然会砍出九块火山地
W6092. 1. 4. 3. 11. 1	猫头鹰教苦聪人造弯刀	【哈尼族】

W 编码	母题描述	关联项
W6092. 1. 4. 3. 12	瓦刀	
W6092. 1. 4. 3. 12. 1	鲁班师娘发明用鞋帮当瓦刀	【汉族】
W6092. 1. 4. 3. 13	竹刀（竹片刀）	
W6092. 1. 4. 3. 13. 1	竹片刀当武器	【哈尼族】
W6092. 1. 4. 3. 14	蚌刀	
W6092. 1. 4. 3. 14. 1	轩辕和神农发现蚌壳片子，判断是蚩尤用过的蚌刀碎块	【汉族】
W6092. 1. 4. 4	特型刀	
W6092. 1. 4. 4. 1	三尖两刃刀	【汉族】
W6092. 1. 4. 4. 1. 1	杨二郎炼造三尖两刃刀	【汉族】
W6092. 1. 4. 5	按功用划分的刀（特定用途的刀）	
W6092. 1. 4. 5. 1	菜刀	
W6092. 1. 4. 5. 2	铡刀	
W6092. 1. 4. 5. 3	渔刀	
W6092. 1. 4. 5. 3. 1	七兄弟用渔刀战胜三角魔鬼	【汉族】
W6092. 1. 4. 5. 4	猎刀	
W6092. 1. 4. 5. 5	战刀	
W6092. 1. 4. 5. 6	护身刀（护身利刀）	
W6092. 1. 4. 5. 6. 1	嫦娥采草药的父母身带一把护身利刀	【汉族】
W6092. 1. 4. 5. 7	钩刀	
W6092. 1. 4. 6	按制造者划分的刀（按刀的使用者生活地点命名刀名）	
W6092. 1. 4. 6. 1	阿昌刀	【阿昌族】
W6092. 1. 4. 6. 1. 1	阿昌刀称为户撒刀	【阿昌族】
W6092. 1. 4. 6. 2	保安刀	【保安族】
W6092. 1. 4. 6. 3	吴刀	【中华民族】
W6092. 1. 4. 6. 3a	吴钩	
W6092. 1. 4. 6. 3a. 1	吴钩为刀名	【汉族】

W 编码	母题描述	关联项
W6092. 1. 4. 6. 3a. 2	吴钩刀弯，今南蛮用之，谓之党葛刀	【汉族】
W6092. 1. 4. 6. 3a. 3	南蛮用吴钩	【汉族】
W6092. 1. 4. 6. 3a. 4	吴钩又谓党葛刀	【汉族】
W6092. 1. 4. 7	奇特的刀	
W6092. 1. 4. 7. 1	飞刀	
W6092. 1. 4. 7. 1. 1	玄女赠黄帝飞刀	【汉族】
W6092. 1. 4. 7. 1. 2	飞刀像火龙一样飞翔	【汉族】
W6092. 1. 4. 7. 1. 3	能定位的神刀	
W6092. 1. 4. 7. 1. 3. 1	神刀能飞进目标的肚子	【汉族】
W6092. 1. 4. 7. 2	鬼头刀	
W6092. 1. 4. 7. 2. 1	魔王的鬼头刀	【景颇族】
W6092. 1. 4. 8	与刀有关的其他母题	［W6091. 10］掐刀
W6092. 1. 5	风箱	［W1499. 1. 1］神拉风箱产生地上的气
W6092. 1. 5. 1	风箱的产生	
W6092. 1. 5. 1. 0	风箱产生的原因	
W6092. 1. 5. 1. 0. 1	为打铁造风箱	【彝族（阿细）】
W6092. 1. 5. 1. 1	特定人物造风箱	
W6092. 1. 5. 1. 2	用动物皮做风箱	
W6092. 1. 5. 1. 2. 1	蒙古人用牛皮和马皮做成风箱	【蒙古族】
W6092. 1. 5. 1. 2. 2	铁匠剥麂子皮做风箱	【拉祜族】
W6092. 1. 5. 1. 3	用白泡桐木造风箱，鸡毛活塞作牵引，牛角作的风箱柄	【苗族】
W6092. 1. 5. 1. 4	造风箱的其他方法	
W6092. 1. 5. 1. 4. 1	天做风箱	【彝族】
W6092. 1. 5. 1. 4. 2	口腔做风箱	【彝族】@［W6092. 1. 5. 3. 1］嘴做风箱

W 编码	母题描述	关联项
W6092. 1. 5. 1. 4. 3	砍棵攀枝花枝做大风箱	【彝族】
W6092. 1. 5. 1. 4. 4	鲁班做风箱	【仡佬族】
W6092. 1. 5. 1. 5	与风箱产生有关的其他母题	
W6092. 1. 5. 1. 5. 1	风箱产生的时间	
W6092. 1. 5. 1. 5. 1. 1	风箱产生于天地产生时	［W1179. 7. 2］造地时使用风箱
W6092. 1. 5. 2	风箱的特征	
W6092. 1. 5. 3	特定的风箱	
W6092. 1. 5. 3. 1	嘴做风箱	【仡佬族】
W6092. 1. 5. 4	与风箱有关的其他母题	
W6092. 1. 6	臼	［W6249. 2. 0. 4. 1］鹰头做杵臼，鹰骨做杵棒，翅膀来扫药，鹰脚当药盅，滚沸开水来熬药
W6092. 1. 7	砻	
W6092. 1. 8	锯	
W6092. 1. 8. 1	锯的产生	【汤普森】A1446. 1
W6092. 1. 8. 1. 0	锯产生的原因	
W6092. 1. 8. 1. 0. 1	为造房子发明锯	【土家族】
W6092. 1. 8. 1. 0a	锯源于特定地方	
W6092. 1. 8. 1. 1	特定人物造锯	
W6092. 1. 8. 1. 1. 1	特殊来历的人造锯	
W6092. 1. 8. 1. 1. 1. 1	神蛋孵出工匠制造锯	【哈尼族】
W6092. 1. 8. 1. 1. 2	铁匠造锯	
W6092. 1. 8. 1. 1. 2. 1	铁匠熔化石头变成铁片后打成锯子	【瑶族（布努）】
W6092. 1. 8. 1. 1. 2a	木匠造锯	【土家族】
W6092. 1. 8. 1. 1. 3	鲁班造锯	［W6092. 1. 8. 3. 3. 2］老子指导鲁班用铁造锯

W 编码	母题描述	关联项
W6092. 1. 8. 1. 1. 3. 1	木匠祖师鲁班发明锯	【汉族】@［W6092. 1. 8. 1. 3. 1］鲁班被草划破手指后发明了锯
W6092. 1. 8. 1. 1. 4	牙佑造锯	
W6092. 1. 8. 1. 1. 4. 1	牙佑仿照蝗虫造锯	【瑶族】
W6092. 1. 8. 1. 2	用特定的材料造锯	
W6092. 1. 8. 1. 2. 1	用鱼脊梁骨造锯	【侗族】
W6092. 1. 8. 1. 3	受到带齿的草启发造出锯	
W6092. 1. 8. 1. 3. 1	鲁班被草划破手指后发明了锯	【汉族】
W6092. 1. 8. 1. 3a	受动植物特征的启发发明锯	
W6092. 1. 8. 1. 3a. 1	受芭芒叶和蝗虫后脚的启发造锯	【瑶族】
W6092. 1. 8. 1. 4	锯是变化产生的	
W6092. 1. 8. 1. 5	与锯的产生有关的其他母题	
W6092. 1. 8. 2	锯的特征（锯的功能）	［W6207. 4. 1. 2］发明锯后开始砍伐
W6092. 1. 8. 2. 1	用锯伐木	【瑶族】
W6092. 1. 8. 2. 2	锯能锯开木板	【汉族】
W6092. 1. 8. 3	特定的锯	
W6092. 1. 8. 3. 1	石锯	
W6092. 1. 8. 3. 2	骨锯	
W6092. 1. 8. 3. 3	铁锯	
W6092. 1. 8. 3. 3. 1	用铁块打铁造铁锯	【彝族】
W6092. 1. 8. 3. 3. 2	老子指导鲁班用铁造锯	【羌族】
W6092. 1. 8. 3. 3. 3	王母娘娘引发鲁班学艺造锯	【汉族】
W6092. 1. 8. 4	与锯有关的其他母题	［W9968. 1］仙人锯山形成今天山的面貌
W6092. 1. 9	磨（磨盘）	
W6092. 1. 9. 1	磨的产生	【汤普森】A1442
W6092. 1. 9. 1. 0	磨自然存在（磨在特定地方）	

W 编码	母题描述	关联项
W6092. 1. 9. 1. 0. 1	天宫有好大石磨	【汉族】
W6092. 1. 9. 1. 1	祖先造磨	
W6092. 1. 9. 1. 1. 0	祖先盘古造磨	【汉族】
W6092. 1. 9. 1. 1. 1	布依族祖先翁嘎造磨	【布依族】
W6092. 1. 9. 1. 1. 2	祖先磨出磨盘	【汉族】
W6092. 1. 9. 1. 2	伏羲兄妹把石磙子做成磨子	【汉族】
W6092. 1. 9. 1. 3	神教人造磨	
W6092. 1. 9. 1. 3. 1	磨坊仙子教人造磨笼	【仫佬族】
W6092. 1. 9. 1. 4	八仙造磨	【汉族】
W6092. 1. 9. 1. 5	公输般作石硙	【汉族】
W6092. 1. 9. 1. 6	特定人物给人磨	
W6092. 1. 9. 1. 6. 1	老神仙给海广一副石磨	【汉族】
W6092. 1. 9. 1. 7	石头变成磨	
W6092. 1. 9. 1. 7. 1	河里的石头变成石磨	【仫佬族】
W6092. 1. 9. 1. 8	与磨产生有关的其他母题	
W6092. 1. 9. 1. 8. 1 *	原始磨产生距今约 24000 年至 16000 年	【汉族】
W6092. 1. 9. 2	磨的特征（磨的功能）	
W6092. 1. 9. 2. 1	磨能碾出米	【仫佬族】
W6092. 1. 9. 2. 2	磨盘有密密麻麻磨齿	【汉族】
W6092. 1. 9. 2. 3	用磨子磨草籽籽的外壳	【汉族】
W6092. 1. 9. 3	特定的磨（磨的类型）	
W6092. 1. 9. 3. 1	石磨	［W6092. 1. 9. 1. 2］伏羲兄妹把石磙子做成磨子
W6092. 1. 9. 3. 1. 0	以前，没有石磨	【仫佬族】
W6092. 1. 9. 3. 1. 1	金童磨出石磨	【汉族】@［W6221. 2. 4. 2. 1］金童用石磨在山上滚出一条路
W6092. 1. 9. 3. 1. 2	天神让人做石磨	【民族，关联】①

① 【满族】@［W6085. 4. 1. 4. 1. 1a］天神让人做石斧；［W6092. 1. 4. 3. 1. 1. 6］天神让人做石刀。

W 编码	母题描述	关联项
W6092.1.9.3.2	磨笼	
W6092.1.9.3.2.1	磨坊仙子告诉人用竹片和泥巴冲成磨笼	【仫佬族】
W6092.1.9.3.3	神奇的磨	【汉族】
W6092.1.9.3.3.1	能磨出所需要东西的磨	【汉族】
W6092.1.9.4	磨的使用	
W6092.1.9.4.1	人推磨	
W6092.1.9.4.2	动物拉磨	
W6092.1.9.4.2.1	驴拉磨	
W6092.1.9.4.2.2	蚂蚁拉磨	【满族】
W6092.1.9.4.3	神仙磨药用石磨	【瑶族】
W6092.1.9.5	与磨有关的其他母题	【关联】①
W6092.1.9.5.1	磨石	
W6092.1.9.5.1.1	虎的腰子作磨石	【彝族】
W6092.1.9.5.2	神磨	
W6092.1.9.5.2.1	神磨磨米神速	【仫佬族】
W6092.1.10	碾（碾子）	
W6092.1.10.1	碾的产生	
W6092.1.10.1.1	祖先造碾子	【布依族】
W6092.1.10.1.2	天神让人做石磨	【满族】
W6092.1.10.2	碾的特征	
W6092.1.10.3	与碾有关的其他母题	
W6092.1.11	钳子	
W6092.1.11.1	钳子的产生	
W6092.1.11.1.1	仿照螃蟹的手脚造钳子	【苗族】
W6092.1.11.1.2	用麂子的蹄子做火钳	【拉祜族】
W6092.1.11.2	钳子的特征	
W6092.1.11.3	特定的钳子	
W6092.1.11.3.1	火钳	【彝族】

① ［W6076.3］磨工；［W7763］婚前滚磨相合难题；［W9678］宝磨。

W 编码	母题描述	关联项
W6092. 1. 11. 4	与钳子有关的其他母题	
W6092. 1. 12	碓	
W6092. 1. 12. 1	碓的产生	
W6092. 1. 12. 1. 1	祖先造碓	【布依族】
W6092. 1. 12. 1. 2	天神造碓	
W6092. 1. 12. 1. 2. 1	天神用龙牛的膝盖骨骨臼做碓窝	【哈尼族】
W6092. 1. 12. 2	碓的特征	
W6092. 1. 12. 3	与碓有关的其他母题	
W6092. 1. 13	凿子	
W6092. 1. 13. 1	凿子的产生	
W6092. 1. 13. 1. 1	祖先翁嘎造凿	【布依族】
W6092. 1. 13. 1. 2	老寿星用巫术变化出炼铁炉炼铁造凿子	【汉族】@［W6088. 3. 1. 2. 3. 3］老寿星用巫术变化出炼铁炉炼铁造锄
W6092. 1. 13. 1. 3	凿子在特定地方	
W6092. 1. 13. 1. 3. 1	雷击过的地方会有凿子	【鄂伦春族】
W6092. 1. 13. 2	凿子的特征	
W6092. 1. 13. 2. 1	凿子像牛牙	【苗族】
W6092. 1. 13. 3	凿子的类型	
W6092. 1. 13. 4	与凿子有关的其他母题	
W6092. 1. 13. 4. 1	特定人物的凿子	
W6092. 1. 13. 4. 1. 1	盘古左手执凿	【中华民族】
W6092. 1. 14	其他加工类工具	
W6092. 1. 14. 1	墨斗	
W6092. 1. 14. 1. 1	墨斗用竹子造，墨斗的线姑娘纺	【苗族】
W6092. 2	清选工具	
W6092. 2. 1	簸箕	
W6092. 2. 1. 1	簸箕的产生	【汤普森】A1446. 5. 4

W 编码	母题描述	关联项
W6092. 2. 1. 1. 1	祖先翁嘎造簸箕	【布依族】
W6092. 2. 1. 1. 2	受山雀做窝的启示学会用竹藤编织簸箕	【珞巴族】
W6092. 2. 1. 2	簸箕的特征	
W6092. 2. 1. 3	特定的簸箕	
W6092. 2. 1. 3. 1	撮箕	
W6092. 2. 1. 3. 1. 1	鲍公、熊公、茸公和当公四个老公公编撮箕	【苗族】
W6092. 2. 1. 4	与簸箕有关的其他母题	［W1159. 7］天像簸箕
W6092. 2. 2	筛子	
W6092. 2. 2. 1	筛子的产生	
W6092. 2. 2. 1. 1	受山雀做窝的启示学会用竹藤编织筛子	【珞巴族】
W6092. 2. 2. 1. 2	祖先翁嘎造筛子	【布依族】
W6092. 2. 2. 2	筛子的特征	
W6092. 2. 2. 3	特定的筛子	
W6092. 2. 2. 3. 1	竹筛	
W6092. 2. 2. 3. 1. 1	篾匠来编竹筛子	【彝族】
W6092. 2. 2. 4	与筛子有关的其他母题	
W6092. 2. 3	扬锨	
W6092. 2. 3. 1	木扬锨	
W6092. 3	树木修剪工具	
W6092. 4	植保工具（用于植保的农具）	
W6092. 4. 1	虫梳	
W6092. 4. 1. 1	虫梳的产生	
W6092. 4. 1. 2	虫梳的特征	
W6092. 4. 1. 3	特定的虫梳	
W6092. 4. 1. 4	与虫梳有关的其他母题	
W6092. 4. 2	防虫灯（杀虫灯）	
W6092. 4. 2. 1	防虫灯的产生	
W6092. 4. 2. 2	防虫灯的特征	
W6092. 4. 2. 3	特定的防虫灯	

W 编码	母题描述	关联项
W6092. 4. 2. 4	与防虫灯有关的其他母题	
W6092. 4. 3	熏蒸器	
W6092. 4. 3. 1	熏蒸器的产生	
W6092. 4. 3. 2	熏蒸器的特征	
W6092. 4. 3. 3	特定的熏蒸器	
W6092. 4. 3. 3. 1	硫黄熏蒸器	
W6092. 4. 3. 4	与熏蒸器有关的其他母题	
W6092. 4. 4	捉虫器	
W6092. 4. 4. 1	捉虫器的产生	
W6092. 4. 4. 2	捉虫器的特征	
W6092. 4. 4. 3	特定的捉虫器	
W6092. 4. 4. 4	与捉虫器有关的其他母题	
W6092. 4. 4. 4. 1	捕鼠器	
W6093	**特定材料的工具（特定质料的工具；特定材料的农具）**	
W6093. 1	石器（石制工具；石制农具）①	
W6093. 1. 0	以前没有石器	
W6093. 1. 0. 1	以前人不会造石器	【壮族】
W6093. 1. 1	石器的产生	［W6251］陶器（陶器的产生）
W6093. 1. 1. 1	神或神性人物造石器	【汉族】
W6093. 1. 1. 1. 1	大力天神与伏羲妃子从天堂下凡后造石器工具	【汉族】
W6093. 1. 1. 2	从特定地点得石制农具	
W6093. 1. 1. 2. 1	神农刨地得石器农具	【汉族】
W6093. 1. 2	石器的特征	
W6093. 1. 2. 1	石头造的工具很不耐用	【珞巴族】
W6093. 1. 2. 2	原始石器很费力	【仡佬族】

① 石器（石制工具），人类在原始社会已开始制作石器，人们将其划分为旧石器时期和新石器时期。据考古资料，距今 180 万年的山西芮城县西侯度遗址中发现有用锤击打制的砍砸器、刮削器等三十多件石器。

W 编码	母题描述	关联项
W6093.1.3	特定名称的石器	【关联】①
W6093.1.4	与石器有关的其他母题	
W6093.1.4.1	旧石器	
W6093.1.4.2	新石器	
W6093.2	骨器	
W6093.2.1	骨针	
W6093.2.1.1	女娲用骨针缝天上的裂缝	【汉族】
W6093.3	陶制工具	
W6093.4	青铜器	
W6093.4.1	蚩尤炼造青铜釜	【中华民族】
W6093.4.2 *	西周时期青铜器的制作、赏赐与传承都有庙宇中的通神实践活动作为背景	【中华民族】
W6093.5	铁器（铁制工具；铁制农具）	［W6081.3.7.2］布素布如是专门制造铁制工具的乌佑
W6093.5.1	老祖公哆赫亨传人打造铁制工具	【仡佬族】
W6093.5.2	发现火后，聪明人用铁打制工具	【彝族（阿细）】
W6094	**与农具有关的其他母题（与工具有关的其他母题）**	【关联】②
W6094.1	奇特的农具（神奇的工具）	【汤普森】F887；［W8753.2］奇特的武器
W6094.1.1	会自动干活的农具	
W6094.1.1.1	天神的九把弯刀会自然会砍出九块火山地	【蒙古族】【藏族】
W6094.2	农具的维修	
W6094.3	农具的改进	
W6094.3.1	因木锄不灵便，人就对它做技术改进	

① ［W6091.8.3.1］石镰；［W6092.1.4.3.1］石刀；［W6092.1.9.3.1］石磨。

② ［W6432.2］工具崇拜；［W6432.3］农具崇拜；［W6054.1］特定的耕种工具。

W 编码	母题描述	关联项
W6094. 3. 1. 1	人把木锄改进为木柄铁锄钩、铁锄片的新式锄	【汉族】
W6094. 4	农具的存放（农具的保管）	
W6094. 4. 1	农具要放在母亲屋中	【汉族】
W6094. 5	农具的差异	
W6094. 5. 1	为什么不同民族农具不同	
W6094. 5. 1. 1	不同民族农具不同是分农具时各取所需的结果	【基诺族】
W6094. 6	建筑工具	［W6092. 1. 4. 3. 12］瓦刀
W6094. 6. 1	手脚架	【汉族】
W6094. 6. 2	泥铲	
W6094. 6. 2. 1	鲁班师娘发明用鞋底当泥铲	【汉族】
W6094. 6. 3	灰斗	
W6094. 6. 3. 1	鲁班师娘发明针线簸箩当灰斗	【汉族】

6. 1. 8 与生产有关的其他母题[①]
【W6095 ~ W6099】

W 编码	母题描述	关联项
W6095	**劳动（做活；干活；做营生）**	
W6095. 1	劳动的产生（生产的产生）	
W6095. 1. 1	劳动产生的原因	

① 与生产相关的其他母题，本书为母题数据类型的管理，对本类母题编目在《中国神话母题 W 编目》（中国社会科学出版社 2013 年版）中的原类型一些描述作出较大修订。其中修订的原母题编码的中的部分第一层级母题为：［※W6100］手工艺的获得；［W6101］从神那里学来手艺；［W6102］文化英雄教手工制作；［W6103］与手工艺的获得有关的其他母题；［※W6104］劳动分工的产生；［W6105］脑力与体力的分工；［W6106］夫妻劳动职能的分工；［W6107］与劳动分工有关的其他母题；［W6108］与生产有关的其他母题。

W 编码	母题描述	关联项
W6095.1.1.1	人为了生存必须劳作	【汤普森】A1346.2
W6095.1.1.1.1	凡人的生命只有靠劳动的成果才能维持	【汉族】
W6095.1.1.2	劳动是神对人的惩罚	【汉族】
W6095.1.1.3	特定的人物让人劳动	
W6095.1.1.3.1	女娲把孩子们分送到大地上去劳动	【汉族】@［W6095.1.2.2.2］女娲教人劳动
W6095.1.1.3.2	文化英雄支格阿龙让人劳动	【彝族】
W6095.1.1.4	因怕挨饿劳动	【汉族】
W6095.1.1.5	被逼迫劳动	【怒族】
W6095.1.2	特定人物教人劳动（特定人物让人劳作；特定人物发明生产）	
W6095.1.2.1	神教人劳动（神让人劳动）	【汤普森】A1403
W6095.1.2.1.1	夫妻神布桑该、雅桑该指点他们造的人类学会劳动	【傣族】
W6095.1.2.1.2	天帝惩罚人让人劳作	【汉族】
W6095.1.2.2	神性人物教人劳动	
W6095.1.2.2.0	祖先教人生产	
W6095.1.2.2.0.1	八大祖先创造了最初的生产	【佤族】
W6095.1.2.2.1	仙教给人劳动	【汤普森】F346
W6095.1.2.2.2	女娲教人劳动	【汉族】
W6095.1.2.2.2.1	女娲让儿女们刨土担水和泥	【汉族】
W6095.1.2.3	特定来历的人教人生产	
W6095.1.2.3.1	蛋生的3个能人教人生产	【哈尼族】
W6095.1.2.4	造人者教人劳动	
W6095.1.2.4.1	天神嘎美、嘎莎造人后教人劳动	【独龙族】
W6095.1.2.5	其他特定人物教人劳动	
W6095.1.2.5.1	女子教给男子劳动方法	【蒙古族】

W 编码	母题描述	关联项
W6095. 1. 2. 5. 1a	最初的活计是女人教男人	【佤族】
W6095. 1. 2. 6	向动物学习劳动	
W6095. 1. 2. 6. 1	人向蚂蚁学习劳动	【纳西族】
W6095. 1. 3	劳动源于生存的需要（生产源于生存的需要）	
W6095. 1. 4	劳动源于饥饿	
W6095. 1. 5	劳动源于惩罚	［W6095. 1. 2. 1. 2］天帝惩罚人让人劳作
W6095. 1. 5. 1	为惩罚人类懒惰产生劳动	【汉族】【彝族】
W6095. 1. 5. 2	老天爷惩罚浪费粮食，叫人们出力种地养活自己	【汉族】
W6095. 1. 6	产生劳动的其他方式	
W6095. 1. 7	与劳动的产生有关的其他母题	
W6095. 2	劳动的时间（生产的时间；劳动产生的时间）	
W6095. 2. 0	特定的时间产生劳动	
W6095. 2. 0. 1	人用铲耪地时，开始把干活叫作“生产”	【汉族】
W6095. 2. 1	特定的劳动时间（劳动时间的确定）	
W6095. 2. 1. 1	白天干活晚上睡觉的来历	
W6095. 2. 1. 1. 1	仙人让人白天干活晚上睡觉	【佤族】
W6095. 2. 1. 1. 2	玉帝让人白天干活晚上睡觉	【汉族】
W6095. 2. 1. 1. 3	天亮时去做活	【布依族】
W6095. 2. 1. 2	人根据日月运行确定劳动时间	
W6095. 2. 1. 2. 1	日出而作	
W6095. 2. 1. 2. 1. 1	人们就跟着日月作息，太阳升起来时就开始下地劳动	【拉祜族】
W6095. 2. 1. 3	晚上劳动	
W6095. 2. 1. 3. 1	因天热，人夜晚出来干活	【瑶族】

W 编码	母题描述	关联项
W6095. 2. 1. 3. 2	天亮时停止劳作	【哈尼族】
W6095. 2. 2	劳动时间的分配	
W6095. 2. 2. 1	以前，人干半年活，睡半年觉	【汉族】
W6095. 2. 2. 2	按月份安排生产	【彝族】
W6095. 2. 3	人为什么白天要劳动	
W6095. 2. 3. 1	人白天活动是为发出光芒的太阳支差	【珞巴族】
W6095. 2. 4	生产有固定的时辰（生产劳动有固定的时辰）	
W6095. 2. 4. 1	马日那天割草	【苗族】
W6095. 3	劳动的种类（生产的类型；特定的劳动）	
W6095. 3. 1	木工制作（木匠；木工制作者）	
W6095. 3. 1. 1	木工制作的产生	
W6095. 3. 1. 1. 1	猎人和狐狸婚生会木工的人	【鄂温克族】
W6095. 3. 1. 1. 2	木工学艺	【汉族】
W6095. 3. 1. 2	木匠木制特定物	
W6095. 3. 1. 2. 1	远古时有一聪明的木匠能做种种木偶	【傈僳族】
W6095. 3. 1. 2. 2	木匠造木人	【壮族】
W6095. 3. 1. 2. 3	鲁班用木料做家具、门窗	【汉族】
W6095. 3. 1. 3	木工制作的方法	
W6095. 3. 1. 3. 1	木工制作的模型	【汉族】
W6095. 3. 1. 3. 2	木板的粘合	【汉族】
W6095. 3. 1. 3. 2. 1	鲁班做木工活时该粘的地方，吐上一口浓痰就把木板粘住	【汉族】
W6095. 3. 1. 3. 2. 2	用鱼胶粘木板	【汉族】
W6095. 3. 1. 3. 3	鲁班做活用墨开木	【汉族】
W6095. 3. 1. 3. 4	吊线	

W 编码	母题描述	关联项
W6095. 3. 1. 3. 4. 1	木工吊线时都是用一只眼	【汉族】
W6095. 3. 1. 4	特定的木匠	
W6095. 3. 1. 4. 1	老木匠	【汉族】
W6095. 3. 1. 4. 2	木匠鲁班	【羌族】
W6095. 3. 1. 4. 2. 1	技艺高超的木匠鲁班	【羌族】
W6095. 3. 1. 4. 2. 2	鲁班的好手艺多是得到他妻子的启发	【汉族】
W6095. 3. 1. 4. 3	会造木车的吉光	【汉族】
W6095. 3. 1. 4. 4	会做木工的木捶	【汉族】
W6095. 3. 1. 5	木工制作的工具（木工制作的材料）	
W6095. 3. 1. 5. 1	墨斗	
W6095. 3. 1. 5. 1. 1	墨斗是用竹子造的	【苗族】
W6095. 3. 1. 5. 2	角尺	
W6095. 3. 1. 5. 2. 1	鲁班的直尺偶然弯成角尺	【汉族】
W6095. 3. 1. 5. 3	鳔（鳔胶）	
W6095. 3. 1. 5. 3. 1	鲁班用鱼熬成鳔	【汉族】
W6095. 3. 1. 5. 3. 2	鲁班的徒弟用鱼熬成鳔	【汉族】
W6095. 3. 1. 5. 4	木工师傅的家把什	【汉族】
W6095. 3. 1. 5. 5	钉子（钉）	
W6095. 3. 1. 5. 5. 1	钉子产生	
W6095. 3. 1. 5. 5. 2	钉子的特征	
W6095. 3. 1. 5. 5. 3	特定的钉子	
W6095. 3. 1. 5. 5. 3. 1	石钉	
W6095. 3. 1. 5. 5. 3. 1. 1	泥妈娘娘（女娲）采集五光十色的石子打制石钉	【汉族】
W6095. 3. 1. 6	其他木工工具	
W6095. 3. 1. 7	与木工制作有关的其他母题	
W6095. 3. 2	种植	
W6095. 3. 2. 1	种植的产生	
W6095. 3. 2. 1. 1	司农乌阿庇教人种植	【彝族】

W 编码	母题描述	关联项
W6095.3.2.1.2	布洛陀教人种植	【壮族】
W6095.3.2.1.3	后稷教人种植	
W6095.3.2.1.3.1	尧帝让后稷教天下的民众种植	【中华民族】
W6095.3.2.1.4	向动物学会种植	
W6095.3.2.1.4.1	女子向布谷鸟、穿山甲学会栽花种树	【普米族】
W6095.3.2.2	种植方法	
W6095.3.2.2.1	种植有特定节气（种植有特定时间）	
W6095.3.2.2.1.1	棉花要惊蛰撒头花	【彝族】
W6095.3.2.3	种植的类型	
W6095.3.2.3.1	种植经济作物	
W6095.3.2.3.1.1	神农种植当药又当菜的植物	【汉族】
W6095.3.2.4	与种植有关的其他母题	［W6531.6］种植禁忌（播种禁忌）
W6095.3.2.4.1	种植巧手	【侗族】
W6095.3.2.4.2	种植特定物	
W6095.3.2.4.2.1	种玉	【汉族】
W6095.3.3	割草打柴	
W6095.3.3.1	太祖母密洛陀教人打柴、割草	【瑶族（布努）】
W6095.3.4	按劳动主体划分的劳动	
W6095.3.4.1	个体劳动	
W6095.3.4.2	集体劳动	
W6095.3.4.2.1	伏羲女娲造的人必须集体行动才保证不致伤性命	【汉族】
W6095.3.4.2.2	集体劳动听从父母指挥	【汉族】
W6095.3.4.3	家庭劳作	
W6095.3.4.3.1	捣衣	【汉族】

W 编码	母题描述	关联项
W6095. 3. 5	按劳动的内容或对象划分的劳动	［W6076. 9. 1］采矿的产生（找矿；勘探；寻找矿山；寻找矿藏；矿藏的发现）
W6095. 3. 5. 1	制漆（采漆，漆器业）	
W6095. 3. 5. 1. 1	扁鹊教人们采漆的方法	【汉族】
W6095. 3. 5. 1. 2	漆器业祖师漆宝真人	【汉族】
W6095. 4	劳动者（劳动的参与者）	
W6095. 4. 1	劳动的指导者	
W6095. 4. 1. 1	穆罕默德教会乞讨者通过劳动自食其力	【回族】
W6095. 4a	劳动者的帮助者	
W6095. 4a. 1	马帮人劳动	【塔吉克族】
W6095. 5	劳动过程	
W6095. 5. 1	劳动前的准备	
W6095. 5. 1. 1	劳动前占卜	【壮族】
W6095. 5. 2	劳动工具的分配	
W6095. 5. 2. 1	不同民族分得不同劳动工具	【基诺族】
W6095. 5. 3	特定的劳动有特定程序	
W6095. 6	劳动中的情形	
W6095. 6. 1	辛勤劳动	
W6095. 6. 1. 1	人以前很勤快，白天晚上都干活	【汉族】
W6095. 6. 2	劳动中偷懒	【汉族】
W6095. 6. 3	劳动时分工协作	【汉族】
W6095. 6. 3. 1	劳动合作	
W6095. 6. 3. 1. 1	夫妻合作	
W6095. 6. 3. 1. 1. 1	妻子做鞋丈夫销售	【怒族】
W6095. 6. 3. 1. 2	不同的工种劳动合作	
W6095. 6. 3. 1. 2. 1	木匠与铁匠劳动合作	【仡佬族】
W6095. 6. 3. 2	多民族劳动的合作	

W 编码	母题描述	关联项
W6095.6.3.2.1	哈尼人打着火把，约汉、彝、傣、苗、瑶、仆拉等七族人共同砍遮天大树	【哈尼族】
W6095.6.3.3	男女劳动分工	
W6095.6.3.3.1	男人干力气活，女人做轻活	【佤族】
W6095.6.3.3.2	男耕女织	【汉族】
W6095.6.3.3.2.1	密洛陀造的人过着男耕女织的生活	【瑶族】
W6095.6.3.4	兄弟间劳动分工合作	
W6095.6.3.4.1	兄弟三人一起耕作，各自劳动	【彝族（撒梅人）】
W6095.6.4	以前劳动很休闲	
W6095.6.4.1	以前农田里只长庄稼不长草，农民很悠闲	【汉族】
W6095.6.5	以前劳动很辛苦	
W6095.6.5.1	以前，农民种地非常辛苦，起早贪黑地干活儿	【汉族】
W6095.7	劳动的结果	
W6095.7.1	劳动成果的分配	
W6095.7.1.1	多劳多得	【汉族】
W6095.7a	劳动的意义（劳动的功能）	
W6095.7a.1	劳动改变生活	
W6095.7a.1.1	勤劳肯干生活渐渐变好	【怒族】
W6095.8	与劳动有关的其他母题（与生产有关的其他母题）	【关联】①
W6095.8.1	劳动中的分工	［W6033.2］捕鱼过程的分工
W6095.8.1.1	狩猎与种植的分工	
W6095.8.2	劳动报酬（劳酬）	
W6095.8.2.1	实物为劳酬	

① ［W5028.1］主仆关系；［W5028.1.2］奴隶的产生。

W 编码	母题描述	关联项
W6095. 8. 2. 1. 1	请姑娘来舂米，工钱是三碗饭	【苗族】
W6095. 8. 3	劳动时的服饰（工作服）	
W6095. 8. 3. 1	干活时在腰里系一条腰布裙	【汉族】
W6096	**劳动技能（技艺；技能的获得；劳动技术的获得）**	
W6096. 1	技能的获得（劳动技能的产生）	【汤普森】F660
W6096. 1. 1	技能自然存在（技能天赋）	
W6096. 1. 2	神传授技能	
W6096. 1. 2. 1	人向神学本领	
W6096. 1. 2. 1. 1	莫拉为降服雪妖拜太阳神学法	【裕固族】
W6096. 1. 3	神性人物传授技能（神性人物赐予技能）	【汤普森】F660. 2
W6096. 1. 3. 1	神仙授艺（神仙传授技能）	
W6096. 1. 3. 1. 1	仙人传授能工巧匠技能	【彝族】
W6096. 1. 3. 1. 2	仙姑授艺	【汉族】
W6096. 1. 3. 1. 2a	仙女教人技艺	【布依族】
W6096. 1. 3. 1. 3	仙翁传授呼风唤雨、腾云驾雾本领	【汉族】
W6096. 1. 3. 2	盘古兄妹造的人学本领	【汉族】
W6096. 1. 3. 3	造人者教给人劳动技能	【独龙族】
W6096. 1. 3. 4	女子到天上向仙女学本领	【裕固族】
W6096. 1. 3. 5	孩子到天上的神仙外婆处学艺	【壮族】
W6096. 1. 3. 6	女娲教子学技能	【汉族】
W6096. 1. 4	人传授技能	
W6096. 1. 4. 1	长者传授技能（长辈传授技能；特定的关系人传授技能）	【蒙古族】

W 编码	母题描述	关联项
W6096.1.4.2	祖辈传授技能	
W6096.1.4.3	父辈传授技能	
W6096.1.4.3.1	父亲与舅父传授技能	【苗族】
W6096.1.4.3.2	向父亲学会开山打石的本领	【汉族】
W6096.1.4.3.3	儿子向动物父亲学各种武艺	【傣族】
W6096.1.4.3.3.1	英雄从小习武	【彝族】
W6096.1.4.4	巧倕教人百巧	
W6096.1.4.4.1	义均始为巧倕，始作下民百巧	【中华民族】
W6096.1.5	动物传授技能（人向动物学习技艺）	
W6096.1.5.1	第七代祖先从忍利恩不会做工，就向蚂蚁学习	【纳西族】
W6096.1.5.2	百鸟争着教凤凰卵生的娃娃学本事	【畲族】
W6096.1.5.3	鹭鸶教人划船	【畲族】
W6096.1.5.4	人向燕子学本领	【普米族】
W6096.1.5.5	人向猴子学本领	【普米族】
W6096.1.6	其他特定人物传授技能	
W6096.1.6.1	求教祖师学艺	【朝鲜族】
W6096.1.6.2	鲁班精心传授技艺	【汉族】
W6096.1.6.3	外来者授艺	
W6096.1.6.3.1	外来的和尚会念经	【赫哲族】
W6096.1.7	学艺（学本领；学技能；到特定地方学习技能）	
W6096.1.7.0	学艺的原因	
W6096.1.7.0.1	为报恩学艺	【汉族】
W6096.1.7.0.2	为报仇学艺	【汉族】
W6096.1.7.0.3	为其他特定目的学艺	
W6096.1.7.0.3.1	为射日学艺	【毛南族】
W6096.1.7.0.3.2	神农为救万民学手艺	【汉族】

W 编码	母题描述	关联项
W6096. 1. 7. 0. 4	慕名学艺	【汉族】
W6096. 1. 7. 1	男女始祖的孩子到天上学本领	【壮族】@［W6096. 1. 3. 5］孩子到天上的神仙外婆处学艺
W6096. 1. 7. 2	外出学艺（离家外出学艺）	【柯尔克孜族】
W6096. 1. 7. 2. 1	母亲让儿子外出学本领	【朝鲜族】
W6096. 1. 7. 3	到其他特定地方学艺	
W6096. 1. 7. 3. 1	到山中学艺	
W6096. 1. 7. 3. 1. 1	黄帝登崆峒山向广成子请教	【汉族】
W6096. 1. 7. 3. 1. 2	黄帝登泰山向勇士中黄学武艺	【汉族】
W6096. 1. 7. 3. 1. 3	鲁班到终南山学艺	【汉族】
W6096. 1. 7. 4	学艺的时间	【蒙古族】
W6096. 1. 7. 4. 1	学艺三年乃成	
W6096. 1. 7. 4. 2	鲁班学艺四年	【汉族】
W6096. 1. 7. 5	学艺方法（学艺方法的获得）	
W6096. 1. 7. 5. 1	动物告诉学艺方法	【满族】
W6096. 1. 7. 5. 2	偷偷学艺	【藏族】
W6096. 1. 7. 5. 2. 1	通过窃听学艺	【汉族】
W6096. 1. 7. 5. 2. 2	通过窥视学习烧菜的绝招	【汉族】
W6096. 1. 7. 5. 3	拜师学艺	【满族】
W6096. 1. 7. 5. 3. 1	狗跟猫学本领	【汉族】
W6096. 1. 7. 5. 3. 2	推荐良师	【苗族】
W6096. 1. 7. 5. 3. 3	拜师要经过面试	【汉族】
W6096. 1. 7. 5. 3. 4	拜师学特定本领	
W6096. 1. 7. 5. 3. 4. 1	盘古的儿女拜女娲娘娘为师学习发光的本领	【汉族】
W6096. 1. 7. 5. 3. 4. 2	西王母的女儿瑶姬向两个天师学读天书，练仙术	【汉族】
W6096. 1. 7. 6	学艺的情形	［W6044. 8. 1］耕种者学艺

W 编码	母题描述	关联项
W6096.1.7.6.1	学艺路途艰难	【满族】
W6096.1.7.6.2	学艺时学习秘诀	【汉族】
W6096.1.7.7	学艺的结果	
W6096.1.7.7.1	学艺出师	【满族】
W6096.1.7.7.1.1	学艺出师回家	【汉族】
W6096.1.7.7.2	学艺后无所不会，无所不通	【汉族】
W6096.1.7.7.3	不同学艺者各地其所	
W6096.1.7.7.3.1	盘古的四个女儿各自学会不同本领	【汉族】
W6096.1.7.8	与学艺有关的其他母题	
W6096.1.8	获得技能的其他方法（学本领的其他渠道）	
W6096.1.8.1	做梦获技能（梦中授艺）	【关联】①
W6096.1.8.1.1	宁封梦中得到制陶技能	【汉族】
W6096.1.8.2	从特定物中学得技能	
W6096.1.8.2.1	从图案中学本领	
W6096.1.8.2.1.1	从铜鼓的图案中学本领	【壮族】
W6096.1.8.3	练本领	
W6096.1.8.3.1	持之以恒练本领	【汉族】
W6096.1.9	与技能的产生有关的其他母题	
W6096.1.9.1	非凡的技能的获得	
W6096.1.9.2	学习技能路径艰辛	【白族】
W6096.2	特定技能者	
W6096.2.1	特定技能的神	
W6096.2.2	特定技能的神性人物	
W6096.2.3	特定技能的人（技能巧手）	
W6096.2.3.1	妇女的缝补技能	
W6096.2.3.1.1	妇女缝补技能的获得	【汤普森】F662.0.1；［W2780］女人特殊的性别特征

① ［W6023.0.2.1］梦授狩猎方法（托梦学会狩猎）；［W6065.1.3.1］梦授养蚕方法；［W6900.2.6.1］知识梦授。

W 编码	母题描述	关联项
W6096. 2. 3. 2	万能手	
W6096. 2. 3. 2. 1	万能手心灵手巧，会做各式各样稀罕物件，若要摘星星，他也能造出一架登天梯	【保安族】
W6096. 2. 3. 3	手艺高超的工匠	
W6096. 2. 3. 4	多才多艺的工匠	
W6096. 2. 3. 4. 1	泥工张佐垒墙、盖屋件件活计都行	【汉族】
W6096. 2. 3. 5	其他特定手艺人	
W6096. 2. 3. 6	特定技能者的其他情形	
W6096. 2. 3. 7	与特定技能者有关的其他母题	
W6096. 2. 3. 7. 1	工匠出师前考验	【汉族】
W6096. 2. 3. 7. 2	工匠收徒	【哈尼族】
W6096. 2. 4	特定技能的动物（动物的本领）	
W6096. 2. 4. 1	善神美利董阿普分智慧水给动物使之有同样的本领	【纳西族】
W6096. 3	特定名称的技能（特定的技艺）	
W6096. 3. 1	生产技能（特定的劳动技能）	
W6096. 3. 1. 1	四妹学会了推磨	【汉族】
W6096. 3. 2	生活技能	
W6096. 4	技能的提升	
W6096. 5	技能的消失	
W6096. 5. 1	特定技艺失传的原因	
W6096. 5. 1. 1	徒弟不按章法使鲁班墨线弹木的法子失传	【汉族】
W6096. 6	与技能有关的其他母题	
W6096. 6. 1	特定的技巧	
W6096. 6. 1. 1	制造一两拨千斤的方法	【汉族】

W 编码	母题描述	关联项
W6096.6.2	绝技（独门绝技）	
W6096.6.2.1	鲁班的独门绝技是制作木马	【汉族】
W6096.6.2.2	攀援飞腾技艺	
W6096.6.2.2.1	仙姑教玄女攀援飞腾技艺	【汉族】
W6096.6.2.3	九天玄女跟着异人练就一手飞刀绝技	【汉族】
W6097	**生产管理（劳动的管理；生产的组织）**	
W6097.1	生产中的分工（劳动分工）	【关联】①
W6097.1.1	黄帝为不同人进行生产分工	
W6097.1.1.1	黄帝让胡巢负责做冕，伯余负责做衣服，于则负责做履，嫘祖负责提供原料	【汉族】
W6097.1.2	特定的生产管理者	
W6097.1.2.1	杜康管理生产粮食	【汉族】
W6098	**与生产有关的因素**	
W6098.1	生产与季节（生产与时间）	［W6053.1］耕种时节的确定（耕种的时间；种庄稼时间）
W6098.2	生产与天气	
W6099	**生产中的其他事项**	
W6099.1	生产设施	
W6099.1.1	水利设施	
W6099.1.1.1	水闸	
W6099.1.1.1.1	水闸需要特定的“镇山石”	【汉族】

① ［W5082］社会分工；［W6028.6］狩猎中的分工；［W6095.6.3.3］男女劳动分工。

6.2 与生活有关的文化【W6100 ~ W6279】

6.2.1 衣（衣服，服饰等）【W6100 ~ W6139】

W 编码	母题描述	关联项
W6100	**以前的人的生活**	
W6100.1	不知道以前的人怎样生活	
W6100.2	以前人类的生活是美好的（人以前生活美好）	【壮族】@［W2997.1］人生活在完美的世界
W6100.2.1	以前人生活美好的原因	
W6100.2.1.1	以前生活美好是特定人物的恩赐	
W6100.2.1.2	以前因物产丰富生活美好	【汉族】
W6100.2.1.3	以前因土地肥沃人生活美好	【汉族】
W6100.2.2	以前人们过着幸福、美满的日子	【汉族】
W6100.2.2.1	人以前和各种动物和睦相处，过着太平日子	【高山族】【汉族】
W6100.2.2.2	以前的人食物丰富，夜不闭户	【汉族】
W6100.2.2.3	人最早时住在天堂尽情享受	【塔吉克族】
W6100.2.2.4	以前，人们丰衣足食，不愁吃穿，安居乐业，社会安定	【汉族】
W6100.2.2.4.1	以前，人安居乐业，充满幸福和欢乐	【哈尼族】
W6100.2.2.4.2	以前人类衣食无忧	【汉族】

W 编码	母题描述	关联项
W6100.2.2.5	以前，风调雨顺，五谷丰登，六畜兴旺，人过着丰衣足食的好日子	【仫佬族】
W6100.2.3	很早以前的日子过得像冬蜂蜜一样甜	【哈尼族】
W6100.2.4	人以前生活很容易	【汉族】@［W6142.1.1］人以前会很容易地得到食物
W6100.2.4.1	以前山上的柴不需要人砍，它自己会滚到人的家中	【羌族】
W6100.2.5	人以前生活很悠闲	
W6100.2.5.1	开天辟地的时候，人不愁吃不愁穿成天东游西荡	【满族】
W6100.2.6	人以前生活井然有序	【壮族】
W6100.2.7	人以前的生活和睦、平静	【汉族】
W6100.2.7a	人以前和睦相处，生活无忧无虑	【景颇族】
W6100.2.8	人以前生活美好的其他情形	
W6100.2.8.1	远古时，天下太平，乡亲邻里，和睦相处，男耕女织，丰衣足食，安乐幸福，自由自在	【汉族】
W6100.2.8.2	很早以前，人过着自由如意的生活	【汉族】
W6100.2.9	与以前人生活美好有关的其他母题	
W6100.2.9.1	以前特定的时间人生活美好	
W6100.2.9.1.1	几千年以前，人们过着平安和美的生活	【鄂伦春族】
W6100.2.9.2	以前特定的地点人生活美好	
W6100.2.9.2.1	以前，仫佬山乡的人生活美好	【仫佬族】
W6100.2.9.3	女娲与刚造出的孩子在一起很快乐	【汉族】
W6100.3	人以前生活痛苦	
W6100.3.1	人以前生活环境恶劣	

W 编码	母题描述	关联项
W6100. 3. 1. 1	以前无火，人只能生食野果野兽	【哈尼族】
W6100. 3. 2	以前人类的生活充满痛苦	［W8696］发生一系列灾难
W6100. 3. 2. 1	以前的人缺衣少食	
W6100. 3. 3	远古时，很多疾病给人类带来痛苦	【汉族】
W6100. 4	人以前生活艰难	【水族】
W6100. 4. 1	人以前吃野果居巢穴	【汉族】@［W6149. 2. 4. 2. 4. 1］人以前吃野果
W6100. 4. 2	人以前像野兽一样生活	【珞巴族】【苗族】
W6100. 4. 3	人以前穴居无衣	【汉族】
W6100. 4. 4	古时候，人不会种田织布，生活很苦	【汉族】
W6100. 4. 4. 1	从前，人不知耕耘，缺吃少穿	【汉族】
W6100. 4. 4. 2	洪水后，人靠穿树叶吃野果子过日子，没得粮食吃	【汉族】
W6100. 4. 5	刚出现的人靠打猎为生，日子过得很苦	【汉族】
W6100. 4. 6	远古时，人因没有田地生活困难	【苗族】
W6100. 4. 7	人类初期生活过得极为清苦	【汉族】
W6100. 4. 8	人以前生活艰难的其他表现	
W6100. 4. 8. 1	人以前没吃没穿，陷于绝境	【塔吉克族】
W6100. 4. 8. 2	神农教百姓播种五谷之前，人们过着朝不保夕的生活	【中华民族】
W6100. 4. 8. 3	以前生活很艰难，饿死的人很多	【汉族】
W6100. 4. 8. 4	以前，人靠吃野兽和野果子过日子，生活过得很苦	【汉族】
W6100. 4. 8. 5	远古，人吃兽肉、树皮、草根、野果，饥一餐饱一餐，生活格外困难	【汉族】
W6100. 4. 8. 6	以前，人靠打野兽、采野果、挖野菜维持生活，十分困苦	【瑶族】

W 编码	母题描述	关联项
W6100.4.8.7	人类最初专靠打猎、捕鱼、采摘野果为生，经常担惊受怕饿肚子	【汉族】
W6100.4.9	与人以前生活艰难有关的其他母题	［W6149.3.1.2.1］生食的生活很艰难
W6100.4.9.1	日子很苦，却非常快活	【汉族】
W6100.4.9.1.1	国王的三女儿住破庙虽然清苦，但非常快乐	【汉族】
W6100.5	人以前生活混乱	
W6100.5.1	人以前饮食无序	【汉族】@［W6591.0.1］从前的人吃饭没有准时间，想吃就吃
W6100.5.1.1	人以前饥饱无常	【苗族】
W6100.5.2	开天辟地后，人生活没有常规	【汉族】
W6100.6	以前人类的生活与现在相反	
W6100.7	人以前的生活听天由命	【汉族】
W6100.7.1	以前的人靠天吃饭	
W6100.8	人以前的生活严重依赖特定生产方式	
W6100.8.1	以前的人全靠打猎为生（古人只会打猎）	【哈萨克族】【彝族】@［W6174.1.2］以前，人住在茂密的森林里以狩猎为生
W6100.8.1.1	天地开辟后，因地上没有种籽，人靠着天天打猎为生	【藏族】
W6100.8.1.2	伏羲兄妹造的人不晓得做庄稼，一天到黑只晓得打野物充饥	【汉族】
W6100.8.1.3	以前农民不会种田，靠打猎为生	【汉族】
W6100.8.1.4	以前的人全靠打野兽充饥	【汉族】
W6100.8.1.5	以前人不知道种粮食，一年四季都靠打猎度日	【回族】
W6100.8.2	人以前的生活依赖多种生产方式	

W 编码	母题描述	关联项
W6100. 8. 2. 1	人以前靠打猎、捉鱼、采野果子讨生活	【白族】
W6100. 8. 2. 2	人以前靠狩猎采摘生活	【哈尼族】【苗族】
W6100. 8. 2. 2. 1	洪水幸存者靠狩猎采集为生	【怒族】
W6100. 8. 2. 2. 2	古时候，人吃的是兽肉野果	【汉族】
W6100. 8. 2. 2a	人以前的生活主要靠渔猎和采集	【佤族】
W6100. 8. 2. 3	锡伯族祖先以打猎捕鱼为生	【锡伯族】
W6100. 8. 2. 4	以前的人靠摘采捕鱼生活	【汉族】
W6100. 9	与以前人类生活有关的其他母题	［W6169. 6. 1］以前，人在天堂里生活时不用劳动，尽情享受
W6100. 9. 1	以前气候非常温和，人与飞禽走兽和睦相处	【蒙古族】
W6100. 9. 2	人以前生活在黑暗中	【汉族】@［W6116a. 1. 3］以前人不穿衣服，黑暗里谁也看不着谁
W6100. 9. 3	新生活（美好生活）	【苗族】
W6100. 9. 4	最早的人的生活与鸟兽一样	【阿昌族】
W6100. 9. 5	人以前生活的情形	
W6100. 9. 5. 1	祖先在森林里生活，在山洞中居住	【汉族】
W6100. 9. 5. 2	人以前食不果腹	［W6149. 2. 4. 2. 4. 1. 5. 1］人粮食不够吃时，找野菜充饥
W6100. 9. 5. 3	以前人兽互食	【哈尼族】
W6100. 9. 5. 4	人以前无事可做，心里苦闷	【哈尼族】
＊W6101	**服饰（特定的服饰；饰品）**	
W6101a	饰品的产生	
W6101a. 1	饰品源于特定地方	
W6101a. 2	特定人物赠送饰品	

W 编码	母题描述	关联项
W6101a.3	制作饰品（饰品的制作）	
W6101a.3.1	骨做为饰物	【满族】
W6101a.3.2	动物牙齿做为饰物	【满族】
W6101b	**饰品的特征**	
W6101b.1	饰品增添美丽	
W6101b.2	饰品有特定含义	
W6101b.2.1	不同饰品含义不同	
W6101b.2.1.1	猪牙象征勇猛，鹿角象征长寿，獐熊骨是驱妖的灵物	【满族】
W6101b.3	神圣饰品	
W6101b.3.1	绿松石是藏族最重要的神圣饰品之一	【藏族】
W6102	**头饰（首饰）**	
W6102.1	人以前不知道戴服饰	
W6102.2	头饰的来历（首饰的产生；特定头饰的原因）	
W6102.2.1	神或神性人物教人做头饰	
W6102.2.1.1	祖先造首饰	
W6102.2.1.1.1	先母制下 7 样贵首饰	【纳西族】
W6102.2.2	从动物那里学来头饰	
W6102.2.3	头饰是为祖先戴孝	
W6102.2.3.1	蓝靛瑶妇女戴白纱头饰是为盘古皇戴孝	【瑶族】@［W6106.4］白头巾表示为先祖戴孝
W6102.2.4	头饰源于祖先的体征	
W6102.2.4.1	先祖龙犬变人时头部和脚胫未变只好用布缠裹起来，瑶族男女缠头布	【瑶族】
W6102.2.5	以崇拜物为头饰	
W6102.2.5.1	崇拜牦牛者以牦牛角为头饰	【藏族（嘉绒）】
W6102.2.6	头饰源于模仿	

W 编码	母题描述	关联项
W6102. 2. 6. 1	头饰源于对特定动物的模仿	
W6102. 2. 6. 1. 1	头饰源于对公鹿犄角的模仿	【藏族】
W6102. 2. 7	打造首饰	
W6102. 2. 7. 1	用金银打造首饰	【彝族】
W6102. 3	妇女头饰的来历	【哈尼族】
W6102. 3. 1	妇女特定头巾的来历	
W6102. 3. 1. 1	碧约人的祖先豪勒披曾猴子所用的背巾，所以碧约妇女穿衣服头巾一直垂至腿部	【哈尼族】
W6102. 3a	男人头饰的来历	
W6102. 4	首领的头饰	
W6102. 4. 1	酋长头上戴羽毛的来历	
W6102. 5	特定职业者的头饰	
W6102. 5. 1	巫师的头饰	【关联】①
W6102. 5. 2	歌手的头饰	
W6102. 5. 3	领舞人的头饰	
W6102. 5. 3. 1	领舞人帽子上插上孔雀和鸡的羽毛	
W6102. 5. 3. 1. 1	后代不忘“目脑”是从孔雀和鸡那里学来的，所以领舞人的冠上插孔雀和鸡的羽毛	【景颇族】
W6102. 5. 4	猎人的头饰	
W6102. 5a	特定民族的头饰	
W6102. 6	其他特定人物的头饰	
W6102. 7	特定的头饰（头饰的样式）	
W6102. 7. 1	包头的来历	
W6102. 7. 1. 1	包头是为了纪念祖先	【傣族】
W6102. 7. 1. 2	苦聪人扎包头的来历	【拉祜族（苦聪）】

① ［W9129］巫师的特征；［W9133］巫师的服饰。

W 编码	母题描述	关联项
W6102.7.2	动物作为头饰	
W6102.7.2.1	蛇作为头饰	
W6102.7.2.1.1	夸父把捉到的黄蛇绑在两只耳朵上	【汉族】
W6102.7.3	植物作为头饰	
W6102.7.4	自然物作为头饰	
W6102.7.5	人造物作为头饰	
W6102.7.5.1	头上戴弓弩	
W6102.7.5.1.1	为纪念苗王头上戴弓弩	【苗族】
W6102.8	与头饰有关的其他母题	［W6582］首饰习俗（佩戴首饰的习俗）
W6102.8.1	头饰的变化	
W6102.8.1.1	用银子打成鸡尾形的银片代替白野鸡毛	【苗族】
W6102.8.2	男女首饰	
W6102.8.2.1	男女首饰都用金银制作	
W6102.8.2.1.1	姑娘与小伙都戴金戴银	【彝族】
W6103	**项链（项圈）**	
W6103.1	项链的产生（项圈的产生）	
W6103.1.1	项链源于特定地方	
W6103.1.2	特定人物赐项链	
W6103.1.3	造项链（项链的制作）	
W6103.1.3.1	特定人物造项链	
W6103.1.3.1.1	祖先翁嘎造项圈	【布依族】
W6103.1.3.2	造项链的方法	
W6103.1.3.3	造项链的材料	
W6103.1.3.3.1	太阳送给人做项链的白石	【珞巴族】
W6103.2	项链的特征（项圈的特征）	
W6103.3	项链的功能（项圈的作用）	

W 编码	母题描述	关联项
W6103. 4	特定的项链（特定的项圈）	
W6103. 4. 1	鱼骨项链	
W6103. 4. 1. 1	轩辕和神农在云梦泽发现一副鲤鱼骨项链	【汉族】
W6103. 4. 2	石头项链	
W6103. 4. 2. 1	白石项链	【珞巴族】
W6103. 4. 3	珍珠项链	【汉族】
W6103. 5	与项链有关的其他母题（与项圈有关的其他母题）	
W6103. 5. 1	女子戴项链的来历	
W6103. 5. 1. 1	女子戴项链是因为伏羲妹妹犯罪曾被铁链套脖子	【布依族】
W6104	**手镯（镯子；手镯的产生；手镯的来历）**	
W6104. 1	特定的人物造手镯	
W6104. 1. 1	祖先婚生的第一个儿子用峰蜡制作出手镯、铜钗、铜铃等的铸模	【珞巴族】
W6104. 1. 2	请银匠仿竹筒式制作手镯	【水族】
W6104. 1. 3	特定材料造手镯	
W6104. 1. 3. 1	用植物造手镯	【珞巴族】
W6104. 1. 3. 1. 1	滕根作手镯	【珞巴族】
W6104. 1. 3. 2	用金属造手镯	
W6104. 1. 3. 2. 1	银手镯（银镯）	【水族】
W6104. 2	手镯的特征	
W6104. 3	手镯的使用（手镯的功能；手镯的作用）	
W6104. 3. 1	妇女戴铜手镯的来历	【彝族】
W6104. 3. 1. 1	妇女戴手镯是为了驱魔	【布依族】
W6104. 3. 1. 2	妇女戴红铜做的手镯可免遭雷劈	【彝族】

W 编码	母题描述	关联项
W6104.3.1.3	妇女戴手镯可祛魔迎福	【水族】
W6104.3.2	戴手镯保健康	【苗族】@［W6104.4.3.1.1］金银出生后戴手镯才能健康成长
W6104.4	戴手镯者	
W6104.4.1	神或神性人物戴手镯	
W6104.4.2	特定的人戴手镯	
W6104.4.3	其他特定人物戴手镯	
W6104.4.3.1	金银戴手镯	
W6104.4.3.1.1	金银出生后戴手镯才能健康成长	【苗族】
W6104.5	特定的手镯（手镯的类型）	
W6104.5.1	玉手镯（玉镯）	【水族】
W6104.5.2	煤镯	
W6104.5.2.1	黄帝的孙女黑英戴煤镯	【汉族】
W6104.6	与手镯有关的其他母题	
W6104a	**耳环**	
W6104a.1	耳环的产生（耳环的来历）	
W6104a.1.1	特定人物造耳环	
W6104a.1.1.1	祖先翁嘎造耳环	【布依族】
W6104a.1.2	聪明的妃子应急造出耳环	【汉族】
W6104a.1.3	耳环的产生与特定人物有关	
W6104a.1.3.1	耳环与三国时的貂蝉有关	【汉族】
W6104a.2	耳环的特征	
W6104a.3	耳环的使用（耳环的功能；耳环的作用）	
W6104a.3.1	耳环增添姿色	【汉族】
W6104a.3.2	女人戴耳环	
W6104a.3.2.1	太白金星点化女人戴耳环	【土家族】
W6104a.4	特定的耳环（耳环的类型）	

W 编码	母题描述	关联项
W6104a. 5	与耳环有关的其他母题	
W6104a. 5. 1	耳坠	
W6104a. 5. 1. 1	耳坠的产生	
W6104a. 5. 1. 1. 1	为弥补耳朵小的缺陷造耳坠	【汉族】
W6104a. 5. 1. 2	耳坠的特征	
W6104a. 5. 1. 3	特定的耳坠	
W6104a. 5. 1. 3. 1	玉蛇耳坠	
W6104a. 5. 1. 3. 3. 1 *	玉蛇耳坠表达神人沟通和天人沟通的神话想象	【中华民族】
W6104a. 5. 1. 3. 2	特定动物作为耳坠	
W6104a. 5. 1. 3. 2. 1	珥蛇	【中华民族】
W6104b	**戒指**	
W6104b. 1	戒指的产生（戒指的来历）	
W6104b. 1. 1	戒指源于作为身体不干净的标记	【汉族】
W6104b. 2	戒指的特征	
W6104b. 3	戒指的使用（戒指的功能；戒指的作用）	
W6104b. 4	特定的戒指（戒指的类型）	
W6104b. 5	与戒指有关的其他母题	
W6105	**特定人物的服饰**	［W6580］服饰习俗
W6105. 1	女人的服饰	
W6105. 1. 1	女人穿长衣服的来历	
W6105. 1. 1. 1	神人蒙格西给女人披上衣裳后形成女人穿长衣服	【羌族】
W6105. 1. 2	妇女盖头的来历	
W6105. 1. 2. 1	妇女盖头是因为阿丹圣人夫妇吃禁果，被真主收走了衣服，含羞用一片树叶做了盖头	【回族】
W6105. 1. 3	女人的披肩	

W 编码	母题描述	关联项
W6105. 1. 3. 1	七星披肩	［W5661. 4］纳西族服饰
W6105. 1. 3. 1. 1	纳西族妇女的“七星披肩”，源于善神把 7 个太阳捏成 7 个圆星放在女英雄古英的顶阳衫上	
W6105. 1. 3. 1. 2	羊皮剪成大蛙的模样寓示五行方位，七只蛙眼寓示着大蛙神灵的眼神	【纳西族】
W6105. 1. 4	特定女子的特定服饰	
W6105. 1. 4. 1	女子然密用哀牢山的绿树青草做衣裙，用山顶的缕缕白云做头巾	【哈尼族】
W6105. 1. 4. 2	基诺族女子的袖口和裙子边沿上要镶黑、红条花纹，源于特定事件	【基诺族】
W6105. 2	男人的服饰（男人的衣服）	
W6105. 2. 1	男人的衣裳有特定形式	【汉族】@［W6126. 7. 3. 1. 1］伏羲用藤条穿一大块树皮挂在股臀上，采节竹筒吊在前面遮羞，让男人有了“吊筒挂板”
W6105. 3	特定行业服装（特定职业者的服饰）	［W6102. 5］特定职业者的头饰
W6105. 3. 1	铁匠服饰的来历	【哈尼族】
W6105. 3. 2	喇嘛的服饰	
W6105. 3. 2. 1	喇嘛的衣服为什么没有袖子	
W6105. 3. 2. 1. 1	喇嘛的衣服没有袖子，是因为献给了丁巴什罗	【纳西族】
W6105. 3. 3	祭司的服饰	
W6105. 3. 3. 1	藏珠是祭司举行仪式时必须具备的饰物	【珞巴族】
W6105. 3. 4	艺人的服饰	
W6105. 3. 4. 1	格萨尔讲述者的服饰	
W6105. 3. 4. 1. 1	藏族《格萨尔》艺人演唱前必戴上有高高羽饰的帽子	【藏族】

W 编码	母题描述	关联项
W6105. 3. 5	巫师的服饰	
W6105. 3. 5. 1	西波作法时头戴竹制斗笠，身披羊毛毡，左手执铜铃，右手置铁剑，源于牧童的装束	【彝族】
W6105. 4	神性人物的服饰	
W6105. 5	特定名称的人的服饰	
W6105. 6	动物的服饰（动物的衣服）	
W6105. 6. 1	水牛走远路时，主人要给它编草鞋	【苗族】
W6105. 6. 2	猴子穿的是树叶	【彝族】
W6105. 6. 3	飞鼠身上穿毛茸茸的衣裳	【拉祜族】
W6105. 7	其他特定人物的服饰	
W6105. 8	其他具体服饰	
W6105. 8. 1	围巾（围脖）	
W6105. 8. 1. 1	围巾源于偶然自我防护	【汉族】
W6105. 9	与特定人物的服饰有关的其他母题	
W6106	**特定服饰的作用（服饰的功能）**	
W6106. 1	穿特定动物图案的衣服可以亲近该动物	［W6587］纹身的功能（文身的功能）
W6106. 1. 1	穿像龙的衣服可以得到龙的认可	
W6106. 1. 1. 1	花倮倮的衣服用不同的方布缝起来像龙的鳞片一样，就可以到龙的国度去捡贝壳	【傣族】
W6106. 2	穿特定动物做的服饰可以驱邪（辟邪的服饰）	［W6480］祭祀仪式
W6106. 2. 1	祭祀时戴鹿角神帽可以镇妖驱邪	【满族】
W6106. 2. 2	纳西族的羊皮披肩可以避邪祛灾	【纳西族】
W6106. 2a	穿戴特定服饰祛病	

W 编码	母题描述	关联项
W6106.2a.1	穿戴七星披肩能将病痛送到九层云里	【纳西族】
W6106.3	穿特定动物做的服饰表示感恩	［W6580］服饰习俗
W6106.3.1	女人披牛皮表示对牛的感恩	【门巴族】 ［W6290］动物图腾
W6106.4	白头巾表示为先祖戴孝	
W6106.4.1	傣族的白头巾是为先祖珠天山花狗族王子和他们的妻子戴的孝	【傣族】
W6106.5	服饰作为标记	
W6106.5.1	服饰的其他作用	
✻**W6107**	**织布（纺织；纺纱）**	
W6107.1	人以前不会纺织（人以前不会织布）	【汉族】
W6107.1.1	很古时，人不会织布	【汉族】
W6108	**织布的产生（纺织的产生）**	【汤普森】A1453.2
W6108.1	神发明织布（神教人织布）	
W6108.1.1	女猎神教人纺织	【怒族】
W6108.1.2	天神教人织布	
W6108.1.2.1	人从天神木朋格那里学会织布	【独龙族】
W6108.2	神性人物发明织布（神性人物教人织布）	
W6108.2.1	伏羲教人织布	
W6108.2.1.1	天帝派伏羲到人间教人织布	【汉族】
W6108.2.1a	神农氏教人纺织	【中华民族】
W6108.2.1b	嫘祖教人纺织	［W6108.2.9.2.1］王母娘娘教嫘祖织布
W6108.2.1b.1	嫘祖教人饲养蚕、上箔、缫丝、织帛等	【汉族】@［W6112.3.1.3］嫘祖教人纺线
W6108.2.2	天女教人织布（仙女教人织布）	［W0215］天女

W 编码	母题描述	关联项
W6108. 2. 2. 1	七仙女教人织布	【民族，关联】①
W6108. 2. 2. 1a	七个仙女教人织布	【汉族】
W6108. 2. 2. 1b	七个仙女教黄帝的母亲织布	【汉族】@［W6108. 3. 1. 3］黄帝的母亲教人织布
W6108. 2. 2. 2	月宫下凡的女子绩麻织布	【汉族】
W6108. 2. 2. 3	天神的女儿摩咪然密教人织布	【哈尼族】
W6108. 2. 2. 4	天女茂木奖下嫁给独龙人后教人织布	【独龙族】
W6108. 2. 3	龙女发明纺织	
W6108. 2. 3. 1	滇池龙王的孙女补莫乃日是彝家第一个会织布的人	【彝族】
W6108. 2. 4	织女教人织布	
W6108. 2. 4. 1	织女下凡教人织布	【汉族】
W6108. 2. 4. 1. 1	织女下凡后手把手地教大姑娘、小媳妇们纺花织布	【汉族】
W6108. 2. 5	祖先教人织布	
W6108. 2. 5. 1	祖先的妻子（女始祖）最早会织布	【珞巴族】
W6108. 2. 5. 2	始祖布洛陀教人纺纱织布	【壮族】
W6108. 2. 5. 3	女祖神达摩天子教妇女纺纱织布	【侗族】
W6108. 2. 6	神农氏教人织布	【汉族】
W6108. 2. 7	黄帝教人织布	
W6108. 2. 7. 1	轩辕下凡后教人纺线织布	【汉族】
W6108. 2. 8	精灵教人织布	
W6108. 2. 8. 1	精灵给善良的女子托梦，教会她如何织布	【珞巴族】
W6108. 2. 9	其他神性人物教人织布（其他神性人物发明织布）	
W6108. 2. 9. 1	水妖发明织布	

① 【汉族】@［W6115. 2. 1. 1］七仙女下凡专管纺织；［W6120. 4. 2］轩辕用七仙女用蚕丝纺的纱制了衣裳。

W 编码	母题描述	关联项
W6108.2.9.1.1	水妖向赛夏人传授精湛的织布技艺	【高山族（赛夏人）】@［W6112.1.1.2］水妖向赛夏人传授精湛的织布技艺
W6108.2.9.2	王母娘娘教织布	【汉族】
W6108.2.9.2.1	王母娘娘教嫘祖织布	【汉族】
W6108.3	特定的人教人织布（特定的人发明织布）	
W6108.3.1	母亲教织布	
W6108.3.1.1	儿子向母亲学织布	【彝族】
W6108.3.1.2	姑娘向母亲学织麻布	【彝族】
W6108.3.1.3	黄帝的母亲教人织布	【汉族】
W6108.3.2	特定身份的人发明织布	
W6108.3.2.1	头人卜伯的妻子教人纺纱织布	【壮族】
W6108.3.3	都姑罗英达梦是纺织的创始人（石金金伯波乃达梦是纺织的创始人）	【珞巴族】
W6108.4	动物教人织布	
W6108.4.1	蜘蛛教人织布	【傈僳族】
W6108.4.1.1	从蜘蛛那里学会织布	［W6121.2.1］人学蜘蛛纺纱
W6108.4.2	鹿教人织布	
W6108.4.2.1	鹿变的姑娘教人织布	【高山族】
W6108.4.3	布谷鸟、穿山甲教人织布	【普米族】
W6108.5	其他特定人物教人织布	
W6108.5.1	向野蚕和纺织娘学会纺织	
W6108.5.1.1	始祖生的儿女中一对姐弟跟野蚕学会了抽丝、纺丝，跟纺织娘学会了织布	【白族】
W6108.6	织布的其他产生方式	
W6108.6.1	通过特定图案学会纺织	

W 编码	母题描述	关联项
W6108. 6. 1. 1	人们从铜鼓的图案上学会纺织	【壮族】
W6108. 7	与织布的产生有关的其他母题	
W6108. 7. 1	织布产生的原因	
W6108. 7. 2	织布产生的时间	
W6108. 7. 2. 1	黄帝时代产生丝织	【汉族】
W6108. 7. 3	织布产生的地点	
W6109	**纺纱（纺纱的产生）**	【汤普森】A1453. 1
W6109. 1	神或神性人物教人纺纱	
W6109. 1. 1	天女教人纺纱	［W0215］天女
W6109. 1. 1. 1	天神的女儿摩咪然密教人们纺纱	【哈尼族】
W6109. 1. 2	祖先教人纺纱	【壮族】@［W6108. 2. 5. 2］始祖布洛陀教人纺纱织布
W6109. 1. 3	猎神教人纺织	
W6109. 1. 3. 1	猎神化身为猎人的妻子教会人纺织	【怒族】
W6109. 2	特定的人教人纺纱	
W6109. 3	动物教人纺纱（受动物启发学会纺纱）	
W6109. 3. 1	纺纱源于模仿特定动物	［W6122. 8. 1］织布源于模仿
W6109. 3. 1. 1	人学蜘蛛纺纱	【拉祜族】
W6110	**纺织者（织布者；纺纱者）**	【汤普森】P445
W6110. 1	神是纺织者	
W6110. 2	神性人物是纺织者（纺织的发明者）	
W6110. 2. 1	龙女是织布者（龙女教人织布）	【彝族】
W6110. 2. 2	天女织布是织布者（天女发明织布；仙女织布）	
W6110. 2. 2. 1	月宫下凡的女子绩麻织布	【汉族】

W 编码	母题描述	关联项
W6110.2.2.2	七仙女织布	【汉族】
W6110.2.2a	王母娘娘的女儿会纺织	【布依族】
W6110.2.3	嫘祖织布（嫘祖发明织布）	［W6113.2.1.1.2］嫘祖设计织布机
W6110.2.4	人类祖先发明织布	
W6110.2.4.1	洪水后再生人类的人祖发明织布	【傈僳族】@［W6111.1.2.1］洪水后幸存的人祖兄妹夫妻发明用麻织布
W6110.2.5	黄帝织布	［W6120.4］黄帝教人制衣（轩辕教人做衣服；黄帝为人制衣；黄帝制衣；黄帝造衣服）
W6110.2.5.1	轩辕黄帝向七仙女学会织布	【民族，关联】①
W6110.2.5a	炎帝教人织布衣	【汉族】
W6110.2.6	织女织布	【布依族】
W6110.2.7	妖魔织布	
W6110.2.7.1	水妖嘎特特洛织布	【高山族（赛夏人）】
W6110.2.8	伏羲女娲织布	
W6110.2.8.1	女娲织布	
W6110.2.8.1.1	女娲跟仙女学织布	【汉族】
W6110.2.8.2	伏羲织布	
W6110.2.8.2.1	伏羲教人织布	【汉族】
W6110.3	特定的人是纺织者	
W6110.3.1	女子奥本本施门旦搓奎是最早的织布者	【哈尼族】@［W6111.5.1.1］能说会道的聪明姑娘奥本本施门旦搓奎最先用棉花织布
W6110.3.2	密洛陀的六女织布	
W6110.3.2.1	密洛陀的六女刮树皮，把皮丝搓成细线，细线织成布条	【瑶族（布努）】

① 【汉族】@［W6108.2.2.1b］七个仙女教黄帝的母亲织布；［W6115.2.1.1］七仙女下凡专管纺织；［W6120.4.2］轩辕用七仙女用蚕丝纺的纱制了衣裳

W 编码	母题描述	关联项
W6110. 3. 3	无名氏织布	
W6110. 3. 3. 1	不知姓名者织出了一块布给伏羲缝了件衣服	【汉族】
W6110. 4	动物是纺织者	
W6110. 4. 1	鸟作为纺织者	
W6110. 4. 2	鹿教人织布	
W6110. 4. 2. 1	鹿变姑娘教人织布	【高山族】
W6110. 4. 3	蜘蛛纺纱织布	【瑶族】
W6110. 5	其他特定人物是纺织者	
W6110. 6	纺织的帮助者	
W6110. 7	纺纱者	【汤普森】P451
W6110. 7. 1	神或神性人物是纺纱者	
W6110. 7. 2	特定的人是纺纱者	
W6110. 7. 3	动物作为纺纱者	
W6110. 7. 3. 1	白鹇姑娘教人纺绒	【布朗族】
W6110. 8	纺纱的帮助者	
W6110. 8. 1	蜘蛛帮助纺纱	
W6110. 8. 1. 1	密洛陀请金蛛、银蛛帮着吐丝纺纱	【瑶族（布努）】
W6110. 9	与纺织者有关的其他母题（与纺纱者有关的其他母题）	
W6110. 9. 1	最早的纺织者	
W6110. 9. 1. 1	奥本本施门旦搓奎最先用棉花织布	【哈尼族】
W6111	**织布的材料（纺织的材料）**	【关联】①

① ［W1138. 11］布料造天；［W1387. 9］织布补天。

W 编码	母题描述	关联项
W6111.1	用麻织布	
W6111.1.1	长白山主教人种麻织布	【满族】
W6111.1.2	一对夫妻用麻织布	
W6111.1.2.1	洪水后幸存的人祖兄妹夫妻发明用麻织布	【傈僳族】
W6111.1.3	用桑麻织布	
W6111.1.3.1	炎帝神农氏制桑麻为布	【中华民族】
W6111.1.4	用野麻织布	
W6111.1.4.1	用女子化身出的野麻织布	【汉族】
W6111.1.5	会法术的妇女阿弓玛用麻织布	【傈僳族】
W6111.1.6	炎帝制麻为布	【汉族】
W6111.2	用树皮纤维纺纱	【珞巴族】
W6111.3	用羽毛织布	
W6111.3.1	用鸢子松软的羽毛织布	【珞巴族】
W6111.3.2	鹇姑娘用白色的羽毛纺绒织布	【布朗族】
W6111.4	用动物的毛织布	
W6111.4.1	剪羊毛的来历	【回族】@［W6062.8.2.1］太阳告诉牧羊人每年剪两次羊毛
W6111.4.1.1	剪羊毛捻线、织衣服	【回族】
W6111.4.2	鹿姑娘拔下自己的毛织布	【高山族】
W6111.4.3	用火鼠的毛织布	【汉族】
W6111.5	用棉花织布	［W6125.3a.3］用棉花造衣
W6111.5.1	女子最先用棉花织布	
W6111.5.1.1	能说会道的聪明姑娘奥本本施门旦搓奎最先用棉花织布	【哈尼族】
W6111.5.1.2	白鹇姑娘教人们种棉收棉，用棉花纺织	【布朗族】
W6111.6	用草织布	

W 编码	母题描述	关联项
W6111. 6. 1	白依人采火草制布	【彝族】
W6111. 7	用蚕丝织布（用虫子的丝织布）	【汉族】
W6111. 7. 1	人用绿虫子的绿色的丝，织成绿色的布	【彝族（阿细）】
W6111. 7. 2	太阳把蚕虫送给人，供他们纺线织布做衣	【珞巴族】
W6111. 7. 3	西葫氏教人抽丝织布做衣裳	【汉族】@［W6108. 5. 1. 1］始祖生的儿女中一对姐弟，跟野蚕学会了抽丝、纺丝，跟纺织娘学会了织布
W6111. 7. 4	嫘祖教人养蚕、抽丝、织锦	【汉族】
W6111. 7. 4a	嫘祖教人养蚕、抽丝、织布	【汉族】
W6111. 7. 4b	王母娘娘教嫘祖抽丝、织锦	【汉族】
W6112	**织布方法（纺织技术；纺织环节）**	
W6112. 1	纺织方法的获得	
W6112. 1. 1	神或神话人物传授纺织方法	
W6112. 1. 1. 1	女猎神教人纺织方法	【怒族】@［W6114. 1. 2. 1］女猎神教会妇女纺最细最牢的麻线，织最柔软的麻布
W6112. 1. 1. 2	人从天女祖先那里学会织布	【独龙族】
W6112. 1. 2	特定人物教人纺织方法	
W6112. 1. 2. 1	农民达摩天子把种棉、纺纱、织布的技艺教给侗家妇女	【侗族】
W6112. 1. 2. 2	蚕和蜘蛛教人纺织	【纳西族（摩梭）】
W6112. 1. 3	织布方法源于模仿	
W6112. 1. 3. 1	人模仿蜘蛛结网学会织布	【普米族】【畲族】
W6112. 2	抽丝（缫丝）	
W6112. 2. 0	蚕丝的发现	

W 编码	母题描述	关联项
W6112.2.0.1	嫘祖发现蚕丝	【汉族】@［W6111.7.4］嫘祖教人养蚕、抽丝、织锦
W6112.2.0.1.1	嫘祖一手拿蚕茧，一手扯丝线，将蚕丝抽了出来	【中华民族】
W6112.2.0.1.2 *	嫘祖是养蚕缫丝的发明家	【汉族】
W6112.2.0.1.3	嫘祖受蜘蛛启发抽剥野蚕丝	【中华民族】
W6112.2.0.2	西陵氏始养蚕为丝	【汉族】
W6112.2.0.3	西葕氏教人抽丝	【汉族】@［W6111.7.3］西葕氏教人抽丝织布做衣裳
W6112.2.0.4	列贵挨姑娘缫丝	【彝族】
W6112.2.1	抽丝方法（抽丝的情形）	
W6112.2.1.1	王母娘娘梦授嫘祖抽蚕丝	【汉族】
W6112.2.1.2	黄帝的妻子西葕氏教人们抽丝	【汉族】
W6112.2.1.3	挑出蚕丝	【彝族】@［W6065.1.7.2］抽取蚕丝（缫丝）
W6112.2.1.4	蜀王的王妃把茧子煮了就捞，捞了又煮，不停地煮茧捞丝	【汉族】
W6112.2.2	抽丝的结果	
W6112.2.3	与抽丝有关的其他母题	［W6108.5.1.1］始祖生的儿女中一对姐弟，跟野蚕学会了抽丝、纺丝，跟纺织娘学会了织布
W6112.3	纺线（纺丝；丝织）①	
W6112.3.1	纺线方法的获得	
W6112.3.1.1	女神纺线	
W6112.3.1.1.1	线嫦婆纺线	【苗族】

① 纺线（纺丝；丝织），纺织最早的基础环节是丝织。关于丝织产生的时间，有不同说法。如 1926 年，考古工作者在山西省夏县西阴村新石器时代遗址，发现了半个蚕茧，蚕茧上有整齐的割痕，专家推断是距今 5000 多年前原始先民用来加工抽丝的蚕茧。西阴村离黄河不远，同时出土的还有与纺织有关的石制纺轮、纺锤和骨针、骨锥。《嫘祖养蚕》（1982）附记，引自《清华科研院丛书》1927 年，见中国民间文学集成全国编辑委员会编《中国民间故事集成》（山西卷），北京：中国 ISBN 中心 1999 年版，第 23 页。

W 编码	母题描述	关联项
W6112. 3. 1. 2	嫘祖从玉仙那里学会纺织蚕丝	【汉族】
W6112. 3. 1. 3	嫘祖教人纺线	［W6108. 2. 1b. 1］嫘祖教人饲养蚕、上箔、缫丝、织帛等
W6112. 3. 1. 3. 1	西陵氏之女帝元妃嫘祖为始教民育蚕丝棉	【中华民族】
W6112. 3. 2	特定的人物纺线（特定人物纺丝）	
W6112. 3. 2. 1	嫘凤纺丝	【汉族】
W6112. 3. 3	纺特定的线	
W6112. 3. 3. 1	纺麻线	
W6112. 3. 3. 1. 1	猎人的妻子纺麻线	【怒族】
W6112. 3. 3. 2	纺羊毛	
W6112. 3. 3. 2. 1	太阳教给纺羊毛	【回族】
W6112. 3. 4	纺线的情形（纺丝的情形）	
W6112. 3. 4. 1	白茧纺出白丝线，红茧纺出红丝线，黄茧纺出黄丝线	【彝族】
W6112. 3. 4. 2	姑娘们抓一把云彩来做棉花，扯成线	【壮族】
W6112. 3. 4. 3	纺丝有养蚕、抽丝、捻线等环节	【汉族】
W6112. 3. 4. 4	先顺着蚕茧的网头把丝拉出，再用树枝绑成圆车，用搓成的丝线当弦，弄根端木当车心连在架上，拉出了很多线	【汉族】
W6112. 3. 5	纺线的结果	
W6112. 3. 5. 1	缫丝数量众多	【彝族】
W6112. 3. 5. 2	纺出的丝线有各种颜色	
W6112. 3. 5. 2. 1	缫丝有白丝、黑丝、绿丝、红丝、黄丝等各种颜色	【彝族】
W6112. 3. 6	与纺线有关的其他母题	［W6111. 7. 2］太阳把蚕虫送给人，供他们纺线织布做衣
W6112. 4	其他纺织方法	

W 编码	母题描述	关联项
W6112.4.1	嫘祖用蚕丝织成布	【汉族】
W6112.4.2	拉经扯纬织布	【汉族】
W6112.4.3	丝织	
W6112.4.3.1	黄帝妃西陵氏始养蚕为丝	【中华民族】
W6112.4.3.2	丝织与麻布相比，光滑细润	【汉族】
W6112.5	纺织的情形	
W6112.5.1	织布时红栗、麻栗做机床，牛角做梭子，黄竹做扣子	【彝族】
W6112.5.2	织女织布时穿梭像射箭，织布像闪电	【布依族】
W6112.6	与纺织方法有关的其他母题	
W6113	**织布工具**	
W6113.1	纺车	【汉族】
W6113.1.1	祖先造纺车	【布依族】@［W6113.2.5.1.1］纺车的产生
W6113.2	织布机	
W6113.2.1	织布机的产生	
W6113.2.1.0	织布机源于特定地方	
W6113.2.1.0.1	织女嫁牛郎时带来织布机	【汉族】
W6113.2.1.1	特定人物造织布机	
W6113.2.1.1.1	祖先造织布机	
W6113.2.1.1.1.1	布依族祖先翁嘎造织布机	【布依族】
W6113.2.1.1.2	嫘祖设计织布机	【汉族】
W6113.2.1.1.2a	嫘祖的父亲造织布机	【汉族】
W6113.2.1.1.3	鲁班造织布机	【彝族】
W6113.2.1.1.4	特定的女子造织布机	
W6113.2.1.1.4.1	女子“蒲莫列衣”三年设计制织机，三月制成功	【彝族】
W6113.2.1.2	造织布机的方法	

W 编码	母题描述	关联项
W6113. 2. 1. 2. 1	王母娘娘传授嫘祖织布机构造图	【汉族】
W6113. 2. 1. 3	造织布机的材料	
W6113. 2. 1. 3. 1	最早时用老人的皮骨制织布机	【阿昌族】
W6113. 2. 1. 3. 2	栗木机织布	【苗族】
W6113. 2. 1. 4	织布机的其他产生方法	
W6113. 2. 1. 5	与织布机产生有关的其他母题	
W6113. 2. 1. 5. 1	第一架织布机	【阿昌族】
W6113. 2. 1. 5. 2	织布机图	
W6113. 2. 1. 5. 2. 1	嫘祖梦中得到王母娘娘给她的织布机图	【汉族】
W6113. 2. 2	织布机的特征（织布机的功能）	
W6113. 2. 2. 1	织布机构造简单却很实用	【阿昌族】
W6113. 2. 2. 2	织布机机桩茂密像星星	【彝族】
W6113. 2. 3	织布机的使用（织布机的改进）	
W6113. 2. 3. 1	在屋檐下用织布机织布	【彝族】
W6113. 2. 4	特定的织布机（织布机的类型；织布机的样式）	
W6113. 2. 4. 1	棉织机	
W6113. 2. 5	织布机的配套工具（织布机的配件）	
W6113. 2. 5. 1	纺车（棉搅车）	
W6113. 2. 5. 1. 1	纺车的产生	
W6113. 2. 5. 1. 1. 1	布依族祖先翁嘎造纺车	【布依族】@［W6113. 2. 1. 1. 1. 1］布依族祖先翁嘎造织布机
W6113. 2. 5. 1. 1. 2	嫘姐自己动手制造纺纱用的纺车	【汉族】
W6113. 2. 5. 1. 2	纺车的特征	
W6113. 2. 5. 1. 3	特定的纺车	
W6113. 2. 5. 1. 3. 1	金纺车	
W6113. 2. 5. 1. 4	与纺车有关的其他母题	

W 编码	母题描述	关联项
W6113.2.5.2	弹棉弓	
W6113.2.5.2.1	弹棉弓的产生	
W6113.2.5.2.1.1	布依族祖先翁嘎造弹棉弓	【布依族】
W6113.2.5.2.2	弹棉弓的特征	
W6113.2.5.2.3	与弹棉弓有关的其他母题	
W6113.2.5.3	纺锤	
W6113.2.5.3.1	纺锤的产生	
W6113.2.5.3.1.1	卵生纺锤	
W6113.2.5.3.1.1.1	一对夫妇生的白色卵中出现一支纺锤	【藏族】
W6113.2.5.3.2	纺锤的特征	
W6113.2.5.3.3	纺锤的类型	
W6113.2.5.3.4	与纺锤有关的其他母题	
W6113.2.5.4	纺轮	
W6113.2.5.4.1	陶纺轮	
W6113.2.5.4.1.1 *	仰韶文化时期，出现陶纺轮	【中华民族】
W6113.2.5.4.2	石纺轮	
W6113.2.5.4.2.1 *	仰韶文化时期，出现石纺轮	【中华民族】
W6113.2.6	与织布机有关的其他母题	
W6113.2.6.1	织锦机	
W6113.2.6.1.1	嫘祖照着王母娘娘的指点画图，请父亲做一架织锦机	【汉族】
W6113.2.6.2	纺织机（织机）	
W6113.2.6.2.1 *	距今 7000 年左右的湖南怀化高庙、浙江河姆渡、马家浜等地出现了原始织机	【中华民族】
W6113.3	梭（织机梭）	
W6113.3.1	梭的产生	[W6112.5.1] 织布时红栗、麻栗做机床，牛角做梭子，黄竹做扣子

W 编码	母题描述	关联项
W6113. 3. 1. 1	仿照鸟雀做梭	【彝族】
W6113. 3. 2	梭的特征	
W6113. 3. 3	特定的梭	
W6113. 3. 4	与梭有关的其他母题	
W6114	**特定名称的布（特定的纱；布的类型；纱的类型）**	
W6114. 1	麻布	
W6114. 1. 0	以前，人不知道纺麻织布	【汉族】
W6114. 1. 1	始祖发明用麻织布	【傈僳族】@［W6111. 1］用麻织布
W6114. 1. 2	猎神教人织麻布	
W6114. 1. 2. 1	女猎神教会妇女纺最细最牢的麻线，织最柔软的麻布	【怒族】
W6114. 1. 3	金古造麻布	【中华民族】
W6114. 2	棉布	
W6114. 2. 1	人祖发明造棉布	【哈尼族】
W6114. 2. 2	牛皮那么厚的棉布	【瑶族】
W6114. 3	粗布	
W6114. 4	丝绸（绸缎；锦缎）	
W6114. 4. 1	丝绸的产生	
W6114. 4. 1. 1	嫘祖发明绸缎	【汉族】
W6114. 4. 1. 1a	嫘祖教民织绸制衣	【汉族】
W6114. 4. 1. 1b	嫘祖织出绸锦	【汉族】
W6114. 4. 1. 1c	嫘祖养蚕有绸缎	【汉族】
W6114. 4. 1. 1d	嫘祖受植物筋织布的启发织成丝绸	【汉族】
W6114. 4. 1. 2	织女教人抽丝、织绸缎	【汉族】@［W6125. 7. 1. 4］牛郎织女授人抽丝织绸缎

W 编码	母题描述	关联项
W6114.4.1.2a	玉皇大帝的女儿织女织得一手好锦缎	【汉族】
W6114.4.1.2b	织女教人织绸缎	【汉族】
W6114.4.1.2b.1	织女带来天蚕并教姐妹们养蚕、抽丝、织绸缎	【汉族】
W6114.4.1.2c	仙女用仙术教戛妹做蜡染、织锦	【布依族】
W6114.4.1.2d	七仙女纺绸缎	【汉族】
W6114.4.1.3	霞姑织锦	
W6114.4.1.3.1	西王母宫内的奴婢霞姑织锦	【汉族】
W6114.4.1.3.1a	王母娘娘教嫘祖织锦	【汉族】
W6114.4.1.4	铁线草来织锦缎	【苗族】
W6114.4.1.5	彝家学会织绸缎	【彝族】
W6114.4.1.5a	列贵挨姑娘领头缫丝织绸缎	【彝族】
W6114.4.1.6	特定人物给予丝绸	
W6114.4.1.6.1	蚕神献丝	【中华民族】
W6114.4.2	丝绸的特征	
W6114.4.2.1	丝绸的颜色	
W6114.4.2.1.1	白色的丝绸	【汉族】
W6114.4.3	特定的丝绸	
W6114.4.4	与丝绸有关的其他母题	［W6259.3.5.1］绸缎不染无色彩，不染不好看
W6114.4.4.1	绢	
W6114.4.4.1.1	天后娘娘嫘祖把丝织成绢	【汉族】
W6114.5	帛	
W6114.5.1	玉帛	
W6114.5.1.1	玉帛代表身份	【中华民族】
W6114.6	绫罗	
W6114.6.1	绫罗的产生	
W6114.6.1.1	织女织绫罗	【汉族】

W 编码	母题描述	关联项
W6114. 6. 2	绫罗的特征	
W6114. 6. 3	特定的绫罗	
W6114. 6. 3. 1	红罗	【汉族】
W6114. 6. 3. 2	紫罗	【汉族】
W6114. 6. 3. 3	黑罗	【汉族】
W6114. 6. 3. 4	白罗	【汉族】
W6114. 6. 4	与绫罗有关的其他母题	
W6114. 7	以布的特征命名的布	
W6114. 7. 1	月花布	
W6114. 7. 1. 1	女子用五色纱线织出“月花布”	【汉族】
W6114. 8	以布的产地命名的布	
W6114. 8. 1	蜀布	【中华民族】
W6114. 8. 1. 1 *	蜀布是蜀地出产的布	【中华民族】
W6114. 9	其他特定名称的布	
W6115	**与纺织有关的其他母题（与布有关的其他母题）**	
W6115. 0	布的特征（布的功能）	
W6115. 0. 1	布的质量	
W6115. 0. 2	布的颜色	
W6115. 0. 2. 1	花布	【汉族】
W6115. 0. 3	布具有特定的功能	
W6115. 0. 3. 1	特定的布具有象征意义	
W6115. 0. 3. 1. 1	布条代表神偶	
W6115. 0. 3. 1. 1. 1	跳家神时用各色绸布条代表祖先	【满族】
W6115. 0a	奇特的布	
W6115. 0a. 1	火浣布	【汉族】
W6115. 0a. 1. 1	布浣之投于火则火色，垢则布色	【汉族】

W 编码	母题描述	关联项
W6115.1	布匹的加工（纺织品的处理；布料的加工）	
W6115.1.1	布的染色（染布）	【汤普森】A1453.3；［W6259.3］染料
W6115.1.1.1	染布的产生	
W6115.1.1.1.1	特定人物教人染布	
W6115.1.1.1.1.1	锦鸡仙女教人蜡染	【布依族】
W6115.1.1.1.1.2	谢古婆教人摘蓝靛来染布	【瑶族】
W6115.1.1.1.1.3	仙女教人蜡染	【布依族】
W6115.1.1.1.1.4	黄帝叫到人为衣服染色	【汉族】
W6115.1.1.2	染布的方法	
W6115.1.1.2.1	用草染布	
W6115.1.1.2.1.1	织绩木皮，染以草实成为五色衣服	【古民族】
W6115.1.1.2.1.2	用蓝靛染布	
W6115.1.1.2.1.2.1	谢古婆教人摘蓝靛染布	【瑶族】
W6115.1.1.2.2	布上染花	
W6115.1.1.2.2.1	密洛陀的女儿在布面上染花	【瑶族（布努）】
W6115.1.1.3	染布的类型	
W6115.1.1.3.1	蜡染	［W6115.1.1.1.1.1］锦鸡仙女教人蜡染
W6115.1.1.3.1.1	染妹蜡染有绘画、浸染、去蜡、漂洗等环节	【布依族】
W6115.1.1.3.1.2	仙女用仙术教戛妹蜡染	【布依族】
W6115.1.1.4	染布工具（染布设备）	
W6115.1.1.4.1	染缸	
W6115.1.1.4.1.1	用大野鸡蛋壳作染缸	【瑶族】
W6115.1.1.5	染布的结果	
W6115.1.1.5.1	染成特定的布	

W 编码	母题描述	关联项
W6115. 1. 1. 5. 1. 1	染出蓝布和黑布	【瑶族】
W6115. 1. 1. 6	染布的禁忌	［W6525. 2. 6. 3. 3］染布忌孕妇
W6115. 1. 1. 6. 1	染布时忌染指染水	【侗族】
W6115. 1. 1. 7	与染布有关的其他母题	［W6259. 3］染料
W6115. 1. 1. 7. 1	染丝	
W6115. 1. 1. 7. 1. 1	嫘祖娘娘教人涂颜着色染丝	【汉族】
W6115. 1. 1. 7. 2	染线	
W6115. 1. 1. 7. 2. 1	用云和羊毛染成十色彩线	【彝族】
W6115. 1. 2	画布	
W6115. 1. 2. 1	绸缎织出来后染了又再画	【彝族】
W6115. 1. 3	布的漂白（布的漂洗）	
W6115. 1. 3. 1	绸缎染过画过后，漂过洗过才美观	【彝族】
W6115. 2	纺织的管理（管理纺织者）	
W6115. 2. 1	神或神性人物管纺织	
W6115. 2. 1. 1	七仙女下凡专管纺织	【汉族】
W6115. 2. 2	特定的人管纺织	
W6115. 3	刺绣（针绣）	
W6115. 3. 1	刺绣的产生	
W6115. 3. 1. 1	舜令禹刺五彩绣	【汉族】
W6115. 3. 1. 2	女子外出学习绣花	
W6115. 3. 1. 2. 1	四姊妹中的大姐到外面学会绣花	【汉族】
W6115. 3. 1. 3	母亲传授刺绣	【鄂伦春族】
W6115. 3. 2	刺绣的特征	
W6115. 3. 3	特定的刺绣者	
W6115. 3. 4	刺绣方法	
W6115. 3. 4. 1	错针绣	
W6115. 3. 4. 2	乱针绣	【汉族】

W 编码	母题描述	关联项
W6115.3.4.3	网绣	【汉族】
W6115.3.4.4	满地绣	
W6115.3.4.5	纳丝	
W6115.3.4.6	锁丝	
W6115.3.4.7	纳锦	
W6115.3.4.8	平金	
W6115.3.4.9	影金	
W6115.3.4.10	盘金	【汉族】
W6115.3.4.11	铺绒	【汉族】
W6115.3.4.12	刮绒	
W6115.3.4.13	戳纱	
W6115.3.4.14	洒线	
W6115.3.4.15	挑花	【汉族】
W6115.3.4.16	齐针	
W6115.3.4.17	套针	【汉族】
W6115.3.4.18	扎针	
W6115.3.4.19	长短针	
W6115.3.5	按刺绣的产地划分特定名称的刺绣	
W6115.3.5.1	京绣	【汉族】
W6115.3.5.2	苏绣	【汉族】
W6115.3.5.3	湘绣	【汉族】
W6115.3.5.4	蜀绣	【汉族】
W6115.3.5.5	粤绣	【汉族】
W6115.3.5.6	鲁绣	【汉族】
W6115.3.5.7	苗绣	【苗族】
W6115.3.6	按刺绣的材料划分特定名称的刺绣	
W6115.3.6.1	丝绣	【汉族】

W 编码	母题描述	关联项
W6115. 3. 6. 2	羽毛绣	
W6115. 3. 6. 3	发绣	【汉族】
W6115. 3. 7	按刺绣的内容划分特定名称的刺绣	
W6115. 3. 7. 1	绣花草	【汉族】
W6115. 3. 7. 2	绣人物	【汉族】
W6115. 3. 7. 3	绣图案	【汉族】
W6115. 3. 8	按刺绣的产品用途划分特定名称的刺绣	
W6115. 3. 8. 1	绣枕	【汉族】
W6115. 3. 8. 2	绣帽	【汉族】
W6115. 3. 8. 3	绣裹肚	【汉族】@［W6126. 9. 1］兜肚（肚兜）
W6115. 3. 8. 4	绣门帘	
W6115. 3. 8. 5	绣鞋垫	【汉族】
W6115. 3. 8. 6	绣床围	
W6115. 3. 8. 7	绣荷包	【汉族】
W6115. 3. 8. 8	绣手帕	【汉族】
W6115. 3. 9	与刺绣有关的其他母题	
W6115. 3. 9. 1	绣花	【汉族】
W6115. 4	毡（造毡）	
W6115. 4. 1	毡的产生（毡的制作）	
W6115. 4. 1. 1	羊毛做毡	【纳西族】
W6115. 4. 2	毡的特征	
W6115. 4. 3	与毡有关的其他母题	［W6208. 7. 2］毡房
W6115. 5	与纺织有关的特定人物	
W6115. 5. 1	纺织的管理者	［W6115. 2］纺织的管理（管理纺织者）
W6115. 5. 1. 1	七仙女专管纺织	【汉族】

W 编码	母题描述	关联项
W6115.5.1.2	嫘祖负责教民养蚕缫丝织锦	【汉族】
＊W6116	**服装（衣服）**	
W6116a	**以前没有衣服（以前的人不穿衣服）**	【民族】①
W6116a.0	以前人不穿衣服的原因	
W6116a.0.1	很早以前的人浑身长毛不穿衣衫	【汉族】
W6116a.0.2	人以前满身黑毛，不知道穿衣裳	【哈尼族】
W6116a.0.3	古时候，人不会做衣服	【侗族】
W6116a.1	人最早裸体（人光着身子；以前男女都裸体；人光屁股）	【汤普森】A1281.3；【民族】②
W6116a.1.1	直眼人和横眼人时赤身裸体	【彝族】
W6116a.1.2	神母用泥造的一对男女总是光着身子，称为“光身祖先”	【哈萨克族】
W6116a.1.3	以前人不穿衣服，黑暗里谁也看不着谁	【满族】
W6116a.1.4	女娲造出的男女一个个光身子，肉冬冬的	【汉族】
W6116a.1.5	古时，人夏天裸体	【汉族】
W6116a.1.6	伏羲兄妹制人烟时，男男女女都光着身子	【汉族】
W6116a.1.7	世上开始有人时，男男女女都打光巴董（赤身裸体）	【汉族】
W6116a.2	特定的人物不穿衣服（特定的人没有衣服穿）	
W6116a.2.1	盘古兄妹赤身露体，浑身没挂一根线	【汉族】
W6116a.2.2	女娲不穿衣裳	【汉族】
W6116a.2.3	祖先没有衣服（特定始祖无衣）	

① 【独龙族】【鄂伦春族】【仡佬族】【汉族】【壮族】。
② 【白族（那马）】【仡佬族】【汉族】【普米族】。

W 编码	母题描述	关联项
W6116a. 2. 3. 1	始祖布洛陀没有衣裳穿	【壮族】
W6116a. 2. 3. 1a	始祖姆六甲披头散发，全身一丝不挂	【壮族】
W6116a. 2. 3. 2	男始祖遮帕麻没有穿衣裳	【阿昌族】
W6116a. 3	特定的时间没有衣服	
W6116a. 3. 1	人从天堂被贬到今天的世界时没有衣服	【塔吉克族】
W6116a. 3. 2	上古时，祖先没有衣服穿	【汉族】
W6116a. 3. 3	伏羲时代，人没有衣服	【汉族】
W6116a. 3. 4	弥勒佛管天下时，人没有衣服	【畲族】
W6116a. 3. 5	祖先靠捕猎生活时，没有衣穿	【汉族】
W6116b	**人不知道穿衣服**	
W6116b. 1	远古时，人不懂穿衣裳	【汉族】
W6116b. 2	洪荒时代，人不知道衣服是什么样子	【汉族】
W6116b. 3	神刚造出的人不知道穿衣服	【鄂伦春族】
W6116c	**人不穿衣服的情形**	
W6116c. 1	人以前不穿衣服任风吹雨浇	【哈尼族】
W6116c. 2	人缺吃少衣无裤穿	【侗族】
W6116d	**与人没有衣服有关的其他母题**	
W6116d. 1	古时候，人们不会做衣裙	【布依族】
W6117	**人穿衣服的来历（穿衣的原因；制衣的原因）**	【汤普森】A1437
W6117. 1	人为了御寒开始穿衣	
W6117. 1. 1	人为了御寒不得不穿起厚厚的树皮衣	【藏族】
W6117. 2	人知道害羞后开始穿衣	【回族】
W6117. 2. 1	英叭神造的 8 个人中有 2 个人摘吃了树上的果子后，知道了害羞后开始穿衣	【傣族】

W 编码	母题描述	关联项
W6117.2.2	盘古兄妹看见自己在水影中很丑就开始穿衣	【汉族】
W6117.2.2a	葫芦生的兄妹看见彼此赤条条羞臊后用树叶遮羞	【白族】@［W6139.9.1.2］古时，人冬季以兽皮御寒，夏天只在腰间围一块兽皮或几片大树叶遮羞
W6117.2.2b	最早一对男女赤身相遇后非常羞愧各自找东西遮羞	【傣族】
W6117.2.3	伏羲女娲看到自己裸体难为情后各自找衣裳	【汉族】
W6117.2.4	伏羲见男女裸体看相不好就找遮羞方法	【汉族】
W6117.2.4.1	伏羲皇帝发现自己裸体不好看让人给他弄遮羞的东西	【汉族】
W6117.2.5	男女看到对方与自己不一样穿衣遮身	【傣族】
W6117.3	人因为害怕特定物穿衣	
W6117.3.1	人害怕雷公做人皮鼓，用树叶兽皮挡住身子后懂得了穿衣	【汉族】
W6117.4	人想穿衣源于特定事件	
W6117.4.1	人穿衣源于女娲造人时用树叶包裹	【汉族】
W6117.5	人为了美观穿衣服	
W6117.5.1	人身上没毛后觉得难看，就穿上了衣裳	【汉族】@［W6116a.0.1］很早以前的人浑身长毛不穿衣衫
W6117.6	人因为身体需要穿衣服	
W6117.6.1	人因为烫掉体毛所以要穿衣服	【鄂伦春族】
＊**W6118**	**衣服的制作（衣服的产生）**①	【汤普森】A1453

① 衣服的制作（衣服的产生），据考古资料，距今1.8万年的山顶洞人，已经能用磨制的骨针缝制衣服。

W 编码	母题描述	关联项
W6119	**神教人制衣**	
W6119. 1	天神教人穿兽皮	【鄂伦春族】@［W6126. 1. 6. 2. 1］兽皮衣
W6119. 2	神女教人制衣（天女教人制衣）	［W0215］天女
W6119. 2. 1	天神的女儿摩咪然密教人做衣服	【哈尼族】
W6119. 3	五谷神教人制衣	
W6119. 3. 1	天神派五谷神下凡教人穿树叶、兽皮	【白族（那马）】@［W6139. 9. 1. 2］古时，人冬季以兽皮御寒，夏天只在腰间围一块兽皮或几片大树叶遮羞
W6120	**神性人物教人制衣**	【关联】①
W6120. 1	神仙叫人制衣	
W6120. 1. 1	仙女教人制衣裙	【布依族】@［W6108. 2. 2］天女教人织布（仙女教人织布）
W6120. 1. 1. 1	仙女变成的老奶奶用仙术教孤儿制衣裙	【布依族】
W6120. 1. 2	仙人教人制衣	
W6120. 1. 2. 1	崂山东海里桑山的扶桑大仙教黄帝的妻子西荫氏制衣	【汉族】
W6120. 2	祖先教人制衣（祖先为人制衣）	【壮族】@［W6113. 1. 1］祖先造纺车
W6120. 2. 1	祖先翁嘎造衣	【布依族】
W6120. 2a	伏羲教人制衣	
W6120. 2a. 1	太昊伏羲氏制作其衣服	【中华民族】
W6120. 3	嫘祖管制作衣服（嫘祖做衣服；嫘祖制衣；嫘祖制衣）	【关联】②
W6120. 3. 1	黄帝指派他的正妃嫘祖分管制作衣服	【汉族】

① ［W6132. 1］龙女制衣；［W6132. 2］黄帝做衣裳。

② ［W0703］嫘祖；［W6110. 2. 3］嫘祖织布（嫘祖发明织布

W 编码	母题描述	关联项
W6120.3.2	轩辕让妻子嫘祖造衣服	
W6120.3.2.1	轩辕让妻子嫘祖用一块石片割开兽皮，削兽骨做针，用兽筋当线缝成皮衣	【侗族】
W6120.3.3	嫘祖在王母娘娘指点下养蚕、抽丝、织锦、裁制衣裙	【汉族】
W6120.4	黄帝教人制衣（轩辕教人做衣服；黄帝为人制衣；黄帝制衣；黄帝造衣服）	【民族，关联】①
W6120.4.1	轩辕黄帝给人造衣裳	【汉族】
W6120.4.1.1	玉皇大帝派轩辕黄帝为人类制衣裳	【汉族】
W6120.4.1.2	女娲制人烟后，轩辕黄帝给人造衣裳	【汉族】
W6120.4.1a	轩辕黄帝制衣襟	【彝族】
W6120.4.1b	轩辕制衣襟	【汉族】
W6120.4.2	轩辕用七仙女用蚕丝纺的纱制了衣裳	【汉族】@［W6115.2.1.1］七仙女下凡专管纺织
W6120.4.2a	黄帝用元妃西陵氏的蚕丝制作衣裳	【中华民族】
W6120.4.2b	轩辕用七仙女织的绸缎制衣裳	【汉族】
W6120.4.3	黄帝被称为裁缝行业的祖师爷	【侗族】
W6120.4a	高辛帝教人穿衣裳	
W6120.4a.1	高辛皇帝见到树皮知道了教人穿衣裳	【畲族】
W6120.5	炎帝制衣	
W6120.5.1	炎帝发现麻，剥皮治绳合股制衣	【汉族】
W6120.5a	炎帝的妻子制衣	
W6120.5a.1	炎帝夫人将潞麻织成布造衣	【汉族】

① 【汉族】@［W6110.2.5.1］轩辕黄帝向七仙女学会织布；［W6207.1.2.1］黄帝教人建房（轩辕教人造房屋）；［W6221.2.2.2］黄帝教人造路（轩辕教人们开道路）

W 编码	母题描述	关联项
W6121	**特定的人教人制衣（特定的人教人做衣服）**	
W6121.1	特定身份的人教人制衣	
W6121.1.1	族长教人制衣	
W6121.1.1.1	族长鄂多教族人做衣	【满族】
W6121.1.2	族长教人制衣	
W6121.1.2.1	头人卜伯的妻子教人制衣	【民族，关联】①
W6121.1.2.2	族长鄂多教族人做衣	【满族】
W6121.1.3	首领教人制衣（王教人穿衣）	
W6121.1.3.1	夷埃王教最早的人穿衣	【彝族】
W6121.1.3.2	首领保洛陀教人用树皮制衣	【壮族】
W6121.2	女人给男人衣服	
W6121.2.1	谢古婆给黎古公漂亮的衣服	【瑶族】
W6121.2a	女人学习男人做衣服	
W6121.2a.1	女人学男人伏羲做的“吊筒挂板”做成“百叶衣”	【汉族】
W6121.2a.2	男人最早做戈沙树皮衣服	【傣族】
W6121.3	长辈教人制衣	
W6121.3.1	父母教子女做衣服	
W6121.3.1.1	最早一对男女教子女用树皮做衣，用树叶做裙	【傣族】
W6122	**动物教人制衣（人向动物学制衣）**	
W6122.1	雀鸟教人缝制树叶衣	【哈尼族】@［W6125.1］树叶蔽体（树叶衣）
W6122.2	人学穿山甲用树叶做成衣裳	【哈尼族】@［W6125.1］树叶蔽体（树叶衣）
W6122.3	猴子教人做衣裳	

① 【壮族】@［W6108.3.2.1］头人卜伯的妻子教人纺纱织布；［W6123.3.2.1］头人卜伯的妻子制衣

W 编码	母题描述	关联项
W6122.3.1	人从猴子那里学会了用剥下的兽皮、鸟毛遮身取暖御寒	【白族】@［W6125.4.1.9.3］人向猴子学会做兽皮衣
W6122.4	蚕和蜘蛛教人做衣裳	
W6122.4.1	蚕子和蜘蛛教人把羊毛搓成线编织成衣裙	【纳西族（摩梭）】
W6122.5	特定的鸟教人制衣	
W6122.5.1	白鹇教人制衣	
W6122.5.1.1	白鹇与猎人婚后教人纺绒、织布、做衣	【布朗族】
W6123	**特定人物发明制衣（衣服的发明者；制衣者）**	
W6123.1	神发明制衣（神是衣服发明者）	
W6123.2	神性人物发明制衣（神性人物是衣服发明者）	
W6123.2.1	祖先发明制衣	
W6123.2.1.1	洪水后一对兄妹祖先发明做衣裳	【傈僳族】
W6123.2.1.2	祖先布洛陀造衣裤	【壮族】@［W6123.3.2.1］头人卜伯的妻子制衣
W6123.2.1.3	祖先翁嘎经过千辛万苦造出衣裙	【布依族】
W6123.2.1.4	伏羲女娲造衣裳	【汉族】
W6123.2.1.4.1	伏羲造衣服（伏羲制衣；伏羲发明衣服）	【中华民族】
W6123.2.1.5	盘古发明制衣	【汉族】
W6123.2.1.5a	盘古兄妹造衣裳	【汉族】
W6123.2.2	文化英雄发明制衣	
W6123.2.2.1	英雄搓日阿补把火草织成衣裳	【彝族】
W6123.2.3	龙女发明制衣	
W6123.2.3.1	龙女补莫乃日是彝家第一个缝衣裳的人	【彝族】@［W6108.2.3.1］滇池龙王的孙女补莫乃日是彝家第一个会织布的人

W 编码	母题描述	关联项
W6123. 2. 4	始祖的女儿制衣	
W6123. 2. 4. 1	女始祖密洛陀的六姐织出布，缝出上衣和裤裙	【瑶族（布努）】
W6123. 2. 5	嫘祖发明制衣	【民族，关联】①
W6123. 2. 5. 1	嫘祖先用石片割开兽皮，用兽骨当针，兽筋当线缝成衣服	【侗族】
W6123. 2. 5a	嫘祖和妹妹嫫母做衣裳	
W6123. 2. 5a. 1	嫘祖和妹妹嫫母嫁给黄帝后种桑养蚕，抽丝纺线，染色织锦，缝做衣裳	【汉族】
W6123. 3	特定的人发明制衣（特定的人是衣服发明者）	
W6123. 3. 1	工匠发明制衣	
W6123. 3. 1. 1	工匠皮休嘎木把剪碎的氆氇缝了起来做成衣服	【门巴族】
W6123. 3. 2	首领的妻子发明制衣	
W6123. 3. 2. 1	头人卜伯的妻子制衣	【壮族】@［W6108. 3. 2. 1］头人卜伯的妻子教人纺纱织布
W6123. 3. 3	特定名称的人发明制衣	
W6123. 3. 3. 1	嫘凤会养天虫织衣	【汉族】
W6123. 3. 3. 2	伯余掞麻索缕制衣	【汉族】
W6123. 3. 3. 2a	黄帝的臣子伯余创造服装	【中华民族】
W6123. 3. 3. 3	孟获发明衣服	【白族】
W6123. 3. 3. 3. 1	孟家三兄弟中的大哥孟获发明了衣服	【白族】
W6123. 3. 3. 4	车区制衣	
W6123. 3. 3. 4. 1	黄帝让车区制衣襟	【汉族】
W6123. 3. 3. 4a	胡曹作衣	

① 【汉族】@［W6110. 2. 3］嫘祖织布（嫘祖发明织布）；［W6125. 4. 1. 1］轩辕的妻子嫘祖用兽皮做衣裳。

W 编码	母题描述	关联项
W6123.3.3.4a.1	黄帝的臣下胡曹制衣	【汉族】@［W6123.3.3.2a］黄帝的臣子伯余创造服装
W6123.3.4	能人发明制衣（猎人发明制衣）	
W6123.3.4.1	能人然斗是第一个学会穿衣的始祖	
W6123.3.4.1.1	然斗打到猎物剥下皮，兽皮当衣	【哈尼族】
W6123.4	动物发明制衣（动物会做衣裳）	
W6123.4.1	猴子会做衣裳	【白族】@［W6122.3.1］人从猴子那里学会了用剥下的兽皮、鸟毛遮身取暖御寒
W6123.5	其他特定人物制衣	
W6123.6	与制衣者有关的其他母题	
W6123.6.1	最早的制衣者	
W6123.6.1.1	奥三然咪沙敖最先会缝衣服	【哈尼族】
W6123.6.2	服装设计者	
W6123.6.2.1	尧母是中国第一个服装设计师	【汉族】
W6124	**与制衣产生有关的其他母题（与衣服的产生有关的其他母题）**	
W6124.1	特定的物变衣服	
W6124.1.1	云霞变成衣裙	【普米族】
W6124.2	魔法制衣	【汤普森】D1473；［W9000］魔法
W6124.2.1	魔法使羊毛变成衣服	
W6124.2.1.1	水神的大姑娘吹羊毛变成毛布衣服	【藏族】
W6124.3	造衣裳的方法（制衣方法的获得）	
W6124.3.1	受树有皮启发做衣裳	
W6124.3.1.1	高辛见树有皮，就教人穿衣裳	【畲族】

W 编码	母题描述	关联项
W6124. 3. 2	仿照动物做衣服	
W6124. 3. 2. 1	女子衣服翘领子，要用飞鹰作样子	【苗族】
W6124. 3. 3	制衣有特定程序	
W6124. 3. 3. 1	制衣先量，后剪，再缝制	【侗族】
W6124. 4	衣服产生的时间	［W6126. 7］按新旧划分的衣服（按产生时间衣服分类）
W6124. 4. 1	伏羲女娲时产生衣服	【汉族】
W6125	**制衣的材料（做衣服的材料）**	
W6125. 1	树叶蔽体（树叶衣；植物叶子为衣）	【民族】①
W6125. 1. 1	树叶蔽体的来历（穿树叶衣的原因；植物叶为衣）	【关联】②
W6125. 1. 1. 1	人吃禁果知道羞耻后开始用树叶蔽体	【汉族】【回族】
W6125. 1. 1. 1a	矮人国百姓无论男人还是女人都只在腰间系着一片遮羞的树叶	【中华民族】
W6125. 1. 1. 2	人因为没有穿的就用树叶做衣服	
W6125. 1. 1. 2. 1	人以前没有穿的就割芭蕉叶做衣裳	【苗族】
W6125. 1. 1. 2. 1a	最早的人亚槎穿的是芭蕉叶类	【彝族】
W6125. 1. 1. 2. 1b	芭蕉叶衣裳可遮身子避雨露，但不能暖身	【水族】
W6125. 1. 1. 3	因为没有棉花，人只能穿树叶	
W6125. 1. 1. 3. 1	以前没有棉花，人们穿的是木叶	【瑶族】

① 【汉族】【阿昌族】【白族】【畲族】【瑶族】【彝族】

② ［W6117. 2. 2a］葫芦生的兄妹看见彼此赤条条羞臊后用树叶遮羞；［W6122. 1］雀鸟教人缝制树叶衣；［W6122. 2］人学穿山甲用树叶做成衣裳；［W6139. 9. 1. 2］古时，人冬季以兽皮御寒，夏天只在腰间围一块兽皮或几片大树叶遮羞

W 编码	母题描述	关联项
W6125.1.1.3a	以前，人因不会织布纺花穿树叶	【汉族】
W6125.1.1.4	特定人物教人树叶蔽体（特定人物发明树叶衣）	［W6119.3.1］天神派五谷神下凡教人穿树叶、兽皮
W6125.1.1.4.1	女娲给人穿树叶	【汉族】
W6125.1.1.4.1.1	女娲从树上扯枝叶给造的人遮挡裸体	【汉族】
W6125.1.1.4.1a	伏羲女娲姐弟弄些树叶子裹在身上	【汉族】
W6125.1.1.4.2	盘古造树叶衣	
W6125.1.1.4.2.1	盘古用七片树叶，妹妹用九片树叶造衣裳	【汉族】
W6125.1.1.4.2.2	盘古姐弟用刺把树叶穿起来当衣服	【汉族】
W6125.1.1.5	洪荒时，无论男女只用兽皮和树叶防寒遮盖	【汉族】
W6125.1.1.5.1	布农人的祖先被困在山上只能以树叶兽皮作衣	【高山族】【高山族（布农）】
W6125.1.1.6	猴子变成人后树叶做衣	【彝族】
W6125.1.1.6a	猴子浑身没有长毛，只用树叶来遮丑	【汉族】
W6125.1.1.7	其他人物的树叶衣	
W6125.1.1.8	做树叶衣的方法	
W6125.1.1.8.1	藤条缝树叶做衣	【彝族】@［W6125.4.1.9.2］藤条缝兽皮做衣
W6125.1.1.8.1.1	用岩青藤穿树叶做树叶衣	【汉族】
W6125.1.1.8.2	南方的女人找到端多树叶，做成前襟遮住前胸，做成后摆遮住脊背成了衣裳	【傣族】
W6125.1.1.9	与树叶衣产生有关的其他母题	［W6122.1］雀鸟教人缝制树叶衣
W6125.1.1.9.1	树叶衣产生的时间	

W 编码	母题描述	关联项
W6125. 1. 1. 9. 1. 1	五丁氏时木叶遮身	【汉族】
W6125. 1. 2	树叶衣的特征	
W6125. 1. 2. 1	树叶衣由特定数量的树叶做成	
W6125. 1. 2. 1. 1	板古、板梅兄妹身上各围着树叶500片	【白族】
W6125. 1. 2. 2	身披着树叶子能遮阴凉，能扇风	【汉族】
W6125. 1. 2. 3	树叶衣易破	【汉族】
W6125. 1. 3	树叶衣的情形	
W6125. 1. 3. 1	树叶茅草围在身上	【白族】
W6125. 1. 3. 2	把阔叶子像衣裳一样披在身上	【傣族】
W6125. 1. 3. 3	披着树叶兽皮	【高山族】
W6125. 1. 3. 4	女人穿特定的树叶衣不合适	
W6125. 1. 3. 4. 1	女人用戈沙叶做衣不合适	【傣族】
W6125. 1. 3. 5	猴子把干芭蕉叶、干泡桐叶扯来围在身上，拿绵葛藤缠紧	【汉族】
W6125. 1. 4	特定的树叶衣（特定的植物叶衣）	
W6125. 1. 4. 1	芋叶衣	
W6125. 1. 4. 1. 1	芋叶连起来披在身上易破又麻烦，不保暖	【瑶族】
W6125. 1. 4. 2	胡叶衣（葫叶衣）	
W6125. 1. 4. 2. 1	伏羲身披胡叶	【汉族】
W6125. 1. 4. 2. 2	盘古奶造葫叶衣	
W6125. 1. 4. 2. 2. 1	盘古奶找点大叶子葫叶用葛条穿成衣	【汉族】
W6125. 1. 4. 3	海苔衣	
W6125. 1. 4. 3. 1	支提国结海苔为衣	【汉族】
W6125. 1. 4. 3a	青苔衣	【彝族】@［W6125. 8. 2. 1］神女用青苔做衣裳
W6125. 1. 4. 4	藕叶衣（荷叶衣）	

W 编码	母题描述	关联项
W6125.1.4.4.1	人祖爷姐弟藕叶为衣	【汉族】
W6125.1.4.4.2	女娲用藤条连缀了几片荷叶围在腰间	【汉族】@［W6139.9.1.2］古时，人冬季以兽皮御寒，夏天只在腰间围一块兽皮或几片大树叶遮羞
W6125.1.4.4.3	灾后幸存的姐弟俩中的弟弟用藤蔓穿荷叶做衣	【汉族】
W6125.1.4.5	百叶衣	
W6125.1.4.5.1	女人采树叶、花草围在腰间，称为“百叶衣”	【汉族】
W6125.1.5	与树叶衣有关的其他母题	【关联】①
W6125.1.5.1	人用树叶茅草围身	【白族】
W6125.1.5.2	远古时候，人穿树皮和树叶	【汉族】
W6125.1.5.3	后稷时，百姓穿树叶缀成的衣服	【汉族】
W6125.2	树皮做衣服（树皮衣）	【拉祜族】【彝族】【中华民族】
W6125.2.1	树皮衣的产生	
W6125.2.1.0	穿树皮衣的原因	
W6125.2.1.0.1	灾难过后只能以树叶为衣	【汉族】
W6125.2.1.1	以前的人穿树皮	【独龙族】【汉族】【撒拉族】
W6125.2.1.2	特定的首领发明树皮衣	
W6125.2.1.2.1	女首领发明树皮做衣	【满族】
W6125.2.1.2.2	首领布洛陀发明树皮衣	【壮族】@［W6121.1.3.2］首领保洛陀教人用树皮制衣
W6125.2.1.3	黄龙给儿子穿上树皮做的衣服	【白族】
W6125.2.1.4	用老树树皮做衣	
W6125.2.1.4.1	男女神为造的人剥下长了树花的老树树皮做衣	【彝族（阿细）】

① ［W6105.6.2］猴子穿的是树叶；［W6122.1］雀鸟教人缝制树叶衣；［W6122.2］人学穿山甲用树叶做成衣裳

W 编码	母题描述	关联项
W6125. 2. 1. 5	用树皮内瓤做衣	
W6125. 2. 1. 5. 1	尧母剥树皮内瓤做衣（尧母用树皮做衣服）	【汉族】@［W6126. 1. 9. 6. 1］尧母剥葛藤皮用水泡后把内皮搓成细绳，织成衣片，剪裁缝成葛衣
W6125. 2. 1. 6	藤条缝树皮做衣	【民族，关联】①
W6125. 2. 1. 7	剥树皮织麻网制衣	【汉族】
W6125. 2. 2	树皮衣的特征（树皮衣的使用）	
W6125. 2. 2. 1	树皮衣很厚	【藏族】
W6125. 2. 2. 2	树皮围在腰间	【傣族】@［W6139. 9. 1. 2］古时，人冬季以兽皮御寒，夏天只在腰间围一块兽皮或几片大树叶遮羞
W6125. 2. 3	特定的树皮衣	
W6125. 2. 3. 1	桦树皮衣服	【满族】
W6125. 2. 3. 1. 1	女首领用桦树皮做衣服	【满族】
W6125. 2. 3. 2	棕树皮衣	［W6126. 1. 1. 1. 1. 1］一个猎人把棕片撕下来做成最早的蓑衣
W6125. 2. 3. 2. 1	女始祖密洛陀的儿子剥棕皮做衣	【瑶族（布努）】
W6125. 2. 3. 2. 2	男始祖布洛陀的剥棕皮做衣	【壮族】@［W6126. 1. 1. 1. 1. 1a］首领保洛陀剥下棕树皮编成一片片蓑衣
W6125. 2. 3. 2. 3	棕榈做衣	
W6125. 2. 3. 2. 3. 1	萨犹用楠竹笋壳做裤筒，棕榈蓑皮做衣裳	【侗族】
W6125. 2. 3. 2. 4	把棕片撕下来，再用棕丝连起做成衣服	【汉族】
W6125. 2. 3. 3	雄常树皮衣	【汉族】

① 【彝族】@［W6125. 1. 1. 8. 1］藤条缝树叶做衣；［W6125. 4. 1. 9. 2］藤条缝兽皮做衣。

W 编码	母题描述	关联项
W6125.2.3.4	戈沙树皮衣	【傣族】
W6125.2.4	与树皮衣有关的其他母题	【关联】①
W6125.2.4.1	人把树皮和树叶当衣服	【汉族】
W6125.2.4.2	特定的人物穿树皮衣	
W6125.2.4.2.1	盘古爷、盘古奶披树叶儿	【汉族】
W6125.2.4.2.2	盘古夫妇带领众男女缀树叶为衣	【壮族】
W6125.2.4.3	丈夫国衣木皮	【古代民族】
W6125.3	结草为衣（草衣；用草做衣裳；以草为衣）	【汉族】【珞巴族】【彝族】
W6125.3.1	草衣的产生	
W6125.3.1.1	祖先做草衣	
W6125.3.1.1.1	女始祖姆洛甲织百草衣	【壮族】
W6125.3.1.2	盘古氏穿草衣	【汉族】
W6125.3.2	草衣的特征	
W6125.3.3	草衣的制作	
W6125.3.3.1	割芭蕉叶做衣裳	【民族，关联】②
W6125.3.3.2	用火草制衣	【彝族】@［W6123.2.2.1］英雄搓日阿补把火草织成衣裳
W6125.3.4	特定的草衣（特定的植物叶衣裳）	
W6125.3.4.1	百草衣	【壮族】
W6125.3.4.2	卉衣	
W6125.3.4.2.1	侗人插雉尾，卉衣	【侗族】
W6125.3.4.3	芭蕉叶衣	【苗族】
W6125.3.5	与草衣有关的其他母题	［W6128.3.1］以前用草做鞋
W6125.3.5.1	卢扶国，人结草为衣	【汉族】

① ［W6111.2］用树皮纤维纺纱；［W6126.7.4.1］男人和女人的第一种衣服是树皮衣裳和树叶裙

② 【苗族】@［W6125.1.1.2.1］人以前没有穿的就割芭蕉叶做衣裳；［W6125.1.1.2.1a］最早的人亚槎穿的是芭蕉叶类。

W 编码	母题描述	关联项
W6125. 3a	用其他特定植物为衣（用特定植物制衣）	
W6125. 3a. 1	用花做衣服	
W6125. 3a. 1. 1	仙女用花瓣去做衣衫	【汉族】
W6125. 3a. 2	用多种植物造衣	
W6125. 3a. 2. 1	用树叶、树皮做衣裳	【拉祜族】
W6125. 3a. 2. 2	用树枝树叶遮挡身体	【民族，关联】①
W6125. 3a. 2. 3	树叶茅草作衣服	
W6125. 3a. 2. 3. 1	男女祖先摘树叶茅草围在身上	【白族】
W6125. 3a. 2. 4	用藕莲叶、草叶子遮羞	【汉族】
W6125. 3a. 3	用棉花造衣	［W6111. 5］用棉花织布
W6125. 3a. 3. 1	灾难幸存者在野地里找到棉花，才有了衣裳	【汉族】
W6125. 3a. 4	用麻制衣	【汉族】
W6125. 4	动物皮毛为衣（用动物的肢体造衣服；兽皮衣）	【汉族】【珞巴族】【满族】【土族】
W6125. 4. 1	兽皮为衣的来历（皮衣的产生）	【瑶族】
W6125. 4. 1. 1	轩辕的妻子嫘祖用兽皮做衣裳	【民族，关联】②
W6125. 4. 1. 1a	黄帝的正妃嫘祖把各种野兽的皮毛剥下来做衣服	【汉族】
W6125. 4. 1. 2	天神阿布卡恩都里罚野兽们年年供给人皮做袍穿	【满族】@［W6127. 1］天神教人们穿兽皮
W6125. 4. 1. 3	盘古爷盘古妈取兽皮做衣	【汉族】
W6125. 4. 1. 4	恩都力（天神）教会他造的人用兽皮做简单的衣服	【鄂伦春族】
W6125. 4. 1. 5	嫘祖造兽皮衣	【侗族】@［W6120. 3. 2. 1］轩辕让妻子嫘祖用一块石片割开兽皮，削兽骨做针，用兽筋当线缝成皮衣

① 【白族】@［W6117. 2. 2a］葫芦生的兄妹看见彼此赤条条羞臊后用树叶遮羞；［W6139. 9. 1. 2］古时，人冬季以兽皮御寒，夏天只在腰间围一块兽皮或几片大树叶遮羞。

② 【侗族】@［W6110. 2. 3］嫘祖织布（嫘祖发明织布）；［W6113. 2. 1. 1. 2］嫘祖设计织布机。

W 编码	母题描述	关联项
W6125.4.1.6	黄帝时，女人用骨针缝兽皮做衣裳	【汉族】
W6125.4.1.7	食兽肉而衣其皮	【土族】
W6125.4.1.8	女娲做兽皮衣	
W6125.4.1.8.1	女娲把兽皮缝在一起让儿女穿身上	【汉族】
W6125.4.1.9	与兽皮衣产生有关的其他母题	[W6123.3.4.1.1] 然斗打到猎物剥下皮，兽皮当衣
W6125.4.1.9.1	炎帝神农氏用兽皮做衣服	【中华民族】
W6125.4.1.9.2	藤条缝兽皮做衣	【彝族】
W6125.4.1.9.3	人向猴子学会做兽皮衣	【白族】
W6125.4.2	兽皮衣的特征（兽皮衣的功能）	
W6125.4.2.1	披兽皮遮雪	【汉族】
W6125.4.2.2	兽皮衣粗糙	【中华民族】
W6125.4.2.3	兽皮衣使用简单	
W6125.4.2.3.1	人把兽皮披在身上，再用藤子系起来完事	【侗族】
W6125.4.2.3.2	黄帝时，人以兽皮缠腰	【汉族】
W6125.4.3	特定的兽皮衣（特定动物皮制衣）	
W6125.4.3.1	虎皮衣	[W6126.4.3.4.3.1] 用虎皮扎成围裙
W6125.4.3.1.1	从忍利恩夫妻造虎皮衣	【纳西族】
W6125.4.3.2	熊皮衣	
W6125.4.3.2.1	熊皮做成衣服	【珞巴族】
W6125.4.3.3	羊皮衣	【纳西族】
W6125.4.3.4	牛皮衣	【汉族】
W6125.4.3.5	象皮衣	
W6125.4.3.5.1	祖先用大象皮做衣裳	【哈尼族】
W6125.4.3.6	狼皮衣	

W 编码	母题描述	关联项
W6125. 4. 3. 7	麂子皮衣	
W6125. 4. 3. 7. 1	天神的大儿子阿赌打死麂子拿皮做衣裳	【彝族】
W6125. 4. 3. 8	百兽皮皮衣	【毛南族】
W6125. 4. 3. 9	其他动物皮做衣	
W6125. 4. 3. 9. 1	鱼鹿皮为衣	【汉族】
W6125. 4. 3. 9. 1a	鹿皮衣	
W6125. 4. 3. 9. 1a. 1	尧披鹿皮挡风寒	【汉族】
W6125. 4. 3. 9. 2	豺狗皮为衣	【彝族（阿细）】
W6125. 4. 4	兽皮造衣的其他情形	
W6125. 4. 4. 1	人穿从兽身上剥下的皮子	【土族】
W6125. 4. 4. 2	人把兽皮披在身上再用藤子系起来	【侗族】
W6125. 4. 4. 3	古时候，人的衣裳主要是野兽皮	【汉族】
W6125. 4. 4. 4	兽皮衣是最早的衣服	【侗族】
W6125. 4. 4. 5	突厥部落用各种动物的皮毛做衣服	【西北古代民族】
W6125. 4. 5	用动物的特定部位造衣服	
W6125. 4. 5. 1	用龙筋龙皮做衣服	【满族】
W6125. 4. 5. 2	鱼皮做衣服	【满族】
W6125. 4. 6	与用动物皮造衣有关的其他母题	
W6125. 4. 7	穿兽皮衣的情形	［W6139. 9. 1. 1］以前，人冬天穿兽皮，夏天赤身露体
W6125. 4. 7. 1	远古时代，人身上只是披一张兽皮	【阿昌族】
W6125. 4. 7. 2	风雪中披着兽皮	【汉族】
W6125. 4. 8	与兽皮衣有关的其他母题	【关联】①
W6125. 4. 8. 1	黄帝时代人开始用兽皮制作衣服	【汉族】

① ［W6125. 1. 1. 5］洪荒时，无论男女只用兽皮和树叶防寒遮盖；［W6126. 1. 6. 2. 1］兽皮衣。

W 编码	母题描述	关联项
W6125.5	羽毛为衣（羽毛衣）	
W6125.5.1	羽毛衣的来历	
W6125.5.1.1	达尼格尔用大鹏的羽毛做成羽毛衣	【柯尔克孜族】
W6125.5.2	羽毛衣的特征	
W6125.5.3	特定的羽毛衣	
W6125.5.3.1	百鸟衣	【傣族】
W6125.5.3.1.1	女子用百种鸟羽编织成百鸟衣	【藏族】
W6125.5.3.1.2	仙女用丈夫猎到的雀鸟的羽毛做成一件百鸟羽衣	【苗族】
W6125.5.3.1.3	用一百种鸟毛编百鸟衣	【汉族】
W6125.5.4	与羽毛衣有关的其他母题	
W6125.6	织布制衣（布衣；用布制衣）	
W6125.6.1	织布做衣的来历（布衣的产生）	［W6108］织布的产生
W6125.6.1.1	布衣产生的时间	
W6125.6.1.1.1 *	仰韶文化时期，人们普遍穿着布衣	【中华民族】
W6125.6.1.1.2	轩辕下凡后让老百姓纺线织布做衣裳	【汉族】
W6125.6.1.2	伏羲用布做衣服	【汉族】
W6125.6.2	布衣的特征	
W6125.6.3	特定布料的衣服（用特定的布做衣裳）	
W6125.6.3.1	用棉布做衣	［W6114.2］棉布
W6125.6.3.1.1	汉族用棉布做衣	【黎族】
W6125.6.3.2	用麻布制衣	【黎族】
W6125.6.4	与布衣有关的其他母题	［W6110.2.5a］炎帝教人织布衣
W6125.7	织丝制衣（用丝造衣；丝衣）	
W6125.7.1	织丝做衣的来历	

W 编码	母题描述	关联项
W6125. 7. 1. 1	蚩尤老婆从丝茧壳中抽出丝来做衣裳	【苗族】@［W6126. 1. 9. 8. 1. 1］蚩尤造金衣
W6125. 7. 1. 2	嫘凤发现蚕丝后制出人间第一件用丝织成的衣服	【汉族】
W6125. 7. 1. 3	嫘祖发明养蚕织丝（嫘祖织丝造衣）	【汉族】@［W6065. 1. 2. 2. 2］嫘祖从天书中得到启示发明养蚕织丝
W6125. 7. 1. 3. 1	西陵氏之女嫘祖育蚕治丝做衣服	【中华民族】
W6125. 7. 1. 3. 2	嫘祖煮茧抽丝织成布匹，用骨针将布缝制成衣服	【中华民族】
W6125. 7. 1. 3. 3	嫘祖从天书中得到启示发明养蚕织丝	【汉族】
W6125. 7. 1. 4	牛郎织女授人抽丝织绸缎	【汉族】
W6125. 7. 1. 5	轩辕采山上的蚕茧制衣	【汉族】
W6125. 7. 1. 6	炎帝部落向黄帝部落学习缫丝织衣	【汉族】
W6125. 7. 1. 7	嫘凤造出人间第一件用丝织成的衣服	【汉族】
W6125. 7. 1. 8	蜀王收集蚕丝做衣服	【汉族】
W6125. 7. 2	丝衣的特征	
W6125. 7. 2. 1	丝衣透气、舒适、美观	【中华民族】
W6125. 7. 2. 2	丝衣又轻又软又结实	【汉族】
W6125. 7. 3	特定布料的丝服	
W6125. 7. 3. 1	绣花丝衣	【彝族】
W6125. 7. 3. 2	龙蚕丝衣	【汉族】
W6125. 7. 4	与丝衣有关的其他母题	
W6125. 7. 4. 1	用绸缎制衣	
W6125. 7. 4. 1. 1	轩辕用仙女纺的绸缎制衣裳	【汉族】
W6125. 8	其他制衣材料	
W6125. 8. 1	用自然物作为制衣的材料	

W 编码	母题描述	关联项
W6125.8.1.1	用霞作衣	
W6125.8.1.1.1	仙女用红霞与星光做成衣衫	【满族】
W6125.8.1.2	云彩做衣裳（云衣）	
W6125.8.1.2.1	白云格格身披九十九朵雪花云镶成的银光衫	【满族】
W6125.8.1.2.2	神子造天时拿云彩做衣裳	【彝族】
W6125.8.1.2.3	天神用彩云做衣服	【彝族】
W6125.8.2	特定的植物作为制衣材料	
W6125.8.2.1	神女用青苔做衣裳	【彝族】@［W6126.4.2.1.4.1］男神阿热和女神阿咪剥下石“皮”给人当裤子
W6125.8.2.2	用棕树皮制衣	
W6125.8.2.2.1	猎人把棕树的棕片用棕丝连起做围裙，做衣服	【汉族】
W6125.8.3	多种材料制衣	［W6125.3a.2］用多种植物造衣
W6125.8.3.1	树叶兽皮衣（兽皮树叶衣）	【哈尼族】【汉族】【佤族】
W6125.8.3.1.1	布农人祖先用树叶兽皮做衣	【高山族（布农）】@［W6117.3.1］人害怕雷公九兄弟用树叶兽皮挡住自己的身子后懂得了穿衣
W6125.8.3.1.2	以前独龙人穿的是兽皮树叶	【独龙族】
W6125.8.3.1.3	树叶兽皮衣的其他情形	
W6125.8.3.1.4	树叶兽皮衣的特征	
W6125.8.3.1.4.1	树叶兽皮衣冬天不防寒	【汉族】
W6125.8.3.1.5	与树叶兽皮衣有关的其他母题	
W6125.8.3.1.5.1	天冷时，人围着树叶挡风，披着兽皮遮雪	【汉族】
W6125.8.3.2	天神造的人用树叶和兽皮捆在身上御寒	【羌族】

W 编码	母题描述	关联项
W6125. 8. 3. 3	最早的姐弟俩用树叶和野草围身遮羞	【珞巴族】@［W6139. 9. 1. 2］古时，人冬季以兽皮御寒，夏天只在腰间围一块兽皮或几片大树叶遮羞
W6125. 8. 3. 4	早先，人用树叶和兽皮遮身	【汉族】
W6125. 9	与制衣材料有关的其他母题	
W6125. 9. 1	制衣材料的产生	
W6125. 9. 1. 1	特定人物发明制衣材料	
W6125. 9. 1. 1. 1	嫘祖发明制衣材料	【汉族】
W6125. 9. 1. 2	养蚕获取制衣材料	
W6125. 9. 1. 2. 1	养天虫抽丝编织出制衣的绢帛	【汉族】
W6125. 9. 2	制衣材料的改进	
W6125a	**制衣工具（做衣裳的用品）**	
W6125a. 1	针	
W6125a. 1. 1	针的产生	［W6081］工具的产生（工具的获得；一般性工具的产生；农具的来历）
W6125a. 1. 1. 1	针源于特定地方	
W6125a. 1. 1. 2	特定人物给人针	
W6125a. 1. 1. 2. 1	世神给自己造出的女人一根针线	【汉族】
W6125a. 1. 1. 2. 2	东海龙王从观音老母那里讨了根定山针	【汉族】
W6125a. 1. 1. 2. 3	神仙给人定山针	【汉族】
W6125a. 1. 1. 3	特定物变化为针	
W6125a. 1. 1. 3. 1	眉毛变针	【苗族】
W6125a. 1. 1. 4	造针（特定物做针）	
W6125a. 1. 1. 4. 1	用骨做针	【侗族】
W6125a. 1. 1. 4. 2	祖先用竹篾当针	【彝族】
W6125a. 1. 2	针的特征	

W 编码	母题描述	关联项
W6125a. 1. 3	特定的针	
W6125a. 1. 3. 1	神针	
W6125a. 1. 3. 1. 1	子午神针	
W6125a. 1. 3. 1. 1. 1	黄山老人给大禹控制怪兽的子午神针	【中华民族】
W6125a. 1. 3. 2	制衣的针	
W6125a. 1. 3. 3	定山针	【民族，关联】①
W6125a. 1. 3. 3. 1	大禹取下身上三根肋巴骨变成三根定山针	【汉族】
W6125a. 1. 3. 4	定海针（定海神针）	［W6076. 2. 3. 4. 1. 2］铸造定海神针
W6125a. 1. 3. 5	骨针	【关联】②
W6125a. 1. 3. 5. 1	女娲将骨头在石棱上磨出针锋	【汉族】
W6125a. 1. 4	与针有关的其他母题	
W6125a. 2	线	
W6125a. 2. 1	线的产生	
W6125a. 2. 2	线的特征	
W6125a. 2. 3	特定的线	
W6125a. 2. 4	与线有关的其他母题	
W6125a. 3	剪刀（剪子）	
W6125a. 3. 1	剪刀的产生	
W6125a. 3. 2	剪刀的特征	
W6125a. 3. 3	特定的剪刀	
W6125a. 3. 3. 1	石剪	
W6125a. 3. 3. 1. 1	龙母用石剪做石鞋	【汉族】
W6125a. 3. 4	与剪刀有关的其他母题	

① 【汉族】@［W6125a. 1. 1. 2. 2］东海龙王从观音老母那里讨了根定山针；［W6209. 3. 1. 2. 1］定山针变成塔。

② ［W6125. 4. 1. 6］黄帝时，女人用骨针缝兽皮做衣裳；［W6125. 7. 1. 3. 2］嫘祖煮茧抽丝织成布匹，用骨针将布缝制成衣服。

W 编码	母题描述	关联项
W6126	**特定名称的服装（服装的类型；特定的衣服）**	
W6126. 1	按制作材料划分的服装	
W6126. 1. 0	丝绸绫罗衣	
W6126. 1. 0. 1	帛衣	
W6126. 1. 0. 1. 1	轩辕的妻子嫘在盐亭养蚕缫丝造帛衣	【中华民族】
W6126. 1. 0. 2	绸衣	
W6126. 1. 0. 2. 1	嫘祖用细细的丝线织成的绸做成绸衣	【汉族】
W6126. 1. 0. 2. 2	西陵圣母发明养蚕做绸衣	【汉族】
W6126. 1. 0. 2. 3	黄帝派人将蚕丝织成绸缎制造礼服	【中华民族】
W6126. 1. 1	蓑衣	
W6126. 1. 1. 1. 1	蓑衣的产生	
W6126. 1. 1. 1. 1. 1	一个猎人把棕片撕下来做成最早的蓑衣	【汉族】@［W6125. 2. 3. 2］棕树皮衣
W6126. 1. 1. 1. 1. 1a	首领保洛陀剥下棕树皮编成一片片蓑衣	【壮族】
W6126. 1. 1. 1. 1. 2	伏羲把蓑衣赏给做庄稼的人	【汉族】
W6126. 1. 1. 1. 1. 3	纺棉人窝卑和窝牛用棉花搓成线，用竹尖穿树叶再把线连起来做成蓑衣	【哈尼族】
W6126. 1. 1. 1. 1. 4	割茅草连成蓑衣	【彝族】
W6126. 1. 1. 1. 2	蓑衣的特征	
W6126. 1. 1. 1. 3	与蓑衣有关的其他母题	
W6126. 1. 2	石头衣裳	
W6126. 1. 2. 1	最早出现的重甲人穿石头衣裳	【壮族】
W6126. 1. 3	羽衣	【汉族】【满族】@［W6125. 5］羽毛为衣（羽毛衣）

W 编码	母题描述	关联项
W6126.1.3.1	云冠羽衣	【汉族】
W6126.1.3.2	羽衣以鸟羽为衣	【中华民族】
W6126.1.3.2.1	阿郎用鸟羽制衣	【畲族】@［W6111.3］用羽毛织布
W6126.1.3.3	神鸟用九彩神羽制衣	
W6126.1.3.4	羽衣的其他产生方式	
W6126.1.3.5	羽衣的其他情形	
W6126.1.3.6	与羽衣有关的其他母题	
W6126.1.3.6.1	不能飞翔的羽衣（羽衣失效）	
W6126.1.3.6.1.1	羽衣被做了手脚不能飞翔	【水族】
W6126.1.4	毛衣	【藏族】@［W6124.2.1.1］水神的大姑娘吹羊毛变成毛布衣服
W6126.1.4.1	崇仁丽恩织羊毛做衣裳	【纳西族】
W6126.1.5	锦衣	
W6126.1.5.1	黄衣造锦衣	
W6126.1.5.1.1	轩辕黄帝织下锦衣裳	【土家族】
W6126.1.6	皮衣	［W6125.2］树皮做衣服
W6126.1.6.1	穿皮衣的原因	
W6126.1.6.2	动物皮做的皮衣	
W6126.1.6.2.1	兽皮衣	
W6126.1.6.2.1.1	恩都力天神教人们穿兽皮	【鄂伦春族】@［W6119.1］天神教人穿兽皮
W6126.1.6.2.1.2	女娲身缠兽皮	【汉族】
W6126.1.6.2.1.3	黄帝战胜蚩尤被推选首领后，开始用兽皮制作衣服	【汉族】
W6126.1.6.2.2	牛皮衣	
W6126.1.6.2.3	怪物皮皮衣	
W6126.1.6.2.3.1	用水怪皮做的衣裳	【蒙古族】

W 编码	母题描述	关联项
W6126. 1. 7	布衣	
W6126. 1. 7. 1	毛布衣	
W6126. 1. 7. 1. 1	用羊毛造毛布衣	【藏族】@［W6124. 2. 1. 1］水神的大姑娘吹羊毛变成毛布衣服
W6126. 1. 7. 1. 2	祖先从忍利恩身穿毛布衣裳	【纳西族】
W6126. 1. 8	麻衣（麻布衣）	【民族，关联】①
W6126. 1. 8. 0	麻衣的产生	
W6126. 1. 8. 0. 1	嫘造麻衣	【中华民族】
W6126. 1. 8. 0. 2	后稷教人种麻做衣	【汉族】
W6126. 1. 8. 1	穿麻布衣服的习惯的来历	【关联】②
W6126. 1. 8. 1. 1	老鸹传错了天女的错话，天神让人间穿麻布衣	【蒙古族】
W6126. 1. 8. 2	麻布白长衫	
W6126. 1. 8. 2. 1	天神赠麻布白长衫	【羌族】
W6126. 1. 8. 3	麻布裙	
W6126. 1. 8. 3. 1	女子用麻线织成裙	【怒族】
W6126. 1. 8. 4	萱麻衣	
W6126. 1. 8. 4. 1	前人种萱麻搓纺纱，织成布裹身	【瑶族】
W6126. 1. 8. 5	粗麻衣	
W6126. 1. 8. 5. 1	尧身上穿粗麻做的衣和裳	【汉族】
W6126. 1. 8. 6	其他名称的麻衣	
W6126. 1. 8. 7	麻衣的特征	
W6126. 1. 8. 7. 1	麻衣好看又能防冷	【汉族】
W6126. 1. 8. 8	与麻衣有关的其他母题	
W6126. 1. 9	其他质料的衣服	［W6125. 7］织丝制衣（用丝造衣；丝衣）

① 【高山族】@［W6111. 1］用麻织布；［W6114. 1. 2］猎神教人织麻布；［W6125. 6. 3. 2］用麻布制衣。
② ［W6120. 5. 1］炎帝发现麻，剥皮治绳合股制衣；［W6120. 5a. 1］炎帝夫人将潞麻织成布造衣。

W 编码	母题描述	关联项
W6126.1.9.1	肉衣裳	
W6126.1.9.1.1	神女穿的是肉衣裳	【哈尼族】
W6126.1.9.2	棉衣	
W6126.1.9.2.1	谢古婆教人种棉做衣	【瑶族】
W6126.1.9.2.2	七姐种棉做衣裤	【毛南族】
W6126.1.9.3	光衫	
W6126.1.9.3.1	刺猬神的光衫由日月光芒织成	【满族】@［W6125.8.1.1.1］仙女用红霞与星光做成衣衫
W6126.1.9.4	凤凰衣	【民族，关联】①
W6126.1.9.5	金玉毛羽衣	【汉族】
W6126.1.9.5a	玉衣	
W6126.1.9.5a.1	水姑娘穿玉衣	【哈尼族】
W6126.1.9.6	葛衣	
W6126.1.9.6.1	尧母剥葛藤皮用水泡后把内皮搓成细绳，织成衣片，剪裁缝成葛衣	【汉族】
W6126.1.9.7	裘衣	
W6126.1.9.7.1	白狐皮做白裘领	【彝族】
W6126.1.9.8	金属衣服	
W6126.1.9.8.1	金衣	
W6126.1.9.8.1.1	蚩尤造金衣	【苗族】@［W6125.7.1.1］蚩尤老婆从丝茧壳中抽出丝来做衣裳
W6126.1.9.8.2	银衣	
W6126.1.9.8.2.1	蚩尤造银衣	【苗族】
W6126.2	按功能划分的衣服	
W6126.2.1	上衣	

① 【水族】@［W6126.6.1.1］用凤凰羽毛缝成的彩衣；［W6134.2.3］凤凰帽（凤冠）。

W 编码	母题描述	关联项
W6126. 2. 1. 1	缝制上衣	【瑶族（布努）】@［W6123. 2. 4. 1］女始祖密洛陀的六姐织出布缝出上衣和裤裙
W6126. 2. 1. 1. 1	兽皮缝制的上衣	【中华民族】
W6126. 2. 2	下衣	
W6126. 2. 3	连体衣	
W6126. 2. 4	单衣	
W6126. 2. 5	夹衣	
W6126. 2. 6	夏衣	
W6126. 2. 7	冬衣	
W6126. 2. 8	雨衣	
W6126. 2. 9	其他功能的衣服	
W6126. 2. 9. 1	战衣（战袍）	【汉族】
W6126. 2. 9. 2	防护衣	
W6126. 2. 9. 3	神衣	【汉族】
W6126. 2. 9. 3. 1	医者的神衣	【达斡尔族】
W6126. 2. 9. 4	礼服	
W6126. 2. 9. 4. 1	黄帝命人把绢做成帝王的礼服	【汉族】
W6126. 3	按样式划分的衣服（按衣服装饰划分的衣服）	
W6126. 3. 1	孔雀衣	
W6126. 3. 1. 1	为纪念祖先做孔雀衣	
W6126. 3. 1. 1. 1	祖先宁贯娃取龙女为妻，后人为纪念龙女做孔雀衣	【景颇族】
W6126. 3. 1. 2	公主披孔雀衣飞翔	【傣族】
W6126. 3. 2	龙凤八仙衣	
W6126. 3. 2. 1	天神赐龙凤八仙衣	【羌族】
W6126. 3. 3	龙衣（龙袍）	【汉族】
W6126. 3. 3. 1	伏羲、女娲都是龙，故称衣裳是“龙衣”	【汉族】

W 编码	母题描述	关联项
W6126.3.3.2	东海龙王送尧龙衣	【汉族】
W6126.3.3.3	穿龙衣能消灾避难	【汉族】
W6126.3.3.4	穿龙衣能逢凶化吉	【汉族】
W6126.3.3.5	龙衣的其他特征	
W6126.3.3.6	特定的龙衣	
W6126.3.3.6.1	彩锦制龙衣	【汉族】
W6126.3.3.6.2	龙衣有七色绒线	【汉族】
W6126.3.4	连体衣	
W6126.3.4.1	沙敖缝的衣服不分衣服和裤子从头套到脚	【哈尼族】
W6126.3.5	花边衣	【瑶族】
W6126.4	按日常名称划分的衣服	
W6126.4.1	褂子	
W6126.4.1.1	用羊皮缝褂子	【纳西族（摩梭）】
W6126.4.1.2	火草褂	【汉族】
W6126.4.2	裤子	
W6126.4.2.1	裤子的产生	
W6126.4.2.1.1	祖先布洛陀造裤	【壮族】
W6126.4.2.1.2	天神造的第二代人拿树叶做裤子	【彝族】
W6126.4.2.1.3	芭蕉叶做裤子	［W6125.3.3.1］割芭蕉叶做衣裳
W6126.4.2.1.3.1	达摩天子捆一张芭蕉叶当裤子	【侗族】
W6126.4.2.1.4	青苔做裤子	
W6126.4.2.1.4.1	男神阿热和女神阿咪剥下石“皮”给人当裤子	【彝族（阿细）】
W6126.4.2.1.5	竹笋壳做裤子	【侗族】@［W6125.2.3.2.3.1］萨犹用楠竹笋壳做裤筒，棕榈蓑皮做衣裳
W6126.4.2.1.6	七姐种棉做衣裤	【毛南族】

W 编码	母题描述	关联项
W6126.4.2.2	裤子的特征	
W6126.4.2.3	特定的裤子	
W6126.4.2.4	与裤子有关的其他母题	［W6139.7］腰带
W6126.4.2.4.1	下身衣服	
W6126.4.2.4.1.1	人用粗麻线编成一块布片遮住下身	【阿昌族】
W6126.4.2.4.1.2	伏羲女娲衣裳朽成了索索子，就撕成块块儿缠在腰里遮下身	【汉族】
W6126.4.3	裙子（衣裙）	
W6126.4.3.1	裙子的产生	
W6126.4.3.1.1	造裙子	
W6126.4.3.1.1.1	特定人物教人做裙子（裙子的制作者）	［W6122.4.1］蚕子和蜘蛛教人把羊毛搓成线编织成衣裙
W6126.4.3.1.1.1.1	仙女教人做裙子	【布依族】@［W6120.1］仙女教人制衣裙
W6126.4.3.1.1.1.2	戛妹教人做衣裙	【布依族】
W6126.4.3.1.1.1.3	达摩天子做衣裙	【侗族】
W6126.4.3.1.1.1.4	轩辕黄帝造衣裙	【中华民族】
W6126.4.3.1.1.1.5	黄帝的妻子嫘祖教女人种桑、养蚕、织布、做衣裙	【汉族】
W6126.4.3.1.1.2	造裙子的方法	
W6126.4.3.1.1.2.1	用羊毛编织衣裙	【纳西族（摩梭）】
W6126.4.3.1.1.2.1.1	守天河的神羊把身上的毛皮送给女始祖昂姑咪做御寒的衣裙	【纳西族（摩梭）】
W6126.4.3.1.1.2.2	用草编裙子	【侗族】
W6126.4.3.1.1.2.3	最早的一对父母教孩子用树皮做衣，用树叶做裙	【傣族】
W6126.4.3.1.1.2.4	一个女子把布伞抽去伞骨做成裙子	【彝族】
W6126.4.3.1.1.3	造裙子的结果	

W 编码	母题描述	关联项
W6126.4.3.1.2	特定物变成裙子	［W6124.1.1］云霞变成衣裙
W6126.4.3.1.3	裙子产生的其他方法	
W6126.4.3.1.3.1	造物主阿嫫尧白给人衣裙	【基诺族】
W6126.4.3.2	裙子的特征	
W6126.4.3.3	裙子的使用	
W6126.4.3.3.1	以前男女都穿裙子	【普米族】
W6126.4.3.4	特定的裙子	
W6126.4.3.4.1	筒裙（统裙）	【傣族】
W6126.4.3.4.1.1	太阳宫里姑娘的统裙堪比彩虹	【景颇族】
W6126.4.3.4.1.2	仿照知了翅膀的花纹绣制筒裙	【德昂族】
W6126.4.3.4.2	战裙	
W6126.4.3.4.2.1	天神阿布卡赫赫用九座石山、九座柳林、九条溪流、九副兽骨编成战裙	【满族】
W6126.4.3.4.3	围裙（围腰）	［W6125.8.2.2.1］猎人把棕树的棕片用棕丝连起做围裙，做衣服
W6126.4.3.4.3.1	用虎皮扎成围裙	【满族】
W6126.4.3.4.3.1a	把棕片撕下来，再用棕丝连起做成围裙	【汉族】
W6126.4.3.4.3.2	水家姑娘围腰上的两飘带是鱼姑娘两侧鱼翅之象征	【水族】
W6126.4.3.4.3.3	女人围围裙	
W6126.4.3.4.3.3.1	让女人围围裙是为了降低她们的才智	【汉族】@［W6126.9.1.1］让女人胸前戴兜肚是为了让她们变笨
W6126.4.3.4.3.3.2	女人围围裙源于方便待客	【汉族】
W6126.4.3.4.3.3.3	女人围围裙源于好上轿出嫁	【汉族】
W6126.4.3.4.3.3.4	女人围围裙源于效仿一个手巧善斗的女子	【汉族】

W 编码	母题描述	关联项
W6126. 4. 3. 4. 4	树叶裙	【傣族】@［W6121. 3. 1. 1］最早一对男女教子女用树皮做衣，用树叶做裙
W6126. 4. 3. 4. 4. 1	女子用大的戛打叶围住下身，做成叶子裙	【傣族】
W6126. 4. 3. 4. 4. 2	轩辕时，人们弄点树叶子围在腰上	【汉族】
W6126. 4. 3. 4. 4a	树皮裙	
W6126. 4. 3. 4. 4a. 1	棕树皮做围裙	【汉族】
W6126. 4. 3. 4. 5	百褶裙	
W6126. 4. 3. 4. 6	毡裙	
W6126. 4. 3. 4. 6. 1	阿昌姑娘为劳动时更方便做毡裙	【阿昌族】
W6126. 4. 3. 4. 7	留仙裙	【汉族】
W6126. 4. 3. 4. 8	石榴裙	
W6126. 4. 3. 4. 9	其他特定的裙子	
W6126. 4. 3. 4. 9. 1	短裙	
W6126. 4. 3. 4. 9. 1. 1	藤蔓和野麻编成的短裙	【中华民族】
W6126. 4. 3. 5	与裙子有关的其他母题	
W6126. 4. 4	袍子	
W6126. 4. 4. 1	长袍	
W6126. 4. 4. 1. 1	百补千衲的长袍	【汉族】
W6126. 5	按来源划分的衣服	
W6126. 5. 1	百家衣	［W6125. 5. 3. 1］百鸟衣
W6126. 5. 1. 1	多户人家拼凑出“百家衣”	【汉族】
W6126. 5. 1. 2	村子的人各剪己衣一角，缝成“百家衣”	【汉族】
W6126. 5. 1. 3	讨百家布做成“百家衣”	【土家族】
W6126. 6	按颜色划分的衣服	
W6126. 6. 1	彩衣	

W 编码	母题描述	关联项
W6126.6.1.1	用凤凰羽毛缝成的彩衣	【水族】
W6126.7	按新旧划分的衣服（按产生时间衣服分类）	
W6126.7.1	新衣	
W6126.7.2	旧衣服	
W6126.7.2.1	公主穿着奶奶的奶奶古旧服装美丽迷人	【俄罗斯族】
W6126.7.2.2	旧袈裟大能耐	【汉族】
W6126.7.3	原始的衣服	
W6126.7.3.1	吊筒挂板衣	
W6126.7.3.1.1	伏羲用藤条穿一大块树皮挂在股臀上，采节竹筒吊在前面遮羞，让男人有了“吊筒挂板”	【汉族】
W6126.7.4	最早的衣服	
W6126.7.4.1	男人和女人的第一种衣服是树皮衣裳和树叶裙	【傣族】
W6126.7.4.2	人类最早的衣裳百叶衣	【汉族】
W6126.8	其他名称的衣服	
W6126.8.1	天衣	
W6126.8.1.1	女子抱天衣飞去	【汉族】
W6126.8.1.2	天衣无缝	【汉族】
W6126.8.1.3	云锦天衣	
W6126.8.1.3.1	织女织云锦天衣	【汉族】
W6126.8.2	按使用者划分衣服	
W6126.8.2.1	神服	【鄂伦春族】
W6126.8.2.2	袈裟	【汉族】
W6126.9	与特定衣服有关的其他母题	［W6139.0.1］特定的人穿特定的衣服
W6126.9.1	兜肚（肚兜）	［W6126.4.3.4.3］围裙（围腰）

W 编码	母题描述	关联项
W6126. 9. 1. 1	让女人胸前戴兜肚是为了让她们变笨	【汉族】
W6126. 9. 1. 2	老年妇女夏天胸前挂一块用三尺白布做的蝴蝶形“肚兜”源于大白蝴蝶变成三尺白布的传说	【汉族】
W6126. 9. 2	围胸	
W6126. 9. 2. 1	特定人物为女人编织出围胸	【彝族】
W6127	**服装的特征（衣服的特征；服饰的特征；衣服的功能）**	
W6127. 1	以前衣服不分性别	
W6127. 1. 1	以前男女都穿裙子	【普米族】
W6127. 2	不同性别衣服的特征	
W6127. 2. 1	女人衣服的特征	［W6127. 3. 5. 1］女人穿长衣服
W6127. 2. 1. 1	女人穿筒裙的来历	【傣族】
W6127. 2. 2	男人衣服的特征	
W6127. 3	衣服的大小（衣服的样式；衣服的长短）	
W6127. 3. 1	巨大的衣服	
W6127. 3. 2	瘦小的衣服	
W6127. 3. 3	正合身的衣服	
W6127. 3. 4	衣服的样式	［W6126. 3］按样式划分的衣服（按衣服装饰划分的衣服）
W6127. 3. 4. 1	衣服样式变化	
W6127. 3. 4. 1. 1	从披裹整匹布改变为穿筒裙夹衣，再到穿漂亮蜡染织锦的衣裙	【布依族】
W6127. 3. 4. 1. 2	早期的素白的衣裙后来变成多种色彩的服饰	【基诺族】

W 编码	母题描述	关联项
W6127.3.5	长衣	
W6127.3.5.1	女人穿长衣服	【羌族】
W6127.3.6	短衣	
W6127.3a	衣服的质量（服饰的性质）	
W6127.3a.1	寒酸的服饰	【彝族】
W6127.4	特定的人穿特定颜色的衣服（衣服的颜色；特定服饰色彩）	
W6127.4.1	特定的人穿白色衣服	
W6127.4.1.1	天上的人穿白衣白袍	【高山族】
W6127.4.1.2	首领要穿特定服装（头人有特定服饰）	
W6127.4.1.2.1	白色蛋生的人的当头人，所以头人要穿白色	【哈尼族】
W6127.4.2	特定的人穿黑衣	
W6127.4.2.1	有的壮族穿黑衣的来历	
W6127.4.2.1.1	壮族土族人穿黑衣服源于被皇帝烧得一身黑	【壮族（土族人）】
W6127.4.3	特定的人穿黄色衣服	
W6127.4.3.1	皇帝大都穿黄色的衣服	【汉族】@［W6127.8.4.1］黄色的衣服代表身份高贵
W6127.4.4	基诺族女子帽子上的黑纹花	【基诺族】
W6127.4.5	红色衣服	
W6127.4.5.1	嫘祖用凤仙花瓣将衣衫染成红色	【汉族】
W6127.5	特定的人有特定的服装样式（特定服装的形制）	
W6127.5.1	特定服装有动物的形制	
W6127.5.1.1	盘瓠生的子孙衣服的裁制皆有尾形（狗尾）	【汉族】
W6127.5.2	不同群体服装不同	
W6127.5.2.1	不同民族服装不同	

W 编码	母题描述	关联项
W6127. 5. 2. 2	一个民族不同支系服装不同	
W6127. 5. 2. 2. 1	瑶族各个支系的不同服饰是盘古决定的	【瑶族】
W6127. 5. 3	服装的样式与祖先相同	
W6127. 5. 3. 1	后代为纪念祖先穿与祖先体征相同的服饰	【古代民族】
W6127. 5. 4	衣服的装饰（衣服的花纹）	
W6127. 5. 4. 1	鸟形彩纹衣	
W6127. 5. 4. 1. 1	娥皇、女英给舜做通身鸟形彩纹衣服	【汉族】
W6127. 6	早期的衣服的特征	
W6127. 6. 1	最早的衣服像网罗	【汉族】
W6127. 6. 2	以前人穿得很差劲	
W6127. 6. 2. 1	古时候的衣服不漂亮，不暖和	【汉族】
W6127. 6. 2. 2	人类初期衣着破烂	【汉族】
W6127. 7	衣服的质量（衣服的重量）	
W6127. 7. 1	沉重的衣服	
W6127. 7. 1. 1	一件衣裳重千斤	【壮族】
W6127. 7. 2	轻便的衣服	
W6127. 8	衣服有特定的性能（衣服的功能）	
W6127. 8. 1	衣服能保暖御寒	【藏族】@［W6117. 1］人为了御寒开始穿衣
W6127. 8. 2	衣服让人变得美丽	【俄罗斯族】
W6127. 8. 3	衣服遮丑	［W6117. 2］人知道害羞后开始穿衣
W6127. 8. 3. 1	盘古兄妹发现不穿衣服很丑后用树叶为衣	【汉族】
W6127. 8. 4	特定衣服是身份的标识	
W6127. 8. 4. 1	黄色的衣服代表身份高贵	【汉族】

W 编码	母题描述	关联项
W6127.8.5	衣服防护身体	
W6127.8.5.1	穿衣后不怕刺	【汉族】
W6127.8.6	服饰作为特定的纪念	
W6127.8.6.1	水族妇女为纪念鱼姑娘将花边镶于衣襟	【水族】
W6127.8.7 *	特定服饰是古老习俗的反映	【多民族】
W6127.9	与衣服的特征有关的其他母题	
W6127.9.1	奇特的衣服（神奇的衣裳）	
W6127.9.1.1	会放光的衣服	
W6127.9.1.2	会变化的衣服	
W6127.9.1.3	冬暖夏凉的衣裳	
W6127.9.1.3.1	用水怪皮做的衣裳冬暖夏凉	【蒙古族】@［W6126.1.6.2.3.1］用水怪皮做的衣裳
W6127.9.1.4	仙衣	【关联】①
W6127.9.1.4.1	孔雀仙姑编五彩斑斓的仙衣	【汉族】
W6127.9.1.4.2	织女的仙衣百霞衣	【汉族】
W6127.9.1.5	穿上能饱暖的衣服	【汉族】
W6127.9.1.6	穿上能使人飞的衣服	
W6127.9.1.6.1	神农披上神衣飞上天空	【汉族】
W6127.9.1.7	穿上能变形的衣服	
W6127.9.1.7.1	昂日星披上盘古给的花衣变成一只飞鸟	【白族】
W6127.9.2	简单的衣服	【汉族】
W6127.9.2.1	古时候，人不会做衣裙，拿一整匹布披裹身体	【布依族】
W6127.9.2.2	裹布为衣	【瑶族】@［W6126.1.8.4.1］前人种萱麻搓纺纱，织成布裹身

①［W6126.2.9.3］神衣；［W6126.3.2］龙凤八仙衣。

W 编码	母题描述	关联项
W6127. 9. 2. 3	用藤维系兽皮为衣	【侗族】@［W6125. 4. 4. 2］人把兽皮披在身上再用藤子系起来
W6127. 9. 3	服饰与图腾有关	
W6127. 9. 3. 1	犬图腾者服饰上有犬图案	【瑶族】
✻ **W6128**	**鞋（鞋子；靴子；鞋的产生）**	【汤普森】A1454
W6128. 0	以前没有鞋	
W6128. 0. 1	以前因没鞋被蒺刺扎脚	【汉族】
W6128. 1	鞋的产生	
W6128. 1. 1	鞋产生的原因	
W6128. 1. 1. 1	为避免赤脚干活吃苦头造鞋	【汉族】
W6128. 1. 2	鞋自然存在	
W6128. 1. 2. 1	白石中生的孩子穿着鞋	【高山族】
W6128. 1. 3	鞋源于特定地方	
W6128. 1. 4	特定人物给人鞋	
W6128. 2	特定人物造鞋（特定人物教人做鞋；造鞋者）	
W6128. 2. 1	祖先教人做鞋	
W6128. 2. 2	特定身份的人教人做鞋	
W6128. 2. 2. 1	头人卜伯的妻子做鞋	【民族，关联】①
W6128. 2. 3	特定名称的人造鞋	
W6128. 2. 3. 1	大禹的妻子涂山氏造鞋	【羌族】
W6128. 2. 4	制鞋匠	【汤普森】P453
W6128. 3	造鞋的材料	
W6128. 3. 1	以前用草做鞋	【汉族】
W6128. 3. 2	以前用木头做鞋	【汉族】
W6128. 3. 3	用桦树皮做鞋	【民族，关联】②

① 【壮族】@［W6108. 3. 2. 1］头人卜伯的妻子教人纺纱织布；［W6123. 3. 2. 1］头人卜伯的妻子制衣。
② 【满族】@［W6125. 2. 3. 1. 1］女首领用桦树皮做衣服；［W6132. 4. 1. 3］长白山主教阿达匹做帽子。

W 编码	母题描述	关联项
W6128.3.4	用头发编鞋	【汉族】
W6128.3.4.1	用头发和麻做鞋	【汉族】
W6128.3.5	用人造物做鞋	
W6128.3.5.1	用布做鞋	
W6128.3.6	用动物皮造鞋	
W6128.3.6.1	用牛皮做鞋	【汉族】
W6128.3.6.1.1	牛郎用黄牛皮做鞋	【汉族】
W6128.3.6.2	用兽皮做鞋	
W6128.3.6.2.1	黄帝的正妃嫘祖把各种野兽的皮毛剥下来做鞋	【汉族】
W6128.3.7	用其他特定物造鞋	
W6128.3.7.1	用石头做鞋	【汉族】
W6129	**鞋的特征（鞋的功能）**	
W6129.1	鞋能御寒	
W6129.2	鞋能避伤	
W6129.3	鞋助人远行	
W6129.3.1	大禹登上彩鞋行如飞	【羌族】
W6129.4	特定功能的鞋	
W6129.4.1	跳舞的鞋（舞鞋）	
W6129.4.2	跋山鞋	
W6129.4.2.1	十根青藤子勒，八根青藤子捆，编成双跋山鞋	【苗族】
W6129.4.3	踏云鞋（登云鞋）	【汉族】
W6129.4.3.1	佛祖给找光明的兄妹一双踏云鞋	【汉族】
W6129.4.3.2	盘古的登云鞋	【汉族】
W6129.4.3.3	穿登云鞋可下凡	【汉族】
W6129.4.3.4	穿登云鞋会飞	
W6129.4.3.4.1	董永的儿子穿上了登云鞋飞到天宫	【汉族】

W 编码	母题描述	关联项
W6129. 5	奇特特征的鞋	
W6129. 5. 1	会飞的鞋	
W6129. 5. 1. 1	佛祖给找光明的兄妹一双飞鞋	【满族】
W6129. 5. 2	助人追逐目标的鞋	
W6129. 5. 2. 1	牛郎穿上用黄牛皮做的鞋能追赶上天的织女	【汉族】
W6129. 6	鞋的大小	
W6129. 6. 1	极小的鞋	
W6129. 7	鞋的重量	
W6129. 7. 1	一双鞋子百十斤	【壮族】
W6129. 8	鞋的构件	
W6129. 8. 1	鞋底	
W6129. 8. 1. 1	用软木作鞋底	【汉族】
W6129. 8. 2	鞋帮	
W6129. 8. 2. 1	用麻布作鞋帮	【汉族】
W6129. 8. 3	鞋的装饰	
W6129. 8. 3. 1	用五彩金线在鞋帮上绣上两朵彩云	【羌族】
W6130	**特定的鞋（鞋的类型）**	
W6130. 1	石鞋（石头鞋）	
W6130. 1. 1	最早出现的重甲人穿石头鞋子	【壮族】
W6130. 1. 2	龙母用石底、石帮、石针、石线、石剪、石花做石鞋	【汉族】@［W6125a. 3. 3. 1. 1］龙母用石剪做石鞋
W6130. 2	木鞋（木头鞋）	
W6130. 2. 1	木屐	
W6130. 2. 1. 1	黄帝的部下发明用木质软的树做木屐	【汉族】
W6130. 2. 2	黄帝时造木鞋	
W6130. 2. 2. 1	黄帝的狩猎者把软木树砍倒，截成二尺长的短节，用刀将木节掏空，里边塞些干草做成鞋	【汉族】

W 编码	母题描述	关联项
W6130.2.3	木鞋的特征	
W6130.2.3.1	木鞋穿在脚上既松软，又暖和	【汉族】
W6130.2a	草鞋	
W6130.2a.1	草鞋的产生	
W6130.2a.1.1	茅草搓扭编双鞋给水牛穿	【苗族】
W6130.2a.1.2	山上有茅草，割来打草鞋	【彝族】
W6130.2a.1.3	素女赐草鞋	【汉族】
W6130.2a.1.4	草鞋是张果老编出来的	【汉族】
W6130.2a.1.5	女人用针穿皮条在编草鞋	【中华民族】
W6130.2a.2	草鞋的特征	
W6130.2a.2.1	草鞋有鞋底无鞋面	
W6130.2a.2.1.1	“百年草鞋”有鞋底无鞋面	【汉族】
W6130.2a.3	特定的草鞋	
W6130.2a.3.1	牛穿的草鞋	【苗族】@［W6105.6.1］水牛走远路时，主人要给它编草鞋
W6130.2a.3.2	皮草鞋	【汉族】
W6130.2a.4	与草鞋有关的其他母题	
W6130.3	靴子	
W6130.3.0	靴子的产生	
W6130.3.0.1	特定人物造靴子	
W6130.3.0.2	特定物变成靴子	
W6130.3.0.2.1	鹿腿变成皮靴	【普米族】
W6130.3.1	金靴子	
W6130.3.1.1	天鹅丢下一只金靴子	【哈萨克族】
W6130.3.2	能让人腾云驾雾的靴子	
W6130.3.2.1	用老黄牛的皮做成一双能让人腾云驾雾的靴子	【汉族】
W6130.3.3	高筒靴子	

W 编码	母题描述	关联项
W6130. 3. 3. 1	女子素雀仿照黄帝在胶泥地上留下了脚印做高筒靴子	【汉族】
W6130. 4	花鞋（绣花鞋）	
W6130. 4. 1	鞋上绣花有特定含义	
W6130. 4. 1. 1	鞋上绣荞麦花是为了表达对荞麦花的感谢	【羌族】
W6130. 5	金属鞋	
W6130. 5. 1	金鞋	
W6130. 5. 1. 1	天鹅留下一只金鞋	【哈萨克族】
W6130. 5. 2	银鞋	
W6130. 5. 3	铜鞋	
W6130. 5. 4	铁鞋	
W6130. 5. 4. 1	祖先仿照铧口的样子打了一双铁鞋	【仡佬族】
W6130. 6	皮鞋	
W6130. 6. 1	牛皮鞋	【汉族】@［W6128. 3. 6. 1］用牛皮做鞋
W6131	**与鞋有关的其他母题**	
W6131. 1	鞋的名称（特定名称的鞋）	
W6131. 1. 1	五彩云绣鞋	
W6131. 1. 1. 1	天神赐五彩云绣鞋	【羌族】
W6131. 1. 2	荞鞋	
W6131. 1. 2. 1	鞋上绣荞麦花图案称之荞鞋	【羌族】
W6131. 1. 3	孔子屐	
W6131. 1. 3. 1	孔子屐长一尺四寸	【汉族】
W6131. 1. 4	云云鞋	
W6131. 1. 4. 1	羌人穿的“云云鞋”与大禹有关	【羌族】
W6131. 2	鞋的禁忌	
W6131. 2. 1	不能轻易脱掉的鞋子	

W 编码	母题描述	关联项
W6131.2.1.1	没有杀死恶龙前不能脱鞋	【畲族】
W6131.3	鞋的装饰	
W6131.3.1	鞋上绣特定图案	【羌族】
W6131.4	鞋的使用	
W6131.4.1	特定人物在特定场合穿特定的鞋	
W6131.4.1.1	羌族妇女上街赶场或喜庆的日子穿荞鞋	【羌族】
*** W6132**	**帽（帽子；帽子的产生）**	
W6132.1	帽子产生的原因	
W6132.2	帽子源于特定的地方	
W6132.2.1	摘下鸟窝当帽子	【汉族】
W6132.3	特定人物赐予帽子	
W6132.4	帽子是造出来的（造帽子）	
W6132.4.1	特定人物造帽子（造帽子者；帽子的发明者）	
W6132.4.1.1	龙女造帽子	【彝族】
W6132.4.1.2	黄帝造帽子	【汉族】
W6132.4.1.2a	黄帝的妻子嫘祖做帽子	【汉族】
W6132.4.1.2b	黄帝的部下胡巢和于则发明帽子	【汉族】
W6132.4.1.3	长白山主教阿达匹做帽子	【民族，关联】①
W6132.4.2	造帽子的材料	
W6132.4.2.1	用细竹篾编成帽子	【毛南族】
W6132.4.2.2	用兽皮做帽子	
W6132.4.2.2.1	嫘祖把各种野兽的皮毛剥下来做帽子	【汉族】
W6132.4.3	造帽子的方法	
W6132.4.3.1	造帽子方法的来历	

① 【满族】@［W6111.1.1］长白山主教人种麻织布；［W6125.2.3.1.1］女首领用桦树皮做衣服。

W 编码	母题描述	关联项
W6132. 4. 3. 1. 1	黄帝的部下把打落的鸟窝戴在头上后发明帽子	【汉族】
W6132. 4. 3. 1. 2	仿照蘑菇做帽子	【苗族】
W6132. 4. 4	造帽子的情形	
W6132. 4. 5	造帽子的结果	
W6132. 4. 6	与造帽子有关的其他母题	
W6132. 5	帽子是变化产生的（变化产生帽子）	
W6132. 6	与帽子产生有关的其他母题	
W6133	**帽子的特征**	
W6133. 1	帽子有防护作用	
W6133. 1. 1	帽子挡风挡雨挡毒日防冰雹	【毛南族】
W6134	**特定的帽子（帽子的类型）**	
W6134. 1	不同材料的帽子（按制作帽子的材料分类）	
W6134. 1. 1	草帽	
W6134. 1. 1. 1	草帽的产生	【汉族】
W6134. 1. 2	皮帽	
W6134. 1. 2. 1	兽皮帽	
W6134. 1. 2. 1. 1	能人然斗兽皮当帽御寒	哈尼族
W6134. 1. 2. 2	羊皮帽	
W6134. 1. 2. 2. 1	嫘祖造羊皮帽	【汉族】
W6134. 1. 2. 3	猴皮帽	
W6134. 1. 2. 3. 1	端公感猴子之恩，以猴皮为帽	【羌族】
W6134. 1. 3	竹帽（笠帽；篾帽）	
W6134. 1. 3. 1	编好篾子，铺上棕叶造成篾帽	【彝族】
W6134. 2	不同形状的帽子（按帽子的造型分类）	

W 编码	母题描述	关联项
W6134.2.1	狗头帽	
W6134.2.1.1	狗头帽的产生	
W6134.2.1.1.1	为感激老黄狗，照着老黄狗的样子缝制狗头帽	【汉族】
W6134.2.1.2	狗头帽的特征	
W6134.2.1.3	与狗头帽有关的其他母题	
W6134.2.1a	猪头帽	
W6134.2.1a.1	为感谢母野猪救命之恩，专门做猪头形状的帽子给刚生的娃娃戴上	【汉族】
W6134.2.1b	虎头帽	【汉族】
W6134.2.2	锣锅帽	
W6134.2.2.1	滇池龙王的孙女补莫乃日是彝家第一个会做锣锅帽的人	【彝族】
W6134.2.2.2	龙女朴莫乃日造罗锅帽	【彝族】@［W6123.2.3.1］龙女朴莫乃日是彝家第一个缝衣裳的人
W6134.2.3	凤凰帽（凤冠）	【畲族】
W6134.2.3.1	凤凰送人凤凰帽	【白族】
W6134.2.3.1a	孔雀送金光闪闪的凤凰帽	【白族】
W6134.2.3.2	凤凰帽两瓣七彩鱼尾形的帽帮缝合成凤凰鸟一样的帽身，帽顶插着两朵凤冠似的红绣球	【白族】
W6134.2.4	鸡冠帽	
W6134.2.4.1	鸡冠帽源于雄鸡避邪的故事	【汉族】
W6134.2.4.2	鸡冠帽象征吉祥、团圆、幸福、美满	【汉族】
W6134.3	不同的功能的帽子（按帽子的功能分类）	
W6134.3.1	防寒帽	
W6134.3.1.1	黄帝的部下发明防寒的帽子	【汉族】

W 编码	母题描述	关联项
W6134. 3. 2	遮脸帽（遮羞帽；遮阳帽）	
W6134. 3. 3	礼帽	
W6134. 3. 3. 1	黄帝命人把绢做成帝王的礼帽	【汉族】
W6134. 3. 4	具有神奇功能的帽子	
W6134. 3. 4. 1	腾云帽	
W6134. 3. 4. 1. 1	戴上腾云帽能腾云	【壮族】
W6134. 4	不同名称的帽子	
W6134. 4. 1	冠	
W6134. 4. 2	冕	
W6134. 4. 2. 1	旃冕	
W6134. 4. 2. 1. 1	黄帝作旃冕	【汉族】
W6134. 4. 2. 2	黄帝的臣下作冕	【汉族】
W6134. 5	特定人物的帽子（职业帽）	
W6134. 5. 1	巫师的帽子	
W6134. 5. 1. 1	巫师戴猴头帽	【羌族】
W6135	**与帽子有关的其他母题**	
W6135. 1	帽子的构件	
W6136	**其他特定服饰**	
W6136. 1	袜子	【汉族】
W6137	**服装的构成（衣服的构成）**	
W6137. 1	衣领	
W6137. 1. 1	衣领的产生	
W6137. 1. 1. 1	特定物做衣领	【彝族】@［W6126. 1. 9. 7. 1］白狐皮做白裘领
W6137. 2	衣袖	
W6137. 3	衣扣	
W6138	**服装的演变（服饰的变化）**	

W 编码	母题描述	关联项
W6138. 1	为方便改变服饰	
W6131. 1. 1	为生活方便，将裙子上拴一条红布带改为将红布直接缝制在衣裙边上	【德昂族】
W6139	**与服饰有关的其他母题（与衣服有关的其他母题）**	
W6139. 0	服饰的使用（服饰的穿戴；穿衣戴帽的情形；衣服的使用）	
W6139. 0. 1	特定的人穿特定的衣服	
W6139. 0. 1. 1	神王阿匹梅烟的第七个姑娘“嘎姒年姑娘”穿的是白衣裳	【哈尼族】
W6139. 0. 2	穿衣有特定的规则	
W6139. 0. 2. 1	三天换一次衣服	【汉族】
W6139. 1	奇特的饰品（特定的服饰）	【汤普森】F827
W6139. 1. 1	蛇作为饰品	
W6139. 1. 1. 1	夸父把黄蛇绑在自己的两只耳朵上	【汉族】
W6139. 1. 2	面具	
W6139. 1. 2. 1	女子怕抢婚戴假面	【中华民族】
W6139. 2	民族服装的产生	【哈尼族】@［W5500～W5503］民族服饰
W6139. 3	衣服上的特定装饰（衣服上特定地方的处理）	
W6139. 3. 1	特定服饰有特定开口	
W6139. 3. 1. 1	基诺族男子的裤腰上就要开两个三寸长的口子源于记住箭伤	【基诺族】
W6139. 4	头上的装饰	［W6102］头饰
W6139. 4. 1	发髻（发髻的来历）	

W 编码	母题描述	关联项
W6139. 4. 1. 1	布根人在头顶上做成葫芦状发髻，表示他们的祖先来自葫芦	【珞巴族】
W6139. 4. 1. 2	孙达麦人的祖先头发被拧，形成头顶上打一个发髻的习俗	【珞巴族】
W6139. 4. 1. 3	特定的发髻	
W6139. 4. 1. 3. 1	九层发髻	【苗族】
W6139. 5	身上的佩戴物	
W6139. 5. 1	佩刀	
W6139. 5. 1. 1	景颇人男人带刀是为了防止取心鬼来取心	【景颇族】
W6139. 5. 2	腰包（挎包；荷包）	
W6139. 5. 2. 1	小伙子的筒帕（挎包）美似彩虹	【景颇族】
W6139. 5. 3	香包	
W6139. 5. 3. 1	香包的产生	
W6139. 5. 3. 1. 1	采集各种香草做成香包	【中华民族】
W6139. 5. 3. 2	香包的特征	
W6139. 5. 3. 3	特定的香包	
W6139. 5. 3. 4	与香包有关的其他母题	
W6139. 5. 4	其他特定的佩戴物	
W6139. 5. 4. 1	佩玉	
W6139. 5. 4. 1. 1 *	统治者佩玉礼俗与巫觋王或祭司王的通神通天观念有关	【古代民族】
W6139. 5. 4. 1. 2 *	玉璜是佩（佩玉璜）	【中华民族】
W6139. 5. 5	特定人物的佩戴物	
W6139. 5. 5. 1	教主的佩戴物	
W6139. 5. 5. 1. 1	教主毒蛇挂带兜后头	【蒙古族】
W6139. 6	衣服上的装饰物（服饰的配件）	
W6139. 6. 1	衣服上的装饰物的产生	
W6139. 6. 1. 1	衣服上的装饰是为了区别氏族	【德昂族】

W 编码	母题描述	关联项
W6139.6.2	衣服上的装饰物作用（衣服上装饰物的功能）	
W6139.6.3	衣服上特定的装饰物	
W6139.6.3.1	披肩	［W6105.1.3］女人的披肩
W6139.6.3.1.1	红霞披肩	【满族】
W6139.6.3.2	彩带	
W6139.6.3.2.1	黄云彩带	【满族】
W6139.6.3.3	荷包	
W6139.6.3.3.1	粉云荷包	【满族】
W6139.6.3.4	裹腿	
W6139.6.3.4.1	弟弟采染巴草为姐姐做了一副裹腿	【珞巴族】
W6139.6.3.5	衣兜	
W6139.6.3.5.1	胸兜	
W6139.6.3.5.1.1	用椅子作样子做胸兜	【苗族】
W6139.6.3.6	飘带	
W6139.6.3.6.1	德昂族首领规定每个妇女在衣服上挂一块红布，或在裙子上拴一条红布带	【德昂族】@［W6126.4.3.4.3.2］水家姑娘围腰上的两飘带是鱼姑娘两侧鱼翅之象征
W6139.6.3.6.2	女子腰间系带子是因为伏羲妹妹犯错腰间曾被捆带子	【布依族】
W6139.6a	衣服上的图案	
W6139.6a.1	衣服上图案的产生	
W6139.6a.1.1	尧母在做好的葛衣的前胸、后背编织成各种图案	【汉族】
W6139.6a.2	衣服上图案的特征（衣服上图案的功能）	
W6139.6a.2.1	衣服上的图案有护佑功能	【傣族】@［W6106.1］穿特定动物图案的衣服可以亲近该动物
W6139.6a.3	特定服饰有特定图案	

W 编码	母题描述	关联项
W6139. 6a. 3. 1	基诺族男子的衣服背面正中要绣一朵红方块的太阳花	【基诺族】
W6139. 7	腰带	
W6139. 7. 1	腰带的产生	
W6139. 7. 1. 1	英雄剥下一条龙脊皮做腰带	【哈萨克族】
W6139. 7. 2	腰带的特征	
W6139. 7. 3	腰带的使用	
W6139. 7. 3. 1	天上的人的腰带系在腋下	【裕固族】
W6139. 7. 4	特定的腰带	
W6139. 7. 4. 1	布腰带	
W6139. 7. 4. 1. 1	绣花布腰带	【汉族】
W6139. 7. 5	与腰带有关的其他母题	［W6126. 4. 2］裤子
W6139. 8	打扮	
W6139. 8. 1	人一天一打扮的来历	
W6139. 8. 1. 1	因牛传错话形成人一天一打扮	【汉族】
W6139. 8. 2	三天一打扮	【汉族】
W6139. 9	其他与服饰有关的情形	［W6139. 3］衣服上的装饰
W6139. 9. 1	穿衣的时间	
W6139. 9. 1. 1	以前，人冬天穿兽皮，夏天赤身露体	【满族】
W6139. 9. 1. 2	古时，人冬季以兽皮御寒，夏天只在腰间围一块兽皮或几片大树叶遮羞	【汉族】
W6139. 9. 2	衣服的保存（衣物的保管）	
W6139. 9. 2. 1	衣服保存的时间	
W6139. 9. 2. 2	衣服保存的地点	
W6139. 9. 2. 2. 1	衣柜	
W6139. 9. 2. 3	衣服保存的方法	
W6139. 9. 2. 4	衣服保存的结果	

W 编码	母题描述	关联项
W6139.9.2.5	与衣服保存有关的其他母题	
W6139.9.3	制衣的管理者	
W6139.9.3.1	嫘祖分管制作衣服	【汉族】@［W6115.5.1.2］嫘祖负责教民养蚕缫丝织锦
W6139.9.4	与制衣有关的习俗	［W6580］服饰习俗
W6139.9.4.1	裁缝师傅总是让人站着量体裁衣源于黄帝	【侗族】

6.2.2 食（饮食、食物、食品）①
【W6140～W6159】

W 编码	母题描述	关联项
＊ **W6140**	**饮食（饮食的产生）**	
W6141	**食品的产生（人类食物的产生；食物的来历；食物的获得）**	【汤普森】A1420
W6141.1	以前没有食物	
W6141.2	以前没有食物的原因	
W6141.3	以前没有食物的情形	
W6141.4	以前没有特定的食物	
W6141.4.1	以前没有粮食	【羌族】
W6141.4.2	以前，打不到猎物就饿肚皮	【汉族】
W6142	**食物自然存在或食物源于特定的地方**	

① 食（饮食；食物；食品），用今天的眼光看，神话叙事中出现的一些特定的食物是客观现实，但在神话语境中这些食物往往带有神性因素，故列为神话母题。

W 编码	母题描述	关联项
W6142. 1	人类最初有现成的食物	
W6142. 1. 0	以前，世界上有现成的粮食、油	【回族】
W6142. 1. 1	人以前会很容易地得到食物	【汤普森】A1420. 4
W6142. 1. 1. 1	人类以前有米岭、面山、酒井、油泉随手可取	【汉族】
W6142. 1. 2	人想要什么食物就有什么食物	【汤普森】A1346. 2. 2
W6142. 1. 3	以前粮食很多（以前食物过剩；以前食物丰富）	【藏族】@［W6100. 2. 2. 2］以前的人食物丰富，夜不闭户
W6142. 1. 3. 1	以前，稻谷一年两熟，水塘鱼胖得像小猪	【哈尼族】
W6142. 1. 3. 2	以前，地上吃的、用的东西都有	【独龙族】
W6142. 1. 3. 3	以前，种一点荞麦就够全年吃	【汉族】
W6142. 1. 3. 4	以前，小麦、高粱、谷子浑身长穗，粮食多得脚踩垫地	【汉族】
W6142. 1. 4	人以前可以不劳而食	
W6142. 1. 4. 1	菩萨化身的雄猕猴与度母化身的雌岩猩婚生的六祖享用非耕耘之果实	【藏族】
W6142. 1. 4. 2	以前河里的鱼随便吃	【壮族】
W6142. 2	食物源于某个地方	
W6142. 2. 1	天降食物（食物天降）	【汤普森】F962. 6
W6142. 2. 1. 1	天降小麦	【汉族】
W6142. 2. 1. 2	天上的使者带来食物	【汤普森】D2105. 2
W6142. 2. 1. 3	天降白面（天上下白面）	【民族，关联】①
W6142. 2. 1. 3. 1	古时候，天上不下雪，下的是洁净的白面	【蒙古族】
W6142. 2. 1. 3. 2	以前，天神恩都力的赏赐，天上下的雪是白面	【达斡尔族】
W6142. 2. 1. 3. 3	神农婆从天上降下白面	【满族】

① 【汉族】【满族】@［W4088］天降面粉；［W6150. 8. 2］天上不再下白面。

W 编码	母题描述	关联项
W6142.2.1.3.4	盘古时，天降面粉	【汉族】
W6142.2.1.3.5	以前，上天像下雪一样从天上降下面粉	【维吾尔族】
W6142.2.1.3.6	上帝令掌管财粮的大臣播撒雪白的面粉	【汉族】
W6142.2.1.3.6a	玉皇大帝在每年的冬天派天神普天下白面	【汉族】
W6142.2.1.3.7	女娲为了让儿女不缺吃，从天上降下白面	【汉族】
W6142.2.1.3.7a	女娲用法术让天不下雪下起白面	【汉族】
W6142.2.1.3.7b	女娲仙让天上下白面	【汉族】
W6142.2.1.3.8	神仙大年怕饿坏人，把天上的白面撒下来	【汉族】
W6142.2.1.4	天上降大米	
W6142.2.1.4.1	造人者从天上降大米	【傈僳族】
W6142.2.1.5	天降其他食物	
W6142.2.1.5.1	天降特定食品	
W6142.2.1.5.1.1	盘古在天上造白面项圈饼子抛给人间	【汉族】
W6142.2.1.5.1.2	天降糯米粉	
W6142.2.1.5.1.2.1	三位神仙每天向人间撒下糯米粉济荒	【汉族】
W6142.2.1.5.1.3	天降米面	
W6142.2.1.5.1.3.1	老天爷下米下面养活世人	【汉族】
W6142.2.1.5.1.3.2	上古时，天上下大米和面粉	【汉族】
W6142.2.1.6	与天降食物有关的其他母题	
W6142.2.1.6.1	天降食物的终止	【汉族】@［W6978.1.4.1.1］因人的懒惰天上不再降食物
W6142.2.2	神给予人类食物	
W6142.2.3	以前的粮食从洞里流出	

W 编码	母题描述	关联项
W6142. 2. 4	食物在老天爷那里	【汉族】
W6143	**食物是变化产生的（变化产生食物）**	
W6143. 1	动物的毛变成肉	
W6143. 1. 1	人类从野兽身上拔毛藏瓮里变成鲜肉	【高山族·泰雅人】
W6143. 2	气变成食物	
W6143. 2. 1	尧部落祭拜产生的白气化成一股饭菜的香味	【汉族】
W6144	**寻找食物（通过寻找获得食物；人到特定的地方找食物；食物的发现）**	
W6144. 1	找食物的时间	
W6144. 1. 1	人野兽打完、草籽吃光后寻找食物	【汉族】
W6144. 2	找食物的地点	
W6144. 2. 1	人到天上要食物	
W6144. 2. 1. 1	神农上天找老天爷为人要食物	【汉族】
W6144. 2. 1. 2	昂姑咪去天上讨吃食	【纳西族（摩梭人）】
W6144. 2. 2	祖先在水里找食物	【哈尼族】
W6144. 2. 3	人到远方寻觅食物	【汉族】
W6144. 3	寻找食物的方法的获得（觅食方法）	
W6144. 3. 1	特定人物告诉觅食方法	
W6144. 3. 1. 1	夫妻神布桑该、雅桑该指点他们造的人类学会觅食	【傣族】@［W6095. 1. 2. 1. 1］夫妻神布桑该、雅桑该指点他们造的人类学会劳动
W6144. 3. 1. 2	女娲教人获取食物	【汉族】
W6144. 3. 2	伏羲女娲寻找食物的方法	

W 编码	母题描述	关联项
W6144.3.2.1	女娲和伏羲把地上长的花草野果都尝一遍做人们的食物	【汉族】
W6144.3.2.2	伏羲寻找食物的方法	
W6144.3.2.2.1	伏羲始尝草木可食者	【中华民族】
W6144.3.3	人成群结伙寻觅食物	【汉族】
W6144.4	找食物的经历	
W6144.4.1	食物的辨别	
W6144.4.1.1	神农辨别食物	【汉族】
W6144.4.1.1.1	神农用透明的肚子辨别食物	【汉族】
W6144.4.1.1.2	神农尝过千万种树果，知道哪些可吃或不可吃及对人的影响	【汉族】
W6144.4.1.1.3	神农用宝鞭为百姓寻找新的食物	【汉族】
W6144.4.1.1.4	神农放出癞疙宝吃草草找能充饥的食物	【汉族】
W6144.4.1.2	以前五谷和杂草长在一起无法辨别	【汉族】
W6144.4.1.3	以前，人们只能识别五谷，不能识别杂粮	【汉族】
W6144.4.1.4	伏羲女娲辨别食物	【汉族】
W6144.4.1.5	炎黄辨别食物	
W6144.4.1.5.1	炎黄二帝采集辨识野果野草的方法和别人不同	【汉族】
W6144.4.1.5.2	炎帝辨别许多可以充饥的花草	【汉族】
W6144.4.2	神农尝草得粟	【汉族】
W6144.5	找食物的结果	
W6144.5.1	找到特定食物	
W6144.5.2	找到丰富的食物	
W6144.6	与寻找食物有关的其他母题	
W6144.6.1	争抢食物	
W6144.6.1.1	以前，动物发现食物后你抢我夺	【汉族】

W 编码	母题描述	关联项
W6144. 6. 2	意外获得食物	
W6144. 6. 2. 1	意外获得的滋养	【仫佬族】
W6144. 6. 3	乞讨食物（讨饭）	
W6144. 6. 3. 1	舜四处流浪，讨吃要饭	【汉族】
W6145	**食物是制作出来的（食物的制作；食品加工）**	
W6145. 1	制作食物的原因	
W6145. 2	食物的制造者（食物的发明者；食物制作的传授者）	【汤普森】A1420. 3
W6145. 2. 1	神制造食物（神教人做食物）	
W6145. 2. 2	神性人物制造食物（神性人物教人做食物）	
W6145. 2. 2. 1	文化英雄创造食物	【布依族】
W6145. 2. 2. 2	黄帝发明做饭	【民族，关联】①
W6145. 2. 2. 3	神农皇帝造五谷	【多民族】
W6145. 2. 3	特定的人造食物（特定的人教人做食物）	
W6145. 2. 4	动物做食物（动物教人做食物）	
W6145. 2. 5	其他特定人物做食物（其他特定人物教人做食物）	
W6145. 3	制作食物的材料（食材）	
W6145. 4	食物的制作方法（做饭的来历；食物的加工；制作食物；做饭）	【汤普森】A1455；［W6591. 1］为什么食物要烹饪
W6145. 4. 1	神教人制作食物（神发明做饭）	【藏族】
W6145. 4. 2	神性人物教人制作食物（神性人物发明做饭）	
W6145. 4. 2. 1	神女教人做饭	
W6145. 4. 2. 1. 1	女娲让天上的两神女下凡教人做饭、炒菜	【汉族】

① 【汉族】@［W6147. 2. 2. 1］黄帝始蒸谷为饭；［W6259. 0. 1. 2. 6. 3a］黄帝铸造宝鼎用来烹煮食物。

W 编码	母题描述	关联项
W6145.4.3	特定的人教人制作食物（特定的人发明做饭）	
W6145.4.3.1	首领教人做饭	
W6145.4.3.1.1	族长鄂多教族人做饭	【满族】
W6145.4.3.2	长辈教人做饭	
W6145.4.3.2.1	向母亲学做花饭	【壮族】
W6145.4.4	用法术造食物	
W6145.4.4.1	用法术造出米面	【水族】
W6145.4.4.2	几颗米煮成一锅米饭	【汉族】
W6145.4.5	做饭时祭祀	
W6145.4.5.1	蒸米饭不正常时招禾魂	【壮族】
W6145.4.6	宰杀特定动物的方法	
W6145.4.6.1	杀鸭子要杀脑壳	【布依族】
W6145.4.7	食物制作方法的改进	
W6145.4.7.1	油条做法的改进	【汉族】
W6145.5	制作食物的过程	
W6145.5.1	粮食加工	
W6145.5.1.1	脱谷壳（舂）	【汉族】
W6145.5.1.1.1	黄帝教人吃米要脱壳	【汉族】
W6145.5.1.1.2	伏羲发明杵舂	【中华民族】
W6145.5.1.1.3	碾米	
W6145.5.1.1.3.1	磨坊仙子教会人碾米	【仫佬族】
W6145.5.2	磨碎食物	
W6145.5.2.1	人做磨子磨草籽籽的外壳	【汉族】
W6145.6	食物加工技术	
W6145.6.1	食物的提纯	
W6145.6.1.1	炼蜜技术	［W6246.4.1.1］槐山仙人用槐花蜜加珍稀草药制成长寿药
W6145.6.1.1.1	蜂王把炼蜜技术传给了女登	【中华民族】

W 编码	母题描述	关联项
W6145.7	做饭的工具	
W6145.7.1	用锅做饭	［W6254.7］锅的功能（锅的作用）
W6145.7.2	用鼎做饭	【汉族】@［W6259.0.1.2.6.3a］黄帝铸造宝鼎用来烹煮食物
W6145.8	制作食物的结果	
W6145.9	与食物制作有关的其他母题	【关联】①
W6146	**食物产生的其他方式**	
W6146.1	祈祷得食物	【汤普森】D2105.1；［W3847.1.4］祈祷降谷物
W6146.2	特定人物规定人的食物	
W6146.2.1	玉帝让人五谷杂粮、飞禽走兽都可以吃	【汉族】
W6146.2.2	玉皇大帝告诉人吃粮食方法	【仫佬族】
W6146.3	特定人物给人食物	
W6146.3.1	神给人食物	
W6146.3.1.1	玉皇大帝给人送粮食	【汉族】
W6146.3.1.2	神赐给人兽肉	【鄂伦春族】
W6146.3.2	神性人物给人食物	
W6146.3.3	动物给人食物	
W6146.3.3.1	牛王给凡人送粮食	【土家族】
W6147	**与食物的产生有关的其他母题**	
W6147.0	最早的食物	［W6150.9.1.1］以前的人只有野果可吃
W6147.0.1	人最早吃 4 样东西	
W6147.0.1.1	最早时人吃水上的浮油、地上的浮油、野生玉米和无籽果 4 样东西	【藏族】

① ［W6157］盐；［W6157b］油（食用油）；［W6157c］醋。

W 编码	母题描述	关联项
W6147.0.2	人最早吃野物（人最早吃野东西）	
W6147.0.2.1	盘古王开天辟地后，人靠吃野东西为生	【汉族】
W6147.0.2.2	人吃野味、树皮充饥	【汉族】
W6147.0.2.3	女娲让造出的伏羲兄妹饿了吃野物	【汉族】
W6147.0.2.4	神农时刚兴五谷，人多半是啃野物肉，饱一顿饿一顿常常肚皮发胀	【汉族】
W6147.0.3	人以前吃野果或野物	【羌族】
W6147.0.3.1	人为了生存吃野果	【黎族】
W6147.0.3.2	伏羲时，还没人会种稻，吃些野果子	【汉族】
W6147.0.4	人的最早的其他食物	
W6147.0.4.1	最早的人吃的是野鼠和果类	【彝族】
W6147.0.5	最早的食物的特征	
W6147.0.5.1	最早食物很匮乏	
W6147.0.5.2	最早食物很丰富	
W6147.0.5.2.1	开天辟地后，因人口很少，食物吃不完	【汉族】
W6147.0.5.2.2	以前的食物吃不完、用不尽	【汉族】
W6147.0.5.2.2.1	以前的庄稼，因从根到梢都结满了籽，所以吃喝不尽	【汉族】
W6147.0.5.2.2.2	以前的庄稼结两种果实，所以粮食很多	【汉族】
W6147.0.5.3	最早食物味多美	
W6147.0.5.4	最早食物品位差（劣质食物）	
W6147.0.5.4.1	以前的食物平淡无味	【高山族】
W6147.0.5.4.2	干粮又干又硬，无法下咽	【维吾尔族】

W 编码	母题描述	关联项
W6147. 0. 6	与最早的食物有关的其他母题	
W6147. 1	人类饮食方法的产生	【汤普森】A1420
W6147. 1. 1	模仿神的食物制作食物	
W6147. 1. 2	向动物学会饮食	
W6147. 1. 2. 1	老鼠吃什么，人就学着吃什么	【哈尼族】
W6147. 1. 2. 2	人学虫子吃草	【汉族】
W6147. 1. 3	以前，人不会吃粮	
W6147. 1. 3. 1	最早有谷子，但人不会吃	【仫佬族】
W6147. 2	特定食物的产生	【汤普森】A1429
W6147. 2. 1	面食的产生	
W6147. 2. 1. 1	达斡尔人开始种粮后，用五谷杂粮做面食	【达斡尔族】
W6147. 2. 1. 2	磨面	
W6147. 2. 1. 2. 1	人向神学会磨面	【仫佬族】
W6147. 2. 1. 3	土地爷和土地奶奶做面食	
W6147. 2. 1. 3. 1	土地爷和土地奶奶在和面石上和面为人做饭	【汉族】
W6147. 2. 1. 4	炎帝是“面食”发展的始祖	【汉族】
W6147. 2. 1. 5	尧王在上党发现、培育“面食”的面粉	【汉族】
W6147. 2. 1. 6	特定面食的产生	
W6147. 2. 1. 6. 1	糕点	
W6147. 2. 1. 6. 1. 1	乌米糕	
W6147. 2. 1. 6. 1. 1. 1	目连做做乌米糕	【汉族】
W6147. 2. 2	米饭的产生	
W6147. 2. 2. 1	黄帝始蒸谷为饭	【汉族】
W6147. 2. 2. 2	乌饭	
W6147. 2. 2. 2. 1	用一种叫乌叶的植物叶子榨出来的水放在糯米里烧成乌饭	【汉族】

W 编码	母题描述	关联项
W6147.2.3	粗粮的产生	
W6147.2.4	细粮的产生	
W6147.2.5	杂粮的产生	
W6147.2.6	特定人物的特定食物的来历	［W6153.5］特定人物的特定饮品
W6147.2.6.1	宗教信仰者的食品	
W6147.2.6.1.1	佛家食中珍品黄精	【汉族】
W6147.2.7	其他特定食物的来历	【汤普森】A1429
W6147.3	特定人物规定食物	
W6147.3.1	玉帝召集凡间的普众生灵商量人、狗、鸡、牛吃饭的事	【汉族】
W6147.4	食物来得容易	
W6147.4.1	以前，人把泉中流出的谷子收拾起来就可食用	【汉族】
W6148	**食物的特征**	［W6147.0.5］最早的食物的特征
W6148.0	食物是人的生命	
W6148.0.1	饭是人的魂	【纳西族】
W6148.0a	食物给人力量	
W6148.0a.1	人吃饱饭才会有神气	【纳西族】
W6148.1	以前与现在不同的食物（人古今的食物不同）	［W6356.2］以图腾粪便为食
W6148.1.1	以前世界黑暗时人吃水上的浮油	【藏族】
W6148.1.2	以前人食狗粮（人吃狗粮）	【汉族】【藏族】【藏族（白马）】
W6148.1.2.1	狗乞求真主才有麦子，人现在吃的是真主赐给狗的食物	【维吾尔族】
W6148.1.3	以前，人不吃大米和白面，以羊肉为食	【彝族】@［W6149.2.3.4.2.1］以前，人类只吃羊肉
W6148.1a	不同地方的人食物不同	［W6279.2.1］人间吃咸，天上吃甜

W 编码	母题描述	关联项
W6148. 1b	人的食物与动物不同	
W6148. 1b. 1	人兽各有其食	【苗族】
W6148. 2	食物丰富	【民族，关联】①
W6148. 2. 1	取之不尽的食物	【藏族】
W6148. 2. 2	以前，人少地多，粮食吃不了	【汉族】
W6148. 3	食物匮乏（食物短缺）	
W6148. 3. 1	人饭量大造成食物不够吃	
W6148. 3. 1. 1	最早的“八尺人”食量大得吓人，三年的收成不够一年吃	【藏族】
W6148. 3. 2	古时候，人跟野兽一样没粮食吃	【汉族】
W6148. 3. 3	灾难造成食物匮乏	
W6148. 3. 3. 1	洪水后，人没有吃的	【汉族】
W6148. 3. 4	远古时，人们辛苦换来的粮食不到半年就吃光	【回族】
W6148. 3. 5	因人口增长造成失误匮乏	【苗族】@［W6150. 7. 1. 2］采集狩猎时代，因人和野兽增多，造成森林里的东西不够吃
W6148. 3. 5. 1	人口更多后，光靠掘草根、摘野果、打鸟兽、捕鱼虾已不够	【多民族】
W6148. 3. 6	以前的人住在地壳的石层底下，没有水喝，也没有饭吃	【毛南族】
W6148. 4	味美的食物	［W6157. 7. 3］盐使食物变得美味
W6148. 5	恶劣的食物	
W6148. 5. 1	变质食物	
W6148. 5. 1. 1	潮湿山洞中的粮食全霉坏	【汉族】
W6148. 6	食物具有神圣性	【藏族】@［W6515. 3. 9. 1］忌从食物上面跨过

① 【藏族】@［W6100. 2. 2. 2］以前的人食物丰富，夜不闭户；［W6142. 1. 3］以前粮食很多（以前食物过剩；以前食物丰富）；［W6147. 0. 5. 2］最早食物很丰富。

W 编码	母题描述	关联项
W6149	**特定的食物（食物的类型；饮食的种类；食品的分类）**	
W6149.0	食物种类繁多	
W6149.0.1	粮食种类多	【汉族】
W6149.1	不同人物的食物（按吃者分类的食物）	
W6149.1.1	神的食物	［W6149.1.3.2］人的食物与神的食物相同
W6149.1.1.1	神羹	
W6149.1.1.1.1	天神用太阳河中的生命与智慧的神羹喂育第一个女萨满	【满族】
W6149.1.2	神性人物的食物	
W6149.1.2.1	王母娘娘吃人间泥螺	【汉族】
W6149.1.2.2	药王菩萨每日三餐只吃草头，不吃饭米	【汉族】
W6149.1.3	人的特定食物（食物的类型）	
W6149.1.3.1	人吃非人的食物	
W6149.1.3.1.1	人吃狗粮	【汉族】
W6149.1.3.2	人的食物与神的食物相同	【汉族】
W6149.1.3.3	不同民族饮食不同（民族美食）	［W5505］民族饮食
W6149.1.3.3.1	汉族吃鱼虾，彝族吃荞麦，苗族吃野兽	【苗族】
W6149.1.3.4	不同地域饮食不同（国家饮食）	
W6149.1.3.4.1	小人国的饮食	【苗族】
W6149.1.4	动物的食物	
W6149.1.4.0	动物吃树木	
W6149.1.4.0.1	许多果树是各种动物的美食	【汉族】
W6149.1.4.0a	动物吃动物	

W 编码	母题描述	关联项
W6149. 1. 4. 0a. 1	大动物吃小动物	【汉族】
W6149. 1. 4. 0a. 2	大动物吃人	【汉族】
W6149. 1. 4. 1	狗粮	【汉族】@［W3118］狗的食物
W6149. 1. 4. 2	鹅的食物	
W6149. 1. 4. 2. 1	鹅以前吃荤，后来改为吃素	【汉族】
W6149. 2	不同性质的食物（按功能划分食品类型）	
W6149. 2. 1	神物作为食物	
W6149. 2. 1. 1	人吃鬼（人以鬼为食物）	【汉族】
W6149. 2. 1. 2	仙米	【羌族】
W6149. 2. 2	人作为食物（同类相食）	
W6149. 2. 2. 1	人作为食物的原因	［W6592. 1］食人习俗产生的原因
W6149. 2. 2. 2	特定的人作为食物	
W6149. 2. 2. 3	人作为食物的情形	［W6149. 2. 3. 9. 2］人吃人
W6149. 2. 2. 3. 1	太阳吃掉自己的孩子（父食子）	【壮族】
W6149. 2. 2. 3. 2	人肉宴	【彝族】
W6149. 2. 3	药补食品（保健食品）	
W6149. 2. 3. 1	玉是药补食品	【中华民族】
W6149. 2. 3. 1. 1	玉屑是药补食品	【中华民族】
W6149. 2. 4	长寿食品	
W6149. 2. 4. 1	金是长寿食品	
W6149. 2. 4. 1. 1	服金者寿如金	【中华民族】
W6149. 2. 4. 2	玉是长寿食品	
W6149. 2. 4. 2. 1	服玉者寿如玉	【中华民族】
W6149. 2a	不同时间的食物	
W6149. 2a. 1	特定时代的食物	
W6149. 2a. 1. 1	炎黄时代，人吃野兽食野果	【汉族】

W 编码	母题描述	关联项
W6149.2a.3	动物作为食物（吃动物；人吃肉）	
W6149.2a.3.1	人以前不吃动物	
W6149.2a.3.2	人以前生吃野兽（人吃兽肉）	【民族，关联】①
W6149.2a.3.2.0	上古时，祖先吃野兽肉	【汉族】
W6149.2a.3.2.1	野兽与人打赌输了，所以人吃野兽	【佤族】
W6149.2a.3.2.2	人猎到飞鸟、野兽拔毛扒皮，把肉撕成块块放进嘴里就吃	【水族】
W6149.2a.3.2.3	以前，黑龙江发源地有一群靠吃山野兽肉的人	【鄂温克族】
W6149.2a.3.2.4	人与野兽比赛野兽失败，人就捉野兽来吃	【佤族】
W6149.2a.3.2.5	人以前捉到动物扒皮就吃	【汉族】
W6149.2a.3.3	动物为食的来历	
W6149.2a.3.3.1	神规定让人吃动物	
W6149.2a.3.3.1.1	上帝让人食猎物为生	【鄂伦春族】
W6149.2a.3.3.2	以前，人不会种庄稼，靠吃肉过日子	【汉族】
W6149.2a.3.4	人吃特定的动物	
W6149.2a.3.4.1	人以前吃虫	【羌族】
W6149.2a.3.4.1.1	古时候，人捉虫子充饥	【汉族】
W6149.2a.3.4.2	人吃羊肉	
W6149.2a.3.4.2.1	以前，人类只吃羊肉	【彝族】
W6149.2a.3.4.3	人吃牛羊肉	
W6149.2a.3.4.3.1	很早以前，布拉国的人吃的是牛羊肉，喝的是牛羊奶	【藏族】
W6149.2a.3.4.3a	人吃猪肉	［W6515.2.1.2.1］忌食猪肉

① 【哈尼族】【汉族】【土族】@［W3067.4］有些动物为什么被人吃；［W6149.1.3.3.1］汉族吃鱼虾，彝族吃荞麦，苗族吃野兽。

W 编码	母题描述	关联项
W6149. 2a. 3. 4. 3a. 1	猪糟蹋庄稼，人杀开始吃猪肉	【藏族（白马）】
W6149. 2a. 3. 4. 4	人以前吃小动物	【汉族】【藏族】@［W6149. 2a. 8. 1. 2］以前，人以采集野果、猎获小动物为食
W6149. 2a. 3. 4. 5	拾死去的动物作为食物	【壮族】
W6149. 2a. 3. 5	人吃青蛙	
W6149. 2a. 3. 5. 1	昏君让人捕捉或诱钓吃蚂蜗	【壮族】
W6149. 2a. 3. 6	人吃飞禽走兽（人吃多种动物）	
W6149. 2a. 3. 6. 1	以前，人与野兽一样吃飞禽走兽	【汉族】
W6149. 2a. 3. 6. 2	人吃猎物和鱼	【汉族】
W6149. 2a. 3. 6. 3	只要是背脊朝天的动物都是人的食物	【哈尼族】
W6149. 2a. 3. 7	人吃老鼠（人食鼠）	【珞巴族】
W6149. 2a. 3. 7. 1	亚鲁王的 70 个王后烧鼠吃	【苗族】
W6149. 2a. 3. 7. 2	祖密洛陀的一个后代饿了就捉山鼠	【瑶族（布努）】
W6149. 2a. 3. 8	人吃鱼（鱼作为食物）	【民族，关联】①
W6149. 2a. 3. 8. 1	婴儿出生后先吃鱼	【苗族】
W6149. 2a. 3. 8. 2	人烧吃草鱼	【苗族】
W6149. 2a. 3. 8. 3	以前，因河里鱼很多，人吃鱼	【壮族】
W6149. 2a. 3. 8. 4	从前，人吃鱼都不去鳃	【汉族】
W6149. 2a. 3. 8. 5	鲤鱼作为食物	
W6149. 2a. 3. 8. 5. 1	伏羲捉鲤鱼让大家吃	【汉族】
W6149. 2a. 3. 9	人吃其他动物	
W6149. 2a. 3. 9. 1	人吃龙	
W6149. 2a. 3. 9. 1. 1	人分食龙肉	【苗族】
W6149. 2a. 3. 9. 1a	人吃蛇	
W6149. 2a. 3. 9. 1a. 1	闹饥荒时，人看见蛇就吃	【傣族】

① 【壮族】@［W6142. 1. 4. 2］以前河里的鱼随便吃；［W6244. 6］鱼作为药。

W 编码	母题描述	关联项
W6149.2a.3.9.1a.2	人把蛇甩到火头烘起来就吃	【羌族】
W6149.2a.3.9.2	人吃人	【汉族】【多民族】@［W6149.2.2］人作为食物（同类相食）
W6149.2a.3.9.2.1	洪水过后人吃人	【汉族】
W6149.2a.3.9.2.2	人没有吃食后吃人	【汉族】【彝族】
W6149.2a.3.9.2.2.1	因天上不下白面，地上的人饿得人吃人	【汉族】
W6149.2a.3.9.2.3	第一代独眼人时代会人吃人	【彝族】
W6149.2a.3.9.2.4	特定的人吃人	
W6149.2a.3.9.2.4.1	最恶的头人牛直索扒以人为食物	【哈尼族】
W6149.2a.3.9.2.4.2	母亲吃掉自己的孩子	
W6149.2a.3.9.2.4.2.1	女儿国的女人吃掉自己生的男孩	【彝族】
W6149.2a.3.9.2.4.2.2	女儿国的海乃嫫把生的孩子煮熟后作为食物分给女儿国的其他女人吃掉	【彝族】
W6149.2a.3.9.2.4.3	儿子吃掉母亲	
W6149.2a.3.9.2.4.3.1	母亲劝儿子把她吃掉	
W6149.2a.3.9.2.4.3.1.1	儿子吃掉母亲是孝敬母亲	【彝族】
W6149.2a.3.9.2.4.4	以前，人吃死人肉	【壮族】
W6149.2a.3.9.3	人吃蚕虫	
W6149.2a.3.9.3.1	布郎米采集蚕蛹为食品	【藏族】
W6149.2a.3.9.4	人和乌鸦、蛤蟆都想吃掉对方	【彝族】
W6149.2a.3.9.5	人吃打来的鸟兽	【汉族】
W6149.2a.3.9a	人吃动物的结果	
W6149.2a.3.9a.1	人吃动物不舒服	
W6149.2a.3.9a.1.1	人吃野兽饥饱不均肚皮发胀	【汉族】
W6149.2a.3.9b	与吃动物有关的其他母题	［W6515.2.1］忌食特定动物（特定的肉忌食；忌食肉）

W 编码	母题描述	关联项
W6149. 2a. 3. 9b. 0	特定的肉制品	
W6149. 2a. 3. 9b. 0. 1	酱汁肉	
W6149. 2a. 3. 9b. 0. 1. 1	“杜六房”酱汁肉	【汉族】
W6149. 2a. 3. 9b. 0. 2	腌制野兽肉	【汉族】
W6149. 2a. 3. 9b. 0. 3	烤肉	［W6149. 3. 2. 2. 1. 1. 1］伏羲把自然发生的雷火送给人并教人烤肉
W6149. 2a. 3. 9b. 0. 3. 1	神农将豚肉加于烧石之上而熟之	【中华民族】
W6149. 2a. 3. 9b. 1	吃动物的卵	
W6149. 2a. 3. 9b. 1. 1	鸟卵为食	【汉族】
W6149. 2a. 3. 9b. 1. 1. 1	人食凤凰卵	【汉族】
W6149. 2a. 3. 9b. 2	人吃动物的特定产品	
W6149. 2a. 3. 9b. 2. 1	蜂蜜	【汉族】@［W6244. 9. 2. 1］蜂蜜作为药物
W6149. 2a. 3. 9b. 2. 1. 1	人酿蜜	【关联】①
W6149. 2. 3. 9b. 2. 1. 1. 1	人向蜜蜂学会采花酿蜜	【白族】
W6149. 2a. 3. 9b. 3	动物的奶作为食物	
W6149. 2a. 3. 9b. 3. 1	人吃牛奶	［W6155. 6. 2］牛奶酒
W6149. 2a. 3. 9b. 3. 2	人吃马奶	
W6149. 2a. 3. 9b. 3. 3	人吃羊奶	
W6149. 2a. 3. 9b. 3. 4	人吃狼奶	
W6149. 2a. 3. 9b. 3. 4. 1	母狼给弃儿喂奶	【汉族】
W6149. 2a. 3. 9b. 4	人食蠃蛖之肉	【中华民族】
W6149. 2a. 4	植物作为食物（粮食；吃植物）	
W6149. 2a. 4. 1	草木作为食物	
W6149. 2a. 4. 1. 1	人以前吃草木	【拉祜族】【怒族】【羌族】
W6149. 2a. 4. 1. 1. 1	人因打不到野兽只好吃草	【汉族】@［W6150. 4. 1. 1］以前人和动物都吃草

① ［W6145. 6. 1. 1］炼蜜技术；［W6246. 4. 1. 1］槐山仙人用槐花蜜加珍稀草药制成长寿药。

W 编码	母题描述	关联项
W6149.2a.4.1.1.2	人最初都吃草	【佤族】
W6149.2a.4.1.1.3	盘和古婚生的人因没有吃的就吃青草木叶	【布依族】
W6149.2a.4.1.1a	人吃花草	【汉族】@［W6149.3.1.1.4.1.1］神农时代没有火，花草鱼虫都是生吞活咽
W6149.2a.4.1.1a.1	吃花草的果实	【土族】
W6149.2a.4.2	树木作为食物（人以树为食）	
W6149.2a.4.2.1	人以前吃树木	
W6149.2a.4.2.2	特定的树木作为食物	
W6149.2a.4.2.2.1	人以前吃竹子	
W6149.2a.4.2.2.2	不死国食甘木	【汉族】
W6149.2a.4.2.3	树的叶子作为食物	
W6149.2a.4.2.3.1	人以前吃树叶（人食木叶）	【汉族】【仫佬族】【壮族】
W6149.2a.4.2.3a	人吃树叶和树根	【毛南族】
W6149.2a.4.2.3b	以前，地上的人吃树叶和竹笋	
W6149.2a.4.2.4	树的果实作为食物	【仫佬族】
W6149.2a.4.2.4.1	人吃野果	【民族，关联】①
W6149.2a.4.2.4.1.0	吃野果的原因	
W6149.2a.4.2.4.1.0.1	因粮食不足，摘野果子充饥	【汉族】
W6149.2a.4.2.4.1.0.2	古者未有火化，食草木之实	【中华民族】
W6149.2a.4.2.4.1.0.3	开天辟地时，人因不会盘庄稼采野果子	【白族】
W6149.2a.4.2.4.1.0.4	盘古为人种了一棵长劲的树	【汉族】
W6149.2a.4.2.4.1.1	先人们每天都靠摘鲜果充饥	【仡佬族】
W6149.2a.4.2.4.1.2	远古时，人们靠吃“阿麦辛利热”树果粮度日	【珞巴族】
W6149.2a.4.2.4.1.3	最早的一对夫妻俩找野果充饥	【黎族】

① 【傣族】【哈尼族】【汉族】【满族】【苗族】【水族】【土族】【佤族】@［W6100.4.1］人以前吃野果居巢穴；［W6149.2a.4.5.2］以前的人靠野菜、野果充饥。

W 编码	母题描述	关联项
W6149. 2a. 4. 2. 4. 1. 3a	刚产生的人靠到小鸟叫处摘果子吃	【拉祜族】
W6149. 2a. 4. 2. 4. 1. 4	洪水后，人只能靠野菜、野果过日子	【独龙族】【怒族】
W6149. 2a. 4. 2. 4. 1. 4. 1	洪水后，幸存的 1 对男女靠吃山上的野果子长大	【藏族】
W6149. 2a. 4. 2. 4. 1. 4a	古时候，人靠采摘野菜野果为生	【傣族】
W6149. 2a. 4. 2. 4. 1. 5	天塌地陷后，盘古姐弟靠野菜野果过日子	【汉族】
W6149. 2a. 4. 2. 4. 1. 5. 1	人粮食不够吃时，找野菜充饥	【独龙族】
W6149. 2a. 4. 2. 4. 1. 6	洪水后，盘安和盘玉兄妹靠野菜野果过日子	【汉族】
W6149. 2a. 4. 2. 4. 1. 7	以前，人不会用火，只会吃树上野果	【哈尼族】
W6149. 2a. 4. 2. 4. 1. 8	地上的第一个女人塔婆然靠采摘树林里的野果充饥	【哈尼族】
W6149. 2a. 4. 2. 4. 1. 9	与人吃野果有关的其他母题	
W6149. 2a. 4. 2. 4. 1. 9. 1	人吃野果吃不饱会饿死	【鄂伦春族】
W6149. 2a. 4. 2. 4. 1. 9. 2	吃野果很美	【羌族】
W6149. 2a. 4. 2. 4. 1. 9. 3	因野果越采越少，人们忍饥挨饿	【汉族】
W6149. 2a. 4. 2. 4. 2	吃树籽	【畲族】
W6149. 2a. 4. 2. 4. 3	吃特定的树的果实	
W6149. 2a. 4. 2. 4. 3. 1	人吃“阿麦辛利热”树果粮过日子	【珞巴族】
W6149. 2a. 4. 2. 5	树的其他特定部分作为食物	
W6149. 2a. 4. 2. 5. 1	仙人教人食竹壳	【彝族】
W6149. 2a. 4. 2. 5. 2	树皮作为食物（吃树皮）	
W6149. 2a. 4. 2. 5. 2. 1	盘古开天辟地以后，人没有食物，剥树皮充饥	【白族】
W6149. 2a. 4. 2. 6	祖先吃山茅野果	

W 编码	母题描述	关联项
W6149.2a.4.2.6.1	男女始祖采摘山茅野果充饥	【白族】
W6149.2a.4.2.7	女祖先靠树尖、山果野梨充饥	【阿昌族】
W6149.2a.4.3	草作为食物（菜作为食物）	【哈尼族】［W6901.2.1.3.1.2］天鹅教人选择无毒有益的野菜
W6149.2a.4.3.1	人以前吃草	【佤族】
W6149.2a.4.3.1.1	人因为打不到野兽吃草	【汉族】
W6149.2a.4.3.1.2	人从地洞里出来后吃草	【佤族】
W6149.2a.4.3.2	特定的草作为食物	
W6149.2a.4.3.2.1	人吃百草	【汉族】
W6149.2a.4.3.3	草的枝干作为食物	
W6149.2a.4.3.4	草根作为食物（植物的根作为食物）	【布依族】@［W6149.2a.4.5.1.1］以前，人吃的是草根树皮
W6149.2a.4.3.4.1	最早的人啃草根	
W6149.2a.4.3.4.1.1	最早出现的人形肉虫整天在地面积存的灰土里啃草根	【汉族】
W6149.2a.4.3.4.1.2	人以前吃草根	【壮族】
W6149.2a.4.3.4.1.2.1	严寒时，人吃草根	【羌族】
W6149.2a.4.3.4.1.2.2	刚造出来的人吃草根	【水族】
W6149.2a.4.3.4.1.2.3	因洪水后没有粮食吃草根	【壮族】
W6149.2a.4.3.4.1.2.3a	洪水过后，因青黄不接吃草根	【汉族】
W6149.2a.4.3.4.2	炎黄找到了木薯、红薯等地下果实	【汉族】@［W6144.4.1.5］炎黄辨别食物
W6149.2a.4.3.5	草的果实作为食物（吃草籽）	
W6149.2a.4.3.5.1	大禹教人吃草的果实	【汉族】
W6149.2a.4.3.5.2	女娲伏羲姐弟在山上饥了吃草籽	【汉族】
W6149.2a.4.3.6	人吃草的结果	
W6149.2a.4.3.6.1	人吃草没有味道	【汉族】
W6149.2a.4.3.6.2	人吃草根大人受不了，小孩长不大	【壮族】

W 编码	母题描述	关联项
W6149. 2a. 4. 3a	人吃花（人以花为食）	
W6149. 2a. 4. 3a. 1	人以前吃映山红花、猴子包头、大癞莉花	【彝族】
W6149. 2a. 4. 4	特定的粮食	
W6149. 2a. 4. 4. 1	人吃五谷（人吃五谷的来历）	
W6149. 2a. 4. 4. 1. 1	人吃五谷是真主的恩赐	【回族】
W6149. 2a. 4. 4. 1. 2	神农从草种中辨出五谷给人吃	【汉族】
W6149. 2a. 4. 4. 1. 2a	神农尝百草找到充饥的五谷	【汉族】
W6149. 2a. 4. 4. 1. 2b	后稷尝百草辨出五谷	【汉族】
W6149. 2a. 4. 4. 1. 3	人吃神农种出的谷物	【汉族】
W6149. 2a. 4. 4. 1. 4	人吃五谷源于狗的功劳	【汉族】
W6149. 2a. 4. 4. 2	人吃麦子	［W6149. 2a. 9. 1. 2］以前，人们以小麦主食
W6149. 2a. 4. 4. 2. 1	人吃燕麦	【白族】
W6149. 2a. 4. 4. 3	人吃荞子	【白族】
W6149. 2a. 4. 5	多种植物同时作为食物	
W6149. 2a. 4. 5. 1	以前，人们吃山茅野菜和草根树皮	【怒族】
W6149. 2a. 4. 5. 1. 1	以前，人吃的是草根树皮	【汉族】【苗族】
W6149. 2a. 4. 5. 1. 2	以前，人一半靠树果和草籽为生，一半靠种的庄稼为生	【汉族】
W6149. 2a. 4. 5. 1. 3	人挖芒根、采野蕨过活	【苗族】
W6149. 2a. 4. 5. 2	以前，人靠野菜、野果充饥	【汉族】【藏族】
W6149. 2a. 4. 5. 2. 0	因洪水泛滥，人只好迁到山上吃野草野果	【汉族】
W6149. 2a. 4. 5. 2. 1	以前，人吃野菜很容易拉肚子	【瑶族】
W6149. 2a. 4. 5. 2. 2	因荒年，人吃野菜	【汉族】
W6149. 2a. 4. 5. 2a	以前，人靠野果、树叶充饥	【汉族】
W6149. 2a. 4. 5. 2b	人们不会种地靠吃草、吃野菜、吃树皮维持生活	【汉族】

W 编码	母题描述	关联项
W6149. 2a. 4. 5. 2b. 1	以前，人吃野菜、树皮	【白族】
W6149. 2a. 4. 5. 2b. 1. 1	因捕不到鱼虾，只好挖野菜、剥树皮充饥	【汉族】
W6149. 2a. 4. 5. 2b. 2	因粮食不生，只能靠树皮、草根为生	【仫佬族】
W6149. 2a. 4. 5. 2b. 3	洪水后，人吃的是山上的草根、树皮、野兽	【汉族】
W6149. 2a. 4. 5. 2c	先祖莫元时代以野果、野菜为食	【哈尼族】
W6149. 2a. 4. 5. 2c. 1	吃野菜闹肚子痛	【瑶族】
W6149. 2a. 4. 5. 2d	以前，人吃野草、树叶、树皮	【汉族】
W6149. 2a. 4. 5. 2e	以前，人吃山茅、野果	【哈尼族】
W6149. 2a. 4. 5. 2f	人吃树叶、草根	
W6149. 2a. 4. 5. 2f. 1	因百草全被水淹死，人就吃树叶、草根	【汉族】
W6149. 2a. 4. 5. 2f. 2	洪水后，人只好吃树叶、草根，吃得唇焦舌烂生毛病	【汉族】
W6149. 2a. 4. 5. 2g	人吃树叶、野果	【德昂族】
W6149. 2a. 4. 5. 2h	以前，人吃树果野菜	【汉族】
W6149. 2a. 4. 5. 3	以前，人吃树叶和竹笋	【仫佬族】
W6149. 2a. 4. 5. 4	五谷与树叶同食	
W6149. 2a. 4. 5. 4. 1	帝尧时，五谷与树叶同煮而食	【汉族】
W6149. 2a. 4. 5. 5	野果、草籽为食	
W6149. 2a. 4. 5. 5. 1	盘古每天摘野果、捋草籽	【汉族】
W6149. 2a. 4. 5. 6	瓜果和五谷杂粮为食	
W6149. 2a. 4. 5. 6. 1	麦子不足时，人寻找瓜果和五谷杂粮为食	【汉族】
W6149. 2a. 4. 6	其他特定植物作为食物	
W6149. 2a. 4. 6. 1	人以前瓜果当饭	【壮族】
W6149. 2a. 4. 6. 2	野山药作为食物	【仡佬族】
W6149. 2a. 4. 6. 3	采集达荠作为食物	【珞巴族】

W 编码	母题描述	关联项
W6149. 2a. 4. 6. 4	人以苔藓为食	【鄂温克族】
W6149. 2a. 4. 6. 4. 1	青苔为食	【彝族（罗罗泼）】
W6149. 2a. 4. 6. 4a	苦麻菜为食	
W6149. 2a. 4. 6. 4a. 1	每年三月三苦麻菜出土后，穷苦百姓靠它度命	【汉族】
W6149. 2a. 4. 6. 5	人以烟叶为食	【珞巴族】
W6149. 2a. 4. 6. 6	人靠吃蘑菇生存	【鄂伦春族】
W6149. 2a. 4. 6. 7	特定植物的吃法	
W6149. 2a. 4. 6. 7. 1	吃大葱方法	
W6149. 2a. 4. 6. 7. 1. 1	吃大葱时先把它的头砍掉的来历	【汉族】
W6149. 2a. 4. 6. 7. 2	吃皮芽孜方法	
W6149. 2a. 4. 6. 7. 2. 1	吃皮芽孜先砍下它的头再剥皮的来历	【汉族】
W6149. 2a. 4. 6. 7. 3	吃蒜方法	［W6150. 5. 8. 2. 1］出家人将大蒜列为“荤”戒
W6149. 2a. 4. 6. 7. 3. 1	吃大蒜剁碎吃的来历	【汉族】
W6149. 2a. 4. 7	作为食物的植物的分类	
W6149. 2a. 4. 7. 1	可食用的植物有四万七千种	【汉族】
W6149. 2a. 4. 7. 2	炎黄把能吃的植物分为悬果、园果、角果、穗果化和根果五类	
W6149. 2a. 4. 7. 2. 1	炎黄把桃、杏、李、沙果、槟子、栗子、枣、桑葚等挂树头上的果实叫“悬果”	【汉族】
W6149. 2a. 4. 7. 2. 2	炎黄把倭瓜、黄瓜、狗瓜、葫芦等结在秧上的叫“园果”	【汉族】
W6149. 2a. 4. 7. 2. 3	炎黄把菜豆、小豆、绿豆、豇豆等包在荚里的叫“角果”	【汉族】
W6149. 2a. 4. 7. 2. 4	炎黄把谷子、黍子、高粱、小麦等长在秸秆上的叫“穗果”	【汉族】
W6149. 2a. 4. 8	与植物作为食物有关的其他母题	

W 编码	母题描述	关联项
W6149.2a.4.8.1	葫芦籽作为食物	【汉族】@［W6150.1.1.2.6］葫芦籽吃后不饥不饿不渴不累
W6149.2a.4.8.2	药食两用的植物	
W6149.2a.4.8.2.1	生姜能当药也能当菜	【汉族】
W6149.2a.5	自然物作为食物	
W6149.2a.5.1	土作为食物（吃土）	
W6149.2a.5.1.1	人以前吃土	【汤普森】A1420.6；【德昂族】【汉族】【羌族】【佤族】
W6149.2a.5.1.1.1	人靠吃松软的岩石和土为生	【珞巴族】
W6149.2a.5.1.1.2	人以前把草吃光后就吃土	【拉祜族】【佤族】@［W6149.2a.4.1.1］人以前吃草木
W6149.2a.5.1.1.3	以前，人找不到野果吃，只好吃土	【佤族】@［W6150.9.1.1］以前的人只有野果可吃
W6149.2a.5.1.1.3a	人刚出现时，找不到东西吃就吃土	【佤族】
W6149.2a.5.1.1.4	人被放逐到很远的地方没有吃的就吃土	【朝鲜族】
W6149.2a.5.1.1.5	三蛮国人不种田，只食土	【汉族】
W6149.2a.5.1.1.6	无继民穴居食土	【汉族】
W6149.2a.5.1.2	人以前吃泥	【羌族】
W6149.2a.5.1.2.1	天神造的第一代人独脚人吃泥土沙子	【彝族】
W6149.2a.5.1.2.1a	最早的人以泥沙为食	【彝族】
W6149.2a.5.1.2.2	天地鸿蒙时代，人吃泥	【汉族】
W6149.2a.5.1.3	上界常脚人民吃败泥土	【瑶族】
W6149.2a.5.2	雾露作为食物（露水为食）	
W6149.2a.5.2.1	人祖松桑和松恩靠吸雾露长大	【侗族】
W6149.2a.5.3	人吃石头	【蒙古族】
W6149.2a.5.3.1	天神不择食时以石头为食	【满族】
W6149.2a.5.3.2	蚩尤的兄弟吃石头沙子	【汉族】

W 编码	母题描述	关联项
W6149. 2a. 5. 3. 3	大秦之国的人食沙、石子	【汉族】
W6149. 2a. 5. 3. 4	饿时吃一块白石头，渴了吃一块绿石子	【蒙古族】
W6149. 2a. 5. 3. 5	某地的鹅卵石像馍一样能充饥	【汉族】
W6149. 2a. 5. 3. 6	神农抓把石头面面填肚皮	【汉族】
W6149. 2a. 5. 4	气作为食物	
W6149. 2a. 5. 4. 1	食气者神明而寿	【汉族】
W6149. 2a. 5. 4. 2	尧的部落闻气当食	【汉族】
W6149. 2a. 5. 4. 3	盘古与地母不晓得饥饿，靠吸收精气过活	【汉族】
W6149. 2a. 5. 4. 4	盘古吸收金银铜铁锡的元气渐渐长大	【汉族】
W6149. 2a. 6	无生命物作为食物	
W6149. 2a. 6. 1	玉作为食物（吃玉；食玉）	
W6149. 2a. 6. 1. 1	食玉御不祥	【汉族】
W6149. 2a. 6. 1. 2	死者食玉可保灵魂不灭	【古代民族】
W6149. 2a. 6. 1. 3	君子食玉	【中华民族】
W6149. 2a. 6. 1. 4	特定名称的人物食玉	
W6149. 2a. 6. 1. 4. 1	赤松子服水玉	【中华民族】
W6149. 2a. 6. 1. 4. 1. 1	“水玉” 即 “水晶”	【中华民族】
W6149. 2a. 6. 1. 5	蚩尤吃砂子、石头、铁块	【汉族】
W6149. 2a. 7	特定的人造物作为食物	
W6149. 2a. 7. 1	人吃铁	【傈僳族】
W6149. 2a. 7. 2	人造豆类食物	
W6149. 2a. 7. 2. 1	豆腐	
W6149. 2a. 7. 2. 1. 1	豆腐的产生	
W6149. 2a. 7. 2. 1. 1. 1	偶然发明造豆腐	【汉族】
W6149. 2a. 7. 2. 1. 1. 1. 1	一个媳妇偶然造出豆腐	【汉族】
W6149. 2a. 7. 2. 1. 1. 2	观音打豆腐	【汉族】

W 编码	母题描述	关联项
W6149.2a.7.2.1.2	豆腐的特征	
W6149.2a.7.2.1.3	特定的豆腐	
W6149.2a.7.2.1.3.1	酱豆腐	
W6149.2a.7.2.1.3.2	臭豆腐	
W6149.2a.7.2.1.3.3	虎皮毛豆腐	【汉族】
W6149.2a.7.2.1.4	与豆腐有关的其他母题	［W6155.8.1.4.4］豆腐渣酒
W6149.2a.8	多种物被同时作为食物（杂食）	
W6149.2a.8.1	人的食物很杂	【汉族】@［W6146.2.1］玉帝让人五谷杂粮、飞禽走兽都可以吃
W6149.2a.8.1.1	人以前吃兽肉和树皮	【布依族】
W6149.2a.8.1.2	以前，人以采集野果，猎获小动物为食	【苗族】@［W6149.2a.3.4.4］人以前吃小动物
W6149.2a.8.1.3	人以野果、野兽为食	【拉祜族】【彝族】
W6149.2a.8.1.4	人吃草、泥和虫子	【羌族】
W6149.2a.8.1.4.1	以前，人吃野果，吃野虫	【汉族】
W6149.2a.8.1.5	人吃野牲口肉、野菜、草籽	【满族】
W6149.2a.8.1.6	以前，人碰到什么吃什么（以前，人饥不择食）	【汉族】@［W6149.2a.8.5.1］彭呼（盘古）肚子饿了就捉鱼摸虾，摘树果，杂七杂八见什么吃什么
W6149.2a.8.1.6.1	洪水时，幸存的伏羲女娲兄妹见啥吃啥	【汉族】
W6149.2a.8.1.7	以前，人都以野生动物和植物为食物	【汉族】
W6149.2a.8.1.8	吃草籽野兽	［W6149.2a.4.3.5］草的果实作为食物（吃草籽）
W6149.2a.8.1.8.1	舜时，因不懂种庄稼，食草籽野兽的人居多	【汉族】
W6149.2a.8.2	人以前茹毛饮血	【中华民族】

W 编码	母题描述	关联项
W6149. 2a. 8. 2. 1	以前，人生吃动物时除了骨头都带着血吃下	【汉族】
W6149. 2a. 8. 2. 2	人因不会种庄稼，只能茹毛饮血	【汉族】
W6149. 2a. 8. 2. 3	布农人的祖先被困在山上茹毛饮血	【高山族（布农）】
W6149. 2a. 8. 2. 4	伏羲兄妹造的人吃野物的肉，喝野物的血	【汉族】
W6149. 2a. 8. 2. 5	灾难幸存者靠喝漆树汁、羊血生存	【彝族】
W6149. 2a. 8. 3	古时，人采树木之实，食蠃蚌之肉	【汉族】
W6149. 2a. 8. 4	以前，独龙人吃的是兽肉、树皮、草根	【独龙族】
W6149. 2a. 8. 4. 1	古时，世间因没有五谷，人吃兽肉、树皮	【布依族】
W6149. 2a. 8. 5	人以鱼虾、野果为食	【汉族】
W6149. 2a. 8. 5. 1	彭呼（盘古）肚子饿了就捉鱼摸虾，摘树果，杂七杂八见什么吃什么	【汉族】
W6149. 2a. 9	其他特定类型的食物	
W6149. 2a. 9. 1	主食	
W6149. 2a. 9. 1. 1	古时候，人的食物主要是野果	【汉族】
W6149. 2a. 9. 1. 2	以前，人们以小麦为主食	【汉族】
W6149. 2a. 9. 1. 2. 1	人在安拉面前选择吃麦	【塔吉克族】
W6149. 2a. 9. 1. 3	神农种的稻谷成了人的主要食物	【瑶族】
W6149. 2a. 9. 2	偏食（辅食；辅粮）	
W6149. 2a. 9. 2. 1	麦子少了，人就寻找瓜果和五谷杂粮填肚子	【汉族】
W6149. 2a. 9. 3	奶制品	
W6149. 2a. 9. 3. 1	乳酪（奶酪）	

W 编码	母题描述	关联项
W6149.2a.9.3.1.1	人通过观察滴洒在草地上发酵风干的驼乳，学会制作乳酪	【蒙古族】
W6149.3	生食与熟食	
W6149.3.1	生食	
W6149.3.1.1	人以前吃生的食物	【汉族】【回族】【畲族】@［W6149.2a.3.2］人以前生吃野兽（人吃兽肉）
W6149.3.1.1.1	远古时，人间没有火，所以吃的都是生的	【布朗族】【布依族】【佤族】
W6149.3.1.1.1.1	古时无火，人吃生肉像乌鸦，吃生鱼像水獭	【壮族】
W6149.3.1.1.1.2	大雨中失去火种，大人便开始吃生肉，老人和小孩用冷水泡蘑菇吃	【汉族】
W6149.3.1.1.2	远古时，人吃东西不知用火烧，所以吃的都是生的	【汉族】
W6149.3.1.1.3	很早以前，人和动物一样只会吃生肉和野菜，不会吃熟食	【汉族】
W6149.3.1.1.4	人因为没有火吃生食	【傣族（布角人）】【景颇族】【苗族】
W6149.3.1.1.4.1	神农时代，人因没有火生食	【汉族】
W6149.3.1.1.4.1.1	神农时代没有火，花草鱼虫都是生吞活咽	【汉族】
W6149.3.1.1.4.2	因火的消失人只能生食	
W6149.3.1.1.4.2.1	火魔把民间的烟火吃掉后，百姓吃不到熟食	【汉族】
W6149.3.1.1.4a	人因受困生食	【高山族】
W6149.3.1.1.4a.1	布农人的祖先被困在山上只能生食	【高山族（布农）】
W6149.3.1.1.5	以前，人吃生的鸟兽满嘴血	【水族】
W6149.3.1.1.6	远古时代，人们连毛带血地吞吃猎来的禽兽	【汉族】

W 编码	母题描述	关联项
W6149. 3. 1. 1. 6a	古时候，人捉到野兽、鱼、鸟都是生吃	【汉族】
W6149. 3. 1. 1. 7	以前严寒时，人只得躲进山洞吃生食	【傣族（布角人）】
W6149. 3. 1. 1. 8	大禹时人都是吃生胚	【汉族】
W6149. 3. 1. 2	生食的特征	
W6149. 3. 1. 2. 1	生食的生活很艰难	【景颇族】
W6149. 3. 1. 2. 2	以前粮食生吃很难吃	【仡佬族】
W6149. 3. 1. 3	生食的方法	
W6149. 3. 1. 3. 1	把死兽剥掉皮吃生肉	【独龙族】
W6149. 3. 1. 3. 2	捉到野兽直接生吃	【佤族】
W6149. 3. 1. 3. 3	古代，人像乌鸦一样吃生肉，像水獭一样吃生鱼	【壮族】
W6149. 3. 1. 3. 4	人以前和动物一样吃生肉，喝生水	【珞巴族】
W6149. 3. 1. 4	生食的情形	［W6149. 3. 1. 1. 1. 2］大雨中失去火种，大人便开始吃生肉，老人和小孩用冷水泡蘑菇吃
W6149. 3. 1. 4. 1	吃生肉	【汉族】
W6149. 3. 1. 4. 1. 1	燧人氏时取禽兽吃生肉、喝生血	【汉族】
W6149. 3. 1. 4. 1. 1a	很古时，人喝生血、吃生肉	【白族】
W6149. 3. 1. 4. 1. 2	生嚼兽肉满嘴血	【哈尼族】
W6149. 3. 1. 4. 1. 2. 1	很古时，人猎取禽兽吃生肉、喝生血充饥	【汉族】@［W6149. 2a. 8. 2. 1］以前，人生吃动物时除了骨头都带着血吃下
W6149. 3. 1. 4. 1. 3	猎物连毛带肉吞下肚	【哈尼族】
W6149. 3. 1. 4. 1. 4	打来的野兽生吞活剥，连毛带血一块儿吃	【中华民族】
W6149. 3. 1. 4. 2	人吃生冷食物	【畲族】

W 编码	母题描述	关联项
W6149.3.1.5	吃生食的结果	
W6149.3.1.5.1	因为生食食物常常闹病，甚至死掉	【汉族】
W6149.3.1.5.2	严冬生食造成死亡	【高山族】
W6149.3.1.5.3	人吃生食常闹肚子甚至死亡	【汉族】
W6149.3.1.6	特定的生食（生吃特定物）	
W6149.3.1.6.1	有生吃鹿、狍的肝之俗	【鄂伦春族】
W6149.3.1.6.2	人生吃捕到的麂子、山鸡等	【拉祜族】
W6149.3.1.7	与生食有关的其他母题	
W6149.3.1.7.1	人像动物一样生吃东西	【壮族】@［W6177.1.4］以前，人像动物一样居于地穴中
W6149.3.2	熟食	
W6149.3.2.1	以前没有熟食	【汉族】@［W6149.3.1.1.3］很早以前，人和动物一样只会吃生肉和野菜，不会吃熟食
W6149.3.2.2	熟食的产生	
W6149.3.2.2.1	产生火后有了熟食	【民族】①
W6149.3.2.2.1.1	伏羲发明熟食	
W6149.3.2.2.1.1.0	伏羲把用火办法教人后，人开始吃熟食	【汉族】
W6149.3.2.2.1.1.1	伏羲把自然发生的雷火送给人并教人烤肉	【汉族】
W6149.3.2.2.1.1.2	伏羲冶金成器，教民烧食	【中华民族】
W6149.3.2.2.1.1.3	中国第一个皇帝伏羲教人民熟食	【中华民族】
W6149.3.2.2.1.1.4	伏羲发明烧烤动物	【汉族】
W6149.3.2.2.1.1.5	伏羲兄妹锤石取火烧东西吃	【汉族】
W6149.3.2.2.1.1a	燧人氏教人用火做熟食	【汉族】
W6149.3.2.2.1.1a.1	燧人氏始炮生为熟	【中华民族】

① 【傣族】【傣族（布角人）】【高山族（布农）】【汉族】【水族】【佤族】【彝族（撒尼）】【壮族】

W 编码	母题描述	关联项
W6149. 3. 2. 2. 1. 1a. 2	燧人氏带领大家捡山火烧死的禽兽吃	【汉族】
W6149. 3. 2. 2. 1. 1b	商伯教人用火烧熟食物	【汉族】
W6149. 3. 2. 2. 1. 1c	祝融教人用火烧熟食物	【汉族】
W6149. 3. 2. 2. 1. 1d	嫘祖知道用火烧熟食物	【汉族】
W6149. 3. 2. 2. 1. 1e	女娲告诉人烤火做熟食	【汉族】
W6149. 3. 2. 2. 1. 1f	黄帝教民用熟食	【中华民族】
W6149. 3. 2. 2. 1. 1f. 1	黄帝钻燧以熟荤臊	【中华民族】
W6149. 3. 2. 2. 1. 1f. 2	黄帝时，人只能把猎获的食物用明火烧熟后双手抓着吃	【汉族】
W6149. 3. 2. 2. 1. 1g	神农发明熟食	
W6149. 3. 2. 2. 1. 1g. 1	神农时加米于烧石之上而食之	【中华民族】
W6149. 3. 2. 2. 1. 2	猴子取火后有了熟食	【珞巴族】
W6149. 3. 2. 2. 1. 3	有了火后，用火把生肉烤熟	【彝族（撒尼）】
W6149. 3. 2. 2. 1. 3. 1	人把打来的野兽架在火上烧着吃	【汉族】
W6149. 3. 2. 2. 1. 4	先人到太阳处取火，用火煮熟食	【仡佬族】
W6149. 3. 2. 2. 1. 5	最早的兄妹请风魔取火后火烧食物	【珞巴族】
W6149. 3. 2. 2. 1. 6	鸟为人取火后人开始吃熟食	【高山族】
W6149. 3. 2. 2. 1. 7	天兵天将火烤兽肉	【满族】
W6149. 3. 2. 2. 1. 8	动物偶然被火烤熟	【汉族】
W6149. 3. 2. 2. 1. 8. 1	猴子抛弃的麂子丢在着火的树上被烧熟	【拉祜族】
W6149. 3. 2. 2. 1. 9	其他用火做熟食的方法	
W6149. 3. 2. 2. 1. 9. 1	人用火把番薯完全烤熟后食用	【高山族（阿美人）】
W6149. 3. 2. 2. 2	祖先发明熟食	【哈尼族】
W6149. 3. 2. 2. 2. 1	男始祖遮帕麻教会了人做熟食	【阿昌族】
W6149. 3. 2. 2. 3	石板上做熟食	【彝族】
W6149. 3. 2. 2. 3. 1	以前，人将收获的谷物放在石片上烤着吃	【汉族】

W 编码	母题描述	关联项
W6149.3.2.2.4	以前，饭是太阳晒熟的	【佤族】
W6149.3.2.2.5	用热沙制作熟食	【高山族（阿美人）】
W6149.3.2.3	熟食的特征（熟食的功能）	
W6149.3.2.3.1	熟食可避免消化不良	【汉族】
W6149.3.2.3.2	熟肉比生肉好吃	【汉族】
W6149.3.2.3.3	烧烤的鸟兽味道格外香甜	【水族】
W6149.3.2.4	熟食的制作方法	
W6149.3.2.4.1	以前，人用火烧热石块扔进盛着水和肉的桦皮桶，反复几次把肉煮熟	【鄂伦春族】
W6149.3.2.4.2	以前，人把水和肉盛进野兽骨里，架在火上烧把肉煮熟	【鄂伦春族】
W6149.3.2.4.3	人学会把食物放到火上烤烤吃	【汉族】
W6149.3.2.4.3a	用炉炭烤制食品	【中华民族】
W6149.3.2.4.4	与用火制作熟食有关的其他母题	
W6149.3.2.4.4.1	伏羲教人用火煮肉	【汉族】
W6149.3.2.4.5	熟食粗加工（晒制食物）	
W6149.3.2.4.5.1	用砍刀把兽肝削成片晒干方吃	【独龙族】
W6149.3.2.4.5.2	晒肉干	【满族】
W6149.3.2.4.6	用沙子加热食物	【高山族（阿美）】
W6149.3.2.5	特定的熟食	
W6149.3.2.6	与熟食有关的其他母题	
W6149.3.2.6.1	燃料	
W6149.3.2.6.1.1	特定的树木做燃料	【汉族】
W6149.4	特定名称的常见食物	
W6149.4.1	饼	
W6149.4.1.1	煎饼	
W6149.4.1.1.1	女娲烙煎饼	【汉族】
W6149.4.1.2	烙饼	

W 编码	母题描述	关联项
W6149. 4. 1. 2. 1	八仙下凡学到做烙饼的手艺	【汉族】
W6149. 4. 1. 3	尧王饼	
W6149. 4. 1. 3. 1	尧王发明谷物大饼“尧王饼”	【汉族】
W6149. 4. 1. 4	月饼	［W6622. 4. 3. 1］八月十五做月饼
W6149. 4. 1. 4. 1	董永的儿子仿照月亮的形状做“月饼”	【汉族】
W6149. 4. 1a	馕	
W6149. 4. 1a. 1	以前，没有馕	【维吾尔族】
W6149. 4. 1a. 2	牧羊人通过太阳烤面团发明馕	【维吾尔族】
W6149. 4. 2	面条	
W6149. 4. 2. 1	面条的产生	
W6149. 4. 2. 2	面条的特征	
W6149. 4. 2. 3	面条的类型	
W6149. 4. 2. 3. 1	哨子面	
W6149. 4. 2. 3. 1. 1	哨子面原叫“嫂子面”	【汉族】
W6149. 4. 2. 4	与面条有关的其他母题	
W6149. 4. 2. 4. 1	拉条子	
W6149. 4. 2. 4. 1. 1	吃了拉条子必须喝面汤	【维吾尔族】
W6149. 4. 2. 4. 2	吃面的时间	
W6149. 4. 2. 4. 2. 1	冬至饺子夏至面	【汉族】
W6149. 4. 2. 4. 2. 2	出门饺子回家面	【汉族】
W6149. 4. 3	馍（馍馍；馒头）	
W6149. 4. 3. 0	馍的产生	［W6150. 0. 1. 2. 1］咒语说养子开白花，玉米结包包，园根做酸菜，造成蒙古族人吃馍馍
W6149. 4. 3. 0. 1	人用面粉做成人头形状再包上肉馅蒸熟祭天，称之“瞒头”（馒头）	【汉族】

W 编码	母题描述	关联项
W6149.4.3.1	烙馍	【汉族】
W6149.4.3.1.1	人祖爷吃姐姐的烙馍	【汉族】
W6149.4.4	米粉	
W6149.4.5	汤圆（元宵）	
W6149.4.5.1	汤圆的来历	
W6149.4.5.1.1	元宵姑娘教人做汤圆	【汉族】
W6149.4.6	糌粑（粑粑）	
W6149.4.6.1	糌粑的来历	
W6149.4.6.1.1	循着鸟的踪迹到藏区找到糌粑	【珞巴族】
W6149.4.6.1.2	格萨尔从天神那里学会吃糌粑	【藏族】
W6149.4.6.2	蒿子粑粑	
W6149.4.6.2.1	吃蒿子粑能避蛇害	【汉族】
W6149.4.7	粽子	
W6149.4.7.1	为纪念屈原，人用竹叶将糯米包成鸡蛋大小的食品，称之“粽子”	【汉族】
W6149.4.8	饺子（扁食；煮馍）	
W6149.4.8.1	张仲景为人治病的用面皮包成耳朵样子的“娇耳”成为今天的饺子	【汉族】@［W6150.9.0.2］饺子原名“饺耳”
W6149.4.8.2	女娲用面做的耳朵成为今天的饺子	【汉族】
W6149.4.8.3	饺子产生于周朝	【汉族】
W6149.4.8.4	人们把吃饺子叫“抓财”	【汉族】
W6150	**与食物有关的其他母题**	［W6592］食人习俗（食人葬）
W6150.0	不同的食物（食物的差异性；不同人物为什么食物不同）	
W6150.0.1	不同的人食物不同的来历	
W6150.0.1.1	特定人物规定不同的人食物不同	

W 编码	母题描述	关联项
W6150. 0. 1. 2	以特定语言造成不同的人食物不同	
W6150. 0. 1. 2. 1	咒语说养子开白花，玉米结包包，园根做酸菜，造成蒙古族人吃馍馍	【蒙古族】
W6150. 0. 1. 3	男女食物不同（男女食俗不同）	【汉族】
W6150. 0. 1. 4	特异之人有特异之食	
W6150. 0. 1. 4. 1	异人常以洗碗水为食	【白族】
W6150. 0. 2	不同地方食物不同	
W6150. 0. 2. 1	居平地者食米，居山者食包谷及荞麦	【仡佬族（红仡佬）】
W6150. 0. 3	不同物种食物不同	
W6150. 0. 3. 1	盘王规定人与动物各有其食	【壮族】
W6150. 1	奇特的食物（神奇的食物）	【汤普森】F851
W6150. 1. 1	给力的食物	
W6150. 1. 1. 0	给力食物的产生	
W6150. 1. 1. 0. 1	天降给力的食物	
W6150. 1. 1. 0. 1. 1	天上落下的一片白粉好吃而且耐饥	【汉族】
W6150. 1. 1. 0. 2	特定人物造给力的食物	
W6150. 1. 1. 0. 2. 1	女娲用洞内的五彩谷物给的饭让盘古力气倍增	【中华民族】
W6150. 1. 1. 1	让人增长力量的食物	
W6150. 1. 1. 1. 1	盘老大吃了首乌贼娃娃后力量无穷	【苗族】
W6150. 1. 1. 1. 1a	神农吃了一棵像初生婴儿的野草根顿觉力大无穷	【汉族】
W6150. 1. 1. 1. 2	喝甘露长神力	【彝族】
W6150. 1. 1. 1. 2a	喝了特定的水顿时力气倍增	【藏族】
W6150. 1. 1. 1. 3	舔仙草使人力增百倍	【满族】

W 编码	母题描述	关联项
W6150. 1. 1. 2	小食物大能量	
W6150. 1. 1. 2. 1	一颗瓜子让人浑身是劲	【水族】
W6150. 1. 1. 2. 2	一颗红果解饥饿	【汉族】
W6150. 1. 1. 2. 3	一个丸子解饥饿（治饿的药丸）	【白族】
W6150. 1. 1. 2. 3a	给力的泥团子	
W6150. 1. 1. 2. 3a. 1	泥精做成的泥团子吃后力大无穷有精神	【汉族】
W6150. 1. 1. 2. 4	太古时，一粒米入锅可供一家人饱食	【高山族（泰雅人）】
W6150. 1. 1. 2. 4a	一粒米不放在锅里就能煮出一锅饭	【汉族】
W6150. 1. 1. 2. 5	吃了一粒石子长久不饿	【蒙古族】
W6150. 1. 1. 2. 6	葫芦籽吃后，不饥不饿不渴不累	【汉族】
W6150. 1. 1. 2. 7	吃仙桃山的桃后不知饥渴	【汉族】
W6150. 1. 1. 2. 8	吃一棵像初生婴儿的野草根，顿觉精神充沛，力大无穷	【汉族】
W6150. 1. 1. 2. 9	其他管饿的食物	
W6150. 1. 1. 2. 9. 1	吃海和尚可忍饥一年	【汉族】
W6150. 1. 1. 2. 9. 2	丹木果食之不饥	【汉族】
W6150. 1. 1. 3	天狗送来的谷子吃后身强力壮，不生病	【苗族】
W6150. 1. 1. 4	吃能有神力的食物	［W6246. 1. 2. 3］仙丹使人增添气力
W6150. 1. 1. 4. 1	吃龙眼能有神力	【汉族】
W6150. 1. 1. 4. 2	吃红果增神力	【满族】【壮族】
W6150. 1. 1. 4. 3	吃力珠增神力能拽住象尾	【汉族】
W6150. 1. 1. 4. 4	吃下九牛二虎能有九牛二虎之力	【汉族】
W6150. 1. 1. 4. 5	吃了神牛给的珠子，顿时觉得浑身发热，四肢充满力气	【壮族】
W6150. 1. 1. 4. 6	吃神树顶结的一个红果子，顿觉增加了好多倍的力气	【壮族】

W 编码	母题描述	关联项
W6150. 1. 1. 4. 7	吃虎肉鹿肉，能添千斤气力	【瑶族】
W6150. 1. 1. 4a	抗疲劳食物（吃了不疲劳的食物）	
W6150. 1. 1. 4a. 1	嘉果如桃，食之不劳	【汉族】
W6150. 1. 1. 5	吃了能产生特异功能的食物	
W6150. 1. 1. 5. 1	吃红果能隐身	【满族】
W6150. 1. 1. 5. 2	吃长青果能通晓天下事	【汉族】
W6150. 1. 1. 6	给力食物的其他功效	
W6150. 1. 1. 6. 1	食物使人听视明，力愈壮，貌愈少	【汉族】
W6150. 1. 1. 6. 2	食物使人增高	
W6150. 1. 1. 6. 2. 1	吃龙王项上宝珠能使身长高与天齐	【高山族】
W6150. 1. 1. 6. 3	食物使人成半仙	
W6150. 1. 1. 6. 3. 1	吃红果树的果子能成半仙	【壮族】
W6150. 1. 1. 6. 4	食物使人长寿不老	
W6150. 1. 1. 6. 4. 1	吃炎帝种的“嘉谷”，不但能充饥，还能长寿不老	【汉族】
W6150. 1. 1. 6. 5	食物使人遇难成祥	
W6150. 1. 1. 6. 5. 1	吃一枚南山红果，能长命百岁，遇难成祥	【满族】
W6150. 1. 1. 7	给力食物的来历（给力食物的产生）	
W6150. 1. 1. 7. 1	法事中的食物是给力的食物	【壮族】
W6150. 1. 1. 8	与给力的食物有关的其他母题	
W6150. 1. 1. 8. 1	不给力的食物	
W6150. 1. 1. 8. 1. 1	常吃素粮身体不壮	【汉族】
W6150. 1. 2	吃后能变聪明的食物（知识肉）	［W6902］智慧（人的智慧；智慧的产生；智慧的获得）
W6150. 1. 2. 1	动物吃知识肉会变聪明	

W 编码	母题描述	关联项
W6150.1.2.1.1	动物吃了观音给的叫“智慧”的食物会变得聪明能干	【藏族】
W6150.1.2a	吃后变美丽的食物	
W6150.1.2a.1	仙女吃杏黄色的仙果就会更加美丽	【汉族】
W6150.1.3	稀罕的食品	
W6150.1.3.1	大禹时，糯米是稀罕的食品	【汉族】
W6150.1.4	人间美食	
W6150.1.4.1	特定地方产人间美食	【汉族】
W6150.1.5	吃不完的食物	
W6150.1.5.1	小锅里的米吃不完	【汉族】
W6150.1.6	特定的食物有特异功能（特定物是给力食物）	
W6150.1.6.1	龙涎功能独特	【关联】①
W6150.1.6.1.1	饥渴用舌舔一下龙涎，顿时全身既轻松又舒服	【汉族】
W6150.1.6.2	长生果	
W6150.1.6.2.1	吃天上的长生果，能一辈子不饿	【汉族】
W6150.1.6.3	有多重功能的食物	
W6150.1.6.3.1	太乙余粮可以药用，亦可救饥	【汉族】
W6150.1.6.4	给力的水	【藏族】
W6150.1.7	让人心想事成的食物	
W6150.1.7.1	吃龙蛇嘴里的唾沫能如愿	【珞巴族】
W6150.1.8	让人能克服困难的食物	
W6150.1.8.1	吃两颗金丹能克服困难拿到宝物	【彝族】
W6150.1.9	与给力食物有关的其他母题	
W6150.1.9.1	给力的食物的获得	
W6150.1.9.1.1	特定人物送给给力食物	

① ［W6150.1.7.1］吃龙蛇嘴里的唾沫能如愿；［W6244.9.3.1.1］龙涎能治病。

W 编码	母题描述	关联项
W6150. 1. 9. 1. 1. 1	老人给应龙吃了能战胜神兽的橘子	【汉族】
W6150. 2	奇怪的食物（不可思议的食物）	
W6150. 2. 1	香土作为食物	［W6149. 2a. 5. 1. 1］人以前吃土
W6150. 2. 1. 1	洪水后，逃生的人和动物只能吃香土	【德昂族】
W6150. 2. 2	粪便作为食物	
W6150. 2. 2. 1	泥师都娶妻生四子，三子随牛，牛所粪悉为肉酪	【西北古代民族】
W6150. 2. 3	废物作为食物	
W6150. 2. 4	坚硬无比的食物	
W6150. 2. 5	与奇怪的食物有关的其他母题	［W6147. 0. 1. 1］最早时人吃水上的浮油、地上的浮油、野生玉米和无籽果 4 样东西
W6150. 3	有毒的食物（毒食）	
W6150. 3. 1	毒食的产生	
W6150. 3. 1. 1	特定物变成毒食	
W6150. 3. 1. 2	为报复制造毒食	
W6150. 3. 2	毒食的特征	
W6150. 3. 3	特定的有毒的食物	
W6150. 3. 3. 1	特定的果实有毒（有毒的果实）	
W6150. 3. 3. 1. 1	鬼种的树果实有毒，食之死亡	【怒族】
W6150. 3. 3. 1. 2	长青果是臭果又叫死亡果	【汉族】
W6150. 3. 4	与毒食有关的其他母题	
W6150. 3. 4. 1	远古时，人全是生吃，吃了有毒的东西常常中毒得病，甚至死亡	【汉族】
W6150. 3. 4. 2	以前，不少人因为吃毒果毒草死亡	【汉族】
W6150. 4	人与其他异类的食物的关系	

W 编码	母题描述	关联项
W6150.4.1	以前人和动物的食物相同	
W6150.4.1.1	以前人和动物都吃草	【鄂温克族】【佤族】@［W6149.2a.4.3.1］人以前吃草
W6150.5	食物的分享（共享食物；食物的使用）	
W6150.5.1	人与神共享食物	
W6150.5.2	特定的人共享食物	
W6150.5.2.1	早期的母子搭伙吃饭	【彝族（阿细）】
W6150.5.3	人与动物共享食物	
W6150.5.3.1	狗与人共享粮食的来历	
W6150.5.3.1.1	狗为人求得粮食，所以后来狗就和人分粮食	【藏族（白马）】
W6150.5.4	人吃食的时间（吃饭的时间）	
W6150.5.4.1	人以前吃饭时间没规律	【汉族】
W6150.5.4.1.1	女娲造人以后，人吃饭没有规律	【汉族】
W6150.5.4.2	远古时因不知年月食无定时	【布依族】
W6150.5.4.3	从前，人每天要吃很多饭，餐无定数	【壮族】
W6150.5.5	人吃饭的情形	
W6150.5.5.1	人以前饱一顿，饿一顿（人以前饥饱无度）	【汉族】【苗族】@［W6149.2.3.9a.1.1］人吃野兽饥饱不均肚皮发胀
W6150.5.5.2	吃相	
W6150.5.5.2.1	吃相难看	
W6150.5.5.3	饥不择食	【佤族】
W6150.5.5.4	吃东西噎住	
W6150.5.5.4.1	人吃东西噎住要揪耳朵	【汉族】
W6150.5.6	偷吃（偷食）	
W6150.5.6.1	偷吃特定物	【珞巴族】

W 编码	母题描述	关联项
W6150. 5. 7	不同食物轮换食用	
W6150. 5. 7. 1	神农教人轮换着吃五谷	【汉族】
W6150. 5. 8	与食物的食用有关的其他母题	
W6150. 5. 8. 1	不食人间烟火	【汉族】
W6150. 5. 8. 2	特定的食物有特定的吃法	
W6150. 5. 8. 2. 1	出家人将大蒜列为“荤”戒	【汉族】
W6150. 5. 8. 3	特定时间人的食物混乱	
W6150. 5. 8. 3. 1	群居时经常吃错奶	
W6150. 5. 8. 3. 1. 1	人到第十一代群居时经常吃错奶	【哈尼族】
W6150. 6	食物的保存（食物储存；食品存储；粮食的保存；食物的收藏）	【汤普森】A1420. 2
W6150. 6. 0	人以前不会保存食物	
W6150. 6. 0. 1	人以前不知道存粮	【满族】
W6150. 6. 1	神教会人保存食物	
W6150. 6. 2	神性人物教人保存食物	
W6150. 6. 2. 1	八仙教百姓春播、夏管、秋收、冬藏	【汉族】
W6150. 6. 2. 2	神农氏想出储存野兽的办法	【汉族】
W6150. 6. 2a	特定的人教人保存食物	
W6150. 6. 2a. 1	女首领教人采集果实贮藏	【羌族】
W6150. 6. 3	特定食物需要特别保存	
W6150. 6. 3. 1	包谷棒子运装上楼时，无意中掉在楼脚的那些认为是一宗“财喜”需要特别珍藏	【仡佬族】
W6150. 6. 4	食物收藏的时间	
W6150. 6. 4. 1	粮食要春种、夏管、秋收、冬藏	【汉族】
W6150. 6. 4. 2	晚秋晒鱼干储以度冬	【朝鲜族】
W6150. 6. 5	食物保存的地点	
W6150. 6. 5. 1	食物保存在洞中	【汉族】

W 编码	母题描述	关联项
W6150.6.5.1.1	粮食堆放在山洞里腐烂	【汉族】
W6150.6.5.1.2	粮食保存在树洞里	【汉族】
W6150.6.5.1.2.1	为黄帝管粮食的杜康把粮食保存在枯死大树洞中	【汉族】
W6150.6.6	食物保存的破坏者	
W6150.6.6.1	兽抢人粮	【苗族】
W6150.6.7	食物储存的结果	
W6150.6.8	与食物储存有关的其他母题	
W6150.6.8.1	神农将贮藏的五谷分发给老百姓	【中华民族】
W6150.7	食物的变化	
W6150.7.1	食物变少	
W6150.7.1.1	因人口增多食物变少	【德昂族】
W6150.7.1.2	采集狩猎时代，因人和野兽增多，造成森林里的东西不够吃	【苗族】
W6150.7.2	食物变化的结果	
W6150.7.2.1	食物的变化带来肠胃不适	
W6150.7.2.1.1	人以前打猎吃肉，改吃五谷杂粮时不少人肚子里难受	【汉族】
W6150.8	食物的消失（人的食物的失去）	
W6150.8.1	人的食物被动物抢走	
W6150.8.1.1	猴子把山里的树果抢吃光	【彝族】
W6150.8.2	天上不再下白面	［W6149.2a.3.9.2.2.1］因天上不下白面，地上的人饿得人吃人
W6150.8.2.1	为让人懂得爱惜粮食，天上不再下白面	【汉族】
W6150.9	食物的其他相关母题	
W6150.9.0	食物的名称（特定食物的命名）	
W6150.9.0.1	油条原来叫“油炸桧”	【汉族】

W 编码	母题描述	关联项
W6150. 9. 0. 2	饺子原名“饺耳”	【汉族】
W6150. 9. 1	唯一的食物	
W6150. 9. 1. 1	以前的人只有野果可吃	【土族】
W6150. 9. 1. 1. 1	从前，地上没有五谷杂粮，人只能靠野果充饥	【汉族】
W6150. 9. 1. 2	以前的人只吃草	【汉族】
W6150. 9. 2	粮食的父母	
W6150. 9. 2. 1	土地是粮食的父亲，水是粮食的母亲	【纳西族】
W6150. 9. 3	食物引起的反应	
W6150. 9. 3. 1	水土不服	
W6150. 9. 3. 1. 1	人刚吃五谷时肚里不舒服	【汉族】
W6150. 9. 3. 2	饮食同样东西结果不同	【景颇族】
W6150. 9. 3. 3	吃什么补什么	
W6150. 9. 3. 3. 1	吃九十九种树根，体格长得像大树一样笔直	【彝族】
W6150. 9. 4	相克的食物	
W6150. 9. 4. 1	黄鱼猪肉相克	【汉族】
W6150. 9. 5	菜品（吃菜）	
W6150. 9. 5. 1	菜品的产生	
W6150. 9. 5. 2	菜品的特征	
W6150. 9. 5. 3	菜品的种类	
W6150. 9. 5. 3. 1	以菜的类型划分菜品	
W6150. 9. 5. 3. 2	以菜的功能划分菜品	
W6150. 9. 5. 3. 2. 1	孝心菜	
W6150. 9. 5. 3. 2. 1. 1	吃孝心菜就会对老人增添三分孝敬之心	【汉族】
W6150. 9. 5. 3. 3	以地域划分菜品	
W6150. 9. 5. 4	与菜品有关的其他母题	

W 编码	母题描述	关联项
W6150.9.6	食物卫生	
W6150.9.6.1	神农教人吃新鲜食物，不吃霉变饭菜	【汉族】
* **W6151**	**饮品（饮品的产生）**	
W6151.1	饮品源于特定的地方	
W6151.1.1	天降饮用水	
W6151.1.1.1	以前天上像下雨一样下着可以饮用的水	【维吾尔族】
W6151.1.2	饮水源于山间	
W6151.1.2.1	女祖米里几德用竹子作水槽从山间引来饮用的泉水	【基诺族】
W6151.1.2.2	很远的大山里有个深水潭可饮用	【汉族】
W6151.2	特定人物造饮品	
W6151.3	饮品产生的其他方式	
W6151.3.1	古者民茹草饮水	【中华民族】
W6151.4	与饮品的产生有关的其他母题	［W9038.22］魔力饮品
W6151.4.1	人的饥渴的产生	【汤普森】A1345.1
W6152	**饮品的特征（饮品的功能）**	
W6152.1	饮品解渴	
W6152.1.1	山泉解渴（喝泉水）	【汉族】
W6152.1.1.1	最早的人渴了喝山泉	【彝族】
W6152.1.1.2	天塌地陷后，幸存的女娲伏羲姐弟渴了喝崖下的山泉	【汉族】
W6153	**特定的饮品（饮品的类型）**	
W6153.1	特定味道的饮品	
W6153.2	天地质料的饮品	
W6153.2.1	特定颜色的饮品	

W 编码	母题描述	关联项
W6153. 2. 2	玉液	
W6153. 2. 2. 1	瑶池玉液	
W6153. 2. 2. 1. 1	瑶池玉液本是御用美酒	【汉族】
W6153. 2. 3	小米绿豆汤	
W6153. 2. 3. 1	大禹首先熬出小米绿豆汤	【汉族】
W6153. 2. 3. 2	小米绿豆汤可预防中暑	【汉族】
W6153. 3	特定功能的饮品	
W6153. 3. 1	饮一杯白饮，力气十倍	【汉族】
W6153. 3. 2	佐餐饮品	
W6153. 3. 2. 1	原汤	
W6153. 3. 2. 1. 1	原汤化原食	【维吾尔族】
W6153. 4	特定品质的饮品	
W6153. 4. 1	圣水（神水）	
W6153. 4. 2	吃毒汁少的果实	
W6153. 4. 2. 1	大禹教人吃毒汁少的果实后不大生毛病	【汉族】
W6153. 5	特定人物的特定饮品	［W0094］神的饮品
W6153. 6	奇特的饮料（给力的饮料）	
W6154	**与饮料有关的其他母题（与饮品有关的其他母题）**	
W6154. 1	饮品的使用（饮水方法）	
W6154. 1. 1	神农教人饮水方法	
W6154. 1. 1. 1	让人饮山泉活水，不饮浊滞死水	【汉族】
◎	**〖常见的食品、饮品〗**	
W6155	**酒（酒的产生）**	
W6155. 0	以前没有酒	
W6155. 0. 1	很久以前的人不懂得造酒	【汉族】【珞巴族】

W 编码	母题描述	关联项
W6155.1	酒产生的原因	
W6155.2	酒源于特定地方（酒的获得）	【汤普森】A1428
W6155.2.1	神给予酒；神给人酒	【珞巴族】
W6155.2.1.1	神的乳汁酒在地上长出各种酒药植物	【景颇族】
W6155.2.2	神性人物给予酒	
W6155.2.2.1	仙人给人酒	
W6155.2.2.1.1	仙人赠给凡人“挫确”（醋酒）和“挫辣”（白酒）	【怒族】
W6155.2.2.2	龙王赐美酒	【汉族】
W6155.2.3	酒源于酒泉	
W6155.2.3.1	特定人物发现酒泉（特定人物挖酒泉）	【拉祜族】@［W1972.1］神奇的泉
W6155.2.3.1.1	天神厄莎挖出的酒泉产生酒	【拉祜族】
W6155.2.4	井中出酒	
W6155.2.4.1	吕洞宾打井出甜酒	【汉族】
W6155.2.4.2	井中米酒是仙道变化	【汉族】
W6155.2.5	酒树生酒	
W6155.2.5.1	顿逊国有酒树，数日成酒	【汉族】
W6155.3	酒是造出来的（酒的制造）	【汤普森】A1426.2.1
W6155.3.1	造酒者（酒的发明者；酿酒者）	
W6155.3.1.1	神造酒	
W6155.3.1.1.1	酒神造出酒	【苗族】
W6155.3.1.2	神性人物造酒	
W6155.3.1.2.1	天女下凡时带的竹筒盛水酿出酒	【独龙族】
W6155.3.1.2.2	祖先教人造酒	【佤族】
W6155.3.1.2.3	魔女教造酒	【珞巴族】
W6155.3.1.2.3a	妖婆教造酒	【普米族】
W6155.3.1.2.3b	岩魔女酿酒	【珞巴族】

W 编码	母题描述	关联项
W6155. 3. 1. 2. 4	观音点化造酒	【汉族】
W6155. 3. 1. 2. 5	太上老君酿酒	【汉族】
W6155. 3. 1. 3	特定人物造酒	
W6155. 3. 1. 3. 1	仪狄造酒	【汉族】
W6155. 3. 1. 3. 1. 1	仪狄家藏在洞中的红枣酿成酒	【汉族】@［W6155. 8. 2. 4. 1. 1］唐尧时仪狄发明枣酒
W6155. 3. 1. 3. 1. 2	帝女令仪狄作酒	【汉族】
W6155. 3. 1. 3. 1. 3	大禹的大臣仪狄最早造了人间美酒	【汉族】@［W6155. 3. 1. 3. 5b. 1］仪狄和大禹的女儿水婴造酒
W6155. 3. 1. 3. 1. 4	大禹时，酿酒师傅仪狄用各种果品粮食酿造出美酒	【汉族】
W6155. 3. 1. 3. 2	杜康造酒	【汉族】@［W6155. 3. 3. 1. 1］杜康把粮食放进树洞中无意中形成了酒
W6155. 3. 1. 3. 2. 1	黄帝时管粮食的杜康造出酒	【汉族】
W6155. 3. 1. 3. 2. 2	黄帝的大臣杜康造酒	【汉族】
W6155. 3. 1. 3. 2. 3	杜康是天下第一个造酒者	【汉族】
W6155. 3. 1. 3. 2. 4	发明酒的杜康是春秋人	【汉族】
W6155. 3. 1. 3. 2. 5	杜康造秫酒（少康造秫酒）	【汉族】
W6155. 3. 1. 3. 2. 6	杜康被尊为酿酒始祖	【汉族】
W6155. 3. 1. 3. 2. 7	杜康造酒的地点	
W6155. 3. 1. 3. 2. 7. 1	杜康在白水造酒	【汉族】
W6155. 3. 1. 3. 2. 8	杜康造特定的酒	
W6155. 3. 1. 3. 2. 8. 1	杜康造龙涎酒	【汉族】@［W6155. 9. 0. 3. 2. 1］龙宴酒最早叫“龙涎酒”
W6155. 3. 1. 3. 2. 8. 2	杜康造“千日醉”	
W6155. 3. 1. 3. 2. 8. 2. 1	杜康造的最好的酒是“千日醉”	【汉族】
W6155. 3. 1. 3. 2. 9	与杜康造酒有关的其他母题	［W6155. 9. 0. 1. 2. 1］杜康造酒因名酒曰杜康

W 编码	母题描述	关联项
W6155.3.1.3.2.9.1	杜康造酒的遗址	【汉族】
W6155.3.1.3.2.9.2	后人为纪念成了仙的酿酒大师杜康，把他住过的村庄叫“杜康庄”	【汉族】
W6155.3.1.3.3	布洛陀造酒	【壮族】
W6155.3.1.3.4	水酉造酒	
W6155.3.1.3.4.1	大禹的部下水酉造酒	【汉族】
W6155.3.1.3.5	女人酿酒	【珞巴族】
W6155.3.1.3.5.1	卵生酿酒的阿妈	【藏族】
W6155.3.1.3.5a	一对母子造出酒	【汉族】
W6155.3.1.3.5b	一对男女造出酒	
W6155.3.1.3.5b.1	仪狄和大禹的女儿水婴造酒	【汉族】
W6155.3.1.4	动物造酒（动物教人造酒）	
W6155.3.1.4.1	狗教人造酒	【珞巴族】
W6155.3.1.4.2	白猿造酒	
W6155.3.1.4.2.1	白猿学会了酿酒修成了仙	【汉族】
W6155.3.1.5	特定的群体会造酒	
W6155.3.1.5.1	珞巴族人会造酒	【珞巴族】
W6155.3.1.5.2 *	古猿人造酒	【汉族】
W6155.3.1.5.3	麪人酿酒	【汉族】
W6155.3.1.6	其他造酒者	
W6155.3.1.7	与造酒者有关的其他母题	
W6155.3.1.7.1 *	二郎神和祠山张大帝是酒行的行神	【中华民族】
W6155.3.2	造酒材料（造酒的原料）	
W6155.3.2.1	用药物造酒	
W6155.3.2.1.1	用红、白、黑、黄药合在一起造成酒	【彝族】
W6155.3.2.2	用饭造酒	

W 编码	母题描述	关联项
W6155. 3. 2. 2. 1	用米饭做酒	【景颇族】@［W6155. 8. 1. 1. 2］米酒
W6155. 3. 2. 2. 1. 1	大辣蓼花盖在糯米饭上酿出酒	【汉族】
W6155. 3. 2. 2. 2	用冷饭造酒	
W6155. 3. 2. 2. 2. 1	妇女用芭蕉叶包冷饭发酵后变成酒	【佤族】
W6155. 3. 2. 2. 3	用剩饭造酒	【阿昌族】
W6155. 3. 2. 2. 3. 1	鲁婆为盘古送的饭时间一长成了酒	【壮族】
W6155. 3. 2. 3	用粮食造酒	
W6155. 3. 2. 3. 1	用高粱造酒	【汉族】
W6155. 3. 2. 3. 1. 1	用井水和高粱酿酒	【汉族】
W6155. 3. 2. 3. 2	用米造酒	［W6155. 3. 2. 2. 1］用米饭做酒
W6155. 3. 2. 3. 2. 1	杜康用米造酒	【汉族】@［W6155. 3. 3. 4. 1］杜康有造酒秘方
W6155. 3. 2. 3. 3	用黍米和小麦作原料，用五龙女井的水为浆造酒	【汉族】
W6155. 3. 2. 4	用其他特定物造酒	
W6155. 3. 2. 4. 1	造酒加动物的特定物	
W6155. 3. 2. 4. 1. 1	酿酒时加头发和汗水使酒变甜	【珞巴族】
W6155. 3. 2. 4. 2	用特定植物造酒	
W6155. 3. 2. 4. 2. 1	首乌酒	【仫佬族】
W6155. 3. 2. 4. 3	用多种材料造酒	
W6155. 3. 2. 4. 3. 1	用大米面、鸡爪谷面和野果、树叶混合在一起造酒	【珞巴族】
W6155. 3. 2. 4. 3. 2	用九十九种花卉和三斗米造成酒	【瑶族】
W6155. 3. 2. 4. 4	用特定的水造酒	
W6155. 3. 2. 4. 4. 1	用龙的涎水造酒	
W6155. 3. 2. 4. 4. 1. 1	“龙涎酒”是龙的涎水酿成的	【汉族】

W 编码	母题描述	关联项
W6155.3.2.4.4.2	用泉水造酒	［W6155.9.0.3.1.1］因柳林酒是用西秦雍城的凤泉水酿制成的，后人就把“柳林酒”改名为“西凤酒”
W6155.3.2.4.4.2.1	用龙泉井水酿酒	【汉族】
W6155.3.2.4.4.3	用特定沟里的水造酒	
W6155.3.2.4.4.3.1	用凤凰喝过的沟里的水酿出来的酒成为后来的双沟酒	【汉族】
W6155.3.2.4.4.4	洋河大曲是用美人泉水酿造出的酒	【汉族】
W6155.3.2.5	酒药（酒曲；酒丹；酒药种子）	［W6155.3.2.1.2］用红、白、黑、黄药合在一起造成酒
W6155.3.2.5.0	酒药的产生	
W6155.3.2.5.0.1	人从鬼那里骗得了酒药开始造酒	【珞巴族】
W6155.3.2.5.0.2	阿妙仙女到药宫拿一罐酒药种子送人间	【水族】
W6155.3.2.5.0.3	星星的女儿格隆亚扬送给人酒曲	【珞巴族】
W6155.3.2.5.1	特定人物造酒曲（特定人物赐酒药）	
W6155.3.2.5.1.1	酒神制造出酒曲	【苗族】
W6155.3.2.5.1.2	祖先达佤儿子欧迫造酒药	【佤族】
W6155.3.2.5.2	酒丹使水变成酒	【纳西族】
W6155.3.2.5.3	用酒药植物造酒	
W6155.3.2.5.3.1	特定人物的乳汁洒在大地上长出的各种酒药植物造成酒	【景颇族】
W6155.3.2.5.4	大麦为酒曲	【汉族】
W6155.3.2.6	造酒的添加剂（造酒的添加物）	
W6155.3.2.6.1	把头发和汗水放进酒中，酒就变甜	【珞巴族】
W6155.3.2.6.2	往酒里撒尿酒变得更香	【汉族】
W6155.3.2.7	其他特定的酒药	

W 编码	母题描述	关联项
W6155. 3. 2. 7. 1	天上的酒药	【独龙族】
W6155. 3. 2. 8	与酒药有关的其他母题	【关联】①
W6155. 3. 2. 8. 1	酒曲叫做“萨滨”（酒曲妇）	【侗族】
W6155. 3. 3	造酒方法（酿酒的方法）	
W6155. 3. 3. 0	造酒方法的获得	
W6155. 3. 3. 0. 1	特定人物传授造酒方法（向特定人物学习造酒）	
W6155. 3. 3. 0. 1. 1	向蜜蜂学酿酒	【佤族】
W6155. 3. 3. 0. 1. 1a	向蝴蝶学酿酒	【白族】
W6155. 3. 3. 0. 1. 2	观音菩萨教人造酒	【汉族】
W6155. 3. 3. 0. 1. 3	一位老人传授造酒方法	【汉族】
W6155. 3. 3. 0. 1. 3a	一个白胡子老头告诉造酒方法	【汉族】
W6155. 3. 3. 0. 1. 4	仪狄传播造酒技术	【汉族】
W6155. 3. 3. 0. 1. 4a	仪狄和大禹的女儿水婴教人酿酒	【汉族】@［W6155. 3. 1. 3. 5b. 1］仪狄和大禹的女儿水婴造酒
W6155. 3. 3. 0. 1. 5	动物告诉造酒方法	
W6155. 3. 3. 0. 1. 5. 1	狗告诉造女人卡列梯梅酒方法	【珞巴族】
W6155. 3. 3. 1	偶然造出酒	
W6155. 3. 3. 1. 1	杜康把粮食放进树洞中无意中形成了酒	【汉族】@［W6155. 4. 1. 2. 1］芭蕉叶包冷饭无意中造出水酒
W6155. 3. 3. 1. 2	水酉偶然造出酒	【汉族】
W6155. 3. 3. 2	发酵造酒	【佤族】@［W6155. 3. 2. 2. 2. 1］妇女用芭蕉叶包冷饭发酵后变成酒
W6155. 3. 3. 2. 1	野葡萄发酵造出酒	【彝族】
W6155. 3. 3. 2. 2	粮食发酵造酒	【瑶族】@［W6155. 8. 3. 1. 1. 1］米饭发酵造成酒

① ［W6238. 1a. 1. 1］农历七月午日把药草制成酒药；［W7105. 2］酒曲是结亲的重要礼物。

W 编码	母题描述	关联项
W6155.3.3.2.2.1	女始祖密洛陀蒸12锅糯饭，把树叶捶烂拌入熟饭，装进12个大缸盖严，存放102天后酿造出酒	【瑶族（布努）】
W6155.3.3.2.2.2	用煮熟的大米、小麦装进竹筒里酿酒	【独龙族】
W6155.3.3.2.2.3	磨糁制曲用高粱在锅甑中造酒	【汉族】
W6155.3.3.2.3	加热发酵造酒	【瑶族】
W6155.3.3.3	魔法造酒	
W6155.3.3.3.1	吕洞宾用法术造酒	【汉族】
W6155.3.3.4	造酒秘方	
W6155.3.3.4.1	杜康有造酒秘方	【汉族】
W6155.3.3.4.2	酒药仙女阿妙有造酒秘方	【水族】
W6155.3.3.5	其他造酒方法	
W6155.3.3.5.1	酿酒的配方	
W6155.3.3.5.1.1	杜康的酿酒配方	【汉族】
W6155.3.3.6	与造酒方法有关的其他母题	
W6155.3.3.6.1	造酒方法的改进	
W6155.3.3.6.1.1	杜康酿酒技术年年有新改进，酒的质量越来越高	【汉族】
W6155.3.3.6.2	造酒方法的传承	
W6155.3.3.6.2.1	杜康的酿酒技术和配方在河南、山东、陕西一带流传下来	【汉族】
W6155.3.3.6.3	酿酒的仪式	
W6155.3.3.6.3.1	酿酒开坛时先敬祖先	【羌族】
W6155.3.4	造酒的结果	
W6155.3.4.1	造酒成功	
W6155.3.4.1.1	杜康酿的酒醇正味美，香甜爽口	【汉族】
W6155.3.4.2	造酒不成功（造酒失败）	
W6155.3.4.2.1	以前，有人经过多次试验都没有酿出酒来	【汉族】

W 编码	母题描述	关联项
W6155. 3. 4. 2. 2	造酒变质是邪气所致	【壮族】
W6155. 3. 5	有造酒有关的其他母题	
W6155. 3. 5. 1	造酒的器具	
W6155. 3. 5. 1. 1	用竹筒造酒	【独龙族】
W6155. 3. 5. 1. 2	用石窑造酒	
W6155. 3. 5. 1. 2. 1	高粱籽放在石窟里发酸成为酒	【汉族】@［W6155. 3. 2. 3. 1］用高粱造酒
W6155. 3. 5. 1. 3	土坛中酿制酒	【独龙族】
W6155. 3. 5. 2	造酒的时间周期	
W6155. 3. 5. 2. 1	造酒要经过九九八十一天酿制	【汉族】
W6155. 4	酒是变化产生的（变化产生酒）	
W6155. 4. 1	食物变化成酒	
W6155. 4. 1. 1	粮食变酸造成酒	
W6155. 4. 1. 2	剩饭变成酒	【阿昌族】【瑶族】@［W6155. 3. 2. 2. 3］用剩饭造酒
W6155. 4. 1. 2. 1	芭蕉叶包冷饭无意中造出水酒	【佤族】
W6155. 4. 1. 2. 2	放酸的黏黍籽饭变成酒	【汉族】
W6155. 4. 2	植物腐烂变成酒	
W6155. 4. 2. 1	芭蕉腐烂后变成酒	【拉祜族】
W6155. 4. 3	水果变化产生酒	
W6155. 4. 3. 1	敬山神的野葡萄发酵产生酒	【彝族】
W6155. 4. 4	水变成酒	【关联】①
W6155. 4. 4. 1	特定容器中的水变成酒	
W6155. 4. 4. 1. 1	老人给的葫芦里的泉水变成佳酒	【汉族】
W6155. 4. 4. 1. 2	黄帝把缙云山山泉水收入大坛中酿成一坛美酒	【中华民族】
W6155. 4. 4. 2	特定物使水变成酒	
W6155. 4. 4. 2. 1	一壶酒使湖水变成酒	【汉族】

① ［W6155. 2. 4. 2］井中米酒是仙道变化；［W9005. 1］魔法能将水化为酒。

W 编码	母题描述	关联项
W6155.4.4.2.2	钟南山把 128 坛酒倒在井里变成陈年老酒	【汉族】
W6155.5	与酒的产生有关的其他母题	
W6155.5.0	酒的发现者	
W6155.5.0.1	伏羲找到酒	【汉族】@［W6155.9.0.1.1.1］伏羲为酒命名
W6155.5.1	酒产生的时间	
W6155.5.1.1	黄帝时产生酒	【汉族】
W6155.5.1.2	大禹时产生酒	【汉族】
W6155.5.1.3 *	酒产生于 1000 多万年前	【汉族】
W6155.5.2	酒产生的地点	
W6155.5.2.1	树洞中造酒	
W6155.5.2.1.1	杜康用剩饭倒入空桑树洞酿酒	【汉族】
W6155.5.3	最早的酒	【汉族】
W6155.6	特定的酒的产生	
W6155.6.1	马奶酒	
W6155.6.1.1	马奶酒是偶然造出来的	【蒙古族】
W6155.6.2	牛奶酒	
W6155.6.3	雄黄酒	［W6617.8.2］端午节喝雄黄酒
W6155.6.3.1	雄黄酒可以制服蛟龙水兽	【汉族】
W6155.6.3.2	雄黄酒抹七窍可避瘟驱邪	【汉族】
W6155.6.4	醪糟	
W6155.6.5	蛇酒	
W6155.6.6	麝香酒	
W6155.6.6.1	用麝香医好了天神恩梯古兹妻子的脚	【彝族】
W6155.6.7	参茸酒	
W6155.6.8	虎骨酒	

W 编码	母题描述	关联项
W6155. 6. 9	其他特定名称的酒	
W6155. 6. 9. 1	女儿红（女儿红酒）	
W6155. 6. 9. 1. 1	酿的酒埋在桂树下，命名女儿红	【汉族】
W6155. 6. 9. 2	水酒	［W6155. 4. 1. 2. 1］芭蕉叶包冷饭无意中造出水酒
W6155. 6. 9. 2. 1	从竹筒里酿制水酒	【独龙族】
W6155. 6. 9. 3	天酒	
W6155. 6. 9. 3. 1	西北海外的巨人饮天酒	【汉族】
W6155. 6. 9. 4	玉馈酒	
W6155. 6. 9. 4. 1	西北荒中有玉馈之酒	【汉族】
W6155. 7	酒的特征（酒的功能）	
W6155. 7. 1	酒的特定味道	
W6155. 7. 1. 1	酒为什么有香味	
W6155. 7. 1. 2	酒为什么有不同香型	【关联】①
W6155. 7. 1. 3	酒为什么有辣味	
W6155. 7. 1. 4	酒喷香甘甜	【拉祜族】
W6155. 7. 1. 4. 1	酒喝下喉后满鼻香、满嘴甜	【汉族】
W6155. 7. 2	酒能娱神	
W6155. 7. 2. 1	酒能祭神	【汉族】
W6155. 7. 3	酒能娱人	
W6155. 7. 3. 1	酒能令人快乐	
W6155. 7. 3. 1. 1	酒使人身子轻飘飘的像神仙	【汉族】
W6155. 7. 3. 2	酒使人产生全身爽快的感觉	【独龙族】
W6155. 7. 3. 3	酒让人生活不单调	【珞巴族】
W6155. 7. 3. 4	酒使人忘却烦恼	【珞巴族】
W6155. 7. 4	酒能改变人的生活	
W6155. 7. 4. 1	喝酒使日子过得更有味	【珞巴族】

① ［W6155. 8. 4. 1］酱香型酒；［W6155. 8. 4. 2］浓香型酒。

W 编码	母题描述	关联项
W6155.7.5	酒有利于人的身体	
W6155.7.5.1	酒能强身	
W6155.7.5.2	酒能驱寒避湿	【汉族】
W6155.7.5.3	酒能治病	
W6155.7.5.3.1	甜酒治好了祖先密洛陀闹肚痛和患痢疾	【瑶族（布努）】
W6155.7.5.3.2	米酒治痧	【水族】
W6155.7.5.4	酒能提神	【汉族】@［W6155.8.2.4.1.2］枣酒能提精神
W6155.7.5.4.1	酒让人两眼发亮	【哈尼族】
W6155.7.6	酒能驱邪祛病	
W6155.7.6.1	特定的酒防特定的病	【汉族】@［W6155.8.3.4.1.1］菊花酒使人不染瘟疫
W6155.7.6.2	酒是天生良药能治人间百样病	【汉族】
W6155.7.7	酒有其他方面的好处	
W6155.7.7.1	酒有利于经常接触水的人	【汉族】
W6155.7.7.2	酒有降妖功能	【壮族】@［W8864.5］用酒降妖
W6155.7.8	酒有危害	
W6155.7.9	与酒的特征有关的其他母题	
W6155.7.9.1	酒能催眠	【汉族】
W6155.7.9.2	酒有助生育	
W6155.7.9.2.1	酒能使人口兴旺	【独龙族】
W6155.7.9.3	酒能成瘾	【汉族】
W6155.7.9.4	酒是陈的香	［W6155.4.4.2.2］钟南山把128坛酒倒在井里变成陈年老酒
W6155.7.9.5	神奇的酒（给力的酒）	
W6155.7.9.5.1	饮后不饥的酒	

W 编码	母题描述	关联项
W6155. 7. 9. 5. 1. 1	流霞酒饮后不饥	【汉族】
W6155. 7. 9. 6	酒作为特殊用品	
W6155. 7. 9. 6. 1	酒作为祭品（酒作为供品）	【满族】
W6155. 7. 9. 6. 1. 1	贡品中必须有酒	【达斡尔族】
W6155. 8	酒的类型①	
W6155. 8. 0	按酒的来源命名酒	
W6155. 8. 0. 1	龙酒（源于龙井的酒命名龙酒）	
W6155. 8. 0. 1. 1	龙井出龙酒	【汉族】
W6155. 8. 0. 1. 2	人饮一杯龙酒醉一年	【汉族】
W6155. 8. 0. 2	古井贡酒	【汉族】
W6155. 8. 0. 3	文君酒	
W6155. 8. 0. 3. 1	文君酒汲文君井水酿成	【汉族】
W6155. 8. 1	按酒的原料分类	
W6155. 8. 1. 1	粮食酒如高粱酒、玉米酒、大米酒	
W6155. 8. 1. 1. 1	高粱酒	【民族，关联】②
W6155. 8. 1. 1. 1. 1	用罐子煮高粱酒	【仡佬族】
W6155. 8. 1. 1. 2	米酒	【关联】③
W6155. 8. 1. 1. 2. 1	天女教人造米酒	【水族】
W6155. 8. 1. 1. 2. 2	大米酒	
W6155. 8. 1. 1. 2. 2. 1	安雅神送人大米酒	【珞巴族】
W6155. 8. 1. 1. 2. 3	糯米酒	
W6155. 8. 1. 1. 2. 3. 1	杜康酿成糯米酒	【毛南族】
W6155. 8. 1. 1. 2. 4	黑米酒	

① 酒的类型，关于酒的分类非常复杂，本母题编目采取了现代的一些分类方法，这些划分看似与神话本身相差甚远，但通过调研发现，许多地方性民间叙事往往会对当地造酒解释中加入一些具有神话色彩的描述，特别是随着“新神话主义”对地方传统文化的打造，有时会把某酒的产生、类型特点的来历等与神话联系起来。故在此列举一定数量的酒的类型，作为开放式的母题数据基础。

② 【汉族】@［W3862. 2］高粱造酒的来历；［W6155. 3. 2. 3. 1］用高粱造酒。

③ ［W6155. 2. 4. 2］井中米酒是仙道变化；［W6155. 3. 2. 3. 2］用米造酒；［W6155. 7. 5. 3. 2］米酒治痨。

W 编码	母题描述	关联项
W6155.8.1.1.2.4.1	把药料和黑米放在一块煮一大锅，放冷后撒进曲造出黑米酒	【汉族】
W6155.8.1.1.2.5	其他类型的米酒	
W6155.8.1.1.2.6	与米酒有关的其他母题	［W6155.7.5.3.2］米酒治痧
W6155.8.1.1.3	青稞酒	
W6155.8.1.1.3.1	仙人教神童造青稞酒	【土族】
W6155.8.1.2	瓜干酒（有的地区称红薯酒、白薯酒）	
W6155.8.1.3	蔬菜水果酒	
W6155.8.1.3.1	果核酒	
W6155.8.1.3.1.1	青田酒（青田核酒）	【汉族】
W6155.8.1.4	其他原料酒	
W6155.8.1.4.1	桂花酒	【关联】①
W6155.8.1.4.1.1	桂花酒用金桂之花酿成	【汉族】
W6155.8.1.4.1.1a	吴刚在月亮上伐桂酿出桂花酒	【汉族】
W6155.8.1.4.1.2	桂花酒能让人变得漂亮	【汉族】
W6155.8.1.4.1.3	仙酒娘子采桂花做酒	【汉族】
W6155.8.1.4.2	菊花酒	【汉族】
W6155.8.1.4.2.1	菊花酒使人不染瘟疫	【汉族】
W6155.8.1.4.3	粉渣酒	
W6155.8.1.4.4	豆腐渣酒	
W6155.8.1.4.5	高粱糠酒	
W6155.8.1.4.6	米糠酒	
W6155.8.2	按酒的颜色、制作、功能、性质等综合分类	
W6155.8.2.1	白酒（烧酒）	
W6155.8.2.1.1	仙人赠人“挫辣”（白酒）	【怒族】

① ［W6155.8.7.4.1.1］天神的专用酒桂花酒；［W6155.8.7.4.2.1］仙人的专用酒桂花酒；［W6155.8.8.2.1］嫦娥从月宫洒下桂花仙酒。

W 编码	母题描述	关联项
W6155. 8. 2. 1a	黑酒	
W6155. 8. 2. 1a. 1	黑酒是血红天神的力量	【蒙古族（布里亚特）】
W6155. 8. 2. 2	啤酒	
W6155. 8. 2. 3	葡萄酒	
W6155. 8. 2. 3. 1	人们通过穷人敬山神的野葡萄发酵醉人后会做葡萄酒	【彝族】@［W6155. 3. 3. 2. 1］野葡萄发酵造出酒
W6155. 8. 2. 4	果酒	
W6155. 8. 2. 4. 1	枣酒	【汉族】@［W6155. 3. 1. 3. 1. 1］仪狄家藏在洞中的红枣酿成酒
W6155. 8. 2. 4. 1. 1	唐尧时仪狄发明枣酒	【汉族】
W6155. 8. 2. 4. 1. 2	枣酒能提精神	【汉族】
W6155. 8. 2. 4. 2	蟠桃酒	【汉族】
W6155. 8. 2. 5	黄酒	
W6155. 8. 2. 5. 1	鸡爪谷黄酒	【珞巴族】
W6155. 8. 2. 6	药酒	
W6155. 8. 2. 6. 1	天神赠给下凡的女儿女婿一筒酒药	【独龙族】
W6155. 8. 2. 6. 2	从仙官那里得到药酒	【朝鲜族】
W6155. 8. 2. 7	毒酒	
W6155. 8. 2. 7. 1	毒酒使人失去记忆	【东乡族】
W6155. 8. 2. 8	迷魂酒	
W6155. 8. 2. 8. 1	用迷魂酒害人	
W6155. 8. 2. 8. 1. 1	特定的人误饮巫师给的迷魂酒	【东乡族】
W6155. 8. 2. 9	其他性状的酒	
W6155. 8. 2. 9. 1	淡酒	
W6155. 8. 2. 9. 1. 1	因药酒倾入水中，所以只能酿造淡酒	【独龙族】
W6155. 8. 2. 9. 2	假酒	

W 编码	母题描述	关联项
W6155.8.2.9.3	美酒	【汉族】@［W6153.2.2.1.1］瑶池玉液本是御用美酒
W6155.8.3	按酒的造法分类	
W6155.8.3.1	发酵酒	
W6155.8.3.1.1	米饭发酵造成酒	【瑶族】@［W6155.8.1.1.2］米酒
W6155.8.3.2	蒸馏酒	
W6155.8.3.3	勾兑酒	
W6155.8.3.4	配制酒（配制饮料酒；鸡尾酒）	
W6155.8.4	酒的香型类型	
W6155.8.4.1	酱香型酒	
W6155.8.4.2	浓香型酒	
W6155.8.4.3	清香型酒	
W6155.8.4.4	米香型酒	
W6155.8.4.5	凤香型酒	
W6155.8.4.6	兼香型酒（复香型酒、混合香型酒）	
W6155.8.4.7	董香型酒	
W6155.8.4.8	老白干香型酒	
W6155.8.4.9	芝麻香型酒	
W6155.8.4.10	馥郁香型酒	
W6155.8.4.11	其他香型的酒	
W6155.8.4.12	豉香型	
W6155.8.4.13	特香型	
W6155.8.5	按酒的度数分类	
W6155.8.5.1	高度酒（烈酒）	［W6155.8.2.1］白酒（烧酒）
W6155.8.5.1.1	喝烈酒 7 天工夫醒不过来	【朝鲜族】
W6155.8.5.2	中度酒	

W 编码	母题描述	关联项
W6155. 8. 5. 3	低度酒	
W6155. 8. 6	按酒的味道分类	
W6155. 8. 6. 1	甜酒	@［W6155. 7. 5. 3. 1］甜酒治好了祖先密洛陀闹肚痛和患痢疾
W6155. 8. 6. 2	辣酒	
W6155. 8. 6. 3	苦酒	
W6155. 8. 7	按酒的用途分类（特定功能的酒）	［W6155. 8. 2. 6］药酒
W6155. 8. 7. 1	祭祀用酒	【汉族】@［W6155. 8. 7. 5. 1］三月三到美女坟前洒下一杯感恩酒
W6155. 8. 7. 2	婚礼用酒（喜酒）	【汉族】
W6155. 8. 7. 3	礼品酒	
W6155. 8. 7. 3. 1	给特定的人物送特定的酒	
W6155. 8. 7. 3. 1. 1	给太阳送礼物，最好送米酒	【珞巴族】
W6155. 8. 7. 4	专用酒	
W6155. 8. 7. 4. 1	天神专用酒	
W6155. 8. 7. 4. 1. 1	天神的专用酒桂花酒	【汉族】
W6155. 8. 7. 4. 2	仙人专用酒	
W6155. 8. 7. 4. 2. 1	仙人的专用酒桂花酒	【汉族】
W6155. 8. 7. 5	感恩酒	
W6155. 8. 7. 5. 1	三月三到美女坟前洒下一杯感恩酒	【汉族】
W6155. 8. 7. 6	长生不老酒（让人长生的酒；寿酒）	【汉族】
W6155. 8. 7. 6. 1	玉酒饮数升辄醉，令人长生	【汉族】
W6155. 8. 8	其他类型的酒	
W6155. 8. 8. 1	神酒	
W6155. 8. 8. 2	仙酒	

W 编码	母题描述	关联项
W6155.8.8.2.1	嫦娥从月宫洒下桂花仙酒	【汉族】
W6155.8.8.2.2	石槽中的水成为仙酒	【汉族】
W6155.8.8.2.3	太上老君酿仙酒	【汉族】
W6155.8.8.2.4	龙王赠仙酒	【汉族】
W6155.8.8.2.5	仙女找好水酿仙酒	【汉族】
W6155.8.8.3	妈妈酒	【壮族】
W6155.9	与酒有关的其他母题	［W6496.0.4.2.2］让已故祖先尝酒的来历
W6155.9.0	酒的名称	
W6155.9.0.1	酒的名称的产生	
W6155.9.0.1.1	特定人物为酒命名	
W6155.9.0.1.1.1	伏羲为酒命名	【汉族】
W6155.9.0.1.1.2	尧帝为酒命名	
W6155.9.0.1.1.2.1	尧认为是酉时喝的水遂取名为“酒”	【汉族】
W6155.9.0.1.1.3	仓颉为酒命名	【汉族】
W6155.9.0.1.1.3.1	黄帝赞赏仓颉造的“酒”字	【汉族】
W6155.9.0.1.2	用酒的发明者命名酒	
W6155.9.0.1.2.1	杜康造酒因名酒曰杜康	【汉族】@［W6155.3.1.3.2］杜康造酒
W6155.9.0.1.3	通过文字变化产生“酒”	【汉族】
W6155.9.0.1.3.1	用“酒”字替代“九”	【汉族】
W6155.9.0.1.3.2	“喝了好久”听成“喝了好酒”后，把这能醉人的东西叫“酒”	【汉族】
W6155.9.0.1.4	用地名命名“酒”	
W6155.9.0.1.4.1	取东沟泉酿的酒命名“东沟大曲”	【汉族】
W6155.9.0.1.4.2	绍兴老酒	
W6155.9.0.1.4.2.1	绍兴老酒是夏禹手下的能人水酉创制的	【汉族】

W 编码	母题描述	关联项
W6155.9.0.1.5	有酒的关联人物命名酒	
W6155.9.0.1.5.1	因造酒的水与太白金星有关，酿出的酒就叫“太白酒”	【汉族】
W6155.9.0.2	酒的特定名称	
W6155.9.0.2.1	酒以前曾称“琼浆”	【汉族】
W6155.9.0.2.2	酒又称“玉液”	【汉族】
W6155.9.0.2.3	酒又称“神水”	【汉族】
W6155.9.0.3	酒的更名	
W6155.9.0.3.1	根据酒的原料为酒更名	
W6155.9.0.3.1.1	因柳林酒是用西秦雍城的凤泉水酿制成的，后人就把“柳林酒”改名为“西凤酒”	【汉族】
W6155.9.0.3.2	根据谐音为酒更名	
W6155.9.0.3.2.1	龙宴酒最早叫“龙涎酒”	【汉族】
W6155.9.0.4	与酒的名称有关的其他母题	
W6155.9.1	酒器	
W6155.9.1.1	酒器的产生	
W6155.9.1.2	酒器的特征（酒器的功能）	
W6155.9.1.3	常见的酒器	
W6155.9.1.3.1	瓻	
W6155.9.1.3.2	斗	
W6155.9.1.3.3	觥	
W6155.9.1.3.4	觚	
W6155.9.1.3.5	斝	
W6155.9.1.3.6	爵	
W6155.9.1.3.7	角	
W6155.9.1.3.8	罍	
W6155.9.1.3.9	其他酒器	
W6155.9.1.3.9.0	盉	

W 编码	母题描述	关联项
W6155.9.1.3.9.1	觞（觞爵；觞觥；觞酌）	
W6155.9.1.3.9.2	彝	
W6155.9.1.3.9.2.1	方彝	
W6155.9.1.3.9.3	兕觥	
W6155.9.1.3.9.4	卣	
W6155.9.1.3.9.5	执壶（注子；注壶）	
W6155.9.1.3.9.6	觯	
W6155.9.1.3.9.7	尊（酒尊）	
W6155.9.1.3.9.7.1	牺尊	
W6155.9.1.3.9.7.2	四羊尊	
W6155.9.1.3.9.7.3	酒尊象征权力	
W6155.9.1.3.9.7.3.1	黄帝接受炎帝象征的政权酒尊	【中华民族】
W6155.9.1.4	酒器的使用	
W6155.9.1.5	与酒器有关的其他母题	
W6155.9.1.5.1	神农装酒的兽形器皿	
W6155.9.1.5.1.1	神农装酒的兽形器皿要做坯、画胎并烧制很长时间	【汉族】
W6155.9.2	有的酒为什么闻名	
W6155.9.2.1	红色的蛋派往日喀则，所以日喀则酒闻名	【藏族】
W6155.9.3	酒的储存	
W6155.9.3.1	挖地窖贮藏酒	【水族】
W6155.9.3.2	酒越放越香	【汉族】@［W6155.4.4.2.2］钟南山把128坛酒倒在井里变成陈年老酒
W6155.9.4	卖酒	
W6155.9.4.1	杜康卖酒	【汉族】
W6156	**糖**	
W6156.1	糖的产生（糖的来历）	

W 编码	母题描述	关联项
W6156. 2	糖的特征	
W6156. 2. 1	糖为什么甜	【壮族】
W6156. 3	特定的糖（糖的类型）	
W6156. 3. 1	黑糖	
W6156. 3. 2	白糖	
W6156. 3. 3	红糖	
W6156. 3. 4	砂糖	
W6156. 3. 5	蔗糖	
W6156. 3. 6	蜂糖	【羌族】@［W6361. 2. 1］因蜂是天神送到人间的，所以把蜂糖尊为神物
W6156. 3. 7	糖豆	
W6156. 3. 7. 1	天上降糖豆	【汉族】
W6156. 4	糖的制作方法	
W6156. 4. 1	熬糖	
W6156. 5	与糖有关的其他母题	
W6157	**盐**	【汤普森】A1429. 4
W6157. 0	以前没有盐	【汉族】【珞巴族】【彝族】
W6157. 0. 1	以前，祖先不知道世界上有盐巴	【白族】
W6157. 0. 2	从前人类不懂得吃盐	【西北古代民族】
W6157. 0. 2. 1	古时候，珞巴人不懂得吃盐	【珞巴族】
W6157. 0. 3	以前，人吃的菜都是淡的	【汉族】
W6157. 1	盐在特定的地方	
W6157. 1. 1	盐在天上	【民族，关联】①
W6157. 1. 1. 1	盐从天上带到人间	【阿昌族】
W6157. 1. 2	盐在地上（盐在特定的泥土中）	
W6157. 1. 2. 1	盐碱地上发现盐	【西北古代民族】

① 【汉族】@［W6157. 1. 4. 2］盐在玉皇大帝那里；［W6157. 3］从天上偷来盐。

W 编码	母题描述	关联项
W6157.1.2.2	从地上偶然发现了盐	【维吾尔族】@［W6157.6.2.2.1］一个人从地里挖出一堆白屑子发现了盐
W6157.1.2.3	盐在海涂泥中	【汉族】
W6157.1.2.4	盐在地上的某个地方	【藏族】
W6157.1.3	盐在远方	
W6157.1.3.1	从远处一个藏族姑娘那里得到盐	【珞巴族】
W6157.1.4	盐在特定人物那里	
W6157.1.4.1	从山神宝库中得到盐	【藏族】
W6157.1.4.2	盐在玉皇大帝那里	【汉族】
W6157.1.5	盐在特定的井中	
W6157.1.5.1	滇西的召羊井产盐	【彝族】
W6157.1.6	盐在水中	
W6157.1.6.1	盐在海中	【汉族】
W6157.1.6.2	盐在河中	
W6157.1.6.2.1	盐水河	【阿昌族】【汉族】@［W6157.9.6.1］盐婆婆的身体变为盐水河
W6157.1.6.3	盐在湖中	
W6157.1.6.3.1	盐湖中有盐	【珞巴族】
W6157.1.7	盐在石头中	
W6157.1.7.1	洞中的石头生出盐	【汉族】
W6157.1.8	盐在动物体内	
W6157.1.8.1	从鸟的腹中发现了盐	【珞巴族】
W6157.1.9	盐在其他特定地方	
W6157.1.9.1	鹞子翅膀下的一个竹筒中有盐	【珞巴族】
W6157.2	特定人物给人盐	
W6157.2.1	神把盐送给人	［W0484］盐神
W6157.2.1.1	盐神带来食盐	

W 编码	母题描述	关联项
W6157. 2. 1. 1. 1	盐神桑姑尼跟随天公遮帕麻把盐从天上带到人间	【阿昌族】
W6157. 2. 1. 2	山神给人盐	【藏族】@［W6157a. 1. 2. 1a］山神给男孩碱
W6157. 2. 2	神性人物送给人盐	
W6157. 2. 3	特定的人送给人盐	
W6157. 2. 4	动物送给人盐	
W6157. 2. 4. 1	龙王派一只乌龟送给人盐	【羌族】
W6157. 2. 4. 2	仙鹤给人盐	【汉族】
W6157. 3	从天上偷来盐	［W9950］偷盗
W6157. 3. 1	神或神性人物为人类偷来盐	
W6157. 3. 1. 1	神仙到天宫为人类偷盐	【壮族】
W6157. 3. 1. 2	太乙真人从玉皇大帝那里为人偷来盐	【汉族】
W6157. 3. 1. 3	张天师从玉皇大帝那里偷盐给人间	【汉族】
W6157. 3. 2	人偷天上的盐	
W6157. 3. 2. 1	人间皇帝佛陀使惹从天王那里为人类偷来盐	【彝族】
W6157. 3. 2. 2	马夫从天宫的盐库为人偷盐	【汉族】
W6157. 3. 3	动物到天上偷盐	
W6157. 3. 4	从玉帝那里偷来盐	【汉族】
W6157. 4	变化产生盐	
W6157. 4. 1	血化为盐	
W6157. 4. 1. 1	神性人物的血液化盐	
W6157. 4. 1. 1. 1	蚩尤的血化为盐	【汉族】
W6157. 4. 1. 1. 1. 1	蚩尤被肢解的污血流满湖水生出的咸味的晶体叫做“盐”	【汉族】
W6157. 4. 2	汗化为盐	
W6157. 4. 3	祖先死后变成盐	【佤族】

W 编码	母题描述	关联项
W6157.4.4	一个人变成盐	【藏族】
W6157.4.5	眼泪变成盐	
W6157.4.5.1	姑娘的眼泪变成洁白的盐湖	【汉族】
W6157.5	盐产生的其他方式	
W6157.5.1	造盐（制盐；盐的制作）	
W6157.5.1.0	以前不会制盐	【高山族】
W6157.5.1.1	煮海为盐（煮盐）	
W6157.5.1.1.1	宿沙煮盐（炎帝的诸侯宿沙煮海为盐）	【汉族】
W6157.5.1.1.1.1	宿沙之民臣服神农	【汉族】
W6157.5.1.1.1.2	宿沙氏为煮盐之神	【汉族】
W6157.5.1.2	煮海水为盐（用海水造盐）	【高山族】【壮族】
W6157.5.1.2.1	到海边煮水制盐	【高山族】
W6157.5.1.2a	煮特定的水造盐	
W6157.5.1.2a.1	人因刮泥卖鲜水不方便改为煮鲜水造盐	【汉族】
W6157.5.1.3	汉族会煮盐	【彝族（俚颇）】
W6157.5.1.3.1	汉族煮盐，头回煮不成，二回煮成了	【彝族】
W6157.5.1.4	盐的制作方法（造盐的程序）	
W6157.5.1.4.1	制盐有刮泥、淋卤、晒盐等一整套方法	【汉族】
W6157.5.1.5	造盐的情形	
W6157.5.1.5.1	铺滩晒盐	
W6157.5.1.5.1.1	海水铺滩后经阳光晒变成盐	【汉族】
W6157.5.2	磨磨出盐	
W6157.5.2.1	石磨能磨出盐	【汉族】
W6157.6	与盐产生有关的其他母题	
W6157.6.1	寻找到盐	

W 编码	母题描述	关联项
W6157. 6. 1. 1	人在动物引导下找到盐	
W6157. 6. 1. 1. 1	老人跟着绵羊找到盐（羊引导人找到盐）	【彝族】
W6157. 6. 1. 1. 1a	牧羊人在大绵羊的引领下找到白盐井	【彝族（俚颇）】
W6157. 6. 1. 1. 1b	龙女驱羊为彝家觅盐井	【彝族】
W6157. 6. 1. 1. 2	人从鹞子那里知道的盐	【珞巴族】
W6157. 6. 1. 1. 3	一个人跟着燕子衔泥的路线到海滩边发现白色泥土就是盐	【汉族】
W6157. 6. 1. 1. 4	渔民从凤凰站过的地方挖出的青泥就是盐	【汉族】
W6157. 6. 1. 2	特定人物安排寻找盐	
W6157. 6. 1. 3	特定人物找到盐	
W6157. 6. 1. 3. 1	布谷鸟从远方找到盐	【珞巴族】
W6157. 6. 1. 4	找盐的经历艰辛	
W6157. 6. 1. 5	找盐的其他方法	
W6157. 6. 1. 6	与找盐有关的其他母题	
W6157. 6. 1. 6. 1	为什么森林中找不到盐	【汤普森】A1196
W6157. 6. 1. 6. 2	人到东海找盐	【侗族】
W6157. 6. 2	盐的发现	[W6157. 9. 3. 2] 女子放牛时发现盐水泉
W6157. 6. 2. 1	偶然发现盐（自然发现盐）	【高山族】
W6157. 6. 2. 1. 1	人通过一块肉掉到泛盐碱的地上发现了盐	【西北古代民族】
W6157. 6. 2. 1. 2	普黛克从地上发现了盐	
W6157. 6. 2. 1. 2. 1	普黛克吃烤肉时，肉掉到泛盐碱的地上发现了盐	【维吾尔族】
W6157. 6. 2. 1. 3	一个人把肉掉在湖边出盐的地上发现了盐	【汉族】
W6157. 6. 2. 2	在劳动中发现盐	

W 编码	母题描述	关联项
W6157.6.2.2.1	一个人从地里挖出一堆白屑子，发现了盐	【汉族】
W6157.6.2.3	姓钱的盐神发现盐	【汉族】
W6157.6.2.4	一个名字叫志玛的姑娘发现盐源的盐水	【藏族】
W6157.6.3	通过交换获得盐	［W9958］交换
W6157.6.3.1	珞巴族叔侄二人用虎皮从藏族那里换来食盐、铁刀	【珞巴族】
W6157.6.4	特定人物的身体上有盐（特定物体生盐）	
W6157.6.4.1	亚鲁王捕猎的一头野兽身体上生盐	【苗族】
W6157.6.5	特定地方产盐	
W6157.6.5.1	纳木错产盐	【藏族】
W6157.6.5.2	解州盐泽	【汉族】
W6157.7	盐的特征（盐的功能）	
W6157.7.1	盐有咸味	
W6157.7.2	盐的颜色	
W6157.7.2.1	盐是白色的	
W6157.7.2.1.1	盐是白色晶体	【汉族】
W6157.7.2.2	盐有多种颜色	
W6157.7.2.2.1	盐有青、红、白、黑、紫五种颜色	【汉族】
W6157.7.3	盐使食物变得美味	
W6157.7.3.1	粘上盐的肉特别好吃	【汉族】
W6157.7.3.2	以前，人因没有盐，吃什么都没有好味道	【汉族】
W6157.7.3.3	盐使菜的味道变得异样鲜美	【高山族】
W6157.7.4	盐能使人的身体发生变化	
W6157.7.4.1	人吃盐后身上的毛渐渐褪去	【汉族】
W6157.7.5	盐是特种用品	

W 编码	母题描述	关联项
W6157. 7. 5. 1	盐作为巫术用品	【纳西族（鲁鲁）】
W6157. 7. 6	盐有利于身体健康	
W6157. 7. 6. 1	盐使动物肥壮	【彝族（俚颇）】
W6157. 7. 6. 2	盐给人力气	【汉族】
W6157. 7. 6. 3	盐使没病的浑身添劲，让有病的渐渐好转	【汉族】
W6157. 7. 7	盐很珍贵	
W6157. 7. 7. 1	盐很稀缺，粒盐贵如金	【满族】
W6157. 8	盐的类型	
W6157. 8. 1	海盐	［W6157. 5. 1. 1］煮海为盐
W6157. 8. 1. 1	海水中出海盐	【汉族】
W6157. 8. 1. 2	为了纪念海娃，人们把水中的盐取名“海盐”	【汉族】
W6157. 8. 2	井盐	【汉族】【苗族】@［W6157. 9. 7］盐井
W6157. 8. 2. 1	陵井出井盐	【汉族】
W6157. 8. 3	岩盐	
W6157. 8. 3. 1	盐婆婆死后头变为岩盐	【阿昌族】
W6157. 8. 4	花盐	
W6157. 8. 4. 1	人熬含盐的洪水熬出花盐	【彝族】
W6157. 8. 5	崖盐	
W6157. 8. 5. 1	在崖壳里发现的盐面面就是崖盐	【汉族】
W6157. 9	与盐有关的其他母题	
W6157. 9. 0	盐的名称	
W6157. 9. 0. 1	盐又称“余”	
W6157. 9. 0. 1. 1	因盐是一个叫朱余的人发现的，所以又称“余”	【汉族】
W6157. 9. 0. 2	因盐是严氏发现的，所以开始时叫它“严”，后来变成“盐”	【汉族】

W 编码	母题描述	关联项
W6157.9.1	盐的保存	
W6157.9.1.1	原来只在玉皇有盐，盐由玉皇亲自保管	【汉族】
W6157.9.2	盐的缺失（盐的消失）	
W6157.9.2.1	特定地方缺盐	
W6157.9.2.1.1	山区缺盐	【壮族】
W6157.9.3	盐泉	
W6157.9.3.1	神仙撒盐的地方变成盐泉	【壮族】@［W1972.1］神奇的泉
W6157.9.3.2	女子放牛时发现盐水泉	【白族】
W6157.9.4	盐池	
W6157.9.5	盐湖	
W6157.9.5.1	特定物变成盐湖	【汉族】@［W6157.4.5.1］姑娘的眼泪变成洁白的盐湖
W6157.9.6	盐河	
W6157.9.6.1	盐婆婆的身体变为盐水河	【阿昌族】
W6157.9.7	盐井	
W6157.9.7.1	生盐井产的盐颗如黑色牛眼	【苗族】
W6157.9.8	人与盐的关系	
W6157.9.8.1	人喜爱盐	
W6157.9.8.1.1	祖先独爱咸水	【哈尼族】
W6157.9.9	盐的其他相关母题	
W6157.9.9.1	咸味的产生	
W6157.9.9.1.1	仙女把水变咸	【汉族】
W6157.9.9.2	用盐腌制特定物	
W6157.9.9.2.1	腌菜	【满族】
W6157a	**碱**	
W6157a.1	碱的产生（碱的来历）	
W6157a.1.1	碱在特定地方	

W 编码	母题描述	关联项
W6157a. 1. 1. 1	特定的河岸有碱	【汉族】
W6157a. 1. 2	特定人物给人碱	
W6157a. 1. 2. 1	念青父亲唐古拉山神给儿子碱	【藏族】
W6157a. 1. 2. 1a	山神给男孩碱	【藏族】
W6157a. 1. 2. 2	和尚给姑娘一包白碱土	【汉族】
W6157a. 1. 3	特定人物造碱（特定人物炼碱）	
W6157a. 1. 3. 1	夏婆婆用云中河两岸的泛碱造土碱	【汉族】
W6157a. 1. 3. 2	和尚传授制碱方法	【汉族】
W6157a. 2	碱的特征	
W6157a. 2. 1	碱有助于食物发酵增味	【汉族】
W6157a. 3	与碱有关的其他母题	
W6157a. 3. 1	碱滩	
W6157a. 3. 1. 1	博斯腾湖很久以前是荒凉的碱滩	【汉族】
W6157b	**油（食用油）**	
W6157b. 1	油的来历（食油的产生）	【汤普森】A1429. 1
W6157b. 1. 1	油来自特定地方	
W6157b. 1. 1. 1	油从天降	【满族】
W6157b. 1. 1. 1. 1	以前，天神恩都力赏赐的雨就是油	【达斡尔族】
W6157b. 1. 2	油来自特定的植物	
W6157b. 1. 3	特定人物造油	
W6157b. 1. 3. 1	神农发明油	
W6157b. 1. 3. 1. 1	神农炎帝收芝麻后造芝麻油	【汉族】
W6157b. 1. 4	变化产生油	
W6157b. 1. 4. 1	山神把一潭水变成一潭菜油	【汉族】
W6157b. 2	油的特征	
W6157b. 3	特定的油	

W 编码	母题描述	关联项
W6157b. 3. 1	香油	
W6157b. 3. 1. 1	天上滴下香油	【汉族】
W6157b. 4	与油有关的其他母题	
W6157c	**醋**	
W6157c. 1	醋的产生	
W6157c. 1. 1	特定人物发明醋	
W6157c. 1. 1. 1	杜康的儿子造醋	【汉族】
W6157c. 1. 2	造醋	
W6157c. 1. 2. 1	使用宝井水质加暴晒等酿造妙法造醋	【汉族】
W6157c. 1. 2. 2	酿醋（变化产生醋）	
W6157c. 1. 2. 2. 1	酒糟在马槽中偶然酿出醋	【汉族】
W6157c. 2	醋的特征（醋的功能）	
W6157c. 2. 1	醋的味道	【汉族】
W6157c. 2. 1. 1	醋味道酸香醇美	【汉族】
W6157c. 2. 2	醋久放不腐	【汉族】
W6157c. 2. 3	醋味道酸香醇美透骨、健胃	【汉族】
W6157c. 2. 4	醋味降血压	【汉族】
W6157c. 2. 5	醋消肿、解毒	【汉族】
W6157c. 3	与醋有关的其他母题	［W6155. 2. 2. 1. 1］仙人赠给凡人“挫确”（醋酒）和“挫辣”（白酒）
W6158	**茶（饮茶；茶饮）**	
W6158. 0	以前，没有茶	
W6158. 0. 1	以前，特定的地方没有茶	
W6158. 0. 1. 1	古时候的黄山不出产茶叶	【汉族】
W6158. 1	茶的产生（茶的来历；茶的发现）	
W6158. 1. 1	特定人物给人茶	
W6158. 1. 1. 1	神猴赐茶	【汉族】

W 编码	母题描述	关联项
W6158. 1. 1	神农发现茶叶	【汉族】@［W6248. 9. 1. 2］神农发现茶能解毒
W6158. 1. 1. 1	神农尝百草时，发现可以泡水喝的茶	【汉族】@［W0735. 2］神农尝百草
W6158. 1. 1. 2	神农发现的消胀解毒的树叶开始不叫“茶”	【汉族】
W6158. 1. 1a	观音发现茶	
W6158. 1. 1a. 1	观世音菩萨尝出了今日人们喝的茶	【汉族】
W6158. 1. 2	种茶	
W6158. 1. 2. 1	人把野茶改培成家种	【汉族】
W6158. 1. 2. 2	人偶然发现茶的好处开始种茶	【布朗族】
W6158. 1. 2. 3	观音菩萨分出甜茶和苦茶后，人开始种茶	【汉族】
W6158. 1. 2. 4	祖先教人种茶	
W6158. 1. 2. 4. 1	有个叫岩冷的祖先领布朗人到芒景种茶	【佤族】
W6158. 1. 2. 5	神农种茶树	【汉族】
W6158. 1. 3	变化产生茶	
W6158. 1. 3. 1	特定的人变成茶	【藏族】
W6158. 1. 4	特定植物当茶	［W6158. 3. 2a. 1. 1］菊花当茶命名菊花茶
W6158. 1. 4. 1	猪耳朵棵可当茶叶	【汉族】
W6158. 2	茶的特征（茶的功能；喝茶的好处）	
W6158. 2. 1	茶很有味道，又能提神	【布朗族】
W6158. 2. 1. 1	茶能提神	【布朗族】
W6158. 2. 1. 2	茶味涩（茶涩嘴）	【汉族】
W6158. 2. 1. 3	茶清香直透五脏六腑，让人神清气爽	【汉族】

W 编码	母题描述	关联项
W6158.2.1.4	茶苦中带甜	【汉族】
W6158.2.2	茶能治病	
W6158.2.2.1	神农发现能治病的茶	【汉族】
W6158.2.2.2	大禹用茶为儿子治病	【汉族】
W6158.2.3	茶消胀解毒	【汉族】@［W6248.9.1.3.4.1］神农用茶水做解毒药
W6158.2.3.1	茶可以消饱胀	【汉族】
W6158.2.3.2	饮特定的茶解毒	【汉族】
W6158.2.4	茶能止渴提神，清心明目	【汉族】
W6158.2.5	茶能健体	
W6158.2.5.1	茶能让人恢复元气	【汉族】
W6158.2.5.2	茶叶能止渴生津，提神益思	【汉族】
W6158.2.6	茶叶梗子不会卡喉咙的来历	
W6158.2.6.1	茶叶梗子不会卡喉咙是因为与观音尝茶有关	【汉族】
W6158.2.7	茶叶是药	
W6158.2.7.1	神农把茶当成一味药	【汉族】
W6158.2.7.2	茶是有淡淡香味的解药	【汉族】
W6158.3	茶的名称（茶叶的种类；特定名称的茶；茶的名称的来历）	
W6158.3.1	特定人物为茶命名	
W6158.3.1.1	神农称为“查”得植物，后人叫它为“茶”	【汉族】
W6158.3.2	按茶的颜色命名的茶	
W6158.3.2.1	红茶	
W6158.3.2.2	白茶	
W6158.3.2.3	黄茶	
W6158.3.2.4	青茶	
W6158.3.2.5	绿茶	

W 编码	母题描述	关联项
W6158. 3. 2. 6	黑茶	
W6158. 3. 2a	按茶的性质命名的茶（按茶的味道命名的茶）	
W6158. 3. 2a. 1	菊花茶	
W6158. 3. 2a. 1. 1	菊花当茶命名菊花茶	【汉族】
W6158. 3. 2a. 2	甜茶	【汉族】
W6158. 3. 2a. 3	苦茶	
W6158. 3. 2a. 3. 1	观世音菩萨为给人治病尝出一种苦茶	【汉族】
W6158. 3. 2a. 3. 2	苦茶能止渴	【汉族】
W6158. 3. 3	按产地命名的茶	
W6158. 3. 3. 1	普洱茶	
W6158. 3. 3. 2	龙井茶	
W6158. 3. 3. 3	崂山茶	
W6158. 3. 3. 4	黄山毛峰	［W6158. 0. 1. 1］古时候的黄山不出产茶叶
W6158. 3. 3. 4. 1	黄山毛峰又称黄山云雾茶	【汉族】
W6158. 3. 3. 4. 1. 1	黄山神猿登上终年云绕雾漫的峰顶用嘴唇采摘茶叶，命名“云雾茶”	【汉族】
W6158. 3. 3. 4. 1. 2	云雾茶是黄山的神茶	【汉族】
W6158. 3. 3. 4. 2	因茶叶形如雀舌的茶叶片上有一层白毫，与毛猴子的茸毛相似，遂定名“毛峰”	【汉族】
W6158. 3. 3. 4. 3	黄山毛峰冲泡时会出现白莲花奇景	
W6158. 3. 3. 4. 3. 1	黄山毛峰冲泡时的白莲花奇景，源于神农氏把白莲花宝座送给了茗茶仙子	【汉族】
W6158. 3. 3. 5	太平猴魁	

W 编码	母题描述	关联项
W6158.3.3.6	碧螺春	
W6158.3.3.6.1	人将野生的碧螺春改培成家种	【汉族】
W6158.3.4	按制作工艺命名的茶	
W6158.3.4.1	生茶	
W6158.3.4.2	熟茶	
W6158.3.4.3	半生不熟茶	
W6158.3.5	综合性命名的茶（有故事的茶）	
W6158.3.5.1	龙井茶	
W6158.3.5.1.1	用皇上倒茶叶的井里的水浇茶树，长出的茶叶成为龙井茶	【汉族】
W6158.3.5.1.2	西湖龙井	
W6158.3.5.2	大红袍茶	
W6158.3.5.2.1	大红袍与帝王赐名有关	【汉族】
W6158.3.5.3	滇红茶	
W6158.3.5.4	祁红茶（祁门红茶）	
W6158.3.5.5	古丈毛尖	
W6158.3.5.6	信阳毛尖	
W6158.3.5.7	蒙顶甘露	
W6158.3.5.8	日照绿茶	
W6158.3.5.9	其他有来历的茶	
W6158.3.5.9.1	碧螺春	
W6158.3.5.9.1.1	碧螺春的产生	
W6158.3.5.9.1.1.1	碧螺春源于碧螺姑娘	【汉族】
W6158.3.5.9.1.2	碧螺春茶颜色青翠，	【汉族】
W6158.3.5.9.1.3	碧螺春泡出茶汤清澈鲜绿，香气扑鼻	【汉族】
W6158.3.5.9.1.4	碧螺春有养气颐神的功效	【汉族】
W6158.3.5.9.1.5	上等的碧螺春的茶尖呈螺旋状	【汉族】

W 编码	母题描述	关联项
W6158. 3. 5. 9. 2	猴魁茶	
W6158. 3. 5. 9. 2. 1	从猴岗采制的茶叶叫作“猴魁茶”	【汉族】
W6158. 3. 5. 9. 3	散茶	
W6158. 3. 5. 9. 3. 1	蜀州青城县丈人山有散茶	【汉族】
W6158. 3. 5. 9. 3. 2	青城茶为散茶上品	【汉族】
W6158. 3. 5. 9. 4	木茶	
W6158. 3. 5. 9. 4. 1	蜀州青城县丈人山有木茶	【汉族】
W6158. 3. 6	与茶的名称有关的其他母题	
W6158. 3. 6. 1	茶为什么称东方神叶	【汉族】
W6158. 3. 6. 2	茶以前的名字	
W6158. 3. 6. 2. 1	神农发现的茶最早叫“涩”	【汉族】
W6158. 3. 6. 3	茶的别称（茶的别名）	
W6158. 3. 6. 3. 1	茶又称荈	
W6158. 3. 6. 3. 1. 1	蜀西南人谓茶曰荈	【汉族】
W6158. 4	特定的茶饮（茶的类型）	
W6158. 4. 1	油茶	
W6158. 4. 2	马奶茶	
W6158. 4. 3	酥油茶	
W6158. 4. 3. 1	格萨尔从天神那里学会吃酥油茶	【藏族】
W6158. 4. 4	甜茶	
W6158. 4. 4. 1	观音菩萨分出甜茶和苦茶	【汉族】
W6158. 4. 5	苦茶	【汉族】
W6158. 4. 6	按吃茶时间命名的茶	
W6158. 4. 6. 1	早茶	
W6158. 4. 6. 2	午茶	
W6158. 4. 6. 3	晚茶	
W6158. 4. 6. 4	庚申茶	

W 编码	母题描述	关联项
W6158.4.6.4.1	逢到每月庚申日，五十开外年纪的老婆婆都到石人庙吃庚申茶	【汉族】
W6158.5	喝茶的方法（泡茶的方法；茶艺）	【汉族】
W6158.5.0	饮茶方法的产生（茶饮的产生）	
W6158.5.0.1	饮茶源自大禹	【汉族】
W6158.5.1	喝茶离不开盐	
W6158.5.1.1	殉情男女变成茶和盐，所以喝茶放盐	【藏族】
W6158.5.2	用特定的水泡茶	
W6158.5.2.1	用圣泉水冲泡云雾茶	【汉族】
W6158.5.2.2	用“山谷流泉”的泉水泡茶	【汉族】
W6158.6	茶的生产（茶的加工；茶的制作）	
W6158.6.1	陆羽制茶	【汉族】
W6158.6.2	用加热的方式加工野茶	【汉族】
W6158.6.3	焙茶	【汉族】
W6158.7	茶的保存	
W6158.8	与茶有关的其他母题	【关联】①
W6158.8.1	茶树	
W6158.8.2	饮茶的来历	
W6158.8.2.1	炎帝神农时代兴茶饮	【中华民族】
W6158.8.3	茶具	
W6159	**与饮食有关的其他母题**	［W6514］饮食禁忌（饮食禁忌的产生）
W6159.1	人的饥饿的产生	【汤普森】A1345；【关联】②
W6159.1.1	人的饥饿源于惩罚	
W6159.1.2	人的饥饿源于灵魂的指使	【汉族】

① ［W3753］茶树的产生（茶的产生）；［W3755.1］茶能治病。
② ［W5028.4.1］乞丐的产生；［W8689.1］饥饿。

W 编码	母题描述	关联项
W6159.2	人的饥渴的产生	
W6159.3	人的饮食的变化（饮食的改变）	
W6159.3.1	因生产方式变化导致饮食改变	
W6159.3.1.1	人以前只吃羊肉，后来学会了种地，把吃羊肉的饮食习惯改吃大米白面	【彝族】
W6159.4	饮食中的学问	
W6159.4.1	饮食中藏天机	【汉族】

6.2.3 住（人的居所，住所）【W6160 ~ W6209】

W 编码	母题描述	关联项
* **W6160**	**人的居所（人的住处；人的居所的产生）**	【汤普森】① ≈ A1410；② A1435；［W6204］房屋的建造
W6160.1	人以前没有居所	
W6161	**人的居所是特定人物的安排（特定人物规定人的居所）**	
W6161.1	神指点人的住处	【佤族】
W6161.2	神分配人的居所	
W6161.3	神性人物分配人的居所	
W6161.3.1	娘娘掌管分派人的住所	【苗族】
W6162	**人创造居所**	
W6163	**人寻找到居所**	［W6180.1］人的居所的选择
W6163.1	特定人物指导人找到居所	
W6163.1.1	动物引导找居所	【壮族】

W 编码	母题描述	关联项
W6163.1.1.1	以牛停止的地方建居所	【壮族】
W6164	**与人的居所产生有关的其他母题**	
W6164.1	人的定居是为了繁衍后代	
W6164.1.1	两个野女姐妹与榆树中出来的男子结婚定居以繁衍女真人后代	【满族】
W6164.2	人为什么生活在天地间	
W6164.2.1	人生活在天地之间是天帝分派的结果	【汉族】
* **W6165**	**人的特定的居所**	
W6166	**人以前居所的情形（人以前的居住地）**	
W6166.1	人无定所（居无定所）	【佤族】
W6166.1.1	人以前飘游空中	［W6169］人住在天上（人居天上）
W6166.1.2	人各地随遇而安	【壮族】@［W6180.3.4］以前，人住路边、草丛、山洞中
W6166.1.2.1	因为没有火，人各地随遇而安	【布依族】
W6166.1.3	人以前哪有野果哪安家	【哈尼族】
W6166.1.4	民无所定，下者为巢，上者为营窟	【汉族】
W6166.1.5	特定的人居无定所	
W6166.1.5.1	猎手茂沙居无定所	【苗族】
W6166.1.5.2	格滋天神造出第二代人居无定所	【彝族】
W6166.2	人的不平常的居所	【汤普森】F562
W6166.2.1	人以前住在野地里	【汉族】
W6166.3	特定群体以前的居住地	
W6166.3.1	傣族先民原来居住在遥远的东北方大平原上	【傣族】
W6166.4	人的不稳定的居所	

W 编码	母题描述	关联项
W6166.4.1	猎人无像样的屯子，有事则聚，无事则散	【满族】
W6167	**人住在三界（人居三界）**	【苗族】【壮族】
W6167.1	宇宙中间三层为人的住所	
W6167.1.1	宇宙分九层，中三层为人类和弱小精灵所居	【满族】
W6167.2	以前的人在宇宙的半空中生活	【普米族】@［W6166.1.1］人以前飘游空中
W6167.3	三界的每一层都住着人	【苗族】【壮族】
W6167.3.1	人住的天上面叫做上界，地上面叫做中界，地下面叫做下界	【壮族】
W6167.4	上界为诸神所居，下界为恶魔所居，中界尝为净地	【多民族】
W6168	**人住在天上和地上**	【怒族】
W6168.1	子女分居在天上与地上	
W6168.1.1	最早1对夫妇把一部分孩子带到天上，一部分留在地上	【苗族】
W6168.1.1.1	最早的夫妻商量分开住。男人带36个娃子上天，女人带36个娃子下地	【汉族】
W6168.1.2	兄弟分别居于天上和地上	
W6168.1.2.1	太古时，兄弟二人中的哥哥阿福居天上，弟弟阿几住地上	【苗族】
W6168.1.2.2	哥哥耶冬坐在天外，弟弟耶丹住在地上	【苗族】
W6168.2	人有的生活在天上，有的生活在地上	【彝族】
W6169	**人住在天上（人居天上）**	
W6169.0	人住天上的原因	
W6169.0.1	因人太多，始祖让一些儿孙搬到蓝天上住	【苗族】

W 编码	母题描述	关联项
W6169.0.2	创世主安拉造人之后让人在天堂生活	【塔吉克族】
W6169.0.3	人因不爱住人间，搬到天上	【布依族】
W6169.0.4	因发生灾难，人住到天上	
W6169.0.4.1	因洪水，人住到天上	
W6169.0.4.1.1	龙神知道天下要发生大洪水后，带伏羲母到天上去	【汉族】
W6169.1	最早的人居住天堂	［W1071］上界（天堂）
W6169.1.1	创世主安拉造人之后，就让人在天堂生活	【塔吉克族】
W6169.1.2	上帝把人祖和人母夏娃安置在天堂里	【哈萨克族】
W6169.1.3	安拉把造的亚当和夏娃安排在天堂生活	【哈萨克族】
W6169.2	人居天上的方法	
W6169.2.1	人被神带到天上	【汤普森】F63
W6169.3	以前一些人住在天上	【傈僳族】
W6169.3.1	一部分人到天上居住	【苗族】
W6169.4	人住天上特定的地方	
W6169.4.1	人以前住在月亮上	【彝族】
W6169.4.2	人住在天河边	
W6169.4.2.1	帝王高辛氏住在天河边	【汉族】
W6169.4.3	恰刚央扎和什贝东桑玛夫妇住天上的一条峡谷里	【藏族】
W6169.4.4	天有仙居	【汉族】
W6169.5	特定人物住天上	
W6169.5.1	以前，人的母亲住在天上	【彝族】
W6169.5.2	伏羲女娲住天上	【汉族】
W6169.5.3	老子住在第三个天上	【汉族】
W6169.5.4	以前，草白王和妈妈住在天上	【白族】

W 编码	母题描述	关联项
W6169. 5. 5	祖先住天上	【仡佬族】
W6169. 5. 5. 1	祖先布洛陀住天上（老祖保洛陀在天上安家）	【壮族】
W6169. 6	人居天上的情形	
W6169. 6. 1	人住天堂的情形	
W6169. 6. 1. 1	以前，人在天堂里生活时不用劳动，尽情享受	【塔吉克族】
W6169. 6. 2	以前，人生活在半空中	【民族，关联】①
W6170	**人住在地上（人居地上；人住中界）**	
W6170. 1	人住在地上的原因	【民族，关联】②
W6170. 1. 1	洪水退后，人下树居地上	【傣族】
W6170. 2	人住在地上的某个位置（人居住在特定的地上）	
W6170. 2. 0	人居世界中层	【达斡尔族】
W6170. 2. 0a	人居住宇宙的中界	
W6170. 2. 0a. 1	人、禽、兽及弱小精灵住宇宙的中界	【满族】
W6170. 2. 1	人住在地的肚皮上	【珞巴族】
W6170. 2. 2	人以前住在平地	［W6208. 2. 3. 2］用树枝在平地上搭起一个屋架，再用树枝和茅草盖起了一间平顶的草房
W6170. 2. 2. 1	伏羲女娲兄妹造的人最初住的是平地	【汉族】
W6170. 2. 2. 2	雷公让人居住平地	【苗族】
W6170. 2. 3	人住的地方叫地上国	【满族】
W6170. 2. 4	人居住高原	
W6170. 2. 4. 1	伏羲与女娲夫妇住在黄土高原上	【汉族】

① 【哈尼族】@［W6166. 1. 1］人以前飘游空中；［W6167. 2］以前的人在宇宙的半空中生活。

② 【哈萨克族】@［W0106. 3］神失乐园；［W2997. 6. 2］人从天上迁徙到地上。

W 编码	母题描述	关联项
W6170.3	人住地上的情形	
W6170.3.1	天地很近，天上住众神，地上住百姓	【汉族】
W6171	**人住在地下（人居地下）**	【哈尼族】
W6171.1	人住地下的原因	
W6171.1.1	伏羲女娲婚后无住处居地下	【汉族】@［W6177.1.3.1］伏羲女娲婚后无居所，就在地下挖个圆洞居住
W6171.2	人住地下的时间	
W6171.3	人住地下的情形	【哈尼族】@［W6182.3.2.1］以前人与鬼、水和石头都住地下
W6171.3.1	地下的人也像人间一样过节日	【苗族】
W6171.3.2	人居住地下洞窖中	【满族】
W6171.3.3	以前，人和鬼、水、石头一起，住在地底下	【哈尼族】
W6171.4	人在阴间的生活	
W6171.4.1	人在阴间与在阳世一样生活	【傈僳族】
W6171.4.1.1	阴间的衣食住行也像阳间都需要钱	【汉族】
W6171.4.2	阳间和阴间的人只有一纸之隔	【傈僳族】
W6172	**人住在山上**	【景颇族】
W6172.1	人住山上的原因	
W6172.2	人住山上的时间	
W6172.2.1	洪水后住山上	【汉族】
W6172.3	人住山上的情形	［W6187.1.1］人与动物同住山上
W6172.3.1	老祖先住在大江大河边的岩子上	【彝族】
W6172.4	特定的人住山上	
W6172.4.1	很久以前，景颇人住在高山上	【景颇族】

W 编码	母题描述	关联项
W6172.5	人住特定的山上	
W6172.5.1	古时候，人居那若罗神山	【纳西族】
W6172.5.2	洪水后，幸存的伏羲女娲兄妹住山上	【汉族】
W6172.6	与人住山上有关的其他母题	
W6172.6.1	人住山岭上（人住山坡上；人住半山腰）	
W6172.6.1.1	祖先殷略、埋耶的孩子住在六层坡六层岭	【苗族】
W6172.6.1.2	没有开辟平等大寨时，侗家住在半山坡上	【侗族】
W6172.6.1.3	侬人住在半山腰	【壮族】
W6172.6.1.4	壮家人住高山大岭上，日子不错	【壮族】
W6172.6.1.5	蚩尤八十一个兄弟从天上下凡到中条山的卧牛岭一带住下	【汉族】
W6172.6.2	人住山林	
W6172.6.2.1	以前，人类祖先生活在山林里	【汉族】
W6172.6.2.2	哈尼人第一次把家安在北方的老林深山	【哈尼族】
W6172.6.2.3	先民居山林，无室屋	【傈僳族】
W6172.6.3	可以居住人的山	【汤普森】F721.2；［W1850～W1854］常见的特定名称的
W6172.6.4	人住山下	
W6172.6.4.1	洪水退后，逃难者仍搬住山下	【蒙古族】
W6172.6.4.2	人睡在岩脚下	【布依族】
W6172.6.5	人居住山坳	【彝族】
W6172.6.6	人住山岙	【彝族】
W6172.6.7	人居住山的特定方位	
W6172.6.7.1	祖先住在九万大山的东南面	【仫佬族】
W6173	**人居住在水中（人住水边）**	【汤普森】F562.3

W 编码	母题描述	关联项
W6173.1	人住水中的原因	
W6173.1.1	人为开荒种田沿水而居	【汉族】
W6173.2	人住水中的时间	
W6173.2.1	最早的两兄弟生活在水中	【珞巴族】
W6173.3	人住水中的情形（人住水边的情形）	
W6173.3.1	人近水而居	
W6173.3.1.1	许多人都居住在黑龙江发源地附近	【鄂温克族】
W6173.4	人住特定的水中（人住在与水有关的特定地方）	
W6173.4.1	人住在水下	
W6173.4.2	人住海中	
W6173.4.2.1	以前人生活在海面上的青苔绿草上面	【藏族】
W6173.4.3	人住海边	
W6173.4.3.1	伏羲女娲兄妹住在海边	【汉族】
W6173.4.3.2	高山族人原住在大海边	【高山族】
W6173.4.3.3	人在山脚海岸边搭棚子居住	【白族】
W6173.4.4	人住湖中	
W6173.4.4.1	以前，祖先住湖中	【鄂温克族】
W6173.4.5	人住江边	
W6173.4.5.1	洪水后，幸存的兄妹江边用竹子搭棚子	【仡佬族】
W6173.4.6	人住河边	
W6173.4.6.1	以前，人居住在一条大河边	【汉族】
W6173.5	特定的人住水中（特定的物住水中）	
W6173.5.1	以前生命居住水中	【珞巴族】
W6173.5.2	最早的两兄弟生活在水中	【珞巴族】

W 编码	母题描述	关联项
W6173.6	与人居水中有关的其他母题	
W6174	**人居住在林中（人住森林）**	
W6174.1	人原来住树林中	【哈尼族】
W6174.1.1	祖先住森林的边缘	【傣族】
W6174.1.2	以前，人住在茂密的森林里，以狩猎为生	【哈萨克族】
W6174.1.3	神农氏坐天下时，人住树林	【汉族】
W6174.1.3a	神农时，人在树林子里过日子	【汉族】
W6174.1.4	祖先住森林里的山洞中	【汉族】
W6174.2	人住在看不到边的森林里	
W6174.2.1	天地形成后，人住在看不到边的森林里	【苗族】
W6174.3	人住原始森林	
W6174.3.1	很古时，拉祜人生活在茫茫无际的原始森林里	【拉祜族（苦聪人）】
W6174.4	人住森林中的特定地方	
W6174.4.1	人住森林中的洞穴里	【藏族】@［W6177.2.2.7］人住森林中的岩洞中
W6175	**人居住树上（人住树中）**	【汤普森】F562.2；【门巴族】@［W6176］人巢居
W6175.1	人居住树上的产生（人住树上的原因）	
W6175.1.1	因洪水人住树上	【傣族】
W6175.1.2	因父母遗传住树上	
W6175.1.2.1	傈僳族父是木偶，母是猿猴，所以他们喜欢睡寝在树木上	【傈僳族】
W6175.1.3	人惧兽，所食攀居树上（人防野兽居树上）	【傣族】【彝族（撒尼）】@［W6176.1.2］人为了避免飞禽野兽巢居

W 编码	母题描述	关联项
W6175.1.3.1	伏羲女娲兄妹怕被野兽吃掉睡在树上	【汉族】
W6175.1.3.2	人住树上防豹子、老虎	【彝族（阿细）】
W6175.1.4	因地上荒凉住树上	
W6175.1.4.1	盘古王的子孙下凡，看到地上到处是黑洋大箐荒无人烟，只好住在树上	【仡佬族】
W6175.1.5	特定人物教人住树上	
W6175.1.5.1	男神阿热和女神阿咪教人爬上树去住	【彝族（阿细）】
W6175.2	人住树上的时间	
W6175.2.1	最早的一个女人住树上	【黎族】
W6175.2.2	远古时，人住在树上	
W6175.2.2.1	远古时，傣家人住在大树上	【傣族】
W6175.3	人住树上的情形	
W6175.3.1	多人共居树上	
W6175.3.1.1	7 家哈尼族和 5 家傣族共同居住在一棵大树上	【傣族】
W6175.3.1.2	2 个民族 12 户人共同居住在一棵大树上	【傣族】
W6175.3.2	人在树上搭建住所	
W6175.3.2.1	树上搭棚居住	
W6175.3.2.1.1	人在树上搭草棚居住	
W6175.3.2.1.2	大树上搭棚居住	【仡佬族】
W6175.3.2.2	祖先的房子在树上	【布依族】
W6175.3.2.3	聪明的老头子用木头在树蔸间搭起了三脚架，架上了横条，上面盖上树叶和茅草造出简单的房子	【壮族】
W6175.3.2.4	人在树上做窝	【彝族（阿细）】
W6175.3.3	人在树上栖身很危险	【哈尼族】

W 编码	母题描述	关联项
W6175. 3. 4	住树上常挨雨淋	【布依族】
W6175. 3. 5	人住在大树上	
W6175. 3. 5. 1	天神阿巴木比塔造的身上有长毛的人，与野兽一样住在山洞里或大树上	【羌族】@［W6187. 0. 3. 1］始祖婆伢俣刚造出来的人与野兽杂居
W6175. 3. 5. 2	奥莫西妈妈住在长白山一棵几十个人才能围抱过来的大柳树上	【满族】
W6175. 3. 6	人住在大树丫里	［W6208. 3. 1. 1. 1］有巢氏在树丫上构木为巢
W6175. 3. 6. 1	人住大树丫里，冬不避寒，夏不挡暑	【汉族】
W6175. 3. 7	人类像鸟一样居住在大树上	【中华民族】
W6175. 4	特定的人居住树生（特定时期的人住树上）	
W6175. 4. 1	始祖住在树上	【黎族】
W6175. 4. 1. 1	祖先的房子在树上	【布依族】【壮族】
W6175. 4. 1. 2	祖公菩萨平日住在树上	【仡佬族】
W6175. 4. 2	黎母住在树上	
W6175. 4. 2. 1	蛇卵生的黎母夜晚睡在树上	【黎族】
W6175. 4. 3	众子女中的某个孩子住树上	
W6175. 4. 3. 1	天王母一胎生下 24 个儿女中的四子普籁阿窝住在大树上	【彝族】
W6175. 5	人住特定的树上	
W6175. 5. 1	人住在攀枝花树上	【傣族】
W6175. 5. 2	祖先居住在阿里山的大树上	【高山族（布农）】
W6175. 5. 3	祖先阿倮曾在松树上住	【彝族（聂苏）】
W6175. 6	其他特定人物住特定的树	
W6175. 6. 1	太阳居扶桑树	
W6175. 6. 1. 1	东海扶桑树上住着十个太阳	【汉族】

W 编码	母题描述	关联项
W6175.7	与人住树上有关的其他母题	【关联】①
W6175a	**人居住树下（人住树下）**	
W6175a.1	人住树下的时间	
W6175a.1.1	人下雨时躲洞中，天晴时就住在大树下	【汉族】
W6175a.2	人住树下的情形	
W6175a.2.1	人住树下常遭野兽侵袭	【汉族】
W6176	**人巢居**	
W6176.1	人巢居的原因	
W6176.1.1	人因洪水而巢居	【汉族】
W6176.1.1.1	尧时洪水，万民山栖巢居	【汉族】
W6176.1.1.2	洪水时，有人在树梢上学鸟雀做窠巢	【汉族】
W6176.1.2	人为了避免飞禽野兽巢居	
W6176.1.2.1	人们害怕野兽，像鸟一样把房子搭在树上	【满族】
W6176.2	人巢居的时间	
W6176.2.1	容成氏时巢居	【汉族】
W6176.2.2	巢居有特定的时令	
W6176.2.2.1	人夏天巢居	【汉族】@［W6194.4.1.1］三皇时代冬穴夏巢
W6176.2.3	人暮栖木上（人晚上巢居树上）	【汉族】
W6176.3	人巢居的方法	
W6176.3.1	人结草为巢而居（结草造屋）	
W6176.3.1.1	祖先盘果王结草为巢居住	【布依族】
W6176.3.1.2	壮族人有的从洞穴群居发展到结草屋族居	【壮族】
W6176.3.2	托婴儿于巢上	【汉族】

① ［W6177.5］人住树穴（人居树洞；特定人物住树洞）；［W6204.4.1］搭建在树上的住房称“新阿当”。

W 编码	母题描述	关联项
W6176. 3. 3	树上搭巢	
W6176. 3. 3. 1	有巢氏选一棵大树，用树枝在枝丫上先搭好一层底，然后再用树叶铺几层做成居所	【汉族】
W6176. 3. 3. 2	人在树上建窝	【壮族】
W6176. 3. 4	巢建在巨石上	【哈尼族】
W6176. 4	人巢居的情形	
W6176. 4. 1	人巢居大树上	【傣族】
W6176. 4. 1. 1	草巢建在大树上	【汉族】@［W6209. 5. 3. 1. 2］姐弟薅茅草在大树上搭草棚子
W6176. 4. 2	巢居很舒适	【汉族】
W6176. 4. 3	连桥	
W6176. 4. 3. 1	大房子利用四棵或六棵临近的大树做架子搭起连二或连三的房子，叫连桥	【满族】
W6176. 4. 4	马架子	
W6176. 4. 4. 1	在一棵大树上搭个小屋，叫马架子	【满族】
W6176. 5	人巢居的特征	
W6176. 5. 1	人巢居可以躲避野兽的侵袭	【壮族】
W6176. 5. 2	人巢居让小孩爬上爬下不方便	【壮族】
W6176. 6	特定的人巢居	
W6176. 7	与巢居有关的其他母题	［W6175］人居住树上（人住树中）
W6176. 7. 1	人树上的巢	
W6176. 7. 1. 1	天书落到一棵大树杈上变成一个大窝	【汉族】
W6177	**人穴居（人居洞中；人住洞中；人住穴中；人住洞穴）**①	【汤普森】A1435. 0. 1；【民族】②

① 人穴居（人居洞中），据考古资料，距今71万~23万年的北京人，以洞穴为居所。

② 【珞巴族】【满族】【彝族】。

W 编码	母题描述	关联项
W6177.0	穴居的产生（穴居的发明者；人穴居的时间）	
W6177.0.0	人居洞中的原因	
W6177.0.0.1	人因热居洞中	
W6177.0.0.1.1	因白昼极热，世人凿洞而居	【苗族】
W6177.0.1	第八代和第九代祖先凡是有洞的地方就是居所	【哈尼族】@［W6100.4.1］人以前吃野果居巢穴
W6177.0.1.1	人到第九代时学会住洞	【哈尼族】
W6177.0.2	有巢氏发明山洞穴居	【汉族】
W6177.0.3	因灾难穴居	
W6177.0.3.1	洪水后兄妹俩用手抠挖出一孔鸡窝大洞穴安身	【纳西族】
W6177.0.4	盘古穴居而野处	【汉族】
W6177.0.5	伏羲时代穴居	
W6177.0.5.1	“窑窝”“客屋台”是伏羲时代穴居的遗迹	【中华民族】
W6177.0.5.2	伏羲洞里挖洞用以藏身	【汉族】
W6177.0.5a	伏羲女娲时代穴居	【汉族】
W6177.0.6	太古之民，穴居而野处	【汉族】
W6177.0.7	女娲教人搭起巢穴	【汉族】
W6177.0a	穴居的特征	
W6177.0a.1	洞穴潮湿黑暗，不爽快	【汉族】
W6177.0a.2	洞穴不防风雨，生活难受	【汉族】
W6177.1	人住地洞（人居地穴）	
W6177.1.1	人和野兽不分，同住洞里	【汉族】
W6177.1.2	以前的一对夫妻生活在地洞里	【鄂温克族】
W6177.1.3	人住圆形地洞	
W6177.1.3.1	伏羲女娲婚后无居所，就在地下挖个圆洞居住	【汉族】

W 编码	母题描述	关联项
W6177. 1. 3. 2	人祖爷和人祖奶奶婚后在地下挖圆洞居住	【汉族】
W6177. 1. 4	以前，人像动物一样居于地穴中	【满族】@［W6149. 3. 1. 7. 1］人像动物一样生吃东西
W6177. 1. 5	人没有火时，久居地穴之中	【满族】
W6177. 1. 6	最早产生的人住地穴	
W6177. 1. 6. 1	最早产生的亚槎住在地穴里	【彝族】
W6177. 1. 7	人居地穴的其他情形	
W6177. 1. 7. 1	伏羲女娲晚上藏到很深的洞穴里	【汉族】
W6177. 1. 7. 2	人东一堆，西一堆，住在地洞里	【汉族】
W6177. 1. 8	与人住地穴有关的其他母题	
W6177. 1. 8. 1	地窖（地窨子）	
W6177. 1. 8. 1. 1	以前，顶好的人家住在地窨子里	【满族】
W6177. 2	人住山洞（人住岩洞；人居岩穴；特定人物住山洞）	【民族，关联】①
W6177. 2. 0	人住山洞的原因（人住洞中的来历）	
W6177. 2. 0. 1	天地开辟后地上没有种籽，人都住在岩洞里	【藏族】
W6177. 2. 0. 2	人产生后没有住的，就住在岩洞里	【苗族】
W6177. 2. 0. 2a	人因无房住山洞（人因没房住就石岩洞中去安身）	【哈尼族】【汉族】
W6177. 2. 0. 3	因洪水居岩洞（因洪水冲毁村舍有些人避居洞穴中）	【汉族】
W6177. 2. 0. 3a	洪水时，有的人爬上山去找洞窟藏身	【汉族】
W6177. 2. 0. 4	兄妹俩下凡后没有房子，就住在岩洞里	【怒族】

① 【鄂温克族】【独龙族】【高山族】【哈尼族】【汉族】【拉祜族】【傈僳族】【门巴族】【苗族】【土家族】【藏族】【壮族】@［W6208. 1. 4. 1］岩洞。

W 编码	母题描述	关联项
W6177. 2. 0. 5	祖先因被困在山上，便以树穴石洞为房	【高山族（布农）】
W6177. 2. 0. 6	因山上只有树木和荆棘，人们住在山洞里	【彝族】
W6177. 2. 0. 7	人无法再居树上，故还居山洞中	【傣族】
W6177. 2. 0. 8	因发生山火，人居山洞	【彝族】
W6177. 2. 0. 9	人居山洞的其他原因	
W6177. 2. 0. 9. 1	人打不过妖鹏，被迫躲到山洞里	【满族】
W6177. 2. 0. 9. 2	远古，因天很低人都住在山洞里	【高山族（排湾）】
W6177. 2. 0. 9. 3	人因为躲野兽住石洞	【彝族（阿细）】
W6177. 2. 0. 9. 3. 1	轩辕为防野兽把娃儿放在岩洞高头的一个洞洞头	【汉族】
W6177. 2. 0. 9. 4	人因房子被风吹毁，住进山洞	【布依族】
W6177. 2. 1	人住山洞的时间	
W6177. 2. 1. 1	以前人住在岩洞中	【畲族】
W6177. 2. 1. 1. 1	地上还没有种子时，人都住在岩洞里	【藏族】
W6177. 2. 1. 1. 2	先祖最初住在岩洞里	【白族】【纳西族】@［W6177. 2. 3. 5］世上最早的一个女人塔婆然一个人住在山洞里
W6177. 2. 1. 1. 2. 1	女始祖劳泰和男始祖劳谷婚后住在螺眼洞中	【白族】
W6177. 2. 1. 2	人冬天到山洞御寒	【满族】
W6177. 2. 1. 3	格滋天神造出第二代人住山洞	【彝族】
W6177. 2. 1. 3a	第一代人独眼睛人躲进岩洞栖身	【彝族】
W6177. 2. 1. 4	猎人和公主婚后白天打猎，夜晚住宿在岩洞里	【彝族】
W6177. 2. 1. 5	黄帝时，人住岩洞	
W6177. 2. 1. 5. 1	轩辕黄帝得头一个女儿时，人烟稀少无房，都是歇岩洞	【汉族】

W 编码	母题描述	关联项
W6177. 2. 2	人住山洞情形（人住山洞的特征）	
W6177. 2. 2. 1	人像蝙蝠一样穴居山洞	
W6177. 2. 2. 1. 1	丽恩时代，人像蝙蝠一样穴居山窝	【纳西族】
W6177. 2. 2. 2	以前，人像猴子一样住在山洞中	【壮族】
W6177. 2. 2. 3	先民依树木岩穴而居	【傈僳族】
W6177. 2. 2. 4	人摆脱串游找食吃，天黑后随意找个岩洞睡一宿	【水族】
W6177. 2. 2. 5	最早产生的一个小女孩独自住在一个山洞里	【汉族】
W6177. 2. 2. 6	祖先居住的石洞很温暖，但又黑又不方便	【佤族】
W6177. 2. 2. 7	人住森林中的岩洞中	【汉族】【藏族】
W6177. 2. 2. 7a	人住在地上的岩洞里	【傈僳族】
W6177. 2. 2. 7b	人住地下岩洞	【毛南族】
W6177. 2. 2. 8	大洞里住着很多珞巴族人	【珞巴族】
W6177. 2. 3	特定的人住山洞	
W6177. 2. 3. 1	拉祜族的祖先扎朵、娜依夫妻在山洞栖身	【拉祜族】
W6177. 2. 3. 2	俄沙扒莫造人后，让人住在地上的岩洞里	【傈僳族】
W6177. 2. 3. 3	珞巴人以前住在高山上一个很大的岩洞里	【珞巴族】
W6177. 2. 3. 3. 1	珞巴族的祖先阿巴达尼住在岩洞里	【珞巴族】
W6177. 2. 3. 4	远古时，排弯人都住在山洞里	【高山族（排弯人）】
W6177. 2. 3. 5	世上最早的一个女人塔婆然一个人住在山洞里	【哈尼族】
W6177. 2. 3. 6	天女的儿子尼支甲洛住在深山的岩洞里	【彝族（罗罗泼）】

W 编码	母题描述	关联项
W6177.2.3.7	莲目老祖带着十个子女住山洞	【彝族】
W6177.2.3.8	女始祖男始祖婚后住在山洞中	【白族】
W6177.2.3.9	其他特定人物住山洞	
W6177.2.3.9.1	猎人住山洞	【汉族】
W6177.2.3.9.2	孤儿独居山脚下的一个岩洞里	【仫佬族】
W6177.2.3.9.3	伏羲和妹妹下凡后累了歇岩窝	【汉族】
W6177.2.3.9.3a	伏羲兄妹钻山洞（住山洞）	【汉族】
W6177.2.3.9.4	舜被瞎爹狠娘坏弟弟赶出家门后住山洞里	【汉族】
W6177.2.4	人住特定的山洞	
W6177.2.4.1	很古时，一族人住在黄河边大山的山洞中	【汉族】
W6177.2.4.2	人住山顶洞中	
W6177.2.4.2.1	一对夫妻带各姓男女爬到螺峰山顶的洞中居住	【白族】
W6177.2.4.3	人住大山洞中	【汉族】
W6177.2.5	与人住山洞有关的其他母题	
W6177.2.5.1	人迁出山洞	【佤族】
W6177.3	人住石洞（特定人物居石洞；人住石室）	
W6177.3.0	住石洞的原因	
W6177.3.0.1	人为躲避毒蛇猛兽住在石洞里	【白族】
W6177.3.0.2	洪水后，殷略、埋耶兄妹俩没有杉木起楼，居石洞里	【苗族】
W6177.3.1	人住岩石下的洞中	【毛南族】
W6177.3.2	特定人物住石洞	
W6177.3.2.1	珞巴族祖先的弟弟阿巴达基住在石洞中	【珞巴族】
W6177.3.2.2	槃瓠娶高辛氏公主后外迁南山石室中	【古民族·南蛮西南夷】

W 编码	母题描述	关联项
W6177. 3. 2. 3	黄帝住石洞	
W6177. 3. 2. 3. 1	黄帝住风后岭西北坡半山腰上的大石洞中	【汉族】
W6177. 3. 3	以前人居住在红石头黑石头岩洞	【哈尼族】
W6177. 3. 4	地母住石洞中	
W6177. 3. 4. 1	夜晚，女始祖地母遮米麻在石洞里藏身	【阿昌族】
W6177. 3. 5	住溶洞	
W6177. 3. 5. 1	大禹找天然的溶洞居住	【汉族】
W6177. 3. 6	人住天然洞穴	
W6177. 3. 6. 1	最早的人类跟动物一样，住在天然洞穴里	【中华民族】
W6177. 3. 7	人住其他特定的石洞	
W6177. 3. 8	住石洞的特征（人住石洞的情形）	
W6177. 3. 8. 1	石洞中蚊子、跳蚤、蝎子、老鼠猖獗	【汉族】
W6177. 3. 9	与住石洞有关的其他母题	
W6177. 4	人住坑中（人居地坑）	
W6177. 4. 1	人住坑的产生	
W6177. 4. 1. 1	古时候，人在地上挖坑居住	【汉族】
W6177. 4. 2	人住坑的情形	
W6177. 4. 2. 1	人住地坑时，一下雨就得爬出来抱头淋着，不出来就得在里边泡汤	【汉族】
W6177. 4. 3	人住特定的坑	
W6177. 4. 3. 1	人住地坑中	【汉族】
W6177. 5	人住树穴（人居树洞；特定人物住树洞）	
W6177. 5. 1	以前人住树洞	【普米族】

W 编码	母题描述	关联项
W6177.5.1.1	布农人的祖先住树穴	【高山族】
W6177.5.2	人住树槽中	
W6177.5.2.1	有巢氏抓出很多树槽给人住	【汉族】
W6177.5.3	特定人物住树洞	
W6177.5.3.1	夜晚地母遮米麻在树洞里藏身	【阿昌族】
W6177.5.3.2	一对夫妻晚上在树洞里住	【仡佬族】
W6177.5.4	住树洞的其他情形	
W6177.5.5	与住树洞有关的其他母题	
W6177.6	人住窑洞（人居土洞；特定人物住土洞）	［W6208.1.4.2］窑洞
W6177.6.1	人住窑洞的产生（住窑洞的原因）	
W6177.6.1.1	人因恐惧周围环境居土洞中	【阿昌族】
W6177.6.1.2	特定人物造土洞	
W6177.6.1.2.1	炎帝母亲的游牧部落在河岸土峭壁凿出土洞	【汉族】
W6177.6.1.2.2	有巢氏发明窑洞	【汉族】@［W6177.0.2］有巢氏发明山洞穴居
W6177.6.1.2.2.1	有巢氏受虎洞的启发发明了窑居	【汉族】
W6177.6.2	人住窑洞的特征	
W6177.6.2.1	土洞能居三四个人	【汉族】
W6177.6.3	特定人物居窑洞	
W6177.6.3.1	华胥住窑洞	
W6177.6.3.1.1	华胥住在蓝田县华胥乡华胥坪的一个窑洞里	【汉族】
W6177.6.3.2	老百姓居窑洞	
W6177.6.3.2.1	洪水淹没房屋田地，老百姓到山上头窑洞藏身	【汉族】
W6177.6.3.3	黄帝族住窑洞	【中华民族】
W6177.6.4	特定的窑洞	

W 编码	母题描述	关联项
W6177.6.5	与住窑洞有关的其他母题	
W6177.6.5.1	窑洞遗址	
W6177.6.5.1.1	宝鸡斗鸡台有仰韶文化末、龙山文化初的窑洞遗址	【中华民族】
W6177.7	人居低洼的穴中	【珞巴族】
W6177.7.1	古者民泽处复穴	【汉族】
W6177.8	人住其他洞穴	
W6177.8.1	古时候赤洞里住着巴姓部落	【土家族】
W6177.9	与人穴居有关的其他母题	【关联】①
W6177.9.1	穴居环境恶劣	
W6177.9.1.1	泽处复穴冬日不胜霜雪雾露，夏日不胜暑热蚊虻	【汉族】
W6177.9.2	人在洞中安身很可怜	【哈尼族】
W6177.9.3	居住不同的洞	
W6177.9.3.1	女始祖遮米麻在石洞、树洞里藏身	【阿昌族】
W6178	**人住特定的房子**	［W6202.2.2.1］天神教人们搭撮罗（仙人柱）以避风寒
W6178.1	人住窝棚	【基诺族】@［W6209.5.3.3］窝棚
W6178.1.1	人住窝棚一样房子	【哈尼族】
W6178.2	人住草房	【佤族】@［W6208.2］草屋（草房；茅草房；茅庵）
W6178.3	人住茅棚	
W6178.3.1	在深山密林里搭茅棚为家	【水族】
W6179	**人住其他特定的地方**	
W6179.1	人住植物中（人居特定植物上）	
W6179.1.1	人住葫芦中	【德昂族】
W6179.1.1.1	以前，人类住在大葫芦里	【佤族】

① ［W6171.3.2］人居住地下洞窖中；［W6208.1］洞屋（洞穴）。

W 编码	母题描述	关联项
W6179. 1. 1. 2	灾难时，人住到葫芦中	
W6179. 1. 1. 2. 1	旱灾时，两兄妹住大葫芦中	【苗族】
W6179. 1. 2	人住草丛	
W6179. 1. 2. 1	以前，人像柴枝一样横在草丛里	【壮族】
W6179. 1. 3	人住荷叶上	
W6179. 1. 3. 1	一对母子像神仙一样在荷叶上生活	【汉族】
W6179. 2	人住天地中间（人居天地间）	【彝族】
W6179. 2. 1	德布阿尔家住天和地的中间	【彝族】
W6180	**与人的特定居所有关的其他母题**	
W6180. 1	人的居所的选择	
W6180. 1. 1	人有时巢居有时穴居	
W6180. 1. 1. 1	人夏巢居冬穴处	【朝鲜族】
W6180. 1. 2	人选气候和土壤好的地方居住	
W6180. 1. 2. 1	洪水后，幸存的兄妹选气候和土壤好的地方定居	【高山族】
W6180. 1. 3	人选食物丰富的地方居住	
W6180. 1. 3. 1	人选野果多的地方居住	【羌族】
W6180. 1. 4	人选择适合农耕的地方定居	
W6180. 1. 4. 1	人选择水足土肥的坝子定居	【阿昌族】
W6180. 1. 4. 2	蜀王带领百姓开荒种地，慢慢安居下来	【汉族】
W6180. 1. 5	凭天意选择居所	
W6180. 1. 5. 1	抛物择地	【纳西族】
W6180. 1. 6	选洁净处建居所	
W6180. 1. 6. 1	马撒尿的地方是洁净之地，可以搭帐篷和盖房子	【蒙古族（布里亚特）】
W6180. 2	射箭安家	【拉祜族】

W 编码	母题描述	关联项
W6180. 2. 1	射箭时，箭落到哪里就迁到哪里定居	【珞巴族】
W6180. 3	人有多种住处（人有多种居住方式）	［W6167. 3］三界的每一层都住着人
W6180. 3. 1	以前，人住天上和地上	【怒族】@［W6168］人住在天上和地上
W6180. 3. 2	以前，人们都像鸟兽一样，住在山洞里和树上	【门巴族】@［W6177. 5］人住树穴（人居树洞；特定人物住树洞）
W6180. 3. 2. 1	以前，人居住树穴石洞	【高山族】【普米族】
W6180. 3. 3	以前，人居森林和岩洞	【藏族】@［W6187. 2. 2］远古时，人同野兽一起生活在森林中和岩洞里
W6180. 3. 3a	人住在大树上和山洞里	【傣族】
W6180. 3. 4	以前，人住路边、草丛、山洞中	【壮族】
W6180. 3. 5	以前，人住山窝、地坑中	
W6180. 3. 5. 1	女娲时代，沿海百姓多住在山窝、地坑里	【汉族】
W6180. 4	借宿（投宿）	
W6180. 4. 1	旅途投宿	【毛南族】
W6180. 4. 1. 1	大禹治水途中借宿独庄窠	【汉族】
W6180. 4. 2	人到神庙借宿	【普米族】
✿ **W6181**	**人的居住情形（人的居所的情况；人的居所的特征）**	
W6181. 1	以前，万物杂居	
W6181. 1. 1	以前，人和世间所有的生灵都生活在一个大庄园里	【汉族】
W6181. 2	人的居所很多（人的居所数量多）	
W6181. 2. 1	人的居所比鬼的多	【傈僳族】

W 编码	母题描述	关联项
＊**W6182**	**人神杂居（人与神共处；人鬼杂居；以前人神杂居）**	【汤普森】≈A189.9；【民族】①
W6182.0	人与神杂居的原因（人鬼杂居的原因）	
W6182.0.1	人与鬼因同源杂居	
W6182.0.1.1	兄妹婚生人和鬼神的祖先所以居住在一起	【怒族】
W6182.0.2	因无德人神杂居	
W6182.0.2.1	九黎乱德，民神杂糅	【中华民族】
W6182.1	某个特定时代人鬼混杂（人神杂居的时间）	
W6182.1.1	前11代先祖时人神（鬼）不分	【哈尼族】
W6182.1.2	古老的力者木者时代人鬼杂居	【独龙族】
W6182.1.3	人还是猿人的时代，神和人共同居住在大地上	【羌族】
W6182.1.4	木巴造的人和神在一起住	【羌族】
W6182.1.4.1	开天辟地后，木巴造的人种和神都在一起住	【羌族】
W6182.1.5	少皞衰落后民神杂糅	【中华民族】
W6182.2	人与神共同居住在特定地方（人与特定的神住在一起）	
W6182.2.1	以前人鬼共住太阳宫中	【景颇族】
W6182.2.2	以前，人和鬼神一起在地上生活	【珞巴族】
W6182.2.3	猎人与山神在山上生活	【白族】
W6182.3	以前人和鬼住在一起	【怒族】
W6182.3.1	远古力者木者时代，人与“布兰”（鬼）杂处	【独龙族】
W6182.3.2	人以前与鬼都住地下	

① 【白族】【独龙族】【汉族】【羌族】。

W 编码	母题描述	关联项
W6182. 3. 2. 1	以前人与鬼、水和石头都住地下	【哈尼族】
W6182. 3. 3	以前，鬼与人同生活	【独龙族】
W6182. 4	以前人和妖精住在一起	【傈僳族】
W6182. 4. 1	天神规定人与妖同住，互不侵犯	【彝族】
W6182. 5	人神杂居的情形（人与鬼杂居的情形）	
W6182. 5. 1	人与鬼原来同居一个瓜中	【傈僳族】
W6182. 5. 2	以前，人和各种神生活在一起	【苗族】
W6182. 5. 3	人与鬼杂居时相互照料	
W6182. 5. 3. 1	人和“布兰”（鬼）杂居在一起，人的孩子由“布兰”带，“布兰”的孩子由人带	【独龙族】
W6182. 5. 4	最早的人与天神住在一起	
W6182. 5. 4. 1	最早的一个人朋更朋与天神莫朋一家住一起	【独龙族】
W6182. 6	人与其他神性人物杂居	
W6182. 6. 1	人与菩萨住在一起	
W6182. 6. 1. 1	祖先纳罗引勾让造的人和菩萨同村共寨定居	【苗族】
W6182. 7	与人神杂居有关的其他母题（与人鬼杂居有关的其他母题）	［W6199. 0］人与多种物杂居
W6183	**人与神分开居住（人与鬼分开居住；人与鬼神的分离）**	［W8190. 2］神发洪水是为了把人和鬼分开
W6183. 0	人神分居的原因（人与鬼分开的原因）	
W6183. 0. 1	特定人物分开人与神	
W6183. 0. 1. 1. 1	天神分开人与神	
W6183. 0. 1. 1. 1. 1	因人与神争斗，天神把他们分开	【哈尼族】
W6183. 0. 1. 1. 2	祖先分开人与神	

W 编码	母题描述	关联项
W6183.0.1.1.2.1	祖先翁戛分开人与神	【布依族】
W6183.0.2	绝地天通后人神分居	
W6183.0.2.1	颛顼命令重和黎截断了天地的道路后人神分治	【汉族】
W6183.1	人神分居的时间（人与鬼分开居住的时间）	
W6183.1.1	从特定的时代人神（鬼）分开	【哈尼族】
W6183.1.1.1	第12代先祖诗米乌先祖出生后，人归人，鬼归鬼，神归神，不再混杂	【哈尼族】
W6183.1.2	古者民神不杂	【中华民族】
W6183.2	人神分开的地点	
W6183.2.1	人与神隔山而居	【羌族】
W6183.2.2	人在地上住，神到天上住	【汉族】
W6183.3	人神分居的情形（人与鬼分开居住的情形）	
W6183.3.1	神居天，人住地	
W6183.3.1.1	天上住着西王母、玉皇大帝、天兵天将等，地上住着的是老百姓	【汉族】
W6183.3.2	人和神是邻居（人与神相邻而居）	【羌族】
W6183.4	人神分居的界定（人鬼分居的界限）	
W6183.4.1	人和鬼两个世界的分界处	
W6183.4.1.1	九岔路口是人和鬼两个世界的分界处	【景颇族】
W6183.4.2	绝地天通后人神分开	【中华民族】
W6183.4.3	人与神一山相隔	［W6183.2.1］人与神隔山而居
W6183.4.3.1	野人时代，神和人的住处只隔一道叫喀尔克别山的山梁	【羌族】

W 编码	母题描述	关联项
W6184	**人与神分开居住的原因（人与鬼分开居住的原因）**	
W6184.1	特定人物让人神分开（特定人物让人鬼分开；人仙分居源于规定）	
W6184.1.1	天庭禁止神和人随便往来	【羌族】
W6184.1.2	天神见鬼太坏，让人与鬼分开	【怒族】
W6184.1.3	特定人物规定人仙分居	
W6184.1.3.1	天仙母亲告诉子女，人与天仙不能在一起过日子	
W6184.2	因鬼神欺负人类，人与鬼神分开	
W6184.2.1	人因为鬼吃人把鬼赶走	【傈僳族】【怒族】
W6184.2.2	因为鬼吃人人与神（鬼）分开	【怒族】
W6184.3	因争斗人与鬼神分开	
W6184.3.1	人不能战胜鬼就和鬼分开	【珞巴族】
W6184.4	鬼神报复人导致二者分开	
W6184.4.1	海神女报复人，人神绝交	【西北古代民族】
W6184.5	因洪水人与鬼神分开	
W6184.5.1	创造万物之神用洪水把人和鬼分开	【独龙族】
W6184.6	因鬼自私，人与鬼分开	【傈僳族】
W6185	**人神分居的方法（人鬼分居的方法）**	［W0912］驱鬼
W6185.0	特定人物把人与神分开（特定人物分开人与鬼）	
W6185.0.1	女神阿戈玛把9层土地分给人去住，把9个崖子分给鬼去领	【傈僳族】
W6185.1	通过祭祀分开人与鬼	

W 编码	母题描述	关联项
W6185.1.1	人给鬼祭祀后，鬼离开人居住的地方	【珞巴族】
W6185.2	通过咒语分开人与鬼	［W9187］咒语的作用
W6185.2.1	人通过咒语把鬼赶出住处	
W6185.3	用特定物把人与鬼分开（通过特定物把鬼赶跑）	
W6185.3.1	鬼生人的气拿一张纸放在它与人之间，人与鬼变成两个世界	【白族】
W6185.3.1	人通过鬼的忌物把鬼隔开	
W6185.4	通过绝地天通分开人神（通过把天升高分开人与神）	
W6185.4.1	通过把天升高让人与神分开	【汉族】
W6186	**与人神（鬼）杂居有关的其他母题**	
W6186.1	人神争夺居所	［W8820］人神之争
W6186.2	人神交往	【苗族】
W6186.3	人神绝交	【汉族】@［W1415］绝天地通
W6186a	**人与特定的关系人一起居住**	
W6186a.1	人从母居住	［W5298.1］母系氏族
W6186a.2	人从父居住	［W5298.2］父系氏族
W6186a.2.1	舜从父居	【中华民族】
W6186a.3	男子从妻居	［W6190.5.1.2］婚后的居所“从妻居”
W6186a.3.1 *	瞽叟的两次婚姻都是“从妻居”	【中华民族】
W6187	**人与动物杂居（人和动物住在一起）**[①]	【羌族、佤族、维吾尔族】

① 人与动物杂居，神话叙事中的与人杂居的“动物”一般带有图腾性质。本母题编目对此不作相应分析。

W 编码	母题描述	关联项
W6187.0	人与动物杂居的时间	
W6187.0.1	以前人和动物住在一起	【维吾尔族】
W6187.0.1.1	以前人和野兽住在一起	【壮族】
W6187.0.1.2	天地形成后，人和野兽生活在一起	【苗族】@［W6188.5.1.1］天神阿巴木比塔造的人开始时与野兽一样，不分男女，杂居在一起
W6187.0.2	人在金身时代与兽同居	【彝族】
W6187.0.3	人刚产生时与动物杂居	
W6187.0.3.1	始祖婆伢俣刚造出来的人与野兽杂居	【水族】
W6187.0.3.2	女始祖塔婆最早生出的人和兽同居	【哈尼族】
W6187.0.4	太古时与动物杂居	
W6187.0.4.1	太古时，人兽和睦相处	【高山族·泰雅人】
W6187.0.5	天地形成后，人和野兽生活在一起	【苗族】
W6187.1	人与动物杂居的地点	
W6187.1.1	人与动物同住山上	
W6187.1.2	人和野兽在森林中生活在一起	【苗族】
W6187.1.3	以前，人和鸟兽一同住在树林里、岩洞中	【壮族】
W6187.1.4	黄帝时，桥山一带群民与兽同穴	【汉族】
W6187.2	人与动物杂居的情形	
W6187.2.1	人与动物兄弟共处	【侗族】【壮族】@［W2733］人与动物同源
W6187.2.2	以前人和野兽住在一起	【壮族】
W6187.2.2.1	远古时，人同野兽一起生活在森林中和岩洞里	【藏族】
W6187.2.3	人与动物在特定地方杂居	

W 编码	母题描述	关联项
W6187.2.3.1	以前，人类居住在森林中跟野兽相伴	【彝族】
W6187.2.4	人与动物杂居交流无障碍	
W6187.2.4.1	人和鸟兽住在一起时都会讲话	【壮族】
W6187.2.5	人与兽同穴，既不文明，又不安全	【汉族】
W6187.3	人与特定动物住在一起	
W6187.3.1	人与猴子住在一起	
W6187.3.1.1	从前猴子和羌族生活在一起	【羌族】
W6187.3.1.2	人与没变成人的猴子一块生活	【怒族】
W6187.3.1.3	人与猴子和谐相处	【汉族】
W6187.3.2	以前，人与鹰住在一起	
W6187.3.2.1	昔兀鹰与塔吉克人共居	【塔吉克族】
W6187.3.3	人与其他特定动物住一起	
W6187.3.3.1	以前，人与熊住在一起	【鄂温克族】@［W6028.2.1.2］以前人和熊一起生活，一起追赶猎物
W6187.3.3.2	以前，人与蛇住在一起	【汉族】
W6187.3.4	人与多种动物住在一起	
W6187.3.4.1	人和豹子、野猪、水牛等在一起生活	【佤族】
W6187.3.4.2	远古，狮和人同坐，人和兽同居	【壮族】
W6187.3.4.3	重甲人同老虎、老熊、豹子、狮子一起过日子	【壮族】
W6187.3.5	人与虎住一起	
W6187.3.5.1	远古时候，有位聪明多智的男子与虎同处	【侗族】
W6187.3.6	人与其他特定动物住在一起	
W6187.3a	特定的人与动物住在一起	
W6187.3a.1	毛人与动物住在一起	

W 编码	母题描述	关联项
W6187. 3a. 1. 1	身上长毛的本茨汝与动物住在一起	【纳西族】
W6187. 4	人与动物杂居的结果	
W6187. 5	与人与动物杂居有关的其他母题	
W6187. 5. 1	人与动物的分居（人与动物分开）	【怒族】
W6187. 5. 1. 1	人与动物分居的原因	
W6187. 5. 1. 1. 1. 1	天神把人和野兽分开	【鄂温克族】
W6187. 5. 1. 1. 1. 1a	人神莫伟规定人和野兽分居	【佤族】
W6187. 5. 1. 1. 1. 2	人使用火后与动物分开	【纳西族】【怒族】【壮族】@［W6932］火是发明的
W6187. 5. 1. 1. 1. 3	人迁居后与野兽分居	【佤族】
W6187. 5. 1. 1. 1. 4	中界管理者让人与动物分居	
W6187. 5. 1. 1. 1. 4. 1	中界管理者为保护动物让人与动物分居	【壮族】
W6187. 5. 1. 1. 1. 5	因人伤害兽类使人与兽分开	【蒙古族】
W6187. 5. 1. 1. 1. 5. 1	布洛陀为避免人伤害动物，把人与动物分开	【壮族】
W6187. 5. 1. 1. 1. 6	动物害怕人与人分开	
W6187. 5. 1. 1. 1. 6. 1	野兽害怕被人捉到，与人分开	【佤族】
W6187. 5. 1. 2	人与特定动物分开	
W6187. 5. 1. 2. 1	人与龙的分家	
W6187. 5. 1. 2. 1. 1	人和龙是兄弟，因不愿意共在一块天地里分家	【纳西族】
W6187. 5. 1. 2. 2	人与猴子分开	
W6187. 5. 1. 2. 2. 1	因猴子又懒又馋，人与猴子分开	【藏族】
W6187. 5. 1. 2. 3	人与熊分开	
W6187. 5. 1. 2. 3. 1	母熊将孩子分为两半，一半为人，一半为熊	【鄂温克族】
W6187. 5. 2	人与动物不分	

W 编码	母题描述	关联项
W6187.5.2.1	人与熊合一	【鄂伦春族】
W6187.5.3	不同动物杂居	
W6187.5.3.1	熊虎同居一穴	【朝鲜族】
W6187.5.4	神与动物杂居	
W6187.5.4.1	仙姑与动物住一起	【汉族】
W6188	**人的分居**	
W6188.1	人以前群居	【满族】
W6188.1.1	远古时，人们群居在一起共同打猎	【汉族】
W6188.1.2	特定地点群居	
W6188.1.2.1	从前，黄河两岸的人们一块吃住，生活很幸福	【汉族】
W6188.2	家庭分居	
W6188.2.1	兄妹婚生1男1女后男人带着男孩，女人带着女孩各去一方	【傣族】
W6188.3	兄弟分居	【怒族】
W6188.4	子女分居	
W6188.4.1	子女分居后，男人留在原地女人远走	【高山族】
W6188.4.2	子女分居后，有的留在身边有的外出拓荒	【独龙族】
W6188.5	男女分居	【傣族】
W6188.5.1	以前男女杂居	
W6188.5.1.1	天神阿巴木比塔造的人开始时与野兽一样，不分男女，杂居在一起	【羌族】
W6188.5.2	男神女神分居	
W6188.5.2.1	12位女神跟妈住在元些（地名），12位男神同娘住在雅些（地名）	【瑶族（布努）】
W6188.5.3	男女分居在不同地方	

W 编码	母题描述	关联项
W6188. 5. 3. 1	太古时，支比嘎贡山居住着男性人类，兹扎古勒曼山居住着女性人类	【高山族（雅美）】
W6188. 6	其他分居的情形	
W6188. 7	与分居有关的其他母题	
* **W6189**	**人的居所的变化（住所的改变；迁居；迁徙）**	
W6190	**人的居所变化的原因**	
W6190. 1	人因为迁徙改变居所	【侗族】
W6190. 2	人因为灾难改变居所	【关联】①
W6190. 3	人因生产方式的改变迁居	
W6190. 3. 1	傣族祖先学会开荒种田后渐渐从森林的边缘移到小河边居住	【傣族】
W6190. 4	人根据季节变化居所	
W6190. 4. 1	人冬夏居所不同	【朝鲜族】@［W6180. 1. 1. 1］人夏巢居冬穴处
W6190. 5	人因婚姻迁居	
W6190. 5. 1	婚后另找居住地	
W6190. 5. 1. 1	女娲让造的孩子成双成对结婚后迁居不同地方	【藏族】
W6190. 5. 1. 2	婚后的居所“从妻居”	【中华民族】
W6190. 5. 1. 3	婚后的居所“从夫居”	【中华民族】
W6190. 6	人为安全变化居所	
W6190. 6. 1	人为安全从山洞迁到树上后又用大树建房	【仡佬族】
W6190. 7	因人口变化迁居	
W6190. 7. 1	因人口增多寻找新居所	【蒙古族】
W6190. 7. 2	因人口繁衍改变居住地点	

① ［W8100］洪水；［W8550］地震；［W8600］旱灾。

W 编码	母题描述	关联项
W6190.7.2.1	人口渐次繁多人无法再居树上，复返还山洞中	【傣族】
W6190.8	人因掌握特定技能变化居所	
W6190.8.1	会建房后人从山洞搬进房屋	【傣族】
W6190.8.1.1	黄帝带人在临水靠山的半坡上砍树造屋后，离开树杈和洞穴搬进新屋	【汉族】
W6190.9	人迁居的其他原因	
W6190.9.1	人发现生存的地方后迁居	
W6190.9.1.1	天上的人看到地上宜居就迁到地上	【哈尼族】
W6190.9.2	盘古让造出的人迁居四面八方	【汉族】
W6191	**人从地上到天上**	【德昂族】
W6191.1	人从地上到天上的原因	
W6191.1.1	被风吹上天	【德昂族】
W6191.1.2	人被织女接到天上	【仡佬族】
W6191.2	人居住天上的条件	
W6191.2.1	人死后要到天上	
W6191.3	人从地上到天上居住的情形	
W6191.4	特定的人从地上迁到天上	
W6191.5	与人从地上迁到天上居住有关的其他母题	
W6192	**人从天上迁到地上居住**	【仡佬族】@［W2025］人从天降
W6192.1	人下凡居住的原因	［W6190.9.1.1］天上的人看到地上宜居就迁到地上
W6192.1.1	人被赶下天堂	［W0106.3］神失乐园
W6192.1.1.1	安拉发落人祖和夏娃离开天堂	【哈萨克族】
W6192.1.2	人失天堂的原因	
W6192.1.2.1	受蛇引诱吃禁果后失去天堂	【回族】

W 编码	母题描述	关联项
W6192. 1. 2. 2	魔鬼引诱吃禁果	【回族】
W6192. 1. 2. 3	人祖和夏娃堕落被赶下天堂	【哈萨克族】
W6192. 1. 2. 3. 1	人类被妖怪诱骗吃禁果，被安拉赶出了天堂	【哈萨克族】
W6192. 1. 2. 4	亚当被诱食麦粒后污染了天堂，被天神赶下天堂	【维吾尔族】
W6192. 1. 2. 5	人在天堂大便污染了纯净的天堂，被安拉逐出天堂	【塔吉克族】
W6192. 1. 3	鸟把人衔到地上	【高山族】
W6192. 2	人下凡居住的情形	
W6192. 3	特定的人从天上迁到地上居住	
W6192. 4	与从天上迁到地上居住有关的其他母题	
W6193	**人从树上迁到地上居住**	【傣族】
W6193. 1	人从树上迁到地上居住的原因	
W6193. 1. 1	人在树上住不下时迁到山洞居	【傣族】
W6193. 1. 2	人发现树上难住，行动不方便，从树上搬到地上	【彝族（阿细）】
W6193. 1. 3	黄帝劝在树上结庐居住的人住到地上	【汉族】
W6193. 2	人从树上迁到地上居住的情形	
W6193. 2. 1	人从树上迁到地上的洞中居住	
W6193. 2. 1. 1	人从树上移到石洞中居住	【彝族（撒尼）】
W6193. 3	特定的人从树上迁到地上居住	
W6193. 3. 1	猎人夫妻从树上迁到地上居住	【怒族】
W6193. 3. 2	树上生活太不方便，黄帝率先在地面建设房屋	【中华民族】
W6193. 4	与人从树上迁到地上居住有关的其他母题	
W6194	**人由巢居变成穴居（巢居变穴居）**	［W6180. 1. 1］人有时巢居有时穴居

W 编码	母题描述	关联项
W6194.1	人巢居变穴居的条件	
W6194.2	人巢居变穴居的情形	
W6194.3	特定的人巢居变穴居	
W6194.4	与人巢居变穴居有关的其他母题	
W6194.4.1	冬穴夏巢	
W6194.4.1.1	三皇时代冬穴夏巢	【中华民族】
W6195	**人的草巢替代山洞（人巢居变为穴居）**	【汤普森】A1435.3
W6195.1	人巢居变穴居的条件	
W6195.1.1	祖先从森林边缘移到河边居住	【傣族】
W6195.2	人巢居变穴居的情形	
W6195.3	特定的人巢居变穴居	
W6195.4	与人巢居变穴居有关的其他母题	
W6196	**人从岩洞中搬出**	
W6196.1	人从岩洞迁出的条件	
W6196.1.1	人学会建房后从岩洞搬出	
W6196.1.1.1	舜作室，令民皆知去岩穴，各有家室	【汉族】
W6196.2	人从岩洞迁出的情形	
W6196.3	特定的人是从岩洞迁出的	
W6196.3.1	珞巴人从岩洞搬出来	【珞巴族】
W6196.4	与从岩洞迁出的有关的其他母题	［W6177.2］人住山洞（人住岩洞；人居岩穴；特定人物住山洞）
W6197	**人由树上巢居迁居山洞**	【傣族】
W6197.1	人由树上巢居迁居山洞的条件	
W6197.2	人由树上巢居迁居山洞的情形	
W6197.3	特定的人由树上巢居迁居山洞	
W6197.3.1	巢居于大树上五百家，傣族后来迁居山洞	【傣族】

W 编码	母题描述	关联项
W6197.4	与人由树上巢居迁居山洞有关的其他母题	
W6197a	**人的其他迁居情形**	
W6197a.1	人从海边迁移到了山上	【高山族】
W6197a.2	人从洞中迁居多地	【彝族】
W6197a.3	人从山洞中出，建寨居住	【傣族】
W6198	**与人的居所变化有关的其他母题**	
W6198.1	居所多次变化	
W6198.1.1	以前，人们居住在山洞里要几天搬一次家	【佤族】
W6198.2	迁居（搬家；乔迁新居）	【彝族】
W6198.2.1	搬家行“七出八进”之祭	
W6198.2.1.1	搬家行“七出八进”，“七出”意为“齐出”，“八进”意为“八面进财”	【彝族】
W6198.2.2	以前，人频繁搬家	
W6198.2.2.1	穴居时代的人几天搬一次家	【佤族】
W6198.2.3	特定人物乔迁新居	
W6198.2.3.1	女始祖密洛陀选吉日良辰搬入新家	【瑶族（布努）】
W6198.2.4	迁居的时间	
W6198.2.4.0	入新宅须择吉日、吉时	【侗族】
W6198.2.4.1	迁新居一般选在农历的腊月，忌在二月、八月迁居	【布依族】
W6198.2.4.2	搬家入宅的时间须在早上八九时之前	【侗族】
W6198.2.5	迁居的仪式（迁居习俗；搬迁新居的情形）	
W6198.2.5.1	搬家前要请布摩安家神	【布依族】

W 编码	母题描述	关联项
W6198.2.5.1.1	入宅时先安家神，后安家具	【侗族】
W6198.2.5.2	搬迁新居燃放鞭炮	【布依族】
W6198.2.5.3	搬迁新居时家主手捧家神或祖先牌位在先，其他人每人手持金钱财物在后依次入宅	【侗族】
W6198.2.5.4	迁进新居时要请麻吐、麻都来引火	【景颇族】
W6198.2.6	迁居后的善后	
W6198.2.6.1	乔迁之后为求平安富贵必须举一次家神祭拜	【侗族】
W6198.3	客居（寄宿）	
W6198.3.1	女子带孩子住娘家	
W6198.3.1.1	女子带孩子住娘家，父亲死后要离开	【壮族】
W6198.3.2	猎人异乡做客寄宿	【纳西族】
W6198.4	迁徙的情形	
W6198.4.1	迁徙时部分人留居途中	【苗族】
W6198.5	迁徙的终点	【苗族】
W6199	**与人的居住有关的其他母题（与人的住所有关的其他母题）**	【关联】①
W6199.0	人与多种物杂居	【关联】②
W6199.0.1	人与神、动物杂居	
W6199.0.1.1	古时候，天仙、凡人和龙同住一处	【布依族】
W6199.0a	特定群体的共同居住	
W6199.0a.1	神的共同居住	

① ［W0910.2］人死后魂归祖神居所（灵魂还乡）；［W5515］民族杂居；［W6180］与人的特定居所有关的其他母题。

② ［W6182］人神杂居（人与神共处；人鬼杂居）；［W6187］人与动物杂居（人和动物住在一起）。

W 编码	母题描述	关联项
W6199. 0a. 1. 1	天上住着天神和他的家族	【纳西族（摩梭人）】
W6199. 0a. 2	人的共同居住	
W6199. 0a. 2. 1	同姓的人住一处	【布依族】
W6199. 1	人的居住地的形成	
W6199. 1. 1	人受特定人物的指点找到居所	
W6199. 1. 1. 1	人的住处是神指点的	【佤族】
W6199. 1. 2	到祖先的地方居住	【基诺族】
W6199. 2	人得到属于自己的地方	【苗族】
W6199. 2. 1	婚后到一定地点定居	【独龙族】【瑶族】
W6199. 2. 2	婚后另找地方	【傈僳族】【怒族】
W6199. 3	特定时间的特定居住地（定居的时间）	
W6199. 3. 1	唐尧时，祖先定居在黄河流域的平原上	【汉族】
W6199. 3. 2	出现农耕后定居	【傣族】
W6199. 3. 3	人会使用火后定居	
W6199. 3. 3. 1	人用火赶跑野兽后定居	【苗族】
W6199. 3. 4	特定地域特定年代开始定居	
W6199. 3. 4. 1 *	今约 8000 年前后，太行山东麓进入了定居社会	【中华民族】
W6199. 4	居住的中心地	
W6199. 4. 1	景颇人把祖先宁冠哇摩甘和依若玛扎邦居住的地方称为“中心地”	【景颇族】
W6199. 5	动物的居所	
W6199. 5. 1	牲畜的居所	
W6199. 5. 1. 1	支格阿龙让牛羊马猪到人住的地方去住以防被虎狼吃掉	【彝族】
W6199. 5. 2	动物住树上	

W 编码	母题描述	关联项
W6199.5.2.1	猴子把树丫当房屋	【彝族】
W6199.5.3	动物各有其所	
W6199.5.3.1	以前，东海边是螃蟹居住的地方，西海边是鳗鱼居住的地方	【高山族】
W6199.5.4	动物杂居	
W6199.5.4.1	鱼龙同穴	【汉族】
W6199.5.4.2	以前，各种动物平等生活在一起，很快活	【汉族】
W6199.5.5	特定动物的居所	
W6199.5.5.1	猴子居山林	
W6199.5.5.1.1	猴子觉得不如人就迁进深山老林，把平坦的土地让给人居住	【汉族】
W6199.6	特定人物的居所	
W6199.6.1	鬼灵精怪的居住地	
W6199.6.1.1	天和地之间有个叫“拉门”的地方是鬼灵精怪居住的场所	【珞巴族】
W6199.6.2	国王的居所	
W6199.6.2.1	国王在河畔盖起一座皇宫	【汉族】@［W6209.7］宫（宫殿；宫室）
W6199.7	特定居所有特定的特征	
W6199.7.1	冰寒笼罩的居所	【哈尼族】
W6199.8	居所的失去（住所的消失）	
W6199.8.1	因灾难住所被毁	
W6199.8.1.1	大水淹没了人居住的洞穴	【汉族】
W6199.9	人的居住的其他情形	
W6199.9.1	独居者	【珞巴族】@［W6177.2.3.9.2］孤儿独居山脚下的一个岩洞里

W 编码	母题描述	关联项
◎	〖房屋建筑〗	
* **W6200**	**建筑（房屋的产生；房屋建筑；建房子；盖屋）**	
W6201	**以前不会建房（以前没有房屋）**	【汉族】【景颇族】【苗族】【壮族】@［W6177.2.0.4］兄妹俩下凡后没有房子，就住在岩洞里
W6201.1	最早产生的人如同鸟兽不会建房	【汉族】【阿昌族】
W6201.1a	以前，中界的人不会建房	【壮族】
W6201.1b	古时候，人跟野兽差不多，没有房子	【汉族】
W6201.2	神不知建房屋	
W6201.2.1	天神的父母不知建筑方法	【彝族】
W6201.3	最古老时，人类无房，祖先无家	【布依族】
W6201.4	以前，人靠捕猎生活时没有房子	【汉族】
W6201.5	开天辟地时，天底下没房子	【汉族】
W6202	**房屋产生的原因（建房的原因；造房屋的原因）**	［W6160］人的居所的产生
W6202.1	为避禽兽造屋	
W6202.1.1	古时禽兽多而人民少，民皆巢居以避之	【汉族】
W6202.1.2	有巢氏盖房避免禽兽蛇虫的侵害	【汉族】
W6202.2	为避寒冷造屋（建房避风寒）	
W6202.2.1	圣人造宫室以蔽风雨寒暑	【汉族】
W6202.2.2	天神教人建房避风寒	
W6202.2.2.1	天神教人们搭撮罗（仙人柱）以避风寒	【鄂伦春族】
W6202.2.3	为遮风雨造房屋	【汉族】
W6202.3	为避灾难造屋	
W6202.4	为生育建房子	

W 编码	母题描述	关联项
W6202.4.1	学会做房子后，生的孩子才能成活	【佤族】
W6203	**建房时间（房子产生的时间；房屋出现的时间）**	
W6203.1	开天辟地时出现房子	
W6203.2	人类产生时出现房子	
W6203.3	特定的时代产生房子	
W6203.3.1 *	到周朝时开始建房	【汉族】
W6203.3.2	尧王时，无数房子才盖起来	【汉族】
W6203.4	建房的时间（造房的时间）	
W6203.4.1	建房时间的产生（造房子时间的选择）	
W6203.4.1.1	特定人物确定建房时间	
W6203.4.1.1.1	请择日先生择吉祥日子动工建房	【瑶族】
W6203.4.1.1.2	建新房未动工前须请本族布摩推算动土吉日	【布依族】
W6203.4.1.2	起家盖屋要选择一个好日子	【汉族】
W6203.4.2	特定的建房时间	
W6203.4.2.1	建房吉时都选在天亮时分	【布依族】
W6203.4.3	人掌握特定生产方式后建房	
W6203.4.3.1	人学会农耕后建房	【瑶族】
W6203.4.4	特定的时代建房	
W6203.4.4.1	尧时建房	
W6203.4.5	房屋产生的其他时间	
W6203.4.5.1	盘古开天辟地后开始建房	【瑶族（红瑶）】
W6203.4.6	建房时间禁忌	
W6203.4.6.1	风水先生告诉人，太岁老爷路过之年忌建房	【汉族】
W6203.4.6.2	特定建房部件要择日制作	【壮族】

W 编码	母题描述	关联项
W6203. 4. 6. 3	建房春不伐木，秋冬砍树	【壮族】
W6203. 4. 7	与建房时间有关的其他母题	【汉族】
W6204	**建房的地点（造屋地点）**	
W6204. 0	建房地点的选择	
W6204. 0. 1	建房时讲究风水	
W6204. 0. 1. 1	房屋落点和朝向的选择要依据主人的生辰八字	【布依族】
W6204. 0. 1. 2	阴阳先生看宅基地	【布依族】
W6204. 0. 1. 3	在龙头上建房能子孙兴旺，代代出官	【汉族】
W6204. 0. 2	建房选高处	
W6204. 0. 2. 1	房子建在高处可以防海水袭击	【高山族】
W6204. 0. 2. 2	建房选临水的高岗	【汉族】
W6204. 0. 3	根据动物的行为选择建房地点	
W6204. 0. 3. 1	牛经常滚卧的地方，或放牛出圈任其自行停下来的地点，作为建房吉地	【侗族】
W6204. 1	房屋建在天上	
W6204. 2	房屋建在山上	
W6204. 2. 1	在山岩下建房	
W6204. 2. 1. 1	女祖先安木拐学岩燕在崖下筑偏厦	【佤族】
W6204. 3	房屋建在林中	
W6204. 3. 1	天上九兄弟树林当中盖了九间房	【彝族】
W6204. 3. 2	炎帝榆罔在高山密林建房屋	【中华民族】
W6204. 4	房子建在树上（树屋）	【汉族】
W6204. 4. 1	搭建在树上的住房称“新阿当”	【独龙族】
W6204. 4. 2	为避猛兽把房舍搭在树间	【汉族】
W6204. 4. 3	炎帝榆罔带着部众在树上构木为屋	【中华民族】

W 编码	母题描述	关联项
W6204.4.4	姬轩辕的房子修建在树上	【中华民族】
W6204.5	房屋建在地上	
W6204.5.1	黄帝认为房子建树上不方便，改为建在地上	【汉族】@［W6193.3.2］树上生活太不方便，黄帝率先在地面建设房屋
W6204.5.2	在平原上建房	
W6204.5.2.1	黄帝教导人民在平原上建房	【中华民族】
W6204.6	建房的其他地点	
W6204.7	与建房地点有关的其他母题	
W6204.7.1	建房地点的变化	
W6204.7.1.1	建房从树上移到地上	【汉族】
W6205	**房屋的建造者（建房者；房屋的发明者；建房的传授者；建房的发明者；造屋者）**	
W6205.1	神或神性人物创造房屋	【汤普森】≈A1402
W6205.1.1	神建房（神教人造房屋）	
W6205.1.1.1	恩都力天神教人建房子	【鄂伦春族】@［W6202.2.2.1］天神教人们搭撮罗（仙人柱）以避风寒
W6205.1.1.2	天公教人建房子	【阿昌族】
W6205.1.1.3	老天爷造房	
W6205.1.1.3.1	老天爷为盘古爷和盘古奶造的新房	【汉族】
W6205.1.1.4	天神厄莎在造人前建房子	【拉祜族】
W6205.1.1.4a	天神厄莎教人盖屋	【拉祜族】
W6205.1.1.5	匠神造房屋	
W6205.1.1.5.1	匠神洛班炯公为人类造房屋	【瑶族】
W6205.1.2	祖先建房（文化始祖造房屋）	【白族（勒墨）】【壮族】

W 编码	母题描述	关联项
W6205. 1. 2. 1	女祖先教子孙造的“鸟巢”又小又不牢	【佤族】
W6205. 1. 2. 2	洪水后的人祖兄妹夫妻发明盖房子	【傈僳族】
W6205. 1. 2. 3	男始祖遮帕麻教人盖房子	【阿昌族】
W6205. 1. 2. 4	女祖先密洛陀造房	【瑶族】
W6205. 1. 2. 4a	女祖先安木拐教子孙造的“鸟巢”	【佤族】
W6205. 1. 2. 5	男始祖布洛陀教人建房	【壮族】
W6205. 1. 2. 6	伏羲造屋	
W6205. 1. 2. 6. 1	伏羲命大庭居龙氏造屋庐	【中华民族】
W6205. 1. 2. 7	神农造屋	
W6205. 1. 2. 7. 1	神农教人在平原地带盖起简陋的房屋	【汉族】
W6205. 1. 3	有巢氏发明造屋（有巢氏建房子；有巢氏教人建房）	【汉族】【毛南族】【畲族】@［W6202. 1. 2］有巢氏盖房避免禽兽蛇虫的侵害
W6205. 1. 3. 1	有巢氏发明建窑洞	【汉族】@［W6177. 6. 1. 2. 2］有巢氏发明窑洞
W6205. 1. 3. 1. 1	有巢氏受老虎钻洞的启示发明窑洞	【汉族】
W6205. 1. 3. 2	有巢氏发明建木棚	【汉族】@［W6207. 2. 2. 1. 2. 1］有巢氏受鸟会用树枝儿搭窝的启发学会用木棍搭窝
W6205. 1. 3. 3	有巢氏教人用断木、树枝胡乱搭成房屋	【水族】
W6205. 1. 3. 4	有巢氏教人编篱笆围成房屋	【水族】
W6205. 1. 3. 5	有巢氏架雀巢，蔽雨晴	【汉族】
W6205. 1. 3. 6	有巢氏把小树架在大树丫枝上做成鸟巢的样子	【汉族】@［W6207. 2. 2. 1. 2］人从鸟做巢知道了盖房
W6205. 1. 3. 6. 1	有巢氏爬受鹰巢的启发，找些木棍、树枝搭成一个结实的巢	【汉族】

W 编码	母题描述	关联项
W6205.1.4	圣人教人造屋（圣人发明造屋；能人建房）	
W6205.1.4.1	圣人筑土构木以为宫室	【汉族】
W6205.1.4.2	建房始祖能人然黑	【哈尼族】
W6205.1.5	舜教人造屋（舜建房）	
W6205.1.5.1	舜作室筑墙茨屋	【汉族】
W6205.1.5.2	舜王与舜王奶建房	【汉族】
W6205.1.5a	炎帝教人造房屋	
W6205.1.5a.1	炎帝教人造土（土坯）木结构、石木结构的住房和窑洞式的居室	【汉族】
W6205.1.5b	黄帝造房屋	【汉族】
W6205.1.5b.1	轩辕黄帝根据天书的启示发明房屋	【汉族】
W6205.1.5c	尧造屋	
W6205.1.5c.1	尧王手下有个专管修建房屋的人叫普安	【汉族】
W6205.1.5d	大禹造屋	【中华民族】
W6205.1.6	神仙建房	
W6205.1.6.1	天上神仙李老君建房	【汉族】
W6205.1.7	其他神或神性人物造房屋	［W0667.5］巨人是建造师
W6205.1.7.1	洪水制造者路帕的女儿为洪水幸存者建房子	【傈僳族】
W6205.1.7.2	帕颇（神名）盖房	【彝族】
W6205.1.7.3	伏羲女娲教人建房屋	【中华民族】@［W6177.0.7］女娲教人搭起巢穴
W6205.1.7.4	第一对夫妻神最早建房屋	【傣族】
W6205.2	特定的人造房子	
W6205.2.1	特殊来历的人造房子	
W6205.2.1.1	神蛋孵出工匠制造房子	【哈尼族】
W6205.2.1.1a	神蛋生的工匠教会人建房子	【哈尼族】

W 编码	母题描述	关联项
W6205. 2. 1. 2	葫芦生兄妹俩，妹妹教人盖房子	【佤族】
W6205. 2. 2	首领教人造房子	【佤族】【壮族】@［W5030］首领
W6205. 2. 2. 1	首领保洛陀教人造房屋	【壮族】
W6205. 2. 3	鲁班造房子	【汉族】@［W0768. 20］鲁班
W6205. 2. 3. 1	鲁仙（即汉族鲁班）造屋	【毛南族】
W6205. 2. 3. 1a	建房时木工中领班的仿照鲁班称之为“堂班”	【汉族】
W6205. 2. 3. 2	鲁班监工天上建百仙庆寿殿	【汉族】
W6205. 2. 3. 3	盘古王派鲁班给人造房子	【布依族】
W6205. 2. 3a	鲁班和张佐造房子	【汉族】
W6205. 2. 4	共鼓造屋	
W6205. 2. 4. 1	黄帝的大臣共鼓教民造屋	【汉族】@［W6217. 2. 2. 1］黄帝的大臣共鼓受洪水中空心树启发造船
W6205. 2. 5	能工巧匠是建房者	
W6205. 2. 5. 1	能工巧匠小个子阿烟盖房子	【哈尼族】
W6205. 2. 5. 2	能人姜央造房	【苗族】
W6205. 2. 6	老人造房	
W6205. 2. 6. 1	聪明的老头子用木头在树蔸间搭起了三脚架，架上了横条，上面盖上树叶、茅草，成了房子	【壮族】
W6205. 2. 7	父亲教子建房	
W6205. 2. 7. 1	阿爸临走时留给儿子一把大砍刀，要他砍树种地盖房子	【拉祜族】
W6205. 2. 8	众兄弟造房	
W6205. 2. 8. 1	密洛陀的九个儿子造房子	【瑶族】
W6205. 2. 9	其他特定的人作为建房者	
W6205. 2. 9. 1	盘古皇请主匠盖房	【瑶族】
W6205. 2. 9. 2	姜氏太婆生的 6 个儿女建房	【瑶族（红瑶）】

W 编码	母题描述	关联项
W6205.2.9.3	一个叫帕雅桑木底的人发明盖房子	【傣族】
W6205.2.9.4	龙族两兄妹盖房屋	【汉族】
W6205.3	动物是建房者（动物是建筑师）	［W6207.2.2］模仿动物造房屋（受动物启发学会建房）
W6205.3.1	蜜蜂是建筑师	【汉族】
W6205.4	其他建房者	
W6205.4.1	盘古夫妇带领众男女修建房屋	【壮族等】
W6205.5	与建房者有关的其他母题	
W6205.5.1	建房始祖	
W6205.5.1.1	白宏人传说中的建房始祖能人然黑	【哈尼族】@［W6206.5.1.1］建房始祖然黑用山茅草盖房
W6205.5.2	多人共同配合建房	
W6205.5.2.1	二哥扛撑杆，小弟拿绳索，大哥用锤共同盖成一栋妈妈房	【苗族】
W6205.5.2.2	鲁班和张佐合作建房	【汉族】
W6205.5.3	建房的帮助者（特定人物帮助建房造屋）	【汉族】
W6205.5.3.1	动物作为建房的帮助者	【傣族】
W6205.5.4	建筑大师	
W6205.5.4.1	建筑大师眨眼工夫能建好一座高楼大厦	【汉族】
W6206	**建房的材料（建筑材料；盖房子的材料）**	
W6206.1	建筑材料的来历（建房的材料的产生）	
W6206.1.1	建筑材料在特定地方	
W6206.1.2	特定人物给人建房的材料	【壮族】
W6206.1.2.1	神给人建房的材料	
W6206.1.2.2	神性人物给人建房的材料	

W 编码	母题描述	关联项
W6206. 1. 2. 3	特定的人给人建房的材料	
W6206. 1. 2. 4	动物给人建房的材料	
W6206. 1. 2. 4. 1	用动物奉献的身上的东西造房	【傣族】
W6206. 2	土作为建房材料	
W6206. 3	石头作为建房材料	
W6206. 3. 1	红沙石是建筑的好材料	【白族】
W6206. 3. 2	石灵山的奇怪石头做建宫殿材料	【满族】
W6206. 4	树木作为建房材料（树木作为建材；用木头建房子；用树建房）	
W6206. 4. 1	树作为建房材料	
W6206. 4. 1. 1	大树作为建房材料	【仡佬族】@［W6190. 6. 1］人为安全，从山洞迁到树上后，又用大树建房
W6206. 4. 1. 2	建房始祖然黑用圆木和枝条盖房	【哈尼族】
W6206. 4. 1. 3	密洛陀教后代砍树造房	【瑶族】
W6206. 4. 1. 4	选特定的树作为建房材料	【拉祜族（苦聪）】
W6206. 4. 1. 5	樵夫上山砍树盖房子	【苗族】
W6206. 4. 1. 6	轩辕让老百姓砍树盖房	【汉族】
W6206. 4. 1. 6a	黄帝砍树造屋	
W6206. 4. 1. 6a. 1	黄帝和大臣力牧、大鸿、共鼓等教化桥山群民在临水靠山的半坡上砍树造屋	【汉族】
W6206. 4. 2	松树作为建房材料	
W6206. 4. 3	竹子作为建房材料（用竹子建房）	
W6206. 4. 3. 1	建房时用水竹作柱，用楠竹作箍	【布依族】
W6206. 4. 4	用其他特定的树建房	
W6206. 4. 5	用多种树木建房	
W6206. 4. 5. 1	祖先用栗树、东瓜树、花枇树、黄竹、茅草等建房	【拉祜族】

W 编码	母题描述	关联项
W6206.4.6	用树的特定部分建房	
W6206.4.6.1	用树干和树叶盖房	【黎族】
W6206.4.6.1.1	用栗叶搭成房	【白族】
W6206.5	草作为建房材料	
W6206.5.1	山茅草作为建房材料	
W6206.5.1.1	建房始祖然黑用山茅草盖房	【哈尼族】
W6206.5.2	聪明人告诉人房子应该盖茅草	【景颇族】@［W6208.9.6.2］用茅草铺房顶
W6206.5.3	用草盖房子	【佤族】
W6206.5.3.1	因草像针一样刺人，人就把草拿来盖房子	【佤族】
W6206.5a	其他特定植物作为建房材料	
W6206.5a.1	用椰叶和椰树建房	
W6206.5a.1.1	洪水后幸存的兄妹俩在五指山上用椰叶和椰树盖起一座大房子	【黎族】
W6206.5a.2	用蒿枝杆和木棒建房子	【苗族】
W6206.5a.2.1	地下的棒头人用蒿枝杆盖房子	【苗族】
W6206.5a.3	用芦苇建房子	【西北古代民族】@［W6208.9.2.1.1］用芦苇做墙壁
W6206.5a.3.1	芦苇秆作为建房材料	
W6206.5a.3.1.1	芦苇秆编成一块块苇棚搭起房屋	【壮族】
W6206.5a.4	树叶和茅草作为建房材料	【傣族】
W6206.6	自然物作为建房材料	
W6206.6.1	用珊瑚、玛瑙、翡翠、珍珠筑仙螺宫	【汉族】
W6206.7	人造物作为建房材料	
W6206.7.1	砖瓦（瓦的产生）	
W6206.7.1.1	头人教人打砖烧瓦	【壮族】
W6206.7.1.2	女祖先姆洛甲教人造瓦	【壮族】@［W6257.2.1.1］祖婆母勒甲教人用火炭烧土块制作缸瓦碗碟

W 编码	母题描述	关联项
W6206. 7. 1. 3	盘古死后手指甲变成瓦片	【白族】
W6206. 7. 1. 4	尧帝的手下普安教人烧制砖瓦	【汉族】
W6206. 7. 1. 5	砖瓦产生的其他情形	
W6206. 7. 1. 5. 1	烧土坯成砖	【汉族】
W6206. 7. 1. 5. 2	人拜天上神仙李老君为师，学会做砖瓦	【汉族】
W6206. 7. 1. 5. 3	窑中发现瓦	【汉族】
W6206. 7. 1. 5. 4	树叶做瓦片	【彝族】
W6206. 7. 1. 5. 5	割下篙草做瓦	【中华民族】
W6206. 7. 1. 6	砖瓦的特征	
W6206. 7. 1. 6. 1	砖瓦很实用	
W6206. 7. 1. 6. 1. 1	瓦片代替原来房顶上的茅草，不但美观长期的冲刷	【汉族】
W6206. 7. 1. 7	特定的砖瓦	
W6206. 7. 1. 7. 1	金瓦	【汉族】
W6206. 8	其他特定物作为建房材料	
W6206. 8. 1	多种材料作为建房材料	【彝族】
W6206. 8. 1. 1	姐弟俩剥下龙皮盖房子，取下龙骨来做梁柱	【瑶族】
W6206. 8. 1. 2	密洛陀用树木和茅草造房子	【瑶族】
W6206. 8. 1. 3	建房时用铜做门，用铁做柱	【瑶族（红瑶）】
W6206. 8. 1. 4	用多种动物的特定肢体建房子	【傣族】
W6206. 8. 1. 5	黄帝用泥土、石头和树木造房屋	【中华民族】
W6206. 8. 2	造房刷银水	【瑶族】
W6206. 8. 3	动物作为建房材料	
W6206. 8. 3. 1	用动物的肢体作为建房材料	
W6206. 8. 3. 1. 1	用龙的肢体建房	【瑶族】
W6206. 8. 3. 1. 1. 1	剥下龙皮盖房子，取下龙骨来作梁柱	【瑶族】

W 编码	母题描述	关联项
W6206.9	与建筑材料有关的其他母题	
W6207	**建筑方法（建房的方法；建房方法的获得）**	【汤普森】≈A1445
W6207.1	特定人物教人建房方法（特定人物的建房方法）	
W6207.1.1	神指点人造房屋	
W6207.1.1.1	天公遮帕麻教孩子们盖房子	【阿昌族】
W6207.1.1.2	天神告知建房的模型	【傣族】
W6207.1.2	神性人物教人造房子	
W6207.1.2.1	黄帝教人建房（轩辕教人造房屋）	【汉族】@［W6206.4.1.6］轩辕让老百姓砍树盖房
W6207.1.2.1a	黄帝的部下共鼓和货狄教民造屋	【汉族】@［W6205.2.4.1］黄帝的大臣共鼓教民造屋
W6207.1.3	特定的人教人造房	
W6207.1.3.1	祖先教人造房	
W6207.1.3.1.1	布洛陀教人造房子	【壮族】@［W6208.9.7.2.1.1］祖公布洛陀教人类建4根柱的房子
W6207.1.3.2	成造氏教人掌握筑屋居住之法	【朝鲜族】
W6207.1.3.3	首领教人造房子	
W6207.1.3.3.1	首领达摆卡木手把手教人们学会盖房子	【佤族】
W6207.1.3.3.2	头人卜伯教人建造房屋	【壮族】
W6207.1.3.4	能工巧匠的建房方法	
W6207.1.3.4.1	能工巧匠阿烟盖房子有一根柱子在中间，底上有四只脚	【哈尼族】
W6207.1.4	动物教人造房	
W6207.1.4.1	人向猪学会造房	
W6207.1.4.1.1	始祖向老母猪学做窝	【佤族】

W 编码	母题描述	关联项
W6207. 1. 4. 2	人从鸟那里学会造屋	【普米族】@［W6207. 2. 2. 1. 1］始祖向鸟雀学在树根处架窝
W6207. 1. 4. 3	昆虫教人建造房屋	
W6207. 1. 4. 3. 1	人从蜂那里学会造屋	【汤普森】A1445. 2. 2
W6207. 1. 4. 3. 2	人从蜘蛛那里学会造屋	【佤族】
W6207. 1. 4. 4	多种动物教人造房子	
W6207. 1. 4. 4. 1	山蚂蚁和斑鸠教会建房	【普米族】
W6207. 1. 4. 5	从其他动物那里学会造屋	
W6207. 1. 4. 5. 1	人向燕子学做窝	【白族】
W6207. 2	通过模仿建房子（人受到启发学会建房）	
W6207. 2. 1	模仿神的住处造房子	
W6207. 2. 2	模仿动物造房屋（受动物启发学会建房）	【景颇族】@［W6109. 3］动物教人纺纱（受动物启发学会纺纱）
W6207. 2. 2. 1	人模仿鸟建造房子	
W6207. 2. 2. 1. 1	始祖向鸟雀学在树根处架窝	【佤族】
W6207. 2. 2. 1. 2	人从鸟做巢知道了盖房	【景颇族】@［W6208. 3. 4. 2. 3］人仿照斑鸠做窝用小竹子放楼楞
W6207. 2. 2. 1. 2. 1	有巢氏受鸟会用树枝儿搭窝的启发，学会用木棍搭窝	【汉族】@［W0750］有巢氏
W6207. 2. 2. 1. 2. 2	一个人从树洞的鸟窝子得到启发在树上造起窝子	【汉族】
W6207. 2. 2. 1. 2. 2. 1	有巢氏爬到树上看鸟窝后，用些木棍找个地方搭起窝来	【汉族】@［W6208. 1. 4. 2. 1］有巢氏看到老虎挖洞后，发明了窑洞
W6207. 2. 2. 1. 3	人受燕子的启发学会造屋	【佤族】
W6207. 2. 2. 1. 3. 1	人见到山上岩燕做巢，学会盖草屋	【佤族】@［W6251. 2. 2］仿照燕子垒窝造器皿

W 编码	母题描述	关联项
W6207.2.2.1.4	人受岩雁做巢的启发学会造屋	【佤族】@［W6207.2.2.1.2］人从鸟做巢知道了盖房
W6207.2.2.2	仿照蝼蛄打洞造房	【侗族】
W6207.2.2.3	受海螺启发造屋	【布依族】
W6207.2.2.4	仿照龙宫建房子	
W6207.2.2.4.1	鲁班仿照龙宫建房子	【布依族】
W6207.2.2.5	受树叶挡雨的启发建房	【傣族】
W6207.2.3	模仿特定对象造房子的某个构件	
W6207.2.3.1	鲁班见水怪死在屋顶上样子好看，就把五脊六兽鲫鱼海马等雕刻在屋顶	【汉族】
W6207.2.3.2	傣家竹楼的屋架不少部件名称源于仿照一些动物肢体的名称	【傣族】
W6207.2.3.3	仿照狗坐的样子建房	【傣族】
W6207.2.3.4	仿照鹿的四肢立房子的支柱	【普米族】
W6207.2a	学习造房子	
W6207.2a.1	到特定地点学习建房方法	
W6207.2a.1.1	外出学习建房方法	【景颇族】
W6207.2a.1.2	到月宫学习建房方法	【汉族】
W6207.3	通过特定方法造房屋	
W6207.3.1	通过巫术制造房屋（用法术建房）	
W6207.3.1.1	魔法变出房屋	［W9000］魔法
W6207.3.1.1.1	天仙阿幸用白玉簪画的长方形变成一幢新房子	【水族】
W6207.3.1.2	女子阿弓玛会用法术建筑房屋	【傈僳族】
W6207.3.1.3	龙女甩 3 下袖子出现楼阁	【汉族】
W6207.3.2	吐丝造房屋	
W6207.3.2.1	好汉叫修狃口吐丝儿造仓屋	【苗族】

W 编码	母题描述	关联项
W6207. 3. 3	建房有特定仪式	【关联】①
W6207. 3. 3. 0	建房择屋基、择吉日、建屋基、架马、立柱、上梁、钉大门等均有仪式	【布依族】@［W6208. 9. 5. 3］上梁
W6207. 3. 3. 0a	立房仪式有立柱、钉梁、缠梁、包梁、发梁、抛梁粑、祭梁、压梁、钉门、踩门、开财门等	【民族，关联】②
W6207. 3. 3. 1	建筑开工仪式	【布依族】
W6207. 3. 3. 1. 1	建房时祭祀特定人物	【布依族】
W6207. 3. 3. 1. 1. 1	立房当日的清早，木匠师傅在堂屋中的神龛处设案祭祀鲁班先师和祖宗（祭先）	【布依族】
W6207. 3. 3. 1. 2	木匠建造及其他兴工开辟地基等事先要起水	【侗族】
W6207. 4	建房具体方法	
W6207. 4. 1	砍伐木料	［W6206. 4］树木作为建房材料（树木作为建材；用木头建房子；用树建房）
W6207. 4. 1. 1	砍伐方法的获得	
W6207. 4. 1. 1. 1	受动物的启发学会砍伐	
W6207. 4. 1. 1. 1. 1	受竹鼠吃竹根的启发学会砍竹子	【景颇族】
W6207. 4. 1. 2	发明锯后开始砍伐	［W6090. 1］锯的产生
W6207. 4. 1. 3	搭木造屋	【布依族】
W6207. 4. 2	建房手艺	
W6207. 4. 2. 1	木工制作手艺的获得	【汤普森】A1445. 2；［W6076. 5］木匠
W6207. 4. 3	打地基	
W6207. 4. 3. 1	占卜确定打地基日子	【布依族】

① ［W6208. 9. 3. 4. 2］钉门仪式；［W6208. 9. 5. 3. 1］上梁仪式（上梁前的仪式；上梁特定的仪式）。

② 【布依族】@［W6208. 9. 3. 4. 2］钉门仪式（安门仪式）；［W6208. 9. 3. 4. 2. 2］新建房子立大门仪式称踩财门（开财门）；［W6208. 9. 5. 3. 1. 6］上梁时抛宝梁粑；［W6208. 9. 7］房屋的柱子（房屋的支柱；房屋立柱）。

W 编码	母题描述	关联项
W6207.4.4	架梁	［W6208.9.5.3］上梁
W6207.4.4.1	祖先看见蛇横架在树枝上学会架梁	【景颇族】
W6207.4.5	搭手脚架	
W6207.4.5.1	神农让臣民们砍木杆、割藤条，靠着山崖搭成手脚架	【汉族】
W6207.4.5.2	神农氏为采草药用树杆搭成爬悬岩的架子	【汉族】
W6207.4.5.3	盖楼房用的脚手架源于神农	【汉族】
W6207.4.5.3a	脚手架源于炎帝榆罔当年搭建的木梯架	【中华民族】
W6207.4.6	建房使用多种方法	
W6207.4.6.1	枋子穿进榫子框，东西榫框套穿枋，再把椽皮来订上，盖成一栋妈妈房	【苗族】
W6207.4.6.2	在地上挖了个大坑，上面搭上木头、柴草当房子	【汉族】
W6207.4.7	建房时举行特定活动	
W6207.4.7.1	建房时歌舞	
W6207.4.7.1.1	建房时唱房歌	【傣族】
W6207.5	与建房方法有关的其他母题	
W6207.5.0	建房的方向（房屋走向）	
W6207.5.0.1	房屋要顺河而建	【侗族】
W6207.5.1	房子中间有一根柱子，底上有四只脚	【哈尼族】
W6207.5.2	建房禁忌（盖房子的禁忌；房屋样式禁忌）	
W6207.5.2.1	盖地房仪式时，忌女子纺织	【基诺族】
W6207.5.2.2	忌用特定树木建房	
W6207.5.2.2.1	忌用白桦和榆木盖房子	【达斡尔族】

W 编码	母题描述	关联项
W6207. 5. 2. 3	建土墙房或立木架屋，动土当天忌有人在现场哭	【仡佬族】
W6207. 5. 2. 4	特定人物有特定的建房禁忌	
W6207. 5. 2. 4. 1	杨姓侗家忌住五柱七瓜的房屋，因其是“虎坐形屋”	【侗族】
W6207. 5. 3	以前建房方法与现在不同	
W6207. 5. 3. 1	以前建房从高处往低处垒	【汉族】
W6207. 5. 3. 2	以前，泥瓦匠干活全凭两只手	【汉族】
W6207. 5. 4	房屋维修（翻盖房屋）	
W6207. 5. 4. 1	翻盖房屋时要用红纸写上“姜太公在此，诸神退位”几个字	【汉族】
W6207. 5. 5	房屋的稳固	
W6207. 5. 5. 1	通过支撑物稳固房屋	
W6207. 5. 5. 1. 1	叶日用（龙姑娘）教人做房屋的顶角	【佤族】
W6207. 5. 6	房屋的改善（房屋的改造）	
W6207. 5. 6. 1	改造房屋提升功能	
W6207. 5. 6. 1. 1	改造房屋以抵御风雨、野兽、潮湿	【汉族】
W6207a	**建房过程（建房环节）**	
W6207a. 1	建房有特定的环节	
W6207a. 1. 1	建房包括选材备料、做墙壁、铺楼板、造椽子、修房角等环节	【拉祜族】
W6207a. 1. 1. 1	铺竹板	
W6207a. 1. 1. 1. 1	人受江中流水启发学会盖房子时铺竹板	【景颇族】
W6207a. 1. 1. 2	铺地	
W6207a. 1. 1. 2. 1	受野猪窝启发学会建房铺茅草	【景颇族】
W6207a. 1. 1. 2. 2	受野牛皮启发学会铺茅草	【景颇族】
W6207a. 2	建房前的准备	
W6207a. 2. 1	建房前仪式	

W 编码	母题描述	关联项
W6207a. 2. 1. 1	建房前祭祀	【关联】①
W6207a. 2. 1. 1. 1	建房前祭土地神	【藏族】
W6207a. 2. 1. 1. 1. 1	建房前求五方土神保佑	【彝族】
W6207a. 2. 1. 2	盖新房要举行“开财门”巫术仪式	【傈僳族】
W6207a. 2. 1. 3	建房时立神的排位	【侗族】
W6207a. 2. 1. 4	建房时请示祖先神	【壮族】
W6207a. 2. 1. 5	建房时向祖先赎土地	
W6207a. 2. 1. 5. 1	建房时向图腾祖先赎土地	【蒙古族（布里亚特）】
W6207a. 2. 2	建房前占卜	【壮族】
W6207a. 2. 2. 1	建房前用鸡占卜吉凶	【侗族】
W6207a. 3	建房过程中的具体事象	
W6207a. 3. 1	建房特定的环节要举行特定仪式	
W6207a. 3. 1. 1	建新房立中柱时大木匠要举行测定是否吉利的巫术	【纳西族】
W6207a. 4	建房后的事象	
W6207a. 4. 1	建房后祭祀	
W6207a. 4. 1. 1	建房后祭特定的神	
W6207a. 4. 1. 1. 1	房屋建成后要把祭祀以求土地神和龙神宽恕	【白族】
W6207a. 4. 1. 2	建房后在屋子的四角放祭品祭祀	【彝族】
W6207a. 4. 2	上新房仪式	
W6207a. 4. 2. 1	父亲去世后有梦兆是举行上新房仪式的首要条件	【基诺族】
W6207a. 4. 2. 2	上新房仪式的第二天晚上举行敬酒仪式	【基诺族】
W6207b	**房屋产生的其他方式**	
W6207b. 1	房屋源于特定地方	
W6207b. 1. 1	飞来的房子	［W6226. 2. 1］飞来桥

① ［W6487. 7. 8］狩猎前祭祀；［W6487. 7. 9. 1］特定的行业生产前祭祀。

W 编码	母题描述	关联项
W6207b. 1. 2	大岩石中缝裂开现出一间宽敞的洞房	【水族】
W6207b. 2	变化产生房子（房屋是变化产生的）	【关联】①
W6207b. 2. 1	特定物变化成房子	
W6207b. 2. 1. 1	老天爷降下的天书落地变成一片房子	【汉族】
W6208	**特定的房屋（房子的种类；房屋的类型）**	
W6208. 1	洞屋（洞穴）	［W6177］人穴居（人居洞中；人住洞中；人住穴中；人住洞穴）
W6208. 1. 1	洞屋的产生（洞穴屋的来历）	
W6208. 1. 1. 1	挖洞为屋	
W6208. 1. 1. 1. 1	洞穴是地母神身上的肉窝窝	【满族】
W6208. 1. 2	洞屋的特征	
W6208. 1. 3	洞屋的建造方法	
W6208. 1. 4	特定类型的洞屋（洞屋的类型）	［W6207. 2. 2. 1. 5］仿照蝼蛄打洞造房
W6208. 1. 4. 1	岩洞	
W6208. 1. 4. 2	窑洞	［W6177. 6］人住窑洞
W6208. 1. 4. 2. 1	有巢氏看到老虎挖洞后，发明了窑洞	【汉族】@［W6205. 1. 3. 1］有巢氏发明建窑洞
W6208. 1. 5	特定名称的洞	
W6208. 1. 5. 1	虚妙洞	
W6208. 1. 5. 1. 1	昊天圣母的三个儿子在虚妙洞中长大	【汉族】
W6208. 1. 6	与洞屋有关的其他母题	
W6208. 2	草屋（草房；茅草房；茅庵）	

① ［W6207. 3. 1］通过巫术制造房屋（用法术建房）；［W6208. 9. 7. 2. 1. 1］巨人杀死马鹿，把马鹿的四只脚变成房屋的柱子。

W 编码	母题描述	关联项
W6208.2.1	草房的产生（草屋的来历）	［W6207.2.2.1.3.1］人见到山上岩燕作巢学会盖草屋
W6208.2.1.1	人们商量把草拿来盖房子就有了草房	【佤族】
W6208.2.1.2	盘古兄妹用树枝和野草搭茅庵	【汉族】
W6208.2.1.3	傣族汉子叭牙桑目氏建草房	【傣族】
W6208.2.1.4	祖先因砍不动树建茅草房	【布依族】
W6208.2.1.5	男祖先学花蜘蛛拉线造草房	【佤族】
W6208.2.1.6	舜建茅草房	【汉族】
W6208.2.2	草房的特征（茅草房的功能）	
W6208.2.2.1	草房能挡风遮雨	【汉族】【佤族】
W6208.2.2.2	茅草房暖和舒心，冬天挡寒风，下雨防雨淋	【哈尼族】
W6208.2.2.3	茅草房不堪一击	【布依族】
W6208.2.3	草房的建造方法	
W6208.2.3.1	盘古兄妹用树枝和野草搭茅房（茅庵）	【汉族】
W6208.2.3.2	用树枝在平地上搭起一个屋架，再用树枝和茅草盖起了一间平顶的草房	【傣族】
W6208.2.3.3	祖先用线绳把茅草编成草排盖出落地大草房	【佤族】
W6208.2.4	特定的草房（草屋的类型）	
W6208.2.4.1	茅庵	【汉族】
W6208.2.4.2	平顶草房	【傣族】
W6208.2.5	与草房有关的其他母题	【关联】①
W6208.3	木屋（构木为巢；架木为巢；用树木建屋；木巢；木房子）	
W6208.3.1	木房的产生（木屋的来历；构木为巢的来历）	

① ［W6176.3.1］人结草为巢而居（结草造屋）；［W6209.5.3.1］草棚；［W6208.9.6.2］用茅草铺房顶。

W 编码	母题描述	关联项
W6208. 3. 1. 1	有巢氏发明构木为巢	【中华民族】【汉族】@［W0750］有巢氏
W6208. 3. 1. 1. 1	有巢氏在树丫上构木为巢	【民族，关联】①
W6208. 3. 1. 1. 2	有巢氏用木棍搭成木房子	【汉族】
W6208. 3. 1. 1. 3	有巢氏仿照老鹰在树上做的巢造木房子	【汉族】@［W6207. 2. 2. 1. 2. 1］有巢氏受鸟会用树枝儿搭窝的启发，学会用木棍搭窝
W6208. 3. 1. 2	智者建木屋	
W6208. 3. 1. 2. 1	聪明的老头子支木为房	【壮族】
W6208. 3. 1. 3	仿造马窝，架木为巢	【汉族】
W6208. 3. 1. 4	氏族善于以木板搭屋而居	【中华民族】
W6208. 3. 2	木屋的特征	
W6208. 3. 3	木屋的建造方法	
W6208. 3. 3. 1	有人仿造马窝，砍倒的树木架起来搭些树枝树叶成为房子	【汉族】
W6208. 3. 3. 2	用木头在树蔸间搭起三脚架，架上横条，上面盖上树叶、茅草造成木屋	【壮族】
W6208. 3. 4	特定的木屋（木屋的类型）	
W6208. 3. 4. 1	撮罗（撮罗子；仙人柱）	【鄂伦春族】@［W6202. 2. 2. 1］天神教人们搭撮罗（仙人柱）以避风寒
W6208. 3. 4. 1. 1	人夏天住撮罗子	【满族】
W6208. 3. 4. 2	竹楼	
W6208. 3. 4. 2. 1	竹楼的各个构件源于动物肢体的启示	【傣族】
W6208. 3. 4. 2. 2	猎人波洪沙带领大家盖起九十九幢竹楼	【傣族】
W6208. 3. 4. 2. 3	人仿照斑鸠做窝用小竹子放楼楞	【景颇族】
W6208. 3. 5	与木屋有关的其他母题	［W6209. 0. 3. 1. 1］干栏式建筑源于架木为巢

① 【汉族】@［W6199. 5. 2. 1］猴子把树丫当房屋；［W6209. 1. 1］最早的房子在树上像鸟巢。

W 编码	母题描述	关联项
W6208.4	泥屋（泥房）	
W6208.4.1	泥屋的产生（泥房的来历）	
W6208.4.1.1	女娲用泥捏成许多泥屋	【汉族】
W6208.4.2	泥屋的特征	
W6208.4.3	泥屋的建造方法	
W6208.4.4	特定的泥屋	
W6208.4.5	与泥屋有关的其他母题	
W6208.5	泥草屋	
W6208.5.1	泥草屋的产生（泥草房的来历）	
W6208.5.2	泥草屋的特征	
W6208.5.3	泥草屋的建造方法	
W6208.5.4	特定的泥草屋	
W6208.5.5	与泥草屋有关的其他母题	
W6208.6	石屋	
W6208.6.1	石屋的产生（石房的来历）	
W6208.6.1.1	黄帝造石屋	【中华民族】
W6208.6.1.2	灾难后，幸存的兄妹在洪荒沟底盖石屋	【汉族】
W6208.6.2	石屋的特征	
W6208.6.3	石屋的建造方法	
W6208.6.4	特定的石屋	
W6208.6.5	与石屋有关的其他母题	
W6208.6.5.1	西王母娘娘住的石屋	【汉族】
W6208.7	其他特定材料的房屋	
W6208.7.1	砖瓦屋	
W6208.7.1.1	砖瓦屋的产生（石砖瓦房的来历）	
W6208.7.1.1.1	瓦房	
W6208.7.1.1.1.1	天上的神匠盖瓦房	【哈尼族】

W 编码	母题描述	关联项
W6208. 7. 1. 2	砖瓦屋的特征	
W6208. 7. 1. 3	砖瓦屋的建造方法	
W6208. 7. 1. 4	特定的砖瓦屋	
W6208. 7. 1. 4. 1	砖墙草瓦和木墙草瓦房	【中华民族】
W6208. 7. 1. 5	与砖瓦屋有关的其他母题	［W6206. 7. 1］砖瓦
W6208. 7. 2	毡房	
W6208. 7. 2. 1	毡房的产生	
W6208. 7. 2. 1. 1	突厥学会修毡房	【西北古代民族】
W6208. 7. 2. 2	毡房的特征	
W6208. 7. 2. 2. 1	冲不破能伸缩的毡房	【哈萨克族】
W6208. 7. 2. 3	与毡房有关的其他母题	［W6435. 2. 2. 1. 1］白毡房招待有儿有女的人，立红毡房招待有女无儿的人，立黑毡房给无儿又无女的人
W6208. 7. 3	金屋（金房子）	【瑶族】
W6208. 7. 3. 1	阿吕居子打制金屋	【彝族】
W6208. 7. 4	银屋	
W6208. 7. 4. 1	阿吕居子打制银屋	【彝族】
W6208. 8	其他标准的房子类型	
W6208. 8. 1	按结构划分的房屋类型	
W6208. 8. 1. 1	六柱房	
W6208. 8. 1. 1. 1	六柱房柱头要用银皮包，房屋枋子白花花，屋脊两头如鹅喙，翘起好比鸭翅膀	【苗族】
W6208. 8. 2	以居住者命名的房子	
W6208. 8. 2. 1	祖母房	
W6208. 8. 2. 2	妈妈房	【苗族】
W6208. 8. 3	以地方习惯妈妈的房子	
W6208. 8. 3. 1	木垒子	【纳西族】

W 编码	母题描述	关联项
W6208.8.4	按房屋位置结构命名房子	
W6208.8.4.1	正屋	
W6208.8.4.2	偏房	
W6208.8.4.3	厢房	
W6208.8.4.4	城楼	
W6208.8.4.4.1	鲁班造城楼	【汉族】
W6208.8.5	按房屋样式命名房子	
W6208.8.5.1	吊脚楼	【苗族】
W6208.8.5.2	高脚楼	
W6208.8.5.2.1	观察雨中凤凰的模样学会造高脚楼	【傣族】
W6208.8.5.2.2	高脚楼楼下的柱脚有六尺高，楼上的房子比柱脚高五尺	【傣族】
W6208.8.5.3	窝铺（狗头窝铺）	
W6208.8.5.3.1	仿照雨中狗撑着前腿的样子造出狗头窝铺	【傣族】
W6208.9	与房屋有关的其他母题（与房子有关的其他母题）	【关联】①
W6208.9.0	房屋的辅助设施（房屋的标配）	
W6208.9.0.1	房屋要配套完整	
W6208.9.0.1.1	房屋要有院子	
W6208.9.0.1.2	建新屋要砌新火塘	【纳西族】
W6208.9.0.2	房屋四周种树的来历	【布依族】
W6208.9.0.2.1	祖先让人在房屋四周种树	
W6208.9.0a	住宅（庄院）	
W6208.9.0a.1	住宅的产生	
W6208.9.0a.2	住宅的布局（住宅的结构）	
W6208.9.0a.2.1	住宅除房屋外，还有灶、门、路、牛栏、猪圈、碓、磨、水井等	【仡佬族】

① ［W1793.2］天堂的建筑；［W6178］人住特定的房子。

W 编码	母题描述	关联项
W6208. 9. 0a. 3	正屋（堂屋）	
W6208. 9. 0a. 3. 1	居房最中一间取名为堂屋，供奉祖先神灵	【仡佬族】
W6208. 9. 0a. 4	侧房（耳房；厢房）	
W6208. 9. 0a. 5	特定的住宅	
W6208. 9. 0a. 5. 1	阳宅	
W6208. 9. 0a. 5. 1. 1	阳宅讲究内外整洁，空气流通，清风送爽	【仡佬族】
W6208. 9. 0a. 5. 2	阴宅	
W6208. 9. 0a. 5. 2. 1	阴地一根线，阳宅一大片	【仡佬族】
W6208. 9. 0a. 5. 2. 2	阴宅或阳宅都要根据山脉龙气来定	【侗族】
W6208. 9. 0a. 5. 3	四合院	【汉族】
W6208. 9. 1	房屋的地基（屋基；房基）	
W6208. 9. 1. 1	房屋地基的选择	【布依族】
W6208. 9. 1. 1. 1	选择屋地基是建房中的大事	【侗族】
W6208. 9. 1. 1. 2	通过占卜选屋基	
W6208. 9. 1. 1. 2. 1	扔鸡蛋找地基	【拉祜族（苦聪）】
W6208. 9. 1. 1. 3	请地理先生（阴阳先生）选建房地基	【布依族】
W6208. 9. 1. 2	建房时在地基埋特定物	【藏族】
W6208. 9. 1. 3	屋基选择好后要举行下石仪式	【布依族】
W6208. 9. 1. 4	造屋基的材料	
W6208. 9. 1. 4. 1	建房用石块奠基	【中华民族】
W6208. 9. 2	房屋的墙	
W6208. 9. 2. 1	墙的产生	
W6208. 9. 2. 1. 1	用芦苇做墙壁	【拉祜族】
W6208. 9. 2. 1. 2	把多根树木竖立捆扎起来围成木墙	【中华民族】

W 编码	母题描述	关联项
W6208.9.2.2	墙的特征	
W6208.9.2.3	特定的墙	
W6208.9.2.3.1	土墙	
W6208.9.2.3.2	石墙	
W6208.9.2.3.3	木板墙	［W6208.9.2.1.2］把多根树木竖立捆扎起来围成木墙
W6208.9.2.3.4	篾墙	
W6208.9.2.3.4.1	用黄泥糊篾墙	【纳西族】
W6208.9.2.4	与墙有关的其他母题	
W6208.9.2.4.1	篱笆	
W6208.9.2.4.1.1	编竹片篱笆	【纳西族】
W6208.9.2.4.1.2	为避免界限争执产生篱笆	【傣族】
W6208.9.2.4.2	围墙	
W6208.9.2.4.2.1	有巢氏用树枝、树叶和茅草做围墙	【汉族】
W6208.9.3	房屋的门（屋门；房门）	
W6208.9.3.1	门的产生	
W6208.9.3.1.1	巨人杀死的马鹿的胸脯变成大门	【普米族】
W6208.9.3.1.2	向月宫仙女学习造门方法	【汉族】
W6208.9.3.2	门的特征	
W6208.9.3.3	屋门的朝向	
W6208.9.3.3.1	大门朝着太阳开	【拉祜族】
W6208.9.3.3.2	房屋大门定方向前先“起水”	【侗族】
W6208.9.3.4	门的安装	
W6208.9.3.4.1	盖房子要在门框底下压上两块砖	【汉族】
W6208.9.3.4.2	钉门仪式（安门仪式）	
W6208.9.3.4.2.1	钉门这天须请一位富贵双全、人财两旺的老先生踩门	【布依族】

W 编码	母题描述	关联项
W6208. 9. 3. 4. 2. 2	新建房子立大门仪式称踩财门（开财门）	【侗族】
W6208. 9. 3. 4. 2. 2. 1	夜间踩财门时，请地方上儿女齐全、家中富有而德高望重的乡老代行财北星师去做	【侗族】
W6208. 9. 3. 4. 2. 2. 2	新房落成时，木工只做大门两扇要请人“开财门”	【侗族】
W6208. 9. 3. 4. 2. 2. 3	上梁礼仪结束后接着举行开财门仪式	【侗族】
W6208. 9. 3. 4. 2. 3	安门时举行特定的祭仪	【侗族】
W6208. 9. 3. 5	门的类型（特定的门）	
W6208. 9. 3. 5. 1	表门	
W6208. 9. 3. 5. 1. 1	表门起于禹	【汉族】
W6208. 9. 3. 5. 2	大门	
W6208. 9. 3. 5. 2. 1	大门一般由门框、门板、门扇、门槛、门闩、门楣等部分组成	【侗族】
W6208. 9. 3. 6	与门有关的其他母题	［W6209. 9. 1. 5. 1］门上挂白刺可防鬼
W6208. 9. 4	房屋的窗	
W6208. 9. 4. 1	聪明人季飞向仙女学习造窗的方法	【汉族】
W6208. 9. 5	房屋的梁	
W6208. 9. 5. 1	屋梁的产生	
W6208. 9. 5. 1. 1	用栗树和东瓜树做梁	【拉祜族】
W6208. 9. 5. 1. 2	人受蛇横架在树枝上的启示，学会架梁子	【景颇族】
W6208. 9. 5. 1. 3	造梁的材料	
W6208. 9. 5. 1. 3. 1	取龙骨做梁柱	【瑶族】
W6208. 9. 5. 1. 3. 2	杉木做梁	【布依族】
W6208. 9. 5. 1. 3. 3	直树做梁	【中华民族】

W 编码	母题描述	关联项
W6208.9.5.2	屋梁的特征	
W6208.9.5.2.1	梁有特定装饰	
W6208.9.5.2.1.1	梁上画八卦	
W6208.9.5.2.1.1.1	梁上八卦花是房屋戴的花	【彝族】
W6208.9.5.2.1.2	屋梁鱼嘴	【汉族】
W6208.9.5.3	上梁	［W6207.4.4］架梁
W6208.9.5.3.1	上梁仪式（上梁前的仪式；上梁特定的仪式）	【布依族】
W6208.9.5.3.1.1	上梁前祭祀	
W6208.9.5.3.1.2	临“上梁”前牵牛进入屋内，歌颂牛的来历	【侗族】
W6208.9.5.3.1.3	上梁时要在正屋正梁上写上“福星高照”或“三星高照”	【汉族】
W6208.9.5.3.1.3a	上梁时要在正屋正梁上写上“太公在此”镇妖压邪	【汉族】
W6208.9.5.3.1.4	上梁时祭鲁班后，唱《缠梁布歌》《凤凰鸡歌》《大梁歌》等	【布依族】
W6208.9.5.3.1.5	上梁时有梁上钉特定物、开梁头、接梁头、唱《开梁歌》等仪式	【侗族】
W6208.9.5.3.1.6	上梁时抛宝梁粑	【侗族】
W6208.9.5.3.1.7	上梁时要贴上红符，燃放爆竹	【汉族】
W6208.9.5.3.1.8	上梁时点火驱鬼	【汉族】
W6208.9.5.3.2	梁放置的方向	
W6208.9.5.3.2.1	正梁东西放置	【苗族】
W6208.9.5.3.3	上梁的时间	
W6208.9.5.3.3.1	建房上梁立黄牛柱的日子要选在父亲去世的忌日	【基诺族】
W6208.9.5.3.3.2	上梁请风水先生定日子	【汉族】
W6208.9.5.3.4	上梁的方法	
W6208.9.5.3.4.1	上梁时藤子捆大梁	【景颇族】

W 编码	母题描述	关联项
W6208. 9. 5. 3. 4. 2	上梁时梁上放特定物	【布依族】
W6208. 9. 5. 3. 4. 3	上梁时，主人拿碎银、五谷盐茶、当年历书、两支毛笔、五色布、一尺二寸红布、四个毛钱用红布包钉在梁上	【布依族】
W6208. 9. 5. 3. 5	特定的梁	
W6208. 9. 5. 3. 5. 1	雕梁	
W6208. 9. 5. 3. 5. 1. 1	仿照鲁班雕梁画柱	【汉族】
W6208. 9. 5. 3. 5. 2	大梁	
W6208. 9. 5. 3. 5. 2. 1	房屋的大梁一般由外婆家送来	【布依族】
W6208. 9. 5. 3. 5. 2. 2	梓木做大梁为佳	【布依族】
W6208. 9. 5. 3. 6	与房梁有关的其他母题	［W6208. 9. 3. 4. 2. 2. 3］上梁礼仪结束后接着举行开财门仪式
W6208. 9. 5. 3. 6. 1	上梁时“抛梁”习俗	
W6208. 9. 5. 3. 6. 1. 1	“抛梁”即当家人用红纸铺在盘上，上面盛满馒头、糕、烟和钱，请作头师傅从梁上抛下来	【汉族】
W6208. 9. 5. 3. 6. 2	上梁禁忌	
W6208. 9. 5. 3. 6. 2. 1	立房上梁忌日晒梁	【侗族】
W6208. 9. 6	房顶（屋顶；楼顶；楼板）	
W6208. 9. 6. 1	用龙竹做楼板	【拉祜族】
W6208. 9. 6. 2	用茅草铺房顶	【拉祜族】【拉祜族（苦聪）】@［W6208. 2］草屋（草房；茅草房；茅庵）
W6208. 9. 6. 2. 1	天女奥玛让茅草为人铺房顶	【哈尼族】
W6208. 9. 6. 3	用杉板做房顶，压三行石头防漏雨	【纳西族】
W6208. 9. 6. 4	用兽骨兽皮造房顶	

W 编码	母题描述	关联项
W6208. 9. 6. 4. 1	猎手猎到的野牛头骨、牛皮用不完，就用来盖房顶	【珞巴族】
W6208. 9. 6. 5	用叶子造房顶	
W6208. 9. 6. 5. 1	用芭蕉叶盖房顶	【布依族】
W6208. 9. 6. 6	房顶的装饰	
W6208. 9. 6. 6. 1	房顶置放重明鸟装饰避邪气	【汉族】
W6208. 9. 6a	房屋的檩条	
W6208. 9. 6b	房屋的椽子	
W6208. 9. 6b. 1	用茨竹做椽子	【拉祜族】
W6208. 9. 6b. 2	受牛肋巴骨启发学会架椽子	【景颇族】
W6208. 9. 7	房屋的柱子（房屋的支柱；房屋立柱）	［W6207a. 3. 1. 1］建新房立中柱时大木匠要举行测定是否吉利的巫术
W6208. 9. 7. 0	房的柱子的产生（房屋立柱的来历）	
W6208. 9. 7. 0. 1	人从树杆排对排，树椏枝连枝得到启示，学会建房立柱子	【景颇族】
W6208. 9. 7. 0a	建房立柱的时间	
W6208. 9. 7. 0a. 1	建房在寅时立柱	【侗族】
W6208. 9. 7. 1	傣家楼上客厅中有三根柱子	【傣族】
W6208. 9. 7. 2	特定物做房屋的支柱	
W6208. 9. 7. 2. 1	杀鹿后，鹿脚变成房屋支柱	【普米族】
W6208. 9. 7. 2. 1. 1	巨人杀死马鹿，把马鹿的四只脚变成房屋的柱子	【普米族】
W6208. 9. 7. 3	房子有特定数量的柱子	
W6208. 9. 7. 3. 1	4 根柱的房子	
W6208. 9. 7. 3. 1. 1	祖公布洛陀教人类建 4 根柱的房子	【壮族】
W6208. 9. 7. 3. 2	17 根柱的房子	
W6208. 9. 7. 3. 2. 1	妈妈房子 17 柱	【苗族】

W 编码	母题描述	关联项
W6208. 9. 7. 4	房子的中柱	
W6208. 9. 7. 4. 1	木垒子的中柱有两根，永宁称男女柱，左所也称兄妹柱或夫妻柱	【纳西族】
W6208. 9. 7. 4. 2	中柱选料	
W6208. 9. 7. 4. 2. 1	造屋时，先由掌墨师傅去探山寻找一棵象征性的木料用作中柱	【侗族】
W6208. 9. 7. 4. 2. 2	选作中柱的树须又大又直的“双胞树”或“鸳鸯树”，且旁边还得长有一株小一点的“陪树”	【侗族】
W6208. 9. 7. 4. 2. 3	砍作为中柱的树有特定仪式	【侗族】
W6208. 9. 7. 5	房屋檐柱	
W6208. 9. 7. 5. 1	房屋檐柱高度需要含“8”	【布依族】
W6208. 9. 7. 6	房屋的其他特定柱子	
W6208. 9. 7. 6. 1	房屋的主柱	
W6208. 9. 7. 6. 1. 1	屋内主柱是房神的象征	【傣族】
W6208. 9. 7. 7	建房立柱的方法	
W6208. 9. 7. 7. 1	建房子立柱前，在堂屋中间设“鲁班桌”祭供鲁班	【布依族】
W6208. 9. 7. 7. 2	建木楼立柱前要进行“撵煞”	【侗族】
W6208. 9. 8	房屋的厅室	
W6208. 9. 8. 1	房屋的客厅	
W6208. 9. 8. 2	房屋的卧室	
W6208. 9. 9	房屋的其他构件	
W6208. 9. 9. 1	院子（庭院；家园）	
W6208. 9. 9. 1. 1	院子的产生	
W6208. 9. 9. 1. 1. 1	在神的帮助下建家园	【纳西族（摩梭）】
W6208. 9. 9. 1. 1. 2	神农发明院墙	【中华民族】
W6208. 9. 9. 1. 2	院子的特征	
W6208. 9. 9. 1. 2. 1	盖房圈院要留个“巽”字门	【汉族】

W 编码	母题描述	关联项
W6208.9.9.1.2.1.1	盖房圈院要留个“巽”字门，源于黄帝战蚩尤的八卦阵	【汉族】
W6208.9.9.1.3	院子的类型（特定的院子）	
W6208.9.9.1.4	院子的辅助性构件	
W6208.9.9.1.4.1	院子大门口墙边立“泰山石敢当”	【汉族】
W6208.9.9.1.4.2	镇门石	
W6208.9.9.1.4.2.1	大门两旁放两块镇门石	【锡伯族】
W6208.9.9.1.4.3	镇宅转	
W6208.9.9.1.4.3.1	翻盖房屋时，在正对路口的房山上立垒一块刻有“姜太公在此”的砖	【汉族】
W6208.9.9.1.5	与院子有关的其他母题	［W6208.9.0.1.1］房屋要有院子
W6208.9.9.2	门楼	
W6208.9.9.2.1	巢氏教人起寮造门楼	【畲族】
W6208.9.9.3	火塘	
W6208.9.9.3.1	火塘建好后要择吉日举行“升火”仪式	【纳西族】
W6208.9.9.3.2	火塘的锅庄用三个兽头骨架成	【珞巴族】
W6209	**与建筑有关的其他母题（与房屋有关的其他母题）**	【关联】①
W6209.0	房屋的特征	
W6209.0.1	房屋的性质	
W6209.0.1.1	高档房屋	
W6209.0.1.1.1	配套设施俱全的房子	【哈尼族】

① ［W1239.6.2］地梁放在天柱下；［W1239a.1］地椽架在地梁上；［W1339.2.6.1.1］在天柱上穿檩布梁稳固天柱；［W6592.6.2.1］建房造屋时要杀父吃肉。

W 编码	母题描述	关联项
W6209. 0. 1. 2	简陋的房子	【汉族】
W6209. 0. 1. 3	危险的房子（危房）	
W6209. 0. 1. 3. 1	女祖先教子孙造的“鸟巢”，又小又不牢	【佤族】
W6209. 0. 2	房屋的形状	
W6209. 0. 2. 1	圆锥形的房子	
W6209. 0. 2. 1. 1	仙人把树干修成圆锥形的房子	【汉族】
W6209. 0. 3	房屋的结构	
W6209. 0. 3. 1	干栏式建筑	
W6209. 0. 3. 1. 1	干栏式建筑源于架木为巢	【南方民族】
W6209. 0. 3. 2	土木结构的房屋	【汉族】
W6209. 0. 3. 3	特定房屋有特定数量的构件	
W6209. 0. 3. 3. 1	古老种屋七根柱，千条枋子椽皮装	【苗族】
W6209. 0. 4	房屋的大小	
W6209. 0. 4. 1	巨大的房子	
W6209. 0. 4. 2	很小的房屋	
W6209. 0. 4. 2. 1	鸡笼子大小的房子	【苗族】
W6209. 0a	房屋的演变（房屋的变化）	
W6209. 0a. 1	树棚演变成房屋	
W6209. 0a. 1. 1	尧王舜帝时，树棚演变成土木结构的房屋	【汉族】
W6209. 0b	房屋的命名（房屋的名称）	
W6209. 0b. 1	房屋以建房者命名	
W6209. 0b. 1. 1	叭牙桑目氏教人盖的高脚楼房，称为“根叭牙桑目氏”	【傣族】
W6209. 1	最早的房子	
W6209. 1. 1	最早的房子在树上像鸟巢	【汉族】

W 编码	母题描述	关联项
W6209.1.2	原始的房屋是树棚棚	【汉族】@［W6205.1.3.2］有巢氏发明建木棚
W6209.1.3	最早的房子是有巢氏把小树架在大树丫枝上构木为巢	【汉族】
W6209.2	楼（楼房；楼阁）	
W6209.2.1	楼的产生	
W6209.2.1.1	用竹瓦盖楼房	【壮族】
W6209.2.1.2	三木络（人名）第一个盖起楼房	【佤族】
W6209.2.2	楼的特征（楼的功能）	
W6209.2.2.1	楼房分层有特定功能	
W6209.2.2.1.1	楼房的楼下关牛、马，楼上住人	【壮族】
W6209.2.2.2	高楼大厦	［W6205.5.4.1］建筑大师眨眼工夫能建好一座高楼大厦
W6209.2.2.2.1	天上的高楼大厦	【汉族】
W6209.2.3	特定的楼（楼的类型）	
W6209.2.3.1	钟楼	【汉族】
W6209.2.3.2	鼓楼	
W6209.2.3.2.1	天上的鼓楼	【侗族】
W6209.2.3.2.2	模仿“鱼窝”造鼓楼	【侗族】
W6209.2.3.3	木楼	
W6209.2.3.3.1	孤儿石龙与九仙女成亲后造木楼	【水族】
W6209.2.3.3.2	鲁班盖木楼	【侗族】
W6209.2.3.4	石楼	
W6209.2.3.4.1	玉皇大帝给仓颉造石楼	【汉族】
W6209.2.3.5	碉楼	
W6209.2.3.5.1	大禹建碉楼	
W6209.2.3.5.2	为纪念禹，碉楼又叫“禹碉”	【中华民族】
W6209.2.4	与楼有关的其他母题	

W 编码	母题描述	关联项
W6209. 2. 4. 1	阁（楼阁）	［W6207. 3. 1. 3］龙女甩 3 下袖子出现楼阁
W6209. 2. 4. 1. 1	虚幻的楼阁	【汉族】
W6209. 2. 4. 1. 2	玉皇阁	【汉族】
W6209. 3	塔	
W6209. 3. 1	塔的产生	
W6209. 3. 1. 0	塔产生的原因	
W6209. 3. 1. 0. 1	纪念特定的人造塔	【汉族】
W6209. 3. 1. 0. 2	为报恩造塔	
W6209. 3. 1. 0. 2. 1	小白龙为报答母亲十月怀胎之恩，替母亲造报恩塔	【汉族】
W6209. 3. 1. 0. 2. 2	人为报答狗的救命之恩建造狗塔	【汉族】
W6209. 3. 1. 0. 3	为镇特定物建塔	
W6209. 3. 1. 0. 3. 1	建塔镇宝	【汉族】
W6209. 3. 1. 1	塔自然产生	
W6209. 3. 1. 1. 1	宝塔自然出现	【土族】
W6209. 3. 1. 1a	塔从特定地方而来	
W6209. 3. 1. 1a. 1	塔从远处飞来（飞来塔）	【民族，关联】①
W6209. 3. 1. 1a. 2	塔从特定地方搬来	【汉族】
W6209. 3. 1. 2	变化产生塔	
W6209. 3. 1. 2. 1	定山针变成塔	【汉族】
W6209. 3. 1. 3	特定人物造塔	
W6209. 3. 1. 3. 1	鲁班修神塔	【汉族】
W6209. 3. 1. 3. 1a	鲁班造高塔	【汉族】
W6209. 3. 1. 3. 1b	鲁班爷爷造龙华舍利塔	【汉族】
W6209. 3. 1. 4	建塔的材料	
W6209. 3. 1. 4. 0	以前建塔没有现在的建筑材料	【汉族】
W6209. 3. 1. 4. 1	用石头和泥巴建塔	【苗族】

① 【汉族】@［W6207b. 1. 1］飞来的房子；［W6226. 2. 1］飞来桥。

W 编码	母题描述	关联项
W6209.3.1.4.2	和尚用手臂作为建塔的材料	【汉族】
W6209.3.1.5	建塔的方法	
W6209.3.1.5.1	建塔必须打好基础	
W6209.3.1.5.1.1	窑神告诉人建塔要用炭做地基	【汉族】
W6209.3.1.6	建塔的结果	
W6209.3.1.6.1	揭塔仪式	
W6209.3.1.6.1.1	三月廿八庙会时要举行揭塔仪式	【汉族】
W6209.3.1.7	建塔的禁忌	
W6209.3.1.7.1	造塔必以人厌胜	【中华民族】
W6209.3.1.8	与塔的产生有关的其他母题	
W6209.3.2	塔的特征（塔的功能）	
W6209.3.2.1	很高的塔	
W6209.3.2.1.1	高塔的塔尖顶着天	【仡佬族】
W6209.3.2.2	特定的塔有预言功能	
W6209.3.2.2.1	望水塔专门观测东淀大洼水情	【汉族】
W6209.3.3	特定的塔（塔的类型）	［W6458.6］佛塔
W6209.3.3.1	土塔	
W6209.3.3.2	石塔	
W6209.3.3.2.1	龙王做石塔	【汉族】
W6209.3.3.2.2	扬芬港村边的石塔是一个老人从远处山上拉来的	【汉族】
W6209.3.3.3	砖塔	
W6209.3.3.4	铁塔	
W6209.3.3.5	金塔	
W6209.3.3.6	宝塔	
W6209.3.3.6.1	三座宝塔支撑天地	【汉族】
W6209.3.3.7	按塔的功能命名的塔	
W6209.3.3.7.1	佛塔	

W 编码	母题描述	关联项
W6209. 3. 3. 7. 1. 1	龙华舍利塔是佛塔之祖	【汉族】
W6209. 3. 3. 8	按塔的形状命名的塔	
W6209. 3. 3. 8. 1	方塔	
W6209. 3. 3. 8. 1. 1	木匠根据女儿的形体和裙子设计出方塔	【汉族】
W6209. 3. 3. 8. 2	斜塔	
W6209. 3. 3. 8. 2. 1	斜塔不倒因有护塔珠相压	【汉族】
W6209. 3. 4	塔的构成（塔的结构）	
W6209. 3. 4. 1	石塔需要石座、石身、石尖、石翼、石檐、石铃	【汉族】
W6209. 3. 4. 2	塔尖	
W6209. 3. 4. 2. 1	塔尖有定风珠	【汉族】
W6209. 3. 5	与塔有关的其他母题	
W6209. 3. 5. 1	奇特之塔	【汤普森】F772
W6209. 3. 5. 2	鲁班造塔出奇制胜	【汉族】
W6209. 3. 5. 3	塔内的诸物	
W6209. 3. 5. 3. 1	塔内舍利	
W6209. 3. 5. 3. 1. 1	阿育王寺的舍利宝塔中有佛祖释迦牟尼的真身舍利	【汉族】
W6209. 3. 5. 4	塔的配套设施	
W6209. 3. 5. 4. 1	塔内的金钟	
W6209. 3. 5. 4. 1. 1	塔内的金钟能知人的吉凶	【汉族】
W6209. 3. 5. 5	塔的神奇传说	【汉族】
W6209. 4	亭台（台；榭；亭）	
W6209. 4. 1	亭台的产生	
W6209. 4. 1. 1	为纪念特定人物建造亭台	【汉族】
W6209. 4. 2	亭台的特征	
W6209. 4. 3	特定的亭台	
W6209. 4. 3. 1	共工台	【汉族】

W 编码	母题描述	关联项
W6209.4.3.2	八卦台（伏羲画卦台）	【汉族】
W6209.4.3.2.1	文王研究八卦的台叫“灵”台	【汉族】
W6209.4.3.3	夏禹台（青台）	【汉族】
W6209.4.3.4	瑶台	【汉族】
W6209.4.3.5	神农台（五谷台）	【汉族】
W6209.4.4	与亭台有关的其他母题	
W6209.4.4.1	高台	
W6209.4.4.1.1	大禹造会议使用的高台	【汉族】
W6209.5	棚子	
W6209.5.1	棚子的产生	
W6209.5.2	棚子的特征	
W6209.5.3	特定的棚子（棚子的类型）	
W6209.5.3.1	草棚	【关联】①
W6209.5.3.1.1	兄妹靠喜鹊帮忙在大树上搭起草棚	【汉族】
W6209.5.3.1.2	姐弟薅茅草在大树上搭草棚子	【汉族】
W6209.5.3.1.3	舜到历山上搭了一间草棚子	【汉族】
W6209.5.3.1.4	神农在山头搭起一个草棚	【汉族】
W6209.5.3.1.5	猴子拣些树枝枝树叶叶搭个棚棚	【汉族】
W6209.5.3.2	雨棚（雨搭）	
W6209.5.3.2.1	乌龟变成挡雨的棚	【苗族】
W6209.5.3.3	窝棚	
W6209.5.3.3.1	用树和茅搭窝棚草	【土家族】
W6209.5.3.3.2	始祖母妈依学一些鸟雀在树根架窝棚	【佤族】
W6209.5.3.4	洞棚	
W6209.5.3.4.1	用石头围成洞棚	【壮族】

① ［W6175.3.2.1.1］人在树上搭草棚居住；［W6178.3］人住茅棚。

W 编码	母题描述	关联项
W6209. 5. 4	与棚子有关的其他母题	
W6209. 5. 4. 1	洪水后，人们在山脚海岸边搭棚子居住	【白族】
W6209. 6	井	
W6209. 6. 1	井的产生	
W6209. 6. 1. 1	特定人物造井	
W6209. 6. 1. 1. 1	仙女下凡造井	【水族】
W6209. 6. 1. 1. 2	黄帝挖井	
W6209. 6. 1. 1. 2. 1	黄帝为救人畜在狮子山腰用宝剑掘出一口井	【汉族】
W6209. 6. 1. 1. 2a	轩辕请来会挖井的伯益	【汉族】
W6209. 6. 1. 1. 3	神农打井	
W6209. 6. 1. 1. 3. 1	神农在烈山挖了九口井	【汉族】
W6209. 6. 1. 1. 3. 2	神农用神鞭鞭杆戳洞成井	【汉族】
W6209. 6. 1. 1. 3a	神农氏在羊头山挖掘水井	【汉族】
W6209. 6. 1. 1. 3b	舜造井（舜打井）	
W6209. 6. 1. 1. 3b. 1	舜用七天七夜时间在山腰挖了一口井	【汉族】
W6209. 6. 1. 1. 3b. 2	舜在家门口挖了一口井	【汉族】
W6209. 6. 1. 1. 3b. 3	舜和百姓们一起打出一眼很深的泉井	【汉族】
W6209. 6. 1. 1. 3c	尧帝带人开河挖井	【汉族】
W6209. 6. 1. 1. 4	东海龙王的女儿打井	【汉族】
W6209. 6. 1. 1. 5	应龙打井	
W6209. 6. 1. 1. 5. 1	应龙命令部下就地掘井，取水解渴	【汉族】
W6209. 6. 1. 2	变化产生井	
W6209. 6. 1. 2. 1	创世者死后嘴巴变成井	【布依族】
W6209. 6. 1. 2. 2	盘古的小肠变成井	【彝族】

W 编码	母题描述	关联项
W6209.6.1.2.3	龙的眼睛变成井	【汉族】
W6209.6.1.2.4	仓颉妻子的眼泪滴成一眼井	【汉族】
W6209.6.2	井的特征	
W6209.6.2.1	有特定颜色味道的井	
W6209.6.2.1.1	黑水苦又腥的井	【汉族】
W6209.6.2.1.1a	苦井（水苦的井）	
W6209.6.2.1.1a.1	大舜打出一口苦井	【汉族】
W6209.6.2.1.1b	甜井（甜水井）	
W6209.6.2.1.1b.1	大舜打出一口苦井	【汉族】
W6209.6.2.1.2	红水如血汁的井	【汉族】
W6209.6.2.1.3	清水如甘霖的井	【汉族】
W6209.6.2.2	井水清亮	【汉族】
W6209.6.2.3	井水旺	【汉族】
W6209.6.2.3.1	井上映蓝天，下连黄泉，全年涌水	【汉族】
W6209.6.3	特定的井	
W6209.6.3.1	龙井	
W6209.6.3.1.1	龙涎精滴出龙井	【水族】
W6209.6.3.1.2	井底有一条青龙的井取名“龙井”	【汉族】
W6209.6.3.2	五龙女井	【汉族】
W6209.6.3.3	锁龙井	【汉族】
W6209.6.3.4	随郡北界有九井	【中华民族】
W6209.6.3.5	神农井	
W6209.6.3.5.1	上党长子县有神农井	【中华民族】
W6209.6.3.6	温井	
W6209.6.3.6.1	龙死后龙眼变成温井	【汉族】
W6209.6.3.7	轩辕井	【汉族】

W 编码	母题描述	关联项
W6209. 6. 4	与井有关的其他母题	
W6209. 6. 4. 1	井的命名	
W6209. 6. 4. 1. 1	井边因白羊化为石羊取名“石羊井”	【彝族】
W6209. 7	宫（宫殿；宫室）	
W6209. 7. 1	宫殿的产生	
W6209. 7. 1. 1	黄帝发明宫室	【汉族】@［W6204. 5. 1］黄帝认为房子建树上不方便改为建在地上
W6209. 7. 1. 1a	炎帝断树木为宫室	【中华民族】@［W6209. 7. 1. 1e］赫胥断树木为宫室
W6209. 7. 1. 1b	女娲造宫殿	
W6209. 7. 1. 1b. 1	女娲娘用五色彩石造宫殿	【汉族】
W6209. 7. 1. 1c	鲁班造宫殿	
W6209. 7. 1. 1c. 1	鲁班仙人造华堂，上面是天官府，下面是宰相堂	【侗族】
W6209. 7. 1. 1d	大禹造宫殿	
W6209. 7. 1. 1d. 1	尧派夏禹父子教人造宫殿	【汉族】
W6209. 7. 1. 1e	赫胥断树木为宫室	【中华民族】
W6209. 7. 1. 1f	神农造宫殿	
W6209. 7. 1. 1f. 1	神农皇帝在神农架造宫殿	【汉族】
W6209. 7. 1. 1g	天帝造宫殿	
W6209. 7. 1. 1g. 1	天帝在扶桑树上修了十座宫殿	【汉族】
W6209. 7. 1. 2	为纪念特定人物建宫殿	
W6209. 7. 1. 2. 1	人们为了纪念女娲建女娲宫	【藏族】
W6209. 7. 1. 3	宫殿源于天上	
W6209. 7. 1. 3. 1	猎人从天上带来宫殿	【蒙古族】
W6209. 7. 1. 4	圣人造宫室	
W6209. 7. 1. 4. 1	圣人造宫室，上栋下宇，以待风雨	【中华民族】

W 编码	母题描述	关联项
W6209.7.1.5	其他人物造宫殿	
W6209.7.1.6	造宫殿的材料	
W6209.7.1.6.1	用人皮造宫殿	【壮族】
W6209.7.1.6.2	用碧玉造宫殿	【中华民族】
W6209.7.2	宫殿的特征	
W6209.7.2.1	华丽的宫殿	
W6209.7.2.1.1	金碧辉煌的宫殿大门镶金嵌玉闪闪发光	【乌孜别克族】
W6209.7.2.1.2	宫殿镶嵌龙的鳞甲和宝石	【汉族】
W6209.7.2.2	景色优美的宫殿	
W6209.7.2.2.1	日月殿里景色难说尽	【汉族】
W6209.7.3	特定的宫殿	
W6209.7.3.1	天上的宫殿（天宫）	
W6209.7.3.1.1	女娲在天上建宫殿	【汉族】
W6209.7.3.1.2	天上有三十三座天宫	【汉族】
W6209.7.3.2	洞中的宫殿	【蒙古族】
W6209.7.3.3	其他特定地点的宫殿	
W6209.7.3.3.1	海中的宫殿	【汉族】
W6209.7.3.3.2	云雾中的宫殿（云中宫殿）	【藏族】
W6209.7.3.4	龙宫	
W6209.7.3.5	道德宫	【汉族】
W6209.7.3.6	太阳宫	
W6209.7.3.7	特定材料造的宫殿	
W6209.7.3.7.1	冰宫	【羌族】
W6209.7.3.7.2	铜宫	【蒙古族】
W6209.7.3.7.3	银宫	【蒙古族】
W6209.7.3.8	其他名称的宫殿	
W6209.7.3.8.1	仙宫宝殿	

W 编码	母题描述	关联项
W6209. 7. 3. 8. 1. 1	神女瑶姬住在巫山顶上的仙宫宝殿	【汉族】
W6209. 7. 3. 8. 1. 2	宝殿	
W6209. 7. 3. 8. 1. 2. 1	天上有七十二重宝殿	【汉族】
W6209. 7. 4	与宫殿有关的其他母题	
W6209. 8	其他特定建筑物（其他特定的人造景观）	
W6209. 8. 1	台	［W6209. 4］亭台（台；榭；亭）
W6209. 8. 2	敖包	
W6209. 8. 2. 1	敖包的产生	
W6209. 8. 2. 1. 1	敖包产生的原因	
W6209. 8. 2. 1. 2	敖包产生的时间	
W6209. 8. 2. 1. 3	敖包的地点	
W6209. 8. 2. 1. 3. 1	敖包建在高处	【鄂温克族】
W6209. 8. 2. 1. 3. 1. 1	在村落附近的山峰或高岗上建敖包	【达斡尔族】
W6209. 8. 2. 1. 4	敖包产生的其他情形	
W6209. 8. 2. 1. 4. 1	压妖魔的石堆成为敖包	【鄂温克族】
W6209. 8. 2. 2	敖包的特征	
W6209. 8. 2. 2. 1	敖包是神	【鄂伦春族】
W6209. 8. 2. 2. 2	敖包是一棵树	【鄂温克族】
W6209. 8. 2. 2. 3	敖包是祭祀场所	【鄂温克族】@［W6502. 11］祭敖包
W6209. 8. 2. 2. 4	敖包有不同级别	
W6209. 8. 2. 2. 4. 1	除各旗联合祭祀的敖包，还有旗、索木级的敖包	【达斡尔族】
W6209. 8. 2. 3	特定的敖包	
W6209. 8. 2. 4	敖包的配套设施（敖包的相关景物）	
W6209. 8. 2. 4. 1	敖包前的神位	【达斡尔族】

W 编码	母题描述	关联项
W6209.8.2.4.2	敖包神树	【蒙古族】
W6209.8.2.5	与敖包有关的其他母题	［W6502.11］祭敖包
W6209.8.3	按性质划分的建筑物	
W6209.8.3.1	纪念性建筑物	［W6209.3.1.0.1］纪念特定的人造塔
W6209.8.3.1.1	为纪念斗蛇妖化为“避石珠”的阿义建了凉亭“锁水阁”	【蒙古族】
W6209.8.3.2	标志性建筑物	
W6209.8.3.2.1	华表	
W6209.8.3.2.1.1	华表的产生	
W6209.8.3.2.1.1.1	唐尧传留下来华表	【汉族】
W6209.8.3.2.1.2	华表的特征	
W6209.8.3.2.1.2.1	华表用玉石雕刻	【汉族】
W6209.8.3.2.1.2.2	华表上蟠龙舞凤	【汉族】
W6209.8.3.2.1.2.3	华表庄严华美	【汉族】
W6209.8.3.2.1.3	与华表有关的其他母题	
W6209.8.3.2.1.3.1	以前官府衙门前常常矗立两根华表	【汉族】
W6209.9	建筑物的相关物	
W6209.9.1	建筑物的装饰物（房屋的装饰）	
W6209.9.1.1	建筑物上特定雕塑	［W6208.9.5.2.1］梁有特定装饰
W6209.9.1.1.1	屋脊蹲坐石蛙表述祈求吉祥	【纳西族】
W6209.9.1.1.2	屋脊楼子是给姜太公住的	【汉族】
W6209.9.1.2	建筑物装饰有特定的涵义	
W6209.9.1.2.1 *	建筑房脊岔脊上的仙人异兽各有其象征意义	【汉族】
W6209.9.1.2.2 *	建筑房脊岔脊上的仙人异兽是姜太公的儿子	【汉族】
W6209.9.1.3	图腾物作为房屋装饰	【藏族】

W 编码	母题描述	关联项
W6209. 9. 1. 4	猎物作为屋内的装饰	
W6209. 9. 1. 4. 1	房屋墙上挂的是兽皮，地上铺的是兽皮	【珞巴族】
W6209. 9. 1. 5	屋门上挂特定物	
W6209. 9. 1. 5. 1	门上挂白刺可防鬼	【普米族】
W6209. 9. 1. 6	房屋豪华装修	
W6209. 9. 1. 6. 1	姬轩辕修建在树上的房子装饰极为华美	【中华民族】
W6209. 9. 2	壁	
W6209. 9. 2. 1	九龙壁	【汉族】
W6209. 9. 3	城（城池；城郭）	
W6209. 9. 3. 1	尧派夏禹父子教人造城廓	【汉族】

6. 2. 4　行（人的出行；人的行走）【W6210 ~ W6229】

W 编码	母题描述	关联项
＊**W6210**	**人的出行（人的行走）**	
W6211	**人的行走的产生**	
W6211. 1	人以前不会行走	
W6211. 2	人受到刺激后会行走	
W6211. 2. 1	小孩风吹后会行走	【汉族】
W6211. 3	人学走路	
W6211. 3. 1	造人者让造出的人学走路	【彝族】
W6212	**人以前行走的方式**	
W6212. 1	人以前跑的速度很快	【傈僳族】@［W2924. 6］奔跑很快的人（飞毛腿）

W 编码	母题描述	关联项
W6212.2	以前人的行动随心所欲	【藏族】
W6213	**人的特殊行走方式**	
W6213.1	人以前两手着地爬着走	【布依族】
W6214	**与人的出行有关的其他母题**	【关联】①
W6214.1	出行的时间	
W6214.1.1	出行时间的确定	
W6214.1.1.1	占卜确定出行时间	
W6214.1.2	出行有特定的时间	
W6214.1.2.1	出行有固定的时辰	
W6214.1.2.1.1	虎时那刻出门	【苗族】
W6214.1.3	出行时间禁忌	
W6214.1.4	与出行时间有关的其他母题	
W6214.2	出行的地点	
W6214.2.1	出行地点的确定（出行地点的获得）	
W6214.2.1.1	占卜出行地点	
W6214.2.2	特定的出行地点	
W6214.2.3	出行地点禁忌	
W6214.2.4	与出行地点有关的其他母题	
＊**W6215**	**交通工具（交通工具的产生；运输工具的产生）**	【汤普森】A1436；［W6081］工具的产生（工具的获得；一般性工具的产生；农具的来历）
W6215.0	以前没有交通工具	
W6215.0.1	黄帝时，人交通靠两条腿步行	【汉族】
W6215.1	交通方式的产生（特定运输方式的获得）	

① ［W2903］人最早会飞；［W2904］人原来跑得很快。

W 编码	母题描述	关联项
W6215. 1. 1	神教人学会运输东西	
W6215. 1. 1. 1	鄂多哩玛发（狩猎神）教人用狗拉爬犁、用鹿拉车、驮东西的方法	【满族】
W6216	**车**	
W6216. 0	以前没有车	
W6216. 0. 1	帝喾时期，没有车	【汉族】
W6216. 1	车的产生（车的发明）	
W6216. 1. 1	车的发明者（造车者）	
W6216. 1. 1. 1	黄帝造车（轩辕造车；黄帝发明车）	【民族，关联】①
W6216. 1. 1. 1. 1	黄帝始作车	【中华民族】
W6216. 1. 1. 1. 2	黄帝在风后、常先等人的帮助下创造出最早的车	【中华民族】
W6216. 1. 1. 1. 3	黄帝发明轩辕（大车）	【中华民族】
W6216. 1. 1. 2	黄帝发明舟车	【汉族】
W6216. 1. 1. 3	相土是车的发明者	
W6216. 1. 1. 3. 1	帝喾高辛氏的曾孙相土发明车	【汉族】
W6216. 1. 1. 4	尧发明车	
W6216. 1. 1. 4. 1	放勋（尧）和师傅做了一辆车	【汉族】
W6216. 1. 1. 5	特定的女人造车	
W6216. 1. 1. 5. 1	诸葛亮的妻子黄氏夫人为诸葛亮造了一部车子	【汉族】
W6216. 1. 1. 6	吉光造车	
W6216. 1. 1. 6. 1	吉光始以木为车	【中华民族】
W6216. 1. 1. 7	奚仲造车	【中华民族】【汉族】
W6216. 1. 1. 7. 1	奚仲在奚公山初造车	【汉族】
W6216. 1. 1. 7. 2	奚仲为太古时造舆者	【汉族】

① 【汉族】【畲族】@［W6216. 1. 4. 1. 1. 1］黄帝造出车轮；［W6216. 3. 21. 1. 1］黄帝发明马车；［W6216. 3. 22. 1. 1］轩辕发明了带轮子的牛车。

W 编码	母题描述	关联项
W6216.1.2	造车的帮助者	
W6216.1.3	造车的方法	
W6216.1.3.1	造车方法的获得	
W6216.1.3.1.1	王母娘娘的指点黄帝造车	【汉族】
W6216.1.3.2	用一块大木板，下边安上四个轮子造成车	
W6216.1.3.3	造车尧方圜曲直皆中规矩准绳	【汉族】
W6216.1.4	车的特定部件的产生	
W6216.1.4.1	车轮（车轱辘）	
W6216.1.4.1.1	车轮的产生	
W6216.1.4.1.1.1	黄帝造出车轮	【汉族】@［W6216.3.18.2.2］轩辕用曲木做双轮车的车轮
W6216.1.4.1.1.1.1	黄帝受风吹帽子滚启发造出车轮	【汉族】
W6216.1.4.1.1.1.2	王母娘娘点化造车轮	【汉族】
W6216.1.4.1.2	车轮的特征	
W6216.1.4.1.3	特定的车轮	
W6216.1.4.1.4	与车轮有关的其他母题	
W6216.1.4.2	车的控制系统	
W6216.1.4.2.1	车的操纵杆	
W6216.1.4.2.1.1	车的座位后有一块铁板，板旁有一根操纵杆	【汉族】
W6216.1.4.3	车载遥控装置	【汉族】
W6216.1.4.4	车的装饰（车饰）	
W6216.1.4.4.1	华盖	
W6216.1.4.4.1.1	黄帝的车上配有一把黄色大伞（华盖）	【汉族】
W6216.1.5	造车的结果	
W6216.1.6	车产生的其他情形	
W6216.1.7	与车的产生有关的其他母题	

W 编码	母题描述	关联项
W6216. 1. 7. 1	最原始的车	【汉族】
W6216. 1. 7. 1. 1	人把轱辘安在木板上造出最原始的车	【汉族】
W6216. 1. 7. 2	车的产生时间	
W6216. 1. 7. 2. 1 *	车的产生距今约 3700 年	【中华民族】
W6216. 2	车的特征（车的功能）	
W6216. 2. 1	特定功能的车	
W6216. 2. 2	能在特殊地方行驶的车子	
W6216. 2. 2. 1	车能在云雾中行走	【汉族】@［W6216. 3. 1. 2. 1］雷车在云雾中行走
W6216. 2. 3	车用于出行	
W6216. 2. 3. 1	乘特定的车出行	【汉族】@［W6216. 3. 27. 3. 1］大禹乘坐云车
W6216. 2. 4	车服务于农业	
W6216. 2. 4. 1	车是种地人的好帮手	【汉族】
W6216. 3	特定的车（特定名称的车）	【关联】①
W6216. 3. 1	雷车	
W6216. 3. 1. 1	雷车的产生（造雷车者）	
W6216. 3. 1. 2	雷车的特征	
W6216. 3. 1. 2. 1	雷车在云雾中行走	【汉族】
W6216. 3. 1. 2. 2	雷车行雷雨	【汉族】
W6216. 3. 1. 3	雷车的使用者	
W6216. 3. 1. 3. 1	童男挽雷车	【汉族】
W6216. 3. 1. 3. 2	女娲乘雷车	
W6216. 3. 1. 3. 2. 1	女娲乘坐应龙驾驶的雷车	【汉族】
W6216. 3. 1. 4	与雷车有关的其他母题	
W6216. 3. 1a	霹雳车	
W6216. 3. 1a. 1	霹雳车如幢扛，上环缀旗幡	【汉族】

①［W6089. 2］翻车；［W6089. 3］筒车。

W 编码	母题描述	关联项
W6216.3.1a.2	霹雳车造成雷雨	【汉族】
W6216.3.1b	太阳车	
W6216.3.1b.1	六条龙拉的太阳车	【中华民族】
W6216.3.2	指南车	【汉族】
W6216.3.2.1	指南车的产生（指南车的发明者）	
W6216.3.2.1.0	特定人物送指南车	
W6216.3.2.1.0.1	西王母给黄帝指南车	【汉族】
W6216.3.2.1.1	黄帝造指南车（轩辕造指南车）	【汉族】@［W6216.3.2.5.1.3.1］黄帝造指南双轮木车
W6216.3.2.1.1.0	黄帝为战胜以九鼎符造指南车	【汉族】
W6216.3.2.1.1.0a	轩辕为指南车以示四方	【中华民族】
W6216.3.2.1.1.1	王母娘娘点化黄帝造指南车	【汉族】
W6216.3.2.1.1.2	黄帝和神农造指南车	【汉族】
W6216.3.2.1.1.2a	黄帝和谋臣风后、应龙、常先、大鸿等根据天上北斗星的斗柄不转动而斗转动的原理造指南车	【汉族】
W6216.3.2.1.1.3	黄帝根据北斗星造指南车	【汉族】@［W6216.3.2.1.2.2］风后仿照北斗造指南车
W6216.3.2.1.1.3.1	轩辕受北斗星定位的启示命人造指南车	【汉族】@［W6216.3.2.1.2.2a］黄帝的臣子风后受北斗七星启发制作指南车
W6216.3.2.1.1.4	黄帝造出指南车的轱辘	【汉族】
W6216.3.2.1.1.5	九天玄女教黄帝造指南车	
W6216.3.2.1.1.5.1	九天玄女交给黄帝造指南车的图纸	【汉族】
W6216.3.2.1.1.5.2	玄女为帝制司南车	【汉族】
W6216.3.2.1.1.6	黄帝造 12 辆指南车	【汉族】
W6216.3.2.1.1.6a	黄帝造 20 辆指南车	【汉族】
W6216.3.2.1.1.6b	黄帝造 6 辆指南车	【汉族】

W 编码	母题描述	关联项
W6216. 3. 2. 1. 1. 7	与黄帝发明指南车有关的其他母题	【汉族】
W6216. 3. 2. 1. 1. 7. 1	因指南车为轩辕黄帝发明，所以起名“轩辕方”	
W6216. 3. 2. 1. 2	风后造指南车	【汉族】@［W0674. 1］风后造指南车
W6216. 3. 2. 1. 2. 0	黄帝令风后作指南车	【中华民族】【汉族】
W6216. 3. 2. 1. 2. 0a	风后为帮助炎黄战蚩尤发明指南车	【汉族】
W6216. 3. 2. 1. 2. 1	为作战辨别方向，风后与几位大臣造出指南车	【汉族】
W6216. 3. 2. 1. 2. 2	风后仿照北斗造指南车	【汉族】
W6216. 3. 2. 1. 2. 2a	黄帝的臣子风后受北斗七星启发制作指南车	【中华民族】
W6216. 3. 2. 1. 2. 3	风后造指南车时，把木头削成人形，其手臂直指的前方为南方	【中华民族】
W6216. 3. 2. 1. 2. 3a	黄帝的大将风后制造的指南车上有一个木头人，其手指只会指向南方	【中华民族】
W6216. 3. 2. 1. 2. 4	风后法斗机，作指南车	【汉族】
W6216. 3. 2. 1. 2. 5	风后造的指南战车上一仙女手执宝剑永指南方	【汉族】
W6216. 3. 2. 1. 2. 6	风后利用磁铁发明指南车	【中华民族】
W6216. 3. 2. 1. 3	其他人造指南车	
W6216. 3. 2. 1. 3. 0	周公造指南车	
W6216. 3. 2. 1. 3. 0. 1	周公造指南车“五乘”	【中华民族】
W6216. 3. 2. 1. 3. 0. 2	周公作指南车送肃慎氏	【中华民族】
W6216. 3. 2. 1. 3. 1	马钧第一个成功制造指南车	【中华民族】
W6216. 3. 2. 1. 3. 2	东汉张衡造指南车	【中华民族】
W6216. 3. 2. 1. 3. 3	三国马钧造指南车	【中华民族】
W6216. 3. 2. 1. 3. 4	刘宋祖冲之造指南车	【中华民族】

W 编码	母题描述	关联项
W6216.3.2.1.3.5	后赵魏猛变造指南车	【中华民族】
W6216.3.2.1.3.6	后赵解飞造指南车	【中华民族】
W6216.3.2.1.3.7	后秦令狐生造指南车	【中华民族】
W6216.3.2.1.3.8	宋代人物造车	
W6216.3.2.1.3.8.1	宋代燕肃造指南车	【中华民族】
W6216.3.2.1.3.8.2	宋代吴德仁造指南车	【中华民族】
W6216.3.2.1.3.9	造车人物的其他情形	
W6216.3.2.1.3.9.1	钜灵氏造车	【汉族】@［W6217.1.1.3］钜灵氏造船
W6216.3.2.1.4	指南车产生的其他情形	
W6216.3.2.1.5	与指南车的产生有关的其他母题	
W6216.3.2.1.5.1	指南车产生的时间	
W6216.3.2.1.5.1.1 *	指南车的明确记载却在三国时期	【中华民族】
W6216.3.2.2	指南车的特征	
W6216.3.2.2.1	指南车指方向	【汉族】
W6216.3.2.2.1.1	指南车能破雾指方向	【汉族】
W6216.3.2.2.1.2	指南车让作战不再迷失方向	【汉族】
W6216.3.2.2.1.3	作指南车以示四方	【汉族】
W6216.3.2.2.2	指南车的形状（指南车的构成）	
W6216.3.2.2.2.1	指南车的形状是一块长方形木板	【汉族】
W6216.3.2.2.2.2	指南车上有铁制的小人	【汉族】
W6216.3.2.2.2.3	指南车上有木人	【汉族】
W6216.3.2.2.2.3.1	黄帝造的指南车车上站着一个木人手指南方	【汉族】
W6216.3.2.3	指南车的使用	
W6216.3.2.3.1	风后管着指南车	【汉族】
W6216.3.2.3.2	指南车由熊精驮着跑	【汉族】
W6216.3.2.4	特定的指南车	

W 编码	母题描述	关联项
W6216. 3. 2. 4. 1	玄和指南车	【汉族】
W6216. 3. 2. 5	与指南车有关的其他母题	［W6969. 2］指南针
W6216. 3. 2. 5. 1	指南车的名称	［W6216. 3. 2. 1. 1. 5. 2］玄女为帝制司南车
W6216. 3. 2. 5. 1. 1	指南车又称轩辕方	【汉族】
W6216. 3. 2. 5. 1. 2	大车	
W6216. 3. 2. 5. 1. 2. 1	风后作大车	【中华民族】
W6216. 3. 2. 5. 1. 2. 2	大车以杓指南，以正四方	【中华民族】
W6216. 3. 2. 5. 1. 3	指南双轮木车	
W6216. 3. 2. 5. 1. 3. 1	黄帝造指南双轮木车	【汉族】
W6216. 3. 2. 5. 2	指南车的改进	
W6216. 3. 2. 5. 2. 1	王母点化黄帝改进指南车	【汉族】
W6216. 3. 3	桥车	
W6216. 3. 3. 1	禹治洪水乘桥车	【汉族】
W6216. 3. 4	兵车（战车）	［W8752. 1］战车
W6216. 3. 4. 1	兵车的产生（造兵车者）	
W6216. 3. 4. 1. 1	轩辕让宁封造战车	【汉族】
W6216. 3. 4. 1. 2	黄帝把发明的马车运用到战争中成为战车	【中华民族】
W6216. 3. 4. 2	兵车的特征	
W6216. 3. 4. 3	特定的兵车（兵车的类型）	
W6216. 3. 4. 3. 1	楼车	
W6216. 3. 4. 3. 2	登城车	
W6216. 3. 4. 3. 3	阶道车	
W6216. 3. 4. 3. 4	广车	
W6216. 3. 4. 3. 5	阙车	
W6216. 3. 4. 3. 6	革车	
W6216. 3. 4. 3. 7	轻车	

W 编码	母题描述	关联项
W6216.3.4.3.8	戎路	
W6216.3.4.3.9	钝车	
W6216.3.4.3.10	其他名称的兵车	
W6216.3.4.4	与兵车有关的其他母题	
W6216.3.5	运输车	
W6216.3.5.1	运输车的产生（造运输车者）	
W6216.3.5.2	运输车的特征	
W6216.3.5.3	与运输车有关的其他母题	
W6216.3.6	丧车	
W6216.3.7	轺车	
W6216.3.8	淄车	
W6216.3.9	栈车	
W6216.3.10	传车	
W6216.3.11	高车	
W6216.3.12	安车	
W6216.3.13	记里鼓车	
W6216.3.14	辇	
W6216.3.14.1	凤辇	【汉族】
W6216.3.15	温车	
W6216.3.16	软轮车	
W6216.3.17	独轮车	
W6216.3.17.1	独轮车的产生（造独轮车者）	
W6216.3.17.2	独轮车的特征	
W6216.3.17.3	与独轮车有关的其他母题	
W6216.3.18	双轮车	
W6216.3.18.1	单辕两轮车	
W6216.3.18.2	轩辕造双轮车	［W0696.1］黄帝轩辕氏
W6216.3.18.2.1	轩辕用直木做双轮车的车架	【汉族】

W 编码	母题描述	关联项
W6216. 3. 18. 2. 2	轩辕用曲木做双轮车的车轮	【汉族】
W6216. 3. 18. 3	双轮车能日行百里	【汉族】
W6216. 3. 19	三轮车	
W6216. 3. 20	四轮车	
W6216. 3. 20. 1	铁甲四轮车	
W6216. 3. 21	马车	
W6216. 3. 21. 1	马车的产生（造马车者）	
W6216. 3. 21. 1. 1	黄帝发明马车	［W0696. 1］黄帝轩辕氏
W6216. 3. 21. 1. 1. 1	姬轩辕将发明了轮轴驱动的马车	【中华民族】
W6216. 3. 21. 2	马车的特征	
W6216. 3. 21. 3	与马车有关的其他母题	
W6216. 3. 21. 3. 1	尧套马拉车	【汉族】
W6216. 3. 21. 3. 2	禹时奚仲驾马车	【中华民族】
W6216. 3. 22	牛车	
W6216. 3. 22. 1	牛车的产生（造牛车者）	
W6216. 3. 22. 1. 1	轩辕发明了带轮子的牛车	【中华民族】
W6216. 3. 22. 2	牛车的特征	
W6216. 3. 22. 3	牛车的使用	
W6216. 3. 22. 3. 1	尧帝出行乘坐一辆牛车代步	【汉族】
W6216. 3. 22. 3. 2	少昊时驾牛车	【中华民族】
W6216. 3. 22. 4	与牛车有关的其他母题	
W6216. 3. 23	羊车	
W6216. 3. 23. 1	羊车的产生（造羊车者）	
W6216. 3. 23. 2	羊车的特征	
W6216. 3. 23. 3	与羊车有关的其他母题	［W6216. 4. 2a］羊拉车
W6216. 3. 23a	象车	
W6216. 3. 23a. 1	黄帝驾象车	【中华民族】
W6216. 3. 23b	鹿车（鹿拉车）	

W 编码	母题描述	关联项
W6216.3.23b.1	岐伯乘绛云之车，驾十二白鹿	【汉族】
W6216.3.23c	白虎青龙车	【中华民族】
W6216.3.24	风车	
W6216.3.24.1	风车的产生（造风车者）	
W6216.3.24.1.1	从东南西北四个方向回来四姊妹中的三姐学会了造风车	【汉族】
W6216.3.24.2	风车的特征	
W6216.3.24.3	与风车有关的其他母题	
W6216.3.24a	水车	
W6216.3.24a.1	河伯乘水车兮荷盖	【中华民族】
W6216.3.24a.2	砍梭罗树打好一架水车	
W6216.3.24a.3	水车能搅干海子	【汉族】
W6216.3.25	飞车	
W6216.3.25.1	飞车的产生	
W6216.3.25.1.1	鲁班飞车	
W6216.3.25.1.1.1	鲁班造第一架木制飞车	【汉族】
W6216.3.25.1.2	神造飞车	
W6216.3.25.1.2.1	天神造飞车	【傣族】
W6216.3.25.1.2.2	神用泥垢造飞车	【傣族】
W6216.3.25.2	飞车的特征	
W6216.3.25.2.1	飞车腾云驾雾，快如闪电	【汉族】
W6216.3.25.2.2	飞车从风远行	【汉族】
W6216.3.25.3	特定的飞车	
W6216.3.25.3.1	木飞车	【汉族】
W6216.3.25.4	与飞车有关的其他母题	
W6216.3.26	天车	
W6216.3.26.1	天车的产生	
W6216.3.26.2	天车的特征（天车的使用）	

W 编码	母题描述	关联项
W6216. 3. 26. 2. 1	天车有五条龙拉套	【朝鲜族】
W6216. 3. 26. 3	与天车有关的其他母题	
W6216. 3. 27	云车	
W6216. 3. 27. 1	云车的产生	
W6216. 3. 27. 2	云车的特征（云车的使用）	
W6216. 3. 27. 2. 1	大神童律驾云车	【汉族】
W6216. 3. 27. 2. 2	神马驾云车	【纳西族（摩梭）】
W6216. 3. 27. 3	与云车有关的其他母题	
W6216. 3. 27. 3. 1	大禹乘坐云车	【汉族】
W6216. 3. 27. 3. 2	女始祖昂姑咪乘坐云车	【纳西族（摩梭）】
W6216. 3. 27. 3. 3	绛云之车	
W6216. 3. 27. 3. 3. 1	岐伯乘绛云之车	【汉族】
W6216. 3. 27. 3. 4	云车十二乘	
W6216. 3. 27. 3. 4. 1	盘古驾起云车十二乘	【汉族】
W6216. 3. 28	龙车凤辇	
W6216. 3. 28. 1	西天王母娘娘乘龙车凤辇撒开一路五彩云霞飞向黄山	【汉族】
W6216. 3. 28. 2	龙车	
W6216. 3. 28. 2. 1	三条龙拉的华丽的龙车	【俄罗斯族】
W6216. 3. 29	七香车	
W6216. 3. 29. 1	七香车为轩辕黄帝所造	【汉族】
W6216. 3. 29. 2	七香车能随人的心念而动	【汉族】
W6216. 3. 29. 3	七香车又叫如意车	【汉族】
W6216. 3. 30	帝车	
W6216. 3. 30. 1	斗为帝车，运于中央	【中华民族】
W6216. 3. 30. 2	天帝之车	
W6216. 3. 30. 2. 1 *	北斗是天帝之车	【中华民族】
W6216. 3. 31	按制作材料分类的车	

W 编码	母题描述	关联项
W6216.3.31.1	木车	【汉族】
W6216.3.31.1.1	吉光造木车	【汉族】
W6216.3.31.1.2	阏伯造木车	【汉族】
W6216.3.31.1.3	四轮木车	【汉族】@［W6216.3.2.5.1.3］指南双轮木车
W6216.3.32	神车	
W6216.3.32.1	巨大的神车	【傣族】
W6216.3.32.2	轩辕神车	
W6216.3.32.2.1	轩辕神车能升天	【中华民族】
W6216.3.32a	宝车	
W6216.3.32a.1	黄帝的宝车	【汉族】
W6216.3.33	悬车	
W6216.3.33.1	爰止羲和，爰息六螭，是谓悬车	【汉族】
W6216.3.34	拖车	
W6216.3.34.1	禹治水时坐着拖车	【汉族】
W6216.4	拉车者（车的使用；驾车者）	
W6216.4.1	马拉车	
W6216.4.1.1	神马驾车	【纳西族（摩梭）】
W6216.4.1.1.1	周穆王乘一辆八匹神马拉的马车	【汉族】
W6216.4.2	牛拉车	【汉族】
W6216.4.2.1	牛仙因触犯天条，被罚下界去替人拉车	【汉族】
W6216.4.2.2	如来佛派铁牛下凡帮东土众拉车	【汉族】
W6216.4.2a	羊拉车	【汉族】
W6216.4.3	人拉车	
W6216.4.4	龙拉车	【中华民族】【汉族】
W6216.4.4.1	车驾六龙	【中华民族】@［W6216.3.1h.1］六条龙拉的太阳车
W6216.4.5	鹿拉车	

W 编码	母题描述	关联项
W6216. 4. 5. 1	狩猎神教人用鹿拉车	【满族】@［W6215. 1. 1. 1］鄂多哩玛发（狩猎神）教人用狗拉爬犁、用鹿拉车、驮东西的方法
W6216. 4. 5. 2	十二白鹿驾车	【汉族】
W6216. 4. 6	多种动物拉车	
W6216. 4. 6. 1	熊、罴、虎、豹拉车	【汉族】
W6216. 4. 7	其他特定动物拉车	
W6216. 4. 7. 1	驾鲤鱼	
W6216. 4. 7. 1. 1	五子举舆，使女使后驾鲤鱼	【中华民族】
W6216. 4. 7. 2	大象拉车	【汉族】
W6216. 5	与车有关的工具	
W6216. 5. 1	鞍子（马鞍）	
W6216. 5. 1. 1	鸡树板做鞍头，青菜皮树做鞍板，橡子做架子，树皮做架绳，枫树做揪珠，枫树做揪网	【彝族】
W6216. 6	车的禁忌	
W6216. 6. 1	特定的车的禁忌	
W6216. 6. 1. 1	婚车禁忌	
W6216. 6. 1. 1. 1	接新娘的喜篷车到新娘家一经放定忌移动	【锡伯族】
W6216. 7	与车有关的其他母题	
W6217	**船（舟）**	【汤普森】A1445. 1
W6217. 0	以前没有船	
W6217. 0. 1	古时，红水河上没有船	【壮族】
W6217. 1	船的发明（船的产生；船的制造；造船者；造舟者）	
W6217. 1. 0	船的产生原因	
W6217. 1. 0. 1	为捕鱼造船	【汉族】
W6217. 1. 0. 1. 1	为能到海里去寻找美味造船	【汉族】
W6217. 1. 0. 2	为渡水造船	

W 编码	母题描述	关联项
W6217.1.0.2.1	猎人为追赶渡水猎物制成独木舟	【高山族（曹人）】
W6217.1.0.2.2	为让人类能过江造船	【布依族】
W6217.1.0.3	为逃避洪水造船	【汉族】
W6217.1.1	神或神性人物造船	［W0422.3］造船之神
W6217.1.1.1	鲁班造船	【白族】
W6217.1.1.1.1	很早以前鲁班造船	【汉族】@［W6217.5.2.1］鲁班在福建造船
W6217.1.1.1.2	鲁班用木板钉的大鞋子成为船	【汉族】
W6217.1.1.2	黄帝造船	①
W6217.1.1.2.1	黄帝变乘桴以造舟楫	【汉族】
W6217.1.1.2a	炎帝造舟楫	
W6217.1.1.2a.1	炎帝神农时代造舟楫	【中华民族】
W6217.1.1.3	钜灵氏造船	【汉族】@［W6223.4.1］钜灵氏修水路
W6217.1.1.4	伏羲造船	
W6217.1.1.4.1	伏羲氏能打鱼造大船	【汉族】
W6217.1.1.5	女娲造船	【汉族】@［W6217.6.3.0.2］女娲造木船
W6217.1.1.6	盘古造船	
W6217.1.1.6.1	蓬莱原是盘古造的一条大船	【汉族】
W6217.1.2	其他特定的人物发明船	
W6217.1.2.1	黄帝的大臣造船	【汉族】
W6217.1.2.1.1	黄帝的大臣共鼓造船	【汉族】@［W6205.2.4.1］黄帝的大臣共鼓教民造屋
W6217.1.2.1.1a	共鼓、货狄作舟	【汉族】
W6217.1.2.2	巧垂造舟	【汉族】
W6217.1.2.3	番禺造船	
W6217.1.2.3.1	番禺始为舟	【汉族】
W6217.1.2.4	木匠造船	
W6217.1.2.4.1	有个叫阿冉的巧木匠造了一条船	【布依族】

① 【汉族】【畲族】【关联】@［W6216.1.1.2］黄帝发明舟车；［W6217.1.2.1］黄帝的大臣造船。

W 编码	母题描述	关联项
W6217.2	船的制造方法（造船的材料）	［W8356］洪水时逃生船是造出来的
W6217.2.0	造船方法的获得	
W6217.2.0.1	特定人物教人造船	
W6217.2.0.1.1	向蚂蚁学会造船	【白族】@［W6217.2.0.2.2］黄帝受水上蚂蚁爬一片树叶的启发造出船
W6217.2.0.2	受特定事物启发学会造船	
W6217.2.0.2.1	仿照木鞋造船	【白族】
W6217.2.0.2.2	黄帝受水上蚂蚁爬一片树叶的启发造出船	【中华民族】
W6217.2.1	用特定植物做船（用特定植物当船）	
W6217.2.1.1	树叶作舟	【汤普森】D1524.8
W6217.2.1.1.1	用芭蕉叶作船	【藏族】
W6217.2.1.2	葫芦当作船（葫芦舟）	【中华民族】
W6217.2.1.3	用树造船	
W6217.2.1.3.1	女娲的孩子用树做成船	【汉族】
W6217.2.1.3a	树当做船	
W6217.2.1.3a.1	一位苗人乘树浮游	【苗族】
W6217.2.1.3b	用神树造船	
W6217.2.1.3b.1	用天上神树的树枝到下界造大船	【汉族】
W6217.2.1.3c	用大树造船	
W6217.2.1.3c.1	夸父变成树林的树木长大造船	【汉族】
W6217.2.1.4	荷叶作舟（荷叶舟）	【汉族】
W6217.2.2	刻木造舟（凿树造船；凿木为船；伐树造船）	
W6217.2.2.1	黄帝的大臣共鼓受洪水中空心树启发造船	【汉族】
W6217.2.2.1a	黄帝的手下共鼓和货狄凿木为舟	【汉族】

W 编码	母题描述	关联项
W6217.2.2.2	男神伐大树造船	【高山族（阿美）】
W6217.2.2.2a	伏栖氏刳木为舟	【中华民族】@［W6217.1.1.4］伏羲造船
W6217.2.2.3	木槽盆当船	【汉族】
W6217.2.2.4	砍云山泡桐树造船	【苗族】
W6217.2.2.5	特定的树木不能做船	
W6217.2.2.5.1	花桑树和白栈树不能做船	【仫佬族（疑为“仡佬族”）】
W6217.2.2.6	盘古用上古沉香木造船	【汉族】
W6217.2.3	绑木造船	
W6217.2.3.1	巨人布洛陀用无数条大圆木绑制成大旱船	【壮族】
W6217.2.3a	砍树造船	【汉族】
W6217.2.3a.1	砍树凿槽做船	【苗族】
W6217.2.3b	锯古木造船	【苗族】
W6217.2.4	通过巫术造船（用魔法造船）	
W6217.2.4.1	天女剪云造船（云船）	【满族】
W6217.2.5	用动物的皮造船	
W6217.2.5.1	用犀牛皮、鱼皮做成船	［W6217.6.5］皮船
W6217.2.5.1.1	尧的大儿子丹珠用犀牛皮、鱼皮做成船	【汉族】
W6217.2.6	用纸造船	
W6217.2.6.1	用纸糊鸭形船	【仡佬族】
W6217.3	变化产生船（船时变化产生的）	［W6217.6.3.0.1.1］女娲化作木舟洪水中救生灵
W6217.3.1	太阳变成船	
W6217.3.1.1	射落的太阳变成船	【苗族】@［W6217.6.7.1.1］枉生射落的太阳是一个鸭精变成龙船
W6217.3.2	花变成船	

W 编码	母题描述	关联项
W6217. 3. 2. 1	用巫术把花变成船	
W6217. 3. 2. 1. 1	观音用手一指一瓣荷花就成了一艘小船	【汉族】
W6217. 3. 2. 2	台子变成船	
W6217. 3. 2. 2. 1	观音菩萨的莲台变成船	【汉族】
W6217. 3. 3	仙女变成船	
W6217. 3. 3. 1	洪水时，众仙女为拯万民力脱其壳化为大船	【汉族】
W6217. 3. 4	特定物件变成船	
W6217. 3. 4. 1	女娲的头簪落水后变成一只小船	【汉族】
W6217. 4	船产生的其他方法	
W6217. 4. 1	仿照特定物造船	
W6217. 4. 1. 1	始祖的儿女亨卓枝和班卓芝姐弟俩，仿照着蚂蚁乘木过江学会造船	【白族】@［W6096. 1. 5. 1］第七代祖先从忍利恩不会做工，就向蚂蚁学习
W6217. 5	与船产生有关的其他母题	
W6217. 5. 1	船产生的时间	
W6217. 5. 1. 1	当哈敦高勒（黄河）入海的时候，世上才有了第一叶轻舟	【蒙古族】
W6217. 5. 2	船产生的地点（造船的地点）	
W6217. 5. 2. 1	鲁班在福建造船	【汉族】
W6217. 6	特定的船（船的类型）	
W6217. 6. 0	船的名称的产生	
W6217. 6. 0. 1	“传、洲、沿”各取字边成为“船”	【汉族】
W6217. 6. 0. 2	最早出现的“拴”后来叫成“船”	【汉族】
W6217. 6. 1	石船	
W6217. 6. 1. 1	男子洪水前造石船	【畲族】@［W8350］洪水时用石头船逃生

W 编码	母题描述	关联项
W6217.6.1.2	二郎过河坐的那条船成了石船	【汉族】
W6217.6.1.3	大禹乘石船	【汉族】
W6217.6.2	土船	【土家族】【土家族】
W6217.6.2.1	廪君乘土船	
W6217.6.3	木船（木舟）	
W6217.6.3.0	木船的产生	
W6217.6.3.0.1	变化产生木船	
W6217.6.3.0.1.1	女娲化作木舟洪水中救生灵	【中华民族】
W6217.6.3.0.1.2	一千瓣莲花变成一千只木船	【汉族】
W6217.6.3.0.2	女娲造木船	
W6217.6.3.0.2.1	女娲教人造木船	【汉族】
W6217.6.3.0.3	女娃造木船	
W6217.6.3.0.3.1	炎帝的小女儿女娃做小木船	【中华民族】
W6217.6.3.1	独木舟（独木船）	［W6217.1.0.2.1］猎人为追赶渡水猎物制成独木舟
W6217.6.3.1.1	挖树洞造独木舟	【高山族】
W6217.6.3.1.1.1	轩辕和神农挖空树身做独木船	【汉族】
W6217.6.3.1.1.1.1	轩辕受树木能在河中漂浮的启示，教人砍伐大树挖空树身制成独木舟	【汉族】
W6217.6.3.1.2	把树子凿成独木舟	【苗族】
W6217.6.3.1.3	猎人伐木造独木舟	【高山族（曹人）】
W6217.6.3.1.3.1	猎人受老鼠启发，将树心挖空制成独木舟	【高山族（曹人）】
W6217.6.3.1.4	夏禹用梓木造独木船	【汉族】
W6217.6.3.2	木槽船	
W6217.6.3.2.1	头领当逗砍槌树剜凿出木槽船	【苗族】
W6217.6.3.3	竹船	
W6217.6.3.3.1	锯竹作船	

W 编码	母题描述	关联项
W6217. 6. 3. 3. 1. 1	涕竹长数百丈，围三丈六尺，厚八九寸，可以为船	【汉族】
W6217. 6. 3. 4	与木船有关的其他母题	【羌族】@［W8356. 3］洪水时造木船
W6217. 6. 4	金属船（铁船）	
W6217. 6. 4. 1	金船	
W6217. 6. 4. 1. 1	仙人遗下金船	【汉族】
W6217. 6. 4. 1. 2	亡灵乘金船	【侗族】
W6217. 6. 4. 2	银船	
W6217. 6. 4. 3	铜船	
W6217. 6. 4. 4	铁船	
W6217. 6. 5	皮船	
W6217. 6. 5. 1	牛皮船	【藏族】@［W8356. 2］洪水时用牛皮做小船
W6217. 6. 5. 1. 1	杀牛造牛皮船	【珞巴族】
W6217. 6. 5. 1. 1. 1	天神的儿子剥下天牛皮做船	【珞巴族】
W6217. 6. 5. 2	羊皮船	【汉族】
W6217. 6. 6	其他材料命名的船	
W6217. 6. 6. 1	纸船	【鄂伦春族】@［W8356. 4］洪水时用纸做大船
W6217. 6. 6. 2	草船	
W6217. 6. 6. 2. 1	村姑用草扎了一只小船	【汉族】
W6217. 6. 7	动物造型的船（以动物命名的船）	
W6217. 6. 7. 1	龙船（龙舟）	
W6217. 6. 7. 1. 1	龙舟的产生	
W6217. 6. 7. 1. 1. 1	特定物变成龙舟	
W6217. 6. 7. 1. 1. 1. 1	枉生射落的太阳是一个鸭精变成龙船	【苗族】
W6217. 6. 7. 1. 1. 2	特定人物造龙舟	

W 编码	母题描述	关联项
W6217.6.7.1.2	龙舟的特征（龙船的功能）	
W6217.6.7.1.2.1 *	龙舟腹下似有一脚	【中华民族】
W6217.6.7.1.2.2	龙船是有龙头龙尾的木船	【汉族】
W6217.6.7.1.2.3	端公用龙船祈福	【仡佬族】
W6217.6.7.1.2.3.1	祈福龙船高约一米三四，四柱排列成长方形，柱上四面封木板，正面开一两个上圆下方的门洞，有底，上为木房顶样	【仡佬族】
W6217.6.7.1.2.4	龙船用于祭祀	
W6217.6.7.1.2.4.1	龙船是越人祭水神时所驾之舟	【中华民族】
W6217.6.7.1.3	特定的龙舟	
W6217.6.7.1.3.1	夔龙舟	【中华民族】
W6217.6.7.1.4	与龙船有关的其他母题	
W6217.6.7.1.4.1	划龙舟	
W6217.6.7.1.4.1.1	为战胜恶龙划龙舟	【苗族】
W6217.6.7.1.4.1.2	划龙舟有特定时间	【苗族】@［W6613.7.3］端午节赛龙舟（端午节划龙舟）
W6217.6.7.2	凤船（凤舟）	
W6217.6.7.3	螺舟	
W6217.6.7.3.1	宛渠之民乘螺舟	【汉族】
W6217.6.7.3.2	螺舟形似螺，沈行海底	【汉族】
W6217.6.7.3.3	螺舟一名沦波舟	【汉族】
W6217.6.8	根据船的特征命名船	
W6217.6.8.1	多层的船	
W6217.6.8.1.1	九层船	
W6217.6.8.1.1.1	神的儿子造九层船	【景颇族】
W6217.6.8.2	花船	
W6217.6.8.2.1	观音菩萨的花船	【汉族】

W 编码	母题描述	关联项
W6217. 6. 8. 3	汽船	【彝族】@［W8353. 2］洪水时用汽船逃生
W6217. 6. 9	其他特定的船	【关联】①
W6217. 6. 9. 1	会飞的船（飞船）	
W6217. 6. 9. 2	云船	［W6217. 2. 4. 1］天女剪云造船（云船）
W6217. 6. 9. 2. 1	昆仑山女神乘云船回家	【普米族】
W6217. 6. 9. 2. 2	天女白云格格乘宝云船	【满族】
W6217. 6. 9. 3	腰舟	
W6217. 6. 9. 3. 1 *	古代称葫芦为腰舟	【中华民族】@［W6217. 2. 1. 2］葫芦当作船（葫芦舟）
W6217. 6. 9. 4	轻舟	［W6217. 5. 1. 1］当哈敦高勒（黄河）入海的时候，世上才有了第一叶轻舟
W6217. 6. 9. 4. 1	赶龙轻舟	
W6217. 6. 9. 4. 1. 1	大禹乘赶龙轻舟	【汉族】
W6217. 6. 9. 5	按功能划分的船	
W6217. 6. 9. 5. 1	竞渡船	
W6217. 6. 9. 5. 1. 1 *	头尾高翘或饰以鸟形的“竞渡船”	【中华民族】
W6217. 6. 9. 5. 2	破洪船	
W6217. 6. 9. 5. 2. 1	天皇赐大禹破洪船	【汉族】
W6217. 6. 9. 6	以特定人物名字命名的船	
W6217. 6. 9. 6. 1	盘古船	［W0720］盘古
W6217. 6. 9. 6. 1. 1	盘古山一块船形大石头，人称“盘古船”	【汉族】
W6217. 6. 9. 6. 2	禹王船	［W0751］禹（大禹）
W6217. 6. 9. 6. 2. 1	满城县西渝河村北背搭岭禹王船	【汉族】
W6217. 7	船的构件（船的）	

① ［W4933. 1. 1］太阳的船；［W6217. 2. 1. 2］葫芦当作船（葫芦舟）；［W9670］宝船。

W 编码	母题描述	关联项
W6217.7.1	船桨	
W6217.7.1.1	众神用查牛的一节骨头做成船桨	【哈尼族】
W6217.7.1.2	船桨像鱼鳍	【苗族】
W6217.7.1a	船橹	
W6217.7.1a.0	以前的船没有橹	【汉族】
W6217.7.1a.1	鲁班造橹	［W0768.20］鲁班
W6217.7.1a.1.1	鲁班用一根头圆根扁的木条挖孔套，在船橹的橹柱上做成船橹	【汉族】
W6217.7.1a.1.2	鲁班仿照老鹰的尾巴造船橹	【汉族】
W6217.7.1a.2	造船橹的材料	
W6217.7.1a.2.1	鲁班用木头造了一支橹	【汉族】
W6217.7.1a.3	船橹的功能	
W6217.7.1a.3.1	船橹撑船省力又方便	【汉族】
W6217.7.1a.4	特定的船橹	
W6217.7.1a.4.1	两截橹	
W6217.7.1a.4.1.1	两截橹是鲁班在浙江海面接成	【汉族】
W6217.7.1a.4.2	三截橹	
W6217.7.1a.4.2.1	龙王用肮脏浪把鲁班的两截橹折断变成三截	【汉族】
W6217.7.1a.4.3	单截橹	
W6217.7.1a.4.3.1	福建人摇的是单截橹	【汉族】
W6217.7.1b	船楫	
W6217.7.1b.1	刻木为楫	【中华民族】
W6217.7.2	船舱	
W6217.7.2.1	船舱像竹节	【苗族】
W6217.7.3	船头	
W6217.7.3.1	船头像蚂蚱	【苗族】
W6217.7.3.2	船头有挂（或扫）	【中华民族】

W 编码	母题描述	关联项
W6217. 7. 4	船尾	
W6217. 7. 4. 1	船尾像鱼尾	【苗族】
W6217. 7. 5	船舵	
W6217. 7. 5. 1	砍取树干制作船舵	【高山族（曹人）】
W6217. 7. 6	船的其他构件	
W6217. 7. 6. 1	船底	
W6217. 7. 6. 1. 1	女娲砍树用粗枝做船底	【汉族】
W6217. 7. 6. 2	船舷	
W6217. 7. 6. 2. 1	女娲砍树用细枝做船舷	【汉族】
W6217. 7. 7	与船的构件有关的其他母题	
W6217. 7. 7. 1	船的装饰	［W6217. 9. 5. 1］铜鼓船纹
W6217. 7. 7. 1. 1	女娃采辛夷花和兰草把小船装扮漂亮	【中华民族】
W6217. 8	船的功能	
W6217. 8. 1	造船渡河	
W6217. 8. 2	造船捕鱼	
W6217. 8. 2. 1	姑娘在柞木做的槽盆中撒网捕鱼	【汉族】
W6217. 8. 3	造船载物	
W6217. 8. 3. 1	砍树造船运金银	【苗族】
W6217. 8. 4	船是重要交通工具	
W6217. 8. 4. 1	船是尧时唯一的交通工具	【汉族】
W6217. 8. 5	船能救人	【苗族】@［W8348］洪水时用船逃生
W6217. 8a	船的使用	
W6217. 8a. 1	船的驾驭者（船的使用者）	
W6217. 8a. 1. 1	苍龙开船	
W6217. 8a. 1. 1. 1	苍龙盘在船头上，摇起龙尾开仙船	【汉族】
W6217. 8a. 1. 2	船家	

W 编码	母题描述	关联项
W6217.8a.1.2.1	王爷菩萨是船家的祖师	【汉族】
W6217.8a.2	拉船者（纤夫；船的承载者）	
W6217.8a.2.1	黄龙负舟	【汉族】
W6217.8a.2.2	居河边的人打鱼和拉纤	【汉族】
W6217.8a.3	撑船	
W6217.8a.3.1	以前，只是用竹竿撑船	【汉族】
W6217.8a.3.2	竹竿撑船笨重又不方便	【汉族】
W6217.9	与船有关的其他母题	
W6217.9.1	奇特的船	【汤普森】F841；［W9038.4］魔船
W6217.9.1a	神船	【中华民族】
W6217.9.1b	仙船（仙舟）	【汉族】@［W6217.8a.1.1.1］苍龙盘在船头上，摇起龙尾开仙船
W6217.9.1b.1	老寿星把采的花瓣做成一只仙船	【汉族】
W6217.9.1b.2 *	女墓主乘仙舟而有龙凤导引	【中华民族】
W6217.9.2	筏（筏子）	
W6217.9.2.1	筏子的产生	
W6217.9.2.1.1	掰五倍子树枝扎筏子	【独龙族】
W6217.9.2.1.2	瑶池仙姑指点人造排筏	【汉族】
W6217.9.2.2	筏子的特征（筏子的功能）	
W6217.9.2.3	筏子的使用	
W6217.9.2.4	筏子的类型（特定的筏子）	
W6217.9.2.4.1	木筏	
W6217.9.2.4.2	竹筏	
W6217.9.2.4.2.1	为逃避洪水拆竹楼造竹筏	【傣族】
W6217.9.2.4.2.2	挽竹筏冲流竞渡	【中华民族】
W6217.9.2.4.3	牛筏	
W6217.9.2.4.3.1	牛皮筏子	

W 编码	母题描述	关联项
W6217. 9. 2. 4. 3. 1. 1	用两张牛皮、三升雪花盐、三斤好清油，把皮胎涂擦了几遍，吹饱了气造成牛皮筏子	【保安族】
W6217. 9. 2. 4. 4	排筏	【汉族】
W6217. 9. 2. 5	与筏子有关的其他母题	
W6217. 9. 2a	排（排子）	
W6217. 9. 2a. 1	竹排	
W6217. 9. 2a. 1. 1	兄弟俩砍竹子扎排	【仫佬族】
W6217. 9. 2a. 2	木排	
W6217. 9. 2a. 2. 1	大禹治水时造木排	【汉族】
W6217. 9. 3	艇	
W6217. 9. 4	舫	
W6217. 9. 5	与船有关的绘画	［W6927. 1. 3］绘画的功能（绘画的作用）
W6217. 9. 5. 1	铜鼓船纹	
W6217. 9. 5. 1. 1 *	铜鼓船纹描写的是一种过海用的航船、神船	【中华民族】
W6217. 9. 6	其他渡水工具	
W6217. 9. 6. 1	借助葫芦渡水	【黎族】@［W6217. 6. 9. 3. 1 *］古代称葫芦为腰舟
W6217. 9. 6. 1. 1	腰掖葫芦浮水	【中华民族】
W6217. 9. 6. 1. 2	燧人以匏济水	【中华民族】
W6218	**其他特定的交通工具**	
W6218. 1	爬犁	
W6218. 1. 1	猎神教人们狗拉爬犁	【满族】@［W6215. 1. 1. 1］鄂多哩玛发（狩猎神）教人用狗拉爬犁、用鹿拉车、驮东西的方法
W6218. 2	雪橇	
W6218. 2. 1	雪橇的产生	
W6218. 2. 1. 1	人为适应生存的环境制造了雪橇	【柯尔克孜族】

W 编码	母题描述	关联项
W6218.3	轿（肩舆；轿子）	
W6218.3.1	花轿	
W6218.3.1.1	皇帝赐封女子坐花轿	【汉族】
W6218.4	滑竿	
W6218.5	溜绳	
W6218.5.1	渡江工具篾溜绳	【傈僳族】
W6219	**与交通工具有关的其他母题**	
W6219.1	特定物作为交通工具	
W6219.1.1	宝物作为出行工具	［W9688.4］飞毯
W6219.1.2	特定动物作为交通工具（动物作为坐骑；动物做出行工具）	
W6219.1.2.1	骑马（用马驮东西）	
W6219.1.2.2	骑牛（用牛驮东西）	
W6219.1.2.3	骑驴（用驴驮东西）	
W6219.1.2.4	骑鹿（用鹿驮东西）	
W6219.1.2.4.1	狩猎神鄂多哩玛发教给人用鹿驮东西	【满族】@［W6215.1.1.1］鄂多哩玛发（狩猎神）教人用狗拉爬犁、用鹿拉车、驮东西的方法
W6219.1.2.4.2	王母娘娘的随从骑马鹿	【汉族】
W6219.1.2.4.3	寿星骑鹿	【汉族】
W6219.1.2.4.4	老仙翁骑雪白的鹿	【汉族】
W6219.1.2.5	骑象	
W6219.1.2.5.1	尧的儿子丹珠骑着一头白象	【汉族】
W6219.1.2.6	骑鸟	
W6219.1.2.6.0	特定人物骑鸟	
W6219.1.2.6.0.1	燧人氏骑鸟上天	【汉族】
W6219.1.2.6.1	骑天鹅	

W 编码	母题描述	关联项
W6219. 1. 2. 6. 1. 1	济公骑大天鹅	【汉族】
W6219. 1. 2. 6. 2	骑鹤	
W6219. 1. 2. 6. 2. 1	小道士骑白鹤	【汉族】
W6219. 1. 2. 6. 2. 2	禹女骑在仙鹤背上	【汉族】
W6219. 1. 2. 6. 3	乘大鹏	
W6219. 1. 2. 6. 3. 1	季飞随大鹏鸟到月宫	【汉族】
W6219. 1. 2. 6. 4	骑鸡	
W6219. 1. 2. 6. 4. 1	阏伯骑一只老公鸡上天盗火	【汉族】
W6219. 1. 2. 6. 5	骑五色鸟	
W6219. 1. 2. 6. 5. 1	炎帝神农骑天神派来的五色鸟	【汉族】
W6219. 1. 2. 6. 6	骑凤凰	
W6219. 1. 2. 6. 6. 1	黄帝骑凤凰	【汉族】
W6219. 1. 2. 7	骑水中动物（驾驭水中动物）	
W6219. 1. 2. 7. 1	骑鱼	
W6219. 1. 2. 7. 1. 1	兖州谓赤鲤为赤骥	【中华民族】
W6219. 1. 2. 7. 1. 2	兖州谓青鲤为青马	【中华民族】
W6219. 1. 2. 7. 1. 3	兖州谓黑鲤为黑驹，谓白鲤为白骐	【中华民族】
W6219. 1. 2. 7. 1. 4	兖州谓黄鲤为黄骓	【中华民族】
W6219. 1. 2. 8	骑其他动物	
W6219. 1. 2. 8. 0	骑怪兽	
W6219. 1. 2. 8. 0. 1	洪钧借骑“年”	【汉族】
W6219. 1. 2. 8. 1	骑龙（龙作为交通工具）	【汉族】
W6219. 1. 2. 8. 1. 1	乘龙渡海	【汉族】
W6219. 1. 2. 8. 1. 2	祝融骑着两条赤龙	【中华民族】
W6219. 1. 2. 8. 1. 3	共工养鳖龙为坐骑	【汉族】
W6219. 1. 2. 8. 1. 4	黄帝骑龙	
W6219. 1. 2. 8. 1. 4. 1	黄帝骑神龙	【汉族】

W 编码	母题描述	关联项
W6219.1.2.8.1.4.2	黄帝骑白龙	【汉族】
W6219.1.2.8.1.4.3	黄帝骑黄龙	【汉族】
W6219.1.2.8.1.4.3.1	黄帝骑玉帝赏给的黄龙	【汉族】
W6219.1.2.8.1.5	扁鹊与妻子爬上龙脊梁乘龙渡海	【汉族】
W6219.1.2.8.1.6	有皇氏驾元龙走遍九州察民情	【汉族】
W6219.1.2.8.1.7	禹御龙行域外	【中华民族】
W6219.1.2.8.1.8	骑飞龙	
W6219.1.2.8.1.8.1	夏后启筮御飞龙登于天	【中华民族】
W6219.1.2.8.1.8.2	湘君驾飞龙北征	【中华民族】
W6219.1.2.8.1.8a	骑火龙	
W6219.1.2.8.1.8a.1	祝融骑火龙	【汉族】
W6219.1.2.8.1.9	与骑龙有关的其他母题	
W6219.1.2.8.1.9.1	骑蛟龙过江	
W6219.1.2.8.1.9.1.1	制服蛟龙后骑蛟龙过江	【哈尼族】
W6219.1.2.8.1a	骑虎（虎作为坐骑）	
W6219.1.2.8.1a.1	伏羲骑老虎	【彝族】
W6219.1.2.8.1a.2	孙思邈骑虎采药	【汉族】
W6219.1.2.9	与动物作为交通工具有关的其他母题	
W6219.1.2.9.1	飞禽走兽作为特定人物的交通工具	
W6219.1.2.9.1.1	飞禽走兽作为毒神的交通工具	【中华民族】
W6219.1.2.9.2	龙鱼作为运载工具	【中华民族】
W6219.1.2.9.3	混沌兽作为运载工具	
W6219.1.2.9.3.1	玄黄收混沌兽为坐骑	【汉族】
W6219.1.3	自然物作为出行工具	
W6219.1.3.1	云彩作为出行工具	［W6217.6.9.2.1］昆仑山女神乘云船回家
W6219.1.3.1.1	仙女脚踩祥云	【汉族】

W 编码	母题描述	关联项
W6219. 1. 3. 1. 2	仙姑道童驾祥云到玛纳斯河	【汉族】
W6219. 1. 4	其他特定物作为出行工具	
W6219. 1. 4. 1	符作为出行工具	
W6219. 1. 4. 1. 1	站在判官画的符上回家	【汉族】
W6219. 1. 4. 2	乘木桶	
W6219. 1. 4. 2. 1	弟弟乘木桶腾云驾雾上了天	【汉族】
W6219. 1. 4. 3	骑磨秋	
W6219. 1. 4. 3. 1	兄妹骑磨秋上天	【彝族】
W6219. 1. 4. 4	乘布匹	
W6219. 1. 4. 4. 1	小伙乘白绫腾空	【汉族】
W6219. 2	用于运输的用品（运载工具）	
W6219. 2. 1	筐	
W6219. 2. 1. 1	竹筐	
W6219. 2. 1. 2	箩筐	
W6219. 2. 1. 2. 1	背箩	【彝族】
W6219. 2. 1. 2. 1. 1	天神赐背箩	【基诺族】
W6219. 2. 1. 3	担筐	
W6219. 2. 2	驮具	
W6219. 2. 2. 1	褡裢	
W6219. 2. 3	滚木	
W6219. 2. 3. 1	帝喾的儿子阏伯发明滚木载物	【汉族】
W6219. 3	救生器材	
W6219. 3. 1	水中救生器材（救生圈）	
W6219. 3. 1. 1	先民在捕鱼和渡河时身上绑着一圈大瓠	【多民族】
* **W6220**	**道路**	【汤普森】A1435. 2
W6221	**路的产生（道路的产生；路的来历）**	
W6221. 1	道路产生的原因	

W 编码	母题描述	关联项
W6221.2	路是特定人物造出的（道路的发明者；造路者；路的产生方式）	
W6221.2.1	造路者的产生	
W6221.2.1.1	祖先密洛陀造了开路人罗办	【瑶族】
W6221.2.2	神或神性人物造道路（神或神性人物教人造路）	【民族，关联】①
W6221.2.2.1	创世神造路	
W6221.2.2.1.1	感路王（创世神）造大路	【壮族】
W6221.2.2.2	黄帝教人造路（轩辕教人们开道路）	【汉族】@［W6207.1.2.1］黄帝教人建房（轩辕教人造房屋）
W6221.2.2.3	神仙造大路	【中华民族】
W6221.2.2.4	盘古开辟三岔路	【汉族、壮族】
W6221.2.2.5	女娲造道路	【汉族】
W6221.2.2.6	太昊伏羲氏绝港道以济不通	【中华民族】
W6221.2.2.6a	大禹修路	
W6221.2.2.6a.1	大禹开辟九山的道路	【中华民族】
W6221.2.2.7	密洛陀想法开辟道路	【瑶族（布努）】
W6221.2.2.7a	密洛陀的儿子洛班铺路	【瑶族（布努）】
W6221.2.3	造路的材料（修路的材料）	
W6221.2.3.1	天王用龙牛的喉做风的大路	【哈尼族】
W6221.2.4	造路的方法	
W6221.2.4.1	开山造路	
W6221.2.4.2	通过滚压造路	
W6221.2.4.2.1	金童用石磨在山上滚出一条路	【汉族】
W6221.2.4.3	用鞭开路	【汉族】
W6221.2.5	开路的情形（修路的情形）	

① 【哈尼族】@［W1413.2］神踏出通天地的路；［W6221.3.1.1.1］众神用查牛的直肠做大路

W 编码	母题描述	关联项
W6221. 2. 5. 1	踢开乱石，扒掉小丘，斩断芒刺，拔掉茅草，填平坑洼，铲清烂泥开出山路	【瑶族（布努）】
W6221. 2. 6	造路的结果	
W6221. 2. 7	与造路有关的其他母题	
W6221. 3	特定物变化位道路	
W6221. 3. 1	肠子变成道路	
W6221. 3. 1. 1	动物的肠子变道路	
W6221. 3. 1. 1. 1	众神用查牛的直肠做大路	【哈尼族】@［W6222. 1. 2. 1］众神用查牛的直肠做大路
W6221. 3. 1. 1. 2	巨人简剑祖杀死的马鹿的小肠变为道路	【普米族】
W6221. 3. 1. 2	怪物的肠子变为路	
W6221. 3. 1. 2. 1	阳神与阴神杀的长着人脚板的怪物的肠变为路	【纳西族】
W6221. 3. 2	筋脉变成道路	
W6221. 3. 2. 1	神死后筋脉变成路	【布依族】
W6221. 3. 2. 1. 1	盘古死后筋变成道路	【汉族】【白族】
W6221. 3. 2. 2	彝族祖先俄罗布崇拜虎死后筋络变成道路	【彝族】
W6221. 3. 3	特定的痕迹形成路	
W6221. 3. 3. 1	道路是特定的痕迹	
W6221. 3. 3. 1. 1	牛用尾巴甩出道路	【壮族】
W6222	**道路的特征**	
W6222. 1	路的大小	
W6222. 1. 1	大路	［W6221. 2. 3. 1］天王用龙牛的喉做风的大路
W6222. 1. 2	小路	
W6222. 1. 2. 1	众神用查牛的直肠做大路	【哈尼族】@［W6221. 3. 1. 1. 1］众神用查牛的直肠做大路

W 编码	母题描述	关联项
W6223	**特定的路（路的类型）**	
W6223. 1	特定人物的路（特定物的路）	
W6223. 1. 1	神的路（神性人物的路）	
W6223. 1. 1. 1	盘古奶奶下山时走的路	【汉族】
W6223. 1. 2	人的路	
W6223. 1. 3	动物的路	
W6223. 1. 4	自然物的路	
W6223. 1. 4. 1	风的路	【哈尼族】
W6223. 2	马路	
W6223. 2. 1	马路名称的来历	
W6223. 3	彩霞路	
W6223. 3. 1	霞仙娘娘铺出彩霞路	【羌族】
W6223. 4	水路	
W6223. 4. 1	钜灵氏修水路	【汉族】
W6223. 4. 2	宝物劈开水路	【汉族】
W6223. 4. 3	水路八百	【汉族】
W6223. 5	旱路	
W6223. 5. 1	旱路千里	【汉族】
W6223. 6	地下的路	
W6223. 6. 1	都凯女神钻地穴行	【满族】
W6224	**与道路有关的其他母题**	
W6224. 1	路标的来历	
W6224. 1. 1	垒石为路标	【侗族】
W6224. 1. 2	种树作为路标	
W6224. 1. 2. 1	射日者一路上种橘子树作记号	【高山族】
W6224. 2	奇特的路	
W6224. 2. 1	特定人物以特定物作为路	
W6224. 2. 1. 1	灶君爷从烟囱里上天	【汉族】

W 编码	母题描述	关联项
W6224. 2. 2	上天的路	【汉族】
W6224. 2. 3	入地的路	
⁕ **W6225**	**桥**	
W6226	**桥的产生（桥的来历）**	
W6226. 1	桥产生的原因（建桥的原因；架桥的原因；修桥的原因）	［W6226. 3. 1］造桥的原因
W6226. 1. 1	为了生存建桥	
W6226. 1. 1. 1	为过河砍煮饭之柴建桥	【羌族】
W6226. 1. 2	为了生产建桥	
W6226. 1. 3	为了生活建桥	
W6226. 1. 3. 1	不育者通过架桥求子	【侗族】
W6226. 2	桥源于特定的地方	
W6226. 2. 1	飞来桥	
W6226. 3	桥是制造产生的（造桥；建桥；架桥）	
W6226. 3. 1	造桥的原因	
W6226. 3. 1. 1	为解决生存问题造桥	
W6226. 3. 1. 1. 1	为方便生产造桥	【仡佬族】
W6226. 3. 1. 2	为行善造桥	
W6226. 3. 1. 3	为赎罪造桥	
W6226. 3. 1. 4	受点化造桥	
W6226. 3. 1. 5	打赌造桥	
W6226. 3. 1. 6	为报恩造桥	
W6226. 3. 1. 6. 1	鲁班为报恩造桥	【汉族】@［W6226. 3. 2. 3. 1. 1］鲁班擅长建桥梁
W6226. 3. 2	造桥者（桥的发明者）	
W6226. 3. 2. 1	神造桥	
W6226. 3. 2. 1. 1	匠神架桥	【瑶族】@［W6205. 1. 1. 5. 1］匠神洛班炯公为人类造房屋

W 编码	母题描述	关联项
W6226.3.2.1.2	女神造桥	【傈僳族】
W6226.3.2.2	神性人物造桥	
W6226.3.2.2.1	天仙造桥	【布依族】
W6226.3.2.2.2	祖先造桥	
W6226.3.2.2.2a	盘古造桥	【汉族】@［W6217.1.1.6］盘古造船
W6226.3.2.2.3	蜘蛛仙下凡为人造桥	【羌族】
W6226.3.2.2.4	祖先密洛陀的三儿子炯公洛班铺路架桥	【瑶族（布努）】
W6226.3.2.2.5	大禹造桥	【汉族】
W6226.3.2.2.5.1	大禹用几根绳索系住树木顶端，把弓形树木固定建城桥	【中华民族】
W6226.3.2.2.5.2	禹受蜘蛛网的启发造溜索桥	【中华民族】
W6226.3.2.2.5.3	禹王命童律和乌木久造桥	【汉族】
W6226.3.2.2.6	其他特定祖先造桥	
W6226.3.2.2.6.1	祖公祖奶二月初二架桥	【侗族】
W6226.3.2.2.7	神仙造桥	
W6226.3.2.2.7.1	神仙吕洞宾造桥	【汉族】
W6226.3.2.2.8	龙女造桥	
W6226.3.2.2.8.1	龙女与孤儿丈夫喷水成桥	【布依族】
W6226.3.2.2.9	其他神性人物造桥	
W6226.3.2.2.9.1	神猪架桥	【纳西族（摩梭人）】
W6226.3.2.3	特定的人造桥	
W6226.3.2.3.1	鲁班造桥	【民族，关联】①
W6226.3.2.3.1.1	鲁班擅长建桥梁	【汉族】
W6226.3.2.3.1.2	鲁班学艺期满下山造桥	【汉族】
W6226.3.2.4	动物搭桥	［W6226.2.2］鹊桥
W6226.3.2.4.1	水中动物搭成桥	【朝鲜族】

① 【汉族】@［W6227.1.3.3］鲁班造石桥；［W6227.4.7.1.1］鲁班用法术造赵州桥。

W 编码	母题描述	关联项
W6226. 3. 2. 4. 1. 1	鱼鳖搭桥	
W6226. 3. 2. 4. 1. 1. 1	鱼鳖浮为桥	【汉族】
W6226. 3. 2. 4. 2	成千上万的麻雀搭成桥	【汉族】@［W6227. 4. 2］鹊桥（乌鹊桥）
W6226. 3. 2. 4. 3	喜鹊搭桥	【民族，关联】①
W6226. 3. 2. 4. 3. 1	七月七日喜鹊飞上天用头部架桥	【汉族】
W6226. 3. 2. 4. 3. 1a	七月七日喜鹊上天为牛郎织女搭鹊桥	【汉族】
W6226. 3. 2. 4. 3. 2	喜鹊王召四面八方的喜鹊搭鹊桥	【汉族】
W6226. 3. 2. 4. 3. 3	织女七夕使鹊为桥	【汉族】
W6226. 3. 2. 4. 3. 4	喜鹊用土石搭桥	【汉族】
W6226. 3. 2. 5	其他特定人物造桥	
W6226. 3. 2. 6	造桥的帮助者	
W6226. 3. 2. 6. 1	神略依下凡帮人造桥	【仡佬族】
W6226. 3. 2. 6. 2	金童人帮助建桥	【仡佬族】
W6226. 3. 3	造桥的方法	
W6226. 3. 3. 1	造桥方法的获得	
W6226. 3. 3. 1. 0	特定人物教人造桥	
W6226. 3. 3. 1. 0. 1	兄弟俩向鲁班师傅学造桥	
W6226. 3. 3. 1. 1	受动物启发造桥	［W6207. 2. 2］模仿动物造房屋（受动物启发学会建房）
W6226. 3. 3. 1. 1. 1	佤族学蜘蛛建藤子桥	【民族，关联】②
W6226. 3. 3. 1. 2	凿石造桥	
W6226. 3. 3. 1. 2. 1	石匠凿石铺出桥	【布依族】
W6226. 3. 3. 1. 3	打铁造桥	【哈尼族】
W6226. 3. 3. 1. 4	用法术建桥	【傈僳族】@［W6227. 4. 7. 1. 1］鲁班用法术造赵州桥

① 【汉族】@［W6227. 4. 2］鹊桥（乌鹊桥）；［W6227. 4. 4. 3. 1］满天喜鹊在天河互相咬着尾巴搭起一座天桥。

② 【佤族】@［W6024. 3. 4. 1. 1］向蜘蛛学会结网；［W6032. 1. 1. 2］人学蜘蛛用野藤、树皮织成了渔网。

W 编码	母题描述	关联项
W6226.3.3.1.4.1	仙女用法术造桥	【汉族】
W6226.3.3.1.4.2	吕洞宾施展法术造桥	【汉族】
W6226.3.3.1.5	石头横放在河的两岸成为桥	【彝族】
W6226.3.4	造桥的材料	
W6226.3.4.1	造桥材料的获得	
W6226.3.4.2	用特定的材料造桥	
W6226.3.4.3	用神的牙造桥	【东乡族】
W6226.3.4.4	用羽毛搭桥	【汉族】
W6226.3.4.4a	喜鹊互相咬着尾巴搭桥	【汉族】
W6226.3.4.5	其他造桥材料	
W6226.3.4.6	不成功的造桥材料	
W6226.3.4a	造桥的工具	
W6226.3.4a.1	用神锤、神斧、神锯、神刀造桥	【瑶族（布努）】
W6226.3.5	造桥的过程（造桥的环节；造桥的情形）	
W6226.3.5.1	造桥前的准备	
W6226.3.5.2	造桥地点的选择	
W6226.3.5.2.1	白龙公主化作白练云彩为人选桥址	【汉族】
W6226.3.5.3	河两岸两棵树对合在一起形成一座桥	【汉族】
W6226.3.5.4	造桥场面壮观	
W6226.3.5.4.1	洛班炯公用手提起千斤大石，劈开大石，立桥墩、竖双腿、架桥梁	【瑶族】
W6226.3.5.4.2	两兄弟在江边搭起炉灶，扯起风箱，日夜不停打铁造桥	【哈尼族】
W6226.3.5.5	造桥遇到麻烦	
W6226.3.5.5.1	造桥时拱形难吻合	【汉族】

W 编码	母题描述	关联项
W6226. 3. 6	造桥的结果	
W6226. 3. 7	与造桥有关的其他母题	
W6226. 3. 7. 1	造桥的破坏者	
W6226. 3. 7. 1. 1	老道用妖法破坏造桥	【汉族】
W6226. 3. 7. 2	建桥讲风水	【侗族】
W6226. 4	桥是变化产生的（变化产生桥）	
W6226. 4. 1	神或神性人物变化成桥	
W6226. 4. 2	人变成桥	
W6226. 4. 3	特定的肢体变成桥	
W6226. 4. 3. 1	生殖器变成桥	［W9240］象征物
W6226. 4. 3. 1. 1	祖先布洛陀的生殖器成为架在河面的桥梁	【壮族】
W6226. 4. 3. 1. 2	巨人的生殖器化桥	【鄂温克族】
W6226. 4. 3. 2	心脏变成的桥	
W6226. 4. 3. 2. 1	小伙的心变成的一块汉白玉石撑住两块青石板，形成一座青石板桥	【彝族】
W6226. 4. 4	动物变成桥	
W6226. 4. 4. 1	龙变成桥	
W6226. 4. 4. 1. 1	黑龙在江中弓起身，形成一架过江桥	【满族】
W6226. 4. 4. 1. 2	独角龙横身化成一座大桥	【汉族】
W6226. 4. 4. 2	马变成桥	【汉族】
W6226. 4. 4. 3	动物的特定肢体变成桥	
W6226. 4. 4. 3. 1	蛇的毒牙变成桥	【彝族】
W6226. 4. 5	植物变成桥	
W6226. 4. 6	特定物变成桥	
W6226. 4. 6. 1	天公遮帕麻用赶山鞭架起一座桥	【阿昌族】
W6226. 4. 6. 2	石头变成桥	

W 编码	母题描述	关联项
W6226.4.6.2.1	神鹰叼来的石头变成“天生桥”	【彝族】
W6226.4.6.3	鞭子变成桥	
W6226.4.6.3.1	天公遮帕麻把赶山鞭变成一座桥梁	【阿昌族】
W6226.4.6.4	剑变成桥	【汉族】
W6226.4.6.5	杆子变成桥	
W6226.4.6.5.1	姜子牙把钓竿变成桥	【汉族】
W6226.4.7	与变化产生桥有关的其他母题	
W6226.4.7.1	造桥时夜明珠变成桥墩	【布依族】
W6226.5	与桥的产生有关的其他母题	
W6226.5.1	自然形成桥	
W6226.5.1.1	壶口的冰块冲击交错搭起一座天然冰桥	【中华民族】
W6227	**特定的桥（桥的类型；桥梁的类型）**	
W6227.1	不同材质的桥（按材料分类的桥）	
W6227.1.1	土桥	
W6227.1.2	水桥	
W6227.1.3	石桥	
W6227.1.3.1	特定的人架石桥	
W6227.1.3.1.1	则福老架石桥	【苗族】
W6227.1.3.1.2	鲁班爷修赵州石桥	【中华民族】
W6227.1.3.1.3	秦始皇造石桥	
W6227.1.3.1.3.1	始皇欲过海观日作石桥	【汉族】
W6227.1.3.2	神女姑娘卖身筹资建石桥	【汉族】
W6227.1.3.3	鲁班造石桥	
W6227.1.3.3.1	女娲让工匠鲁班用补天剩下的石头建成一座石桥	【中华民族】

W 编码	母题描述	关联项
W6227. 1. 3. 4	石桥产生的其他方式	
W6227. 1. 3. 4. 1	众人在河道上造石桥	【汉族】
W6227. 1. 3. 5	石桥的特征	
W6227. 1. 3. 5. 1	九环石桥	【汉族】
W6227. 1. 3. 6	与石桥有关的其他母题	
W6227. 1. 4	砖桥	
W6227. 1. 5	木桥	
W6227. 1. 5. 1	独木桥	
W6227. 1. 6	植物制作的桥	
W6227. 1. 6. 1	草桥	
W6227. 1. 6. 2	藤桥（藤索桥）	【佤族】@［W6226. 3. 3. 1. 1. 1］佤族学蜘蛛建藤子桥
W6227. 1. 6. 2. 1	通过用藤箭射鱼，发明了造藤索桥	【珞巴族】
W6227. 1. 6. 2. 2	葡萄藤当桥	【壮族】
W6227. 1. 7	铁桥	
W6227. 1. 7. 1	支起炉子，立起铁砧，在江上造一座铁桥	【哈尼族】
W6227. 1. 8	冰桥	【中华民族】
W6227. 1. 9	其他材料的桥	
W6227. 1. 9. 1	混合材料桥	
W6227. 1. 9. 2	金桥	
W6227. 1. 9. 2. 1	盘古为有功人架金桥	【汉族】
W6227. 1. 9. 2. 2	禹王的金剑变成金桥	【汉族】
W6227. 2	不同结构的桥	
W6227. 2. 1	索桥	
W6227. 2. 1. 0	索桥的产生	
W6227. 2. 1. 0. 1	首领造索桥	【羌族】
W6227. 2. 1. 0. 2	蜘蛛仙搭建索桥	【羌族】

W 编码	母题描述	关联项
W6227.2.1.1	铁链桥	
W6227.2.1.2	对恋人通过用藤箭射鱼发明了造藤索桥	【珞巴族】
W6227.2.1.3	溜索	
W6227.2.1.3.1	怒族姑娘受蜘蛛拉丝的启示发明了过江的溜索	【怒族】
W6227.2.1.3.2	溜索桥	［W6226.3.2.2.5.2］禹受蜘蛛网的启发造溜索桥
W6227.2.1.3.2.1	河上架长长的溜索桥	【藏族】
W6227.2.1.4	藤索桥	【珞巴族】
W6227.2.2	梁式桥（梁桥）	
W6227.2.2.1	石梁桥（石柱桥）	
W6227.2.2.2	木梁桥	
W6227.2.3	拱式桥（拱桥）	
W6227.2.4	网桥	
W6227.2.4.1	受射鱼启发发明藤网桥	【珞巴族】
W6227.3	不同的功能的桥（桥的功能；按桥的功能分类）	
W6227.3.1	神或神性人物的桥（专供神使用的桥）	
W6227.3.2	特定的人行走的桥	
W6227.3.3	决定命运的桥	
W6227.3.3.1	根据人在人世中的善恶，通过绥拉提桥确定进天堂还是下火狱	【塔吉克族】
W6227.4	特定的桥（桥的类型）	
W6227.4.1	风雨桥（花桥）	【侗族】
W6227.4.1.1	为纪念花龙建风雨桥	【侗族】
W6227.4.2	鹊桥（乌鹊桥）	［W6226.3.4.4］用羽毛搭桥
W6227.4.2.1	七夕时鹊为桥	【汉族】

W 编码	母题描述	关联项
W6227. 4. 2. 1. 1	王母娘娘让喜鹊七夕时搭鹊桥	【汉族】@［W6226. 3. 2. 4. 3］喜鹊搭桥
W6227. 4. 2. 2	乌鹊桥是乌鸦和喜鹊飞上天为牛郎和织女相逢在银河上架的桥	【朝鲜族】
W6227. 4. 2. 3	乌鹊为梁以渡	【汉族】
W6227. 4. 2. 3a	乌鹊填河成桥渡织女	【汉族】
W6227. 4. 2. 4	满天喜鹊飞到天河互相咬着尾巴搭起一座鹊桥	【汉族】@［W6227. 4. 4. 3. 1］满天喜鹊在天河互相咬着尾巴搭起一座天桥
W6227. 4. 3	藤桥	【门巴族】
W6227. 4. 4	天桥	
W6227. 4. 4. 0	天神架天桥	【鄂伦春族】
W6227. 4. 4. 1	杏扶和神桑的丫枝紧紧相连搭成一座天桥	【汉族】
W6227. 4. 4. 2	始祖布洛陀的生殖器又大又长伸过河上变成“天桥”	【壮族】@［W6226. 4. 3. 1］生殖器变成桥
W6227. 4. 4. 3	天桥产生的其他方式	
W6227. 4. 4. 3. 1	满天喜鹊在天河互相咬着尾巴搭起一座天桥	【汉族】
W6227. 4. 4. 3. 1a	七月七日花鹊在银河上空一齐伸展翅膀搭起一座天桥	【汉族】
W6227. 4. 4. 4	天桥的特征	
W6227. 4. 4. 5	与天桥有关的其他母题	
W6227. 4. 4. 5. 1	“天桥”也称“屌桥”	【壮族】
W6227. 4. 5	以其他自然物命名的桥	
W6227. 4. 5. 1	虹桥	
W6227. 4. 5. 2	月亮桥	
W6227. 4. 6	以人名命名的桥	
W6227. 4. 7	以地名命名的桥	
W6227. 4. 7. 1	赵州桥	

W 编码	母题描述	关联项
W6227.4.7.1.1	鲁班用法术造赵州桥	【汉族】
W6227.4.7.2	洛阳桥	
W6227.4.7.2.1	洛阳桥是鲁班领修，观音菩萨赞修	【汉族】
W6227.4.8	以其他动态物命名的桥	
W6227.4.8.1	宝带桥	【汉族】
W6227.4.8.2	玉带桥	
W6227.4.9	其他特定类型的桥	
W6227.5	其他特定名称的桥	
W6227.5.1	回龙桥	
W6227.5.1.1	为纪念花龙战胜螃蟹精建的桥，命名回龙桥	【侗族】
W6227.5.2	浮桥	
W6227.5.2.1	鱼虾搭成浮桥	【朝鲜族】
W6227.5.2.2	神狗架好天河上的浮桥	【纳西族（摩梭）】
W6227.5.3	神桥	
W6227.5.3.1	丧葬时用白麻布搭神桥	【纳西族】
W6227.5.3.2	特定的桥被称为“神桥”	【中华民族】
W6227.5.4	星桥	
W6227.5.4.1	萨满的魂灵要借“星桥”上天	【满族】
W6227.5.4.2	祭星时，点燃九个火堆的烟象征九条通天白柱，俗称“星桥”	【满族】
W6227.5.5	长命桥	
W6227.5.5.1	长命桥必用樱桃树制作，忌杂木替代	【傈僳族】
W6227.5.6	阴桥	
W6227.5.6.1	架阴桥求嗣	【侗族】
W6227.5.6.1.1	请道士祀奉送子观音娘娘，并用三根棍连在一起做成桥梁埋在堂屋大门内左边地下以迎接子息，谓之“架阴桥”	【侗族】

W 编码	母题描述	关联项
W6227. 5. 6. 2	架阴桥保佑健康	
W6227. 5. 6. 2. 1	架阴桥将现有木桥或石桥拼宽，在新加的桥身上钉些红、蓝、白布条和剪纸以保身体健康	【侗族】
W6227. 5. 6. 3	架阴桥也叫帮桥	【侗族】
W6228	**与桥有关的其他母题**	
W6228. 1	桥的命名（桥的名称；特定的桥的名称的来历）	
W6228. 1. 1	桥的名称源于制造者	
W6228. 1. 1. 1	“放生社”建的桥被称作“放生桥”	【汉族】
W6228. 1. 1. 2	白马变成的桥命名“白马桥”	【汉族】
W6228. 1. 2	桥的名称源于纪念的对象	
W6228. 1. 2. 1	为纪念龙，命名桥为回龙桥	【侗族】@［W6227. 5. 1. 1］为纪念花龙战胜螃蟹精建的桥命名回龙桥
W6228. 1. 2. 2	为纪念青龙，命名“龙头桥”	【汉族】
W6228. 1. 3	桥的名称源于桥的功能	
W6228. 1. 3. 1	因桥上能避风躲雨，把桥叫做“风雨桥”	【侗族】
W6228. 1. 3. 2	修阴功的桥命名“保命桥”	【布依族】
W6228. 1. 4	桥的名称源于桥的特征	
W6228. 1. 4. 1	因大桥的四条中柱刻上花龙的图案，故名“花桥”	【侗族】
W6228. 1. 5	桥的命名的其他方式	
W6228. 1. 6	一桥多名	
W6228. 1. 6. 1	回龙桥又称花桥、风雨桥	【侗族】
W6228. 1. 7	多桥同名	
W6228. 1. 8	桥的名称变化	
W6228. 1. 9	与桥相关的名称	

W 编码	母题描述	关联项
W6228.1.9.1	栈	
W6228.1.9.1.1	凿壁架木造栈	【汉族】
W6228.2	神奇的桥	【汤普森】F842；【关联】①
W6228.2.1	通向另一个世界的桥	［W1086.6］通往下界（阴间）的桥
W6228.3	桥的构成	
W6228.3.1	桥墩（桥腿）	［W6226.4.7.1］造桥时夜明珠变成桥墩
W6228.3.1.1	用马衔山神拔的牙做桥墩	【东乡族】
W6228.3.1.2	大禹造出桥腿	【汉族】
W6228.3.1.3	山神挑山尖二座为桥墩	【仡佬族】
W6228.3.1.4	女神捏泥为石头，赶石连成为桥墩	【傈僳族】
W6228.3.1.5	三门峡的三个石桩原是桥腿	【汉族】
W6228.3.2	桥梁	
W6228.3.2.1	烔公展开双臂架桥梁	【瑶族（布努）】
W6228.3.3	桥孔	
W6228.3.3.1	万二颗顽石砌桥孔	【瑶族（布努）】
W6228.3.4	桥面	
W6228.3.5	桥上的辅助物	
W6228.3.6	桥的护栏	
W6229	**与出行有关的其他母题**	【联4】②
W6229.1	人乘动物出行	
W6229.1.1	人乘龙出行	【汉族】
W6229.1.1.1	人乘龙上天	
W6229.1.1.1.1	黄龙乘黄龙升天	【汉族】

① 【北方古代民族】@［W1407］连接天地的桥（天桥）；［W1438.3］上天的桥；［W4487.1］彩虹是神造的桥。

② ［W1086.2］通过水进入下界（阴间）；［W1426.1］以前的人能上天；［W2598.6］孩子出生就会跑；［W6547.5.1］出行禁忌。

W 编码	母题描述	关联项
W6229. 1. 1. 2	乘特定来历的龙出行	
W6229. 1. 1. 2. 1	紫衣老头骑上龙头拐杖变成的龙飞跃大水	【汉族】
W6229. 1. 2	人乘鸟飞行	【汤普森】B552
W6229. 1. 2. 1	英雄乘鹰飞行	【彝族】
W6229. 1. 3	人骑鹿出行	【汤普森】B557. 3
W6229. 1. 4	人骑狮出行	【汤普森】B557. 5
W6229. 2	人乘宝物出行	【关联】①
W6229. 2. 1	乘风火轮出行（风火轮）	【汉族】
W6229. 2. 1. 1	盘古脚踏风火二车轮	【汉族】
W6229. 2. 2	乘飞轮出行	【汉族】
W6229. 3	人出行的引导者	
W6229. 3. 1	灵魂作为出行的引导者	
W6229. 3. 2	星宿作为出行的引导者	【汉族】
W6229. 3. 3	动物作为出行的引导者	【北方古代民族】
W6229. 4	出行随心所欲（便捷的出行）	
W6229. 4. 1	以前的人心里想去哪里立刻就到了那里	【藏族】
W6229. 5	人出行受阻（费力的出行）	
W6229. 5. 1	人以前出行艰难	
W6229. 5. 1. 1	以前天地距离很近，人无法直立，只能弯腰屈腿两手爬行	【布依族】
W6229. 5. 2	英雄出行迷失方向	【蒙古族】
W6229. 5. 3	鬼打墙	【汉族】

① ［W6096. 2. 1］会飞的扫帚；［W9688. 4］飞毯。

6.2.5　医药（医术）
【W6230 ~ W6249】

W 编码	母题描述	关联项
＊**W6230**	**医术的产生**	
W6231	**神或神性人物会医术（神或神性人物传授医术）**	
W6231.1	神治病	［W0485.9］医生身份的神
W6231.1.1	雷神告诉人治病的方法	【彝族】
W6231.1.2	植物神向阿拉（人名）传授医术	【哈尼族】
W6231.1.3	山神传授医术	【壮族】
W6231.2	神性人物治病（神性人物发明医术）	
W6231.2.1	仙治病	
W6231.2.1.1	仙女下凡为人治病	【水族】@［W0826］仙女
W6231.2.2	天仙为人治病	【独龙族】
W6231.2.3	妖魔治病	
W6231.2.3.1	妖怪取瘤	【锡伯族】
W6231.2.4	黄帝发明医术	【汉族】
W6231.2.4.1	轩辕与岐伯作医经	【汉族】
W6231.2.5	神农发明医术	【汉族】@［W6234.2.1］神农写《本草经》
W6231.2.6	炎帝发明医术	
W6231.2.6.1	炎帝时发明了用草药治病的医术	【中华民族】
W6231.2.7	石矶娘娘传授给人医术	【汉族】

W 编码	母题描述	关联项
W6231.3	特定名称的神或神性人物治病	
W6231.3.1	女娲传医术	
W6231.3.1.1	女娲化身成的石矶娘娘把医术传授给人	【汉族】
W6231.3.1.2	药圣女娲把医术传入世中	【汉族】@［W6238.2.2.5］女娲发明草药
W6231.3.2	太乙真人医道高明	【汉族】
W6231.3.3	东心立甲（人名）医道高明	【瑶族】
W6231.4	饮食特定物后会医术	
W6231.4.1	喝观音宝瓶里的水后会看百样病	【汉族】
W6231.5	医术产生的其他方式	
W6231.6	医术的特征	
W6231.7	医术的类型（特定的医术）	
W6231.7.1	手术	
W6231.7.1.1	黄帝时名医俞跗治病用手术	【汉族】
W6232	**人为人治病（医生为人治病）**	【汤普森】A1594；［W5082］社会分工
W6232.1	人得神授后为人治病	
W6232.2	鬼魂附体的人能为人治病	【蒙古族】
W6232.3	巫师为人治病	【满族】
W6233	**动物为人治病**	【汤普森】B510
W6233.1	狗为人治病（疗伤）	【民族，关联】①
W6233.2	狼为人治病（疗伤）	【北方古代民族】
W6233.3	牛为人治病（疗伤）	【珞巴族】
W6234	**与医术产生有关的其他母题**	
W6234.1	人（神）通过透视自身血脉发明医术	【关联】②

① 【苗族】【畲族】【瑶族】@［W3133.5］义犬。

② ［W0485.10］药神能透视自身；［W0733.1］神农身体通透（透明）。

W 编码	母题描述	关联项
W6234.2	医术典籍	
W6234.2.1	神农的《本草经》	【汉族】@［W6249.4.1］《本草经》（《本草》）
＊**W6235**	**药的产生（中药的获得；草药的来历；药物的产生；医药的产生）**	【汤普森】A1438
W6235a	**以前没有药**	
W6235a.1	以前无药的情形	
W6235a.1.1	以前没有药，人得病只能等死	【汉族】
W6235a.1.2	以前无医无药，人病后不死也要脱层皮	【汉族】
W6235a.1.3	以前没有药，争战时死伤无数	【汉族】
W6235a.2	特定的时代没有药	
W6235a.2.1	神农时不懂用药医病	【汉族】
W6235a.2.2	神农时无医无药	【汉族】
W6235a.3	以前人不懂用药	
W6235a.3.1	以前，人不懂用药，寿命很短	【汉族】
W6235a.3.2	以前，人不懂得草药	【畲族】
W6235b	**药源于特定的地方（药物自然存在）**	
W6235b.1	天降药物（药在天上）	【独龙族】@［W6142.2.1］天降食物
W6235b.1.1	三七是天上的神药下凡	【壮族】
W6235b.1.2	天上降下天麻	【仡佬族】
W6235b.1.3	嫦娥从天上往下撒药	【汉族】
W6235b.2	地生药物（药在地下）	
W6235b.2.1	地下国的棒头人有起死回生药	【苗族】
W6235b.2.2	地球上药物和百花开在一起	【彝族】
W6235b.3	日月中有药	

W 编码	母题描述	关联项
W6235b. 3. 1	月亮中有药	【汉族】
W6235b. 4	西天有药	
W6235b. 4. 1	西天有不死药	【纳西族】
W6235b. 5	特定的山上有药	
W6235b. 5. 1	龙女让人把药材撒在山冈上	【彝族】
W6235b. 6	特定的水中有药	
W6235b. 6. 1	药源于大海的底下	【珞巴族】
W6235b. 7	药源于其他特定地方	
W6236	**药是特定的人物赠予的（特定人物赐药；特定的人物有药）**	
W6236. 1	神给人药物（天神有药；天神赐药）	
W6236. 1. 1	天神给人药	［W6155. 8. 2. 6. 1］天神赠给下凡的女儿女婿一筒酒药
W6236. 1. 1. 1	人向天神求得治病药物	【独龙族】
W6236. 1. 1. 2	木彭哥向天神卡窝卡蒲讨药	【独龙族】
W6236. 1. 2	山神给人药	
W6236. 1. 2. 1	从山神那里得到草药	【壮族】
W6236. 1. 3	雷神给人药	
W6236. 1. 3. 1	从雷公那里得到药	［W6231. 1. 1］雷神告诉人治病的方法
W6236. 1. 3. 2	支格阿龙从雷那里知道药治病	【彝族】
W6236. 2	神性人物给人药物（特定人物发明药）	
W6236. 2. 1	神农给人间药材	【土家族】
W6236. 2. 1. 1	神农把草药给生病的人吃	【汉族】
W6236. 2. 1. 2	神农和药济人	【汉族】
W6236. 2. 1. 2a	神农尝草发现药	【中华民族】

W 编码	母题描述	关联项
W6236. 2. 1. 2b	炎帝神农氏尝味草木发明药	【中华民族】
W6236. 2. 1. 2c	炎帝神农解开各种药物平毒祛寒除瘟之谜	【汉族】
W6236. 2. 1. 3	神农氏首创医药	【汉族】
W6236. 2. 1. 3a	炎帝始有医药	【汉族】
W6236. 2. 2	仙女给人药物	
W6236. 2. 2. 1	仙女日吉纳撒种长出各种珍奇药材	【满族】
W6236. 2. 2. 2	九位仙女下凡送药	【水族】
W6236. 2. 2. 2a	七仙女给人神药	
W6236. 2. 3	王母娘娘造药	【壮族】
W6236. 2. 3. 1	王母娘娘用三千年开花的蟠桃蕊和瑶池莲子心为主要原料制成丹药	【汉族】
W6236. 3	特定的人给人药物	
W6236. 3. 1	巫师送药	
W6236. 3. 1. 1	黄帝让巫师用不死药救活猰貐	【汉族】@［W6235b. 4. 1］西天有不死药
W6236. 3. 2	地下世界的棒头人给有草药	【苗族】
W6236. 4	动物给人药物（动物送药）	
W6236. 4. 1	龙送药	
W6236. 4. 1. 1	龙吐草药	【汉族】
W6236. 4. 1. 2	白龙变的老头传给人间药	【汉族】
W6236. 4. 2	蛇送药	
W6236. 4. 2. 1	长着角的大蛇为患病送药	【鄂温克族】
W6236. 5	植物给人药物	【土家族】
W6236. 6	自然物或无生命物给人药物	
W6236. 6. 1	太阳给人药	
W6236. 6. 1. 1	高辛帝祈求自己造的太阳，得仙草	【畲族】@［W6243. 1. 1］仙草治病

W 编码	母题描述	关联项
W6237	**药是寻找发现的**	
W6237. 1	寻找药的原因	
W6237. 1. 1	为解毒找药	
W6237. 1. 1. 1	炎帝为解吃下去的毒物，去找可以治疗的药材	【汉族】
W6237. 2	找药的时间	［W6237a. 1. 1］采药的时间
W6237. 3	找药的地点（药产生的地点）	
W6237. 3. 1	特定的药在特定地点	
W6237. 3. 1. 1	起死回生药在月亮上的檀香树里	【苗族】@［W6235b. 2. 1］地下国的棒头人有起死回生药
W6237. 3. 2	神农到大山林、大草原寻找药草	【汉族】
W6237. 4	药的寻找者（找药者；药的发现者）	
W6237. 4. 1	神寻找药	
W6237. 4. 2	神性人物寻找药	
W6237. 4. 2. 1	神农找草药	【民族，关联】①
W6237. 4. 2. 1. 1	神农氏到大山林、大草原寻找药草	【汉族】
W6237. 4. 2. 1. 2	炎帝神农氏尝百草，始有医药	【汉族】
W6237. 4. 2. 1. 3	神农辨百药	【中华民族】
W6237. 4. 2. 1. 4	神农放下所有的事，专门寻找草药	【汉族】
W6237. 4. 2. 1a	炎帝找草药	【中华民族】@［W6236. 2. 1. 3a］炎帝始有医药
W6237. 4. 2. 1b	太阳神炎帝找各种各样的药草	【汉族】
W6237. 4. 2. 2	神龙的后代找到药	【羌族】
W6237. 4. 2. 2a	龙女发现药	
W6237. 4. 2. 2a. 1	龙女遍尝万物发明药物	【彝族】

① 【汉族】@［W6231. 2. 5］神农发明医术；［W6238. 2. 2. 4］神农发明药。

W 编码	母题描述	关联项
W6237.4.2.2b	神龙尝百草辨药物	【羌族】
W6237.4.2.3	药王菩萨发现药	【汉族】
W6237.4.2.3.1	药王菩萨吃草头时发明中医草药	【汉族】@［W6149.1.2.2］药王菩萨每日三餐只吃草头，不吃饭米
W6237.4.3	特定的人找药	
W6237.4.3.1	女神感龙生的孩子补摩尝草、虫、泥找到药	【羌族】
W6237.4.3.2	有个叫西说阿墨勒的姑娘认得长生不老药	【彝族】
W6237.4.3.3	崇仁潘迪不畏艰险找药	【纳西族】
W6237.4.4	动物寻找药（动物采草药）	【汤普森】B514；【瑶族】
W6237.4.4.1	羊找到药	
W6237.4.4.1.1	山羊尝999蔸草选出99种珍贵药物	【瑶族】
W6237.5	找药的帮助者	
W6237.5.1	神是找药的帮助者	
W6237.5.1.1	神农受天神指点找到治病的药	【羌族】
W6237.6	找药方法	
W6237.6.1	通过动物启发找到草药（受动物启发发现草药）	【汉族】
W6237.6.1.1	受老鼠吃草疗伤的启发找到疗伤药	【柯尔克孜族】
W6237.6.1.2	人看到母熊挖草疗伤知道治伤的草药	【汉族】
W6237.6.1.3	从大蟒蛇疗伤的地方找到疗伤的灵芝草	【汉族】@［W6243.5.1］灵芝草治百病
W6237.6.1.4	崇人抛鼎看到鹿吃采排毒找到延寿草	【纳西族】
W6237.6.1.5	观察特定现象找到药	

W 编码	母题描述	关联项
W6237. 6. 1. 5. 1	人通过观察肚胀转好的狗嘴里残留的药渣找到消化药	【汉族】
W6237. 6. 1. 5. 2	通过观察蛇接骨发现治疗刀伤断骨的接骨草	【汉族】
W6237. 6. 1. 5. 2a	通过观察蛇断后复活发现疗伤的白药	【汉族】
W6237. 6. 1. 5. 3	通过观察老鼠吃一种草根疗伤，发现疗伤药	【柯尔克孜族】
W6237. 7	找药的结果	
W6237. 8	与药的寻找有关的其他母题	
W6237a	**采药（采草药）**	
W6237a. 0	采药的产生（采药的原因）	
W6237a. 0. 1	采药养家	
W6237a. 0. 1. 1	华佗靠拾柴、挖药养活母亲	【汉族】
W6237a. 0. 2	为给人治病采药	
W6237a. 0. 2. 1	神农氏为给人治病采药	【汉族】
W6237a. 0. 2. 1a	神农氏为给人解除病痛采药	【汉族】
W6237a. 0. 2. 2	天神的弟子为治瘟疫采药	【满族】
W6237a. 1	采药的时间（采药时间）	
W6237a. 1. 1	5 月 5 日采草药	【汉族】
W6237a. 1. 1. 1	五月初五源于神农这天上山采药	【汉族】
W6237a. 1. 1. 2	五月初五采的药灵验	【汉族】
W6237a. 1. 2	每年四月采药	【汉族】
W6237a. 1. 3	七月寅日上山采药	【水族】
W6237a. 2	采药的地点	
W6237a. 2. 1	到山上采药（上山采药）	
W6237a. 2. 1. 1	神农上山采草药	【汉族】
W6237a. 2. 1. 1. 1	神农氏跑遍全国名山大川采药	【汉族】
W6237a. 2. 1. 1. 2	神农到大山大岭寻找草药	【汉族】

W 编码	母题描述	关联项
W6237a. 2. 1. 2	密洛陀让第九女上山找药	【瑶族（布努）】
W6237a. 2. 1. 3	到悬崖峭壁采药	
W6237a. 2. 1. 3. 1	炎帝榆罔采到生长在悬崖峭壁上的草药	【中华民族】@［W6237a. 3. 9. 2a. 1］炎帝和大弟子九天玄女在莲花峰上采药
W6237a. 2. 2	到天上采药	
W6237a. 2. 2. 1	药匠侍司懿上天采药	【苗族】
W6237a. 2. 3	到草滩采药	
W6237a. 2. 3. 1	神农氏到名叫“百草地”的大草滩采药	【汉族】
W6237a. 3	采药者（采药人；找药人）	［W6237. 4. 4］动物寻找药（动物采草药）
W6237a. 3. 1	女娲化身成的石矶娘娘带着碧云童子采药	【汉族】@［W6231. 3. 1. 1］女娲化身成的石矶娘娘把医术传授给人
W6237a. 3. 1a	女娲教人采药疗疾	【汉族】
W6237a. 3. 2	天神四处采草药	【满族】
W6237a. 3. 3	偓佺采药	【汉族】
W6237a. 3. 3. 1	尧时，槐山上住着一位采药的老人叫偓佺	【汉族】
W6237a. 3. 4	小龙女挖草药	【汉族】
W6237a. 3. 5	神农采药（神农氏采药）	【汉族】
W6237a. 3. 5a	神农爷四处为人采药	【汉族】
W6237a. 3. 5b	神农氏亲自到山上采野草治病	【汉族】
W6237a. 3. 5c	神农到黄河北岸采药	【汉族】
W6237a. 3. 6	雷公取草药	【汉族】
W6237a. 3. 7	殷帝大戊使王孟采药	【古代民族】
W6237a. 3. 8	天上的神医到地上采药	【彝族】
W6237a. 3. 9	其他特定的采药者	
W6237a. 3. 9. 1	现世音菩萨采药	【汉族】

W 编码	母题描述	关联项
W6237a. 3. 9. 2	黄帝采药	【汉族】
W6237a. 3. 9. 2a	炎帝采药	
W6237a. 3. 9. 2a. 1	炎帝和大弟子九天玄女在莲花峰上采药	【汉族】
W6237a. 3. 9. 3	鲧的妻子修己上山采药	【中华民族】
W6237a. 3. 9. 4	大禹采药	
W6237a. 3. 9. 4. 1	禹跟母亲穿过清泗沟到九龙山采药	【中华民族】
W6237a. 3. 9. 5	傀侄采药	【汉族】
W6237a. 3. 9. 6	神医华佗采药	【汉族】
W6237a. 3. 9. 7	动物采药	
W6237a. 3. 9. 7. 1	老虎采药	【汉族】
W6237a. 4	采药的帮助者	
W6237a. 4. 1	老虎报恩帮华佗采药	【汉族】@［W6237a. 3. 9. 7. 1］老虎采药
W6237a. 5	采药的方法	
W6237a. 5. 1	采药方法的产生	
W6237a. 5. 1. 1	神告诉采药方法	
W6237a. 5. 1. 1. 1	神仙托梦告诉嫦娥采药方法	【汉族】
W6237a. 5. 2	采药前的准备	
W6237a. 5. 2. 1	神农氏采草药前要拜告天地	【汉族】
W6237a. 5. 3	采药要用特定工具	
W6237a. 5. 3. 1	采药时带雄黄防蛇	【汉族】
W6237a. 5. 4	采药时各种药不能混杂	【汉族】
W6237a. 5. 5	众人分工采药	
W6237a. 5. 5. 1	神农氏要求各部落分头采草药	【汉族】
W6237a. 5. 6	采药时亲口品尝	
W6237a. 5. 6. 1	现世音菩萨找药时每种花草树木的叶子都亲口尝	【汉族】

W 编码	母题描述	关联项
W6237a.6	采药的情形	
W6237a.6.1	采药时药材逃脱	【汉族】
W6237a.6.1.1	神农挖天麻时见天麻一露面就一竹剑扎下去，防其逃脱	【汉族】
W6237a.7	采药的结果	
W6237a.8	与采药有关的其他母题	
W6238	**药是造出来的（造药；药的发明）**	
W6238.1	造药的产生（造药的原因）	
W6238.1.1	学习造药	
W6238.1.1.1	黄帝部落向炎帝部落学习制药	【汉族】
W6238.1a	造药的时间	
W6238.1a.1	农历七月特定的日子制药	
W6238.1a.1.1	农历七月午日把药草制成酒药	【水族】
W6238.1b	造药的地点	
W6238.2	造药者（药的发明者）	
W6238.2.1	神造药	
W6238.2.1.1	药神造药	
W6238.2.2	神性人物造药	
W6238.2.2.1	神仙造药	
W6238.2.2.2	祖先造药	
W6238.2.2.2.1	布洛陀造药救天下	【壮族】
W6238.2.2.3	太白金星炼药	
W6238.2.2.4	神农发明药	
W6238.2.2.4.1	神农氏是中药的祖师	【汉族】
W6238.2.2.4.2	神农从生姜的妙用中受启发创造医药	【汉族】
W6238.2.2.4.3	神农氏教人认识草药	【汉族】
W6238.2.2.4a	炎帝发明医药	【中华民族】

W 编码	母题描述	关联项
W6238. 2. 2. 4b	黄帝制药	【汉族】
W6238. 2. 2. 5	女娲发明草药	【汉族】
W6238. 2. 2. 6	密洛陀的第九女造药	【瑶族（布努）】
W6238. 2. 2. 7	伏羲制药	【汉族】
W6238. 2. 2. 8	黄帝发明医药	【中华民族】@［W6231. 2. 4］黄帝发明医术
W6238. 2. 2. 9	其他特定的神性人物发明药	
W6238. 2. 2. 9. 1	月奶奶制药	
W6238. 2. 2. 9. 1. 1	月奶奶在娑罗树下舂药	【汉族】
W6238. 2. 3	特定的人造药	
W6238. 2. 3. 1	巫师造（取、盗）药	【汤普森】≈A1438. 1
W6238. 2. 3. 2	华佗发明药	【民族，关联】①
W6238. 2. 4	动物造药	
W6238. 2. 5	其他人物造药	
W6238. 3	造药方法（药的制作；制药方法）	
W6238. 3. 1	炼丹造药治病	【民族，关联】②
W6238. 3. 1. 1	黄帝炼丹造药	
W6238. 3. 1. 1. 0	黄帝为救中毒的人畜炼丹	【汉族】
W6238. 3. 1. 1. 0a	黄帝炼丹为百姓治病	【汉族】
W6238. 3. 1. 1. 1	黄帝经过 360 天炼出仙丹	【汉族】
W6238. 3. 1. 1. 1a	黄帝九九八十一天炼成仙丹	【汉族】
W6238. 3. 1. 1. 2	黄帝找铜炼丹时，铜神献黄铜	【汉族】
W6238. 3. 1. 1. 3	黄帝用自己的身体炼丹	【汉族】
W6238. 3. 1. 1. 4	黄帝用多种药物炼丹	【汉族】
W6238. 3. 1. 1. 5	黄帝炼的仙丹不只能治百病，还能让人长生不老	【汉族】

① 【汉族】@［W6246. 1. 1. 7. 1］华佗炼丹药；［W6247. 6. 2］华佗辨药性；［W6249. 2a. 1. 2. 1］华佗尝药定药方。

② 【汉族】@［W0791. 3. 4］太上老君炼丹；［W6259. 5. 3. 3］炼丹炉。

W 编码	母题描述	关联项
W6238.3.2	用特定物造药	
W6238.3.2.1	神农用南海观音给的一杆鞭甩出草药	【汉族】
W6238.3.3	学习制药方法	
W6238.3.3.1	尧母庆都向老人学会了内、外、妇科治病及采药制药技术	【汉族】
W6238.3.4	合成方法造药	【汉族】@［W6246.4.1.1］槐山仙人用槐花蜜加珍稀草药制成长寿药
W6238.3.5	制药时有特定的仪式	
W6238.3.5.1	制药时念咒语	
W6238.3.6	特定的制药方法	
W6238.3.6.1	烧制药物	
W6238.3.6.1.1	人将苍术采挖晾干后用火烧掉须毛	【汉族】
W6238.3.6.2	泡制中药	
W6238.3.6.2.1	半夏经过酒醋姜泡制去净毒气，列入中药	【汉族】
W6238.4	造药的材料	
W6238.4.1	汗水作为药物	【汤普森】D1500.1.36；［W6245.1.2］特定的水珠能治哑病
W6238.4.2	药基	
W6238.4.2.1	燕子成为“闷”药的药基	【壮族】
W6238.5	造药工具（造药器物）	
W6238.5.1	用器物或工具造出草药	
W6238.5.2	用石头挤药汁	【汉族】
W6238.6	造药的结果	
W6238.7	与造药有关的其他母题	
W6239	**药是变化产生的（变化产生药）**	

W 编码	母题描述	关联项
W6239. 1	神或神性人物变成药	
W6239. 2	特定的人变成药	
W6239. 2. 1	射日者乌嫩变成治病的草	【蒙古族】
W6239. 3	动物变成药	
W6239. 4	植物变成药	
W6239. 5	自然物或无生命物变成药	
W6239. 5. 1	特定的水变成药	
W6239. 6	特定物变成药	
W6239. 7	化生药物	
W6239. 7. 1	英雄的尸体化为草药	【蒙古族】
W6239. 8	特定的药是变化产生的	
W6239. 8. 1	仙米撒在地上变成治咳嗽的贝母	【羌族】
W6239. 9	与变化产生药有关的其他母题	
W6239. 9. 1	特定物衍生出草药	
W6239. 9. 1. 1	鬼王的儿子偷吃的灵丹妙药从肚肠里滚出来，滚到的地方长出草药	【珞巴族】
W6240	**与药的产生有关的其他母题**	【关联】①
W6240. 1	特定的液体作为药物	
W6240. 1. 1	眼泪作为药	
W6240. 1. 1. 1	眼泪疗伤	【彝族】
W6240. 2	通过特定物辨别草药（草药的辨别；草药的辨识；辨别草药的方法）	［W6144. 4. 1］食物的辨别
W6240. 2. 1	琉璃兽周身透明，能可以辨别草药	【白族】@［W6237. 5. 1］琉璃兽能视药性

① ［W1852. 4. 3］长白山为什么药材多；［W1972. 1. 9. 1］生命泉能疗伤。

W 编码	母题描述	关联项
W6240. 2. 2	神农鞭百草辨草药	【汉族】@［W6238. 3. 2. 1］神农用南海观音给的一杆鞭甩出草药
W6240. 2. 2. 1	神农以赭鞭鞭百草遍药性	【汉族】
W6240. 2. 3	蟾蜍辨草药	［W6395. 2. 1. 3］崇拜蟾蜍是因为蟾蜍识药性
W6240. 2. 3. 1	神农让毛蟾尝草识药性	【汉族】
W6240. 2. 3. 1. 1	神农让毛蟾尝草识发现药有酸、甜、苦、辣、咸几种性味	【汉族】
W6240. 3	通过品尝发现药（通过尝草发现草药）	
W6240. 3. 1	神农尝百草发明草药	【汉族】
W6240. 3. 1. 1	神农氏在鄂西巴东的深山里尝百草	【汉族】
W6240. 3. 2	则嘎老尝百草为人治病	【苗族】
W6240. 4	特定的地方生长药物	
* **W6241**	**常见的药物（特定的药）**	
W6242	**特定人物作为药物**	
W6242. 1	特定的神或神性人物是药物	
W6242. 1. 1	雷公胆是药物（雷公胆治病）	【关联】①
W6242. 1. 2	雷公心是药物（雷公心治病）	【苗族】@［W0324. 1. 2］雷公心可治病
W6242. 2	特定的人是药物	
W6242. 2. 1	唐僧肉是长生不老药	【汉族】
W6243	**特定的植物作为药物（能治病的草木；中草药；草药）②**	

① ［W0324. 2. 1］雷神的肉（胆）能治病；［W6236. 1. 3. 1］从雷公那里得到药。

② 特定的植物作为药物（能治病的草木；中草药），中国中药数量众多，博大精深，此处只列举数例，作为有兴趣的使用者以后补充完善的参考。

W 编码	母题描述	关联项
W6243. 0	草药的产生（中药的产生；中草药的来历）	
W6243. 0. 0	草药在特定的地方（特定地方产草药）	
W6243. 0. 0. 1	草药在山上	【汉族】
W6243. 0. 0. 1. 1	峨眉山上有草药	【汉族】
W6243. 0. 0. 1. 2	昆仑山上有草药	【汉族】
W6243. 0. 0. 1. 3	天柱山中有百味药草	【汉族】
W6243. 0. 0. 2	大草原有药草	【汉族】
W6243. 0. 0. 1a	特定的人物有草药	
W6243. 0. 0. 1a. 1	西王母有草药	【古代民族】
W6243. 0. 1	天降草药	
W6243. 0. 1. 1	草药是天女撒下的	【汉族】
W6243. 0. 2	变化产生草药（化生草药）	［W6239］药是变化产生的（变化产生药）
W6243. 0. 2. 1	仙物化生草药	【羌族】
W6243. 0. 2. 2	射日的乌恩被压到山下变成药草	【蒙古族】
W6243. 0. 2. 3	女子的尸骨化成一种药草	【汉族】
W6243. 0. 2. 4	降落的碎石变成草药	【汉族】
W6243. 0. 2. 5	黄星老人的血化生草药黄精	【汉族】
W6243. 0. 3	造出草药	
W6243. 0. 3. 1	神农造草药	
W6243. 0. 3. 1. 1	神农用南海观音给的鞭甩出草药	【汉族】
W6243. 0. 3. 1. 1a	神农按观音的嘱咐用鞭子打出药草	【汉族】
W6243. 0. 4	发现草药（经反复尝试发明中草药；多次试验找到草药）	
W6243. 0. 4. 1	神农尝百草找到中草药	【汉族】@［W6240. 3. 1］神农尝百草发明草药
W6243. 0. 4. 1. 1	神农尝几百种草后最早发现草药	【汉族】

W 编码	母题描述	关联项
W6243.0.4.1a	神农氏得病，无意中吃了一种草发现能治病的草药	【汉族】
W6243.0.4.1b	神农与部落首领讨论疾病时，众人提出用草药治病	【汉族】
W6243.0.4.2	阿巴补摩经过多次试验找到中草药	【羌族】
W6243.0.4.3	药王菩萨为找草药尝过动物	【汉族】
W6243.0.5	草药产生的其他情形	
W6243.0.5.1	特定人物给草药	
W6243.0.5.1.1	山神从衣裳上撕下一片布，包了一包奇花异草交给三界，成为后来的草药	【壮族】
W6243.0.5.1.2	天神送草药种	
W6243.0.5.1.2.1	天神莫朋送给嫁到人间的女儿各种药物种子	【独龙族】
W6243.0.5.1.3	舜王带来各种草药	【汉族】
W6243.0.5.2	播撒出草药	【关联】①
W6243.0.5.2.1	偷吃神药者偷吃的药从肚肠里滚出来，所到之处长出了草药	【珞巴族】
W6243.0.5.2.2	铁拐李撒药	
W6243.0.5.2.2.1	铁拐李倾仙药于地，长出良药十八种	【汉族】
W6243.0.5.2.3	仙女播撒药草	
W6243.0.5.2.3.1	仙女阿妙撒在坡上的酒药种子长成药草	【水族】
W6243.0.6	与草药产生有关的其他母题	
W6243.0.6.1	草药产生的时间	
W6243.0.6.1.1	神农氏时出现中草药	【汉族】
W6243.0.6.2	中医的产生	

① ［W6235b.5.1］龙女让人把药材撒在山冈上；［W6246.6.1.1］仙女日吉纳撒的种子长出许许多多珍奇的药材。

W 编码	母题描述	关联项
W6243. 0. 6. 2. 1	神农氏开创中医	【汉族】
W6243. 0. 6. 2. 2	祖先轩辕黄帝最早发明中医中药	【汉族】
W6243. 1	特定的草作为药物（草能治病；特定的植物叶治病）	
W6243. 1. 1	仙草治病	【锡伯族】
W6243. 1. 2	奇花异草是药	
W6243. 1. 2. 1	动物受伤，在奇花异草中一滚就好	【普米族】
W6243. 1. 5	尔吾草作为药物	
W6243. 1. 5. 1	尔吾草治蜂螫	【彝族】
W6243. 1. 6	荷叶治病	
W6243. 1. 6. 1	荷叶煎汤治疗中暑	【汉族】
W6243. 1. 6. 2	荷叶治头疼脑热	【汉族】
W6243. 1. 7	女娲蓍	
W6243. 1. 7. 1	女娲蓍让人长力气	【汉族】
W6243. 1. 8	益母草	
W6243. 1. 8. 1	尧舜禹传授益母草	【汉族】
W6243. 1. 8. 2	老人给孝子益母草（益母膏）	【汉族】
W6243. 1. 9	其他草类药物	
W6243. 1. 9. 1	无叶草能治胸痛气闷疾	【汉族】
W6243. 1. 9. 2	桔梗治肺痈	【汉族】
W6243. 1. 9. 3	接骨草	［W6237. 6. 1. 5. 2］通过观察蛇接骨发现治疗刀伤断骨的接骨草
W6243. 1. 9. 3. 1	接骨草叶薄如羽状，叶边像锯齿	【汉族】
W6243. 1. 9. 4	车前草败火利尿	【汉族】
W6243. 2	特定的树能治病（能治病的树）	
W6243. 2. 1	能治病的树叶	［W6158. 2. 2］茶能治病
W6243. 2. 1. 1	特定地方的树叶是神药	［W6235b. 1. 1］三七是天上的神药下凡

W 编码	母题描述	关联项
W6243.2.1.1.1	山上树的树叶是神药	【傈僳族】
W6243.2.2	能治病的树枝	
W6243.2.3	能治病的树干	
W6243.2.3a	树皮作为药物	
W6243.2.3a.1	小孩拜为干爹的树的树皮为药物	【壮族】
W6243.2.4	能治病的树根	
W6243.2.5	能治病的树的花	
W6243.2.6	能治病的树的果（特定的树种能治病）	
W6243.2.6.1	核桃温肺补肾，治哮喘咳嗽、肾虚腰痛	【汉族】
W6243.2.6.2	服用梭罗树种籽治胃病	【汉族】
W6243.2.6.3	林檎果治痢疾	【汉族】
W6243.2.7	树的其他部位能治病（树的某些部分能治病）	
W6243.2.8	特定的树能治病	
W6243.2.8.1	榆树能治病	【达斡尔族】
W6243.2.8.2	乌杨树给人治病	【土家族】
W6243.2.9	与治病的树有关的其他母题	
W6243.2a	特定的果能治病（能治病的果实）	
W6243.2a.1	仙柑是催生药	【壮族】
W6243.3	姜能治病	【民族，关联】①
W6243.3.1	姜是中医药史的第一味药	【中华民族】
W6243.4	人参能治病	［W6246.4.3.1］丹药丸和人参鹿茸是延年益寿药
W6243.4.1	人参能治百病	
W6243.4.2	特定的人参	

① 【汉族联】@［W3893］姜；［W6238.2.2.4.2］神农从生姜的妙用中受启发创造医药。

W 编码	母题描述	关联项
W6243. 4. 2. 1	紫丹参	
W6243. 4. 2. 1. 1	人死后化作紫丹参	【汉族】
W6243. 4. 2. 1. 2	紫丹参根儿都向东南方弯曲	【汉族】
W6243. 4. 2. 1. 3	紫丹参活血祛瘀	【汉族】
W6243. 4. 2. 2	血参	
W6243. 4. 2. 2. 1	山芝麻称“血参”	【汉族】
W6243. 4. 2. 2. 2	中药血参为红色，因为染了神农的血	【汉族】
W6243. 5	灵芝治病（灵芝草治病）	［W3820］灵芝
W6243. 5. 1	灵芝草治百病	【汉族】
W6243. 6	甘草治病	
W6243. 6. 1	神农发现甘草治病	【汉族】
W6243. 7	金银花	
W6243. 7. 1	金银花的产生	
W6243. 7. 1. 1	金花和银华姐妹死后化为金银花	
W6243. 7. 2	金银花的特征（金银花的功能）	
W6243. 7. 2. 1	金银花治头疼脑热	【汉族】
W6243. 7. 2. 2	金银花治热毒病	【汉族】
W6243. 7. 3	与金银花有关的其他母题	
W6243. 7a	藿香	
W6243. 7a. 1	藿香能祛暑湿，治疗头痛发热、腹胀胸闷，止呕止泻	【汉族】
W6243. 7b	菊花	
W6243. 7b. 1	菊花能治眼疾	
W6243. 7b. 1. 1	玉皇的大女儿雷姐用菊花治好女娲的眼疾	【汉族】
W6243. 7b. 2	菊花泡水喝能清热止咳	【汉族】
W6243. 8	特定植物的特定部分入药	
W6243. 8. 1	艾秸熬水能除病祛灾	【汉族】

W 编码	母题描述	关联项
W6243.9	能治病的其他植物	
W6243.9.1	苦楝子	
W6243.9.1.1	江边苦楝子做治眼药	【纳西族】
W6243.9.2	天麻	［W6235b.1.2］天上降下天麻
W6243.9.2.1	神农发现天麻	【汉族】@［W6237a.6.1.1］神农挖天麻时见天麻一露面就一竹剑扎下去，防其逃脱
W6243.9.2.2	青枫树脚有“仙人脚”（天麻）	【仡佬族】
W6243.9.3	黄芪（女娲芪）	
W6243.9.3.1	女娲发现黄芪	【汉族】@［W6243.1.7］女娲蓍作为药
W6243.9.3.2	黄芪然人神清气爽，浑身有力	【汉族】
W6243.9.3.3	女娲找到的黄芪又称“女娲芪”	【汉族】
W6243.9.3a	半夏	
W6243.9.3a.1	半夏燥湿化咳、和胃止吐、止咳	【汉族】
W6243.9.3b	枸杞子	
W6243.9.3b.1	癞和尚给人枸杞	【汉族】
W6243.9.3b.2	枸杞专治肾亏腰疼、头晕眼花、尿血遗精等	【汉族】
W6243.9.3c	冬虫夏草	
W6243.9.3c.1	农历四月鳌背山冬虫夏草成熟	【汉族】
W6243.9.3d	艾草	［W6243.8.1］艾秸熬水能除病祛灾
W6243.9.3d.1	神农发现陈艾、紫苏	【汉族】
W6243.9.4	用根治病的其他植物	
W6243.9.4.1	何首乌	
W6243.9.4.1.1	何首乌能使黑发增亮，白发变黑	【汉族】
W6243.9.4.2	薯蓣	
W6243.9.4.2.1	薯蓣治虚弱	【汉族】

W 编码	母题描述	关联项
W6244	**动物作为药物（能治病的动物；动物的肢体作为药物）**	
W6244. 1	蛇作为药物	
W6244. 2	虎作为药物	
W6244. 2. 1	虎骨能治病	
W6244. 3	熊作为药物	
W6244. 3. 1	熊胆能治病	
W6244. 4	鹿作为药物（麝作为药物）	
W6244. 4. 1	鹿茸治病（鹿角做药）	
W6244. 4. 1. 1	鹿角鹿茸粉治肋疼胃疼	【纳西族】
W6244. 4. 2	麝香治病	
W6244. 4. 2. 1	麝香治蛇咬伤	【彝族】
W6244. 5	鸡作为药	
W6244. 6	鱼作为药	
W6244. 6. 1	萨满驱魔治病要用一条天上的鱼	【赫哲族】
W6244. 7	昆虫作为药	
W6244. 7. 1	卷土虫能治耳鸣	【瑶族（布努）】
W6244. 7. 2	神农氏琢磨用虫子治病	【汉族】
W6244. 8	其他特定动物作为药	
W6244. 8. 1	神性动物作为药	
W6244. 9	与动物作为药有关的其他母题	
W6244. 9. 1	特定动物作为专门靶向药	
W6244. 9. 1. 1	白海螺粉末治头痛	【纳西族】
W6244. 9. 1. 2	海贝粉治牙疼	【纳西族】
W6244. 9. 2	动物的产品作为药（动物的排泄物做药）	
W6244. 9. 2. 1	蜂蜜作为药物	
W6244. 9. 2. 1. 1	蜂蜜治气喘	【瑶族（布努）】

W 编码	母题描述	关联项
W6244.9.3	动物的体液作为药	
W6244.9.3.1	动物的唾液作为药	
W6244.9.3.1.1	龙涎能治病	【汉族】
W6244.9.3.2	动物的尿作为药	
W6244.9.3.2.1	风狸的尿治风疾	【汉族】
W6244.9.4	动物特定的肢体作为药	［W6244.4.1.1］鹿角鹿茸粉治肋疼胃疼
W6244.9.4.1	特定动物的肢体被吞吐后作为药	
W6244.9.4.1.1	巴蛇食象吐出的象骨作为药	【古代民族】
W6245	**无生命物作为药物（能治病的无生命物）**	
W6245.1	能治病的水（用水治病；水作为药物）	
W6245.1.1	治病的湖水	［W6245.1.2］特定的水珠能治哑病
W6245.1.1.1	人们喝多雄拉山上的湖水能治愈百病	【门巴族】
W6245.1.2	特定的水珠能治哑病	【彝族】@［W6238.4.1］汗水作为药物
W6245.1.3	特定的泉水治病	
W6245.1.3.1	饮药泉的水治病	【达斡尔族】
W6245.1.3.2	一些树心流出泉水能治病	【达斡尔族】
W6245.1.3.3	能治病的温泉	【水族】
W6245.1.3.4	应龙用白水的泉水治好嫘祖的病	【汉族】
W6245.1.4	在病人头前放水治病	
W6245.1.4.1	蒙古人在病人头前放水是因为鬼怕水	【蒙古族】
W6245.1.5	特定容器里的水能治病	
W6245.1.5.1	神农氏得癌症的母亲喝了头骨盖里的水病情好转	【汉族】

W 编码	母题描述	关联项
W6245. 1. 6	特定处理的水能治病	
W6245. 1. 6. 1	神农的鞭子抽打的水能治病	【汉族】
W6245. 1. 7	与能治病的水有关的其他母题	［W6238. 4. 1］汗水作为药物
W6245. 2	能治病的土	
W6245. 2a	能治病的石	
W6245. 2a. 1	药石	
W6245. 2a. 1. 1	地上长出药石	【珞巴族】
W6245. 3	能治病的金属	
W6245. 4	特定的人造物作为药	
W6245. 4. 1	龙王送的被子作为治病的药	【汉族】
W6245. 5	食物作为药物（食疗）	
W6245. 5. 1	病人喝了特定的豆浆就会好转	【汉族】
W6245. 6	有特定经历的无生命物作为药（特定处理的物作为药）	［W6149. 2. 6］无生命物作为食物
W6245. 6. 1	雷劈物作为药	
W6245. 6. 1. 1	经雷打枯死的树作柴烧治皮肤病	【彝族】
W6245. 6. 2	石粉作为药	【汉族】
W6245. 7	多种元素作为中草药（中药有多种构成）	
W6245. 7. 1	中草药中离不开各种草、虫、泥	【羌族】
W6246	**与常见药物有关的其他母题**	
W6246. 0	神奇的药（奇药）	
W6246. 0. 1	神奇药的产生	
W6246. 0. 2	神奇药的特征	
W6246. 0. 3	特定的神奇药	
W6246. 0. 3. 1	特定动物是神奇的药	【蒙古族（布里亚特）】@［W6248. 2. 1. 3. 1. 1］熊掌是抵御病魔的神奇之药

W 编码	母题描述	关联项
W6246.0.4	与神奇有关的其他母题	
W6246.1	灵丹妙药（神丹妙药；仙丹；神药；特效药；给力的药）	
W6246.1.1	灵丹妙药的来历	【民族，关联】①
W6246.1.1.1	仙人吕纯阳的手拿过的泥丸变成了仙丹	【汉族】
W6246.1.1.2	特定人物有仙丹（特定人物赐仙丹）	
W6246.1.1.2.1	观音娘娘有仙丹灵药	【汉族】
W6246.1.1.2.2	神农赐杨戬仙丹	【中华民族】
W6246.1.1.2.3	铁拐李葫芦籽是一颗颗仙丹	【汉族】
W6246.1.1.2.4	嫦娥的丈夫从老朋友那里得到一包仙丹	【汉族】
W6246.1.1.2.5	羿射落九个日头得九粒仙丹	【汉族】
W6246.1.1.3	盗取灵丹妙药	［W6239.9.1.1］鬼王的儿子偷吃的灵丹妙药从肚肠里滚出来，滚到的地方长出草药
W6246.1.1.4	宝葫芦中有灵丹妙药	
W6246.1.1.4.1	海中搅出的宝葫芦中有灵丹妙药	【珞巴族】
W6246.1.1.5	太阳落地烧成仙丹	【汉族】
W6246.1.1.6	寻找仙丹	
W6246.1.1.6.1	黄帝和容成子找仙丹	【汉族】
W6246.1.1.7	造灵丹妙药	
W6246.1.1.7.1	华佗炼丹药	【汉族】
W6246.1.1.7.2	黄帝造仙丹	【汉族】@［W6238.3.1.1.1］黄帝经过360天炼出仙丹
W6246.1.1.8	特定物成为灵丹妙药	
W6246.1.1.8.1	尿作为灵丹妙药	【彝族】
W6246.1.2	灵丹妙药的特征（灵丹妙药的作用）	

① 【珞巴族】@［W6238.3.1.1.1］黄帝经过360天炼出仙丹；［W9038.40］魔药。

W 编码	母题描述	关联项
W6246. 1. 2. 1	神药使人不死	【珞巴族】
W6246. 1. 2. 2	灵丹妙药使人起死回生	【满族】
W6246. 1. 2. 3	仙丹使人增添气力	【汉族】
W6246. 1. 2. 4	仙丹可解毒	【中华民族】
W6246. 1. 2. 5	仙丹可益寿延年	【汉族】
W6246. 1. 2. 6	仙丹的其他功能	［W6238. 3. 1. 1. 5］黄帝炼的仙丹不只能治百病，还能让人长生不老
W6246. 1. 2. 6. 1	吃仙丹能成仙	【汉族】
W6246. 1. 2. 6. 2	仙丹让人身轻体健，百病皆无	【汉族】
W6246. 1. 2. 7	仙丹的种类	
W6246. 1. 2. 7. 1	九丹	【汉族】@［W6246. 1. 1. 2. 5］羿射落九个日头得九粒仙丹
W6246. 1. 3	常见的灵丹妙药	
W6246. 1. 3. 1	阴阳两极丹	
W6246. 1. 3. 1. 1	乾坤八卦炉炼阴阳两极丹	【汉族】
W6246. 1. 3. 2	玉膏	
W6246. 1. 3. 2. 1	玉膏浇灌树木可开出五样颜色的花，结出五种味道的香果	【汉族】
W6246. 1. 3. 3	金丹	
W6246. 1. 4	与灵丹妙药有关的其他母题	【关联】①
W6246. 1. 4. 1	天地如意药	
W6246. 1. 4. 1. 1	天地如意药把神树救活	【纳西族】
W6246. 1. 4. 2	天药	
W6246. 1. 4. 2. 1	天上有救命的珍贵天药	【独龙族】
W6246. 1. 4. 2. 2	天药有 3 种	【独龙族】
W6246. 1. 4. 3	治百病的药（万能药）	［W6243. 5. 1］灵芝草治百病
W6246. 1. 4. 3. 1	医小孩百病的药	【瑶族（布努）】

① ［W6235b. 1. 1］三七是天上的神药下凡；［W6243. 2. 1. 1］特定地方的树叶是神药。

W 编码	母题描述	关联项
W6246. 1. 4. 3. 2	治百病的药绰萝	
W6246. 1. 4. 3. 2. 1	治百病的药绰萝在特定的山上	【彝族】
W6246. 1. 4. 3. 3	仙草的叶子能治好百病	【汉族】
W6246. 1. 4. 4	起死回生药	［W6246. 2. 2. 3］仙药能起死回生
W6246. 1. 4. 4. 1	神或神性人物有起死回生药	
W6246. 1. 4. 4. 1. 1	龙母娘娘有起死回生药	【哈尼族】
W6246. 1. 4. 4. 1. 2	上老君有起死回生药	【苗族】
W6246. 1. 4. 4. 1. 3	妖怪给死回生药	【珞巴族】
W6246. 1. 4. 4. 2	特定地方的人有起死回生药	【民族，关联】①
W6246. 1. 4. 4. 3	特定的起死回生药	
W6246. 1. 4. 4. 3. 1	药酒能起死回生	【独龙族】
W6246. 1. 4. 4a	还阳草	
W6246. 1. 4. 4a. 1	神农识破的毒神变成还阳草	【汉族】
W6246. 1. 4. 5	特效药（立竿见影的药物）	【汉族】
W6246. 1. 4. 6	不管用的灵丹妙药	
W6246. 1. 4. 6. 1	灶王爷吃尽天下各种灵丹妙药病情不好反重	【汉族】
W6246. 2	神药（仙药）	
W6246. 2. 1	神药的产生（仙药的产生）	
W6246. 2. 1. 1	特定人物造仙药	
W6246. 2. 1. 1. 1	羿烧制仙药	【汉族】
W6246. 2. 2	神药的特征（仙药的特征；仙药的功能）	［W6249. 2. 2. 1. 1］仙药在月亮上山时才能服下
W6246. 2. 2. 1	吃仙药能白日升天	【汉族】
W6246. 2. 2. 2	常服仙药虽老体健	【汉族】

① 【苗族】@［W6235b. 2. 1］地下国的棒头人有起死回生药；［W6237. 3. 1. 1］起死回生药在月亮上的檀香树里。

W 编码	母题描述	关联项
W6246. 2. 2. 3	仙药能起死回生	【彝族】@［W6246. 1. 4. 4］起死回生药
W6246. 2. 2. 4	仙药使人变形	【汉族】
W6246. 2. 2. 5	仙药使人会飞	【汉族】
W6246. 2. 3	特定的神药（特定的仙药）	
W6246. 2. 3. 1	九丹仙药	【汉族】
W6246. 2. 3. 2	金膏（金精；玉膏）	【中华民族】
W6246. 2. 3. 3	帝药	
W6246. 2. 3. 3. 1	巫山有帝药	【汉族】
W6246. 2. 3. 4	特定的草是仙药	
W6246. 2. 3. 4. 1	下阴生重云妙草皆神仙之药	【汉族】
W6246. 2. 4	与神药有关的其他母题（与仙药有关的其他母题）	［W6249. 2. 2. 1. 1］仙药在月亮上山时才能服下
W6246. 2. 4. 1	宝药	［W6247. 5. 1］土非土的宝药
W6246. 2. 4. 1. 1	盛宝药的葫芦	【珞巴族】
W6246. 3	万能药（治百病的药）	
W6246. 3. 1	万能药的产生	
W6246. 3. 2	万能药的产生	
W6246. 3. 3	特定的万能药	【汉族】@［W6238. 3. 1. 1. 5］黄帝炼的仙丹不只能治百病，还能让人长生不老
W6246. 3. 4	与万能药有关的其他母题	
W6246. 3. 4. 1	用本山石头与各样草药煮成的香茶能除根所有的病	【汉族】
W6246. 4	延年益寿药（长寿药）	
W6246. 4. 1	延年益寿药的产生	
W6246. 4. 1. 1	槐山仙人用槐花蜜加珍稀草药制成长寿药	【汉族】@［W6244. 9. 2. 1］蜂蜜作为药物
W6246. 4. 2	延年益寿药的特征	

W 编码	母题描述	关联项
W6246.4.2.1	服用长寿药可活到三百岁	【汉族】
W6246.4.3	特定的延年益寿药	
W6246.4.3.1	丹药丸和人参鹿茸是延年益寿药	【汉族】
W6246.4.3.2	金玉珠是长寿药	【汉族】
W6246.4.4	与延年益寿药有关的其他母题	
W6246.5	长生不老药（不死药）	
W6246.5.1	长生不老药的产生	
W6246.5.1.1	妖精把人心作为长生不老药	【汉族】@［W6242.2.1］唐僧肉是长生不老药
W6246.5.1.2	白山头上的三杈树下有长生不老药	【彝族】
W6246.5.1.3	配制长生不老药	
W6246.5.1.3.1	用长生不老药苗配上长虫、白麝胆、绵羊山羊胆可长生不老	【彝族】
W6246.5.2	长生不老药的特征	
W6246.5.3	特定的长生不老药	【汉族】@［W6242.2.1］唐僧肉是长生不老药
W6246.5.3.1	吃一粒穷桑树桑葚能长生不老	【汉族】
W6246.5.3.2	丹雀衔的九穗禾，食者老而不死	【中华民族】
W6246.5.4	与长生不老药有关的其他母题	【关联】①
W6246.6	药材	
W6246.6.1	药材的产生	
W6246.6.1.1	仙女日吉纳撒的种子长出许许多多珍奇的药材	【汉族】@［W6235b.5.1］龙女让人把药材撒在山冈上
W6246.6.2	药材的特征（药材的功能）	
W6246.6.2.1	药材帮助人们除灾治病	【汉族】
W6246.6.2.2	药材数量多	［W6248.3.1.0］草药有很多种类

① ［W6155.8.7.6］长生不老酒（让人长生的酒；寿酒）；［W6249.2a.3.3］不死药药方。

W 编码	母题描述	关联项
W6246. 6. 2. 2. 1	药材数量多源于神农采药时撒满地药材	【汉族】
W6246. 6. 3	与药材有关的其他母题	
W6246. 6. 3. 1	中草药里面离不得各种草、虫、泥	【羌族】
W6247	**药的特征（药性；药的性能）**	
W6247. 1	药的功能	
W6247. 1. 1	药为什么能治病	
W6247. 2	药的味道（药的气味）	
W6247. 2. 1	药为什么苦	
W6247. 3	药的治疗对象	
W6247. 3. 1	为什么特定药治特定的病	
W6247. 3. 2	一种草药治一种病	【汉族】
W6247. 4	药的颜色	
W6247. 5	特定药物的形状	
W6247. 5. 1	土非土的宝药	【汉族】
W6247. 5. 2	药丸	
W6247. 5. 2. 1	槐山仙人把一包自制的药丸献给尧	【汉族】
W6247. 6	药性的识别（药的分辨）	【白族】@［W6237. 5. 1］琉璃兽能视药性
W6247. 6. 0	药性（草药的药性）	
W6247. 6. 0. 0	人以前不识药性	
W6247. 6. 0. 0. 1	古时候，五谷和杂草混一起，什么草能治病谁也分不清	【汉族】
W6247. 6. 0. 1	药性的产生	
W6247. 6. 0. 2	药性的特征	
W6247. 6. 0. 2. 1	草药的药性生熟不同	【汉族】

W 编码	母题描述	关联项
W6247.6.1	神农辨药性	【汉族】@［W6240.3.1］神农尝百草发明草药
W6247.6.1.1	神农在一只癞疙宝（蛤蟆）吃草草的启示下尝百草的药性	【汉族】@［W6240.2.3.1］神农让毛蟾尝草识药性
W6247.6.1.2	神农尝草辨药性	【汉族】@［W6237.4.2.2b］神龙尝百草辨药物
W6247.6.1.2.1	神农为解民患遍尝所见物	【汉族】
W6247.6.1.2.2	神农氏教人辨认草药	【汉族】
W6247.6.1.2.3	神农尝草辨药时全面记录草药信息	【汉族】
W6247.6.1.2.4	神农用鞭知道草药的用途	【汉族】
W6247.6.1.2.5	小狮子药兽为神农尝草辨药性	【汉族】
W6247.6.1.2.6	神农尝遍了所有的草叶、草根后，了解了大量的药理、药性	【汉族】
W6247.6.1.2.6.1	神农懂得酸属木入肝，苦属火入心，甘属土入脾，辛属金入肺，盐属水入肾的为中药治病提供了经验	【汉族】
W6247.6.1.2.6.2	厉（神农）共尝了四十四万五千种花草，辨别了治病的药草	【汉族】
W6247.6.1.2a	神农尝各种花草找到能入药的东西	【汉族】
W6247.6.1.3	神农鞭草辨药性	【汉族】
W6247.6.1.4	神农靠看自己的心肝五脏和体内排出的水辨药性	【汉族】
W6247.6.1.5	神农检验药性	
W6247.6.1.5.1	神农临床验药性	【汉族】
W6247.6.1.5.1.1	神农把一些草药送给生病的人结果有的病人吃后被毒死	【汉族】
W6247.6.1.6	神农辨药理	
W6247.6.1.6.1	神农辨十二味药药理	【汉族】

W 编码	母题描述	关联项
W6247.6.1.7	炎帝神农氏尝味草木，宣药疗疾	【中华民族】
W6247.6.1a	炎帝辨药性	【关联】①
W6247.6.1a.1	炎帝先用赭鞭打过野草查验其寒热之性	【汉族】
W6247.6.1a.2	炎帝先亲自尝食药草以验其毒与非毒等诸种药性	【汉族】
W6247.6.1a.3	炎帝始味草木之滋，察其寒、温、平、热之性	【中华民族】
W6247.6.2	华佗辨药性	[W6246.1.1.7.1] 华佗炼丹药
W6247.6.2.1	华佗通过挖药知药性	【汉族】
W6247.6.3	其他人物辨药	
W6247.6.3.1	药狮子辨药	
W6247.6.3.1.1	神农让药狮子尝药吃草根	【汉族】
W6247.6.3.1.2	陶器黑狮子辨药	【汉族】
W6247.6.3.1.3	獐狮辨药	
W6247.6.3.1.3.1	药不过獐狮不灵	【汉族】
W6247.6.3.1a	獐鼠辨药	【汉族】
W6247.6.3.1b	药兽辨药	【汉族】
W6247.6.3.2	崇人抛鼎辨药性	
W6247.6.3.2.1	崇人抛鼎根据白鹿食草辨药性，找到延寿草	【纳西族】
W6247.6.4	识别药性的特点	
W6247.6.4.1	识别药性很难	
W6247.6.4.1.1	药与毒草难辨	【纳西族】
W6247.6.4.2	有的药可以毒攻毒	
W6247.6.4.2.1	神农发现毒草“白草”能治病	【汉族】

① [W6144.4.1.5] 炎黄辨别食物；[W6237.1.1.1] 炎帝为解吃下去的毒物，去找可以治疗的药材。

W 编码	母题描述	关联项
W6247.6.5	辨药的方法	
W6247.6.5.1	辨药方法的获得	
W6247.6.5.1.1	老婆婆梦授嫦娥辨别草药	【汉族】
W6247.6.5.2	分辨药与毒草需要长时间观察	【纳西族】
W6247.6.6	辨药的内容	
W6247.6.6.1	中药的阴阳	【汉族】
W6247.6.7	辨药的结果	
W6247.6.8	与辨药有关的其他母题	
W6247.7	与药的特征有关的其他母题	
W6247a	**药的保存（药的存放）**	
W6247a.1	药的保存时间	
W6247a.2	药的保存地点（药的保存容器）	
W6247a.2.1	药保存在特定地方	
W6247a.2.2	药保存在特定物中	
W6247a.2.2.1	尧藏在公猴母猴各自的胆内	【汉族】
W6247a.2.3	药保存在桶中（药保存在筒中）	
W6247a.2.3.1	药保存在竹筒中	【独龙族】
W6247a.3	药的保存方法（药的存放）	
W6247a.3.1	药放在特定容器中	
W6247a.3.1.1	药葫芦	【汉族】
W6247a.3.1.2	装灵丹妙药的宝葫芦	【珞巴族】
W6247a.3.2	药保存在牛角中	【纳西族】
W6247a.4	药的保存者	
W6247a.5	药的看守者	
W6247a.5.1	特定的神或神性人物看守药	【汉族】
W6247a.5.2	特定的人看守药	
W6247a.5.3	特定的动物看守药	
W6247a.5.3.1	黄凤看守巫山藏药	【中华民族】

W 编码	母题描述	关联项
W6247a. 6	药的保存禁忌	
W6247a. 7	与药的保存有关的其他母题	
W6248	**药的种类（药的类型）**	
W6248. 0	按功能划分药的种类	
W6248. 0. 1	治特定类型病的药	
W6248. 0. 1. 1	内科药	
W6248. 0. 1. 2	治消化的药	［W6237. 6. 1. 5. 1］人通过观察肚胀转好的狗嘴里残留的药渣，找到消化药
W6248. 0. 1. 2. 1	特效助消化积药“神曲”	【汉族】
W6248. 0. 1. 3	外科药	
W6248. 0. 1. 3. 1	治疮药	【白族】
W6248. 0. 1. 3. 2	治脚裂的药	【彝族】
W6248. 0. 1. 3. 3	治动物咬伤的药	
W6248. 0. 1. 3. 3. 1	蛇衔治蛇咬伤	【汉族】
W6248. 0. 1. 3. 3. 2	麝香治蛇咬伤	【彝族】
W6248. 0. 1. 3. 4	止血药	
W6248. 0. 1. 3. 4. 1	黄帝受射伤老虎找药的启发发现止血止痛的长叶草	【汉族】
W6248. 0. 1. 4	精神类药（心理治疗类药）	
W6248. 0. 1. 4. 1	治嫉妒的药	【汉族】
W6248. 0. 1. 4. 2	安神药	
W6248. 0. 1. 4. 2. 1	朱砂能安神和治疗癫狂失眠	【汉族】
W6248. 0. 1. 5	综合型药	
W6248. 0. 1. 6	治瘟疫的药	
W6248. 0. 1. 6. 1	治鼠疫的草药植楮	【汉族】
W6248. 0. 1. 7	治其他病的药	
W6248. 0. 1. 7. 1	治耳聋的药	【汉族】
W6248. 0. 1. 7. 2	治哑巴的药	

W 编码	母题描述	关联项
W6248.0.1.7.2.1	天上有吃了能说话的药	【彝族】
W6248.0.1.7.3	治眼病的药	
W6248.0.1.7.3.1	明目液	【汉族】
W6248.0.1.7.3.2	洗眼液	【汉族】
W6248.0.1.8	治不同性别病的药	
W6248.0.1.8.1	治男性病的药	
W6248.0.1.8.1.1	有36种治男人病的药在山南边	【汉族】
W6248.0.1.8.2	治女性病的药	
W6248.0.1.8.2.1	有36种治女人病的药在山北边	【汉族】
W6248.0.2	养生药	
W6248.0.3	健体药（保健药）	
W6248.0.3.1	增力药	
W6248.0.3.1.1	服金丹能产生战胜怪物的力量	【彝族】
W6248.0.3.2	增高药	
W6248.0.3.2.1	铁拐李的助长丸	【汉族】
W6248.1	药分热药和凉药	
W6248.1.1	热性药	
W6248.1.2	凉性药	
W6248.2	药分良药和毒药	
W6248.2.1	良药	
W6248.2.1.1	良药的产生	
W6248.2.1.2	良药的特征	
W6248.2.1.3	特定的良药	
W6248.2.1.3.1	图腾物的肢体为良药	
W6248.2.1.3.1.1	熊掌是抵御病魔的神奇之药	【蒙古族（布里亚特）】
W6248.2.1.4	与良药有关的其他母题	
W6248.2.2	毒药	

W 编码	母题描述	关联项
W6248. 2. 2. 1	毒药的产生	【珞巴族】@［W6968. 2. 6］毒箭（箭毒的制作）
W6248. 2. 2. 1. 1	毒药源于特定地方	
W6248. 2. 2. 1. 2	特定物生毒药	
W6248. 2. 2. 1. 2. 1	最毒的孔雀屎	【哈尼族】
W6248. 2. 2. 1. 3	特定物变成毒药（化生毒药）	
W6248. 2. 2. 1. 3. 1	恶魔撒过尿的金瓶圣水变成毒药	【蒙古族】
W6248. 2. 2. 2	毒药的特征	
W6248. 2. 2. 3	特定的毒药	【关联】①
W6248. 2. 2. 3. 1	毒药断肠草	
W6248. 2. 2. 3. 1. 1	瘟神栽断肠草	【白族】@［W0483］瘟神（疾病神、病魔）
W6248. 2. 2. 3. 1. 2	断肠草开似茶花的小黄花	【汉族】
W6248. 2. 2. 3. 1. 3	断肠草让神农的肠节节断裂	【汉族】
W6248. 2. 2. 3. 2	毒菌	【阿昌族】
W6248. 2. 2. 3. 3	砒霜	【汉族】
W6248. 2. 2. 3. 4	毒药牛膝	
W6248. 2. 2. 3. 4. 1	神农尝牛膝后膝头弄得酸痛	【汉族】
W6248. 2. 2. 3. 5	毒药蜈蚣	
W6248. 2. 2. 3. 5. 1	药王菩萨尝蜈蚣被毒死	【汉族】
W6248. 2. 2. 4	与毒药有关的其他母题	［W8697. 2］食物中毒
W6248. 3	药分草药和非草药	
W6248. 3. 0	草药	
W6248. 3. 0. 1	神农氏发现草药	【汉族】
W6248. 3. 1	草药的种类（药材的数量；中药的数量）	
W6248. 3. 1. 0	草药有很多种类	【汉族】@［W6246. 6. 2. 2］药材数量多

① ［W3657］有的植物为什么有毒；［W3812. 2］有的草为什么有毒。

W 编码	母题描述	关联项
W6248.3.1.0a	72 种草药	【汉族】
W6248.3.1.1	草药有百种（100 种草药；药有百余种；药有几种）	【瑶族】
W6248.3.1.1.1	草药有 365 种	
W6248.3.1.1.1.1	华佗的药有 365 味	【汉族】
W6248.3.1.1.1.2	神农尝出 365 种草药	【汉族】
W6248.3.1.1a	药材有一百多样	【汉族】
W6248.3.1.1b	草药有 150 多种	【汉族】
W6248.3.1.2	草药 990 种	
W6248.3.1.2.1	植物神有草药 990 种	【哈尼族】
W6248.3.1.2a	草药有数百种	
W6248.3.1.2a.1	神农搜集到数百种草药	【汉族】
W6248.3.1.3	草药有 1 万 6 千种	
W6248.3.1.3.1	神农认识草药 1 万 6 千种	【汉族】
W6248.3.1.4	草药有 39 万 8 千种	【汉族】
W6248.3.1.4.1	神农发现可以作为草药的花草根叶有 39 万 8 千种	【汉族】
W6248.3.1.5	草药其他数量的种类	
W6248.3.1.6	特定的人物有特定种类的药	
W6248.3.1.6.1	和尚有 10 种药	
W6248.3.1.6.1.1	癞和尚有 10 种药，其功能按天干分类	【汉族】
W6248.4	哑药	［W6701］语言的产生
W6248.4.1	天神有哑药	
W6248.4.1.1	土地神向天神讨哑药	【布朗族】
W6248.4.1.2	天神往清水池里下了哑药	【汉族】
W6248.4.2	哑药使动植物失去说话能力	【布朗族】
W6248.5	麻醉药（迷幻类药物；迷药）	

W 编码	母题描述	关联项
W6248. 5. 1	迷魂汤（炒魂汤；迷魂药）	【达斡尔族】【鄂伦春族】【鄂温克族】【满族】@［W6155. 8. 2. 8］迷魂酒
W6248. 5. 1. 1	老妖做的香气扑鼻的海螺汤是炒魂汤	【汉族】
W6248. 5. 1. 2	喝下迷魂汤脚下就像生风一般	【汉族】
W6248. 5. 1. 3	特定的鸟卵为迷魂药	【汉族】
W6248. 5. 1. 4	孟婆神的“迷魂汤”	
W6248. 5. 1. 4. 1	孟婆神的“迷魂汤”又称“孟婆汤”	【汉族】
W6248. 5. 1. 4. 2	孟婆神的“迷魂汤”又称“孟婆茶”	【汉族】
W6248. 5. 1. 4. 3	孟婆神的“迷魂汤”分甘、苦、辛、酸、咸五味	【汉族】
W6248. 5. 1. 5	迷魂汤味似酒汤	【汉族】
W6248. 5. 2	蒙汗药	［W6249. 6. 2. 1］杨二郎酒饭里的蒙汗药药性消失
W6248. 5. 2. 1	龙王密投蒙汗药	【汉族】
W6248. 5. 3	恋药	
W6248. 5. 3. 1	死鸟处刮下的粉末是恋药	【傈僳族】
W6248. 5. 3. 2	给意中人食下恋药后就会永不变心地恋着你	【傈僳族】
W6248. 5. 3. 3	吃猫爪可解除恋药致迷	【傈僳族】
W6248. 5. 4	孟婆汤	【汉族】
W6248. 5. 5	其他特定的迷药	
W6248. 5. 5. 1	臭麻子	
W6248. 5. 5. 1. 1	华佗发明臭麻子可作麻药	【汉族】@［W6247. 6. 2］华佗辨药性
W6248. 5. 5. 2	麻沸散	
W6248. 5. 5. 2. 1	华佗受猎人的启发发现麻沸散	【汉族】

W 编码	母题描述	关联项
W6248.5.6	迷药的功能	
W6248.5.6.1	迷药把人迷得昏昏沉沉	【鄂伦春族】
W6248.5a	醒药	
W6248.5a.1	头若雄鸡善芳，佩之令人不昧	【汉族】
W6248.6	孕育类药物	
W6248.6.1	化胎药	
W6248.6.1.1	男人怀孕向山神求化胎药	【白族】
W6248.6.2	催生药	
W6248.7	驱虫药	
W6248.7.1	驱蛇药	
W6248.7.1.1	广成子给黄帝的宝药能驱蛇	【汉族】
W6248.8	按药的形态划分药物	
W6248.8.1	固体药物	
W6248.8.1.1	片剂类药物	
W6248.8.2	液态药物	
W6248.8.3	气态药物	
W6248.8.4	膏状类药物	
W6248.8.4.1	益母膏	【汉族】
W6248.9	其他类型的药物	
W6248.9.1	解毒药	
W6248.9.1.1	生姜能解百毒	【汉族】
W6248.9.1.2	神农发现茶能解毒	【汉族】
W6248.9.1.3	解特定毒素的药	
W6248.9.1.3.1	解蜂螫的药	【彝族】@［W6243.1.5.1］尔吾草治蜂螫
W6248.9.1.3.1.1	青苔解蜂毒	【汉族】
W6248.9.1.3.2	蜂蜜作为解毒药	【中华民族】@［W6244.9.2.1］蜂蜜作为药物

W 编码	母题描述	关联项
W6248. 9. 1. 3. 3	芙蓉花作为解毒药	【中华民族】
W6248. 9. 1. 3. 4	其他解毒药	［W6246. 1. 2. 4］仙丹可解毒
W6248. 9. 1. 3. 4. 1	神农用茶水做解毒药	【汉族】@［W6158. 2. 3］茶消胀解毒
W6248. 9. 1. 3. 5	与解毒药有关的其他母题	
W6248. 9. 2	解酒药	
W6248. 9. 2. 1	娥皇、女英给舜解酒药	【汉族】
W6248. 9. 3	健忘药	【羌族】
W6248. 9. 4	万能药（有附加值的药）	
W6248. 9. 4. 1	不但治病还能延年益寿的药	【苗族】
W6248. 9. 5	春药（发情药）	
W6248. 9. 5. 1	野芭蕉和“唐辣”做春药	【景颇族】
W6248. 9. 5. 2	性爱巫术使用的“闷”药	【壮族】
W6248. 9. 6	预防疾病的药（疫苗）	
W6248. 9. 6. 1	从特定人物那里得到预防药	
W6248. 9. 6. 1. 1	师公从莫一大王那里得到一种能防病的药	【壮族】
W6248. 9. 7	与药的分类有关的其他母题	
W6248. 9. 7. 1	药的分类者	
W6248. 9. 7. 1. 1	神农划分草药	
W6248. 9. 7. 1. 1. 1	神农把尝过的百草分门别类做药用	【汉族】
W6249	**与医药医术有关的其他母题**	【关联】①
W6249. 1	药的命名（药名的产生；中草药的命名）	
W6249. 1. 1	特定人物命名药名	
W6249. 1. 1. 1	神农命名中药	【中华民族】

① ［W9082. 2］魔法使疾病转移；［W9187. 2］咒语祛病。

W 编码	母题描述	关联项
W6249. 1. 1. 2	炎帝命名药物	【汉族】
W6249. 1. 2	药物命名的方法	
W6249. 1. 2. 1	根据药的成分给药命名	
W6249. 1. 2. 1. 1	药有六种成分，取名“六神丸”	【汉族】
W6249. 1. 2. 2	按药的发明者命名	
W6249. 1. 2. 2. 1	姓柴和姓胡二人用的药命名“柴胡”	【汉族】
W6249. 1. 3	药的特定名称	
W6249. 1. 3. 1	药石	
W6249. 1. 3. 1. 1	民有疾病，未知药石	【中华民族】
W6249. 2	药的使用方法（药方；中药的服用）	
W6249. 2. 0	熬药（中药的煎熬）	
W6249. 2. 0. 1	熬药时间	
W6249. 2. 0. 2	熬药地点	
W6249. 2. 0. 3	熬药工具（熬药材料）	
W6249. 2. 0. 3. 1	砂锅熬药的来历	
W6249. 2. 0. 3. 2	熬药需要特定的水	
W6249. 2. 0. 3. 2. 1	理想的熬药用水	【汉族】
W6249. 2. 0. 3. 2. 2	熬药要找龙王借水	【彝族】
W6249. 2. 0. 3. 2. 3	神农用甘甜清冽的泉水煎调药剂	【汉族】
W6249. 2. 0. 3. 2. 4	用露水煎草药	
W6249. 2. 0. 3. 2. 4. 1	槐山仙人用露水煎熬从山上采来的草药	【汉族】
W6249. 2. 0. 3. 2. 5	神农告诉人熬好药要用好水	【汉族】
W6249. 2. 0. 3. 3	用鼎熬药	
W6249. 2. 0. 3. 3. 1	黄帝铸鼎熬药	【汉族】
W6249. 2. 0. 4	熬药方法	

W 编码	母题描述	关联项
W6249. 2. 0. 4. 1	鹰头做杵臼，鹰骨做杵棒，翅膀来扫药，鹰脚当药盅，滚沸开水来熬药	【彝族】
W6249. 2. 0. 5	熬药过程	
W6249. 2. 0. 6	熬药禁忌	
W6249. 2. 0. 7	与熬药有关的其他母题	
W6249. 2. 0. 7. 1	煎调药剂	【汉族】
W6249. 2. 0. 7. 2	药渣的处置	［W6598. 4］祛病习俗
W6249. 2. 0. 7. 2. 1	药渣要倒在路上	【汉族】
W6249. 2. 0. 7. 2. 1. 1	药渣要倒在门口的路上	【汉族】
W6249. 2. 0. 7. 2. 1. 1. 1	华佗让吃草药的人把药渣倒在自家门口	【汉族】
W6249. 2. 0. 7. 2. 2	药渣倒在路中间	【汉族】
W6249. 2. 0. 7. 2. 2a	药渣倒在路旁	【汉族】
W6249. 2. 0. 7. 2. 2b	药渣倒在三岔路口	【汉族】
W6249. 2. 0. 7. 2. 2c	药渣倒在路口	
W6249. 2. 0. 7. 2. 2c. 1	药渣倒路口源于李时珍	【汉族】
W6249. 2. 0. 7. 2. 3	药渣要随地倒	
W6249. 2.0.7.2.3.1 *	药渣要随地倒是李时珍的吩咐	【汉族】
W6249. 2. 1	药的使用方法的规定者	
W6249. 2. 1. 1	神农教人用啥药治啥病	【汉族】
W6249. 2. 2	服药的时间（按时服药）	
W6249. 2. 2. 1	晚上服药	
W6249. 2. 2. 1. 1	仙药在月亮上山时才能服下	【汉族】
W6249. 2. 2. 2	特定的节气服药	
W6249. 2. 2. 2. 1	冬至用药	【汉族】
W6249. 2. 3	服药的地点	
W6249. 2. 4	对症下药（合理服药）	

W 编码	母题描述	关联项
W6249. 2. 4. 1	头痛来做医头药，眼疼来做治眼药，肋痛来做治肋药，胃痛来做治胃药	【纳西族】
W6249. 2. 5	其他用药方法	
W6249. 2. 5. 1	服药时要发咒	【瑶族（布努）】
W6249. 2. 5. 2	使用药物治疗时需祭祀	
W6249. 2. 5. 2. 1	使用药物治疗时需祭祀神灵	【布依族】
W6249. 2. 5. 2. 2	用药时祭祖师以后才有效	【侗族】
W6249. 2. 6	药的使用情形	
W6249. 2. 7	用药的结果（药效）	
W6249. 2. 7. 1	药到病除	
W6249. 2. 7. 2	服药效果有异	
W6249. 2. 7. 2. 1	服药效果好不好，关键是水	【汉族】
W6249. 2. 8	用药禁忌	
W6249. 2. 9	与药的使用的有关的其他母题	
W6249. 2. 9. 1	药效的提升	
W6249. 2. 9. 1. 1	提升药效需要好水	【汉族】
W6249. 2. 9. 2	神药两解	【彝族】
W6249. 2a	药方（医方）	
W6249. 2a. 1	药方的产生	
W6249. 2a. 1. 1	神定药方（神性人物造药方）	
W6249. 2a. 1. 1. 1	敖优吉玛那勒神研究出了能医治世界上流传 444 种疾病的药方	【蒙古族】
W6249. 2a. 1. 1. 2	女娲会配药方	
W6249. 2a. 1. 1. 2. 1	女娲用天上仙草亲手配制药方	【汉族】
W6249. 2a. 1. 1. 3	神农发明药方	【汉族】
W6249. 2a. 1. 1. 3a	神农始究息脉作医方	【中华民族】
W6249. 2a. 1. 1. 4	龙女教人配药方	【彝族】

W 编码	母题描述	关联项
W6249. 2a. 1. 2	特定的人开药方	
W6249. 2a. 1. 2. 1	华佗尝药定药方	【民族，关联】①
W6249. 2a. 1. 2. 2	岐伯发明处方	
W6249. 2a. 1. 2. 2. 1	黄帝命岐伯而作经复，究息脉开处方	【中华民族】
W6249. 2a. 1. 3	寻求药方（特定人物传授药方）	
W6249. 2a. 1. 3. 1	找太上老君传授回生之方	【苗族】
W6249. 2a. 1. 3. 2	天神的大弟子下凡传授药方	【满族】
W6249. 2a. 1. 4	药方的其他产生方法	
W6249. 2a. 2	药方的特征	
W6249. 2a. 2. 1	药方有特定配方（药方中有特定一剂药）	【纳西族】
W6249. 2a. 3	特定的药方	
W6249. 2a. 3. 1	偏方（土方）	【汉族】
W6249. 2a. 3. 1. 1	特定人物有偏方	
W6249. 2a. 3. 1. 1. 1	铁拐李有治灶王爷恶病的偏方	【汉族】
W6249. 2a. 3. 1. 1. 2	天神的弟子纳丹威虎里配成许多灵验的偏方	【满族】
W6249. 2a. 3. 2	以毒攻毒药方	［W6247. 6. 4. 2］有的药可以毒攻毒
W6249. 2a. 3. 2. 1	华佗发现砒霜可以以毒攻毒治疗狼疮、齿病、癌肿等	【汉族】@［W6247. 6. 2］华佗辨药性
W6249. 2a. 3. 2. 2	神农发现毒虫千脚虫“滚坡虫”能治无名肿毒	【汉族】
W6249. 2a. 3. 3	不死药药方	【关联】②
W6249. 2a. 3. 3. 1	禹梦得不死方	【汉族】
W6249. 2a. 4	药方的使用	
W6249. 2a. 5	与药方有关的其他母题	

① 【汉族】@［W6246. 1. 1. 7. 1］华佗炼丹药；［W6247. 6. 2］华佗辨药性。

② ［W6235b. 4. 1］西天有不死药；［W6236. 3. 1. 1］黄帝让巫师用不死药救活猰㺄。

W 编码	母题描述	关联项
W6249. 2a. 5. 1	药方古籍	【汉族】
W6249. 2a. 5. 1. 1	《黄帝内经》记载着防治很多瘟病的方子	
W6249. 2a. 5. 2	药方的传承	
W6249. 2a. 5. 2. 1	神农把药方传给他的徒弟们	【汉族】
W6249. 2a. 5. 3	药方的推广	
W6249. 2a. 5. 3. 1	神农氏令人编写《本草》推广药方	【汉族】
W6249. 2b	药引子（吃药要使用药引子）	
W6249. 2b. 1	药引子的产生	
W6249. 2b. 1. 1	特定人物发明药引子	
W6249. 2b. 1. 1. 1	扁鹊发明药引子	【汉族】
W6249. 2b. 2	药引子的特征	
W6249. 2b. 2. 1	治特定的病需特定的药引子	
W6249. 2b. 2. 2	药引子难得到（药引子怪异）	
W6249. 2b. 2. 2. 1	公鸡下的蛋做药引	【汉族】
W6249. 2b. 3	特定的药引子	
W6249. 2b. 3. 1	神物做药引子	
W6249. 2b. 3. 2	人做药引子	
W6249. 2b. 3. 2. 1	用女儿的手臂肉做药引子煎药	【汉族】
W6249. 2b. 3. 3	动物做药引子	
W6249. 2b. 3. 3. 1	头上长有红点子的红鲤鱼肝当药引子	【汉族】
W6249. 2b. 3. 4	植物做药引子	
W6249. 2b. 3. 4. 1	核桃作药引子	【汉族】
W6249. 2b. 3. 5	其他特定物做药引子	
W6249. 2c	不可缺少的一味药（特定的配方）	
W6249. 2c. 1	治特定的病有一种独特的药	

W 编码	母题描述	关联项
W6249. 2c. 1. 1	国王治病的药方里有一种药是他女儿的眼睛	【汉族】
W6249. 3	治疗（医疗方法）	
W6249. 3. 1	针灸	【汉族】
W6249. 3. 1. 1	针灸的产生	
W6249. 3. 1. 1. 1	神农始制针灸	【中华民族】
W6249. 3. 1. 1. 2	伏羲氏制九针	【中华民族】
W6249. 3. 1. 2	针灸的特征	
W6249. 3. 1. 3	特定的针灸	
W6249. 3. 1. 4	与针灸有关的其他母题	
W6249. 3. 2	按摩	
W6249. 3. 2. 1	通过按摩治病	【汉族】
W6249. 3. 3	排毒（排毒药）	
W6249. 3. 3. 1	酸豆角治中毒	【彝族】
W6249. 3. 3a	排汗（排汗药）	
W6249. 3. 3a. 1	神农让人吃石头粉粉排汗	【汉族】
W6249. 3. 4	烟熏	
W6249. 3. 5	砭石	
W6249. 3. 6	其他医疗方法	
W6249. 3. 7	特定的医疗对象	
W6249. 3. 7. 1	人为动物诊病	
W6249. 3. 7. 1. 1	人为龙王诊病	【彝族】
W6249. 4	药书（医书）	［W6249. 2a. 5. 1］药方古籍
W6249. 4. 0	药书的产生	
W6249. 4. 0. 1	特定人物给人药书	
W6249. 4. 0. 1. 1	文化英雄阿龙给人药书	【彝族】
W6249. 4. 1	《本草经》（《本草》）	
W6249. 4. 1. 1	神农写《本草经》（神农写《本草》）	【汉族】

W 编码	母题描述	关联项
W6249.4.1.1.1	《本草经》有关于采药、晒药、炼药、吃药的内容	【汉族】
W6249.4.1.1a	神农氏写《本草》	【汉族】
W6249.4.1.1a.1	《本草》是神农氏亲尝百草为民治疗疾病的记录	【汉族】
W6249.4.1.2	神农尝365种草药写成《神农本草》	【汉族】
W6249.4.1.3	炎帝著《本草》四卷	【汉族】
W6249.4.1.3a	炎帝神农氏著《本草》四卷	【汉族】
W6249.4a	药理	
W6249.4a.1	特定人物发现药理	
W6249.4a.1.1	神农氏发现酸属木入肝，苦属火入心，甘属土入脾，辛属金入肺，盐属水入肾	【汉族】
W6249.4a.2	通过特定现象分析药理	
W6249.4a.2.1	华佗通过马蜂蜇蜘蛛发现水火相克的药理	【汉族】@［W6247.6.2］华佗辨药性
W6249.5	药的变化（药性的变化）	
W6249.6	药的消失（药的丢失；药的失效）	
W6249.6.1	途中药物遗失	
W6249.6.1.1	天神给的药落入湖中	【独龙族】
W6249.6.2	时间一长，药性消失	
W6249.6.2.1	杨二郎酒饭里的蒙汗药药性消失	【汉族】
W6249.6.3	吃特定物解除药性	【傈僳族】@［W6248.5.3.3］吃猫爪可解除恋药致迷
W6249.6.4	因医药垄断导致特定药的消失	
W6249.6.4.1	玉皇玉母不准传授起死回生药	【苗族】
W6249.7	医学	
W6249.7.1	炎帝建立医学	

W 编码	母题描述	关联项
W6249. 7. 1. 1	炎帝撰写医书药方始建医学	【中华民族】
W6249. 7. 2	姬轩辕发展医学	【中华民族】
W6249. 7. 3	中医药科学	
W6249. 7. 3. 1 *	神农氏摸索使用植物来治疗疾病的经验，开中医药科学之始	【中华民族】

6. 2. 6 特定生活用品（器物）【W6250 ~ W6259】

W 编码	母题描述	关联项
※ **W6250**	**生活用品（生活用品的产生）**	
W6250. 1	生活用品产生的原因	
W6250. 1. 1	神赐生活用品	【壮族】
W6250. 2	生活用品产生的方式	
W6250. 2. 1	生活用品源于特定地方（特定人物赐生活用品）	
W6250. 2. 2	生活用品的发明者（特定人物造生活用品）	［W6081. 3. 2. 2. 1］伏羲兄妹造用具
W6250. 2. 2. 1	祖先翁嘎造锅碗瓢盆	【布依族】
W6250. 2. 2. 2	鲁班制作家具	【汉族】
W6250. 2. 2. 3	伏羲兄妹造一些生活用具	【瑶族】
W6250. 3	生活用品的特征	
W6251	**陶器（陶器的产生）**	【汤普森】A1451；［W1252. 5］陶土
W6251. 0	陶器的产生的原因	
W6251. 0. 1	无意之中发明了陶器	

W 编码	母题描述	关联项
W6251.0.1.1	不小心把泥盆掉进火堆里知道了造陶器。	【汉族】
W6251.0.2	为保存特定物造陶器	
W6251.0.2.1	为了保存猎物发明了陶器	【苗族】
W6251.1	陶器的发明者（造陶器者）	
W6251.1.1	黄帝制陶	【汉族】
W6251.1.2	尧制陶	【汉族】@［W6251.2.1.3］唐尧、虞舜发明烧制陶器
W6251.1.3	舜制陶（舜制作陶器）	【汉族】@［W6251.2.1.3］唐尧、虞舜发明烧制陶器
W6251.1.4	祖先制陶	
W6251.1.4.1	男祖先制陶	
W6251.1.4.2	女祖先制陶	
W6251.1.4.2.1	祖婆姆六甲制陶	【壮族】
W6251.1.5	特定身份的人制陶	
W6251.1.5.1	女人制陶	
W6251.1.5.1.1	宁封跟着母亲学制陶	【汉族】
W6251.1.5.1.2	许多人向老婆婆学做泥碗	【汉族】
W6251.1.6	特定来历的人制陶	
W6251.1.7	特定名字的人制陶	
W6251.1.7.1	宁封把泥盆掉进火堆里知道了火烧泥盆	【汉族】
W6251.1.7.1a	宁封制成很多陶器坯子	【汉族】
W6251.1.7.1b	宁封按照仙人所教的方法烧窑造陶器	【汉族】
W6251.1.8	其他制陶者	
W6251.1.9	与制陶者有关的其他母题	
W6251.1.9.1	最早的制陶者	
W6251.1.9.1.1	最早的制陶者宁封	【汉族】
W6251.1.9.2	制陶者的本领	

W 编码	母题描述	关联项
W6251. 1. 9. 2. 1	陶正宁封有烟雾不迷的本领	【汉族】
W6251. 1. 9. 2. 2	制陶者宁封能火中飞行	【汉族】
W6251. 2	陶器的产生方式（制陶方法）	
W6251. 2. 1	火烧泥巴陶器（烧制陶器；烧陶）	
W6251. 2. 1. 1	烧一只用泥巴糊野猪时发明的陶器	【苗族】
W6251. 2. 1. 2	用火炭烧土块制作缸瓦碗碟	【壮族】
W6251. 2. 1. 3	唐尧、虞舜发明烧制陶器	【汉族】
W6251. 2. 1. 4	人在莽龙形成的洞中烧陶	【汉族】
W6251. 2. 2	仿照燕子垒窝造陶制器皿	【珞巴族】
W6251. 3	陶器的特征	
W6251. 4	陶器的功能	
W6251. 4. 1	陶器用于盛物	
W6251. 4. 2	陶器用于陪葬（陶器是明器）	［W6669. 13. 3. 6. 1］陶器作为随葬品
W6251. 5	陶器的类型	
W6251. 5. 1	按陶器材质分类	
W6251. 5. 2	按陶器造型分类	
W6251. 5. 3	按陶器颜色分类	
W6251. 5. 3. 1	灰陶	
W6251. 5. 3. 2	红陶	
W6251. 5. 3. 3	青陶	
W6251. 5. 3. 4	黑陶	【中华民族】@［W6073. 1. 1. 4. 2. 3. 1 *］黑陶是两昊鸟图腾部落集团的典型器物
W6251. 5. 3. 5	白陶	
W6251. 5. 3. 6	彩陶（彩绘陶器）	【汉族】@［W6073. 1. 1. 4. 2. 1. 1］宁封用山上不同泥巴烧成不同花纹的彩陶

W 编码	母题描述	关联项
W6251.5.3.6.1	人用山上不同泥巴烧成的陶器上现出了红红绿绿的花纹，成为最初的彩陶	【汉族】
W6251.5.3.6.1	单彩陶	
W6251.5.3.6.2	多彩陶	
W6251.5.4	按陶器图案分类	［W6917.1.7.3.8.1］通过器物的图案传承文化
W6251.5.4.1	几何纹陶器	
W6251.5.4.1.1	绳纹陶	
W6251.5.4.1.2	布纹陶	
W6251.5.4.1.3	席纹陶	
W6251.5.4.2	绘制特定形象的陶器	
W6251.5.4.2.1	人面形图案陶器	【中华民族】
W6251.5.4.2.2	动植物图案陶器	
W6251.5.5	按陶器出土地分类	
W6251.5.6	按陶器用途分类	
W6251.5.7	按陶器综合性质分类	
W6251.5.7.1	半坡鱼纹陶	［W6996.8.5.4］半坡文化
W6251.5.7.2	人面鱼纹彩陶	
W6251.5.8	陶器的其他分类	
W6251.6	与陶器有关的其他母题	
W6251.6.1	陶器产生的时间	
W6251.6.1.1	轩辕黄帝时开始制造陶器	【汉族】@［W6251.1.9.1.1］最早的制陶者宁封
W6251.6.2	陶器产生的地点（制陶的地点）	
W6251.6.2.1	在特定的山上制陶	
W6251.6.2.1.1	在青城山上制陶	【汉族】
W6251.6.3	最早的陶器	
W6251.6.3.1	最早的陶器是陶盆	【汉族】
W6252	**碟（碟子；碟的产生）**	【汉族】

W 编码	母题描述	关联项
W6252.1	碟的产生的原因	
W6252.2	碟的发明者（造碟者）	
W6252.2.1	祖先教人烧制碟	
W6252.2.1.1	女祖先姆洛甲教人造碟	【壮族】@［W6257.2.1.1］祖婆母勒甲教人用火炭烧土块制作缸瓦碗碟
W6252.3	碟的产生方式	
W6252.4	碟的特征	
W6252.5	碟的功能	
W6252.6	碟的类型	
W6252.7	与碟有关的其他母题	
W6253	**罐（罐子；罐的产生）**	【汉族】
W6253.1	罐的产生的原因	
W6253.2	罐的发明者（造罐者）	
W6253.3	罐的产生方式	
W6253.4	罐的特征	
W6253.5	罐的功能	
W6253.6	罐的类型（特定的罐子）	
W6253.6.1	沙罐	【汉族】
W6253.6.2	泥罐	
W6253.6.3	石罐（石头罐子）	
W6253.6.3.1	天神阿布卡恩都里造的1对男女放在石头罐子中	【满族】
W6253.6.4	陶罐	
W6253.6.4.1	舜制作陶罐	【汉族】
W6253.7	与罐有关的其他母题	
W6253a	**瓶（瓶子）**	
W6253a.1	瓶子的产生	
W6253a.2	瓶子的特征	

W 编码	母题描述	关联项
W6253a. 3	特定的瓶子	
W6253a. 3. 1	宝瓶	
W6253a. 3. 1. 1	白玉净水瓶	【白族】
W6253a. 3. 2	金瓶	【汉族】
W6253a. 3. 3	花瓶	【汉族】
W6253a. 4	与瓶子有关的其他母题	
W6254	**锅（锅的产生）**	
W6254. 0	以前没有锅	
W6254. 0. 1	远古时，人们没有锅碗盆盘这些炊具	【汉族】
W6254. 1	锅的产生的原因	
W6254. 1. 1	为特定目的造锅	
W6254. 1. 1. 1	为造天地造锅	
W6254. 1. 1. 1. 1	造天地的公婆为冶炼天地造锅	【苗族】
W6254. 2	锅源于特定地方	
W6254. 3	锅的发明（锅的制作；造锅者）	
W6254. 3. 1	祖先造锅	
W6254. 3. 1. 1	祖先翁嘎造锅	【民族，关联】①
W6254. 3. 2	黄帝始造釜甑	【汉族】
W6254. 3. 2. 1	轩辕黄帝根据天书的启示发明煮饭用的锅	【汉族】
W6254. 3. 2. 2	黄帝时有个叫金泊的人把一块铁板用铁锤子打成凹形成为锅的雏形	【汉族】
W6254. 3. 2a	黄帝发明做饭的锅	【中华民族】
W6254. 4	造锅的方法	
W6254. 4. 1	化铁造锅	
W6254. 4. 2	用头颅做锅	

① 【布依族】@［W6083. 3. 2. 2］祖先翁嘎造农具；［W6085. 4. 1. 4. 2. 1］布依族祖先翁嘎造斧子；［W6085. 8. 1. 3. 1. 1］祖先翁嘎造犁；［W6086. 11. 1. 3］祖先翁嘎造耙。

W 编码	母题描述	关联项
W6254. 4. 2. 1	用猎取的头颅做锅	【珞巴族（德根等部落）】
W6254. 4. 3	用手臂做锅	
W6254. 4. 3. 1	用特定人物的手臂做锅	【珞巴族（德根等部落）】
W6254. 4. 4	用陶土造锅	
W6254. 4. 4. 1	天地之子死后肝脏变成做锅的陶土	【珞巴族】
W6254. 5	与锅的产生有关的其他母题	
W6254. 6	锅的特征	
W6254. 7	锅的功能（锅的作用）	
W6254. 7. 1 *	锅促进了饮食文化	【中华民族】
W6254. 8	锅的类型	
W6254. 8. 1	石锅	
W6254. 8. 2	陶锅	
W6254. 8. 3	木锅	
W6254. 8. 4	玉锅	
W6254. 8. 5	铜锅	
W6254. 8. 6	铁锅	
W6254. 8. 6. 1	黄帝时发明铁锅	【汉族】
W6254. 8. 7	钢锅	
W6254. 8. 7. 1	亚鲁王造钢锅	【苗族】
W6254. 9	与锅有关的其他母题	
W6254. 9. 1	灶（火塘；灶台；锅灶）	
W6254. 9. 1. 1	灶的产生	
W6254. 9. 1. 1. 1	灶产生的时间	
W6254. 9. 1. 1. 1. 1	燧人造火后产生灶	【中华民族】
W6254. 9. 1. 1. 2	特定人物发明灶	
W6254. 9. 1. 1. 2. 1	祖先发明灶	
W6254. 9. 1. 1. 2. 1. 1	布洛陀教人制作灶	【壮族】

W 编码	母题描述	关联项
W6254.9.1.1.2.2	女娲教人垒砌锅灶	【汉族】
W6254.9.1.1.3	灶的制作	
W6254.9.1.1.3.1	用黑石头垒灶	【水族】
W6254.9.1.1.3.2	木块安在四周做灶口、灶模，用红泥做成火灶	【壮族】
W6254.9.1.2	灶的特征	
W6254.9.1.3	灶的构成	
W6254.9.1.4	灶的类型	
W6254.9.1.5	灶的禁忌	
W6254.9.1.5.1	灶前忌讲怪话	【汉族】
W6254.9.1.5.2	灶前忌哭泣	【汉族】
W6254.9.1.5.3	灶前忌唱歌	【汉族】
W6254.9.1.5.4	灶前忌披头散发	【汉族】
W6254.9.1.5.5	灶内忌烧特定物	
W6254.9.1.5.5.1	忌将污脏物送入灶内（灶内忌不洁之物）	【汉族】
W6254.9.1.5.5.2	灶内忌烧狗屎、头发、指甲、人等的脏物	【藏族】
W6254.9.1.5.5.3	忌火塘中烧不纯牛粪	
W6254.9.1.5.5.3.1	烧干牛粪夹猪粪和狗粪是对灶神不敬，要受惩罚	【藏族】@［W6511.1.2.3.3.1］灶神禁忌
W6254.9.1.5.6	灶的其他行为禁忌	
W6254.9.1.5.6.1	忌踏踩火塘	【藏族】
W6254.9.1.5.6.2	忌弄脏灶台	【藏族】
W6254.9.1.6	与灶有关的其他母题	［W6208.9.9.3］火塘
W6255	**盆（盆子；盆的产生）**	【汉族】
W6255.1	盆的产生的原因	
W6255.2	盆的发明者（造盆者）	
W6255.2.1	王母娘娘做盆	【汉族】

W 编码	母题描述	关联项
W6255. 2. 2	舜制作盆	【汉族】
W6255. 3	盆的产生方式	
W6255. 4	盆的特征	
W6255. 5	盆的功能	
W6255. 6	盆的类型	
W6255. 6. 1	陶盆	【汉族】@［W6251. 6. 1. 1］最早的陶器是陶盆
W6255. 6. 1. 1	舜制作陶盆	【汉族】
W6255. 6. 2	澡盆	
W6255. 6. 2. 1	王母娘娘在天山做了个澡盆	【汉族】
W6255. 6. 3	聚宝盆	
W6255. 6. 3. 1	聚宝盆能发出丝竹八音之声	【汉族】
W6255. 7	与盆有关的其他母题	
W6256	**瓢（瓢的产生）**	
W6256. 1	瓢的产生的原因	
W6256. 2	瓢的发明者（造瓢者）	
W6256. 2. 1	祖先造瓢	
W6256. 2. 1. 1	祖先翁嘎造瓢	【民族，关联】①
W6256. 2. 2	汉人凿成个瓢	【苗族】
W6256. 3	瓢的产生方式	
W6256. 4	瓢的特征	
W6256. 5	瓢的功能	
W6256. 6	瓢的类型	
W6256. 6. 1	水瓢	
W6256. 6. 1. 1	金水瓢	【汉族】
W6256. 6. 1. 2	银水瓢	【汉族】

① 【布依族】@［W6083. 3. 2. 2］祖先翁嘎造农具；［W6085. 4. 1. 4. 2. 1］布依族祖先翁嘎造斧子；［W6085. 8. 1. 3. 1. 1］祖先翁嘎造犁；［W6086. 11. 1. 3］祖先翁嘎造耙；［W6254. 3. 1. 1］祖先翁嘎造锅。

W 编码	母题描述	关联项
W6256.7	与瓢有关的其他母题	［W3890］葫芦的特征
W6257	**碗的产生**	
W6257.0	以前没有碗	【汉族】
W6257.1	碗的产生的原因	
W6257.2	碗的发明者（造碗者）	
W6257.2.1	祖先教人烧制碗	
W6257.2.1.1	祖婆母勒甲教人用火炭烧土块制作缸瓦碗碟	【壮族】
W6257.2.2	女娲造碗	【汉族】
W6257.2.3	祖先翁嘎造瓢	【布依族】
W6257.2.4	尧捏泥造碗	【汉族】
W6257.2.5	猴子造碗	
W6257.2.5.1	猴子没事捏稀泥巴耍，捏成碗，烧成型	【汉族】
W6257.3	与碗的产生有关的其他母题	
W6257.4	碗的特征	
W6257.4.1	巨大的碗	
W6257.4.1.1	七十个人才能搬得动的大碗	
W6257.4.2	坚硬的碗	【汉族】
W6257.4.3	漂亮的碗	【汉族】
W6257.5	碗的功能	【蒙古族】
W6257.6	碗的类型（特定的碗）	
W6257.6.1	石碗	
W6257.6.2	陶碗	
W6257.6.2.1	舜制作陶碗	【汉族】
W6257.6.2.2	尧制作陶碗	【汉族】
W6257.6.3	金碗	【汉族】
W6257.6.4	玉碗	【汉族】

W 编码	母题描述	关联项
W6257.6.5	按碗的用途命名的碗	
W6257.6.5.1	饭碗	【汉族】
W6257.6.5.2	茶碗	【汉族】
W6257.6.5.3	酒碗	【汉族】
W6257.6.6	神奇的碗	
W6257.6.6.1	宝碗	【汉族】
W6257.7	与碗有关的其他母题	［W6519.5.1］碗的禁忌
W6258	**其他生活用品（其他特定类型生活用品的产生；家具）**	
W6258.0	筷子	
W6258.0.1	筷子的产生	
W6258.0.1.1	尧发明筷子	
W6258.0.1.1.1	尧吃饭用的树枝演变成现在的筷子	【汉族】
W6258.0.1.2	大禹发明筷子	
W6258.0.1.2.1	大禹为避免热饭烫手发明了筷子	【汉族】
W6258.0.1.3	筷子到了商朝才出现	【汉族】
W6258.0.1.4	妲己叫人用金子做成筷子	【汉族】
W6258.0.2	筷子的特征	
W6258.0.3	特定的筷子	
W6258.0.3.1	木筷	
W6258.0.3.1	用竹子做筷子	【汉族】
W6258.0.3.2	金筷	【汉族】
W6258.0.3.3	银筷	【汉族】
W6258.0.3.4	象箸（象牙筷子）	【汉族】
W6258.0.4	与筷子有关的其他母题	［W6519.5.2］筷子禁忌
W6258.0.4.1	筷子原来叫“箸”	【汉族】

W 编码	母题描述	关联项
W6258.0.4.1a	因忌讳把“箸”改成“筷”	【汉族】
W6258.0.4.2	“筷”字用“竹”字头，因为是用竹子做的缘故	【汉族】
W6258.1	桌椅板凳	
W6258.1.1	桌椅板凳的产生	
W6258.1.1.1	祖先翁嘎造桌椅板凳	【布依族】
W6258.2	桌（桌子）	
W6258.2.1	桌子的产生的原因	
W6258.2.2	桌子的发明者（造桌者）	
W6258.2.2.1	鲁班发明桌子	【汉族】
W6258.2.3	桌子的产生方式	
W6258.2.4	桌子的特征	
W6258.2.4.1	桌子四条腿的来历	【汉族】
W6258.2.5	桌子的功能	
W6258.2.6	桌子的类型	
W6258.2.6.1	金桌子	【蒙古族】
W6258.2.6.2	木桌	【汉族】
W6258.2.6.3	方桌	【汉族】
W6258.2.6.4	圆桌	【汉族】
W6258.2.6.5	茶桌	【汉族】
W6258.2.6.6	八仙桌	【汉族】
W6258.2.7	与桌子有关的其他母题	
W6258.3	椅	
W6258.3.1	椅子的产生的原因	
W6258.3.2	椅子的发明者（造椅子者）	
W6258.3.3	椅子的产生方式	
W6258.3.4	椅子的特征	
W6258.3.5	椅子的功能	

W 编码	母题描述	关联项
W6258. 3. 6	椅子的类型	
W6258. 3. 6. 1	龙椅	
W6258. 3. 6. 1. 1	玉帝坐龙椅	【白族】
W6258. 3. 6. 2	木椅	【汉族】
W6258. 3. 6. 3	竹椅	【汉族】
W6258. 3. 6. 4	太师椅	【汉族】
W6258. 3. 6. 5	躺椅	【汉族】
W6258. 3. 7	与椅子有关的其他母题	
W6258. 4	凳子（板凳）	
W6258. 4. 1	凳子的产生的原因	
W6258. 4. 2	凳子的发明者（造凳子者）	
W6258. 4. 3	凳子的产生方式	
W6258. 4. 4	凳子的特征	
W6258. 4. 4. 1	凳板上凿洞的来历	
W6258. 4. 4. 1. 1	原来人长有一条尾巴，凳板上凿一个洞，坐时把尾巴放进洞里	【汉族】
W6258. 4. 4. 2	始祖布洛陀造三脚凳	【壮族】
W6258. 4. 5	凳子的功能	
W6258. 4. 6	特定的凳子（凳子的类型）	
W6258. 4. 6. 1	金凳	【侗族】
W6258. 4. 6. 2	银凳子	【蒙古族】
W6258. 4. 6. 3	板凳	【汉族】
W6258. 4. 6. 4	条凳	【汉族】
W6258. 4. 7	与凳子有关的其他母题	
W6258. 5	篮子	
W6258. 5. 1	篮子的产生	
W6258. 5. 2	篮子的特征	
W6258. 5. 3	篮子的功能	

W 编码	母题描述	关联项
W6258. 5. 4	特定的篮子（篮子的类型）	
W6258. 5. 4. 1	鱼篮	
W6258. 5. 4. 1. 1	观音采紫竹编鱼篮	【汉族】
W6258. 5. 4. 2	竹篮	【汉族】
W6258. 5. 4. 3	提篮	【汉族】
W6258. 5. 4. 4	花篮	【汉族】
W6258. 5. 5	与篮子有关的其他母题	
W6258. 6	篾具	
W6258. 6. 1	篾具的产生	
W6258. 6. 2	篾具的特征	
W6258. 6. 3	篾具的功能	
W6258. 6. 4	特定的篾具（篾具的类型）	
W6258. 6. 4. 1	盛谷物的篾具	
W6258. 6. 4. 1. 1	特定的人最先编织的用具是火炕头（盛谷物的器具）	【哈尼族】
W6258. 6. 5	与篾具有关的其他母题	
W6258. 7	缸	
W6258. 7. 1	缸的产生	
W6258. 7. 1. 1	女娲仿照女人的肚子造缸	【汉族】
W6258. 7. 1. 2	女祖先姆洛甲教人造缸	【壮族】@［W6257. 2. 1. 1］祖婆母勒甲教人用火炭烧土块制作缸瓦碗碟
W6258. 7. 1. 3	男女祖先密洛陀用泥土造人时造出了水缸	【瑶族】
W6258. 7. 1. 4	舜制作缸	【汉族】
W6258. 7. 2	缸的特征	
W6258. 7. 3	缸的功能	
W6258. 7. 4	特定的缸（缸的类型）	
W6258. 7. 4. 1	陶缸	【汉族】

W 编码	母题描述	关联项
W6258. 7. 4. 1. 1	尧烧制陶缸	【汉族】
W6258. 7. 4. 2	染缸	
W6258. 7. 4. 2. 1	用野鸡蛋壳作染缸	【瑶族】
W6258. 7. 5	与缸有关的其他母题	
W6258. 8	坛（坛子）	
W6258. 8. 1	坛的产生	
W6258. 8. 1. 1	女娲仿照女人的肚子造坛	【汉族】
W6258. 8. 2	坛的特征	
W6258. 8. 3	坛的功能	
W6258. 8. 3. 1	坛作为储存器	【布依族】@［W6669. 13. 3. 4. 1. 2］用红绸密封装粮的坛子作为陪葬品
W6258. 8. 4	特定的坛（坛子的类型）	
W6258. 8. 4. 1	土坛	
W6258. 8. 4. 2	石坛	
W6258. 8. 4. 3	陶坛	
W6258. 8. 4. 4	木坛	
W6258. 8. 4. 5	金坛	【布依族】@［W6680. 2. 2］瓮棺葬即陶瓮或陶罐（金坛）收殓骨骸安埋
W6258. 8. 5	与坛有关的其他母题	
W6258. 9	生活用品中的其他物件	
W6258. 9. 1	盘子	
W6258. 9. 1. 1	盘子的产生	
W6258. 9. 1. 1. 1	女娲造盘子	【汉族】@［W6257. 2. 2］女娲造碗
W6258. 9. 1. 2	特定的盘子	
W6258. 9. 1. 2. 1	玉盘	
W6258. 9. 1. 2. 1. 1	龙公主捧琉璃玉盘	【汉族】

W 编码	母题描述	关联项
W6258.9.1.2.2	金盘	【汉族】
W6258.9.1.2.3	银盘	【汉族】
W6258.9.1.2.4	石盘	【汉族】
W6258.9.1.3	与盘子有关的其他母题	
W6258.9.2	杯子	
W6258.9.2.1	杯子的产生	
W6258.9.2.1.1	女娲造杯子	【汉族】@［W6257.2.2］女娲造碗
W6258.9.2.2	特定的杯子	
W6258.9.2.2.1	金杯	
W6258.9.2.2.1.1	九龙金杯	【汉族】
W6258.9.2.2.2	玉杯	
W6258.9.2.2.3	夜光杯	
W6258.9.2.2.4	凤凰杯	【汉族】
W6258.9.2.2.5	酒杯	【汉族】
W6258.9.2.2.6	茶杯	【汉族】
W6258.9.2.2.7	奖杯	【汉族】
W6258.9.2.3	与杯子有关的其他母题	
W6258.9.3	盏	
W6258.9.3.1	盏的产生	
W6258.9.3.1.1	女娲造盏	【汉族】@［W6257.2.2］女娲造碗
W6258.9.3.2	特定的盏	
W6258.9.3.2.1	建盏	【汉族】
W6258.9.3.3	与盏有关的其他母题	
W6258.9.4	瓮	
W6258.9.4.1	瓮的产生	
W6258.9.4.1.1	女娲仿照女人的肚子造瓮	【汉族】

W 编码	母题描述	关联项
W6258. 9. 4. 2	特定的瓮	
W6258. 9. 4. 3	与瓮有关的其他母题	
W6258. 9. 5	袋子（包裹）	
W6258. 9. 5. 1	袋子的产生	
W6258. 9. 5. 1. 1	轩辕用牛大肠缝合制成袋子	【中华民族】
W6258. 9. 5. 2	袋子的特征	
W6258. 9. 5. 2. 1	弹性良好的袋子	【中华民族】
W6258. 9. 5. 2. 2	大容量的袋子	【中华民族】
W6258. 9. 5. 3	特定的袋子	
W6258. 9. 5. 3. 1	乾坤袋	
W6258. 9. 5. 3. 1. 1	玉皇大帝赐如来佛和弥勒佛兄弟俩乾坤袋	【汉族】
W6258. 9. 5. 4	与袋子有关的其他母题	
W6259	**与生活用品有关的其他母题**	
W6259. 0	青铜器	
W6259. 0. 1	鼎	
W6259. 0. 1. 1	鼎的产生	
W6259. 0. 1. 1. 0	鼎在特定地方	
W6259. 0. 1. 1. 0. 1	灵山有鼎	【中华民族】
W6259. 0. 1. 1. 1	特定人物造鼎	
W6259. 0. 1. 1. 1. 0	黄帝作鼎	【汉族】
W6259. 0. 1. 1. 1. 0. 1	黄帝用铜造鼎	【汉族】
W6259. 0. 1. 1. 1. 0. 2	黄帝荆山铸鼎	【中华民族】
W6259. 0. 1. 1. 1. 1	禹铸九鼎（大禹铸鼎）	【汉族】
W6259. 0. 1. 1. 1. 1. 1	禹治水收天下美铜以为九鼎	【汉族】
W6259. 0. 1. 1. 1. 1. 2	禹收九牧之金以铸鼎	【中华民族】
W6259. 0. 1. 1. 1. 1. 3	禹当了炎黄部落联盟首领铸鼎	【汉族】

W 编码	母题描述	关联项
W6259.0.1.1.1.1.4＊	夏禹不可能铸九鼎	【中华民族】
W6259.0.1.1.1.1.5＊	夏禹如果有鼎应是陶器而非铜器	【中华民族】
W6259.0.1.1.1.2	皇帝作鼎	【汉族】
W6259.0.1.1.2	务古（神性人物）仓脚下面架炉子铸鼎锅	【苗族】
W6259.0.1.1.3	夏时，贡金九枚，铸鼎象物	【汉族】
W6259.0.1.2	鼎的特征（鼎的功能）	
W6259.0.1.2.1	鼎可占卜	
W6259.0.1.2.1.1	鼎中常满以占气象	【汉族】
W6259.0.1.2.1.2	王者兴鼎则出，衰则去	【汉族】
W6259.0.1.2.2	鼎的大小	
W6259.0.1.2.2.1	鼎高一丈三尺，大如十石瓮	【汉族】
W6259.0.1.2.2.1a	黄帝铸造的鼎高一丈三尺，可装十几担谷子	【汉族】
W6259.0.1.2.3	鼎的形状	
W6259.0.1.2.3.1	鼎象太一	【汉族】
W6259.0.1.2.4	鼎的图案	
W6259.0.1.2.4.1	鼎之象取远方之图	【中华民族】
W6259.0.1.2.4.2	鼎上刻着本州的地图	【汉族】
W6259.0.1.2.4.3	鼎上刻着怪兽图案	【汉族】
W6259.0.1.2.5	鼎能辨是非	
W6259.0.1.2.5.1	九鼎使民知神奸	【中华民族】
W6259.0.1.2.6	鼎具有象征性	
W6259.0.1.2.6.1＊	鼎象征统治者的权威	【汉族】
W6259.0.1.2.6.1a	鼎是王权的象征	【汉族】
W6259.0.1.2.6.2	“九鼎”象征“九州”（天下）	【汉族】
W6259.0.1.2.6.3	黄帝的3个宝鼎像天地人	【汉族】
W6259.0.1.2.6.3a	黄帝铸造宝鼎用来烹煮食物	【汉族】

W 编码	母题描述	关联项
W6259. 0. 1. 2. 7	鼎具有记录表彰功能	
W6259. 0. 1. 2. 7. 1	黄帝命工匠把对国家有贡献的及发明创造者的名字刻在鼎上	【中华民族】
W6259. 0. 1. 2. 8	鼎可作容器	【汉族】
W6259. 0. 1. 3	特定的鼎	【中华民族】
W6259. 0. 1. 3. 1	神鼎	
W6259. 0. 1. 3. 1. 1	神鼎质文精，知吉凶存亡，能轻能重，能息能行	【汉族】
W6259. 0. 1. 3. 2	宝鼎	
W6259. 0. 1. 3. 2. 1	黄帝铸三个宝鼎	【汉族】
W6259. 0. 1. 3. 2. 2	宝鼎不爨而熟	【汉族】
W6259. 0. 1. 3. 3	炼药之鼎	
W6259. 0. 1. 3. 3. 1	大鹏从灵山取炼药之鼎	【中华民族】
W6259. 0. 1. 3. 4	禹鼎	
W6259. 0. 1. 3. 4. 1	禹鼎又称九鼎、夏鼎	【中华民族】
W6259. 0. 1. 4	与鼎有关的其他母题	
W6259. 0. 2	敦	
W6259. 0. 3	鬲	
W6259. 1	壶	
W6259. 1. 1	壶的产生的原因	
W6259. 1. 2	壶的发明者（造壶者）	
W6259. 1. 2. 1	女娲造壶	【汉族】
W6259. 1. 2. 2	尧造壶	【汉族】
W6259. 1. 3	壶的产生方式	
W6259. 1. 3. 1	女娲照着撒尿的“小鸟”造壶	【汉族】
W6259. 1. 4	壶的特征（壶的功能）	
W6259. 1. 5	壶的构件	
W6259. 1. 5. 1	壶嘴	

W 编码	母题描述	关联项
W6259.1.5.1.1	壶嘴像小伲的“小鸟”	【汉族】
W6259.1.5.2	壶盖	
W6259.1.5.2.1	壶盖就像乳头向上的乳房	【汉族】
W6259.1.6	壶的类型	
W6259.1.6.1	水壶	【汉族】
W6259.1.6.2	酒壶	【汉族】
W6259.1.6.2.1	卵生的阿妈造酒壶	【藏族】
W6259.1.6.2.2	女娲仿照肚子造酒壶	【汉族】
W6259.1.6.3	茶壶	【汉族】
W6259.1.6.4	夜壶	
W6259.1.6.5	陶壶	
W6259.1.6.5.1 *	仰韶文化时期的龙虎陶壶	【中华民族】
W6259.1.6.6	玉壶	
W6259.1.6.6.1	天降玉壶	【汉族】
W6259.1.7	与壶有关的其他母题	
W6259.2	镜子（鉴）	
W6259.2.1	镜子的产生（镜子产生的原因）	
W6259.2.1.1	黄帝为王母铸镜	【汉族】
W6259.2.2	镜子的发明者（造镜子者）	
W6259.2.2.1	黄帝发明镜子（黄帝作镜）	【汉族】
W6259.2.2.2	尹寿作镜	
W6259.2.2.2.1	黄帝臣尹寿作镜	【汉族】
W6259.2.2.3	鲁班的女儿献美发明镜子	【汉族】
W6259.2.3	镜子的产生方法	
W6259.2.3.1	女人学会磨镜	【汉族】
W6259.2.3.2	黄帝铸镜	【汉族】
W6259.2.3.2.1	黄帝用铜造二十面大镜	【汉族】
W6259.2.3.2a	金姑造镜	

W 编码	母题描述	关联项
W6259. 2. 3. 2a. 1	金姑把金子镀在一块老滑的褐石上为禹女做成梳妆用的镜子	【汉族】
W6259. 2. 3. 2b	女子磨镜	
W6259. 2. 3. 2b. 1	女子坐在西山顶上用山脚下海子里的水磨起镜子	【汉族】
W6259. 2. 3. 3	用水做镜子	【基诺族】
W6259. 2. 3. 3. 1	大禹的妻子涂山姚以河水为镜	【汉族】
W6259. 2. 3. 4	用树叶做镜子	【赫哲族】
W6259. 2. 3. 4a	以石为镜	
W6259. 2. 3. 4a. 1	鹿仙女以石为镜	【中华民族】
W6259. 2. 3. 5	特定物变成镜子	
W6259. 2. 3. 5. 1	白马的心变成镜子	【蒙古族】
W6259. 2. 4	镜子的特征	
W6259. 2. 4. 1	镜子中可以看到特定场面	
W6259. 2. 4. 1. 1	镜子中可以看到人妖战斗的场面	【蒙古族】
W6259. 2. 5	镜子的功能	
W6259. 2. 5. 1	镜子具有保护功能	【藏族】
W6259. 2. 6	镜子的类型	
W6259. 2. 6. 1	铜镜	
W6259. 2. 6. 1. 1	铜镜是万能的神器	【满族】
W6259. 2. 6. 1. 2	能透视的铜镜	【汉族】
W6259. 2. 6. 1a	金镜	【汉族】@［W6259. 2. 3. 2a. 1］金姑把金子镀在一块老滑的褐石上为禹女做成梳妆用的镜子
W6259. 2. 6. 2	照妖镜	
W6259. 2. 6. 2. 1	济南郡方山南有明镜压可照妖	【汉族】
W6259. 2. 6. 2. 2	望蟾阁上有青金镜可照妖	【汉族】
W6259. 2. 6. 3	月光宝镜	

W 编码	母题描述	关联项
W6259.2.6.3.1	一块月亮成为月光宝镜	【东乡族】
W6259.2.6.4	石镜	【汉族】
W6259.2.6.4.1	瑶山仙女梳妆台有石镜	【瑶族】
W6259.2.6.4.2	石镜可鉴五脏六腑	【汉族】
W6259.2.6.4.3	石镜亦名仙人镜	【汉族】
W6259.2.6.4.4	大镜石	【中华民族】
W6259.2.6.5	火齐镜	
W6259.2.6.5.1	火齐镜能与人应答	【汉族】
W6259.2.6.6	透视镜	
W6259.2.6.6.1	咸阳宫方镜能透视	【汉族】
W6259.2.6.7	护心镜	
W6259.2.6.7.1	本波的护心镜又称“心灵之镜”	【藏族】
W6259.2.7	使用镜子的结果	
W6259.2.7.1	造成误会的镜子	【柯尔克孜族】
W6259.2.8	与镜子有关的其他母题	
W6259.3	染料	
W6259.3.1	染料的产生	
W6259.3.2	染料的发明者（造染料者）	
W6259.3.3	染料的产生方式	
W6259.3.3.1	染料的获得	【汤普森】A1439.2
W6259.3.3.2	兰草做染料	【布依族】
W6259.3.3.2a	山崖上的藤蔓做染料	【珞巴族（德根等部落）】
W6259.3.3.3	从动物身上取染料	
W6259.3.3.3.1	挖出老虎护心血，取出胸中胆做染料	【彝族】
W6259.3.4	染料的特征	
W6259.3.5	染料的功能	
W6259.3.5.1	绸缎不染无色彩，不染不好看	【彝族】

W 编码	母题描述	关联项
W6259. 3. 6	染料的类型（特定的染料）	
W6259. 3. 6. 1	红色染料（赤色）	
W6259. 3. 6. 1. 1	凤仙花瓣作为红色染料	【汉族】
W6259. 3. 6. 2	橙色染料	
W6259. 3. 6. 3	黄色染料	
W6259. 3. 6. 4	绿色染料	
W6259. 3. 6. 5	青色染料	
W6259. 3. 6. 6	蓝色染料（蓝靛）	【瑶族】@［W6115. 1. 1. 1. 1. 2］谢古婆教人摘蓝靛来染布
W6259. 3. 6. 6. 1	兰草做蓝靛染料	
W6259. 3. 6. 6. 1. 1	兰草沤水染布匹成为蓝靛色	【布依族】
W6259. 3. 6. 7	紫色染料	
W6259. 3. 6. 8	七色染料	
W6259. 3. 6. 8. 1	黄帝的三个女儿找到三原色，调配出了红、黄、蓝、绿、青、橙、紫等七种颜色	【汉族】
W6259. 3. 7	与染料有关的其他母题	［W6114. 1］布的染色的产生（染布）
W6259. 4	灶（灶堂）	
W6259. 4. 1	灶的产生	
W6259. 4. 1. 1	祖先布洛陀教大家在屋中间架了一个四四方方的灶堂，里面铺上泥沙在灶里烧火	【壮族】
W6259. 4. 2	灶的特征	
W6259. 4. 3	特定的灶	
W6259. 4. 4	与灶有关的其他母题	
W6259. 5	炉子（火炉）	
W6259. 5. 1	炉子的产生	

W 编码	母题描述	关联项
W6259.5.1.1	创世者宁贯娃按照大象的身子，用泥土和石头做炉子	【景颇族】
W6259.5.2	炉子的特征	
W6259.5.3	特定的炉子	
W6259.5.3.1	火炉	［W6959.3.5.3.1］天庭的神火炉
W6259.5.3.2	手炉	
W6259.5.3.3	炼丹炉	【汉族】
W6259.5.3.3.1	黄帝用铜 49 天造成炼丹炉	【汉族】
W6259.5.3.4	冶炼炉	【彝族】@［W6076.2.1.2.3］阿勒阿德两兄弟用土基砌炼矿石的大炉子
W6259.5.3.4.1	炼铜炉	【苗族】@［W6076.5.3.4］把铜放进铁焊的炉子炼铜
W6259.5.4	与炉子有关的其他母题	［W6657.4.8.4.1］人死后请巫师“封炉”
W6259.6	床	
W6259.6.1	床的产生	
W6259.6.1.1	黄帝时，女人们在山洞里铺上枯草做床	【汉族】
W6259.6.1.2	鲁班造床	【汉族】
W6259.6.2	床的特征	
W6259.6.3	特定的床	
W6259.6.3.1	石床	
W6259.6.3.1.1	黄帝在石洞里设置石床	【汉族】
W6259.6.3.2	木床	
W6259.6.3.3	金床	
W6259.6.3.4	雕花床	
W6259.6.3.4.1	百鸟朝阳雕花床	【汉族】
W6259.6.3.5	玉石床（玉床）	【汉族】【蒙古族】

W 编码	母题描述	关联项
W6259. 6. 3. 5. 1	桀纣的玉床	【中华民族】
W6259. 6. 3. 6	其他按质料命名的船	
W6259. 6. 3. 7	按使用者命名的床	
W6259. 6. 3. 7. 1	龙床	【汉族】
W6259. 6. 3. 7. 2	灵床	【侗族】【傈僳族】@［W6660. 3. 8. 1］灵床（停尸床；梦床；凉床）
W6259. 6. 3. 8	按功能命名的床	
W6259. 6. 3. 8. 1	凉床	【布依族】@［W6655. 1. 5］丧葬分为搭凉床、洗尸、穿戴、交倒头猪、入殓、发丧、造地埋坟、砍牛做斋、包坟、谢坟等仪式
W6259. 6. 4	床的构件（床的配套物）	
W6259. 6. 4. 1	床垫	
W6259. 6. 4. 1. 1	金银线织成的床垫	【俄罗斯族】
W6259. 6. 5	与床有关的其他母题	
W6259. 7	炕	
W6259. 7. 1	炕的产生	
W6259. 7. 2	炕的功能	
W6259. 7. 3	与炕有关的其他母题	［W6667. 0. 7. 2］守灵时儿女媳妇和晚辈人不能坐炕上
W6259. 7. 3. 1	炕席	【锡伯族】@［W6661. 7. 2. 7. 2］棺材底部铺死者生前炕席
W6259. 8	灯（灯具）	
W6259. 8. 1	灯的产生（灯产生的原因）	
W6259. 8. 1. 1	灯源于特定地方（特定人物给人灯）	
W6259. 8. 1. 2	灯是制造产生的（造灯）	
W6259. 8. 1. 2. 1	元古皇帝造灯	【壮族】

W 编码	母题描述	关联项
W6259.8.1.2.2	鲁班造了一盏灯	【汉族】
W6259.8.2	灯的特征（灯的功能）	
W6259.8.2.1	灯使居所亮堂温暖	【中华民族】
W6259.8.3	特定的灯（灯的类型）	
W6259.8.3.1	神灯	
W6259.8.3.1.1	神灯里的油熬不干	【汉族】
W6259.8.3.1.2	神灯在海中能让海水会自动分开形成一条路	【汉族】
W6259.8.3.2	猪油明灯	
W6259.8.3.2.1	轩辕居住的岩洞亮着一盏猪油明灯	【中华民族】
W6259.8.4	与灯有关的其他母题	［W4600］光的产生
W6259.8.4.1	照明	
W6259.8.4.1.1	大禹的母亲猪娘教各家妇女砍柴草作堆，升火照明	【汉族】
W6259.8.4.2	灯会	
W6259.8.4.2.1	江南农村稻灯会	【汉族】
W6259.8.4.3	灯的构件	
W6259.8.4.3.1	灯台	
W6259.8.4.3.1.1	鲁班为东海龙王造镂花百样木的灯台	【汉族】
W6259.8.4.3.2	灯芯	
W6259.8.4.3.2.1	用野生尊麻的梗制成灯芯	【中华民族】
W6259.9	其他特定生活用品	
W6259.9.1	绳（绳子；绳索）	
W6259.9.1.1	绳子的产生（绳子产生的原因）	
W6259.9.1.1.1	特定人物造绳	
W6259.9.1.1.2	特定材料造绳	
W6259.9.1.1.2.1	用草编绳	

W 编码	母题描述	关联项
W6259. 9. 1. 1. 2. 1. 1	用稻草芯扭成犁耙索	【苗族】
W6259. 9. 1. 1. 2. 2	用麻编绳	【汉族】
W6259. 9. 1. 1. 2. 3	野藤拧绳	【苗族】
W6259. 9. 1. 1. 2. 3. 1	用葛麻藤搓绳子	【侗族】
W6259. 9. 1. 1. 2. 4	竹篾拧绳	【苗族】
W6259. 9. 1. 1. 2. 5	用头发搓绳	【仡佬族】
W6259. 9. 1. 1. 2. 6	用动物的毛制作绳	
W6259. 9. 1. 1. 2. 6. 1	用牛羊毛搓绳	【汉族】
W6259. 9. 1. 1. 3	变化产生绳	【藏族】@［W6259. 9. 1. 3. 3. 1］光线和大海的蒸气中产生的一块本教的白色物质形成吉祥绳
W6259. 9. 1. 1. 3. 1	羊的脐带变成上吊的绳子	【苗族】
W6259. 9. 1. 1. 3. 2	道路变成绳索	【黎族】
W6259. 9. 1. 2	绳子的特征（绳子的功能）	
W6259. 9. 1. 3	特定的绳子（绳子的类型）	
W6259. 9. 1. 3. 1	棕绳（棕索）	
W6259. 9. 1. 3. 1. 1	山神教人搓棕索	【哈尼族】
W6259. 9. 1. 3. 2	金绳子	
W6259. 9. 1. 3. 2. 1	从海龙王那里借来金绳子	【蒙古族】
W6259. 9. 1. 3. 3	吉祥绳	
W6259. 9. 1. 3. 3. 1	光线和大海的蒸气中产生的一块本教的白色物质形成吉祥绳	【藏族】
W6259. 9. 1. 3. 4	捆仙绳	【汉族】
W6259. 9. 1. 4	与绳子有关的其他母题	
W6259. 9. 1. 4. 1	绳子的维护	
W6259. 9. 1. 4. 1. 1	用蜂蜡擦磨绳子以更耐用（打弦）	【汉族】

W 编码	母题描述	关联项
W6259.9.2	被子（褥子）	
W6259.9.2.1	被子的产生（被子产生的原因）	［W6245.4.1］龙王送的被子作为治病的药
W6259.9.2.1.1	兽皮做褥子	
W6259.9.2.1.1.1	虎皮做褥子	【纳西族】
W6259.9.2.1.2	树皮当被子	
W6259.9.2.1.2.1	棕皮蓑衣当被窝	【白族】
W6259.9.2.2	被子的特征（被子的功能；被子的使用）	
W6259.9.2.2.1	特定的人使用特定的被子	【纳西族】@［W6435.2.2.3］白色的褥子是神的坐具，黑色的褥子是鬼的坐具
W6259.9.2.3	特定的被子（被子的类型）	
W6259.9.2.3.1	头发作被子	
W6259.9.2.3.1.1	人以前像毛猴子，晚上用长头发作被子盖着睡觉	【拉祜族】
W6259.9.2.3.2	老虎被子	
W6259.9.2.3.2.1	不满一岁的婴儿常盖着老虎被子睡觉与尧有关	【汉族】
W6259.9.2.4	与被子有关的其他母题	
W6259.9.2a	毯子（毯）	
W6259.9.2a.1	毯子的产生	
W6259.9.2a.2	毯子的特征	
W6259.9.2a.3	特定的毯子	【关联】①
W6259.9.2a.3.1	羊毛毯（毛毯）	【彝族】
W6259.9.2a.3.1.1	剪羊毛做毛毯	【回族】
W6259.9.2a.4	与毯子有关的其他母题	
W6259.9.3	伞	

① ［W0966.3］神毯；［W9688.4］飞毯。

W 编码	母题描述	关联项
W6259. 9. 3. 1	伞的产生	
W6259. 9. 3. 1. 0	从前没有伞	【汉族】
W6259. 9. 3. 1. 1	特定人物造伞	
W6259. 9. 3. 1. 1. 1	鲁班的妻子用竹子做骨架糊上油纸造出伞	【汉族】
W6259. 9. 3. 2	伞的特征（伞的功能）	
W6259. 9. 3. 2. 1	伞能助飞	【汉族】
W6259. 9. 3. 2. 2	伞能防雨	【汉族】
W6259. 9. 3. 3	特定的伞	
W6259. 9. 3. 4	与伞有关的其他母题	［W6642. 7］结婚时女子打伞习俗
W6259. 9. 3. 4. 1	伞象征神灵居所	【侗族】
W6259. 9. 4	扫帚	
W6259. 9. 4. 1	扫帚的产生	
W6259. 9. 4. 1. 1	仙人造扫帚	【彝族】
W6259. 9. 4. 1. 2	女娲造扫帚	【汉族】
W6259. 9. 4. 1. 3	少康作箕帚	【汉族】
W6259. 9. 4. 1. 4	牛尾巴做扫帚	【哈尼族】
W6259. 9. 4. 2	扫帚的特征（扫帚的功能）	
W6259. 9. 4. 3	特定的扫帚	
W6259. 9. 4. 3. 1	铜铁帚	
W6259. 9. 4. 3. 1. 1	仙子用钢铁球制成铜铁帚	【彝族】
W6259. 9. 4. 3. 2	金扫帚	【土家族】
W6259. 9. 4. 3. 3	天帚	【汉族】
W6259. 9. 4. 3. 4	仙帚（仙人帚）	
W6259. 9. 4. 3. 4. 1	太上老君的仙人帚	【汉族】
W6259. 9. 4. 3. 4. 2	北斗星君的仙帚	【汉族】

W 编码	母题描述	关联项
W6259.9.4.4	与扫帚有关的其他母题	
W6259.9.5	梳子	
W6259.9.5.1	梳子的产生	
W6259.9.5.1.1	树上掉下一把银片包的梳子	【侗族】
W6259.9.5.2	梳子的特征	
W6259.9.5.3	特定的梳子	
W6259.9.5.3.1	石梳	【汉族】
W6259.9.5.3.2	象牙梳	
W6259.9.5.3.2.1	象牙梳是吉祥的象征	【汉族】
W6259.9.5.3.3	玉梳	
W6259.9.5.3.3.1	仙女的玉梳	【瑶族】
W6259.9.5.3.4	骨梳	
W6259.9.5.3.4.1	女节送给姬轩辕一把骨梳	【中华民族】
W6259.9.5.4	与梳子有关的其他母题	
W6259.9.6	梯子	
W6259.9.6.1	梯子的产生	
W6259.9.6.1.1	伐树造“登”（梯子）	【汉族】
W6259.9.6.1.2	伏羲领着甲乙寅卯木做成梯子	【汉族】
W6259.9.6.2	梯子的特征	
W6259.9.6.3	特定的梯子	
W6259.9.6.3.1	天梯	［W1445］天梯
W6259.9.6.3.1a	通到天上的梯子（通天梯）	［W0224.4］天女通过天梯下凡
W6259.9.6.3.2	绳梯	
W6259.9.6.3.2.1	人为了获取蜂蜜架设了绳梯	【怒族】
W6259.9.6.4	与梯子有关的其他母题	［W1086.3］通往下界（阴间）的阶梯

W 编码	母题描述	关联项
W6259. 9. 7	锁	
W6259. 9. 7. 0	以前没有锁	
W6259. 9. 7. 0. 1	古时候没有铁锁	【汉族】
W6259. 9. 7. 1	锁的产生	
W6259. 9. 7. 2	锁的特征	
W6259. 9. 7. 2a	特定的锁	［W1798. 2］天锁
W6259. 9. 7. 2a. 1	百家锁	
W6259. 9. 7. 2a. 1. 1	戴百家锁防病	【土家族】
W6259. 9. 7. 2a. 2	金锁	【布依族】@［W8890. 2］金锁锁孽龙
W6259. 9. 7. 2a. 3	枷锁	【汉族】@［W3757. 1. 1］枷锁变枫木
W6259. 9. 7. 2a. 4	永远打不开的锁	【汉族】
W6259. 9. 7. 2b	锁特定物	
W6259. 9. 7. 2b. 1	锁孽龙	【布依族】@［W4976. 2. 8］锁孽龙止山洪
W6259. 9. 7. 3	与锁有关的其他母题	
W6259. 9. 7. 3. 1	钥匙	【汉族】
W6259. 9. 7. 3. 1. 1	神奇的开锁钥匙	【汉族】@［W9119. 8］靠魔力（法）开锁
W6259. 9. 7. 3. 1. 2	开天钥匙	【满族】
W6259. 9. 8	手杖（拐杖）	
W6259. 9. 8. 1	手杖的产生	
W6259. 9. 8. 2	手杖的特征	
W6259. 9. 8. 3	特定的手杖	
W6259. 9. 8. 3. 1	龙拐杖	
W6259. 9. 8. 3. 1. 1	金龙拐杖	【水族】
W6259. 9. 8. 3. 1. 2	玉皇大帝有根龙拐杖	

W 编码	母题描述	关联项
W6259. 9. 8. 3. 1. 2. 1	龙拐杖雕有龙头、龙身、龙尾、龙爪	【汉族】
W6259. 9. 8. 3. 2	夸父的手杖	【汉族】
W6259. 9. 8. 3. 3	禅杖	【汉族】
W6259. 9. 8. 4	与手杖有关的其他母题	
W6259. 9. 9	其他生活物件	
W6259. 9. 9. 1	扇子	
W6259. 9. 9. 1. 1	扇子的产生	
W6259. 9. 9. 1. 1. 1	牛耳朵成为摇扇	【哈尼族】
W6259. 9. 9. 1. 2	扇子的特征	
W6259. 9. 9. 1. 3	特定的扇子	
W6259. 9. 9. 1. 3. 1	玉扇	
W6259. 9. 9. 1. 3. 1. 1	王母娘娘的玉扇	【汉族】
W6259. 9. 9. 1. 3. 2	芭蕉扇	【汉族】
W6259. 9. 9. 1. 4	与扇子有关的其他母题	
W6259. 9. 9. 2	肥皂（胰子）	
W6259. 9. 9. 2. 1	肥皂的产生	
W6259. 9. 9. 2. 1. 1	人们取白泥加胰子制成土肥皂洗衣服	【汉族】
W6259. 9. 9. 2. 2	肥皂的特征	
W6259. 9. 9. 2. 3	特定的肥皂	
W6259. 9. 9. 2. 4	与肥皂有关的其他母题	
W6259. 9. 9. 3	特定职业者的用品	
W6259. 9. 9. 3. 1	剃头师傅的绊刀布	【汉族】

6. 2. 7 生活仪礼（礼节）
【W6260 ~ W6269】

W 编码	母题描述	关联项
W6260	**生活礼仪的产生**	
W6261	**见面礼**	
W6262	**介绍礼**	
W6263	**交谈礼**	
W6264	**交往礼仪**	
W6265	**会客礼仪**	
W6266	**待物礼仪**	
W6267	**馈赠礼仪**	
W6268	**其他生活礼仪**	
W6268. 1	探亲礼仪	
W6268. 2	祝寿礼仪	
W6268. 2. 1	特定的人的寿诞	
W6268. 2. 1. 1	王母娘娘做寿，三十三天神仙都来吃寿酒	【汉族】
W6268. 2. 2	特定人物规定祝寿礼仪	
W6268. 2. 2. 1	密洛陀规定祝寿礼仪	【瑶族（布努）】
W6268. 3	居家礼仪	
W6269	**与生活礼仪有关的其他母题**	［W6945］礼仪（礼节）
W6269. 1	人生礼仪	［W6630］生育习俗（孕产习俗；生孩子习俗）
W6269. 1. 1	出生时种本命树	【傈僳族】

6.2.8 习惯（爱好）
【W6270～W6274】

W 编码	母题描述	关联项
W6270	**抽烟（吸烟；烟草）**	
W6270.1	抽烟的产生（烟的产生）	
W6270.1.1	烟草源于特定地方	
W6270.1.1.1	坟墓上长出烟草	【汉族】
W6270.1.1.1.1	妻子的坟上长出烟草	【汉族】
W6270.1.2	特定人物送烟	
W6270.1.2.1	死去的妻子的亡灵为丈夫送烟草	【仡佬族】
W6270.1.2.2	死去的恋人为男子送烟草种子	【汉族】
W6270.1.3	特定人物变成烟草（特定物变成烟草）	
W6270.1.3.1	一个女子死后变成烟叶	【珞巴族】
W6270.1.3.1.1	一个独生女儿死后为安慰母亲变作烟草	【汉族】
W6270.1.3.2	恋人死后变成一株烟草	【高山族（阿美人）】【汉族】
W6270.1.3.3	酒杯的碎片变成烟草	【汉族】
W6270.1.4	特定人物种烟草	
W6270.1.4.1	祖先种烟草	
W6270.1.4.1.1	祖先俄罗布种烟草	【彝族】
W6270.1.5	造烟（香烟的制作）	
W6270.1.5.1	烟草叶子掰下来、晾干、揉碎装在小铁锅里，随时可抽一口	【汉族】
W6270.1.6	烟草的寻找（烟的发现）	
W6270.1.7	烟的产生的其他情形	

W 编码	母题描述	关联项
W6270. 1. 8	与烟的产生有关的其他母题	
W6270. 1. 8. 1	烟产生的时间	
W6270. 1. 8. 1. 1	咂烟的历史迟于喝酒	【汉族】
W6270. 1. 8. 2	烟产生的地点	
W6270. 2	抽烟的特征（烟草的特征；烟叶的特征；香烟的特征；烟草的功能）	
W6270. 2. 1	吃烟让人舒服	【珞巴族】
W6270. 2. 1. 1	抽烟能治疗忧伤	【仡佬族】
W6270. 2. 1. 1. 1	抽烟使人忘却烦恼	【汉族】
W6270. 2. 1. 1. 2	吸烟能消愁解闷	【汉族】
W6270. 2. 1. 2	烟草能解乏提神	【高山族（阿美人）】
W6270. 2. 2	抽烟让人有劲	【仡佬族】
W6270. 2. 3	烟中有毒	
W6270. 2. 3. 1	烟有毒源于化身烟的女子身上有污水	【汉族】@［W6270. 1. 3. 1］一个女子死后变成烟叶
W6270. 2. 4	抽烟能致幻	
W6270. 2. 4. 1	抽烟能使人见到相见的人	【汉族】
W6270. 2. 5	抽烟辟邪	
W6270. 2. 5. 1	夷人竞吸旱烟以为护身神佛	【西南民族（彝族）】
W6270. 2. 6	抽烟满口香	
W6270. 2. 6. 1	抽烟香至五脏六腑	【汉族】
W6270. 2. 7	吃烟充饥	【珞巴族】
W6270. 3	烟草的使用（抽烟的方法；烟的用途）	
W6270. 3. 1	以烟待客	
W6270. 3. 2	烟用于祭祀（烟祭）	
W6270. 3. 2. 1	用特定的烟祭特定的神	【藏族】
W6270. 3. 3	用竹筒烟锅吸烟	

W 编码	母题描述	关联项
W6270.3.3.1	烟拿到竹筒烟锅上吸的目的是用水洗脏	【汉族】
W6270.4	烟的类型（特定的烟）	
W6270.4.1	黄烟	
W6270.4.1.1	黄烟的产生	
W6270.4.1.1.1	揉碎黄色的叶子成了黄烟	【汉族】
W6270.4.1.2	黄烟的特征	
W6270.4.1.3	与黄烟有关的其他母题	
W6270.4.2	旱烟	
W6270.4.2.1	旱烟的产生	
W6270.4.2.1.1	旱烟是所有烟的先祖	
W6270.4.2.2	旱烟的特征	
W6270.4.2.3	与旱烟有关的其他母题	
W6270.4.2.3.1	杨二郎从怀里掏出火刀石打着火点燃旱烟袋吸起来	【汉族】
W6270.4.3	水烟	
W6270.4.3.1	水烟的产生	
W6270.4.3.2	水烟的特征	
W6270.4.3.3	与水烟有关的其他母题	
W6270.5	抽烟的结果	
W6270.6	与抽烟有关的其他母题（与烟草有关的其他母题）	［W6149.2.4.6.5］人以烟叶为食
W6271	**饮酒**	
W6271.0	饮酒的产生（饮酒的原因）	
W6271.0.1	女人造酒男人喝	【水族】
W6271.0.2	为作乐饮酒	【汉族】
W6271.1	饮酒的时间	
W6271.2	饮酒的地点	
W6271.3	饮酒的条件	

W 编码	母题描述	关联项
W6271.4	饮酒的方法（饮酒习俗）	
W6271.4.1	饮酒有特定的程序	
W6271.4.1.1	饮酒时要先请祖先尝	【羌族】
W6271.4.1.2	第一碗酒要用来祭祖	【怒族】
W6271.4.1.3	饮酒时手指蘸酒向空中弹两下	【鄂伦春族】
W6271.4.2	饮酒前敬天、地、祖先	【蒙古族】
W6271.4.3	为客人敬酒（敬酒）	
W6271.4.3.1	敬酒时需自饮一杯	【赫哲族】
W6271.4.4	喝交杯酒	
W6271.4.4.1 *	喝交杯酒习俗与原始宗教放蛊有关	【壮族】
W6271.4.5	饮酒有规则	
W6271.4.5.1	饮酒要有度	【汉族】
W6271.4.6	饮酒三个阶段	
W6271.4.6.1	饮酒有安静、激动和疯狂三个阶段	【汉族】
W6271.5	饮酒的结果	【关联】①
W6271.5.1	饮酒误事	【京族】@［W0991.1］神因喝酒犯错
W6271.6	饮酒者	［W0330.2］雷神爱喝酒
W6271.6.1	第一个喝醉酒的人是大禹	【汉族】
W6271.6.2	刘伶醉酒	【汉族】
W6271.7	饮特定的酒	
W6271.7.1	龙宴酒只有在皇帝举行国宴的时候才允许动用	【汉族】
W6271.8	饮酒禁忌	
W6271.9	与饮酒有关的其他母题	［W0469］酒神
W6271.9.1	醉酒	

① ［W6271.9.1］醉酒；［W9515.1］饮酒导致变形。

W 编码	母题描述	关联项
W6271.9.1.1	醉酒乱性	【京族】
W6271.9.2	酗酒	【汉族】
W6272	**游历**	
W6273	**收藏**	
W6274	**与习惯、爱好有关的其他母题**	
W6274.1	特殊嗜好	
W6274.2	特定地方有特定爱好	
W6274.2.1	山东人便爱吃大葱的来历	
W6274.2.1.1	山东人爱吃大葱，与小葱仙女传说有关	【汉族】

6.2.9 与生活有关的其他文化现象【W6275 ~ W6279】

W 编码	母题描述	关联项
W6275	**生活的类型**	
W6276	**生活的改变（生活的变化）**	
W6276.1	生活的改善（生活水平的提高）	
W6276.1.1	生活水平提高的原因	
W6276.1.1.1	有了知识后生活改善	【藏族】
W6276.1.1.2	因得宝改变生活	
W6276.1.1.2.1	穷人得到有金子的南瓜后，日子从此好过起来	【汉族】
W6276.1.2	生活水平提高的情形	
W6276.1.3	生活变稳定（安定的生活）	

W 编码	母题描述	关联项
W6276. 1. 3. 1	有了粮种后，人生活安定	【傣族】
W6276. 2	生活的变差（生活质量下降）	
W6276. 2. 1	生活水平下降的原因	
W6276. 2. 2	生活水平下降的情形	
W6276. 3	衣食住行的改进	
W6276. 3. 1	五帝改进人类的衣食住行	【汉族】
W6277	**生活方式（生活方法）**	
W6277. 1	人的生活方式的产生	
W6277. 1. 1	特定人物制定生活规则	
W6277. 1. 1. 1	老天爷规定人的生活规则	【汉族】
W6277. 1. 2	向天神请教生活方法	【基诺族】
W6277. 2	人的生活方式的特点（人的生活方式的表现）	
W6277. 3	特定的生活方式	
W6277. 3. 1	采集生活	
W6277. 3. 2	游猎生活	
W6277. 3. 2. 1	夫妻二人的游猎生活	【鄂伦春族】
W6277. 3. 3	农耕生活	
W6278	**生活习惯**	［W6580 ~ W6599］生活习俗
W6279	**与人的生活有关的其他母题**	
W6279. 1	人的作息（人的睡眠；睡觉）	
W6279. 1. 1	人的作息混乱（人作息无度）	
W6279. 1. 1. 1	以前，人干活干半年，睡觉睡半年	【汉族】
W6279. 1. 1. 2	以前，人吃饭睡觉没有规律	【汉族】
W6279. 1. 1. 2. 1	以前，人起居没有规律	【汉族】
W6279. 1. 1. 2. 2	女娲造人以后，人吃饭睡觉没有规律	【汉族】
W6279. 1. 2	人按时作息（人按时作息的产生）	

W 编码	母题描述	关联项
W6279.1.2.1	人干6天活休息1天的来历	
W6279.1.2.1.1	因女娲6天造好了天，所以人干6天活就休息1天	【彝族】
W6279.1.2.2	亥时睡眠	
W6279.1.2.2.1	人类祖先翁戛规定亥时睡眠	【布依族】
W6279.1.2.3	人的作息有规律	
W6279.1.2.3.1	特定人物规定人按时作息	［W6579.1.1］仙人安排人白天干活晚上睡觉
W6279.1.2.3.1.1	女娲规定人按时作息	【汉族】
W6279.1.2.3.1.1.1	女娲教会儿女们日出而作，日落而息	【汉族】
W6279.1.2.3.2	上古的人日出而作，日入而息	【汉族】
W6279.1.3	人睡眠的时间	
W6279.1.3.1	人以前白天睡觉	【汉族】
W6279.1.4	人睡眠的地点	
W6279.1.4.1	先民睡冷草地	【普米族】@［W6172.6.4.2］人睡在岩脚下
W6279.1.4.1a	始祖婆伢俣刚造出来的人睡在草地上	【水族】
W6279.2	人间与天上生活不同	
W6279.2.1	人间吃咸，天上吃甜	【汉族】
W6279.3	隐居	
W6279.3.1	隐居的原因	
W6279.3.2	隐居的时间	
W6279.3.3	隐居的地点	
W6279.3.3.1	隐居深山	
W6279.3.3.2	隐居河边	【汉族】
W6279.3.4	隐居的情形（隐居的特征）	
W6279.3.5	特定的隐居者（特定的隐士）	
W6279.3.5.1	炎帝晚年隐居在天台山	【汉族】

W 编码	母题描述	关联项
W6279. 3. 6	与隐居有关的其他母题	
W6279. 4	生活经验	
W6279. 4. 1	生活经验的产生	
W6279. 4. 2	生活经验的特征	
W6279. 4. 3	生活经验的传承	
W6279. 4. 3. 1	母亲传递生活经验	【彝族】
W6279. 4. 4	与生活经验有关的其他母题	
W6279. 5	生活能力（生活技能）	
W6279. 5. 1	生活能力的产生	
W6279. 5. 1. 1	特定人物传授生活能力	
W6279. 5. 1. 1. 1	人祖出生后教动物兄弟生活能力	【苗族】
W6279. 5. 2	生活能力的表现	
W6279. 5. 3	与生活能力有关的其他母题	
W6279. 6	健身	
W6279. 7	美体	
W6279. 7. 1	美容	
W6279. 7. 1. 1	特定物让丑小鸭变成白天鹅	【汉族】
W6279. 7. 2	美甲	
W6279. 7. 2. 1	染指甲	
W6279. 7. 2. 1. 1	染指甲纪念特定女子的坚贞爱情	【汉族】
W6279. 7. 2. 1. 2	火把节时女人用红色的凤仙花把十个指甲染得鲜红	【汉族】
W6279. 8	人的生存	
W6279. 8. 1	人拓展生存空间	【彝族】
W6279. 8. 2	人的谋生	
W6279. 8. 2. 1	人到山中谋生	【拉祜族】
W6279. 8. 2. 2	漫长谋生路	【畲族】
W6279. 8. 3	以前的人自生自灭	【水族】

6.3 图腾与崇拜[①]

【W6280 ~ W6449】

6.3.1 图腾概说

【W6280 ~ W6289】

W 编码	母题描述	关联项
* **W6280**	**图腾（图腾的产生）**	
W6281	**因血缘产生图腾**	
W6281.1	生育者成为图腾	
W6281.1.1	以生育自己的动物为图腾	[W6286.5.2.1 *] 同一图腾的分子都自认为是这图腾的子孙
W6281.1.1.1	米日人认为自己的祖先是猪生的就把野猪视为图腾	【珞巴族】
W6281.2	婚姻关系的一方成为后代的图腾	

① 图腾与崇拜，该类母题是一个复杂的问题，从理论上讲，“图腾”与“崇拜”是可以明确厘定的，如从“图腾”的文化内涵上说，它可以作为人类早期氏族、部落等社会组织的重要标志，在判断一种“物”是不是图腾时，可以依据如下多种标准进行定位，包括（1）有没有相应的较为稳定的主体和客体；（2）是否相信本族起源于这个具有特定意义的“物”；（3）一个氏族或族体的全体成员对该“物”有没有血缘亲属关系的认可；（4）该族后来有没有关于该“物”的标志或象征性图案；（5）一个氏族或族体的成员是否相信自身与该“物”之间可以相互化身；（6）氏族或族体后来有没有关于该“物”的相应的禁忌，如禁猎、禁食等；（7）把该“物”作为标志的群体的成员之间是否禁婚；（8）有没有一定的图腾仪式（如生产、生育仪式、成年仪式等）；（9）有没有关于该“物”与氏族或族体起源相关传说，等等。如果较全面地分析了上述问题，那么，判断一个民族的图腾物，就会较为切合实际。而对于“崇拜”母题而言，按照一般解释，“崇拜”是指向崇高尊贵的神或特殊的物，对他们的巨大业绩品格等表达出的尊崇。但事实上，无论是从社会人类学角度，还是宗教信仰角度分析，都有“图腾”与“崇拜”之间的关联性或含混性，在民间神话叙事中难以截然划分清楚。在此类母题编码中尽可能分辨出“图腾”与“崇拜”的不同母题，同时，对于那些难以辨识的问题采取选取典型示例的方式。

W 编码	母题描述	关联项
W6281. 2. 1	女子与特定动物婚生的后代以此动物为图腾	
W6281. 2. 1. 1	蛇氏族是女子与蛇婚生的	【怒族】
W6281. 2. 1. 1. 1	姐妹与巨蛇婚配，所生子女命名蛇氏族（雷府扒）	【傈僳族】
W6281. 2. 1. 2	一女子与猿猴婚配，所生后代为猴氏族（弥扒）	【傈僳族】
W6281. 3	感生所感应的图腾物成为后世的图腾	
W6281. 3. 1	一女子因食荞而受孕生子繁衍荞氏族	【傈僳族】
W6282	**图腾源于特定族体的产生方式**	
W6282. 1	变成某个族体的动物成为图腾	
W6282. 1. 1	蜜蜂氏族是由蜜蜂变来的	【怒族】
W6282. 1. 2	鼠氏族是由鼠变来的	【怒族】
W6282. 1. 3	鸟氏族是由鸟变来的	【怒族】
W6282. 1. 4	熊氏族是由熊变来的	【怒族】
W6282. 2	对人有恩的特定物成为图腾	
W6282. 2. 1	对人有恩的动物成为图腾	
W6282. 2. 1. 1	狗多次救回主人的命，狗成了普米人的祖先（图腾）	【普米族】
W6282a	**图腾源于特定的观念（图腾源于特定的思维）**	
W6282a. 1 *	因敬畏产生图腾	
W6282a. 1. 1 *	远古先民们对动植物的敬畏导致了原始的图腾	【多民族】
W6283	**与图腾的产生有关的其他母题**	
W6283. 1	图腾产生的时间	

W 编码	母题描述	关联项
W6283.2	最早的图腾（原始图腾）	
W6283.2.1	鹰（鹫）是布里亚特部落的原始图腾	【蒙古族（布里亚特人）】
W6283.3	图腾的产生有特定的条件	［W6328.0.1］动物在特定情形下才能作为图腾
W6283.3.1	动物在特定仪式上才能作为图腾	【壮族】
W6283.3.2 *	图腾传承产生于原始人在不了解性交与怀孕有何关系的背景下	【各民族】
W6283.3.3 *	图腾的产生受原始思维中人与自然、自然物与自然物之间都可以互渗感应这样一种思维机制的支配	【各民族】
W6283.4	图腾的选择	
W6283.4.1 *	选择矫健威猛者作为图腾	【汉族】
*** W6284**	**图腾的特征（图腾的性质；图腾的身份；图腾的功能）**	
W6284.1	图腾有护佑功能（图腾有保护功能）	
W6284.1.1	图腾能保护子孙	【彝族】@［W6299.8.2.1］獐子为老祖公所变，能保护子孙
W6284.1.1.1 *	图腾老祖宗是后代的监护神和防卫者	【多民族】
W6284.1.1.2 *	毒虫或猛兽图腾更能为儿孙们尽防卫之责	【多民族】
W6284.1.2	图腾祖先对后代传授技艺（图腾物抚养人；图腾抚养后代；图腾教化后人）	
W6284.1.2.1	作为图腾的鸟把黎族先民的女儿抚养大	【黎族】
W6284.1.3	图腾能保护本族成员	【怒族】

W 编码	母题描述	关联项
W6284. 1. 4	图腾作为护身符（图腾的肢体可以作为护身符）	
W6284. 1. 4. 1	婚礼上，虎氏族长辈要赠送给新娘一张虎皮作为护身符	【纳西族（摩梭）】
W6284. 1. 4. 2	野猪图腾的牙、颌骨、头骨被用来作小孩的护身符	【蒙古族（布里亚特）】
W6284. 1. 5	图腾保佑出行平安	【白族】
W6284. 1. 6	图腾物可以除秽	
W6284. 1. 6. 1	图腾物的肢体可以除秽	
W6284. 1. 6. 1. 1	图腾物的肢体可以为土地除秽	【蒙古族（布里亚特）】
W6284. 2	图腾物的能力（图腾对特定对象发挥作用）	
W6284. 2. 1	图腾物不会伤害本氏族	【傈僳族】
W6284. 2. 2	图腾物不食本族人	
W6284. 2. 2. 1	虎不食虎族人	【怒族】
W6284. 2. 3	以某动物为图腾的氏族有与该动物相关的能力	【蒙古族（布里亚特）】
W6284. 2. 4	图腾物有神力	
W6284. 2. 4. 1 *	龙被认定为图腾后就有一种广大无边的超自然的法力	【多民族】
W6284. 3	图腾是特定的化身（图腾物是特定的人化身；图腾是祖先的化身）	[W6352. 1. 2] 人死后变为图腾物
W6284. 3. 1	作为鄂伦春族图腾的熊被看成古时鄂伦春人的化身	【鄂伦春族】
W6284. 3. 2	“维加西拉” 鸟被认为是黎族祖先的化身	【黎族】
W6284. 4	图腾会变化为人（图腾化身为人）	【民族，关联】①
W6284. 4. 1	图腾变成男人	

① 【蒙古族】@ [W6252] 图腾的变化；[W6304. 2. 1] 作为图腾的天鹅能变成人。

W 编码	母题描述	关联项
W6284.4.1.1	公牛祖先晚上变成人密访公主	【蒙古族（布拉加特人）】@［W6352.1.3.1.1］公牛祖先白天变成杂灰色的公牛，晚上变成人
W6284.4.2	图腾变成女人	
W6284.5	图腾会生育	
W6284.5.1	图腾生育人类后代	【蒙古族】@［W6304.2.2］作为图腾的天鹅能生育孩子
W6284.6	图腾伴随后代（图腾物与后人在一起）	
W6284.6.1	翼洛（狗的名字，父亲）带儿子代兄代玉去打猎	【苗族】
W6284.7	图腾的性别（图腾有不同性别）	
W6284.7.1	图腾有雌雄之别	
W6284.7.1.1 *	作为苗族的图腾的龙，有龙公龙母之说	【苗族】
W6284.8	图腾的身份（图腾有不同身份）	
W6284.8.1	图腾有不同辈次	
W6284.8.1.1 *	作为苗族的图腾的龙，有龙子龙孙之说	【苗族】
W6284.8.2	图腾是神	【纳西族】
W6284.8.3	图腾的动物是特定群体的名称	【蒙古族】
W6284.9	图腾的其他特征（图腾的其他功能）	
W6284.9.1 *	图腾作为群体分类标志	
W6284.9.1.1 *	少昊氏部落按鸟、雉、鸠、扈四类分为四个胞族	【中华民族】
W6284.9.1.2 *	每个氏族都有自己内部的动植物图腾	【多民族】
W6284.9.1.3 *	每个部族都有自己部族的图腾崇拜	【多民族】

W 编码	母题描述	关联项
W6284. 9. 2 ∗	图腾与图腾物自然属性的关系	
W6284. 9. 2. 1 ∗	某种自然物一旦成为图腾就不再以其自然属性	【多民族】
W6284. 9. 3 ∗	图腾的特定含义	
W6284. 9. 3. 1 ∗	某种自然物成为图腾后就会以神秘属性存活于原始人的意识里	【多民族】
W6284. 9. 3. 2 ∗	特定群体以图腾为共同信仰	【多民族】
W6284. 9. 3. 3 ∗	图腾是一种象征	
W6284. 9. 3. 3. 1 ∗	图腾是女生殖器的象征	【中华民族】
W6284. 9. 4 ∗	图腾具有社会组织管理功能	
W6284. 9. 4. 1 ∗	同一图腾集团内的男女禁婚	【多民族】
W6285	**图腾物与族体有特定的关系**	【关联】①
W6285. 1	族体以图腾物命名	
W6285. 1. 1	特定的群体需要以图腾命名	【关联】②
W6285. 1. 1. 1	氏族以图腾命名	【怒族】
W6285. 2	图腾是祖先（图腾是特定族体的祖先；图腾是特定人群的祖先）	
W6285. 2. 1	有婚姻关系的动物被视为祖先（有婚姻关系的图腾物被视为祖先）	
W6285. 2. 1. 1	一单身汉与狐狸结为夫妻，当地彝族说狐狸就是他们的祖先	【彝族】
W6286	**图腾是特定群体的标记**	
W6286. 1	图腾作为标识的来历	【西北古代民族】@［W6585］文身（纹身）
W6286. 2	图腾作为象征符号	
W6286. 2. 1 ∗	图腾象征着权力、威势	【汉族】
W6286. 3	图腾动物的皮作为标记	

① ［W5251］民族的产生；［W5301］部落的产生；［W5401］民族的产生。

② ［W5272. 2］熊氏族；［W5272. 3］狼氏族；［W5272. 4］虎氏族。

W 编码	母题描述	关联项
W6286.3.1	用虎皮表示是虎的后代	【彝族】
W6286.4	图腾作为特定群体标记的其他方式	
W6286.5	与图腾是特定群体的标记有关的其他母题	
W6286.5.1	图腾物作为特定群体的装饰	［W6294.3.6］虎图腾表现在服饰装饰中
W6286.5.1.1	图腾物作为房屋装饰	【藏族】
W6286.5.2＊	特定群体对图腾的认同	
W6286.5.2.1＊	同一图腾的分子都自认为是这图腾的子孙	【多民族】
W6287	**与图腾的特征有关的其他母题**	
W6287.1	图腾物不能买卖	［W6354］图腾禁忌
W6287.1.1	女子与狗婚生的后代不能拿狗去卖，一世卖狗，九世讨口	【土家族】
W6287.2	图腾受保护	
W6287.2.1	遇到图腾树倒下要扶好	【怒族】
W6287.2.2	严惩外族人伤害图腾蛙	【纳西族】
W6287.3	图腾是人的归宿	
W6287.3.1	人死后其灵魂回归图腾祖先	【布依族】
W6287.4	图腾的传递（图腾的继承）	
W6287.4.1	图腾只传女不传男	【侗族】
W6287.5	图腾成为地名	
W6287.5.1＊	中国最古代的地名，大部是图腾的名字	
W6287.5.1.1＊	虞的图腾为仁兽的驺虞，后变为地名	【中华民族】

6. 3. 2 常见的图腾物
【W6290 ~ W6349】

W 编码	母题描述	关联项
＊W6290	**动物图腾**[①]	【汤普森】B2
	〖四肢动物图腾〗	
W6291	**狗图腾（犬图腾）**	【民族，关联】[②]
W6291. 1	狗图腾的产生	【关联】[③]
W6291. 1. 1	狗图腾源于人与狗的婚姻	［W7416］人与神狗婚；
W6291. 1. 1. 1	狗与女祖先婚生后代成为图腾	【黎族】
W6291. 1. 1. 2	女子与狗结婚生子，对长大的儿子说："狗是你的亲爹。"	【土家族】
W6291. 1. 2	狗图腾源于狗对人有恩	
W6291. 1. 2. 1	狗因为多次救回主人的命，成了祖先	【普米族】
W6291. 2	狗图腾的特征	
W6291. 3	狗图腾的情形（狗图腾的表现）	
W6291. 3. 1	狗图腾群体以狗为祖先（狗图腾者以狗为父母）	【土家族】@［W6291. 1. 1. 2］女子与狗结婚生子，对长大的儿子说："狗是你的亲爹。"
W6291. 3. 1. 1	公主与犬婚生的 4 子各自做了不同部落首领后都说狗是他们的祖先	【汉族】

① 一些典型的动物图腾，为避免母题编码中的冗杂，此处"典型的动物图腾"只是起到例证或示范作用的动物，包括哺乳动物、鸟类动物、水中动物等，但不再进行上述类型的划分，其他未列出的动物，表示为"其他图腾动物"。

② 【汉族】【高山族】【黎族】【苗族】【畲族】【土家族】【瑶族】【裕固族】【壮族】@［W0510］犬神（狗神）；［W0923］神狗；［W3111］狗的特征；［W9017］有魔力的狗。

③ ［W2157］狗生人；［W2239］感狗孕生人；［W2316］狗（犬）变成人；［W2616］人生狗。

W 编码	母题描述	关联项
W6291.3.2	狗图腾群体供奉狗	
W6291.3.2.1	以狗为图腾者把狗供在神龛上孝敬	【土家族】
W6291.3.3	作为图腾的犬有特定称呼	
W6291.3.3.1	壮族犬图腾者称狗为“阿公”	【壮族】
W6291.3.4	狗图腾者忌食狗	
W6291.3.4.1	宁明一带不食狗肉，源于壮族先民有狗图腾	【壮族】
W6291.3.5	狗图腾为狗丧葬	
W6291.3.5.1	宁明一带狗死后埋葬，源于壮族先民有狗图腾	【壮族】
W6291.4	特定的狗图腾（犬图腾的类型）	
W6291.4.1	特定的族体以狗为图腾	
W6291.4.1.1	狗是裕固族的先大人	【裕固族】
W6291.4.1.2	壮族有犬图腾	【壮族】
W6291.4.2	神犬图腾	【畲族】
W6291.4.2.1	苗家人是辛女和盘瓠（神犬）的子孙	【苗族】
W6291.4.3	龙狗图腾	
W6291.4.3.1	龙狗是侗族仡但部落的图腾	【侗族】
W6291.4.4	白狗图腾	【羌族】
W6291.5	狗图腾者（以犬为图腾者）	
W6291.5.1	越人有以狗为图腾者	【古代民族】
W6291.5.2 *	黎人犬图腾	【黎族】
W6291.5a	与狗图腾有关的其他母题	［W6387］狗崇拜（犬崇拜）
W6292	**狼图腾**	【民族，关联】①
W6292.1	狼图腾的产生	【关联】②

① 【蒙古族】【匈奴】@［W0505］狼神；［W3170］狼的特征。

② ［W2160］狼生人；［W2319］狼变成人；［W2453］人与狼婚生人；［W7438］人与狼婚；［W9534.6］人变狼。

W 编码	母题描述	关联项
W6292. 1. 1	狼成为图腾是因为狼有神性	【西北古代民族】
W6292. 1. 2	狼生的后代以狼为图腾	【西北古代民族】
W6292. 2	狼图腾的特征	
W6292. 3	狼图腾的情形（狼图腾的表现）	
W6292. 4	特定的狼图腾	
W6292. 4. 1	特定族体把狼作为图腾	
W6292. 4. 1. 1	狼是古代乌孙民族的图腾	【西北古代民族】
W6292. 4. 1. 2	狼是蒙古族先民的图腾	【蒙古族】
W6292. 4. 2	苍狼图腾	
W6292. 4. 2. 1	蒙古人认为苍狼是自己的祖先（图腾）	【蒙古族】
W6292. 5	与狼图腾有关的其他母题	［W6383］狼崇拜
W6292. 5. 1	狼图腾者旗帜上画狼头（狼纛）	
W6292. 5. 1. 1	狼生的阿史那为君长后牙门建狼纛	【西北古代民族】
W6293	**鹿图腾**	【民族，关联】①
W6293. 1	鹿图腾的产生	
W6293. 1. 1	通过婚姻产生鹿图腾	
W6293. 1. 1. 1	女始祖茂英充与马鹿交配繁衍马鹿氏族	【怒族】
W6293. 2	鹿图腾的特征	
W6293. 3	鹿图腾的情形（鹿图腾的表现）	
W6293. 4	特定的鹿图腾	
W6293. 4. 1	特定族体把鹿作为图腾	
W6293. 4. 1. 1	古突厥存在鹿图腾	【维吾尔族】
W6293. 4. 1. 2	壮族有鹿图腾	【壮族】
W6293. 4. 2	马鹿图腾	
W6293. 4. 2. 1	马鹿是鹿姓人的始祖	【壮族】

① 【北方古代民族】@［W0506］鹿神；［W3285］鹿的特征。

W 编码	母题描述	关联项
W6293.4.3	母鹿图腾	
W6293.4.3.1	蒙古人认为母鹿是自己的祖先	【蒙古族】
W6293.5	与鹿图腾有关的其他母题	［W6384］鹿崇拜
W6294	**虎图腾（老虎图腾）**	【民族，关联】①
W6294.1	虎图腾的产生	
W6294.1.1	虎图腾是因为祖先是虎	
W6294.1.1.1	彝族最早的祖先是老虎，虎就成了彝家的图腾	【彝族】
W6294.1.2	虎图腾源于人与虎的婚姻	
W6294.1.2.1	女子与雄虎婚生的后代即为虎氏族	【白族（勒墨人）】
W6294.1.2.2	洪水幸存者生的二女儿与虎婚繁衍虎氏族	【白族】
W6294.1.2.3	姐妹中的姐姐与老虎结婚生儿育女繁殖巴得（虎）氏族	【珞巴族】
W6294.1.2.4	神虎与女山神婚生子女，演变成虎氏族	【纳西族（摩梭人）】
W6294.1.2.5	女始祖茂英充与虎交配繁衍虎氏族	【怒族】
W6294.1.3	虎图腾源于人虎感应	
W6294.1.3.1	女子喝虎尿孕生虎的后代	【傣族】
W6294.2	虎图腾的特征	
W6294.2.1	作为图腾的虎有特定名称（作为图腾的虎有特定身份）	
W6294.2.1.1	祖先廪君即虎君	【土家族】
W6294.3	虎图腾的情形（虎图腾的表现）	
W6294.3.1	虎图腾者以虎为名	
W6294.3.1.1	洪水后兄妹生的孩子以虎为姓氏	【哈尼族】@［W6299.6.4.1.1］洪水后兄妹生的孩子以野猪为姓氏

① 【珞巴族】【傣族】【白族】【纳西族】【土家族】【壮族】@［W0502］虎神；［W3156］虎的特征。

W 编码	母题描述	关联项
W6294. 3. 2	虎图腾者能化为虎	【土家族】
W6294. 3. 2. 1	虎图腾的人死后化为虎	【土家族】@［W6294. 4. 2. 2］白虎图腾者死后变成白虎
W6294. 3. 3	虎图腾者把老虎尊奉为创世老祖	
W6294. 3. 3. 1	人与虎婚生的人不忘祖先的恩德，把老虎尊奉为创世老祖	【壮族】
W6294. 3. 4	虎图腾表现在习俗中	
W6294. 3. 4. 1	虎氏族的虎图腾表现在婚俗中	【白族】
W6294. 3. 4. 1. 1	虎氏族婚嫁迎娶、起房盖屋爱择属虎日	【白族】
W6294. 3. 4. 2	虎氏族的虎图腾表现在葬俗中	【白族】
W6294. 3. 5	虎图腾表现在命名中	
W6294. 3. 5. 1	虎氏族的孩子取名多带“虎”字	【白族】
W6294. 3. 6	虎图腾表现在服饰装饰中	
W6294. 3. 6. 1	虎氏族戴虎头帽、穿虎头鞋，器具雕虎头图案	【白族】
W6294. 4	特定的虎图腾	
W6294. 4. 1	特定族体以虎尾图腾（特定群体把老虎作为图腾）	
W6294. 4. 1. 1	碧江的勒墨人是虎氏族的后代	【白族】
W6294. 4. 2	白虎图腾	
W6294. 4. 2. 1	雄性白虎图腾	【白族】
W6294. 4. 2. 2	白虎图腾者死后变成白虎	【土家族】
W6294. 4. 2. 3	廪君化为白虎	【土家族】
W6294. 4. 2. 4	始祖为雄性白虎，并自称“劳之劳农”（虎儿虎女）	【白族】
W6294. 4. 2. 5	巴人最早的图腾崇拜是白虎	【古代民族】
W6294. 4. 3	白花老虎图腾	
W6294. 4. 3. 1	洪水后女子与白花老虎结婚生后代	【白族（勒墨人）】

W 编码	母题描述	关联项
W6294.4.4	黑虎图腾	
W6294.4.4.1 *	彝族黑虎图腾	【彝族等】
W6294.5	与虎图腾有关的其他母题	［W6385］虎崇拜
W6294.5.1	死后身上盖虎皮表示死者生前是虎的后代	【彝族】
W6295	**猴图腾**	【民族，关联】①
W6295.1	猴图腾的产生	【民族，关联】②
W6295.2	猴图腾的特征	
W6295.3	猴图腾的情形（猴图腾的表现）	
W6295.4	特定的猴图腾	
W6295.4.1	特定族体以猴为图腾	
W6295.4.2	猩猩图腾	
W6295.4.2.1	黔东南苗族支系中的黄支系以猩猩为图腾	【苗族】
W6295.5	与猴图腾有关的其他母题	［W6382］猴崇拜（猴子崇拜，崇拜猴）
W6296	**猫图腾**	
W6296.1	猫图腾的产生	
W6296.2	猫图腾的特征	
W6296.3	猫图腾的情形（猫图腾的表现）	
W6296.3.1	毛道乡黎族视猫为自己的祖先禁杀食，死后埋葬	【黎族】
W6296.4	特定的猫图腾	
W6296.4.1	山猫图腾	
W6296.4.1.1	黔东南苗族的西支系以山猫为图腾	【苗族】
W6296.5	与猫图腾有关的其他母题	

① 【傈僳族】【北方古代民族】@［W0503］猴神；［W3142］猴的特征。

② 【羌族】@［W0649.7］祖先是猴人；［W2158］猴生人；［W2238］感猴孕生人；［W2317］猴变成人；［W2455］人与猴婚生人；［W7426］人与猴婚；［W9534.3］人变猴。

W 编码	母题描述	关联项
W6297	**牛图腾**	【关联】①
W6297. 1	牛图腾的产生	【关联】②
W6297. 1. 1	牛生人产生牛图腾	【关联】③
W6297. 1. 1. 1	牛图腾源于母牛生的蛋孵育出人类	【傣族】
W6297. 1. 1. 2	古旃，牛也，三子因随牛	【西北古代民族】
W6297. 1. 2	人感牛产生牛图腾	［W2235］感牛孕生人
W6297. 1. 2. 1	女子喝牛尿繁衍后代	【傣族】
W6297. 1. 3	牛图腾源于人与牛婚生人	［W2457］人与牛婚生人
W6297. 1. 3. 1	牛图腾源于人与母牛婚生人	【佤族】@［W2457. 1］人与母牛婚生人
W6297. 1. 3. 2	牛图腾源于女祖先与牦牛婚生人	【普米族】@［W2457. 2］女祖先与牦牛婚生人
W6297. 1. 3. 3	牛图腾源于女巫与牤牛相交生人	【蒙古族】@［W2457. 3］女巫与牤牛相交生人
W6297. 2	牛图腾的特征	
W6297. 3	牛图腾的情形（牛图腾的表现）	
W6297. 3. 1	把牛当做祖先	
W6297. 3. 1. 1	布依族把牛当祖先	【布依族】
W6297. 3. 1. 2	有的黎族以水牛为自己的祖先	【黎族】
W6297. 4	特定的牛图腾	
W6297. 4. 1	水牛图腾	
W6297. 4. 1. 1	符姓的侼应黎自称是“水牛的孩子”	【黎族】
W6297. 4. 1. 2	杨姓承认本氏祖宗属水牛遗裔	【侗族】
W6297. 4. 2	公牛图腾（牤牛图腾）④	【蒙古族】

① ［W0509］牛神；［W0925］神牛；［W3206］牛的特征。
② ［W2321］牛变成人；［W7446］人与牛婚。
③ ［W2161. 3］牛生人；［W2223. 8］牛生的卵生人。
④ 公牛图腾（牤牛图腾），有的神话“公牛”又称为“牤牛”。

W 编码	母题描述	关联项
W6297.4.2.1	“阿旭干”的“依都干”与牤牛相交繁衍子孙	【蒙古族（布里亚特人）】
W6297.4.2.2	布哈·诺颜·爸爸依（公牛）为男性祖先	【蒙古族（布里亚特人）】
W6297.4.2.3	公牛是埃希里特部和布拉加特部的始祖	【蒙古族（布里亚特）】
W6297.4.3	犀牛图腾	
W6297.4.3.1	壮族有犀牛图腾	【壮族】
W6297.4.4	黄牛图腾	【壮族】@［W6351.2.6.1.1＊］壮族先人有鸟、蛙、水牛、黄牛、蛟、鱼、马蜂、羊、竹、森林（又称虎）、黄（又称土地）和潭图腾12种图腾
W6297.4.5	牦牛图腾	【藏族】
W6297.4.5.1＊	牦牛成为图腾的过程就是它被藏族先民驯化成家畜的过程	【藏族】
W6297.4.6	水牛图腾	【侗族】
W6297.5	牛图腾者	
W6297.5.1＊	炎帝神农氏牛图腾	【中华民族】
W6297.6	与牛图腾有关的其他母题	【关联】①
W6298	**熊图腾**	【民族，关联】②
W6298.1	熊图腾的产生	【关联】③
W6298.1.1	人与熊婚形成熊图腾	【关联】④
W6298.1.1.1	女子与熊婚配产生熊氏族	【白族】
W6298.2	熊图腾的特征	
W6298.2.1	图腾熊与祖先有关	

① ［W6388］牛崇拜；［W6517.5］忌食牛。

② 【白族】【傣族】【侗族】【鄂伦春族】【鄂温克族】【朝鲜族】【汉族】【怒族】@［W0511］熊神；［W3245］熊的特征。

③ ［W2161.1］熊生人；［W2322］熊变成人；［W2618］人生熊。

④ ［W2454］人与熊婚生人；［W7454］人与熊婚。

W 编码	母题描述	关联项
W6298. 2. 1. 1	作为图腾的熊很像祖母	【彝族】@［W6298. 3. 1］有的佤族人叫老熊为“熊奶奶”
W6298. 2. 2 *	熊图腾属于有血的图腾（熊图腾是动物图腾）	【彝族】
W6298. 2. 3 *	熊图腾的特定含义	
W6298. 2. 3. 1 *	黄帝以熊为图腾称有熊氏，含征服之意	【中华民族】
W6298. 3	熊图腾的情形（熊图腾的表现）	【关联】①
W6298. 3. 1	有的佤族人叫老熊为“熊奶奶”	【佤族】
W6298. 3. 2	以熊为名称	
W6298. 3. 2. 1	洪水后兄妹生的孩子以老熊为姓氏	【哈尼族】@［W6299. 6. 4. 1. 1］洪水后兄妹生的孩子以野猪为姓氏
W6298. 3. 3	把熊作为祖先	
W6298. 3. 3. 1	萨乜为熊祖母	【侗族】
W6298. 3. 4	熊儿虎女	
W6298. 3. 4. 1	熊儿虎女婚生人类	【傣族】
W6298. 4	特定的熊图腾	
W6298. 4. 1	特定族体以熊为图腾	［W6298. 2. 3. 1 *］黄帝以熊为图腾称有熊氏，含征服之意
W6298. 4. 1. 1	熊被视为布里亚特和达尔哈特人祖先	【蒙古族（布里亚特人、达尔哈特人）】
W6298. 4. 1. 2	晋人以熊罴为图腾	【汉族】
W6298. 4. 1. 3	北方曾存在熊图腾	
W6298. 4. 1. 3. 1	5000 年前的北方先民曾崇拜熊神，并把熊神视为本族群的图腾之祖	【北方民族】
W6298. 5	熊图腾的禁忌	
W6298. 5. 1	忌杀图腾熊	【彝族】

① ［W5272. 2］熊氏族；［W5282. 1］熊作为氏族的徽号。

W 编码	母题描述	关联项
W6298.6	与熊图腾有关的其他母题	【关联】①
W6299	**其他哺乳动物图腾**	
W6299.1	狐狸图腾	［W3280］狐狸的特征
W6299.1.1	狐狸图腾的产生	【关联】②
W6299.1.1.1	狐狸婚生的后代把狐狸作为图腾	【彝族】@［W6285.2.1.1］一单身汉与狐狸结为夫妻，当地彝族说狐狸就是他们的祖先
W6299.1.2	狐狸图腾的特征	
W6299.1.3	狐狸图腾的情形（狐狸图腾的表现）	
W6299.1.4	特定的狐狸图腾	
W6299.1.5	与狐狸图腾有关的其他母题	［W6389.7］狐狸崇拜
W6299.2	鼠图腾	［W3225］鼠的特征
W6299.2.1	鼠图腾的产生	【民族，关联】③
W6299.2.1.1	鼠氏族是由鼠变来的	【白族】
W6299.2.1.2	姑娘与一只老鼠婚生的后代成为鼠氏族	【白族（勒墨人）】
W6299.2.1.3	洪水后幸存的兄妹生的四姑娘和鼠结婚生鼠氏族	【白族】
W6299.2.2	鼠图腾的特征	
W6299.2.3	鼠图腾的情形（鼠图腾的表现）	
W6299.2.4	特定的鼠图腾	
W6299.2.5	与鼠图腾有关的其他母题	
W6299.3	羊图腾	［W0512.2］羊神
W6299.3.1	羊图腾的产生	【关联】④

① ［W5266.1］人与熊婚生熊氏族；［W6389.1］熊崇拜；［W9534.13］人变熊。

② ［W2323.8］狐狸变成人；［W2459.1］人与狐狸婚生人；［W7436］女子与狐狸婚；［W9534.5］人变狐狸。

③ 【白族】【怒族】@［W2323.7］鼠变成人；［W2459.3］人与鼠婚生人。

④ ［W2084.2.3］用羊皮缝制皮人；［W2323.2］羊变成人；［W2619］人生羊；［W9534.14］人变羊。

W 编码	母题描述	关联项
W6299. 3. 1. 1	羊图腾是因为羊为天神与壮家姑娘结合所生	【壮族】@［W2459. 2］人与羊婚生人
W6299. 3. 2	羊图腾的特征	
W6299. 3. 3	羊图腾的情形（羊图腾的表现）	
W6299. 3. 4	特定的羊图腾	
W6299. 3. 4. 1	山羊图腾	【侗族】
W6299. 3. 5	羊图腾者	
W6299. 3. 5. 1 *	姜姓部落是一个羊图腾部落	【中华民族】
W6299. 3. 6	与羊图腾有关的其他母题	［W6389. 4］羊崇拜
W6299. 4	马图腾	【关联】①
W6299. 4. 1	马图腾的产生	［W2161. 4］马生人
W6299. 4. 2	马图腾的特征	
W6299. 4. 3	马图腾的情形（马图腾的表现）	
W6299. 4. 4	特定的马图腾	
W6299. 4. 4. 1	白马图腾	【羌族】
W6299. 4. 4. 1. 1 *	鲧最初用白马为图腾	
W6299. 4. 4. 2	文马图腾	【中华民族】
W6299. 4. 5	马图腾者	
W6299. 4. 5. 1 *	姜姓部落的一支以马为图腾	【中华民族】
W6299. 4. 6	与马图腾有关的其他母题	［W6299. 4］马图腾
W6299. 5	象图腾（大象图腾）	
W6299. 5. 1	象图腾的产生	
W6299. 5. 1. 1	女子感象生后代产生象图腾	
W6299. 5. 1. 1. 1	一个老姑娘喝了公象的尿生的后代，以象为图腾	【傣族】
W6299. 5. 1. 1. 2	女子吃象啃过的芒果生的后代，以象为图腾	【傣族】
W6299. 5. 2	象图腾的特征	

① ［W0507］马神；［W0922］神马；［W3181］马的特征。

W 编码	母题描述	关联项
W6299.5.3	象图腾的情形（象图腾的表现）	
W6299.5.4	特定的象图腾	
W6299.5.5	与象图腾有关的其他母题	［W6389.3］象崇拜
W6299.6	猪图腾	
W6299.6.1	猪图腾的产生	【民族，关联】①
W6299.6.2	猪图腾的特征	
W6299.6.3	猪图腾的情形（猪图腾的表现）	【关联】②
W6299.6.3.1	布里亚特人豁里部的一支族称为“博多恩古特”（野猪）	【蒙古族（布里亚特）】
W6299.6.4	特定的猪图腾（猪图腾者）	
W6299.6.4.1	野猪图腾	【契丹】
W6299.6.4.1.1	洪水后兄妹生的孩子以野猪为姓氏	【哈尼族】
W6299.6.4.1.2	契丹人普遍以野猪为图腾	【契丹】
W6299.6.4.1.3	野猪是珞巴族图腾之一	【珞巴族】
W6299.6.4.1.4 *	颛顼部落为猪图腾	【中华民族】
W6299.6.4.1.5 *	昆吾山有猪图腾氏族	【中华民族】
W6299.6.5	与猪图腾有关的其他母题	［W6389.5］猪崇拜
W6299.7	狮子图腾	【关联】③
W6299.7.1	狮子图腾的产生	【傣族】@［W2323.3］狮子变成人
W6299.7.2	狮子图腾的特征	
W6299.7.3	狮子图腾的情形（狮子图腾的表现）	
W6299.7.4	特定的狮子图腾	

① 【珞巴族】@［W2161.5］猪生人；［W2323.6］猪变成人；［W2348.5.1］猪肉变成人；［W2620］人生猪；［W9534.15］人变猪。

② ［W6284.1.4.2］野猪图腾的牙、颌骨、头骨被用来作小孩的护身符；［W6515.2.1.2.1］忌食猪肉；［W6523.2.6.1.1］未婚男忌食猪蹄，以防犯岳父。

③ ［W3292］狮子；［W3292.2］狮子的特征。

W 编码	母题描述	关联项
W6299. 7. 5	与狮子图腾有关的其他母题	【关联】①
W6299. 8	獐子图腾	
W6299. 8. 1	獐子图腾的产生	
W6299. 8. 2	獐子图腾的特征（獐子图腾的功能）	
W6299. 8. 2. 1	獐子为老祖公所变能保护子孙	【彝族】
W6299. 8. 3	与獐子图腾有关的其他母题	
W6299. 9	与哺乳动物图腾有关的其他母题	
❉ **W6300**	**鸟类动物图腾**	【关联】②
W6301	**鸟图腾**	【民族，关联】③
W6301. 1	鸟图腾的产生	【关联】④
W6301. 1. 1	因与鸟婚产生鸟图腾	【关联】⑤
W6301. 1. 1. 1	猎人与人头鸟身的姑娘婚生的后代以鸟为图腾	【傣族】
W6301. 1. 2	特定群体把鸟定为图腾	
W6301. 1. 2. 1	少昊以鸟为部落图腾	【汉族】
W6301. 2	鸟图腾的特征	
W6301. 2. 1	鸟图腾源于特定的祖先是鸟	
W6301. 2. 1. 1	女祖先姆六甲是鸟图腾源于姆六甲为鸽子	【壮族】
W6301. 2. 1. 2	“纳着华”（鸟氏族）的祖先是鸟	【怒族】
W6301. 3	鸟图腾的情形（鸟图腾的表现）	［W9535］人变鸟
W6301. 3. 1 *	鸟图腾表现为媚鸟	【古代民族】
W6301. 3. 2 *	鸟图腾表现为拜鸟	【古代民族】

① ［W6389. 2］狮子崇拜；［W9534. 11］人变狮子。

② ［W0513］鸟类动物神；［W2162］鸟类动物生人；［W2324］鸟类动物变成人。

③ 【朝鲜族】【傣族】【汉族】【黎族】【满族】【怒族】【壮族】@［W0514］鸟神；［W0924］神鸟；［W3324］鸟的特征。

④ ［W0650. 4］祖先是鸟；［W2223. 2］鸟卵生人；［W2240］感鸟生人；［W2325］鸟变成人；［W2485. 3］鸟婚生人；［W2621］人生鸟；［W2733. 8］人与鸟兽同源。

⑤ ［W2460］人与鸟婚生人；［W7417］人与神鸟婚；［W7460］人与鸟婚。

W 编码	母题描述	关联项
W6301.3.3＊	鸟图腾表现为装鸟	【古代民族】
W6301.3.3.1＊	鸟图腾群体的装鸟目的是借此来达到他们与鸟的同一化	【古代民族】
W6301.3.3.2＊	鸟图腾者身披羽毛	【中华民族】
W6301.4	特定的鸟图腾（鸟图腾的类型）	［W3328］特定类型的鸟
W6301.4.1	特定群体以鸟为图腾（特定族体有鸟图腾）	
W6301.4.1.1	傣族古代有鸟图腾	【傣族】
W6301.4.2	水鸟图腾	
W6301.4.2.1	那鸟那基尔氏族的“嘎勒布尔”（小动物为标记的图腾）是一种灰色脖长身细的水鸟	【鄂温克族】
W6301.4.2.2	靠闹克特氏族的“嘎勒布尔”（图腾物）是一种名叫韩卡流特的鸟	【鄂温克族】
W6301.4.3	玄鸟图腾	［W6391］玄鸟崇拜
W6301.4.3.1	天命玄鸟，降而生商	【汉族】
W6301.4.4	鹤图腾	
W6301.4.4.1	仙鹤图腾	【侗族】
W6301.4.5	大鸟图腾	【侗族】
W6301.4.6	鸾鸟图腾	【古氐羌】@［W6326.4.2.3.1］凤皇鸾鸟图腾
W6301.5	特定的群体存在鸟图腾	
W6301.5.1＊	苗民是鸟图腾之一部	【中华民族】
W6301.5.2＊	古代东夷以鸟为图腾	【古代民族】@［W6350.2.2］图腾名称作为族体名称
W6301.5.2.1＊	帝俊部族与少昊部族均是我国东部以“鸟”为图腾的远古同一部族	【中华民族】
W6301.5.3＊	帝俊、太昊、禺号、禺强、任姓皆为鸟图腾	【中华民族】

W 编码	母题描述	关联项
W6301.6	与鸟图腾有关的其他母题	［W6390］鸟崇拜
W6301.6.1	以鸟为图腾的群体以鸟命名	
W6301.6.1.1 *	以鸟为图腾的东夷称“鸟夷”	【古代民族】
W6302	**鹰图腾**	【哈萨克族】【蒙古族】【彝族】
W6302.1	鹰图腾的产生	【民族，关联】①
W6302.2	鹰图腾的特征	
W6302.3	鹰图腾的情形（鹰图腾的表现）	
W6302.4	特定的鹰图腾	
W6302.4.1	特定族体以鹰为图腾	
W6302.4.1.1	造鲁套特氏族的图腾是鹰	【鄂温克族】
W6302.4.2	鹫图腾	【蒙古族（布里亚特人）】@［W6283.2.1］鹰（鹫）是布里亚特部落的原始图腾
W6302.5	与鹰图腾有关的其他母题	［W6392］鹰崇拜
W6303	**鸡图腾**	【汉族】【畲族】@［W0515］鸡神
W6303.1	鸡图腾的产生	【民族，关联】②
W6303.1.1	鸡图腾源于母鸡变成女人	【蒙古族】@［W2326］鸡变成人
W6303.2	鸡图腾的特征	
W6303.3	鸡图腾的情形（鸡图腾的表现）	
W6303.3.1	鸡图腾者认为祖先是鸡	
W6303.3.1.1	鸡村的人说祖先是鸡	【壮族】
W6303.3.2	鸡图腾者以鸡命名	【壮族】@［W6303.3.1.1］鸡村的人说祖先是鸡
W6303.4	特定的鸡图腾	
W6303.4.1	金鸡图腾	【侗族】

① 【藏族】@［W2161.2］鹿生人；［W2320］鹿变成人；［W2456］人与鹿婚生人。

② 【苗族】@［W2228.6.4］鸡孵卵生人；［W2461］人与鸡婚生人。

W 编码	母题描述	关联项
W6303.4.2	黑鸡图腾	【珞巴族】
W6303.5	与鸡图腾有关的其他母题	［W6394.1］鸡崇拜
W6303.5.1	鸡蛋图腾	
W6303.5.1.1	布更氏族组以鸡蛋为图腾	【珞巴族】
W6304	**天鹅图腾**	【鄂温克族】【蒙古族】
W6304.1	天鹅图腾的产生	【关联】①
W6304.2	天鹅图腾的特征	
W6304.2.1	作为图腾的天鹅能变成人	【蒙古族】
W6304.2.2	作为图腾的天鹅能生育孩子	【蒙古族】
W6304.2.2.1	天鹅处女中的一只与豁里奥多依婚生许多孩子	【蒙古族】
W6304.3	天鹅图腾的情形（天鹅图腾的表现）	
W6304.3.1	布里亚特人把绍绍洛克部称之为查干・舒布温坦（天鹅的后裔）	【蒙古族（布里亚特）】
W6304.3.2	萨满神衣上有天鹅图腾造型	【鄂温克族】
W6304.4	特定的天鹅图腾	
W6304.4.1	特定的族体以天鹅为图腾	
W6304.4.1.1	我乌特巴亚基尔氏族的图腾是天鹅	【鄂温克族】
W6304.4.1.2	白天鹅是哈萨克的图腾	【哈萨克族】
W6304.4.2	白天鹅图腾	
W6304.4.2.1	蒙古人认为白色天鹅是蒙古人的祖先	【蒙古族】
W6304.5	与天鹅图腾有关的其他母题	［W6393］天鹅崇拜
W6305	**乌鸦图腾**	【蒙古族】【壮族】
W6305.1	乌鸦图腾的产生	【珞巴族】@［W7465 人］与乌鸦婚
W6305.2	乌鸦图腾的特征	

① ［W2165.1］天鹅生人；［W2327］天鹅变成人；［W2464.1］人与天鹅婚生人。

W 编码	母题描述	关联项
W6305.3	乌鸦图腾的情形（乌鸦图腾的表现）	
W6305.4	特定的乌鸦图腾	
W6305.4.1	特定的族体把乌鸦作为图腾	
W6305.4.1.1	乌鸦是古代乌孙民族的图腾	【西北古代民族】
W6305.4.2 *	古百越族群中有乌图腾	【布依族】
W6305.4.3	云南文山壮族以乌鸦为图腾	【壮族】
W6305.5	与乌鸦图腾有关的其他母题	［W6394.2］乌鸦崇拜
W6306	**雁图腾**	
W6306.1	雁图腾的产生	【民族，关联】①
W6306.2	雁图腾的特征	
W6306.3	雁图腾的情形（雁图腾的表现）	
W6306.4	与雁图腾有关的其他母题	［W6394.5］雁崇拜
W6307	**其他特定的鸟图腾**	
W6307.1	燕子图腾	【苗族】
W6307.1.1	燕子图腾的产生	
W6307.1.2	燕子图腾的特征（燕子图腾的表现）	
W6307.1.3	特定的燕子图腾	
W6307.1.3.1	黔东南苗族支系中的柳支系以燕子为图腾	【苗族】
W6307.1.3.2	少昊最早以燕子为本部族图腾	【汉族】
W6307.1.4	与燕子图腾有关的其他母题	［W6394.6］燕子崇拜
W6307.2	鸽子图腾	【壮族】
W6307.2.1	鸽子图腾的产生	【关联】②
W6307.2.2	鸽子图腾的特征（鸽子图腾的表现）	

① 【独龙族】@［W2223.6］雁生的卵生人；［W2626.1］人生雁。
② ［W9535.5］人变鸽子；［W9561.4］鸽子变人。

W 编码	母题描述	关联项
W6307.2.2.1＊	有壮族认为女祖先姆六甲是鸽子	【壮族】
W6307.2.3	与鸽子图腾有关的其他母题	［W6394.7］鸽子崇拜
W6308	**与鸟图腾有关的其他母题**	
＊**W6310**	**水中动物图腾**	
W6311	**鱼图腾**	【民族，关联】①
W6311.1	鱼图腾的产生	【关联】②
W6311.1.1	鱼图腾源于鱼生人	［W2166］鱼生人
W6311.1.1.1	鱼图腾源于最早的鱼从脊背生人	【哈尼族】@［W2166.2］鱼的脊背生人
W6311.1.2	鱼图腾源于人与鱼婚生人	【纳西族】@［W2465.1.1］女祖先与鱼婚生人
W6311.2	鱼图腾的特征（图腾的表现）	
W6311.3	特定的鱼图腾（鱼图腾的类型）	［W3416］特定的鱼的产生
W6311.3.1	鲤鱼图腾	
W6311.3.2	鲇鱼图腾	【布依族】
W6311.3.3	哲罗鱼图腾	【蒙古族（布里亚特）】
W6311.4	与鱼图腾有关的其他母题	［W6396.1］鱼崇拜
W6312	**其他水中动物图腾**	
＊**W6315**	**昆虫图腾**	［W6397］昆虫崇拜
W6316	**蜘蛛图腾**	【高山族】
W6316.1	蜘蛛图腾的产生	
W6316.2	蜘蛛图腾的特征（蜘蛛图腾的表现）	
W6316.2.1	忌杀作为图腾的蜘蛛	【高山族（布农人）】
W6316.3	特定的蜘蛛图腾（蜘蛛图腾的类型）	

① 【布依族】【侗族】【哈尼族】@［W0521］鱼神；［W1106.4.2］鱼造天地

② W2243 感鱼孕生人 W2332 鱼变成人。

W 编码	母题描述	关联项
W6316. 3. 1	特定族体以蜘蛛为图腾	
W6316. 3. 1. 1	布农族峦社群达纳毕马氏族的祖先是蜘蛛	【高山族（布农人）】
W6316. 3. 2	金斑大蜘蛛图腾	【侗族】
W6316. 4	与蜘蛛图腾有关的其他母题	［W6397. 2］蜘蛛崇拜
W6317	**蚂蚱图腾**	【彝族】
W6317. 1	蚂蚱图腾的产生	
W6317. 2	蚂蚱图腾的特征（蚂蚱图腾的表现）	
W6317. 3	与蚂蚱图腾有关的其他母题	［W3482. 1. 2］龙生蚂蚱
W6318	**蟋蟀图腾**	
W6318. 1	蟋蟀图腾的产生	［W3493. 1. 1］人死后变成蟋蟀
W6318. 2	蟋蟀图腾的特征（蟋蟀图腾的表现）	
W6318. 3	与蟋蟀图腾有关的其他母题	
W6318. 3. 1	火灾后幸存的夫妻成为蟋蟀横眼人（横眼人以图腾蟋蟀命名）	【彝族】
W6319	**其他昆虫图腾**	
W6319. 1	蚂蚁图腾	【傣族】@［W0528］蚂蚁神
W6319. 1. 1	蚂蚁图腾的产生	【民族，关联】①
W6319. 1. 2	蚂蚁图腾的特征（蚂蚁图腾的表现）	［W3470］蚂蚁的特征
W6319. 1. 3	与蚂蚁图腾有关的其他母题	
W6319. 1. 3. 1	蚂蚁直眼人（直眼人以蚂蚁图腾命名）	【彝族】
W6319. 2	蜂图腾	
W6319. 2. 1	蜂图腾的产生	

① 【怒族】@［W2466. 2］人与蚂蚁婚生人；［W7477. 5］人与蚂蚁婚；［W9538. 2］人变蚂蚁；［W9561. 11］蚂蚁变人。

W 编码	母题描述	关联项
W6319.2.1.1	通过婚姻产生蜂图腾	
W6319.2.1.1.1	女始祖茂英充与蜂交配繁衍蜂氏族	【怒族】
W6319.2.2	蜂图腾的特征（蜂图腾的表现）	
W6319.2.3	特定的蜂图腾（蜂图腾的类型）	
W6319.2.3.1	蜜蜂图腾	［W6282.1.1］蜜蜂氏族是由蜜蜂变来的
W6319.2.3.2	马蜂图腾	【壮族】@［W6351.2.6.1.1＊］壮族先人有鸟、蛙、水牛、黄牛、蛟、鱼、马蜂、羊、竹、森林（又称虎）、黄（又称土地）和潭12种图腾
W6319.2.4	与蜂图腾有关的其他母题	［W6397.3］蜂崇拜（蜜蜂崇拜）
W6319.2.4.1	蜂是“斗霍”人的氏族图腾	【怒族】
W6319.3	毒虫为图腾	
W6319.3.1＊	炎黄所出的有蟜氏为图腾的“蟜”是一种带刺的毒虫	【中华民族】
＊**W6320**	**两栖或爬行动物图腾**	
W6321	**蛙图腾**	【黎族】
W6321.1	蛙图腾的产生	［W2467.1］人与青蛙婚生人
W6321.1.1	因蛙生育后代形成蛙图腾	【哈尼族】@［W2167.4］蛙生人
W6321.1.1.1	蛙生育后代源于感蛙	【傈僳族】@［W2246］感蛙孕生人
W6321.1.2	因感恩蛙形成蛙图腾	
W6321.1.2.1	祖先布洛陀命令子孙记住蚂蚜的功德，形成青蛙图腾	【壮族】
W6321.1.3	蛙图腾源于蛙变成人	
W6321.1.3.1	蛙图腾源于青蛙变成人	【布朗族】@［W2343.1］青蛙变成人

W 编码	母题描述	关联项
W6321. 1. 3. 2	蛙图腾源于人生的青蛙变成人	【门巴族】@［W2343. 2］人生的青蛙变成人
W6321. 1. 3. 3	蛙图腾源于巴蛙变成人	【土族】@［W2343. 6］巴蛙变成人
W6321. 2	蛙图腾的特征（蛙图腾的表现）	
W6321. 2. 1	葬蚂蜗	【壮族】
W6321. 3	特定的蛙图腾（蛙图腾的类型）	
W6321. 3. 1	特定族体以蛙为图腾	
W6321. 3. 1. 1 *	蛙是黎族图腾之一	【黎族】
W6321. 3. 1. 2	壮族蛙图腾（壮族蚂蜗图腾）	【壮族】@［W6349. 57. 3. 1］蛙是壮族全民族的图腾
W6321. 3. 2	青蛙图腾	
W6321. 3. 2. 1 *	布耶氏族组青蛙作为图腾	【珞巴族】
W6321. 4	与蛙图腾有关的其他母题	【关联】①
W6322	**蛇图腾**	【民族，关联】②
W6322. 1	蛇图腾的产生	【民族，关联】③
W6322. 1. 1	蛇图腾源于人与蛇的婚姻	【关联】④
W6322. 1. 1. 0	女子和蛇结婚生蛇氏族	【白族】@［W5266. 4］人与蛇婚生蛇氏族
W6322. 1. 1. 1	青蛇与一姑娘强行婚配，独生子是蛇氏族的祖先	【白族（勒墨人）】
W6322. 1. 1. 2	一个姑娘自愿嫁给蛇，生下许多后代成为蛇氏族	【怒族】
W6322. 1. 2	特定的群体认为是蛇的后裔	
W6322. 1. 2. 1	特定家庭是蛇的“根骨”或“骨种”	【侗族】

① ［W0712. 4］女娲是蛙；［W6395. 2］蛙崇拜（青蛙崇拜，蟾蜍崇拜，蛤蟆崇拜，癞蛤蟆崇拜，虾蟆崇拜）。

② 【白族】【侗族】【高山族】【怒族】【黎族】【傈僳族】【珞巴族】【怒族】@［W0530］蛇神。

③ 【高山族】@［W2167. 2］蛇生人；［W2223. 1］蛇卵生人；［W2245］感蛇孕生人；［W2341］蛇变成人；［W2624］人生蛇；［W9537. 1］人变蛇。

④ ［W2468. 1］人与蛇婚生人；［W7275. 2］人与蛇仙婚；［W7418. 1］人与蛇精婚；［W7475］人与蛇婚；［W7475. 3］人与特定的蛇婚。

W 编码	母题描述	关联项
W6322.2	蛇图腾的特征（图腾的表现）	［W3526］蛇的特征
W6322.3	特定的蛇图腾（蛇图腾的类型）	
W6322.3.1	特定族体把蛇作为图腾（特定族体以特定的蛇为图腾）	
W6322.3.1.1	布农族峦社群的达纳毕马氏族的祖先是一条名为“毕马”的小蛇	【高山族（布农人）】
W6322.3.1.2	侗族有个蛇图腾氏族	【侗族】
W6322.3.1.3	蛇是黎人之祖	
W6322.3.1.3.1	蛇卵生黎人之祖黎母	【黎族】
W6322.3.1.4	壮族有蛇图腾	【壮族】
W6322.3.1.5	珞巴族有的部落以蛇为图腾	【珞巴族】
W6322.3.2	花蛇图腾	
W6322.3.2.1	始祖母与一条大花蛇婚生的1对男女成为侗家祖先	【侗族】
W6322.3.3	眼镜蛇图腾	【高山族】
W6322.3.4	巴蛇图腾	
W6322.3.4.1	巴蛇是巴地的龙（蛇）图腾氏族	【古代民族】
W6322.3.4.2	巴蛇图腾氏族以象为食物	【古代民族】
W6322.4	特定的蛇图腾者（特定的蛇图腾群体）	
W6322.4.1 *	夏人是祝融龙蛇图腾部落的一支	【中华民族】@［W6252.5.2.1 *］祝融是龙蛇图腾
W6322.4.2 *	伏羲为蛇图腾	【中华民族】
W6322.4.3 *	烛阴（烛龙）、盘古、女娲、神农、炎黄等都与蛇图腾有血缘联系	【中华民族】
W6322.5	与蛇图腾有关的其他母题	【关联】①
W6322.5.1	蛇图腾的传承	【多民族】

① ［W6395.1］蛇崇拜；［W6495.7.19］祭蛇神（祭蟒神；祭神蟒）；［W6499.6］祭蛇。

W 编码	母题描述	关联项
W6322. 5. 2	蛇图腾演化为龙图腾	【中华民族】@［W6325］龙图腾
W6323	**其他两栖或爬行动物图腾**	
W6323. 1	鳄鱼图腾（鳄图腾）	【高山族】@［W3441］鳄鱼
W6323. 1. 1	鳄鱼图腾的产生	
W6323. 1. 2	鳄鱼图腾的情形	
W6323. 1. 2. 1	有的越人认为自己是鳄鱼的子孙	【壮族】
W6323. 1. 3	特定的鳄鱼图腾	
W6323. 1. 3. 1	壮族有鳄图腾	【壮族】
W6323. 1. 4	与鳄鱼图腾有关的其他母题	［W6396. 2］鳄鱼崇拜
W6323. 2	穿山甲图腾	【彝族】
W6323. 3	龟图腾	［W3505］龟（乌龟、鳖）
W6323. 3. 1	龟图腾的产生	【民族，关联】①
W6323. 3. 1. 1 *	龟鳞图腾崇拜距今 6000 ~ 5000 年	【中华民族】
W6323. 3. 2	龟图腾的特征	
W6323. 3. 3	特定的龟图腾	
W6323. 3. 3. 1	鳌图腾	【布依族】
W6323. 3. 4	龟图腾者	
W6323. 3. 4. 1 *	鲧的图腾玄龟	【中华民族】
W6323. 3. 5	与龟图腾有关的其他母题	［W6395. 3］乌龟崇拜（龟崇拜）
✻ **W6324**	**神话动物图腾**	［W3000］神话动物
W6325	**龙图腾**	【民族】②
W6325. 1	龙图腾的产生	【关联】③
W6325. 1. 1	龙生的后代以龙为图腾	
W6325. 1. 2	龙的后代治理的国家以龙为图腾	

① 【侗族】@［W2228. 6. 3］龟孵卵生人；［W2468. 2］人与龟婚生人。

② 【白族】【布依族】【傣族】【汉族】【黎族】【蒙古族】【苗族】【彝族】。

③ ［W2167. 7］龙生人；［W2247］感龙孕生人；［W2346］龙变成人；［W2449. 2］龙的传人婚生人；［W2470. 1］人与龙婚生人。

W 编码	母题描述	关联项
W6325. 1. 2. 1	龙女产的蛋生的男孩长大后成为勐卯的君主，该国以龙为图腾	【傣族】
W6325. 1. 3	一国君王与龙有关形成龙图腾	
W6325. 1. 3. 1	因君王与龙有血缘关系形成龙图腾	【傣族】
W6325. 1. 4	龙图腾是多图腾组合产生的	
W6325. 1. 4. 0 *	龙图腾是由许多不同的图腾糅合成的一种综合体	【中华民族】
W6325. 1. 4. 1	颛顼把各部族的图腾合并为一个新的图腾称作“龙”	【汉族】
W6325. 1. 4. 2 *	黄帝把八个部落的图腾旗帜融合兼并，以蛇为主体，以鱼鳞为蛇鳞，以鱼尾为蛇尾，用马头、鹿角、鹰爪组成“龙”	【汉族】
W6325. 1. 5	龙图腾是特定人物创造的	
W6325. 1. 5. 1	黄帝根据 72 个部落献的图腾创造了新的图腾“龙”	【汉族】
W6325. 1. 6 *	龙图腾源于大蛇图腾	【中华民族】
W6325. 2	龙图腾的特征	
W6325. 2. 1 *	龙图腾的主干部分和基本形态是蛇	【中华民族】
W6325. 2. 2 *	龙图腾是象征性集合体	【中华民族】
W6325. 3	龙图腾的情形（龙图腾的表达）	
W6325. 3. 1	自称龙的传人	【中华民族】
W6325. 3. 2	自称龙的子孙	
W6325. 3. 2. 1	华夏儿女宣称自己为龙的子孙	【中华民族】
W6325. 4	特定的龙图腾（龙图腾的类型）	
W6325. 4. 1 *	应龙图腾	
W6325. 4. 1. 1 *	禹的图腾是应龙	【中华民族】
W6325. 4. 2 *	黄龙图腾	【中华民族】

W 编码	母题描述	关联项
W6325. 4. 3 ∗	青龙图腾	【中华民族】
W6325. 5	龙图腾者（特定群体以龙为图腾）	
W6325. 5. 0	中华民族龙图腾	【汉族】
W6325. 5. 0. 1 ∗	龙成为中华民族世代尊仰的始祖图腾	【中华民族】
W6325. 5. 1 ∗	华夏民族龙图腾	【中华民族】
W6325. 5. 1. 1 ∗	夏族龙图腾	【中华民族】
W6325. 5. 1. 1. 1 ∗	以龙为图腾的夏族起源于晋西南崇山	【中华民族】
W6325. 5. 1. 2 ∗	华夏龙图腾谱系	
W6325. 5. 1. 2. 1 ∗	从盘古到人祖伏羲、女娲、炎帝神龙氏、黄帝轩辕氏、夏禹一族，均为龙图腾	【中华民族】
W6325. 5. 2 ∗	尧部落龙图腾	
W6325. 5. 2. 1 ∗	彩绘龙盘为尧的部落图腾	【中华民族】
W6325. 5. 2a ∗	黄帝龙图腾	［W6298. 2. 3. 1 ∗］黄帝以熊为图腾称有熊氏，含征服之意
W6325. 5. 2a. 1 ∗	黄帝战胜蚩尤后，少典氏的“熊”图腾为“龙”图腾	【中华民族】
W6325. 5. 3 ∗	苗族以龙为图腾	【苗族】@［W6284. 8. 1. 1］作为苗族的图腾的龙有龙子龙孙之说
W6325. 5. 4 ∗	龙是白族的原始图腾	【白族】
W6325. 6	与龙图腾有关的其他母题	【关联】①
W6325. 6. 1 ∗	龙图腾的演变	【中华民族】
W6326	**凤图腾**	
W6326. 1	凤图腾的产生	【关联】②
W6326. 1. 1	特定人物创造凤图腾	

① ［W2733. 1］人与龙同源；［W6398. 1］龙崇拜。

② ［W2462］人与凤婚生人；［W2485. 6］龙凤婚生人。

W 编码	母题描述	关联项
W6326.1.1.1	黄帝打败蚩尤后平定中原后，他的4个妻子用一部分部落的图腾制作了凤和凰图腾	【汉族】
W6326.2	凤图腾的特征	
W6326.3	凤图腾的情形	
W6326.4	特定的凤图腾（凤图腾的类型）	
W6326.4.1	特定族体以凤为图腾（特定群体把凤凰作为图腾）	
W6326.4.1.1	汉族有凤图腾	
W6326.4.1.2	壮族有凤图腾	【壮族】
W6326.4.2	凤凰图腾	
W6326.4.2.1	凤凰图腾的产生	【民族，关联】①
W6326.4.2.2	凤凰图腾的特征	
W6326.4.2.3	与凤凰图腾有关的其他母题	［W2687.6］凤凰救（抚养）弃婴
W6326.4.2.3.1	凤皇鸾鸟图腾	【汉族】
W6326.4.3	凰图腾	
W6326.4.3.1	特定的女子制定凰图腾	
W6326.4.3.1.1	黄帝的妻子创造凰图腾	【汉族】@［W6326.1.1.1］黄帝打败蚩尤后平定中原后，他的4个妻子用一部分部落的图腾制作了凤和凰图腾
W6326.5	凤图腾者	
W6326.5.1 *	商族凤图腾	【中华民族】
W6326.6	与凤图腾有关的其他母题	［W6398.2］凤凰崇拜
W6326.6.1 *	凤图腾的演化	【中华民族】
W6327	**其他神话动物图腾**	
W6327.1	神兽图腾	

① 【畲族】@［W2279.2.5］凤凰食玛瑙生人；［W2485.6.1］凤凰之子与龙女婚生人。

W 编码	母题描述	关联项
W6328	**与动物图腾有关的其他母题**	【关联】①
W6328. 0	动物图腾的产生	
W6328. 0. 1	动物在特定情形下才能作为图腾	
W6328. 0. 1. 1	动物在祭祀时才能成为图腾	【壮族】
W6328. 0. 2	动物图腾从天上来到人间	【蒙古族（布里亚特）】
W6328. 1	图腾动物的处置	【鄂温克族】
W6328. 1. 1	供奉动物图腾	
W6328. 1. 1. 1	供奉龙犬的来历	【畲族】【瑶族】
W6328. 1. 2	葬图腾动物	
W6328. 1. 2. 1	葬青蛙	【壮族】
W6328. 1. 2. 2	葬熊	【鄂伦春族】【鄂温克族】
W6328. 2 *	动物图腾在各类图腾中数量最多	【多民族】【珞巴族】
W6328. 3	特定类型的动物图腾	
W6328. 3. 1 *	猛兽图腾	
W6328. 3. 1. 1 *	尧舜都属于猛兽图腾集团	【中华民族】
✿ **W6330**	**植物图腾**②	
W6330. 1	植物图腾的产生	
W6330. 2	植物图腾的特征	
W6330. 3	植物图腾的表现	
W6330. 3. 1 *	牡丹槟榔诸社名皆为图腾	【多民族】
❄ **W6331**	**树图腾（树木图腾）**	【关联】③
W6331. 1	树图腾的产生	【关联】④
W6331. 2	树图腾的特征	

① ［W6524. 1］忌食图腾动物；［W6535. 1］忌杀图腾动物。

② 一些典型的植物图腾，为避免母题编码中的冗杂，此处的“典型的植物图腾”只是起到例证或示范作用的动物，包括树木乔木、作物花草等，但不再进行上述类型的划分，其他未列出的植物，表示为“其他图腾植物”。

③ ［W0541］树神（森林神、树精）；［W0930］神树；［W3735］树的特征。

④ ［W2171］树生人；［W2351］树木变化为人；［W2475］人与树婚生人。

W 编码	母题描述	关联项
W6331.3	树图腾的情形	［W2694.1］树抚育人
W6331.3.1	树图腾者把树作为住地标志	
W6331.3.1.1	壮族有树图腾，把特定的树作为子孙住地的标志	【壮族】
W6332	**竹图腾（竹子图腾）**	【仡佬族】【黎族】【土家族】【壮族】
W6332.1	竹图腾的产生	［W7491.2］人与竹婚
W6332.1.1	竹图腾源于竹生人	【民族，关联】①
W6332.1.1.1	竹图腾源于斑竹生人	【藏族】@［W2172.1］斑竹生人
W6332.1.1.2	竹图腾源于楠竹生人	【彝族】@［W2172.2］楠竹生人
W6332.1.1.3	竹图腾源于竹子再生人类	【高山族】@［W2540.2］洪水后竹子再生人类
W6332.2	竹图腾的特征（竹子图腾的情形）	
W6332.2.1	竹子图腾与人类具有一定的超自然血缘联系	【布依族】
W6332.3	特定的竹图腾	
W6332.3.1	香竹图腾	
W6332.3.1.1	香竹生的男孩成为倮罗人的男祖先	【彝族】
W6332.3.2	兰竹图腾	
W6332.3.2.1	彝族是兰竹的后裔	【彝族】
W6332.3.3	楠竹图腾	【土家族】
W6332.4	与竹图腾有关的其他母题	［W6403］竹子崇拜（竹崇拜；崇拜竹子）
W6332.4.1	竹屑图腾	【珞巴族】
W6333	**枫树图腾**	【苗族】【壮族】@［W3757］枫树

① 【汉族】@［W2172］竹生人；［W6853.317a.2］竹子生的男儿以竹为姓。

W 编码	母题描述	关联项
W6333.1	枫树图腾的产生	【高山族（邹人）】@［W2352.1］枫树果变成人
W6333.2	枫树图腾的特征（枫树图腾的情形）	
W6333.2.1	枫树作为祖先	【苗族】
W6333.3	特定的枫树图腾	
W6333.3.1	有的苗族把枫树作为图腾	
W6333.3.1.1	苗族先民把枫木看成是万物和人类的祖先	【苗族】
W6333.3.2	有的壮族把枫树作为图腾	
W6333.3.2.1	壮族中的枫树图腾者把枫树作为子孙住地的标志	【壮族】
W6333.4	与枫树图腾有关的其他母题	
W6334	**其他树图腾**	
W6334.1	茶树图腾	【布朗族】【德昂族】@［W3753］茶树的产生（茶的产生）
W6334.1.1	茶树图腾的产生	【德昂族】
W6334.1.2	茶树图腾的特征	
W6334.1.3	与茶树图腾有关的其他母题	
W6334.2	木棉图腾	
W6334.2.1	特定群体以木棉为图腾	
W6334.2.1.1	俘应黎姓氏中有“木棉的孩子”之说	【黎族】
W6334.2.1.2	壮族中有木棉树图腾	【壮族】
W6334.3	梨树图腾	
W6334.3.1	梨树洞中生的女孩成为倮罗人的女祖先，倮罗人以梨树为图腾	【彝族】
W6334.4	玲珑树图腾	
W6334.4.1	祖先以玲珑树做父亲	【蒙古族】

W 编码	母题描述	关联项
W6334.5	榕树图腾	
W6334.5.1	榕树图腾的产生	
W6334.5.2	榕树图腾的特征（榕树图腾的情形）	
W6334.5.2.1	榕树图腾者把大榕树作为子孙住地的标志	【壮族】
W6334.5.3	与榕树图腾有关的其他母题	
＊**W6335**	**花草图腾**	【关联】①
W6335.1	花草图腾的产生	
W6335.2	花草图腾的特征（花草图腾的情形）	
W6335.3	特定的花草图腾	
W6335.4	与花草图腾有关的其他母题	
W6336	**花图腾**	【壮族】
W6336.1	花图腾的产生	【关联】②
W6336.2	花图腾的特征（花图腾的情形）	
W6336.3	花图腾的情形	
W6336.3.1	花图腾者把花说成是亲属	
W6336.3.1.1	壮族说花王是伏依妹子	【壮族】
W6336.4	特定的花图腾	
W6336.4.1	壮族有花图腾	【壮族】
W6336.4.2	莲花图腾	【汉族】@［W2194.1］莲花生人
W6336.5	与花图腾有关的其他母题	［W6406］花崇拜
W6337	**草图腾**	
W6337.1	草图腾的产生	【关联】③
W6337.2	草图腾的特征（草图腾的情形）	

① ［W6336］花图腾；［W6337］草图腾。
② ［W2194］花生人；［W2252］感花生人。
③ ［W2183］瓜果花草生人；［W2253］感草生人。

W 编码	母题描述	关联项
W6337. 3	特定的草图腾	
W6337. 4	与草图腾有关的其他母题	［W6407］草崇拜
W6338	**其他植物图腾**	
W6338. 1	葫芦图腾	【拉祜族】【黎族】@［W3890］葫芦的特征
W6338. 1. 1	葫芦图腾的产生	【民族，关联】①
W6338. 1. 2	葫芦图腾的特征（葫芦图腾的情形）	［W5412. 1］葫芦生出民族
W6338. 1. 3	特定的葫芦图腾	
W6338. 1. 3. 1 *	葫芦瓜是黎族图腾之一	【黎族】
W6338. 1. 4	葫芦图腾者	
W6338. 1. 4. 1 *	特定的民族以葫芦为图腾	【拉祜族】
W6338. 1. 5	与葫芦图腾有关的其他母题	［W6408］葫芦崇拜
W6338. 1. 5. 1 *	葫芦不是图腾	【多民族】
W6338. 2	芭蕉图腾	【黎族】
W6338. 2. 1	芭蕉图腾的产生	
W6338. 2. 2	芭蕉图腾的特征（芭蕉图腾的情形）	
W6338. 2. 3	特定群体以木棉为图腾	
W6338. 2. 3. 1	俘应黎姓氏中有“芭蕉的孩子”之说	【黎族】
W6338. 2. 4	与芭蕉图腾有关的其他母题	
W6338. 3	番薯图腾	
W6338. 3. 1	番薯的产生	
W6338. 3. 2	番薯的特征（番薯图腾的情形）	
W6338. 3. 3	特定群体以木棉为图腾	
W6338. 3. 3. 1	俘应黎姓氏中有“番薯的孩子”之说	【黎族】

① 【哈尼族】@［W0645. 5. 4］葫芦生祖先；［W2184］葫芦生人；［W2359. 2］葫芦籽变化为人；［W2628］人生葫芦；［W7494. 1］人与葫芦婚。

W 编码	母题描述	关联项
W6338.3.4	与番薯图腾有关的其他母题	
◎	〖自然物与无生命物图腾〗	
W6340	**太阳图腾**	[W0271] 太阳神（日神）
W6340.1	太阳图腾的产生	【民族，关联】①
W6340.2	太阳图腾的特征	
W6340.2.1 *	太阳图腾具有普遍性	【多民族】
W6340.3	太阳图腾的情形	
W6340.3.1	称太阳为“爷爷”	【汉族】
W6340.4	与太阳图腾有关的其他母题	[W6424] 太阳崇拜
W6340.4.1	英雄列米满是太阳神的后代	【傣族】
W6341	**月亮图腾**	[W0280] 月亮神（月神）
W6341.1	月亮图腾的产生	[W2481] 人与月亮婚生人
W6341.2	月亮图腾的特征	
W6341.2.1 *	月亮图腾与太阳图腾相对应	【多民族】
W6341.3	月亮图腾的情形	
W6341.4	与月亮图腾有关的其他母题	[W6425] 月亮崇拜
W6342	**雷图腾**	【壮族】@ [W0305] 雷神
W6342.1	雷图腾的产生	【汉族】@ [W2415.3] 人与雷神婚生人
W6342.2	雷图腾的特征（雷图腾的情形）	
W6342.3	特定的雷图腾	
W6342.3.1 *	壮族先民有雷图腾	【壮族】
W6342.4	与雷图腾有关的其他母题	[W6414] 雷崇拜
W6342.4.1	雷电图腾	
W6343	**山图腾**	
W6343.1	山图腾的产生	[W2209] 山生人
W6343.2	山图腾的特征（山图腾的情形）	

① 【白族】@ [W2204.1] 太阳生人；[W2279.2.2] 龙感太阳生人。

W 编码	母题描述	关联项
W6343. 3	特定的山图腾	
W6343. 3. 1	特定的民族以特定的山为图腾	
W6343. 3. 1. 1	杜拉尔氏族的图腾是一座叫“给连恩道勒”的山	【鄂温克族】
W6343. 4	与山图腾有关的其他母题	［W6427］山崇拜（山体崇拜，高山崇拜，大山崇拜，山峰崇拜）
W6343. 4. 1	山作为氏族图腾	【鄂温克族】
W6344	**石图腾**	【高山族】【壮族】
W6344. 1	石图腾的产生	［W2210］石生人
W6344. 2	石图腾的特征（石图腾的情形）	
W6344. 3	特定的石图腾（特定的石头成为图腾）	
W6344. 3. 1	特定的族体以石为图腾	
W6344. 3. 1. 1	阿美人及部分卑南人把巴那巴那扬的一块石头视为始祖	【高山族】
W6344. 3. 1. 2	壮族有石图腾	【壮族】
W6344. 3. 1. 3	高山族阿美人白石图腾	【高山族（阿美）】@［W2210. 1］白石生人
W6344. 4	与石图腾有关的其他母题	［W6428］石崇拜（石头崇拜，岩石崇拜）
W6344. 4. 1	石柱图腾	
W6344. 4. 1. 1	当地人认为曼贺山上的石柱与妇女交媾后才孕育出人类	【傣族】@［W6377. 5］阳物崇拜（男性生殖器崇拜；男根崇拜）
W6345	**其他自然物图腾（无生命物图腾）**	
W6345. 1	水图腾	【关联】①
W6345. 1. 1	哈尼族的一支以水为图腾	【哈尼族】

① ［W2208］水生人；［W6429］水崇拜（水体崇拜）。

W 编码	母题描述	关联项
W6345.2	风雨图腾	【多民族】
W6345.3	雷电图腾	
W6345.3.1	雷图腾	【多民族】
W6345.3.2	闪电图腾	【多民族】
W6345.4	灰图腾	
W6345.4.1	氏族组中的嘎根以灶炭为自己的图腾	【珞巴族】
W6345.5	炭图腾	
W6345.5.1	氏族组中的嘎得以灶灰为自己的图腾	【珞巴族】
W6346	**人造物图腾（器物图腾）**	
W6346.1	绳图腾	【高山族】
W6346.1.1	绳图腾的产生	
W6346.1.2	绳图腾的特征（绳图腾的情形）	
W6346.1.3	特定的绳图腾	
W6346.1.3.1	藤绳图腾	
W6346.1.3.1.1	藤绳变成人后，成为达西发路岸氏族的祖先	【高山族（布农人）】
W6346.1.4	与绳图腾有关的其他母题	
W6346.2	刀图腾（刀子图腾）	
W6346.2.1	刀图腾的产生	
W6346.2.1.1	通过婚姻产生刀图腾	
W6346.2.1.1.1	女子与刀婚繁衍育唧（刀）氏族	【珞巴族】
W6346.2.1.1.2	尼洛与刀子变成的男子婚生育唧（刀）氏族	【珞巴族（崩尼部落）】
W6346.2.2	刀图腾的特征	
W6346.2.3	特定的刀图腾	
W6346.2.4	与刀图腾有关的其他母题	［W6501.17.5］祭刀
W6347	**排泄物图腾**	

W 编码	母题描述	关联项
W6347.1	排泄物图腾的产生	【民族，关联】①
W6347.2	排泄物图腾的特征（排泄物图腾的情形）	
W6347.3	特定的排泄物图腾	
W6347.3.1	狗粪图腾	［W6291］狗图腾（犬图腾）
W6347.3.1.1	一对夫妇就收养一堆狗粪为儿子，后来成了 ansikian 一姓的祖先	【高山族（布农人）】
W6347.4	与排泄物图腾有关的其他母题	［W6433.6.1］排泄物崇拜
W6348		其他无生命物图腾
W6348.1＊	土地图腾	【壮族】@［W6351.2.6.1.1＊］壮族先人有鸟、蛙、水牛、黄牛、蛟、鱼、马蜂、羊、竹、森林（又称虎）、黄（又称土地）和潭 12 种图腾
W6348.2＊	潭图腾	【壮族】@［W6351.2.6.1.1＊］壮族先人有鸟、蛙、水牛、黄牛、蛟、鱼、马蜂、羊、竹、森林（又称虎）、黄（又称土地）和潭 12 种图腾
W6348.3＊	天文图腾	
W6348.3.1＊	太阳神伏羲、生殖神女娲的天文图腾	【中华民族】
W6349	**各民族特定名称的图腾②**	
W6349.1	阿昌族神话中的图腾	【阿昌族】
W6349.2	白族神话中的图腾	

① 【佤族】@［W2216］排泄物中生人；［W2314.3］人的排泄物化生人；［W2371］排泄物化生人。

② 特定名字的图腾，各民族神话中的“图腾”丰富而复杂，有的民族具有图腾谱系，有的民族则在不同地区不同支系中可能会塑造出不同类型不同名称的图腾。这里选录的名称只是一些民族神话中出现的或较为典型的图腾名称，尽可能照顾到各民族神话传说中出现的某些图腾名称，属于不是完全归纳。有的会与上面的图腾名称产生重叠，仅为使用者提供一个进一步系统研究的切入点接口。有些名称的汉语表述与翻译者有关，在此不做具体概念的探究和翻译真伪方面的辨析。

W 编码	母题描述	关联项
W6349.2.1	白族神话中的龙图腾	【白族】
W6349.3	保安族神话中的图腾	【保安族】
W6349.4	布朗族神话中的图腾	【布朗族】
W6349.5	布依族神话中的图腾	【布依族】
W6349.6	朝鲜族神话中的图腾	
W6349.6.1	朝鲜族神话中的熊图腾	
W6349.6.1.1	朝鲜族坛君神话中的熊图腾	【朝鲜族】
W6349.7	达斡尔族神话中的图腾	【达斡尔族】
W6349.8	傣族神话中的图腾	
W6349.8.1	傣族神话中的象图腾	【傣族】
W6349.9	德昂族神话中的图腾	
W6349.9.1	德昂族神话中的茶树图腾	【德昂族】
W6349.10	东乡族神话中的图腾	【东乡族】
W6349.11	侗族神话中的图腾	
W6349.11.1	侗族神话中的蜘蛛图腾	【侗族】
W6349.12	独龙族神话中的图腾	
W6349.12.1	独龙族神话中的猴图腾	【独龙族】
W6349.13	俄罗斯族神话中的图腾	【俄罗斯族】
W6349.14	鄂伦春族神话中的图腾	
W6349.14.1	鄂伦春族神话中的熊图腾	【鄂伦春族】
W6349.15	鄂温克族神话中的图腾	
W6349.15.1	鄂温克族神话中的熊图腾	【鄂温克族】
W6349.16	高山族神话中的图腾	
W6349.16.1	高山族神话中的蛇图腾	【高山族】
W6349.17	仡佬族神话中的图腾	【仡佬族】
W6349.18	哈尼族神话中的图腾	
W6349.18.1	哈尼族神话中的鱼图腾	【哈尼族】

W 编码	母题描述	关联项
W6349. 19	哈萨克族神话中的图腾	
W6349. 19. 1	哈萨克族神话中的天鹅图腾	【哈萨克族】
W6349. 20	汉族神话中的图腾	
W6349. 20. 1	汉族神话中的龙图腾	【汉族】
W6349. 20. 2	汉族神话中的凤图腾	【汉族】
W6349. 21	赫哲族神话中的图腾	
W6349. 21. 1	赫哲族神话中的蛇图腾	【赫哲族】
W6349. 22	回族神话中的图腾	【回族】
W6349. 23	基诺族神话中的图腾	【基诺族】
W6349. 24	京族神话中的图腾	【京族】
W6349. 25	景颇族神话中的图腾	
W6349. 25. 1	景颇族神话中的太阳图腾	【景颇族】
W6349. 26	柯尔克孜族神话中的图腾	
W6349. 26. 1	柯尔克孜族神话中的鹰图腾	【柯尔克孜族】
W6349. 27	拉祜族神话中的图腾	
W6349. 27. 1	拉祜族神话中的葫芦图腾	【拉祜族】
W6349. 28	黎族神话中的图腾	
W6349. 28. 1	黎族神话中的犬图腾	【黎族】
W6349. 29	傈僳族神话中的图腾	
W6349. 29. 1	傈僳族神话中的太阳图腾	【傈僳族】
W6349. 30	珞巴族神话中的图腾	
W6349. 30. 1	珞巴族神话中的虎图腾	【珞巴族】
W6349. 31	满族神话中的图腾	
W6349. 31. 1	满族神话中的喜鹊图腾	【满族】
W6349. 31. 2	满族神话中的柳图腾	【满族】
W6349. 32	毛南族神话中的图腾	
W6349. 32. 1	毛南族神话中的龙图腾	【毛南族】

W 编码	母题描述	关联项
W6349.33	门巴族神话中的图腾	【门巴族】
W6349.34	蒙古族神话中的图腾	
W6349.34.1	蒙古族神话中的苍狼白鹿图腾	【蒙古族】
W6349.35	苗族神话中的图腾	
W6349.35.1	苗族神话中的犬图腾	【苗族】
W6349.35.2	苗族神话中的蝴蝶图腾	【苗族】
W6349.35.3	苗族神话中的枫树图腾	【苗族】
W6349.36	仫佬族神话中的图腾	【仫佬族】
W6349.37	纳西族神话中的图腾	
W6349.37.1	纳西族神话中的羊图腾	【纳西族】
W6349.38	怒族神话中的图腾	
W6349.38.1	怒族神话中的蜂图腾	【怒族】
W6349.39	普米族神话中的图腾	
W6349.40	羌族神话中的图腾	
W6349.40.1	羌族神话中的白石图腾	【羌族】
W6349.40.2	羌族神话中的羊图腾	【羌族】
W6349.41	撒拉族神话中的图腾	
W6349.42	畲族神话中的图腾	【畲族】@［W6328.1.1.1］供奉龙犬的来历
W6349.43	水族神话中的图腾	【水族】
W6349.44	塔吉克族神话中的图腾	【塔吉克族】
W6349.45	塔塔尔族神话中的图腾	【塔塔尔族】
W6349.46	土家族神话中的图腾	
W6349.46.1	土家族神话中的白虎图腾	【土家族】
W6349.47	土族神话中的图腾	【土族】
W6349.48	佤族神话中的图腾	
W6349.48.1	佤族神话中的牛图腾	【佤族】

W 编码	母题描述	关联项
W6349.49	维吾尔族神话中的图腾	
W6349.49.1	维吾尔族神话中的狼图腾	【维吾尔族】
W6349.50	乌孜别克族神话中的图腾	
W6349.51	锡伯族神话中的图腾	【锡伯族】
W6349.52	瑶族神话中的图腾	
W6349.52.1	瑶族神话中的犬图腾	【瑶族】
W6349.53	彝族神话中的图腾	
W6349.53.1	彝族神话中的虎图腾	【彝族】
W6349.53.2	彝族神话中的鹰图腾	【彝族】
W6349.53.3	彝族神话中的龙图腾	【彝族】
W6349.54	裕固族神话中的图腾	【彝族】
W6349.54.1	裕固族神话中的犬图腾	【裕固族】
W6349.55	藏族神话中的图腾	
W6349.55.1	藏族神话中的猴图腾	【藏族】
W6349.56	壮族神话中的图腾	
W6349.56.1	壮族神话中的蛙图腾	【壮族】
W6349.57	与民族图腾有关的其他母题（与民族图腾名称有关的其他母题）	
W6349.57.1	多个民族有相同名称的图腾	
W6349.57.2	一个民族有多个图腾（一个族体有多个图腾）	[W6338.1.3.1 *] 葫芦瓜是黎族图腾之一
W6349.57.2.1	蒙古族有苍狼、白鹿、天鹅等不同的图腾	【蒙古族】
W6349.57.2.2	成吉思合罕的祖先是苍狼（父）和白鹿（母）	【蒙古族】
W6349.57.3	全民族的图腾	
W6349.57.3.1	蛙是壮族全民族的图腾	【壮族】

6.3.3 与图腾有关的其他母题
【W6350 ~ W6359】

W 编码	母题描述	关联项
W6350	**图腾名称（图腾的名称；图腾的称谓）**	
W6350. 1	图腾名称的产生	［W6860］名称（名称的产生；命名的产生；姓名的产生；取名）
W6350. 2	图腾名称的特征	
W6350. 2. 1	图腾有特定的名称称谓	
W6350. 2. 1. 1	鄂温克族认为公熊成为“合克”（祖父），母熊称为“额我”（祖母）	【鄂温克族】
W6350. 2. 2	图腾名称作为族体名称	［W6301. 5. 2＊］古代东夷以鸟为图腾
W6350. 2. 2. 1	图腾名称作为氏族名称	【傈僳族】
W6350. 3	图腾的特定称呼（图腾的尊称）	
W6350. 3. 1	称图腾动物为祖先	［W0640］祖先
W6350. 3. 1. 1	一对夫妇及其子孙奉獐子为祖先	【彝族】
W6350. 3. 2	称图腾为祖父母	
W6350. 3. 3. 2. 1	称图腾熊为爷爷	【鄂伦春族】
W6350. 3. 3	称图腾为父母	
W6350. 3. 4	称图腾为老爷	【羌族】
W6350. 3a	与图腾名称有关的其他母题	［W6354. 2］忌说图腾名称
W6350. 3a. 1	对图腾物要用特定的称呼	
W6350. 3a. 2	图腾名称与姓氏名称有关	
W6350. 3a. 2. 1	鲁姓分为竹根和棠梨树两宗	【彝族】

W 编码	母题描述	关联项
W6351	**图腾的归属（图腾的类型；图腾的分类）**	
W6351.1	以图腾身份划分的图腾	
W6351.1.1	图腾神（神图腾）	【汤普森】A113；【关联】①
W6351.1.1.1 *	炮灶时期灶神是图腾	【中华民族】
W6351.1.2	图腾动物（动物作为图腾）	
W6351.1.2.1	一般图腾动物	
W6351.1.2.1.1	傈僳族共有19个氏族有虎（腊扒）、熊（俄扒）、羊（阿赤扒）、鱼（旺扒）、蛇（雷府扒）、蜂（别扒）、鼠（亥扒）、鸟（业扒）、猴（弥扒）等9种动物图腾	【傈僳族】
W6351.1.2.2	图腾神话动物	
W6351.1.3	图腾植物（植物作为图腾）	［W6330］植物图腾
W6351.1.3.1	傈僳族19个氏族中有荞（括扒）、竹（马打扒）、釉木（拉古扒）、麻（直扒）、菌（党采扒）、菜等6种植物图腾	【傈僳族】
W6351.1.4	自然物作为图腾	
W6351.1.4.1	霜（仪扒）、火（弥夺扒）等作为图腾	【傈僳族】
W6351.1.5	无生命物作为图腾	
W6351.1.5.1	木桩氏族的木桩图腾	【怒族】
W6351.1.6	人造物作为图腾	
W6351.1.6.1	工具作为图腾	
W6351.1.6.1.1	犁、船作为图腾	【傈僳族】
W6351.1.7	特定的肢体或器官作为图腾	

① ［W6287.3］图腾物不能买卖；［W6290］动物图腾；［W6330］植物图腾；［W6340～W6349］自然物或无生命物图腾。

W 编码	母题描述	关联项
W6351.1.7.1	生殖器图腾	
W6351.1.7.1.1＊	河姆渡象牙蝶形器上的双鸟拱日图是生殖图腾的形象化展现	【中华民族】
W6351.2	以图腾信众划分的图腾	
W6351.2.1	个体化的图腾（个体图腾）	
W6351.2.2	家族的图腾（家族图腾）	
W6351.2.3	姓氏的图腾（姓氏图腾）	
W6351.2.3.1	石姓中有鹰图腾	【满族】
W6351.2.4	氏族的图腾（氏族图腾）	
W6351.2.4.1	虎氏族的图腾是虎	【克木人】
W6351.2.5	部落的图腾（部落图腾）	
W6351.2.5.1	黄帝部落熊图腾	【中华民族】
W6351.2.6	民族的图腾（民族图腾）	
W6351.2.6.1	一个民族有多种图腾	
W6351.2.6.1.1＊	壮族先人有鸟、蛙、水牛、黄牛、蛟、鱼、马蜂、羊、竹、森林（又称虎）、黄（又称土地）和潭12种图腾	【壮族】
W6351.3	图腾的归属	
W6351.3.1	图腾的大小归属	
W6351.3.1.1	小的图腾服从大的图腾	
W6351.3.2	图腾的社会组织归属	
W6351.3.2.1	部落图腾包含多种氏族图腾	
W6351.4	与图腾归属有关的其他母题	
W6352	**图腾的变化（图腾的改变；图腾的演变；图腾的分化）**	
W6352.1	图腾的变形	【蒙古族】@［W9500］变形
W6352.1.1	图腾物变为人	

W 编码	母题描述	关联项
W6352. 1. 2	人死后变为图腾物	
W6352. 1. 2. 1	彝族是虎的后代，死者火葬后再变化还原成虎	【彝族】@［W6294. 5. 1］死后身上盖虎皮表示死者生前是虎的后代
W6352. 1. 3	图腾在特定的时间变形	
W6352. 1. 3. 1	图腾昼夜变成不同的形象	
W6352. 1. 3. 1. 1	公牛祖先白天变成杂灰色的公牛，晚上变成人	【蒙古族（布拉加特人）】
W6352. 2	一个图腾变成其他图腾	
W6352. 2. 1	少昊初以燕子为本部族图腾后来改为凤	【汉族】
W6352. 3	图腾变成敌人	
W6352. 3. 1	特定人物把图腾变成敌人	
W6352. 3. 1. 1	喇嘛把蒙古人原来的祖先苍狼变成蒙古人的敌人	【蒙古族】@［W6292. 4. 2. 1］蒙古人认为苍狼是自己的祖先（图腾）
W6352. 4	国家图腾的变化	
W6352. 4. 1	一国由蛟变为水牛	【壮族】
W6352. 4. 2	一国由鱼变为蛟	【壮族】
W6352. 5	众多图腾组合成新的图腾（多个图腾合并为一个图腾；图腾的合并）	【壮族】
W6352. 5. 1	众多图腾合并成龙图腾	【民族，关联】①
W6352. 5. 2	龙蛇图腾	【侗族】
W6352. 5. 2. 1 *	祝融是龙蛇图腾	【中华民族】
W6352. 5. 2. 1. 1 *	祝融是龙蛇图腾部落集团的总称	【中华民族】
W6352. 5. 2. 2 *	共工是龙蛇图腾	【中华民族】
W6352. 5. 2. 3 *	鲧禹为龙蛇图腾	

① 【汉族】@［W6325. 1. 4. 1］颛顼把各部族的图腾合并为一个新的图腾，称作“龙”；［W6325. 1. 5. 1］黄帝根据 72 个部落献的图腾创造了新的图腾“龙”。

W 编码	母题描述	关联项
W6352.5.3＊	图腾的合并是图腾式的社会发展必循的途径	【多民族】
W6352.6	一个图腾物分化为若干图腾（图腾的扩大延伸）	
W6352.6.1	虎图腾氏族分化出“母虎氏族”“虎头氏族”“虎爪氏族”	【纳西族（摩梭）】
W6352.6.2	虎氏族分裂为虎、豹、野猫、独狼、群狼五个图腾氏族	【克木人】
W6352.6.3＊	姜姓部落最早的羊图腾随部落扩展又出现牛图腾之族	【中华民族】
W6352.6.4＊	白马、骆马为图腾是黄帝野兽图腾中的一支子部落	【中华民族】
W6352.7	图腾的借用	
W6352.8	图腾的消失	
W6352.9	与图腾的变化有关的其他母题	
W6352.9.1＊	重大事件后更改图腾	
W6352.9.1.1＊	黄帝统一中原后改为龙图腾	【中华民族】@［W6325.5.2a.1＊］黄帝战胜蚩尤后，少典氏的“熊”图腾为“龙”图腾
W6353	**人与图腾的关系**	［W6350.2.2］图腾名称作为族体名称
W6353.1	人与图腾的婚姻（人与图腾的血缘关系）	【关联】①
W6353.1.1＊	人相信图腾为其所属集团的祖先	【多民族】
W6353.1.2＊	人相信与图腾有血缘关系	【多民族】
W6353.2	人对图腾崇敬的表达	
W6353.2.1＊	人献媚图腾	【古代民族】@［W6301.3.1＊］鸟图腾表现为媚鸟
W6353.2.2＊	人表达对图腾的崇拜	【古代民族】@［W6301.3.2＊］鸟图腾表现为拜鸟

① ［W5266.2］人与猴婚配繁衍猴氏族；［W7401］人与动物婚；［W7490］人与植物婚。

W 编码	母题描述	关联项
W6353. 2. 3 ∗	人装扮成图腾	【古代民族】@［W6301. 3. 3 ∗］鸟图腾表现为装鸟
W6353. 2. 4 ∗	人用图腾物做装饰	
W6353. 2. 4. 1 ∗	图腾民族在服装上装饰图腾或图腾物象征	【多民族】
W6353. 2. 4. 2 ∗	图腾作为身体装饰、日常用具、住所墓地之装饰	【多民族】
W6353. 2. 5 ∗	人不敢损害、毁伤或生杀图腾物	【多民族】
W6353. 3	人与图腾联系的方式	
W6353. 3. 1 ∗	儿孙字老祖宗面前演习本图腾的特殊姿态	【瑶族】
W6353. 3. 2 ∗	儿孙字老祖宗面前演习本图腾的特殊动作	【瑶族】
W6353. 3. 3 ∗	儿孙字老祖宗面前演习本图腾的特殊声调	【瑶族】
W6353. 3. 3. 1 ∗	儿孙字老祖宗面前演习本图腾的特殊姿态、动作与声调以便提醒老祖宗的记忆	【瑶族】
W6353. 3. 3. 2 ∗	瑶族祭狗王时“扣槽群号”	【瑶族】
W6353. 4	特定环境模仿图腾	
W6353. 4. 1 ∗	饮酒时模仿犬图腾的叫声	【黎族】
W6353. 5	特定环境绘制图腾	
W6353. 5. 1 ∗	在住所周围绘画雕刻作图腾形象	【多民族】
W6353. 5. 2 ∗	在宗教仪式场所绘画雕刻作图腾形象	【多民族】
W6353. 5. 3 ∗	图腾常见于屋脊或专门建立的图腾柱上	【多民族】
W6353. 6	图腾特定仪式强化与图腾的关系	
W6353. 6. 1 ∗	通过成年礼强化与图腾的关系	
W6353. 6. 1. 1 ∗	男女成年礼举行图腾入社式	【多民族】

W 编码	母题描述	关联项
W6354	**图腾禁忌**	［W6510～W6549］禁忌
W6354.0	忌杀图腾	［W6356.5.2.1］图腾可以猎杀
W6354.0.1	以羊为图腾者不准杀食	【羌族】
W6354.0.2	图腾中只选出一种禁止猎杀	【藏族】
W6354.0.3	每个氏族图腾动物所属莫昆（父系氏族组织的名称）的人绝不可杀害	【鄂温克族】
W6354.0.4	每个氏族图腾动物忌他人杀害	【鄂温克族】
W6354.0.5	忌杀死作为图腾的苍狼白鹿	【蒙古族（布里亚特）】
W6354.0.5.1	忌打死作为图腾的狼	【蒙古族（布里亚特）】
W6354.1	忌伤害图腾	［W6511.4.1.1.1］忌伤害代表祖先灵魂的蜜蜂
W6354.1.1	虎氏族打猎不打虎	【白族】
W6354.2	忌食图腾	【蒙古族】
W6354.2.1	吃图腾会得罪祖先	
W6354.2.1.1	女子与狗结婚的后代不能吃狗肉，否则就得罪了祖先	【土家族】
W6354.2.2	虎氏族不吃虎肉	【白族】
W6354.3	忌说图腾名称	【关联】①
W6354.3.1	用其他名字代替图腾名称	【蒙古族】
W6354.4	忌图腾放置特定地方	
W6354.4.1	图腾不能带回家	【蒙古族（布里亚特）】
W6354.4.2	忌乱抛图腾物骨头	
W6354.4.2.1	猎人吃完熊肉后，将作为图腾的熊的头骨收拾干净风葬，严禁把熊的骨头乱扔	【鄂温克族】
W6354.5	忌打扰图腾	

① ［W6527.5］特定对象禁言；［W6529.1.2］忌言祖先姓名（祖神名称禁忌；长辈名称禁忌）；［W6529.1.4.1］老虎是人所变，所以到老虎时要称呼“哥哥”才能免被伤害。

W 编码	母题描述	关联项
W6354. 5. 1	鹰是第一个萨满的祖先，不准惊动它	【蒙古族（布里亚特）】
W6354. 6 *	忌养图腾物	
W6354. 6. 1 *	犬图腾者忌养狗	【瑶族】
W6354. 7 *	祭祀忌用与图腾有关之物	
W6354. 7. 1 *	祭蚩尤不用与蚩尤牛图腾有关的牛头	【中华民族】
W6354. 8	与图腾禁忌有关的其他母题	【关联】①
W6355	**图腾的死亡**	［W6356. 6］葬图腾（图腾物的葬礼）
W6355. 1	用巫术使图腾死亡	［W6357. 1. 1］杀死图腾物就会杀死相应的人群
W6355. 2	吃掉特定的图腾动物	
W6355. 2. 1	祖先达尼吃掉地鼠	【珞巴族】
W6355. 3	一种图腾吃掉另一种图腾	
W6356	**人对图腾的处置（人对图腾的态度；图腾物的处理）**	［W6328. 1］图腾动物的处置
W6356. 1	分食图腾	
W6356. 1. 1	分食图腾时男女有别	
W6356. 1. 1. 1	吃图腾熊时，女人只能吃下半身和后脊背部的肉，男人吃熊包括四肢的前半部的肉	【鄂伦春族】
W6356. 2	以图腾粪便为食	【西北古代民族】@［W6141］食品的产生（人类食物的产生；食物的来历；食物的获得）
W6356. 3	人敬畏图腾	
W6356. 3. 1	节日时敬图腾物	【羌族】

① ［W6287. 1］图腾物不能买卖；［W6538a. 3. 1］部落图腾禁忌。

W 编码	母题描述	关联项
W6356.4	图腾的放置（图腾物的使用；图腾的保存）	
W6356.4.1	图腾物头颅的放置	
W6356.4.1.1	图腾物头颅要放高处	
W6356.4.1.1.1	猎熊后熊的头要放树上	
W6356.4.1.1.1.1	猎熊后熊的头放树上可以驱逐恶灵	【蒙古族（布里亚特）】
W6356.4.2	特定仪式要使用图腾物	
W6356.4.2.1	婚礼的仪式上，主持人要在氏族图腾野猪的头上做六次切割	【蒙古族（布里亚特）】
W6356.4.3	图腾物带在身边	
W6356.4.3.1	把图腾物的骨骼带在身边以示图腾崇拜	【蒙古族（布里亚特）】
W6356.4.4	图腾放在祭祖的地方	
W6356.4.4.1	祭祀先祖的地方供养象征祖灵的动物图腾	【多民族】@［W6354.4.1］图腾不能带回家
W6356.5	图腾的处理	
W6356.5.1	处死图腾	
W6356.5.1.1	处死图腾物要有托辞	
W6356.5.1.1.1	处死青蛙图腾时要说不是人害死	【壮族】
W6356.5.2	猎杀图腾	［W6357.1.1］杀死图腾物就会杀死相应的人群
W6356.5.2.1	图腾可以猎杀	【藏族】@［W6354.0］忌杀图腾
W6356.5.2.2	猎杀图腾后要请求原谅	【鄂伦春族】
W6356.5.3	宰杀图腾	［W6354.0］忌杀图腾
W6356.5.3.1	剥熊图腾的皮时，须先割其睾丸挂在树上后才能动手剥皮	【鄂温克族】
W6356.5.3.2	宰杀图腾时忌妇女	【鄂伦春族】

W 编码	母题描述	关联项
W6356. 5. 4	图腾的处理有特定仪式	
W6356. 5. 4. 1	杀死图腾熊后要举行风葬	【鄂温克族】
W6356. 5. 4. 2	图腾的处理仪式因情况而异	
W6356. 5. 4. 2. 1	对于害死人的图腾熊不能像正常处死的熊举行风葬，而是除留下皮子使用外其他肢体扔掉	【鄂温克族】
W6356. 6	葬图腾（图腾物的葬礼）	［W6356. 5. 4. 1］杀死图腾熊后要举行风葬
W6356. 6. 1	葬图腾的产生	
W6356. 6. 1. 1	图腾动物提出死后要举行葬礼	【鄂温克族】
W6356. 6. 2	葬图腾有特定仪式	
W6356. 6. 2. 1	葬熊图腾时，先开膛剖肚单独放置熊头后请德高望重者指挥葬熊仪式	【鄂伦春族】@［W6328. 1. 2］葬图腾动物
W6356. 7	图腾的传承	［W6895a. 8. 1］名称的传承（名称的传袭）
W6356. 7. 1	通过文化创造传承图腾	
W6356. 7. 1. 1 *	创造与图腾相关的赞颂歌、神话传承图腾	【多民族】
W6356. 7. 1. 2 *	通过图腾的歌舞、音乐、戏剧等传承图腾	【多民族】
W6356. 7. 2	通过物化图腾名称传承图腾	
W6356. 7. 2. 1 *	通过以图腾命名传承图腾	【中华民族】@［W6287. 5］图腾成为地名
W6356. 7. 3 *	继承母族的图腾	
W6356. 7. 3. 1 *	黄帝的图腾“蟜”是崇奉母族图腾	【中华民族】
W6357	**与图腾有关的其他母题**	
W6357. 1	图腾的控制	
W6357. 1. 1	杀死图腾物就会杀死相应的人群	【珞巴族】

W 编码	母题描述	关联项
W6357.2	图腾的数量	
W6357.2.1	双图腾	
W6357.2.1.1	人是熊儿与虎女繁衍	【傣族】
W6357.2.2	多图腾	［W6349.57.2］一个民族有多个图腾（一个族体有多个图腾）
W6357.3	图腾与人的关系	
W6357.3.1	图腾对关系人的影响	
W6357.3.1.1	图腾影响图腾关系人的习性	
W6357.3.1.1.1	狼图腾者好引声长歌似狼嗥	【西北古代民族】
W6357.3.2	人与图腾同体	【羌族】
W6357.4	人以献身图腾为荣	
W6357.4.1	虎氏族的人不幸被虎吃了，认为是“成仙”了	【白族】
W6357.5	图腾的代表物（图腾的替身；图腾的象征物）	［W9240］象征物
W6357.5.1	蛇作为图腾的化身	
W6357.5.1.1	清明扫墓见到的坟边的蛇是祖先的化身	【侗族】
W6357.5.2	公山羊象征太阳图腾	【蒙古族】
W6357.6＊	图腾主义	
W6357.6.1＊	人赋予龙形龙性是典型的图腾主义的心理	【多民族】

6.3.4 崇拜的产生
【W6360～W6369】

W 编码	母题描述	关联项
*W6360	崇拜（崇拜的产生；崇拜产生的原因）	【汤普森】A1546
W6361	因神圣产生崇拜（因与神有关产生崇拜）	［W6411］崇拜有神性的自然现象
W6361.0	神或神性人物有神圣权力被崇拜	
W6361.0.1	因山神土地为一方之主被崇拜	【白族】
W6361.1	神圣的动物被崇拜	【汤普森】≈B811
W6361.2	与神有关的特定物被崇拜	
W6361.2.1	因蜂是天神送到人间的，所以把蜂糖尊为神物	【羌族】@［W6397.3.3.1］蜜蜂崇拜
W6361.3	其他与崇拜有关的圣物	【汤普森】V130
W6362	因害怕产生崇拜（因恐惧崇尚崇拜）	
W6362.1	因害怕神或神性人物对其崇拜	
W6362.1.1	"舍利"是最厉害的神，能使人生病，人们崇拜它	【鄂温克族】
W6362.1.2	布拉加特人曾崇尚可怕的东方众哈特	【蒙古族（布里亚特）】
W6362.2	因害怕特定的人对其崇拜	
W6362.3	因害怕特定动物对其崇拜	
W6362.4	因害怕特定植物对其崇拜	
W6362.4.1	植物可以惩罚那些不敬者	【汤普森】A2721；［W6400］植物崇拜
W6362.5	害怕其他特定物产生崇拜	

W 编码	母题描述	关联项
W6362.5.1	不崇拜某物要受到惩罚	
W6362.5.2	湖用来淹死不敬神的人	【汤普森】A920.1.8；［W9908］不敬神受惩罚
W6362.5.3	因害怕牙齿产生相应崇拜	
W6362.5.3.1	人类对动物的牙齿产生畏惧，进而崇拜它	【中华民族】
W6363	**因感恩产生崇拜（崇拜恩人）**	［W6474.1］祭祀是为了感恩
W6363.0	感恩特定人物产生崇拜（感恩神产生神崇拜；感恩神性人物产生神性人物崇拜；感恩特定的人产生人崇拜）	
W6363.0.1	感恩特定的神或神性人物产生崇拜	［W6371.2］敬神因为神对人有恩
W6363.0.2	女娲补天治水为人类造福，人们崇敬女娲	【汉族】
W6363.1	感恩动物产生崇拜	
W6363.1.1	因为动物对人有恩受崇拜	【关联】①
W6363.1.1.1	狗因为与人交换寿命受尊敬	【纳西族、怒族】
W6363.1.1.2	崇拜青蛙是因为青蛙救过祖先的命	【普米族】
W6363.2	感恩植物产生崇拜	
W6363.2.1	因为特定的植物救过先祖被崇拜	
W6363.2.1.1	崇拜竹根是因为竹根救过先祖的命	【彝族】
W6363.3	感恩无生命物产生崇拜	
W6363.3.1	感恩无生命物救过先祖被崇拜	［W6428.3.6］白石崇拜
W6363.3.1.1	白云石拯救羌族祖先，所以供奉着白云石	【羌族】
W6363.3.1.2	石头保护了人种，把石头视为神明	【畲族】

① ［W3965］动物盗粮种（动物取粮种）；［W2959.1］动物把自己的一部分寿命交给人。

W 编码	母题描述	关联项
W6363. 3. 2	感恩无生命物立功被崇拜	
W6363. 3. 2. 1	感谢白云石击败敌人产生白石崇拜	【羌族】
W6363. 4	感恩其他特定物产生崇拜	
W6364	**因体征奇特被崇拜（崇拜异相）**	［W0584］文化英雄的体征
W6364. 1	特殊的象被崇拜	【傣族】
W6365	**有益的东西被崇拜**	【汉族】
W6365. 1	有益的动物被崇拜	【汉族】@［W3048. 10］有益的动物
W6365. 2	有益的宝物被崇拜	［W9650］宝物
W6365. 3	能治病的东西被崇拜	
W6365. 3. 1	大海珍珠庙里的一颗珍珠治好小孩的病，小孩称大海为母亲	【汉族】
W6366	**因有功被崇拜**	［W6373. 1. 1. 2］崇拜盘古的开天辟地和繁衍人类之功
W6366. 1	动物因盗粮种被崇拜	［W3950 ~ W3999］种子的获取（盗取）
W6366. 2	植物因帮助过英雄被崇拜	
W6366. 2. 1	因站在马樱花树上射落日月，所以崇拜马樱花树	【彝族】
W6367	**因特定关系产生崇拜**	［W5008］社会关系的产生
W6367. 1	因特定的婚姻关系产生崇拜	
W6367. 1. 1	猎人因为与女猎神结婚被怒族奉为祖先	【怒族】
W6368	**崇拜产生的其他原因**	
W6368. 1	因文化影响产生崇拜	［W6007］文化的特征
W6368. 2	因特定的喜好产生崇拜	
W6368. 2. 1	因性情优良受崇拜	

W 编码	母题描述	关联项
W6368.2.1.1	忠诚的狗受到崇拜	【汉族】
W6368.3	因关联产生相应的崇拜（关联物引起的崇拜）	［W6430.4.3］与火有关的关联物崇拜
W6368.3.1	风崇拜引起相关的山崖崇拜	【蒙古族（布里亚特）】
W6369	**与崇拜产生有关的其他母题**	
W6369.1	崇拜产生的时间	
W6369.1.1	从老祖宗开始产生崇拜	【高山族】
W6369.2	崇拜产生的地点（崇拜产生的环境）	
W6369.2.1	稻作文化区产生与稻作有关的崇拜	【多民族】

6.3.5 常见的崇拜物【W6370～W6434】

W 编码	母题描述	关联项
W6370	**崇拜物（特定的崇拜对象）**	【汤普森】V1；［W6290～W6349］常见的图腾物
W6371	**神的崇拜（鬼神崇拜；神崇拜的产生；神崇拜的原因；神崇拜的来历）**①	［W0000］神
W6371.1	特定的神让人崇拜神	

① 神的崇拜，该类母题的列举难以穷尽，几乎神话或生活中塑造的每一个“神”都会有其特定崇拜人群，形成相应的祭祀仪式或颂功性质的神话叙事，若在此处列举会与“神与神性人物”类型母题造成明显的重复。因此，这里的编码只采取典型示例的方法。具体崇拜的“神”或“神性人物”可参见“［W00～W0999］神与神性人物”。

W 编码	母题描述	关联项
W6371. 1. 1	天神让人敬神	【拉祜族】
W6371. 1. 1. 1	玉帝命令要供奉神	【汉族】
W6371. 2	敬神是因为神对人有恩	
W6371. 2. 1	神让人有饭吃，所以敬神	
W6371. 2. 1. 1	达梅吉神使人有饭吃，牛有草吃，所以人们非常敬重达梅吉	【佤族】
W6371. 2. 2	崇拜神是因为神带来利益（造福人类者被崇拜）	
W6371. 2. 2. 1	祝融为人取火，所以人非常崇拜火神祝融	【汉族】
W6371. 3	敬神是为了表示对神的感激	【珞巴族】
W6371. 4	神崇拜与祖先有有关	
W6371. 4. 1	南瓜中生鬼和祖先，所以崇拜鬼神	【傈僳族】
W6371. 5	与敬神原因有关的其他母题	
W6371. 5. 1	不敬神受惩罚	【汉族】@［W6362. 3］湖用来淹死不敬神的人
W6371. 5. 1. 1	因老百姓不敬天帝，玉皇大帝不准乌龙去那里耕云播雨	【汉族】
W6372	**特定的神的崇拜（崇拜特定的神）**	【汤普森】V1. 1
W6372. 1	天神崇拜	【蒙古族】@［W0181］天神
W6372. 1. 1	天神崇拜的产生	
W6372. 1. 2	天神崇拜的特征	
W6372. 1. 3	特定的天神崇拜	
W6372. 1. 3. 1	敬奉老天爷	【汉族】

W 编码	母题描述	关联项
W6372.1.4	与天神崇拜有关的其他母题	【关联】①
W6372.1.4.1	赫哲族最尊敬的神是天神	【赫哲族】
W6372.1.4.2	天神崇拜的变化	
W6372.1.4.2.1	天神崇拜的淡化	
W6372.1.4.2.1.1	因人们不再靠天吃饭，敬奉老天爷的事渐渐淡漠	【汉族】
W6372.2	地神崇拜	【西北古代民族】【汉族】
W6372.2.1	地神崇拜的产生	
W6372.2.2	地神崇拜的特征	
W6372.2.3	特定的地神崇拜	
W6372.2.3.1	土地神崇拜	［W6495.2.5.3］祭土地神
W6372.2.4	与地神崇拜有关的其他母题	
W6372.3	男神崇拜	【侗族】
W6372.3.1	男神崇拜的产生	
W6372.3.2	男神崇拜的特征	

① ［W0208］特定名称的天神（天神的名称）；［W0208.1.1］天神遮帕麻（天公神遮帕麻）；［W0208.2.1］天神阿白；［W0208.4.1］天神帕雅英；［W0208.4.2］天神英叭；［W0208.6.1］天王桓雄；［W0208.7.1］天神腾格里；［W0208.9.1］天神卜帕法；［W0208.12.1］天神姆朋；［W0208.12.4］天神格蒙；［W0208.14.1］天神恩都力；［W0208.15.1］天神宝拉哈；［W0208.16.1］天神依勒克；［W0208.17.1］天神彻格；［W0208.18.1］天神俄玛；［W0208.18.2］天神梅烟；［W0208.19.1］天神迦萨甘；［W0208.20.1］天神太一；［W0208.20.2］天神黎；［W0208.20.3］天神重；［W0208.20.4］天神咸池；［W0208.20.5］天神穷奇；［W0208.20.6］天神皋稽；［W0208.20.7］天神诸稽、摄提；［W0208.20.8］天神贰负；［W0208.21.1］天神伏尤亥玛法；［W0208.25.1］天神番瓦能桑；［W0208.25.2］天神木代；［W0208.27.1］天神厄莎；［W0208.27.2］天神鬼谷子；［W0208.27.3］天神扎多、娜多；［W0208.29.1］天神木布帕；［W0208.30.1］天神亚西工姆；［W0208.30.2］天神奥尼和桑达；［W0208.31.1］天神阿布卡恩都里；［W0208.31.2］天神巴依尤勒干；［W0208.31.3］天神尼桑萨满；［W0208.33.1］天神旺秋钦布；［W0208.34.1］天神吉雅琦；［W0208.34.2］汗·霍尔穆兹达天神；［W0208.35.1］天神列老列格米·爷觉朗努；［W0208.35.2］天神“莎”；［W0208.37.1］天神阿普；［W0208.38.1］天神讷拉格波；［W0208.38.2］天神腊普和亚妞；［W0208.40.1］天神迪；［W0208.40.2］天神木巴；［W0208.40.3］天神木比塔；［W0208.43.1］天神伢俣；［W0208.46.1］天上的大神墨特巴；［W0208.48.1］天神努阿；［W0208.48.2］天神木依吉；［W0208.51.1］天神阿布凯厄真；［W0208.51.2］阿布卡·恩杜里；［W0208.53.1］更资天神；［W0208.53.2］天君策举祖；［W0208.53.3］天神米姑鲁；［W0208.53.4］天神阿格耶；［W0208.53.5］天神阿俄署布；［W0208.53.6］天神阿罗德；［W0208.53.7］天神吾安普；［W0208.55.1］天神夏都；［W0208.55.2］天上的神仙木里纳普；［W0208.55.3］天老爷罗拉甲伍；［W0208.56.1］天神紫薇大帝。

W 编码	母题描述	关联项
W6372. 3. 3	特定的男神崇拜	
W6372. 3. 4	与男神崇拜有关的其他母题	
W6372. 4	女神崇拜	［W0065］女神
W6372. 4. 1	女神崇拜的产生	
W6372. 4. 2	女神崇拜的特征（女神崇拜的情形）	
W6372. 4. 2. 1	因崇拜特定的女神尊称其为天子	【侗族】
W6372. 4. 3	特定的女神崇拜	
W6372. 4. 3. 1	侗族群众崇拜圣婆	【侗族】
W6372. 4. 4	与女神崇拜有关的其他母题	
W6372. 5	祖先神崇拜	［W0641］祖先神
W6372. 5. 1	祖先神崇拜的产生	
W6372. 5. 1. 1	因人祖爷灵验敬祖先神	【汉族】
W6372. 5. 2	祖先神崇拜的特征	
W6372. 5. 3	特定的祖先神崇拜	
W6372. 5. 4	与祖先神崇拜有关的其他母题	
W6372. 5. 4. 1	土家族崇拜的祖先神包括族神、氏族神和家庭祖先神	【土家族】
W6372. 6	动物神崇拜	［W0500］动物神
W6372. 6. 1	动物神崇拜的产生	
W6372. 6. 2	动物神崇拜的特征	
W6372. 6. 3	特定的动物神崇拜	
W6372. 6. 3. 1	龙神崇拜	【民族，关联】①
W6372. 6. 3. 1. 1	龙神崇拜的产生	
W6372. 6. 3. 1. 2	龙神崇拜的特征	
W6372. 6. 3. 1. 2. 1	龙神是一种对水神的崇拜	【朝鲜族】
W6372. 6. 3. 1. 3	特定的龙神崇拜（龙神崇拜的类型）	

① 【白族】【侗族】【蒙古族】【汉族】@［W0535］龙神；［W6381］龙崇拜。

W 编码	母题描述	关联项
W6372.6.3.1.4	与龙神崇拜有关的其他母题	
W6372.6.3.2	蛇神崇拜	［W0530］蛇神
W6372.6.3.2.1	蛇神崇拜的产生	
W6372.6.3.2.2	蛇神崇拜的特征	
W6372.6.3.2.3	与蛇神崇拜有关的其他母题	
W6372.6.3.2.3.1	特定地区的柯尔克孜人供奉蛇神	【柯尔克孜族】
W6372.6.3.3	马神崇拜	【汉族】@［W0507］马神
W6372.6.3.3.1	马神崇拜的产生	
W6372.6.3.3.2	马神崇拜的特征（马神崇拜的情形）	
W6372.6.3.3.3	特定的马神崇拜（马神崇拜的类型）	
W6372.6.3.3.4	与马神崇拜有关的其他母题	
W6372.6.3.4	牛神崇拜	【汉族】@［W0509］牛神
W6372.6.3.4.1	牛神崇拜的产生	
W6372.6.3.4.2	牛神崇拜的特征（牛马神崇拜的情形）	
W6372.6.3.4.2.1	敬牛魔王	［W0476.1.1］牛魔王是六畜神
W6372.6.3.4.2.1.1	因牛魔王教人用野牛耕种，所以盂县有敬牛魔王的习俗	【汉族】
W6372.6.3.4.3	特定的牛神崇拜（牛神崇拜的类型）	
W6372.6.3.4.4	与牛神崇拜有关的其他母题	
W6372.6.3.5	鸟神崇拜	【汉族】@［W0514］鸟神
W6372.6.3.5.1	鹰神崇拜	［W0517］鹰神
W6372.6.3.5.1.1	鹰神为动物神中的首神	【满族】
W6372.6.3.6	熊神崇拜	［W0511］熊神
W6372.6.3.6.1	五六千年前的红山文化，先民崇拜熊神	【中华民族】

W 编码	母题描述	关联项
W6372. 6. 4	与动物神崇拜有关的其他母题	
W6372. 6. 4. 1	崇拜复合动物神	
W6372. 6. 4. 1. 1	蒙古族先民可能崇拜狼鹿复合动物神	【蒙古族】
W6372. 7	植物神崇拜	［W0540］植物神
W6372. 7. 1	植物神崇拜的产生	
W6372. 7. 2	植物神崇拜的特征	
W6372. 7. 3	特定的植物神崇拜	
W6372. 7. 3. 1	五谷神崇拜	［W0546］五谷神
W6372. 7. 3. 2	五谷神崇拜的产生	
W6372. 7. 3. 3	五谷神崇拜的特征	
W6372. 7. 3. 4	与五谷神崇拜有关的其他母题	
W6372. 7. 3. 4. 1	谷魂奶奶崇拜	【傣族】@［W0905. 4. 1］谷魂奶奶
W6372. 7. 4	与植物神崇拜有关的其他母题	
W6372. 8	自然物神崇拜（自然神崇拜）	［W0390］自然物之神
W6372. 8. 1	自然物神崇拜的产生	
W6372. 8. 2	自然物神崇拜的特征	
W6372. 8. 2. 1	自然物神崇拜是普遍信仰	【布依族】
W6372. 8. 2. 2	通过祭祀表达自然物神崇拜	
W6372. 8. 2. 2. 1	布摩举行仪式率众村民祭祀山神、田神和谷神等	【布依族】
W6372. 8. 2. 3	自然物神崇拜对象繁多	【布依族】
W6372. 8. 2. 3. 1	自然物神崇拜有山神、树神、土地神、灶神、石神、河神等	【布依族】
W6372. 8. 3	特定的自然物神崇拜	
W6372. 8. 3. 0	崇拜日月山河	【蒙古族】
W6372. 8. 3. 1	山神崇拜	［W6495. 3］祭山神（祭山灵；祭山鬼）

W 编码	母题描述	关联项
W6372.8.3.1.1	山神崇拜的产生	
W6372.8.3.1.1.1	山神白那查救了猎人，从此猎人都敬仰白那查	【达斡尔族】
W6372.8.3.1.2	山神崇拜的情形	
W6372.8.3.1.3	特定的山神崇拜	
W6372.8.3.1.4	与山神崇拜有关的其他母题	
W6372.8.3.1.4.1	猎人普遍崇敬山神白那恰	【鄂伦春族】
W6372.8.3.2	太阳神崇拜	【民族，关联】①
W6372.8.3.2.1	太阳神崇拜的产生	
W6372.8.3.2.2	太阳神崇拜的情形	
W6372.8.3.2.3	与太阳神崇拜有关的其他母题	
W6372.8.3.3	月亮神崇拜	【民族，关联】②
W6372.8.3.3.1	月亮神崇拜的产生	
W6372.8.3.3.2	月亮神崇拜的特征	
W6372.8.3.3.3	与月亮神崇拜有关的其他母题	
W6372.8.3.4	火神崇拜	[W0466] 火神
W6372.8.3.4.1	火神崇拜的产生	
W6372.8.3.4.1.1	知道得罪火神后不能生火，开始供奉火神	【鄂伦春族】
W6372.8.3.4.2	火神崇拜的特征	
W6372.8.3.4.3	与火神崇拜有关的其他母题	
W6372.8.3.4.3.1	火神为自然神中的首神	【满族】@ [W6372.6.3.5.1.1] 鹰神为动物神中的首神
W6372.8.3.5	水神崇拜	[W0400] 水神
W6372.8.3.6	雷神崇拜	[W0305] 雷神
W6372.8.3.6.1	人不敢冒犯雷王	【壮族】
W6372.8.3.7	风神崇拜	[W0292] 风神

① 【汉族】【彝族】@ [W0271] 太阳神（日神）；[W6424] 太阳崇拜。

② 【汉族】【彝族】@ [W0280] 月亮神（月神）；[W6425] 月亮崇拜。

W 编码	母题描述	关联项
W6372. 8. 3. 8	崇拜其他自然物神	
W6372. 8. 3. 9	与自然神崇拜有关的其他母题	
W6372. 8. 3. 9. 1	多种自然物神崇拜	
W6372. 9	无生命物神崇拜	【关联】①
W6372. 9. 1	无生命物神崇拜的产生	
W6372. 9. 2	无生命物神崇拜的特征	
W6372. 9. 3	特定的无生命物神崇拜	
W6372. 9. 4	与无生命物神崇拜有关的其他母题	
W6372. 10	行业神崇拜（崇拜特定职能的神）	［W0420 ~ W0499］与职能、行业相关的神
W6372. 10. 1	行业神崇拜的产生	
W6372. 10. 2	行业神崇拜的特征	
W6372. 10. 3	特定的行业神崇拜	
W6372. 10. 3. 1	灶神崇拜	
W6372. 10. 3. 1. 1	灶神受某氏族之崇拜	【多民族】
W6372. 10. 3. 1. 2	唐宋以来，灶神的名望与日俱增	【多民族】
W6372. 10. 4	与行业神崇拜有关的其他母题	
W6372. 11	对偶神崇拜（夫妻神崇拜）	［W0141］对偶神（夫妻神）
W6372. 11. 1	对偶神崇拜的产生	
W6372. 11. 2	对偶神崇拜的情形	
W6372. 11. 3	特定的对偶神崇拜	
W6372. 11. 3. 1	天公地母崇拜	【民族，关联】②
W6372. 11. 3. 2	崇拜田公地母	［W0147. 4］田公地母
W6372. 11. 3. 2. 1	施甸布朗族崇拜田公地母等	【布朗族】
W6372. 11. 3	与对偶神崇拜有关的其他母题	
W6372. 12	其他特定的神的崇拜	

① ［W0446］自然物或无生命物保护神；［W0556］其他无生命物神。

② 【布朗族】@［W0142］天公地母；［W1511. 3］天公地母生万物。

W 编码	母题描述	关联项
W6372.12.1	主神崇拜	[W0123.1] 神王（主神）
W6372.12.1.1	多姓氏构成的一寨或数寨共祭一位“主神”	【布依族】
W6372.13	与神崇拜有关的其他母题	
W6372.13.0	不同宗教信仰崇拜不同的神	
W6372.13.0.1	师公教崇奉的神祇俗有“三十六神七十二相”	【壮族】
W6372.13.1	崇拜一神（一神崇拜）	【关联】①
W6372.13.2	崇拜多神（多神崇拜）	【关联】②
W6372.13.2.1	达斡尔人主要信仰萨满教，信仰多种神灵	【达斡尔族】
W6372.13.3	神崇拜的变化（敬神态度的变化）	
W6372.13.3.1	人不靠天吃饭时渐渐淡漠了敬奉老天爷的事	【汉族】
W6373	**文化英雄崇拜（英雄崇拜）**	[W0560] 文化英雄
W6373.1	三皇③崇拜	[W0730a.2] 三皇
W6373.1.1	盘古崇拜	[W0720] 盘古
W6373.1.1.1 *	盘古崇拜始于对葫芦盘的崇拜	【中华民族】
W6373.1.1.2	崇拜盘古的开天辟地和繁衍人类之功	【汉族等】

① [W6462.1.3.1.1] 单一神信仰；[W6495.0.4.2.9.4] 祭一神代表祭多神；[W6508.3.4.1] 不同民族共祭相同的神（多民族供奉的神；多民族共祭一神）。

② [W6450.7.1 *] 萨满教信奉多神；[W6450.8.1.2.3] 苯教崇奉多神；[W6462.1.3.1.2] 多神信仰；[W6495.0.4.2] 祭多神（同祭多神；多神共祭；多神混合祭祀）；[W6495.0.4.2.0.1] 怕其他神生气同祭多神；[W6507.3.2.9.1a] 祭多神求雨；[W6508.2.1.4.3] 家祭多神。

③ 三皇崇拜，关于“三皇”在神话叙事和神话研究中没有统一的说法，无论是对象还是事迹都有很大的差异，一般可以看作是具有创造发明性质的文化英雄。常见的说法如“三皇是天皇、地皇和人皇”，“三皇是天皇氏、地皇氏和人皇氏”，“三皇是天皇、地皇、泰皇”，“三皇是伏羲、女娲、神农（三皇伏羲、神农、女娲）”，“玉皇大帝把伏羲、神农和女娲封为天皇、地皇和人皇”，“三皇是燧人、伏羲、神农（三皇伏羲、神农、燧人）”，“三皇伏羲、神农、祝融”，“三皇伏羲、神农、黄帝”等。此处为了母题表述的简洁，只选取其中一些神话形象，加以描述。

W 编码	母题描述	关联项
W6373. 1. 1. 3	盘古崇拜的特征	
W6373. 1. 1. 3. 1 *	崇拜盘古神是原始神崇拜之一	【中华民族】
W6373. 1. 1. 4	盘古崇拜的变化	
W6373. 1. 1. 4. 1 *	崇奉盘古的苗瑶语族各族附会盘瓠崇拜	【多民族】
W6373. 1. 2	伏羲女娲崇拜	【民族，关联】①
W6373. 1. 3	伏羲崇拜	【民族，关联】②
W6373. 1. 4	女娲崇拜	【民族，关联】③
W6373. 1. 5	神农崇拜	［W0731］神农
W6373. 1. 5. 1	神龛中挂“谷王像”（神农画像）可驱虫免灾	【壮族】
W6373. 1. 6	燧人崇拜（燧人氏崇拜）	［W0738］燧人氏
W6373. 1. 6. 1	燧人氏因击石取火被崇拜	【汉族】@［W6371. 2. 2. 1］祝融为人取火，所以人非常崇拜火神祝融
W6373. 1. 7	有巢氏崇拜	【关联】④
W6373. 1. 8	祝融崇拜	［W0767］祝融
W6373. 2	炎黄崇拜	【民族，关联】⑤
W6373. 2. 0	炎黄崇拜的产生	
W6373. 2. 0a	炎黄崇拜的特征	
W6373. 2. 0a. 1 *	先秦炎黄崇拜呈现出人祖崇拜、圣君崇拜、天帝崇拜混融一体的特征	【中华民族】
W6373. 2. 0b	特定的炎黄崇拜	

① 【汉族】@［W2064. 2］伏羲女娲造人；［W2412. 5］伏羲女娲婚生人；［W6040. 2. 2］伏羲女娲教人耕种。

② 【多民族】@［W0675］伏羲；［W6004. 2. 2］伏羲发明特定文化［W6031. 2. 2. 3］伏羲发明渔网；［W6040. 2. 3a］伏羲教人耕种（伏羲发明耕种）。

③ 【多民族】@［W0710］女娲；［W1386. 2］女娲补天；［W2065］女娲造人；［W6040. 2. 3］女娲教人耕种。

④ ［W0750］有巢氏；［W0750. 1］有巢氏教人巢居。

⑤ 【汉族】【壮族】@［W0690］黄帝；［W0695. 3］炎黄为亲族；［W0742］炎帝。

W 编码	母题描述	关联项
W6373.2.0b.1＊	秦汉时期的炎黄崇拜	
W6373.2.0b.1.1＊	秦汉时期的炎黄崇拜具有神人分离转换的历史特征	【中华民族】
W6373.2.0c	与炎黄崇拜有关的其他母题	
W6373.2.1	炎帝崇拜	［W0742］炎帝
W6373.2.1.1＊	炎帝成了神农氏，凡以农为生的群落都可能发生崇拜炎帝的心理	【中华民族】
W6373.2.1.2＊	崇拜炎帝这样的先人源于他的劳动经验、生活经历和过人见识惠及全体族人及其后代	【中华民族】@［W6375.1.3.1］崇拜有功的祖先
W6373.2.1.3	南方崇拜炎帝	
W6373.2.1.3.1＊	因五帝中的炎帝分配到南方去称帝，故南方出现了炎帝崇拜	【中华民族】
W6373.2.2	黄帝崇拜	【中华民族】@［W0690］黄帝
W6373.2.2.1	黄帝崇拜的产生	
W6373.2.2.1.1＊	黄帝崇拜源于人们对创造文明成就的杰出历史人物的缅怀、纪念和感恩	【中华民族】
W6373.2.2.2	黄帝崇拜的特征	
W6373.2.2.2.1＊	黄帝崇拜属于祖先崇拜	
W6373.2.2.3	与黄帝崇拜有关的其他母题	
W6373.2a	尧舜崇拜	【关联】①
W6373.2a.1	长老皆称道尧舜	【中华民族】
W6373.2b	大禹崇拜	【关联】②
W6373.3	民族英雄崇拜	
W6373.3.1	格斯尔崇拜	【蒙古族】
W6373.3.2	江格尔崇拜	【蒙古族】

① ［W0739］舜；［W0747］尧。

② ［W0751］禹（大禹）；［W4976.1.5］大禹治水。

W 编码	母题描述	关联项
W6373. 3. 3	格萨尔崇拜	【土族】【裕固族】【藏族】
W6373. 3. 4	玛纳斯崇拜	【柯尔克孜族】
W6373. 3. 5	布伯崇拜	【壮族】
W6373. 4	勇力型英雄崇拜	
W6373. 4. 1	降妖英雄崇拜	【蒙古族】【土族】
W6373. 4. 2	莫日根崇拜	【赫哲族】
W6373. 4. 2. 1	阿亚莫日根幻变的神像能吓跑恶魔	【鄂伦春族】
W6373. 5	发明创造型英雄崇拜	
W6373. 6	射日型英雄崇拜	【关联】①
W6373. 6. 1	射日的后羿被崇拜	
W6373. 6. 2	射日的老人被崇拜	
W6373. 6. 2. 1	射日的两位老人为人间带来了昼夜，受到众人的尊敬和爱戴	【高山族】
W6373. 7	取种型英雄崇拜	［W3950］盗取种子（取种）者
W6373. 8	盗火型英雄崇拜	【关联】②
W6373. 8. 1	盗火的白云格格被敬仰	【满族】
W6373. 9	其他特定的文化英雄崇拜	
W6373. 9. 1	蚩尤崇拜	【汉族】【苗族】@［W0672］蚩尤
W6373. 9. 2	献身型英雄崇拜	
W6373. 9. 2. 1	战斗献身的女英雄崇拜	【侗族】
W6373. 9. 3	圣王崇拜	
W6373. 9. 3. 1 *	圣王崇拜是建构儒学历史观和政治理想的原型	【中华民族】
W6374	**鬼魂崇拜（灵魂崇拜；鬼崇拜）**	

① ［W0497. 5］射日之神；［W9715］射日者（射月者）。
② ［W6956. 1］取火者（取火种者；盗火者）；［W6956. 1. 2. 7］英雄盗火。

W 编码	母题描述	关联项
W6374.1	鬼魂崇拜的产生	【汤普森】V1.2；［W0870］灵魂（鬼）
W6374.1.1	因人鬼同源产生鬼崇拜	【傈僳族】@［W6182］人神杂居（人与神共处，人鬼杂居）
W6374.1.2	崇拜鬼神是因为鬼与人同祖产生	【傈僳族】
W6374.2	特定的鬼魂崇拜	
W6374.2.1	死魂灵崇拜（亡灵崇拜）	
W6374.2.1.1	蒙古人崇拜翁衮（死者灵魂）	【蒙古族】
W6374.2.1.2	巫师妻子死亡埋葬后的亡灵作为“老奶奶”来崇拜	【蒙古族】
W6374.3	与鬼魂崇拜有关的其他母题	
W6374.3.1	精灵崇拜	【汤普森】V1.2.1
W6375	**其他的神性人物崇拜**	
W6375.1	祖先崇拜	【汤普森】V1.3；【关联】①
W6375.1.0	以前没有祖先崇拜（没有祖先崇拜）	【独龙族】
W6375.1.0.1	宗教创始人建立祖先崇拜	【傣族（水傣）】
W6375.1.1	祖先崇拜的产生（崇拜祖先的原因）	
W6375.1.1.1	崇拜祖先，把生产的好坏、生活的幸福与否全寄托于祖先的保佑	【仡佬族】
W6375.1.2	祖先崇拜的特征（祖先崇拜的情形）	
W6375.1.2.1	祖先神堂崇拜	
W6375.1.2.1.1	崇拜堂神中存放的父母死亡时剪下的头发、手脚指甲和右腋下的各层衣襟	【彝族】
W6375.1.2.1.2	基诺人吃饭前要先敬阿妣欧	【基诺族】
W6375.1.2.1.3	说唱前敬祖	【基诺族】

① ［W0640］祖先；［W6372.5］祖先神崇拜。

W 编码	母题描述	关联项
W6375. 1. 2. 1. 4	每家都设有祭祀祖先神灵的神龛	【布依族】
W6375. 1. 2. 1. 5	崇拜祖先，以祖先为神	【侗族】
W6375. 1. 2. 1. 6 *	氏族组织最主要的信仰因素是祖先崇拜	【中华民族】
W6375. 1. 2. 2 *	中国古代的天神崇拜和祖先崇拜两者不分离	【中华民族】
W6375. 1. 3	崇拜特定的祖先（祖先崇拜的类型）	
W6375. 1. 3. 1	崇拜有功的祖先	【满族】@ ［W6373. 2. 1. 2 *］崇拜炎帝这样的先人源于他的劳动经验、生活经历和过人见识惠及全体族人及其后代
W6375. 1. 3. 2	崇拜女祖先（女始祖崇拜；祖母崇拜）	【关联】①
W6375. 1. 3. 2. 1	侗族群众崇拜女始祖萨玛（萨崇拜；萨岁崇拜）	【侗族】
W6375. 1. 3. 2. 2	大年初一祭萨	【侗族】
W6375. 1. 3. 2. 3	祖先崇拜中将女祖先即萨玛奉为最高神	【侗族】
W6375. 1. 3. 3	崇拜男祖先	【关联】②
W6375. 1. 3. 4	崇拜男女祖先	
W6375. 1. 3. 4. 1	洪水后造人的高公（高祖公）、高婆（高祖婆）兄妹是家家供奉的老祖宗	【汉族】
W6375. 1. 3. 5	近祖崇拜（只崇拜近祖）	【民族，关联】③
W6375. 1. 3. 5. 1 *	宗教信仰中主要崇拜的对象是各家庭最近三代祖先（曾祖父母、祖父母、父母）的亡灵	【彝族】

① ［W0648. 1］女祖先神；［W0654. 2］女祖先。

② ［W0648. 2］男祖先神；［W0654. 1］男祖先。

③ 【傈僳族】@ ［W6496. 0. 5. 2］祭近祖；［W6496. 0. 5. 2. 1］只祭最近死去的祖先；［W6496. 0. 5. 2. 2］三代以上的祖先一般不祭祀。

W 编码	母题描述	关联项
W6375. 1. 3. 6	远祖崇拜	
W6375. 1. 3. 6. 1	崇拜老祖伏羲	【彝族（撒尼）】
W6375. 1. 4	祖先遗物崇拜	
W6375. 1. 4. 1	凡祖先所遗留的东西和衣服、首饰、银子、用具等久后成为“吉罗”，不可乱动	【彝族】
W6375. 1. 5	与祖先崇拜有关的其他母题	
W6375. 1. 5. 1	敬灶代表敬祖先	【苗族】
W6375. 1. 5. 2	重要事情须告知祖先	【鄂伦春族】
W6375. 2	妖魔崇拜（崇拜妖魔）	［W0830］妖魔
W6375. 2. 1	妖魔崇拜的产生	
W6375. 2. 2	妖魔崇拜的特征	
W6375. 2. 3	与妖魔崇拜有关的其他母题	
W6375. 2. 3. 1	怪物崇拜	［W0860］怪物
W6375. 2. 3. 1. 1 *	羌语族群崇拜怪物年	【中华民族】
W6375. 3	神仙崇拜	［W0800］仙人
W6375. 4	动物类精怪崇拜	
W6375. 4. 1	狐仙崇拜	［W0827. 4］狐仙
W6375. 4. 1. 1	每月初一十五、逢年过节上香祭拜狐仙	【汉族】
W6375. 5	植物类精怪崇拜	
W6375. 6	自然物类精怪崇拜	
W6375. 7	崇拜其他特定的神性人物	
W6375. 7. 1	崇拜特定的男性神性人物	
W6375. 7. 2	崇拜特定的女性神性人物	
W6375. 7. 2. 1	圣婆崇拜	
W6375. 7. 2. 1. 1	侗族群众崇拜圣婆	【侗族】
W6375. 7. 2. 2	孟婆崇拜	
W6375. 7. 2. 2. 1	侗族群众崇拜孟婆	【侗族】

W 编码	母题描述	关联项
W6376	**人的崇拜（崇拜特定的人）**	
W6376. 1	人的崇拜产生（崇拜特定的人的原因）	
W6376. 2	崇拜有功的人	［W6366］因有功被崇拜；
W6376. 3	崇拜有特定本领的人	
W6376. 3. 1	人崇拜会造字的人	【民族，关联】①
W6376. 3. 2	造字的阿苏拉吉受人尊崇，被人们反复提起	【彝族】@［W6748. 5. 29. 1. 1］阿苏拉吉创造彝文
W6376. 3. 3	崇拜有特长的人（崇拜有特异功能的人）	
W6376. 3. 3. 1	因公冶长能听懂鸟语，被当作圣哲来崇拜	【汉族】@［W6718. 1. 3. 1. 1］公冶长懂鸟语
W6376. 3. 4	会制作特定工具者被崇拜	
W6376. 3. 4. 1	铁匠氏族成为特权阶层	【蒙古族（布里亚特）】
W6376. 4	崇拜特定职业的人	
W6376. 4. 1	铁匠崇拜	【民族】②
W6376. 4. 1. 1	崇拜铁匠是因为铁匠具有强大的力量	【蒙古族】
W6376. 5	崇拜特殊出生的人	
W6376. 5. 1	人们对待树生的孩子像对待王子一样尊敬	【民族，关联】③
W6376. 6	崇拜特定品格的人	
W6376. 6. 1	崇拜善战者（崇拜战死）	【汉族】
W6376. 6. 2	崇拜忠义者	［W6977. 2］义（正义；道义；忠义；羞恶之心）
W6376. 6. 2. 1	关公崇拜	［W6377. 3. 1］崇拜关公的美髯

① 【汉族】@［W6432. 2. 1. 1］世人对会造象形文字的仓颉顶礼膜拜；［W6734. 3］特定的人物造字（造字者）。

② ［W0459. 3］铁匠神；［W6081. 3. 3. 2］铁匠造工具。

③ 【维吾尔族】@［W0645. 5. 1］树生祖先；［W2171］树生人。

W 编码	母题描述	关联项
W6376.6.2.1.1＊	受汉族的影响，一部分达斡尔族人家供奉关帝	【达斡尔族】
W6376.7	崇拜体征特殊的人	
W6376.7.1	崇拜生理有缺陷的人	【蒙古族】@［W2890］身体残缺的人（残疾者）
W6376.7.2	崇拜有返祖现象的人	【蒙古族】
W6376.8	崇拜特定身份的人	
W6376.8.1	首领崇拜（崇拜权力）	【民族，关联】①
W6376.8.2	崇拜长者（崇拜年龄大的人；崇拜老人）	［W6977.8］孝悌（孝敬；孝顺；尊老；敬老）
W6376.8.2.1	老奶奶崇拜	【蒙古族】
W6377	**特殊体征或身体部位崇拜**	［W6364］因体征奇特被崇拜
W6377.1	头崇拜（人头崇拜；动物头崇拜）	【汤普森】V1.10.2；［W6503.4.6］头颅作为祭品（人头祭）
W6377.1.1	祭神要用动物的头	［W6503.5.12.1］动物的头作为祭品
W6377.1.1.1	野兽头骨要放在猎神架上	【怒族】
W6377.1.2	特定动物的头颅崇拜	
W6377.1.2.1	马头是神圣之物	【蒙古族（布里亚特）】
W6377.2	大耳朵崇拜	【汉族】@［W2838.2］有不平常耳朵的人
W6377.3	长胡须崇拜	［W076.2］神的不寻常的胡须
W6377.3.1	崇拜关公的美髯	【汉族】
W6377.4	生殖器崇拜（性崇拜）	【民族，关联】②
W6377.4.1	生殖器崇拜的原因	
W6377.4.2	生殖器崇拜的产生	

① 【布依族】@［W5030］首领；［W5056］首领是竞赛产生的。

② 【鄂温克族】【汉族】【珞巴族】@［W6351.1.7.1］生殖器图腾；［W6439.4.1］生育崇拜（生殖崇拜）；［W6460.4］割礼；［W6697.1］自诩性能力强的习俗；［W7196.6.1］巨大的生殖器。

W 编码	母题描述	关联项
W6377. 4. 3	生殖器崇拜的功能	
W6377. 4. 3. 1	祭拜生殖器可以生儿育女	【汉族】【门巴族】
W6377. 4. 3. 2	祭拜生殖器可以多获猎物	
W6377. 4. 3. 2. 1	猎获不到猎物要祭祀男性生殖器	【门巴族】
W6377. 4. 4	生殖器崇拜的情形（生殖器崇拜的方法）	
W6377. 4. 4. 1	天神的一个只有生殖器而没有身子的儿子到人间守护房屋，赐给幸福和吉祥，所以盖房时要把生殖器悬在门楣上方的屋檐上	【门巴族】
W6377. 4. 4. 2	祭崖神时用形似男性生殖器的“阿的的”搅拌食物	【怒族】
W6377. 4. 4. 3	在家门口竖立生殖器崇拜物	【纳西族】
W6377. 4. 4. 4	向生殖器崇拜物烧香求子	【纳西族】
W6377. 4. 4. 5	特定民俗与生殖崇拜有关	
W6377. 4. 4. 5. 1	担经挑巫舞与生殖崇拜有关	【中华民族】
W6377. 4. 4. 5. 2	拴娃娃民俗与生殖崇拜有关	【中华民族】
W6377. 4. 4. 5. 3	摸子孙窑民俗与生殖崇拜有关	【中华民族】
W6377. 4. 5	与生殖器崇拜有关的其他母题	
W6377. 4. 5. 1	特定人物崇拜被赋予生殖的象征	
W6377. 4. 5. 1. 1 *	伏羲常与象征生殖意涵的葫芦相结合	【中华民族】
W6377. 4. 5. 2	特定文化载体中包含生殖崇拜	
W6377. 4. 5. 2. 1 *	伏羲神话传说中蕴涵着深厚生殖崇拜	【中华民族】
W6377. 5	阳物崇拜（男性生殖器崇拜；男根崇拜）	【民族】①
W6377. 5. 1	阳物崇拜的产生（男根崇拜产生的原因）	

① 【汉族】【珞巴族】【满族】【门巴族】【佤族】。

W 编码	母题描述	关联项
W6377.5.1.1	男性生殖器崇拜可以避邪，表示人丁兴旺	【珞巴族】
W6377.5.1.2	祭拜男性生殖器模型可祈子	【门巴族】
W6377.5.2	阳物崇拜的情形	
W6377.5.2.1	石柱被作为男性生殖器受崇拜	【汤普森】A977.5.3；［W9240］象征物
W6377.5.2.1a	石祖崇拜	【壮族】
W6377.5.2.1b	陶祖崇拜	【壮族】
W6377.5.2.2	“卡让欣”树崇拜（像男性生殖器的树崇拜）	【门巴族】
W6377.5.2.3	女子脖子上挂着小木棒槌（男人的生殖器）	【满族】
W6377.5.3	阳物崇拜的含义	
W6377.5.4	与阳物崇拜有关的其他母题	【关联】①
W6377.5.4.1 *	“祖”字可能与原始氏族的生殖崇拜有关	【中华民族】
W6377.6	女阴崇拜（女性生殖器崇拜）	【汉族】【藏族】
W6377.6.1	女阴崇拜的产生	
W6377.6.2	女阴崇拜的情形	
W6377.6.2.1	“阿殃白”（女性生殖器）崇拜在群众中比崇拜佛人数多	【白族】
W6377.6.2.2	向象征女阴的洞丢石子求子（打儿窝）	【纳西族】
W6377.6.2.3	崇拜与女阴相关的特定物	
W6377.6.2.3.1	吃与圣母石腹部洞里长出的桃子求子	【中华民族】
W6377.6.2.3.2 *	原始人最始以葫芦和盘瓠作母体崇拜	【多民族】
W6377.6.3	特定的女阴崇拜	

① ［W6344.4.1.1］当地人认为曼贺山上的石柱与妇女交媾后才孕育出人类；［W6428.3.9.4］崇拜像男性生殖器的石头（石且）。

W 编码	母题描述	关联项
W6377.6.3.1	石母家什崇拜	
W6377.6.3.1.1	母山山腰崖壁上的大石凹（石母家什）崇拜	【白族】
W6377.6.3.2	特定的洞代表女阴崇拜	
W6377.6.3.2.1	山崖上的洞被认为是巴底拉木女神的生殖器官	【纳西族】
W6377.6.4	女阴崇拜的含义	
W6377.6.4.1 *	女阴象征着女神和生育之神	【多民族】
W6377.6.5	与女阴崇拜有关的其他母题	［W6439.4.1］生育崇拜（生殖崇拜）
W6377.6.5.1	岩画上多有女阴的画像	【古代民族】
W6377.7	其他特殊体征或身体部位崇拜	
W6377.7.1	崇拜特殊体征的动物	
W6377.7.1.1	崇拜三牙象	【傣族】
W6377.7.1.2	崇拜白猴	【民族，关联】①
W6377.7.2	头发崇拜	
W6377.7.2.1	崇拜发辫是因为它在头顶与天最近，是人的灵魂之所在	【满族】
*** W6380**	**动物崇拜**	［W6290］动物图腾
W6381	**动物崇拜的产生**	
W6381.1	因血缘关系需要产生动物崇拜	
W6381.2	动物崇拜源于动物功能的选择	
W6381.3	因动物体征奇特被崇拜	
W6381.3.1	神獭的颈项有一圈白毛，因有“千年红、万年白”说法被崇拜	【彝族】
◎	**〖哺乳动物崇拜〗**	
W6382	**猴崇拜（猴子崇拜；崇拜猴）**	【关联】②

① 【傣族】@［W3142］猴的特征；［W6382］猴崇拜（猴子崇拜，崇拜猴）。

② ［W0503］猴神；［W3142］猴的特征。

W 编码	母题描述	关联项
W6382.1	猴崇拜产生（崇拜猴子的原因）	
W6382.1.1 *	崇拜猴希望其“灵魂”能附到自己的身上	【藏族】
W6382.1.2	崇拜猴希望有其能力	
W6382.1.2.1 *	崇拜猴希望有猴的攀援能力	【藏族】
W6382.2	猴崇拜的情形	
W6382.2.1	猴子被崇拜为神的孩子	
W6382.2.1.1	猴子被尊称为“乌佑阿窝”（神子）	【珞巴族】
W6382.2.2	通过猴形象的服饰表达猴崇拜	
W6382.2.2.1	端公戴猴皮帽拜猴头祖师	【羌族】
W6382.3	特定的猴崇拜（猴崇拜的类型）	
W6382.3.1	特定种类的猴子崇拜	
W6382.3.1.1	白猴崇拜	
W6382.3.1.2	猕猴崇拜	【藏族】
W6382.3.1.2.1	猕猴称作繁衍之尊	【藏族】
W6382.3.1.3	金丝猴崇拜	
W6382.3.1.3.1	金丝猴因长养在神圣树林间，被视为最圣洁、最神秘的动物	【羌族】
W6382.4	与猴崇拜有关的其他母题	［W6295］猴图腾
W6383	**狼崇拜**	【汤普森】V1.8.5；【民族，关联】①
W6383.1	狼崇拜的产生（崇拜狼的原因）	
W6383.1.1	崇拜狼是因为狼是一种神圣的动物	【维吾尔族】
W6383.2	狼崇拜的情形	
W6383.3	特定的狼崇拜（狼崇拜的类型）	
W6383.3.1	白狼崇拜	
W6383.3.1.1	不尊敬白狼的人被变为石头	【塔吉克族】

① 【蒙古族】@［W0505］狼神；［W3170］狼的特征。

W 编码	母题描述	关联项
W6383.4	与狼崇拜有关的其他母题	［W6292］狼图腾
W6384	**鹿崇拜**	【民族，关联】①
W6384.1	鹿崇拜的产生（崇拜鹿的原因）	
W6384.1.1	崇拜鹿是因为鹿养育祖先	【柯尔克孜族】
W6384.1.2	崇拜鹿是因为鹿救助祖先	【柯尔克孜族】
W6384.2	鹿崇拜的情形	
W6384.2.1	鄂伦春族认为鹿是有神灵的动物	【鄂伦春族】
W6384.2.2	蒙古人崇拜鹿角	【蒙古族】【蒙古族（布里亚特）】
W6384.3	特定的鹿崇拜（鹿崇拜的类型）	
W6384.3.1	白色母鹿崇拜	
W6384.3.1.1	白色母鹿奉为圣母	【柯尔克孜族】
W6384.4	与鹿崇拜有关的其他母题	［W6293］鹿图腾
W6384.4.1	狍鹿崇拜	【达斡尔族】
W6385	**虎崇拜**	【民族，关联】②
W6385.1	虎崇拜的产生（崇拜虎的原因）	【关联】③
W6385.1.1	崇拜虎是因为虎是一种特殊的神	【纳西族】
W6385.2	虎崇拜的情形	
W6385.2.1	虎崇拜者禁止捕杀虎	【纳西族】
W6385.2.2 *	十月太阳历法的“八方之年”“十二兽纪日”循环系统把虎列为首位	【彝族】
W6385.3	特定的虎崇拜（虎崇拜的类型）	
W6385.3.1	特定的氏族崇拜虎	
W6385.3.2	特定的部落崇拜虎	
W6385.3.3	特定的民族崇拜虎	

① 【怒族】【蒙古族】@［W0506］鹿神；［W3285］鹿的特征。

② 【白族】【哈尼族】【基诺族】【傈僳族】【拉祜族】【苗族】【纳西族】【怒族】【土家族】【彝族】@［W0502］虎神；［W3156］虎的特征。

③ ［W2159］虎生人；［W2693.3］虎抚养人。

W 编码	母题描述	关联项
W6385.3.4	其他特定的群体崇拜虎	
W6385.3.5	崇拜特定的虎	
W6385.3.5.1	白虎崇拜	
W6385.3.5.1.1	苗族称白虎为白帝	【苗族】
W6385.3.5.2	母虎崇拜	
W6385.3.5.2.1	母虎视为虎族图腾的象征	【彝族】
W6385.4	虎崇拜者	
W6385.4.1	彝族祖先俄罗布崇拜虎	【彝族】
W6385.5	虎崇拜的结果	
W6385.5.1	虎崇拜者死了以后变成老虎	【彝族】
W6385.6	与虎崇拜有关的其他母题	［W6294］虎图腾（老虎图腾）
W6386	**马崇拜**	【汤普森】V1.8.2；【民族，关联】①
W6386.1	马崇拜的产生（崇拜马的原因）	［W3189.4］为主人献身的马
W6386.2	马崇拜的情形	
W6386.2.1	家畜中最崇拜马	【蒙古族（布里亚特人）】
W6386.3	特定的马崇拜（马崇拜的类型）	
W6386.3.1	白马崇拜	【蒙古族（布里亚特）】
W6386.3.1.1	契丹国有白马崇拜	【达斡尔族】
W6386.3.1.2	因崇拜白马不吃马肉	【羌族】
W6386.4	与马崇拜有关的其他母题	［W6299.4］马图腾
W6387	**狗崇拜（犬崇拜）**	【汤普森】V1.8.3；【民族，关联】②
W6387.1	狗崇拜的产生（崇拜犬的原因）	
W6387.1.1	崇拜狗是因为狗保护了祖先	【高山族】

① 【保安族】【鄂伦春族】【蒙古族】【壮族】@［W0507］马神；［W0922］神马；［W3181］马的特征。

② 【高山族】【西北古代民族】【汉族】【畲族】【瑶族】【裕固族】@［W0510］犬神（狗神）；［W0923］神狗；；［W3111］狗的特征；［W9017］有魔力的狗。

W 编码	母题描述	关联项
W6387. 1. 2	狗因为与人交换寿命受尊敬	【纳西族】
W6387. 1. 2. 1	狗把自己的一部分寿命给了人，所以过年时人要敬狗	【怒族】
W6387. 1. 2. 2	狗把自己的一部分寿命给了人，所以除夕年夜饭要敬狗	【纳西族（摩梭）】
W6387. 1. 3	崇拜狗是因为狗给人带来粮种	［W6043. 1. 3. 3］茫耶和狗取回五谷种后，人们开始耕种
W6387. 1. 3. 1	人敬狗是因为狗在大水后为人类带来种子	【布依族】
W6387. 1. 3. 1a	人敬狗是因为黄狗在洪水后为人类带来谷种	【汉族】
W6387. 1. 3. 2	敬神狗是因为它把稻谷种送给祖先	【纳西族·摩梭人】
W6387. 1. 4	崇拜狗是因为狗忠诚	【汉族】@［W6368. 2. 1. 1］忠诚的狗受到崇拜
W6387. 1. 5	帝王指令崇拜犬	
W6387. 1. 5. 1	拓跋皇帝封家犬为“神犬”	【锡伯族】
W6387. 1. 6	与狗崇拜产生有关的其他母题	【关联】①
W6387. 1. 6. 1	人崇拜狗是因为狗是人的好帮手	【民族，关联】②
W6387. 2	狗崇拜的特征（狗崇拜的情形）	
W6387. 2. 1	新米先敬狗	【布依族】
W6387. 2. 2	狗比人优秀	
W6387. 2. 2. 1	摩梭人认为人不如狗	【纳西族（摩梭人）】@［W6393. 2. 1. 1］摩梭人认为人不如天鹅
W6387. 3	狗崇拜的类型	
W6387. 3. 1	黄狗崇拜	【满族】
W6387. 3. 2	黑狗崇拜	

① ［W9431. 1］狗报恩盗物；［W9757. 5］天狗帮助射日。

② 【傣族】@［W6028. 1. 3. 1］狗帮人打猎；［W6044. 4. 4］狗耕田（狗种田）。

W 编码	母题描述	关联项
W6387.3.2.1	崇拜黑狗是因为黑狗是强壮、勇猛的象征	【高山族（布农人）】@［W6435.3.1.1］黑狗布农人妇女穿衣服以黑色为主是因为认为黑狗是强壮勇猛
W6387.3.3	白狗崇拜	
W6387.3.4	花狗崇拜	
W6387.3.5	龙犬崇拜	【畲族】
W6387.3.6	猎狗崇拜	
W6387.3.7	天狗崇拜	
W6387.3.8	其他特定的狗受崇拜	
W6387.3.8.1	苗族先祖蚩尤的犬受尊敬	【汉族】
W6387.4	狗崇拜的情形（狗崇拜的表现）	
W6387.4.1	崇拜狗禁止打狗，禁止吃狗肉	【藏族】
W6387.4.2	崇拜狗让狗尝新	【藏族】
W6387.4.3	正月初一的头一碗饺子先倒给犬吃	【汉族】
W6387.4.4	家中举行什么样的盛典，狗都可以自由出入	【汉族】
W6387.5	与狗崇拜有关的其他母题	【关联】①
W6387.5.1	盘瓠崇拜	［W0729］盘瓠（盘皇）
W6387.5.1.1	盘瓠崇拜起源于西北的戎狄，西周到春秋时期随着戎狄的南迁在江汉、五溪地区出现	【汉族】
W6388	**牛崇拜**	【汤普森】①≈A1546.0.3②V1.8.1；【民族，关联】②
W6388.1	牛崇拜的产生（崇拜牛的原因）	【民族，关联】③
W6388.1.1	因牛是人们从事传统农耕活动的主要助手，被看作是崇拜的对象	【布依族】

① ［W6291］狗图腾（犬图腾）；［W6439.6.2.1*］犬崇拜到近现代由“血缘亲族”关系变成了“恩缘纪念”关系；［W6883.7.3.1.1］畲族对盘瓠的尊号是“狗头王”。

② 【维吾尔族】@［W0509］牛神；［W0925］神牛；［W3206］牛的特征。

③ 【黎族】@［W3929.1］牛带给人类种子；［W8036.1］牛预言灾难。

W 编码	母题描述	关联项
W6388. 2	牛崇拜的情形	
W6388. 2. 1	为耕牛做寿	【仡佬族】
W6388. 2. 2	因崇拜牛不饲养黄牛	【白族】
W6388. 2. 3	因崇拜牛没有人宰吃牛	【白族】
W6388. 2. 4	因崇拜牛不肯用牛荷犁而耕	【侗族】
W6388. 3	特定的牛崇拜（牛崇拜的类型）	
W6388. 3. 1	水牛崇拜	［W3219. 3］水牛的产生
W6388. 3. 1. 1	水牛给人种子，帮人犁地，所以德昂人感恩水牛，不杀不卖	【德昂族】
W6388. 3. 2	母牛崇拜	
W6388. 3. 2. 1	人感恩母牛是因为人和动物都是母牛的后代	【佤族】
W6388. 3. 3	青牛崇拜	
W6388. 3. 3. 1	契丹国有青牛崇拜	【达斡尔族】
W6388. 3. 4	黄牛崇拜	【白族】
W6388. 3. 4. 1	牦牛崇拜	［W3219. 5］牦牛的产生
W6388. 3. 4. 1. 1	在石墙上面嵌上白石牦牛头以示崇拜	【藏族（嘉绒）】
W6388. 3. 4. 1. 2	神化野牦牛以示崇拜	
W6388. 3. 4. 1. 2. 1	崇拜牦牛，把牦牛作为神灵或者是神灵的伴属、坐骑等	【藏族】
W6388. 4	与牛崇拜有关的其他母题	［W6297］牛图腾
W6389	**其他哺乳动物崇拜**	
W6389. 1	熊崇拜	【民族，关联】①
W6389. 1. 1	熊崇拜的产生（崇拜熊的原因）	［W3249. 7］熊是动物之王
W6389. 1. 1. 1 *	熊崇拜源于熊的冬眠能力	【民族，关联】②
W6389. 1. 1. 2 *	汉代人认为熊可以辟邪	【中华民族】
W6389. 1. 1. 3 *	汉代人认为熊表示吉祥	【中华民族】

① 【达斡尔族】@［W0511］熊神；［W3245］熊的特征。

② 【中华民族】@［W3248. 2］熊为什么冬眠；［W9306. 1］熊死后复活。

W 编码	母题描述	关联项
W6389.1.2	熊崇拜的情形	
W6389.1.2.1	熊崇拜者认为各种鬼怪都惧怕熊	【藏族（白马）】
W6389.1.3	特定的熊崇拜（熊崇拜的类型）	
W6389.1.3.1	崇拜女子与灰熊生的小熊“天狗”	【蒙古族】
W6389.1.4	特定的群体崇拜熊	
W6389.1.4.1 *	中华熊崇拜	【中华民族】
W6389.1.4.2 *	白马藏人崇拜熊	【藏族（白马）】
W6389.1.5	与熊崇拜有关的其他母题	［W6298］熊图腾
W6389.2	狮子崇拜	【汤普森】V1.8.9；【关联】①
W6389.2.1	狮子崇拜的产生（崇拜狮子的原因）	
W6389.2.1.1	中药店柜台上常常摆一只石狮子，是因为神农采药时曾让獐狮尝草识药性	【汉族】@［W6499.9.5.1.1.1］官药铺头都要供一个石刻的毛蟾是因为神农采药时曾让毛蟾尝草识药性
W6389.2.2	狮子崇拜的情形	
W6389.2.3	特定的狮子崇拜（狮子崇拜的类型）	
W6389.2.4	与狮子崇拜有关的其他母题	
W6389.3	象崇拜	【傣族】
W6389.3.1	象崇拜的产生（崇拜象的原因）	
W6389.3.2	象崇拜的情形	
W6389.3.3	特定的象崇拜（象崇拜的类型）	
W6389.3.3.1	崇拜白象	【傣族】
W6389.3.3.2	崇拜三牙象	【傣族】
W6389.3.3.3	崇拜七头七尾象	【傣族】

① ［W3292］狮子；［W3292.2］狮子的特征。

W 编码	母题描述	关联项
W6389.3.4	与崇拜象有关的其他母题	［W6299.5］象图腾（大象图腾）
W6389.4	羊崇拜	【民族，关联】①
W6389.4.1	羊崇拜的产生（崇拜羊的原因）	
W6389.4.1.1	因羊与女始祖同源崇拜羊	【侗族】
W6389.4.1.2	羊崇拜源于炎帝尝百草让羊先尝	【汉族】
W6389.4.2	羊崇拜的情形	
W6389.4.2.1	因崇拜羊，孩子过满月时姥姥、舅舅家要送五只大小不同的面羊	【汉族】
W6389.4.2.2	供奉羊头	
W6389.4.2.2.1	羌族生活区域到处都有供奉的羊头	【羌族】
W6389.4.3	特定的羊崇拜（羊崇拜的类型）	
W6389.4.3.1	羊神崇拜	【藏族】@［W0512.2］羊神
W6389.4.3.2	事羱羝为大神	【藏族】
W6389.4.4	与羊崇拜有关的其他母题	［W6299.3］羊图腾
W6389.5	猪崇拜	【汤普森】V1.8.4；【关联】②
W6389.5.1	猪崇拜的产生（崇拜猪的原因）	
W6389.5.1.1	猪崇拜源于人感恩洪水时几头猪带人疏通水道	【藏族（白马）】
W6389.5.2	猪崇拜的情形	［W6515.2.1.2.1］忌食猪肉
W6389.5.2.1	把猪供养起来以示崇拜	【藏族（白马）】
W6389.5.3	特定的猪崇拜（猪崇拜的类型）	
W6389.5.4	与猪崇拜有关的其他母题	［W6299.6］猪图腾
W6389.6	猫崇拜	【关联】③
W6389.6.1	崇拜猫是因为猫保护了祖先	【高山族】

① 【羌族】@［W0512.2］羊神；［W3256］羊的特征。

② ［W0512.3］猪神；［W3267］猪的特征。

③ ［W0508］猫神；［W3197］猫的特征。

W 编码	母题描述	关联项
W6389.6.2	猫死后即以麻袋裹之葬土中	【高山族（排弯）】
W6389.7	狐狸崇拜	【关联】①
W6389.7.1 *	崇拜狐狸是因为它具有超人的智慧和灵敏	
※ **W6390**	**鸟崇拜**	【汤普森】V1.8.7；【关联】②
W6390.1	鸟崇拜的产生（崇拜鸟的原因）	【关联】③
W6390.1.1	崇拜鸟是因为鸟拯救人类	［W8982.4］鸟救人
W6390.1.1.1	把鸟当神敬着是因为神鸟看管着驮地的神龟是人类避免灾难	【汉族】
W6390.2	鸟崇拜的情形	
W6390.2.1	崇拜鸟者穿与鸟有关的服饰	
W6390.2.1.1	崇拜鸟者穿鸟衣	【壮族（侬人）】
W6390.2.2	崇拜鸟把鸟当作本氏族的“嘎拉布尔”（根子）	【鄂温克族】
W6390.3	特定的鸟崇拜	
W6390.3.1	太阳鸟崇拜	【壮族（侬人）】
W6390.4	鸟崇拜者	
W6390.4.1	鄂温克人崇拜鸟类	【鄂温克族】
W6390.5	与鸟崇拜有关的其他母题	【关联】④
W6391	**玄鸟崇拜**	
W6391.1	玄鸟崇拜的产生（崇拜玄鸟的原因）	［W2163.1］玄鸟生人
W6391.2	玄鸟崇拜的情形	
W6391.3	与玄鸟崇拜有关的其他母题	
W6392	**鹰崇拜**	【朝鲜族】
W6392.1	鹰崇拜的产生（崇拜鹰的原因）	

① ［W3280］狐狸的特征；［W6299.1］狐狸图腾；［W8239］狐狸预言洪水。

② ［W0514］鸟神；［W0924］神鸟；［W3324］鸟的特征。

③ ［W1023.2］鸟类是创世者；［W2693.4］鸟抚养人；［W3860.1］鸟送来高粱；［W3970］鸟取粮种；［W9270］鸟是预言者。

④ ［W6301］鸟图腾；［W6398.5］神鸟崇拜。

W 编码	母题描述	关联项
W6392. 1. 1	崇拜鹰是因为鹰救助过祖先	
W6392. 1. 1. 1	鹰救出落入山谷的苗族祖先被视为神鸟	【苗族】
W6392. 2	鹰崇拜的特征（鹰崇拜的情形）	
W6392. 2. 1	鄂温克人最尊重的鹰是太阳和天的象征	【鄂温克族】
W6392. 3	特定的鹰崇拜（鹰崇拜的类型）	
W6392. 4	特定的群体崇拜鹰	
W6392. 4. 1	蒙古族祖先崇拜鹰	【蒙古族】
W6392. 4. 2	土家族谭姓崇拜鹰	
W6392. 4. 2. 1	土家族谭姓不准伤害鹰是因为鹰救过先祖	【土家族】
W6392. 5	与鹰崇拜有关的其他母题	［W6302］鹰图腾
W6392. 5. 1	猫头鹰崇拜	［W3358］猫头鹰的特征
W6392. 5. 1. 1 *	猫头鹰崇拜产生的时间远早于新神话动物凤凰的出现	【中华民族】
W6392. 5. 1. 2 *	猫头鹰崇拜空间分布上大于夏商周三代的中原势力范围	【中华民族】
W6392. 5. 2	鸱鸦崇拜	【中华民族】
W6393	**天鹅崇拜**	【汤普森】B811. 5；【哈萨克族】【纳西族】@［W3361］天鹅的特征
W6393. 1	天鹅崇拜的产生（崇拜天鹅的原因）	
W6393. 2	天鹅崇拜的情形	
W6393. 2. 1	天鹅比人优秀	
W6393. 2. 1. 1	摩梭人认为人不如天鹅	【纳西族（摩梭人）】
W6393. 3	与天鹅崇拜有关的其他母题	［W6304］天鹅图腾
W6394	**其他特定的鸟崇拜**	

W 编码	母题描述	关联项
W6394.1	鸡崇拜	【民族，关联】①
W6394.1.1	鸡崇拜的产生（崇拜鸡的原因）	
W6394.1.1.1	因金鸡叫出太阳，畲族人称雄鸡为“神鸡”	【畲族】
W6394.1.2	鸡崇拜的情形	
W6394.1.3	特定的鸡崇拜（鸡崇拜的类型）	
W6394.1.3.1	白鸡崇拜	【羌族】
W6394.1.3.2	公鸡崇拜	【畲族】
W6394.1.3.2.1	报晓的雄鸡被看作是神奇之物	【侗族】
W6394.1.4	与鸡崇拜有关的其他母题	【关联】②
W6394.2	乌鸦崇拜	【满族】@［W3367］乌鸦的特征
W6394.2.1	乌鸦崇拜的产生（崇拜乌鸦的原因）	［W0171.1.2］乌鸦是神的信使
W6394.2.1.1	神乌救了首领的孩子，首领让族人年年祭祀乌鸦	【布依族】
W6394.2.1.2	满族崇拜乌鸦是因为乌鸦神哈恩都里帮助天神阿布卡赫赫	【满族】
W6394.2.2	乌鸦崇拜的情形	
W6394.2.3	与乌鸦崇拜有关的其他母题	［W6305］乌鸦图腾
W6394.3	布谷鸟崇拜	［W3334］布谷鸟的特征
W6394.3.1	布谷鸟崇拜的产生（崇拜布谷鸟的原因）	【关联】③
W6394.3.1.1	人为报答布谷鸟传谷种的恩德爱戴布谷鸟	【怒族】
W6394.3.2	崇拜布谷鸟的情形	
W6394.3.3	与布谷鸟崇拜有关的其他母题	

① 【朝鲜族】@［W0515］鸡神；［W3349］鸡的特征。

② ［W6303］鸡图腾；［W9844］公鸡喊（请）出日月。

③ ［W3851.2.8］布谷鸟送谷种；［W4776.1］布谷鸟告诉人季节。

W 编码	母题描述	关联项
W6394.4	喜鹊崇拜	【朝鲜族】@［W3363］喜鹊（鹊）的产生
W6394.4.1	喜鹊崇拜的产生（崇拜喜鹊的原因）	［W0486.1］喜鹊为喜神的使者
W6394.4.1.1	喜鹊因帮助人类受崇拜	【满族】
W6394.4.2	崇拜喜鹊的情形	
W6394.4.3	特定的喜鹊崇拜（喜鹊崇拜的类型）	
W6394.4.4	与喜鹊崇拜有关的其他母题	［W6499.12.1.1］因喜鹊冒死救出为人类盗天火者，人们祭奠喜鹊
W6394.5	雁崇拜	【满族】@［W3395］雁（大雁）
W6394.5.1	雁崇拜的产生（崇拜雁的原因）	
W6394.5.1.1	崇拜大雁是因为它教会祖先本领	【满族】
W6394.5.2	雁崇拜的情形	
W6394.5.2.1	祭祖时供奉雁的化身	【满族】
W6394.5.3	特定的雁崇拜（雁崇拜的类型）	
W6394.5.4	与雁崇拜有关的其他母题	［W6306］雁图腾
W6394.6	燕子崇拜	【民族，关联】①
W6394.6.1	燕子崇拜的产生（崇拜燕子的原因）	［W3374.1］燕子是信使
W6394.6.1.1	崇拜燕子是因为燕子救过人类	【蒙古族（布里亚特人）】
W6394.6.2	崇拜燕子的情形	
W6394.6.3	特定的燕子崇拜（崇拜燕子的类型）	
W6394.6.4	与燕子崇拜有关的其他母题	［W6307.1］燕子图腾
W6394.7	鸽子崇拜	【民族，关联】②

① 【蒙古族】@［W3372］燕子的产生；［W3373］燕子的特征。

② 【朝鲜族】@［W3344.2］鸽子是信使；［W3970.4］鸽子取粮种。

W 编码	母题描述	关联项
W6394.8	麻雀崇拜	【民族，关联】①
W6394.9	其他特定名称的鸟崇拜	
W6394.9.1	嘿必士（鸟名）崇拜	
W6394.9.1.1	崇拜嘿必士（鸟名）是因为它给人送火	【高山族（布农）】
W6394a	**与鸟崇拜有关的其他母题**	［W6301］鸟图腾
W6394a.1 *	鸟崇拜的演化	【中华民族】
W6395	**两栖动物崇拜（爬行动物崇拜）**	
W6395.1	蛇崇拜	【汤普森】V1.8.6；【高山族（泰雅人）】【汉族】【柯尔克孜族】@［W0530］蛇神
W6395.1.1	蛇崇拜的产生（崇拜蛇的原因）	【关联】②
W6395.1.1.1	因为祖先是蛇的形体而崇拜蛇	【高山族】
W6395.1.1.2 *	崇拜蛇源于神话思维的类比联想	
W6395.1.1.2.1 *	崇拜蛇源于胚胎状的人体最像盘蛇形象	【多民族】
W6395.1.1.2.2 *	崇拜蛇源于蛇的冬眠和蜕皮现象被先民解释为生命死而再生的象征	【多民族】
W6395.1.2	蛇崇拜的情形	
W6395.1.2.1	每一新年之起头一日（元旦）必须是蛇日	【白族】
W6395.1.2.2	供奉蛇	【鄂温克族】
W6395.1.3	特定的蛇崇拜（蛇崇拜的类型）	
W6395.1.3.1	崇拜青黄色的没尾巴蛇	【汉族】
W6395.1.4	与蛇崇拜有关的其他母题	【关联】③

① 【汉族】@［W3851.2.10］麻雀衔来谷种；［W3970.3］麻雀盗粮种；［W6042.1.4］麻雀教人耕种。
② ［W3534.5］蛇是预言者；［W3953］蛇神取粮种［W6322］蛇图腾。
③ ［W6495.7.19］祭蛇神（祭蟒神；祭神蟒）；［W6499.6］祭蛇。

W 编码	母题描述	关联项
W6395.2	蛙崇拜（青蛙崇拜，蟾蜍崇拜，蛤蟆崇拜，癞蛤蟆崇拜，虾蟆崇拜）	【民族，关联】①
W6395.2.1	蛙崇拜的产生（崇拜蛙的原因）	
W6395.2.1.1	崇拜青蛙是因为青蛙救过祖先的命	【普米族】
W6395.2.1.2	崇拜青蛙是因为青蛙善战	【壮族】
W6395.2.1.3	崇拜蟾蜍是因为蟾蜍识药性	【汉族】@［W6499.9.5.1.1.1］官药铺头都要供一个石刻的毛蟾是因为神农采药时曾让毛蟾尝草识药性
W6395.2.1.4	纳西族视蛙为神灵	【纳西族】
W6395.2.2	蛙崇拜的情形	
W6395.2.2.1	忌伤害青蛙	【普米族】
W6395.2.2.2	纳西族不吃蛙肉、忌伤害蛙类	【纳西族】
W6395.2.2.3	蚂蜗“蛙婆”当作母神的化身	【壮族】
W6395.2.2.4	蚂蜗“蛙婆”当作吉祥的象征	【壮族】
W6395.2.3	崇拜特定的蛙（蛙崇拜的类型）	
W6395.2.3.1	蟾蜍崇拜	［W3535］蛙（青蛙、蟾蜍、蛤蟆、癞蛤蟆）
W6395.2.3.2	青蛙大王崇拜	
W6395.2.3.2.1	人们感谢青蛙大王对祖先的恩典	【佤族】
W6395.2.4	与蛙崇拜有关的其他母题	［W6321］蛙图腾
W6395.3	乌龟崇拜（龟崇拜）	【关联】②
W6395.3.1	乌龟崇拜的产生（崇拜乌龟的原因）	【关联】③
W6395.3.2	乌龟崇拜的情形	
W6395.3.3	崇拜特定的龟（龟崇拜的类型）	

① 【普米族】【佤族】@［W0532］蛙神；［W3542］蛙的特征。

② ［W0527］龟神；［W0926.3］神龟；［W3505］龟（乌龟、鳖）；［W3512］龟的特征。

③ ［W1023.5.2］龟是创世者；［W3518.1］龟是预言者。

W 编码	母题描述	关联项
W6395.3.3.1	海龟崇拜	［W3442］海龟
W6395.3.3.2	金龟崇拜	［W4768.1.1］金龟上形成五行
W6395.3.3.3	草龟崇拜	
W6395.3.3.4	泥龟崇拜	
W6395.3.3.5	山龟崇拜	
W6395.3.4	与乌龟崇拜有关的其他母题	［6323.3］龟图腾
W6395.3.4.1	鳖崇拜	【汉族】
W6395.4	蜥蜴崇拜	［W3545］蜥蜴
W6395.4.1	蜥蜴崇拜的产生（崇拜蜥蜴的原因）	【壮族】@［W2076.3］蜥蜴造人
W6395.4.1.1	布农人崇拜蜥蜴是因为蜥蜴救过布农人的命	【高山族（布农人）】
W6395.4.2	蜥蜴崇拜的情形	
W6395.4.3	与蜥蜴崇拜有关的其他母题	［W3558.6］蜥蜴变成龙
W6396	**水中动物崇拜**	
W6396.1	鱼崇拜	【汤普森】V1.8.11；【哈尼族】
W6396.1.1	鱼崇拜的产生（崇拜鱼的原因）	
W6396.1.2	鱼崇拜的情形	
W6396.1.2.1	使鹿鄂温克人的萨满崇拜鱼类	【鄂温克族】
W6396.1.3	崇拜特定的鱼（鱼崇拜的类型）	
W6396.1.4	与鱼崇拜有关的其他母题	［W6311］鱼图腾
W6396.2	鳄鱼崇拜	【汤普森】A1546.7.1
W6396.2.1	鳄鱼崇拜的产生（崇拜鳄鱼的原因）	
W6396.2.1.1	崇拜鳄鱼是因为鳄鱼在水中非常厉害	【壮族】
W6396.2.2	鳄鱼崇拜的情形	
W6396.2.3	与鳄鱼崇拜有关的其他母题	

W 编码	母题描述	关联项
W6396. 3	贝壳崇拜	【汤普森】V1. 6. 4. 2；［W3448］扇贝（贝壳）
W6396. 3. 1	贝壳崇拜的产生（崇拜贝壳的原因）	【关联】①
W6396. 3. 2	贝壳崇拜的情形	
W6396. 3. 3	与贝壳崇拜有关的其他母题	【关联】②
W6397	**昆虫崇拜**	
W6397. 1	蝴蝶崇拜	【苗族】
W6397. 1. 1	蝴蝶崇拜的产生（崇拜蝴蝶的原因）	
W6397. 1. 2	蝴蝶崇拜的情形	
W6397. 1. 3	与蝴蝶崇拜有关的其他母题	
W6397. 2	蜘蛛崇拜	【侗族】
W6397. 2. 1	蜘蛛崇拜的产生（崇拜蜘蛛的原因）	［W3476］蜘蛛的产生
W6397. 2. 2	蜘蛛崇拜的情形	
W6397. 2. 2. 1	祭蜘蛛	【侗族】
W6397. 2. 3	特定的蜘蛛崇拜	［W6316. 3］特定的蜘蛛图腾（蜘蛛图腾的类型）
W6397. 2. 3. 1	金蛛崇拜	
W6397. 2. 3. 1. 1	因金蛛帮着吐丝帮始祖密洛陀纺纱被崇拜	【瑶族（布努）】
W6397. 2. 3. 2	银蛛崇拜	
W6397. 2. 3. 2. 1	因银蛛帮着吐丝帮始祖密洛陀纺纱被崇拜	【瑶族（布努）】@［W6397. 2. 3. 1. 1］因金蛛帮着吐丝帮始祖密洛陀纺纱被崇拜
W6397. 2. 4	与蜘蛛崇拜有关的其他母题	［W6316］蜘蛛图腾
W6397. 3	蜂崇拜（蜜蜂崇拜）	

① ［W2167. 5］贝壳生人；［W9193. 5］用贝壳占卜。

② ［W6503. 10. 1］贝壳作为祭品；［W6992. 1］贝壳作为货币。

W 编码	母题描述	关联项
W6397.3.1	蜂崇拜的产生（崇拜蜂的原因）	
W6397.3.2	蜂崇拜的情形	
W6397.3.3	特定的蜂崇拜	
W6397.3.3.1	蜜蜂崇拜	【羌族】
W6397.3.4	特定的蜜蜂崇拜者	
W6397.3.4.1 *	有蟜氏是崇拜蜜蜂的氏族	【中华民族】
W6397.3.5	与蜜蜂崇拜有关的其他母题	［W6319.2.3.1］蜜蜂图腾
W6398	**神话动物崇拜（神性动物崇拜；崇拜神性动物）**	
W6398.1	龙崇拜	【汤普森】V1.8.8；【民族】①
W6398.1.1	龙崇拜的产生（崇拜龙的原因）	
W6398.1.1.1	崇拜龙源于龙是祖先	
W6398.1.1.1.1	怒族人认为是龙公主的后代，而崇拜龙	【怒族】
W6398.1.1.1.2	崇拜龙是因为中华儿女是“龙的子孙”	【汉族】
W6398.1.1.2	因与龙的血缘关系产生崇拜	
W6398.1.1.3 *	因龙有驱凶迎吉的能力，被奉为灵物而受人尊崇	【中华民族】
W6398.1.1.4 *	因龙是水神左右着农业生产，所以受到崇拜	【中华民族】
W6398.1.1.5 *	龙崇拜源于远古的生活环境	【苗族】
W6398.1.1a	龙崇拜的特征	
W6398.1.1a.1 *	中华民族龙的崇拜几千年来根深蒂固	【中华民族】
W6398.1.2	龙崇拜的情形	
W6398.1.2.1	特定时节祭龙	
W6398.1.2.1.1	每年六月二十三日举行龙王会	【羌族】

① 【侗族】【汉族】【满族】【怒族】【土族】【土家族】。

W 编码	母题描述	关联项
W6398. 1. 2. 2	敬畏龙	【壮族】
W6398. 1. 2. 3	以龙为族徽及神祇	【中华民族】
W6398. 1. 3	特定的龙崇拜（龙崇拜的类型）	
W6398. 1. 3. 1	龙王崇拜	
W6398. 1. 3. 1. 1	海龙王崇拜	【京族】
W6398. 1. 3. 1. 2	四龙王奉为保平安保丰收的神灵	【土族】
W6398. 1. 3. 1. 3	老龙王崇拜	
W6398. 1. 3. 1. 3. 1	崇敬老龙王是因为百姓得到老龙王的恩惠五谷丰登	【白族】
W6398. 1. 3. 2	木龙崇拜	
W6398. 1. 3. 2. 1	施甸布朗族崇拜木龙公主	【布朗族】
W6398. 1. 3. 3	蛟龙崇拜	【壮族】
W6398. 1. 3. 3. 1	蛟龙崇拜的产生	
W6398. 1. 3. 3. 2	蛟龙崇拜的特征	
W6398. 1. 3. 3. 3	与蛟龙崇拜有关的其他母题	
W6398. 1. 4	特定群体的龙崇拜	
W6398. 1. 4. 1	中华民族龙崇拜	【中华民族】
W6398. 1. 4. 2 *	华夏龙崇拜	【中华民族】
W6398. 1. 4. 3 *	夷狄民族龙崇拜	【中华民族】
W6398. 1. 4. 4 *	陶唐氏、有虞氏、夏后氏等部落都崇拜龙	【中华民族】
W6398. 1. 5	龙崇拜的含义（龙崇拜的意义）	
W6398. 1. 5. 1 *	龙视为神物	【中华民族】
W6398. 1. 5. 2	龙崇拜与自然现象有机联系	
W6398. 1. 5. 2. 1	天是龙形象	【多民族】
W6398. 1. 5. 2. 2	地是龙图腾	【多民族】
W6398. 1. 5. 2. 3	山是龙脊梁	【多民族】
W6398. 1. 5. 2. 4	水是龙血脉	【多民族】

W 编码	母题描述	关联项
W6398.1.5.2.5	风是龙起舞	【多民族】
W6398.1.5.2.6	云是龙飞翔	【多民族】
W6398.1.5.2.7	人是龙子孙	【多民族】
W6398.1.5.2.8	家是龙故乡	【多民族】
W6398.1.5.3 *	龙崇拜的实质是对水的力量的崇拜	【白族】
W6398.1.6	与龙崇拜有关的其他母题	
W6398.1.6.1	龙蛇崇拜	
W6398.1.6.1.1 *	龙蛇作为崇拜对象与阶级分化发展有关	【中华民族】
W6398.2	凤凰崇拜	【仫佬族】
W6398.2.1	凤凰崇拜的产生（崇拜凤凰的原因）	
W6398.2.2	凤凰崇拜的情形	
W6398.2.3	崇拜特定的凤凰	
W6398.2.4	与凤凰崇拜有关的其他母题	
W6398.2.4.1	傣族崇拜金下巴鸡（凤凰）	【傣族】
W6398.3	麒麟崇拜	
W6398.4	神马崇拜	［W6386］马崇拜
W6398.4.1	保安族崇拜神马	【保安族】
W6398.4a	神牛崇拜	【傣族】
W6398.5	神鸟崇拜	【民族，关联】①
W6398.5.1	神鸟崇拜的产生	【汉族】
W6398.5.1.1	崇拜神鸟是因为神鸟守护大地保平安	
W6398.5.2	神鸟崇拜的情形	
W6398.5.3	崇拜特定的神鸟	

① 【汉族】［W0514］鸟神；［W0924］神鸟；@［W6390.1.1.1］把鸟当神敬着，是因为神鸟看管着驮地的神龟是人类避免灾难。

W 编码	母题描述	关联项
W6398. 5. 4	与神鸟崇拜有关的其他母题	［W6390］鸟崇拜
W6399	**与动物崇拜有关的其他母题**	
W6399. 1	其他动物崇拜	
W6399. 1. 1	蚯蚓崇拜（地龙崇拜；曲蟮崇拜；坚蚕崇拜；引无崇拜；却行崇拜；寒欣崇拜；鸣砌崇拜；地起翘崇拜；阮善崇拜）	
W6399. 2	多种动物崇拜	
W6399. 2. 1	鄂伦春族崇拜熊、鹰、鹿、虎、龟、蛇、貂等多种动物	【鄂伦春族】
W6399. 3	动物骨骼崇拜（兽骨崇拜）	
W6399. 3. 1	崇拜特定的兽骨	
W6399. 3. 1. 1	野猪、马鹿以上大兽头骨被崇拜	【基诺族】
W6399. 4	动物牙齿崇拜（兽牙崇拜）	［W6362. 5. 3. 1］人类对动物的牙齿产生畏惧，进而崇拜它
W6399. 4. 1 *	史前初民崇拜猛兽牙齿	【多民族】
W6399. 4. 2	狼牙崇拜	【汉族】
◎W6400	**植物崇拜**①	【汤普森】V1. 7；［W3700 ~ W3899］各类植物
＊W6401	**树木崇拜**	【汤普森】V1. 7. 1；【维吾尔族】
W6402	**树崇拜**	【民族，关联】②
W6402. 1	树崇拜的产生（崇拜树的原因）	【关联】③
W6402. 1. 1	崇拜树是因为树生人	【维吾尔族】@［W2171］树生人

① 植物崇拜，各民族在不同的历史阶段或不同地区往往会崇拜不同的植物，鉴于植物的多样性和复杂性，此处对作为崇拜的植物不再一一列举编码，使用者可以根据神话研究的具体情况和实际需要，做出相应的细类析出。关于植物的母题类型可参见“［W3600 ~ W3639］植物的起源”母题。

② 【黎族】@［W0541］树神（森林神、树精）；［W0930］神树；［W3735］树的特征。

③ ［W0028. 1］树生神；［W2694. 1］树抚育人。

W 编码	母题描述	关联项
W6402.1.2	因树上结粮食崇拜树	【珞巴族】
W6402.1.3	特定的树崇拜源于树给祖先提供食物	
W6402.1.3.1	老祖先最先吃的是映山红花、猴子包头、大瘌莉花，被后人崇拜	【彝族】
W6402.2	树崇拜的情形	
W6402.2.1	树不能随意砍伐	
W6402.2.1.1	忌随意砍伐树，否则会触怒树神	【鄂伦春族】
W6402.2.2	崇拜的树被视为神物	【彝族】
W6402.2.3	装扮被崇拜的树	
W6402.2.3.1	树上系结各种布条以示对树木的崇拜	【中华民族】
W6402.3	崇拜特定特征的树（树崇拜的类型）	［W6423.1.1］崇拜土地是因为生育人类的树生长在土地上
W6402.3.1	大树崇拜	
W6402.3.1.1	崇拜大树是因为大树母亲吓跑妖怪	【维吾尔族】
W6402.3.1.2	大树有灵魂能抚育人类	【黎族】
W6402.3.1.3	把古老大树敬为山神树	【傣族】
W6402.3.2	古树崇拜	
W6402.3.2.1	信奉古树以祀求得到幸福，延年益寿	【仡佬族】
W6402.3.2.2	崇敬古树因为古树中有精灵和鬼怪居住	【鄂伦春族】
W6402.3.2.3	枝叶繁茂的古树视为有灵气的神物	【仡佬族】
W6402.3.2.4	枝叶繁茂的古树称为“神树”	【仡佬族】
W6402.3.3	特定风貌的树被崇拜	
W6402.3.3.1	花繁叶茂的树被崇拜	【白族】
W6402.3.4	特定地方的树的崇拜	

W 编码	母题描述	关联项
W6402. 3. 4. 1	古寺的特色老树被崇拜	【白族】
W6402. 3. 5	有毒的树被崇拜	
W6402. 3. 5. 1	人敬畏有毒汁和特殊气味的植物，认为它有精灵	【纳西族（摩梭）】
W6402. 3. 6	独树崇拜	
W6402. 3. 6. 1	牧区民众崇拜牧道上的独树	【中华民族】【蒙古族（布里亚特）】
W6402. 3. 7	怪树崇拜	
W6402. 3. 7. 1	长有离奇古怪的树冠的、树干弯曲的树，被称“有魂之树”	【蒙古族（布里亚特）】
W6403	**竹子崇拜（竹崇拜；崇拜竹子）**	【民族，关联】①
W6403. 1	竹子崇拜的产生（崇拜竹子的原因）	［W8328］洪水时用竹子逃生
W6403. 1. 1	喜竹源于祖先与竹子有关	【仡佬族】
W6403. 1. 2	崇拜竹因竹子生命力强、繁殖率高	【布依族】
W6403. 2	竹子崇拜的情形	
W6403. 2. 1	特定群体认为自己是竹子的后代	
W6403. 2. 1. 1	符姓黎族认为是“竹的孩子”	【黎族】
W6403. 2. 2	蛮人多祀竹王生的竹三郎	【南方古代民族】
W6403. 2. 3	竹王在仡佬人宗教信仰中占有重要地位	【仡佬族】
W6403. 2. 4	为表达竹王崇拜在房前屋后都有种竹子	【仡佬族】
W6403. 2. 5	为表达竹王崇拜生产生活中常用竹物器具	【仡佬族】
W6403. 3	崇拜特定的竹（竹子崇拜的类型）	

① 【土家族】【彝族】@［W0541. 5］竹神；［W3795］竹子的特征。

W 编码	母题描述	关联项
W6403.3.0	特定群体以竹为图腾（特定族体把竹子作为图腾）	
W6403.3.0.1	壮族有竹图腾	【壮族】
W6403.3.1	楠竹图腾	【彝族】
W6403.3.2	香竹图腾	【彝族】
W6403.3.3	金竹崇拜	
W6403.3.3.1	金竹被当做祖先崇拜	【彝族】@［W6405.5.1.2］彝族认为马樱花树、尖刀草、金竹救了祖先笃阿慕，就把其当祖先崇敬
W6403.3.4	竹根崇拜	
W6403.3.4.1	崇拜竹根是因为竹根救过先祖的命，被视为先祖	【彝族】
W6403.3.5	龙竹崇拜	
W6403.3.5.1	龙竹被视为神物	【彝族】
W6403.4	与竹子崇拜有关的其他母题	［W6332］竹图腾（竹子图腾）
W6404	**柳树崇拜**	【鄂伦春族】【满族】@［W3766］柳树的特征
W6404.1	柳树崇拜的产生（崇拜柳的原因）	【锡伯族】@［W2171.5］柳树生人
W6404.1.1	柳树村崇拜大柳树，把它看成本村的保护神	【白族】
W6404.2	柳树崇拜的情形	
W6404.2.1	每年立春日插柳表达柳树崇拜	【白族】
W6404.2.2	婴儿的出生与夭折要使用柳枝做器物	【锡伯族】
W6404.2.3	人们认为柳为净物，最为圣洁	【鄂伦春族】
W6404.2.4	神偶、神像多选柳树悬挂	【鄂伦春族】
W6404.3	与柳树崇拜有关的其他母题	
W6404.3.1	用柳枝代表生育神神位	【满族】

W 编码	母题描述	关联项
W6405	**其他树木崇拜（其他特定名称的树崇拜；崇拜特定的树）**	［W6377. 5. 2. 2］“卡让欣”树崇拜（像男性生殖器的树崇拜）【门巴族】
W6405. 1	枫树崇拜	
W6405. 2	梨树崇拜	【民族，关联】①
W6405. 3	杏树崇拜	［W3788］杏树（杏）
W6405. 4	榆树崇拜	【关联】②
W6405. 4. 1	女真族崇拜榆树是因为老榆树生女真族先人	【满族】
W6405. 4. 2	女真族各部落村寨都栽植榆树	【满族】
W6405. 5	马缨花树崇拜	
W6405. 5. 1	崇拜马缨花树的来历	
W6405. 5. 1. 1	因站在马缨花树上射落日月，所以崇拜马樱花树	
W6405. 5. 1. 2	彝族认为马樱花树、尖刀草、金竹救了祖先笃阿慕，就把其当祖先崇敬	【彝族】
W6405. 6	茶树崇拜	【民族，关联】③
W6405. 6. 1	茶树繁衍人类被视为祖先	【德昂族】
W6405. 7	玲珑树崇拜	
W6405. 7. 1	祖先以玲珑树做父亲	【蒙古族（卡尔梅克蒙古人中的绰罗斯部族、杜尔伯特部）】
W6405. 8	松树崇拜	［W3782］松树的特征
W6405. 8. 1	崇拜落叶松	
W6405. 8. 1. 1	落叶松与人的生命力相连	【蒙古族（布里亚特）】
W6405. 8. 2	青松树崇拜	

① 【彝族】@［W3768］梨树；［W6334. 3］梨树图腾。

② ［W3792］榆树；［W6243. 2. 8. 1］榆树能治病。

③ 【德昂族】@［W3753］茶树的产生（茶的产生）；［W6158］茶（饮茶；茶饮）。

W 编码	母题描述	关联项
W6405.8.2.1	青松树被视之为吉祥树	【纳西族（摩梭）】
W6405.8.3	松树崇拜与特定事件有关	
W6405.8.3.1	因祖先曾居松树上，故崇拜松树	【彝族（聂苏）】
W6405.8a	桃树崇拜	［W3786］桃树的特征
W6405.8a.1	桃树崇拜源于老祖先吃桃花粑粑传下后代	【彝族】
W6405.9	与树崇拜有关的其他母题	【关联】①
W6405.9.1	奶奶树崇拜	【蒙古族】
W6405.9.2	梅花树崇拜	
W6405.9.2.1	梅树坪村崇拜梅花树	【白族】
W6405.9.3	不被崇拜的树	
W6405.9.3.1	树中只有马桑树失宠	【藏族（纳木依）】
W6406	**花崇拜**	
W6406.1	花崇拜的产生（崇拜花的原因）	【关联】②
W6406.1.1	花崇拜源于女娲娘在中原种百花	【汉族】
W6406.2	花崇拜的情形	
W6406.2.1	中原以花为贵	【汉族】
W6406.3	崇拜特定的花（花崇拜的类型）	
W6406.3.1	杜鹃花崇拜（金达莱崇拜）	【朝鲜族】
W6406.3.2	白果花崇拜	【土家族】
W6406.4	与花崇拜有关的其他母题	［W6336］花图腾
W6407	**草崇拜**	
W6407.1	草崇拜的产生（崇拜草的原因）	
W6407.2	草崇拜的情形	
W6407.3	崇拜特定的草（草崇拜的类型）	
W6407.3.1	萱草崇拜	【汉族】

① ［W3746］树的种类；［W6331］树图腾（树木图腾）；［W6432.5.2.1］鄂温克族崇拜的敖包多是高大的神树。

② ［W2194］花生人；［W2252］感花生人。

W 编码	母题描述	关联项
W6407. 3. 2	灵芝草崇拜	【汉族】
W6407. 4	与草崇拜有关的其他母题	［W6337］草图腾
W6408	**葫芦崇拜**	【民族，关联】①
W6408. 1	葫芦崇拜的原因	【关联】②
W6408. 2	葫芦崇拜的情形	
W6408. 2. 1	因崇拜葫芦称之为仙葫芦	
W6408. 2. 1. 1	仙葫芦的地位比祖宗还高	【仡佬族】
W6408. 3	崇拜特定的葫芦（葫芦崇拜的类型）	
W6408. 3. 1	崇拜大葫芦	
W6408. 3. 2	崇拜花葫芦	［W8332］洪水时用花葫芦逃生
W6408. 4	与葫芦崇拜有关的其他母题	【关联】③
W6409	**其他植物崇拜**	
* **W6410**	**自然现象崇拜**	【汤普森】V1. 5；［W6411］崇拜有神性的自然现象
W6411	**崇拜有神性的自然现象**	【汤普森】A139. 11；【民族，关联】④
W6412	**天体崇拜（天崇拜；崇拜天）**	【汤普森】V1. 4；【黎族】
W6412. 1	天体崇拜的产生（崇拜天体的原因）	
W6412. 1. 1 *	天崇拜源于天与天神合一	【蒙古族】
W6412. 2	天体崇拜的情形	
W6412. 3	崇拜特定的天体（天体崇拜的类型）	

① 【傣族】【德昂族】【拉祜族】@［W2184］葫芦生人；［W3890］葫芦的特征。

② ［W028. 3］葫芦生神；［W1514. 1］葫芦生万物；［W3891. 2］葫芦象征生殖；［W3891. 3］葫芦象征福禄吉祥；［W8329］洪水时用葫芦逃生。

③ ［W6338. 1］葫芦图腾；［W6500. 7］祭葫芦。

④ 【阿昌族】【白族】【德昂族】【汉族等】@［W6361］因神圣产生崇拜。

W 编码	母题描述	关联项
W6412.3.1	蓝天崇拜	【汉族】
W6412.4	与天体崇拜有关的其他母题	［W6501.0.1］祭天（祭天的产生；祭天的原因）
W6413	**云崇拜**	【汤普森】V1.5.1；【关联】①
W6413.1	云崇拜的产生（崇拜云的原因）	［W4468.1］神奇的云
W6413.2	云崇拜的情形	
W6413.3	崇拜特定的云（云崇拜的类型）	
W6413.3.1	红云崇拜	
W6413.4	与云崇拜有关的其他母题	【关联】②
W6414	**雷崇拜**	【汤普森】V1.5.2；【哈萨克族】@［W0305］雷神
W6414.1	雷崇拜的产生（崇拜雷的原因）	
W6414.2	雷崇拜的情形	
W6414.3	雷崇拜的类型	
W6414.4	与雷崇拜有关的其他母题	［W6342］雷图腾
W6414.4.1	雷电崇拜	
W6414.4.1.1	哈萨克族崇拜雷电	【哈萨克族】
W6414.4.2	雷击物崇拜	
W6414.4.2.1	鄂温克族崇拜雷击的东西	【鄂温克族】
W6414.4.2.2	被雷击的东西是镇邪的灵物	【鄂温克族】
W6415	**闪电崇拜**	［W0360］闪电神（闪神、电神、电母）
W6415.1	闪电崇拜的产生（崇拜闪电的原因）	［W4438.1］闪电是神的信使
W6415.2	闪电崇拜的情形	
W6415.3	闪电崇拜的类型	
W6415.4	与闪电崇拜有关的其他母题	［W9558.5］人变闪电

① ［W0368］云神；［W4463］云的特征。

② ［W4468.4］祥云；［W9214］云彩作为征兆。

W 编码	母题描述	关联项
W6416	**风崇拜**	【汤普森】V1.5.3；［W0292］风神
W6416.1	风崇拜的产生（崇拜风的原因）	【关联】①
W6416.2	风崇拜的情形	
W6416.3	风崇拜的类型（崇拜特定的风）	［W4314］特定名称的风
W6416.3.1	夹带着云和雨不停地翻滚的风受到崇拜	【鄂温克族】
W6416.4	与风崇拜有关的其他母题	［W9213］风作为征兆
W6417	**虹崇拜**	【汤普森】V1.5.6.1；【侗族】
W6417.1	虹崇拜的产生（崇拜虹的原因）	
W6417.1.1	崇拜虹因为虹与追求爱情的女子的血有关	【鄂伦春族】
W6417.2	虹崇拜的情形	
W6417.2.1	妇女和儿童见到彩虹就磕头	【鄂伦春族】
W6417.3	崇拜特定的虹（虹崇拜的类型）	
W6417.4	与虹崇拜有关的其他母题	【关联】②
W6418	**光崇拜**	【汤普森】V1.5.6
W6418.1	光崇拜的产生（崇拜光的原因）	【关联】③
W6418.2	光崇拜的情形	
W6418.3	崇拜特定的光（光崇拜的类型）	
W6418.3.1	崇拜白光	
W6418.3.1.1	崇拜白光源于白光生人	【哈尼族】@［W2215.1］白光生人
W6418.3.2	崇拜黑光	
W6418.3.2.1	崇拜黑光源于黑光生人	【藏族】@［W2215.2］黑光生人
W6418.3.3	崇拜红光	

① ［W2206］风生人；［W2275.1］感风孕生人。

② ［W0373］虹神（彩虹神）；［W4503］虹的特征；［W6534.6］虹的禁忌。

③ ［W029.5］光生神；［W2182.3］树感光生人；［W2274］感光孕生人。

W 编码	母题描述	关联项
W6418.3.3.1	红光象征吉祥	【羌族】@［W2597.2］出生时出现红光
W6418.3.4	崇拜蓝光	
W6418.3.4.1	崇拜蓝光源于蓝光中生人	【维吾尔族】@［W2215.4］蓝光中生人
W6418.4	与光崇拜有关的其他母题	【关联】①
W6419	**其他自然现象崇拜**	
W6419.1	黎明崇拜	【汤普森】V1.5.5
✻ **W6420**	**自然物崇拜（自然崇拜；自然物崇拜）**	【汤普森】≈V1.6；【羌族】【怒族（若柔）】
W6420.1	特定信仰为自然崇拜	
W6420.1.1	萨满教最原始的崇拜是宇宙、天穹间的自然崇拜	【多民族】
W6421	**天地崇拜**	【黎族】【蒙古族】
W6421.1	天地崇拜的产生（崇拜天地的原因）	【关联】②
W6421.2	崇拜天地的情形	
W6421.3	与崇拜天地有关的其他母题	
W6422	**天空崇拜**	【汤普森】V1.4.1
W6422.1	天空崇拜的产生（崇拜天空的原因）	
W6422.2	崇拜天空的情形	
W6422.3	与崇拜天空有关的其他母题	
W6423	**土地崇拜**	【汤普森】V1.6.1；【黎族】
W6423.1	土地崇拜的产生（崇拜土地的原因）	［W1235.15］天下属土地最厉害
W6423.1.1	崇拜土地是因为生育人类的树生长在土地上	【维吾尔族】@［W6402.1.1］崇拜树是因为树生人

① ［W9245.2］火是光明的象征；［W9386.1］特定的光可以使人复原；［W9932.5］寻找光明。

② ［W1018.1］天地婚生创世者；［W1100］天地的产生。

W 编码	母题描述	关联项
W6423. 1. 2	崇拜土地是因为土地是万物之母	【藏族】
W6423. 2	崇拜土地的情形	
W6423. 2. 1	崇拜特定的土	
W6423. 2. 1. 1	黄土崇拜	
W6423. 2. 1. 1. 1	黄帝族称作“黄帝”与黄土崇拜有关	【中华民族】
W6423. 3	与崇拜土地有关的其他母题	
W6423. 3. 1	大地是女始祖的化身	【蒙古族（布里亚特）】
W6424	**太阳崇拜**	【汤普森】V1. 4. 2；【鄂伦春族】【鄂温克族】【哈萨克族】【蒙古族】@［W0271］太阳神（日神）
W6424. 1	太阳崇拜的产生（崇拜太阳的原因）	【关联】①
W6424. 2	崇拜太阳的特征（崇拜太阳的情形；太阳崇拜的表现）	
W6424. 2. 1	太阳崇拜是信仰	
W6424. 2. 1. 1 *	两汉时，太阳崇拜应是较祖先崇拜更重要的宗教信仰	【多民族】
W6424. 2. 2	太阳至圣	【鄂伦春族】
W6424. 2. 3	崇拜太阳把太阳刻在特定地方	
W6424. 2. 3. 1	崇拜太阳把太阳形状刻在石柱上	【蒙古族】
W6424. 2. 4 *	自然力中最受崇拜的是太阳	【多民族】
W6424. 2a	崇拜特定的太阳	
W6424. 2b	太阳的崇拜者	
W6424. 2b. 1	两昊之族崇拜太阳	
W6424. 2b. 1. 1 *	羲和生日神话反映了两昊之族的太阳崇拜	【中华民族】

① ［W1618］太阳有不寻常的能力；［W1620. 3a］太阳是佛。

W 编码	母题描述	关联项
W6424.3	与崇拜太阳有关的其他母题	【关联】①
W6424.3.1	日月星辰崇拜	
W6424.3.2	日月崇拜	
W6424.3.2.1	哈萨克族崇拜日月	【哈萨克族】
W6424.3.2.2	萨满的神衣上挂有太阳、月亮的铁制模型	【鄂温克族】
W6424.3.2.3	萨满举行祭神仪式时挂太阳和月亮木制模型，表示对太阳和月亮的崇敬	【鄂温克族】
W6424.3.3	太阳神崇拜的变化	
W6424.3.3.1 *	太阳崇拜由史前神秘化、神灵化演变为人格化	【中华民族】
W6425	**月亮崇拜**	【汤普森】①F16；②V1.2.3；【布朗族】【哈萨克族】【蒙古族】@［W0280］月亮神（月神）
W6425.1	月亮崇拜的产生（崇拜月亮的原因）	【关联】②
W6425.2	月亮崇拜的特征	
W6425.3	月亮崇拜的方法	
W6425.3.1	给月亮美称以示崇拜	
W6425.3.1.1	称月亮为大皇帝	【蒙古族】
W6425.4	月亮崇拜者	
W6425.4.1	布朗人崇拜月亮	【布朗族】
W6425.4.2 *	两昊之族有月亮崇拜	【中华民族】
W6425.5	崇拜月亮的情形	
W6425.5.1	新月或满月时开始做事	【蒙古族（布里亚特）】
W6425.6	与崇拜月亮有关的其他母题	［W6341］月亮图腾

① ［W6340］太阳图腾；［W6627.14.1.1］鄂伦春族正月初一要拜太阳。

② ［W1625］月亮有不寻常的能力；［W6372.7］月亮神崇拜。

W 编码	母题描述	关联项
W6426	**星星崇拜（星辰崇拜）**	【汤普森】V1. 2. 4；【哈萨克族】
W6426. 1	星星崇拜的产生（崇拜星星的原因）	【关联】［W0652. 3］祖先是特定的星星下凡；［W1769. 4］星星具有魔力
W6426. 2	星星崇拜的情形	
W6426. 3	崇拜特定的星星（星星崇拜的类型）	［W1730］特定星星的产生
W6426. 3. 1	北斗星崇拜（七星崇拜）	【鄂温克族】@［W6627. 15. 3. 1］鄂温克人除夕夜祭祀北斗星
W6426. 3. 1. 1	崇拜象征长寿的北斗星	【鄂伦春族】
W6426. 3. 1. 2	七星堂设在名山大川	【朝鲜族】
W6426. 3. 1. 3	崇拜北斗星的情形	
W6426. 3. 1. 3. 1	每年除夕夜晚都要祭祀北斗星	【鄂温克族】
W6426. 3. 2	启明星崇拜	【民族，关联】①
W6426. 4	与星星崇拜有关的其他母题	
W6427	**山崇拜（山体崇拜；高山崇拜；大山崇拜；山峰崇拜）**	【汤普森】V1. 6. 1. 1；【蒙古族】
W6427. 1	山崇拜的产生（崇拜山的原因）	【彝族】@［W8314］山作为洪水逃生工具（地点）
W6427. 2	山崇拜的情形	
W6427. 3	山崇拜的类型	
W6427. 3. 1	高山崇拜	
W6427. 3. 2	昆仑山崇拜	［W1850］昆仑山
W6427. 3. 2. 1	羌语族群崇拜昆仑山	【中华民族】

① 【鄂温克族】@［W0286］启明星神；［W1740］启明星。

W 编码	母题描述	关联项
W6427.4	与山崇拜有关的其他母题	［W6343］山图腾
W6428	**石崇拜（石头崇拜；岩石崇拜）**①	【汤普森】V1.6.4.1；【朝鲜族】【黎族】
W6428.1	石崇拜的产生（崇拜石头的原因）	
W6428.1.1	天火时石头保护了人种而被奉为神明	【畲族】
W6428.1.2	崇拜石头是因为石头能镇兽、驱鬼、拦魔	【锡伯族】
W6428.2	石崇拜的情形	
W6428.2.1	经过岩石不敢吵闹	【鄂伦春族】
W6428.2.2	通过命名表达石崇拜	
W6428.2.2.1	孩子取名字时，到大石头前问卜定名	【畲族】
W6428.2.2.2	通过以石取名表达石崇拜	
W6428.2.2.2.1	为表达石崇拜，畲家人中取“石”字头的名字特别多	【畲族】
W6428.3	崇拜特定的石头（石崇拜的类型）	
W6428.3.1	巨石崇拜	【鄂伦春族】
W6428.3.1.1	高大石砬子（岩石）崇拜	【鄂伦春族】
W6428.3.1.2	羌人把女娲娘娘抛下的一尊巨石当作神石	【羌族】
W6428.3.2	玉石崇拜	
W6428.3.2.1 *	玉石崇拜体现为天界的玉皇大帝崇拜	【中华民族】
W6428.3.3	绿松石崇拜	
W6428.3.4	青金石崇拜	

① 石崇拜（石头崇拜，岩石崇拜），许多神话叙事中涉及的“石崇拜”带有宗教含义，如“绿松石”“天青石”“玛瑙石”等都出现在宗教性实物的雕塑或仪式之中，带有神秘性，是特殊的神性象征物，在不同的宗教、民族或地区具有差异性。在此只列出一些典型的石崇拜母题。

W 编码	母题描述	关联项
W6428. 3. 5	玛瑙崇拜	
W6428. 3. 6	白石崇拜	［W6363. 3. 2. 1］感谢白云石击败敌人产生白石崇拜
W6428. 3. 6. 0	白石崇拜的产生	
W6428. 3. 6. 0. 1	崇拜白石是因为它是祖先的骨头	【白族（那马）】
W6428. 3. 6. 0. 1a	崇拜白石是因为它是妖精的骨头	【白族（那马）】
W6428. 3. 6. 0. 2	崇拜白石可镇屋、避邪、禳解、保护居家六畜兴旺、子孙发达	【藏族】
W6428. 3. 6. 0. 3	羌族崇拜白石是为了纪念变成白石的恩人	【羌族】
W6428. 3. 6. 0. 4	人崇拜白石是因为从白石中得到火	【羌族】
W6428. 3. 6. 1	羌族尊白石为神灵	【羌族】
W6428. 3. 6. 1. 1	房顶上供三块白石头纪念天神木比塔	【羌族】
W6428. 3. 6. 1. 2	白石给人带火所以尊为至高无上的神灵	【羌族】
W6428. 3. 6. 2	白石有神性（白石神圣）	【羌族】
W6428. 3. 6. 2. 1	在山头和路的最高处放的白石，可以指引灵魂	【羌族】
W6428. 3. 6. 2. 2	白石是神石有神灵	【白族（那马）】
W6428. 3. 6. 3	供奉白石	
W6428. 3. 6. 3. 1	多须盛行白石崇拜，每家都供着一个白石头	【藏族】
W6428. 3. 6. 3. 2	白石供在正堂的神龛上	【藏族】
W6428. 3. 6. 3. 3	白石供在大门的左墙上挖的洞中	【藏族】
W6428. 3. 6. 4	白石崇拜的其他情形	
W6428. 3. 6. 4. 1	尊白石为神	【藏族】
W6428. 3. 6. 4. 2	房顶放白石保平安	【藏族（木雅）】
W6428. 3. 6. 4. 3	白石神供子房顶，在白石旁插麻吕旗并烧香	【藏族（贵琼）】

W 编码	母题描述	关联项
W6428.3.6.4.4	白石为灵物	
W6428.3.6.4.4.1	白石具有顶天的巨大神威	【藏族】
W6428.3.6.4.5	白石象征吉祥	【藏族】
W6428.3.6.4.6	扎巴藏人的房顶四角均供有白石神	【藏族（扎巴）】
W6428.3.6.5	崇拜白石者	
W6428.3.6.5.1 *	北起松潘，经黑水南到嘉绒地区的藏民普遍敬仰白石	【藏族】
W6428.3.6.5.2	羌族崇拜白石	【羌族】
W6428.3.6a	黑石崇拜	
W6428.3.6a.0	一块黑石岩奉为本主，称为“黑岩景帝”	【白族（那马）】
W6428.3.7	石敢当崇拜	【汉族】@［W6428.3.9.1］泰山石崇拜
W6428.3.8	镇鬼石崇拜	
W6428.3.8.1	镇鬼的石头	【珞巴族】
W6428.3.9	其他特定的石头崇拜	
W6428.3.9.1	泰山石崇拜	【民族，关联】①
W6428.3.9.2	图形石崇拜	
W6428.3.9.3	黑色圆石崇拜	【黎族】
W6428.3.9.4	崇拜像男性生殖器的石头（石且）	【黎族】
W6428.3.9.5	奇石崇拜（怪石崇拜；崇拜怪异石头）	
W6428.3.9.5.1	奇石能抵御鬼邪	【白族】
W6428.3.9.5.2	崇拜怪石是因为嶙峋怪石为鬼灵的化身	【怒族】
W6428.3.9.5.3	对山岭上奇形怪状的岩石要虔敬	【鄂伦春族】

① 【侗族】【汉族】【羌族】@［W0398.2.2］石敢当；［W1851.1.5］泰山石敢当的来历；［W6428.3.7］石敢当崇拜。

W 编码	母题描述	关联项
W6428. 3. 9. 5. 4	村口神龛放一对奇形怪状的类似人形的石块	【仡佬族】
W6428. 3. 9. 5. 5	凡山上或路旁有石像人或他物状的石头，要把当做神来祭祀礼拜	【仡佬族】
W6428. 3. 9. 6	灵石崇拜	【汉族】
W6428. 3. 9. 7	崇拜其他特定名称的石头	
W6428. 3. 9. 7. 1	崇拜蛤蟆石	
W6428. 3. 9. 7. 2	崇拜仙人石	【仡佬族】
W6428. 3. 9. 7. 3	崇拜老虎石	【仡佬族】
W6428. 3. 9. 7. 4	崇拜凤凰石	【仡佬族】
W6428. 3. 9. 7. 5	崇拜牛头石	【仡佬族】
W6428. 3. 9. 7. 6	崇敬锅庄石	【纳西族·摩梭人】
W6428. 4	与石崇拜有关的其他母题	［W6344］石图腾
W6428. 4. 1	拜石为父	【畲族】
W6428. 4. 2	玉崇拜（玉石崇拜）	
W6428. 4. 2. 1	玉崇拜的产生	
W6428. 4. 2. 1. 1 *	玉石崇拜出现在公元前 10000 年~前 6000 年	【华夏民族】
W6428. 4. 2. 2	玉崇拜的特征	
W6428. 4. 2. 3	玉崇拜的类型	
W6428. 4. 2. 4	与玉崇拜有关的其他母题	
W6428. 4. 2. 4. 1	玉信仰	
W6428. 4. 2. 4. 1. 1 *	以前存在璜与龙、虹三位一体的信仰	【中华民族】
W6429	**水崇拜（水体崇拜）**	【汤普森】①A1546. 1；②V1. 6. 2
W6429. 1	水崇拜的产生（崇拜水的原因）	
W6429. 2	崇拜水的情形	
W6429. 3	崇拜特定的水（崇拜特定的水体；水崇拜的类型）	

W 编码	母题描述	关联项
W6429.3.1	江河崇拜	【汤普森】≈V1.6.2.1；【蒙古族】
W6429.3.2	海崇拜	【汤普森】V1.6.2.2
W6429.4	与崇拜水有关的其他母题	［W6345.1］水图腾
W6430	**火崇拜**	【汤普森】V1.6.3；【民族，关联】①
W6430.1	火崇拜的产生（崇拜火的原因）	【汤普森】A1546.6
W6430.1.1	崇拜火因为它是圣洁之物	【鄂伦春族】
W6430.1.2	崇拜火是因为它是光明的象征	【哈萨克族】
W6430.1.3	崇拜火是因为它是驱除妖魔的神	【哈萨克族】
W6430.2	崇拜火的情形	
W6430.2.1	对火叩拜	
W6430.2.1.1	猎人见火堆要叩拜	【赫哲族】
W6430.2.2	向火鞠躬行礼	
W6430.2.2.1	乌马依（火神鸟）劝人成婚，新娘进门时，新娘成婚时要向火鞠躬行礼	【哈萨克族】
W6430.2.3	奉火为圣洁之物	【鄂伦春族】
W6430.2.4	特定地方画火表示崇拜火	
W6430.2.4.1	家家户户把火的样子画在门上、壁上，表示对火的敬意	【汉族】
W6430.3	崇拜特定的火（火崇拜的类型）	
W6430.3.1	崇拜特定地方的火	
W6430.3.1.1	对撮罗子里生的火更敬重	【鄂温克族】
W6430.4	与崇拜火有关的其他母题	
W6430.4.1	火为圣洁之物	【鄂伦春族】
W6430.4.2	火是家庭的保护神	【蒙古族】
W6430.4.3	与火有关的关联物崇拜	

① 【赫哲族】【哈尼族】【蒙古族】@［W6539.6］火的禁忌。

W 编码	母题描述	关联项
W6430. 4. 3. 1	人由白石得火而崇拜白石	【羌族】
W6431	**其他自然物崇拜**	
W6431. 1	洞崇拜（洞穴崇拜；溶洞崇拜）	【朝鲜族】
W6431. 1. 1	洞崇拜的产生（崇拜洞的原因）	
W6431. 1. 2	崇拜洞的情形	
W6431. 1. 2. 1	特定的洞香火旺盛	
W6431. 1. 3	特定的洞崇拜（洞崇拜的类型）	
W6431. 1. 3. 1	山洞崇拜	
W6431. 1. 3. 1. 1	山洞被视为母亲的肚子	【民族，关联】①
W6431. 1. 3. 2	太虚洞崇拜	【仡佬族】
W6431. 1. 3. 3	老虎洞崇拜	【仡佬族】
W6431. 1. 3. 4	观音洞崇拜	【仡佬族】
W6431. 1. 3. 5	白马洞崇拜	【仡佬族】
W6431. 1. 4	洞崇拜的含义	
W6431. 1. 4. 1 *	因山神居住溶洞，洞崇拜就是崇拜山神	【仡佬族】
W6431. 1. 5	与崇拜洞有关的其他母题	
W6431. 2	多种自然物崇拜	
W6431. 2. 1	一切自然物如大树、巨石、山坳、岔路、田头当作崇拜偶像	【侗族】
W6431. 3	与自然物崇拜有关的其他母题	
W6431. 3. 1 *	最古老的崇拜对象总是自然力	【多民族】
W6432	**人造物崇拜**	
W6432. 1	鼓崇拜	【汉族】
W6432. 1. 1	木鼓崇拜	【苗族】@［W6456. 2. 2. 1］木鼓是通天神器
W6432. 1. 2	铜鼓崇拜	【关联】②

① 【蒙古族（布里亚特人）】@［W2205］洞生人；［W6377. 6］女阴崇拜。

② ［W6917. 1. 7］铜鼓；［W6917. 1. 7. 3］铜鼓的功能（铜鼓有特殊的能力；铜鼓有神力）。

W 编码	母题描述	关联项
W6432.1.2.1	虎生的铜鼓中生人，人把铜鼓尊奉为保护神	【壮族】
W6432.1.2.2	铜鼓是有生命的精灵	【壮族】@［W6917.1.7.3.4.1］铜鼓变后生杀蛟龙
W6432.2	工具崇拜	【汤普森】V1.9
W6432.2.1	文字崇拜	［W6740］文字的特征（文字的特点；文字的功能）
W6432.2.1.1	世人对会造象形文字的仓颉顶礼膜拜	【汉族】
W6432.2.1.2	有文字的物件不能乱丢	
W6432.2.1.2.1	写有文字的纸忌丢弃	【汉族】
W6432.2.1.3 *	对书本记录的盲从	【多民族】
W6432.2.2	特定生活用具崇拜	
W6432.2.2.1	火塘崇拜	【佤族】
W6432.2.2.2	三角（支锅的三角石、铁三角）崇拜	【佤族】@［W6428.3.9.7.6］崇敬锅庄石
W6432.2.2.3	炕笆崇拜	【佤族】
W6432.3	农具崇拜	【汤普森】≈V1.7
W6432.3.1	犁崇拜	【汤普森】V1.9.1；【纳西族】
W6432.3.1.1	敲犁头能祈雨	【怒族】
W6432.4	武器崇拜	【汤普森】V1.9.2；【纳西族】@［W8748～W8752］常见的武器
W6432.5	其他人造物崇拜或特定物崇拜	
W6432.5.1	琉璃崇拜①	
W6432.5.2	敖包崇拜	［W6627.33.3.1］蒙古族五月十三日祭敖包

① 琉璃崇拜，根据宗教信物的发展和演变，“琉璃崇拜”也可以看做是“石崇拜”的变体。

W 编码	母题描述	关联项
W6432.5.2.1	鄂温克族崇拜的敖包多是高大的神树	【民族，关联】①
W6432.5.3	乐器崇拜	[W6915] 乐器（乐器的产生）
W6432.5.3.1	芦笙崇拜	[W6917.4.3] 芦笙
W6432.5.3.1.1	芦笙是苗族的母亲	【苗族】
W6432.5.4	经典崇拜	
W6432.5.4.1	经典被视为神物和天书要毕恭毕敬	【彝族】
W6432.5.5	遗物崇拜（老物件崇拜；非遗崇拜）	
W6432.5.5.1	不知来历的古代的遗物被崇拜	【彝族】
W6432.5.6	金属崇拜	[W6428.4.2] 玉崇拜（玉石崇拜）
W6432.5.6.1 *	金属崇拜出现在约公元前 2500 年 ~ 前 2000 年	
W6432.5.7	建筑物崇拜	
W6432.5.7.1	一些建筑物如桥梁、石墩、水井等当作崇拜偶像	【侗族】
W6433	**其他特定的物崇拜**	
W6433.1	偶像崇拜	【汤普森】V1.11；[W6372] 特定的神的崇拜（崇拜特定的神）
W6433.1.1	偶像崇拜的产生	
W6433.1.2	偶像崇拜的情形	
W6433.1.3	偶像崇拜的类型	
W6433.1.3.1	神偶崇拜	
W6433.1.4	与偶像崇拜有关的其他母题	

① 【鄂温克族】@ [W6499.5.4.2 *] 祭祀敖包就是祭龙；[W6502.11.3.2] 祭祀敖包就是祭山神白那查。

W 编码	母题描述	关联项
W6433.2	血崇拜	［W6435.1］崇尚红色（红色崇拜）
W6433.2.1	血崇拜的产生（崇拜血的原因）	
W6433.2.2	血崇拜的情形	
W6433.2.2.1	鄂伦春族有以血涂抹神偶、神像	【鄂伦春族】
W6433.2.3	与血崇拜有关的其他母题	［W6535.1］血的禁忌（忌血；血液禁忌）
W6433.3	宝物崇拜	［W9650］宝物
W6433.4	神物崇拜	［W0920］神物
W6433.4.1	神瓶崇拜	
W6433.4.1.1	人把视为神物的龙瓶供在山上	【彝族】
W6433.4.1.2	神石崇拜	【满族】
W6433.4a	圣物崇拜	
W6433.4a.1 *	圣物崇拜形成儒家礼乐文化的物质原型及核心内容	【中华民族】
W6433.5	行业崇拜（特定职业者的崇拜）	
W6433.5.1	理发业崇拜吕洞宾	【汉族】
W6433.5.2	三弦书艺人敬天皇、地皇、人皇	【汉族】
W6433.5.3	铁匠行业供奉太上老君为祖师	
W6433.5.3.1 *	铁匠行业供奉太上老君为祖师因老君有七星炉子	【汉族】
W6433.6	体液崇拜	
W6433.6.1	排泄物崇拜	［W6347］排泄物图腾
W6434	**与崇拜物有关的其他母题（与崇拜对象有关的其他母题）**	
W6434.1	单一崇拜	
W6434.2	多元崇拜（凡崇拜；混合型崇拜多种崇拜物混杂）	

W 编码	母题描述	关联项
W6434. 2. 1	人崇拜的对象有日、月、星、雷、风、雨、火、木、石、树、蛇、鹿、虎、牛、祖先灵位，还有端公、巫师、神婆、算命先生、地理先生等	【怒族】
W6434. 3	崇拜物的关联	
W6434. 3. 1	崖神崇拜与生殖崇拜、性器官崇拜结合在一起	【怒族】

6. 3. 6 与崇拜有关的其他母题 【W6435 ~ W6439】

W 编码	母题描述	关联项
W6435	**颜色崇拜**	
W6435. 1	崇尚红色（红色崇拜）	【汉族】@［W9037. 1］红色具有魔力
W6435. 2	崇尚白色（白色崇拜）	【民族，关联】①
W6435. 2. 1	崇尚白色的来历（白色崇拜的原因；白色尊贵的来历）	
W6435. 2. 1. 1	特定人物规定尊崇白色	
W6435. 2. 1. 1. 1	王规定尊崇白色	【哈萨克族】
W6435. 2. 1. 2	崇拜白色是因为白色象征真理、快乐和幸福	【哈萨克族】
W6435. 2. 1. 3	凉山彝家认为白色禽兽神秘	【彝族】
W6435. 2. 1. 4	白象征善	【羌族】
W6435. 2. 1. 5	以白为美	【苗族】
W6435. 2. 1. 6	规定性崇拜白色	

① 【白族】【保安族】【朝鲜族】【傣族】【东乡族】【哈萨克族】【回族】【蒙古族】【纳西族】【撒拉族】【普米族】【维吾尔族】【藏族】@［W9037. 3］白色具有魔力。

W 编码	母题描述	关联项
W6435.2.1.6.1	萨满教的教规规定白色是最高尚的色彩	【蒙古族】
W6435.2.2	崇尚白色的情形（白色崇拜的表现）	
W6435.2.2.1	招待贵人使用白色	
W6435.2.2.1.1	立白毡房招待有儿有女的人，立红毡房招待有女无儿的人，立黑毡房给无儿又无女的人	【哈萨克族】
W6435.2.2.2	保护神三多面如白雪，身穿白甲，喜白	【纳西族】
W6435.2.2.3	白色的褥子是神的坐具，黑色的褥子是鬼的坐具	【纳西族】
W6435.2.2.4	白色只有身份高者可使用	
W6435.2.2.4.1	当老师的巫师用的是白色“格策”，而徒巫只能用红色“格策”	【蒙古族】
W6435.2.3	崇尚特定的白色	
W6435.2.4	与崇尚白色有关的其他母题	
W6435.2.4.1	黑牦牛为妖，白牦牛为神	【纳西族】
W6435.3	崇尚黑色（黑色崇拜）	【民族，关联】①
W6435.3.1	黑色崇拜的原因	
W6435.3.1.1	黑狗布农人妇女穿衣服以黑色为主是因为认为黑狗是强壮勇猛	【高山族（布农人）】
W6435.4	崇尚绿色（绿色崇拜）	［W9037.2］绿色具有魔力
W6435.5	崇尚黄色（黄色崇拜）	【汉族】
W6435.6	崇尚青色（青色崇拜）	
W6435.7	崇尚紫色（紫色崇拜）	
W6435.8	其他颜色崇拜	

① 【汉族】【傈僳族】【纳西族】【彝族】【藏族】@［W9037.4］黑色具有魔力。

W 编码	母题描述	关联项
W6435. 9	与颜色崇拜有关的其他母题	［W9247. 5］颜色作为象征
W6436	**数字崇拜**	［W9036］魔力数字
W6436. 1	数字“1”崇拜	
W6436. 2	数字“2”崇拜	
W6436. 3	数字“3”崇拜	［W9036. 1］3 是魔力数字
W6436. 3. 1	“三”是萨满教神秘数字中最重要的基数	【满族】
W6436. 4	数字“4”崇拜	［W9036. 2］4 是魔力数字
W6436. 5	数字“5”崇拜	［W9036. 3］5 是魔力数字
W6436. 6	数字“6”崇拜	［W9036. 4］6 是魔力数字
W6436. 7	数字“7”崇拜	［W9036. 5］7 是魔力数字
W6436. 8	数字“8”崇拜	
W6436. 9	数字“9”崇拜	【汉族】【蒙古族】@［W9036. 6］9 是魔力数字
W6436. 9. 1	9 是最大的数字	
W6436. 9. 2	“9”被视为吉祥数	【满族】
W6436. 10	数字“10”崇拜	［W9036. 7］10 是魔力数字
W6436. 11	其他数字崇拜	
W6436. 11. 1	奇数崇拜	
W6436. 11. 1. 1	3、5、7、9，七七四十九，九九八十一等数字具有魔力	【满族】
W6436. 11. 1. 2	单数为吉利数字	【藏族】
W6436. 11. 2	最大数崇拜	［W6995. 4. 1］9 是最大的数字
W6436. 11. 3	门巴族把藏历每月的八、十五、三十日叫作“堆桑”，意为吉祥日子	【门巴族】
W6437	**宗教崇拜物**	【汤普森】A1544

W 编码	母题描述	关联项
W6437.1	宗教场所崇拜	
W6437.2	宗教器物崇拜	［W9240］象征物
W6438	**方位崇拜**	
W6438.1	方位崇拜的原因	
W6438.2	崇拜特定方位（崇拜特定方向）	
W6438.2.1	崇拜东方	
W6438.2.1.1	美今东主一代崇拜东方	【纳西族】
W6438.2.1.2	东海尼玛查哈拉（氏）崇拜东方	【满族】
W6438.2.1.3	崇拜东方，表现为祭祀要面东磕头	【满族】
W6438.2.2	崇拜西方	
W6438.2.3	崇拜南方	
W6438.2.4	崇拜北方	
W6438.2.5	崇拜中心（中心崇拜）	
W6439	**与崇拜有关的其他母题**	
W6439.0	崇拜的特征	
W6439.0a	表达崇拜的方式	
W6439.0a.1	把崇拜物冠以亲属名称	
W6439.0a.1.1	把崇拜物称为父亲	【畲族】
W6439.0a.2	佩戴崇拜物	
W6439.0a.2.1	男人把崇拜的似狮非狮、似狗非狗的动物头像铸刻在皮带钩上	【锡伯族】
W6439.1	行业的特定崇拜物	［W0450～W0499］与功能或行业有关的神
W6439.1.1	药店里供奉药兽	［W3593.2］药兽
W6439.2	同一个部落的不同村寨敬不同的神	【佤族】
W6439.3	某姓氏敬奉的神	【满族】
W6439.4	特定的事件崇拜（特定的事象崇拜）	

W 编码	母题描述	关联项
W6439. 4. 1	生育崇拜（生殖崇拜）	［W6377. 4］生殖器崇拜（性崇拜）
W6439. 4. 1. 1	妇女难产死亡也要正常土葬	【独龙族】
W6439. 5	象征物崇拜	【汤普森】A1546. 0. 1
W6439. 6	崇拜的变化	［W6372. 13. 3］神崇拜的变化（敬神态度的变化）
W6439. 6. 1	崇拜类型的变化	
W6439. 6. 1. 1 *	人们对自然图腾的崇拜渐渐转为祖先崇拜	【中华民族】
W6439. 6. 2	特定崇拜物性质的变化	
W6439. 6. 2. 1 *	犬崇拜到近现代由“血缘亲族”关系变成“恩缘纪念”关系	【多民族】

6. 3. 7　与图腾崇拜有关的现象【W6440 ~ W6449】

W 编码	母题描述	关联项
W6440 *	**图腾研究**	
W6440. 1 *	图腾的定义	
W6440. 1. 1 *	图腾是蛮夷之徽帜，用以自别其众于余众者	【多民族】
W6440. 2 *	图腾论（图腾理论；图腾观）	
W6440. 2. 1 *	图腾论是来自民族学、人类学的术语	【各民族】
W6440. 2. 2 *	图腾理论的核心是人们相信自己与图腾物有某种血缘关系	【多民族】
W6440. 2a *	图腾观（图腾观念）	
W6440. 2a. 1 *	图腾观念的产生	

W 编码	母题描述	关联项
W6440.2a.1.1＊	图腾观念的起源有多种类型	
W6440.2a.1.1.1＊	图腾观念源于名目论	【多民族】
W6440.2a.1.1.2＊	图腾观念源于经济论	【多民族】
W6440.2a.1.1.3＊	图腾观念源于灵魂论	【多民族】
W6440.2a.1.1.4＊	图腾观念源于妊娠论	【多民族】
W6440.2a.1.1.5＊	图腾观念源于转嫁论	【多民族】
W6440.2a.1.1.6＊	图腾观念源于象征论	【多民族】
W6440.2a.1.1.7＊	图腾观念源于恋母情结说	【多民族】
W6440.2a.1.1.8＊	图腾观念源于控制论	【多民族】
W6440.2a.1.1.9＊	图腾观念源于其他说法	
W6440.2a.1.1.9.1＊	图腾观念源于对立说	【多民族】
W6440.2a.1.1.9.2＊	图腾观念源于呼祖先说	【多民族】
W6440.3＊	图腾学说	
W6440.3.1＊	图腾学说一定程度上反映了原始社会阶段的客观现象	【多民族】
W6440.4＊	图腾制度（图腾规则）	
W6440.4.1＊	图腾制度有三个最基本特征	
W6440.4.1.1＊	图腾制度建立在原始社会人类族群氏族或部落的基础上	【多民族】
W6440.4.1.2＊	氏族或部落都以一种图腾动物或植物作为自己族群的名称或徽帜	【多民族】
W6440.4.1.3＊	族群的全体成员都认为图腾动物或植物是自己的祖先	【多民族】
W6440.4.2＊	图腾制度有四个基本特征	【多民族】
W6441	**图腾理论**	
W6442	**图腾文化**	
W6442.1＊	图腾文化的产生	

W 编码	母题描述	关联项
W6442. 2＊	图腾文化的特征	
W6442. 3＊	特定的图腾文化	
W6442. 3. 1＊	黄帝有熊文化	
W6442. 3. 1. 1＊	黄帝的“有熊”圣号反映出农业文明中几乎濒于失传的远古图腾文化记忆	【中华民族】
W6442. 4＊	与图腾文化有关的其他母题	
W6443	**图腾遗迹**	
W6444	**崇拜研究**	
W6444. 1	崇拜的概念（崇拜的界定）	
W6445	**崇拜文化**	
W6446	**崇拜遗迹**	
W6447	**图腾与崇拜的关系**	
W6448	**图腾与崇拜的区别**	
W6449	**与图腾崇拜有关的其他母题**	
W6449. 1	以图腾为崇拜物	
W6449. 1. 1	氏族崇拜各自的图腾	
W6449. 1. 1. 1	蛇氏族崇拜蛇，蜂氏族崇拜蜂，虎氏族崇拜虎	【怒族】

中国神话：文化母题（W6）数据目录

中国神话数据库建设关键词索引

A Motif Catalogue of China's Mythical Culture

（3-2）

王宪昭　著

中国社会科学出版社

3－2 基本母题检索

6.4 民间文化
【W6450～W6549】

6.4.1 宗教文化概说
【W6450～W6459】

6.4.2 民间信仰概说
【W6460～W6464】

6.4.3 常见的民间信仰
【W6465～W6469】

6.4.4 庆典（立功庆典、高中庆典）【W6470～W6479】

6.4.5 祭祀 【W6480～W6509】

6.4.6 禁忌

【W6510～W6539】

6.4.7 娱乐【W6540～W6544】

6.4.8 与民间文化有关的其他母题【W6545～W6549】

6.5 习俗（风俗）【W6550～W6699】

6.5.1 习俗的产生【W6550～W6559】

6.5.2 生产习俗【W6560～W6579】

6.5.3 生活习俗
【W6580～W6599】

6.5.4 节日习俗
【W6600～W6629】

6.5.5 生育习俗

【W6630～W6634】

6.5.6 成长习俗（养育习俗）

【W6635～W6639】

6.5.7　丧葬习俗【W6640 ~ W6689】

6.5.8 其他常见习俗
【W6690～W6694】

6.5.9 与习俗有关的其他母题
【W6695～W6699】

3－2

#【₩6450 ~ ₩6699】

6.4 民间文化
【W6450 ~ W6549】

6.4.1 宗教文化概说
【W6450 ~ W6459】

W 编码	母题描述	关联项
W6450	**宗教信仰（宗教的产生；特定宗教的产生；宗教创立者）**	【汤普森】V300
W6450. 0	宗教自然产生	
W6450. 0. 1	腾格勒造出第二个地球后出现各种宗教	【鄂温克族】
W6450. 1	神或神性人物是宗教创立者	
W6450. 1. 1	救世主创立宗教	【汤普森】V211
W6450. 1. 2	洪钧老祖和燃灯古佛琢磨出道佛两教	【汉族】
W6450. 2	特定的人创立宗教	
W6450. 2. 1	特殊出生的人创立宗教	
W6450. 2. 1. 1	人祖婚生的孩子形成 72 教	【回族】
W6450. 2. 2	修行者创立宗教	
W6450. 2. 3	祭司发明宗教	
W6450. 2. 3. 1	宗教的产生与祭司的出现有关	【蒙古族（布里亚特）】
W6450. 2a	宗教源于特定群体	

W 编码	母题描述	关联项
W6450. 2a. 1	接受外来宗教	【羌族】
W6450. 3	儒教①	
W6450. 3. 1	儒教的产生	
W6450. 4	佛教	
W6450. 4. 1	佛教的产生	
W6450. 4. 1. 1	燃灯古佛创佛教	【汉族】
W6450. 4. 1. 2	卵生的活佛灌顶传教	【藏族】
W6450. 4. 1. 3	鹏鸟生的黄金蛋繁衍佛教	【藏族】
W6450. 4. 1. 4	佛教为什么兴于印度	
W6450. 4. 1. 4. 1	神蛋中孕育黄牛，牛头失落在印度，因此印度的佛法最早兴旺起来	【藏族】
W6450. 4. 2	佛教的特征	
W6450. 4. 3	佛教的类型（特定的佛教）	
W6450. 4. 3. 1	大乘佛教	
W6450. 4. 3. 2	小乘佛教	
W6450. 4. 3. 2. 1	小乘佛教不仅承认原始宗教的鬼神而且共同祭祀鬼神	【傣族（水傣）】
W6450. 4. 4	信佛（佛教信仰）	
W6450. 4. 4. 1	信佛的来历	
W6450. 4. 4. 1. 1	因孤独信佛	【珞巴族】
W6450. 4. 4. 2	信佛的特征	
W6450. 4. 4. 3	信佛的情形（信佛的表现）	
W6450. 4. 4. 4	信佛禁忌	
W6450. 4. 4. 5	与信佛有关的其他母题	
W6450. 4. 5	与佛教有关的其他母题	
W6450. 4. 5. 1	莲花生大师	【珞巴族】

① 儒教的产生，一些研究者不认为儒教是宗教。本书依据一些文献、神话文本中的表述，将其列为母题。

W 编码	母题描述	关联项
W6450.5	道教	
W6450.5.1	道教的产生	
W6450.5.1.1	洪钧老祖创道教	【汉族】@［W0687］洪钧老祖
W6450.5.2	道教的特征	
W6450.5.2.1	道家玉石圣物崇拜	【中华民族】
W6450.5.2.2	道教的至高主神玉皇大帝崇拜	【中华民族】
W6450.5.2.3	道家的圣人崇拜	【中华民族】
W6450.5.2.4 *	道教“天”与“玉”相互认同	【中华民族】
W6450.5.3	与道教有关的其他母题	
W6450.5.3.1	道士	【汉族】
W6450.5.3.1.1	道士能沟通天上人间	【藏族（白马）】
W6450.5.3.1.2	道士能去阴间	【侗族】
W6450.6	伊斯兰教	
W6450.6.1	伊斯兰教的产生	
W6450.6.2	伊斯兰教的特征	
W6450.6.3	与伊斯兰教有关的其他母题	【柯尔克孜族】
W6450.6.3.1	穆斯林洗小净的来历	【回族】
W6450.7	萨满教（萨满信仰）	
W6450.7.1 *	萨满教信奉多神	【锡伯族】
W6450.8	其他民间宗教信仰	
W6450.8.1	苯教①	
W6450.8.1.1	苯教的产生	
W6450.8.1.1.1	苯教从象雄传来	【藏族】
W6450.8.1.1.2	13 岁被鬼牵引的童子创苯教	【藏族】
W6450.8.1.2	苯教的特征	

① 苯教，有本教、本波教、苯教、钵教、黑教等写法，是藏文 Bun 的不同音译。参见吕大吉、何耀华总主编《中国各民族原始宗教资料集成》（鄂伦春族卷、鄂温克族卷、赫哲族卷、达斡尔族卷、锡伯族卷、满族卷、蒙古族卷、藏族卷），北京：中国社会科学出版社 1999 年版，第 787 页。

W 编码	母题描述	关联项
W6450. 8. 1. 2. 1	苯教尚禳祓送鬼等术	【藏族】
W6450. 8. 1. 2. 2	苯教下镇压鬼怪，上供祀天神	【藏族】
W6450. 8. 1. 2. 3	苯教崇奉多神	
W6450. 8. 1. 2. 3. 1	苯教崇奉五界神、地方神、守舍神、战神、娘舅神等不同神祇	【藏族】
W6450. 8. 1. 2. 4	苯教的祭祀	
W6450. 8. 1. 2. 4. 1	苯教杀奶牛、山绵羊、鹿等牲畜祭祀	【藏族】
W6450. 8. 1. 3	苯教职业者	
W6450. 8. 1. 3. 1	苯教巫师	
W6450. 8. 1. 3. 1. 1	苯教巫师“仓巴”大都世代相传	【藏族】
W6450. 8. 1. 3. 1. 2	苯巫师名称有天本波、地本波、大本披、神本波等	【藏族】
W6450. 8. 1. 3. 2	苯教咒师	
W6450. 8. 1. 3. 2. 1	苯教咒师专门修炼咒术	【藏族】
W6450. 8. 1. 4	与苯教有关的其他母题	
W6450. 8. 1. 4. 1	象雄本教	【藏族】
W6450. 8. 2	东巴教（东巴信仰）	
W6450. 8. 2. 1	东巴教的产生	
W6450. 8. 2. 2	东巴教的特征	
W6450. 8. 2. 3	与东巴教有关的其他母题	【关联】①
W6450. 8. 3	摩教	
W6450. 8. 3. 1	摩教的产生	
W6450. 8. 3. 1. 1	摩教的创始人摩陆高	【布依族】@［W6457. 3. 2. 1. 1］布洛陀为人创造麽经
W6450. 8. 3. 2	摩教的特征	
W6450. 8. 3. 3	与摩教有关的其他母题	
W6450. 9	与宗教的创立有关的其他母题	

①［W6451. 2. 3. 1］东巴教教主；［W6457. 3. 1］东巴经。

W 编码	母题描述	关联项
W6450a	**宗教的特征**	
W6450a.1	宗教具有民族性	【多民族】
W6450b	**宗教的功能**	
W6450b.1	特定宗教教化生灵	【汉族】
W6450b.2	特定宗教惩凶扬善	【汉族】
W6451	**宗教神职人员**①	【关联】②
W6451.1	宗教人员的来历	【汤普森】A1654
W6451.2	教主	
W6451.2.1	教主的产生	
W6451.2.2	教主的特征	
W6451.2.3	常见的教主	
W6451.2.3.1	东巴教教主	【纳西族】@［W0774］东巴神（东巴教主）
W6451.2.3.1.1	东巴教的祖师丁巴什罗的祖先有七代母女连名和九代父子连名	【纳西族】
W6451.2.3.1.2	东巴什罗能乘着烟气飞升	【纳西族】
W6451.2.3.2	长白山教主	
W6451.2.4	教主的生活	
W6451.2.4.1	东巴教教主骑白色神马	【纳西族】
W6451.2.5	教主的从属	
W6451.2.5.1	教主有天兵天将做侍从	【纳西族】
W6451.3	僧侣	
W6451.4	牧师	［W5977.1］牧师的誓约
W6451.5	教徒（圣徒）	【汤普森】V220
W6451.5.1	圣徒的产生	
W6451.5.2	圣徒的特征	

① 神职人员，在许多神话中有些宗教神职人员并不是一个明确的概念，有时会与宗教神话中的一些宗教人物混合在一起。

② ［W9120］巫师；［W9148.3］祭师。

W 编码	母题描述	关联项
W6451. 5. 2. 1	圣徒灵慧睿智	【汤普森】V223
W6451. 5. 2. 2	圣徒充满圣洁	【汤普森】V229. 2
W6451. 5. 3	圣徒的能力	［W8838. 3］圣徒除妖
W6451. 5. 3. 1	圣徒能治愈疾病	【拉祜族】
W6451. 5. 4	圣徒的生活	
W6451. 5. 4. 1	圣徒能够分身	【汤普森】V225
W6451. 5. 4. 2	圣徒幽室兰香	【汤普森】V222. 4
W6451. 6	神职人员与凡俗之子的区别	【汤普森】A1472. 1；［W5082］社会分工
W6451. 6a	神职人员服饰的来历	【民族，关联】①
W6451. 6a. 1	贝玛服饰的来历	【哈尼族】
W6451. 6b	神职人员特定食物的来历	
W6451. 7	神职人员之间的关系	
W6451. 7. 1	地藏王是太素真人的亲舅舅	【汉族】
W6451. 8	与宗教神职人员有关的其他母题	［W1996. 1. 2］世界最早产生1个宗教人物
W6451. 8. 1	异教徒	【汤普森】V320
W6451. 8. 2	宗教职业者	
W6451. 8. 2. 1	宗教职业者的产生	
W6451. 8. 2. 2	宗教职业者的特征（宗教职业者的职能）	
W6451. 8. 2. 3	宗教职业者的活动	
W6451. 8. 2. 3. 1	宗教职业者要借助于其他派别宗教职业者举行仪式	【藏族】
W6451. 8. 2. 4	宗教职业者的报酬	
W6451. 8. 2. 4. 1	日用品作为宗教职业者报酬	【藏族】
W6451. 8. 2. 5	特定的宗教职业者	
W6451. 8. 2. 5. 1	平民宗教职业者	【藏族】

① 【纳西族】@［W6115］特定的人的特定服饰的来历；［W6506. 6. 3］祈祷要有特定服饰。

W 编码	母题描述	关联项
W6451.8.2.6	与宗教职业者有关的其他母题	
✻ **W6452**	**宗教仪式**[①]	【汤普森】V0
W6453	**宗教仪式的产生**	【汤普森】A1540
W6453.1	特定人物规定宗教仪式	
W6453.1.1	上帝规定祭祀仪式	【哈萨克族】
W6453.2	约定产生宗教仪式	
W6453.3	宗教仪式产生的其他情形	
W6453.4	与宗教仪式的产生有关的其他母题	［W6945.9.1.1］仪式的产生
W6454	**宗教仪式的特征（宗教仪式的功能）**	
W6454.1	特定的仪式是为了求得平安	【珞巴族】
W6454.2	宗教仪式慰亡灵	
W6454.3	宗教仪式驱逐恶灵	【汤普森】D2176.3.2
W6454.3.1	巫师念咒祈祷驱鬼	【珞巴族】
W6454.4	与宗教仪式的功能有关的其他母题	
W6455	**特定的宗教仪式（特定的民间仪式；特定的宗教活动）**	【汤普森】①A1549；②V80；【关联】[②]
W6455.1	圣宴	［W6505.5.1］圣餐
W6455.1.1	为死者设宴的来历	【汤普森】A1541.1.
W6455.1.2	为特定的神设宴的来历	【汤普森】≈A1541.2；［W0982］神的宴会
W6455.2	朝圣	【汤普森】V530；【回族】【藏族】

① 宗教仪式祀，民间仪式非常复杂，有些带有明显的宗教性质，有的则只是一般性礼仪活动，是否属于宗教行为难以界定。此母题包含其他难以界定的情况。

② ［W6470～W6509］祭祀；［W6506］祈祷。

W 编码	母题描述	关联项
W6455. 2. 1	朝圣的产生（朝圣的原因）	
W6455. 2. 1. 1	人若在有生之年到仰桑河朝圣一次，可保生前幸福平安，死后灵魂升入天堂	【珞巴族】
W6455. 2. 2	朝圣的地点	
W6455. 2. 2. 1	圣地朝圣	【珞巴族】
W6455. 2. 3	朝圣的功能（朝圣的方式）	
W6455. 2. 3. 1	朝圣者从圣地取回的白泥土可以避邪消灾	【珞巴族】
W6455. 2. 4	与朝圣有关的其他母题	
W6455. 3	洗礼	【汤普森】V81
W6455. 4	其他特定的宗教仪式	
W6455. 4. 1	割礼	【汤普森】A1567；［W6377. 4］生殖器崇拜（性崇拜）
W6455. 4. 2	顶天灾仪式	
W6455. 4. 2. 1	“顶天灾”仪式可以消除疾病灾祸，祈求人畜平安	【纳西族】
W6455. 5	宗教仪式的相关内容（与特定民间仪式有关的其他母题）	
W6455. 5. 0	许愿（祈愿）	
W6455. 5. 0. 1	许愿的原因（许愿仪式的来历）	
W6455. 5. 0. 1. 1	治病时许愿	
W6455. 5. 0. 1. 1. 1	久病不愈医治无效、巫师送鬼也不灵时，去山神庙许愿	【彝族】
W6455. 5. 0. 2	许愿的时间	
W6455. 5. 0. 2. 1	做特定事情前许愿	
W6455. 5. 0. 2. 1. 1	尧斗妖前许愿	【汉族】
W6455. 5. 0. 2. 1. 2	孩子庆生时祈愿	【蒙古族】@［W6496. 8c. 6. 3. 2. 6. 1］太湖渔民在平台山举行仪式，为禹王庆生

W 编码	母题描述	关联项
W6455.5.0.3	许愿的地点	
W6455.5.0.3.1	到庙里许愿	【彝族】@［W6455.5.0.1.1.1］久病不愈医治无效、巫师送鬼也不灵时，去山神庙许愿
W6455.5.0.3.1.1	女子为出海的父兄平安回家到下海庙里发愿	【汉族】
W6455.5.0.3.1.1.1	为感恩龙王建下海庙	【汉族】
W6455.5.0.3.2	特定物作为许愿处（在特定地点许愿）	
W6455.5.0.3.2.1	许愿树	［W6719.5.3.2.1］特定的树下发誓（宣誓树）
W6455.5.0.3.2.2	许愿桥	
W6455.5.0.4	许愿的内容	
W6455.5.0.4.1	许愿婚姻	【瑶族】
W6455.5.0.4.2	祈愿多项内容	
W6455.5.0.4.2.1	向盘古祈愿十项事	
W6455.5.0.4.2.1.1	向盘古祈愿天地常庇佑	【汉族】
W6455.5.0.4.2.1.2	向盘古祈愿万物一齐生	【汉族】
W6455.5.0.4.2.1.3	向盘古祈愿风调雨顺	【汉族】
W6455.5.0.4.2.1.4	向盘古祈愿国泰民安	【汉族】
W6455.5.0.4.2.1.5	向盘古祈愿五谷丰登	【汉族】
W6455.5.0.4.2.1.6	向盘古祈愿六畜成群	【汉族】
W6455.5.0.4.2.1.7	向盘古祈愿禾稻丰收	【汉族】
W6455.5.0.4.2.1.8	向盘古祈愿人民吉庆	【汉族】
W6455.5.0.4.2.1.9	向盘古祈愿其他特定内容	
W6455.5.0.4.2.1.9.1	向盘古祈愿全凭神护佑	【汉族】
W6455.5.0.4.2.1.9.2	向盘古祈愿耕种胜尧天	【汉族】
W6455.5.0.5	许愿的方法	

W 编码	母题描述	关联项
W6455. 5. 0. 5. 1	通过祭祀许愿	
W6455. 5. 0. 5. 2	通过祷告许愿	
W6455. 5. 0. 5. 3	通过特定人物许愿	
W6455. 5. 0. 5. 4	向特定的对象许愿	
W6455. 5. 0. 5. 4. 1	向神许愿	【赫哲族】【傈僳族】
W6455. 5. 0. 5. 4. 2	向鬼许愿	【傈僳族】
W6455. 5. 0. 5. 5	许大愿	【汉族】
W6455. 5. 0. 5. 6	许愿时给神披袍	【汉族】
W6455. 5. 0. 5. 7	滴血祈愿	【蒙古族】
W6455. 5. 0. 6	许特定的愿（许愿的类型）	
W6455. 5. 0. 6. 1	以许愿时间命名的许愿	
W6455. 5. 0. 6. 2	以许愿地点命名的许愿	
W6455. 5. 0. 6. 3	以许愿主体命名的许愿	
W6455. 5. 0. 6. 3. 1	许个人愿	
W6455. 5. 0. 6. 3. 2	家愿（许家庭愿）	
W6455. 5. 0. 6. 3. 2. 1	家愿一般是求保佑一家人口六畜平安	【羌族】
W6455. 5. 0. 6. 4	以许愿事件命名的还愿	
W6455. 5. 0. 6. 4. 1	许病人愿	
W6455. 5. 0. 6. 4. 2	许成年愿	
W6455. 5. 0. 7	许愿的结果	
W6455. 5. 0. 7. 1	许愿实现（许愿成真；许愿得愿）	
W6455. 5. 0. 7. 1. 1	许愿得子	【汉族】
W6455. 5. 0. 7. 1. 2	许愿后疾病治愈	【汉族】
W6455. 5. 0. 7. 2	许愿失败	
W6455. 5. 0. 7. 3	许愿后忘却	【汉族】
W6455. 5. 0. 8	与许愿有关的其他母题	［W6977. 5. 3. 1］许诺

W 编码	母题描述	关联项
W6455.5.0.8.1	祝愿	
W6455.5.0.8.1.1	滴血祝愿	【蒙古族】
W6455.5.1	还愿（还愿仪式的来历）	
W6455.5.1.1	还愿的原因	
W6455.5.1.1.1	不还愿会有灾难	【汉族】【毛南族】
W6455.5.1.1.2	只许愿不还愿被警告	【羌族】
W6455.5.1.1.3	为报答祖先盘瓠王之恩还盘王愿	【瑶族】
W6455.5.1.1.4	为治病好转还愿	【仡佬族】
W6455.5.1.1.5	还愿是对许愿的回应	【多民族】
W6455.5.1.2	还愿的时间	
W6455.5.1.2.1	特定许愿实现后还愿	
W6455.5.1.2.1.1	还鸡愿每三年一次，于岁终（十月或十一月初）举行	【羌族】@［W6624.1.1.1］农历十月初一酬神还愿
W6455.5.1.2.1.2	治好病后还愿	【鄂伦春族】【赫哲族】
W6455.5.1.2.1.3	祈子成功后举行还愿仪式	【汉族】
W6455.5.1.2.2	特定的神灵有特定的还愿日	
W6455.5.1.2.2.1	天神还愿日是九月二十九	【羌族】
W6455.5.1.2.3	许愿如愿后特定的时间还愿	
W6455.5.1.2.3.1	求子得子，孩子周岁以后还愿	【汉族】
W6455.5.1.2.4	还愿时间由特定人物制定	
W6455.5.1.2.4.1	年终的十一或十二月到盘古庙举行还福祭祀，具体时间要请师公择定吉日	【多民族】
W6455.5.1.3	还愿的地点	
W6455.5.1.3.1	特定的寺庙中还愿	【汉族（客家）】
W6455.5.1.3.1.1	娘娘殿内还愿（到娘娘庙还愿）	【汉族】
W6455.5.1.3.1.2	到盘古庙酬谢还愿	【汉族等】
W6455.5.1.3.1.3	到禹王宫举行得子还愿仪式	【汉族】

W 编码	母题描述	关联项
W6455. 5. 1. 3. 1. 3a	到启母殿举行得子还愿仪式	【汉族】
W6455. 5. 1. 4	还愿的内容	
W6455. 5. 1. 4. 1	婆王愿求花要子	【毛南族】
W6455. 5. 1. 4. 2	为酬谢盘王救命之恩举行还盘王愿祭祀	【瑶族】
W6455. 5. 1. 4. 3	许青稞还青稞愿，许牲畜还牲畜愿	【羌族】
W6455. 5. 1. 5	还愿的方法	
W6455. 5. 1. 5. 1	通过祭祀还愿	
W6455. 5. 1. 5. 1. 1	八月一日祭山王还鸡愿	【羌族】
W6455. 5. 1. 5. 1. 2	农历十月初一，各羌寨敬天敬山敬祖，以牛羊鸡猪还愿	【羌族】
W6455. 5. 1. 5. 1. 3	携带礼品到庙里献祭还愿	【汉族等】
W6455. 5. 1. 5. 2	请特定人物用特定方法还愿	
W6455. 5. 1. 5. 2. 1	请端公作法还愿	【羌族】
W6455. 5. 1. 5. 2. 2	请端公扛神（打急救）	【仡佬族】
W6455. 5. 1. 5. 3	还愿前要驱鬼（还愿前先驱邪）	【羌族】
W6455. 5. 1. 5. 4	还愿前除秽	【羌族】@［W6505. 1. 3. 1］祭祀前要除秽
W6455. 5. 1. 5. 5	还愿时先追念祖先	【羌族】
W6455. 5. 1. 5. 6	借助特定物还愿（在特定地点还愿）	
W6455. 5. 1. 5. 6. 1	还愿树	
W6455. 5. 1. 5. 6. 2	还愿桥	
W6455. 5. 1. 5. 7	使用特定物还愿	
W6455. 5. 1. 5. 7. 1	用白旗小旗还愿，用青稞麦子还愿	【羌族】
W6455. 5. 1. 5. 7. 2	还特定的愿用特定的物	
W6455. 5. 1. 5. 7. 2. 1	杀鸡还“鸡愿”，杀羊还“羊愿”，杀猪还“猪愿”，杀牛还“牛愿”	【彝族（撒尼）】

W 编码	母题描述	关联项
W6455.5.1.5.7.2.2	生男孩的人家要以公鸡一只、生女孩家要用母鸡一只祭谢山神	【仡佬族】
W6455.5.1.5.7.3	烧香还愿	【汉族】
W6455.5.1.5.7.4	用祭品或红幅还愿	【壮族】
W6455.5.1.5.7.5	杀猪或杀鸡还愿	【赫哲族】
W6455.5.1.5.7.6	用特定数量的物品还愿	
W6455.5.1.5.7.6.1	祈子成功后还愿的礼品为大公鸡两只、一幅九尺九长的红布和一面镜屏	【汉族】
W6455.5.1.5.7.7	挂匾还愿	
W6455.5.1.5.7.7.1	还愿时给庙里挂匾	【汉族】
W6455.5.1.6	还特定的愿（还愿的类型）	
W6455.5.1.6.1	以还愿时间命名的还愿	
W6455.5.1.6.2	以还愿地点命名的还愿	
W6455.5.1.6.3	以还愿主体命名的还愿	
W6455.5.1.6.3.1	还个人愿	
W6455.5.1.6.3.2	还家愿	【羌族】
W6455.5.1.6.4	以还愿事件命名的还愿	
W6455.5.1.6.4.1	还病人愿	【羌族】
W6455.5.1.6.4.2	还成年愿	【羌族】
W6455.5.1.6.4.3	还青苗愿	【羌族】
W6455.5.1.6.5	以还愿受体命名的还愿	
W6455.5.1.6.5.1	还傩愿	
W6455.5.1.6.5.1.1	“还傩愿”时奉祀傩公傩母	【苗族】
W6455.5.1.6.5.2	还盘古愿	【瑶族】
W6455.5.1.6.6	其他类型的还愿	
W6455.5.1.7	还愿的结果	
W6455.5.1.8	与还愿有关的其他母题	

W 编码	母题描述	关联项
W6455. 5. 1. 8. 1	还愿花费了钱财，故还愿次日须举行招财仪式	【羌族】
W6455. 5. 1. 8. 2	不还愿	
W6455. 5. 1. 8. 2. 1	祈愿未实现可不还愿	【鄂伦春族】
W6455. 5. 2	特定宗教仪式中的禁忌	
W6455. 5. 2. 1	宗教仪式女人不能参加	【汉族】@［W6523. 1］妇女禁忌（女人禁忌；女性禁忌）
W6455. 5. 2. 2	宗教仪式小孩不能参加	【佤族】@［W6525. 1. 2］童孩禁忌（儿童禁忌；幼儿禁忌；小孩的禁忌；忌童孩）
W6455. 6	宗教仪式的主持人（宗教活动的主持者）	
W6455. 6. 1	神主持宗教活动	
W6455. 6. 1. 1	山神主持宗教活动	
W6455. 6. 2	特定身份者主持宗教仪式	［W6505. 2b］祭祀仪式的主持者
W6455. 6. 2. 1	毕摩主持宗教活动	
W6455. 7	宗教仪式中的变通（不同宗教间仪式的借鉴）	
W6455. 7. 1	佛教徒戴面具驱鬼	【藏族】
W6456	**与宗教仪式有关的其他母题**	
W6456. 0	宗教文化的特征	
W6456. 0. 1	多种宗教融合	
W6456. 0. 1. 1	儒释道融合	［W6459. 2. 3. 1］多教并行
W6456. 0. 1. 2	佛教与原始宗教并存	【藏族（木雅）】
W6456. 1	宗教场所	
W6456. 1. 1	神圣场所的产生	【汤普森】A992
W6456. 1. 2	宗教场所的特征	
W6456. 1. 2. 1	宗教场所是圣地（圣地）	［W6455. 2. 2. 1］圣地朝圣

W 编码	母题描述	关联项
W6456.1.2.1.1	雷击处为圣地	【蒙古族（布里亚特）】
W6456.1.2.1.2	宗教领袖把获胜的地方定为圣地	【藏族】
W6456.1.3	特定的宗教场所	
W6456.1.3.1	神圣的树林	【汤普森】V114
W6456.1.4	与宗教场所有关的其他母题	
W6456.2	宗教器物（民俗信仰中的器物；宗教用品）	
W6456.2.1	法器	
W6456.2.1.1	法器的产生	
W6456.2.1.2	法器的特征	
W6456.2.1.2.1	法器有特定形制	【仡佬族】
W6456.2.1.3	法器的使用	［W6495.0.9.1.2］祭特定神忌用特定法器
W6456.2.1.4	法器禁忌	
W6456.2.1.4.1	毕摩的法器普通人不能随便动用	【彝族】
W6456.2.1.4.2	驱鬼用的乐器法器是神圣的东西，凡人不得乱动	【羌族】
W6456.2.1.5	特定的法器	
W6456.2.1.5.1	请神的法器	【藏族】
W6456.2.1.6	与法器有关的其他母题	［W6501.16.5.7.1］祭法器
W6456.2.2	神器（神圣的器物）	
W6456.2.2.1	木鼓是通天神器	【佤族】@［W0965］神鼓
W6456.2.2.2	神器不能买卖	【藏族】
W6456.2.2.3	祖先留下的神器	
W6456.2.2.3.1	祖先留下的神器煮饭用的三脚石，事关人丁兴衰	【基诺族】
W6456.2.3	神龛	【汤普森】V113
W6456.2.3.1	神龛的产生	
W6456.2.3.2	神龛的特征	

W 编码	母题描述	关联项
W6456. 2. 3. 3	神龛的使用	
W6456. 2. 3. 3. 1	神龛的位置	
W6456. 2. 3. 3. 1. 1	神龛和家神竹篓要放在火塘正上方	【纳西族】
W6456. 2. 3. 3. 1. 1a	祖先神龛放火塘东墙正上方	【藏族（白马）】
W6456. 2. 3. 3. 1. 2	神龛放置西墙上	【满族】
W6456. 2. 3. 3. 2	神龛的布置（神龛的构成）	
W6456. 2. 3. 3. 2. 1	祖先神龛上置一方形木斗点柏树枝香，柜后墙上贴剪纸，剪纸的内容有牛、马、羊、猪、鸡等	【藏族（白马）】
W6456. 2. 3. 4	特定的神龛	
W6456. 2. 3. 4. 1	祖先的神龛	［W6497. 1. 24. 2］家家祖先神龛中都有莫一大王
W6456. 2. 3. 4. 1. 1	祖先神龛中必须有母系的祖神	【壮族】
W6456. 2. 3. 5	神龛禁忌	
W6456. 2. 3. 6	与神龛有关的其他母题	
W6456. 2. 3. 6. 1	神匣	
W6456. 2. 3. 6. 1. 1	长方形抽盖式的木匣俗称“神匣”	【满族】
W6456. 2. 3. 6. 1. 2	神匣有桦皮匣、木匣、柳编匣、骨质匣等	【满族】
W6456. 2. 3. 6. 2	畜神篓	
W6456. 2. 3. 6. 2. 1	畜神篓放在家中干净的高处	【纳西族】
W6456. 2. 3. 6. 3	灵龛	
W6456. 2. 3. 6. 3. 1	祖宗灵龛敬在房子门的对面	【傈僳族】
W6456. 2. 4	神像	【汤普森】V120；［W0060～W0089］神的特征
W6456. 2. 4. 1	神像的产生	
W6456. 2. 4. 2	神像的特征（神像的功能）	
W6456. 2. 4. 2. 1	有的神没有神像	【壮族】

W 编码	母题描述	关联项
W6456.2.4.2.2	特定的神有规定的神像	
W6456.2.4.2.3	神像能消灾	【蒙古族】
W6456.2.4.3	神像的制作	
W6456.2.4.3.1	神像制作的时间	
W6456.2.4.3.2	神像制作的地点	
W6456.2.4.3.3	神像制作的材料	
W6456.2.4.3.3.1	特定的树木做神像	
W6456.2.4.3.3.1.1	彝族用栗树做祖先雕像	【彝族】
W6456.2.4.3.3.2	最早用木石做神像	【蒙古族】
W6456.2.4.3.3.3	用石头做神像	【达斡尔族】
W6456.2.4.3.3.4	用金属做神像	
W6456.2.4.3.3.4.1	用银或铁做神像	【蒙古族】
W6456.2.4.3.4	制作神像的方法	
W6456.2.4.3.5	神像制作者	
W6456.2.4.3.5.1	少女制作神像	【蒙古族】
W6456.2.4.3.5.2	百鸟塑神像	【汉族】
W6456.2.4.3.6	与神像制作有关的其他母题	
W6456.2.4.3.6.1	神像的修补	
W6456.2.4.3.6.1.1	用特定材料修补神像	【彝族】
W6456.2.4.3.6.2	神像涂特定颜色	
W6456.2.4.3.6.2.1	神像涂成红色	【蒙古族】
W6456.2.4.4	绘画的神像（剪纸的神像）	
W6456.2.4.4.1	日月甲马纸神像	【白族】
W6456.2.4.5	雕塑的神像	
W6456.2.4.6	特定的神像	
W6456.2.4.6.1	祖先神像	【藏族（嘉绒）】
W6456.2.4.6.2	裸体的神像	
W6456.2.4.6.2.1	万历玛玛的神像赤身裸体	【满族】

W 编码	母题描述	关联项
W6456. 2. 4. 6. 3	不一般的神像	
W6456. 2. 4. 6. 3. 1	土地爷歪嘴巴神像	
W6456. 2. 4. 6. 3. 1. 1	土地爷歪嘴巴神像是祖师菩萨生气打歪的	【汉族】
W6456. 2. 4. 6. 4	特定名称的神的神像	
W6456. 2. 4. 6. 4. 1	灶王爷塑像	
W6456. 2. 4. 6. 4. 1. 1	灶王爷的红脸塑像是含羞造成的	【汉族】
W6456. 2. 4. 7	与神像有关的其他母题	
W6456. 2. 4. 7. 1	庙中塑外族神像	【羌族】
W6456. 2. 4. 7. 2	神像的构图	
W6456. 2. 4. 7. 2. 1	“万历玛玛” 的神像是一个女人牵着一匹马	【满族】
W6456. 2. 4. 7. 3	神像的放置	
W6456. 2. 4. 7. 3. 1	神像挂在房子西南方	【蒙古族】
W6456. 2. 4. 7. 4	神像禁忌	
W6456. 2. 4. 7. 4. 1	神像不能抛弃	【蒙古族】
W6456. 2. 4. 7. 5	神像的保存	
W6456. 2. 4. 7. 5. 1	迁徙时携带多个神像	【蒙古族】
W6456. 2. 5	神偶（神的偶像；神的塑像）	【普米族】
W6456. 2. 5. 0	神偶的产生	
W6456. 2. 5. 0. 1	为祭神做神偶	
W6456. 2. 5. 0. 2	为特定的人塑神偶	【鄂温克族】
W6456. 2. 5. 1	特定材料做神偶	
W6456. 2. 5. 1. 1	面偶作为神偶	［W6503. 8. 2. 4. 2］面偶作为祭品（面人作为祭品）
W6456. 2. 5. 1. 1. 1	大祭风仪式用大麦（或青稞）炒面做神面偶	【纳西族】
W6456. 2. 5. 1. 2	做泥巴神偶	
W6456. 2. 5. 1. 2. 1	关秧门那天在田埂上做一个泥巴坨坨当作土地神的偶像	【傈僳族】

W 编码	母题描述	关联项
W6456.2.5.1.2.2	用泥塑成火神阏伯的像	【汉族】
W6456.2.5.1.3	用木头造神偶（用树木做神偶）	
W6456.2.5.1.3.1	因为神用木头刻人，所以人用木头刻神偶	【满族】
W6456.2.5.1.3.1.1	做神偶必须用锻木	【满族】
W6456.2.5.1.3.2	凡属一个宗族的老人死后，要在同一棵树上取木为老人制作神灵木偶	【纳西族（鲁鲁）】
W6456.2.5.1.3.3	用特定树的树皮做神偶	
W6456.2.5.1.3.3.1	用桦树皮做神偶	【鄂温克族】【满族】
W6456.2.5.1.3.4	用神树做神偶	【满族】
W6456.2.5.1.3.5	用树根做神偶	
W6456.2.5.1.3.5.1	取“异”地某树根、瘤雕做神偶	【满族】
W6456.2.5.1.4	用其他材料做神偶	
W6456.2.5.1.4.1	用动物做神偶	
W6456.2.5.1.4.1.1	特定动物皮做神偶	【满族】@［W6456.2.5.7.3.1.2］供奉皮质祖先神神偶
W6456.2.5.1.4.1.1.1	鹿皮神偶	
W6456.2.5.1.4.1.1a	鸟羽为神偶	
W6456.2.5.1.4.1.1a.1	关姓满族以鸟羽为神偶	【满族】
W6456.2.5.1.4.1.2	用动物骨骼做神偶	
W6456.2.5.1.4.1.2.1	用动物骨骼的特定部分做神偶	【满族】
W6456.2.5.1.4.2	用偷来的材料制作神偶	
W6456.2.5.1.4.2.1	用偷来的不同姓氏人家的种马的鬃尾绣成牲畜之神吉雅奇	【鄂温克族】
W6456.2.5.1.4.3	用铁片做神偶	
W6456.2.5.1.4.3.1	毛木铁神是用铁片剪成的人面形	【鄂温克族】
W6456.2.5.1.4.4	用神的关联物做神偶	
W6456.2.5.1.4.4.1	谷神神偶是人形口袋中装五谷	【锡伯族】

W 编码	母题描述	关联项
W6456. 2. 5. 1. 4. 5	用石头做神偶	【满族】
W6456. 2. 5. 1. 4. 5. 1	以圆石为祖神神偶	【满族】
W6456. 2. 5. 1. 4. 5. 2	捡石块象征神（立石为神）	【壮族】
W6456. 2. 5. 1. 4. 5. 2. 1	在山脚下敬一巨石立为山神	【壮族】
W6456. 2. 5. 1. 4. 6	雷击物做神偶	【鄂温克族】@［W6456. 1. 2. 1. 1］雷击处为圣地
W6456. 2. 5. 1. 4. 6. 1	雷击的人、动物或物件做神偶	【鄂温克族】
W6456. 2. 5. 1. 4. 7	用布做神偶	
W6456. 2. 5. 1. 4. 7. 1	用黑、蓝、白三色长方形布条做男女宇宙神偶	【满族】
W6456. 2. 5. 1. 4. 8	其他材料制作神偶	
W6456. 2. 5. 1. 4. 8. 1	用铅制神偶	【满族】
W6456. 2. 5. 1. 4. 9	与神偶制作材料有关的其他母题	
W6456. 2. 5. 1. 4. 9. 1	制作神偶的材料必须由特定人物准备	【锡伯族】
W6456. 2. 5. 1. 5	神偶制作的禁忌	
W6456. 2. 5. 1. 5. 1	人不能用石头刻，也不用泥捏神偶	【满族】
W6456. 2. 5. 1. 5. 2	女性不能做神偶，做神偶时怀孕的妇女不能靠前	【满族】
W6456. 2. 5. 2	特定的人做神偶	
W6456. 2. 5. 2. 1	东巴祭司做神偶	【纳西族】
W6456. 2. 5. 3	神偶的其他产生方式（制作神偶的有关母题）	
W6456. 2. 5. 3. 1	神偶制作时间	
W6456. 2. 5. 3. 1. 1	年三十才能为去世的老人制作和设立神灵木偶	【纳西族（鲁鲁）】
W6456. 2. 5. 3. 2	用特定器物代表神偶	【锡伯族】
W6456. 2. 5. 3. 3	特定的祭祀制作特定的神偶	

W 编码	母题描述	关联项
W6456.2.5.3.3.1	鱼祭时，用河边新柳制成数只大于人体的鱼形神偶	【满族】
W6456.2.5.4	神偶的特征（神偶的功能）	
W6456.2.5.4.1	特定动物的皮代表该动物的神偶	【满族】
W6456.2.5.4.2	神偶有灵魂	【满族】
W6456.2.5.4.2.1	神偶通过法术获得灵性	【鄂温克族】
W6456.2.5.4.3	神偶的装饰	
W6456.2.5.4.3.1	为神偶穿华贵服饰	【蒙古族（鞑靼）】
W6456.2.5.4.4	神偶助人	
W6456.2.5.4.4.1	神偶能助战	【赫哲族】
W6456.2.5.4.5	神偶的体征夸张	
W6456.2.5.4.5.1	神偶突出性特征	
W6456.2.5.4.5.1.1	生殖神神偶突出女性生殖、哺乳部分	【满族】
W6456.2.5.4.5.2	神偶突出某个部位	
W6456.2.5.4.5.2.1 *	神偶缝上两只凸出的眼睛象征着在密林中看得更远	【满族】
W6456.2.5.4.6	神偶有特定的组成	
W6456.2.5.4.6.1	神偶男女配对	【鄂伦春族】
W6456.2.5.4.7	神偶的性别	
W6456.2.5.4.7.1	男女神偶	
W6456.2.5.4.7.1.1	男女神偶的区别	
W6456.2.5.4.7.1.1.1	男女神偶有服饰的区别	【满族】
W6456.2.5.5	神偶的使用	
W6456.2.5.5.1	神偶要蒙面	
W6456.2.5.5.1.1	因忘记祖神性别，所以神偶蒙面	【满族】
W6456.2.5.5.2	神偶的放置	
W6456.2.5.5.2.1	神偶有特定的放置背景	
W6456.2.5.5.2.1.1	神偶要有龙为背景	【鄂温克族】

W 编码	母题描述	关联项
W6456. 2. 5. 5. 2. 1. 2	神的偶像贴在蓝布上，布上有太阳、月亮和九个小人	【鄂温克族】
W6456. 2. 5. 5. 2. 1. 3	吉雅其神偶像贴在蓝色或黄色的布上	【达斡尔族】
W6456. 2. 5. 5. 2. 2	神偶挂在房屋特定地方	
W6456. 2. 5. 5. 2. 2. 1	牲畜之神吉雅奇的神偶挂在外边屋西墙或屋内	【鄂温克族】
W6456. 2. 5. 5. 2. 3	神偶必须面南放在西墙神位上	【满族】@［W6456. 2. 5. 7. 3. 1. 1］祖先的神偶供在房屋西墙
W6456. 2. 5. 5. 2. 3. 1	神供奉在家中位居在西边的墙上	【达斡尔族】
W6456. 2. 5. 5. 2. 4	神偶放神堂	【满族】
W6456. 2. 5. 5. 2. 5	特定的神放特定地方	
W6456. 2. 5. 5. 2. 5. 1	屋神神偶藏房顶隐蔽处	【满族】
W6456. 2. 5. 5. 2. 6	祭神时神偶挂树上	【鄂伦春族】
W6456. 2. 5. 5. 2. 6a	“天神”常供在神树上	【赫哲族】
W6456. 2. 5. 5. 2. 7	神偶放天上	
W6456. 2. 5. 5. 2. 7. 1	宇宙神偶供在世界九层天中的一层	【满族】
W6456. 2. 5. 5. 2. 8	特定的神偶放在其他特定地方	
W6456. 2. 5. 6	神偶的保存	
W6456. 2. 5. 6. 1	神偶放村后高处的一棵大树上保存	【纳西族（阮可）】
W6456. 2. 5. 6. 2	神偶的传承	
W6456. 2. 5. 6. 2. 1	父亲把神偶传给同居的儿子	【鄂温克族】
W6456. 2. 5. 6. 3	神偶不能抛弃	【蒙古族】
W6456. 2. 5. 6. 4	神偶装入特定的口袋	【鄂温克族】@［W6456. 2. 5. 1. 4. 4. 1］谷神神偶是人形口袋中装五谷
W6456. 2. 5. 6a	神偶的处理	

W 编码	母题描述	关联项
W6456.2.5.6a.1	神偶的废弃	
W6456.2.5.6a.1.1	女子死后扔掉娘家神的神偶	【鄂温克族】
W6456.2.5.7	特定的神偶（神偶的类型）	
W6456.2.5.7.1	替身神偶	【满族】
W6456.2.5.7.2	特定神的神偶	
W6456.2.5.7.3	特定神性人物的神偶	
W6456.2.5.7.3.1	祖先的神偶	
W6456.2.5.7.3.1.1	祖先的神偶供在房屋西墙	【赫哲族】
W6456.2.5.7.3.1.2	供奉皮质祖先神神偶	【满族】
W6456.2.5.7.3.1.3	男女始祖塑像中的女始祖是红脸	
W6456.2.5.7.3.1.3.1	男女始祖塑像中的女始祖红脸，源于兄妹婚害羞	【侗族】
W6456.2.5.7.3.1.4	男始祖塑像有特定特征	
W6456.2.5.7.3.1.4.1	男始祖塑像为什么头上有只乌龟	
W6456.2.5.7.3.1.4.1.1	男始祖塑像头上有只乌龟，是纪念乌龟为始祖劝婚的功劳	【侗族】
W6456.2.5.7.3.1.4.2	男始祖塑像为什么眼睛鼓出	
W6456.2.5.7.3.1.4.2.1	男始祖塑像鼓眼是射日时晒鼓的	【侗族】
W6456.2.5.7.3.2	狐仙的神偶	
W6456.2.5.7.3.2.1	狐仙的偶像是白布上描绘穿黄色长马褂的一个男子和穿蓝色旗袍的一个女子	【达斡尔族】
W6456.2.5.7.4	特定的人的神偶	
W6456.2.5.7.5	按制作材料制作方法分类神偶	
W6456.2.5.7.5.1	泥胎神偶	
W6456.2.5.7.5.2	陶神偶	
W6456.2.5.7.5.3	木头神偶	【鄂伦春族】
W6456.2.5.7.5.3.1	达斡尔人早期供奉的神偶多为木刻	【达斡尔族】
W6456.2.5.7.5.4	金属神偶	

W 编码	母题描述	关联项
W6456. 2. 5. 7. 5. 5	针绣神偶	【鄂伦春族】
W6456. 2. 5. 7. 5. 6	画像神偶（神偶画）	【鄂伦春族】
W6456. 2. 5. 7. 6	按功能分类神偶	
W6456. 2. 5. 7. 6. 1	护身神偶	【满族】
W6456. 2. 5. 7. 6. 1. 1	鄂其和（护身神偶）挂在脖上可保出行平安	【满族】
W6456. 2. 5. 7. 6. 2	作为吉兆的神偶	【满族】
W6456. 2. 5. 7. 6. 3	警示性神偶	【满族】
W6456. 2. 5. 7. 7	特定地方的塑像	
W6456. 2. 5. 7. 7. 1	庙中的塑像	【汉族】@［W6458. 2. 9. 1］庙中的神像
W6456. 2. 5. 8	与神偶有关的其他母题	
W6456. 2. 5. 8. 1	象征物为神偶	
W6456. 2. 5. 8. 1. 1	竖十二棵黄栗树代表十二代祖先	【纳西族（阮可）】
W6456. 2. 5. 8. 2	祭神偶	【中华民族】
W6456. 2. 5. 8. 2. 1	向神偶嘴处抹油或血象征神已吃到祭品	【满族】
W6456. 2. 5. 8. 3	借神偶祭神	【鄂温克族】
W6456. 2. 6	宗教服装	
W6456. 2. 6. 1	宗教服装的产生	
W6456. 2. 6. 2	宗教服装的特征	
W6456. 2. 6. 3	宗教服装的使用	
W6456. 2. 6. 3. 1	特定宗教有特定的服饰规则	
W6456. 2. 6. 3. 1. 1	喇嘛不穿裤子，东巴穿裤子	【纳西族】
W6456. 2. 6. 4	特定的宗教服装	
W6456. 2. 6. 5	与宗教服装有关的其他母题	
W6456. 2. 7	与宗教器物有关的其他母题	［W6504. 4］祭祀用品（祭祀的工具）
W6456. 3	听经	

W 编码	母题描述	关联项
W6456.3.1	听经的仪礼	
W6456.3.1.1	跪听传经	
W6456.3.1.1.1	神、龙、大小头人都跪在地上聆听佛祖布道传经	【傣族】
W6457	**宗教教义（经书；经文）**	【汤普森】V310
W6457.1	经书的产生（经文的产生）	
W6457.1.0	经书源于特定的地方	
W6457.1.1	神赐宗教经典	【苗族】
W6457.1.2	天神赐宗教经典	
W6457.1.2.1	天神送东巴教教主丁巴什罗 99 部经典	【纳西族】
W6457.1.3	祖先造经书	
W6457.1.3.1	布洛陀为人编经书	【壮族】
W6457.1.4	其他特定的神或神性人物传经书	
W6457.1.4.1	从恶魔那里得到经书	【纳西族】
W6457.1.5	特定的人传经书（特定人物制定教义）	
W6457.1.5.1	喇嘛造经书	
W6457.1.5.1.1	大喇嘛创立永恒经	【蒙古族】
W6457.1.5.2	老子发明了教义	【汉族】
W6457.1.6	动物传经书	
W6457.1.6.1	神鸟凤凰传六字经书	【苗族】
W6457.2	经书的特征	
W6457.2.1	无字经	
W6457.2.2	字数很少的经书	
W6457.2.2.1	六字经书	【苗族】
W6457.2.3	宗教经书受崇拜	【满族】
W6457.2.3.1	萨满神本子是家族的传世珍品	【满族】
W6457.3	特定的经书	

W 编码	母题描述	关联项
W6457. 3. 1	东巴经	
W6457. 3. 1. 1	东巴经的产生	
W6457. 3. 1. 1. 1	从恶魔那里得到东巴经	【纳西族】
W6457. 3. 1. 2	东巴经的特征	
W6457. 3. 1. 3	与东巴经有关的其他母题	
W6457. 3. 2	麽经	
W6457. 3. 2. 1	麽经的产生	
W6457. 3. 2. 1. 1	布洛陀为人创造麽经	【壮族】
W6457. 3. 2. 2	麽经的特征	
W6457. 3. 2. 3	与麽经有关的其他母题	
W6457. 3. 3	永恒经	
W6457. 3. 3. 1	大喇嘛修炼成法神后自己创立永恒经	【蒙古族】
W6457. 4	与宗教教义有关的其他母题	【关联】①
W6457. 4. 1	宗教神话	
W6457. 4. 2	宗教故事	
W6457. 4. 3	诵经（念经）	［W0910. 1. 5］念经可以使灵魂上天堂
W6457. 4. 3. 1	念经的原因	
W6457. 4. 3. 1. 1	念经避免灾害	【纳西族】
W6457. 4. 3. 1. 2	念经收获庄稼	【彝族】
W6457. 4. 3. 2	念经的时间	
W6457. 4. 3. 2. 1	特定事件时念经	
W6457. 4. 3. 2. 1. 1	祭祀时念经	【阿昌族】
W6457. 4. 3. 2. 1. 2	逢年过节祭祀神灵时念经	【藏族】
W6457. 4. 3. 3	念经的地点	
W6457. 4. 3. 4	念经的特征（念经的功能）	

① ［W6495. 0. 5. 4. 2］通过悬挂经文祭神；［W6502. 13. 1］祭经书。

W 编码	母题描述	关联项
W6457.4.3.4.1	念经有不同的调子	【傈僳族】
W6457.4.3.4.2	念经只能用本族语言	【羌族】
W6457.4.3.4.3	诵经前有特定仪式	
W6457.4.3.4.3.1	祭师诵经前先拜祖师	【傈僳族】
W6457.4.3.5	念经的情形（念经的内容）	
W6457.4.3.5.1	祭祀神灵时念经祈祷龟和天神降别央	【藏族】
W6457.4.3.6	念经的结果	
W6457.4.3.7	与念经有关的其他母题	
W6457a	**教规**	
W6457a.1	教规的产生	
W6457a.1.1	女神制定规矩	【哈尼族】@［W6945.1.2.2.1］神生出制作规矩的姑娘
W6457a.2	教规的特征	
W6457a.2.1	教规有神圣性	
W6457a.3	教规的使用	
W6457a.3.1	不遵守教规要受惩罚	【维吾尔族】
W6457a.4	与教规有关的其他母题	
W6458	**宗教建筑**	【汤普森】V110
W6458.1	庙宇（庙的产生；寺庙的产生；寺庙的来历）	【藏族】
W6458.1.0	以前没有庙	
W6458.1.0.1	特定的时间没有庙	
W6458.1.0.1.1	远古的时候，没有京城州府和大小神庙佛殿	【壮族】
W6458.1.0.2	特定的地方没有庙	
W6458.1.0.2.1	很久以前，九子山没有庙宇	【汉族】
W6458.1.1	寺庙产生的原因（建庙的原因）	

W 编码	母题描述	关联项
W6458. 1. 1. 1	庙源于特定的指令（庙源于特定人物的建议）	
W6458. 1. 1. 1. 1	特定人物提出为自己建庙	
W6458. 1. 1. 1. 1. 1	恶龙要人在西洞庭山上为它建庙	【汉族】
W6458. 1. 1. 1. 2	人们按秀才的说法建一座二郎庙	【汉族】
W6458. 1. 1. 1. 3	帝王下旨建庙	
W6458. 1. 1. 1. 3. 1	朱元璋委派人督造“五人庙”（五圣庙）	【汉族】
W6458. 1. 1. 2	为感恩修庙	［W6485. 1］为了感恩祭祀
W6458. 1. 1. 2. 1	为有恩的神修庙	
W6458. 1. 1. 2. 2	为有恩的神性人物修庙	
W6458. 1. 1. 2. 2. 1	为感恩带来的幸福神马建白马寺	【保安族】
W6458. 1. 1. 2. 2. 2	为感恩神仙花山爷拱山造地的功德，修花山爷庙	【汉族】
W6458. 1. 1. 2. 3	为感恩特定的人修庙	
W6458. 1. 1. 2. 3. 1	后世为纪念玉溪老人建玉溪庙	【汉族】
W6458. 1. 1. 2. 3. 2	百姓为报答蹇雷宝的恩德，为他修建洋汤爷	【汉族】
W6458. 1. 1. 2. 3. 3	为记住玄祖为民除害的恩德建玄祖庙	【汉族】
W6458. 1. 1. 2. 4	为感恩特定的拯救者建庙	
W6458. 1. 1. 2. 4. 1	为感恩焦家洪水中救助众人，后人在姥山建圣姥庙	【汉族】
W6458. 1. 1. 2. 5	为感恩有功德的动物建庙	
W6458. 1. 1. 2. 5. 1	村民为感谢小白龙建白龙将军庙	【白族】
W6458. 1. 1. 2. 5. 2	为感激征服妖风的黑虎建黑虎庙	【汉族】@［W6458. 3. 6. 1. 1. 5. 1］尧建黑虎财神庙
W6458. 1. 1. 3	为纪念修庙（为纪念特定人物造庙；为纪念特定的事建庙）	
W6458. 1. 1. 3. 1	为记住二郎神担山赶太阳的功劳修庙	【汉族】@［W6458. 3. 6. 2. 1］二郎庙

W 编码	母题描述	关联项
W6458.1.1.3.2	为纪念洪水中救人的兄妹建哥姐庙	【汉族】
W6458.1.1.3.3	后代人为了纪念白龙建白龙庙	【白族】
W6458.1.1.3.4	为纪念特定的人物建庙	【汉族】
W6458.1.1.3.4.1	为纪念一位好心的姑娘建仙姑庙	【汉族】
W6458.1.1.3.4.1a	伍子胥为报答农家姑娘救国王之恩，为她建仙女庙	【汉族】
W6458.1.1.3.4.2	鲁班为纪念指路的老奶奶建大庙	【汉族】
W6458.1.1.3.4.3	为纪念特定人物的居所建庙	
W6458.1.1.3.4.3.1	人为纪念和、合二仙在其住过的洞前建庙	【汉族】
W6458.1.1.3.4.4	为纪念日夜操劳而死的张郎中，修建张郎庙	【汉族】
W6458.1.1.3.4.5	为纪念县令杀蝗虫的勇猛精神造猛将庙	【汉族】
W6458.1.1.3.4.6	人为纪念为人治病的尧母，修建尧母庙	【汉族】
W6458.1.1.3.4.7	纪念地方人物的庙	
W6458.1.1.3.4.7.1	广东曲江忠惠庙	【汉族】
W6458.1.1.3.4.8	为纪念特定的英雄建庙	
W6458.1.1.3.4.8.1	为打虎者建邓公庙	【汉族】
W6458.1.1.3.4.8.2	为打虎英雄蔡顺，立蔡顺庙	【汉族】
W6458.1.1.3.4.8.3	为战死的英雄立庙	【汉族】
W6458.1.1.3.5	为纪念骊山老母和王母娘娘姐妹的恩德修庙	【汉族】
W6458.1.1.3.6	为了纪念盘古开天辟地造万物，修建盘古寺	【汉族】
W6458.1.1.3.7	老百姓常思念为祈雨誓言自焚的商汤王，修汤王庙（圣王庙）	【汉族】
W6458.1.1.3.8	家乡百姓念嫘祖功德，建嫘祖庙	【汉族】@［W6497.1.21］祭嫘祖（嫘祖）

W 编码	母题描述	关联项
W6458. 1. 1. 3. 9	纪念修庙的其他情形	［W6496. 8c. 6. 3. 2. 5. 4］ 人们在小崦山上修建了禹王庙，逢年过节朝拜纪念大禹
W6458. 1. 1. 3. 9. 1	纪念阏伯取火修阏伯庙	【汉族】
W6458. 1. 1. 3. 9. 2	纪念尧帝发现泉水浇灌庄稼的恩泽在泉水的上方修尧庙	【汉族】
W6458. 1. 1. 3. 9. 3	为纪念依达搬山的功劳建庙	【仫佬族】
W6458. 1. 1. 4	为赎罪修庙（为弥补失误建庙）	【汉族】@［W6485. 2］祭祀赎罪
W6458. 1. 1. 4. 1	禹王误斩防风氏建造防风庙	【汉族】
W6458. 1. 1. 5	为消灾治病修庙（为祈福建庙）	
W6458. 1. 1. 5. 1	修建寺庙可以消除疾病	【土族】
W6458. 1. 1. 5. 2	为保佑不发大水建盘古庙	【壮族】
W6458. 1. 1. 5. 3	为求得平安归来建庙	【汉族】
W6458. 1. 1. 5. 4	为方便祈福建庙	【汉族】
W6458. 1. 1. 5. 5	建庙祛除瘟疫	【中华民族】
W6458. 1. 1. 6	为镇特定物修庙	
W6458. 1. 1. 6. 1	为镇鬼修庙	【珞巴族】
W6458. 1. 1. 7	怕得罪神灵建庙	【汉族】
W6458. 1. 1. 8	因传讹建庙	
W6458. 1. 1. 8. 1	鳣父庙名称源于传讹	【汉族】
W6458. 1. 1. 9	与建庙原因有关的其他母题	
W6458. 1. 1. 9. 0	为祭神祈福建庙	【壮族】
W6458. 1. 1. 9. 0. 1	建庙佑人	【壮族】
W6458. 1. 1. 9. 1	为超度冤魂建庙	【汉族】
W6458. 1. 1. 9. 2	为教化百姓建庙	【汉族】
W6458. 1. 1. 9. 3	为建庙找借口	
W6458. 1. 1. 9. 3. 1	假借托梦建庙	【汉族】
W6458. 1. 1. 9. 3. 2	假托神言建庙	【中华民族】

W 编码	母题描述	关联项
W6458.1.1.9.4	为方便拜神建庙	【汉族】
W6458.1.1.9.5	一个偶然事件引发的庙	【汉族】
W6458.1.1.9.6	按照承诺建庙	【汉族】
W6458.1.1.9.6.1	张善人没忘他祭拜娥皇女英时的承诺建庙	【汉族】
W6458.1.2	庙自然产生	
W6458.1.3	庙源于特定地方	
W6458.1.3.1	飞来的庙	【汉族】
W6458.1.4	寺庙是建造的（建造寺庙）	
W6458.1.4.1	造寺庙的时间（庙产生的时间）	
W6458.1.4.1.1	特定时间建庙	
W6458.1.4.1.2	特定事件后建庙	
W6458.1.4.1.2.1	人离开某个地点后为之建庙	【汉族】
W6458.1.4.1.2.2	定居后建庙	
W6458.1.4.1.2.2.1	先人开辟田洞居住后，在盘古岭上修建盘古庙	【壮族】
W6458.1.4.1.2.3	封神后建庙	
W6458.1.4.1.2.3.1	无极圣母封黑虎财神后，为之建庙	【汉族】
W6458.1.4.2	造寺庙的地点（建庙地点的选择）	
W6458.1.4.2.1	在风水好的地方建庙	
W6458.1.4.2.1.1	在神灵之地建庙	【汉族】
W6458.1.4.2.1.2	文殊菩萨选黄山风水好的地方，开山建寺	【汉族】
W6458.1.4.2.2	在特定人物死亡的地点建庙	【汉族】
W6458.1.4.2.2.1	项羽自刎的江边建霸王庙	【汉族】
W6458.1.4.2.2.2	木兰跳水而死，死后在莲花池的修建将军庙	【汉族】
W6458.1.4.2.3	在坟墓旁边建庙	

W 编码	母题描述	关联项
W6458. 1. 4. 2. 3. 1	人们为纪念尹凡，在离他坟不远的地方修尹凡庙	【汉族】
W6458. 1. 4. 2. 3a	坟上建庙	【汉族】
W6458. 1. 4. 2. 4	在住宅建庙	
W6458. 1. 4. 2. 4. 1	为纪念金四娘帮助乡亲、舍生取义，在她家的宅基地上建庙	【汉族】
W6458. 1. 4. 2. 4. 2	为对神仙的保佑报答在自己宅前造起三间平房，取名金相公庙	【汉族】
W6458. 1. 4. 2. 5	在特定标志物附近建庙	
W6458. 1. 4. 2. 5. 1	井边建庙	
W6458. 1. 4. 2. 5. 1. 1	人感激禹王的恩德，在井边修建禹王庙	【汉族】
W6458. 1. 4. 2. 5. 1. 2	在二郎船附近修二郎庙	【汉族】
W6458. 1. 4. 2. 5. 2	庙建在神树附近	【壮族】
W6458. 1. 4. 2. 6	在祭祀的地方建庙	
W6458. 1. 4. 2. 6. 1	在桑林汤王祭天的地方修造汤王庙	【汉族】
W6458. 1. 4. 2. 7	在特定事件的发生地建庙	
W6458. 1. 4. 2. 7. 1	建庙的地点有故事	【汉族】
W6458. 1. 4. 2. 7. 2	黑虎告诉尧王，尧射虎处是建庙吉地	【汉族】
W6458. 1. 4. 2. 8	选择建庙地点的其他情形	
W6458. 1. 4. 2. 8. 1	根据“神意”确定建庙地点	【汉族】【达斡尔族】
W6458. 1. 4. 2. 9	与建庙地点有关的其他母题	
W6458. 1. 4. 2. 9. 1	建庙的位置	
W6458. 1. 4. 2. 9. 1. 1	特定性质的庙建在特定的地方	
W6458. 1. 4. 2. 9. 1. 1. 1	城隍庙一般都造在东面	【汉族】
W6458. 1. 4. 2. 9. 1. 2	庙建在高处	
W6458. 1. 4. 2. 9. 1. 2. 1	山神的庙一般都坐落于寨边或寨与寨交界地势较高之处	【壮族】

W 编码	母题描述	关联项
W6458.1.4.2.9.2	有城必有庙	【汉族】
W6458.1.4.3	建庙者（修庙人）	
W6458.1.4.3.1	神造寺庙	［W6081.3.1］神造工具
W6458.1.4.3.2	神性人物造寺庙	
W6458.1.4.3.3	特定的人造寺庙	
W6458.1.4.3.3.1	金明佬修九龙庙	【土家族】
W6458.1.4.3.3.2	鲁班点化人把庙建好	【汉族】
W6458.1.4.3.3.3	做过亏心事的人修庙	【汉族】
W6458.1.4.3.4	其他造寺庙者	
W6458.1.4.4	造寺庙的材料	
W6458.1.4.4.1	龙骨庙用龙骨做的柱、梁，用龙鳞做的瓦	【汉族】
W6458.1.4.5	建造寺庙的方法（建庙的方法）	
W6458.1.4.5.1	筹资建庙（集资建庙）	［W6495.0.7.3］筹集祭神经费
W6458.1.4.5.1.1	全村群众集资建盘古庙	【壮族】@［W6496.1.5.1.1］集资祭盘古
W6458.1.4.6	建造寺庙的过程	
W6458.1.4.7	建庙的结果	
W6458.1.4.7.1	建庙成功	
W6458.1.4.7.2	建庙失败	
W6458.1.4.7.2.1	因有违风水建庙失败	【汉族】
W6458.1.4.8	建庙的其他事象	
W6458.1.4.8.1	庙盖好后要在庙里摆酒庆贺	【汉族】
W6458.1.4.9	与建庙有关的其他母题	
W6458.1.4.9.1	重建特定的庙（重修庙宇）	
W6458.1.4.9.1.1	重新修建盘古庙	【汉族】
W6458.1.4.9.1.2	在西陵重修蚕姑奶奶庙以示褒扬、缅怀和纪念	【汉族】

W 编码	母题描述	关联项
W6458. 1. 5	寺庙是变化产生的（变成寺庙）	
W6458. 1. 5. 1	天书落地后变成的一片房子成为盘古庙	【汉族】@［W6458. 4. 90. 1. 2］变化产生盘古庙
W6458. 1. 6	寺庙产生的其他方式	
W6458. 2	寺庙的特征（寺庙的功能）	
W6458. 2. 0	庙具有神圣性	
W6458. 2. 0. 1	当地群众认为盘古庙是最神圣的地方	【汉族等】
W6458. 2. 0. 2	庙宇是通神之所	【壮族】
W6458. 2. 1	寺庙高大庄严	
W6458. 2. 2	庙的规模大小	
W6458. 2. 2. 1	大庙	【汉族】
W6458. 2. 2. 2	小庙	
W6458. 2. 2. 2. 1	五圣庙又小又矮	【汉族】
W6458. 2. 3	庙的地位高低	［W0121］神的地位高低
W6458. 2. 4	庙的特定形制	
W6458. 2. 5	庙的特殊构件	
W6458. 2. 5. 1	大殿房脊有特定物	
W6458. 2. 5. 1. 1	大禹的外甥庚辰的淮渎庙大殿房脊上扣一口大锅，源于庚辰犯了咒神	【汉族】
W6458. 2. 5. 2	奇特的庙门	
W6458. 2. 5. 2. 1	九峰寺面北开门	【汉族】
W6458. 2. 6	庙的灵验程度	［W6506. 8. 1］祈祷的应验
W6458. 2. 6. 1	灵验的庙	【汉族】
W6458. 2. 6. 1. 1	三官老爷显灵保佑百姓，所以三官庙的香火旺	【汉族】
W6458. 2. 6. 2	有灵气的庙	
W6458. 2. 6. 2. 1	卫秧村土地庙有些灵气	【汉族】

W 编码	母题描述	关联项
W6458.2.7	建庙保平安	
W6458.2.7.1	建庙后除病	
W6458.2.7.1.1	建庙为冤狱而死之人超度后不再做噩梦	【汉族】
W6458.2.7.2	建庙镇妖	【汉族】
W6458.2.8	庙的教化功能	［W6458.1.1.9.2］为教化百姓建庙
W6458.2.8.1	通过庙让人知廉耻	【汉族】
W6458.2.8.1.1 *	太庙承载着现实政治和伦理的典范功能	【中华民族】@［W6458.3.6.3.0.1］鲁国太庙即周公旦之庙
W6458.2.8.2	庙促进信仰	
W6458.2.8.2.1 *	建炎帝神农陵庙促进了对炎帝神农的民间信仰	【中华民族】
W6458.2.9	与庙的特征有关的其他母题	
W6458.2.9.1	庙中的神像	
W6458.2.9.1.1	庙中有特定神像的来历	【汉族】
W6458.2.9.1.2	庙中有特定神像的来历	【汉族】
W6458.2a	寺庙的使用（寺庙的管理）	
W6458.2a.1	共用的庙	
W6458.2a.1.1	数寨共用一庙	【壮族】
W6458.2a.2	特定人物管理寺庙	
W6458.2a.2.1	如来佛和弥勒佛兄弟俩管理天下的寺庙	【汉族】
W6458.3	寺庙的类型①	
W6458.3.1	道观（庙观；祠）	

① 寺庙的类型，由于民间宗教信仰本身是历时的发展的，关于祭祀场所的概念在民间有众多不同的解释，有宫、观、庙、寺、祠等不同名称。其中道教中多出现宫、观等，如太和宫、万寿宫等；早期庙多为家庙，是祭祀祖先之地，后来建造的祭祀神或神性人物的场所中多称庙，如土地庙、文庙孔子、武庙关羽、药王庙等；寺在古代有法度规矩之意，后来佛教的伽蓝在汉语中称之为寺；祠一般是纪念祖先或重要人物而修建的供舍，有时也常常把同族子孙祭祀祖先的处所叫“祠堂”。

W 编码	母题描述	关联项
W6458. 3. 1. 1	道观的产生	
W6458. 3. 1. 1. 1	青羊观的产生与老子有关	【汉族】
W6458. 3. 1. 1. 2	为纪念特定人物修观	【汉族】
W6458. 3. 1. 1. 2. 1	为纪念老子在他出世的地方建老子祠（观）	【汉族】
W6458. 3. 1. 2	道观的特征	
W6458. 3. 1. 2. 1	观内供奉道教人物	【汉族】
W6458. 3. 1. 3	特定名称的道观	
W6458. 3. 1. 3. 1	青羊宫	
W6458. 3. 1. 3. 1. 1	云郡城西南青羊宫	【汉族】
W6458. 3. 1. 3. 2	蚩尤观	
W6458. 3. 1. 3. 2. 1	河南马坡蚩尤观	【汉族】
W6458. 3. 1. 3. 3	丈人观	【汉族】
W6458. 3. 1. 3. 4	慈航仙观	【汉族】
W6458. 3. 2	寺院	
W6458. 3. 2. 1	寺院的产生	
W6458. 3. 2. 2	寺院的特征	
W6458. 3. 3	庙宇	
W6458. 3. 3. 1	庙宇的产生	［W6460］民间信仰的产生
W6458. 3. 3. 2	庙宇的特征	
W6458. 3. 4	坛庙	
W6458. 3. 4. 1	圣坛	【汤普森】V116
W6458. 3. 5	家庙（私庙）	
W6458. 3. 5. 1	特定姓氏的家庙	
W6458. 3. 5. 1. 1	袁家夫妻为感恩观音建袁家观音堂	【汉族】
W6458. 3. 6	古庙	
W6458. 3. 6. 1	古庙为什么常遭雷劈	［W6495. 6. 3. 2. 1］特定物被雷劈后祭雷神

W 编码	母题描述	关联项
W6458.3.6.1.1	古庙常遭雷劈，源于土地神捉雷公	【毛南族】
W6458.3.6	以祭祀对象命名的庙	
W6458.3.6.1	以神名命名的庙（神庙；特定的神的庙）	［W6458.4.90.9.0］盘古庙的命名
W6458.3.6.1.1	以特定职能的神命名的庙	【汉族】@［W6458.4.12］城隍庙
W6458.3.6.1.1.1	药神庙（药王庙）	
W6458.3.6.1.1.1.1	药神庙的产生	
W6458.3.6.1.1.1.1.1	为纪念为人治病的银哥，在磨台山修了一座药神庙	【土家族】
W6458.3.6.1.1.1.1.2	为纪念为尧王和百姓治病槐山仙人，建药王庙	【汉族】
W6458.3.6.1.1.1.1.3	为纪念扁鹊建药王庙	【汉族】
W6458.3.6.1.1.1.1.4	为纪念神农建药王庙	【汉族】
W6458.3.6.1.1.1.1.5	为感谢药王治好女儿的病建药王庙	【汉族】
W6458.3.6.1.1.1.2	药神庙的特征	
W6458.3.6.1.1.1.3	特定的药神庙	
W6458.3.6.1.1.1.3.1	郑州城东药王庄药王庙	【汉族】
W6458.3.6.1.1.1.4	与药神庙有关的其他母题	
W6458.3.6.1.1.2	火神庙	
W6458.3.6.1.1.2.1	火神庙的产生	
W6458.3.6.1.1.2.1.1	纪念阏伯的庙人称阏伯庙	【汉族】
W6458.3.6.1.1.2.1.2	因火神爷显灵建火神庙	【汉族】
W6458.3.6.1.1.2.2	火神庙的特征	
W6458.3.6.1.1.2.3	特定的火神庙	
W6458.3.6.1.1.2.3.1	阏伯台上有火神庙	【关联】①
W6458.3.6.1.1.2.3.2	河南商丘火神庙	【汉族】

① ［W6495.5.3.1］到火神庙祭火神；［W6899.1.2.2.1］阏伯庙又称火神庙。

W 编码	母题描述	关联项
W6458. 3. 6. 1. 1. 2. 4	与火神庙有关的其他母题	
W6458. 3. 6. 1. 1. 3	雷神庙（雷公庙）	
W6458. 3. 6. 1. 1. 3. 1	雷神庙的产生	
W6458. 3. 6. 1. 1. 3. 2	雷神庙的特征	
W6458. 3. 6. 1. 1. 3. 3	特定的雷神庙	
W6458. 3. 6. 1. 1. 3. 3. 1	雷州英榜山有雷神庙	【汉族】
W6458. 3. 6. 1. 1. 3. 3. 2	雷州之西雷公庙	【汉族】
W6458. 3. 6. 1. 1. 3. 3. 3	海康雷公庙	【汉族】
W6458. 3. 6. 1. 1. 3. 4	与雷神庙有关的其他母题	
W6458. 3. 6. 1. 1. 4	天爷庙（玉皇大帝庙）	
W6458. 3. 6. 1. 1. 4. 1	黄帝为感谢玉皇大帝帮助修城建天爷庙	【汉族】
W6458. 3. 6. 1. 1. 4. 2	桐柏山玉皇庙	【汉族】
W6458. 3. 6. 1. 1. 5	财神庙	
W6458. 3. 6. 1. 1. 5. 1	尧建黑虎财神庙	【汉族】
W6458. 3. 6. 1. 2	以人神命名的庙	
W6458. 3. 6. 1. 3	动物神命名的庙	［W6458. 1. 1. 2. 5. 2］为感激征服妖凤的黑虎建黑虎庙
W6458. 3. 6. 1. 3. 1	马神庙	【汉族】
W6458. 3. 6. 1. 4	植物神命名的庙	
W6458. 3. 6. 1. 4. 1	花神庙	
W6458. 3. 6. 1. 4. 1. 1	长江三角洲多花神庙	【汉族等】
W6458. 3. 6. 1. 5	以自然物神命名的庙	
W6458. 3. 6. 1. 5. 1	海神庙	【汉族】
W6458. 3. 6. 1. 5. 1. 1	海神庙中供奉男女菩萨	【汉族】
W6458. 3. 6. 1. 5. 1. 2	海神庙中供奉海儿老大和他的母亲	【汉族】
W6458. 3. 6. 1. 6	以无生命物神命名的庙（以人造物命名的庙）	

W 编码	母题描述	关联项
W6458.3.6.1.6.1	背篼神庙	【土家族】
W6458.3.6.2	以神性人物命名的庙	
W6458.3.6.2.1	二郎庙	【汉族】
W6458.3.6.2.1.1	二郎庙的产生	［W6458.1.1.1.2］人们按秀才的说法建一座二郎庙
W6458.3.6.2.1.1.1	为纪念二郎功绩建庙	【汉族】@［W6458.1.1.3.1］为记住二郎神担山赶太阳的功劳修庙
W6458.3.6.2.1.1.1.1	为纪念为民除害的英雄杨二郎，建二郎庙	【汉族】
W6458.3.6.2.1.1.2	二郎庙是李冰因开离堆有功立的庙	【汉族】
W6458.3.6.2.1.2	二郎庙的特征	
W6458.3.6.2.1.3	特定的二郎庙	
W6458.3.6.2.1.3.1	鸡笼山二郎庙	【汉族】
W6458.3.6.2.1.3.2	河南卢氏县二郎庙	【汉族】
W6458.3.6.2.1.3.3	河南南召县二郎庙	【汉族】
W6458.3.6.2.1.3.4	二郎神庙	
W6458.3.6.2.1.3.4.1	河南府二郎神庙	【汉族】
W6458.3.6.2.1.3.5	蜀中灌口二郎庙	【汉族】
W6458.3.6.2.1.4	与二郎庙有关的其他母题	
W6458.3.6.2.2	女娲宫（娲皇宫）	
W6458.3.6.2.2.1	子孙为了永远纪念始祖母女娲，建女娲宫	【藏族】
W6458.3.6.2.2.2	因女娲有功建女娲宫	【汉族】
W6458.3.6.2.2.3	河南中皇山娲皇宫	【汉族】
W6458.3.6.2.2.4	河北涉县娲皇宫	【汉族】
W6458.3.6.2.3	本主庙	
W6458.3.6.2.3.1	本主庙的产生（建本主庙的原因）	

W 编码	母题描述	关联项
W6458. 3. 6. 2. 3. 2	本主庙的特征（本主庙的功能）	
W6458. 3. 6. 2. 3. 2. 1	建本主庙带来丰收吉祥	【白族】
W6458. 3. 6. 2. 3. 3	特定的本主庙	
W6458. 3. 6. 2. 3. 4	与本主庙有关的其他母题	［W6484. 3. 6. 1］本主庙里供有一个木雕小孩（痘儿哥哥）像作为求子仪式
W6458. 3. 6. 2. 3. 4. 1	本主庙又称为“神都”	【白族】@［W6508. 3. 3. 1. 1］将五谷鬼移到本主庙同时行祭
W6458. 3. 6. 2. 4	嫦娥庙	
W6458. 3. 6. 2. 4. 1	为纪念拯救百姓而死的嫦娥，修建大理嫦娥庙	【汉族】
W6458. 3. 6. 2. 5	防风庙	
W6458. 3. 6. 2. 5. 1	防风庙的产生	【汉族】@［W6458. 1. 1. 4. 1］禹王误斩防风氏建造防风庙
W6458. 3. 6. 2. 5. 2	防风庙的特征	【汉族】
W6458. 3. 6. 2. 5. 2. 1	吴越间防风庙龙首牛耳，连眉一目	【汉族】
W6458. 3. 6. 2. 5. 3	特定的防风庙	
W6458. 3. 6. 2. 5. 3. 1	武康县防风庙	【汉族】
W6458. 3. 6. 2. 5. 3. 2	绍兴防风庙	【汉族】
W6458. 3. 6. 2. 5. 4	与防风庙有关的其他母题	
W6458. 3. 6. 2. 6	神仙人物类庙（以神仙命名的庙）	
W6458. 3. 6. 2. 6. 1	彭祖庙	
W6458. 3. 6. 2. 6. 1. 1	为纪念半仙道人的彭祖，建彭祖庙	【汉族】
W6458. 3. 6. 2. 6. 2	花山爷庙	
W6458. 3. 6. 2. 6. 2. 1	为纪念神仙花山爷拱山造地，修花山爷庙	【汉族】

W 编码	母题描述	关联项
W6458.3.6.2.6.3	仙姑庙	【汉族】@［W6458.1.1.3.4.1］为纪念一位好心的姑娘建仙姑庙
W6458.3.6.2.6.3.1	黄大仙姑庙	【汉族】
W6458.3.6.2.6.3a	仙女庙	
W6458.3.6.2.6.3a.1	仙女庙中供奉着一个普通姑娘	【汉族】
W6458.3.6.2.6.4	玄女庙	【汉族】
W6458.3.6.2.6.4.1	为纪念玄女帮黄帝战蚩尤建玄女庙	【汉族】
W6458.3.6.2.6.5	三仙庙	
W6458.3.6.2.6.5.1	三仙庙供奉三仙圣女	【汉族】
W6458.3.6.2.7	其他神灵类庙	
W6458.3.6.2.8	妖魔鬼怪庙	
W6458.3.6.2.9	与以神性人物命名的庙有关的其他母题	
W6458.3.6.2.9.1	以文化祖先命名	
W6458.3.6.2.9.1.1	三皇庙	【民族，关联】①
W6458.3.6.2.9.1.2	以人类始祖盘古命名盘古庙	【壮族等】
W6458.3.6.2.9.2	以民间信仰人物命名的庙宇	
W6458.3.6.2.9.2.1	文殊院	【汉族】
W6458.3.6.3	以特定的人命名的庙	
W6458.3.6.3.0	帝王庙（诸侯王庙；特定首领的庙）	
W6458.3.6.3.0.1	鲁国太庙即周公旦之庙	【中华民族】@［W6458.2.8.1.1＊］太庙承载着现实政治和伦理的典范功能
W6458.3.6.3.0.2	轩辕庙	【汉族】
W6458.3.6.3.0.3	三皇祠俗称帝王庙	【中华民族】

① 【中华民族】【汉族】@［W6496.8.3.1.2.4.1］三皇庙又曰药王庙；［W6620.3.1］七月十二日三皇庙会。

W 编码	母题描述	关联项
W6458. 3. 6. 3. 1	为纪念特定人物以该人物命名庙	
W6458. 3. 6. 3. 1. 1	为纪念金四娘为她建庙，取名“金四娘殿”	【汉族】
W6458. 3. 6. 3. 2	以传说人物命名庙	
W6458. 3. 6. 3. 2. 1	范郎庙	【汉族】
W6458. 3. 6. 3. 2. 2	孟姜女庙	
W6458. 3. 6. 3. 2. 2. 1	雍丘县孟庄有孟姜女庙	【汉族】
W6458. 3. 6. 3. 2. 3	鲁班庙	
W6458. 3. 6. 3. 2. 3. 1	五月初七鲁班庙里祭祀鲁班	【汉族】
W6458. 3. 6. 3. 2. 3a	鲁班寺	【汉族】
W6458. 3. 6. 3. 3	以特殊死亡的人命名庙	
W6458. 3. 6. 3. 4	以特定夫妻名命名的庙	
W6458. 3. 6. 3. 4. 1	牛郎织女庙	【汉族】
W6458. 3. 6. 3. 4. 1. 1	牛郎庙	
W6458. 3. 6. 3. 4. 1. 2	织女庙	
W6458. 3. 6. 3. 4. 1. 2. 1	太仓黄姑塘织女庙	【汉族】
W6458. 3. 6. 3. 5	特定事件中的人名命名庙	
W6458. 3. 6. 3. 5. 1	快成庙	
W6458. 3. 6. 3. 5. 1. 1	纪念小伙“快成”补天的庙取名“快成庙”	【汉族】
W6458. 3. 6. 3. 5. 2	为驱妖的石氏立石婆婆庙	【汉族】
W6458. 3. 6. 3. 6	以英雄人物命名的庙	
W6458. 3. 6. 3. 6. 1	纪念英雄牛郎的庙命名“牛郎庙”	【汉族】
W6458. 3. 6. 3. 6. 2	为纪念救全镇的人而死的杨老爷，建“杨爷殿”	【汉族】
W6458. 3. 6. 3. 6. 3	为英雄张善士建张相公殿	【汉族】
W6458. 3. 6. 3. 6. 4	为感谢黄巢建黄巢寺	【汉族】
W6458. 3. 6. 3. 7	以无可考证者命名的庙	

W 编码	母题描述	关联项
W6458.3.6.3.7.1	皋天子庙的皋天子无考	【汉族】
W6458.3.6.4	以动物命名的庙（神性动物命名庙）	
W6458.3.6.4.1	以龙命名的庙	
W6458.3.6.4.1.1	九龙庙	【土家族】@［W6458.1.4.3.3.1］金明佬修九龙庙
W6458.3.6.4.1.1.1	九龙殿敬的不是龙王，而是圣女九玄娘娘	【汉族】
W6458.3.6.4.1.2	白龙庙	【白族】@［W6458.1.1.3.3］后代人为了纪念白龙建白龙庙
W6458.3.6.4.1.2.1	白龙将军庙	【白族】
W6458.3.6.4.1.3	龙王庙	［W6499.5.3.1］在龙王庙祭龙
W6458.3.6.4.1.3.1	为镇水鬼建龙王庙	【白族（那马）】
W6458.3.6.4.1.3.2	为报答九龙王建龙王庙	【白族】
W6458.3.6.4.1.3.3	百姓为除水患的黄龙建龙王庙	【白族】
W6458.3.6.4.1.3.4	为纪念樊梨花坐骑小白龙修龙王庙	【汉族】
W6458.3.6.4.1.3.5	龙王庙产生的其他情形	
W6458.3.6.4.1.3.5.1	为感谢老龙王的恩德建龙王庙	【汉族】
W6458.3.6.4.1.3.5.2	因传说龙王爷显灵建龙王庙	【汉族】
W6458.3.6.4.1.3.6	龙王庙的特征（龙王庙的功能）	
W6458.3.6.4.1.3.6.1	每遇旱涝灾到龙王庙去烧香磕头	【汉族】
W6458.3.6.4.1.3.7	特定的龙王庙	
W6458.3.6.4.1.3.7.1	河南淅川龙王庙	【汉族】
W6458.3.6.4.1.3.8	与龙王庙有关的其他母题	
W6458.3.6.4.1.3.8.1	龙王庙的数量	
W6458.3.6.4.1.3.8.1.1	三百座龙王庙	【汉族】
W6458.3.6.4.1.4	龙女庙	

W 编码	母题描述	关联项
W6458. 3. 6. 4. 1. 4. 1	立龙女庙祭祀找盐化石的龙女	【彝族】
W6458. 3. 6. 4. 1. 5	龙母庙	
W6458. 3. 6. 4. 1. 5. 1	瑞应乡黄塘龙母庙	【汉族】
W6458. 3. 6. 4. 1. 6	其他以龙命名的庙	
W6458. 3. 6. 4. 2	以哺乳动物命名的庙	
W6458. 3. 6. 4. 2. 1	纪念神马让人改邪归正，建神马庙	【汉族】
W6458. 3. 6. 4. 2. 2	以牛命名的庙	【汉族】
W6458. 3. 6. 4. 2. 2. 1	牛神庙	
W6458. 3. 6. 4. 2. 2. 2	牛大王庙	
W6458. 3. 6. 4. 2. 2. 2. 1	为感激为人劳作的牛建牛大王庙	【畲族】
W6458. 3. 6. 4. 2. 2. 3	黄牛庙	
W6458. 3. 6. 4. 2. 2. 3. 1	蜀地黄牛庙	【汉族】
W6458. 3. 6. 4. 2. 2. 3. 2	西陵峡黄牛庙	【汉族】
W6458. 3. 6. 4. 2. 2. 4	白牛庙	
W6458. 3. 6. 4. 2. 2. 4. 1	河南有白牛庙	【汉族】
W6458. 3. 6. 4. 2. 2. 5	铁牛庙	
W6458. 3. 6. 4. 2. 2. 5. 1	陕州有铁牛庙	【汉族】
W6458. 3. 6. 4. 3	以鸟命名的庙	
W6458. 3. 6. 4. 3. 1	鸡王庙	【汉族】
W6458. 3. 6. 4. 4	以昆虫命名的庙	
W6458. 3. 6. 4. 4. 1	以蚕命名的庙	
W6458. 3. 6. 4. 4. 1. 1	蚕丛庙	
W6458. 3. 6. 4. 4. 1. 1. 1	古蚕桑之乡新津县蚕丛庙	【汉族】
W6458. 3. 6. 4. 4. 1. 2	蚕娘娘庙	【汉族】
W6458. 3. 6. 4. 4. 1. 3	蚕姑庙	
W6458. 3. 6. 4. 4. 1. 3. 1	曲沃县蚕姑庙（残苦庙）	【汉族】

W 编码	母题描述	关联项
W6458.3.6.4.4.1.3.2	蚕姑圣母庙	【汉族】
W6458.3.6.4.4.1.4	蚕女庙	
W6458.3.6.4.4.1.4.1	德阳县通江镇水浒蚕女庙	【汉族】
W6458.3.6.4.4.1.5	蚕姑奶奶庙	
W6458.3.6.4.4.1.5.1	西陵蚕姑奶奶庙	【汉族】
W6458.3.6.4.4.2	蚂蚱庙	
W6458.3.6.4.4.2.1	亳州城南蚂蚱庙与蚂蚱王	【汉族】
W6458.3.6.4.5	以水中动物命名的庙	
W6458.3.6.4.5.1	螺女庙	【汉族】
W6458.3.6.4.6	以其他动物命名的庙	
W6458.3.6.5	以植物命名的庙	
W6458.3.6.5.1	以树命名的庙	
W6458.3.6.5.1.1	树大王庙	
W6458.3.6.5.1.1.1	上海松江大树大王庙	【汉族】
W6458.3.6.5.2	以花名命名的庙	
W6458.3.6.5.2.1	杏花庙	【汉族】@［W6458.3.6.8.4.1］亳州杏花村有杏花庙
W6458.3.6.6	以自然物命名的庙	
W6458.3.6.6.1	以石命名的庙	
W6458.3.6.6.1.1	北岳飞石殿	【汉族】
W6458.3.6.6.1.2	为能治病的石头，建石佛爷庙	【汉族】
W6458.3.6.6.1.2.1	为能治眼疾的石头，建石佛爷庙	【汉族】
W6458.3.6.6.1.3	大石庙	【汉族】
W6458.3.6.6.2	以河流命名的庙	
W6458.3.6.6.2.1	淮渎庙	【汉族】
W6458.3.6.7	以无生命物命名的庙	
W6458.3.6.8	其他特定命名的庙	
W6458.3.6.8.1	以事件命名庙名	
W6458.3.6.8.1.1	“督白龙庙”意为汤王督促白龙及时行雨	【汉族】

W 编码	母题描述	关联项
W6458. 3. 6. 8. 1. 2	土主因悬梁吊死“土主寺”又名“悬梁寺”	【汉族】
W6458. 3. 6. 8. 1. 3	雷打张天保庙	【汉族】
W6458. 3. 6. 8. 2	以建筑物命名庙名	
W6458. 3. 6. 8. 2. 1	宫亭庙	【汉族】
W6458. 3. 6. 8. 2. 1. 1	庐山下有神庙号曰宫亭庙	【汉族】
W6458. 3. 6. 8. 3	以官职命名的庙	
W6458. 3. 6. 8. 3. 1	官庙	【景颇族】
W6458. 3. 6. 8. 4	以村名命名庙名	
W6458. 3. 6. 8. 4. 1	亳州杏花村有杏花庙	【汉族】
W6458. 3. 6. 9	其他特定的庙宇	
W6458. 4	常见的庙宇（特定名称的庙宇；常见的道观）①	
W6458. 4. 1	阿育王寺	【汉族】
W6458. 4. 2	八仙宫	
W6458. 4. 2. 1	西安八仙宫	【汉族】
W6458. 4. 2a	巴蛇庙	
W6458. 4. 2a. 1	岳阳门内曾有巴蛇庙	【汉族】
W6458. 4. 3	白马寺	【汉族】@［W6458. 1. 1. 2. 2. 1］为感恩带来的幸福神马建白马寺
W6458. 4. 4	白云观	【汉族】
W6458. 4. 5	般若寺	【汉族】
W6458. 4. 6	般若寺	【汉族】
W6458. 4. 7	宝光寺	【汉族】
W6458. 4. 8	宝通寺	【汉族】
W6458. 4. 9	碧霞祠	

① 常见的庙宇（特定名称的庙宇），中国各地的民间庙宇数量众多，有的出现在特定时代，有的同一名称的庙宇出现在不同的地区，本书所选的常见庙宇参考了相关出版物和官网中发布的材料，只选取了一些有代表性的庙宇，并非完全列举。

W 编码	母题描述	关联项
W6458.4.9.1	泰山碧霞祠（碧霞元君祖庙）	【汉族】
W6458.4.10	草堂寺	【汉族】
W6458.4.11	沉香阁（慈云禅寺）	【汉族】
W6458.4.12	城隍庙	
W6458.4.12.1	居庸关都城隍庙	【汉族】
W6458.4.12.2	上海城隍庙	【汉族】
W6458.4.12.2.1	上海的城隍庙供奉两尊城隍神	【汉族】
W6458.4.12.2.2	上海城隍庙门前有石狮，有金銮殿，有后花园、亭台楼阁、九曲桥等	【汉族】
W6458.4.12.3	凤阳府城隍庙	【汉族】
W6458.4.12.4	其他特定的城隍庙	
W6458.4.12.5	城隍庙祭祀	［W6503.9.5.1］五牲一般用于玉皇大帝、三官大帝、城隍爷等
W6458.4.12.5.1 *	城隍祀始于六朝	【中华民族】
W6458.4.12.5.2	城隍庙前殿供着霍光的神像，后殿供着秦裕伯的神像	【汉族】
W6458.4.12.6	与城隍庙有关的其他母题	
W6458.4.13	崇善寺	【汉族】
W6458.4.14	崇圣寺	【汉族】
W6458.4.15	重阳宫	
W6458.4.15.1	户县重阳宫（全真教祖庭）	【汉族】
W6458.4.16	翠华宫	
W6458.4.16.1	西安翠华宫（太乙真人祖庭）	【汉族】
W6458.4.17	慈恩寺	【汉族】
W6458.4.18	慈云寺	【汉族】
W6458.4.19	大悲院	【汉族】
W6458.4.20	大慈恩寺	【汉族】

W 编码	母题描述	关联项
W6458. 4. 21	大明寺	【汉族】
W6458. 4. 22	大兴善寺	【汉族】
W6458. 4. 23	大昭寺	【藏族】
W6458. 4. 24	岱庙	
W6458. 4. 24. 1	泰山岱庙（东岳大帝祖庙）	（汉族）
W6458. 4. 26	地藏寺	【汉族】
W6458. 4. 27	定慧寺	【汉族】
W6458. 4. 27a	东王庙	
W6458. 4. 27a. 1	东王庙的主人是道士	【汉族】
W6458. 4. 28	峨眉山报国寺	【汉族】
W6458. 4. 29	峨眉山金顶	【汉族】
W6458. 4. 30	峨眉山万年寺	【汉族】
W6458. 4. 31	法源寺	【汉族】
W6458. 4. 31a	飞来寺	【汉族】
W6458. 4. 31b	凤台寺	【汉族】
W6458. 4. 32	福严寺	【汉族】
W6458. 4. 33	伏羲女娲庙	【汉族】
W6458. 4. 33. 1	伏羲庙（伏羲殿）	【汉族】
W6458. 4. 33. 1. 1	伏羲庙的产生	
W6458. 4. 33. 1. 1. 1	为纪念伏羲的功德建伏羲庙	【汉族】
W6458. 4. 33. 1. 2	伏羲庙的特征	
W6458. 4. 33. 1. 3	特定的伏羲庙	
W6458. 4. 33. 1. 3. 1	河南淮阳伏羲庙	【汉族】
W6458. 4. 33. 1. 3. 2	台北中山区伏羲八卦祖师庙	【中华民族】
W6458. 4. 33. 1. 4	与伏羲庙有关的其他母题	
W6458. 4. 33. 2	女娲庙（女娲殿）	
W6458. 4. 33. 2. 1	女娲庙的产生	
W6458. 4. 33. 2. 1. 1	感恩女娲造人建女娲庙	【汉族】

W 编码	母题描述	关联项
W6458.4.33.2.2	女娲庙的特征	
W6458.4.33.2.3	特定的女娲庙	
W6458.4.33.2.3.1	中皇山女娲庙	【中华民族】
W6458.4.33.2.4	与女娲庙有关的其他母题	
W6458.4.33.2.4.1	女娲庙的名称	
W6458.4.33.2.4.1.1	女娲庙又称"人祖奶奶庙"	【汉族】
W6458.4.33.2.4.1.2	女娲庙又称"人祖姑娘庙"	【汉族】@［W6458.3.6.2.2］女娲宫（娲皇宫）
W6458.4.33.2.4.2	女娲观	
W6458.4.33.2.4.2.1	河南淮阳女娲观	【汉族】
W6458.4.33.2.4.3	火云宫	
W6458.4.33.2.4.3.1	为感谢女娲救天下，建"火云宫"殿	【汉族】
W6458.4.33.3	特定的伏羲女娲庙	
W6458.4.33.3.1	房州上庸界有伏羲女娲庙	【中华民族】
W6458.4.34	负图寺	
W6458.4.34.1	纪念伏羲降伏龙马造负图寺	【汉族】
W6458.4.35	关帝庙	
W6458.4.35.1	解州关帝庙	【汉族】
W6458.4.35.2	太原关帝庙	【汉族】
W6458.4.35.3	关羽死后升天成神建关帝庙	【汉族】
W6458.4.35.4	锡伯营每旗均建有关帝庙	【锡伯族】
W6458.4.36	观音洞	【汉族】
W6458.4.37	观音古刹	【汉族】
W6458.4.38	光孝寺	【汉族】
W6458.4.39	广化寺	【汉族】
W6458.4.40	广济寺	【汉族】

W 编码	母题描述	关联项
W6458. 4. 42	广仁寺	【汉族】
W6458. 4. 43	广宗寺	【汉族】
W6458. 4. 44	归元寺	【汉族】
W6458. 4. 45	国清寺	【汉族】
W6458. 4. 46	海宝塔寺	【汉族】
W6458. 4. 47	寒山寺	【汉族】
W6458. 4. 48	衡山祝圣寺	【汉族】
W6458. 4. 49	弘福寺	【汉族】
W6458. 4. 50	华山慧居寺（慧庆庵）	【汉族】
W6458. 4. 51	华亭寺	【汉族】
W6458. 4. 52	化城甘露寺	【汉族】
W6458. 4. 53	极乐寺	【汉族】
W6458. 4. 54	江心寺	【汉族】
W6458. 4. 55	金阁寺	【汉族】
W6458. 4. 56	金山寺	【汉族】
W6458. 4. 56. 1	镇江金山寺	【汉族】
W6458. 4. 57	净慈寺	【汉族】
W6458. 4. 58	净居寺	【汉族】
W6458. 4. 59	静安寺	【汉族】
W6458. 4. 60	九华山化城寺	【汉族】
W6458. 4. 61	九华山肉身殿	【汉族】
W6458. 4. 62	开福寺	【汉族】
W6458. 4. 63	开元寺	【汉族】
W6458. 4. 65	孔庙（文庙）	
W6458. 4. 66	琅琊寺	【汉族】
W6458. 4. 67	林阳寺	【汉族】

W 编码	母题描述	关联项
W6458.4.68	临济寺	【汉族】
W6458.4.69	灵谷寺	【汉族】
W6458.4.70	灵光寺	【汉族】
W6458.4.71	灵山寺	【汉族】
W6458.4.73	灵岩山寺	【汉族】
W6458.4.74	灵隐寺	【汉族】
W6458.4.75	六榕寺	【汉族】
W6458.4.76	龙华寺（空相寺）	【汉族】
W6458.4.77	龙虎山天师府	【汉族】
W6458.4.78	庐山东林寺	【汉族】
W6458.4.79	麓山寺	【汉族】
W6458.4.80	罗汉寺	【汉族】
W6458.4.80.1	为感谢十八罗汉化身救寺，在佛殿后另造罗汉殿	【汉族】
W6458.4.81	骆王殿	【壮族】
W6458.4.82	妈祖庙	
W6458.4.82.1	湄州天后娘娘祖庙	【汉族】
W6458.4.82.2	天津天后宫	【汉族】
W6458.4.82.3	澳门妈祖庙	【汉族】
W6458.4.83	茅山道院	
W6458.4.83.1	金坛茅山道院（上清派祖庭）	【汉族】
W6458.4.84	明教寺	【汉族】
W6458.4.85	南华寺	【汉族】
W6458.4.86	南普陀寺	【汉族】
W6458.4.87	南山广化寺	【汉族】
W6458.4.88	南山寺	【汉族】
W6458.4.89	能仁寺	【汉族】

W 编码	母题描述	关联项
W6458.4.89a	奶奶庙	
W6458.4.89a.1	奶奶庙的产生	
W6458.4.89a.2	奶奶庙的特征	
W6458.4.89a.3	特定的奶奶庙	[W6458.4.90.9.9.3.1] 盘古奶奶庙是盘古庙的配庙
W6458.4.89a.3.1	河南嵩山西麓五佛山奶奶庙	【汉族】
W6458.4.89a.4	与奶奶庙有关的其他母题	
W6458.4.89a.4.1	奶奶庙也叫奶奶堂	【汉族】
W6458.4.90	盘古庙（盘古寺；盘古殿）①	【汉族】【壮族】
W6458.4.90.1	盘古庙的产生	
W6458.4.90.1.0	盘古庙产生的原因	
W6458.4.90.1.0.1	为消灾建盘古庙	【壮族】@［W6458.1.1.5.2］为保佑不发大水建盘古庙
W6458.4.90.1.0.2	村民为感大神盘古救命之恩，建庙盘古庙	【汉族】
W6458.4.90.1.1	特定人物修建盘古庙	
W6458.4.90.1.1.0	神农建盘古庙	【汉族】
W6458.4.90.1.1.1	特定姓氏建盘古庙	［W6458.3.5.1］特定姓氏的家庙
W6458.4.90.1.1.1.1	盘姓在定居的地方，修建盘古庙	【壮族等】
W6458.4.90.1.1.1.2	廖姓壮族建盘古庙	【汉族（客家）】
W6458.4.90.1.1.2	祖先建盘古庙	
W6458.4.90.1.1.2.1	盘古庙为祖上传下来	【汉族、壮族等】
W6458.4.90.1.2	变化产生盘古庙	
W6458.4.90.1.2.1	天书变成盘古庙	【汉族】
W6458.4.90.1.3	因盘古显灵建造盘古庙	【汉族】

① 盘古庙（盘古寺；盘古殿），此处选择盘古庙的多层级细化母题为个案，为特定人物的庙宇的母题提取与呈现作出示例。

W 编码	母题描述	关联项
W6458.4.90.1.3.1	因祭祀盘古天就不会发大水，建盘古庙	【壮族】
W6458.4.90.1.4	特定群体迁徙定居时建盘古庙	
W6458.4.90.1.4.1	盘瓠后裔瑶族、苗族每迁一处，都要立盘古庙	【中华民族】
W6458.4.90.1.4.2	客家人祖先从广东迁到岜山建村定居后修建盘古庙	【汉族（客家）】
W6458.4.90.1.5	受周边影响建盘古庙	
W6458.4.90.1.5.1 *	宣武县一带汉族受壮族影响修建盘古庙	【汉族】
W6458.4.90.1.6	盘古庙产生的其他原因	
W6458.4.90.1.6.1	因祭拜盘古灵验建盘古庙	【壮族】
W6458.4.90.1.6.2	盘古爷和盘古奶婚后住的房子，被叫做盘古庙	【汉族】
W6458.4.90.1.7	盘古庙产生的时间	
W6458.4.90.1.7.1	特定地方盘古庙产生最早	
W6458.4.90.1.7.1.1 *	华南珠江流域特别是桂中一带，可能最早建有盘古庙	【壮族】
W6458.4.90.1.7.2 *	盘古山盘古庙建立于五代时期	【汉族】
W6458.4.90.1.8	盘古庙产生的地点（建盘古庙的地点）	
W6458.4.90.1.8.1 *	华南珠江流域特别是桂中一带可能是最早建有盘古庙的地区	【壮族】
W6458.4.90.1.8.2	在盘古山高峰处修建了盘古庙	【汉族】
W6458.4.90.1.9	与盘古庙产生有关的其他母题	
W6458.4.90.1.9.1	盘古庙是祖上传下来的	【汉族、壮族等】
W6458.4.90.1.9.2	盘古爷和盘古奶成婚住的房子被叫做盘古庙	【汉族】
W6458.4.90.2	河南盘古庙（河南盘古寺）	
W6458.4.90.2.1	河南“盘古寺”今称“盘谷寺”	【汉族】

W 编码	母题描述	关联项
W6458. 4. 90. 2. 2	河南王屋山东半山腰的“盘古寺”	【汉族】
W6458. 4. 90. 2. 3	盘古山有盘古庙	【汉族】
W6458. 4. 90. 2. 3. 1	盘古山建在盘古庙最高峰	【中华民族】
W6458. 4. 90. 2. 4	河南省济源盘古寺	【汉族】
W6458. 4. 90. 3	河北盘古庙	
W6458. 4. 90. 3. 1	河北沧州青县盘古庙	【中华民族】
W6458. 4. 90. 4	湖南盘古庙	
W6458. 4. 90. 4. 1	湖南省新晃、会同、黔阳一带盘古庙	【多民族】
W6458. 4. 90. 4. 2	湖南省新晃侗族自治县贡溪乡天井寨盘古庙	【侗族】
W6458. 4. 90. 5	广西盘古庙	
W6458. 4. 90. 5. 0	广西盘古庙众多	
W6458. 4. 90. 5. 0. 1 *	广西仅武宣县就有盘古庙数十座之多	【壮族等】
W6458. 4. 90. 5. 0. 2 *	广西盘古国故地有盘古庙 44 座，其中来宾市有 34 座	【壮族等】
W6458. 4. 90. 5. 0. 2. 1 *	广西来宾市有盘古庙 34 座	【壮族】
W6458. 4. 90. 5. 0. 3 *	广西来宾市有盘古庙 25 座	【壮族等】
W6458. 4. 90. 5. 0. 4 *	广西来宾市武宣县有盘古庙 28 个	【汉族、壮族等】
W6458. 4. 90. 5. 1	广西桂林有盘古氏庙	【汉族】
W6458. 4. 90. 5. 2	广西来宾盘古庙	
W6458. 4. 90. 5. 2. 1	广西来宾市兴宾区城厢乡泗贯村盘古庙	【汉族（客家）】
W6458. 4. 90. 5. 2. 2	广西来宾市象州县妙皇乡盘古村盘古庙	【壮族】
W6458. 4. 90. 5. 2. 2a	广西来宾市象州县县郊盘古庙	【壮族等】
W6458. 4. 90. 5. 2. 2b	广西来宾市象州县高楼山盘古庙	【壮族等】

W 编码	母题描述	关联项
W6458.4.90.5.2.3	广西来宾市武宣县东乡镇达昊村盘古庙	【壮族】
W6458.4.90.5.2.4	广西来宾市武宣县东乡镇尊头村盘古庙	【壮族】
W6458.4.90.5.2.5	广西来宾市武宣县东乡镇吭庙村盘古庙	【壮族】
W6458.4.90.5.2.6	广西来宾市武宣县桐岭镇大祥村盘古庙	【壮族】
W6458.4.90.5.2.7	广西来宾市武宣县东乡镇那羊村盘古庙	【汉族（客家）】
W6458.4.90.5.2.7a	广西来宾市武宣县三里乡勒马村盘古庙	【中华民族】
W6458.4.90.5.2.7b	广西来宾市武宣县二塘乡卢村盘古庙	【壮族】
W6458.4.90.5.2.8	广西来宾市兴宾区良塘乡甘东村盘古庙	【壮族】
W6458.4.90.5.2.8.1	甘东村盘古庙建在盘古山脚下的盘古洞中	【壮族】
W6458.4.90.5.2.9	广西来宾市其他盘古庙	【汉族、壮族等】
W6458.4.90.5.2.9.1	广西来宾市兴宾区城厢乡岜山村盘古庙	【汉族（客家）】
W6458.4.90.5.3	广西玉林市盘古庙	
W6458.4.90.5.3.1	广西玉林市博白县江宁镇绿佳村盘古庙	【汉族等】
W6458.4.90.5.3.2	广西玉林市博白县顿谷镇盘古村盘古庙	【汉族等】
W6458.4.90.5.4	广西贵港市盘古庙	
W6458.4.90.5.4.1	广西贵港市桂平市寻旺乡梁津村滩头盘古庙	【中华民族】
W6458.4.90.5.4.2	广西贵港市桂平市寻旺乡大为村盘古庙	【汉族】
W6458.4.90.5.4.3	广西贵港市桂平市麻铜镇地台街盘古庙	【中华民族】

W 编码	母题描述	关联项
W6458. 4. 90. 5. 4. 4	广西贵港市桂平市麻铜镇梁村盘古庙	【汉族】
W6458. 4. 90. 5. 5	广西贺州市盘古庙	【汉族、壮族、瑶族等】
W6458. 4. 90. 5. 5. 1	广西贺州市八步区莲塘村立琴盘古庙	【汉族、壮族、瑶族等】
W6458. 4. 90. 5. 6	广西南宁市盘古庙	
W6458. 4. 90. 5. 6. 1	广西南宁市宾阳县芦坪镇碗窑村盘古庙	【多民族】
W6458. 4. 90. 5. 6. 2 *	南宁市所辖的宾阳、上林、邕宁、横县等县都曾建有盘古庙	【壮族】
W6458. 4. 90. 5. 7	广西柳州市盘古庙	
W6458. 4. 90. 5. 7. 1	广西柳州市柳江县穿山镇仁安村盘古庙	【壮族】
W6458. 4. 90. 5. 7. 2	广西柳州市鱼峰区蟠龙山盘古庙	【汉族、壮族等】
W6458. 4. 90. 6	广东盘古庙	
W6458. 4. 90. 6. 1	广东盘古庙分布广泛	
W6458. 4. 90. 6. 1. 1	广东省各市县有 191 座盘古庙	【多民族】
W6458. 4. 90. 6. 1. 1. 1	广东连州盘古庙 59 座	【多民族】
W6458. 4. 90. 6. 1. 1. 2	广东肇庆市盘古庙 48 座	【多民族】
W6458. 4. 90. 6. 1. 1. 2. 1	广东肇庆北岭山脚下盘古庙	【多民族】
W6458. 4. 90. 6. 1. 1. 3	广东韶州盘古庙 23 座	【多民族】
W6458. 4. 90. 6. 1. 1. 4	广东南雄盘古庙 17 座	【多民族】
W6458. 4. 90. 6. 1. 1. 5	广东广州市盘古庙 13 座	【多民族】
W6458. 4. 90. 6. 1. 1. 5. 1	广东广州市花都区狮岭镇盘古庙	【多民族】
W6458. 4. 90. 6. 1. 1. 6	广东惠州盘古庙 12 座	【多民族】
W6458. 4. 90. 6. 1. 1. 7	广东潮州盘古庙 11 座	【多民族】
W6458. 4. 90. 6. 1. 1. 8	广东高州盘古庙 5 座	【多民族】
W6458. 4. 90. 6. 1. 1. 9	广东廉州盘古庙 1 座	【多民族】
W6458. 4. 90. 6. 2	粤西岩峒盘古庙	【中华民族】

W 编码	母题描述	关联项
W6458.4.90.6.3	花县盘古庙	【瑶族】
W6458.4.90.6.4	南海盘古氏庙	【汉族】
W6458.4.90.7	海南盘古庙	
W6458.4.90.8	其他特定的盘古庙	
W6458.4.90.8.1	山东盘古庙	
W6458.4.90.8.2	江苏盘古庙	
W6458.4.90.8.2.1	广陵盘古庙	【中华民族】
W6458.4.90.8.3	四川盘古庙	
W6458.4.90.8.3.1	广都县有盘古三郎庙	【汉族】
W6458.4.90.8.4	江西盘古庙	
W6458.4.90.8.4.1	会昌盘古山盘古庙	【汉族】
W6458.4.90.9	与盘古庙有关的其他母题	
W6458.4.90.9.0	盘古庙的命名	
W6458.4.90.9.0.1	盘古爷、盘古奶成亲的那座山顶上修座庙，命名“盘古庙”	【汉族】
W6458.4.90.9.0.2	以前的多个庙毁后建庙时，因盘古的地位最高，取名盘古庙	【壮族等】
W6458.4.90.9.0.3	建庙后为感谢盘古救命之恩，取名盘古庙	【汉族】
W6458.4.90.9.1	盘古庙的别称	
W6458.4.90.9.1.1	盘王庙	【瑶族】
W6458.4.90.9.1.1.1	湖南江永县瑶族盘王庙，称盘古庙	【瑶族】
W6458.4.90.9.1.2	盘古三郎庙	
W6458.4.90.9.1.3	盘古庙又称哥哥庙	【多民族】
W6458.4.90.9.1.4	盘古寺	
W6458.4.90.9.1.4.1	河南西华县东夏亭镇西曾有盘古寺，古称“墓岗寺”	【汉族】
W6458.4.90.9.1.4.2	河南泌阳县盘古山九龙盘古寺	【汉族】

W 编码	母题描述	关联项
W6458. 4. 90. 9. 1. 4. 3	河北青县盘古寺由天王殿、盘古殿、大雄宝殿、藏经阁构成	【汉族】
W6458. 4. 90. 9. 1. 5	盘古庙又称古庙	
W6458. 4. 90. 9. 1. 5. 1 *	近代瑶人亦称盘古庙为“古庙”	【瑶族】
W6458. 4. 90. 9. 1. 6	盘古庙又叫雷王庙	
W6458. 4. 90. 9. 1. 6. 1	盘古庙迁到大明屯的叫雷王庙	【壮族等】
W6458. 4. 90. 9. 1. 7	盘古家庙	【中华民族】
W6458. 4. 90. 9. 1. 7. 1	广陵有盘古家庙	
W6458. 4. 90. 9. 1. 8	盘古大王庙	【瑶族】
W6458. 4. 90. 9. 1. 8. 1	广西贺州市平桂区西湾镇盘古大王庙	
W6458. 4. 90. 9. 1. 9	盘古庙相关的其他名称	
W6458. 4. 90. 9. 1. 9. 1	盘古王庙	
W6458. 4. 90. 9. 1. 9. 1. 1	广东连南八排瑶祖公大庙，又称盘古王庙	【瑶族・八排瑶】
W6458. 4. 90. 9. 1. 9. 2	盘古顺风庙	
W6458. 4. 90. 9. 1. 9. 2. 1	武宣县思灵乡盘古顺风庙	【壮族】@［W6458. 4. 90. 9. 2. 2. 2］盘古庙更名为“顺风庙”
W6458. 4. 90. 9. 1. 9. 3	盘谷寺	
W6458. 4. 90. 9. 1. 9. 3. 1	济源盘谷寺即盘古寺	【汉族】
W6458. 4. 90. 9. 2	盘古庙的变迁	
W6458. 4. 90. 9. 2. 1	一个盘古庙分化出多个盘古庙	【壮族】
W6458. 4. 90. 9. 2. 2	盘古庙更名	
W6458. 4. 90. 9. 2. 2. 1	盘古庙更名为“秀才庙”	【壮族】
W6458. 4. 90. 9. 2. 2. 2	盘古庙更名为“顺风庙”	【壮族】
W6458. 4. 90. 9. 2. 2. 3	盘古庙原称“后背庙”	【汉族】
W6458. 4. 90. 9. 2. 3	盘古庙的迁址	
W6458. 4. 90. 9. 2. 3. 1	因盘古不喜欢那个地方盘古庙迁至现在地址	【壮族】

W 编码	母题描述	关联项
W6458.4.90.9.3	盘古庙为什么没有盘古奶的像	
W6458.4.90.9.3.1	盘古庙没有盘古奶的像是因为含羞离开了	【汉族】
W6458.4.90.9.4	盘古庙的神位（盘古庙的神像）	
W6458.4.90.9.4.1	立琴盘古庙神位的正中写“开天辟地盘古大王合殿暨列尊神之位”	【汉族、壮族、瑶族等】
W6458.4.90.9.4.2	盘古庙塑有盘古像	【汉族】
W6458.4.90.9.5	盘古庙的楹联	
W6458.4.90.9.5.1	立琴盘古庙楹联写“盘古开天原始圣，大王辟地至尊神”	【汉族、壮族、瑶族等】
W6458.4.90.9.5.2 *	甘东村盘古庙大殿神台对联：“盘帝德高深永奠山河强各族，古皇恩浩荡宏开天地造人伦”	【壮族】
W6458.4.90.9.5.3	柳州蟠龙山顶盘古庙楹联：“混沌初开天地神人尊盘古，乾坤久奠苗瑶壮汉敬轩辕”	【汉族、壮族等】
W6458.4.90.9.6	盘古庙的布局（盘古庙的结构；盘古庙的朝向；盘古庙的形制）	
W6458.4.90.9.6.1	盘古庙的朝向	
W6458.4.90.9.6.1.1	盘古庙坐西向东	【汉族等】【壮族】
W6458.4.90.9.6.1.2	盘古庙坐北朝南	【壮族】
W6458.4.90.9.6.1.3	盘古庙坐东朝西	【中华民族】
W6458.4.90.9.6.1.4	盘古庙朝向特定地方	
W6458.4.90.9.6.1.4.1	盘古庙朝向特定的城池	【壮族等】
W6458.4.90.9.6.2	盘古庙呈规整的“回”字形	【汉族等】
W6458.4.90.9.6.3	盘古庙为砖木硬山院落式结构	【汉族等】
W6458.4.90.9.6.4	盘古庙为一座单间式石木结构建筑	【壮族】
W6458.4.90.9.6.5	一开间的盘古庙	【壮族等】
W6458.4.90.9.6.5.1	融安县大巷乡珠玉村盘古庙是一间单开间瓦房	【壮族等】

W 编码	母题描述	关联项
W6458. 4. 90. 9. 6. 6	三开间的盘古庙	【壮族等】
W6458. 4. 90. 9. 6. 6. 1	尊头村盘古庙为三开间	【壮族】
W6458. 4. 90. 9. 6. 7	院落式的盘古庙	【壮族等】
W6458. 4. 90. 9. 6. 8	岩洞式的盘古庙	【壮族等】
W6458. 4. 90. 9. 7	盘古庙的分布	
W6458. 4. 90. 9. 7. 1 *	盘古庙的历时性分布	【多民族】
W6458. 4. 90. 9. 8	盘古庙禁忌	
W6458. 4. 90. 9. 8. 1	盘古庙忌生孩子不满 120 天的妇女经过	【汉族等】
W6458. 4. 90. 9. 8. 2	盘古庙忌家有丧事未过 3 日的人经过	【汉族等】
W6458. 4. 90. 9. 8. 3	在盘古庙附近插秧时忌背对盘古庙	【汉族等】
W6458. 4. 90. 9. 9	盘古庙有关的其他事象	
W6458. 4. 90. 9. 9. 1	因盘古庙命名的地名	
W6458. 4. 90. 9. 9. 1. 1	广西象州的妙皇乡因盘古大庙而得名	【壮族】
W6458. 4. 90. 9. 9. 1. 2	青县盘古村因近盘古庙成村而得名	【汉族】
W6458. 4. 90. 9. 9. 2	盘古庙只有盘古爷没有盘古奶的原因	【中华民族】
W6458. 4. 90. 9. 9. 3	盘古庙的配庙	
W6458. 4. 90. 9. 9. 3. 1	盘古奶奶庙是盘古庙的配庙	【汉族】
W6458. 4. 91	盘瓠庙	【苗族】【瑶族】【畲族】
W6458. 4. 92	菩萨顶	【汉族】
W6458. 4. 93	普宁寺	【汉族】
W6458. 4. 94	普陀山法雨寺	【汉族】
W6458. 4. 95	普陀山慧济寺	【汉族】
W6458. 4. 96	普陀山普济寺	【汉族】
W6458. 4. 97	青城山道观	

W 编码	母题描述	关联项
W6458.4.98	七塔禅寺	【汉族】
W6458.4.99	栖霞寺	【汉族】
W6458.4.100	乾元禅寺	【汉族】
W6458.4.101	黔明寺	【汉族】
W6458.4.102	庆云寺	【汉族】
W6458.4.103	人祖庙（人祖殿；祖庙；始祖庙）	【彝族】
W6458.4.103.1	人祖庙的产生	
W6458.4.103.1.1	为纪念伏羲的功德，称其为人祖爷，建人祖庙	【汉族】
W6458.4.103.1.2	为纪念伏羲兄妹婚生人类，立庙塑像	【仫佬族】
W6458.4.103.2	人祖庙的特征	
W6458.4.103.3	特定的人祖庙	
W6458.4.103.3.1	五朵山祖始爷庙	【汉族】
W6458.4.103.3.2	云南开远老勒村人祖庙	【彝族】
W6458.4.103.4	与人祖庙有关的其他母题	
W6458.4.103.4.1	太皞祠又称“人祖庙”	【汉族】
W6458.4.103.4.2	太昊陵俗称人祖庙	【汉族】
W6458.4.104	三王庙（三王殿）	【汉族】
W6458.4.105	三清观	【汉族】
W6458.4.106	上封寺	【汉族】
W6458.4.107	上华严寺	【汉族】
W6458.4.108	少林寺	【汉族】
W6458.4.109	十方堂	【汉族】
W6458.4.110	殊像寺	【汉族】
W6458.4.111	塔院寺	【汉族】
W6458.4.112	塔尔寺	【藏族】
W6458.4.113	太清宫	

W 编码	母题描述	关联项
W6458. 4. 113. 1	鹿邑太清宫（太上老君祖庙）	【汉族】
W6458. 4. 114	天台山高明寺	【汉族】
W6458. 4. 115	天台寺	【汉族】
W6458. 4. 116	天童寺	【汉族】
W6458. 4. 117	土地庙①	【汉族】
W6458. 4. 117. 1	土地庙的产生	
W6458. 4. 117. 2	土地庙的特征	
W6458. 4. 117. 2. 1	土地庙是祖灵住所	【壮族】
W6458. 4. 117. 2. 2	土地庙里供猪头	【汉族】
W6458. 4. 117. 2. 3	土地庙里供着一个稚口黄发的小神	【汉族】
W6458. 4. 117. 2. 4	土地庙里供奉天、地、神仙等五位神	【彝族（白夷）】
W6458. 4. 117. 2. 5	土地庙供奉的其他情形	
W6458. 4. 117. 2. 5. 1	土地庙只有一个孤苦伶仃的土地爷	【汉族】
W6458. 4. 117. 2. 5. 2	土地庙里塑土地爷和土地奶奶的神像	【汉族】
W6458. 4. 117. 2. 5. 3	土地庙里的土地爷有两个土地奶奶陪坐两侧	【汉族】
W6458. 4. 117. 2. 6	土地庙的形制	
W6458. 4. 117. 2. 6. 1	土地庙小	【汉族】
W6458. 4. 117. 2. 6. 1. 1	土地庙是世上最小的庙	【汉族】
W6458. 4. 117. 2. 7	土地庙的其他特征	
W6458. 4. 117. 2. 7. 1	土地庙里的土地爷怀里抱一支鸟枪	【汉族】
W6458. 4. 117. 3	特定的土地庙	

① 土地庙，与土地神“福德正神”“土地公公”“土地公”“土地爷爷”“土地爷”“后土”“土正”“社神”等许多称谓相对应，土地神的庙也有多种名称，如“土地庙”“福德正神庙”“伯公庙”等。

W 编码	母题描述	关联项
W6458.4.117.4	与土地庙有关的其他母题	
W6458.4.117.4.1	土地庙的避风墙	【汉族】
W6458.4.117.4.2	土地菩萨和城隍菩萨住在一个庙里	【汉族】
W6458.4.118	万福寺	【汉族】
W6458.4.119	文殊院	【汉族】
W6458.4.120	卧龙寺	【汉族】
W6458.4.121	乌尤寺	【汉族】
W6458.4.122	五祖寺（东山寺）	【汉族】
W6458.4.122a	吴王庙	
W6458.4.122a.1	楚江富池镇吴王庙祀甘将军宁	【汉族】
W6458.4.123	西禅寺	【汉族】
W6458.4.124	西黄寺	【汉族】
W6458.4.125	西山寺	
W6458.4.125.1	云游和尚在滁州西山建“西山寺”	【汉族】
W6458.4.125a	西山万寿宫	【汉族】
W6458.4.126	西王母庙（王母庙）	
W6458.4.126.1	天山天池西王母祖庙（王母娘娘祖庙）	【汉族】
W6458.4.126.2	古老梭罗树前必有王母庙	【汉族】
W6458.4.127	洗石庵	【汉族】
W6458.4.128	香积寺	【汉族】
W6458.4.129	兴福寺	【汉族】
W6458.4.130	兴教寺	【汉族】
W6458.4.131	玄中寺	【汉族】
W6458.4.132	迎江寺	【汉族】
W6458.4.133	雍和宫	【汉族】
W6458.4.134	涌泉寺	【汉族】

W 编码	母题描述	关联项
W6458. 4. 135	玉泉寺	【汉族】
W6458. 4. 136	玉皇阁	
W6458. 4. 136. 1	天津玉皇阁	【汉族】
W6458. 4. 137	圆通寺	【汉族】
W6458. 4. 138	云门寺	【汉族】
W6458. 4. 139	岳庙	
W6458. 4. 140	昭觉寺	【汉族】
W6458. 4. 141	支提寺	【汉族】
W6458. 4. 142	祇园寺（祇树庵）	【汉族】
W6458. 4. 143	智者塔院	【汉族】
W6458. 4. 144	紫霄宫	
W6458. 4. 144. 1	武当山紫霄宫（真武大帝祖庙）	【汉族】
W6458. 4. 144. 2	丫髻山紫霄宫	【汉族】
W6458. 4. 145	真武庙	
W6458. 4. 145. 1	圣莲山真武庙	【汉族】
W6458. 4. 145. 2	明代崇拜真武大帝全国各地都建起真武庙	【中华民族】
W6458. 4. 146	真君爷庙	
W6458. 4. 146. 1	许由的祠庙称“真君爷庙”	【汉族】
W6458. 4. 147	祝圣寺	【汉族】
W6458. 4a	与寺庙有关的其他母题	［W6899. 1. 2. 2］一庙多名
W6458. 4a. 1	寺庙的变迁（庙的演变；庙的变化）	
W6458. 4a. 1. 1	寺庙改址	【汉族】
W6458. 4a. 1. 2	庙的分化	【壮族】
W6458. 4a. 1. 2. 1	盘古大庙迁到大明屯的一部分叫雷王庙	【壮族等】@［W6458. 4. 90. 9. 2. 1］一个盘古庙分化出多个盘古庙
W6458. 4a. 2	寺庙的更名	

W 编码	母题描述	关联项
W6458.4a.2.1	根据寺庙的环境更名	
W6458.4a.2.1.1	风穴寺的上空总有白云浮动故更名“白云禅寺”	【汉族】
W6458.4a.2.2	根据住庙者更名庙名	
W6458.4a.2.2.1	女子为弟弟出家为尼，遂将“潮音寺”改名“潮音庵”	【汉族】
W6458.4a.3	以物代人命名的庙	
W6458.4a.3.1	因某人曾在大树旁休息建庙命名“大树大王庙”	【汉族】
W6458.4a.4	庙的禁忌（忌拆庙）	
W6458.4a.4.1	庙建好不能拆掉	【汉族】
W6458.4a.5	庙的修缮	[W6458.1.4.9.1] 重建特定的庙（重修庙宇）
W6458.4a.5.1	庙代代修缮	【汉族】
W6458.4a.6	庙中的供奉	
W6458.4a.6.1	庙名与庙中的供奉不一致	【汉族】@[W6458.3.6.4.1.1.1] 九龙殿敬的不是龙王，而是圣女九玄娘娘
W6458.4a.6.2	庙内供奉特定人物	
W6458.4a.6.2.1	庙堂里供奉一个贫穷的种田人	【汉族】
W6458.4a.6.2.2	庙中供奉历史人物	【汉族】
W6458.4a.7	庙中的装饰物（庙宇的装饰；庙中的特定物）	
W6458.4a.7.1	粤东梅江两岸村庄大大小小的庙宇几乎都有葫芦	【汉族（客家）】
W6458.4a.7.2	葫芦、双鳌是大庙神明崇拜的有机组成部分	【汉族（客家）】
W6458.4a.7.3	庙中绘画	
W6458.4a.7.3.1	庙中绘画所供奉神的事迹	【中华民族】
W6458.4a.7.4	庙宇用镇妖物做装饰	

W 编码	母题描述	关联项
W6458. 4a. 7. 4. 1	修法堂的顶部用黑牛尾做装饰，有三角形的镇魔铁孔	【藏族】
W6458. 4a. 8	与庙有关的其他特定物	
W6458. 4a. 8. 1	庙中的特定塑像	
W6458. 4a. 8. 1. 1	庙中塑反面人物	【仫佬族】
W6458. 4a. 8. 1. 2	庙的其他配置	
W6458. 4a. 8. 1. 2. 1	与庙有关的树	［W6458. 1. 4. 2. 5. 5. 2］庙建在神树附近
W6458. 4a. 8. 1. 2. 1. 1	山神庙旁栽有高大的常绿树	【壮族】
W6458. 4a. 8. 2	禅院	
W6458. 4a. 8. 2. 1	禅院建在宝地	【汉族】
W6458. 4a. 9	与庙有关的其他情形	
W6458. 4a. 9. 1	有庙就有故事	
W6458. 4a. 9. 1. 1	庙宇附会神话	【汉族】
W6458. 5	教堂	【汤普森】V111
W6458. 6	佛塔	
W6458. 6. 1	佛塔的产生	
W6458. 6. 1. 1	佛塔自然出现	【土族】
W6458. 6. 1. 2	特定人物造佛塔	
W6458. 6. 1. 3	神为找到在地球上落脚的地方造塔	【傣族】
W6458. 6. 2	佛塔的特征	
W6458. 6. 2. 1	佛塔的塔尖为什么是圆的	
W6458. 6. 2. 1. 1	佛塔的塔尖是圆的是因为神蛋落到塔尖上	【藏族】
W6458. 6. 3	特定的佛塔	
W6458. 6. 4	与佛塔有关的其他母题	
W6458. 7	与宗教建筑有关的其他母题	［W6464. 1］庙会
W6458. 7. 1	殿、祠同建	

W 编码	母题描述	关联项
W6458.7.1.1	为纪念大禹的妻子涂山娇、涂山姚姐妹，在涂山娇住的太室山下建了太室殿和太室祠	【汉族】
W6458.7.1.2	祠堂（祠）	【汉族】
W6458.7.1.2.1	祠的产生	
W6458.7.1.2.1.1	建祠祭祀特定人物（建祠纪念特定人物）	
W6458.7.1.2.1.1.1	建祠祭祀成仙者	【汉族】
W6458.7.1.2.1.1.2	为纪念孙叔敖之功绩为之建祠	【汉族】
W6458.7.1.2.1.1.3	为纪念爱国者屈原大夫在汨罗县修建屈子祠	【汉族】
W6458.7.1.2.1.2	建祠纪念特定事件	
W6458.7.1.2.1.2.1	建祠祭祀仙人所为	【汉族】
W6458.7.1.2.1.2.2	为纪念洪水逃生建祠堂	【彝族】
W6458.7.1.2.1.3	祠堂产生的其他情形	
W6458.7.1.2.1.4	建祠堂的时间	
W6458.7.1.2.1.5	建祠堂的地点	
W6458.7.1.2.1.5.1	祠堂设于峭崖之上	【彝族】
W6458.7.1.2.2	祠的特征	
W6458.7.1.2.3	特定的祠	
W6458.7.1.2.3.1	蚩尤祠	【汉族】
W6458.7.1.2.3.1.1	汉武时立蚩尤祠	【中华民族】
W6458.7.1.2.3.2	妒女祠	【汉族】
W6459	**与宗教有关的其他母题**	
W6459.0	宗教的管理	
W6459.0.1＊	政府参与宗教活动	【锡伯族】
W6459.0.2＊	政教合一	

W 编码	母题描述	关联项
W6459.1	宗教信仰神灵的数量	【关联】①
W6459.1.1	宗教信奉单一神（单一神信仰）	
W6459.1.2	世上只有 2 个神	
W6459.1.3	世上有多个神	
W6459.2	教派的数量	
W6459.2.1	一个宗教为什么有几个教派	
W6459.2.2	特定数量的教派	
W6459.2.2.1	3 个教派	
W6459.2.2.1.1	洪君老祖传三教	【汉族】
W6459.2.2.2	10 大教派	
W6459.2.2.3	72 个教派	
W6459.2.2.3.1	阿丹夫妇连生 72 胎繁衍成为 72 教	【回族】
W6459.2.2.4	其他数量的教派	
W6459.2.3	众多的教派	
W6459.2.3.1	多教并行	【羌族】
W6459.2.3.1.1	儒释道并行	【中华民族】
W6459.2.3.1.2	原始宗教和佛教、道教并行不悖	【羌族】
W6459.3	宗教符号	
W6459.3.1	十字架的象征	【汤普森】V86
W6459.4	宗教习俗	［W6550］习俗
W6459.4.1	宗教节日	［W6600～W6629］节日习俗
W6459.4.1.1	安息日	【汤普森】V71
W6459.4.2	宗教行为习俗	
W6459.4.2.1	彝族是兄弟民族的老大，所进入佛寺可以不脱鞋	【傣族】
W6459.5	宗教修炼（修行）	［W6599.5］修炼

① ［W0771］宗教神；［W087.1］神的数量。

W 编码	母题描述	关联项
W6459.5.1	修炼道行	
W6459.5.2	动物修炼	
W6459.5.2.1	观世音菩萨让猕猴到西藏修行	【藏族】
W6459.6	显示神迹	【汤普森】V340
W6459.6.1	宗教神会在人危难时现身	
W6459.6.2	观音做法让神现出金身	【白族】
W6459.7	宗教舞蹈	【汤普森】A1542；［W6907］舞蹈的产生
W6459.8	宗教歌曲	【汤普森】A1543；［W6900］音乐
W6459.9	辟邪	［W0938.1］辟邪草
W6459.9.1	作法辟邪	
W6459.9.2	特定的树辟邪	
W6459.9.2.1	麻栗果树	【傈僳族】
W6459.10	宗教幻象	【汤普森】V510；【关联】①
W6459.11	宗教美德	【汤普森】V440
W6459.11.1	施舍	【汤普森】V400；［W9406］施舍得好报
W6459.11.2	宽恕	【汤普森】V441
W6459.11.3	圣徒施惠与敌	【汤普森】≈V441.1；【关联】②
W6459.11.4	放生	【关联】③
W6459.11.4.1	放生的产生	
W6459.11.4.2	放生的时间	
W6459.11.4.3	放生的地点	
W6459.11.4.4	放生的特定物	

① ［W1074.8］上界（天堂）的幻象；［W1082］下界（阴间）的景象。

② ［W1534.2.4.3］诵经可以使万物生长；［W6455.5］教徒（圣徒）。

③ ［W6503.14.8.2.1］古时祭天杀1头大黑黄牛，并放生一头白角黄牛；进入农业社会后，改用杀一只四脚白黑猪，放生1只鸡；［W9396.2］轮回；［W9401］善有善报。

W 编码	母题描述	关联项
W6459. 11. 4. 4. 1	放生羊	【汉族】
W6459. 11. 5	宗教感化	【纳西族】
W6459. 12	宗教信仰的变化（宗教的演变；宗教的变异）	
W6459. 12. 1	宗教信仰变化的原因	
W6459. 12. 2	宗教信仰变化的情形	
W6459. 12. 2. 1	改信其他宗教	【傈僳族】
W6459. 12. 2. 2	宗教信仰对象的变化	【傈僳族】
W6459. 12. 2. 3	宗教的兴盛	
W6459. 12. 2. 4	宗教的衰弱	
W6459. 12. 2. 4. 1	佛教传入后道教开始衰落	【汉族】
W6459. 12. 2. 5	宗教吸收其他神灵	【藏族】
W6459. 12. 2. 6	宗教更替	
W6459. 12. 2. 6. 1	佛教取代萨满	【蒙古族】
W6459. 13	宗教的传播（宗教信仰的传承）	
W6459. 13. 1	宗教传播的原因	
W6459. 13. 2	宗教传播的情形	
W6459. 13. 3	宗教传播禁忌	
W6459. 13. 3. 1	宗教不能跨族传播	
W6459. 13. 3. 1. 1	彝族撒尼人不能到汉人中传宗立教	【彝族（撒尼）】
W6459. 14	宗教的消亡	
W6459. 14. 1	宗教消亡的原因	
W6459. 14. 2	宗教消亡的情形	
W6459. 14. 2. 1	灭教	【纳西族】
W6459. 14. 3	与宗教消亡有关的其他母题	

6.4.2 民间信仰概说

【W6460 ~ W6464】

W 编码	母题描述	关联项
W6460	**民间信仰的产生**	
W6460.1	信仰产生的原因	［W6980］观念（观念的产生）
W6460.2	信仰产生的时间	
W6460.3	信仰产生的地点	
W6460.4	信仰产生的方式	
W6460.4.1	信仰产生于特定人物的规定	
W6460.4.2	特定人物传授信仰	［W6495.0.9.3.1］祭锅庄神的传授方式是母女相传，该神会随女儿出嫁携至婆家
W6460.4.3	信仰源于偶然事件	
W6460.4.3.1	人遇到狐仙开始信仰狐仙	【达斡尔族】
W6460.5	与信仰的产生有关的其他母题	
W6461	**民间信仰的特征（信仰的功能）**	
W6461.1	信仰潜移默化	
W6461.2	信仰具有指向性（信仰具有排他性）	
W6461.2.1	信神不信医	【壮族】
W6461.4	信仰一个宗教的同时信仰其他宗教	【柯尔克孜族】
W6461.5	信仰具有凝聚力	
W6461.5.1	炎黄信仰凝聚中华儿女	【中华民族】

W 编码	母题描述	关联项
W6462	**信仰的表现（信仰的情形）**	
W6462. 1	神的信仰	
W6462. 1. 1	神的信仰的产生	
W6462. 1. 2	神的信仰的特征	
W6462. 1. 2. 1 *	神的信仰与其他偶像并存	【蒙古族】
W6462. 1. 2. 2	神的信仰可以在不同群体中传递	
W6462. 1. 2. 2. 1	一个氏族的神传到外氏族	【鄂伦春族】
W6462. 1. 3	神的信仰的类型（特定性质的神的信仰）	［W6466］特定的神信仰
W6462. 1. 3. 1	按神的数量划分神的信仰	
W6462. 1. 3. 1. 1	单一神信仰	【鄂伦春族】
W6462. 1. 3. 1. 2	多神信仰	
W6462. 1. 4	与神的信仰有关的其他母题	
W6462. 1. 4. 1	不信神（无神论者）	【壮族】
W6463	**民间信仰的类型**	
W6464	**与民间信仰有关的其他母题**	
W6464. 1	庙会	
W6464. 1. 1	庙会的来历	
W6464. 1. 1. 1	祖先规定特定的庙会	【苗族】
W6464. 1. 2	庙会的特征	
W6464. 1. 2. 1	庙会次数很多	
W6464. 1. 2. 1. 1	从正月到腊月，月月有庙会	【汉族】
W6464. 1. 2. 2	庙会有特定周期	
W6464. 1. 2. 2. 1	地藏庵的会期定为六十年一次	【汉族】
W6464. 1. 2. 3	举办庙会有特定时间	
W6464. 1. 2. 3. 1	农闲时举办庙会	【汉族】

W 编码	母题描述	关联项
W6464. 1. 2. 4	特定庙会有特定仪式	【汉族】
W6464. 1. 3	庙会的情形	
W6464. 1. 3. 1	庙会上许愿还愿，打醮上表祈禳	【羌族】
W6464. 1. 3. 2	庙会热闹	
W6464. 1. 3. 2. 1	盘古庙庙会除了隆重祭祀盘古爷外，还举行舞狮、唱戏、唱山歌或抢花炮等活动	【汉族（客家）、壮族等】
W6464. 1. 4	特定名称的庙会	
W6464. 1. 4. 1	城隍庙会	
W6464. 1. 4. 1. 1	农历三月二十八日、五月二十八日在东岳庙举行城隍会	【羌族】
W6464. 1. 4. 2	牛王会	
W6464. 1. 4. 2. 1	农历七月七日在赤郎阱寺庙祭牛王俗称“牛王会”	【傈僳族】
W6464. 1. 4. 3	观音庙会	
W6464. 1. 4. 3. 1	每年农历二月十九日、六月十九日和九月十九日在观音庙举行观音会	【羌族】
W6464. 1. 4. 4	女娲庙	
W6464. 1. 4. 4. 1	女娲庙会有“添坟”“对功”“渡船”“担经挑”“守功”“拴娃娃”等内容	【汉族】
W6464. 1. 4. 5	人祖庙会	
W6464. 1. 4. 5. 1	二月二到三月三，人祖太昊陵庙会	【汉族】
W6464. 1. 4. 5. 2	二月，太昊伏羲陵庙会	【汉族】
W6464. 1. 4. 5. 2. 1	二月，太昊陵庙会上有老婆儿们担经挑	【汉族】
W6464. 1. 5	与庙会有关的其他母题	
W6464. 1. 5. 1	多民族共同的庙会	

W 编码	母题描述	关联项
W6464. 1. 5. 1. 1	一年十二月都有大小庙会，届时羌、藏、汉各族群众前往参加	【羌族】
W6464. 2	信仰的载体	
W6464. 3	信仰的变化（信仰的改变）	

6. 4. 3 常见的民间信仰 【W6465 ~ W6469】

W 编码	母题描述	关联项
W6465	**祖先信仰**	【中华民族】
W6465. 1	祖先信仰的产生	
W6465. 2	祖先信仰的特征	
W6465. 3	常见的祖先信仰	
W6465. 3. 1	三皇五帝信仰	
W6465. 3. 2	盘古信仰	
W6465. 3. 3	伏羲女娲信仰	【中华民族】
W6465. 3. 3. 1	伏羲信仰	
W6465. 3. 3. 2	女娲信仰	
W6465. 3. 3. 2. 1 *	女娲信仰源于现实的需求和对始祖的感恩	【中华民族】
W6465. 3. 4	神农信仰	
W6465. 3. 5	炎黄信仰	
W6465. 3. 5. 1	黄帝信仰	
W6465. 3. 5. 2	炎帝信仰	【汉族】
W6465. 3. 5. 2. 1 *	炎帝信仰在当代重建中有官方、民间、官民共建三种模式	【中华民族】
W6465. 3. 6	尧舜禹信仰	

W 编码	母题描述	关联项
W6465.3.7	盘瓠信仰	【汉族】【多民族】
W6465.4	与祖先信仰有关的其他母题	
W6466	**特定的神信仰**	［W6462.1.3］神的信仰的类型（特定的神的信仰）
W6466.0	特定性别的神信仰	
W6466.0.1	男神信仰	
W6466.0.1.1	男神信仰的产生	
W6466.0.1.2	男神信仰的特征	
W6466.0.1.3	常见的男神信仰	
W6466.0.1.4	与男神信仰有关的其他母题	
W6466.0.2	女神信仰	
W6466.0.2.1	女神信仰的产生	
W6466.0.2.2	女神信仰的特征	
W6466.0.2.3	常见的女神信仰	
W6466.0.2.4	与女神信仰有关的其他母题	
W6466.0.2.4.1	女神信仰的象征物	
W6466.0.2.4.1.1 *	蛇与熊形象都是新石器时代女神信仰的主要象征物	【多民族】
W6466.1	与方位相关的神的信仰	
W6466.1.1	天神信仰	［W0181］天神
W6466.1.2	地神信仰	［W0230］地神
W6466.1.3	冥神信仰	［W0240］阴间神（冥神）
W6466.1.4	其他方位神信仰	
W6466.1.5	与方位神信仰有关的其他母题	
W6466.2	自然神信仰	
W6466.2.1	日月星辰神信仰	【关联】①
W6466.2.2	与天气有关的神的信仰	［W0290］气象神
W6466.2.3	与自然物有关的神的信仰	

① ［W0271］太阳神（日神）；［W0280］月亮神（月神）；［W0285］星神。

W 编码	母题描述	关联项
W6466. 2. 4	与自然神信仰有关的其他母题	
W6466. 3	职业行业神信仰	
W6466. 3. 1	创造神信仰	［W0420］创造神
W6466. 3. 2	管理神信仰	［W0447］与管理或保护有关的其他神
W6466. 3. 3	保护神信仰	【关联】①
W6466. 3. 4	其他特定行业神信仰	
W6466. 3. 4. 1	木匠神信仰	［W0459. 4］木匠神
W6466. 3. 4. 1. 1	鲁班的弟子张郎作为木匠神供中五重门里	【汉族】
W6466. 3. 4. 2	漆匠神信仰	
W6466. 3. 4. 2. 1	鲁班的弟子李郎作为漆匠神供中五重门里	【汉族】
W6466. 3. 5	与职业行业神有关的其他母题	
W6466. 4	特定物神的信仰	
W6466. 4. 1	动物神信仰	［W0500］动物神
W6466. 4. 2	植物神信仰	［W0540］植物神
W6466. 4. 3	无生命物神信仰	［W0556］其他无生命物神
W6466. 4. 4	与特定物神信仰有关的其他母题	
W6466. 5	特定的地方神信仰	
W6466. 5. 1	地方神信仰的产生	［W0438］地方神
W6466. 5. 2	地方神信仰的特征	
W6466. 5. 3	常见的地方神信仰	
W6466. 5. 4	与地方神信仰有关的其他母题	
W6467	**文化英雄信仰（特定神性人物信仰）**	［W0560］文化英雄

① ［W0430］世界的保护神；［W0439］城池保护神；［W0440］村寨保护神（寨神）；［W0442］人类保护神；［W0444］动物保护神；［W0445］植物保护神；［W0446］自然物或无生命物保护神。

W 编码	母题描述	关联项
W6467.1	文化英雄信仰的产生	
W6467.2	文化英雄信仰的特征	
W6467.3	常见的文化英雄信仰	
W6467.4	与文化英雄信仰有关的其他母题	[W6497a] 祭文化英雄（祭英雄）
W6468	**其他神性人物信仰**	
W6468.1	神仙信仰（仙道信仰；仙人信仰）	[W0800] 仙人
W6468.1.1	神仙信仰的产生	
W6468.1.2	神仙信仰的特征	
W6468.1.3	常见的神仙信仰	
W6468.1.4	与神仙信仰有关的其他母题	
W6468.2	精怪信仰	[W0854] 精怪
W6468.2.1	精怪信仰的产生	
W6468.2.2	精怪信仰的特征	
W6468.2.3	常见的精怪信仰	
W6468.2.4	与精怪信仰有关的其他母题	【关联】①
W6468.3	灵魂信仰（鬼信仰）	[W0870] 灵魂（鬼）
W6468.3.1	灵魂信仰的产生	
W6468.3.2	灵魂信仰的特征	【关联】②
W6468.3.3	常见的灵魂信仰	
W6468.3.4	与灵魂信仰有关的其他母题	
W6468.4	巨人信仰	
W6469	**其他民间信仰**	
W6469.1	萨满信仰	【关联】③
W6469.1.1	萨满信仰的产生	

① [W6497.1.10] 怪物（祭精怪）；[W6497.1.15] 祭精怪。

② [W0901.2] 先人的灵魂保护自己的子孙；[W0901.3] 英雄的灵魂保护部落。

③ [W0768.12] 萨满神；[W9146] 萨满。

W 编码	母题描述	关联项
W6469. 1. 2	萨满信仰的特征	【锡伯族】@［W6450. 7. 1 *］萨满教信奉多神
W6469. 1. 3	萨满信仰的表现	
W6469. 1. 4	与萨满信仰有关的其他母题	【关联】①
W6469. 2	玉石信仰（玉教）	［W1866. 4］玉石（宝石）
W6469. 2. 1	玉石信仰的产生	
W6469. 2. 1. 1 *	6000 年前新石器时代中期已出现南北方相互呼应的玉器神话信仰	【中华民族】
W6469. 2. 1. 2 *	玉教是迄今中国境内最早发生的信仰现象	【中华民族】
W6469. 2. 2	玉石信仰的特征	
W6469. 2. 2. 1	以玉为神	【中华民族】
W6469. 2. 3	玉石信仰的类型	［W6450. 5. 2. 1］道家玉石圣物崇拜
W6469. 2. 3. 1 *	华夏玉石神话信仰	【华夏民族】
W6469. 3	圣贤信仰（圣贤崇拜）	

6. 4. 4 庆典（立功庆典、高中庆典）【W6470 ~ W6479】

W 编码	母题描述	关联项
W6470	**庆典的产生**	
W6471	**立功庆典**	
W6471. 1	庆贺立战功	【羌族】@［W6363. 3. 2. 1］感谢白云石击败敌人产生白石崇拜
W6472	**高中庆典**	

① ［W6459. 12. 2. 6. 1］佛教取代萨满；［W6450. 7］萨满教（萨满信仰）。

W 编码	母题描述	关联项
W6473	**升职庆典**	
W6474	**乔迁庆典**	[W6189] 人的居所的变化（住所的改变；迁居；迁徙）
W6475	**获胜庆典**	
W6476	**节日庆典（节庆）**	
W6476.1	节日庆典的来历	【汤普森】A1530；[W6611.1.6] 过年是为了庆贺特定事件
W6477	**开业庆典**	
W6478	**其他庆典**	[W6509.8] 祭典（大典）
W6478.1	纪念类庆典	【汉族】@ [W6496.8c.5.3.2.2] 上董村举行隆重庆典祭祀大禹
W6479	**与庆典有关的其他母题**	[W6608] 庆祝特定事物形成节俗
W6479.1	庆贺（庆祝）	
W6479.1.1	庆贺特定人物	
W6479.1.2	庆贺特定事件（庆贺特定节点）	
W6479.1.2.1	庆生	【民族，关联】①
W6479.1.2.2	庆寿	[W6639.1.3.1] 四十岁以上才能举行生日庆贺
W6479.1.2.2.1	用桃庆寿	【汉族】
W6479.1.3	庆贺特定结果	
W6479.1.3.1	庆贺丰收	【汉族】@ [W6611.1.6.2] 过年是为了庆丰收
W6479.1.4	庆贺的其他情形	
W6479.1.4.1	庆贺时放鞭炮贴对联	【汉族】
W6479.1.5	与庆贺有关的其他母题	[W6508.3.8.2.1] 庆贺性祭祀

① 【俄罗斯族】@ [W6455.5.0.2.1.2] 孩子庆生时祈愿；[W6496.8c.6.3.2.6.1] 太湖渔民在平台山举行仪式，为禹王庆生。

6. 4. 5 祭祀[①]

【W6480 ~ W6509】

W 编码	母题描述	关联项
✿ **W6480**	**祭祀**[②]	
W6481	**祭祀的原因（祭祀的目的）**	
W6482	**祭祀祈福**	【汤普森】V17. 0. 1；【鄂伦春族】
W6482. 1	生产类祭祀祈福	
W6482. 1. 1	祭祀祈求耕种顺利	
W6482. 1. 2	祭祀祈求庄稼丰收（祭祀求丰收）	【汤普森】V17. 1
W6482. 1. 2. 1	祭神以求五谷丰登	【佤族】
W6482. 1. 2. 2	祭天地使谷子结穗	【仡佬族】

① 祭祀，主要指人们通过特定的仪式向神灵求福消灾的一种礼俗仪式。祭祀作为一种宗教性质的活动，一般与神或物的崇拜密切联系，内容庞杂。“祭祀”也意为敬神、求神和祭拜祖先，也可以指某些与神灵有关的活动。本类型只选取一些案例进编码，以起到相应的提示作用。具体情况可参见“《中国文化起源神话母题（W6）数据集成》”和“［W6280 ~ W6449］图腾与崇拜”母题类型中的相关内容。

② 祭祀，本类母题编目在《中国神话母题 W 编目》（中国社会科学出版社 2013 年版）中表述为“祭祀的原因”“祭祀的产生”“祭祀仪式”等，本书为母题数据类型的管理，对原类型中的各项作出大的修订。原书一类母题编码如下：［W6470］祭祀产生的原因；［W6471］祭祀祈福；［W6472］为生产祭祀；［W6473］祭祀消灾；［W6474］祭祀的其他原因；［W6475］祭祀的产生；［W6476］神或神性人物发明祭祀；［W6477］特定的人发明祭祀；［W6478］与祭祀产生有关的其他母题；［W6480］祭祀仪式；［W6481］祭神；［W6482］祭神的来历；［W6483］祭神的时间；［W6484］祭神的地点；［W6485］祭天神；［W6486］祭地神；［W6487］祭山神；［W6488］祭水神；［W6489］祭猎神；［W6490］祭动物神；［W6491］祭植物神；［W6492］祭无生命物神；［W6493］祭其他特定领域的神（祭特定名称的神）；［W6494］与祭神有关的其他母题；［W6495］祭特定的人物；［W6496］祭动物；［W6497］祭植物；［W6498］祭自然物；［W6499］祭其他特定物；［W6500］祭品（牺牲）；［W6501］祭品（牺牲）的产生；［W6502］人作为祭品（牺牲）；［W6503］动物作为祭品（牺牲）；［W6504］其他特定的物作为祭品；［W6505］与祭品有关的其他母题；［W6506］祈祷；［W6507］祭祀求雨（祈雨）；［W6508］与祭祀有关的其他母题。

W 编码	母题描述	关联项
W6482.1.2.3	祭祖使稻谷丰收	【壮族】@［W6496.0.1］祭祖的产生（祭祖的原因；祭祀祖先的来历；祭祖先神的原因）
W6482.1.2.4	耕种前祭祀可以丰收	【珞巴族】
W6482.1.3	祭祀祈求多获猎物	
W6482.1.3.1	打猎前祭山神能多打猎物	【达斡尔族】【鄂温克族】【怒族】@［W6495.3］祭山神（祭山灵；祭山鬼）
W6482.2	生活类祭祀祈福	
W6482.2.1	祭祀祈求升官（祭祀求官运亨通）	
W6482.2.2	祭祀祈求发财（祭祀求人畜兴旺）	
W6482.2.2.1	祭神以求人畜兴旺	【佤族】
W6482.2.3	祭祀使人变年轻	【珞巴族】
W6483	**祭祀消灾**	【土族】
W6483.1	祭祀消除天灾	
W6483.2	祭祀消除人祸	
W6483.2.1	祭祀能风调雨顺	【汤普森】V17.4.1
W6483.3	祭祀能转危为安	【汤普森】V17.3
W6483.4	祭祀祛病	［W6598.4］祛病习俗
W6483.4.1	用家里养的猪和鸡向河神祭献，病才能好	【珞巴族】
W6483.4.2	祭树祛病	【鄂伦春族】@［W6500.5］祭树（祭树木）
W6483.4.3	人生病杀牲祭鬼是因为人治病的药被各种动物吃掉的缘故	【景颇族】
W6483.5	祭祀消除其他特定灾害	
W6483.5.1	祭祀除虫灾	

W 编码	母题描述	关联项
W6483. 5. 2	通过祭祀避免野兽伤害人畜	【白族】
W6483. 6	与祭祀消灾有关的其他母题	
W6483. 6. 1	祭祀消灾的原因	
W6483. 6. 1. 1	人们不祭献精灵，精灵就会生气造成地震	【珞巴族】
W6483. 6. 2	祭祀特定对象消灾	
W6483. 6. 2. 1	祭天神是为了防止天神发怒造成灾祸	【独龙族】
W6483. 6. 3	消灾仪式	
W6483. 6. 3. 1	发生火灾或担心有火灾时要举行取新火仪式	【佤族】
W6484	**祭祀祈求特定事情**	
W6484. 1	为了求雨祭祀（通过祭祀祈雨；通过祭祀求雨）	【鄂温克族】@［W6502. 11. 1. 1］祭敖包求雨；［W6507. 3］祭祀求雨（祈雨）
W6484. 2	为了止雨祭祀（祈止雨）	
W6484. 2. 1	通过特定仪式求风止雨	【鄂温克族】
W6484. 3	为了生育祭祀（祭祀祈子）	【汤普森】V17. 9；【关联】①
W6484. 3. 1	祭祀使不孕不育者生育	
W6484. 3. 2	祭祀后才能正常生育	
W6484. 3. 2. 1	兄妹成婚祭祀后正常生育	【独龙族】@［W2600］人生怪胎
W6484. 3. 3	祭祀使老年人得子	
W6484. 3. 4	祭祀使人繁衍旺盛	
W6484. 3. 5	祭祀特定对象祈子	［W6495. 4. 5. 2. 1. 2］祭河神祈子
W6484. 3. 5. 1	祭祀“送生娘”“催生娘娘”和“乳姆娘娘”祈子	【彝族（白彝）】
W6484. 3. 6	祈子仪式（求子仪式）	

① ［W6501. 9. 1. 1. 1］祭祀石头的祈子；［W2230］感生人。

W 编码	母题描述	关联项
W6484.3.6.1	祈子仪式的产生	
W6484.3.6.2	祈子仪式的时间	
W6484.3.6.2.1	女儿出嫁后不生育时祈子	【汉族】
W6484.3.6.2.2	正月初四之后祈子	【汉族】
W6484.3.6.3	祈子仪式的地点	
W6484.3.6.4	祈子仪式的参与者	
W6484.3.6.4.1	女性到启母殿许愿求子	【汉族】
W6484.3.6.4.2	娘家为女儿祈子	【汉族】
W6484.3.6.5	祈子仪式的方式	
W6484.3.6.5.1	本主庙里供一个木雕小孩（痘儿哥哥）像作为求子仪式	【白族】
W6484.3.6.5.2	送灯祈子	
W6484.3.6.5.2.1	送灯祈子 5 年为一个周期	【汉族】
W6484.3.6.5.2.2	送观音送子灯祈子	
W6484.3.6.5.2.2.1	不同年份送不同观音灯祈子	
W6484.3.6.5.2.2.1.1	第一年不生育送观音送子灯	【汉族】
W6484.3.6.5.2.2.1.2	第二年不生育送桔子灯	【汉族】
W6484.3.6.5.2.2.1.3	第三年不生育送孩子坐盆灯	【汉族】
W6484.3.6.5.2.2.1.4	第四年不生育送芋头灯	【汉族】
W6484.3.6.5.2.2.1.5	第五年不生育送花盆灯	【汉族】
W6484.3.6.6	祈子仪式的用品（祈子物；祈子用品）	
W6484.3.6.6.1	祈子使用特定物件	
W6484.3.6.6.1.1	祈子仪式四件吉利物为瓜子、炒米、桔子和豆腐蚈	
W6484.3.6.6.1.2	用灯祈子	【汉族】
W6484.3.6.6.2	祈子用品的特征	
W6484.3.6.6.2.1	祈子物要使用红色	
W6484.3.6.6.3	祈子物的存放	

W 编码	母题描述	关联项
W6484. 3. 6. 6. 3. 1	祈子物要由新娘收藏	【汉族】
W6484. 3. 6. 7	与祈子仪式有关的其他母题	
W6484. 4	为了生育质量祭祀	
W6484. 4. 1	祭祀避免生怪胎（祭祀后正常生育）	
W6484. 4. 1. 1	夫妻祭祀祖先后，才不再生石头、青蛙和虫子	【独龙族】
W6484. 5	为了延长寿命祭祀	
W6484. 5. 1	通过祭祀延寿	【汤普森】≈V17. 6；【纳西族】@［W2940］人的寿命
W6484. 6	为了超生祭祀（为了超度祭祀）	【关联】①
W6484. 6. 1	祭祀可使死者超生（祭祀可使死者投生；祭祀可使死者升天）	
W6484. 7	为了获胜祭祀（祭祀祈胜）	［W6501. 1. 1. 6. 2］因获胜祭天
W6485	**祭祀的其他目的（祭祀的其他原因）**	
W6485. 1	为了感恩祭祀	
W6485. 1. 1	因猪神救了人的命，所以大年初一和十五祭猪神	【汉族】
W6485. 1. 2	献祭鸡和猪来感谢掌管种子的神赐粮食给人	【珞巴族】
W6485. 1. 3	为感激萨嘎拉乌佑变化出万物，逢年过节、红白喜事都祭祀他	【珞巴族】
W6485. 2	祭祀赎罪	①V17. 2②V20
W6485. 2. 1	母亲用杀死丈夫的儿子祭夫	【苗族】
W6485. 2. 2	出事故者向神请罪	【壮族】
W6485. 3	因为恐惧祭祀（人因害怕而祭祀）	［W6496. 0. 1. 5］因畏惧祭祖先

① ［W6685. 5. 8］为死者超度（超度死者；为死者做法场）；［W9375］投胎。

W 编码	母题描述	关联项
W6485.3.1	人因害怕龙而祭龙神	【普米族】
W6485.3.2	祭铁神只因为怕它发怒致人生病	【鄂温克族】@［W6495.9.8.1.1］祭铁神是因为铁神一怒人就生病
W6485.3.3	祭祀落井变成妖精的公鸡是因为怕它闹事	【鄂温克族】
W6485.4	因为特定物祭祀	
W6485.4.1	祭祀是因为人间有鬼怪	【珞巴族】
W6485.5	不祭祀不讲理	【彝族】
W6486	**祭祀的产生**	
W6486.1	祭祀源于特定人物的规定	
W6486.1.1	神规定祭祀（神让人祭祀）	
W6486.1.1.1	太阳神让人祭祀	【高山族】
W6486.1.1.2	天神劝人用人头祭神	【佤族】
W6486.1.2	神性人物规定祭祀（神性人物让人祭祀）	
W6486.1.2.1	祖先规定人的祭祀	
W6486.1.2.1.1	男女始祖布洛陀、姆洛甲劝人祭祖宗	【壮族】
W6486.1.2.1.2	先祖太岁造祭祀	【壮族】
W6486.1.2.1.3	炎帝兴祭祀	【汉族】
W6486.1.2.1.3a	天爷洞祭祀源于黄帝拜三皇	【汉族】
W6486.1.2.2	鬼让人祭之	
W6486.1.2.2.1	鬼诅咒人，让人生病祭鬼	【白族】
W6486.1.2.2.2	鬼告诉人若不祭他，就要祟人生病	【傈僳族】
W6486.1.3	特定的人让人祭祀	
W6486.1.3.1	风水先生让儿媳祭拜自己的坟	【壮族】
W6486.1.3.2	帝王让人祭祀	

W 编码	母题描述	关联项
W6486. 1. 3. 2. 1	天子祖乙谕全国设台祭天	【汉族】
W6486. 1. 3. 2. 2	汉王造祭祀	【壮族】
W6486. 1. 3. 3	孝子贤孙造祭祀	【壮族】
W6486. 1. 3. 4	巫师发明祭祀	
W6486. 1. 3. 4. 1	上帝差祭司密阿叠兴奠祭	【彝族】
W6486. 2	祭祀源于特定人物的发明（特定人物发明祭祀；祭祀的发明者）	
W6486. 2. 1	神发明祭祀	
W6486. 2. 2	神性人物发明祭祀	
W6486. 2. 2. 1	女娲发明祭祀	【汉族】
W6486. 2. 2. 2	炎帝发明祭祀	【汉族】
W6486. 2. 2. 3	神农氏作蜡祭	【汉族】
W6486. 2. 3	特定的人发明祭祀	
W6486. 2. 3. 1	首领发明祭祀	
W6486. 2. 3. 2	巫师发明祭祀	【珞巴族】
W6486. 3	祭祀源于特定的事件	
W6486. 3. 1	祭祀源于向神灵奉献食物	【汉族】
W6486. 4	祭祀源于传授（祭祀源于学习；特定人物教人祭祀）	
W6486. 4. 1	特定的神教人祭祀	
W6486. 4. 2	特定的神性人物教人祭祀	
W6486. 4. 2. 1	文化祖先教人祭祀	
W6486. 4. 2. 2	伏羲教人祭祀	【汉族】
W6486. 4. 2. 2. 1	春皇伏羲教人以牺牲登荐于百神	【汉族】
W6486. 4. 3	特定的人教人祭祀（特定群体传授祭祀）	
W6486. 4. 3. 1	首领教人祭祀	［W6495. 3. 2. 2. 2. 1］ 械斗前，首领主持祭山神时以弩箭试射三箭给山神看

W 编码	母题描述	关联项
W6486.4.3.2	族长教族人祭神	【满族】
W6486.4.3.3	祭祀是从外族传来的	
W6486.4.3.3.1	白族祭鬼传统方式传给傈僳人	【傈僳族】
W6486.4.4	动物教人祭祀（动植物教人祭祀）	
W6486.4.5	自然物或无生命物教人祭祀	
W6486.4.5.1	太阳教祖先达尼杀鸡看肝，杀牲祭灵跳鬼	【珞巴族】
W6486.4.5.2	太阳神授一对兄妹祭祀之道	【高山族（阿美人）】
W6486.4.6	向特定民族学会祭祀（祭祀是向特定群体学来的）	［W6497.1.11.1.8.1］向汉族姑娘学会祭鬼
W6486.4.6.1	外族人教会祭祀	【高山族（赛夏）】
W6486.5	祭祀源于恐惧（祭祀源于无奈）	
W6486.5.1	鬼怪到人间为非作歹，祖先达尼无奈只好宰杀牲畜以供牺牲就产生了祭祀	【珞巴族（博嘎尔部落）】@［W6497.1.34.2］人间害怕鬼怪就杀牲祭祀他们
W6486.6	祭祀是建构秩序的需要	
W6486.6.1	不祭祀就没有秩序	【壮族】
W6486.7	与祭祀产生有关的其他母题	
W6487	**祭祀的时间**	
W6487.0	祭祀没有固定时间	
W6487.0.1	祭祀盘古没有固定时间	【瑶族】
W6487.1	祭祀时间的产生（祭祀时间的确定）	
W6487.1.1	天上的人告诉人祭祀时间	
W6487.1.1.1	天上的人告诉人每年二月种地时要举行祭祀	【珞巴族】
W6487.1.2	占卜确定祭祀时间	［W6505.1.2］祭祀前占卜
W6487.1.2.1	巫师占卜祭祀时间	【苗族】

W 编码	母题描述	关联项
W6487. 1. 2. 1. 1	二月祭龙树的具体祭日由各村老人卜定	【彝族（腊欧）】
W6487. 1. 3	祭祀时间据预感或预言确定	
W6487. 1. 3. 1	祭火神没有固定时日，完全根据人们预感或巫师的预言	【白族】
W6487. 2	特定时间的祭祀①（按年份的祭祀）	
W6487. 2. 1	每年一祭	【民族，关联】②
W6487. 2. 2	2 年一祭	
W6487. 2. 3	3 年一祭	【民族，关联】③
W6487. 2. 4	4 年一祭	
W6487. 2. 5	5 年一祭	
W6487. 2. 6	6 年一祭	
W6487. 2. 7	7 年一祭	
W6487. 2. 8	8 年一祭	
W6487. 2. 9	9 年一祭	
W6487. 2. 10	10 年一祭	［W6501. 7. 2. 6. 1. 1］每隔 10 年祭山 1 次
W6487. 2. 11	11 年一祭	
W6487. 2. 12	12 年一祭	
W6487. 2. 13	13 年一祭	
W6487. 2. 14	其他特定的年祭	
W6487. 3	特定季节的祭祀	
W6487. 3. 1	春祭（春天祭祀；春季祭祀）	【赫哲族】
W6487. 3. 1. 1	春祭的产生（春祭的原因）	

① 特定时间的祭祀，不同的祭祀一般会有特定的时间，不同地区或不同群体的祭祀时间非常复杂，这里只选择一些常见祭祀活动的时间作为示例，按农历月份排列。

② 【汉族】@［W6495. 0. 4. 3. 1. 1］每年祭一次天神；［W6496. 8. 2. 5. 1. 1］年年祭奠黄帝。

③ 【汉族】@［W6495. 0. 4. 2. 2. 3. 2. 1］祭三皇三年一祭；［W6496. 4. 2. 9. 3. 1］祭伏羲三年一祭；［W6496. 8. 2. 1. 2］祭黄帝于仲春之月，三年一祭。

W 编码	母题描述	关联项
W6487. 3. 1. 1. 1	禹王规定老百姓每年春、秋祭祀	【汉族】
W6487. 3. 1. 1. 2	黄帝时，春天要举行春祭	【汉族】
W6487. 3. 1. 1. 3	春天向土谷神祈求丰收	【多民族】
W6487. 3. 1. 2	春祭的时间	
W6487. 3. 1. 2. 1	春祭日是夏历三月初三	【汉族】
W6487. 3. 1. 2. 2	春分拜于东门之外，祀五帝于四郊	【中华民族】
W6487. 3. 1. 3	春祭的地点	
W6487. 3. 1. 3. 1	在防风祠举行春祭	【汉族】
W6487. 3. 1. 4	春祭的方法	
W6487. 3. 1. 4. 1	春季祭龙	【彝族】
W6487. 3. 1. 4. 2	春天每天祭不同的神	【纳西族（摩梭）】
W6487. 3. 1. 5	与春祭有关的其他母题	
W6487. 3. 2	夏祭（夏天祭祀；夏季祭祀）	【汉族】
W6487. 3. 2. 1	夏祭的产生	
W6487. 3. 2. 1. 1	黄帝时，夏天要举行夏祭	【汉族】
W6487. 3. 2. 2	夏祭的方法	
W6487. 3. 2. 2. 1	夏羊祭神	【彝族】
W6487. 3. 2. 3	与夏祭有关的其他母题	【关联】①
W6487. 3. 3	秋祭（秋天祭祀；秋季祭祀）	
W6487. 3. 3. 1	秋祭的产生	
W6487. 3. 3. 2	秋祭的方法	
W6487. 3. 3. 2. 1	秋天杀牛祭祀	【彝族】
W6487. 3. 3. 2. 2	秋祭一般为三天	【满族】
W6487. 3. 3. 3	与秋祭有关的其他母题	
W6487. 3. 3. 3. 1	秋收后祭祀	

① ［W6496. 8. 2. 9. 5］夏祭黄帝；［W6509. 6. 1. 1］祭祀口舌是非鬼的次数，一般人家视家境而定，多者一年举行 10 天左右，最贫穷的人家，一年在冬夏祭 2 次。

W 编码	母题描述	关联项
W6487. 3. 3. 3. 1. 1	秋收后杀猪羊以谢天恩	【羌族】
W6487. 3. 3. 3. 2	秋祭特定的对象	［W6495. 9. 5. 2. 2］秋祭门神
W6487. 3. 3. 3. 2. 1	秋天祭祀弓箭神	【满族】@［W6495. 5. 2. 3. 2］秋季祭火神
W6487. 3. 3. 3. 2. 2	秋祭防风	【汉族】
W6487. 3. 4	冬祭（冬天祭祀；冬季祭祀）	
W6487. 3. 4. 1	冬祭的产生	
W6487. 3. 4. 2	冬祭的方法	
W6487. 3. 4. 2. 1	冬杀猪献神	【彝族】
W6487. 3. 4. 3	与冬祭有关的其他母题	
W6487. 4	特定时间的祭祀（按月份的祭祀）	
W6487. 4. 1	一月祭祀（正月祭祀）	【民族，关联】①
W6487. 4. 2	二月祭祀	【民族，关联】②
W6487. 4. 3	三月祭祀	【壮族】@［W6627. 55. 1. 4a］壮族三月三祭祀山神
W6487. 4. 4	四月祭祀	【彝族（白彝）】@［W6627. 52. 6. 3a］彝族四月初五祭祀黄栗树（代表祖先）
W6487. 4. 4. 1	每年四、五月在秧田角和堂屋正中神龛上挂祭“谷王像”（神农画像）	【汉族】@［W6373. 1. 5. 1］神龛中挂“谷王像”（神农画像）可驱虫免灾
W6487. 4. 5	五月祭祀	【布依族】@［W6627. 5. 1b. 2. 1］布依族五月中旬的寅日或申日祭祀山林和水口
W6487. 4. 6	六月祭祀	【民族，关联】③

① 【白族】@［W6615. 1. 2. 1. 3. 1］大年初一祭祖先（正月初一祭祖先神）；［W6627. 52. 0. 3a］彝族正月十五祭祀地母。

② 【汉族】@［W6616. 2. 7. 6. 2］二月二祭祀土地神；［W6616. 2. 7. 6. 3］二月二祭祀社神。

③ 【白族】【布依族】@［W6627. 2. 6a. 1］白族六月二十五祭五谷神；［W6627. 5. 2. 1. 2. 3］布依族六月六祭田神（布依族六月六祭水口神）。

W 编码	母题描述	关联项
W6487.4.7	七月祭祀	【瑶族】@［W6627.51.2a.1］瑶人七月十五祭祀祖先狗头王
W6487.4.8	八月祭祀	【民族，关联】①
W6487.4.9	九月祭祀	【仡佬族】@［W6627.17.3a.1］仡佬族九月初九祭神树（固伦）
W6487.4.10	十月祭祀	【汉族】@［W6624.3.3］十月十五祭神农
W6487.4.10.1	十月祭蚩尤	【汉族】【苗族】
W6487.4.11	十一月祭祀	【壮族】@［W6625.7.1.1a］十一月冬至时祭祖
W6487.4.12	十二月祭祀（腊月祭祀）	【汉族】@［W6626.9.3.1］十二月十二日祭祀蚕桑娘娘
W6487.4.12.1	腊月二十三祭火神	【鄂伦春族】@［W6495.5］祭火神
W6487.4.12.2	腊祭必须是猪日	【白族】
W6487.4.12.3	腊祭的产生与炎帝有关	【汉族】
W6487.5	特定时辰的祭祀	
W6487.5.1	日出时祭天	【畲族】@［W6501.1］祭天
W6487.5.2	子时祭祀	
W6487.5.3	丑时祭祀	
W6487.5.3.1	丑时开始祭上帝	【中华民族】@［W6501.1.3.4.1］汉代郊天一般在冬至日丑时开始举行
W6487.6	特定的时刻祭祀	
W6487.6.1	特定动物鸣叫时祭神	
W6487.6.1.1	斑鸠叫时敬神祖	【佤族】

① 【汉族】【藏族】@［W6622.4.2.2］八月十五祭月亮（中秋祭月；八月十五祭月姐）；［W6627.54.5］藏历八月初一敬山神。

W 编码	母题描述	关联项
W6487.6.2	天亮前祭祀	
W6487.6.2.1	飨祭就在天亮前	【羌族】
W6487.6.3	黄昏后祭祀	［W6496.0.2.5.4］黄昏祭祖
W6487.6.3.1	火祭时许愿必选在黄昏后的秋夜	【满族】
W6487.6.4	夜间祭祀（晚上祭祀）	【民族，关联】①
W6487.6.4.1	祭牲畜神祭东天时，夜间祭	【鄂温克族】
W6487.6.4.2	“春猎祭”时，夜间拜祭月亮、北斗星	【鄂伦春族】
W6487.6.5	白天祭祀	
W6487.6.5.1	祭牲畜神祭西天时，白天祭	【鄂温克族】
W6487.7	与特定生产活动时间有关的祭祀	
W6487.7.1	耕地之前祭神（耕种前祭神）	【佤族】@［W6482.1.2.4］耕种前祭祀可以丰收
W6487.7.2	耕地时祭神	
W6487.7.2.1	开山种地时要杀狗祭树神	【基诺族】
W6487.7.3	播种之前祭神	【佤族】
W6487.7.4	播种时祭神（播种时祭祀）	【珞巴族】@［W6487.1.1.1］天上的人告诉人每年二月种地时要举行祭祀
W6487.7.4.1	播种时祭祀可以获得好收成	
W6487.7.4.2	种地时要杀猪祭祀	【珞巴族】
W6487.7.4.3	播种那天到庙中祭祀	【羌族】
W6487.7.5	庄稼抽穗时祭神	【佤族】
W6487.7.6	收获时祭神	【汤普森】A1545.4
W6487.7.6.1	丰收后祭神（丰年祭）	【高山族】
W6487.7.7	庄稼收获之后祭神	【佤族】
W6487.7.8	狩猎前祭祀	

① 【仡佬族】@［W6496.0.2.5.2］夜间祭祖（夜间祭祖神）；［W6508.2.1.4.1.3］家祭多在夜间举行；［W6509.2.8.2.1］夜间祭祖先神时不能点灯。

W 编码	母题描述	关联项
W6487.7.8.1	猎前祭特定的神	【关联】①
W6487.7.8.1.1	合伙入山围猎的领队在家敬“梅山张五郎”	【壮族】
W6487.7.8.1.2	合伙入山围猎的领队要到山坳给孟公烧香化纸斟清茶	【壮族】
W6487.7.9	与生产祭祀有关的其他母题	
W6487.7.9.1	特定的行业生产前祭祀	
W6487.7.9.1.1	正月初六，晒盐户生产前到滩上烧香烧纸，请盐婆婆显灵开恩	【汉族】
W6487.8	与其他特定事件的特定节点有关的祭祀（特定事件时祭祀；特定行为时祭祀）	
W6487.8.1	与日常生活时间有关的祭祀	
W6487.8.1.1	出行前祭神	【满族】
W6487.8.1.2	餐饮时祭祀	
W6487.8.1.2.1	祭祀三饭以为礼	【汉族】
W6487.8.1.2.2	饮酒前先敬神	【鄂温克族】
W6487.8.1.3	来客人时祭祀	
W6487.8.1.3.1	尊贵的客人来时要敬锅庄	【藏族】
W6487.8.2	建造时祭祀	
W6487.8.2.1	破土兴工、新房落成献祭以保主人合家康宁，人畜兴旺	【彝族】@［W6495.0.2.3.1］立新房子时要祭保护神“嘎西”
W6487.8.3	特定自然现象时祭祀	
W6487.8.3.1	每当遇到海退潮、江河干涸、瘟疫骤起或柳叶长出绿色小虫包时阖族祭柳	【满族】
W6487.8.4	人生节点祭祀	

① ［W6495.7.24.2.1］狩猎前祭鹰神；［W6495.8.5.2.4］狩猎前祭祀森林神；［W6495.10.1.1.3］狩猎前要先祭猎神是因为猎物为猎神所养。

W 编码	母题描述	关联项
W6487. 8. 4. 1	出生时祭祀	
W6487. 8. 4. 2	死亡时祭祀	
W6487. 8. 4. 3	婚丧嫁娶时祭祀	【关联】①
W6487. 8. 4. 3. 1	婚礼时祭祀	
W6487. 8. 4. 3. 1. 1	举行婚礼时，要敬锅庄	【藏族】
W6487. 8. 5	重大活动时祭祀	
W6487. 8. 5. 1	新老首领换位时祭祀	【满族】
W6487. 8. 5. 1. 1	新王继位时祭祀	【满族】
W6487. 8. 5. 2	节日时祭祀	［W6496. 0. 5. 6＊］祭祖有日常祭祀、节日祭祀和超度祭祀 3 种
W6487. 8. 5. 2. 1	春节时祭祀	【汉族】@［W6496. 0. 6. 2. 2］春节、过火把节、新谷节等节日时祭家堂鬼
W6487. 8. 5. 2. 1. 1	春节时祭家具神	【壮族】
W6487. 8. 5. 3	出征前祭祀	
W6487. 8. 5. 3. 1	大禹盟誓出征之日，登上九尺高台，焚高香、祭天地、歃血盟誓	【中华民族】
W6487. 8. 5. 3. 2	尧征战前祭天	【汉族】
W6487. 9	与祭祀时间有关的其他母题	
W6487. 9. 1	祭祀时间的变化（祭祀时间的改变）	
W6487. 9. 1. 1	因事态变化改变祭祀时间	
W6487. 9. 1. 1. 1	祭天牛（祭天神）仪式多数在阴历九、十月举行，若灾情严重可以提前到四五月	【白族（那马）】
W6487. 9. 2	祭同一个对象的祭祀时间不同	
W6487. 9. 2. 1	不同群体同一个对象的祭祀时间不同	

① ［W6495. 0. 2. 2. 5. 1］婚丧嫁娶时祭神；［W6496. 0. 2. 4. 6］婚丧嫁娶时祭祖。

W 编码	母题描述	关联项
W6487.9.2.1.1	各姓氏纳西族都祭天，但祭日不一	【纳西族】
W6487.9.2.2	工匠行业祭祀鲁班的日期各地不尽相同	
W6487.9.2.2.1	祭鲁班时间有农历五月初七、六月十六、六月二十四、七月七、腊月三十等	【汉族】
W6487.9.3	祭祀的开始时间（祭特定对象的开始时间）	
W6487.9.3.1	祭祀在特定的时辰开始	
W6487.9.3.1.1	祭祀“密欠于”（夜鬼）一般都在半夜	【怒族】
W6487.9.3.1.2	五更开始祭祀	
W6487.9.3.1.2.1	夏王朝第一次祭天时，鸡鸣五更，各路诸侯前来参祭	【汉族】
W6487.9.4	祭祀的时长	
W6487.9.4.1	祭祀时间为一天	
W6487.9.4.2	祭祀活动一般为半天一夜	
W6487.9.4.2.1	祭祀活动午后开始，次日上午结束	【羌族】
W6488	**祭祀的地点（祭祀场所；祭祀设施）**	
W6488.0	以前没有祭祀场所	
W6488.0.1	以前无祠庙祭祀	【西北古代民族】
W6488.1	祭祀地点的产生（祭祀地点的确定）	
W6488.1.1	特定地点变成祭祀地点	
W6488.1.1.1	原来的祭天坛变成人们专门求神治病的处所	【白族】
W6488.1.1.2	在鬼神所在之处祭祀	【中华民族】
W6488.1.1.3	占卜确定祭祀地点	

W 编码	母题描述	关联项
W6488. 1. 1. 3. 1	德高望重的老萨满卜定雪祭神坛设于何地	【满族】
W6488. 2	祭场（祭祀场所）	【彝族】［W6458. 1］庙宇（庙的产生；寺庙的产生；寺庙的来历）
W6488. 2. 1	祭场的产生	
W6488. 2. 1. 1	没人去过的地方作为祭祀场所	【鄂伦春族】
W6488. 2. 2	祭场的特征	
W6488. 2. 2. 1	特定祭场有特定布局	
W6488. 2. 2. 1. 1	八月十五祭月祭场设计成一个阴阳八卦的布局	【汉族】
W6488. 2. 2. 1. 2	祭场设鬼门以便祖灵出入	【彝族】
W6488. 2. 3	特定的祭场	
W6488. 2. 3. 1	佛塔作为祭祀场所	【珞巴族】
W6488. 2. 3. 2	神堡作为大型祭祀活动之地	【藏族】
W6488. 2. 4	与祭场有关的其他母题	
W6488. 2. 4. 1	忌一切人进入驱鬼场所	【羌族】
W6488. 2. 4. 2	祭祀场所的变化	
W6488. 2. 4. 2. 1	萨满举办祭天仪式时的蒙古包代替了以前作为祭祀地点的撮罗子	【鄂温克族】
W6488. 2. 4. 3	祭祀场所的设施	
W6488. 2. 4. 3. 1	祭祀场所的十字架	【鄂伦春族】
W6488. 3	祭坛	
W6488. 3. 0. 1	祭坛的产生	
W6488. 3. 0. 1. 1	祭坛源于特定目的	
W6488. 3. 0. 1. 1. 1	为祭特定神造祭坛	
W6488. 3. 0. 1. 1. 1. 1	黄帝为祭天帝造祭坛	【汉族】
W6488. 3. 0. 1. 2	祭坛产生的时间	
W6488. 3. 0. 1. 2. 1 *	祭坛距今约 10 万年	【国外民族】

W 编码	母题描述	关联项
W6488.3.0.1.3	祭坛产生的地点	
W6488.3.0.1.3.1	祭坛地点的选择	
W6488.3.0.1.3.1.1	祭坛要背山面水	【汉族】
W6488.3.0.1.3.1.2	祭天设在开阔的地方	【藏族】
W6488.3.0.1.3.1.3	祭坛设在野外	【藏族】
W6488.3.0.1.4	祭坛的建造者	
W6488.3.0.1.4.1	青壮年男子安设祭坛	【侗族】
W6488.3.1	神坛	［W6495.0.3］祭神的地点（供神的地点；供神的方位；祭神的场所）
W6488.3.1.1	神坛的产生	
W6488.3.1.1.1	降妖的地方建造神坛	【汉族】
W6488.3.1.2	神坛的特征	
W6488.3.1.3	特定的神坛	
W6488.3.1.3.1	萨神坛（祖母坛）	
W6488.3.1.3.1.1	萨神坛（祖母坛）是土地神与萨神合二为一的神坛	【侗族】
W6488.3.1.4	与神坛有关的其他母题	
W6488.3.2	天坛	【关联】①
W6488.3.2.1	天坛的产生	
W6488.3.2.1.1	为求天祈福造天坛	【汉族】
W6488.3.2.2	天坛的特征	［W6488.3.7.2.1］祭天的祭坛中央插一枝刺柏，两边插两枝黄栗，前面插一枝白桦，顶着一个鸡蛋，表示天地和祖先
W6488.3.2.2.1	天坛为什么是圆的	
W6488.3.2.3	与天坛有关的其他母题	［W6501.1.3.2］祭天坛
W6488.3.2.3.1	天坛代表泰山	【汉族】

① ［W6495.1.3］祭天神的地点；［W6501.1.3］祭天的地点。

W 编码	母题描述	关联项
W6488. 3. 2. 3. 2	在国都南部营建郊天祭坛	【中华民族】
W6488. 3. 2. 3. 3	北京天坛	
W6488. 3. 2. 3. 3. 1 *	北京天坛是中国现存最大的坛庙建筑	【汉族】
W6488. 3. 2. 3. 3. 2 *	北京天坛雏形源于 4380 年前的尧王故里尧寓村	【汉族】
W6488. 3. 3	地坛	【关联】①
W6488. 3. 3. 1	地坛的产生	
W6488. 3. 3. 2	地坛的特征	
W6488. 3. 3. 2. 1	地坛为什么是方的	【中华民族】@［W1204］地是方的
W6488. 3. 3. 3	与天坛有关的其他母题	
W6488. 3. 4	日坛	【关联】②
W6488. 3. 4. 1	日坛的产生	
W6488. 3. 4. 2	日坛的特征	
W6488. 3. 4. 2. 1	日坛为什么在城的东方	
W6488. 3. 4. 3	与日坛有关的其他母题	
W6488. 3. 4. 3. 1	日坛是祭祀太阳大明之神的地点	【汉族】
W6488. 3. 5	月坛	【关联】③
W6488. 3. 5. 1	月坛的产生	
W6488. 3. 5. 2	月坛的特征	
W6488. 3. 5. 2. 1	月坛为什么在城的西方	
W6488. 3. 5. 2. 2	月坛为半圆形	【汉族】
W6488. 3. 5. 3	与月坛有关的其他母题	
W6488. 3. 6	其他特定的祭坛（其他名称的祭坛）	
W6488. 3. 6. 1	社稷坛	

① ［W6495. 2. 3］祭地神的地点；［W6501. 2. 3］祭地的地点。
② ［W6495. 6. 0. 1. 3］祭太阳神的地点；［W6501. 3. 3］祭太阳的地点。
③ ［W6495. 6. 0. 2. 3］祭月亮神的地点；［W6501. 4. 3］祭月亮的地点。

W 编码	母题描述	关联项
W6488.3.6.2	先农坛	
W6488.3.6.2.1	长治先农坛	【中华民族】
W6488.3.6.2.2	娄县先农坛	【中华民族】
W6488.3.6.2.3	嘉定先农坛	【中华民族】
W6488.3.6.2.4	义宁先农坛	【中华民族】
W6488.3.6.2.5	嘉祥先农坛	【中华民族】
W6488.3.6.2.6	鹿邑先农坛	【中华民族】
W6488.3.6.2.7	内蒙古先农坛	【中华民族】
W6488.3.6.3	先蚕坛	［W6458.3.6.4.4.1］以蚕命名的庙
W6488.3.6.4	八卦坛	【汉族】
W6488.3.6.5	五帝坛	【中华民族】
W6488.3.6.6	金萨（萨坛）	
W6488.3.6.6.1	以村寨为单位设立的女神“萨”的祭坛，称为“金萨”	【侗族】
W6488.3.6.6.2	“金萨”不供神像，分露天和室内两种	【侗族】
W6488.3.6.7	祭天帝的祭坛	
W6488.3.6.7.1	黄帝明堂是祭天帝的祭坛	【中华民族】
W6488.3.7	祭坛的特征	
W6488.3.7.1	地坛的形状	
W6488.3.7.1.1	方形祭坛（方坛）	【汉族】
W6488.3.7.1.1.1	方方立坛把戊忌，地母化身显神灵	【彝族】
W6488.3.7.1.2	方圆祭坛	
W6488.3.7.1.2.1	风后、祝融、后土在东山头设方圆祭坛	【汉族】
W6488.3.7.1.3	圆形祭坛	【国外民族】
W6488.3.7.2	特定祭坛有特定的布局	

W 编码	母题描述	关联项
W6488. 3. 7. 2. 1	祭天的祭坛中央插一枝刺柏，两边插两枝黄栗，前面插一枝白桦，顶着一个鸡蛋，表示天地和祖先	【纳西族】
W6488. 3. 7. 3	祭坛的特定位置	
W6488. 3. 7. 3. 1	祭坛在屋顶	【藏族】
W6488. 3. 8	祭坛的建造（祭坛的结构；特定祭祀祭坛的建构）	
W6488. 3. 8. 1	祭坛中间插柏树 1 棵，代表“王”；两边插青叶黄栗树各 1 棵，左边栗树代表“天”，右边的代表“天妻”	【纳西族】
W6488. 3. 8. 2	大祭风仪式的祭坛由神坛和鬼寨两部分组成	【纳西族】
W6488. 3. 8. 3	早期祭坛很简单	【藏族】
W6488. 3. 9	与祭坛有关的其他母题	［W6488. 3. 1］神坛
W6488. 3. 9. 1	祭坛的数量	
W6488. 3. 9. 1. 1	山顶祭坛用石块砌成，共 3 个，每个代表一重天	【彝族（撒尼）】
W6488. 3. 9. 2	法坛	【汉族】
W6488. 3. 9. 3	祭坛上的祭品	
W6488. 3. 9. 3. 1	祭坛上放着天、地、人三鼎和猪、羊、鸡、鸭，以及鲜果鲜花等	【汉族】
W6488. 3. 9. 4	祭坛的使用	
W6488. 3. 9. 4. 1	主祭者亲自清扫祭坛	【汉族】
W6488. 4	祭台	
W6488. 4. 1	祭台的产生	
W6488. 4. 1. 1	为祭特定的神造祭台	【藏族】
W6488. 4. 1. 1. 1	祭天时在撮罗子附近搭一个简易祭台	【鄂温克族】
W6488. 4. 2	祭台的特征（特定祭台的结构）	

W 编码	母题描述	关联项
W6488.4.2.1	祭天台分3层，第一层要安神树、插神香、摆三支杜鹃花和九个烧红的石头；第二层摆各种供品：神猪、神米篓、九个碗，分别装有酒、肉、饭；第三层是祭台，按东巴、木官、卡细、卡八等顺序排列来祭天	【纳西族】
W6488.4.2.2	祭台有特定的方向	
W6488.4.2.2.1	祭天台是坐东朝西	【纳西族】
W6488.4.3	祭台的放置（祭台的使用）	
W6488.4.3.1	祭祖台设在正房内后山墙壁上	【纳西族（鲁鲁）】
W6488.4.3.2	祭祖台设于火塘左边的后山墙壁内	【纳西族（鲁鲁）】
W6488.4.3	特定的祭台	
W6488.4.3.1	专祭山神的“山神台”	【羌族（纳木依人、柏木依人）】
W6488.4.3.2	祭祖的祭台（祭祖台）	【纳西族（鲁鲁）】
W6488.4.4	祭台禁忌	
W6488.4.4.1	祭祖先祭台上忌摆辣椒、狗肉、剩食	【仡佬族】
W6488.4.5	与祭台有关的其他母题	
W6488.5	祭桌（供桌）	［W6258.2.6］桌子的类型
W6488.5.1	祭桌的产生	
W6488.5.2	祭桌的特征（祭桌的使用）	
W6488.5.2.1	每家都有用来祭祀祖灵的供桌	【怒族】
W6488.5.3	与祭桌有关的其他母题	
W6488.6	其他特定的祭祀地点	
W6488.6.1	神林	
W6488.6.1.1	在树林中供神（神林作为祭祀地点）	【佤族】

W 编码	母题描述	关联项
W6488. 6. 1. 2	神林作为祭场（神林作为祭祀场所）	
W6488. 6. 1. 2. 1	神林是每个村寨公祭的场所	【羌族】
W6488. 6. 2	特定仪式的祭场	
W6488. 6. 2. 1	顶灾仪式的祭场要背北朝南插上一根顶灾树	【纳西族】
W6488. 6. 3	神庙	［W6458. 3. 5］家庙（私庙）
W6488. 6. 3. 1	神庙的产生	
W6488. 6. 3. 1. 1	宗庙变为神庙	【汉族】
W6488. 6. 3. 2	神庙的特征	
W6488. 6. 3. 3	神庙的使用	
W6488. 6. 3. 3. 1	特定的神有特定的庙	
W6488. 6. 3. 3. 2	多神共用一庙	
W6488. 6. 3. 3. 3	有的神没有神庙	
W6488. 6. 3. 3. 3. 1	五谷灵娘无神庙神像	【壮族】
W6488. 6. 4	神殿	
W6488. 6. 4. 1	天国神殿	【汉族】
W6488. 6. 5	神堂	
W6488. 6. 5. 1	神堂的产生	
W6488. 6. 5. 1. 1	设神堂要垫白毡，安一铁犁铧	【纳西族】
W6488. 6. 5. 2	神堂的特征（神堂的功能）	
W6488. 6. 5. 2. 1	神堂不一定是房舍	【满族】
W6488. 6. 5. 2. 2	神堂是神偶及祭祀中用的神器恭放在桦皮匣、柳匣、骨匣、石罐	【满族】
W6488. 6. 5. 2. 3	神堂祭祖	【汉族】@［W6501. 4. 4. 2. 1］农历八月十五祭月神嫦娥菩萨时，要先在家族的神堂前祭祖先
W6488. 6. 5. 2. 4	神堂摆放特定祭祀对象	【满族】@［W6456. 2. 5. 5. 2. 4］神偶放神堂

W 编码	母题描述	关联项
W6488.6.5.3	特定的神堂	
W6488.6.5.3.1	“金楼神堂”代表众神祇所居	【满族】
W6488.6.5.4	与神堂有关的其他母题	
W6488.6.5.4.1	满族称神堂为“恩都利包”	【满族】
W6488.6.5a	神案	
W6488.6.5a.1	祭祀用的“神案”为放神牌和挂神像之处	【满族】
W6488.6.5a.2	神案上边横梁两端各置一龙首又称“龙案”	【满族】
W6488.6.5a.3	放大神仪式上必须首先悬挂大神案子	【满族】
W6488.6.5a.4	不同祭祀，神案不同	
W6488.6.5a.4.1	跳家神时悬挂家神案子，放大神时悬挂大神案子	【满族】
W6488.6.6	大树旁作为祭祀地点	
W6488.6.6.1	祭崖神一般在村寨后面的悬崖峭壁或参天大树旁	【怒族】
W6488.6.7	野外作为祭祀地点（旷野作为祭祀地点；野地作为祭祀场所；野祭）	【关联】①
W6488.6.7.1	祭崖鬼解昏迷扯疯时，祭祀的地点在空旷的野外	【怒族】
W6488.6.7.2	春天第一批大雁飞来时举行野祭	【满族（恰克拉人）】
W6488.6.7.3	祭祀天神、地神、水神等自然物神采用野祭	【达斡尔族】
W6488.6.8	社祭	
W6488.6.8.1	用牲于社	【古代民族】
W6488.6.9	其他特定的祭祀场所	［W6496.0.3］祭祖的地点
W6488.6.9.1	特定人物专用的祭祀场所	
W6488.6.9.1.1	堂子	

① ［W6495.0.3.4］在野外祭神；［W6497.1.11.3.1］在野外祭鬼。

W 编码	母题描述	关联项
W6488. 6. 9. 1. 1. 1	堂子是清朝皇族爱新觉罗家族的萨满祭祀场所	【满族】
W6488. 7	祭祀场所的特征	
W6488. 7. 1	特定的神有特定的祭祀地点	
W6488. 7. 2	祭祀场所是圣地	
W6488. 7. 2. 1	祭天神、星神的山坡，是公认的最神圣的地方	【白族】
W6488. 7. 2. 2	祭祀场所平时人畜莫入	【白族】
W6488. 8	与祭祀场所有关的其他母题	［W6456. 1］宗教场所
W6488. 8. 1	祭祀地点的选择	
W6488. 8. 2	祭祀地点的变化	
W6488. 8. 2. 1	寨中求雨不灵就到龙潭去求	【佤族】
✿ W6489	**祭祀人员**	
W6490	**主祭（祭祀的主持者；主祭司者；主祭者）**	
W6490. 1	神或神性人物主祭	
W6490. 2	特定神职人员主祭特定的神	
W6490. 2. 1	喇嘛主祭	
W6490. 2. 1. 1	喇嘛主祭特定的神	【鄂温克族】@［W6495. 4. 4. 1］喇嘛主祭水神
W6490. 2. 2	后土主祭	
W6490. 2. 2. 1	共工的儿子勾龙为后土，主祭司者	【汉族】
W6490. 3	特定身份的人主祭	
W6490. 3. 1	首领主祭（头目主祭）	【关联】①
W6490. 3. 1. 1	春天时各氏族都由头人和祭司主持祭祀“神山”“神树”等仪式	【怒族】

① ［W6486. 4. 3. 1］首领教人祭祀；［W6495. 3. 2. 2. 2. 1］械斗前，首领主持祭山神时以弩箭试射三箭给山神看。

W 编码	母题描述	关联项
W6490. 3. 1. 2	剽牛祭天时由家族长担任主祭	【独龙族】
W6490. 3. 1. 3	族长为主祭	
W6490. 3. 1. 3. 1	村寨中德高望重的族长主持祭祀太阳	【壮族】
W6490. 3. 2	长辈主祭（特定的老人主祭）	
W6490. 3. 2. 1	祭天神仪式由村中德高望重的老人主持	【白族】
W6490. 3. 2. 2	祭祀活动由部落长老主持	【羌族】
W6490. 3. 3	有学识者主祭	
W6490. 3. 4	特定体征者主祭	
W6490. 3. 5	盲人主祭	
W6490. 3. 6	男人主祭（特定身份的男人作为主祭者）	
W6490. 3. 6. 1	祭祀地神时，主祭者系每家当家的男子	【白族】
W6490. 3. 6. 2	长子作为主祭者	
W6490. 3. 6. 2. 1	祭祖时，兄弟已结婚分居的各家自行祭祀；兄弟未分家的由长子主祭	【傈僳族】
W6490. 3. 7	女人主祭	
W6490. 3. 7. 1	妇女为旱谷种招魂	【基诺族】
W6490. 3. 7. 2	妇女主祭仓神	【羌族】
W6490. 3. 7. 3	女萨满作为主祭	【鄂伦春族】
W6490. 3. 8	其他特定身份的人主祭	
W6490. 3. 8. 1	祭师主祭（鬼主主祭；祭司主祭）	【白族】【怒族】
W6490. 3. 8. 1. 1	祭师有能预卜生死祸福的本领	【哈尼族】
W6490. 3. 8. 2	东巴作为主祭	【纳西族】
W6490. 3. 8. 3	当事人的母亲主祭	

W 编码	母题描述	关联项
W6490. 3. 8. 3. 1	举行冠礼时，仓神须由冠礼人的母亲主祭	【羌族】
W6490. 3. 8. 4	地位最高者主祭	【壮族】
W6490. 3. 8. 5	喇嘛作为主祭	【鄂温克族】
W6490. 3. 8. 6	萨满作为祭司	【蒙古族（布里亚特）】
W6490. 3. 8. 7	铁匠是祭司	【蒙古族】
W6490. 3. 9	与特定身份的人主祭有关的其他母题	
W6490. 4	动物是人类祭祀的主持者	
W6490. 4. 1	蝙蝠主持人的祭祀	【珞巴族】
W6490. 4. 2	龙主持祭祀	
W6490. 4. 2. 1	建房祭祀时老水龙主持祭祀	【苗族】
W6490. 5	其他特定人物主祭祀	
W6490. 5. 1	天星主祭祀	【汉族】
W6490. 6	与主祭有关的其他母题（与主祭者有关的其他母题）	［W6505. 2b］祭祀仪式的主持者
W6490. 6. 1	担任主祭的条件	
W6490. 6. 1. 1	主祭呗耄的条件一是年龄较大，有威信，懂世故；二是要上有父母，下有儿孙	【彝族（撒尼）】
W6490. 6. 1. 2	特定群体的首长担任主祭	
W6490. 6. 1. 2. 1	寨老主祭	【仡佬族】
W6490. 6. 1. 3	特定性别担任主祭	
W6490. 6. 1. 3. 1	祭“萨”神主祭由女性担任	【侗族】
W6490. 6. 1. 3. 2	女娲庙会担经挑主祭为女人	【汉族】
W6490. 6. 1. 4	巫师作为主祭	
W6490. 6. 1. 4. 1	祭龙仪式由巫师们主持	【藏族】
W6490. 6. 2	主祭者的产生（主祭者的选择；主祭的确定）	

W 编码	母题描述	关联项
W6490.6.2.1	打卦确定主祭者	
W6490.6.2.1.1	祭送端鬼仪式由哪一家主祭需占骨卜由村头，从北端第一户卜起，卜至谁家为吉卦，便定为主祭户	【纳西族】
W6490.6.2.2	主祭只能从师父那里传授	【汉族】
W6490.6.2.3	主祭轮流当	
W6490.6.2.3.1	祭祀寨神的主祭人家全村轮流担任	【纳西族】
W6490.6.2.4	以寻找到特定物者做主祭	
W6490.6.2.4.1	大年初一请祖神时，寻找到蛙者做主祭	【壮族】
W6490.6.2.5	年长者主祭	
W6490.6.2.5.1	家庭内举行祭祀“阿娇鲁博如坎”（祖先）时，多由家中年长的人主祭	【鄂伦春族】@［W6496.0.4.7.4.3］祭祖时，由家里最年长的男性主持
W6490.6.3	主祭的数量	
W6490.6.3.1	1 个主祭者	
W6490.6.3.2	2 个主祭者	
W6490.6.3.2.1	祭崖神一般由 2 个祭师主祭	【怒族】
W6490.6.3.2.2	海祭的主祭者为部落首领和萨满	【满族】
W6490.6.3.3	3 个主祭者	
W6490.6.3.3.1	雪祭时有萨满、穆昆达、锅头三大主祭人	【满族】
W6490.6.3.4	正副主祭	
W6490.6.3.4.1	重大祭祀时，须有正副祭师同时主持	【仡佬族（雅伊）】
W6490.6.4	特定祭祀的主祭（专职祭祀）	
W6490.6.4.1	祭龙前要选出龙头主持仪式	【彝族】
W6490.6.4.2	专司祭神者察尔巴来饮	【鄂伦春族】
W6490.6.4.3	专门管部落祭祀的人	

W 编码	母题描述	关联项
W6490. 6. 4. 3. 1	广成子专门管部落的祭祀等宗教仪式	【汉族】
W6490. 6. 4. 4	“金萨”的主持人称为“登萨”	【侗族】
W6490. 6. 5	主祭的助手	
W6490. 6. 5. 1	巫师一人主祭时有徒弟及助手二人协助	【羌族】
W6490. 6. 5. 2	祭祀社公时，主祭规定两人当助手	【壮族】
W6490. 6. 5. 3	主祭助手的职能	
W6490. 6. 5. 3. 1	主祭的助手负责摆供品和斟酒、分肉等事务	【壮族】
W6490. 6. 6	主祭者的变化	
W6490. 6. 6. 1	作出祭祀由部落长老主持，后来逐渐演变为由“许”或“诗谷”（巫师）主持	【羌族】
W6490. 6. 7	主祭的职能	
W6490. 6. 7. 1	神授主祭者职能	
W6490. 6. 7. 2	主祭职能的行使（主祭的行为规范）	
W6490. 6. 7. 2. 1	主祭者祭前净身	【满族】
W6490. 6. 7. 3	主祭职能的变化	
W6490. 6. 7. 3. 1	主祭权力的转移	
W6490. 6. 7. 3. 1. 1	特定仪式时主祭暂时失去指挥的权力	【壮族】
W6491	**祭祀者（特定祭祀者）**	
W6491. 0	神或神性人物作为祭祀者（神作为祭祀参与者；神性人物作为祭祀参与者）	［W6498. 8. 1］鬼祭祀人
W6491. 0. 1	人围着火塘祭神跳舞时，树灵、草灵和龙女加入其中	【佤族】
W6491. 1	长者作为祭祀者	【汉族】

W 编码	母题描述	关联项
W6491.2	男人作为祭祀者（男性为祭祀者）	
W6491.2.1	祭山会祭祀山神只能男人参加	【羌族】
W6491.2.2	祭敖包除妇女外，男子都来参加	【达斡尔族】
W6491.2.3	祭索木（神杆）只能男子参加	【满族】
W6491.3	女人作为祭祀者（祭祀者为女性）	【汉族（客家）、壮族等】
W6491.3.1	火神由妇女供奉	
W6491.3.1.1	鄂伦春人供奉的各种神中，唯有火神由妇女供奉	【鄂伦春族】
W6491.3.2	老年妇女延寿祭鬼仪式只限于妇女参加	【独龙族】
W6491.3.3	女性祭祀者须由男性扮演	
W6491.3.3.1	牛祭祀表演的人均为男性，女角则由男子扮演	【白族】
W6491.3.4	与女性祭祀者有关的其他母题	［W6495.0.6.2.1］女性祭女性神
W6491.3.4.1	女性专祭的神	
W6491.3.4.1.1	郎家神是寨中妇女共同祭祀之神	【侗族】
W6491.3.4.1.2	赵姓用皮制房神神偶，由女人祭祀	【满族】
W6491.3.5	其他特定的祭祀者	
W6491.3.5.1	祭司	
W6491.3.5.2	巫祝	【仡佬族】
W6491.3.5.3	祭师	
W6491.3.5.3.1	到外族请祭师	【鄂伦春族】
W6491.3.5.3.2	巫师做祭师	【藏族】
W6491.3.5.3.3	男女都能当祭师	【鄂伦春族】
W6491.4	祭祀者的选定（遴选祭祀者）	
W6491.4.0	祭祀者从特定人员中产生（祭祀者从特定群体中产生）	

W 编码	母题描述	关联项
W6491. 4. 0. 1	祭天者从族中推举产生	
W6491. 4. 0. 1. 1	族中推举产生 12 个男子作为祭天时充当皇帝的人	【纳西族】
W6491. 4. 1	主祭指定祭祀者	
W6491. 4. 2	占卜选定祭祀者	
W6491. 4. 2. 1	参加祭祀水神的人不固定，由东巴卜卦来选定	【纳西族】
W6491. 4. 3	特定身份的人作为祭祀者	
W6491. 4. 3. 1	祭祀请外姓参加	【汉族】
W6491. 4. 3. 2	祭特定对象选择特定年龄的祭祀者	
W6491. 4. 3. 2. 1	祭象征女始祖生殖器的岩洞时，小孩作为祭品的祭献者	【壮族】
W6491. 4. 4	选用祭祀者的禁忌（参与祭祀人员的条件）	
W6491. 4. 4. 1	特定祭祀时特定人员不能参加	
W6491. 4. 4. 1. 1	各家生产中的祭祀禁巫师参加	【独龙族】
W6491. 4. 5	选择祭祀代表	
W6491. 4. 5. 1	正月初一祭保护神莫一大王时，有子之家由成年之子作为一家的代表，无子之家可由妇女作代表	【壮族】
W6491. 5	与祭祀者有关的其他母题	
W6491. 5. 0	祭祀资格的获得（祭祀者身份的认定）	
W6491. 5. 0. 1	祭天时消除污秽和邪气净化自身才有向天神献祭的资格	【彝族（撒尼）】
W6491. 5. 1	祭祀者的服饰（祭祀使用的服饰；祭祀者的道具）	【关联】①
W6491. 5. 1. 1	祭祀时男扮女装	【哈尼族】

① ［W6451. 6］神职人员服饰的来历；［W6506. 6. 3］祈祷要有特定服饰。

W 编码	母题描述	关联项
W6491.5.1.2	祭祀时为什么要穿素	
W6491.5.1.3	祭祀者要佩戴特定物	
W6491.5.1.3.1	祭祀者戴神帽	
W6491.5.1.3.1.1	祭祀时戴鹿角神帽可以镇妖驱邪	【满族】
W6491.5.1.4	祭祀者戴面具	【汉族】【鄂伦春族】【满族】@［W6496.0.4.5.9.4.1］祭祖时戴祖先面具
W6491.5.1.5	祭祀时裸体	【满族】
W6491.5.1.6	祭司的服饰	
W6491.5.1.6.1	祭司的法衣	
W6491.5.1.6.1.1	祭司的法衣有法力	【藏族】
W6491.5.1.6.2	祭司的“垛来”	
W6491.5.1.6.2.1	“垛来”是祭司举行火祭仪式或表演宗教舞蹈时穿的外衣	【藏族】
W6491.5.1.7	祭祀者的神服（祭祀神衣）	
W6491.5.1.7.1	跳鹿神祭仪上人们身穿萨满神衣	【赫哲族】
W6491.5.2	祭祀者的住所	
W6491.5.3	祭祀者的饮食	
W6491.5.4	祭祀者的行为	
W6491.5.4.1	祭祀者首次祭祀有特定要求	
W6491.5.4.1.1	12 周岁以上的男孩第一次参加祭山神时需携带刀头、敬酒、馍馍等祭品	【羌族】
W6491.5.4.2	不同身份的祭祀者使用的礼器不同	【古代民族】@［W6496.0.4.5.7.1］祭宗庙时，尊者举觯，卑者举角
W6491.5.4.3	参加祭祀者要给主家留东西	【赫哲族】
W6491.5.5	特定群体作为祭祀者（参加祭祀的单位）	

W 编码	母题描述	关联项
W6491. 5. 5. 1	以家族为单位祭祀	
W6491. 5. 5. 2	以家庭为单位祭祀	
W6491. 5. 5. 2. 1	以家庭为单位祭祀本家祖先	【纳西族（摩梭）】
W6491. 5. 5. 3	以姓氏为单位祭祀	［W6458. 3. 5. 1］特定姓氏的家庙
W6491. 5. 5. 3. 1	特定姓氏祭祀特定的神	【侗族】
W6491. 5. 5. 3. 1. 1	侯姓在正月初一到初八祭祀石头神	【侗族】
W6491. 5. 5. 3. 2	同姓氏多家供一个家神	【藏族】
W6491. 5. 5. 4	以村寨为单位祭祀	
W6491. 5. 5. 4. 1	以村寨为单位祭山神	【羌族】
W6491. 5. 5. 5	以氏族为单位祭祀	
W6491. 5. 5. 6	以部落为单位祭祀	
W6491. 5. 5. 7	以民族为单位祭祀	
W6491. 5. 5. 8	以国家为单位祭祀	
W6491. 5. 6	领祭者	
W6491. 5. 6. 1	男子作为领祭	【傈僳族】
W6491. 5. 7	陪祭者	
W6491. 5. 7. 1	祭祀者的妻子陪祭	【纳西族】
W6491. 5. 7. 2	祭本主时，巫师在本主庙主祭，各户派一二名男人陪祭	【白族（那马）】
W6491. 5. 8	祭祀者的数量	
W6491. 5. 8. 1	特定祭祀的祭祀者有数量规定	
W6491. 5. 8. 1. 1	祭山神仪式由 9 个老人组成，其中 1 人是头领	【蒙古族（布里亚特）】
W6492	**祭祀参与者**	［W6491. 4. 4. 1］特定祭祀时特定人员不能参加
W6492. 1	祭祀的特殊参与者	［W6509. 2. 1］祭祀的参与者禁忌
W6492. 1. 1	国王亲临祭祀	

W 编码	母题描述	关联项
W6492.1.1.1	禹王亲临风王的第一次祭祀仪式	【汉族】
W6492.2	特定人员不能参加祭祀	【独龙族】@［W6491.4.4.1.1］各家生产中的祭祀禁巫师参加
W6492.3	祭祀的协力者	
W6492.3.1	男人祭祀时女人作为协力者	【汉族】
W6493	**与祭祀人员有关的其他母题**	
W6493.1	辅祭者	
*** W6494**	**祭祀的对象**	
W6495	**祭神**①	【汤普森】V11.9
W6495.0	祭神概说	
W6495.0.1	祭神的产生（祭神的来历；祭神的原因；祭鬼神的来历）	［W6486］祭祀的产生
W6495.0.1.1	特定人物让人祭神	
W6495.0.1.1.1	神告诉人要祭祀他	
W6495.0.1.1.1.1	天神厄莎告诉人有义务供奉他	【拉祜族】
W6495.0.1.1.1.2	天神梅吉劝人用人头祭神才能种出粮食	【佤族】
W6495.0.1.1.1.3	玉帝的命令供奉神	【汉族】
W6495.0.1.1.2	神性人物告诉人祭神	
W6495.0.1.1.2.1	天仙老祖让人祭神	【仡佬族】
W6495.0.1.1.3	特定的人告诉人祭神	
W6495.0.1.1.3.1	族长鄂多教族人祭神祭天	【满族】
W6495.0.1.1.3.2	首领吩咐人们祭神	【傣族】
W6495.0.1.1.4	动物告诉人祭神	
W6495.0.1.1.5	其他特定人物告诉人祭神	

① 祭神，神话中存在大量的关于祭祀各类神灵的来历，此处只选择一些典型的母题作为样例。具体情形可参见“神与神性人物”。

W 编码	母题描述	关联项
W6495. 0. 1. 2	人为了感激神祭神（人因为感恩祭神；人为纪念祭神）	
W6495. 0. 1. 2. 1	神让人得到猎物，人捕到野兽要先祭祀神主表示感谢	【佤族】
W6495. 0. 1. 2. 1. 1	祭猎神是因为人获得猎神给的猎物	【哈尼族】
W6495. 0. 1. 2. 2	达梅吉让人畜有饭吃，所以每年都要祭祀达梅吉神	【佤族】@［W6371. 2. 1. 1］达梅吉神使人有饭吃，牛有草吃，所以人们非常敬重达梅吉
W6495. 0. 1. 2. 3	为报答天神送诸物的恩德祭天神	【羌族】
W6495. 0. 1. 2. 4	为感恩祭蟒神	【满族】
W6495. 0. 1. 2. 5	人为纪念盗火女神定期祭祀	【满族】
W6495. 0. 1. 2. 6	人为感激雷公、闪婆和雨师、风婆带来风调雨顺祭之	【汉族】
W6495. 0. 1. 2. 7	因神为人赐福祭神	【赫哲族】
W6495. 0. 1. 2. 8	祭祀对祖先有恩之神	
W6495. 0. 1. 2. 8. 1	祭保护氏祖先遇难脱险的莫一大王	【壮族】
W6495. 0. 1. 3	不祭神受惩罚（祭神赎罪；祭神免灾）	
W6495. 0. 1. 3. 1	扎努扎别不向天神献贡，天神把他的骨头磨成粉撒在山上	【拉祜族】
W6495. 0. 1. 3. 2	祭神可以得到神的谅解	【怒族（若柔）】
W6495. 0. 1. 3. 3	祭神求神的宽容	
W6495. 0. 1. 3. 3. 1	侵犯山神、龙王利益时要祭祀以请求宽恕	【纳西族】
W6495. 0. 1. 3. 4	不祭特定的神遭该神报复	
W6495. 0. 1. 3. 4. 1	不祭财神爷者家中过年的东西都被财神爷收走	【汉族】
W6495. 0. 1. 4	因恐惧祭鬼神	

W 编码	母题描述	关联项
W6495.0.1.4.1	怕雷神劈祭雷神	【汉族】
W6495.0.1.4.2	因恐惧供奉妖魔	
W6495.0.1.4.2.1	人怕毛速木恶魑作怪害人，就在每年秋后献祭	【东乡族】
W6495.0.1.4.3	因怕神降灾祭神	【独龙族】
W6495.0.1.5	祭神有益（祭神可获益；祭神实现美好愿望）	
W6495.0.1.5.1	祭神可以保平安	【怒族（若柔）】
W6495.0.1.5.2	祭神可找回失物	
W6495.0.1.5.2.1	祭山神能使马牛羊猪等失而复得	【白族】
W6495.0.1.5.3	祭神免灾害	
W6495.0.1.5.3.1	夏季虫害严重时献祭虫王爷可免虫害	【彝族（撒尼）】@［W6373.1.5.1］神龛中挂“谷王像”（神农画像）可驱虫免灾
W6495.0.1.5.3.1a	通过祭祀驱虫灾	【壮族】
W6495.0.1.5.3.2	祭神火中脱险	【汉族、壮族、瑶族等】
W6495.0.1.5.4	祭神能使庄稼成熟	【仡佬族】
W6495.0.1.5.5	人通过祭神知礼	【白族】
W6495.0.1.5.6	祭神才能获得猎物	【壮族】
W6495.0.1.5.7	为求财祭神	【汉族】
W6495.0.1.5.8	祭神是为了神保佑人	【壮族】
W6495.0.1.5.9	祭神的其他功利目的	
W6495.0.1.5.9.1 *	祭神提高生产力	【汉族】
W6495.0.1.5.9.2	祭神祈福	【民族，关联】①
W6495.0.1.5.9.3	祭神有助人口增长	【鄂伦春族】
W6495.0.1.5.9.4	祭神祈驱邪	【仡佬族】
W6495.0.1.5.9.5	祭神能长寿	【鄂伦春族】

① 【仡佬族】@［W6495.0.8.2］；祭神得福［W6496.0.1.4a］祭祖祈福（祭祖求平安）。

W 编码	母题描述	关联项
W6495. 0. 1. 6	因对神的尊崇祭神	【彝族（仆）】
W6495. 0. 1. 7	祭神以使神更有能力（祭神使神有所作为）	【壮族】
W6495. 0. 1. 7. 1	祭神是为了让神显灵	【蒙古族】
W6495. 0. 1. 8	祭神是为了娱神	
W6495. 0. 1. 8. 1	供祀祖先神是为了让祖先高兴	【满族】
W6495. 0. 1. 8. 2	祭大禹时让大禹欣赏说书、弹唱	【汉族】
W6495. 0. 1. 9	与祭神的产生有关的其他母题	
W6495. 0. 1. 9. 1	因损坏东西祭神	【汉族】
W6495. 0. 1. 9. 2	通过梦知道祭神	【鄂伦春族】
W6495. 0. 2	祭神的时间（祭神时间）	
W6495. 0. 2. 0	祭神时间的产生（祭神时间的原因）	
W6495. 0. 2. 0. 1	特定人物规定祭神时间	
W6495. 0. 2. 0. 2	祭神时间源于特定时间	
W6495. 0. 2. 0. 2. 1	众神古历三月二十八日到泰山顶给泰山奶奶谢恩，所以每年这一天信众上山烧香磕头	【汉族】
W6495. 0. 2. 1	出现宗教人物之后开始祭神	
W6495. 0. 2. 1. 1	有了贝玛之后开始祭龙神	【哈尼族】
W6495. 0. 2. 2	特定的生产环节祭神	［W6508. 3. 4b. 2. 1］伐木河中放排的各个环节要拜相应的山神、溪神、河神
W6495. 0. 2. 2. 1	第一次在佤历三月耕地之前祭神	【佤族】
W6495. 0. 2. 2. 2	为谷子薅草时祭神	【佤族】
W6495. 0. 2. 2. 3	谷子打苞之时祭神	【佤族】
W6495. 0. 2. 2. 4	谷子收完后祭神	【佤族】
W6495. 0. 2. 2. 5	其他特定事件时祭神	
W6495. 0. 2. 2. 5. 1	婚丧嫁娶时祭神	［W6496. 0. 2. 4. 6］婚丧嫁娶时祭祖

W 编码	母题描述	关联项
W6495. 0. 2. 2. 5. 2	宰杀动物时祭祀	
W6495. 0. 2. 2. 5. 2. 1	捉住动物杀吃时，祭祀神主以示感恩	【佤族】
W6495. 0. 2. 2. 5. 3	每季出猎之前或打猎回来举行家祭谢神	【赫哲族】
W6495. 0. 2. 2. 6	特定的祭神时间	
W6495. 0. 2. 2. 6. 1	初一、十五祭神	【汉族】@［W6496. 0. 2. 1a. 1］初一十五祭祖神
W6495. 0. 2. 2. 7	祭神时间的变化	
W6495. 0. 2. 2. 8	与祭神时间有关的其他情形	［W6508. 3. 4. 9. 1］不同村寨祭同一个神的时间不同
W6495. 0. 2. 2. 8. 1	最重要的祭神时间	
W6495. 0. 2. 2. 8. 1. 1	三四月禾稼种完，祭天神地神是最重要的一次祭神	【彝族】
W6495. 0. 2. 2a	特定的生活环节祭神	
W6495. 0. 2. 2a. 1	餐饮时祭神	
W6495. 0. 2. 2a. 1. 1	食用好的食物要先祭神	【壮族】@［W6495. 5. 2. 1］每逢吃饭、喝奶子酒时要先敬火神
W6495. 0. 2. 2a. 1. 2	饭前敬神	
W6495. 0. 2. 2a. 1. 2. 1	野餐或喝酒时，首先请山神白那查尝食	【达斡尔族】
W6495. 0. 2. 2a. 1. 2. 2	山上砍伐树木吃午饭时，第一口饭先孝敬山神	【壮族】
W6495. 0. 2. 3	建造时祭神	
W6495. 0. 2. 3. 1	立新房子时要祭保护神“嘎西”	【苗族】@［W6508. 3. 5. 2. 2］建房后要在房顶立神位
W6495. 0. 2. 3. 2	新屋建好后，要先祭锅庄石	【纳西族·摩梭人】@［W6487. 8. 4. 3. 1. 1］举行婚礼时，要敬锅庄

W 编码	母题描述	关联项
W6495. 0. 2. 4	节日时祭神	［W6496. 18. 2. 2］节日时祭祖
W6495. 0. 2. 4. 1	逢节日去庙中祭神	【羌族】
W6495. 0. 2. 5	祭神时间的特征（祭神时间的选择）	
W6495. 0. 2. 5. 1	祭神越早越好（祭神赶早）	
W6495. 0. 2. 5. 1. 1	正月初三早晨全家在屋顶敬白石（白石代表太阳神）越早越好	【羌族】
W6495. 0. 2. 5. 1. 2	大年初一早上祭山神以先到者为荣	【白族】
W6495. 0. 2. 5. 1. 3	新年正月初一凌晨鸡叫头遍时祭神	【藏族】
W6495. 0. 2. 5. 2	根据特定事件确定祭神时间	
W6495. 0. 2. 5. 2. 1	产妇在临产一个月内祭祀产妇保护神	【蒙古族（布里亚特）】
W6495. 0. 2. 5. 3	祭神持续天数要为单数	【壮族】
W6495. 0. 2. 5. 4	祭神者自己确定祭神时间	【赫哲族】
W6495. 0. 2. 5. 5	每月都要祭特定的神	【壮族】
W6495. 0. 2. 5. 5. 1	每月逢九祭神	【蒙古族（布里亚特）】
W6495. 0. 2. 5. 6	祭神时间根据神话确定	
W6495. 0. 2. 5. 6. 1	祭山神时间根据当地山神的有关神话而定	【藏族】
W6495. 0. 2. 5. 7	特定的节气祭神	
W6495. 0. 2. 5. 7. 1	冬至这天都要杀羊敬献老君	【汉族】
W6495. 0. 2. 6	与祭神时间有关的其他母题	
W6495. 0. 2. 6. 0	特定的年份祭神	
W6495. 0. 2. 6. 0. 1	每逢子年和午年的农历八月十五祭祀三容神	【侗族】
W6495. 0. 2. 6. 1	年月之初祭神	
W6495. 0. 2. 6. 1. 1	年头祭年神，月头祭月神	【彝族（阿哲、阿细）】
W6495. 0. 2. 6. 1. 2	正月初七各位天神一起受祭	【纳西族（摩梭）】

W 编码	母题描述	关联项
W6495.0.2.6.2	特定时间祭神	
W6495.0.2.6.2.1	晚上祭神	【壮族】
W6495.0.2.6.2.2	白天祭神	【鄂温克族】@［W6487.6.5.1］祭牲畜神祭西天时，白天祭
W6495.0.2.6.2.3	特定的月份祭神	
W6495.0.2.6.2.3.1	一年中的一月、二月、三月、四月和七月有专门敬鬼神的活动	【侗族】
W6495.0.2.6.3	特定时间祭特定的神	
W6495.0.2.6.3.1	农历三月三日全寨献祭五圣神	【侗族】
W6495.0.2.6.4	不定期祭神	【侗族】
W6495.0.3	祭神的地点（供神的地点；供神的方位；祭神的场所）	
W6495.0.3.1	在庙宇中祭神	
W6495.0.3.1.1	在神林的庙宇中祭神	【佤族】
W6495.0.3.1.2	天神、树神、寨神等神在庙中祭祀	【羌族】
W6495.0.3.1.3	山神爷“白那恰”供在山岭上木制小庙里	【鄂伦春族】
W6495.0.3.2	在房屋的特定地方供神	
W6495.0.3.2.1	房顶供神	【羌族】
W6495.0.3.2.2	在西墙供神	【达斡尔族】
W6495.0.3.2.3	神龛中祭神（神供在神龛）	
W6495.0.3.2.3.1	神龛中供“天地君亲师”	【汉族】【羌族】
W6495.0.3.2.3.2	神龛中放神像	【满族】
W6495.0.3.2.4	神供在屋内	【达斡尔族】
W6495.0.3.2.5	神供在仓房内	
W6495.0.3.2.5.1	“麻罗”神像供在住屋或仓房内	【达斡尔族】
W6495.0.3.2.6	在屋外供神	

W 编码	母题描述	关联项
W6495. 0. 3. 2. 6. 1	吉雅其偶像供在房外	【达斡尔族】
W6495. 0. 3. 3	在祭坛祭神	
W6495. 0. 3. 4	在郊外祭神（在野外祭神）	
W6495. 0. 3. 4. 1	郊禘祭祀神祇	【中华民族】
W6495. 0. 3. 4. 2 *	鄂伦春人定居后仍保持着在野外祭神传统	【鄂伦春族】
W6495. 0. 3. 4a	在树林中祭神	【羌族】
W6495. 0. 3. 4a. 1	天神、树神、寨神等神从前均供于神树林	【羌族】
W6495. 0. 3. 5	在其他特定场所祭神	
W6495. 0. 3. 5. 1	在火塘旁祭神	【羌族】
W6495. 0. 3. 5. 2	寿宫中祭神	【汉族】
W6495. 0. 3. 5. 3	到山上祭祀	
W6495. 0. 3. 5. 3. 1	黄帝合鬼神于西泰山之上	【中华民族】
W6495. 0. 3. 6	特定的神供在特定地方	
W6495. 0. 3. 6. 1	福神喜利妈妈的神龛设在居室的西北角	【锡伯族】
W6495. 0. 3. 6. 2	在神堂祭神	【满族】
W6495. 0. 3. 7	祭神有特定的方向（祭祀的方位）	【关联】①
W6495. 0. 3. 7. 1	大年初一在天井院落祭三朵神时朝东方祭祀	【纳西族】
W6495. 0. 3. 7. 2	祭牲畜神时分祭西天和祭东天	【鄂温克族】
W6495. 0. 3. 7. 3	用鱼牙掷空卜定火祭方向	【满族】
W6495. 0. 3. 8	与祭神地点有关的其他母题	［W6537. 1. 3. 1］供神地点忌孕妇
W6495. 0. 3. 8. 1	特定的神不能列入供神地点	
W6495. 0. 3. 8. 1. 1	家庭私祭的神不列入神龛所供“天地君亲师”神位	【羌族】

① ［W6506. 4a］祈祷的方向；［W6502. 14］祭特定方位。

W 编码	母题描述	关联项
W6495.0.3.8.2	在与神发生关联的地点祭神	
W6495.0.3.8.2.1	妇女到河边祭河神时，要在平时常挑水洗衣的地方祭拜	【壮族】
W6495.0.4	祭神的数量（祭神对象的数量；祭神活动的次数）	
W6495.0.4.1	祭单神	
W6495.0.4.2	祭多神（同祭多神；多神共祭；多神混合祭祀）	【中华民族】@［W6508.3.3.1］鬼神同祭
W6495.0.4.2.0	祭多神的原因	
W6495.0.4.2.0.1	怕其他神生气同祭多神	【鄂伦春族】
W6495.0.4.2.1	祭双神（2 神共祭）	
W6495.0.4.2.1.1	共祭男女祖先神	【汉族】
W6495.0.4.2.1.2	同祭天公地母	
W6495.0.4.2.1.2.1	农历六月二十四日祭天公地母	【彝族】@［W6495.2.2.4.1］六月二十四日祭地神
W6495.0.4.2.1.2a	祭天与祭地合祭	【白族（那马）】
W6495.0.4.2.1.2b	“拉卡木”（天菩萨）与“夏热觉”（地菩萨）共祭	【藏族】
W6495.0.4.2.1.3	关帝庙中祭祀关帝时要同时祭龙王	【达斡尔族】
W6495.0.4.2.1.4	祭龙与祭神树同时进行	【布朗族】
W6495.0.4.2.1.5	水神龙王与本主神共祭	【白族】
W6495.0.4.2.1.6	同祭山神地神	
W6495.0.4.2.1.6.1	共祭房后的山神地神，要用蜡烛、白纸、蔬菜、青树叶、松枝来祭	【彝族】
W6495.0.4.2.1.7	同祭谷神和畜神	
W6495.0.4.2.1.7.1	农历二月羊日晚上东巴主持祭祀“糯”（畜神）和“窝”（谷神）	【纳西族】
W6495.0.4.2.1.8	共祭两个功能相反的神	
W6495.0.4.2.1.8.1	共祭火神与水神	

W 编码	母题描述	关联项
W6495. 0. 4. 2. 1. 8. 1. 1	共祭水火二神以免水灾火灾	【白族】
W6495. 0. 4. 2. 1. 9	与共祭 2 神有关的其他母题	［W6508. 3. 0. 2. 1］祭锅桩又是祭火塘神，火塘神与祖先神交错在一起
W6495. 0. 4. 2. 1. 9. 1	2 个有共同点的神共祭	
W6495. 0. 4. 2. 1. 9. 1. 1	有共同点的牲畜与祖神共祭	【鄂温克族】
W6495. 0. 4. 2. 1. 9. 2	四月初八牛王节祭牛，也要供莫一大王（保护神）	【壮族】
W6495. 0. 4. 2. 1. 9. 3	山神与宝王共祭	【仡佬族】@［W6496. 0. 2. 8. 4］除夕和新年初一祭祖与大祭宝王同时举行
W6495. 0. 4. 2. 2	共祭 3 神（同祭 3 个神性人物）	
W6495. 0. 4. 2. 2. 1	出发时祭天、地、树三神	【满族】
W6495. 0. 4. 2. 2. 2	吃新米时要杀 3 只鸡，祭去世父母、寨鬼、谷鬼	【基诺族】
W6495. 0. 4. 2. 2. 3	祭三皇	［W6496. 4. 4. 6. 1］祭伏羲时三祖共祭（三神共祭）
W6495. 0. 4. 2. 2. 3. 1	祭祀三皇祛病	【民族，关联】①
W6495. 0. 4. 2. 2. 3. 2	祭三皇的时间	
W6495. 0. 4. 2. 2. 3. 2. 1	祭三皇三年一祭	【中华民族】
W6495. 0. 4. 2. 2. 3. 2. 2	三月三日、九月九日祭三皇	【中华民族】
W6495. 0. 4. 2. 2. 3. 3	用少牢祭三皇	【中华民族】
W6495. 0. 4. 2. 2. 3. 4	仲春之月祭伏羲于陈州，神农于亳州，轩辕于坊州	【中华民族】
W6495. 0. 4. 2. 2. 3. 5	三皇庙中祭伏羲、神农、黄帝之神	【中华民族】
W6495. 0. 4. 2. 2. 3. 6	医者祭三皇	【中华民族】
W6495. 0. 4. 2. 2. 3. 6a	捏面人、泥人者都敬三皇	【汉族】
W6495. 0. 4. 2. 2. 3. 7	三皇祠祭医师之祖伏羲、神农、黄帝	【中华民族】

① 【中华民族】@［W6495. 3. 1. 8］祭山神祈除病；［W6495. 4. 1. 2］祭水神祛病。

W 编码	母题描述	关联项
W6495.0.4.2.2.4	祭三王	
W6495.0.4.2.2.5	同祭尧舜禹	【汉族】
W6495.0.4.2.2.6	渤海渔民二月十九日纪念龙王爷、娘娘和达摩老祖	【汉族】
W6495.0.4.2.3	共祭 4 神	
W6495.0.4.2.3.1	祭五谷神时，要同时祭山神土地和田公地母	【白族】
W6495.0.4.2.3.2	吃新节祭祀对象是天神忍哈佤、土地神、老祖先和米天神（粮食神）	【仡佬族】
W6495.0.4.2.4	共祭 5 神	
W6495.0.4.2.4.1	汉文帝为协调政治矛盾，十六年夏四月，郊祀赤、黄、青、白、黑五帝	【中华民族】
W6495.0.4.2.5	共祭 6 神	
W6495.0.4.2.6	共祭 7 神	
W6495.0.4.2.7	共祭 8 神	
W6495.0.4.2.8	共祭其他数量的神	【壮族】
W6495.0.4.2.8.1	共祭 9 神	
W6495.0.4.2.8.2	祭日月星与自然神时祭火神	【鄂伦春族】
W6495.0.4.2.9	与祭多神有关的其他情形	［W6456.2.4.7.1］庙中塑外族神像
W6495.0.4.2.9.1	分时祭多神	
W6495.0.4.2.9.2	同时祭多神	
W6495.0.4.2.9.2.1	蛇年祭神时，一次献山神、龙神和祖灵三灵	【彝族】
W6495.0.4.2.9.3	祭多神时必祭的神	
W6495.0.4.2.9.3.1	每一个祭祀活动都要祭雷神	【彝族（撒尼）】
W6495.0.4.2.9.4	祭一神代表祭多神	
W6495.0.4.2.9.4.1	祭祀雷王亦即祭祀盘古	【壮族】

W 编码	母题描述	关联项
W6495. 0. 4. 2. 9. 5	多教融合的祭祀	【傣族（水傣）】
W6495. 0. 4. 2. 9. 6	祭多神时有特定顺序	
W6495. 0. 4. 2. 9. 6. 1	祭各路神灵时先莫一大王，第二是天地国（君）亲师，第三是本音堂上历代先祖考妣之神，第四是财帛君星，第五是灶王	【壮族】
W6495. 0. 4. 2. 9. 7	多神同祭的其他情形	
W6495. 0. 4. 2. 9. 8	与多神共祭有关的其他母题	
W6495. 0. 4. 2. 9. 8. 1	不能同祭的神	
W6495. 0. 4. 2. 9. 8. 1. 1	特定的神不能同祭	
W6495. 0. 4. 2. 9. 8. 1. 1. 1	供孟尔丁祖母者，就不供霍列力	【达斡尔族】
W6495. 0. 4. 2. 9. 8. 1a	供奉大神时可以不供奉其从属神	【赫哲族】
W6495. 0. 4. 2. 9. 8. 2	在特定场所多神共祭	
W6495. 0. 4. 2. 9. 8. 2. 1	庙中共祭多神	
W6495. 0. 4. 2. 9. 8. 2. 1. 1	莫一大王神庙中除莫一大王外，还有莫四、莫二、三界、万岁婆王、土光王、龙船王、社王等十六尊神像	【壮族】
W6495. 0. 4. 3	祭神次数	
W6495. 0. 4. 3. 1	一年一次祭特定的神	
W6495. 0. 4. 3. 1. 1	每年祭一次天神	【独龙族】@［W6495. 1. 1. 1］独龙族每年要敬一次天神，是为了不让他降祸人间
W6495. 0. 4. 3. 2	一年多次祭特定的神	
W6495. 0. 4. 3. 2. 1	一年 2 次祭特定的神	
W6495. 0. 4. 3. 2. 1. 1	春秋 2 次祭祀火神托阿恩都哩	【满族】
W6495. 0. 4. 3. 3	多年一次祭特定的神	
W6495. 0. 4. 3. 4	各个村寨祭祀同一个神的次数不同	
W6495. 0. 4. 3. 4. 1	祭祀梅吉神的次数各寨不一	【佤族】

W 编码	母题描述	关联项
W6495.0.5	祭神的方式（祭神的方法；祭神的形式；祭神仪式）	
W6495.0.5.0	祭神前准备	
W6495.0.5.0.1	祭神前占卜	【侗族】
W6495.0.5.0.2	祭神时向神通报	
W6495.0.5.0.2.1	祭神要让特定的神转告	
W6495.0.5.0.2.1.1	祭山神让土地神转告	【壮族】
W6495.0.5.0.2.2	祭神要喊神的名字	【珞巴族】【藏族】@［W6495.3.4.8］祭山神时呼唤特定名字
W6495.0.5.0.3	祭神前除秽	【蒙古族（布里亚特）】
W6495.0.5.0.3.1	祭吉雅其神时将房屋扫除干净	【达斡尔族】
W6495.0.5.1	供奉祭神	
W6495.0.5.1.1	撒祭品敬神	【赫哲族】
W6495.0.5.2	杀牲祭神	
W6495.0.5.2.1	牺牲投入香火中祭神	【藏族】
W6495.0.5.2.2	沉牛祭神	
W6495.0.5.2.2.1	八月十五祭三容神时采取“沉牛祭神”方式	【侗族】
W6495.0.5.3	用食物祭神	［W6503］祭品（牺牲）
W6495.0.5.3.1	用酒祭神	［W6503.8.4］酒作为祭品
W6495.0.5.3.1.1	弹酒敬神	
W6495.0.5.3.1.1.1	猎人喝酒时要用筷子或手指蘸酒向上弹三下，表示先敬山神	【鄂伦春族】
W6495.0.5.3.1.1a	洒酒敬神	
W6495.0.5.3.1.1a.1	祭神时用手蘸着酒往天上洒了三下，往江里洒了三下	【赫哲族】
W6495.0.5.3.1.1a.2	祭神时用手指礁酒洒在杆上三次	【赫哲族】
W6495.0.5.3.2	煮肉祭神	［W6503.10.5.2］熟的祭品（熟祭；炙祭）

W 编码	母题描述	关联项
W6495. 0. 5. 3. 2. 1	萨满每隔数年举行一次祭祀自己神灵的仪式时，供祭的鹿或犴的头煮在锅里	【鄂温克族】
W6495. 0. 5. 3. 2. 2	酒、肉扔向半空祭神	【赫哲族】
W6495. 0. 5. 3. 3	以茶祭神	【壮族】
W6495. 0. 5. 4	通过特定仪式祭神	
W6495. 0. 5. 4. 1	祭房屋保护神时，巫师把剪的鸡毛状剪纸条挂在砍来的小树上，手撑一把青布伞遮脸，手抓一只白公鸡，边叨念神词边撒白米，并抖动白鸡	【苗族】
W6495. 0. 5. 4. 2	通过悬挂经文祭神	【藏族】
W6495. 0. 5. 4. 3	祭神时作揖磕头	【壮族】@［W6505. 2. 11. 4. 1］每人拿十三炷香按天地人皇顺序将香分别插在三棵神树下，先作揖，后插香，再磕头
W6495. 0. 5. 4. 4	通过跳神祭神	［W6505. 2. 12. 3］祭祀时跳神
W6495. 0. 5. 4. 4. 1	端公通过跳神治病祀鬼神	【彝族】
W6495. 0. 5. 5	通过歌舞奏乐祭神	
W6495. 0. 5. 5. 1	唱歌祭神	
W6495. 0. 5. 5. 2	跳舞祭神	
W6495. 0. 5. 5. 2. 1	祭祀后跳舞	【鄂伦春族】
W6495. 0. 5. 5. 3	祭神时要大声喊叫	【藏族】
W6495. 0. 5. 5. 4	祭神时制造声响	
W6495. 0. 5. 5. 4. 1	祭神时烧爆竹筒以示通报神灵	【壮族】
W6495. 0. 5. 5. 4. 2	祭神时吹海螺	
W6495. 0. 5. 5. 4. 2. 1	祭灶神时吹海螺	【藏族】
W6495. 0. 5. 6	演戏祭神	
W6495. 0. 5. 7	通过模仿祭神	

W 编码	母题描述	关联项
W6495.0.5.7.1	主祭萨嫫祭龙时要表演神龙在云中翱翔的舞姿	【彝族（撒尼）】
W6495.0.5.7.2	祭神时神职人员假扮成神灵	【多民族】
W6495.0.5.7.3	祭神时模仿神的形体	
W6495.0.5.7.3.1	萨满祭背灯神时模仿其飞翔	【满族】
W6495.0.5.7.4	模仿被祭的神享用祭品	
W6495.0.5.7.4.1	血祭鹰神时，祭祀者模仿鹰雕俯冲下来吃血的动作	【鄂伦春族】
W6495.0.5.8	焚烧特定物祭神	
W6495.0.5.8.1	烧香祭神	【满族】
W6495.0.5.8.1.1	点香祭火神与男女祖宗	【羌族】
W6495.0.5.8.2	烧金银祭神	【苗族】@［W6495.2.5.3.4.1］焚烧铅金银祭土地神
W6495.0.5.8.3	烧特定植物祭神	
W6495.0.5.8.3.1	焚烧栎叶祭神	【苗族】
W6495.0.5.8.3.2	烧松枝敬神	【羌族】
W6495.0.5.8.4	烧纸祭神	［W6495.9.5.4.1］烧纸钱祭门神
W6495.0.5.8.4.1	烧纸祭神的原因	
W6495.0.5.8.4.1.1	烧纸表示送钱	【汉族】@［W6503.8.9.1］钱作为祭品
W6495.0.5.8.4.1.2	不烧纸钱，祖先就会没钱	【傈僳族】
W6495.0.5.8.4.2	祭神烧纸的时间	
W6495.0.5.8.4.2.1	初一、十五祭神烧纸	【汉族】@［W6495.0.2.2.6.1］初一、十五祭神
W6495.0.5.8.4.2.2	七月半烧纸钱	【傈僳族】
W6495.0.5.8.4.3	祭神烧纸的地点	
W6495.0.5.8.4.4	祭神烧纸的方法（祭神烧纸的情形）	
W6495.0.5.8.4.5	祭神烧特定的纸	

W 编码	母题描述	关联项
W6495. 0. 5. 8. 4. 5. 1	正月初一祭太阳神、八月十五祭月亮神时，要焚烧甲马纸	【白族】
W6495. 0. 5. 8. 5	点火祭神	
W6495. 0. 5. 8. 5. 1	家门前点一堆火敬神	【藏族】
W6495. 0. 5. 9	磕头祭神（跪拜祭神）	
W6495. 0. 5. 10	诵念祭神（诵经祭神）	［W6509. 4］祭辞（祭词；祈词）
W6495. 0. 5. 10. 1	通过诵特定的经文祭神	
W6495. 0. 5. 10. 2	祭神时唱颂歌	
W6495. 0. 5. 10. 3	祭其他神时要先诵念最高神	【怒族（若柔）】
W6495. 0. 5. 10. 4	祭神时念咒语	
W6495. 0. 5. 10. 4. 1	祭天神时巫师朵西薄念咒语	【白族】
W6495. 0. 5. 10. 5	祭师诵祭神词时边舞边诵	【壮族】
W6495. 0. 5. 11	其他祭神方式	
W6495. 0. 5. 11. 1	滴水祭神	
W6495. 0. 5. 11. 1. 1	祭神时用器皿盛水往下滴以示诚意	【傣族】
W6495. 0. 5. 11. 2	往神像上缠物祭神	
W6495. 0. 5. 11. 2. 1	往女神石像上裹缠麻线和患者的数缕头发	【纳西族（摩梭）】
W6495. 0. 5. 11. 3	祭神时给神换新衣	【彝族（撒尼）】
W6495. 0. 5. 11. 4	通过游行祭神	
W6495. 0. 5. 11. 4. 1	七月二十五日游干木山祭干木山女神	【纳西族（摩梭）】
W6495. 0. 5. 11. 4a	手持特定物祭神	
W6495. 0. 5. 11. 4a. 1	举旗祭神	
W6495. 0. 5. 11. 4a. 1. 1	每家一人拿着五色纸做的三角旗涌到土主庙祭谷神	【彝族（白彝）】
W6495. 0. 5. 11. 5	通过制造动静祭神	

W 编码	母题描述	关联项
W6495.0.5.11.5.1	祭神时让牺牲嚎叫	【壮族】@［W6503.12.9.1.3.1］把酒倒进猪耳朵，猪一嚎叫说明神已领牲
W6495.0.5.11.6	神升天仪式	
W6495.0.5.11.6.1	春祭时举行神升天仪式	【鄂伦春族】
W6495.0.5.12	多种方式祭神	
W6495.0.5.12.1	向篝火里投放食物和酒祭神	【鄂伦春族】
W6495.0.5.12.2	猎人们饮酒就餐时，先行手指蘸酒向空中三弹或行食物捧举之礼，表示先给白那查敬献酒食	【达斡尔族】
W6495.0.5.13	请神（迎神；请鬼）	［W6505.2.1］请神
W6495.0.5.13.1	请神的原因	［W6507.3.2.4］迎神求雨
W6495.0.5.13.1.1	请神能多获猎物	【鄂伦春族】
W6495.0.5.13.1.2	请神消灾	【鄂温克族】
W6495.0.5.13.1a	迎神的时间	
W6495.0.5.13.1a.1	黎明时迎神	【满族】
W6495.0.5.13.1a.2	傍晚时迎神	［W6495.8.5.2.7］傍晚祭神树
W6495.0.5.13.1a.3	节日时迎神	
W6495.0.5.13.1a.4	其他特定时间迎神	
W6495.0.5.13.1a.5	特定时间迎特定的神	
W6495.0.5.13.1a.5.1	除夕接财神	【汉族】
W6495.0.5.13.1a.5.2	正月十五迎女娲神	【汉族】
W6495.0.5.13.1a.5.3	农历二月择日迎镇海大王	【京族】
W6495.0.5.13.1a.6	特定祭祀时请神	
W6495.0.5.13.1a.6.1	中秋祭月时，要请日月神下凡	【汉族】
W6495.0.5.13.1b	请神的地点（迎神的地点）	
W6495.0.5.13.1b.1	到庙中迎神	
W6495.0.5.13.1b.1.1	到白龙尾庙迎神	【京族】

W 编码	母题描述	关联项
W6495. 0. 5. 13. 1b. 2	特定的水边迎神	
W6495. 0. 5. 13. 1b. 2. 1	豁里人迎接始祖仪式地点为有雌天鹅游动的河湖之畔	【蒙古族（布里亚特）】
W6495. 0. 5. 13. 1b. 3	在树下请神	【赫哲族】
W6495. 0. 5. 13. 1c	请神者（迎神者）	
W6495. 0. 5. 13. 1c. 1	特定身份的人迎特定的神	
W6495. 0. 5. 13. 1c. 1. 1	接财神必须是穷人	【汉族】
W6495. 0. 5. 13. 1c. 1. 2	请神者必须是全人	
W6495. 0. 5. 13. 1c. 1. 2. 1	请猴神的人必须爹妈双全	【仡佬族】
W6495. 0. 5. 13. 1c. 1. 3	祭祀者的助手请神	
W6495. 0. 5. 13. 1c. 1. 3. 1	栽力（萨满的助手）请神	【满族】
W6495. 0. 5. 13. 1c. 1. 4	能通神者请神	
W6495. 0. 5. 13. 1c. 1. 4. 1	能通神的人“弗力兰”请神	【赫哲族】
W6495. 0. 5. 13. 2	请神的方法（请神的情形；迎神仪式）	
W6495. 0. 5. 13. 2. 0	请神准备	
W6495. 0. 5. 13. 2. 0. 1	请神前先颂赞被请的神（排神）	【满族】
W6495. 0. 5. 13. 2. 1	请神时呼唤神的名字	【赫哲族】
W6495. 0. 5. 13. 2. 1. 1	东巴面对神坛请神时念各种神的名	【纳西族】
W6495. 0. 5. 13. 2. 2	人不搞仪式鬼不会来	【基诺族】
W6495. 0. 5. 13. 2. 3	请神时无跳舞、唱歌及音乐	【彝族】@［W6495. 0. 5. 13. 2. 8. 2］请神时歌唱
W6495. 0. 5. 13. 2. 4	猎人猎获野物用点着一团火草烫灼腮帮，及时打三次口哨，吹三声牛角号以招迎猎神降临	【纳西族】
W6495. 0. 5. 13. 2. 5	请神时撒特定物为神引路	
W6495. 0. 5. 13. 2. 5. 1	从供桌的白米碗抓把白米撒向四方八面，表示给祖神引路	【壮族】

W 编码	母题描述	关联项
W6495.0.5.13.2.5a	用烟火酒气为神引路	【壮族】@［W6495.0.5.13.2.9.1.1.1］用松柏烟请神
W6495.0.5.13.2.5b	萨满请神时，把一团烧红的火炭放在脚前为神引路	【鄂伦春族】
W6495.0.5.13.2.6	背神	
W6495.0.5.13.2.6.1	祭祖母神“萨”有背萨的队伍迎“萨”	【侗族】
W6495.0.5.13.2.7	击鼓请神	
W6495.0.5.13.2.7.1	萨满击鼓请神	【赫哲族】
W6495.0.5.13.2.7.2	敲铜鼓请母神蛙婆	【壮族】
W6495.0.5.13.2.7.2a	敲铜鼓请东海龙王	【布依族】
W6495.0.5.13.2.8	请神的其他方法	
W6495.0.5.13.2.8.1	请神必须见血	
W6495.0.5.13.2.8.1.1	萨满举行请神仪式时，必须见血	【鄂温克族】
W6495.0.5.13.2.8.2	请神时歌唱	
W6495.0.5.13.2.8.2.1	请神时请神者与助手对歌	【鄂伦春族】
W6495.0.5.13.2.8.3	跪请神灵	
W6495.0.5.13.2.8.3.1	跪着边击鼓边祷告请神	【赫哲族】
W6495.0.5.13.2.9	与请神方法有关的其他母题	
W6495.0.5.13.2.9.1	请神的用品	［W6456.2.1.5.1］请神的法器
W6495.0.5.13.2.9.1.1	请神时用香火	【鄂温克族】
W6495.0.5.13.2.9.1.1.1	用松柏烟请神	【壮族】
W6495.0.5.13.2.9.1.2	请神时用神灯	【鄂温克族】
W6495.0.5.13.2.9.1.3	请神时用神石	
W6495.0.5.13.3	请特定的神	【纳西族】@［W6496.0.6.2.4］请家神
W6495.0.5.13.3.1	哈尼人依照天神阿波摩米的吩咐请护寨女神	【哈尼族】
W6495.0.5.13.3.2	请峨嵋山诸神	【彝族】

W 编码	母题描述	关联项
W6495. 0. 5. 13. 3. 3	请各路神灵	【锡伯族】
W6495. 0. 5. 13. 3. 3. 1	治病请神时，将各种神都要请来以便诸神协同治病	【赫哲族】
W6495. 0. 5. 13. 3. 4	请祖神	
W6495. 0. 5. 13. 3. 4. 1	秋祭时请祖神	【满族】
W6495. 0. 5. 13. 4	与请神有关的其他母题	
W6495. 0. 5. 13. 4. 1	迎祭旧神	【白族】
W6495. 0. 5. 13. 4. 2	请诸神时要单独请神	【满族】
W6495. 0. 5. 13. 4. 3	神请来后的寓所	
W6495. 0. 5. 13. 4. 3. 1	请来的神附于萨满身上	【满族】
W6495. 0. 5. 13. 4. 3. 2	请到的神落在特定物上	
W6495. 0. 5. 13. 4. 3. 2. 1	萨满请来的大神落在“托落”杆上	【赫哲族】
W6495. 0. 5. 13. 4. 3. 2. 2	巫师请神时用香杆夹上一个纸人插在米碗上，作为神魂来后的栖身之处	【壮族】
W6495. 0. 5. 13. 4. 4	请神的禁忌	
W6495. 0. 5. 13. 4. 4. 1	请神时忌其他宗教者参与	【壮族】
W6495. 0. 5. 13. 4. 4. 2	请神整个过程忌不掩饰	
W6495. 0. 5. 13. 4. 4. 2. 1	请神到山上选取神石时，马头两侧须披红	【满族】
W6495. 0. 5. 14	送神	
W6495. 0. 5. 14. 1	送神的原因	
W6495. 0. 5. 14. 1. 1	祭献了土地神之后要送走	【彝族】
W6495. 0. 5. 14. 1. 2	发生特定现象时要送神	
W6495. 0. 5. 14. 1. 2. 1	看到流星后要送火神	【白族】
W6495. 0. 5. 14. 2	送神的方法（送神的情形）	
W6495. 0. 5. 14. 2. 1	在白毡神座上送神	【纳西族】
W6495. 0. 5. 14. 2. 2	通过焚烧送神（通过烧神牌送神）	【白族】【锡伯族】

W 编码	母题描述	关联项
W6495. 0. 5. 14. 2. 3	送神时酬谢其他神灵	【壮族】
W6495. 0. 5. 14. 3	送特定的神	［W6496. 0. 6. 4］送祖（送祖灵）
W6495. 0. 5. 14. 3. 1	金神偶要送往金山	【纳西族】
W6495. 0. 5. 14. 3. 2	桦木神要送往长桦树的山上	【纳西族】
W6495. 0. 5. 14. 3. 3	家中失火要送火神	【傈僳族】
W6495. 0. 5. 14. 3. 4	送瘟神	
W6495. 0. 5. 14. 3. 4. 1	抬轿送瘟神	【锡伯族】
W6495. 0. 5. 14. 3. 4. 2	烧掉瘟神像表示瘟神上天	【锡伯族】
W6495. 0. 5. 14. 3. 4. 3	送瘟神的其他方式	
W6495. 0. 5. 14. 3. 4. 3. 1	通过送痘神送瘟神	【锡伯族】
W6495. 0. 5. 14. 3. 4. 4	送瘟神时间	
W6495. 0. 5. 14. 3. 4. 4. 1	端午送瘟神	【汉族】
W6495. 0. 5. 14. 3. 4. 4. 2	每年一次送瘟神	【锡伯族】
W6495. 0. 5. 14. 3. 4. 5	送瘟神的地点	
W6495. 0. 5. 14. 3. 4. 5. 1	送瘟神到河中	【汉族】
W6495. 0. 5. 14. 3. 4. 6	送瘟神的结果	
W6495. 0. 5. 14. 3. 5	送恶神	
W6495. 0. 5. 14. 3. 5. 1	发生天灾人祸时送恶神	【锡伯族】
W6495. 0. 5. 14. 4	特定的送神者	
W6495. 0. 5. 14. 4. 1	由神的使者送神	【锡伯族】
W6495. 0. 5. 14. 5	送神的主持者	
W6495. 0. 5. 14. 5. 1	送神主持者的变化	
W6495. 0. 5. 14. 5. 1. 1	送神主持者由萨满变成喇嘛	【锡伯族】
W6495. 0. 5. 14. 6	送神的结果	
W6495. 0. 5. 14. 6. 1	神享受祭品后归去	【赫哲族】
W6495. 0. 5. 14. 7	与送神有关的其他母题	
W6495. 0. 5. 15	求神	

W 编码	母题描述	关联项
W6495. 0. 5. 15. 1	求神的原因	
W6495. 0. 5. 15. 1. 1	求神改变生活困境	【满族】
W6495. 0. 5. 15. 1. 2	求神得物	
W6495. 0. 5. 15. 1. 2. 1	求神得到食物	【汉族】
W6495. 0. 5. 15. 1. 2. 2	求神赐给猎物	【鄂温克族】
W6495. 0. 5. 15. 2	求神的方法（送神的情形）	
W6495. 0. 5. 15. 3	求特定的神	
W6495. 0. 5. 15. 4	与求神有关的其他母题	
W6495. 0. 5. 16	谢神	
W6495. 0. 5. 16. 1	谢神的原因	
W6495. 0. 5. 16. 1. 1	猎获野兽特别是大野兽后，要举行仪式感谢兽神	【怒族】
W6495. 0. 5. 16. 2	谢神的方法（谢神的情形）	
W6495. 0. 5. 16. 2. 1	狩猎丰收后要举行谢森林神仪式	【蒙古族（布里亚特）】
W6495. 0. 5. 16. 3	谢特定的神	
W6495. 0. 5. 16. 4	与谢神有关的其他母题	
W6495. 0. 5. 17	游神（抬神像巡游；通过抬神巡游祭神）	
W6495. 0. 5. 17. 1	游神的产生	
W6495. 0. 5. 17. 2	游神的时间	
W6495. 0. 5. 17. 2. 1	节日时游神	
W6495. 0. 5. 17. 2. 1. 1	春节期间“迎本主”（游神）	【白族】
W6495. 0. 5. 17. 2. 2	特定时间游神祭祀	【汉族、壮族等】
W6495. 0. 5. 17. 2. 3	修庙时抬神巡游	【壮族】
W6495. 0. 5. 17. 2. 4	神的诞辰日抬神巡游	【多民族】
W6495. 0. 5. 17. 3	游神的地点	
W6495. 0. 5. 17. 3. 1	游神方向的确定	
W6495. 0. 5. 17. 3. 1. 1	通过历书确定游神方向	【壮族】

W 编码	母题描述	关联项
W6495.0.5.17.4	游神的方法	
W6495.0.5.17.4.1	用八乘大轿把水草大王和五谷娘娘从庙内迎出来逐村逐寨巡游让人献祭	【白族】
W6495.0.5.17.4.2	抬神像巡游	【汉族、壮族等】
W6495.0.5.17.5	游神的情形	
W6495.0.5.17.5.1	游神有特定程序	【汉族、壮族等】【多民族】
W6495.0.5.17.5.2	祭祀盘古游神时，师公持剑挥钗，喃唱赞颂盘古歌，舞狮舞龙，敲锣打鼓，燃放鞭炮，彩旗飞扬	【汉族、壮族等】
W6495.0.5.17.6	抬特定的神巡游	【白族】@［W6495.12.3.2.1］正月十四至十六日为本主节祭本主时，全村将本主神像用轿子抬着游村
W6495.0.5.17.6.1	农历七月为杨老爷举行出会，抬“杨老爷”巡游	【汉族】
W6495.0.5.17.7	游神的善后	
W6495.0.5.17.7.1	本主神像游行结束后送到本主庙中	【白族】
W6495.0.5.17.7.2	抬盘古神像游村祭祀结束后，各村再将其神像抬回原庙安放	【汉族、壮族等】
W6495.0.5.17.7.3	正月初三开始抬祖像巡游祭祖，至三月初二把神像送回原庙	【白族】
W6495.0.5.17.8	与游神有关的其他母题	
W6495.0.5.17.8.1	游神时得到的礼物	
W6495.0.5.17.8.1.1	游神时得到的礼物是吉祥物	【壮族】
W6495.0.5.18	祭神方法的其他情形	
W6495.0.5.18.1	祭神时的人神互动	【壮族】
W6495.0.5.18.2	不同的神祭仪不同	【达斡尔族】
W6495.0.6	祭神人员（祭神者）	
W6495.0.6.1	祭神的组织者	

W 编码	母题描述	关联项
W6495. 0. 6. 1. 1	年老妇女为祭月神的组织者	【壮族】
W6495. 0. 6. 2	祭神的参与者	
W6495. 0. 6. 2. 1	女性祭女性神	【鄂温克族】
W6495. 0. 6. 2. 2	特定身份者才有供神的权利	
W6495. 0. 6. 2. 2. 1	氏族中最古老的家庭才能供特定的神	【鄂温克族】
W6495. 0. 6. 3	祭神的主持者	
W6495. 0. 6. 4	祭神的观看者	
W6495. 0. 6. 5	其他特定的祭神者	
W6495. 0. 6. 6	与祭神者有关的其他母题	
W6495. 0. 6. 6. 1	特定人物不祭神	［W6495. 0. 1. 3］不祭神受惩罚（祭神赎罪；祭神免灾）
W6495. 0. 6. 6. 1. 1	扎努扎别祭犁祭牛，偏不祭天神厄莎	【拉祜族】
W6495. 0. 7	祭神的过程（祭神的情形；祭神的顺序；祭神的程序）	
W6495. 0. 7. 1	祭神前的准备	
W6495. 0. 7. 1. 1	祭神前筹划	
W6495. 0. 7. 1. 2	祭神前除秽（祭神前清扫）	【关联】①
W6495. 0. 7. 1. 2. 1	请神敬神之先须解房秽	【羌族】
W6495. 0. 7. 1. 2. 2	祭神前净身	［W6490. 6. 7. 2. 1］主祭者祭前净身
W6495. 0. 7. 1. 2. 2. 1	祭师祭神前要洗手、净面、沐身	【羌族】
W6495. 0. 7. 1. 2. 2. 2	祭神前为神净身	
W6495. 0. 7. 1. 2. 2. 2. 1	敬土地佬时要先给泥巴菩萨洗澡	【汉族】
W6495. 0. 7. 2	祭神前要吃特定食物	
W6495. 0. 7. 2. 1	祭田公地母当天早餐必须吃粑粑、野菜	【壮族】
W6495. 0. 7. 2a	筹集祭神经费	

① ［W6503. 12. 0. 1］祭品使用前要除秽；［W6505. 1. 3. 1］祭祀前要除秽。

W 编码	母题描述	关联项
W6495.0.7.2a.1	春秋社日按户收取祭神经费	【壮族】
W6495.0.7.3	祭多个神的顺序	
W6495.0.7.3.1	青稞收获后先装一斗敬仓神，再煮熟敬其他神，最后敬亲戚老辈	【羌族】
W6495.0.7.3.2 *	祖先神像居神的主位	【藏族（嘉绒）】
W6495.0.7.3.3	祭天神有祝告迎神，献牺牲，焚香草，主人及来宾叩头等程序	【赫哲族】
W6495.0.7.3.4	祭多神时最先祭的神	
W6495.0.7.3.4.1	家祭时必先祭一位名叫他拉伊罕的女神	【满族】
W6495.0.7.3.5	所祭多神按功劳排座次	【汉族】
W6495.0.7.3.6	所祭多神，按比赛结果排座次	
W6495.0.7.3.6.1	炎帝的妻子与两个女儿死后受祭，按比赛排序	【汉族】
W6495.0.7.4	祭特定的神有相应的程序	
W6495.0.7.4.1	祭猎神仪式包括“解秽”“生献牺牲”“复解秽”“熟献牺牲”“送猎鬼”“卜贝”“奠灶祇”6个程序	【纳西族】
W6495.0.7.5	祭神的对象	［W6496.0.4.7.5］祭祖时祭特定对象
W6495.0.7.5.1	祭祀时特定的人代表神	【满族】
W6495.0.7.5.2	只有特定的神被祭祀	【蒙古族（布里亚特）】@［W6491.5.5.3.1］特定姓氏祭祀特定的神
W6495.0.7.6	祭神时占卜	【壮族】
W6495.0.8	祭神的结果	
W6495.0.8.1	祭神后愿望实现	
W6495.0.8.1.1	祭神后正常生育	【独龙族】
W6495.0.8.2	祭神得福	【藏族】

W 编码	母题描述	关联项
W6495. 0. 8. 3	祭神让神显灵	【壮族】
W6495. 0. 8. 4	祭神灵验	
W6495. 0. 8. 4. 1	祭花婆祈子必有灵验	【壮族】
W6495. 0. 9	与祭神有关的其他母题	【关联】①
W6495. 0. 9. 1	祭神的禁忌（祭神禁忌）	
W6495. 0. 9. 1. 1	祭神时忌衣冠不整洁	【傈僳族】@［W6512］渎神禁忌
W6495. 0. 9. 1. 2	祭特定神忌用特定法器	【羌族】
W6495. 0. 9. 1. 3	祭特定神的性别禁忌	
W6495. 0. 9. 1. 3. 1	祭祖先和财神忌妇女参加	【仡佬族】
W6495. 0. 9. 1. 4	祭神时忌言语	［W6495. 0. 5. 5. 3］祭神时要大声喊叫
W6495. 0. 9. 1. 4. 1	祭谷神娘娘时肃然无语	【壮族】
W6495. 0. 9. 1. 5	祭神时忌洗晒	
W6495. 0. 9. 1. 5. 1	祭神树时禁止洗晒衣裳	【仡佬族】
W6495. 0. 9. 1. 6	祭神时看的禁忌	
W6495. 0. 9. 1. 6. 1	祭神时不能视神像	【满族】
W6495. 0. 9. 2	祭神的后续工作	
W6495. 0. 9. 2. 1	祭神后观天文地理	【彝族】
W6495. 0. 9. 2. 2	祭神后娱乐	
W6495. 0. 9. 2. 2. 1	祭山神菩萨完毕后大家打枪、吼山、跳锅庄、赛马、唱山歌	【羌族】
W6495. 0. 9. 3	祭神的传承方式	
W6495. 0. 9. 3. 1	祭锅庄神的传授方式是母女相传，该神会随女儿出嫁携至婆家	【傈僳族】
W6495. 0. 9. 4	祭神的名称	
W6495. 0. 9. 4. 1	祭神又称“做鬼”	
W6495. 0. 9. 4. 1. 1	杀牛祀神名曰做鬼	【彝族】

① ［W6491. 3. 4. 1］女性专祭的神；［W6543. 1. 1］娱神。

W 编码	母题描述	关联项
W6495.0.9.5	祭神的特征（祭神的性质）	
W6495.0.9.5.1 *	祭神是人与神的交流	
W6495.0.9.5.1.1 *	原始的神祭核心是人神的对话	【多民族】
W6495.0.9.5.2	祭神要经常持久	【壮族】
W6495.1	祭天神	
W6495.1.1	祭天神的原因（祭天神的产生）	［W0181］天神
W6495.1.1.1	为避祸祭天神	
W6495.1.1.1.1	独龙族每年要敬一次天神是为了不让他降祸人间	【独龙族】
W6495.1.1.2	为感恩祭天神	
W6495.1.1.2.1	为感恩天神嫁女时给人间带来诸物祭	【羌族】@［W6495.0.1.2.3］为报答天神送诸物的恩德祭天神
W6495.1.1.2.2	人因靠天吃饭敬天上的神灵	【汉族】
W6495.1.1.3	特定人物让人祭天	
W6495.1.1.3.1	盘古让人年年敬老天爷	【汉族】
W6495.1.1.3.2	首领规定祭天神	【佤族】
W6495.1.1.4	因敬畏天神祭天神	
W6495.1.1.4.1	马鬃蛇认为自己不能和天神相比而敬天神	【佤族】
W6495.1.2	祭天神的时间	
W6495.1.2.1	不同的月份祭天神	
W6495.1.2.1.1	正月祭天神	
W6495.1.2.1.1.1	正月初一祭天神	【汉族】【纳西族·摩梭人】【藏族】@［W6501.1.2.1.1.1］正月初一祭天
W6495.1.2.1.2	二月祭天神	
W6495.1.2.1.3	三月祭天神	
W6495.1.2.1.4	四月祭天神	

W 编码	母题描述	关联项
W6495. 1. 2. 1. 5	五月祭天神	
W6495. 1. 2. 1. 6	六月祭天神	
W6495. 1. 2. 1. 7	七月祭天神	
W6495. 1. 2. 1. 8	八月祭天神	
W6495. 1. 2. 1. 9	其他月份祭天神	
W6495. 1. 2. 1. 9. 1	九月祭天神	
W6495. 1. 2. 1. 9. 2	十月祭天神	
W6495. 1. 2. 1. 9. 3	十一月祭天神	
W6495. 1. 2. 1. 9. 4	十二月祭天神（腊月祭天神）	【彝族】【彝族（阿哲、阿细）】
W6495. 1. 2. 1. 9. 4. 1	腊月三十日祭天神	【白族】
W6495. 1. 2. 2	特定的季节祭天神	
W6495. 1. 2. 3	特定的事件时祭天神	
W6495. 1. 2. 4	特定的节日祭天神	
W6495. 1. 2. 5	其他时间祭天神	
W6495. 1. 2. 6	祭天神的时长	
W6495. 1. 2. 7	祭天神的周期	
W6495. 1. 3	祭天神的地点	［W6456. 2. 5. 5. 2. 6a］“天神”常供在神树上
W6495. 1. 3. 1	登山顶祭天神	【白族】【爨蛮】
W6495. 1. 3. 2	在天坛祭天神	【汉族】
W6495. 1. 4	祭天神的方法	［W6495. 0. 5. 10. 4. 1］祭天神时巫师朵西薄念咒语
W6495. 1. 4. 1	高处祭天神	【白族】
W6495. 1. 4. 2	祭天神时要关上大门，上挂毯子或棉被	【达斡尔族】
W6495. 1. 4. 3	祭天神时向空中抛洒祭品	【藏族】
W6495. 1. 4. 4	用特定牺牲祭天神	
W6495. 1. 4. 4. 1	用肥公羊祭天神	【锡伯族】

W 编码	母题描述	关联项
W6495. 1. 5	祭祀特定的天神	
W6495. 1. 5. 1	祭祀天神腾格日	【达斡尔族】
W6495. 1. 6	祭与天神有关的其他特定的神	
W6495. 1. 7	与祭天神有关的其他母题	【关联】①
W6495. 2	祭地神（祭土地神）	
W6495. 2. 1	祭地神的原因（祭地神的产生）	［W0230］地神
W6495. 2. 2	祭地神的时间	
W6495. 2. 2. 1	正月初一要祭米斯（地母）	【彝族】
W6495. 2. 2. 2	九月祭地神	【彝族（阿哲、阿细）】
W6495. 2. 2. 2. 1	农历九月择日祭地神	【彝族（阿细人）】
W6495. 2. 2. 3	每年冬月三十日祭地神	【纳西族（摩梭）】
W6495. 2. 2. 4	其他特定时间祭地神	
W6495. 2. 2. 4. 1	六月二十四日祭地神	
W6495. 2. 2. 4. 1. 1	六月二十四日祭地神称“青苗大会”	【彝族】
W6495. 2. 2. 5	特定事件时祭地神	
W6495. 2. 2. 5. 1	各家在点种包谷的第一天祭地神	【白族】
W6495. 2. 3	祭地神的地点	
W6495. 2. 4	祭地神的方式	
W6495. 2. 4. 1	用特定物祭地神	［W6503. 12. 3. 5］猪血祭地神
W6495. 2. 4. 1. 1	杀白公鸡祭地神	【彝族（阿细人）】@［W6503. 5. 1. 4. 1］公鸡作为祭品
W6495. 2. 5	祭特定的地神	
W6495. 2. 5. 1	祭地母	
W6495. 2. 5. 1. 1	秋收以后祭祀地母	【彝族（撒尼）】
W6495. 2. 5. 2	祭后土	
W6495. 2. 5. 2. 1	黄帝祭后土	

① ［W6501. 1］祭天；［W6503. 8. 9. 5. 1］玉是祭天神的祭品。

W 编码	母题描述	关联项
W6495. 2. 5. 2. 1. 1	黄帝在黑龙山的半山腰设方坛祭地神后土	【汉族】
W6495. 2. 5. 2. 2	祭社稷后土（祭田正后土）	【中华民族】
W6495. 2. 5. 3	祭土地神	【民族，关联】①
W6495. 2. 5. 3. 0	以前不祭土地神	【壮族】
W6495. 2. 5. 3. 1	祭土地神的原因	
W6495. 2. 5. 3. 1. 1	发生天灾、虫灾时祭拜土地公	【黎族】
W6495. 2. 5. 3. 1. 2	因求财灵验祭拜土地老爷	【汉族】@［W6506. 8. 1］祈祷的应验
W6495. 2. 5. 3. 2	祭土地神的时间	
W6495. 2. 5. 3. 2. 1	春耕秋收时祭土地神	【藏族】
W6495. 2. 5. 3. 2. 2	出门经商合伙办事时要当着土地爷盟誓	【布依族】
W6495. 2. 5. 3. 2. 3	动新土时要祭土地神	【侗族】
W6495. 2. 5. 3. 2. 4	三月三祭祀土地神	【布依族】
W6495. 2. 5. 3. 3	祭土地神的地点	
W6495. 2. 5. 3. 3. 1	土地神放置在大门旁	【锡伯族】@［W6502a. 3. 4. 1. 4］大门旁立土地神位
W6495. 2. 5. 3. 3. 2	在室外有供奉祈祷土地神的场所	【毛南族】
W6495. 2. 5. 3. 3. 3	土地庙中供奉土地神	【汉族】
W6495. 2. 5. 3. 4	祭土地神的方法	［W6503. 12. 3. 9. 1. 3］祭土地神献茶、酥油、糌粑或水果，山神则献酒与肉
W6495. 2. 5. 3. 4. 1	焚烧铅金银祭土地神	【苗族】
W6495. 2. 5. 3. 4. 2	祭土地神时，把鸡煮熟后插上一双筷子，放上一把勺子，摆上杀鸡的尖刀，抬到升斗下面“熟祭”	【彝族】
W6495. 2. 5. 3. 4. 3	用公鸡祭土地神	【汉族】

① 【汉族】@［W0236］土地神（土神）；［W6615. 8. 2］正月初八祭土地神。

W 编码	母题描述	关联项
W6495.2.5.3.5	祭土地神的情形	
W6495.2.5.3.6	祭特定的土地神	
W6495.2.5.3.6.1	祭妹娲、耇代两个男女土地神	【苗族】
W6495.2.5.3.6.2	敬山神土地	【仡佬族】
W6495.2.5.3.6.3	敬寨门土地	【仡佬族】
W6495.2.5.3.6.4	祭地方土地老俩	【汉族】
W6495.2.5.3.7	与祭土地神有关的其他母题	【关联】①
W6495.2.5.3.7.1	土地神为什么供在树下小石洞里	
W6495.2.5.3.7.1.1	土地神因劝婚被推进树下小石洞里	【毛南族】
W6495.2.5.3.7.2	祭土地神时忌女人参加	【壮族】
W6495.2.5.4	祭大地女神	［W0238］地母
W6495.2.5.4.1	妇女在祭大地女神的仪式上要裸露着前胸	【蒙古族（布里亚特）】
W6495.2.6	祭与地神有关的其他特定的神	
W6495.2.7	与祭地神有关的其他母题	［W6490.3.6.1］祭祀地神时，主祭者系每家当家的男子
W6495.3	祭山神（祭山灵；祭山鬼）	［W0391］山神
W6495.3.1	祭山神的原因（祭山神的产生）	【普米族】@［W6503.12.2.0.1］祭山神的水果分给小孩吃可以得到山神的保佑，健康成长
W6495.3.1.1	祭山神能猎到猎物（打猎前祭山神能多打猎物）	【达斡尔族】【鄂温克族】【怒族】【壮族】
W6495.3.1.1.1	山鬼“米枯于”和水鬼“独药于”分别主宰着农耕和狩猎，因此每年耕作和狩猎季节来临时必祭之	【怒族】
W6495.3.1.1.2	山神管理一切野兽，若事先不祭祀，出猎就会空手而归	【白族】

① ［W6501.6］祭土；［W6502a.2.2.2］祭土地神时顺祭山神和路神。

W 编码	母题描述	关联项
W6495. 3. 1. 1. 3	打猎必须敬山神，否则打不到东西	【纳西族】
W6495. 3. 1. 1. 4	祭山神求多获猎物	【鄂伦春族】
W6495. 3. 1. 2	祭山神消灾避害	【哈尼族】
W6495. 3. 1. 2. 1	祭山神可以让他管好豺狼虎不伤害猪鸡牛羊	【彝族】
W6495. 3. 1. 3	因与山神有亲缘关系祭山神	
W6495. 3. 1. 3. 1	因山神的女儿成为普米人的祖先，普米人重视祭山神	【普米族】
W6495. 3. 1. 4	因猎物时山神的，打猎要祭山神	【傈僳族】
W6495. 3. 1. 5	凡事祭山神有益	
W6495. 3. 1. 5. 1	凡耕种、出猎、远行必先祭山灵，否则耕种收获不佳，出猎不利，出行遇害	【傈僳族】
W6495. 3. 1. 6	祭山神老爷保佑家人丁兴旺	【彝族】
W6495. 3. 1. 6. 1	乞求山神保佑生儿育女	【纳西族】
W6495. 3. 1. 7	祭山神能找回失物	【白族】@［W6495. 0. 1. 5. 2. 1］祭山神能使马牛羊猪等失而复得
W6495. 3. 1. 8	祭山神祈除病	
W6495. 3. 1. 8. 1	祭山神祈除动物瘟疫	【仡佬族】
W6495. 3. 1. 9	与祭山神的原因有关的其他母题	
W6495. 3. 1. 9. 1	祭山神祈求保佑地方安宁，人畜兴旺，五谷丰登等	【壮族】
W6495. 3. 2	祭山神的时间	
W6495. 3. 2. 1	特定的时间祭山神	
W6495. 3. 2. 1. 1	一月祭山神	
W6495. 3. 2. 1. 1. 1	正月初三到初七日祭山神	【傈僳族】
W6495. 3. 2. 1. 1. 2	大年初三祭山神	【白族】
W6495. 3. 2. 1. 1. 3	正月初七祭山神	【藏族（白马）】

W 编码	母题描述	关联项
W6495. 3. 2. 1. 2	农历二月初八、六月二十五日和腊月三十祭山神	【彝族】
W6495. 3. 2. 1. 2a	每年，二月初九、二月二十四日和端午祭山神	【傈僳族】
W6495. 3. 2. 1. 3	三月祭山神	
W6495. 3. 2. 1. 3. 1	农历三月十五祭山神	【布依族】【彝族（葛泼）】
W6495. 3. 2. 1. 3. 2	三月寅日祭山神	【仡佬族】
W6495. 3. 2. 1. 4	四月祭山神	【彝族（阿哲、阿细）】
W6495. 3. 2. 1. 4. 1	四月初一祭山神	【藏族】
W6495. 3. 2. 1. 4. 2	藏历四月十一敬山神	【藏族】
W6495. 3. 2. 1. 4. 3	四月十八祭山神	【藏族（白马）】
W6495. 3. 2. 1. 5	五月祭山神	
W6495. 3. 2. 1. 6	六月祭山神	
W6495. 3. 2. 1. 6. 1	六月初一祭山神	【傈僳族】
W6495. 3. 2. 1. 6. 2	藏历六月十五祭山神（拉卜则）	【藏族】
W6495. 3. 2. 1. 7	其他月份祭山神（其他特定月份的特定日子祭山神）	
W6495. 3. 2. 1. 7. 1	七月祭山神	
W6495. 3. 2. 1. 7. 1. 1	七月十五祭山神	【藏族（白马）】
W6495. 3. 2. 1. 7. 2	特定月份特定日子的特定时辰祭神山	
W6495. 3. 2. 1. 7. 2. 1	二月、八月朔日祭山神	【羌族】
W6495. 3. 2. 1. 7. 3	藏历七月祭山神	【藏族】
W6495. 3. 2. 1. 7. 3. 1	十月十五祭山神	【藏族（白马）】
W6495. 3. 2. 1. 8	特定的季节祭山神	
W6495. 3. 2. 1. 8. 1	夏分之日祭山神	【蒙古族（布里亚特）】
W6495. 3. 2. 1. 8. 2	秋天祭山神	【藏族】
W6495. 3. 2. 1. 8. 2. 1	丰收的秋季祭山神	【藏族】
W6495. 3. 2. 1. 9	与祭山神时间有关的其他母题	

W 编码	母题描述	关联项
W6495. 3. 2. 1. 9. 1	特定的节日祭山神	
W6495. 3. 2. 1. 9. 1. 1	大年三十晚上祭山神	【傈僳族】
W6495. 3. 2. 1. 9. 2	特定的日子祭山神	
W6495. 3. 2. 1. 9. 2. 1	每年藏历的七八月的第一天祭祀山神	【藏族】
W6495. 3. 2. 1. 9. 3	祭山神的周期	
W6495. 3. 2. 1. 9. 3. 1	每十年举行一次祭山神大典（额比）	【藏族】
W6495. 3. 2. 1. 9. 3. 2	每年三次祭山神	
W6495. 3. 2. 1. 9. 3. 2. 1	每年四月十八日、七月十五日、十月十五日三次祭祀山神	【藏族（白马）】
W6495. 3. 2. 2	特定的事情前祭山神	
W6495. 3. 2. 2. 1	触动山地时要祭山神	
W6495. 3. 2. 2. 1. 1	开荒种地、收割庄稼、上山打猎、外出远行、安葬亡人、节日扫墓等触动山地时要祭山神	【白族（那马）】
W6495. 3. 2. 2. 1. 1a	山上开荒种地、修沟开田、砍伐树木、撵山狩猎、埋葬老人时祭山神	【布依族】
W6495. 3. 2. 2. 1. 2	凿石放炮要先祭山神	【怒族（若柔）】
W6495. 3. 2. 2. 1. 3	迁坟时祭山神	【纳西族】@［W6496. 0. 4. 7. 2. 2］迁坟时先祭山神，之后依次祭历代祖先，最后才祭新迁来的死者
W6495. 3. 2. 2. 2	狩猎或砍伐树木前祭山神	【达斡尔族】【怒族】【锡伯族】
W6495. 3. 2. 2. 2. 1	打猎时祭山神	【侗族】
W6495. 3. 2. 2. 2. 1. 0	祭过山神后，才可以开禁狩猎	【壮族】
W6495. 3. 2. 2. 2. 1. 1	打猎无获时祭山神	【布依族】
W6495. 3. 2. 2. 2. 1. 2	猎人打不到猎物时就去祈祷山神“白那恰”	【鄂伦春族】

W 编码	母题描述	关联项
W6495.3.2.2.2.1.3	进山狩猎或生产劳动时要供祭“白那查”	【鄂温克族】
W6495.3.2.2.2.1.4	出远猎时要供山神爷“白那恰”	【鄂伦春族】
W6495.3.2.2.2.2	上山砍伐时祭山神	
W6495.3.2.2.2.2.1	上山砍伐特别是砍伐建房材料等时，要由主家举行祭山仪式	【壮族】
W6495.3.2.2.3	争斗时祭山神	
W6495.3.2.2.3.1	械斗前，首领主持祭山神时以弩箭试射三箭给山神看	【傈僳族】
W6495.3.2.2.4	开山取石时祭山神	【仡佬族】
W6495.3.2.2.5	全村公祭一般在四五月封山和七八月开山时	【普米族】
W6495.3.2.2.6	猎人在山上狩猎或捕鱼时，无论吃饭或喝酒都要先敬山神“白那恰”	【鄂伦春族】
W6495.3.2.3	特定的事情时祭山神	
W6495.3.2.3.1	遇出远门、家人生病、鸡被鹰抓等均要祭献山神	【彝族】
W6495.3.2.4	特定的事情后祭山神	
W6495.3.2.4.1	捕获猎物后祭山神	【傈僳族】
W6495.3.2.4.1.1	捕获野兽后煮熟祭山神	【壮族】
W6495.3.3	祭山神的地点	［W6488.4.3.1］专祭山神的“山神台”
W6495.3.3.1	到放牧的山上找较高的山头祭山神	【傈僳族】
W6495.3.3.2	到山林中祭山神	
W6495.3.3.2.1	到高山密林供奉山神	【藏族】
W6495.3.4	祭山神的方法（祭山神的程式）	
W6495.3.4.1	向山神施行血供，供奉骡马牛羊	【藏族】
W6495.3.4.1.1	洒鸡血祭山神	【仡佬族】

W 编码	母题描述	关联项
W6495. 3. 4. 2	在山上找一棵粗树或一块石头，在上面画上山神“白那查”像，用各种兽肉祭祀	【鄂温克族】
W6495. 3. 4. 3	祭山神时在森林边架起一个简陋的木台，旁边插一棵栗树枝，上面挂着布条和鸡毛，以雌雄搭配的鸡猪为牺牲	【怒族】
W6495. 3. 4. 4	用米饭、白酒、鸡蛋、鸡祭山神	【怒族】
W6495. 3. 4. 5	用白色动物祭山神	
W6495. 3. 4. 5. 1	用大卵石打死用一只白公鸡或白羊祭山神	【彝族】
W6495. 3. 4. 6	用其他特定祭品祭山神	［W6503. 12. 3. 9. 1. 3］祭土地神献茶、酥油、糌粑或水果，山神则献酒与肉
W6495. 3. 4. 6. 1	烹羊煮酒祀山神	【羌族】
W6495. 3. 4. 6. 2	用血肉之浆做成的供品祭祀山神	【藏族】
W6495. 3. 4. 6. 3	祭山神向山神献箭	［W6495. 3. 5. 2. 1］祭山神时，给山神添加染成花色、缠着羊毛和哈达的箭杆
W6495. 3. 4. 6. 3. 1	祭山神时，村庄所有健康之人向山神献箭	【藏族】
W6495. 3. 4. 7	祭山神的祭品要分给辅神	
W6495. 3. 4. 7. 1	祭山神的献牲要有一个许给山神的菩萨人	【羌族（纳木依人、柏木依人）】
W6495. 3. 4. 8	祭山神时呼唤特定名字	【藏族】
W6495. 3. 4. 8. 1	敬山神的仪式中，猎人首领除了叫山神土地的名字外，还要叫已经死去了的先辈猎人首领的名字	【布依族】@［W6496. 0. 4. 6. 1］祭祖要提及祖先的名字
W6495. 3. 4. 9	与祭山神方法的有关的其他母题	
W6495. 3. 4. 9. 1	祭山神时跳舞	【藏族（白马）】@［W6505. 2. 5. 5. 2. 2］正月初七祭祀山神时，要跳“咒巫”

W 编码	母题描述	关联项
W6495.3.5	祭山神的情形	
W6495.3.5.1	杀大肥猪，宰大山羊，蒸九十九甑米饭，酿九十九坛米酒，舂九十九个糯粑，舂九十九个荞粑，祭祀山神夫妻	【彝族】@［W6503.12.9.5.2.2］祭山神仪式要用九只动物献祭
W6495.3.5.1.1	到较高的山头找一棵巨树，将前面铲平撒上松毛，献上纸、线、香、水酒、肉、饭菜等供品祭祀山神	【傈僳族】
W6495.3.5.2	祭山神时给山神添加祭物	
W6495.3.5.2.1	祭山神时，给山神添加染成花色、缠着羊毛和哈达的箭杆	【藏族】
W6495.3.5.3	祭山神有特定程序	
W6495.3.5.3.1	猎获野兽后要抬回设坛祭山神的地点，拔毛、剥皮、烹煮，先祭奉，然后举行猎宴	【壮族】
W6495.3.5.4	公祭山神	
W6495.3.5.4.1	祭山神大典时整个地区各堡子共祭山神	【藏族】
W6495.3.5.4.2	布摩率寨子全体男性村民集体祭祀山王爷	【布依族】
W6495.3.6	祭特定的山神	
W6495.3.6.1	祭山神爷和山神娘	【彝族】
W6495.3.6.2	祭祀“米司尼”（山神）	【傈僳族】
W6495.3.6.3	祭特定山的山神	
W6495.3.6.3.1	祭泰山神	【汉族】@［W6495.0.2.0.2.1］众神古历三月二十八日时到泰山顶给泰山奶奶谢恩，所以每年这一天信众上山烧香磕头
W6495.3.6.4	祭山神“白那查”	

W 编码	母题描述	关联项
W6495. 3. 6. 4. 1	上山锯倒松树前，须先敬“白那查”以保安全	【鄂温克族】
W6495. 3. 6. 5	祭山神即祭特定的树	
W6495. 3. 6. 5. 1	各家认定一棵松树或麻栗树作为本家的山神	【普米族】
W6495. 3. 6. 5. 2	村中认定一棵最大的松树或麻栗树为全村的山神	【普米族】
W6495. 3. 7	与祭山神有关的其他母题	【关联】①
W6495. 3. 7. 0	祭山神的名称	
W6495. 3. 7. 0. 1	三月初三祭神树，又叫祭山神	【仡佬族】
W6495. 3. 7. 1	祭山会	
W6495. 3. 7. 1. 1	祭山会又名山神会，是古代羌人祭祀山神的大典	【羌族】
W6495. 3. 7. 2	祭众多山神（祭山神的数量）	
W6495. 3. 7. 2. 1	一家中有几个兄弟就有几个山神	【傈僳族】
W6495. 3. 7. 3	祭崖神	
W6495. 3. 7. 3. 1	砍树烧山前要先祭崖神“吉姆达”	【怒族】
W6495. 3. 7. 4	祭山神后封山	【怒族】
W6495. 3. 7. 5	祭山神禁忌	
W6495. 3. 7. 5. 1	祭山神要倒背枪，否则以后枪法不准	【纳西族】
W6495. 3. 7. 6	特定职业者祭山神	
W6495. 3. 7. 6. 1	采药者祭山神	【汉族】
W6495. 4	祭水神	［W0400］水神
W6495. 4. 1	祭水神的原因（祭水神的产生）	
W6495. 4. 1. 1	为避免灾难祭水神	
W6495. 4. 1. 1. 1	为防旱涝祭水神	【壮族】

① ［W6503. 12. 2. 0. 1］祭山神的水果分给小孩吃可以得到山神的保佑，健康成长；［W6503. 13. 8. 1］祭山神的祭品不能带回家。

W 编码	母题描述	关联项
W6495.4.1.1.2	祭水神解除旱灾	【汉族】
W6495.4.1.1.3	放排工船民每次出航前，均设坛敬供祈求水神平息水妖	【侗族】
W6495.4.1.2	祭水神祛病	【白族（那马）】@［W6495.3.1.8］祭山神祈除病
W6495.4.1.2.1	不祭水神，村里本年必多病	【傈僳族】
W6495.4.1.2.2	祭水神后人喝水就不会变成哑巴	【景颇族】
W6495.4.1.3	祭水神降雨	
W6495.4.1.3.1	旱灾时，祭水神降雨	【白族】
W6495.4.1.4	祭水神防水灾	【中华民族】
W6495.4.1.5	祭水神驱邪	
W6495.4.1.5.1	祭水神驱除附在水上的各种邪魔妖怪	【景颇族】
W6495.4.1.6	被淹死者的亲属要祭水神	【壮族】
W6495.4.2	祭水神的时间	
W6495.4.2.1	特定季节祭水神	
W6495.4.2.1.1	春季祭龙王水神	【纳西族（摩梭人）】@［W6495.0.4.2.1.3］关帝庙中祭祀关帝时要同时祭龙王
W6495.4.2.2	特定日期祭水神	
W6495.4.2.2.1	每年三月三祭水神	【壮族】
W6495.4.2.2.2	农历三月属龙日祭水神	【壮族】
W6495.4.2.2.3	正月十五祭水神	【汉族】
W6495.4.2.3	特定事件时祭水神	
W6495.4.2.3.1	捕鱼虾时祭水神	【怒族】
W6495.4.2.3.1.1	渔民打鱼时首先祭水神	【达斡尔族】
W6495.4.2.3.2	做与水有关的事情要祭水神	
W6495.4.2.3.2.1	修凿水渠、开挖井池或池井干涸时祭水神	【怒族（若柔）】

W 编码	母题描述	关联项
W6495. 4. 2. 3. 3	小孩落水后要祭水神	【壮族】
W6495. 4. 2. 3. 4	水运时祭水神	【壮族】
W6495. 4. 2. 3. 5	饮水时先祭水神驱魔	【景颇族】
W6495. 4. 2. 4	早晨祭水神	【壮族】
W6495. 4. 2. 5	捕鱼前祭水神	【达斡尔族】
W6495. 4. 3	祭水神的地点	
W6495. 4. 3. 1	到水井或挑水的地方祭水神	【壮族】
W6495. 4. 3. 2	在寨旁的水边祭水神	【壮族】
W6495. 4. 4	祭水神的方法	
W6495. 4. 4. 1	喇嘛主祭水神	【鄂温克族】
W6495. 4. 4. 2	用鸭子祭水神	【彝族】
W6495. 4. 4. 3	用鸡祭水神	
W6495. 4. 4. 3. 1	用一只公鸡和一只母鸡祭水神	【哈尼族】
W6495. 4. 4. 4	祭水神向水中撒米	【壮族】
W6495. 4. 5	祭特定的水神	
W6495. 4. 5. 1	祭江神	
W6495. 4. 5. 1. 1	祭江神的产生（祭江神的原因）	
W6495. 4. 5. 1. 1. 1	为避免水灾祭江神	【汉族】
W6495. 4. 5. 1. 2	祭江神的方法	
W6495. 4. 5. 1. 3	祭江神的时间	
W6495. 4. 5. 1. 3. 1	清明节都江堰放水时，祭江神李冰父子	【汉族】
W6495. 4. 5. 1. 4	祭江神的地点	
W6495. 4. 5. 1. 5	祭江神的情形	
W6495. 4. 5. 1. 5. 1	为江神娶童女	【汉族】@［W6495. 4. 5. 2. 2. 5］通过给河神娶妻祭河神
W6495. 4. 5. 1. 6	祭特定的江神	
W6495. 4. 5. 1. 7	与祭江神有关的其他母题	

W 编码	母题描述	关联项
W6495.4.5.2	祭河神	
W6495.4.5.2.1	祭河神的产生（祭河神的原因）	
W6495.4.5.2.1.1	祭河神求渡河平安	【汉族】
W6495.4.5.2.1.2	祭河神祈子	【民族，关联】①
W6495.4.5.2.1.3	遭遇干旱时祭河神	【达斡尔族】@［W6507.3.2.1］祭河神求雨
W6495.4.5.2.1.4	祭河神，求河神给禽畜魂灵，给人们神灵的水	【壮族】
W6495.4.5.2.1.5	祭河神控制水	【布依族】
W6495.4.5.2.1.6	祭河神超度非正常死亡者	【布依族】
W6495.4.5.2.1.7	祭河神保佑人平安如愿和牲畜肥壮繁盛	【鄂温克族】
W6495.4.5.2.2	祭河神的方法	
W6495.4.5.2.2.1	放灯祭河神	【达斡尔族】
W6495.4.5.2.2.2	各家妇女各带一只鸡到河边祭河神	【达斡尔族】
W6495.4.5.2.2.3	把鸡肉煮熟后祭祀河神	【达斡尔族】
W6495.4.5.2.2.4	投物入河祭河神	
W6495.4.5.2.2.4.1	把一些肉、鲜奶等食品投入伊敏河祭河神	【鄂温克族】
W6495.4.5.2.2.5	通过给河神娶妻祭河神	
W6495.4.5.2.2.5.1	公主嫁河伯	【汉族】
W6495.4.5.2.2.5.2	巫为河伯娶妻	【汉族】
W6495.4.5.2.3	祭河神的时间	
W6495.4.5.2.3.1	每年春季祭河神	【鄂温克族】
W6495.4.5.2.4	祭河神的地点	
W6495.4.5.2.4.1	摆渡或打鱼的江河水面地区设有祭河神的小土庙	【达斡尔族】
W6495.4.5.2.5	祭河神的情形	

① 【纳西族】@［W6484.3］为了生育祭祀（祭祀祈子）；［W6484.3.5］祭祀特定对象祈子。

W 编码	母题描述	关联项
W6495. 4. 5. 2. 5. 1	祭河神由女性祭祀	【达斡尔族】【壮族】
W6495. 4. 5. 2. 5. 2	祭河神集会男子不能参加，只可邀请一两名男子帮忙	【达斡尔族】
W6495. 4. 5. 2. 6	祭特定的河神	
W6495. 4. 5. 2. 6. 1	祭河伯	【民族，关联】①
W6495. 4. 5. 2. 7	与祭河神有关的其他母题	
W6495. 4. 5. 3	祭湖神	
W6495. 4. 5. 3. 1	祭湖神的产生（祭湖神的原因）	
W6495. 4. 5. 3. 2	祭湖神的方法	
W6495. 4. 5. 3. 3	祭湖神的时间	
W6495. 4. 5. 3. 4	祭湖神的地点	
W6495. 4. 5. 3. 5	祭湖神的情形	
W6495. 4. 5. 3. 6	祭特定的湖神	
W6495. 4. 5. 3. 7	与祭湖神有关的其他母题	
W6495. 4. 5. 4	祭海神	W6495. 11. 25 祭航海神（祭海上保护神；祭行船保护神）
W6495. 4. 5. 4. 1	祭海神的产生（祭海神的原因）	
W6495. 4. 5. 4. 2	祭海神的方法	
W6495. 4. 5. 4. 3	祭海神的时间	
W6495. 4. 5. 4. 3. 1	出海前祭海神	【满族】
W6495. 4. 5. 4. 3. 2	海祭时祭海神	【满族】
W6495. 4. 5. 4. 3. 3	农历二月祭海神	【京族】
W6495. 4. 5. 4. 4	祭海神的地点	
W6495. 4. 5. 4. 4. 1	到白龙尾庙祭海神	【京族】
W6495. 4. 5. 4. 5	祭海神的情形	
W6495. 4. 5. 4. 6	祭特定的海神	
W6495. 4. 5. 4. 6. 1	祭海神德里给奥木玛玛（东海女神）	【满族】

① 【汉族】@［W6495. 4. 5. 2. 2. 5. 1］公主嫁河伯；［W6495. 4. 5. 2. 2. 5. 2］巫为河伯娶妻。

W 编码	母题描述	关联项
W6495.4.5.4.6.2	祭镇海大王	【京族】
W6495.4.5.4.7	与祭海神有关的其他母题	
W6495.4.5.5	祭泉神	
W6495.4.5.5.1	祭泉神的产生（祭泉神的原因）	
W6495.4.5.5.2	祭泉神的方法	【汉族】
W6495.4.5.5.3	祭泉神的时间	
W6495.4.5.5.4	祭泉神的地点	【汉族】
W6495.4.5.5.5	祭泉神的情形	
W6495.4.5.5.6	祭特定的潭神	
W6495.4.5.5.7	与祭泉神有关的其他母题	
W6495.4.5.6	祭泉神	
W6495.4.5.6.1	祭泉神的产生（祭泉神的原因）	
W6495.4.5.6.2	祭泉神的方法	
W6495.4.5.6.3	祭泉神的时间	【汉族】
W6495.4.5.6.4	祭泉神的地点	【汉族】
W6495.4.5.6.5	祭泉神的情形	
W6495.4.5.6.6	祭特定的潭神	【汉族】
W6495.4.5.6.7	与祭泉神有关的其他母题	
W6495.4.6	与祭水神有关的其他母题	
W6495.4.6.1	八字缺水的人拜水神为干亲	【壮族】
W6495.5	祭火神	［W0466］火神
W6495.5.1	祭火神的原因（祭火神的产生）	［W6507.3.2.2］祭火神求雨
W6495.5.1.1	为感激火神的恩典祭火神	【鄂温克族】
W6495.5.1.2	祭火神防火灾	
W6495.5.1.2.1	发生火灾后或预兆将有火灾时祭火神	【白族】
W6495.5.1.3	就火神才会常有食物吃	【壮族】
W6495.5.2	祭火神的时间	［W6501.11.2］祭火的时间

W 编码	母题描述	关联项
W6495. 5. 2. 1	每逢吃饭、喝奶子酒时要先敬火神	【鄂温克族】
W6495. 5. 2. 1. 1	一日三餐前祭火神	【鄂伦春族】
W6495. 5. 2. 1. 2	饭前敬火神	【鄂温克族】
W6495. 5. 2. 2	年节祭火神（过年时祭火神）	【民族，关联】①
W6495. 5. 2. 2. 1	正月初七祭火神	【汉族】@［W6615. 1. 2. 1. 3. 4. 1］正月初一祭火神（正月初一祭昂神）
W6495. 5. 2. 2. 2	腊月二十三祭火神	【民族，关联】②
W6495. 5. 2. 2. 2a	腊月二十三送火神升天	【鄂温克族】
W6495. 5. 2. 3	其他时间祭火神	［W6612. 2. 1. 1. 5］正月十五祭火神炎帝
W6495. 5. 2. 3. 1	祭火神没有固定时间	【白族】@［W6487. 1. 3. 1］祭火神没有固定时日，完全根据人们预感或巫师的预言
W6495. 5. 2. 3. 2	秋季祭火神	
W6495. 5. 2. 3. 2. 1	每年秋后季祭火神祝融	【汉族】
W6495. 5. 2. 3. 3	每次进餐之前，在祭祀其他神灵时先祭火神	【蒙古族（布里亚特）】
W6495. 5. 2. 3. 4	餐饮前祭火神	【鄂温克族】
W6495. 5. 2. 3. 5	婚礼上祭火神	【鄂伦春族】
W6495. 5. 2. 3. 6	春、冬两季用火取暖普遍易发生火灾时祭火神	【侗族】
W6495. 5. 3	祭火神的地点	
W6495. 5. 3. 1	到火神庙祭火神	［W6458. 3. 6. 1. 1. 2］火神庙
W6495. 5. 3. 1. 1	到阏伯庙祭火神阏伯	【汉族】
W6495. 5. 3. 2	火神台祭火神	【汉族】
W6495. 5. 3. 2. 1	商丘城西南火神台	【汉族】

① 【白族】【壮族】@［W6610. 2. 1. 2. 4］除夕祭火神；［W6611. 3. 1. 1. 4］春节祭火神。

② 【鄂温克族】【蒙古族】@［W6495. 11. 53. 2. 1］腊月二十三祭灶神；［W6627. 15. 2. 3］鄂温克族十二月二十三日家家户户都祭火神。

W 编码	母题描述	关联项
W6495.5.4	祭火神的方式（祭火神的方法）	［W6495.0.5.8.1.1］点香祭火神与男女祖宗
W6495.5.4.1	用特定祭品祭火神	
W6495.5.4.1.1	用羊祭火神	【鄂温克族】
W6495.5.4.1.2	用狍子祭火神	【鄂伦春族】
W6495.5.4.2	妇女祭火神	【鄂伦春族】@［W6491.3.1.1］鄂伦春人供奉的各种神中，唯有火神由妇女供奉
W6495.5.4.3	通过祭火塘祭火神	
W6495.5.4.3.1	祭火塘以祈求火神不降火灾	【彝族】
W6495.5.4.4	祭火神时同时祭水神	
W6495.5.4.4.1	将火神与东海女神全部请来以求水火平衡	【满族】
W6495.5.4.5	祭火时采圣火	
W6495.5.4.5.1	祭祀时采圣火，下次祭祀做引火	【满族】
W6495.5.4.6	祭火时表演与火有关的仪式	
W6495.5.4.6.1	祭祀时跑火池	【满族】
W6495.5.4.7	饮食投火中祭火神	［W6495.0.5.2.1］牺牲投入香火中祭神
W6495.5.4.7.1	吃饭、喝酒时先往火上稍微滴上一点祭火神	【鄂温克族】
W6495.5.4.8	送火神（驱火神）	
W6495.5.4.8.1	用新鲜竹筒做爆竹驱火神	【壮族】
W6495.5.5	祭特定的火神	
W6495.5.5.1	祭火神炎帝	
W6495.5.5.2	祭火神祝融	
W6495.5.5.2.1	祭火祖祝融	【汉族】
W6495.5.5.2.2 *	祀老妇也要祀祝融	【中华民族】
W6495.5.5.3	祭火神商伯	
W6495.5.5.3.1	尧时祭火祖阏伯氏	【汉族】

W 编码	母题描述	关联项
W6495. 5. 5. 3. 2	祭火神爷阏伯	【汉族】
W6495. 5. 5. 4	祭火神托阿恩都哩	【满族】@［W6495. 0. 4. 3. 2. 1. 1］春秋 2 次祭祀火神托阿恩都哩
W6495. 5. 6	与祭火神有关的其他母题	【关联】①
W6495. 5. 6. 1	送火神	【民族，关联】②
W6495. 5. 6. 1. 1	举行送火神忌回头看，否则火神会跟着回来	【白族】
W6495. 5. 6. 2	火神台	【汉族】
W6495. 5. 6. 3	娱火	
W6495. 5. 6. 3. 1	火神授人娱火技能	【满族】
W6495. 5. 6. 4	不祭火神	
W6495. 5. 6. 4. 1	景颇族从来不祭火神的来历	【景颇族】
W6495. 5. 6. 4. 2	天上的火人间管不了，故不祭火神	【景颇族】
W6495. 6	祭其他自然物神	
W6495. 6. 0	祭日月神（祭太阳神和月亮神）	
W6495. 6. 0. 1	祭太阳神（祭日神）	
W6495. 6. 0. 1. 1	祭太阳神的产生（祭太阳神的原因）	
W6495. 6. 0. 1. 2	祭太阳神的时间	
W6495. 6. 0. 1. 2. 1	正月初一祭太阳神	【白族】
W6495. 6. 0. 1. 2. 1a	正月初三祭太阳神	【羌族】@［W6495. 0. 2. 5. 1. 1］正月初三早晨全家在屋顶敬白石（白石代表太阳神）越早越好
W6495. 6. 0. 1. 2. 2	四月初八祭拜太阳神	【彝族】@［W6627. 52. 6. 3］彝族四月初八祭拜太阳神

① ［W0466］火神；［W6496. 7. 3. 1. 2］火神庙祭炎帝。

② 【白族】@［W6523. 1. 1. 4］禁止妇女参加送火神祭仪；［W6538. 1. 1. 2］幻觉中看见穿红色衣服的妇女和小孩时预兆不祥，须请男巫师送火神。

W 编码	母题描述	关联项
W6495.6.0.1.2.3	冬月十九日祭日神	【傈僳族】
W6495.6.0.1.2.4	其他时间祭太阳神	
W6495.6.0.1.2.5	与祭太阳神时间有关的其他母题	
W6495.6.0.1.2.5.1	祭太阳神的“太阳会”，会期3天	【傈僳族】
W6495.6.0.1.3	祭太阳神的地点	
W6495.6.0.1.4	祭太阳神的情形（祭太阳神的方法）	
W6495.6.0.1.4.1	叩拜太阳神	【汉族】
W6495.6.0.1.4.2	烧纸祭太阳神	【白族】@［W6495.0.5.8.4.5.1］正月初一祭太阳神、八月十五祭月亮神时要焚烧甲马纸
W6495.6.0.1.5	与祭太阳神有关的其他母题	［W6501.3］祭太阳（祭日）
W6495.6.0.1.5.1	祭日居诸神之首	【中华民族】
W6495.6.0.2	祭月亮神	
W6495.6.0.2.1	祭月亮神的产生（祭月亮神的原因）	
W6495.6.0.2.2	祭月亮神的时间	
W6495.6.0.2.2.1	八月十五祭月亮神（中秋拜月）	【白族】
W6495.6.0.2.3	祭月亮神的地点	
W6495.6.0.2.4	祭月亮神的情形（祭月亮神的方法）	
W6495.6.0.2.4.1	表演特定仪式祭月亮神	【汉族】
W6495.6.0.2.4.2	焚烧特定物祭月亮神	【白族】@［W6495.0.5.8.4.5.1］正月初一祭太阳神、八月十五祭月亮神时要焚烧甲马纸
W6495.6.0.2.5	与祭月亮神有关的其他母题	
W6495.6.0a	祭星神	
W6495.6.0a.1	祭星神的产生	

W 编码	母题描述	关联项
W6495. 6. 0a. 2	祭星神的时间	
W6495. 6. 0a. 2. 1	中秋祭星神	【汉族】
W6495. 6. 0a. 3	祭星神的地点	
W6495. 6. 0a. 4	祭星神的方法	
W6495. 6. 0a. 5	祭特定的星神	
W6495. 6. 0a. 5. 1	祭吉星神	【赫哲族】
W6495. 6. 0a. 6	与祭星神有关的其他母题	
W6495. 6. 1	祭风神	
W6495. 6. 1. 1	祭风神的产生（祭风神的原因）	
W6495. 6. 1. 1. 1	为纪念为民捐躯的风婆婆祭风神	【汉族】
W6495. 6. 1. 1. 2	祭风神祈求风调雨顺，风平浪静	【多民族】
W6495. 6. 1. 2	祭风神的时间	
W6495. 6. 1. 2. 1	三月二十八祭风神	【汉族】
W6495. 6. 1. 3	祭风神的地点	
W6495. 6. 1. 3. 1	在风婆婆庙祭风神	【汉族】
W6495. 6. 1. 4	祭风神的方法	
W6495. 6. 1. 4. 1	为风婆婆进香祭献	【汉族】
W6495. 6. 1. 4. 2	杀狗祭风神	【多民族】
W6495. 6. 1. 5	祭特定的风神	
W6495. 6. 1. 5. 1	祭旋风神“恩古包尔”神	【鄂温克族】
W6495. 6. 1. 6	与祭风神有关的其他母题	
W6495. 6. 2	祭雨神	
W6495. 6. 2. 1	祭雨神的产生（祭雨神的原因）	
W6495. 6. 2. 2	祭雨神的时间	
W6495. 6. 2. 2. 1	求雨时祭雨神	【瑶族（排瑶）】
W6495. 6. 2. 3	祭雨神的地点	
W6495. 6. 2. 4	祭雨神的方法	

W 编码	母题描述	关联项
W6495.6.2.5	祭特定的雨神	
W6495.6.2.6	与祭雨神有关的其他母题	［W6507.3.2.0a］祭雨神求雨
W6495.6.3	祭雷神（祭雷公；祭雷王）	
W6495.6.3.1	祭雷神的产生（祭雷神的原因）	
W6495.6.3.1.1	为风调雨顺祭雷神	【壮族】
W6495.6.3.1.2	因惧怕祭雷神	【汉族】@［W6495.0.1.4.1］怕雷神劈祭雷神
W6495.6.3.1.3	祭雷神无所不保	
W6495.6.3.1.3.1	祭雷鬼（雷神）可保佑旱谷丰收，粮食满仓，牛满厩，猪满圈；保佑家人不病不痛，白天好，晚上无噩梦；赐祈愿者男九魂，女七魂，生儿壮如龙竹笋，生女嫩如黄竹笋，儿女围满饭桌	【基诺族】
W6495.6.3.1.3.2	祭雷神能风调雨顺	【壮族】
W6495.6.3.2	祭雷神的时间	
W6495.6.3.2.1	特定物被雷劈后祭雷神	
W6495.6.3.2.1.1	竹楼、竹篷、树等被雷劈后祭雷神	【基诺族】
W6495.6.3.2.2	春雷初响时祭雷神	【纳西族】
W6495.6.3.2.3	天旱时祭雷神	【壮族】
W6495.6.3.2.4	九月初九祭雷公	【壮族】
W6495.6.3.3	祭雷神的地点	
W6495.6.3.4	祭雷神的方法	
W6495.6.3.4.1	作为牺牲的羊的头向东南方祭雷神	【壮族】
W6495.6.3.5	祭特定的雷神	
W6495.6.3.6	与祭雷神有关的其他母题	【关联】①

① ［W6503.12.2.5.5.1］祭雷神时，祭家的房族兄弟有多少户就把祭肉分成多少份，逐一散给各家，每户一份；［W6503.12.9.4.3］祭雷神的肉按每户1份带回家作为分祭自家祖宗；［W6509.5.3］祭雷神一年一小祭，三年一大祭。

W 编码	母题描述	关联项
W6495. 6. 3. 6. 1	祭雷神是所用祭祀的必修课	【彝族（撒尼）】@［W6495. 0. 4. 2. 9. 3. 1］每一个祭祀活动都要祭雷神
W6495. 6. 3. 6. 1. 1	人对天上雷王供香火	［W6620. 5. 1］六月二十四纪念雷神诞辰
W6495. 6. 3. 6. 1. 2	每逢节日要给雷王神烧香供祭	【壮族】
W6495. 6. 4	祭闪电神（祭电神）	［W0360］闪电神（闪神、电神、电母）
W6495. 6. 4. 1	祭闪电神的产生（祭闪电神的原因）	
W6495. 6. 4. 2	祭闪电神的时间	
W6495. 6. 4. 3	祭闪电神的地点	
W6495. 6. 4. 4	祭闪电神的方法	
W6495. 6. 4. 5	祭特定的闪电神	
W6495. 6. 4. 6	与祭闪电神有关的其他母题	
W6495. 6. 5	祭冰雹神（祭雹神）	［W0374］冰雹神
W6495. 6. 5. 1	祭冰雹神的产生（祭冰雹神的原因）	
W6495. 6. 5. 2	祭冰雹神的时间	
W6495. 6. 5. 3	祭冰雹神的地点	
W6495. 6. 5. 4	祭冰雹神的方法	
W6495. 6. 5. 5	祭特定的冰雹神	［W0497. 8. 7］山神是冰雹神
W6495. 6. 5. 6	与祭冰雹神有关的其他母题	
W6495. 6. 5a	祭雪神	【关联】①
W6495. 6. 5a. 1	因雪神救祖先祭雪神	【满族】
W6495. 6. 5a. 2	夏季来临时祭送雪神	【满族】
W6495. 6. 6	祭山林神	［W0541］树神（森林神、树精）

① ［W0364］雪神；［W0367. 2］特定名称的雪神。

W 编码	母题描述	关联项
W6495.6.6.1	不祭山林之神会导致水干涸	【白族】
W6495.7	祭动物神（祭祀动物神）	［W0500］动物神
W6495.7.1	祭动物神的原因（祭动物神的产生）	
W6495.7.2	祭动物神的时间	
W6495.7.3	祭动物神的地点	
W6495.7.4	祭动物神的方式	
W6495.7.5	祭蚕神（祭蚕）	［W0534］蚕神
W6495.7.5.1	祭蚕神的产生（祭蚕神的原因）	
W6495.7.5.2	祭蚕神的时间	
W6495.7.5.3	祭蚕神的地点	
W6495.7.5.4	祭蚕神的方法	
W6495.7.5.5	祭特定的蚕神	
W6495.7.5.5.1	祭先蚕	【汉族】
W6495.7.5.6	与祭蚕神有关的其他母题	【关联】①
W6495.7.6	祭凤凰神（祭凤神）	［W0536］凤凰神（凤神）
W6495.7.7	祭龟神	［W0527］龟神
W6495.7.8	祭虎神	［W0502］虎神
W6495.7.9	祭猴神	［W0503］猴神
W6495.7.10	祭狐神（祭狐仙，祭狐仙神）	［W0504］狐神（狐仙，狐仙神）
W6495.7.11	祭鸡神	［W0515］鸡神
W6495.7.12	祭狼神	［W0505］狼神
W6495.7.13	祭龙神	【民族，关联】②
W6495.7.13.1	祭龙神的产生（祭龙神的原因）	
W6495.7.13.1.1	贝玛告诉人祭龙神	［W6495.0.2.1.1］有了贝玛之后开始祭龙神

① ［W6458.3.6.4.4.1］以蚕命名的庙；［W6488.3.6.3］先蚕坛。

② 【汉族】【普米族】【彝族】@［W0535］龙神；［W6499.5］祭龙。

W 编码	母题描述	关联项
W6495. 7. 13. 1. 2	人因害怕龙而祭龙神	【普米族】
W6495. 7. 13. 1. 3	为祈雨祭龙	【汉族】
W6495. 7. 13. 2	祭龙神的时间	
W6495. 7. 13. 2. 1	三月祭龙神（龙树）	【彝族（阿哲、阿细）】
W6495. 7. 13. 2. 1. 1	每年三月属龙日要祭龙神	【傈僳族】
W6495. 7. 13. 2. 2	每年农历二月份第一个属龙日祭龙	【汉族】
W6495. 7. 13. 2. 3	龙穴被污秽失灵后祭龙神	【壮族】
W6495. 7. 13. 3	祭龙神的地点	
W6495. 7. 13. 3. 1	树下祭龙神	
W6495. 7. 13. 3. 1. 1	村头大树下举行安龙谢土仪式	【壮族】
W6495. 7. 13. 3. 2	龙神供在石头下	【藏族】
W6495. 7. 13. 4	祭龙神的方法	
W6495. 7. 13. 4. 1	祭龙神时先祭墓龙树后祭坟	【壮族】
W6495. 7. 13. 5	祭特定的龙神	
W6495. 7. 13. 5. 1	祭龙王	【关联】①
W6495. 7. 13. 5. 1. 0	为感龙恩祭龙王	【汉族】
W6495. 7. 13. 5. 1. 1	祭龙王时须增加猪头、公鸡之类的荤菜	【白族】@［W6503. 13. 3. 3］母猪头、母鸡和山羊不干净，不能祭神，否则会冒犯神灵招灾祸
W6495. 7. 13. 5. 1. 2	到龙王庙祭龙王	【汉族】
W6495. 7. 13. 5. 1. 3	祭龙王除雾霾	【纳西族】
W6495. 7. 13. 5. 1. 4	祭特定的龙王	
W6495. 7. 13. 5. 1. 4. 1	祭东海老龙王	【汉族】
W6495. 7. 13. 5. 1. 5	与祭龙王有关的其他母题	［W6495. 4. 2. 1. 1］春季祭龙王水神

① ［W6495. 0. 1. 3. 3. 1］侵犯山神、龙王利益时要祭祀以请求宽恕；［W6495. 0. 4. 2. 1. 3］关帝庙中祭祀关帝时要同时祭龙王；［W6495. 4. 2. 1. 1］春季祭龙王水神。

W 编码	母题描述	关联项
W6495.7.13.6	祭龙神禁忌	
W6495.7.13.6.1	男女皆可祭龙神，但禁用铜器从龙潭里舀水，否则会吓跑龙神	【傈僳族】
W6495.7.13.7	与祭龙神有关的其他母题	［W6495.0.4.2.1.5］水神龙王与本主神共祭
W6495.7.14	祭鹿神	［W0506］鹿神
W6495.7.15	祭马神	［W0507］马神
W6495.7.15.1	祭马神的产生（祭马神的原因）	
W6495.7.15.2	祭马神的时间	
W6495.7.15.2.1	正月初六祭神马	【纳西族（摩梭）】
W6495.7.15.2.2	马下驹时祭马神	【鄂伦春族】
W6495.7.15.2.3	正日祭马神	【满族】
W6495.7.15.3	祭马神的地点	
W6495.7.15.3.1	堂殿中祭马神	【满族】
W6495.7.15.4	祭马神的方法	
W6495.7.15.4.1	挤马奶供奉马神	【鄂伦春族】
W6495.7.15.5	祭特定的马神	
W6495.7.15.6	与祭马神有关的其他母题	
W6495.7.16	祭鸟神	［W0514］鸟神
W6495.7.16.1	祭鸟神的产生（祭鸟神的原因）	
W6495.7.16.2	祭鸟神的时间	
W6495.7.16.3	祭鸟神的地点	
W6495.7.16.4	祭鸟神的方法	
W6495.7.16.5	祭特定的鸟神	
W6495.7.16.5.1	祭神鸟嘎斯哈恩都力	【满族】
W6495.7.16.6	与祭鸟神有关的其他母题	
W6495.7.17	祭牛神	［W0509］牛神

W 编码	母题描述	关联项
W6495. 7. 17. 1	祭牛神的产生（祭牛神的原因）	
W6495. 7. 17. 2	祭牛神的时间	
W6495. 7. 17. 2. 1	阴历七月二十五祭牛王神	
W6495. 7. 17. 2. 1. 1	因牛王生辰是阴历七月二十五，所以这一天祭之	【彝族（撒尼）】
W6495. 7. 17. 2. 2	正月初五祭神牛	【纳西族（摩梭）】
W6495. 7. 17. 2. 3	四月八日祭牛神	【布依族】
W6495. 7. 17. 3	祭牛神的地点	
W6495. 7. 17. 4	祭牛神的方法	
W6495. 7. 17. 4. 1	向神牛烧香磕头	【白族】
W6495. 7. 17. 4. 2	染黑饭供牛神	【布依族】
W6495. 7. 17. 4. 3	杀三头牦牛和一只绵羊祭牛神	【藏族】
W6495. 7. 17. 5	祭特定的牛神	
W6495. 7. 17. 5. 1	祭牛王	【藏族】
W6495. 7. 17. 6	与祭牛神有关的其他母题	
W6495. 7. 17. 6. 1	村内祭牛神	
W6495. 7. 17. 6. 1. 1	农历八月初一在本村祭祀台祭牛王	［W6495. 11. 36. 6. 1. 1］祭牛王、马王、土主等保佑六畜兴平安时，用香烛果品、茶酒香斋、素馔、全鸡、猪头等供品，焚烧神疏文书、金银大锞、黄钱，点青香，行三拜九叩礼
W6495. 7. 17a	祭羊神	［W6505. 1. 3. 1. 1］祭羊神赶羊瘟时要请端公打扫房屋除秽
W6495. 7. 17a. 1	正月初三祭神羊	【纳西族（摩梭）】
W6495. 7. 17a. 2	羊年节祭羊神	【藏族】
W6495. 7. 17a. 3	用特定祭品祭羊神	
W6495. 7. 17a. 3. 1	选两只长得特别肥壮且耳鼻为花的绵公羊作为牺牲祭羊神	【藏族】

W 编码	母题描述	关联项
W6495.7.17b	祭猪神	［W6485.1.1］因猪神救了人的命，所以大年初一和十五祭猪神
W6495.7.17b.1	正月初四祭神猪	【纳西族（摩梭）】
W6495.7.17b.2	祭母猪神	
W6495.7.17b.2.1	为繁衍后代拜神拜山后都不起作用后，找儿子最多的老母猪拜为神	【苗族】
W6495.7.18	祭犬神（祭狗神）	【关联】①
W6495.7.18.1	祭犬神的产生（祭犬神的原因）	
W6495.7.18.2	祭犬神的时间	
W6495.7.18.2.1	正月初二祭神狗	【纳西族·摩梭人】
W6495.7.18.2.2	每逢节气要给犬神敬献祭品	【汉族】
W6495.7.18.3	祭犬神的地点	
W6495.7.18.4	祭犬神的方法	
W6495.7.18.5	祭特定的犬神	
W6495.7.18.6	与祭犬神有关的其他母题	
W6495.7.19	祭蛇神（祭蟒神；祭神蟒）	【关联】②
W6495.7.19.1	祭蛇神的产生（祭蛇神的原因）	
W6495.7.19.1.1	因蛇神为人做好事祭蛇神	【鄂温克族】
W6495.7.19.2	祭蛇神的时间	
W6495.7.19.3	祭蛇神的地点	
W6495.7.19.4	祭蛇神的方法	
W6495.7.19.5	祭特定的蛇神	
W6495.7.19.6	与祭蛇神有关的其他母题	
W6495.7.20	祭蛙神（祭青蛙神）	［W0532］蛙神（青蛙神）
W6495.7.20.1	祭蛙神的产生（祭蛙神的原因）	

① ［W0510］犬神（狗神）；［W6499.10.1.1］祭作为祖先的犬。

② ［W0529］蟒神（神蟒）；W0530 蛇神。

W 编码	母题描述	关联项
W6495. 7. 20. 2	祭蛙神的时间	
W6495. 7. 20. 3	祭蛙神的地点	
W6495. 7. 20. 4	祭蛙神的方法	
W6495. 7. 20. 5	祭特定的蛙神	
W6495. 7. 20. 6	与祭蛙神有关的其他母题	
W6495. 7. 21	祭乌鸦神	［W0518］乌鸦神
W6495. 7. 22	祭虾神	［W0522］虾神
W6495. 7. 23	祭熊神	【关联】①
W6495. 7. 24	祭鹰神（祭神鹰）	［W0517］鹰神
W6495. 7. 24. 1	祭鹰神的产生（祭鹰神的原因）	
W6495. 7. 24. 2	祭鹰神的时间	
W6495. 7. 24. 2. 1	狩猎前祭鹰神	【满族】
W6495. 7. 24. 2. 2	每月的初一、十五祭神鹰（布术神）	【纳西族】
W6495. 7. 24. 3	祭鹰神的地点	
W6495. 7. 24. 3. 1	水边祭神鹰	【纳西族】
W6495. 7. 24. 4	祭鹰神的方法	［W6495. 0. 5. 7. 4. 1］血祭鹰神时祭祀者模仿鹰雕俯冲下来吃血的动作
W6495. 7. 24. 4. 1	祭鹰神时学鹰叫	【鄂伦春族】
W6495. 7. 24. 5	祭特定的鹰神	
W6495. 7. 24. 6	与祭鹰神有关的其他母题	［W6499. 12. 1. 2］祭鹰
W6495. 7. 25	祭鱼神	［W0521］鱼神
W6495. 7. 25. 1	捕鱼前祭鱼神	【锡伯族】
W6495. 7. 25. 2	以祭渔网表示祭鱼神	【锡伯族】
W6495. 7. 26	祭其他特定的动物神	［W0537］与动物神有关的其他母题
W6495. 7. 27	与祭动物神有关的其他母题	

① ［W0511］熊神；［W6502. 1］祭祀图腾熊。

W 编码	母题描述	关联项
W6495.8	祭植物神（祭祀植物神）	［W0540］植物神
W6495.8.1	祭植物神的产生（祭植物神的原因）	
W6495.8.1.1	为求丰产祭特定植物神	【汉族】@［W6495.8.7.1.1］种瓜人要在瓜“坐胎儿”时割肉打酒放鞭炮祭瓜神
W6495.8.2	祭植物神的时间	
W6495.8.3	祭植物神的地点	
W6495.8.4	祭植物神的方式	
W6495.8.5	祭树神（祭神树；祭森林神；祭林神；祭树林神）	【民族】①
W6495.8.5.1	祭树神的产生（祭树神的原因）	
W6495.8.5.1.1	祭山王菩萨和树林神可使庄稼和牲畜免遇灾害	【羌族】
W6495.8.5.1.2	祭神树求丰收	【藏族】
W6495.8.5.2	祭树神的时间	
W6495.8.5.2.1	开荒种地时要祭树神	【基诺族】
W6495.8.5.2.2	二月祭密枝神（树神）	【彝族（阿哲、阿细）】
W6495.8.5.2.3	冬月祭树神	【彝族（阿哲、阿细）】
W6495.8.5.2.4	狩猎前祭祀森林神	【蒙古族（布里亚特）】@［W6495.7.24.2.1］狩猎前祭鹰神
W6495.8.5.2.5	凡主要节日要祭神树	
W6495.8.5.2.5.1	正月初一，二月初二，三月初三，四月初六，五月初五，六月初六，七月十四，八月十五，九月初九，十月初十等主要节日要祭神树	【壮族】
W6495.8.5.2.5.1.1	三月三祭祀神树	【仡佬族】
W6495.8.5.2.6	砍伐树木时祭树神	【多民族】

① 【侗族】【哈尼族】【汉族】【苗族】@［W0541］树神（森林神，林神、树林神）。

W 编码	母题描述	关联项
W6495. 8. 5. 2. 7	傍晚祭神树	【壮族】
W6495. 8. 5. 3	祭树神的地点	
W6495. 8. 5. 3. 1	到神树林祭树林神	【羌族】
W6495. 8. 5. 4	祭树神的方式	
W6495. 8. 5. 4. 1	杀狗祭树神	【基诺族】@［W6487. 7. 2. 1］开山种地时要杀狗祭树神
W6495. 8. 5. 4. 2	祭神树时家长用斧子在树腰上砍3下，将粑粑塞进刀痕里，香插在粑粑上。每砍一下，口中念道要多结果	【白族】
W6495. 8. 5. 4. 3	祭树林神须用羔羊，否则五谷不登，灾疾竞起	【羌族】
W6495. 8. 5. 4. 4	祭神树多是妇女祭拜	【壮族】
W6495. 8. 5. 4. 5	祭神树仪式上跳《野人舞》	【满族】
W6495. 8. 5. 4. 6	与祭神树方法有关的其他母题	［W6499. 5. 4. 1］祭龙与祭神树一起进行
W6495. 8. 5. 5	祭特定的树神	
W6495. 8. 5. 5. 1	各家各户每年单独祭祀的树神是核桃树和漆树	【白族】
W6495. 8. 5. 5. 2	祭香樟神树和檬子神树	
W6495. 8. 5. 5. 2. 1	正月初九日，用龙灯、宝灯、鱼虾灯祭香樟神树和檬子神树	【布依族】
W6495. 8. 5. 6	祭树神的禁忌	［W6495. 0. 9. 1. 5. 1］祭神树时禁止洗晒衣裳
W6495. 8. 5. 6. 1	祭神树时禁止女性出门	【仡佬族】
W6495. 8. 5. 7	与祭树神有关的其他母题	【关联】①
W6495. 8. 5a	祭木神	
W6495. 8. 5a. 1	木匠外出做活时要祭木神	【彝族】

① ［W6500. 5］祭树（祭神树）；［W6502a. 5. 1. 1］祭神树只祭活树，树枝死了要另找一棵，称守生不守死；［W6508. 2. 1. 5. 1］每年村寨集体祭祀天神、山神、地神、树神。

W 编码	母题描述	关联项
W6495.8.6	祭花草神	［W0542］花草神
W6495.8.6.1	祭花神	【毛南族】【壮族】
W6495.8.6.2	祭草神	
W6495.8.7	祭蔬菜水果神	［W0543］蔬菜水果神
W6495.8.7.1	祭瓜神	
W6495.8.7.1.1	种瓜人要在瓜“坐胎儿”时割肉打酒放鞭炮祭瓜神	【汉族】
W6495.8.8	祭作物神（祭庄稼神）	［W0544］作物神（庄稼神）
W6495.8.8.1	祭五谷神	【民族，关联】①
W6495.8.8.1.1	农历二月二十日侗族祭五谷神婆	【侗族】
W6495.8.8.1.2	五谷娘娘	【白族】
W6495.8.8.2	祭谷神（祭谷魂）	【关联】②
W6495.8.8.2.0	祭谷神的原因	
W6495.8.8.2.0.1	祭谷神以保农事丰收	【多民族】
W6495.8.8.2.1	祭谷神的时间	
W6495.8.8.2.1.1	农历十二月二十九日祭谷魂	【怒族】
W6495.8.8.2.1.2	每年三月撒种时祭谷神	【阿昌族】
W6495.8.8.2.1.2a	每年播种栽插季节祭谷神	【傣族】
W6495.8.8.2.1.3	每年作物打苞扬花时祭谷神	【傣族】
W6495.8.8.2.1.4	每年八月尝新时祭谷神	【阿昌族】
W6495.8.8.2.1.5	秋收、入仓等重要生产活动时敬祭谷神	【多民族】
W6495.8.8.2.2	祭谷神的方法	［W6495.0.5.11.4.1.1］每家一人拿着五色纸做的三角旗涌到土主庙祭谷神
W6495.8.8.2.2.1	手持彩旗到土主庙祭神	【彝族（白彝）】@［W6495.0.5.11.4.1.1］每家一人拿着五色纸做的三角旗涌到土主庙祭谷神

① 【汉族】@［W0546］五谷神；［W6500.8.2］祭五谷。

② ［W0547］谷神；［W0905.4.1］谷魂奶奶；［W6372.5］五谷神崇拜。

W 编码	母题描述	关联项
W6495. 8. 8. 2. 3	祭特定的谷神	
W6495. 8. 8. 2. 3. 1	贡献祭品祀谷稷	【阿昌族】
W6495. 8. 8. 2. 4	与祭谷神有关的其他母题	[W6495. 0. 4. 2. 1. 7] 同祭谷神和畜神
W6495. 8. 9	祭其他特定的植物神	
W6495. 8. 10	与植物祭神有关的其他母题	
W6495. 9	祭无生命物神（祭祀无生命物神）	[W0556] 其他无生命物神
W6495. 9. 1	祭仓库神	[W0550] 仓库神
W6495. 9. 2	祭缸神	[W0551] 缸神
W6495. 9. 3	祭火塘神	[W0552] 火塘神
W6495. 9. 3. 1	祭火塘神的时间	
W6495. 9. 3. 1. 1	一日三餐前祭火塘神	【纳西族（摩梭）】
W6495. 9. 3. 2	祭火塘神的方法	
W6495. 9. 3. 3	祭特定的火塘神	
W6495. 9. 3. 3. 1	祭火塘神阿依藏巴拉	【纳西族（摩梭）】
W6495. 9. 3. 4	与祭火塘神有关的其他母题	[W6508. 3. 0. 2. 1] 祭锅桩又是祭火塘神，火塘神与祖先神交错在一起
W6495. 9. 3. 4. 1	祭火塘	【纳西族】
W6495. 9. 4	祭木炭神	[W0553] 木炭神
W6495. 9. 5	祭门神	[W0554] 门神
W6495. 9. 5. 1	祭门神的产生（祭门神的原因）	
W6495. 9. 5. 2	祭门神的时间	
W6495. 9. 5. 2. 1	大年三十敬门神	【傈僳族】
W6495. 9. 5. 2. 2	秋祭门神	【藏族】.
W6495. 9. 5. 3	祭门神的地点	
W6495. 9. 5. 3. 1	大门的特定物前祭门神	【藏族】
W6495. 9. 5. 4	祭门神的方法	

W 编码	母题描述	关联项
W6495.9.5.4.1	烧纸钱祭门神	【傈僳族】
W6495.9.5.4.2	秋天用第一镰庄稼祭门神	【藏族】
W6495.9.5.5	祭特定的门神	
W6495.9.5.6	与祭门神有关的其他母题	
W6495.9.5.6.1	门神像贴城池的北大门	【锡伯族】
W6495.9.6	祭磨神	［W0555］磨神
W6495.9.7	祭碾子神	［W0555a］碾子神
W6495.9.8	祭其他无生命物神	［W0556］其他无生命物神
W6495.9.8.1	祭铁神	
W6495.9.8.1.1	祭铁神是因为铁神一怒人就生病	【鄂温克族】
W6495.9.9	与祭无生命物神有关的其他母题	
W6495.10	祭与管理或保护有关的神（祭祀管理神；祭祀保护神）	
W6495.10.1	祭猎神	【彝族】@［W0461］猎神
W6495.10.1.1	祭猎神的原因（祭猎神的产生）	【独龙族】
W6495.10.1.1.1	捕获猎物要祭猎神	
W6495.10.1.1.1.1	打不到猎物时要祭管狩猎的神玛路毛木台	【鄂伦春族】
W6495.10.1.1.2	祭猎神可以多获取猎物	【纳西族】
W6495.10.1.1.3	狩猎前要先祭猎神是因为猎物为猎神所养	【民族，关联】①
W6495.10.1.1.3a	祭猎神是因为人获得的猎物是猎神的财物	【哈尼族】
W6495.10.1.1.4	山神的妻子让人祭猎神	【怒族】
W6495.10.1.1.4a	烟沙大神让人祭猎神	【哈尼族】
W6495.10.1.1.5	祭猎神是因为猎神帮人狩猎	【怒族】
W6495.10.1.1.6	观音老母让猎人祭猎神	

① 【怒族】@［W6495.7.24.2.1］狩猎前祭鹰神；［W6495.8.5.2.4］狩猎前祭祀森林神。

W 编码	母题描述	关联项
W6495. 10. 1. 1. 6. 1	观音老母告诉猎人祭猎神以多获猎物	【白族】@［W6495. 10. 1. 1. 2］祭猎神可以多获取猎物
W6495. 10. 1. 2	祭猎神的时间	
W6495. 10. 1. 2. 1	特定时间祭猎神	
W6495. 10. 1. 2. 1. 1	正月十七日祭猎神	【羌族】
W6495. 10. 1. 2. 1. 2	初一或十五上山打猎时祭猎神	【彝族（白彝）】
W6495. 10. 1. 2. 2	特定行为祭猎神	
W6495. 10. 1. 2. 2. 1	入山行猎前祭猎神	【独龙族】
W6495. 10. 1. 2. 3	每次猎获的野兽后祭猎神	【汉族】【仡佬族】
W6495. 10. 1. 2. 4	食用猎物前祭猎神	【壮族】
W6495. 10. 1. 3	祭猎神的地点	
W6495. 10. 1. 3. 1	在家中祭猎神	【白族】【纳西族】
W6495. 10. 1. 3. 1. 1	在家中的猎神台祭猎神	【汉族】
W6495. 10. 1. 3. 2	到山神庙祭“吾伴色”（猎神）	【彝族（白彝）】
W6495. 10. 1. 4	祭猎神的方式（祭猎神的方法；祭猎神的情形）	【纳西族】@［W6495. 0. 7. 4. 1］祭猎神仪式包括“解秽”“生献牺牲”“复解秽”“熟献牺牲”“送猎鬼”“卜贝”“奠灶祇”6 个程序
W6495. 10. 1. 4. 1	祭猎神时要将人头埋在火塘正面	【珞巴族】
W6495. 10. 1. 4. 2	用猎到的猎物祭猎神	【傈僳族】
W6495. 10. 1. 4. 3	用活的动物祭猎神	【白族】@［W6503. 10. 5. 1. 1］用动物“生祭”猎神
W6495. 10. 1. 4. 4	割下礼物的心尖肉和肺各一小块，尾梢毛一小撮祭猎神	【纳西族】
W6495. 10. 1. 4. 5	家中祭猎神时，在垛木房的墙壁上安放一个竹篾编的猎神台，点上灯，神台下摆一张桌子，主人用 1 只母鸡和 1 碗瘦肉献祭	【白族】

W 编码	母题描述	关联项
W6495.10.1.4.6	取猎物的头、肝煮熟，连同刀一把放筛内烧纸祭奉猎神	【仡佬族】
W6495.10.1.5	祭特定的猎神	
W6495.10.1.5.1	祭猎神利粗	【纳西族】
W6495.10.1.5.1a	猎人祭祀猎神丽慈	【纳西族】
W6495.10.1.5.2	祭猎神鄂多哩玛发	【满族】
W6495.10.1.6	与祭猎神有关的其他母题	［W0461］猎神（狩猎神）
W6495.10.1.6.1	狩猎祭	
W6495.10.1.6.1.1	农历九月初九日举行狩猎祭	【彝族（撒尼）】
W6495.10.2	祭世界的保护神	［W0430］世界的保护神
W6495.10.3	祭管三界的神（祭三界神）	［W0431］管三界的神
W6495.10.3.1	除夕祭三界诸神	
W6495.10.3.1.1	除夕祭三界诸神传说始于轩辕黄帝	【汉族】
W6495.10.4	祭管神的神	［W0432］管神的神
W6495.10.5	祭管天地万物的神	［W0433］管天地万物的神
W6495.10.6	祭管人的神（祭人神）	［W0434］管人的神
W6495.10.7	祭管动物的神	［W0435］管动物的神
W6495.10.8	祭管植物的神	［W0436］管植物的神
W6495.10.9	祭管自然物的神	［W0437］管自然物的神
W6495.10.10	祭地方神（地方保护神）	［W0438］地方神（地方保护神）
W6495.10.11	祭城池保护神	［W0439］城池保护神
W6495.10.12	祭村寨保护神（祭寨神；祭村神；祭村寨神）	［W0440］村寨保护神（寨神，村神，村寨神）
W6495.10.12.1	祭寨神的产生	
W6495.10.12.1.1	纪念斩魔王的英雄形成祭寨神	【哈尼族】
W6495.10.12.1.2	天神规定祭寨神	【哈尼族】
W6495.10.12.2	祭寨神的时间	

W 编码	母题描述	关联项
W6495. 10. 12. 2. 1	每年二月举行祭寨神仪式	【哈尼族】
W6495. 10. 12. 2. 2	正月间选一个属牛或属马的日子祭村寨神	【纳西族】
W6495. 10. 12. 2. 3	逢年过节等大的吉庆日要祭“里神”（寨神、故土神）	【藏族】
W6495. 10. 12. 2. 4	六月六祭寨神	【布依族】
W6495. 10. 12. 3	祭寨神的方法	
W6495. 10. 12. 3. 1	祭寨神时，将一根柏杨树桩（顶灾棍）插在寨神石的后面，上端剖成十字形放上1枚生鸡蛋，寨神石一侧插立一根带叶的青竹，挂有一条青布，意为寨神栖身树	【纳西族】
W6495. 10. 12. 3. 2	杀猪祭寨神	【布依族】
W6495. 10. 12. 4	祭寨神的情形	
W6495. 10. 12. 4. 1	祭寨神时盟誓	
W6495. 10. 12. 4. 1. 1	祭寨神时当着寨神和寨主共订保护庄稼、寨树等的乡规民约并盟誓	【布依族】
W6495. 10. 12. 5	祭特定的寨神	
W6495. 10. 12. 6	与祭寨神有关的其他母题	
W6495. 10. 13	祭法事保护神（护法神）	［W0441］法事保护神（护法神）
W6495. 10. 14	祭人类保护神（人的保护神）	［W0442］人类保护神（人的保护神）
W6495. 10. 14. 1	祭特定人群的保护神	［W0443］特定人群的保护神
W6495. 10. 14. 2	祭特定的个人的保护神（个人保护神）	［W0443a］特定的个人的保护神（个人保护神）
W6495. 10. 15	祭动物保护神	［W0444］动物保护神
W6495. 10. 16	祭植物保护神	［W0445］植物保护神
W6495. 10. 17	祭自然物或无生命物保护神	［W0446］自然物或无生命物保护神

W 编码	母题描述	关联项
W6495.11	祭与功能或行业有关的神（祭祀行业神）	
W6495.11.0	祭爱神	［W0450］爱神
W6495.11.1	祭保护神	
W6495.11.1.1	祭儿童保护神花婆王	【壮族】@［W6495.0.8.4.1］祭花婆祈子必有灵验
W6495.11.2	祭报信之神（祭信神；祭传令神）	［W0450a］报信之神（信神；传令神）
W6495.11.3	祭避邪神	［W0450b］避邪神
W6495.11.4	祭爱美之神（祭美神）	［W0450c］爱美之神（美神）
W6495.11.5	祭茶神	［W0497.7.1］茶神
W6495.11.5.1	祭茶神的产生（祭茶神的原因）	
W6495.11.5.1.1	祭茶神可以子孙兴旺	【佤族】
W6495.11.5.2	祭茶神的时间	
W6495.11.5.2.1	每年三月十八日祭茶神	【汉族】
W6495.11.5.3	祭茶神的地点	
W6495.11.5.3.1	茶神庙祭茶神陆羽	【汉族】
W6495.11.5.4	祭茶神的方法	
W6495.11.5.5	祭特定的茶神	
W6495.11.5.5.1	祭茶神陆羽	【汉族】
W6495.11.5.6	与祭茶神有关的其他母题	
W6495.11.6	祭财神（祭财神爷；祭财富神；祭司财富之神）	［W0451］财神（财神爷；财富神；司财富之神）
W6495.11.6.1	祭财神的产生（祭财神的原因）	
W6495.11.6.2	祭财神的时间	
W6495.11.6.2.1	做生意时要祭祀财神	【侗族】
W6495.11.6.3	祭财神的地点	
W6495.11.6.4	祭财神的方法	
W6495.11.6.5	祭特定的财神	

W 编码	母题描述	关联项
W6495. 11. 6. 6	祭财神禁忌	
W6495. 11. 6. 6. 1	祭财神忌妇女参加	【仡佬族】
W6495. 11. 6. 6. 2	祭财神忌小孩在场所哭闹	【仡佬族】
W6495. 11. 6. 7	与祭财神有关的其他母题	
W6495. 11. 7	祭穷神（祭败家神）	［W0451a］穷神（败家神）
W6495. 11. 8	祭测量之神	［W0452］测量之神
W6495. 11. 9	祭厕神（祭厕所神）	［W0452a］厕神（厕所神）
W6495. 11. 9. 1	祭厕神的产生（祭厕神的原因）	
W6495. 11. 9. 2	祭厕神的时间	
W6495. 11. 9. 3	祭厕神的地点	
W6495. 11. 9. 4	祭厕神的方法	
W6495. 11. 9. 5	祭特定的厕神	
W6495. 11. 9. 6	与祭厕神有关的其他母题	
W6495. 11. 10	祭厨神	［W0452b］厨神
W6495. 11. 11	祭赌神	［W0453］赌神
W6495. 11. 12	祭房屋神（祭屋神，祭房神）	［W0454］房屋神（屋神，房神）
W6495. 11. 12. 1	祭房神时祭品摆在房的四角	【彝族】
W6495. 11. 12. 2	祭房屋保护神	【苗族】@［W6495. 0. 5. 4. 1］祭房屋保护神时，巫师把剪的鸡毛状剪纸条挂在砍来的小树上，手撑一把青布伞遮脸，手抓一只白公鸡，边叨念神词边撒白米，并抖动白鸡
W6495. 11. 12. 3	祭房神象征物	
W6495. 11. 12. 3. 1	祭房柱	
W6495. 11. 12. 3. 1. 1	祭祀的屋内主柱是房神的象征	【傣族】
W6495. 11. 12. 3. 1. 2	祭房屋的男柱女柱	【傣族】

W 编码	母题描述	关联项
W6495. 11. 13	祭洞神（祭山洞神）	［W0454a］洞神（山洞神）
W6495. 11. 14	祭丰收神（祭丰产神）	［W0455］丰收神（丰产神）
W6495. 11. 15	祭纺织神	［W0456］纺织神
W6495. 11. 16	祭福神	［W0457］福神
W6495. 11. 16. 1	祭福神喜利妈妈	【满族】@［W6495. 0. 3. 6. 1］福神喜利妈妈的神龛设在居室的西北角
W6495. 11. 17	祭复仇之神	［W0457a］复仇之神
W6495. 11. 18	祭光明之神（祭光明神；祭光神）	［W0458］光明之神（光明神；光神）
W6495. 11. 19	祭工匠神	［W0459］工匠神
W6495. 11. 19. 1	祭工匠神的产生（祭工匠神的原因）	
W6495. 11. 19. 2	祭工匠神的时间	
W6495. 11. 19. 3	祭工匠神的地点	
W6495. 11. 19. 4	祭工匠神的方法	
W6495. 11. 19. 5	祭特定的工匠神	
W6495. 11. 19. 6	与祭工匠神有关的其他母题	
W6495. 11. 20	祭歌神	［W0459a］歌神
W6495. 11. 21	祭家畜神（祭畜神）	［W0460］家畜神（畜神）
W6495. 11. 22	祭庙神	［W0461a］庙神
W6495. 11. 23	祭农神（祭农业神）	［W0462］农神（农业神）
W6495. 11. 23. 1	祭农神的产生（祭农神的原因）	
W6495. 11. 23. 2	祭农神的时间	
W6495. 11. 23. 2. 1	秋收时祭农神	
W6495. 11. 23. 2. 2	鼠月鼠日祭农神密支神	【彝族（撒尼）】
W6495. 11. 23. 2. 3	农历十二月祭农神（腊月祭农神）	【汉族】
W6495. 11. 23. 3	祭农神的地点	

W 编码	母题描述	关联项
W6495. 11. 23. 3. 1	八蜡庙祭农神	【汉族】
W6495. 11. 23. 4	祭农神的方法	
W6495. 11. 23. 5	祭特定的农神	
W6495. 11. 23. 5. 1	祭神农炎帝	
W6495. 11. 23. 5. 2	祭农神密支神	【彝族（撒尼）】
W6495. 11. 23. 5. 3	祭田神.	
W6495. 11. 23. 5. 3. 1	六月六祭田神	【壮族】@［W6627. 17. 2. 1］仡佬族农历六月初六有杀牛祭田（祭田神）
W6495. 11. 23. 5. 3. 1a	六月逢六的任何一天祭田神	【布依族】
W6495. 11. 23. 5. 3. 2	重阳节祭田神	【壮族】
W6495. 11. 23. 5. 4	祭田公地母	［W6503. 5. 1. 3. 2］杀鸡祭田公地母、五谷尊神
W6495. 11. 23. 5. 4. 1	正月头个亥日祭田公地母	【壮族】
W6495. 11. 23. 5. 4. 2	五月头个寅日祭田公地母	【壮族】
W6495. 11. 23. 5. 5	祭守护粮田的神扎纳阿玛	
W6495. 11. 23. 5. 5. 1	祭扎纳阿玛可避免庄稼长得不饱	【哈尼族】
W6495. 11. 23. 5. 6	祭秧神（祭禾神）	［W6508. 3. 5. 1. 1］插秧时祭禾神
W6495. 11. 23. 5. 6. 0	每年的三、四、六月，从播秧到插秧都祭禾神	【壮族】
W6495. 11. 23. 5. 6. 1	农历五月上旬祭秧神	【仡佬族】
W6495. 11. 23. 5. 6. 2	六月初一祭秧神	【仡佬族】
W6495. 11. 23. 5. 6. 3	六月六日下午祭秧神	【仡佬族】
W6495. 11. 23. 5. 6. 4	六月二十四祭秧神	【仡佬族】
W6495. 11. 23. 5. 6. 5	到自家田里祭秧神	【仡佬族】
W6495. 11. 23. 5. 7	祭先农	
W6495. 11. 23. 5. 7. 1	县令率邑属、耆老、农民诣先农坛致祭	【中华民族】@［W6496. 6. 3. 2. 1］祭先农于田

W 编码	母题描述	关联项
W6495. 11. 23. 5. 7. 2	腊日祭先农	【中华民族】
W6495. 11. 23. 6	与祭农神有关的其他母题	［W6505. 2. 12. 1. 1］祭祀农业神密支神仪式中有一个特殊场面是谩骂主持人
W6495. 11. 24	祭旱神（祭干旱神）	［W0463］旱神（干旱神）
W6495. 11. 25	祭航海神（祭海上保护神；祭行船保护神）	［W0464］航海神（海上保护神；行船保护神）
W6495. 11. 25. 1	祭航海神的产生（祭航海神的原因）	
W6495. 11. 25. 2	祭航海神的时间	
W6495. 11. 25. 2. 1	出海前祭航海神	【汉族】
W6495. 11. 25. 3	祭航海神的地点	
W6495. 11. 25. 3. 1	海神庙祭航海神	【汉族】
W6495. 11. 25. 4	祭航海神的方法	
W6495. 11. 25. 5	祭特定的航海神	
W6495. 11. 25. 6	与祭航海神有关的其他母题	
W6495. 11. 26	祭黑暗之神（祭黑暗神）	［W0465］黑暗之神（黑暗神）
W6495. 11. 27	祭婚姻神（祭媒神）	［W0467］婚姻神
W6495. 11. 28	祭金属神	［W0468］金属神
W6495. 11. 29	祭酒神	［W0469］酒神
W6495. 11. 29. 1	祭酒神的产生（祭酒神的原因）	
W6495. 11. 29. 2	祭酒神的时间	
W6495. 11. 29. 2. 1	酿酒前祭酒神	【汉族】
W6495. 11. 29. 3	祭酒神的地点	
W6495. 11. 29. 4	祭酒神的方法	
W6495. 11. 29. 4. 1	第一锅酒祭酒神	【汉族】
W6495. 11. 29. 5	祭特定的酒神	
W6495. 11. 29. 6	与祭酒神有关的其他母题	

W 编码	母题描述	关联项
W6495. 11. 29. 6. 1	敬奉“酒祖”仪狄	【汉族】
W6495. 11. 30	祭美丽之神	［W0470］美丽之神
W6495. 11. 31	祭命运之神（祭命运神）	［W0471］命运之神（命运神）
W6495. 11. 32	祭器物神	［W0472a］器物神
W6495. 11. 33	祭杀戮之神	［W0473］杀戮之神
W6495. 11. 34	祭社神（祭社王）	［W0474］社神（社王）
W6495. 11. 34. 1	祭社神的产生（祭社神的原因）	
W6495. 11. 34. 1. 1 *	祭社神禳日食、大水等灾难	【多民族】
W6495. 11. 34. 1. 2	正月初三求社神保佑全村一年喜庆平安	【布依族】
W6495. 11. 34. 1. 3	三月三祭社神祈求庄稼长得好	【布依族】
W6495. 11. 34. 1. 4	六月六谢社神保佑庄稼长得好	【布依族】
W6495. 11. 34. 2	祭社神的时间	
W6495. 11. 34. 2. 1	十月祭社神	【傈僳族】
W6495. 11. 34. 2. 2	一年中多次祭社神	
W6495. 11. 34. 2. 2. 1	春节、正月十五、二月初二、七月十四、八月初二、大年除夕等祭祀社王	【壮族】
W6495. 11. 34. 2. 2. 1. 1	春节走村串亲戚先拜社神	【壮族】
W6495. 11. 34. 2. 3	一年三祭社神	
W6495. 11. 34. 2. 3. 1	一年中的正月初三、三月三、六月六三次祭社神	【布依族】
W6495. 11. 34. 2. 4	生孩子时祭社神	【壮族】
W6495. 11. 34. 2. 5	庄稼抽穗时祭社神	
W6495. 11. 34. 2. 5. 1	农历六月初二待禾苗出穗后敬社王一次	【壮族】
W6495. 11. 34. 2. 6	每年的春秋两季祭社神	
W6495. 11. 34. 2. 6. 1	春社	【侗族】

W 编码	母题描述	关联项
W6495.11.34.2.6.2	秋社	【侗族】
W6495.11.34.2.7	除夕午后祭祀社王	【壮族】
W6495.11.34.3	祭社神的地点	
W6495.11.34.4	祭社神的方法	［W6503.5.9.3.2］社猪祭社神
W6495.11.34.4.1 *	祭祀社神的牺牲仪式上击鼓沟通人神	【多民族】
W6495.11.34.5	祭特定的社神	
W6495.11.34.5.1	祭祀社公	【壮族】
W6495.11.34.6	与祭社神有关的其他母题	
W6495.11.35	祭生命之神（祭生命神；祭寿神）	［W0475］生命之神（生命神；寿神）
W6495.11.36	祭牲畜神（祭畜神；祭牲畜保护神；祭家畜保护神）	［W0476］牲畜神（牲畜保护神；家畜保护神）
W6495.11.36.1	祭牲畜神的产生（祭牲畜神的原因）	
W6495.11.36.1.1	祭六畜神求来年六畜平安	【羌族】
W6495.11.36.1.2	祭牲畜神有利牲畜繁殖	【鄂温克族】@［W6495.0.1.5.9.3］祭神有助人口增长
W6495.11.36.2	祭牲畜神的时间	【关联】①
W6495.11.36.2.1	除夕夜祭六畜神	【羌族】
W6495.11.36.2.2	新添购牲畜时举行一些仪式以告牲畜神	【壮族】
W6495.11.36.2.3	供祭牲畜神吉雅奇一年一次	【鄂温克族】
W6495.11.36.2.4	正月十五或六月间牲畜满膘时祭牲畜神	【鄂温克族】
W6495.11.36.2.5	三年一次大祭牲畜保护神吉雅其	【蒙古族】
W6495.11.36.2.6	祭牲畜保护神吉雅其的祭典在七月份举行	【蒙古族】
W6495.11.36.3	祭牲畜神的地点	

① ［W6487.6.4.1］祭牲畜神祭东天时，夜间祭；［W6487.6.5.1］祭牲畜神祭西天时，白天祭。

W 编码	母题描述	关联项
W6495. 11. 36. 3. 1	祭畜神仪式在家里举行，以正房火塘边为祭场	【纳西族】
W6495. 11. 36. 4	祭牲畜神的方法	
W6495. 11. 36. 4. 1	祭牲畜神的祷辞中称牲畜保护神主宰一切	【蒙古族】
W6495. 11. 36. 5	祭特定的牲畜神	
W6495. 11. 36. 5. 1	祭六畜神	【羌族】
W6495. 11. 36. 5. 2	祭牲畜保护神吉雅其	【蒙古族】
W6495. 11. 36. 5. 3	供祭牲畜神吉雅奇	【鄂温克族】
W6495. 11. 36. 5. 4	祭家畜守护神然里神	
W6495. 11. 36. 5. 4. 1	家禽家畜死亡或野物进寨冒犯，要祭然里神	【哈尼族】
W6495. 11. 36. 6	与祭牲畜神有关的其他母题	
W6495. 11. 36. 6. 1	祭特定的神为六畜祈求平安	
W6495. 11. 36. 6. 1. 1	祭牛王、马王、土主等保佑六畜兴平安时，用香烛果品、茶酒香斋、素馔、全鸡、猪头等供品，焚烧神疏文书、金银大锞、黄钱，点青香，行三拜九叩礼	【白族】
W6495. 11. 37	祭厩神	［W0476a］厩神
W6495. 11. 38	祭生育神（祭生殖神；祭祀人种神）	［W0477］生育神（生殖神人种神）
W6495. 11. 38. 1	祭生育神的产生（祭生育神的原因）	
W6495. 11. 38. 1. 1	祭生殖器神以求家庭人口兴旺、妇女多育和育健儿	【纳西族（摩梭）】@［W6495. 11. 36. 1. 2］祭牲畜神有利牲畜繁殖
W6495. 11. 38. 2	祭生育神的时间	
W6495. 11. 38. 3	祭生育神的地点	
W6495. 11. 38. 4	祭生育神的方法	

W 编码	母题描述	关联项
W6495. 11. 38. 4. 1	少女或夫妻祭石祖后，有的在石祖附近取 3 碗泉水饮下，有的在泉池里洗澡，以求生育子女	【纳西族（摩梭）】
W6495. 11. 38. 5	祭特定的生育神	
W6495. 11. 38. 5. 1	祭女性生殖器神	【纳西族（摩梭）】@［W6495. 11. 38. 1. 1］祭生殖器神以求家庭人口兴旺、妇女多育和育健儿
W6495. 11. 38. 5. 2	祭送子娘娘神	【布依族】
W6495. 11. 38. 5. 2. 1	三月三祭小儿神母娘娘	【布依族】
W6495. 11. 38. 6	与祭生育神有关的其他母题	［W0477］生育神
W6495. 11. 39	祭受难之神（祭苦难神）	［W0479］受难之神（苦难神）
W6495. 11. 40	祭死神（祭死亡之神；祭生死神）	［W0480］死神（死亡之神；生死神）
W6495. 11. 40. 1	祭死神的产生（祭死神的原因）	
W6495. 11. 40. 2	祭死神的时间	
W6495. 11. 40. 3	祭死神的地点	
W6495. 11. 40. 4	祭死神的方法	
W6495. 11. 40. 5	祭特定的死神	
W6495. 11. 40. 6	与祭死神有关的其他母题	
W6495. 11. 41	祭偷盗之神（祭偷盗神；祭盗神；祭搬运神）	［W0482］偷盗之神（偷盗神；盗神；搬运神）
W6495. 11. 42	祭瘟神（祭疾病神；病魔；祭瘟疫鬼）	［W0483］瘟神（疾病神；病魔；瘟疫鬼）
W6495. 11. 42. 1	祭瘟神的产生（祭瘟神的原因）	
W6495. 11. 42. 2	祭瘟神的时间	
W6495. 11. 42. 2. 1	出现瘟疫时祭瘟神	【汉族】
W6495. 11. 42. 3	祭瘟神的地点	
W6495. 11. 42. 4	祭瘟神的方法	

W 编码	母题描述	关联项
W6495. 11. 42. 4. 1	多次祭瘟疫鬼	【纳西族】@［W6497. 1. 11. 3. 5. 1］祭瘟鬼先在家中祭祀驱赶后，将其强行带到山中再祭，最后将其弃于山野
W6495. 11. 42. 5	祭特定的瘟神	
W6495. 11. 42. 6	与祭瘟神有关的其他母题	
W6495. 11. 43	祭盐神	［W0484］盐神
W6495. 11. 43. 1	祭盐神的产生（祭盐神的原因）	
W6495. 11. 43. 2	祭盐神的时间	
W6495. 11. 43. 2. 1	年三十夜和正月初二祭盐神	【汉族】
W6495. 11. 43. 3	祭盐神的地点	
W6495. 11. 43. 4	祭盐神的方法	
W6495. 11. 43. 5	祭特定的盐神	
W6495. 11. 43. 6	与祭盐神有关的其他母题	
W6495. 11. 44	祭药神（祭医神；祭医病之神）	［W0485］药神（医神；医病之神）
W6495. 11. 44. 1	祭药神的产生（祭药神的原因）	
W6495. 11. 44. 2	祭药神的时间	
W6495. 11. 44. 3	祭药神的地点	
W6495. 11. 44. 3. 1	在药王庙祭药神	【中华民族】
W6495. 11. 44. 3. 2	在三皇庙祭药神	【中华民族】
W6495. 11. 44. 4	祭药神的方法	
W6495. 11. 44. 5	祭特定的药神	
W6495. 11. 44. 5. 1	祭伏羲神农等药神	【中华民族】
W6495. 11. 44. 6	与祭药神有关的其他母题	
W6495. 11. 45	祭喜神（祭吉祥神）	［W0486］喜神（吉祥神）
W6495. 11. 45. 1	结婚时祭喜神	【汉族】
W6495. 11. 46	祭幸福之神	【民族，关联】①

① 【满族】@［W0487］幸福之神；［W6495. 11. 16］祭福神。

W 编码	母题描述	关联项
W6495.11.47	祭幸运之神（祭幸运神；祭运气之神）	［W0487a］幸运之神（幸运神；运气之神）
W6495.11.48	祭刑罚神	［W0488］刑罚神
W6495.11.49	祭艺术之神	［W0489］艺术之神
W6495.11.50	祭预言之神	［W0490］预言之神
W6495.11.51	祭渔神（祭渔猎神；祭渔猎之神）	［W0491］渔神（渔猎神；渔猎之神）
W6495.11.51.1	祭渔药神的产生（祭渔神的原因）	
W6495.11.51.2	祭渔神的时间	
W6495.11.51.2.1	捕鱼前祭鱼神	【汉族】
W6495.11.51.3	祭渔神的地点	
W6495.11.51.4	祭渔神的方法	
W6495.11.51.5	祭特定的渔神	
W6495.11.51.6	与祭渔神有关的其他母题	
W6495.11.52	祭灾难神（祭灾难保护神）	［W0492］灾难神（灾难保护神）
W6495.11.52.1	干旱时祭旱神	【汉族】
W6495.11.53	祭灶神（祭灶王；祭灶王爷；祭灶君）	【汉族】@［W0493］灶神（灶王；灶王爷；灶君）；
W6495.11.53.1	祭灶神的产生（祭灶神的原因）	
W6495.11.53.1.1	祭灶神好处多多	
W6495.11.53.1.1.1	祭灶神可以（1）驯养的六畜使六畜增殖；（2）五谷丰登；（3）红牛满圈、黄马满厩、羊儿满坡、鸡儿满架；（4）男儿能接上父业，女儿能接上母业；（5）使谷子不荒芜、麦子不起锈；（6）人丁兴旺	【纳西族】
W6495.11.53.1.2	不同类型的人祭灶神各有好处	
W6495.11.53.1.2.1	手艺人敬灶君百能百巧，生意人敬灶君买卖兴隆	【中华民族】

W 编码	母题描述	关联项
W6495. 11. 53. 2	祭灶神的时间	
W6495. 11. 53. 2. 0	正月初一祭灶神	【汉族】
W6495. 11. 53. 2. 0. 1	藏历正月初一凌晨祭灶神	【藏族（多须）】
W6495. 11. 53. 2. 0a	七夕祭灶神	【汉族】
W6495. 11. 53. 2. 1	腊月二十三祭灶神	【汉族】【锡伯族】【壮族】
W6495. 11. 53. 2. 1a	大年三十祭灶神	【傈僳族】@［W6495. 9. 5. 2. 1］大年三十敬门神
W6495. 11. 53. 2. 1b	腊月二十四祭灶神	【汉族】【白族】
W6495. 11. 53. 2. 1c	农历十二月初八祭灶神	【汉族】
W6495. 11. 53. 2. 2	改善生活时祭灶神	
W6495. 11. 53. 2. 2. 1	家里吃好的菜肴特别是“八大碗”要先贡灶神	【怒族】
W6495. 11. 53. 2. 3	月朔祭灶神	【多民族】
W6495. 11. 53. 3	祭灶神的地点	
W6495. 11. 53. 3. 1	灶神像前祭灶神	【怒族】
W6495. 11. 53. 3. 2	灶王与生育神花王之神位一起分列在祖宗神位两旁	【壮族】
W6495. 11. 53. 3. 3	灶台上供奉家神灶王爷	【汉族】
W6495. 11. 53. 3. 4	室西南隅供奉灶神	【汉族】
W6495. 11. 53. 3. 5	在锅庄祭灶神	【藏族（多须）】
W6495. 11. 53. 4	祭灶神的方法	
W6495. 11. 53. 4. 1	用特定物祭灶神	
W6495. 11. 53. 4. 1. 1	腊月用黄羊（即黄狗）祭祀灶神	【汉族】@［W6626. 3. 2. 1］腊月二十三祭灶神的来历
W6495. 11. 53. 4. 2	祭灶神祭品的摆放	
W6495. 11. 53. 4. 2. 1	祭灶神时，取各种菜肴少量集中一只小碗里，放在面对灶神居住的位置	【怒族】
W6495. 11. 53. 4. 3	祭灶神时祷告	

W 编码	母题描述	关联项
W6495.11.53.4.3.1	祭灶神时祈求灶神上天言好事	【汉族】
W6495.11.53.4.3.2	祭灶神时边祷告边祭献	【怒族】
W6495.11.53.4.4	祭灶神时喂灶神特定食物	
W6495.11.53.4.4.1	腊月二十四日祀灶时以饴涂灶，谓封口舌	【白族】
W6495.11.53.4.4.2	祭灶神时往灶神口中抹糖	【汉族】
W6495.11.53.4.5	跳灶王（祭灶神时有特定的表演）	
W6495.11.53.4.5.1	跳灶王时乞儿三五人为一队扮灶公灶婆，各执竹杖噪于门庭乞钱	【多民族】
W6495.11.53.4.6	灶王上天仪式	
W6495.11.53.4.6.1	烧化灶神像表示上天	【汉族】
W6495.11.53.4.6.2	祭灶神当晚焚香燃烛，将灶王跨在用秫秸扎成马形上以火焚之	【汉族】
W6495.11.53.4.7	特定身份者祭灶神	
W6495.11.53.4.7.1	男人做饭祭灶神	【藏族（多须）】
W6495.11.53.4.8	祭灶神的其他方法	
W6495.11.53.4.9	与祭灶神方法有关的其他母题	［W6495.0.5.5.4.2.1］祭灶神时吹海螺
W6495.11.53.5	祭特定的灶神	
W6495.11.53.5.1	祭灶王	【汉族】
W6495.11.53.5.2	祭灶王爷	【汉族】
W6495.11.53.5.3	祭灶公灶婆	【多民族】
W6495.11.53.6	与祭灶神有关的其他母题	
W6495.11.53.6.1	家中的事要请示灶神	【怒族】
W6495.11.53.6.2	接灶神	【汉族】
W6495.11.53.6.3	除夕夜接灶神	【汉族】
W6495.11.53.6.4	正月初一接灶神	【汉族】
W6495.11.53.6.5	祭灶台	

W 编码	母题描述	关联项
W6495. 11. 53. 6. 5. 1	寨老打着红伞，由小孩抬着各户送鸡装着的大笼子到每家灶台转三圈念咒祭祀	【仫佬族】
W6495. 11. 54	祭战神	［W0494］战神
W6495. 11. 54. 1	祭战神的产生（祭战神的原因）	
W6495. 11. 54. 2	祭战神的时间	
W6495. 11. 54. 3	祭战神的地点	
W6495. 11. 54. 4	祭战神的方法	
W6495. 11. 54. 5	祭特定的战神	
W6495. 11. 54. 5. 1	祭战神蚩尤	
W6495. 11. 54. 5. 2	祭战神关羽	
W6495. 11. 54. 6	与祭战神有关的其他母题	
W6495. 11. 55	祭智慧之神（智慧神，知识神）	［W0496］智慧之神（智慧神；知识神）
W6495. 11. 56	祭与职能或行业有关的其他神	［W0497］与职能或行业有关的其他神
W6495. 11. 56. 1	祭路神	
W6495. 11. 56. 1. 1	小儿夜啼或家人外出远行要祭路神	【白族】
W6495. 12	祭其他特定领域的神（祭祀其他特定名称的神；祭其他特定的神）	【关联】①
W6495. 12. 1	祭无名神	【汤普森】V11. 9. 1
W6495. 12. 2	祭年长的神	【羌族】
W6495. 12. 3	祭本主（祭本主神）	
W6495. 12. 3. 1	祭本主的产生（祭本主的原因）	
W6495. 12. 3. 1. 1	到神都祭本主是为儿子结婚给本主神道喜	【白族】
W6495. 12. 3. 2	祭本主的方法（祭本主的情形）	

① ［W0450～W0499］与功能或行业有关的神；［W6448. 1］药店里供奉药兽。

W 编码	母题描述	关联项
W6495.12.3.2.1	正月十四至十六日为本主节祭本主时，全村将本主神像用轿子抬着游村	【白族】
W6495.12.3.2.2	五月初五送本主，六月初六接本主	【白族】
W6495.12.3.3	祭特定的本主	
W6495.12.3.4	与祭本主有关的其他母题	［W6508.3.4a.4.2］张王李赵各祭不同的神灵本主
W6495.12.3.4.1	有的一个村寨崇拜一个本主，有的几个村寨崇拜一个本主	【白族】
W6495.12.4	祭善神	
W6495.12.4.1	祭善神的产生（祭善神的原因）	
W6495.12.4.1.1	立房盖屋或出远门时先祭善神鲁猛可祈求保佑顺利、平安	【苗族】
W6495.12.4.2	祭善神的方法（祭善神的情形）	
W6495.12.4.3	祭特定的善神	
W6495.12.4.4	与祭善神有关的其他母题	
W6495.12.5	祭恶神	【关联】①
W6495.12.5.1	祭恶神的产生（祭恶神的原因）	
W6495.12.5.1.1	人通过媚好恶神可洛可喜祈求消除灾难	【纳西族】
W6495.12.5.2	祭恶神的方法（祭恶神的情形）	
W6495.12.5.3	祭特定的恶神	
W6495.12.5.3.1	祭作祟于人致病的恶神	【达斡尔族】
W6495.12.5.4	与祭恶神有关的其他母题	
W6495.12.5.4.1	不祭祀恶神	
W6495.12.5.4.1.1	对人类有害熊、狐、狼、黄鼠狼、蛇，野鸡等神平时不予供祭	【达斡尔族】
W6495.12.6	祭特定的夫妻神	

① ［W0126］恶神；［W6497.1.11.5.4］祭恶鬼。

W 编码	母题描述	关联项
W6495. 12. 6. 1	祭东皇公与西王母	
W6495. 12. 6. 1. 1	立东郊以祭阳曰东皇公，立西郊以祭阴名西王母	【古代民族】
W6495. 13	与祭神有关的其他母题	［W6495. 0. 9. 1］祭神的禁忌
W6495. 13. 1	主神（祭神时的主神）	
W6495. 13. 2	配神（陪神；辅神）	
W6495. 13. 2. 1	龙王、娘娘是关帝的陪神	【达斡尔族】
W6495. 13. 2. 2	女神是男神的陪神	
W6495. 13. 2. 2. 1	姆洛甲是布洛陀的陪神	【壮族】
W6495. 13. 2. 3	盘古有文官、武士作为配神	【汉族等】
W6495. 13. 2. 4	三皇庙中伏羲以勾芒配，神农以祝融配，黄帝以风后、力牧配	【中华民族】
W6496	**祭祖先①（祭祀祖先；祭祀神性祖先；祭先祖；祭祖神；祭祖先神；祭祀文化始祖；祭人文始祖）**	
W6496. 0	祭祖概说（祭祖先神概说）	
W6496. 0. 0	不祭祀祖先（以前不祭祖；以前不知道祭祖）	【布依族】
W6496. 0. 0. 0	不祭祖的原因	
W6496. 0. 0. 0. 1	以前因没有分姓氏、家族、亲戚、朋友，所以不懂得祭祖	【布依族】
W6496. 0. 0. 1	斜眼人这朝人不兴祭祖先	【彝族】
W6496. 0. 0. 2	独龙人从不提及或祭供他们的祖先	【独龙族】

① 祭祖先，又称祭祖，在不同神话叙述中又有祭先祖、祭祖神、祭祖先神、祭祀文化始祖、祭人文始祖、祭文化英雄等不同说法。在人类早期的“祖先”观念常常与神、神性人物交织混杂在一起，特别是许多少数民族神话中的祖先更是非常庞杂，一个民族的不同支系甚至一个支系的不同群体也会出现完全不同的祖先，其祭祀目的与方法也是不尽相同。因此，试图强行作出一个明确的分类是不现实的。在此只是列举一些常见的祖先祭祀，作为这类现象的数据框架结构示例。

W 编码	母题描述	关联项
W6496.0.0.3	特定情形下不祭祖	
W6496.0.0.3.1	父母均在世时无需祭祖先	【傈僳族】
W6496.0.1	祭祖的产生（祭祖的原因；祭祀祖先的来历；祭祖先神的原因）	
W6496.0.1.1	祭祖神可以五谷丰登	
W6496.0.1.1.1	祭祖宗后，稻谷丰收	【壮族】
W6496.0.1.2	人与山婚生人，所以祭石祖	【普米族】
W6496.0.1.2.1	祭石祖求祈子	【民族，关联】①
W6496.0.1.3	特定人物让人祭祖（特定人物教人祭祖）	
W6496.0.1.3.1	天仙老祖让人祭祖	【仡佬族】
W6496.0.1.3.2	人向陆、色（神名）领教了祭祖的仪礼	【纳西族】
W6496.0.1.3.3	道卡斯族人教导赛夏族人祭祖的仪式	【高山族（赛夏）】
W6496.0.1.3.4	祖先让人祭祖	［W6486.1.2.1.1］男女始祖布洛陀、姆洛甲劝人祭祖宗
W6496.0.1.3.4.1	人类祖先翁戛兴祭祖	【布依族】
W6496.0.1.4	祭祖祈生育	
W6496.0.1.4.1	不生儿育女的夫妻祭祀始祖德龙、爸龙兄妹赠男送女	【苗族】
W6496.0.1.4a	祭祖祈福（祭祖求平安）	【壮族】
W6496.0.1.4a.1	祖先的祭祀主要是祈求保佑平安	【傈僳族】
W6496.0.1.4a.2	祭祖求发财	【怒族】
W6496.0.1.4a.3	祭祖可以保平安	【藏族】
W6496.0.1.5	因畏惧祭祖先	
W6496.0.1.5.1	祭祀祖先是因为畏惧而求其赦恕	【傈僳族】

① 【纳西族（摩梭）】@［W6484.3］为了生育祭祀（祭祀祈子）；［W6495.11.38.4.1］少女或夫妻祭石祖后，有的在石祖附近取3碗泉水饮下，有的在泉池里洗澡，以求生育子女。

W 编码	母题描述	关联项
W6496. 0. 1. 5. 2	因不祭祖先祖先会发怒制造灾难祭祖	【彝族】
W6496. 0. 1. 6	祭祖消灾辟邪	[W6496. 0. 2. 4. 9. 1] 患病时祭祖先神
W6496. 0. 1. 6. 1	每家每户的门框顶上都要供一块象征祖先的石头，凡遇节庆或有人出远门时须以鸡血鸡毛祭献给这块石头，以辟邪、避鬼	【藏族】
W6496. 0. 1. 7	祭祖的其他目的（祭祖的其他功能）	
W6496. 0. 1. 7. 1	祭祖是为祖先赎魂	【纳西族（阮可）】@ [W6496. 0. 3. 2. 1] 阴历九月在野外举行祭祖赎魂仪式
W6496. 0. 1. 7. 2	祭祖是为了使父母的灵魂能够过上好日子	【彝族】
W6496. 0. 1. 7. 3	祭祖保佑渡过难关	【瑶族】
W6496. 0. 1. 7. 4	敬供祖先以求其阴魂保佑	【壮族】
W6496. 0. 1. 7. 5	祭祖能逢凶化吉	【壮族】
W6496. 0. 1. 8	祭祖的其他来历	
W6496. 0. 1. 8. 1	一个不孝子顿悟后供奉死去的母亲形成祭祖习俗	【汉族】
W6496. 0. 1. 8. 2	祭祖认罪	【壮族】
W6496. 0. 1. 8. 3 *	祭祖源于自然崇拜	【多民族】
W6496. 0. 1. 9	与祭祖产生有关的其他母题	[W6495. 0. 1. 8. 1] 供祀祖先神是为了让祖先高兴
W6496. 0. 2	祭祖的时间（祭祀祖先的时间）	[W6455. 5. 1. 5. 1. 2] 农历十月初一，各羌寨敬天敬山敬祖，以牛羊鸡猪还愿
W6496. 0. 2. 0	祭祖时间的确定	
W6496. 0. 2. 0. 1	以老祖公的属相定祭祖时间	【彝族（摩察）】
W6496. 0. 2. 1	不同的月份祭祖	

W 编码	母题描述	关联项
W6496.0.2.1.1	正月祭祖	
W6496.0.2.1.1.1	正月初一祭祖	【汉族】
W6496.0.2.1.1.1a	正月元旦日祭祖	【畲族】
W6496.0.2.1.1.2	正月初三、初四，各家清早祭祖宗	【怒族】
W6496.0.2.1.2	二月祭祖	【壮族】@［W6496.0.2.1a.2］二月头个卯日时祭祖
W6496.0.2.1.2.1	每年二月初八祭献祖先阿玉哺	【彝族】
W6496.0.2.1.3	三月祭祖	【白族】@［W6627.2.2a］白族农历正月初三开始祭祖
W6496.0.2.1.3.1	每年藏历的春三月，各寨以家族为单位请灵祭祖	【藏族】
W6496.0.2.1.3.2	农历三月初三（或三月的第一个虎日）祭祖	【布依族】
W6496.0.2.1.4	四月祭祖	
W6496.0.2.1.5	五月祭祖	【壮族】@［W6496.0.2.1a.3］五月头个午日祭祖
W6496.0.2.1.6	六月祭天神	
W6496.0.2.1.7	七月祭祖	
W6496.0.2.1.7.0	七月初一祭祖	【壮族】
W6496.0.2.1.7.1	农历七月十三日祭祖	【彝族】
W6496.0.2.1.7.2	农历七月十五祭祖	【瑶族】
W6496.0.2.1.7.3	农历七月十四祭祖	【壮族】
W6496.0.2.1.7.4	七月十三、十四这两天祭祖	【壮族】
W6496.0.2.1.8	八月祭祖	
W6496.0.2.1.8.1	八月十五祭祖	【白族】@［W6622.4.4.6.3］中秋节祭祖神
W6496.0.2.1.8.2	八月十二日到十四日祭祖	【藏族（尔苏）】
W6496.0.2.1.9	其他月份祭祖	
W6496.0.2.1.9.1	九月祭祖	【纳西族（阮可）】

W 编码	母题描述	关联项
W6496. 0. 2. 1. 9. 2	十月祭祖	
W6496. 0. 2. 1. 9. 2. 1	农历十月初一祭祖	【羌族】
W6496. 0. 2. 1. 9. 2. 2	每年十月杀年猪时祭祖	【纳西族（摩梭）】
W6496. 0. 2. 1. 9. 3	十一月祭祖	
W6496. 0. 2. 1. 9. 4	十二月祭祖（腊月祭祖）	
W6496. 0. 2. 1. 9. 4. 1	除夕祭祖	【汉族】@［W6503. 10. 5. 2. 5］除夕祭祖用熟祭
W6496. 0. 2. 1. 9. 4. 1a	除夕前一天祭祖	
W6496. 0. 2. 1. 9. 4. 1a. 1	除夕前一天吃团年饭的祭锅庄石活动称“祭祖”	【民族，关联】①
W6496. 0. 2. 1. 9. 4. 1b	腊月三十祭祖公	【仡佬族】
W6496. 0. 2. 1. 9. 5	其他特定具体时间祭祖	
W6496. 0. 2. 1. 9. 5. 1	月半（农历十五日）祭祖先	【傈僳族】
W6496. 0. 2. 1a	特定的日子祭祖	
W6496. 0. 2. 1a. 1	初一十五祭祖神	【达斡尔族】
W6496. 0. 2. 1a. 2	二月头个卯日祭祖	【壮族】
W6496. 0. 2. 1a. 3	五月头个午日祭祖	【壮族】
W6496. 0. 2. 1a. 4	每月逢三、六、九日祭祖	【汉族】
W6496. 0. 2. 1a. 5	龙日祭祖	【哈尼族】
W6496. 0. 2. 2	特定季节祭祖	
W6496. 0. 2. 2. 1	春天祭祖	【高山族（赛夏）】
W6496. 0. 2. 2. 2	秋后祭男女始祖	【苗族】
W6496. 0. 2. 2. 2a	秋收“祖灵祭”	【高山族（赛夏）】
W6496. 0. 2. 2. 3	下霜时祭祖	
W6496. 0. 2. 2. 3. 1	斑鸠叫时满地霜，敬神祖	【佤族】
W6496. 0. 2. 2. 4	夏季祭祖	【达斡尔族】
W6496. 0. 2. 2. 5	冬季祭祖	

① 【纳西族（摩梭）】@［W6487. 8. 4. 3. 1. 1］举行婚礼时，要敬锅庄；［W6495. 0. 2. 3. 2］新屋建好后，要先祭锅庄石。

W 编码	母题描述	关联项
W6496.0.2.2.5.1	冬季“祭祖节”	【藏族】
W6496.0.2.3	节日时祭祖（年节祭祖）	【汉族】
W6496.0.2.3.1	年节时祭祖（过年时祭祖）	【民族，关联】①
W6496.0.2.3.1.1	“彝年”是重要的祭祖节，时间在农历十一月至十二月之间	【彝族】
W6496.0.2.3.1.2	年三十晚吃年饭时祭三代祖先	【怒族】
W6496.0.2.3.2	中秋祭祖	
W6496.0.2.3.2.1	八月十五晚，各家吃晚饭前祭祀祖公一次	【仡佬族】
W6496.0.2.4	特定事件时祭祖（特定行为时祭祖）	
W6496.0.2.4.1	庄稼收获时节祭祖先	【独龙族】
W6496.0.2.4.1.1	收麦子后的第一盘馍敬祖宗	【汉族】
W6496.0.2.4.2	迁坟时祭祖	【纳西族】@［W6496.0.4.7.2.2］迁坟时先祭山神，之后依次祭历代祖先，最后才祭新迁来的死者
W6496.0.2.4.3	一日三餐前祭奠祖先	【纳西族（摩梭）】
W6496.0.2.4.3.1	早饭和晚饭前要给祖宗神位上香火	【侗族】
W6496.0.2.4.3a	酒饭时先敬祖	【藏族（白马）】
W6496.0.2.4.4	喜庆佳节和款待宾客时要先敬祖先	【侗族】
W6496.0.2.4.5	迁徙前祭祖	【苗族】
W6496.0.2.4.6	婚丧嫁娶时祭祖	【侗族】【彝族】
W6496.0.2.4.7	远行前祭祖	【壮族】
W6496.0.2.4.8	诸事祭祖	

① 【汉族】【怒族（若柔）】【瑶族】【壮族】@［W6496.0.2.7.0.1］每年只在过新年时祭一次祖先。

W 编码	母题描述	关联项
W6496. 0. 2. 4. 8. 1	成年人出远门走亲访友，求学应试，做大宗生意，上衙门打官司等事前祭祖神	【壮族】
W6496. 0. 2. 4. 8. 2	逢年过节或家有红白喜事等重大活动，都要呼唤列祖列宗齐来享用	【侗族】
W6496. 0. 2. 4. 9	其他事件时祭祖先	
W6496. 0. 2. 4. 9. 1	患病时祭祖先神	【鄂伦春族】
W6496. 0. 2. 4. 9. 2	遇天灾瘟疫时祭祖神	【侗族】
W6496. 0. 2. 4. 9. 3	获得猎物后祭祖神	
W6496. 0. 2. 4. 9. 3. 1	猎人打着犴或鹿时要祭“玛鲁”（祖先有关系的神）	【鄂温克族】
W6496. 0. 2. 5	特定的时辰祭祖（一天内的特定时间祭祖）	［W6496. 1. 2. 1］特定的时辰祭盘古
W6496. 0. 2. 5. 1	一早一晚烧香磕头祭祖先	【纳西族（摩梭）】
W6496. 0. 2. 5. 2	夜间祭祖（夜间祭祖神）	【达斡尔族】
W6496. 0. 2. 5. 2. 1	祭祖均在夜间，并由最老的一家取出珍藏服饰示众	【仡佬族】
W6496. 0. 2. 5. 2. 2	夜间祭祀祖先神偶时不能点灯	【鄂伦春族】
W6496. 0. 2. 5. 3	上午祭祖	【壮族】
W6496. 0. 2. 5. 4	黄昏祭祖	【壮族】
W6496. 0. 2. 6	祭祖的时长	【壮族】@［W6496. 0. 2. 1. 7. 4］七月十三、十四这两天祭祖
W6496. 0. 2. 7	祭祖的周期	
W6496. 0. 2. 7. 0	一年 1 次祭祖	
W6496. 0. 2. 7. 0. 1	每年只在过新年时祭一次祖先	【傈僳族】
W6496. 0. 2. 7. 1	一年 2 次祭祖节	【纳西族】【纳西族（摩梭）】
W6496. 0. 2. 7. 1. 1	每年大年初一和七月节 2 次祭祖	【白族】
W6496. 0. 2. 7. 1. 2	冬、夏 2 次祭祖	【纳西族】
W6496. 0. 2. 7. 1. 2a	春天祭祖	【汉族】

W 编码	母题描述	关联项
W6496.0.2.7.2	一年3次祭祖	【鄂伦春族】
W6496.0.2.7.2.1	每年农历三月清明、六月初二、冬月初五3次祭祖	【纳西族】
W6496.0.2.7.2.2	倮彝祭祖每年正常为3次	【彝族】
W6496.0.2.7.3	一年其他次数的祭祖	
W6496.0.2.7.4	每年全天候祭祖（每天都要祭祖）	【纳西族（鲁鲁）】
W6496.0.2.8	与祭祖时间有关的其他母题	
W6496.0.2.8.1	祭祖的起源时间	
W6496.0.2.8.1.1	永宁纳西族人的祭祖活动是从祭祀柴红吉吉美开始的	【纳西族】
W6496.0.2.8.2	岁首祭祖	【苗族】
W6496.0.2.8.3	集体祭祖与个体祭祖时间不同	
W6496.0.2.8.3.1	集体祭祀祖先的时间是正月初二，各家各户则是大年三十晚、二月初二、八月初二及每月的初一和十五	【侗族】
W6496.0.2.8.4	除夕和新年初一祭祖与大祭宝王同时举行	【仡佬族】
W6496.0.3	祭祖的地点	
W6496.0.3.0	在家中祭祖	【壮族】
W6496.0.3.0.1	打开庭院的鬼门祭祖	【壮族】
W6496.0.3.1	上坟祭祖	
W6496.0.3.1.1	到坟地敬献香火、佳肴祭祖	【怒族】
W6496.0.3.1.2	上山到祖坟前祭拜祖先	【仡佬族】
W6496.0.3.1.3	到公共墓地祭祀	【达斡尔族】
W6496.0.3.1.4	三月清明上坟祭祖	【仡佬族】
W6496.0.3.1.5	坟前祭父	【蒙古族】
W6496.0.3.1.6	祭祖坟	【布依族】
W6496.0.3.2	在野外祭祖	

W 编码	母题描述	关联项
W6496. 0. 3. 2. 1	阴历九月在野外举行祭祖赎魂仪式	【纳西族（阮可）】
W6496. 0. 3. 2. 2	登山祭祖	【民族，关联】①
W6496. 0. 3. 2. 2. 1	每个家族自己的祖灵洞常设在陡峭的山崖上	【彝族（白彝）】
W6496. 0. 3. 3	在庙中祭祖（家庙中祭祖）	
W6496. 0. 3. 3. 1	在家庙祭祖	【汉族】
W6496. 0. 3. 3. 2	在祠堂祭祖	【彝族（摩察）】
W6496. 0. 3. 3. 2. 1	在墓地设祠堂祭祖先	【多民族】
W6496. 0. 3. 3. 3	土地庙供奉祖神	【壮族】
W6496. 0. 3. 4	设专室祭祖	
W6496. 0. 3. 4. 1	祭祀的祖先像专门放在一间房子里	【汉族】
W6496. 0. 3. 4. 2	在堂屋香龛下祭祖	【仡佬族】
W6496. 0. 3. 5	在祭台祭祖	【纳西族（鲁鲁）】@［W6488. 4. 3. 2］祭祖的祭台（祭祖台）
W6496. 0. 3. 6	在火塘边祭祖	【侗族】
W6496. 0. 3. 7	在其他地方祭祖	
W6496. 0. 3. 7. 1	到特定岩画前祭祖	【壮族】
W6496. 0. 3. 7. 2	到祖源地祭祖	【白族】
W6496. 0. 3. 8	与祭祖地点有关的其他母题	
W6496. 0. 3. 8. 1	不同家庭单独到特定地方祭祖	【壮族】
W6496. 0. 3. 8. 2	祭祖时，六十岁以上的男性男人沐浴净身换衣服，吃住在老人房	【壮族】@［W6495. 0. 7. 1. 2. 2］祭神前净身
W6496. 0. 4	祭祖的方式（祭祖神的方法；祭祖先的情形）	【关联】②
W6496. 0. 4. 0	祭祖的准备	

① 【彝族】@［W6496. 0. 4. 7. 5. 5］到山上献祭象征祖先的大石；［W6496. 0. 5. 3. 3. 3］祖宗魂筒置于崖穴间。

② ［W6501. 9. 5. 7. 1］祭锅庄石就是祭祖；［W6505. 2. 11. 2. 2. 1］焚祭祀祖；［W6509. 4. 1］正月初一祭祀祖先时诵吟祈词。

W 编码	母题描述	关联项
W6496.0.4.0.1	寻找受祭的祖神	［W6496.0.4.7.5.3］祭祖时偷来邻村祖神祭祀
W6496.0.4.0.1.1	寻找受祭的母神祖神的化身蚂蚜	【壮族】@［W6499.9.6.1］祭蚂蚜
W6496.0.4.1	杀牛祭祖	［W6496.0.4.5.8.1］剽牛祭祖
W6496.0.4.1.1	始祖姆六甲让洪水后结婚的兄妹杀牛祭祖	【壮族】
W6496.0.4.1.2	杀牛祭祖是因为祖先造牛	【壮族】
W6496.0.4.2	用酒祭祖	［W6498.4.4.5］用酒祭祀死者
W6496.0.4.2.1	祭祖时将奶酒的“德吉”（酒头）洒向先人驻地的方向	【蒙古族】
W6496.0.4.2.2	让已故祖先尝酒的来历	【羌族】
W6496.0.4.2.2a	节日时敬祖尝酒	【羌族】
W6496.0.4.2a	用其他特定祭品	
W6496.0.4.2a.1	能将天上的飞禽，地下的野兽，捉来做“马都”（祭祖的祭品）	【彝族】
W6496.0.4.2a.2	用最好吃的食物祭祖	【怒族（若柔）】
W6496.0.4.2a.3	用人祭祖（杀人祭祖）	
W6496.0.4.2a.3.1	以前必须杀老了、无用的两个人祭祖先	【藏族】
W6496.0.4.2a.4	以鸡、鸭、鱼、肉、酒、饭等祭品祭祖宗亡魂	【壮族】
W6496.0.4.3	祭特定祖先有性别要求	
W6496.0.4.3.1	祭女祖先时只能男性参祭	
W6496.0.4.3.1.1	因女性终究要出嫁，祭女祖先阿姆尼时规定女的不祭	【傈僳族】
W6496.0.4.4	通过祭特定对象祭祖	
W6496.0.4.4.1	虎氏族祭一种称为“屋豆尼”或“其午尼”的精灵，认为它是祖先司拉寿	【傈僳族】

W 编码	母题描述	关联项
W6496. 0. 4. 4a	祭祀特定的祖先（祭祖只祭特定的祖先）	
W6496. 0. 4. 4a. 1	祭祖时，只祭男家长上一代（即死去之父母亲）和已死的岳父母	【纳西族】
W6496. 0. 4. 4a. 2	祭祖主要祭祀母系祖先，其次才是三代祖先	【纳西族（摩梭）】@［W6498. 5. 3］能够在家里设灵位的祖先通常只限于最近三代
W6496. 0. 4. 4a. 3	祭特定业界的祖先	
W6496. 0. 4. 4a. 3. 1	祭毕摩的先祖	【彝族】
W6496. 0. 4. 4a. 4	祭有功的祖先	
W6496. 0. 4. 4a. 4. 1	定期祭第一位建寨的祖先	【壮族】@［W6496. 0. 4. 7. 6a. 1］每年定期祭祀来此开荒落籍的 60 位公爷
W6496. 0. 4. 4a. 5	祭本家祖先	
W6496. 0. 4. 4a. 5. 1	祭本家祖宗亡魂	【壮族】
W6496. 0. 4. 5	通过特定仪式祭祖（通过特定行为祭祖）	
W6496. 0. 4. 5. 0	祭祖时要说特定内容	
W6496. 0. 4. 5. 0. 1	祭祖先神时要说出祖先名字	【鄂伦春族】
W6496. 0. 4. 5. 0. 2	祭祖时向祖先倾诉	【纳西族（摩梭）】
W6496. 0. 4. 5. 0. 3	祭祖时诵家谱	【藏族】
W6496. 0. 4. 5. 1	击鼓祭祖	
W6496. 0. 4. 5. 1. 1	用楠木来造鼓，造木鼓祭祖先	【苗族】
W6496. 0. 4. 5. 1. 2	坟前击铜鼓祭祖	【仡佬族】
W6496. 0. 4. 5. 2	颂唱祭祖	
W6496. 0. 4. 5. 2. 1	祭女性祖先时，歌颂母亲养育子女的辛劳，子女须报答母亲养育之恩的信誓	【纳西族（摩梭）】
W6496. 0. 4. 5. 2. 1a	祭祖时唱祖先创世祭辞	【纳西族（摩梭）】

W 编码	母题描述	关联项
W6496.0.4.5.2.2	祭祖时唱史诗	【白族】@［W6785.3.1.3］祭祖时唱创世史诗
W6496.0.4.5.2.3	祭祖时要由老人演唱创世神话	【苗族】
W6496.0.4.5.2.4	祭祖时唱关于祖先的经诗	【壮族】
W6496.0.4.5.2.5	祭祖时向祖先唱赞歌	【壮族】
W6496.0.4.5.2.5.1	以歌圩方式纪念始祖、始母生育人类，繁衍后代之恩	【壮族】
W6496.0.4.5.2a	通过讲述特定内容祭祖	
W6496.0.4.5.2a.1	祭祖时讲祖先神话故事	【壮族】
W6496.0.4.5.2a.2	祭祖时讲族史	【壮族】
W6496.0.4.5.3	烧纸钱祭祖	
W6496.0.4.5.3.1	各家祭祖时用牛皮纸包一叠钱纸（称“袱子”），家中供几个祖宗就备几份，放在大锅内烧掉	【彝族】
W6496.0.4.5.3a	祭祖时点燃其他特定物	
W6496.0.4.5.3a.1	祭祖要点蜂蜡	【布朗族】
W6496.0.4.5.3a.2	祭祖时焚烧祖神像	【彝族】
W6496.0.4.5.3a.3	早晚烧香祭祖	【侗族】
W6496.0.4.5.3a.4	烧干蒿草辫祭祖神霍卓尔·巴尔肯	【达斡尔族】
W6496.0.4.5.4	特定舞蹈作为祭祖仪式	
W6496.0.4.5.4.1	青壮年手执猎刀表演特定舞蹈作为纪念槃瓠王的祭祖仪式	【畲族】
W6496.0.4.5.5	祭祖有规定的程序	
W6496.0.4.5.5.1	祭祖有摆贡品、祝辞、行礼、跳舞、叩拜、咏唱等程序	【满族】
W6496.0.4.5.5.1.1	祭神母仪式上女巫要唱祭神母歌	【布依族】
W6496.0.4.5.6	通过祭灶祭祖	
W6496.0.4.5.6.1	祭灶即祭图腾祖	【中华民族】
W6496.0.4.5.7	祭宗庙	

W 编码	母题描述	关联项
W6496. 0. 4. 5. 7. 1	祭宗庙时，尊者举觯，卑者举角	【古代民族】
W6496. 0. 4. 5. 7. 2 *	宗庙祭祀表达对祖先的崇拜	【彝族（阿细人）】
W6496. 0. 4. 5. 8	杀牲祭祖	
W6496. 0. 4. 5. 8. 1	剽牛祭祖	【佤族】@［W6497. 1. 11. 4. 2. 1］剽牛祭鬼
W6496. 0. 4. 5. 8. 2	吃牯脏祭祖	【侗族】
W6496. 0. 4. 5. 8. 3	用鸡祭祖	［W6503. 5. 1. 3. 3］逢年过节杀鸡祭祖
W6496. 0. 4. 5. 8. 3. 1	效法孤儿的做法，每年春节多献一道母鸡供祖	【布依族】
W6496. 0. 4. 5. 9	祭祖时的其他特定仪式或行为	
W6496. 0. 4. 5. 9. 1	祭祖时抬祖神巡游	【壮族】
W6496. 0. 4. 5. 9. 2	通过抬祖像巡游祭祖	【白族】
W6496. 0. 4. 5. 9. 2. 1	正月初三开始，村民们抬祖像巡游祭祖	【白族】
W6496. 0. 4. 5. 9. 3	将祖灵请出来晒太阳行祭	【彝族（白彝）】
W6496. 0. 4. 5. 9. 3. 1	每隔 3 年，要把祖公偶像搬到太阳照得到的地方晒一晒	【彝族（黑彝）】
W6496. 0. 4. 5. 9. 4	祭祖使用特定的道具（祭祖穿特定服饰）	
W6496. 0. 4. 5. 9. 4. 1	祭祖时戴祖先面具	【壮族】
W6496. 0. 4. 5. 9. 5	搭桥仪式祭祖	【仡佬族】
W6496. 0. 4. 5. 9. 6	焚烧特定物祭祖	［W6495. 0. 5. 8］焚烧特定物祭神
W6496. 0. 4. 5. 9. 6. 1	烧金银纸钱及几套纸衣、纸裤供祖宗享用	【壮族】
W6496. 0. 4. 5. 9. 7	蜡祭	［W6486. 2. 2. 3］神农氏作蜡祭
W6496. 0. 4. 5. 9. 7. 1	蜡祭是郁娄人祭祖之仪	【中华民族】
W6496. 0. 4. 6	其他祭祖的方法	

W 编码	母题描述	关联项
W6496.0.4.6.1	祭祖要提及祖先的名字	【羌族】@［W6495.3.4.8.1］敬山神的仪式中，猎人首领除了叫山神土地的名字外，还要叫已经死去了的先辈猎人首领的名字
W6496.0.4.6.2	刻木祭祖（木刻母亲的塑像祭祀）	
W6496.0.4.6.2.1	儿子把阿妈的像刻在她撞死的栗木树的木棒上供奉	【纳西族（摩梭）】
W6496.0.4.6.3	祭祖先要倾其所有	【彝族】
W6496.0.4.6.4	祭祖时在祖先牌前燃灯点香，摆上酒茶肉饭来祭祀	【纳西族】
W6496.0.4.6.5	祭祖时用白栗树代表祖先，不杀牲，只用米、肉、酒等作牲品	【纳西族】
W6496.0.4.6.6	祭祖时追溯祖先故地	【纳西族】
W6496.0.4.6.6.1	祭祖源地	【佤族】
W6496.0.4.6.7	祭祖时穿戴特殊服饰	
W6496.0.4.6.7.1	穿花衣祭祖	【瑶族】
W6496.0.4.6.8	祭祖时有特定饮食	［W6503.8.2.2.1］刚出笼的白蒸馍点上上红点祭祖
W6496.0.4.6.8.1	祭祖时要吃桃花粑粑	【彝族】
W6496.0.4.6.8.2	祭祖后品尝祭食	【彝族】
W6496.0.4.7	与祭祖方法有关的其他母题	【关联】①
W6496.0.4.7.1	祭祖简单易行	
W6496.0.4.7.1.1	祭祖的祭品与祭祀的次数比为驱病而举行的祭鬼少得多	【傈僳族】
W6496.0.4.7.2	祭祖有特定顺序	
W6496.0.4.7.2.1	祭祖时要先祭最早祖神	【傈僳族】

① ［W6490.3.6.2.1］祭祖时，兄弟已结婚分居的各家自行祭祀；兄弟未分家的由长子主祭；［W6496.0.6.4］送祖（送祖灵）；［W6504.3.4.2］执璧秉圭祈求祖灵。

W 编码	母题描述	关联项
W6496. 0. 4. 7. 2. 2	迁坟时先祭山神，之后依次祭历代祖先，最后才祭新迁来的死者	【纳西族】
W6496. 0. 4. 7. 3	祭祖的次数	
W6496. 0. 4. 7. 3. 1	每天多次祭祖	【汉族】
W6496. 0. 4. 7. 4	祭祖的主祭	【关联】①
W6496. 0. 4. 7. 4. 1	祭祖公习惯上由长子做祭司	【仡佬族】
W6496. 0. 4. 7. 4. 2	祭祖时村老作为主祭	【壮族】
W6496. 0. 4. 7. 4. 3	祭祖时，由家里最年长的男性主持	【彝族】
W6496. 0. 4. 7. 5	祭祖时祭特定对象	［W6496. 0. 4. 4］通过祭特定对象祭祖
W6496. 0. 4. 7. 5. 1	祭祖时祭祖先灵位	
W6496. 0. 4. 7. 5. 1. 1	祖神放在厅堂神龛	【壮族】
W6496. 0. 4. 7. 5. 2	祭祖时把近的小山岭作为祭祀的对象	【仡佬族】
W6496. 0. 4. 7. 5. 3	祭祖时偷来邻村祖神祭祀	【壮族】
W6496. 0. 4. 7. 5. 4	祭祖时祭祖先的遗留物	
W6496. 0. 4. 7. 5. 4. 1	夷人将祖先所遗留弓箭刀矛置之锅庄方右角落祭之	【彝族】
W6496. 0. 4. 7. 5. 5	到山上献祭象征祖先的大石	【藏族（尔苏）】
W6496. 0. 4. 7. 5. 6	祭代表祖先的动物	
W6496. 0. 4. 7. 5. 6. 1	杀鸭祭供代表祖先的蝴蝶	【苗族】
W6496. 0. 4. 7. 6	多祖共祭	
W6496. 0. 4. 7. 6. 1	村寨祖先与本家祖先同祭	【侗族】
W6496. 0. 4. 7. 6a	祭众多祖先	
W6496. 0. 4. 7. 6a. 1	每年定期祭祀来此开荒落籍的 60 位公爷	【壮族】

① ［W6490. 6. 2. 4. 1］大年初一请祖神时，寻找到蛙者做主祭；［W6496. 0. 6. 3］祭祖的参与者

W 编码	母题描述	关联项
W6496.0.4.7.6a.2	只供奉两个祖先	【赫哲族】
W6496.0.4.7.6b	祭祖时同祭其他神	
W6496.0.4.7.6b.1	祭祖先阿娇鲁博如坎时同祭管理日月、星辰和各种飞禽走兽的神	【鄂伦春族】
W6496.0.4.7.6c	祖先与特定物同祭	
W6496.0.4.7.6c.1	祭祖时祭铜鼓	【壮族】
W6496.0.4.7.7	供奉祖先	［W6503.8.6.3.2］清茶用于供奉祖先
W6496.0.4.7.7.1	家庭神龛上供奉男女祖先神灵	【壮族】
W6496.0.4.7.7.2	家庭中要供祭女方祖先	【壮族】
W6496.0.4.7.7.3	家中供祖先灵牌	【藏族】
W6496.0.4.7.8	祭祖时挂特定物	
W6496.0.4.7.8.1	祭祖时挂祖神画像	【鄂伦春族】
W6496.0.4.7.9	祭祖方法的其他情形	［W6503.12.9.4.2］杀水牛祭祖后，牛角留下放在香火下纪念祖先
W6496.0.4.7.9.1	把鱼放木槽中祭祖	【苗族】
W6496.0.4.7.9.2	诸神中祖宗神香火最盛	【壮族】
W6496.0.5	祭祖的类型（祭祖神的类型）	
W6496.0.5.1	祭远祖	
W6496.0.5.1.1	祭人祖	【汉族】@［W6458.4.103］人祖庙（人祖殿；祖庙；始祖庙）
W6496.0.5.1.1.1	新麦时祭盘古爷娲皇娘	【汉族】
W6496.0.5.1.1.2	三月十八日庙会祭人祖	【汉族】
W6496.0.5.1.2	祭始祖母	
W6496.0.5.1.2.1	祭萨（始祖母）	【侗族】
W6496.0.5.1.3	祭人祖奶奶	【汉族】
W6496.0.5.1.4	祭人祖爷	【汉族】@［W6458.4.103.1.1］为纪念伏羲的功德，称其为人祖爷，建人祖庙

W 编码	母题描述	关联项
W6496. 0. 5. 2	祭近祖	［W6496. 0. 5. 7. 1. 1］毕摩只供祖神，即上代有名的毕摩
W6496. 0. 5. 2. 1	只祭最近死去的祖先	【基诺族】
W6496. 0. 5. 2. 2	三代以上的祖先一般不祭祀	【傈僳族】
W6496. 0. 5. 2. 2. 1	家里只设最近三代祖先的灵位	【彝族】@［W6498. 5. 3］能够在家里设灵位的祖先通常只限于最近三代
W6496. 0. 5. 2. 2a	只祭祀亲自见过的祖先	【傈僳族】
W6496. 0. 5. 2. 3	把近祖（主要是父母）的部分遗体（指甲、头发等）和遗物（衣襟）尊为“堂神”（财神）而供奉	【彝族】@［W6496. 0. 5. 5］祭父母（祭去世的父母）
W6496. 0. 5. 3	祭祖灵	
W6496. 0. 5. 3. 1	哈萨克人叩拜神母用泥造的祖先的灵魂	【哈萨克族】
W6496. 0. 5. 3. 2	纳西鲁鲁人只供奉一代祖先神灵	【纳西族（鲁鲁）】
W6496. 0. 5. 3. 3	祖灵的摆放	
W6496. 0. 5. 3. 3. 1	男女祖先神女左男右	【纳西族（鲁鲁）】
W6496. 0. 5. 3. 3. 2	祖先神位放在厨房里的黑暗处	【彝族】
W6496. 0. 5. 3. 3. 3	祖宗魂筒置于崖穴间	【彝族】
W6496. 0. 5. 3. 3. 4	蚩尤族将灵夔供养在龙池里	
W6496. 0. 5. 3. 3. 4. 1	蚩尤族将独角夔牛尊为“灵夔”	【中华民族】@［W6502a. 4. 2. 1］蚩尤族的祖灵是一只巨大的独角夔牛
W6496. 0. 5. 4	祭男女祖先	【纳西族】
W6496. 0. 5. 4. 1	祭拜祖母	【彝族】
W6496. 0. 5. 4. 2	祭祖母神	
W6496. 0. 5. 4. 2. 1	祭祖母神“萨”	【侗族】
W6496. 0. 5. 5	祭父母（祭去世的父母）	【基诺族】@［W6495. 0. 4. 2. 2. 2］吃新米时要杀 3 只鸡，祭去世父母、寨鬼、谷鬼

W 编码	母题描述	关联项
W6496.0.5.5.1	死去的父母逢节则祭	【彝族】
W6496.0.5.5.2	杀牛敬父母	
W6496.0.5.5.2.1	敬父母胜过外面求仙人	【壮族】
W6496.0.5.6 *	祭祖有日常祭祀、节日祭祀和超度祭祀 3 种	【彝族】
W6496.0.5.7	祭祖神（祭行业祖师；祭行业前辈）	
W6496.0.5.7.0	祭祖神保平安	【侗族】
W6496.0.5.7.1	毕摩作任何祭仪之前都要供奉其祖神师祖	【彝族】
W6496.0.5.7.1.1	毕摩只供祖神，即上代有名的毕摩	【彝族】
W6496.0.5.7.1a	布摩祭祀始祖神开祖师“报陆陀”	【布依族】
W6496.0.5.7.2	木匠要祭祀鲁班，祈求保佑自己功成名就	【布依族】
W6496.0.5.7.3	新萨满祭祀老萨满	【达斡尔族】
W6496.0.5.8	祭祀动物祖先	
W6496.0.5.8.1	祭特定动物祖先	
W6496.0.5.8.1.1	祭犬祖	【古民族】
W6496.0.5.8.2	祭动物祖先的方法	
W6496.0.5.8.2.1	祭祀动物祖先时弄死象征祖神的动物	
W6496.0.5.8.2.1.1	祭蛙婆时将蛙弄死用红布包好放入一节竹筒里，称之“宝棺”	【壮族】
W6496.0.5.9	与祭祖类型有关的其他母题	
W6496.0.5.9.1	按祭祖者划分祭祖类型	
W6496.0.5.9.1.1	村落集体祭祖	【侗族】
W6496.0.5.9.1.1.1	全寨几个家族共同祭祖	【侗族】
W6496.0.5.9.1.2	各家各户祭祖	【侗族】

W 编码	母题描述	关联项
W6496. 0. 5. 9. 1. 3	联宗祭祖	
W6496. 0. 5. 9. 1. 3. 1	同一血缘姓氏各个成员联宗拜祖	【壮族】
W6496. 0. 5. 9. 1. 4	祭特定的祖先	
W6496. 0. 5. 9. 1. 4. 1	生病时要祭祖先神“阿娇鲁博如坎”	【鄂伦春族】
W6496. 0. 6	与祭祖有关的其他母题	【关联】①
W6496. 0. 6. 0	祭祖的名称	
W6496. 0. 6. 0. 1	十月杀年猪时祭祖仪式又叫“十月祭锅桩”	【纳西族（摩梭）】
W6496. 0. 6. 0. 2	祖号	【汉族】
W6496. 0. 6. 1	立祖神	【达斡尔族】@［W6502a. 3. 3. 1. 1］神牌由一个小木匣制成，匣内放置3层木板，分为曾祖父母、祖父母和父母
W6496. 0. 6. 2	祭家神（祭家鬼；祭家堂鬼）	【民族，关联】②
W6496. 0. 6. 2. 1	正月初四至十六之间祭家神	【傈僳族】
W6496. 0. 6. 2. 2	春节、过火把节、新谷节等节日时祭家堂鬼	【傈僳族】
W6496. 0. 6. 2. 3	初一、十五在家点香祭家神	【羌族】
W6496. 0. 6. 2. 3a	每年三次大祭家神	【藏族】
W6496. 0. 6. 2. 4	请家神	
W6496. 0. 6. 2. 4. 1	降神巫术仪式上请家神保佑	【纳西族】
W6496. 0. 6. 2. 5	祭家神的方法	
W6496. 0. 6. 2. 5. 1	同姓共祭家神画像	【藏族】@［W6491. 5. 5. 3. 2］同姓氏多家供一个家神
W6496. 0. 6. 2. 6	与祭家神有关的其他母题	

① ［W6508. 2. 1. 3. 1］同宗者合作祭祖；［W6508. 3. 0. 2. 1］祭锅桩又是祭火塘神，火塘神与祖先神交错在一起。

② 【彝族】@［W6497. 1. 11. 8. 3］祭鬼中祭家鬼最大；［W6499. 5. 9. 2. 1］祭龙就是祭家神。

W 编码	母题描述	关联项
W6496.0.6.2.6.1	家家都有家神	【藏族】
W6496.0.6.3	祭祖的参与者	
W6496.0.6.3.1	杀猪祭祖时，出姓上门者也必须返回同祭	【白族】
W6496.0.6.3.2	冬夏祭祖时出嫁姑娘也要回娘家祭祖	【纳西族】
W6496.0.6.4	送祖（送祖灵）	［W6495.0.5.14］送神
W6496.0.6.4.1	送祖时间	
W6496.0.6.4.1.0	每年的正月初一至初五举行送祖仪式	【仡佬族】
W6496.0.6.4.1.1	傈僳族送祖在 7 月 14 日，汉族是 10 日或 12 日	【傈僳族】
W6496.0.6.4.1.2	“送祖”仪式是要等到夫妇二人都逝世后择一吉日举行	【彝族（诺苏）】
W6496.0.6.4.1.3	“送祖”仪式在“接祖”时间满 3 年后进行	【彝族（摩察）】
W6496.0.6.4.2	送祖地点（送祖灵要去的地方）	
W6496.0.6.4.2.1	“马都”只供至三代，三代之外的请毕摩诵经送至高山上岩洞中，谓之“除别”	【彝族】
W6496.0.6.4.2.2	送祖要把“祖”送到土主庙	【彝族（摩察）】
W6496.0.6.4.2.3	祖灵插在墙壁神位上	【彝族】
W6496.0.6.4.2.4	送祖灵到其他特定地点	
W6496.0.6.4.2.4.1	到神树下送祖	【仡佬族】
W6496.0.6.4.2.5	送祖灵地点的禁忌	
W6496.0.6.4.2.5.1	祖灵不能送河中	【彝族】
W6496.0.6.4.2.5.2	祖灵不能送山顶	【彝族】
W6496.0.6.4.3	送祖方法	
W6496.0.6.4.3.1	送祖时依长幼顺序跪拜送祖	【仡佬族】
W6496.0.6.4a	接祖（接祖灵；请祖神）	

W 编码	母题描述	关联项
W6496. 0. 6. 4a. 1	接祖的时间	
W6496. 0. 6. 4a. 1. 1	七月十二日晚接祖回家	【彝族（撒尼）】
W6496. 0. 6. 4a. 1. 2	春节前请祖神	【壮族】
W6496. 0. 6. 4a. 2	接祖的方法	
W6496. 0. 6. 4a. 2. 1	敲鼓请祖神	【壮族】
W6496. 0. 6. 5	祭祖习俗的变化（祭祖形式的改变）	
W6496. 0. 6. 5. 1	扫墓祭祖不再请东巴主持	【纳西族】
W6496. 0. 6. 6	祭祖禁忌	【民族，关联】①
W6496. 0. 6. 6. 1	祭祖时防野鬼	
W6496. 0. 6. 6. 1. 1	祭祖时泼水饭防野鬼	【壮族】
W6496. 0. 6. 6. 2	祭祖时在寨子内洗晒衣、裤等物	【布依族】
W6496. 0. 6. 6. 3	祭祖时忌高声喧哗	【布依族】
W6496. 0. 6. 6. 3. 1	祭祖先时忌小孩大声哭闹	【仡佬族】@［W6495. 11. 6. 6. 2］祭财神忌小孩在场所哭闹
W6496. 0. 6. 6. 3. 1. 1	祭祖公时，家中的小孩大声哭会造成祖公吃不上供物	【仡佬族】
W6496. 0. 6. 6. 4	举行“祭主”仪式前，各家各户忌生火煮中午饭	【布依族】
W6496. 0. 6. 6. 5	忌以小米和牛肉祭供祖神	【布依族】
W6496. 0. 6. 6. 6	女人不能参加祭祖	【仡佬族】
W6496. 0. 6. 7	祭祖的祭品（祭祖神的礼器）	
W6496. 0. 6. 7. 1	酒肉献祖	【彝族】
W6496. 0. 6. 7. 2	水牛角作为祭祖的祭品	
W6496. 0. 6. 7. 3	祭祖的必需品	【苗族】
W6496. 0. 6. 7. 3. 1	祭祖不能缺少龙竹	【彝族】
W6496. 0. 6. 7. 4	特定玉器作为祭祖礼器	

① 【瑶族（布努）】@［W6503. 13. 9. 2. 1］白毛猪不能祭祖；［W6515. 3. 3. 1. 2］祭祖时菜禁放油。

W 编码	母题描述	关联项
W6496.0.6.7.4.1＊	带齿动物面纹玉饰与勾云玉佩是祭祀神祖的礼器	【中华民族】
W6496.0.6.7.5	祭祖的祭品有讲究	［W6496.0.4.2a.1］能将天上的飞禽，地下的野兽，捉来做“马都”（祭祖的祭品）
W6496.0.6.7.5.1	祭祖先的祭品须全熟	【汉族】@［W6503.12.3.9.1.2］半生熟的三牲用于祭祀神明，全熟则用于祭祀祖先
W6496.0.6.7.5.2	祭特定祖先用特定祭品	
W6496.0.6.7.5.2.1	用男始祖生殖器的象征物祭女始祖	【壮族】
W6496.0.6.7.5.2.2	石子饼是祭祀祖先必备的贡品	
W6496.0.6.7.5.2.2.1	石子饼作祭祖贡品是因为它是古代将士征战时不可缺少的干粮	【汉族】
W6496.0.6.7.6	祭祖祭品的其他使用方法	
W6496.0.6.7.6.1	祭祖的祭品撒在路口坟场	【藏族】
W6496.0.6.7.7	与祭祖祭品有关的其他母题	［W6496.0.4.7.1.1］祭祖的祭品与祭祀的次数比为驱病而举行的祭鬼少得多
W6496.0.6.7.8	祭祖时使用的象征物	
W6496.0.6.7.8.1	祭始祖布洛陀时，两岸各挂长纸幡幡画一条彩虹象征布洛陀的生殖器	【壮族】
W6496.0.6.8	祭祖的性质	
W6496.0.6.8.1	祭祖重要（祭祖意义重大）	
W6496.0.6.8.1.1＊	诸神中祖先（神）地位最尊	【彝族】
W6496.1	祭盘古	
W6496.1.1	祭盘古的产生（祭祀盘古的原因；祭祀盘古的目的）	
W6496.1.1.0	为祈求盘古赐福保平安祭盘古	【多民族】

W 编码	母题描述	关联项
W6496. 1. 1. 1	为祈求人丁繁衍祭盘古	【汉族】
W6496. 1. 1. 2	为风调雨顺祭盘古	【汉族】
W6496. 1. 1. 3	为生产丰收祭盘古	【汉族】
W6496. 1. 1. 4	为国泰民安祭盘古	【汉族】
W6496. 1. 1. 5	为逢凶化吉祭盘古	【中华民族】
W6496. 1. 1. 6	祭盘古治病	【中华民族】
W6496. 1. 1. 7	为消除灾难祭祀盘古	
W6496. 1. 1. 7. 1	天旱祷盘王	【南方古代民族】
W6496. 1. 1. 8	女娲让人祭盘古	【汉族】
W6496. 1. 2	祭祀盘古的时间	
W6496. 1. 2. 0	祭祀盘古时间的产生（盘古祭祀时间的确定）	
W6496. 1. 2. 0. 1	师公择定吉日祭盘古	【汉族等】
W6496. 1. 2. 0. 2	各户自择日期入祠庙供祀盘古	【多民族】
W6496. 1. 2. 1	特定的时辰祭盘古	【壮族】@［W6496. 1. 2. 2. 9. 4. 2. 1. 1］每年除夕晚 12 时开始祭盘古
W6496. 1. 2. 2	特定的日子祭盘古	
W6496. 1. 2. 2. 1	一月祭盘古（正月祭盘古）	
W6496. 1. 2. 2. 1. 0	大年初一祭祀盘古	【壮族等】
W6496. 1. 2. 2. 1. 0a	农历正月初一到十五都要到盘古庙例行祭祀盘古	【侗族】
W6496. 1. 2. 2. 1. 0a. 1	每月的初一或十五，人们为求子、求财、求福或消灾也到盘古庙上香	【壮族等】
W6496. 1. 2. 2. 1. 0b	正月初二祭盘古	【壮族】
W6496. 1. 2. 2. 1. 1	农历正月初七祭盘古	【中华民族】
W6496. 1. 2. 2. 1. 1. 1	农历七月初八至十四祭拜盘古	【汉族等】
W6496. 1. 2. 2. 1. 2	农历正月十五祭盘古	【汉族】【壮族】@［W6495. 0. 5. 13. 1a. 5. 2］正月十五迎女娲神

W 编码	母题描述	关联项
W6496.1.2.2.1.2a	正月十五祭祀盘古圣王	【多民族】
W6496.1.2.2.1.3	正月二十日祭盘古	【汉族、壮族等】
W6496.1.2.2.1.4	正月二十六日祭盘古	【汉族等】
W6496.1.2.2.1.4.1	正月二十六日举行祭盘古求福仪式	【多民族】
W6496.1.2.2.2	二月祭盘古	
W6496.1.2.2.2.1	二月初二祭盘古	【壮族】
W6496.1.2.2.2.1.1	二月二夜祭盘古	【汉族】
W6496.1.2.2.2.2	二月初三日或初四夜祭盘古	【汉族】
W6496.1.2.2.3	三月祭盘古	
W6496.1.2.2.3.1	三月初三祭盘古	【壮族】
W6496.1.2.2.3.2	三月初七祭盘古	【汉族（客家）、壮族等】
W6496.1.2.2.3.3	农历三月三十小祭盘古	【瑶族（白裤瑶）】
W6496.1.2.2.4	四月祭盘古	
W6496.1.2.2.4.1	四月初八祭盘古	【汉族、壮族等】
W6496.1.2.2.5	五月祭盘古	
W6496.1.2.2.5.1	五月初五祭盘古	【汉族】【壮族】
W6496.1.2.2.6	六月祭盘古	【壮族】
W6496.1.2.2.6.1	农历六月初盘古兄妹的诞辰日时祭盘古	
W6496.1.2.2.6.2	六月初二祭盘古	【壮族等】
W6496.1.2.2.6.3	六月初六祭盘古	【布依族】【壮族】
W6496.1.2.2.6.4	六月十八祭盘古	【多民族】【壮族】
W6496.1.2.2.6.5	六月三十大祭盘古	【瑶族（白裤瑶）】
W6496.1.2.2.7	七月祭盘古	
W6496.1.2.2.7.1	七月初七祭盘古	【壮族】
W6496.1.2.2.7.1a	七月初七日祭祀盘古圣王	【壮族】
W6496.1.2.2.7.2	七月十四祭盘古（七月十四祭盘瓠）	【瑶族】

W 编码	母题描述	关联项
W6496. 1. 2. 2. 8	八月祭盘古	
W6496. 1. 2. 2. 8. 1	农历八月十二日祭盘古	
W6496. 1. 2. 2. 8. 1. 1	农历八月十二日至十五日祭盘古	【中华民族】
W6496. 1. 2. 2. 8. 2	八月十五祭盘古	【壮族等】
W6496. 1. 2. 2. 9	其他特定日子祭盘古	
W6496. 1. 2. 2. 9. 1	九月祭盘古	
W6496. 1. 2. 2. 9. 1. 1	九月初九祭盘古	【多民族】【汉族】@［W6496. 1. 5. 5. 5. 3. 1. 1］青县盘古庙农历九月初九庙会
W6496. 1. 2. 2. 9. 1. 2	九月初十祭盘古	【汉族等】
W6496. 1. 2. 2. 9. 2	十月祭盘古	
W6496. 1. 2. 2. 9. 2. 0	十月十五日祭盘古	
W6496. 1. 2. 2. 9. 2. 0. 1	十月十五日兴和节祭盘古大王	【瑶族】
W6496. 1. 2. 2. 9. 2. 1	十月十六日祭盘古	【瑶族】@［W6496. 1. 5. 5. 6. 2. 1］家祭盘古有两种，定期为每年农历十月十六日，不定期择每年秋收后举行
W6496. 1. 2. 2. 9. 2. 2	十月二十一日祭盘古	【中华民族】
W6496. 1. 2. 2. 9. 3	十一月祭盘古	
W6496. 1. 2. 2. 9. 3. 1	十一月到盘古庙举行还福祭祀活动	【多民族】
W6496. 1. 2. 2. 9. 4	十二月祭盘古	
W6496. 1. 2. 2. 9. 4. 1	十二月初四祭盘古	【汉族】
W6496. 1. 2. 2. 9. 4. 2	大年三十祭盘古（除夕祭盘古）	【壮族】
W6496. 1. 2. 2. 9. 4. 2. 1	大年三十晚上祭盘古	【壮族】
W6496. 1. 2. 2. 9. 4. 2. 1. 1	每年除夕晚 12 时开始祭盘古	【壮族】
W6496. 1. 2. 2. 9. 5	每月初一祭盘古	【瑶族】
W6496. 1. 2. 2. 9. 6	每月十五祭盘古	【中华民族】【瑶族】
W6496. 1. 2. 3	特定的季节祭盘古	

W 编码	母题描述	关联项
W6496.1.2.3.1	四时祭祀盘古	【多民族】
W6496.1.2.4	特定的年份祭盘古	
W6496.1.2.5	特定事件时祭盘古	
W6496.1.2.5.1	出现灾难时祭盘古	【汉族等】
W6496.1.2.5.2	生育时祭盘古	【汉族等】
W6496.1.2.5.3	遇喜事供奉时祭盘古	【瑶族】
W6496.1.2.6	其他特定时间祭盘古	
W6496.1.2.6.1	逢年过节祭盘古	【中华民族】
W6496.1.2.6.2	过尝新节祭盘古王	【仡佬族】
W6496.1.2.7	祭盘古的次数（祭祀盘古的周期）	
W6496.1.2.7.1	每年三次祭盘古	【汉族等】
W6496.1.2.7.1.1	每年农历二月初二、八月初二和年三十三次祭盘古	【壮族】
W6496.1.2.7.2	每年两次祭盘古	【中华民族】
W6496.1.2.7.3	祭祀盘古每隔3年一次	【多民族】【瑶族】
W6496.1.2.8	祭盘古的时长	
W6496.1.2.8.1	祭盘古会为期三天三夜	【汉族等】
W6496.1.2.9	与祭盘古时间有关的其他母题	
W6496.1.2.9.1	祭盘古没有固定时间和仪式	【瑶族】
W6496.1.3	祭祀盘古的地点	
W6496.1.3.1	到庙里祭拜盘古	【汉族等】
W6496.1.3.1.1	盘古庙中祭盘古	【壮族等】
W6496.1.3.1.1.1	立琴盘古庙中祭盘古	【汉族、瑶族、壮族等】
W6496.1.3.1.2	雷王庙中祭盘古	【壮族等】@［W6496.1.6.3］祭祀雷王即祭祀盘古
W6496.1.3.2	七贤洞祭盘古	【瑶族】
W6496.1.3.3	在家中祭盘古（祭祀盘王在家内举行）	【瑶族】

W 编码	母题描述	关联项
W6496. 1. 3. 3. 1	各家各户自发祭盘古	【壮族】
W6496. 1. 4	祭祀盘古者（祭祀盘古的参与者）	
W6496. 1. 4. 1	特定群体祭盘古	
W6496. 1. 4. 1. 1	华夏儿女祭盘古	【中华民族】
W6496. 1. 4. 1. 2	特定的村子祭盘古	
W6496. 1. 4. 1. 2a	多个村落联合祭盘古	【多民族】【汉族（客家）、壮族等】
W6496. 1. 4. 1. 3	特定民族祭祀盘古	［W6496. 1. 5. 5. 4. 4］众多民族共祭盘古
W6496. 1. 4. 1. 3. 1	汉族祭祀盘古	
W6496. 1. 4. 1. 3. 2	壮族祭祀盘古	【壮族】
W6496. 1. 4. 1. 3. 3	瑶族祭祀盘古	【南方古代民族】
W6496. 1. 4. 1. 3. 3a	瑶族祭盘王（盘古）	【瑶族】
W6496. 1. 4. 1. 3. 4	花花苗祭盘古祖宗	【苗族】
W6496. 1. 4. 1. 3a	多民族共祭盘古	【汉族、壮族】
W6496. 1. 4. 1. 3a. 1	百越、苗族、壮族、瑶族等祭盘古	【中华民族】
W6496. 1. 4. 1. 3a. 2	汉族、壮族等各族群众共祭盘古	【汉族、壮族等】
W6496. 1. 4. 1. 3a. 3	汉族、瑶族共祭盘古	【瑶族】
W6496. 1. 4. 2	特定职业者祭盘古	
W6496. 1. 4. 2. 1	巫祭盘古	【中华民族】
W6496. 1. 4. 2. 2	道公祭盘古	
W6496. 1. 4. 2. 2. 1	道公在盘古庙祭盘古	【壮族】
W6496. 1. 4. 3	多民族祭盘古	
W6496. 1. 4. 3. 1	当地壮族与客家人等一起祭盘古	【壮族】
W6496. 1. 4. 4	祭盘古的主持者	
W6496. 1. 4. 4. 1	祭祀盘古仪式由道公或师公主持	【壮族等】
W6496. 1. 4. 4. 2	巫师主持祭盘古	

W 编码	母题描述	关联项
W6496.1.4.4.2.1	女巫师主持祭盘古	【汉族（客家）、壮族等】
W6496.1.4.4.3	祭盘古有几个民族共同主持	【壮族】
W6496.1.4.5	特定性别的祭盘古	
W6496.1.4.5.1	妇女祭盘古	
W6496.1.4.5.1.1	每年正月初八由女巫师及妇女们组织举行祭拜盘古活动	【汉族（客家）、壮族等】
W6496.1.5	祭祀盘古的环节（祭盘古的方法）	
W6496.1.5.1	祭盘古的准备	
W6496.1.5.1.1	集资祭盘古	［W6496.1.5.4.5.1］祭盘古时，捐资的各户代表当晚在庙里聚餐
W6496.1.5.1.1.1	祭盘古时全村各家各户都捐钱捐粮	【汉族等】
W6496.1.5.1.2	祭盘古前成立祭祀组织	
W6496.1.5.1.2.1	祭盘古前信众组建盘古祭理事会	【壮族等】
W6496.1.5.2	祭盘古的仪式	
W6496.1.5.2.1	向盘古求福仪式	
W6496.1.5.2.1.1	正月二十六日举行向盘古求福仪式	【汉族等】
W6496.1.5.2.2	祭盘古典仪式上，师公们头戴面具，诵唱盘古功德歌	【壮族等】
W6496.1.5.2.3	祭盘古时举行盘古巡游仪式	【汉族、壮族等】
W6496.1.5.2.3.0	举行盘古巡游的原因	
W6496.1.5.2.3.0.1	抬盘古王塑像游村祈福消灾	【汉族、壮族等】
W6496.1.5.2.3.0.2 *	将盘古神像抬到河里洗澡的习俗有祈雨成分	【多民族】
W6496.1.5.2.3.1	四月初八祭盘古时抬盘古爷像游村	【汉族、壮族等】
W6496.1.5.2.3.1a	每隔三年在盘古诞辰那天举行盘古兄妹出游活动	【壮族】

W 编码	母题描述	关联项
W6496. 1. 5. 2. 3. 1b	盘古兄妹出游前后共三天时间	【壮族等】
W6496. 1. 5. 2. 3. 1b. 1	盘古兄妹出游第一天游村，第二天安龙打醮各种表演，第三天是大会餐	【壮族】
W6496. 1. 5. 2. 3. 2	天旱祷盘王时，舁王游田间视禾稼	【南方古代民族】
W6496. 1. 5. 2. 3. 2. 1	六月十八日抬盘古兄妹游田间，祈求天降雨水	【壮族等】
W6496. 1. 5. 2. 3. 3	抬盘古塑像巡游有特定程序（盘古巡游的情形）	【多民族】
W6496. 1. 5. 2. 3. 3. 1	四月初八抬盘古像游村时包括祭祀、游村、聚餐、唱戏等环节	【汉族、壮族等】
W6496. 1. 5. 2. 3. 3. 2	六月初二抬盘古神像游村很隆重	【汉族、壮族等】
W6496. 1. 5. 2. 3. 3. 3	盘古巡游时先接盘古，第二天每游至一村，各家各户都烧香鸣炮相迎，献上祭品或封包，祈求吉祥幸福	【汉族、壮族等】
W6496. 1. 5. 2. 4	祭盘古时举行盘古洗澡仪式	
W6496. 1. 5. 2. 4. 1	六月六保苗节时将盘古神像抬到河里洗澡	【多民族】
W6496. 1. 5. 3	祭盘古的方法	
W6496. 1. 5. 3. 1	祭盘古时烧香	【苗族】
W6496. 1. 5. 3. 1. 1	祭盘古时师（道）公上香献祭	【多民族】
W6496. 1. 5. 3. 1. 2	点燃案上小黄香祭盘古	【汉族】
W6496. 1. 5. 3. 2	祭盘古时扣头	
W6496. 1. 5. 3. 3	通过舞蹈祭盘古	
W6496. 1. 5. 3. 3. 0	巫舞祭盘古	【中华民族】
W6496. 1. 5. 3. 3. 0. 1	祭盘古时，巫以长鼓绕身而舞	【中华民族】
W6496. 1. 5. 3. 3. 1	祭盘古时擂鼓舞狮	【中华民族】
W6496. 1. 5. 3. 3. 1. 1	祭盘古时舞狮	【中华民族】

W 编码	母题描述	关联项
W6496.1.5.3.3.2	祭盘古时跳神	
W6496.1.5.3.3.2.1	祭盘古时师公（或道公）奏乐跳神	【多民族】@［W6505.2.5.7］祭祀时奏乐
W6496.1.5.3.3.2.2	祭盘古时师公（或道公）诵经跳神	【汉族】
W6496.1.5.3.4	通过唱歌祭祀盘古	
W6496.1.5.3.4.1	祭盘古时对唱颂扬盘古功德的山歌	【汉族等】@［W6496.0.4.5.2.5］祭祖时向祖先唱赞歌
W6496.1.5.3.4.2	祭盘古时妇女们诵唱赞颂盘古功德歌	【多民族】
W6496.1.5.3.4.3	祭盘古时对唱盘古歌	【中华民族】
W6496.1.5.3.5	祭盘古时唱戏	
W6496.1.5.3.5.1	祭盘古时演唱“水泡天门”戏	【壮族等】
W6496.1.5.3.5.2	祭盘古时表演木偶戏	【中华民族】
W6496.1.5.3.5.3	祭盘古时表演傩戏	【侗族】
W6496.1.5.3.5.4	祭盘古唱冬冬推	【侗族】
W6496.1.5.3.6	祭盘古时祈祷	
W6496.1.5.3.6.1	祭盘古时师公（或道公）祈祷	【汉族】
W6496.1.5.3.7	祭盘古时做法事	
W6496.1.5.3.7.1	祭盘古时8位道公念经跳神打醮	【中华民族】
W6496.1.5.3.8	祭特定物表示祭盘古	
W6496.1.5.3.8.1	花花苗以祭竹竿代替祭盘古	【苗族】
W6496.1.5.3.9	与祭祀盘古的方法有关的其他母题	
W6496.1.5.3.9.1	寨老用本族语请祖宗盘古王	【仡佬族】
W6496.1.5.3.9.2	供奉盘古像	
W6496.1.5.3.9.2.1	盘古庙分别奉立盘古圣王、雷王、土地公、地母仙娘、奶奶仙娘、文部等塑像	【壮族】

W 编码	母题描述	关联项
W6496. 1. 5. 3. 9. 2. 2	盘古庙自左至右分别立有伏羲兄妹、伏羲氏、开张天朝黎世吴王、轩辕王爷、开天辟地盘古大灵先王、神农氏、有巢氏、燧人氏、女娲娘娘九尊像	【壮族】
W6496. 1. 5. 3. 9. 2. 3	盘古庙祭祀盘古时，拿上供品、纸钱、香烛等即可	【瑶族】
W6496. 1. 5. 3. 9. 3	祭盘古时呼唤	
W6496. 1. 5. 3. 9. 3. 1	祀盘古时在堂呼盘瓠（盘古）始祖伯公回来收领猪酒	【瑶族】
W6496. 1. 5. 4	祭祀盘古的情形	
W6496. 1. 5. 4. 1	到庙里上香祭拜，为盘古送衣服鞋帽	【汉族等】
W6496. 1. 5. 4. 2	祭祀盘古时杀猪聚餐	【壮族】
W6496. 1. 5. 4. 3	祭盘古场面热闹非凡	
W6496. 1. 5. 4. 3. 1	祭盘古通宵达旦，热闹非凡	【壮族等】
W6496. 1. 5. 4. 3. 2	祭祀盘古时，盘古庙前舞狮队击鼓舞狮，鞭炮齐鸣，香烟缭绕，热闹非凡	【壮族等】
W6496. 1. 5. 4. 4	祭盘古时有娱乐活动（祭祀盘古时举行比赛）	
W6496. 1. 5. 4. 4. 1	祭盘古时抢花炮	【中华民族】
W6496. 1. 5. 4. 5	祭盘古时聚餐	
W6496. 1. 5. 4. 5. 1	祭盘古时，捐资的各户代表当晚在庙里聚餐	【汉族等】@［W6496. 1. 5. 1. 1］集资祭盘古
W6496. 1. 5. 5	祭祀盘古的类型	
W6496. 1. 5. 5. 1	公祭盘古	
W6496. 1. 5. 5. 2	私祭盘古	
W6496. 1. 5. 5. 3	单祭盘古	
W6496. 1. 5. 5. 4	共祭盘古	

W 编码	母题描述	关联项
W6496.1.5.5.4.1	地方与外地民众共祭盘古	【中华民族】【壮族】@［W6496.1.4.3.1］当地壮族与客家人等一起祭盘古
W6496.1.5.5.4.2	全村各家各户共祭盘古王	【汉族】
W6496.1.5.5.4.2.1	家祭盘古	【汉族】
W6496.1.5.5.4.2a	多庙共祭盘古	
W6496.1.5.5.4.2a.1	盘古王公、盘古王母是各庙必供的神像	【瑶族（排瑶）】
W6496.1.5.5.4.3	多姓共祭盘古	
W6496.1.5.5.4.3.1	覃、罗、廖、韦、周等姓人家迁居盘古村后与盘姓共祭盘古	【壮族等】
W6496.1.5.5.4.4	众多民族共祭盘古	［W6496.1.4.1.3a］多民族共祭盘古
W6496.1.5.5.4.4.1	汉族、壮族共祭盘古	【汉族】【壮族】
W6496.1.5.5.4.5	其他特定群体共祭盘古	
W6496.1.5.5.4.6	盘古与其他神灵共祭	【汉族、壮族】【瑶族】
W6496.1.5.5.4.6.1	盘古盘瓠共祭	【瑶族】@［W6496.1.6.5.2］盘古与盘瓠共祭
W6496.1.5.5.4.6.2	盘古女娲共祭	【汉族】
W6496.1.5.5.4.6.3	祭其他神时顺带祭盘古	
W6496.1.5.5.4.6.3.1	祭山时祭祖宗盘古王	【仡佬族】
W6496.1.5.5.4.7	盘古与其他人物共祭	
W6496.1.5.5.4.7.1	盘古与观音、财神等共祭	【多民族】@［W6496.1.6.5.4.1］肇庆盘古祖殿由祖皇殿、观音殿、财神殿等组成
W6496.1.5.5.4.7.2	盘古与五谷、峒主、五郎、七郎、八郎、土地共祭	【汉族（客家）】
W6496.1.5.5.4.7.2a	“日月”（盘古）与五谷、大公、二公、三公、四公、土地共祭	【汉族（客家）】
W6496.1.5.5.4.8	与共祭盘古有关的其他母题	

W 编码	母题描述	关联项
W6496. 1. 5. 5. 4. 8. 1	盘古是共祭神灵时的主神（盘古是多神共祭时的主神）	【汉族（客家）】
W6496. 1. 5. 5. 4. 8. 1. 1	盘古王夫妇的神像位于庙堂主神位	【瑶族（排瑶）】
W6496. 1. 5. 5. 4. 8. 1. 2	多神共祭时先祭盘古	【壮族】
W6496. 1. 5. 5. 4. 8. 1. 2. 1	广西南丹县白裤瑶社庙主祭的神是盘古和伏羲	【瑶族・白裤瑶】
W6496. 1. 5. 5. 4. 8. 1. 2. 2	龙犬子孙祭盘古大王、盘十七郎、盘十八郎、盘十九郎	【瑶族】
W6496. 1. 5. 5. 4. 8. 1. 3	盘古神像居庙中四尊彩色塑像中间	【汉族】
W6496. 1. 5. 5. 4. 8. 1. 4	客家大庙中盘古居神坛正中，神像最为高大	【汉族（客家）】
W6496. 1. 5. 5. 4. 8. 1. 5	泗贯盘古庙祭台九尊神像中盘古王居中，左边依次为武将、花婆、二花婆、三花婆；右边依次为雷王、文官、土地神、师爷	【汉族（客家）】
W6496. 1. 5. 5. 4. 8. 1. 6	大祥盘古庙中的长坎上三尊木刻彩色雕像，盘古公居中，左边为三界公雕像，右边为花婆雕像	【壮族】
W6496. 1. 5. 5. 4. 8. 1. 6a	绿佳村盘古庙中的长坎上三尊彩绘塑像，盘古公居中，左右为文官、武士	【汉族等】
W6496. 1. 5. 5. 4. 8. 1. 6a. 1	沙桥白马庙共祭“彭古皇”（盘古）、五谷、佰郎公、文坛、武坛、画笔呐、信风耳、土地，彭古皇为庙中主神	【汉族（客家）】
W6496. 1. 5. 5. 4. 8. 1. 7	盘古是特定庙宇的主神	
W6496. 1. 5. 5. 4. 8. 1. 7. 1	盘古是隘子圩河溪庙多神祭祀的主神	【汉族（客家）】
W6496. 1. 5. 5. 4. 8. 1. 7. 2	盘古是石井高桥庙多神祭祀的主神	【汉族（客家）】

W 编码	母题描述	关联项
W6496. 1.5.5.4.8.1.7.3	盘古庙盘古像两侧分别立着天皇、地皇、人皇以及黄帝、尧、舜、禹、汤的塑像	【汉族】
W6496. 1. 5. 5. 5	庙会祭盘古（盘古庙会）	【中华民族】
W6496. 1. 5. 5. 5. 1	农历正月初七举行盘古庙会祭盘古	【中华民族】
W6496. 1. 5. 5. 5. 2	三月初三盘古庙会	【汉族】
W6496. 1. 5. 5. 5. 2. 1	农历三月初三的盘古诞日庙会	【汉族】
W6496. 1. 5. 5. 5. 2. 2	盘古山三月三举办庙会	【汉族】
W6496. 1. 5. 5. 5. 2. 3	青县盘古庙农历三月初三庙会	【汉族】
W6496. 1. 5. 5. 5. 2a	三月初二盘古庙会	【中华民族】
W6496. 1. 5. 5. 5. 3	其他时间的盘古庙会	
W6496. 1. 5. 5. 5. 3. 1	九月初九盘古庙会（九月九盘古庙会）	【汉族】
W6496. 1. 5. 5. 5. 3. 1. 1	青县盘古庙农历九月初九庙会	【汉族】
W6496. 1. 5. 5. 5. 4	盘古庙会的情形	
W6496. 1. 5. 5. 5. 4. 1	盘古庙庙会除了隆重祭祀盘古爷外，还举行舞狮、唱戏、唱山歌或抢花炮等活动	【汉族（客家）、壮族等】
W6496. 1. 5. 5. 5. 4. 2	盘古庙会除了祭拜盘古，还会对山歌、唱地方戏，有上刀山、下火海等	【壮族等】
W6496. 1. 5. 5. 5. 4. 3	盘古庙会时有唱戏、说书、马戏、杂耍等助兴	【汉族】
W6496. 1. 5. 5. 5. 5	与盘古庙会有关的其他母题	
W6496. 1. 5. 5. 5. 5. 1	盘古庙会持续时间	
W6496. 1. 5. 5. 5. 5. 1. 1	盘古庙会有十天半月，有时一个月	【汉族】
W6496. 1. 5. 5. 6	按时间划分祭盘古的类型	
W6496. 1. 5. 5. 6. 1＊	祭祀盘古分为平时祭祀和每年农历六月十八日盘古诞辰祭祀两种	【壮族】

W 编码	母题描述	关联项
W6496. 1. 5. 5. 6. 2	家祭盘古有定期或不定期两种	
W6496. 1. 5. 5. 6. 2. 1	家祭盘古有两种，定期为每年农历十月十六日，不定期择每年秋收后举行	【瑶族】
W6496. 1. 5. 6	祭祀盘古的结果	
W6496. 1. 5. 6. 1	祭祀的应验	
W6496. 1. 5. 6. 1. 1	每次祭祀后出现同样的天象	【汉族】
W6496. 1. 6	与祭盘古的有关的其他母题	［W6508. 3. 4b. 1］ 原祭盘瓠改祭盘古
W6496. 1. 6. 0	祭祀盘古的演变	
W6496. 1. 6. 0. 1 *	现在人们祭祀的盘古已不是天辟地、再造人类的盘古，而是类似花婆、财神爷等能给人们赐子赐福、带来好运的盘古	【壮族】
W6496. 1. 6. 0. 2	祭盘古的名称变化	
W6496. 1. 6. 0. 2. 1	苗民庙中祭盘古称为“庆盘古”	【苗族】
W6496. 1. 6. 1	祭盘古的用品（盘古的祭品）	
W6496. 1. 6. 1. 0	多种祭品祭盘古	
W6496. 1. 6. 1. 0. 1	盘古的祭品为糯米饭、粽子、糖、饼、水果等	【壮族】
W6496. 1. 6. 1. 1	杀牲祭盘古	
W6496. 1. 6. 1. 1. 1	用烧猪祭盘古	【中华民族】
W6496. 1. 6. 1. 1. 1. 1	用猪头祭盘古圣王	【壮族】
W6496. 1. 6. 1. 1. 2	祭盘古时杀猪杀鸡	【汉族等】
W6496. 1. 6. 1. 1. 3	各家各户杀鸡煮肉祭盘古	【中华民族】@［W6503. 10. 5. 2］熟的祭品（熟祭；炙祭）
W6496. 1. 6. 1. 2	包裹粽子奉祭盘古	【布依族】
W6496. 1. 6. 1. 3	祭盘古的牺牲要求	
W6496. 1. 6. 1. 3. 1	祭盘古的鸡犬要养 3 年	【瑶族】
W6496. 1. 6. 1. 4	粮食作为盘古的祭品	

W 编码	母题描述	关联项
W6496.1.6.1.4.1	刚出笼的白蒸馍祭盘古	【汉族】
W6496.1.6.1.4.2	当年新麦头道面蒸馍祭盘古	【汉族】
W6496.1.6.2	祭盘古的禁忌	
W6496.1.6.2.1	忌女性参与祭盘古	【侗族】
W6496.1.6.3	祭祀雷王即祭祀盘古	
W6496.1.6.4	祭祀盘古的配神（祭盘古的陪神）	
W6496.1.6.4.1	祭奉盘古的陪神有甘王、雷王、花婆、土地公等	【壮族】
W6496.1.6.4.1.1	盘古像的左为甘王，右为雷王	【汉族（客家）】
W6496.1.6.4.2	众小神作为盘古的配神	【汉族】
W6496.1.6.5	祭盘瓠	【瑶族】
W6496.1.6.5.1	祭盘瓠时在敬狗头的位置增放开天辟地盘古大帝之牌位	【瑶族】
W6496.1.6.5.1.1	两粤之地，瑶皆祖盘古为始祖，而宗狗头王	【瑶族】
W6496.1.6.5.2	盘古与盘瓠共祭	【瑶族（排瑶）】
W6496.1.6.5.2.1	祭祀时，先祭盘古后祭盘瓠	【瑶族、畲族】
W6496.1.6.5.3 *	祭盘瓠即祭盘古	【瑶族】
W6496.1.6.5.4	肇庆盘古祖殿供奉的盘古王即“盘瓠”	【瑶族】
W6496.1.6.5.4.1	肇庆盘古祖殿由祖皇殿、观音殿、财神殿等组成	【多民族】
W6496.1.6.5.4a	肇庆盘古神殿中供奉盘瓠	【瑶族】
W6496.1.6.5.5	祭盘瓠改为祭盘古	【瑶族】
W6496.1.6.5.5.1	三江瑶民原祭盘瓠，民国时才改祭盘古	【瑶族】
W6496.1.6.5.6	祭盘瓠又称祭盘古王	【畲族】
W6496.1.6.6	祭盘王	

W 编码	母题描述	关联项
W6496. 1. 6. 6. 1 *	盘王祭祀的对象是盘古还是盘瓠，学界无定论	【瑶族】
W6496. 1. 6. 6. 2 *	祭盘古即祭盘王	【瑶族】
W6496. 1. 6. 7	向盘古祈愿（祈福盘古）	
W6496. 1. 6. 7. 1	向盘古祈愿的原因	
W6496. 1. 6. 7. 2	向盘古祈愿的时间	
W6496. 1. 6. 7. 2. 1	出海时向盘古祈愿	【瑶族】
W6496. 1. 6. 7. 3	向盘古祈愿的地点	
W6496. 1. 6. 7. 3. 1	到盘古庙向盘古祈愿	
W6496. 1. 6. 7. 4	向盘古祈愿的方法	
W6496. 1. 6. 7. 5	向盘古祈愿的内容	
W6496. 1. 6. 7. 5. 1	向盘古祈愿有 10 项内容（十愿祈盘古）	
W6496. 1. 6. 7. 5. 1. 1	向盘古祈愿时，一愿天地常庇佑	【汉族】
W6496. 1. 6. 7. 5. 1. 2	向盘古祈愿时，二愿万物一齐生	【汉族】
W6496. 1. 6. 7. 5. 1. 3	向盘古祈愿时，三愿风调雨顺	【汉族】
W6496. 1. 6. 7. 5. 1. 4	向盘古祈愿时，四愿国泰并民安	【汉族】
W6496. 1. 6. 7. 5. 1. 5	向盘古祈愿时，五愿五谷大丰登	【汉族】
W6496. 1. 6. 7. 5. 1. 6	向盘古祈愿时，六愿六畜皆成群	【汉族】
W6496. 1. 6. 7. 5. 1. 7	向盘古祈愿时，七愿禾稻得丰收	【汉族】
W6496. 1. 6. 7. 5. 1. 8	向盘古祈愿时，八愿人民常吉庆	【汉族】
W6496. 1. 6. 7. 5. 1. 9	向盘古祈愿的其他内容	
W6496. 1. 6. 7. 5. 1. 9. 1	向盘古祈愿时，九愿全凭神护佑，十愿耕种胜尧天	【汉族】
W6496. 1. 6. 7a	还盘古愿（祈福盘古后要还愿）	
W6496. 1. 6. 7a. 1	还盘古愿的原因	
W6496. 1. 6. 7a. 2	还盘古愿的时间	
W6496. 1. 6. 7a. 2. 1	如果祈祷盘古后灵验，要择吉日携带祭品或红幅到庙里上香酬谢盘古爷	【壮族】

W编码	母题描述	关联项
W6496.1.6.7a.3	还盘古愿的地点	
W6496.1.6.7a.3.1	到盘古庙还盘古愿	【壮族】
W6496.1.6.7a.4	还盘古愿的方法	
W6496.1.6.7a.4.1	还盘古愿时要携带祭品或红幅到庙里上香酬谢盘古爷	【壮族】
W6496.1.6.7a.4.2	“勉”的瑶族在“还盘王愿”时，瑶族师公们吟唱《盘王大歌》	【瑶族】
W6496.1.6.7a.5	还盘古愿的内容	
W6496.1.6.8	祭盘古的解读	
W6496.1.6.8.1 *	瑶族祭祀的盘古神不仅代表盘古，还代表一切祖先的灵魂	【瑶族】
W6496.1.6.8.2 *	祭盘古就是祭祖	【汉族】
W6496.1.6.8.3 *	中华民族共同崇祀盘古，反映了原始社会部落时期的图腾崇拜	【汉族】
W6496.1.6.9	祭祀盘古的其他相关母题	
W6496.1.6.9.1	请盘古	
W6496.1.6.9.1.1	击鼓请盘古大王降临	【瑶族（盘瑶）】
W6496.1.6.9.2	祭盘古的性质	
W6496.1.6.9.2.1	祭盘古就是祭祖	【汉族】
W6496.2	祭三皇	【关联】①
W6496.2.1	祭三皇的产生（祭三皇的原因）	
W6496.2.2	祭三皇的时间	
W6496.2.3	祭三皇的地点	
W6496.2.4	祭三皇的方式	
W6496.2.5	祭特定的三皇	
W6496.2.5.1	祭天皇、地皇和人皇	[W0730a.2.3.1] 三皇是天皇、地皇和人皇
W6496.2.5.2	祭天皇氏、地皇氏和人皇氏	[W0730a.2.3.1a] 三皇是天皇氏、地皇氏和人皇氏

① [W0123.4.2] 三皇；[W6373.1] 三皇崇拜。

W 编码	母题描述	关联项
W6496. 2. 5. 3	祭天皇、地皇、泰皇	［W0730a. 2. 3. 1b］三皇是天皇、地皇、泰皇
W6496. 2. 5. 4	祭伏羲、女娲、神农	［W0730a. 2. 3. 2］三皇是伏羲、女娲、神农（三皇伏羲、神农、女娲）
W6496. 2. 5. 5	祭燧人、伏羲、神农	［W0730a. 2. 3. 3］三皇是燧人、伏羲、神农（三皇伏羲、神农、燧人）
W6496. 2. 5. 6	祭伏羲、神农、祝融	［W0730a. 2. 3. 4］三皇伏羲、神农、祝融
W6496. 2. 5. 7	祭伏羲、神农、黄帝	［W0730a. 2. 3. 5］三皇伏羲、神农、黄帝
W6496. 2. 6	与祭三皇有关的其他母题	
W6496. 3	祭五帝	［W0123. 4. 2］三皇
W6496. 3. 1	祭五帝的产生（祭五帝的原因）	
W6496. 3. 2	祭五帝的时间	
W6496. 3. 3	祭五帝的地点	
W6496. 3. 4	祭五帝的方式	
W6496. 3. 5	祭特定的五帝	
W6496. 3. 5. 1	祭青红白黑黄五帝	［W0730a. 3. 6. 1］青红白黑黄五帝
W6496. 3. 5. 2	祭五方神	【关联】①
W6496. 3. 5. 3	祭黄帝、颛顼、帝喾、尧、舜	［W0730a. 3. 6. 2. 2］五帝中东方为太皞，南方为炎帝，西方为少昊，北方为颛顼，中央为黄帝
W6496. 3. 6	与祭五帝有关的其他母题	
W6496. 4	祭伏羲（伏羲的祭祀）	
W6496. 4. 1	祭祀伏羲的原因	

① ［W0730a. 3. 6. 2］五帝又称五方神；［W0730a. 3. 6. 2. 1］五帝是东方青帝、南方赤帝、中央黄帝、西方白帝、北方黑帝。

W 编码	母题描述	关联项
W6496.4.1.1	祭伏羲保幸福平安	【汉族】
W6496.4.1.2	祭伏羲有多种功能	
W6496.4.1.2.1	祭伏羲可祈祷、还愿、求子、求雨	【中华民族】
W6496.4.1.3	祈雨祭祀伏羲	【中华民族】
W6496.4.2	祭祀伏羲的时间	
W6496.4.2.1	祭祀伏羲始于特定时间	
W6496.4.2.1.1	伏羲祭拜始自春秋时代	【汉族】
W6496.4.2.2	特定日子祭祀伏羲	
W6496.4.2.2.1	初一、十五祭伏羲	【汉族】@［W6496.0.2.1a.1］初一十五祭祖神
W6496.4.2.2.2	初一、十五和三、六、九祭伏羲	【汉族】
W6496.4.2.2.2a	农历初一、十五日和每年的二月二日至三月三日祭伏羲	【汉族】
W6496.4.2.3	正月祭祀伏羲	
W6496.4.2.3.1	正月十六天水民间大祭伏羲	【汉族】
W6496.4.2.3.1.1	正月十六天水祭人宗爷伏羲	【中华民族】
W6496.4.2.3a	仲春之月祭伏羲	【中华民族】
W6496.4.2.4	二月祭祀伏羲	
W6496.4.2.4.1	二月二到三月三祭伏羲	【多民族】
W6496.4.2.4.1.1	二月二到三月三淮阳庙会祭伏羲	【中华民族】
W6496.4.2.4.2	二月十八祭伏羲	【汉族】
W6496.4.2.5	三月祭祀伏羲	
W6496.4.2.5.1	三月三祭伏羲	【中华民族】
W6496.4.2.5.2	三月初六祭伏羲	【中华民族】
W6496.4.2.5.3	三月十八祭伏羲	【汉族】
W6496.4.2.5.4	三月二十六祭伏羲	【中华民族】
W6496.4.2.6	六月祭祀伏羲	

W 编码	母题描述	关联项
W6496. 4. 2. 6. 1	六月初六祭伏羲	【汉族】
W6496. 4. 2. 6. 2	六月二十二祭伏羲	
W6496. 4. 2. 6. 2. 1	天水六月二十二公祭伏羲	【汉族】
W6496. 4. 2. 7	七月祭祀伏羲	
W6496. 4. 2. 7. 1	七月初九祭伏羲	【汉族】
W6496. 4. 2. 7. 2	七月十五日祭伏羲	【汉族】
W6496. 4. 2. 8	其他时间祭祀伏羲	
W6496. 4. 2. 8. 1	腊八祭伏羲	【汉族】
W6496. 4. 2. 8. 2	春节祭伏羲	【汉族】
W6496. 4. 2. 8. 3	九月九日祭伏羲	
W6496. 4. 2. 8. 3. 1	九月九日通祀三皇伏羲、神农、黄帝	【中华民族】
W6496. 4. 2. 8. 4	仲春之月祭伏羲	【中华民族】
W6496. 4. 2. 9	与祭祀伏羲时间有关的其他母题	
W6496. 4. 2. 9. 1	祭祀伏羲的节日	
W6496. 4. 2. 9. 2	做特定事情前祭伏羲	
W6496. 4. 2. 9. 2. 1	占卜前祭伏羲	【中华民族】
W6496. 4. 2. 9. 3	祭伏羲的周期	
W6496. 4. 2. 9. 3. 1	祭伏羲三年一祭	【中华民族】
W6496. 4. 3	祭祀伏羲的地点	
W6496. 4. 3. 1	庙会祭祀伏羲	
W6496. 4. 3. 1. 1	在三皇庙祭祀伏羲	
W6496. 4. 3. 1. 1. 1	三皇庙祀“三皇”伏羲、女娲、神农	【汉族】
W6496. 4. 3. 1. 2	特定时间的庙会祭伏羲	
W6496. 4. 3. 1. 2. 1	三月十五至二十五日庙会祭伏羲	【汉族】
W6496. 4. 3. 1. 2. 2	三月十八日庙会祭伏羲	【汉族】
W6496. 4. 3. 1. 2. 3	三月二十六大黄庙会祭伏羲	【中华民族】

W 编码	母题描述	关联项
W6496.4.3.1.2.4	十月二十和春节庙会祭伏羲	【汉族】
W6496.4.3.2	祭坛祭祀伏羲	【苗族】
W6496.4.3.3	庙中祭伏羲	
W6496.4.3.3.1	药王庙中祀伏羲、神农、黄帝	【中华民族】
W6496.4.3.3.2	帝王庙（太昊伏羲庙）中祀伏羲、神农、黄帝	【中华民族】
W6496.4.3.3.3	三皇庙中祀伏羲、神农、黄帝	【中华民族】
W6496.4.3.4	殿中祭伏羲	
W6496.4.3.4.1	景惠殿中祭伏羲	【中华民族】
W6496.4.3.5	盘古庙中祭伏羲	
W6496.4.3.5.1	盘古庙正中供奉盘古，左为伏羲，右为玉帝	【汉族】
W6496.4.3.5.2	盘古庙正中供奉盘古、伏羲、女娲、黄帝等	【汉族】
W6496.4.3.5.3	盘古庙盘古神像的左边为神农氏，右边为伏羲兄妹	【汉族】
W6496.4.4	祭祀伏羲的方法（祭伏羲的形式）	
W6496.4.4.1	私祭伏羲	
W6496.4.4.2	公祭祭祀伏羲	
W6496.4.4.2.1	甘肃天水伏羲公祭	【汉族】
W6496.4.4.3	民祭祭祀伏羲	
W6496.4.4.3.1	甘肃天水伏羲民祭	【汉族】
W6496.4.4.4	歌舞祭祀伏羲	
W6496.4.4.4.1	“担经挑”巫舞祭伏羲	【汉族】
W6496.4.4.4.2	担花篮舞祭祀伏羲	【中华民族】【汉族】
W6496.4.4.4.3	经歌祭祀伏羲女娲	【汉族】
W6496.4.4.5	多种仪式祭伏羲	
W6496.4.4.5.1	祭伏羲时打龙旗、献龙舞、颂龙祖、歌龙德	【中华民族】

W 编码	母题描述	关联项
W6496. 4. 4. 5. 2	祭伏羲时画符、唱歌、进香、奠牲	【中华民族】
W6496. 4. 4. 5. 3	祭伏羲时唱歌、伴唱、敲锣鼓	【汉族】
W6496. 4. 4. 5. 4	祭伏羲时抛钱、焚香	【中华民族】
W6496. 4. 4. 6	祭伏羲时多祖共祭	
W6496. 4. 4. 6. 1	祭伏羲时三祖共祭（三神共祭）	
W6496. 4. 4. 6. 1. 1	华胥、伏羲、女娲三皇共祭	【中华民族】
W6496. 4. 4. 6. 1. 2	伏羲、女娲、神农三皇共祭	【汉族】
W6496. 4. 4. 6. 1. 2. 1	伏羲女娲共祭	【壮族】
W6496. 4. 4. 6. 1. 3	伏羲、神农、轩辕三帝共祭	【汉族】
W6496. 4. 4. 6. 1. 4	盘古、伏羲、雷神三神共祭	
W6496. 4. 4. 6. 1. 4. 1	滩头盘古庙壁龛前正中立盘古塑像，左为伏羲，右为雷王	【民族无考】
W6496. 4. 4. 6. 1. 5	伏羲、神农、黄帝三帝共祭	【中华民族】
W6496. 4. 4. 6. 2	伏羲、女娲、炎帝、黄帝、祝融五皇共祭	【汉族】
W6496. 4. 4. 6. 3	华胥、伏羲、女娲、炎帝、黄帝、蚩尤六祖共祭	【中华民族】
W6496. 4. 4. 6. 4	李大王神、神农神、女娲、盘古大王神、伏羲神、政法之神、衣禄神七神共祭	【壮族】
W6496. 4. 4. 7	其他祭祀伏羲的方法	
W6496. 4. 4. 7. 1	建神庙、塑雕像祭祀伏羲	【仫佬族】【羌族】
W6496. 4. 4. 7. 1. 1	伏羲彩色端坐式塑像	【汉族】
W6496. 4. 4. 7. 2	祭祀伏羲的配神	
W6496. 4. 4. 7. 2. 1	太皞伏羲氏以勾芒氏之神配	【中华民族】
W6496. 4. 4. 7. 2. 2	伏羲的配神勾芒	【中华民族】
W6496. 4. 4. 7. 2. 3	伏羲的配神炎帝神农氏位居左，黄帝轩辕氏位居右	【中华民族】
W6496. 4. 4. 7. 3	伏羲是傩坛祭祀的主神	【仡佬族、苗族】

W 编码	母题描述	关联项
W6496.4.4.7.3a＊	伏羲是原始宗教的主神	【中华民族】
W6496.4.4.7.3b＊	伏羲是仙界主神	【中华民族】
W6496.4.4.7.4	多地同时共祭伏羲	【汉族】
W6496.4.5	特定场合祭伏羲的内容	
W6496.4.5.1	伏羲庙内祭伏羲的构成	
W6496.4.5.1.1	上香祭伏羲	【汉族】
W6496.4.5.1.2	跪拜祈求伏羲	【汉族】
W6496.4.5.1.3	坟前祭拜伏羲	【汉族】
W6496.4.5.1.4	绕坟祭伏羲	【汉族】
W6496.4.5.2	祭伏羲的构成	
W6496.4.5.2.1	请像祭伏羲（请伏羲像）	【汉族】
W6496.4.5.2.2	摆供品、上香祭伏羲	【汉族】
W6496.4.5.2.3	烧纸钱祭伏羲	【汉族】
W6496.4.6	祭伏羲的主持	
W6496.4.6.1	伏羲祭祀由端公主持	【羌族】
W6496.4.7	祭祀伏羲者（祭伏羲的参与者）	
W6496.4.7.1	特定的族群祭祀伏羲	
W6496.4.7.1.1	苗族祭伏羲	【苗族】
W6496.4.7.1.2	瑶族祭伏羲	【瑶族】
W6496.4.7.1.3	侗族祭伏羲	【侗族】
W6496.4.7.1.4	河南、河北、山东、安徽、山西、湖北等地祭祀伏羲	多民族
W6496.4.7.2	特定职业者祭伏羲	
W6496.4.7.2.1	从医者祭伏羲（医生祭祀伏羲）	【中华民族】
W6496.4.7.3	特定名称的人祭祀伏羲	
W6496.4.8	祭祀伏羲的用品（与伏羲有关的纪念物）	
W6496.4.8.1	泥泥狗作为伏羲纪念物	【汉族】

W 编码	母题描述	关联项
W6496. 4. 9	与祭祀伏羲有关的其他母题	
W6496. 4. 9. 1	祭祀伏羲的禁忌	
W6496. 4. 9. 2	祭祀伏羲时的标志	
W6496. 4. 9. 2. 1	祭伏羲时神树上悬挂红灯作为标志	【汉族】
W6496. 4. 9. 3	祭伏羲与祭女娲的分离	
W6496. 4. 9. 3. 1	世间曾舍伏羲而祭女娲	【中华民族】
W6496. 4. 9. 4	纪念伏羲（伏羲的纪念）	
W6496. 4. 9. 4. 1	通过讲唱纪念伏羲	
W6496. 4. 9. 4. 1. 1	唱担经挑纪念伏羲	【中华民族】
W6496. 4. 9. 4. 2	通过命名纪念伏羲	
W6496. 4. 9. 4. 2. 1	为纪念伏羲氏把一条江河改名为“葫芦河”	【汉族】
W6496. 5	祭女娲（女娲的祭祀）	
W6496. 5. 1	祭女娲的产生（祭女娲的原因）	
W6496. 5. 1. 1	因雨不停祭祀女娲	【中华民族】
W6496. 5. 1. 2	因求子祭祀女娲	【中华民族】
W6496. 5. 1. 3	祭祀女娲祈福	【中华民族】
W6496. 5. 2	祭祀女娲的时间	
W6496. 5. 2. 1	正月六日、五月九日祭祀女娲	【中华民族】
W6496. 5. 2. 2	正月初八祭祀女娲	【汉族】
W6496. 5. 2. 3	正月十三、十四到十八、十九祭祀女娲	【中华民族】
W6496. 5. 2. 4	正月十五祭祀女娲	【汉族】
W6496. 5. 2. 5	正月初七至十五祭祀女娲	【中华民族】
W6496. 5. 2. 6	正月二十（正月二十一、正月二十二）祭祀女娲	【汉族】
W6496. 5. 2. 7	农历正月二十一日祭祀女娲	【中华民族】
W6496. 5. 2. 8	农历二月二到三月三祭祀女娲	【汉族】

W 编码	母题描述	关联项
W6496.5.2.9	农历三月祭祀女娲	【汉族】
W6496.5.2.10	三月初十祭祀女娲	【中华民族】
W6496.5.2.11	三月十八祭祀女娲	【汉族】
W6496.5.2.12	农历三月初一至三月十八日祭祀女娲	【汉族】
W6496.5.2.13	三月十九和八月十三祭祀女娲	【汉族】
W6496.5.2.14	五月初九祭祀女娲	【中华民族】
W6496.5.2.15	三月三和六月十五祭祀女娲	【中华民族】
W6496.5.2.15.1	三月初三祭祀女娲	【汉族】
W6496.5.2.16	立夏瘟神播撒疾病时祭女娲	【汉族】
W6496.5.3	祭祀女娲的地点	
W6496.5.3.1	在三皇庙祭祀女娲	
W6496.5.3.1.1	三皇庙祀“三皇”伏羲、女娲、神农	
W6496.5.3.2	在娲皇宫祭祀女娲	【汉族】
W6496.5.3.3	在女娲宫祭祀女娲	【藏族】
W6496.5.3.4	在后土祠祭祀女娲	【中华民族】
W6496.5.3.5	在石洞祭祀女娲	【汉族】
W6496.5.4	祭祀女娲的方法	
W6496.5.4.1	庙会祭祀女娲	
W6496.5.4.1.1	案道会敬土地佬	【汉族】
W6496.5.4.1.2	正月十四到正月十六庙会祭女娲	【汉族】
W6496.5.4.1.3	正月十五祭祀女娲庙会	【汉族】
W6496.5.4.1.4	二月二到三月三“人祖庙会”祭祀女娲	【汉族】
W6496.5.4.1.5	三月初十庙会祭祀女娲	【中华民族】
W6496.5.4.1.6	三月初九日到三月十五日举行庙会祭祀女娲	【中华民族】
W6496.5.4.1.7	三月十八日庙会祭女娲	【中华民族】【汉族】

W 编码	母题描述	关联项
W6496. 5. 4. 1. 8	三月十九和八月十三庙会祭女娲	【汉族】
W6496. 5. 4. 1. 9	"添坟""对功""渡船"等方式祭祀女娲	【汉族】
W6496. 5. 4. 1. 10	洗桃花水祭祀女娲	【中华民族】
W6496. 5. 4. 2	公祭祭祀女娲	
W6496. 5. 4. 2. 1	河北涉县女娲公祭大典	【汉族】
W6496. 5. 4. 2. 2	甘肃秦安女娲公祭大典	【中华民族】
W6496. 5. 4. 2. 2. 1	甘肃秦安女娲公祭大典的环节	【中华民族】
W6496. 5. 4. 2. 3	山东邹城女娲公祭大典	【中华民族】
W6496. 5. 4. 2. 4	湖北竹山县女娲祭典	【中华民族】
W6496. 5. 4. 2. 5	台湾宜兰女娲祭典	【中华民族】
W6496. 5. 4. 3	多祖共祭	
W6496. 5. 4. 3. 1	女娲与山神共祭	【中华民族】
W6496. 5. 4. 3. 2	华胥、伏羲、女娲三皇共祭	【中华民族】
W6496. 5. 4. 3. 3	华胥、伏羲、女娲、炎帝、黄帝、蚩尤六祖共祭	
W6496. 5. 4. 4	歌舞祭祀女娲	【汉族】
W6496. 5. 4. 4. 1	祭女娲时跳青蛙舞	【中华民族】
W6496. 5. 4. 4. 2	"担经挑"巫舞祭女娲	【汉族】
W6496. 5. 4. 4. 3	"龙华会"祭女娲	【汉族】
W6496. 5. 4. 4. 4	担花篮舞祭祀女娲	【中华民族】【汉族】
W6496. 5. 4. 4. 5	经歌祭祀女娲	【汉族】
W6496. 5. 4. 4. 6	万舞祭祀女娲	【中华民族】
W6496. 5. 4. 5	祭坛祭祀女娲	【苗族】
W6496. 5. 4. 6	祭灶祭祀女娲	【汉族】
W6496. 5. 4. 7	竞技活动祭祀女娲	
W6496. 5. 4. 7. 1	"划旱船"祭祀女娲	【中华民族】
W6496. 5. 4. 8	通过演戏祭祀女娲	

W 编码	母题描述	关联项
W6496.5.4.8.1	涉县“排赛”赛戏祭祀女娲	【中华民族】
W6496.5.4.9	家庭祭祀女娲	
W6496.5.4.9.1	分食祭品祭祀女娲	【汉族】
W6496.5.4.9.2	油煎年糕供拜女娲	【汉族·客家人】
W6496.5.4.9.3	“献食”祭祀女娲	【中华民族】
W6496.5.4.10	其他祭祀女娲的方法	
W6496.5.4.10.1	“摆社”祭祀女娲	【汉族】
W6496.5.4.10.2	建神庙、塑雕像祭祀女娲	【汉族】
W6496.5.4.10.3	越南“游觋会”	【国外】
W6496.5.4.10.4	“踩踏火盆”“谢江”祭俗	【中华民族】
W6496.5.4.10.5	“单子会”祭女娲	【汉族】
W6496.5.4.10.6	进香仪式	【汉族】
W6496.5.4.10.7	给女娲坟添土	【汉族】
W6496.5.5	祭祀女娲的禁忌	
W6496.5.5.1	女娲祭祀禁止男性摆放“花供”	【汉族】
W6496.5.5.2	女娲祭祀中娱神表演禁止男性参加	【汉族】
W6496.5.6	女娲的朝拜者	
W6496.5.6.1	特定的族群祭祀女娲	
W6496.5.6.1.1	苗族祭女娲	【苗族】
W6496.5.6.1.2	瑶族祭女娲	【瑶族】
W6496.5.6.1.3	侗族祭女娲	【侗族】
W6496.5.6.1.4	越南信众祭女娲	【国外】
W6496.5.6.1.5	日本信众祭女娲	【国外】
W6496.5.6.2	特定的人祭祀女娲	
W6496.5.6.2.1	纣王到女娲宫进香	【汉族】
W6496.5.6.2.2	黄帝祭女娲	【中华民族】
W6496.5.7	祭祀女娲的用品	

W 编码	母题描述	关联项
W6496. 5. 7. 1	娲板与女娲有关	【汉族】
W6496. 5. 7. 2	纸钱、贡品祭女娲	【汉族】
W6496. 5. 7. 3	年糕祭女娲	【汉族·客家人】
W6496. 5. 7. 4	馍祭女娲	
W6496. 5. 7. 4. 1	白馍与女娲有关	【中华民族】
W6496. 5. 7. 4. 2	五彩馍祭女娲	【汉族】
W6496. 5. 7. 5	馓子祭女娲	
W6496. 5. 7. 6	“妈托儿”祭女娲	【中华民族】
W6496. 5. 7. 7	“花供”祭女娲	【汉族】
W6496. 5. 8	祭祀女娲的节日	
W6496. 5. 8. 1	过年与女娲有关	
W6496. 5. 8. 1. 1	过年是为女娲造出的动植物庆贺生日	【汉族】
W6496. 5. 8. 2	天穿日（穿天日，穿天节）与女娲有关	
W6496. 5. 8. 2. 1	正月廿日是天穿日与女娲有关	【汉族】【汉族客家)】
W6496. 5. 8. 2. 2	正月二十一日是天穿日与女娲有关	【中华民族】
W6496. 5. 8. 3	人庆节（人胜节、人启日）与女娲有关	【中华民族】【汉族】
W6496. 5. 8. 4	女皇节、女王节、娲婆节、补天补地节与女娲有关	【汉族】
W6496. 5. 8. 5	三月三与女娲有关	【中华民族】
W6496. 5. 8. 6	中华母亲节与女娲有关	【汉族】
W6496. 5. 9	与祭女娲有关的其他母题	
W6496. 5. 9. 1	祭女娲的目的	
W6496. 5. 9. 1. 1	祭女娲祈晴	【汉族】
W6496. 5. 9. 1. 2	祭女娲求雨	【中华民族】
W6496. 5. 9. 1. 3	祭女娲求婚姻	【汉族】

W 编码	母题描述	关联项
W6496.5.9.1.4	祭女娲求子	【汉族】
W6496.5.9.1.4.1	在子孙窑祭女娲求子	【汉族】
W6496.5.9.1.5	祭女娲求福佑	【中华民族】
W6496.5.9.1.6	祭女娲消灾降幅	【汉族】
W6496.5.9.2	最早的女娲祭祀时期	
W6496.5.9.2.1	最早的女娲祭祀时期可追溯至“帝尧受禅”时期	【汉族】
W6496.5.9.3	女娲祭祀的其他情形	
W6496.5.9.3.1	女娲是傩坛祭祀主神	【仡佬族、苗族】
W6496.5.9.3.2	负责女娲祭祀活动的人是端公	【羌族】
W6496.5.9.3.3	祭祀完其他神灵后再祭祀女娲	【汉族】
W6496.5.9.3.4	女娲礼祀活动是热闹的节日	【中华民族】
W6496.5.9.3.5	女娲死后到天上管九宫配器神享	【汉族】
W6496.5.9.4	女娲庙（女娲祠，女娲宫）	
W6496.5.9.4.1	各地女娲庙	
W6496.5.9.4.1.1	河北省女娲庙	
W6496.5.9.4.1.1.1*	河北涉县女娲庙	【汉族】
W6496.5.9.4.1.2	湖北省女娲庙	
W6496.5.9.4.1.2.1	湖北房县女娲庙	【中华民族】
W6496.5.9.4.1.3	辽宁省女娲庙	
W6496.5.9.4.1.3.1	辽宁牛河梁女神庙	【中华民族】
W6496.5.9.4.1.4	甘肃省女娲庙	
W6496.5.9.4.1.4.1	甘肃天水女娲庙	【汉族】
W6496.5.9.4.1.4.2	甘肃天水北道区三阳川女娲庙	【汉族】
W6496.5.9.4.1.4.3	甘肃天水清水县女娲庙	【汉族】
W6496.5.9.4.1.5	山东省女娲庙	
W6496.5.9.4.1.5.1	山东承筐山女娲庙	【汉族】
W6496.5.9.4.1.5.2	山东章丘女娲娘娘庙	【中华民族】

W 编码	母题描述	关联项
W6496. 5. 9. 4. 1. 5. 3	山东青岛韩家村女姑庙	【中华民族】
W6496. 5. 9. 4. 1. 6	陕西省女娲庙	
W6496. 5. 9. 4. 1. 6. 1	陕西临潼骊山伏羲女娲庙	【汉族】
W6496. 5. 9. 4. 1. 7	河南省女娲庙	
W6496. 5. 9. 4. 1. 7. 1	河南嵩山奶奶庙（嵩山女娲庙）	【汉族】
W6496. 5. 9. 4. 1. 7. 2	河南西华女娲庙	【汉族】
W6496. 5. 9. 4. 1. 7. 3	河南邵原女娲庙	【中华民族】【汉族】
W6496. 5. 9. 4. 1. 7. 4	河南淮阳太昊伏羲陵女娲观	【汉族】
W6496. 5. 9. 4. 1. 7. 5	河南新密娘娘庙	【汉族】
W6496. 5. 9. 4. 1. 7. 6	河南陈州伏羲女娲庙	【汉族】
W6496. 5. 9. 4. 1. 8	山西省女娲庙	
W6496. 5. 9. 4. 1. 8. 1	山西河津高禖庙	【中华民族】
W6496. 5. 9. 4. 1. 8. 2	山西洪洞女娲庙	【中华民族】【汉族】
W6496. 5. 9. 4. 1. 9	湖南省女娲庙	
W6496. 5. 9. 4. 1. 9. 1	湖南郴州伏羲女娲庙	【中华民族】
W6496. 5. 9. 4. 10	广西女娲庙	
W6496. 5. 9. 4. 10. 1	广西良塘乡女娲庙	【多民族】
W6496. 5. 9. 4. 11	台湾省女娲庙	
W6496. 5. 9. 4. 11. 1	台湾宜兰县壮围乡女娲庙	【中华民族】
W6496. 5. 9. 4. 12	其他地方的女娲庙	
W6496. 6	祭神农（祭神农氏）	［W0731］神农
W6496. 6. 1	神农祭祀的产生（祭祀神农的原因）	
W6496. 6. 1. 1	祭神农庇佑丰收，避遭虫灾或旱灾	【中华民族】
W6496. 6. 1. 2	首祀炎帝神农示人以务本重农	【中华民族】
W6496. 6. 1. 3	为感恩祭祀神农	
W6496. 6. 1. 3. 1	因神农首创五谷耕作，修建陵祠和行宫祭拜	【中华民族】

W 编码	母题描述	关联项
W6496.6.1.3.2	因神农教人种五谷神农	【瑶族】
W6496.6.1.3.3	后人为不忘神农尝药救人的恩德祭神农氏	【汉族】@［W6498.9.0.1］神农尝百草找药为人治病有功德，四时祭祀
W6496.6.2	祭神农的时间	
W6496.6.2.1	特定季节祭神农	
W6496.6.2.1.0	每年种完庄稼后祭神农	【瑶族】
W6496.6.2.1.1	春秋祭神农	【汉族】
W6496.6.2.1.2	四时祭祀祭神农	【汉族】
W6496.6.2.2	特定月份祭神农	【中华民族】
W6496.6.2.2.1	正月祭神农	
W6496.6.2.2.2	二月祭神农	【中华民族】
W6496.6.2.2.3	四月祭神农	
W6496.6.2.2.3.1	农历四月廿八祭神农	【汉族】
W6496.6.2.2.3.2	农历四月初八祭神农	【汉族】
W6496.6.2.2.3.2.1	农历四月廿八各地中药业店主进香朝拜神农氏	【汉族】
W6496.6.2.2.4	六月祭神农	
W6496.6.2.2.4.1	六月初六祭神农	【壮族】
W6496.6.2.2.4.2	六月末祭神农	【壮族】
W6496.6.2.2.5	冬十一月上甲祭神农	【中华民族】
W6496.6.2.2.5.1	常年祭祀神农	【汉族】
W6496.6.2.3	特定日子祭神农	
W6496.6.2.3.1	每岁仲春上旬亥日祭先农（神农）	【中华民族】
W6496.6.2.4	不定期祭神农	
W6496.6.2.5	经常祭祀神农	
W6496.6.2.5.1	常年祭祀神农	
W6496.6.2.6	遇到特定事情时祭神农	

W 编码	母题描述	关联项
W6496. 6. 2. 6. 1	收割时祭神农	【瑶族】
W6496. 6. 2. 7	祭神农的其他时间	
W6496. 6. 2. 7. 1	每岁仲春亥日巳时致祭，午时行耕耤礼	【中华民族】
W6496. 6. 2. 8	祭神农的周期	
W6496. 6. 2. 8. 1	祭神农每年一次	【汉族】@［W6496. 6. 5. 5. 1. 1］官祭神农每三岁一次
W6496. 6. 3	祭祀神农的地点（特定地点祭神农）	
W6496. 6. 3. 1	庙中祭神农	
W6496. 6. 3. 1. 1	神农庙中祭神农	【中华民族】
W6496. 6. 3. 1. 2	药王庙中祭神农	【汉族】
W6496. 6. 3. 1. 2. 1	药王庙祭药王菩萨神农	【汉族】
W6496. 6. 3. 1. 3	三皇庙中祭神农	【中华民族】
W6496. 6. 3. 1. 3. 1	清凉山三皇寨三皇庙中敬奉伏羲、女娲、神农	【汉族】
W6496. 6. 3. 1. 3a	三皇祠中祭神农	【中华民族】
W6496. 6. 3. 1. 4	帝王庙中祭神农	【中华民族】
W6496. 6. 3. 1. 5	五谷神庙祭神农（上头庙中祭神农）	【汉族】
W6496. 6. 3. 1. 5. 1	祭祀神农的五谷神庙俗称“上头庙”	【汉族】
W6496. 6. 3. 2	田间祭神农	【壮族】
W6496. 6. 3. 2. 1	祭先农于田	【中华民族】
W6496. 6. 3. 3	特定物旁祭神农	
W6496. 6. 3. 3. 1	九井旁边祭神农	【汉族】
W6496. 6. 4	祭祀神农者（祭祀神农的参与者）	
W6496. 6. 4. 1	特定群体祭神农	
W6496. 6. 4. 2	特定职业者祭神农	

W 编码	母题描述	关联项
W6496.6.4.2.1	中药业店主祭神农	【汉族】
W6496.6.4.3	特定人物祭神农	
W6496.6.4.3.1	轩辕氏黄帝祭神农（黄帝祭神农）	【汉族】
W6496.6.4.4	祭神农的主持者	
W6496.6.5	祭祀神农的环节（祭神农的方法）	
W6496.6.5.1	祭神农的准备	
W6496.6.5.2	祭神农的仪式	
W6496.6.5.3	祭神农的方法	
W6496.6.5.3.1	祭神农时烧香	
W6496.6.5.3.1.1	庙里进香朝拜神农	【汉族】
W6496.6.5.3.1.2	早晚烧香祭神农	【侗族】
W6496.6.5.3.2	祭神农时扣头	
W6496.6.5.3.3	杀鸡杀鸭祭神农	【壮族】
W6496.6.5.3.4	祭祀神农像	【汉族】
W6496.6.5.4	祭祀神农的情形	
W6496.6.5.4.1	坛前耤田祭神农	【中华民族】
W6496.6.5.4.2	尝谷台下祭祀尝谷神（神农）	【汉族】
W6496.6.5.4.3	做花米饭，杀猪鸡祭献神农	【瑶族】
W6496.6.5.5	祭祀神农的类型	
W6496.6.5.5.1	公祭神农（官祭神农）	【中华民族】
W6496.6.5.5.1.1	官祭神农每三岁一次	【中华民族】
W6496.6.5.5.2	私祭神农	
W6496.6.5.5.2.1	各户在堂中设神龛祭神农	【侗族】
W6496.6.5.5.3	单祭神农	
W6496.6.5.5.4	共祭神农	

W 编码	母题描述	关联项
W6496. 6. 5. 5. 4. 1	三皇庙中列三皇，伏羲、神农、轩辕，左右四配，勾芒、风后、祝融、力牧	【中华民族】
W6496. 6. 5. 5. 4. 1a	三皇庙通祀伏羲、神农、黄帝	【中华民族】
W6496. 6. 5. 5. 4. 1a. 1	三皇庙亦称药王庙，祀伏羲、神农、黄帝	【中华民族】
W6496. 6. 5. 5. 4. 1b	三皇庙中共祭伏羲、女娲、神农	【中华民族】
W6496. 6. 5. 5. 4. 1c	三皇庙中共祭伏羲、神农、祝融	【中华民族】
W6496. 6. 5. 5. 4. 1d	三皇庙中共祭燧人、伏羲、神农	【中华民族】
W6496. 6. 5. 5. 4. 2	帝王庙中祀太昊伏羲氏、炎帝神农氏、黄帝轩辕氏、帝金天氏、帝高阳氏、帝高辛氏、帝尧舜禹等	【中华民族】
W6496. 6. 5. 5. 4. 3	共祭森林鬼和神农	【壮族】
W6496. 6. 5. 5. 4. 4	神农作为共祭的主神	
W6496. 6. 5. 5. 4. 5	共祭神农的配神	
W6496. 6. 5. 5. 4. 5. 1	祭神农时正位惟神农，配以岐伯、药王韦慈藏	【中华民族】
W6496. 6. 5. 5. 4. 5. 2	祭神农的配神祝融	【中华民族】
W6496. 6. 5. 5. 4. 6	祭祖时共祭神农黄帝、五谷尊神、三官大帝、四官大神等	【侗族】
W6496. 6. 6	与祭祀神农的有关的其他母题	
W6496. 6. 6. 1	祭神农的用品	
W6496. 6. 6. 1. 1	用羊祭神农	
W6496. 6. 6. 1. 2	以太牢祭先农（神农）	【中华民族】
W6496. 6. 6. 1. 3	壮族、瑶族等做花米饭杀猪鸡祭献神农	【瑶族】
W6496. 6. 6. 2	祭神农的禁忌	

W 编码	母题描述	关联项
W6496.6.6.2.1	忌用牛祭神农	【中华民族】
W6496.6.6.3	神农的纪念	
W6496.6.6.3.1	建庙纪念神农	
W6496.6.6.3.1.1	太仓神农氏庙	【汉族】
W6496.7	祭炎帝	
W6496.7.1	祭炎帝的产生（祭祀炎帝的原因）	
W6496.7.1.1	祭祀炎帝祈雨	【汉族】@［W6496.7.6.5.1］把炎帝像抬到院中暴晒3天祈雨
W6496.7.1.2	黄帝首开祭祀炎帝的先河	【汉族】
W6496.7.1.3*	秦灵公在吴山祭祀炎帝，开创了官方祭祀炎帝的先例	【中华民族】
W6496.7.2	祭祀炎帝的时间	
W6496.7.2.1	特定的季节祭炎帝	
W6496.7.2.1.1	仲春上甲日祭炎帝	【中华民族】
W6496.7.2.1.2	夏季祭炎帝	【中华民族】
W6496.7.2.1.3	春秋祭炎黄	【中华民族】
W6496.7.2.2	特定的月份祭炎帝	
W6496.7.2.2.1	每岁正月，别坛而祭炎帝	【中华民族】
W6496.7.2.3	特定的日子祭炎帝	
W6496.7.2.3.0	正月初七祭炎帝	【中华民族】
W6496.7.2.3.0a	长治地区正月十五祭炎帝	【民族，关联】①
W6496.7.2.3.1	每年四月初八祭祀炎帝	【汉族】
W6496.7.2.3.1a	宝鸡每年一度清明节公祭炎帝	【中华民族】@［W6496.7.5.5.1.2*］宝鸡是国家公祭炎黄二帝的起源地

① 【汉族】@［W6495.0.5.13.1a.5.2］正月十五迎女娲神；［W6496.1.2.2.1.2］农历正月十五祭盘古。

W 编码	母题描述	关联项
W6496. 7. 2. 3. 2	七月十五祭炎帝	
W6496. 7. 2. 3. 2. 1	七月十五早晨祭炎帝	【汉族】
W6496. 7. 2. 3. 2a	农历七月七日炎帝忌日举办半月的庙会祭炎帝	【中华民族】
W6496. 7. 2. 3. 2. 2	七月十二的三皇庙会祭炎帝神农	【汉族】
W6496. 7. 2. 3. 3	腊月二十三祭炎帝	
W6496. 7. 2. 3. 3. 1	腊月二十三过小年祭灶神即祭祀先帝炎帝	【汉族】
W6496. 7. 2. 3. 4	其他特定时间祭祀炎帝	
W6496. 7. 2. 3. 4. 1	十月初十祭炎帝	【汉族】@［W6496. 7. 5. 5. 5. 1］长子县色头村每年农历十月初十至二十日庙会祭炎帝
W6496. 7. 2. 3. 4. 2	十月十五祭炎帝	【汉族】
W6496. 7. 2. 4	特定事件时祭炎帝	
W6496. 7. 2. 5	与祭祀炎帝的时间有关的其他母题	［W6612. 5. 1］正月十五闹社火、顶五谷灯、烧谷草、祭炎帝火神，打铁花、蒸面羊、蒸年羔等等
W6496. 7. 2. 5. 1	秦灵公时祭炎帝	【中华民族】
W6496. 7. 2. 5. 1a	秦由只郊祀白帝发展为郊祀白帝、青帝、黄帝、炎帝四个方位帝	【中华民族】
W6496. 7. 2. 5. 1b *	战国末期的秦人首先祭祀白帝、青帝和炎帝黄帝	【中华民族】
W6496. 7. 2. 5. 2 *	宝鸡民众祭拜炎帝活动始于春秋时期，盛于汉唐	【中华民族】
W6496. 7. 2. 5. 3	羊头山一带，在唐武则天时或此前北魏，已建庙祭祀始祖炎帝	【汉族】
W6496. 7. 2. 5. 4 *	陕西宝鸡祭祀炎帝历史最为悠久	【中华民族】
W6496. 7. 2. 5. 4. 1 *	陕西宝鸡祭祀炎帝已有五六千年的历史	【中华民族】

W 编码	母题描述	关联项
W6496.7.2.5.5	一年多次祭炎帝	
W6496.7.2.5.5.1	每年炎帝神农氏的四大节日为正月二十、二十五大小天仓、六月初六、九月初九	【汉族】
W6496.7.3	祭祀炎帝的地点	
W6496.7.3.1	庙中祭炎帝	
W6496.7.3.1.1	潞安府有庙祭炎帝神农氏之神	【中华民族】
W6496.7.3.1.2	火神庙祭炎帝	【汉族】
W6496.7.3.1.3	三皇庙祭炎帝	【中华民族】
W6496.7.3.2	在炎帝陵祭祀炎帝	【中华民族】
W6496.7.3.3	在炎帝祠祭祀炎帝	【中华民族】
W6496.7.3.4	在灶台祭炎帝	【汉族】
W6496.7.3.5	在祭台祭祀炎帝	
W6496.7.3.5.1	黄帝祭祀炎帝的地方叫“烧香台”	【中华民族】
W6496.7.3.6	明堂太室祭炎帝	【中华民族】
W6496.7.3.7	三祖堂祭炎帝	【中华民族】
W6496.7.3.8	设畤祭祀炎帝	【中华民族】
W6496.7.4	祭祀炎帝者（祭祀炎帝的参与者）	
W6496.7.4.1	特定群体祭炎帝	
W6496.7.4.1.1	炎黄子孙祭祀炎帝	【中华民族】
W6496.7.4.2	特定职业者祭炎帝	
W6496.7.4.2.1	太医祭炎帝	【中华民族】
W6496.7.4.3	祭炎帝的主持者	
W6496.7.4.3.1	黄帝主持祭祀炎帝	
W6496.7.5	祭祀炎帝的环节（祭炎帝的方法）	
W6496.7.5.1	祭炎帝的准备	

W 编码	母题描述	关联项
W6496. 7. 5. 2	祭炎帝的仪式	
W6496. 7. 5. 2. 1	汉代实施藉田礼专祭祀先农“炎帝神农氏”	【中华民族】
W6496. 7. 5. 2. 2 *	湖湘之地强调祭祀炎帝活动中的礼制秩序	【中华民族】
W6496. 7. 5. 3	祭炎帝的形式	
W6496. 7. 5. 3. 1	祭炎帝时烧香	
W6496. 7. 5. 3. 2	祭炎帝时扣头	
W6496. 7. 5. 3. 3	椎牛祭炎帝	【苗族】
W6496. 7. 5. 3. 4	抬像巡游祭炎帝	【汉族】
W6496. 7. 5. 4	祭祀炎帝的情形（祭炎帝的环节）	
W6496. 7. 5. 4. 1	祭炎帝有全体肃立、击鼓鸣钟、敬献花篮、敬献佳肴珍馐、恭读祭文、行三鞠躬礼、乐祭、瞻仰炎帝像	【中华民族】
W6496. 7. 5. 4. 2	庙会祭炎帝程序包括挂灯、祭酒、献祭、诵经、供衣和送神几个环节	【中华民族】
W6496. 7. 5. 4. 3	上党地区官府公祭和民间祭祀炎帝几千年来相沿不改，经久不衰	【汉族】
W6496. 7. 5. 4. 4	神农族裔祭祖（炎帝）在田野里进行，受祭的是祖先遗骨和坟墓	【中华民族】
W6496. 7. 5. 4. 5	百姓们自动祭炎帝奠以酒浆	【中华民族】
W6496. 7. 5. 5	祭祀炎帝的类型	
W6496. 7. 5. 5. 1	公祭炎帝（官祭炎帝）	［W6496. 7. 1. 3 *］秦灵公在吴山祭祀炎帝，开创了官方祭祀炎帝的先例
W6496. 7. 5. 5. 1. 1 *	对帝公祭最早应始于黄帝	【汉族】
W6496. 7. 5. 5. 1. 2 *	宝鸡是国家公祭炎黄二帝的起源地	【中华民族】@［W6496. 7. 2. 3. 1a］宝鸡每年一度清明节公祭炎帝

W 编码	母题描述	关联项
W6496.7.5.5.1.3	国家遣官致祭炎黄	【中华民族】
W6496.7.5.5.2	私祭炎帝	
W6496.7.5.5.3	单祭炎帝	
W6496.7.5.5.4	共祭炎帝（合祭炎帝）	
W6496.7.5.5.4.1 *	海峡两岸炎帝陵共祭炎帝	【中华民族】
W6496.7.5.5.4.2 *	由于民族的融合，炎帝由部落宗神逐渐演进成普天共敬的上帝	【中华民族】
W6496.7.5.5.4.3	蚩尤和炎帝、黄帝共祭	
W6496.7.5.5.4.3.1	河北涿鹿设立三祖堂共祭炎帝、黄帝和蚩尤	【中华民族】
W6496.7.5.5.4.4	大皞、炎帝、黄帝、少皞、颛顼共祭	【中华民族】
W6496.7.5.5.5	庙会祭炎帝	【中华民族】
W6496.7.5.5.5.1	长子县色头村每年农历十月初十至二十日庙会祭炎帝	【汉族】
W6496.7.5.6	炎帝祭祀的配神	
W6496.7.5.6.1	炎帝神农氏配昊天上帝	【中华民族】
W6496.7.5.6.2	炎帝神农氏以祝融氏之神配	【中华民族】
W6496.7.5.6.3	炎帝祭祀配神是黄帝	
W6496.7.5.6.3.1	高平北村炎帝庙炎帝为主殿主祀，左殿是祭祀黄帝	【中华民族】
W6496.7.6	与祭祀炎帝的有关的其他母题	
W6496.7.6.1	祭炎帝的用品（炎帝的祭品）	
W6496.7.6.1.1	炎帝的牌位	
W6496.7.6.1.1.1	木制的神农炎帝牌位	【汉族】
W6496.7.6.1.2	羊作为炎帝的祭品	【汉族】@［W6503.13.4.3］祭神农以羊祭而不以牛祭
W6496.7.6.1.2.1	蒸面羊作为炎帝的祭品	【汉族】
W6496.7.6.1.3	血祭炎帝	【汉族】

W 编码	母题描述	关联项
W6496. 7. 6. 2	祭炎帝的禁忌	
W6496. 7. 6. 3	炎帝后代奉神农之祀	【汉族】
W6496. 7. 6. 4	作下畤，祭炎帝	【中华民族】【汉族】
W6496. 7. 6. 4. 1 *	秦将炎帝转化成天帝进行畤祭	【中华民族】
W6496. 7. 6. 5	折腾炎帝	
W6496. 7. 6. 5. 1	把炎帝像抬到院中暴晒 3 天祈雨	【汉族】
W6496. 7. 6. 6	祭祀炎帝碑记	
W6496. 7. 6. 6. 1 *	历代王朝祭祀炎帝碑文多达 53 通	【中华民族】
W6496. 7. 6. 6. 2 *	高平市神农镇庄里村的明万历“炎帝陵”石碑距今 400 多年	【中华民族】
W6496. 7. 6. 6. 3 *	上党地区有数十通炎帝碑记	【中华民族】
W6496. 7. 6. 7	祭炎帝的祭文	
W6496. 7. 6. 7. 1 *	公祭炎帝的祭文	【汉族】
W6496. 7. 6. 8	祭祀炎帝的意义	
W6496. 7. 6. 8. 1 *	炎黄祭祀可追溯中华文化的源，寻找中华文明的根和中华民族的魂	【中华民族】
W6496. 7. 6. 8. 2 *	炎黄祭祀既是普遍的民俗活动，也是重要的政治活动	【中华民族】
W6496. 7. 6. 9	纪念炎帝（炎帝的纪念）	
W6496. 7. 6. 9. 1	纪念炎帝的时间	
W6496. 7. 6. 9. 2	纪念炎帝的方法	
W6496. 7. 6. 9. 2. 1	建庙纪念炎帝	
W6496. 7. 6. 9. 2. 1. 1	建滴谷寺纪念炎帝	【汉族】
W6496. 7. 6. 9. 2. 2	修陵墓纪念炎帝	【多民族】
W6496. 7. 6. 9. 2. 3	庙会纪念炎帝	
W6496. 7. 6. 9. 2. 3. 1	正月十一炎帝庙会	【中华民族】
W6496. 7. 6. 9. 2. 3. 1a	七月十五炎帝庙会	【汉族】
W6496. 7. 6. 9. 2. 3. 2	庙会唱大戏纪念炎帝	【中华民族】

W 编码	母题描述	关联项
W6496.7.6.9.2.4	修建特定建筑物纪念炎帝	【中华民族】
W6496.7.6.9.2.5	文学创作纪念炎帝	
W6496.7.6.9.2.5.1	缅怀炎帝的诗作	【汉族】
W6496.7.6.9.2.6	通过特定称呼纪念炎帝	
W6496.7.6.9.2.6.1	民众感念炎帝的功德尊称他为“神农”	【中华民族】
W6496.7.6.9.2.7	以命名地名纪念炎帝	【汉族】
W6496.7.6.9.2.7.1	人们为纪念炎帝把他尝草种谷的山命名百谷山	【汉族】
W6496.7.6.9.2.7.2	人们不忘炎帝救病之恩，称炎帝为他们寻得药草的成阳山为药草山	【汉族】
W6496.7.6.9.2.7.3	人们为歌颂纪念炎帝族的功德命名九连山	【汉族】
W6496.7.6.9.2.7.4	人们为怀念炎帝神农把他获谷种之处称为谷关	【汉族】
W6496.8	祭黄帝（祭轩辕）	
W6496.8.1	祭祀黄帝的产生（祭祀黄帝的原因；祭祀黄帝产生的时间）	【中华民族】
W6496.8.1.1＊	黄帝之祀起于秦国	【中华民族】
W6496.8.1.1a＊	最早祭祀黄帝的是秦人	【中华民族】
W6496.8.1.2＊	黄帝祭祀始于春秋	【中华民族】
W6496.8.1.3＊	公元前110年开始黄帝陵祭	【中华民族】
W6496.8.1.4＊	祭黄帝始于距今5000年前	【中华民族】@［W6496.8.5.5.1.2.1］第一次朝廷公祭黄帝大约在距今5000年前
W6496.8.1.5＊	缙云祭祀黄帝最早记载可追溯到西汉初年	【中华民族】
W6496.8.1.6	为寻根拜祖祭祀黄帝	【中华民族】
W6496.8.1.6.1＊	用最高规格祭祀黄帝反映了远古人们对黄帝浓厚的追根报祖的情结	【中华民族】

W 编码	母题描述	关联项
W6496. 8. 1. 7 *	帝王祭黄帝表达了帝王官僚们对黄帝人格的推崇	【中华民族】
W6496. 8. 2	祭祀黄帝的时间	
W6496. 8. 2. 1	春祭黄帝	
W6496. 8. 2. 1. 1	二月祭黄帝（二月祭周六庙）	【中华民族】
W6496. 8. 2. 1. 1. 1	每年春二月上甲日祭黄帝	【中华民族】
W6496. 8. 2. 1. 2	祭黄帝于仲春之月，三年一祭	【中华民族】
W6496. 8. 2. 2	河南新郑阳历 4 月 8 日祭祀黄帝	【汉族】
W6496. 8. 2. 4. 2a	陕西黄陵县夏历清明节为祭黄帝日	【中华民族】
W6496. 8. 2. 3	公历 10 月 7 日缙云祭黄帝	【中华民族】
W6496. 8. 2. 4	每岁春秋二时所在长吏设祭黄帝	【中华民族】
W6496. 8. 2. 5	四时祭黄帝	【中华民族】
W6496. 8. 2. 5. 1	月月烧香，年年祭奠黄帝	【汉族】
W6496. 8. 2. 5. 1. 1	年年祭奠黄帝	【汉族】
W6496. 8. 2. 6	三月三，拜轩辕（三月三祭祀黄帝）	【中华民族】【汉族】
W6496. 8. 2. 7	冬十一月上甲日共祭黄帝	【中华民族】
W6496. 8. 2. 8	九月九祭祀黄帝	
W6496. 8. 2. 8. 1	缙云每年均举行重阳节公祭黄帝与清明节民祭黄帝活动	【中华民族】
W6496. 8. 2. 9	祭祀黄帝的其他时间	
W6496. 8. 2. 9. 1	农历九月十六日祭祀黄帝	【多民族】
W6496. 8. 2. 9. 2	逢国家大事祭黄帝	【中华民族】
W6496. 8. 2. 9. 3 *	春秋战国时期，黄帝作为其各民族的远祖被祭祀	【中华民族】
W6496. 8. 2. 9. 4	六月土王之日祀黄帝	【中华民族】
W6496. 8. 2. 9. 5	夏祭黄帝	
W6496. 8. 2. 9. 5. 1 *	隋朝在圜丘祭天、孟夏雩祭和郊迎制度中祭祀黄帝	【中华民族】

W 编码	母题描述	关联项
W6496. 8. 3	祭祀黄帝的地点	
W6496. 8. 3. 1	庙中祭黄帝	［W6496. 8. 4. 2. 1. 2］夏禹祭祀黄帝庙
W6496. 8. 3. 1. 1	帝王庙中祭黄帝	【民族，关联】①
W6496. 8. 3. 1. 1a	黄帝庙中祭黄帝	
W6496. 8. 3. 1. 1a. 1	黄帝庙	
W6496. 8. 3. 1. 1a. 1. 1	轩辕丘上修祖师庙（黄帝庙）	【汉族】
W6496. 8. 3. 1. 2	三皇庙中祭黄帝	【中华民族】
W6496. 8. 3. 1. 2. 0	三皇庙中祭伏羲、神农、黄帝	【中华民族】
W6496. 8. 3. 1. 2. 1	三皇庙在汾阳县治西南	【中华民族】
W6496. 8. 3. 1. 2. 2	三皇庙在南瓮城内	【中华民族】
W6496. 8. 3. 1. 2. 3	其他地方的三皇庙	
W6496. 8. 3. 1. 2. 3. 1	吴江县三皇庙	【中华民族】
W6496. 8. 3. 1. 2. 3. 2	宜春台畔三皇庙	【中华民族】
W6496. 8. 3. 1. 2. 4	与三皇庙有关的其他母题	
W6496. 8. 3. 1. 2. 4. 1	三皇庙又曰药王庙	【中华民族】
W6496. 8. 3. 1. 2. 4. 1a	先医庙旧称三皇庙	【中华民族】
W6496. 8. 3. 1. 2. 4. 2	三皇庙五帝庙祭祀黄帝	【中华民族】
W6496. 8. 3. 1. 3	药王庙中祭黄帝	
W6496. 8. 3. 1. 3. 1	赵县药王庙有二，一在北门内，一在城东北三里官庄村	【中华民族】
W6496. 8. 3. 1. 4	其他名称的庙中祭黄帝	
W6496. 8. 3. 1. 5	与庙中祭黄帝有关的其他母题	
W6496. 8. 3. 1. 5. 1	以黄帝合符釜山，故立庙祀之	【中华民族】
W6496. 8. 3. 2	在黄帝陵祭祀黄帝	
W6496. 8. 3. 2. 1	以鲜花束帛之仪致祭我中华民族始祖轩辕黄帝之陵	【汉族】

① 【中华民族】@［W6496. 6. 3. 1. 4］帝王庙中祭神农；［W6496. 6. 5. 5. 4. 2］帝王庙中祀太昊伏羲氏、炎帝神农氏、黄帝轩辕氏、帝金天氏、帝高阳氏、帝高辛氏、帝尧舜禹等。

W 编码	母题描述	关联项
W6496. 8. 3. 3	在祠堂祭黄帝	
W6496. 8. 3. 3. 1	黄帝祠祭黄帝	
W6496. 8. 3. 3. 1. 1	缙云仙都黄帝祠公祭黄帝	【中华民族】
W6496. 8. 3. 3. 2	三皇祠中祭黄帝	【中华民族】
W6496. 8. 3. 4	在祭台祭黄帝	
W6496. 8. 3. 5	在其他特定建筑中祭黄帝	
W6496. 8. 3. 5. 1	在黄帝宫祭黄帝	【中华民族】
W6496. 8. 3. 6	在昆仑之虚祭黄帝	
W6496. 8. 3. 6. 1	昆仑之虚，黄帝之所休	【中华民族】
W6496. 8. 3. 7	在吴阳祭黄帝	
W6496. 8. 3. 7. 1 *	秦灵公祭黄帝的吴阳在今陕西陇县吴山之南	【中华民族】
W6496. 8. 3. 8	祭祀黄帝的其他地点	
W6496. 8. 3. 8. 1	在仙都苍龙峡口的鼎湖峰脚下祭黄帝	【中华民族】
W6496. 8. 3. 8. 2	在釜山（今河北徐水西部）祭祀轩辕黄帝	【汉族】
W6496. 8. 3. 8. 3	南郊祭黄帝	【中华民族】
W6496. 8. 3. 9	与祭祀黄帝地点有关的其他母题	
W6496. 8. 3. 9. 1 *	长期以来，举行黄帝祭祀活动的地方主要有河南省新郑市和陕西省黄陵县等	【中华民族】
W6496. 8. 3. 9. 1. 1 *	2006 年始，河南省新郑举办“黄帝故里拜祖大典”	【汉族】
W6496. 8. 3. 9. 2 *	黄山每年举办公祭轩辕黄帝大典	【汉族】
W6496. 8. 3. 9. 3 *	2015 年，台湾同胞在台北市中山堂广场进行恭拜黄帝活动	【中华民族】
W6496. 8. 3. 9. 4	祭轩辕于坊州	
W6496. 8. 3. 9. 4. 1	祭伏羲于陈州，神农于亳州，轩辕于坊州	【中华民族】

W 编码	母题描述	关联项
W6496.8.4	祭祀黄帝者（祭祀黄帝的参与者）	
W6496.8.4.0	祭黄帝者众多	
W6496.8.4.0.1	黄帝为人兽鬼神共奉之主	【汉族】
W6496.8.4.1	特定群体祭黄帝（特定民族祭黄帝；特定朝代祭黄帝）	
W6496.8.4.1.1	炎黄子孙祭祀黄帝	
W6496.8.4.1.2	夏、商、周三族祭祀黄帝	【中华民族】
W6496.8.4.1.3	有虞氏禘黄帝而祖颛顼	【中华民族】
W6496.8.4.1.4	有虞氏禘黄帝而郊喾	【中华民族】
W6496.8.4.1.5	夏后氏禘黄帝而郊鲧	【中华民族】
W6496.8.4.1.6＊	少数民族祭拜黄帝	【中华民族】
W6496.8.4.1.7	江南一带民众祭拜黄帝	【中华民族】
W6496.8.4.1.8＊	元朝建三皇之庙以祀伏羲、神农、黄帝	【中华民族】
W6496.8.4.1.9	与特定群体祭黄帝有关的研讨母题	
W6496.8.4.1.9.1	以家庭为单位祭黄帝	【侗族】
W6496.8.4.1.9.2	特定职业者祭黄帝	
W6496.8.4.1.9.2.1	成衣、制帽、纺织、弹花、蚕丝等行业祭祀黄帝	【汉族】
W6496.8.4.1.9.3	特定朝代的群众祭祀黄帝	
W6496.8.4.1.9.3.1	汉魏、周、隋祭祀黄帝	【中华民族】
W6496.8.4.1.9.3.1.1	隋祭祀黄帝	【中华民族】
W6496.8.4.1.9.4	沃国人民对黄帝感恩戴德，村村建庙以祭祀	【中华民族】
W6496.8.4.2	特定人物祭黄帝	
W6496.8.4.2.1	帝王祭黄帝	【中华民族】
W6496.8.4.2.1.1＊	汉武帝祭黄帝	【中华民族】
W6496.8.4.2.1.1a＊	刘邦祠黄帝	【中华民族】

W 编码	母题描述	关联项
W6496. 8. 4. 2. 1. 2	夏禹祭祀黄帝庙	【汉族】
W6496. 8. 4. 2. 1. 3	北魏皇帝在今河北涿鹿的桥山，先后四次拜祭黄帝	【中华民族】
W6496. 8. 4. 2. 2	虞氏禘黄帝	【中华民族】
W6496. 8. 4. 2. 2a	有虞氏神黄帝	【中华民族】
W6496. 8. 4. 2. 3	诸侯祭祀黄帝	【中华民族】
W6496. 8. 4. 2. 4	特定官员祭黄帝	
W6496. 8. 4. 2. 4. 1 *	明元帝遣有司祀黄帝	【中华民族】
W6496. 8. 4. 3	祭黄帝的主持者	
W6496. 8. 4. 3. 0	帝王主祭黄帝	【中华民族】
W6496. 8. 4. 3. 1	官吏主祭黄帝	【中华民族】
W6496. 8. 4. 3. 2	医师主祭黄帝	【中华民族】
W6496. 8. 4. 3. 3 *	第一次主持祭祀黄帝仪式的天子是西周的周穆王，距今近 3000 年	【中华民族】
W6496. 8. 4. 3. 4 *	第一次由皇帝主持进行黄帝陵公祭的是汉武帝，距今在 2000 年	【中华民族】
W6496. 8. 5	祭祀黄帝的环节（祭黄帝的方法）	
W6496. 8. 5. 1	祭黄帝的准备	
W6496. 8. 5. 2	祭黄帝的仪式	
W6496. 8. 5. 2. 1	黄帝故里拜祖大典	【中华民族】【汉族】
W6496. 8. 5. 2. 2 *	舜时祭祀黄帝成为朝廷制度，距今 4000 年前	［W6496. 8. 4. 3. 3 *］第一次主持祭祀黄帝仪式的天子是西周的周穆王，距今近 3000 年
W6496. 8. 5. 3	祭黄帝的方法	
W6496. 8. 5. 3. 1	祭黄帝时烧香	
W6496. 8. 5. 3. 1. 1	早晚烧香祭神农黄帝	【侗族】
W6496. 8. 5. 3. 2	祭黄帝时叩头	

W 编码	母题描述	关联项
W6496. 8. 5. 3. 3	村村建庙以祭祀黄帝	【中华民族】
W6496. 8. 5. 3. 4	拜黄帝明堂如郊祀	【中华民族】
W6496. 8. 5. 3. 5	献花祭祀黄帝	【汉族】@［W6496. 8. 3. 2. 1］以鲜花束帛之仪致祭我中华民族始祖轩辕黄帝之陵
W6496. 8. 5. 3. 6	祭黄帝的特定物代祭黄帝	
W6496. 8. 5. 3. 6. 1	祭拜黄帝的战靴	【汉族】【中华民族】
W6496. 8. 5. 3. 6. 2	供奉黄帝像	
W6496. 8. 5. 3. 7	黄帝作为天神享祀	【中华民族】
W6496. 8. 5. 4	祭祀黄帝的情形	
W6496. 8. 5. 4. 1	作歌祭黄帝	
W6496. 8. 5. 4. 1. 1	颛顼以《承云之歌》祭祀黄帝	【中华民族】
W6496. 8. 5. 4. 2	朝奉黄帝雕像	【中华民族】
W6496. 8. 5. 5	祭祀黄帝的类型	
W6496. 8. 5. 5. 1	公祭黄帝	【中华民族】
W6496. 8. 5. 5. 1. 1	陕西黄陵公祭轩辕黄帝	【汉族】
W6496. 8. 5. 5. 1. 2	第一次祭祀黄帝就是朝廷公祭	
W6496. 8. 5. 5. 1. 2. 1	第一次朝廷公祭黄帝大约在距今5000年前	【中华民族】
W6496. 8. 5. 5. 1. 3	南北朝时期，国家祀典中明确出现包括黄帝在内的“五人帝”祭祀	【中华民族】
W6496. 8. 5. 5. 2	私祭黄帝（民祭黄帝）	【中华民族】
W6496. 8. 5. 5. 3	单祭黄帝	
W6496. 8. 5. 5. 4	共祭黄帝	
W6496. 8. 5. 5. 4. 1	多地共同祭拜轩辕黄帝	【中华民族】
W6496. 8. 5. 5. 4. 2	黄帝与名医共祭	【中华民族】
W6496. 8. 5. 5. 4. 3	刘邦共祭黄帝与蚩尤	【中华民族】
W6496. 8. 5. 5. 5	庙会祭黄帝	

W 编码	母题描述	关联项
W6496. 8. 5. 5. 6	禘祭黄帝	
W6496. 8. 5. 5. 6. 1	舜时举行禘祭时祭的是黄帝，举行郊祭时祭的是帝喾	【中华民族】
W6496. 8. 5. 5. 6. 2	禹的后人禘黄帝但郊鲧	【中华民族】
W6496. 8. 5. 6	黄帝祭祀的配神	
W6496. 8. 5. 6. 1	祭黄帝以风后、力牧为配神	【中华民族】@［W6496. 6. 5. 5. 4. 1］三皇庙中列三皇，伏羲、神农、轩辕，左右四配，勾芒、风后、祝融、力牧
W6496. 8. 5. 6. 1. 1	黄帝以风后配	【中华民族】
W6496. 8. 5. 6. 1a	祭黄帝以风后氏、力牧氏为配神	【中华民族】
W6496. 8. 5. 7	祭祀黄帝的从祀	
W6496. 8. 5. 7. 1	黄帝臣俞附以下十人，姓名载于医书者从祀两虎	【中华民族】
W6496. 8. 5. 7. 2	祭黄帝时，昔者神明之医与凡为其学而著名者以次列坐配享从祀	【中华民族】
W6496. 8. 6	与祭祀黄帝的有关的其他母题	
W6496. 8. 6. 1	祭黄帝的用品	
W6496. 8. 6. 1. 1	黄帝的牌位	
W6496. 8. 6. 1. 2	祭黄帝的祭品	
W6496. 8. 6. 1. 2. 1	羊作为炎帝的祭品	
W6496. 8. 6. 1. 2. 2	血祭炎帝	
W6496. 8. 6. 2	作上畤，祭黄帝	
W6496. 8. 6. 2. 1	秦灵公在吴阳建上畤，祭黄帝	【中华民族】【汉族】
W6496. 8. 6. 3	祭祀黄帝碑记	
W6496. 8. 6. 3. 1	明朝诸帝黄陵致祭碑文	【中华民族】
W6496. 8. 6. 4	祭黄帝的祭文	
W6496. 8. 6. 4. 1	祭扫黄帝陵祭文中歌颂黄帝事迹	【中华民族】
W6496. 8. 6. 5	祭黄帝的禁忌	

W 编码	母题描述	关联项
W6496.8.6.6	祭祀黄帝的意义（黄帝祭祀的性质）	【中华民族】
W6496.8.6.6.1 *	黄帝祭祀不是祭祀神灵，而是缅怀先贤，感恩祖先	【中华民族】
W6496.8.6.6.2 *	黄帝祭祀三重意义是念恩、推恩报恩	【中华民族】
W6496.8.6.6.3 *	直到汉朝初年，黄帝、炎帝、颛顼帝等还是国家祭祀的上帝	【中华民族】
W6496.8.6.7	与祭祀黄帝有关的其他母题	
W6496.8.6.7.1 *	把黄帝祭祀的中心归于新郑难以符合历史传统	【中华民族】
W6496.8a	祭尧（祭祀尧；尧的祭祀）	
W6496.8a.1	尧祭祀的产生（祭祀尧的原因）	
W6496.8a.1.1	因尧有功绩祭祀尧	【汉族】
W6496.8a.2	祭祀尧的时间	
W6496.8a.2.1	正月十五祭祀尧	【民族，关联】①
W6496.8a.2.1a	上元节（正月十五）祭祀尧	【汉族】
W6496.8a.2.2	三月三祭祀尧	【汉族】
W6496.8a.2.3	清明节和九月上旬祭尧	【汉族】
W6496.8a.2.4	特定事象前祭尧	
W6496.8a.2.4.1	烧窑点火前祭尧	【汉族】
W6496.8a.2.5	祭祀尧的周期	
W6496.8a.2.5.1	每五年一次官祭尧	【汉族】
W6496.8a.3	祭祀尧的地点	［W6496.8a.5.4.1 *］祭祀尧时，在尧庙前载歌载舞
W6496.8a.3.1	在三王庙祭尧	【汉族】
W6496.8a.3.2	在尧庙祭尧	【汉族】

① 【汉族】@［W6495.0.5.13.1a.5.2］正月十五迎女娲神；［W6496.1.2.2.1.2］农历正月十五祭盘古；［W6496.7.2.3.0a］长治地区正月十五祭炎帝。

W 编码	母题描述	关联项
W6496. 8a. 3. 3	在帝王庙祭尧	【中华民族】
W6496. 8a. 4	祭祀尧者（祭祀尧的参与者）	
W6496. 8a. 4. 1	特定群体祭尧	
W6496. 8a. 4. 1. 1	尧寓村村民祭祀尧	【汉族】
W6496. 8a. 4. 1. 2	舜与部下祭祀尧	【中华民族】
W6496. 8a. 4. 1. 3	唐李世民率军祭祀尧	【中华民族】
W6496. 8a. 4. 2	特定职业者祭尧	
W6496. 8a. 4. 3	祭尧的主持者	
W6496. 8a. 4. 3. 1	特定身份者主持祭尧	【汉族】
W6496. 8a. 5	祭祀尧的环节（祭尧的方法）	
W6496. 8a. 5. 1	祭尧的准备	
W6496. 8a. 5. 2	祭尧的仪式	［W6496. 8a. 5. 3. 1］祭尧时焚香烧纸
W6496. 8a. 5. 3	祭尧的方法	
W6496. 8a. 5. 3. 1	祭尧时焚香烧纸	【汉族】
W6496. 8a. 5. 3. 2	祭尧时叩头	
W6496. 8a. 5. 3. 3	祭尧时身披兽皮，手敲陶制器具	
W6496. 8a. 5. 4	祭祀尧的情形	
W6496. 8a. 5. 4. 1 *	祭尧时，在尧庙前载歌载舞	
W6496. 8a. 5. 4. 2 *	祭尧时敲锣打鼓很隆重	【汉族】
W6496. 8a. 5. 5	祭祀尧的类型	
W6496. 8a. 5. 5. 1	公祭尧	
W6496. 8a. 5. 5. 1. 1	绅士公祭尧	【汉族】
W6496. 8a. 5. 5. 2	私祭尧	
W6496. 8a. 5. 5. 3	官祭尧	【汉族】
W6496. 8a. 5. 5. 4	共祭尧	
W6496. 8a. 5. 5. 4. 1	尧舜禹共祭	【汉族】
W6496. 8a. 5. 5. 4. 1. 1 *	尧舜禹共祭起源于道教兴起	【汉族】

W 编码	母题描述	关联项
W6496.8a.5.5.4.2	尧与古帝王共祭	【中华民族】
W6496.8a.6	与祭祀尧有关的其他母题	
W6496.8a.6.1	祭尧的用品	［W6496.8a.5.3.3］祭尧时身披兽皮，手敲陶制器具
W6496.8a.6.1.1	用陶制品祭尧	【汉族】
W6496.8a.6.2	纪念尧（尧的纪念）	
W6496.8a.6.2.1	纪念尧的时间	
W6496.8a.6.2.1.1	三月三纪念尧	【汉族】
W6496.8a.6.2.2	纪念尧方法	
W6496.8a.6.2.2.1	举“龙牌”纪念尧	
W6496.8a.6.2.2.2	敲“陶”制工具纪念尧	
W6496.8a.6.2.2.3	咏唱纪念尧	
W6496.8a.6.2.2.3.1	纪念尧时唱“击壤歌”	【汉族】
W6496.8a.6.2.2.4	摆放供品纪念尧	
W6496.8a.6.2.2.5	建庙宇纪念尧	【中华民族】【汉族】
W6496.8a.6.2.2.5.1	为纪念尧帝在尧城修尧帝庙	【汉族】@［W6458.1.1.3.9.2］纪念尧帝发现泉水浇灌庄稼的恩泽，在泉水的上方修尧庙
W6496.8a.6.2.2.6	通过冠名纪念尧	
W6496.8a.6.2.2.6.1 *	以“尧”命名城邑、山峰以示纪念	【中华民族】
W6496.8a.6.2.3	纪念尧的情形	
W6496.8a.6.2.3.1	纪念尧时场面盛大	【汉族】
W6496.8a.6.2.4	与纪念尧有关的其他母题	
W6496.8b	祭舜（祭祀大舜；舜的祭祀）	
W6496.8b.1	舜祭祀的产生（祭祀舜的原因）	
W6496.8b.2	祭祀舜的时间	
W6496.8b.2.1	二月二祭祀舜	【汉族】

W 编码	母题描述	关联项
W6496. 8b. 2. 2	九月十三祭祀舜	【汉族】
W6496. 8b. 2. 3	腊月三十祭祀舜	【汉族】
W6496. 8b. 2. 4	其他特定的日子祭舜	
W6496. 8b. 2. 5	特定朝代开始祭舜	
W6496. 8b. 2. 5. 1 *	舜陵祭舜始于北魏	【中华民族】
W6496. 8b. 2. 6	特定的事件时祭舜	
W6496. 8b. 2. 7	祭祀舜的周期	
W6496. 8b. 2. 7. 1	每年春、秋上戊日祭祀舜	【中华民族】
W6496. 8b. 3	祭祀舜的地点	
W6496. 8b. 3. 1	在蒲山朝拜舜	【汉族】
W6496. 8b. 3. 2	在舜陵祭舜	【中华民族】
W6496. 8b. 3. 2. 1	在九嶷山舜帝陵祭舜	【中华民族】
W6496. 8b. 3. 3	在庙中祭祀舜	【汉族】
W6496. 8b. 3. 3. 1	在舜庙祭舜	【汉族】
W6496. 8b. 3. 3. 1. 1	慈溪虞山有虞舜庙	【汉族】
W6496. 8b. 3. 3. 2	道州有舜祠	【汉族】
W6496. 8b. 3. 3. 3	会稽山望陵祠	【汉族】
W6496. 8b. 3. 3. 4	九嶷山望陵祠	【汉族】
W6496. 8b. 3. 3. 5	余姚历山舜帝庙	【汉族】
W6496. 8b. 3. 3. 6	山西沁水县可陶村舜帝庙	【汉族】
W6496. 8b. 4	祭祀舜者（祭祀舜的参与者）	
W6496. 8b. 4. 1	特定群体祭舜	
W6496. 8b. 4. 1. 1	殷人祭祀舜	【中华民族】
W6496. 8b. 4. 1. 2	特定的民族祭祀舜	
W6496. 8b. 4. 1. 2. 1	多民族祭祀舜帝	【多民族】
W6496. 8b. 4. 1. 3	特定的姓氏祭舜	
W6496. 8b. 4. 1. 3. 1	陈氏祭祀舜帝	【中华民族】
W6496. 8b. 4. 2	特定人物祭舜	

W 编码	母题描述	关联项
W6496. 8b. 4. 2. 1 *	秦始皇、汉武帝御祭舜	【中华民族】
W6496. 8b. 4. 3	祭舜的主持者	
W6496. 8b. 5	祭祀舜的环节（祭舜的方法）	
W6496. 8b. 5. 1	祭舜的准备	
W6496. 8b. 5. 2	祭舜的仪式	
W6496. 8b. 5. 3	祭舜的方法	
W6496. 8b. 5. 3. 1	祭舜时烧香	
W6496. 8b. 5. 3. 2	祭舜时叩头	
W6496. 8b. 5. 3. 3	庙会祭祀舜	
W6496. 8b. 5. 3. 3. 1	鸣条二月二千年古庙会祭舜	【汉族】
W6496. 8b. 5. 3. 4	祭舜时巡游	
W6496. 8b. 5. 3. 4. 1	二月二尧舜禹关四圣出巡	【汉族】
W6496. 8b. 5. 4	祭祀舜的情形	
W6496. 8b. 5. 5	祭祀舜的类型	
W6496. 8b. 5. 5. 1	公祭舜	
W6496. 8b. 5. 5. 2	私祭舜	
W6496. 8b. 5. 5. 3	共祭舜	【汉族】
W6496. 8b. 6	与祭祀舜的有关的其他母题	
W6496. 8b. 6. 1	祭舜的用品	
W6496. 8b. 6. 2	纪念舜（舜的纪念）	
W6496. 8b. 6. 2. 1	纪念舜的时间	
W6496. 8b. 6. 2. 2	纪念舜方法	
W6496. 8b. 6. 2. 2. 1	建庙纪念舜	【中华民族】
W6496. 8b. 6. 2. 2. 2	通过冠名纪念舜	
W6496. 8b. 6. 2. 2. 2. 1	命名“舜井”纪念舜	【汉族】
W6496. 8b. 6. 2. 2. 3	举办节日纪念舜	
W6496. 8b. 6. 2. 2. 3. 1	永州市举办舜帝文化节	【中华民族】
W6496. 8b. 6. 2. 3	纪念舜的情形	

W 编码	母题描述	关联项
W6496. 8b. 6. 2. 4	与纪念舜有关的其他母题	
W6496. 8c	祭禹（祭大禹）	
W6496. 8c. 1	祭禹的产生（祭祀大禹的原因）	
W6496. 8c. 1. 1	颂扬大禹治水的功业	［W6496. 8c. 4. 1. 1］商人祭祀大禹
W6496. 8c. 1. 2	大禹葬会稽后产生祭禹传统	【中华民族】
W6496. 8c. 1. 2. 1	大禹劳为天下，死而为社	【中华民族】
W6496. 8c. 1. 3	祭大禹得护佑	
W6496. 8c. 1. 3. 1	秦始皇能统一天下源于他祭拜过大禹的墓	【羌族】
W6496. 8c. 2	祭祀大禹的时间	
W6496. 8c. 2. 1	祭祀大禹的开始时间	
W6496. 8c. 2. 1. 1	从唐代开始举行祭禹活动	【羌族】
W6496. 8c. 2. 1. 2	从禹子夏启开始祭禹	【中华民族】
W6496. 8c. 2. 2	祭祀大禹的具体时间	
W6496. 8c. 2. 2. 1	每年春、秋祭祀大禹	【羌族】
W6496. 8c. 2. 2. 1. 1	渔民现在每年春天祭祀大禹	【汉族】
W6496. 8c. 2. 2. 2	农历六月初六祭祀大禹	【羌族】
W6496. 8c. 2. 2. 2. 1	每年六月初六乡民祭祀大禹	【中华民族】
W6496. 8c. 2. 2. 2. 2	农月六月初六民祭大禹	【汉族】
W6496. 8c. 2. 2. 2. 3	在农历六月初六祭祀大禹	【汉族】
W6496. 8c. 2. 2. 3	十月初五祭祀大禹	【中华民族】
W6496. 8c. 2. 2. 3. 1	每年十月初五祭大禹	【汉族】
W6496. 8c. 2. 2. 4	七月初一祭祀大禹	【汉族】
W6496. 8c. 2. 2. 4. 1	每年农历七月初一祭大禹	【汉族】
W6496. 8c. 2. 2. 5	大年初一祭祀大禹	【汉族】
W6496. 8c. 2. 2. 5. 1	大年初一族祭大禹	【汉族】

W 编码	母题描述	关联项
W6496.8c.2.2.6	每年四月二十日国家公祭大禹	【汉族】
W6496.8c.2.2.7	农历二月十五祭祀大禹	
W6496.8c.2.2.7.1	每年农历二月十五祭祀大禹	【汉族】
W6496.8c.2.2.8	每年四月初八祭祀大禹	【汉族】
W6496.8c.2.2.9	与祭祀大禹时间相关的其他母题	
W6496.8c.2.2.9.1	腊月二十七祭祀大禹	【汉族】
W6496.8c.2.2.9.2	每年清明节祭祀大禹	【汉族】
W6496.8c.2.2.9.3	每年十月十日祭祀大禹	【汉族】
W6496.8c.3	祭祀大禹的地点	
W6496.8c.3.1	北川石纽山一带（今四川省北川县羌族自治县）	【羌族】
W6496.8c.3.2	今绍兴地区形成了祭禹传统	【中华民族】
W6496.8c.3.3	各村庄祭祀大禹	
W6496.8c.3.3.1	禹陵村祭禹（祭祖宗）	【汉族】
W6496.8c.3.3.2	上董村祭祀大禹	【汉族】
W6496.8c.3.3.3	郭里村祭祀大禹	
W6496.8c.3.3.4	西浒村祭祀大禹	【汉族】
W6496.8c.3.3.5	墙下村祭祀大禹	【汉族】
W6496.8c.3.3.6	郭道村祭祀大禹	【汉族】
W6496.8c.3.4	平台山祭大禹	
W6496.8c.3.4.1	渔民每年到平台山祭大禹	【汉族】
W6496.8c.3.4.2	平台山十月初五祭大禹	【汉族】
W6496.8c.3.5	乡民到禹里祭祀大禹	【中华民族】
W6496.8c.3.6	河南省登封市大冶镇北五里庙大禹园祭禹王	【汉族】
W6496.8c.3.7	桐柏县淮源镇禹王庙	【汉族】
W6496.8c.3.8	到禹里祭祀大禹	【中华民族】
W6496.8c.4	祭祀大禹者（祭祀大禹的参与者）	

W 编码	母题描述	关联项
W6496. 8c. 4. 1	特定群体祭大禹	
W6496. 8c. 4. 1. 1	商人祭祀大禹	【中华民族】
W6496. 8c. 4. 1. 2	羌人祭祀大禹	【羌族】
W6496. 8c. 4. 1. 2. 1	当地羌人祭祀大禹	【中华民族】
W6496. 8c. 4. 1. 3	姓姒的人祭祀大禹	【汉族】
W6496. 8c. 4. 1. 4	周人祭祀大禹（大禹与周人祖先立于对等地位）	【中华民族】
W6496. 8c. 4. 2	特定职业者祭大禹	
W6496. 8c. 4. 2. 1	秦始皇祭拜大禹，保佑他一统天下	【羌族】
W6496. 8c. 4. 2. 2	渔民祭祀大禹	【汉族】
W6496. 8c. 4. 2. 2. 1	渔民们参加祭祀大禹仪式	【汉族】
W6496. 8c. 4. 3	祭大禹的主持者	
W6496. 8c. 4. 3. 1	侍佛先生主持	【汉族】
W6496. 8c. 5	祭祀大禹的环节（祭大禹的方法）	
W6496. 8c. 5. 1	祭大禹的准备	
W6496. 8c. 5. 2	祭大禹的仪式	
W6496. 8c. 5. 2. 1	祭祀大禹仪式的构成	
W6496. 8c. 5. 2. 1. 1	大禹祭祀仪式有三部分	
W6496. 8c. 5. 2. 1. 1. 1	大禹祭祀仪式第一部分请神	【中华民族】
W6496. 8c. 5. 2. 1. 1. 1. 1	大禹祭祀仪式开始是上香请佛	【汉族】
W6496. 8c. 5. 2. 1. 1. 1. 2	请佛仪式主要是上香请神	【汉族】
W6496. 8c. 5. 2. 1. 1. 2	大禹祭祀仪式第二部分飨神	【中华民族】
W6496. 8c. 5. 2. 1. 1. 2. 1	飨神仪式意为款待神灵	【汉族】
W6496. 8c. 5. 2. 1. 1. 3	大禹祭祀仪式第三部分送神	【中华民族】
W6496. 8c. 5. 2. 1. 1. 3. 1	大禹祭祀仪式的最后是送佛	【汉族】
W6496. 8c. 5. 3	祭大禹的方法	
W6496. 8c. 5. 3. 1	举行庙祭祭祀大禹	

W 编码	母题描述	关联项
W6496.8c.5.3.1.1	乡民举行在禹庙举行庙祭祭祀大禹	【中华民族】
W6496.8c.5.3.1.2	乡民举办古庙会祭祀大禹	【汉族】
W6496.8c.5.3.1.2.1	郭里村办古庙会祭祀大禹	【汉族】
W6496.8c.5.3.1.2.2	禹王村办古庙会祭祀大禹	【汉族】
W6496.8c.5.3.1.2.2.1	古庙会举办次数	
W6496.8c.5.3.1.2.2.1.1	古庙会在清代嘉庆年间每年举行三次	【汉族】
W6496.8c.5.3.1.2.2.2	古庙会举办具体时间	
W6496.8c.5.3.1.2.2.2.1	农历三月二十二祭大禹庙会	【汉族】
W6496.8c.5.3.1.2.2.2.2	农历六月二十二祭大禹庙会	【汉族】
W6496.8c.5.3.1.2.2.2.3	农历九月二十二祭大禹庙会	【汉族】
W6496.8c.5.3.1.2.2.3	古庙会举办持续时间	
W6496.8c.5.3.1.2.2.3.1	每次庙会时间大约持续三天	【汉族】
W6496.8c.5.3.1.3	凡是供奉大禹的庙宇都举办庙会祭祀大禹	【汉族】
W6496.8c.5.3.2	举办典礼祭祀大禹	
W6496.8c.5.3.2.1	乡民举办隆重的“禹王祭典”活动	【汉族】
W6496.8c.5.3.2.2	上董村举行隆重庆典祭祀大禹	【汉族】
W6496.8c.5.3.3	用社火节目祭祀大禹	
W6496.8c.5.3.3.1	表演独脚舞祭祀大禹	【汉族】
W6496.8c.5.3.3.1.1	独脚舞是祭祀大禹的一种舞蹈	【汉族】
W6496.8c.5.3.3.1.2	独脚舞的产生	
W6496.8c.5.3.3.1.2.1	人们祭祀大禹时模仿在浅水中挣扎的独角龙的动作形成独脚舞	【汉族】
W6496.8c.5.3.3.1.2.2	人们模仿大禹治水时战胜蛟龙的动作演化成独脚舞	【汉族】

W 编码	母题描述	关联项
W6496. 8c. 5. 3. 3. 2	表演旱船祭祀大禹	【汉族】
W6496. 8c. 5. 3. 3. 2. 1	表演旱船的产生	
W6496. 8c. 5. 3. 3. 2. 1. 1	表演旱船与纪念大禹治水有功相关，水患平复，很多船都留在了陆地上	【汉族】
W6496. 8c. 5. 3. 3. 2. 1. 2	每到丰收时节，人们想起大禹的贡献，就把当时治水的木船推来推去，祝愿来年如意，形成了每年跑旱船的活动	【汉族】
W6496. 8c. 5. 3. 3. 3	表演猩猩怪祭祀大禹	【汉族】
W6496. 8c. 5. 3. 3. 3. 1	猩猩怪表演的产生	
W6496. 8c. 5. 3. 3. 3. 1. 1	猩猩怪表演与大禹治水时治服的淮河水怪巫支祁有关	【汉族】
W6496. 8c. 5. 3. 3. 4	表演舞龙来祭祀大禹	【汉族】
W6496. 8c. 5. 3. 3. 4. 1	舞龙的产生	
W6496. 8c. 5. 3. 3. 4. 1. 1	舞龙纪念大禹火烧蛟龙，治理颍河支流蛟河的洪水事迹	【汉族】
W6496. 8c. 5. 3. 4	去大禹祠、大禹庙祭祀大禹	
W6496. 8c. 5. 3. 4. 1	百姓到大禹祠给大禹烧香祈雨和祈子	【汉族】
W6496. 8c. 5. 3. 4. 2	百姓大年初一第一件事是去禹庙	【汉族】
W6496. 8c. 5. 3. 5	集会祭祀大禹	
W6496. 8c. 5. 3. 5. 1	举办庙集日纪念大禹和关公	【汉族】
W6496. 8c. 5. 3. 5. 2	举办古集会纪念大禹和一位郭姓和尚	【汉族】
W6496. 8c. 5. 4	祭祀大禹的情形	
W6496. 8c. 5. 4. 1	祭祀大禹步骤	
W6496. 8c. 5. 4. 1. 1	首先鸣号、鸣鼓、鸣锣	【汉族】

W 编码	母题描述	关联项
W6496. 8c. 5. 4. 1. 2	上香请大禹降临人间	
W6496. 8c. 5. 4. 1. 2. 1	每人手持三炷香，随侍佛先生唱经的节奏请禹王降临人间	【汉族】
W6496. 8c. 5. 4. 1. 3	向大禹像献三牲五谷、献酒献爵	【汉族】
W6496. 8c. 5. 4. 1. 3. 1	渔民们请禹王享用贡品、欣赏说书弹唱表演	【汉族】
W6496. 8c. 5. 4. 1. 4	诵读祭文	【汉族】
W6496. 8c. 5. 4. 1. 5	行跪拜之礼	【汉族】
W6496. 8c. 5. 5	祭祀大禹的类型	
W6496. 8c. 5. 5. 1	公祭大禹	
W6496. 8c. 5. 5. 1. 1	大禹祭祀有国祭、官祭	【中华民族】
W6496. 8c. 5. 5. 2	私祭大禹	
W6496. 8c. 5. 5. 2. 1	大禹祭祀有大祭、小祭	【中华民族】
W6496. 8c. 5. 5. 3	单祭大禹	
W6496. 8c. 5. 5. 4	共祭大禹	
W6496. 8c. 5. 5. 4. 1	大禹祭祀有民祭	【中华民族】
W6496. 8c. 5. 5. 4. 1. 1	绍兴还有祭祀大禹的民祭	【中华民族】
W6496. 8c. 5. 5. 4. 1. 2	农历六月初六是大禹民祭	【汉族】
W6496. 8c. 5. 5. 4. 2	大禹祭祀有族祭	
W6496. 8c. 5. 5. 4. 2. 1	大年初一到禹庙族祭大禹	【汉族】
W6496. 8c. 6	与祭祀大禹的有关的其他母题	
W6496. 8c. 6. 1	祭大禹的用品	
W6496. 8c. 6. 2	祭大禹的禁忌	
W6496. 8c. 6. 2. 1	祭品的禁忌	
W6496. 8c. 6. 2. 1. 1	祭禹庙，不用熊	【中华民族】
W6496. 8c. 6. 3	纪念大禹（大禹的纪念）	
W6496. 8c. 6. 3. 1	纪念大禹的时间	
W6496. 8c. 6. 3. 1. 1	每年农历三月二十八日纪念大禹	【汉族】
W6496. 8c. 6. 3. 1. 1. 1	涂山氏每年三月二十八日赶庙会纪念大禹	【关联】@［W6496. 8c. 6. 3. 2. 2. 1］涂山氏每年举办赶庙会来纪念大禹

W 编码	母题描述	关联项
W6496. 8c. 6. 3. 1. 1. 2	涂山禹王宫举办庙会纪念大禹，第一次是农历三月二十八日	【汉族】
W6496. 8c. 6. 3. 1. 2	每年农历十月初五纪念大禹	
W6496. 8c. 6. 3. 1. 2. 1	每年农历十月初五，太湖渔民纪念大禹	【中华民族】
W6496. 8c. 6. 3. 1. 3	每年五月初五纪念大禹	【汉族】
W6496. 8c. 6. 3. 2	纪念大禹方法	
W6496. 8c. 6. 3. 2. 1	以歌纪念大禹	
W6496. 8c. 6. 3. 2. 1. 1	婚礼歌纪念大禹	【毛南族】
W6496. 8c. 6. 3. 2. 2	举办传统盛会纪念大禹、涂山	【汉族】
W6496. 8c. 6. 3. 2. 2. 1	涂山氏每年举办赶庙会来纪念大禹	【汉族】
W6496. 8c. 6. 3. 2. 2. 2	涂山举办“朝禹会”纪念大禹	【汉族】
W6496. 8c. 6. 3. 2. 2. 2. 1	“朝禹会”会期	
W6496. 8c. 6. 3. 2. 2. 2. 1. 1	“朝禹会”会期三天	【汉族】
W6496. 8c. 6. 3. 2. 2. 2. 2	“朝禹会”目的	
W6496. 8c. 6. 3. 2. 2. 2. 2. 1	“朝禹会”目的是纪念大禹会诸侯和涂山氏女结婚	【汉族】
W6496. 8c. 6. 3. 2. 3	以舞蹈来纪念大禹	
W6496. 8c. 6. 3. 2. 3. 1	花鼓灯舞纪念大禹	【汉族】
W6496. 8c. 6. 3. 2. 3. 1. 1	花鼓灯舞的形式	
W6496. 8c. 6. 3. 2. 3. 1. 1. 1	花鼓灯舞蹈动作刚健朴实、欢快热烈、大气洒脱	【汉族】
W6496. 8c. 6. 3. 2. 3. 1. 1. 2	花鼓灯表演风格富有浓郁的乡土气息	【汉族】
W6496. 8c. 6. 3. 2. 3. 1. 1. 3	始于涂山氏族祭祀大禹仪式	
W6496. 8c. 6. 3. 2. 4	用诗作纪念大禹	
W6496. 8c. 6. 3. 2. 4. 1	苏东坡在涂山禹王宫作诗	【中华民族】
W6496. 8c. 6. 3. 2. 4. 2	缅怀大禹的诗作	【汉族】

W 编码	母题描述	关联项
W6496.8c.6.3.2.5	修建寺庙纪念大禹	【羌族】@［W6458.1.4.2.5.5.1.1］人感激禹王的恩德，在井边修建禹王庙
W6496.8c.6.3.2.5.1	在石纽山修建禹王庙，供奉大禹神位	［W6496.8c.3.7］桐柏县淮源镇禹王庙
W6496.8c.6.3.2.5.2	建龙王庙，供奉“龙王大禹”	【汉族】
W6496.8c.6.3.2.5.3	百姓为纪念大禹派南公治水，建石马庙	【汉族】
W6496.8c.6.3.2.5.4	人们在小崦山上修建了禹王庙，逢年过节朝拜纪念大禹	【汉族】
W6496.8c.6.3.2.5.5	禹王治水有功，人们为他盖庙	【汉族】
W6496.8c.6.3.2.5.6	在蛟龙出山的地方建禹王庙，纪念大禹	【汉族】
W6496.8c.6.3.2.5.7	人们为大禹塑像建庙，纪念大禹	【汉族】
W6496.8c.6.3.2.5.8	后世在禹门的山上建大禹庙纪念大禹	【中华民族】
W6496.8c.6.3.2.5.8a	在骊山修了座禹王庙	【汉族】
W6496.8c.6.3.2.5.8b	以前，黄河岸边的村庄都建有禹王庙	【汉族】
W6496.8c.6.3.2.5.9	与大禹庙有关的其他母题	
W6496.8c.6.3.2.5.9.0	大禹庙的功能	
W6496.8c.6.3.2.5.9.0.1	建禹王庙以求黄河不泛滥	【汉族】
W6496.8c.6.3.2.5.9.1	夏禹庙	【中华民族】
W6496.8c.6.3.2.5.9.1.1	江州涂山夏禹庙	【中华民族】
W6496.8c.6.3.2.5.9.2	修雨庙纪念大禹	
W6496.8c.6.3.2.5.9.2.1	为纪念治水的“雨”神的功德在名山古城修建雨庙（禹庙）	【汉族】
W6496.8c.6.3.2.5.9.3	绍兴会稽山禹庙	
W6496.8c.6.3.2.5.9.3.1	绍兴会稽山禹庙为梁时所修	【汉族】

W 编码	母题描述	关联项
W6496. 8c. 6. 3. 2. 5. 9. 3a	平台山禹王庙	
W6496. 8c. 6. 3. 2. 5. 9. 3a. 1	老百姓为纪念大禹在太湖平台山上造了一座禹王庙	【中华民族】
W6496. 8c. 6. 3. 2. 5. 9. 4	禹庙相关物	
W6496. 8c. 6. 3. 2. 5. 9. 4. 1	禹庙侧有石船	【汉族】
W6496. 8c. 6. 3. 2. 5. 9. 4. 2	禹庙有圣姑像	【汉族】
W6496. 8c. 6. 3. 2. 5. 9. 4. 3	禹王庙壁画	
W6496. 8c. 6. 3. 2. 5. 9. 4. 3. 1	禹王庙壁画为大禹治水的内容	【汉族】
W6496. 8c. 6. 3. 2. 5. 9. 5	大禹庙改名	
W6496. 8c. 6. 3. 2. 5. 9. 5. 1	明代崇信真武大帝，涂山禹王庙被改作真武庙	【中华民族】
W6496. 8c. 6. 3. 2. 6	举行隆重的仪式来纪念大禹	
W6496. 8c. 6. 3. 2. 6. 1	太湖渔民在平台山举行仪式，为禹王庆生	【中华民族】
W6496. 8c. 6. 3. 2. 7	民众刻字纪念大禹	
W6496. 8c. 6. 3. 2. 7. 1	后人为纪念大禹在山石上刻下“万笏朝天”四字	【汉族】
W6496. 8c. 6. 3. 2. 7. 2	人们在石门口的石崖上刻“大禹神斧劈石门”七字纪念大禹	【汉族】
W6496. 8c. 6. 3. 3	纪念大禹的情形	
W6496. 8c. 6. 3. 3. 1	五月初五纪念大禹情形	
W6496. 8c. 6. 3. 3. 1. 1	人们做龙船，放水里，还要打鼓助威	【汉族】
W6496. 8c. 6. 3. 3. 1. 2	人们照着怪物精的胆做粽子	【汉族】
W6496. 8c. 6. 3. 3. 1. 3	每家每户在门上挂些菖蒲、陈艾，祛怪物精的邪气	【汉族】
W6496. 8c. 6. 3. 4	与纪念大禹有关的其他母题	
W6496. 8c. 6. 3. 4. 1	纪念大禹的妻子	
W6496. 8c. 6. 3. 4. 1. 1	纪念大禹妻子涂山的方法	

W 编码	母题描述	关联项
W6496.8c.6.3.4.1.1.1	建祠、殿纪念涂山	【汉族】
W6496.8c.6.3.4.1.1.2	天下百姓纪念涂山氏化猪拱山，立志子孙不吃猪肉	【羌族】
W6496.8c.6.3.4.1.2	纪念启母和少姨的方法	
W6496.8c.6.3.4.1.2.1	禹州的二姨庙供奉大禹的两位夫人（启母和少姨）	【汉族】
W6496.8c.6.3.4.2	纪念大禹治水的帮助者	
W6496.8c.6.3.4.2.1	纪念大禹治水帮助者黄龙	
W6496.8c.6.3.4.2.1.1	纪念黄龙的方法	
W6496.8c.6.3.4.2.1.1.1	人们在藏龙山修了黄龙寺纪念黄龙	【汉族】
W6496.8c.6.3.4.2.1.1.2	后人感谢黄龙帮大禹治水，在松潘修黄龙寺纪念	【羌族】
W6496.8c.6.3.4.2.1.2	纪念黄龙的时间	
W6496.8c.6.3.4.2.1.2.1	每年的六月十六日	【汉族】
W6496.8c.6.3.4.2.1.3	纪念黄龙的情形	
W6496.8c.6.3.4.2.1.3.1	人们到寺里拜祭黄龙，向他祈福	【汉族】
W6496.8c.6.3.4.2.1.4	纪念黄龙的人群	
W6496.8c.6.3.4.2.1.4.1	方圆数百里的藏、汉、羌等各组人民	【汉族】
W6496.8c.6.3.4.2.2	纪念大禹治水的帮助者两个大龟（大禹妻子与婆婆）	
W6496.8c.6.3.4.2.2.1	纪念两个大龟的方法	
W6496.8c.6.3.4.2.2.1.1	尧王命令各大臣上朝时手上执龟牌（龟牌就是后来的“朝牌”）	【汉族】
W6496.8c.6.3.4.3	纪念大禹父亲鲧	
W6496.8c.6.3.4.3.1	人们纪念大禹父亲，把山称作伯王山	【汉族】
W6496.9	祭盘瓠（祭盘皇；祭盘王）	［W0729］盘瓠（盘皇）

W 编码	母题描述	关联项
W6496. 9. 1	祭盘瓠的产生（祭盘瓠的原因）	【民族，关联】①
W6496. 9. 2	祭盘瓠的时间	
W6496. 9. 2. 1	苗族人逢年过节要祭祀盘皇	【苗族】
W6496. 9. 2. 2	每年二月二日祭奠盘王	【瑶族】
W6496. 9. 3	祭盘瓠的地点	
W6496. 9. 4	祭盘瓠的方式	
W6496. 9. 5	与祭盘瓠有关的其他母题	［W0729. 5. 4］盘瓠尊称盘古大王
W6496. 10	祭颛顼	［W0763］颛顼
W6496. 10. 1	祭颛顼的产生（祭颛顼的原因）	
W6496. 10. 2	祭颛顼的时间	
W6496. 10. 3	祭颛顼的地点	
W6496. 10. 3. 1	四川米易县颛顼洞祭颛顼	【汉族】
W6496. 10. 4	祭颛顼的方式	
W6496. 10. 5	与祭颛顼有关的其他母题	［W0763. 2］颛顼是黄帝之孙
W6496. 11	祭帝喾	［W0768. 14］帝喾
W6496. 11. 1	祭帝喾的产生（祭帝喾的原因）	
W6496. 11. 2	祭帝喾的时间	
W6496. 11. 3	祭帝喾的地点	
W6496. 11. 4	祭帝喾的方式	
W6496. 11. 5	与祭帝喾有关的其他母题	
W6496. 12	祭太昊	［W0741］太昊
W6496. 12. 1	祭太昊的产生（祭太昊的原因）	［W0741. 2］太昊是发明者
W6496. 12. 2	祭太昊的时间	
W6496. 12. 3	祭太昊的地点	
W6496. 12. 4	山东曲阜祭太昊	【汉族】

① 【汉族】【苗族】【瑶族】@［W3960. 1］盘瓠取粮种；［W5653. 6］神狗盘瓠与公主婚繁衍苗族；［W5701. 6］盘瓠与公主婚生瑶族。

W 编码	母题描述	关联项
W6496.12.4.1	祭太昊的方式	
W6496.12.5	与祭太昊有关的其他母题	
W6496.13	祭鲧	【关联】①
W6496.14	祭布洛陀	［W0670］布洛陀
W6496.14.1	祭布洛陀的产生（祭布洛陀的原因）	
W6496.14.2	祭布洛陀的时间	
W6496.14.3	祭布洛陀的地点	
W6496.14.4	祭布洛陀的方式	
W6496.14.5	与祭布洛陀有关的其他母题	
W6496.14.5.1	祭姆洛甲	【壮族】
W6496.15	祭蚩尤	［W0672］蚩尤
W6496.15.1	祭蚩尤的产生（祭蚩尤的原因）	
W6496.15.1.1	蚩尤托梦让人祭之	【苗族】
W6496.15.1.2	祭蚩尤消灾消难	【苗族】
W6496.15.2	祭蚩尤的时间	
W6496.15.2.1	十月祭蚩尤	【汉族】
W6496.15.3	祭蚩尤的地点	
W6496.15.3.1	蚩尤冢祭蚩尤	【汉族】
W6496.15.4	祭蚩尤的方式	
W6496.15.4.1	杀猪椎牛，布置坛头，用芭蕉叶架阴桥，敲响竹筒祭蚩尤	【苗族】
W6496.15.5	祭蚩尤者	
W6496.15.5.1	苗族祭蚩尤	【苗族】
W6496.15.5.2	汉族祭蚩尤	【汉族】
W6496.15.5.3	刘邦祭蚩尤	【中华民族】
W6496.15.5	与祭蚩尤有关的其他母题	

① ［W0686］鲧；［W0686.5］鲧是玄武大帝。

W 编码	母题描述	关联项
W6496. 16	祭鸿钧老祖	
W6496. 17	祭其他特定祖先	
W6496. 17. 1	祭密洛陀	【瑶族】
W6496. 18	与祭祖先有关的其他母题	
W6496. 18. 1	祭祖先鬼	【壮族】
W6497	**祭特定的神性人物（祭有神性的物；祭神性器物）**	
W6497. 1	祭特定的神性人物	
W6497. 1. 1	祭嫦娥	［W0671］嫦娥
W6497. 1. 1. 1	农历八月十五祭月神嫦娥菩萨	【汉族】
W6497. 1. 2	祭常羲	［W0671a］常羲
W6497. 1. 3	祭东巴神（东巴教主，丁巴什罗）	【民族，关联】①
W6497. 1. 4	祭二郎神	［W0673］二郎神
W6497. 1. 5	祭风后	［W0674］风后
W6497. 1. 6	祭佛（佛祖）	［W0787］佛（佛祖）
W6497. 1. 6. 1	祭佛的产生	
W6497. 1. 6. 2	祭佛的方法	
W6497. 1. 6. 2. 1	有特定物祭佛	
W6497. 1. 6. 2. 1. 1	红龟粿一般用于神佛诞辰	【汉族】
W6497. 1. 7	祭格萨尔（祭格斯尔）	［W0684］格萨尔（格斯尔）
W6497. 1. 8	祭共工	［W0685］共工
W6497. 1. 9	祭观音（观音菩萨，观世音，观音老母，观音神）	［W0790a］观音（观音菩萨，观世音，观音老母，观音神）
W6497. 1. 10	祭怪物（祭精怪）	［W0860］怪物
W6497. 1. 10. 1	供奉狐狸精	【达斡尔族】
W6497. 1. 11	祭鬼（祭魔鬼；祭鬼魂）	

① 【纳西族】@［W0774］东巴神（东巴教主，丁巴什罗）；［W6451. 2. 3. 1］东巴教教主。

W 编码	母题描述	关联项
W6497.1.11.1	祭鬼的产生（祭鬼的原因）	
W6497.1.11.1.1	为祈福祭鬼	
W6497.1.11.1.2	为保平安祭鬼	【怒族】
W6497.1.11.1.3	祭鬼保命	【独龙族】
W6497.1.11.1.4	祭鬼求寿	【独龙族】
W6497.1.11.1.5	祭鬼免灾	
W6497.1.11.1.5.1	宰杀牲畜时祭鬼才能免病	【独龙族】
W6497.1.11.1.5.1a	杀牲祭鬼可以治病	【怒族】
W6497.1.11.1.5.1b	祭鬼驱邪	【民族，关联】①
W6497.1.11.1.5.1b.1	镇鬼仪式	【纳西族】
W6497.1.11.1.5.1b.2	布洛陀好姆六甲让人们做事前要先做禳除	【壮族】
W6497.1.11.1.5.1b.3	请巫师驱鬼	【珞巴族】
W6497.1.11.1.5.2	人鬼分居时双方协定人得了病要祭鬼	【白族】
W6497.1.11.1.5.2a	开荒不祭鬼庄稼长不好	【独龙族】
W6497.1.11.1.5.3	年节时不祭天鬼嘎姆朋，他就会发怒降灾	【独龙族】
W6497.1.11.1.5a	人祭鬼是为了驱鬼	【壮族】
W6497.1.11.1.6	为特定的人祭鬼	
W6497.1.11.1.6.1	为婴儿祭鬼	【独龙族】
W6497.1.11.1.7	特定的病要祭特定的鬼	
W6497.1.11.1.7.1	若砍柴后得病是犯了“升大”鬼，需要祭之	【独龙族】
W6497.1.11.1.8	祭鬼是学来的（特定任务教人祭鬼）	
W6497.1.11.1.8.1	向汉族姑娘学会祭鬼	【傈僳族】

① 【傈僳族】@［W6455.5.1.5.3］还愿前要驱鬼（还愿前先驱邪）；［W6497.1.11.1.9.3］人祭鬼是为了驱鬼。

W 编码	母题描述	关联项
W6497. 1. 11. 1. 9	与祭鬼的产生有关的其他母题	
W6497. 1. 11. 1. 9. 1	因梦祭鬼	
W6497. 1. 11. 1. 9. 1. 1	梦到不吉利的凶梦时，要祭鬼	【傈僳族】
W6497. 1. 11. 1. 9. 2	人对付不了鬼只好祭鬼	【珞巴族】
W6497. 1. 11. 1. 9. 3	人祭鬼是为了驱鬼	【壮族】
W6497. 1. 11. 2	祭鬼的时间	
W6497. 1. 11. 2. 1	三四月禾苗播种完毕时祭地鬼神	【彝族】
W6497. 1. 11. 2. 2	杀生前祭鬼	【独龙族】@［W6497. 1. 11. 1. 5. 1］宰杀牲畜时祭鬼才能免病
W6497. 1. 11. 2. 3	遇事时祭鬼	
W6497. 1. 11. 2. 3. 1	凡垦荒、耕种、操办红白事、生病、受伤、出门经商、砍柴打板、起房盖屋时要求神拜鬼	【怒族】@［W6497. 1. 11. 1. 5. 2］开荒不祭鬼庄稼长不好
W6497. 1. 11. 2. 3. 2	受伤时要祭鬼	【傈僳族】
W6497. 1. 11. 2. 3. 3	病人垂危时祭家鬼	【怒族】
W6497. 1. 11. 3	祭鬼的地点	
W6497. 1. 11. 3. 1	在野外祭鬼	［W6495. 0. 3. 4］在野外祭神
W6497. 1. 11. 3. 2	在黑暗处祭鬼	
W6497. 1. 11. 3. 3	在明亮处祭鬼	
W6497. 1. 11. 3. 4	在其他地点祭鬼	
W6497. 1. 11. 3. 4. 1	祭放树洞中的鬼	【汉族】
W6497. 1. 11. 3. 5	祭鬼地点的变化	
W6497. 1. 11. 3. 5. 1	祭瘟鬼先在家中祭祀驱赶后，将其强行带到山中再祭，最后将其弃于山野	【纳西族】
W6497. 1. 11. 4	祭鬼的方法	
W6497. 1. 11. 4. 1	特定人物教人祭鬼	
W6497. 1. 11. 4. 2	通过特定物祭鬼	

W 编码	母题描述	关联项
W6497.1.11.4.2.1	剽牛祭鬼	【怒族】
W6497.1.11.4.2.2	祭天鬼必须用牛	【白族】
W6497.1.11.4.2.3	特定的鬼需要特定的祭品（特定的祭品祭特定的鬼）	【傈僳族】
W6497.1.11.4.2.4	用鸡猪羊牛祭鬼	【白族（勒墨）】
W6497.1.11.4.3	祭鬼与叫魂结合进行	【傈僳族】
W6497.1.11.4.4	祭鬼用山羊	
W6497.1.11.4.4.1	祭鬼用山羊是因为鬼的总头目是美女变的山羊	【彝族】
W6497.1.11.4.5	用粗劣的祭品祭鬼	
W6497.1.11.4.5.1	用荞面小薄饼和面条小段祭鬼	【藏族（白马）】
W6497.1.11.4.6	大小鬼祭法不同	
W6497.1.11.4.6.1	小鬼作祟，由当事者家人用鸡、饭、酒等少量祭品及纸钱奉献	【壮族】
W6497.1.11.4.6.2	大鬼作祟，须请本地有威望的宗教师（师公）前来祈求保佑，用语言颂扬感化	【壮族】
W6497.1.11.5	祭特定的鬼（祭鬼的类型）	［W6497.1.11.1.7］特定的病要祭特定的鬼
W6497.1.11.5.0	祭天鬼	［W6497.1.11.4.2.2］祭天鬼必须用牛
W6497.1.11.5.0.1	祭天鬼时要邀请本家族的男女参加	【白族（勒墨）】
W6497.1.11.5.0.2	在屋顶上祭天鬼	【白族（那马）】
W6497.1.11.5.1	祭地鬼	【彝族】
W6497.1.11.5.2	祭哑巴鬼	
W6497.1.11.5.2.1	孩子到一定年龄不会说话要祭哑巴鬼	【白族（那马）】
W6497.1.11.5.3	祭索命鬼	【汉族】
W6497.1.11.5.4	祭恶鬼	

W 编码	母题描述	关联项
W6497. 1. 11. 5. 4. 1	祭恶鬼保平安	【怒族】
W6497. 1. 11. 5. 4. 2	祭伤亡鬼	
W6497. 1. 11. 5. 4. 2. 1	受伤时，请巫祭伤亡鬼	【仡佬族】
W6497. 1. 11. 5. 5	祭其他鬼	
W6497. 1. 11. 5. 5. 1	祭水鬼	
W6497. 1. 11. 5. 5. 1. 1	用大母猪祭水鬼	【傈僳族】
W6497. 1. 11. 5. 5. 2	祭野鬼	
W6497. 1. 11. 5. 5. 2. 1	每次祭祀祖先时，都要烧几张钱纸给那些孤魂野鬼	【仡佬族】
W6497. 1. 11. 5. 6	特定的目的祭特定的鬼	
W6497. 1. 11. 5. 6. 1	婚后不育和子女夭折者求子要祭夜鬼	【怒族】
W6497. 1. 11. 5. 6. 2	胎儿足月不分娩或孕妇难产死亡，要祭难产鬼	【白族（那马）】
W6497. 1. 11. 5. 7	特定祭司祭特定的鬼	
W6497. 1. 11. 5. 7. 1	叶子鬼是女性，要请一个女祭司来祭	【傈僳族】
W6497. 1. 11. 5. 8	按所祭鬼的性质划分祭鬼类型	
W6497. 1. 11. 5. 8. 1	祭大鬼	【壮族】
W6497. 1. 11. 5. 8. 2	祭小鬼	【壮族】
W6497. 1. 11. 5. 9	与祭特定的鬼有关的其他母题	
W6497. 1. 11. 6	祭鬼的结果	
W6497. 1. 11. 6. 1	祭鬼如愿	
W6497. 1. 11. 7	祭鬼的禁忌	
W6497. 1. 11. 7. 1	祭鬼忌女人参加	【傈僳族】
W6497. 1. 11. 7. 2	有些鬼只能巫师祭祀	【傈僳族】
W6497. 1. 11. 7. 3	祭鬼肉还未吃光时，旁人不能进屋	【傈僳族】
W6497. 1. 11. 7. 4	祭夜鬼时，忌到粪堆、厕所等污秽之地	【怒族】

W 编码	母题描述	关联项
W6497.1.11.8	与祭鬼有关的其他母题	
W6497.1.11.8.1	祭风仪式是独特的祭鬼魂的仪式	【纳西族】
W6497.1.11.8.2	用牛、羊、犬祭其先谓之祭鬼	【民族无考】
W6497.1.11.8.3	祭鬼中祭家鬼最大	【怒族】@［W6497.1.11.2.3.3］病人垂危时祭家鬼
W6497.1.11a	送鬼（送鬼魂）	
W6497.1.11a.1	送鬼的产生（送鬼的原因）	
W6497.1.11a.2	送鬼的时间	
W6497.1.11a.2.1	阴历三月、七月和十月至少送鬼三次	【彝族】
W6497.1.11a.3	送鬼的地点	
W6497.1.11a.4	送鬼的方法	
W6497.1.11a.4.1	通过焚烧送鬼	【傈僳族】
W6497.1.11a.4.2	送鬼时亲戚、娃子等起而怒吼、狂跳以助声威	【彝族】
W6497.1.11a.4.3	送特定的鬼时为鬼打扮一番	【彝族】
W6497.1.11a.5	送特定的鬼	
W6497.1.11a.5.1	请祭司送替死鬼	【傈僳族】
W6497.1.11a.5.2	送穷鬼	【汉族】
W6497.1.11a.5.3	送风湿病鬼	【彝族】
W6497.1.11a.6	与送鬼有关的其他母题	【汉族】@［W6685.9.9.1］塞门送鬼仪式
W6497.1.12	祭洪钧老祖	［W0687］洪钧老祖
W6497.1.13	祭后稷	［W0688］后稷（稷）
W6497.1.14	祭华胥	［W0689］华胥
W6497.1.15	祭精怪	［W0854］精怪
W6497.1.16	祭九天玄女（玄女）	［W0788］九天玄女（玄女）
W6497.1.17	祭孔子	
W6497.1.17.1	郡县祀社稷与夫子	【中华民族】

W 编码	母题描述	关联项
W6497. 1. 18	祭老子	［W0789］老子
W6497. 1. 19	祭灵魂（鬼，鬼魂，魂灵）	［W0870］灵魂（鬼，鬼魂，魂灵）
W6497. 1. 19. 1	祭矮灵	
W6497. 1. 19. 1. 1	因矮人的本事大祭矮灵	【高山族（赛夏）】
W6497. 1. 20	祭嫘女（白水素女，素女）	［W0702］嫘女（白水素女，素女）
W6497. 1. 21	祭嫘祖（嫘祖）	［W0703］嫘祖（嫘祖）
W6497. 1. 21. 1	正月二十祭嫘祖	
W6497. 1. 21. 1. 1	冀中地区香客正月二十日登山顶进香祭拜嫘祖最盛	【汉族】
W6497. 1. 22	祭妈祖	［W0775］妈祖
W6497. 1. 23	祭密洛陀	［W0704］密洛陀
W6497. 1. 24	祭莫一大王	【关联】①
W6497. 1. 24. 1	莫一大王庙	
W6497. 1. 24. 2	家家祖先神龛中都有莫一大王	【壮族】
W6497. 1. 24. 3	祭莫一大王的方法	【壮族】@［W6503. 5. 11b. 1. 3］祭莫一大王时用小公鸡作牺牲
W6497. 1. 25	祭姆六甲	［W0705］姆六甲
W6497. 1. 26	祭菩萨	［W0790］菩萨
W6497. 1. 27	祭少昊（少皞）	［W0730］少昊（少皞）
W6497. 1. 28	祭萨天巴（萨岁）	［W0730b］萨天巴（萨岁）
W6497. 1. 29	祭太白金星	［W0776］太白金星
W6497. 1. 30	祭太上老君	［W0791］太上老君
W6497. 1. 31	祭太元圣母	［W0791a］太元圣母
W6497. 1. 32	祭玉皇大帝	［W0777］玉皇大帝
W6497. 1. 33	祭仙人（神仙）	［W0800］仙人（神仙）

① ［W0704a］莫一大王；［W6507. 3. 2. 9. 2b］祭莫一大王神祈雨。

W 编码	母题描述	关联项
W6497.1.33.1	祭神仙的产生	
W6497.1.33.1a	祭神仙的时间	
W6497.1.33.1a.1	饭前第一碗饭献给仙人	【土族】
W6497.1.33.2	祭神仙的特征	
W6497.1.33.3	祭特定的神仙	
W6497.1.33.3.1	祭八仙	［W0827a］八仙
W6497.1.33.3.2	祭九仙	［W0827d］九仙
W6497.1.33.3.3	祭百仙	［W0827e］百仙
W6497.1.33.3.4	祭天仙	
W6497.1.33.3.4.1	五月十五日水族祭天仙阿幸	【水族】
W6497.1.33.3.5	祭狐仙	
W6497.1.33.3.5.1	初一、十五祭狐仙	【达斡尔族】@［W6495.0.2.2.6.1］初一、十五祭神
W6497.1.33.4	与祭神仙有关的其他母题	
W6497.1.34	祭妖魔（祭妖怪；祭妖精；祭魔鬼；祭魔怪）	［W0830］妖魔（妖精；魔鬼；魔怪）
W6497.1.34.1	人们怕毛速木恶魑（妖怪）作怪害人，就在每年秋后祭祀它	【东乡族】
W6497.1.34.2	人间害怕鬼怪就杀牲祭祀他们	【珞巴族】【珞巴族（博嘎尔部落）】
W6497.1.34.2a	妖魔强迫人祭献人畜	【彝族】
W6497.1.34.3	祭水妖（祭水怪）	
W6497.1.34.3.1	大江凶险，需要献祭水妖	【彝族】
W6497.1.34.3.2	清晨飘过来的红色云时，要祭水怪	【藏族】
W6497.1.34.4	祭黑鱼精	
W6497.1.34.4.1	烧香供祭黑鱼精求保佑	【汉族】
W6497.1.34.5	祭白虎精	
W6497.1.34.5.1	为求得家庭平安，在堂屋靠里墙的地方搭一个供桌祭白虎精	【汉族】

W 编码	母题描述	关联项
W6497. 1. 34. 6	祭迷惑人的灵魂	
W6497. 1. 34. 6. 1	黑萨满只能选择黑夜祭专门迷惑人的灵魂阿萨兰吉·腾格里	【蒙古族（布里亚特）】
W6497. 1. 34. 6. 2	黑萨满祭专门迷惑人的灵魂阿萨兰吉·腾格里时，主持祭祀者必须用烟灰或血将脸抹黑	【蒙古族（布里亚特）】
W6497. 1. 35	祭瑶姬	［W0748］瑶姬
W6497. 1. 35. 1	神女瑶姬帮助大禹开山治水，后人修建神女庙祭瑶姬	【汉族】
W6497. 1. 35. 2	神女庙祭妙用真人瑶姬	【汉族】
W6497. 1. 36	祭羿（后羿）	［W0749］羿（后羿）
W6497. 1. 37	祭有巢氏	［W0750］有巢氏
W6497. 1. 38	祭西王母	［W0755］西王母
W6497. 1. 39	祭织女	［W0766］织女
W6497. 2	祭神性器物	［W0960］神性器物（神物）
W6497. 2. 1	祭神刀	［W0961］神刀
W6497. 2. 2	祭神斧	［W0962］神斧
W6497. 2. 3	祭神弓神箭	［W0963］神弓神箭
W6497. 2. 4	祭神镜	［W0964］神镜
W6497. 2. 5	祭神鼓（祭鼓神）	［W0965］神鼓（鼓神）
W6497. 2. 6	祭其他神性器物	［W0966］其他神性器物
W6497a	**祭文化英雄（祭英雄）**	
W6497a. 1	祭文化英雄的产生	
W6497a. 2	祭文化英雄的方法（祭文化英雄的情形）	
W6497a. 3	祭特定的文化英雄	
W6497a. 3. 1	祭特定贡献的文化英雄	
W6497a. 3. 1. 1	祭盗火的文化英雄	
W6497a. 3. 1. 1. 1	祭为人间盗天火的“其其旦”仙女	【满族】

W 编码	母题描述	关联项
W6497a. 3. 1. 2	祭盗粮种的文化英雄	
W6497a. 3. 1. 2. 1	每年五六月间，祭盗粮种的玛麦	【哈尼族】
W6497a. 4	与祭文化英雄有关的其他母题	
W6497a. 4. 1	祭祀民族英雄	【仫佬族】
W6498	**祭特定的人（人作为被祭祀对象）**	
W6498. 1	祭圣人	【汤普森】V11. 8
W6498. 1. 1	祭孔子	【汉族】
W6498. 1. 2	祭圣人尧、舜、禹	【中华民族】
W6498. 2	祭历史人物	【汉族】
W6498. 2. 1	祭历史人物本主	【白族】
W6498. 3	祭英雄（祭英烈）	［W0560］文化英雄
W6498. 3. 1	祭民族英雄	［W6373. 3］民族英雄崇拜
W6498. 3. 2	祭有特定贡献的英雄（祭拜有功的人）	
W6498. 3. 2. 1	为感激为人类取稻种的英雄玛麦祭玛麦	【哈尼族】
W6498. 3. 2. 1. 1	五六月间祭玛麦	【哈尼族】
W6498. 3. 2. 2	祭取火者	【汉族】
W6498. 3. 3	祭关公	【汉族】@［W6496. 8c. 5. 3. 5. 1］举办庙集日纪念大禹和关公
W6498. 3. 3. 1	正月初三祭关公	【满族】
W6498. 3. 3. 2	每月初一祭关公	【满族】
W6498. 3. 3. 3	大炕上悬关帝神像东向供奉	【满族】
W6498. 3. 3. 4	喇嘛庙中祭关公	【锡伯族】
W6498. 3. 4	祭岳飞	
W6498. 3. 5	祭特定名称的英雄	
W6498. 3. 6	祭英雄的方法	

W 编码	母题描述	关联项
W6498. 3. 6. 1	用敌手的心肝祭英烈	【藏族】
W6498. 4	祭死者	【汤普森】V11. 6
W6498. 4. 1	祭祀死者的产生	
W6498. 4. 1. 1	祖先玉朴笃慕开始祭奠去世人	【彝族】
W6498. 4. 1. 2	老巫师让儿子祭祀后产生祭祀死者	【蒙古族】
W6498. 4. 1. 3	因为人有灵魂祭死者	【鄂温克族】
W6498. 4. 1. 4	因同情死者设祭	【汉族】
W6498. 4. 2	祭死者的时间	
W6498. 4. 2. 1	过年时，家里人要祭死者	【傈僳族】
W6498. 4. 2. 2	每年收获时祭祀死者	【怒族】
W6498. 4. 2. 3	每年正月初三、腊月二十七、八祭亡人	【羌族】
W6498. 4. 2. 4	七月半祭死者	【汉族】
W6498. 4. 2. 5	死者周年祭祀	【鄂伦春族】
W6498. 4. 3	祭死者的地点	
W6498. 4. 3. 1	到坟上奠祭死者	【羌族】
W6498. 4. 3a	祭特定的死者	
W6498. 4. 3a. 1	祭拜本家族死者	【蒙古族（布里亚特）】
W6498. 4. 3a. 2	祭拜所敬怕的死者	【蒙古族（布里亚特）】
W6498. 4. 4	祭死者的方法	［W6503. 6. 2. 2］菊花祭死者的来历
W6498. 4. 4. 1	祭死者用木作神主	【彝族】
W6498. 4. 4. 2	死者的子女各牵 1 只羊敬祭	【傈僳族】
W6498. 4. 4. 3	用歌舞祭祀死者	【傈僳族】@［W6495. 0. 5. 5］通过歌舞祭神
W6498. 4. 4. 4	用茶祭祀死者	【蒙古族】@［W6503. 8. 6］茶作为祭品
W6498. 4. 4. 5	用酒祭祀死者	【蒙古族】@［W6503. 8. 4］酒作为祭品

W 编码	母题描述	关联项
W6498.4.4.6	祭死者时先敬火神	【鄂伦春族】
W6498.4.5	祭死者人员	
W6498.4.5.1	死者的子女作为祭者	【傈僳族】
W6498.4.6	祭死者的情形	
W6498.4.6.1	祭特定物表示祭死者	
W6498.4.6.1.1	祭老人在世时的铺位表示祭死者	【鄂温克族】
W6498.4.7	与祭死者有关的其他母题	
W6498.4.7.1	为死者立碑以示悼念	【布依族】
W6498.5	祭三代祖先	
W6498.5.1	祭父（祭父亲的来历）	［W6503.7.1.2］用水祭父亲
W6498.5.1.1	每月一、七、九日前往父墓前祭祀	【蒙古族】
W6498.5.1.2	大禹摆上三牲六供祭父亲鲧	【汉族】
W6498.5.2	祭母（祭母的来历）	【哈尼族】
W6498.5.2.1	龙祭人母	【汉族】
W6498.5.3	能够在家里设灵位的祖先通常只限于最近三代	能够在家里设灵位的祖先，通常只限于最近三代
W6498.6	祭生者	【汉族】
W6498.7	祭祀其他特定的人	
W6498.7.1	祭有功之人	
W6498.7.1.1	祭治水有功的防风	【汉族】
W6498.7.2	祭祀有德之人	【汉族】
W6498.7.3	祭“帝”	
W6498.7.3.1	神郊祭“帝”	
W6498.7.3.1.1 *	“郊祀”“禄祭”二者也合称“神郊”	【中华民族】
W6498.8	特定人物祭祀人	
W6498.8.1	鬼祭祀人（鬼神祭人）	
W6498.8.1.1	以前，米司尼（鬼）向人祭祀肉	【傈僳族】

W 编码	母题描述	关联项
W6498. 8. 1. 2	鬼用一头猪献祭给人	【白族】
W6498. 9	与祭人有关的其他母题	
W6498. 9. 0	祭祀有功德者	［W6499. 1. 1］祭祀有功的动物
W6498. 9. 0. 1	神农尝百草找药为人治病有功德，四时祭祀	【汉族】
W6498. 9. 1	祭人的产生（祭的原因）	
W6498. 9. 2	祭人的时间	
W6498. 9. 3	祭人的地点	
W6498. 9. 4	祭人的方式（祭人的方法）	
W6498. 9. 4. 1	活祭（祭活人）	
W6498. 9. 4. 1. 1	因百岁以上老人会变鬼害人，所以要活祭之	【彝族】
W6499	**祭动物（祭祀动物；祭神性动物；祭祀特定动物）**	【汤普森】V11. 7
W6499. 1	祭动物的产生（祭动物的原因）	
W6499. 1. 1	祭祀有功的动物	
W6499. 1. 1. 1	因金牛帮大禹治水受祭祀	【汉族】
W6499. 1. 1. 2	苍龙治水有功受祭祀	【汉族】
W6499. 2	祭动物的时间	
W6499. 2. 1	动物产崽时祭动物	
W6499. 2. 2	杀动物前的祭祀	【鄂伦春族】
W6499. 3	祭动物的地点	
W6499. 4	祭动物的方式	
W6499. 4. 1	祭动物要扮成动物的样子	【彝族】@［W6505. 2c. 1］祭祀时人扮神
W6499. 5	祭龙	【关联】①

① ［W0535］龙神；［W6495. 7. 13］祭龙神。

W 编码	母题描述	关联项
W6499.5.1	祭龙的产生（祭龙的来历；祭龙的原因）	［W3579］龙的能力（职能）
W6499.5.1.1	祭龙消灾	
W6499.5.1.1.1	山崩地裂时祭龙神以求保佑	【毛南族】
W6499.5.1.1.2	祭龙避洪水灾害	【彝族】
W6499.5.1.2	因龙保护人畜庄稼祭龙	【彝族】
W6499.5.1.3	因龙降雨除旱情祭龙	【汉族】
W6499.5.1.4	因龙造世界万物祭龙	【彝族】
W6499.5.2	祭龙的时间	
W6499.5.2.1	一月祭龙	
W6499.5.2.1.1	正月初五祭龙	【彝族】
W6499.5.2.2	二月祭龙	
W6499.5.2.2.1	二月二祭龙	【彝族（阿细）】@［W6627.52.6.1］彝族二月二祭龙
W6499.5.2.2.2	二月初八祭龙	【彝族】
W6499.5.2.2.2.1	县官规定每年逢旧历二月八日祭龙	【汉族】
W6499.5.2.2.3	二月祭龙的日子由占卜确定	【民族，关联】①
W6499.5.2.3	三月祭龙	
W6499.5.2.3.1	三月三祭龙	【关联】②
W6499.5.2.3.2	三月属“牛”日要祭龙	【哈尼族】
W6499.5.2.3.3	农历三月的第一个龙日祭龙	【彝族（白彝）】
W6499.5.2.4	四月祭龙	
W6499.5.2.4.1	农历四月间的属龙或属蛇时祭龙	【彝族（给尼）】
W6499.5.2.4.2	四月初八祭白龙老爷	【白族】@［W6627.2.3a.1］四月八日是白龙老爷诞辰，化龙村白族祭龙

① 【彝族（腊欧）】［W6487.1.2.1.1］二月祭龙树的具体祭日由各村老人卜定；［W6499.5.9.3.1］祭龙又称“祭龙树”。

② ［W6627.5.1］布依族三月三祭龙神；［W6627.55.1.1］壮族三月三歌节（壮族三月三祭龙节）。

W 编码	母题描述	关联项
W6499. 5. 2. 5	五月祭龙	【彝族（给尼）】@［W6613. 7. 1. 1］端午节祭龙（端阳节祭龙）
W6499. 5. 2. 5. 1	农历五月十三日祭龙（祈龙）	【彝族（腊罗）】
W6499. 5. 2. 6	六月祭龙	
W6499. 5. 2. 6. 1	农历六月十三日祭龙（谢龙）	【彝族（腊罗）】
W6499. 5. 2. 7	七月祭龙	
W6499. 5. 2. 8	八月祭龙	［W6622. 3. 1］八月初八祭龙
W6499. 5. 2. 9	其他时间祭龙	
W6499. 5. 2. 9. 1	九月祭龙	
W6499. 5. 2. 9. 2	十月祭龙	
W6499. 5. 2. 9. 3	十一月祭龙	
W6499. 5. 2. 9. 4	十二月祭龙（腊月祭龙）	
W6499. 5. 2. 9. 5	特定季节祭龙	
W6499. 5. 2. 9. 5. 1	春季祭龙王水神	【纳西族】
W6499. 5. 2. 9. 6	特定年份祭龙	
W6499. 5. 2. 9. 6. 1	蛇年祭龙	【彝族】
W6499. 5. 3	祭龙的地点	
W6499. 5. 3. 1	在龙王庙祭龙	【彝族（腊罗）】
W6499. 5. 3. 2	到母亲井祭龙	【汉族】
W6499. 5. 3. 3	三龙祠	【中华民族】
W6499. 5. 4	祭龙的方法	
W6499. 5. 4. 1	祭龙与祭神树一起进行	【布朗族】
W6499. 5. 4. 2 *	祭祀敖包就是祭龙	【民族，关联】①
W6499. 5. 4. 3	用春天的鸡祭龙	【彝族】
W6499. 5. 4. 4	祭龙时要模仿龙	【彝族（撒尼）】@［W6495. 0. 5. 7. 1］主祭萨嫫祭龙时要表演神龙在云中翱翔的舞姿

① 【蒙古族】@［W6432. 5. 2］敖包崇拜；［W6432. 5. 2. 1］鄂温克族崇拜的敖包多是高大的神树。

W 编码	母题描述	关联项
W6499.5.4.5	杀猪宰羊定期献礼物祭龙	【汉族】
W6499.5.4.6	通过特定仪式祭龙	
W6499.5.4.6.1	杀猪宰羊摆龙宴祭龙	【汉族】
W6499.5.4.7	通过敬水井敬龙	【仡佬族】
W6499.5.4.8	用特定祭品祭龙	
W6499.5.4.8.1	用高山椎栗叶祭龙	【彝族】
W6499.5.4.8.2	用糯荞祭龙	【彝族】
W6499.5.4.8.3	用米酒祭龙	【彝族】
W6499.5.4.8.4	用金银祭龙	【彝族】
W6499.5.4.8.5	用肉类祭龙	
W6499.5.4.8.5.1	用猪肉祭龙	【彝族】
W6499.5.4.8.5.2	用鸡肉祭龙	【彝族】
W6499.5.4.9	祭龙的其他方法	
W6499.5.4.9.1	祭龙铺松毛	【彝族】
W6499.5.4.9.2	祭龙时白帛做龙床，麻絮龙披毡	【彝族】
W6499.5.4.9.3	跳舞唱调子祭龙	【彝族】
W6499.5.5	祭龙的过程（祭龙仪式）	
W6499.5.5.1	祭龙的准备	
W6499.5.5.2	祭龙的主持者	
W6499.5.5.2.1	祭龙主持必须“干净”（只讨过一个老婆，会生儿育女，家人健在）	【彝族】
W6499.5.5.3	祭龙的参与者	
W6499.5.5.4	接龙	【苗族】
W6499.5.5.5	安龙	
W6499.5.5.6	祈龙	【彝族（腊罗）】
W6499.5.5.7	谢龙	【彝族（腊罗）】
W6499.5.6	祭龙的情形	

W 编码	母题描述	关联项
W6499. 5. 6. 1	祭龙树时，全村男女老幼不分昼夜尽情饮酒欢乐，携手围圈“跳掌”（龙舞）	【彝族（腊欧）】@［W6499. 5. 9. 3. 1］祭龙又称“祭龙树”
W6499. 5. 7	祭特定的龙	
W6499. 5. 7. 1	祭白龙	
W6499. 5. 7. 1. 1	祭祀白龙的牺牲是一头白羊	【白族】
W6499. 5. 7. 2	祭母猪龙	
W6499. 5. 7. 2. 1	大年三十祭母猪龙	【白族】
W6499. 5. 7. 2. 2	送一对童男童女祭母猪龙	【白族】
W6499. 5. 7. 3	祭父子龙	【彝族】
W6499. 5. 7. 4	祭黄龙	
W6499. 5. 7. 4. 1	六月十六日，藏、汉、羌等各族人民到黄龙寺拜祭黄龙	【汉族】
W6499. 5. 8	祭龙的结果	
W6499. 5. 9	与祭龙有关的其他母题	［W6495. 7. 13. 5. 1］祭龙王
W6499. 5. 9. 1	接龙的来历	
W6499. 5. 9. 2	祭龙是祭特定人物	
W6499. 5. 9. 2. 1	祭龙就是祭家神	【彝族】
W6499. 5. 9. 2. 2	祭龙是祭彝族英雄始祖“阿倮”	【彝族】
W6499. 5. 9. 2. 3 *	彝族祭龙是祭类似汉族观念中的那一种“龙”	【彝族】
W6499. 5. 9. 3	祭龙的名称	
W6499. 5. 9. 3. 1	祭龙又称“祭龙树”	【彝族】［W6487. 1. 2. 1. 1］二月祭龙树的具体祭日由各村老人卜定
W6499. 5. 9. 4	祭龙的次数	
W6499. 5. 9. 4. 1	每年 2 次祭龙	【彝族（腊罗）】
W6499. 5. 9. 4. 2	每年 3 次祭龙	【傈僳族】【彝族（给尼）】
W6499. 5. 9. 4. 2. 1	匈奴每年 3 次祭龙	【中华民族】

W 编码	母题描述	关联项
W6499. 5. 9. 5	祭龙的禁忌	
W6499. 5. 9. 5. 1	主持祭龙仪式的龙头在祭龙前 7 天之内不得吃荤	【彝族】
W6499. 5. 9. 6	请龙（请龙王）	
W6499. 5. 9. 6. 1	请龙在春耕播种之前举行	【彝族（撒尼）】
W6499. 5. 9. 6. 2	请龙当晚，全村举行盛大的“舞龙”活动	【彝族】
W6499. 5. 9. 6. 3	特定时辰燃柴敲鼓请龙王	【布依族】
W6499. 5. 9. 7	迎龙	
W6499. 5. 9. 7. 1	迎龙在春耕播种之前举行	【彝族（撒尼）】
W6499. 6	祭蛇	［W6495. 7. 19］祭蛇神（祭蟒神；祭神蟒）
W6499. 6. 1	祭蛇的产生（祭蛇的来历；祭蛇的原因）	
W6499. 6. 1. 1	女子与百步蛇婚生后代，丰年祭之前祭蛇	【高山族】
W6499. 6. 2	祭蛇的时间	
W6499. 6. 3	祭蛇的地点	
W6499. 6. 4	祭蛇的方法	
W6499. 6. 4. 1	丰年祭之前请蛇尝小米	【高山族】
W6499. 6. 5	特定的群体祭蛇	
W6499. 6. 5. 1	雷姓子孙把蛇当成祖先来供起来	【汉族】
W6499. 6. 6	祭特定的蛇	
W6499. 6. 6. 1	祭蟒蛇	
W6499. 6. 6. 1. 1	用童男童女祭蟒蛇	【白族】
W6499. 6. 7	与祭蛇有关的其他母题	［W6495. 7. 19］祭蛇神（祭蟒神；祭神蟒）
W6499. 7	祭马	
W6499. 7. 1	祭马的产生（祭马的来历；祭马的原因）	

W 编码	母题描述	关联项
W6499. 7. 2	祭马的时间	
W6499. 7. 3	祭马的地点	
W6499. 7. 4	祭马的方法	
W6499. 7. 5	与祭马有关的其他母题	［W6495. 7. 15］祭马神
W6499. 7. 5. 1	祭龙马	［W6503. 14. 5. 4］白龙马索要贡品
W6499. 7. 5. 1. 1	伏羲供奉龙马	【汉族】
W6499. 7a	祭牛	
W6499. 7a. 1	祭牛的产生（祭牛的来历；祭牛的原因）	
W6499. 7a. 2	祭牛的时间	
W6499. 7a. 2. 1	八月十五新米节时祭牛	【拉祜族】
W6499. 7a. 2. 2	立春时祭牛	【侗族】
W6499. 7a. 2. 3	每逢节日祭牯牛	【布依族】
W6499. 7a. 3	祭牛的地点	
W6499. 7a. 3. 1	在家门口祭牛	【汉族】
W6499. 7a. 4	祭牛的方法	
W6499. 7a. 4. 1	用青饲料祭牛	【侗族】
W6499. 7a. 4. 2	用鱼肉酒饭祭牛	【侗族】
W6499. 7a. 4. 3	祭牯牛头的骨架	
W6499. 7a. 5	与祭牛有关的其他母题	［W6495. 7. 17］祭牛神
W6499. 7b	祭羊	
W6499. 7b. 1	秋收时祭羊	
W6499. 7b. 1. 1	因神羊盗来五谷，所以秋收后举行祭羊仪式	【汉族】
W6499. 8	祭熊	
W6499. 8. 1	祭熊的产生（祭熊的来历；祭熊的原因）	
W6499. 8. 1. 1 *	红山文化出现祭熊的传统	【中华民族】

W 编码	母题描述	关联项
W6499.8.2	祭熊的时间	
W6499.8.2.1	猎熊后祭熊	【鄂温克族】
W6499.8.3	祭熊的地点	
W6499.8.4	祭熊的方法	
W6499.8.5	与祭熊有关的其他母题	【关联】①
W6499.9	祭蛙	【关联】②
W6499.9.1	祭蛙的产生（祭蛙的来历；祭蛙的原因）	［W3543］蛙的能力（蛙的职能）
W6499.9.1.1	因青蛙变成人立战功祭蛙	【壮族】
W6499.9.2	祭蛙的时间	
W6499.9.2.1	每年正月末到二月初祭蛙	【壮族】
W6499.9.3	祭蛙的地点	
W6499.9.4	祭蛙的方法	
W6499.9.5	祭特定的蛙	
W6499.9.5.1	祭蟾蜍（供奉蟾蜍）	
W6499.9.5.1.1	官药铺头供蟾蜍	
W6499.9.5.1.1.1	官药铺头都要供一个石刻的毛蟾是因为神农采药时曾让毛蟾尝草识药性	【汉族】@［W6389.2.1.1］中药店柜台上常常摆一只石狮子，是因为神农采药时曾让獐狮尝草识药性
W6499.9.6	与祭蛙有关的其他母题	［W6495.7.20］祭蛙神（祭青蛙神）
W6499.9.6.1	祭蚂蜗	【壮族】
W6499.10	祭狗（祭犬）	
W6499.10.1	祭狗的产生（祭狗的来历；祭的原因）	【关联】③
W6499.10.1.1	祭作为祖先的犬	

① ［W6495.7.23］祭熊神；［W6502.1］祭祀图腾熊。
② ［W0532］蛙神；［W3535］蛙（青蛙、蟾蜍、蛤蟆、癞蛤蟆）。
③ ［W6291］狗图腾（犬图腾）；［W6387］狗崇拜（犬崇拜）。

W 编码	母题描述	关联项
W6499. 10. 1. 1. 1	因水牛道出秘密儿子杀死犬父，母亲让杀牛祭狗	【苗族】
W6499. 10. 2	祭狗的时间	
W6499. 10. 2. 1	正月初一祭祀时先祀狗	【傈僳族】
W6499. 10. 2. 2	六月十三日祭狗	【白族】
W6499. 10. 2. 3	每逢节气时祭狗	【汉族】
W6499. 10. 3	祭狗的地点	
W6499. 10. 3. 1	到清源洞祭狗	【白族】
W6499. 10. 4	祭狗的方法	
W6499. 10. 4. 1	杀猫祭狗	【白族】
W6499. 10. 4. 2	每逢节气要给家里的狗倒一碗饺子	【汉族】
W6499. 10. 5	与祭狗有关的其他母题	［W6495. 7. 18］祭犬神（祭狗神）
W6499. 11	祭昆虫	
W6499. 11. 1	祭蚁虫	
W6499. 11. 1. 1	地上蚁虫成灾，向蚁虫供奉幼童成了神圣宗法	【锡伯族】@［W6503. 4. 4. 4］向蚁虫供奉幼童
W6499. 12	祭其他特定动物	
W6499. 12. 1	祭鸟	【关联】①
W6499. 12. 1. 1	祭喜鹊	
W6499. 12. 1. 1. 1	因喜鹊冒死救出为人类盗天火者，人们祭奠喜鹊	【满族】
W6499. 12. 1. 1. 2	祭白喜鹊	【满族】
W6499. 12. 1. 2	祭鹰	［W6495. 7. 24］祭鹰神（祭神鹰）
W6499. 12. 1. 2. 1	月献二少女以为鹰食，以免全寨邀祸殃	【普米族】

① ［W6301］鸟图腾；［W6390］鸟崇拜。

W 编码	母题描述	关联项
W6499.12.2	祭虎	
W6499.12.2.1	祭虎的原因	【关联】①
W6499.12.2.1.1	遇孕妇难产，为确保孩子平安生下，要祭白虎	【傈僳族】
W6499.12.2.1.2	为感谢虎的出现带来风调雨顺祭虎	【彝族】
W6499.12.2.2	祭虎的方法	
W6499.12.2.2.1	祭老虎时跳老虎笙	【彝族】
W6499.12.2.2.2	正月十一开始杀鸡、甩卦去山神庙拜老虎连续拜祭五天	【彝族】
W6499.12.2.3	祭特定的虎	
W6499.12.2.3.1	祭白虎	
W6499.12.2.3.1.1	为避免难产祭白虎	【傈僳族】@［W6505.4.3.1］孕妇难产，为确保孩子平安生下祭白虎时，将1双破鞋丢在路旁（祭祀要契合顺势巫术）
W6499.12.2.4	与祭虎有关的其他母题	［W6495.7.8］祭虎神
W6499.12.3	祭蝴蝶	［W6349.35.2］苗族神话中的蝴蝶图腾
W6499.12.3.1	祭蝴蝶避免其灵魂作祟	【独龙族】
W6499.12.4	祭猴	【关联】②
W6499.12.4.1	端公为感猴子之恩，以纸卷猴头供奉之	【羌族】
W6499.12.5	祭鱼	【民族，关联】③
W6499.12.5.1	祭鱼用特定祭品	［W6503.12.3.9.3.1］祭神时需敬鸡者不能放鸭，祭鱼不能摆鹅，所祭物的颜色、只数、性别都有规定

① ［W6294］虎图腾（老虎图腾）；［W6385］虎崇拜。

② ［W6295］猴图腾；［W6382］猴崇拜（猴子崇拜，崇拜猴）。

③ 【满族】@［W6311］鱼图腾；［W6396.1］鱼崇拜。

W 编码	母题描述	关联项
W6499. 12. 5. 1. 1	祭鱼用鱼形祭品	【满族】@［W6503. 1a. 7］祭品与被祭者形似（祭品与被祭者有相似的特征）
W6499. 12. 6	祭乌龟	【关联】①
W6499. 12. 6. 1	藏族逢年过节祭祀神灵时要念经祈祷祝福乌龟	【藏族】
W6499. 13	与祭动物有关的其他母题	
W6500	**祭植物（祭神性植物）**	
W6500. 1	祭植物的产生（祭植物的原因）	【关联】②
W6500. 1. 1	因特定植物有恩于人被祭祀	
W6500. 1. 1. 1	供奉茅竹是因为它在洪水中帮助了人	【彝族】
W6500. 2	祭植物的时间	
W6500. 2. 1	特定植物有特定的祭祀时间	
W6500. 2. 1. 1	农历六月祭秧苗	【基诺族】
W6500. 3	祭植物的地点	
W6500. 4	祭植物的方式（祭植物的方法）	
W6500. 5	祭树（祭树木）	【汤普森】V11. 1
W6500. 5. 1	祭树的来历	［W6483. 4. 2］祭树祛病
W6500. 5. 1. 1	祭树可以把要求通过树告知天神	【满族】
W6500. 5. 1. 2	祭树是为了感谢龙王	【仡佬族】
W6500. 5. 2	祭树的时间	
W6500. 5. 2. 1	农历二月初七、二月初八、七月十四日3天祭树	【彝族】
W6500. 5. 2. 1. 1	农历二月初八祭神树	【彝族（黑彝）】
W6500. 5. 2. 2	农历六月六日要为树伯公做生日	【汉族（客家）】
W6500. 5. 2. 3	八月十五日晚上祭树	【仡佬族】
W6500. 5. 3	祭树的地点	

① ［W6323. 3］龟图腾；［W6395. 3］乌龟崇拜（龟崇拜）。
② ［W6330］植物图腾；［W6400］植物崇拜。

W 编码	母题描述	关联项
W6500.5.4	祭树的方式	[W6499.5.4.1] 祭龙与祭神树一起进行
W6500.5.4.1	祭树有特定程序	【仡佬族】
W6500.5.5	祭特定的树	
W6500.5.5.1	祭龙树	【彝族】
W6500.5.5.2	祭栗树	
W6500.5.5.2.1	彝家把栗树当做祖先祭祀	【彝族】
W6500.5.5.3	祭柳树	【满族】@ [W6487.8.3.1] 每当遇到海退潮、江河干涸、瘟疫骤起或柳叶长出绿色小虫包时，阖族祭柳
W6500.5.5.3.1	貌美女子若干全身赤裸祭柳	【满族】
W6500.5.5.3.2	祭柳时，有女子代表柳神	【满族】
W6500.5.5.3.3	富察氏满族家祭时，神板上供有柳枝	【满族】
W6500.5.5.4	祭白桦树	【蒙古族（布里亚特）】
W6500.5.5.5	祭认作父母的树	【壮族】
W6500.5.5.6	祭果树	【仡佬族】
W6500.5.6	祭树的禁忌	
W6500.5.6.1	受祭的树下忌小便、乘凉、拴牛马	【仡佬族】
W6500.5.6	与祭树有关的其他母题	【关联】①
W6500.6	祭花	【关联】②
W6500.7	祭葫芦	【关联】③
W6500.8	祭其他特定的植物	
W6500.8.1	祭庄稼	
W6500.8.1.1	农历六月要杀水牛祭秧苗	【基诺族】

① [W6473.3] 祭树祛病；[W6495.8.5] 祭树神（祭森林神；祭林神；祭树林神）；[W6502a.5.1.1] 祭神树只祭活树，树枝死了要另找一棵，称守生不守死。

② [W6336] 特定的花图腾；[W6492.2] 祭花神。

③ [W6338.1] 葫芦图腾；[W6408] 葫芦崇拜。

W 编码	母题描述	关联项
W6500. 8. 2	祭五谷	［W6495. 8. 8. 1］祭五谷神
W6500. 8. 2. 1	立秋后五戊日祭五谷	【白族】@［W6536. 3. 3. 4］戊日是造人日，忌动土
W6500. 8. 3	祭竹子	
W6500. 8. 3. 1	彝家把竹根做神主（神筒）供在房子的二椽上或者瓦椽上，隔上三年再把它供在祠堂里享受儿孙们祭祀	【彝族】
W6500. 9	与祭植物有关的其他母题	
W6501	**祭自然物（祭自然现象；祭无生命物）**	
W6501. 0	祭天地（祭拜天地；祭天拜地；拜天求地）	
W6501. 0. 1	祭天地的产生（祭天地的原因）	【黎族】@［W6412. 3. 1］天的崇拜
W6501. 0. 1. 1	无儿女的老人祭天地求子嗣	【汉族】
W6501. 0. 1. 2	天仙老祖让人让人祭天地	【仡佬族】
W6501. 0. 1. 3	盘古王告诉人杀牛祭天，杀马祭地	【仡佬族】
W6501. 0. 1. 4	为作物丰产祭天地	【仡佬族】
W6501. 0. 2	祭天地的时间	
W6501. 0. 2. 1	阴历三月十四至十五日祭天地（美松堆松）	【纳西族】
W6501. 0. 2. 2	农历三月第一天寅日或巳日祭天地	【彝族】
W6501. 0. 2. 3	除夕夜五更天家家户户拜天地	【汉族】
W6501. 0. 3	祭天地的地点	
W6501. 0. 3. 1	在土地庙祭天地	【彝族】
W6501. 0. 4	祭天地的方式（祭天地的方法）	
W6501. 0. 4. 1	通过跪拜祭天地	【汉族】

W 编码	母题描述	关联项
W6501.0.4.2	祭天地时，2 位巫师各带一名助手从山上到河边会合，拿来特定祭品，用树枝编 1 只小船，让蛇与蛙相咬互动，放在船上拖到河中央，用石头把船打翻，最后各户家长用火烟去熏屋头屋尾	【纳西族】
W6501.0.4.3	用人头祭天地	【中华民族】
W6501.0.5	祭天地的结果	［W6482.1.2.2］祭天地使谷子结穗
W6501.0.5.1	祭天地得子嗣	【汉族】
W6501.0.6	与祭天地有关的其他母题	【关联】①
W6501.0.6.1	娲皇先祭拜天地	【汉族】
W6501.1	祭天	【关联】②
W6501.1.1	祭天的产生（祭天的原因）	
W6501.1.1.1	祭天是为了表达对留在天上的人的思念	【独龙族】
W6501.1.1.2	为了特定的愿望祭天	
W6501.1.1.2.1	祭天祈丰年	【独龙族】【满族】
W6501.1.1.2.1.1	黄帝祭天祈丰年	【汉族】
W6501.1.1.2.2	祭天以保佑治水成功	【中华民族】
W6501.1.1.3	祭天是为了感谢天神之恩	
W6501.1.1.3.1	为感谢天神嫁女到人间繁衍人类祭天	【纳西族】
W6501.1.1.4	祭天表示对某天神的愧疚	【纳西族】
W6501.1.1.5	祭天能治病	【纳西族】
W6501.1.1.6	因战争祭天	
W6501.1.1.6.1	为祈胜祭天	【中华民族】【藏族】
W6501.1.1.6.2	因获胜祭天	【满族】

① ［W6503.6.5.2.1］纳西祭天时要用蔓菁干叶做祭天的祭品；［W6509.2.6.2.1］祭天严禁外人（本祭天群体之外的人）参加。

② ［W1309.7］人用人头祭天后天升高；［W0181］天神；［W6484.2］天坛；［W6485］祭天神。

W 编码	母题描述	关联项
W6501. 1. 1. 7	祭天是因为人害怕天	【佤族】
W6501. 1. 2	祭天的时间	［W6487. 9. 2. 1. 1］各姓氏纳西族都祭天，但祭日不一
W6501. 1. 2. 0	特定人物确定祭天时间	
W6501. 1. 2. 0. 1	萨满确定祭天时间	【鄂温克族】
W6501. 1. 2. 1	特定月份祭天	
W6501. 1. 2. 1. 1	正月祭天	
W6501. 1. 2. 1. 1. 1	正月初一祭天	
W6501. 1. 2. 1. 1. 1. 1	正月初一（元旦）皇帝亲到圜殿拜天	【中华民族】
W6501. 1. 2. 1. 1. 2	正月初三祭天（过年第三天祭天）	【独龙族】
W6501. 1. 2. 1. 1. 3	正月十一日祭天	【纳西族】
W6501. 1. 2. 1. 1. 4	正月十五日祭天	【纳西族（摩梭）】【彝族（撒尼）】
W6501. 1. 2. 1. 2	二月祭天	
W6501. 1. 2. 1. 3	三月祭天	
W6501. 1. 2. 1. 3. 1	农历三月十五日祭天	【彝族（撒尼）】
W6501. 1. 2. 1. 4	四月祭天	
W6501. 1. 2. 1. 5	五月祭天	
W6501. 1. 2. 1. 6	六月祭天	
W6501. 1. 2. 1. 7	七月祭天	
W6501. 1. 2. 1. 7. 1	阴历七月初十举行小祭天	【纳西族】
W6501. 1. 2. 1. 7. 2	七月初七或初八开始祭天	【蒙古族】
W6501. 1. 2. 1. 8	八月祭天	
W6501. 1. 2. 1. 9	其他的具体祭天时间	
W6501. 1. 2. 1. 9. 1	九月祭天	
W6501. 1. 2. 1. 9. 2	十月祭天	
W6501. 1. 2. 1. 9. 3	十一月祭天	

W 编码	母题描述	关联项
W6501. 1. 2. 1. 9. 4	十二月祭天（腊月祭天）	【古代民族】
W6501. 1. 2. 1. 9. 4. 1	腊月二十四日祭天	【纳西族】
W6501. 1. 2. 2	特定的时辰祭天（特定属相的日子祭天）	
W6501. 1. 2. 2. 1	特定月份的特定的时辰祭天	
W6501. 1. 2. 2. 1. 1	农历九、十两个月中，选择一天属虎的日子祭天	【彝族】
W6501. 1. 2. 2. 2	特定日子的特定的时辰祭天	
W6501. 1. 2. 2a	特定的季节祭天	
W6501. 1. 2. 3	特定的祭祀时祭天	
W6501. 1. 2. 4	特定事件时祭天	
W6501. 1. 2. 4. 1	久旱不雨或瘟疫流行时祭天	【白族】
W6501. 1. 2. 4. 2	吃新米时先盛一碗祭天	【白族】
W6501. 1. 2. 4. 3	丰收时祭祀上苍	【汉族】
W6501. 1. 2. 5	其他祭天时间	［W6487. 9. 3. 1. 2. 1］夏王朝第一次祭天时，鸡鸣五更，各路诸侯前来参祭
W6501. 1. 2. 5. 1	秋收后祭天	【羌族】
W6501. 1. 2. 6	祭天的时长	
W6501. 1. 2. 6. 1	祭天历时三天三夜	【蒙古族】
W6501. 1. 2. 7	祭天的周期	
W6501. 1. 2. 7. 1	每年 1 次祭天	
W6501. 1. 2. 7. 2	每年多次祭天	
W6501. 1. 2. 7. 3	2 年一次祭天	
W6501. 1. 2. 7. 4	3 年办一次祭天大典	【彝族（撒尼）】
W6501. 1. 2. 8	与祭天时间有关的其他母题	
W6501. 1. 2. 8. 1	祭天的开始时间	
W6501. 1. 2. 8. 1. 1	祭天农历正月初九日开始	【纳西族】
W6501. 1. 3	祭天的地点	

W 编码	母题描述	关联项
W6501. 1. 3. 1	祭天台（祭天坪）	［W6488. 3. 2］天坛
W6501. 1. 3. 1. 1	祭天台的产生	
W6501. 1. 3. 1. 2	祭天台的特征	［W6488. 4. 2. 2. 1］祭天台是坐东朝西
W6501. 1. 3. 1. 2. 1	祭天台有三阶	【爨蛮】
W6501. 1. 3. 1. 3	特定的祭天台	
W6501. 1. 3. 1. 4	祭天台的禁忌	
W6501. 1. 3. 1. 4. 1	天坪周围的树木不能砍、爬、修枝	【白族】
W6501. 1. 3. 1. 5	与祭天台有关的其他母题	
W6501. 1. 3. 2	祭天坛	
W6501. 1. 3. 2. 1	祭天坛的台上一角平日藏放有三个大若杯状的尖石，即“祭天石偶”	【纳西族】
W6501. 1. 3. 2. 2	祭天坛内禁说外族语言，禁止相互吵嘴、说丑话	【纳西族】
W6501. 1. 3. 2a	坛上祭天	
W6501. 1. 3. 2a. 1	黄帝登坛祭天	【汉族】
W6501. 1. 3. 2a. 2	聚土为墠，登而祭天	【中华民族】
W6501. 1. 3. 3	神杆前祭天	【满族】
W6501. 1. 3. 4	郊外祭天（郊天）	【古代民族】
W6501. 1. 3. 4. 1	汉代郊天一般在冬至日丑时开始举行	【中华民族】
W6501. 1. 3. 5	在山上祭天（登山祭天）	【汉族】【纳西族（摩梭）】
W6501. 1. 3. 6	在房顶祭天	
W6501. 1. 3. 6. 1	站在房顶祭天	【达斡尔族】
W6501. 1. 4	祭天的方式（祭天的方法；祭天的情形）	
W6501. 1. 4. 0	祭天前的准备	
W6501. 1. 4. 0. 1	祭天前洗脸、洗澡、洗衣服	【纳西族】

W 编码	母题描述	关联项
W6501.1.4.1	用锦缎祭天	【朝鲜族】
W6501.1.4.2	杀牛祭天	【布依族】【独龙族】【仡佬族】
W6501.1.4.2a	杀羊和猪崽祭天	【满族】
W6501.1.4.2a.1	炎帝在羊头山宰羊祭天	
W6501.1.4.2b	杀牛羊祭天	【藏族】
W6501.1.4.2c	打牛祭天	【彝族】@［W6501.2.4.3］打马祭地
W6501.1.4.3	祭天时，用黄栗木祭木2根，一代表祖老天神阿普，一代表阿普的妻子	【纳西族】
W6501.1.4.3a	通过祖宗杆（索罗杆子）祭天	【满族】
W6501.1.4.4	祭天时，祭祀人是面朝东，背朝西	【纳西族】
W6501.1.4.5	祭天时有规定性动作	
W6501.1.4.5.1	祭天出门时，前面要由12名男子持火把照明，并各负责背一个盛有米、糖、酒、茶的竹篓	【纳西族】
W6501.1.4.5.2	祭天队伍要在村寨中巡游	【彝族（撒尼）】
W6501.1.4.6	祭天有特定仪式（祭天有特定程式）	
W6501.1.4.6.0	祭天仪式有特定环节	
W6501.1.4.6.0.1	祭天仪式内容有3项	
W6501.1.4.6.0.1.1	萨满的祭天仪式有颂天神请求天神降临吃血、祈求天神保佑部族众人平定和祈求天神保佑牲畜兴旺3项	【鄂温克族】
W6501.1.4.6.1	参加祭天仪式的人员要顺着火塘边绕三圈，以便消除污秽和邪气，净化自身	【彝族（撒尼）】
W6501.1.4.6.2	迎鼓祭天	【古代民族】

W 编码	母题描述	关联项
W6501. 1. 4. 6. 3	燎柴祭天	【古代民族】
W6501. 1. 4. 6. 4	设坛祭天	
W6501. 1. 4. 6. 4. 1	黄帝在王屋山顶峰天坛山设坛祭天	【汉族】
W6501. 1. 4. 6. 5	祭天时拱手向上天一拜再拜并叩首誓愿	【汉族】
W6501. 1. 4. 7	早期的祭天方法	
W6501. 1. 4. 7. 1	早期祭天很简单	
W6501. 1. 4. 7. 1. 1	以前祭天只燃一炷香对空祷祝，望天而拜	【彝族（撒尼）】
W6501. 1. 4. 8	其他祭天方法	
W6501. 1. 4. 8. 1	祭天时备一份祭品同祭老鸽	【满族】
W6501. 1. 4. 8. 2	祭天时要禁闭大门	【达斡尔族】
W6501. 1. 4. 8. 3	祭天时门上挂鞋	【达斡尔族】
W6501. 1. 4. 8. 4	摆放特定祭品祭天	
W6501. 1. 4. 8. 4. 1	大禹将洁净的水、新鲜纯美的水菜和谷粒摆好跪祭苍天	【中华民族】
W6501. 1. 4. 9	与祭天方法有关的其他母题	
W6501. 1. 4. 9. 1	代民祭天	
W6501. 1. 4. 9. 1. 1	黄帝代民祭天	【汉族】
W6501. 1. 4. 9. 2	祭天用品	
W6501. 1. 4. 9. 2. 1	祭天圣树	【纳西族】
W6501. 1. 4. 9. 2. 1. 1	松树作为祭天神物	【普米族】
W6501. 1. 5	祭天的结果	
W6501. 1. 5. 1	祭天后日月重放光芒	【朝鲜族】
W6501. 1. 5. 2	祭天无用	
W6501. 1. 5. 2. 1	天地黑暗时，任凭人们跪地拜天卜卦求神毫无用处	【畲族】
W6501. 1. 5. 3	祭天后有所获	

W 编码	母题描述	关联项
W6501.1.5.3.1	祭天得物	
W6501.1.5.3.1.1	黄帝祭天后得九鼎符	【汉族】
W6501.1.5a	祭天的类型	
W6501.1.5a.1	祭天规模的大小	［W6509.5.1］正月祭天叫“大祭天”，七月叫“小祭天”
W6501.1.5a.1.1	大祭天	
W6501.1.5a.1.1.1	大祭天由四五个自然村联合公祭	【彝族（撒尼）】
W6501.1.5a.1.1.2	阴历正月上旬大祭天	【纳西族】@［W6501.1.5a.1.2.3］七月小祭天
W6501.1.5a.1.2	小祭天	
W6501.1.5a.1.2.1	小祭天各村自己献祭	【彝族（撒尼）】
W6501.1.5a.1.2.2	正月初九到十三祭天大祭结束后，十四日举行小祭“瓜冷思”	【纳西族】@［W6501.1.2.1.7.1］阴历七月十日举行小祭天
W6501.1.5a.1.2.3	七月小祭天	【纳西族】
W6501.1.6	与祭天有关的其他母题	【关联】①
W6501.1.6.0	祭天的名称	
W6501.1.6.0.1	天祭又称“祭天祭”	【满族】
W6501.1.6.0.2	祭天俗称“祭神杆”	【满族】@［W6501.1.3.3］神杆前祭天
W6501.1.6.0.3 *	祭天称“禅”	【中华民族】
W6501.1.6.1	祭天举行射靶仪式以纪念祖先作战胜利归来	【纳西族】
W6501.1.6.2	祭天实际是祭女方的祖先	【纳西族】
W6501.1.6.3	祭天是全民性最隆重的祭祀活动	【彝族（聂苏）】
W6501.1.6.4	祭天特定人物不能参加	
W6501.1.6.4.1	女子不得参加祭天	【纳西族】

① ［W6488.4.2.1］祭天台分3层，第一层要安神树、插神香、摆三支杜鹃花和九个烧红的石头；第二层摆各种供品：神猪、神米篓、九个碗，分别装有酒、肉、饭；第三层是祭台，按东巴、木官、卡细、卡八等顺序排列来祭天；［W6509.5.1］正月祭天叫“大祭天”，七月叫“小祭天”。

W 编码	母题描述	关联项
W6501. 1. 6. 4. 1. 1	祭天时，女子只能将男子送至祭天坛附近，不得进入祭坛	【纳西族】
W6501. 1. 6. 5	祭天内涵丰富	
W6501. 1. 6. 5. 1 *	祭天代表祭其他神	【满族】
W6501. 1. 6. 5. 2 *	祭天体现了古人对“天道”的敬畏	【中华民族】
W6501. 1. 6. 6	祭祀时没有偶像	【达斡尔族】
W6501. 2	祭地（祭土地）	【关联】①
W6501. 2. 1	祭地的产生（祭地的原因）	
W6501. 2. 2	祭地的时间	
W6501. 2. 2. 1	每年开生荒地时要祭土地	【傈僳族】
W6501. 2. 3	祭地的地点	
W6501. 2. 4	祭地的方式（祭土地的方法）	
W6501. 2. 4. 1	用食物祭土地	
W6501. 2. 4. 1. 1	用荞粑粑祭祀土地	【傈僳族】
W6501. 2. 4. 2	祭地时要用鸟类作献牲	【纳西族】
W6501. 2. 4. 3	打马祭地	【彝族】@［W6501. 1. 4. 2c］打牛祭天
W6501. 2. 5	祭地的结果	
W6501. 2. 6	与祭地有关的其他母题	［W6503. 12. 9. 6. 2. 1］祭地与祭天祭品不同，祭地要用一只冬至鸟，献牲要用一头阉过的肥母猪
W6501. 2. 6. 1	祭地就是祭“达”（母系）	【纳西族】
W6501. 3	祭太阳（祭日）	［W6495. 6. 0. 1］祭太阳神（祭日神）
W6501. 3. 1	祭太阳的产生（祭日的原因）	［W6507. 3. 2. 3］祭太阳神求雨
W6501. 3. 1. 1	为久雨祈晴祭日	【傈僳族】

① ［W0230］地神；［W6484. 3］地坛；［W6495. 2］祭地神。

W 编码	母题描述	关联项
W6501.3.1.2	为请太阳出来祭太阳	【壮族】
W6501.3.1.3	为多获猎物祭太阳	【鄂温克族】
W6501.3.2	祭太阳的时间	
W6501.3.2.1	祭日最好选在属龙日，属蛇日亦可	【傈僳族】
W6501.3.2.1.1	龙日祭太阳	
W6501.3.2.1.1.1	二月头一个龙日祭太阳	【壮族】
W6501.3.2.2	十一月十九日祭太阳	【白族】
W6501.3.2.3	农历冬月十九日举行太阳会祭太阳	【彝族（白彝）】
W6501.3.2.4	早晨祭日晚上祭月	【鄂温克族】
W6501.3.2.4.1	早饭前祭日月	【蒙古族】
W6501.3.2.5	正月、端午、中秋和十二月祭太阳	【鄂伦春族】
W6501.3.2.5.1	农历正月初一祭太阳	【鄂温克族】
W6501.3.2.5.1.1	农历正月初一早起祭太阳	【鄂伦春族】
W6501.3.2.6	太阳的生日祭太阳	【多民族】
W6501.3.3	祭太阳的地点	
W6501.3.3.1	在山顶祭太阳	
W6501.3.3.2	在庙中祭太阳	
W6501.3.3.2.1	在山神庙祭“太阳菩萨”	【彝族（白彝）】
W6501.3.3.3	在玉皇阁祭太阳	【白族】
W6501.3.4	祭太阳者	
W6501.3.4.1	成年男子祭太阳	
W6501.3.4.1.1	祭太阳只限本寨子的成年男性参加	【壮族】
W6501.3.4.2	女子祭太阳	【壮族】
W6501.3.5	祭太阳的方式	
W6501.3.5.1	用猪、鸡和鸟祭太阳	【珞巴族】

W 编码	母题描述	关联项
W6501. 3. 6	祭太阳的结果	
W6501. 3. 7	与祭太阳有关的其他母题	【关联】①
W6501. 4	祭月亮（祭月）	【关联】②
W6501. 4. 1	祭月亮的产生（祭月的原因）	
W6501. 4. 1. 1	人感激月亮的宽宏大量祭月	【高山族】
W6501. 4. 1. 2	患耳疾或头痛者祭月亮	【傈僳族】
W6501. 4. 1. 3	祭月亮有助于打猎	【鄂伦春族】
W6501. 4. 1. 4	祭月是为了感谢月亮的恩惠	【蒙古族】
W6501. 4. 2	祭月亮的时间	
W6501. 4. 2. 1	月亮升起时，人要行祭祀礼	【高山族】
W6501. 4. 2. 2	每月十五日月圆时祭月	【傈僳族】@［W6612. 2. 1. 6］正月十五祭月
W6501. 4. 2. 3	八月十五祭月亮	【民族，关联】③
W6501. 4. 2. 4	正月十五、二十五日拜月亮	【鄂伦春族】
W6501. 4. 2. 5	祭祀新月	【蒙古族】
W6501. 4. 2. 6	其他时间祭月亮	
W6501. 4. 2. 6. 1	早晨祭月亮	【蒙古族】@［W6501. 3. 2. 4. 1］早饭前祭日月
W6501. 4. 3	祭月亮的地点	
W6501. 4. 3. 1	祭月的祭场设在水边	【汉族】
W6501. 4. 4	祭月亮的方法（祭月的情形）	
W6501. 4. 4. 1	用香油炸的麦粑把祭月亮	【傈僳族】
W6501. 4. 4. 2	祭月时先祭祖先	
W6501. 4. 4. 2. 1	农历八月十五祭月神嫦娥菩萨时，要先在家族的神堂前祭祖先	【汉族】
W6501. 4. 4. 2. 2	八月十五祭月只能男人参加	【汉族】

① ［W0271］太阳神（日神）；［W0278. 2］四月初八祭太阳神；［W6484. 4］日坛。

② ［W0280］月亮神（月神）；［W6484. 5］月坛［W6495. 6. 0. 2］祭月亮神。

③ 【白族】【汉族】@［W6495. 6. 0. 2. 2. 1］八月十五祭月亮神（中秋拜月）；［W6622. 4. 2. 2］八月十五祭月亮（中秋祭月；八月十五祭月姐）。

W 编码	母题描述	关联项
W6501.4.4.2.3	祭月请神以妇女为主体	【壮族】
W6501.4.4.2.4	中秋祭月时，各家各户要在门口挂灯笼	【汉族】
W6501.4.5	祭月亮的结果	
W6501.4.6	与祭月亮有关的其他母题	
W6501.5	祭星星（祭星辰）	【古代民族】【高山族】@［W6495.6.0a］祭星神
W6501.5.1	祭星星的产生（祭星的原因）	
W6501.5.1.1	祭星就是祭告那位告诉人们发洪水的乌苏里老人	【满族】
W6501.5.1.2	为纪念女神的神光变成星星驱赶恶魔祭星星	【满族】
W6501.5.1.2.1	祭星祛病	【纳西族】
W6501.5.2	祭星星的时间	
W6501.5.2.1	八月十四日凌晨祭星星	【彝族（黑彝）】
W6501.5.2.2	星祭一年 2 次	【满族】
W6501.5.2.3	正月祭星	
W6501.5.2.3.1	正月祭星为除祟祛瘟	【满族】
W6501.5.2.4	初雪时祭星	
W6501.5.2.4.1	初雪时祭星为禳冬围丰盈	【满族】
W6501.5.3	祭星星的地点	
W6501.5.3.1	在山顶祭星星	【彝族（黑彝）】
W6501.5.4	祭星星的方式	［W6503.12.9.5.3.1］祭星时祭品亦保持三、七、九数不等
W6501.5.4.1	登山祭星辰	
W6501.5.4.2	祭星星时祈祷	
W6501.5.4.2.1	东巴为人祭星祛病时，请求东方的白木星去吓唬东方的鬼；南方的火星去南方的火地方吓唬 7 个火鬼	【纳西族】

W 编码	母题描述	关联项
W6501. 5. 4. 3	星祭可与祭祖合祭	【满族】
W6501. 5. 4. 4	祭星除有九堆火柱外，还要献鹿、野猪、大雁、山雉等活的野牲	【满族】
W6501. 5. 5	祭启明星	
W6501. 5. 6	祭三星	
W6501. 5. 7	祭北斗星（祭七星）	
W6501. 5. 7. 1	祭北斗星是因为北斗星赐给人灵魂	【鄂温克族】
W6501. 5. 7. 1. 1	宰杀牲畜祭北斗星	【鄂温克族】
W6501. 5. 7. 2	拜北斗就是求北斗星给添寿	【汉族】
W6501. 5. 7. 3	除夕夜晚祭祀北斗星	【鄂温克族】
W6501. 5. 7. 4	祭北斗星时朝向北斗星的方向摆上肉、糖块、糕点等	【鄂温克族】@［W6495. 0. 3. 7］祭神有特定的方向（祭祀的方位）
W6501. 5. 8	祭其他特定的星星	
W6501. 5. 8. 1	祭太白星	
W6501. 5. 8. 2	祭寿星（祭南极老人星）	
W6501. 5. 8. 2. 1	祭寿星祈福寿	【中华民族】
W6501. 5. 9	与祭星星有关的其他母题	
W6501. 5. 9. 1	星祭仪式上的食具多用木器和秫秸棍，不用筷子	【满族】
W6501. 5. 9. 2	祭祀星象	【中华民族】
W6501. 6	祭土	［W6495. 2］祭地神
W6501. 6. 1	祭土的产生（祭的原因）	
W6501. 6. 2	祭土的时间	
W6501. 6. 2. 1	造屋、开荒、修路等需要动土时祭土	【侗族】
W6501. 6. 3	祭土的地点	
W6501. 6. 4	祭土的方式	

W 编码	母题描述	关联项
W6501.6.5	祭土的结果	
W6501.6.6	与祭土有关的其他母题	［W6495.2.5.3］祭土地神
W6501.7	祭山	
W6501.7.1	祭山的产生（祭山的原因）	
W6501.7.1.1	为消除瘟疫祭山	【汉族】
W6501.7.1.2	为取胜祭山	【汉族】
W6501.7.2	祭山的时间	
W6501.7.2.0	正月祭山	【羌族】
W6501.7.2.0.1	正月初一祭山	【彝族】
W6501.7.2.1	每年农历四月祭山	【羌族】
W6501.7.2.2	五月十五日杀牛祭山	【羌族】
W6501.7.2.3	六月初六	【彝族】
W6501.7.2.4	其他时间祭山	
W6501.7.2.4.1	三月祭山	【布依族】
W6501.7.2.4.2	阴历三月第一个虎场或蛇场天祭山	【仡佬族】
W6501.7.2.5	祭山的次数	
W6501.7.2.5.1	农历正月初一、六月初六 2 次祭山	【彝族】
W6501.7.2.5.2	一年一次或两三次祭山	【羌族】
W6501.7.2.6	与祭山时间有关的其他母题	
W6501.7.2.6.1	隔时祭山	
W6501.7.2.6.1.1	每隔 10 年祭山 1 次	【羌族（纳木依人、柏木依人）】@［W6508.2.1.1.2.1］羌族纳木依人和柏木依人每隔 10 年举行一次祭山大典，由整个地区各堡子共祭
W6501.7.3	祭山的地点	
W6501.7.3.1	在山顶祭山	【羌族】

W 编码	母题描述	关联项
W6501. 7. 4	祭山的方式	
W6501. 7. 4. 1	杀牛祭山	【羌族】
W6501. 7. 4. 1. 1	杀白牛祭山	【布依族】
W6501. 7. 4. 2	祭山前先杀鸡敬灶王府君看鸡卦	【仡佬族】
W6501. 7. 5	祭山的结果	
W6501. 7. 6	祭五岳	
W6501. 7. 7	祭泰山	
W6501. 7. 8	祭长白山	【汉族】
W6501. 7. 9	祭其他特定的山	
W6501. 7. 9. 1	祭恒山	
W6501. 7. 9. 1. 1	舜向恒山主峰行大拜九叩大礼	【汉族】
W6501. 7. 9. 2	祭龙山	
W6501. 7. 9. 2. 1	农历七月祭龙山	【布依族】
W6501. 7. 9. 2. 1. 1	农历七月属龙那天祭龙山	【布依族】
W6501. 7. 9. 3	祭神山	【彝族（撒梅人）】@［W6495. 3. 2. 1. 7. 2］特定月份特定日子的特定时辰祭神山
W6501. 7. 10	与祭山有关的其他母题	［W6509. 2. 6. 1. 1. 2］祭山时祭已婚女子参加
W6501. 7. 10. 1	祭山就是祭祖先	［W6501. 9. 5. 7. 1］祭锅庄石就是祭祖
W6501. 7. 10. 1. 1	仙女化成的山与司雨神吉西尼所生的儿女繁衍的许多民族都祭山	【普米族】
W6501. 8	祭水（祭江；祭河）	
W6501. 8. 1	祭水的产生（祭水的原因）	
W6501. 8. 2	祭水的时间	
W6501. 8. 2. 1	过大年之前丑日祭水	
W6501. 8. 3	祭水的地点	
W6501. 8. 3. 1	在水井边祭水	

W 编码	母题描述	关联项
W6501.8.4	祭水的方式	
W6501.8.4.1	祭水要用1对公母鸡（白鸡和花鸡禁用）	【彝族】
W6501.8.5	祭江	
W6501.8.6	祭河	【汤普森】V11.2.1；【汉族】
W6501.8.6.1	“沈”是祭河常用的一种祭法	
W6501.8.6.2	把祭品沉入大河之中祭河	【中华民族】
W6501.8.7	祭湖	
W6501.8.8	祭海	【汤普森】V11.2
W6501.8.8.1	海祭晚上开始、黎明结束	【满族】
W6501.8.8.2	用柳祭海	【满族】
W6501.8.9	祭潭	
W6501.8.9.1	祭龙潭	【拉祜族、佤族】
W6501.8.10	祭水塘	
W6501.8.10.1	祭月塘	
W6501.8.11	祭泉	［W6495.4.5.6］祭泉神
W6501.8.11.1	祭温泉	
W6501.8.11.1.1	每年秋收之后各家各户陆续祭温泉，因为温水泉是女始祖姆洛甲的生殖器	【壮族】
W6501.8.12	祭水的结果	
W6501.8.13	与祭水有关的其他母题	
W6501.9	祭石（祭石头；祭神石；祭石神）	【汤普森】V11.3
W6501.9.1	祭石的产生（祭的原因）	
W6501.9.1.1	祭石神祈子和祈丰收	【汉族】
W6501.9.1.1.1	祭祀石头的祈子	【朝鲜族】@［W6484.3］为了生育祭祀（祭祀祈子）
W6501.9.1.1.2	因祖先拜石繁衍后代祭石神	【侗族】

W 编码	母题描述	关联项
W6501.9.1.2	祭石祈福	
W6501.9.1.2.1	祭天王石祈求求风调雨顺，五谷丰登	【布依族】@［W6627.5.2.1］布依族每年六月六到天王石前祭祀祈福
W6501.9.1.3	新生儿犯石忌须祭“岩妈”	【侗族】
W6501.9.1.4	祭石神壮胆	【壮族】
W6501.9.2	祭石的时间	
W6501.9.2.1	十月祭石神	【彝族（阿哲、阿细）】
W6501.9.2.2	除夕祭石神	【彝族】
W6501.9.2.3	正月初一祭石神	【侗族】@［W6491.5.5.3.1.1］侯姓在正月初一到初八祭祀石头神
W6501.9.3	祭石的地点	
W6501.9.3.1	门口供奉石神	【藏族（尔苏）】
W6501.9.4	祭石的方式	
W6501.9.4.1	年三十晚，村民要端三碗饭、一碗酒、一碗茶祭石神	【彝族】
W6501.9.4.2	祭大门口石头神时，要杀羊、杀鸡把血淋于其上，并粘上鸡毛	【藏族（尔苏）】
W6501.9.5	祭特定的石	
W6501.9.5.1	祭泰山石	
W6501.9.5.2	祭怪石	
W6501.9.5.3	祭石敢当	
W6501.9.5.4	祭屋基石	
W6501.9.5.5	祭迎路石	
W6501.9.5.6	祭白石	【羌族】
W6501.9.5.6.1	祭白石的产生	
W6501.9.5.6.1.1	因白石山岩是祖先的寄托祭白石	【藏族】
W6501.9.5.6.2	祭白石的方法	［W6503.5.15.7.2.1］祭白石神时，所用白羊要挖心，黑羊要杀

W 编码	母题描述	关联项
W6501.9.5.6.3	与祭白石有关的其他母题	［W6508.2.1.4.2］各家公祭白石神
W6501.9.5.7	祭锅庄石	
W6501.9.5.7.1	祭锅庄石就是祭祖	【纳西族（摩梭）】
W6501.9.5.8	祭格萨尔留下的神石	【珞巴族】
W6501.9.5.9	祭其他特定石头	
W6501.9.5.9.1	祭龙图腾圣石	
W6501.9.5.9.1.1	姬轩辕每五年以青鸟之血献祭龙图腾圣石	【中华民族】
W6501.9.6	祭石的结果	
W6501.9.7	与祭石有关的其他母题	［W6428］石崇拜（石头崇拜，岩石崇拜）
W6501.9.7.1	神石可镇鬼	【纳西族】
W6501.10	祭风	【汤普森】V11.5；【纳西族】
W6501.10.1	祭风的产生（祭的原因）	
W6501.10.2	祭风的时间	
W6501.10.2.1	殉情后祭风	【纳西族】
W6501.10.3	祭风的地点	
W6501.10.4	祭风的方式	
W6501.10.5	祭特定的风	
W6501.10.5.1	祭旋风	
W6501.10.5.1.1	遇黑旋风要杀鸡祭祀	【黎族】
W6501.10.6	祭风的结果	
W6501.10.7	与祭风有关的其他母题	［W6495.6.1］祭风神
W6501.11	祭火	【蒙古族】
W6501.11.1	祭火的产生（祭的原因）	［W6959.2］火的作用（火的功能）
W6501.11.1.1	祭火求吉祥	【蒙古族（布里亚特）】
W6501.11.1.2	不祭火倒运	【蒙古族（布里亚特）】

W 编码	母题描述	关联项
W6501. 11. 2	祭火的时间	［W6495. 5. 2］祭火神的时间
W6501. 11. 2. 1	除夕夜祭火	【蒙古族】
W6501. 11. 2. 2	农历正月初一祭火（祭火龙太子）	【彝族】
W6501. 11. 2. 3	正月初二或初三举村祭火（开“火神会”）	【彝族】
W6501. 11. 2. 4	玷污了火时要举行祭火仪式	【蒙古族（布里亚特）】
W6501. 11. 3	祭火的地点	
W6501. 11. 3. 1	在火池祭火	
W6501. 11. 3. 1. 1	火祭时垒八十一座火池	【满族】
W6501. 11. 4	祭火的方式	
W6501. 11. 4. 1	火祭时，神树前插有八面动物图像旗	【满族】
W6501. 11. 4. 2	火祭时要玩各种火技	【满族】
W6501. 11. 4. 3	祭火时选择神树	【满族】
W6501. 11. 5	祭火的结果	
W6501. 11. 6	与祭火有关的其他母题	［W6495. 5］祭火神
W6501. 11. 6. 1	凡逢族祭时有识火竞赛、超人驭火等活动	【满族】
W6501. 12	祭雷	
W6501. 12. 1	祭雷的产生（祭的原因）	
W6501. 12. 1. 1	因恐惧祭雷	【多民族】
W6501. 12. 2	祭雷的时间	
W6501. 12. 3	祭雷的地点	
W6501. 12. 4	祭雷的方式	
W6501. 12. 4. 1	祭特定的雷	
W6501. 12. 4. 1. 1	祭第一声春雷	【鄂温克族】
W6501. 12. 5	祭雷的结果	
W6501. 12. 6	与祭雷有关的其他母题	［W6495. 6. 3］祭雷神（祭雷公；祭雷王）

W 编码	母题描述	关联项
W6501.13	祭闪电	
W6501.13.1	祭闪电的产生（祭的原因）	
W6501.13.2	祭闪电的时间	
W6501.13.3	祭闪电的地点	
W6501.13.4	祭闪电的方式	
W6501.13.5	祭闪电的结果	
W6501.13.6	与祭闪电有关的其他母题	［W4438.1］闪电是神的信使
W6501.14	祭洞	
W6501.14.1	祭洞的产生（祭洞的原因）	
W6501.14.2	祭洞的时间	
W6501.14.2.1	每隔三年要祭生人洞	【佤族】
W6501.14.3	祭洞的地点	
W6501.14.4	祭洞的方式	
W6501.14.4.1	杀白公鸡祭生人的洞	【佤族】
W6501.14.5	祭特定的洞	［W6495.11.13］祭洞神（祭山洞神）
W6501.14.5.1	祭树洞	【汉族】
W6501.14.5.2	祭山洞	【民族，关联】①
W6501.14.6	祭洞的结果	
W6501.14.7	与祭洞有关的其他母题	［W6502.2.3.2］祭祀女性生殖器
W6501.15	祭其他自然物	
W6501.16	祭特定工具（祭特定用品）	
W6501.16.1	祭工具的产生（祭工具的原因）	［W6432.2］工具崇拜
W6501.16.2	祭工具的时间	
W6501.16.3	祭工具的地点	
W6501.16.3.1	使用工具前祭工具	【民族，关联】②

① 【佤族】@［W2205］洞生人；［W6501.7］祭山。
② 【汉族】@［W6501.16.5.1.1.2］开生荒地时要用荞粑粑祭犁耙；［W6501.17.2.1］战前祭武器。

W 编码	母题描述	关联项
W6501. 16. 4	祭工具的方式	
W6501. 16. 5	祭特定的工具	
W6501. 16. 5. 1	祭农具（祭祀劳动工具）	
W6501. 16. 5. 1. 1	祭犁	
W6501. 16. 5. 1. 1. 1	八月十五扎努扎别用新米供祭犁头	【拉祜族】
W6501. 16. 5. 1. 1. 2	开生荒地时要用荞粑粑祭犁耙	【傈僳族】
W6501. 16. 5. 2	祭餐具	
W6501. 16. 5. 3	祭灶	［W6495. 11. 53］祭灶神（祭灶王；祭灶王爷；祭灶君）
W6501. 16. 5. 3. 1	逢年过节要摆酒肉先敬灶	【苗族】
W6501. 16. 5. 4	祭床	
W6501. 16. 5. 5	祭门	［W6495. 9. 5］祭门神
W6501. 16. 5. 6	祭缸	
W6501. 16. 5. 7	特定行业祭的特定物	
W6501. 16. 5. 7. 1	祭法器	【彝族】@［W6456. 2. 1］法器
W6501. 16. 5. 7. 2	养鱼者祭鱼	
W6501. 16. 5. 7. 2. 1	造塘养鱼后，闺女吃鱼先祭祀	【壮族】
W6501. 16. 5. 8	祭其他特定用具	
W6501. 16. 6	祭工具者	
W6501. 16. 7	祭工具的结果	
W6501. 16. 8	与祭工具有关的其他母题	
W6501. 17	祭特定武器（祭与争战有关的特定物）	［W8740］武器
W6501. 17. 1	祭武器的产生（祭武器的原因）	［W6432. 4］武器崇拜
W6501. 17. 2	祭武器的时间	
W6501. 17. 2. 1	战前祭武器	【汉族】
W6501. 17. 3	祭武器的地点	

W 编码	母题描述	关联项
W6501.17.4	祭武器的方式	
W6501.17.4.1	用敌人的血祭武器	【汉族】
W6501.17.5	祭刀	
W6501.17.5.1	用血祭刀	［W6503.8.1］血液作为祭品（血作为祭品；血祭）
W6501.17.6	祭枪	
W6501.17.7	祭弓箭	【满族】@［W0459.2］弓箭神
W6501.17.8	祭盾矛	
W6501.17.9	祭其他特定武器	
W6501.17.10	祭武器的结果	
W6501.17.11	与祭武器有关的其他母题	
W6501.18	与祭自然物或无生命物有关的其他母题	
W6502	**祭其他特定对象（祭特定崇拜物；祭特定人造物）**	
W6502.0	祭人造物（人造物作为祭祀对象）	
W6502.0.1	祭长城	
W6502.0.1.1	孟姜女祭长城	【汉族】
W6502.0.2	祭石臼	
W6502.0.2.1	石臼庙供奉石臼	【汉族】
W6502.0.3	祭石磨	［W6495.9.6］祭磨神
W6502.0.4	祭石狮	［W3292.3.3］石狮
W6502.0.4.1	药铺供奉狮子“亮子”	【汉族】
W6502.0.5	祭建筑物	
W6502.0.5.1	不同的建筑用不同的祭品	【彝族】
W6502.1	祭图腾物	【土家族】@［W6290～W6349］常见的图腾物

W 编码	母题描述	关联项
W6502.1a	祭祀图腾熊	【蒙古族（布里亚特）】
W6502.2	祭象征物（象征物作为祭祀对象）	［W6499.5.4.7］通过敬水井敬龙
W6502.2.1	把羊角当家神供奉	【纳西族·摩梭人】
W6502.2.2	祭锅庄石表示“祭祖”	【纳西族·摩梭人】
W6502.2.3	祭生殖器	［W6377.4］生殖器崇拜（性崇拜）
W6502.2.3.1	祭祀男性生殖器	
W6502.2.3.1.1	从事主要农事活动都要进行“卡让达古”（祭祀男性生殖器）	【珞巴族】
W6502.2.3.2	祭祀女性生殖器	【壮族】@［W6495.11.38.5.1］祭女性生殖器神
W6502.2a	祭神的替身	［W6456.2.5.7.1］替身神偶
W6502.2a.1	祭月神时找一妇女做月神的“替身”	【壮族】
W6502.3	祭像	【瑶族】
W6502.3.1	祭塑像	
W6502.3.1.1	塑盘古金身以四时祭祀	【多民族】
W6502.3.1.2	祭特定塑像免灾	【汉族】
W6502.3.1.3	祭祀时抬塑像巡游	
W6502.3.1.3.1	祭祀炎帝时抬塑像巡游	【汉族】
W6502.3.1.4	祭母亲的木头塑像	【汉族】
W6502.3.1.5	削木为黄帝之像，诸侯朝奉之	【中华民族】
W6502.3.2	祭画像	
W6502.3.2.1	画神农氏像进行祭祀	【汉族】
W6502.4	祭鼓	［W0965］神鼓
W6502.4.1	祭木鼓	【民族，关联】①
W6502.4.1.1	为感谢木鼓神祭木鼓	【佤族】

① 【苗族】@［W6917.1.6］木鼓；［W6456.2.2.1］木鼓是通天神器。

W 编码	母题描述	关联项
W6502.4.1.1a	因木鼓能预言祭木鼓	【佤族】
W6502.4.1.2	敲响木鼓祖先会从天上听到	【佤族】
W6502.4.1.3	凡猎到野兽就把兽头砍下来供祭木鼓	【佤族】
W6502.4.1.4	砍人头祭木鼓（猎头祭鼓）	【佤族】
W6502.4.1.5	剽水牛祭木鼓	【佤族】
W6502.4.1.6	全村人聚集祭祀铜鼓	【壮族】
W6502.4.1.7	用马鬃蛇头祭木鼓	【佤族】
W6502.4.2	祭铜鼓	【壮族】
W6502.4.2.1	征战时祭铜鼓	【壮族】
W6502.5	祭旗	
W6502.6	祭坟墓（扫墓）	【关联】①
W6502.6.1	扫墓时间于春分至清明之间，具体日子各户自定	【壮族】
W6502.7	祭牌位（祭灵牌）	［W6502a.3］神牌（鬼牌；祭祀的牌位）
W6502.7.1	纺织者的织布机上敬着嫘祖的牌位	【汉族】
W6502.8	祭桥	
W6502.9	祭路	
W6502.10	祭鼓楼	【侗族】@［W6209.2.3.2］鼓楼
W6502.11	祭敖包	
W6502.11.1	祭敖包的产生（祭敖包的原因）	
W6502.11.1.0	祭敖包求风调雨顺	【鄂温克族】@［W6507.3.5］祭敖包求雨
W6502.11.1.1	祭敖包求雨	【鄂温克族】
W6502.11.1.2	祭敖包是因为敖包是祖先的发祥地	【鄂温克族】

① ［W6495.7.13.4.1］祭龙神时先祭墓龙树后祭坟；［W6687］坟墓（坟；墓；冢；陵；墓地）。

W 编码	母题描述	关联项
W6502. 11. 1. 3	祭敖包求吉祥	【达斡尔族】
W6502. 11. 1. 4	祭敖包是因为敖包救了蒙古人的命	【满族】
W6502. 11. 2	祭敖包的时间	
W6502. 11. 2. 1	初夏种完地后的农历五月间祭祀敖包	【达斡尔族】
W6502. 11. 2. 2	五月十三日祭敖包	【蒙古族】
W6502. 11. 2. 2a	五月十三，蒙古人和汉人到那些石头落子（敖包）前祭奠	【满族】
W6502. 11. 3	祭敖包的对象	
W6502. 11. 3. 1	祭祀敖包就是祭天神	【蒙古族】
W6502. 11. 3. 2	祭祀敖包就是祭山神白那查	【鄂伦春族】
W6502. 11. 3. 3	祭祀敖包就是祭龙	【蒙古族】
W6502. 11. 4	祭敖包的功能	
W6502. 11. 4. 1	祭敖包能求龙王降雨	【鄂温克族】
W6502. 11. 5	祭敖包的方法（祭敖包的情形）	［W6491. 2. 2］祭敖包除妇女外，男子都来参加
W6502. 11. 5. 1	全村杀牲供祭敖包	【达斡尔族】
W6502. 11. 5. 1a	部落为单位祭典敖包	【达斡尔族】
W6502. 11. 5. 2	行人路过敖包时增添石块以示敬意	【达斡尔族】
W6502. 11. 5. 3	敬酒叩拜敖包	【鄂温克族】
W6502. 11. 5. 4	通过敖包会祭敖包	
W6502. 11. 5. 4. 1	每四五月份祭祀敖包时举行赛马、射箭、摔跤等活动	【鄂温克族】
W6502. 11. 6	祭敖包的结果	
W6502. 11. 7	与祭敖包有关的其他母题	［W6209. 8. 2］敖包
W6502. 11. 7. 1	每个氏族都有自己的敖包	【达斡尔族】
W6502. 11. 7. 2	从祭祀的敖包旁边走过时必须叩头	【蒙古族】

W 编码	母题描述	关联项
W6502.12	祭玛尼堆	【藏族】
W6502.13	祭书	
W6502.13.1	祭经书	
W6502.14	祭特定方位	[W6503.11.6] 祭品放置的方位（祭品有特定的摆放方向）
W6502.14.1	吃怪物时，尸首上半节炙祭北方，下半节炙祭南方；左边长肋骨炙祭左边，右边短肋骨炙祭右边	【纳西族】
W6502.15	祭特定地点	[W6507.3.3a] 祭水祈雨（祭特定地点求雨）
W6502.15.1	祭人类发源地	
W6502.15.1.1	每隔三年要杀白公鸡去祭出人的地洞养贺	【佤族】
W6502a	**与祭祀对象有关的其他母题（与受祭者有关的其他母题）**	
W6502a.1	核心祭祀对象（主祭对象）	
W6502a.2	陪祭（辅祭）	
W6502a.2.1	以祭天神为主，日月星辰附祭，五谷太子和五谷神陪祭	【彝族（撒尼）】@[W6491.5.7] 陪祭者
W6502a.2.2	陪祭的神	
W6502a.2.2.1	受祭主神的亲生父母作为陪祭的神	【达斡尔族】
W6502a.2.2.2	祭土地神时顺祭山神和路神	【锡伯族】
W6502a.2.2.3	祭某神时兼祭其他神	
W6502a.2.2.3.1	田边祭“田神”时兼祭“山神”“天王神”	【布依族】
W6502a.2.3	祭帝王以帝臣王佐配	【中华民族】
W6502a.3	神牌（鬼牌；祭祀的牌位）	
W6502a.3.1	神牌的产生	
W6502a.3.1.1	为祭祀制作神牌	【汉族】

W 编码	母题描述	关联项
W6502a. 3. 1. 2	大祭风仪式需要制作鬼牌	【纳西族】
W6502a. 3. 2	神牌的特征	
W6502a. 3. 2. 1	东巴画的神牌鬼牌都一样，彩色平线下面，有海、天、星、宿、日、月、风、云等图画字，代表天地四方	【纳西族】
W6502a. 3. 3	特定的神牌	
W6502a. 3. 3. 1	祖灵神牌	
W6502a. 3. 3. 1. 1	神牌由一个小木匣制成，匣内放置 3 层木板，分为曾祖父母、祖父母和父母	【傈僳族】
W6502a. 3. 3. 1. 2	用竹子做祖灵神牌	
W6502a. 3. 3. 1. 2. 1	用竹根做祖灵	【彝族（腊鲁）】@［W6502a. 3. 3. 2. 2. 1. 1］用竹根做祖灵时，死者若是男性，竹根要有六个节；若是女性，则要七节
W6502a. 3. 3. 1. 2. 2	用水华竹根制作祖灵	【彝族（阿乌人）】
W6502a. 3. 3. 1. 2. 3	用野竹削成竹签绕以山羊脊背上的长毛和彩线作祖灵	【彝族（干彝）】
W6502a. 3. 3. 1. 3	用白麻栎树制作祖灵	【彝族（阿乌人）】
W6502a. 3. 3. 1. 4	用松树根雕祖灵	【彝族（黑彝）】
W6502a. 3. 3. 2	灵牌	［W6502. 7］祭排位（祭灵牌）
W6502a. 3. 3. 2. 1	灵牌的产生	
W6502a. 3. 3. 2. 1. 1	制作灵牌（灵牌的制作）	
W6502a. 3. 3. 2. 1. 1. 1	孤儿梦见他的父母，醒后发现抱着的是两棵竹子，就开始用竹子做祖灵	【彝族（腊鲁）】
W6502a. 3. 3. 2. 1. 1. 2	毕摩边诵经文边把一截松树刻成小木人，用笔点上五官，画上衣裤，供在祖公位上作为“灵牌”	【彝族（摩察）】

W 编码	母题描述	关联项
W6502a. 3. 3. 2. 1. 1. 3	特定木头做灵牌	
W6502a. 3. 3. 2. 1. 1. 3. 1	白栗木当灵牌	【纳西族（摩梭）】
W6502a. 3. 3. 2. 1. 1. 3. 2	栗板子做灵牌	【汉族】
W6502a. 3. 3. 2. 1. 2	盗取灵牌	
W6502a. 3. 3. 2. 1. 2. 1	人财不旺的族人偷别家的祖灵灵牌供奉	【彝族】@［W6496. 0. 4. 7. 5. 3］祭祖时偷来邻村祖神祭祀
W6502a. 3. 3. 2. 2	灵牌的特征	
W6502a. 3. 3. 2. 2. 1	祖灵男女有别	
W6502a. 3. 3. 2. 2. 1. 1	用竹根做祖灵时，死者若是男性，竹根要有六个节；若是女性，则要七节	【彝族】
W6502a. 3. 3. 2. 2. 1. 2	灵牌有特定文字	
W6502a. 3. 3. 2. 2. 1. 2. 1	神主牌上用彝文或彝文、汉文写着祖人姓名	【白族】
W6502a. 3. 3. 2. 2. 1. 2. 2	死者灵牌上写着性别、姓名、享年	【羌族】
W6502a. 3. 3. 2. 2. 2	灵牌是亡灵享祀的寓所	【彝族】
W6502a. 3. 3. 2. 3	灵牌的保存（灵牌的放置）	
W6502a. 3. 3. 2. 3. 1	灵牌装入白布小袋送往山洞（祖宗洞）中供奉	【彝族】
W6502a. 3. 3. 2. 3. 2	祖灵插在家里中楼正面墙上的“祖公洞”中	【彝族】
W6502a. 3. 3. 2. 3. 3	祖宗牌位放置在堂屋正中的神龛中	【彝族】
W6502a. 3. 3. 2. 4	灵牌的使用（灵牌的处理）	［W6496. 0. 4. 7. 7. 3］家中供祖先灵牌
W6502a. 3. 3. 2. 4. 1	满 3 年的死者灵牌要送到庙内烧掉，把灵牌上死者名字刻在祖公牌上	【彝族】
W6502a. 3. 3. 2. 4. 2	除夕前刷新祖神牌位	【壮族】

W 编码	母题描述	关联项
W6502a. 3. 3. 2. 5	与灵牌有关的其他母题	
W6502a. 3. 3. 2. 5. 1	灵牌即“灵位”	【彝族】
W6502a. 3. 3. 3	灵位（神位；神的牌位）	
W6502a. 3. 3. 3. 1	灵位的产生	
W6502a. 3. 3. 3. 1. 1	焚尸后巫师取一点骨灰包在竹枝中做成灵位	【彝族】
W6502a. 3. 3. 3. 1. 2	以白栗树枝 9 条插于门前地上做灵位	【傈僳族】
W6502a. 3. 3. 3. 2	灵位的特征	
W6502a. 3. 3. 3. 2. 1	诸神的牌位有特定排放顺序	【中华民族】
W6502a. 3. 3. 3. 3	灵位的使用	
W6502a. 3. 3. 3. 3. 1	神的牌位置于屋顶	【羌族】
W6502a. 3. 3. 3. 3. 2	神位放在树上	【羌族】
W6502a. 3. 3. 3. 3. 3	神位处插神旗	【羌族】
W6502a. 3. 3. 3. 3. 4	灵位装于马英花木筒中以猪血调生面封筒之两端，择地葬埋	【彝族】
W6502a. 3. 3. 3. 4	特定的灵位	
W6502a. 3. 3. 3. 4. 1	用三棵各长出三个岔岔的松头插在石缝中作为山神灵位	【傈僳族】
W6502a. 3. 3. 3. 5	与灵位有关的其他母题	
W6502a. 3. 3. 3. 5. 1	灵筒	
W6502a. 3. 3. 3. 5. 1. 1	用竹制作灵筒	【彝族】
W6502a. 3. 3. 3. 5. 1. 2	扎红丝线的灵筒代表男性祖人	【彝族】
W6502a. 3. 3. 3. 5. 1. 3	扎绿丝线的代表女性祖人	【彝族】
W6502a. 3. 4	与神牌有关的其他母题	［W6504. 4. 3. 6. 1］木牌是纳西族东巴教的祭祀实物，可分神牌和鬼牌两种
W6502a. 3. 4. 1	神位	
W6502a. 3. 4. 1. 1	祖先的神位一代接一代，依次排位	【傈僳族】

W 编码	母题描述	关联项
W6502a.3.4.1.1.1	祖神神位牌	【壮族】
W6502a.3.4.1.2	神位的放置	
W6502a.3.4.1.2.1	特定的神位放在黑暗处	【彝族】@［W6496.0.5.3.3.2］祖先神位放在厨房里的黑暗处
W6502a.3.4.1.2.2	祖先牌位放神林	【藏族（尔苏）】
W6502a.3.4.1.2.3	神座	［W6495.0.5.14.2.1］在白毡神座上送神
W6502a.3.4.1.2.3.1	以不带叶柏栎枝代表神所止处，名曰神座	【彝族】
W6502a.3.4.1.2.4	神柜	
W6502a.3.4.1.2.4.1	火塘正上方（东墙）放神柜代表祖先神	【藏族（白马）】
W6502a.3.4.1.3	书写神位	
W6502a.3.4.1.3.1	红纸上书写“天地君亲师”神位	【羌族】
W6502a.3.4.1.3.2	祖先神龛写特定的神位	【壮族】
W6502a.3.4.1.4	大门旁立土地神位	【锡伯族】@［W6508.3.5.2.2］建房后要在房顶立神位
W6502a.3.4.1.5	神位的象征物（神位的代表物）	
W6502a.3.4.1.5.1	香炉代表神位	【鄂伦春族】
W6502a.3.4.1.5.2	口袋代表神位	【关联】①
W6502a.3.4.1.5.2.1	口袋代表生育神神位	【满族】
W6502a.3.4.1.6	庙中神位的变化	【汉族、壮族、瑶族等】
W6502a.3.4.2	神灵的放置	
W6502a.3.4.2.1	象征战神的石头放进布袋挂在“天柱”上	【纳西族】
W6502a.4	被祭者的象征物（被祭祀者的代表物）	
W6502a.4.1	特定符号象征被祭者（特定符号代表被祭者）	

① ［W6456.2.5.1.4.4.1］谷神神偶是人形口袋中装五谷；［W6456.2.5.6.4］神偶装入特定的口袋。

W 编码	母题描述	关联项
W6502a. 4. 2	特定动物象征被祭者（特定动物代表被祭者）	
W6502a. 4. 2. 1	蚩尤族的祖灵是一只巨大的独角夔牛	【中华民族】
W6502a. 4. 3	特定植物象征被祭者（特定植物代表被祭者）	
W6502a. 4. 3. 1	青松枝代表被祭的祖先	【傈僳族（黑傈僳）】
W6502a. 4. 4	特定符号象征被祭者（特定符号代表被祭者）	
W6502a. 4. 5	特定自然物象征被祭者（特定自然物代表被祭者）	
W6502a. 4. 6	特定无生命物象征被祭者（特定无生命物代表被祭者）	
W6502a. 4. 7	特定人造物象征被祭者（特定人造物代表被祭者）	
W6502a. 5	祭祀对象的要求	
W6502a. 5. 1	祭祀只祭活物	
W6502a. 5. 1. 1	祭神树只祭活树，树枝死了要另找一棵，称守生不守死	【彝族（阿哲、阿细）】
W6502a. 6	特定群体祭特定的神	［W6499. 6. 5］特定的群体祭蛇
W6502a. 6. 1	特定的家族敬特定的神	
W6502a. 6. 1. 1	马氏、富氏家族敬奉西伦玛玛	【满族】
W6503	**祭品（牺牲）**	【汤普森】①S260；②V10
W6503. 1	祭品的产生（祭品的来历；牺牲的产生）	【汤普森】A1545
W6503. 1. 1	祭品源于神的需要	
W6503. 1. 1. 1	神灵要享用祭品	【汤普森】S262；【满族】
W6503. 1. 1. 1. 1	神只食用祭品的气	【壮族】
W6503. 1. 1. 1. 2	木头神把桦木盆肉吃得精光	【赫哲族】
W6503. 1. 1. 2	妖魔要定期享用祭品	【汤普森】S262

W 编码	母题描述	关联项
W6503.1.1.3＊	牺牲行祭的目的是与超自然力量相沟通以求得庇祐	【各民族】
W6503.1.1.4	没有祭品神会挨饿	【傣族】
W6503.1.2	特定人物规定祭品	
W6503.1.2.1	特定的祭品是神规定的	［W1897.17.4.1］玉水专祭龙神
W6503.1.2.2	用猪、鸡和鸟祭太阳源于神的规定	【珞巴族】
W6503.1.3	购买祭品（购买牺牲）	
W6503.1.3.1	购买牺牲不得还价	【满族】
W6503.1.3.2	买牺牲时要念咒语	【壮族】
W6503.1.4	向特定人物索取祭品	
W6503.1.4.1	向无事故者采征祭品	【满族】
W6503.1a	祭品的特征（牺牲的特征；牺牲的性质）	
W6503.1a.1	祭品讲究精美	
W6503.1a.2	祭品讲究特定数量	
W6503.1a.3	祭品讲究数量多	
W6503.1a.4	祭品讲究颜色（祭品的颜色）	［W6503.13.9.2］祭品的颜色禁忌
W6503.1a.4.1	黑色的祭品（祭品为黑色）	
W6503.1a.4.1.1	祭祀用的猪必须毛全黑，不能杂有白毛	【彝族】
W6503.1a.4.1.2	祭品猪必须是没有杂毛的全黑色	【满族】
W6503.1a.4.2	祭品为白色	
W6503.1a.4.2.1	白色动物作为祭品	［W6495.3.4.5］用白色动物祭山神
W6503.1a.4.2.1.1	杀白牛祭天，杀白马祭地	【仡佬族】
W6503.1a.4.3	祭品颜色与所祭对象颜色一致	［W6503.1a.7］祭品与被祭者形似（祭品与被祭者有相似的特征）

W 编码	母题描述	关联项
W6503. 1a. 4. 3. 1	面团制作的祭神的朵玛的颜色与它所供的神灵或所属神系的色彩相一致	【藏族】
W6503. 1a. 5	祭品讲究肥壮	
W6503. 1a. 5. 1	祭神要用壮鸡肥猪	【彝族】@［W6503. 5. 1. 5. 2］作为祭品的鸡不能太瘦
W6503. 1a. 6	祭品的性质	
W6503. 1a. 6. 1	珍贵的牺牲（贵重的牺牲）	
W6503. 1a. 6. 1. 1	特定颜色的动物是最珍贵的牺牲	
W6503. 1a. 6. 1. 1. 1	白母马是最珍贵的牺牲	【柯尔克孜族】
W6503. 1a. 6. 1. 2	祭祖坟的鸡以公鸡为贵	【布依族】
W6503. 1a. 6. 2	作为牺牲的动物神圣（祭祀用的牺牲以“神”相称）	
W6503. 1a. 6. 2. 1	作为牺牲的猪称“神猪”	【满族】
W6503. 1a. 6. 3	必不可缺的祭品（必须的祭品）	【仡佬族】
W6503. 1a. 6. 3. 1	鱼是必需的祭品	【壮族】
W6503. 1a. 6. 3. 2	血是请神、祭神的必备佳品	【鄂伦春族】
W6503. 1a. 6. 4	优质祭品	
W6503. 1a. 6. 4. 1	天鹅血是上乘祭品	【鄂伦春族】
W6503. 1a. 6. 5	简单的祭品	
W6503. 1a. 6. 5. 1	日常饭食作为祭品	【鄂温克族】
W6503. 1a. 7	祭品与被祭者形似（祭品与被祭者有相似的特征）	【关联】①
W6503. 1a. 7. 1	百姓每年蒸牛角形的枣馍敬金牛天神	【汉族】
W6503. 1a. 7. 2	祭铁匠保护神用与之长着相似面孔的红毛公山羊	【蒙古族】@［W6503. 1a. 7］祭品与被祭者形似（祭品与被祭者有相似的特征）

①［W6499. 12. 5. 1. 1］祭鱼用鱼形祭品；［W6503. 1a. 4. 3］祭品颜色与所祭对象颜色一致。

W 编码	母题描述	关联项
W6503. 1a. 8	牺牲的性别（祭品的使用分性别）	
W6503. 1a. 8. 1	为男病人祭祀用雌性牺牲	【怒族】
W6503. 1a. 8. 2	为女病人祭祀用雄性牺牲	【怒族】
W6503. 1a. 8. 2a	除夕杀大公牛祭祖宗	【壮族】
W6503. 1a. 8. 2b	新萨满供公羊作为牺牲	【蒙古族（布里亚特）】
W6503. 1a. 8. 3	祭不同的神用不同性别的牺牲	
W6503. 1a. 8. 3. 1	祭天，黄牛必须是公牛	【白族（那马）】
W6503. 1a. 8. 3. 2	祭地，用母牛或母猪	【白族（那马）】
W6503. 1a. 8. 4	祭替身的一只鸡，男用公鸡，女用母鸡	【纳西族】
W6503. 1a. 8. 5	祭不同的神用不同性别的牺牲	
W6503. 1a. 8. 5. 1	祭“达·巴尔肯”主神用白顶枣红色公牛一头，祭“达·巴尔肯”的“斡若克西”用栗色牝牛一头	【达斡尔族】
W6503. 1a. 9	与祭品特征有关的其他母题	
W6503. 1a. 9. 1	祭品有神圣性（祭品被赋予神力）	【汤普森】V11
W6503. 1a. 9. 2	牺牲有特权	
W6503. 1a. 9. 2. 1	祭天的牛要任其自由活动，吃草啃庄稼不得撵赶抽打	【白族（那马）】
W6503. 1a. 9. 3	牺牲的等级	
W6503. 1a. 9. 3. 1	最高级的牺牲	
W6503. 1a. 9. 3. 1. 1	马是最高级的牺牲	【蒙古族（布里亚特）】
W6503. 1a. 9. 4	牺牲的标志	
W6503. 1a. 9. 4. 1	动物身上挂特定物作为牺牲的标志	【鄂温克族】
W6503. 1a. 9. 5	活物作为牺牲（活牲）	
W6503. 1a. 9. 5. 1	活马作为牺牲	
W6503. 1a. 9. 5. 1. 1	以活马敬献雷神	【鄂温克族】

W 编码	母题描述	关联项
W6503. 1a. 9. 5. 2	野祭时，神像前面放活猪或鹿等供品	【满族（恰克拉人）】
W6503. 1a. 9. 6	作牺牲的动物须未生育	
W6503. 1a. 9. 6. 1	未生育的白色母羊为牺牲	【蒙古族（布里亚特）】
W6503. 1a. 9. 7	祭祀用的牲畜享有特殊待遇	【藏族】
W6503. 2	神作为祭品（神做牺牲）	
W6503. 2. 1	神牛做牺牲	【羌族】
W6503. 2. 1. 1	杀作为牺牲的神牛前要讲清道理	【哈尼族】
W6503. 3	神性人物作为祭品	
W6503. 3. 1	鬼魂作为祭品	
W6503. 3. 1. 1	孟姜女的儿子用秦始皇的魂祭奠父亲	【汉族】
W6503. 4	人作为祭品（人作为牺牲）	【汤普森】① A1545. 5；② S260. 1；【民族】①
W6503. 4. 0	人作为祭品的来历	
W6503. 4. 0. 1	人祭与祭祀的对象有关	
W6503. 4. 0. 1. 1	祖先廪君的魂魄化为白虎，巴氏遂以人祭	【土家族】
W6503. 4. 0. 2	人作为牺牲是因为人最圣洁高贵	【满族】
W6503. 4. 0. 3	人作为牺牲是特定行业的规矩	
W6503. 4. 0. 3. 1	打不到猎物时要用一个猎人作为祭山神的牺牲	【鄂伦春族】
W6503. 4. 1	长者作为祭品（老人作为牺牲）	
W6503. 4. 1. 1	建房造屋时要杀父吃肉	【民族，关联】②
W6503. 4. 1. 2	老而无用的人做牺牲	【藏族】
W6503. 4. 2	男人作为祭品	
W6503. 4. 2. 1	杀养子作为祭品	【佤族】
W6503. 4. 3	女人作为祭品	

① 【古代民族】【西北古代民族】【汉族】【景颇族】【土家族】【藏族】。

② 【壮族】＊［W6695. 1］杀死老人的习俗；［W8927］儿子弑父。

W 编码	母题描述	关联项
W6503.4.3.1	男子把妹妹作为祭品	
W6503.4.3.1.1	两个哥哥为了给主管野兽神灵献祭，把妹妹杀掉	【珞巴族】
W6503.4.3.2	用妹妹变成的牛作为哥哥（丈夫）治病的祭品	【珞巴族】
W6503.4.3.3	嫂子把妹妹当作猪祭天	【满族】
W6503.4.3.4	女子替父母献身恶龙	【汤普森】S262.4；［W8894.3］斗恶龙
W6503.4.4	幼童作为祭品（小孩作为祭品）	【汤普森】S260.1.1
W6503.4.4.1	童男童女作为祭品	【汉族】
W6503.4.4.2	女儿作为祭品	
W6503.4.4.2.1	把女儿喂虎可以改变运气	【高山族】
W6503.4.4.3	把孩子献给巫师	【汤普森】S214
W6503.4.4.3.1	巫师祈求太阳出来时把选定的小孩子砍成肉块	【珞巴族】
W6503.4.4.4	向蚊虫供奉幼童	【锡伯族】
W6503.4.4.5	把小孩投入河边的深潭淹死祭祀三容神	【侗族】
W6503.4.5	特定身份的人作为祭品（特定身份的人做牺牲）	
W6503.4.5.1	首领作为祭品	
W6503.4.5.1.1	天灾时，一族的首领要代全族人做牺牲，祈求上帝	【汉族】
W6503.4.5.2	巫师作为祭品	
W6503.4.5.3	获胜者作为祭品	
W6503.4.5.4	失败者作为祭品	
W6503.4.5.4.1	杀打仗中抓来的人摆肉宴祭祀	【布依族】
W6503.4.5.5	有血缘关系者作为祭品	
W6503.4.5.5.1	哥哥杀死妹妹作为祭品	【珞巴族】【门巴族】
W6503.4.5.6	犯错者及其子孙作为祭品	【西北古代民族】

W 编码	母题描述	关联项
W6503. 4. 5. 7	外族人作为祭品	
W6503. 4. 5. 7. 1	蒙古族祭天以汉人为牺牲	【蒙古族】
W6503. 4. 5. 8	渎神者作为牺牲	
W6503. 4. 5. 8. 1	打骂谷神的女人被神狗咬死后祭神谷	【苗族】
W6503. 4. 5. 9	人作为祭品的其他情形	
W6503. 4. 5. 9. 1	超度时背灵牌的人用来杀掉祭神	【藏族】
W6503. 4. 6	头颅作为祭品（人头祭）	【珞巴族】
W6503. 4. 6. 1	人头祭的产生（头颅作为祭品的原因）	
W6503. 4. 6. 1. 0	人头祭是神的规定	【佤族】［W6486. 1. 1. 2］天神劝人用人头祭神
W6503. 4. 6. 1. 0a	皇帝下令人头祭坟	【汉族】
W6503. 4. 6. 1. 1	人头祭可以使作物丰收	【佤族】@［W6495. 0. 1. 1. 1. 2］天神梅吉劝人用人头祭神才能种出粮食
W6503. 4. 6. 1. 1. 1	砍了一个姑娘的头祭木鼓，谷子长得更好，从此佤族就兴砍人头	【佤族】
W6503. 4. 6. 1. 2	人头祭可以退洪水	
W6503. 4. 6. 1. 2. 1	洪水要淹人，木依吉神让人供人头	【佤族】@［W6503. 5. 12. 1. 1］洪水要淹人，木依吉神让人剽牛供牛头
W6503. 4. 6. 1. 2. 2	砍头祭水神退洪水，应验后人们开始效仿	【佤族】
W6503. 4. 6. 2	人头祭的方法	
W6503. 4. 6. 2. 1	人的头骨作为祭品	【汤普森】V12. 3；［W6503. 11. 2］动物的骨头作为祭品
W6503. 4. 6. 2. 2	人头放在家里火塘正面位置祭神	【珞巴族】
W6503. 4. 6. 2. 3	为坛而盟，祭以尉首	【古代民族】
W6503. 4. 6. 2. 4	寨人砍他族的美鬓髯者之头后，用小竹箩挂于木桩之上	【佤族】

W 编码	母题描述	关联项
W6503.4.6.3	与人头祭有关的其他母题	［W6501.0.4.3］用人头祭天地
W6503.4.6.3.1	猎人头的来历（猎头）	【珞巴族】【佤族】
W6503.4.6.3.1.1	猎头祭祀有许多神秘功能	【佤族】
W6503.4.6.3.1.2	猎头祭祀的主要目的是祈求粮食丰收	【佤族】
W6503.4.7	人的心脏作为祭品	
W6503.4.7.1	用小孩的心敬神	【苗族】
W6503.4.7.2	用敌手的心作为祭品	
W6503.4.7.2.1	格萨尔打败霍尔后，活取霍尔白帐王的心脏供林国的神	【藏族】
W6503.4.8	人的其他特定肢体作为祭品	
W6503.4.8.1	人的眼睛作为祭品	【汤普森】V12.7
W6503.4.9	人作为祭品的方法（人作牺牲的情形）	
W6503.4.9.1	人殉海祭很隆重	【满族】
W6503.4.9.2	人做祭品时折足裂肠陈于前	【藏族】
W6503.4.9.3	牛王会时杀人祭祀	【藏族】
W6503.4.10	与人作为祭品有关的其他母题	
W6503.4.10.1	用人祭水神求水	【汤普森】S263.3
W6503.4.10.2	用人祭不成功	
W6503.4.10.2.1	挑选一位卑劣的人祭神灵不成功	【高山族】
W6503.4.10.3	特定人物把作为祭品的女人做妻子	
W6503.4.10.3.1	妖魔把祭祀的女子作为妻子	
W6503.4.10.3.2	河伯娶祭祀的女子为妻	【汉族】
W6503.4.10.3.2.1 *	河伯娶妇是人牺之变形	【多民族】
W6503.4.10.3.3	妖魔蹂躏妇女	【汤普森】S262.1
W6503.4.10.4	人做牺牲不必牺牲	【藏族】

W 编码	母题描述	关联项
W6503. 4. 10. 5	人做祭品的禁忌	
W6503. 4. 10. 5. 1	菩萨人在祭祀过后不得再回原地	【藏族】
W6503. 5	动物作为祭品（动物作为牺牲）	①A1545. 2②V12. 4
W6503. 5. 1	鸡作为祭品（鸡作为牺牲）	【汤普森】≈A1545. 3. 3；【侗族】【汉族】【苗族】【土家族】
W6503. 5. 1. 1	鸡做祭品的来历	
W6503. 5. 1. 1. 1	偷鸡作为祭品	【傈僳族】
W6503. 5. 1. 2	鸡做祭品的方法	
W6503. 5. 1. 3	鸡祭祀的对象	
W6503. 5. 1. 3. 1	祭山神鬼要用 1 只公鸡	【傈僳族】
W6503. 5. 1. 3. 2	杀鸡祭田公地母、五谷尊神	【壮族】
W6503. 5. 1. 3. 3	逢年过节杀鸡祭祖	【侗族】
W6503. 5. 1. 4	特定的鸡作为祭品	［W6503. 5. 11b. 1. 3］祭莫一大王时用小公鸡作牺牲
W6503. 5. 1. 4. 1	公鸡作为祭品	【羌族】@［W6503. 12. 2. 5. 1］秋收后驱农害法事上公鸡在仪式结束煮熟，全寨每人吃一点，表示农害已除，明年庄稼丰收
W6503. 5. 1. 4. 1. 1	白公鸡作为祭品	【佤族】@［W6501. 14. 4. 1］杀白公鸡祭生人的洞
W6503. 5. 1. 4. 1. 2	一只开叫了的小公鸡作为祭品	【布依族】
W6503. 5. 1. 4. 1. 3	巫用雄鸡祭神作法	【仡佬族】
W6503. 5. 1. 4. 2	母鸡作为祭品	【关联】①
W6503. 5. 1. 4. 2. 1	祭单眼鬼要用母鸡 1 只	【傈僳族】
W6503. 5. 1. 4. 3	白条鸡作为祭品	
W6503. 5. 1. 4. 3. 1	出嫁的女子用白条鸡献亡亲	【汉族】
W6503. 5. 1. 4. 4	小鸡作为祭品（鸡雏做祭品）	

① ［W6503. 12. 3. 2. 1］鹿埃松是雌性，祭献时要用母牛、母猪和母鸡；［W6503. 13. 3. 3］母猪头、母鸡和山羊不干净，不能祭神，否则会冒犯神灵招灾祸。

W 编码	母题描述	关联项
W6503. 5. 1. 4. 4. 1	八月十五祭祖时，用 3 只小鸡做祭物	【仡佬族】
W6503. 5. 1. 5	鸡做祭品的禁忌	
W6503. 5. 1. 5. 1	特定场合鸡不能作祭品	
W6503. 5. 1. 5. 1. 1	奔丧的亲友可带猪羊作奠祭的牺牲，但不能带鸡	【怒族】
W6503. 5. 1. 5. 2	作为祭品的鸡不能太瘦	
W6503. 5. 1. 5. 2. 1	祭祀用的鸡必须长得肥壮	【傈僳族】@［W6503. 1a. 5］祭品讲究肥壮
W6503. 5. 1. 6	与鸡作为祭品有关的其他母题	【关联】①
W6503. 5. 1. 6. 1	鸡作为祭品的方法	
W6503. 5. 1. 6. 1. 1	祭时用纸把小鸡包好，然后将小鸡搞死	【仡佬族】
W6503. 5. 1. 6. 2	鸡蛋作为祭品	
W6503. 5. 1. 6. 2. 1	把鸡蛋染为红色作为祭品	【鄂温克族】
W6503. 5. 1. 6. 2. 2	鸡蛋是毛南族重要的祭品	【毛南族】
W6503. 5. 2	狗作为祭品（狗作为牺牲）	【汤普森】V12. 4. 1；【汉族】
W6503. 5. 2. 1	狗做祭品的来历	
W6503. 5. 2. 1. 1	曹姓是木人变的，祭祀用狗	【阿昌族】@［W6853. 13. 1. 1］木人变成曹姓
W6503. 5. 2. 2	狗做祭品的方法	
W6503. 5. 2. 2. 1	把一只狗连皮破成四块，每块各连着一肢腿，挂在离村子约一华里的路口上直到腐烂，祭奉瘟疫神	【傈僳族】
W6503. 5. 2. 2. 2	祭山时将乡约喂肥的白狗吊在老林内的“吊狗树”上，狗颈项挂一串圆馍，七天后狗被吊死	【羌族】
W6503. 5. 2. 3	狗祭祀的对象	

① ［W6503. 5. 15. 8. 1］牺牲用的鸡称菩萨鸡；［W6503. 13. 3. 3］母猪头、母鸡和山羊不干净，不能祭神，否则会冒犯神灵招灾祸；［W6503. 14. 6. 2. 1］送替死鬼时要用大、小鸡各 1 只。

W 编码	母题描述	关联项
W6503. 5. 2. 3. 1	用狗祭瘟神	【傈僳族】
W6503. 5. 2. 3. 2	吊狗祭恶鬼	【纳西族】
W6503. 5. 2. 3. 3	用狗祭山神祈丰收	
W6503. 5. 2. 4	特定的狗作为祭品	
W6503. 5. 2. 4. 1	白狗作为祭品	【羌族】
W6503. 5. 2. 5	狗做祭品的禁忌	
W6503. 5. 2. 5. 1	狗头不能作为祭品	[W6503. 9. 13. 1] 凶死者要斩狗头以祭其魂，使之清白
W6503. 5. 2. 5. 1. 1	狗头不能祭天神	【汉族】
W6503. 5. 2. 6	与狗作为祭品有关的其他母题	[W6495. 6. 1. 4. 2] 杀狗祭风神
W6503. 5. 3	马作为祭品（马作为牺牲）	【汤普森】V12. 4. 9；【藏族】
W6503. 5. 3. 1	马做祭品的来历	
W6503. 5. 3. 2	马做祭品的方法	
W6503. 5. 3. 2. 1	制作纸马作为祭品	【藏族】
W6503. 5. 3. 3	马祭祀的对象	
W6503. 5. 3. 4	特定的马作为祭品	
W6503. 5. 3. 4. 1	白马作为祭品	【仡佬族】
W6503. 5. 3. 5	与马作为祭品有关的其他母题	[W6503. 10. 3. 5. 1] 把祭品马的图像印在小方格白纸上，称之“风马”
W6503. 5. 4	猫作为祭品（猫作为牺牲）	【汤普森】V12. 4. 2
W6503. 5. 5	鸟作为祭品（鸟作为牺牲）	【汤普森】V12. 4. 11
W6503. 5. 5. 1	鸟做祭品的来历	
W6503. 5. 5. 2	鸟做祭品的方法	
W6503. 5. 5. 3	鸟祭祀的对象	
W6503. 5. 5. 4	特定的鸟作为祭品	
W6503. 5. 5. 5	与鸟作为祭品有关的其他母题	[W6503. 8. 9. 6. 2] 鸟作为象征性祭品

W 编码	母题描述	关联项
W6503.5.6	牛作为祭品（牛做牺牲）	①A1545.3.2；②V12.4.4
W6503.5.6.1	牛做牺牲的来历（牛为什么作祭品）	［W6627.11.9.0］侗族牯脏节（牯藏节）
W6503.5.6.1.1	杨姓是景颇变的，祭祀用牛	【阿昌族】
W6503.5.6.1.2	因水牛多舌多嘴，导致兄弟杀父，故杀来祭祖	【苗族】
W6503.5.6.1.3	因牛从天上来，是天神与人之间的中介，所以祭天鬼必须用牛	【白族】
W6503.5.6.1.4	水牛为什么做牺牲	
W6503.5.6.1.4.1	因水牛多嘴受惩罚作为祭祖的牺牲	【苗族】
W6503.5.6.1.5	杀牛祭祖的来历	
W6503.5.6.1.5.1	因黄牛说出真相导致弑父，于是杀牛祭父	【苗族】
W6503.5.6.2	牛做祭品的方法	
W6503.5.6.2.1	剽牛要从右胸肋刺进去，刀口倒向上比较吉利	【佤族】@［W6497.1.11.4.2.1］剽牛祭鬼
W6503.5.6.2.2	砍牛祭祀	【布依族】
W6503.5.6.3	牛祭祀的对象	［W6627.17.2.1.1］仡佬族六月初六有杀牛祭田（祭田神）
W6503.5.6.3.1	用牛祭天	【布依族】@［W6501.1.4.2］杀牛祭天
W6503.5.6.3.2	用牛祭献天鬼	【傈僳族】
W6503.5.6.3.3	用牦牛祭山	【羌族】
W6503.5.6.3.4	牛作为犒劳神的牺牲	【哈尼族】
W6503.5.6.4	特定的牛作为祭品	
W6503.5.6.4.1	白牛作为祭品	【民族，关联】①
W6503.5.6.4.2	水牛作为祭品	【苗族】@［W6503.12.9.6.6a.1］因白水牛稀有珍贵，所以杀它祭始祖始母

① 【布依族】【仡佬族】@［W6503.5.3.4.1］白马作为祭品；［W6503.12.9.6.6a.1］因白水牛稀有珍贵，所以杀它祭始祖始母。

W 编码	母题描述	关联项
W6503. 5. 6. 4. 2. 1	因水牛透露秘密把它做祭品	【苗族】
W6503. 5. 6. 4. 3	牦牛作为祭品	【羌族】
W6503. 5. 6. 4. 4	黄牛作为祭品	
W6503. 5. 6. 4. 4. 1	黑眼公黄牛作为祭品	【纳西族】
W6503. 5. 6. 4. 5	牛犊作为牺牲	【汉族】
W6503. 5. 6. 4. 6	公牛作为祭品	［W6503. 1a. 8. 3. 1］祭天黄牛必须是公牛
W6503. 5. 6. 4. 6. 1	大舜告祭文祖庙用一头公牛作祭品	【中华民族】
W6503. 5. 6. 5	牛的特定部位作为祭品（牛的特定物作为极品祭品）	
W6503. 5. 6. 5. 1	牛角作为祭品	【民族，关联】①
W6503. 5. 6. 5. 2	牛奶作为祭品	【蒙古族】
W6503. 5. 6. 5. 2. 1	以牛奶为祭品，祭祀术神求水	【纳西族】
W6503. 5. 6. 5. 2. 2	通过涂撒奶水祭祀	【蒙古族（布里亚特）】
W6503. 5. 6. 5. 3	牛头作为祭品	【彝族】@［W6503. 5. 12. 1. 1］洪水要淹人，木依吉神让人剽牛供牛头
W6503. 5. 6. 5. 4	牛心作为祭品	【关联】②
W6503. 5. 6. 5. 4. 1	用熟牛心祭祀祖公	【仡佬族】
W6503. 5. 6. 6	牛作为祭品的禁忌	
W6503. 5. 6. 6. 1	特定的牛不能做祭品	【纳西族】
W6503. 5. 6. 7	与牛作为祭品有关的其他母题	［W6503. 5. 11b. 1. 1］作为牺牲的牛为没有破相没有劳动过的 3 岁公牛
W6503. 5. 6. 7. 1	杀牛祭奠称“上祭”	【哈尼族】
W6503. 5. 7	羊作为祭品（羊作为牺牲）	【汤普森】V12. 4. 5

① 【苗族】@［W6503. 1a. 7. 1］百姓每年蒸牛角形的枣馍敬金牛天神；［W6503. 12. 9. 4. 2］杀水牛祭祖后，牛角留下放在香火下纪念祖先。

② ［W6503. 4. 7］人的心脏作为祭品；［W6503. 5. 15. 7. 4. 3. 1］巫师杀牛时取出牛心肝和肠肚各切一小片抛入空中，口中念咒语。

W 编码	母题描述	关联项
W6503.5.7.1	羊做祭品的来历	
W6503.5.7.1.1	女娲娘娘用泥巴造羊祭天神	【汉族】
W6503.5.7.1.2	羊作为祭品是因为神灵喜欢羊	【羌族】
W6503.5.7.2	羊做祭品的方法	
W6503.5.7.3	羊祭祀的对象	［W6496.7.6.1.2］羊作为炎帝的祭品
W6503.5.7.3.1	杀羊祭天	【藏族】
W6503.5.7.4	特定的羊作为祭品	
W6503.5.7.4.1	用夏天的羊祭神	【彝族】
W6503.5.7.4.2	绵羊作为祭品	
W6503.5.7.4.2.1	六月初一祭山神时要宰绵羊作祭品	【傈僳族】
W6503.5.7.4.3	羔羊作为祭品	【羌族】@［W6495.8.5.4.2］祭树林神须用羔羊，否则五谷不登，灾疾竞起
W6503.5.7.4.3.1	白色羔羊为牺牲	【蒙古族】
W6503.5.7.4.4	特定颜色的羊作祭品	
W6503.5.7.4.4.1	黑羊作为祭品	
W6503.5.7.4.4.1.1	祭山神要杀黑羊	【怒族】
W6503.5.7.4.4.1.2	祭士兵的保护神阿扎拉依·布赫时用黑毛绵羊为牺牲	【蒙古族（布里亚特）】
W6503.5.7.4.4.1.3	祭黑铁匠的保护神用黑色的公绵羊献祭	【蒙古族（布里亚特）】
W6503.5.7.4.4.2	白羊作为祭品	［W6503.5.7.4.3.1］白色羔羊为牺牲
W6503.5.7.4.4.2.1	白色阉羊作为祭品	【彝族】
W6503.5.7.4.5	山羊作祭品	【锡伯族】
W6503.5.7.4.6	其他特定的羊作为祭品	［W6503.5.11b.1.2］3到6岁成熟的白色山羊作为牺牲
W6503.5.7.4.6.1	全羊作为祭品	

W 编码	母题描述	关联项
W6503. 5. 7. 4. 6. 1. 1	全羊做祭品时一般杀好但不烹煮	【汉族】
W6503. 5. 7. 5	羊作为祭品的禁忌（祭品羊的禁忌）	【汉族】@［W6503. 13. 4. 3］祭神农以羊祭而不以牛祭
W6503. 5. 7. 5. 1	祭虐待祭品羊	
W6503. 5. 7. 5. 1. 1	做祭品的羊要任其老死	【羌族】@［W6503. 5. 15. 4. 1］祭过羊神的头羊称“神羊”不能杀
W6503. 5. 7. 6	与羊作为祭品有关的其他母题（与羊做牺牲有关的其他母题）	【关联】①
W6503. 5. 8	鱼作为祭品（鱼作为牺牲）	【汤普森】V12. 4. 10；【侗族】【汉族】
W6503. 5. 8. 1	鱼做祭品的来历	
W6503. 5. 8. 2	鱼做祭品的方法	【壮族】@［W6503. 14. 1. 6. 1］没有鱼作为祭品时可用木头制作的鱼代替
W6503. 5. 8. 3	鱼祭祀的对象	
W6503. 5. 8. 3. 1	用鱼祭祀祖先“阿娇鲁博如坎”	【鄂伦春族】
W6503. 5. 8. 4	特定的鱼作为祭品	
W6503. 5. 8. 4. 1	鱼干作为祭品	【壮族】
W6503. 5. 8. 4. 2	鲜鱼作为祭品	【鄂伦春族】
W6503. 5. 8. 5	与鱼作为祭品有关的其他母题	
W6503. 5. 8. 5. 1	丧仪中，鱼是必备祭品之一	【侗族】@［W6503. 1a. 6. 3. 1］鱼是必需的祭品
W6503. 5. 9	猪作为祭品（猪作为牺牲）	【汤普森】V12. 4. 3；【汉族】【珞巴族】
W6503. 5. 9. 1	猪做祭品的来历	
W6503. 5. 9. 1. 1	天上的人让人用猪做祭品	【珞巴族】

① ［W6503. 12. 3. 9. 2. 1］羊用于祭崖神、天鬼和家鬼，祭祀其他鬼神一律禁用；［W6503. 13. 3. 3］母猪头、母鸡和山羊不干净，不能祭神，否则会冒犯神灵招灾祸。

W 编码	母题描述	关联项
W6503.5.9.2	猪做祭品的方法	
W6503.5.9.2.1	猪头作为祭品	【民族，关联】①
W6503.5.9.2.1.1	祭死去的近亲要供猪头	【傈僳族】
W6503.5.9.2.1.2	猪头作为祭品，祭天神地神	【锡伯族】
W6503.5.9.2.2	全猪作为祭品	【汉族】
W6503.5.9.3	猪祭祀的对象	
W6503.5.9.3.1	杀猪祭祀关帝庙	【达斡尔族】
W6503.5.9.3.2	社猪祭社神	
W6503.5.9.3.2.1	祭社神的社猪用糯米饭拌猪血灌成血肠，炸熟后切成小节分给各家各户	【壮族】
W6503.5.9.3.3	用猪祭祀高贵的灵魂	【佤族】
W6503.5.9.4	特定的猪作为祭品	
W6503.5.9.4.1	母猪作为祭品	【傈僳族】@［W6497.1.11.5.5.1.1］用大母猪祭水鬼
W6503.5.9.4.2	公猪作为祭品	
W6503.5.9.4.3	骟了的猪作为祭品	
W6503.5.9.4.4	黑猪作为祭品	【彝族】@［W6503.1a.4.1.1］祭祀用的猪必须毛全黑，不能杂有白毛
W6503.5.9.4.5	社猪	
W6503.5.9.4.6	封豨	
W6503.5.9.4.6.1	羿猎射封豨，以其肉膏祭天帝	【汉族】
W6503.5.9.5	猪的特定部位作为祭品	
W6503.5.9.5.1	猪头作为祭品	
W6503.5.9.5.1.1	年三十晚上要烧猪头敬神	【羌族】
W6503.5.9.5.1.2	杀年猪时，以猪头祭四官老爷	【仡佬族】
W6503.5.9.5.2	猪心作为祭品	

① 【汉族】@［W6495.7.13.5.1.1］祭龙王时须增加猪头、公鸡之类的荤菜；［W6503.13.3.3］母猪头、母鸡和山羊不干净，不能祭神，否则会冒犯神灵招灾祸。

W 编码	母题描述	关联项
W6503. 5. 9. 5. 3	猪肠子作为祭品	
W6503. 5. 9. 5. 3. 1	腊月十六日或二十二日杀年猪时晚上以猪肠子在“三脚架”上敬家神祖先	【羌族】
W6503. 5. 9. 5. 4	猪的下颌骨作为祭品	【仡佬族（白仡佬）】
W6503. 5. 9. 6	猪作为祭品的禁忌	
W6503. 5. 9. 6. 1	祭特定颜色的猪作为祭品	【布依族】
W6503. 5. 9. 6. 2	祭祀“麻罗”时不用猪，而用狍子或公鸡献供	【达斡尔族】
W6503. 5. 9. 7	与猪作为祭品有关的其他母题	［W6503. 1a. 6. 2. 1］作为牺牲的猪称“神猪”
W6503. 5. 10	鹿作为祭品（鹿作为牺牲）	
W6503. 5. 10. 1	萨满治病要用鹿或野鸭做祭品	【鄂温克族】
W6503. 5. 10. 2	秋季做牡鹿孤角祭祀	【藏族】
W6503. 5. 11	其他特定动物做祭品	
W6503. 5. 11. 1	贝壳作为祭品	【汤普森】V12. 3
W6503. 5. 11. 2	松鼠做祭品	
W6503. 5. 11. 2. 1	母猿猴（祖先）死后要杀掉松鼠做祭品	【傈僳族】
W6503. 5. 11. 3	老鼠作为祭品	
W6503. 5. 11. 3. 1	年初二祭祀“雅”用雀、鼠做祭品	
W6503. 5. 11. 3. 1. 1	年初二用鼠祭“雅”，是因为远古时祖先只能猎捕到雀类和老鼠	【壮族】
W6503. 5. 11. 4	猴作为牺牲	［W6503. 14. 1. 1. 2］原来要杀人祭祀，后来改用猴子
W6503. 5. 11. 4. 1	猕猴做牺牲	【藏族】
W6503. 5. 11. 5	虎作为牺牲	
W6503. 5. 11. 5. 1	黄帝祭天求雨需要一只虎	【汉族】
W6503. 5. 11a	多种动物同时作为牺牲（多种动物作为祭品）	

W 编码	母题描述	关联项
W6503.5.11a.1	牛羊鸡共做牺牲	
W6503.5.11a.1.1	羌人牲仪均用牛羊鸡	【羌族】
W6503.5.11a.2	多种动物作为祭品有数量规定	
W6503.5.11a.2.1	病好后给神还愿时，供物有野猪两头、狍子十四只、野鸭五只	【鄂伦春族】
W6503.5.11b	动物牺牲的标准（动物作为牺牲的选择；动物作为祭品的特征）	
W6503.5.11b.1	动物作为牺牲有特定的年龄要求	
W6503.5.11b.1.1	作为牺牲的牛为没有破相、没有劳动过的3岁公牛	【羌族】
W6503.5.11b.1.2	3岁到6岁成熟的白色山羊作为牺牲	【羌族】
W6503.5.11b.1.3	祭莫一大王时用小公鸡作牺牲	【壮族】
W6503.5.11b.1.4	天神腾格日·巴尔肯的祭品是两岁牛或猪	【达斡尔族】
W6503.5.11b.2	选择特定体征的动物做祭品	
W6503.5.11b.2.1	有角的牲畜作牺牲	【羌族】@［W6503.5.12.4］动物的角作为祭品
W6503.5.11b.2.2	特定颜色的动物作为祭品	【民族，关联】①
W6503.5.11b.3	牺牲应是被阉割过的动物	【纳西族】
W6503.5.11b.3.1	造新房后，宰一头白阉牛祭祀	【彝族】
W6503.5.11b.3.2	做祭品的神猪必须是阉过的公猪	【满族】
W6503.5.11b.4	新捕到的动物作为牺牲	【鄂伦春族】
W6503.5.12	动物特定的肢体作为祭品（动物的特定部位做祭品）	
W6503.5.12.1	动物的头作为祭品	【汉族】【佤族】
W6503.5.12.1.1	洪水要淹人，木依吉神让人剽牛供牛头	【佤族】@［W6503.5.6.5.3］牛头作为祭品
W6503.5.12.1.2	拿动物的头祭神祈神保佑种子发得好	【佤族】

① 【彝族】@［W6503.1a.4.2.1］白色动物作为祭品；［W6495.3.4.5］用白色动物祭山神。

W 编码	母题描述	关联项
W6503. 5. 12. 2	动物的骨头作为祭品	【汤普森】A1545. 6
W6503. 5. 12. 2. 1	动物的头骨作为祭品	【哈尼族】
W6503. 5. 12. 3	动物的内脏作为祭品	［W6503. 12. 2. 5. 6. 2］祭鬼后的牛剥皮取出内脏，留出祭司牛心一半、牛胃一半、牛肋骨三根、牛大腿一只，牛主人牛头、蹄、心肝各一半等，其余部分众人任意抢割
W6503. 5. 12. 3. 1	用刚宰杀的猪、羊的心、肝、肺等献给山神	【藏族】
W6503. 5. 12. 3. 2	取出四盘羊内脏作为祭品	【彝族】
W6503. 5. 12. 3. 3	动物的心作为祭品	
W6503. 5. 12. 3. 3. 1	杀牛、猪、羊、鸡敬神时只取其心	【民族，关联】①
W6503. 5. 12. 4	动物的角作为祭品	
W6503. 5. 12. 4. 1	用鹿角、熊胆祭山神树	【傣族】
W6503. 5. 12. 5	动物的眼睛作为祭品	【蒙古族】
W6503. 5. 12. 6	用动物的多个部位作为祭品	［W6503. 5. 14］动物的不同部位祭不同的神（动物的不同部位作为不同的祭品）
W6503. 5. 12. 6. 1	用获得的野物祭山神时要把皮剥到脖子，把身子割下来，再割一小点肝子祭献	【傈僳族】
W6503. 5. 12. 7	动物的尾巴作为祭品	
W6503. 5. 12. 7. 1	猪尾作为祭品	
W6503. 5. 12. 7. 1. 1	祭外路神博迪合特古热时用猪尾作为祭品	【鄂温克族】
W6503. 5. 13	动物的其他特定肢体作为祭品	
W6503. 5. 13. 1	羊胸口最好的肉和羊头放在火里烤过祭火神	【鄂温克族】

① 【藏族】@［W6503. 5. 6. 5. 4］牛心作为祭品；［W6503. 5. 9. 5. 2］猪心作为祭品。

W 编码	母题描述	关联项
W6503.5.14	动物的不同部位祭不同的神（动物的不同部位作为不同的祭品）	【纳西族】@［W6503.12.3］特定的祭品祭特定的神（不同祭品祭不同的神）
W6503.5.14.1	猪头祭天神，猪脖子、胸脯祭人间鬼，四只腿祭地神	
W6503.5.14.2	怪物（动物）的头祭高天，皮祭大地，肺祭太阳，肝祭月亮，肉祭泥土，骨祭石头，血祭河水，肋祭山岩	【纳西族】
W6503.5.14.3	用猎刀割下乌鲁古力（罴）的耳朵、舌头、鼻子和后，向神灵祭奠	【赫哲族】
W6503.5.15	与动物作为祭品有关的其他母题（与动物牺牲有关的其他母题）	
W6503.5.15.1	猎物作为祭品	【傈僳族】
W6503.5.15.2	动物的面偶作祭品	【羌族】@［W6503.14.1.2］面偶代替肉食作祭品的来历
W6503.5.15.2.1	过年时用面粉做成牛、羊、鸡、马等形状的祭品祭祖先与天神	【羌族】
W6503.5.15.3	肉作为祭品（肉食作为祭品；荤祭）	
W6503.5.15.3a	血作为祭品	
W6503.5.15.3a.1	特定动物的血作为祭品	【鄂伦春族】@［W6503.8.1.2.1］天鹅血为上乘祭品
W6503.5.15.3a.1.1	鹿血作为祭品	【鄂伦春族】
W6503.5.15.3b	奶作为祭品	
W6503.5.15.3b.1	马奶为祭品	［W6503.5.6.5.2］牛奶作为祭品
W6503.5.15.3b.1.1	白马奶为祭品	【蒙古族】
W6503.5.15.4	做祭品的动物享受特定待遇	
W6503.5.15.4.1	祭过羊神的头羊称“神羊”不能杀	【羌族】

W 编码	母题描述	关联项
W6503. 5. 15. 4a	祭祀时选特定的马为神马	
W6503. 5. 15. 4a. 1	祭天神时选出一匹灰马以白绸缎披挂，供奉为神马	【蒙古族】
W6503. 5. 15. 5	动物作为祭品的禁忌（动物牺牲的禁忌）	
W6503. 5. 15. 5. 1	饲养动物牺牲有特定禁忌	
W6503. 5. 15. 5. 1. 1	祭祖用的牛马猪羊鸡等要隔离 12 天，忌与非供祭动物交配	【瑶族（布努）】
W6503. 5. 15. 5. 2	做牺牲的动物肢体不能有残缺（牺牲必须完整）	【羌族】
W6503. 5. 15. 5. 2. 1	祭神用的羊耳、角、蹄、腿等需绝对没有残缺	【羌族】
W6503. 5. 15. 5. 2. 2	献羊神的鸡不杀，需捏死以示完整的鸡敬献	【羌族】
W6503. 5. 15. 5. 2. 3	孔子诞辰祭祀用杀好后未去毛之整头牛	【汉族】
W6503. 5. 15. 5. 2. 4	整羊作为牺牲	【蒙古族】
W6503. 5. 15. 5. 3	动物牺牲宰杀禁忌	
W6503. 5. 15. 5. 3. 1	动物牺牲宰杀忌用刀	【锡伯族】
W6503. 5. 15. 6	动物祭品的颜色（牺牲的颜色）	【关联】①
W6503. 5. 15. 6. 1	不同颜色的牺牲功用不同	
W6503. 5. 15. 6. 1. 1	白牛白羊还愿用，黑牛黑羊送鬼用	【羌族】
W6503. 5. 15. 6. 2	做牺牲的动物必须纯色	
W6503. 5. 15. 6. 2. 1	祭神用的羊除白色的之外也有深褐色或黑色的，但必须是一种颜色	【羌族】
W6503. 5. 15. 6. 3	特定的被祭对象对牺牲颜色有特殊要求	

① ［W6503. 1a. 6. 1. 1］特定颜色的动物是最珍贵的牺牲；［W6503. 12. 3. 9. 3. 1］祭神时需敬鸡者不能放鸭，祭鱼不能摆鹅，所祭物的颜色、只数、性别都有规定；［W6503. 13. 9. 2］祭品的颜色禁忌。

W 编码	母题描述	关联项
W6503.5.15.6.3.1	祭女鬼固斯麻要用黑猪黑鸡	【纳西族】
W6503.5.15.6.3.2	祭天以白牛为供物	【达斡尔族】
W6503.5.15.7	动物做祭品有特定的使用方法（动物牺牲的使用；杀牲）	［W6503.5.2.2.2］祭山时将乡约喂肥的白狗吊在老林内的“吊狗树”上，狗颈项挂一串圆馍，七天后狗被吊死
W6503.5.15.7.1	杀牲前的准备	
W6503.5.15.7.1.1	杀牲前举行仪式	
W6503.5.15.7.1.1.1	杀牛前，妇女打扮牛喂牛	【独龙族】
W6503.5.15.7.1.1.2	杀牲前向牺牲唱颂词跳舞	【独龙族】
W6503.5.15.7.1.2	杀牲前看牺牲的反应	【羌族】
W6503.5.15.7.1.3	杀牺牲需征得神的应许	【纳西族】
W6503.5.15.7.1.4	杀牲要告知祖先	【满族】
W6503.5.15.7.1.5	杀牲前祭神	【羌族】@［W6501.16.5.7.2.1］造塘养鱼后，闺女吃鱼先祭祀
W6503.5.15.7.1.6	杀牲前向被杀动物告知免责	【白族（那马）】
W6503.5.15.7.1.7	为牺牲超度灵魂	【藏族】
W6503.5.15.7.1.8	安排杀牲者	
W6503.5.15.7.1.8.1	祭祀时杀牲有细致的人员分工	【藏族】
W6503.5.15.7.1.8.2	卦选杀猪人要在家族中未婚青年男子中进行	【侗族】
W6503.5.15.7.1a	杀牲的时间	
W6503.5.15.7.1a.1	腊月初十前后杀猪但要瞧日子杀	【傈僳族】
W6503.5.15.7.2	使用动物牺牲要挖心	
W6503.5.15.7.2.1	祭白石神时，所用白羊要挖心，黑羊要杀	【羌族】
W6503.5.15.7.3	杀牲的地点（杀生的地点）	
W6503.5.15.7.3.1	在路口杀牲	
W6503.5.15.7.3.1.1	送“替死鬼”时，大鸡送到村外十字路口杀	【傈僳族】

W 编码	母题描述	关联项
W6503. 5. 15. 7. 3. 2	祭叶子鬼的公鸡和猪要到野外少有人去的地方杀	【傈僳族】
W6503. 5. 15. 7. 4	牺牲有特定的杀死方式（杀牲禁忌；杀生禁忌）	
W6503. 5. 15. 7. 4. 1	牺牲需棒杀	
W6503. 5. 15. 7. 4. 1. 1	杀猪敬神时的小猪需用棒打死	【羌族】
W6503. 5. 15. 7. 4. 2	牺牲处死不能见血	
W6503. 5. 15. 7. 4. 2. 1	祭祀的动物只能捏死	【羌族】@［W6503. 5. 15. 5. 2. 2］献羊神的鸡不杀，须捏死以示完整的鸡敬献
W6503. 5. 15. 7. 4. 2. 2	祭特定神的牺牲不能见血	【羌族】
W6503. 5. 15. 7. 4. 2. 2. 1	祭财神羊神的鸡不能杀均需压死	【羌族】
W6503. 5. 15. 7. 4. 2a	杀牲要见血	【鄂伦春族】
W6503. 5. 15. 7. 4. 2b	杀神牛时要用银盆接血	【哈尼族】
W6503. 5. 15. 7. 4. 3	杀牲时有规定动作	
W6503. 5. 15. 7. 4. 3. 1	巫师杀牛时取出牛心肝和肠肚各切一小片抛入空中，口中念咒语	【独龙族】
W6503. 5. 15. 7. 4. 4	农历七月半不能杀狗	【白族】
W6503. 5. 15. 7. 4. 5	杀用于神判的猪要用火烧毛，不可除猪蹄壳	【傈僳族】
W6503. 5. 15. 7. 4. 6	杀牲时要蒙住被杀动物的眼睛	
W6503. 5. 15. 7. 4. 6. 1	杀神牛时要蒙牛眼	【哈尼族】
W6503. 5. 15. 7. 5	动物祭品的处理（杀牲后的处置）	
W6503. 5. 15. 7. 5. 1	杀牲后举行仪式	【独龙族】
W6503. 5. 15. 7. 5. 2	祭后烧死牺牲	【藏族】
W6503. 5. 15. 7. 5. 3	动物做祭品的摆放	［W6495. 0. 3. 7］祭神有特定的方向（祭祀的方位）
W6503. 5. 15. 7. 5. 3. 1	作为祭品的动物的头要朝向神位	【鄂伦春族】
W6503. 5. 15. 7. 5. 3. 2	祭山神时牺牲的头朝南	【蒙古族（布里亚特）】

W 编码	母题描述	关联项
W6503.5.15.7.5.4	动物祭品有杀有放	【藏族】
W6503.5.15.8	动物祭品制作者（杀牲者）	
W6503.5.15.8.1	特定身份的人杀牲	
W6503.5.15.8.1.1	祭死者的羊，杀羊者须为死者长辈	【羌族】
W6503.5.15.8.1.2	只有巫师才能拿刀杀祭猪	【独龙族】
W6503.5.15.9	与动物祭品使用有关的其他母题	
W6503.5.15.9.1	作为牺牲的动物有特定名称	
W6503.5.15.9.1.1	牺牲用的鸡称菩萨鸡	【藏族（纳木依人和柏木依人）】
W6503.5.15.9.2	动物祭品祭祀后放生	
W6503.5.15.9.2.1	祭牛、祭羊祭祀后放生	［W6503.14.8.2.1］古时祭天杀1头大黑黄牛，并放生一头白角黄牛；进入农业社会后，改用杀一只四脚白黑猪，放生1只鸡
W6503.5.15.9.3	牺牲燎毛	【满族】
W6503.5.15.9.4	还生	
W6503.5.15.9.4.1 *	“还生”即将所杀之牲尸来献	【彝族（黑彝）】
W6503.6	植物作为祭品（植物做祭品）	
W6503.6.1	特定的树木作为祭品	
W6503.6.1.1	柳树作为祭品	
W6503.6.1.1.1	以柳祭神祛病除瘟疫	【鄂伦春族】
W6503.6.1.2	竹子作为祭品	【苗族】
W6503.6.2	特定的花作为祭品	【汤普森】V12.8；［W6503.13.9.1.1］花作为祭品时，应忌长刺的花
W6503.6.2.1	鲜花作为祭品	
W6503.6.2.1.1	鲜花作为祭品意为越祭拜越发	【汉族】
W6503.6.2.2	菊花祭死者的来历	

W 编码	母题描述	关联项
W6503. 6. 3	特定的草作为祭品	
W6503. 6. 3. 1	尖刀草作为祭品	
W6503. 6. 3. 1. 1	彝族用尖刀草敬神祭祖是因为它救过祖先	【彝族】
W6503. 6. 4	特定的果实作为祭品（用水果做祭品）	
W6503. 6. 4. 1	野果作为祭品	
W6503. 6. 4. 1. 1	苦聪人被压死后衣袋里长出甜野果，所以苦聪人爱用甜野果祭祖	【哈尼族】
W6503. 6. 4. 2	最先收获的作物作为祭品	
W6503. 6. 4. 2. 1	最早成熟的谷物要先供奉给崖神	【怒族】
W6503. 6. 5	特定蔬菜作为祭品	
W6503. 6. 5. 1	生菜作为祭品	
W6503. 6. 5. 1. 1	生菜一般用于祭祀文昌帝君	【汉族】
W6503. 6. 5. 2	蔓箐作为祭品	
W6503. 6. 5. 2. 1	纳西祭天时要用蔓箐干叶做祭天的祭品	【纳西族】
W6503. 6. 5. 3	其他特定蔬菜作为祭品	
W6503. 6. 5. 3. 1	芹菜作为祭品	【汉族】
W6503. 6. 5. 3. 1. 1	考生通常用芹菜祭文昌君	【汉族】
W6503. 6. 5. 3. 2	葱作为祭品	【汉族】
W6503. 6. 5. 3. 3	野菜作为祭品	【汉族】
W6503. 6. 5. 4	特定数量的蔬菜作为祭品	
W6503. 6. 5. 4. 1	素菜六样、十样或十二样作祭品	【汉族】
W6503. 6. 5. 5	蔬菜作为祭品有形态要求	
W6503. 6. 5. 5. 1	做祭品蔬菜要根叶完整以示有始有终	【汉族】
W6503. 6. 6	粮食作为祭品（作物作为祭品）	
W6503. 6. 6. 1	最先收割的作物作为祭品	【傣族】【佤族】

W 编码	母题描述	关联项
W6503.6.6.2	稻米作为祭品	
W6503.6.6.2.1	稻穗作为祭品	
W6503.6.6.2.2	洁白的祭米	【纳西族】
W6503.6.6.3	麦子作为祭品	
W6503.6.6.4	豆子作为祭品	
W6503.6.6.4.1	豆子作为祭品有传承生命种子之意	【汉族】
W6503.6.6.5	花生作为祭品	
W6503.6.6.6	苦荞作为祭品	
W6503.6.6.6.1	苦荞泡花洒放瓦片上表示给鬼祭粮	【纳西族】
W6503.6.6.7	青稞作为祭品	
W6503.6.6.7.1	秋收时用青稞籽祭天神、山神和地盘业主神	【羌族】
W6503.6.6.8	米作为祭品	【壮族】
W6503.6.6.8.1	炒米为祭品	【蒙古族】
W6503.6.6.9	与粮食作为祭品有关的其他情形	
W6503.6.6.9.1	人死后家家先备好祭祀死魂的五谷	【壮族】
W6503.6.7	其他植物作为祭品	
W6503.6.7.1	甘蔗作为祭品	
W6503.6.7.1.1	甘蔗作为祭品有谓节节高升、甘甜美好之意	【汉族】
W6503.6.7.2	黑山药作为祭品	
W6503.6.7.2.1	祭祖必须要有黑山药	【仡佬族】
W6503.6.8	植物作为祭品的禁忌	［W6503.13.3.1.1］忌长刺的花草作祭品
W6503.6.9	与植物做祭品有关的其他母题	
W6503.6.9.1	素食作为祭品	【关联】①

① ［W6503.5.15.2］动物的面偶作祭品；［W6503.5.15.3］肉作为祭品（肉食作为祭品；荤祭）。

W 编码	母题描述	关联项
W6503. 6. 9. 1. 1	用斋饭供奉天神	【汉族】
W6503. 7	自然物或无生命物作为祭品	
W6503. 7. 1	水作为祭品	【普米族】
W6503. 7. 1. 1	有病或妇女碰上难产，要用水祭祀神灵才能平安	【珞巴族】
W6503. 7. 1. 2	用水祭父亲	【蒙古族】
W6503. 7. 1. 3	洁净的水作为祭品	
W6503. 7. 1. 3. 1	背最“干净”的水烧茶敬祖先	【藏族】
W6503. 7. 1. 3. 2	煨桑台洒上清清净净的供神水	【藏族】
W6503. 7. 2	火作为祭品	
W6503. 7. 2. 1	葬礼后，墙上挂用茅草包扎的火镰、火石和火绒示意向死者祭贡火	【怒族】
W6503. 7. 3	人造物作为祭品	
W6503. 7. 3. 1	纺织品作为祭品	［W6503. 7. 6］服饰作为祭品（衣服作为贡品）
W6503. 7. 3. 1. 1	一缕侗布、一方侗锦或一张侗绣当祭品	【侗族】
W6503. 7. 4	土作为祭品	
W6503. 7. 4. 1	敬女娲要添土	【汉族】
W6503. 7. 5	武器作为祭品	
W6503. 7. 5. 1	箭作为祭品	［W6495. 3. 5. 2. 1］祭山神时，给山神添加染成花色、缠着羊毛和哈达的箭杆
W6503. 7. 5. 1. 1	修火神箭祭供火神	【藏族】
W6503. 7. 6	服饰作为祭品（衣服作为贡品）	
W6503. 7. 6. 1	用自己的饰物供奉神灵	【珞巴族】
W6503. 8	其他特定物作为祭品	
W6503. 8. 1	血液作为祭品（血作为祭品；血祭）	【汤普森】V12. 1；【民族，关联】①

① 【鄂伦春族】@［W6501. 17. 5. 1］用血祭刀；［W6503. 12. 3. 5］猪血祭地神。

W 编码	母题描述	关联项
W6503.8.1.1	血作为祭品的来历	
W6503.8.1.1.1 *	血祭仪式与炎帝有关	【汉族】
W6503.8.1.2	特定的血作为祭品	
W6503.8.1.2.1	天鹅血为上乘祭品	【鄂伦春族】
W6503.8.1.2.2	丈夫用妻子的血祭鼓	【苗族】
W6503.8.1.3	血祭的方法	
W6503.8.1.3.1	把鸡血滴在田公地母偶像的泥坨上	【傈僳族】
W6503.8.1.3.2	血祭时对受祭者涂血	
W6503.8.1.3.2.1	血祭时用鹿或狍的心血涂每一个神灵的嘴	【鄂温克族】
W6503.8.1.3.2.2	祭祖先“阿娇鲁博如坎”时，将野兽心脏里的血或大鱼脊椎骨上的血逐一抹在陪祭祖先神的众神的嘴上	【鄂伦春族】
W6503.8.1.3.3	杀羊后由萨满以血涂抹在鼓面上以示祭鼓祭天	【鄂温克族】
W6503.8.1.3.4	杀羊血祭	【蒙古族】
W6503.8.1.3.5 *	杀牲献血有吃血、洒血、喷血、浴血等多种形式	【满族】
W6503.8.1.3.6	把供品中的各种野兽的心血斟在酒盅里敬神	【鄂伦春族】
W6503.8.1.4	血祭的结果	
W6503.8.1.5	与血祭有关的其他母题	［W6496.7.6.1.3］血祭炎帝
W6503.8.1.5.0	血祭的名称	
W6503.8.1.5.0.1	血祭又称红祭	【蒙古族】【藏族】
W6503.8.1.5.1	用血表达神圣仪式	
W6503.8.1.5.1.1	任命新萨满仪式最后将动物血洒在新萨满的衣服上	【鄂温克族】
W6503.8.1.5.2	血祭的变通	
W6503.8.1.5.2.1	血祭变为放生	【藏族】

W 编码	母题描述	关联项
W6503. 8. 1. 5. 3	吃血仪式	
W6503. 8. 1. 5. 3. 1	萨满跳神仪式结束之夜举行吃血仪式	【达斡尔族】
W6503. 8. 1. 5. 3. 2	吃血仪式上主祭萨满摹仿飞鸟俯击下降来吃血的姿势	【达斡尔族】
W6503. 8. 2	面食作为祭品	
W6503. 8. 2. 1	面食做祭品的来历	
W6503. 8. 2. 2	面食做祭品的方法	
W6503. 8. 2. 2. 1	刚出笼的白蒸馍点上上红点祭祖	【汉族】
W6503. 8. 2. 3	面食祭祀的对象	
W6503. 8. 2. 4	特定的面食作为祭品（特定食品作为祭品）	
W6503. 8. 2. 4. 0	馒头作为祭品（馍作为祭品）	【汉族】@［W6503. 8. 2. 6. 1. 1］祭玉皇和观音时，祭品有豆腐丝、豆腐干、素丸子、青菜、青椒、粉丝、干拉、馒头等
W6503. 8. 2. 4. 0. 1	带馅的馒头作为祭品	【汉族】
W6503. 8. 2. 4. 1	饺子作为祭品（水饺作为祭品）	【汉族】
W6503. 8. 2. 4. 2	面偶作为祭品（面人作为祭品）	【普米族】
W6503. 8. 2. 4. 2. 1	用炒面捏成祭神的面人	【怒族】
W6503. 8. 2. 4. 2. 2	蒸面羊作为祭品	【汉族】
W6503. 8. 2. 4. 2. 3	人头面偶	【藏族】
W6503. 8. 2. 4. 3	年糕作为祭品	
W6503. 8. 2. 4. 3. 1	年糕一般用于拜神、祭祀	【汉族】
W6503. 8. 2. 4. 3. 2	年糕作为祭品暗含年年步步高升之意	【汉族】
W6503. 8. 2. 4. 4	米糕作为祭品	【汉族】
W6503. 8. 2. 4. 4. 1	米糕作为祭品有求改变运势之意	【汉族】
W6503. 8. 2. 4. 5	与用糕祭神有关的其他母题	

W 编码	母题描述	关联项
W6503. 8. 2. 4. 5. 1	萝卜糕作为祭品	【汉族】
W6503. 8. 2. 4. 5. 2	用其他糕祭神	
W6503. 8. 2. 4. 5. 3	糕的制作	
W6503. 8. 2. 4. 5. 3. 1	打糕祭神包括淘米、镇米、做糕、敬神等环节	【满族】
W6503. 8. 2. 4. 6	汤圆作为祭品	
W6503. 8. 2. 4. 6. 1	汤圆常用于拜神、祭祀	【汉族】
W6503. 8. 2. 4. 7	甜粿作为祭品	【汉族】
W6503. 8. 2. 4. 8	发粿作为祭品	【汉族】
W6503. 8. 2. 4. 9	红龟粿作为祭品	【汉族】
W6503. 8. 2. 4. 10	圆形粿作为祭品	【汉族】
W6503. 8. 2. 4. 11	月饼作为祭品	
W6503. 8. 2. 4. 12	面条作为祭品	
W6503. 8. 2. 4. 13	桃形粿作为祭品	【汉族】
W6503. 8. 2. 4. 14	鼠壳粿	
W6503. 8. 2. 4. 14. 1	鼠壳粿一般用于扫墓祭祖	【汉族】
W6503. 8. 2. 4. 15	面猪面羊	
W6503. 8. 2. 4. 16	油饭	
W6503. 8. 2. 4. 16. 1	油饭一般用于祭祀孩童守护神、注生娘娘、七娘妈等	【汉族】
W6503. 8. 2. 4. 17	香水粉作为祭品	
W6503. 8. 2. 4. 17. 1	香水粉祭七星妈	【汉族】
W6503. 8. 2. 4. 17. 2	香水粉祭月娘	【汉族】
W6503. 8. 2. 4. 17. 3	香水粉祭织女星	【汉族】
W6503. 8. 2. 4. 18	面线作为祭品	【汉族】
W6503. 8. 2. 4. 19	粽子作为祭品	［W6496. 1. 6. 1. 2］包裹粽子奉祭盘古
W6503. 8. 2. 4. 19. 1	粽子作为祭屈原的祭品	【汉族】
W6503. 8. 2. 4. 19. 2	祭象征女始祖生殖器的岩洞时，粽子作为祭品	【壮族】

W 编码	母题描述	关联项
W6503. 8. 2. 5	其他特定食物作为祭品	
W6503. 8. 2. 5. 1	美酒佳肴作为祭品	【壮族】@［W6496. 0. 6. 7. 1］酒肉献祖
W6503. 8. 2. 6	与面食作为祭品有关的其他母题	
W6503. 8. 2. 6. 1	各类面食共同作为祭品	
W6503. 8. 2. 6. 1. 1	祭玉皇和观音时，祭品有豆腐丝、豆腐干、素丸子、青菜、青椒、粉丝、干拉、馒头等	【白族】
W6503. 8. 2. 6. 1	饭菜作为祭品	
W6503. 8. 2. 6. 1. 1	特定数量的饭菜作为祭品	
W6503. 8. 2. 6. 1. 1. 1	祭祀祖先或孤魂可备六样、十样或十二样饭菜	【汉族】
W6503. 8. 3	烟作为祭品（特定可燃物作为祭品）	
W6503. 8. 3. 1	烟做祭品的来历	
W6503. 8. 3. 2	烟做祭品的方法	
W6503. 8. 3. 3	烟祭祀的对象	
W6503. 8. 3. 3. 1	用烧烟来祭祀山神、地方神和战神	【藏族】
W6503. 8. 3. 4	特定的烟作为祭品	
W6503. 8. 3. 5	与烟作为祭品有关的其他母题	
W6503. 8. 4	酒作为祭品	【汤普森】V12. 9
W6503. 8. 4. 1	酒做祭品的来历（祭酒的原因）	
W6503. 8. 4. 1. 1	用酒可以与猎神交换猎物	【怒族】
W6503. 8. 4. 1. 2	祭酒让神醉酒可以获得利益	【怒族】
W6503. 8. 4. 2	酒做祭品的方法（作为祭品的酒的制作）	
W6503. 8. 4. 2. 1	祭酒需要特定身份的分制作	
W6503. 8. 4. 2. 1. 1	祭酒要由没有月经在身的妇女煮成	【独龙族】
W6503. 8. 4. 2. 1. 2	祭酒需由独身或独居的妇人制作	【壮族】

W 编码	母题描述	关联项
W6503. 8. 4. 2. 2	祭酒有特定的数量要求	
W6503. 8. 4. 2. 2. 1	用酒祭神时，一般用三小杯	【汉族】
W6503. 8. 4. 2. 2. 2	用酒祭祖时，用五、七、九、十一杯不等	【汉族】
W6503. 8. 4. 2. 3	山林里祭神时，把酒洒在林间	【藏族】
W6503. 8. 4. 2. 4	用特定的手指祭酒	
W6503. 8. 4. 2. 4. 1	用右手的无名指沾酒祭天	【鄂温克族】
W6503. 8. 4. 2. 5	祭酒时洒酒的方向	
W6503. 8. 4. 2. 5. 1	用酒祭死者时用左手向左方洒酒	【蒙古族（布里亚特）】
W6503. 8. 4. 3	酒祭祀的对象	
W6503. 8. 4. 3. 1	让已故祖先尝酒的来历	【民族，关联】①
W6503. 8. 4. 3. 2	酒一般用于祭祀神明、祖先、婚丧祭	【汉族】
W6503. 8. 4. 3. 3	祭请凶神“泛阿”时，要用糯米酿甜酒	【壮族】
W6503. 8. 4. 4	特定的酒作为祭品	
W6503. 8. 4. 4. 1	奶酒的酒头做祭品	【蒙古族】
W6503. 8. 4. 4. 2	甜酒作为祭品	【壮族】
W6503. 8. 4. 5	酒作祭品的禁忌	
W6503. 8. 4. 5. 1	巫师是剽牛祭鬼时第一个喝酒的人，所饮之酒一定要由没有月经在身的妇女煮制	【独龙族】
W6503. 8. 4. 6	与酒作为祭品有关的其他母题	［W6496. 7. 5. 4. 5］百姓们自动祭炎帝奠以酒浆
W6503. 8. 4. 6. 1	酒作祭品的用法不同	【纳西族】@［W6503. 12. 8. 5. 1］祭崩鬼时，主人家的长子为设在神龛上的素神献酒，东巴祭司在灶上和神座上为盘神等神献酒

① 【羌族】@［W6496. 0. 4］祭祖的方式（祭祖神的方法；祭祖先的情形）；［W6496. 0. 4. 2］用酒祭祖。

W 编码	母题描述	关联项
W6503. 8. 4. 6. 2	敬酒仪式上家长、祭司、代理人和舅舅四人同时用手指沾酒三次然后弹出三次，作为对鬼灵的祭奠和互相的祝福	【基诺族】
W6503. 8. 4. 6. 3	敬酒时中指蘸酒向天弹三下敬酒	【达斡尔族】
W6503. 8. 5	糖作为祭品	
W6503. 8. 5. 1	糖果祭神意为甜甜蜜蜜	【汉族】
W6503. 8. 6	茶作为祭品	【蒙古族】
W6503. 8. 6. 1	茶做祭品的来历	
W6503. 8. 6. 1. 1	茶作为祭品敬神表虔诚之意	【汉族】
W6503. 8. 6. 2	茶做祭品的方法	
W6503. 8. 6. 2. 1	供茶三杯	【汉族】
W6503. 8. 6. 2. 2	供奉干茶叶终年不撤	【汉族】
W6503. 8. 6. 3	茶祭祀的对象	
W6503. 8. 6. 3. 1	清茶用于供奉神佛	【汉族】@［W6495. 0. 5. 3. 2. 2］以茶祭神
W6503. 8. 6. 3. 2	清茶用于供奉祖先	【汉族】
W6503. 8. 6. 3. 3	每月初一、十五给萨玛烧香敬茶	【侗族】
W6503. 8. 6. 4	特定的茶作为祭品	
W6503. 8. 6. 4. 1	清茶作为祭品	【汉族】
W6503. 8. 6. 5	与茶作为祭品有关的其他母题	
W6503. 8. 7	香作为祭品	【汤普森】V12. 10；［W6505. 2. 11. 1］烧香的来历
W6503. 8. 7. 1	香做祭品的来历	
W6503. 8. 7. 2	香做祭品的方法	
W6503. 8. 7. 2. 1	祭祀的香薰自制	【满族】
W6503. 8. 7. 3	香祭祀的对象	
W6503. 8. 7. 4	特定的香作为祭品	
W6503. 8. 7. 5	与香作为祭品有关的其他母题	

W 编码	母题描述	关联项
W6503.8.7a	香火灯烛作为祭品	
W6503.8.7a.1	大年初一用香火灯烛祭山神	【白族】
W6503.8.8	图腾物作为祭品	
W6503.8.8.1	白狗羌（吊狗羌）以狗祭山	【羌族】
W6503.8.8.2	青牛白马婚生的后代用青牛白马为祭品	【汉族】
W6503.8.8a	崇拜物作为祭品	
W6503.8.8a.1	满族崇拜柳，先民窝集部以柳祭水神、祭海	【满族】
W6503.8.9	其他物作为祭品	
W6503.8.9.1	钱作为祭品	［W6495.0.5.8.4.1.1］烧纸表示送钱
W6503.8.9.1.1	向神供花表示献钱	【彝族】
W6503.8.9.2	纸作为祭品	【满族】
W6503.8.9.3	特定的金属作为祭品	
W6503.8.9.3.1	金银作为祭品	【纳西族】
W6503.8.9.4	珍珠作为祭品	
W6503.8.9.4.1	玉珠作为祭品	【纳西族】
W6503.8.9.5	玉作为祭品	【中华民族】【纳西族】
W6503.8.9.5.1	玉是祭天神的祭品	【多民族】
W6503.8.9.5.2	藻玉作为祭品	【汉族】
W6503.8.9.6	象征物作为祭品	
W6503.8.9.6.1	生殖器象征物作为祭品	【国外民族】
W6503.8.9.6.2	鸟作为象征性祭品	【满族】
W6503.9	祭品的其他类型（祭品的类型；祭品种类的划分）	【满族】
W6503.9.1	三牲	
W6503.9.1.0	三牲用于祭祀土地公、灶君、家中神明、祖先	【汉族】

W 编码	母题描述	关联项
W6503. 9. 1. 1	大三牲	
W6503. 9. 1. 2	小三牲	
W6503. 9. 1. 2. 1	小三牲主要用于祭鬼魅、虎爷	【汉族】
W6503. 9. 1. 2. 2	小三牲主要指生鸡蛋、生鱼和生猪肉片	【汉族】
W6503. 9. 1. 3	生三牲	
W6503. 9. 1. 3. 1	生三牲主要用于祭祀虎爷	【汉族】
W6503. 9. 1. 3. 2	生三牲指未经煮过的一块猪肉、一只鸡和一条鱼	【汉族】
W6503. 9. 1. 4	熟三牲	
W6503. 9. 1. 4. 1	全熟三牲用于祭祀祖先	【汉族】
W6503. 9. 1. 5	其他特定的三牲	
W6503. 9. 1. 5. 1	人们称敬神的三牲神是雄鸡、鲤鱼、猪头	【汉族】
W6503. 9. 1. 5. 1a	八月十五祭祖三牲为猪头、活鱼和活的公鸡	【汉族】
W6503. 9. 1. 6	与三牲有关的其他母题	
W6503. 9. 1. 6. 1	三牲六供	【汉族】
W6503. 9. 1. 6. 2	三牲五谷	
W6503. 9. 1. 6. 2. 1	祭大禹时献三牲五谷	【汉族】
W6503. 9. 2	三果	
W6503. 9. 2. 1	三果一般用于拜神、祭祀	【汉族】
W6503. 9. 2. 2	三果指三种不同类的水果	
W6503. 9. 2. 2. 1	凤梨、水梨、橘子作为三果	【汉族】
W6503. 9. 3	四牲	
W6503. 9. 3. 1	四牲主要用于拜神、祖先喜庆神诞	【汉族】
W6503. 9. 3. 2	四牲主要指煮熟猪肉一大块、鸡、鸭各一只、鱼一条	【汉族】
W6503. 9. 4	四果	

W 编码	母题描述	关联项
W6503.9.4.1	四果为春夏秋冬四样应时水果	【汉族】
W6503.9.4.2	四果一般用于拜神、祭祀	【汉族】
W6503.9.5	五牲	
W6503.9.5.1	五牲一般用于玉皇大帝、三官大帝、城隍爷等	【汉族】
W6503.9.5.2	五牲用于拜神、祖先	【汉族】
W6503.9.5.3	五牲一般指煮熟猪肉一块，鸡、鸭、鹅各一只，鱼一条	【汉族】
W6503.9.5.4	五牲的使用	
W6503.9.5.4.1	五牲摆放时，猪肉置中称为“中牲”；鸡或鸭猪肉两旁称为“边牲”；鱼及猪肝“下牲”	【汉族】
W6503.9.6	五齐	【汉族】
W6503.9.6.1	五齐一般用于拜天公	【汉族】
W6503.9.6.2	五齐一般指冬粉水、木耳木、香菇火、笋干土、金针金	【汉族】
W6503.9.6.3	五齐代表金木水火土	【汉族】
W6503.9.7	五果	
W6503.9.7.1	五果为凤梨、苹果、橘子、水梨、甘蔗	【汉族】
W6503.9.7.2	五果为香蕉、李子、梨子、米糕、生仁	【汉族】
W6503.9.8	五子	
W6503.9.8.1	五子为桂圆、红枣、榛子、花生、瓜子	【汉族】
W6503.9.9	五味碗	
W6503.9.9.1	五味碗一般用于拜地基主、孤魂野鬼	【汉族】
W6503.9.9.2	五味碗一般是以五只碗各装五种不同熟食品的祭品	【汉族】
W6503.9.10	六齐	

W 编码	母题描述	关联项
W6503. 9. 10. 1	六齐一般用于拜天公	【汉族】
W6503. 9. 10. 2	六齐一般是从冬粉、木耳、香菇、笋干、金针、桂圆、姜、糖、紫菜、豌豆、菜心、蚕豆、豆苗、海带、面筋等中选取六样	【汉族】
W6503. 9. 11	山珍海味	
W6503. 9. 11. 1	山珍	
W6503. 9. 11. 1. 1	山珍一般用于拜神、天公、佛	【汉族】
W6503. 9. 11. 1. 2	祭品山珍一般指香菇、金针、木耳、桂圆、姜、糖、晒干的素食品	【汉族】
W6503. 9. 11. 2	海味	
W6503. 9. 12	七味碗	
W6503. 9. 12. 1	七味碗一般用于拜七娘妈	【汉族】
W6503. 9. 12. 2	七味碗一般是以七只碗装七种不同熟食粿食或糕点	【汉族】
W6503. 9. 13	非正常死亡者的祭品	
W6503. 9. 13. 1	凶死者要斩狗头以祭其魂，使之清白	【瑶族（布努）】
W6503. 9. 14	祭品的其他分类	
W6503. 9. 14. 1	按祭品的性质分类祭品	
W6503. 9. 14. 1. 1	文武祭品	
W6503. 9. 14. 1. 1. 1	“武朵玛”主要供奉怒相神灵	【藏族】
W6503. 9. 14. 1. 1. 2	“文朵玛”主要供奉善相男女众神	【藏族】
W6503. 9. 14. 1. 2	祭品分牺牲、粮食和面食 3 种	【藏族（白马）】
W6503. 9. 14. 2	按祭品的特征分类祭品	
W6503. 9. 14. 2. 1	无血的祭品	
W6503. 9. 14. 2. 1. 1	祭奠善神用无血祭品	【蒙古族（布里亚特）】
W6503. 9. 14. 2. 2	有血的祭品	

W 编码	母题描述	关联项
W6503. 9. 14. 3	按祭品的质地或艺术门类分类祭品	
W6503. 9. 14. 3. 1	玉器祭品	
W6503. 9. 14. 3. 1. 1	祭品玉钺	【中华民族】@〔W6496. 0. 6. 7. 4〕特定玉器作为祭祖礼器
W6503. 9. 14. 3. 2	画像祭品	
W6503. 9. 14. 3. 2. 1	祭品双帆船陶画	【中华民族】
W6503. 10	祭品的制作（制作祭品；祭品的获得）	
W6503. 10. 1	祭品制作的时间	
W6503. 10. 1. 1	祭品要在晚上制作	
W6503. 10. 1. 1. 1	祭糕的整个制作过程要在祭祀的前夜进行	【满族】
W6503. 10. 2	祭品制作的地点	
W6503. 10. 2. 1	祭品要在密闭的地方制作	
W6503. 10. 3	祭品制作的方法	
W6503. 10. 3. 1	祭品必须由特定人制作	
W6503. 10. 3. 2	祭品必须亲手制作（供品须自制）	
W6503. 10. 3. 2. 1	祭祀用的酒与糕皆自酿造	【满族】
W6503. 10. 3. 3	杀牲做祭品	
W6503. 10. 3. 3. 1	杀牲做祭品的原因	
W6503. 10. 3. 3. 2	杀牲做祭品的时间	
W6503. 10. 3. 3. 3	杀牲做祭品的地点	
W6503. 10. 3. 3. 3. 1	祭祀死者必须在屋内杀牲	【傈僳族】
W6503. 10. 3. 3. 4	杀牲做祭品的方法	
W6503. 10. 3. 3. 4. 1	杀牲有特定的方位	
W6503. 10. 3. 3. 4. 1. 1	祭坛神时在房内杀羊，要面朝正壁	【傈僳族】

W 编码	母题描述	关联项
W6503. 10. 3. 3. 5	杀特定牺牲	
W6503. 10. 3. 3. 6	与杀牲做祭品有关的其他母题	［W6509. 2. 7. 1］杀牲祭祀忌见血
W6503. 10. 3. 4	祭品制作过程有特定要求（祭品的制作要门前清）	
W6503. 10. 3. 4. 1	作为祭品的鸡要单独煮熟，不与其他物相混	【羌族】
W6503. 10. 3. 5	祭品要打上特定印记	
W6503. 10. 3. 5. 1	把祭品马的图像印在小方格白纸上，称之“风马”	【藏族】
W6503. 10. 3. 5. 2	祭品上粘贴日月图案	【蒙古族】
W6503. 10. 4	祭品制作禁忌	
W6503. 10. 4. 1	制作祭品时避生人	
W6503. 10. 4. 2	祭不同神的不同祭品要分开制作	
W6503. 10. 4. 2. 1	猪祭五谷神，鸡祭山神，猪、鸡是要分开煮、分开摆放	【白族（那马）】
W6503. 10. 4. 3	忌用特定动物做祭品	
W6503. 10. 4. 4	祭品制作忌偷梁换柱	
W6503. 10. 4. 4. 1	祭雷公错把狗头当猪头招致旱灾	【汉族】
W6503. 10. 4. 5	制作祭品忌不纯	
W6503. 10. 4. 5. 1	煮猎物做祭品时不能加料	【壮族】
W6503. 10. 4. 6	制作祭品忌制作者身体不洁	
W6503. 10. 4. 6. 1	祭品制作必须保证参与者身体洁净	【满族】
W6503. 10. 5	祭品的生熟	
W6503. 10. 5. 1	生的祭品（生祭）	［W6503. 12. 8. 6. 1］活祭
W6503. 10. 5. 1. 1	用动物“生祭”猎神	【白族】
W6503. 10. 5. 1. 2	祭祀土地神时把鸡血滴在“土地神”上，旁插鸡毛，表示“生祭”	【彝族】
W6503. 10. 5. 1. 3	祭天时，黄牛生献给天神	【纳西族】

W 编码	母题描述	关联项
W6503.10.5.1.4	生祭祖先即将生牛头和一碗牛血摆上神台	【壮族】
W6503.10.5.2	熟的祭品（熟祭；炙祭）	【关联】①
W6503.10.5.2.1	祭天时把煮熟的猪肉再次供祭于神树神石前，称为熟祭	【纳西族】
W6503.10.5.2.2	熟祭即取杂肉稀饭1碗，熟蛋1个，分别祭短鬼拉鬼和山神、龙王	【纳西族】
W6503.10.5.2.3	熟肉做祭品	【赫哲族】【锡伯族】@［W6495.0.5.3.2］煮肉祭神
W6503.10.5.2.4	炙祭四个方位	【纳西族】
W6503.10.5.2.5	除夕祭祖用熟祭	【壮族】
W6503.10.5.2.6	回熟	
W6503.10.5.2.6.1 *	“回熟”即牲尸煮熟后祭献	【彝族（黑彝）】
W6503.10.5.2.7	把祭品投入香火中祭神	【藏族】
W6503.10.5.3	半生不熟的祭品	
W6503.10.5.3.1	半生不熟的饭专门为刚死者祭用	【瑶族（布努）】
W6503.10.5.3.2	半熟的肉作为祭品	【锡伯族】
W6503.10.5.3.3	半生不熟的猪头作为祭品	【锡伯族】
W6503.10.5.4	领生	［W6498.9.4.1］活祭（祭活人）
W6503.10.5.4.1	“领生”即将所用之牺牲先活祭	【彝族（黑彝）】
W6503.10.6	与祭品制作有关的其他母题（与准备祭品有关的其他母题）	［W6503.8.7.2.1］祭祀的香薰自制
W6503.10.6.1	作为祭品动物的饲养	［W6503.5.15.5.1］饲养动物牺牲有特定禁忌
W6503.10.6.1.1	作为牺牲的动物须精心喂养	【藏族】

① ［W6495.2.5.3.4.2］祭土地神时，把鸡煮熟后插上一双筷子，放上一把勺子，摆上杀鸡的尖刀，抬到升斗下面“熟祭”；［W6495.4.5.2.2.3］把鸡肉煮熟后祭祀河神；［W6503.9.1.4］熟三牲；［W6503.12.8.6.2］死祭。

W 编码	母题描述	关联项
W6503. 10. 6. 1. 1. 1	牺牲用的牛羊须精心喂养	【藏族（纳木依人和柏木依人）】
W6503. 10. 6. 1. 2	喂养作为牺牲的牛不让它劳动	【白族】
W6503. 10. 6. 1. 3	祭祀用猪要特殊喂养并达到一定体重	【满族】
W6503. 10. 6. 2	祭品的提供者	
W6503. 10. 6. 2. 1	不同祭祀者轮流提供祭品（祭品提供者轮流坐庄）	【纳西族】
W6503. 10. 6. 2. 2	特定的人提供特定的祭品	
W6503. 10. 6. 2. 2. 1	招魂用的大公鸡由内弟出，小公鸡由妻子的姐妹或女婿出，母鸡由儿子或家族亲戚出	【彝族】
W6503. 10. 6. 2. 3	老年妇女购买祭祀用品	【多民族】
W6503. 10. 6. 2a	特定的祭品制作者	
W6503. 10. 6. 2a. 1	宰杀牺牲者	
W6503. 10. 6. 2a. 1. 1	祭天时杀猪要由本年出猪牲的这家男子杀	【纳西族】
W6503. 10. 6. 2a. 2	特定身份者宰杀牺牲	
W6503. 10. 6. 2a. 2. 1	杀祭祖牛时，外甥执支杆，舅爷来杀牛	【苗族】
W6503. 10. 6. 2a. 2. 2	牺牲要由长老宰杀	【壮族】@［W6490. 3. 2. 2］祭祀活动由部落长老主持
W6503. 10. 6. 2a. 3	祭品制作者的特定要求	
W6503. 10. 6. 2a. 3. 1	祭品制作参与者要身体干净	【满族】
W6503. 10. 6. 3	预留祭品	
W6503. 10. 6. 3. 1	人杀牲待客，要给死者留下一部分作为祭品	【傈僳族】
W6503. 10. 6. 4	偷特定的物作为祭品	【关联】①
W6503. 10. 6. 4. 1	猎人要偷鸡作为祭品	【傈僳族】

① ［W6496. 0. 4. 7. 5. 3］祭祖时偷来邻村祖神祭祀；［W6502a. 3. 3. 2. 1. 2. 1］人财不旺的族人偷别家的祖灵灵牌供奉。

W 编码	母题描述	关联项
W6503. 10. 6. 4. 2	古时，偷牛祭天	【达斡尔族】
W6503. 10. 6. 5	特定人物所赠物作为祭品	
W6503. 10. 6. 5. 1	仙人赠的醋酒、白酒和包谷花成为人祭神的供品	【怒族】
W6503. 10. 6. 6	祭品的再加工	
W6503. 10. 6. 6. 1	在祭品上绘画	
W6503. 10. 6. 6. 1. 1	新盖房祭土王仪式仪上，祭品上撒一层细火塘灰，东巴用筷子在灰上描画一公一母两条龙	【纳西族】
W6503. 10. 6. 6. 2	为祭品染色	［W6503. 1a. 4］祭品讲究颜色（祭品的颜色）
W6503. 10. 6. 6. 2. 1	把作为祭品的整鸡或鸡卵染成红色	【鄂温克族】
W6503. 10. 6. 6. 2. 2	四月八日染黑饭供牛神	【布依族】
W6503. 11	祭品的摆放（牺牲的放置；祭品的安排）	
W6503. 11. 1	祭品摆放的原因	
W6503. 11. 2	祭品的摆放者	
W6503. 11. 2. 1	祭品要由主祭摆放	
W6503. 11. 2. 2	祭品要由年长者摆放	
W6503. 11. 2. 2. 1	六月节祭祖摆放祭品一般都是由年龄较大的一两人摆放	【侗族】
W6503. 11. 3	祭品有规定摆放时间	
W6503. 11. 4	祭品有规定摆放地点	
W6503. 11. 4. 1	祭品放入火中	【汤普森】K925；【关联】①
W6503. 11. 4. 1. 1	火祭结束时，往篝火中投掷供物	【满族】
W6503. 11. 4. 2	祭品放入水中	【汤普森】K926
W6503. 11. 4. 3	祭品放树上	

① ［W6495. 0. 5. 2. 1］牺牲投入香火中祭神；［W6495. 5. 4. 7］饮食投火中祭火神。

W 编码	母题描述	关联项
W6503. 11. 4. 3. 1	祭生育神时，开剖后的猪胆挂柏树，腰子挂“仁”（神名）神树，脾脏挂“趣”（神名）神树	【纳西族】
W6503. 11. 4. 3. 2	祭山鬼祛病时，祭品多半挂置于病人屋外的树上，猪、牛则捆住四蹄绑在树上	【独龙族】
W6503. 11. 4. 3a	祭品放树下	
W6503. 11. 4. 3a. 1	祭太阳的祭品摆在树下	【壮族】
W6503. 11. 4. 4	祭品放屋外	
W6503. 11. 4. 4. 1	祭天地神祇的酒肉放在屋外	【彝族】
W6503. 11. 4. 5	祭品放祭桌上	
W6503. 11. 4. 5. 1	祭祖时，两张放祭品的八仙桌并排于神龛前	【布依族】
W6503. 11. 4. 5. 2	杀猪祭天神地神时，把猪头供到供桌上	【锡伯族】
W6503. 11. 4. 6	祭品放神像前	
W6503. 11. 4. 6. 1	杀猪宰羊后到盘古大王的神像前设供	【侗族】
W6503. 11. 5	祭品的摆放的方法	
W6503. 11. 5. 1	阮可人祭祖，把猪杀后让其口咬一片芜菁，匍匐于祖先树前	【纳西族（阮可）】
W6503. 11. 5. 2	祭品摆放有特定层次和形式	
W6503. 11. 5. 2. 1	神案前供桌上摆着五排供品，每排祭品各有规定	【满族】
W6503. 11. 6	祭品摆放的位置（祭品有特定的摆放方向）	
W6503. 11. 6. 1	新盖房祭土王要把各种供品放在野外东北方向的高处	【纳西族】
W6503. 11. 6. 2	祭品要放在死者头前	【傈僳族】
W6503. 11. 6. 3	不同祭品摆放位置不同	

W 编码	母题描述	关联项
W6503. 11. 6. 3. 1	三牲陈列时，猪肉置于中间，鸡与鸭置于猪肉两旁	【汉族】
W6503. 11. 7	特定祭品的摆放	［W6495. 11. 53. 4. 2］祭灶神祭品的摆放
W6503. 11. 8	祭品摆放的禁忌	［W6503. 10. 4. 2. 1］猪祭五谷神，鸡祭山神，猪、鸡是要分开煮、分开摆放
W6503. 11. 8. 1	摆放祭品时不准抽烟	【侗族】
W6503. 11. 8. 2	摆放祭品时不准说话	【侗族】
W6503. 11. 8. 3	摆放祭品时不准吃其他食物	【侗族】
W6503. 11. 8. 4	摆放祭品时不准染指祭品	
W6503. 11. 8. 4. 1	摆放祭品时，手指偶尔沾上一小点祭品包括一粒饭，必须放还祭物上，不能用舌头去舔吃	【侗族】
W6503. 11. 9	与祭品摆放有关的其他母题	【关联】①
W6503. 12	祭品的使用（祭品的处置；祭品的处理；祭品的享用；吃祭品）	
W6503. 12. 0	祭品的使用前的准备	
W6503. 12. 0. 1	祭品使用前要除秽	［W6505. 1. 3. 1］祭祀前要除秽
W6503. 12. 0. 1. 1	祭天杀猪前由东巴为猪牲除秽	【纳西族】
W6503. 12. 0. 1. 2	祭品祭献前先过火净化	【蒙古族】
W6503. 12. 0. 2	祭品使用前要对有关祭品除秽	
W6503. 12. 0. 2. 1	将牺牲品沾上神水后要先除灵位上之污秽	【彝族】
W6503. 12. 0. 3	祭品的包装（祭品的装饰）	
W6503. 12. 0. 3. 1	祭品用红纸装饰	
W6503. 12. 0. 3. 1. 1	祭祀时供品绑一段红纸以示讨喜之意	【汉族】

① ［W6495. 11. 53. 4. 2］祭灶神祭品的摆放；［W6503. 5. 15. 7. 5. 3］动物做祭品的摆放。

W 编码	母题描述	关联项
W6503. 12. 0. 3. 1. 2	作为祭品的面线扎上红纸或红线	【汉族】
W6503. 12. 0. 3. 1. 3	祭火神的修火神箭要用各种丝带装饰	【藏族】
W6503. 12. 1	神或神性人物食用祭品	
W6503. 12. 1. 1	神吃祭品	【赫哲族】
W6503. 12. 1. 1. 1	神灵吃祭品的气，而不是吃祭品本身	【壮族】
W6503. 12. 1. 1. 2	念请神来享用祭物	【仡佬族】
W6503. 12. 1. 2	祖先享用祭品	
W6503. 12. 1. 3	鬼享受祭品时只是闻其味，而不食其物	【白族】【白族（勒墨）】
W6503. 12. 1. 4	由特定物代神享用祭品	
W6503. 12. 1. 4. 1	鸡啄得越欢，表示神灵受祭时越高兴，若鸡不啄食则表示神不赏面子	【彝族（撒尼）】
W6503. 12. 2	人吃祭品（分食祭品；分享祭品）	［W6503. 12. 2a］吃圣餐（圣餐；圣餐的食用）
W6503. 12. 2. 0	吃祭品的原因	
W6503. 12. 2. 0. 1	祭山神的水果分给小孩吃可以得到山神的保佑，健康成长	【纳西族】
W6503. 12. 2. 0. 2	分食祭品可以消灾	【达斡尔族】
W6503. 12. 2. 0. 3	人吃祭品行好运	
W6503. 12. 2. 0. 3. 1	小孩吃年节祭品易长成人，且聪明伶俐，做事顺利	【壮族】
W6503. 12. 2. 0. 4	分食祭品保平安	
W6503. 12. 2. 0. 4. 1	吃沾了神气的供品有护佑平安的功能	【汉族】
W6503. 12. 2. 0a	人分食祭品的时间	【关联】①
W6503. 12. 2. 0a. 1	祭祀结束后分食祭品	【藏族】

① ［W6503. 12. 2a. 2］食用圣餐的时间（吃圣餐时间）；［W6503. 12. 5］食用祭品的时间。

W 编码	母题描述	关联项
W6503.12.2.0a.1.1	供完佛以后，所供的羊肉撤下来后大家分吃	【鄂温克族】
W6503.12.2.0a.2	祭品先供神后分享	【蒙古族】
W6503.12.2.0a.2.1	族人给祖先祭熟猪肉，然后全村人一起吃吉利肉	【满族（巴拉人）】
W6503.12.2.0a.3	祭品先由特定的人吃后才能分享	
W6503.12.2.0a.3.1	分食祭品前先由未婚女子先吃	【鄂温克族】
W6503.12.2.1	祭品要祭祀者自己食用	
W6503.12.2.1.1	猪肉供祭后留着自己吃	【珞巴族】@［W6503.13.2.1］祭神的牛不能买卖，头骨要永久保留
W6503.12.2.1.2	祭品只能由家里的老人享用（吃祭品者要有特定身份）	
W6503.12.2.1.2.1	祭祖的粑粑只能由家里的老人享用，其他人靠边站	【白族】
W6503.12.2.1.3	祭祀者各自食用自己的祭品	
W6503.12.2.1.3.1	祭祀女祖先姆洛甲时，各人吃各人带来的东西	【壮族】
W6503.12.2.2	祭品要分给他人食用	［W6503.13.6.2］祭品不能被家外人吃
W6503.12.2.2.1	作为祭品的鸡和猪祭祀后大家分吃	【基诺族】
W6503.12.2.2.2	作为祭品的牛要捎给亲友食用	【独龙族】
W6503.12.2.2.3	祭神兽肉分给全城百姓一起吃	【赫哲族】
W6503.12.2.2.4	野祭时可用猪或其他野牲作供品，可请外村人同吃吉利肉	【满族（巴拉人）】
W6503.12.2.3	祭祀后的祭品分给所有参加者吃	【彝族】
W6503.12.2.3.1	祭祀家鬼的牺牲全村人都可以吃	【怒族】
W6503.12.2.4	分食其他祭品	
W6503.12.2.5	人吃祭品的方法	

W 编码	母题描述	关联项
W6503. 12. 2. 5. 1	秋收后驱农害法事上公鸡在仪式结束煮熟，全寨每人吃一点，表示农害已除，明年庄稼丰收	【羌族】
W6503. 12. 2. 5. 2	祭司念着经把祭品分施给祭者	【羌族（纳木依人、柏木依人）】
W6503. 12. 2. 5. 3	不同的人分食不同的祭品	
W6503. 12. 2. 5. 3. 1	还鸡愿祭神仪式上房顶上祭祀的鸡族中人吃，祭将军神鸡帮忙的人吃，其余的鸡家中人吃	【羌族】
W6503. 12. 2. 5. 4	分食祭品按贫富分配	
W6503. 12. 2. 5. 4. 1	杀牛祭祖时，亲戚中有钱者馈送一只腿，穷的只给一块肉	【苗族】
W6503. 12. 2. 5. 5	以家为单位分祭品	
W6503. 12. 2. 5. 5. 1	祭雷神时，祭家的房族兄弟有多少户，就把祭肉分成多少份，逐一散给各家，每户一份	【苗族】
W6503. 12. 2. 5. 5a	以村寨为单位分祭品	
W6503. 12. 2. 5. 5a. 1	祭山神所杀的羊在敬神后分给各寨各一块	【藏族】
W6503. 12. 2. 5. 6	按人的身份分祭品（按人的贡献分祭品）	
W6503. 12. 2. 5. 6. 1	祭天后的猪分给各家，东巴分到一半猪头和一只猪腿，猎人分到一条前腿，一挂肉	【纳西族】
W6503. 12. 2. 5. 6. 2	祭鬼后的牛剥皮取出内脏，留出祭司牛心一半、牛胃一半、牛肋骨三根、牛大腿一只，牛主人牛头、蹄、心肝各一半等，其余部分众人任意抢割	【怒族】
W6503. 12. 2. 5. 7	按人的年龄分祭品	
W6503. 12. 2. 5. 7. 1	祭品老人先食	【纳西族】

W 编码	母题描述	关联项
W6503. 12. 2. 5. 8	在特定地点吃祭品	
W6503. 12. 2. 5. 8. 1	家祭树时，要在树下将供品吃完	【仡佬族】
W6503. 12. 2. 5. 8. 2	祭山神结束后，要就地吃光祭品	【壮族】
W6503. 12. 2. 5. 9	与分食祭品方法有关的其他母题	
W6503. 12. 2. 5. 9. 1	分食特定的祭品的方法	
W6503. 12. 2. 5. 9. 1. 1	祭亡灵的祭品，一半给死者，一半子孙分食	【藏族】
W6503. 12. 2. 6	人吃祭品的情形	
W6503. 12. 2. 6. 1	死者享用供品后，参与者就开始抢夺那些肉类，跑到山里面去烤着吃	【彝族】
W6503. 12. 2. 6. 2	祭品要吃光	【鄂伦春族】
W6503. 12. 2. 6. 3	分抢祭品	
W6503. 12. 2. 6. 3. 1	祭月结束时，把祭品从祭台上抛向人群，以抢到祭品为荣	【汉族】
W6503. 12. 2. 6. 4	吃祭品要全面	
W6503. 12. 2. 6. 4. 1	人人能吃到祭品“社猪”身上的每个部位，象征来年完美	【壮族】
W6503. 12. 2. 7	让被祭者享用祭品的方法	
W6503. 12. 2. 7. 1	毕摩将献祭人的姓名一一读出，同时割开牺牲的右肋和左耳一片，举着鸡、捧着草，表示死者已享用	【彝族】
W6503. 12. 2. 8	分食祭品的其他情形	
W6503. 12. 2. 8. 1	分食祭品祭师优先	【壮族】
W6503. 12. 2. 8. 2	分食祭品剩余部分带回家	【壮族】
W6503. 12. 2. 8. 2. 1	分食的祭品肉剩余部分按家分配带回	【蒙古族（布里亚特）】
W6503. 12. 2. 8. 3	只有特定身份者可吃祭品	
W6503. 12. 2. 8. 3. 1	祭品只有首领可分享	【佤族】@［W6503. 14. 4. 4］剩余祭品归主祭所有

W 编码	母题描述	关联项
W6503. 12. 2. 8. 4	人只能分食部分祭品	
W6503. 12. 2. 8. 4. 1	祭品的分配人神各半	【壮族】
W6503. 12. 2. 8. 5	象征性分食祭品	
W6503. 12. 2. 8. 5. 1	祭山神后把供品和肉食象征性地分给各家各户	【藏族】
W6503. 12. 2. 8. 6	祭品加工后分食	
W6503. 12. 2. 8. 6. 1	山羊剥皮敬神后，煮熟分给大家吃	【藏族】
W6503. 12. 2. 9	与分食祭品有关的其他母题	
W6503. 12. 2. 9. 1	分食祭品的善后	
W6503. 12. 2. 9. 1. 1	分食祭品剩余部分的处理	
W6503. 12. 2. 9. 1. 1. 1	剩余的祭品要放特定地方	【满族】
W6503. 12. 2. 9. 2	分食的祭品相关名称	
W6503. 12. 2. 9. 2. 1	分食的祭品肉又称“吉利肉”	【满族（巴拉人）】
W6503. 12. 2. 9. 2. 2	分食的祭品肉又称“净化肉”	【蒙古族（布里亚特）】
W6503. 12. 2a	吃圣餐（圣餐；圣餐的食用）	【汤普森】V30
W6503. 12. 2a. 1	吃圣餐的原因	
W6503. 12. 2a. 1. 1	拒食圣餐下地狱	【汤普森】≈V39. 8
W6503. 12. 2a. 2	食用圣餐的时间（吃圣餐时间）	［W6503. 12. 5］食用祭品的时间
W6503. 12. 2a. 2. 1	祭祀结束后共餐	【仡佬族】
W6503. 12. 2a. 2. 1. 1	祭敖包仪式结束后，人们用供品会餐	【达斡尔族】
W6503. 12. 2a. 2. 2	三月三吃圣餐	【布依族】
W6503. 12. 2a. 2. 3	祈祷结束后用供品会餐	【达斡尔族】
W6503. 12. 2a. 3	食用圣餐的地点	
W6503. 12. 2a. 3. 1	在祭祀地点吃圣餐	【仡佬族】
W6503. 12. 2a. 3. 1. 1	祭祀社神结束时，在社神处地上聚餐	【布依族】

W 编码	母题描述	关联项
W6503.12.2a.3.2	在神树下吃圣餐	【满族】@［W6505.4.2.2］祭天的规矩是神接受祭品祭祀者要煮熟祭品后在神树下吃完
W6503.12.2a.3.3	上山在坟前吃饭	【布依族】
W6503.12.2a.4	食用圣餐的地点	
W6503.12.2a.5	食用圣餐者	
W6503.12.2a.5.1	吃圣餐人皆有份	
W6503.12.2a.5.1.1	凡是参加祭祀或行往路人均可啖食祭祖的猪	【侗族】
W6503.12.2a.5.2	祭祀时，各户去一人聚餐	【壮族】
W6503.12.2a.5.3	在“仙人柱”内祭祀的祭品，全“乌力楞”的男女都可以参加共餐	【鄂伦春族】
W6503.12.2a.6	食用圣餐的方法	
W6503.12.2a.6.1	吃圣餐前要先感谢神	【鄂伦春族】
W6503.12.2a.7	食用圣餐的情形	
W6503.12.2a.7.1	下葬蛙婆时进门吃饭的人越多越吉利	【壮族】
W6503.12.2a.8	食用圣餐的禁忌	
W6503.12.2a.8.1	吃剩的圣餐不能乱丢	【布依族】
W6503.12.2a.8.2	吃剩的圣餐不能带回家	【侗族】@［W6503.12.2.8.2］分食祭品剩余部分带回家
W6503.12.2a.8.3	忌特定的人吃特定地方的祭品	
W6503.12.2a.8.3.1	在“仙人柱”外边上供的供品只许男子和未成年的女孩吃，成年妇女不能吃	【鄂伦春族】
W6503.12.2a.9	与吃祭品有关的其他母题	［W6509.2.7.7］祭祀中的饮食禁忌
W6503.12.2a.9.1	吃祭品有特定吃法	【汉族】

W 编码	母题描述	关联项
W6503. 12. 2a. 9. 2	吃完祭品后要呼喊	
W6503. 12. 2a. 9. 2. 1	祭山时杀吃白牛，饭后大呼三声才能退席回家	【布依族】
W6503. 12. 2a. 9. 3	分食祭品的性质	
W6503. 12. 2a. 9. 3. 1	分食的祭品意为被敬的神所赐	【壮族】
W6503. 12. 2a. 9. 4	祭品先熟祭后食用	【壮族】@［W6495. 3. 5. 3. 1］猎获野兽后要抬回设坛祭山神的地点，拔毛、剥皮、烹煮，先祭奉，然后举行猎宴
W6503. 12. 3	特定的祭品祭特定的神（不同祭品祭不同的神；特定神专用特定祭品）	【达斡尔族】
W6503. 12. 3. 1	雄性祭品祭雄性神	［W6503. 12. 3. 3］雌性祭品祭雄性神
W6503. 12. 3. 1. 1	鹿埃姆是雄性，祭献时要用公牛、公猪或公鸡	【佤族】
W6503. 12. 3. 1a	雄性祭品祭雌性神	
W6503. 12. 3. 1a. 1	男性生殖器作为特定女神的祭品	【怒族】@［W6523. 1. 4. 1］女人忌食生殖器
W6503. 12. 3. 2	雌性祭品祭雌性神	
W6503. 12. 3. 2. 1	鹿埃松是雌性，祭献时要用母牛、母猪和母鸡	【佤族】
W6503. 12. 3. 2. 2	祭女性神用雌性动物	【羌族】
W6503. 12. 3. 3	雌性祭品祭雄性神	
W6503. 12. 3. 3. 1	女性生殖器作为特定男神的祭品	【怒族】
W6503. 12. 3. 4	用女子祭河伯	【汉族】@［W0410. 3］河神（伯）娶妻
W6503. 12. 3. 5	猪血祭地神	【锡伯族】
W6503. 12. 3. 6	用大米和鸡蛋祭山神	【珞巴族】
W6503. 12. 3. 7	猪是祭给五谷神的，鸡是祭给山神的	【白族（那马）】

W 编码	母题描述	关联项
W6503.12.3.8	祭品只能本家（分食祭品只能本族分食）	【羌族】@［W6503.12.8.1］祭品不能被外族吃到
W6503.12.3.9	与特定的祭品祭特定的神有关的其他母题	【关联】①
W6503.12.3.9.1	根据对象选择祭品	
W6503.12.3.9.1.1	根据病情选择祭鬼祛病用的祭品（大病大祭品，小病小祭品）	【怒族】
W6503.12.3.9.1.2	半生熟的三牲用于祭祀神明，全熟则用于祭祀祖先	【汉族】
W6503.12.3.9.1.3	祭土地神献茶、酥油、糌粑或水果，山神则献酒与肉	【藏族】
W6503.12.3.9.2	其他神禁用专项祭品	
W6503.12.3.9.2.1	羊用于祭崖神、天鬼和家鬼，祭祀其他鬼神一律禁用	【怒族】
W6503.12.3.9.3	祭特定神的祭品不能混用	
W6503.12.3.9.3.1	祭神时需敬鸡者不能放鸭，祭鱼不能摆鹅，所祭物的颜色、只数、性别都有规定	【满族】
W6503.12.4	特定的人吃特定的祭品（不同祭品的食用者有别）	
W6503.12.4.1	祭祖的祭品只能主祭者和家族中年长者吃，其他祭祀者不得分享	【白族】
W6503.12.4a	特定动物吃祭品	
W6503.12.4a.1	祭树的各样祭品要让乌鸦来啄吃	【纳西族】
W6503.12.4a.2	杀年猪祭祖的部分祭品丢到山坡上让老鹰啄食	【纳西族（摩梭）】
W6503.12.5	食用祭品的时间	
W6503.12.5.1	天亮前食用祭品	［W6487.6.2.1］飨祭就在天亮前
W6503.12.5.2	白天食用祭品	

①［W6497.1.11.4.2.3］特定的鬼需要特定的祭品（特定的祭品祭特定的鬼）；［W6503.5.14］动物的不同部位祭不同的神。

W 编码	母题描述	关联项
W6503. 12. 5. 3	献祭结束后祭品抬回寨中，全寨分食	【羌族】
W6503. 12. 5. 4	祭特定人物的祭品食用有特定时间	
W6503. 12. 5. 4. 1	正月廿日天穿日，取出原来做的年糕煎热，先用红线吊着祀女娲，然后全家人分吃	【汉族】
W6503. 12. 5. 5	祭祀后的祭品要等到特定时间食用	
W6503. 12. 5. 5. 1	除夕祭神灵、祖先、六畜神的祭品正月初一置于储藏柜中，到正月十五才能吃	【羌族】
W6503. 12. 6	食用祭品的地点	
W6503. 12. 6. 1	祭品必须在祭祀地点吃	【傈僳族】
W6503. 12. 7	食用祭品的情形	
W6503. 12. 7. 1	祭品要跪着食用	
W6503. 12. 7. 2	众人吃完祭品后向祭台磕头	【怒族】
W6503. 12. 7. 3	分几次分食祭品不同的部位	【纳西族（摩梭）】
W6503. 12. 8	祭品的其他处理方法	
W6503. 12. 8. 1	焚烧祭品（祭祀后烧掉祭品）	【藏族】@［W6505. 2. 4. 3］焚烧祭文
W6503. 12. 8. 1. 1	播种仪式后，把牛头、犁具等焚化	【白族】
W6503. 12. 8. 1. 2	祭司要将祭崖神吃不完的牺牲连肉带骨全部当场烧毁，表明已全部献祭	【怒族】
W6503. 12. 8. 1. 3	埋葬死者后，将一桌酒菜连同死者生前用过的物品在坟前供上片刻用火烧尽	【怒族】
W6503. 12. 8. 1. 4	献祭天神的祭牲必须全部焚烧掉	【彝族（撒尼）】
W6503. 12. 8. 1. 4. 1	祭祀后烧掉作为祭品的龙	【壮族】

W 编码	母题描述	关联项
W6503.12.8.1.4a	祭祀后分到的祭品要在神前烧掉	【藏族】
W6503.12.8.1.4b	祭品在祭神时都要烧掉	【藏族】
W6503.12.8.1.5	祭品过火表示祭神	
W6503.12.8.1.5.1	向篝火里扔一些食物或倾倒一杯酒祭保护火种的女神	【鄂伦春族】
W6503.12.8.1.5.2	焚烧纸龙让它把祭龙盛况向天神上奏	【彝族（撒尼）】
W6503.12.8.1.6	多种祭品同时焚烧	
W6503.12.8.1.6.1	祭神时焚烧神疏文书、金银大锞、黄钱	【白族】@［W6495.11.36.6.1.1］祭牛王、马王、土主等保佑六畜兴平安时，用香烛果品、茶酒香斋、素馔、全鸡、猪头等供品，焚烧神疏文书、金银大锞、黄钱，点青香，行三拜九叩礼
W6503.12.8.1.7	焚烧特定祭品（祭特定神烧特定物）	
W6503.12.8.1.7.1	祭神时焚烧木偶（祭神时焚烧神偶）	【纳西族】
W6503.12.8.1.8	焚烧祭品的其他情形	
W6503.12.8.1.9	与焚烧祭品有关的其他母题	
W6503.12.8.1.9.1	焚烧死者旧物	【独龙族】
W6503.12.8.1a	祭品使用时打碎	
W6503.12.8.1a.1	打碎作为祭品的玉器	【国外民族】
W6503.12.8.2	剩余祭品的存放（保留部分祭品；祭品的保存）	
W6503.12.8.2.1	吃掉一半作为祭品的肉，留一半回家，并把猪头和猪皮用竹竿挂在山上	【民族，关联】①

① 【傈僳族】@［W6503.12.2.1］猪肉供祭后留着自己吃；［W6503.13.2.1］祭神的牛不能买卖，头骨要永久保留。

W 编码	母题描述	关联项
W6503. 12. 8. 2. 2	祭祀后剩余的特定祭品存放在特定地方	【满族】
W6503. 12. 8. 2. 2. 1	用猪、牛作为祭品分食后有把颚骨挂在棚内梁上	【布依族】
W6503. 12. 8. 2. 2. 2	用猪、牛作为祭品分食后有把颚骨就地土埋	【布依族】
W6503. 12. 8. 2. 2. 3	野祭时，吃剩的祭肉要埋在神柳下面	【满族（巴拉人）】
W6503. 12. 8. 2. 2. 4	祭吉星神时，食剩的猪羊肉骨倒在坑内用土掩埋	【赫哲族】
W6503. 12. 8. 2. 3	剩余祭品存放的时间	
W6503. 12. 8. 2. 3. 1	剩余祭品存放至除夕	【满族】
W6503. 12. 8. 3	祭品悬置在特定地方（悬挂祭品）	
W6503. 12. 8. 3. 1	祭奠死者的仪式后，将祭品装在竹箩里，挂在坟前木杆上	【独龙族】
W6503. 12. 8. 3. 2	杀牦牛祭山后，将牛皮挂在树上	【羌族】
W6503. 12. 8. 4	祭品的处理者	
W6503. 12. 8. 4. 1	当家老人掌刀切敬神肉	【羌族】
W6503. 12. 8. 5	不同的人使用同样祭品的方法不同	
W6503. 12. 8. 5. 1	祭崩鬼时，主人家的长子为设在神龛上的素神献酒，东巴祭司在灶上和神座上为盘神等神献酒	【纳西族】
W6503. 12. 8. 6	祭品的活祭与死祭	
W6503. 12. 8. 6. 1	活祭	【关联】①
W6503. 12. 8. 6. 1. 1	活祭的对象	
W6503. 12. 8. 6. 1. 1. 1	祭山神首先用鸡活祭	【白族】
W6503. 12. 8. 6. 1. 2	活祭的方法	

① ［W6498. 9. 4. 1］活祭（祭活人）；［W6503. 10. 5. 1］生的祭品（生祭）。

W 编码	母题描述	关联项
W6503.12.8.6.1.2.1	向天神祭送天牛方式可以是“活祭”，即将天牛吊在天牛树的树杈上活活勒死	【白族（那马）】
W6503.12.8.6.2	死祭	［W6503.10.5.2］熟的祭品（熟祭）
W6503.12.8.6.2.1	死祭的对象	
W6503.12.8.6.2.1.1	祭山神用鸡活祭后还要将活鸡杀死后死祭	【白族】
W6503.12.8.6.2.2	死祭的方法	
W6503.12.8.6.2.2.1	向天神祭送天牛的方式可以是“死祭”，即用斧子砍死或用刀子捅死天牛	【白族（那马）】
W6503.12.8.7	不同祭品合用	
W6503.12.8.7.1	作为祭品的素食与荤食合用	【汉族】
W6503.12.8.7.2	山珍一般和海味合用作为祭品	【汉族】
W6503.12.9	与祭品的使用有关的其他母题	
W6503.12.9.0	祭品的使用的时间（送贡品的时间）	
W6503.12.9.0.1	在被祭者生日时送祭品	
W6503.12.9.0.1.1	神农氏在虫王爷生日时送贡品	【汉族】
W6503.12.9.1	祭品是否被享用的判断（被祭者享用祭品的表现）	
W6503.12.9.1.1	通过占卜判断祭品是否被享用	
W6503.12.9.1.1.1	把饭碗平抛出去，如碗落地时若碗口朝上，表示山鬼已享用祭品	【独龙族】
W6503.12.9.1.2	向作为祭品的鸡羊烧水3次，鸡羊颤抖3次象征神已领受	【羌族】
W6503.12.9.1.3	祭祀的动物发出声音表述受祭	【赫哲族】
W6503.12.9.1.3.1	把酒倒进猪耳朵，猪一嚎叫说明神已领牲	【满族（巴拉人）】
W6503.12.9.2	不同时间的祭品使用有特定要求	

W 编码	母题描述	关联项
W6503. 12. 9. 2. 1	每个月用什么肉做祭品有严格规定	【纳西族】
W6503. 12. 9. 2. 2	不同季节祭祀用不同牺牲	
W6503. 12. 9. 2. 2. 1	秋季用鹿祭祀，冬季用牛羊祭祀	【藏族】
W6503. 12. 9. 2. 3	特定时间供奉特定祭品	
W6503. 12. 9. 2. 3. 1	天将黑时必须祭供野猪	【鄂伦春族】
W6503. 12. 9. 3	多种祭品混杂使用（混杂的祭品）	［W6495. 0. 4. 2. 1. 6. 1］共祭房后的山神地神，要用蜡烛、白纸、蔬菜、青树叶、松枝来祭
W6503. 12. 9. 3. 1	祭山鬼要用一口猪（或羊）、六个碗、一把勺子、一块盐、一碗玉米	【傈僳族】
W6503. 12. 9. 3. 2	祭西蕃女神的祭品为牛奶、五谷杂粮、银元、手镯等	【纳西族（摩梭）】
W6503. 12. 9. 4	祭品二次使用	
W6503. 12. 9. 4. 1	祭村寨神的祭品分给参祭祀者，这些酒、肉、粮等拿回到家中后再祭锅庄石（家神）	【纳西族】
W6503. 12. 9. 4. 2	杀水牛祭祖后，牛角留下放在香火下纪念祖先	【苗族】
W6503. 12. 9. 4. 3	祭雷神的肉按每户 1 份带回家作为分祭自家祖宗	【苗族】@［W6503. 12. 2. 5. 5. 1］祭雷神时，祭家的房族兄弟有多少户就把祭肉分成多少份，逐一散给各家，每户一份
W6503. 12. 9. 5	祭品使用的数量（祭品的数量）	
W6503. 12. 9. 5. 1	使用一件祭品	
W6503. 12. 9. 5. 2	使用特定数量的祭品	
W6503. 12. 9. 5. 2. 1	祭致人害病的鬼怪要用 1 只鸭和 1 头猪	【苗族】
W6503. 12. 9. 5. 2. 2	祭山神仪式要用九只动物献祭	【蒙古族（布里亚特）】

W 编码	母题描述	关联项
W6503.12.9.5.2.3	祭祀山神祭品有呷萨（三种白色的食品）、按萨（三种甜食品）、日贞（六种粮食），达村番按（五种颜色的布或哈达）	【藏族】
W6503.12.9.5.3	使用祭品要单数	
W6503.12.9.5.3.1	祭星时祭品亦保持三、七、九数不等	【满族】
W6503.12.9.5.3.2	祭酒酒杯摆放在香炷后要为单数	【壮族】
W6503.12.9.5.4	使用祭品要双数	
W6503.12.9.5.4.1	杀鸡鸭各六双，共二十四做祭品	【壮族】
W6503.12.9.5.5	使用祭品的数量多多益善	
W6503.12.9.5.6	经书中对各类祭品数量有规定	【侗族】
W6503.12.9.5.7	祭品以“九”数为佳	【满族】蒙古族（布里亚特）】
W6503.12.9.5.8	祭品的其他数量	
W6503.12.9.5.8.1	祭山神的各种祭品各备 12 份	【壮族】
W6503.12.9.5.9	与祭品数量有关的其他母题	
W6503.12.9.5.9.1	祭品数量与祭祀者人数有关	
W6503.12.9.5.9.1.1	六月六祭祖时，一家有几个人就杀几只鸡	【布依族】
W6503.12.9.5.9.1.2	供品数量与被祭祀者数量有关	【满族】
W6503.12.9.6	祭品的选择（祭品的差异）	
W6503.12.9.6.1	选择与被祭者貌似的东西作为祭品（祭品要契合顺势巫术）	【关联】①
W6503.12.9.6.1.1	播种谷物时用猪尾巴祭，求谷穗长得像猪尾巴；种苦荞时用猪胃祭，猪胃象征口袋，让收获的苦荞像口袋装得多	【傈僳族】@［W6502.2］祭象征物
W6503.12.9.6.2	祭不同对象要使用不同祭品	【关联】②

① ［W6497.1.11.4.4.1］祭鬼用山羊是因为鬼的总头目是美女变的山羊；［W6532.1.1.3.2.1］渔船上不能打蛤蟆、水蛇一类动物，否则会得罪水神、龙王。

② ［W6508.3.3］一个群体祭祀不同对象（共祭不同对象）；［W6508.3.4a］不同群体祭祀不同的对象（祭祀对象的差异）。

W 编码	母题描述	关联项
W6503. 12. 9. 6. 2. 1	祭地与祭天祭品不同，祭地要用一只冬至鸟，献牲要用一头阉过的肥母猪	【纳西族】
W6503. 12. 9. 6. 2. 2	祭特定的神用特定的牺牲	
W6503. 12. 9. 6. 2. 2. 1	祭奶王用老鼠	【壮族】
W6503. 12. 9. 6. 2. 3	祭神与祭鬼的祭品不同	
W6503. 12. 9. 6. 2. 3. 1	白面和蜜糖做的印花饼祭正神，荞面小薄饼和面条小段给鬼吃	【藏族（白马）】
W6503. 12. 9. 6. 2. 3. 1a	小麦或青稞做的饼加上蜂蜜并印以花纹祭神用，用荞麦小饼或小块饼祭鬼魂	【藏族（白马）】
W6503. 12. 9. 6. 3	非同类作为祭品	【中华民族】
W6503. 12. 9. 6. 4	祭特定对象选择特定祭品	
W6503. 12. 9. 6. 4. 1	海味一般用于拜神、天公、佛	【汉族】
W6503. 12. 9. 6. 4. 2	祭品要符合被祭祀者的实际需求	【藏族】
W6503. 12. 9. 6. 4. 3	祭品要符合被祭祀者的实际爱好	【藏族】
W6503. 12. 9. 6. 5	祭品选择中的必选项	【壮族】@［W6503. 1a. 6. 3. 1］鱼是必需的祭品
W6503. 12. 9. 6. 6	祭品一般为当地稀缺之物	【藏族】
W6503. 12. 9. 6. 6a	珍贵物作为祭品	
W6503. 12. 9. 6. 6a. 1	因白水牛稀有珍贵，所以杀它祭始祖始母	【壮族】
W6503. 12. 9. 6. 7	祭品要精要管用	【壮族】
W6503. 12. 9. 7	特定的姓氏使用特定的祭品	［W6508. 3. 4. 5］不同姓氏祭同一个神
W6503. 12. 9. 7. 1	曹姓是木人变的，祭祀用狗	【阿昌族】
W6503. 12. 9. 8	牺牲的不同部位祭不同的神	
W6503. 12. 9. 8. 1	羊腿的精肉是神份饭，没肉脚骨节作为鬼份饭	【纳西族】
W6503. 12. 9. 9	祭品的其他使用方法	

W 编码	母题描述	关联项
W6503.12.9.9.1	祭品作为报酬	
W6503.12.9.9.1.1	丧葬时的物品祭后归给巫师作为酬报	【傈僳族】
W6503.12.9.9.2	祭祀时将食物抹在神偶口中	【蒙古族】@［W6456.2.5.8.2.2］向神偶嘴处抹油或血，象征神已吃到祭品
W6503.13	祭品禁忌	［W6535.9.6］特定事件中的用品禁忌
W6503.13.0	祭品不能随意处置	［W6503.12］祭品的使用（祭品的处置；祭品的处理；祭品的享用；吃祭品）
W6503.13.0.1	仪式中的祭品不能随意处置	【布依族】
W6503.13.0.2	用过的祭品需从烟囱中抛出	【蒙古族】
W6503.13.1	祭品禁忌特定人物使用	
W6503.13.1.1	特定的人忌食祭品	
W6503.13.1.1.1	产妇忌食祭品	【纳西族】@［W6524.5.5.1］产妇禁吃祭天肉
W6503.13.2	祭品不能买卖（牺牲忌出售）	［W6503.1.3］购买祭品（购买牺牲）
W6503.13.2.1	祭神的牛不能买卖，头骨要永久保留	【佤族】
W6503.13.2.2	祭神时使用的菩萨鸡、菩萨牛、菩萨羊等不得买卖	【藏族】
W6503.13.2.3	祭祀所用酒与糕不能沽之于市	【满族】
W6503.13.3	特定物不能作祭品（忌特定物作牺牲）	
W6503.13.3.1	祭品忌带刺物	
W6503.13.3.1.1	忌长刺的花草作祭品	
W6503.13.3.2	钱、粮不能作祈神的祭品	【彝族】
W6503.13.3.3	母猪头、母鸡和山羊不干净，不能祭神，否则会冒犯神灵招灾祸	【白族】@［W6503.12.3.2.1］鹿埃松是雌性，祭献时要用母牛、母猪和母鸡

W 编码	母题描述	关联项
W6503. 13. 3. 4	公猪肉、山羊肉不能做祭品	
W6503. 13. 3. 4. 1	始祖密洛陀得病后吃甜酒和蜜糖康复，后来吃了公猪肉、山羊肉，旧病复发，所以密洛陀死后只许用甜酒祭亡灵，不能用公猪、羊肉	【瑶族（布努）】
W6503. 13. 3. 5	被祭者的图腾不能作为祭品	
W6503. 13. 3. 5. 1	禹的图腾是熊，祭禹庙忌用熊	【汉族】
W6503. 13. 4	祭特定对象忌特定祭品	［W6509. 2. 4. 4］祭特定对象忌用特定祭品
W6503. 13. 4. 1	供奉龙神的祭品忌用狗	【毛南族】
W6503. 13. 4. 2	祭禹庙忌用熊	【中华民族】
W6503. 13. 4. 3	祭神农以羊祭而不以牛祭	【中华民族】
W6503. 13. 4. 4	祭蚩尤神不用牛头	【汉族】
W6503. 13. 4. 5	供祭祖坟祭狗肉	【布依族】
W6503. 13. 5	宗教斋戒（作斋）	【汤普森】V73
W6503. 13. 5. 1	斋戒的产生	
W6503. 13. 5. 2	斋戒的特征（斋戒的功能）	
W6503. 13. 5. 2. 1	作斋能超度阴鬼化为仙灵	【彝族】
W6503. 13. 5. 2. 2	作斋可以使子孙昌盛，化凶为吉	【彝族】
W6503. 13. 5. 3	斋戒的情形	
W6503. 13. 5. 3. 1	孔子斋戒，向北斗星而拜	【中华民族】
W6503. 13. 5. 4	斋戒的类型	
W6503. 13. 5. 5	与斋戒有关的其他母题	
W6503. 13. 5. 5. 1	开戒	【壮族】
W6503. 13. 6	祭品使用禁忌（祭品食用禁忌）	
W6503. 13. 6. 0	人不能吃祭品（祭品忌食）	【鄂温克族】
W6503. 13. 6. 1	祭品不能被外族吃到	【羌族】@［W6525. 2. 3. 1］忌外族人

W 编码	母题描述	关联项
W6503.13.6.2	祭品不能被家外人吃	
W6503.13.6.2.1	迎父魂时的祭品鸡和猪，别人不能吃	【基诺族】
W6503.13.6.2.2	祭品只许家中的人吃，外人包括已定亲未出嫁的姑娘都不能吃	【仡佬族】
W6503.13.6.3	祭品必须吃完	［W6505.4.2.2］祭天的规矩是神接受祭品，祭祀者要煮熟祭品后，在神树下吃完
W6503.13.6.3.1	祭祀者把祭品要吃完，吃不完的全都烧掉	【傈僳族】
W6503.13.6.3.1.1	祭火神的狍子吃完后要把骨头全部扔在火里焚烧	【鄂伦春族】
W6503.13.6.3.2	祭品吃得越干净越吉祥	【赫哲族】
W6503.13.6.3.3	祭肉以食尽为吉祥	【满族】
W6503.13.6.3.4	祭品有多少必须一个晚上吃完	【仡佬族】
W6503.13.6.4	小孩不能食用祭品	【怒族】
W6503.13.6.5	人不能先于祖先随便品尝供品	【怒族】
W6503.13.6.6	祭品不能有肉（素祭）	
W6503.13.6.6.1	祭龙要用斋食、茶酒之类素祭，不能用鱼	【白族】
W6503.13.8	祭品忌带回家（祭品不能带到特定地方）	
W6503.13.8.1	祭山神的祭品不能带回家	【基诺族】@［W6503.12.2.0.1］祭山神的水果分给小孩吃可以得到山神的保佑，健康成长
W6503.13.8.1.1	祭风湿鬼的牺牲的鸡和猪肉不带回村中	【怒族】
W6503.13.8.2	祭叶子鬼的一切祭品不能带回家	【傈僳族】
W6503.13.8.3	祭肉不能带回家	
W6503.13.8.3.1	祭死者的牛羊肉不能带回家	【藏族】

W 编码	母题描述	关联项
W6503. 13. 9	与祭品禁忌有关的其他母题	【关联】①
W6503. 13. 9. 1	祭品的形态禁忌	
W6503. 13. 9. 1. 1	花作为祭品时，应忌长刺的花	【汉族】
W6503. 13. 9. 2	祭品的颜色禁忌	【满族】@［W6503. 12. 3. 9. 3. 1］祭神时需敬鸡者不能放鸭，祭鱼不能摆鹅，所祭物的颜色、只数、性别都有规定
W6503. 13. 9. 2. 1	白毛猪不能祭祖	【布依族】
W6503. 13. 9. 3	祭品的数量禁忌	
W6503. 13. 9. 3. 1	双数祭品不能使用于丧事	【汉族】
W6503. 14	与祭品有关的其他母题	
W6503. 14. 1	祭品的替代物（牺牲的替代品；祭品的替换）	［W9996］替代物
W6503. 14. 1. 0	替换祭品的原因	
W6503. 14. 1. 0. 1	因缺乏特定的祭品找替代品	
W6503. 14. 1. 0. 1. 1	没有牛做祭品就以三四拳大的猪充当	【傈僳族】
W6503. 14. 1. 0. 2	受宗教信仰的影响用替代物做祭品	
W6503. 14. 1. 0. 2. 1	受佛教影响，改用一块木头刻个鹿头等代替杀牲献祭	【藏族】
W6503. 14. 1. 1	用动物替代人做牺牲	
W6503. 14. 1. 1. 1	猪头代替人头作祭品	【汉族】
W6503. 14. 1. 1. 2	原来要杀人祭祀，后来改用猴子	【藏族】@［W6503. 5. 11. 4］猴作为牺牲
W6503. 14. 1. 2	面偶代替肉食作祭品的来历	【藏族】@［W6503. 8. 2. 4. 2］面偶作为祭品（面人作为祭品）
W6503. 14. 1. 3	用公鸡代替礼牛作牺牲祭鬼神	【景颇族】

① ［W6503. 12. 2a. 8］食用圣餐的禁忌；［W6505. 4. 1. 1a］祭祀后吃祭品，漱口洗手才能回家。

W 编码	母题描述	关联项
W6503.14.1.4	用家兽来代替野兽作祭品	【彝族】
W6503.14.1.5	用一种动物替代另一种动物做牺牲	
W6503.14.1.5.1	作牺牲的猴皮难找，就只杀牦牛和绵羊替代	【藏族】
W6503.14.1.6	用其他手工制作物代替祭品	
W6503.14.1.6.1	没有鱼作为祭品时可用木头制作的鱼代替	【壮族】
W6503.14.2	牺牲的饲养（祭品的形成）	
W6503.14.2.0	饲养牺牲的产生	
W6503.14.2.0.1	伏羲发明饲养牺牲	【中华民族】
W6503.14.2.1	嫂子把妹妹当成祭天的牲口喂在猪圈里	【满族】
W6503.14.2.2	作为祭品的动物神圣不能侵犯	
W6503.14.2.2.1	作为祭品的动物可以随便吃庄稼	【苗族】
W6503.14.2.3	作为祭品的动物要吃百家饭	【汉族】
W6503.14.2.3.1	作为牺牲的马跑到哪家，哪家就必须喂它	【藏族】
W6503.14.3	被祭者享用祭品（被祭者接受祭品）	
W6503.14.3.1	神享用祭品的征兆	
W6503.14.3.1.1	把酒灌入作为祭品的猪耳朵，猪耳朵一动，就表示天神接受了祭祀	【满族】
W6503.14.3.2	被祭者变形后享用祭品	
W6503.14.3.2.1	老龙变成人来接受供品	【回族】
W6503.14.4	祭品的分配	
W6503.14.4.0	分配祭品的原因	
W6503.14.4.0.1	分不到祭品不利于工作	【哈尼族】
W6503.14.4.1	祭品分给参祭的人每人一份	【羌族】

W 编码	母题描述	关联项
W6503. 14. 4. 1a	祭品各户均分	[W6503. 12. 2. 5. 5. 1] 祭雷神时，祭家的房族兄弟有多少户就把祭肉分成多少份，逐一散给各家，每户一份
W6503. 14. 4. 1a. 1	敬社神熟猪肉和酒菜各户将集体均分	【壮族】
W6503. 14. 4. 1a. 2	“退火秧”祭祀用的猪肉按收来禾草数量平分，一户一块	【侗族】
W6503. 14. 4. 2	祭山神用的羊头要留一半送给下一年负责宰绵羊的人家	【傈僳族】
W6503. 14. 4. 3	祭品分成几份祭不同的神	
W6503. 14. 4. 3. 1	除夕时，当家老人亲自切 3 片肉，第一片祭神，第二片祭祖，第三片祭六畜	【羌族】
W6503. 14. 4. 4	剩余祭品归主祭所有	【鄂温克族】
W6503. 14. 5	索要祭品（索要祭品）	
W6503. 14. 5. 1	龙向人索要贡品	【哈萨克族】
W6503. 14. 5. 1. 1	白龙江的白龙让沿江老百姓每月按村给它上供	【汉族】
W6503. 14. 5. 1. 2	龙王公子要一对童男童女投入潭内做贡品	【仫佬族】
W6503. 14. 5. 1. 3	黑龙让百姓贡献大米万斗，鸡、鹅、鸭各万只，猪、牛各千头，否则发洪水	【汉族】
W6503. 14. 5. 2	鬼向人索要祭品	
W6503. 14. 5. 2. 1	人和鬼分开后，人见不着鬼，鬼能见到人，鬼常常找人要酒要肉吃	【独龙族】
W6503. 14. 5. 3	恶魔索要贡品	
W6503. 14. 5. 3. 1	恶魔索要一对男女做贡品	【满族】
W6503. 14. 5. 3. 2	魔王索要男女之睛做贡品	【白族】

W 编码	母题描述	关联项
W6503.14.5.4	白龙马索要贡品	
W6503.14.5.4.1	白龙马逼乡亲们三天两头儿给它“进贡”	【汉族】
W6503.14.6	祭品的搭配	
W6503.14.6.1	雌雄动物搭配作为祭品	【关联】①
W6503.14.6.1.1	祭山神时，祭品是公猪须配上一只母鸡，母猪则须配上一只公鸡	【傈僳族】
W6503.14.6.1.2	祭山鬼时，以雌雄鸡猪搭配为牺牲	【怒族】
W6503.14.6.1.3	凡杀鸡祭祀必须是一公一母	【白族】［W6495.4.4.3.1］用一只公鸡和一只母鸡祭水神
W6503.14.6.1.4	祭天时，一公一母驯鹿作为牺牲	【鄂温克族】
W6503.14.6.2	大小动物搭配作为祭品	
W6503.14.6.2.1	送替死鬼时要用大、小鸡各 1 只	【傈僳族】
W6503.14.7	不成功的祭品（不被享用的祭品）	
W6503.14.7.1	用特定动物祭祀不成功	【纳西族】
W6503.14.7.1.1	用犏牛、牦牛祭祀，祭了病不好	【纳西族】
W6503.14.7.2	粗劣的祭品	【汉族】
W6503.14.8	祭品的变化（祭品的改变；牺牲的变化）	
W6503.14.8.1	祭品无效时要变化	
W6503.14.8.1.1	祭乱鬼治病时，第一次一般用一两只鸡、两瓶酒；若病不好，第二次则用猪祭；再不好，杀牛，用多量的粮食祭，祭品一次比一次多	【独龙族】
W6503.14.8.2	时代发展引起祭品变化	
W6503.14.8.2.1	古时祭天杀 1 头大黑黄牛，并放生 1 头白角黄牛；进入农业社会后，改用杀 1 只四脚白黑猪，放生 1 只鸡	【纳西族】

① ［W6503.12.3.1］雄性祭品祭雄性神；［W6503.12.3.3］雌性祭品祭雄性神。

W 编码	母题描述	关联项
W6503. 14. 8. 2. 2	原来祭天用牛，后来黄牛祭天日趋减少改用猪	【白族（那马）】
W6503. 14. 8. 3	根据实际条件变化祭品	
W6503. 14. 8. 3. 1	人口较少的村子祭天神的祭品不用牛，改用羊或公鸡	【白族】
W6503. 14. 8. 4	祭品变化的其他原因	
W6503. 14. 8. 5	祭品的具体变化	
W6503. 14. 8. 5. 1	面偶替代牺牲	【藏族】
W6503. 14. 8. 5. 2	孩童作为祭品改用水牛作为祭品	【侗族】
W6503. 14. 9	与祭品有关的其他情形	
W6503. 14. 9. 1	祭品不同收效相异	
W6503. 14. 9. 1. 1	渔者祭以鸡酒便得大鱼，否则得牛粪	【汉族】
W6503. 14. 9. 2	宗教食物	【汤普森】V70
W6504	**祭器（祭祀用具）①**	
W6504. 1	祭器的产生	
W6504. 1. 1	日常器用转化为祭器	
W6504. 1. 1. 1 *	日常器用转化为祭祀祖灵的礼器	【中华民族】
W6504. 2	祭器的特征	
W6504. 3	常见的祭器	
W6504. 3. 1	祭祀六器（璧、琮、珪、璋、琥、璜）	
W6504. 3. 2	璧（玉璧）	
W6504. 3. 2. 1	苍璧礼天	【关联】②

① 祭器，即主要指对神灵、祖先等供奉，或对死者表示追悼、敬意的仪式上所陈设的各种器具。尤其是在古代，祭器多与神灵和神话思维存在密切关系，如《礼记·王制》："祭器未成，不造燕器。"《战国策·齐策四》："愿请先王之祭器，立宗庙于薛。"《史记·张仪列传》："出兵函谷而毋伐，以临周，祭器必出。"司马贞索隐中解释"凡王者大祭祀必陈设文物轩车彝器等，因谓此等为祭器也。"《资治通鉴·后周世宗显德四年》："庚午，诏有司更造祭器、祭玉等"，这些都可以看作是对祭器的诠释。有时，民间所说的"祭器"，也指祭祀盛放食物的器皿，最早的祭器已难考，人们一般认为较早出现的可能是石器（玉器），后来出现了陶器、青铜器、瓷器等。

② ［W1160］天的颜色；［W1159］天的形状。

W 编码	母题描述	关联项
W6504.3.3	琮	
W6504.3.3.1	黄琮礼地	【关联】①
W6504.3.4	珪（圭）	
W6504.3.4.1	青珪礼东方	【关联】②
W6504.3.4.2	执璧秉圭祈求祖灵	【中华民族】
W6504.3.5	璋	
W6504.3.5.1	赤璋礼南方	【关联】③
W6504.3.6	琥	
W6504.3.6.1	白琥礼西方	【关联】④
W6504.3.7	璜	
W6504.3.7.1	玄璜礼北方	【关联】⑤
W6504.4	祭祀用品（祭祀的工具）	
W6504.4.1	祭祀用品的产生	
W6504.4.1.1	特定祭祀用品要有特定人提供	
W6504.4.1.1.1	祭祖的香炉要源于女方家庭	【壮族】
W6504.4.2	祭祀用品的特征	
W6504.4.2.1	祭不同的神祭祀用品不同	
W6504.4.3	特定的祭祀用品	［W6488.5］祭桌（供桌）
W6504.4.3.1	祭祀用的旗帜	
W6504.4.3.1.1	中秋祭月仪式上的队列旗帜按八卦布局	【汉族】
W6504.4.3.2	祭祀用的乐器	
W6504.4.3.2.1	鼓作为祭祀用品	
W6504.4.3.2.1.1	祭盘王时要用黄泥鼓	【瑶族】
W6504.4.3.3	祭祀的服装（祭服）	

① ［W1232］地的颜色；［W1202］地的形状（地貌）。
② ［W4721.2］东方属木；［W4722.3］东方代表物为青龙；［W4722.4］东方的代表颜色是白色。
③ ［W4733.1］南方属火；［W4734.3］南方代表物为朱雀。
④ ［W4728.1］西方的代表动物是白虎；［W4728.2］西方的代表颜色是红色。
⑤ ［W4740.1］北方的代表动物是玄武；［W4740.2］北方的代表颜色是黑色（黄色）。

W 编码	母题描述	关联项
W6504. 4. 3. 3. 1	祭鬼的人没有特制的服装	【傈僳族】
W6504. 4. 3. 3. 2	“春猎祭”仪式时，女萨满使用火祭萨满神衣、神帽	【鄂伦春族】
W6504. 4. 3. 3. 3	祭服的颜色	
W6504. 4. 3. 3. 3. 1	星祭仪式上，祭者穿白色祭星服者居多，亦有姓氏穿黄衫	【满族】
W6504. 4. 3. 4	祭木	
W6504. 4. 3. 4. 1	祭天时，大东巴斫黄栗木作“祭木”	【纳西族】
W6504. 4. 3. 4. 2	生病时祭木	【纳西族】
W6504. 4. 3. 5	神杆（祭杆）	
W6504. 4. 3. 5. 1	祭天时，大东巴砍白杨树作“顶神杆”	【纳西族】
W6504. 4. 3. 5. 2	竹子做祭杆	【苗族】@［W6503. 6. 1. 2］竹子作为祭品
W6504. 4. 3. 5. 2a	松木做祭杆	【满族】
W6504. 4. 3. 5. 2b	用除松树、椴树之外的柳树、榆树等做神杆	【满族】
W6504. 4. 3. 5. 3	神杆的其他产生方式	
W6504. 4. 3. 5. 3. 1	做神杆有特定程序	【满族】
W6504. 4. 3. 5. 4	神杆的特征（神杆的功能）	
W6504. 4. 3. 5. 4. 1	神杆代表神树	【满族】
W6504. 4. 3. 5. 4. 2	神杆长九尺	【满族】
W6504. 4. 3. 5. 4. 2. 1 *	神杆长九尺代表九层天	【满族】
W6504. 4. 3. 5. 4. 3	神杆上梢留九个枝杈，象征九天	【满族】
W6504. 4. 3. 5. 4. 4	神杆上挂一个圆斗	【满族】
W6504. 4. 3. 5. 5	神杆的位置	
W6504. 4. 3. 5. 5. 1	神杆最早在野外	【满族】
W6504. 4. 3. 5. 5. 2	神杆立院子东南向阳处	【满族】
W6504. 4. 3. 5. 6	与神杆有关的其他母题	

W 编码	母题描述	关联项
W6504.4.3.5.6.1	神杆的更换	
W6504.4.3.5.6.1.1	每次祭祀时要更换新的神杆	【满族】
W6504.4.3.6	祭祀用的木牌	
W6504.4.3.6.1	木牌是纳西族东巴教的祭祀实物，可分神牌和鬼牌两种	【纳西族】
W6504.4.3.7	祭祀餐饮用品（祭祀食具）	
W6504.4.3.7.1	祭祀时用草木食具	【满族】
W6504.4.4	祭祀用品的使用（祭祀用品的处置）	
W6504.4.4.1	祭祀器物要暗里更换	【壮族】
W6504.4.5	与祭祀用品有关的其他母题	
W6504.4.5.1	祭祀中的象征物	［W6502.2］祭象征物（象征物作为祭祀对象）
W6504.4.5.1.1	祭祀时，插树条代表大地之神的箭	【藏族（嘉绒）】
W6504.4.5.1.2	巫师播几枝树条以象征山神土地爷之箭	【藏族】
W6504.5	祭器禁忌	
W6504.5.1	祭器不能带回家	
W6504.5.1.1	祭鬼时的乐器药摆在原处，不能携带回家	【傈僳族】
W6504.6	与祭器有关的其他母题	
W6505	**祭祀过程（祭祀仪式；祭祀仪礼；祭祀的方法）**	【汤普森】V18；［W6452］宗教仪式
W6505.0	祭祀过程的产生（祭祀仪式的产生）	
W6505.0.1	特定人物发明祭祀仪式	
W6505.0.1.1	黄帝发明祭祀仪式	【汉族】
W6505.0.1.2	为了求神保佑产生祭祀的特定仪式	【满族】

W 编码	母题描述	关联项
W6505.1	祭祀前的准备	
W6505.1.1	祭祀前的组织	
W6505.1.2	祭祀前占卜	
W6505.1.2.1	巫师祭祀鬼神前要先行卜卦	【怒族】
W6505.1.3	祭祀前清扫	［W6521.9.9.1］洗刷禁忌（清洗禁忌；清扫禁忌）
W6505.1.3.1	祭祀前要除秽	【彝族】@［W6596.6.7.1］请戈布除煞祛污后才能作正常的祭祀仪式
W6505.1.3.1.1	祭羊神赶羊瘟时要请端公打扫房屋除秽	【羌族】
W6505.1.3.1.2	请月姑娘下凡时，首先由主持人及祭师进行清场仪式“刷晦”	【壮族】
W6505.1.4	祭祀前宣告	
W6505.1.5	祭祀前备物品	
W6505.1.5.1	祭村寨前要准备祭祀用的油、米、酒、酒曲、鸡蛋、肥肉、瘦肉等，准备一块扎寨坊用的红布，准备锅、碗、勺子等	【纳西族】
W6505.1.6	祭祀前的行为要求	
W6505.1.6.1	师公在还愿仪式的12天前严禁与异性同居，并要净身吃斋	【瑶族（布努）】@［W6499.5.9.5.1］主持祭龙仪式的龙头在祭龙前7天之内不得吃荤
W6505.1.6.1.1	吃斋（吃素）	【汉族】
W6505.1.6.2	祭祀前戒斋	
W6505.1.6.2.1	祭祀前斋戒三日	【汉族】
W6505.1.6.3	祭祀前打扮	
W6505.1.6.3.1	祭祀前梳头洗脸	【汉族】
W6505.1.7	与祭祀前准备有关的其他母题	
W6505.1.7.1	祭祀时入场	

W 编码	母题描述	关联项
W6505.2	祭祀环节	
W6505.2.0	祭祀有特定的环节	
W6505.2.0.1	祭祀仪式包括煨桑（烟祭）、血祭、跳神三项内容	【藏族】
W6505.2.0.2	先上供后祭祀	【满族】
W6505.2.1	请神	［W6496.0.6.2.4］请家神
W6505.2.1.1	祀时首先开坛请神	
W6505.2.1.1.1	午后开始祭祀时，首先在会首家中开鼓开坛解秽请诸神	【羌族】
W6505.2.2	鸣炮（祭祀时鸣炮）	
W6505.2.3	奏乐	【多民族】@［W6505.2.5.7］祭祀时奏乐
W6505.2.4	宣读（祭祀时宣读祭文）	
W6505.2.4.1	宣读祭祀主祭	
W6505.2.4.2	宣读祭文	
W6505.2.4.2.1	祭祀时主祭念祭词	
W6505.2.4.2.1.1	主祭念的祭词是师父传承而来，有时不是真念	【汉族】
W6505.2.4.2.2	祭祀祷辞	
W6505.2.4.2.2.1	祭祀祷辞中夸大神的能力	【蒙古族】
W6505.2.4.3	焚烧祭文	
W6505.2.5	祭献（献供；进贡）	
W6505.2.5.0	祭献的原因	
W6505.2.5.0.1	祭献是偿还神债	【纳西族】
W6505.2.5.0.2	祭献牺牲可以保护祭献者	【蒙古族（布里亚特）】
W6505.2.5.0.3	天神让人进贡	【拉祜族】
W6505.2.5.1	祭祀献花（祭献花篮）	
W6505.2.5.2	献酒（通过献酒祭祀）	
W6505.2.5.2.1	昔日不献酒	【彝族】

W 编码	母题描述	关联项
W6505. 2. 5. 3	献供（献祭品；献牺牲）	
W6505. 2. 5. 4	献歌（通过唱歌祭祀；祭祀时咏唱）	［W6495. 0. 5. 5. 1］唱歌祭神
W6505. 2. 5. 4. 1	纳西族《祭天古歌》	【纳西族】
W6505. 2. 5. 4. 2	祭祀时众人随主祭诵唱	【鄂伦春族】
W6505. 2. 5. 4. 3	唱赞歌祭神	【关联】①
W6505. 2. 5. 4. 3. 1	通过向神唱赞歌让神做某事	【蒙古族（布里亚特）】
W6505. 2. 5. 5	献舞（通过舞蹈祭祀；通过跳舞祭祀）	【民族，关联】②
W6505. 2. 5. 5. 1	妇女对正在栽插的田地献祭，或对土地庙献祭时，跳响杆舞	【彝族（尼苏）】
W6505. 2. 5. 5. 2	特定的祭祀献舞（祭神时跳特定舞蹈）	［W6495. 8. 5. 4. 4］祭神树仪式上跳《野人舞》
W6505. 2. 5. 5. 2. 1	祭祀时表演性爱舞	【满族】
W6505. 2. 5. 5. 2. 2	正月初七祭祀山神时，要跳“咒巫”	【藏族（白马）】
W6505. 2. 5. 6	歌舞（祭祀时歌舞）	【纳西族】
W6505. 2. 5. 6. 1	祭祀时歌舞的产生	
W6505. 2. 5. 6. 2	祭祀时歌舞的方法	
W6505. 2. 5. 6. 3	特定的祭祀歌舞	［W6495. 8. 5. 4. 4］祭神树仪式上跳《野人舞》
W6505. 2. 5. 6. 4	与祭祀歌舞有关的其他母题	
W6505. 2. 5. 7	祭祀时奏乐	【多民族】
W6505. 2. 5. 7. 1	黄帝在西泰山祭神仪式上演奏《清角》	【中华民族】
W6505. 2. 6	歌颂（祭祀时颂唱）	［W6496. 0. 4. 5. 2］颂唱祭祖
W6505. 2. 6. 1	祭祀时主祭领唱众人随和	【满族】

① ［W6496. 0. 4. 5. 2. 5］祭祖时向祖先唱赞歌；［W6496. 1. 5. 3. 4. 1］祭盘古时对唱颂扬盘古功德的山歌。

② 【多民族】@［W6491. 0. 1］人围着火塘祭神跳舞时，树灵、草灵和龙女加入其中；［W6495. 0. 5. 5. 2］跳舞祭神；［W6496. 1. 5. 3. 3］通过舞蹈祭盘古。

W 编码	母题描述	关联项
W6505.2.7	肃立（祭祀时肃立）	【汉族】@［W6496.7.5.4.1］祭炎帝有全体肃立、击鼓鸣钟、敬献花篮、敬献佳肴珍馐、恭读祭文、行三鞠躬礼、乐祭、瞻仰炎帝像
W6505.2.8	鞠躬	【汉族】@［W6496.7.5.4.1］祭炎帝有全体肃立、击鼓鸣钟、敬献花篮、敬献佳肴珍馐、恭读祭文、行三鞠躬礼、乐祭、瞻仰炎帝像
W6505.2.9	磕头（叩首）	
W6505.2.9.1	磕头的来历（磕头的原因）	［W6637.1.1］幼者为什么给长者磕头
W6505.2.9.1.1	人为什么给死者叩首	【汉族】
W6505.2.9.1.2	小字辈向老辈人磕头的由来	［W6597.1］晚辈磕头礼的来历
W6505.2.9.1.2.1	小字辈向老辈人磕头源于古老敬祖传统	【哈尼族】
W6505.2.9.1.3	天神黎教人磕头	【汉族】
W6505.2.9.2	磕头的特征（磕头的功能）	
W6505.2.9.2.1	烧香叩头求老天爷显灵	【汉族】
W6505.2.9.3	磕头者（磕头的对象）	
W6505.2.9.3.1	贱者向尊者磕头	［W6505.2.9.4.4］磕头的规则
W6505.2.9.3.1.1	官小职卑的土地爷向贵人磕头	【汉族】
W6505.2.9.4	磕头的方法（磕头的形式）	
W6505.2.9.4.1	叩首的数量	
W6505.2.9.4.1.1	三叩首	
W6505.2.9.4.1.2	六叩首	
W6505.2.9.4.1.3	九叩首	
W6505.2.9.4.1.4	十八叩首	

W 编码	母题描述	关联项
W6505. 2. 9. 4. 1. 5	二十四叩首	
W6505. 2. 9. 4. 1. 6	三十六叩首	
W6505. 2. 9. 4. 1. 7	七十二叩首	
W6505. 2. 9. 4. 1. 8	一百零八叩首	【汉族】
W6505. 2. 9. 4. 2	磕头的方向	
W6505. 2. 9. 4. 2. 1	朝北磕头	【汉族】
W6505. 2. 9. 4. 3	祭特定的神磕特定数量的头	
W6505. 2. 9. 4. 3. 1	祭天要连磕 81 个头	【蒙古族】
W6505. 2. 9. 4. 4	磕头的规则	
W6505. 2. 9. 4. 4. 1	磕头时出脚规则	
W6505. 2. 9. 4. 4. 1. 1	磕头时先右脚后左脚	【壮族】
W6505. 2. 9. 4. 4. 2	平辈间不磕头	【鄂伦春族】
W6505. 2. 9. 4. 4. 3	三拜九叩	【彝族】
W6505. 2. 9. 5	磕头的情形	
W6505. 2. 9. 5. 1	上香时磕头	【壮族】
W6505. 2. 9. 6	与磕头有关的其他母题	
W6505. 2. 9. 6. 1	磕头的时间	
W6505. 2. 9. 6. 1. 1	遇上苦难和不公的事时向老天爷磕头	【汉族】
W6505. 2. 9. 6. 1. 2	早晨磕头	
W6505. 2. 9. 6. 1. 2. 1	早晨向着太阳神磕头	【普米族】
W6505. 2. 10	跪拜（叩拜）	
W6505. 2. 10. 1	跪拜的产生（跪拜的来历）	
W6505. 2. 10. 1. 1	跪拜求神灵保佑	【汉族】
W6505. 2. 10. 2	跪拜的时间	
W6505. 2. 10. 3	跪拜的地点	
W6505. 2. 10. 4	向特定人物跪拜	
W6505. 2. 10. 4. 1	叩拜神灵	【汉族】

W 编码	母题描述	关联项
W6505.2.10.5	跪拜的方法	
W6505.2.10.6	跪拜的情形	
W6505.2.10.6.1	三拜九叩	【白族】
W6505.2.10.7	跪拜的次数（下跪的次数；拜的次数）	
W6505.2.10.7.1	三拜	
W6505.2.10.7.2	六拜	
W6505.2.10.7.3	九拜	
W6505.2.10.7.4	十八拜	
W6505.2.10.7.5	二十四拜	
W6505.2.10.7.6	三十六拜	【侗族】
W6505.2.10.7.7	七十二拜	
W6505.2.10.7.8	一百零八拜	【汉族】
W6505.2.10.7.9	其他跪拜次数	
W6505.2.10.8	跪拜的禁忌	
W6505.2.10.8.1	男子忌轻易下跪（男儿膝下有黄金）	【壮族】
W6505.2.10.9	与跪拜有关的其他母题	
W6505.2.11	焚香（烧香）	
W6505.2.11.1	烧香的来历（烧香的原因）	
W6505.2.11.1.1	天神让人烧香祈祷	【汉族】
W6505.2.11.1.2	神愿意享受人间香火	【汉族】
W6505.2.11.1.3	菩萨们让人烧香	【汉族】
W6505.2.11.1.4	为祈子烧香	【壮族】
W6505.2.11.1.4.1	为求子续家庭香火烧香	【汉族】
W6505.2.11.1.5	为消灾烧香	【壮族】
W6505.2.11.1.6	为求子、求财、求福或消灾烧香	【壮族等】
W6505.2.11.1.7	为求长寿烧香	【汉族】

W 编码	母题描述	关联项
W6505. 2. 11. 1a	烧香的时间	
W6505. 2. 11. 1a. 1	每年正月初三至十五烧香	【纳西族】
W6505. 2. 11. 1a. 2	七月三十夜幕降临时烧香	【汉族】
W6505. 2. 11. 1a. 3	每月初一、十五烧香	【汉族、壮族等】
W6505. 2. 11. 1a. 3. 1	每月初一、十五烧香迎接过往神	【汉族】
W6505. 2. 11. 1a. 4	祈求、还愿时烧香	【汉族、壮族等】
W6505. 2. 11. 1a. 5	遇到不吉之事时烧香	【汉族（客家）】【汉族、壮族等】
W6505. 2. 11. 1b	烧香的地点	
W6505. 2. 11. 1b. 1	在山上的干海子边烧香	【纳西族】
W6505. 2. 11. 1b. 2	在供桌前设东西南北中各设香炉	【汉族】
W6505. 2. 11. 1b. 3	在石头上焚香	【汉族】
W6505. 2. 11. 1b. 4	到特定的庙中烧香	
W6505. 2. 11. 1b. 4. 1	到盘古庙中烧香	【汉族、壮族等】
W6505. 2. 11. 2	烧香的功能	
W6505. 2. 11. 2. 1	香能通神	【汉族】
W6505. 2. 11. 2. 1. 1	烧香可以通告天上仙女	【汉族】
W6505. 2. 11. 2. 1a	香能通天	
W6505. 2. 11. 2. 1a. 1	黄帝的香火直上云天到达天庭	【汉族】
W6505. 2. 11. 2. 2	烧香祭祀特定的对象	
W6505. 2. 11. 2. 2. 1	焚香祭祖	【羌族（木雅人）】
W6505. 2. 11. 2. 3	烧香除秽	【羌族】
W6505. 2. 11. 2. 4	烧香改变恶劣天气	【纳西族】
W6505. 2. 11. 2. 5	香能传递音讯	【蒙古族】
W6505. 2. 11. 2. 6	烧香求情	【汉族】
W6505. 2. 11. 2. 7	点燃信香以表诚意	【汉族】
W6505. 2. 11. 3	特定的人物烧香（烧香者；香客）	
W6505. 2. 11. 3. 1	黄帝烧香	【汉族】

W 编码	母题描述	关联项
W6505.2.11.4	烧香的情形（烧香的方法）	
W6505.2.11.4.0	烧香前的准备	
W6505.2.11.4.0.1	烧香前吃斋三日	【汉族】
W6505.2.11.4.1	每人拿十三炷香按天地人皇顺序将香分别插在三棵神树下，先作揖，后插香，再磕头	【纳西族】
W6505.2.11.4.2	倒插香	
W6505.2.11.4.2.1	除妖神要用倒插的条香祭祀	【纳西族】
W6505.2.11.4.3	特定的庙中香火旺的原因	【汉族】@［W6458.2.6.1.1］三官老爷显灵保佑百姓，所以三官庙的香火旺
W6505.2.11.4.4	烧香时磕头	
W6505.2.11.4.4.1	烧香磕头祈求上天消灾解难	【汉族】
W6505.2.11.5	烧特定的香	
W6505.2.11.5.1	烧高香	
W6505.2.11.5.2	烧三炷香	
W6505.2.11.5.2.1	祭水神时要点三支香火	【壮族】
W6505.2.11.5.3	烧十二炷香	
W6505.2.11.5.3.1	祭火时要点十二炷香（闰年点十三炷）	【彝族】
W6505.2.11.5.4	烧其他数量的香	
W6505.2.11.5.5	烧青香	【白族】@［W6495.11.36.6.1.1］祭牛王、马王、土主等保佑六畜兴平安时，用香烛果品、茶酒香斋、素馔、全鸡、猪头等供品，焚烧神疏文书、金银大锞、黄钱，点青香，行三拜九叩礼
W6505.2.11.5.6	石香	【汉族】
W6505.2.11.5.7	烧天香	【纳西族】

W 编码	母题描述	关联项
W6505. 2. 11. 5. 8	向特定的人物烧香	
W6505. 2. 11. 5. 8. 1	向女娲上香	【汉族】
W6505. 2. 11. 5. 9	与烧特定的香有关的其他母题	
W6505. 2. 11. 5. 9. 1	檀香	
W6505. 2. 11. 5. 9. 1. 1	黄帝烧的是山里的檀香	【汉族】
W6505. 2. 11. 6	烧香的结果	
W6505. 2. 11. 7	烧香的相似事象	
W6505. 2. 11. 7. 1	烧柏枝（烧柏香枝）	【羌族】【藏族】
W6505. 2. 11. 7. 1. 1	烧柏枝敬神	
W6505. 2. 11. 8	烧香用品	
W6505. 2. 11. 8. 1	香炉	
W6505. 2. 11. 8. 1. 1	香炉的产生	
W6505. 2. 11. 8. 1. 2	香炉的特征	
W6505. 2. 11. 8. 1. 3	特定的香炉	
W6505. 2. 11. 8. 1. 3. 1	石头香炉	【汉族】
W6505. 2. 11. 8. 1. 4	香炉的使用	
W6505. 2. 11. 8. 1. 4. 1	使用香炉有特定数量（香炉数量）	
W6505. 2. 11. 8. 1. 4. 1. 1	供放香炉碗的数量各姓不尽相同	【满族】
W6505. 2. 11. 8. 1. 4. 1. 2	祭祀时设五个香炉	【汉族】
W6505. 2. 11. 8. 1. 5	与香炉有关的其他母题	［W6502a. 3. 4. 1. 5. 1］香炉代表神位
W6505. 2. 11. 8. 1. 5. 1	香炉的印记	【满族】
W6505. 2. 11. 8. 2	香台	［W6496. 7. 3. 5. 1］黄帝祭祀炎帝的地方叫“烧香台”
W6505. 2. 11. 8. 2. 1	除夕祭特定在院子里砌一个固定的“香台”	【汉族】
W6505. 2. 11. 9	与烧香有关的其他母题	
W6505. 2. 11. 9. 0	香	

W 编码	母题描述	关联项
W6505.2.11.9.0.1	香的产生	
W6505.2.11.9.0.1.1	用香柏树造香	【汉族】
W6505.2.11.9.0.1.2	特定的时间做香	
W6505.2.11.9.0.1.2.1	每年阴历七月初七以前采做“拈七香”的材料	【满族】
W6505.2.11.9.0.1.2.2	做香的紫花要在冬雪时采集	【满族】
W6505.2.11.9.0.1.2.3	达子香要用七月七或九月九于山上采摘的达子花香叶	【满族】
W6505.2.11.9.0.2	香的特征（香的功能）	
W6505.2.11.9.0.2.1	香能除秽	
W6505.2.11.9.0.2.2	香作为祭品	［W6503.8.7a］香火灯烛作为祭品
W6505.2.11.9.0.3	特定的香（香的类型）	
W6505.2.11.9.0.4	与香有关的其他母题	
W6505.2.11.9.0.4.1	祭祀香需要自己制作	【满族】
W6505.2.11.9.1	世界焚香日	
W6505.2.11.9.1.1	藏历五月十五日是“世界焚香日”	【藏族】
W6505.2.11.9.2	烧香禁忌	
W6505.2.11.9.2.1	到庙里烧香时，忌把香夹在腋下	【汉族】
W6505.2.11a	烧纸（祭祀时烧纸）	
W6505.2.11a.1	祭祀烧纸的产生（祭祀烧纸的原因）	
W6505.2.11a.1.1	烧纸是活人给死者送钱	【汉族】
W6505.2.11a.1.2	在阳间烧纸到阴间可作为存钱	【汉族】
W6505.2.11a.1.3	烧纸源于人编造的理由	
W6505.2.11a.1.3.1	烧纸源于一个和尚的谎言	【汉族】
W6505.2.11a.1.3.2	烧纸源于一个造纸人为多卖纸编造的谎言	【汉族】

W 编码	母题描述	关联项
W6505. 2. 11a. 1. 3. 2. 1	烧纸源于蔡伦的嫂子为多卖劣质纸编造的谎言	【汉族】
W6505. 2. 11a. 2	祭祀烧纸的方法（烧纸的情形）	［W6495. 0. 5. 8. 4］烧纸祭神
W6505. 2. 11a. 3	祭祀烧特定的纸（烧纸的类型）	
W6505. 2. 11a. 3. 1	祭祀时烧剪纸	
W6505. 2. 11a. 3. 1. 1	祭祀时烧纸剪的动物	【藏族】
W6505. 2. 11a. 4	与祭祀烧纸有关的其他母题	
W6505. 2. 11a. 4. 1	通过焚烧其他特定物祭祀	【关联】①
W6505. 2. 11a. 4. 1. 1	烧被祭祀者的用品做祭品	
W6505. 2. 11a. 4. 1. 1. 1	黄帝陵前火化黄帝的靴子祭祀	【汉族】
W6505. 2. 11b	祭祀时敬酒	【民族，关联】②
W6505. 2. 11b. 1	用右手中指蘸酒敬神	【鄂温克族】
W6505. 2. 11b. 2	中指弹酒敬神	
W6505. 2. 11b. 2. 1	吃酒时，用中指蘸一点酒向上一弹，表示敬祖	【藏族（白马）】
W6505. 2. 11c	祭祀时敬烟	
W6505. 2. 11c. 1	猎人给山神装烟、敬酒、叩头	【鄂伦春族】
W6505. 2. 12	祭祀中的其他环节	
W6505. 2. 12. 1	祭祀中有谩骂主持人环节	
W6505. 2. 12. 1. 1	祭祀农业神密支神仪式中有一个特殊场面是谩骂主持人	【彝族（撒尼）】
W6505. 2. 12. 2	祭祀时比赛	【关联】③
W6505. 2. 12. 2. 1	中秋祭月时，腰鼓队与锣鼓队展开才艺比赛	【汉族】
W6505. 2. 12. 2. 2	举行火祭期间有驭火的火技比赛	【满族】
W6505. 2. 12. 2. 3	祭祀时抢彩头	

① ［W6495. 0. 5. 8］焚烧特定物祭神；［W6496. 0. 4. 5. 9. 6］焚烧特定物祭祖。

② 【蒙古族】@［W6495. 0. 5. 3. 1］用酒祭神；［W6502. 11. 5. 3］敬酒叩拜敖包；［W6503. 12. 9. 5. 3. 2］祭酒酒杯摆放在香炷后要为单数。

③ ［W6496. 1. 5. 4. 4］祭盘古时有娱乐活动（祭祀盘古时举行比赛）；［W6501. 11. 6. 1］凡逢族祭时有识火竞赛、超人驭火等活动。

W 编码	母题描述	关联项
W6505.2.12.2.3.1	祭神时先到庙者先击鼓，被视为最吉利的人	【壮族】
W6505.2.12.3	祭祀时跳神	
W6505.2.12.3.1	祭祀跳神的产生	
W6505.2.12.3.1.1	萨玛教凡祭祀祈祷必跳神	【满族】
W6505.2.12.3.2	祭祀跳神的方法	
W6505.2.12.3.2.1	跳神有特定仪式	【满族】@［W6503.8.1.5.3.1］萨满跳神仪式结束之夜，举行吃血仪式
W6505.2.12.3.2.1.1	端公跳神治病时先紧击羊皮鼓，再假托其神师附身降临，边击鼓边舞蹈，为人解答一切疑难	【彝族】
W6505.2.12.3.2.2	跳神结束后杀猪吃肉	【满族（恰克拉人）】
W6505.2.12.3.3	祭祀跳神的类型	
W6505.2.12.3.4	与跳神有关的其他母题	
W6505.2.12.3.4.1	跳神又称叉玛，即萨玛之别音	【满族】
W6505.2.12.3.4.2	祭司跳神禳鬼	【藏族】
W6505.2a	常见的祭祀仪式①	
W6505.2a.1	特定事件举行特定祭祀仪式	
W6505.2a.1.1	大祭风仪式由情死等非正常死亡的人家举行	【纳西族】
W6505.2a.1.2	祭祀弓箭神多龙格格时有若干仪式	【满族】
W6505.2a.2	祭祀时立神树	
W6505.2a.2.1	重大祭典时立一杨一柳两棵神树，让赴宴的神灵落脚	【鄂伦春族】
W6505.2b	祭祀仪式的主持者	［W6490］主祭（祭祀的主持者；主祭司者；主祭者）

① 常见的祭祀仪式，这类仪式丰富多彩，种类繁多，同一个主题的祭祀仪式在不同的民族和地区往往又千差万别。几乎本书列举的每一个祭祀对象都会有相应的祭祀仪式，这里只选取一些个案，对大量的祭祀仪式不再一一列举。

W 编码	母题描述	关联项
W6505. 2b. 1	老者主持祭祀仪式	
W6505. 2b. 1. 1	白胡须老头广成子专门管部落的祭祀仪式	【汉族】
W6505. 2b. 2	宗教职业者主持祭祀仪式	
W6505. 2b. 2. 1	萨满主持祭礼	【满族】
W6505. 2c	祭祀者的特定服饰	
W6505. 2c. 1	祭祀时人扮神	【满族】
W6505. 2c. 1. 1	祭祀先祖时，要找一位无儿女的孤老头扮“活先祖”	【彝族】
W6505. 2c. 1. 2 *	“尸”即以生人扮受祭者	【中华民族】
W6505. 2c. 1. 3	祭祀牲畜保护神吉雅其时萨满“扮演”吉雅其	【蒙古族】
W6505. 3	祭祀的结束（礼成；祭祀的结果）	
W6505. 3. 1	祭祀成功	
W6505. 3. 1. 1	祭祀应验	
W6505. 3. 1. 1. 1	祭祀应验的条件	
W6505. 3. 1. 1. 1. 1	有了卜筮的法术，祭祷才有效验	【纳西族】
W6505. 3. 1. 1. 2	祭祀应验的表现	
W6505. 3. 1. 1. 2. 1	祭祀应验有特定征兆	
W6505. 3. 1. 1. 2. 1. 1	每次祭祀后出现同样的天象为应验	【汉族】
W6505. 3. 2	祭祀不成功	
W6505. 3. 2. 1	选卑劣的族人祭神灵退洪水，结果洪水更凶猛	【高山族（泰雅人）】
W6505. 4	与祭祀过程有关的其他母题（与祭祀方法有关的其他母题；与祭祀仪式有关的其他母题）	
W6505. 4. 1	祭祀善后	
W6505. 4. 1. 1	祭祀后洗手才能回家	【彝族】

W 编码	母题描述	关联项
W6505.4.1.1a	祭祀后吃祭品，漱口洗手才能回家	【仡佬族】
W6505.4.1.2	祭祀后净室	【满族】
W6505.4.1.3	祭祀后汇报	
W6505.4.1.3.1	祭祀后向天神汇报	【满族】
W6505.4.2	祭祀规矩（祭祀的规则）	
W6505.4.2.1	祖先玉朴笃慕开始祭奠去世人后，形成献酒献肉的规矩	【彝族】
W6505.4.2.2	祭天的规矩是神接受祭品，祭祀者要煮熟祭品后，在神树下吃完	【满族】
W6505.4.2.3	不同祭祀者祭祀的方式不同	
W6505.4.2.3.1	祭白骨精时，苗族坐着祭祀，彝族站着祭祀，汉族跪着祭祀	【汉族】@［W6505.2.7］肃立（祭祀时肃立）
W6505.4.3	象征性的祭祀（祭祀仪式中的象征）	
W6505.4.3.1	孕妇难产，为确保孩子平安生下祭白虎时，将1双破鞋丢在路旁（祭祀要契合顺势巫术）	【傈僳族】@［W6503.12.9.6.1］选择与被祭者貌似的东西作为祭品（祭品要契合顺势巫术）
W6505.4.3.2	祭祀者特定仪式有特定象征	
W6505.4.3.2.1	吊狗祭恶鬼仪式时，东巴把主人家每人脸上的麻皮解开象征已解开恶鬼之纠缠	【纳西族】
W6505.4.4	祭祀使用的语言	
W6505.4.4.1	祭祀时使用本民族语言	
W6505.4.4.1.1	傈僳人祭坛神时不能说汉话	【傈僳族】
W6506	**祭祀中的祈祷（祈祷；祷告；祈求）**	【汤普森】V50
W6506.1	祈祷的产生（祈祷的目的；祈祷的原因）	【汤普森】V57；【关联】①

① ［W2280］祈祷生人（祈祷生子）；［W8727.1］战前祈胜。

W 编码	母题描述	关联项
W6506. 1. 1	祈祷得物	【汤普森】V52. 4；［W6145. 3］祈祷得食物
W6506. 1. 2	祈祷丰收	【汤普森】V57. 1；【彝族】
W6506. 1. 3	祈祷消灾祛病	［W6506. 5. 2. 1］祈祷消除病患
W6506. 1. 3. 1	祈祷遇难成祥	【汉族】
W6506. 1. 4	祈祷好运	【怒族】
W6506. 2	祈祷的时间	
W6506. 2. 1	在特定的时间祈祷	
W6506. 2. 2	日出日落时祈祷	【汤普森】V58. 1
W6506. 2. 3	特定事件时祈祷（特定行为时祈祷）	
W6506. 2. 3. 1	离家前祈祷	【赫哲族】
W6506. 2. 3. 2	遇到困难时祷告	
W6506. 2. 3. 2. 1	陷于绝境时祷告	【塔吉克族】
W6506. 2. 3. 3	出行到特定地点祈祷	
W6506. 2. 3. 3. 1	进山时祈祷山神	【壮族】
W6506. 2. 3. 4	征战时祈祷	【中华民族】
W6506. 3	祈祷的地点	
W6506. 3. 1	特定的祷告有特定地点	
W6506. 3. 1. 1	“娃娃崖”前祷告	【汉族】
W6506. 4	祈祷的对象	
W6506. 4. 1	向神祈祷	
W6506. 4. 1. 1	祈神避祸	【汤普森】≈V52. 7
W6506. 4. 1. 2	祈神惩罚恶人	【维吾尔族】
W6506. 4. 1. 3	祈神赐福	【纳西族】
W6506. 4. 1. 4	向特定的神祈祷	
W6506. 4. 1. 4. 1	向太阳神祷告	【普米族】
W6506. 4. 2	向神性人物祈祷	

W 编码	母题描述	关联项
W6506.4.2.1	神向真主祷告	【维吾尔族】@［W0793.2.1］天神是真主的助手
W6506.4.2.1.1	向安拉祷告，祈求恕罪	【塔吉克族】
W6506.4.2.2	向祖先祈祷	【傈僳族】
W6506.4.2.2.1	向近祖亡灵祈福	【彝族】
W6506.4.3	向特定物祈祷	
W6506.4.3.1	敲打犁头祈祷	【怒族】
W6506.4.4	向自然物祷告	
W6506.4.4.1	向日月星辰祷告	
W6506.4.4.1.1	向星星月亮祷告	【普米族】
W6506.4.5	向象征物祈祷	
W6506.4.5.1	向象征祖先的特定物祈祷	
W6506.4.5.1.1	弃儿向象征父母的毛竹和梧桐树祈祷	【朝鲜族】
W6506.4.6	特定事件向特定物祈祷	
W6506.4.6.1	征战前在族灵神豹面前向神豹祈祷	【中华民族】
W6506.4a	祈祷的方向	［W6502.14］祭特定方位
W6506.4a.1	面朝东方祈祷	【汤普森】V58.2
W6506.4a.2	面朝天空祈祷	
W6506.5	祈祷的内容（祈祷的类型）	
W6506.5.0	祭祀时要祷告原因	
W6506.5.0.1	祭天时要祷告因由	【鄂温克族】
W6506.5.1	生产方面的祈祷	
W6506.5.1.1	祈祷五谷丰登	【佤族】
W6506.5.1.2	祈祷庄稼长得好	【佤族】
W6506.5.1.2.1	祈求特定的神灵保佑庄稼丰收	【汉族】
W6506.5.1.3	向祖先祈祷丰收	【傈僳族】
W6506.5.1.4	向地母祈丰收	【满族】

W 编码	母题描述	关联项
W6506. 5. 2	生活方面的祈祷	
W6506. 5. 2. 1	祈祷消除病患	【满族】
W6506. 5. 3	生育方面的祈祷	
W6506. 5. 3. 0	祷告求子	
W6506. 5. 3. 0. 1	“娃娃崖”前烧香祷告，祈求女娲娘娘给送个娃娃	【汉族】
W6506. 5. 3. 1	祈祷多子多福	【汉族】
W6506. 5. 3. 2	祈祷生男孩	
W6506. 5. 3. 3	祈祷生女孩	
W6506. 5. 3. 4	祈祷牲口生多胎	
W6506. 5. 4	安全方面的祈祷（免灾避祸方面的祈祷）	
W6506. 5. 4. 1	祈祷梅吉神保佑寨子平安	【佤族】
W6506. 5. 4. 2	祈祷梅吉神保佑不旱不淹	【佤族】
W6506. 5. 5	祈祷多个夙愿	
W6506. 5. 5. 1	祈祷升官发财	
W6506. 5. 5. 2	祈祷梅吉神保佑人畜兴旺	【佤族】
W6506. 5. 6	相反的祷告	
W6506. 5. 6. 1	双方的巫师各向各的鬼灵祷告，说的祭词完全相反	【傈僳族】
W6506. 5. 7	祭祀时祷告的其他内容	
W6506. 5. 7. 1	祭天时要祷告以什么色的驯鹿做牺牲等	【鄂温克族】
W6506. 6	祈祷的规则（祈祷的方法；祈祷的情形）	
W6506. 6. 0	祈祷者可以为任何对象祈祷	【藏族】
W6506. 6. 1	通过祭祀祈祷	［W6507. 0. 1］通过祭祀请神
W6506. 6. 1. 1	通过祭亡灵祈福	【纳西族】
W6506. 6. 2	祈祷前的准备	

W 编码	母题描述	关联项
W6506.6.2.1	祈祷前要洗浴	【汉族】
W6506.6.2.1.1	黄帝祷告上天时沐浴净身	【汉族】
W6506.6.2.2	祈祷前要洗手	【汤普森】V58.4
W6506.6.2.3	祈祷前戒斋	
W6506.6.2.3.1	祈祷前斋戒三日	【汉族】
W6506.6.3	祈祷用品（祈祷的道具）	
W6506.6.3.1	祈祷要有特定服饰	
W6506.6.3.2	祈祷时的旗	【达斡尔族】
W6506.6.4	祈祷的规定动作（祈祷的相关场景）	
W6506.6.4.1	老祖公固迪捉一只白公鸡，在地上放一碗米，点燃三根香树枝，跪在地上向天祈祷	【苗族】
W6506.6.4.2	出猎前在屋内地上撒些灶灰，门头要挂几根枝条作为祈祷物	【傈僳族】
W6506.6.4.3	在灶中燃松枝、香草祈神	【珞巴族】
W6506.6.5	祈祷参与者	
W6506.6.5.1	特定的祈祷者	
W6506.6.5.2	祈祷的主持者	
W6506.6.5.2.1	祝专主祷祈	【赫哲族】
W6506.6.6	祈祷有特定用品	
W6506.6.6.1	神橱中放一个内盛麦、荞、青稞等粮食的碗祈求“五谷丰登”和“六畜兴旺”	【藏族（白马）】
W6506.6.7	祈祷有特定的次数	
W6506.6.7.1	每天三次祈祷	【朝鲜族】
W6506.6.7.2	祈祷次数不宜太多	
W6506.6.7.2.1	祈神赐福最多不超四次	【壮族】
W6506.6.8	通过绘画祈祷	

W 编码	母题描述	关联项
W6506. 6. 8. 1	藏历新年正月初一时，在大门墙上用石灰画上很多粉点祈祷人寿年丰	【藏族】
W6506. 6. 9	与祈祷方法有关的其他母题	［W6484. 3. 6］祈子仪式（求子仪式）
W6506. 6. 9. 1	通过哭泣祈祷	
W6506. 6. 9. 1. 1	当地百姓朝夕哭泣为黄龙氏祝福和祈祷	【汉族】
W6506. 7	祈祷的功能	
W6506. 7. 1	祈祷的神奇法力	【汤普森】V52
W6506. 8	祈祷的结果	
W6506. 8. 1	祈祷的应验	【汤普森】V316；［W6468. 4］显示神迹
W6506. 8. 1. 1	祈祷成真	【藏族】
W6506. 8. 1. 1. 1	祈祷后，众神灵立即收了风	【赫哲族】
W6506. 8. 1. 2	说话成真	【德昂族】
W6506. 8. 2	祈祷无效	
W6506. 8. 2. 1	祈祷无效的原因	
W6506. 8. 2. 1. 1	祈祷无果是祈求者自身所致	
W6506. 8. 2. 1. 1. 1	大旱祈雨不灵，要检查祭祀仪式中的人什么地方亵渎了神灵	【壮族】
W6506. 8. 3	祈祷适得其反	
W6506. 9	与祈祷有关的其他母题	
W6506. 9. 1	祈祷用语（祈祷语；祷词）	
W6506. 9. 1. 1	利己的祈祷语	【傈僳族】
W6506. 9. 1. 2	萨满请神降临时念诵祷词	【达斡尔族】
W6506. 9. 1. 3	祈祷词的类型（特定内容的祈祷词）	
W6506. 9. 1. 3. 1	祈福祈祷词	【藏族】
W6506. 9. 2	祈求（请求）	

W 编码	母题描述	关联项
W6506.9.2.1	祈求的来历（祈求的目的）	
W6506.9.2.2	祈求的时间	
W6506.9.2.3	祈求的地点	
W6506.9.2.4	祈求参与者	
W6506.9.2.4.1	特定身份人物作为祈求者	【赫哲族】
W6506.9.2.4.1.1	萨满祈求风	
W6506.9.2.5	祈求的特定对象	
W6506.9.2.5.1	向神祈求	【鄂伦春族】
W6506.9.2.5.2	向佛祈求	【蒙古族】
W6506.9.2.6	祈求的内容	
W6506.9.2.6.1	求神宽恕	【鄂伦春族】
W6506.9.2.6.2	祈求特定自然现象	
W6506.9.2.6.2.1	祈求东风	【赫哲族】
W6506.9.2.6.2.2	祈火	
W6506.9.2.6.2.2.1	到火的发现者坟前祈火	【布依族】
W6506.9.2.6.2.2a	祈水	
W6506.9.2.6.2.2a.1	到伏龙观祭祀祈水	【汉族】
W6506.9.2.6.2.2a.2	烈日中跪向黑龙求水	【仫佬族】
W6506.9.2.6.3	祈福	［W6506.6.1.1］通过祭亡灵祈福
W6506.9.2.6.3.1	祭神祈福	
W6506.9.2.6.3.1.1	祭灶神祈福	【珞巴族】
W6506.9.2.6.3.2	射箭祈福	【藏族】
W6506.9.2.6.3.3	通过焚烧特定物祈福	【藏族】
W6506.9.2.6.4	祈丰收	［W6506.1.2］祈祷丰收
W6506.9.2.6.4.1	种荞子过程中通过男女交媾动作祈求丰收	【彝族】
W6506.9.2.6.5	祈子	【关联】①

①［W6484.3］为了生育祭祀（祭祀祈子）；［W6496.0.1.2.1］祭石祖求祈子。

W 编码	母题描述	关联项
W6506. 9. 2. 6. 5. 1	向佛祖祈子	【蒙古族】
W6506. 9. 2. 7	祈求的方法	
W6506. 9. 2. 7. 1	通过烧香磕头祈求	
W6506. 9. 2. 7. 1. 1	祈求东风就向东方烧香磕头	【赫哲族】
W6506. 9. 2. 7. 2	通过巫术手段祈求	［W6506. 9. 2. 6. 4. 1］种荞子过程中通过男女交媾动作祈求丰收
W6506. 9. 2. 7. 2. 1	以人饲虎祈求丰收	【高山族】
W6506. 9. 2. 8	祈求的结果	
W6506. 9. 2. 8. 1	祈求成功	
W6506. 9. 2. 8. 1. 1	叫地地应	【土家族】
W6506. 9. 2. 8. 2	祈求失败	
W6506. 9. 2. 8. 2. 1	叫天天不灵	
W6506. 9. 2. 9	与祈求有关的其他母题	
W6506. 9. 2. 9. 1	无理的请求	【瑶族（布努）】
W6506a	**祭拜（祭祀中的祭拜）**	
W6506a. 1	祭拜的产生	
W6506a. 1. 1	特定人物规定祭拜	
W6506a. 1. 1. 1	上帝规定祭拜仪式	【哈萨克族】
W6506a. 1. 1. 2	长辈让晚辈祭拜	【壮族】@［W6486. 1. 3. 1］风水先生让儿媳祭拜自己的坟
W6506a. 2	祭拜的时间	
W6506a. 3	祭拜的地点	
W6506a. 4	祭拜的内容	
W6506a. 5	祭拜的特征（祭拜的功能）	［W6377. 4. 3. 1］祭拜生殖器可以生儿育女
W6506a. 6	祭拜的方法	
W6506a. 7	祭拜的结果	
W6506a. 7. 1	无效的祭拜	
W6506a. 7. 1. 1	人祭拜雪妖无果而归	【裕固族】

W 编码	母题描述	关联项
W6506a.8	特定的祭拜	
W6506a.9	与祭拜有关的其他母题	
W6507	**祭祀的特征（祭祀的功能；祭祀的作用）**	［W6481］祭祀的原因（祭祀的目的）
W6507.0	祭祀能通神	
W6507.0.1	通过祭祀请神	
W6507.0.1.1	节日时祭祀请麦德尔女神下界	【蒙古族】@［W6496.18.2.2］节日时祭祖
W6507.1	祭祀实现特定愿望	
W6507.1.1	祭祀有助于发财	
W6507.1.2	祭祀有助于高升	
W6507.1.3	祭祀有助于平安	
W6507.1.4	祭祀有助于消灾	
W6507.1.4.1	通过祭祀救日	【古代民族】
W6507.1.5	祭祀有助于生育	
W6507.1.5.1	祭铜鼓会繁茂族人	【苗族】
W6507.1.5.2	兄妹婚后祭祀生优秀的子女	【高山族（阿美人）】
W6507.2	祭祀改变自然现象	［W4151.2］祭祀使月亮由亏变圆
W6507.2.1	祭祀能改变天气	
W6507.2.2	祭祀能避免有害的自然现象	
W6507.2.3	祭祀能改变草木	
W6507.2.3.1	祭祀使杂草变成庄稼	【珞巴族】
W6507.3	祭祀求雨（祈雨）	【汉族】@［W6484.1］为了求雨祭祀（通过祭祀祈雨；通过祭祀求雨）
W6507.3.1	祭天求雨	【民族，关联】①

① 【汉族】【黎族】@［W6498.1］祭天。

W 编码	母题描述	关联项
W6507. 3. 1. 1	干旱时，通过烧水献茶、烧香祭天求雨	【侗族】
W6507. 3. 1. 2	黄帝让祭司登祭台祭天求雨	【汉族】
W6507. 3. 1a	感天下雨	
W6507. 3. 1a. 1	黄帝祭天求雨时，大将常伯愿以头换作为牺牲的虎，感动上天降雨	【汉族】
W6507. 3. 1b	拜星斗求雨	【仫佬族】
W6507. 3. 2	祭特定的神求雨（祭神祈雨；向特定的神求雨）	
W6507. 3. 2. 0	祭水神求雨	【彝族】
W6507. 3. 2. 0. 1	到水神庙祭祀水神求雨	【汉族】
W6507. 3. 2. 0a	祭雨神求雨	
W6507. 3. 2. 0a. 1	向雨公大神求雨	【保安族】
W6507. 3. 2. 0a. 2	杀鸡祭水神后，大家下水相互泼水，以示降雨解除旱灾	【民族，关联】①
W6507. 3. 2. 0a. 3	粤北山区流行盛大的祭雨神求雨仪式	【瑶族（排瑶）】
W6507. 3. 2. 0a. 4	巫师向雨神求雨时呼喊雨神的名字	【藏族】
W6507. 3. 2. 0b	祭雷神求雨	
W6507. 3. 2. 0b. 1	久旱不雨皆祀雷神	【仡佬族】
W6507. 3. 2. 0b. 1. 1	长期不雨时，杀猪、牛敬祭雷神	【侗族】
W6507. 3. 2. 0c	祭风雨神祈雨	
W6507. 3. 2. 0c. 1	祭风雨女神天婆祈雨	【壮族】
W6507. 3. 2. 1	祭河神求雨	【达斡尔族】
W6507. 3. 2. 1. 1	妇女祭河神时，各持桶或盆在河边相互泼水以示降雨	【达斡尔族】@［W6507. 3. 2. 0a. 2］杀鸡祭水神后，大家下水相互泼水，以示降雨解除旱灾

① 【达斡尔族】@［W6507. 3. 2. 1. 1］妇女祭河神时，各持桶或盆在河边相互泼水以示降雨；［W6507. 3. 5. 2］祭敖包求雨仪式最后，各人取河水相互泼洒。

W 编码	母题描述	关联项
W6507.3.2.1.2	妇女各带一只鸡到河边祭河神祈雨	【达斡尔族】
W6507.3.2.1a	祭海神求雨	
W6507.3.2.1a.1	向东海神老爷祈雨	【白族】
W6507.3.2.2	祭火神求雨	
W6507.3.2.3	祭太阳神求雨	【珞巴族】
W6507.3.2.3.1	女丑到东海向太阳神求雨	【汉族】
W6507.3.2.4	迎神求雨	【达斡尔族】
W6507.3.2.5	迎白帝天王求雨	【苗族】
W6507.3.2.6	向天上的仙大王要雨水	【水族】
W6507.3.2.7	祭山神祈雨	【彝族】
W6507.3.2.8	向天神祈雨	【怒族（若柔）】
W6507.3.2.8a	求天爷下雨	【彝族】@［W6507.3.9.5.2］通过向天呼喊求雨
W6507.3.2.8b	向树神祈雨	
W6507.3.2.8b.1	向树神黄祖祈雨后，至期果雨	【汉族】@［W6507.3.10.1］树神求雨失败
W6507.3.2.8c	向王母娘娘求雨	
W6507.3.2.8c.1	张果老蟠桃会上向王母娘娘求雨	【汉族】
W6507.3.2.9	与祈雨祭神或神性人物有关的其他母题	
W6507.3.2.9.0	祭神祈雨的原因	
W6507.3.2.9.0.1	祭神祈雨源于不祭神，神会发怒，不降雨于人间	【瑶族（排瑶）】
W6507.3.2.9.1	天旱时祭五谷神求雨	【白族（那马）】
W6507.3.2.9.1a	祭多神求雨	
W6507.3.2.9.1a.1	向天神地神山神祈雨	【壮族】
W6507.3.2.9.2	祭大禹祈雨	【羌族】
W6507.3.2.9.2.1	天旱时，到大禹祠烧香祈雨	【中华民族】
W6507.3.2.9.2a	祭神菩萨求雨	【侗族】

W 编码	母题描述	关联项
W6507. 3. 2. 9. 2b	祭莫一大王神祈雨	【壮族】@［W6497. 1. 24］祭莫一大王
W6507. 3. 2. 9. 2c	祭盘古祈雨（祭盘王祈雨）	【南方民族】@［W6507. 3. 11. 2. 3. 7. 1］大旱时，请道公在盘古庙祭盘古、打醮求雨
W6507. 3. 2. 9. 2c. 1	杀猪祭拜盘古，抬盘古兄妹游田垌祈求天降雨水	【壮族等】@［W6495. 0. 5. 17］游神（抬神像巡游；通过抬神巡游祭神）
W6507. 3. 2. 9. 2c. 2	为盘古像洗澡祈雨	【多民族】
W6507. 3. 2. 9. 2d	祭炎帝祈雨	
W6507. 3. 2. 9. 2d. 1	把炎帝像抬到院中阳光下暴晒祈雨	【汉族】［W6496. 7. 6. 5. 1］把炎帝像抬到院中暴晒 3 天祈雨
W6507. 3. 2. 9. 3	求雨所祭神的特征	
W6507. 3. 2. 9. 3. 1	求雨时所祀的两个神出自泥鳍、虾蟆两个水虫	【中华民族】
W6507. 3. 2. 9. 4	祭神祈雨的特定仪式	
W6507. 3. 2. 9. 4. 1	游神祈雨	［W6507. 3. 2. 9. 2c. 1］杀猪祭拜盘古，抬盘古兄妹游田垌祈求天降雨水
W6507. 3. 2. 9. 4. 1. 1	捆绑神公游神祈雨	【壮族】
W6507. 3. 2. 9. 5	祭神祈雨的其他形式	
W6507. 3. 2. 9. 5. 1	把神偶放特定地方祈雨	
W6507. 3. 2. 9. 5. 1. 1	把神偶浸入水中求雨	【赫哲族】
W6507. 3. 3	祭龙求雨（向龙祈雨；祭龙神祈雨）	【汉族】【藏族】
W6507. 3. 3. 0	向龙祈雨的产生（祭龙祈雨的原因）	
W6507. 3. 3. 0. 1	祭龙乞雨源于人认为龙能生泉降雨	【中华民族】
W6507. 3. 3. 1	塑龙祈雨	
W6507. 3. 3. 1. 1	春旱时塑 1 个大苍龙与 7 个小龙求雨	【汉族】

W 编码	母题描述	关联项
W6507.3.3.2	扎龙求雨	【达斡尔族】
W6507.3.3.3	打龙祈雨	【白族】@［W6507.3.3.6.5］通过震慑龙王求雨
W6507.3.3.3.1	打龙像求雨	【汉族】
W6507.3.3.3.2	打水龙祈雨	【彝族（撒尼）】
W6507.3.3.3.3	水塘抛石砸龙求雨	【白族】@［W6507.3.9.9.4.1］把树木投井中祈雨
W6507.3.3.4	求龙王降雨	【土族】
W6507.3.3.4a	向龙王祈雨	【汉族】
W6507.3.3.5	到龙的居所祈雨	
W6507.3.3.5.1	到龙池求雨	【羌族】
W6507.3.3.5.2	到龙洞求雨	
W6507.3.3.5.2.1	农夫祷于龙洞得雨	【汉族】
W6507.3.3.6	其他与龙有关的祈雨方式	
W6507.3.3.6.1	搅龙潭以祈求龙王降雨	【壮族】
W6507.3.3.6.2	模拟降龙祈雨	【傈僳族】
W6507.3.3.6.3	要水龙求雨	【白族】
W6507.3.3.6.4	通过向龙王痛哭求雨	【羌族】
W6507.3.3.6.5	通过震慑龙王求雨	【羌族】
W6507.3.3.6.5.1	用特定方法恐吓龙，让龙降雨	
W6507.3.3.6.5.1.1	水中放毒要挟龙王下雨	【白族】
W6507.3.3.6.5.1.1.1	通过把鱼毒死要挟龙王下雨	【白族】
W6507.3.3.6.5.1.2	把铜锅盖烧红放进水塘里恐吓龙王下雨	【白族】
W6507.3.3.6.6	刺激龙王祈雨	【白族】
W6507.3.3.6.6.1	干旱时，烧起茶油枝并打碎放进河里大闹鱼虾以激怒老龙王爷下雨	【侗族】
W6507.3.3.7	与龙有关的其他求雨方法	

W 编码	母题描述	关联项
W6507. 3. 3. 7. 1	祭龙节祭龙目的是祈求雨水	【彝族】
W6507. 3. 3. 7. 2	抛撒部分祭品入水中，求龙神降雨	【壮族】
W6507. 3. 3. 7. 3	舞龙祈雨仪式（耍龙祈雨）	
W6507. 3. 3. 7. 3. 1	求雨时，舞黄荆龙的人，头上戴，个黄荆条扎的圈圈边走边舞，看的人要一路泼水	【民族，关联】①
W6507. 3. 3. 7. 3. 2	干旱时，通过舞龙过寨祈雨	【侗族】
W6507. 3. 3. 7. 3. 3	不同时间舞不同的颜色的龙祈雨	【多民族】
W6507. 3. 3. 7. 3. 3. 1	春夏雨日不雨东方小童舞青龙祈雨	【多民族】
W6507. 3. 3. 7. 3. 3. 1a	春夏雨日不雨东方小童舞火龙祈雨	【多民族】
W6507. 3. 3. 7. 3. 3. 2	丙丁不雨，命南方壮者舞赤龙祈雨	【多民族】
W6507. 3. 3. 7. 3. 3. 3	戊巳不雨，命壮者舞黄龙祈雨	【多民族】
W6507. 3. 3. 7. 3. 3. 4	庚辛不雨，命西方老人火龙祈雨	【多民族】
W6507. 3. 3. 7. 3. 3. 5	壬癸不雨，命北方老人舞黑龙祈雨	【多民族】
W6507. 3. 3. 7. 3. 3. 6	春冬天旱，常祈白龙赐雨	【汉族】
W6507. 3. 3. 7. 3. 4	舞不同名称的龙祈雨	
W6507. 3. 3. 7. 3. 4. 1	耍母猪龙祈雨	【布依族】
W6507. 3. 3. 7. 3. 4. 2	舞用青枝绿柳扎成的“水龙”祈雨	【侗族】
W6507. 3. 3. 7. 3. 5	农历三月大旱时，耍龙求雨	【布依族】
W6507. 3. 3. 8	与向龙祈雨有关的其他母题	
W6507. 3. 3. 8. 1	向特定的龙祈雨（向特定名称的龙祈雨）	
W6507. 3. 3. 8. 1. 1	向龙王爷求雨	【羌族】
W6507. 3. 3. 8. 1. 1. 1	上香求龙王施降甘霖	【汉族】

① 【汉族】@［W6507. 3. 2. 0a. 2］杀鸡祭水神后大家下水相互泼水，以示降雨解除旱灾；［W6507. 3. 2. 1. 1］妇女祭河神时，各持桶或盆在河边相互泼水以示降雨。

W 编码	母题描述	关联项
W6507.3.3.8.1.2	旱时，作土龙以象龙致雨	【汉族】@［W6507.3.11.2b.4］求雨时兴土龙、立土人
W6507.3.3.8.2	二月初二，女人模拟抽龙筋让龙下雨	【汉族】
W6507.3.3.8.3	人们到龙王庙烧香磕头求雨	【汉族】
W6507.3.3.8.4	闹江“杀龙”求天王爷和海龙王降雨	【侗族】
W6507.3.3.8.5	唤龙祈雨	
W6507.3.3.8.5.1	大禹带人向天上喊醒睡龙祈雨	【汉族】
W6507.3.3.8.6	向龙的关联物祈雨	
W6507.3.3.8.6.1	向龙母骨骸祈雨	【汉族】
W6507.3.3.8.7	祈雨时龙子到昆仑山引雨水	【藏族】
W6507.3.3a	祭水祈雨（祭特定地点求雨）	
W6507.3.3a.1	祭泉水旺盛的地方求雨	【彝族】
W6507.3.3a.2	祭泉祈雨	
W6507.3.3a.2.1	祭泉不久天就下雨	【壮族】
W6507.3.4	焚烧求雨（烧特定物祈雨）	
W6507.3.4.1	焚人求雨（烧人祈雨）	【维吾尔族】
W6507.3.4.1.1	焚烧人祭献神祈雨	【汉族】
W6507.3.4.2	焚猴骨求雨	【高山族（布农人）】
W6507.3.4.3	烧山求雨	【汉族】
W6507.3.4.3.1	天旱时，常烧崖山求雨，因河伯见火必降雨救之	【汉族】
W6507.3.4.4	向龙王上香祈雨	【汉族】
W6507.3.4.5	烧香祈雨（焚香求雨）	［W6507.3.2.9.2.1］天旱时，到大禹祠烧香祈雨
W6507.3.4.5.1	天旱，寻香柏树作香，祈玉帝降雨救灾	【汉族】
W6507.3.4.5.2	焚香向炎帝祈祷祈雨	【汉族】

W 编码	母题描述	关联项
W6507. 3. 4. 5. 3	烧通天香求雨	【壮族】
W6507. 3. 4. 6	烧特定人造物祈雨	
W6507. 3. 4. 6. 1	烧化纸做的“绿马”，天就会下雨	【壮族】
W6507. 3. 5	祭敖包求雨	【达斡尔族】【鄂温克族】【蒙古族】
W6507. 3. 5. 1	祭敖包求龙王降雨	【蒙古族】
W6507. 3. 5. 2	祭敖包求雨仪式最后，各人取河水相互泼洒	【达斡尔族】
W6507. 3. 6	借物祈雨（借特定人物祈雨；找物求雨）	［W6507. 3. 11. 2a. 3］抬狗祈雨
W6507. 3. 6. 1	找螃蟹求雨	【高山族】【高山族（布农人）】
W6507. 3. 6. 2	通过向水中放物求雨	
W6507. 3. 6. 2. 1	将白石神浸入盆中祈雨	【羌族】
W6507. 3. 7	杀特定动物祈雨	［W6507. 3. 9. 6. 1］通过不杀生求雨
W6507. 3. 7. 1	杀蛙祭祀祈雨	【壮族】
W6507. 3. 7. 2	打死啄木鸟放在水中求雨	【鄂温克族】
W6507. 3. 7. 3	杀牛祈雨	【白族（那马）】
W6507. 3. 8	体罚求雨（献身祈雨）	
W6507. 3. 8. 1	自罚求雨（暴巫求雨）	【汉族】
W6507. 3. 8. 1. 1	商汤祷告自责祈雨	【中华民族】
W6507. 3. 8. 2	自焚祈雨（商汤自焚祈雨）	【白族】@［W6507. 3. 4. 1］焚人求雨
W6507. 3. 8. 2. 1	汤乃以身祷于桑林祈雨	【中华民族】
W6507. 3. 8. 2. 2	商汤请求玉帝愿焚身谢罪求雨	【汉族】
W6507. 3. 8. 2. 3	汤翦其发，枥其手，以身为牺牲向上帝祈雨	【汉族】
W6507. 3. 8. 2. 4	汤斋戒，剪发断爪，以己为牲，祷于桑林之社祈雨	【汉族】

W 编码	母题描述	关联项
W6507.3.8.2.5	汤以人祷祈雨	【汉族】
W6507.3.8.2.6	汤自焚以祭天，即降大雨	【汉族】
W6507.3.8.2.6.1	汤剪发及爪，自洁居柴上，将自焚以祭天，即降大雨	【中华民族】
W6507.3.8.2.7	商时敬慎子将已自焚，为民祷雨	【汉族】
W6507.3.9	其他祈雨方式	
W6507.3.9.1	白猴王到天上找掌管雨水的天神要雨水	【布朗族】
W6507.3.9.2	巫术祈雨	
W6507.3.9.2.1	击鼓并穿黑衣衫跳舞祈雨	【哈尼族】
W6507.3.9.2.1.1	敲犁头求雨	【怒族】@［W6506.4.3.1］敲打犁头祈祷
W6507.3.9.2.2	张天师呼风唤雨	【汉族】
W6507.3.9.2.3	耍水龙求雨时口喊赶走“旱魃”，并有“砍旱魃”仪式	【白族】
W6507.3.9.2.3.1	通过赶旱魃求雨	【羌族】
W6507.3.9.2.4	毕摩作法祈雨	【彝族】
W6507.3.9.2.5	跳神求雨	
W6507.3.9.2.5.1	师公跳神求雨	【壮族】
W6507.3.9.2.6	念咒祈雨	
W6507.3.9.2.6.1	首领高比作法念咒祈雨	【汉族】
W6507.3.9.2.6.2	老人到山洞中念求神降雨的咒语以求降雨	【仡佬族】
W6507.3.9.3	以火烧山祈雨	【汉族】
W6507.3.9.4	通过讨伐特定的神祈雨	
W6507.3.9.4.1	天旱时，人王艾洛卜我（蛤蟆）上天去讨伐帕亚天	【布朗族】
W6507.3.9.5	通过唱诵祈雨（通过呼喊祈雨）	
W6507.3.9.5.1	唱淫词求雨	【羌族】
W6507.3.9.5.2	通过向天呼喊求雨	【苗族】@［W6507.3.2.8a］求天爷下雨

W 编码	母题描述	关联项
W6507. 3. 9. 5. 3	祷告祈雨	
W6507. 3. 9. 5. 3. 1	尧天天祷告求雨	【汉族】
W6507. 3. 9. 6	通过善行祈雨	
W6507. 3. 9. 6. 1	通过不杀生求雨	【羌族】@［W6507. 3. 7］杀特定动物祈雨
W6507. 3. 9. 7	通过装扮动物祈雨	
W6507. 3. 9. 7. 1	通过狗穿人的衣服求雨	【羌族】
W6507. 3. 9. 8	通过反常行为祈雨	
W6507. 3. 9. 8. 1	通过渎神求雨	【羌族】
W6507. 3. 9. 9	与祈雨方式有关的其他母题	
W6507. 3. 9. 9. 1	通过制造特定动静祈雨	
W6507. 3. 9. 9. 1. 1	敲羊皮鼓、放炮鸣枪祈雨	【羌族】
W6507. 3. 9. 9. 2	通过系列行为祈雨	
W6507. 3. 9. 9. 2. 1	煎沙烂石，持三足鼎祝山川祈雨	【中华民族】
W6507. 3. 9. 9. 3	支磨祈雨（滚磨祈雨；立磨盘祈雨）	【汉族】
W6507. 3. 9. 9. 3. 1	支起盘古兄妹婚前验婚滚锅的磨，不过三天祭就能下一场雨	【汉族】
W6507. 3. 9. 9. 3. 2	旱天时，把磨盘立起会现出天文图，不过三天就下雨	【汉族】
W6507. 3. 9. 9. 4	向特定地方抛特定物祈雨	［W6507. 4. 2. 8］抛特定物祈求止雨
W6507. 3. 9. 9. 4. 1	把树木投井中祈雨	［W6507. 3. 3. 7. 2］抛撒部分祭品入水中求龙神降雨
W6507. 3. 9. 9. 4. 1. 1	以木投罗霄山石井中祈雨	【汉族】
W6507. 3. 10	不成功的祈雨方式（祈雨不成功；失败的求雨）	
W6507. 3. 10. 0	祈神求雨失败	【白族】
W6507. 3. 10. 0. 1	人王岩洛卜向天神帕雅天求雨无果	【布朗族】
W6507. 3. 10. 1	树神求雨失败	【珞巴族】

W 编码	母题描述	关联项
W6507.3.10.2	兽神们乞雨失败	【珞巴族】
W6507.3.10.3	求神降雨失败	【裕固族】
W6507.3.10.4	皇帝招遍天下能人去求雨不成功	【汉族】
W6507.3.10.5	干旱时，向老天爷祈雨无法显灵	【侗族】
W6507.3.10.5a	向天祈雨失败	【汉族】
W6507.3.10.6	到处烧香供神，求拜天地祈雨不成功	【壮族】
W6507.3.11	与祭祀求雨有关的其他母题（与祈雨有关的其他母题）	【关联】①
W6507.3.11.0	祈雨者	
W6507.3.11.0.1	特定的神或神性人物祈雨	
W6507.3.11.0.1.1	兽神祈雨	【珞巴族】
W6507.3.11.0.1.2	树神祈雨	【珞巴族】
W6507.3.11.0.2	特定的人祈雨	【纳西族】
W6507.3.11.0.2.1	教主求雨	
W6507.3.11.0.2.2	巫师祈雨	【民族，关联】②
W6507.3.11.0.2.2.1	巫师求雨时要穿蓝色的服装	【藏族】
W6507.3.11.0.2.2a	张天师祈雨	【汉族】@［W6507.3.9.2.2］张天师呼风唤雨
W6507.3.11.0.2.2b	喇嘛祈雨	【锡伯族】@［W6495.4.4.1］喇嘛主祭水神
W6507.3.11.0.2.3	帝王祈雨	
W6507.3.11.0.2.3.1	帝尧祈雨	【汉族】
W6507.3.11.0.2.4	女丑求雨	【汉族】
W6507.3.11.0.2.5	特定的官职者祈雨	
W6507.3.11.0.2.5.1	尧命主管祭礼的大臣苍璧和黄琮二人主持求雨	【汉族】

① ［W1971.6.1］祈雨者变成石头后口中流出泉；［W4360.4］下雨源于祈祷；［W6514.1.1］求雨禁妇女。

② 【壮族】@［W6507.3.9.2.4］毕摩作法祈雨；［W6507.3.9.2.5.1］师公跳神求雨。

W 编码	母题描述	关联项
W6507. 3. 11. 0. 3	动物祈雨	【保安族】@［W6507. 3. 11. 2. 5. 1］动物上天求雨
W6507. 3. 11. 0. 3. 1	猴子祈雨	
W6507. 3. 11. 0. 3. 1. 1	人们推举最有本事的白猴王到天上找掌管雨水的天神求雨	【布朗族】
W6507. 3. 11. 0. 3. 1. 2	猴子到天上向天公祈雨	【苗族】
W6507. 3. 11. 1	祭祀祈雨的时间（祈雨时间）	
W6507. 3. 11. 1. 1	举行祭祀祈雨的时间	
W6507. 3. 11. 1. 1. 1	旱灾时祈雨	【彝族】
W6507. 3. 11. 1. 1. 2	农历三月底四月初天不下雨时祈雨	【彝族（黑彝）】
W6507. 3. 11. 1. 2	祭祀祈雨需要的时间	
W6507. 3. 11. 1. 2. 1	设坛祈雨需祈祷三日	【白族】
W6507. 3. 11. 1. 3	起火时祈雨	【鄂温克族】
W6507. 3. 11. 2	祈雨的地点（祈雨场所）	
W6507. 3. 11. 2. 1	到有水的地方祈雨	
W6507. 3. 11. 2. 1. 1	到龙潭祈雨	【佤族】
W6507. 3. 11. 2. 1. 2	到水池求雨（到龙溪山龙池求雨）	【羌族】
W6507. 3. 11. 2. 1. 3	到与海有关的地方祈雨	
W6507. 3. 11. 2. 1. 3. 1	赴东海求雨	【汉族】
W6507. 3. 11. 2. 1. 3. 1. 1	唐侯尧派女丑赴东海求雨	【汉族】
W6507. 3. 11. 2. 1. 3. 2	到海边祈雨	
W6507. 3. 11. 2. 1. 3. 2. 1	唐侯尧派女丑到山东海边求雨	【汉族】
W6507. 3. 11. 2. 1. 4	旱年时，到尧泉祈求降雨	【汉族】
W6507. 3. 11. 2. 2	到山上祈雨	【高山族】【高山族（阿美）】
W6507. 3. 11. 2. 2. 1	到特定的山上祈雨	
W6507. 3. 11. 2. 2. 2	土族把龙王山当作求雨的圣地	【土族】
W6507. 3. 11. 2. 2. 3	在山顶求雨	【羌族】

W 编码	母题描述	关联项
W6507.3.11.2.2.3.1	笔母或师娘率领壮年男子上高山山顶，祭山神求雨	【彝族】
W6507.3.11.2.2.3.2	旱灾时，则福老登上山顶大声向天呼喊祈雨	【苗族】
W6507.3.11.2.3	到特定的庙中祈雨	【中华民族】
W6507.3.11.2.3.1	大旱时到阿扎拉庙前求雨	【蒙古族】
W6507.3.11.2.3.2	在观音庙里祈雨	【白族】
W6507.3.11.2.3.3	到玉皇庙里祈雨	
W6507.3.11.2.3.3.1	逢旱到玉皇庙里祈雨，有病拜药等无不灵验	【汉族】
W6507.3.11.2.3.4	到牛王宫祈雨	
W6507.3.11.2.3.4.1	遇天旱到牛王宫求雨，有求必应	【汉族】
W6507.3.11.2.3.5	到关帝庙祈雨	
W6507.3.11.2.3.5.1	春天大旱，老百姓急得没法到关帝庙求雨	【汉族】
W6507.3.11.2.3.5a	晒关二爷祈雨	
W6507.3.11.2.3.5a.1	天旱时，人们常把关羽的塑像抬出来暴晒，名曰“晒关二爷”	【汉族】@［W6507.3.2.9.2d.1］把炎帝像抬到院中阳光下暴晒祈雨
W6507.3.11.2.3.6	到龙王庙祈雨	［W6507.3.11.2a.1.1］到龙王庙求雨是要敲锣打鼓、耍狮子舞龙灯，以唤醒龙王
W6507.3.11.2.3.6.1	久旱不雨，人们用黄泥做成的土龙到龙王庙里烧香祈祷，向龙王求雨	【汉族】
W6507.3.11.2.3.7	在盘古庙祈雨	
W6507.3.11.2.3.7.1	大旱时，请道公在盘古庙祭盘古、打醮求雨	【壮族】
W6507.3.11.2.3.8	到发鸠山灵湫庙	【汉族】
W6507.3.11.2.4	到祭天坛烧香求雨	【白族】
W6507.3.11.2.5	到天上求雨（到天宫求雨）	

W 编码	母题描述	关联项
W6507. 3. 11. 2. 5. 1	动物上天求雨	【保安族】
W6507. 3. 11. 2. 5. 2	孙猴子到天上求雨	【土家族】
W6507. 3. 11. 2. 6	到洞中祈雨（到洞前祈雨）	
W6507. 3. 11. 2. 6. 1	敲锣打鼓到九龙洞祈雨	【汉族】
W6507. 3. 11. 2. 7	到田间祈雨	
W6507. 3. 11. 2. 7. 1	干旱时，到附近的田畈中祈雨	【侗族】
W6507. 3. 11. 2. 7. 2	干旱时，男女老少到田里去求雨	【汉族】
W6507. 3. 11. 2. 8	在野外祈雨	
W6507. 3. 11. 2. 8. 1	汤祈雨祷于桑林之野	【汉族】
W6507. 3. 11. 2. 9	与祈雨地点有关的其他情形	
W6507. 3. 11. 2. 9. 1	到桥上祈雨	【侗族】
W6507. 3. 11. 2. 9. 2	到路口祈雨	
W6507. 3. 11. 2. 9. 2. 1	大旱时，百姓到各自村头的十字路口叩头祈雨	【汉族】
W6507. 3. 11. 2. 9. 3	在祭坛祈雨（在祭台祈雨）	［W6507. 3. 1. 2］黄帝让祭司登祭台祭天求雨
W6507. 3. 11. 2. 9. 3. 1	商汤在祭坛上摆好祭品跪拜祈神求雨	【汉族】
W6507. 3. 11. 2. 9. 3. 2	天旱时，人们请鬼师来设坛求雨	【侗族】
W6507. 3. 11. 2. 9. 4	到特定地区祈雨	
W6507. 3. 11. 2. 9. 4. 1	尧请女巫到山东替东夷族求雨	【汉族】
W6507. 3. 11. 2. 9. 5	到桑林祈雨	【汉族】
W6507. 3. 11. 2a	祈雨的工具（祈雨用品；祈雨道具）	［W6507. 3. 6］借物祈雨（借特定人物祈雨；找物求雨）
W6507. 3. 11. 2a. 1	用铜鼓祈雨	
W6507. 3. 11. 2a. 1. 1	用有青蛙形象的铜鼓呼唤雨水	【多民族】
W6507. 3. 11. 2a. 2	用面偶祈雨	
W6507. 3. 11. 2a. 2. 1	用特定动物面偶放水中祈雨	
W6507. 3. 11. 2a. 2. 1. 1	将蛙、蛇面偶放水中祈雨	【藏族】

W 编码	母题描述	关联项
W6507.3.11.2a.3	抬狗祈雨	【布依族】
W6507.3.11.2b	祈雨仪式	
W6507.3.11.2b.1	特定的祈雨仪式	
W6507.3.11.2b.1.1	打“旱鬼”祈雨仪式	【汉族】
W6507.3.11.2b.1.2	杀牛祈雨	【汉族】
W6507.3.11.2b.2	祈雨仪式有特定环节	
W6507.3.11.2b.2.1	求仪式包括念祭文、跪拜、唱祭神歌、祈祷等	【汉族】
W6507.3.11.2b.3	祈雨仪式有特定环节	
W6507.3.11.2b.3.1	抬狗求雨时，狗穿衣坐轿装扮成花姑娘，抬轿游村寨和田坝间，敲击鼎罐盖，念“风雨咒”	【侗族】
W6507.3.11.2b.4	求雨时兴土龙、立土人	【汉族】
W6507.3.11.2b.5	通过泼水求雨	【关联】①
W6507.3.11.2b.5.1	天旱祭“敖包”求雨祭完“敖包”后人们互相泼水，特别是对寡妇泼得厉害	【鄂温克族】
W6507.3.11.2b.6	击打特定人物祈雨	
W6507.3.11.2b.6.1	击打神求雨	
W6507.3.11.2b.6.1.1	用桃树枝揍打庙中神公让他找雷王降雨	【壮族】
W6507.3.11.2b.7	击打特定物祈雨	
W6507.3.11.2b.7.1	击石求雨	
W6507.3.11.2b.7.1.1	旱则鞭阴石	【汉族】
W6507.3.11.2b.7.2	打死特定的鸟求雨	
W6507.3.11.2b.7.2.1	打死“哈里克塔”（啄木鸟）祈雨	【鄂温克族】
W6507.3.11.2c	祈雨的情形	

① ［W6507.3.2.0a.2］杀鸡祭水神后大家下水相互泼水，以示降雨解除旱灾；［W6507.3.2.1.1］妇女祭河神时，各持桶或盆在河边相互泼水以示降雨；［W6507.3.3.7.3.1］求雨时，舞黄荆龙的人，头上戴个黄荆条扎的圈圈边走边舞，看的人要一路泼水。

W 编码	母题描述	关联项
W6507. 3. 11. 2c. 1	祈雨时很热闹	
W6507. 3. 11. 2c. 1. 1	到龙王庙求雨是要敲锣打鼓、要狮子舞龙灯，以唤醒龙王	【汉族】
W6507. 3. 11. 3	祈雨的禁忌	
W6507. 3. 11. 3. 1	搜山求雨时，忌猎人所供的叉叉神，因为他是杀生的表征	【羌族】
W6507. 3. 11. 3. 2	祈雨时忌娱乐	
W6507. 3. 11. 3. 2. 1	商汤祈雨时禁弦歌鼓舞	【中华民族】
W6507. 3. 11. 4	祈雪	
W6507. 3. 11. 4. 1	祭雪神求雪	
W6507. 3. 11. 4. 1. 1	祈请雪神尼莫玛玛降临大地降雪	【满族】
W6507. 4	祭祀止雨（祈止雨；祈晴；祈求天晴）	
W6507. 4. 1	祭祀特定人物求止雨	
W6507. 4. 1. 1	祭山神祈晴	【傈僳族】
W6507. 4. 2	通过特定仪式止雨（止雨仪式）	
W6507. 4. 2. 1	通过巫术仪式止雨	
W6507. 4. 2. 1. 1	扫晴娘祈止雨	【汉族】
W6507. 4. 2. 1. 1. 1	剪纸为扫晴娘手持一帚悬檐下以祈晴	【汉族】
W6507. 4. 2. 1. 1. 2	祈止雨时，用白纸作妇人首，剪红绿纸衣之，携以笤帚苗缚小帚竿悬檐际，曰扫晴娘	【汉族】
W6507. 4. 2. 2	通过以土盖井仪式祈求止雨	【汉族】
W6507. 4. 2. 3	人用摇动一种叫“希额”的细木条祈求止雨	【鄂温克族】
W6507. 4. 2. 4	久雨不晴要举办祈晴会	【白族】
W6507. 4. 2. 5	端公敬龙王神作法求晴时，则只击鼓不放炮鸣枪	【羌族】
W6507. 4. 2. 6	求雨时男不戴帽，女不包头	【彝族（黑彝）】

W 编码	母题描述	关联项
W6507.4.2.7	通过焚烧特定物止雨	【汉族】
W6507.4.2.8	抛特定物祈求止雨	
W6507.4.2.8.1	抛火祈求止雨	
W6507.4.2.8.1.1	向屋外扔燃烧的木棒祈求止雨	【珞巴族】
W6507.4.2.8.2	向空中洒酒祈求止雨	【珞巴族】
W6507.4.2.9	通过其他特定的形式止雨	
W6507.4.2.9.1	祭女娲祈晴	【汉族】
W6507.4.3	祈求止雨的参与者	
W6507.4.3.1	妇女祈求止雨	【多民族】
W6507.4.4	与祭祀止雨有关的其他母题（与止雨有关的其他母题）	
W6507.4.4.1	通过特定的行为止雨	
W6507.4.4.1.1	乌龟去天上塞天的肚脐止雨	【苗族】
W6507.5	祭祀的其他功能	
W6507.5.1	通过祭祀排除障碍	
W6507.5.1.1	给天送了100只鸡，给地送了40只鸡后去砍竹就没有阻拦者	【珞巴族（德根等部落）】
W6507.6	与祭祀特征有关的其他母题（与祭祀的功能有关的其他母题）	
W6507.6.1	同样的祭祀不一样的功能	
W6507.6.1.1	上半年祭山以求丰收，十月祭山还愿酬神	【羌族】
W6507.6.1.2	不同时间的同种祭祀作用不同	【满族】
W6507.6.2	祭祀是重要的事情	【汉族】
W6507.6.2.1	帝王重视祭祀	
W6507.6.2.1.1	五帝以极大的精力、巨大的规模进行祭祀活动	【中华民族】
W6507.6.2.1.2	黄帝最重要的政务是鬼神山川封禅祭祀	【中华民族】
W6507.6.3	祭祀产生文化	

W 编码	母题描述	关联项
W6507. 6. 3. 1	炎帝祭祀和黄帝祭祀引发炎黄文化	【中华民族】
W6508	**祭祀的类型**[①]	
W6508. 1	行政区划划分的祭祀	
W6508. 1. 1	国家祭祀（国祭大典；国家祀典）	
W6508. 1. 2	地方性祭祀	
W6508. 1. 2. 1	乡祭	
W6508. 1. 2. 2	村祭（寨祭）	
W6508. 1. 2. 3	郡县之祀	【中华民族】
W6508. 2	祭祀人数划分的祭祀	
W6508. 2. 1	群体性祭祀（公祭；共祭；家祭）	
W6508. 2. 1. 1	民族性祭祀	
W6508. 2. 1. 1. 1	各民族公祭盘古	【多民族】@［W6496. 1. 4. 1. 3a］多民族共祭盘古
W6508. 2. 1. 1. 2	民族跨地区的公祭	
W6508. 2. 1. 1. 2. 1	羌族纳木依人和柏木依人每隔 10 年举行一次祭山大典，由整个地区各堡子共祭	【羌族（纳木依人、柏木依人）】
W6508. 2. 1. 2	部落祭祀（氏族的祭祀）	
W6508. 2. 1. 2. 1	虎氏族祭的加乌鬼，鸡氏族祭的倒告子鬼	【白族（勒墨）】
W6508. 2. 1. 2. 2 *	几个部落供一个公共信仰的高级山神	【藏族】
W6508. 2. 1. 2. 3	每族供一个特定的神	【赫哲族】
W6508. 2. 1. 3	家族祭祀	【关联】[②]

① 祭祀的类型，关于祭祀的类型可以从不同的角度界定，如从祭祀的对象方面，古代祭祀可以划分出祭天神、祭地祇、祭人鬼等；如果祭祀用品方面，可以划分出食物祭、玉帛祭、人祭、血祭等。因不同时代、不同地区、不同民族、不同群体等的祭祀内容与形式非常复杂，这些类型可以参见上面母题中的不同划分角度。这里只是从祭祀者范围的角度，作出简单的示例。

② ［W6508. 3. 4. 4］不同的家族共祭同一神（不同的姓氏共祭同一个神）；［W6508. 3. 4a. 3］不同的家族祭不同的神。

W 编码	母题描述	关联项
W6508.2.1.3.1	同宗者合作祭祖	【彝族】
W6508.2.1.3.2	血源家族举行大祭	【苗族】
W6508.2.1.3a	多个寨子联合祭祀（村寨公祭）	
W6508.2.1.3a.1	十几个寨子联合祭牛王	【藏族】
W6508.2.1.3a.2	几个村寨合供社神	【壮族】
W6508.2.1.4	家庭祭祀（家祭）	
W6508.2.1.4.1	家祭的时间	
W6508.2.1.4.1.1	索伦牧民不管穷富，十二月二十三户户都祭火神	【鄂温克族】
W6508.2.1.4.1.2	孩子在五岁以前必须举行一次家祭（跳喜神）	【满族】
W6508.2.1.4.1.3	家祭多在夜间举行	【满族（巴拉人）】
W6508.2.1.4.2	各家公祭白石神	【羌族】@［W6503.5.15.7.2.1］祭白石神时，所用白羊要挖心，黑羊要杀
W6508.2.1.4.3	家祭多神	【满族】
W6508.2.1.4.3.1	中秋祭月先祭家神，还要祭日神、星神和天地神	【汉族】
W6508.2.1.4.4	家祭其他特定的对象	［W6496.1.5.5.4.2.1］家祭盘古
W6508.2.1.4.4.1	家祭牲畜之神	
W6508.2.1.4.4.1.1	十月初每家都祭“吉雅奇”神（牲畜之神）	【鄂温克族】
W6508.2.1.4.5	家祭的方法	
W6508.2.1.4.5.1	家祭前准备	
W6508.2.1.4.5.1.1	家祭前净庭院	【满族】
W6508.2.1.4.6	与家祭有关的其他母题	
W6508.2.1.4.6.1	满族的祭祀有“星祭”和“家祭”之分	【满族】
W6508.2.1.5	村寨祭祀	

W 编码	母题描述	关联项
W6508. 2. 1. 5. 1	每年村寨集体祭祀天神、山神、地神、树神	【羌族】
W6508. 2. 2	个体性祭祀（私祭）	
W6508. 3	其他祭祀类型	
W6508. 3. 0	按祭祀的对象分类	
W6508. 3. 0. 1	单一对象的祭祀	
W6508. 3. 0. 2	混合型祭祀	［W6495. 0. 4. 2］祭多神（同祭多神；多神共祭；多神混合祭祀）
W6508. 3. 0. 2. 1	祭锅桩又是祭火塘神，火塘神与祖先神交错在一起	【纳西族（摩梭）】
W6508. 3. 0. 2. 2	盘古庙中供祭盘古圣王、雷王、土地公等不同性质的神	【汉族（客家）】【壮族】
W6508. 3. 0. 2. 2a	盘古庙中供祭盘古、伏羲、雷王	【中华民族】
W6508. 3. 0. 2. 3	盘古庙中供祭盘古、华光爷、吏使、冯四等	【汉族、壮族等】
W6508. 3. 0. 2. 4	盘古庙中供祭李大王神、神农神、女娲、盘古大王神、伏羲神、政法之神、衣禄神等	【壮族】
W6508. 3. 0. 2. 5	盘古庙中供祭盘古公、三界公、花婆等	【壮族】
W6508. 3. 0. 2. 6	盘古庙中供祭盘古爷、甘王爷、北帝爷、观音菩萨等	【中华民族】
W6508. 3. 0. 2. 7	盘古庙中供祭盘古、甘王、雷王、花婆、土地公等	【壮族】
W6508. 3. 0. 2. 8	盘古庙多神混祭的其他情形	
W6508. 3. 0. 2. 8. 1	盘古庙中供祭盘古、舜帝、皇帝、轩辕等	【汉族】
W6508. 3. 0. 2. 8. 2	盘古庙中供祭盘古、武将、花婆、二花婆、三花婆、雷王、文官、土地神、师爷	【汉族（客家）】

W 编码	母题描述	关联项
W6508.3.0.2.9	其他庙中的多神共祭	
W6508.3.0.2.9.1	土地庙内供奉“三元圣君”尧、舜、禹，地母后土皇、土地神、五谷神	【汉族】
W6508.3.0.3	同一个神分家祭与庙祭两种	
W6508.3.0.3.1	祭保护神莫一大王分在家祭拜和在庙祭拜两种	【壮族】
W6508.3.1	按祭祀者性别分类	
W6508.3.1.1	男性祭祀（男人作为祭祀者）	【民族，关联】①
W6508.3.1.2	女性祭祀（女人作为祭祀者）	［W6495.8.5.4.3］祭神树多是妇女祭拜
W6508.3.1.2.1	祭奉大地女神的仪式只有妇女能参加	【蒙古族（布里亚特）】
W6508.3.2	按祭祀的大小分类	
W6508.3.2.1	大祭	
W6508.3.2.1.1	农历十二月二十三日、二十四日开始，一直持续到次年正月初四的祭天，为大祭天	【纳西族（鲁鲁）】
W6508.3.2.1.2	黄帝时，每逢春节举行一次最隆重的大祭	【汉族】
W6508.3.2.1.3	数年一大祭	【傣族】
W6508.3.2.1.4	大祭的祭品	
W6508.3.2.1.4.1	祀雷神时，大祭用牛，小祭用猪	【仡佬族】
W6508.3.2.2	小祭	
W6508.3.2.2.1	七月要举行一次小祭天	【纳西族】@［W6501.1.5a.1.2］小祭天
W6508.3.3	一个群体祭祀不同对象（共祭不同对象）	

① 【壮族】@［W6501.3.4.1.1］祭太阳只限本寨子的成年男性参加；［W6501.4.4.2.2］八月十五祭月只能男人参加。

W 编码	母题描述	关联项
W6508. 3. 3. 1	鬼神同祭	
W6508. 3. 3. 1. 1	将五谷鬼移到本主庙同时行祭	【白族（那马）】
W6508. 3. 4	不同群体共祭同一个对象（共同祭祀）	【关联】①
W6508. 3. 4. 1	不同民族共祭相同的神（多民族供奉的神；多民族共祭一神）	【民族，关联】②
W6508. 3. 4. 1. 1	白族和当地汉族都祭祀大王庙中两位白族先民本主	【白族】
W6508. 3. 4. 1. 2	纳西族摩梭人、普米族和藏族自古以来都共同崇拜祭祀“巴丁喇木”女神	【纳西族（摩梭）】
W6508. 3. 4. 1. 3	傈僳族和汉族小孩共祭坛神	【傈僳族】
W6508. 3. 4. 1. 4	毛南族祭本民族的神，也祭汉、壮、瑶族的神	【毛南族】
W6508. 3. 4. 2	不同民族共祭同一个文化英雄	
W6508. 3. 4. 2. 1	汉族、土族、东乡族等多民族共同祭祀同一个英雄	【东乡族】
W6508. 3. 4. 3	不同的部落共祭同一神（不同的氏族共祭同一个神）	
W6508. 3. 4. 3. 1	“斗霍”和“达霍”共祭“坐米起”神	【怒族】
W6508. 3. 4. 4	不同的家族共祭同一神（不同的姓氏共祭同一个神）	
W6508. 3. 4. 5	不同姓氏祭同一个神	【壮族等】
W6508. 3. 4. 5. 1	白族杨、赵、李、段等姓共祭单姓的本主	【白族】
W6508. 3. 4. 6	不同村寨共祭同一个神	［W6495. 0. 4. 3. 4］各个村寨祭祀同一个神的次数不同

① ［W6495. 0. 4. 2］祭多神（同祭多神；多神共祭）；［W6508. 3. 4a］不同群体祭祀不同的对象（祭祀对象的差异）。

② 【多民族】@［W6464. 1. 5. 1］多民族共同的庙会；［W6496. 1. 4. 1. 3a］多民族共祭盘古；［W6508. 2. 1. 1. 1］各民族公祭盘古。

W 编码	母题描述	关联项
W6508.3.4.7	不同的团体共祭同一神	
W6508.3.4.8	不同群体共祭同一个对象的其他情形	
W6508.3.4.9	与不同群体共祭同一个对象有关的其他母题	
W6508.3.4.9.1	不同村寨祭同一个神的时间不同	【侗族】
W6508.3.4a	不同群体祭祀不同的对象（祭祀对象的差异）	
W6508.3.4a.1	不同民族祭不同的神	
W6508.3.4a.2	不同的部落祭不同的神	
W6508.3.4a.2.1	泸沽湖周围的摩梭人祭祀“则支”山神和“纳哈”山神；永宁摩梭人则祭祀“阿沙”（男）山神和“格姆”（女）山神	【纳西族（摩梭）】
W6508.3.4a.2.2	荞氏族祭祖先括木必，虎氏族人不祭此鬼	【傈僳族】
W6508.3.4a.3	不同的家族祭不同的神	
W6508.3.4a.4	不同姓氏祭不同的神	
W6508.3.4a.4.1	马姓、富姓敬奉西伦妈妈	【满族】@［W6491.4］特定的姓氏有特定祭祀
W6508.3.4a.4.2	张王李赵各祭不同的神灵本主	【白族】
W6508.3.4a.5	不同村寨共祭不同的神（不同村寨共祭不同的鬼；不同村寨共祭不同的鬼神）	【怒族】
W6508.3.4b	祭祀对象的变化	
W6508.3.4b.1	原祭盘瓠改祭盘古	【瑶族】
W6508.3.4b.2	生产不同的环节祭不同的神	
W6508.3.4b.2.1	伐木河中放排的各个环节要拜相应的山神、溪神、河神	【侗族】
W6508.3.5	生产中的祭祀	

W 编码	母题描述	关联项
W6508. 3. 5. 1	耕种时祭祀	
W6508. 3. 5. 1. 1	插秧时祭禾神	【壮族】
W6508. 3. 5. 1. 2	春耕前杀猪祭天神地神	【锡伯族】
W6508. 3. 5. 2	建造时祭祀（建房时的祭祀）	【关联】①
W6508. 3. 5. 2. 1	木匠盖好房子时要用三牲、酒礼祭木人	【白族】
W6508. 3. 5. 2. 2	建房后要在房顶立神位	【羌族】
W6508. 3. 5. 2. 3	起房动土祭土王	【纳西族】@［W6079. 0. 1. 3］建筑开工时祭鲁班
W6508. 3. 5. 3	其他特定的生产祭祀	
W6508. 3. 5. 3. 1	农业生产中的祭祀	
W6508. 3. 5. 3. 1. 1	祭祀助庄稼生长	【壮族】@［W6045. 6. 4. 1. 1］作物生长不佳时举行接田魂仪式
W6508. 3. 5. 4	生产祭祀的特征	
W6508. 3. 5. 4. 1	生产祭祀很严肃重大	【基诺族】@［W6509. 2. 5. 2. 1］农业大祭时猎取的野兽不能背进寨，死了人不能哭，棺材不能进寨
W6508. 3. 5. 4. 2	生产祭祀很神圣	【独龙族】@［W6491. 4. 4. 1. 1］各家生产中的祭祀禁巫师参加
W6508. 3. 5. 5	与生产祭祀有关的其他母题	
W6508. 3. 5. 5. 1	打春醮	【侗族】
W6508. 3. 6	按祭祀方法划分的祭祀	
W6508. 3. 6. 1	燎祭	【华夏民族】@［W6501. 1. 4. 6. 3］燎柴祭天
W6508. 3. 6. 1. 1	燔柴祭	【古代民族】
W6508. 3. 6. 1. 2	燔玉祭	【古代民族】

①［W6495. 0. 2. 3］建造时祭神；［W6495. 12. 4. 1. 1］立房盖屋或出远门时先祭善神鲁猛可祈求保佑顺利、平安；［W6503. 4. 1. 1］建房造屋时要杀父吃肉。

W 编码	母题描述	关联项
W6508.3.6.2	煨桑（烟祭）	【藏族】@［W6503.8.3］烟作为祭品（特定可燃物作为祭品）
W6508.3.6.2.1	用松柏等烟祭	【藏族】
W6508.3.6.2.2	用柏树枝叶、艾蒿和石楠等香草烟祭	【藏族】
W6508.3.6.3	白祭	
W6508.3.6.3.1	白祭时用黄油拌炒米一盘，水果、点心八盘等	【蒙古族】@［W6503.8.1.5.0.1］血祭又称红祭
W6508.3.7	按特定活动划分的祭祀	
W6508.3.7.1	斗牛祭萨（萨神）	【侗族】
W6508.3.8	按其他标准划分的祭祀	
W6508.3.8.1	按时间划分祭祀类型	
W6508.3.8.1.1	朝祭和夕祭	【满族】
W6508.3.8.1a	按祭祀地点划分祭祀类型	
W6508.3.8.1a.1	“宗”祭（庙祭）	
W6508.3.8.1a.1.1	“宗”祭可以祭祖先，也可以祭祀自然神	【中华民族】
W6508.3.8.2	按祭祀的内容或性质划分祭祀类型	
W6508.3.8.2.1	庆贺性祭祀	【满族】
W6508.3.8.2.2	许愿祭	【满族】
W6508.3.8.2.3	八腊之祭	【汉族】
W6508.3.8.2.3.1*	八腊之祭的八位神灵皆与农业有关	【汉族】
W6508.3.8.2.4	附带性祭祀	
W6508.3.8.2.4.1	管天花和小孩疾病“喜格娘娘”和“乌其肯娘娘”平时很少祭，年节杀猪时顺便供祭	【达斡尔族】
W6508.3.9	其他名称的祭祀种类	

W 编码	母题描述	关联项
W6508. 3. 9. 1	遥祭	【汉族】
W6508. 3. 9. 1. 1	舜以遥祭的形式祭祀名山大川及各路神祇	【中华民族】
W6509	**与祭祀有关的其他母题**	
W6509. 1	祭祀的管理者	
W6509. 1. 1	天星主祭	【汉族】
W6509. 1. 2	后土主祭祀	【汉族】@［W0768. 16］后土
W6509. 2	祭祀中的禁忌	
W6509. 2. 1	祭祀准备的禁忌	
W6509. 2. 2	祭祀的时间禁忌	
W6509. 2. 3	祭祀的地点禁忌	
W6509. 2. 3. 1	祭天的祭坛忌妇女进入	【纳西族】@［W6501. 1. 6. 4. 1. 1］祭天时，女子只能将男子送至祭天坛附近，不得进入祭坛
W6509. 2. 3. 2	妇女不能进入神庙祭祀	【傈僳族】
W6509. 2. 4	祭祀特定对象时的禁忌	
W6509. 2. 4. 1	满族祭祀喜神时不杀猪	【满族】
W6509. 2. 4. 2	祭祖时忌串门	【怒族】@［W6668. 5. 3. 1］服丧者在葬礼举行 5 天后方能与外人来往
W6509. 2. 4. 3	祭天期男女不同房	【纳西族】
W6509. 2. 4. 4	祭特定对象忌用特定祭品	
W6509. 2. 4. 4. 1	祭祖禁用狗肉和吃剩的食物	【仡佬族】
W6509. 2. 5	祭祀环节中的禁忌	
W6509. 2. 5. 1	祭祀前的禁忌	
W6509. 2. 5. 2	祭祀中的禁忌	
W6509. 2. 5. 2. 1	农业大祭时猎取的野兽不能背进寨，死了人不能哭，棺材不能进寨	【基诺族】
W6509. 2. 5. 2. 2	祭祀环节不能颠倒	

W 编码	母题描述	关联项
W6509.2.5.3	祭祀后的禁忌	【彝族】@［W6505.4.1.1］祭祀后洗手才能回家
W6509.2.5.4	祭祀仪式必须完整	【壮族】
W6509.2.5.4.1	祭祀神词必须一口气念完	【满族】
W6509.2.5.4.2	祭祀时唱经诗头尾不能删减	【壮族】
W6509.2.6	祭祀的人员禁忌	
W6509.2.6.1	祭祀时的性别禁忌	
W6509.2.6.1.1	特定的祭祀忌妇女	［W6523.1.1］禁忌妇女参与祭祀
W6509.2.6.1.1.1	祭祀锅庄神时，女人不能参加，否则招祸祟	【傈僳族】
W6509.2.6.1.1.2	祭山时祭已婚女子参加	【羌族】
W6509.2.6.1.1.3	野外祭神时忌成年妇女参加	【鄂伦春族】
W6509.2.6.1.2	特定的祭祀忌男性	
W6509.2.6.1.2.1	祭地母是妇女的节日，男子不准参加	【彝族（撒尼）】
W6509.2.6.1.2.2	祭女娲庙会忌男人参加	【汉族】
W6509.2.6.2	特定的祭祀忌外人	【壮族】
W6509.2.6.2.1	祭天严禁外人（本祭天群体之外的人）参加	【纳西族】
W6509.2.6.2.2	祭祖时，忌外村人进寨	【壮族】
W6509.2.6.2.3	正月初二祭“雅”的祭坛前五十米范围内不许外人进入	【壮族】
W6509.2.6.2.4	祭祀山神、河神、水神时，在通往祭祀场地的各个路口上均须插上“巴赫”以示外人禁入	【布依族】
W6509.2.6.3	特定的祭祀忌特定身份的人	
W6509.2.6.3.1	家祭期间，严禁僧丐、服孝、衣狗皮者入内	【满族】
W6509.2.7	祭祀中的行为禁忌	

W 编码	母题描述	关联项
W6509.2.7.1	杀牲祭祀忌见血	【傈僳族】
W6509.2.7.2	离开祭场时忌众人同走一条路	【纳西族】
W6509.2.7.3	祭祀行祭时辈次不能乱	【满族】
W6509.2.7.4	祭祀时忌劳作	
W6509.2.7.4.1	祭祖时，男人忌出工干活	【壮族】
W6509.2.7.4.2	祭祖时，妇女忌做针线活	【壮族】
W6509.2.7.5	祭祀时忌性事	【满族】
W6509.2.7.6	祭祀时语言禁忌（祭祀时声音禁忌）	
W6509.2.7.6.1	祭山时，禁说汉话	【仡佬族】
W6509.2.7.6.2	春祭时忌发出声音	【鄂伦春族】
W6509.2.7.7	祭祀中的饮食禁忌	
W6509.2.7.7.1	祭祀期间忌吃荤	【普米族】
W6509.2.7.8	祭祀时忌杀牲	
W6509.2.7.8.1	祭祖时忌伤蚊子、苍蝇、跳蚤	【壮族】
W6509.2.8	与祭祀禁忌有关的其他母题	［W6537.5.2］祭痨病鬼的场所要绕道而行
W6509.2.8.1	空腹祭祀	【白族】
W6509.2.8.2	祭祀时忌光亮	
W6509.2.8.2.1	夜间祭祖先神时不能点灯	【鄂伦春族】
W6509.3	礼拜	
W6509.3.1	礼拜时先下跪再磕头的来历	［W6505.2.10］跪拜
W6509.3.1.1	做礼拜时先下跪，再磕两次头事上帝的规定	【哈萨克族】
W6509.3a	朝拜	
W6509.3a.1	朝拜有恩者	【哈萨克族】
W6509.4	祭辞（祭词；祈词）	
W6509.4.1	正月初一祭祀祖先时诵吟祈词	【傈僳族】
W6509.4.2	除夕时演唱昂姑咪创造世界的《续宗谱》祭词	【纳西族·摩梭人】

W 编码	母题描述	关联项
W6509.4.3	念诵祭辞者	
W6509.4.3.1	老人念诵祭辞	【景颇族】
W6509.4.4	祭辞用特殊的语言	
W6509.4.4.1	祭辞用外民族语言	【达斡尔族】
W6509.4.4.1.1	祭辞用其他民族语言，是因为神从那个民族传来的	【达斡尔族】
W6509.4.5	特定的祭辞	
W6509.4.5.1	祈求消除瘟疫的祭词	【壮族】
W6509.4.6	祭辞的传授	
W6509.4.6.1	鬼师传授徒弟念祭词只能白天在山上进行	【仡佬族】
W6509.5	同样的祭祀分大小	
W6509.5.1	正月祭天叫“大祭天”，七月叫“小祭天”	【纳西族】
W6509.5.2	祭祀宝王分大祭和小祭两种	【仡佬族】
W6509.5.3	祭雷神一年一小祭，三年一大祭	【壮族】
W6509.6	祭祀次数	
W6509.6.1	根据财力决定祭祀次数	
W6509.6.1.1	祭祀口舌是非鬼的次数，一般人家视家境而定，多者一年举行10次左右，最贫穷的人家，一年在冬夏祭2次	【纳西族】
W6509.7	祭祀的发展（祭祀的演变；祭祀的变化）	
W6509.7.0	祭祀变化的原因	
W6509.7.0.1	因迁徙造成祭俗变化	【傣族】
W6509.7.1	祭祀的延续（祭祀的传承）	
W6509.7.1.1	封建时代有“灭其国不绝其祀”的传统	【中华民族】
W6509.7.2	祭祀的停止（祭祀的消失）	

W 编码	母题描述	关联项
W6509. 7. 2. 1	因饥荒停止祭祀	【傣族】
W6509. 7. 2. 2	农忙的季节不赕佛	【傣族】
W6509. 7. 2. 3	因祭祀无效终止祭祀	
W6509. 7. 2. 3. 1	祭五海神招牛魂无效，不再祭五海神	【壮族】
W6509. 7. 3	祭祀的合并	
W6509. 7. 3. 1	有些人家简化星祭，将星祭纳入家祭时同祭	【满族】
W6509. 7. 4	祭祀的转化	
W6509. 7. 4. 1 *	“燎祭”的积薪而祭，转化为“帝祭”的束木而祭	【中华民族】
W6509. 8	祭典（大典）	
W6509. 8. 1	国家大典	
W6509. 8. 1. 1	从黄帝起举行“国典”	【汉族】

6. 4. 6 禁忌[①]

【W6510 ~ W6539】

W 编码	母题描述	关联项
W6510	**禁忌（禁忌的产生）**	【汤普森】A1587
W6510. 1	以前没有禁忌	
W6510. 2	禁忌产生的原因	
W6510. 2. 1	因害怕惩罚产生禁忌	

① 禁忌，一般指人们对神圣的、不洁的或者认为会危害自身的事物所产生的戒备心理或行为上的禁止。许多“禁忌”与宗教活动相关，也是神话叙事中经常发生的现象，这里主要考虑到禁忌行为的某些特殊性，单独列为一个类型。在“禁忌”母题的表述方面采取比较灵活的方式，如“神的禁忌”母题应用在神话分析中，可以引发为“为什么要有神的禁忌”“对什么神禁忌”“对神在什么场合下禁忌”“对神禁忌有什么作用”等一系列相关母题，但考虑到具体表述的复杂性和难以确定性，此类母题只选择一些具有代表性的母题。需要进一步细化的母题可以填充到其他相应的母题之下。

W 编码	母题描述	关联项
W6510.2.2	为免灾产生禁忌	［W8483］洪水时不违犯禁忌者幸存
W6510.2.2.1	洪水时寡妇一家没吃马鹿得以幸存	【布朗族】
W6510.2.3	为求吉产生禁忌	
W6510.2.4	因感恩产生禁忌	
W6510.2.4.1	为感谢特定动物的恩情，忌伤害该动物	【高山族（鲁凯人）】@［W6532.1.9.2.1］为感谢萤火虫帮人发现火，人不得杀死或触扰它
W6510.2.4.2	感恩岩鹰忌射杀岩鹰	【土家族】
W6510.2.5	因有血缘关系产生禁忌	
W6510.2.5.1	兄长不得进入妹妹房间	【黎族】
W6510.2.6	因类比产生禁忌（因某种行为相似产生禁忌）	
W6510.2.6.1	忌将锄头搭在肩上，因为只有埋死人时才这样做	【傈僳族】
W6510.2.6.2	正月初一忌在灶头上泼水，认为如泼了水出门做活就要被大雨淋	【傈僳族】
W6510.2.7	因关联性联想产生禁忌（因某物与某事相关产生禁忌）	
W6510.2.7.1	上山放牧或做其他事情忌随便在地上插木桩，否则会将自己的灵魂拴在木桩上	【纳西族】
W6510.2.8	禁忌的产生与图腾有关	
W6510.2.8.1	忌不洁是因为本氏族图腾是白色圣鸟	【蒙古族（布里亚特）】
W6510.3	禁忌的制定者	
W6510.3.1	神制定禁忌	
W6510.3.1.1	神谕禁忌	【汉族】
W6510.3.2	神性人物制定禁忌	

W 编码	母题描述	关联项
W6510. 3. 2. 1	文化英雄制定禁忌	【汤普森】A1587. 2；【壮族】
W6510. 3. 2. 2	祖先制定禁忌	
W6510. 3. 2. 3	宗教人物规定禁忌	
W6510. 3. 2. 3. 1	安拉规定造出的亚当和夏娃在天堂禁吃麦子	【哈萨克族】
W6510. 3. 2. 3. 2	上帝嘱咐人祖和人母夏娃在天堂忌吃麦子	【哈萨克族】
W6510. 3. 2. 4	其他神性人物制定禁忌	
W6510. 3. 3	特定的人制定禁忌	
W6510. 3. 3. 1	首领制定禁忌	
W6510. 3. 3. 1. 1	族长约定禁忌	
W6510. 3. 3. 1. 2	双方首脑约定禁忌	
W6510. 3. 3. 1. 2. 1	为恢复生产，牛街本主和南大坪本主共同制订了十大禁忌	【白族】
W6510. 3. 3. 2	众人约定俗成形成禁忌	
W6510. 3. 4	禁忌源于特定事件	
W6510. 3. 4. 1	为纪念特定人物被羊肉毒死不吃羊肉	【白族】
W6510. 4	与禁忌的产生有关的其他母题	
W6510a	**禁忌的特征（禁忌的功能）**	
W6510a. 1	禁忌具有时间性	
W6510a. 2	禁忌具有地域性	
W6510a. 2. 1	不同地方禁忌不同	【侗族】
W6510a. 3	禁忌具有特定对象	
W6510a. 3. 1	禁忌具有群体性	［W6538a］禁忌的类型（禁忌的分类；群体禁忌与个体禁忌）
◎	**〖常见的禁忌〗**	
W6511	**神的禁忌（神性人物的禁忌）**	

W 编码	母题描述	关联项
W6511.1	祭神禁忌	【汉族】@［W6495.0.9.1］祭神的禁忌
W6511.1.0	祭神禁忌的原因	
W6511.1.0.1	违反祭神禁忌会招致祸殃	【纳西族】
W6511.1.1	祭神时不杀特定动物	
W6511.1.1.1	祭祀喜神时不杀猪	【满族】
W6511.1.2	祭神地点的禁忌	［W6488.2.4.1］忌一切人进入驱鬼场所
W6511.1.2.1	祭神地点忌污物	
W6511.1.2.1.1	供奉术神的水源边、河水边、井水边忌丢污物	【纳西族】
W6511.1.3	祭神时涉及的他神禁忌	
W6511.1.3.1	祭神时祭其他不和谐的神	【羌族】@［W6507.3.11.3.1］搜山求雨时，忌猎人所供的叉叉神，因为他是杀生的表征
W6511.1.4	祭特定的神的特定行为禁忌	
W6511.1.4.1	祭猎神时忌嬉笑	【仡佬族】
W6511.1.4.2	祭水神时忌食水中动物	【壮族】
W6511.2	特定的神的禁忌	
W6511.2.1	与方位神有关的禁忌	
W6511.2.1.1	天神禁忌	［W0181］天神
W6511.2.1.2	地神禁忌	［W0230］地神
W6511.2.1.3	冥神禁忌	［W0240］阴间神（冥神）
W6511.2.1.4	其他方位神禁忌	
W6511.2.2	与自然神有关的禁忌	
W6511.2.2.1	天气神禁忌	［W0386］与天气神有关的其他母题
W6511.2.2.2	日神禁忌	［W0271］太阳神（日神）
W6511.2.2.3	月神禁忌	［W0280］月亮神（月神）

W 编码	母题描述	关联项
W6511. 2. 2. 4	星神禁忌	［W0285］星神
W6511. 2. 2. 5	风神的禁忌	［W0292］风神
W6511. 2. 2. 6	雨神的禁忌	［W0300］雨神
W6511. 2. 2. 7	雷神的禁忌（雷公的禁忌）	【关联】①
W6511. 2. 2. 7. 1	雷公不吃鸡肉	【苗族】
W6511. 2. 2. 8	山神禁忌	［W0391］山神
W6511. 2. 2. 8. 1	敬山神时不准说话，只用手势	【布依族】
W6511. 2. 2. 8. 2	忌冒犯山神	【仡佬族】
W6511. 2. 2. 9	其他自然物神禁忌	
W6511. 2. 3	与职能、行业神有关的禁忌	
W6511. 2. 3. 1	管理神禁忌	［W0447］与管理或保护有关的神
W6511. 2. 3. 2	行业神禁忌	［W0497］与职能或行业有关的其他神
W6511. 2. 3. 3	特定职能的神禁忌	
W6511. 2. 3. 3. 1	灶神禁忌	【关联】②
W6511. 2. 3. 3. 1. 1	忌踩火塘架锅用的铁三脚，否则会惹怒灶神	【怒族】@［W6511. 4. 2. 1］火塘有一个有三条腿的脚架是“家神”的象征，忌触摸
W6511. 2. 3. 3. 2	土地神禁忌	［W0236］土地神（土神）
W6511. 2. 3. 3. 2. 1	敬拜土地神后 3 天内不准动土	【布依族】
W6511. 2. 3. 3. 3	社神禁忌	［W0474］社神
W6511. 2. 3. 3. 3. 1	经过社神处时忌说下流话	【布依族】
W6511. 2. 3. 3. 3. 2	经过社神处时忌吐口水	【布依族】
W6511. 2. 3. 3. 3. 3	经过社神处时忌大小便	【民族，关联】③
W6511. 2. 3. 3. 3. 4	经过社神处时忌捡走棚内外掉下的树叶树枝	【布依族】

① ［W0305］雷神；［W0144］雷公雷婆。

② ［W0493］灶神（灶王、灶王爷）；［W6254. 9. 1. 5］灶的禁忌。

③ 【布依族】@［W6512. 9. 5. 4］忌小孩在神龛前大小便；［W6521. 9. 9. 5. 2. 1］忌在神树下大小便；［W6534. 7. 2］忌对着太阳大小便；［W6534. 12. 2］忌往火里泼水（忌污染火；忌对火大小便）。

W 编码	母题描述	关联项
W6511.2.3.3.3.5	社神处，忌妇人进入	【布依族】
W6511.2.3.3.3.6	社神处，忌怀孕女子的丈夫进入	【布依族】
W6511.2.3.3.3.7	社神处，忌包白帕的人进入	【布依族】
W6511.2.3.3.3.8	敬社神时禁止说汉话，不准外人进寨	【布依族】
W6511.2.3.3.3.9	社神禁忌的其他情形	
W6511.2.3.3.3.9.1	敬社神时忌外人进寨	【布依族】
W6511.2.4	特定身份的神禁忌	
W6511.2.4.1	祖神禁忌	［W0641］祖先神
W6511.2.4.2	家神禁忌	［W0443.1］家神（家鬼）
W6511.2.4.2.1	家神神龛前打地铺睡觉时，脚不能朝着屋角的神龛，否则犯忌	【羌族】
W6511.2.5	动物神禁忌	［W0500］动物神
W6511.2.5.1	神鸟禁忌	［W0924］神鸟
W6511.2.5.1.1	遇神鸟忌乱跑	【壮族】
W6511.2.6	植物神禁忌	［W0540］植物神
W6511.2.6.1	神树禁忌	［W0930］神树
W6511.2.6.1.1	忌触碰伤害神树，否则不死则病	【怒族（若柔）】@［W6531.9.1.3.1］忌砍伐神树
W6511.2.6.1.2	触犯神树将断子绝孙甚至危及全族	【怒族】
W6511.2.6.1.3	忌攀爬、砍伤神树，忌在神树下放牧	【白族（那马）】
W6511.2.6.1.4	八月十五所祭青㭎树下，忌大小便、拴牲畜、乘凉	【仡佬族】
W6511.2.6.1.5	忌在神树下大小便	【仡佬族】
W6511.2.6.1.6	山神树忌人触动	【布依族】
W6511.2.6.2	神林禁忌	
W6511.2.6.2.1	山顶供奉白石神的四周的树林忌任意砍伐	【羌族】

W 编码	母题描述	关联项
W6511. 2. 6. 2. 2	每寨旁必有神林，不准砍伐	【羌族】
W6511. 2. 6. 2. 3	“风水林”中的一草一木和村边古树忌乱动	【侗族】
W6511. 2. 7	自然物或无生命物神禁忌	
W6511. 2. 7. 1	忌砍伐山神的树木，否则犯忌山神	【羌族】
W6511. 2. 7. 2	神山禁忌	
W6511. 2. 7. 2. 1	神山上的一草一木忌轻易乱割乱砍	【侗族】
W6511. 2. 7. 2. 2	所祭的龙山忌砍伐、耕种	【布依族】
W6511. 2. 8	人造物神禁忌（神物禁忌）	
W6511. 2. 9	神性人物禁忌	
W6511. 2. 9. 1	文化英雄禁忌	
W6511. 2. 9. 2	神仙禁忌	
W6511. 2. 9. 3	妖魔鬼怪禁忌	
W6511. 3	神本身的禁忌	
W6511. 3. 1	神忌金属（神忌讳铁器）	［W6495. 7. 13. 6. 1］男女皆可祭龙神，但禁用铜器从龙潭里舀水，否则会吓跑龙神
W6511. 3. 1. 1	诸神最忌讳用铁刀砍竹	【门巴族】
W6511. 3. 2	神忌讳特定的食物	
W6511. 3. 2. 1	雷公不吃鸡肉	【苗族】
W6511. 4	与神的禁忌有关的其他母题	【关联】①
W6511. 4. 1	灵魂禁忌	
W6511. 4. 1. 1	祖灵禁忌	
W6511. 4. 1. 1. 1	忌伤害代表祖先灵魂的蜜蜂	【纳西族】
W6511. 4. 2	忌触犯神的象征物（神的象征物禁忌；神的代表物禁忌）	【侗族】

① ［W6521. 10. 4］祭祀中的行为禁忌（祭祀禁忌）；［W6529. 1. 1］忌言神的名称（神的名称避讳）。

W 编码	母题描述	关联项
W6511.4.2.1	火塘有一个有三条腿的脚架是“家神”的象征，忌触摸	【羌族】
W6511.4.2.2	神杆禁忌	
W6511.4.2.2.1	不能在象征神灵神杆附近放猪、喂鸡，也不能随意跨过其影子	【满族】
W6511.4.3	神的关联物禁忌	
W6511.4.3.1	制作神偶的工具忌作他用	【满族】
W6511.4.3.2	有关神的器物禁忌（神具禁忌）	
W6511.4.3.2.1	萨满的神具禁忌	【鄂温克族】
W6511.4.4	神的话不能违	【鄂伦春族】
W6512	**渎神禁忌**	【汤普森】C10
W6512.1	不能触怒神灵	【汤普森】C50
W6512.1.1	忌触怒神的原因	
W6512.1.2	触怒神灵的情形	
W6512.1.2.1	买卖牺牲会触犯神灵	【鄂温克族】
W6512.1.2.2	神前不能喧哗	【满族】
W6512.1.3	忌触怒神的结果	
W6512.1.3.1	氏族因不敬神被消灭	【羌族】
W6512.1.4	忌触犯特定的神	
W6512.1.4.1	触怒水灵禁忌	【汤普森】≈C40
W6512.1.4.2	触怒火神禁忌	【侗族】【鄂伦春族】
W6512.1.4.2.1	不敬火神被冻死	【鄂温克族】
W6512.1.4.3	忌得罪雷神	
W6512.1.4.3.1	人得罪了雷神会命在旦夕	【彝族（撒尼）】
W6512.1.4.4	忌骂“白那查”（山神）	【鄂温克族】
W6512.2	不能犯讳神的名字（神的名字的禁忌）	【汤普森】C51.3.1；［W6533］称谓禁忌
W6512.2.1	忌说出神的威严的名字	【蒙古族（布里亚特）】
W6512.3	忌玷污神的地盘（忌染指神有关的物）	

W 编码	母题描述	关联项
W6512. 3. 1	凡人不能住神的领地	【羌族】
W6512. 3. 2	神上厕屎会得罪山神	【羌族】
W6512. 3. 3	不能在山神的地盘砍伐	【傈僳族】
W6512. 3. 4	神前忌色情	【壮族】
W6512. 3. 5	特定的神不能靠近	
W6512. 3. 5. 1	“三星神”很清洁，忌妇女和小孩靠近	【赫哲族】
W6512. 3. 6	妇女月经时身近某神之庙会得罪鬼神	【赫哲族】
W6512. 3. 7	忌神偶处不洁	【满族】
W6512. 4	忌伤灵魂象征物	
W6512. 4. 1	蜜蜂是祖先的灵魂，不能伤害	【纳西族】
W6512. 5	不能从神那里取（偷）物	【汤普森】C51. 2；【关联】①
W6512. 5. 1	不能从神坛取（偷）物	【汤普森】C51. 1. 2
W6512. 6	忌手触神像	
W6512. 6. 1	不能以不洁之手触神像	【汤普森】C51. 7
W6512. 6a	忌观看神偶	［W6456. 2. 5］神偶（神的偶像；神的塑像）
W6512. 6a. 1	进屋后，忌察看其供祀的神偶	【满族】
W6512. 7	特定的神有特定的禁忌	
W6512. 7. 1	龙神有龙神的禁忌	
W6512. 7. 1. 1	忌往水中倾倒洗女人的衣服和小孩的屎尿布，否则亵渎龙王神	【纳西族】
W6512. 8	特定行为会亵渎特定的神	
W6512. 8. 1	若吊死、摔死、溺死、难产死的孕妇及婴儿火葬会亵渎火神	【纳西族】
W6512. 8. 2	忌特定姿势靠近神物	
W6512. 8. 2. 1	忌横着从火塘正上方的神柜旁走过	【藏族】

① ［W6512］渎神禁忌；［W9950］偷盗。

W 编码	母题描述	关联项
W6512.8.3	忌神前恶言秽语	
W6512.8.3.1	忌神偶前讲脏话，讲没用的话	【满族】
W6512.8.4	忌妇女或小孩践踏祭过神的祭品	【赫哲族】
W6512.8.5	忌弄虚作假祭神	
W6512.8.5.1	忌以尿当酒敬神	【彝族】
W6512.9	渎神禁忌的其他情形	【关联】①
W6512.9.0	人误伤神	【鄂温克族】
W6512.9.1	忌客人尿褥子（得罪火神）	【鄂温克族】
W6512.9.2	忌否认神灵	【汤普森】C53
W6512.9.3	忌与神争高低	【汤普森】C54
W6512.9.4	忌背朝神像	【达斡尔族】
W6512.9.5	神龛禁忌（与神龛有关的渎神行为禁忌）	［W6511.1.2.4.2.1］家神神龛前打地铺睡觉时，脚不能朝着屋角的神龛，否则犯忌
W6512.9.5.1	忌神龛放杂物	【达斡尔族】
W6512.9.5.2	忌在神龛上挂物	【布依族】
W6512.9.5.2.1	忌客人在神龛旁挂物	【布依族】
W6512.9.5.2.2	忌供奉祖先神灵的神龛上挂衣物	【壮族】
W6512.9.5.3	忌在神龛前吐痰、擤鼻涕	【布依族】
W6512.9.5.4	忌小孩在神龛前大小便	【布依族】
W6512.9.5.5	忌爬到神龛上	【布依族】
W6512.9.5.6	神龛上忌放照片	【布依族】
W6512.9.5.7	神龛前忌用水泼地	【布依族】
W6512.9.5.8	忌穿特定服饰靠近神龛	
W6512.9.5.8.1	忌戴狗皮帽子进放神龛的屋子	【满族】
W6512.9.5.9	与神龛禁忌有关的其他母题	
W6512.9.5.9.1	忌特定的人接触神龛	【满族】

① @［W6512.6.1］不能以不洁之手触神像；［W6521.2.3.1］神像面前忌哭；［W6522.2.2.2］神附近忌性活动；［W6537.1.7.1.6］人不能到象征神的领地。

W 编码	母题描述	关联项
W6512. 9. 6	忌惊动神域	
W6512. 9. 6. 1	忌在山神的周围捕猎动物和砍伐林木、花草	【藏族】
W6512. 9. 6. 2	忌喧哗扰神	【藏族】
W6512. 9. 7	忌对神灵鬼怪不尊	【藏族】
W6512. 9. 8	不干净者忌拜见神	
W6512. 9. 8. 1	吃掉神雀的神鹰不能去天上排子女神那里	【纳西族】
W6512. 9. 9	与渎神禁忌有关的其他母题	
W6512. 9. 9. 1	违反渎神禁忌的结果	［W6512. 1. 3］忌触怒神的结果
W6512. 9. 9. 1. 1	渎神会使神离去	
W6512. 9. 9. 1. 1. 1	冒犯火神会导致火神的离开	【藏族】
W6512. 9. 9. 1. 2	渎神招致不幸	
W6512. 9. 9. 1. 2. 1	冒犯家神会招致家中的人突然患病或遇到不幸	【藏族】
W6512. 9. 9. 2	渎神犯忌的禳解	
W6512. 9. 9. 2. 1	渎神后要赔不是，请求原谅	【藏族】
W6513	**服饰禁忌（穿衣的禁忌）**	［W6127］服装的特征（衣服的特征；服饰的特征；衣服的功能）
W6513. 1	忌穿特定颜色的衣服	［W6538. 1］颜色禁忌
W6513. 1. 1	穿白色衣服禁忌	
W6513. 1. 1. 1	忌穿白色衣服，因为穿白衣象征穿孝服	【黎族】
W6513. 2	忌反穿衣服	
W6513. 3	文身禁忌	［W6585］文身（纹身）
W6513. 4	换衣禁忌	
W6513. 4. 1	特定的时间才能换衣服	【汤普森】≈M125
W6513. 5	戴帽子禁忌（帽子禁忌）	

W 编码	母题描述	关联项
W6513.5.1	不能戴草帽进屋，因草帽招鬼	【羌族】
W6513.5.2	帽子忌踩踏	
W6513.5.2.1	女人不能踩男人的帽子	【满族】
W6513.6	忌特定情况下穿戴特定服装（忌特定事情中穿特定衣帽鞋袜）	
W6513.6.1	生孩子后10到18天内，若客人进屋须脱去鞋子，否则会触犯鬼神	【傈僳族】
＊**W6514**	**饮食禁忌（饮食禁忌的产生）**	【汤普森】A1517
W6515	**食物禁忌（吃的禁忌）**	【汤普森】C200
W6515.0	食物禁忌的产生	
W6515.0.1	因感恩禁忌特定食物	【侗族】
W6515.1	忌食神的食物（忌食鬼的东西）	【汤普森】C241
W6515.1.1	忌食供神的食品	
W6515.1.2	忌食与神有关的东西	
W6515.1.2.1	忌吃鬼栽的树结的果实	【怒族】
W6515.2	忌食特定的食物	
W6515.2.1	忌食特定性质的食物（忌食某些特征的食物）	【汤普森】C221；【傈僳族】
W6515.2.1.0	忌食动物的特定部位	
W6515.2.1.0.1	忌食熊的心、大脑、食道、眼睛、肺、肝等	【鄂温克族】
W6515.2.1.0.2	忌食动物肠子	
W6515.2.1.0.2.1	忌吃羊的肥肠，否则找不到好草场	【鄂温克族】
W6515.2.1.0.3	忌食牲畜的淋巴腺和腺下骨髓	【鄂温克族】
W6515.2.1.1	特定的人忌吃特定的肉（特定的人忌食动物的特定部位）	［W6523.1.2.4.2.1］妇女忌吃牛和猪的眼，否则生的孩子眼瞎

W 编码	母题描述	关联项
W6515. 2. 1. 1. 1	小孩忌吃鸡、猪和牛的脑、心、腰、脾脏，因为那是给老人吃的东西，小孩吃后会长白发，掉牙齿，很快衰老	【白族】
W6515. 2. 1. 1. 2	狩猎者忌吃鸡心，否则会染上胆小的毛病	【彝族（撒尼）】
W6515. 2. 1. 2	忌食特定动物肉	［W6532. 1. 6. 2. 2］忌吃狗肉
W6515. 2. 1. 2. 1	忌食猪肉	
W6515. 2. 1. 2. 1. 1	回族为什么不吃猪肉	【回族】
W6515. 2. 1. 2. 1. 2	大禹的后代不吃猪肉	
W6515. 2. 1. 2. 1. 2. 1	大禹的妻子涂山氏化猪为大禹拱山，子孙不吃猪肉以表示对涂山氏的尊敬	【羌族】
W6515. 2. 1. 2. 2	忌食熊肉	
W6515. 2. 1. 2. 2. 1	达麦人的妇女从来不吃熊肉，是因为熊原来是她们的丈夫	【珞巴族】
W6515. 2. 1. 2. 3	忌吃乱更鸡之肉	【布依族】
W6515. 2. 1. 2. 4	忌食缩脚鳖	
W6515. 2. 1. 2. 4. 1	缩脚鳖系毒蛇所化，食之废命	【汉族】
W6515. 2. 1. 2. 5	忌食鸡肉	［W6524. 1. 2. 2a］孕妇吃驴肉，生出小孩会像驴
W6515. 2. 1. 2. 5. 1	忌食鸡肉因为鸡肉太脏，会有罪孽，死后不能升天	【藏族】
W6515. 2. 1. 2. 5. 2	禁吃鸡肉是因为鸡肉脏	【藏族】
W6515. 2. 1. 2. 6	忌食马肉	【藏族】
W6515. 2. 1. 2. 6. 1	忌吃马肉，否则人死之后要陪祭	【藏族】
W6515. 2. 1. 2. 6. 2	因诅咒忌食马肉	【蒙古族】
W6515. 2. 1. 2. 6. 3	禁吃马肉是因为马肉脏	【藏族】
W6515. 2. 1. 2. 7	忌食驴肉	【藏族】
W6515. 2. 1. 2. 7. 1	忌吃驴肉是因为驴肉脏	【藏族】

W 编码	母题描述	关联项
W6515.2.1.2.8	忌食特定体征的动物	
W6515.2.1.2.8.1	忌食奇蹄兽类	【藏族】
W6515.2.1.2.9	与忌食特定动物有关的其他母题	
W6515.2.1.2.9.1	忌食有恩的动物	
W6515.2.1.2.9.2	忌食与祖先（图腾）有关的动物	【彝族】
W6515.2.1.3	忌食特定性别的肉	【壮族】
W6515.2.1.3.1	产妇生孩子后忌食母猪、母牛肉	【傈僳族】
W6515.2.1.4	忌食特定颜色动物的肉	
W6515.2.1.4.1	产妇生孩子后忌食白、灰色羽毛的鸡	【傈僳族】
W6515.2.1.5	忌食有故事的动物	
W6515.2.1.5.1	禁食与祖先有关的动物	
W6515.2.1.5.1.1	祖先是鹰，故忌食有翅膀的动物	【彝族】
W6515.2.1.5.2	忌食雷击的动物	【鄂温克族】
W6515.2.1.6	忌食人肉	【汤普森】C227
W6515.2.1.7	忌食特定鸟类	【苗族】
W6515.2.1.7.1	人忌食燕子	
W6515.2.1.8	忌食动物卵（忌食幼小动物）	
W6515.2.1.8.1	忌吃鱼籽	【汉族】
W6515.2.2	忌食特定来历的食物	
W6515.2.2.1	忌食鬼栽的树的果实	【怒族】
W6515.2.3	特定时间忌吃特定物	
W6515.2.3.1	播种时忌吃软的东西	【基诺族】@［W6531.6.3.1］下种时忌吃菌类和木耳，不然谷粒软，不饱满
W6515.2.3.2	除夕忌吃泡汤（腊月三十忌食泡汤）	【仡佬族】
W6515.2.3a	特定时间忌不吃特定物	
W6515.2.3a.1	重阳不吃糕，老来无人告	【汉族】

W 编码	母题描述	关联项
W6515. 2. 4	忌吃生饭（忌食夹生饭）	
W6515. 2. 4. 1	忌吃生米饭，否则家人就会不和睦、爱吵架	【傈僳族】
W6515. 2. 4. 2	忌日和清晨如吃夹生饭，均忌外出办事	【仡佬族】
W6515. 2. 5	忌食不洁净的食物（忌食不合神意的食物）	
W6515. 2. 5. 1	治病作法事时，忌鱼、蒜、辣椒之类，吃了这些不干净的东西就请不来神	【纳西族】
W6515. 2. 5	忌吃死物（忌食尸体；忌食变质的东西）	
W6515. 2. 5. 1	忌食山里被野兽咬死的动物或死的家畜	【纳西族】
W6515. 2. 5. 2	忌食死动物肉	【鄂温克族】
W6515. 2. 6	忌食特定气味的食物（特定食物的味道禁忌）	
W6515. 2. 6. 1	忌食辛辣食物	
W6515. 2. 6. 1. 1	祭夜鬼时，3 天之内忌食葱、蒜、姜、辣椒、橘子等辛辣怪味的食物	［W6539. 1. 3. 4. 1］家里孩子死的多的大人忌吃羊肉、葱、蒜，否则触犯鬼神
W6515. 2. 7	剩饭禁忌	
W6515. 2. 7. 1	正月初一、初二及十五忌吃剩余的饭菜	【布依族】
W6515. 3	吃食方法禁忌	［W6521. 4］饮食中的行为禁忌
W6515. 3. 1	特定物吃法禁忌	
W6515. 3. 1. 1	吃特定物不能粗暴	
W6515. 3. 1. 1. 1	吃南瓜时忌半腰砍	
W6515. 3. 1. 1. 1. 1	吃南瓜时忌从半腰砍是因为人生于南瓜	【傈僳族】
W6515. 3. 1. 2	吃特定食物有时间禁忌	

W 编码	母题描述	关联项
W6515.3.1.2.1	刚猎取的野猪不能吃，要等一个晚上灵魂离开了肉体食用才不会伤害祖神	【珞巴族】
W6515.3.2	饮食中的行为禁忌	
W6515.3.2.1	忌站立用餐	【达斡尔族】
W6515.3.2	饮食中的关系人禁忌	
W6515.3.2.1	忌年轻人与长辈同桌共饮	【民族，关联】①
W6515.3.2.2	忌儿媳与公公共餐	【布依族】【锡伯族】
W6515.3.3	饮食的时间禁忌	
W6515.3.3.1	特定时间的饮食有规矩	
W6515.3.3.1.1	除夕全家人一起吃团年肉，须由当家老人亲自切	【羌族】
W6515.3.3.1.2	祭祖时菜禁放油	【瑶族（布努）】
W6515.3.3.1.3	正月初一和十五这两天忌吃荤	【仡佬族】
W6515.3.3.2	忌特定过程中进食	
W6515.3.3.2.1	忌在祭祀神灵仪式时吃东西	【布依族】
W6515.3.4	饮食的地点禁忌	
W6515.3.4.1	忌在特定地点进食	【汤普森】C210
W6515.3.4.1.1	禁忌在屋檐下吃饭	
W6515.3.4.1.1.1	人在檐口捧饭碗吃饭会吃到放蛊的毒水	【纳西族】
W6515.3.4.2	忌在家中食特定物	
W6515.3.4.2.1	忌在家中煮食蛇肉	【侗族】
W6515.3.5	特定事件中吃的禁忌（特定环境中吃的禁忌）	
W6515.3.5.1	吃祭品的当天忌吃羊肉、蒜、漆油、辣子等	【傈僳族】
W6515.3.5.2	日蚀和月蚀时忌吃饭	【纳西族】

① 【锡伯族】@［W6515.3.6.3.4.1］忌媳妇和公公同桌吃饭；@［W6524.1.2.9.1］忌孕妇同桌吃饭。

W 编码	母题描述	关联项
W6515. 3. 5. 3	儿子被灼伤未愈时，母亲忌吃辣椒	【侗族】
W6515. 3. 5. 4	举行驱鬼活动时，忌屋内用餐三天	【侗族】
W6515. 3. 6	特定人物的饮食禁忌	
W6515. 3. 6. 1	女人忌食动物的头	
W6515. 3. 6. 1. 1	女人忌吃兽头肉，忌喝兽头汤	【基诺族】
W6515. 3. 6. 2	男女性别饮食禁忌	
W6515. 3. 6. 2. 1	忌男女同桌用餐	【汉族】
W6515. 3. 6. 3	特定身份者饮食禁忌	
W6515. 3. 6. 3. 1	吃斋者忌吃肉	
W6515. 3. 6. 3. 1. 1	吃斋者忌吃肉被打入十八层地狱	【汉族】
W6515. 3. 6. 3. 2	产妇未满月不即吃黏饭	【布依族】
W6515. 3. 6. 3. 3	守孝者有特定饮食禁忌	
W6515. 3. 6. 3. 3. 1	丧后三年守孝期内忌吃菌子	【布依族】@［W6519. 3. 1. 1］孝子服孝期间，忌与别人划拳或换酒
W6515. 3. 6. 3. 4	儿媳和弟媳，忌同公爹和伯伯同桌吃饭	【民族，关联】①
W6515. 3. 6. 3. 4. 1	忌媳妇和公公同桌吃饭	【布依族】@［W6524. 1. 2. 9. 1］忌孕妇同桌吃饭
W6515. 3. 7	特定用途的食物禁忌（特定事件中的食物禁忌）	
W6515. 3. 7. 1	年节使用食物的禁忌	
W6515. 3. 7. 1. 1	过年时杀的猪、鸡忌给外人吃，否则便庄稼会长不好	【傈僳族】
W6515. 3. 7. 1. 2	过年的糍粑须等到除夕祭祀后才能吃	【侗族】
W6515. 3. 7. 2	给死人的饭，生者忌食	【独龙族】

① 【仡佬族】@［W6515. 3. 4. 1］忌年轻人与长辈同桌共饮；［W6537. 3］有血缘关系的场所禁忌（有亲属关系的场所禁忌）。

W 编码	母题描述	关联项
W6515.3.7.3	祭品食用禁忌	［W6523.1.3.7.2］出嫁的姑娘不能享用祭奠过财神和祖先的祭品
W6515.3.7.3.1	死者族人忌吃仪式上砍杀的牛肉	【布依族】
W6515.3.8	食物放置禁忌	
W6515.3.8.1	忌把特定的饼放反	【锡伯族】
W6515.3.8.2	忌特定食物放置不当	
W6515.3.8.2.1	生肉不能放鬼神领地	【藏族】
W6515.3.9	与食物禁忌有关的其他母题	［W6521.4］饮食中的行为禁忌
W6515.3.9.1	忌从食物上面跨过	【藏族】
W6515.3.9.2	食物制作时的禁忌	
W6515.3.9.2.1	豆腐正逢点酸汤时，忌野外进家的人进豆腐房	【仡佬族】
W6515.3.9.2.2	忌热油煎物	
W6515.3.9.2.2.1	热油煎物者招鬼	【彝族】
W6515.3.9.2.3	过年时忌蒸或煮生的食物	【仡佬族】
W6515.3.9.3	饮食时器物使用禁忌	
W6515.3.9.3.1	吃饭时忌把鼎罐长打开	【侗族】
W6515.3.9.4	忌浪费食物	
W6515.3.9.4.1	忌随意倒奶	【蒙古族】
W6516	**宗教信仰性禁食**	【汤普森】≈A1541
W6516.1	禁果	
W6516.1.0	禁果的产生	
W6516.1.0.1	真主规定什么是禁果	
W6516.1.0.1.1	真主下口谕给圣人阿丹和夏娃天堂的麦果不能吃	【回族】
W6516.1.0.1.2	真主让阿丹与好娃看守天堂，规定他们忌食天堂里的麦果	【回族】

W 编码	母题描述	关联项
W6516. 1. 0. 1. 3	安拉给阿丹和好娲下了一条禁令，忌动树上的麦果	【回族】
W6516. 1. 0. 1. 4	安拉警告造出的老大亚丹和老二尔洼在天国中忌吃麦果	【回族】
W6516. 1. 0. 1. 5	胡大告诉阿丹、海娃夫妇在天堂忌食麦果	【撒拉族】
W6516. 1. 0. 1. 6	真主告诉阿丹圣人和哈娃太太夫妻天堂里的美果不能吃	【回族】
W6516. 1. 1	麦果是禁果	【撒拉族】
W6516. 1. 1. 1	真主规定天堂的麦果是禁果	【回族】
W6516. 1. 2	麦粒是禁果	【哈萨克族】
W6516. 1. 3	麦子是天堂的禁果	【哈萨克族】
W6516. 1. 4	美果树上的美果是禁果	【回族】
W6516. 1. 5	苹果是禁果	
W6516. 1. 6	其他禁果	
W6516. 1. 7	吃禁果的诱惑者	【怒族】【撒拉族】
W6516. 1. 7. 1	魔鬼骗人祖吃禁果	【回族】
W6516. 1. 7. 1. 1	魔鬼艾比利斯与阿丹圣人有仇引诱他吃禁果	【回族】
W6516. 1. 7. 2	蛇是吃禁果的诱惑者	【哈萨克族】
W6516. 1. 7. 2. 1	妖变成的花蛇，引诱安拉造出的老大亚丹和老二尔洼在天国中吃麦果	【回族】
W6516. 1. 7. 3	蟒蛇引诱英叭造禁果	【傣族】
W6516. 1. 7. 4	妖怪诱惑亚当和夏娃吃天堂里的禁果麦子	【哈萨克族】
W6516. 2	吃禁果是犯天条	
W6516. 2. 1	误吃麦果坏了道行，属于犯天条	【回族】
W6516. 3	吃禁果受惩罚	
W6516. 3. 1	吃禁果弄脏天堂	

W 编码	母题描述	关联项
W6516.3.1.1	人祖和夏娃吃了禁果麦子后腹泻，把天堂弄得污秽不堪	【哈萨克族】
W6516.3.1.2	人祖吃了禁果麦粒就会便溺弄污天堂	【哈萨克族】
W6516.3.2	吃禁果被罚下天堂	【回族】
W6516.3.3	吃禁果死亡	【怒族】
W6516.4	吃禁果会改变人性（吃禁果会改变性情）	
W6516.4.1	吃禁果会变成不义之人	【回族】
W6516.5	斋戒	
W6516.6	宗教信仰性禁食的其他情形	
W6516.7	与宗教信仰性食物禁忌有关的其他母题	
W6516.7.1	不同家族丧葬仪式中禁食不同	【布依族】
W6517	**忌食特定的动物**	【汤普森】C220
W6517.1	忌食图腾动物	【汤普森】C221.2；［W6290］动物图腾
W6517.1.1	忌食图腾动物的原因	
W6517.1.1.1	人认为图腾动物是祖先忌食	
W6517.1.1.2	人认为是鹰的儿子而不吃有翅膀的动物	【彝族】
W6517.1.2	忌食图腾动物方式	
W6517.1.3	忌食图腾鱼	［W6311］鱼图腾
W6517.1.3.1	人与鱼婚生的儿子吃鱼后，鱼母离去	【布依族】
W6517.1.4	忌食图腾狗	［W6291］狗图腾（犬图腾）
W6517.1.4.1	因狗为图腾忌食狗	【土家族】
W6517.1.5	忌食图腾猴	［W6295］猴图腾
W6517.1.5.1	祖妣是母猴，所以忌打猴吃猴	【瑶族】
W6517.1.6	忌食图腾鸟	［W6301］鸟图腾

W编码	母题描述	关联项
W6517.1.7	忌食其他图腾动物	
W6517.1.8	忌食与图腾相关的动物	
W6517.1.8.1	岩鹰的儿子不食公鸡	【彝族】
W6517.1.8.2	岩鹰的后代不食有翅膀的动物	【彝族】
W6517.2	忌食动物的特定部位	【汤普森】C221.3
W6517.2.1	忌食动物的眼睛	
W6517.2.1.1	妇女吃牛和猪的眼生的孩子是瞎子	【黎族】
W6517.2.1.2	年轻人忌吃牛眼，否则他的活牛会死	【黎族】
W6517.2.2	忌吃动物屁股	
W6517.2.2.1	忌吃鸡、鸭、鹅的尾部，否则劈柴不准	【黎族】
W6517.2.3	忌食动物内脏（忌吃动物的心肝）	
W6517.2.3.1	心肝能变马蜂报仇，所以忌吃动物心肝	【仡佬族】
W6517.2.3.2	苗族杨氏家族忌吃动物的心	【苗族】
W6517.2.3.3	李家忌吃动物肝	【苗族】
W6517.2.3.4	忌食熊的肝脏	【蒙古族（布里亚特）】
W6517.2.3.5	年轻人忌吃牛肾，否则他的活牛会死	【黎族】
W6517.3	忌食虎	【民族，关联】①
W6517.4	忌食狗	【汤普森】C221.1.1.4；【民族，关联】②
W6517.4.1	忌吃狗是因为狗有恩于人	【仡佬族】
W6517.4.2	忌食狗是因为狗救过祖先	【拉祜族】【满族】

① 【赫哲族】【珞巴族】@［W6294］虎图腾（老虎图腾）；［W6385］虎崇拜。

② 【拉祜族】【拉祜族】【苗族】【仫佬族】【瑶族】@［W6291］狗图腾（犬图腾）；［W6387］狗崇拜（犬崇拜）。

W 编码	母题描述	关联项
W6517.4.2.1	赫哲人不吃狗肉，是因为狗曾救过头人的命	【赫哲族】
W6517.4.2.2	神犬为保护岳父而亡，所以不吃狗肉	【瑶族】
W6517.4.2a	猎狗为救猎人献身忌食狗肉	【彝族】
W6517.4.3	忌食狗表示孝敬祖先	【民族，关联】①
W6517.5	忌食牛	【汤普森】C221.1.1.1；【关联】②
W6517.6	忌食猴	【民族，关联】③
W6517.7	忌食蛇	【民族，关联】④
W6517.8	忌食鱼	【汤普森】C221.1.3；【关联】⑤
W6517.8.1	禁忌鲤鱼	【汉族】
W6517.9	忌食猪	【关联】⑥
W6517.9.1	忌食猪肉的原因	
W6517.9.1.1	认为猪不洁忌食	【回族】
W6517.9.1.1.1	真主指令说猪又脏又臭，回民永远不得吃猪肉	【回族】@［W6515.2.1.2］回族为什么不吃猪肉
W6517.9.1.2	猪作为祖先忌食	【珞巴族】
W6517.10	禁食其他特定的动物	
W6518	**忌食特定植物**	【汤普森】C226
W6518.1	忌食特定蔬菜	【汤普森】C224
W6518.1.1	因为南瓜生人，吃南瓜时不能从半腰砍	【傈僳族】@［W2190］南瓜生人
W6518.1.2	特定时间忌食特定蔬菜	
W6518.2	忌食特定的水果	【汤普森】C225

① 【苗族】【土家族】【瑶族】@［W6291］狗图腾；［W6354.2.1.1］女子与狗结婚的后代不能吃狗肉，否则就得罪了祖先。

② ［W6297］牛图腾；［W6388］牛崇拜

③ 【高山族】@［W6295］猴图腾；［W6382］猴崇拜（猴子崇拜，崇拜猴）。

④ 【侗族】@［W6515.3.4.2.1］忌在家中煮食蛇肉；［W6322］蛇图腾；［W6395.1］蛇崇拜。

⑤ ［W6311］鱼图腾；［W6396.1］鱼崇拜。

⑥ ［W6299.6］猪图腾；［W6389.5］猪崇拜。

W 编码	母题描述	关联项
W6518. 2. 1	鬼栽的树的果实不能吃	【怒族】
W6519	**与饮食禁忌有关的其他母题**	［W6515］食物禁忌（吃的禁忌）
W6519. 1	忌在特定时间进食	【汤普森】C230；［W6536］特定时间的禁忌（特定的时间禁忌；忌特定时间）
W6519. 1. 1	吃野猪要等它的灵魂离开肉体才能吃	【珞巴族】
W6519. 2	吃的结果的禁忌	
W6519. 2. 1	食物必须吃完	【黎族】@［W6503. 13. 6. 3］祭品必须吃完
W6519. 3	饮酒禁忌	【汤普森】C250；【撒拉族】@［W6271］饮酒
W6519. 3. 1	特定时间忌饮酒	
W6519. 3. 1. 1	孝子服孝期间，忌与别人划拳或换酒	【布依族】
W6519. 3. 2	特定地点忌酒	【汤普森】C260；［W6545］特定地点的禁忌
W6519. 3. 3	特定的事件中忌酒	
W6519. 3. 4	饮酒中忌特定行为	
W6519. 3. 4. 1	喝完酒，忌倒立杯子或酒碗	【仡佬族】
W6519. 3. 5	饮酒犯忌的结果	
W6519. 3. 5. 1	因饮酒误事，大禹禁造酒	【汉族】
W6519. 3. 6	忌饮特定的酒	
W6519. 3. 7	与饮酒禁忌有关的其他母题	［W6271. 4. 1］饮酒有特定的程序
W6519. 4	制作饮食的工具禁忌	［W6535. 2］锅灶禁忌（炉灶禁忌；火炉禁忌）
W6519. 4. 1	锅的禁忌	
W6519. 4. 1. 1	刷锅的禁忌	
W6519. 4. 1. 1. 1	忌炒菜的耳锅不顺梁	【布依族】

W 编码	母题描述	关联项
W6519.4.1.2	忌拉着锅行走	
W6519.4.1.2.1	拉着锅行走，会导致马不拉车	【达斡尔族】
W6519.4.2	盛食物器皿的禁忌	
W6519.4.2.1	忌用勺敲甑子	【傈僳族】
W6519.5	饮食中的餐具禁忌	
W6519.5.1	碗的禁忌	【侗族】@［W6521.4.2］吃饭时忌敲碗
W6519.5.2	筷子禁忌	
W6519.5.2.1	不能在锅中齐筷子	【汉族】
W6519.5.2.2	不能把筷子横放碗上	【汉族】
W6519.5.2.2a	饭后的碗筷即横摆，必须顺梁而置	【布依族】
W6519.5.2.3	在锅里齐筷子使寿命变短	【彝族】
W6519.5.2.4	洗碗洗筷时忌重手重脚	【布依族】
W6519.5.2.5	筷子忌重重地放在锅台上	【汉族】
W6519.5.2.6	忌用筷子打锅台，否则会得罪灶王爷	【汉族】
W6519.5.2.7	吃饭时忌筷子掉地上	【壮族】
W6519.5.2.8	吃饭时忌用筷子敲桌子、碗碟	【锡伯族】
W6519.5.3	其他餐具禁忌	
W6519.5.4	放置其他餐具的禁忌	
W6519.5.5	特定餐具的使用禁忌	
W6519.5.5.1	械斗获胜后，全体在野外聚餐时忌用碗只能用手去抓，否则不吉利	【傈僳族】
W6519.5.6	忌乱扔食品包装	
W6519.5.6.1	芭蕉叶包饭，饭菜吃完后芭蕉叶忌乱丢	【基诺族】
W6519.5.7	餐具的使用禁忌	
W6519.5.7.1	忌用碗直接舀水	【藏族】

W 编码	母题描述	关联项
W6519. 6	食品的制作禁忌	
W6519. 6. 1	特定的食品须特定人制作	
W6519. 6. 1. 1	杀鸡待客时女人不能切鸡肉	【傈僳族】
W6519. 7	饮食中的特定现象禁忌	
W6519. 7. 1	饮食时忌动物鸣叫	【布依族】@［W6524. 1. 2. 4. 1］孕妇忌吃乌鸦、犀鸟等叫声难听的鸟，否则生的孩子说话难听
W6519. 8	特定食品的禁忌（粮食禁忌；粮种禁忌）	
W6519. 8. 1	旧粮不能让外人吃到	【羌族】@［W6531. 9. 3］严禁粮食种子外传
W6519. 8. 2	粮种忌放特定地点	
W6519. 8. 2. 1	留于下年的种子忌背入住房内，否则种子长不出	【独龙族】
W6519. 8. 3	从家里粮仓中第一次摄取的粮食只许自己家里人先吃	【仡佬族】
W6519. 8. 4	忌把特定位置的粮食给人	
W6519. 8. 4. 1	囤底和囤顶的粮食忌给别人	【达斡尔族】
W6520	**居住禁忌（居家禁忌；家的禁忌；宅院禁忌）**	【汤普森】C730；［W6160］人的居所（人的住处；人的居所的产生）
W6520. 1	居室地点禁忌（房屋禁忌）	【汉族】
W6520. 1. 1	忌屋内挖洞	
W6520. 1. 1. 1	屋内挖坑掘洞会死人	【羌族】
W6520. 1. 2	堂屋禁忌（正屋禁忌；正房禁忌）	【关联】①
W6520. 1. 2. 1	年幼者忌住正屋	

① ［W6524. 3. 4. 2］婴儿不能生在堂屋；［W6524. 4. 1. 1a］孕妇生孩子的人家，3 天内禁止外人进入正房。

W 编码	母题描述	关联项
W6520.1.3	内室禁忌	
W6520.1.3.1	内室忌外人进入	【傈僳族】
W6520.1.4	居室特定地方的禁忌	
W6520.1.4.1	居室门后的禁忌	
W6520.1.4.1.1	新媳妇忌往门后泼水，因为她娘家的祖先常呆在这里	【白族】
W6520.2	居室禁忌（卧室禁忌）	［W6524.4.1］忌外人闯入产房（产妇居所禁忌；生育场所禁忌）
W6520.2.1	居室朝向禁忌	［W6521.8.1］睡觉朝向禁忌
W6520.2.2	卧室忌特定人进入	
W6520.2.2.1	卧室忌外人进入	【仡佬族】
W6520.2.2.2	娘家人去探望未满月的外孙时，忌进入女儿的卧室	【布依族】
W6520.2.2.3	公公不能进入儿媳妇的卧室	【布依族】
W6520.2.2.4	哥哥不能进入弟媳卧室	【布依族】
W6520.2.3	忌房屋自行发响	【侗族】@［W6527.9.1］声音禁忌（发声禁忌）
W6520.2.4	进入居所行为禁忌	
W6520.2.4.1	忌携带特定工具进屋	［W6531.9.5］生产工具禁忌（劳动工具禁忌；工具使用禁忌；农具禁忌；生产用品禁忌）
W6520.2.4.1.1	猎人禁止背枪或拿鞭子进屋	【鄂温克族】
W6520.3	忌房屋不合风水	【汉族】
W6520.4	房屋内放置物的禁忌（居室内忌出现特定物）	
W6520.4.1	居住地忌凶器（居室忌刀枪）	
W6520.4.1.1	刀子不能拿过居室中间大柱至火塘一方	【纳西族】
W6520.4.2	忌屋里出现野生动物	【侗族】

W 编码	母题描述	关联项
W6520. 5	居室内的其他禁忌	
W6520. 5. 1	屋内特定构件禁忌	
W6520. 5. 1. 1	门坎忌踩踏或横坐	【傈僳族】@［W6534. 12. 5. 1. 4］屋内火塘的三脚架，忌用脚去踩踏或搬动
W6520. 5. 2	房梁禁忌	［W6208. 9. 5. 3. 6. 2. 1］立房上梁，忌日晒梁
W6520. 5. 2. 1	忌敲打房梁	【达斡尔族】
W6520. 5. 3	房柱禁忌	
W6520. 5. 3. 1	不准污损或碰击中柱	【仡佬族】@［W6208. 9. 7. 6. 1. 1］屋内主柱是房神的象征
W6520. 6	与居住禁忌有关的其他母题	【关联】①
W6520. 6. 1	关门闭宅禁忌	
W6520. 6. 1. 1	黄昏时出入定要随手关门，否则鬼进去会咬死人	【傈僳族】
W6520. 6. 2	特定人物的居住特定地点禁忌	
W6520. 6. 2. 1	产妇忌居正房	【纳西族】@［W6524. 5. 3. 1］产妇满月后要进行一次除秽祭秽仪式，否则不能进入家房正屋
W6520. 6. 3	居室装饰禁忌（房屋装修禁忌）	［W6209. 9. 1］建筑物的装饰物（房屋的装饰）
W6520. 6. 3. 1	忌墙上钉钉子	［W6524. 1. 8. 1. 3. 4］有孕妇的人家，忌在屋内乱钉钉子，否则会钉伤胎儿
W6520. 6. 3. 1a	忌随意钉钉	【鄂温克族】
W6520. 6. 3. 2	墙上钉木钉须择吉日，否则不利	
W6520. 6. 4	家中的特定行为禁忌	

① ［W6521. 9. 9. 1a. 2］大年三十至正月初七忌家宅场院里晾晒衣服；［W6523. 4］男女居住禁忌；［W6531. 9. 5. 2］忌扛锄头进屋，因扛锄头有如挖坟。

W 编码	母题描述	关联项
W6520.6.4.1	忌家中放歌	
W6520.6.4.1.1	禁止家人或客人在家中高唱山歌或唱情歌	【傈僳族】
W6520.6.4.1.2	忌在家吹口哨	【布依族】@［W6527.9.1.6.1］打口哨禁忌
W6520.6.4.1.2.1	忌在家吹口哨，否则会引蛇入宅	【傈僳族】
W6520.6.4.1.2.2	忌在家中吹口哨，否则会招鬼	【藏族】
W6520.6.4.1.2.2a	忌在自己家中唱调子、吹口哨	【彝族（纳苏、腊罗、摩擦、葛泼）】
W6520.6.5	庭院种植禁忌（庭院禁忌）	
W6520.6.5.1	庭院忌种植特定树	
W6520.6.5.1.1	住宅门前忌栽棕树，因棕树常挨千刀万剐不吉利	【侗族】
W6520.6.5.1.2	住宅忌栽椿芽树、花椒树等，否则易引起妇女花癫	【侗族】
W6520.6.5.1.3	房前忌种树	【壮族】
W6520.6.5	庭院内特定设施禁忌	
W6520.6.5.1	房屋门槛禁忌	【关联】①
W6520.6.5.1.1	忌坐在自家或别人家的门槛	【布依族】
W6520.6.5.1.2	忌坐门槛，否则会阻财进家	【民族，关联】②
W6520.6.5.1.3	稻子出穗时坐门槛会影响谷穗饱米	【布依族】
W6520.6.5.1.4	平时不能坐门坎	【仡佬族】@［W6521.7.5.1.2］家中有人出远门，大门槛忌人蹲坐或站立
W6520.6.5.1.4.1	妇女平时忌坐堂屋门槛	【侗族】@［W6524.5.1.1.2］产妇未满月忌跨大门槛、忌串户

① ［W6523.1.2a.5］女人忌站和停在门口或坐在门坎上；［W6536.1.1.5］正月初一至十五忌在村寨四周和房屋门口闲坐；［W6536.2.3］秋季忌踩门槛。

② 【布依族】@［W6531.7.2.1］秧苗包穗期间忌坐门槛，否则谷穗不出；［W6536.2.3a］秋收时节忌人坐门槛。

W 编码	母题描述	关联项
W6521	**行为禁忌（生活禁忌①；特定事件中的禁忌；处理特定事务中的禁忌）**	
W6521.1	剪发的禁忌（理发禁忌；剃头禁忌）	【汤普森】C722
W6521.1.1	守丧忌剪发	【民族，关联】②
W6521.1.2	在特定的时间才能剪发须	【汤普森】≈M121
W6521.1.2.1	正月忌剪发	【汉族】
W6521.1.2.1.1	小孩正月剃头会死舅	【汉族】
W6521.1.2.1.1.1	正月剃头思舅舅演变成"死舅舅"	
W6521.1.2.2	农历逢初一、十五不理发	【傈僳族】
W6521.1.2.3	土皇天，三月、五月和九月不剃头	【傈僳族】
W6521.1.3	忌拔掉白发	
W6521.1.4	母在忌儿子留胡须	【鄂温克族】
W6521.2	与七情六欲有关的行为禁忌	
W6521.2.1	笑的禁忌	
W6521.2.1.1	笑坏了好事	
W6521.2.1.1.1	孤儿违背见到心上人不能笑的禁忌失去心上人	【独龙族】
W6521.2.2	怒的禁忌	
W6521.2.3	哭的禁忌（悲哀的禁忌）	［W6689.0.2.3］夭折者的丧葬忌哭

① 生活禁忌，在日常社会生活中的禁忌，这类禁忌更加普遍。生活禁忌可从居家、出行、饮食、交往等方面加以概括。参见见吕大吉、何耀华总主编《中国各民族原始宗教资料集成》（布依族卷、侗族卷、仡佬族卷），北京：中国社会科学出版社2012年版，第224页。本书涉及的生活禁忌非常繁杂，因此采取了选取母题交叉示例的形式，具体研究时，可对有关母题进行不同维度的分类。

② 【侗族】@［W6668.2.1.1.1.3.7］孝期百天内，孝子忌理发和洗衣；［W6688.2.5.2］守孝期间，妇女忌理发修饰；［W6688.2.6.0.1］服孝期忌理发、剪指甲，女子忌带耳环、手镯等，忌殴斗、夫妇合房等；［W6688.2.6.0.2］父母去世三个月内，孝子忌刮脸和理发。

W 编码	母题描述	关联项
W6521.2.3.1	神像面前忌哭	
W6521.2.3.2	每逢正月和腊月，不准外人在家里哭	【布依族】
W6521.2.3.3	忌别人在家里哭	【仡佬族】
W6521.2.4	乐的禁忌	
W6521.2.4.1	特定场合忌乐	
W6521.2.4.1.1	丧葬时忌笑	【鄂温克族】@［W6667.2.1.7］上辈人死灵在位时忌笑闹和欢乐
W6521.3	宰杀禁忌（杀生禁忌；杀牲禁忌）	
W6521.3.1	忌杀生的原因	
W6521.3.1.1	女始祖密洛陀死前规定，孝日不许杀生	【瑶族（布努）】@［W6531.6.2.3］兔日是为安葬创世母亲煮饭日，因此兔日不能撒谷种
W6521.3.2	宰杀禁忌的方法（忌杀生方法）	
W6521.3.2.1	逢年过节吉日杀猪时必须一刀杀死，忌补刀	【布依族】
W6521.3.2.2	杀猫、杀狗时，忌将血洒在屋基上	【侗族】
W6521.3.2.3	对小猪忌用屠刀	【纳西族】
W6521.3.2.4	宰杀动物不能割断动脉	【鄂温克族】
W6521.3.3	忌宰杀的时间	
W6521.3.3.1	忌日忌宰杀	【瑶族（布努）】
W6521.3.3.2	每月逢九不能杀猪杀羊	【纳西族】
W6521.3.3.3	朔日望月不得杀生	【纳西族】
W6521.3.3.4	旱灾时禁屠	【中华民族】
W6521.3.4	忌宰杀的地点	
W6521.3.5	忌宰杀者	
W6521.3.5.1	妇女忌杀生	

W 编码	母题描述	关联项
W6521. 3. 5. 1. 1	牲畜是妇女赶回来的，所以忌杀生	【汉族】
W6521. 3. 6	忌宰杀特定物（忌伤害特定动物；宰杀动物行为禁忌）	
W6521. 3. 6. 1	忌打死蜘蛛，因蜘蛛曾教人织布	【傈僳族】
W6521. 3. 6. 2	不知道名字的动物不能杀	
W6521. 3. 6. 2. 1	不知道名字的鱼不能杀	【哈尼族】
W6521. 3. 6. 3	宰杀动物忌触及特定部位	
W6521. 3. 6. 3. 1	忌用刀切开鱼的胸和椎脊骨	【鄂温克族】
W6521. 3. 6. 4	忌宰杀有特定标记的动物	
W6521. 3. 6. 4. 1	忌宰杀脖子上带绳套的羊	【鄂温克族】
W6521. 3. 6. 5	忌杀哺乳期动物	
W6521. 3. 6. 5. 1	忌杀掉未停奶的母牛和母羊，否则不吉利	【鄂温克族】
W6521. 3. 7	宰杀动物后的处理禁忌	
W6521. 3. 7. 1	杀鸡时的鸡头、脚不能剁入鸡肉里，只有老人才能享用鸡头	【傈僳族】
W6521. 3. 7. 2	鸡头敬老人吃，娃娃吃鸡头是不懂礼	【白族】
W6521. 3. 7. 3	宰杀动物时特定肢体不能随意处置	【蒙古族（布里亚特）】
W6521. 3. 7	杀马时忌马的头骨置于地上	
W6521. 3. 8	与宰杀禁忌有关的其他母题	［W6666. 8. 3. 3］丧葬埋葬时杀生祭祀
W6521. 4	饮食中的行为禁忌	［W6521. 9. 4. 1］吃饭时打破碗会引鬼进屋
W6521. 4. 0	做饭禁忌（厨房禁忌）	
W6521. 4. 0. 1	做饭时忌随便铲锅	【藏族】
W6521. 4. 1	盛饭禁忌	
W6521. 4. 1. 1	吃饭时不能反手盛饭，因为祭鬼时才用反手添饭	【白族】

W 编码	母题描述	关联项
W6521.4.2	吃饭时忌敲碗	【仡佬族】@［W6519.5.2.8］吃饭时忌用筷子敲桌子、碗碟
W6521.4.2.1	吃饭忌敲碗，否则变穷	【侗族】
W6521.5	起居中的禁忌（日常生活禁忌）	
W6521.5.1	洗脸禁忌	【关联】①
W6521.5.1.1	勒墨人不敢洗脸，认为脸洗得干净洁白会被鬼看中把魂勾走	【白族（勒墨）】
W6521.5.1.2	倮罗人忌洗脸，认为洗脸者心不善	【彝族】
W6521.5.2	洗脚禁忌	
W6521.5.2.1	倮罗人忌洗脚，认为洗脚者养子不好	【彝族】
W6521.5.3	梳头禁忌	
W6521.5.3.1	忌屋中梳头	【布依族】
W6521.6	治病中的禁忌（有关疾病的禁忌）	［W6525.3.1］忌病人
W6521.6.1	治病时忌特定的人	
W6521.6.1.1	萨满给人看病时，忌妇女小孩接近，否则人会死亡	【赫哲族】
W6521.6.2	生特定疾病的禁忌	
W6521.6.2.1	生天花禁忌	
W6521.6.2.1.1	生天花时忌打猫狗	【达斡尔族】
W6521.6.2.1.2	生天花时忌父母忌同房	【达斡尔族】
W6521.6.2.1.3	生天花时忌引火	【达斡尔族】
W6521.6.2.1.4	生天花时做针线	【达斡尔族】
W6521.6.2.1.5	孩子出疹忌父母抠鼻子	【锡伯族】
W6521.6.2.1.6	小孩出疹期间禁做发面饼	【锡伯族】

① ［W6521.9.9.1.2］大年初一到初三忌洗脸，否则会把钱财洗掉；［W6521.9.9.1.4］客人来家时忌扫地洗脸。

W 编码	母题描述	关联项
W6521. 6. 3	患者家人的行为禁忌	
W6521. 6. 3. 1	治病时患者家人拿符书一路上忌与人搭讪	【锡伯族】
W6521. 6. 3. 2	孩子出疹忌父母搔脸	【锡伯族】
W6521. 6. 3. 3	孩子出疹时，父母禁同房	【锡伯族】
W6521. 6. 4	治特定病时忌特定行为	
W6521. 6. 4. 1	萨满请疯神治疗精神病人时忌杀牲	【达斡尔族】
W6521. 7	出行禁忌	
W6521. 7. 1	出行禁忌的原因	
W6521. 7. 2	出行时间禁忌	
W6521. 7. 2. 1	每月逢七不出门，逢八不回家	【纳西族】
W6521. 7. 2. 1a	出行讲究“七不出门八不归”	【侗族】
W6521. 7. 2. 2	特定时间忌访客（特定时间忌串门）	［W6509. 2. 4. 2］祭祖时忌串门
W6521. 7. 2. 2. 1	除夕到正月初三禁止到别人家，分了家的父子、兄弟家也不能相互来往	【傈僳族】
W6521. 7. 2. 2. 2	大年初一早晨忌走访串门	【傈僳族】
W6521. 7. 2. 2. 2. 1	正月初一忌妇女走别家	【侗族】
W6521. 7. 2. 2. 3	除夕到正月初三四之内，妇女忌进入别的人家	【仡佬族】
W6521. 7. 2. 3	过年必须全家齐聚家中不能跨出大门一步，否则会死人	【傈僳族】
W6521. 7. 2. 4	初一、十五两日忌出门	【傈僳族】
W6521. 7. 2. 5	立春后，每逢四大土皇“戊”日，忌出门远行	【侗族】
W6521. 7. 2. 6	出门禁忌其他时间	
W6521. 7. 2. 7	特定行业者忌特定时间出行	
W6521. 7. 2. 7. 1	出门经商忌犯“红沙日”	【侗族】

W 编码	母题描述	关联项
W6521.7.3	出行地点禁忌（走访地点禁忌）	
W6521.7.3.1	兄长夜间不能进入妹妹房间	【黎族】
W6521.7.3.2	忌沿浑水河行走	【壮族（沙人）】
W6521.7.4	出行前的禁忌	
W6521.7.4.1	出行前忌看到丧葬	
W6521.7.4.2	出门前忌亲人哭泣道别	【布依族】
W6521.7.4.3	忌带着秽气上天国	【纳西族】
W6521.7.5	出行途中的禁忌	
W6521.7.5.1	出行途中忌见特定事象	
W6521.7.5.1.1	出远门的人出门后碰到的第一个人，如果精神不振或言语不吉，必须改日出行	【白族】
W6521.7.5.1.2	家中有人出远门，大门槛忌人蹲坐或站立	【布依族】
W6521.7.5.2	特定行程的特定禁忌	
W6521.7.5.2.1	飞行中忌松开绳子	【哈萨克族】【柯尔克孜族】
W6521.7.5.2.2	上午吃饭赶程，家里人不能收碗，要等出门人走一段路程再收，以示平安	【仡佬族】
W6521.7.6	出行后的禁忌	
W6521.7.6.1	家中如有小孩，大人出门忌回家，以防止带进鬼来	【傈僳族】
W6521.7.6.2	家有远行的人，忌说不吉利的话	【仡佬族】
W6521.7.6.3	出远门须踩火后进屋	【鄂温克族】
W6521.7.7	与出行禁忌有关的其他母题	［W6523.5.4.1］男人忌出门办事时在途中遇妇女小便
W6521.7.7.1	忌去特定的道路	【怒族】
W6521.7.7.2	出行者的家人禁忌	
W6521.7.7.2.1	家中有人出远门，在家者当日忌将水泼在火塘铁三脚上，否则出行者路上不吉利	【纳西族】

W 编码	母题描述	关联项
W6521. 7. 7. 3	办事途中忌喊冤叫累	【藏族】
W6521. 7a	回家禁忌	
W6521. 7a. 1	忌特定时间回家	
W6521. 7a. 1. 1	逢八不回家	【纳西族】@［W6521. 7. 2. 1］每月逢七不出门，逢八不回家
W6521. 7a. 2	忌特定事件回家	
W6521. 7a. 2. 1	妻子难产送白虎时，夫妇俩一齐送时，须去岳父岳母或亲戚家借宿，翌日才能回家	【傈僳族】
W6521. 8	睡眠禁忌（睡觉禁忌；睡的禁忌）	
W6521. 8. 1	睡觉朝向禁忌	
W6521. 8. 1. 1	睡觉时忌头朝门口，否则家里有人会死	【黎族】@［W6511. 1. 2. 4. 2. 1］家神神龛前打地铺睡觉时，脚不能朝着屋角的神龛，否则犯忌
W6521. 8. 2	睡觉忌特定地点	
W6521. 8. 2. 1	忌在正房楼上睡觉	【傈僳族】
W6521. 8. 3	睡觉时特定物放置禁忌	
W6521. 8. 3. 1	睡觉时忌把裤子、鞋袜放高处	【锡伯族】
W6521. 8. 4	睡觉时的行为禁忌	
W6521. 8. 4. 1	睡时不能涂脸	【壮族】
W6521. 9	其他特定的行为禁忌（其他特定事件中的禁忌）	
W6521. 9. 1	移动特定物禁忌（搬运特定物的禁忌）	
W6521. 9. 1. 1	不准搬动神山上的石头	【门巴族】
W6521. 9. 1. 2	正月上旬，忌将新鲜蔬菜、生柴草等搬入家中，除非待天黑后用东西罩住才行	【布依族】

W 编码	母题描述	关联项
W6521.9.1.3	日落后忌把粮食运出门	【达斡尔族】
W6521.9.2	同氏族者忌结婚，否则会绝后	【高山族（布农人）】
W6521.9.3	忌浪费	
W6521.9.3.1	粮食是妈妈的奶水，糟蹋粮食会被雷打	【苗族】
W6521.9.3.2	禁止扔掉奶食品	【鄂温克族】
W6521.9.4	忌打破器物	
W6521.9.4.1	吃饭时打破碗会引鬼进屋	【黎族】
W6521.9.5	庆祝胜利的禁忌	
W6521.9.5.1	械斗获胜后，全体男人杀牛宰猪野外聚餐，妇女不能参加，否则下次械斗会失败	【傈僳族】
W6521.9.6	捡物禁忌（拣拾特定物禁忌）	
W6521.9.6.1	忌别人掉在路旁和道路上的钱物，否则不死也病	【白族】
W6521.9.6.2	出行路上忌捡口袋，以防人财皆失	【仡佬族】
W6521.9.6.3	忌捡死物	［W6535.9.1.2］山上忌捡死兽肉
W6521.9.6.4	忌捡无名物	
W6521.9.6a	丢物禁忌（抛弃特定物禁忌）	
W6521.9.6a.1	生孩子时吃过的鸡蛋壳不能扔掉	【傈僳族】
W6521.9.6a.2	倒垃圾禁忌	
W6521.9.6a.2.1	忌夜晚门外倒垃圾	【藏族】
W6521.9.6a.3	投放特定物禁忌	
W6521.9.6a.3.1	忌把骨头扔入火中	【藏族】
W6521.9.6a.4	特定时间忌抛物	
W6521.9.6a.4.1	大年初一忌扔东西	【鄂温克族】
W6521.9.7	放屁禁忌	

W 编码	母题描述	关联项
W6521.9.7.1	祭白虎时忌放屁	【傈僳族】@［W6509.2.7］祭祀中的行为禁忌
W6521.9.7.2	包谷地里不能放屁，否则得罪了“丰收王子”（丰收鬼），庄稼长不好	【白族】
W6521.9.8	忌叹气	
W6521.9.8.1	爬天梯时不能叹气，否则梯子会断	【高山族】【高山族（阿美）】
W6521.9.9	特定事件禁忌的其他情形	
W6521.9.9.1	与婚姻有关的禁忌（婚姻禁忌）	［W6523.6.4］特定关系的男女忌婚（婚姻禁忌）
W6521.9.9.1.1	迎亲的牲口必须是阉割的	【达斡尔族】
W6521.9.9.1.2	喜车要日落前到家	【达斡尔族】
W6521.9.9.1.3	结婚年龄禁忌	
W6521.9.9.1.3.1	女子在偶数年龄忌结婚	【达斡尔族】
W6521.9.9	其他日常行为中的禁忌	
W6521.9.9.0	烧柴禁忌	
W6521.9.9.0.1	特定姓氏特定时间不烧某种柴禁忌	【布依族】
W6521.9.9.0.2	梁姓不烧夜蒿树	【布依族】
W6521.9.9.0.3	忌架对头柴	【布依族】
W6521.9.9.1	洗刷禁忌（清洗禁忌；清扫禁忌）	［W6505.1.3］祭祀前清扫
W6521.9.9.1.1	过年时，切菜板不能刮洗，否则会把福气刮去	【傈僳族】
W6521.9.9.1.2	大年初一到初三忌洗脸，否则会把钱财洗掉	【白族】
W6521.9.9.1.2a	农历逢初一、十五不洗衣服	【傈僳族】
W6521.9.9.1.3	家有亲人出远门，在家者当日不能扫地	【纳西族】
W6521.9.9.1.4	客人来家时忌扫地洗脸	【傈僳族】

W 编码	母题描述	关联项
W6521.9.9.1.5	清扫特定秽物禁忌	
W6521.9.9.1.5.1	牲口圈内之粪，逢马日（午）属马者不得淘粪	【羌族】
W6521.9.9.1.6	扫地不能越过神位	【鄂伦春族】
W6521.9.9.1a	晾晒禁忌	［W6536.1.3］节日忌晾晒
W6521.9.9.1a.1	正月初一忌晒衣	【傈僳族】
W6521.9.9.1a.2	大年三十至正月初七，忌家宅场院里晾晒衣服	【傈僳族】
W6521.9.9.1a.3	正月初一至十五，忌将衣服晾在房屋前后	【布依族】
W6521.9.9.1a.3a	忌房前或当道晒裤	【布依族】
W6521.9.9.2	女红禁忌（做手工禁忌）	
W6521.9.9.2.1	正月初一忌用针线，否则该年用刀便会伤人	【傈僳族】
W6521.9.9.3	访客禁忌（造访的禁忌；待客禁忌）	［W6521.7.2.2］特定时间忌访客（特定时间忌串门）
W6521.9.9.3.1	访客持物禁忌	［W6524.5.3.3］生孩子 21 天内，生男孩的人家忌带弓箭长刀进去，生女孩的忌穿鞋进去
W6521.9.9.3.1.1	忌拄手棍串门，因为人死才拄棍跳舞	【傈僳族】
W6521.9.9.3.2	造访者忌动手动脚	
W6521.9.9.3.2.1	造访者忌揭开主人家柜子盖	【傈僳族】
W6521.9.9.3.3	造访者忌坐立失度	［W6520.6.5.1.1］忌坐在自家或别人家的门槛
W6521.9.9.3.3.1	造访者忌在主人家把脚放在火塘铁三脚上，忌坐在木柜上	【傈僳族】
W6521.9.9.3.3.2	忌外人来家中哭闹，认为不吉利	【傈僳族】
W6521.9.9.3.3a	造访者忌梳妆邋遢	
W6521.9.9.3.3a.1	忌妇女披头散发出入别人家宅	【傈僳族】@［W6523.1.2］妇女特定行为禁忌

W 编码	母题描述	关联项
W6521. 9. 9. 3. 3b	造访者忌衣冠不整	
W6521. 9. 9. 3. 4	特定时间忌造访	［W6611. 9. 2. 1. 4］过年忌走访
W6521. 9. 9. 3. 4. 1	属马的日子不能走亲访友	【纳西族】
W6521. 9. 9. 3. 4. 2	正月初一各户之间禁止串门	【傈僳族】@［W6521. 7. 2. 2］特定时间忌访客（特定时间忌串门）
W6521. 9. 9. 3. 4a	特定时间接客禁忌（特定时间忌待客）	
W6521. 9. 9. 3. 4a. 1	主人忌寅时亥时接宾客	【纳西族】
W6521. 9. 9. 3. 5	特定事件忌造访	
W6521. 9. 9. 3. 5. 1	生孩子时忌造访	【羌族】@［W6524. 3］生育地点禁忌
W6521. 9. 9. 3. 5. 1. 1	生孩子后 10—18 天内忌远道来客进门	【傈僳族】
W6521. 9. 9. 3. 6	访客禁忌的其他情形	
W6521. 9. 9. 3. 6. 1	男客人进门，妇女须离开	【仡佬族】
W6521. 9. 9. 3. 7	与访客禁忌有关的其他母题（与待客禁忌有关的其他母题）	［W6519. 6. 1. 1］杀鸡待客时女人不能切鸡肉
W6521. 9. 9. 4	馈赠禁忌（送礼禁忌）	
W6521. 9. 9. 4. 1	送礼的时间禁忌	
W6521. 9. 9. 4. 1. 1	每月逢六不送礼品	【纳西族】
W6521. 9. 9. 4. 2	送礼的地点禁忌	
W6521. 9. 9. 4. 3	特定事件忌送礼	
W6521. 9. 9. 4. 4	忌馈赠特定物	
W6521. 9. 9. 5	大小便禁忌（解手禁忌；排泄物禁忌）	
W6521. 9. 9. 5. 1	忌特定时间大小便	【布依族】@［W6536. 0a. 1. 3］正月间忌在土地神、石神、树神附近撒尿拉屎，以防避得罪神灵而生病

W 编码	母题描述	关联项
W6521.9.9.5.2	忌特定地点大小便	
W6521.9.9.5.2.1	忌在神树下大小便	【纳西族】
W6521.9.9.5.2.2	忌八月十五时祭祀的那棵青㭎树下大小便	【仡佬族】
W6521.9.9.5.3	忌特定场所大小便	【锡伯族】@［W6537.7.1］忌女子西屋窗外小解
W6521.9.9.5.4	忌对特定物展示大小便	【关联】①
W6521.9.9.5.5	大小便处理禁忌	
W6521.9.9.5.5.1	小孩大小便忌用灰去掩，否则肛门要痛	【侗族】
W6521.9.9.5.6	与大小便禁忌有关的其他母题	［W6523.5.4.1］男人忌出门办事时在途中遇妇女小便
W6521.9.9.5a	吐唾沫禁忌	
W6521.9.9.5a.1	忌背后吐唾沫	【藏族】
W6521.9.9.6	禁忌虐待弱小	
W6521.9.9.6.1	对小猪不能用屠刀，对老鼠不能用矛箭，对小孩不能用鞭子	【纳西族】
W6521.9.9.7	存放禁忌	
W6521.9.9.7.1	忌打碎蛋	【汤普森】C544
W6521.9.9.8	坐立禁忌	【关联】②
W6521.9.9.8.1	忌坐特定物	［W6668.2.1.1.1.3.9.7.1］丧葬期内孝子忌坐炕
W6521.9.9.8.1.1	忌坐树桩	【鄂温克族】
W6521.9.9.8.1.2	忌妇女坐熊皮垫子	【鄂温克族】
W6521.9.9.8.2	忌坐居室北面	【鄂温克族】
W6521.9.9.8.3	忌依靠特定物	
W6521.9.9.8.3.1	忌倚靠马鞭	【蒙古族】
W6521.9.9.8.4	特定人物的坐立禁忌	

① ［W6534.7.2］忌对着太阳大小便；［W6534.12.2］忌往火里泼水（忌往水里抛污物；忌对火大小便）。

② ［W6521.9.9.3.3］造访者忌坐立失度；［W6520.6.5.1.1］忌坐在自家或别人家的门槛。

W 编码	母题描述	关联项
W6521. 9. 9. 8. 4. 1	忌客人站门槛	【锡伯族】
W6521. 9. 9. 8. 4. 2	忌客人坐西炕	【锡伯族】
W6521. 10	与行为禁忌有关的其他母题	
W6521. 10. 1	特定的行为不能超过时间	
W6521. 10. 1. 1	到月亮中看桂树枝，当马叫三声后要返回	【汉族】
W6521. 10. 1. 2	捡拾财宝不能超过特定时间	
W6521. 10. 1. 2. 1	到金山上取金子，太阳出来前必须返回	【汉族】
W6521. 10. 2	特定的人有特定的行为禁忌	
W6521. 10. 2. 1	女子不能爬到房顶上	【纳西族】
W6521. 10. 3	行为程序禁忌（做事顺序的禁忌）	［W6496. 0. 4. 7. 2］祭祖有特定顺序
W6521. 10. 3. 1	烧柴时要顺根烧，因为藤子头尾不分明，烧了后代要出哑巴和聋子	【傈僳族】
W6521. 10. 4	祭祀中的行为禁忌（祭祀禁忌）	［W6509. 2. 7］祭祀中的行为禁忌
W6521. 10. 4. 1	“三月三”除老人在村内祭社神外，其他人全部上山“躲山”	【布依族】@［W6617. 2］三月三节日（上巳节）
W6521. 10. 4. 2	送灶王爷上天后，要等儿童先进屋，成年人才能进屋	【民族，关联】①
W6521. 10. 4. 3	祭祀时忌外人	
W6521. 10. 4. 3. 1	祭祖时忌外人擅自进入寨内	【布依族】
W6521. 10. 4. 3. 2	村寨“退火秧”祭祀时，忌一切生人进寨	【侗族】
W6521. 10. 4. 3. 3	祭祀活动忌外人看到	【侗族】
W6521. 10. 4. 4	做社祭龙神的后三天全寨人必须吃斋	【侗族】

① 【仡佬族】@［W6610. 2. 1. 2. 1. 1］三十夜里放鞭炮送灶王爷保奏玉皇；［W6626. 3. 4. 1］腊月廿三、廿四、廿五是送灶王爷上天的日子。

W 编码	母题描述	关联项
W6521.10.4.5	祭祀时忌特定声音	
W6521.10.4.5.1	敬奉圣婆期间，忌乱哄乱叫	【侗族】
W6521.10.4.5.2	家祭、外祭时，忌唱歌、诙谐逗笑	【布依族】
W6521.10.4.5.3	祭祀社神时忌大声说话	【民族，关联】①
W6521.10.4.5.4	祭祀时忌哭泣	【壮族】
W6521.10.4.6	祭祀中的性别禁忌	
W6521.10.4.6.1	祭盘古忌女性唱冬冬推	【侗族】
W6521.10.4.6.2	祭山活动忌妇女参加	【仡佬族】
W6521.10.5	庙会中的行为禁忌	
W6521.10.5.1	女娲庙会的“守功”活动严禁男性	【汉族】
W6521.10.5.2	龙花会忌男性参加	【汉族】
W6521.10.6	乔迁中的行为禁忌	【关联】②
W6521.10.6.1	搬进新宅时，全家忌空手进入宅内	【侗族】
W6521.10.6.2	乔迁新居忌外拿东西	【壮族】
W6521.10.7	其他特定行为禁忌	
W6521.10.7.1	比赛时的禁忌	［W9620］竞赛（比赛）
W6521.10.7.1.1	有赛事时忌战争	
W6521.10.7.1.1.1	牯牛出战比赛当天，妇女忌纺纱、做针线活	【侗族】
W6521.10.7.1.2	参赛者忌特定事象	
W6521.10.7.1.2.1	忌孕妇触摸比赛的牯牛	【侗族】
W6521.10.7.2	踩踏禁忌	【关联】③
W6521.10.7.2.1	忌蹬踩灶台	【藏族】
W6521.10.7.2.1.1	灶是祖先的替身不能踏踩	【苗族】

① 【布依族】@［W6511.2.2.8.1］敬山神时不准说话，只用手势［W6527.2.1］祭祀时忌言。

② ［W6198.2］迁居（搬家；乔迁新居）；［W6538.8.1］乔迁新房火塘生火忌遇外人。

③ ［W6520.5.1.1］门坎忌踩踏或横坐；［W6534.12.5.1.4］屋内火塘的三脚架忌用脚去踩踏或搬动。

W 编码	母题描述	关联项
W6521. 10. 7. 2. 2	忌踩门坎（踩门槛禁忌）	［W6520. 6. 5. 1］房屋门槛禁忌
W6521. 10. 7. 2. 2. 1	外来的人进蒙古包或进屋时忌踩门坎	【鄂温克族】
W6521. 10. 7. 3	占卜禁忌	［W9192］占卜的方法
W6521. 10. 7. 3. 1	星占时忌用手指方向，忌说不吉利话语	【满族】@［W6521. 7. 6. 2］家有远行的人，忌说不吉利的话
W6521. 10. 7. 4	忌树下避雷雨	【鄂温克族】
W6521. 10. 7. 5	忌不文明行为	
W6521. 10. 7. 5. 1	吵架禁忌	
W6521. 10. 7. 5. 1. 1	忌特定时间吵架	
W6521. 10. 7. 5. 1. 1. 1	夫妇不得在日落后吵架	【鄂温克族】@［W6525. 2. 6. 2. 2］丈夫忌在妻子孕期与之吵架，否则女祖先神丕嫫会发怒降灾
W6521. 10. 7. 6	婚恋禁忌	
W6521. 10. 7. 6. 1	忌婚外恋	【鄂温克族】
W6521. 10. 7. 6. 2	忌异辈通婚	【鄂温克族】
W6521. 10. 8	特定行为禁忌的其他情形	
W6521. 10. 8. 1	挑战他人禁忌	【苗族】
W6521. 10. 8. 2	死亡禁忌	［W6531. 6. 4a. 2］摸过死者的人当年内不能再碰种子，参与播种
W6521. 10. 8. 2. 1	忌外人客死家中	【藏族】
W6521. 10. 8. 2. 2	处死时暴露禁忌	【蒙古族（布里亚特）】
W6521. 10. 8. 3	击打特定物禁忌	
W6521. 10. 8. 3. 1	忌骨头相互撞打	【蒙古族】
W6521. 10. 8. 4	特定行为时的禁忌	［W6527. 2. 3］特定行为时忌言
W6521. 10. 8. 4. 1	净身时的禁忌	

W 编码	母题描述	关联项
W6521.10.8.4.1.1	净身时忌儿媳观看	【锡伯族】
W6521.10.8.4.1.2	净身时忌哭	【锡伯族】
W6522	**性禁忌（性的禁忌；异性禁忌）**	【汤普森】C100
W6522.1	禁欲	【汤普森】①T310；②T317
W6522.2	性行为禁忌	【汤普森】C110
W6522.2.1	特定时间的性行为禁忌	
W6522.2.1.1	未过完农历年初四，男女忌同房，否则出猎不能打到猎物	【黎族】
W6522.2.2	特定地点的性行为禁忌	
W6522.2.2.1	忌在神树下野合	【纳西族】
W6522.2.2.2	神附近忌性活动	【壮族】
W6522.2.3	忌看性行为（忌看交配）	
W6522.2.3.1	忌看他人性交，否则自己会死，不死也要害大病或破财	【傈僳族】
W6522.2.3.2	看到别人性交是倒霉之事	【侗族】
W6522.2.3.3	忌看到蛇交配	【侗族】
W6522.2.4	特定事件中的性行为禁忌	【基诺族】@［W6531.4.3.1］狩猎出发前三天不得与妇女行房事
W6522.2.4.1	祭祀期间禁止性行为	［W6509.2.4.3］祭天期男女不同房
W6522.2.4.1.1	婚礼祭家神的各种礼仪结束后，当夜新娘夫妇不同房	【纳西族】
W6522.2.4.2	猎手打得马鹿后，直到断连颈肋骨仪式的两夜内，忌与妻同房，要在兽房（客房）居住	【基诺族】
W6522.3	性罪恶禁忌	【汤普森】Q240
W6522.4	乱伦禁忌（禁止乱伦）	【汤普森】①A1556.1 ②C114；［W7985］乱伦

W 编码	母题描述	关联项
W6522. 4. 1	忌异辈乱伦	
W6522. 4. 1. 1	忌父女婚	
W6522. 4. 2	忌同辈乱伦	
W6522. 4. 2. 1	忌兄妹结婚	【佤族】［W7300］兄妹婚
W6522. 4. 2. 1. 1	兄妹婚配会触怒神灵	【纳西族】
W6522. 4. 3	忌其他血缘乱伦	
W6522. 4. 4	忌同族乱伦	
W6522. 4. 5	忌同姓乱伦	
W6522. 5	通奸禁忌	【汤普森】①A1556. 3 ②C115；【关联】①
W6522. 6	强奸禁忌	【汤普森】C118
W6522. 7	忌婚外性关系	【布依族】
W6522. 8	其他与性相关的禁忌	【关联】②
W6522. 8. 1	青春期禁忌	【汤普森】C130
W6522. 8. 2	经期不能进入水域	【汤普森】C141. 3
W6523	**性别禁忌**	
W6523. 1	妇女禁忌（女人禁忌；女性禁忌）	【汤普森】C181；【傈僳族】
W6523. 1. 0	妇女禁忌的原因	
W6523. 1. 0. 1	忌妇女是因为妇女不洁	【怒族】
W6523. 1. 1	禁忌妇女参与祭祀	【赫哲族】
W6523. 1. 1. 1	求雨禁妇女	【汉族】@［W6484. 1］为了求雨祭祀（通过祭祀祈雨；通过祭祀求雨）
W6523. 1. 1. 2	女人不能接近圣礼	【汤普森】V39. 2
W6523. 1. 1. 2. 1	女子不能睡在祖公神位处	【黎族】
W6523. 1. 1. 2. 2	男人烧香敬神时妇女不能进场参加，只能场外观看	【纳西族】

① ［W7130］性爱；［W7991］通奸。
② ［W6521. 7. 3. 1］兄长夜间不能进入妹妹房间；［W6526. 6. 3. 3］忌看交配（忌看性交）。

W 编码	母题描述	关联项
W6523.1.1.3	妇女不能睡在有神位的地方	【黎族】@［W6523.1.2a.2］忌妇女接近神位
W6523.1.1.4	禁止妇女参加送火神祭仪	【白族】@［W6495.5.4.8］送火神（驱火神）
W6523.1.1.5	神林中还愿时祭女人	【羌族】
W6523.1.1.6	扎制到收藏祭品，忌妇女沾手	【仡佬族】
W6523.1.1.7	祭特定的神忌妇女参加	
W6523.1.1.7.1	祭山神忌妇女参加	【蒙古族（布里亚特）】【壮族】@［W6523.1.2a.2.1］忌妇女到房顶祭山神的地方
W6523.1.1.7.2	氏族或家庭祭天神时忌妇女参加	【赫哲族】@［W6501.1.6.4.1］女子不得参加祭天
W6523.1.1.7.3	祭祀铁匠神忌妇女参加	【蒙古族（布里亚特）】
W6523.1.1.8	忌妇女参加祭敖包	【达斡尔族】@［W6502.11］祭敖包
W6523.1.1.9	与忌妇女参加祭祀有关的其他母题	［W6523.1.3.4.2］忌分娩后的妇女参加祭祀
W6523.1.1.9.1	不禁寡女姑婆祷星求福	【满族】
W6523.1.2	妇女特定行为禁忌	
W6523.1.2.1	妇女从事生产中的禁忌	
W6523.1.2.1.1	禁忌妇女打猎	【高山族】@［W6531.4］］狩猎禁忌
W6523.1.2.1.2	女子忌役牛	【仡佬族】
W6523.1.2.1.3	女人不犁田	【仡佬族】
W6523.1.2.1.4	渔民打鱼时忌妇女参加	【达斡尔族】
W6523.1.2.2	忌妇女跨过生产工具	【关联】①
W6523.1.2.2.1	禁忌妇女靠近猎具	【傈僳族】
W6523.1.2.2.2	妇女不能跨越男子使用的一切生产工具	【傈僳族】

① ［W6530］接触禁忌；［W6531.9.5］生产工具禁忌（劳动工具禁忌；工具使用禁忌；农具禁忌；生产用品禁忌）。

W 编码	母题描述	关联项
W6523. 1. 2. 2. 3	忌女人跨过扁担	【布依族】
W6523. 1. 2. 2. 4	忌妇女在斧子上跨过	【鄂温克族】
W6523. 1. 2. 2. 5	忌妇女跨过马具	
W6523. 1. 2. 2. 5. 1	禁止妇女跨过或使用男人用的马鞍子、马鞭和套马杆子	【鄂温克族】
W6523. 1. 2. 3	忌产妇在娘家生孩子	［W6537. 3. 1. 1］女人不能在娘家生孩子
W6523. 1. 2. 3. 1	男始祖布洛陀规定女人不能在娘家生仔	【壮族】
W6523. 1. 2. 4	妇女饮食禁忌	
W6523. 1. 2. 4. 1	妇女忌食特定动物	［W6532. 1. 6. 2. 2. 3 孕妇忌食狗肉
W6523. 1. 2. 4. 1. 1	忌妇女吃鸡肉	【珞巴族】
W6523. 1. 2. 4. 1. 2	忌妇女吃鸡头	【纳西族】
W6523. 1. 2. 4. 2	妇女忌食动物的特定部分	
W6523. 1. 2. 4. 2. 1	妇女忌吃牛和猪的眼，否则生的孩子眼瞎	【黎族】
W6523. 1. 2. 4. 3	妇女忌偷偷摸摸地吃食	
W6523. 1. 2. 4. 3. 1	做媳妇的忌在暗里吃私食，否则得罪术神灵	【纳西族】
W6523. 1. 2. 5	女人不能看到特定事情	
W6523. 1. 2. 5. 1	斯尼冉造兵的秘密被妻子看到后失败	【傈僳族】
W6523. 1. 2. 6	妇女梳妆打扮的禁忌	
W6523. 1. 2. 6. 1	妇女忌朔日望日梳头发	【纳西族】
W6523. 1. 2. 7	妇女特定时间的行为禁忌	［W6521. 10. 4. 6. 1］祭盘古忌女性唱冬冬推
W6523. 1. 2. 7. 1	正月初一至初三，妇女忌用针线	【仡佬族】
W6523. 1. 2. 7. 2	正月初一，女人不用针线	【仡佬族】
W6523. 1. 2. 7. 3	大年初一早上，忌女人第一个进别人家	【布依族】

W 编码	母题描述	关联项
W6523.1.2.8	与妇女行为禁忌有关的其他母题	［W6207.5.2.1］盖地房仪式时，忌女子纺织
W6523.1.2.8.1	忌讳女人拍男人的肩膀	【藏族】
W6523.1.2.8.2	忌妇女使用男性的用具	
W6523.1.2.8.2.1	忌妇女使用男性亲属的用具	
W6523.1.2.8.2.1.1	大伯子用过的烟袋弟妹忌用	【鄂温克族】
W6523.1.2.8.3	妇女忌使用与神有关的东西	
W6523.1.2.8.3.1	妇女不能骑敬神的马	【锡伯族】
W6523.1.2.8.4	妇女乘车禁忌	
W6523.1.2.8.4.1	忌妇女从后面上车	【达斡尔族】
W6523.1.2.8.5	妇女整理服饰禁忌	［W6523.1.2.6］妇女梳妆打扮的禁忌
W6523.1.2.8.5.1	忌妇女人前抖裙子	【藏族】
W6523.1.2a	忌妇女到特定地点（女人的特定地点禁忌）	
W6523.1.2a.1	妇女不能过中梁，妇女不能进经堂，妇女不能坐火塘	【纳西族】
W6523.1.2a.2	忌妇女接近神位	【鄂伦春族】
W6523.1.2a.2.1	忌妇女到房顶祭山神的地方	【纳西族】
W6523.1.2a.2.2	忌妇女接近屋脊上的白石神	【藏族】
W6523.1.2a.2.3	不许妇女到放祖先神位的“仙人柱”后面	【鄂伦春族】
W6523.1.2a.2.4	忌妇女靠近神像	【鄂温克族】@［W6524.1.3.3］孕妇忌寺庙里看某些神像，特别是不能看那些牛头马面之神
W6523.1.2a.2.5	忌妇女靠近神龛	【满族】@［W6512.9.5］神龛禁忌（与神龛有关的渎神行为禁忌）
W6523.1.2a.2.6	忌女子进出供有敖雷·巴尔肯（山神）的仓库内	【达斡尔族】

W 编码	母题描述	关联项
W6523. 1. 2a. 3	妇女忌登楼	【关联】①
W6523. 1. 2a. 3. 1	妇女终身不登楼	【仡佬族（红仡佬）】
W6523. 1. 2a. 3. 2	妇女不能随便上楼	【仡佬族】
W6523. 1. 2a. 3. 2. 1	老人在楼上时，忌儿媳上楼	【布依族】@［W6523. 1. 3. 3. 6］公公在楼下，媳妇忌到楼上
W6523. 1. 2a. 3. 2. 2	男人在楼下，女人不能上楼	【布依族】@［W6525. 2. 6. 2. 3］丈夫在楼下，媳妇忌上楼
W6523. 1. 2a. 3. 3	姑娘出嫁后，不准上娘家的楼	【仡佬族】
W6523. 1. 2a. 3. 4	妇女在人前禁上楼	【彝族】
W6523. 1. 2a. 3. 5	妇女不准爬楼是因神在下面	【仡佬族】
W6523. 1. 2a. 4	妇女睡觉地点禁忌	
W6523. 1. 2a. 4. 1	女人不能上栏棚睡觉	【仡佬族】
W6523. 1. 2a. 4. 2	忌妇女睡西炕	【达斡尔族】
W6523. 1. 2a. 5	妇女坐立地点禁忌	
W6523. 1. 2a. 5. 1	女人忌站和停在门口或坐在门坎上	【仡佬族】@［W6520. 6. 5. 1］房屋门槛禁忌；［W6536. 1. 1. 5］正月初一至十五忌在村寨四周和房屋门口闲坐
W6523. 1. 2a. 5. 1. 1	忌妇女坐在大门坎	【彝族】
W6523. 1. 2a. 5. 2	忌妇女坐灶台	
W6523. 1. 2a. 6	忌妇女上房顶	【达斡尔族】
W6523. 1. 2b	忌妇女接触特定人、物（忌女人接触特定人物）	
W6523. 1. 2b. 1	忌妇女跨过男娃娃的头	【纳西族】
W6523. 1. 2b. 2	忌姑娘抚摸亲人的遗体	【仡佬族】
W6523. 1. 2b. 2a	忌妇女摸男人的头	【鄂温克族】

① ［W6524. 5. 3. 8］产妇不能上楼；［W6525. 2. 6. 2. 3］丈夫在楼下，媳妇忌上楼。

W 编码	母题描述	关联项
W6523.1.2b.3	女儿回到娘家不能动娘家的衣、物、帐、被	【仡佬族】
W6523.1.2b.4	忌妇女摸木匠、石匠的工具	【布依族】
W6523.1.2b.5	忌女人接触圣物	
W6523.1.2b.5.1	祭神时神骑的马忌女人骑	【达斡尔族】
W6523.1.2b.5.2	女人不能乘骑献给神灵乘骑的马或牛	【达斡尔族】
W6523.1.2b.5.2.1	忌女人骑献给神的马	【鄂温克族】
W6523.1.2b.5.3	忌妇女上房触及灵物“白石”	【藏族】
W6523.1.2b.6	忌妇女接近陌生男子	【鄂温克族】
W6523.1.2b.7	忌妇女接近男性亲属	【鄂温克族】
W6523.1.3	特定身份的妇女禁忌（妇女禁忌的类型）	
W6523.1.3.1	女婴禁忌	
W6523.1.3.2	少女禁忌	
W6523.1.3.3	已婚女人禁忌（媳妇禁忌）	［W6523.1.2.4.3.1］做媳妇的忌在暗里吃私食，否则得罪术神灵
W6523.1.3.3.1	已婚妇女不能参加特定祭祀	【羌族】@［W6509.2.6.1.1.2］祭山时祭已婚女子参加
W6523.1.3.3.2	正月初一忌已婚妇女到别人家，犯忌	【仡佬族】
W6523.1.3.3.3	春节三天内媳妇不能上楼	【仡佬族】
W6523.1.3.3.4	新媳妇禁忌（新娘禁忌）	
W6523.1.3.3.4.1	新媳妇进家时忌孕妇在场	【布依族】@［W6520.1.4.1.1］新媳妇忌往门后泼水，因为她娘家的祖先常呆在这里
W6523.1.3.3.5	媳妇不能在公公面前摘头巾	【仡佬族】
W6523.1.3.3.6	公公在楼下媳妇忌到楼上	【布依族】@［W6525.2.6.2.3］丈夫在楼下，媳妇忌上楼

W 编码	母题描述	关联项
W6523. 1. 3. 3. 6a	公公、伯伯、叔叔健在时，儿媳妇忌上楼，否则认为不尊敬长老	【布依族】
W6523. 1. 3. 3. 7	忌媳妇随便进正堂	【锡伯族】
W6523. 1. 3. 3a	未婚女人禁忌	
W6523. 1. 3. 3a. 1	未结婚的姑娘忌在新娘床上坐	【仡佬族】
W6523. 1. 3. 3a. 2	未婚女子死亡禁忌	【布依族】@［W6664. 7. 1. 1］未出嫁的姑娘死后不准从正门抬出
W6523. 1. 3. 3a. 3	未婚女青年不能吃猪脚	【布依族】
W6523. 1. 3. 4	哺乳期妇女禁忌	［W6531. 6. 4a. 4］分娩后的妇女播种
W6523. 1. 3. 4. 1	孩子没满月的哺乳期妇女到岩洞里割草，被封洞中	【壮族】
W6523. 1. 3. 4. 2	忌分娩后的妇女参加祭祀	【藏族】
W6523. 1. 3. 5	寡妇禁忌	
W6523. 1. 3. 5. 1	守寡的母亲说话，使儿子莫一大王扎的草人草马不能成活	【壮族】
W6523. 1. 3. 5. 2	新寡妇禁忌	
W6523. 1. 3. 5. 2. 1	新死丈夫的寡妇要特定仪式后才能见人	【羌族】
W6523. 1. 3. 5. 3	寡妇戴孝期间忌改嫁	【鄂温克族】
W6523. 1. 3. 6	母亲禁忌	
W6523. 1. 3. 6. 1	母亲说实话，导致儿子复活失败	【壮族】
W6523. 1. 3. 7	出嫁的女子禁忌	［W6523. 1. 2a. 3. 3］姑娘出嫁后，不准上娘家的楼
W6523. 1. 3. 7. 1	嫁出去的姑娘除夕忌回娘家过年	【仡佬族】
W6523. 1. 3. 7. 2	出嫁的姑娘不能享用祭奠过财神和祖先的祭品	【仡佬族】
W6523. 1. 3. 8	不育妇女禁忌	
W6523. 1. 3. 8. 1	忌不育妇女抱孩子	【藏族】

W 编码	母题描述	关联项
W6523.1.4	与妇女禁忌有关的其他母题	【关联】①
W6523.1.4.1	女人忌食生殖器	【汤普森】C229.2；［W6522］食物禁忌
W6523.1.4.2	女人禁多说话	【彝族】@［W6527］语言禁忌（说的禁忌）
W6523.1.4.3	女人禁暴露身体	
W6523.1.4.4	特定地点禁与女子幽会	【汤普森】C194
W6523.1.4.5	女子月经禁忌（妇女经期禁忌）	［W6503.8.4.2.1.1］祭酒要由没有月经在身的妇女煮成
W6523.1.4.5.1	经期妇女参加祭祀	
W6523.1.4.5.1.1	严禁行经的妇女参加祭祀山神	【彝族】
W6523.1.4.5.1.2	家族或村寨集体祭祀"拉"（鬼）时，忌月经在身的妇女参加	【独龙族】
W6523.1.4.5.1.3	经期妇女不得参加祭吉星神	【赫哲族】
W6523.1.4.5.2	女孩第一次来月经期间，忌去建房人家，否则房倒屋塌	【傈僳族】
W6523.1.4.5.3	月经在身的妇女不能睡在楼上的草堆里，否则血污染草料，牲口吃了会死	【纳西族】
W6523.1.4.5.4	忌乱丢月经布	【达斡尔族】【鄂伦春族】【鄂温克族】【满族】
W6523.1.4.5.5	女子月经时忌出嫁	【锡伯族】
W6523.1.4.6	忌救助女人	【鄂伦春族】
W6523.1.4.7	忌妇女参见特定活动	
W6523.1.4.7.1	禁止妇女参加"送熊"仪式	【蒙古族（布里亚特）】
W6523.2	男性禁忌（男人的禁忌）	【汤普森】C182
W6523.2.1	男人忌接触产期妇女	［W6518.4］妇女产期禁接触男人
W6523.2.2	男人忌佩戴女人饰物	【汉族】

① ［W6028.5.1.1］狩猎前不和女人同房才能获得更多的野物；［W6688.2.5.1］丧葬仪式忌妇女

W 编码	母题描述	关联项
W6523. 2. 3	女人不在时，男子不能入女室	【汤普森】C182. 2
W6523. 2. 4	男人忌看女人生孩子	【纳西族】
W6523. 2. 4. 1	分娩时忌男人入室	【藏族（白马）】
W6523. 2. 5	男人忌涉足女人场所	【布依族】@［W6524. 4. 1. 4］男人不准进入产房
W6523. 2. 5. 1	男人忌随便出入妇女卧室	【傈僳族】
W6523. 2. 5. 1. 1	公公忌入儿媳卧室	【布依族】
W6523. 2. 6	特定身份的男性禁忌	
W6523. 2. 6. 1	未婚男禁忌	
W6523. 2. 6. 1. 1	未婚男忌食猪蹄，以防犯岳父	【仡佬族】
W6523. 2. 7	男性饮食禁忌	
W6523. 2. 7. 1	男性忌吃动物的特定部位	
W6523. 2. 7. 1. 1	男人不能吃熊尾	【鄂温克族】
W6523. 2. 8	男人忌特定行为	
W6523. 2. 8. 1	男人忌到彩虹下	【鄂伦春族】
W6523. 2. 9	与男人禁忌有关的其他母题	
W6523. 3	男女遇见禁忌	
W6523. 3. 1	血缘关系男女相见禁忌	［W6523. 1. 2b. 6］忌妇女接近陌生男子
W6523. 3. 1. 1	哥哥忌见闺房中的妹妹，否则遭雷劈	【黎族】
W6523. 4	男女居住禁忌	［W6523. 2. 5. 1］男人忌随便出入妇女卧室
W6523. 4. 1	丈夫在妻子孕期要分居	
W6523. 4. 2	未婚的男子要与 8 个月的孕妇分开住	【纳西族】
W6523. 4. 3	夫妇特定场合忌同宿	
W6523. 4. 3. 1	外来夫妇不能在主家同宿	【布依族】
W6523. 4. 3. 1. 1	外来夫妇不准在家同宿，否则家运遭殃	【布依族】

W 编码	母题描述	关联项
W6523.4.3.2	女儿女婿不能在女子父母家同宿	【布依族】
W6523.4.3.3	女婿和姑娘回外家期间不能在外家同宿	【布依族】
W6523.5	男女间行为禁忌	【关联】①
W6523.5.1	男人忌给女人提鞋	【仡佬族】
W6523.5.2	男人忌给女人提裤子	【仡佬族】
W6523.5.3	男人忌给女人洗衣服	【仡佬族】
W6523.5.4	忌男人看到女人特定事象	
W6523.5.4.1	男人忌出门办事时在途中遇妇女小便	【布依族】
W6523.5.5	两男人谈话忌女人从中间穿过	【仡佬族】
W6523.5.6	忌男女共用餐具	【藏族】
W6523.6	男女间其他禁忌	
W6523.6.1	男人忌穿女人衣	【仡佬族】
W6523.6.2	男人的用品忌女人染指	
W6523.6.2.1	男人挑担忌女人从上跨越	【布依族】
W6523.6.3	女人做事忌男人涉足	
W6523.6.3.1	女子晒裤忌男人从下穿过	【布依族】
W6523.6.4	特定关系的男女忌婚（婚姻禁忌）	［W6522.4］乱伦禁忌（禁止乱伦）
W6523.6.4.1	兄妹婚禁忌	【高山族（排湾族）】
W6523.6.4.2	忌同姓结婚	【侗族】
W6523.6.4.3	喇嘛不能结婚	【珞巴族】
W6523.7	与性别禁忌有关的其他母题	［W6521.10.4.6］祭祀中的性别禁忌
W6523.7.1	男女禁忌有别	
W6523.7.1.1	男人不插秧，女人不犁耙田	【仡佬族】

① ［W6521.9.9.3.6.1］男客人进门，妇女须离开；［W6526.6.1.5.3］窥视异性禁忌（男女之间窥视禁忌）。

W 编码	母题描述	关联项
W6524	**生育禁忌（孕产禁忌）**	【汤普森】C150
W6524. 1	孕期禁忌（孕妇禁忌）	【汤普森】C152；【关联】①
W6524. 1. 1	孕妇忌接触特定物	
W6524. 1. 1. 1	孕妇忌接触死物	【高山族】
W6524. 1. 1. 1. 1	孕妇经过有死蛇、死鼠、死鸡的地方要绕道	【高山族（布农人）】
W6524. 1. 1. 2	孕妇忌接触特定植物	
W6524. 1. 1. 2. 1	孕妇忌接触瓜果	【基诺族】@［W6530. 9. 1. 1］忌孕妇接触一切瓜果，否则会烂，不再结果
W6524. 1. 1. 3	孕妇忌接触特定动物	
W6524. 1. 1. 3. 1	孕妇铺熊皮会招致流产	【达斡尔族】
W6524. 1. 1. 3. 2	孕妇忌提网、拿秤	【布依族】
W6524. 1. 1. 3. 2. 1	做生意忌孕妇掌秤	【布依族】
W6524. 1. 1. 3. 3	孕妇不准摸嫁妆	【布依族】
W6524. 1. 1. 4	孕妇忌触摸特定物件	
W6524. 1. 1. 4. 1	忌孕妇触摸老人的寿衣，否则出怪	【布依族】
W6524. 1. 1. 4. 2	忌孕妇触摸新媳妇的嫁妆，否则出怪	【布依族】
W6524. 1. 1. 4. 3	忌孕妇或产妇摸铁匠铺的火钳、风箱、铁锤等打铁用具	【仡佬族】
W6524. 1. 1. 4. 4	孕妇忌跨马缰绳	【藏族】
W6524. 1. 2	孕妇饮食禁忌（孕妇忌吃特定物）	［W6532. 1. 5. 3. 2. 1］妊娠期吃墨斗鱼，会生无骨孩子
W6524. 1. 2. 1	妊娠期吃鸭肉婴儿会像鸭子一样连指	【朝鲜族】
W6524. 1. 2. 2	妊娠期吃狗肉，婴儿会有狗的特性	【朝鲜族】

① ［W6525. 2. 6. 3］忌孕妇；［W6631. 1］孕期习俗。

W 编码	母题描述	关联项
W6524.1.2.2a	孕妇吃驴肉生出小孩会像驴	【达斡尔族】
W6524.1.2.3	孕妇忌食蛇、狗肉，否则将难产	【黎族】@［W6532.1.6.2.2.3］孕妇忌食狗肉
W6524.1.2.4	孕妇忌食特定的鸟	
W6524.1.2.4.1	孕妇忌吃乌鸦、犀鸟等叫声难听的鸟，否则生的孩子说话难听	【基诺族】
W6524.1.2.4.2	孕妇忌吃斑鸡、鸽子，因为斑鸠、鸽子每逢下蛋都昏迷不醒片刻，孕妇食用后也会在分娩时昏迷不醒	【傈僳族】
W6524.1.2.5	孕妇忌食品相不佳的东西（孕妇忌吃通过联想会产生不好结果的食物）	
W6524.1.2.5.1	孕期不能吃酸菌，因为菌生长时色黄，吃此菌后人皮黄，寿短多病	【基诺族】
W6524.1.2.5.2	孕妇忌吃黄瓜子，否则小孩身上会长花花绿绿的斑纹	【傈僳族】
W6524.1.2.6	孕妇忌吃其他东西	
W6524.1.2.6.1	孕妇忌食野禽野兽的肉	【傈僳族】
W6524.1.2.6.2	孕妇忌吃羊肉	【民族，关联】①
W6524.1.2.6.3	孕妇忌吃母猪肉	【布依族】@［W6523.2.6.1.1］未婚男忌食猪蹄，以防犯岳父；［W6525.1.2.6.1.3］小孩忌吃猪脚叉，否则长大难寻媳妇
W6524.1.2.6.3.1	孕妇忌吃母猪肉，否则盖房子生的孩子要害母猪疯	【仡佬族】
W6524.1.2.6.4	孕妇忌吃水牛肉，否则生的孩子鼻子“瓮”	【仡佬族】

① 【侗族】@［W6515.2.1.0.2.1］忌吃羊的肥肠，否则找不到好草场；［W6515.3.5.1］吃祭品的当天忌吃羊肉、蒜、漆油、辣子等；［W6539.1.3.4.1］家里孩子死的多的大人忌吃羊肉、葱、蒜，否则触犯鬼神。

W 编码	母题描述	关联项
W6524. 1. 2. 7	孕妇吃法禁忌（孕妇吃相禁忌）	
W6524. 1. 2. 7. 1	孕妇吃鸡蛋时要划开四半吃，忌不切整个吃，以防葡萄胎	【基诺族】
W6524. 1. 2. 8	孕妇其他饮食禁忌	
W6524. 1. 2. 9	与孕妇饮食禁忌有关的其他母题	
W6524. 1. 2. 9. 1	忌孕妇同桌吃饭	【彝族】
W6524. 1. 3	孕妇忌见特定物（孕妇看的禁忌）	［W6526］看的禁忌（见的禁忌）
W6524. 1. 3. 1	孕妇忌见兔子	
W6524. 1. 3. 1. 1	孕妇见兔生唇裂孩子	【汉族】
W6524. 1. 3. 2	孕妇忌看日蚀或月蚀，否则胎儿出世是兔唇	【白族】
W6524. 1. 3. 3	孕妇忌寺庙里看某些神像，特别是不能看那些牛头马面之神	【白族】
W6524. 1. 3. 4	孕妇忌见其他特定物	
W6524. 1. 3. 4. 1	忌孕妇看灶台	【达斡尔族】
W6524. 1. 3. 4. 2	忌孕妇看死物	【锡伯族】
W6524. 1. 3. 4. 3	忌孕妇看见育秧	【侗族】@［W6531. 6. 6. 2］育秧时忌小孩吹草筒之类的筒笛
W6524. 1. 3. 5	孕妇忌看特定的人	
W6524. 1. 3. 5. 1	孕妇忌看办酒的人	【纳西族】
W6524. 1. 3. 5. 2	孕妇忌看见死人	【纳西族】@［W6524. 1. 3. 4. 2］忌孕妇看死物
W6524. 1. 3. 5. 3	忌孕妇看病人	【锡伯族】
W6524. 1. 3. 6	孕妇忌看特定事	
W6524. 1. 3. 6. 1	孕妇忌看人家立屋架	
W6524. 1. 3. 6. 2	忌孕妇看新娘新房	【布依族】
W6524. 1. 3. 6. 3	忌孕妇看祭圣祖母	【侗族】
W6524. 1. 3. 6. 4	忌孕妇旁观猪牛下崽及鸡鸭孵蛋	【布依族】

W 编码	母题描述	关联项
W6524.1.3.6.5	忌妇女看与神有关的活动	
W6524.1.3.6.5.1	妇女忌看跳神	【赫哲族】@［W6505.2.12.3］祭祀时跳神
W6524.1.4	孕妇忌使用特定物	
W6524.1.4.1	孕妇用有缺口的碗或水瓢喝水会生残疾孩子	【朝鲜族】
W6524.1.4.2	孕妇烧柴忌烧带杈的柴，否则孩子会成兔唇	【傈僳族】
W6524.1.5	孕妇出行禁忌（孕妇去特定地点的禁忌）	
W6524.1.5.1	孕妇忌特定时间出行	
W6524.1.5.1.1	孕妇忌天黑以后不出门	【纳西族】
W6524.1.5.2	孕妇忌到特定地方	
W6524.1.5.2.1	孕妇忌上坟山	【纳西族】
W6524.1.5.2.2	孕妇忌到正房火塘边，因为这是祭祀神灵和祖灵的圣地，以免孕妇的秽气冒犯神灵	【纳西族】
W6524.1.5.2.3	忌孕妇或产妇从铁匠铺前走过	【仡佬族】@［W6524.1.1.4.3］忌孕妇或产妇摸铁匠铺的火钳、风箱、铁锤等打铁用具
W6524.1.5.3	忌孕妇乘特定交通工具	
W6524.1.5.3.1	孕妇不能坐驴车，否则误产期	【达斡尔族】
W6524.1.5.4	孕妇不能串门，走亲访友	【民族，关联】①
W6524.1.5.4.1	产期妇女不能走别家	【布依族】
W6524.1.6	孕妇特定行为禁忌（忌孕妇参与特定事）	
W6524.1.6.1	孕妇忌砍被藤子绕绞的树柴，以防婴儿横绞难产	【基诺族】

① 【布依族】@［W6521.7.2.2］特定时间忌访客（特定时间忌串门）；［W6524.5.1］产妇生育后出行禁忌（产妇出行禁忌）。

W 编码	母题描述	关联项
W6524. 1. 6. 2	孕妇忌跨特定的物	
W6524. 1. 6. 2. 1	孕妇跨越牛轭和拴牛马的绳子，否则会怀胎时间长及难产	【纳西族】
W6524. 1. 6. 3	孕妇忌生气及与他人争吵，否则生的婴儿将脾气暴躁	【白族】
W6524. 1. 6. 4	孕妇忌参加喜事	
W6524. 1. 6. 4. 1	忌孕妇接亲送亲	【布依族】
W6524. 1. 6. 5	孕妇忌参加丧葬	
W6524. 1. 6. 5. 1	孕妇严禁参加“洗尸”与“穿戴”仪式	【布依族】
W6524. 1. 6. 6	忌孕妇借物	
W6524. 1. 6. 6. 1	忌孕妇借家什	【仡佬族】
W6524. 1. 7	孕妇的其他禁忌	
W6524. 1. 8	与孕妇禁忌有关的其他母题	
W6524. 1. 8. 0	多种事件忌遇到孕妇	
W6524. 1. 8. 0. 1	婚姻、丧葬、祭祀、鸡卜、扫寨、出行、渔猎、建房、制酒、织染等都忌讳碰到孕妇	【民族，关联】①
W6524. 1. 8. 1	孕妇的关联人禁忌（孕妇的关系人禁忌）	
W6524. 1. 8. 1. 1	孕妇老公的禁忌	
W6524. 1. 8. 1. 1. 1	孕妇和她的丈夫都忌上房顶，否则房屋内会有阴邪气	【傈僳族】
W6524. 1. 8. 1. 1. 2	妻子怀孕期间，丈夫忌给别人抬丧	【侗族】
W6524. 1. 8. 1. 1. 3	孕妇的丈夫忌破猪蹄、牛蹄等，以免生出的孩子手足有毛病	【侗族】
W6524. 1. 8. 1. 1. 4	孕妇的丈夫忌参加狩猎、捕鱼	【布依族】

① 【侗族】@［W6524. 1. 6. 4］孕妇忌参加喜事；［W6524. 1. 6. 5］孕妇忌参加丧葬。

W 编码	母题描述	关联项
W6524.1.8.1.1.5	孕妇的丈夫忌参加征战，否则死者阴魂会报复胎儿	【布依族】
W6524.1.8.1.2	孕妇的家人禁忌	
W6524.1.8.1.3	孕妇的关联人的其他禁忌	
W6524.1.8.1.4	与孕妇关联人禁忌有关的其他母题	【关联】①
W6524.1.8.1a	孕妇的关联物禁忌	
W6524.1.8.1a.1	忌移动孕妇床，否则易流产	【侗族】
W6524.1.8.1.2	特定时间的孕妇禁忌（孕妇特定月份的禁忌）	
W6524.1.8.1.2.1	怀孕在3个月以上者忌摘果子，否则被摘的果树会死掉，生的孩子也活不长	【傈僳族】
W6524.1.8.1.3	孕妇的关联事禁忌	
W6524.1.8.1.3.1	家有孕妇忌在附近挖土，否则会冲动胎位	【侗族】
W6524.1.8.1.3.2	家有孕妇忌在附近丢放重东西，如果不忌，否则会冲动胎位，危及孕妇	【侗族】
W6524.1.8.1.3.2a	家中有孕妇忌在附近搬动重物，否则引发孕妇堕胎	【侗族】
W6524.1.8.1.3.3	有孕妇的人家忌乱搬东西，否则导致五官不全	【仡佬族】
W6524.1.8.1.3.4	有孕妇的人家忌在屋内乱钉钉子，否则会钉伤胎儿	【仡佬族】
W6524.1.8.1.3.5	有孕妇的人家忌堵塞耗子洞，否则生的孩子大小便不通	【仡佬族】
W6524.1.8.1.3.6	有孕妇人家忌外人进门，以防“踩奶”	【仡佬族】
W6524.2	生育时间禁忌	

① ［W6523.4.1］丈夫在妻子孕期要分居；［W6524.4.3］妇女产期的关系人禁忌。

W 编码	母题描述	关联项
W6524. 2. 1	忌特定的日子生育	
W6524. 2. 1. 1	五月五日生子，男害父，女害母	【汉族】
W6524. 3	生育地点禁忌（分娩地点禁忌）	［W6521. 9. 9. 3. 5. 1］生孩子时忌造访
W6524. 3. 1	女人不能在娘家生育	【布依族】【仡佬族】
W6524. 3. 1. 1	掌管万物生死大权的布洛陀规定，女人不能在娘家生仔	【壮族】
W6524. 3. 1. 2	姑娘出嫁后不得在娘家生小孩，否则子女不兴旺	【独龙族】
W6524. 3. 1. 3	嫁出去的女孩忌到娘家生育，特殊情况可在村外搭棚供其生育	【侗族】
W6524. 3. 2	忌屋内生孩子	
W6524. 3. 2. 1	生小孩在房外，是因为小孩生在室内不洁净	【独龙族】
W6524. 3. 2. 2	产妇忌在居室临盆要到牛羊圈分娩	【羌族】
W6524. 3. 3	忌妇女在家中生孩子	
W6524. 3. 3. 1	女子忌家中分娩，要在凉台上用竹笆围起的杆栏处生产	【基诺族】
W6524. 3. 3a	忌妇女在家中和帐篷中分娩	
W6524. 3. 3a. 1	忌妇女在家中和帐篷中分娩，是因为生孩子时有“污秽”，要冲毁一切福气	【藏族】
W6524. 3. 4	忌在特定居所生孩子	
W6524. 3. 4. 1	婴儿不能生在厨房	【彝族】
W6524. 3. 4. 2	婴儿不能生在堂屋	【彝族】
W6524. 3. 5	忌在供神之室生孩子	【羌族】
W6524. 3. 6	特定生育者生育地点禁忌	
W6524. 3. 6. 1	“上门女婿”的妻子忌在娘家房屋内生育	

W 编码	母题描述	关联项
W6524.3.6.1.1	“上门女婿”的妻子生育必须在村寨外或屋外另建房屋	【布依族】
W6524.3.6.2	外来的妇女不能在主家生育	【布依族】
W6524.4	生育期间禁忌	
W6524.4.0	孕妇生产前的禁忌（临产禁忌）	
W6524.4.0.1	临产的孕妇忌去生孩子人家和牲畜下崽的家里，否则会导致缺奶	【傈僳族】
W6524.4.1	忌外人闯入产房（产妇居所禁忌；生育场所禁忌）	
W6524.4.1.1	产妇产后未满4天，外人不得闯入房内，否则婴儿常啼哭	【黎族】@［W6524.6.1.1］牲畜分娩时忌生人
W6524.4.1.1a	孕妇生孩子的人家，3天内禁止外人进入正房	【纳西族】
W6524.4.1.1b	孩子出生后3天内，外人不能进入家中	【布依族】
W6524.4.1.2	妇女怀孕或生育时，忌外人进家，生育时连丈夫也不能看，否则带来邪气	【傈僳族】
W6524.4.1.3	产妇未满月，忌外人进入产妇住房	【纳西族】
W6524.4.1.4	男人不准进入产房	【布依族】【锡伯族】
W6524.4.2	妇女孕产期间忌接触特定对象	
W6524.4.2.1	妇女产期禁接触男人	
W6524.4.2.2	忌孕妇或坐月子时摸生冷的东西	【仡佬族】
W6524.4.3	妇女产期的关系人禁忌	
W6524.4.3.1	妇女孕产时的丈夫禁忌	
W6524.4.3.1.1	产妇坐月期间，丈夫不得摸果、摘果，不能摘人栽的辣子、茄子等果菜	【基诺族】
W6524.4.3.1.2	孩子出生三天之内，忌新生儿父亲乱进他人房屋	【侗族】

W 编码	母题描述	关联项
W6524. 4. 4	妇女孕产期间忌从事特定生产劳动	
W6524. 4. 4. 1	孕妇和生孩子未满月的妇女忌树上摘水果，否则这棵树今后不再结果	【白族】
W6524. 4. 5	分娩时忌出现特定行为	
W6524. 4. 5. 1	生孩子时忌取燃烧着的柴块，否则小孩会短命	【傈僳族】@［W6524. 5. 9. 1］外人忌到产妇家借火，忌索回产妇生孩子前借去的东西，否则导致孩子哭闹
W6524. 4. 6	家人分娩时，忌外人随便进家	【仡佬族】
W6524. 4. 7	接生人禁忌	
W6524. 4. 7. 1	忌男人接生	【侗族】
W6524. 5	生育后的禁忌（产妇禁忌；生育后特定时间内的禁忌）	
W6524. 5. 1	产妇生育后出行禁忌（产妇出行禁忌）	
W6524. 5. 1. 1	忌妇女生孩子满月之内忌外出	【汉族】【壮族】
W6524. 5. 1. 1. 1	产妇不满月忌入他人家宅，更不能到别人家哭闹	【傈僳族】
W6524. 5. 1. 1. 1. 1	忌产妇未满月到别人房屋中	【彝族】
W6524. 5. 1. 1. 2	产妇未满月忌跨大门槛、忌串户	【仡佬族】
W6524. 5. 1. 1. 2a	妇女坐月子时忌到别家	【布依族】
W6524. 5. 1. 1. 3	未满月产妇不能从别人家的门前走过	【布依族】
W6524. 5. 1. 1. 3a	产妇坐月子期间出门时忌踩别人的屋基	【侗族】@［W6521. 3. 2. 2］杀猫、杀狗时忌将血洒在屋基上
W6524. 5. 1. 2	月婆子忌在露天下行走，否则说是触犯天地	【侗族】
W6524. 5. 1. 3	产妇未满月忌踏入别家地基或门户，认为“红人”不吉利	【侗族】

W 编码	母题描述	关联项
W6524.5.1.3a	坐月妇女忌进出邻居房屋	【布依族】
W6524.5.1.4	忌未满月的产妇进家进寨，否则带来邪恶、灾祸	【布依族】
W6524.5.2	孩子出生后的亲属禁忌	
W6524.5.2.1	小孩出生 10 天之内，父母不能去森林	【珞巴族】
W6524.5.2.2	娘家人去探望未满月的外孙时，忌摸、抱	【布依族】
W6524.5.3	产妇起居禁忌（妇女产后居住禁忌；产妇居所禁忌）	
W6524.5.3.1	产妇满月后要进行一次除秽祭秽仪式，否则不能进入家房正屋	【纳西族】
W6524.5.3.2	产妇忌面朝与自己属相相冲的方向	【纳西族】
W6524.5.3.3	生孩子 21 天内，生男孩的人家忌带弓箭长刀进去，生女孩的忌穿鞋进去	【傈僳族】
W6524.5.3.4	月婆子忌入堂屋，否则触犯祖先	【侗族】
W6524.5.3.4a	产妇未满月不能进堂屋	【仡佬族】
W6524.5.3.4b	妇女刚生小孩进堂屋会玷污神和老祖宗，使众神不灵，家神不安	【仡佬族】
W6524.5.3.5	月婆子忌入厨下，否则触犯灶神	【侗族】
W6524.5.3.6	忌坐月子妇女从神龛或老人面前走过	【仡佬族】
W6524.5.3.7	产妇出入房屋时忌正门，只能走侧门	【布依族】
W6524.5.3.8	产妇不能上楼	【布依族】
W6524.5.4	生育后忌生人	【仡佬族】
W6524.5.4.1	生小孩后门上挂红旗，以示忌生人	【羌族】
W6524.5.4.2	孩子出生后一段时间，除帮忙的至亲外，其他人一律不能进门	【傈僳族】

W 编码	母题描述	关联项
W6524. 5. 4. 3	新生婴儿落地后，忌外人进门“踩生”	【侗族】@［W6539. 3. 2. 4. 1］新生儿忌外人“踏生”，犯忌踏门者可通过喝主人家一口水，表示是自家人消除禁忌
W6524. 5. 4. 3. 1	家有产妇，三天内忌他人入家串门，以防踩断母乳	【侗族】
W6524. 5. 4. 3. 2	婴儿出世，忌性格暴躁者进门“踩生”	【侗族】
W6524. 5. 4a	生育后，忌特定身份的人	
W6524. 5. 4a. 1	产妇之家忌四眼人进屋	【仡佬族】
W6524. 5. 4a. 2	产妇之家忌穿草鞋的人进屋	【仡佬族】
W6524. 5. 4a. 3	生育后，忌特定身份的人携带特定物	
W6524. 5. 4a. 3. 1	生育未满月，忌其他妇女带钥匙进产房	【鄂温克族
W6524. 5. 5	产妇饮食禁忌（产妇忌食特定物）	
W6524. 5. 5. 1	产妇禁吃祭天肉	【纳西族】
W6524. 5. 5. 2	产妇忌吃母猪肉和羊肉	【纳西族】
W6524. 5. 5. 3	产妇专门的菜碗和饭碗，盛饭时必须将饭压得严紧实，分娩时才有力气	【傈僳族】
W6524. 5. 5. 4	产妇 3 个月内忌吃绿菜和酸辣的东西，也不吃白、灰色羽毛的鸡以及鸡、猪、羊的肚杂	【傈僳族】
W6524. 5. 5. 4a	月婆子忌吃葱蒜、青菜	【侗族】
W6524. 5. 5. 5	产妇忌食新鲜东西	
W6524. 5. 5. 5. 1	产妇不满月忌食新鲜的猪肉、牛肉或羊肉等	【傈僳族】
W6524. 5. 5. 6	产妇忌食其他特定动物	
W6524. 5. 5. 6. 1	产妇吃鸭和鹅及蛋类，易伤筋动骨	【侗族】

W 编码	母题描述	关联项
W6524.5.5.7	产妇忌食其他特定植物	
W6524.5.5.7.1	产妇忌食海椒，否则后人出红眼病	【仡佬族】
W6524.5.5.8	产妇忌食其他特定物	
W6524.5.5.8.1	产妇忌饮烧酒，否则后人出红眼病	【仡佬族】
W6524.5.5.8.2	坐月子的人吃黏米饭	【仡佬族】
W6524.5.5.9	与产妇忌食禁忌有关的其他母题	［W6524.1.2］孕妇饮食禁忌（孕妇忌吃特定物）
W6524.5.6	产妇行为禁忌	
W6524.5.6.1	产妇血气未干忌进厨房，否则此地的东厨司令灶王府君会发怒，降下病痛作惩治	【白族】
W6524.5.6.2	产妇坐月子期间不准抬锅	【傈僳族】
W6524.5.6.3	忌产妇在河的上游洗东西	【布依族】
W6524.5.6.4	忌产妇与家人共用锅、碗、瓢、盆	【布依族】
W6524.5.6.4a	忌产妇与家人共用炊具碗筷	【侗族】
W6524.5.6.5	产妇坐月期间，忌挑水、提米、择菜等	【侗族】
W6524.5.6.6	产妇三日内忌动火	【鄂温克族】
W6524.5.7	生孩子家庭的宅院禁忌	
W6524.5.7.1	生小孩后之家的人黄昏时出入家门定要随手关门	【傈僳族】
W6524.5.8	产妇禁忌的其他情形	
W6524.5.8.1	产妇的家人禁忌	
W6524.5.8.1.1	生孩子21天内家里忌烧玉米花，否则小孩短命	【傈僳族】
W6524.5.8.1.2	产妇吃不完的剩饭忌别人动用，只能让丈夫来吃	【傈僳族】
W6524.5.9	与生育后禁忌有关的其他母题	

W 编码	母题描述	关联项
W6524. 5. 9. 1	外人忌到产妇家借火，忌索回产妇生孩子前借去的东西，否则导致孩子哭闹	【傈僳族】
W6524. 5a	生育结果禁忌	［W6524. 6. 5］忌生双胞胎（孪生禁忌）
W6524. 5a. 1	忌生怪胎	
W6524. 5a. 1. 1	生怪胎认为是做了歹事的报应	【侗族】
W6524. 6	与生育禁忌有关的其他母题（与孕产禁忌有关的其他母题）	【关联】①
W6524. 6. 1	动物的生育禁忌	
W6524. 6. 1. 1	牲畜分娩时忌生人	【羌族】
W6524. 6. 1. 1. 1	牲畜产崽忌外人进屋	【布依族】
W6524. 6. 1. 1. 2	牛、马、猪、羊下崽时忌外边人看，否则会踩断母畜奶汁	【仡佬族】
W6524. 6. 1. 1. 2. 1	家中猪牛产崽时忌外人进屋，以防带来邪恶	【布依族】
W6524. 6. 1. 2	大牲畜生育时忌客	【羌族】
W6524. 6. 1. 2. 1	大牲畜生产后，主人在门外插红纸防外人闯入	【布依族】
W6524. 6. 1. 3	家畜生产时的照料人禁忌	
W6524. 6. 1. 3. 1	家畜产崽时忌属虎者照料	【锡伯族】
W6524. 6. 2	女子怀孕至产后一月内忌吃兽头肉，以防兽鬼作怪	【基诺族】
W6524. 6. 3	生育用品禁忌	
W6524. 6. 3. 1	禁止婴儿尿布在屋外晾晒	【仡佬族】
W6524. 6. 3. 2	产妇衣裤、婴儿尿片忌拿到井边、河中清洗	【侗族】
W6524. 6. 4	胎盘禁忌	

① ［W6515. 2. 1. 3. 1］产妇生孩子后忌食母猪、母牛肉；［W6515. 2. 1. 4. 1］产妇生孩子后忌食白、灰色羽毛的鸡。

W 编码	母题描述	关联项
W6524.6.4.1	婴儿的胎盘要用撮箕端出去，藏在干净处放好，忌被猪、鸡和狗吃，也忌埋土中，否则孩子将多灾多难	【傈僳族】
W6524.6.4.2	猪、牛产崽忌其自吃胎盘，以防牲口变瘦	【侗族】
W6524.6.5	忌生双胞胎（孪生禁忌）	
W6524.6.5.1	忌生双胞胎，一生下要丢弃	【基诺族】@［W2670］弃婴（弃儿）
W6524a	**养育孩子禁忌（养育禁忌；育儿禁忌）**	
W6524a.1	喂养孩子的禁忌	
W6524a.2	养育孩子的行为禁忌	
W6524a.2.1	不能横抱娃娃，因为死了的娃娃才横抱	【傈僳族】【怒族】
W6524a.2.2	未满月产妇不能打骂孩子	【布依族】
W6524a.3	育儿场所禁忌	
W6524a.3.1	产妇坐月子期间忌将孩子抱出门	
W6524a.3.1.1	产妇坐月子期间将孩子抱出门会被“魂婆”偷走孩子的魂魄	【侗族】
W6525	**特定的人的禁忌**	
W6525.1	禁忌特定年龄的人	
W6525.1.1	老人禁忌	
W6525.1.1.1	忌老人的原因	
W6525.1.1.2	忌老人的情形	
W6525.1.1.2.1	忌老人参加与新生命有关的事物	【鄂温克族】
W6525.1.1.3	与忌老人有关的其他母题	【关联】①
W6525.1.2	童孩禁忌（儿童禁忌；幼儿禁忌；小孩的禁忌；忌童孩）	【汉族】

① ［W6539.1.3.1.1］老年人忌说死亡；［W6539.1.3.1.1a］老人忌听到乌鸦叫。

W 编码	母题描述	关联项
W6525. 1. 2. 1	忌童孩的原因	
W6525. 1. 2. 2	特定时间忌童孩	
W6525. 1. 2. 2. 1	小儿不会说话前，忌食不会鸣叫的禽畜或野生动物的肉	【傈僳族】
W6525. 1. 2. 3	特定地点忌童孩	
W6525. 1. 2. 4	特定事情忌童孩	
W6525. 1. 2. 4. 1	祭祀时禁童孩	
W6525. 1. 2. 4. 2	治病时禁童孩	
W6525. 1. 2. 4. 2. 1	萨满治病时小孩不能接近	【赫哲族】
W6525. 1. 2. 4. 3	儿童饮食禁忌	【白族】@［W6515. 2. 1. 1. 1］小孩忌吃鸡、猪和牛的脑、心、腰、脾脏，因为那是给老人吃的东西，小孩吃后会长白发，掉牙齿，很快衰老
W6525. 1. 2. 4. 4	忌小孩陪客	【布依族】
W6525. 1. 2. 5	儿童忌触碰特定物（童孩忌接近特定物）	
W6525. 1. 2. 5. 1	儿童忌接近死物	【怒族】@［W6657. 5. 2. 1］未成年的人要远离尸体
W6525. 1. 2. 6	小孩饮食禁忌	
W6525. 1. 2. 6. 1	童孩自身的饮食禁忌	
W6525. 1. 2. 6. 1. 1	童孩忌食鱼卵	
W6525. 1. 2. 6. 1. 2	小孩忌食动物血，否则说话会红脸	【布依族】
W6525. 1. 2. 6. 1. 2. 1	小孩忌食猪血，否则记忆力会差	【仡佬族】
W6525. 1. 2. 6. 1. 3	小孩忌吃猪脚叉，否则长大难寻媳妇	【侗族】@［W6523. 2. 6. 1. 1］未婚男忌食猪蹄，以防犯岳父
W6525. 1. 2. 6. 1. 3a	少儿忌吃猪蹄叉，否则以后找对象曲折多	【布依族】
W6525. 1. 2. 6. 1. 4	小孩忌吃鸡肝、鸡肫，否则脑子笨	【布依族】

W 编码	母题描述	关联项
W6525.1.2.6.1.5	小孩忌吃猪肚子	【布依族】
W6525.1.2.7	童孩的行为禁忌	
W6525.1.2.7.1	童孩忌顺炕洞睡觉	【达斡尔族】
W6525.1.2.8	童孩禁忌的其他情形	
W6525.1.2.8.1	小孩忌被踩生	
W6525.1.2.8.1.1	小男孩若被女人踩生不吉利	【侗族】
W6525.1.2.8.2	忌鞭打小孩	【纳西族】
W6525.1.2.9	与忌童孩有关的其他母题	
W6525.1.2.9.1	胎儿禁忌	
W6525.1.2.9.1.1	孕期忌胎儿作祟	【侗族】
W6525.1.2.9.2	忌捉弄幼儿	【鄂温克族】
W6525.1.3	年轻人的禁忌	
W6525.1.3.1	年轻人禁忌的产生	
W6525.1.3.2	年轻人禁忌的情形（青年人的衣食住行禁忌）	
W6525.1.3.2.1	年轻人穿衣禁忌	
W6525.1.3.2.2	年轻人饮食禁忌	【关联】①
W6525.1.3.2.2.1	年轻人忌食果树第一年结的果	【纳西族】
W6525.1.3.2.2.2	未婚男孩忌食猪蹄，否则婚事不顺	【仡佬族】
W6525.1.3.2.3	年轻人居家禁忌	
W6525.1.3.2.4	年轻人行为禁忌	
W6525.1.3.2.4.1	小辈忌喊长辈的名字	【傈僳族】
W6525.1.3.2.4.2	年轻人忌与长者并坐	【鄂温克族】
W6525.1.3.2.4.3	年轻人忌不避让老人	【鄂温克族】
W6525.1.3.3	与年轻人禁忌有关的其他母题	
W6525.2	禁忌特定身份的人	

① ［W6517.2.1.2］年轻人忌吃牛眼，否则他的活牛会死；［W6517.2.1.3］年轻人忌吃牛肾，否则他的活牛会死。

W 编码	母题描述	关联项
W6525. 2. 1	忌无血缘关系的人	
W6525. 2. 2	忌有血缘关系的人	
W6525. 2. 2. 1	忌看外孙	
W6525. 2. 2. 1. 1	一个姑娘与龙王儿子婚生 1 对龙孙，带回娘家时放在神龛上，叮咛家中任何人都不能去看	【羌族】
W6525. 2. 2. 2	儿子忌母亲出现	
W6525. 2. 2. 2. 1	男孩偷学字时，母亲的出现坏了好事	【彝族】
W6525. 2. 2. 2. 2	莫一大王剪纸造兵时，母亲的出现坏了大事	【壮族】
W6525. 2. 3	忌特定群体的人	
W6525. 2. 3. 1	忌外族人	［W6503. 12. 8. 1］祭品不能被外族吃到
W6525. 2. 3. 1. 1	祭锅庄神时，如果汉人无意闯进门来需要重祭	【傈僳族】
W6525. 2. 3. 1. 2	杀黑羊祭山神时禁止外族人参加	【怒族】
W6525. 2. 3. 2	忌外姓（外姓禁忌）	
W6525. 2. 3. 2. 1	祭吉星神时忌外姓	【赫哲族】
W6525. 2. 4	忌外人（陌生人禁忌；外来人禁忌；外人禁忌）	【关联】①
W6525. 2. 4. 1	祭山还愿时不许外人参加	【羌族】
W6525. 2. 4. 2	举行驱鬼活动时，不许生人进入	【侗族】
W6525. 2. 4. 3	外来人行为禁忌	［W6521. 10. 7. 2. 2. 1］外来的人进蒙古包或进屋时忌踩门坎
W6525. 2. 4. 3. 1	外来人忌骑马进院	【鄂温克族】
W6525. 2. 4. 4	敬神的地方忌生人	【鄂伦春族】
W6525. 2. 5	忌特定的人的其他情形	
W6525. 2. 5. 1	特定场合忌见特定的人	

① ［W6520. 2. 2. 1］卧室忌外人进入；［W6523. 1. 2b. 6］忌妇女接近陌生男子；［W6524. 5. 2. 2］娘家人去探望未满月的外孙时，忌摸、抱；［W6524. 5. 4］生育后忌生人。

W 编码	母题描述	关联项
W6525.2.5.1.1	新娘结婚时忌见公婆	【傈僳族】
W6525.2.6	与忌特定的人有关的其他母题	
W6525.2.6.1	禁忌中的不洁之人	
W6525.2.6.1.1	禁忌中的不洁之人指近期家生死之人	【羌族】
W6525.2.6.1.2	异族人是禁忌中的不洁之人	【羌族】
W6525.2.6.1.3	女人是禁忌中的不洁之人	［W6523.1.0.1］忌妇女是因为妇女不洁
W6525.2.6.1.4	病人是禁忌中的不洁之人	［W6525.3.1］忌病人
W6525.2.6.2	夫妻间禁忌	
W6525.2.6.2.1	妻子忌看到丈夫原形	【汉族】
W6525.2.6.2.2	丈夫忌在妻子孕期与之吵架，否则女祖先神丕嫫会发怒降灾	【基诺族】
W6525.2.6.2.3	丈夫在楼下，媳妇忌上楼	【布依族】@［W6524.5.3.8］产妇不能上楼
W6525.2.6.2.4	客人夫妇不能宿一起	【彝族】
W6525.2.6.2.5	丈夫忌食妻子的奶	【苗族】
W6525.2.6.3	忌孕妇	
W6525.2.6.3.1	新娘到达男方家门前忌见孕妇，因为孕妇身上常有“四眼白虎鬼”，会造成夫妻婚后不和	【傈僳族】
W6525.2.6.3.2	结婚拜堂时孕妇不能参加	【羌族】
W6525.2.6.3.3	染物时忌孕妇	【侗族】
W6525.2.6.4	宗教身份者的禁忌	
W6525.2.6.4.1	师公及副手的年庚属性要对人保密	【侗族】
W6525.3	禁忌特定状态的人	
W6525.3.1	忌病人	
W6525.3.1.1	忌病人的原因	
W6525.3.1.2	特定时间忌病人	

W 编码	母题描述	关联项
W6525. 3. 1. 3	特定地点忌病人	
W6525. 3. 1. 4	特定事件忌病人	
W6525. 3. 1. 4. 1	祭祀忌病人参加	【怒族】
W6525. 3. 1. 4. 2	萨满跳鹿神时，忌有病人的家人参加	【赫哲族】
W6525. 3. 1. 5	忌病人的方法	
W6525. 3. 1. 5. 1	忌保留病人身上的物件	
W6525. 3. 1. 5. 1. 1	从病人身上取出的任何东西不能保留，要用火烧掉	【独龙族】
W6525. 3. 1. 5. 2	忌走过病人的地方	【彝族】
W6525. 3. 1. 6	忌特定的病人	
W6525. 3. 1. 7	与忌病人有关的其他母题	
W6525. 3. 1. 7. 1	病人自身的禁忌	
W6525. 3. 1. 7. 1. 1	病人忌生人（病人忌客）	【羌族】
W6525. 3. 1. 7. 1. 1. 1	家有病人忌他人进入，以防邪魔进入	【侗族】
W6525. 3. 1. 7. 1. 1. 2	病人忌外人入室	【壮族】
W6525. 3. 1. 7. 1. 2	病人饮食禁忌	
W6525. 3. 1. 7. 1. 2. 1	病人忌吃公鸡肉、鱼肉、牛肉等“发物”	【布依族】
W6525. 3. 1. 7. 1. 2. 2	病人忌吃鱼	
W6525. 3. 1. 7. 1. 2. 2. 1	病人忌吃鲇鱼和狗鱼	【鄂温克族】
W6525. 4	禁忌身处特定事件的人	
W6525. 4. 1	忌服丧者	
W6525. 4. 1. 1	忌服丧者的原因	
W6525. 4. 1. 2	忌服丧者的情况	
W6525. 4. 1. 3	与忌服丧者有关的其他母题	
W6525. 5	禁忌特定性格的人（忌有特定行为的人）	

W 编码	母题描述	关联项
W6525.5.1	忌凶人（忌恶人）	
W6525.5.1.1	祭神时凶人不得与	【羌族】
W6525.5.1.2	祭山还愿忌杀了人闹了凶事的人参加	【羌族】
W6525.5.2	忌做了特定事情的人	
W6525.5.2.1	忌自杀未遂者	
W6525.5.2.1.1	情死未遂的女人捉拿回村时忌从桥上过路，须涉水钻桥洞以示除秽气	【纳西族】
W6526	**看的禁忌（见的禁忌）**	【汤普森】C300
W6526.1	看的禁忌的产生	
W6526.1.1	特定人物规定看的禁忌	
W6526.1.1.1	阳神老公公告诉人看的禁忌	【纳西族】
W6526.1.1.2	玉皇大帝固定天神不许窥看凡界	【汉族】
W6526.2	忌看特定的神或神性人物	
W6526.2.1	忌见鬼	
W6526.2.1.1	人不能见到雨鬼（雨神），见则会死去	【基诺族】
W6526.3	忌看特定的人	
W6526.3.1	忌看死人（忌看死亡）	
W6526.3.1.1	父母断气时，忌孕妇或仇人看见	【布依族】
W6526.3.2	忌看异姓	【关联】①
W6526.3.2.1	女人忌看男人	【基诺族】
W6526.4	忌看特定动物	【汤普森】C316
W6526.4.1	忌特定时间看到特定动物	
W6526.4.2	忌特定地点看到特定动物	
W6526.4.2.1	忌蛇现于屋前或入室	【彝族】
W6526.5	忌看特定物的其他情形	

① ［W6525.2.6.2］夫妻间禁忌；［W6526.6.1.5.3］窥视异性禁忌（男女之间窥视禁忌）。

W 编码	母题描述	关联项
W6526. 5. 1	忌看特定植物	
W6526. 5. 1. 1	忌看到异形植物	
W6526. 5. 1. 1. 1	忌途见竹枝生双叉	【彝族】
W6526. 5. 2	忌看自然物（忌看特定的自然现象）	
W6526. 5. 2. 1	看太阳的禁忌	【壮族】
W6526. 5. 3	忌看特定无生命物	
W6526. 5. 4	忌看特定的人、物	【汤普森】C310
W6526. 5. 4. 1	男人忌看女人	【壮族】
W6526. 5. 5	忌特定时间看特定物	
W6526. 5. 5. 1	正月初一忌看见刀、甑、秤、扫帚等用具	【仡佬族】
W6526. 5. 5. 2	正月初一忌看到绳子	
W6526. 5. 5. 2. 1	正月初一忌看到绳子，以免以后遇蛇	【布依族】
W6526. 5. 6	忌看原形	［W6525. 2. 6. 2. 1］妻子忌看到丈夫原形
W6526. 5. 6. 1	大禹开山变原形时忌妻子看到	【汉族】
W6526. 6	看的特定行为禁忌	
W6526. 6. 1	窥视禁忌（偷看的禁忌）	
W6526. 6. 1. 1	窥视禁忌的产生（窥视禁忌的原因）	
W6526. 6. 1. 1. 1	神规定窥视禁忌	【纳西族】
W6526. 6. 1. 1. 2	妻子告诉丈夫窥视禁忌	
W6526. 6. 1. 1. 2. 1	鹿姑娘告诉丈夫忌偷看自己织布	【高山族】
W6526. 6. 1. 1. 3	丈夫告诉妻子窥视禁忌	
W6526. 6. 1. 1. 3. 1	大禹告诉妻子忌偷看自己造桥	【汉族】
W6526. 6. 1. 2	窥视禁忌的情形	
W6526. 6. 1. 2. 1	偷看卜封天书犯忌	【纳西族】

W 编码	母题描述	关联项
W6526.6.1.3	忌特定时间窥视	
W6526.6.1.3.1	变形时忌窥视	
W6526.6.1.3.1.1	黄狗丈夫变形为人时忌窥视	【汉族】
W6526.6.1.4	忌特定地点窥视	
W6526.6.1.5	忌窥视特定对象（忌看到特定对象）	
W6526.6.1.5.1	不同身份的人之间窥视禁忌（忌见到特定身份的人）	
W6526.6.1.5.1.1	忌看见克夫的寡妇	【汉族】
W6526.6.1.5.2	特定关系人之间的窥视禁忌	
W6526.6.1.5.2.1	窥视丈夫的禁忌	【汤普森】C32；【汉族】@［W6522］性禁忌（性的禁忌；异性禁忌）
W6526.6.1.5.3	窥视异性禁忌（男女之间窥视禁忌）	［W6522］性禁忌（性的禁忌；异性禁忌）
W6526.6.1.5.3.1	男人忌看女人裸体	【汤普森】C312.1
W6526.6.1.5.3.2	女人忌看男人	【汤普森】C313
W6526.6.1.5.4	窥视卜书禁忌	
W6526.6.1.5.4.1	卜书没运回大地前忌打开书匣	【纳西族】
W6526.6.1.6	特定过程的窥视禁忌（特定事件的窥视禁忌）	
W6526.6.1.6.1	忌途中窥视	【纳西族】
W6526.6.1.6.1.1	途中违反窥视禁忌使许多动物变成野兽	【羌族】【怒族】
W6526.6.1.6.1.2	神规定途中不能看卜书	［W6526.6.1.5.4］窥视卜书禁忌
W6526.6.1.6.1.2.1	神规定途中不能看卜书，途中打开后卜书遗失	【纳西族】
W6526.6.1.6.1.3	天神告诉仙女途中忌打开竹筒	【独龙族】
W6526.6.1.7	违反窥视禁忌的结果	

W 编码	母题描述	关联项
W6526. 6. 1. 7. 1	窥视会影响变形	【畲族】@［W9583］不完全的变形（局部变形）
W6526. 6. 1. 7. 1. 1	因窥视变形不成功	
W6526. 6. 1. 7. 1. 1. 1	犬变人时因窥视造成变形不完全	【畲族】【瑶族】
W6526. 6. 1. 7. 1. 1. 1. 1	龙犬变人时因公主窥视造成人身犬首	【畲族】
W6526. 6. 1. 7. 1. 1. 1. 2	黄狗变人时因公主窥视造成人身犬首	【汉族】
W6526. 6. 1. 7. 1. 2	人变形时因窥视导致失败	
W6526. 6. 1. 7. 1. 2. 1	麒麟变人时因有人偷看导致头没有变为人头	【畲族】
W6526. 6. 1. 7. 2	窥视导致窥视者死亡	
W6526. 6. 1. 7. 2. 1	女子窥视变形的丈夫被吓死	
W6526. 6. 1. 7. 2. 1. 1	妻子看到丈夫化为大猪被吓死	【汉族】
W6526. 6. 1. 7. 3	窥视导致被窥视者死亡	
W6526. 6. 1. 7. 3. 1	男人洗澡时变形，被妻子窥视后死去	【汉族】
W6526. 6. 1. 7. 4	窥视导致事情失败	
W6526. 6. 1. 7. 4. 1	丈夫变形时因被妻子窥视而失败	
W6526. 6. 1. 8	与窥视禁忌有关的其他母题	
W6526. 6. 1. 8. 1	特定物在特定地点才能打开	【哈尼族】
W6526. 6. 2	忌回头看（回头禁忌）	【汤普森】C331；【独龙族】
W6526. 6. 2. 1	忌回头看的原因（回头看的危害）	
W6526. 6. 2. 1. 1	回头看会招鬼神	【白族】@［W6495. 5. 6. 1. 1］举行送火神忌回头看，否则火神会跟着回来
W6526. 6. 2. 2	忌回头看的规定者（忌回头看的告诫者）	
W6526. 6. 2. 2. 1	父亲告诉女儿不能回头看	【独龙族】

W 编码	母题描述	关联项
W6526.6.2.2.2	仙人告诫不能回头看	【彝族】
W6526.6.2.3	忌回头看的情形	
W6526.6.2.3.1	成婚途中，新娘忌回头张望	【纳西族（鲁鲁）】
W6526.6.2.3.2	下葬后返回忌回头看	【鄂伦春族】
W6526.6.2.3.3	考验学徒成为正式萨满爬上刀梯顶端时，忌回头看北方	【锡伯族】
W6526.6.2.4	回头看的结果	
W6526.6.2.4.1	违反回头看禁忌变形	
W6526.6.2.4.1.1	城陷为湖时人违犯回头看的禁忌化为枯木	【汉族】
W6526.6.2.4.1.2	天女下凡时回头看导致携带的动物逃走变成野物	【独龙族】
W6526.6.2.4.1.3	天女下凡成亲时因朝后看惊散了陪嫁的几千种牲畜，很多变成野物	【羌族】
W6526.6.2.4.1.4	儿女们带着父母赠与的动物离家时因回头张望父母，许多动物都跑回山上变成野兽	【怒族】
W6526.6.2.4.1.5	因回头看龙化成了一块高地	【汉族】
W6526.6.2.4.2	违反回头看禁忌死亡	
W6526.6.2.4.2.1	女子违反洪水时忌回头看的预言被淹死	【汉族】
W6526.6.2.4.3	违反回头看禁忌受惩罚	
W6526.6.2.4.3.1	新娘成婚途中违反回头看禁忌被狂风卷去贴在岩上	【纳西族（鲁鲁）】
W6526.6.2.4.4	人回头就会变成石头	【彝族】
W6526.6.3	看特定事象的禁忌（看特定仪式禁忌）	
W6526.6.3.1	忌女人看男子吃野猪、马鹿、野牛等大兽肉仪式	【基诺族】
W6526.6.3.2	忌看蛇蜕皮	

W 编码	母题描述	关联项
W6526. 6. 3. 2. 1	看见蛇蜕皮须脱衣与蛇争高低，比蛇快视为吉	【侗族】
W6526. 6. 3. 3	忌看交配（忌看性交）	【侗族】@［W6522. 2. 3］忌看性行为（忌看交配）
W6526. 6. 3. 3. 1	发现男女发生性关系，要在自己的头上放块石头表示没有看见，以免除灾祸	【藏族】
W6526. 6. 3. 4	婚期忌遇丧葬	【藏族】
W6526. 6. 3. 4a	迎亲忌遇病死	【藏族】
W6526. 7	看的禁忌的其他情形	
W6526. 7. 1	忌看特定颜色	
W6526. 7. 2	真相被看禁忌	
W6526. 7. 2. 1	看到真相后特定物消失（忌看真相）	
W6526. 7. 2. 1. 1	看到真相后宝物离去	【汉族】
W6526. 7. 2. 1. 2	人看到螺变女子的真相后，螺女离去	【汉族】
W6526. 7. 3	秘密被看禁忌（秘密禁忌）	
W6526. 7. 3. 1	秘密被看到后失败	【傈僳族】@［W6523. 1. 2. 5. 1］斯尼冉造兵的秘密被妻子看到后失败
W6526. 7. 3. 2	特定秘密忌被看到	
W6526. 7. 3. 2. 1	在石雕女阴内涂抹香油希望顺产时，忌别人看见	【白族】
W6526. 7. 3. 3	看到秘密后忌公开	
W6526. 7. 3. 3. 1	猎人发现熊洞后忌公开讲明发现熊洞的事	【达斡尔族】
W6526. 7. 3. 4	秘密禁忌的其他情形	
W6526. 7. 3. 5	与看到秘密通过的其他母题	【关联】①

① ［W6538b. 2. 2］人没有遵守保守秘密的禁忌死亡；［W6538b. 4. 3. 3］猎人违背保守秘密的约定变成石头。

W 编码	母题描述	关联项
W6526. 7. 4	忌看特定过程	
W6526. 7. 4. 1	乘特定物飞翔时忌睁眼	
W6526. 7. 4. 2	上天时忌睁眼	
W6526. 7. 4. 2. 1	男子抓着天上飘落的蓝线上天时，违反不睁眼禁忌，从天上掉落	【汉族】
W6526. 8	与看的禁忌有关的其他母题	［W6524. 1. 3］孕妇忌见特定物
W6526. 8. 0	违反看的禁忌的结果	
W6526. 8. 0. 1	偷看造火后不再会造火	【瑶族】
W6526. 8. 1	看的禁忌的消除（违反看的禁忌的禳解）	
W6526. 8. 1. 1	孕妇为避免看的禁忌要手拿生姜、马耳朵草绕道走	【基诺族】
W6526. 8. 2	看的次数禁忌	
W6526. 8. 3	看后忌语	
W6526. 8. 3. 1	看后说话造成工作停止	【汉族】
W6526. 8. 4	特定时间看的禁忌	
W6526. 8. 4. 1	大年初一忌见到不好的事	【鄂温克族】
W6527	**语言禁忌（说的禁忌）**	【汤普森】C400
W6527. 0	语言禁忌的产生	
W6527. 0. 1	语言不慎会触犯神怒	【赫哲族】
W6527. 1	特定时间的语言禁忌	
W6527. 1. 1	年节忌说不吉利语言	
W6527. 1. 2	清晨忌说鬼道神	【仡佬族】
W6527. 1a	特定地点的语言禁忌	
W6527. 1a. 1	在养蜂人家吃了蜂糖忌言“多谢”“分别”“走了”等	【仡佬族】
W6527. 1a. 2	忌对祖先的坟墓讲话	【壮族（沙人）】@［W6527. 5. 1］人对尸体说话会倒霉
W6527. 1a. 2. 1	对祖坟讲话会形成鬼打墙	【壮族（沙人）】

W 编码	母题描述	关联项
W6527.2	特定事件中的语言禁忌（忌在特定事件说话）	【汤普森】C401
W6527.2.1	祭祀时忌言	
W6527.2.1.1	祭白虎时禁止说话	【傈僳族】
W6527.2.1.2	祭祀返回途中忌跟路人打招呼、说话	【布依族】
W6527.2.1a	祭祀时忌说正常语言	
W6527.2.1a.1	祭天时，人们一旦进入祭天场就要用一般人听不懂的黑话谈话	【纳西族】
W6527.2.2	节日时忌言	
W6527.2.2.1	新米节路上割稻人要忌语	【佤族】
W6527.2.3	特定行为时忌言	
W6527.2.3.1	洗浴时忌言	【汤普森】C401.6
W6527.2.3.2	端阳泡米包粑时，须禁忌说话与唱歌	【侗族】
W6527.2.4	制造时的语言禁忌	
W6527.2.4.1	特定的话使造桥失败	【汉族】
W6527.2.5	灾难时的语言禁忌	
W6527.2.5.1	看见山崩地裂、树林倒塌等时忌言	【布依族】
W6527.2.6	特定处境时的语言禁忌	
W6527.2.6.1	乘车忌说翻	【仡佬族】
W6527.2.6.2	过渡忌说沉、落、磕、散	【仡佬族】
W6527.2.7	其他事件的语言禁忌	
W6527.2.7.1	男人谈话忌女人	【仡佬族】
W6527.2.7.2	送亲客从男家返归时忌言“二回再来”	【仡佬族】
W6527.2.7.3	妇女生孩子忌说“生孩子了”，而应说“有孩子了”或“添孩子了”	【鄂温克族】

W 编码	母题描述	关联项
W6527.2.7.4	路过“白那查”（山神）隐居的地方忌喧哗	【鄂温克族】
W6527.3	忌说特定的语言（语言禁忌的内容）	
W6527.3.1	忌说出秘密	
W6527.3.1.1	放牛郎无知泄露仙女行踪天鹅仙子被人类杀死	【白族】
W6527.3.1.2	人没有遵守保守秘密的禁忌死亡	【鄂温克族】
W6527.3.1.3	违背保守秘密的约定变成石头	【蒙古族】
W6527.3.1.4	说出秘密导致大事不好	
W6527.3.1.4.1	母亲一句话泄了天机，破了仙气，导致仓颉放文字的石楼没有修成	【汉族】
W6527.3.2	忌说出预言（预言禁忌）	【汉族】@［W9250］预言
W6527.3.2.1	预言禁忌的产生	
W6527.3.2.1.1	预言者告诫预言不能泄露（预言者告诉被预言者不能外传预言）	【汉族】
W6527.3.2.1.1.1	神仙告诉老婆婆洪水预言后，告诫她说出去会五雷轰顶	【汉族】
W6527.3.2.1.1.2	老鳖精告诉姐弟俩天塌地陷后让二人保守秘密	【汉族】
W6527.3.2.1.1.3	乌鸦告诉人泄露预言不会有好下场	【羌族】
W6527.3.2.2	预言禁忌的情形	
W6527.3.2.2.1	预言不能告诉任何人	【汉族】
W6527.3.2.2.2	灾难预言不能外传	
W6527.3.2.2.2.1	狮子告诉女娲天塌地陷的预言不能外传	【汉族】
W6527.3.2.3	违反预言禁忌的结果	
W6527.3.2.3.1	人把洪水预言告诉人变石头	【蒙古族】
W6527.3.2.3.2	人泄露预言变成石头	【佤族】

W 编码	母题描述	关联项
W6527. 3. 2. 3. 3	说出预言会死	【汉族】
W6527. 3. 2. 4	与预言禁忌有关的其他母题	
W6527. 3. 3	忌说出特定物的名字（忌言特定名称；忌说特定物）	［W6529. 1. 2］忌言祖先姓名（祖神名称禁忌；长辈名称禁忌）
W6527. 3. 3. 1	见到葫芦时，不要说葫芦，应该说“秃子”	【珞巴族】［W6527. 8. 3］语言禁忌的化解（语言禁忌的转化；语言禁忌的解除）
W6527. 3. 3. 2	见到水时，不应说水，而应说是“小勺子”	【珞巴族】
W6527. 3. 3. 3	忌言鬼神（忌说鬼）	
W6527. 3. 3. 3. 1	忌在山林中随便谈论各种鬼，否则会招其前来作祟或引鬼入村	【独龙族】
W6527. 3. 3. 4	忌说特定动物的特定名称	
W6527. 3. 3. 4. 1	土家人忌讳叫蛇、佘二字，要称蛇为长虫	【土家族】
W6527. 3. 3. 5	忌说图腾的名字	
W6527. 3. 3. 5. 1	以狼为图腾的始祖总是以譬喻的方式去谈论狼	【蒙古族（布里亚特）】
W6527. 3. 4	忌回答特定人物的提问	
W6527. 3. 4. 1	禁忌回答尸体的提问	【藏族】
W6527. 3. 4. 2	禁忌回答猴子的话	【珞巴族】
W6527. 3. 4a	忌问特定问题	
W6527. 3. 4a. 1	忌问人类来源	【汉族】
W6527. 3. 5	忌言人私	
W6527. 3. 5. 1	忌说人的出生地点	【汤普森】C442
W6527. 3. 6	忌言死亡	【汤普森】C497
W6527. 3. 6. 1	丧葬期间忌言死亡	【白族】@［W6688. 2. 7. 1］人死后忌说“死人”“亡命”等，故抬死人的木架和木杠叫作“龙”和“龙杠”，抬死人叫做“抬龙”或“抬重”

W 编码	母题描述	关联项
W6527.3.6.2	猎到熊时忌说“打死了”	【鄂温克族】
W6527.3.7	特定场合忌说特定语言	
W6527.3.7.1	打猎时忌说特定语言	
W6527.3.7.1.1	怒族人上山打猎忌说汉话和傈僳话，只能讲怒话和藏话，因为崖神只听得懂怒话和藏话，否则崖神将不会赐给野兽	【怒族】
W6527.3.7.2	买卖神像时不能言“买”“卖”，而要说“请”	【中华民族】
W6527.3.7.3	被刀伤或草木割伤出血时忌说“出血了”，否则血流难止	【侗族】
W6527.3.7.4	忌背后说坏话	【鄂温克族】
W6527.3.8	忌说不给力的话（忌说丧气话）	
W6527.3.8.1	忌对龙说它无能	【鄂伦春族】
W6527.3.8.2	插秧时忌说腰酸背痛	【侗族】
W6527.3.9	忌说其他特定语言	
W6527.3.9.1	忌直接说出特定事件	
W6527.3.9.1.1	忌说“杀牛”，应说成“送它去做别家的孩子”	【侗族】
W6527.3.9.2	忌说不好的词语	
W6527.3.9.2.1	吃鱼、鸟遇到苦胆，忌说“苦”	【侗族】
W6527.3.9.3	抬灵魂上供板和做好事时忌说汉话	【仡佬族】
W6527.4	脏话禁忌（禁言秽语）	
W6527.4.1	非礼勿言	【汤普森】W24；［W6525.1.3.2.4.1］小辈忌喊长辈的名字
W6527.4.1.1	忌在长辈或客人面前说脏话	【傈僳族】
W6527.4.2	骂谷子后谷子飞走	【基诺族】
W6527.4.3	“凶语”要改用谐音	

W 编码	母题描述	关联项
W6527. 4. 4	忌说下流话	
W6527. 4. 4. 1	在怪异石磡、特大树木、巨藤、水井、庙宇等附近忌说下流话	【布依族】
W6527. 4. 5	祭对特定物说脏话	【鄂温克族】@［W6534. 12. 4. 4. 2］忌说火的坏话或直接辱骂火
W6527. 5	特定对象禁言	
W6527. 5. 1	人对尸体说话会倒霉	【门巴族】
W6527. 5. 2	人对尸体说一句话，导致会其飞跑回去	【藏族】
W6527. 5. 3	忌骂牲畜	【鄂温克族】
W6527. 6	特定行为禁言	
W6527. 6. 1	上天时不能发出声音	【藏族】
W6527. 7	特定人物的语言禁忌（关于特定对象的语言禁忌）	
W6527. 7. 1	女人说话的禁忌	［W6523. 1. 4. 2］女人禁多说话
W6527. 7. 1. 1	一个女人说了不该说的话让盘古耱平大地时耱折断	【汉族】
W6527. 7. 1. 2	女人说话会触怒鬼神，毁掉大事	【彝族】
W6527. 7. 2	忌嘲讽残疾者	
W6527. 7. 2. 1	忌直呼有生理缺陷者“跛子”“瞎子”“聋子”等，否则会遭到报应	【布依族】
W6527. 7. 3	特定职业者的语言禁忌	
W6527. 8	其他言语禁忌	【汤普森】C490
W6527. 8. 1	忌泄露兽语	【汤普森】C425
W6527. 8. 2	特定含义的语言禁忌	
W6527. 8. 2. 1	谐音禁忌	
W6527. 8. 2. 2	双关语禁忌	

W 编码	母题描述	关联项
W6527.8.2.2.1	对姑娘忌言“你吃杯茶吧”，因“吃茶”是姑娘落入户的指代语	【仡佬族】
W6527.8.2.3	破口话禁忌	
W6527.8.2.3.1	正月初一、十五两日早晨忌言“死”“穷”“挨刀”“拖丧”“抬出去”等“破口话”	【仡佬族】
W6527.8.3	语言禁忌的化解（语言禁忌的转化；语言禁忌的解除）	
W6527.8.3.1	器物中的饭吃完忌说“完了”，要说“满了”	【布依族】
W6527.8.4	忌多说话	【彝族】@［W6523.1.4.2］女人禁多说话
W6527.8.4.1	言多必有失	
W6527.8.5	说大实话禁忌（说真话禁忌）	
W6527.8.5.1	女人说出实话导致事情失败	【汉族】@［W6523.1.3.6.1］母亲说实话导致儿子复活失败
W6527.8.5.2	山上吃饭忌真的说“吃饭”，要说“啃槽”	【侗族】
W6527.8.5.3	说真话禁忌	
W6527.8.5.3.1	忌说真话以防止鬼作祟	【侗族】
W6527.8.6	忌说预知结果	
W6527.8.6.1	小孩能说出的事情神仙不做	【汉族】
W6527.8.7	美言禁忌	
W6527.8.7.1	别人的孩子长得可爱忌赞扬，应贬说这孩子好“臭屎”	【侗族】
W6527.8.7.2	忌赞美别人的村寨，以防让该村被鬼魂惦记	【侗族】
W6527.8.7.3	事快成功忌恭维	【侗族】
W6527.8.8	恶语禁忌（不吉利语言禁忌；凶言禁忌）	

W 编码	母题描述	关联项
W6527.8.8.1	大年初一忌说死伤之类不吉利的话	【布依族】
W6527.8.8.2	忌用“抛弃”之类的语言吓唬孩子，否则小孩的灵魂会被母神带走	【布依族】
W6527.9	与语言禁忌有关的其他母题	
W6527.9.1	声音禁忌（发声禁忌）	
W6527.9.1.1	播种时忌发出声音，以免惊动“谷魂”	［W6531.6.1a.1］播种时忌听到鸟、鼠、兽叫的声音
W6527.9.1.2	播种时发出声音会惊动谷魂	【黎族】
W6527.9.1.3	人飞翔上天时不知不觉喊了一声结果跌落下来	【藏族】
W6527.9.1.4	特定时间的声音禁忌	
W6527.9.1.4.1	正月初一忌乌鸦叫	【怒族】
W6527.9.1.4.2	秋收后到腊月这段时间的闲时吹奏娱乐	【仡佬族】
W6527.9.1.4.3	一年中忌侧身听到阳雀第一次叫声	【侗族】
W6527.9.1.5	特定地点的声音禁忌	
W6527.9.1.5.1	在房前房后不能喊“哦”，因人死驱鬼时才喊	【傈僳族】
W6527.9.1.6	特定的声音禁忌	
W6527.9.1.6.1	打口哨禁忌	【彝族】
W6527.9.1.6.1.1	忌特定地点吹口哨	【傈僳族】@［W6520.6.4.1.2］忌在家吹口哨，否则会引蛇入宅
W6527.9.1.6.2	忌火迸出声	
W6527.9.1.6.2.1	忌火迸出声，否则没有福气	【鄂温克族】
W6527.9.2	箴言禁忌	
W6527.9.3	讲述禁忌（说唱禁忌）	

W 编码	母题描述	关联项
W6527.9.3.1	下雨天在“青蛙村”讲“青蛙求亲”故事的禁忌	【门巴族】
W6527.9.3.2	演唱史诗的禁忌	
W6527.9.3.2.1	格萨尔史诗必须一次唱完	【藏族】
W6527.9.3.3	特定场合忌讲唱（特定场合忌唱特定的戏曲）	【关联】①
W6527.9.3.3.1	祭本主唱戏时忌唱《木莲戏》，因其中有《斩老龙》，说唱后会下冰雹发洪水	【白族】
W6527.9.3.4	讲唱的时间禁忌	
W6527.9.3.4.1	母亲在地里劳动为婴儿唱催眠曲时只限在太阳高升和日落唱	【基诺族】
W6527.9.4	文字禁忌	
W6527.9.4.1	忌用脚踩字，否则得罪圣人	【仡佬族】
W6527.9.5	忌语	
W6527.9.5.1	忌语的替代语	［W6539.3.2.3］通过变化名称消除禁忌
W6527.9.5.1.1	把忌语“死”说成“成佛”	【鄂温克族】
W6527.9.5.1.2	把忌语“死”说成“丢”	【鄂温克族】
W6527.9.5.1.3	把忌语“死”说成“老”	【鄂温克族】
W6528	**听的禁忌**	【汤普森】C885
W6528.1	听的禁忌的产生（忌听的原因）	
W6528.2	听的禁忌的情形	
W6528.2.1	非礼勿听	【汤普森】W23
W6528.2.2	听从特定的语言禁忌	
W6528.2.2.1	不听舅舅的话被魔鬼吃掉	【普米族】
W6528.2.3	忌不听忠言	
W6528.2.3.1	不听妻子的吩咐失去种子	【普米族】

① ［W6520.6.4.1.1］禁止家人或客人在家中高唱山歌或唱情歌；［W6539.1.3.5.2］东巴及其家人平日忌在自己家里或别人家里唱大祭风仪式里所念之经的腔调。

W 编码	母题描述	关联项
W6528. 2. 4	忌听特定声音	
W6528. 2. 4. 1	特定情况下忌听特定鸟叫	【侗族】
W6528. 3	与听的禁忌有关的其他母题	
W6529	**称谓禁忌**	【汤普森】C430
W6529. 1	称呼禁忌（称谓禁忌；名称禁忌；名号禁忌；姓名禁忌）	
W6529. 1. 1	忌言神的名称（神的名称避讳）	【汤普森】①A138；②C431；［W9508. 2］违犯名称禁忌导致变形
W6529. 1. 1. 1	避讳说特定神的名字	【蒙古族（布里亚特）】
W6529. 1. 2	忌言祖先姓名（祖神名称禁忌；长辈名称禁忌）	【布依族】【侗族】【黎族】
W6529. 1. 2. 1	晚辈忌直呼尊长的姓名	【仡佬族】
W6529. 1. 2. 1a	忌直呼长辈名字	【鄂温克族】
W6529. 1. 2. 2	晚辈取名忌占长辈的字	【仡佬族】
W6529. 1. 2. 3	忌直呼祖先名字	【鄂伦春族】
W6529. 1. 3	忌言特定人物名称	［W6525. 1. 3. 2. 4. 1］小辈忌喊长辈的名字
W6529. 1. 3. 1	特定人物的姓氏禁忌	
W6529. 1. 3. 1. 1	祭千感灵老爷本主时不能用鱼，因为传说他姓于，“鱼”与“于”谐音	【白族】
W6529. 1. 3. 2	崇拜物名称禁忌	
W6529. 1. 3. 2. 1	对崇拜物忌直呼本名	【蒙古族（布里亚特）】
W6529. 1. 4	忌言特定动物名称	
W6529. 1. 4. 0	忌讳直接称呼一些野兽的名字	【达斡尔族】
W6529. 1. 4. 1	老虎是人所变，所以到老虎时要称呼“哥哥”才能免被伤害	【珞巴族】
W6529. 1. 4. 1a	老虎忌直呼为老虎，而称“爷爷”或“山公”	【侗族】

W 编码	母题描述	关联项
W6529.1.4.2	忌讳直呼“狼”遂以“犬”代称	【蒙古族】@［W6292］狼图腾
W6529.1.4.3	养蚕时，忌呼蚕为虫	
W6529.1.4.3.1	养蚕时不能称虫而要称其为“蚕姑娘”，否则它会生气而死	【侗族】
W6529.1.4.4	买鱼、做鱼时，要称鱼为“球萝卜”或“水萝卜”	【藏族】
W6529.1.5	忌说出真实姓名	
W6529.1.5.1	纳西东巴和民众见到洛固藏族喇嘛里教的仓巴忌通报真实姓名和属相年岁	【纳西族】
W6529.1.5.2	忌说真名以防止鬼作祟	【侗族】@［W6527.8.5.3］说真话禁忌
W6529.1.6	忌直接说特定事件	
W6529.1.6.1	老鼠严重破坏庄稼忌说是老鼠破坏，只能说田地“脏”得很	【侗族】
W6529.1.7	名称禁忌的方法（忌名称的情形）	
W6529.1.7.1	通过改名忌特定名称	
W6529.1.7.2	只有特定的人能称呼特定的名字	
W6529.1.7.2.1	婴儿在出生后第三天早晨得其“埋”名或魂名，此名只能由父母在其儿童时代呼之	【傈僳族】
W6529.1.7.3	忌把姓名告诉陌生人	【怒族】
W6529.1.7.3.1	说出自己的名字会死	
W6529.1.7.3.1.1	蛇能呼人姓名，应之即死	【汉族】
W6529.1.8	与名称禁忌有关的其他母题	
W6529.1.8.1	取名禁忌	
W6529.1.8.1.1	取名必须在特定时间内完成	【傈僳族】
W6529.1.8.1.1.1	孩子出生3天就要取名字，否则鬼就会先进来取名	

W 编码	母题描述	关联项
W6529. 1. 8. 2	个人信息禁忌	
W6529. 1. 8. 2. 1	女子生辰八字年庚忌随意告诉人	【侗族】
W6529. 1. 8. 3	因禁忌用譬喻代称名称	【蒙古族（布里亚特）】@［W6529. 1. 4. 2］忌讳直呼"狼"遂以"犬"代称
W6529. 1. 8. 4	图腾名称禁忌	
W6529. 1. 8. 4. 1	忌直呼图腾名称	【鄂伦春族】
W6529. 1. 8. 5	特定身份用词禁忌	
W6529. 1. 8. 5. 1 *	《大戴礼》中从黄帝开始以前的帝王不能称帝	【中华民族】
W6530	**接触禁忌**	【汤普森】C500
W6530. 1	忌接触圣物	
W6530. 1. 1	老人的寿衣忌特定人物触摸	【布依族】
W6530. 2	忌接触身体特定的部位	
W6530. 2. 1	忌讳摸头	
W6530. 2. 1. 1	小和尚的头若被外人（特别是女性）摸头所"修身"的一切作废	【傣族】
W6530. 2. 1. 2	藏人忌讳别人摸自己的头	【藏族】
W6530. 2. 1. 2. 1	藏人忌讳别人摸自己的头因为头为灵魂所在	
W6530. 2. 2	忌拍打别人肩膀	
W6530. 2. 2. 1	藏人忌讳别人拍自己的肩膀	【藏族】
W6530. 3	忌接触尸体	【汤普森】C541；［W6527. 5. 1］人对尸体说话会倒霉
W6530. 4	忌接触血	
W6530. 5	忌接触特定动物	【汤普森】C537
W6530. 5. 1	忌接触有毒的动物	
W6530. 5. 2	忌接触怪异的动物	
W6530. 5. 3	忌接触特定名称的动物	
W6530. 5. 4	忌接触动物的特定肢体	

W 编码	母题描述	关联项
W6530.5.4.1	过年时，忌触摸悬挂的猪膀胱	【彝族】
W6530.6	忌触摸特定的树（植物）	【汤普森】C510
W6530.7	忌接触水	【汤普森】C532
W6530.8	忌接触其他特定物	【汤普森】C549
W6530.8.1	忌依靠火塘边特定的柱子	
W6530.8.1.1	傣家火塘边的“顶天柱”绝对不许靠，否则意味着不尊重主人	【傣族】
W6530.9	与接触禁忌有关的其他母题	
W6530.9.1	特定的人物的接触禁忌	
W6530.9.1.1	忌孕妇接触一切瓜果，否则会烂，不再结果	【基诺族】
W6530.9.2	发誓不接触某物	【汤普森】M172；［W6719.5］誓言
W6531	**生产禁忌（耕种禁忌）**	［W6035～W6054］耕种（农耕，农业）
W6531.1	生产时间禁忌	［W6688.2.6.1］祖先去世的前后几天子孙不能做重活
W6531.1.1	特定时间忌特定生产活动	
W6531.1.1.1	神造人日不能动土	【羌族】@［W6536.3.3.4］戊日是造人日，忌动土
W6531.1.1.2	牛日忌建牛舍，否则牛会死	【黎族】
W6531.1.1.3	戊日忌动土	【仡佬族】
W6531.1.1.3.1	逢戊日不下田耕地，因戊属土，耕地犯土不利	【民族，关联】①
W6531.1.1.3.2	戊日是人类出生日所以不能动土	【羌族】
W6531.1.1.3.3	戊属太岁，此日耕作是在太岁头上动土	【仡佬族】
W6531.1.1.4	忌正月初三开山祭祖前耕种	【仡佬族】
W6531.1.1.5	二月初一日是雷神、太阳神日，忌外出生产	【瑶族（排瑶）】

① 【羌族】@［W6500.8.2.1］立秋后五戊日祭五谷；［W6536.3.3.4］戊日是造人日，忌动土

W 编码	母题描述	关联项
W6531. 1. 2	特定时间忌耕种	
W6531. 1. 2. 1	马日不能犁田、插秧，否则庄稼长不好	【黎族】
W6531. 1. 2. 2	属鼠、鸡、猴日忌种庄稼，否则这些动物会把种子刨出来吃掉	【白族】
W6531. 1. 2. 3	忌在父母去世和下葬日子下种	【傈僳族】
W6531. 1. 2. 4	惊蛰日忌犁牛	【仡佬族】
W6531. 1. 2a	特定时间忌劳作	
W6531. 1. 2a. 1	节日期间忌劳作	
W6531. 1. 2a. 1. 1	正月初一、初二及十五忌下地干活	【布依族】
W6531. 1. 2a. 1. 2	中元节忌出工干活	【壮族】
W6531. 1. 2a. 2	丧葬期间忌劳动，否则撞鬼得病，庄稼长不好	【怒族】
W6531. 1. 2a. 3	特定节气不劳动	
W6531. 1. 2a. 3. 1	惊蛰不动土，春分不上山	【羌族】@［W6536. 0. 5. 3. 1］春分日忌入园圃
W6531. 1. 2a. 4	特定日子忌劳作	
W6531. 1. 2a. 4. 1	逢“戊”日不动土、不上山、不干重活	【羌族】
W6531. 1. 2a. 5	特定月份忌劳作	
W6531. 1. 2a. 5. 1	七、八月间忌上山砍树，忌丢石头进水塘，忌织麻布，否则触怒山神龙王引起各种灾害	【傈僳族】
W6531. 1. 2a. 6	晚上忌劳作	
W6531. 1. 2a. 6. 1	女人晚上忌绩麻，否则会招引母猪精	【纳西族】
W6531. 1. 2a. 7	特定时间忌狩猎	
W6531. 1. 2a. 7. 1	正月二十禁鸟	【瑶族（排瑶）】
W6531. 1. 3	特定时间忌收获	
W6531. 1. 3. 1	每月初一望日和十五朔日不能种包谷和收包谷	【白族】

W 编码	母题描述	关联项
W6531. 2	生产地点禁忌	［W6537. 1. 2］有鬼的地方，众人不得开垦耕种
W6531. 2. 1	忌在山林喧哗	【赫哲族】
W6531. 2. 2	工匠忌在村里作活	
W6531. 2. 2. 1	工匠不能在村里作活，否则会吓跑灵魂	【珞巴族】
W6531. 2. 3	屋内不能打庄稼	
W6531. 2. 3. 1	屋内不能打庄稼，否则要死人	【羌族】
W6531. 3	生产征兆禁忌	［W9200］征兆
W6531. 3. 1	耕种前凶兆禁忌	
W6531. 3. 1. 1	插秧那天早饭打破碗不祥，要改动插秧日期	【黎族】
W6531. 3a	生产环境禁忌（生产背景禁忌）	
W6531. 3a. 1	特定天气中的生产禁忌	
W6531. 3a. 1. 1	玉米开花时如遇大风，妇女忌织麻布，男子忌在外砍大树及龙竹	【傈僳族】
W6531. 3a. 1. 2	忌雷雨中劳作	【鄂温克族】
W6531. 3a. 2	特定事件时忌生产劳动	
W6531. 3a. 2. 1	祭祀期间忌劳动	【壮族】
W6531. 3b	生产时特定行为禁忌	
W6531. 3b. 1	耕种时的行为禁忌	
W6531. 3b. 1. 1	耕种时忌以利器朝向太阳	【多民族】@［W6534. 7］太阳禁忌
W6531. 3b. 1. 2	忌估算粮食产量	【鄂温克族】
W6531. 3b. 1. 3	生产时忌特定梦兆	
W6531. 3b. 1. 3. 1	捕鱼放排时忌做噩梦	【鄂温克族】
W6531. 3c	特定生产中的禁忌	
W6531. 3c. 1	梳纱过程中忌小孩从纱下钻过	【侗族】
W6531. 4	狩猎禁忌（渔猎禁忌）	

W 编码	母题描述	关联项
W6531. 4. 0	狩猎禁忌的产生	
W6531. 4. 1	狩猎时间禁忌	
W6531. 4. 1. 1	忌特定季节狩猎	
W6531. 4. 1. 2	忌特定月份狩猎	
W6531. 4. 1. 3	忌特定日子狩猎	
W6531. 4. 1. 3. 1	四月和十月初一为“赤口日”忌狩猎	【布依族】
W6531. 4. 1. 3. 2	初五、十四、二十三晚上忌狩猎	【壮族】
W6531. 4. 2	狩猎地点禁忌（捕鱼地点禁忌）	
W6531. 4. 2. 1	不准在神山中打猎	【门巴族】
W6531. 4. 2. 1a	忌山神周围狩猎	【藏族】
W6531. 4. 2. 2	忌在特定地点捕鱼	【汤普森】C182. 1
W6531. 4. 2. 2. 1	曾经溺死人的地方忌撒网打鱼	【壮族】
W6531. 4. 3	狩猎前的事件禁忌	
W6531. 4. 3. 1	打猎前忌男女同房	【民族，关联】①
W6531. 4. 3. 1. 1	狩猎出发前三天不得与妇女行房事	【彝族（撒尼）】
W6531. 4. 3. 1. 2	男子打猎下弯弓前一天晚上和当天晚上忌与妻子同房	【基诺族】
W6531. 4. 3. 2	出猎前忌入产房	【鄂温克族】
W6531. 4. 4	狩猎过程中的禁忌	
W6531. 4. 4. 1	渔猎时忌做计划	【鄂伦春族】
W6531. 4. 4. 1a	狩猎忌预知狩猎方向	【鄂温克族】
W6531. 4. 4. 2	狩猎时忌喧哗	【鄂温克族】
W6531. 4. 4. 3	狩猎时忌不团结	【鄂温克族】
W6531. 4. 4. 4	出猎时忌往去的方向放枪	【鄂温克族】
W6531. 4. 5	忌狩猎特定动物	

① 【黎族】@［W6522］性禁忌（性的禁忌；异性禁忌）；［W6522. 2. 4. 2］猎手打得马鹿后直到断连颈肋骨仪式的两夜内忌与妻同房，要在兽房（客房）居住。

W 编码	母题描述	关联项
W6531.4.5.1	忌猎杀图腾物	［W6290～W6349］常见的图腾物
W6531.4.5.1.1	杀死祖先化身的动物后死亡	【珞巴族】
W6531.4.5.2	忌猎鸟	【汤普森】C841.2；［W6301］鸟图腾
W6531.4.5.2.1	出猎时忌打杀鸿雁、天鹅，否则不吉利	【鄂温克族】
W6531.4.6	狩猎中的其他禁忌	
W6531.4.6.1	狩猎忌妇女（忌女人参加狩猎）	［W6523.1］妇女禁忌（女人禁忌；女性禁忌）
W6531.4.6.1.1	兄妹打猎时妹妹的乳头被弓弦切断后死亡，从此禁止妇女打猎	【高山族（布农人）】
W6531.4.6.2	狩猎时忌妇女有特定动作	
W6531.4.6.2.1	男子打猎下弯弓的当天，家中女子忌纺织、舂米、点火把照明，也不能歌舞嬉闹	【基诺族】
W6531.4.7	与狩猎禁忌有关的其他母题	［W6534.12.4.3.2.1］狩猎、捕鼠之前忌在火边谈及，以防火神报信
W6531.4.7.1	杀鱼要找好地方	【哈尼族】
W6531.4.7.2	打猎时忌讳听到丑话	【纳西族】
W6531.4.7.3	猎物的食用禁忌	
W6531.4.7.3.1	猎得之第一个野兽的肉须自己吃，不能分赠	【羌族】
W6531.4.7.3a	猎物处置禁忌	
W6531.4.7.3a.1	打到野牛后忌马上剥，必须回寨请所有男子祭野牛	【基诺族】
W6531.4.7.3a.2	打到野兽、飞禽后，只能在山上宰杀分割，忌带回家中宰杀	【怒族】
W6531.4.7.3a.3	猎人捕获虎豹以后忌直接抬进家，要先祭山神	【布依族】

W 编码	母题描述	关联项
W6531. 4. 7. 3b	关于猎物的描述禁忌	
W6531. 4. 7. 3b. 1	猎得野兽的重量，忌说半字	【羌族】
W6531. 4. 7. 4	狩猎时忌外人到访	
W6531. 4. 7. 4. 1	家人外出打猎，忌外人来家拜访，否则猎不到野兽	【独龙族】
W6531. 5	开荒禁忌	
W6531. 5. 1	忌在特定地点开荒	【汤普森】C522；［W8179］开荒引发洪水
W6531. 5. 2	人开荒会引起神的愤怒	【纳西族】
W6531. 5. 3	开荒仪式禁忌	
W6531. 5. 3. 1	砍地仪式当天早晨不得舂米，晚上妇女不能纺线织布	【基诺族】
W6531. 6	种植禁忌（播种禁忌）	【黎族】
W6531. 6. 1	播种时不能发出声音	【民族，关联】①
W6531. 6. 1a	播种时忌听到特定声音	
W6531. 6. 1a. 1	播种时忌听到鸟、鼠、兽叫的声音	【基诺族】
W6531. 6. 2	特定时间忌种特定作物	
W6531. 6. 2. 1	父母的忌辰不能种山兰稻，否则稻子不长	【黎族】
W6531. 6. 2. 2	正月逢龙、二月逢牛、三月逢戌、四月逢亥、五月逢兔、七月逢鸡、八月逢马、九月逢寅、十月逢亥不撒种	【彝族】
W6531. 6. 2. 3	兔日是为安葬创世母亲煮饭日，因此兔日不能撒谷种	【基诺族】
W6531. 6. 2. 4	腊月二十日到次年二月初五不耕种	【藏族（白马）】
W6531. 6. 3	播种时忌吃特定物	［W6515. 2. 3. 1］播种时忌吃软的东西

① 【黎族】@［W6527］语言禁忌（说的禁忌）；［W6527. 9. 1. 1］播种时忌发出声音，以免惊动“谷魂”。

W 编码	母题描述	关联项
W6531.6.3.1	下种时忌吃菌类和木耳，不然谷粒软，不饱满	【基诺族】
W6531.6.4	播种日忌外人到访	
W6531.6.4.1	下种之日外人来家拜访，会导致种子生不出来	【独龙族】@［W6531.4.7.4.1］家人外出打猎，忌外人来家拜访，否则猎不到野兽
W6531.6.4a	忌特定的人播种	
W6531.6.4a.1	戴过孝的人忌当年参与播种	【布依族】
W6531.6.4a.2	摸过死者的人当年内不能再碰种子，参与播种	【布依族】
W6531.6.4a.3	忌老年人撒种	【鄂温克族】
W6531.6.4a.4	忌分娩后的妇女播种	【藏族】
W6531.6.5	特定作物播种的禁忌	
W6531.6.5.1	下麦种忌鸡日	【白族】
W6531.6.6	种植禁忌（插秧育秧禁忌）	［W6524.1.3.4.3］忌孕妇看见育秧
W6531.6.6.1	开秧门的头3株秧苗要憋着气而插，忌呼吸	【侗族】
W6531.6.6.2	育秧时忌小孩吹草筒之类的筒笛	【侗族】
W6531.6.7	生产中的特定现象禁忌	
W6531.6.7.1	忌庄稼中的有异类	
W6531.6.7.1.1	一田稻秧只出现某根长穗不吉利	【侗族】
W6531.6.7.2	秧苗在田中时忌烧砖瓦和死人尸体	【侗族】
W6531.7	生产管理中的禁忌	
W6531.7.1	种子落土忌长时间不看苗情	
W6531.7.1.1	种子落土后要3天内去看，若隔了5天不看苗情，种子会埋怨主人的心肠不好伤心腐烂	【纳西族】
W6531.7.2	作物特定生长期忌特定行为	

W 编码	母题描述	关联项
W6531. 7. 2. 1	秧苗包穗期间忌坐门槛，否则谷穗不出	【布依族】@［W6520. 6. 5. 1. 1］忌坐在自家或别人家的门槛
W6531. 7. 3	作物生长期忌特定声音	
W6531. 7. 3. 1	水稻田中生长期间忌吹芦笙	【侗族】
W6531. 8	生产收获中的禁忌	
W6531. 9	与生产禁忌有关的其他母题	
W6531. 9. 1	砍伐禁忌	［W6533. 1. 1］忌伐树木
W6531. 9. 1. 1	忌砍伐特定地点的树木	
W6531. 9. 1. 1. 1	不准砍伐神山的树木	【侗族】【门巴族】
W6531. 9. 1. 1. 2	忌砍伐坟头树	
W6531. 9. 1. 1. 2. 1	忌砍伐黄帝衣冠冢一带的柏树	【汉族】
W6531. 9. 1. 2	砍伐忌不择时日	
W6531. 9. 1. 2. 1	春不伐木，秋冬砍树	【壮族】
W6531. 9. 1. 2. 2	伐木须择日才能入山	【侗族】
W6531. 9. 1. 2. 3	春分日和三月三忌上山砍柴	【仡佬族】
W6531. 9. 1. 3	忌砍伐特定植物（忌砍伐特定的树）	
W6531. 9. 1. 3. 1	忌砍伐神树	
W6531. 9. 1. 3. 1. 1	忌乱砍、乱爬象征“山神”“祖宗”的神树	【彝族（纳苏、腊罗、摩擦、葛泼）】
W6531. 9. 1. 3. 2	忌砍伐龙树和墓龙树	【傈僳族】
W6531. 9. 1. 3. 3	忌采伐树干上长有大疙瘩的大树，否则自己身上也容易长疙瘩	【侗族】
W6531. 9. 1. 3. 4	忌伐雷击之树	【侗族】@［W6537. 1. 7. 1. 4］忌到雷击的地方
W6531. 9. 1. 3. 5	忌砍果树	
W6531. 9. 1. 3. 5. 1	忌砍山上果树如杨梅树等为柴烧，否则容易绝后	【侗族】
W6531. 9. 1. 3. 6	忌砍特定性质的植物	

W 编码	母题描述	关联项
W6531.9.1.3.6.1	忌砍夜盲树为柴烧，否则容易患夜盲症	【侗族】
W6531.9.1.3.7	忌砍特定用途的植物	
W6531.9.1.3.7.1	忌砍伐用来制香火的树木和藤条当柴烧，否则会下地狱	【侗族】
W6531.9.1.3.7.2	忌砍伐风水树	【侗族】
W6531.9.1.3.8	砍伐树木忌不留余地	
W6531.9.1.3.8.1	砍伐树木要在中部留一棵“守山树”，忌全山砍完	【侗族】
W6531.9.1.3.9	与砍伐禁忌有关的其他母题	
W6531.9.1.3.9.1	砍伐工具禁忌	
W6531.9.1.3.9.1.1	神最忌讳人用铁刀砍竹	【珞巴族】
W6531.9.1.3.9.2	砍伐时行为禁忌	
W6531.9.1.3.9.2.1	深山砍柴忌高声大叫	【侗族】
W6531.9.2	忌在父母的忌辰耕种	
W6531.9.2.1	祖先去世前后几天不能做重活	【黎族】
W6531.9.3	严禁粮食种子外传	【珞巴族】
W6531.9.4	制造过程禁忌（制作禁忌）	
W6531.9.4.1	建房禁忌	
W6531.9.4.1.1	建房必须看日子	
W6531.9.4.1.1.1	建房前必须请东巴计算二十八宿	【纳西族】
W6531.9.4.1.2	建屋必须在特定时间完成	
W6531.9.4.1.2.1	土掌房的掌面须在1天内完工，否则不吉利	【傈僳族】
W6531.9.4.1.3	建房中的材料禁忌	
W6531.9.4.1.3.1	忌起房盖屋有铁质器物入墙内	【傈僳族】
W6531.9.4.1.4	建房中的事件禁忌	
W6531.9.4.1.4.1	建木楼立柱工序最忌讳出现工伤事故	【侗族】

W 编码	母题描述	关联项
W6531. 9. 4. 1. 4. 2	建土墙房或立木架屋动土那天忌有人在现场哭	【仡佬族】
W6531. 9. 4. 1. 5	建房位置禁忌	
W6531. 9. 4. 1. 5. 1	房舍忌建在祖坟北面	【鄂伦春族】
W6531. 9. 4. 1. 5. 2	房舍忌建在山洞附近	【鄂伦春族】
W6531. 9. 4. 1. 5. 3	房舍忌建在石柱子山下	【鄂伦春族】
W6531. 9. 4. 1. 5. 4	房舍忌建树下	【鄂伦春族】
W6531. 9. 4. 1. 5. 5	房舍忌建在死水旁边	【鄂伦春族】
W6531. 9. 4. 2	建仓禁忌	
W6531. 9. 4. 2. 1	建仓要选“闭日”以防鼠	【侗族】
W6531. 9. 5	生产工具禁忌（劳动工具禁忌；工具使用禁忌；农具禁忌；生产用品禁忌）	［W6523. 1. 2. 2］忌妇女跨过生产工具
W6531. 9. 5. 1	忌在院子里将工具扛肩上	【纳西族】
W6531. 9. 5. 2	忌扛锄头进屋，因扛锄头有如挖坟	【羌族】
W6531. 9. 5. 2a	忌扛着锄头进大门	【纳西族】
W6531. 9. 5. 3	忌玩弄农具	
W6531. 9. 5. 3. 1	平日忌舂空碓、推空磨和空摇纺纱机	【纳西族】
W6531. 9. 5. 4	特定场合使用的工具禁忌	
W6531. 9. 5. 4. 1	忌丧葬用过的工具	
W6531. 9. 5. 4. 1. 1	埋葬时埋人的土箕忌带回家，要丢在坟山	【傈僳族】
W6531. 9. 5. 5	忌用工具做无用功	［W6531. 9. 5. 3. 1］平日忌舂空碓、推空磨和空摇纺纱机
W6531. 9. 5. 5. 1	木匠忌架空木马	【仡佬族】
W6531. 9. 5. 5. 2	铁匠忌打空砧	【仡佬族】
W6531. 9. 5. 5. 3	石匠忌打空錾	【仡佬族】
W6531. 9. 5. 6	忌特定人物触摸特定工具	

W 编码	母题描述	关联项
W6531.9.5.6.1	忌妇女触摸特定工具	【布依族】@［W6523.1.2b.4］忌妇女摸木匠、石匠的工具
W6531.9.5.7	上山用的工具或物品忌沾血迹	【壮族】
W6531.9.6	采摘禁忌	
W6531.9.6.1	忌采特定地方的草药	
W6531.9.6.1.1	挖掘特定山上的药草会破损地之宝藏	【羌族】
W6531.9.7	饲养禁忌（养殖禁忌）	
W6531.9.7.1	孵化禁忌	【侗族】@［W6532.9.1.1］孵鸡时的禁忌
W6531.9.7.2	放养禁忌	
W6531.9.7.2.1	正月头几天忌放牲畜出圈，否则招瘟疫	【布依族】
W6531.9.7.3	饲养管理禁忌	
W6531.9.7.3.1	饲养特定物忌说特定话	【侗族】@［W6529.1.4.3］养蚕时，忌呼蚕为虫
W6531.9.7.4	饲养地点禁忌	
W6531.9.7.4.1	青枫树下忌拴牲畜，否则牲畜不旺	【仡佬族】@［W6533.1.5.1］青枫树下忌乘凉，否则会发疟疾
W6531.9.8	生产忌不留余地（做工忌过度追求完美）	
W6531.9.8.1	春节将至时，纺纱、织布等没做完也要停下，为来年留有余活	【侗族】
W6531.9.9	生产禁忌的其他情形	
W6532	**动物禁忌（对特定动物的禁忌）**	【关联】①
W6532.0	动物禁忌的产生（动物禁忌的原因）	

① ［W6517］忌食特定的动物；［W6531.4］狩猎禁忌（渔猎禁忌）。

W 编码	母题描述	关联项
W6532. 0. 1	忌伤害动物是因为动物有恩	
W6532. 0. 1. 1	忌伤害为人取火的小鸟	【高山族】
W6532. 0. 1. 2	因鹰救过祖先忌伤害鹰	【土家族】
W6532. 1	忌特定动物（忌伤害特定动物；忌食特定动物；忌接触特定动物）	【汤普森】C841. 7
W6532. 1. 1	忌蛇（蛇禁忌；忌伤害蛇）	【布朗族】【达斡尔族】【回族】
W6532. 1. 1. 1	蛇禁忌的产生（忌伤害蛇的原因）	
W6532. 1. 1. 1. 1	不能打蛇，因为它是神	【达斡尔族】【侗族】
W6532. 1. 1. 1. 2	不吃蛇肉是因为蛇样子可怕	【纳西族】
W6532. 1. 1. 2	蛇禁忌的情形	
W6532. 1. 1. 2. 1	蛇不能到人的居处	【壮族】
W6532. 1. 1. 3	特定的蛇禁忌（忌伤害特定的蛇）	
W6532. 1. 1. 3. 1	忌打红脖子蛇	
W6532. 1. 1. 3. 1. 1	因红脖子蛇洪水中救人所以忌打红脖子蛇	【回族】
W6532. 1. 1. 3. 2	忌打水蛇	
W6532. 1. 1. 3. 2. 1	渔船上不能打蛤蟆、水蛇一类动物，否则会得罪水神、龙王	【白族】
W6532. 1. 1. 4	与蛇禁忌有关的其他母题	
W6532. 1. 1. 4. 1	蛇在施甸被称为“冷物”	【布朗族】
W6532. 1. 2	忌虎（虎禁忌；忌伤虎）	【珞巴族】
W6532. 1. 2. 1	虎禁忌的产生（虎禁忌的原因）	
W6532. 1. 2. 1. 1	老虎是珞巴族祖先阿巴达尼的兄弟不能冒犯，否则要被伤害	【珞巴族】
W6532. 1. 2. 1. 2	青族人不杀害老虎，因为老虎是他们的创世祖先	【壮族】
W6532. 1. 2. 2	虎禁忌的情形	
W6532. 1. 2. 2. 1	禁止猎虎	【鄂伦春族】【赫哲族】【纳西族（摩梭）】

W 编码	母题描述	关联项
W6532.1.2.2.1.1	凡属虎氏族的成员上山不能猎虎	［W6538a.4.2］喇氏氏族（虎氏族）禁止猎人杀虎，违者问罪
W6532.1.2.2.2	忌吃虎肉	
W6532.1.2.2.2.1	女子及猎者家人禁吃虎肉	【珞巴族】
W6532.1.2.3	特定的虎禁忌	
W6532.1.2.3.1	白虎禁忌	【土家族】
W6532.1.2.4	与虎禁忌有关的其他母题	
W6532.1.3	忌蛙（青蛙禁忌；忌伤青蛙）	
W6532.1.3.1	青蛙禁忌的产生（青蛙禁忌的原因）	
W6532.1.3.1.1	虐待癞蛤蟆被雷劈死	【高山族】
W6532.1.3.1.2	不吃蛙肉是因为它爪子像人	【纳西族】
W6532.1.3.2	青蛙禁忌的情形	
W6532.1.3.2.1	普米人不打青蛙	【普米族】
W6532.1.3.2.2	忌食蛙	［W6539.2.1.1］玉皇大帝开始时判人不能吃蛙，后来玉帝重判让人可以吃蛙
W6532.1.3.2.3	人忌捉青蛙	【汉族】
W6532.1.3.3	特定的蛙禁忌	
W6532.1.3.4	与蛙禁忌有关的其他母题	
W6532.1.4	忌牛（牛的禁忌）	
W6532.1.4.1	牛的禁忌的产生	
W6532.1.4.1.1	不吃耕牛的肉是因为牛为衣食父母	【羌族】
W6532.1.4.2	牛的禁忌的情形	
W6532.1.4.2.1	忌食牛的特定部位	【关联】①
W6532.1.4.2.2	忌牛上楼	

① ［W6517.2.1.2］年轻人忌吃牛眼，否则他的活牛会死；［W6517.2.1.3］年轻人忌吃牛肾，否则他的活牛会死。

W 编码	母题描述	关联项
W6532. 1. 4. 2. 2. 1	牛被拉上楼梯后即属于献给鬼的礼物，因此牛上楼要死人	【基诺族】
W6532. 1. 4. 3	禁忌特定的牛	
W6532. 1. 4. 4	与牛的禁忌有关的其他母题	
W6532. 1. 5	忌鱼（鱼禁忌；忌特定的鱼）	【汤普森】C841. 9
W6532. 1. 5. 1	忌捉特定的鱼	
W6532. 1. 5. 1. 1	忌捕小鱼	
W6532. 1. 5. 1. 2	忌产子期的鱼	
W6532. 1. 5. 2	忌杀特定的鱼	
W6532. 1. 5. 2. 1	不知鱼名不能杀鱼	【哈尼族】
W6532. 1. 5. 3	忌吃特定的鱼	【关联】①
W6532. 1. 5. 3. 1	忌吃鲤鱼	【汉族】
W6532. 1. 5. 3. 1. 1	人类吃大鲤鱼引发洪水	
W6532. 1. 5. 3. 1. 1. 1	人类吃大鲤鱼引发洪水因为鲤鱼是龙王的儿子	【哈尼族】
W6532. 1. 5. 3. 2	忌吃墨斗鱼	
W6532. 1. 5. 3. 2. 1	妊娠期吃墨斗鱼，会生无骨孩子	【朝鲜族】
W6532. 1. 5. 4	杀鱼禁忌	
W6532. 1. 5. 4. 1	杀鱼要找好地方	
W6532. 1. 5. 4. 1. 1	因鱼眼不闭，所以杀鱼要找好地方	【哈尼族】
W6532. 1. 6	忌狗（犬禁忌；忌伤害犬）	
W6532. 1. 6. 1	狗禁忌的产生（狗禁忌的原因）	
W6532. 1. 6. 1. 1	白族的始祖是狗用奶喂大的，为敬狗养始祖之恩，每年七月半这天忌杀狗吃	【白族】
W6532. 1. 6. 2	狗禁忌的情形	

① ［W6517. 1. 3. 1］人与鱼婚生的儿子吃鱼后，鱼母离去；［W6525. 3. 1. 7. 1. 2. 2. 1］病人忌吃鲇鱼和狗鱼。

W 编码	母题描述	关联项
W6532.1.6.2.1	忌伤害狗（忌杀狗）	
W6532.1.6.2.2	忌吃狗肉	【关联】①
W6532.1.6.2.2.0	赫哲人不吃狗肉是因为狗曾救过头人的命	【赫哲族】
W6532.1.6.2.2.1	拉祜族不吃狗肉是因为狗救喂养过祖先	【拉祜族】
W6532.1.6.2.2.2	红瑶念神犬恩德，遂不吃狗肉	【瑶族】
W6532.1.6.2.2.2a	瑶家不吃狗肉是孝敬祖先的缘故	【瑶族】
W6532.1.6.2.2.2b	忌食狗肉是因为狗给了人寿命	【藏族】
W6532.1.6.2.2.3	孕妇忌食狗肉	【关联】②
W6532.1.6.2.2.4	姓吴的仫佬族忌食狗肉，是因为狗曾火中救主	【仫佬族】
W6532.1.6.2.2.5	祭祀者忌吃狗肉	
W6532.1.6.2.2.5.1	祭天的纳西人不得吃狗肉	【纳西族】
W6532.1.6.2.2.6	忌吃狗肉是因为狗肉不洁净	【纳西族】【藏族】
W6532.1.6.3	特定的狗禁忌（犬禁忌的类型）	
W6532.1.6.4	特定人物忌讳狗	
W6532.1.6.4.1	吐蕃讳狗	【藏族】
W6532.1.6.5	与狗禁忌有关的其他母题	［W6539.1.3.5.6.1］猎人忌吃狗肉
W6532.1.6a	忌猫（猫的禁忌）	
W6532.1.6a.1	忌吃猫是因为猫肉很不洁净	【纳西族】
W6532.1.6a.2	人吃猫肉，死后过不去奈河	【汉族】
W6532.1.6a.3	忌食猫肉源于神的咒语	【纳西族】
W6532.1.6a.4	忌打猫	
W6532.1.6a.4.1	忌用筷子打猫，认为猫能引蛇入室	【锡伯族】

① ［W6517.4］忌食狗；［W6524.1.2.2］妊娠期吃狗肉，婴儿会有狗的特性。

② ［W6524.1.2.2］妊娠期吃狗肉，婴儿会有狗的特性；［W6524.1.2.3］孕妇忌食蛇、狗肉，否则将难产。

W 编码	母题描述	关联项
W6532. 1. 6b	忌鼠（鼠的禁忌）	
W6532. 1. 6b. 1	正月十三禁鼠	【瑶族（排瑶）】
W6532. 1. 7	忌鸟（鸟禁忌；忌特定鸟）	
W6532. 1. 7. 1	鸟禁忌的产生（鸟禁忌的原因）	
W6532. 1. 7. 1. 1	鸟禁忌源于人与鸟的关系	
W6532. 1. 7. 1. 1. 1	支格阿龙因为是岩鹰的儿子，凡是有翅膀的都不吃	【彝族】
W6532. 1. 7. 1. 1. 2	人认为是鹰的儿子而不吃有翅膀的动物	【彝族】
W6532. 1. 7. 1. 2	忌捕杀和伤害特定的鸟是因为它对人有恩	【高山族】【高山族（布农）】
W6532. 1. 7. 1. 2. 1	忌打火鸟是因为火鸟为人取火种	【高山族】
W6532. 1. 7. 2	鸟禁忌的情形	
W6532. 1. 7. 2. 1	忌伤害和食用鸟	
W6532. 1. 7. 2. 1. 1	忌捕燕子和食燕子肉	【侗族】
W6532. 1. 7. 2. 2	忌捕捉或弄死小鸟	【蒙古族】
W6532. 1. 7. 3	忌伤害特定的鸟	
W6532. 1. 7. 3. 1	谭姓子孙忌打鹰	【土家族】
W6532. 1. 7. 3. 1a	因鹰是祖先忌杀鹰	【土家族】
W6532. 1. 7. 3. 2	狩猎时忌猎杀乌鸦	【瑶族（排瑶）】
W6532. 1. 7. 3. 3	忌捕捉猫头鹰	【纳西族（摩梭）】
W6532. 1. 7. 3. 4	忌打杀作为图腾的天鹅	【蒙古族（布里亚特）】
W6532. 1. 7. 4	与鸟禁忌有关的其他母题	
W6532. 1. 7. 4. 1	鸟族严禁打鸟，否则要他抵命	【汉族】
W6532. 1. 8	忌猴（猴子禁忌；忌伤害猴子）	
W6532. 1. 8. 1	猴子禁忌的产生（猴禁忌的原因）	
W6532. 1. 8. 1. 1	猴子是人变的，所以忌吃猴肉	【高山族（布农人）】
W6532. 1. 8. 1. 2	忌吃猴肉是因为猴子像人	【纳西族】
W6532. 1. 8. 2	猴禁忌的情形	

W 编码	母题描述	关联项
W6532.1.8.2.1	忌食猴子肉	【高山族（布农人）】
W6532.1.8.3	特定的猴子禁忌	
W6532.1.8.4	与猴禁忌有关的其他母题	
W6532.1.9	忌其他特定动物	
W6532.1.9.1	忌马（马的禁忌）	
W6532.1.9.1.1	白族人为感马祖先不吃马肉	【白族】@［W6515.2.1.2.6］忌食马肉
W6532.1.9.1.2	特定的马要卖掉	
W6532.1.9.1.2.1	三岁的母马下驹时要卖掉	【达斡尔族】
W6532.1.9.2	忌昆虫（昆虫禁忌；忌伤害特定的昆虫）	
W6532.1.9.2.1	忌伤害萤火虫	
W6532.1.9.2.1	为感谢萤火虫帮人发现火，人不得杀死或触扰它	【高山族（鲁凯人）】
W6532.1.9.3	忌鹿（鹿禁忌；忌杀鹿）	【汤普森】C841.8
W6532.1.9.4	忌熊（熊禁忌；忌杀熊）	【关联】①
W6532.1.9.4.1	不能对熊出言不尊	【蒙古族（布里亚特）】
W6532.1.9.5	忌虫（虫的禁忌）	
W6532.1.9.5.1	正月十五禁虫	【瑶族（排瑶）】
W6532.2	忌养特定的动物	
W6532.2.1	忌养动物图腾	［W6354］图腾禁忌
W6532.2.2	忌养龙	
W6532.3	忌特定动物的时间	
W6532.4	忌特定动物的地点	
W6532.4.1	家宅忌特定动物	
W6532.4.1.1	家宅忌麂子闯入	【傈僳族】
W6532.5	忌特定动物者	
W6532.6	忌动物的特定行为	

① ［W6515.2.1.2.2］忌食熊肉；［W6517.2.3.4］忌食熊的肝脏。

W 编码	母题描述	关联项
W6532.6.1	忌动物到特定地方	
W6532.6.1.1	忌自家养的猪随便跑到别人家里	【傈僳族】
W6532.7	忌特定动物的情形	
W6532.7.1	忌特定的活的动物	
W6532.7.1.1	活着的麂子不能带回家	【傈僳族】
W6532.8	忌动物的其他表现	
W6532.9	与忌动物有关的其他母题（与动物禁忌有关的其他母题）	
W6532.9.1	与动物有关的禁忌	
W6532.9.1.1	孵鸡时的禁忌	［W6534.7.4.1.1］若太阳上有黑影子，忌上山砍柴、引水浇地、撒秧播种，也忌盖房、缝衣服、办婚事，甚至母鸡不能孵小鸡
W6532.9.1.1.1	孵小鸡时，忌在火架鼎罐冲开水	【侗族】
W6532.9.2	特定用途动物的禁忌	
W6532.9.2.1	祭神的牲畜不能买卖	【达斡尔族】
W6532.9.3	动物饲养禁忌	
W6532.9.3.1	忌拿刀类进牲畜圈	【鄂温克族】
W6533	**植物禁忌**	
W6533.1	树木禁忌（树的禁忌）	
W6533.1.1	忌伐树木	【汤普森】C518；【关联】①
W6533.1.1.1	忌砍老树	
W6533.1.1.1.1	榆树、松树等老后成神，不能随便砍伐	【达斡尔族】
W6533.1.1.2	忌砍大树	【鄂伦春族】
W6533.1.1.2.1	被雷劈的大树忌伐用	【侗族】@［W6533.1.2.4］雷击木禁忌
W6533.1.2	特定的树的禁忌	

① ［W6531.9.1］砍伐禁忌神山的树木；［W6531.9.1.1.1］不准砍伐；［W6536.3.3.5］盖房时春不伐木，夏不砍树。

W 编码	母题描述	关联项
W6533.1.2.1	特定名称的树的禁忌	
W6533.1.2.1.1	木桩氏族十分崇拜一种称为“图朗”的树木，忌砍伐	【怒族】
W6533.1.2.2	特定地点的树的禁忌	
W6533.1.2.2.1	忌砍井边的树木	【纳西族】
W6533.1.2.3	果树禁忌	
W6533.1.2.3.1	果树只能让它自然老死，砍伐会带来子孙夭亡、断子绝孙的灾祸	【白族】
W6533.1.2.4	雷击木禁忌	【关联】①
W6533.1.2.4.1	忌从雷击木旁边走过或踩着雷击木	【鄂伦春族】@［W6537.1.7.1.4］忌到雷击的地方
W6533.1.2.5	忌砍伐社树	【壮族】
W6533.1.2.6	神性树木禁忌	
W6533.1.2.6.1	用作祭祖的神柳忌在其下拴马或喂家畜	【满族（巴拉人）】
W6533.1.2.7	家门前树的禁忌	
W6533.1.2.7.1	忌随便给家门前树断枝	【壮族】
W6533.1.3	灵树禁忌	
W6533.1.3.1	不能砍伐特定的有灵的树	【汤普森】C43.1
W6533.1.3.1.1	随意砍伐树会触怒树神	【鄂伦春族】
W6533.1.4	树灵禁忌	
W6533.1.4.1	触怒树灵禁忌	【汤普森】C43
W6533.1.5	与特定树有关的行为禁忌	
W6533.1.5.1	青㭎树下忌乘凉，否则会发疟疾	【仡佬族】
W6533.2	花的禁忌	
W6533.3	草的禁忌（草木禁忌）	
W6533.3.1	特定名称的草的禁忌	
W6533.3.2	特定地方的草的禁忌	

① ［W6531.9.1.3.4］忌伐雷击之树；［W6537.1.7.1.4］忌到雷击的地方。

W 编码	母题描述	关联项
W6533. 3. 2. 1	坟坝上的草木是神物，忌砍伐，否则会带来灾祸	【白族】
W6533. 4	其他特定植物的禁忌	
W6533. 4. 1	作物的禁忌（庄稼的禁忌）	
W6533. 4. 1. 1	玉米种后不能再“跌脚”（跳舞），否则玉米将遭冰雹打或暴风扫荡	【傈僳族】
W6533. 5	与植物禁忌有关的其他母题	
W6534	**自然现象和自然物禁忌**	
W6534. 1	天象禁忌	
W6534. 1. 1	日月食禁忌（日蚀月蚀禁忌）	
W6534. 1. 1. 1	忌日月食时做事	【纳西族】@［W6515. 3. 5. 2］日蚀和月蚀时忌吃饭
W6534. 1. 2	闪电、雷鸣禁忌	
W6534. 1. 2. 1	遇闪电、雷鸣等妇女要盖严乳房，以防神灵吸乳汁	【瑶族（排瑶）】
W6534. 1. 2. 2	打雷时忌外人入户	【仡佬族】@［W6536. 0. 3a. 2. 1］在“丑日”或“午日”逢打雷时，忌外人随便进家
W6534. 1. 2. 3	第一次响春雷休息三天，忌动土	【布依族】
W6534. 1. 2. 3. 1	第一次春雷时忌生产	【壮族】
W6534. 1. 2. 3a	响第一声春雷时忌动土 3 天或 7 天	【布依族】
W6534. 2	天地禁忌（天的禁忌；地的禁忌；土地禁忌）	
W6534. 2. 1	天的禁忌	
W6534. 2. 1. 1	忌向天上抛物	
W6534. 2. 1. 1. 1	向天上扔东西会惹恼天王	【维吾尔族】
W6534. 2. 2	地的禁忌（土地禁忌）	
W6534. 2. 2. 1	忌不重尊土地	

W 编码	母题描述	关联项
W6534.2.2.2	忌用扁担戳地	【汉族】
W6534.2.2.3	土辰节令忌破土	【纳西族】
W6534.2.2.4	人不能随意挖掘土地	
W6534.2.2.4.1	人不能随意挖掘土地是因为土地是女神的身体	【蒙古族（布里亚特）】@［W6524.1.8.1.3.1］家有孕妇忌在附近挖土，否则会冲动胎位
W6534.2.2.4.2	在菜园里东边挖土会触怒土地神	【壮族】
W6534.2.2.5	地的禁忌有关的其他情形	
W6534.2.2.6	与地的禁忌有关的其他母题	［W6537.1.7.1］禁地禁忌
W6534.3	风的禁忌	
W6534.3.1	正月初四禁风	【瑶族（排瑶）】
W6534.4	雷的禁忌	
W6534.5	雨的禁忌	
W6534.6	虹的禁忌	
W6534.6.1	忌看虹	【汤普森】C315.2.3
W6534.6.2	忌用手指虹	【汤普森】C843.1；【汉族】
W6534.6.2.1	忌用手指天上的虹，否则是对天公不敬	【怒族】
W6534.6.2.2	忌用手指指虹，否则手指会烂掉或招来病魔	【傈僳族】
W6534.6.2.3	忌用手指指虹，否则手指会断	【布依族】
W6534.6.3	忌出现虹做其他特定事情	
W6534.6.3.1	忌喝彩虹悬在水塘时的塘水，否则会得肿病或生疮	【傈僳族】
W6534.6.3.2	当空中出现彩虹时，忌挑水、喝水，否则易患“腹肿病”	【侗族】
W6534.6.4	与虹有关的物的禁忌	
W6534.7	太阳禁忌	
W6534.7.1	忌随意手指太阳	【布依族】【鄂温克族】@［W6531.3b.1.1］耕种时忌以利器朝向太阳

W 编码	母题描述	关联项
W6534. 7. 1. 1	严禁儿童随意手指太阳	【白族】【鄂温克族】
W6534. 7. 2	忌对着太阳大小便	【布依族】
W6534. 7. 2. 1	严禁儿童朝太阳小便	【鄂温克族】
W6534. 7. 3	忌看太阳	【汤普森】C315. 2. 2
W6534. 7. 4	特定的日象禁忌	
W6534. 7. 4. 1	日食禁忌（太阳黑子禁忌）	
W6534. 7. 4. 1. 1	若太阳上有黑影子，忌上山砍柴、引水浇地、撒秧播种，也忌盖房、缝衣服、办婚事，甚至母鸡不能孵小鸡	【纳西族】
W6534. 7. 5	与太阳禁忌有关的其他母题	
W6534. 7. 5. 1	日月禁忌	
W6534. 7. 5. 1. 1	亵渎日月孩子会死	【蒙古族（布里亚特）】
W6534. 8	月亮禁忌	【关联】①
W6534. 8. 1	忌手指月亮（人为什么不能指月亮）	【布依族】@［W6534. 7. 1］忌随意手指太阳
W6534. 8. 1. 1	人指划月亮（神）会被割耳朵	【汉族】
W6534. 8. 1. 1. 1	农月初和月末晚上月亮呈弯刀形时小孩指月亮会被月神割耳朵	【汉族】
W6534. 8. 2	忌对着月亮排秽物（人为什么不能对月亮撒尿）	【布依族】@［W6534. 7. 2］忌对着太阳大小便
W6534. 8. 2. 1	小孩对着月亮撒尿会被月亮割破或割掉耳朵	【汉族】@［W6534. 8. 1. 1. 1］农月初和月末晚上月亮呈弯刀形时小孩指月亮会被月神割耳朵
W6534. 9	星星禁忌	
W6534. 9. 1	彗星禁忌	［W1746. 5］与彗星有关的其他母题
W6534. 10	山的禁忌（石头的禁忌）	［W6687. 6. 1. 2］忌砍坟山上的草木

① ［W1698. 3］月亮有小刀，会割掉不敬者的耳朵；［W6425］月亮崇拜。

W 编码	母题描述	关联项
W6534.10.1	忌进入特定的山	【布依族】
W6534.10.1.1	忌擅自进入神山	
W6534.10.2	特定的石头禁忌	
W6534.10.2.1	忌用手或脚触动箐边的石头，因为这些石头染有食人者血，带有食人鬼的恶气	【基诺族】
W6534.10.2.2	怪石禁忌	
W6534.10.2.2.1	忌在怪异石礅附近大小便	【布依族】
W6534.11	水的禁忌	［W6657.6.1.3.1］洗过尸体的水忌用脚踩
W6534.11.1	水桶洗尿布生疮	【羌族】
W6534.11.2	忌河中撒尿	【鄂伦春族】@［W6534.12.2.4a］忌火中撒尿
W6534.12	火的禁忌	① C67；② C99.1.1；［W6432］火崇拜
W6534.12.0	火的禁忌的产生（忌火的原因）	
W6534.12.0.1	有火的禁忌是因为蹬火会死人	【傈僳族】
W6534.12.0.2	对火不尊是对火神的侮辱	【羌族】
W6534.12.1	忌从火上跨过（忌踩火）	【鄂温克族】【哈尼族】【黎族】@［W6539.3.2.9.4］跨火后破忌
W6534.12.1.1	火塘上不能伸脚	【羌族】
W6534.12.1.2	女人用脚踩火堆导致家里点不着火	【鄂伦春族】
W6534.12.2	忌往火里泼水（忌污染火；忌对火大小便）	［W6534.7.2］忌对着太阳大小便
W6534.12.2.1	忌往火里泼水、吐痰	【鄂伦春族】
W6534.12.2.1.1	忌往火里泼水，否则惊吓火神	【鄂伦春族】
W6534.12.2.1.2	往火里吐痰会生不起来火	【鄂伦春族】
W6534.12.2.2	一个人用水浇灭火受到火母女神的报复	【鄂温克族】

W 编码	母题描述	关联项
W6534. 12. 2. 2a	一个人用水浇灭火受火神惩罚点不着火	【鄂温克族】
W6534. 12. 2. 3	忌在烧过火的地方大小便	【纳西族】
W6534. 12. 2. 4	小孩不能屙尿淋火	【侗族】@［W6534. 12. 4. 4. 4. 1. 2］忌向火中抛粪便
W6534. 12. 2. 4a	忌火中撒尿	【鄂伦春族】【壮族】
W6534. 12. 3	忌用利器刺火	【蒙古族】@［W6531. 3b. 1. 1］耕种时忌以利器朝向太阳
W6534. 12. 3. 1	一个妇女用刀子向火塘乱刺得罪了火神	【鄂伦春族】@［W6535. 9. 5. 4. 1. 1］尖刀等刃器忌靠近火
W6534. 12. 3. 2	用木棍捅火导致家里点不着火	【鄂伦春族】
W6534. 12. 3. 3	鄂伦春人烤肉时，严禁用刀子叉火	【鄂伦春族】
W6534. 12. 3. 4	忌捅火，否则火神会烧了全家	【鄂伦春族】
W6534. 12. 3. 5	祭向火中扔锐状物品	【蒙古族（布里亚特）】
W6534. 12. 4	火的其他禁忌	
W6534. 12. 4. 1	火的禁忌的特殊时间	【关联】①
W6534. 12. 4. 1. 1	年初一忌吹火，吹火后出门就要遇到大风	【傈僳族】
W6534. 12. 4. 1. 2	春节时，忌鼓楼塘中之火熄灭	【侗族】
W6534. 12. 4. 2	火的禁忌的特殊地点	
W6534. 12. 4. 2. 1	忌在火的近旁用刀切割肉类	【鄂温克族】
W6534. 12. 4. 3	特定事件时忌火	
W6534. 12. 4. 3. 1	“退火殃”仪式中忌各家用火	【侗族】
W6534. 12. 4. 3. 2	忌在火边谈及做特定事情	
W6534. 12. 4. 3. 2. 1	狩猎、捕鼠之前忌在火边谈及，以防火神报信	【侗族】
W6534. 12. 4. 3. 3	小孩出疹期间忌把火扔到水里	【锡伯族】
W6534. 12. 4. 4	忌对待火的特定行为	

① ［W6524. 4. 5. 1］生孩子时忌取燃烧着的柴块，否则小孩会短命；［W6524. 5. 9. 1］外人忌到产妇家借火，忌索回产妇生孩子前借去的东西，否则导致孩子哭闹。

W 编码	母题描述	关联项
W6534. 12. 4. 4. 1	忌用火钳、棍子、烟斗等在燃着的火上敲打	【仡佬族】
W6534. 12. 4. 4. 2	忌说火的坏话或直接辱骂火	【鄂温克族】
W6534. 12. 4. 4. 3	忌玩火	【鄂温克族】
W6534. 12. 4. 4. 4	忌污染火	【藏族】
W6534. 12. 4. 4. 4. 1	忌向火中倒污物	
W6534. 12. 4. 4. 4. 1. 1	忌向火中倒垃圾	【鄂伦春族】
W6534. 12. 4. 4. 4. 1. 2	忌向火中抛粪便	【鄂伦春族】
W6534. 12. 4. 4. 4. 1. 3	忌向火中投不洁之物	【鄂温克族】
W6534. 12. 4. 4. 4. 1. 4	忌向火中投放散发臭味的东西	【鄂温克族】
W6534. 12. 4. 4. 4. 1. 5	忌向火中吐唾沫	【鄂温克族】
W6534. 12. 4. 4. 4. 1. 6	忌头发、毛毡、狗屎等掉在火里	【藏族】
W6534. 12. 4. 4. 4. 2	忌向火中扔辣味的食物	【鄂温克族】
W6534. 12. 4. 5	忌特定的火	
W6534. 12. 4. 5. 1	忌扑灭雷电引起的火	【鄂温克族】
W6534. 12. 4. 5. 2	忌使用或扑灭打猎引起的山火	【鄂温克族】
W6534. 12. 5	火的关联物禁忌	
W6534. 12. 5. 1	火塘禁忌	
W6534. 12. 5. 1. 1	火塘上忌搭尿布	【羌族】
W6534. 12. 5. 1. 1. 1	火塘上搭尿布生疮	【羌族】
W6534. 12. 5. 1. 2	忌水壶溢出浇熄塘火	【独龙族】
W6534. 12. 5. 1. 3	忌将脚伸进火塘	【独龙族】
W6534. 12. 5. 1. 3a	忌把脚伸向炉旁坐在那里	【蒙古族（布里亚特）】
W6534. 12. 5. 1. 4	屋内火塘的三脚架忌用脚去踩踏或搬动	【侗族】【傈僳族】@［W6536. 0a. 1. 5］正月间忌用脚踩火塘上的三脚架，否则上山砍柴割草时被蛇缠脚
W6534. 12. 5. 1. 5	忌跨越火塘，否则会得罪火神	【侗族】【傈僳族】
W6534. 12. 5. 1. 6	非净之柴忌入火塘中烧火，以防得罪火神	【侗族】

W 编码	母题描述	关联项
W6534. 12. 5. 1. 7	火塘架下不能掐虱子	【羌族】
W6534. 12. 6	与火的禁忌有关的其他母题	【关联】①
W6534. 12. 6. 1	客人尿褥子会得罪火神	【鄂温克族】
W6534. 12. 6. 2	特定时间忌火	
W6534. 12. 6. 2. 1	清明节时忌点灯火出门	【壮族】
W6534. 12. 6. 3	特定时间忌火	
W6534. 12. 6. 3. 1	住进新房的第一个月内忌点灯出门	【壮族】
W6534. 13	光的禁忌（光亮的禁忌；忌光）	
W6534. 13. 1	特定的事情忌光	
W6534. 13. 1. 1	掏金子必须在太阳未出来之前完成	【藏族】@［W6536. 0. 6］天亮禁忌（天明禁忌；鸡叫禁忌）
W6534. 13. 2	忌阳光（忌天）	
W6534. 13. 2. 1	迁坟时，不能让棺材见天	【纳西族】
W6534. 14	与自然物禁忌有关的其他母题	
W6535	**其他特定物禁忌（其他特定物象禁忌）**	
W6535. 1	血的禁忌（忌血；血液禁忌）	［W6530. 4］忌接触血
W6535. 1. 1	特定行为中忌血	
W6535. 1. 1. 1	杀动物时血滴到地上不祥	【畲族】
W6535. 1. 2	忌特定的血	
W6535. 1. 2. 1	忌经血	【民族，关联】②
W6535. 1. 3	特定物品忌沾血	【壮族】
W6535. 2	锅灶禁忌（炉灶禁忌；火炉禁忌）	
W6535. 2. 1	忌刀砍炉灶	
W6535. 2. 1. 1	刀砍炉灶会引起家人生病	【黎族】

① ［W6688. 2. 8. 1］家中死人忌屋内火塘的火熄灭，否则众鬼会乘机作祟，连续死人；［W6958. 6. 8］使用火的禁忌。

② 【纳西族】@［W6523. 1. 4. 5］女子月经禁忌（妇女经期禁忌）；［W6523. 1. 4. 5. 3］月经在身的妇女不能睡在楼上的草堆里，否则血污染草料，牲口吃了会死。

W 编码	母题描述	关联项
W6535.2.2	支撑锅灶的三脚架不能用脚蹬和溅上唾沫鼻涕，否则会死人	【傈僳族】
W6535.2.3	忌用脚踏在灶上，否则灶神要整人	【布依族】
W6535.2.4	忌用木棍或铁器叩打炉灶	【鄂温克族】
W6535.2.5	忌向锅灶投污物	【藏族】
W6535.2.6	忌用刀子直接从锅中把肉扎出	【鄂温克族】
W6535.3	宝物的禁忌（神圣物禁忌）	
W6535.3.1	宝物使用方法的禁忌	
W6535.3.1.1	宝鞋能帮助人走刀山渡大海，但最忌穿它的人临难要后悔，倘一反悔，就与草鞋无异	【畲族】
W6535.3.1.2	宝物使用次数的禁忌	
W6535.3.1.2.1	宝绳只能使用1次	【汉族】@［W6526.8.2］看的次数禁忌
W6535.3.2	铜鼓禁忌	
W6535.3.2.1	铜鼓忌乱摸乱敲	【布依族】
W6535.3.2.1.1	通神的铜鼓平时不能随意敲打	【布依族】
W6535.3.2.2	忌任何人从铜鼓上面跨过	【布依族】
W6535.3.3	灵魂寄托物禁忌	
W6535.3.3.1	忌伤害寄有灵魂的大公鸡	【藏族】
W6535.4	影子禁忌	
W6535.4.1	忌踩人的影子	
W6535.4.1.1	因人的灵魂同人的影子有关，忌有意踩踏他人的影子	【怒族】
W6535.5	衣物禁忌（服饰禁忌）	
W6535.5.1	特定人物的衣服禁忌	
W6535.5.1.1	女人的服饰禁忌	
W6535.5.1.1.1	妇女的裙子忌乱放，要吊在猪厩旁	【纳西族】

W 编码	母题描述	关联项
W6535. 5. 1. 1. 2	女人晒的裤子不准男人从底下过	【布依族】［W6523. 5. 2］男人忌给女人提裤子
W6535. 5. 1. 2	男子的裤子忌放在三脚架或火塘边烘烤	【纳西族】
W6535. 5. 2	特定的服饰禁忌	
W6535. 5. 2. 1	串门时忌穿孝服	【布依族】
W6535. 6	凶器禁忌（刀具禁忌；武器禁忌）	
W6535. 6. 1	特定场合忌凶器	
W6535. 6. 1. 1	生孩子的 10 到 18 天内，客人进屋忌带弩弓，否则会触犯鬼神	【傈僳族】
W6535. 6. 2	猎枪禁忌	
W6535. 6. 2. 1	猎枪忌射喜鹊，否则枪管容易爆裂	【侗族】
W6535. 6. 3	递刀忌递刀尖	【鄂温克族】@［W6535. 9. 5. 4. 1. 1］尖刀等刃器忌靠近火
W6535. 7	祭器禁忌	
W6535. 7. 1	杀年猪用的祭祀工具忌乱动	【仡佬族】
W6535. 8	奇特现象禁忌（异象禁忌）	［W6531. 6. 7］生产中的特定现象禁忌
W6535. 8. 1	忌乱更鸡	【布依族】
W6535. 9	特定物禁忌的其他情形	
W6535. 9. 1	死物禁忌（尸体禁忌）	
W6535. 9. 1. 1	忌碰到死禽兽	【侗族】
W6535. 9. 1. 2	山上忌捡死兽肉	【侗族】
W6535. 9. 2	秽物禁忌（脏污禁忌；污物禁忌）	
W6535. 9. 2. 1	污物处置禁忌	［W6534. 8. 2］忌对着月亮排秽物（人为什么不能对月亮撒尿）
W6535. 9. 2. 2	忌挑大粪滚倒	【侗族】
W6535. 9. 2. 3	其他特定的污物禁忌	［W6521. 9. 9. 5］大小便禁忌（解手禁忌；排泄物禁忌）
W6535. 9. 2. 3. 1	脏水禁忌	【仡佬族】@［W6536. 1. 4. 3］过年时忌把脏水泼在门外

W 编码	母题描述	关联项
W6535.9.2.3.2	忌在帐幕里面小便	【蒙古族】
W6535.9.3	旧物禁忌	
W6535.9.3.1	搭建过鱼窝的木料忌拾来当柴烧，否则养鱼易死，人易病	【侗族】
W6535.9.3.2	搬新宅要移出的物，最好由他人经手	【侗族】
W6535.9.4	忌打开特定物	【哈尼族】@［W6526.6.1.8.1］特定物在特定地点才能打开
W6535.9.4.1	忌打开特定的箱子	【汉族】
W6535.9.4.2	忌特定时间打开箱柜	【布依族】
W6535.9.4.3	忌打开关怪物的井	【汉族】
W6535.9.5	特定器物禁忌（器物使用禁忌；器皿禁忌）	
W6535.9.5.1	忌器具内无物	
W6535.9.5.1.1	忌抬空水桶进家	【布依族】
W6535.9.5.1.2	归还水桶时忌空桶	【仡佬族】
W6535.9.5.2	忌瓢瓜以外的器物舀水缸	【布依族】
W6535.9.5.3	特定职业者的器物禁忌	
W6535.9.5.3.1	法器禁忌	
W6535.9.5.3.1.1	巫师的鼓忌敲	【羌族】
W6535.9.5.3.1.1a	巫师做法事时戴在颈上的虎牙，任何人不能动	【藏族】
W6535.9.5.3.1.2	法器忌妇女触摸	【鄂伦春族】
W6535.9.5.3.1.3	法器忌放在妇女坐卧的床铺上	【鄂伦春族】
W6535.9.5.3.2	铁匠的器物禁忌	
W6535.9.5.3.2.1	打铁炉内忌杀生	【阿昌族】
W6535.9.5.4	利器禁忌	
W6535.9.5.4.1	刀的禁忌	
W6535.9.5.4.1.1	尖刀等刃器忌靠近火	【鄂温克族】
W6535.9.5.4.2	剪子忌张开放置	【鄂温克族】

W 编码	母题描述	关联项
W6535. 9. 5. 4. 3	忌利器指人	【民族，关联】①
W6535. 9. 5. 5	忌使用盛过特定物的器皿	【藏族】@［W6519. 4. 2］盛食物器皿的禁忌
W6535. 9. 5. 6	忌使用特定物	［W6524. 1. 4］孕妇忌使用特定物
W6535. 9. 5. 6. 1	忌使用雷劈物	【壮族】
W6535. 9. 5. 7	特定物接触禁忌	
W6535. 9. 5. 7. 1	忌马鞭接触箭	【蒙古族】
W6535. 9. 6	特定事件中的用品禁忌	
W6535. 9. 6. 1	死人埋葬时所用的东西忌用	【仡佬族】
W6535. 9. 7	买卖物的禁忌（赠人物品禁忌）	
W6535. 9. 7. 1	卖的或送人的扫帚忌在自家屋试扫，否则会把财宝扫走	【仡佬族】
W6535. 9. 8	特定标志物禁忌	
W6535. 9. 8. 1	见草标莫入	【布依族】
W6535. 9. 9	特定物禁忌的其他情形	
W6536	**特定时间的禁忌（特定的时间禁忌；忌特定时间）**	【民族，关联】②
W6536. 0	忌特定的日子（忌特定时辰）	
W6536. 0. 0	特定日子禁忌的产生	
W6536. 0. 1	特定月份特定日子的禁忌	
W6536. 0. 1. 1	正月初十的禁忌	
W6536. 0. 1. 1. 1	正月初十妇女不能做针线活，否则变成笨婆娘	【汉族】
W6536. 0. 1. 2	五月五日禁忌	【汉族】@［W6524. 2. 1. 1］五月五日生子，男害父，女害母
W6536. 0. 2	不同月份相同日子的禁忌	

① 【达斡尔族】@［W6531. 3b. 1. 1］耕种时忌以利器朝向太阳；［W6534. 12. 3］忌用利器刺火。

② 【汉族】@［W2397. 9］变人时的禁忌；［W6527. 1］特定时间的语言禁忌；［W6531. 1］生产时间禁忌。

W 编码	母题描述	关联项
W6536.0.2.1	每月初一忌动土	【布依族】
W6536.0.3	特定生肖日均有禁忌	
W6536.0.3.1	十二个生肖日各有禁忌	【彝族】
W6536.0.3.1.1	属鼠、鸡的日子忌吵架，属马的日子忌走亲访友，属兔的日子忌杀鸡、孵鸡，属龙日忌收割庄稼，属羊日忌煎药服药，属猴日忌缝衣服，属狗日忌烧树叶熏房子，属猪日忌举行祭鬼活动	【纳西族】
W6536.0.3.2	鼠日禁忌	
W6536.0.3.2.1	鼠日忌吵架	【纳西族】
W6536.0.3.2.2	第四旬鼠日小忌	【彝族】
W6536.0.3.3	牛日禁忌	
W6536.0.3.3.1	牛日犯死蛇	【彝族】
W6536.0.3.3.2	第三旬牛日大忌	【彝族】
W6536.0.3.4	虎日禁忌	
W6536.0.3.4.1	虎日犯黑蛇	【彝族】
W6536.0.3.4.2	第三旬虎日小忌	【彝族】
W6536.0.3.5	兔日禁忌	
W6536.0.3.5.1	兔日忌杀鸡、孵小鸡	【纳西族】
W6536.0.3.5.2	第二旬兔日大忌	【彝族】
W6536.0.3.6	龙日禁忌	
W6536.0.3.6.1	龙日忌收割庄稼	【纳西族】
W6536.0.3.6.2	特定龙日做的食品一年只能一次	
W6536.0.3.6.2.1	腊月龙日蒸的天雄米饼一年只能蒸一次	【傈僳族】@［W6627.28.4］傈僳族十二月二十九日（龙日）蒸天雄米饼祭祖
W6536.0.3.6.3	第二旬龙日小忌	【彝族】
W6536.0.3.7	蛇日禁忌	
W6536.0.3.7.1	蛇日忌搬迁	

W 编码	母题描述	关联项
W6536. 0. 3. 8	马日禁忌	
W6536. 0. 3. 8. 1	马日忌走亲访友	【纳西族】
W6536. 0. 3. 9	羊日禁忌	
W6536. 0. 3. 9. 1	羊日忌煎药服药	【纳西族】
W6536. 0. 3. 9. 2	羊日治病病不好	【彝族】
W6536. 0. 3. 9. 3	第六旬羊日为大忌	【彝族】
W6536. 0. 3. 10	猴日禁忌	
W6536. 0. 3. 10. 1	猴日忌缝衣服	【纳西族】
W6536. 0. 3. 11	鸡日禁忌	
W6536. 0. 3. 11. 1	鸡日忌吵架	【纳西族】
W6536. 0. 3. 11. 2	第五旬鸡日大忌，狗日小忌	【彝族】
W6536. 0. 3. 12	狗日禁忌	
W6536. 0. 3. 12. 1	狗日忌烧树叶熏房子	【纳西族】
W6536. 0. 3. 13	猪日禁忌	
W6536. 0. 3. 13. 1	猪日忌祭鬼	【纳西族】
W6536. 0. 3. 13. 2	第四旬猪日大忌	【彝族】
W6536. 0. 3a	特定地支日禁忌（特定的地支时辰禁忌）	［W6536. 0. 3］特定生肖日均有禁忌
W6536. 0. 3a. 1	子日禁忌（子时禁忌）	
W6536. 0. 3a. 2	丑日禁忌（丑时禁忌）	
W6536. 0. 3a. 2. 1	在“丑日”或“午日”逢打雷时，忌外人随便进家	【仡佬族】
W6536. 0. 3a. 3	寅日禁忌（寅时禁忌）	
W6536. 0. 3a. 4	卯日禁忌（卯时禁忌）	
W6536. 0. 3a. 5	辰日禁忌（辰时禁忌）	
W6536. 0. 3a. 6	巳日禁忌（巳时禁忌）	
W6536. 0. 3a. 7	午日禁忌（午时禁忌）	
W6536. 0. 3a. 8	未日禁忌（未时禁忌）	
W6536. 0. 3a. 9	其他特定时辰禁忌	

W 编码	母题描述	关联项
W6536.0.3a.9.1	申日禁忌（申时禁忌）	
W6536.0.3a.9.2	戌日禁忌（戌时禁忌）	
W6536.0.3a.9.2.1	“戌日”是土王日忌动土	【侗族】
W6536.0.3a.9.3	酉日禁忌（酉时禁忌）	
W6536.0.3a.9.4	亥日禁忌（亥时禁忌）	
W6536.0.3b	特定干支日禁忌	
W6536.0.3b.1	戊日禁忌（戊时禁忌）	【仡佬族】
W6536.0.3b.1.1	逢戊日不事生产	【民族，关联】①
W6536.0.3b.1.2	忌大戊，一个月忌一天	【仡佬族】
W6536.0.3b.1.3	戊日不能动土耕种	【布依族】@［W6531.1.1.3］戊日忌动土
W6536.0.3b.1.3.1	戊日忌动土	【仡佬族】
W6536.0.3b.1.3.2	戊日忌下地耕作	【仡佬族】
W6536.0.3b.1.3a	逢戊日忌动土插秧	【仡佬族】
W6536.0.3b.1.4	立春后一至五个戊日，忌挑水、挖土、扫地	【侗族】
W6536.0.3b.1.5	立春后第五个戊日不动刀、斧，不挖地、不犁田，以示对主管生产的土地神尊敬	【侗族】
W6536.0.3b.1.6	正月至三月间每遇戊日忌出工	【侗族】
W6536.0.3b.2	忌子卯日	【中华民族】
W6536.0.3b.3	甲子日忌出行，不生产	【布依族】
W6536.0.4	与事件日子有关的禁忌	
W6536.0.5	其他特定的日子禁忌	【关联】②
W6536.0.5.1	忌日禁忌	
W6536.0.5.1.1	禁忌在父母亲去世和下葬日子杀年猪、办喜事和下种（泡谷种）	【傈僳族】

① 【彝族】@［W6500.8.2.1］立秋后五戊日祭五谷；［W6531.1.1.3.1］逢戊日不下田耕地，因戊属土，耕地犯土不利；［6531.1.1.3.2］戊日是人类出生日所以不能动土；［W6536.3.3.4］戊日是造人日，忌动土。

② ［W6615.1.4.2.2.1］狗日是为安葬创世母亲割茅草的日子，因此新年开始第一天（狗日）忌割茅草；［W6524.2.1］忌特定的日子生育。

W 编码	母题描述	关联项
W6536. 0. 5. 1. 1. 1	在父母去世和下葬日子下种，祖父母无忌	【傈僳族】
W6536. 0. 5. 1. 2	杀年猪之日忌与祖宗亡日同日，否则犯杀祖之罪	【布依族】
W6536. 0. 5. 2	特定月初四忌农活	【布依族】
W6536. 0. 5. 3	特定节气日子禁忌	
W6536. 0. 5. 3. 1	春分日忌入园圃	【侗族】@［W6536. 2. 2］立春之日忌劳动
W6536. 0. 6	天亮禁忌（天明禁忌；鸡叫禁忌）	【侗族】@［W6534. 13］光的禁忌（光亮的禁忌；忌光）
W6536. 0. 6. 1	天一亮，天兵天将不能到人间去	【汉族】
W6536. 0. 6. 2	鸡叫天明时，所有架桥用的物件不能再动	【东乡族】
W6536. 0. 6. 3	鸡叫时仙女妹就难回天堂	【汉族】
W6536. 0. 6. 4	鸡叫会阻止魔法	
W6536. 0. 6. 4. 1	鸡叫使女娲造山失败	【汉族】
W6536. 0. 6. 4. 2	鸡叫使观音移石失败	【彝族】
W6536. 0. 7	夜晚禁忌	
W6536. 0. 7. 1	深夜忌打哨吹嘘	【仡佬族】
W6536. 0a	特定的月份禁忌	
W6536. 0a. 1	正月的禁忌	
W6536. 0a. 1. 1	正月间忌搓索子，以防避苞谷不出天花	【布依族】
W6536. 0a. 1. 2	正月间忌在家做针线活，以防避庄稼长不好	【布依族】
W6536. 0a. 1. 3	正月间忌在土地神、石神、树神附近撒尿拉屎，以防避得罪神灵而生病	【布依族】
W6536. 0a. 1. 4	正月间未谢土前忌动土	
W6536. 0a. 1. 4. 1	正月间未谢土前忌动土会避得罪地脉龙神	【布依族】

W 编码	母题描述	关联项
W6536.0a.1.5	正月间忌用脚踩火塘上的三脚架，否则上山砍柴割草时被蛇缠脚	【布依族】
W6536.0b	特定的年份禁忌	
W6536.0b.1	鸡年逢鸡那天忌播种	【布依族】
W6536.1	节日禁忌（年节禁忌；节日的禁忌）	［W6611］年（春节）
W6536.1.0	除夕忌做特定事情	
W6536.1.0.1	除夕忌妇女理麻抡线，以免网着先祖	【仡佬族】
W6536.1.0.2	除夕熬年时不到半夜子时南天门大开不能出屋	【汉族】
W6536.1.1	春节禁忌（春节忌特定事象）①	【汉族】
W6536.1.1.1	过年初一到初三不动刀、不得做针线活，否则雀鸟要糟蹋庄稼	【羌族】
W6536.1.1.2	大年初一忌烤年粑，否则沟渠、田埂易崩	【侗族】
W6536.1.1.3	大年初一忌吃绿色蔬菜及葱蒜等，否则当年田地易生杂草	【侗族】
W6536.1.1.4	过年时，男的不能下地干活路，女人针线也动不得	【仡佬族】
W6536.1.1.5	正月初一至十五忌在村寨四周和房屋门口闲坐	【布依族】
W6536.1.1.6	正月初一特定的禁忌	
W6536.1.1.6.1	正月初一“五忌”为不扫地，不挑水，不煮生，不在门前倒污水，男不用农具，妇不使针线	【仡佬族】
W6536.1.1.6.1.1	大年初一忌扫地	【黎族】
W6536.1.1.6.1.1a	藏历新年忌扫地	【藏族】
W6536.1.1.6.2	正月初一忌开柜子	【布依族】
W6536.1.1.6.3	正月初一忌打骂小孩	【仡佬族】

① 春节禁忌（春节忌特定事象）。此处仅以“春节”作为节日禁忌母题的示例，具体情形可参见“节日习俗【W6600～W6629】”中的有关内容。

W 编码	母题描述	关联项
W6536. 1. 1. 6. 4	正月初一忌用吹火筒吹火	【仡佬族】
W6536. 1. 1. 7	春节不宰杀	【汉族】
W6536. 1. 1. 8	新年忌吵骂	【藏族】
W6536. 1. 1. 8a	新年忌恶语	【藏族】
W6536. 1. 2	与春节禁忌有关的其他母题	［W6523. 1. 3. 3. 3］春节三天内媳妇不能上楼
W6536. 1. 2. 1	新年忌用残缺餐具	【藏族】
W6536. 1. 3	节日忌晾晒	
W6536. 1. 3. 1	正月十五以前，不忌在院子里晒衣服、被子等，晒了要刮大风	【布依族】
W6536. 1. 4	节日忌泼水	
W6536. 1. 4. 1	过年的初一至初三的 3 天内忌泼水，否则该年大雨冲坏庄稼	【羌族】
W6536. 1. 4. 2	正月初一至十五，所用洗脸水忌倒出门外	【仡佬族】
W6536. 1. 4. 3	过年时忌把脏水泼在门外	【仡佬族】
W6536. 1. 5	特定节日的特定禁忌	
W6536. 1. 5. 1	火把节祭祖、供家堂鬼，这两天忌上山挖土，否则庄稼长不好	【傈僳族】
W6536. 1. 5. 2	二月初二禁劈柴	【锡伯族】
W6536. 1. 5. 3	春社日，妇女忌做针线	【侗族】
W6536. 1. 5. 4	四月初八忌用牛犁田、耙田，因这天是牛王的生日	【侗族】
W6536. 1. 5. 5	三月三，寨人忌推磨、舂碓、吹奏乐器	【布依族】
W6536. 1. 5. 6	分龙雨节这天即任何人挑粪桶出门过巷出村	【壮族】
W6536. 1. 6	节日忌用特定物	
W6536. 1. 6. 1	节日忌用旧水	【侗族】
W6536. 1. 7	年节忌遇特定人物	

W 编码	母题描述	关联项
W6536.1.7.1	年节忌外来妇女入户	【藏族】
W6536.2	节气禁忌（特定季节的禁忌）	
W6536.2.1	寒食节忌烟火	【汉族】
W6536.2.2	立春之日忌劳动	【怒族】@［W6531.1.2a.3.1］惊蛰不动土，春分不上山
W6536.2.3	秋季忌踩门槛	【布依族】@［W6520.6.5.1］房屋门槛禁忌
W6536.2.3a	秋收时节忌人坐门槛	【布依族】
W6536.3	特定的生产时间禁忌	
W6536.3.1	耕种时间禁忌	
W6536.3.1.1	每月逢五不犁地，逢九不下种，否则庄稼生虫	【纳西族】
W6536.3.1.2	月亮圆时不能下种，否则虫吃庄稼	【傈僳族】
W6536.3.1.3	忌在父母去世和下葬日下种或浸泡谷种，否则庄稼长不出或长不好	【傈僳族】
W6536.3.2	狩猎时间禁忌	
W6536.3.3	建筑时间禁忌	
W6536.3.3.1	忌五月上屋	【汉族】
W6536.3.3.1.1	五月盖屋，令人头秃	【汉族】
W6536.3.3.1.2	五月上屋，人会丢魂	【汉族】
W6536.3.3.2	牛日建牛舍牛会死	【黎族】
W6536.3.3.3	丧葬期忌动土	
W6536.3.3.4	戊日是造人日，忌动土	【羌族】
W6536.3.3.5	盖房时春不伐木，夏不砍树	【壮族】@［W6533.1.1］忌伐树木
W6536.3.3.6	修炉灶要择日	【壮族】
W6536.4	其他时间禁忌	
W6536.4.1	出嫁前禁食	【民族，关联】①

① 【彝族】@［W6521.4］饮食中的行为禁忌；［W6523.1.3.7］出嫁的女子禁忌。

W 编码	母题描述	关联项
W6536. 4. 2	特定的时间段禁忌	
W6536. 4. 2. 1	清明节后到玉米成熟这段时间，忌吹笛子、跌脚（跳舞），否则玉米遭殃	【傈僳族】
W6537	**特定地点的禁忌**	
W6537. 1	神圣地点禁忌（神秘地点禁忌）	［W6501. 1. 3. 2. 2］祭天坛内禁说外族语言，禁止相互吵嘴、说丑话
W6537. 1. 1	有神的地点的禁忌（供神场所禁忌）	［W6495. 0. 3］祭神的地点（供神的地点；供神的方位）
W6537. 1. 1. 1	忌去塔、神龛、庙宇等被认为有神灵的地方	【羌族】
W6537. 1. 1. 2	坐月婆忌走土地庙前	【布依族】
W6537. 1. 1. 3	祭坛禁忌（神坛禁忌）	［W6512. 5. 1］不能从神坛取（偷）物
W6537. 1. 1. 3. 1	祭“萨”的祭坛非祭祀时严禁闲人入内	【侗族】
W6537. 1. 1. 3. 2	忌将洗脸、洗脚等污水泼向萨神坛	【侗族】
W6537. 1. 2	有鬼的地方，众人不得开垦耕种	【独龙族】
W6537. 1. 2. 1	有鬼的地方禁止开“火山地”	【独龙族】
W6537. 1. 3	神圣地点忌特定的人	
W6537. 1. 3. 1	供神地点忌孕妇	【纳西族】@［W6524. 1. 5. 2. 2］孕妇忌到正房火塘边，因为这是祭祀神灵和祖灵的圣地，以免孕妇的秽气冒犯神灵
W6537. 1. 4	神圣场所忌放特定物	
W6537. 1. 4. 1	祭祖公神台前不得放辣椒，谁犯了就会头痛	【仡佬族】
W6537. 1. 4. 1. 1	祖宗神台前禁放枪支弹药、刀斧狗肉、猫肉、蛇肉等	【壮族】
W6537. 1. 4. 2	神台上不得放狗肉，否则会瞎眼	【仡佬族】

W 编码	母题描述	关联项
W6537.1.4.3	神台上忌放剩下的食物，否则犯嘴舌	【仡佬族】
W6537.1.4.4	神台上忌放桐油	【布依族】
W6537.1.5	寺庙禁忌	
W6537.1.5.1	寺庙忌生孩子不够120天妇女走过	【汉族等】
W6537.1.5.2	附近插秧时忌背对庙	【汉族等】
W6537.1.5.3	土地庙附近忌随意小便	【布依族】
W6537.1.5.4	土地庙附近忌女人长时间逗留	【布依族】@［W6537.1.1.2］坐月婆忌走土地庙前
W6537.1.6	神圣地点的行为禁忌	
W6537.1.6.1	龙脉地、土地庙等地忌不洁、污秽行为	【布依族】
W6537.1.6.1.1	忌犯龙神地脉	【侗族】
W6537.1.7	与神圣地点禁忌有关的其他母题	
W6537.1.7.1	禁地禁忌（特定地点禁忌）	
W6537.1.7.1.1	产生怪物的禁地禁忌	【壮族】
W6537.1.7.1.2	人凶死之处成为禁地	【壮族】
W6537.1.7.1.3	只有巫神附体的人能进入禁地	【壮族】
W6537.1.7.1.4	忌到雷击的地方	【鄂温克族】
W6537.1.7.1.4.1	严禁牲畜踏入雷击过的地方	【鄂温克族】
W6537.1.7.1.5	青年人播种时忌接近坟地	【鄂温克族】
W6537.1.7.1.6	人不能到象征神的领地	【藏族（白马）】
W6537.2	村寨禁忌	
W6537.2.1	特定工种的村寨禁忌	
W6537.2.1.1	工匠不能在村里作活（怕吓跑灵魂）	【珞巴族】
W6537.3	有血缘关系的场所禁忌（有亲属关系的场所禁忌）	
W6537.3.1	娘家禁忌	
W6537.3.1.1	女人不能在娘家生孩子	【傈僳族】【壮族】

W 编码	母题描述	关联项
W6537. 3. 2	闺房禁忌	
W6537. 3. 2. 1	忌哥哥闯入妹妹的闺房	【黎族】
W6537. 3. 3	儿媳住所禁忌	
W6537. 3. 3. 1	公公不能进入儿媳住所	【汉族】
W6537. 4	特定人物行踪地点禁忌	
W6537. 4. 1	民荣人（珞巴族部落）不能在猪曾经吐过的地方放水酒	【珞巴族】
W6537. 5	特定仪式场所的禁忌	［W6534. 12. 4. 3. 1］“退火殃”仪式中忌各家用火
W6537. 5. 1	驱鬼场所禁忌	【羌族】@［W6488. 2. 4. 1］忌一切人进入驱鬼场所
W6537. 5. 2	祭痨病鬼的场所要绕道而行	【怒族】
W6537. 6	神秘地点禁忌	
W6537. 7	特定位置禁忌	
W6537. 7. 1	忌女子西屋窗外小解	【锡伯族】
W6537. 8	特定生产地点禁忌	
W6537. 8. 1	白露日忌入菜园田园	【瑶族（排瑶）】
W6538	**其他特定的禁忌**	［W8995］争战中的禁忌
W6538. 0	特定事件时的禁忌	［W6534. 12. 4. 3］特定事件时忌火
W6538. 0. 1	复活时的禁忌	
W6538. 0. 1. 1	复活时忌说特定语言	【壮族】
W6538. 0. 2	变形时的禁忌	
W6538. 1	颜色禁忌	
W6538. 1. 1	红色禁忌（忌红色）	
W6538. 1. 1. 1	珞巴族认为送红色的东西表示挑战和对抗	【珞巴族】
W6538. 1. 1. 2	幻觉中看见穿红色衣服的妇女和小孩时预兆不祥，须请男巫师送火神	【白族】@［W6523. 1. 1. 4］禁止妇女参加送火神祭仪

W 编码	母题描述	关联项
W6538. 1. 1. 3	梦见红布、红毯子、生漆以及穿红衣服的人，如同见到血，不吉利	【白族】@［W6535. 1］血的禁忌（忌血；血液禁忌）
W6538. 1. 2	白色禁忌（忌白色）	【黎族】@［W6513. 1. 1. 1］忌穿白色衣服，因为穿白衣象征穿孝服
W6538. 1. 3	黑色禁忌	
W6538. 1. 4	绿色禁忌	
W6538. 1. 5	黄色禁忌	
W6538. 1. 5. 1	黄色成为帝王的专用颜色，官民一律禁用	【中华民族】
W6538. 1. 6	其他颜色禁忌	
W6538. 1. 7	忌特定颜色伊以外的其他颜色	
W6538. 1. 7. 1	婴儿拴肚脐的线要白色，忌用别色，否则婴儿肤色不白嫩	【基诺族】
W6538. 2	特定的数字禁忌	
W6538. 2. 1	单数禁忌	
W6538. 2. 2	双数禁忌（偶数禁忌）	
W6538. 2. 2. 1	忌男女偶数年龄结婚	【锡伯族】
W6538. 2. 3	特定的数字禁忌	
W6538. 2. 3. 1	“四”的禁忌	【布依族】@［W6536. 0. 5. 2］特定月初四忌农活
W6538. 3	等级禁忌	【汤普森】C550①
W6538. 4	光照禁忌	【汤普森】C842
W6538. 5	私密禁忌	【关联】②
W6538. 5. 1	特定嗜好禁忌	
W6538. 5. 2	特定能力禁忌（特异事件禁忌）	
W6538. 5. 2. 1	大禹不让妻子知道自己变熊的事	【汉族】

① ［W0974］神的等级；［W5009］人的等级的产生。

② ［W9951］秘密；［W9959. 2］泄露秘密。

W 编码	母题描述	关联项
W6538. 6	方位禁忌（方向禁忌）	［W6511. 1. 2. 1］与方位神有关的禁忌
W6538. 6. 1	方位禁忌的产生	
W6538. 6. 2	方位禁忌的特征	
W6538. 6. 3	方位禁忌的方法	
W6538. 6. 4	特定的方位禁忌（特定时间忌特定方位）	
W6538. 6. 4. 0	下半月第一日忌西南方，二日北方，三日西北方，四日地下，五日天上，六日东方，七日东南方，八日南方，九日东北方，十日西方，十一日西南方，十二日北方，十三日西北方，十四日地下，十五日天上	【彝族】
W6538. 6. 4. 1	忌东方	
W6538. 6. 4. 1. 1	初一日忌东方	【彝族】
W6538. 6. 4. 1. 2	十一日忌东方	【彝族】
W6538. 6. 4. 2	忌西方	
W6538. 6. 4. 2. 1	初五忌西方	【彝族】
W6538. 6. 4. 3	忌南方	
W6538. 6. 4. 3. 1	初三忌南方	【彝族】
W6538. 6. 4. 3. 2	十三日忌南方	【彝族】
W6538. 6. 4. 3. 3	十五日忌南方	【彝族】
W6538. 6. 4. 4	忌北方	
W6538. 6. 4. 4. 1	初七忌北方	【彝族】
W6538. 6. 4. 5	忌东南方	
W6538. 6. 4. 5. 1	初二忌东南方	【彝族】
W6538. 6. 4. 5. 2	十二日忌东南方	【彝族】
W6538. 6. 4. 6	忌西南方	
W6538. 6. 4. 6. 1	初六忌西南方	【彝族】

W 编码	母题描述	关联项
W6538.6.4.7	忌东北方	
W6538.6.4.7.1	初四忌东北方	【彝族】
W6538.6.4.7.2	十四日忌东北方	【彝族】
W6538.6.4.8	忌西北方	
W6538.6.4.8.1	初八忌西北方	【彝族】
W6538.6.4.9	忌其他特定的方位	
W6538.6.4.9.1	忌上方（忌天上）	
W6538.6.4.9.1.1	初十忌天上	【彝族】
W6538.6.4.9.2	忌下方（忌地下）	
W6538.6.4.9.2.1	初九忌地下	【彝族】
W6538.6.4.9.3	忌中心	
W6538.7	征兆禁忌	
W6538.7.1	征兆禁忌的产生	
W6538.7.2	征兆禁忌的方法	
W6538.7.3	特定的征兆禁忌	［W6531.3］生产征兆禁忌
W6538.7.3.1	生活中的征兆禁忌	
W6538.7.3.1.1	出门时的征兆禁忌	
W6538.7.3.1.1.1	出门时见乌鸦排粪于家门口要立刻改期	【布依族】
W6538.7.3.1.2	忌夜晚睡觉做噩梦	【彝族】
W6538.7.4	与征兆禁忌有关的其他母题	
W6538.8	仪式中的禁忌（仪礼禁忌）	
W6538.8.1	乔迁新房火塘生火忌遇外人	【侗族】
W6538.8.2	祷于桑林之野时，忌弦歌鼓舞者	【中华民族】
W6538a	**禁忌的类型（禁忌的分类；群体禁忌与个体禁忌）**	
W6538a.1	国家禁忌	
W6538a.2	民族禁忌	［W6515.2.1.2］回族为什么不吃猪肉

W 编码	母题描述	关联项
W6538a. 3	部落禁忌	
W6538a. 3. 1	部落图腾禁忌	
W6538a. 3. 2	部落行为禁忌	
W6538a. 3. 2. 1	部落里规定松树不能动，神石不能摸，沙泉不能踏	【裕固族】
W6538a. 4	氏族禁忌	
W6538a. 4. 1	鸟族忌打鸟	【汉族】
W6538a. 4. 2	喇氏氏族（虎氏族）禁止猎人杀虎，违者问罪	【纳西族（摩梭）】
W6538a. 5	区域性禁忌（地区禁忌）	
W6538a. 5. 1	村落禁忌	
W6538a. 6	其他群体性禁忌（团体性禁忌）	
W6538a. 6. 1	家族禁忌	
W6538a. 6. 1. 1	家族禁忌不能外泄	【满族】
W6538a. 6. 2	姓氏禁忌	
W6538a. 6. 2. 1	鹰救过谭姓先祖的命，所以谭姓忌伤害鹰	【土家族】
W6538a. 6. 2. 2	因黄姓瑶族的祖妣是母猴，所以禁忌打猴吃猴肉	【瑶族】
W6538a. 6. 2. 3	陆姓人不食牛，以示不忘白牛功德	【壮族】
W6538a. 6. 3	家庭禁忌（家庭内部的禁忌）	［W6526. 6. 1. 5. 2］特定关系人之间的窥视禁忌
W6538a. 6. 3. 1	忌异辈间行为无序	【仡佬族】
W6538a. 6. 3. 2	忌家庭内特定关系人开玩笑	
W6538a. 6. 3. 2. 1	忌媳妇与兄长开玩笑	【傈僳族】
W6538a. 6. 3. 2. 1a	兄与弟媳忌笑谑	【仡佬族】
W6538a. 6. 3. 3	翁媳忌耳语	【仡佬族】
W6538a. 6. 3. 4	家有病人忌造访	【藏族】
W6538a. 6. 3. 5	家有变故后的禁忌	

W 编码	母题描述	关联项
W6538a. 6. 3. 5. 1	生儿未满月者死亡家中须回避跳鹿神	【赫哲族】
W6538a. 6. 3. 6	家庭成员间的起居禁忌	
W6538a. 6. 3. 6. 1	大伯子不准在兄弟媳妇跟前坐	【鄂温克族】
W6538a. 6. 3. 7	父母的禁忌	
W6538a. 6. 3. 7. 1	父母打孩子忌打头部	【藏族】
W6538a. 6. 4	长幼间的禁忌	
W6538a. 6. 4. 1	小辈忌从老人的面前过	【布依族】
W6538a. 6. 4. 2	小辈同老人同坐忌坐上方	【布依族】@［W6515. 3. 4. 1］忌年轻人与长辈同桌共饮
W6538a. 6. 4. 2a	忌长辈面前坐首席	【布依族】
W6538a. 6. 4. 3	小辈与老人同路忌走前面	【布依族】
W6538a. 6. 4. 4	忌见长辈不下马	【布依族】
W6538a. 6. 4. 5	忌在老人面前跷脚	【布依族】
W6538a. 6. 5	师徒间的禁忌	
W6538a. 6. 5. 1	师傅不能把本事全教给徒弟	【汉族】
W6538a. 6. 6	其他群体性禁忌	
W6538a. 7	按禁忌对象划分禁忌	
W6538a. 7. 1	行为禁忌	【关联】①
W6538a. 7. 2	仪式禁忌	【关联】②
W6538a. 7. 2. 1	萨满请神仪式忌在家外举行	【鄂温克族】
W6538a. 7. 2. 2	招魂治病仪式有系列禁忌	【壮族】
W6538a. 7. 3	伦理道德类禁忌	
W6538a. 7. 3. 1	忌不尊长辈	【鄂温克族】
W6538b	**违反禁忌的结果（不遵守禁忌的结果；犯忌的后果；犯忌的结果）**	
W6538b. 1		【关联】③

① 【苗族】［W6521. 10. 4］祭祀中的行为禁忌（祭祀禁忌）；［W6523. 5］男女间行为禁忌。

② ［W6526. 6. 3］看特定事象的禁忌（看特定仪式禁忌）；［W6531. 5. 3］开荒仪式禁忌。

③ ［W6539. 1. 0］违反禁忌的产生。

W 编码	母题描述	关联项
W6538b. 1. 1	故意让对方违反禁忌	【苗族】
W6538b. 2	犯忌死亡（违反禁忌死亡）	【满族】
W6538b. 2. 1	因违反泄露预言的禁忌死亡	【汉族】【蒙古族】
W6538b. 2. 2	人没有遵守保守秘密的禁忌死亡	【鄂温克族】
W6538b. 2. 3	犯忌丧妻丧子	【壮族】
W6538b. 2. 4	用水把火弄灭亵渎火神导致自己被射死	【鄂温克族】
W6538b. 3	犯忌招灾（违反禁忌导致灾难）	【汤普森】C984；［W8173］人违犯禁忌引发洪水
W6538b. 3. 1	违背禁忌使他人遭殃	【傈僳族】
W6538b. 3. 2	犯忌遭饥荒	【汤普森】C934
W6538b. 3. 2. 1	犯忌作物歉收	【汤普森】C934. 1
W6538b. 3. 3	犯忌遭战败	【汤普森】C936
W6538b. 4	犯忌变形	【汤普森】C960；【关联】①
W6538b. 4. 1	人犯忌变成动物	【汤普森】C962
W6538b. 4. 1. 1	人违犯禁忌变成鱼	【佤族】
W6538b. 4. 2	犯忌现原形	【汤普森】C963；［W9952］显露原形
W6538b. 4. 3	人违犯预言禁忌变成异物	【佤族】@［W6527. 3. 2. 3］违反预言禁忌的结果
W6538b. 4. 3. 1	老人泄露洪水预言变成青烟	【满族】
W6538b. 4. 3. 2	善良的年轻人泄露洪水预言变成石头	【蒙古族】
W6538b. 4. 3. 3	猎人违背保守秘密的约定变成石头	【蒙古族】@［W6538b. 2. 2］人没有遵守保守秘密的禁忌死亡
W6538b. 5	犯忌失去特定东西	

① ［W9508］因禁忌造成的变形；［W9508. 1］犯忌导致变形；［W9508. 2］违犯名称禁忌导致变形。

W 编码	母题描述	关联项
W6538b. 5. 1	犯忌失好运	【汤普森】C930；［W9496］好运
W6538b. 5. 2	犯忌失神佑	【汤普森】C937
W6538b. 5. 3	犯忌失魔力	【汤普森】C947；［W0840. 4］妖魔（魔鬼）魔力的失去
W6538b. 5. 4	犯忌失乐园	【汤普森】C955；［W0106. 4］神失乐园
W6538b. 5. 4a	犯忌失天堂	【塔吉克族】
W6538b. 6	犯忌导致疾病（违反禁忌受伤害）	【汤普森】C940
W6538b. 6. 1	犯忌导致失明	【汤普森】C943
W6538b. 6. 1. 1	兄妹婚生瞎眼的孩子	【高山族】@［W2606. 5］生瞎眼的孩子
W6538b. 6. 2	犯忌变哑巴	【汤普森】C944
W6538b. 6. 3	犯忌致残	【汤普森】C948
W6538b. 6. 4	犯忌跌伤	【汤普森】C996
W6538b. 7	犯忌遭受惩罚的其他情形	［W6727. 2］因犯忌而改变了语言
W6538b. 7. 1	犯忌招惹是非	
W6538b. 7. 2	犯忌导致一无所获	
W6538b. 7. 2. 1	触犯“白那查”（山神），什么也捕不着	【鄂温克族】
W6538b. 7. 3	犯忌被捉拿	
W6538b. 7. 3. 1	犯忌被恶鬼嘎哇斯抓走	【高山族】
W6538b. 8	犯忌的弥补（犯忌的处理；犯忌的禳解）	［W6539. 3］禁忌的消失（禁忌的解除；禁忌被打破）
W6538b. 8. 1	犯忌后通过请罪禳解（犯忌后敬神谢罪）	
W6538b. 8. 1. 1	犯禁忌须用火塘内灶灰敬屋角的神以谢罪	【羌族】
W6538b. 8. 1. 2	通过火弥补犯忌	【锡伯族】

W 编码	母题描述	关联项
W6538b. 8. 1. 3	如果妇女 9 个月还不生孩子，是得罪马所致，必须用围腰兜着玉米等马料去喂马请罪	【傈僳族】
W6538b. 8. 1. 4	冲犯灶神后举行祈禳仪式，请“本波”消除灾厄	【藏族】
W6538b. 8. 2	通过做善事弥补犯忌	
W6538b. 8. 3	通过特定仪式弥补犯忌	
W6538b. 8. 3. 1	产妇犯禁后要给别人家挂红、开财门	【傈僳族】
W6538b. 8. 4	通过祭祀弥补犯忌	
W6538b. 8. 4. 1	土辰节令忌破土，若破了土一定要行祭土	【纳西族】
W6538b. 8. 4. 2	通过祭神禳解触犯神灵	【壮族】
W6538b. 8. 4. 3	犯禁忌后，祭祀土地公请求免灾除难	【壮族】
W6538b. 8. 5	象征性弥补犯忌	
W6538b. 8. 5. 1	送亲喜车若犯忌日落前未赶到，要在大门西侧挂一面镜子以代替太阳	【达斡尔族】
W6539	**与禁忌有关的其他母题**	【关联】①
W6539. 1	特定的禁忌者	
W6539. 1. 1	神自身的禁忌	
W6539. 1. 2	神性人物自身的禁忌	
W6539. 1. 2. 1	神仙自身的禁忌	【汉族】
W6539. 1. 2. 2	英雄自身的禁忌	【蒙古族】
W6539. 1. 2. 3	鬼自身的禁忌（鬼魂自身的禁忌）	
W6539. 1. 2. 3. 1	鬼忌特定物	
W6539. 1. 2. 3. 1. 1	鬼忌唾液	
W6539. 1. 2. 3. 1. 2	鬼忌砂锅	【纳西族】
W6539. 1. 2. 3. 2	鬼忌特定事象	

① ［W6688］丧葬禁忌（葬礼禁忌）；［W6898］名称禁忌（姓名禁忌；姓氏禁忌）。

W 编码	母题描述	关联项
W6539.1.2.3.2.1	鬼忌鸡叫	【汉族】
W6539.1.2.3.2.2	人死后的灵魂到祖先居处的路上，忌听从别人的话和讲外人讲的话	【傈僳族】
W6539.1.3	人自身的禁忌	【关联】①
W6539.1.3.1	特定年龄的人的禁忌	
W6539.1.3.1.1	老年人忌说死亡	
W6539.1.3.1.1a	老人忌听到乌鸦叫	【纳西族】
W6539.1.3.1.2	年轻人不能靠神龛坐	【纳西族】
W6539.1.3.1a	特定年龄的禁忌	
W6539.1.3.1a.1	人忌讳 45 岁	【汉族】
W6539.1.3.1a.2	人忌讳 73 岁	【汉族】
W6539.1.3.1a.3	人忌讳 84 岁	【汉族】
W6539.1.3.2	人的身体禁忌	
W6539.1.3.2.1	人剪下的头发、指甲忌乱丢	【怒族】
W6539.1.3.3	人的身份禁忌（人的身世禁忌）	
W6539.1.3.3.1	特定的人忌说出自己的真实身份	
W6539.1.3.3.1.1	石鼓人忌说是自己是石鼓人	【纳西族】
W6539.1.3.4	遇到特定事的人的禁忌（摊上大事的人的禁忌）	
W6539.1.3.4.1	家里孩子死的多的大人忌吃羊肉、葱、蒜，否则触犯鬼神	【傈僳族】
W6539.1.3.5	特定职业者的禁忌（特定行业的禁忌；特定身份者的禁忌；职业禁忌）	
W6539.1.3.5.1	巫师平时不能随便骂人	【独龙族】
W6539.1.3.5.1a	有些巫师，忌食黄牛肉，因黄牛是其祖师仙伴	【彝族】
W6539.1.3.5.1b	师公禁忌	
W6539.1.3.5.1b.1	师公忌吃狗肉、鹅肉	【壮族】
W6539.1.3.5.1b.2	师公忌走过女人衣裤下面	【壮族】

① ［W6525］特定的人的禁忌；［W6525.3.1.7.1.1］病人忌生人（病人忌客）。

W 编码	母题描述	关联项
W6539. 1. 3. 5. 1b. 3	师公忌盗窃	【壮族】
W6539. 1. 3. 5. 1b. 4	师公忌调戏妇女	【壮族】
W6539. 1. 3. 5. 2	东巴及其家人平日忌在自己家里或别人家里唱大祭风仪式里所念之经的腔调	【纳西族】
W6539. 1. 3. 5. 3	养蜂人家请吃蜂糖忌言“多谢”“分别”“走了”“再见”等	【仡佬族】
W6539. 1. 3. 5. 4	特定信仰的人的禁忌	
W6539. 1. 3. 5. 4. 1	吃斋的人忌酒肉葱蒜	【汉族】
W6539. 1. 3. 5. 5	艺人忌坐晒晾裤下	【仡佬族】
W6539. 1. 3. 5. 5a	手艺人忌坐晒晾裤下	【仡佬族】
W6539. 1. 3. 5. 6	猎人禁忌	
W6539. 1. 3. 5. 6. 1	猎人忌吃狗肉	【鄂温克族】
W6539. 1. 4	动物自身的禁忌	
W6539. 1. 5	特定职业行为的禁忌	
W6539. 1. 5. 1	巫术禁忌	
W6539. 1. 5. 1. 1	巫术治病时忌外人进屋，否则就不灵	【布依族】
W6539. 2	禁忌的改变	［W6697］（习俗的演变，风俗的变化）
W6539. 2. 1	原来禁忌的东西后来不再禁忌	
W6539. 2. 1. 1	玉皇大帝开始时判人不能吃蛙，后来玉帝重判让人可以吃蛙	【壮族】
W6539. 2. 2	原来不禁忌的事情后来变成禁忌	
W6539. 3	禁忌的消失（禁忌的解除；禁忌被打破）	
W6539. 3. 1	解除禁忌的原因	
W6539. 3. 2	解除禁忌的方法（解除禁忌的情形）	
W6539. 3. 2. 1	通过特定物可以消除禁忌	

W 编码	母题描述	关联项
W6539.3.2.1.1	讲“青蛙求亲”故事下雨，讲完后在灶里放点盐天就会晴	【门巴族】@［W6527.9.3.1］下雨天在“青蛙村”讲“青蛙求亲”故事的禁忌
W6539.3.2.2	通过除秽解除禁忌	
W6539.3.2.2.1	产妇出门露脸当天要行除秽礼，方可进正房和火塘边	【纳西族】
W6539.3.2.2.2	外来男女在家同房犯忌后须请布摩来扫家、扫寨	【布依族】
W6539.3.2.3	通过变化名称消除禁忌	
W6539.3.2.3.1	使用替代特定物名称解除禁忌	［W6529.1.8.3］因禁忌用譬喻代称名称
W6539.3.2.3.1.1	把说“将牛卖了”禁忌改说成“将女孩嫁出去了”	【侗族】
W6539.3.2.3.2	用其他描述代替直说特定事件消除禁忌	
W6539.3.2.3.2.1	忌野外见蛇交配，提及其事尧改称“蛇相绞”	【侗族】
W6539.3.2.4	通过吃喝特定物解除禁忌（通过象征性改变对方身份犯忌）	
W6539.3.2.4.1	新生儿忌外人“踏生”，犯忌踏门者可通过喝主人家一口水表示是自家人消除禁忌	【侗族】
W6539.3.2.4.2	主人留犯忌者吃餐饭消除“踏生”犯忌	【侗族】
W6539.3.2.5	通过馈赠特定物消除犯忌（用送礼物消除犯忌）	
W6539.3.2.5.1	新生儿忌外人“踏生”，犯忌踏门者可通过向主人送礼消除犯忌	【侗族】
W6539.3.2.5.2	违反入产妇之家禁忌者要送大米、茶叶给产妇	【仡佬族】
W6539.3.2.5.3	大牲畜生产忌外人进家，若请客人帮忙喂幼畜则可消除影响牲畜的“邪气”	【布依族】

W 编码	母题描述	关联项
W6539. 3. 2. 5. 4	产妇到外家会犯忌，产妇在满月时带饭菜到误入的那家人吃餐饭即可无事	【侗族】
W6539. 3. 2. 6	通过祭祀消除犯忌（通过赎罪解除禁忌；通过禳解消除犯忌）	
W6539. 3. 2. 6. 1	新生儿忌外人入户，犯者须用酒肉和米饭去给主家祭祖才能解除	【侗族】
W6539. 3. 2. 6. 2	违反生怪胎禁忌，要请鬼师来向祖先和鬼神赎罪，祈祷下次健康生育	【侗族】
W6539. 3. 2. 7	通过特定器物遮挡避免犯忌	
W6539. 3. 2. 7. 1	孕妇忌见天，出门时须戴笠打伞	【侗族】
W6539. 3. 2. 7. 2	搬物时趁天黑遮掩以解除犯忌	【布依族】@［W6521. 9. 1. 2］正月上旬内忌将新鲜蔬菜、生柴草等搬入家中，除非待天黑后用东西罩住才行
W6539. 3. 2. 8	通过说反话化解语言禁忌	
W6539. 3. 2. 8. 1	饭不够时舀饭的人忌说“没有饭了”，要说“发财了”	【仡佬族】
W6539. 3. 2. 9	解除禁忌的其他方法	
W6539. 3. 2. 9. 1	通过交换特定物消除禁忌	
W6539. 3. 2. 9. 1. 1	两个新娘犯忌途中相遇，相互间换一张头巾可解除犯忌带来的坏运气	【布依族】
W6539. 3. 2. 9. 2	通过吐唾液消除犯忌	【侗族】
W6539. 3. 2. 9. 3	通过说特定的话消除犯忌	
W6539. 3. 2. 9. 3. 1	念三遍“祖宗保佑，别出祸事”可冲犯忌晦气	【侗族】
W6539. 3. 2. 9. 4	跨火后破忌	【达斡尔族】@［W6534. 12. 1］忌从火上跨过（忌踩火）
W6539. 3. 2. 9. 5	用语言解除禁忌	【独龙族】
W6539. 3. 3	解除禁忌的时间	
W6539. 3. 3. 1	时间一长禁忌自然消失	【傈僳族】

W 编码	母题描述	关联项
W6539.3.3.2	特定时间后禁忌自然解除	
W6539.3.3.2.1	过年的忌讳等正月初三后就自然解除	【傈僳族】
W6539.3.3.2.2	孩子出生 10 天后，关于孕产的禁忌解除	【傈僳族】
W6539.3.3.2.3	小孩出生三早后，解除外人“踏生”禁忌	【侗族】@［W6524.5.4.3］新生婴儿落地后，忌外人进门“踩生”
W6539.3.3.2.4	春节期间不准磨刀、做针线、推磨等、禁忌到正月第一个“鼠日”解除	【布依族】
W6539.3.4	解除禁忌的地点	
W6539.3.5	解除禁忌的其他条件	
W6539.3.5.1	孕妇的某些禁忌在同姓家族中不忌	【布依族】
W6539.3.6	解除禁忌的结果	
W6539.3.7	与解除禁忌有关的其他母题	［W6527.8.3］语言禁忌的化解（语言禁忌的转化；语言禁忌的解除）
W6539.3.7.1	犯忌的预防	
W6539.3.7.1.1	用特定提示物预防犯忌	【仡佬族】@［W6524.6.1.2.1］大牲畜生产后，主人在门外插红纸防外人闯入
W6539.3.7.2	处罚犯忌者	
W6539.3.7.2.1	对犯忌者罚米煮粥或罚肉祭祀	【侗族】
W6539.4	关联性禁忌	
W6539.4.1	被禁忌者的关系人同样被禁忌	
W6539.4.1.1	妇女忌祭庙神，妇女怀孕者的家人也不得参加	【傈僳族】
W6539.4.2	男子的妻子怀孕取消参祭资格	【壮族】
W6539.5	完成特定事情的综合性禁忌（过程性禁忌）	

W 编码	母题描述	关联项
W6539.5.1	完成变形的多种禁忌	
W6539.5.1.1	熊与虎要变人须把灵芝和大蒜在一百天之内吃完，且吃的时候不能见天日	【朝鲜族】
W6539.6	不洁之物（不干净）	
W6539.6.1	不洁之物藏匿处	
W6539.6.1.1	不洁之物藏匿于建筑物中、树下、动物的尾巴或鼻孔或人的衣服里	【蒙古族（布里亚特）】

6.4.7 娱乐
【W6540 ~ W6544】

W 编码	母题描述	关联项
W6540	**娱乐的产生**	
W6540.1	人吃饱了没事干产生玩乐	【汉族】
W6541	**娱乐的特征**	
W6542	**娱乐的功能**	
W6543	**娱乐的类型（常见的娱乐方式）**	
W6543.1	以娱乐对象划分娱乐的类型	
W6543.1.1	娱神	
W6543.1.1.1	娱神的产生	
W6543.1.1.2	娱神的方法	
W6543.1.1.2.1	通过表演娱神	【汉族】
W6543.1.1.2.1.1	演出一场戏算做敬神	【汉族】
W6543.1.1.3	与娱神有关的其他母题	
W6543.1.2	娱人	

W 编码	母题描述	关联项
W6543.2	游乐（游玩；玩耍）	
W6543.2.1	游乐的产生	
W6543.2.1.1	人玩耍本领的获得	
W6543.2.1.1.1	人祖从忍利恩本来不会玩耍，就向白蝴蝶去学习	【纳西族】
W6543.2.2	游乐的情形	
W6543.2.2.1	异地游乐	
W6543.2.2.1.1	天上人常到地上玩，地上的人常到天上玩	【彝族】@［W6168.2］人有的生活在天上，有的生活在地上
W6543.2.3	与游乐有关的其他母题	
W6544	**与娱乐有关的其他母题**	

6.4.8 与民间文化有关的其他母题【W6545 ~ W6549】

W 编码	母题描述	关联项
W6545	**民间文化研究**	
W6546	**民间文化的价值**	
W6547	**民间文化的传承**	【多民族】
W6548	**民间文化与其他文化**	
W6548.1	民间文化与传统文化	【多民族】
W6548.2	民间文化与古典文化	【多民族】
W6548.3	民间文化与非遗	【多民族】
W6549	**与民间文化有关的其他母题**	
W6549.1	民间文学的创新	【多民族】

6.5 习俗（风俗）
【W6550～W6699】

6.5.1 习俗的产生
【W6550～W6559】

W 编码	母题描述	关联项
✿ **W6550**	**习俗**	【汤普森】P600
✻ **W6551**	**习俗的产生（民俗的产生）**	【汤普森】A1500
W6552	**神制定习俗**	
W6552.1	天神制定习俗	
W6552.2	雷神制定习俗	
W6552.2.1	雷王规定食人习俗	
W6552.2.1.1	天上雷王规定，世上年纪大走不动的人要分他的肉来吃	【壮族】
W6553	**神性人物制定习俗**	
W6553.1	文化英雄制定习俗	【汤普森】A545；【壮族】
W6553.2	祖先制定习俗	
W6553.2.1	猎人告诉儿子打不到野兽要请巫师念经后形成习俗	【珞巴族】
W6553.2.2	开始耕种时停止一切吹笙娱乐活动是祖宗的规矩	【拉祜族】
W6554	**特定人物制定习俗**	

W 编码	母题描述	关联项
W6554.1	国王制定习俗	【汤普森】≈P13
W6554.2	首领制定习俗	【哈尼族】
W6555	**沿袭先人形成习俗**	
W6556	**约定形成习俗**	
W6557	**因特定事件形成习俗**	
W6557.1	因神农五月初五上山采药延续成俗	【汉族】
W6558	**习俗产生的其他情形**	
W6558.1	通过学习产生习俗（通过模仿产生习俗）	
W6558.1.1	向其他群体学习习俗	
W6558.1.1.1	部落酋长学习汉俗	【纳西族】
W6558.1.1.2 *	苗人的“还傩愿”大概是模仿汉俗而来	【苗族】
W6558.2	为祈好运形成习俗	
W6558.2.1	看到他人建房时念抛梁歌得好运遂模仿成俗	【汉族】
W6558.3	为纪念特定事件形成习俗	
W6558.3.1	上元夜焚烧是为纪念女娲补天	【汉族】
W6559	**与习俗产生有关的其他母题**	
W6559.1	不同习俗的来历	
W6559.1.1	众兄妹分别后很难往来形成了不同的习俗	【怒族】
W6559.2	作第一件事的习俗	
W6559.2.1	首次取水要烧香纸祭水神的习俗	【侗族】

6.5.2 生产习俗
【W6560 ~ W6579】

W 编码	母题描述	关联项
✿ **W6560**	**生产习俗**	
✻ **W6561**	**生产习俗的产生**	
W6562	**生产习俗产生的原因**	
W6562.1	生产前祭祀习俗源于求神护佑	【关联】①
W6562.1.1	建房、凿井、开煤窑等要杀鸡、敬香、烧纸向神灵通报，以求其护佑	【仡佬族】
W6563	**生产习俗产生的方式**	
W6564	**生产习俗的特征（生产习俗的功能）**	
✿ **W6565**	**常见的生产习俗（生产习俗的类型）**	
✻ **W6566**	**农业生产习俗**	［W6035］耕种（农耕；农业）
W6567	**农业生产前准备中的习俗**	［W6047］耕种前准备（种庄稼前的准备）
W6568	**开荒习俗（开荒时的习俗）**	［W6048］开辟田地（造田；开荒造田；土地的修整）
W6568.1	开荒习俗的产生	
W6568.2	开荒习俗的内容	
W6568.2.1	开荒时敬神习俗	
W6568.2.2	开荒时占卜习俗	［W9190 ~ W9199］占卜

① ［W6047.2.3］耕种前祭天地神；［W6047.2.4］耕地前祭土地神；［W6079.0.1］生产前祭祀。

W 编码	母题描述	关联项
W6568.2.2.1	开荒前要占卜定日子	
W6568.3	与开荒习俗有关的其他母题	
W6569	**耕地习俗（耕地时的习俗）**	
W6569.1	耕地习俗的产生	
W6569.2	特定的耕地习俗	
W6569.2.1	耕种前占卜习俗	
W6569.2.1.1	耕种前以特定动物的血占卜决定是否耕种	【佤族】
W6569.3	与耕地习俗有关的其他母题	
W6570	**播种习俗（播种时的习俗）**	
W6570.1	播种习俗的产生	
W6570.2	播种习俗的内容	
W6570.2.1	播种时占卜习俗	［W9190～W9199］占卜
W6570.2.2	播种时男女交配习俗	［W7156］性交
W6570.3	与播种习俗有关的其他母题	
W6571	**作物管理中的习俗（农业生产管理习俗）**	
W6571.1	农业生产管理习俗的产生	
W6571.2	农业生产管理习俗的内容	
W6571.3	农业生产过程中特定事件习俗	
W6571.3.1	特定的时间祭农业生产的习俗	
W6571.3.1.1	“红煞日”“戊日”“甲子日”忌生产	【布依族】
W6571.3.2	农业生产过程中与自然现象有关的习俗	

W 编码	母题描述	关联项
W6571.3.2.1	第一次春雷时敲鼎罐盖，叫粮食魂	【布依族】@［W6591.5.5.1.1］第一声春雷时，让小孩子“吃雷肝”
W6571.4	与农业生产管理习俗有关的其他母题	
W6572	**收获习俗（收获时的习俗；作物收割习俗）**	
W6572.1	收获习俗的产生	［W6050］收获（收割）
W6572.2	收获习俗的内容（收获尝新习俗）	
W6572.2.1	收获时祭神习俗	［W6050.2.1］收割庄稼前祭祀；［W6481］祭神
W6572.2.2	收获时要举行仪式的习俗	［W6050.2.2］通过特定仪式收割庄稼（通过巫术收获庄稼）
W6572.2.3	收获作物时请祖先尝新	［W6606.1.1］新米节（尝新节；吃新节）
W6572.2.3.1	请祖先尝新米	【哈尼族】
W6572.2.3.2	尝新节祭祀传人耕作的老寡妇	【阿昌族】@［W6628.4.1］纪念动物取种的尝新节
W6572.2.3.3	收获新粮时，必须先祭锅庄石，请祖先尝新	【纳西族】
W6572.2.4	收获时动物尝新的来历	
W6572.2.4.1	老鼠和麻雀偷谷种有功，每逢稻谷成熟就让它们到田里尝新	【汉族】
W6572.2.4.1.1	家雀为人取谷种，所以有了粮食让它们尝鲜	【汉族】
W6572.2.4.1.1a	彝家种出粮食后先让小谷雀尝新	【彝族】
W6572.2.4.1.2	粮食老鼠尝鲜的来历	
W6572.2.4.1.2.1	因老鼠咬开装人种的葫芦所以粮食老鼠先吃	【布朗族】

W 编码	母题描述	关联项
W6572.2.4.1.2.2	老鼠尝新是因为灾难时老鼠帮助过人的祖先	【彝族】
W6572.2.4.1.2.3	老鼠尝新是因为老鼠和麻雀为舜偷谷种有功	【汉族】
W6572.2.5	新米蛇尝鲜的来历	
W6572.2.5.1	新米时要请视为祖先的蛇尝鲜	【高山族】
W6572.2.5.2	祖先（蛇）来尝小米	【高山族】
W6572.2.6	收获时先敬狗的来历（狗尝新；新米狗尝鲜的来历；尝新先喂狗）	【傈僳族】
W6572.2.6.1	狗尝新米是因为狗取种有功	【布依族】
W6572.2.6.1.1	小狗帮人从西天取回五谷种，布依族在每年七八月间吃新米时先给狗吃	【布依族】
W6572.2.6.1.2	天神摩密的女儿偷谷种来到人间后被罚变成母狗所以尝新先喂狗	【哈尼族】
W6572.2.6.1.3	人们为了感谢送来青稞种籽的神狗，收青稞吃新青稞面做的糌粑时先喂狗	【藏族】
W6572.2.6.1.4	人为感谢黄狗盗来稻种，每逢尝新米时要端一碗白米饭喂狗	【汉族】
W6572.2.6.1.4a	人为感谢狗取谷种，每年七八月间吃新米时先让狗吃	【汉族】
W6572.2.6.1.4b	神狗把稻谷种送给摩梭人，所以每年吃新米时要先拿一个米粑粑给它尝新	【纳西族（摩梭）】
W6572.2.6.1.4c	吃新米或是吃年三十晚上的年夜饭先让狗吃，是为了感激狗给人类从天上带回了谷种	【纳西族】
W6572.2.6.2	吃新节敬狗因猎狗带来稻种	【景颇族】
W6572.2.7	粮食牛尝鲜的来历	
W6572.2.7.1	水牛给人带来种子所以新谷先给水牛吃	【德昂族】

W 编码	母题描述	关联项
W6572.2.8	收获时其他特定动物尝鲜	
W6572.2.8.1	粮食虫子尝鲜的来历	
W6572.2.8.1.1	老罕王登基后答应救过他的命的虫子先吃一口粮食	【汉族】
W6572.2.8.2	粮食成熟时任随青蛙先吃	
W6572.2.8.2.1	粮食青蛙尝新是为了感谢青蛙把喝了能说话的仙水让给人	【汉族】
W6572.2.9	尝新的其他情形	
W6572.2.10	与尝新有关的其他母题	
W6572.2.10.1	尝新前要祭祀	【纳西族】@［W6572.2.3.3］收获新粮时，必须先祭锅庄石，请祖先尝新
W6572.2.10.2	粮食让苍蝇尝新的来历	
W6572.2.10.2.1	苍蝇、绿头蝇曾帮助家雀取得谷种，所以吃饭时让它们尝鲜	【汉族】
W6572.3	特定的收割习俗	
W6572.3.1	新米节割稻穗	［W6572.5.2］新米节叫谷魂禁忌
W6572.3.1.1	新米节割稻穗的人要是四五十岁以上的男子汉	【佤族】
W6572.4	作物丰收后习俗（农耕结束后习俗）	
W6572.5	收获的禁忌（收割庄稼中的禁忌）	
W6572.5.1	打谷时，箩筐未装满谷子时忌摆动，否则招鬼	【白族】
W6572.5.2	新米节叫谷魂禁忌	【佤族】
W6572.6	与收获习俗有关的其他母题	
W6573	**与农业生产习俗有关的其他母题**	

W 编码	母题描述	关联项
W6573.1	种树习俗	【关联】①
W6573.1.1	喂果树习俗	【仡佬族】
W6574	**狩猎习俗**	［W6015］狩猎
W6574.1	狩猎习俗的产生	
W6574.2	狩猎习俗的内容	
W6574.2.1	狩猎前祭特定对象	
W6574.2.1.1	狩猎前后祭山神	【侗族】
W6574.2.1.1.1	狩猎前祭梅山神	【侗族】
W6574.2.2	狩猎时托神辞	【基诺族】
W6574.2.3	狩猎前占卜习俗	【鄂伦春族】@［W6568.2.2］开荒时占卜习俗
W6574.2.3.1	猎人出猎前要取竹卦丢地上占卜，视两片卦的俯仰情况测定吉凶	【仡佬族】
W6574.3	特定的狩猎习俗	
W6574.3.1	祭猎神要偷鸡作祭品	
W6574.3.1.1	祭猎神要偷鸡作祭品找挨骂	【傈僳族】@［W6596.4.1.1］偷瓜求骂
W6574.4	与狩猎习俗有关的其他母题	
W6575	**手工业生产习俗**	［W6070］手工制作（做手工）
W6575.1	手工业习俗的产生	
W6575.2	手工业习俗的内容	
W6575.3	特定的手工业习俗	
W6575.4	与手工业习俗有关的其他母题	
W6576	**畜牧习俗**	［W6075］放牧（游牧；畜牧）
W6576.1	畜牧习俗的产生	
W6576.2	畜牧习俗的内容	［W6075.2］放牧的方法
W6576.3	特定的畜牧习俗	［W6075.3］放牧特定的动物（放牧特定的生出）

① ［W6610.2.9.3］除夕栽树；［W6617.3.3］清明节插柳（清明节植树）。

W 编码	母题描述	关联项
W6576.4	与畜牧习俗有关的其他母题	
W6577	**饲养习俗（养殖习俗）**	[W6055] 饲养（养殖；畜牧）
W6577.1	饲养习俗的产生	[W6056] 饲养的产生（驯养动物的起源；养殖的起源）
W6577.2	饲养习俗的内容	
W6577.3	特定的饲养习俗	[W6061] 饲养特定动物（特定动物的驯养）
W6577.4	与饲养习俗有关的其他母题	
W6578	**其他生产习俗**	
W6578.1	采集习俗（摘采习俗）	[W6010] 采集（采集文化；采集时代；摘采；采摘）
W6578.1.1	采集习俗的产生	
W6578.1.2	采集习俗的内容	【关联】①
W6578.1.3	特定的采集习俗	[W6013] 采集的类型（采集特定物）
W6578.1.3.1	五月初五上山采艾草习俗的来历	【关联】②
W6578.1.4	与采集习俗有关的其他母题	
W6578.2	宰杀习俗	[W6503.5.15.7] 动物做祭品有特定的使用方法（动物牺牲的使用；杀牲）
W6578.2.1	杀牛时说特定言语习俗	
W6578.2.1.1	屠者杀牛时要寒暄几句	【侗族】@ [W6503.5.15.7.4.3.1] 巫师杀牛时取出牛心肝和肠肚各切一小片抛入空中，口中念咒语
W6578.2.2	宰杀时特定行为习俗	[W6503.5.15.7.4.3] 杀牲时有规定动作

① [W6011e] 采集的方法（采集的情形）；[W6014.3] 采集规则（采集的经验）。
② [W6557.1] 因神农五月初五上山采药延续成俗；[W6613] 端午节（五月五；五月初五；端阳节）。

W 编码	母题描述	关联项
W6578.2.2.1	哈尼族有杀水牛塞鼻孔的习俗	【哈尼族】@［W6597.2.1］因女人发明饲养，宰杀时要敬女人
W6578.2.3	宰杀时祭祀	［W6503.5.15.7.5.1］杀牲后举行仪式
W6578.2.3.1	杀鸡时拔几根鸡脖子羽毛贴在"左鲁美"座锅石上，以志神鸡赐火	【纳西族】
W6578.2.4	宰杀要选特定的时间	［W6503.5.15.7.4.4］农历七月半不能杀狗
W6578.2.4.1	宰杀要选晚上	【蒙古族（布里亚特）】
W6578.2.5	宰杀要选特定的地方	
W6578.2.5.1	杀鱼要找清静人不杂的地方	【哈尼族】
W6578.2.6	宰杀动物要在暗中进行	
W6578.2.6.1	宰杀牲畜要在僻静黑暗之地进行	【蒙古族（布里亚特）】
W6578.2.7	宰杀时的禁忌	［W6503.5.15.8.1］特定身份的人杀牲
W6578.2.7.1	宰杀必须用特定材料制作的工具	【哈尼族】
W6578.2.7.1.1	杀鱼只能用铁刀	
W6579	**与生产习俗有关的其他母题**	
W6579.1	白天干活晚上睡觉的来历	［W6279.1.3.1］人以前白天睡觉
W6579.1.1	仙人安排人白天干活晚上睡觉	【佤族】

6.5.3 生活习俗
【W6580 ~ W6599】

W 编码	母题描述	关联项
※ **W6580**	**服饰习俗（穿衣习俗）**	

W 编码	母题描述	关联项
W6581	**服饰习俗的产生（服饰习俗的原因）**	［W6100 ~ W6139］衣（衣服，服饰等）
W6581.1	服饰习俗源于特定人物的规定	
W6581.2	为纪念特定的人形成的服饰习俗	［W6607］为纪念特定的人物形成节日（为感恩特定人物形成节日）
W6581.2.1	为纪念苗王形成头上戴弓弩的习俗	【苗族】
W6581.3	为感恩形成的服饰习俗	
W6581.3.1	白牛战胜恶魔拯救门巴人，女人披牛皮以表感恩	【门巴族】
W6581.4	服饰习俗是为了祖先的印记（祖先的事迹形成服饰习俗；祖先的行为形成服饰习俗）	
W6581.4.1	祖先龙犬变人时头上、腋窝和脚胫上的毛未曾脱掉，所以瑶族男女有缠头巾裹脚套习俗	【瑶族】
W6581.4.2	卡多妇女的衣服要用各种布料拼成各种颜色的图案是因为卡多人的祖先“压提”（野猪）曾把遍山的树叶贴在身上	【哈尼族】@［W6106.1］穿特定动物图案的衣服可以亲近该动物
W6581.5	穿特定服饰有特殊功能	
W6581.5.1	纳西族妇女披羊皮能防止恶鬼缠身	【纳西族】
W6581.6	特定的服饰习俗（特定的装扮习俗）	
W6581.6.1	羌族妇女穿长衣的习俗	【羌族】
W6581.6.2	妇女鬓边插黄花习俗	【汉族】
W6581.6.3	白马藏人插羽毛	【藏族（白马）】
W6581.7	特定事件中的服饰习俗	

W 编码	母题描述	关联项
W6581.7.1	子女戴孝百日	【锡伯族】
W6582	**首饰习俗（佩戴首饰的习俗）**	［W6102］头饰（首饰）
W6582.1	首饰习俗的来历	
W6582.1.1	首饰与婚姻有关	
W6582.1.1.1	首饰成双配套，比作成亲	【苗族】
W6582.2	首饰的功能（戴首饰的原因；首饰的特征）	
W6582.2.1	戴特定的首饰可以防灾祸	【彝族】@［W6582.3.2.1.1］妇女戴红铜做的手镯可以避免雷劈
W6582.2.2	戴特定的首饰可以驱妖魔	【布依族】@［W6582.3.2.1.2］妇女戴手镯是为了驱魔
W6582.3	特定的首饰（特定的首饰习俗）	
W6582.3.1	女人戴耳环的来历	
W6582.3.2	手镯	［W6104.3.2］戴手镯保健康
W6582.3.2.1	女人戴手镯的来历	
W6582.3.2.1.1	妇女戴红铜做的手镯可以避免雷劈	【彝族】
W6582.3.2.1.2	妇女戴手镯可以驱魔	【布依族】
W6582.4	与首饰习俗有关的其他母题	［W6102.2］头饰的来历（特定头饰的原因）
W6582.4.1	小孩戴狗头帽习俗	【汉族】
W6583	**特定的服饰习俗（特定群体的服饰习俗）**	
W6583.1	特定群体有特定服饰习俗	
W6583.1.1	服饰是一个族体的标志	［W9248.2.1］标志物
W6583.1.2	特定民族的穿衣习俗	
W6583.1.2.1	住在沟边的瑶人喜欢穿黑衣服	【壮族】

W 编码	母题描述	关联项
W6583.2	不同的性别的服饰习俗	【关联】①
W6583.2.1	妇女戴牛角形头帕习俗	
W6583.2.1.1	因白水牛指引人找到水源，妇女们戴牛角形头帕	【布依族】
W6583.2.2	特定男子的服饰习俗	
W6583.2.2.1	基诺族男子的衣服背面正中缝上一块方形红布，布内一定要绣上一朵美丽的太阳花	【基诺族】
W6583.2.2.2	基诺族男子的裤腰的两道缝口处要开三寸长的两个口子	【基诺族】
W6583.2.3	特定女子的服饰习俗	
W6583.2.3.1	基诺族女子不论婚否，头上都要戴一顶白底黑纹花的三角尖顶帽子	【基诺族】
W6583.2.3.2	基诺族女子衣服袖口和裙子边上一定要镶上红、黑等色彩的花边	【基诺族】
W6583.3	不同年龄段的服饰习俗	
W6583.3.1	幼儿服饰习俗（儿童服饰习俗）	
W6583.3.1.1	婴儿的衣服先让狗穿的来历	
W6583.3.1.1.1	婴儿的衣服先让狗穿孩子可消灾免难，长命百岁	【白族】
W6583.3.1.2	小孩穿神衣习俗	【汉族】
W6583.4	特定时代的服饰习俗	
W6583.5	特定地区的服饰习俗	
W6583.6	特定行业的服饰习俗	［W6105.3］特定行业服装
W6583.7	特定身份的服饰习俗	
W6583.8	其他特定人物的服饰习俗	
W6583.9	与特定的服饰习俗有关的其他母题	

① ［W6105.1］女人的服饰；［W6105.2］男人的服饰。

W 编码	母题描述	关联项
W6584	**与服饰习俗有关的其他母题**	［W6102］头饰的来历
W6584.1	人的打扮习俗的来历	
W6584.1.1	人三天换一打扮的来历	【汉族】
W6584.1.2	人一天一打扮的来历	
W6584.2	男女服饰不同的来历	
＊**W6585**	**文身（纹身）**	
W6586	**文身的来历（文身的产生；刺青的来历）**	
W6586.1	文身的原因（文身的功能）	
W6586.1.1	文身是特定人物的指令	
W6586.1.2	特定的事件形成纹身	
W6586.1.2.1	因姐弟以黑灰涂脸改变容貌后成婚形成文身习俗	【高山族】
W6586.1.2.2	姐意欲与弟婚配遭拒绝，遂以黑灰涂脸改变容貌与其弟交合	【高山族（泰雅人）】
W6586.1.3	为辨别方位产生文身	
W6586.1.3.1	寻找太阳者为辨别方位在身上画些符号成为文身	【傣族】
W6586.1.4	为防身形成文身	
W6586.1.4.1	祖先捕鱼用树汁涂身以防水怪形成文身	【傣族】
W6586.1.4.2	文特定动物可以免遭该动物伤害	【高山族】
W6586.1.4.2.1	文身蛟龙可以防蛟龙	【高山族】
W6586.1.5	模仿动物形成文身（装扮图腾形成文身）	
W6586.1.5.1	鱼龙文身以象鳞虫	【汉族】
W6586.1.6	文身作为标记	

W 编码	母题描述	关联项
W6586.1.6.1	为龙子身上刻上龙纹作为龙的记号	【白族】
W6586.1.6.2	文身是勇敢的表现	【傣族】
W6586.1.7	为记事文身	
W6586.1.7.1	特定人物让黑树浆渗进肉体使途中所记下的一切永不脱落	【傣族】
W6586.1.8	为感恩文身	
W6586.1.8.1	为感恩鸟的养育身上文鸟	【黎族】
W6586.1.9	文身的其他原因（文身产生的其他情形）	
W6586.1.9.1	为表达荣耀文身	
W6586.1.9.1.1	身上文龙以示尊荣	【南方民族】
W6586.2	文身的时间	
W6586.2.1	婚前文身	
W6586.2.1.1	少女婚前刺青	【高山族（泰雅人）】
W6586.3	文身的地点	
W6586.4	文身的实施者	
W6586.4.1	父亲是文身实施者	
W6586.4.1.1	龙在儿子身上刻龙纹作为记号	【白族】
W6586.5	文身者	
W6586.5.1	特定的性别文身	
W6586.5.1.1	男子文身	【傣族】
W6586.5.1.2	妇女文身	【黎族】
W6586.5.2	特定的身份的人文身	
W6586.6	文身的方法（纹身的方法）	
W6586.6.1	特定的人物教人纹身（向特定人物学会文身）	
W6586.6.1.1	动物教人文身	［W6737.1.3］人向鸟学习文字
W6586.6.1.1.1	老虎是文身的师傅	【傣族】

W 编码	母题描述	关联项
W6586.6.1.2	向文身的英雄学会文身	【傣族】
W6586.6.2	文身方法源于生活	
W6586.6.2.1	人遮身的草叶兽皮粘在皮肤上成为文身	【傣族】
W6586.6.3	特定身份文特定形象	
W6586.6.3.1	儿子纹祖先形象	【汉族】
W6586.7	文身的工具（文身的材料）	
W6586.8	文身的内容	
W6586.8.1	文身动物形象	
W6586.8.1.1	背部刺老虎、大象图案	【傣族】
W6586.9	文身的过程	
W6586.9.1	文身的准备	
W6586.9.2	文身仪式	
W6587	**文面的来历（文面的产生；黥面的来历）**	
W6587.1	文面的原因	
W6587.1.0	特定的人物让人文面	
W6587.1.0.1	雷公让人文面	
W6587.1.0.1.1	雷公为劝姐弟结婚让姐姐文面	【黎族】
W6587.1.0.2	上帝让人文面	
W6587.1.0.2.1	雷公为劝母子成婚让母亲文面	【黎族】
W6587.1.1	为辨识文面	
W6587.1.2	为婚姻文面	
W6587.1.2.1	母亲文面后与儿子成婚，形成文面习俗	【黎族】@［W7294］母子婚
W6587.1.2.2	妹文面后与兄成婚，形成文面习俗	【高山族】@［W7300］兄妹婚
W6587.1.2.2a	姐姐为与弟弟成婚文面	【高山族】@［W6587.1.0.1.1］雷公为劝姐弟结婚让姐姐文面

W 编码	母题描述	关联项
W6587.1.2.3	男子按母亲的吩咐与一个纹脸的女人婚生黎族，姑娘中代代相传纹脸习俗	【黎族】
W6587.1.2.4	姑娘为了报答狗的恩情便黥面改变容貌与狗结为夫妻	【高山族（赛夏）】
W6587.1.3	为避祸文面	
W6587.1.3.1	女子为避祸脸上刺疤痕形成文面习俗	【黎族】
W6587.2	文面的时间	
W6587.2.1	婚前文面	
W6587.2.1.1	少女婚前黥面	【高山族（泰雅人）】
W6587.2.2	女子 12 岁左右开始文面	【独龙族】
W6587.3	文面的地点	
W6587.4	文面的实施者	
W6587.4.1	母亲为子女文面	
W6587.4.1.1	太阳女神为子女文面	【珞巴族】
W6587.5	文面者	
W6587.6	文面的方法（纹面的方法）	
W6587.6.1	在脸上文出特定颜色	
W6587.6.1.1	母亲在子女脸上打上绿色的记号	【珞巴族（苏龙部落）】
W6587.6.2	取灰涂脸	
W6587.6.2.1	为传宗接代，妹取灰涂脸冒充陌生少女向其兄求欢	【高山族（泰雅人）】
W6587.7	文面的工具	
W6587.8	文面的材料	
W6587.9	文面的过程	
W6588	**文身的特征（文身的功能；文面的功能）**	
W6588.1	文身是辨别身份的记号	

W 编码	母题描述	关联项
W6588.1.1	黄龙父亲在孩子的身上刻上龙纹作为记号	【白族】@［W6586.4.1.1］龙在儿子身上刻龙纹作为记号
W6588.1.2	文身作为族体的标志	【黎族】
W6588.2	文身是特定的符号	
W6588.2.1	纹身是为辨别方向画的符号	【傣族】@［W6586.1.3.1］寻找太阳者为辨别方位在身上画些符号成为文身
W6588.3	纹身可以防身	
W6588.3.1	身上文龙纹可以为防水怪	【傣族】
W6588.3.2	越人文其身以象龙子，可避伤害	【南方民族】
W6588.3.3	粤人文身断发，以避蛟龙之害	【南方民族】
W6588.4	文身有特定含义	
W6588.4.1 *	“断发文身”是一种图腾主义的原始宗教行为	
W6589	**与文身有关的其他母题（与文面有关的其他母题）**	
W6589.1	黥面刺青	
W6589.1.1	泰雅人少女盛行婚前黥面刺青的来历	
W6589.1.1.1	泰雅人少女盛行婚前黥面刺青源于姐弟涂脸婚	【高山族（泰雅人）】
W6589.2	凿齿（断齿；折齿；打牙）	
W6589.2.1	凿齿的产生	
W6589.2.1.1	特定人物让人凿齿	
W6589.2.1.2	凿齿源于婚姻的需要	
W6589.2.1.2.1	兄妹不能结婚，用石片把女的两个门牙磨去后造成不相识而成亲	【高山族】
W6589.2.2	凿齿的特征（凿齿的功能）	
W6589.2.3	凿齿者	

W 编码	母题描述	关联项
W6589.2.4	凿齿的情形	
W6589.2.5	凿齿的结果	
W6589.2.6	与凿齿有关的其他母题	
W6589.3	遮掩身体某些部位	
W6589.3.1	遮面（遮脸）	
W6589.3.1.1	女子见人藏脸	【纳西族】
W6589.4	涂画身体某些部位	
W6589.4.1	涂面	
W6589.4.1.1	祭五谷神和山神后人人争相涂面	【白族】
⁂ **W6590**	**饮食习俗的产生**	【汤普森】A1510；［W6521］饮食禁忌的产生
W6591	**食俗**	【汤普森】P634.0.1
W6591.0	人以前吃饭无俗	
W6591.0.1	从前的人吃饭没有准时间，想吃就吃	【汉族】
W6591.1	为什么食物要烹饪	【汤普森】A1518；［W6145.4］熟食的产生
W6591.1a	生食习俗	
W6591.1a.1	吃生腌牛肉习俗	【水族】
W6591.2	一天三顿饭的来历（一日三餐）	【汤普森】≈A1511
W6591.2.1	神或神性人物规定人一日三餐	
W6591.2.1.1	天使告诉人一日三餐	【水族】
W6591.2.1.2	玉皇大帝让人每天吃三餐饭	【仫佬族】
W6591.2.1.3	人类祖先规定一日三餐	
W6591.2.1.3.1	祖先翁戛规定一日三餐	【布依族】
W6591.2.1.4	女娲让人按照每日吃三餐睡一觉的办法生活	【汉族】
W6591.2.2	神或神性人物传错话形成一日三餐	

W 编码	母题描述	关联项
W6591.2.2.1	天上的糊涂神传错话形成一日三餐	【汉族】
W6591.2.2.2	神仙传错话形成一日三餐	
W6591.2.2.2.1	磨坊仙子传错玉皇大帝话形成一日三餐	【仫佬族】
W6591.2.2.2.2	神女传错女娲的话形成一日三餐	【汉族】
W6591.2.2.3	神牛传错话形成一日三餐（牛神传错话形成一日三餐）	【侗族】
W6591.2.2.3.1	牛神把玉皇大帝的“一天三打扮，一吃饭”传成“一天三吃饭，一打扮”	【汉族】
W6591.2.2.3.2	牛脸神传错话形成一日三餐	【汉族】
W6591.2.2.3.3	牛王神把玉皇大帝的“一吃饭三打扮”说成“一打扮三吃饭”	【汉族】
W6591.2.2.3.3a	神牛把玉帝圣旨中的“三天吃一顿饭”改为“每天可以吃三顿饭”	【汉族】
W6591.2.2.3.3b	神牛把玉帝“三天只准吃一顿饭”的圣旨传成“一天吃三顿饭”	【汉族】
W6591.2.2.3.3b.1	神牛下凡后把盖天佛的话错传成了三吃饭一打扮	【汉族】
W6591.2.2.3.3c	牛王给凡人送粮食时让人一天吃三餐	【土家族】
W6591.2.2.3.3c.1	玉皇大帝命牛王下界传旨时错传为一日三餐	【汉族】
W6591.2.2.3.3d	牛王大将忘了王母娘娘的原话传成“人三天一打扮，一天三顿饭”	【汉族】
W6591.2.2.3.3e	金牛大王把玉皇大帝说的“三日一餐”记错说成“一日三餐”	【汉族】

W 编码	母题描述	关联项
W6591.2.2.3.4	牛大仙把王母娘娘的“三天吃一顿饭”说成“一天吃三顿饭”	【汉族】
W6591.2.2.3.5	神牛把天上神仙贯公说的“三天一顿饭”说成“一日三餐”	【侗族】
W6591.2.2.3.6	牛头夜叉传错话造成“一日三顿饭，三日一洗换”	【汉族】
W6591.2.2.3.7	牛魔王传错玉皇大帝的话造成“一日三顿饭”	【回族】
W6591.2.2.3.8	牛将军把玉帝说的“三日一餐”错说成“一日三餐”	【汉族】
W6591.2.2.3.9	与牛神传错话形成一日三餐有关的其他母题	
W6591.2.2.3.9.1	一个叫牛的神仙下凡传达天旨让人早、中、晚吃三顿饭	【汉族】
W6591.2.2.3.9.2	灶君菩萨汇报时忘了原话造成玉帝规定人一日三餐	【汉族】
W6591.2.2.4	太上老君把玉皇大帝的圣旨传反了，说成“一天三吃饭，一打扮”	【汉族】
W6591.2.3	动物传错话形成一日三餐	
W6591.2.3.1	牛传错话形成一日三餐	【苗族】【土族】
W6591.2.3.1.0	牛错传玉皇大帝的指令形成一日三餐	【白族】【汉族】
W6591.2.3.1.0.1	牛把玉帝说的“每天三打扮一顿饭”说成“三顿饭一打扮”	【汉族】
W6591.2.3.1.0a	牛错传神的令形成一日三餐	
W6591.2.3.1.0a.1	牛把神说的“一天洗三次脸，吃一顿饭”说成“一天要吃三顿饭，洗一次脸”	【鄂温克族】
W6591.2.3.1.1	水牛把“吃的要三天吃一顿，穿的要一天换三次”传错了形成一日三餐	【傈僳族】

W 编码	母题描述	关联项
W6591.2.3.1.2	水牛传错天神的话形成一日三餐	【德昂族】
W6591.2.3.1.3	天牛传错玉帝说的“三日一餐”形成一日三餐	
W6591.2.3.1.3.1	天牛同情人类故意传错玉帝说的“三日一餐”形成一日三餐	【汉族】
W6591.2.3.1.4	黄牛把佛师说的“每天一顿饭，洗三回脸”说成“洗一回脸，吃三顿饭”	【蒙古族】
W6591.2.3.1.4a	黄牛把真主说的“一吃三打扮”说成“每天三吃一打扮”	【回族】
W6591.2.3.2	屎壳郎传错话形成一日三餐	
W6591.2.3.2.1	滚屎虫传错布洛陀说的“三日一餐”形成一日三餐	【壮族】
W6591.2.3.3	猪传错话形成一日三餐	
W6591.2.3.3.1	猪传错玉帝说的“三日一餐”形成一日三餐	【壮族】
W6591.2.3.4	虫子传错话形成一日三餐	
W6591.2.3.4.1	飞虫向女娲传错“三日一餐”形成一日三餐	【壮族】
W6591.2.3.5	狗传错话形成一日三餐	
W6591.2.3.5.1	黄狗传错玉帝说的“三日一餐”形成一日三餐	【汉族】
W6591.2.3.6	画眉鸟传错话形成一日三餐	
W6591.2.3.6.1	画眉鸟传错话形成“一天吃三顿，每顿吃三口饭，一口肉”	【白族】
W6591.2.3.7	牛和驴传错话形成一日三餐	
W6591.2.3.7.1	牛和驴因醉酒把玉帝说的“三日一餐”传错为“一日三餐”	【汉族】
W6591.2.4	其他人物传错话形成一日三餐	
W6591.2.4.1	差官把天神说的“用金碗、银筷，三天吃一顿饭”说成“用土碗、篾筷，每天吃三顿饭”	【傈僳族】

W 编码	母题描述	关联项
W6591.2.5	通过学习形成一日三餐（效仿他人形成一日三餐）	
W6591.2.5.1	人向造世的老君学会一天吃三顿饭	【汉族】
W6591.2.6	一日三餐产生的其他情形	
W6591.2.6.1	因记错了话形成一日三餐	
W6591.2.6.1.1	妈妈把女儿嘱咐的一个月吃一顿饭错记成一天吃三顿饭	【羌族】
W6591.2.7	一日三餐的方法	
W6591.2.7.1	辰时吃早饭，午时吃晌午，申时吃晚饭	【布依族】
W6591.3	一天吃其他特定次数的饭	
W6591.3.1	人一日吃一餐	【汉族】
W6591.3.1.1	以前，因人生活混乱有的一日吃一餐	【汉族】
W6591.3.1.2	人因粮食不多一日只吃一餐	【汉族】
W6591.3.2	人一日吃两餐（一日两餐）	
W6591.3.2.1	牛传错天神的话形成一日吃两餐	【哈尼族】
W6591.3.2.1a	牛传错天帝的话形成一日吃两餐	【彝族】
W6591.3.3	人一日吃五餐	
W6591.3.3.1	以前，因人生活混乱有的一日吃五餐	【汉族】
W6591.3a	三日一餐	
W6591.3a.1	玉帝下圣旨，规定人间从原来的一日一餐改为三日一餐	【汉族】
W6591.3b	其他吃饭的次数	
W6591.3b.1	一年只吃一顿饭	
W6591.3b.1.1	妖精一年只吃一顿饭	【汉族】
W6591.4	吃特定食物习俗的来历	
W6591.4.1	吃特定动物的习俗	【汤普森】A1515；［W3067.4］有些动物为什么被人吃

W 编码	母题描述	关联项
W6591.4.1.1	人吃野兽的来历	【佤族】@［W3067.4］有些动物为什么被人吃
W6591.4.2	吃动物粪便习俗（吃翔习俗）	
W6591.4.2.1	食牛“瘪”习俗	【侗族】
W6591.4.3	特定地域吃特定物习俗	
W6591.4.3.1	淮北吃辣椒习俗的来历	【汉族】
W6591.4.4	特定群体吃特定物习俗	［W6149.1］不同人物的食物（按吃者分类的食物）
W6591.4.4.1	特定民族吃特定物	
W6591.5	特定的日子吃（饮）特定的食物（特定时间吃特定食物）	【关联】①
W6591.5.1	节日饮酒的来历	【汤普森】A1514
W6591.5.1.1	除夕敬辞岁酒的来历	【蒙古族】
W6591.5.2	大年初一吃鱼宴习俗的来历	【赫哲族】
W6591.5.3	正月初七吃长寿面的来历	
W6591.5.3.1	女娲第七天造了人，所以正月初七人的生日要吃长寿面	【汉族】
W6591.5.4	吃饭的时辰有讲究	［W6536.0］忌特定的日子（忌特定时辰）
W6591.5.4.1	天黑不食习俗的来历	【汤普森】A1512
W6591.5.5	特定事件时吃特定物习俗	
W6591.5.5.1	特定事件时让特定人吃特定物习俗	
W6591.5.5.1.1	第一声春雷时，让小孩子“吃雷肝”	【布依族】
W6591.5.5.2	四月八前后插秧时蒸糯米饭吃酒肉习俗	【布依族】
W6591.6	饮食前敬特定物的习俗（饭前敬神或神性人物的习俗）	

① ［W4836.3］冬至为什么要吃狗肉；［W4836.4］冬至为什么要吃馄饨；［W6591.5.3］正月初七吃长寿面的来历。

W 编码	母题描述	关联项
W6591.6.0	饭前先敬特定物的原因	
W6591.6.0.1	饭前先敬神能得到恩赐	【鄂温克族】
W6591.6.1	饭前祭特定神的习俗（饭前祭特定人物）	
W6591.6.1.1	餐饮前用无名指蘸酒汁对空弹三下敬献教人耕种的仙人	【土族】@［W6040.4.3.1］仙人教3岁神童耕地种庄稼
W6591.6.1.2	吃饭时第一碗饭献给仙人	【土族】
W6591.6.1.3	饭前敬祖先	
W6591.6.1.3.1	吃饭时用汤匙从碗里拿一些饭抛出去，表示和祖光分食	【高山族（卑南）】
W6591.6.2	吃特定的饭祭特定的神	
W6591.6.3	特定的时间吃饭祭特定的神	
W6591.6.4	吃特定的食物时祭神	
W6591.6.4.1	吃肉前祭神	【羌族】
W6591.6.5	饭前祭其他特定物	
W6591.6.5.1	先祭天再餐饮	【鄂温克族】
W6591.6.6	饭前敬神的方法	
W6591.6.6.1	饭前敬神时，先念叨神的名字，接着用手指蘸酒向空中弹三下，或者把酒、肉、饭等举在头上念叨	【鄂温克族】
W6591.7	吃饭请特定人物先吃的习俗	［W6572.2］收获习俗的内容（收获尝新习俗）
W6591.7.1	饭菜先让苍蝇吃的来历	
W6591.7.1.1	苍蝇帮助消除洪水，人有饭菜让苍蝇先吃表示感恩	【壮族】
W6591.7.2	吃饭前敬祖先习俗	
W6591.7.2.1	进餐时默请祖先到场	【侗族】
W6591.7.2.2	餐前必须先夹菜饭放于地下祭祀祖先	【侗族】

W 编码	母题描述	关联项
W6591.7.2.3	每当吃饭要先摆好饭菜供祖魂	【侗族】
W6591.7.2.4	款待宾客时要在桌上多摆一双筷子，一只酒杯，留一空席，让祖先就座	【侗族】
W6591.8	与食俗有关的其他母题	
W6591.8.1	百家宴习俗的来历	【侗族】【拉祜族】【苗族】
W6591.8.2	长街宴习俗的来历	【哈尼族】
W6591.8.3	交换饭菜习俗	
W6591.8.3.1	交换饭菜习俗与放蛊有关	【壮族】
W6592	**食人习俗（食人葬）**	【汤普森】A1516；［W5381.1］食人族
W6592.1	食人习俗产生的原因	
W6592.1.1	人分食死者尸体后才会昌盛	【苗族】
W6592.1.2	为祭祀吃掉亲属	
W6592.1.3	为获得猎物吃人	
W6592.1.3.1	妻子的弟弟没打到猎物，丈夫把亲妹妹杀掉给他吃能获得猎物	【珞巴族】
W6592.1.4	食人是为了获得智慧和力量	
W6592.1.4.1	儿女把死去的母亲吃掉是为了获得像母亲一样的智慧和力量	【纳西族】
W6592.2	食人习俗的产生（食人葬的来历）	
W6592.2.1	神规定人死后要吃掉	
W6592.2.1.1	管人间生死的天仙规定人死后被分吃	【苗族】
W6592.3	食人习俗的情形（食人葬的情形）	
W6592.3.1	以前人死后被分吃	【苗族】@［W6592.5.1］人吃掉死去的人

W 编码	母题描述	关联项
W6592.3.2	夫妻互食	【汉族】@［W6592.5.6］妻子吃掉丈夫
W6592.4	食人习俗的食人者（食人葬中的特定食人者）	
W6592.5	吃掉特定的人的习俗（特定人物的食人葬）	
W6592.5.1	人吃掉死去的人	
W6592.5.1.1	天上雷王规定吃掉死去的人	【壮族】
W6592.5.1.2	人吃掉死去的父母	【汤普森】G23
W6592.5.2	人年老后被吃掉	【汤普森】G76；［W6692.1.1.2］饥荒时杀死老人
W6592.5.2.1	天上雷王规定，世上年纪大走不动的人，大家分他的肉来吃	【壮族】
W6592.5.3	吃掉父母	
W6592.5.4	吃掉父亲	
W6592.5.5	吃掉母亲	
W6592.5.5.1	女儿吃掉母亲	【彝族】
W6592.5.5.2	儿女吃掉母亲	【纳西族】
W6592.5.6	妻子吃掉丈夫	
W6592.5.6.1	鬼妻吃掉丈夫	
W6592.5.6.2	宁崩乌佑吃掉丈夫	【珞巴族】
W6592.5.7	人吃掉自己的后代	【汤普森】①A1277.1；②G72；［W6692.2］杀死小孩的习俗
W6592.5.7.1	父亲吃掉儿子	
W6592.5.7.1.1	太阳父亲每天吃掉许多星星儿子	【壮族】
W6592.5.7.2	吃掉长子（食长子习俗；宜弟）	
W6592.5.7.2.1	食长子可求多育	【汉族】
W6592.6	食人习俗的情形（食人习俗的主要环节）	
W6592.6.1	食人的准备	

W 编码	母题描述	关联项
W6592.6.2	食人的时间	
W6592.6.2.1	建房造屋时要杀父吃肉	【壮族】
W6592.6.3	食人的地点	
W6592.6.4	食人的工具（食人的用品）	
W6592.6.5	食人的仪式	
W6592.6.6	食人的主持者	
W6592.6.7	食人的结果	
W6592.7	食人习俗的改变（食人习俗的废除）	
W6592.7.1	儿女们怕母亲变成野鬼而改变了食母亲尸体习俗	【纳西族】
W6592.8	与食人习俗有关的其他母题（与食人葬有关的其他母题）	
W6593	**吃食其他特定物习俗**	
W6594	**饮酒习俗**	［W6271］饮酒
W6594.1	饮酒仪式的产生	【汤普森】A1514.1；［W6457］宗教仪式
W6594.1.1	敬酒	［W6591.5.1.1］除夕敬辞岁酒的来历
W6594.1.1.1	饮酒前先敬天地祖先的来历	【蒙古族】
W6594.2	让祖先尝酒的原因	
W6594.2.1	因怀念祖先，饮酒时先敬祖先	【羌族】
W6594.2	待客敬酒（向客人敬酒）	【黎族】@［W6945.4.6.2.2.1］让客人醉酒的来历
W6594.3	敬酒自己先喝的习俗	
W6594.3.1	敬酒自己先喝的习俗与放蛊有关	【壮族】
W6595	**与饮食习俗有关的其他母题**	

W 编码	母题描述	关联项
W6595.1	饮食习俗的改变	
W6595.1.1	改变饮食习俗的原因	【彝族】
W6595.2	非宗教节宴	［W6457］宗教仪式
W6595.3	恐怖的食物	【汤普森】S183
W6596	**特定行为习俗（特定事件中的习俗）**	
W6596.1	待人接物习俗	［W6597.3］待客习俗
W6596.2	抽烟习俗（吸烟习俗）	
W6596.2.1	抽烟的产生	
W6596.2.1.1	人偶然嚼食烟叶后逐渐学会了抽烟	【珞巴族】
W6596.2.2	特定人抽烟的来历	
W6596.2.2.1	为什么男人喜欢抽烟	【汤普森】A2854
W6596.2.2.2	为什么女人喜欢抽烟	
W6596.2.2.3	男女都抽烟的来历	
W6596.2.2.3.1	男女都抽烟是因为烟能辟邪	【彝族】
W6596.2.3	抽烟的特点（吸烟的功能；吸烟的好处；吸烟的坏处）	
W6596.2.3.1	抽烟能辟邪	【彝族】
W6596.2.4	吸烟的情形	
W6596.2.5	与抽烟有关的其他母题	
W6596.2.5.1	携带烟袋能护身辟邪	
W6596.2.5.1.1	烟袋能护身辟邪，所以彝族男女身上常带着长烟袋	【彝族】
W6596.3	出行习俗（行走姿势习惯）	
W6596.3.1	特定的人走路好背抄手	
W6596.3.1.1	人走路好背抄手习俗是其先人被捆绑迁徙时传下来的	【汉族】
W6596.3.2	特定关系人的访客习俗	

W 编码	母题描述	关联项
W6596.3.2.1	岳母不上女婿家	【壮族】
W6596.3.2.2	夫妻省亲时女前男后	【汉族】
W6596.4	偷窃习俗	
W6596.4.1	特定节日时偷窃	
W6596.4.1.1	偷瓜求骂	【汉族】
W6596.5	对付特殊天相的习俗（与自然现象有关的行为习俗；特殊天气时的习俗；与天气有关的习俗）	
W6596.5.1	日食月食时的习俗（日食时的习俗；月食时的习俗）	【民族，关联】①
W6596.5.1.1	月食时舂碓的来历	
W6596.5.1.2	月食时舂碓是为了让狗不要咬月亮	【傈僳族】
W6596.5.1.3	月食时制造动静	
W6596.5.1.4	日食时敲锣打鼓的来历	【汉族】@［W4228.1.1］通过击打器物消除日食
W6596.5.1.4.1	月蚀是天狗吃月亮，要击盆叩头搭救	【鄂伦春族】
W6596.5.1.4.2	出现日食或月食时，人大喊大叫，甚至敲锣打鼓企图吓跑萨	【珞巴族】
W6596.5.1.5	日月食时祭祀	
W6596.5.1.5.1	出现日月食时祭龙	【珞巴族】
W6596.5.2	恶劣天气时的习俗	
W6596.5.2.1	下冰雹时从门窗向外扔棍棒刀枪是为了吓走秃尾巴黑龙	【蒙古族】
W6596.5.2.2	打火枪防冰雹习俗	
W6596.5.2.2.1	打火枪防冰雹源于打火枪赶跑制造雹灾的龙王三太子	【普米族】
W6596.5.3	对待特定天气的习俗	

① 【傈僳族】@［W4230］月食；［W4248.3.2］通过击打器物消除月食。

W 编码	母题描述	关联项
W6596.5.3.1	打雷下雨时，用木渣、松毛火烟熏天的习俗	【普米族】
W6596.5.3.2	扯火闪、打炸雷时，敲打铜器驱雷	【彝族】
W6596.5.4	出现闪电时骂天	【蒙古族】
W6596.6	除秽习俗（禳除习俗）	
W6596.6.1	除秽习俗的产生（除秽的原因）	
W6596.6.1.1	不除秽会做事无果	
W6596.6.1.1.1	造塘时没有禳除，结果塘塌水全漏	【壮族】
W6596.6.2	除秽的时间	
W6596.6.2.0	特定的时间除秽	
W6596.6.2.0.1	正月除秽	
W6596.6.2.0.1.1	每年正月初，萨满用神水洁净其神衣	【达斡尔族】
W6596.6.2.1	祭祀时除秽	【关联】①
W6596.6.2.1.1	请神前除秽	【鄂伦春族】
W6596.6.2.2	节日时除秽	【纳西族】@［W6617.2.2.2.1］三月三男女老幼河边擦澡抛旧衣除秽
W6596.6.2.3	灾难时除秽（病患时除秽）	
W6596.6.2.4	特定事件前除秽（遇特定事物时除秽）	【鄂伦春族】@［W6596.6.6.1.1］选择祭祀场地要经过烟火的净化
W6596.6.2.4.1	遇丧葬时除秽	
W6596.6.2.4.2	出入畜圈时除秽	【羌族】
W6596.6.2.4.3	生人进入有神位的房子前要烟熏除秽	【鄂伦春族】

① ［W6495.0.7.1.2］祭神前除秽（祭神前清扫）；［W6505.1.3.1］祭祀前要除秽。

W 编码	母题描述	关联项
W6596.6.3	除秽地点	
W6596.6.3.1	水边除秽	
W6596.6.3.2	路边除秽	
W6596.6.4	被除秽者（特定的除秽对象）	
W6596.6.4.1	为特定的人除秽	
W6596.6.4.1.1	为外出归来者除秽	
W6596.6.4.1.1.1	为出征或狩猎归来者除秽	【藏族】
W6596.6.4.2	为动物除秽	
W6596.6.4.3	为家畜除秽	【羌族】
W6596.6.4.4	为植物除秽	
W6596.6.4.5	为其他特定物除秽	
W6596.6.4.5.1	为神偶除秽	【鄂温克族】
W6596.6.5	除秽的方法（除秽仪式）	
W6596.6.5.1	通过祭祀除秽	
W6596.6.5.1.1	通过祭神除秽	【羌族】
W6596.6.5.2	通过巫术除秽（通过禳解除秽）	
W6596.6.5.2.1	通过跳神除秽	【鄂温克族】
W6596.6.5.3	通过消杀除秽（通过火烤除秽；用火除秽）	
W6596.6.5.3.1	让病人跨火除秽	【汉族】
W6596.6.5.3.2	用香除秽（用烟除秽）	
W6596.6.5.3.2.1	祭山神时祭品、用具等在柏香上熏一熏以示解净污秽	【羌族】
W6596.6.5.3.2.2	熏柏烟除秽气	【藏族】
W6596.6.5.4	通过清扫除秽（通过洗涤除秽；用水除秽）	
W6596.6.5.4.1	用海水、河水、溪水除秽	【羌族】
W6596.6.5.4.2	洗身除秽	
W6596.6.5.4.2.1	洗身除秽之水有特定要求	【蒙古族（布里亚特）】

W 编码	母题描述	关联项
W6596.6.5.4.3	洒水除秽	
W6596.6.5.4.3.1	往外出归来者的身上洒水除秽	【藏族】
W6596.6.5.5	通过弃物除秽	
W6596.6.5.6	通过借物转移除秽	
W6596.6.5.6.1	让动物把秽气带走	
W6596.6.5.6.1.1	生育除秽时把水泼在鸡身上让鸡把每人的不洁和罪孽带走	【纳西族】
W6596.6.5.7	用特定物除秽	
W6596.6.5.7.1	用醋除秽	
W6596.6.5.7.1.1	扎草龙驱瘟疫时，用瓢装醋解秽	【壮族】
W6596.6.5.7.2	用酒除秽	【汉族】
W6596.6.5.8	念经除秽	【鄂温克族】
W6596.6.5.9	通过特定做法除秽	
W6596.6.6	除秽的情形（除秽的对象；除秽的过程）	
W6596.6.6.1	为特定场所除秽	
W6596.6.6.1.1	选择祭祀场地要经过烟火的净化	【鄂伦春族】
W6596.6.6.2	为特定物除秽	［W6503.12.0.1］祭品使用前要除秽
W6596.6.7	除秽的结果	
W6596.6.7.1	请戈布除煞祛污后才能作正常的祭祀仪式	【彝族】
W6596.6.8	除秽禁忌	
W6596.6.9	与除秽有关的其他母题	
W6596.7	常见的日常行为习俗	
W6596.7.1	打狗看主人	
W6596.7.1.1	因人与犬婚生后代，外人来打狗是欺主，所以说打狗看主人	【土家族】
W6596.8	与行为习俗有关的其他母题	

W 编码	母题描述	关联项
W6597	**礼节习俗（仪礼性习俗）**	［W6945］礼仪（仪礼；礼节）
W6597.1	晚辈磕头礼的来历	【民族，关联】①
W6597.1.1	造人者让晚辈磕头	
W6597.1.1.1	玉人玉姐兄妹告诉造出的孩子见父母时要跪下磕头	【汉族】
W6597.2	女人受尊敬习俗的来历	
W6597.2.1	因女人发明饲养，宰杀时要敬女人	【佤族】
W6597.3	待客习俗	
W6597.3.1	好客习俗的产生	【汤普森】A1598
W6597.3.2	待客的方式	
W6597.3.2.1	用牛角斟酒敬客人，用手抓大块肉送客人嘴中	【苗族】@［W6594.2］待客敬酒（向客人敬酒）
W6597.3.2.2	客人来访三次时再不能回绝（拒客事不过三）	【蒙古族】
W6597.3.2.3	迎客礼节	
W6597.3.2.3.1	特定人物穿特定衣服迎客	【纳西族】
W6597.3.2.3.2	待客行见面礼	【汉族】
W6597.3.2.4	待客饮食礼俗	
W6597.3.2.4.1	给长辈或客人端茶端饭要用双手	【汉族】
W6597.3.3	与待客习俗有关的其他母题	
W6597.3.3.1	特殊的客人	
W6597.3.3.1.1	天神变成凡人到苗家作客	【苗族】
W6597.3.3.2	好客者	
W6597.3.3.2.1	苗家人好客	【苗族】
W6597.4	特定的人在特定场所的特殊待遇习俗	
W6597.4.1	彝族是兄弟民族的老大，所进入佛寺可以不脱鞋	【布朗族】

① 【哈尼族】【汉族】@［W6508.6］磕头的来历。

W 编码	母题描述	关联项
W6597.5	助人不求回报的习俗	
W6597.5.1	佤族帮别人不兴要报酬的习惯是向小米雀、苍蝇、老鼠、蜘蛛学的	【佤族】
W6598	**其他生活类习俗**	
W6598.1	容貌习俗	
W6598.1.1	男子蓄须习俗的来历	【汤普森】A1597；［W2854］男人胡须的来历
W6598.2	弃老习俗	
W6598.2.1	子孙不敢与一百八九十岁乃至二百岁者同居，要弃之深谷大箐	【彝族（黑彝、白彝）】
W6598.3	驱邪习俗	
W6598.3.1	用桃枝驱邪保平安习俗	【仫佬族】
W6598.3.2	用火驱邪	
W6598.3.2.1	出行时点篝火驱邪	【哈萨克族】
W6598.3.3	埋幼童镇邪	
W6598.3.3.1	修庙时埋幼童镇邪	【珞巴族】
W6598.4	祛病习俗	
W6598.4.1	药渣倒路上让行人踏过以求病人祛病	【汉族】
W6598.4.2	随地倒药渣有益治病的风俗	【汉族】
W6598.4.3	请巫师驱鬼治病	【珞巴族】
W6599	**与生活习俗有关的其他母题**	
W6599.1	每天洗一次脸的来历	【土族】
W6599.1.1	因传错话形成每天洗一次脸	［W6591.2.3］动物传错话形成一日三餐
W6599.1.1.1	牛传错话形成每天吃三顿饭，洗一次脸	【土族】

W 编码	母题描述	关联项
W6599.2	击鼓习俗	
W6599.2.1	击鼓习俗的产生	
W6599.2.1.1	龙要求人遇到高兴的事敲铓击鼓形成习俗	【哈尼族】
W6599.2.2	击鼓的条件（击鼓的原因，击鼓的功能）	
W6599.2.2.1	击鼓报丧	【布依族】
W6599.2.2.2	击鼓报警	【侗族】
W6599.2.2.3	击鼓助战	【汉族】
W6599.2.3	击鼓的时间	
W6599.2.4	击鼓的地点	
W6599.2.5	击鼓者	
W6599.2.6	与击鼓有关的其他母题	
W6599.3	留发习俗（理发）	
W6599.3.1	布农人以前留长发	【高山族（布农）】
W6599.4	养生	
W6599.4.1	通过修炼养生	
W6599.5	修炼	［W6459.5］宗教修炼（修行）
W6599.5.1	修炼的原因	
W6599.5.1.1	为成仙修炼	
W6599.5.1.1.1	黄帝在逍遥观一带为成仙而修道	【汉族】
W6599.6	结拜习俗	
W6599.6.1	把所爱的女子认作妹妹	【汉族】
W6599.6.2	磕头发誓结为生死弟兄	【汉族】
W6599.7	人体塑形类习俗	
W6599.7.1	女人裹脚习俗	［W6581.4.1］祖先龙犬变人时头上、腋窝和脚胫上的毛未曾脱掉，所以瑶族男女有缠头巾裹脚套习俗

W 编码	母题描述	关联项
W6599.7.1.1	武则天下圣旨要天下的女人统统绕小脚	【汉族】
W6599.7.1.2	女人裹脚源于太白金星点化洪水后兄妹婚后的妹妹遮丑	【土家族】
W6599.8	特定职业的生活习俗（特定行业行为的习俗）	
W6599.8.1	乞丐拿打狗棍的习俗	
W6599.8.1.1	乞丐拿打狗棍的习俗与神农有关	【汉族】
W6599.8.2	做生意习俗	
W6599.8.2.1	出售牲畜要保留数根鬃尾祭牲畜神	【鄂温克族】

6.5.4 节日习俗[①]

【W6600～W6629】

W 编码	母题描述	关联项
✿ **W6600**	**节俗的来历（节日习俗的产生；节日的产生；节日的来历）**	**【汤普森】** A1502
W6600.1	人以前不知道过节日	

① 节日习俗，即人们常言的“节日”“年节”等。一般而言，每个节日都有及其丰富的传统文化内涵，关于节日的起源，有的与原始宗教有关，有的与农耕规则有关，有的与社会秩序的萌生有关，有的表现了图腾崇拜，有的表现了人类避恶向善的文化心理，有的表现了特定的民间仪式，等等。但节日的产生、形成、发展、演变甚至消失，是一个复杂的问题，带有明显的功利性、区域性、民族性，特别是在当今文化发展中，有些节日已经看不出与“神话”叙事的关联。因此有些人会对某些节日是否存在神话母题产生疑问。在此，以尊重传统文化规律为出发点，尽可能地保留节俗本真的产生特征，细察节日活动中与某些神灵现象或带有某些主观意愿性的神性思维，在母题编目方面采取了“宁可信其有，不可信其无”的方式，将一些今天看来似乎不能作为神话母题的名称、事象列入其中，仅供读者批评或学术比较之用。同时，为了避免大量繁杂问题的重复罗列，本类型只择其要者作案例。较为有代表性的节日实例，可查阅“［W6613］端午节（五月五；五月初五；端阳节）”。

W 编码	母题描述	关联项
* **W6601**	**节俗产生的原因（节日产生的原因）**	
W6601.1	节日的产生与神有关	
W6601.1.1	为了表达对神的尊敬形成节日	
W6601.1.2 *	有的节日专为祭祀神而立	【壮族】
W6601.1.3	神的出现节点形成特定的节日	
W6601.1.3.1	麦德尔神女每年正月十五、四月十五、七月十五三次视察大地形成卫拉特蒙古节日	【蒙古族】
W6601.2	节日的产生与神性人物有关	
W6601.2.1	为缅怀祖先形成节日	【内蒙古】@［W6627.33.8.5.2.1］蒙古族除夕炼铁于炉是为了表达对祖先的感激
W6601.2.2	为纪念宗教人物形成节日	
W6601.2.2.1	为纪念释迦牟尼形成腊八节	［W6626.1.1.1］腊八节是为纪念释迦牟尼为悉达多王子时于农历腊月初八成佛
W6601.2.3	感恩特定神性人物形成节日	
W6601.2.3.1	为了报答神仙依勒克为阿美人消除旱灾的恩情产生丰收节	【高山族】
W6601.3	节日的产生与特定的人有关	［W6613.1.1］端午节源于纪念特定的人物
W6601.3.1	为纪念叫荞麦的人形成寒露节	【汉族】
W6601.4	节日的产生与动物有关	
W6601.5	节日的产生与自然物有关	
W6601.5.1	日月运行形成节日	【壮族（侬人）】@［W6627.55.9.3.1］为纪念太阳重新回到天上的日子形成女子太阳节

W 编码	母题描述	关联项
W6601.6	节日的产生与其他特定物有关	
W6601.7	节日的产生源于特定的目的	
W6601.7.1	为了祛灾去祸形成的节日	
W6601.7.1.1	火把节火烧害虫	【彝族】
W6601.7.2	人为感恩过特定节日	
W6601.7.2.1	人为感激太上老君在他的生日立秋时休耕纪念	【汉族】
W6601.8	节日的产生源于特定的事	[W6629.2.6] 特定事件的时间作为节日时间
W6601.8.1	因一个爱情悲剧产生白拉姆节	【藏族】
W6602	**神制定节俗**	
W6602.1	年节从天上来	【苗族】
W6602.2	天神规定人过节日	【哈尼族】
W6603	**神性人物制定节日**	
W6603.1	始祖教人过节日	
W6603.1.1	女始祖安木拐教人过节日	【佤族】
W6603.2	神人告诉人过节	
W6603.2.1	神人威嘴、石匹告诉哈尼族过六月节	【哈尼族】
W6604	**特定的人制定节日**	
W6605	**特定的人物的活动形成节日**	
W6605.1	神的活动形成祭日	
W6605.1.1	女神每年3次视察大地形成3个节日	【蒙古族】
W6606	**特定的事件形成节日**	[W6601.8] 节日的产生源于特定的事
W6606.1	因收种作物产生的节日	

W 编码	母题描述	关联项
W6606.1.1	新米节（尝新节；吃新节）	
W6606.1.1.1	新米节的产生（吃新节的产生；新米节的时间）	【民族，关联】①
W6606.1.1.1.1	阿佤收谷过新米节	【佤族】
W6606.1.1.1.2	吃新节源于打田栽秧期间，人们紧张劳动十分辛苦	【侗族】
W6606.1.1.1.3	吃新节源于栽完秧后需要休息娱乐一天	【侗族】
W6606.1.1.1.4	吃新节源于预祝这年粮食能得到好收成	【侗族】
W6606.1.1.2	新米节的特征	
W6606.1.1.3	新米节的情形（新米节的活动）	【关联】②
W6606.1.1.3.1	新米节新米祭犁	【拉祜族】
W6606.1.1.3.2	新米节先喂狗（尝新节先喂狗）	【布依族】【壮族】
W6606.1.1.3.2.1	新米节先喂狗是因为狗盗为人盗谷种	【哈尼族】
W6606.1.1.3.2.2	新米节先喂狗是因为神狗为人送稻谷种	【纳西族（摩梭）】
W6606.1.1.3.2.3	尝新节先喂狗因狗为人取稻种	【水族】
W6606.1.1.3.2.4	尝新节让狗尝新谷是因为狗取谷种有功	【壮族】
W6606.1.1.3.2.5	尝新米先敬狗是因为狗盗谷种有功劳	【布依族】
W6606.1.1.3.2.6	尝新米先敬狗是因为小狗在洪水后保留下了谷种	【汉族】
W6606.1.1.3.3	新米节祭祖	【壮族】
W6606.1.1.3.4	新谷食水牛	【德昂族】
W6606.1.1.4	新米节的其他情形	

① 【阿昌族】@［W6609.1.1］不过“吃新节”吃新玉米和新米会被虎追，肚胀毙命；［W6628.4.1］纪念动物取种的尝新节。

② ［W6572.3.1］新米节割稻穗；［W6572.5.2］新米节叫谷魂禁忌。

W 编码	母题描述	关联项
W6606.1.1.4.1	收割后向粮神、树神和地神献新米	【珞巴族】
W6606.1.1.4.2	吃新节有特定程序	【布依族】
W6606.1.1.4.3	每逢稻谷成熟让老鼠、麻雀首先到田里尝新	【汉族】@［W6572.2.4.1.2.3］老鼠尝新是因为老鼠和麻雀为舜偷谷种有功
W6606.1.1.5	新米节的参与者	
W6606.1.1.6	新米节的时间（尝新节的时间）	
W6606.1.1.6.1	六月过新米节	【布依族】@［W6627.5.2.2］布依族六月起逢辰日过"尝新节"（布依族六月龙日尝新节）
W6606.1.1.6.2	七月过新米节	【民族，关联】①
W6606.1.1.6.3	在糯谷将熟时择定卯日为吃新节	【壮族】
W6606.1.1.6.4	七八月尝新米	【布依族】
W6606.1.1.7	与新米节有关的其他母题	
W6606.1.1.7.1	盘古娲娘尝新麦	【汉族】
W6606.2	特定人物的活动形成节日	［W6627.27.1.1］黎族男女祖先三月三成亲形成三月三节日
W6606.2.1	神的活动形成节日	
W6606.2.1.1	麦德尔神女每年3次视察大地形成卫拉特蒙古族的3个节日	【蒙古族（卫拉特）】
W6606.3	特定的灾害事件形成节日	
W6606.3.1	与洪水有关的节日	
W6606.3.1.1	八月二十三日洪水时，一块大树疙瘩，阻住洪水被尊为本主，这一天定为本主节	【白族】
W6607	**为纪念特定的人物形成节日（为感恩特定人物形成节日）**	

① 【布依族】@［W6627.5.3.3］布依族七月的第一个辰日尝新节（吃新米）；［W6627.5.3.4.1］布依族七月十三尝新节。

W 编码	母题描述	关联项
W6607.1	纪念特定的神形成节日	
W6607.1.1	纪念天公地母形成节日	
W6607.1.1.1	纪念天公地母形成窝罗节	【阿昌族】@［W6627.1.1.1］阿昌族正月初四窝罗节纪念天公地母
W6607.2	纪念特定的神性人物形成节日	
W6607.2.1	纪念盘王形成盘王节	【瑶族】
W6607.3	纪念特定的人形成节日	
W6607.3.1	纪念嫦娥形成中秋节	【汉族】
W6607.3.2	纪念屈原形成端午节	【满族】
W6607.4	纪念特定的动物形成节日	
W6607.4.1	感恩竹鼠形成竹鼠节	
W6607.4.1.1	人感激竹鼠取谷种形成祭竹鼠节	【布朗族】
W6607.4.2	感恩松鼠形成松鼠节	
W6607.4.2.1	布朗族过松鼠节是因为松鼠取火有功	【布朗族】
W6607.5	纪念特定的植物形成节日	
W6607.6	纪念特定的自然物形成节日	
W6607.7	纪念特定的人造物形成节日	
W6607.8	与纪念特定的人物形成节日有关的其他母题	
W6608	**庆祝特定事物形成节俗**	
W6609	**与节日产生有关的其他母题**	
W6609.1	过节是因为不过节日受惩罚	
W6609.1.1	不过“吃新节”吃新玉米和新米会被虎追，肚胀毙命	【仡佬族】
◎	**【常见节俗，常见节日】**	

W 编码	母题描述	关联项
W6610	**腊月的最后一天（年三十；年除日；除日；除夕；大年夜；大节夜；大尽）**	
W6610. 1	除夕的产生（除夕的来历）	
W6610. 1. 1	除夕源于玉帝的外甥年除掉夕	
W6610. 1. 1. 1	人们学年在三十晚上燃放爆竹来吓跑夕形成“除夕”	【汉族】
W6610. 1. 2	人们把一年分成三百六十五天，一年的最后一天叫除夕	【汉族】
W6610. 1a	除夕的时间	
W6610. 1a. 1	腊月三十除夕	
W6610. 1a. 2	十二月三十日（蛇日）除夕	【傈僳族】
W6610. 1a. 3	提前一天过除夕	
W6610. 1a. 3. 1	族长规定提前一天过除夕	【土家族】
W6610. 2	除夕的事务（除夕特定的活动）	
W6610. 2. 1	除夕祭祀	
W6610. 2. 1. 1	除夕祭神（除夕祭众神）	【汉族】
W6610. 2. 1. 1. 1	腊月三十晚杀鸡、煮肉祭祖先、狗、牛、灶神、把门将军和土地神等	【傈僳族】
W6610. 2. 1. 1. 2	腊月三十晚上半夜后敬神	【羌族】
W6610. 2. 1. 1. 3	除夕夜五更天祭拜天地神灵	
W6610. 2. 1. 1. 3. 1	除夕夜五更天祭拜天地神灵是黄帝传下来的规矩	【汉族】
W6610. 2. 1. 2	除夕祭特定的神	
W6610. 2. 1. 2. 0	除夕晚上敬老天爷	【汉族】
W6610. 2. 1. 2. 1	除夕祭灶君（大年三十晚上敬灶神）	【羌族】【彝族】

W 编码	母题描述	关联项
W6610.2.1.2.1.1	三十夜里放鞭炮送灶王爷保奏玉皇	【汉族】
W6610.2.1.2.1.2	除夕在各处佛堂灶王前焚香上供	【汉族】
W6610.2.1.2.2	除夕祭树神	
W6610.2.1.2.2.1	年三十要首先祭祀树神	【傈僳族】
W6610.2.1.2.3	除夕祭土地神	
W6610.2.1.2.3.1	除夕祭土地神以求来年平安	【锡伯族】
W6610.2.1.2.4	除夕祭火神	
W6610.2.1.2.4.1	除夕在火灶或火堂边的墙壁上贴一小方红纸，立火神位，以酒肉、香火、钱纸供祭	【壮族】
W6610.2.1.2.5	除夕半夜祭文武神	【藏族】
W6610.2.1.3	除夕祭祖	
W6610.2.1.3.1	除夕设案祭祖	【汉族】
W6610.2.1.3.2	腊月三十早晨到火坟场敬祖	【羌族】
W6610.2.1.3.3	大年三十晚煮猪头祭祖	【傈僳族】
W6610.2.1.3.4	大年三十晚上祭祖仪式上，户主率全家老少到供桌前下跪	【壮族】
W6610.2.1.4	除夕夜祭死者	
W6610.2.1.4.1	除夕夜要在大门外为死去的人供祭饭菜	【锡伯族】
W6610.2.1.5	除夕祭社王	
W6610.2.1.5.1	除夕午后祭祀社王	【壮族】
W6610.2.1.5.2	除夕祭祀社王，壮语叫“故夏”	【壮族】
W6610.2.1.6	除夕祭天	
W6610.2.1.6.1	除夕祭天供神	【达斡尔族】
W6610.2.1.6a	除夕祭天地	
W6610.2.1.6a.1	除夕夜的五更天家家户户祭拜天地又称“发祃子”	【汉族】

W 编码	母题描述	关联项
W6610. 2. 1. 7	除夕供佛	
W6610. 2. 1. 7. 1	年三十日把佛像都打开，摆上各种供物供所有的佛	【鄂温克族】
W6610. 2. 1. 8	除夕祭北斗星	【鄂温克族】
W6610. 2. 1. 8. 1	除夕夜跪拜北斗星，以庆幸自己又活了一年	【鄂伦春族】
W6610. 2. 1. 9	除夕祭其他特定人物	
W6610. 2. 1. 9. 1	除夕祭盘古	【壮族】
W6610. 2. 2	除夕接祖先（除夕请家神的来历）	【汉族】
W6610. 2. 2. 1	除夕到祖坟请祖先回家过年	【汉族】@［W6667. 0. 1. 1］守灵是为了迎接死者回家的灵魂
W6610. 2. 2. 1. 1	除夕祖先魂归故里	【塔吉克族】
W6610. 2. 2. 1a	除夕迎祖先神回家过大年	【壮族】
W6610. 2. 2. 2	年三十晚上扫除接祖	【傈僳族】
W6610. 2. 2. 3	除夕请死去父母的灵魂回家	【壮族】
W6610. 2. 2. 4	除夕请始祖（除夕请祖神）	【壮族】@［W6610. 2. 1. 3］除夕祭祖
W6610. 2. 2. 4. 1	除夕请到始祖始母是主家的福分	【壮族】
W6610. 2. 2. 5	除夕下午端祭品去到灵房，请先祖回家共进节日晚餐	【彝族】
W6610. 2. 2. 6	除夕敲铜鼓迎请天上成仙的祖先	【布依族】
W6610. 2. 2a	除夕接魂	
W6610. 2. 2a. 1	除夕迎各种亡魂进家过年	【壮族】
W6610. 2. 2b	除夕接神	
W6610. 2. 2b. 1	除夕接财神	
W6610. 2. 2b. 1. 1	除夕接财神仪式子时进行	【汉族等】
W6610. 2. 2b. 1. 2	除夕午夜迎财神	【鄂温克族】
W6610. 2. 2b. 1. 3	大年三十晚，天交子时要接财神	【汉族】

W 编码	母题描述	关联项
W6610.2.2c	除夕喊魂	
W6610.2.2c.1	除夕喊人魂牛魂	【壮族】
W6610.2.3	除夕驱鬼	【民族，关联】①
W6610.2.3.1	除夕贴门神驱鬼	
W6610.2.3.1.1	除夕贴门神驱鬼源于黄帝用桃木刻成的神荼、郁垒驱除鬼怪	【汉族】
W6610.2.3a	除夕除秽	
W6610.2.3a.1	除夕前一天倒污水脏物除秽	【藏族】
W6610.2.4	除夕夜祭火和炼铁习俗	【蒙古族】
W6610.2.5	除夕祈福	
W6610.2.5.1	大年三十敲犁头向神灵求平安和祈雨祭祀	【怒族】
W6610.2.6	除夕守岁（熬年）	
W6610.2.6.1	除夕守岁原因	
W6610.2.6.1.1	除夕时百姓一直守到黎明等灶王奶奶送礼物	【汉族】@［W6610.5.2.1］大年三十晚上，老天爷把天门打开，把天库里的金银财宝撒向人间
W6610.2.6.1.2	除夕时点燃蜡烛，话旧议新守岁是为等待玉皇大帝能再打开天门，给人间散财赐福	【汉族】@［W6622.4.7.1］八月十五晚上开天门
W6610.2.6.1.2a	玉皇大帝传旨，每年腊月三十晚上南天门大开，向凡间施舍恩典	【汉族】
W6610.2.6.1.2b	玉皇大帝为使老百姓都过上好日子，每逢大年三十晚上就打开天门把库里的金银财宝撒往人间	【汉族】
W6610.2.6.1.2b.1	熬年源于希望年三十夜里拾元宝	【汉族】
W6610.2.6.1.2c	玉皇大帝降旨年尾最后一天，家家都要关门闭户加倍防范年出来伤害人类形成“熬年儿”	【汉族】

① 【汉族】@［W6610.2.9.9.6.1］除夕晚上，各家各户的门口都横放一条棍子，棍的两头担在门墩上；［W6610.2.9.9.7.1］年三十晚上烧香以驱走不祥的九头鸟。

W 编码	母题描述	关联项
W6610.2.6.1.3	人们为了希望过上幸福富裕的生活除夕守岁	【汉族】
W6610.2.6.1.4	“熬年”守金银	【汉族】
W6610.2.6.1.4a	除夕熬年得不到金子，不过为了讨个吉利	【汉族】
W6610.2.6.1.5	除夕谁要入睡，鬼进来就给人过秤	【鄂温克族】
W6610.2.6.1.6	除夕熬年源于孔子	【汉族】
W6610.2.6.1.7	除夕熬年源于吕蒙正	【汉族】
W6610.2.6.2	守岁时间	
W6610.2.6.2.1	大年三十晚上要守年	【壮族】
W6610.2.6.3	守岁地点	
W6610.2.6.3.1	除夕家中守岁	【汉族】
W6610.2.6.3.2	年三十晚上庙中守岁	【羌族】
W6610.2.6.4	守岁的功能（守岁的作用；守岁的目的）	
W6610.2.6.4.1	守岁防止恶兽“年”入门	
W6610.2.6.4.1.1	年是恶兽	【壮族】
W6610.2.6.4.2	守岁时抢挑新水，乞求水神庇护来年平安	【壮族】@［W6610.2.9.8］除夕抢新水
W6610.2.6.5	守岁情形	
W6610.2.6.5.1	年三十晚上每家带着香烛、纸钱、供品到庙内去“烧火堆”，熬夜守岁	【羌族】
W6610.2.6.5.2	除夕全家守夜不睡	【汉族】【傈僳族】
W6610.2.6.5.2a	守岁一夜到天亮不睡	【壮族】
W6610.2.6.5.2b	腊月三十整夜点灯不眠	【达斡尔族】
W6610.2.6.5.2b.1	大年三十晚上点灯以防止不吉利的扫帚星到家中	【汉族】
W6610.2.6.5.3	除夕时祈祷消灾	【藏族】

W 编码	母题描述	关联项
W6610.2.6.6	守岁禁忌	
W6610.2.6.7	与守岁有关的其他母题	
W6610.2.6.7.1	除夕守岁又称“守祟”	
W6610.2.6.7.1.1	年三十，人们怕祟来伤害孩子整夜点灯不睡，就叫“守祟”	【汉族】
W6610.2.6.7.2	除夕不睡又称“熬年”	
W6610.2.6.7.2.1	除夕“熬年”也叫“熬皮袄”	【汉族】
W6610.2.7	除夕洗浴	
W6610.2.7.1	为怀念始祖的美满姻缘求好运，每年除夕夜洗浴	【纳西族】
W6610.2.8	除夕夜话	
W6610.2.8.1	除夕老人勉励儿孙	【羌族】
W6610.2.8.2	新年夜要喊“大家好”	【汉族】
W6610.2.9	除夕其他活动（与除夕有关的其他事件）	
W6610.2.9.1	除夕做法事	
W6610.2.9.1.1	十月一日过年，九月三十日晚请端公整夜做法事	【羌族】
W6610.2.9.1a	除夕之夜接魂	
W6610.2.9.1b	除夕占卜	【达斡尔族】
W6610.2.9.1b.1	除夕晚上看天象测吉凶	【达斡尔族】
W6610.2.9.2	除夕必须归家	【壮族】
W6610.2.9.2.1	除夕归家是为了祛病	【傈僳族】
W6610.2.9.3	除夕栽树	［W6617.3.3］清明节插柳（清明节植树）
W6610.2.9.3.1	除夕栽定年松	【傈僳族】
W6610.2.9.4	除夕蒸供品	
W6610.2.9.4.1	三十晚上半夜打整猪，煮猪头，初一才能祭祖	【傈僳族】
W6610.2.9.5	除夕举行辞旧迎新仪式	

W 编码	母题描述	关联项
W6610. 2. 9. 5. 1	除夕鸡不啼叫狗不咬时上房顶敬神，到半夜时全家人上房顶烧香换水以示送旧迎新	【羌族】
W6610. 2. 9. 6	除夕夜燃竹竿	【汉族】@［W6610. 2. 1. 2. 1. 1］三十夜里放鞭炮送灶王爷保奏玉皇
W6610. 2. 9. 6. 1	除夕夜点鞭炮吓走怪物夕	【汉族】
W6610. 2. 9. 6. 2	除夕夜的五更天燃放鞭炮以驱邪震妖，保佑平安	【汉族】
W6610. 2. 9. 6. 3	腊月三十晚上放鞭炮是为了把“年”吓唬走	【汉族】
W6610. 2. 9. 7	除夕要烧香请紫微星下凡	【汉族】
W6610. 2. 9. 8	除夕抢新水	【壮族】
W6610. 2. 9. 9	除夕活动的其他情形	
W6610. 2. 9. 9. 1	除夕过午安神	【汉族等】
W6610. 2. 9. 9. 2	除夕点燃不灭的烟火	【达斡尔族】
W6610. 2. 9. 9. 2a	除夕夜点篝火	【鄂温克族】
W6610. 2. 9. 9. 2b	除夕点燃的烟火要燃烧到正月初九	【达斡尔族】
W6610. 2. 9. 9. 3	提前一天过除夕过赶年	
W6610. 2. 9. 9. 3. 1	提前一天过除夕过赶年这天要有酥肉、坨坨肉、豆腐果三样菜	【土家族】
W6610. 2. 9. 9. 4	除夕踩岁	
W6610. 2. 9. 9. 4. 1	腊月三十晚上，人们都把芝麻秸铺在院里踩响以吓跑恶魔	【汉族】
W6610. 2. 9. 9. 5	除夕时长幼相互问候	【达斡尔族】
W6610. 2. 9. 9. 6	除夕晚上放拦门杠	
W6610. 2. 9. 9. 6. 1	除夕晚上，各家各户的门口都横放一条棍子，棍的两头担在门墩上	【汉族】

W 编码	母题描述	关联项
W6610.2.9.9.6.2	年三十，家家户户门槛外都要横放一根木棍子称之“拦门棍”	【汉族】
W6610.2.9.9.7	除夕烧香	
W6610.2.9.9.7.1	年三十晚上烧香以驱走不祥的九头鸟	【汉族】@［W6615.1.2.4.1.1］大年初一天不亮时烧柏枝驱走会带来灾祸的九头鸟
W6610.2.9.9.8	除夕时扫除	
W6610.2.9.9.8.1	年三十家家户户都扫尘以防三尸神在门窗上画记号	【汉族】
W6610.3	除夕的饮食	
W6610.3.1	除夕全家吃团圆饭	
W6610.3.1.1	腊月三十晚上，家人一起吃酒肉馍	【羌族】
W6610.3.2	除夕做特定食物	
W6610.3.2.1	除夕做面饼	
W6610.3.2.1.1	十月一日过年，九月三十日做中间穿一孔的面饼，	【羌族】
W6610.3.3	除夕吃特定的食物	［W6610.2.9.9.3.1］提前一天过除夕过赶年这天要有酥肉、坨坨肉、豆腐果三样菜
W6610.3.3.1	除夕吃素	
W6610.3.3.1.1	除夕晚上只能吃玉米稀饭	【傈僳族】
W6610.3.3.2	除夕晚上吃吉祥食品	
W6610.3.3.2.1	除夕晚上吃预先做好的面团和包子	【藏族】
W6610.3.3.3	除夕晚上吃名为“岁首”之羊头肉	【藏族】
W6610.3.3.4	除夕中午吃干饭，晚上全家聚餐吃饺子	【汉族】
W6610.3.4	除夕饮食的吃法	
W6610.3.4.1	除夕团圆饭给祖神留座位	【壮族】

W 编码	母题描述	关联项
W6610.4	除夕禁忌（除夕的禁忌）	
W6610.4.1	除夕语言禁忌	
W6610.4.1.1	除夕时忌喊人的名字	【达斡尔族】
W6610.4.2	除夕行为禁忌	
W6610.4.2.1	除夕忌在别人家吃饭	【锡伯族】
W6610.4.3	除夕事件禁忌	
W6610.4.3.1	除夕忌外人进家	【羌族】
W6610.4.4	除夕其他禁忌	
W6610.4.4.1	除夕禁蚁	
W6610.4.4.1.1	除夕夜举行一种“禁蚁”巫术	【壮族】
W6610.5	与除夕有关的其他母题	［W6626.9.6］腊月三十
W6610.5.1	除夕夜	
W6610.5.1.1	除夕夜家人团圆	
W6610.5.1.2	恐怖的除夕夜	
W6610.5.1.2.1	除夕夜“年”进村吸食人的脑髓	【汉族】
W6610.5.2	除夕夜老天爷撒宝物	
W6610.5.2.1	大年三十晚上，老天爷把天门打开，把天库里的金银财宝撒向人间	【汉族】
W6610.5.3	除夕的名称（除夕名称的来历）	
W6610.5.3.1	除夕的名称源于猎手七郎除掉害人的夕	【汉族】
W6611	**年（春节；过年）**[①]	
W6611.1	年的来历（春节的来历；春节的产生；过年的原因；过年的性质）	［W4659.2］十月年的来历
W6611.1.1	人以前不知道过年	【汉族】
W6611.1.1.1	远古时不兴年月，人们不知什么时候该过年	【布依族】

① 过年的来历，此母题与“春节的来历”在神话叙事的文化内涵方面有一定的差别，故单独列出。

W 编码	母题描述	关联项
W6611.1.1.2	创造天地的翁戛分好年月日时辰时，没有分年节	【布依族】
W6611.1.2	神或神性人物告诉人过年	
W6611.1.3	特定的人告诉人过年	
W6611.1.3.1	尧王告诉人过春节（过年）	【汉族】@［W6611.3.1.0.1］尧王发明正月初一给自家神主桌前摆贡祭祀
W6611.1.3.2	天子祖乙让制历法的万年制定岁首叫年节	【汉族】
W6611.1.3.3	人类祖先翁戛给人类兴过年	【布依族】
W6611.1.4	动物告诉人过年	
W6611.1.4.1	布谷鸟告诉人过年	［W4776.1］布谷鸟告诉人类季节
W6611.1.4.1.1	阿罗（人名）找到布谷鸟后知道了何时过年	【哈尼族】
W6611.1.5	其他特定人物告诉人过年	
W6611.1.6	过年是为了庆贺特定事件	
W6611.1.6.1	过年是庆贺“年”被赶跑	
W6611.1.6.2	过年是为了庆丰收	
W6611.1.7	过年是为了纪念特定事件	【关联】①
W6611.1.7.1	过年是为了纪念除妖英雄	【哈尼族】
W6611.1.7.2	过年为了纪念正月初一那天黄帝战胜了蚩尤	【汉族】
W6611.1.8	过年的其他原因	
W6611.1.8.1	过年是为了歇息	
W6611.1.8.2	过年是为了吓跑一个叫“年”的动物	【汉族】
W6611.1.8.2.1	每年最后一天，人们要点鞭炮把一个叫“年”的动物吓走，这一天一夜就叫“过年”	【汉族】

① ［W6558.3］为纪念特定事件形成习俗；［W6613.1.4］端午节源于特定事件（端午节是为了纪念特定事件）；［W6628.4］以纪念特定事件为主的节日。

W 编码	母题描述	关联项
W6611.1.8.2.2	为把怕红色的年赶跑，人们在门上贴红纸、放鞭炮，慢慢就成了现在的过年	【汉族】
W6611.1.8.2.3	腊月三十日夜晚，为吓跑怪物“年”，人们挂红灯笼，穿红衣裳，锣鼓喧天，爆竹齐鸣，称“过年”	【汉族】
W6611.1.8.3	过年是庆贺生灵的生日	【汉族】
W6611.1.8.4	过年是为了植物生发	【苗族】
W6611.1.8.5	因弥勒佛正月初一把乾坤袋打开，人间把每年此日定为“春节”	【汉族】
W6611.1.9	与过年的来历有关的其他母题	
W6611.1.9.1	春节产生的时间	［W6611.6］过年的时间（春节的时间）
W6611.1.9.1.1	正月初一春节的来历	
W6611.1.9.1.2 *	春节兴于舜	【汉族】
W6611.1.9.2	制定年节的方法	
W6611.1.9.2.1	以特定的事件定年节	
W6611.1.9.2.1.1	撒梅人把阿喇治瘟疫采草药归来的六月二十五日称为“小年”	【民族，关联】①
W6611.2	过年的准备（春节前的准备）	
W6611.2.1	杀年猪	【拉祜族】【佤族】
W6611.2.1.0	杀年猪的时间	【关联】②
W6611.2.1.0.1	每年一到腊月十几就开始杀猪	【汉族】
W6611.2.1.1	杀年猪有一套完整的仪式	【仡佬族】
W6611.2.1.2	杀年猪也叫“请财神”	【仡佬族】
W6611.2.2	过年备年货	

① 【彝族】@［W6557.1.1］因神农五月初五上山采药延续成俗；［W6578.1.3.1］五月初五上山采艾草习俗的来历。

② ［W6626.9.2.1］腊月十六扫檐尘，杀年猪；［W6626.9.4.1］腊月二十二日扫檐尘，杀年猪；［W6627.5.8.3］布依族杀年猪须择吉日。

W 编码	母题描述	关联项
W6611.2.2.1	腊月二十日起年集，开始办理年节的用品	【汉族】
W6611.2.3	过年贴春联（过年贴对子；过春节贴对联）	
W6611.2.3.1	过年贴对联的来历	［W6611.9.9.1.1］过年觉得门框上抹鸡血不好看，就改成贴红对联
W6611.2.3.1.1	为庆贺“年”的死亡，人们贴红的对联并写上吉利话语	【汉族】
W6611.2.3.1.1a	年关（年三十）门上都贴红纸以防止“年”溜下界再作怪	【汉族】
W6611.2.3.1.2	孔子告诉读书人，过年时贴红对子	【汉族】
W6611.2.3.1.3	以前过年用以驱邪的桃符慢慢地换成贴对联	【汉族】
W6611.2.3.2	过年贴对联的时间	［W6626.8.3］腊月二十八日贴对联
W6611.2.3.2.1	过春节时贴对联是孔夫子在陈蔡被围之后开始的	【汉族】
W6611.2.3.3	与过年贴对联有关的其他母题	
W6611.2.3.3.0	对联的内容	
W6611.2.3.3.0.1	对联的红纸上要写起吉利话	【汉族】
W6611.2.3.3.1	黄色的对联	
W6611.2.3.3.1.1	庙中贴黄对子	
W6611.2.3.3.1.1.1	道教祖师李耳让庙中改贴了黄对子	【汉族】
W6611.2.3.3.2	桃符	【汉族】
W6611.2.3.3.2.1	人们逢年过节拿两块桃木板放在门两边用“桃符”驱邪	【汉族】
W6611.2.4	过年贴福字	
W6611.2.5	过年贴年画	［W6927.1.6.7］年画

W 编码	母题描述	关联项
W6611.2.5.1	过年贴年画源于画匠过年画画得福	【汉族】
W6611.2.5.2	过年贴年画等同于过年说好话	【汉族】
W6611.2.5.3	放勋“唐河得图”年画	【汉族】
W6611.2.6	过年时挂特定物	
W6611.2.6.1	新年时挂特定物驱邪	
W6611.2.6.1.1	新年时挂五色彩绸包裹的刀剑以驱凶除邪	【藏族】
W6611.2.6.2	春节挂红灯笼	［W6611.9.9.1.2］过年时门口烧一堆火不方便，就改成挂红灯笼
W6611.2.6.2.1	豫西地区每年春节都挂红灯笼	【汉族】
W6611.2.6.2.2	春节门前挂红灯笼源于闯王起兵时的红灯笼做标记	【汉族】
W6611.2.6.2.3	春节门前挂红灯笼以保平安	【汉族】
W6611.2.6.3	春节每家每户都在门上插松枝	【汉族】
W6611.2.6.4	过年门上挂钱	
W6611.2.6.4.1	过年门楣上挂五个过门钱	【汉族】
W6611.2.6.4.2	过年时用彩纸剪成长四寸、宽三寸的穗头钱代替门上挂的真铜钱	【汉族】
W6611.2.7	春节前净身	【关联】①
W6611.2.7.1	春节前沐浴迎新	【傣族】
W6611.3	过年的内容（过年的活动；过年的形式；春节活动；过年的情形）	
W6611.3.1	过年祭祀（春节祭祀）	
W6611.3.1.0	特定人物发明过年祭祀	
W6611.3.1.0.1	尧王发明正月初一给自家神主桌前摆贡祭祀	【汉族】
W6611.3.1.0.2	天神规定年节祭天神	【彝族（阿细）】

① ［W6611.3.8.2］过年时除秽；［W6495.0.7.1.2.2］祭神前净身。

W 编码	母题描述	关联项
W6611.3.1.1	过年祭神（春节祭神）	【汉族】
W6611.3.1.1.1	正月初一祭神	
W6611.3.1.1.1.1	过年初一早晨杀羊祭神	【羌族】
W6611.3.1.1.1.2	年初一凌晨鸡叫时祭水神	【藏族（白马）】
W6611.3.1.1.2	十月初一过羌年时杀牲还愿，请诸神依次领牲飨祭	【羌族】
W6611.3.1.1.3	正月初一祭昂神，初二祭神狗，初三祭神羊，初四祭神猪，初五祭神牛，初六祭神马，初七各位天神一起受祭	【纳西族（摩梭）】
W6611.3.1.1.4	春节祭火神	
W6611.3.1.1.4.1	春节最先祭火神	【鄂伦春族】
W6611.3.1.1.5	春节祭财神	
W6611.3.1.1.5.1	春节迎财神	【汉族】
W6611.3.1.1.6	春节祭其他神	
W6611.3.1.1.6.1	春节祭天神	【达斡尔族】
W6611.3.1.1.6.1.1	春节时在当院立香案焚香磕头祭天神	【达斡尔族】
W6611.3.1.1.7	春节祭神的方法（春节祭神的情形）	
W6611.3.1.1.7.1	春节时给祖神神龛作揖，斟茶烧纸烧香	【壮族】
W6611.3.1.1.8	与春节祭神有关的其他母题	
W6611.3.1.1.8.1	春节前祭家具神	【壮族】
W6611.3.1.1.8.2	春节祭盘古	【汉族等】
W6611.3.1.1.8.2.1	大年初一祭盘古	【壮族等】
W6611.3.1.2	过年祭祖（春节时祭祖神）	【汉族】
W6611.3.1.2.1	正月初一至十四日早晚祭祖神	【壮族】
W6611.3.1.2.2	春节请祖神回家团圆	【鄂温克族】

W 编码	母题描述	关联项
W6611.3.1.3	春节“迎本主”	【白族】
W6611.3.1.4	春节祭天	
W6611.3.1.4.1	春节时在院内摆桌供酒和点燃香和蜡烛祭天祈福	【达斡尔族】
W6611.3.1.5	春节祭星	
W6611.3.1.5.1	春节祭北斗星	【达斡尔族】
W6611.3.1.5.2	春节祭北极星	【达斡尔族】
W6611.3.2	过年时拜年	【汉族】
W6611.3.2.1	拜年的产生（拜年的原因）	
W6611.3.2.1.1	凶残的动物“年”出现时人们点火驱走，然后串门互问平安形成过年拜年的习俗	【汉族】
W6611.3.2.1.2	尧王告诉人过春节时拜年	【汉族】@［W6611.1.3.1］尧王告诉人过春节（过年）
W6611.3.2.2	拜年的时间	
W6611.3.2.2.1	年初一拜年	
W6611.3.2.2.1.1	正月初一吃完饺子挨家串户拜大年	【汉族】
W6611.3.2.2.2	初二开始拜年	【羌族】
W6611.3.2.2.3	春节时拜完篝火拜神然后给老人拜年	【鄂温克族】
W6611.3.2.3	拜年的地点	
W6611.3.2.4	拜年的方法	
W6611.3.2.4.1	拜年互问平安	
W6611.3.2.4.2	拜年先拜祖先再拜老人	【羌族】
W6611.3.2.4.3	跳傩拜年	【汉族】
W6611.3.2.4.3a	舞龙拜年	【布依族】
W6611.3.2.4.4	拜年磕头的顺序	
W6611.3.2.4.4.1	拜年时先给佛磕头	【鄂温克族】

W 编码	母题描述	关联项
W6611.3.2.4.4.1.1	拜年时先拜佛再向人磕头	【鄂温克族】
W6611.3.2.4.5	拜年时祭拜灵位	【达斡尔族】
W6611.3.2.4.6	给老人拜年举杯敬酒，全家人下跪	【鄂温克族】
W6611.3.2.5	拜年的其他情形	
W6611.3.2.6	拜年禁忌	
W6611.3.2.6.1	家中老人去世三年内不外出拜年	【鄂温克族】
W6611.3.2.7	与拜年有关的其他母题	
W6611.3.2.7.1	春节时敬老人	【鄂温克族】
W6611.3.2a	过年走亲戚	［W6615.2.2.1］正月初二走亲戚
W6611.3.2a.1	人类祖先规定过年过节，亲戚互相走	【布依族】
W6611.3.3	过年燃放鞭炮（过年燃爆竹；过年放爆仗）	【关联】①
W6611.3.3.1	过年点爆竹是为了驱赶猛兽	【汉族】
W6611.3.3.2	过年备办酒席前响一炮，吃年饭时鸣三炮	【汉族】
W6611.3.3.3	过年放鞭炮源于秀才“过年放炮鞭，岁岁得平安”的说法	【汉族】
W6611.3.3.4	人们怕过年时被穷鬼抓去，放鞭炮崩走穷鬼	【汉族】
W6611.3.3.5	过年燃爆竹迎财神	【汉族】
W6611.3.4	过年张灯结彩的来历	
W6611.3.4.1	过年时香烟灯火不灭	【布依族】
W6611.3.4.2	春节拉天灯（春节挂天灯）	【汉族】
W6611.3.4.2.1	春节在院子里拉天灯以驱赶不祥的九头鸟	【汉族】
W6611.3.4.2.2	春节挂天灯因为钱龙喜欢明亮	【汉族】

① ［W6611.9.9.1.3］过年时敲铜盆不好听，改成敲锣打鼓放鞭炮；［W6627.5.0.1.6］布依族春节子时放鞭炮。

W 编码	母题描述	关联项
W6611.3.4.2.3	春节时把天灯挂在院内栽的高竿上	【汉族】
W6611.3.4.2.4	年三十黑了时挂天灯	【汉族】
W6611.3.4.2a	过年挂灯笼	［W6612.2.2］元宵节舞灯（正月十五挂灯）
W6611.3.4.2a.1	每逢过年把灯笼挂在树上驱魔镇邪	【汉族】
W6611.3.5	春节初一到初十的各天特殊节俗的来历	
W6611.3.6	过年时妇女到河边或井旁“吸新水”习俗	【藏族】@［W6611.3.9.5］新年抢“头水”
W6611.3.6.1	年初一洒新水	【藏族（白马）】
W6611.3.7	春节燃火（过年与火）	
W6611.3.7.1	除夕至正月初五在门口燃起熊熊大火以求火神保佑	【鄂温克族】
W6611.3.7.2	过年防火	
W6611.3.7.2.1	每逢过年，要在门口用绿纸写上“小心灯火”字样，以防火灾	【汉族】
W6611.3.8	过年特定的仪式	
W6611.3.8.1	过年萨满跳神	【鄂温克族】
W6611.3.8.1.1	过旧历年时萨满要在自己家跳一次神	【鄂温克族】
W6611.3.8.2	过年时除秽	
W6611.3.8.2.1	过年要煮一锅“刚嘎”草放些奶子叫“阿尔善”以此水洗众人的污气	【鄂温克族】
W6611.3.8.3	过年发红包（压岁；压岁钱）	【汉族】@［W6615.1.3.3］正月初一长辈发红包
W6611.3.8.3.1	除夕给小孩枕边放红包防小妖“祟”伤害孩子	【汉族】
W6611.3.8.3.2	大年夜用红纸包上钱给孩子防祟	【汉族】

W 编码	母题描述	关联项
W6611.3.8.3.3	压岁钱即“压祟钱”	【汉族】
W6611.3.9	与过年内容有关的其他母题	
W6611.3.9.1	过年需要休息	【汉族（客家人）】
W6611.3.9.1.1	过年大玩三天	【汉族】
W6611.3.9.1.2	人为了躲避“年”的侵害在家休闲	【汉族】
W6611.3.9.2	过年很热闹（过年有多种活动）	
W6611.3.9.2.1	过年贴红对联，放鞭炮，烧香	【汉族】
W6611.3.9.3	过年娱乐（过年时载歌载舞）	【苗族】@［W6611.7.4.1］天上过年时，后生吹芦笙，姑娘踩歌堂很热闹
W6611.3.9.3.1	过年时唱过节的哈八（酒歌）	【哈尼族】
W6611.3.9.3.2	新春玩采莲船	【汉族】
W6611.3.9.4	年节要特殊对待特定动物	
W6611.3.9.4.1	年节时先喂狗	【傈僳族】@［W6572.2.6］收获时先敬狗的来历（狗尝新；新米狗尝鲜的来历；尝新先喂狗）
W6611.3.9.4.1.1	过年先敬狗是因为狗给了人 30 岁寿命	【藏族】
W6611.3.9.5	新年抢“头水”	【藏族】
W6611.3.9.6	偷年过	
W6611.3.9.6.1	凌晨“偷年过”	【汉族】
W6611.3.9.7	过年宰杀牲畜（过年杀牲）	
W6611.3.9.7.1	过年要杀猪宰羊	
W6611.3.9.7.1.1	很早以前，过年并不一定要杀猪宰羊	【汉族】
W6611.3.9.7.1.2	过年杀猪宰羊是为了让猪羊牲口代人担灾	【汉族】
W6611.3.9.8	过年串门躲灾	

W 编码	母题描述	关联项
W6611.3.9.8.1	以前每逢到了过年这天人总是会遭受灾难，于是过年串门躲灾	【汉族】
W6611.3.9.9	过年的其他情形	
W6611.3.9.9.1	过年的规矩（过年有特定规矩）	
W6611.3.9.9.1.1	过年天亮才能开门	
W6611.3.9.9.1.1.1	过年有一条规矩就是谁都不能贪心，等天亮才能开门	【汉族】
W6611.3.9.9.1.2	过年见面要说好话	［W6611.2.5.2］过年贴年画等同于过年说好话
W6611.3.9.9.1.2.1	过年说好话招福，说不好的话就招灾	【汉族】
W6611.3.9.9.1.3	过年时亲戚礼尚往来	
W6611.3.9.9.1.3.1	人类祖先规定年节时亲戚礼尚往来	【布依族】
W6611.3.9.9.2	过年敲铜鼓	【布依族】
W6611.3.9.9.3	过年时举办聚会	
W6611.3.9.9.3.1	过年举办芦笙会	【苗族】
W6611.3.9.9.4	过年时占卜	［W6610.2.9.1b］除夕占卜
W6611.3.9.9.4.1	正月初一占卜当年雨水	
W6611.3.9.9.5	过春节玩龙灯	【汉族】
W6611.3.9.9.6	春节舞龙	［W6612.2.2.1］元宵节舞龙灯的来历
W6611.3.9.9.6.1	春节舞龙源于黄帝娘娘治病	【汉族】
W6611.3.9.9.6a	过春节玩火龙	
W6611.3.9.9.6a.1	春节玩火龙要正月初九出龙，直玩到十五深夜把火龙送到庙中烧掉	【汉族】
W6611.3.9.9.7	过年绑芝麻秆儿	
W6611.3.9.9.7.1	过年时把芝麻杆绑到院子里的树上用来吓姜子牙的老婆马氏女	【汉族】@［W6610.2.9.9.4.1］腊月三十晚上，人们都把芝麻秸铺在院里踩响以吓跑恶魔

W 编码	母题描述	关联项
W6611.4	过年的饮食（春节的饮食；过年的特定食物）	［W6615.1.5］正月初一的饮食（正月初一特定食物）
W6611.4.0	过年饮食的来历	
W6611.4.0.1	特定人物规定过年饮食	
W6611.4.0.1.1	人类祖先翁戛规定过年要吃糯米饭，过节要喝酒吃肉	【布依族】
W6611.4.1	过年要做年糕	
W6611.4.1.1	过年抢食年糕的来历	【达斡尔族】
W6611.4.1.2	过年做年糕，在天穿日用油煎后供拜女娲娘娘	【汉族（客家人）】
W6611.4.2	过年吃鱼的来历	【侗族】@［W6591.5.2］大年初一吃鱼宴习俗的来历
W6611.4.3	过年喝酒吃肉	
W6611.4.3.1	人类祖先规定过年喝酒吃肉	【布依族】
W6611.4.4	过年吃饺子	
W6611.4.4.1	三十晚上要吃饺子	
W6611.4.4.1.1	财神爷指点，过年时用面把吓死的恶鬼包了放进锅里煮形成吃饺子习俗	【汉族】
W6611.4.4.2	过年的饺子包成元宝样子	
W6611.4.4.2.1	过年吃饺子当成财神爷送来的财宝	【汉族】
W6611.4.5	过年的饭敬特定的人物	
W6611.4.5.1	年节的头碗饭敬狗	【珞巴族】
W6611.5	过年的名称	
W6611.5.0	“过年”名称的产生	
W6611.5.0.1	大臣为唬弄玉帝把一个三百六十天起名叫“过年”	【汉族】
W6611.5.0.2	“过年”之名源于王母娘娘	【汉族】

W 编码	母题描述	关联项
W6611.5.0.3	能人推算出三百六十天是春夏秋冬四季一循环，人们把一个循环算过一年	【汉族】
W6611.5.1	过春节	
W6611.5.1.1	春节是白节	【蒙古族】
W6611.5.1.2	春节叫过年	【汉族】
W6611.5.2	过大年	
W6611.5.3	过年关（年关）	【汉族】
W6611.5.4	过年节	【傈僳族】
W6611.5.4a	过年下（年下）	【汉族】
W6611.5.5	元朔	
W6611.5.6	三元	
W6611.5.7	三朝	【侗族】@［W6635.2］婴儿过三天（婴儿做三朝；打三朝）
W6611.5.8	三正	
W6611.5.9	正旦	
W6611.5.10	正朔	
W6611.6	过年的时间（春节的时间）	
W6611.6.0	过年时间的来历	【汉族】
W6611.6.0.1	特定人物规定过年时间	
W6611.6.0.2	以祖先的生日为年	
W6611.6.0.2.1	藏历的 11 月 13 日祭牦牛神的年，传说中嘉绒先祖“额尔冬爷爷”的生日	【藏族（嘉绒）】
W6611.6.1	十月年	
W6611.6.1.1	哈尼族十月年的来历	【关联】①

① ［W4659.2］十月年的来历；［W6941.9.1］十月历（火历）。

W 编码	母题描述	关联项
W6611.6.1.1.1	大鱼说了一条规矩：金黄谷子归仓的十月就是哈尼人过年的日子	【哈尼族】
W6611.6.1.2	苗族十月年	【苗族】
W6611.6.1.2.1	十月朔为大节	【苗族】
W6611.6.1.2.2	苗族每年古历十月逢卯过“苗年节”	【苗族】
W6611.6.1.3	彝族十月年	【彝族】
W6611.6.1.4	汉族十月年	【汉族】
W6611.6.1.5	十月一日过年	【羌族】
W6611.6.1a	十一月过年	
W6611.6.1a.1	农历十一月二十至三十日之间的属龙、蛇两日过年	【白族（勒墨）】
W6611.6.1a.2	吕喜人以十一月为岁首，十一月初一或十一日过年	【纳西族（摩梭）】
W6611.6.2	十二月年（十二个月过年）	
W6611.6.2.1	十二月二十四日为年	【爨蛮】
W6611.6.3	过年的其他时间	【关联】①
W6611.6.3.1	农历六月二十五至二十七日过大年	【彝族（撒尼）】@［W6627.52.2a.1］撒尼人每年农历六月二十五至二十七日是“火节”，又称过大年
W6611.6.3.2	腊月三十过年	【汉族】
W6611.6.3.2.1	十二月三十日敬神过年	【汉族】
W6611.6.3.2.2	大年三十日凌晨过年	【汉族】
W6611.6.3.2.3	农历十二月三十日下午过年	【汉族】
W6611.6.3.2a	十二月岁首过年	【壮族】
W6611.6.3.3	七月十四日过年（七月十四日拜年）	【瑶族】

① ［W6627.8.1.2］傣族六月（公历四月）泼水节是新年；［W6627.33.8.1.2］蒙古族八月的最后一天举行的“伟大的祭祀”，称之为新年祭礼。

W 编码	母题描述	关联项
W6611.6.3.4	秋天过年	
W6611.6.3.4.1	西布里亚特人旧时新年在秋日	【蒙古族】
W6611.6.3.5	特定属相的日子开始过新年	
W6611.6.3.5.1	鸡日初一起过新年	【藏族】
W6611.6.4	过年时间不确定	
W6611.6.4.1	在某段时间选定一天过年	
W6611.6.4.1.1	夏历腊月过年，具体时间由各村在这段时间里自己选定日期	【独龙族】
W6611.6.4a	同一个民族有不同过年时间	
W6611.6.4a.1	羌人一般以农历十月初一为年节，但各地具体日期不一	【羌族】
W6611.6.5	过年时间靠推算（过年时间靠特定人物确定）	
W6611.6.5.1	白族过年节比汉族春节一般早一个月左右，具体日期由村中懂得历法的老人推算	【白族（勒墨）】
W6611.6.5.2	十月过年的具体日子由毕摩择吉而定	【彝族】
W6611.6.6	过年的时长	
W6611.6.6.1	过年为期三天	【羌族】
W6611.6.6.2	过年从初一过到二十日	【汉族（客家人）】
W6611.6.6.3	过年五天	【汉族】
W6611.6.7	特定人物有特定的过年时间	［W6611.9.6.1.1］春天花开时为死人过年节日
W6611.6.7.1	皇帝冬至时过年	【彝族】
W6611.6.7.2	官吏冬至时过年	【彝族】
W6611.6.8	与过年时间有关的其他母题	［W6611.1.9.1］春节产生的时间
W6611.6.8.1	过年时间的更改	
W6611.6.8.1.1	根据迁徙时安家的早晚改变过小年时间	【汉族】

W 编码	母题描述	关联项
W6611.6.8.2	过年结束的时间（春节的结束）	
W6611.6.8.2.1	过破五之后标志着春节结束	【汉族】
W6611.7	过年的地点	
W6611.7.1	在家中过年	
W6611.7.2	在家外过年	
W6611.7.3	在公共场所过年	
W6611.7.4	天上过年	
W6611.7.4.1	天上过年时，后生吹芦笙，姑娘踩歌堂很热闹	【苗族】
W6611.8	年的类型	［W3599.2.1］年是吃人的怪物
W6611.8.1	大年	
W6611.8.2	小年	
W6611.8.2.1	六月六过小年	
W6611.8.2.1.1	六月六过小年是为了赶走瘟疫	【汉族】
W6611.8.2.2	正月三十到二月初一日过小年	
W6611.8.2.2.1	正月三十到二月初一日过小年时主要是祭祀祖先	【傈僳族】
W6611.8.2.3	与过小年有关的其他母题	【关联】①
W6611.9	与过年习俗有关的其他母题（与春节有关的其他母题）	
W6611.9.0	过年的名称	
W6611.9.0.1	过年又叫“年关”的来历	【汉族】
W6611.9.1	过年时祭祀特定物	
W6611.9.1.1	过年时祭神	
W6611.9.1.2	过年时祭祖	
W6611.9.1.2.1	春节初一到初三，每早都要给祖先敬献酒饭	【傈僳族】
W6611.9.1.3	过年时祭特定动植物	

① ［W6615.6.2］正月初六过小年；［W6626.3］腊月二十三日（小年；小年节；祭灶节；祀灶日）。

W 编码	母题描述	关联项
W6611.9.1.3.1	春节时须供五谷六畜灵位	【傈僳族】
W6611.9.1.3.1.1	过年时祭狗	【民族，关联】①
W6611.9.2	过年的禁忌（春节禁忌）	
W6611.9.2.1	过年忌特定行为	
W6611.9.2.1.1	过年忌生产（过年忌劳作）	
W6611.9.2.1.1.1	过年的初一至初三的三天内不出外背水	【羌族】
W6611.9.2.1.1.1.1	正月初一忌触动任何树木	【藏族（白马）】
W6611.9.2.1.1.2	春节忌男人去打猎	【鄂温克族】
W6611.9.2.1.1.3	春节忌女人做针线	
W6611.9.2.1.1.3.1	初一到初五女人拿针线会扎穿佛爷	【鄂温克族】
W6611.9.2.1.1.3.1a	过年初五前忌倒垃圾	【达斡尔族】
W6611.9.2.1.1.3.2	正月初二到十五忌妇女做针线	【锡伯族】
W6611.9.2.1.2	过年忌外出	
W6611.9.2.1.2.1	过年当天不出门	【羌族】
W6611.9.2.1.2.2	过年外出会影响收成	【羌族】
W6611.9.2.1.3	过年时忌清扫	
W6611.9.2.1.3.1	腊月二十九日晚至正月初三、四这段时间忌洗碗、扫地	【怒族】
W6611.9.2.1.3.2	过年初一至初五忌清除灰尘	
W6611.9.2.1.3.2.1	过年初一至初五清除灰尘会惊动蚕，有碍一年招财进宝	【汉族】
W6611.9.2.1.4	过年忌走访	
W6611.9.2.1.4.1	初一到初三忌到别家去，也不能去外村	【傈僳族】
W6611.9.2.2	过年忌特定事情	

① 【怒族】@［W6387.1.2.1］狗把自己的一部分寿命给了人，所以过年时人要敬狗；［W6612.2.1.4.1］正月十五祭狗和牛；［W6629.3.2.4.1.1］每逢三节（新米节、新年、老年）要先以最好饭菜饲狗，然后自食。

W 编码	母题描述	关联项
W6611.9.2.2.1	春节时忌借还钱	【怒族】
W6611.9.2.2.1.1	过年前要清账	【羌族】
W6611.9.2.2.2	过年忌在外不归（过年为什么要回家）	【羌族】@［W6610.2.9.2.1］除夕归家是为了祛病
W6611.9.2.2.2.1	过年如果人不在家，象征着祭祖先时也将他祭在里面，不吉利	【傈僳族】
W6611.9.2.2.3	春节忌晚起	
W6611.9.2.2.3.1	三十晚上忌早睡，正月初一忌晚起	【怒族】
W6611.9.2.2.3.1.1	年初一忌懒觉	【达斡尔族】
W6611.9.2.2.4	春节时忌泼水	
W6611.9.2.2.4.1	春节期间忌在门背后泼水	【怒族】
W6611.9.2.2.4.2	正月初一不倒水，洗脸刷锅的水也到第二天再倒	【汉族】
W6611.9.2.2.4.3	正月初一不泼水源于让治水的申公豹歇息	【汉族】
W6611.9.2.2.5	过年时忌私物放别家	【达斡尔族】
W6611.9.2.3	过年忌不良天气	
W6611.9.2.3.1	过年（春节）时，无论大人小孩儿都非常关心正月前十天天气的好坏	【汉族】
W6611.9.3	过年要善待众物	
W6611.9.3.1	过年时让牲畜自由行动	【羌族】
W6611.9.3.2	过年时给牲畜改善饮食	
W6611.9.3.2.1	过年喂牛白面	【羌族】
W6611.9.4	过年要保证物品充足（过年要保证好征兆）	
W6611.9.4.1	过年时要保持火源	【羌族】
W6611.9.5	过年时行为与平常相反	
W6611.9.5.1	过年时的尊者	

W 编码	母题描述	关联项
W6611.9.5.1.1	过年吃酒肉馍时，年龄小者为尊	【羌族】
W6611.9.6	特定人物过年	［W6611.6.7］特定人物有特定的过年时间
W6611.9.6.1	死人过年	
W6611.9.6.1.1	春天花开时为死人过年节日	【藏族（白马）】
W6611.9.7	年的身份（年的特征）	
W6611.9.7.1	年是猛兽（年是怪兽）	【汉族】
W6611.9.7.1.1	藏语中“年”指羱羊，一种似羊的野牲	【藏族】
W6611.9.7.2	年是山神的称谓	【藏族】
W6611.9.7.3	年姑娘	
W6611.9.7.3.1	永生不死的嘎姒年姑娘穿白衣裳	【哈尼族】
W6611.9.8	过年的特征（过年的含义；过年的意义）	
W6611.9.8.1	年是恐怖的象征	【藏族】
W6611.9.8.2	过年很恐怖	【汉族】
W6611.9.8.3	过年是为女娲造出的动植物庆贺生日	【汉族】
W6611.9.8.4	过年喜红	
W6611.9.8.4.1	过年贴红纸、挂红灯、穿红衣服是为了吓跑怕红色的“年”	【汉族】
W6611.9.8.5	过年是团聚的时刻	
W6611.9.8.5.1	有钱没钱，团聚过年	【汉族】
W6611.9.9	过年的其他情形	
W6611.9.9.1	过年习俗的变化	
W6611.9.9.1.1	过年觉得门框上抹鸡血不好看，就改成贴红对联	【汉族】
W6611.9.9.1.2	过年时门口烧一堆火不方便，就改成挂红灯笼	【汉族】

W 编码	母题描述	关联项
W6611.9.9.1.3	过年时敲铜盆不好听，改成敲锣打鼓放鞭炮	【汉族】
W6611.9.9.2	天上的财神爷到过年时推一车财宝到凡间散财	【汉族】
W6611.9.9.3	过年时门外横放一根棍子	［W6610.2.9.9.6.1］除夕晚上，各家各户的门口都横放一条棍子，棍的两头担在门墩上
W6611.9.9.3.1	过年时门外横放一根棍子源于防缺德赖皮申公豹潜入民房	【汉族】
W6612	**元宵节（上元节；过正月十五）**①	【汉族】
W6612.1	元宵节的产生（元宵节的来历）	
W6612.1.1	元宵节产生的原因	
W6612.1.1.1	元宵节是为了纪念上元天官的生日	【汉族】
W6612.1.2	元宵节产生的时间	
W6612.1.2.1	正月十五元宵节源于汉朝	【汉族】
W6612.1.3	元宵节产生的地点	
W6612.2	元宵节的内容（正月十五的活动；元宵节的情形）	
W6612.2.0	元宵节的内容的产生	
W6612.2.0.1	特定人物规定元宵节活动形式	
W6612.2.0.1.1	汉武帝下旨每年正月十五、十六做汤圆、挂彩灯、放焰火	【汉族】
W6612.2.1	元宵节祭祀（正月十五的祭祀）	
W6612.2.1.1	元宵节祭神（正月十五祭神）	
W6612.2.1.1.1	正月十五祭灶神（正月半接灶君）	【汉族】
W6612.2.1.1.2	正月十五晚上先拜保护神莫一大王	【壮族】

① 元宵节，又称作“上元节”“春灯节”“灯节”“小正月”“元夕”等。

W 编码	母题描述	关联项
W6612.2.1.1.3	正月十五祭厕所神紫姑	【汉族】
W6612.2.1.1.3.1	正月望前后夜，妇女束草人以马粪祭姑娘	【汉族】
W6612.2.1.1.4	正月十五祭厕蚕神	【汉族】
W6612.2.1.1.5	正月十五祭火神炎帝	【汉族】
W6612.2.1.1.6	正月十五祭猪神	【汉族】
W6612.2.1.2	元宵节祭神性人物（正月十五祭神性人物）	【民族，关联】①
W6612.2.1.2.1	正月十五祭盘古	【汉族等】@［W6496.1.2.2.1.2］农历正月十五祭盘古
W6612.2.1.2.2	正月十五少女缅怀心地善良的三姑娘	【汉族】
W6612.2.1.3	元宵节祭特定的人（正月十五祭特定的人）	
W6612.2.1.4	元宵节祭动物（正月十五祭动物）	
W6612.2.1.4.1	正月十五祭狗和牛	［W6629.3.2.4.1.1］每逢三节（新米节、新年、老年）要先以最好饭菜饲狗，然后自食
W6612.2.1.4.1.1	各户正月十五日祭狗和耕牛以报答它们看家和劳动生产之苦	【傈僳族】
W6612.2.1.5	正月十五迎神	［W6495.0.5.13.1a.5.2］正月十五迎女娲神
W6612.2.1.5.1	正月十五迎紫姑	【汉族】
W6612.2.1.6	正月十五祭月	【鄂温克族】【蒙古族】@［W6622.4.2.2］八月十五祭月亮（中秋祭月；八月十五祭月姐）
W6612.2.2	元宵节舞灯（正月十五挂灯）	
W6612.2.2.1	元宵节舞龙灯的来历	【汉族】

① 【汉族】@［W6496.7.2.3.0a］长治地区正月十五祭炎帝；［W6496.8a.2.1］正月十五祭祀尧。

W 编码	母题描述	关联项
W6612.2.2.2	元宵节闹花灯的来历	
W6612.2.2.2.1	元宵节闹花灯是为了迷惑想放火烧人间的天神	【汉族】@［W6628.1.1.6.1］为骗过天神火烧人间燃火把形成火把节
W6612.2.2.2.1.1	元宵节闹花灯是为了欺骗天神	【汉族】
W6612.2.2.2.2	正月十五扎花灯为的是给娲娘照明	【汉族】
W6612.2.2.3	元宵节灯会	【汉族】
W6612.2.2.4	元宵节灯谜	
W6612.2.2.5	正月十五晚上家家点面灯	【汉族】
W6612.2.3	元宵节娱乐（正月十五晚上的活动）	
W6612.2.3.0	元宵节举办多种娱乐	
W6612.2.3.0.1	正月十四、十五、十六晚上家家户户点灯笼，放爆竹，升焰火，以免玉帝降灾	【汉族】
W6612.2.3.1	正月十五歌唱	
W6612.2.3.1.1	正月十五与月神对歌	【壮族】
W6612.2.3.2	正月十五闹红火	
W6612.2.3.2.1	正月十五闹红火办故事耍龙灯舞	【汉族】
W6612.2.3.2a	正月十五闹社火	【汉族】
W6612.2.3.2b	正月十五玩火把	【汉族】
W6612.2.3.3	正月十五晚上舞狮舞龙	【壮族】
W6612.2.3.3.1	人们用草木做成龙的样子来舞，舞到十五晚上才把它烧掉	【汉族】
W6612.2.3.4	正月十五闹花灯（正月十五点花灯）	【汉族】
W6612.2.3.4.1	正月十五点花灯源于孙悟空密告人燃灯避难	【汉族】

W 编码	母题描述	关联项
W6612.2.3.4.2	正月十五闹花灯源于正月十五沙僧逗狮子精	【汉族】
W6612.2.3.4a	正月十五燃红灯	【汉族】
W6612.2.3.4b	正月十五挂龙灯	
W6612.2.3.4b.1	正月十五挂龙灯是纪念小龙的生日	【汉族】
W6612.2.3.4c	正月十五挂灯是为纪念东方朔	【汉族】
W6612.2.3.5	正月十五打铁花	【汉族】
W6612.2.3.6	正月十五划旱船	【汉族】
W6612.2.3.7	正月十五舞狮子	【汉族】
W6612.2.3.8	正月十五踩高跷	【汉族】
W6612.2.3.9	正月十五的其他娱乐活动	
W6612.2.3.9.1	正月十五放花炮	【汉族】@［W6612.5.3.1］正月十五挂灯放花炮是为了躲避玉皇大帝的惩罚
W6612.2.3.9.2	闹元宵要敲锣打鼓	
W6612.2.3.9.2.1	正月半敲锣打鼓是为了吓跑吃人的飞禽走兽	【汉族】
W6612.2.4	正月十五占卜	
W6612.2.4.1	正月十五“迎笊篱姑姑”等向笊篱姑娘问卜，占一年收成或妇女闺事	【满族】
W6612.2.5	正月十五祈愿（正月十五祈福）	
W6612.2.5.1	正月十五晚“走三桥”求吉祥	【中华民族】
W6612.2.6	正月十五日驱鬼（正月十五驱妖魔；正月十五驱邪）	【藏族（白马）】
W6612.2.6.1	正月十五赶毛狗	【土家族】
W6612.2.6.1a	正月十五晚上燃火后高喊“赶毛九”	【土家族】
W6612.2.6.2	正月十五晚上最后要扫火星	【彝族】

W 编码	母题描述	关联项
W6612.2.7	元宵节举行文艺活动	【汉族】
W6612.2.8	正月十五接丈人	
W6612.2.8.1	正月十五，不管是新女婿老女婿都要把丈人丈母接到家来吃馄饨	【汉族】
W6612.3	元宵节的饮食（正月十五的饮食）	
W6612.3.1	元宵节为什么吃元宵	【汉族】
W6612.3.2	正月十五做面偶	
W6612.3.2.1	正月十五蒸面羊	【汉族】
W6612.3.3	正月半吃“贺年羹”	【汉族】
W6612.4	正月十五是特定节日	
W6612.4.1	正月十五是白族未婚女子的“青姑娘”节	
W6612.4.1.1	正月十五未婚女子的“青姑娘”节纪念青姑娘	【白族】
W6612.5	正月十五是综合节日（正月十五开展综合活动）	
W6612.5.1	正月十五闹社火、顶五谷灯、烧谷草、祭炎帝火神，打铁花、蒸面羊、蒸年羔等等	【汉族】@［W6496.7］祭炎帝
W6612.5.2	正月十五白天要社火包括鼓乐、划旱船、舞狮子、踩高跷等	【汉族】
W6612.5.3	正月十五挂灯放花炮	
W6612.5.3.1	正月十五挂灯放花炮是为了躲避玉皇大帝的惩罚	【汉族】
W6612.6	正月十五的其他事象	
W6612.6.1	正月十五晚上火神要焚烧人间惩罚鸡、狗	【汉族】
W6612.6.2	正月十五晚上老虎要到农户家跳老虎笙	【彝族】
W6612.7	元宵节的禁忌（正月十五禁忌）	

W 编码	母题描述	关联项
W6612.7.1	正月十五禁虫	【瑶族（排瑶）】
W6612.8	与元宵节有关的其他母题（与正月十五有关的其他母题）	［W6615.14.1］正月十四晚上拜诸神
W6612.8.1	元宵节的名称	
W6612.8.1.1	元宵节名称源于元宵姑娘教百姓做汤圆	【汉族】
W6612.8.1.2	元宵节名称源于汉文帝此日微服出宫与民同乐	【汉族】
W6612.8.2	元宵节的时长（元宵节的时间）	
W6612.8.2.1	正月十四到十六放烟火	【汉族】
W6612.8.3	正月十五过“小年”	［W6626.3］腊月二十三日（小年；小年节；祭灶节；祀灶日）
W6612.8.3.1	正月十五、十六这两天，黄河沿岸的人吃饺子、元宵，叫过“小年”	【中华民族】
W6613	**端午节（五月五；五月初五；端阳节）**①	
W6613.1	端午节的来历（端午节的产生；端午节的功能）	
W6613.1.1	端午节源于纪念特定的人物	
W6613.1.1.1	端午节是为了纪念屈原	【汉族】【满族】
W6613.1.1.2	端午节是为了纪念伍子胥	【汉族】

① 端午节，在此以“端午节”为代表性案例，对神话（含传说）中关于节日的叙事母题做一个较为全面的梳理。端午节一般为每年农历五月初五，流行于我国和周边一些汉字圈国家。“端午”有许多不同的别称，如端阳节、端五节、重五节、重午节、天中节、五月节、夏节、菖节、蒲节、龙舟节、浴兰节、午日节、女儿节、灯节、五蛋节、地腊节、龙日、午日、屈原纪念日、伍子胥纪念日、曹娥纪念日等等。有些地方的端午节又有大端午与小端午之分，小端午为农历五月初五，大端午为农历五月十五，还有的把五月二十五也列入端午，称之为“末端阳”。不同的地区对端午节的解释和内容往往有所不同，并且各地在该日的食俗和举行的活动也不尽统一，主要有吃粽子、插艾草、挂菖蒲、熏苍术、喝雄黄酒、赛龙舟、舞狮等。关于此节日的母题编目主要划分为：端午节的来历、端午节的时间、端午节饮食、端午节的主要活动、端午节事象的文化解释以及其他与端午节有关的母题等。通过这些母题可以对不同地区和民族的端午节进行比较，发现更多的区域性文化传统和民俗文化内涵。

W 编码	母题描述	关联项
W6613.1.1.3	端午节是为了纪念曹娥	【汉族】
W6613.1.1.4	端午节是为了纪念大禹开山造河有功	【汉族】
W6613.1.1.5	五月五是为了祭祀一位慈善的阿妈形成的	【藏族】
W6613.1.1.6	五月初五盘古诞辰日举行集体祭祀活动	【壮族】
W6613.1.2	端午节源于特定的祭祀	
W6613.1.2.1	端午节源于祭龙	【汉族】
W6613.1.2.2	端午节源于祭母	【汉族】
W6613.1.2.3	端午节是为了祭祀这一天跳河的母人熊形成的	【汉族】
W6613.1.3	端午节是特定人物的规定	
W6613.1.4	端午节源于特定事件（端午节是为了纪念特定事件）	
W6613.1.4.1	端午节源于模仿特定事件	
W6613.1.4.1.1	端午节是人们模仿海瑞祭母	【汉族】
W6613.1.4.2	端午节是为了纪念黄巢起义军胜利和一位贤惠、善良的妇女救百姓	【汉族】
W6613.1.4.3	端午源于嫦娥五月五日升天到月宫往下撒药	【汉族】
W6613.1.4.4 *	五月五日端午节最早似与介之推的传说一起搭配	【中华民族】@［W6616.3.1.2］寒食节是为纪念两千年前晋国的介之推
W6613.1.5	端午节是特定的节日	
W6613.1.5.1	端午是药王节	【彝族】@［W6619.2.1］五月初五药王节
W6613.1.6	端午节解瘟疫	【关联】@［W6613.3.4 端午节插艾草是为了避瘟疫
W6613.1.6.1	满族过端阳节是为了解瘟疫	【满族】

W 编码	母题描述	关联项
W6613.2	端午节包粽子	【汉族】
W6613.2.1	端午节包粽子是为了保护特定的人物	【汉族】
W6613.2.1.1	端午节包粽子是为了用粽子向河神赎回屈原的尸体	【汉族】
W6613.2.2	端午照着怪物精的胆做粽子	
W6613.2.2.1	端午照着怪物精的胆做粽子源于大禹除妖	【汉族】
W6613.3	端午节插艾草的来历（五月五熏艾草）①	【关联】②
W6613.3.1	端午节插艾草是其他大人物的安排	
W6613.3.1.1	端午节插艾草是观音菩萨的安排	【彝族】
W6613.3.2	端午节插艾草可以逢凶化吉（端午插艾草避害驱邪）	【汉族】@［W6613.5.2.1］大仙吕洞宾告诉人五月初五摘个葫芦挂在门上可遇难成祥逢凶化吉
W6613.3.2.1	五月初五熏艾驱邪	【壮族】
W6613.3.2.2	五月端午门前插上把艾可防长虫精	【汉族】
W6613.3.2.3	端午节家门前插一束艾草能逢凶化吉	【汉族】
W6613.3.3	端午节插艾草是避免被杀的标记	
W6613.3.3.1	端午插艾蒿是战乱时避免被杀的标记	【汉族】【土家族】
W6613.3.3.1.1	端午插艾蒿、艾叶源于黄巢进城时避免被杀的标记	【汉族】【土家族】
W6613.3.3.1.2	端午门口挂艾蒿源于李自成进城时避免被杀的标记	【汉族】【土家族】

① 端午节插艾草的来历（五月五熏艾草），不同地区端午节关于“艾草”的说法不一，有的说“采艾草”，有的说是插艾蒿，还有的地方通过点燃艾草驱邪。

② ［W6557.1］因神农五月初五上山采药延续成俗；［W6578.1.3.1］五月初五上山采艾草习俗的来历。

W 编码	母题描述	关联项
W6613.3.3.2	五月初五插艾蒿是为了纪念防北兵的事件	【汉族】
W6613.3.4	端午节插艾草是为了避瘟疫	
W6613.3.4.1	端午节插艾草是张天师让人驱邪避瘟的标记	【汉族】
W6613.3.4.2	端午节插艾草是为了防瘟病（瘟药）	【汉族】
W6613.3.4.2.1	神仙告诉善良的女子五月初五插艾草防瘟病	【汉族】
W6613.3.5	端午节插艾草可以避免雷劈	【满族】
W6613.3.6	端午插艾草是为了蒙骗天神	
W6613.3.6.1	端午插艾草是为了蒙骗想放火毁灭人间的天神	【汉族】
W6613.3.7	端午节插艾草是为了驱蚊蝇	【汉族】
W6613.3.8	端午节插艾草的其他原因	
W6613.3.8.1	端午节插艾草是为了纪念带人避难的善良妇女	【汉族】
W6613.3.8.2	百姓为了纪念祝英台端午节家家门上都插艾	【汉族】
W6613.3.8.3	端午节插艾草以象征平安吉利	【汉族】
W6613.3.9	与端午节插艾蒿有关的其他母题	
W6613.3.9.1	端午节插艾的时间	
W6613.3.9.1.1	阴历五月初五，家家户户要赶在太阳出山之前插艾蒿	【汉族】
W6613.3.9.1.2	端阳节这天，要在太阳没出来之前采艾插艾才大吉大利、免灾去祸	【汉族】
W6613.3.9.2	端午节插艾的地点	
W6613.3.9.2.1	阴历五月初五，家家户户要在自家房檐上插上艾蒿	【汉族】
W6613.3.9.3	端午插艾的方法	

W 编码	母题描述	关联项
W6613. 3. 9. 3. 1	端午节在屋檐下挂艾蒿，在耳朵上插艾叶	【汉族】
W6613. 3. 9. 3. 2	五月初五在大门两边各挂上一把艾蒿草	【土家族】
W6613. 3. 9. 3. 3	端午节采艾蒿塞耳朵	【达斡尔族】
W6613. 3. 9. 3. 4	端午节插艾要用香盘	【汉族】
W6613. 4	端午节插菖蒲	
W6613. 4. 1	端午节插菖蒲是为了避战乱	【汉族】
W6613. 4. 1. 1	五月初五家家户户挂菖蒲源于以前此日张献忠部下进村时见到挂菖蒲的人家就不杀	【汉族】
W6613. 4. 1a	端午节把菖蒲作剑挂在门口用来避邪驱鬼	【汉族】
W6613. 4. 1a. 1	端阳节家家户户门楣上要挂菖蒲以避邪	【汉族】
W6613. 4. 1a. 2	端阳千家万户都用菖蒲降妖伏魔避邪消灾源于魏征用菖蒲化利剑斩恶龙	【汉族】
W6613. 4. 1b	端午节挂菖蒲能祛病消灾，以正压邪	【汉族】
W6613. 4. 2	端午节插菖蒲可以交好运	【汉族】
W6613. 4. 3	端午节在屋檐下插菖蒲当宝剑	
W6613. 4. 3. 1	端午节在屋檐下插菖蒲当宝剑辟邪	【汉族】
W6613. 4. 4	端午节插菖蒲源于特定事件	
W6613. 4. 4. 1	端午节插菖蒲源于魏征拔菖蒲作剑斩老龙	【汉族】
W6613. 4. 4. 2	端午节挂菖蒲源于黄巢此日攻城时告诉人挂菖蒲消灾免祸	【汉族】
W6613. 4. 4. 3	端午在门口上挂一束菖蒲以怀念黄巢	【汉族】

W 编码	母题描述	关联项
W6613.4.5	端午节在门上挂菖蒲，也叫菖蒲剑	【汉族】
W6613.5	端午节插其他特定植物	
W6613.5.0	端午节插多种植物	
W6613.5.0.1	端午节家家把石菖蒲、大蒜头、艾蓬和桃树枝扎在一起挂在大门口	【汉族】
W6613.5.0.2	端午节家家户户门前挂菖蒲和艾草	
W6613.5.0.2.1	端午节家家户户门前挂着菖蒲和艾草源于纪念一对夫妻的许诺	【汉族】
W6613.5.0.2.2	端午节采菖蒲和艾叶，代替剑和旗子插在自家的门框上	【汉族】
W6613.5.0.2.3	端午时每家每户在门上挂些菖蒲、陈艾，祛怪物精的邪气	【汉族】
W6613.5.1	端午节插柳枝	【汉族】
W6613.5.1.1	五月五日端午节，人们在自家门口插上柳枝以示喜庆	【汉族】
W6613.5.1.2	五月端午人们在门楣上插柳枝以避灾祈福	【汉族】
W6613.5.2	端午节挂葫芦	【汉族】
W6613.5.2.1	大仙吕洞宾告诉人五月初五摘个葫芦挂在门上可遇难成祥逢凶化吉	【汉族】
W6613.5.2.2	北方农村端午节家家门上都要挂一个纸做的小葫芦	【汉族】
W6613.5.2.2.1	端午节家家门上都要挂一个纸做的小葫芦源于吕洞宾卖油的故事	【汉族】
W6613.5.3	端午节插葛藤	【瑶族】
W6613.5.4	端午节插石榴花	【汉族】
W6613.5.5	端午节插蒜头	

W 编码	母题描述	关联项
W6613.5.5.1	端午节在屋檐下插蒜头当榔头	【汉族】
W6613.5a	端午节在其他地方插其他特定物	
W6613.5a.1	端午节贴钟馗像	
W6613.5a.2	端午节在堂屋二槽上贴天神杀鬼符	【汉族】
W6613.6	端午节特定佩戴物	
W6613.6.1	端午节戴香包	【汉族】
W6613.6.1.1	端午时用艾叶、桃叶和中药白芷、辛夷、香附等缝制成各种香包	【汉族】
W6613.6.1.2	端午时香包挂在脖子和手腕上以避瘟驱邪	【汉族】
W6613.6.2	端午节佩戴菱角	
W6613.6.3	端午节特定人物佩戴特定物	
W6613.6.3.1	端午节 12 岁以下孩子颈部、手脖、脚脖要戴五色线，带香布袋	【汉族】@［W6627.36.8.2］纳西族五月初五日在房前屋后泼洒灶灰，清晨取冷水洗澡，手上系五色线箍，头上戴菖蒲和艾蒿枝叶，门口插菖蒲和艾蒿枝叶
W6613.6.3.2	端阳节前一天晚上，在小孩们的手脖、脚脖、脖子上套上象征龙筋的五色线合成的绳子，以示毒龙的惩罚	【汉族】
W6613.6.3.3	端午节用各色花布做香布袋，装上香料和各种香草叶给小孩戴在胸前，以象征屈原精神流芳百代	【汉族】
W6613.6.3.4	端午节小孩系绒线	【汉族】
W6613.7	端午节特定的活动（端午节的仪式）	
W6613.7.0	端午节祭祀	端午节祭神

W 编码	母题描述	关联项
W6613.7.0.1	端午节祭娘娘神	
W6613.7.0.1.1	端午节给娘娘神点灯、献祭糕点	【鄂温克族】
W6613.7.0.2	端午节祭牲畜神	【鄂温克族】
W6613.7.1.1	端午节祭龙（端阳节祭龙）	【民族，关联】①
W6613.7.1.1.1	端午祭神龙	【达斡尔族】
W6613.7.1.2	端午节到特定地方祭特定的神	
W6613.7.1.2.1	端阳节到螺峰山庙内祭献水草大王和五谷娘娘	【白族】
W6613.7.1.3	端午节祭特定人物	
W6613.7.1.3.1	五月初五祭盘古	
W6613.7.1.3.1.1	农历五月初五祭拜盘古祈求除虫保丰收	【汉族】
W6613.7.1.3.2	端午节祭屈原	【汉族】
W6613.7.1.3.2.1	端午以竹筒贮米祭屈原	【中华民族】
W6613.7.1.3.2.2	端午楚人用筒粽祭屈原	【中华民族】
W6613.7.1.3.2.3	端午节时，人们砍竹子装满糯米投进汨罗江中祭屈原，以防鱼龟虾蟹吃掉屈原的躯体	【汉族】
W6613.7.1.3.2.4	端午用五彩粽祭屈原	
W6613.7.1.3.2.4.1	祭屈原粽子带五色丝及楝叶	【中华民族】
W6613.7.1.3.2.5	端午节时，把粽子、鸡蛋等食物扔到河里喂鱼虾以纪念屈原	【汉族】
W6613.7.1.3.2.6	端午节时，采江边的树叶和草叶投进江里，以卫护屈原尸身不受鱼虾毒虫的侵害	【汉族】
W6613.7.1.3.3	端午节祭关帝	
W6613.7.1.3.3.1	农历五月初五，由屯众杀猪共同祭祀关帝庙	【达斡尔族】

① 【彝族（给尼）】@［W6622.3.1］八月初八祭龙；［W6627.5.1.1.1］布依族三月三祭龙神；［W6627.52.6.1］彝族阿细人二月二密枝节（彝族二月二祭龙）；［W6627.55.1.1］壮族三月三歌节（壮族三月三祭龙节）。

W 编码	母题描述	关联项
W6613.7.1.3.4	端午祭蚩尤	
W6613.7.1.3.4.1	端午祈求蚩尤除百病	【中华民族】
W6613.7.2	端午节竞技	【关联】①
W6613.7.2.1	端午比射箭	【汉族】
W6613.7.3	端午节赛龙舟（端午节划龙舟；端阳节赛龙船）	［W6217.3.6］龙船
W6613.7.3.1	端午划龙舟是为了纪念泾河老龙	【汉族】
W6613.7.3.1a	端阳节赛龙船是对屈原的怀念，也是对为打捞屈原而死在江里的人的纪念	【汉族】
W6613.7.3.2	端午划龙舟为为了纪念斗恶龙	【苗族】
W6613.7.3.3	端午节划龙舟是为了震慑精怪	【羌族】@［W6627.39.1.1］羌族端午节划龙舟
W6613.7.3.4	端午龙舟竞渡	【中华民族】
W6613.7.3.4.1 *	端午龙舟竞渡与祭祀水神、祈雨求丰、厌胜水怪、招魂拯灵以及“送瘟神”“替罪羊”之礼等有关	【中华民族】
W6613.7.3.4.2	端午龙舟纪念屈原	【中华民族】
W6613.7.3.4.2a	端午竞渡之戏纪念屈原	【中华民族】
W6613.7.3.4.3	赛龙舟各地时间不一	【中华民族】
W6613.7.3.4.4	端阳节把龙船推下水，敲锣打鼓，摇旗呐喊，开展划龙舟竞赛	【汉族】
W6613.7.3.4.5	端午放龙船源于纪念大禹	【汉族】
W6613.7.4	端午节洗浴（五月五洗澡）	
W6613.7.4.0	端午节洗浴的来历	
W6613.7.4.0.1	因嫦娥升天往下撒药治百病，所以每年的五月初五早上人们要到河里洗澡	【汉族】
W6613.7.4.1	端午节洗药泉	【达斡尔族】

① ［W6613.7.3］端午节赛龙舟（端午节划龙舟；端阳节赛龙船）；［W9620］竞赛（比赛）。

W 编码	母题描述	关联项
W6613.7.4.2	端午节百草水洗浴	【汉族】
W6613.7.4.3	五月初五早晨到河里洗脸	
W6613.7.4.3.1	五月端午早晨到河里洗脸后不生毒疝	【汉族】
W6613.7.4.4	五月五日早上要到河里洗澡	【汉族】
W6613.7.4.5	端阳节早上，用各种果叶和草叶泡水洗脸，以使孩子们耳聪目明，不害眼病	【汉族】
W6613.7.4.6	端午节早起到江河沐浴或以露水擦脸，身体健康不得病	【达斡尔族】
W6613.7.5	端午节向水中丢物	
W6613.7.5.1	端午节向水里撒粽子是为了保护屈原的尸体免被鱼吃	【汉族】
W6613.7.5.2	端午节向水里丢包子是为了保护屈原的尸体免被鱼吃	【汉族】
W6613.7.6	端午节贴符	
W6613.7.6.1	端午节贴鬼符的来历	【汉族】
W6613.7.6.2	端午节贴五毒符的来历	【汉族】
W6613.7.7	端午节美体	
W6613.7.7.1	端午节包手指盖	【汉族】
W6613.7.8	端午磨秋	
W6613.7.8.1	端午磨秋是为了纪念找日月的兄妹	【哈尼族】
W6613.7.9	端午其他特定的活动	
W6613.7.9.1	端午跳钟馗	【汉族】
W6613.7.9.2	端午节采药	【汉族】@［W6557.1］因神农五月初五上山采药延续成俗
W6613.7.9.2.1	因嫦娥升天往下撒药治百病，所以每年的五月初五早上人们到田里采药	【汉族】

W 编码	母题描述	关联项
W6613.7.9.2.2	五月五日早上到田里采药	【汉族】
W6613.7.9.2.3	五月初五采的药特别灵	【汉族】
W6613.7.9.3	端午节置放雄黄酒	
W6613.7.9.3.1	端午节在屋前屋后、床上床下洒雄黄酒可防备蛇精来害人	【土家族】
W6613.7.9.4	五月端午打鬼	
W6613.7.9.4.1	农历五月端午重阳节时彝族村寨要请毕摩打“阿克拉斯”鬼	【彝族】
W6613.7.9.4a	端午送瘟神	[W6613.7.3.4.1*] 端午龙舟竞渡与祭祀水神、祈雨求丰、厌胜水怪、招魂拯灵以及“送瘟神”“替罪羊”之礼等有关
W6613.7.9.4a.1	五月五日，以纸船明烛恭送瘟神以求免除灾患	【汉族】
W6613.7.9.5	端午造特定物	
W6613.7.9.5.1	端午造宝剑	
W6613.7.9.5.1.1	端午节将桃树枝削成桃树宝剑	【汉族】
W6613.7.9.6	端午传歌	
W6613.7.9.6.1	端午传歌仪式来祭拜、歌颂三姐，祈求太平	【羌族】
W6613.7.9.7	端午护理耳目	
W6613.7.9.7.1	端午清酒以菖蒲，插门以艾，涂耳鼻以雄异，目避虫毒	【中华民族】
W6613.7.9.8	端午节活动的其他情形	
W6613.7.9.8.1	端午节用铜镜取新火	【中华民族】
W6613.8	端午节特定的饮食	
W6613.8.0	端午节有多种饮食	
W6613.8.0.1	五月初五端阳节家家吃粽子、鸡蛋、油条、大蒜等，成年男子饮雄黄酒	【汉族】

W 编码	母题描述	关联项
W6613.8.0.1.1	端午节吃粽子、喝雄黄酒	【汉族】
W6613.8.0.1.2	端午节插艾蒿，戴香包，吃油糕、鸡蛋	【汉族】
W6613.8.1	端午节吃粽子（端午节吃粽粑；端午节包粽子）	【汉族】【苗族】
W6613.8.1.1	端午节吃粽子，休息一天	【傈僳族】
W6613.8.1.2	端午包粽子是为了恐吓龙	【哈尼族】
W6613.8.1.3	端午吃粽子纪念屈原	【汉族】
W6613.8.2	端午节喝雄黄酒	【汉族】
W6613.8.2.1	端午节喝雄黄酒可防蛇精	【土家族】
W6613.8.2.2	五月五日饮菖蒲雄黄酒	
W6613.8.2.2.1	五月五日午时饮菖蒲雄黄酒以禁除百病，辟远百虫	【中华民族】
W6613.8.3	端午吃“五黄”①	
W6613.8.4	端午节吃“五毒饼”②	
W6613.8.5	端午煮鸡蛋（端阳节吃鸡蛋）	【汉族】
W6613.8.5.1	小孩吃艾煮的端午蛋能防治百病	【汉族】
W6613.8.5.2	端阳节早饭时各家各户要吃象征龙蛋的煮鸡蛋，以示对曾经伤害屈原尸身的龙的惩罚	【汉族】
W6613.8.5.3	端午时把鸡蛋投到江里防止水妖水怪伤害屈原	【汉族】
W6613.8.6	端午烹鹜角黍	【汉族】
W6613.9	端午节禁忌（端午禁忌）	［W6536.1］节日禁忌（年节禁忌；节日的禁忌）
W6613.9.1	端午忌打井水	【汉族】
W6613.9.2	五月五日忌生火	
W6613.9.2.1	晋文公为纪念介之绥令民五月五日不得举发火	【中华民族】

① 五黄，指黄瓜、黄鳝、黄鱼、咸鸭蛋黄、雄黄酒。

② 五毒饼，指一种印有蝎子、蛤蟆、蜘蛛、蜈蚣、蛇图案的饼。

W 编码	母题描述	关联项
W6613.9.2.1a	晋文公为纪念介之推抱木而烧死，令民五月五日不生火	【汉族】
W6613.10	与端午节有关的其他母题	［W6619.2.1］五月初五药王节
W6613.10.0	端午节的特征（端午节的性质）	
W6613.10.0.1 *	端午节是一个有关水、龙，以及辟虫、解毒、禳祓的季节仪式	【中华民族】
W6613.10.0.2	端午节是特定群体的节日	
W6613.10.0.2.1	端午节是女人的节日	【羌族】
W6613.10.0.3	端阳节是妖魔鬼怪、五毒百虫出头的日子	【汉族】
W6613.10.0.4	端午是五毒的忌日	【汉族】
W6613.10.1	端午节名称	
W6613.10.1.1	端午名称的来历	
W6613.10.1.1.1	因“躲五”音变形成端午的名称	【汉族】
W6613.10.1.2	五月五端午节又称端阳节	【彝族（给尼）】
W6613.10.1.3	五月初五又被称为午日，故又叫做端午节或端阳节	【汉族】
W6613.10.1.4 *	以五月五日为午节，盖午、五相通之误	【中华民族】
W6613.10.1.5 *	端“五”一名，大约在此时魏晋代替较古的端“午”	【中华民族】
W6613.10.1.6	端午节又称五月单五	【汉族】
W6613.10.1.7	五月五日又称天中之节	【中华民族】
W6613.10.2	端午节特定的时间（过端午的时间）	
W6613.10.2.1	五月初四过端午	
W6613.10.2.1.1	五月初四过端午的来历	【汉族】【畲族】
W6613.10.2.2	五月初六过端午	
W6613.10.2.2.1	五月初六过端午的来历	

W 编码	母题描述	关联项
W6613.10.2.2.1.1	地位低下的人要五月初六过端午	【汉族】
W6613.10.2.3	五月二十日为端节	【苗族】
W6613.10.2.4	古时端午亦用五月内第一午日	【中华民族】
W6613.10.2.4.1 *	自先秦至两汉，五月节期日子年年不同，随干支记日而定在第一个午日	【中华民族】
W6613.10.2.4a *	五月之午日谓之端午	【中华民族】
W6613.10.2.5 *	文人好古，凡月之五日，皆呼为端午	【中华民族】
W6613.10.3	过端午的特殊形式（过端午的过法）	
W6613.10.3.1	水族分批过端午	【水族】
W6613.10.3.2	端午节成为妇女们的节日	
W6613.10.3.2.1	端午节时妇女载歌载舞，尽情玩耍，男人则贴心服务	【羌族】
W6613.10.4	端午节的征兆	
W6613.10.4.1	端午节下雨不吉利	【汉族】@［W9206］天象（自然现象）作为征兆
W6613.10.5	端午节许愿	
W6613.10.5.1	五月端阳把愿许，风调雨顺祈年丰	【羌族】
W6613.10.6	五月初五的其他情形	
W6613.10.6.1	五月初五蛤蟆精娶媳妇	【汉族】
W6614	**七夕节（七月七）**①	
W6614.1	七夕节的来历	
W6614.1.1	七夕源于星宿崇拜	【汉族】
W6614.1.2	七夕源于“七”数字崇拜	【汉族】

① 七夕节，原名为乞巧节。据考名称较早的见于汉代。在不同地区往往有不同的名称和七夕习俗。如有双七、重七、香日、星期、巧夕、女节、女儿节、小儿节、兰夜、穿针节等。一般认为，“七夕”最早起源于与自然星象崇拜或时间崇拜有关。

W 编码	母题描述	关联项
W6614.1.3	七夕源于牛郎织女故事	【民族，关联】①
W6614.2	七夕节的饮食	
W6614.2.1	七夕节吃巧果	【汉族】
W6614.2.2	七夕节吃五子②	
W6614.3	七夕节有关事象	
W6614.3.0	七月初七祭祀	
W6614.3.0.1	七月初七祭祖	
W6614.3.0.1.1	七月初七用整鸭、整块猪肉大祭祖先	【壮族】
W6614.3.0.2	七月初七祭祀盘古圣王	【壮族】
W6614.3.0.3	七月七日各村到祭祀台祭虫	【白族】
W6614.3.0.4	七月七日祭河鼓、织女	
W6614.3.0.4.1	七月七日夜洒扫于庭，露施几筵设酒脯时果，散香粉于筵上祭河鼓、织女	【汉族】
W6614.3.1	七夕节拜魁星	【汉族】
W6614.3.2	拜魁星晒经书	【汉族】
W6614.3.3	七夕节晒衣裳	【汉族】
W6614.3.4	七夕节染指甲	【汉族】
W6614.3.5	七夕节乞愿	
W6614.3.5.1	七夕节向双星乞愿	【汉族】
W6614.3.5.2	七夕节时姑娘都希望七仙女赐给她们美貌和智慧	【汉族】
W6614.3.5.3	七夕节时姑娘祈祷自己能有如意称心的美满婚姻	【汉族】
W6614.3.6	七夕节穿针乞巧（七月七乞巧）	【汉族】
W6614.3.6.1	七月七日之午丢巧针	【汉族】
W6614.3.6.2	七月七乞巧者多是未婚女性	【多民族】

① 【白族】【汉族】@［W0766.3.1］牛郎织女；［W7253.1.1］牛郎织女下凡成婚。

② 五子，即桂圆、红枣、榛子、花生、瓜子。

W 编码	母题描述	关联项
W6614.3.6.3	七月七乞巧七夕夜举行	【多民族】
W6614.3.6.4	七月初七“乞巧”仪式	
W6614.3.6.4.1	七月七乞巧时设香案，以瓜果祭拜织女星	【多民族】
W6614.3.6.4.2	七月七乞巧时借月光穿针引线	【多民族】
W6614.3.7	七夕节捉蜘蛛	【汉族】
W6614.3.8	七夕节播种看象	【汉族】
W6614.3.9	七月七有关的其他事象	
W6614.3.9.1	七夕节洗头发	
W6614.3.9.1.1	七夕节妇女洗发	【汉族】
W6614.3.9.1.2	七月七百姓洗头发	
W6614.3.9.1.2.1	七月七百姓用荆树叶浸水洗头发表达怀念西施	【汉族】
W6614.3.9.2	七月七天女下凡	【汉族】
W6614.3.9.3	七月初七站桥头	【汉族】
W6614.3.9.4	七月初七看牛郎会织女见面	
W6614.3.9.4.1	七月初七钻茶豆秧底下偷看牛郎会织女	【汉族】
W6614.3.9.4.2	七月七日夜里过12点后可以观察到牛郎和织女见面	【汉族】
W6614.4	与七夕有关的其他母题	
W6614.4.1	七夕牛郎织女鹊桥相会	【民族，关联】①
W6614.4.1.1	七月七日，喜鹊飞到银河搭桥	【汉族】
W6614.4.1a	牛郎织女七夕会（七月七牛郎会织女）	【汉族】
W6614.4.1a.1	牛郎织女每年七月七日团聚一次（七七团聚）	【汉族】
W6614.4.1a.2	误听王母娘娘的吩咐形成牛郎织女七月七日见面	【汉族】

① 【汉族】@［W0766.3.1］牛郎织女；［W6226.2.2］鹊桥。

W 编码	母题描述	关联项
W6614. 4. 1a. 3	玉帝规定牛郎织女七月七相会一次	【汉族】
W6614. 4. 1a. 4	王母娘娘规定牛郎织女七月七相会一次	【汉族】
W6614. 4. 1b	七月七日为牵牛织女聚会之夜	【汉族】
W6614. 4. 1c	七夕意儿和仙女会	【汉族】
W6614. 4. 1d	七月七日河鼓、织女二星相会	【汉族】
W6614. 4. 2	女儿节	
W6614. 4. 3	七夕情人节	【汉族】
W6614. 4. 4	七夕又称乞巧	【汉族】
W6614. 4. 5	七夕又称乞求节	【汉族】
W6614. 4. 6	七夕又称乞俏节	【汉族】
W6614. 4. 6a	七月初七七巧节	
W6614. 4. 6a. 1	七月初七七巧节源于玉帝让牛郎织女七月初七在天河相会	【汉族】
W6614. 4. 7	七夕节的含义	
W6614. 4. 7. 1	七夕节是一个很美丽的爱情故事	【汉族】
◎	**【其他按农历月份排列的节日】**	
W6615	**正月的节日**	
W6615. 1	正月初一节日	［W6611］年（春节）
W6615. 1. 1	正月初一的名称	
W6615. 1. 1. 1	元日	
W6615. 1. 1. 2	元旦	
W6615. 1. 1. 2. 1	元旦祭关帝	【满族】
W6615. 1. 1. 2. 2	为了纪念舜，把舜祭告天地和尧帝之日当作一年的开始，即元旦	【中华民族】
W6615. 1. 1. 2. 3	元旦是中国的农历新年	【中华民族】
W6615. 1. 1. 3	元正	
W6615. 1. 1. 4	元辰	

W 编码	母题描述	关联项
W6615.1.1.5	大年初一	
W6615.1.2	正月初一的活动	
W6615.1.2.1	正月初一祭祀	
W6615.1.2.1.1	正月初一祭祀的时间	
W6615.1.2.1.1.1	正月初一鸡鸣时开始祭祀	【傈僳族】
W6615.1.2.1.2	正月初一祭祀的地点	
W6615.1.2.1.3	正月初一祭祀的对象	
W6615.1.2.1.3.1	大年初一祭祖先（正月初一祭祖先神）	【白族】【壮族】
W6615.1.2.1.3.1a	正月初一请祖神	【壮族】
W6615.1.2.1.3.2	正月初一拜花婆王	
W6615.1.2.1.3.2.1	正月初一孩子先给儿童保护神花婆王磕头作拜	【壮族】
W6615.1.2.1.3.3	大年初一男人拜天祭神	【达斡尔族】
W6615.1.2.1.3.4	正月初一祭其他神	
W6615.1.2.1.3.4.1	正月初一祭火神（正月初一祭昂神）	【纳西族（摩梭）】
W6615.1.2.1.3.4.2	正月初一祭谷神	
W6615.1.2.1.3.4.2.1	正月初一清早祭祀五谷灵娘	【壮族】
W6615.1.2.1.3.4.3	正月初一祭河神	【壮族】
W6615.1.2.1.3.4.4	正月初一祭保护神莫一大王	【壮族】@［W6612.2.1.1.2］正月十五晚上先拜保护神莫一大王
W6615.1.2.1.3.4.5	正月初一在自家猪圈边上烧些香蜡钱纸祭猪神	【汉族】
W6615.1.2.1.3.5	正月初一祭特定物	
W6615.1.2.1.3.5.1	正月初一拜太阳	【鄂伦春族】
W6615.1.2.1.3.5.2	正月初一祭铜鼓	【壮族】
W6615.1.2.1.3.5.3	正月初一祭天	【壮族】

W 编码	母题描述	关联项
W6615. 1. 2. 1. 3. 5. 3. 1	正月初一黎明举行“纳卡母”仪式祭天	【藏族】
W6615. 1. 2. 1. 3. 5. 4	正月初一祭田	【壮族】
W6615. 1. 2. 1. 3. 5. 5	正月初一祭特定动物（正月初一祭图腾）	【壮族】
W6615. 1. 2. 1. 3. 5. 5. 1	正月初一祭蛙	【壮族】
W6615. 1. 2. 1. 3. 5. 6	正月初一供佛	
W6615. 1. 2. 1. 3. 5. 6. 1	正月初一吃罢年饭，开始供佛	【鄂温克族】
W6615. 1. 2. 1. 4	正月初一祭祀的方法（正月初一祭祀的程序）	
W6615. 1. 2. 1. 4. 1	正月初一先祭祀神，再祭门、房梁和火塘三脚架，最后祭死去的亲人	【傈僳族】@［W6610. 2. 1. 1. 1］腊月三十晚杀鸡、煮肉祭祖先、狗、牛、灶神、把门将军和土地神等
W6615. 1. 2. 1. 5	正月初一祭祀的情形	
W6615. 1. 2. 1. 5. 1	正月初一各家由年长的男子主持新年祭祀	【傈僳族】
W6615. 1. 2. 2	正月初一祈愿	
W6615. 1. 2. 2. 1	藏历正月初一祈祷一年吉祥	【藏族】
W6615. 1. 2. 3	正月初一要做奇特的事情	
W6615. 1. 2. 3. 1	正月初一泼水祛病祸	【傈僳族】
W6615. 1. 2. 3. 2	大年初一四男四女裸体遍村跑	【仡佬族】
W6615. 1. 2. 4	大年初一驱邪	
W6615. 1. 2. 4. 1	大年初一焚烧特定物驱邪	
W6615. 1. 2. 4. 1. 1	大年初一天不亮时烧柏枝驱走会带来灾祸的九头鸟	【汉族】
W6615. 1. 2. 5	大年初一娱乐	
W6615. 1. 2. 5. 1	大年初一青年男女荡秋千尽情玩耍纪念黄龙姑娘的爱情	【彝族】
W6615. 1. 2. 6	正月初一讲唱	

W 编码	母题描述	关联项
W6615.1.2.6.1	大年初一唱创世史诗	【彝族】
W6615.1.3	正月初一的礼仪（正月初一进行特定仪式）	
W6615.1.3.1	正月初一拜年	
W6615.1.3.1.1	正月初一一大早拜年拱手“恭喜”	【汉族】
W6615.1.3.2	正月初一长辈传家训	
W6615.1.3.3	正月初一长辈发红包	
W6615.1.3.4	正月初一举行巫术仪式	【壮族】
W6615.1.3.4.1	正月初一叫牛魂	
W6615.1.3.5	正月初一敬拜特定物	
W6615.1.3.5.1	正月初一敬狗	【藏族（白马）】
W6615.1.3.6	正月初一做特定象征性仪式	
W6615.1.3.6.1	正月初一向水神买水	【壮族】
W6615.1.3.6.2	正月初一谢井神	【壮族】
W6615.1.4	正月初一的禁忌	
W6615.1.4.1	正月初一语言禁忌	
W6615.1.4.1.1	正月初一忌口舌	
W6615.1.4.1.2	正月初一忌说带脏字的话	【纳西族】
W6615.1.4.1.3	正月初一忌说特定民族的语言	【仡佬族】
W6615.1.4.2	正月初一行为禁忌	
W6615.1.4.2.1	正月初一忌清扫	［W6611.9.2.1.3］过年时忌清扫
W6615.1.4.2.1.1	大年初一忌扫地会招致家人生病	【黎族】
W6615.1.4.2.2	大年初一忌特定劳作	［W6627.17.0.1b.2］仡佬族正月初一忌劳作
W6615.1.4.2.2.0	正月初一不劳动源于姜子牙让申公豹这天歇息	【汉族】
W6615.1.4.2.2.1	狗日是为安葬创世母亲割茅草的日子，因此新年开始第一天（狗日）忌割茅草	【基诺族】

W 编码	母题描述	关联项
W6615. 1. 4. 2. 2. 2	大年初一妇女忌用针线，男子忌动刀斧	【傈僳族】
W6615. 1. 4. 2. 3	正月初一忌买卖	
W6615. 1. 4. 2. 4	正月初一忌动粗	【纳西族】
W6615. 1. 4. 2. 4. 1	正月初一忌撵狗打猫	
W6615. 1. 4. 2. 4. 2	正月初一忌打骂孩子	【鄂温克族】
W6615. 1. 4. 3	正月初一食物禁忌	
W6615. 1. 4. 3. 1	正月初一忌吃鲜肉，只能吃奶渣、酥油、糖、核桃、黄酒等	【纳西族】
W6615. 1. 4. 4	正月初一其他禁忌	
W6615. 1. 5	正月初一的饮食（正月初一特定食物）	
W6615. 1. 5. 1	正月初一抢食年糕的来历	【达斡尔族】
W6615. 1. 5. 2	正月初一吃鱼的来历	【侗族】@［W6591. 5. 2］大年初一吃鱼宴习俗的来历
W6615. 1. 5. 3	正月初一要给来人东西吃	
W6615. 1. 5. 3. 1	正月初一给来人东西吃以避口舌	【羌族】
W6615. 1. 5. 4	正月初一吃饺子	【汉族】
W6615. 1. 5. 4. 1	大年初一早晚饺子	【汉族】
W6615. 1. 5. 4. 2	大年初一吃急饺	【汉族】
W6615. 1. 5. 4. 3	大年初一头一碗饺子先给犬吃	【汉族】
W6615. 1. 5. 4. 4	正月初一吃饺子源于张仲景治病	【汉族】
W6615. 1. 6	正月初一的特征	［W6611. 1. 9. 1. 1］正月初一春节的来历
W6615. 1. 6. 1	正月初一是最美好、最神圣的时辰	【白族（那马）】
W6615. 1. 6. 2	正月初一有规定事象	
W6615. 1. 6. 2. 1	大年初一穿新衣，早晚饺子，放鞭炮，给长辈拜年	【汉族】
W6615. 1. 7	正月初一的情形	

W 编码	母题描述	关联项
W6615.1.7.1	大年初一年长者先起床	【藏族】
W6615.1.8	与正月初一有关的其他母题	
W6615.1.8.1	正月初一五更灶王爷回归家中	【汉族】
W6615.1.8.1a	正月初一五更老灶爷返回人间	【汉族】
W6615.1.8.2	正月初一为元旦	
W6615.1.8.2.1 *	元旦一词始于三皇五帝时代	【中华民族】
W6615.1.8.2.2 *	正月称为元，初一称为旦，故古代称正月初一为元旦	【中华民族】
W6615.2	正月初二节日	
W6615.2.1	正月初二的名称	
W6615.2.1.1	正月初二叫“次新年”	【藏族】
W6615.2.2	正月初二的活动	
W6615.2.2.1	正月初二走亲戚	【彝族】
W6615.2.2.1.1	正月初二回娘家的来历	【汉族】
W6615.2.2.1.2	正月初二娘家宴请新婿	【汉族】
W6615.2.2.2	正月初二祭神（正月初二请神）	
W6615.2.2.2.1	正月初二请财神	【傈僳族】
W6615.2.2.2.2	正月初二祭村寨保护神	【壮族】
W6615.2.2.2.3	正月初二祭水神	【壮族】
W6615.2.2.2.4	正月初二祭土地神	【壮族】
W6615.2.2.2.5	正月初二祭神狗	【纳西族（摩梭）】
W6615.2.2.3	正月初二送神	
W6615.2.2.3.1	正月初二送山神	【傈僳族】
W6615.2.2.4	正月初二开始亲友之间互相拜年祝贺	【汉族】
W6615.2.2.5	正月初二祭盘古祈丰年	【汉族（客家）等】【壮族】
W6615.2.3	正月初二的饮食	
W6615.2.3.1	正月初二吃面	【汉族】

W 编码	母题描述	关联项
W6615.2.4	正月初二的禁忌	
W6615.2.4.1	正月初二语言禁忌	
W6615.2.4.1.1	正月初二忌口舌	
W6615.2.4.2	正月初二行为禁忌	
W6615.2.4.2.1	正月初二忌清扫	【关联】①
W6615.2.4.2.2	正月初二忌买卖	
W6615.2.4.2.3	正月初二忌挖地，否则家人会得病	【傈僳族】
W6615.2.4.2.4	正月初二忌挖地、杀牲，动用绳索	【傈僳族】
W6615.2.4.3	正月初二其他禁忌	
W6615.2.5	与正月初二有关的其他母题	
W6615.3	正月初三节日	
W6615.3.1	正月初三的名称	
W6615.3.2	正月初三的活动	
W6615.3.2.1	正月初三祭神	
W6615.3.2.1.1	正月初三烧门神的来历	【汉族】
W6615.3.2.1.2	正月初三清早全家在屋顶上敬神，后到庙内敬神	【羌族】
W6615.3.2.1.3	大年初三祭财神和猎神	【白族】
W6615.3.2.1.4	正月初三祭山神	【傈僳族】
W6615.3.2.2	正月初三祭其他特定人物	
W6615.3.2.2.1	正月初三祭祖	【傈僳族】
W6615.3.2.2.2	正月初三祭神羊	【纳西族（摩梭）】
W6615.3.2.3	正月初三走亲访友	【藏族】
W6615.3.3	正月初三的饮食	
W6615.3.3.1	正月初三馓子配茶面	【汉族】
W6615.3.4	正月初三的禁忌	

① ［W6611.9.2.1.3］过年时忌清扫；［W6615.1.4.2.1］正月初一忌清扫。

W 编码	母题描述	关联项
W6615.3.4.1	正月初三语言禁忌	
W6615.3.4.1.1	正月初三忌口舌	
W6615.3.4.2	正月初三行为禁忌	
W6615.3.4.2.1	正月初三忌清扫	【关联】①
W6615.3.4.2.2	正月初三忌买卖	
W6615.3.4.3	正月初三其他禁忌	
W6615.3.5	与正月初三有关的其他母题	
W6615.4	正月初四节日	
W6615.4.1	正月初四的名称	
W6615.4.2	正月初四的活动	
W6615.4.2.1	正月初四迎神接神的来历	【汉族】
W6615.4.2.2	正月初四祭神猪	【纳西族（摩梭）】
W6615.4.2.3	正月初四送火星	【壮族】
W6615.4.2.4	新年初四邻里相邀做客	【藏族】
W6615.4.3	正月初四的礼仪	
W6615.4.4	正月初四的禁忌	
W6615.4.4.1	正月初四语言禁忌	
W6615.4.4.1.1	正月初四忌口舌	
W6615.4.4.2	正月初四行为禁忌	
W6615.4.4.2.1	正月初四忌清扫	
W6615.4.4.2.2	正月初四忌买卖	
W6615.4.4.3	正月初四其他禁忌	
W6615.4.5	与正月初四有关的其他母题	
W6615.5	正月初五节日	
W6615.5.1	正月初五的名称	
W6615.5.2	正月初五的活动	

① ［W6611.9.2.1.3］过年时忌清扫；［W6615.1.4.2.1］正月初一忌清扫；［W6615.2.4.2.1］正月初二忌清扫。

W 编码	母题描述	关联项
W6615.5.2.1	正月初五破五的来历	【汉族】
W6615.5.2.1.1	破五吃水饺的来历	
W6615.5.2.2	正月初五迎财神	【汉族】
W6615.5.2.3	正月初五“送五穷”（正月初五赶五穷）	【中华民族】
W6615.5.2.3.1	正月初五“送五穷”时把清扫的灰尘及灶灰送出门外，在粪堆上烧纸人并放鞭炮	【汉族】
W6615.5.2.3a	正月初五送穷神（正月初五送穷鬼）	【汉族】
W6615.5.2.3a.1	正月初五崩穷	【汉族】
W6615.5.2.3a.2	正月初五“破五儿崩穷”	【汉族】
W6615.5.2.3a.3	正月初五“送穷灰”	【汉族】
W6615.5.2.4	正月初五祭神牛	【纳西族（摩梭）】
W6615.5.2.5	正月初五送神	
W6615.5.2.5.1	正月初五清晨，再拜祭诸神后“送神”	【汉族等】
W6615.5.3	正月初五的礼仪（正月初五举行特定仪式）	
W6615.5.3.1	正月初五跳神驱鬼	【藏族（白马）】
W6615.5.4	正月初五的禁忌	
W6615.5.4.1	正月初五语言禁忌	
W6615.5.4.1.1	正月初五忌口舌	
W6615.5.4.2	正月初五行为禁忌	
W6615.5.4.2.1	正月初五忌清扫	
W6615.5.4.2.2	正月初五忌买卖	
W6615.5.4.3	正月初五其他禁忌	
W6615.5.5	与正月初五有关的其他母题	
W6615.6	正月初六节日	

W 编码	母题描述	关联项
W6615.6.1	正月初六下田的来历	【汉族】
W6615.6.2	正月初六过小年	【关联】①
W6615.6.2.1	正月初六延安当地过小年，这天是老鼠娶亲的日子	【汉族】
W6615.6.3	正月初六祭特定人物	
W6615.6.3.1	正月初六祭神马	【纳西族（摩梭）】
W6615.6.3.2	正月初六祭盐婆婆	【汉族】
W6615.6.4	正月初六进行特定活动	
W6615.6.4.1	正月初六跳神驱鬼	【藏族（白马）】
W6615.7	正月初七节日	
W6615.7.1	正月初七人日（正月初七人胜节的来历）	【汉族】【仡佬族】
W6615.7.2	正月初七的活动	
W6615.7.2.1	正月初七吃面羹	【汉族】
W6615.7.2.1.1	正月初七吃寿面源于女娲这一天造人	【汉族】@［W6591.5.3］正月初七吃长寿面的来历
W6615.7.2.2	正月初七祭火神	【汉族】
W6615.7.2.2.1	正月初七在高台下进香、磕头、放炮致祭火神爷阏伯	【汉族】
W6615.7.2.2a	正月初七为火神的节日	【汉族】
W6615.7.2.3	正月初七祭全神	【纳西族（摩梭）】
W6615.7.2.4	正月初七祭其他特定人物	
W6615.7.2.5	正月初七举行特定庙会	
W6615.7.2.5.1	正月初七举行盘古庙会	【中华民族】
W6615.7.3	与正月初七有关的其他母题	
W6615.7.3.1	女子正月初七不背水不做饭，因为与女子死后轮回七次的宗教信仰相冲突	【傈僳族】

① ［W6611.8.2］小年；［W6612.8.3.1］正月十五、十六这两天，黄河沿岸的人吃饺子、元宵，叫过“小年”。

W 编码	母题描述	关联项
W6615.7.3.2	正月初七妇女不能做饭、背水，否则易患病	【白族】
W6615.8	正月初八节日	
W6615.8.1	正月初八谷子生日	【汉族】
W6615.8.2	正月初八祭土地神	【汉族】
W6615.8.2.1	女娲正月前七天造出人和六畜，第八天要酬谢土地神，所以每年这天要敬土地佬	【汉族】
W6615.8.3	正月初八祭盘古	
W6615.8.3.1	正月初八女巫师及妇女们组织举行祭拜盘古	【汉族（客家）、壮族等】
W6615.9	正月初九节日	
W6615.9.1	正月初九天公生日	【汉族】
W6615.9.2	正月初九的活动	
W6615.9.2.1	正月初九送龙归天	【汉族】
W6615.9.3	与正月初九有关的其他母题	
W6615.9.3.1	正月初九日男子忌背水做饭，因为与男子死后轮回九次的宗教信仰相冲突	【傈僳族】@［W6615.7.3.1］女子正月初七不背水不做饭，因为与女子死后轮回七次的宗教信仰相冲突
W6615.10	正月初十节日	［W6536.0.1.1］正月初十妇女不能做针线活，否则变成笨婆娘
W6615.10.1	正月初十石头生日	【汉族】
W6615.11	正月十一节日	
W6615.12	正月十二节日	
W6615.13	正月十三节日	
W6615.14	正月十四节日	［W6612.8.2.1］正月十四到十六放烟火
W6615.14.1	正月十四晚上拜诸神	【达斡尔族】

W 编码	母题描述	关联项
W6615.15	正月十五节日	【关联】①
W6615.15.1	农历正月十五晚上青壮男子狂舞，红花少女赛歌	【汉族】
W6615.15.2	正月十五晚上，江南农村的姑娘们举行接三姑娘仪式	【汉族】
W6615.16	正月十六节日	［W6627.11.0.9.1］侗族正月十六至二十芦笙节
W6615.16.1	正月十六祭特定神	
W6615.16.2	正月十六少女们燃放爆竹欢送三姑娘	【汉族】@［W6612.2.1.2.2］正月十五少女缅怀心地善良的三姑娘
W6615.16.3	正月十六比正月十五闹元宵热闹	【汉族】
W6615.16a	正月十七节日	
W6615.16a.1	正月十七是“老鼠嫁女节”	【汉族】
W6615.16a.2	正月十七姑娘们用锅底灰抹脸以防老鼠精来娶	【汉族】
W6615.17	正月二十节日	
W6615.17.1	正月廿日是天穿日	
W6615.17.1.1	正月廿日定为天穿日，又称天漏，时女娲补天日	【汉族】
W6615.17.1.2	正月二十日女孩穿耳洞	【汉族（客家人）】
W6615.17.2	正月二十吃“填仓”	【汉族】
W6615.17.2.1	正月二十日小添仓	【汉族】
W6615.17.3	正月二十祭盘古	【汉族、壮族等】
W6615.17a	正月二十五节日	
W6615.17a.1	正月二十五填仓节	
W6615.17a.1.1	正月二十五日“添仓”日，粮商米贩等祭仓神	【汉族】

① ［W6612］元宵节（上元节；过正月十五）；［W6627.54.1.2］藏族正月十五酥油花灯节；［W6627.24.2］景颇族正月十五目瑙纵歌。

W 编码	母题描述	关联项
W6615.17a.1.2	正月二十五添囤为鸡狗过生日	【汉族】
W6615.17a.2	正月二十五敬“五谷神”	【汉族】
W6615.17a.3	正月二十五庙会	
W6615.17a.3.1	正月二十五是嫘祖的生日，这天举办西阴庙会	【中华民族】
W6615.17b	正月二十六节日	
W6615.17b.1	正月二十六祭盘古	【多民族】
W6615.17b.1.1	正月二十六祭盘古求福	【汉族等】
W6615.17c	正月二十七节日	
W6615.17d	正月二十八节日	
W6615.17d.1	正月二十八是菩萨的徒弟过江的日子	【汉族】
W6615.18	正月二十九节日	
W6615.18.1	正月二十九送穷日	
W6615.18.2	正月二十九日禁雷公	【瑶族（排瑶）】
W6615.18a	正月三十节日	
W6615.18a.1	正月三十送穷鬼	【汉族】@［W6611.8.2.2］正月三十到二月初一日过小年
W6615.19	与正月节日有关的其他母题（与一月节日有关的其他母题）	
W6615.19.1	农历正月二十日要吃蒸饼（正月二十日吃蒸饼称“补天补地”）	
W6615.19.1.1	农历正月二十日要吃蒸饼是为纪念骊山老母用石饼补天补地	【汉族】
W6615.19.2	一年头十天的名称	
W6615.19.2.1	一年的头十天的说法是，一鸡二狗、三羊四猪、五马六牛、七人八谷、九果十菜	【汉族】
W6615.19.3	正月二十三为天穿日	【汉族】
W6616	**二月的节日**	

W 编码	母题描述	关联项
W6616.1	二月初一节日	［W6627.51.5.1］瑶族二月初一忌鸟节
W6616.2	二月二节日（二月二的来历）	
W6616.2.0	二月二产生的原因	
W6616.2.0.1	二月二是为了纪念小白龙	【汉族】
W6616.2.0.2	二月二请龙祈福	【汉族】
W6616.2.0.3	武则天规定过农历二月初二	【汉族】
W6616.2.0.4	龙告诉人二月二是龙抬头的日子	【汉族】
W6616.2.1	二月初二春龙节	
W6616.2.1.1	春龙节的来历	
W6616.2.2	二月初二青龙节	
W6616.2.3	二月二龙抬头节（二月二龙抬头）	【汉族】@［W6617.2.4.1］三月初三为龙抬头
W6616.2.3.1	人们为纪念降雨的龙王获释这一天称之“二月二龙抬头”	【汉族】
W6616.2.3.2	“二月二龙抬头”意为这一天起龙苏醒开始行使职责	【汉族】
W6616.2.3a	二月二龙头节	【汉族】
W6616.2.4	二月二糠龙节	
W6616.2.4.1	北方人称二月二为“糠龙节”	【汉族】
W6616.2.5	二月二花朝节（二月初二花神节；二月初二百花生日）	【汉族等】
W6616.2.5.1	二月初二举行花朝节祭拜花神	【汉族等】
W6616.2.6	其他名称的二月二	
W6616.2.6.1	二月初二春社节	【汉族（客家）】【壮族等】
W6616.2.6.2	二月二龙头节	【汉族】
W6616.2.7	二月二的情形（二月二的特定活动）	
W6616.2.7.1	二月二早晨炒包谷花	【汉族】

W 编码	母题描述	关联项
W6616. 2. 7. 1. 1	二月初二炒苞谷豆撒在院里、路上，祈当年风调雨顺	【汉族】
W6616. 2. 7. 1. 2	二月二炒玉米为为了让龙挣脱束缚腾飞	【汉族】
W6616. 2. 7. 1. 3	二月二炒黄豆是为了把虫子炒死	【汉族】
W6616. 2. 7. 1a	二月初二这天要炒一些黄豆、爆米花之类的东西吃	【汉族】
W6616. 2. 7. 1b	二月二炒玉米花，祭祀玉龙	【汉族】
W6616. 2. 7. 1c	二月二炒苞谷豆	
W6616. 2. 7. 1c. 1	二月二炒苞谷豆纪念玉龙降雨救百姓的功德	【汉族】
W6616. 2. 7. 1d	二月二炒豆豆、爆米花以祝愿神龙抬头，给人间普降甘露	【汉族】
W6616. 2. 7. 2	二月二插小鸡	【汉族】
W6616. 2. 7. 2. 1	二月二插小鸡以免受毒虫的危害	【汉族】
W6616. 2. 7. 3	二月初二要填仓打囤	【汉族】
W6616. 2. 7. 3. 1	二月初二在屋子里用草木灰圈一些想象中的粮囤，祈祷神灵保佑	【汉族】
W6616. 2. 7. 3a	二月二围院墙和粮囤	
W6616. 2. 7. 3a. 1	二月二围院墙和粮囤源于赵匡义这天用草木灰把粮库围起来以挡住来糟蹋粮食的蝎子	【汉族】
W6616. 2. 7. 4	二月二土地庙里的香火特别好	【汉族】
W6616. 2. 7. 5	二月二庙会	
W6616. 2. 7. 5. 1	二月二龙抬头这天为苍龙庙庙会	【汉族】
W6616. 2. 7. 6	二月二祭特定人物	
W6616. 2. 7. 6. 1	二月二祭龙	
W6616. 2. 7. 6. 1. 1	二月二祭玉龙	【汉族】
W6616. 2. 7. 6. 1. 1. 1	二月二祭白玉龙	
W6616. 2. 7. 6. 1. 1. 1. 1	二月二家家做好吃的，给白玉龙上供磕头	【汉族】

W 编码	母题描述	关联项
W6616.2.7.6.1.2	二月二祭勾龙	【汉族】
W6616.2.7.6.2	二月二祭祀土地神	【汉族】
W6616.2.7.6.3	二月二祭祀社神	【汉族】
W6616.2.7.6.4	二月二祭管五谷的神婆	【汉族】
W6616.2.7.7	二月二争抢特定物	
W6616.2.7.7.1	二月二早晨抢到井边争打第一桶水	【汉族】
W6616.2.7.8	二月二打钱龙	【汉族】
W6616.2.7.9	二月二的其他活动	
W6616.2.7.9.1	二月二蒸特定食品	
W6616.2.7.9.1.1	二月二蒸菜馍	【汉族】
W6616.2.7.9.1.2	二月二蒸蚂蚁蛋	
W6616.2.7.9.1.2.1	二月二蒸蚂蚁蛋教孩子们孝顺老人	【汉族】
W6616.2.7.9.1.3	二月二吃“龙耳”（饺子）	【汉族】
W6616.2.7.9.1.4	二月二吃“龙须”（面条）	【汉族】
W6616.2.7.9.1.5	二月二吃“龙鳞”（烙饼）	【汉族】
W6616.2.7.9.1.6	二月二让小孩在被窝里说三遍“二月二，龙抬头，头打龙抬我先抬”	【汉族】
W6616.2.7.9.1.7	二月二帝王亲耕	
W6616.2.7.9.1.7.1	伏羲皇帝立规矩，每年的二月二帝王亲自出宫，耕种土地	【汉族】
W6616.2.7.9.1.8	二月初二女人们抽龙筋（打弦），叫龙下雨	【汉族】
W6616.2.7.9.1.9	与二月二活动有关的其他母题	
W6616.2.7.9.1.9.1	二月二鲤鱼跳龙门	【中华民族】
W6616.2.8	与二月二节俗有关的其他母题	【关联】①

① ［W6627.41.1］畲族二月初二会亲节；［W6627.52.6.1］彝族阿细人二月二密枝节（彝族二月二祭龙）。

W 编码	母题描述	关联项
W6616.2.8.1	龙节的产生	【汤普森】A1541.4.2
W6616.2.8.2	二月二二郎庙庙会	【汉族】
W6616.2.8.3	二月二龙抬头，苍龙爷回来祭母	【汉族】
W6616.2.8.4	二月二打闷雷	【汉族】
W6616.2a	二月初五节日	
W6616.2a.1	二月初五土地庙会	【汉族】
W6616.2a.2	二月初五火神庙会	【汉族】
W6616.3	寒食节	
W6616.3.1	寒食节的来历	
W6616.3.1.1	去冬节一百五日有疾风甚雨，谓之寒食	【汉族】
W6616.3.1.2	寒食节是为纪念两千年前晋国的介之推	【汉族】
W6616.3.2	清明节的前一天为寒食节	【汉族】
W6616.3.3	寒食节不动烟火，只吃冷馍凉菜	【汉族】
W6616.4	二月初八节日	【关联】①
W6616.4.1	二月初八耕牛节	【彝族】
W6616.4.2	二月初八举行祭龙活动	
W6616.4.2.1	因县官许愿后龙为人降雨，规定每年二月八日要举行一次祭龙活动	【汉族】
W6616.5	二月十五节日（花朝节）	
W6616.5.1	二月十五尧庙庙会	【汉族】
W6616.6	二月十九节日	
W6616.6.1	二月十九龙珠庵庙会	
W6616.6.1.1	每年农历二月十九举行一次“龙珠庵庙会”纪念东海龙王的女儿蟠女	【汉族】

① ［W6627.2.1］白族二月初八耕牛节；［W6627.28.1］傈僳族二月初八刀杆节；［W6627.52.6.2］彝族二月初八耕牛节。

W 编码	母题描述	关联项
W6616.6.2	二月十九日渔民到庙里向特定人物烧香	【汉族】
W6616.6.2.1	二月十九日，渔民去龙王庙和娘娘庙里烧香磕头	【汉族】
W6616.7	二月二十节日	
W6616.8	二月二十八节日	
W6616.8.1	二月二十八左右，是老和尚过长江的日子	【汉族】
W6616.9	与二月节日有关的其他母题	
W6617	**三月的节日**	
W6617.1	三月初一节日	
W6617.2	三月三节日（上巳节）	
W6617.2.1	三月三的来历	
W6617.2.1.1	三月三是祖先结婚的纪念日	
W6617.2.1.1.1	男女祖先（兄妹）三月三在成亲而形成三月三节日	【黎族】
W6617.2.1.2	三月三是为纪念特定的人	
W6617.2.2	三月三的活动（三月三的内容；三月三的情形）	［W6627.17.1.1.1］仡佬族三月三祭山
W6617.2.2.1	三月三祭特定人物	
W6617.2.2.1.1	三月三祭水神	【纳西族】【壮族】
W6617.2.2.1.2	三月三祭女娲	【中华民族】
W6617.2.2.1.3	三月三祭莫一大王	【壮族】
W6617.2.2.1.4	三月三祭祖	【壮族】@［W6627.55.1.4］壮族三月三祭祖父祖母（祭祖节）
W6617.2.2.1.4a	三月三上巳节纪念黄帝	【中华民族】
W6617.2.2.1.4b	三月三，拜轩辕	【汉族】
W6617.2.2.1.4c	三月初三炎黄子孙到黄帝故里寻根拜祖	【中华民族】

W 编码	母题描述	关联项
W6617.2.2.2	三月三洗浴	
W6617.2.2.2.1	三月三男女老幼河边擦澡抛旧衣除秽	【纳西族】
W6617.2.2.2.2	三月三洗桃花水	【中华民族】
W6617.2.2.3	三月三祈丰收祭	【朝鲜族】
W6617.2.2.4	三月三祭盘古	【汉族】【壮族等】@［W6617.2.3.2.4］三月三盘古山庙会
W6617.2.2.5	三月三的饮食	
W6617.2.2.5.1	三月三吃蒿子粑	【汉族】
W6617.2.2.6	三月三招魂续魄	【古代民族】
W6617.2.2.7	三月三驱蝇	【壮族】
W6617.2.2.8	三月三抢花炮	
W6617.2.2.8.1	三月三抢花炮与祈子有关	【壮族】
W6617.2.3	与三月三有关的事件	
W6617.2.3.1	三月三蟠桃会	【汉族】
W6617.2.3.1.1	上巳节王母娘娘开蟠桃会	【汉族】
W6617.2.3.2	三月三日庙会	
W6617.2.3.2.1	三月三日开始三至五天庙会	【汉族】
W6617.2.3.2.2	三月初三盘古诞日庙会（三月初三盘古庙会）	【汉族】
W6617.2.3.2.3	三月三庙会对唱山歌颂盘古功德	【壮族】
W6617.2.3.2.4	三月三盘古山庙会	【汉族】
W6617.2.3.3	三月三对歌	
W6617.2.3.3.1	三月三晚上男女青年对歌私会	【汉族】
W6617.2.3.4	三月三吃社的来历	
W6617.2.3.4.1	造人者规定三月三吃社	【苗族】
W6617.2.3.5	三月三姑娘回娘家	【汉族】
W6617.2.3.6	三月三日白舍取娘水	【汉族】

W 编码	母题描述	关联项
W6617.2.3.7	三月三，穿新衫，女婿带着夫人、儿女给岳父、岳母祝寿	【汉族】
W6617.2.3.7.1	三月三祝寿源于该日为尧王祝寿	【汉族】
W6617.2.4	与三月三有关的其他母题	【关联】①
W6617.2.4.1	三月初三为龙抬头	【纳西族】@［W6616.2.3］二月二龙抬头节（二月二龙抬头）
W6617.2.4.2	三月三又称“桑蚕会”	【布依族】
W6617.2.4.3	三月三又称“地蚕会”	【布依族】
W6617.2.4.4	三月三是药王三兄弟的生日	【汉族】
W6617.3	清明节（春分后十五日）	［W6618］四月的节日
W6617.3.1	清明节的来历	
W6617.3.1.1	清明节与寒食节有关	【汉族】
W6617.3.1.2	重耳把纪念介子推那天定为清明节	【汉族】
W6617.3.1.3	为纪念公主把她的忌日定为清明节	【汉族】
W6617.3.2	清明节祭祀（清明节祭奠仪式）	
W6617.3.2.1	清明节扫墓	【布依族】@［W6667.3.2.0］丧葬后不再祭扫坟墓
W6617.3.2.1.1	如果二月清明节要在后三天，三月过清明节要在清明前三天	【侗族】
W6617.3.2.1.2	清明节扫墓时给祖坟除草增土	【侗族】
W6617.3.2.1.3	清明节修理坟墓	【布依族】【傈僳族】
W6617.3.2.1.4	清明节挂坟飘（挂青；挂“望山钱”）	【布依族】
W6617.3.2.1.5	清明节扫墓有特定程序（清明节上坟有特定仪式）	【布依族】
W6617.3.2.1.5.1	清明节上坟祭奠或燃香烧纸钱，供奉祖先神牌位	【傈僳族】

① ［W6627.5.1.1.1］布依族三月三祭龙神；［W6627.55.1.1］壮族三月三歌节（壮族三月三祭龙节）；［W6627.55.1.2］壮族三月三吃立节。

W 编码	母题描述	关联项
W6617.3.2.1.6	清明节折柳插头，戴柳祭扫	【汉族】
W6617.3.2.1.7	清明节扫墓添土	【达斡尔族】
W6617.3.2.1.7.1	清明节家人添坟土	【锡伯族】
W6617.3.2.1.8	清明节“挂墓”	
W6617.3.2.1.8.1	清明节“挂墓”即清明节前后，各家的祖坟上都插上白色、粉红色、淡蓝色等一连串铜钿状的纸条子	【汉族】
W6617.3.2.2	清明节祭祖（清明祭死者）	
W6617.3.2.2.1	清明节各家族到祖坟前杀猪祭祖	【布依族】
W6617.3.2.2.2	成衣、制帽、纺织、弹花、蚕丝等行业清明节祭祖神黄帝	【汉族】
W6617.3.2.2.3	清明节祭三年以内的死者	【鄂伦春族】
W6617.3.2.2.4	清明当天杀一只鸡献饭供奉祖先	【傈僳族】
W6617.3.2.2.5	清明摆数盘花馍祭祖先	【汉族】
W6617.3.2.2.6	清明要为死去的人烧纸	【鄂温克族】
W6617.3.2.2.7	清明祭祖祈愿	
W6617.3.2.2.7.1	清明祭祖时向祖先祈愿	【壮族】
W6617.3.2.2.8	清明朝拜木偶狗头	【瑶族】
W6617.3.2.3	清明招坟龙	【侗族】
W6617.3.2.4	清明节祭药神	
W6617.3.2.4.1	清明节是药神亥特和谷卓的本主节	【白族】
W6617.3.3	清明节插柳（清明节植树）	【汉族】
W6617.3.3.1	清明栽柳	【汉族】
W6617.3.3.2	清明节插杨柳与黄巢进城时让老百姓插柳做记号有关	【汉族】@［W6622.4.1.4］黄巢下令把八月十五这一天定为中秋节
W6617.3.3.3	清明插柳与明太祖朱洪武的原配正宫娘娘有关系	【汉族】

W 编码	母题描述	关联项
W6617.3.3.4	清明节插柳源于纪念让百姓吃柳叶充饥的柳姑娘	【汉族】
W6617.3.3.5	清明节家家门上插柳树枝条纪念柳青挽救蒙化的功德	【汉族】
W6617.3.3.6	清明不插柳，死了变成狗	【汉族】@［W6617.3.5.1.1］清明不戴杨柳，死去要变黄狗
W6617.3.3.7	清明时节插柳栽树以怀念故人	【汉族】
W6617.3.3.8	与清明插柳有关的其他母题	【关联】①
W6617.3.3.8.1	清明插柳的地点	
W6617.3.3.8.1.1	清明节时，家家户户要把柳树枝插门上	【汉族】
W6617.3.3.8.1.2	清明节时，家家户户要折几枝柳树枝插在房檐下	【汉族】
W6617.3.3.8.1.3	清明节时，把柳枝插到门前、路边	【汉族】
W6617.3.4	清明之日不动烟火	【汉族】@［W6617.3.6.1］清明节祖坟前吃冷食
W6617.3.5	清明节戴特定物	
W6617.3.5.1	清明戴杨柳	
W6617.3.5.1.1	清明不戴杨柳，死去要变黄狗	【布依族】
W6617.3.5.1.2	清明节时妇女们将柳树皮戴在头上或腰间	【布依族】
W6617.3.6	清明节的其他活动	
W6617.3.6.1	清明节祖坟前吃冷食	【傈僳族】
W6617.3.6.2	清明时节，人们都用柳条编帽圈儿	【汉族】
W6617.3.7	清明节的特征（清明节的情形）	
W6617.3.7.1	清明节是阴间的集会	【傈僳族】
W6617.3.7.2	清明是热闹的节日	【汉族】

① ［W6617.3.2.1.6］清明节折柳插头，戴柳祭扫；［W6617.3.5.1］清明戴杨柳。

W 编码	母题描述	关联项
W6617.3.8	与清明节有关的其他母题	
W6617.3.8.1	清明节也是“祭鸟节”	【白族】
W6617.4	三月十五节日	［W6627.47.2］佤族三月十五播种节
W6617.4.1	三月十五日在荆山举行“惊蛟”盛会	【汉族】
W6617.4.2	三月十五君子镇“奶奶庙”庙会	【汉族】
W6617.4.3	三月十五日嫘祖圣诞祭嫘祖	【汉族】
W6617.4.4	三月十五日庙会	
W6617.4.4.1	三月十五日九天玄女的生日祭拜九玄祖神	【汉族】
W6617.4a	三月十二节日	
W6617.4a.1	三月十二是菩萨的徒弟老和尚过江的日子	【汉族】
W6617.4b	三月十九节日	
W6617.4b.1	三月十九日渔民到庙里向娘娘烧香	【汉族】
W6617.4c	三月十二日谷雨节	
W6617.4c.1	三月十二日谷雨节源于感牛恩	【仫佬族】
W6617.5	三月二十八节日	
W6617.5.1	三月二十八日上山给泰山奶奶谢恩	【汉族】
W6617.5.2	三月廿八“看廿八”	【汉族】
W6617.5.2a	三月二十八涂山会	【汉族】
W6617.5.2a.1	三月二十八日涂山禹王庙庙会	【汉族】
W6617.5.3	三月二十八赶庙会纪念药王	【汉族】
W6617.6	与三月节日有关的其他母题	［W6627.2.2.1］白族三月十五三月街
W6618	**四月的节日**	
W6618.1	四月四节日	

W 编码	母题描述	关联项
W6618.1.1	四月初四是文殊菩萨的诞辰	
W6618.2	四月初八日（佛诞日；牛节；牛王诞）	
W6618.2.1	四月初八牛节的来历	【汉族】
W6618.2.1.1	过了牛节天牛就要下地	【汉族】
W6618.2.1.2	四月八，给牛过生日	【汉族】
W6618.2.2	四月初八，家家户户吃乌饭	【汉族】
W6618.2.2.1	四月八日吃乌米糕源于目连救母	【汉族】
W6618.2.3	四月八，祭蚕神	【汉族】
W6618.2.3.1	四月八，祭蚕姑奶奶	【汉族】
W6618.2.4	四月八，打楝花	【汉族】
W6618.2.5	四月八过牛节	【汉族】
W6618.2.6	四月八，祭盘古	【壮族】
W6618.2.6.1	四月八，抬盘古爷像游村	【汉族、壮族等】
W6618.2.6.2	四月初八开始祭祀盘古，历时三昼夜	【汉族等】
W6618.2.7	四月八，祭炎帝	
W6618.2.7.1	四月初八祭祀炎帝后，抬炎帝塑像游村	【汉族】
W6618.2.8	四月八祭祖	
W6618.2.8.1	四月初八庙会，杀猪宰羊祭祖	【汉族】
W6618.2.9	与四月八节日有关的其他母题	
W6618.2.9.1	四月初八庙会纪念花木兰	【汉族】
W6618.2.9.2	四月初八五谷庙庙会，祈求五谷丰登	【汉族】
W6618.2.9.3	四月初八“赶狗节”	【汉族】
W6618.3	四月中旬节日	［W6627.8.2］傣族四月中旬泼水节

W 编码	母题描述	关联项
W6618.4	四月十五节日	
W6618.5	四月十八节日	
W6618.6	四月二十节日	
W6618.7	四月二十八节日	
W6618.7.1	四月二十八祭神农	
W6618.7.1.1	四月廿八药祖神农氏生日，各地中药业店主到庙里进香朝拜	【汉族】
W6618.8	与四月节日有关的其他母题	［W6627.50.1］锡伯族四月十八西迁节
W6619	**五月的节日**	［W6613］端午节（五月五；五月初五；端阳节）
W6619.0	夏至节	
W6619.1	五月初一节日	
W6619.1.1	五月初一挂葫芦	
W6619.1.1.1	五月初一挂“葫芦”避邪和象征吉祥	【汉族】
W6619.1.1.2	五月初一大人小娃娃都在脚、手、脖子上拴红绿线，带菱角	【汉族】
W6619.2	五月初五节日	［W6613］端午节（五月五；五月初五；端阳节）
W6619.2.1	五月初五药王节	
W6619.2.1.1	五月初五是药王菩萨的生日	【彝族】
W6619.3	五月十三节日	［W6627.1.2］阿昌族五月十三泼水节
W6619.4	五月二十二节日	［W6627.15.1］鄂温克族五月二十二米阔鲁节
W6619.5	五月二十五节日	
W6619.6	五月二十九节日	
W6619.6.1	五月二十九日，布努人向女始祖密洛陀还愿	【瑶族（布努）】@［W6627.51.1.1］瑶族五月二十九达努节

W 编码	母题描述	关联项
W6619.7	与五月节日有关的其他母题	
W6619.7.1	农历五月间过磨秋节	【彝族】
W6620	**六月的节日（伏月的节日）**	
W6620.1	六月初一节日	
W6620.1.1	六月初一半年节	
W6620.1a	六月初二节日	
W6620.1a.1	六月初二祭盘古	【壮族】
W6620.2	六月初三节日	
W6620.3	六月初六节日（六月六、天贶节、翻经节、晒伏节、姑姑节）	
W6620.3.1	六月六天贶节的来历	［W6627.34.3.1］苗族六月六龙宫晒龙袍节日
W6620.3.2	六月六的内容（六月六的活动）	
W6620.3.2.1	六月六晒衣节（六月六晒衣服）	
W6620.3.2.1.1	六月六，晒红绿	【汉族】
W6620.3.2.2	六月六姑姑节	【汉族】
W6620.3.2.2.1	六月六，请姑姑	【汉族】
W6620.3.2.2.1.1	六月初六，家家户户都请回已出嫁的老少姑姑	【汉族】
W6620.3.2.2.1a	六月六，叫闺女	【汉族】
W6620.3.2.2.1b	六月六姑娘“望夏”	
W6620.3.2.2.1b.1	六月六出门的闺女用新麦子蒸白馍，炸点油食，做几件单衣裳，拿着去娘家看望爹娘，叫作“望夏”	【汉族】
W6620.3.2.2.1c	六月六姑娘“奠汤”	
W6620.3.2.2.1c.1	六月六出门的闺女装罐面汤，带双筷子，拿着火纸，去到爹娘坟头烧纸、献汤，哭上一场，叫作“奠汤”	【汉族】

W 编码	母题描述	关联项
W6620.3.2.2.1c.2	六月六望夏奠汤	【汉族】
W6620.3.2.3	六月六日祭祈小白龙庙会	【汉族】
W6620.3.2.4	六月初六吃油摊面饼	
W6620.3.2.4.1	六月初六买鱼肉荤菜做油摊面饼吃以求长寿	【汉族】
W6620.3.2.5	六月六吃肉	
W6620.3.2.5.1	六月六，吃块焦屑长块肉得“疰夏”	【汉族】
W6620.3.2.6	六月初六祭盘古	【汉族、壮族、瑶族等】【布依族】【壮族】
W6620.3.2.7	六月六翻经节	【汉族】
W6620.3.2.8	六月六保苗节	【多民族】
W6620.3.2.9	六月六有关的其他事象	
W6620.3.2.9.1	六月六虫王祭	【汉族】【朝鲜族】【满族】
W6620.3.3	与六月六有关的其他母题	【关联】①
W6620.3.3.1	六月初六是太阳的生日	【汉族】
W6620.3.3.2	六月六有两种过法：洛河沿给鬼过，西南山给人过	【汉族】
W6620.3.3.3	六月六日叫做“六月节”	【汉族】
W6620.3.3.4	六月六太阳节	【土家族】
W6620.3.3.4.1	六月六太阳节向公鸡投粑粑、炒米、包谷，娃娃争着抱公鸡	【土家族】
W6620.3.3.5	六月初六青苗会	【汉族】
W6620.4	六月十九	
W6620.4.1	六月十九观世音菩萨得道日	
W6620.5	六月二十四节日	
W6620.5.1	六月二十四纪念雷神诞辰	【汉族】

① ［W6627.5.2.1.1.2］布依族六月六是纪念祖先盘古谢世之日；［W6627.5.2.1.1.3］布依族六月六祭大禹；［W6627.51.2.1］瑶族六月六尝新节；［W6627.52.2］彝族六月六虫王节；［W6627.55.4.2.1］壮族六月六祭田节。

W 编码	母题描述	关联项
W6620.5.2	六月二十四纪念关公诞辰	【汉族】
W6620.5.3	六月二十四荷花生日	
W6620.5.4	六月二十四火把节	【汉族】@［W6627.52.1.2］彝族六月二十四火把节
W6620.5.5	与六月节日有关的其他母题	［W6627.52.1.2］彝族六月二十四火把节
W6620.5.5.1	六月十二	
W6620.5.5.1.1	六月十二借凉风	【汉族】
W6620.5.5.2	六月十五	
W6620.5.5.2.1	六月十五拜人祖女娲，游女娲遗迹	【中华民族】
W6621	**七月的节日**	
W6621.1	七月初一节日	
W6621.1.1	七月初一庙会	
W6621.1.1.1	长治七月初一古庙会缘于求雨	【汉族】
W6621.2	七月初七节日	［W6614］七夕节（七月七）
W6621.2a	七月初八节日	
W6621.2a.1	七月初八至十四到庙中为盘古送衣服鞋帽	【汉族等】
W6621.3	七月十二节日	
W6621.3.1	七月十二日三皇庙会	【汉族】
W6621.3a	七月十三节日	［W6627.11.6.1］侗族七月十三吃新节
W6621.3a.1	七月十三敬老节	
W6621.3b	七月十四节日	［W6611.6.3.3］七月十四日过年（七月十四日拜年）
W6621.3b.1	七月十四松江城的老百姓到府城隍庙烧香	【汉族】
W6621.3b.2	七月十四祭特定人物	【瑶族】@［W6496.1.2.2.7.2］七月十四祭盘古（七月十四祭盘瓠）

W 编码	母题描述	关联项
W6621. 3b. 3	七月十四喝豆浆	
W6621. 3b. 3. 1	七月十四，松江城厢地区喝豆浆以怀念为国捐躯的将领	【汉族】
W6621. 3b. 3. 2	七月十四，松江城厢地区喝豆浆会明目清凉	【汉族】
W6621. 3b. 4	七月十四祭祀	
W6621. 3b. 4. 1	七月十四献祭希诺才吾（天神）	【彝族（黑彝）】
W6621. 3b. 4. 2	七月十四祭祖、祭鬼	【壮族】
W6621. 3b. 5	七月十四中元节	【壮族】
W6621. 4	七月十五节日（七月半）	
W6621. 4. 1	七月十五中元节（鬼节）	［W6621. 3b. 5］七月十四中元节
W6621. 4. 1. 1	鬼节的产生（中元节的来历）	【汉族】
W6621. 4. 1. 1. 1	七月十五鬼节源于青蛇报恩祭养父	【汉族】
W6621. 4. 1. 2	鬼节的时间	
W6621. 4. 1. 2. 1	七月半为鬼节（七月十五日鬼节）	【傈僳族】【彝族（撒尼）】
W6621. 4. 1. 2. 2	七月十四中元节	【壮族】
W6621. 4. 1. 3	七月十五的活动（七月十五的内容；鬼节的活动）	
W6621. 4. 1. 3. 1	鬼节烧纸钱祭祖	【傈僳族】
W6621. 4. 1. 3. 2	中元节祭始祖	【民族，关联】①
W6621. 4. 1. 3. 3	七月十五日祭五谷神炎帝	【汉族】
W6621. 4. 1. 3. 4	七月十五日是洋汤爷的祭祀日	【汉族】
W6621. 4. 1. 3. 5	七月十五送祖先亡魂	【壮族】
W6621. 4. 1. 4	七月十五的情形（鬼节的情形）	
W6621. 4. 1. 4. 1	农历七月十五日中元节这天地府的鬼魂回家看望子孙	【汉族】

① 【壮族】@［W6627. 11. 6. 3. 2］侗族七月半给祖先烧纸；［W6627. 51. 2a. 1］瑶人七月十五祭祀祖先狗头王。

W 编码	母题描述	关联项
W6621.4.1.4.2	七月十四中元节时，人们背粽粑、熟鸡腿进岩洞拜祭姆洛甲	【壮族】
W6621.4.1.4.3	七月十五要到坟上供瓜果	【锡伯族】
W6621.4.1.4.4	七月十五日“烧包”祭祖	【苗族】@［W6627.17.2a.8.1］仡佬族七月半为祖宗烧包
W6621.4.1.5	与鬼节有关的其他母题	
W6621.4.1.5.1	农历七月十五日中元节又称“过月半”	【汉族】
W6621.4.1.5.2	鬼节名称的来历	
W6621.4.1.5.2.1	农历七月十五阎王上天汇报，阴间的一些鬼四处乱窜尽干鬼事，所以这天定为鬼节	【汉族】
W6621.4.1.5.3	中元节禁忌	
W6621.4.1.5.3.1	七月十五日中元节回家过节的祖先要到水塘、河中喝水，忌水中洗衣服及其他东西	【白族】
W6621.4.1.5.4	中元节鬼出来洗身	【壮族】
W6621.4.1.5.4a	七月十五淋麻姑	【汉族】
W6621.4.1.5.5	中元节后续事情	
W6621.4.1.5.5.1	中元节后祭日	
W6621.4.1.5.5.1.1	中元节后祭日时常将长得最差的谷物挂于门上	【汉族】
W6621.4.2	七月十五盂兰盆节（盂兰盆节）	
W6621.4.2.1	盂兰盆节的来历	【汉族】
W6621.4.2a	七月十五蒸面人节	
W6621.4.2a.1	七月十五家家户户要蒸大面人送给外孙吃	【汉族】
W6621.4.2a.2	七月十五蒸做漂亮的面人送给外孙玩	【汉族】

W 编码	母题描述	关联项
W6621.4.3	与七月十五节日有关的其他母题	［W6627.38.3］普米族七月十五转山会
W6621.4.3.1	农历七月十四、十五两日忌下地劳动，须家里守孝并送祖先魂魄回去，否则会得罪鬼神	【白族】
W6621.4.3.2	七月十五是城隍菩萨出行的日子	【汉族】
W6621.4.3.3	七月十五泼水	【汉族】
W6621.4.3.4	七月半插香	
W6621.4.3.4.1	七月半都要插香于地以示不忘隋炀帝的暴行	【汉族】
W6621.5	七月十六节日	
W6621.6	七月二十节日	
W6621.7	七月三十（地藏节）	
W6621.7.1	七月三十在石头上焚香、点荷花灯	【汉族】
W6621.7.1.1	七月三十晚上，百姓在石头上焚香、点荷花灯庆祝地藏菩萨生日开眼	【汉族】
W6621.7.2	七月三十日是天开眼的日子	【汉族】
W6621.7.3	七月三十插地香	
W6621.7.3.1	七月三十日，人间插地香以庆贺目连杀恶鬼，消除人间害人精	【汉族】
W6621.8	与七月节日有关的其他母题	
W6622	**八月的节日**	
W6622.0	八月初一节日	
W6622.0.1	八月初一赛歌会	【白族】
W6622.1	八月初二节日	
W6622.1.1	八月初二祭盘古	【壮族】
W6622.2	八月初五节日	

W 编码	母题描述	关联项
W6622.3	八月初八节日	【关联】①
W6622.3.1	八月初八祭龙	
W6622.3.1.1	八月八日各村至村外山头上祭白龙	【白族】
W6622.3.2	八月八吃庙	
W6622.3.2.1	造人者规定八月八吃庙	【苗族】
W6622.4	八月十五	
W6622.4.1	中秋节（月亮节；中秋节的来历）	
W6622.4.1.1	中秋节与嫦娥有关	
W6622.4.1.1.1	八月十五源于纪念嫦娥	【汉族】
W6622.4.1.1.1.1	嫦娥八月十五奔月，人们这天向嫦娥表明团圆的心意日久成俗	【汉族】
W6622.4.1.1.1.2	人们为纪念嫦娥八月十五思念人间丈夫，把八月十五这天当做团圆节	【汉族】
W6622.4.1.1.2	八月十五人们向嫦娥表达团圆的心意	【汉族】
W6622.4.1.1.3	八月十五中秋节源于后羿遥祭远去的妻子嫦娥	【汉族】
W6622.4.1.2	八月十五是为了纪念朱元璋起义	【汉族】
W6622.4.1.3	八月十五团圆节源于 1 对夫妻盼团圆	【汉族】
W6622.4.1.4	黄巢下令把八月十五这一天定为中秋节	【汉族】
W6622.4.2	中秋祭拜（八月十五祭拜）	
W6622.4.2.1	中秋拜月	
W6622.4.2.1.1	中秋拜月的来历	【汉族】
W6622.4.2.2	八月十五祭月亮（中秋祭月；八月十五祭月姐）	

① ［W6627.34.4］苗族八月八赶秋节；［W6627.45.3］土家族八月八唢呐节。

W 编码	母题描述	关联项
W6622.4.2.2.1	八月十五要拿出天下最好吃的东西供奉月姐	【汉族】
W6622.4.2.2.2	中秋节祭月是为感恩嫦娥	【汉族】
W6622.4.2.2.2.1	中秋做各种圆的水果、圆饼饼摆在当院里向嫦娥表团圆的心意	【汉族】
W6622.4.2.2.2a	中秋节祭月源于后羿纪念嫦娥	【汉族】
W6622.4.2.2.3	中秋祭月可以风调雨顺	【汉族】
W6622.4.2.3	中秋节祭神	【白族】
W6622.4.2.4	中秋节祭祖	【傈僳族】
W6622.4.3	中秋的饮食	
W6622.4.3.1	八月十五做月饼	［W6149.4.1.4］月饼
W6622.4.3.1.1	在八月十五做月饼是为唤回嫦娥	【汉族】
W6622.4.3.1.2	炕“日月饼”供奉日月，是因为两个饼变成了日月	【白族】
W6622.4.3.1a	八月十五做日月饼	【白族】
W6622.4.3.1a.1	八月十五中秋节烤“日月饼”供奉日月，拜谢老妈妈	【白族】
W6622.4.3.2	八月十五晚上各家要吃月饼、柿子、栗子、核桃、花生、水果等	【汉族】
W6622.4.3.2.1	八月十五吃月饼	【土家族】
W6622.4.3.2.1.1	八月十五吃月饼源于庆祝胜利	【汉族】
W6622.4.3.2.1.2	八月十五吃月饼源于董永和七仙女	【汉族】
W6622.4.3.3	八月中秋夜吃甜芦粟（中秋节吃芦秫）	【汉族】
W6622.4.3.4	中秋节吃毛栗	
W6622.4.3.4.1	中秋节吃毛栗是为了怀念勇敢无私的毛栗子姑娘	【汉族】
W6622.4.3.5	中秋吃冰糖无丝藕	

W 编码	母题描述	关联项
W6622.4.3.5.1	中秋赏月离不了冰糖无丝藕，以示“冰心无私”	【汉族】
W6622.4.4	中秋节特定的活动	
W6622.4.4.1	中秋娱乐（八月十五的活动）	
W6622.4.4.2	中秋节人们为什么睡到屋外	
W6622.4.4.2.1	中秋节人们睡到屋外是为了拾月华	【汉族】
W6622.4.4.2.1a	中秋守月华	【汉族】@［W6622.5.3］八月十六夜晚“等月华”
W6622.4.4.2.1b	八月十五谁吃了月华，谁就能成仙上天	【汉族】
W6622.4.4.3	中秋赏月	
W6622.4.4.3.1	中秋赏月是为了尝到嫦娥酒的桂花酒或闻到酒气	【汉族】
W6622.4.4.3.2	八月十五晚上家家团聚赏月	【汉族】
W6622.4.4.4	八月十五中秋节供奉日月，拜谢老妈妈	【白族】
W6622.4.4.5	中秋节拜月（八月十五祭月）	【汉族】【壮族】
W6622.4.4.5.1	八月十五祭月时占卜	【汉族】
W6622.4.4.6	八月十五祭特定人物	
W6622.4.4.6.1	八月十五祭盘古	【壮族】@［W6622.1.1］八月初二祭盘古
W6622.4.4.6.2	八月十五日敬仙奶	【壮族】
W6622.4.4.6.3	中秋节祭祖神	【白族】
W6622.4.4.7	八月十五祭特定物	
W6622.4.4.7.1	八月十五拜扁担	【蒙古族】
W6622.4.4.7.2	八月十五祭粮仓	【壮族】
W6622.4.4.8	八月十五等桂枝降落	【汉族】
W6622.4.5	八月十五的其他特定名称	

W 编码	母题描述	关联项
W6622.4.5.1	八月十五是丰收节	【锡伯族】@［W6627.50.2］锡伯族每年的八月十五为丰收节
W6622.4.5.2	中秋节俗称“八月节”,	【汉族】
W6622.4.5.3	中秋节又称“团圆节”	
W6622.4.5.4	八月十五新米节	【拉祜族】
W6622.4.5.5	中秋节是献新节	【白族】
W6622.4.6	八月十五的禁忌	
W6622.4.7	八月十五有关传说	
W6622.4.7.1	八月十五晚上开天门	【汉族】
W6622.4.8	与中秋节有关的其他母题（与八月十五有关的其他母题）	［W6627.26.3］拉祜族八月十五月亮节（拉祜族八月十五哈巴节）
W6622.4.8.1	八月中旬请月亮姑娘下凡	【壮族】
W6622.4.8.2	八月十六中秋节	
W6622.4.8.2.1	浙江宁波一带八月十六过中秋节	【汉族】
W6622.5	八月十六的节日	
W6622.5.1	八月十六吃月饼	【汉族】
W6622.5.1.1	宁波人在八月十六日吃月饼	【汉族】
W6622.5.2	八月十六献新节	
W6622.5.2.1	八月十六鹤庆白族纪念水草大王和五谷娘娘的“本主会”	【白族】
W6622.5.3	八月十六夜晚“等月华”	
W6622.5.3.1	八月十六夜晚众人睡在露天，张着嘴巴等月华从天上掉进嘴里	【汉族】@［W6622.4.4.2.1］中秋节人们睡到屋外是为了拾月华
W6622.6	八月十八的节日	
W6622.6.1	八月十八游神祈丰收	【汉族】
W6622.6.2	八月十八日庙里戏台唱戏	【汉族】

W 编码	母题描述	关联项
W6622.6.3	八月十八"看潮头"	
W6622.6.3.1	八月十八"看潮头"时人与龙太子相会	【汉族】
W6622.7	八月二十三日剽羊节	
W6622.7.1	八月二十三日剽羊节祭猎神	【白族】
W6622.8	与八月节日有关的其他母题	［W6627.18.8.1.1］哈尼族每年农历八月龙日祭献塔婆祖母
W6623	**九月的节日**	
W6623.1	九月初一节日	
W6623.2	重阳节（九月九）	
W6623.2.1	重阳节的来历	
W6623.2.2	重阳节的内容（重阳节的活动）	
W6623.2.2.1	重阳节登高	【汉族】
W6623.2.2.1.1	九月九登高避灾	【汉族】
W6623.2.2.1.1.1	九月九这天桓景除杀瘟魔，所以这一天人们登高避祸	【汉族】
W6623.2.2.1.1.2	九月九上山上躲避瘟魔	【汉族】
W6623.2.2.2	重阳节敬神（重阳节谢神）	
W6623.2.2.2.1	九月九煮肉谢神	【赫哲族】
W6623.2.2.2.2	重阳节敬献灶王爷	【汉族】
W6623.2.2.3	重阳节吃特定物	
W6623.2.2.3.1	重阳节家家要吃糕	【汉族】
W6623.2.2.3.1.1	重阳糕	
W6623.2.2.3.1.1.1	重阳糕上要插面小旗子	【汉族】
W6623.2.2.4	九月九做其他特定事情	
W6623.2.2.4.1	九月九插茱萸	【汉族】
W6623.2.3	重阳节的情形	
W6623.2.4	与重阳节有关的其他母题	
W6623.3	九月初十节日	

W 编码	母题描述	关联项
W6623.3.1	九月初十祭盘古	【汉族等】
W6623.4	九月十九节日	
W6623.4.1	九月十九到盘古庙里祭拜观音	【汉族等】@［W6464.1.4.3.1］每年农历二月十九日、六月十九日和九月十九日在观音庙举行观音会
W6623.5	与九月节日有关的其他母题	
W6624	**十月的节日**	
W6624.1	十月初一节日（十月一）	［W6495.2］祭祖
W6624.1.1	十月初一祭神	
W6624.1.1.1	农历十月初一酬神还愿	【羌族】
W6624.1.2	十月初一祭祖（十月初一祭祖节的来历）	
W6624.1.3	十月初一寒衣节	
W6624.1.3a	十月初一“寒食节”	
W6624.1.3a.1	十月初一“寒食节”家家上坟祭祖，吃饺子、油条	【汉族】
W6624.1.4	十月初一上坟烧纸	【汉族】
W6624.1.4.1	农历十月初一上坟祭祖烧纸	【汉族】
W6624.1.4a	十月初一又称“鬼节”	【汉族】
W6624.1.5	十月初一敬牛郎	
W6624.1.5.1	十月初一烙油馍敬牛郎	【汉族】
W6624.2	十月初十节日	
W6624.2.1	十月初十祭祀神山	【彝族（撒梅人）】
W6624.3	十月十五日节日	
W6624.3.1	十月十五下元节	
W6624.3.2	十月十五特定的庙会	
W6624.3.2.1	十月十五日陈抟生日在陈抟庙举办庙会	【汉族】

W 编码	母题描述	关联项
W6624.3.3	十月十五祭神农	
W6624.3.3.1	十月十五用黍米粉制成灯糕以纪念炎帝神农氏	【汉族】
W6624.4	十月十六节日	
W6624.4.1	十月十六“庆盘古”	【苗族】@［W6627.51.3］瑶族十月十六盘王节
W6624.4.2	十月十六耍歌堂	
W6624.4.2.1	十月十六日盘王婆诞辰时耍歌堂每隔三年乃至五年一次	【瑶族】
W6624.5	十月十八节日	
W6624.5.1	十月十八盘古庙里祭拜瑶母	【汉族等】
W6624.6	十月二十一节日	
W6624.6.1	十月二十一盘古诞辰纪念日	【民族无考】
W6624.7	与十月节日有关的其他母题	
W6625	**十一月的节日**	
W6625.1	十一月初一节日	【汉族】
W6625.2	十一月十五节日	
W6625.3	十一月十六节日	
W6625.4	十一月二十日节日	【汉族】
W6625.5	十一月二十二日节日	
W6625.6	十一月二十五日节日	
W6625.7	与十一月节日有关的其他母题	［W6627.27.3］黎族十一月二十年
W6625.7.1	冬至	【关联】①
W6625.7.1.1	冬至祭风神	【彝族（白彝）】@［W0292］风神
W6625.7.1.1a	十一月冬至时祭祖	【壮族】
W6625.7.1.2	每年冬至吃饺子的来历	

① ［W6611.6.7.1］皇帝冬至时过年；［W6611.6.7.2］官吏冬至时过年。

W 编码	母题描述	关联项
W6625.7.1.2.1	每年冬至吃饺子源于张仲景	【汉族】
W6625.7.1.2.2	冬至不端饺子会冻掉耳朵	【汉族】
W6625.7.1.3	十一月中的冬至节杀羊祭煤窑神老君爷	【民族，关联】①
W6626	**十二月的节日（腊月的节日）**	
W6626.0	十二月初一节日（腊八初一）	
W6626.0.1	腊月初一跳傩驱疫	【汉族】@［W6931.3.0a.6］傩舞
W6626.1	十二月初八节日（腊八节）	
W6626.1.1	腊八节的来历	
W6626.1.1.1	腊八节是为纪念释迦牟尼为悉达多王子时于农历腊月初八成佛	【汉族】@［W6601.2.2.1］为纪念释迦牟尼形成腊八节
W6626.1.1.2	为纪念一位童养媳，十二月初八家家户户都拿各种素菜和果实煮成邋遢粥	【汉族】
W6626.1.1.3	为纪念被冤枉而死的人形成腊八节	【汉族】
W6626.1.2	腊八节的情形（腊八节活动；腊八节内容）	
W6626.1.2.1	腊八节喝粥	【汉族】
W6626.1.2.1.1	腊八节吃粥是为了纪念释迦牟尼这一天成佛	【汉族】
W6626.1.2.1.2	万岁爷颁圣旨规定每年的腊月初八早上家家要煮腊八粥	【汉族】
W6626.1.2.1.2.1	朱元璋下令制作并命名“腊八粥”	【汉族】
W6626.1.2.1.2.1a	朱元璋的母亲发明“腊八粥”	【汉族】

① 【汉族】@［W6611.3.1.1.1.1］过年初一早晨杀羊祭神；［W6627.17.1.1.2.2］仡佬族三月初三杀羊祭神树。

W 编码	母题描述	关联项
W6626.1.2.1.3	腊八煮腊八黏粥是为了告诫人爱惜粮食	【汉族】
W6626.1.2.1.3a	腊八煮腊八黏粥是为了告诫人不学好吃不做的懒夫妻	【汉族】
W6626.1.2.1.3b	腊八煮腊八黏粥是为了让人以好吃懒做的人为戒	【汉族】
W6626.1.2.1.4	效仿改邪归正的小两口发奋勤俭持家煮腊八粥	【汉族】
W6626.1.2.1.5	腊八时，家家用大米、玉米、豆类、花生、果仁等放在一起煮粥吃（腊八粥）	【汉族】
W6626.1.2.1.6	腊八粥源于一对懒夫妻清出粮囤底的高粱、谷子、黑豆、绿豆等八样粮食熬粥，教人改邪归正，勤俭持家	【汉族】
W6626.1.2.2	腊八击鼓驱疫	【汉族】
W6626.1.2.3	腊八祭灶	【汉族】@［W6495.11.53.2.1c］农历十二月初八祭灶神
W6626.1.2.4	十二月初八搬冰	【汉族】
W6626.1.3	与腊八节有关的其他母题	
W6626.2	冬节	
W6626.2.1	冬节的来历	
W6626.3	腊月二十三日（小年；小年节；祭灶节；祀灶日）	
W6626.3.1	腊月二十三的来历（腊月二十三过小年；小年的来历）	【汉族】［W6627.33.8.5.1.1］蒙古族腊月二十三过小年
W6626.3.1.1	腊月二十三灶王爷上天言好事	【汉族】
W6626.3.1.1a	腊月二十三灶王爷上天见老天爷替老百姓讲情	【汉族】

W 编码	母题描述	关联项
W6626.3.1.2	腊月二十三是灶神回上天汇报人间善恶情况、请上天赏罚的日子，所以这天定为祭灶日	【汉族】
W6626.3.1.3	腊月二十三是为了纪念教人种荞麦的乔世济老两口的忌日	【汉族】
W6626.3.2	腊月二十三的情形（腊月二十三的活动）	
W6626.3.2.1	腊月二十三祭灶神的来历	
W6626.3.2.1.1	腊月二十三祭灶王是因为他要到天上去报事	【汉族】
W6626.3.2.2	十二月二十三日晚上敬拜火神	【鄂伦春族】
W6626.3.2.3	腊月二十三日晚上祭灶时在锅灶前焚香敬灶王爷和灶王奶奶	【汉族】
W6626.3.2.3a	腊月二十三晚上张灯结彩，鸣鞭放炮，先给灶王爷摆供上香，再到家庙祭拜历代宗亲	【汉族】
W6626.3.2.4	腊月二十三晚上家家户户都不吃稀饭	【汉族】
W6626.3.2.5	二十三请灶爷买灶蜡儿	【汉族】
W6626.3.2.6	腊月二十三做汤面条	【汉族】
W6626.3.2.7	腊月二十三晚上烙火烧敬灶王	【汉族】
W6626.3.2.8	腊月二十三过小年蒸黏糕，买糖瓜儿来祭灶王是为了把他的嘴给粘上	【汉族】
W6626.3.2.8a	腊月二十三祭灶时，要用麦芽糖祭灶神，意为让灶神甜嘴，到上天汇报时说好话	【汉族】
W6626.3.2.8b	腊月二十三灶神上天之前，用糖瓜做供品来祭灶神	【汉族】
W6626.3.2.8c	腊月二十三灶上放一些糖瓜，让灶王爷吃后回到天上，啥话也说不出来，不敢说瞎话	【汉族】

W 编码	母题描述	关联项
W6626.3.2.9	腊月二十三的其他情形	
W6626.3.2.9.1	腊月二十三祭灶神时把五谷杂粮蒸成熟食供在牌位前	【汉族】
W6626.3.2.9.2	腊月二十三“送灶节”献灶糖	【汉族】
W6626.3.2.9.3	十二月二十三或二十四，在灶头上烧香点烛，供着慈姑、馄饨和用饴糖做的滥斩糖捏成元宝状，祭祀灶君公公	【汉族】
W6626.3.2.9.4	腊月二十三，老灶爷骑马上天，初一五更里回来	【汉族】
W6626.3.3	过小年的其他时间	【关联】①
W6626.3.3.1	腊月二十二过小年	【汉族】
W6626.3.3.2	腊月二十四过小年	【汉族】
W6626.3.3.2.1	为什么百姓腊月二十四过小年	
W6626.3.3.2.1.1	迁徙时安家晚的人腊月二十四过小年	【汉族】
W6626.3.3.3	腊月二十五过小年	
W6626.3.4	与腊月二十三过小年有关的其他母题	【关联】②
W6626.3.4.1	腊月廿三、廿四、廿五是送灶王爷上天的日子	【汉族】
W6626.3.4.2	腊月二十三祭灶的不同名称	
W6626.3.4.2.1	腊月二十三祭灶就是祭灶神	【汉族】
W6626.3.4.2.2	腊月二十三祭灶就是祭灶神，也有的地方叫祭灶君	【汉族】
W6626.3.4.2.3	腊月二十三祭灶有的地方叫祭灶王	【汉族】

① ［W6611.8.2］小年；［W6611.8.2.2］正月三十到二月初一日过小年；［W6612.8.3.1］正月十五、十六这两天，黄河沿岸的人吃饺子、元宵，叫过“小年”；［W6615.6.2］正月初六过小年。

② ［W6611.1.9.2.1.1］撒梅人把阿喇治瘟疫采草药归来的六月二十五日称为“小年”；［W6611.8.2］小年；［W6615.6.2］正月初六过小年；［W6626.9.6.1］每月三十日灶王爷上奏天庭。

W 编码	母题描述	关联项
W6626.3.4.2.4	腊月二十三祭灶有的地方叫祭灶王爷	【汉族】
W6626.3.4.2.5	腊月二十三“送灶节”	【汉族】
W6626.3.4.2.6	腊月廿三俗称小年下	【汉族】
W6626.4	腊月二十四	
W6626.4.1	腊月二十四扫房日	【汉族】
W6626.4.1.1	为什么腊月二十四扫房子	
W6626.4.2	腊月二十四是送灶日	【汉族】
W6626.4.2.1	腊月二十四送灶日这天要把糯米团子塞在灶君菩萨神像嘴上	【汉族】
W6626.4.2.2	腊月二十四日当晚送灶君回天宫述职	【汉族】
W6626.4.2.3	十二月二十四，每家每户都要掸烟尘送灶君	【汉族】
W6626.4.2a	腊月二十四祭灶君	
W6626.4.2a.1	腊月十四日扎纸马，烧刀火纸，让灶君向玉帝说好话	【汉族】
W6626.4.3	腊月二十四日交年	
W6626.4.3.1	腊月二十四日交年贴灶马于灶上	【多民族】
W6626.4.3.2	腊月二十四日交年以酒糟涂抹灶门，谓之醉司命	【多民族】
W6626.5	腊月二十五	
W6626.5.1	腊月二十五磨豆腐	【汉族】
W6626.5.2	腊月二十五接玉皇	
W6626.5.3	腊月二十五送灶王爷	
W6626.5.3.1	腊月二十五送碗麦芽糖给灶王爷	【汉族】
W6626.5.4	腊月二十五日过小年	
W6626.5.4.1	王爷规定以后建昌府的百姓改在腊月二十五日过小年	【汉族】

W 编码	母题描述	关联项
W6626.5.4.2	腊月二十五日过小年时在屋脊上安兽头	【汉族】
W6626.6	腊月二十六	
W6626.6.1	腊月二十六备年饭	
W6626.6.1.1	十二月二十六、二十七两日（猪、鼠日）舂碓，准备好十三天吃的粮食	【傈僳族】
W6626.6.2	腊月二十六去割肉	【汉族】
W6626.7	腊月二十七	
W6626.7.1	腊月二十七杀灶鸡	【汉族】
W6626.7.2	腊月二十七日杀公鸡	【汉族】
W6626.8	腊月二十八	
W6626.8.1	腊月二十八把面发	【汉族】
W6626.8.2	十二月二十八日（兔日）杀猪煮酒，清扫房间	【傈僳族】
W6626.8.3	腊月二十八日贴对联	【汉族】
W6626.8.4	腊月二十八贴花花	【汉族】
W6626.9	与腊月节有关的其他母题（与十二月节日有关的其他母题）	［W6627.36.6］纳西族十二月禳鬼
W6626.9.0	十二月初四	
W6626.9.0.1	十二月初四祭盘古	【汉族】
W6626.9.1	腊月初十	
W6626.9.2		
W6626.9.2.1	腊月十六扫檐尘，杀年猪	【羌族】@［W6627.5.8.3］布依族杀年猪须择吉日
W6626.9.2.2	伊斯兰教教历每年十二月十日为忠孝节	【回族】
W6626.9.3	腊月十二（十二月十二节日）	
W6626.9.3.1	十二月十二日祭祀蚕桑娘娘	【汉族】
W6626.9.4	腊月二十二	

W 编码	母题描述	关联项
W6626.9.4.1	腊月二十二日扫檐尘，杀年猪	【羌族】@［W6627.5.8.3］布依族杀年猪须择吉日
W6626.9.5	腊月二十九	［W6611.9.2.1.3.1］腊月二十九日晚至正月初三、四这段时间忌洗碗、扫地
W6626.9.5.1	腊月二十九蒸供品	【傈僳族】
W6626.9.5.2	腊月二十九去灌酒	【汉族】
W6626.9.6	腊月三十	
W6626.9.6.1	每月三十日灶王爷上奏天庭	【中华民族】
W6626.9.6.2	腊月三十捏鼻（包饺子）	【汉族】
W6626.9.7	腊月最后几天	
W6626.9.7.1	岁末驱火神	【侗族】
W6627	**民族节日（特定民族的节日）**[①]	［W5536］民族的生活习俗
W6627.1	阿昌族的节日（阿昌族节日的来历）	
W6627.1.1	阿昌族正月初四窝罗节	
W6627.1.1.1	阿昌族正月初四窝罗节纪念天公地母	【阿昌族】@［W6607.1.1.1］纪念天公地母形成窝罗节
W6627.1.2	阿昌族五月十三泼水节	【阿昌族】
W6627.1.3	阿昌族尝新节	
W6627.1.3.1	尝新节祭祀传人耕作的老寡妇	【阿昌族】
W6627.1.4	阿昌族泼花水节	
W6627.1.4.1	阿昌族每年清明的前七日过泼花水节	【阿昌族】
W6627.2	白族的节日（白族节日的来历）	

① 民族节日（特定民族的节日），中国55个少数民族节日非常繁多，许多节日的产生与举行往往都与神话母题有着千丝万缕的联系，有些直接承载着神话的演述。在此只对民族节日做出母题编目方面提示，或者只是选取其中的某些个案，一些具体的民族节日可参见相关资料或田野调查进行补充。

W 编码	母题描述	关联项
W6627.2.0	白族正月十五“青姑娘”节	【白族】@［W6612.4.1］正月十五是白族未婚女子的“青姑娘”节
W6627.2.0.1	正月十五纪念青姑娘	【白族】
W6627.2.0a	白族农历正月初三开始祭祖	【白族】
W6627.2.0a.1	农历正月初三开始本主节祭本主	【白族】
W6627.2.1	白族二月初八耕牛节	【白族】
W6627.2.2	白族三月十五	
W6627.2.2.1	白族三月十五三月街	【白族】
W6627.2.2.2	三月十五是朝山的日子	【白族】
W6627.2.2a	白族三月中旬观音会	【白族】
W6627.2.3	白族四月廿三至廿五日节日	
W6627.2.3.1	白族农历四月廿三至廿五日三天是绕山林的节日	【白族】
W6627.2.3a	四月八日祭龙	
W6627.2.3a.1	四月八日是白龙老爷诞辰，化龙村白族祭龙	【白族】
W6627.2.4	白族八月十五中秋节	
W6627.2.4.1	白族八月十五中秋节炕“日月饼”	【白族】@［W6622.4.3.1.2］炕“日月饼”供奉日月，是因为两个饼变成了日月
W6627.2.4.2	白族中秋节到螺峰山庙祭献水草大王和五谷娘娘	【白族】
W6627.2.5	白族八月十六“献新节”	
W6627.2.5.1	白族八月十六“献新节”纪念水草大王和五谷娘娘	【白族】
W6627.2.5a	白族八月十五（白族中秋节）	
W6627.2.5a.1	白族中秋节称“献新节”，也叫“献心节”	【白族】
W6627.2.6	白族六月六	

W 编码	母题描述	关联项
W6627.2.6.1	白族六月六日在五谷庙举行盛会祭祀青苗太子	【白族】
W6627.2.6.2	白族六月十五绕海会	【白族】
W6627.2.6a	白族六月二十五	
W6627.2.6a.1	白族六月二十五祭五谷神	【白族】
W6627.2.7	白族七月七	【白族】［W6614.3.0.3］七月七日各村到祭祀台祭虫
W6627.3	保安族的节日（保安族节日的来历）	
W6627.4	布朗族的节日（布朗族节日的来历）	
W6627.4.1	布朗族松鼠节	
W6627.4.1.1	布朗族过松鼠节是因为松鼠取火有功	【布朗族】
W6627.5	布依族的节日（布依族节日的来历）	
W6627.5.0	布依族正月的节日	
W6627.5.0.1	布依族正月初一（布依族春节）	
W6627.5.0.1.1	布依族正月初一“牵石牛”	【布依族】
W6627.5.0.1.2	布依族正月初一有多种禁忌	【布依族】
W6627.5.0.1.2.1	布依族正月初一忌动土伤地脉龙神	【布依族】
W6627.5.0.1.2.1a	布依族正月初一至初二不能动土	
W6627.5.0.1.2.1b	布依族正月初一至初三不动土	【布依族】@［W6627.5.0.1.4.5a］布依族春节或春节后未动土之前，家家户户都要举行“谢土”（谢土地神）仪式
W6627.5.0.1.2.2	布依族正月初一忌做针线活、乱摔东西	【布依族】

W 编码	母题描述	关联项
W6627.5.0.1.2.3	布依族正月初一忌看见绳子和刀具	【布依族】
W6627.5.0.1.2.4	布依族正月初一早上忌女性先去别人家	【布依族】
W6627.5.0.1.2.5	布依族正月初一忌白天大人躺在床上	【布依族】
W6627.5.0.1.2.6	布依族正月初一忌向大门外倒水	【布依族】
W6627.5.0.1.2.6a	布依族春节期间忌向大门外倒水	【布依族】
W6627.5.0.1.2.7	布依族正月初一忌用嘴吹火	【布依族】
W6627.5.0.1.2.8	布依族正月初一忌开柜	【布依族】
W6627.5.0.1.2.9	与布依族正月初一禁忌有关的其他母题	
W6627.5.0.1.2.9.1	布依族正月初一忌供品放盐	【布依族】
W6627.5.0.1.2.9.2	布依族正月初一忌特定饮食	
W6627.5.0.1.2.9.2.1	布依族正月初一忌禁酒（布依族正月初一忌提到“酒”字）	【布依族】
W6627.5.0.1.2.9.2.2	布依族正月初一忌吃粽子粑	【布依族】
W6627.5.0.1.2.9.2.2a	布依族正月初一“新年粑”在当天只作供祖，家人忌吃	【布依族】
W6627.5.0.1.2.9.2.2b	布依族正月初一米下锅	【布依族】
W6627.5.0.1.2.9.3	布依族正月初一忌外出做客	【布依族】
W6627.5.0.1.2.9.3a	布依族正月初一忌出远门	【布依族】
W6627.5.0.1.2.9.4	布依族正月初一忌借物	【布依族】
W6627.5.0.1.2.9.5	布依族初一至十五忌震动地下	【布依族】
W6627.5.0.1.2.9.5a	布依族初一至十五忌说不吉利的话	【布依族】
W6627.5.0.1.2.9.5b	布依族初一至十五忌舂碓、推磨	【布依族】
W6627.5.0.1.2.9.5c	布依族初一至十五忌争吵	【布依族】
W6627.5.0.1.2.9.5d	布依族初一至十五忌劈柴	【布依族】

W 编码	母题描述	关联项
W6627.5.0.1.2.9.5e	布依族初一至十五忌屋外晾晒衣物	【布依族】
W6627.5.0.1.2.9.6	布依族初一至初三忌扫地	【布依族】
W6627.5.0.1.2.9.6a	布依族初一至初三忌梳头	【布依族】
W6627.5.0.1.2.9.6b	布依族初一至初三忌烙干锅	【布依族】
W6627.5.0.1.3	布依族正月初一打糍粑	【布依族】
W6627.5.0.1.4	布依族正月初一祭祀	
W6627.5.0.1.4.1	布依族正月初一祭祖	
W6627.5.0.1.4.1.1	布依族正月初一妇女到有水的地方买“仙水”，男人在家做“斋肴”（素菜）祭祖	【布依族】
W6627.5.0.1.4.1.2	布依族春节忌杀白毛猪祭祖	【布依族】
W6627.5.0.1.4.2	布依族正月初一送祖宗	
W6627.5.0.1.4.2.1	布依族正月初一下午 5 时左右鸣炮送祖宗出门	【布依族】
W6627.5.0.1.4.2.2	布依族正月初一晚上送祖	【布依族】
W6627.5.0.1.4.3	布依族正月初一祭铜鼓（妥云）	【布依族】
W6627.5.0.1.4.4	布依族正月初一猎人的首领用一只公鸡敬供山神	【布依族】
W6627.5.0.1.4.5	布依族正月初一家家早晚都要拿刀头酒礼去土地庙供祭	【布依族】
W6627.5.0.1.4.5a	布依族春节或春节后未动土之前，家家户户都要举行“谢土”（谢土地神）仪式	【布依族】
W6627.5.0.1.4.6	布依族正月初一凌晨“敬井神”	【布依族】
W6627.5.0.1.5	布依族正月初一各家的姑娘或媳妇们抢早挑新水	【布依族】
W6627.5.0.1.6	布依族春节子时放鞭炮	【布依族】
W6627.5.0.1.7	布依族正月初一拜年	【布依族】

W 编码	母题描述	关联项
W6627.5.0.1.7a	布依族未送走祖宗之前不走亲拜年	【布依族】
W6627.5.0.1.7b	布依族春节拜年进家时先到堂屋面向神龛作揖敬拜	【布依族】
W6627.5.0.1.8	布依族正月初一避雷神	【布依族】
W6627.5.0.1.9	与布依族正月初一有关的其他母题	
W6627.5.0.1.9.1	布依族春节又称“香老”	【布依族】
W6627.5.0.1.9.2	布依族春节又称“姑将”	【布依族】
W6627.5.0.1.9.3	布依族春节祈愿	
W6627.5.0.1.9.3.1	布依族家道不兴人家春节期间择吉日请布摩举行请龙仪式	【布依族】
W6627.5.0.1.9.4	布依族春节娱乐	
W6627.5.0.1.9.4.1	布依族岁时击铜鼓为欢	【布依族】
W6627.5.0.1.9.5	布依族过年举行巫术活动	【布依族】
W6627.5.0.2	布依族正月初二	
W6627.5.0.2.1	布依族正月初二送家神（装包哑）	【布依族】
W6627.5.0.2.2	布依族正月初二忌进菜地或下土	【布依族】
W6627.5.0.2.3	布依族正月初二至初四择吉日下米煮饭	【布依族】
W6627.5.0.2.4	布依族正月初二夜需送祖神（放老祖公）	【布依族】
W6627.5.0.2.5	布依族正月初二、初三拜年	【布依族】
W6627.5.0.2a	布依族正月初三	
W6627.5.0.2a.1	布依族正月初三贴红纸求家畜健壮	【布依族】
W6627.5.0.2a.2	布依族正月初三送祖	【布依族】
W6627.5.0.2a.2.1	布依族正月初三送祖时用甜酒粑和新做的饭供祖	【布依族】
W6627.5.0.2a.3	布依族正月初三向龙王买水	【布依族】

W 编码	母题描述	关联项
W6627.5.0.2b	侗族正月初七	
W6627.5.0.2b.1	侗族正月初七人日不出门	【布依族】
W6627.5.0.2c	侗族正月初八	
W6627.5.0.2c.1	侗族正月初八不归家	【布依族】
W6627.5.0.3	布依族正月中旬“扫火星”	【布依族】
W6627.5.0.4	布依族正月十二过鬼日	
W6627.5.0.4.1	布依族正月十二过鬼日为出行忌日	【布依族】
W6627.5.0.4.2	布依族认为正月十二是鬼日	【布依族】
W6627.5.0.5	布依族正月十三用酒肉祭祀祖宗	【布依族】
W6627.5.0.6	布依族正月十四用酒肉祭祀祖宗	【布依族】
W6627.5.0.7	布依族正月十五	【布依族】
W6627.5.0.7.1	布依族正月十五祭祀祖宗	【布依族】
W6627.5.0.7.1.1	布依族正月十五祖坟前上灯祭供	【布依族】
W6627.5.0.7.2	布依族正月十五由寨内每户轮流或公推一人到土地庙祭祀一次	【布依族】@［W6627.5.3.1.1］布依族七月十五由寨内每户轮流或公推一人到土地庙祭祀一次
W6627.5.0.7.3	布依族正月十五煨猪脚祭祖，夜点“长明灯”	【布依族】
W6627.5.0.7.4	布依族正月十五称“小年”	【布依族】
W6627.5.0.7.5	布依族正月十五夜点“长明灯”	【布依族】
W6627.5.0.7.6	布依族正月十五驱虫	【布依族】
W6627.5.0.7.7	布依族正月十五团圆日	【布依族】
W6627.5.0.7.8	布依族正月十五禁忌	
W6627.5.0.7.8.1	布依族正月十五不能动刀	【布依族】
W6627.5.0.7.8.2	布依族正月十五以前不泼水出大门	【布依族】
W6627.5.0.7.9	与布依族正月十五有关的其他母题	

W 编码	母题描述	关联项
W6627.5.0.8	布依族正月最后一天过“了年”	【布依族】
W6627.5.0.8a	布依族正月最后一天过“小年”	【布依族】
W6627.5.0.9	与布依族正月节日有关的其他母题	
W6627.5.0.9.1	布依族正月初五至初七青年赶“仙姑田”对歌“浪哨”	【布依族】
W6627.5.0.9.2	布依族正月初一至十五为过年	【布依族】
W6627.5.0.9.2a	多数布依族姓氏在初三收年	【布依族】
W6627.5.0.9.3	布依族腊月三十夜到正月十五早上与祖先共度佳节	【布依族】@［W6627.5.6b.4］布依族除夕接祖宗
W6627.5.0a	布依族二月的节日	
W6627.5.0a.1	布依族二月二	
W6627.5.0a.1.1	布依族二月初二祭土地	【布依族】
W6627.5.0a.1.2	布依族二月初二许多姓氏宗族要祭“官厅”	【布依族】
W6627.5.0a.1.3	布依族二月二祭小白龙	【布依族】
W6627.5.0a.1.4	布依族二月二祭祖	【布依族】
W6627.5.0a.1.5	布依族媳妇过完二月二要回婆家参加劳动	【布依族】
W6627.5.0a.2	布依族二月立春后四五天俗名春社	【布依族】
W6627.5.0a.3	布依族每年二月间都要扫一次寨（送独然鬼）	【布依族】
W6627.5.1	布依族三月的节日	
W6627.5.1.1	布依族三月三	
W6627.5.1.1.1	布依族三月三祭龙神	【布依族】
W6627.5.1.1.2	布依族三月初三祭山	【布依族】
W6627.5.1.1.2.1	布依族三月三宰牛祭山	【布依族】
W6627.5.1.1.2a	布依族三月初三祭山神	【布依族】
W6627.5.1.1.3	布依族三月初三祭山神、社神	【布依族】

W 编码	母题描述	关联项
W6627.5.1.1.4	布依族三月初三祭山神和祖先	【布依族】
W6627.5.1.1.5	布依族三月初三祭土地神	【布依族】
W6627.5.1.1.6	布依族三月三祭其他特定对象	
W6627.5.1.1.6.1	布依族三月三祭神母娘娘	【布依族】
W6627.5.1.1.6.2	布依族三月三祭特定的首领	【布依族】
W6627.5.1.1.6.3	布依族三月三祭老鹰坟	【布依族】
W6627.5.1.1.6.4	布依族三月三祭主神	【布依族】
W6627.5.1.1.7	布依族三月三其他活动	
W6627.5.1.1.7.1	布依族三月三扫寨	【布依族】
W6627.5.1.1.7.1.1	布依族三月三扫寨“赶鬼”	【布依族】
W6627.5.1.1.7.2	布依族三月三蒸三色糯米饭	【布依族】
W6627.5.1.1.7.3	布依族三月三吃特定食物	
W6627.5.1.1.7.3.1	布依族三月三要吃白、黄、黑三色糯米饭	【布依族】
W6627.5.1.1.8	布依族三月三禁忌	
W6627.5.1.1.8.1	布依族三月三忌外人和本寨出外回家的人进寨	【布依族】
W6627.5.1.1.9	与布依族三月三有关的其他母题	
W6627.5.1.1.9.1	布依族三月三姑娘节	【布依族】
W6627.5.1.1.9.2	布依族三月三挂亲节	【布依族】
W6627.5.1.1.9.2.1	布依族三月三穿上节日服装上坟“挂亲”祭祖	【布依族】
W6627.5.1.1.9.3	布依族三月三地蚕会	【布依族】@［W6617.2.4.3］三月三又称“地蚕会”
W6627.5.1.2	布依族三月初扫寨（扫火星）	【布依族】
W6627.5.1a	布依族四月初八	
W6627.5.1a.1	布依族四月八“栽秧节”	【布依族】
W6627.5.1a.1a	布依族四月八“开秧门”	【布依族】
W6627.5.1a.2	布依族四月八“牛王节”	【布依族】

W 编码	母题描述	关联项
W6627.5.1a.2.0	布依族四月八“牛王节”纪念耕牛	【布依族】
W6627.5.1a.2.1	布依族四月初八祭牛神	【布依族】
W6627.5.1a.2.2	布依族四月初八忌役牛	【布依族】@［W6627.17.1a.1.2］仡佬族四月初八忌役牛
W6627.5.1a.2.3	布依族四月初八用黑糯饭或五色糯米饭喂牛，让牛休息一天	【布依族】
W6627.5.1a.3	布依族四月八忌动土耕种	【布依族】
W6627.5.1a.4	布依族四月八扮棉花	【布依族】
W6627.5.1a.5	布依族四月八斗石仗	【布依族】
W6627.5.1a.6	有的布依族四月八过牧童节	【布依族】
W6627.5.1b	布依族五月的节日	
W6627.5.1b.1	布依族五月初五（布依族端午）	
W6627.5.1b.1.1	布依族五月初五祭祀	
W6627.5.1b.1.1.1	布依族五月初五家家敬供祖先	【布依族】
W6627.5.1b.1.1.2	布依族端午祭龙王	【布依族】
W6627.5.1b.1.2	布依族五月初五门上挂菖蒲、陈艾，饮雄黄酒	【布依族】
W6627.5.1b.1.3	布依族五月初五房屋周围洒雄黄酒驱蚊蛇	【布依族】
W6627.5.1b.1.4	布依族五月初五赛龙舟	【布依族】
W6627.5.1b.2	布依族五月寅申节	
W6627.5.1b.2.1	布依族五月中旬的寅日或申日祭祀山林和水口	【布依族】@［W6627.5.2.1.2.3］布依族六月六祭田神（布依族六月六祭水口神）
W6627.5.2	布依族六月的节日	
W6627.5.2.1	布依族六月六（布依族六月节）	
W6627.5.2.1.1	布依族六月六的产生（布依族六月六的原因）	

W 编码	母题描述	关联项
W6627.5.2.1.1.1	布依族每年六月六到天王石前祭祀祈福	【布依族】
W6627.5.2.1.1.1.1 *	布依族六月六源于《天王的故事》	【布依族】
W6627.5.2.1.1.2	布依族六月六是纪念祖先盘古谢世之日	【布依族】
W6627.5.2.1.1.2 *	布依族六月六与《盘古王的故事》有关	【布依族】
W6627.5.2.1.1.3	布依族六月六源于纪念布依族群众反抗强暴胜利	【布依族】
W6627.5.2.1.2	布依族六月六祭祀特定人物	
W6627.5.2.1.2.1	布依族六月六祭山神和社神	【布依族】
W6627.5.2.1.2.1.1	布依族六月六祭山神	【布依族】
W6627.5.2.1.2.2	布依族六月六祭土地神	【布依族】
W6627.5.2.1.2.3	布依族六月六祭田神（布依族六月六祭水口神）	【布依族】
W6627.5.2.1.2.3.1	布依族六月六主要内容是祭田神	【布依族】
W6627.5.2.1.2.3.2	布依族有的地方六月六祭田神时兼祭“山神”或“天王神”	【布依族】
W6627.5.2.1.2.4	布依族六月六祭祖先	
W6627.5.2.1.2.4.1	布依族六月六包粽粑供祖	【布依族】
W6627.5.2.1.2.5	布依族六月六祭大禹	【布依族】
W6627.5.2.1.2.6	布依族六月六祭供仙王	【布依族】
W6627.5.2.1.3	布依族六月六举行“扫坝”仪式（布依族六月六驱虫）	【布依族】@［W6627.5.2.3］布依族六月七日“防虫灾”
W6627.5.2.1.3.1	布依族六月六驱蝗虫	【布依族】
W6627.5.2.1.3a	布依族六月六大型的赶虫仪式叫“扫田坝”	【布依族】
W6627.5.2.1.3b	布依族六月六早晨到中午时分举办驱虫仪式	【布依族】

W 编码	母题描述	关联项
W6627.5.2.1.4	布依族六月六吃团圆饭	
W6627.5.2.1.4.1	布依族新婚妇女要接回娘家过六月节，一家吃团圆饭	【布依族】
W6627.5.2.1.5	布依族六月六龙晒骨	【布依族】
W6627.5.2.1.6	布依族六月六的其他活动	
W6627.5.2.1.6.1	布依族六月六有特定活动	
W6627.5.2.1.6.1.1	布依族六月六有祭“天王石”、晒衣裳和唱歌情侣三项活动	【民族，关联】①
W6627.5.2.1.7	与布依族六月六有关的其他母题	
W6627.5.2.1.7.1	布依族六月六的时间（布依族六月节的时间）	
W6627.5.2.1.7.1.1	布依族六月六要过三天	【布依族】
W6627.5.2.1.7.1.2	布依族六月节可选六月初六、十六或二十六	
W6627.5.2.1.7.1.2.1	布依族六月节选六月初六、十六或二十六中的一天，以当地栽完秧即“关秧门”而定	【布依族】
W6627.5.2.1.7.2	布依族六月六祭祖祭神兼玩乐	【布依族】
W6627.5.2.1.7.2.1	布依族六月六晚上玩火把	【布依族】
W6627.5.2.1.7.3	布依族六月六又称“歌节”	【布依族】
W6627.5.2.1.7.4	布依族六月六又称“清洁节”	【布依族】
W6627.5.2.2	布依族六月起逢辰日过“尝新节”（布依族六月龙日尝新节）	【民族，关联】②
W6627.5.2.2.1	布依族节“尝新节”连过三次，分为“头节、二节、三节”	【布依族】
W6627.5.2.3	布依族六月七日“防虫灾”	【布依族】
W6627.5.3	布依族七月的节日	

① 【布依族】@［W6627.5.2.1.1.1］布依族每年六月六到天王石前祭祀祈福；［W6627.5.2.1.5］布依族六月六龙晒骨。

② 【布依族】@［W6627.5.3.3］布依族七月的第一个辰日尝新节（吃新米）；［W6627.5.3.4.1］布依族七月十三尝新节。

W 编码	母题描述	关联项
W6627.5.3.1	布依族七月十五（布依族七月半）	
W6627.5.3.1.1	布依族七月十五由寨内每户轮流或公推一人到土地庙祭祀一次	【布依族】
W6627.5.3.1.2	布依族七月半“送鬼节”	
W6627.5.3.1.2.1	布依族七月半“送鬼节”有尝新习俗	【布依族】
W6627.5.3.1.2.1a	布依族七月十五同时过“吃新节”	【布依族】@［W6627.5.3.8.3.4］布依族七月十四是吃新节
W6627.5.3.1.2.1b	布依族七月半为“吃新节”（根金好磨）	【布依族】
W6627.5.3.1.2.1c	布依族七月半接谷魂	【布依族】
W6627.5.3.2	布依族七月辰日“龙山节”	【布依族】
W6627.5.3.3	布依族七月的第一个辰日尝新节（吃新米）	【布依族】
W6627.5.3.3.1	布依族七月的第一个辰日到田坝中背新稻回家过“吃新节”	【布依族】
W6627.5.3.4	布依族七月十三至十五日为“七月半节”	【布依族】
W6627.5.3.4.1	布依族七月十三尝新节	
W6627.5.3.4.1.1	布依族七月十三晚上让祖先尝新谷	【布依族】
W6627.5.3.4.2	布依族七月十三敬祖宗	【布依族】
W6627.5.3.4a	布依族七月半包括农历七月十三至十五日三天	【布依族】
W6627.5.3.5	布依族七月十五前扫寨（扫火星）	【布依族】
W6627.5.3.6	布依族七月十五祭祀	
W6627.5.3.6.1	布依族七月十五祭祖先	【布依族】@［W6627.5.3.8.3.5］布依族七月十四做褡裢粑供祖

W 编码	母题描述	关联项
W6627.5.3.6.1.1	布依族七月半早晚各上香一次	【布依族】
W6627.5.3.6.2	布依族七月十五祭桥	【布依族】
W6627.5.3.6.3	布依族月十五敬鬼神	【布依族】
W6627.5.3.7	布依族七月十五的其他内容	【布依族】
W6627.5.3.7.1	布依族七月半歌舞	【布依族】
W6627.5.3.7.2	布依族七月半玩山	【布依族】
W6627.5.3.7.3	布依族七月十五晚到河边放冥船	【布依族】
W6627.5.3.7.4	布依族七月十五少女们花灯卜测未来（放花灯）	【布依族】
W6627.5.3.7.5	布依族七月十五青年男女欢聚	【布依族】
W6627.5.3.8	与布依族七月半有关的其他母题	
W6627.5.3.8.1	布依族七月半（吉普席）俗称“送鬼节”	【布依族】
W6627.5.3.8.1a	布依族认为七月十五是鬼日	【布依族】
W6627.5.3.8.2	布依族七月半称为“过七月十四”	【布依族】
W6627.5.3.8.3	布依族七月半节期是七月十四（布依族七月十四又称七月半）	【布依族】
W6627.5.3.8.3.1	布依族七月十四日晚上为祖先烧纸钱	【布依族】
W6627.5.3.8.3.2	布依族认为七月十四祖宗回家，百鬼出门	【布依族】
W6627.5.3.8.3.3	布依族认为七月十四是鬼日	【布依族】
W6627.5.3.8.3.4	布依族七月十四是吃新节	【布依族】
W6627.5.3.8.3.5	布依族七月十四做褡裢粑供祖	【布依族】
W6627.5.3.8.4	布依族七月半的祭品七月十三或十四日准备	【布依族】
W6627.5.3.8.4.1	布依族七月十四扎“龙门”	【布依族】
W6627.5.3.8.4a	布依族七月半前三天准备好祭品	【布依族】

W 编码	母题描述	关联项
W6627.5.3.8.5	布依族七月十五、十六日年轻人和孩童聚集娱乐	【布依族】
W6627.5.3.8.6	布依族七月半禁忌	
W6627.5.3.8.6.1	布依族七月十四、十五忌出行	【布依族】
W6627.5.3.9	与布依族七月节有关的其他母题	
W6627.5.3.9.1	布依族七月禁忌	
W6627.5.3.9.1.1	布依族七月忌到悬崖峭壁等危险处劳作	【布依族】
W6627.5.3.9.1.2	布依族七月忌小孩到深水处游泳	【布依族】
W6627.5.4	布依族八月的节日	
W6627.5.4.1	布依族八月十五	
W6627.5.4.1.1	布依族八月十五求子妇女偷瓜	【布依族】
W6627.5.4.1.2	布依族八月十五晚上偷瓜果	【布依族】
W6627.5.4.1.3	布依族八月十五称“游戏节”	【布依族】
W6627.5.4a	布依族九月的节日	
W6627.5.4a.1	布依族九月九	
W6627.5.4a.1.1	布依族九月九供祖先	
W6627.5.4a.1.1.1	布依族九月九家家户户打糯米粑供祖先	【布依族】
W6627.5.4a.1.2	布依族九月九出嫁女子回家敬老	【布依族】
W6627.5.4a.1.3	布依族九月九扫火星	【布依族】
W6627.5.5	布依族十月的节日	
W6627.5.5.1	布依族十月初一	
W6627.5.5.1.1	布依族农历十月初一“小年”（布依族农历十月初一牛王节）	【布依族】@［W6627.5.1a.2］布依族四月八“牛王节”
W6627.5.5.1.1.1	布依族农历十月初一“小年”时祭供祖先和牛王菩萨	【布依族】
W6627.5.5.1.2	布依族选择十月其中一日祭“牛王”	【布依族】@［W6627.17.4.1.1］仡佬族十月初一“牛王节”（敬牛节；祭牛节）

W 编码	母题描述	关联项
W6627.5.6	布依族十一月节日	
W6627.5.6.1	布依族十一月二十七过小年	【布依族】
W6627.5.6.2	布依族十一月二十九过小年	【布依族】
W6627.5.6.3	布依族十一月过年	【布依族】@［W6627.5.0.9.2］布依族正月初一至十五为过年
W6627.5.6a	布依族十二月节日	
W6627.5.6a.1	布依族腊月初一过小年	【布依族】
W6627.5.6a.2	布依族十二月木老人过年	【布依族】
W6627.5.6a.3	布依族十二月初二	
W6627.5.6a.3.1	布依族腊月初二葬青蛙	【布依族】
W6627.5.6a.4	布依族十二月初八（布依族过腊八）	
W6627.5.6a.4.1	布依族腊月初八“别鸦龟”	【布依族】
W6627.5.6a.4.2	布依族腊月初八举行葬青蛙仪式	【布依族】
W6627.5.6a.4.3	布依族腊月初八进行摔跤比赛	【布依族】
W6627.5.6a.5	布依族腊月二十三	
W6627.5.6a.5.1	布依族腊月二十三白天要进行一次“扫阳尘”活动	【布依族】
W6627.5.6a.5.2	布依族腊月二十三大扫除	【布依族】
W6627.5.6a.5.3	布依族腊月二十三晚上每家要进行祭灶仪式	【布依族】
W6627.5.6a.6	布依族腊月二十四	
W6627.5.6a.6.1	布依族腊月二十四大扫除	【布依族】
W6627.5.6a.7	布依族腊月二十五	
W6627.5.6a.7.1	布依族腊月二十五杀猪	【布依族】
W6627.5.6a.8	布依族腊月二十七、二十八日大扫除	【布依族】
W6627.5.6a.9	与布依族腊月节日有关的其他母题	

W 编码	母题描述	关联项
W6627.5.6a.9.1	布依族腊月二十八、二十九打粑粑	【布依族】
W6627.5.6a.9.2	布依族腊月三十前扫寨（扫火星）	【布依族】
W6627.5.6b	布依族除夕（布依族年三十）	
W6627.5.6b.0	布依族除夕早晨杀牲备供品	【布依族】
W6627.5.6b.1	布依族除夕夜请祖宗吃夜宵	【布依族】
W6627.5.6b.2	布依族除夕“拉牛”习俗	【布依族】
W6627.5.6b.3	布依族大年三十洗脚	【布依族】
W6627.5.6b.3.1	布依族大年三十洗好脚以求一年有好口福	【布依族】
W6627.5.6b.4	布依族除夕接祖宗	［W6627.5.0.9.3］布依族腊月三十夜到正月十五早上与祖先共度佳节
W6627.5.6b.4.1	布依族大年三十挂“沙戛马”迎接祖宗	【布依族】
W6627.5.6b.4.2	布依族除夕接祖神家神	【布依族】
W6627.5.6b.4.2a	布依族除夕夜接鬼神回家过年	【布依族】
W6627.5.6b.4.3	布依族除夕晚上门外接祖宗	【布依族】
W6627.5.6b.4.4	布依族除夕夜到土地庙接祖灵	【布依族】
W6627.5.6b.4.5	布依族除夕十时许，每户派代表带礼到寨门神房“报吉兜”处“叫魂”回家过年	【布依族】
W6627.5.6b.5	布依族大年三十请先生来安家神（布依族除夕请家神）	【布依族】
W6627.5.6b.6	布依族大年三十把水缸挑满	【布依族】
W6627.5.6b.7	布依族除夕夜在井边的土地庙前摆设餐饮请祖先神	【布依族】
W6627.5.6b.8	布依族除夕夜点长明灯	【布依族】
W6627.5.6b.9	与布依族除夕有关的其他母题	

W 编码	母题描述	关联项
W6627.5.6b.9.1	布依族除夕祭祖（布依族除夕供祖）	【布依族】@［W6627.5.6b.4.2］布依族除夕接祖神家神
W6627.5.6b.9.1.1	布依族除夕夜祭祖宗时鸣鞭炮、地炮，燃放火花	【布依族】
W6627.5.6b.9.1.2	布依族除夕夜摆供品祭祖宗	【布依族】
W6627.5.6b.9.1.3	布依族除夕夜供祖分为男性祖先和女性祖先两桌	【布依族】
W6627.5.6b.9.1.4	布依族除夕早饭后做大粑粑祭供祖宗	【布依族】
W6627.5.6b.9.2	布依族除夕禁忌	
W6627.5.6b.9.2.1	布依族除夕忌所有的火熄灭	【布依族】
W6627.5.6b.9.2.1.1	布依族除夕忌火塘火小或间断，更忌熄灭	【布依族】
W6627.5.6b.9.2.2	布依族除夕忌摔饭碗、汤匙等	【布依族】
W6627.5.6b.9.2.3	布依族除夕忌说不吉利话	【布依族】
W6627.5.6b.9.2.4	布依族腊月三十晚至新年初三早上忌扫地	【布依族】
W6627.5.6b.9.3	布依族除夕埋葬青蛙（雅蝈节；别雅归）	【布依族】
W6627.5.6b.9.4	布依族除夕守岁	【布依族】
W6627.5.6b.9.4.1	布依族除夕通宵不眠	【布依族】
W6627.5.6b.9.4.1.1	布依族除夕全家老少通宵守岁	【布依族】
W6627.5.6b.9.4.1.2	布依族除夕晚全家烤火守夜至鸡鸣	【布依族】
W6627.5.6b.9.4.2	布依族除夕晚上明灯守岁	【布依族】@［W6627.5.6b.8］布依族除夕夜点长明灯
W6627.5.6b.9.4.3	布依族除夕围火塘守岁	【布依族】
W6627.5.6b.9.5	布依族除夕娱乐	
W6627.5.6b.9.5.1	布依族除夕晚上耍狮灯	【布依族】

W 编码	母题描述	关联项
W6627.5.6b.9.6	布依族除夕年夜饭	
W6627.5.6b.9.6.1	布依族除夕晚上年夜饭要早吃	【布依族】
W6627.5.6b.9.6.2	布依族除夕晚上全家吃年夜饭	【布依族】
W6627.5.6b.9.7	布依族除夕封存农具	
W6627.5.6b.9.7.1	布依族除夕晚上将犁、锄、镰刀、碓、磨、纺车、织布机等打上“封皮”，半月内忌用	【布依族】
W6627.5.6b.9.8	布依族除夕做有意义的事情	
W6627.5.6b.9.8.1	布依族除夕晚上读书认字	【布依族】
W6627.5.7	布依族其他节日	
W6627.5.7.1	布依族火箭节	
W6627.5.7.1.1	布依族的“火箭节”以火驱邪	【布依族】
W6627.5.7.2	布依族立夏节	
W6627.5.7.2.1	布依族立夏做“牛打滚”（汤圆）粑，每人煮一枚鸡蛋上供祖先	【布依族】
W6627.5.8	与布依族节日有关的其他母题	
W6627.5.8.1	布依族逢年过节祭神	
W6627.5.8.1.1	布依族每逢节日，全寨祭供土地神、山神、灶神、家神、社神、树神等	【布依族】
W6627.5.8.2	布依族逢年过节祭鲁班	
W6627.5.8.2.1	布依族逢年过节祭供祖先时一起祭供鲁班	【布依族】
W6627.5.8.3	布依族杀年猪须择吉日	【布依族】@［W6611.2.1］杀年猪
W6627.5.8.3.1	布依族选择单日子杀年猪	
W6627.5.8.3.1.1	布依族选择腊月二十五、二十七单日子杀年猪	【布依族】
W6627.6	朝鲜族的节日（朝鲜族节日的来历）	

W 编码	母题描述	关联项
W6627.6.1	朝鲜族春节	
W6627.6.2	朝鲜族正月十五节	
W6627.6.2.1	朝鲜族正月十五祭祀乌鸦	
W6627.6.2.1.1	朝鲜族正月十五祭祀乌鸦是为了感恩乌鸦引路使国王避免了灾祸	【朝鲜族】
W6627.6.2.2	朝鲜族正月十五五谷祭	【朝鲜族】
W6627.7	达斡尔族的节日（达斡尔族节日的来历）	
W6627.7.1	达斡尔族四月八日祭娘娘庙	
W6627.7.1.1	达斡尔族四月八日祭娘娘庙祈子	【达斡尔族】
W6627.8	傣族的节日（傣族节日的来历）	
W6627.8.1	傣族泼水节	
W6627.8.1.0	傣族泼水节源于用清水洗叭奔头	【傣族】
W6627.8.1.1	傣族泼水节是为纪念除妖的姑娘	【傣族】
W6627.8.1.2	傣族六月（公历四月）泼水节是新年	【傣族】
W6627.8.2	傣族四月中旬泼水节①	【傣族】
W6627.9	德昂族的节日（德昂族节日的来历）	
W6627.9.1	德昂族泼水节	
W6627.9.1.1	德昂族泼水节是为了给死去的神仙洗血污	【德昂族】
W6627.10	东乡族的节日（东乡族节日的来历）	
W6627.11	侗族的节日（侗族节日的来历）	
W6627.11.0	侗族正月的节日	
W6627.11.0.1	侗族正月初一祭祀	
W6627.11.0.1.1	侗族大年初一先到井边去敬井水神，然后祭祖	【侗族】

① 傣族泼水节，傣历六月二十四到二十六日。

W 编码	母题描述	关联项
W6627.11.0.1.1.1	侗族正月初一各户分别到萨坛或萨庙烧香斟茶祭敬	【侗族】
W6627.11.0.1.1.2	侗族正月初一至初七祭祖母	【侗族】
W6627.11.0.1.2	侗族正月初一的禁忌	
W6627.11.0.1.2.1	侗族正月初一日忌哭、骂和说死、伤等不吉利的话	【侗族】
W6627.11.0.1.2.2	侗族正月初一日忌花钱	【侗族】
W6627.11.0.1.2.3	侗族正月初一日忌扫地	【侗族】
W6627.11.0.1.2.4	侗族正月初一日忌访友、串门	【侗族】
W6627.11.0.1.2.5	侗族正月初一日忌动刀斧干活	【侗族】
W6627.11.0.1.2.6	侗族正月初一日忌坐堂屋门槛	【侗族】
W6627.11.0.1.3	侗族正月初一演练	
W6627.11.0.1.3.1	侗族正月初一演练（棍掠）有特定程序	【侗族】
W6627.11.0.2	侗族正月初二	
W6627.11.0.3	侗族正月初三	
W6627.11.0.3.1	侗族正月初三玩龙耍灯（朝龙仪式）	【侗族】
W6627.11.0.3.1a	侗族正月初三至十五举行占卜（请七姑）	【侗族】
W6627.11.0.4	侗族正月初四	
W6627.11.0.5	侗族正月初五	
W6627.11.0.6	侗族正月初六	
W6627.11.0.7	侗族正月初七	
W6627.11.0.7.1	侗族正月初七家长为孩子祭拜寄为保爷的古树	【侗族】
W6627.11.0.7.2	正月初七到十五祭祖	
W6627.11.0.7.2.1	侗族有的村寨从正月初七到十五祭祖母	【侗族】
W6627.11.0.8	侗族新年（侗族春节；侗族过年）	
W6627.11.0.8.1	侗族新年挑水要在井边插上一把香纸	【侗族】

W 编码	母题描述	关联项
W6627.11.0.8.2	侗族春节祭祀萨岁（侗族春节祭祖）	【侗族】
W6627.11.0.8.2.1	侗族春节有的地方祭祀萨岁时组织青年男女仿蛇蜕皮	【侗族】
W6627.11.0.8.2.2	侗族春节祭萨围绕鸡卜进行	【侗族】
W6627.11.0.8.2.3	侗族春节祭萨时入萨屋、登“和献坪”、喝萨茶、引萨游村、唱耶萨歌等	【侗族】
W6627.11.0.8.3	侗族春节采鸡冠花敬献雄鸡	【侗族】
W6627.11.0.8.4	侗族春节期间玩龙耍灯以求龙宝	【侗族】
W6627.11.0.8.5	侗族春节期间祭井	【侗族】
W6627.11.0.8.6	侗族春节的其他情形	
W6627.11.0.8.7	与侗族春节有关的其他母题	【侗族】
W6627.11.0.8.7.1	侗族春节禁忌	
W6627.11.0.8.7.1.1	侗族针线活忌放在机上“揽年”	【侗族】
W6627.11.0.8.7.2	侗族过年	
W6627.11.0.8.7.2.1	侗族过年最隆重的是祭祖	【侗族】
W6627.11.0.8.7.2.2	侗族过年初一到十五每天香火不断	【侗族】
W6627.11.0.8.7.2a	侗年	
W6627.11.0.8.7.2a.1	侗年又称“小年”（年更）	【侗族】
W6627.11.0.8.7.2a.2	侗年时间先后及长短，因村寨、族姓各有不同	
W6627.11.0.8.7.2a.2.1	侗族罗家农历十月二十七过侗年	【侗族】
W6627.11.0.8.7.2a.2.2	侗族周、王姓过十一月初一或十二月初一过侗年	【侗族】
W6627.11.0.8.7.2b	侗年过“牛年”	
W6627.11.0.8.7.2b.1	侗年每逢立春过“牛年”	【侗族】

W 编码	母题描述	关联项
W6627. 11. 0. 8. 7. 2b. 1. 1	侗年立春过“牛年”时尊牛同祖辈，教儿孙称老牛为“牛公”“牛奶”	【侗族】
W6627. 11. 0. 9	与侗族正月节日有关的其他母题	
W6627. 11. 0. 9. 1	侗族正月十六至二十芦笙节	【侗族】
W6627. 11. 1	侗族二月节日	
W6627. 11. 1. 1	侗族二月初一	
W6627. 11. 1. 2	侗族二月二	
W6627. 11. 1. 2. 1	侗族每年二月二祭祀	【侗族】
W6627. 11. 1. 2. 1. 1	侗族每年二月初二祭崇拜物神	
W6627. 11. 1. 2. 1. 2	侗族每年二月初二祭古树	
W6627. 11. 1. 2. 1. 2. 1	侗族每年二月初二用香纸、刀头肉、红蛋去敬奉古树	【侗族】
W6627. 11. 1. 2. 1. 3	侗族每年二月初二敬桥	【侗族】
W6627. 11. 1. 2. 1. 3a	侗族每年二月二祭桥节（每年二月初二敬桥节）	【侗族】
W6627. 11. 1. 2. 1. 3a. 1	侗族二月二祭桥节源于纪念侗族祖公祖奶农历二月初二架桥而发子发孙	【侗族】
W6627. 11. 1. 2. 2	侗族每年二月初二修桥	【侗族】
W6627. 11. 1. 2. 3	侗族每年二月初二补路	【侗族】
W6627. 11. 1. 3	侗族二月二十	
W6627. 11. 1. 3. 1	侗族二月二十杀鸡、杀鸭，烧香敬神婆祈丰收	【侗族】
W6627. 11. 2	侗族三月节日	
W6627. 11. 2. 1	侗族三月三	
W6627. 11. 2. 1. 1	侗族每年三月三要祭桥	【侗族】
W6627. 11. 2. 1. 2	三月三祭土地神	
W6627. 11. 2. 1. 2. 1	三月三敬土地神求保佑庄稼丰收	【侗族】
W6627. 11. 2. 2	侗族三月清明节	

W 编码	母题描述	关联项
W6627.11.2.2.1	侗族三月清明日及前后几天内备糯米饭，香纸，酒肉上坟扫墓，并插幡标	【侗族】
W6627.11.3	侗族四月节日	
W6627.11.3.1	侗族四月初八	
W6627.11.3.1.1	侗族四月初八“水牛节”（岁国）	【侗族】@［W6627.5.1a.2］布依族四月八“牛王节”
W6627.11.3.1.1.1	侗族四月初八祭牛神	【侗族】
W6627.11.3.1.2	侗族四月初八玩山唱歌	【侗族】
W6627.11.3.1.2.1	侗族四月初八男女青年集会上山采桑对歌	【侗族】
W6627.11.4	侗族五月节日	
W6627.11.4.1	侗族五月五（侗族端午节；侗族端阳节）	
W6627.11.4.1.1	侗族五月五吃粽粑	【侗族】
W6627.11.4.1.1.1	侗族端阳期间吃粽节是为了纪念屈原	【侗族】
W6627.11.4.1.2	侗族五月五划龙船	【侗族】
W6627.11.4.1.3	侗族五月五迎宾客	【侗族】
W6627.11.4.1.4	侗族五月五走亲访友	【侗族】
W6627.11.4.1.5	侗族五月五敬先生	【侗族】
W6627.11.4.1.6	侗族五月五其他活动	【侗族】
W6627.11.4.1.7	侗族五月五其他活动	【侗族】
W6627.11.4.1.8	侗族五月五禁忌	【侗族】
W6627.11.4.1.9	与侗族五月五有关的其他母题	
W6627.11.4.1.9.1	侗族新禾抽穗季节的农历五月小暑的第一逢卯日尝新节（吃卯节）	【侗族】
W6627.11.4.1.9.2	有的侗族每年端阳期间为吃粽节	【侗族】
W6627.11.5	侗族六月节日	
W6627.11.5.1	侗族六月初四或初五吃新节	【侗族】

W 编码	母题描述	关联项
W6627.11.5.2	侗族农历六月头辰日或头巳日过林王节	【侗族】
W6627.11.5.3	侗族六月六	
W6627.11.5.3.1	侗族六月六祭牛神	【侗族】
W6627.11.5.3.2	侗族六月六纪念始祖开基创业节	【侗族】
W6627.11.5.4	侗族六月十九日	
W6627.11.5.4.1	侗族部分杨姓六月十九日纪念始祖杨再思节日	【侗族】
W6627.11.5.4.2	杨姓侗寨六月十九祭太阳神	【侗族】
W6627.11.6	侗族七月节日	
W6627.11.6.0	侗族古历七月初四杀龙节	【侗族】
W6627.11.6.0a	侗族古历七月初四或初五吃新节	【侗族】
W6627.11.6.1	侗族七月十三吃新节	【侗族】@［W6627.11.4.1.9.1］侗族新禾抽穗季节的农历五月小暑的第一逢卯日尝新节（吃卯节）
W6627.11.6.2	侗族七月十四吃新节	【侗族】
W6627.11.6.3	侗族七月十五（侗族七月半）	
W6627.11.6.3.1	侗族七月半过鬼节	【侗族】
W6627.11.6.3.1a	侗族七月十五敬鬼神	【侗族】
W6627.11.6.3.2	侗族七月半给祖先烧纸	【侗族】@［W6627.51.2a.1］瑶人七月十五祭祀祖先狗头王
W6627.11.6.3.3	侗族七月半鬼节十三、十四、十五日子不固定	【侗族】
W6627.11.6.4	侗族七月中旬“唱桃园”（上桃园；看桃园）	
W6627.11.6.4.1	侗族七月十一至十五“唱桃源洞”（询问阴间事）	【侗族】
W6627.11.7	侗族八月节日	

W 编码	母题描述	关联项
W6627.11.7.1	侗族八月初三	
W6627.11.7.1.1	侗族八月初三祭始祖母	【侗族】
W6627.11.7.2	侗族八月十四	
W6627.11.7.2.1	侗族八月十四祭神	
W6627.11.7.2.1.1	侗族八月十四日至十九日大祭三容神	【侗族】
W6627.11.7.3	侗族八月十五（侗族中秋节）	
W6627.11.7.3.1	侗族八月十五祭月亮	【侗族】
W6627.11.7.3.2	侗族八月十五祭三容神	
W6627.11.7.3.2.1	侗族每逢子年和午年的八月十五祭三容神	【侗族】
W6627.11.7.3.3	侗族八月十五祭祖	【侗族】
W6627.11.7.3.4	侗族八月十五祭月神	【侗族】
W6627.11.7.3.5	侗族八月十五行歌坐夜时去“偷”南瓜煮吃	【侗族】
W6627.11.7a	侗族九月节日	
W6627.11.7a.1	侗族九月九	
W6627.11.7a.1.1	侗族九月九重阳节（侗族九月九糍粑节）	【侗族】
W6627.11.7a.1.2	侗族九月九堵蛇洞	【侗族】
W6627.11.8	侗族十月节日	
W6627.11.8.1	侗族十月初一祖宗节	【侗族】@［W6627.5.5.1.1.1］布依族农历十月初一“小年”时祭供祖先和牛王菩萨
W6627.11.8.2	侗族十月二十六	
W6627.11.8.2.1	侗族部分杨姓十月二十六纪念始祖杨再思节日	【侗族】
W6627.11.8a	侗族十一月节日	
W6627.11.8a.1	侗族十一月上旬为祖宗节	【侗族】

W 编码	母题描述	关联项
W6627.11.8b	侗族十二月节日	
W6627.11.8b.1	侗族除夕（侗族年三十）	
W6627.11.8b.1.1	侗族除夕吃完年饭后要给果树“喂饭”	【侗族】
W6627.11.8b.1.2	侗族大年三十晚设供桌，焚香化纸，吃年饭	【侗族】
W6627.11.8b.1.3	侗族大年三十守岁迎新	【侗族】
W6627.11.8b.1.4	侗族腊月三十祭太阳神	【侗族】
W6627.11.8b.1.5	侗族腊月三十安神谢土	【侗族】
W6627.11.9	与侗族节日有关的其他母题	
W6627.11.9.0	侗族牯脏节（牯藏节）	
W6627.11.9.0.1	侗族牯脏节的产生	
W6627.11.9.0.1.1	侗族牯脏节源于通过祭祖祈求消灾消难	【侗族】
W6627.11.9.0.1.2	侗族牯脏节源于通过祭祖祈求人口发展	【侗族】
W6627.11.9.0.1.3	侗族牯脏节源于通过祭祖祈求五谷丰登，六畜兴旺	【侗族】
W6627.11.9.0.2	侗族牯脏节的时间	
W6627.11.9.0.2.1	侗族牯脏节通常选择在秋收后的吉日举行	【侗族】
W6627.11.9.0.2.2	侗族牯脏节时长	
W6627.11.9.0.2.2.1	侗族牯脏节节期 3 天或 4 天	【侗族】
W6627.11.9.0.2.3	侗族牯脏节的周期	
W6627.11.9.0.2.3.1	侗族牯脏节通常 12 年过 1 次	【侗族】
W6627.11.9.0.2.3.2	侗族牯脏节通常 5 年过 1 次	【侗族】
W6627.11.9.0.2.3.3	侗族几年或十几年一次的吃牯脏	【侗族】
W6627.11.9.0.3	侗族牯脏节的地点	
W6627.11.9.0.3.1	侗族牯脏节在斗牛塘举行	【侗族】
W6627.11.9.0.4	侗族牯脏节的组织	

W 编码	母题描述	关联项
W6627.11.9.0.4.1	侗族临近吃牯脏的头几年，由寨上各宗族各选出一名牯脏头	【侗族】
W6627.11.9.0.4.2	侗族吃牯脏是以寨为单位的对祖先最隆重的祭典	【侗族】
W6627.11.9.0.5	侗族牯脏节的准备	
W6627.11.9.0.5.1	侗族牯脏节前选牯牛	【侗族】
W6627.11.9.0.5.2	侗族牯脏节前养牯牛	【侗族】
W6627.11.9.0.5.2.1	侗族牯脏节的牛以家族为单位购买和喂养	【侗族】
W6627.11.9.0.6	侗族牯脏节的内容	
W6627.11.9.0.6.1	侗族牯脏节杀牲待客	【侗族】
W6627.11.9.0.6.2	侗族吃牯脏有特定仪式	【侗族】
W6627.11.9.0.6.2.1	侗族吃牯脏有念《牯脏词》、宣布规约、鸣炮、开塘牛、踩塘、晚宴、待客、斗牛、杀牛祭祖等仪式	【侗族】
W6627.11.9.0.7	侗族牯脏节的情形	
W6627.11.9.0.7.1	侗族牯脏节天天烧香化纸以酒、饭、鱼肉祭祖	【侗族】
W6627.11.9.0.7.2	侗族牯脏节邀请众亲戚来杀牛祭祖	【侗族】
W6627.11.9.0.8	与侗族牯脏节有关的其他母题	
W6627.11.9.0.8.1	侗族牯脏节又称“借江”	【侗族】
W6627.11.9.1	侗族祭萨岁	【侗族】
W6627.11.9.2	侗族春社	
W6627.11.9.2.1	侗族春社祭大地神	【侗族】
W6627.11.9.2.2	侗族春社又称“过社”	【侗族】
W6627.11.9.3	乌饭节	【侗族】
W6627.11.9.4	侗族春牛节	
W6627.11.9.4.1	侗族在立春这天前后过“春牛节”	【侗族】

W 编码	母题描述	关联项
W6627.11.9.5	侗族逢年过节敬祭蛇神	【侗族】
W6627.11.9.6	侗族甜藤粑节	【侗族】
W6627.11.9.7	侗族芦笙节	【侗族】
W6627.11.9.8	侗族苦酒节	【侗族】
W6627.11.9.9	侗族节日的其他情形	
W6627.11.9.9.1	侗族过香节	【侗族】
W6627.11.9.9.2	侗族姑婆节	【侗族】
W6627.12	独龙族的节日（独龙族节日的来历）	
W6627.12.1	独龙族过年（独龙族“卡雀哇”节）	【独龙族】
W6627.12.1.1	独龙族过年要剽牛祭天鬼	【独龙族】
W6627.13	俄罗斯族的节日（俄罗斯族节日的来历）	
W6627.14	鄂伦春族的节日（鄂伦春族节日的来历）	
W6627.14.1	鄂伦春族正月初一	
W6627.14.1.1	鄂伦春族正月初一要拜太阳	【鄂伦春族】
W6627.14.2	鄂伦春族农历八月十五日供祭月亮	【鄂伦春族】
W6627.14.3	鄂伦春族腊月二十三	
W6627.14.3.1	鄂伦春族腊月二十三晚上摆上供品敬拜火神	【鄂伦春族】@［W6626.3.2.1］腊月二十三祭灶神的来历
W6627.15	鄂温克族的节日（鄂温克族节日的来历）	
W6627.15.1	鄂温克族五月二十二米阔鲁节	【鄂温克族】
W6627.15.1.1 *	鄂温克族五月二十二米阔鲁节即丰收节	【鄂温克族】

W 编码	母题描述	关联项
W6627.15.2	鄂温克族腊月二十三火神节	【鄂温克族】
W6627.15.2.1	鄂温克族把腊月二十三叫“火神节”是为感谢火神的恩典	【鄂温克族】
W6627.15.2.2	鄂温克族腊月二十三火神节时往火神嘴巴上浇点油和麻糖，为的是让他上天别告状	【鄂温克族】
W6627.15.2.3	鄂温克族十二月二十三日家家户户都祭火神	【鄂温克族】
W6627.15.3	鄂温克族除夕	
W6627.15.3.1	鄂温克人除夕夜祭祀北斗星	【鄂温克族】
W6627.15.4	鄂温克族的其他节日	
W6627.15.4.1	鄂温克族腊月二十七	
W6627.15.4.1.1	鄂温克族腊月二十七供北斗星	【鄂温克族】
W6627.15.5	与鄂温克族族节日有关的其他母题	
W6627.15.5.1	鄂温克族过节时普通人可以穿神衣	【鄂温克族】
W6627.16	高山族的节日（高山族节日的来历）	
W6627.17	仡佬族的节日（仡佬族节日的来历）	
W6627.17.0	仡佬族正月节日	
W6627.17.0.1	仡佬族正月初一过年	【仡佬族】
W6627.17.0.1.1	仡佬族正月初一各家开吉门，放鞭炮，桃金银水，祭祖先	【仡佬族】@［W6627.5.0.1.6］布依族春节子时放鞭炮
W6627.17.0.1.2	仡佬族正月初一过宝王节	【仡佬族】
W6627.17.0.1.3	仡佬族正月初一祭祀	【仡佬族】
W6627.17.0.1.3.1	仡佬族正月初一清晨供奉祖宗	【仡佬族】
W6627.17.0.1.3.1.1	仡佬族正月初一清晨，神龛上放三碗粽粑，点香焚纸，由男老人拜祭祖宗	【仡佬族】

W 编码	母题描述	关联项
W6627.17.0.1.3.1a	仡佬族正月初一打粑祭祖	【仡佬族】
W6627.17.0.1.3.1b	仡佬族春节祭祖时同时祭野鬼	【仡佬族】
W6627.17.0.1.3.2	仡佬族正月初一凌晨祭菩萨	
W6627.17.0.1.3.2.1	仡佬族正月初一凌晨一两点钟用四只鸡祭祀灶神菩萨和房后的阳沟菩萨	【仡佬族】
W6627.17.0.1.3.3	仡佬族正月初一祭谷神	
W6627.17.0.1.3.3.1	仡佬族正月初一晚上，每户都要在留做种子的谷堆上插点香烛，烧纸钱祭供祭谷神（亮种子）	【仡佬族】
W6627.17.0.1.3.4	仡佬族正月初一祭果树	【仡佬族】
W6627.17.0.1.4	仡佬族正月初一清晨到井边、河边取水回家煮饭	【仡佬族】
W6627.17.0.1.4a	仡佬族正月初一清晨接银水	【仡佬族】
W6627.17.0.1.5	仡佬族正月初一占卜	【仡佬族】
W6627.17.0.1a	仡佬族正月初一至初三供祖	【仡佬族】
W6627.17.0.1a.1	仡佬族正月初一、二、三，起神架供神粑	【仡佬族】
W6627.17.0.1a.1.1	仡佬族春节祭祖粑粑只能煮吃不能烧吃	【仡佬族】
W6627.17.0.1a.2	仡佬族正月初一、初二均吃除夕夜预备好的饭菜	【仡佬族】
W6627.17.0.1b	仡佬族正月初一禁忌	
W6627.17.0.1b.1	仡佬族正月初一忌揭甑盖	【仡佬族】
W6627.17.0.1b.2	仡佬族正月初一忌劳作	【仡佬族】
W6627.17.0.1b.2.1	仡佬族正月初一忌做针线活	【仡佬族】
W6627.17.0.1b.2.1a	仡佬族正月初一至初三忌妇女做针线活	【仡佬族】
W6627.17.0.1b.2.2	仡佬族正月初一至初三忌挑水	【仡佬族】
W6627.17.0.1b.3	仡佬族正月初一忌妇女先踏门	【仡佬族】

W 编码	母题描述	关联项
W6627.17.0.1b.4	仡佬族正月初一忌泼水出门	【仡佬族】
W6627.17.0.1b.5	仡佬族正月初一忌吹火	【仡佬族】
W6627.17.0.1b.5a	仡佬族正月初一至初三不能吹火	【仡佬族】
W6627.17.0.1b.6	仡佬族正月初一忌打扫屋子和庭院	【仡佬族】
W6627.17.0.1b.6.1	仡佬族正月初一忌扫地	【仡佬族】
W6627.17.0.1b.7	仡佬族正月初一忌说不吉利的话	【仡佬族】
W6627.17.0.1b.7.1	仡佬族正月初一忌说病、死	【仡佬族】
W6627.17.0.1b.8	仡佬族正月初一忌煮生	【仡佬族】
W6627.17.0.1b.8.1	仡佬族正月初一忌煮生米	【仡佬族】
W6627.17.0.1b.9	仡佬族正月初一的其他禁忌	
W6627.17.0.1b.9.1	仡佬族正月初一男人忌不骑马、犁田	【仡佬族】
W6627.17.0.1b.9.2	仡佬族正月初一忌用刀	【仡佬族】
W6627.17.0.1b.9.3	仡佬族正月初一忌吃年饭泡汤	【仡佬族】@［W6627.17.6.1.3.1］仡佬族除夕吃年饭忌泡汤
W6627.17.0.1b.9.4	仡佬族正月初一忌拿绳子	
W6627.17.0.1b.9.4.1	正月初一拿绳子会遇到蛇	【仡佬族】
W6627.17.0.1b.9.5	仡佬族正月初一忌垃圾在门外	【仡佬族】@［W6611.9.2.1.1.3.1a］过年初五前忌倒垃圾
W6627.17.0.1b.9.6	仡佬族正月初一忌晾晒	【仡佬族】
W6627.17.0.1b.9.6.1	仡佬族正月初一、初二晒衣服会导致大风揭房顶	【仡佬族】
W6627.17.0.1b.9.6.2	仡佬族正月初一至正月十五忌在屋外晾晒衣物	【仡佬族】
W6627.17.0.1b.9.7	仡佬族正月初一早晨忌非户主开门	【仡佬族】
W6627.17.0.1b.9.8	仡佬族正月初一和初三忌登门拜年	【仡佬族】

W 编码	母题描述	关联项
W6627.17.0.1c	仡佬族正月初一到十五给祖先烧香	【仡佬族】
W6627.17.0.2	仡佬族正月初二	
W6627.17.0.2.1	仡佬族正月初二娱乐	【仡佬族】
W6627.17.0.2.2	仡佬族正月初二上午到井边烧纸买水挑新水给老祖宗煮饭	【仡佬族】
W6627.17.0.3	仡佬族正月初三	
W6627.17.0.3.1	仡佬族正月初三送祖	
W6627.17.0.3.1.1	仡佬族正月初三半夜鸡叫后全家用供物献祖	【仡佬族】
W6627.17.0.3.1.1a	仡佬族正月初三深夜，全家老幼起床再焚香供祖一次	【仡佬族】
W6627.17.0.3.1a	仡佬族正月初三送饭上坟	【仡佬族】
W6627.17.0.3.1b	仡佬族正月初三早晨用茶和煮的甜酒粑供祖	【仡佬族】
W6627.17.0.3.2	仡佬族正月初三“开三”	【仡佬族】
W6627.17.0.3.2.1	仡佬族正月初三“开三”时粽粑、酒和一把锄头到田头地头祭祀	【仡佬族】
W6627.17.0.4	仡佬族正月初四送祖	【仡佬族】
W6627.17.0.4.1	仡佬族正月初四各家一位老人烤热粑粑请祖宗们享用	【仡佬族】
W6627.17.0.5	仡佬族正月初五送祖	
W6627.17.0.5.1	仡佬族正月初五半夜鸡叫后全家喊醒再次用供物献祖	【仡佬族】
W6627.17.0.5a	仡佬族正月初八	
W6627.17.0.5a.1	仡佬族正月初八只吃存食，忌煮新米饭	【仡佬族】
W6627.17.0.5b	仡佬族正月初九	
W6627.17.0.5b.1	仡佬族正月初九豆生，不煮豆	【仡佬族】
W6627.17.0.6	仡佬族正月初十	

W 编码	母题描述	关联项
W6627.17.0.6.1	仡佬族正月初十忌绩麻	【仡佬族】
W6627.17.0.7	仡佬族正月的其他节日	
W6627.17.0.7.1	仡佬族正月十四“拜树节”	
W6627.17.0.7.1.1	有些仡佬族正月十四日拜树节举行拜树仪式	【仡佬族】
W6627.17.0.7.1.2	仡佬族正月十四过大年时举行喂果树祈祷仪式	【仡佬族】
W6627.17.0.7.1.3	仡佬族正月十四房前屋后亮灯	【仡佬族】
W6627.17.0.7.1.4	仡佬族正月十四为“上元之期”	【仡佬族】
W6627.17.0.7.1.4.1	仡佬族正月十四“上元之期”神龛下祭祖先	【仡佬族】
W6627.17.0.7.1.4.2	仡佬族正月十四“上元之期”用酒食祭“四老爷”（牛、马、羊、猪四种牲神）	【仡佬族】
W6627.17.0.7.2	仡佬族正月十五（仡佬族元宵节）	
W6627.17.0.7.2.1	仡佬族正月十五晚上家家户户在各屋间包括牛圈内点上灯火	【仡佬族】
W6627.17.0.7.2.2	仡佬族元宵夜以竹子精心扎制毛龙出游检阅丰年	【仡佬族】
W6627.17.0.7.2.3	仡佬族正月十五祭神树	【仡佬族】
W6627.17.0.7.2.3.1	仡佬族正月十五祭黄楠树	【仡佬族】
W6627.17.0.7.2.4	仡佬族正月十五元宵节祭师或戏班头等到村中各处“扫寨”	【仡佬族】
W6627.17.0.7.2.5	仡佬族正月十五忌打扫屋里庭院	【仡佬族】
W6627.17.0.8	与仡佬族正月的节日有关的其他母题	
W6627.17.0.8.1	仡佬族正月末至二月间在粮食作物下种前都要请补伕（道士）至家中行坛祈祷（修日）	【仡佬族】

W 编码	母题描述	关联项
W6627.17.0.8.2	仡佬族从除夕到正月十四日每天下午去祖先坟前燃香点烛并烧纸钱	【仡佬族】
W6627.17.0.8.3	仡佬族从正月初一到十五日每日傍晚都要去祖先坟点烛亮灯（亮坟）	【仡佬族】
W6627.17.0.8.4	仡佬族正月初一至正月十六忌舂碓、推磨	【仡佬族】
W6627.17.0.8.5	仡佬族正月初二至正月十五祭土地神	【仡佬族】
W6627.17.0.8.6	仡佬族春节划龙船祈福	【仡佬族】
W6627.17.0a	仡佬族二月节日	
W6627.17.0a.1	仡佬族二月初一的“彩雀节”（敬雀节）	【仡佬族】
W6627.17.0a.1.1	仡佬族二月初一为野生动物喂食，希望它们不伤害庄稼	【仡佬族】
W6627.17.0a.2	仡佬族二月要办白龙会	
W6627.17.0a.2.1	仡佬族二月办白龙会祈求风调雨顺，连年丰收	【仡佬族】
W6627.17.0a.3	仡佬族二月扫寨	
W6627.17.0a.3.1	仡佬族每年春季的二、三月间要举行扫寨活动（打清醮）	【仡佬族】
W6627.17.1	仡佬族三月节日	
W6627.17.1.1	仡佬族三月三	
W6627.17.1.1.1	仡佬族三月三祭山（仡佬族三月三祭山神）	［W6627.5.1.1.2］布依族三月初三祭山
W6627.17.1.1.1.1	仡佬族三月三祭山是为了纪念赶山的仙人	【仡佬族】
W6627.17.1.1.1.2	仡佬族三月初三祭山神称“久朵刀”	【仡佬族】

W 编码	母题描述	关联项
W6627.17.1.1.1.3	仡佬族三月初三祭山神称“献山树”或“献山石”	【仡佬族】
W6627.17.1.1.1.4	仡佬族三月初三供山神，称为供“猫猫菩萨”	【仡佬族】
W6627.17.1.1.1.5	仡佬族每年三月第一个寅日祭山神	【仡佬族】
W6627.17.1.1.2	仡佬族三月三“拜树节”（仡佬族三月三祭树节）	【仡佬族】@［W6627.17.0.7.1］仡佬族正月十四“拜树节”
W6627.17.1.1.2.1 *	仡佬族三月初三祭树源于古时仡佬族先民的树居	【仡佬族】
W6627.17.1.1.2.2	仡佬族三月初三杀羊祭神树	【仡佬族】
W6627.17.1.1.2.3	仡佬族三月初三购买一头肥猪祭祀神树	【仡佬族】
W6627.17.1.1.3	仡佬族三月三祭山拜祖	
W6627.17.1.1.3.1	仡佬族三月三祭山拜祖时用坛子装水埋入地下，第二年三月三时取坛中水看卜	【仡佬族】
W6627.17.1.1.4	仡佬族三月三的禁忌	
W6627.17.1.1.4.1	仡佬族三月三日忌动土和上山砍柴割草	【仡佬族】
W6627.17.1a	仡佬族四月节日	
W6627.17.1a.1	仡佬族四月初八	
W6627.17.1a.1.1	仡佬族四月初八“牛王节”	【仡佬族】
W6627.17.1a.1.2	仡佬族四月初八忌役牛	【仡佬族】@［W6627.5.1a.2.2］布依族四月初八忌役牛
W6627.17.1a.2	仡佬族四月初九或冬至日祭牛王	【仡佬族】
W6627.17.1b	仡佬族五月节日	
W6627.17.1b.1	仡佬族五月初五（仡佬族端午）	
W6627.17.1b.1.1	仡佬族端阳门上挂艾及菖蒲，喝雄黄酒	【仡佬族】

W 编码	母题描述	关联项
W6627.17.1b.1.1.1	仡佬族端午节吃雄黄酒	【仡佬族】
W6627.17.2	仡佬族六月节日	
W6627.17.2.1	仡佬族六月六	
W6627.17.2.1.1	仡佬族六月初六有杀牛祭田（祭田神）	【仡佬族】@［W6495.11.23.5.3.1a］六月逢六的任何一天祭田神
W6627.17.2.1.2	仡佬族六月六下午拔公鸡毛一束连同粽子系于棍上祭秧神	【仡佬族】
W6627.17.2.1.3	仡佬族六月六下午用鸡等祭秧神后，带回祭品供祖	【仡佬族】
W6627.17.2.2	仡佬族农历六月将田里最早出现的谷穗摘回供于堂屋神龛	【仡佬族】
W6627.17.2a	仡佬族七月节日	
W6627.17.2a.1	仡佬族七月初一	
W6627.17.2a.1.1	仡佬族七月初一，发麦芽、豆芽、谷芽挂祖宗神位前接祖过月半	【仡佬族】
W6627.17.2a.2	仡佬族七月初六	
W6627.17.2a.2.1	仡佬族七月初六用牛、猪献祭祖先	【仡佬族】
W6627.17.2a.3	仡佬族七月初七	
W6627.17.2a.3.1	仡佬族七月初七祭供祖先	【仡佬族】
W6627.17.2a.3.2	仡佬族七月初七摘新禾祭祖	【仡佬族】
W6627.17.2a.4	仡佬族七月龙日	
W6627.17.2a.4.1	仡佬族七月龙日上午，各家到田间摘数吊谷穗及瓜豆挂神龛两侧	【仡佬族】
W6627.17.2a.5	仡佬族七月吃新	
W6627.17.2a.5.1	仡佬族七月吃新节将新熟谷物祭祖	【仡佬族】@［W6627.17.2a.3.2］仡佬族七月初七摘新禾祭祖
W6627.17.2a.6	仡佬族七月十三送祖	【仡佬族】

W 编码	母题描述	关联项
W6627.17.2a.6a	仡佬族七月十三早上祭祖	【仡佬族】
W6627.17.2a.6b	仡佬族七月十三晚上祭祖	【仡佬族】
W6627.17.2a.7	仡佬族七月十四晚上祭祖	【仡佬族】
W6627.17.2a.8	仡佬族七月十五（仡佬族七月半）	
W6627.17.2a.8.1	仡佬族七月半为祖宗烧包	【仡佬族】
W6627.17.3	仡佬族八月节日	
W6627.17.3.1	仡佬族八月十五过八月节	【仡佬族】
W6627.17.3.2	仡佬族八月十五晚各家隆重祭祖先	【仡佬族】
W6627.17.3.3	仡佬族八月十五晚饭前再祭祀祖公一次	【仡佬族】
W6627.17.3a	仡佬族九月节日	
W6627.17.3a.1	仡佬族九月初九祭神树（固伦）	【仡佬族】
W6627.17.4	仡佬族十月节日	
W6627.17.4.1	仡佬族十月初一	
W6627.17.4.1.1	仡佬族十月初一“牛王节”（敬牛节；祭牛节）	【仡佬族】@［W6627.5.5.1.1］布依族农历十月初一“小年”
W6627.17.4.1.2	仡佬族十月初一祭牛祭祖	【仡佬族】
W6627.17.4.1.3	仡佬族十月初一用酒肉祭牛并让牛休息	【仡佬族】
W6627.17.4.1.4	仡佬族十月初一敬牛王（仡佬族十月初一优待牛王菩萨）	【仡佬族】@［W6627.17.6.1.2.1.6］仡佬族年三十煮猪头敬牛王菩萨
W6627.17.4.1.5	仡佬族十月初一向牛王祝寿	【仡佬族】
W6627.17.5	仡佬族十一月节日	
W6627.17.6	仡佬族十二月节日（仡佬族腊月节日）	
W6627.17.6.1	仡佬族除夕（仡佬族年三十）	

W 编码	母题描述	关联项
W6627.17.6.1.1	仡佬族除夕的产生	
W6627.17.6.1.2	仡佬族除夕的活动（仡佬族除夕的情形）	
W6627.17.6.1.2.1	仡佬族除夕祭祀	
W6627.17.6.1.2.1.1	仡佬族除夕各家到土地庙前焚香供土地神	【仡佬族】
W6627.17.6.1.2.1.2	仡佬族腊月三十日傍晚到堂屋的后阳沟祭献阳沟神	【仡佬族】
W6627.17.6.1.2.1.3	仡佬族除夕大祭宝王	【仡佬族】
W6627.17.6.1.2.1.4	仡佬族除夕夜祭祖	【仡佬族】
W6627.17.6.1.2.1.4.1	仡佬族除夕夜打粑祭祖	【仡佬族】
W6627.17.6.1.2.1.4.1.1	仡佬族腊月三十各家早上作粽粑，晚上各自都祭祀自己的祖公	【仡佬族】
W6627.17.6.1.2.1.4.1.2	仡佬族除夕用三叠糯米粑祭祖	【仡佬族】
W6627.17.6.1.2.1.4.1.3	仡佬族除夕把糍粑放到神龛上供祖	【仡佬族】
W6627.17.6.1.2.1.4.2	仡佬族除夕要办丰盛的酒席敬奉祖宗	【仡佬族】
W6627.17.6.1.2.1.4.2a	仡佬族除夕放猪头一个、糯米粑两个、酒一杯、饭一碗祭供天地诸神及祖宗	【仡佬族】
W6627.17.6.1.2.1.4.3	仡佬族除夕晚上子时要接祖宗	【仡佬族】
W6627.17.6.1.2.1.4.3a	仡佬族除夕吃年饭前接祖宗回来吃年饭、过年	【仡佬族】
W6627.17.6.1.2.1.4.3b	仡佬族除夕接其他民族祖先一起过年	【仡佬族】
W6627.17.6.1.2.1.4.3c	仡佬族除夕请三代祖宗	【仡佬族】

W 编码	母题描述	关联项
W6627. 17. 6. 1. 2. 1. 4. 3d	仡佬族除夕请祖宗灵魂回家	【仡佬族】
W6627. 17. 6. 1. 2. 1. 4. 4	仡佬族除夕换祖神竹筒	【仡佬族】
W6627. 17. 6. 1. 2. 1. 4. 5	仡佬族除夕祭奠祖先，也是祭奠中柱	【仡佬族】
W6627. 17. 6. 1. 2. 1. 4. 6	仡佬族除夕送油灯到死者坟前	【仡佬族】
W6627. 17. 6. 1. 2. 1. 5	仡佬族除夕祭水井	【仡佬族】
W6627. 17. 6. 1. 2. 1. 6	仡佬族年三十煮猪头敬牛王菩萨	【仡佬族】
W6627. 17. 6. 1. 2. 2	仡佬族除夕的火要旺	【仡佬族】
W6627. 17. 6. 1. 2. 2. 1	仡佬族除夕家里火坑的柴火须通宵燃烧	【仡佬族】
W6627. 17. 6. 1. 2. 3	仡佬族除夕夜全家老小必须用热水烫脚	【仡佬族】
W6627. 17. 6. 1. 2. 4	仡佬族除夕祭粮种	
W6627. 17. 6. 1. 2. 4. 1	仡佬族除夕夜要在留着种子的谷堆上插点香烛，烧纸钱祭供（亮种子）	【仡佬族】
W6627. 17. 6. 1. 2. 5	仡佬族除夕吃年饭后，取饭、肉、菜放盆里喂狗	【仡佬族】
W6627. 17. 6. 1. 2. 6	仡佬族除夕占卜	
W6627. 17. 6. 1. 2. 6. 1	仡佬族除夕夜看牛的睡向预测凶吉	【仡佬族】
W6627. 17. 6. 1. 2. 6. 2	仡佬族大年三十用种子占卜，用竹子中种子的变化情况看来年收成好坏	【仡佬族】
W6627. 17. 6. 1. 2. 6. 2. 1	仡佬族除夕取龙猫竹放进各种种子，等到正月十五观看选涨得好的种子种植	【仡佬族】
W6627. 17. 6. 1. 2. 6. 3	仡佬族除夕夜杀鸡占卜运势	【仡佬族】

W 编码	母题描述	关联项
W6627.17.6.1.2.7	仡佬族除夕的其他活动	
W6627.17.6.1.2.7.1	仡佬族除夕夜做祭祖用的粽粑	【仡佬族】
W6627.17.6.1.3	仡佬族除夕的禁忌	
W6627.17.6.1.3.1	仡佬族除夕吃年饭忌泡汤	【仡佬族】
W6627.17.6.1.3.1.1	仡佬族除夕吃年饭忌倒汤泡饭，否则以后要遭雨淋	【仡佬族】
W6627.17.6.1.3.1.2	仡佬族吃年饭时，前三碗不能泡汤吃	【仡佬族】
W6627.17.6.1.3.2	仡佬族大年三十杀鸡后忌进家	【仡佬族】
W6627.17.6.1.4	与仡佬族除夕有关的其他母题	
W6627.17.6.1.4.1	仡佬族除夕蒸糯米、打粑粑越早越吉利	【仡佬族】
W6627.17.6.2	仡佬族腊月初八	
W6627.17.6.2a	侗族腊月十二	
W6627.17.6.2a.1	侗族腊月十二祭“神婆婆”（祭米神）	【仡佬族】
W6627.17.6.3	仡佬族腊月二十三	
W6627.17.6.3.1	仡佬族腊月二十三送灶神上天	【仡佬族】
W6627.17.6.3.1a	仡佬族腊月二十四送灶神上天	【仡佬族】
W6627.17.6.3.1b	仡佬族腊月二十五送灶神上天	【仡佬族】@［W6627.17.6.4］仡佬族腊月二十五日夜各家接灶神
W6627.17.6.3.1c	仡佬族腊月二十六送灶神上天	【仡佬族】
W6627.17.6.3.2	仡佬族腊月二十三请灶神菩萨吃饭	【仡佬族】
W6627.17.6.3.3	仡佬族腊月二十三敬灶神之后，推豆腐和做甜酒预测来年运气	【仡佬族】
W6627.17.6.4	仡佬族腊月二十五日夜各家接灶神	【仡佬族】
W6627.17.6.5	仡佬族腊月二十七至三十日	

W 编码	母题描述	关联项
W6627.17.6.5.1	仡佬族腊月二十七至三十日中都可举行祭大财神	【仡佬族】
W6627.17.6.6	仡佬族腊月二十九或三十日祭祖	【仡佬族】
W6627.17.7	仡佬族吃新节（仡佬族尝新节）	
W6627.17.7.1	仡佬族七月或闰年的八月第一个虎场天吃新节祭天，连过五天	【仡佬族】
W6627.17.7.1.1	仡佬族七月逢龙这天吃新节	【仡佬族】
W6627.17.7.1a	仡佬族七月第一个寅日吃新，若遇闰月则改到八月第一个巳日过吃新节	【仡佬族】
W6627.17.7.2	仡佬族七月龙场或闰月的八月蛇场那天过传统吃新节	【仡佬族】
W6627.17.7.2a	仡佬族七月或八月的头一个巳（蛇）日秋收在望时举行吃新节	【仡佬族】
W6627.17.7.3	仡佬族吃新节的其他时间	
W6627.17.7.3.1	仡佬族有的在八月十五那天过吃新节	【仡佬族】
W6627.17.7.4	仡佬族吃新节主要是祭奠祖先和供奉谷神	【仡佬族】
W6627.17.7.4.1	仡佬族吃新节祭祖	
W6627.17.7.4.1.1	仡佬族吃新节第一天，各家将各家田地里的新熟作物摘回家祭祖	【仡佬族】
W6627.17.7.4.1.2	仡佬族吃新节祭祖时扫寨	【仡佬族】
W6627.17.7.5	仡佬族吃新节的情形	
W6627.17.7.5.1	仡佬族吃新节时摘新谷由寨老主祭五谷六神	【仡佬族】
W6627.17.7.5.2	仡佬族吃新节期间，所用谷物可以随意到任何一家田中采摘	【仡佬族】
W6627.17.7.5.3	仡佬族吃新节时取谷穗将新米煮成饭，并用六吊谷穗挂在神龛两侧	【仡佬族】

W 编码	母题描述	关联项
W6627.17.7.5.4	仡佬族吃新节包括采新、祭祖、祭神、扫寨四个环节	【仡佬族】
W6627.17.7.5.5	仡佬族吃新节先用大碗新米饭摆在门外敬献天地，另用一小碗喂狗，然后人才尝新	【仡佬族】
W6627.17.7.5.6	有的仡佬族吃新节为三天，第一天各家自己祭食，第二天集体食用新米饭，第三天将剩余食物再次会餐	【仡佬族】
W6627.17.7.6	与仡佬族吃新节有关的其他母题	
W6627.17.7.6.1	仡佬族吃新节又称“七月七”（打新节；尝新节）	【仡佬族】
W6627.17.8	仡佬族其他节日	
W6627.17.8.1	仡佬族过年	
W6627.17.8.1.1	仡佬族杀年猪后祭奠财神和祖先	【仡佬族】
W6627.18	哈尼族的节日（哈尼族节日的来历）	
W6627.18.1	哈尼族正月节日	
W6627.18.2	哈尼族二月节日	
W6627.18.2.1	农历二月初四姑娘节	【哈尼族】
W6627.18.3	哈尼族三月节日	
W6627.18.3.1	哈尼族三月“里玛主”节	【哈尼族】
W6627.18.4	哈尼族四月节日	
W6627.18.5	哈尼族五月节日	
W6627.18.5.1	夏历五月初五过莫埃纳	
W6627.18.5.1.1	莫埃纳时家家户户杀公鸡，染紫色、黄色糯米饭祭献犁耙、锄头，用青草包一包糯米饭喂牛	【哈尼族】
W6627.18.5.2	哈尼族农历五月的猪日或狗日磨秋节（五月年）	【哈尼族】

W 编码	母题描述	关联项
W6627.18.5.3	哈尼族五月上旬“苗爱拿”节（休息日）	【哈尼族】
W6627.18.5.4	哈尼族每年五、六月间祭英雄玛麦	【哈尼族】
W6627.18.6	哈尼族六月节日	
W6627.18.6.1	哈尼族过六月年	【哈尼族】@［W6611.6.1.1］哈尼族十月年的来历
W6627.18.6.1.1	哈尼族夏历六月二十六日过“六月年”（库扎扎）	【哈尼族】
W6627.18.6.2	夏历六月的头一个属狗日至属鼠日过惹砿扎（砿扎扎）	【哈尼族】
W6627.18.6.3	哈尼族六月二十四后的第一个属鸡日或属猴日捉蚂蚱节（昴玛突）	【哈尼族】
W6627.18.7	哈尼族七月节日	
W6627.18.7.1	七月第一个龙日“吃新谷”	【哈尼族】
W6627.18.8	哈尼族其他月份节日	
W6627.18.8.1	哈尼族八月节日	
W6627.18.8.1.1	哈尼族每年农历八月龙日祭献塔婆祖母	【哈尼族】
W6627.18.8.1.2	每年夏历八月新谷上场后过“合什扎”（新米节）	【哈尼族】
W6627.18.8.2	哈尼族九月节日	
W6627.18.8.3	哈尼族十月节日	
W6627.18.8.3.1	哈尼族十月属牛日节日	
W6627.18.8.3.1.1	哈尼族十月属牛的日祭献祖先	【哈尼族】
W6627.18.8.4	哈尼族十一月节日	
W6627.18.8.4.1	哈尼族农历十一月十五日老人节	【哈尼族】
W6627.18.8.5	哈尼族十二月节日	
W6627.18.8.5.1	哈尼族农历腊月十五敬老节	【哈尼族】

W 编码	母题描述	关联项
W6627.18.9	与哈尼族节日有关的其他母题	［W6611.6.1.1］哈尼族十月年的来历
W6627.18.9.1	哈尼族埃玛突	
W6627.18.9.1.1	哈尼族埃玛突祭寨神	【哈尼族】
W6627.19	哈萨克族的节日（哈萨克族节日的来历）	
W6627.20	赫哲族的节日（赫哲族节日的来历）	
W6627.21	回族的节日（回族节日的来历）	
W6627.22	基诺族的节日（基诺族节日的来历）	
W6627.22.1	基诺族在谷类收获前用新米先祭祀鬼灵	【基诺族】
W6627.23	京族的节日（京族节日的来历）	
W6627.24	景颇族的节日（景颇族节日的来历）	
W6627.24.1	景颇人每到种谷子时都要过那泼节	
W6627.24.1.1	景颇人那泼节是为了祭为人类偷谷种的莫班姑娘	【景颇族】
W6627.24.2	景颇族正月十五目瑙纵歌①	【景颇族】
W6627.24.2.1	祖先看到鸟类举行目后开始举行目脑盛会	【景颇族】
W6627.25	柯尔克孜族的节日（柯尔克孜族节日的来历）	
W6627.26	拉祜族的节日（拉祜族节日的来历）	
W6627.26.1	拉祜族七月十三祭祖节	
W6627.26.2	拉祜族八月十五新米节	【拉祜族】

① 目瑙纵歌，即“大家跳舞”之意，主要盛行在德宏景颇族。一般在农历正月十五日举行，节期四至五天。

W 编码	母题描述	关联项
W6627.26.3	拉祜族八月十五月亮节（拉祜族八月十五哈巴节）	【拉祜族】
W6627.27	黎族的节日（黎族节日的来历）	
W6627.27.1	黎族三月三	
W6627.27.1.1	黎族男女祖先三月三成亲形成三月三节日	【黎族】
W6627.27.2	黎族三月八	
W6627.27.2.1	黎族每年农历三月八日过牛节	【黎族】
W6627.27.3	黎族十一月二十年	【黎族】
W6627.28	傈僳族的节日（傈僳族节日的来历）	
W6627.28.1	傈僳族二月初八刀杆节	【傈僳族】
W6627.28.2	傈僳族多在正月三十到二月初一日“过小年”	【傈僳族】@［W6611.8.2.2.1］正月三十到二月初一日过小年时主要是祭祀祖先
W6627.28.3	傈僳族火把节	
W6627.28.3.1	傈僳族农历六月二十五、二十六两天过火把节	【傈僳族】
W6627.28.4	傈僳族十二月二十九日（龙日）蒸天雄米饼祭祖	【傈僳族】@［W6627.32.5.1］女子每逢鸡年十二月二十九日举行跳神活动
W6627.28.5	傈僳族六月六	
W6627.28.5.1	傈僳族六月六日折青松枝、野梨枝等插在自家田地上并杀鸡祭祀祈求丰收	【傈僳族】
W6627.28.6	傈僳族八月十五	
W6627.28.6.1	傈僳族八月十五日各户蒸粑粑	【傈僳族】
W6627.28.6.2	傈僳族八月十五请巫师杀鸡祭祀祖先	【傈僳族】
W6627.29	珞巴族的节日（珞巴族节日的来历）	

W 编码	母题描述	关联项
W6627.30	满族的节日（满族节日的来历）	
W6627.31	毛南族的节日（毛南族节日的来历）	
W6627.31.1	毛南族火把节	
W6627.31.1.1	毛南族火把节是为了用火吓跑异族	【毛南族】
W6627.32	门巴族的节日（门巴族节日的来历）	
W6627.32.1	门巴族藏历元旦（新年；洛萨）	
W6627.32.1.1	门巴族藏历新年元月一日开始，到元月十五日结束	【门巴族】
W6627.32.2	门巴族二月初晒佛节	【门巴族】
W6627.32.3	门巴族藏历四月十五日萨嘎达瓦节	
W6627.32.3.1	门巴族藏历四月十五日萨嘎达瓦节纪念佛祖	【门巴族】
W6627.32.4	门巴族六月曲科节	
W6627.32.4.1	门巴族六月曲科节祈丰收	【门巴族】
W6627.32.5	门巴族十二月二十九日	
W6627.32.5.1	女子每逢鸡年十二月二十九日举行跳神活动	【门巴族】
W6627.33	蒙古族的节日（蒙古族节日的来历）	
W6627.33.1	蒙古族正月节日	
W6627.33.1.1	蒙古族正月“白月”（春节；大年）	【蒙古族】
W6627.33.1.2	正月十五、四月十五、七月十五三天是卫拉特蒙古人的节日	
W6627.33.1.2.1	正月十五、四月十五、七月十五三天是卫拉特蒙古人的节日杀牲祭祀以接受麦德尔神女来视察大地	【蒙古族】

W 编码	母题描述	关联项
W6627.33.1.3	蒙古族正月十五日麦德尔节	
W6627.33.1.3.1	麦德尔节纪念弥勒佛	【蒙古族】
W6627.33.1.4	蒙古族正月十六日兴畜节	【蒙古族】
W6627.33.2	蒙古族二月节日	
W6627.33.3	蒙古族三月节日	
W6627.33.3.1	蒙古族农历三月十七日纪念成吉思汗	【蒙古族】
W6627.33.3.2	蒙古族农历三月二十一日四季节	【蒙古族】
W6627.33.4	蒙古族四月节日	
W6627.33.4.1	农历四月初二鲁班节	【蒙古族】
W6627.33.4.2	蒙古族四月十五	
W6627.33.4.2.1	蒙古族四月十五麦德尔女神的化身巡视大地日	【蒙古族】
W6627.33.5	蒙古族五月节日	
W6627.33.5.1	蒙古族农历五月初五猎日节	【蒙古族】
W6627.33.5.2	蒙古族端午前后打马印	【蒙古族】
W6627.33.5.3	蒙古族五月十三日	
W6627.33.5.3.1	蒙古族五月十三日祭敖包	
W6627.33.5.3.1.1	蒙古族五月十三日祭敖包是为了纪念消灭魔王在祖先遗址上重建家园	【蒙古族】
W6627.33.6	蒙古族六月节日	
W6627.33.7	蒙古族七月节日	
W6627.33.8	蒙古族其他月份节日	
W6627.33.8.1	蒙古族八月节日	
W6627.33.8.1.1	蒙古族八月新年	
W6627.33.8.1.2	蒙古族八月的最后一天举行的“伟大的祭祀”，称之为新年祭礼	【蒙古族】
W6627.33.8.1.3	蒙古族八月底马奶节	【蒙古族】

W 编码	母题描述	关联项
W6627.33.8.2	蒙古族九月节日	
W6627.33.8.3	蒙古族十月节日	
W6627.33.8.3.1	蒙古族农历十月二十五点灯节（祖乐）	【蒙古族】
W6627.33.8.4	蒙古族十一月节日	
W6627.33.8.4.1	蒙古族十一月三日	【蒙古族】
W6627.33.8.5	蒙古族十二月节日	【蒙古族】
W6627.33.8.5.1	蒙古族腊月二十三特斯玛节（加工皮条）	【蒙古族】
W6627.33.8.5.1.1	蒙古族腊月二十三过小年	【蒙古族】@［W6626.3.1］腊月二十三的来历（腊月二十三过小年；小年的来历）
W6627.33.8.5.1.2	蒙古族腊月廿三祭火	【蒙古族】
W6627.33.8.5.2	蒙古族除夕炼铁	
W6627.33.8.5.2.1	蒙古族除夕炼铁于炉是为了表达对祖先的感激	【蒙古族】
W6627.33.9	与蒙古族节日有关的其他母题	【蒙古族】
W6627.33.9.1	蒙古族那达慕	【蒙古族】
W6627.33.9.1.1	那达慕庆祝丰收、游艺欢乐	【蒙古族】
W6627.33.9.2	蒙古族“乌图如模塔里呼”（打谷场节）	【蒙古族】
W6627.34	苗族的节日（苗族节日的来历）	
W6627.34.0	苗族迎新春芦笙节	
W6627.34.0.1	芦笙节是苗族喜迎新春，预祝一年风调雨顺、农业丰收的节日	［W6627.11.0.9.1］侗族正月十六至二十芦笙节
W6627.34.0a	苗族二月节日	
W6627.34.0a.1	苗族二月初二“桥神”节	
W6627.34.0a.1.1	苗族二月初二“桥神”节时，祈子夫妇到附近桥头祭拜，拿鸡蛋敬献桥神	【苗族】

W 编码	母题描述	关联项
W6627.34.1	苗族三月节日	
W6627.34.1.1	苗族三月三	
W6627.34.1.1.1	苗族三月三吃社	【苗族】
W6627.34.1.1.2	苗族三月三举办踏花山活动	【苗族】
W6627.34.1a	苗族四月节日	
W6627.34.1a.1	苗族四月八日椎牛祭祖	【苗族】
W6627.34.2	苗族花山节①	【苗族】
W6627.34.3	苗族六月六	
W6627.34.3.1	苗族六月六龙宫晒龙袍节日	【苗族】
W6627.34.4	苗族七月十三尝新节	
W6627.34.4.1	古历七月十三日是苗岭山区和清水江畔苗族的“论戛先”（吃新节）	【苗族】
W6627.34.5	苗族八月八赶秋节	【苗族】
W6627.34.5a	苗族八月八赶吃庙	
W6627.34.5a.1	苗族祖先纳罗引勾规定八月八吃庙	【苗族】
W6627.34.6	苗年	【苗族】
W6627.34.6.1	地上的扁担人过苗年节	【苗族】
W6627.34.7	苗族拉鼓节	
W6627.34.7.1	苗族拉鼓节纪念迁徙	【苗族】
W6627.34.8	苗族牯藏节	【苗族】
W6627.34.9	苗族其他节日	
W6627.34.9.1	苗族祭祖节	
W6627.34.9.1.1	苗族每年秋收后祭祖节隆重纪念祖先德龙、爸龙	【苗族】
W6627.35	仫佬族的节日（仫佬族节日的来历）	

① 苗族花山节，一般在农历五月端午节前后举行。节日期间人们盛装汇集到传统的跳场坪，青年男女在跳场中央的花杆跳舞，男青年还进行爬杆、赛马、射箭、唱歌、跳舞等。

W 编码	母题描述	关联项
W6627.35.1	仫佬族农历三月十二谷雨节	
W6627.35.1.1	仫佬族农历三月十二谷雨节纪念牛从天下散谷种	【仫佬族】
W6627.35.2	仫佬族八月十五歌节	【仫佬族】
W6627.35.3	仫佬族衣饭节	
W6627.35.3.1	仫佬人为纪念罗义和罗英父女的功德规定闰年十月立冬日过“衣饭节”	【仫佬族】
W6627.35.4	与仫佬族节日有关的其他母题	
W6627.36	纳西族的节日（纳西族节日的来历）	
W6627.36.0	纳西族正月的节日	
W6627.36.0.1	喇氏氏族土司家正月初一在衙门里举行祭虎仪式	【纳西族（摩梭）】
W6627.36.1	纳西族火把节	
W6627.36.1.1	纳西族火把节是为了欺骗玉皇免火灾	【纳西族】
W6627.36.1.2	纳西族每年六月二十五日为“火把节”	【纳西族】
W6627.36.2	纳西族朝山会	【纳西族】
W6627.36.3	纳西族泼灰节	
W6627.36.3.1	纳西族立夏泼灰节时拿着灶灰泼洒在房屋四周的墙脚上，以防蛇蛙钻进屋里来索欠债	【纳西族】
W6627.36.3.2	纳西族立夏泼灰节是为了提防术子（龙王的儿子）偷寨子里的姑娘	【纳西族】
W6627.36.4	丽江纳西族七月中下旬骡马会	【纳西族】
W6627.36.5	纳西族吕喜人十一月初一或十一日过年	【纳西族（摩梭）】@［W6611.6.1a.2］吕喜人以十一月为岁首，十一月初一或十一日过年

W 编码	母题描述	关联项
W6627.36.6	纳西族十二月禳鬼	【纳西族】
W6627.36.7	纳西族腊月二十四清扫灰尘	【纳西族】
W6627.36.7.1	纳西族腊月二十四清扫灰尘以销毁火塘神灵不良记录，使火塘神灵没法告状	【纳西族】
W6627.36.8	纳西族五月五	
W6627.36.8.1	善神告诉善良的女人五月初五发生瘟疫时避灾的方法	【纳西族】
W6627.36.8.2	纳西族五月初五日在房前屋后泼洒灶灰，清晨取冷水洗澡，手上系五色线箍，头上戴菖蒲和艾蒿枝叶，门口插菖蒲和艾蒿枝叶	【纳西族】
W6627.36.9	纳西族的其他节日	
W6627.36.9.1	纳西族二月初八白水台盛会	【纳西族】
W6627.37	怒族的节日（怒族节日的来历）	
W6627.37.1	怒族三月十五日至十七日仙女节（鲜花节）	
W6627.37.1.1	怒族仙女节纪念仙女阿茸	【怒族】
W6627.37.2	怒族六、七月间山林节	
W6627.37.2.1	怒族山林节祭神林	【怒族】
W6627.37.3	怒族七月半祭祖	
W6627.37.3.1	农历七月半是“若柔”人的祭祖节	【怒族】
W6627.38	普米族的节日（普米族节日的来历）	
W6627.38.1	普米族过大年	
W6627.38.1.1	普米族过大年从腊月二十九祭祖先吃年饭到正月初七	【普米族】
W6627.38.2	普米族农历五月五日“雪门槛游山节”	【普米族】

W 编码	母题描述	关联项
W6627.38.3	普米族七月十五转山会（转山节）	【普米族】
W6627.38.4	普米族腊月初六过小年	
W6627.38.4.1	普米族腊月初六过小年祭祖先、驱病魔等	【普米族】
W6627.39	羌族的节日（羌族节日的来历）	
W6627.39.1	羌族端午节	
W6627.39.1.1	羌族端午节划龙舟	【羌族】
W6627.39.2	羌族农历十月初一过年	【羌族】
W6627.39.2.1	农历十月初一过年，也是牛神的生日	【羌族】
W6627.39.3	羌族正月十九日的玉皇会	【羌族】
W6627.39.4	羌族二月十九日观音会	【羌族】@［W6464.1.4.3.1］每年农历二月十九日、六月十九日和九月十九日在观音庙举行观音会
W6627.39.5	羌族三月三日举行娘娘会	【羌族】
W6627.39.6	羌族七月十五日进行玉皇会	【羌族】
W6627.39.7	羌族十月一日举行山王庙庙会	【羌族】
W6627.39.8	羌族八月一祭白石神	
W6627.39.8.1	羌族八月一日祭白石神向山王还羊愿与鸡愿	【羌族】
W6627.40	撒拉族的节日（撒拉族节日的来历）	
W6627.41	畲族的节日（畲族节日的来历）	
W6627.41.1	畲族二月初二会亲节	【畲族】
W6627.42	水族的节日（水族节日的来历）	
W6627.42.1	水族端午节	【水族】@［W6613.10.3.1］水族分批过端午

W 编码	母题描述	关联项
W6627.43	塔吉克族的节日（塔吉克族节日的来历）	
W6627.44	塔塔尔族的节日（塔塔尔族节日的来历）	
W6627.45	土家族的节日（土家族节日的来历）	
W6627.45.1	土家族正月十五赶毛狗	【土家族】@［W6612.2.6.1a］正月十五晚上燃火后高喊“赶毛九”
W6627.45.2	土家族过春节把腊月底的前一天当除夕	【土家族】
W6627.45.2.1	土家族除夕提前一天过，叫作过赶年	【土家族】
W6627.45.3	土家族八月八唢呐节	【土家族】
W6627.46	土族的节日（土族节日的来历）	
W6627.47	佤族的节日（佤族节日的来历）	
W6627.47.1	佤族泼水节	
W6627.47.1.1	佤族泼水节是为纪念护泉化石的姑娘	【佤族】
W6627.47.2	佤族三月十五播种节	【佤族】
W6627.47.3	佤族六月二十四“便克节”	【佤族】
W6627.48	维吾尔族的节日（维吾尔族节日的来历）	
W6627.49	乌孜别克族的节日（乌孜别克族节日的来历）	
W6627.50	锡伯族的节日（锡伯族节日的来历）	
W6627.50.1	锡伯族四月十八西迁节	【锡伯族】
W6627.50.2	锡伯族每年的八月十五为丰收节	【锡伯族】
W6627.50.3	锡伯族农历十月初一为死者烧纸钱	【锡伯族】

W 编码	母题描述	关联项
W6627.51	瑶族的节日（瑶族节日的来历）	
W6627.51.0	瑶族一月节日（瑶族正月节日）	
W6627.51.0a	瑶族二月节日	
W6627.51.0a.1	排瑶二月初一日是雷神、太阳神日	【瑶族（排瑶）】
W6627.51.0b	瑶族三月节日	
W6627.51.0c	瑶族四月节日	
W6627.51.1	瑶族五月节日	
W6627.51.1.1	瑶族五月二十九达努节	
W6627.51.1.1.1	瑶族五月二十九达努节纪念女始祖密洛陀的生日	【瑶族（布努）】
W6627.51.1.1.2	瑶族达努节是为了感恩女祖先密洛陀的恩德	【瑶族】
W6627.51.2	瑶族六月节日	
W6627.51.2.1	瑶族六月六尝新节	【瑶族】
W6627.51.2a	瑶族七月节日	
W6627.51.2a.1	瑶人七月十五祭祀祖先狗头王	【瑶族】
W6627.51.3	瑶族十月十六盘王节	
W6627.51.3.1	瑶族每年十月十六日过“盘王节”是为了哀悼盘王	【瑶族】
W6627.51.4	瑶族十一月节日	
W6627.51.5	瑶族其他节日	
W6627.51.5.1	瑶族二月初一忌鸟节	【瑶族】
W6627.51.5.2	瑶族尝新节	
W6627.51.5.2.1	瑶族尝新节神农皇帝的龙犬盗谷种	【瑶族】
W6627.51.5.2.2	瑶族尝新节时把谷穗插在神堂上，先叫狗尝新米饭，吃麸子肉	【瑶族】
W6627.52	彝族的节日（彝族节日的来历）	
W6627.52.0	彝族正月的节日	

W 编码	母题描述	关联项
W6627.52.0.1	彝族正月初一祭火（祭火龙太子）	【彝族】
W6627.52.0.1a	彝族正月初一祭地母	【彝族】
W6627.52.0.1b	彝族正月第一天寅日举行招村魂仪式	【彝族】
W6627.52.0.1c	彝族正月初一早上举行请石神仪式	【彝族（聂苏）】
W6627.52.0.1d	彝族正月初一祭祖节	【彝族（腊罗）】
W6627.52.0.2	彝族正月初二或初三举村祭火（火神会）	【彝族】
W6627.52.0.3	彝族正月十五日要祭星星（祭秋架）	【彝族（黑彝）】
W6627.52.0.3a	彝族正月十五祭祀地母	【彝族】
W6627.52.0.4	彝族正月末送火神	【彝族】
W6627.52.0.5	彝族从正月十一开始去山神庙拜老虎	【彝族】
W6627.52.1	彝族火把节	
W6627.52.1.1	彝族火把节火烧害虫	
W6627.52.1.1.1	彝族火把节是为了烧死天神下放出的害虫	【彝族】
W6627.52.1.1a	彝族火把节是为了引出地下火种	【彝族】
W6627.52.1.2	彝族六月二十四火把节	【彝族】
W6627.52.1.2.1	彝族六月二十四火把节纪念举火烧害虫	【彝族】
W6627.52.1.2.2	彝族六月二十四火把节纪念鲁班师傅	【彝族】
W6627.52.1.2.3	彝族六月二十四火把节纪念受苦人出牢笼	【彝族】
W6627.52.1.2.4	六月二十四凉山彝族火把节	【彝族】
W6627.52.1.2a	彝族六月二十五的火把节	【彝族（给尼）】
W6627.52.1.2a.1	彝族六月二十五火把节纪念天上下凡的兄妹结婚繁衍人类的日子	【彝族】

W 编码	母题描述	关联项
W6627.52.1.2a.2	彝族六月二十五晚上火把节庆祝用火烧死害人的妖魔啫吒王	【彝族】
W6627.52.1.2a.3	彝族六月二十五晚上火把节纪念观音老母帮助百姓解除痛苦	【彝族】
W6627.52.1.2b	彝族六月二十四每家每户要杀牲口祭天，打火把以示向天神赔罪	【彝族】
W6627.52.2	彝族六月六虫王节	【彝族】
W6627.52.2a	撒尼人农历六月二十五至二十七日火节	
W6627.52.2a.1	撒尼人每年农历六月二十五至二十七日是“火节”又称过大年	【彝族（撒尼）】
W6627.52.3	彝族八月十五尝新节	【彝族】
W6627.52.4	彝族九月初九节	
W6627.52.4.1	彝族九月初九九星大会	【彝族】
W6627.52.4.2	彝族九月初九祭祖节	【彝族（摩察）】
W6627.52.5	彝族除夕	
W6627.52.5.1	除夕在堂屋中柱前准备祭祀先祖的祭品	【彝族】
W6627.52.5.2	除夕之夜吃饭之前先祭祖先	【彝族（黑彝）】
W6627.52.5.3	彝族腊月三十祭祖节	【彝族（摩察）】
W6627.52.5a	彝族十二月的节日（彝族腊月的节日）	
W6627.52.5a.1	彝族腊月初八	
W6627.52.5a.2	彝族腊月二十三	
W6627.52.5a.3	彝族腊月二十五，野兽出山头	【彝族（俚颇）】
W6627.52.6	彝族的其他节日	
W6627.52.6.1	彝族阿细人二月二密枝节（彝族二月二祭龙）	【彝族】@［W6499.5.2.0］二月二祭龙
W6627.52.6.1a	二月头一个属马日是祭密枝神的日子	【彝族】

W 编码	母题描述	关联项
W6627.52.6.2	彝族二月初八耕牛节	【彝族】
W6627.52.6.2a	彝族二月初八树王节	【彝族】
W6627.52.6.2b	彝族二月初八祭献祖先阿玉哺	【彝族】
W6627.52.6.2c	彝族二月初八祭斗猛虎而死的莫咪苦老人	【彝族】
W6627.52.6.2d	彝族二月初八插花节	【彝族】
W6627.52.6.2e	彝族二月八日过去是过大年	【彝族】
W6627.52.6.3	彝族四月初八祭拜太阳神	【彝族（撒尼）】
W6627.52.6.3a	彝族四月初五祭祀黄栗树（代表祖先）	【彝族（白彝）】
W6627.52.6.4	彝族五月初一赶龙王会	【彝族】
W6627.52.6.5	彝族插花节	【多民族】
W6627.53	裕固族的节日（裕固族节日的来历）	
W6627.54	藏族的节日（藏族节日的来历）	
W6627.54.1	藏族一月的节日	
W6627.54.1.1	藏族过年（藏历年）	
W6627.54.1.1.1	过节时大家都在搁桶石边插经幡、撒糌粑、燃松烟	【藏族】
W6627.54.1.2	藏族正月十五酥油花灯节	【藏族】
W6627.54.2	藏族二月的节日	
W6627.54.3	藏族三月的节日	
W6627.54.4	藏族四月的节日	
W6627.54.4.1	藏族农历四月八日转山会（沐佛节；敬山神）	【藏族】
W6627.54.4.1.1	藏族四月十五日萨噶达瓦节	【藏族】
W6627.54.4.2	鲜花供佛节	
W6627.54.4.2.1	藏历四月十五鲜花供佛节	【藏族】
W6627.54.5	藏族五月的节日	

W 编码	母题描述	关联项
W6627.54.5.1	藏族五月初四、初五女儿节	【藏族】
W6627.54.5.2	藏族农历五月初五菜花节	【藏族】
W6627.54.6	藏族六月的节日	
W6627.54.6.1	藏历六月三十日雪顿节	【藏族】
W6627.54.7	藏族七月的节日	
W6627.54.7.1	藏族七月一日雪顿节	【藏族】
W6627.54.7.2	藏族藏历七月六日至十二日沐浴节（嘎玛日吉）	【藏族】
W6627.54.7.3	藏族七月望果节	【藏族】
W6627.54.8	藏族其他月份的节日	
W6627.54.8.1	藏族八月的节日	
W6627.54.8.1.1	藏历八月初一敬山神	【藏族】
W6627.54.8.2	藏族九月的节日	
W6627.54.8.3	藏族十月的节日	
W6627.54.8.3.1	藏族藏历十月十五日仙女节（吉祥天母节）	【藏族】
W6627.54.8.4	藏族十一月的节日	
W6627.54.8.5	藏族十二月的节日	
W6627.54.9	与藏族节日有关的其他母题	
W6627.54.9.1	酥油花灯节	【藏族】
W6627.54.9.2	白拉姆节	
W6627.54.9.2.1	白拉姆节是女人的节日	【藏族】
W6627.55	壮族的节日（壮族节日的来历）	
W6627.55.0	壮族正月的节日（壮族一月节日）	
W6627.55.0a	壮族二月的节日	
W6627.55.0a.1	壮族二月初二	
W6627.55.0a.1.1	壮族二月初二花朝节	

W 编码	母题描述	关联项
W6627.55.0a.1.1.1	壮族二月初二花朝节祭祀生育神花婆	【壮族】
W6627.55.0a.1.2	壮族二月初二土地神节	【壮族】
W6627.55.0a.1.3	壮族二月初二祭社神和土地神	【壮族】
W6627.55.0a.1.4	壮族二月初二全村集体祭祀社王	【壮族】
W6627.55.0a.1.5	壮族二月初二用猪头祭盘古圣王	【壮族】
W6627.55.0a.1.5a	壮族二月初二祭盘古爷	【壮族】
W6627.55.0a.1.5b	壮族二月初二祭盘古诸神	【汉族（客家）、壮族等】
W6627.55.0a.2	壮族二月十五	
W6627.55.0a.2.1	壮族二月十五庙会祭盘古与雷王	【壮族】
W6627.55.1	壮族三月三	
W6627.55.1.1	壮族三月三歌节（壮族三月三祭龙节）	【壮族】
W6627.55.1.2	壮族三月三吃立节	【壮族】
W6627.55.1.3	壮族三月三祭盘古	【壮族】
W6627.55.1.4	壮族三月三祭祖父祖母（祭祖节）	【壮族】
W6627.55.1.4.1	壮族三月初三歌节时扫墓祭祖	【壮族】
W6627.55.1.4a	壮族三月三祭祀山神	【壮族】
W6627.55.1.4b	壮族三月三祭二圣侯王	【壮族】
W6627.55.1.5	壮族三月三是对歌节	【壮族】
W6627.55.1.6	壮族三月三的其他情形	
W6627.55.1.7	与壮族三月三有关的其他母题	
W6627.55.1.7.1	三月三壮语为“夺抱牙”	【壮族】
W6627.55.2	壮族四月节日	
W6627.55.2.1	壮族四月初八盘古庙祭盘古	【壮族】
W6627.55.2.2	壮族四月初八祭山神	【壮族】
W6627.55.2.2a	壮族四月初八是牛王节，又叫山歌节	【壮族】

W 编码	母题描述	关联项
W6627.55.2.2a.1	壮族四月初八招牛魂	【壮族】
W6627.55.2.2a.2	壮族四月初八牛魂节	【壮族】
W6627.55.3	壮族五月节日	
W6627.55.4	壮族六月节日	
W6627.55.4.1	壮族六月初一	
W6627.55.4.1.1	壮族六月一日六郎节	【壮族】
W6627.55.4.1a	壮族六月初二祭英雄	【壮族】
W6627.55.4.2	壮族六月六	
W6627.55.4.2.1	壮族六月六祭田节	【壮族】
W6627.55.4.2.1.1	壮族六月初六祭田公地母	【壮族】
W6627.55.4.2.2	壮族六月六牛魂节（脱轭节）	【壮族】
W6627.55.4.2.3	壮族认为六月初六神农视察农田	【壮族】
W6627.55.4.2.4	壮族六月六祭禾神	【壮族】
W6627.55.4.2.5	壮族六月六尝新节（壮族六月六新节）	【壮族】
W6627.55.4.2.5.1	壮族六月六新节祭祖	【壮族】
W6627.55.4.3	壮族六月底祭特定人物	
W6627.55.4.3.1	壮族六月末祭祀森林鬼和神农	【壮族】
W6627.55.5	壮族七月节日	
W6627.55.5.1	壮族七月十四用整鸭、整块猪肉大祭祖先	【壮族】
W6627.55.6	壮族八月节日	
W6627.55.7	壮族九月节日	
W6627.55.7.1	壮族九月初九	
W6627.55.7.1.1	壮族九月初九尝新节	
W6627.55.7.1.1.1	壮族九月初九尝新节祭祖	【壮族】
W6627.55.7.1.2	壮族九月初九送火神	【壮族】
W6627.55.8	壮族十月节日	

W 编码	母题描述	关联项
W6627.55.8.1	壮族十月初二祭丰收神	【壮族】
W6627.55.9	壮族的其他节日	
W6627.55.9.1	壮族十一月节日	
W6627.55.9.2	壮族十二月节日	
W6627.55.9.2.1	壮族腊月二十三祭灶神	【壮族】
W6627.55.9.3	壮族女人节（壮族女子太阳节）	
W6627.55.9.3.1	为纪念太阳重新回到天上的日子形成女子太阳节	【壮族（侬人）】
W6627.55.9.4	壮族吃新节	
W6627.55.9.4.1	壮族吃新节前一天，寨老敲击长木鼓后高声喊寨	【壮族】
W6627.56	与民族的节日有关的其他母题	
W6628	**其他特定类型的节日**	
W6628.1	火把节	
W6628.1.1	火把节的产生	
W6628.1.1.1	火把节是为了消灾除害	
W6628.1.1.1.1	火把节要火把是为扑灭秧苗的病虫害	【彝族】
W6628.1.1.2	火把节是为了庄稼生长	
W6628.1.1.2.1	火把节是为了把谷穗引出来	【彝族】
W6628.1.1.3	火把节是为了得到火	
W6628.1.1.3.1	火把节是为了引出火	【彝族】@［W6627.52.1.1a］彝族火把节是为了引出地下火种
W6628.1.1.4	为了找人产生火把节	
W6628.1.1.4.1	火把节是为了寻找一个为人们取谷种而不能回来的叫跋达的人	【白族】
W6628.1.1.5	为纪念特定人物形成火把节	
W6628.1.1.5.1	了纪念她坚贞不屈的柏节圣妃产生火把节	【汉族】

W 编码	母题描述	关联项
W6628.1.1.6	为避免灾难产生火把节	
W6628.1.1.6.1	为骗过天神火烧人间燃火把形成火把节	【纳西族】
W6628.1.2	火把节的时间	
W6628.1.2.1	特定日子过火把节	
W6628.1.2.1.1	六月二十四火把节	［W6627.52.1.2］彝族六月二十四火把节
W6628.1.2.1.2	六月二十五的火把节	［W6627.52.1.2a］彝族六月二十五火把节
W6628.1.2.1.2.1	大理老百姓每年六月廿五日晚上要过火把节	【汉族】
W6628.1.2.2	火把节的时长	
W6628.1.2.2.1	六月二十五、二十六两天过火把节	【傈僳族】
W6628.1.3	火把节的地点	
W6628.1.4	火把节的参与者	
W6628.1.5	火把节的特征（火把节的功能）	
W6628.1.5.1	火把节的火神圣	
W6628.1.5.1.1	过“火节”时的大火把的火称“圣火”，又称“母火”，是“火种”	【彝族（撒尼）】
W6628.1.5.2	火把节时特定的日子	
W6628.1.5.2.1	火把节是情死的良辰吉日	【纳西族】
W6628.1.5.3	火把节流传广泛	
W6628.1.5.3.1	火把节是中国西南地区彝、白、傈僳、拉祜、纳西、普米等民族的传统节日	【彝族】
W6628.1.6	火把节的活动	
W6628.1.6.1	火把节祭祀	
W6628.1.6.1.1	火把节祭龙	【彝族（给尼）】

W 编码	母题描述	关联项
W6628.1.6.1.2	火把节祭火	【彝族】@［W6628.1.9.1.2］火把节又称“祭火节”
W6628.1.6.2	火把节举行特定仪式	
W6628.1.6.2.1	火把节烧火塘仪式，要在山上烧火塘，比赛谁家的火塘烧得旺	【彝族】
W6628.1.6.3	火把节举火除秽	
W6628.1.6.3.1	火把节用火在堂屋、房间、灶房的角落里巡绕一遍，在家人的周身巡绕一遍	【彝族】
W6628.1.6.4	火把节娱乐	
W6628.1.6.4.1	火把节晚间家家户户点火把为乐	【傈僳族】
W6628.1.7	火把节的情形	
W6628.1.8	特定的火把节	
W6628.1.9	与火把节有关的其他母题	
W6628.1.9.1	火把节的名称	
W6628.1.9.1.1	火把节又称“过小年”	【彝族】
W6628.1.9.1.2	火把节又称“祭火节”	【彝族】
W6628.1.9.2	火把节的禁忌	
W6628.1.9.2.1	火把节忌上山挖土	【傈僳族】@［W6536.1.5.1］火把节祭祖、供家堂鬼，这两天忌上山挖土，否则庄稼长不好
W6628.2	其他以节日活动形式命名的节日	
W6628.3	以祭祀特定人物为主的节日（以特定人物命名的节日）	
W6628.3.1	三冥节①	【关联】②
W6628.3.1.1	三冥节为什么要祭鬼	【汉族】

① 清明节、七月十五中元节及十月十五下元节合称三冥节。

② ［W6617.3］清明节（春分后十五日）；［W6621.4.1］七月十五中元节（鬼节），［W6624.3.1］十月十五下元节。

W 编码	母题描述	关联项
W6628.4	以纪念特定事件为主的节日	
W6628.4.1	纪念动物取种的尝新节	【阿昌族】【佤族】
W6628.5	地方节日（地方性节日）	
W6628.6	特定群体的节日	
W6628.7	以节气形成的节日	
W6628.7.1	立春节	【侗族】@［W6627.11.0.8.7.2b.1］侗年每逢立春过“牛年”
W6628.7.1.1	立春忌在床上	【汉族】
W6628.7.1.2	立春打春牛	
W6628.7.1.2.1	打春牛又名“打土牛”“鞭春牛”“鞭土牛”“鞭牛”“打春”	【中华民族】
W6628.7.1.2.2	立春打春风俗最早来自皇宫	【中华民族】
W6628.7.1.2.3	立春之日，要把皇宫门前立的泥塑春牛打碎	【中华民族】
W6628.7.2	雨水节	
W6628.7.3	惊蛰节	
W6628.7.4	春分节	
W6628.7.5	清明节	［W6617.3］清明节（春分后十五日）
W6628.7.6	谷雨节	【仫佬族】@［W6617.4c］三月十二日谷雨节
W6628.7.7	立夏节	【纳西族】@［W6627.36.3.1］纳西族立夏泼灰节时拿着灶灰泼洒在房屋四周的墙脚上，以防蛇蛙钻进屋里来索欠债
W6628.7.7.1	立夏节那天称人的习俗	【汉族】
W6628.7.7.2	立夏节早晨起来吃茶叶蛋，中午备丰盛的酒菜	【汉族】
W6628.7.7.3	立夏吃蛋防疰夏	【汉族】

W 编码	母题描述	关联项
W6628.7.7.4	立夏给小孩子胸前挂蛋	【汉族】
W6628.7.8	小满节	
W6628.7.9	芒种节	
W6628.7.10	夏至节	
W6628.7.11	小暑节	
W6628.7.12	大暑节	
W6628.7.13	立秋节	
W6628.7.14	处暑节	
W6628.7.15	白露节	
W6628.7.16	秋分节	
W6628.7.17	寒露节	
W6628.7.17.1	人们感激小伙寒露，把他死的那天叫“寒露节”	【汉族】@［W6601.3.1］为纪念叫荞麦的人形成寒露节
W6628.7.18	霜降节	
W6628.7.19	立冬节	
W6628.7.20	小雪节	
W6628.7.21	大雪节	
W6628.7.22	冬至节	［W6625.7.1］冬至
W6628.7.23	小寒节	
W6628.7.24	大寒节	
W6629	**与节日有关的其他母题**	［W6536.1］节日禁忌（年节禁忌；节日的禁忌）
W6629.0	节日的特征（节日的功能）	
W6629.0.1	节日时可以尽情娱乐	
W6629.0.1.1	节日狂欢	
W6629.0.1.1.1	收获节山王会要狂欢三日夜	【羌族】
W6629.0.2	过节时不劳动	
W6629.0.2.1	正月初一到十五过年时不劳动	【羌族】

W 编码	母题描述	关联项
W6629.0.3	节日有特定内涵	
W6629.0.3.1	特定节日是迎接神的视察	【蒙古族】
W6629.0.4	节日的服装要有特色	
W6629.0.4.1	节日要穿盛装	
W6629.0.4.2	节日要穿最好的衣服	
W6629.0.4.3	节日要穿本民族服装	
W6629.0.4.4	节日的服装要有特定标志	
W6629.0.4.4.1	过年时，青壮年男子穿上花衣裳，彩色腰带上插一支两尺多长的油竹竿，里面插三根野鸡翎	【羌族】
W6629.1	没有规定具体时间的节日	
W6629.1.1	独龙族过年时间没有明确规定	【独龙族】
W6629.2	节日时间的规定（节日的时间）	
W6629.2.1	有的节日没有时间规定	
W6629.2.1.1	独龙族中有一些是没有规定时间的节俗	【独龙族】@［W6629.1.1］独龙族过年时间没有明确规定
W6629.2.2	规定特定时间过节过年	
W6629.2.2.1	以元月二十四日为节，十二月二十四日为年	【爨蛮】
W6629.2.3	节日的周期	
W6629.2.3.1	一月过两节	【彝族】
W6629.2.4	节日的时长	
W6629.2.4.1	节日有规定的时长	
W6629.2.4.2	节日长短灵活	
W6629.2.4.2.1	剽牛祭天节日的时间长短无统一规定	【独龙族】
W6629.2.5	节日时间为什么各地不同	

W 编码	母题描述	关联项
W6629.2.5.1	同一节日各地商议在不同时间进行	【苗族】
W6629.2.6	特定事件的时间作为节日时间	
W6629.2.6.1	吉萨格来在鸡年十二月二十九日铲除了妖魔，从此这一天要举行“呛木”	【门巴族】
W6629.3	节日特定的活动	
W6629.3.1	节日时燃放爆竹的来历	［W6611.3.3.1］过年点爆竹是为了驱赶野兽
W6629.3.1.1	点爆竹是为了驱赶猴子	【土家族】
W6629.3.2	节日祭祀（节日时祈祷）	【中华民族】@［W6487］祭祀的时间；［W6496.0.5.6*］祭祖有日常祭祀、节日祭祀和超度祭祀3种
W6629.3.2.1	节日祭祀是因为节日时神向人要吃喝	【独龙族】
W6629.3.2.2	年节时念经祈祷祝福乌龟	【藏族】
W6629.3.2.3	年节时祭祖	
W6629.3.2.3.1	年节供家堂	【布依族】@［W6536.1.5.1］火把节祭祖、供家堂鬼，这两天忌上山挖土，否则庄稼长不好
W6629.3.2.4	年节时祭特定物	
W6629.3.2.4.1	年节时祭狗	
W6629.3.2.4.1.1	每逢三节（新米节、新年、老年）要先以最好饭菜饲狗，然后自食	【拉祜族】
W6629.3.3	节日比赛的来历	［W9620～W9634］竞赛（比赛）
W6629.3.3.1	节日里赛马的来历	【藏族】
W6629.3.4	节日时演奏	

W 编码	母题描述	关联项
W6629.3.4.1	节日吹鹰骨笛习俗	【塔吉克族】
W6629.3.4.2	节日时敲击特定器物	
W6629.3.4.2.1	除夕及大年初一敲铜鼓，以祝贺节日	【布依族】
W6629.3.4.2.1a	除夕及大年初一敲铜鼓可邀请天上的祖先	【布依族】
W6629.3.5	节日时跳舞	
W6629.3.5.1	逢节过年跳舞	【塔吉克族】
W6629.3.6	节日聚会（节日盛会）	［W6617.4.1］三月十五日在荆山举行“惊蛟”盛会
W6629.3.6.1	人的节日盛会源于效仿动物	【景颇族】
W6629.4	节日中的特定仪式（节日仪礼）	
W6629.4.1	节日前净身	【怒族】
W6629.5	节日时展现特定的标志物	
W6629.5.1	过节时门口挂物	
W6629.5.1.1	过年第一天早晨，妇女们要把最新的麻布毯和洗干净的麻布毯挂插在门前的竹竿上	【独龙族】
W6629.6	节日的参与者	
W6629.6.1	人与动物共度节日	【独龙族】
W6629.7	节日的变化（节日的演变）	
W6629.7.1	节日时间的变化	
W6629.7.1.1	原来农历十一月初一过小年。因耗费大把过年后推一个月	【布依族】
W6629.7.2	节日内容的变化	
W6629.7.2.1	三月三原来是祭祖节，后来演变为青年男女谈情说爱的对歌节	【壮族】
W6629.7.3	节日形式的变化	
W6629.8	节日的消失	

6.5.5 生育习俗
【W6630 ~ W6634】

W 编码	母题描述	关联项
* **W6630**	**生育习俗（孕产习俗；生孩子习俗）**	【汤普森】A1560；［W2130 ~ W2299］生育产生人
W6630.1	生育习俗的产生	
W6631	**生育前习俗**	
W6631.0	祈子习俗	［W6627.7.1.1］达斡尔族四月八日祭娘娘庙祈子
W6631.0.1	在山坳口上放置长凳以求生子	【苗族】
W6631.0.2	正月送灯祈子	【汉族】
W6631.0.3	向特定的神或神话人物祈子习俗	
W6631.0.3.1	向山神祈子习俗	【仡佬族】
W6631.0.3.2	向大禹祈子	【汉族】@［W6496.8c.5.3.4.1］百姓到大禹祠给大禹烧香祈雨和祈子
W6631.0.4	通过特定仪式祈子	
W6631.0.4.1	婚后数年不育者找“迷拉婆”“老魔公”择吉日举行“搭花桥”仪式祈子	【布依族】
W6631.0.4.2	通过“插鸡心”仪式求子	【布依族】
W6631.0.5	其他求子习俗	
W6631.0.5.1	要回伞和花糯米饭求子	【布依族】
W6631.0a	野合习俗	
W6631.0a.1	野合的产生	
W6631.0a.2	野合的时间	

W 编码	母题描述	关联项
W6631.0a.2.1	每年三月女人“打野”	【彝族】
W6631.0a.3	野合的地点	
W6631.0a.4	野合的特征	
W6631.0a.5	野合的情形	
W6631.0a.6	与野合有关的其他母题	
W6631.1	孕期习俗	［W6518.1］孕期禁忌
W6631.1.1	怀孕时祭祀画神能使生的孩子漂亮	【傣族】
W6631.1.2	孕期举行巫事习俗	
W6631.1.2.1	妻子有身孕后要举行围花、护花以及解节、解关的巫事	【壮族】
W6631.2	生育前祭祀习俗	
W6631.2.1	生育前祭拜天地	
W6631.2.1.1	父母为将生产的女儿拜天求地得以顺产	【汉族】
W6631.3	生育前为婴儿算生辰	
W6631.3.1	苗族生孩子要算生辰八字（算夜）	
W6631.3.1.1	生孩子即使在白天也叫出生之夜，算夜就是卜算出生的日子好坏	【苗族】
W6631.4	生育前驱邪	［W6634.3］婴儿除秽（生育后除秽）
W6631.4.1	生育前两日要驱邪	【侗族】
W6631.5	生育前铺设产床	
W6631.5.1	临产前，将炕席卷起在土炕上铺一层谷草作为分娩的地方	
W6631.5.1.1	谷草上分娩源于祖先生落在草窝，以示不忘本	【满族】
W6631.6	生育前的禁忌（分娩前禁忌）	
W6631.6.1	婴儿出生的前两天忌生人	

W 编码	母题描述	关联项
W6631.6.1.1	小孩生下的前 2 天为“忌日”，忌日忌生人入户	【侗族】
W6631.7	生育前催生	
W6631.7.1	产期临近时，娘家人将老虎被子等送至女儿婆家以示催生	【汉族】
W6632	**生育过程习俗**	
W6632.1	产翁习俗	【壮族】
W6632.1.0 *	女人生孩子，男人坐月子	【中华民族】
W6632.1.0.1	金齿百夷妇女勤农事苦，既产即抱子浴于江归付其父，动作如故	【中华民族】
W6632.1.1	妻诞子，婿拥衾抱雏坐于寝榻，称为产翁	【南方古代民族】
W6632.1.2	产翁制	
W6632.1.2.1 *	“产翁制”之说来自人类学	【多民族】
W6632.1.2.2 *	“产翁制”习俗是母权制向父权制过渡的标志	【多民族】
W6632.1.3 *	产翁习俗的本质是父亲为了代替母亲取得对孩子的主要权利	【多民族】
W6632.1.3.1 *	产翁习俗即把“生民”的主权移归给男人	【多民族】
W6632.2	妇女生产时放置特定器物习俗	
W6632.2.1	孩子出生时要放一把刀子（辟邪）	【汤普森】T582.4；【关联】①
W6632.2.2	妇女生孩子时要光着下身躺在干草（谷草）上	【中华民族】
W6632.3	生育过程禁忌	
W6632.3.1	女子不能在娘家生孩子	
W6632.3.1.1	特定人物规定女子不能在娘家生育	
W6632.3.1.1.1	布洛陀规定女子不能在娘家生育	【壮族】
W6632.3.1.2	出了嫁的姑娘不能在娘家生孩子	【汉族】

① ［W2590］出生（分娩）；［W6139.5.1.1］景颇人男人带刀是为了防止取心鬼来取心。

W 编码	母题描述	关联项
W6632.3.2	忌在外家生孩子	【达斡尔族】
W6632.4	生育时除秽习俗	［W6685.5.9.6］丧葬中除秽
W6632.4.1	生育时用茅草拂扫帐内及房内以驱邪避秽	【布依族】
W6632.5	生育时祭祀习俗	
W6632.5.1	分娩时祭神树	【藏族（纳木依）】
W6633	**生育时习俗（临盆时习俗；分娩习俗；生育后习俗）**	
W6633.0	杀死特定性别婴儿习俗（杀婴习俗）	
W6633.0.1	杀死男婴习俗	
W6633.0.1.1	岳父杀了女婿后对女儿说，生的孩子女就留着养，男我们杀掉	【瑶族（布努）】
W6633.0.2	父亲杀死男婴	【傣族】
W6633.1	杀死第一胎孩子的习俗	［W6692.2］杀死小孩的习俗
W6633.1a	生育的头胎孩子被歧视习俗	【侗族】
W6633.2	新生儿礼仪（生孩子后的有关的仪礼习俗）	
W6633.2.1	孩子出生时要洗澡的来历（为新生儿洗身）	【瑶族】
W6633.2.1.1	人神莫伟吩咐人类的第一个母亲妈农给生的孩子洗澡	【佤族】
W6633.2.1.2	佤族生下的娃娃要放在芭蕉叶上用冷水冲洗	【佤族】
W6633.2.2	生男孩要放置武器和马	【汤普森】T602
W6633.2.3	婴儿出生时用鸡肉抹嘴	【苗族】
W6633.3	婴儿出生时要告知（产子报喜；宣告家中生孩子）	
W6633.3.0	婴儿出生后报喜的来历	

W 编码	母题描述	关联项
W6633.3.0a	婴儿出生后报喜的时间	
W6633.3.0a.1	婴儿产生三天后给娘家报喜	【汉族】
W6633.3.0a.2	新媳妇生头胎，婆家须在三天头上向娘家报喜	【汉族】
W6633.3.1	婴儿出生时要告知神灵	
W6633.3.2	婴儿出生时要告知祖先	
W6633.3.2.1	孕妇临蓐时，丈夫呼祖先之鬼名而祝告之	【傈僳族】
W6633.3.2a	婴儿出生时要告知其他特定人	
W6633.3.2a.1	婴儿出生后，须向婆家报喜	【侗族】
W6633.3.2a.2	给产妇的父母家报喜	【仡佬族】
W6633.3.2a.3	生小孩的第二天，小孩家要请一位老人到外公外婆家报喜	【侗族】
W6633.3.2a.4	生育后报告邻居	【汉族】
W6633.3.3	生孩子告知方式	
W6633.3.3.1	若生男孩当天要拿一个甑底（篾制圆盘）吊在大门右上方，其上再挂一个插着两根筷子的清水瓶	【白族】
W6633.3.3.2	生男女的标志	
W6633.3.3.2.1	婴儿“落草”后，如是男孩悬弧于门左，女孩则设帨子于门右	【满族】
W6633.3.3.2.2	生男孩在大门的草标上添挂一个红辣椒，生女孩则添挂一片树叶	【侗族】
W6633.3.3.2.3	生男孩就向左右邻居分红鸭蛋	【汉族】
W6633.3.3.3	产房门前横放车轴作为分娩标志	【达斡尔族】
W6633.3.3.4	生孩子要在大门上悬挂一草标	【侗族】
W6633.3.3.5	报喜人携带特定物报喜	
W6633.3.3.5.1	新生儿的父亲请人带 12 个红蛋、12 个核桃和 1 壶酒和 1 只鸡去岳父母家报喜	【仡佬族】

W 编码	母题描述	关联项
W6633.3.3.5.2	生孩子的人家派一位老人只带一只大公鸡到新生儿的外公外婆家报喜	【侗族】
W6633.3.3.6	生孩子后泼特定的水报喜	
W6633.3.3.6.1	夫妻第一个婴儿出生后将烫鸡用的水和毛泼到三岔路口给过往的行人和亲戚报喜讯	【侗族】
W6633.3.4	报喜的结果	
W6633.3.4.1	女方的父母接到生育外孙的报喜后，要把报喜物放神龛前供祖祈福	【仡佬族】
W6633.3.4.2	房族和亲友带着祝米、鸡蛋或钱礼来祝贺新生儿	【侗族】
W6633.3.4.3	婴儿出生第12天时，娘家族人和亲朋好友为产家送米面	【汉族】
W6633.3.4.3.1	闺女添小孩，娘家要在第十二天去送米面	【汉族】
W6633.3.4.3.1.1	娘家接到女儿生头胎喜信，十二天头上送贺，婆家，大摆宴席招待	【汉族】
W6633.3.4.4	生育后，亲友送月礼（送米面）	
W6633.3.4.4.1	生育后亲友送月礼时，主人要退回一点	【汉族】
W6633.4	婴儿出生要做规定动作（分娩仪式）	
W6633.4.1	孕妇临产时要席地上跪着，两手扶额，扒在床沿上叫痛	【白族】
W6633.4.2	婴儿出生时谢族树	
W6633.4.2.1	新添子女后由婴儿之母背着向族树叩头	【彝族】
W6633.4.3	生孩子杀鸡	

W 编码	母题描述	关联项
W6633.4.3.1	生儿杀公鸡，生女杀母鸡	【彝族（腊罗、摩察、纳苏、给尼、葛泼）】
W6633.4.4	剪脐带	
W6633.4.4.1	祖母剪脐带	【彝族】
W6633.4.4.2	新生儿脐带埋厨房	【苗族】
W6633.4.4.3	新生儿脐带用纸包好藏入衣笼或箱子里	【侗族】
W6633.4.4a	处理胎盘	
W6633.4.4a.1	婴儿的“胎盘”要置于房屋楼下中柱并以两块瓦覆盖	【侗族】
W6633.4.4a.2	第一胎的胎盘要堆在房子的中柱脚边	【侗族】
W6633.4.5	为新生儿洗身（为新生儿洗礼）	
W6633.4.5.1	在马缨花树下用清水为婴儿洗身	【彝族】
W6633.4.5.1a	婴儿出生后，用马樱花树做的木盆盛水洗婴儿	【彝族（俚颇）】
W6633.4.5.2	嘎劳拉洛女神专为刚生下的婴儿沐浴	【高山族（排湾）】
W6633.4.5.3	婴儿出生第七天洗礼	
W6633.4.5.3.1	婴儿出生第七天请巫婆洗礼	【侗族】
W6633.4.6	婴儿出生 3 天取名	【彝族】
W6633.4.7	婴儿出生 3 天要出门露脸	【苗族】
W6633.4.7a	婴儿出生 3 天时庆贺	
W6633.4.7a.1	婴儿出生后第三日，办“三朝酒”	【侗族】
W6633.4.7a.2	婴儿出生第三天为“庆日”（婴儿庆三）	【侗族】
W6633.4.8	为婴儿喂食	
W6633.4.8.1	婴儿生下的当晚，祖母要自己嚼几粒生先米喂婴儿	【基诺族】

W 编码	母题描述	关联项
W6633.4.9	与婴儿出生行为习俗有关的其他母题	
W6633.4.9.1	生孩子后的禁忌	
W6633.4.9.1.1	产后3天内，忌推碾子，忌移动室内的缸罐	【达斡尔族】
W6633.4.9.1.2	产后3天内，忌见特定动物	
W6633.4.9.1.2.1	生孩子3天内忌驴进院	【达斡尔族】
W6633.4.9.1.3	婴儿出生3天内家人忌远行	【壮族】
W6633.4.9.2	抱婴儿仪式	
W6633.4.9.2.1	婴儿出生后举行抱婴儿仪式，生男找一男孩来抱，生女则找一女孩来抱	【侗族】
W6633.4.9.2.2	孩子刚生出后，接生婆抱婴儿站地	
W6633.4.9.2.2.1	孩子刚生出接生婆包好后会让孩子在地上站一下以示“落地生根”之意	【中华民族】
W6633.4.9.3	生孩子后供神	
W6633.4.9.3.1	生小孩的人家要在火塘附近的墙壁之上立一圣母牌位祭供	【布依族】
W6633.4.9.3.1.1	凡小孩降生后，要为之安设四位母神灵位供奉	【布依族】
W6633.4.9.4	婴儿出生后吃面	［W6615.7.2.1］正月初七吃面羹
W6633.4.9.4.1	孩子落地，产妇全家和收生婆一起喝喜面条	【汉族】
W6633.5	生育后的禁忌（生育中的禁忌）	
W6633.5.1	生孩子当事人禁忌	
W6633.5.1.1	分娩3天内产妇与丈夫忌爬烟囱	【达斡尔族】
W6633.5.1.2	忌产妇靠近神位	【达斡尔族】
W6633.5.1.3	产妇忌到井边，以防污染井水	【达斡尔族】

W 编码	母题描述	关联项
W6633.5.1.4	产妇1个月内忌出门	【达斡尔族】【汉族】
W6633.5.2	分娩后外人禁忌	
W6633.5.2.1	妇女分娩后忌外人进产房	【达斡尔族】
W6633.5.3	生育后产妇物件禁忌	
W6633.5.3.1	移动孕妇床铺或其他东西要事先起煞安煞，以免孕妇遭震动发生意外	【侗族】
W6633.5.4	生育时的语言禁忌	
W6633.5.4.1	妇女生孩子不说“生”，要说“拾”	【汉族】
W6633.5.5	生育后禁忌的其他情形	
W6633.5.6	与生育后禁忌有关的其他母题	［W6633.4.9.1］生孩子后的禁忌
W6633.6	出生的特定婴儿有独特的习俗	
W6633.6.1	为出生的第一个婴儿踩生	【关联】①
W6633.6.1.1	第一个婴儿出生后外人登门者称为“踩生”，主人家要把给产妇做的第一个熟鸡的脑壳、鸡腿敬给踩生人	【侗族】
W6633.7	生育后有关的环境设置习俗	
W6633.7.1	生孩子后床头贴生育神神位	【壮族】
W6633.7.2	孩子出生放橙子叶	
W6633.7.2.1	孩子出生放橙子叶以祝福新生儿吉祥，易养成人	【侗族】
W6634	**与生育习俗有关的其他母题**	［W6518.1］孕期禁忌
W6634.1	产妇生育后习俗（产妇坐月子习俗）	
W6634.1.1	女人生育后被抛弃	【汤普森】S414

① ［W6633.1］杀死第一胎孩子的习俗；［W6633.4.4a.2］第一胎的胎盘要堆在房子的中柱脚边。

W 编码	母题描述	关联项
W6634.1.2	产妇第一次走出卧室要遮脸	
W6634.1.2.1	产妇第一次走出卧室由产妇的母亲或婆婆用一个浅圆竹筐遮住产妇的脸，以防邪气侵入母体和小孩	【纳西族】
W6634.1.2a	产妇坐月子期间出门时要戴斗笠	
W6634.1.2a.1	产妇坐月子期间出门时戴斗笠可防“偷乳婆”偷乳	【侗族】
W6634.1.3	产妇洗浴习俗	
W6634.1.3.1	产妇在小孩生下足七天后举行洗头仪式	【纳西族】
W6634.1.3.2	婴儿满月后，产妇选择有九、七之数的日子举行洗头洗身仪式	【纳西族】
W6634.2	产妇的饮食习俗	
W6634.2.1	生孩子吃海带的习俗	
W6634.2.1.1	生孩子吃海带的习俗是从鲸鱼那里学来的	【朝鲜族】
W6634.2.2	产妇吃谁家的饭有讲究	
W6634.2.2.1	产妇须先吃婆家之粥，而后才能用自家的饭	【侗族】
W6634.3	婴儿除秽（生育后除秽）	
W6634.3.1	东巴为生育的主人家每个人除秽	【纳西族】@［W6596.6.5.6.1.1］生育除秽时把水泼在鸡身上让鸡把每人的不洁和罪孽带走
W6634.3.2	探视婴儿前要先用火驱邪	【蒙古族（布里亚特）】
W6634.4	婴儿剃头	
W6634.4.1	外祖父或母舅为婴儿剃头，并把头发藏于特定地方	【侗族】
W6634.4.2	幼儿剪发要系神偶旁	【鄂温克族】

W 编码	母题描述	关联项
W6634.5	其他物类的生育习俗	
W6634.5.1	神的生育习俗	
W6634.5.2	神性人物的生育习俗	
W6634.5.3	动物的生育习俗	
W6634.5.3.1	动物若生怪胎要祭祀	【鄂温克族】
W6634.6	溺婴习俗（杀死婴儿习俗）	
W6634.6.1	溺婴原因	
W6634.6.1.1	孩子多怕难养且容易出强盗引起社会不安溺婴	【侗族】
W6634.6.2	溺婴的标准	
W6634.6.2.1	生了一两对男女之后，多余的一概扼死	【侗族】
W6634.6.3	溺婴的方法	
W6634.6.3.1	溺婴时以胎盘扑鼻憋死婴儿，或用两根木棍把婴儿卡死	【侗族】

6.5.6 成长习俗（养育习俗）【W6635 ~ W6639】

W 编码	母题描述	关联项
W6635	**婴儿抚养习俗**	
W6635.0	庆生	
W6635.0.1	庆生仪式	
W6635.0.1.1	为新生儿诞生举办 40 天隆重的典礼	【柯尔克孜族】
W6635.0.2	庆生贺礼（生孩子时的贺礼）	

W 编码	母题描述	关联项
W6635.0.2.1	孩子出生后舅舅要拿只鸭来祝贺，舅妈要拿一段布或绸子给婴儿作衣服	【苗族】
W6635.1	特定人物抚养婴儿习俗	
W6635.1.1	婴儿由母家抚养	
W6635.1.1.1	庆都生尧于丹陵，育于母家	【汉族】
W6635.2	婴儿过三天（婴儿做三朝；打三朝）	
W6635.2.1	婴儿做三朝的来历	
W6635.2.1.1	为生育的喜庆举行“打三朝”	【侗族】
W6635.2.1a	婴儿做三朝的时间	
W6635.2.1a.1	婴儿出生的三天后举行“打三朝”	【侗族】
W6635.2.1a.2	侗族“打三朝”不一定是婴孩出生的第三天	【侗族】
W6635.2.1a.3	在得知报喜的当月择日办“三朝”酒	【侗族】
W6635.2.1b	婴儿做三朝的地点	
W6635.2.1b.1	婴儿在堂屋做三朝	【侗族】
W6635.2.2	婴儿做三朝的情形	
W6635.2.2.1	小孩做“三朝”时妈妈要在娃娃天灵盖上轻轻点敲	【苗族】
W6635.2.2.2	打三朝主要是外婆家、亲戚及房族邻里来庆贺新生婴儿	【侗族】
W6635.2.2.3	打三朝时要举办“吃夜筵”活动和双方的歌手互相对歌	【侗族】
W6635.2.2.4	“打三朝”在给婴儿剃头的同时，要用一块小布条将婴儿的五个指头裹起来称为“捆手”	【侗族】
W6635.2.2.5	打三朝分为大办和简办两种	【侗族】
W6635.2.3	与婴儿做三朝有关的其他母题	

W 编码	母题描述	关联项
W6635.2.3.1	洗三	【汉族】
W6635.3	婴儿过满月	
W6635.3.1	婴儿过满月的来历（婴儿过满月的原因）	
W6635.3.1.1	造人时用了一个月时间所以要过满月	【苗族】
W6635.3.2	婴儿过满月的时间	
W6635.3.2.1	把婴儿生下的第三十天定为“大庆日”	【侗族】
W6635.3.3	婴儿过满月地点	
W6635.3.4	婴儿过满月的仪式	
W6635.3.4.1	因祖先造人时是敲击天灵盖成活的，所以小孩做“三朝”时妈妈要点敲娃娃的天灵盖	【苗族】
W6635.3.4.2	婴儿满月时须背往婆家	【侗族】
W6635.3.4.3	婴儿满月外公把婴儿的头发、胎毛与眉毛刮掉	【侗族】
W6635.3.5	婴儿过满月的其他情形	
W6635.3.5.1	满月“大庆日”，主家要请歌队在屋里唱歌对歌通宵达旦	【侗族】
W6635.3.5.2	满月时各路神仙都来庆贺	【汉族】
W6635.3.6	与婴儿过满月有关的其他母题	
W6635.3.6.1	婴儿要满月后才取名	【满族】
W6635.3.6.2	婴儿过满月叫做“旦讪”，意为一月之终断	【侗族】
W6635.3.6.3	满月后第七天，产妇抱孩子回娘家（挪臊泊）	【汉族】
W6635.4	婴儿过百日	
W6635.4a	婴儿过六个月	
W6635.4a.1	婴儿长到六个月或恰逢年过节时要办一桌酒席举行“开荤”仪式	【侗族】

W 编码	母题描述	关联项
W6635.4a.2	婴儿出生五个月后，如历书找的日子不是饿日即可作为开荤日	【壮族】
W6635.5	幼儿过周岁	【哈尼族】
W6635.5.1	幼儿过周岁的来历	
W6635.5.2	幼儿过周岁的时间	
W6635.5.2.1	幼儿要在出生 1 周年的出生日过周岁	
W6635.5.2.2	幼儿要在出生 1 周年的出生日提前 1 个月过周岁	
W6635.5.3	幼儿过周岁的地点	
W6635.5.4	幼儿过周岁的仪式	
W6635.5.4.1	抓周（拭儿；试晬；拈周；试周）	［W6633.2.2］生男孩要放置武器和马
W6635.5.4.1.1	抓周的目的	
W6635.5.4.1.1.1	周岁时通过抓周预卜婴儿前途	【汉族】
W6635.5.4.1.1.2 *	幼儿周岁抓周以验贪廉愚智	【汉族】
W6635.5.4.1.2	抓周使用的物品	
W6635.5.4.1.2.1	抓周时放印章、笔、墨、纸、砚、算盘、钱币、书籍等	【汉族】
W6635.5.4.1.2.1a	抓周时放书本、算盘、剪刀、尺子、熟鸡蛋等物件	【侗族】
W6635.5.4.1.2.1b	抓周时摆齐书、笔、算盘、食品、工具等	【汉族】
W6635.5.4.1.2.2 *	抓周摆放的物品男女有别	【汉族】
W6635.5.4.1.3	抓周的准备	
W6635.5.4.1.3.1 *	抓周前洗浴	【汉族】
W6635.5.4.1.4	抓周的判断	
W6635.5.4.1.4.1	小孩先抓了印章预示官运亨通	【汉族】
W6635.5.4.1.4.2	小孩先抓了文具预示以后金榜题名	【汉族】

W 编码	母题描述	关联项
W6635.5.4.1.4.3	小孩先抓了吃食预示以后好吃	【汉族】
W6635.5.4.1.4.4	小孩先抓了玩具预示长大后贪玩	【汉族】
W6635.5.4.2	吃长寿面	
W6635.5.4.2.1	幼儿过周岁中午要吃长寿面	【汉族】
W6635.5.5	幼儿过周岁的其他情形	
W6635.6	断奶习俗	
W6635.6.1	断奶的来历	
W6635.6.2	断奶时间	
W6635.6.2.1	3 岁断奶习俗的来历	
W6635.6.2.1.1	3 岁断奶是因为这时不断奶花斑雷公就要杀人	【苗族】
W6635.7	婴儿的服饰习俗	
W6635.7.1	满月后才能给婴儿穿上衣和裤子	【基诺族】
W6635.7.2	婴儿戴红兜肚习俗（给小孩穿小红兜）	【汉族】
W6635.8	过生日（庆生）	【仡佬族】
W6635.8.1	过生日的产生	
W6635.8.2	过生日的方法	
W6635.8.3	过生日的情形	
W6635.8.4	特定人物过生日	
W6635.8.4.1	动物过生日	［W6615.17a.1.2］正月二十五添囤为鸡狗过生日
W6635.8.5	与过生日有关的其他母题	［W6639.1］过寿诞（做寿；祝寿；老人过生日）
W6635.9	与抚养习俗有关的其他母题	
W6635.9.1	收养（寄养习俗）	
W6635.9.1.1	孤儿被某老人收养	【中华民族】
W6635.9.1.2	被寄养在属性相克的舅舅家	【汉族】
W6635.9.2	为孩子乞讨特定物习俗	

W 编码	母题描述	关联项
W6635.9.2.1	为娃娃讨“百家衣”和“百家饭”习俗	【侗族】
W6635.9.3	为体弱儿童消灾习俗	
W6635.9.3.1	为体弱儿童拜保爷消灾仪式	【布依族】
W6635.9.4	母亲养子的来历	
W6635.9.4.1	女娲教母亲养育孩子	【汉族】
W6635.9.5	众人共同抚养特定人物	
W6635.9.5.1	乡亲们共同抚养孤儿	【汉族】
W6635.9.6	动物抚养特定人物（动物抚养弃婴）	
W6635.9.6.1	母羊给弃婴喂奶	【汉族】
W6635.9.6.2	母虎天天给大禹的儿子启喂乳	【中华民族】
W6635.9.7	小孩出世要喂奶放在日头下晒	
W6635.9.7.1	小孩出世要喂奶放在日头下晒以示成为炎黄子孙	【汉族】
W6636	**成年礼**	
W6636.1	成年礼的来历	
W6636.2	成年礼的时间	
W6636.2.1	男女 13 岁成年礼	【基诺族】【纳西族（摩梭人）】
W6636.2.1a	男女成年礼其他特定时间	
W6636.2.1a.1	男女 15 岁成年礼	【汉族】
W6636.2.1b	男子成年礼时间	
W6636.2.1b.1	男子 8 岁举行成年礼	
W6636.2.1b.1.1	长子 8 岁举行成年礼	【纳西族】
W6636.2.1b.2	男子 9 岁举行成年礼	【纳西族】
W6636.2.1c	女子成年礼时间	
W6636.2.1c.1	女子 9 岁举行成年礼	【纳西族】
W6636.2.1c.2	女子 10 岁举行成年礼	【纳西族】

W 编码	母题描述	关联项
W6636.2.1c.3	女子 13 岁举行成年礼	【纳西族】
W6636.2.2	成年礼在特定祭祀时举行	
W6636.2.2.1	祭山会祭祀山神过程中为青年人举行冠礼（时左六六）	【羌族】
W6636.2.2.2	祭山神时同时举办成年礼	【羌族】
W6636.2.3	成年礼在年末举行	
W6636.2.3.1	十月乃至十二月始举行冠礼	【羌族】
W6636.2.4	成年礼在年初举行	
W6636.2.4.1	正月初一举办成年礼	【纳西族】
W6636.2.5	成年礼在清晨举行	【纳西族】
W6636.3	成年礼的地点	
W6636.3.1	在母系居所举办成年礼	
W6636.3.1.1	少年男女分别回到自己的母系衣社参加成年仪式	【纳西族】
W6636.3.2	男女举行成年礼有不同的区域	
W6636.3.2.1	少年男女的成年仪式分别在女柱或男柱附近举行	【纳西族】
W6636.4	成年礼的内容（成年礼仪式）	
W6636.4.1	男女成年礼时都换装的来历	
W6636.4.1.1	摩梭人 13 岁时，天神赐给的人寿过完开始过狗寿，要举行换装仪式，女孩子换裙子，男孩子换裤子表示成年	【纳西族（摩梭人）】
W6636.4.1.2	成年礼上祭祖	
W6636.4.1.2.1	冠礼仪式中冠礼人要向杉杆始祖像跪拜	【羌族】
W6636.5	成年礼的功能	
W6636.5.1	行成年礼后是参与群体活动的条件	
W6636.5.2	行成年礼后方可谈婚论嫁	

W 编码	母题描述	关联项
W6636.5.3	男子行成年礼后才会被重视	【羌族】
W6636.5.4	行成年礼后才能穿特定服装	
W6636.6	成年礼的情形	
W6636.6.1	行成年礼者佩戴特定物	
W6636.6.1.1	成年礼的青年人胸前系一根羊毛线，额前抹一点陈猪油，以示天神保佑，命根有系，能见世面	【羌族】
W6636.6.2	行成年礼时穿特定服装	
W6636.6.2.1	成年礼时行穿裙子和穿裤子礼	【纳西族（摩梭）】
W6636.6.2.2	成年礼上有一套更衣改服的仪式	【纳西族】
W6636.6.2.3	少女成年仪式改装易服后请东巴向祖先、灶神祈祷	【纳西族】
W6636.6.3	男女成年礼共同的情形	
W6636.6.3.1	男女成年礼时站在正房天柱处两脚踩在一个装有粮食的皮口袋上，手中握着一块银元	【纳西族】
W6636.6.4	男子成年礼的情形	
W6636.6.4.1	男子成年礼时穿上新裤站在正房火塘的左边双脚踩在猪膘肉上，一手提着一个猪板油团，一只手托一个放了米、麦、包谷等的小木盆	【纳西族】
W6636.6.4.2	男子成年礼时手握舅舅给的一根长矛从正房的屋顶翻越而过	【纳西族】
W6636.6.5	女子成年礼的情形	
W6636.6.5.1	女子成年礼时穿上准备好的裙子站在正房火塘的右边双脚踩在猪膘肉上，一手提着一个猪板油团，一只手托一个放了米、麦、包谷等的小木盆	【纳西族】
W6636.6.6	成年礼的主持者	

W 编码	母题描述	关联项
W6636.6.6.1	少年男子的成年礼仪式由舅舅主持	【纳西族】
W6636.7	成年礼后的情况（成年后的情形）	
W6636.7.1	成年礼后用特定发型表示	
W6636.7.1.1	男子成年后有的在脑后蓄一撮头发编成小辫（耳巴）吊在脑后	【纳西族】
W6636.7.2	成年礼后用特定服饰表示	
W6636.7.2.1	少女成年之后佩戴耳饰或披羊皮	【纳西族】
W6636.7.3	成年后有特定佩戴物	
W6636.7.3.1	男子成年时必须佩戴一弓和一筒箭	【纳西族】
W6636.8	成年礼的类型	
W6636.8.1	男子成年礼	
W6636.8.1.1	侗族男子的成年礼取楼名	【侗族】
W6636.8.2	女子成年礼	
W6636.8.3	男女通用的成年礼	
W6636.8.3.1	男女12岁成年礼开锁	【汉族】
W6636.8.3.2	男女15岁成年礼开锁	【汉族】
W6636.9	与成年礼有关的其他母题	
W6636.9.1	渡关	
W6636.9.1.1	为孩子易长成人，在孩子一至三岁和十二岁时请端公祭神（渡关）	【仡佬族】
W6637	**成长中的仪礼习俗（人生礼仪的来历）**	
W6637.1	感恩养育者	
W6637.1.1	幼者为什么给长者磕头	【民族，关联】①

① 【汉族】@［W6505.2.9］磕头（叩首）；［W6495.0.5.9］磕头祭神（跪拜祭神）；［W6597.1.1］造人者让晚辈磕头。

W 编码	母题描述	关联项
W6638	**成长中的分期**	
W6639	**与成长习俗有关的其他母题**	
W6639.1	过寿诞（做寿；祝寿；老人过生日）	
W6639.1.1	过寿的产生（做寿的原因）	
W6639.1.1.1	国王规定为老人过寿	【汉族】
W6639.1.2	特定人物过寿诞	
W6639.1.2.1	王母娘娘过寿诞	【汉族】
W6639.1.3	特定年龄过寿诞	
W6639.1.3.1	四十岁以上才能举行生日庆贺	【侗族】
W6639.1.3.2	六十岁为大寿	【汉族】【侗族】
W6639.1.3.2.1	汉族给“六十岁”老人过大寿习俗是从尧兴起的	【汉族】
W6639.1.3.3	国王为感激老人规定过六十岁过大寿	【汉族】
W6639.1.4	特定地点做寿诞	
W6639.1.5	寿诞的情形	
W6639.1.5.1	过寿时吃特定食物	
W6639.1.5.1.1	过寿时吃长寿面	
W6639.1.5.1.2	过寿时吃寿桃	
W6639.1.5.1.3	过寿时吃“长命菜”	【侗族】
W6639.1.5.2	过寿时举行特定仪式	
W6639.1.5.2.1	过寿时唱“祝寿歌”	【侗族】
W6639.1.5.3	六十大寿时出嫁的闺女和至亲厚友都要带上寿礼拜贺	【汉族】
W6639.1.6	特定人物做寿	
W6639.1.6.1	王母娘娘过生日	【汉族】
W6639.1.6.1.1	北斗星君向王母娘娘拜寿	【汉族】
W6639.2	本命年	

W 编码	母题描述	关联项
W6639. 2. 1	本命年的产生	
W6639. 2. 1. 1	“本命年”即十二年一遇的农历属相所在的年份	【多民族】
W6639. 2. 2	本命年的特征	
W6639. 2. 2. 1	本命年常常被认为是不吉利的年份	【多民族】
W6639. 2. 3	与本命年有关的其他母题	
W6639. 2. 3. 1	“本命年”俗称“属相年”	【多民族】
W6639. 2. 3. 2	“本命年”也叫“坎儿年”	【多民族】

6.5.7 丧葬习俗
【W6640 ~ W6689】

W 编码	母题描述	关联项
✿ **W6640**	**丧葬（葬俗）**[①]	【汤普森】①A1547；②A1591；③V60
✻ **W6641**	**丧葬的产生（葬俗的来历；丧葬的原因）**	
W6642	**以前没有丧葬**	【纳西族】
W6643	**丧葬的发明者（丧葬的制定者）**	
W6643. 1	神是丧葬的发明者（特定的神规定丧葬）	
W6643. 1. 1	祖先神发明丧葬	【汉族】
W6643. 1. 2	陆色二神教会人类丧葬的规矩	【纳西族】

① 葬俗，据考古资料，距今1.8万年的山顶洞人时期，已形成了一定的葬俗。

W 编码	母题描述	关联项
W6643.2	神性人物是丧葬的发明者	
W6643.2.1	黄帝发明丧葬制度	【中华民族】@［W6665.1.2.1］黄帝顺应天地四季运行的规律，创制养生送死的礼仪制度
W6643.3	特定的人是丧葬的发明者	
W6643.4	动物是丧葬的发明者	
W6643.4.1	龙发明丧葬	
W6643.4.1.1	龙葬母的做法形成哈尼族的葬俗	【哈尼族】
W6643.4.2	四脚蛇规定人的丧葬	【独龙族】@［W6672.1.0.3.1］四脚蛇告诉人说死了用土埋
W6643.5	其他特定人物是丧葬的发明者	
W6643.6	与丧葬发明者有关的其他母题	［W6645］丧葬源于特定人物的传授（丧葬方法的来历；向特定人物学习丧葬）
W6644	**丧葬源于特定人物的指令**	
W6645	**丧葬源于特定人物的传授（丧葬方法的来历；向特定人物学习丧葬）**	
W6645.1	神传授丧葬方法	［W6005.1］神传授文化
W6645.2	神性人物传授丧葬方法	
W6645.3	特定的人传授丧葬方法	
W6645.4	动物传授丧葬方法	［W6006.3.3］从动物那里获得文化
W6645.4.1	人从动物那里学会服丧	
W6645.4.1.1	从野鸡那里学会为死者服丧 1 年的习俗	【珞巴族】@［W3350.4.1］鸡是玉帝的管家

W 编码	母题描述	关联项
W6645.5	其他特定人物传授丧葬方法	
W6646	**丧葬源于偶然事件**	
W6646.1	为避免尸体被乌鸦和蚂蚁吃掉发明埋葬	【仫佬族】
W6647	**丧葬源于特定的启发**	
W6647.1	丧葬源于神的启发	
W6647.2	丧葬源于特定的人的启发	
W6647.3	丧葬源于特定动物的启发	
W6648	**丧葬源于对死者的感恩（丧葬源于对有功者的怀念）**	
W6648.1	人们怀念阏伯的功德把他埋葬在他生前存放火种的土丘上	【汉族】
W6649	**丧葬源于对死者的恐惧（丧葬源于对死者灵魂的恐惧）**	
W6649.1	人对死者恐惧举行葬礼以求保佑	【布依族】
W6650	**丧葬源于伦理道德**	［W6975 ~ W6979］伦理道德
W6651	**丧葬源于仪礼的需要**	［W6945］礼仪（仪礼；礼节）
W6652	**丧葬产生的其他方式（葬俗的其他产生方式）**	
W6652.1	丧葬源于教育的需要	【关联】①
W6652.2	从其他特定对象学会丧葬（葬俗时传播产生的）	
W6652.2.1	向其他民族学会丧葬	

① ［W6970］教育（教育的产生；文化教育的产生）；［W6972.1.1］教化。

W 编码	母题描述	关联项
W6652.2.1.1	赫哲人因与满汉族交往频繁学会以棺土葬	【赫哲族】
W6652.3	因宗教影响产生特定丧葬	【鄂温克族】@［W6672.1.9.1.1］鄂温克人以前实行风葬，从受东正教的影响后开始实行土葬
W6653	**与丧葬产生有关其他母题**	
W6653.1	丧葬产生的时间（葬俗产生的时间）	
W6653.1.1	特定人物去世时产生丧葬	
W6653.1.1.1	特定的人去世时产生丧葬	
W6653.1.1.1.1	第一个名叫布和男人死后，开始人死举行葬礼仪式	【独龙族】
W6653.1.1.2	特定动物死后产生丧葬	
W6653.1.1.2.1	因独眼人和竖眼人是猴变成的，猴死时产生葬俗	【彝族】
W6653.1.2	八代赞普第一个把尸体留在人间从此出现了葬仪	【藏族】
＊**W6655**	**丧葬的内容（丧葬环节；丧葬的程序）**	
W6655.1	丧葬有特定环节	
W6655.1.1	丧葬过程有报丧、洗尸、睡梦床、入棺、打井、出柩、送葬、下圹、送饭、复三等	【侗族】
W6655.1.2	丧葬活动主要分为开路、封棺、发丧和招魂上供板四个环节	【仡佬族】
W6655.1.3	丧葬仪式及过程有报丧、装殓、哭丧、送魂、路祭、出殡、安葬、回家、拦社等	【侗族】

W 编码	母题描述	关联项
W6655.1.4	丧葬包括停尸、入殓、祭奠、出殡、安葬、复山（圆坟）等	【布依族】
W6655.1.4.1	埋葬垒坟的第三天要复山谢土	【布依族】
W6655.1.5	丧葬分为搭凉床、洗尸、穿戴、交倒头猪、入殓、发丧、造地埋坟、砍牛做斋、包坟、谢坟等仪式	【布依族】
W6655.1.6	丧礼请道士为亡灵开路、绕棺、过殿、成服	【仡佬族】
W6655.1.7	丧事过程有开天门、做嘎、赶火把等	【仡佬族】
W6656	**丧葬前准备**	
W6656.1	死者死亡前的准备	
W6656.1.1	死者死亡前要见特定人（物）	
W6656.1.2	死者死亡前要立遗嘱	【仡佬族】
W6656.1.2.1	死者的亲人忌听不到遗嘱	【布依族】
W6656.1.2.2	立遗嘱劝后代勤劳	【景颇族】
W6656.1.2.3	死者立遗嘱规定葬身之地	【汉族】
W6656.1.3	死者死亡前要说特定的话（遗言）	
W6656.1.3.1	祖先死前劝子孙团结	【瑶族（布努）】
W6656.1.3.2	祖先死前劝子孙勤劳	【瑶族（布努）】
W6656.1.4	人死前口中放特定物	
W6656.1.4.1	人死前口中放物的原因	
W6656.1.4.1.1	人死前往口中放银水是为了一路走好	【傈僳族】
W6656.1.4.1.1.1	死者口里放含口银是给死者灵魂去西天途中用的“盘缠”（路费）	【白族】
W6656.1.4.1.1.2	放含口碎银是为了让死者去阴间的路上买水喝	【布依族】【侗族】

W 编码	母题描述	关联项
W6656.1.4.1.2	人死前往口中放特定的物是为其到阴间准备见面礼	【傈僳族】
W6656.1.4.1.3	咽气时口中放物意为亡灵回故土路上的盐钱茶钱	【纳西族】
W6656.1.4.2	人咽气前口中要放粮食与金银	【傈僳族】@［W6666.5.2.1］埋葬时在死者之唇间放一枚小钱
W6656.1.4.2.1	死者口中放入碎银，男九小块，女七小块	【傈僳族（黑傈僳）】
W6656.1.4.2a	人咽气前口中要放银质“白果”	
W6656.1.4.2a.1	人咽气前口中要放银质“白果”，意为死者口含“宝气”来世才不会成哑巴	【白族】
W6656.1.4.2a.2	老人弥留之际要把一点碎银含在其舌下	【布依族】
W6656.1.4.2a.3	死者绝气时，要用麻线拴银子少许放其口中	【侗族】
W6656.1.4.2a.4	人快咽气时，在其口上放置一块银元或碎银（落气钱）	【布依族】@［W6657.4.8.2.1.1］老人死后烧“落气钱”
W6656.1.4.2a.5	人落气时，即用金或银片放入口中，称为“含口钱”	【布依族】
W6656.1.4.3	人死前往口中放多种物	［W6661.5.2.5］人殓时放口含物
W6656.1.4.3.1	快要断气时由儿女的舅舅或亲生儿女往口中放一点碎银子、米和酒	【傈僳族】
W6656.1.4.3.1.1	断气前用红布包三粒米和碎银放入口中，待断气后取出	【傈僳族】
W6656.1.4.3.2	死者落气时口中放碎银、大米若干粒、茶叶少许	【怒族】
W6656.1.4.3.3	老人落气时往嘴里含碎银	【布依族】

W 编码	母题描述	关联项
W6656.1.4.4	人死前往手中放特定物	
W6656.1.4.4.1	人弥留之际往左右手各放一点碎银	【布依族】
W6656.1.5	为将死者接气	
W6656.1.5.1	用母鸡为将死者接气	【傈僳族】
W6656.1.5.2	人要落气时，家人快杀一只公羊取肝、肾、心各一点烤熟后捏将死者手中表示“接气”，让其阴间时不当饿死鬼	【彝族（诺苏）】
W6656.1.5.3	母亲断气时小儿子使劲地吹出三口气给母亲接气	【彝族】
W6656.1.5.4	抬将逝者安坐堂中椅上受儿子接气	【侗族】
W6656.1.6	人死前挪窝	
W6656.1.6.1	人将死时即从室内移到中堂	【傈僳族】@［W6660.3.1.1］死者断气后要从卧室移于中堂
W6656.1.6.2	老人将死须移之户外，认为断气在家中是最大的不祥	【彝族】
W6656.1.6.3	死亡前要搬到特定位置	
W6656.1.6.3.1	老人将死要抬到堂屋里，头朝神龛脚向大门摆放	【布依族】
W6656.1.6.3.2	父母断气之前要抬出床放在灶边	【布依族】
W6656.1.7	临终关怀（临终宗教关怀）	
W6656.1.7.1	死者临终前超度	【藏族】
W6656.1.7.2	临终要经过度戒、打斋、超度、安葬等巫术仪式	【壮族】
W6656.1.7.2.1	临终时，用木棍敲打鸡，口念咒词	【仡佬族】
W6656.1.7.3	临终时祷祝	

W 编码	母题描述	关联项
W6656.1.7.3.1	老人病危时，道士不停念咒祈告，求病人“还魂”早脱病魔	【仡佬族】
W6656.1.7.4	临终侍奉	
W6656.1.7.4.1	老人病重时，亲子女放弃劳作在家中服侍病人	【仡佬族】
W6656.1.7.4.2	老人将亡，由子女撑着让其落气	【仡佬族】
W6656.1.7.5	临终关怀要到位	
W6656.1.7.5.1	人咽气时家人不能睡眠	【达斡尔族】
W6656.1.8	老人临死前送终	
W6656.1.8.1	老者病危时孝子等亲属不离病榻谓之送终	【汉族】
W6656.1.8.1.1	老人临终前，长子要时刻不离直到死者咽下最后一口气，俗称“送终”	【满族】
W6656.1.8.2	老人临终时子女要昼夜轮换侍候叫“送终”	【仡佬族】
W6656.1.8.2a	放鞭炮送终	
W6656.1.8.2a.1	老人落气时，孝子放鞭炮送终	【侗族】
W6656.1.8.3	死前挽留	
W6656.1.8.3.1	老人快落气时，子女围在床边或拉手或抓脚以示不让其到阴间去	【侗族】
W6656.2	死者死亡前家人的准备	
W6656.2.1	老人死前子女要集中起来围其身边	【侗族】
W6656.2.2	儿子烧化“落气钱”	【侗族】@［W6657.4.8.2.1.1］老人死后烧“落气钱”
W6656.3	死亡前其他相关者的准备	
W6656.4	死亡前有关物品准备	

W 编码	母题描述	关联项
W6656.4.1	子女结婚后即开始为父母准备丧事腌鱼（老人鱼）	【侗族】
W6656.4.1.1	死亡前准备特定丧葬用品	
W6656.4.1.1.1	死亡前准备好棺木、寿衣	【布依族】
W6656.4.1.1.1.1	提前为老人准备好棺木、绸子、衣服和鞋子	【仡佬族】
W6656.4.1.1.2	寿衣（死亡前准备寿衣）	【仡佬族】@［W6657.4.0a］为死者穿衣（穿寿衣；为死者穿衣戴帽）
W6656.4.1.1.2.1	准备寿衣的时间	
W6656.4.1.1.2.1.1	寿衣要生前备好	【达斡尔族】
W6656.4.1.1.2.2	做寿衣者	
W6656.4.1.1.2.3	做寿衣的时间	
W6656.4.1.1.2.3.1	农历六月十二日做寿衣	【汉族】
W6656.4.1.1.2.4	做寿衣的地点	
W6656.4.1.1.2.5	做寿衣的方法（寿衣的制作）	［W6669.5.4.1.2］麻栗叶子做寿衣
W6656.4.1.1.2.5.1	寿衣男女有别	
W6656.4.1.1.2.5.1.1	男性老人的寿衣为无纽扣对襟衣，女性老人为无纽扣右衽大襟衣	【侗族】
W6656.4.1.1.2.5.2	做寿衣时用串串针，不整边	【仡佬族】
W6656.4.1.1.2.5.3	做寿衣要用特定的布	
W6656.4.1.1.2.5.3.1	做寿衣全用侗布所缝新衣	【侗族】
W6656.4.1.1.2.5.3.2	用缎子做寿衣	【布依族】
W6656.4.1.1.2.6	寿衣的特征	
W6656.4.1.1.2.6.1	寿衣多为黑或深蓝色	【侗族】
W6656.4.1.1.2.6.1.1	寿衣为蓝色或黑色的绸缎、棉布做的长袍	【鄂伦春族】
W6656.4.1.1.2.6.2	寿衣要有洞	［W6657.4.0a.8.1］寿衣上要燃洞

W 编码	母题描述	关联项
W6656.4.1.1.2.6.2.1	寿衣右下摆和裤子右下边要剪破或用香烧一小孔	【侗族】
W6656.4.1.1.2.6.3	寿衣应是新衣	【鄂温克族】
W6656.4.1.1.2.7	寿衣禁忌	
W6656.4.1.1.2.7.1	寿衣不能是毛或皮制品	【鄂温克族】
W6656.4.1.1.2.7.1.1	死者不能穿带毛的衣服，否则变成魔鬼	【鄂伦春族】
W6656.4.1.1.2.7.2	寿衣忌白色	【侗族】
W6656.4.1.1.2.7.3	寿衣数量择单忌双	【布依族】【侗族】
W6656.4.1.1.2.8	特定的寿衣	
W6656.4.1.1.2.8.1	老衣（绸子长衫）	【仡佬族】
W6656.4.1.1.2.9	有寿衣有关的其他母题	
W6656.4.1.1.3	寿被（衾）	
W6656.4.1.1.3.1	衾为盖在死者身上的被子称“勾头被”，垫的叫“兜单”	【仡佬族】
W6656.4.1.1.4	寿鞋	
W6656.4.1.1.4.1	死者穿布鞋	
W6656.4.1.1.4.1.1	寿鞋忌用白色	【仡佬族】
W6656.4.1.1.4.2	草鞋作为寿鞋	
W6656.4.1.1.4.2.1	老人为死者编草鞋	
W6656.4.1.1.4.2.1.1	男亡人的娘舅家或女亡人的娘家的老人为亡人编1双草鞋	【仡佬族】
W6656.5	死亡前的仪式	
W6656.5.1	老人病危时接气	
W6656.5.1.1	人断气前要用红绸做个小袋，内装糯米、硬币、大枣，断气时立即将小红袋塞到口里，叫做“带着衣食去”	【白族】
W6656.5.1a	老人病危时接福	

W 编码	母题描述	关联项
W6656.5.1a.1	人刚落气时，用一小块自染红土布接其口涎并珍藏，意为“接福”	【布依族】
W6656.5.2	死亡前念经	
W6656.5.2.1	临终时喇嘛念“送气经”	【藏族】
W6656.5.2.2	死亡前要请老摩（布摩）给他念咒	【布依族】
W6656.5.3	死亡前巫术	
W6656.5.3.1	死者断气时，祭师（果珠）持鸡在死者头部抓三下，称为梳头后做开路鸡	【仡佬族】
W6656.5.3.1.1	老人断气时，由果珠持鸡在死者头部抓三下，称为“梳头鸡”，此鸡发丧时做“开路鸡”	【仡佬族】@［W6668.5.5.4］葬毕，孝女取“梳头鸡”办菜吃，但孝子不能吃
W6656.5.3.2	病危前“替死”	
W6656.5.3.2.1	老人病危时，姑娘要“提鸡”为病者替死	【布依族】
W6656.6	死亡时仪式	
W6656.6.1	人死后亲属唱祭歌，围成两圈跳丧舞	【民族，关联】①
W6656.6.2	人死后泼污水	
W6656.6.2.1	老人死后子女污水泼于当院以示永别尘世	【汉族】
W6656.6.3	人死后放置特定物	
W6656.6.3.1	老人过世后，在堂屋里摆两条长凳，拆一扇木门放在木凳上	【仡佬族】
W6656.6.4	为死者接魂	
W6656.6.4.1	通过特定物为死者接魂	
W6656.6.4.1.1	死者瞑目之后随即给送终的人发一小条白布拴于衣扣上“接魂”	【侗族】

① 【傈僳族】@［W6660.5.3.1］停尸期间为死者跳舞；［W6666.5.0.3］埋葬前跳舞与死者告别。

W 编码	母题描述	关联项
W6656.6.5	人死后焚烧	
W6656.6.5.1	人死后在土罐中烧“落气钱”为死者阴间存钱	【侗族】
W6656.6.6	死亡时痛哭	
W6656.6.6.1	老人落气后，女儿放声哭丧	【布依族】
W6656.6.7	老人死后文面	
W6656.6.7.1	老人断气后，儿女用锅底灰抹黑前额	【侗族】
W6656.7	与死亡有关的其他母题	
W6656.7.1	特定死亡年龄受尊崇的来历	
W6656.7.1.1	61 岁死亡受尊崇	【纳西族】
W6656.7.2	为死者准备礼物	［W6669.3.1］为死者准备牺牲（为葬礼准备祭品）
W6656.7.2.1	儿女们为死者准备盘缠和礼物，有坐骑、领路猪、开路熊和伴魂鸡等，以示报恩	【纳西族】
W6656.7.3	为死者做偶像	
W6656.7.3.1	用尖刀草作亡人偶像	【彝族】
W6656.7.4	正常死亡（寿终正寝）	
W6656.7.5	非正常死亡	
W6656.7.5.1	非正常死亡包括病亡、难产而死、意外事故死亡在外等	【布依族】
W6656.7.6	死亡禁忌（死亡时的忌讳）	
W6656.7.6.1	临终禁忌	
W6656.7.6.1.1	人临终时怕打雷	【侗族】
W6656.7.6.2	死者忌逢凶日（死亡时间禁忌）	
W6656.7.6.2.1	死者落气时逢凶日就要“避凶”，即在入棺、出柩、安埋时死者子孙必须回避	【侗族】

W 编码	母题描述	关联项
W6656.7.6.2.2	死者落气时逢凶日，即春忌申酉戌，夏忌巳午未，秋忌寅卯辰，冬忌亥子丑	【侗族】
W6656.7.7	死亡的时辰	
W6656.7.7.1	家人要清楚死亡的时辰	【布依族】@［W6661.2.1.2］阴阳先生根据死者的生辰八字、死亡的时间和儿子的生辰八字，推算入殓时间
W6656.7.8	死亡的地点（死亡地点的选择）	
W6656.7.8.0	死亡要选择特定地点	
W6656.7.8.1	在堂屋死亡	【仡佬族】@［W6657.6.3.1.1］老人将咽气之时，立即扶到堂屋正中，坐于椅子上，脚踏一斗谷子
W6656.7.8.1.1	老人死亡时，儿女要把其抱到堂屋中，踩五升斗（踩斗）	【仡佬族】
W6656.7.8.2	在床上死亡	
W6656.7.8.2.1	老人弥留时，由长子扶坐在床上落气	【仡佬族】
W6656.7.8.3	在凳子上死亡	【仡佬族】@［W6657.6.3.1.2］老人病故时，要由孝子扶坐凳上使之落气
W6656.7.9	有关的死亡事象的其他母题	
W6656.7.9.1	老人死亡后的丧家行为	
W6656.7.9.1.1	孝子剃头	［W6668.5.3.3］百日重孝期间，孝子不能剃头、刮胡子
W6656.7.9.1.1.1	老人咽气后，请阴阳先生为孝子们剃头	【布依族】
W6656.7.9.2	死者遗留物（遗产）	
W6656.7.9.2.1	微薄的遗产	【布依族】

W 编码	母题描述	关联项
W6657	**死者的处置（尸体的处理）**	【汤普森】V61
W6657.0	处置死者尸体的原因	
W6657.0.1	以前死者尸体受到动物侵犯	【纳西族】
W6657.1	处置死者的时间	
W6657.2	处置死者的地点	［W6660.3］停尸的地点
W6657.2.1	尸体存放在庙中	【汉族】
W6657.3	处置死者的参与者	
W6657.4	处置死者的方式（尸体处理的环节；特定尸体的处理）	
W6657.4.0	为死者净身（净身；洗尸）	【仡佬族】
W6657.4.0.1	净身的原因（净身的功能）	
W6657.4.0.1.1	死者不净身就不能转世	【傈僳族】
W6657.4.0.1.2	为死者净身可以驱除五毒杂欲	【藏族】
W6657.4.0.2	死者净身的时间	
W6657.4.0.2.1	临死前净身	【傈僳族（黑傈僳）】
W6657.4.0.2.2	老人断气后净身	【彝族】
W6657.4.0.2.3	出殡前第三天太阳偏斜时分为死者净身	【怒族】
W6657.4.0.3	死者净身的地点	
W6657.4.0.3.1	死者在室内净身	
W6657.4.0.3.1.1	死者从卧室移于中堂用温水洗尸	【傈僳族】
W6657.4.0.3.1.2	死者在堂屋正中净身	【仡佬族】
W6657.4.0.3.2	死者要抬到门口净身	【怒族】
W6657.4.0.3.3	洗尸要在死者床上进行	【侗族】
W6657.4.0.3.4	死者坐在铜鼓上净身	【布依族】
W6657.4.0.4	为死者净身者	
W6657.4.0.4.1	男人为死者净身	【怒族】

W 编码	母题描述	关联项
W6657.4.0.4.1.1	死者无论男女，一律由男性亲属洗尸	【白族】
W6657.4.0.4.1.1.1	长子作为净身者	【彝族】
W6657.4.0.4.1.1.2	孝子给死者洗身	【侗族】
W6657.4.0.4.1.1.2.1	儿子扶着父母落气并为之沐浴换衣	【仡佬族】
W6657.4.0.4.1.1.3	亲儿子用热水为死者洗身、剃头刮须，女的帮穿好衣服	【仡佬族】
W6657.4.0.4.2	死者需由同性净身	
W6657.4.0.4.2.1	死者洗澡更衣均需同性料理	【怒族】
W6657.4.0.4.3	道士给死者穿洗	【仡佬族】
W6657.4.0.4.4	请老人为死者净身	
W6657.4.0.4.4.1	请男女老人分别为男女死者净身	【侗族】
W6657.4.0.4.4.2	族中一多子女、年岁高者为死者净身	【仡佬族】
W6657.4.0.5	死者净身的方法（净身程序）	
W6657.4.0.5.0	死者净身有特定程序	
W6657.4.0.5.0.1	死者净身包括剃头、剃胡子或梳头、擦澡等	【布依族】
W6657.4.0.5.1	老人断气后长子用水或酒给死者净身	【彝族】
W6657.4.0.5.2	男性死者净身时剃头	【仡佬族】【傈僳族】
W6657.4.0.5.2a	净身时男者剃去鬓发，女者梳洗整容	【侗族】
W6657.4.0.5.3	用中药水为死者净身	【瑶族（布努）】
W6657.4.0.5.4	亲人用草蘸水为死者洗脸或拭抹身体	【独龙族】
W6657.4.0.5.5	挖苦葛藤给死者洗脸洗身	【彝族】
W6657.4.0.5.5a	用菖蒲、陈艾熬水为死者洗身	【仡佬族】
W6657.4.0.5.5b	用柏熬水为死者洗身	【仡佬族】

W 编码	母题描述	关联项
W6657.4.0.5.5c	以稻草烧水为亡者浴身	【侗族】
W6657.4.0.5.5d	用茶叶烧水为死者洗身	【布依族】
W6657.4.0.5.6	送终与洗尸仪式时往死者口中放三粒米、三片茶叶和一些碎银	【白族（那马）】
W6657.4.0.5.7	男性死者由儿子来洗尸，女性死者由女儿来洗尸	【白族（那马）】
W6657.4.0.5.8	为死者淋浴到溪边挑水时必须先烧香上供，并取铜钱或纸钱投入水中向水神买水	【瑶族（排瑶）】
W6657.4.0.5.9	与净身方法有关的其他母题	
W6657.4.0.5.9.1	孝子或孝女沐擦遗体时按男左女右的惯例，先擦洗胸部，后擦额头	【侗族】
W6657.4.0.5.9.2	为死者沐浴时要祈祷	【藏族】
W6657.4.0.5.9.3	净身实施者分工不同	
W6657.4.0.5.9.3.1	死者的儿子给死者剃头、剃胡子，妇女则梳头、擦澡	【布依族】
W6657.4.0.5.9.4	净身有特定次数和程序	
W6657.4.0.5.9.4.1	为死者擦澡共3次，头两次擦是从头到足，男性先擦左边，女性先擦右边，第三帕是从头到腹部	【布依族】
W6657.4.0.6	净身用水	
W6657.4.0.6.1	人死后，孝子立即带着一水壶到水井边去燃香烧纸向龙王“买水”为父母净身	【仡佬族（红仡佬）】
W6657.4.0.6.2	净身的水由孝子去河边或井（泉）里取来	【侗族】
W6657.4.0.6.3	洗尸水要倒在无人经过的地方	【侗族】
W6657.4.0.7	净身用品	
W6657.4.0.7.1	用宽长一尺的新白布给亡人洗身	【仡佬族】

W 编码	母题描述	关联项
W6657.4.0.8	死者净身的禁忌	
W6657.4.0.8.1	净身时孝子回避	【仡佬族】
W6657.4.0.8.2	死者净身的水按鬼师指定地点和方位向内翻倒，不得任意处理	【侗族】
W6657.4.0.9	与净身有关的其他母题	
W6657.4.0.9.1	净身时祭师念开路词	【仡佬族】
W6657.4.0.9.2	净身后亲属喝救苦水	
W6657.4.0.9.2.1	亲属（包括儿子、姑娘、家孙、外孙以及他们的配偶）要喝一口为死者净身后锅里剩下的水（救苦水）	【仡佬族】
W6657.4.0a	为死者穿衣（穿寿衣；为死者穿衣戴帽）	
W6657.4.0a.0	穿寿衣的资格（穿寿衣的条件）	
W6657.4.0a.0.1	50 岁以上的人死亡穿寿衣	【布依族】
W6657.4.0a.1	人死后要请巫师或头人卜卦确定为死者穿衣的人	【傈僳族】
W6657.4.0a.2	穿寿衣的时间	
W6657.4.0a.2.1	趁死者尸体尚未僵硬时要换上新寿衣	【彝族（腊罗、摩察、纳苏、给尼、葛泼）】
W6657.4.0a.2.2	人落气净身后穿寿衣	【布依族】
W6657.4.0a.2.3	老人临咽气前，为其穿好寿衣	【满族】
W6657.4.0a.3	死者有几个儿女，就要穿几件寿衣，穿不下时要盖在其身上	【彝族（腊罗、摩察、纳苏、给尼、葛泼）】
W6657.4.0a.4	男女死者穿戴不同	
W6657.4.0a.4.1	男死者头上须戴红绸帽，身上须穿绫罗缎，腰间要拴红绸带，脚穿白袜与素靴，腿缠葱白布裹腿；女性死者头上须顶花白帕，身上须穿葱白衫，腰间须拴白绸带，脚穿白袜与花鞋，腿缠葱白布裹腿	【羌族】

W 编码	母题描述	关联项
W6657.4.0a.4.2	男性寿衣为左衽长衫，脚着布鞋或草鞋；女性则为右衽滚圆领中长衫，脚着绣花鞋或草鞋	【布依族】
W6657.4.0a.5	穿寿衣的数量	
W6657.4.0a.5.0	寿衣一般是 2 套	【侗族】
W6657.4.0a.5.1	为死者换穿上新衣 3—5 套	【仡佬族】
W6657.4.0a.5.1a	穿寿衣一般是 3 套或 5 套	【侗族】
W6657.4.0a.5.1b	穿寿衣一般是 3 件以上	【布依族】
W6657.4.0a.5.2	死者穿寿衣宜单不宜双	【布依族】
W6657.4.0a.5.2.1	死者穿单不穿双，为三件、五件或七件的白色衣服	【藏族】
W6657.4.0a.5.3	亡人的寿衣上衣为单数，裤子为双数	【仡佬族】
W6657.4.0a.5.4	穿寿衣男单、女双	【仡佬族】
W6657.4.0a.5.5	死者穿寿衣要里外三套，即内衣、棉衣或夹衣（单衣）	【侗族】
W6657.4.0a.5.6	死者穿寿衣最多 9 层	【侗族】
W6657.4.0a.6	为死者穿寿衣寿裤、寿鞋、寿袜，包裹寿帕	【仡佬族】
W6657.4.0a.7	为死者换上新帽、新衣、新鞋、筐箩衣、布依裙、银钩鞋等	【布依族】
W6657.4.0a.8	穿寿衣的方法	
W6657.4.0a.8.1	寿衣上要燃洞	【布依族】
W6657.4.0a.8.1.1	寿衣寿裤要用香火烧个小洞让死者享用	【侗族】
W6657.4.0a.8.2	为死者换的衣裤不留扣子，用线一根将尸体围住	【侗族】
W6657.4.0a.8.3	穿寿衣内白外青	【侗族】
W6657.4.0a.9	与穿寿衣有关的其他母题	［W6656.4.1.1.2］寿衣（死亡前准备寿衣）

W 编码	母题描述	关联项
W6657.4.0a.9.1	人死后帮他穿上衣，穿下衣，打衣号，打鞋号，包头帕，戴头巾	【仡佬族】
W6657.4.0b	为死者整容（整容）	【布依族】
W6657.4.0b.1	整容的原因	
W6657.4.0b.2	整容的时间	
W6657.4.0b.2.1	老人咽气后整容	【达斡尔族】
W6657.4.0b.3	整容的地点	
W6657.4.0b.4	整容方法	
W6657.4.0b.4.1	为死者整理头发	
W6657.4.0b.4.1.1	男性死者剃头	【侗族】【仡佬族】
W6657.4.0b.4.1.2	女性死者梳头	【鄂温克族】【仡佬族】
W6657.4.0b.4.1.2.1	女性死者梳绾髻	【侗族】
W6657.4.0b.4.1.3	给亡人梳头称“山艾”	【仡佬族】
W6657.4.0b.4.1.4	子女给死者理发	【侗族】
W6657.4.0b.4.2	为死者刮胡须	
W6657.4.0b.4.2.1	子孙们为死者刮净胡子	【布依族】
W6657.4.0b.4.3	死者整容男女有别	
W6657.4.0b.4.3.1	男性老人死者整容繁，女性死者简	【侗族】
W6657.4.0b.4.4	整容时让死者闭眼合嘴	【鄂温克族】
W6657.4.0b.5	整容者（整容师）	
W6657.4.0b.5.1	孝女为死者整容	
W6657.4.0b.5.1.1	大姐给妈妈梳头，二姐给娘娘插替，三姐给慈母更衣，四姐给母亲穿鞋	【瑶族（布努）】
W6657.4.0c	为死者包头脸	
W6657.4.0c.1	外侄做的麻布包脸嘴	【彝族】
W6657.4.0c.2	用特定物为死者包头	
W6657.4.0c.2.1	死者的头帕为青布	【侗族】

W 编码	母题描述	关联项
W6657.4.0c.2.2	死者用青纱包头	【仡佬族】
W6657.4.0c.3	死者包头男女不同	
W6657.4.0c.3.1	死者包头时，男亡人须包女式，盖顶，挽髻于后，女亡人须包男式，包为环形	【仡佬族】
W6657.4.0d	为死者穿鞋	
W6657.4.0d.1	为死者买金头鞋	【彝族】
W6657.4.0d.2	死者穿的布鞋忌用白色	【仡佬族】
W6657.4.0e	包扎死者尸体（捆绑尸体）	【藏族】
W6657.4.0f	留取死者特定物	
W6657.4.0f.1	留取死者指甲	［W6682.3］毛发指甲葬
W6657.4.0f.1.1	剪取死者的手、脚指甲装入竹筒中，仪式待用	【仡佬族】
W6657.4.0f.1.2	打嘎仪式后将装死者指甲的竹筒移置全家族藏竹筒的山洞中	【仡佬族】@［W6664.5.1.7］发丧前举行打嘎仪式
W6657.4.1	尸体的具体放置	【关联】①
W6657.4.1.1	尸体顺屋梁在堂屋中横放，头在左边（进门对着的右面）	【布依族】
W6657.4.1.1.1	老年人亡故要横置堂屋中	【仡佬族】
W6657.4.1.2	尸体放特定台子上	
W6657.4.1.2.1	炎帝仙逝后置放尸体的汉白玉寝骨台	【中华民族】
W6657.4.2	尸体的覆盖物（裹尸；裹尸布）	
W6657.4.2.0	尸体需覆盖物的来历	
W6657.4.2.0.1	以蓝布四尺覆死者面源于勇士除妖的葬礼	【裕固族】
W6657.4.2.1	死者身上覆盖特定的动物皮（丧葬时尸体覆盖图腾物）	【彝族】

① ［W6660.3］停尸的地点；［W6661.7.2b］棺材内尸体的放置；［W6664.5.3］出殡时尸体的放置；［W6674.2.7］火葬时尸体的处置。

W 编码	母题描述	关联项
W6657.4.2.1.1	死者身上盖虎皮表示死者生前是虎的后代	【彝族】@［W6294］虎图腾（老虎图腾）
W6657.4.2.2	用麻布裹尸	
W6657.4.2.2.1	尸体停放板子上裹毯子、麻布等物	【怒族】
W6657.4.2.2.2	丧无棺，缚以火麻，裹毡裙子竹椅	【彝族（白彝）】
W6657.4.2.3	用树皮裹尸	
W6657.4.2.3.1	杉木皮裹尸	【侗族】@［W6689.0.2.6］儿童及未成家青年人死后割几块木板或杉木皮裹尸，只能葬在荒野山上
W6657.4.2.4	用蓝布裹尸	【裕固族】
W6657.4.2.5	用红布盖尸	
W6657.4.2.5.1	用红缎子盖尸体	【布依族】
W6657.4.2.5.2	用一幅长约五尺的红绸盖死者身上	【布依族】@［W6657.4.2.6.1.2］用一幅长约五尺的白布盖死者身上
W6657.4.2.6	用其他特定的布盖尸	［W6666.5.2.7.1］埋葬时用黄布覆盖尸体
W6657.4.2.6.1	用白布盖尸	【布依族】@［W6660.5.1.2.5a］死者要用黑布或白布蒙面
W6657.4.2.6.1.1	亲房中众媳妇每人拿出自纺自织的白布盖尸	【布依族】
W6657.4.2.6.1.2	用一幅长约五尺的白布盖死者身上	【布依族】
W6657.4.2.6.2	用一层棉布盖尸	【藏族】
W6657.4.2.6.3	梦床铺白侗布单，尸体盖青侗布夹被	【侗族】
W6657.4.2.7	金玉裹尸（金玉葬）	

W 编码	母题描述	关联项
W6657.4.2.7.1	玉衣裹尸	【中华民族】
W6657.4.2.7.2 *	玉殓葬	【多民族】
W6657.4.2.7.3	金顶玉葬	【汉族】
W6657.4.2a	尸体的垫盖	
W6657.4.2a.1	死者的女儿用葛麻织成的布为死者作“垫盖”	【布依族】
W6657.4.3	尸体的服饰	
W6657.4.3.1	死者净身后男穿单，女穿双，头缠六尺长的青布帕，腰带由特定数量棉线织成	【仡佬族】
W6657.4.4	尸体的佩戴物	
W6657.4.4.1	为死者佩戴首饰	
W6657.4.4.1.1	为死者佩戴金、银或玉石首饰	【仡佬族】
W6657.4.5	尸体的口含物（死者的口含物；死者的食物）	
W6657.4.5.1	死者口含特定物	［W6661.5.2.5］入殓时放口含物
W6657.4.5.1.1	死者嘴里放一点碎银和泥土	【白族】@［W6660.5.4.2.2］停尸时，死者手心放一粒碎银
W6657.4.5.1.2	亡人穿戴寿衣后，在亡人口内放些碎银（口银；白口银）	【侗族】
W6657.4.5.1.2.1	死者其口中放碎银，防其到阴间去说阳人的坏话	【侗族】
W6657.4.5.1.3	死者口中放铜钱	【满族】
W6657.4.5.2	死者的口含物男女有别	
W6657.4.5.2.1	男性死者的口里放九粒米，女性口里放七粒米	【白族（那马）】
W6657.4.5.3	死人嘴里含饭	［W6664.5.1.9.1］发丧前，死者外家人在棺木前最后陪死者吃饭

W 编码	母题描述	关联项
W6657.4.5.3.1 *	死人嘴里含一口饭源于生命的永恒	【中华民族】
W6657.4.6	尸体的手握物	
W6657.4.7	惩罚尸体（罚尸）	
W6657.4.7.1	特定死者要罚尸	
W6657.4.7.1.1	多个婴儿夭折要罚尸	［W6671.4.2］夭折者需抛尸葬
W6657.4.7.2	鞭尸	
W6657.4.8	处理死者的其他方式（死后的有关仪式）	
W6657.4.8.0	处置死者的系列程序	
W6657.4.8.0.1	死后接着穿上青衣，放于“梦床”（门板）上，用一张白纸盖脸，十二根蓝线拴腰，一根捆脚，两手中塞入纸钱	【侗族】@［W6662.5.3.5.1］祭者手持3尺6寸红绸或红布盖面到死者灵前祭祀
W6657.4.8.0.2	老人去世后及时洗脸、梳头、穿寿衣	【布依族】
W6657.4.8.1	保留死者头发	
W6657.4.8.1.1	老人刚死后剪一撮头发同一根小松枝用红布包好当作“牌位”放在堂屋正梁一端	【彝族（撒尼）】@［W6687.3.3.2］坟墓前设牌位
W6657.4.8.1.2	人死后，剪下的头发用红布包好放在门框里以作纪念	【侗族】
W6657.4.8.2	断气后的仪式	
W6657.4.8.2.1	断气后要焚烧“落气钱”，全家痛哭	【仡佬族】
W6657.4.8.2.1.1	老人死后烧“落气钱”	【仡佬族】
W6657.4.8.2.1a	老人死后要焚烧“倒头纸”	
W6657.4.8.2.1a.1	老人死后要烧三斤六两倒头纸	【仡佬族】

W 编码	母题描述	关联项
W6657.4.8.2.2	人一落气后，儿女将梳头鸡从颈部将掐死去毛，挂于进大门处的内壁上	【仡佬族】
W6657.4.8.3	打牙（为死者拔牙）	
W6657.4.8.3.1	亡人五十岁以上若牙齿完整，要打掉上牙	【侗族】
W6657.4.8.3.2	若死者牙齿齐全，要用钳子拔掉一颗	【侗族】
W6657.4.8.4	封炉	
W6657.4.8.4.1	人死后请巫师“封炉”	【侗族】
W6657.4.8.5	移动尸体有特定规则	
W6657.4.8.5.1	抬尸出门时用被子或毯子在死尸头上方挡住日光	【鄂温克族】
W6657.4.8.5.2	抬死人时要用麻绳拴木杠	
W6657.4.8.5.2.1	抬死人时用麻绳拴木杠是麻被诅咒的结果	【彝族】
W6657.4.8.6	为死者准备路费	
W6657.4.8.6.1	人死后三天，要在十字路口或土地庙举行拉褡裢仪式为死者送一些路费	【民族，关联】①
W6657.5	处置死者过程的禁忌	
W6657.5.1	尸体忌特定动物触碰	
W6657.5.1.1	人死后忌黑狗、黑猫跳越尸体	【民族，关联】②
W6657.5.2	忌靠近尸体	
W6657.5.2.1	未成年的人要远离尸体	【怒族】
W6657.5.3	打理死者忌过度	

① 【满族】@［W6656.1.4.1.1.1］死者口里放含口银是给死者灵魂去西天途中用的“盘缠”（路费）；［W6665.5.4b］送葬时为亡灵买路（送葬时交买路钱；送葬时交买地礼）。

② 【傈僳族】@［W6669.1.9.2.2.2］停棺时禁忌猫狗；［W6687.6.3.1.1］忌用猫血、狗血浇坟。

W 编码	母题描述	关联项
W6657.5.3.1	在死者的嘴里忌塞大块的银子和土块，否则影响转世	【白族】
W6657.6	与死者有关的禁忌（与处置死者有关的禁忌）	［W6661.7.3.7.2］设灵位（造灵牌；设灵牌）
W6657.6.1	尸体禁忌（死尸禁忌；死者的禁忌）	【关联】①
W6657.6.1.1	忌对尸体不尊	
W6657.6.1.2	死者忌见到特定物	
W6657.6.1.2.1	送亡人不可送韦革、铁物及铜磨镜奁盖	【汉族】
W6657.6.1.2.2	死者周围的镜子要蒙上	【满族】
W6657.6.1.3	忌接触与尸体有关的东西	
W6657.6.1.3.1	洗过尸体的水忌用脚踩	【纳西族】
W6657.6.1.3.2	对尸体忌言	［W6527.5.1］人对尸体说话会倒霉
W6657.6.1.4	不能移动死者尸体	【藏族】
W6657.6.1.5	野死者的尸体不能进家	【关联】②
W6657.6.1.5.1	冷尸进房，家败人亡	【布依族】
W6657.6.1.5a	客死他乡者忌进村	
W6657.6.1.5a.1	异地死亡者忌进村祭奠	【鄂温克族】
W6657.6.1.6	忌特定人物接触尸体	
W6657.6.1.6.1	姑娘奔丧忌抚摸亲人的遗体	【仡佬族】
W6657.6.1.7	忌死者放在床上	【藏族】
W6657.6.2	死亡时的禁忌（死的禁忌）	
W6657.6.2.1	忌死人断气那天犯重丧	【白族】
W6657.6.2.2	死者咽气忌无亲人在场，“空亡”对死者不吉利	【仡佬族】
W6657.6.3	死亡地点禁忌	

① ［W6527.5.1］人对尸体说话会倒霉；［W6530.3］忌接触尸体。

② ［W6660.6.3.3］死外地者忌尸体拖进屋（野死者尸体忌进屋）；［W6666.6.1.3］死于外地者不能埋葬祖坟。

W 编码	母题描述	关联项
W6657.6.3.1	忌死在床上	
W6657.6.3.1.1	老人将咽气之时，立即扶到堂屋正中，坐于椅子上，脚踏一斗谷子	【侗族】
W6657.6.3.1.2	老人病故时，要由孝子扶坐凳上使之落气	【仡佬族】
W6657.6.4	死者的形体禁忌	
W6657.6.4.1	死人最忌眼睛不闭	【独龙族】
W6657.6.5	死者的食物禁忌（死者的祭品禁忌）	［W6657.4.5］尸体的口含物（死者的口含物；死者的食物）
W6657.6.5.1	为死者做饭的人必须是寡妇	【傈僳族】
W6657.7	处置死者的仪式	
W6657.7.1	处理死者要有个“交魂”仪式	
W6657.7.1.1	为死者净身穿新衣新鞋后，由“东巴”主持“交魂”仪式	【傈僳族】
W6657.8	与处置死者有关的其他母题（与尸体有关的其他母题）	【关联】①
W6657.8.1	尸体（特定的尸体；特殊的尸体）	
W6657.8.1.1	不腐的尸体	
W6657.8.1.1.1	鲧的尸体如生	【汉族】
W6657.8.1.1.2	尸体在天宫不会腐烂	【傣族】
W6657.8.1.1.3	寿命不到终期时尸体不会腐烂	【傣族】
W6657.8.1.2	尸体长时间不腐烂	
W6657.8.1.2.1	鲧的尸体三年不腐烂	【汉族】
W6657.8.1.2.1.1	鲧的身首异处的头经过三年仍气色如常	【汉族】
W6657.8.1.2.1.2	鲧的尸首在殛鲧泉旁三年不腐烂	【汉族】

① ［W6666.8.9.1］埋葬时要用绳子绑死者的双腿；［W6689.0.4.9.2］对非正常死亡者一般要用桐油灌其嘴。

W 编码	母题描述	关联项
W6657.8.1.2.2	公主死后经过多少年尸身新鲜不腐	【塔吉克族】
W6657.8.1.3	尸体的变化	［W6689.3.3］尸化
W6657.8.1.3.1	尸体消失	【珞巴族】
W6657.8.1.4	奇怪的尸体	
W6657.8.1.4.1	背不走的尸体	【藏族】
W6657.8.1.4.2	会回到原处的尸体	【傣族】
W6657.8.2	赶尸	［W9150］巫术
W6657.8.2.1	赶尸的产生	
W6657.8.2.2	赶尸的方法	
W6657.8.2.2.1	取头赶尸	【佤族】
W6657.8.2.3	赶尸者	
W6657.8.2.4	与赶尸有关的其他母题	［W6660.7.4］尸体运回家中
W6657.8.2.4.1	赶不走的尸体	【傣族】
W6657.8.2a	收尸	
W6657.8.2a.1	儿子为父收尸	【瑶族】
W6657.8.3	携带尸骨	
W6657.8.3.1	妻子携带丈夫骨头	【裕固族】
W6657.8.4	人死后处理死者的特定物	
W6657.8.4.1	人死后孝子将死者的床草搬到村外焚烧	【羌族】
W6657.8.5	瞻仰遗容	［W6686.2.1］追悼会瞻仰遗容
W6657.8.5.1	人死后在四周摆上鲜花，让人祭祀	【塔吉克族】
W6657.8.6	人死后举行特定仪式（人死后的特定活动）	
W6657.8.6.1	首领死后，游骑挟弓弩，周围驰骋，名搅魂马	【彝族（黑彝）】
W6657.8.6.2	人死后做法事	

W 编码	母题描述	关联项
W6657.8.6.2.1	老人死后先请道士做道场	【仡佬族】
W6657.8.6.2.2	丧葬期间，法师向丧家念诵法事	【仡佬族】
W6657.8.6.3	老人死后要打狗还愿	【仡佬族】
W6657.8.6.3a	老人死后要打猪还愿	【仡佬族】
W6657.8.7	尸体受保护	
W6657.8.7.1	福气会护佑死者尸体	【傣族】
W6657.8.8	尸体的消失	
W6657.8.8.1	尸解	【汉族】
W6658	**报丧**	
W6658.1	报丧的产生	
W6658.2	报丧的时间	
W6658.2.1	死者刚咽气时报丧	【彝族（腊罗、摩察、纳苏、给尼、葛泼）】
W6658.2.2	摩师推算出丧葬日期后报丧	【布依族】
W6658.2.3	安放好棺材后报丧（停棺完毕后报丧）	【布依族】
W6658.3	报丧的地点	
W6658.3.1	到特定的关系人家报丧	
W6658.3.1.1	到男性死者的娘舅家报丧	【仡佬族】
W6658.3.1.2	到女性死者的娘家报丧	【仡佬族】
W6658.3.1.2.1	死者系女性要先通知其娘家	【布依族】
W6658.3.1.3	到亲生已出嫁的女儿家去报丧	【仡佬族】
W6658.3.1.3.1	死者的女儿、女婿是最重要的报丧告知者	【侗族】
W6658.3.1.4	到亲戚和舅父家中报丧	【侗族】
W6658.3.1.4.1	向各方亲戚报丧	【布依族】
W6658.3.1.5	向房族、家族和亲友报丧	【侗族】
W6658.3.1.6	到母舅或姑妈家报丧	【布依族】
W6658.3.1.7	向祖宗报丧	【侗族】

W 编码	母题描述	关联项
W6658.3.1.8	到大小外家报丧	【仡佬族】
W6658.3.1.9	到其他关系人处报丧	
W6658.3.2	路口报丧	【仡佬族】
W6658.3.3	报丧者不能进门	【仡佬族】
W6658.3.3.1	死者亲戚在大门口烧纸，点三炷香备板凳后报丧者才可进门	【仡佬族】
W6658.3.4	到庙里报丧	
W6658.3.4.1	报丧者手持香纸到庙里焚化，禀告死者的生卒年月日时	【侗族】
W6658.3.4.2	到城隍庙里报丧	【汉族】
W6658.4	报丧者（报丧的参与者）	
W6658.4.1	死者的子女作为报丧者	【傈僳族（黑傈僳）】
W6658.4.1.1	死者的儿子报丧	【彝族（腊罗、摩察、纳苏、给尼、葛泼）】
W6658.4.1.2	儿子要亲自到舅家报丧	【布依族】
W6658.4.2	任何一个可信赖者均可充当报丧者	【仡佬族】
W6658.4.3	房族兄弟作为报丧者	
W6658.4.3.1	儿女请房族兄弟	【侗族】
W6658.4.4	其他报丧者	
W6658.4.5	报丧者的数量	
W6658.4.5.1	报丧人为两个	【布依族】
W6658.5	报丧的内容	
W6658.5.1	报丧时告知死者死因和发丧日期	【布依族】
W6658.6	报丧的方式（报丧的环节）	［W6599.2.2.1］击鼓报丧
W6658.6.1	呐喊报丧	
W6658.6.2	用特定物报丧	
W6658.6.3	鸣枪报丧	【傈僳族】
W6658.6.3.1	孝子鸣枪三响向村寨邻里报丧	【羌族】

W 编码	母题描述	关联项
W6658.6.3.2	死者的子孙请人鸣枪三响报丧	【布依族】
W6658.6.3a	放鞭炮报丧	【布依族】
W6658.6.3a.1	孝子放鞭炮向房族、家族和亲友报丧	【侗族】
W6658.6.3b	击鼓报丧	【布依族】
W6658.6.3b.1	击铜鼓数声向寨邻报丧	【布依族】
W6658.6.4	吹特定器物报丧	
W6658.6.4.1	在大门口吹三声牛角报丧	【彝族（腊罗、摩察、纳苏、给尼、葛泼）】@［W6658.8.1.1］德高望重者死后用吹牛角号报丧，一般的人死后挨户奔走相告不吹号
W6658.6.4.2	人死后要吹竹号报丧（剥利）	【怒族】
W6658.6.5	借助特定物报丧（带特定物报丧）	
W6658.6.5.1	报丧人肩扛一树枝置于亲戚门前报丧	【彝族】
W6658.6.5.2	挂白报丧	【怒族】
W6658.6.5.2.1	报丧者带白孝帕报丧	【布依族】
W6658.6.5.3	死者家属用五色纸做成“摇钱树”插在门口报丧	【彝族（黑彝）】
W6658.6.5.3a	门前挂布条报丧	【锡伯族】
W6658.6.5.3b	门口挂红布报丧	【达斡尔族】@［W6658.6.6.2］丧葬之家门前挂红幡
W6658.6.5.4	携酒报丧	【布依族】
W6658.6.5.5	报丧者手持一根削了皮的呈四方形的五倍子棒	【仡佬族】
W6658.6.5.6	插树枝报丧	
W6658.6.5.6.1	在路口插一枝万年青树枝报丧	【仡佬族】@［W6658.3.2］路口报丧
W6658.6.5.7	抱鸡报丧	【布依族】

W 编码	母题描述	关联项
W6658.6.5.8	插穗禾谷报丧	
W6658.6.5.8.1	报丧者手执一穗禾谷插于被通知者的大门上	【侗族】
W6658.6.6	与报丧方法有关的其他母题	
W6658.6.6.1	多种方法报丧	
W6658.6.6.1.1	鸣放铁炮、鞭炮并敲击悬挂的铜鼓报丧	【布依族】
W6658.6.6.2	丧葬之家门前挂红幡	【满族】
W6658.6.6.3	报丧时门口撒灰	【壮族】
W6658.6.7	报丧有特定用语	
W6658.6.7.1	报丧时忌直说“死”字，而用“断了”“终了”“百岁”等词代之	【锡伯族】@［W6688.2.7］丧葬中的语言禁忌（丧葬用语禁忌）
W6658.7	报丧的禁忌	
W6658.7.1	死者的子女向亲属报丧时忌进入亲属家门	【傈僳族（黑傈僳）】
W6658.8	与报丧有关的其他母题	
W6658.8.1	不同的死者报丧不同	
W6658.8.1.1	德高望重者死后用吹牛角号报丧，一般的人死后挨户奔走相告不吹号	【怒族】
W6658.8.2	公布死亡信息	
W6658.8.2.1	通过鸣枪公布死亡信息	【傈僳族】
W6658.8.2a	发布丧葬信息	
W6658.8.2a.1	神龛上下用方形白纸斜角封贴表示在办白喜	【侗族】
W6658.8.2a.2	入殓后，丧家门外挂上纸幡、纸钱吊等，表示正办丧事	【布依族】
W6658.8.3	答谢报丧者	【仡佬族】
W6659	**吊唁（悼念死者；吊丧）**	【汤普森】V65

W 编码	母题描述	关联项
W6659.1	吊唁的产生	
W6659.2	吊唁的时间（开丧）	
W6659.2.1	停尸完成后吊唁	【傈僳族】
W6659.2.2	大殓后成服并接受亲友的吊唁	【彝族（白彝）】
W6659.2.3	下葬头两天，寨邻和亲友前来吊唁	【布依族】
W6659.2.4	祭奠日当午吊唁	【布依族】
W6659.3	吊唁的地点	
W6659.3.1	灵前吊唁	【满族】
W6659.4	吊唁者（吊唁的参与者）	
W6659.4.1	特定身份的人作为吊唁者	
W6659.4.1.1	亲属吊唁	【汉族】
W6659.4.1.2	朋友吊唁	【汉族】
W6659.4.1.3	庄乡邻居吊唁	【汉族】
W6659.4.2	动物吊唁	
W6659.4.2.1	百鸟为巨人扎努扎别吊孝	【拉祜族】
W6659.5	吊唁的方式（吊唁的环节；吊唁的程序）	
W6659.5.1	吊唁有特定程序	
W6659.5.1.0	迎吊唁者	
W6659.5.1.0.1	吊者至时，大门外吹号鸣锣，孝眷闻号声，出门百步之外迎接吊唁者	【纳西族（摩梭）】
W6659.5.1.0.2	孝子在吊丧期间只负责在灵前接待吊丧亲戚	【仡佬族】
W6659.5.1.1	吊唁死者要经过“扎花棚、设灵堂”“上祭”“发孝”“诵经”“打歌开路”五道程序	【彝族（腊罗、摩察、纳苏、给尼、葛泼）】
W6659.5.1.2	亲客人进入丧家时须向死者焚香烧纸，叩头三次，方能戴孝帕	【布依族】
W6659.5.2	向特定物吊唁	

W 编码	母题描述	关联项
W6659.5.2.1	用草做假死人，当作真死人供人吊唁	【彝族（腊罗）】
W6659.5.3	吊唁时为死者喂饮食	
W6659.5.3.1	吊唁时把带的少许酒倒死者之口	【独龙族】
W6659.5.4	吊唁者送丧礼（吊丧致哀的礼物）	［W6659.6.2］吊唁时携带特定物（吊丧致哀的礼物）
W6659.5.4.1	吊唁者带纸钱做丧礼	【傈僳族】
W6659.5.4.2	同村人吊丧时送丧家几个鸡蛋	【独龙族】
W6659.5.4.3	舅家或夫家吊唁时送猪、羊、祭帐、纸伞等	【布依族】
W6659.5.4.4	亲戚祭奠时一般送一只鸡，女婿须送一头活猪	【布依族】
W6659.5.4.5	吊唁者的其他礼物	
W6659.5.4.5.1	吊唁死者时，女婿和舅家要送香亭、祭幡	【布依族】
W6659.5.4.5.1.1	女婿送的香亭及祭幛安葬后置放在堂屋神龛下，3 年服丧期满时抬到墓上焚化	【布依族】
W6659.5.4.5.1a	吊唁者要送盖布	【仡佬族】
W6659.5.4.5.2	丧葬时不同身份者送礼不同	
W6659.5.4.5.2.1	丧葬时，客亲送祭幛、钱米若干，女婿送重礼	【侗族】
W6659.5.4.6	吊唁者祭品的处理	
W6659.5.4.6.1	吊唁送来的第一件礼物由丧家锁放柜中，忌人看见	【布依族】
W6659.5.4.7	丧家回赠送礼者	
W6659.5.4.7.1	主人以孝帕及每份礼回一定东西作答礼	【侗族】
W6659.5.5	灵前吊条幅	
W6659.5.5.1	死者灵前的吊上写“大舜耕田在历山”	【汉族】

W 编码	母题描述	关联项
W6659.6	吊唁的情形	
W6659.6.1	吊唁要大哭	
W6659.6.1.1	父母死后，亲友吊祭，哭声越大越好，否则死者听不见，家庭招祸患	【彝族】
W6659.6.1.2	吊祭者行至离丧家几里路时要捶胸顿足放声嚎哭，以声大为哀，不看泪之有无	【彝族】
W6659.6.1a	吊唁时陪哭	
W6659.6.1a.1	客人进入丧家时，孝女须于灵旁痛哭	【布依族】
W6659.6.2	吊唁时携带特定物（吊丧致哀的礼物）	【仡佬族】@［W6666.5.2.4.1］巫师对着棺材把各家送去礼物和送礼人的名字念给死人听
W6659.6.2.1	氏族、家族的人吊唁时要携带玉米、大米或猪	【傈僳族】
W6659.6.2.2	村里的人及远近亲戚吊唁要送粮食、酒、鸡等以示哀悼	【独龙族】
W6659.6.2.3	吊唁者带白布	【傈僳族（黑傈僳）】
W6659.6.2.4	摘来鲜花悼念死者	【阿昌族】
W6659.6.3	吊唁时诵经	
W6659.6.3.1	根据吊唁者身份诵不同的经	【傈僳族】
W6659.6.4	吊唁中的插曲	
W6659.6.4.1	吊唁中闹女婿	【侗族】
W6659.6.5	对吊唁者的礼仪	
W6659.6.5.1	吊唁者到丧家门口时，放鞭炮，孝子孝孙跪迎	【布依族】
W6659.6.5.2	枢前跪迎的孝子们由来者扶起	【布依族】
W6659.6.6	吊唁人灵前叩拜	【满族】

W 编码	母题描述	关联项
W6659.7	吊唁的禁忌	
W6659.7.1	吊唁时不能带鸡蛋	【傈僳族】
W6659.8	吊唁的种类	
W6659.8.1	开吊（吊唁）有“死吊”、“草吊”和“阴吊”三种	【彝族（腊罗、摩察、纳苏、给尼、葛泼）】
W6659.8.9	与吊唁有关的其他母题	
W6659.8.9.1	吊唁时要回礼	【布依族】
W6660	**停尸（停灵）**	
W6660.1	停尸的产生	
W6660.2	停尸的时间	
W6660.2.0	停尸时间的确定	
W6660.2.0.1	鬼师测定停尸时间	【侗族】
W6660.2.0.2	停尸时间由阴阳先生推算决定	【布依族】
W6660.2.1	停尸没有固定时间	【布依族】
W6660.2.1.1	死者遗体停放家中一二日，长可七天	【傈僳族】
W6660.2.2	停灵一天（停尸 1 天）	【布依族】
W6660.2.3	停灵三天（停尸 3 天）	
W6660.2.3.1	穷秀才为母停灵三天显孝心，形成停灵三天习俗	【汉族】
W6660.2.3.2	停尸三天才能入殓为的是盼着有复生的机会	【汉族】
W6660.2.3.3	停尸三日入殓	【达斡尔族】
W6660.2.4	停尸不超过特定天数	
W6660.2.4.1	停尸不超过 3 天	【鄂伦春族】
W6660.2.4.2	停尸不超过 7 天	【藏族】
W6660.3	停尸的地点	
W6660.3.1	停尸正室（停尸堂屋）	【仡佬族】@［W6660.5.0a.1］老人死后，孝子抱至堂屋正中，面向大门，扶坐在木凳上

W 编码	母题描述	关联项
W6660.3.1.1	死者断气后要从卧室移于中堂	【民族，关联】①
W6660.3.1.2	尸床放楼房正屋	【侗族】
W6660.3.1.3	死者端放于正堂侧的门板上	【布依族】
W6660.3.1.4	用木板停尸于堂屋左中柱旁	【仡佬族】
W6660.3.1.5	停尸于堂屋神龛前	【布依族】
W6660.3.1.6	停尸于堂屋家神前	【仡佬族】
W6660.3.1a	停尸在侧室	
W6660.3.1a.1	停尸在西屋	
W6660.3.1a.1.1	老人死后停放在房子的西间	【满族】
W6660.3.1b	停尸在屋中	
W6660.3.1b.1	僵尸仰脉屋中	【纳西族】
W6660.3.2	停尸灵堂	［W6661.7.3］灵堂
W6660.3.2.1	尸体放灵堂一角	【藏族】
W6660.3.3	停尸可选择地点	
W6660.3.3.1	死者净身后将尸体移放到堂屋内或院子里	【怒族】
W6660.3.4	尸体放柜子上	【傈僳族】
W6660.3.5	尸体放席上	
W6660.3.5.1	尸体放在新草席上	
W6660.3.5a	停尸床上	【侗族】
W6660.3.5b	尸体放土坯上	
W6660.3.5b.1	尸体放土坯上防灵魂滞留在屋内	【藏族】
W6660.3.6	尸体放火塘边	【怒族】
W6660.3.6.1	尸体放靠火塘的里边，头向地势高处	【傈僳族】
W6660.3.6a	停尸火塘上	【侗族】
W6660.3.7	尸体停放其他地方	

① 【傈僳族】@［W6656.1.6.1］人将死时即从室内移到中堂；［W6660.3.8.2.1］在堂屋停尸时要按男左女右的规矩。

W 编码	母题描述	关联项
W6660.3.7.1	尸体放在挖空之木杆上	【傈僳族】
W6660.3.7.2	停尸天宫	【傣族】
W6660.3.8	与停尸地点有关的其他母题	
W6660.3.8.1	灵床（停尸床；梦床；凉床）	【侗族】【傈僳族】@［W6660.3.5a］停尸床上
W6660.3.8.1.1	铺灵床	
W6660.3.8.1.1.1	老人将死时子女便用三块木板架成一张床，名之曰“凉床”	【彝族】
W6660.3.8.1.2	灵床旁摆放死者生前用品	【傈僳族】
W6660.3.8.1.3	若死者配偶尚在灵床前放祭品的碗上只横放一根筷子	【纳西族】
W6660.3.8.1.4	丧家在堂屋搭一简易木板平床，上铺草席和床单俗称“凉床”	【布依族】
W6660.3.8.2	停尸地点男女不同	
W6660.3.8.2.1	在堂屋停尸时要按男左女右的规矩	【布依族】【仡佬族】
W6660.3.8.3	特定死者的停尸地点	
W6660.3.8.3.1	死于外面者，只能在门外搭临时丧棚停尸	【布依族】@［W6660.6.3.1.1］野死者忌抬尸入家，否则招恶鬼
W6660.4	停尸的参与者	
W6660.5	停尸的方式（停尸的环节；停尸方法；停尸仪式）	［W6669.8.1］停尸时头前供桌上放一盏长明灯
W6660.5.0	尸体仰放灵床	【藏族（纳木依）】
W6660.5.0.1	亡人在停尸床仰躺	【布依族】
W6660.5.0.2	停尸时平放盖孝布	【布依族】
W6660.5.0a	尸体坐立凳上	
W6660.5.0a.1	老人死后，孝子抱至堂屋正中，面向大门，扶坐在木凳上	【仡佬族】
W6660.5.1	停尸时要覆盖死者耳目（尸体盖脸；停尸时蒙面）	

W 编码	母题描述	关联项
W6660. 5. 1. 1	入殓前在死者的脸上盖一张白纸，耳朵塞上白纸团，是为了将死者与活人分开	【白族（那马）】
W6660. 5. 1. 2	死者脸上盖一张五色纸或一块布	【怒族】@［W6657. 4. 8. 0. 1］死后接着穿上青衣，放于“梦床”（门板）上，用一张白纸盖脸，十二根蓝线拴腰，一根捆脚，两手中塞入纸钱
W6660. 5. 1. 2. 1	停尸时遮盖死者面部是为了避免死者挂念亲人	【怒族（若柔人）】
W6660. 5. 1. 2. 2	停尸时遮盖死者面部是为了避免死者灵魂认出活人	【怒族（若柔人）】
W6660. 5. 1. 2. 3	停尸时用白纸为死者蒙面，意为与活人隔开	【白族】
W6660. 5. 1. 2. 3. 1	停尸时用呈文纸蒙上脸和手	【鄂温克族】
W6660. 5. 1. 2. 4	尸体要用一块红布或其他花布覆盖在脸部，以免他躺着时看见生人害羞	【白族】
W6660. 5. 1. 2. 5	尸体要用一块一尺二寸见方的黑布（缁布）覆盖在脸上	【汉族】
W6660. 5. 1. 2. 5a	死者要用黑布或白布蒙面	【鄂伦春族】
W6660. 5. 1. 2. 5a. 1	用缁布覆盖死人面目（用黑布为死者蒙面）	【汉族】
W6660. 5. 1. 2. 5a. 2	死后停灵时用白绸布盖面	【达斡尔族】
W6660. 5. 1. 2. 6	死者穿上寿衣后用土纸盖脸	【仡佬族】
W6660. 5. 1. 2. 7	停尸时用新一件“楚巴”（长袍）从头至脚盖严	【藏族（纳木依）】
W6660. 5. 1. 2. 8	与停尸盖面有关的其他母题	［W6662. 5. 3. 5. 1］祭者手持 3 尺 6 寸红绸或红布盖面到死者灵前祭祀
W6660. 5. 2	停尸的方位	

W 编码	母题描述	关联项
W6660.5.2.1	尸体头朝天柱，脚朝家神龛	【纳西族】
W6660.5.2.2	子女或近亲移尸木板，头朝正屋上方之供桌，脚向大门	【彝族】
W6660.5.2.3	死者头向墙壁，脚朝大门，以便亡魂走出屋去	【傈僳族】
W6660.5.2.4	死者头朝神龛	【傈僳族】
W6660.5.2.4.1	死者头朝神龛，足朝门	【布依族】
W6660.5.2.4.2	停尸时尸体头向神龛脚朝大门	【侗族】
W6660.5.2.5	停尸时死者头朝高处	【傈僳族】@［W6660.3.6.1］尸体放靠火塘的里边，头向地势高处
W6660.5.2.6	停尸时死者要直立	【羌族】
W6660.5.2.7	停尸在堂屋中间，头朝外脚向里仰面停放	【白族】
W6660.5.2.8	死者头朝外停放	【傈僳族】
W6660.5.2.9	与停尸方位有关的其他母题	
W6660.5.2.9.1	停尸时相对于房梁，有的横放，有的竖放	【布依族】@［W6657.4.1.1.1］老年人亡故要横置堂屋中
W6660.5.2.9.1.1	停尸时尸体于堂屋内顺梁停	【仡佬族】
W6660.5.2.9.1.2	停尸时尸体的头朝东	【赫哲族】
W6660.5.2.9.1.3	停尸时尸体的头朝北	【民族，关联】①
W6660.5.2.9.1.4	停尸时尸体的头朝南	【达斡尔族】
W6660.5.2.9.1.5	停尸时尸体的头朝西	【满族】【锡伯族】
W6660.5.3	停尸期间特定的仪式（停尸期间特定的活动）	
W6660.5.3.0	停尸仪式有多个环节	
W6660.5.3.0.1	停尸经历“洗尸”“穿戴”后，当晚举行“交倒头猪”宗教仪式	【布依族】

① 【鄂伦春族】@［W6666.5.1.5.1］埋葬时曲肢侧身，头朝北，足朝南，面向东方，以示后人可以兴旺；［W6666.5.1.5.4a］下葬时死者都要头朝北或西北方向。

W 编码	母题描述	关联项
W6660.5.3.0.2	停尸时的穿戴有先后程序	【布依族】
W6660.5.3.1	停尸期间为死者跳舞	【傈僳族】@［W6666.5.0.3］埋葬前跳舞与死者告别
W6660.5.3.1.1	停尸时夜间跳丧舞	【傈僳族】
W6660.5.3.1.2	停尸时，在尸前跳“耶始撮”，男女同跳，各家亲友轮着跳，旁观者齐声伴唱	【藏族】
W6660.5.3.2	停尸时每日三次祭饭	【傈僳族】
W6660.5.3.2a	停尸时一日三祭	
W6660.5.3.2a.1	停尸时每天祭三次，每次一碗米饭、三块肉	【怒族】
W6660.5.3.2b	停尸供祭表示惜别	【侗族】
W6660.5.3.3	停尸时放亡魂出屋	
W6660.5.3.3.1	用长矛杆将停尸的屋顶戳开一洞让亡魂凶煞出屋	【彝族】
W6660.5.3.4	停尸时守灵	
W6660.5.3.4.1	停尸时子女轮流守灵	【傈僳族（黑傈僳）】
W6660.5.3.5	停尸时祷告	
W6660.5.3.5.1	停尸时比扒（巫师）手握木棍在死者面前祈告	【傈僳族】
W6660.5.3.5a	停尸时灵床前烧纸	【赫哲族】
W6660.5.3.6	停尸时驱鬼	【傈僳族】
W6660.5.3.6.1	停尸期间，由两人手持用猪血涂过的刀子绕死者房屋三次边吼边舞，以赶跑那些专吃死者灵魂的毒虫	【傈僳族】
W6660.5.3.6.2	唱者手持木棍击地板以示赶鬼	【傈僳族】
W6660.5.3.7	打刷把	【布依族】
W6660.5.3.8	停尸时开天门	

W 编码	母题描述	关联项
W6660.5.3.8.1	停尸堂屋时，鬼师上屋将铧口压屋顶开天门，意为请先祖从天上下来接亡灵归去	【仡佬族】
W6660.5.3.9	与停尸期间仪式有关的其他母题	
W6660.5.3.9.1	停尸时瞻仰遗容	【民族，关联】①
W6660.5.3.9.2	停尸时转动尸体	
W6660.5.3.9.2.1	在堂房内停尸时先是头朝门外脚朝门内，然后将死者的头转门内，脚转门外	【仡佬族】
W6660.5.3.9.3	停尸时做法事	
W6660.5.3.9.3.1	停尸时请巫师在灵位前作法事	【仡佬族】
W6660.5.4	与停尸方法有关的其他母题	
W6660.5.4.1	停尸时旧衣为死者作枕	【布依族】
W6660.5.4.2	停尸时死者手持特定物	
W6660.5.4.2.1	停尸时死者手中放两个白纸纸具	【布依族】
W6660.5.4.2.2	停尸时，死者手心放一粒碎银	【仡佬族】
W6660.5.4.2.3	死者入棺后，手上系白纸剪的纸马	【布依族】
W6660.5.4.2.4	停尸时死者手握钱或食物	【满族】
W6660.5.4.3	停尸时尸体旁边放生前喜爱之物	【赫哲族】
W6660.5.4.4	停尸时祭物放死者枕边	【藏族】
W6660.5.4.4a	停尸时，亡人右侧方放一个磕禄罐	【仡佬族】
W6660.5.4.5	停尸方法的确定	
W6660.5.4.5.1	特定人物确定停尸方法	
W6660.5.4.5.1.1	鬼师测定停尸的具体办法	【侗族】
W6660.5.4.5.2	停尸方法各姓氏有所不同	【布依族】
W6660.5.4.6	停尸时要让死者闭眼	

① 【布依族】@［W6657.8.5］瞻仰遗容；［W6664.5.1.6.3］发丧前瞻仰遗容；［W6686.2.1］追悼会瞻仰遗容。

W 编码	母题描述	关联项
W6660.5.4.6.1	停尸时抚闭眼睑	【仡佬族】
W6660.5.4.7	停尸时束缚尸体	［W6657.4.8.0.1］死后接着穿上青衣，放于“梦床”（门板）上，用一张白纸盖脸，十二根蓝线拴腰，一根捆脚，两手中塞入纸钱
W6660.5.4.7.1	停尸时，尸体要用棉线将双脚绊住	【满族】
W6660.6	停尸的禁忌（停尸禁忌）	
W6660.6.1	停尸时，死者衣物上禁忌带铜、铁、毛制品	【傈僳族（黑傈僳）】
W6660.6.2	停尸时的行为禁忌	
W6660.6.2.1	人死未埋前，全村人不能吃辣椒，否则是对死者的不敬	【傈僳族】@［W6515.2.6.1］忌食辛辣食物
W6660.6.2.1a	老人亡故至埋葬前，死者亲属忌食辣子、喝冷水	【仡佬族】
W6660.6.2.1b	办丧事忌食海椒因海椒红色主喜，否则后代会出红眼病	【仡佬族】
W6660.6.2.2	停尸时忌说话	【藏族】
W6660.6.2.3	停尸处忌妇女坐卧	【锡伯族】
W6660.6.3	特定人的停尸禁忌	
W6660.6.3.1	凶死者①不能停尸家中	【民族】②
W6660.6.3.1.1	野死者忌抬尸入家，否则招恶鬼	【布依族】
W6660.6.3.2	非正常死亡者忌抬入室内或村寨内	【傈僳族（黑傈僳）】
W6660.6.3.2.1	凶死者都不能进寨	【侗族】

① 凶死者，又称“异常死亡”“非正常死亡”等，这类情况的界定不同地方不同。如侗族不管这人有多大，只要不是病死在屋里，均算是异常死亡。在家难产而死，坐月而死，也算异常死亡。九十多岁的老人病死在山上，也是异常死亡。树压死、滚坡死、水淹死、刀斧砍伤而死、吊死、毒蛇猛兽咬死、中毒死，等等，是名副其实的异常死亡。参见吕大吉、何耀华总主编《中国各民族原始宗教资料集成》（布依族卷、侗族卷、仡佬族卷），中国社会科学出版社2012年版，第408页。

② 【布依族】【侗族】【仡佬族】【傈僳族】【藏族】。

W 编码	母题描述	关联项
W6660.6.3.2.2	凶死者都不能进家	【布依族】
W6660.6.3.2.2.1	凡死于家外者，无论老少均不得抬进家门	【侗族】@［W6657.6.1.5］野死者的尸体不能进家
W6660.6.3.3	死外地者忌尸体拖进屋（野死者尸体忌进屋）	【布依族】【仡佬族】【彝族】@［W6666.6.1.3］死于外地者不能埋葬祖坟
W6660.6.3.3.1	在外死亡的青年人忌抬进堂屋，只能放在屋檐边	【仡佬族】
W6660.6.3.3.1a	年轻人夭折需倒停于堂屋侧面	【仡佬族】
W6660.6.3.3.1b	凶亡路死者不能进屋，要在离家不远处搭丧棚停尸	【仡佬族】
W6660.6.3.4	在外逝者忌移入家中	【布依族】
W6660.6.4	停尸期间忌尸体腐烂	
W6660.6.4.1	停尸期间尸体腐烂认为是儿女子孙孝道不好	【布依族】
W6660.6.5	停尸忌铜铁	【侗族】
W6660.7	与停尸有关的其他母题	
W6660.7.1	向死者贡献祭品（尸体前摆放的物品）	
W6660.7.1.1	为死者敬献祭品可使死者在阴间富足	【彝族】
W6660.7.1.2	停尸时为死者供酒饭（为死者献斋饭）	【彝族（腊罗、摩察、纳苏、给尼、葛泼）】
W6660.7.1.2.1	停尸时死者头前供酒饭各一碗，男子供肉九斤，女子供肉七斤	【傈僳族】
W6660.7.1.2.2	死者配偶仍在世，杀一只小猪和一只公鸡，并把猪头鸡头煮熟后供在死者头前	【纳西族】
W6660.7.1.3	灵床前放一只鸡	【傈僳族】
W6660.7.1.3a	停尸时，死者头前放牛心	

W 编码	母题描述	关联项
W6660.7.1.3a.1	死者头前放的牛心是死者见祖宗的礼物	【藏族】
W6660.7.1.3b	灵床头前放桌，供鸡、饭菜、果物等	【达斡尔族】
W6660.7.1.4	死者头端放1盏油灯和1碗饭，点香炷	【傈僳族】
W6660.7.1.4a	停尸时死者头前摆放供桌	
W6660.7.1.4a.1	停尸时死者头前摆放供桌上放规定的祭品	【仡佬族】
W6660.7.1.4b	停尸床头摆香案，设灵位	【侗族】
W6660.7.1.5	停尸时死者周围放生活用品	
W6660.7.1.5.1	死者周围放小刀、酒铁烟袋，肩上杂粮口袋内装五谷，纸钱灰、念经的路条	【羌族】
W6660.7.1.6	停尸时不同死者放置物不同	
W6660.7.1.6.1	女性死者脚下踩猪膘	【羌族】
W6660.7.1.7	停尸时死者脚前放灯（停尸时死者脚后放灯）	
W6660.7.1.7.1	停尸时尸体脚前放点燃七根灯芯的“七星灯”（引路灯）	【仡佬族】
W6660.7.1.7.1.1	引路灯一直要点到送死人上山	【仡佬族】
W6660.7.1.7.1.2	停尸板脚端下放一盆内点油灯一盏	【仡佬族】
W6660.7.1.7.1.2.1	死者脚边放烧纸瓦盆	【锡伯族】
W6660.7.2	停尸时要射箭为死者开路	【傈僳族】
W6660.7.3	死者未从卧室中抬出前，由师公用白纸条交叉贴在祖先神龛上	【侗族】
W6660.7.4	尸体运回家中	【民族，关联】①
W6660.7.5	停尸时镇尸	［W6687.8.3］坟前镇妖（坟前镇阴魂）

① 【瑶族】@［W6657.8.2］赶尸；［W6660.6.3.1.1］野死者忌抬尸入家，否则招恶鬼。

W 编码	母题描述	关联项
W6660.7.5.1	停尸时用一犁土用的铧口放在其胸上（镇尸）	【仡佬族】
W6660.7.6	停丧	
W6660.7.6.1	若“烧灵”日期较远，可移棺堂侧用蚊帐罩棺，谓之停丧	【布依族】
W6660.7.7	停尸时要做的相关事象	
W6660.7.7.1	停尸时处理掉死者遗物	［W6667.1.3.1.1］丧葬后焚烧掉死者用品（丧葬后处理掉死者用品）
W6660.7.7.1.1	停尸后，把亡者生前穿过的衣物、床铺草拿到寨外的桥头或河边烧掉	【仡佬族】
W6661	**入殓（装殓死者）**	
W6661.1	入殓的产生	
W6661.2	入殓的时间	
W6661.2.1	入殓时间的确定	
W6661.2.1.1	入殓时间算卦确定	【满族】
W6661.2.1.2	阴阳先生根据死者的生辰八字、死亡的时间和儿子的生辰八字，推算入殓时间	【布依族】
W6661.2.2	夜间入殓（晚上入殓）	【布依族】【汉族】
W6661.2.3	天亮前入殓	【鄂伦春族】
W6661.2.4	出葬日入殓	
W6661.2.4.1	出葬日，道士主持将尸体入棺	【侗族】
W6661.2.4a	出葬日前一天晚上入殓	【布依族】
W6661.2.5	死后特定时间入殓（停尸特定日子入殓）	【汉族】
W6661.2.5.1	停尸三天后入殓	
W6661.3	入殓的地点	
W6661.3.1	在堂屋中间入殓	【仡佬族】

W 编码	母题描述	关联项
W6661.3.2	在大门口入殓	【仡佬族】
W6661.3.3	在厅堂中和楼下入殓	【侗族】
W6661.3.4	在灵堂入殓	【侗族】
W6661.3.5	特定人物入殓地点与众不同	
W6661.3.5.1	伤死者只能在门外或楼脚下装殓	【布依族】
W6661.3.5.2	为非正常死亡者只能在寨外装殓	【布依族】
W6661.4	入殓的参与者	
W6661.4.1	装棺前请毕摩到家中入殓死者	【彝族（腊罗、摩察、纳苏、给尼、葛泼）】
W6661.4.2	本族“先生”为死者洗浴入殓	【仡佬族】
W6661.4.3	死者的老辈为死者入殓	【布依族】
W6661.4.4	入殓监督员	
W6661.4.4.1	请娘家人作为入棺监督员	【侗族】
W6661.4.4.2	舅爷、姑妈要亲视入殓	【布依族】
W6661.4.5	外家族的人实施入殓	
W6661.4.5.1	若遇“伤众（族）日”，要请外家族的人抬入棺	【侗族】
W6661.4.6	特定关系人实施入殓	
W6661.4.6.1	本族媳妇参加入殓	【布依族】
W6661.4.6.2	旁系亲属动手入殓	【鄂伦春族】
W6661.4.6.3	子女亲自入殓	【锡伯族】
W6661.5	入殓的方式（入殓的环节；入殓方法）	
W6661.5.0	入殓前验尸	
W6661.5.0.1	入殓前由特定的人验尸	
W6661.5.0.1.1	母死入殓时需要舅舅验尸	【傈僳族】
W6661.5.0.1.1a	入殓前由死者的母亲家验尸	【傈僳族】
W6661.5.0.1.2	入殓前由寨老验尸	【傈僳族（黑傈僳）】

W 编码	母题描述	关联项
W6661.5.0.1.3	女性死者要待外家来人亲视后方能入殓	【布依族】
W6661.5.0.1.4	入殓前，亲属要认真检查死者身上是否有金属一类的东西	【仡佬族】
W6661.5.0.1.5	人死后要先放在炕头上烧烤，等所有亲戚看过后才能装棺	【哈尼族】
W6661.5.0a	入殓前的准备（入殓的条件）	
W6661.5.0a.1	入殓前，祭师先扫棺，棺内铺物，亡人有多少岁就用多少张纸钱垫枕	【仡佬族】
W6661.5.0a.2	入殓前，要先在棺材底部铺木灰、钱纸及几张白布	【布依族】
W6661.5.0a.2a	入殓前，棺材以白纸铺底，垫以石灰，以白纸卡边	【仡佬族】
W6661.5.0a.2b	入殓前，棺内以柏枝叶铺底，以青布为垫	【仡佬族】
W6661.5.0a.2c	棺内用三斤六两纸钱作铺垫	【仡佬族】
W6661.5.0a.3	入殓需家族人到齐	【布依族】
W6661.5.0a.4	入殓前要把死者镶的金牙去掉	【侗族】@［W6669.13.3.6.3］金属器物作为随葬品
W6661.5.0a.5	入殓前要喂“亡灵饭”	
W6661.5.0a.5.1	“亡灵饭”其亲生子女跪喂，边喂边念祝词	【布依族】
W6661.5.0a.6	入殓时长子为死者净面	【满族】
W6661.5.0a.7	入殓时，尸体要从东向西循太阳转向连转三圈，然后出房门	【达斡尔族】
W6661.5.1	入殓有特定程序（入殓的细节；入殓时的行为）	
W6661.5.1.0	入殓前要念咒语	
W6661.5.1.0.1	“老磨”刷木头（持酒一碗、香一炷对棺念咒）后方装殓	【仡佬族】

W 编码	母题描述	关联项
W6661.5.1.0a	入殓前要先开路	
W6661.5.1.0a.1	入殓前要把死者抬放在竹席上，用一个公鸡给死者开路	【仡佬族】
W6661.5.1.1	人死后先净身，再穿新衣，以麻布作被子放进棺材	【傈僳族】
W6661.5.1.2	入棺时，将死者口中取出的红布包，男性放于左肩膀内，女性放于右肩膀内	【傈僳族】
W6661.5.1.3	人死入棺后将松香熬成液体，倒入棺内浪平，棺底装石灰粉，铺钱纸、白皮纸并用白皮纸包裹石灰塞紧	【布依族】
W6661.5.1.4	入殓时制造动静	
W6661.5.1.4.1	入殓时，可以敲击打击锣、钹等乐器，要吹唢呐、放地炮	【布依族】
W6661.5.1.5	入殓时砍牛，打铜鼓	【布依族】
W6661.5.1.6	遗体入棺时要用纸钱换下其手中临终前所握的钱币	【侗族】
W6661.5.1.7	入殓时棺材底部用铜钱摆成北斗七星	【满族】
W6661.5.2	入殓的特定仪式	【侗族】
W6661.5.2.1	入殓前在死者左手拴白线，在手腕绕三道不打结，表示人们对死去的家长至祖先居住地生活的祝愿	【基诺族】
W6661.5.2.2	死者放人棺材时要用鬼钱垫起棺盖四角，待两日后再盖严	【汉族】
W6661.5.2.3	入险时棺木四角放四枚贝币	【哈尼族】
W6661.5.2.4	入殓时本族先生筛些小铁砂，持一刚出壳雏鸡于灵前唱祝	【仡佬族】
W6661.5.2.5	入殓时放口含物	【布依族】@［W6657.4.5］尸体的口含物（死者的口含物）

W 编码	母题描述	关联项
W6661.5.2.5.1	入棺时放含口银	【布依族】【侗族】@［W6656.1.4］人死前口中放特定物
W6661.5.2.5.1.1	死者入棺后，口中放一粒银	【布依族】
W6661.5.2.5.2	入殓时，死者手中塞钱纸，口中放碎银或银元	【仡佬族】
W6661.5.2.6	入殓开路仪式	
W6661.5.2.6.1	死者入殓当夜“开路”时，孝子跪棺前，巫师用本民族语念规定的话语	【仡佬族】
W6661.5.2.7	入殓扮死者仪式	
W6661.5.2.7.1	用“长兜单”和“小兜单”装扮死者	【布依族】
W6661.5.2.8	入殓时死者亲属回避	［W6661.6.3.3］入殓忌孝子或本家族成员亲临入棺现场
W6661.5.2.8.1	入殓时死者亲属回避以防死者把子孙灵魂带走	【侗族】
W6661.5.2.9	与入殓仪式有关的其他母题	【壮族】@［W6689.0.1.1.3.1］女巫入殓时四肢下面各放一个碟子
W6661.5.2.9.1	入殓时桌上供糯米粑、酒肉等祭物	【仡佬族】
W6661.5.2.9.2	举尸入棺后，棺下焚香、点“脚灯”	【仡佬族】
W6661.5.2.9.3	抬尸入棺后众亲友各拿鸡一只相继至棺侧交牲给亡人（丧家代收）	【仡佬族】
W6661.5.3	盖棺前验尸	［W6661.5.0］入殓前验尸
W6661.5.3.1	若妇女死，盖棺前定要等其娘家前来探视确认正常病死后，才能盖上棺木	【傈僳族】

W 编码	母题描述	关联项
W6661.5.3.2	女死者须娘家人看后才能入殓	【鄂温克族】
W6661.5.3a	盖棺前举行诀别仪式	【布依族】
W6661.5.3a.1	盖棺前瞻仰遗容（入殓时瞻仰遗容）	【鄂温克族】【仡佬族】@［W6660.5.3.9.1］停尸时瞻仰遗容
W6661.5.4	入殓时随葬品放入棺材	
W6661.5.4.1	入殓时，要将死者的衣物、殉葬物一并装入棺材	【怒族】
W6661.5.4.2	入殓时要在死者腰边挂一水瓢	【布依族】
W6661.5.5	盖棺	
W6661.5.5.1	盖棺时为死者减负	
W6661.5.5.1.1	盖棺时要把“含口钱”从死者嘴里取出，以防带走钱财	【白族】
W6661.5.5.1.2	盖棺时，死者口含的是真银真金可不取出，否则要拿出，以防对后代眼睛不利	【布依族】
W6661.5.5.2	鸣炮三声盖棺	【布依族】
W6661.5.5.3	摩师念经交代后盖棺	【布依族】
W6661.5.5.4	盖棺前有规定程序	
W6661.5.5.4.1	盖棺前要验测、塞缝、盖被、蒙脸等	【仡佬族】
W6661.5.5.4.2	舅父到场验证后方可盖棺封严	【侗族】
W6661.5.5.4.3	遗体入棺后，上遮一层女儿备送的白布后盖棺	【侗族】
W6661.5.5.5	盖棺的标准	
W6661.5.5.5.1	从亡人入棺到停丧结束期间，棺材盖子不能盖严	【仡佬族】
W6661.5.5.6	盖棺时念唱	［W6778.2.1］神话唱给死者
W6661.5.5.6.1	盖棺时唱“开光词”	【仡佬族】
W6661.5.5.7	封棺（盖棺方法）	

W 编码	母题描述	关联项
W6661.5.5.7.1	盖棺不钉钉子	【民族，关联】①
W6661.5.5.7.2	盖棺时用树汁封紧	【布依族】
W6661.5.5.7.3	入殓钉棺时，布摩用木槌捶击棺盖落槽盖实，再用生漆将口封严	【布依族】
W6661.5.5.7.4	入殓时棺盖不封	【仡佬族】
W6661.5.5.8	与盖棺有关的其他母题	
W6661.5.5.8.1	盖棺后，纳汗为亡人"开路"	【仡佬族】
W6661.5.6	入殓后拿绳子捆棺材	【仡佬族】
W6661.5.7	入殓时裹尸（入殓时盖尸）	
W6661.5.7.1	入棺时孝子或亲友将白布单一起裹尸放入棺内	【侗族】
W6661.5.7.2	女性亡人入殓时，尸体上盖白布一幅（盖单）	【布依族】
W6661.5.7.3	入殓后，用六尺棉布盖尸	【仡佬族】
W6661.5.7.4	入殓时将家族中子侄的青盖布盖在尸身上，最后将其他亲戚的白色盖布盖上	【仡佬族】
W6661.5.7.5	入棺时用青布、白布盖尸体	【仡佬族】
W6661.5.8	入殓后歌舞	［W6914.4.2］歌舞的特征（歌舞的功能；歌舞的情形）
W6661.5.8.1	入棺后要"盖灯、打绕棺"，击鼓而歌围棺跳跃	【仡佬族】
W6661.5.9	与入殓时行为有关的其他母题	
W6661.5.9.1	入殓后射领路箭	【关联】②
W6661.5.9.1.1	入殓后，由死者的舅家人先东后西各射一枝领路箭	【鄂伦春族】
W6661.6	入殓的禁忌（入殓禁忌；装殓忌讳）	

① 【布依族】@［W6520.6.3.1a］忌随意钉钉；［W6669.1.9.5］棺材上忌钉铁钉。

② ［W6660.7.2］停尸时要射箭为死者开路；［W6665.5.2.3］送葬时射领路箭；［W6665.5.6.4］送葬时射箭开路；［W6687.3.3.3.3.2］坟前放死者平常所用的弩弓、箭及犁架。

W 编码	母题描述	关联项
W6661.6.1	入殓时死者的处理禁忌	
W6661.6.1.1	入殓时要取下死者耳目的覆盖物	
W6661.6.1.1.1	入殓时要取下死者耳目的白纸，否则死者世投胎会变成瞎子和聋子	【白族（那马）】
W6661.6.1.2	入殓时只有死者亲人方能抱尸入棺	【布依族】
W6661.6.1.2.1	入殓时，由长子抱着死者的头从窗户抬出	【满族】
W6661.6.1.3	入殓时忌净身不彻底	【布依族】
W6661.6.2	入殓时不能见光	【关联】①
W6661.6.2.1	入殓时忌见日、月、星、辰	【满族】
W6661.6.2.2	入殓时忌死者脚先出和太阳直照	【锡伯族】
W6661.6.2.3	入殓后棺材忌阳光	
W6661.6.2.3.1	入殓后为避阳光棺材前挂门帘	【锡伯族】
W6661.6.3	入殓时忌特定人	
W6661.6.3.1	入殓时忌属相相克的人在场	【仡佬族】@［W6994.5］生肖相克（相克的生肖；相克的属相）
W6661.6.3.2	入殓时忌“四眼人”（孕妇）	【仡佬族】@［W6524.1］孕期禁忌（孕妇禁忌）
W6661.6.3.3	入殓忌孝子或本家族成员亲临入棺现场	【侗族】
W6661.6.3.4	入殓忌子孙中与死者出生日期相同者参加	【布依族】
W6661.6.4	入殓时忌触特定物	
W6661.6.4.1	入殓时，忌外族人触摸死者的“寿衣”“兜单”等物	【布依族】@［W6530］接触禁忌
W6661.6.5	入殓时忌棺材内有特定物	

① ［W6534.13］光的禁忌（光亮的禁忌；忌光）；［W6534.13.2.1］迁坟时，不能让棺材见天。

W 编码	母题描述	关联项
W6661.6.5.1	入棺时忌棺内有竹、木片，尤其是铁、铜制品等	【民族，关联】①
W6661.6.6	入殓用品禁忌	
W6661.6.6.1	入殓抬尸绳忌正搓	【布依族】
W6661.6.7	特定人物的入殓禁忌	
W6661.6.7.1	妇女难产死，尸体不能从门口抬到楼底入殓，要撬开楼板扔下入棺	【侗族】
W6661.6.7.2	凶死者不能家中入殓	
W6661.6.7.2.1	凶死者要在河边装殓	【侗族】
W6661.6.8	忌特定人入殓	
W6661.6.8.1	忌死者的小辈抬尸装殓	【布依族】
W6661.7	与入殓有关的其他母题	
W6661.7.1	停棺（停柩；灵柩的停放）	
W6661.7.1.1	停棺的原因	
W6661.7.1.1.1	因死者出生年月不合适安葬时停棺	【侗族】
W6661.7.1.2	停棺的时间	
W6661.7.1.3	停棺的地点	
W6661.7.1.3.1	棺材停在屋内	【彝族（姆基）】
W6661.7.1.3.2	棺材不放灵堂正中	【羌族】@［W6661.7.3］灵堂（灵屋）
W6661.7.1.3.3	入殓后停棺院中	
W6661.7.1.3.3.1	爹妈的棺材停在院里，棺材头上插花钱	【彝族】
W6661.7.1.3.4	棺木安放到中堂	【民族，关联】②
W6661.7.1.3.4.1	停棺中堂有"骑梁式""顺梁式"两种方式	【布依族】

① 【侗族】@［W6535.9.5］特定器物禁忌（器物使用禁忌；器皿禁忌）；［W6669.13.3.6.3］金属器物作为随葬品。

② 【布依族】@［W6656.1.6.1］人将死时即从室内移到中堂；［W6660.3.1.1］死者断气后要从卧室移于中堂。

W 编码	母题描述	关联项
W6661.7.1.3.4a	棺材置于堂屋正中	【仡佬族】
W6661.7.1.3.4b	停棺在堂屋或屋边	【侗族】
W6661.7.1.3.5	坟前停棺（墓前停棺）	［W6666.5.0.6］埋葬前棺材事先放置在墓地
W6661.7.1.3.5.1	棺材已经上山后因不宜入土要停棺一定时间	【布依族】
W6661.7.1.3.5.2	墓前停棺有特定的朝向	
W6661.7.1.3.5.2.1	墓前棺材放置时的朝向由布摩事先选定	【布依族】
W6661.7.1.3.5.3	棺材抬到墓地后要先将棺材放在事先准备好的木凳上	【仡佬族】
W6661.7.1.3.6	埋葬前山上停棺（寄葬）	【布依族】
W6661.7.1.3.7	停柩在鼓楼	【侗族】
W6661.7.1.3.7.1	年满六十岁属正常死亡的老人或不足六十岁但受家族人拥戴的可停柩于鼓楼	【侗族】
W6661.7.1.4	停棺的方法	
W6661.7.1.4.1	停棺时棺头朝门，棺脚靠里墙	【彝族（姆基）】
W6661.7.1.4.2	正常死亡者棺木横放在两条平行的木凳上，棺木头部朝门，尾部朝后墙	【傈僳族】
W6661.7.1.4.2a	停棺时，死者的脚朝大门	【仡佬族】@［W6661.7.2b.2］尸体放棺正中，头内脚外
W6661.7.1.4.2a.1	棺材放在堂屋中央板凳上，脚朝大门	【仡佬族】
W6661.7.1.4.2b	停棺时，死者头朝西方	［W6674.6.2.1］尸体安放在火葬架子上时死者是男的面向东方，女的面向西方
W6661.7.1.4.2b.1	将棺木抬至楼下舂碓旁，头对西方，意为让死者驾鹤西去	【侗族】

W 编码	母题描述	关联项
W6661.7.1.4.3	停棺时棺木上要放一根四方柱子	【哈尼族】
W6661.7.1.4.4	停棺时棺后屋壁上悬挂灵堂画（案子）	【布依族】
W6661.7.1.4.5	停棺时要先驱邪	【仡佬族】
W6661.7.1.5	与停棺有关的其他母题	【关联】①
W6661.7.1.5.1	停棺祭奠	
W6661.7.1.5.1.1	停棺祭奠扎纸人	【傈僳族】
W6661.7.1.5.2	停棺待葬（假葬）	【民族，关联】②
W6661.7.1.5.2.1	安葬死者若没有选到好日子，要在家中停棺待葬	【仡佬族】
W6661.7.1.5.2.2	停棺待葬时通过老摩（布摩）卜算的结果	【布依族】
W6661.7.1.5.2.3	离下葬的时间较长，就要采取“停棺待葬”的方式	【布依族】
W6661.7.1.5.2.4	停棺待葬的地点	
W6661.7.1.5.2.4.1	灵柩停于寨边的坡地上待葬	【侗族】
W6661.7.1.5.3	停柩	
W6661.7.1.5.3.1	停柩期间，凡来祭者均在棺前跪拜，鬼师用牛角杯酒与之祭	【仡佬族】
W6661.7.1.5.4	棺材倒停堂屋中谓之“横夷、吊苗、倒仡佬”	【仡佬族】
W6661.7.1.5.5	停棺时做法事	
W6661.7.1.5.5.1	停柩期间，摆桌子给死者做法事，超度亡魂	【侗族】@［W6656.1.7.1］死者临终前超度
W6661.7.2	棺材内的放置物	
W6661.7.2.1	入殓时，每家都要拿出少量的粮食放入棺材内	【独龙族】
W6661.7.2.2	棺材中放一包饭和几盅酒	【傈僳族】

① ［W6669.1.6.1］棺材的放置；［W6669.1.9.2.2］停棺禁忌（棺材存放禁忌）。

② 【布依族】【侗族】@［W6661.7.1.3.5.1］棺材已经上山后因不宜入土要停棺一定时间；［W6683.1.6.1］二次葬又称“停棺待葬”。

W 编码	母题描述	关联项
W6661.7.2.3	棺材内放一个装几分钱或一角钱的小包	【布依族】
W6661.7.2.3a	棺材内放几件衣服和米，让死者有穿有吃	【侗族】
W6661.7.2.3b	棺材内放银钱	【仡佬族】
W6661.7.2.4	棺内放三片瓦作枕	【布依族】
W6661.7.2.4a	死者的枕头用黑色侗布做一口袋装入碎布或纸钱	【侗族】
W6661.7.2.5	棺内放死者生前用过的被褥、枕头等	【鄂伦春族】
W6661.7.2.5a	棺内放死者生前喜爱之物和少量银子	【侗族】
W6661.7.2.6	棺材中放特定人物的画像	
W6661.7.2.6.1	棺材中放耶稣像	【鄂温克族】
W6661.7.2.7	棺材内放其他物	
W6661.7.2.7.1	棺材中放五谷、小船、小桨、有豁口的锅、筷、碗及烟和烟袋	【鄂温克族】
W6661.7.2.7.2	棺材底部铺死者生前炕席	【锡伯族】
W6661.7.2a	棺材周围的放置物	
W6661.7.2a.1	棺材前放存粮钱的木斗	【傈僳族】
W6661.7.2a.1.1	棺材前的木斗内放米，米上插香，再放六元六角钱，表示福禄，谓之“打粗汤”	【傈僳族】
W6661.7.2a.2	棺材头部放瓦盆	【傈僳族】
W6661.7.2a.2a	棺材头部放鸡	
W6661.7.2a.2a.1	停棺后，打死一只公鸡，剥去鸡皮，留鸡脚、鸡头连在鸡皮上，用根小竹竿将鸡头朝上穿起放在棺材头处	【仡佬族】

W 编码	母题描述	关联项
W6661.7.2a.2a.2	灵柩前的方桌上将香、烛插于米升子内，桌前放一个烧钱纸的砂锅	【仡佬族】
W6661.7.2a.2b	棺材头部放牛头	【仡佬族】
W6661.7.2a.3	棺材尾部放长明灯	【民族，关联】①
W6661.7.2a.3a	棺底点地龙灯	【布依族】
W6661.7.2a.3b	棺下点盏素油灯	【仡佬族】
W6661.7.2a.3c	棺尾点一盏茶油灯（长明灯）	
W6661.7.2a.3c.1	棺尾点的茶油灯出殡时才灭	【侗族】
W6661.7.2a.4	停棺时，做“云梯”竖靠在亡人头部的棺材边	【仡佬族】
W6661.7.2a.5	停棺时棺材的覆盖物	
W6661.7.2a.5.1	入棺后，死者的媳妇或女儿就用自织的一匹白布做掩棺屏幕	【侗族】
W6661.7.2b	棺材内尸体的放置	
W6661.7.2b.1	棺内死者垫白棉纸，身盖红绫盖单，须是单数	【仡佬族】
W6661.7.2b.2	尸体放棺正中，头内脚外	【仡佬族】
W6661.7.2b.3	尸体在棺中男仰卧女侧卧	【锡伯族】
W6661.7.3	灵堂（灵屋）	
W6661.7.3.1	灵堂的产生	
W6661.7.3.1.1	安葬后，亲人在家中堂屋角设一个灵堂	【仡佬族】
W6661.7.3.2	灵堂的特征	
W6661.7.3.3	灵堂的设置	
W6661.7.3.3.1	灵堂设在屋外坝场	【彝族】
W6661.7.3.3.2	灵堂设在偏房	

① 【傈僳族】@［W6660.7.1.7.1］停尸时尸体脚前放点燃七根灯芯的“七星灯”（引路灯）；［W6669.8］长明灯。

W 编码	母题描述	关联项
W6661.7.3.3.2.1	死者灵堂不设在供奉家神的堂屋中，而设在邻近堂屋的屋内	【羌族】
W6661.7.3.4	灵堂的布置	
W6661.7.3.4.1	灵堂中放灵牌（灵堂前设牌位）	【布依族】@［W6687.3.3.2］坟墓前设牌位
W6661.7.3.4.2	灵堂的灵位用小桌一张作为灵桌，桌上置装满谷物的五升斗，上插灵牌与燃香三炷，摆放各种供品	【布依族】
W6661.7.3.4.3	老人死后，子女用纸折叠成一个写有父母的名讳的三角形的牌位放在灵堂前祭奠	【汉族】
W6661.7.3.5	特定的灵堂	
W6661.7.3.6	灵堂禁忌	
W6661.7.3.6.1	灵堂忌猫狗钻入	【达斡尔族】【侗族】
W6661.7.3.7	与灵堂有关的其他母题	
W6661.7.3.7.1	绕灵堂	
W6661.7.3.7.1.1	幼子手捧灵牌与毕摩和肩扛纸旗的家属、亲友共同绕灵堂走三圈	【彝族】
W6661.7.3.7.2	设灵位（造灵牌；设灵牌）	【藏族】
W6661.7.3.7.2.1	人死后用金竹代表灵位	【彝族】
W6661.7.3.7.2.2	用竹子作灵牌	
W6661.7.3.7.2.2.1	人相信自己死后要再变为竹子，故用竹子作灵牌	【彝族】
W6661.7.3.7.2.2a	毕摩用松木制作死者的灵牌	【彝族】
W6661.7.3.7.2.3	满七十岁的老人可生时准备灵牌	【彝族】
W6661.7.3.7.2.4	亲人去世后在自家的堂屋正中竖一木牌，立于祭桌上	【汉族】
W6661.7.3.7.2.5	亲人去世后的灵牌写去世者的姓名，生卒时间	【汉族】
W6661.7.3.7.2.6	亲人去世后的灵牌上写竖牌者的姓名及辈分或与死者的关系	【汉族】

W 编码	母题描述	关联项
W6661.7.3.7.3	灵屋	
W6661.7.3.7.3.1	丧葬后家中设灵屋	
W6661.7.3.7.3.1.1	丧葬后在家里的堂屋安置灵魂归来的一间纸扎“灵屋”	【壮族】
W6661.7.3.7.3.1.2	灵屋 49 天后烧掉	【壮族】
W6661.7.4	入殓与埋葬同时进行	
W6661.7.4.1	发丧埋葬那天，将死尸用篾笆抬到坟上，方才入殓	【怒族】
W6661.7.5	尸体不用棺木装殓	【怒族】
W6661.7.6	入殓后举行特定仪式（入殓后的活动）	
W6661.7.6.1	入殓后，夜间为死者歌舞	【傈僳族（黑傈僳）】@［W6689.9.2］丧葬中的音乐（丧葬奏乐；哀乐；丧乐）
W6661.7.7	用特殊棺材入殓	
W6661.7.7.1	缠棺入殓	
W6661.7.7.1.1	小蚕为龙蚕吐丝作棺收殓	【汉族】
W6662	**祭奠**[①]	
W6662.1	祭奠的产生	
W6662.2	祭奠的时间	
W6662.2.0	祭奠时间的确定	
W6662.2.0.1	先请阴阳先生择定吉日祭奠	【布依族】
W6662.2.1	出殡的前一天祭奠	【布依族】

① 祭奠主要是对逝者的一种悼念仪式。关于“祭奠”与“祭祀”两个母题的词义的联系与区别，显然二者都带有“祭”的性质。但在实际运用中并没有严格的结论，人们往往会根据词源以及具体行为的表现加以描述。一般而言，“祭奠”往往通过鞠躬、磕头、烧纸、祷告等形式用于对已逝者的悼念；“祭祀”则多指在特定主祭者的引导下是对祖先、神灵或特定宗教信仰物的拜祭，常常带有宗教或宗法意味。但在具体的“祭”的情形方面，“祭奠”往往是面对死者，具有较强的时效性，如“奠”在文字学上解释，上面的“酋”即“酒”，下面为酒器的支撑物，“大”也可以看做是“双手以捧”的变形。表达出设酒食以祭的本义，用祭品向死者或象征死者的特定物致祭。“祭祀”比“祭奠”的范围与应用更为宽泛，无论是古籍中的描述还是日常实践中的理解都表现出阐释的灵活性，如“祀”，既可以指“祭神的地方”，也可以指“向神或神明供奉祭品的行为”，并且在所“祭”的对象上，也很难有严格的界定。

W 编码	母题描述	关联项
W6662.2.2	夜间祭奠	
W6662.2.2.1	半夜祭奠	【侗族】
W6662.3	祭奠的地点	
W6662.3.1	路祭	
W6662.3.1.1	停柩期间在路边或屋边空地举行路祭（饷祭）	【侗族】
W6662.3.2	公共场合祭奠	
W6662.3.2.1	鼓楼祭典	【侗族】
W6662.3.3	私有场合祭奠	
W6662.3.3.1	家中祭奠（家中灵堂祭奠；家庙祭奠）	
W6662.3.4	就近祭奠（就地祭奠）	
W6662.3.4.1	选择一块离家较近较宽敞方便捆绑抬杠的地方引灵柩设案祭典	【侗族】
W6662.4	祭奠者（祭奠的参与者）	
W6662.5	祭奠的方式（祭奠的环节；祭奠仪式）	
W6662.5.1	设祭场	
W6662.5.2	祭奠程序	
W6662.5.2.1	祭棺时，若亡人为女性要等舅方的人最先祭，其他人才能谁到谁祭	【侗族】
W6662.5.3	具体祭奠方式（祭献死者的方法）	
W6662.5.3.1	毕摩祭祀死者时插摇钱树祭奠	【彝族（黑彝）】
W6662.5.3.2	烧纸祭奠死者（烧纸）	【鄂温克族】
W6662.5.3.2.1	死人后烧纸源于造纸者的营销骗术	【汉族】
W6662.5.3.2.2	人死后，亲朋好友要烧“倒头纸”，送殡时要烧“席纸”，丧葬后死者亲属要烧“百日纸”“周年纸”	【汉族】

W 编码	母题描述	关联项
W6662.5.3.3	叩头祭奠死者	
W6662.5.3.3.1	祭奠时绕棺向灵柩叩头	【布依族】
W6662.5.3.4	上香祭奠死者	【侗族】
W6662.5.3.5	持特定物祭奠	
W6662.5.3.5.1	祭者手持3尺6寸红绸或红布盖面到死者灵前祭祀	【仡佬族】
W6662.5.3.6	杀牲祭奠死者	
W6662.5.3.6.1	祭奠死者时砍牛或砍马	【布依族】
W6662.5.3.6.2	为死者杀牲是为了让牲畜跟死者到阴间	【鄂伦春族】
W6662.5.3.7	丧葬时对亡灵单独祭祀	【壮族】
W6662.5.3.8	祭奠时读祭文	
W6662.5.3.8.1	棺材抬到门外祭奠时，地理先生读祭文	【布依族】
W6662.5.3.9	其他祭奠方法	
W6662.5.3.9.1	用宝物祭奠亡灵	
W6662.5.3.9.1.1	宝药献给奠者父母的亡灵	【纳西族】
W6662.5.3.9.2	向死者祷告（祷告）	
W6662.5.3.9.2.1	亲属祷告死者包括入棺祷告、警棺祷告、出柩祷告	【侗族】@［W6660.5.3.5］停尸时祷告
W6662.5.3.9.3	祭奠死者时诵唱	
W6662.5.3.9.3.1	祭奠死者仪式上，巫师吟唱本民族的历史	【多民族】
W6662.6	祭奠的情形（祭奠的类型）	
W6662.6.1	祭奠分客祭和家祭两种	【侗族】
W6662.6.1a	祭奠分主祭和客祭两种	【侗族】
W6662.6.2	热闹的祭奠	
W6662.6.2.1	有钱的人家的祭奠要请道士先生“开路”“破地狱”，昼夜绕棺敲锣打鼓、吹螺号、念经	【布依族】

W 编码	母题描述	关联项
W6662.6.2.2	祭奠时，孝女和女宾扶灵痛哭，祭奠先生念祭文，吊丧客头灵前跪着点蜡烛、插香、烧钱纸、磕头、接受孝帕	【布依族】
W6662.6.3	公祭	
W6662.6.3.1	出柩当天设堂公祭	【侗族】
W6662.6.4	随到随忌	
W6662.6.4.1	每位亲戚上祭死者时，鬼师要念上祭者名字祭奠一次。孝子跪地答谢，孝女孝男陪哭	【仡佬族】
W6662.7	祭奠的禁忌	
W6662.8	与祭奠有关的其他母题	［W6666.8.1.1］埋葬时祭奠
W6662.8.1	祭祀死者之魂	
W6662.8.1.1	人死之后要以猪、牛、羊、鸡等牺牲奠祭死者之魂，以求保佑子孙平安	【怒族】
W6662.8.2	祭祀死者冲犯的鬼神	【怒族】
W6662.8.3	超荐亡灵（超度）	【民族，关联】①
W6662.8.3.1	丧家在丧葬期间请道士超度死者	
W6662.8.3.1.1	丧葬期间请道士超度死者 3 天	【仡佬族】
W6662.8.3.1.2	丧葬期间请道士超度死者有“开路、绕棺、过殿”等过程	【仡佬族】
W6662.8.3.1.3	人死后要到灵堂前上三炷香以示送走三魂，超度亡灵	【壮族】
W6663	**选坟（选定墓地；选坟地）**	
W6663.1	选墓地的原因	
W6663.1.1	选墓地利子孙	【汉族】

① 【纳西族】@［W6656.1.7.1］死者临终前超度；［W6661.7.1.5.5.1］停柩期间，摆桌子给死者做法事，超度亡魂；［W6685.5.8］为死者超度（超度死者；为死者做法场）。

W 编码	母题描述	关联项
W6663.2	选墓地的时间	
W6663.2.1	选墓地须在殓尸入棺后进行	【仡佬族】
W6663.3	选墓地的地点（造墓的地点；坟地）	
W6663.3.1	墓地选山上	【白族】@［W6687.5.3.3.1.1］国王脱解在山上做石冢
W6663.3.1.1	人死后要葬到山上，是因为伏羲造人时答应仙人："等造的人死了送上山。"	【汉族】
W6663.3.1.2	王母娘娘让太白金星造山，山上安葬泥螺王	【汉族】
W6663.3.2	墓地选水边	【侗族】@［W6672.6.2.1.2］土葬在河坎
W6663.3.3	墓地选路边	【壮族】
W6663.3.4	墓地选在自家田中	【傈僳族】
W6663.3.5	墓地选在家宅附近	【怒族】
W6663.3.6	选坟地以龙穴为佳	【壮族】
W6663.4	选墓地者（选墓地的参与者）	
W6663.4.1	摩批为自己选墓地	
W6663.4.1.1	摩批临死交代儿子抬棺上山在哪里铁链断，哪里就是坟地	【哈尼族】
W6663.4.2	孝子选墓地	
W6663.4.2.1	孝子拿一枚鸡蛋上坡丢掷于地，若蛋落地破裂遂在此处挖墓坑	【仡佬族】@［W6663.6.2］抛物选坟地
W6663.4.3	巫师选墓地	
W6663.4.3.1	巫师到家族墓地去选择墓地，定点定方位	【侗族】
W6663.4.4	阴阳先生选墓地	【布依族】【仡佬族】
W6663.4.5	喇嘛选墓地	
W6663.4.5.1	喇嘛念经向山神请求坟地	【鄂温克族】

W 编码	母题描述	关联项
W6663.4.6	萨满选墓地	
W6663.4.6.1	萨满跳神向山神求得安葬之地	【鄂温克族】
W6663.4.7	死者生前为自己选墓地	【鄂温克族】
W6663.4.8	特定的人物选择墓地	
W6663.4.8.1	黄帝为风后挑选墓地	【中华民族】
W6663.4.9	与选墓地者有关的其他母题	［W6663.8.4］活人占坟
W6663.5	选墓地的标准（选坟地的原则）	
W6663.5.1	墓地选择要有好风水	
W6663.5.1.1	选择墓地的风水好才不会冲犯神灵和鬼魅	【白族】
W6663.5.1.2	墓地以风水宝地来决定，一般不集中	【布依族】
W6663.5.2	墓地要依山傍水	
W6663.5.3	墓地讲求龙脉	【侗族】@［W6663.3.6］选坟地以龙穴为佳
W6663.5.3.1	由丧家孝子、客人和阴阳先生儿个人带香、纸钱、酒杯、锄头、罗盘到山上去择墓井、号龙脉	【布依族】
W6663.5.3.2	请地理先生看龙脉打井	【侗族】
W6663.5.4	墓地要选高处	［W6687.6.4.3］墓地忌潮湿
W6663.5.4.1	坟墓不能选在低洼处	【鄂温克族】
W6663.5.4.2	根据巫师老父亲吩咐把父亲埋葬在一个高地	【民族，关联】①
W6663.5.5	选墓地有综合指标	
W6663.5.5.1	礼修先生选墓地时推年庚、察山象，山象的形势必须向阳开阔，山峰气势不凡，井堂干爽且见五色泥	【侗族】

① 【蒙古族】@［W6660.3.6.1］尸体放靠火塘的里边，头向地势高处；［W6660.5.2.5］停尸时死者头朝高处。

W 编码	母题描述	关联项
W6663.6	选墓地的方式（选墓地的环节）	
W6663.6.1	占卜选墓地	
W6663.6.1.1	插刀选坟地	【傈僳族】
W6663.6.2	抛物选坟地	［W6663.6.1］占卜选墓地
W6663.6.2.1	用三根两端削尖的栗棍，直丢七八尺远之外，若都能直立地上就以此点为坟穴	【怒族】@［W6663.4.2.1］孝子拿一枚鸡蛋上坡丢掷于地，若蛋落地破裂遂在此处挖墓坑
W6663.6.3	选墓地有一系列动作	
W6663.6.3.1	选墓地时焚香、洒酒、射石	【仡佬族】@［W6685.2.2.2.1.1］葬礼中要围绕坟墓自右向左转三圈，用左手向左方洒酒
W6663.6.4	随缘选坟地	
W6663.6.4.1	用铁链抬棺材上山，铁链哪里断，哪里就是坟地	【哈尼族】
W6663.7	选墓地的禁忌	
W6663.7.1	忌在寨头上或寨子的风水处理坟	【布依族】
W6663.7.2	选墓地时哟主人属相禁忌	【仡佬族】
W6663.8	与选墓地有关的其他母题（与墓地有关的其他母题）	［W6687.2.1］墓地的选择（选墓地）
W6663.8.1	特定人物的神圣墓地	
W6663.8.1.1	布洛陀坡是布洛陀神葬圣地	【壮族】
W6663.8.2	选墓地只择日而不择地	【仡佬族】
W6663.8.3	坟场	
W6663.8.3.1	天上没有坟场	【傣族】
W6663.8.4	活人占坟	
W6663.8.4.1	六十岁的人常年居坟内不出来，留下一个窗口供子女送饭送水	【汉族】

W 编码	母题描述	关联项
W6664	**发丧（出殡）**	
W6664. 1	发丧的产生	
W6664. 2	发丧的时间	
W6664. 2. 0	发丧时间的确定（出殡日子的确定）	
W6664. 2. 0. 1	请人占卜打卦选择出殡日子	【白族（那马）】
W6664. 2. 0. 2	地理先生算发丧时辰	【布依族】
W6664. 2. 0. 2a	阴阳先生择吉日出殡	【布依族】
W6664. 2. 0. 3	摩师先生按死者生死日期时辰推孙发丧时辰	【布依族】
W6664. 2. 0. 4	鬼师依据死者的年庚八字及落气的年月日时确定出柩时刻	【侗族】
W6664. 2. 0. 5	选单日出殡	【满族】
W6664. 2. 1	死后当天发丧	【汉族】@［W6666. 2. 2. 4］以前随死随葬
W6664. 2. 2	死后 3 日发丧	【白族】@［W6664. 2. 0. 5］选单日出殡
W6664. 2. 2. 1	死后第 3 天凌晨举行出殡礼	【藏族】
W6664. 2. 3	死后 7 日发丧	【汉族】
W6664. 2. 4	特定的时间发丧	
W6664. 2. 4. 1	出殡在上午进行	
W6664. 2. 4. 1. 1	出殡必须是上午 10 时左右	【傈僳族】
W6664. 2. 4. 2	早晨出殡（拂晓发丧）	【鄂温克族】【仡佬族】@［W6666. 2. 5. 1］凌晨安葬
W6664. 2. 4. 2a	天亮时发丧	【仡佬族】
W6664. 2. 4. 3	凌晨四点出殡	【侗族】@［W6664. 2. 2. 1］死后第 3 天凌晨举行出殡礼
W6664. 2. 4. 3a	凌晨四五点出殡	【布依族】
W6664. 2. 4. 4	祭奠的次日凌晨卯时发丧	【布依族】

W 编码	母题描述	关联项
W6664.2.5	发丧时间的变化（出殡时间的延迟）	
W6664.2.5.1	逢忌日不能出殡时可将棺材放在菜园里寄葬，等禁期过后再安葬	【白族（那马）】
W6664.2.6	与出殡时间有关的其他母题	
W6664.2.6.1	入殓后须马上出殡	【鄂伦春族】
W6664.2.6.2	发丧要选择吉日进行	【布依族】
W6664.3	发丧的地点	
W6664.4	发丧的参与者	
W6664.5	发丧的方式（发丧的环节）	
W6664.5.1	发丧前的准备（出殡的准备）	【布依族】
W6664.5.1.1	出殡的头晚丧家请和尚或道士给死者开路	【白族】@［W6660.7.2］停尸时要射箭为死者开路
W6664.5.1.1.1	给亡人开路时，由麽公指亡灵到尖刀山	【仡佬族】
W6664.5.1.2	出殡时为死者净身	【怒族】
W6664.5.1.2.1	发丧前，道士先生打开棺盖用水给亡人洗脸	【侗族】
W6664.5.1.3	出殡时为死者更衣	【怒族】【藏族】
W6664.5.1.4	发丧前把梳头开路鸡杀死煮熟给死者老辈外家亲人吃	【仡佬族】
W6664.5.1.5	出殡前要通报水神	【壮族】@［W6664.5.1.7c.3］下葬前敬山神
W6664.5.1.5a	出殡前祭土地神	【锡伯族】
W6664.5.1.6	出殡前祭祀死者	［W6664.5.1.9.1］发丧前，死者外家人在棺木前最后陪死者吃饭
W6664.5.1.6.1	发丧前，亲友带来的供品摆在棺木前祭供	【仡佬族】
W6664.5.1.6.2	下葬的前一天，亲戚就会来“下祭”，做一桌供碗	【仡佬族】

W 编码	母题描述	关联项
W6664.5.1.6.3	发丧前瞻仰遗容	【民族，关联】①
W6664.5.1.6.4	发丧前将亲戚带来的猪、鸡杀来供祭死者	【布依族】
W6664.5.1.6.4.1	出殡时先杀公鸡来祭祷	【布依族】
W6664.5.1.6.5	下葬的前一夜举行堂祭	
W6664.5.1.6.5.1	发丧前堂祭分家祭和宾祭两种	【布依族】
W6664.5.1.6.5.1.0	出柩前两天在灵堂举行家祭	【布依族】
W6664.5.1.6.5.1.1	出柩前两天举行家祭有“孝子祭献”“孝妇侑食”“孝眷敬茶”“孙眷敬烟”“孝孙问安”等环节	【布依族】
W6664.5.1.6.5.1.1.1	出殡前家祭的长子初献有特定仪式	【布依族】
W6664.5.1.6.5.1.1.2	出殡前家祭的孝妇侑食有特定仪式	【布依族】
W6664.5.1.6.5.1.1.3	出殡前家祭的孝眷敬茶有特定仪式	【布依族】
W6664.5.1.6.6	安葬的头天晚上孝家举行祭奠仪式（开客）	【侗族】
W6664.5.1.6.7	出殡的头一天晚上举行祭奠仪式，为死者开路，超度亡灵	【布依族】
W6664.5.1.6.8	出柩埋葬前祭典是送别仪式	【侗族】
W6664.5.1.6.9	出殡前祭祀死者的其他情形	
W6664.5.1.6.9.1	出殡前夜追悼死者	【达斡尔族】
W6664.5.1.7	发丧前举行打嘎仪式	
W6664.5.1.7.1	发丧前一天举行打嘎仪式	【仡佬族】
W6664.5.1.7.1.1	打嘎时由鬼师领着孝男孝女绕着棺材，边绕边用脚蹉地呼喊意为赶老鸦	【仡佬族】
W6664.5.1.7.2	发丧当天上午举行“打嘎”仪式	
W6664.5.1.7.2.1	打嘎时拉开棺盖交牲	【仡佬族】

① 【仡佬族】@［W6657.8.5］瞻仰遗容；［W6686.2.1］追悼会瞻仰遗容。

W 编码	母题描述	关联项
W6664.5.1.7a	出柩前一天举行“塞屋”仪式	
W6664.5.1.7a.1	“塞屋”时鬼师用草把拦住大门意为让死者灵魂看不见家门	【侗族】
W6664.5.1.7b	出殡前为死者举行“装粮”仪式	【布依族】
W6664.5.1.7c	发丧前举行特定仪式	
W6664.5.1.7c.1	发丧的前一晚，对亡人举行绕棺仪式	【仡佬族】@［W6688.2.7.4.1］办丧事绕棺时，在场者忌说汉语
W6664.5.1.7c.1.1	绕棺时，孝男孝女们跟在鬼师后面上前三步，向后两步，边走边唱	【仡佬族】
W6664.5.1.7c.1.2	绕棺仪式后，全体孝男孝女齐跪灵枢前听沙道说“规劝词”	【仡佬族】
W6664.5.1.7c.2	出殡前，由魔公或道公以酒灌醉公鸡，唱念“鸡的来历”	【壮族】@［W6661.5.1.0a.1］入殓前要把死者抬放在竹席上，用一个公鸡给死者开路
W6664.5.1.7c.2a	办丧事让公鸡引幡招魂	【汉族】
W6664.5.1.7c.3	下葬前敬山神	【布依族】
W6664.5.1.7c.4	出殡前举行辞灵仪式	
W6664.5.1.7c.4.1	出殡前辞灵仪式上，亲友跪在灵前向焚纸盆中奠三盅酒，司仪人念词、插香	【满族】
W6664.5.1.7c.5	出殡前举行盛大祭灵仪式	
W6664.5.1.7c.5.1	出殡前祭灵仪式，一般牛马为牺牲，杀马时把马拴在灵前，长子跪于马前，在马蹄上洒酒而后杀掉	【达斡尔族】
W6664.5.1.7d	下葬前一天举行敲马或砍牛追祭仪式	【民族，关联】①

① 【布依族】@［W6667.1.2.2.8.1.2］埋葬后砍牛做斋；［W6667.3.5.5］砍牛祭奠死者。

W 编码	母题描述	关联项
W6664.5.1.7d.1	砍牛的方法是把刀放在牛脖子上一抽一拉地“锯”，一直把牛“锯”死为止	【布依族】
W6664.5.1.7d.2	砍牛有一定的程序，不得紊乱	【布依族】
W6664.5.1.8	发丧前打碗	[W6664.5.4.1] 出殡起杈前摔盆（发丧起棺时摔碗）
W6664.5.1.8.1	鬼师燃化纸钱念完发丧词后，用斧头或柴刀打烂水碗以示送葬	【侗族】
W6664.5.1.8a	发丧前打罐子	
W6664.5.1.8a.1	发丧前，道士击破罐子喊起棺	【仡佬族】
W6664.5.1.8a.2	在将棺抬起的同时，用斧背将罐等击落地	【仡佬族】
W6664.5.1.8b	发丧前打老盆（出殡摔老盆）	[W6664.5.1.8] 发丧前打碗
W6664.5.1.8b.0	发丧时摔盆的原因	
W6664.5.1.8b.0.1	发丧时摔盆防死人诈尸、五鬼闹宅	【汉族】
W6664.5.1.8b.1	出殡时由大女婿、外孙或外甥将老盆（小瓦盆）端起从孝子头上绕一圈摔掉	【汉族】
W6664.5.1.8b.2	出丧时，要将丧期中放于死者脚下的瓦盆摔碎	【锡伯族】
W6664.5.1.8b.3	人死送葬时，家里人要打个盆或摔一个碗	【汉族】
W6664.5.1.9	与发丧前事象有关的其他母题	
W6664.5.1.9.1	发丧前，死者外家人在棺木前最后陪死者吃饭	【仡佬族】 *[W6657.4.5] 尸体的口含物（死者的口含物；死者的食物）
W6664.5.1.9.2	发丧前去除特定物	
W6664.5.1.9.2.1	发丧前拆除灵前的桌子、竹帘、供品	【仡佬族】

W 编码	母题描述	关联项
W6664.5.1.9.2.2	出柩前凌晨 3 点钟，放下“望三钱”和“引魂幡”	【布依族】
W6664.5.1.9.3	发丧前准备特定物	
W6664.5.1.9.3.1	发丧前在棺材顶部放一个装有燃煤的碗	【仡佬族】
W6664.5.1.9.3.1a	棺木上面放一只盛有茶水的瓷碗	【侗族】
W6664.5.1.9.3.2	发丧前在棺材放一只公鸡（引路鸡）	【布依族】
W6664.5.1.9.3.2a	出灵发丧把一只雄鸡拴在灵棺上	【侗族】
W6664.5.1.9.3.2b	以公鸡带路将死者安葬	【壮族】
W6664.5.1.9.3.3	发丧前丧家门外备一匹马（驮魂马）	【布依族】@［W6688.2.9.2.2.3.1］丧葬中的“驮魂马”等办完丧事要卖掉
W6664.5.1.9.4	发丧前移棺	【布依族】
W6664.5.1.9.5	发丧前念经	
W6664.5.1.9.5.1	发丧前念离别经	【布依族】
W6664.5.1.9.5.2	出殡前吟诵《嘱咐经》	【布依族】
W6664.5.2	发丧时为死者做特定仪式（出殡仪式；出柩仪式）	
W6664.5.2.0	出殡时要为死者开路	
W6664.5.2.0.1	出殡时巫师念《开路经》	【傈僳族】
W6664.5.2.0.2	巫师行“开路”的仪式时要用一牛一猪献祭	【仡佬族】
W6664.5.2.0.3	出殡时道士开路	【布依族】
W6664.5.2.0.4	出殡时要有开路神开路	【汉族】
W6664.5.2.0.5	丧葬时喇嘛开路	
W6664.5.2.0.5.1	丧葬时喇嘛念经开路	【锡伯族】
W6664.5.2.1	出殡时要为死者指路	【藏族】
W6664.5.2.1.1	出殡时特定人物为死者指路	

W 编码	母题描述	关联项
W6664.5.2.1.1.1	出殡时由一长老为男死者指路，念《送魂词》	【怒族】@［W6685.5.6.0.3］丧葬时通过念经为亡灵指路
W6664.5.2.1.1.2	丧葬时，布母（毕摩）上云梯送魂指路	
W6664.5.2.1.2	出殡时用鸡为死者指路	【仡佬族】
W6664.5.2.1.2.1	出殡日的早晨，杀一只“引路鸡”，男死者用母鸡，女死者用公鸡	【纳西族（阮可）】@［W6664.5.1.9.3.2］发丧前在棺材放一只公鸡（引路鸡）
W6664.5.2.1.2.1a	发丧时不用雄鸡引路	【仡佬族】
W6664.5.2.1.3	人死后到阴间的路有十二条，必须按照自己的身份对号上路	【彝族】
W6664.5.2.1.4	指路仪式有特定环节	
W6664.5.2.1.4.1	指路仪式共有落笔、接灵、献晚餐、迎宾等 22 二十二场	【彝族】
W6664.5.2.1.5	发丧时，鬼师把一只雌鸡在棺木上打三下死后向送葬的方向扔出去	【侗族】
W6664.5.2.2	出殡时为死者赶魂	【傈僳族】
W6664.5.2.2.1	为死者赶魂时为什么不能哭	
W6664.5.2.2.1.1	亲属在死人旁泣哭会导致亡魂躲藏	【白族】
W6664.5.2.3	出殡时为死者送魂	
W6664.5.2.3.1	出殡时吹号送魂	【怒族】
W6664.5.2.3.2	出柩时巫师念送魂经，打死送魂鸡	【侗族】
W6664.5.2.3.3	出殡时子女牵草人	【鄂伦春族】
W6664.5.2.4	出殡时为死者回灵	
W6664.5.2.4.1	出殡时为死者回灵祭请死者之灵上马回家	【纳西族（摩梭）】
W6664.5.2.5	发丧时为死者备马	

W 编码	母题描述	关联项
W6664.5.2.5.1	丧葬时东巴告知死者家属备两匹马	【纳西族（阮可）】
W6664.5.2.6	出殡时与死者分离仪式	【关联】①
W6664.5.2.6.1	出殡以食物涂额头表示与死者分离	【傈僳族】
W6664.5.2.6.2	在家举行葬礼仪式的正常死亡者要请祭司举行人鬼分离仪式	【基诺族】
W6664.5.2.6.3	盖棺发丧	
W6664.5.2.6.3.1	用红布盖死者面部即盖棺发丧	【仡佬族】
W6664.5.2.7	出殡时驱邪除恶	
W6664.5.2.7.1	殡葬时，前导七人，环甲胄，执枪弩，四方射，名禁恶	【彝族（白彝）】
W6664.5.2.7.2	开丧超荐时先要举行镇恶鬼仪式	【纳西族】
W6664.5.2.8	出殡仪式男女有别	
W6664.5.2.8.1	出殡的死者为男性举行“破地狱”仪式。女性则举行“破血河”仪式	【布依族】
W6664.5.2.9	与出殡仪式有关的其他母题	［W6685.4.1.2］出殡称“上山”
W6664.5.2.9.1	抬灵柩经过的邻居或鼓楼周围的人家均插有白蜡树枝，以示避邪	【侗族】
W6664.5.2.9.2	起杴时要争抢门前报丧的布条	【锡伯族】
W6664.5.2.9.3	出殡时烧祭祀物	［W6688.2.9.2.2.2］丧葬用品要烧掉
W6664.5.2.9.3.1	出殡时要将祭祀之物焚烧（烧饭）	【满族】
W6664.5.3	出殡时尸体的放置	［W6661.7.2b］棺材内尸体的放置
W6664.5.3.1	发丧时尸体的脚要在前	【傈僳族】

---

① ［W6665.5.4］送葬时要举行隔魂仪式（告别亡灵仪式；出魂仪式）；［W6687.2.2.3］造坟时举行与死者分道而行仪式。

W 编码	母题描述	关联项
W6664.5.3.2	出殡时用麻绳绑尸体	【傈僳族】@［W6657.4.8.5.2］抬死人时要用麻绳拴木杠
W6664.5.4	起棺时的仪式（发丧参与者的特定行为；出殡的情形）	
W6664.5.4.1	出殡起柩前摔盆（发丧起棺时摔碗）	【傈僳族】
W6664.5.4.1.1	发丧时，道士念念有词用“宝剑”将棺材上的碗砍得粉碎	【侗族】
W6664.5.4.2	起棺前念经祭祀	【傈僳族（黑傈僳）】
W6664.5.4.3	起棺时叫魂	
W6664.5.4.3.1	起棺时为亡者叫魂	
W6664.5.4.3.2	丧葬起柩时巫师装晕要为巫师叫魂	【傈僳族】
W6664.5.4.4	起棺前丧家先放鞭炮	【布依族】
W6664.5.4.5	发丧时众亲友及寨人抬棺牵绳扶着孝女们前住墓地	【布依族】
W6664.5.4.5a	出殡时死者子孙牵拉灵柩前白布牵绳	【满族】
W6664.5.4.6	起柩时孝女在前面跪拜，一孝男端灵位，其他孝子扶柩抬棺	【侗族】
W6664.5.4.6.1	发丧时，孝子、女婿和至亲等每人手拿一根香，身背一个草把在棺柩前两三丈远跪拜	【侗族】
W6664.5.4.7	起棺时，棺木正中放一只站立的红公鸡	【侗族】
W6664.5.4.7a	起棺时，棺材的覆盖物	
W6664.5.4.7a.1	抬棺时，棺材上面盖一块侗锦被面	【侗族】@［W6669.1.6.4］棺材的覆盖物
W6664.5.4.8	起棺前驱邪	
W6664.5.4.8.1	起柩前地理先生念咒语用桃枝和芒草朝棺材猛抽以示镇恶驱邪	【侗族】

W 编码	母题描述	关联项
W6664.5.4.8.2	最前面抬棺木者边走边撒铁砂	【仡佬族】
W6664.5.4.9	与起棺有关的其他母题	
W6664.5.4.9.1	背柩出门时，孝子要选择可靠而稳重的人背柩，由他们用糯禾草芯加工背柩和挡杠用的草绳	【侗族】
W6664.5.5	发丧时死者亲属的行为	
W6664.5.5.0	发丧前死者亲属痛哭	
W6664.5.5.0.1	发丧前五分钟，孝媳、孝女及妇女亲戚要哭丧	【仡佬族】
W6664.5.5.1	发丧时孝子下跪	
W6664.5.5.1.1	出殡时孝子下跪七次	【傈僳族（黑傈僳）】
W6664.5.5.2	发丧时孝子背皮口袋，前有一人引路	
W6664.5.5.3	发丧时孝子要让棺材从身上抬过	
W6664.5.5.3.1	抬棺出门后孝子要趴下让棺材从自己身上抬过	【布依族】
W6664.5.5.3.2	出殡时遇到路上有涵洞或河水时孝子孝孙须贴地让棺材从身上抬过	【布依族】
W6664.6	抬棺	
W6664.6.0	抬棺下葬的产生	
W6664.6.0.1	抬棺下葬源于尧	【汉族】
W6664.6.1	抬棺者	
W6664.6.1.0	抬棺人由四人或八人组成	【仡佬族】
W6664.6.1.1	出殡时尸体由四个人抬，两个青年在前持刀开路	【傈僳族】
W6664.6.1.2	八个已婚男子抬棺	【傈僳族】
W6664.6.1.3	为出殡抬棺者招魂	
W6664.6.1.3.1	出殡时，由一妇女向抬棺木的亲友招魂	【傈僳族】

W 编码	母题描述	关联项
W6664.6.1.4	孝子和亲属抬棺	【羌族】
W6664.6.1.4.1	棺材通常由儿子抬，若无子可由侄子抬	【独龙族】
W6664.6.1.4.2	孝婿是主要抬棺者	
W6664.6.1.4.3	亲属抬棺	
W6664.6.1.4a	孝子们禁止自己抬棺	【布依族】
W6664.6.1.5	其他人抬棺	
W6664.6.2	抬棺的规则	
W6664.6.2.1	棺材出棺时要小头（尾部）朝前，大头（头部）在后	【彝族（腊罗、摩察、纳苏、给尼、葛泼）】
W6664.6.2.2	抬棺时棺材上放特定物	
W6664.6.2.2.1	丧葬不用引路羊，棺材上放一只鸡“避煞”	【民族，关联】①
W6664.6.2.2.2	抬的棺材上男性死者用公鸡，女性死者用母鸡	【羌族】
W6664.6.2.2.3	灵柩上放一匹红布或毡子及一只公鸡作为死者的报晓鸡	【布依族】
W6664.6.2.2.3.1	棺上放一只公鸡	【仡佬族】
W6664.6.2.2.3.1.1	抬棺前让公鸡为灵魂引路	【壮族】
W6664.6.2.2.3a	棺材上盖床红被子，拴一只公鸡立其中，称之“红丧”	【侗族】
W6664.6.2.2a	抬棺的出口	
W6664.6.2.2a.1	棺材不能走正门（侧门出丧）	【仡佬族】
W6664.6.2.2a.1.1	抬棺走正门，家里还会继续死人	【独龙族】
W6664.6.2.2a.1.2	在死者居住的干栏式房舍地板上掀开个窟窿，尸体从房底下由亲属抬出去，不可从门抬出	【独龙族】
W6664.6.2.2a.1.3	外姓人丧葬不能出正门	【达斡尔族】
W6664.6.2.3	抬棺要使用特定物	

① 【羌族】@［W6666.8.3.1.1］埋葬死者后将送葬时带来的鸡放生；［W6669.9］引路鸡（灵魂鸡）。

W 编码	母题描述	关联项
W6664.6.2.3.1	抬棺时为什么用麻绳	
W6664.6.2.3.1.1	抬棺用麻绳源于天神的咒语	【彝族】@［W6657.4.8.5.2］抬死人时要用麻绳拴木杠
W6664.6.2.3.2	用铁链子抬棺	【哈尼族】
W6664.6.2.3.3	抬棺用的杠子	
W6664.6.2.3.3.1	抬棺用的杠子可带回家继续用作抬东西用，但忌用作打制其他工具	【布依族】
W6664.6.2.4	抬棺时的牵引	
W6664.6.2.4.1	抬棺时配偶牵线	【鄂伦春族】
W6664.6.2.4.2	抬棺时，死者子女将三五丈长的一块白土布拉开，一头连棺，一头拉出门外	【壮族】
W6664.6.2.5	不同的抬棺人有不同的姿势与步伐	【侗族】
W6664.6.2.6	抬棺所经之处不得干涉	【仡佬族】
W6664.6.2.7	抬棺中途可以换肩换人	【鄂温克族】
W6664.6.3	抬棺禁忌	
W6664.6.3.1	棺材途中不能落地	【布依族】【侗族】【鄂伦春族】
W6664.6.3.1.1	红丧落地，三年不利	【侗族】
W6664.6.3.1.2	抬棺不管高坎、陡坡要照样前进	【侗族】
W6664.6.3.2	忌抬棺经过特定地点	
W6664.6.3.2.1	忌抬丧从他人檐下过	【仡佬族】
W6664.6.3.2.2	外村人所抬的死者需从村中经过的，只能绕道而行或从河床通过	【侗族】
W6664.6.3.2.3	抬棺忌大门里出入	【独龙族】
W6664.6.3.3	特定人物的抬棺禁忌	

W 编码	母题描述	关联项
W6664.6.3.3.1	未婚而死的女子忌从家中大门抬出	【侗族】
W6664.6.4	与抬棺有关的其他母题	
W6664.6.4.1	侗家人以抬灵为荣，抬灵不讲价钱	【侗族】
W6664.6.4.2	孝帕垫棺	【侗族】
W6664.6.4.3	用两根十余米长的篾缆和两匹白布系在棺上用作拉拽	【侗族】
W6664.7	发丧的禁忌（出殡禁忌）	［W6688.2.4.1］出殡时死者的脚要朝前方
W6664.7.1	非正常死亡者不能正门抬棺	【傈僳族】
W6664.7.1.1	未出嫁的姑娘死后不准从正门抬出	【布依族】
W6664.7.1a	外姓人出殡不能正门抬棺	
W6664.7.1a.1	外姓人出殡尸体要从窗口抬出	【赫哲族】
W6664.7.2	发丧忌特定时间	
W6664.7.2.1	出殡忌讳属龙、马两日，以免招灾	【白族】
W6664.7.2.2	虎氏族家的人忌虎日出殡，属鸡氏族忌鸡日	【白族】
W6664.7.2.3	不能午后起棂	【锡伯族】
W6664.7.3	发丧行为禁忌	
W6664.7.3.1	背柩出门时棺木不得触及门栏和大门两侧	【侗族】
W6664.7.3.1a	出柩时棺材不能刮门枋、门槛	【布依族】
W6664.7.3.1a.1	忌棺材碰及大门槛	【布依族】
W6664.7.3.2	抬死者上山时忌踩别人屋基	【侗族】
W6664.7.4	发丧时特定人物禁忌	
W6664.7.4.1	出柩前，若家中某人的年庚八字与死者出柩时刻相克须回避	【侗族】

W 编码	母题描述	关联项
W6664.7.4.2	出柩时，死者子孙要回避	【侗族】
W6664.7.5	发丧时特定事象禁忌	
W6664.7.5.1	发丧时忌亲属到不齐	
W6664.7.5.1.1	子女亲属不到只能停尸待葬，直到子女到齐后才可发丧	【仡佬族】
W6664.7.5.2	发丧后 3 日内拒生人入宅	【布依族】
W6664.7.5.3	发丧忌雨淋棺	【侗族】
W6664.8	与发丧有关的其他母题	
W6664.8.0	发丧主持者	
W6664.8.0.1	巫师主持发丧	【侗族】
W6664.8.1	出殡时孝家分给帮忙的人发衣缘饭	【布依族】
W6664.8.2	发丧后清扫	
W6664.8.2.1	发丧一出门，在家的妇女和帮忙的人要把堂屋打扫干净	【仡佬族】
W6665	**送葬（送灵）**	
W6665.1	送葬的产生	
W6665.1.1	送葬与伏羲的指点有关	【汉族】
W6665.1.2	黄帝发明送葬	
W6665.1.2.1	黄帝顺应天地四季运行的规律，创制养生送死的礼仪制度	【中华民族】
W6665.2	送葬的时间	
W6665.3	送葬的地点	
W6665.4	送葬的参与者	［W6665.6.3］特定人物忌送葬
W6665.4.1	死者的子女送葬	【彝族（阿细）】
W6665.4.2	送葬的正孝	
W6665.4.2.1	送葬时，确定全体孝子和孝子代表人的身份称“正孝”（一般由长子担任）	【彝族】

W 编码	母题描述	关联项
W6665.4.3	送葬者身份各异	
W6665.4.3.1	参加送葬的本“督”或本寨的老人、妇女和小孩	【侗族】
W6665.4.4	无人送葬	
W6665.4.4.1	瘟疫时无人为死者送葬	【满族】
W6665.4.5	徒弟作为师傅的送葬者	【汉族】
W6665.4.6	多地多人参与送葬	
W6665.4.6.1	为炎帝神农氏送葬时，沿路各村户户点火，表示哀悼	【汉族】
W6665.4.7	动物作为送葬者	[W6685.5.3.4] 动物为死者唱挽歌
W6665.4.7.1	龙蚕死后，其家族中的小蚕为它吊孝送葬	【汉族】
W6665.5	送葬的方式（送葬的环节；送葬仪式）	
W6665.5.1	送葬前送死者仪式	
W6665.5.1.1	送葬敲铓鼓和竹筒习俗的来历	【哈尼族】
W6665.5.1.2	丧葬时灵堂绕堂走三圈，边走边鸣枪，以示对死者的欢送	【彝族】
W6665.5.1.3	送葬时，前有毕摩引导两个涂怪脸、穿怪装的 1 对男女善鬼及扮其他鬼怪的人，俗称送阴灯	【彝族】
W6665.5.2	送葬时为死者引路	
W6665.5.2.1	送葬时，毕摩边念经边持灵牌在所插的树枝中间穿行，引导祖灵在通往阴间的路上前进	【彝族】
W6665.5.2.2	送葬时要有动物引路	
W6665.5.2.3	送葬时射领路箭	
W6665.5.2.3.1	丧者舅家人或在吊丧中请一位女性射领路箭	【鄂伦春族】
W6665.5.2.4	丧葬时死者的方位	

W 编码	母题描述	关联项
W6665.5.2.4.1	送葬时，死者头向西北，脸向日出方向	【鄂温克族】
W6665.5.3	送葬时孝子为死者搭桥（出殡抬棺从孝子身上抬过）	【傈僳族】
W6665.5.3.1	死者的儿女子孙等要跪村外路口让灵柩从他们的头上抬过去，意为死者铺路搭桥	【白族（那马）】
W6665.5.3.2	送葬时孝男孝女要在半路上伏地跪下让棺材从他们身上抬过去，称“搭桥”，共搭三次	【傈僳族】
W6665.5.3.3	抬棺经河或桥时，孝子要跪在地上让棺材从背上经过，称背父（母）过河、过桥	【仡佬族】
W6665.5.4	送葬时要举行隔魂仪式（告别亡灵仪式；出魂仪式）	【赫哲族】
W6665.5.4.1	死者举行隔魂仪式是为了防止活人的灵魂被死者带走	【白族（那马）】
W6665.5.4.2	丧葬时生死不同路	【傈僳族】【彝族（腊罗、摩察、纳苏、给尼、葛泼）】
W6665.5.4.3	祭师领唱与死者告别的歌	【怒族】
W6665.5.4.3a	送葬死者时念祷辞劝其不要留恋人间	【藏族】
W6665.5.4.4	送葬的家属到一三岔口时点起火，大哭与死者道别	【仡佬族】
W6665.5.4.5	发丧时，砍断棉线及鸡颈子，鸡头放在灵柩上，表示从此生离死别	【布依族】
W6665.5.4.6	送葬经过的住户都要插上橙子树枝，以示与死者的阴灵隔绝	【侗族】@［W6665.6.1.1］人死送上山忌从他人住房经过
W6665.5.4.7	男子死后七天，妇女死后九天的夜晚举行亡魂告别仪式	【赫哲族】

W 编码	母题描述	关联项
W6665.5.4.7.1	死后第七天是出魂日	【满族】
W6665.5.4a	死者亡灵护送仪式	
W6665.5.4a.1	出殡只对男性死者举行亡灵护送仪式	【怒族】
W6665.5.4a.2	死者亡灵护送者	
W6665.5.4a.2.1	出殡时由三个成年男子护送死者亡灵	【怒族】
W6665.5.4b	送葬时为亡灵买路（送葬时交买路钱；送葬时交买地礼）	［W6656.1.4.1.1.1］死者口里放含口银是给死者灵魂去西天途中用的“盘缠”（路费）
W6665.5.4b.1	送葬时为死者准备过路钱	【傈僳族】
W6665.5.4b.1.1	送葬时要丢买路钱	【布依族】
W6665.5.4b.1.2	送葬时河里扔纸钱	【鄂温克族】
W6665.5.4b.1a	送葬时不交买路钱	【仡佬族】
W6665.5.4b.2	葬祖时要行“买地礼”	【布依族】
W6665.5.4b.3	送葬过特定地方交买路钱	
W6665.5.4b.3.1	送葬的路上须经过河流或小溪时往水里扔金、银币为渡河面“架”桥	【蒙古族】
W6665.5.4c	送葬时叫魂	
W6665.5.4c.1	送葬时要呼喊死者祖先的名字	【傈僳族】
W6665.5.5	送葬时要举招魂幡	
W6665.5.5.1	送葬走在最前的是主持丧事的举着“招魂幡”的老者	【彝族（姆基）】
W6665.5.6	送葬者的特定行为要求（送葬的行为表现）	
W6665.5.6.1	出殡送葬时家人半途返回	【傈僳族】
W6665.5.6.1.1	出丧时，妇女哭着送至寨外路口即返	【仡佬族】

W 编码	母题描述	关联项
W6665.5.6.1.2	送丧时，孝女和捧灵魂牌位的孝男只能送到村头外的路口	【壮族】
W6665.5.6.2	送葬时在尸体旁舞刀	【怒族】
W6665.5.6.2.1	送葬时要持刀开路	【怒族】
W6665.5.6.3	送葬时焚烧死者用品	
W6665.5.6.3.1	送葬时，女儿将所背的母亲遗物取下焚烧	【彝族（阿细）】
W6665.5.6.4	送葬时射箭开路	【傈僳族】
W6665.5.6.4.1	送葬时手持弓箭朝上中下 3 个方向拉弓放箭。意为请老天爷开天门	【白族】
W6665.5.6.5	丧葬时举行献蜂糖仪式	【纳西族】
W6665.5.6.6	送葬者送葬背着粮食，在梭镖上挂着草鞋一双扛在肩上	【仡佬族】
W6665.5.6.6a	送葬时要为亡灵准备途中食物	【藏族】
W6665.5.6.6a.1	为死者送葬时为其备口粮、青稞面和酥油茶	【藏族】
W6665.5.6.7	送葬途中孝子遇事遇物要磕头	【布依族】
W6665.5.6.7.1	出丧、过轿、爬坎及至墓坑时，孝子均须给抬棺者磕三个头	【仡佬族】
W6665.5.6.8	送葬返回时呼唤死者称谓	
W6665.5.6.8.1	孝子为棺材掩土数锄后从原路呼死者称谓而归	【仡佬族】
W6665.5.6.9	与送葬者行为有关的其他母题	
W6665.5.6.9.1	送葬时男女有别	
W6665.5.6.9.1.1	出丧时，妇女哭送到村外，男子跟上山	【仡佬族】
W6665.5.6.9.2	送葬时点燃火把，高举猎刀，吹起螺号	【畲族】
W6665.5.6.9.3	送葬要一直要到达墓地等灵柩下圹后才返回	【侗族】

W 编码	母题描述	关联项
W6665.5.6.9.4	送殡人一律头戴孝布，沿途烧纸，一路哭送到墓地	【汉族】
W6665.5.6.9.5	送葬者发针线	
W6665.5.6.9.5.1	丧家为所有送葬者分发一根穿白线或羊毛的针，表示相互之间有针线之谊	【藏族】
W6665.5.6.9.5.2	不同送葬者行为不一	
W6665.5.6.9.5.2.1	起灵后，长子拉灵车引绳，灵车后的长者骑马或坐车，哭喃相随	【达斡尔族】
W6665.5.6.9.6	送葬上山时要敲锣打鼓	
W6665.5.6.9.6.1	送葬上山时打锣打鼓是伏羲的吩咐	【汉族】
W6665.5.7	送葬途中其他特定仪式	
W6665.5.7.1	出殡时抬棺到岔路口要举行仪式	【傈僳族】
W6665.5.7.2	送葬途中停歇	
W6665.5.7.2.1	出殡时抬棺男女死者停歇的次数不同	【傈僳族】
W6665.5.7.3	出殡时沿途撒纸钱和沙子	【傈僳族（黑傈僳）】
W6665.5.7.4	出殡时抬尸绕房	【怒族】
W6665.5.7.5	送葬途中老妪撒谷	【怒族】
W6665.5.7.6	送葬时歌舞	［W6685.5.4］丧葬中跳舞（丧葬中的舞蹈）
W6665.5.7.6.1	送葬时要唱送魂调和送葬歌	【傈僳族】
W6665.5.7.6.2	送葬时咏唱	【瑶族（布努）】
W6665.5.7.6.2.1	送葬时萨满唱“把魂送到墓地”	【达斡尔族】
W6665.5.7.6.3	送葬时唱送行祈祷	【藏族】
W6665.5.7.7	送葬设送别席	
W6665.5.7.7.1	送葬的半路，女眷们各杀鸡和置备果品之类设送别席	【布依族】
W6665.5.7.8	送葬途中祭神	

W 编码	母题描述	关联项
W6665.5.7.8.1	送葬途中遇河祭河神	【达斡尔族】
W6665.5.8	与送葬仪式有关的其他母题	
W6665.5.8.1	送葬仪式时，布母（毕摩）设神位，扎死者偶像“茅人”供在灵桌上	【彝族】
W6665.5.8.2	“茅人”用茅草作胎为体，外裹布作衣帽，高约六寸	【彝族】
W6665.5.8.3	送葬穿孝服	
W6665.5.8.3.1	送葬穿的麻布孝服不能钉纽袢，意为等候着阿妈给儿子补缀纽袢	【纳西族】
W6665.5.8.4	送魂“指路”有益于子孙兴旺发达	【彝族】
W6665.5.8.5	丧葬队伍的排列	
W6665.5.8.5.1	送丧最前面是女婿牵着“驮魂马”，马前由婿方一青年手持火把，接着是孝子、孝女、孝媳、孝孙等	【布依族】
W6665.5.8.5.1a	发丧时，几个举着旗幡的人走在最前，其后是唢呐队，再后是一人拿一把点燃的木柴走在棺材前	【布依族】
W6665.5.8.5.2	发丧时，孝子弯腰走在前，儿媳持水与粮跟后，之后是女儿和孙子，然后是灵柩，送丧的在灵柩后	【仡佬族】
W6665.5.8.5.2a	发丧时，唢呐在前，孝子拿着丧棒在棺材前面，抬棺人跟在孝子后，亲戚紧随其后，妇女不参加	【仡佬族】
W6665.5.8.5.2b	发丧时，孝子拄丧棒走在棺木前，媳妇持盛水葫芦和内装高粱、黄豆的马料袋跟其后	【仡佬族】

W 编码	母题描述	关联项
W6665. 5. 8. 5. 2c	出殡时，孝子捧“灵牌”执“引魂幡”导柩前行，亲友护柩随行	【仡佬族】
W6665. 5. 8. 5. 2d	发丧时，孝子捧“引魂幡”端“灵牌”，其余孝子扶棺，棺材后是丧葬鼓乐队，祭幛挽联队和送葬亲友	【仡佬族】
W6665. 5. 8. 5. 3	抬棺前一老人持火把引路，接着是孝子捧着“引魂幡”，端着“灵牌”，其余孝子拄杖哭泣、扶柩以行，抬丧的、扶棺的、放鞭炮的、吹唢呐和敲锣打鼓的，其他送丧者走两条白布（执绋）的中间	【仡佬族】
W6665. 5. 8. 5. 4	送葬时，最前是一叔伯兄弟挑金童玉女及金山银山，其后是两名持三炷香的侄、孙女然后是一与亡人同辈老人提香篮，棺材后是地理先生	【侗族】@［W6669. 13. 3. 6. 0c. 1］纸扎金童玉女
W6665. 5. 8. 5. 5	送葬时，持火把的女婿作前导，大女婿抱着青竹幡随后开路，孝子们举着各色各样的挽幛、布幡跟着。长孝子手捧死者灵位走在棺柩的前面，棺柩后是孝子孝女、师公和送葬的亲友，妇女走在最后面	【侗族】
W6665. 5. 8. 5. 6	送葬时，孝子按大小排队	【布依族】
W6665. 5. 8. 5. 7	送葬时，拿引路幡的在最前头，抬灵府随其后，接着是拉牵引布的，往后是众人抬棺木，其后是吹鼓手、道士，最后是亲友、寨人	【侗族】

W 编码	母题描述	关联项
W6665.5.8.5.7a	送葬时，丢纸钱的老人走在最前，接着是手捧灵牌的孝子，其后的孝子就按大小或辈分依次排列	【侗族】
W6665.5.8.5.7b	送葬时，亡人孙孙一辈人扛招魂幡在前，接着儿人用竹竿撑扛孝幛，继后是乐队，孝子随后，跟着是引棺的两人，为亡人女儿或侄女	【侗族】
W6665.5.8.6	送葬的引路者	
W6665.5.8.6.1	萨满是送葬的引路者	【鄂温克族】
W6665.5.8.6.1a	巫师是送葬的引路者	【汉族】
W6665.5.8.6.2	老人作为送葬的引路者	【仡佬族】@［W6665.5.8.5.3］抬棺前一老人持火把引路，接着是孝子捧着“引魂幡”，端着“灵牌”，其余孝子拄杖哭泣、扶柩以行，抬丧的、扶棺的、放鞭炮的、吹唢呐和敲锣打鼓的，其他送丧者走两条白布（执绋）的中间
W6665.5.8.6.3	死者的长子作为送葬的引路者	【布依族】
W6665.5.8.7	送葬的特定物	
W6665.5.8.7.1	送葬时要有云梯	
W6665.5.8.7.1.1	出殡时，由男亡人的娘舅家或女亡人的娘家中的长房或么房的一位代表出来执着原来放在棺材旁边的云梯送到坟地（执云梯）	【仡佬族】
W6665.5.8.7.2 *	死者送葬仪式上使用红色的铁矿粉	【多民族】
W6665.5.8.8	为死者送葬有详细的前行路线	【藏族】
W6665.5.8.9	送葬中的其他仪式	
W6665.5.8.9.1	送葬为亡灵祈祷时告知途中禁忌	【藏族】

W 编码	母题描述	关联项
W6665.5.8.9.2	洒酒送葬	【民族，关联】①
W6665.6	送葬的禁忌（送葬禁忌）	
W6665.6.1	送葬经过地点禁忌	
W6665.6.1.1	人死送上山忌从他人住房经过	【傈僳族】@［W6665.5.4.6］送葬经过的住户都要插上橙子树枝，以示与死者的阴灵隔绝
W6665.6.2	出殡时中途不能停棺	【傈僳族】
W6665.6.3	特定人物忌送葬	
W6665.6.3.1	妇女不送葬	
W6665.6.3.1.1	送葬时，妇女不能送到墓地	【傈僳族（白傈僳）】
W6665.6.3.1a	忌孕妇参加出殡	【布依族】
W6665.6.3.2	巫师不去送葬	【傈僳族】
W6665.6.3.3	出殡时除长孝子外，其余人不能随至坟井	【布依族】
W6665.6.3.4	忌长辈为晚辈送葬	
W6665.6.3.4.1	忌父母给子女送葬	【仡佬族】
W6665.6.3.5	忌与死者生辰相同的亲友送葬	【布依族】
W6665.6.3.6	忌服孝者为他人送葬	【锡伯族】
W6665.7	与送葬有关的其他母题	
W6665.7.1	送亡灵	
W6665.7.1.1	送葬念《出棺经》安慰亡灵	【彝族（腊罗、摩察、纳苏、给尼、葛泼）】
W6665.7.1.2	送亡灵时念《入冥经》	【布依族】
W6665.7.2	抬棺到墓地时的放置	
W6665.7.2.1	抬棺达墓地后，棺材头端须朝南	【彝族（姆基）】
W6665.7.3	送灵的祭期	

① 【达斡尔族】@［W6663.6.3.1］选墓地时焚香、洒酒、射石；［W6685.2.2.2.1.1］葬礼中要围绕坟墓自右向左转三圈，用左手向左方洒酒。

W 编码	母题描述	关联项
W6665.7.3.1	送灵祭期 3 至 9 天不等	【彝族】
W6665.7.4	丧葬后答谢	
W6665.7.4.1	送葬结束后，孝子要披麻穿草鞋谢客	【仡佬族】
W6666	**埋葬（下葬；入葬；安葬）**	
W6666.1	埋葬的产生	
W6666.1.1	特定人物教人埋葬死者	
W6666.1.2	动物教给人们埋葬（人向动物学会埋葬）	
W6666.1.2.1	人向乌鸦学会埋葬死者	【哈萨克族】
W6666.1.2.2	四脚蛇教人埋葬死者	【独龙族】
W6666.2	埋葬的时间（下葬时间）	
W6666.2.1	特定人物规定埋葬时间	
W6666.2.1.1	巫师确定埋葬时间	
W6666.2.1.1.1	贝马（毕摩）测定送丧下葬日期	【彝族】
W6666.2.1.2	阴阳先生择吉日安葬	【布依族】
W6666.2.1.3	道士择吉日安葬	【仡佬族】
W6666.2.2	埋葬时间的选择	
W6666.2.2.1	埋葬死人必须选择龙、虎、猴日，否则死者来世不能变人	【阿昌族】
W6666.2.2.2	埋葬死人必须选择龙、虎、猴日，否则子孙不兴旺	【阿昌族】
W6666.2.2.3	马日是埋葬吉日	【傈僳族（花傈僳）】
W6666.2.2.4	以前随死随葬	【汉族】
W6666.2.2.5	埋葬时间不确定（灵活的埋葬时间）	
W6666.2.2.5.1	埋葬时间短则 1 至 2 日，长则 5 至 7 日	【侗族】

W 编码	母题描述	关联项
W6666.2.3	人死后特定天数埋葬	
W6666.2.3.1	人死后的当日埋葬	
W6666.2.3.2	人死后的第二日埋葬	【独龙族】【傈僳族】
W6666.2.3.3	守灵一夜后送葬入土	【怒族】
W6666.2.4	埋葬死者有特定的日子	
W6666.2.4.1	埋葬死者日期一般选在属鼠、兔、蛇、猴、鸡和猪日	【傈僳族】
W6666.2.5	埋葬死者有特定的时辰	
W6666.2.5.1	凌晨安葬	【布依族】【羌族】
W6666.2.5.1a	埋葬要在天亮前	【鄂伦春族】
W6666.2.5.2	埋葬要在日落前	【傈僳族】
W6666.2.6	埋葬的其他特定时间	
W6666.2.7	与埋葬时间有关的其他母题	［W6689.9.5.1.1］男人死后可在太阳落后埋葬，女人只能在白天埋葬
W6666.2.7.1	不同的人埋葬时间不同	
W6666.2.7.1.1	夭折者要放百日后埋葬	【达斡尔族】
W6666.3	埋葬的地点	
W6666.3.0	埋葬死者时要为死者赎土地	【蒙古族（布里亚特）】
W6666.3.1	埋葬在祖坟地	
W6666.3.2	死者要埋自家田中	【傈僳族】@［W6663.3.4］墓地选在自家田中
W6666.3.3	特定的死者要埋在道路上	
W6666.3.3.1	十五六岁少年死后要埋在道路上	【羌族】
W6666.3.4	就近埋葬	【民族，关联】①
W6666.3.4.1	属正常死亡者大都埋葬在自家园地之近处	【独龙族】

① 【怒族】@［W6663.3.5］墓地选在家宅附近；［W6689.2.1.1］在住房附近埋葬亲人。

W 编码	母题描述	关联项
W6666.3.5	特定的人有特定的埋葬地点	
W6666.3.5.1	在外凶死或病死者只能在村外收殓埋葬	【傈僳族】
W6666.3.6	就地埋葬	【汉族】@［W6689.7.1.5.1.1］溢水死者就地埋葬无葬仪
W6666.3.6.1	非好人沟死沟埋、路死路埋	【仡佬族】
W6666.3.6.2	在献身的地方埋葬	【汉族】
W6666.3.7	埋葬在与河有关的地方	
W6666.3.7.1	埋在河坎上	【侗族】
W6666.3.8	埋葬在山上（埋葬在岭上）	
W6666.3.8.1	埋神山上	【汉族】
W6666.3.8.1.1	王死后埋在神山上的月亮洞里	【仡佬族】
W6666.3.8.2	埋葬在山顶	【仡佬族】
W6666.3.8.3	葬特定的山上	
W6666.3.8.3.1	葬特定山的山阴	
W6666.3.8.3.1.1	帝喾葬于狄山山阴	【汉族】
W6666.3.8.3.1.2	尧葬蛩山之阴	【中华民族】
W6666.3.8.3.2	葬特定山的山阳	
W6666.3.8.3.2.1	帝尧葬于狄山山阳	【汉族】
W6666.3.8.3.2.2	帝舜葬于苍梧山阳	【中华民族】
W6666.3.8.4	埋葬在岭头上	【汉族】
W6666.3.9	埋葬在其他特定地方	
W6666.3.9.1	埋葬在树下	【彝族】
W6666.3.9.1.1	死后埋在万年青树下	【壮族】
W6666.3.9.1.2	槐山仙人埋葬在槐山大槐树下	【汉族】
W6666.3.9.2	埋葬在林中	
W6666.3.9.2.1	埋葬在乱石丛林中	【仡佬族】
W6666.3.9.2.2	尧葬于谷林	【中华民族】

W 编码	母题描述	关联项
W6666.3.9.3	葬生前工作的地方	【汉族】
W6666.3.9.4	埋葬在宝地	【汉族】
W6666.3.9.5	埋葬在出生地	
W6666.3.9.5.1	刑天死后埋葬在出生的故地常羊	【汉族】
W6666.4	埋葬的实施者（埋葬的参与者）	
W6666.4.1	亲属亲自埋葬死者	【怒族】
W6666.4.1.1	尸体入坑时要由亲人动手填土	【独龙族】
W6666.4.1.2	孝子抛土掩埋棺材	【傈僳族】@［W6687.2.5.3.3］掘墓穴开井时由孝子先挖数锄
W6666.4.1.2.1	孝子掩埋前验尸，检查头正不正，耳朵里是否有物堵塞	【民族，关联】①
W6666.4.1.2.2	棺材入井，孝子先掩土数锄	【仡佬族】@［W6665.5.6.8.1］孝子为棺材掩土数锄后从原路呼死者称谓而归
W6666.4.1.2.3	父母死亡，儿子必须亲手埋葬	【傈僳族】
W6666.4.1.3	掩埋棺材时孝子撒放第一把泥，众人才动手填土	【侗族】@［W6666.5.2.6］安葬时孝子添土谢坟
W6666.4.1.4	掩埋棺材时第一锹土的必须是长子	【仡佬族】
W6666.4.2	巫师埋葬死者	
W6666.4.2.1	父母亲得传染病死亡子女不能去埋，要请巫师来埋葬	【怒族】
W6666.4.3	埋葬特定人物先动土者	
W6666.4.3.1	女性死者的掩埋要由舅方的人先动手埋土	【侗族】
W6666.5	埋葬的方式（埋葬的环节；安葬的方法）	
W6666.5.0	埋葬前的准备（埋葬前仪式）	

① 【布依族】@［W6661.5.0］入殓前验尸；［W6661.5.3］盖棺前验尸。

W 编码	母题描述	关联项
W6666.5.0.0	埋葬前装扮死者	
W6666.5.0.0.1	埋葬前为死者梳头发，男的梳九下，女的梳七下	【彝族（腊罗、摩察、纳苏、给尼、葛泼）】
W6666.5.0.1	埋葬前念经	
W6666.5.0.1.1	下葬前祭师念《指路经》	【傈僳族】@［W6664.5.2.1.1.1］出殡时由一长老为男死者指路，念《送魂词》
W6666.5.0.1.1.1	《指路经》详细描述亡灵归宿路	【傈僳族】
W6666.5.0.1.1.1.1	死者的最终归宿	
W6666.5.0.1.1.1.1.1	人死后亡灵要回祖先所住的地方	【藏族】
W6666.5.0.1.1.1.1.2	丧葬后亡灵即可进入极乐世界“拜”	【布依族】
W6666.5.0.1.2	安葬前巫师拿站棺鸡念斩草经	【布依族】
W6666.5.0.2	埋葬前驱鬼	
W6666.5.0.2.1	棺木抬到墓地时要洒水表示驱赶野鬼	【傈僳族】
W6666.5.0.3	埋葬前跳舞与死者告别	【羌族】
W6666.5.0.4	埋葬前孝子撒土	【民族，关联】①
W6666.5.0.4.1	埋葬时孝子男右女左站于坑旁，用前衣角兜土三次倒于棺上，后衣角兜土三次倒于棺上	【傈僳族（黑傈僳）】
W6666.5.0.4.2	埋葬时死者的长子要用后衣角兜起一撮黄土	【彝族（阿细）】
W6666.5.0.4a	棺材下到墓穴后由孝子用锄头打击棺木，亲友才能动手埋土	【侗族】
W6666.5.0.5	下葬时为死者买地	

① 【傈僳族】@［W6666.4.1.3］掩埋棺材时孝子撒放第一把泥，众人才动手填土；［W6666.5.2.6］安葬时孝子添土谢坟；［W6666.6.8.2］埋葬时孝子撒土要从棺木的左侧走到右侧，忌将方向倒转，否则不吉利。

W 编码	母题描述	关联项
W6666.5.0.5.1	棺材入穴前端公杀鸡以鸡血绕墓穴淋一圈以示为死者“买地”	【羌族】
W6666.5.0.5.2	端公作法代死者向地母龙神买葬身之地	【羌族】
W6666.5.0.5.3	埋葬死者时要行买地礼	【布依族】
W6666.5.0.6	埋葬前棺材事先放置在墓地	【傈僳族】@［W6661.7.1.3.5］坟前停棺（墓前停棺）
W6666.5.0.7	埋葬前告知特定人物（埋葬前办理特定手续）	
W6666.5.0.7.1	安葬前要上“宫厅”禀告主神	【布依族】
W6666.5.0.7.2	埋葬前到特定的神那里注销户籍	【壮族】
W6666.5.0.8	抬棺入穴（棺材入坑仪式；下圹仪式）	【侗族】
W6666.5.0.8.1	棺柩抬到山上后，师公念咒驱除附近的孤魂野鬼即可放下	【侗族】
W6666.5.0.8.2	棺材放入坑内识别要下罗盘定方位（定中墨）	【布依族】
W6666.5.0.8.3	棺材入坑前先染井	【仡佬族】@［W6687.9.3.4.1］染井时先是用木炭、钱纸放在石井底部，待钱纸、艾草、引子杆燃过后把灰扒平，魔师用朱砂、雄黄在井底画出八卦图形
W6666.5.0.8.4	埋葬前布摩在坑中烧化纸钱和芝麻叶	【布依族】
W6666.5.0.8.5	下葬前由润井鸡润井	【布依族】
W6666.5.0.9	埋葬前准备有关的其他母题	
W6666.5.0.9.0	埋葬前清扫墓穴	【仡佬族】
W6666.5.0.9.1	埋葬前暖墓穴	
W6666.5.0.9.1.1	阴阳先生在墓穴焚烧纸钱暖井	【布依族】
W6666.5.0.9.2	埋葬前占卜	

W 编码	母题描述	关联项
W6666.5.0.9.2.1	埋葬前用鸡在墓穴占卜风水	【仡佬族】
W6666.5.0.9.2.2	棺材放进墓穴前，由魔公、道公割断公鸡的咽喉丢下坟坑占卜	【壮族】
W6666.5.1	埋葬方法（埋葬时放置死者的方位；墓中死者的放置；安葬仪式）	［W6664.6.2.1］棺材出棺时要小头（尾部）朝前，大头（头部）在后
W6666.5.1.1	坟墓中尸体放置方位依地形而定，要头部在高处，侧卧面向阳光处	【傈僳族】@［W6660.5.2.5］停尸时死者头朝高处
W6666.5.1.2	棺木的放置要将棺头朝东，脚朝西	【民族，关联】①
W6666.5.1.3	棺材在墓穴中死者的脚向坟头，头朝坟尾	【傈僳族】
W6666.5.1.4	埋葬时棺材的头部要高于墓穴	【傈僳族】@［W6669.1.6.1］棺材的放置
W6666.5.1.5	埋葬时尸体放置的其他方式	［W6687.4.3］墓穴的方向
W6666.5.1.5.1	埋葬时曲肢侧身，头朝北，足朝南，面向东方，以示后人可以兴旺	【独龙族】
W6666.5.1.5.2	死者仰放墓坑中，头部微向东方	【傈僳族】
W6666.5.1.5.3	墓中的死者要面朝太阳出处	【傈僳族】
W6666.5.1.5.3a	墓中的死者面朝日出的方向忌头朝正西	【鄂伦春族】
W6666.5.1.5.4	墓中的尸体头部要在高处	【民族，关联】②
W6666.5.1.5.4a	下葬时死者都要头朝北或西北方向	【鄂伦春族】@［W6666.5.1.5.1］埋葬时曲肢侧身，头朝北，足朝南，面向东方，以示后人可以兴旺
W6666.5.1.5.4b	入葬时，尸体面西侧卧	【藏族】

① 【彝族（阿细）】@［W6660.5.2.9.1.2］停尸时尸体的头朝东；［W6665.5.2.4.1］送葬时，死者头向西北，脸向日出方向。

② 【傈僳族】@［W6660.5.2.5］停尸时死者头朝高处；［W6666.5.1.4］埋葬时棺材的头部要高于墓穴。

W 编码	母题描述	关联项
W6666.5.1.5.5	倒埋坟	
W6666.5.1.5.5.1	埋葬尸体时，头在墓门对着山脚，脚对着所在山顶，脚登山，头枕空	【仡佬族】
W6666.5.1.5.6	坟墓中尸体站立（竖葬）	
W6666.5.1.5.6.1	尸体埋葬时采取头顶天、脚站地竖葬	【仡佬族】
W6666.5.1.5.7	埋葬时，石棺半裸露于地上	【仡佬族】
W6666.5.1.6	不同死者墓中放置方式有别	
W6666.5.1.6.1	墓中男尸伸肢仰卧，女尸屈肢侧葬	【怒族】
W6666.5.1.7	埋葬时死者的头、脚和脸有特定方位要求	
W6666.5.1.7.1	下葬时，死者的头朝上（山顶），脚朝下（怒江边），面向祖先居住的方向	【白族】
W6666.5.1.8	安葬时清棺	
W6666.5.1.8.1	棺入井后以布遮天，打开棺盖让孝子整理死者穿戴（清棺）	【仡佬族】
W6666.5.1.9	安葬的其他方式（埋葬仪式）	
W6666.5.1.9.1	墓穴落棺	
W6666.5.1.9.1.1	放棺落井时孝子用竹篾一条垫于棺底，棺“落圹”辰刻抽出	【侗族】
W6666.5.1.9.1.2	棺材下窖时，请阴阳先生校正方向	【布依族】
W6666.5.1.9.1.3	下葬墓穴时，白摩先生要用一碗雄黄染黄米在墓穴底绘一条龙，龙头对着死者的头，龙尾对着脚	【布依族】@［W6687.9.3.3.1］墓穴井底画一个古老房屋及一条龙并写上“富贵双全”四个字
W6666.5.1.9.2	安葬时有滚井、暖井等仪式	【布依族】

W 编码	母题描述	关联项
W6666.5.1.9.2.1	送葬到墓地时用鸡跳井（滚井）	【仡佬族】@［W6666.5.0.8.5］下葬前由润井鸡润井
W6666.5.1.9.2.2	热完井后用酒灌一雄鸡“跳井”	【布依族】
W6666.5.1.9.2.3	跳井后，由丧家亲友和抬棺者用草绳将棺木吊下葬	【侗族】
W6666.5.1.9.2a	下圹仪式有正井、验井、暖井和下圹四个程序	【侗族】
W6666.5.1.9.2a.1	暖井（热井）	
W6666.5.1.9.2a.1.1	下葬时，坟井挖好之后热井，即先用喜鹊窝和包谷草在井内燃烧，把燕子窝磨碎撒在井内，烟火过后把井内的灰扫出坑外	【布依族】
W6666.5.1.9.2b	将棺入穴后有孝子清棺仪式，要放鞭炮	【仡佬族】
W6666.5.1.9.2c	将棺入穴后，道士要摆罗盘测卜墓地风水和方向及念经等仪式	【仡佬族】
W6666.5.1.9.3	安葬即将棺木抬上高山顶放在寸草不生之处	【仡佬族】
W6666.5.1.9.4	埋葬时巫师念咒语	【布依族】
W6666.5.1.9.5	埋葬的掩土仪式	【布依族】
W6666.5.1.9.6	掩埋死者时叫魂	
W6666.5.1.9.6.1	下葬壅土时，放进几根茅草并叫魂	【布依族】
W6666.5.1.9.7	秘密埋葬	【蒙古族】
W6666.5.1.9.8	自然埋葬	
W6666.5.1.9.8.1	舜自选岩洞后自然埋葬	【汉族】
W6666.5.1.9.9	安葬时的情形	
W6666.5.1.9.9.1	安葬时烧香	
W6666.5.1.9.9.1.1	黄帝安葬炎帝时，点燃八八六十四堆篝火当作香火	【中华民族】

W 编码	母题描述	关联项
W6666.5.1.9.9.2	安葬时叩拜	［W6659.6.6］吊唁人灵前叩拜
W6666.5.1.9.9.2.1	黄帝安葬炎帝时，命九九八十一位部落首领叩拜	【中华民族】
W6666.5.2	埋葬时的死者关照	
W6666.5.2.1	埋葬时在死者之唇间放一枚小钱	【傈僳族】
W6666.5.2.2	下葬时用草蘸水为死人洗脸，使先死去的亲人能认识他	【独龙族】
W6666.5.2.3	下葬时为死者焚烧特定物	
W6666.5.2.3.1	下葬时将酒肉饭食在炭火上烧灼出香味来置于坟头上，意为“给死人喂饭”	【独龙族】
W6666.5.2.4	丧葬时与死者对话	
W6666.5.2.4.1	巫师对着棺材把各家送去礼物和送礼人的名字念给死人听	【傈僳族】
W6666.5.2.4.2	丧葬时告诉死者以后使用的东西	【藏族】
W6666.5.2.5	安葬时孝子检查墓穴棺材	【仡佬族】
W6666.5.2.6	安葬时孝子添土谢坟	【仡佬族】
W6666.5.2.6.1	安葬时孝子背土为老人“盖房”，然后帮忙的人填土垒坟。	【仡佬族】
W6666.5.2.7	埋葬时尸体的覆盖物	
W6666.5.2.7.1	埋葬时用黄布覆盖尸体	【赫哲族】
W6666.5.2.8	埋葬时安排死者饮食	
W6666.5.2.8.1	秘密埋葬死者时，同时埋入他的一顶帐幕，让死者坐在帐幕中央，面前放一张桌子，桌上放一盘肉和一杯马乳	【蒙古族】
W6666.5.3	埋葬时招魂	
W6666.5.3.1	下葬时，毕摩取一活鸡在死者尸身上绕三转后交给孝子，孝子接鸡后即关好喂养，谓之“招魂”	【彝族】

W 编码	母题描述	关联项
W6666.5.3.2	下葬时巫师念经安魂	【布依族】
W6666.5.4	埋葬时安抚葬礼参与者	
W6666.5.4.1	安葬时用碗装着米和鸡蛋给去安葬的人出魂	【仡佬族】
W6666.5.5	埋葬时关墓门	
W6666.5.5.1	埋葬时用两条竹片套棺底推入墓坑，关墓门	【仡佬族】
W6666.6	埋葬的禁忌	
W6666.6.1	非正常死亡的人不能入祖坟（凶死者忌入祖坟）	【民族，关联】①
W6666.6.1.1	非正常死亡的人会变成厉鬼伤害人，所以不能入祖坟	【白族（那马）】
W6666.6.1.2	非正常死亡或夭折的男女忌埋到祖坟	【傈僳族】
W6666.6.1.3	死于外地者不能埋葬祖坟	【傈僳族】@［W6660.6.3.3］死外地者忌尸体拖进屋（野死者尸体忌进屋）
W6666.6.1.4	婴儿未出生死亡者不能埋葬祖坟	【傈僳族】
W6666.6.1.5	早夭幼儿忌入葬家族墓地	【白族】
W6666.6.1.5a	被雷击身亡者不能埋葬氏族或家族墓地	【达斡尔族】@［W6656.7.6.1.1］人临终时怕打雷
W6666.6.1.6	难产死亡及不满十二岁夭折忌与正常死亡的老人埋在一起	【侗族】
W6666.6.1.6a	异常死亡者不能和正常死亡的人共墓地	【侗族】
W6666.6.1.7	传染病死者忌入祖坟	【达斡尔族】
W6666.6.1a	凶死者埋葬不经正门	【壮族】

① 【布依族】【壮族】@［W6664.7.1］非正常死亡者不能正门抬棺；［W6666.3.1］埋葬在祖坟地；［W6687.5.7.3］葬入祖坟的条件。

W 编码	母题描述	关联项
W6666.6.2	未婚和已婚无子女的人不能葬入祖坟	【关联】①
W6666.6.2.1	未婚和已婚无子女的人不能承继祖先的宗嗣属于不孝之人，所以不能葬入祖坟	【白族（那马）】
W6666.6.2a	出嫁的女子不能葬入娘家墓地	【锡伯族】
W6666.6.3	埋葬日忌生产劳动	［W6536.3.1.3］忌在父母去世和下葬日下种或浸泡谷种，否则庄稼长不出或长不好
W6666.6.3.1	死者埋葬之日，全家族或全村都要停止劳动，否则山上会滚石或继续死人	【独龙族】
W6666.6.4	埋葬时忌关系无序	
W6666.6.4.1	墓葬时夫左妻右不得错位，否则阴阳颠倒不吉利	【白族】
W6666.6.5	埋葬时的参与者禁忌	
W6666.6.5.1	埋葬时忌年轻人靠近坟墓	【怒族】
W6666.6.5.2	安葬死者时忌妇女接近墓坑	【仡佬族】
W6666.6.6	埋葬死者忌特定伴随物入坟	
W6666.6.6.1	铁器忌埋入坟中	【怒族】
W6666.6.7	死人断气时口里未含银器者严禁葬入家族公共墓地	【白族】
W6666.6.8	埋葬时的其他禁忌	
W6666.6.8.1	埋葬时棺材不用盖板	【傈僳族】
W6666.6.8.2	埋葬时孝子撒土要从棺木的左侧走到右侧，忌将方向倒转，否则不吉利	【彝族（阿细）】
W6666.6.8.3	安葬时忌死者面向太阳初升的方向	【鄂伦春族】

① ［W6687.5.6.5.1.1］孕妇、萨满、天花患者和出嫁前死去的少女忌葬入公墓；［W6689.7.1.4.5］未婚者简葬。

W 编码	母题描述	关联项
W6666.6.8.4	忌过河安葬	【鄂温克族】
W6666.6.9	与埋葬禁忌有关的其他母题	
W6666.6.9.1	死者未埋葬前，孝子禁吃油盐、禁披衣服、禁走邻家、禁坐板凳、不准扫地	【布依族】
W6666.6.9.2	死人埋下后不得重埋	【仡佬族】
W6666.6.9.3	埋坟打过的石头忌再用	【仡佬族】
W6666.6.9.4	埋葬死人用过的木石忌再用	【仡佬族】
W6666.7	埋葬特定的死者	［W6666.3.3］特定的死者要埋在道路上
W6666.7.1	埋葬非正常死亡者	［W6666.6.1］非正常死亡的人不能入祖坟（凶死者忌入祖坟）
W6666.7.1.1	伤死者禁抬尸回家须就地掩埋	【瑶族（布努）】
W6666.7.2	埋葬孕妇	［W6524.1.5.1.2］孕妇忌上坟山
W6666.7.2.1	埋葬孕妇要取出婴儿另葬别处	【怒族】
W6666.7.2.2	孕妇死在坟地火葬后，将骨灰装棺或装入土罐内埋葬	【傈僳族】
W6666.7.2.3	孕妇不能入祖坟地	【傈僳族】
W6666.7.3	母婴的丧葬	
W6666.7.3.1	母亲婴儿都死亡是恶鬼缠身所致，须将婴儿砍成数块弃之或埋葬	【傈僳族】
W6666.7.4	婴儿的丧葬	［W6678.2.2.1］婴儿死亡要用布裹尸体放于树叉上
W6666.7.5	入赘女婿的丧葬	
W6666.7.5.1	入赘女婿不能入祖坟地	【傈僳族】@［W6666.7.2.3］孕妇不能入祖坟地
W6666.8	与埋葬有关的其他母题	【关联】①
W6666.8.0	埋葬有特定环节	

① ［W6661.7.4］入殓与埋葬同时进行；［W6689.5］分葬与合葬。

W 编码	母题描述	关联项
W6666.8.0.1	埋葬分选地、挖坟坑、下棺、垒坟等环节	【布依族】
W6666.8.1	埋葬时的其他活动	[W6687.9.7.1] 抬丧人对准坟堆放一枪以驱逐坟中的另一个鬼
W6666.8.1.1	埋葬时祭奠	[W6667.3.4.1] 祭死者时要同时祭祖先
W6666.8.1.1.1	埋葬时斟酒敬在灵前，并取麦子撒在洞中向灵告别	【彝族】
W6666.8.1.2	埋葬时要烧纸	
W6666.8.1.2.1	埋葬时烧纸是给死者亡魂的钱财	【傈僳族】
W6666.8.1.3	埋葬时向土地神买墓地	
W6666.8.1.3.1	埋葬时通过烧纸钱、纸人向土地神买墓地	【傈僳族（黑傈僳）】
W6666.8.2	埋葬时的征兆	
W6666.8.2.1	埋葬死者时发现墓坑有昆虫系死者亡魂显灵	【彝族（姆基）】
W6666.8.3	埋葬时的相关事象	
W6666.8.3.1	埋葬后压棺物的处理	
W6666.8.3.1.1	埋葬死者后将送葬时带来的鸡放生	【傈僳族】
W6666.8.3.2	埋葬后为死者招魂	
W6666.8.3.2.1	在坟墓对面的山上招魂	【羌族】
W6666.8.3.3	埋葬时杀生祭祀	【布依族】
W6666.8.3.4	埋葬时以一伞盖墓	【布依族】
W6666.8.3.5	埋葬时校正棺材	【仡佬族】
W6666.8.3.6	埋葬时焚烧死者遗物	[W6667.1.3.1] 丧葬后焚烧死者遗物
W6666.8.3.6.1	发丧到墓地后，将死者衣服和贴身用物当即焚烧	【布依族】
W6666.8.3.7	埋葬时向死者献礼	

W 编码	母题描述	关联项
W6666.8.3.7.1	埋葬时，布摩用烧酒浇淋“驮魂马”马头表示献给死者	【民族，关联】①
W6666.8.3.8	埋葬时取墓中土	
W6666.8.3.8.1	埋葬时，儿媳妇要用布衫前襟包一捧墓坑里挖出来的土带回放粮囤以求发福生财	【汉族】
W6666.8.4	埋葬后标记	
W6666.8.4.1	死者埋葬处竖立木桩，男子树 10 根，女子树 6 根	【怒族】
W6666.8.4.2	埋葬后封土隆坟	【布依族】
W6666.8.5	活埋（活葬）	
W6666.8.5.1	人到 60 岁不死者活埋	［W6692.1.2.2］古时候，老人 60 岁要被杀死
W6666.8.5.1.1	秦始皇下旨无论仕庶男女，活到 60 岁不死者一律活埋	【汉族】@［W6698.1.1.1］父母教给丞相识马、用线穿珠等方法，丞相请国王废除了老人 70 岁要活葬的法令
W6666.8.5.1.2	有个皇帝认为年纪大的人活着是白吃粮食，传旨活到六十岁的人要活埋	【汉族】
W6666.8.5.1.3	国王认为人到六十岁以后耳聋眼花，腿脚不灵，百病齐集，成累赘要活埋	【汉族】
W6666.8.5.1.4	地方官下令凡 60 岁以上的人要活埋	【汉族】
W6666.8.6	横埋	
W6666.8.6.1	横埋可使鬼魔不能回家，保佑后人平安	【仡佬族】
W6666.8.7	倒埋（倒尸葬）	［W6666.5.1.5.5］倒埋坟

① 【布依族】@［W6664.5.1.9.3.3］发丧前丧家门外备一匹马（驮魂马）；［W6688.2.9.2.2.3.1］丧葬中的“驮魂马”等办完丧事要卖掉。

W 编码	母题描述	关联项
W6666.8.7.1	倒埋即头朝下，脚朝天	【仡佬族】
W6666.8.7.2	倒埋即头朝山麓，脚向山顶	【仡佬族】
W6666.8.8	软埋	
W6666.8.9	埋葬的其他母题	
W6666.8.9.1	埋葬时要用绳子绑死者的双腿	【鄂伦春族】
W6666.8.9.2	埋葬后，坟前焚烧死者生前之物	【锡伯族】
W6667	**与丧葬环节有关的其他母题**	
W6667.0	守灵（守尸；陪尸；看尸）	
W6667.0.1	守灵的产生（守灵的原因）	
W6667.0.1.1	守灵是为了迎接死者回家的灵魂	【汉族】
W6667.0.1.2	孝子或家人要守灵以防死者受阴间怪鬼的搅扰	【彝族】
W6667.0.1.3	为防“煞”吃死者守灵	【汉族】
W6667.0.1.4	为希望死者复活守灵	【汉族】
W6667.0.2	守灵的时间	
W6667.0.2.1	守灵的时长	［W6666.2.3.3］守灵一夜后送葬入土
W6667.0.2.1.0	守灵一昼夜	【汉族】
W6667.0.2.1.1	守灵两昼夜	
W6667.0.2.1.1.1	十多岁的人至中年人死，要守灵两天两夜	【怒族】
W6667.0.2.1.2	守灵三昼夜	
W6667.0.2.1.2.1	老人死后，要守灵三天三夜	【怒族】
W6667.0.2.1.2.2	孝子在柩前坐草席寝守三日	【仡佬族】
W6667.0.2.1.3	入殓前守灵	
W6667.0.2.1.3.1	入殓前子孙守灵	【布依族】
W6667.0.2.1.4	入棺完毕后开始正式守灵	【侗族】

W 编码	母题描述	关联项
W6667.0.2.1.5	守灵直到发丧出门为止	【布依族】
W6667.0.2.1.6	白天由妇女守灵，晚上由男人守灵	【侗族】
W6667.0.3	守灵的地点	
W6667.0.3.1	停灵时全体家属要聚集在死者身边守灵哭丧	【傈僳族】
W6667.0.3.2	棺木两侧为孝子守灵处	【傈僳族】
W6667.0.3.3	儿女在死者脚部守灵	【傈僳族】
W6667.0.4	守灵的方法	
W6667.0.4.1	特定的人死后不守灵	
W6667.0.4.1.1	婴儿死，不守灵	【怒族】
W6667.0.4.2	守灵时以歌舞采取悦死者	【彝族】@［W6665.5.7.6］送葬时歌舞
W6667.0.4.3	孝子昼夜灵边铺睡	【布依族】
W6667.0.4.4	守灵时亲人披麻戴孝不离灵堂	【汉族】
W6667.0.4.4.1	披麻戴孝即孝子身穿孝衣，头包孝帕，结上麻丝一束，搓草绳一根拴于腰间	【仡佬族】
W6667.0.4.4.2	重孝	
W6667.0.4.4.2.1	重孝即黄色麻布截头、麻衣穿在身上，用糯谷草制成一对草把系在腰间，脚穿草鞋	【仡佬族】
W6667.0.4.5	孝子孝女倚棺哭丧通宵守灵	【仡佬族】
W6667.0.4.6	守灵位置的安排	
W6667.0.4.6.1	守灵时，女儿蹲坐其头前，儿子、侄子和儿媳跪于其侧，长者在炕上	【达斡尔族】
W6667.0.5	守灵者（守尸人）	
W6667.0.5.1	死者的亲属守灵	［W6667.0.2.1.3.1］入殓前子孙守灵
W6667.0.5.1.1	死者的子女守灵（孝子守灵）	【汉族】

W 编码	母题描述	关联项
W6667.0.5.1.2	停丧期间族中孝子孝孙集中守灵	【布依族】
W6667.0.5.2	吊唁者参与守灵	【傈僳族（黑傈僳）】
W6667.0.5.3	房族女眷守灵	【侗族】
W6667.0.5.4	订婚女婿（半边子）尽孝守灵	【侗族】
W6667.0.5.5	动物守尸	
W6667.0.5.5.1	一群虎豹狼为英雄守尸	【鄂伦春族】
W6667.0.5a	陪灵者	
W6667.0.5a.1	亲友陪灵	
W6667.0.5a.1.1	孝子昼夜守灵时寨邻亲友	【侗族】
W6667.0.5a.2	老年人陪灵	【鄂伦春族】
W6667.0.6	特定的守灵	
W6667.0.7	守灵禁忌	
W6667.0.7.1	守灵要席地而坐，忌高于棺椁	【布依族】
W6667.0.7.2	守灵时儿女媳妇和晚辈人不能坐炕上	【鄂温克族】
W6667.0.8	与守灵有关的其他母题	［W6689.9.4］哭死者（哭灵）
W6667.0.8.1	停灵时，老人唱挽歌	【民族，关联】①
W6667.0.8.2	停柩之夜，四邻皆到，至亲围棺哭泣，锣鼓、鞭炮常鸣，通宵达旦，称“守灵”或“坐夜”	【仡佬族】
W6667.1	丧葬的善后	
W6667.1.1	丧葬后举行聚会活动	
W6667.1.1.1	丧葬后设宴	
W6667.1.1.1.1	葬后，丧家对吊丧送葬的所有亲朋要办酒席酬谢（吃“寿饭”）	【仡佬族】
W6667.1.1.2	葬后归来通宵跳舞唱歌	【傈僳族】
W6667.1.1.3	丧葬后聚餐（丧葬聚餐）	【仡佬族】

① 【傈僳族】@［W6685.5.3.1.1］停灵时，唱挽歌诉养育之恩；［W6688.2.4.3.1］丧葬时唱挽歌的对象只限于死去的老人，对死去的年轻人或小孩忌唱。

W 编码	母题描述	关联项
W6667.1.1.3.1	安埋亡人后第三天，孝子到舅家去吃“转脚板”	【侗族】
W6667.1.1.3.2	下葬后坟前吃贡品	【鄂伦春族】
W6667.1.1.3.2a	埋葬返回后众人分食牺牲	【达斡尔族】
W6667.1.1.3.3	安葬后外地亲戚返回吃过午饭后即离去，否则要等 3 天后方可离去	【布依族】
W6667.1.1.3.4	丧葬时饮酒	
W6667.1.1.3.4.1	办丧事时，在堂屋角落摆两坛咂酒供宾客吸饮	【仡佬族】
W6667.1.1.3.5	圆坟后过七天，女婿家请吃丧酒	【侗族】
W6667.1.2	丧葬后举行与灵魂有关的事情	
W6667.1.2.1	丧葬后叫魂	【怒族】
W6667.1.2.1.1	坟上插的一根竹竿拴一根绳直拖到家里，每天傍晚拉一次表示魂还在近处	【独龙族】
W6667.1.2.1.2	埋葬死者的第二天到坟上喊魂	【侗族】
W6667.1.2.1.3	葬后三天家族亲友去看新坟，祭师用一个鸡蛋放在米碗里为生人喊魂	【仡佬族】@［W6667.1.2.4］死者埋葬七天后，家属要给活人“叫魂”
W6667.1.2.1.4	死者入土后三天家属要接死者亡灵，为死者回煞	【仡佬族】
W6667.1.2.1.5	发丧后的第三天夜里，孝子到坟地反手抓一把土带回家放家堂神位上	【侗族】
W6667.1.2.2	丧葬后做道场（丧葬中做道场）	【傈僳族】
W6667.1.2.2.1	埋葬后，每年冬月、二月要请东巴先生做道场回忆死者生前死后事	【傈僳族】
W6667.1.2.2.2	埋葬后，做道场念族谱	【傈僳族】

W 编码	母题描述	关联项
W6667.1.2.2.3	为死者做道场的核心是“指路”，送亡人随祖归宗	【彝族】
W6667.1.2.2.4	葬后二三日请笔母为死者诵经开路	【彝族】
W6667.1.2.2.5	罗罗道场的目的是超度祖灵入神界或进入另一世界	【彝族】
W6667.1.2.2.5a	超度灵魂的道场（过火炼）	【壮族】
W6667.1.2.2.6	丧葬时请特定人物做道场	
W6667.1.2.2.6.1	请其他民族特定人物做道场	【仡佬族】
W6667.1.2.2.6.2	请道士做道场	【布依族】@［W6657.8.6.2.1］老人死后先请道士做道场
W6667.1.2.2.7	做道场的其他方式	
W6667.1.2.2.7.1	埋葬后，道士做几道法事，孝子端着灵牌绕“包堂”走三圈，面朝西边，待道士做圆满谢恩法事后回家	【侗族】
W6667.1.2.2.7.2	丧葬做道场用特定的民族语言	【布依族】
W6667.1.2.2.8	与做道场有关的其他母题	
W6667.1.2.2.8.0	特定道场的发明者	
W6667.1.2.2.8.0.1	新罗国王近宗金乔觉辟地藏王道场	【汉族】
W6667.1.2.2.8.1	做斋	
W6667.1.2.2.8.1.0	做斋的原因	
W6667.1.2.2.8.1.0.1	做斋安抚亡灵	【布依族】
W6667.1.2.2.8.1.1	老人死后做斋，将簸箕反扑把死者衣服放于簸箕上摆在灵柩前，用牛角盛酒祭奠	【仡佬族】
W6667.1.2.2.8.1.2	埋葬后砍牛做斋	【民族，关联】①
W6667.1.2.2.8.1.2.1	砍牛做斋的砍牛者	【布依族】

① 【布依族】@［W6664.5.1.7d.1］砍牛的方法是把刀放在牛脖子上一抽一拉地“锯”，一直把牛“锯”死为止；［W6667.3.5.5］砍牛祭奠死者。

W 编码	母题描述	关联项
W6667.1.2.2.8.1.2.2	“砍牛做斋”分“起斋”“放客”“下田坝”三个阶段	【布依族】
W6667.1.2.2.8.1.3	做斋的日子由道士择定	【仡佬族】
W6667.1.2.2.8.1.4	特定的人为死者做斋	
W6667.1.2.2.8.1.4.1	请道士为死者做斋	【布依族】
W6667.1.2.2.8.1.5	为死者做斋时忌吃荤	【布依族】
W6667.1.2.2.8.1.6	做斋时将死者头朝神龛脚向大门	【布依族】@［W6660.5.2.4.2］停尸时尸体头向神龛脚朝大门
W6667.1.2.3	丧葬后为送葬者驱魂	
W6667.1.2.3.1	丧葬后死者家人向送葬者身上泼水驱魂	【傈僳族】
W6667.1.2.3.2	丧葬后用火为送葬者驱邪除秽	
W6667.1.2.3.2.1	送葬当日，死者家门口笼火一堆各人须从火上跨越三次以清吉避邪	【彝族】@［W6685.5.9.6.1］丧葬时用火除秽
W6667.1.2.3.2.2	参加送葬者要从火上跳过	【傈僳族（黑傈僳）】
W6667.1.2.3.2.3	发丧回来的人都要由丧家门前的火堆上跨过	【仡佬族】
W6667.1.2.3.3	参加埋葬者事后都要到河边洗脚，以防鬼魂缠身	【独龙族】
W6667.1.2.3.4	送丧结束后，凡送葬者都要在丧家放的水盆中洗手	【侗族】【鄂温克族】
W6667.1.2.3.5	送丧后，全部送葬人要回丧家用橙子叶和米泡过的水洗手	【侗族】
W6667.1.2.3.6	下葬回家时，送葬人要用柏枝叶浸水洗手	【布依族】
W6667.1.2.3.7	送葬回丧家后要喝特定的水	
W6667.1.2.3.7.1	送葬回丧家洗手后，孝子和本房族的人要蘸食打棺雌鸡毛烧化的水	【侗族】@［W6657.4.0.9.2］净身后亲属喝救苦水

W 编码	母题描述	关联项
W6667.1.2.4	死者埋葬七天后，家属要给活人“叫魂”	【彝族（阿细）】@［W6667.1.2.1.3］葬后三天家族亲友去看新坟，祭师用一个鸡蛋放在米碗里为生人喊魂
W6667.1.2.5	丧葬后让亡魂离家（丧葬后送魂）	
W6667.1.2.5.0	丧葬后送魂的原因	
W6667.1.2.5.0.1	葬后不送魂，亡灵就会变为鬼	【赫哲族】
W6667.1.2.5.0.2	丧葬送魂以安慰亡灵	【达斡尔族】
W6667.1.2.5.1	通过念经使死者离开家人	【傈僳族】@［W6665.5.4］送葬时要举行隔魂仪式
W6667.1.2.5.1.1	安葬后的第五天或第七天师公到山里念断绝经切断死者与生者的关联	【侗族】
W6667.1.2.5.2	烧灵杆与死者分离	【傈僳族】
W6667.1.2.5.3	埋葬后，要择日“出灵”	【仡佬族】
W6667.1.2.5.3.1	死后百日举办为死者“送魂”仪式	【赫哲族】
W6667.1.2.5.4	丧葬周年时萨满送亡灵入阴间	【赫哲族】
W6667.1.2.5.5	为死者送魂的目的地	
W6667.1.2.5.5.1	把亡魂送向西北	【赫哲族】
W6667.1.2.5.6	为死者送魂要许诺	【壮族】
W6667.1.2.6	丧葬后设灵位	［W6661.7.3.7.2］设灵位（造灵牌；设灵牌）
W6667.1.2.6.1	出葬后在家堂里为亡灵设立“灵位”，供子孙祭祀	【彝族】
W6667.1.2.6.2	安葬死者后的一两天做灵牌	
W6667.1.2.6.2.1	安葬死者后的一两天，阿闭和死者的儿子等砍竹子做“接祖”（灵牌）	【彝族（诺苏）】

W 编码	母题描述	关联项
W6667.1.2.6.3	出葬后当天要“寻祖”与“供祖”	【彝族（腊鲁）】
W6667.1.2.6.4	灵位的摆放	
W6667.1.2.6.4.1	不同逝者的灵位自北而南分先长后幼逐次列于供案	【彝族】
W6667.1.2.6.4.2	毕摩将灵牌交与死者长子或叔伯，背着上楼挂在梁上	【彝族】
W6667.1.2.6.4.3	设的灵堂中按男左女右安灵位	【布依族】
W6667.1.2.6.5	烧灵牌	
W6667.1.2.6.5.1	丧葬之后将灵牌烧掉，以示祖先已升入宗祠	【彝族】
W6667.1.2.6.5.2	送葬后亡人灵位放家里供奉，满月拿到坟上火化	【侗族】
W6667.1.2.6.6	年节祭灵位	【达斡尔族】
W6667.1.2.7	死者的阴间生活	
W6667.1.2.7.1	为死者阴间买地买房	【瑶族（布努）】
W6667.1.2.8	与丧葬中灵魂问题有关的其他母题	［W6666.5.3.1］下葬时，毕摩取一活鸡在死者尸身上绕三转后交给孝子，孝子接鸡后即关好喂养，谓之“招魂”
W6667.1.2.8.1	安灵仪式	
W6667.1.2.8.1.1	“安灵”仪式分咒鬼、驱骨邪、断鬼路、领灵解污、做灵牌、六场训灵、献药7场	【彝族】
W6667.1.2.8.1.2	“安灵”仪式在奠葬后不日举行	【彝族】
W6667.1.2.8.1.3	丧葬后复山时招龙复位	【侗族】@［W6687.9.6.2.1.4］葬后次日，由地理先生、孝子、女婿和部分未上山的客亲上山复坟（复山）
W6667.1.2.8.2	安葬后前三天安慰死者	
W6667.1.2.8.2.1	安葬后给死者送三晚上灯火	【仡佬族】

W 编码	母题描述	关联项
W6667. 1. 2. 8. 2. 2	死者入土后前三天晚上派人到坟上送浆水，燃火堆，以防死者害怕	【汉族】
W6667. 1. 2. 8. 3	葬后当晚给死者送饭，连送三晚	【侗族】
W6667. 1. 2. 8. 3a	葬后三日内，孝家按时去墓地为死者供奉菜饭	【仡佬族】
W6667. 1. 2. 8. 3a. 1	葬后送饭三日后将碗打破	【仡佬族】
W6667. 1. 2. 8. 4	丧葬后为死者送光明	
W6667. 1. 2. 8. 4. 1	砌好新坟的当晚要给亡灵送火	【仡佬族】
W6667. 1. 2. 8. 4. 1. 1	下葬后向墓地送火把	【壮族】
W6667. 1. 2. 8. 4. 2	连续三年春节到坟上送灯	【仡佬族】
W6667. 1. 2. 8. 5	丧葬后向亡灵许愿	
W6667. 1. 2. 8. 5. 1	死者埋葬百日之内丧家发生意外要有向亡灵许愿还愿（做好事）	【仡佬族】@［W6680. 1. 1］新坟安埋数年若遇家中不吉不顺，请祭师占卜为该坟作祟尧迁坟瓮葬
W6667. 1. 2. 9	与丧葬后魂灵有关的其他母题	［W6685. 2. 2. 1］安葬后，把供品摆在新坟前，点上九炷香和一对烛，把拄丧棒放在新坟的侧面，将一束木棍拴上白纸做的坟标插在坟的顶部，亲人磕头敬酒
W6667. 1. 2. 9. 1	从埋葬之日起，要连续在坟前点火十天，并砍一根竹子折为两截，分别插入坟上和屋内以防御鬼魂的侵扰	【独龙族】
W6667. 1. 2. 9. 2	丧葬后把灵牌安置于神龛之上	【仡佬族】
W6667. 1. 2. 9. 2. 1	神龛（神龛的设立）	
W6667. 1. 2. 9. 2. 1. 1	死者年满 36 岁可在神龛上设位供奉，不满 36 岁的，不能上神龛	【布依族】
W6667. 1. 2. 9. 2. 1. 2	神龛的安放时间	

W 编码	母题描述	关联项
W6667.1.2.9.2.1.3	神龛的安放地点	
W6667.1.2.9.2.1.3.1	神龛安放在西墙上	【满族】
W6667.1.2.9.2.1.3.2	火塘上方设神龛	【藏族】
W6667.1.2.9.2.1.4	神龛有特定安放程序	【满族】
W6667.1.2.9.2.1.5	神龛的功能	
W6667.1.2.9.2.1.5.1	神龛供奉先世	【满族】
W6667.1.2.9.2.1.6	神龛的守护者	
W6667.1.2.9.2.1.6.1	特定动物看守神龛	【鄂温克族】
W6667.1.2.9.2.1.7	特定的神龛	
W6667.1.2.9.2.1.7.1	祖宗龛	【满族】
W6667.1.2.9.2.1.8	神龛禁忌	
W6667.1.2.9.2.1.9	与神龛有关的其他母题	
W6667.1.2.9.2.1.9.1	神龛的附件	
W6667.1.2.9.2.1.9.1.1	神匣右侧常放代表“佛托玛玛”的“玛玛的口袋”	【满族】
W6667.1.2.9.3	丧葬后“做周月”	【仡佬族（雅伊）】
W6667.1.2.9.3.1	丧葬后点灯	
W6667.1.2.9.3.1.1	土葬后点 49 天的酥油灯	【藏族】
W6667.1.2.9.4	丧葬后占卜（丧葬后推断推断事象）	
W6667.1.2.9.4.1	丧葬后断定死者投胎结果	【壮族】@［W6661.6.1.1.1］入殓时要取下死者耳目的白纸，否则死者世投胎会变成瞎子和聋子
W6667.1.2.9.5	亡灵嘱托子孙	【布依族】@［W6656.1.2］死者死亡前要立遗嘱（遗嘱）
W6667.1.3	丧葬后要处理死者用品（出殡后要处置死者关系物）	
W6667.1.3.1	丧葬后焚烧死者遗物	【布依族】@［W6688.2.2.1］忌用死者遗物

W 编码	母题描述	关联项
W6667.1.3.1.1	丧葬后焚烧掉死者用品（丧葬后处理掉死者用品）	【关联】①
W6667.1.3.1.2	丧葬后焚烧掉死者衣物	【汉族】【傈僳族】
W6667.1.3.1.2.1	下葬后第七天，孝男孝女把死者生前用过的衣物拿到村外路边烧掉	【傈僳族】
W6667.1.3.1.2.2	出殡后，年老的戚友将死者生前的衣物火化	【侗族】
W6667.1.3.1.3	请萨满清理死者遗物	【鄂温克族】
W6667.1.3.1.4	丧葬后烧掉死者关联物	
W6667.1.3.1.4.1	丧葬后在寨外朝墓地方向的路口烧掉死者平时床上的稻草	【仡佬族】
W6667.1.3.2	丧葬后要了结死者以往的事情	
W6667.1.3.2.1	丧葬后要扑灭死者生前所生的火，扫尽死者生前所积压的尘灰撒到野外	【怒族】
W6667.1.3.3	出殡结束后清扫死者房间	【怒族】
W6667.1.3.4	死者不同的遗物处理方法不同	
W6667.1.3.4.1	死者有的遗物拿寨旁烧掉，好的遗物需经阴阳先生熏于香烟上念咒语后留下保管	【布依族】
W6667.1.4	丧葬后烧灵牌	
W6667.1.4.1	丧葬一年或三年后，请端公念经将死者灵牌拿到坟前烧化	【羌族】@［W6687.8.2.1］人为显示孝顺在父母坟地盖上一间茅屋守孝三年
W6667.1.4.2	烧灵后家人回到屋里跳舞、吃酒、唱歌玩一整夜	【傈僳族】
W6667.1.5	丧葬后丧家要做特定的事	
W6667.1.5.1	埋葬死者的次日晚，孝子到半路生一堆火，第三晚在房后生火一堆；村友来家陪宿三晚	【傈僳族（黑傈僳）】

① ［W6657.8.4.1］人死后孝子将死者的床草搬到村外焚烧；［W6665.5.6.3］送葬时焚烧死者用品。

W 编码	母题描述	关联项
W6667.1.5.2	丧葬后丧家群逃（丧葬后丧家回避）	
W6667.1.5.2.1	火葬后当天晚上丧家全家出正房外回避（群逃）	【纳西族】
W6667.1.5.3	安葬后，由女婿或侄女婿连续为死者送三个晚上的饭	【侗族】
W6667.1.5.3a	孝期吃饭时为亡灵留碗筷	【布依族】
W6667.1.5.3a.1	丧期未满百日，孝子吃饭时要为已故老人放碗筷	【仡佬族】
W6667.1.5.4	头年埋好新坟，第二年要举行“包坟”“谢坟”仪式	【布依族】
W6667.1.5.5	丧葬后视察坟墓	
W6667.1.5.5.1	葬后三天，家族亲友去看新坟	【仡佬族】
W6667.1.5.6	丧葬后到新坟上找罐	【仡佬族】
W6667.1.5.7	丧葬后行剃头礼	
W6667.1.5.7.1	安葬死者后的第三天复山（圆坟）回来后，当午孝子孝孙行剃头礼	【布依族】
W6667.1.6	丧葬后祭墓（祭坟墓；扫墓；上坟）	
W6667.1.6.1	丧葬后祭墓三年（丧葬后祭坟三年）	【民族，关联】①
W6667.1.6.1.1	丧葬后的第三年扫墓一次	【傈僳族】
W6667.1.6.1.2	埋葬后第三天复山，要做祭品到坟上去供	【仡佬族】
W6667.1.6.1.3	埋葬死者后的一周月、二周月上坟祭灵	【达斡尔族】
W6667.1.6.2	年节时祭墓	【傈僳族】
W6667.1.6.2.1	清明祭墓	【汉族】
W6667.1.6.2.2	农历十月初一上坟祭祖烧纸	【汉族】

① 【傈僳族】【怒族】@［W6667.1.4.1］丧葬一年或三年后，请端公念经将死者灵牌拿到坟前烧化；［W6687.8.2.1］人为显示孝顺在父母坟地盖上一间茅屋守孝三年。

W 编码	母题描述	关联项
W6667.1.6.2.3	三月三、清明节、七月十五鬼节以及冬至、除夕等节日上坟烧纸	【汉族】
W6667.1.6.2.3.1	上坟烧纸意为给死去的亲人送点钱花	【汉族】
W6667.1.6.2.3.2	葬期不满三年的坟清明节不上坟	【布依族】
W6667.1.6.2.3.3	除夕时上坟烧纸	【鄂伦春族】
W6667.1.6.2.3.4	农历三月三日去挂青（祭坟）	【布依族】
W6667.1.6.2.4	农历七月十五日墓前祭扫	【汉族】
W6667.1.6.3	埋葬特定天数后祭坟墓	
W6667.1.6.3.1	埋葬三日后祭坟	【傈僳族】
W6667.1.6.3.2	发丧满七天后，丧家及亲友皆聚坟前烧纸祭奠	【仡佬族】
W6667.1.6.3.3	下葬后第 7 天上坟	【鄂伦春族】
W6667.1.6.4	其他时间祭墓	
W6667.1.6.4.1	每年秋收后祭坟	
W6667.1.6.4.1.1	秋后用头半猪头到坟上祭奠，三年乃止	【傈僳族】@［W6667.1.6.1］丧葬后祭墓三年（丧葬后祭坟三年）
W6667.1.6.4.2	丧葬满百日时，由祭师设祭	【仡佬族】
W6667.1.6.5	祭墓的终止	
W6667.1.6.5.1	一年后垒坟添土后不再去扫墓	【怒族】
W6667.1.6.6	祭墓的功能	
W6667.1.6.6.1	祭墓求子	【布依族】
W6667.1.7	丧葬后追思	
W6667.1.7.1	丧葬后唱歌诉家史	【傈僳族】
W6667.1.8	丧葬后守夜	
W6667.1.8.1	埋葬后三日内邻舍要替死者家属守夜一二日	【傈僳族】
W6667.1.9	丧葬后与死者有关的其他后续事项	

W 编码	母题描述	关联项
W6667.1.9.1	为死者过生日	
W6667.1.9.1.1	父母死后，每逢其生日要给他做生日，各家自办	【彝族】
W6667.1.9.2	死者忌日活动	
W6667.1.9.3	安葬后举行“拦社”仪式	【侗族】
W6667.2	丧葬后禁忌	
W6667.2.1	丧葬后家人在一段时间内特定行为	
W6667.2.1.0	丧葬后避鬼魂	
W6667.2.1.0.1	安葬后，送葬人要绕路回家，忌走原路	【仡佬族】
W6667.2.1.1	死者家人在葬后3天不能劳作	【傈僳族】
W6667.2.1.2	死者家人在葬后3天不能外出	【傈僳族】
W6667.2.1.3	死者家人在葬后3天不能洗面梳头	【傈僳族】
W6667.2.1.4	丧葬后忌性事	【瑶族（布努）】
W6667.2.1.5	办丧事人家忌三年，出门不坐上席，不办喜酒，不出远门，春节不贴红对联	【布依族】
W6667.2.1.5.1	丧后3年中，家族中不准嫁姑娘、办喜事	【布依族】
W6667.2.1.5.2	丧葬后3年内要用绿纸写对联，烧完香厅后才能用红纸写对联	【布依族】
W6667.2.1.5.3	丧葬三年内，堂屋内和大门外的门窗忌贴红对联	【布依族】
W6667.2.1.5.3a	服丧家在三年内不贴年画，不贴红对联（可贴蓝对联）	【达斡尔族】
W6667.2.1.5.3b	孝服之家忌贴红对子，以防亡人的阴魂见门红不敢到佛堂受供	【仡佬族】
W6667.2.1.5.3c	老人过世不满3年忌贴红对联，只能贴白黄绿三色对联	【仡佬族】

W 编码	母题描述	关联项
W6667.2.1.6	举哀三天期间，“摩师”和孝家不吃荤	【布依族】
W6667.2.1.7	上辈人死灵在位时忌笑闹和欢乐	【鄂温克族】
W6667.2.2	丧葬后的禁忌期限	
W6667.2.2.1	祖辈死后要行孝哀悼，女的忌五十二天，男的忌四十九日	【瑶族（布努）】
W6667.2.2.2	安葬后，丧家一个月内不许吹号和唢呐，不能唱歌	【布依族】
W6667.3	祭死者（祭奠死者；丧葬后的祭祀；葬后祭死者；丧葬后祭奠）	
W6667.3.0	祭死者的原因	
W6667.3.0.1	人死后有灵魂，所以要祭祀	【彝族】
W6667.3.0.2	丧葬后行祭目的是送魂升天	【满族】
W6667.3.1	丧葬后不再祭祀死者（丧葬后与死者断绝关系）	
W6667.3.1.1	丧葬后年节无祭奉	【傈僳族】
W6667.3.2	丧葬后祭祀时间（丧葬后特定时间祭死者）	
W6667.3.2.0	丧葬后不再祭扫坟墓	【傈僳族】
W6667.3.2.1	死者家人在葬后 3 天内要饭前祭祀死者	【傈僳族】
W6667.3.2.1a	从安葬起，三年内每日每餐前先于灵堂供菜饭，插一炷香	【布依族】
W6667.3.2.1b	丧葬后第三天祭亡灵	【鄂温克族】
W6667.3.2.1c	葬期满三年才在清明节扫墓挂纸	【布依族】@［W6617.3.2.1］清明节扫墓
W6667.3.2.2	丧葬后第三年春天祭祀	【傈僳族】
W6667.3.2.3	人死后数月，在家里举行祭奠仪式	【独龙族】
W6667.3.2.4	祭祀者以七为计	［W6685.9.5］做七
W6667.3.2.4.1	过一七	【仡佬族】

W 编码	母题描述	关联项
W6667.3.2.4.1.1	埋葬后的七日内，孝子每日夜间要哭一阵	【仡佬族】
W6667.3.2.4.2	过二七	
W6667.3.2.4.3	过三七	
W6667.3.2.4.3.1	过了“三七”（21 天）时孝家脱掉孝服，丧事结束	【侗族】
W6667.3.2.4.4	过四七	
W6667.3.2.4.5	过五七	
W6667.3.2.4.5.1	人死后三十五天过的祭日称过“五七”	【汉族】
W6667.3.2.4.5.2	过“五七”时，出门的闺女要在灵堂前献一只宰过洗净的白条鸡	【汉族】
W6667.3.2.4.6	过其他七天	
W6667.3.2.4.6.1	过六七	
W6667.3.2.4.6.2	过七七	
W6667.3.2.4.6.2.1	七七过后撤灵	【仡佬族】@［W6667.1.2.9.3.1.1］土葬后点 49 天的酥油灯
W6667.3.2.4.6.2.2	死后“七七”四十九天，家人要去坟前烧纸	【锡伯族】
W6667.3.2.4.7	与过七有关的其他母题	
W6667.3.2.4.7.1	烧七	
W6667.3.2.4.7.1.1	烧七即丧家在死者的死期的第七日烧钱化纸、超度亡灵	【仡佬族】
W6667.3.2.5	老人自亡日起每隔七日一祭，至“五七”止，一周年再祭，连祭三周年	【汉族】
W6667.3.3	祭死者的地点	
W6667.3.3.1	祭奠时棺材抬到门外	【布依族】
W6667.3.4	祭死者的内容（祭死者的情形）	

W 编码	母题描述	关联项
W6667.3.4.1	祭死者时要同时祭祖先	【羌族】
W6667.3.5	祭死者的方法	
W6667.3.5.1	不同死者祭品不同	
W6667.3.5.1.1	成年死者用公鸡祭祀，夭折者用母鸡	【白族】
W6667.3.5.2	为死者烧玉匣金缕	【中华民族】
W6667.3.5.3	供祭时念《祭祀经》	【布依族】
W6667.3.5.4	祭死者时请普菲唱《丧葬歌》	【仡佬族】
W6667.3.5.5	砍牛祭奠死者	【布依族】@［W6664.5.1.7d.1］砍牛的方法是把刀放在牛脖子上一抽一拉地“锯”，一直把牛“锯”死为止
W6667.3.5.5.1	被砍牛的准备	
W6667.3.5.5.1.1	砍的牛由孝子准备	【布依族】
W6667.3.5.5.2	砍牛的决定	
W6667.3.5.5.2.1	是否砍牛由寨老召集三亲六戚，然后作出决定	【布依族】
W6667.3.5.5.3	砍牛的时间	
W6667.3.5.5.3.1	砍牛的时间，由阴阳先生根据死者死亡的时间推算决定	【布依族】
W6667.3.5.5.4	砍牛者	
W6667.3.5.5.4.1	女婿作为砍牛者	【布依族】
W6667.3.5.5.4.2	舅舅作为砍牛者	【布依族】
W6667.3.5.6	戴孝祭死者	
W6667.3.5.6.1	清明节祭死者的当天上午，死者近亲在腰间和帽上系上细长的白布条	【鄂伦春族】
W6667.3.6	祭死者的情形	
W6667.3.7	祭死者的结果	

W 编码	母题描述	关联项
W6667.3.8	与祭死者有关的其他母题	
W6667.3.8.1	对死者不祭奠	【藏族】
W6667.4	丧葬后恢复正常生活	
W6667.4.1	丧葬后开斋	【侗族】
W6668	**丧葬有关人员**	
W6668.1	丧葬的主持者（丧葬执事者；葬礼的组织者）	
W6668.1.1	巫师主持丧葬	【门巴族】【羌族】
W6668.1.1.1	太阳神让巫师主持丧葬	【景颇族】
W6668.1.1.2	大魔公（巫公）主持丧葬	【壮族】
W6668.1.2	长者主持丧葬	
W6668.1.2.1	老人死后，孝子托付一年长者负责张罗老人后事	【侗族】
W6668.1.3	首领主持丧葬	
W6668.1.3.1	第三代女首领主持第二代首领的葬礼	【佤族】
W6668.1.4	其他特定的人主持丧葬	
W6668.1.4.1	道士主持出丧	【仡佬族】
W6668.1.4.2	阴阳先生主持丧葬活动	【布依族】
W6668.1.5	动物主持丧葬	
W6668.1.5.1	老虎主持给仙女治丧、送葬	【德昂族】
W6668.2	丧葬当事人（服丧者；丧家；有丧事的家庭；埋葬死者的人；主要处置死者的人）	
W6668.2.1	亲属作为丧葬当事人	
W6668.2.1.1	子女是丧葬当事人	
W6668.2.1.1.1	孝子	
W6668.2.1.1.1.1	孝子的服饰	

W 编码	母题描述	关联项
W6668. 2. 1. 1. 1. 1. 1	男孝子剃光头，打白套头，穿白鞋子	【彝族（腊罗、摩察、纳苏、给尼、葛泼）】@［W6668. 2. 1. 1. 2. 1. 1］女孝子打白套头，穿白衣服，白鞋子
W6668. 2. 1. 1. 1. 2	孝子的行为	
W6668. 2. 1. 1. 1. 2. 1	葬礼上孝子们披麻戴孝手拄孝棍（哭丧棒）	【布依族】@［W6667. 0. 4. 4. 1］披麻戴孝即孝子身穿孝衣，头包孝帕，结上麻丝一束，搓草绳一根拴于腰间
W6668. 2. 1. 1. 1. 2. 1a	孝子全部戴孝帕、穿孝衫	【侗族】
W6668. 2. 1. 1. 1. 2. 1b	送葬时，死者的子女要披麻戴孝	【仡佬族】@［W6668. 2. 1. 1. 1. 5. 1. 1］丧葬时，孝男孝女披麻戴孝，孝孙则于孝帕中加红一点
W6668. 2. 1. 1. 1. 2. 1b. 1	丧葬时，子女披麻戴孝源于岳飞送葬	【汉族】
W6668. 2. 1. 1. 1. 2. 1b. 2	子女披麻戴孝意为亲人死了，就像麻皮撕肉一样疼痛以示哀悼	【汉族】
W6668. 2. 1. 1. 1. 2. 1c	孝男孝女均不戴孝，每人只捏草一把	【仡佬族】
W6668. 2. 1. 1. 1. 2. 1d	孝子要头系长幅孝帕，脚着草鞋	【布依族】
W6668. 2. 1. 1. 1. 2. 1e	孝子戴孝期间要蓬头垢面	【锡伯族】
W6668. 2. 1. 1. 1. 2. 1f	孝子丧期截发涂面	【藏族】
W6668. 2. 1. 1. 1. 2. 2	儿子只关心父亲的丧事	【景颇族】
W6668. 2. 1. 1. 1. 2. 3	儿子不管母亲的丧事	【哈尼族】【景颇族】
W6668. 2. 1. 1. 1. 2. 3a	孝子服孝母亲要比父亲时间长	【布依族】
W6668. 2. 1. 1. 1. 2. 4	老人去世未葬之前，孝子穿草鞋或打赤脚，晚上睡在亡人旁边的地上	【布依族】@［W6685. 6. 1. 4. 5］孝子孝女服孝穿无袖白布衫，用白布条束腰，赤脚
W6668. 2. 1. 1. 1. 2. 4. 1	老人落气逝世时，孝子开始打赤脚	【布依族】

W 编码	母题描述	关联项
W6668.2.1.1.1.2.5	孝子在丧葬特定阶段做特定的事	
W6668.2.1.1.1.2.5.1	孝子吊唁时否则接待	【仡佬族】@［W6659.5.1.0.2］孝子在吊丧期间只负责在灵前接待吊丧亲戚
W6668.2.1.1.1.2.5.2	孝子丧葬期间多磕头为佳	【汉族】
W6668.2.1.1.1.3	孝子的禁忌	
W6668.2.1.1.1.3.1	双亲去世孝子35天内不能剃头（留“孝子头”）	【汉族】
W6668.2.1.1.1.3.2	孝子在死葬七日内忌嬉笑、夫妇同床、吃肉、穿红戴绿	【仡佬族】
W6668.2.1.1.1.3.3	孝子丧期入席吃饭只能面对神龛，否则为不孝	【布依族】
W6668.2.1.1.1.3.4	孝子对父母的服丧行为禁忌不同	［W6685.6.1.4.1.2］孝子为父母戴孝时间不同
W6668.2.1.1.1.3.4.1	父亲过世，孝子在葬后49天之后才能剃头；母亲过世则需120天以后	【布依族】
W6668.2.1.1.1.3.5	死者未埋葬之前，孝子禁吃油盐、禁披衣服、禁走隔壁邻居、禁坐板凳、忌扫地等	【布依族】
W6668.2.1.1.1.3.5.1	葬后十三天内，禁吃油	【布依族】
W6668.2.1.1.1.3.6	丧葬三年内，孝子不准骑马，不结婚，不嫁女，若是屠户，三年内不准杀猪	【布依族】
W6668.2.1.1.1.3.7	孝期百天内，孝子忌理发和洗衣	【布依族】
W6668.2.1.1.1.3.7.1	死者未满月，家中男的忌理发	【侗族】
W6668.2.1.1.1.3.7.1a	服孝期间忌剃头	【达斡尔族】
W6668.2.1.1.1.3.7.2	孝子特定时间内不能洗漱	【藏族】
W6668.2.1.1.1.3.8	丧后孝子禁吃鸡头	【布依族】
W6668.2.1.1.1.3.8a	父母死后三年孝子不食盐	【汉族】

W 编码	母题描述	关联项
W6668.2.1.1.1.3.9	与孝子禁忌有关的其他母题	
W6668.2.1.1.1.3.9.1	老人落气到安埋前，死者子孙要素食	【侗族】
W6668.2.1.1.1.3.9.2	孝子七天内忌食荤和忌包孝帕入他人宅	【仡佬族】
W6668.2.1.1.1.3.9.2a	孝子在死者安埋前忌串门	【藏族】
W6668.2.1.1.1.3.9.3	丧事期间，孝子有事前往邻居家时不能进屋	【仡佬族】
W6668.2.1.1.1.3.9.4	孝子不能戴着孝帕进别人的家	【侗族】
W6668.2.1.1.1.3.9.5	孝子三年不能抬头	【布依族】
W6668.2.1.1.1.3.9.6	孝子为父母守孝期间忌洗脸，忌穿鞋	【侗族】
W6668.2.1.1.1.3.9.7	孝子忌其他行为	
W6668.2.1.1.1.3.9.7.1	丧葬期内孝子忌坐炕	
W6668.2.1.1.1.3.9.7.1.1	丧期中，死者子女忌坐炕，只能席地而坐	【锡伯族】
W6668.2.1.1.1.3.9.7.2	戴孝期间不能娱乐	【鄂温克族】
W6668.2.1.1.1.4	特定的孝子（特定身份的孝子）	
W6668.2.1.1.1.4.1	长子作为正孝	
W6668.2.1.1.1.4.1.1	正孝有特定规则（正孝有特定义务）	［W6657.4.0.4.1.1.1］长子作为净身者
W6668.2.1.1.1.4.1.1.1	葬期只有亡人的长子不吃肉	【侗族】
W6668.2.1.1.1.5	与孝子有关的其他母题	
W6668.2.1.1.1.5.1	孝孙	
W6668.2.1.1.1.5.1.1	丧葬时，孝男孝女披麻戴孝，孝孙则于孝帕中加红一点	【仡佬族】
W6668.2.1.1.2	孝女	

W 编码	母题描述	关联项
W6668.2.1.1.2.1	孝女的服饰	
W6668.2.1.1.2.1.1	女孝子打白套头，穿白衣服，白鞋子	【彝族（腊罗、摩察、纳苏、给尼、葛泼）】
W6668.2.1.2	妻子是丈夫丧葬的当事人	【裕固族】@［W6683.2.2.1.1］妻子把丈夫装进箱子里烧掉，然后用布袋装丈夫的骨灰，埋在地下，并砌坟头
W6668.2.1.3	丈夫是妻子丧葬的当事人	
W6668.2.1.3.1	妻子死亡丈夫不当大事	【傈僳族】
W6668.2.2	族人作为丧葬当事人	
W6668.2.3	非亲属作为丧葬当事人	
W6668.2.3.1	有工作关系者作为服丧者	
W6668.2.3.1.1	舜为尧服丧	【中华民族】
W6668.2.4	动物作为丧葬当事人	
W6668.2.4.1	龙葬母	【汉族】
W6668.3	特定关系的丧葬当事人（服丧者的关系）	
W6668.3.1	丧祖先者	
W6668.3.2	丧父者	
W6668.3.3	丧母者	
W6668.3.4	丧妻者	
W6668.3.5	丧夫者	
W6668.3.6	丧兄弟姐妹者	
W6668.3.7	丧子女者（丧子者；丧女者）	
W6668.3.7.1	丧子者须请端公以药香熏身后才能与外人见面	【羌族】
W6668.3.8	丧友者	
W6668.3.9	与丧葬特定关系人有关的其他母题	

W 编码	母题描述	关联项
W6668.3.9.1	马郎	
W6668.3.9.1.1	“马郎”客的是“大孝老子小孝娘”，即父死，大女婿当“马郎”；母死，小女婿当“马郎”	【布依族】
W6668.4	服丧者的行为（服丧者的礼仪）	
W6668.5	服丧者的禁忌（丧家的禁忌）	
W6668.5.1	丧家葬期忌娱乐	【达斡尔族】【鄂伦春族】
W6668.5.2	丧家忌特定颜色	
W6668.5.2.1	孝家春节时禁止贴红色对联，必须按年以白色、绿色、黄色然后红色的顺序贴对联	【布依族】【达斡尔族】
W6668.5.3	服丧者的行为禁忌	
W6668.5.3.1	服丧者在葬礼举行 5 天后方能与外人来往	【羌族】
W6668.5.3.2	死者出殓前，死者的家人忌入别人家宅	【傈僳族】
W6668.5.3.3	百日重孝期间，孝子不能剃头、刮胡子	【仡佬族】
W6668.5.3.4	服孝期间不能接受别人磕头	【达斡尔族】
W6668.5.3.5	服丧期间忌口角（服孝期间不能和别人吵嘴）	【达斡尔族】
W6668.5.3.6	老人过世三天内忌串门，与人开玩笑	【仡佬族】@［W6668.2.1.1.1.3.9.3］丧事期间，孝子有事前往邻居家时不能进屋
W6668.5.3.7	婚丧时忌扫屋里门外	【仡佬族】@［W6664.8.2.1］发丧一出门，在家的妇女和帮忙的人要把堂屋打扫干净
W6668.5.4	服丧者的服饰禁忌	
W6668.5.4.1	服丧期间忌穿新衣	【鄂伦春族】
W6668.5.4.2	从老人断气直至安葬，子孙忌穿鞋	【布依族】

W 编码	母题描述	关联项
W6668.5.5	服丧者的饮食禁忌	［W6688.2.6.5］丧葬中饮食禁忌
W6668.5.5.1	孝子丧期须忌荤7天	【仡佬族】
W6668.5.5.2	从老人死亡到出殡之前孝子孝女忌荤	【布依族】
W6668.5.5.2.1	老人死亡报丧后立即忌荤吃素（鱼类不忌）	【布依族】
W6668.5.5.2.1.1	未安葬前，丧家及族人忌吃肉，可吃鱼、虾等	【侗族】
W6668.5.5.2.2	丧后三年守孝期内，忌食“鱼虾”	【布依族】
W6668.5.5.3	老人去世未葬之前，孝子不得吃肉	【布依族】
W6668.5.5.4	葬毕，孝女取“梳头鸡”办菜吃，但孝子不能吃	【仡佬族】
W6668.5.5.5	人死后的前3日丧家吃斋	【壮族】
W6668.5.5.6	葬期禁吃动物肉、油，只能吃植物油	【布依族】
W6668.5.5.7	服丧者忌食其他特定食物	
W6668.5.5.7.1	食用丧葬祭品的禁忌	
W6668.5.5.7.1.1	丧葬仪式上砍的牛的肉丧家五服以内的人忌吃	【布依族】
W6668.5.5.8	服丧者的饮食地点禁忌	
W6668.5.5.8.1	葬期，整个家族忌在家中用餐	【侗族】
W6668.5.5.9	服丧者的其他饮食禁忌	
W6668.5.5.9.1	老人过世三天内忌喝冷水，吃辣椒	【仡佬族】@［W6660.6.2.1］人死未埋前，全村人不能吃辣椒，否则是对死者的不敬
W6668.6	丧葬参与者（参加葬礼者）	
W6668.6.1	特定的人参加葬礼	

W 编码	母题描述	关联项
W6668.6.1.1	道士参加葬礼	
W6668.6.1.1.1	道士参加葬礼要确定出葬日子、扎灵府超度亡灵、构写祭文等	【侗族】
W6668.6.1.2	同家族亲友参加葬礼	
W6668.6.1.2.1	丧事期间同家族亲友均要头缠白布孝帕	【布依族】
W6668.6.2	丧葬参与者的选定	
W6668.6.2.1	通过占卜选择丧葬参与者	【傈僳族】
W6668.6.3	动物参加葬礼	
W6668.6.3.1	女首领的葬礼所有的动物都来参加	【佤族】
W6668.6.4	其他丧葬参与者	
W6668.6.5	丧葬参与者的行为要求	
W6668.6.5.1	出殡结束后从坟地回来的客人要净手	【布依族】
W6668.6.5.2	参加丧葬者要化装	【德昂族】
W6668.6.6	与丧葬参与者有关的其他母题	
W6668.6.6.1	奔丧	
W6668.6.6.1.1	亲属获悉报丧必须马上奔丧	【仡佬族】
W6668.6.6.1.2	女儿不能立即奔丧	【仡佬族】
W6668.6.6.2	丧葬参与者的地位	
W6668.6.6.2.1	丧葬时母系家族地位重要	【达斡尔族】
W6668.7	与丧葬人员有关的其他母题	
W6669	**丧葬中的物品（丧葬有关的事件）**	
W6669.1	棺材（棺；寿棺；枋；寿枋；寿木；寿器；老房；四块半；十大块；十页瓦；七星板；斗子；福棺）	
W6669.1.1	棺材的产生	

W 编码	母题描述	关联项
W6669.1.1.1	特定人物教人做棺材	
W6669.1.1.1.1	黄帝教人造棺椁	【中华民族】
W6669.1.1.2	受最早把死人放树洞的启发发明棺材	【汉族】
W6669.1.1.3	蜀侯蚕丛称王，死作石棺、石椁	【中华民族】@［W6669.1.8.1.1］石棺
W6669.1.2	棺材的特征（棺材的功能）	
W6669.1.2.1	棺材上写特定文字	
W6669.1.2.1.1	棺材大头顶端写“福”	
W6669.1.2.1.2	棺材大头顶端写“寿”	
W6669.1.2.2	棺材上留孔	
W6669.1.2.2.1	瓮棺上的圆形小孔是为灵魂提供的出入孔道	【彝族】
W6669.1.2.3	棺材上画图案	［W6669.1.5］棺材的构成（棺材的装饰；棺材的辅助物；棺材的构件）
W6669.1.2.3.1	棺材上画动物	
W6669.1.2.3.1.1	棺材头部画一白猴意为让猴把死者领回祖先故地	【纳西族】
W6669.1.2.3.2	棺材中画自然物	
W6669.1.2.3.2.1	棺材中画日月	【鄂温克族】
W6669.1.2.3.2.2	棺材内绘日月星	
W6669.1.2.3.2.2.1	棺内用红笔绘成日月七星图像	【锡伯族】
W6669.1.2.3.3	棺材中画神灵	
W6669.1.2.3.3.1	棺材上刻日月神	【鄂伦春族】
W6669.1.2.4	棺材的颜色	
W6669.1.2.4.1	棺材为黑色	【侗族】
W6669.1.2.4.1.1	未婚男女死亡不得用黑漆棺材	【侗族】
W6669.1.2.4.2	棺材为红色（红色棺材）	【锡伯族】

W 编码	母题描述	关联项
W6669.1.2.4.3	棺材不涂色（棺材无特定颜色）	【鄂温克族】
W6669.1.2.5	棺材的大小	
W6669.1.2.5.1	大棺材	【布依族】【汉族】
W6669.1.2.5.2	小棺材	
W6669.1.2.5.3	薄棺（散板）	
W6669.1.2.5.3.1	散板又叫“三分板”	【布依族】
W6669.1.2.6	棺材的形状	
W6669.1.2.6.1	棺材上宽下窄	【锡伯族】
W6669.1.3	棺材的材料	
W6669.1.3.1	用石头造棺材	
W6669.1.3.2	用木头造棺材	
W6669.1.3.2.1	棺木不用钉，全用木楔咬合	【彝族（姆基）】
W6669.1.3.2.2	棺材多用杉或梓木	【布依族】
W6669.1.3.2.3	棺材一般用杉木、椿木料	【布依族】
W6669.1.3.2.4	整木做棺材	【布依族】
W6669.1.3.2.5	棺椁的木质要求杉木制，其次是柏木制和樟木	【仡佬族】
W6669.1.3.2.6	用长生木做棺材	【汉族】
W6669.1.3.2.7	桑树做棺木	【汉族】
W6669.1.3.2.8	松木做棺木	【鄂温克族】
W6669.1.3.3	其他材料造棺材	
W6669.1.3.4	造棺材料禁忌	
W6669.1.3.4.1	遭雷劈之杉，其木不祥，不得制棺	【侗族】
W6669.1.3.4.2	砍伐和修理棺木要选凶日，忌选吉日	【侗族】
W6669.1.3.4.3	一棵树木只能做一口棺材	【侗族】
W6669.1.3.4.4	忌捡拾做棺材的下脚料	【侗族】
W6669.1.3.4.5	制作棺材的余料必须烧掉	【鄂温克族】

W 编码	母题描述	关联项
W6669.1.3.5	与造棺材料有关的其他母题	
W6669.1.4	棺材的制作	
W6669.1.4.1	造棺有特定程序	
W6669.1.4.1.1	女祖先密洛陀死后，儿子砍 12 种树破成 12 根方柱，锯成 12 块均匀光滑的厚板，做成 12 层的寿方（棺材），涂神蜡后用古浆把外面染青	【瑶族（布努）】
W6669.1.4.2	凿木造棺	
W6669.1.4.2.1	圆木挖成槽子做棺材	【苗族】
W6669.1.4.3	做棺材的其他方法	
W6669.1.4.4	做棺材的时间	
W6669.1.4.4.1	老人生前备棺	【侗族】@［W6687.9.6.2.0］生前建墓（生茔）
W6669.1.4.4.1.1	人活到 50 岁即备办棺木	【侗族】
W6669.1.4.4.2	子时备好棺木	【布依族】
W6669.1.4.4.3	人儿童时准备棺材	
W6669.1.4.4.3.1	三岁孩儿制棺木	【仡佬族】
W6669.1.4.5	做棺材的地点	
W6669.1.4.6	造棺材的形制	
W6669.1.4.6.1	棺长二百公分，高六十公分，宽五十五公分；前高大，后矮小，盖微拱，黑漆	【侗族】
W6669.1.4.7	与制作棺材有关的其他母题	
W6669.1.5	棺材的构成（棺材的装饰；棺材的辅助物；棺材的构件）	
W6669.1.5.1	棺首（棺头）	
W6669.1.5.1.1	棺头绘天地日月星辰和一个神及 33 块神地	【纳西族（阮可）】@［W6669.1.2.3.2.1］棺材中画日月

W 编码	母题描述	关联项
W6669.1.5.1.1a	在黄纸或黄布上画上太阳和月亮的图案贴在棺材的头部	【鄂伦春族】
W6669.1.5.1.2	棺材由墙、盖、头、脚、底儿部分组成	【布依族】
W6669.1.6	棺材的使用（棺材的放置）	［W6681.4.1］棺材放悬崖的来历
W6669.1.6.1	棺材的放置	【关联】①
W6669.1.6.1.1	棺材的放置方向	
W6669.1.6.1.1.1	棺材停放脚蹬大门	【布依族】
W6669.1.6.1.2	棺材放置要与家神龛方向垂直，使棺材侧面朝着家神	【纳西族】
W6669.1.6.1.3	死者棺材顺梁放	【布依族】
W6669.1.6.1.3.1	根据姓氏的不同确定是横梁安放或顺梁安放	【布依族】
W6669.1.6.1.4	生者的棺木多置于楼下	【布依族】
W6669.1.6.1.5	棺材的放置男女不同	
W6669.1.6.1.5.1	灵柩的停放方向是，男性死者头部在房子左方，脚蹬右方，女性死者方向相反	【布依族】
W6669.1.6.2	灵棺周围的放置物	
W6669.1.6.2.1	在灵前放一平底锅，一把带钥匙的铜锁，一个羊千层肚	【纳西族（阮可）】
W6669.1.6.2.2	灵柩右面搭神堂，挂神轴，铺一羊毛白毡，上竖一犁铧	【纳西族】
W6669.1.6.2.3	棺材旁（紧接死者头部）放置死者灵牌	【羌族】
W6669.1.6.2.4	棺旁立一纸伞供亡人“走客”	【侗族】
W6669.1.6.2.5	特定死亡者棺材上要放特定物	
W6669.1.6.2.5.1	非正常死亡者的棺材上要放公鸡	【达斡尔族】
W6669.1.6.3	棺材的配套物	

① ［W6661.7.1.3.1］棺材停在屋内；［W6661.7.1.3.2］棺材不放灵堂正中。

W 编码	母题描述	关联项
W6669.1.6.3.1	宽石板作椁并放一个铁三脚，给死者在阴间放锅煮饭吃	【仡佬族】
W6669.1.6.4	棺材的覆盖物	
W6669.1.6.4.1	寿棺衣	
W6669.1.6.4.1.1	寿棺衣即覆盖灵柩的大幅剪纸	【仡佬族】@［W6666.5.2.7.1］埋葬时用黄布覆盖尸体
W6669.1.6.5	棺材使用前测试	
W6669.1.6.5.1	暖棺	
W6669.1.6.5.1.1	棺主生病时，鬼师查看后才能打开棺盖“暖棺”	【侗族】
W6669.1.7	棺材的保存	
W6669.1.8	棺材的类型（特定的棺材）	
W6669.1.8.1	按棺材的材料分类	
W6669.1.8.1.1	石棺	【仡佬族】@［W6669.1.1.3］蜀侯蚕丛称王，死作石棺、石椁
W6669.1.8.1.1.1	无底石棺	【羌族】
W6669.1.8.1.1.2	男女合葬的石棺有大小之分	【中华民族】
W6669.1.8.1.2	木棺材（木棺）	【傈僳族】
W6669.1.8.1.2.1	洪水前造木棺材	【彝族（撒梅人）】
W6669.1.8.1.2a	木函	【瑶族】
W6669.1.8.1.3	铁棺材	【彝族（撒梅人）】
W6669.1.8.1.4	银棺材	【彝族（撒梅人）】
W6669.1.8.2	按棺材的功能分类	
W6669.1.8.3	按棺材的样式分类	
W6669.1.8.3.1	六角棺材	
W6669.1.8.3.2	八角棺材	
W6669.1.8.3.3	十角棺材	
W6669.1.8.3.4	木匣	

W 编码	母题描述	关联项
W6669.1.8.3.4.1	半岁以上的孩子死亡用木匣安葬	【布依族】@［W6689.7.1.1.2］未成年者仅用木匣（散板）安葬
W6669.1.8.3.5	船棺（船作为葬具）	
W6669.1.8.3.5.1	巴人用船作为葬具	
W6669.1.8.3.5.1.1	巴人的船棺是从越、濮人那里学来	【南方古代民族】
W6669.1.8.3.5.2	船棺寄托生者和死者乘船回到故乡的愿望	【多民族】
W6669.1.8.3.6	无底棺（无底的棺材）	［W6669.1.8.1.1.1］无底石棺
W6669.1.8.3.6.1	无底棺意为死魂可以从棺底自由出入	【锡伯族】
W6669.1.9	与棺材有关的其他母题	【关联】①
W6669.1.9.1	棺材的名称	
W6669.1.9.1.1	棺材又称寿木	【汉族】
W6669.1.9.1.2	棺材又称寿方	
W6669.1.9.1.3	棺材又称“老家”	【仡佬族】
W6669.1.9.2	棺材禁忌	
W6669.1.9.2.1	短命者不能享用棺木	
W6669.1.9.2.2	停棺禁忌（棺材存放禁忌）	
W6669.1.9.2.2.1	忌凶死者家中停棺	【傈僳族】@［W6660.6.3.1］凶死者不能停尸家中
W6669.1.9.2.2.1a	忌外乡人在家中停棺	【侗族】
W6669.1.9.2.2.2	停棺时禁忌猫狗	【傈僳族（黑傈僳）】
W6669.1.9.2.2.3	棺材忌动	
W6669.1.9.2.2.3.1	备好的棺材忌打开盖	【侗族】
W6669.1.9.2.2.4	停棺时忌雷声	【侗族】@［W6656.7.6.1.1］人临终时怕打雷

① ［W6661.7.2］棺材内的放置物；［W6666.5.1］埋葬方法（埋葬时放置死者的方位；墓中死者的放置；安葬仪式）。

W 编码	母题描述	关联项
W6669.1.9.3	生者准备寿棺	【汉族】
W6669.1.9.4	《祭棺经》叙述棺材制作过程、性能，并嘱咐死者珍爱	【布依族】
W6669.1.9.5	棺材上忌钉铁钉	【民族，关联】①
W6669.1.9.5a	拼合棺材木板只能用木钉，忌用铁钉	【布依族】
W6669.1.9.6	棺材的变化	
W6669.1.9.6.1	棺材多年后变成石头	【汉族】
W6669.2	丧葬的常见用品	
W6669.3	丧葬中的供品	
W6669.3.1	为死者准备牺牲（为葬礼准备祭品）	
W6669.3.1.1	为死者牵来的羊（或牛、猪）牲要用纱线缠其头	【纳西族（阮可）】
W6669.3.1.2	为死者杀牲前祷念	【怒族】@［W6689.8.1.4.1.1］葬礼时杀牲待客
W6669.3.1.3	丧葬时宰杀牲畜要报告死者	【傈僳族】
W6669.3.2	祭祀者供品的种类	
W6669.3.2.1	向死者献供分物质、精神两类	【藏族】
W6669.4	丧葬中的饮食	
W6669.5	丧葬中的服饰（丧服；孝服）	
W6669.5.1	丧服的产生	
W6669.5.1.1	儿、孙丈母家要为自己的女儿、女婿（包括外孙）送孝衣、孝帕、孝鞋	【布依族】
W6669.5.2	丧服特征	
W6669.5.2.1	白色孝服	【拉祜族】
W6669.5.2.1.1	黄帝身着白色孝服安葬炎帝	【中华民族】

① 【布依族】【达斡尔族】@［W6661.5.5.7.1］盖棺不钉钉子；［W6672.3.1.1.1］棺葬是在挖好的塘穴中先放一长方形木板，人体放妥后，两边立木板拦护，两头用木板堵上，再上覆一长方形木板，不加任何铁钉。

W 编码	母题描述	关联项
W6669.5.2.2	孝服为白布长衫	【鄂伦春族】
W6669.5.2.3	孝服为黑色	
W6669.5.2.3.1	衣服皆黑既葬而吉	【藏族】
W6669.5.3	丧服的作用	
W6669.5.4	丧服的类型	
W6669.5.4.1	寿衣的类型	
W6669.5.4.1.1	寿衣一般做成长裳	【彝族（腊罗、摩察、纳苏、给尼、葛泼）】
W6669.5.4.1.2	麻栗叶子做寿衣	【傈僳族】
W6669.5.4.2	孝服（孝衣）	
W6669.5.4.2.1	虎皮孝衣	【纳西族】
W6669.5.4.3	麻衣	
W6669.5.5	丧服的使用（孝服的穿法；穿孝服）	
W6669.5.5.0	分发孝服	
W6669.5.5.0.1	丧家视亲疏给以孝服或孝帕，称之“普孝”	【布依族】
W6669.5.5.1	人死后，凡发给死者舅家的孝衣孝帕应在报丧时由孝子亲送，后来改为舅家吊丧时发给	【羌族】
W6669.5.5.2	孝布要放在棺材上，以示对舅家特别尊敬	【羌族】
W6669.5.5.3	孝子孝女穿孝衣的时间一般为七天	【白族（那马）】
W6669.5.5.4	孝子孝女穿孝衣三个月或一年	【白族（那马）】
W6669.5.5.4a	根据与死者关系的远近穿孝服时间也有所不同	
W6669.5.5.4a.1	死者之妻、亲子和亲侄服孝期为三个月，死者的第三代叔伯侄子和弟弟服孝两个月	【达斡尔族】

W 编码	母题描述	关联项
W6669.5.5.5	男孝的孝衣只能披不能穿	【布依族】
W6669.5.5.6	孝服上绕线	【布依族】
W6669.5.5.7	特定的人不穿孝服	
W6669.5.5.7.1	儿童不穿孝服	
W6669.5.5.7.1.1	年小服孝会有碍发育	【达斡尔族】
W6669.5.6	丧服的处置	
W6669.5.6.1	丧服的留存（孝服的留用）	
W6669.5.6.1.1	丧服要保留一年半载	【傈僳族】
W6669.5.6.1.2	送完葬后孝服可只扎腰带或白头绳	【鄂伦春族】
W6669.5.6.1.3	脱孝服仪式之后，脱下孝服在烧纸的火上摇晃一下后收起来	【达斡尔族】
W6669.5.6.2	丧服的废弃	［W6667.3.2.4.3.1］过了“三七”（21天）时孝家脱掉孝服，丧事结束
W6669.5.6.2.1	烧掉丧服	
W6669.5.6.2.1.1	丧葬后半载、一年或三年后须烧灵，在烧掉灵杆时，所穿的孝衣孝帕都要烧掉	【傈僳族】
W6669.5.6.2.1.2	孝衣不穿时要立即用火烧掉	【白族（那马）】
W6669.5.6.2.1.3	为死者送魂之后烧掉孝服	【赫哲族】
W6669.5.6.2.2	脱孝服时间	
W6669.5.6.2.2.1	丧家在安葬死者七七四十九天之后举行脱孝仪式	【布依族】
W6669.5.6.2.2.2	当年脱孝服	【布依族】
W6669.5.6.2.2.3	丧葬99天后举行脱孝服仪式	【达斡尔族】
W6669.5.6.2.2.4	孝服不能自己脱	【鄂伦春族】
W6669.5.7	与丧服有关的其他母题	［W6665.5.8.3］送葬穿孝服
W6669.5.7.1	孝布	

W 编码	母题描述	关联项
W6669.5.7.1.1	丧葬一年后烧掉孝布	【傈僳族】
W6669.5.7.2	孝帕	
W6669.5.7.2.1	“交倒头猪”仪式后，将此白布撕成若干条块做成孝帕	【布依族】
W6669.5.7.2.2	为吊唁者发白色孝帕	【侗族】
W6669.5.7.2.2.1	丧家按吊客的亲疏辈分发给长短不同的白布（开孝帕），各缠于头上	【仡佬族】
W6669.5.7.2.3	老人过世后孝子立即戴上孝帕	【布依族】
W6669.5.7.2.4	男女孝帕要加麻丝戴于头上垂于脑后	【布依族】
W6669.5.7.2.4.1	孝帕要往背后拖到裤腰处	【布依族】
W6669.5.7.2.5	长子、长女、女婿的孝帕须与棺材一样长	【布依族】
W6669.5.7.2.6	白孝帕的一端用麻拴在头上，另一端顺脊背拖到脚后，用稻草绳系在腰上	【侗族】
W6669.5.7.3	孝帽	【汉族】
W6669.5.7.3.1	孝帽的产生	
W6669.5.7.3.1.1	孝帽始于秦始皇时期	【汉族】
W6669.5.7.3.2	孝帽的特征	
W6669.5.7.3.2.1	白色孝帽	【汉族】
W6669.5.7.3.2.2	孝帽的帽檐长度要遮住眼	【汉族】
W6669.5.7.3.2.3	孝帽两边拴着两个核桃大的棉花球	【汉族】
W6669.5.7.3.3	孝帽的使用	
W6669.5.7.3.3.1	老人去世，儿孙们要戴白孝帽子	【汉族】
W6669.5.7.3.4	与孝帽有关的其他母题	
W6669.5.7.3.4.1	戴孝帽表示耳聋眼瞎，什么也听不见看不见了	【汉族】

W 编码	母题描述	关联项
W6669.5.7.4	孝带	
W6669.5.7.4.1	红色孝带	【布依族】
W6669.5.7.5	孝鞋	【布依族】@［W6669.5.1.1］儿、孙丈母家要为自己的女儿、女婿（包括外孙）送孝衣、孝帕、孝鞋
W6669.6	灵幡（引幡；引魂幡）	
W6669.6.1	灵幡的产生	
W6669.6.1.1	引幡用竹竿系白布制成	【布依族】
W6669.6.1.2	灵幡源于纪念岳飞	【汉族】
W6669.6.2	灵幡的特征（灵幡的功能）	
W6669.6.2.1	幡是引领亡灵去阴间世界的"旗"	【仡佬族】
W6669.6.3	灵幡的使用	
W6669.6.3.1	老人咽气后在屋前树立引幡	【布依族】
W6669.6.3.2	如夫妻先死一人，要在坟地将红幡去掉黑头、黑裱拿回收藏，待后者出殡时再用	【满族】
W6669.6.4	灵幡禁忌	
W6669.6.5	与灵幡有关的其他母题	
W6669.6.5.1	抢灵幡	
W6669.6.5.1.1	在坟地上抢幡抢给孩子做兜肚以求孩子平安长大	【满族】
W6669.6a	灵箔	
W6669.6a.1	丧葬后灵箔要扔于荒野	【汉族】
W6669.7	哭丧棒（孝棒）	
W6669.7.1	哭丧棒的产生	
W6669.7.1.1	发丧准备阶段，孝子、孝女、孝孙们各备竹制"孝棒"一根	【布依族】
W6669.7.2	哭丧棒的特征	

W 编码	母题描述	关联项
W6669.7.2.1	孝棒长约1.5尺，上缠白色纸条	【布依族】
W6669.7.2.2	哭丧棒为三尺多长柳树枝，外面缠贴一层剪成碎牙的白纸	【汉族】
W6669.7.3	哭丧棒的使用	［W6668.2.1.1.1.2.1］葬礼上孝子们披麻戴孝手拄孝棍（哭丧棒）
W6669.7.3.1	用过的竹制“孝棒”统一放棺材旁	【布依族】
W6669.7.3.2	亡者左边插白纸制作的“拄丧棍”（几个儿子制作几根）	【仡佬族】
W6669.7.3.3	给死者出殡时拄“哭丧棒”	【汉族】
W6669.7.3.4	送葬后哭丧棒插到坟堆上	【汉族】
W6669.7.4	特定的哭丧棒	
W6669.7.4.1	柳木哀杖	
W6669.7.4.1.1	柳木头“孝木”演变成柳木哀杖	【汉族】
W6669.7.5	与哭丧棒有关的其他母题	
W6669.7.5.1	哭丧棒又称“戳丧棒”	【汉族】
W6669.8	长明灯	
W6669.8.1	停尸时头前供桌上放一盏长明灯	【鄂温克族】【锡伯族】
W6669.8.1.1	长明灯源于神农氏九子守孝	【汉族】
W6669.8.1.2	尸体前点酥油灯	【藏族】
W6669.8.1a	停尸时死者脚下点长明灯	【满族】
W6669.8.2	灵堂中点灯一盏长明灯	【布依族】
W6669.8.3	棺椁前后放头灯、脚灯	
W6669.8.3.1	头灯、脚灯忌熄灭	【布依族】
W6669.8.4	停尸的门板下方点上脚灯（长明灯）	【仡佬族】@［W6660.7.1.7.1］停尸时尸体脚前放点燃七根灯芯的“七星灯”（引路灯）
W6669.8.5	特定的长明灯	

W 编码	母题描述	关联项
W6669.8.5.1	九子长明灯	【汉族】
W6669.8.5.1.1	九子长明灯源于神农氏九子举火守孝	【汉族】
W6669.8.5.2	长明过桥灯	
W6669.8.5.2.1	封棺后点长明过桥灯	【布依族】
W6669.8a	地狱灯	
W6669.8a.1	死者梦床下点一盏油灯，谓之“地狱灯”	【侗族】
W6669.9	引路鸡（灵魂鸡）	［W6666.8.3.1.1］埋葬死者后将送葬时带来的鸡放生
W6669.9.1	引路鸡的产生	
W6669.9.1.1	人死后提鸡绕到屋后将鸡甩过屋顶落于屋前地上，杀后作为引路鸡	【仡佬族】
W6669.9.2	引路鸡的特征（引路鸡的功能）	
W6669.9.3	引路鸡的使用	［W6664.5.1.9.3.2］发丧前在棺材放一只公鸡（引路鸡）
W6669.10	寿盒	
W6669.11	花圈（鲜花；扎花；菊花）	
W6669.12	挽联（丧葬中的对联）	
W6669.12.1	挽联的产生	
W6669.12.2	挽联的特征	
W6669.12.2.1	对联的颜色	
W6669.12.2.1.1	老人过世时以白纸写对联，3年内用绿纸写对联，烧完香厅后方能用红纸写对联	【布依族】
W6669.12.2.1.2	白纸黑字对联	
W6669.12.2.1.2.1	丧葬时，丧家门上贴白纸黑字对联一副	【仡佬族】

W 编码	母题描述	关联项
W6669.13	随葬品（殉葬；殉葬品；陪葬品）	【汤普森】V67
W6669.13.0	无须随葬品	
W6669.13.0.1	人赤裸裸来，赤裸裸走	
W6669.13.0.1.1	埋葬死者时无殉葬物品，耳目口鼻中不放任何东西，用土埋之，不用木盖板	【傈僳族】
W6669.13.1	随葬品的产生	
W6669.13.1.1 *	为死者不朽设置随葬品	【多民族】@［W6669.13.3.5.2.1 *］玉殓葬的目的中包含保护尸身不朽
W6669.13.2	随葬品的特征（随葬品的使用）	
W6669.13.2.1	不同死者随葬品不同	
W6669.13.2.1.1	随葬品男女有别	［W6657.4.5.2］死者的口含物男女有别
W6669.13.2.1.1.1	埋葬时，男死者放生前所用的弓箭，妇人则放筐子	【独龙族】
W6669.13.2.1.1.2	男人的随葬品为弩弓、箭包、酒壶、碗筷，女人的为织布用具	【傈僳族】
W6669.13.2.1.1.3	男人的随葬品为弩弓、箭包、长刀之类，女的为织具、口弦、生产工具等	【傈僳族】
W6669.13.2.1.2	男女的随葬品同中有异	
W6669.13.2.1.2.1	殉葬品主要是死者生前所使用或食用的弩弓、刀、木碗、玉米和烟袋等，不同的是女子无弩弓和刀子而有织梭和针线等	【傈僳族】
W6669.13.2.1.3	女性死亡有特定的随葬品	
W6669.13.2.1.3.1	妇女老死后要给她做一架用线和竹棍扎成的织布机让她带到阴司	【阿昌族】
W6669.13.2.2	随葬品多多益善	

W 编码	母题描述	关联项
W6669.13.2.2.1	坟地入殓时，死者生前穿用过的旧衣被、碗筷、烟具、刀、弩、箭包等物件悉数放入棺内	【独龙族】
W6669.13.2.2.2	多种动物、金玉随葬	【汉族】
W6669.13.2.3	随葬品的放置	
W6669.13.2.3.1	随葬品放置在尸体上部	【羌族】
W6669.13.2.3.2	死者左手旁放装有少许米面的小布口袋，右手旁放死者生前用过的猎刀、烟斗、烟袋等物品	【鄂伦春族】
W6669.13.2.3.3	殉葬的牛马头颅放墓上	【藏族】
W6669.13.2.4	陪葬品随葬时要有残缺	【鄂伦春族】
W6669.13.2.5	墓穴中的陪葬品有特定含义	［W6669.13.3.5.2.1 *］玉殓葬的目的中包含保护尸身不朽
W6669.13.2.5.1	墓葬中四位殉人分别象征分至四神即春分神、秋分神、冬至神和夏至神	【中华民族】
W6669.13.2.5.2 *	随葬品是死者占有财产和私有制出现的一种印记	【中华民族】
W6669.13.2.5.3	人殉制度是灵魂不灭的思想反映	【汉族】
W6669.13.3	常见的随葬品（特定的随葬品）	
W6669.13.3.1	神物作为随葬品	
W6669.13.3.1.1	神的象征物作为随葬品	【羌族】
W6669.13.3.1.2	陪葬神偶	【满族】
W6669.13.3.2	特定的人作为随葬品（人作为牺牲；人殉葬）	【藏族】
W6669.13.3.2.1	三具殉人	【中华民族】
W6669.13.3.2.2	亲儿子陪葬	【仡佬族】
W6669.13.3.2.3	童子作为殉葬品	
W6669.13.3.2.3.1	首领死将未过性生活的童男数名投于海中殉葬	【满族】

W 编码	母题描述	关联项
W6669.13.3.2.4	死者的从属殉葬	【藏族】
W6669.13.3.2.4.1	臣为君自杀殉葬	【藏族】
W6669.13.3.2.4.2	埋葬首领时，把他生前宠爱的奴隶放在尸体下面	【蒙古族】
W6669.13.3.2.4a	殉夫	【汉族】
W6669.13.3.2.5	人殉葬的方法	
W6669.13.3.2.5.1	人殉葬时放血致死	【藏族】
W6669.13.3.2.5.2	人殉葬时开颅	【藏族】
W6669.13.3.3	特定的动物作为随葬品	
W6669.13.3.3.0	雌雄动物做牺牲	【壮族】
W6669.13.3.3.1	鸡作为随葬品	
W6669.13.3.3.1.1	棺内放进一只活公鸡	【独龙族】
W6669.13.3.3.1.2	丧葬时的引路公鸡杀死后作为“陪葬鸡”	【壮族】
W6669.13.3.3.2	狗作为随葬品	
W6669.13.3.3.2.1	患水肿病的死杀一只小狗同葬	【怒族】
W6669.13.3.3.3	马作为殉葬品	
W6669.13.3.3.3.1	大葬时杀马数十匹	【藏族】
W6669.13.3.3.3.2	将殉葬的马头放在坟墓上	【藏族】
W6669.13.3.3.4	鱼作为殉葬品	【白族】
W6669.13.3.3.5	其他动物作为殉葬品	
W6669.13.3.3.5.1	羊作为随葬品	【哈尼族】
W6669.13.3.3.5.1.1	用绵羊陪葬是最高葬礼	
W6669.13.3.3.6	动物的特定部分作为殉葬品	
W6669.13.3.3.6.1	海螺为殉葬品	【白族】
W6669.13.3.3.6.2	杀死死者生前的马，用皮把马头、内脏和四蹄包起来殉葬	【鄂伦春族】
W6669.13.3.3.7	特定动物形象作为陪葬品	
W6669.13.3.3.7.1 *	鸱鸮的形象以商族始祖图腾的身份出现在不同的墓葬	【中华民族】
W6669.13.3.4	特定的植物作为随葬品	

W 编码	母题描述	关联项
W6669.13.3.4.1	粮食作为陪葬品（食物作为陪葬品）	【多民族】
W6669.13.3.4.1.1	五谷作为殉葬品	【汉族】
W6669.13.3.4.1.2	用红绸密封装粮的坛子作为陪葬品	【布依族】
W6669.13.3.5	自然物作为随葬品	
W6669.13.3.5.1	白石作殉葬品	【藏族】
W6669.13.3.5.2	玉作殉葬品	
W6669.13.3.5.2.1 *	玉殓葬的目的中包含保护尸身不朽	【多民族】
W6669.13.3.5.2.2	汉代时帝王殉葬金缕玉衣	【中华民族】
W6669.13.3.6	人造物作为随葬品（纸扎）	
W6669.13.3.6.0	车作为殉葬品	
W6669.13.3.6.0a	衣物作为殉葬品	
W6669.13.3.6.0b	武器作为陪葬品	
W6669.13.3.6.0b.1	宝剑作为陪葬品	【黎族】
W6669.13.3.6.0c	纸人	
W6669.13.3.6.0c.1	纸扎金童玉女	【仡佬族】@［W6665.5.8.5.4］送葬时，最前是一叔伯兄弟挑金童玉女及金山银山，其后是两名持三炷香的侄、孙女然后是一与亡人同辈老人提香篮，棺材后是地理先生
W6669.13.3.6.0d	草人	
W6669.13.3.6.0d.1	师公或有身份地位的人去世要用稻草扎一个与真人大小的草人出殡时河边烧掉	【侗族】
W6669.13.3.6.0e	死者的生前用品殉葬	【藏族】
W6669.13.3.6.0f	铜牌饰作为贵族墓中的随葬品	【中华民族】

W 编码	母题描述	关联项
W6669.13.3.6.1	陶器作为随葬品	
W6669.13.3.6.1.1	陪葬品陶猪	
W6669.13.3.6.1.2	陪葬品陶狗	
W6669.13.3.6.1.3	陪葬品陶马	
W6669.13.3.6.1.4	陪葬品陶制房屋	
W6669.13.3.6.1.5	陪葬品陶制粮仓	
W6669.13.3.6.1.6	陪葬品陶制锅灶	
W6669.13.3.6.1.7	陪葬品陶制茅厕	
W6669.13.3.6.2	玉器作为随葬品	
W6669.13.3.6.3	金属器物作为随葬品	【关联】①
W6669.13.3.6.4	酒器作为陪葬品	［W6155.9.1］酒器
W6669.13.3.6.5	其他人造物作为随葬品	
W6669.13.3.6.6	特定的服饰作为陪葬品	
W6669.13.3.6.6.1	老人死后需要特定的衣服做随葬品	【哈尼族】
W6669.13.3.6.7	其他生产生活工具类作为随葬品	
W6669.13.3.6.7.1 *	石斧、铲、镰等农业生产工具作为随葬品	【中华民族】
W6669.13.3.6.7.2 *	石磨盘、磨棒等加工粮食工具作为随葬品	【中华民族】
W6669.13.3.7	多种物同时随葬	
W6669.13.3.7.1	“方子”（棺材）里放猪膘、酒肉、杂粮和小刀、烟斗、筛子等物供死者享用	【羌族】
W6669.13.3.7.2	随葬品有弩弓、鸡、竹筒、酒、烟管等	【傈僳族】
W6669.13.3.8	其他物作为随葬品	
W6669.13.3.8.1	祭祀死者的祭品作为随葬品	【怒族】

① ［W6661.5.0a.4］入殓前要把死者镶的金牙去掉；［W6661.6.5.1］入棺时忌棺内有竹、木片，尤其是铁、铜制品等；［W6669.13.4.2］忌用金属殉葬。

W 编码	母题描述	关联项
W6669.13.3.8.2	宝物作为陪葬	【黎族】
W6669.13.4	随葬品禁忌	
W6669.13.4.1	随葬品不能用骨质器物	【傈僳族】
W6669.13.4.2	忌用金属殉葬	
W6669.13.4.2.1	用铜铁陪葬会斩断龙肺，钉死龙脉，给后代不利	【侗族】
W6669.13.4.3	忌带毛的物品入棺	【鄂伦春族】
W6669.13.5	随葬品的处置（殉葬品的使用）	
W6669.13.5.1	殉葬品与死者同时火化	【怒族】
W6669.13.6	与随葬品有关的其他母题	［W6687.3.4］坟墓中的放置物
W6669.13.6.1	随葬准备	【汤普森】V68
W6669.13.6.2	象征性殉葬	
W6669.13.6.2.1	将马牵着绕葬地走几圈表示马已殉葬	【鄂伦春族】
W6669.14	与丧葬用品有关的其他母题	
W6669.14.1	丧葬中的福马	
W6669.14.1.1	丧葬时认定一匹乘骑是“福马”	【藏族】
※**W6670**	**常见的丧葬习俗类型**	
W6671	**抛尸葬（野葬；弃尸葬）**	
W6671.1	抛尸葬的产生（抛尸葬的来历；野葬的产生；抛尸葬的原因）	
W6671.1.1	特定人物规定野葬	
W6671.1.2	特定人物野葬	
W6671.1.2.1	蒙古人野葬的来历	
W6671.1.2.1.1	天神捏肉造了蒙古人，所以人死后要放在野外让飞禽啄食	【蒙古族】
W6671.1.2.2	凶死者要野葬	【壮族】
W6671.1.2.3	未婚而死者要野葬	【景颇族】

W 编码	母题描述	关联项
W6671.1.3	因不敬佛而信鬼，丧则弃尸	【傈僳族】
W6671.1.4	因天上没有坟场抛尸	【傣族】
W6671.1.5	抛尸葬可以使灵魂升天	
W6671.1.5.1	婴童尸体弃于野外，飞禽走兽食之后能使其魂灵很快升天再转世	【锡伯族】
W6671.2	抛尸葬的方法	
W6671.2.1	直眼人时抛尸野外	
W6671.2.1.1	直眼人时，爹死了拴着脖子拖山上喂老鸦，妈死了拴起脚杆抛深沟喂虎狼	【彝族】
W6671.2.2	用特定物抛尸葬	
W6671.2.2.1	用茅草裹身野葬	【彝族】
W6671.2.3	抛尸葬时让死者携带特定物	
W6671.2.3.1	野葬死婴时让手中抓一点炒焦了的油菜籽，表示手中的菜籽发芽方可回来（永不回来）	【彝族】
W6671.2.4	抛尸葬时抛尸河中	
W6671.2.4.1	以前儿女们把父母尸体丢到河里	【纳西族】
W6671.2.4.2	凶死之人丢弃江中	【独龙族】
W6671.2.5	抛尸葬时把尸体抛进沼泽	【壮族（沙人）】
W6671.2.5.1	凶死者只能埋在烂泥塘里	【布依族】
W6671.2.6	抛尸葬时把尸体抛进沟壑	
W6671.2.6.1	死则委之于壑，狐狸食之，蝇蚊嘬之	【古代民族】
W6671.2.7	抛尸葬时把尸体叉股道上或河流里	【达斡尔族】
W6671.2.8	抛尸葬时尸体要装入口袋	【达斡尔族】
W6671.3	抛尸葬的过程	
W6671.4	特定人物要抛尸葬（野葬的情形）	

W 编码	母题描述	关联项
W6671.4.1	凶死者只能葬于荒郊	【傈僳族（黑傈僳）】@［W6660.6.3.1］凶死者不能停尸家中
W6671.4.2	夭折者需抛尸葬	【达斡尔族】
W6671.4.2.1	一岁以下的孩子死后要丢在水里或放山洞内	【羌族】
W6671.4.2.2	死婴裹以茅草丢弃山野	【彝族】@［W6689.0.2.7］夭折者不埋葬不火葬，要用襁褓和柳枝裹一层后抛野外供飞禽走兽食之
W6671.5	特定的抛尸葬	
W6671.5.1	从天上往人间抛尸葬	【傣族】
W6671.6	抛尸葬的废除	
W6671.6.1	尧劝人废除野葬	【汉族】
W6671.7	与抛尸葬有关的其他母题	
W6671.7.1	抛尸葬不道德	【汉族】
W6672	**土葬（土坑葬）**	【傈僳族】【傈僳族（黑傈僳）】
W6672.1	土葬的产生（土葬的来历；土葬的原因）	【汤普森】A1591
W6672.1.0	特定人物发明土葬特定人物告诉人要土葬	
W6672.1.0.1	神或神性人物发明土葬	
W6672.1.0.1.1	英雄德领发明土葬	【布依族】
W6672.1.0.1.2	祖先让人土葬	
W6672.1.0.1.2.1	始祖母妈依告诉女儿土葬	【佤族】
W6672.1.0.1.3	盘古制定土葬	【汉族】
W6672.1.0.1.4	尧发明土葬	
W6672.1.0.1.4.1	尧发明土葬避免了老人被鸟兽糟害	【汉族】

W 编码	母题描述	关联项
W6672.1.0.2	特定的人让人土葬	
W6672.1.0.2.1	白发老翁告诉人土葬	【汉族】
W6672.1.0.3	动物告诉人土葬	
W6672.1.0.3.1	四脚蛇告诉人说死了用土埋	【独龙族】
W6672.1.1	人死后土葬是因为人与土有关系	［W6672.2.2.1］造人的土是向土地佬借的，需要“得平借满还”，所以人死后身上埋的土要超出地面（人死埋坟）
W6672.1.1.1	因人从土中来所以要葬到土中	【汉族】
W6672.1.1.1.1	人源于泥土所以入土为安	【汉族】
W6672.1.1.2	因人是土造的所以人死埋土中（人是用土造的，所以要土葬）	【独龙族】【汉族】
W6672.1.1.2.1	人是土造的，人死埋土中是为了重新变成土	【苗族】
W6672.1.1.3	神捏土造了汉人，所以汉人死后埋葬在地里	【蒙古族】@［W6671.1.2.1.1］天神捏肉造了蒙古人，所以人死后要放在野外让飞禽啄食
W6672.1.2	因为人有后代所以土葬	
W6672.1.2.1	人死还会有后代所以要用土埋	【独龙族】
W6672.1.3	土葬是特定人物的发明	
W6672.1.4	人从特定人物那里学会土葬	【布依族】
W6672.1.4.1	从动物那里学会埋葬死者	【哈萨克族】
W6672.1.4.1.1	从乌鸦那里学会土葬	【汤普森】A1591.1；【柯尔克孜】
W6672.1.4.1.1.1	弟弟仿照乌鸦的做法埋了哥哥	【撒拉族】
W6672.1.5	土葬源于祖先从土中产生（土葬源于土生创世者）	
W6672.1.5.1	盘古是土里来的，死后让儿女把他葬回土里形成土葬习俗	【汉族】

W 编码	母题描述	关联项
W6672.1.6	其他葬法不行改为土葬	
W6672.1.6.1	火葬子孙不昌，乃改行土葬	【羌族】
W6672.1.6.2	因风葬中吊棺腐朽落地土葬	【鄂伦春族】
W6672.1.7	因刮风形成的用土埋葬	
W6672.1.7.1	刮风土葬盘古	【汉族】
W6672.1.8	天热怕尸体腐烂土葬	【汉族】
W6672.1.9	与土葬原因有关的其他母题	［W6652.2.1.1］赫哲人因与满汉族交往频繁学会以棺土葬
W6672.1.9.1	受宗教影响实行土葬	
W6672.1.9.1.1	鄂温克人以前实行风葬，从受东正教的影响后开始实行土葬	【鄂温克族】
W6672.1.9.2	土葬是有罪者的惩罚	【藏族】
W6672.1.9.3 *	女娲神话为土葬提供支持	【中华民族】
W6672.1a	土葬的特征	
W6672.1a.1	土葬利于死者	
W6672.1a.2	土葬不吉利	
W6672.1a.2.1	土葬不吉利是因为尸首要烂在土中不清净	【藏族】
W6672.2	土葬的方法	［W6669.13.0.1.1］埋葬死者时无殉葬物品，耳目口鼻中不放任何东西，用土埋之，不用木盖板
W6672.2.1	土葬时把死者捆成胎儿状是从祖先时沿袭下来的	【珞巴族】
W6672.2.2	土葬要留坟（人死埋坟）	
W6672.2.2.1	造人的土是向土地佬借的，需要“得平借满还”，所以人死后身上埋的土要超出地面（人死埋坟）	【汉族】
W6672.2.2.2	行土葬时垒土为坟	【仡佬族】

W 编码	母题描述	关联项
W6672.2.3	特定人物的土葬方法	
W6672.2.3.1	婴儿死埋于屋后	【独龙族】
W6672.2.3.2	特定人物先火化再土葬	
W6672.2.3.2.1	因难产、浮肿等非正常死亡者火化尸体后装骨灰入经坛土葬	【布依族】
W6672.2.3.2.2	凶死者要火化后才能土葬	【侗族】
W6672.2.4	土葬时捆绑尸体	
W6672.2.4.1	土葬时用绳将死者的两脚紧缚	【赫哲族】
W6672.2.5	土葬方法简单易行	【鄂温克族】
W6672.2.5.1	最早时的土葬把死者放入挖好的坑内用土掩上完事	【仡佬族】
W6672.2.5.2	土葬时在地下挖一土洞，不用棺木，将尸体投入洞内了事	【藏族】
W6672.2.6	土葬有讲究	
W6672.2.6.1	土葬时，要在打好的阴井底撒上朱砂	【仡佬族】
W6672.2.6.2	土葬时先火葬再土葬	【满族】@［W6683.2.2.1］先火葬后埋葬
W6672.3	土葬的类型（土葬的过程）	
W6672.3.1	土葬有棺葬和席裹两种	
W6672.3.1.1	棺葬	
W6672.3.1.1.1	棺葬是在挖好的塘穴中先放一长方形木板，人体放妥后，两边立木板拦护，两头用木板堵上，再上覆一长方形木板，不加任何铁钉	【独龙族】
W6672.3.1.2	席裹葬	【独龙族】
W6672.3.2	屈肢葬（蹲式葬）	【藏族（白马）】
W6672.3.2.1	成年人死后屈肢侧葬于家族墓地	【独龙族】
W6672.3.2.2 *	屈肢葬是为了缚住灵魂使之不能外出作祟于活人	【古代民族】

W 编码	母题描述	关联项
W6672.3.2.3	状似胎儿的屈肢葬可使死者升天	【藏族】
W6672.3.2a	仰身肢葬	【藏族（白马）】
W6672.3.3	无棺土葬	【藏族】@［W6672.2.5.2］土葬时在地下挖一土洞，不用棺木，将尸体投入洞内了事
W6672.3.3.1	裸葬有特定姿势	
W6672.3.3.1	死者亲子负尸往穴地，盘其脚、坐如生时，用土石掩覆安埋	【藏族】
W6672.4	特定人物土葬	
W6672.4.1	病亡者土葬	【藏族】
W6672.4.1.1	传染病人死后使用土葬	【藏族】
W6672.4.1.1.1	麻风病死用土葬	【藏族】
W6672.5	土葬禁忌	
W6672.6	与土葬有关的其他母题	［W6665.1］用土葬代替吃老人肉
W6672.6.1	土葬的时间	
W6672.6.2	土葬的地点	【关联】①
W6672.6.2.1	到山上土葬	
W6672.6.2.1.1	人是伏羲兄妹偷管山的仙人的泥造的，所以死后要送山上，表示还仙人的泥巴	【汉族】
W6672.6.2.1.2	土葬在河坎	【侗族】
W6673	**灰葬**	
W6673.1	三兄弟把阿妈的尸首埋葬到灰堆里	【纳西族】
W6674	**火葬**	【仡佬族】
W6674.1	火葬的产生（火葬的来历；火葬的原因）	【汤普森】A1592

① ［W6666.3］埋葬的地点；［W6672.2.3.1］婴儿死埋于屋后；［W6689.2］丧葬地点。

W 编码	母题描述	关联项
W6674.1.0	火葬的原因	
W6674.1.0.1	为除秽火葬	
W6674.1.0.1.1	产妇是不洁不净之人，通过火葬烧化可洁其灵魂	【鄂温克族】
W6674.1.0.1.2	为防止非正常死亡者转生为魔鬼火葬	【鄂伦春族】
W6674.1.0.1.3	火葬是为了死者变回原形	【彝族】
W6674.1.0.1.4	因崇拜火火葬	【锡伯族】
W6674.1.0.1.5	因土葬不便采用火葬	【藏族（白马）】
W6674.1.1	特定人物告诉人火葬	
W6674.1.1.1	天神让蜜蜂告诉人类实行火葬	【纳西族】
W6674.1.1.2	陆色二神教会纳西族火葬	【纳西族】
W6674.1.1.3	勒钦色阿主教给人类火葬	【纳西族】
W6674.1.2	仿照祖先的做法产生火葬	
W6674.1.2.1	兄妹繁衍人类，哥哥死后妹妹用火烧掉形成火葬风俗	【怒族】
W6674.1.3	凶死者要火葬（非正常死亡者需火葬）	【独龙族】【傈僳族】
W6674.1.3.1	凶死、吊死、跌岩死、水淹死者要抬到墓地火化	【傈僳族】@［W6660.6.3.1］凶死者不能停尸家中
W6674.1.3.2	患有传染病的死者用火焚烧	【独龙族】
W6674.1.3.2.1	麻风病、霍乱病、肺病等传染性病人死后才用火葬	【独龙族】
W6674.1.4	为了死者回归图腾火葬	
W6674.1.4.1	彝族是虎的后代，用火葬可以使死者再变化还原成虎	【彝族】
W6674.1.4.2 *	风族先民认为人死后灵魂会回到祖先那里，要经过“火化”的图腾形式	【中华民族】
W6674.1.5	火葬是为了蜕皮变回长生	【纳西族】
W6674.2	火葬的方法	

W 编码	母题描述	关联项
W6674.2.1	火葬的时间	
W6674.2.2	火葬的地点	
W6674.2.2.1	火葬场（焚尸场；火坟）	
W6674.2.2.1.1	火葬场只能同族使用	【羌族】
W6674.2.2.1.2	焚尸场设于离村子不远的荒野或山坡上，用木材搭架，男九层，女七层	【彝族】
W6674.2.2.2	在墓地火葬	【傈僳族】
W6674.2.2.2.1	已嫁妇女死在娘家要在火坟堆旁边火化	【羌族】
W6674.2.2.3	到本寨特定的地方火葬	【怒族】
W6674.2.2.3.1	一个寨子或一个部落，都有一个共同的火葬场	【藏族】
W6674.2.2.4	野外火葬	
W6674.2.2.4.1	薪葬之中野	【中华民族】
W6674.2.3	火葬即焚尸	
W6674.2.3.1	死则焚尸名为“火”葬	【羌族】
W6674.2.4	积薪焚尸	【仡佬族】
W6674.2.5	烧棺火葬	【侗族】
W6674.2.6	薰尸烟上	
W6674.2.6.1	薰尸烟上谓之登烟霞	【汉族】
W6674.2.7	火葬时尸体的处置	【关联】①
W6674.2.7.1	火葬时将死者屈肢捆好	【藏族】
W6674.3	火葬的特征（火葬的功能）	
W6674.3.1	火葬有利于死者灵魂	
W6674.3.1.1	火葬能使死者灵魂升天	【藏族】
W6674.3.1.2	火葬是把死者的灵魂送入光明的境界，象征幸福	【纳西族（摩梭）】

① ［W6661.7.2b］棺材内尸体的放置；［W6664.5.3］出殡时尸体的放置。

W 编码	母题描述	关联项
W6674.3.2	火葬焚尸可将魔鬼烧死，使死者容易入阴间	【彝族】
W6674.3.3	通过火葬驱邪	【达斡尔族】
W6674.3a	火葬的对象（特定的被火葬者）	［W6674.1.3］凶死者要火葬（非正常死亡者需火葬）
W6674.3a.1	夭折者要火葬	【关联】①
W6674.3a.1.1	婴儿夭折要烧掉	【傈僳族】
W6674.3a.2	非正常死亡者要火葬（凶死者需火葬）	【侗族】
W6674.3a.2.1	难产、落河、摔死等非正常死亡者实行火化棺葬	【布依族】
W6674.3a.2.2	非正常死亡者火葬有助于死者转好	【侗族】
W6674.3a.2.3	难产死、吊死者实行火葬	【锡伯族】
W6674.3a.2.4	暴病者必行火葬	【满族】
W6674.3a.2.4.1	得怪病、急病而死的青年人火葬	【鄂伦春族】
W6674.3a.2.5	被雷击身亡者火葬	【达斡尔族】
W6674.3a.3	特定身份的人死后火葬	
W6674.3a.3.1	铁匠要火葬	
W6674.3a.3.1.1	铁匠死后，点一堆火用来烧铁匠的尸体，点另一堆火烧铁匠的东西	【蒙古族】
W6674.3a.3.2	萨满死后火葬	【锡伯族】
W6674.3a.3.3	额尔齐死火葬	【锡伯族】
W6674.3a.3.4	道齐死后火葬	【锡伯族】
W6674.3a.3.5	相童死后火葬	【锡伯族】
W6674.3a.3.6	孕妇死后火葬	【达斡尔族】
W6674.3a.3.6a	未出嫁而死的女子火葬	【鄂温克族】

① ［W6671.4.2］夭折者需抛尸葬；［W6689.0.2.7］夭折者不埋葬不火葬，要用褯褓和柳枝裹一层后抛野外供飞禽走兽食之。

W 编码	母题描述	关联项
W6674.3a.3.7	只有寺院的活佛和大“堪布”才用火葬	【藏族】
W6674.3a.4	特定的群体火葬	
W6674.3a.4.1	西蕃人死火葬	【藏族】
W6674.3a.4.2	六夷有部落死者火葬	【西南古代民族】
W6674.3a.4.3	七羌有部落死者火葬	【西南古代民族】
W6674.3a.4.4	九氐有部落死者火葬	【西南古代民族】
W6674.4	火葬的器具	
W6674.4.1	火葬罐	
W6674.4.1.1	火葬罐有绿釉罐、黑釉罐、灰白色罐等	【白族】@［W6680.4.2］灵魂罐
W6674.5	火葬实施者（火葬的参与者）	
W6674.5.1	火葬点火者	
W6674.5.1.1	火葬由死者舅家点火	【羌族】
W6674.5.1.2	火葬由与死者无关系的人点火	【藏族】
W6674.5.2	特定身份的人焚烧死者	
W6674.5.2.1	道士施法火化	【侗族】
W6674.5.3	特定身份者参与火葬	
W6674.5.3.1	火葬时，死者的小儿媳妇捡烧剩的头、手、身、脚部位各一点装进一个白布口袋	【彝族（诺苏）】
W6674.5.4	火葬时亲属都要参加	【藏族】
W6674.6	火葬的过程（火葬的情形）	
W6674.6.0	火葬有特定的程序	
W6674.6.0.1	火葬时，先架造柴堆烧棺，烧完后将骨灰装入木盒或桦皮盒内深埋地下	【鄂伦春族】
W6674.6.0a	火葬前的准备（火化前的仪式）	
W6674.6.0a.1	火葬前净身	

W 编码	母题描述	关联项
W6674.6.0a.2	火化前让死者骑马	
W6674.6.0a.2.1	火化前扶死者骑白马象征骑马去天国	【藏族】
W6674.6.1	火葬时架好一堆矮塔形的木柴，把人尸抬上后四围点火，边烧边用木棍翻动。火化后收埋骨灰	【独龙族】
W6674.6.2	火葬时死者的放置	
W6674.6.2.1	尸体安放在火葬架子上时死者是男的面向东方，女的面向西方	【彝族（诺苏）】
W6674.6.3	非正常死亡者火化方法有两种	
W6674.6.3.1	非正常死亡者火化方法之一是将死者尸体放入棺材中火化	【侗族】
W6674.6.3.2	非正常死亡者火化方法之一是将亡尸放于柴栅上直接火化	【侗族】
W6674.6.4	架火烧尸火葬	【彝族】
W6674.6.5	以毡布裹殓用油火火葬	【藏族】
W6674.6.6	火葬时死者的遗物投入火中	【藏族】
W6674.6.7	火化后超度死者	【藏族】
W6674.7	火葬的结果	
W6674.7.1	火葬后骨灰的处理（骨灰的存放）	
W6674.7.1.1	火葬后不保存骨灰	【怒族】
W6674.7.1.1.1	火化后抛弃骸骨	【傈僳族】
W6674.7.1.1.2	火葬后扬撒骨灰（撒骨灰）	【羌族】
W6674.7.1.1.2.1	火葬后第二天，死者亲属去火葬场捡骨并把骨灰丢弃在村外的一条河流中，以利于亲属会富裕兴旺	【纳西族（阮可）】
W6674.7.1.1.3	尸体烧化后不收骨灰，不用土掩埋	【藏族】

W 编码	母题描述	关联项
W6674.7.1.2	火葬后男女骨灰分开存放	【羌族】
W6674.7.1.3	骨灰放树上	
W6674.7.1.3.1	焚尸后挑出一块头盖骨和一块炭放小陶罐中，每月把它放在一棵树上，共换八棵树，表示死者举行超度仪式前换八个地方住	【纳西族】
W6674.7.1.4	骨灰的其他处理方法	
W6674.7.1.4.1	焚烧后收骨而葬	【汉族】
W6674.7.1.4.2	火葬后骨灰装在底部有孔的陶罐	【藏族】
W6674.7.1.4.3	火葬后用红布包骨灰	【藏族】
W6674.7.1.5	骨灰处理禁忌	
W6674.7.1.5.1	放骨灰忌遇生人	【纳西族】
W6674.7.1.6	非正常死亡者焚烧后拾骨灰入棺安葬	【侗族】
W6674.7.2	非正常死亡者火化丢洞	【侗族】
W6674.7.3	火葬后须捡骨接着进行土葬	【布依族】
W6674.7.4	火葬后入葬	
W6674.7.4.1	火葬无尸，必做一模拟神偶代之入葬	【满族】
W6674.7.4.2	火化后，把死者的头、手、脚的骨灰拣一点包好送到埋的地方	【藏族】
W6674.8	火葬的禁忌（焚尸禁忌）	
W6674.8.1	焚尸忌再引火	【纳西族】
W6674.8.2	火葬的观看者禁忌	
W6674.8.2.1	尸体火化时家属必须立即回家	【彝族】
W6674.8.2.2	火葬忌小孩、妇女和青年接近或看到	【鄂伦春族】
W6674.8.3	火葬时作假禁忌	
W6674.8.3.1	火葬时防有人将牛、羊骨投入以免日后子孙不昌	【彝族】

W 编码	母题描述	关联项
W6674.8.4	火葬时男女不能使用同一个火葬坟	【藏族】
W6674.9	与火葬有关的其他母题	
W6674.9.1	火葬时，有的把死者衣服和房子一起烧掉	【独龙族】
W6674.9.2	观看火葬	
W6674.9.2.1	观看爱人的火葬	【藏族】
W6674.9.3	过火葬	
W6674.9.3.1	吊棺葬后举行过火仪式	【鄂伦春族】
W6674.9.4	火葬的含义	
W6674.9.4.1 *	火葬与先祖垂死化身神话有关	【彝族】
W6675	**风葬**	
W6675.1	风葬的产生（风葬的来历；风葬的原因）	
W6675.2	风葬的方法	
W6675.2.1	在树上风葬	
W6675.2.1.1	先把熊头用锅煮熟大家分享，剩下的熊头骨包好后挂在三棵树交叉点上风葬	【鄂伦春族】
W6675.2.1.2	白布裹尸风葬	【鄂温克族】
W6675.3	风葬的对象（风葬的功能）	
W6675.3.1	特定的人死后风葬	
W6675.3.1.1	死于天花的小孩放在木架上风葬	【达斡尔族】
W6675.3.1.2	被雷击死的人要风葬	【鄂温克族】
W6675.4	特定人物的风葬	
W6675.4.1	为图腾动物举行风葬	
W6675.4.1.1	熊死后举行风葬	【鄂温克族】
W6675.5	风葬的类型	

W 编码	母题描述	关联项
W6675.5.1	风葬有树杈卡尸葬、吊棺葬和担棺葬三种	
W6675.5.1.1	树杈卡尸葬	
W6675.5.1.1.1	树杈卡尸葬即将尸体用毯子、棉被或桦树皮包裹好后，放在一人多高的树杈上	【鄂伦春族】
W6675.5.1.1.2	树杈卡尸葬只用于死婴	【鄂伦春族】
W6675.5.1.2	吊棺葬	
W6675.5.1.2.1	吊棺葬时，选择相邻的四棵活树，在一人多高处把绳子连接起来扎好，把棺材托起来放在两条绳子上	【鄂伦春族】
W6675.5.1.2.2	吊棺葬时，将四条绳子的一端分别系在两根抬杆的四个头上，把棺材高高吊起	【鄂伦春族】
W6675.5.1.2.3	吊棺葬适用于成人死亡	【鄂伦春族】
W6675.5.1.3	担棺葬	
W6675.5.1.3.1	担棺葬将两根树干在离地面一人多高处砍断，上面各放一根平行的横木，将棺材托起担在上面	【鄂伦春族】
W6675.6	与风葬有关的其他母题	
W6675.6.1	风葬又叫树葬	
W6676	**水葬**	
W6676.1	水葬的产生（水葬的来历；水葬的原因）	
W6676.1.1	依勒克天神名哭亡妻的泪水成为深潭，把爱妻安葬在水里	【高山族（阿美）】
W6676.1.2	水葬是为了魂归故土	【满族】
W6676.2	水葬的时间	
W6676.2.1	直眼睛时代水葬	【彝族】

W 编码	母题描述	关联项
W6676.2.1.1	蚂蚱直眼睛时代时水葬	【彝族】
W6676.3	水葬的地点	
W6676.3.1	水葬在河中	【独龙族】【彝族】
W6676.3.1.1	将死人输之大河	【仡佬族】
W6676.3.1.2	在河边固定水葬区水葬	【藏族】
W6676.3.2	水葬在海中	【满族】
W6676.4	水葬的方法	
W6676.4.1	儿子用草绳拴着妈妈的脖子，把尸体被丢在大河里	【彝族】
W6676.4.2	尸体坠一块石头投入河中或用其他方式投入河中喂鱼	【藏族】@［W6676.7.1.2］水葬后若尸体沉于河底意为“罪过”，永远不能转世为人
W6676.4.3	水葬时，先把死者生前戴过的帽子或头巾扔进河里，然后将棺材推入河中让其随流漂走	【鄂伦春族】
W6676.4.4	水葬时尸体装入篓或箱中	【藏族】
W6676.4.4.1	水葬时尸体装入背篼	【藏族】
W6676.5	被水葬者	
W6676.5.1	母亲被水葬	【彝族】
W6676.5.2	将患有传染病的死者水葬	【独龙族】
W6676.5.3	非正常死亡者实行水葬	【独龙族】
W6676.5.4	溺亡者采用水葬	【鄂伦春族】
W6676.5.5	小孩死亡用水葬	【藏族】
W6676.5.5.1	5岁以下的小孩子死亡水葬可以重返母胎，再生为子	【藏族】
W6676.5.5.2	未满一周岁的小孩子夭折用水葬	【藏族（白马）】
W6676.6	特定的水葬	
W6676.6.1	海葬	
W6676.6.1.1	神指点海中葬所	【满族】

W 编码	母题描述	关联项
W6676.7	水葬的结果	
W6676.7.1	水葬结果的观察	
W6676.7.1.1	水葬后若尸体浮于水面意为“命好”，表示能够“再生”	【藏族】
W6676.7.1.2	水葬后若尸体沉于河底意为“罪过”，永远不能转世为人	【藏族】
W6676.8	水葬禁忌	
W6676.8.1	劳苦功高者不能水葬	
W6676.8.1.1	炎帝神农氏劳苦功高不能水葬	【汉族】
W6676.9	与水葬有关的其他母题	
W6676.9.1	金龙想水葬炎帝神农氏被玉皇处罚	【汉族】
W6677	**天葬**①	【藏族】
W6677.1	天葬的产生（天葬的来历；天葬的原因）	
W6677.1.1	天葬的原因	
W6677.1.1.1	不守规矩的人死后天葬，意思是挨剁的人	【藏族】
W6677.1.1.2	天葬是为了奉献肉体	【藏族】
W6677.1.1.3	因土葬闹鬼实行天葬	【藏族】
W6677.2	天葬的方法	
W6677.2.1	天葬喂雕	【藏族】
W6677.2.2	天葬时碎尸喂鹰	【藏族】
W6677.2.3	葬者厚衣以薪，葬之中野，不封不树	【古代民族】
W6677.3	天葬的功能	
W6677.3.1	天葬能把人的灵魂带到天堂	

① 天葬，又称“鸟葬”“金葬”等，是藏族、蒙古族等少数民族以及一些古代民族中使用的一种丧葬方式。不同的历史时期、不同地区、不同的民族以及不同社会阶层的天葬仪式有时又有区别，其来源也有多种说法。

W 编码	母题描述	关联项
W6677.4	特定的人物天葬	
W6677.4.1	巫师死后，到野外进行天葬	【蒙古族】@［W6689.0.1.1.3］巫师的丧葬
W6677.4.2	帝王天葬	
W6677.4.2.1	赵匡胤天葬	【汉族】
W6677.5	天葬的结果	
W6677.5.1	天葬时死者尸体被吃光为佳	【藏族】
W6677.5.1.1	天葬时若死者尸体被鹰吃光表明其灵魂已升天	【藏族】
W6677.5.2	天葬时若死者尸体没有被鹰吃光，表明“罪恶大”，须请喇嘛超度	【藏族】
W6677.6	与天葬有关的其他母题	
W6678	**树葬**	
W6678.1	树葬的产生（树葬的来历；树葬的原因）	
W6678.1.1	树葬后死者可通极乐世界、早日投身	【珞巴族】
W6678.1.2	树葬与灵魂有关	
W6678.1.2.1	小孩的尸体放树上可以寄附灵魂	【藏族】
W6678.2	树葬的方法	
W6678.2.1	吊大树上葬	
W6678.2.1.1	黄狗与婚生的儿子在黄狗死后把它吊葬在悬岩一棵大树上	【仡佬族】
W6678.2.2	挂树杈葬	
W6678.2.2.1	婴儿死亡要用布裹尸体放于树叉上	【傈僳族】
W6678.2.3	树葬必须用活树	【鄂伦春族】
W6678.3	树葬的功能	
W6678.3.1	树葬可房灵魂复活	

W 编码	母题描述	关联项
W6678.3.1.1	死婴吊在树上，认为只要尸体不接触地面其灵魂就丧失了再生能力	【白族】
W6678.4	特定人物要树葬	
W6678.4.1	死婴要树葬	
W6678.4.1.1	未满月死婴放在竹篮内挂在树上	【基诺族】
W6678.5	与树葬有关的其他母题	［W6666.3.9.1］埋葬在树下
W6679	**食葬（食人葬；吃食尸体葬；食尸葬）**	［W6592］食人习俗（食人葬）
W6679.1	食葬的产生（食葬的来历；食葬的原因）	
W6679.1.1	为表示尊敬死者分食尸体	【壮族】
W6679.1.2	特定人物规定食人葬	
W6679.1.2.1	雷王规定食尸	【壮族】
W6679.1.2.1.1	天上雷王规定吃老人习俗	【壮族】
W6679.1.2.2	不分食死者会被雷王劈	【壮族】
W6679.1.2.3	弃老国国王规定食人葬	【汉族】
W6679.1.3	为后代兴旺吃掉死者	【苗族】@［W6592.1.1］人分食死者尸体后才会昌盛
W6679.2	食葬的方法	
W6679.2.1	人分食死者尸体	【布依族】【苗族】
W6679.2.2	儿女们吃掉阿妈的尸体	【纳西族】
W6679.2.3	活到六十岁的老人一律送进大森林让野兽吃掉	【汉族】
W6679.2.4	以前，人死后像对待牲畜一样吃掉	【汉族】
W6679.3	食葬的功能	
W6679.4	与食葬有关的其他母题	

W 编码	母题描述	关联项
W6680	**瓮葬（瓦棺葬；瓦罐葬；瓮棺葬）**	【哈尼族】
W6680.1	瓮葬的产生（瓮葬的来历；瓮葬的原因）	
W6680.1.1	新坟安埋数年若遇家中不吉不顺，请祭师占卜为该坟作祟尧迁坟瓮葬	【布依族】
W6680.1.2	死者八字推算不宜当年安葬者要将棺材抬到山上放置数年再卜吉期瓮葬	【布依族】
W6680.1.3	对非正常死亡者的尸体须经火化后瓮葬	【布依族】
W6680.2	瓮葬的方法	
W6680.2.1	火葬后瓮葬	【布依族】
W6680.2.1.1	儿女们拣回一块阿妈火葬后头骨的骨灰装进一只小茶罐，寄放到一棵古松树脚下	【纳西族】
W6680.2.2	瓮棺葬即陶瓮或陶罐（金坛）收殓骨骸安埋	【布依族】
W6680.2.3	瓮棺葬有特定程序	
W6680.2.3.1	瓮棺葬要备坛、烤骨、按顺序装坛等	【布依族】
W6680.3	瓮葬的功能	
W6680.4	与瓮葬有关的其他母题	
W6680.4.1	瓮葬时要留孔的来历	【哈尼族】
W6680.4.2	灵魂罐	
W6680.4.2.1	黑色骨灰罐	【满族】
W6681	**悬棺葬（吊葬）**	
W6681.1	悬棺葬的产生（悬棺葬的来历；悬棺葬的原因）	

W 编码	母题描述	关联项
W6681.1.1	为使死者升天吊葬	【仡佬族】
W6681.2	悬棺葬的方法	
W6681.2.1	山崖悬棺	【苗族】
W6681.2.2	梁上悬棺	【汉族】
W6681.2.3	凿壁悬棺	
W6681.2.3.1	在濒临溪河处的山崖上打孔钉上一排木桩，将棺木横靠山崖平放于木桩之上	【仡佬族】
W6681.2.4	悬棺无盖蔽	【仡佬族】
W6681.3	悬棺葬的功能（吊葬的特征）	
W6681.4	与悬棺葬有关的其他母题	［W6678.2.1.1］黄狗与婚生的儿子在黄狗死后把它吊葬在悬岩一棵大树上
W6681.4.1	棺材放悬崖的来历	
W6681.4.2	悬尸	
W6681.4.2.1	悬尸体是为了使死无法活动，不能伤害、吓唬活人	【白族】
W6681.4.3	架壑船棺（仙人葬）	【南方民族】
W6681.4.4	悬棺葬后以先坠者为吉	【仡佬族】@［W6667.1.2.9.4］丧葬后占卜（丧葬后推断推断事象）
W6681.4.5	无棺吊葬	
W6681.4.5.1	死后挂在树上喂乌鸦	【汉族】
W6682	其他丧葬类型（其他丧葬形式）	
W6682.1	分尸葬	
W6682.1.1	分尸葬的产生（分尸葬的来历；分尸葬的原因）	
W6682.1.1.1	怕死者死后反抗分尸埋葬	【拉祜族】

W 编码	母题描述	关联项
W6682.1.1.2	怕死后造反分尸葬	【汉族】
W6682.1.2	分尸葬的方法	
W6682.1.2.1	祖先赛杜死后，被削为好多片肉撒在山丘，被砍成许多断肢撒在山岭	【苗族】
W6682.1.2.2	身首异处埋葬	
W6682.1.2.2.1	刑天身首异处埋葬	【汉族】
W6682.1.3	分尸葬的功能	
W6682.1.4	与分尸葬有关的其他母题	［W6657.8.1.2.1.1］鲧的身首异处的头经过三年仍气色如常
W6682.1.4.1	怕死者死后反抗分尸埋葬	【拉祜族】
W6682.2	衣冠葬	
W6682.2.1	衣冠葬的产生（衣冠葬的来历；葬的原因）	
W6682.2.2	衣冠葬的方法	
W6682.2.3	衣冠葬的功能	
W6682.2.4	特定的衣冠葬（特定的盔甲葬）	
W6682.2.4.1	蚩尤衣冠冢	【汉族】
W6682.2.4.2	炎帝衣冠冢	【汉族】
W6682.2.4.3	陶女娘娘为纪念减王把他的盔甲埋在桑园里	【汉族】
W6682.2.4.4	黄帝衣冠冢	
W6682.2.4.4.1	黄帝衣冠冢里放着黄帝的衣襟、靴子和宝剑	【汉族】@［W6682.2.5.1a］桥山黄帝陵里只埋着黄帝的一只靴子，一把宝剑和部分衣襟
W6682.2.5	与衣冠葬有关的其他母题	［W6687.5.9］衣冠冢
W6682.2.5.1	黄帝的衣襟、靴子和宝剑埋葬在桥山之巅	【汉族】

W 编码	母题描述	关联项
W6682.2.5.1a	桥山黄帝陵里只埋着黄帝的一只靴子，一把宝剑和部分衣襟	【汉族】
W6682.3	毛发指甲葬	
W6682.3.1	以死者的毛发指甲代葬	【羌族】
W6682.4	灵魂葬	
W6682.4.1	盘古把8八个儿子的灵魂全部找回埋葬	【汉族】
W6682.5	裹尸葬	
W6682.5.1	裹尸葬的产生（裹尸葬的原因）	
W6682.5.1.1	因家庭困难裹尸葬	【鄂伦春族】
W6682.5.2	裹尸葬的对象	
W6682.5.2.1	儿童夭折实行裹尸葬	【赫哲族】
W6682.5.2.2	不足十岁者实行裹尸葬	【侗族】
W6682.5.3	裹尸葬的方法	
W6682.5.3.1	用桦树皮将尸体包裹埋葬掉	【鄂伦春族】
W6682.5.3.2	不足十岁死者由家人或请人用木皮捆包到村外无人处掩埋	【侗族】
W6682.5.3.3	未满月死亡的孩子用席子包裹土葬	【布依族】
W6682.5.3	与裹尸葬有关的其他母题	
W6682.6	埋骨葬（尸骨葬）	
W6682.6.1	啖人国人死朽而弃之，埋其骨	【古代民族】［W6674.6.1］火葬时架好一堆矮塔形的木柴，把人尸抬上后四围点火，边烧边用木棍翻动。火化后收埋骨灰
W6682.6.2	稼（人名）寻找父亲的尸骨安葬	【仫佬族】
W6682.6.3	防风的尸骨葬	【汉族】
W6682.7	居室葬	

W 编码	母题描述	关联项
W6682.7.1	死者葬在室内以便继续保佑居室中的主人	【多民族】
W6682.8	岩穴葬	
W6682.8.1	特定人物实行岩穴葬	
W6682.8.1.1	麻风病人死后实行岩穴葬	【仡佬族】
W6682.8.2	岩穴葬的方法	
W6682.8.2.1	岩穴葬置棺于洞穴之内，棺底两端垫以石头，不封土	【仡佬族】
W6682.8.3	岩穴葬的种类	
W6682.8.3.1	岩穴棺葬的岩穴有天然岩穴和人工凿成两种	【仡佬族】
W6682.9	其他形式的丧葬	
W6682.9.1	草丧	
W6682.9.1.1	朝山会上做“草丧”	【汉族】
W6682.9.2	塔葬	【藏族】
W6682.9.3	替身葬	【彝族】
W6683	**与丧葬类型有关的其他母题**	［W6592］食人习俗（食人葬）
W6683.0	丧葬类型的选择（丧葬方式的确定）	
W6683.0.1	不同季节采用不同丧葬方式	
W6683.0.1.1	冬季取用火葬的办法，夏季取用土葬和水葬的办法	【藏族】
W6683.0.2	丧葬方式由卜卦决定	
W6683.0.2.1	人死后采用何种葬法，由喇嘛或巫师卜卦决定	【藏族】
W6683.1	二次葬	
W6683.1.1	二次葬的产生（二次葬的来历；二次葬的原因）	

W 编码	母题描述	关联项
W6683.1.1.1	死者埋葬后若寨内人多病，要对尸体再行火化	【基诺族】
W6683.1.1.2	因特定人物没赶上葬礼形成二次葬	【纳西族】
W6683.1.1.3	对原来的薄葬实施二次葬	【布依族】
W6683.1.1.4	停棺待葬实行二次葬	［W6661.7.1.5.2］停棺待葬（假葬）
W6683.1.1.4.1	因推算当年埋葬时间不合适，停棺待葬实行二次葬	【布依族】
W6683.1.1.4.2	将死者的生辰八字与死亡时间推算，不适合入葬的多停棺待葬	【侗族】
W6683.1.2	二次葬的特征	
W6683.1.3	二次葬的功能	
W6683.1.3.1	二次葬可以让死者进入另外的世界中生活	【古代民族】
W6683.1.4	二次葬的方法	
W6683.1.4.1	血肉属于人世间，因此要等到血肉腐朽之后过三年或十年、二十年之后择一吉日做二次埋葬	【白族】
W6683.1.4.2	萨满先风葬，过几年后再将所剩遗骨埋入土内	【达斡尔族】
W6683.1.5	二次葬的情形	
W6683.1.5.1	三年之内穿地为坎殡于舍侧，上作小屋，三年而后出而葬之	【白族】
W6683.1.6	与二次葬有关的其他母题	
W6683.1.6.1	二次葬又称“停棺待葬”	【布依族】
W6683.2	复合葬（一次葬多个环节；多次葬）	
W6683.2.1	复合葬的产生（复合葬的来历；复合葬的原因）	
W6683.2.2	复合葬的方法	

W 编码	母题描述	关联项
W6683.2.2.1	先火葬后埋葬	【藏族】
W6683.2.2.1.1	妻子把丈夫装进箱子里烧掉，然后用布袋装丈夫的骨灰，埋在地下，并砌坟头	【裕固族】
W6683.2.2.1.2	火葬后将骨灰拾到高山上埋葬	【藏族】
W6683.2.3	复合葬的功能	
W6683.2.4	与复合葬有关的其他母题	
W6683.2.4.1	先土葬死者，后火葬，再水葬	
W6683.3	墓葬形式与神话有关	
W6683.3.1 *	丧葬的殉人形式与神话中记载的事件有关	【中华民族】
W6683.4	偷葬	
W6683.4.1	有些人死后不“寄葬”而行“偷葬”	
W6683.4.1.1	“偷葬”须是使用大棺材者	【布依族】
W6683.4.2	死者年纪过小要悄悄埋葬	【布依族】
✻ W6684	**其他丧葬相关事象**	
W6685	**葬礼仪式（丧葬仪礼；丧葬仪式；葬礼的程序）**	【汤普森】V60
W6685.0	葬礼仪式的产生（丧葬仪式的来历）	
W6685.0.1	龙子规定葬礼仪式	【哈尼族】
W6685.0.2	祖先规定丧葬仪礼	【羌族】
W6685.0.3	丧葬仪式源于特定的人的葬礼	
W6685.0.3.1	人们葬智者别木支后有了丧葬仪式	【羌族】
W6685.1	特定的葬礼程序	
W6685.1.1	葬礼有报丧、装棺、开吊、出丧、埋葬五个程序	【彝族（腊罗、摩察、纳苏、给尼、葛泼）】

W 编码	母题描述	关联项
W6685.1.1.1	开吊仪式为“草吊”	【彝族】
W6685.1.2	葬礼分为塞门、祭奠、祷告、送葬和久葬等礼仪	【侗族】@［W6685.9.9.1.1］举行葬礼要先进行塞门送鬼仪式，其间孝子忌饮食，否则招灾难
W6685.2	丧葬中的祭拜（丧葬中的祭祀）	
W6685.2.1	丧葬时每天3祭	
W6685.2.1.1	葬期每天要供奉三次，每次饭、肉、冷水各三碗	【傈僳族】
W6685.2.2	坟前祭祀	
W6685.2.2.1	安葬后，把供品摆在新坟前，点上九炷香和一对烛，把拄丧棒放在新坟的侧面，将一束木棍拴上白纸做的坟标插在坟的顶部，亲人磕头敬酒	【仡佬族】
W6685.2.2.2	堆好坟后要烧香化纸，放炮祭新坟，孝子绕坟三圈	【侗族】
W6685.2.2.2.1	绕坟向左转	
W6685.2.2.2.1.1	葬礼中要围绕坟墓自右向左转三圈，用左手向左方洒酒	【蒙古族】
W6685.2.2.3	灵柩送上山后在神龛旁设一个香厅祭死者的安乐窝，逢年过节祭之	【布依族】
W6685.3	丧葬中的致哀	
W6685.3.1	为死者致哀习俗的产生	【汤普森】A1547.3
W6685.3a	丧葬中的致礼	
W6685.3a.1	丧葬时从死者的脸部开始，向其折倒三次长矛表致礼	【藏族】
W6685.4	丧葬的语言（丧葬用语）	
W6685.4.1	丧葬中有关事务的称谓	

W 编码	母题描述	关联项
W6685.4.1.1	氏族老家为“故墓之地”或称之为“母国”、“父国”	【多民族】
W6685.4.1.2	出殡称“上山”	【仡佬族】
W6685.4.2	丧葬中对死亡的称谓（死者中对死者的称呼）	
W6685.4.2.1	丧葬中称死者为“老了”	【汉族】
W6685.4.2.2	丧葬中称死者为“走了”	【汉族】
W6685.4.2.3	丧葬中称死者为“过了”	【汉族】
W6685.4.2.4	丧葬中称死者为“西游了”	【汉族】
W6685.4.2.5	丧葬中称死者为“见祖先去了”	【汉族】
W6685.4.2.6	老人病死称为“成神”	【仡佬族】
W6685.4.2.7	小孩死亡叫“打嫩丁”“看青柄林去了”“看守茅坡山去了”	【仡佬族】
W6685.4.3	丧葬中对死去的长辈的称谓	
W6685.4.4	丧葬中对死去的同辈的称谓	
W6685.4.5	丧葬中对夫妻间死者的称谓	
W6685.4.5.1	妻子哭死去的丈夫时称“爷”的来历	【民族，关联】①
W6685.4.5.2	丈夫哭死去的妻子为“姊妹”	【汉族】
W6685.4.5.2.1	以前姐弟结婚传人类，所以现在妻子死了丈夫还哭“我的姊妹。”	【土家族】
W6685.4.5.3	夫妻死后哭丧互称兄妹	
W6685.4.5.3.1	夫妻死后哭丧互称兄妹是从伏羲女娲那时传下来的	【苗族】
W6685.4.5.4	丧葬中妻子哭丈夫为“我的天”	【汉族】
W6685.4.6	丧葬中对死去晚辈的称谓	
W6685.4.7	丧葬中对其他特定人物的称谓	
W6685.4.8	与丧葬中的语言有关的其他母题	
W6685.4.8.1	丧葬时喊亡灵名字（喊灵）	【傈僳族】

① 【汉族】@［W6883.6.2.1.1］夫妻的一方亡后哭称“姊妹”；［W7020］夫妻。

W 编码	母题描述	关联项
W6685.5	丧葬中的特定行为（丧葬中的特定方法；丧葬方式）	
W6685.5.1	丧葬中植树	
W6685.5.1.1	埋葬死者处植树	【苗族】
W6685.5.1.2	葬狗时要植树	【高山族】@［W6689.4.1.4.1］葬狗时要栽一棵树
W6685.5.2	丧葬中歌舞	【关联】①
W6685.5.2.1	丧葬时击鼓唱歌，男女围尸跳跃	【仡佬族】
W6685.5.3	丧葬中的唱歌（哀歌；挽歌；丧歌；孝歌）	
W6685.5.3.1	唱挽歌（丧葬中的咏唱）	［W6688.2.4.3］丧葬挽歌禁忌
W6685.5.3.1.1	停灵时，唱挽歌诉养育之恩	【傈僳族】
W6685.5.3.1.2	为死者对唱挽歌时，一个人要扮死者	【傈僳族】
W6685.5.3.1.3	唱歌对被葬者提出要求	【鄂伦春族】
W6685.5.3.1.3.1	丧葬中通过咏唱劝死者灵魂永不再回	【瑶族（布努）】
W6685.5.3.1.4	伴灵的人对唱丧歌	【侗族】
W6685.5.3.1.5	唱歌安慰被葬者	【鄂伦春族】
W6685.5.3.1.6	父母死后行鼓踏歌	【汉族】
W6685.5.3.2	丧葬中唱歌比赛	
W6685.5.3.2.1	丧礼上让动物比赛唱歌	【佤族】
W6685.5.3.3	哭丧中的哀歌有特定节奏	【基诺族】
W6685.5.3.4	动物为死者唱挽歌	【怒族】
W6685.5.3.4.1	知了和马蜂为死者唱挽歌	【怒族】
W6685.5.3.5	句句丧歌有根由	【汉族】

① ［W6661.7.6.1］入殓后，夜间为死者歌舞；［W6665.5.7.6］送葬时歌舞；［W6667.0.4.2］守灵时以歌舞采取悦死者。

W 编码	母题描述	关联项
W6685.5.3.6	死丧葬打歌之前必须先吹芦笙	【彝族】@［W6659.5.1.1］吊唁死者要经过“扎花棚、设灵堂”“上祭”“发孝”“诵经”“打歌开路”五道程序
W6685.5.3.7	特定的丧葬歌	
W6685.5.3.7.1	开场歌（开歌路；歌头）	
W6685.5.3.7.1.1	长的歌头从盘古到三十六朝	【汉族】
W6685.5.3.8	丧葬时唱酒歌	【哈尼族】
W6685.5.4	丧葬中跳舞（丧葬中的舞蹈）	
W6685.5.4.1	丧葬时亲友跳告别舞（雄登）	【怒族】
W6685.5.4.2	葬礼上要为死人跳了一夜的“崩董”（葬舞）	【景颇族】
W6685.5.4.3	丧葬时跳铜鼓舞	【壮族】
W6685.5.4.4	丧葬时跳神	［W6663.4.6.1］萨满跳神向山神求得安葬之地
W6685.5.4.4.1	丧葬时跳神可减少死者阴间痛苦	【赫哲族】
W6685.5.4.5	丧葬中跳“踩堂舞”	【仡佬族】
W6685.5.4.5.1	祭师为死者做法事时安排青壮年跳踩堂舞	
W6685.5.4.5.1.1	跳踩堂舞意为死者踩蛆赶乌鸦	【仡佬族】
W6685.5.4.6	丧葬时跳热美舞	【纳西族】
W6685.5.5	丧葬中击打乐器	
W6685.5.5.1	龙阿妈去世时，敲铓鼓时还要拿一节里面装有各种五谷、贝壳和银器的竹筒敲击	【哈尼族】
W6685.5.5.2	丧葬时敲铜鼓	【水族】
W6685.5.5.2.1	丧葬时先祭铜鼓再敲铜鼓	【壮族】
W6685.5.6	丧葬中的念经	
W6685.5.6.0	丧葬时念经的原因	

W 编码	母题描述	关联项
W6685.5.6.0.1	丧葬时念经可以把死者送到阴间	【锡伯族】
W6685.5.6.0.2	丧葬时通过念经恐吓驱鬼	【藏族】
W6685.5.6.0.3	丧葬时通过念经为亡灵指路	【民族，关联】①
W6685.5.6.0.4	丧葬中念经送魂	【阿昌族】
W6685.5.6.1	丧葬中念经的时间	
W6685.5.6.1.1	丧葬中念经“做七”	
W6685.5.6.1.1.1	自死者断气之日每隔七天要请和尚或道士来替死者念一天经，此仪式称为“做七”	【白族】
W6685.5.6.2	丧葬中念经的地点	
W6685.5.6.3	丧葬中念经的方法	
W6685.5.6.3.1	不同死者念的经不同	
W6685.5.6.3.1.1	为男性死者念金刚经，女性念大小血盆经	【羌族】
W6685.5.6.4	丧葬中的念经者	［W6685.5.7.1］丧葬时毕摩边做招灵边念经让亡灵附于灵牌之上
W6685.5.6.4.1	丧葬中请达巴（巫师）念经	【纳西族】
W6685.5.6.4.2	丧葬时喇嘛念经	【达斡尔族】
W6685.5.6.5	丧葬中念特定的经	
W6685.5.6.5.1	丧葬时念去病经、祭献经、安葬送魂经、超度经等	【纳西族】
W6685.5.6.6	与丧葬中念经有关的其他母题	［W6659.6.3］吊唁时诵经
W6685.5.6.6.1	丧葬诵经时要说几句反话	【傈僳族】
W6685.5.7	丧葬中招灵	
W6685.5.7.1	丧葬时毕摩边做招灵边念经让亡灵附于灵牌之上	【彝族】
W6685.5.7.2	接亡人	

① 【藏族】@［W6664.5.2.1.1.1］出殡时由一长老为男死者指路，念《送魂词》；［W6666.5.0.1.1］下葬前祭师念《指路经》。

W 编码	母题描述	关联项
W6685.5.7.2.1	人死后三天就要接亡人，把魂灵接近灵房杆里	【傈僳族】
W6685.5.8	为死者超度（超度死者；为死者做法场）	
W6685.5.8.1	超度死者的产生（超度的原因）	
W6685.5.8.1.1	超度死者亡灵使之到西方极乐世界	【藏族】
W6685.5.8.2	超度死者的作用（超度的功能）	
W6685.5.8.2.1	死者经过超度才能成为神灵	【彝族】
W6685.5.8.2.2	人死后通过超度成仙	【布依族】
W6685.5.8.2.3	超度死者灵魂让其早转生	【汉族】
W6685.5.8.3	超度死者的方法	
W6685.5.8.3.1	凿石人超度	【汉族】
W6685.5.8.3.2	为死者办斋超度时除了用糯米饭、牛、公鸡、鸭、鱼、猪肉等祭供外，还伴以乐器吹打，孝子数日守灵	【布依族】
W6685.5.8.3.3	超度时敲锑口	
W6685.5.8.3.3.1	超度时敲锑口是为了打开天门	【仡佬族】
W6685.5.8.3.4	用铜鼓超度死者	【布依族】
W6685.5.8.4	超度死者的实施者	
W6685.5.8.5	超度死者的时间	【关联】①
W6685.5.8.5.1	超度在十月或冬月进行	【藏族】
W6685.5.8.5.2	丧葬后超度亡灵时间不确定（做“帛”超荐亡人时间不确定）	
W6685.5.8.5.2.1	以前丧葬后做“帛”间隔比较长，十二、三年才做一次，现在第二年就做	【藏族】

① ［W6664.5.1.6.7］出殡的头一天晚上举行祭奠仪式，为死者开路，超度亡灵；［W6667.3.2.4.7.1.1］烧七即丧家在死者的死期的第七日烧钱化纸、超度亡灵。

W 编码	母题描述	关联项
W6685.5.8.6	超度死者的地点	
W6685.5.8.7	超度死者的结果	
W6685.5.8.7.1	超度死者灵魂上天成仙	【布依族】
W6685.5.8.8	与超度死者有关的其他母题	
W6685.5.8.8.1	《殡亡经》是超度亡灵的经典	【布依族】
W6685.5.9	与丧葬中的特定行为有关的其他母题	
W6685.5.9.1	丧葬时请神	
W6685.5.9.1.1	丧葬时天上请天王，天上请太阳，高山请山神，箐中请水神，请把门将军，请灶君菩萨，请地脉龙神	【彝族（腊罗、摩察、纳苏、给尼、葛泼）】
W6685.5.9.1.2	人死后，就要请道士排日期接青，让青神把死者灵魂带回	【汉族】
W6685.5.9.2	哭丧	［W6689.9.4］哭死者（哭灵）
W6685.5.9.2.1	妻子哭丧痛不欲生	【瑶族】
W6685.5.9.2.2	哭丧有不同方式和功能	
W6685.5.9.2.2.1	哭诉时赞颂死者生前业绩	【侗族】
W6685.5.9.2.3	丧葬时子孙不哭	【藏族】
W6685.5.9.3	丧葬时表演巫术仪式	
W6685.5.9.3.1	丧葬时表演射乌鸦	【布依族】
W6685.5.9.3.2	丧葬时表演登仙	【布依族】
W6685.5.9.4	烧灵	
W6685.5.9.4.1	“烧灵”第一天为“开坛”，第二天为“传客”，第三天为“转场”及上山安葬	【布依族】
W6685.5.9.4.1.1	开坛有特定的仪式	【布依族】
W6685.5.9.4.1.2	传客有特定的仪式	【布依族】
W6685.5.9.5	丧葬时挂图	

W 编码	母题描述	关联项
W6685.5.9.5.1	丧葬时挂祖图	【畲族】
W6685.5.9.5.1.1	红白事时悬此祖像于堂中祭拜	【畲族】
W6685.5.9.6	丧葬中除秽	
W6685.5.9.6.1	丧葬时用火除秽	【蒙古族（布里亚特）】@［W6667.1.2.3.2］丧葬后用火为送葬者驱邪除秽
W6685.6	丧葬中的服饰	
W6685.6.1	戴孝（佩戴孝服）	
W6685.6.1.1	戴孝的产生	
W6685.6.1.1.1	傣族的白头巾就是为王子和公主戴的孝	【傣族】
W6685.6.1.2	戴孝的时间	
W6685.6.1.3	戴孝的地点	
W6685.6.1.4	戴孝的方法	
W6685.6.1.4.1	孝子为父母戴孝	
W6685.6.1.4.1.1	父亲死后儿子穿孝同时也要扎白腰带	【鄂温克族】
W6685.6.1.4.1.2	孝子为父母戴孝时间不同	
W6685.6.1.4.1.2.1	孝子为母亲孝期为 120 天，父亲孝期为“七七四十九”天	【布依族】@［W6668.5.3.3］百日重孝期间，孝子不能剃头、刮胡子
W6685.6.1.4.2	妻子为丈夫戴孝	
W6685.6.1.4.2.1	妻子为丈夫戴孝 3 年	【鄂温克族】
W6685.6.1.4.2.2	妻子为丈夫戴孝 1 年	【鄂伦春族】
W6685.6.1.4.2a	丈夫为妻子戴孝	
W6685.6.1.4.2a.1	丈夫为妻子戴孝 3 个月	【鄂伦春族】
W6685.6.1.4.3	不同的辈次戴孝不同	【鄂温克族】
W6685.6.1.4.4	老年人去世，氏族或家族中五代以内的近亲都要戴孝	【鄂伦春族】

W 编码	母题描述	关联项
W6685.6.1.4.5	孝子孝女服孝穿无袖白布衫，用白布条束腰，赤脚	【侗族】
W6685.6.1.5	特定的孝服	
W6685.6.1.5.1	白色孝服	【鄂温克族】
W6685.6.1.5.1.1	孝服白色源于尧母归天时下大雪	【汉族】
W6685.6.1.6	戴孝的解除（戴孝的时限）	
W6685.6.1.6.1	戴孝有特定天数	
W6685.6.1.6.1.1	男死，戴孝 120 天；女死，戴孝 90 天	【傈僳族】
W6685.6.1.6.2	戴孝有特定月数	
W6685.6.1.6.2.1	孝子戴孝 3 个月	【鄂温克族】
W6685.6.1.6.3	戴孝有特定年限	
W6685.6.1.6.3.1	孝子戴孝 3 年	【鄂伦春族】
W6685.6.1.6.3.1.1	孝子的孝帕要戴满 3 年	【布依族】
W6685.6.1.6.4	其他期限的戴孝	
W6685.6.1.6.5	戴孝的解除方法	
W6685.6.1.6.5.1	戴孝期满由别的氏姓的人给脱下并把孝服和带子送给解脱的人	【鄂温克族】
W6685.6.1.7	戴孝的禁忌	
W6685.6.1.8	与戴孝有关的其他母题	
W6685.6.1.8.1	不用戴孝的群体	
W6685.6.1.8.1.1	母亲死后，娘家的晚辈不戴孝	【鄂温克族】
W6685.6.2	披麻	
W6685.6.2.1	孝男及其他族内男子头顶张开的长卷麻布象征桥，让灵柩在麻布“桥”上越过	【纳西族】
W6685.7	丧葬中缅怀死者	
W6685.7.1	丧葬时缅怀死者功绩	【瑶族（布努）】
W6685.8	特定名称的葬礼	

W 编码	母题描述	关联项
W6685.8.1	哈尼人“莫搓搓”葬礼	
W6685.8.1.1	龙子规定阿妈去世时敲响鼓，发出“昌朗昌朗”的声音，形成哈尼人“莫搓搓”葬礼	【哈尼族】
W6685.9	与葬礼仪式有关的其他母题（与丧葬仪式有关的其他母题；与葬礼葬俗有关的其他母题）	
W6685.9.0	丧葬仪式的主持者	
W6685.9.0.1	巫师主持丧葬仪式	【彝族】
W6685.9.1	丧葬法场	【汤普森】V66
W6685.9.2	闹丧	【仡佬族（红仡佬）】
W6685.9.2.1	老人亡故是白喜事愈热闹愈好，即“闹丧”	【彝族】
W6685.9.3	葬礼的类型	
W6685.9.3.1	“丧礼”仪式分“作祭”“作斋”（送灵）两大部分	【彝族】
W6685.9.3.1.1	送灵	
W6685.9.3.1.1.1	“送灵”仪式分祭灵、献牲、出灵进灵棚、椎牲、解污、除病等十五场	【彝族】
W6685.9.4	特定人物有特定的丧葬仪式	
W6685.9.4.1	非正常死亡者要由毕摩举行“药祭仪式”	【彝族（黑彝）】
W6685.9.5	做七	［W6667.3.2.4］祭祀者以七为计
W6685.9.5.1	人死后若家中恶鬼作祟要举行七天的“大五七”，或五天的“小五七”祭祀	【彝族（撒尼）】
W6685.9.6	丧葬中的礼尚往来	
W6685.9.6.0	送葬礼	

W 编码	母题描述	关联项
W6685.9.6.0.1	陪灵伴孝的亲友送彩礼	【侗族】@［W6667.0.5a］陪灵者
W6685.9.6.1	还礼（酬谢）	［W6659.8.9.1］吊唁时要回礼
W6685.9.6.1.1	丧事主人要赠送给亲友礼品	【侗族】
W6685.9.6.1.2	丧家孝子感谢葬礼协力者	【布依族】
W6685.9.7	古夜王	【布依族】
W6685.9.8	丧葬仪式因死者情况而异	
W6685.9.8.1	丧葬仪式有“老人过世”“中年病故”“凶死夭折”等区别	【布依族】
W6685.9.9	丧葬中的其他仪式	
W6685.9.9.1	塞门送鬼仪式	［W6664.5.2.7.2］开丧超荐时先要举行镇恶鬼仪式
W6685.9.9.1.1	举行葬礼要先进行塞门送鬼仪式，其间孝子忌饮食，否则招灾难	【侗族】
W6685.9.9.2	丧葬要为鬼怪献赎品	
W6685.9.9.2.1	丧葬为鬼怪献赎品以求丧葬无碍	【藏族】
W6685.9.9.3	安师仪式	
W6685.9.9.3.1	布摩举行“殡亡”“赎头”扫寨、送鬼等大型仪式活动前要举行“安师”仪式	【布依族】
W6685.9.9.4	穿耳	
W6685.9.9.4.1	死后下阴间要穿耳	【多民族】
W6686	**追悼会**	
W6686.1	追悼会的产生	
W6686.2	追悼会的内容（追悼会的环节；追悼仪式）	［W6685.7.1］丧葬时缅怀死者功绩
W6686.2.1	追悼会瞻仰遗容	［W6657.8.5.1］人死后在四周摆上鲜花，让人祭祀
W6686.3	特定的追悼会（追悼会的类型）	

W 编码	母题描述	关联项
W6686.4	追悼会禁忌	
W6686.5	与追悼会有关的其他母题	
W6687	**坟墓（坟；墓；冢；陵；墓地）**	
W6687.1	坟墓的产生（坟的产生；墓的产生）	［W6687.5.7.1］祖坟的产生
W6687.1.1	坟墓是为死者盖的房子	【傈僳族】
W6687.1.2	葬后砌坟头习俗的来历	【裕固族】
W6687.1.3	自然形成坟墓	
W6687.1.3.1	卷沙堆成坟	【汉族】
W6687.1.4	为纪念特定人物修建坟墓	
W6687.1.4.1	为纪念燧人氏为之修建坟墓	【汉族】
W6687.2	修造坟墓（挖墓穴；修坟；造阴宅；挖坟；掘墓）	［W6687.9.6］修坟（修葺坟墓；圆坟）
W6687.2.1	墓地的选择（选墓地）	［W6663］选坟（选定墓地；选坟地）
W6687.2.1.1	墓地选风水好的地方	【汉族】
W6687.2.1.2	请特定的人选墓地	
W6687.2.1.2.1	请萨满选墓地	【鄂温克族】
W6687.2.1.3	占卜选墓地	
W6687.2.1.3.1	请巫师占卜选墓地	【壮族】
W6687.2.1.4	按遗嘱选墓地	【汉族】
W6687.2.1.5	为特定人物选坟地	
W6687.2.1.5.1	为不忘风后的功绩，黄帝亲自为他选坟地	【汉族】
W6687.2.2	修造坟墓前的仪式	
W6687.2.2.1	挖墓穴前祭祀	【傈僳族】
W6687.2.2.2	修坟时向死者汇报	【傈僳族】

W 编码	母题描述	关联项
W6687.2.2.3	造坟时举行与死者分道而行仪式	【傈僳族】@［W6665.5.4］送葬时要举行隔魂仪式
W6687.2.2.4	开挖坟墓前，阴阳先生杀一只雄鸡滴血于要挖的土地上谓之“播土”	【布依族】
W6687.2.2.5	造墓时祭拜后土神	【汉族】
W6687.2.3	修造坟墓的时间	
W6687.2.3.1	送葬上山那天凌晨派人挖墓坑	【布依族】
W6687.2.3.2	安葬的前半夜选择吉时和地势开挖墓圹	【布依族】
W6687.2.3.3	出葬日清晨派人挖墓井	【侗族】
W6687.2.4	修造坟墓的地点	
W6687.2.4.1	顺山设墓	【仡佬族】
W6687.2.5	修造坟墓的方法	
W6687.2.5.1	不同的死者挖的坟墓不同	
W6687.2.5.1.1	挖坟时男死者挖十步，女挖七步	【傈僳族】
W6687.2.5.2	挖墓有规定程序	
W6687.2.5.2.1	阴阳先生择好坟地，挖墓需孝子“开土”后，由帮忙人挖成	【布依族】
W6687.2.5.2.2	挖男性死者墓要在左面开一小孔放进“粮阴坛”，再用石块堵住洞口，暖井烘干，再喷洒白酒	【布依族】
W6687.2.5.3	挖墓动土	
W6687.2.5.3.1	挖墓要由女婿先动土	【仡佬族】
W6687.2.5.3.2	开挖葬井时阴阳先生用八卦罗盘定下方向，再定桩，燃烛点香，化钱念词后方能破土	【布依族】
W6687.2.5.3.3	掘墓穴开井时由孝子先挖数锄	【仡佬族】
W6687.2.5.3.4	挖坟破土要由地理先生先拿一把锄头，从东方破起	【布依族】

W 编码	母题描述	关联项
W6687.2.5.3.5	挖掘坟墓破土时，鬼师要念咒	【侗族】
W6687.2.5.4	用特定材料造坟墓（造坟墓的材料）	
W6687.2.5.4.1	以石块、泥土将长方形墓石包垒为坟	【仡佬族】
W6687.2.5.4.2	用石块围坟	【仡佬族】【普米族】
W6687.2.6	修造坟墓者（造坟者；挖墓者）	
W6687.2.6.1	造坟者的产生（特定的挖墓者）	
W6687.2.6.1.1	挖墓穴者由远房亲戚担任（房族兄弟担任挖墓者）	【侗族】
W6687.2.6.1.2	女婿和帮忙人作为挖墓者	【仡佬族】
W6687.2.6.1.3	孝子挖坟墓	【仡佬族】
W6687.2.6.1.3a	孝子捧土筑坟	【锡伯族】
W6687.2.6.1.4	亲友垒坟	【仡佬族】
W6687.2.6.1.5	男人挖坟墓	【布依族】
W6687.2.6.2	造坟者数量	
W6687.2.6.2.1	挖墓穴人数由七、九、十一人组成，要单数不要双数	【侗族】
W6687.2.6.2.2	四人打井挖墓穴	【侗族】
W6687.2.7	修造坟墓的情形	
W6687.2.7.1	灵柩下井后，扯四根茅草插在井内四角，先由孝子背土放在井盖上，再填土垒坟	【仡佬族】
W6687.2.8	与造坟有关的其他母题	
W6687.2.8.1	挖坟称“开井”	【傈僳族】
W6687.2.8.2	挖坟完成后事象	
W6687.2.8.2.1	挖好墓雪后墓中撒烧纸钱或撒铜钱	【傈僳族】
W6687.2.8.3	为活人立墓	
W6687.2.8.3.1	因误会为活人立墓	【壮族】

W 编码	母题描述	关联项
W6687.3	坟墓的构成	
W6687.3.1	墓穴（墓坑）	
W6687.3.1.1	墓坑四壁镶以石板	【仡佬族】@［W6669.1.6.3.1］宽石板作椁并放一个铁三脚，给死者在阴间放锅煮饭吃
W6687.3.1.2	墓穴以大小石块砌成墓壁，用大石块作墓盖（石板葬）	【仡佬族】
W6687.3.2	坟头	
W6687.3.2.1	坟墓不设坟头	【独龙族】【傈僳族】
W6687.3.3	坟墓的附件	
W6687.3.3.1	丧葬后，由巫师把死者平时所用的衣物、碗筷挂在坟上	【独龙族】@［W6688.2.2.1］忌用死者遗物
W6687.3.3.2	坟墓前设牌位	
W6687.3.3.2a	坟墓前不设牌位	【傈僳族】
W6687.3.3.2b	坟前立碑	【布依族】@［W6687.5b.3.1］安葬后一般不立碑，而在坟墓旁栽树作纪念
W6687.3.3.2b.1	在鸡蛋上写上死者的名字当灵位置于坟前	【仡佬族】
W6687.3.3.2b.2	父母坟前立圆头石碑	【汉族】
W6687.3.3.2c	坟前植树	［W6687.5b.3.1］安葬后一般不立碑，而在坟墓旁栽树作纪念
W6687.3.3.2c.1	坟前植风水树	
W6687.3.3.2c.1.1	发丧三日后圆坟时植松柏或桂树（风水树）于墓前	【仡佬族】
W6687.3.3.2c.2	墓地的龙树	【壮族】
W6687.3.3.2d	坟前立十字架	【鄂温克族】
W6687.3.3.2e	坟前立白石	

W 编码	母题描述	关联项
W6687.3.3.2e.1	坟前立白石可保佑灵魂返乡	【藏族】
W6687.3.3.2e.2	坟前端的正中立一白石意为祖先寄身之所	【藏族】
W6687.3.3.2f	墓前放特定雕像	
W6687.3.3.2f.1 *	双面猫头鹰大理石雕形放置在墓前建筑物上或竿头做装饰	【中华民族】
W6687.3.3.3	坟墓上放置特定物件	
W6687.3.3.3.1	在坟上插一把小刀	【独龙族】
W6687.3.3.3.2	坟前竖一根木杆，将死者生前用具及亲友送来的鸡蛋挂上面	【独龙族】@［W6667.1.2.1.1］坟上插的一根竹竿拴一根绳直拖到家里，每天傍晚拉一次表示魂还在近处
W6687.3.3.3.2a	停棺时棺木上放的一根四方柱子等入土后放在坟的右侧	【哈尼族】
W6687.3.3.3.3	坟墓上放死者的以往用品（坟前放死者生前用品）	【怒族】
W6687.3.3.3.3.1	坟上挂死人的弩弓、刀及饭袋	【傈僳族】
W6687.3.3.3.3.2	坟前放死者平常所用的弩弓、箭及犁架	【傈僳族】
W6687.3.3.3.3.2a	墓地旁放生前的马匹鞍具等物	【鄂温克族】
W6687.3.3.3.3.3	坟前所放生前用品男女有别	【关联】①
W6687.3.3.3.3.3.1	男死者坟前风其生前所用砍刀、弩弓、箭包、烟袋等。女则放生前所用的织麻工具、麻布挂袋、针线、煮饭用具等	【傈僳族】
W6687.3.3.3.4	坟墓上放死者的所需用品	
W6687.3.3.3.4.1	坟上面撒玉米等各类种子以及酒等	【傈僳族】
W6687.3.3.3.4.2	坟前放一个碗及小钱数枚	【傈僳族】
W6687.3.3.3.4.3	坟前放祭品	

① ［W6657.4.5.2］死者的口含物男女有别；［W6669.13.2.1.1］随葬品男女有别。

W 编码	母题描述	关联项
W6687.3.3.3.4.3.1	坟墓的前摆酒、烟、糖果、熟肉等贡品	【鄂伦春族】
W6687.3.3.3.5	坟上的灵幡	
W6687.3.3.3.5.1	坟上插一张黄纸幡，上写“五方引魂童子开路大将军”	【傈僳族】
W6687.3.3.3.6	坟旁插树枝	
W6687.3.3.3.6.1	墓穴旁置三块石头插以青树枝	【傈僳族】
W6687.3.3.3.6.2	坟上插柳	
W6687.3.3.3.6.2.1	坟头上插柳以示对死者的诚意	【汉族】
W6687.3.3.3.7	坟前放已用过的丧葬用品	
W6687.3.3.3.7.1	停灵期间所供的食物、汤水放在一个竹篓和一个陶罐内放在死者坟前	【纳西族】
W6687.3.3.3.8	坟边插开路鸡的毛	【仡佬族】
W6687.3.4	坟墓中的放置物	［W6669.13］随葬品（殉葬品；陪葬品）
W6687.3.4.1	坟墓中放用于盛放祭品的器物	【傈僳族】
W6687.3.4.2	墓中放特定食品	
W6687.3.4.2.1	墓中放肉	【怒族】
W6687.3.4.3	墓中放工艺品	
W6687.3.4.4	墓内放崇拜物	
W6687.3.4.4.1	墓内放崇拜的白石	【藏族】
W6687.3.4.5	坟墓中放象征物	
W6687.3.4.5.1	坟墓中放日月的象征物	【鄂温克族】
W6687.3.5	与坟墓的构成有关的其他母题	
W6687.3.5.1	墓壁上做“堂窑”	【汉族】
W6687.3.5.2	墓葬装饰	
W6687.3.5.2.1 *	墓葬装饰有多种功能	【中华民族】
W6687.3.5.3	墓葬绘画（墓画）	

W 编码	母题描述	关联项
W6687.3.5.3.1＊	墓葬绘画有讲究	【中华民族】
W6687.3.5.3.1.1	墓画中画特定人物	
W6687.3.5.3.1.1.1＊	墓葬中画伏羲女娲意为辟除邪恶、引领死者灵魂飞升仙界	【中华民族】
W6687.3.5.3.1.2	墓画中画特定植物	
W6687.3.5.3.1.2.1＊	墓画中的桂树或不死树	【多民族】
W6687.4	坟墓的特征（坟墓的功能）	
W6687.4.1	坟墓有特定的布局（坟墓有特定的排序）	
W6687.4.1.1	坟墓按辈次排列	【鄂伦春族】【傈僳族】@［W6687.5.6.3.1.2］家族墓地按辈分的高低由长到幼顺序排列
W6687.4.1.2	坟墓按男左女右排列	【傈僳族】
W6687.4.2	坟墓的形状	
W6687.4.2.1	圆形坟墓	
W6687.4.2.1.1	坟四周叠石头成圆状	【傈僳族】
W6687.4.3	墓穴的方向	
W6687.4.3.1	占卜测定墓穴方向	【傈僳族】
W6687.4.3.2	墓穴应朝阳	【独龙族】
W6687.4.4	坟墓有特定功能	
W6687.4.4.1	坟墓有关后代兴衰	【侗族】
W6687.4.5＊	墓者，鬼神所在	【中华民族】
W6687.4.6	坟墓有规定的排序	
W6687.4.6.1	老辈在上首安葬，再按辈分依次往下坡延伸	【鄂温克族】
W6687.4.6.2	墓穴长辈在上依次排列	【达斡尔族】
W6687.4.7	不同人物的坟墓具有差异性	
W6687.4.7.1	男女坟墓的盖板数量不同	

W 编码	母题描述	关联项
W6687.4.7.1.1	男女坟墓的盖板男九女七	【藏族】
W6687.4.8	特定墓葬的规制	
W6687.4.8.1	大禹墓葬苇椁桐棺，穿圹七尺，下无及泉，坟高三尺，土阶三等	【中华民族】
W6687.4.8.1a	禹葬会稽之山，衣衾三领，桐棺三寸，葛以缄之，绞之不合，通之不堋，土地之深，下毋及泉，上毋通臭	【中华民族】
W6687.5	坟墓的类型（特定的坟）	
W6687.5.1	坟	
W6687.5.1.1	大坟与小坟	
W6687.5.1.2	正坟与败坟	
W6687.5.1.2.1	正坟（正常死亡的坟墓）	【侗族】
W6687.5.1.2.2	败坟（凶死或非正常死亡的坟墓）	
W6687.5.1.2.2.1	败坟不能与正坟杂葬	【侗族】
W6687.5.2	墓	
W6687.5.2.1	崖墓	
W6687.5.2.2	石板墓	【仡佬族】
W6687.5.2.3	贝墓	
W6687.5.3	冢	
W6687.5.3.1	冢的产生	
W6687.5.3.2	冢的特征	
W6687.5.3.3	特定的冢（冢的类型）	［W6687.5.8.1］衣冠冢
W6687.5.3.3.1	石冢	
W6687.5.3.3.1.1	国王脱解在山上做石冢	【朝鲜族】
W6687.5.4	陵	
W6687.5.5	私墓	
W6687.5.6	公墓（公共墓地）	

W 编码	母题描述	关联项
W6687.5.6.1	公墓的产生	
W6687.5.6.2	公墓的特征	
W6687.5.6.3	特定的公墓	
W6687.5.6.3.1	家族公墓（家族墓地）	
W6687.5.6.3.1.1	同宗姓氏所共有坟墓	【布依族】
W6687.5.6.3.1.2	家族墓地按辈分的高低由长到幼顺序排列	【白族（那马）】
W6687.5.6.3.1.3	家族公共墓地称大坟山	【侗族】
W6687.5.6.3.1a	氏族的公墓	
W6687.5.6.3.1a.1	氏族的公墓分化为家族坟地	【达斡尔族】
W6687.5.6.3.1a.2 *	母系氏族公共墓地	
W6687.5.6.3.1a.2.1 *	西安半坡遗址（仰韶文化）母系氏族公共墓地	【中华民族】
W6687.5.6.3.2	村寨公墓	【傈僳族（黑傈僳）】@［W6687.5.6.4.1］正常死亡者葬于村社公墓
W6687.5.6.4	特定人物葬入公墓	
W6687.5.6.4.1	正常死亡者葬于村社公墓	【傈僳族（黑傈僳）】
W6687.5.6.5	公墓禁忌	
W6687.5.6.5.1	特定人物忌葬入公墓	
W6687.5.6.5.1.1	孕妇、萨满、天花患者和出嫁前死去的少女忌葬入公墓	【达斡尔族】
W6687.5.6.5.1.2	少女死后火葬的骨灰要撒掉，忌葬入公墓	【锡伯族】
W6687.5.6.6	与公墓有关的其他母题	
W6687.5.7	祖坟（宗族墓地；祖坟地）	［W6610.2.2.1］除夕到祖坟请祖先回家过年
W6687.5.7.1	祖坟的产生	
W6687.5.7.2	祖坟的特征（祖坟的功能）	
W6687.5.7.2.1	祖坟即具有密切血缘关系的父系氏族集团的“达·花然”	【达斡尔族】

W 编码	母题描述	关联项
W6687.5.7.2.2	祖坟神圣不能触犯	【彝族】
W6687.5.7.2.3	祖坟关系运势	【汉族】
W6687.5.7.3	葬入祖坟的条件	
W6687.5.7.3.1	特定的关系人葬入祖坟	
W6687.5.7.3.2	通过特定方式葬入祖坟	
W6687.5.7.3.2.1	火葬后埋入祖坟	【锡伯族】
W6687.5.7.4	特定的祖坟	
W6687.5.7.4.1	人头爷坟	【汉族】
W6687.5.7.5	祖坟禁忌	
W6687.5.7.5.1	非正常死亡者忌入祖坟地	【鄂温克族】
W6687.5.7.6	与祖坟有关的其他母题	
W6687.5.8	其他特定的墓	
W6687.5.8.1	衣冠冢	[W6682.2] 衣冠葬
W6687.5.8.2	乱坟岗	
W6687.5.8.3	无尸墓	
W6687.5.8.4	圈堂墓	
W6687.5.8.4.1	老人到了六十岁就修一个“圈堂墓”，把老人送到里面	【汉族】
W6687.5.8.5	纪念性坟墓	【汉族】
W6687.5.9	特定人物的墓（特定名称的墓）①	
W6687.5.9.0	特定神的坟墓	
W6687.5.9.0.1	天神的祖坟	
W6687.5.9.0.1.1	天神的祖坟在九层天最北面	【蒙古族】
W6687.5.9.1	蚕女墓	
W6687.5.9.1.1	德阳县蚕女墓	【汉族】
W6687.5.9.2	蚩尤墓（蚩尤冢）	【汉族】@ [W6682.2.4.1] 蚩尤衣冠冢

① 特定人物的墓（特定名称的墓），有史以来的中华大地上留存有不同人物的各式各样的墓，这里略居数例，仅做参考。

W 编码	母题描述	关联项
W6687.5.9.3	女娲墓（女娲坟）	［W6687.9.1.3.1］伏羲陵
W6687.5.9.3.1	三都城女娲坟	【汉族】
W6687.5.9.3.2	后城口女娲坟	【汉族】
W6687.5.9.3.3	女娲墓成了今天新郑市的“风后岭”	【汉族】
W6687.5.9.3a	娲皇坟	【汉族】
W6687.5.9.3b	女娲陵	
W6687.5.9.3b.1	山东济宁任城女娲陵	【汉族】
W6687.5.9.4	太昊陵（伏羲墓）	【汉族】
W6687.5.9.5	黄帝陵	【汉族】@［W6682.2.4.2］炎帝衣冠冢
W6687.5.9.5.1	黄帝葬桥山	【汉族】
W6687.5.9.6	盘古墓	【汉族】
W6687.5.9.6.1	南海有盘古氏墓	【汉族】
W6687.5.9.7	盘瓠墓	
W6687.5.9.8	炎帝陵	【汉族】@［W6682.2.4.2］炎帝衣冠冢
W6687.5.9.8.1	湖南长沙炎帝陵	【汉族】
W6687.5.9.8.2	山西长治炎帝陵	【汉族】
W6687.5.9.8a	神农陵	
W6687.5.9.8a.1	湖广衡州府酃县神农冢	【中华民族】
W6687.5.9.8b	尧舜墓	
W6687.5.9.8b.1	尧的坟墓	
W6687.5.9.8b.2	舜的坟墓	
W6687.5.9.8b.2.1	舜墓名珠丘	【汉族】
W6687.5.9.8c	大禹墓（禹陵；大禹坟）	【汉族】
W6687.5.9.8c.1	浙江会稽禹陵	【汉族】
W6687.5.9.9	其他特定人物的陵墓	
W6687.5.9.9.1	颛顼墓	

W 编码	母题描述	关联项
W6687.5.9.9.2	防风冢	
W6687.5.9.9.2.1	涂山西南淮河边防风冢	【汉族】
W6687.5.9.9.2a	燧人氏的坟墓	
W6687.5.9.9.2a.1	河南商丘燧人氏墓	【汉族】
W6687.5.9.9.3	其他一些知名人物的坟墓	
W6687.5.9.9.3.1	仓颉墓	【汉族】
W6687.5.9.9.3.2	三王墓	【汉族】
W6687.5.9.9.4	特定动物的坟墓	
W6687.5.9.9.4.1	特定神性动物的坟墓	
W6687.5.9.9.4.1.1	鳖灵墓	【汉族】
W6687.5.9.9.4.2	一般性动物的坟墓	
W6687.5.9.9.4.2.1	蚕墓	【汉族】
W6687.5.9.9.4.2.2	巴陵（蛇坟）	【汉族】
W6687.5a	特定物作为墓地（特定地点的墓地）	
W6687.5a.1	月亮为墓地	
W6687.5a.1.1	女始祖密洛陀死后埋在月亮里	【瑶族】
W6687.5a.1.2	女始祖密洛陀埋在月宫	【瑶族（布努）】
W6687.5a.1.3	女神密洛陀把死去的两个妹仔埋在月宫里	【瑶族】
W6687.5b	坟墓的标志	［W6666.8.4］埋葬后标记
W6687.5b.1	石头作为坟墓标志	
W6687.5b.1.1	坟墓无碑，在坟前用三块长方形石头相叠为志	【仡佬族】
W6687.5b.2	坟墓无标志	
W6687.5b.2.1	埋葬后埋上土，填平地面	【侗族】
W6687.5b.3	栽树作为坟墓标志	
W6687.5b.3.1	安葬后一般不立碑，而在坟墓旁栽树作纪念	【仡佬族】@［W6687.3.3.2b］坟前立碑

W 编码	母题描述	关联项
W6687.6	坟墓禁忌	
W6687.6.1	坟墓构成的禁忌	
W6687.6.1.1	同姓的人才能葬在一起	【佤族】
W6687.6.1.2	忌砍坟山上的草木	【纳西族】
W6687.6.2	坟墓接触禁忌	
W6687.6.2.1	忌畜禽踩踏坟墓	【傈僳族】
W6687.6.2.2	忌动墓地上的一切东西	【锡伯族】
W6687.6.3	坟墓忌其他特定行为	
W6687.6.3.1	忌亵渎坟墓	
W6687.6.3.1.1	忌用猫血、狗血浇坟	【侗族】@［W6669.1.9.2.2.2］停棺时禁忌猫狗
W6687.6.3.2	忌砍伐坟山的大树	【侗族】
W6687.6.3.3	新坟三年内不培土	【锡伯族】
W6687.6.3.4	坟前忌说话	
W6687.6.3.4.1	坟前说话会遇鬼打墙	【壮族】
W6687.6.4	与坟墓禁忌有关的其他母题	【关联】①
W6687.6.4.1	修坟时祭死者的煮米饭祭后要抛在墓地，忌食	【傈僳族】
W6687.6.4.2	墓地是死者鬼灵由人间回到祖先居地的过渡性住地	【基诺族】
W6687.6.4.3	墓地忌潮湿	【壮族】
W6687.6.4.4	坟墓内忌放特定物	
W6687.6.4.4.1	墓内忌放金属	
W6687.6.4.4.1.1	墓内忌放属于铁类的器物	【藏族】
W6687.7	迁坟（移坟）	
W6687.7.1	迁坟的产生（迁坟的原因）	
W6687.7.1.1	家中有人生病或发生了不顺心的事，巫师占卜为坟地位置不好时要迁坟	【纳西族】

① ［W6524.1.5.1.2］孕妇忌上坟山；［W6663.7.1］忌在寨头上或寨子的风水处理坟。

W 编码	母题描述	关联项
W6687.7.2	迁坟的时间	
W6687.7.2.1	埋葬后的特定时间迁坟	
W6687.7.2.1.1	在埋葬的次年冬腊，待金秋收获之后迁坟	【怒族】
W6687.7.3	迁坟的地点	
W6687.7.4	迁坟的方法（迁坟的环节）	
W6687.7.4.1	移坟时原坟要埋特定物	
W6687.7.4.1.1	移坟时原坟要埋公鸡	【达斡尔族】
W6687.7.4.2	迁灵仪式	
W6687.7.4.2.1	宝鸡市举行盛大的炎帝移灵仪式	【中华民族】
W6687.7.5	迁坟的结果	
W6687.7.6	与迁坟有关的其他母题	
W6687.8	墓地的守护（守坟；坟前守孝；坟墓的维护）	
W6687.8.1	各家坟地上都有专门山神守护	【白族】
W6687.8.1a	特定人物看守坟墓	
W6687.8.1a.1	鸟守坟	
W6687.8.1a.1.1	鸟为大禹守坟	【汉族】
W6687.8.2	坟前盖茅屋守孝	
W6687.8.2.1	人为显示孝顺在父母坟地盖上一间茅屋守孝三年	【汉族】
W6687.8.3	坟前镇妖（坟前镇阴魂）	
W6687.8.3.1	二月十九日在坟旁赶会买卖锄头、扁担、镰刀、犁耙等农具镇妖魂	【汉族】
W6687.8.4	为坟墓添土	
W6687.8.4.1	朝香者都从家乡装一小布口袋黄土撒到人祖陵上	【汉族】
W6687.8.4.2	葬礼中每人都要往坟上添一扛黄土	【汉族】
W6687.8.5	守坟的时长	

W 编码	母题描述	关联项
W6687.8.5.1	守坟 1 年	
W6687.8.5.2	守坟 3 年	
W6687.8.5.2.1	妻子为丈夫守坟 3 年	【苗族】【锡伯族】
W6687.8.6	特定坟墓的看守者	
W6687.8.6.1	大禹陵的守护人	
W6687.8.6.1.1	一支姒姓后裔世代为大禹守陵	【中华民族】
W6687.9	与坟墓有关的其他母题	
W6687.9.0	坟墓的命名	
W6687.9.0.1	以埋葬时出现的特定物命名坟墓	
W6687.9.0.1.1	葬赫居世时出现大蛇，所以称“蛇陵”	【朝鲜族】
W6687.9.1	特定的坟墓（特定的墓地）	
W6687.9.1.1	敖包作为墓地	【鄂温克族】
W6687.9.1.2	用井做坟墓	【鄂温克族】@［W6689.0.1.1.2.2］萨满入殓后放进井中，井口用碾盘覆盖
W6687.9.1.2.1	挖一口大井安葬仓颉	【汉族】
W6687.9.1.3	特定人物的坟墓	
W6687.9.1.3.1	伏羲陵	【汉族】
W6687.9.1.3.2	太昊陵又称伏羲墓	【汉族】
W6687.9.1.4	特定的山是坟墓	
W6687.9.1.4.1	博格达山峰是英雄巨人神箭手夭乌麦勒根的坟墓	【蒙古族】
W6687.9.1.5	假坟（虚冢）	
W6687.9.1.5.1	羊头山神农冢为虚冢	【汉族】
W6687.9.2	墓碑	
W6687.9.3	坟墓的装饰（暮穴的样貌）	
W6687.9.3.1	清明上坟要插杨柳枝	【傈僳族】
W6687.9.3.2	坟墓上搭木板纪念父亲	【傈僳族】

W 编码	母题描述	关联项
W6687.9.3.3	墓穴中的绘画	
W6687.9.3.3.0	墓穴绘画的原因（坟墓中绘画的功能）	
W6687.9.3.3.0.1 *	墓穴绘画表达始祖崇拜	【中华民族】
W6687.9.3.3.1	墓穴井底画一个古老房屋及一条龙并写上“富贵双全”四个字	【布依族】
W6687.9.3.3.2	墓穴中用朱砂在穴中画上八卦图	【布依族】
W6687.9.3.3.3	墓室中出现代表天文的图像	【中华民族】
W6687.9.3.4	染井	
W6687.9.3.4.1	染井时先是用木炭、钱纸放在石井底部，待钱纸、艾草、引子杆燃过后把灰扒平，魔师用朱砂、雄黄在井底画出八卦图形	【仡佬族】
W6687.9.3.5	墓穴形状暗合特定规则	
W6687.9.3.5.1	墓穴的形状代表了太阳在二分日和冬至的日行轨道	【中华民族】
W6687.9.4	坟墓的其他相关物	
W6687.9.4.1	坟山	［W6687.6.1.2］忌砍坟山上的草木
W6687.9.4.1.1	各族都在其坟山认定有一株墓龙树	【彝族（密且）】
W6687.9.4.1.2	娃娃坟山	
W6687.9.4.1.2.1	不满十二周岁死者不能入祖坟，要埋在娃娃坟山	【布依族】
W6687.9.4.1.2.1.1	死者不满 36 岁的均当娃儿对待	【布依族】
W6687.9.4.2	与墓葬相关联的建筑	
W6687.9.4.2.1	与墓葬相关联的祠庙	【多民族】
W6687.9.5	扫墓	［W6617.3.2］清明节为什么扫墓
W6687.9.5.1	特定的群体不扫墓	

W 编码	母题描述	关联项
W6687.9.5.1.1	怒族不扫墓	【怒族】
W6687.9.6	修坟（修葺坟墓；圆坟）	［W6687.2］修造坟墓（挖墓穴；修坟；造阴宅；挖坟；掘墓）
W6687.9.6.1	修坟的原因（修墓的原因）	
W6687.9.6.1.1	修坟避免不祥	【侗族】
W6687.9.6.2	修坟时间	
W6687.9.6.2.0	生前建墓（生茔）	【汉族】@［W6687.5.8.4.1］老人到了六十岁就修一个“圈堂墓”，把老人送到里面
W6687.9.6.2.0.1	为死者生前修建的石椁又叫“生基”	【仡佬族】
W6687.9.6.2.0.1.1	生基墓即在生之时将坟茔建好	【仡佬族】
W6687.9.6.2.0.2	人生前修的坟墓又叫“修山”“活人坟”	【仡佬族】
W6687.9.6.2.1	埋葬后的特定时间垒坟	
W6687.9.6.2.1.1	埋葬死者当天只把坟土填平，男的隔九天，女的隔七天后垒坟	【傈僳族】
W6687.9.6.2.1.2	埋葬后，1 月至 5 月由孝子垒一次坟	【傈僳族】
W6687.9.6.2.1.3	埋葬三日后圆坟	【布依族】【傈僳族】【满族】@［W6687.3.3.2c.1.1］发丧三日后圆坟时植松柏或桂树（风水树）于墓前
W6687.9.6.2.1.3.1	安葬后的第三天圆坟后，放鞭炮	【布依族】
W6687.9.6.2.1.3.2	出殡后三天复坟时，孝子及至亲、女婿搬石担土砌坟	【侗族】
W6687.9.6.2.1.3.2.1	埋葬后第三天早上孝子和至亲先圆坟后祭祀	【侗族】
W6687.9.6.2.1.3a	死者入土后第三天圆坟	【汉族】

W 编码	母题描述	关联项
W6687.9.6.2.1.3b	发丧三日后，孝子添土培坟谓之“复三”	【仡佬族】
W6687.9.6.2.1.4	葬后次日，由地理先生、孝子、女婿和部分未上山的客亲上山复坟（复山）	【侗族】【仡佬族】
W6687.9.6.2.2	丧葬一年修坟	【傈僳族】
W6687.9.6.2.3	丧葬后的一年或数年为死者修坟	【关联】①
W6687.9.6.2.4	丧葬后的第一年的二月初和三月初请所有亲戚朋友到坟地杀牲修新坟	【仡佬族】
W6687.9.6.2.5	埋葬后择吉日把坟砌好，全家人上山祭拜（圆坟）	【侗族】
W6687.9.6.2.6	丧葬时先把坟墓填平，隔数日道士和子女们重去圆坟	【侗族】
W6687.9.6.3	修坟方法	
W6687.9.6.3.1	为死者修坟当日，要杀猪杀牛献祭，家属边跳、边哭，家族的男子轮流跳舞和唱歌以告慰死者	【傈僳族】
W6687.9.6.3.2	圆坟时唱有特定的歌	【布依族】
W6687.9.6.4	修坟者	
W6687.9.6.5	坟墓修葺禁忌	
W6687.9.6.5.1	忌特定时间修坟	
W6687.9.6.6	与坟墓修葺有关的其他母题	
W6687.9.6.6.1	坟墓无须修葺	
W6687.9.6.6.1.1	坟上搭的木架任其朽坏	【傈僳族】
W6687.9.6.6.2	埋葬后祭奠时往坟上添一捧黄土	【汉族】
W6687.9.6.6.3	垒坟后举行特定仪式	
W6687.9.6.6.3.1	垒坟后举行谢土仪式	【布依族】

① ［W6667.1.4.1］丧葬一年或三年后，请端公念经将死者灵牌拿到坟前烧化；［W6667.1.5.4］头年埋好新坟，第二年要举行“包坟”“谢坟”仪式。

W 编码	母题描述	关联项
W6687.9.6.6.3.2	垒坟后用鸡血洒于坟前及孝女哭丧处，并用石灰围撒坟一圈	【仡佬族】@［W6666.5.0.5.1］棺材入穴前端公杀鸡以鸡血绕墓穴淋一圈以示为死者“买地”
W6687.9.7	墓地驱鬼	
W6687.9.7.1	抬丧人对准坟堆放一枪以驱逐坟中的另一个鬼	【傈僳族】
W6687.9.7a	坟前撒灰	
W6687.9.7a.1	凶死者坟前撒灰	
W6687.9.7a.1.1	非正常死亡的人土葬前要在坟墓周围撒上一层火灰以防止死鬼外窜危害人	【壮族】
W6687.9.8	坟墓的消失	
W6687.9.8.1	埋葬后不垒坟、不立墓碑，只在葬处围围上一圈竹笆，岁月一长也就看不出是坟了	【独龙族】
W6687.9.9	有关坟墓的其他母题	
W6687.9.9.1	坟墓奇闻（坟墓中的变化）	
W6687.9.9.1.1	掘墓后发现里面趴着一条龙，除了裤子盖着的地方是人外，龙头、龙角、龙爪都已长成	【汉族】
W6688	**丧葬禁忌（丧葬的禁忌；葬礼禁忌）**①	【汤普森】V62
W6688.1	丧葬禁忌的产生（丧葬禁忌的来历）	
W6688.1.1	创世母亲的安葬先后用了12天时间，每天都有活动，因而产生了禁忌	【基诺族】
W6688.2	丧葬禁忌的内容	

① 丧葬禁忌（葬礼禁忌），关于丧葬中的禁忌是一个复杂的现象。不同时代、不同地区、不同民族等都会有很大不同。具体情形可参见丧葬环节的禁忌母题。

W 编码	母题描述	关联项
W6688.2.1	丧葬的时间禁忌	
W6688.2.1.1	丧葬避讳特定的日子	
W6688.2.1.1.1	丧葬日必须选择龙、虎、猴日，否则庄稼不能生长	【阿昌族】
W6688.2.2	丧葬的物品禁忌	【仡佬族】@［W6535.9.6.1］死人埋葬时所用的东西忌用
W6688.2.2.1	忌用死者遗物	
W6688.2.3	丧葬服饰禁忌	
W6688.2.3.1	葬礼时忌穿红色	
W6688.2.3.2	丧事时忌穿新衣	【侗族】
W6688.2.4	丧葬礼仪禁忌	
W6688.2.4.1	出殡时死者的脚要朝前方	
W6688.2.4.1.1	出殡时死者的脚要朝前方，否则父母鬼会经常回家骚扰	【黎族】
W6688.2.4.2	送亡人不可送皮物铁器	【汉族】@［W6665］送葬（送灵）
W6688.2.4.3	丧葬挽歌禁忌	
W6688.2.4.3.1	丧葬时唱挽歌的对象只限于死去的老人，对死去的年轻人或小孩忌唱	【傈僳族】
W6688.2.5	丧葬中的性别禁忌	
W6688.2.5.1	丧葬仪式忌妇女	
W6688.2.5.1.1	妇女不能靠近葬熊仪式	【鄂伦春族】@［W6523.1］妇女禁忌（女人禁忌；女性禁忌）
W6688.2.5.1.2	临产的孕妇不能参加丧事	【傈僳族】
W6688.2.5.2	守孝期间，妇女忌理发修饰	【锡伯族】
W6688.2.6	丧葬中的行为禁忌（丧葬中特定人的行为禁忌）	
W6688.2.6.0	丧葬中多种行为禁忌	

W 编码	母题描述	关联项
W6688.2.6.0.1	服孝期忌理发、剪指甲，女子忌戴耳环、手镯等，忌殴斗、夫妇合房等	【达斡尔族】
W6688.2.6.0.2	父母去世三个月内，孝子忌刮脸和理发	【鄂温克族】@［W6688.2.5.2］守孝期间，妇女忌理发修饰
W6688.2.6.1	丧葬中的生产劳动禁忌	
W6688.2.6.1.1	祖先去世的前后几天子孙不能做重活	【黎族】
W6688.2.6.1.2	人死后三天内，邻近村寨的人也忌下地干活，否则会撞鬼生病	【独龙族】
W6688.2.6.1.3	人死未埋前，全村停止劳动，否则庄稼会长不好	【傈僳族】
W6688.2.6.1.4	家有丧事在较长时间内忌生产劳动	【羌族】
W6688.2.6.1.5	成年人死后一直到出殡，全村人忌劳动。	【怒族】
W6688.2.6.1.6	死者未满月，整个家族妇女忌动针线	【侗族】
W6688.2.6.2	丈夫死后，妻子要回娘家先吃点饭再与家人共食，否则儿子会丧偶	【黎族】
W6688.2.6.3	丧葬期间忌娱乐	
W6688.2.6.3.1	丧葬期间忌唱歌跳舞	【傈僳族】@［W6667.2.2.2］安葬后，丧家一个月内不许吹号和唢呐，不能唱歌
W6688.2.6.3.2	孝日取乐是不敬长辈	【瑶族（布努）】
W6688.2.6.3.3	丧葬时忌嬉闹	【藏族】
W6688.2.6.4	丧葬期间的邻里行为禁忌	
W6688.2.6.4.1	邻里听到丧家的哭声直至埋葬前不能纺织，不能唱歌、跳舞，不能舂米	【基诺族】

W 编码	母题描述	关联项
W6688.2.6.5	丧葬中饮食禁忌	
W6688.2.6.5.1	村中死了人忌吃辣子，只有仇人才这样做	【关联】①
W6688.2.6.5.2	安葬后3个月之内死者的亲属忌吃辣子	【白族】
W6688.2.6.5.3	丧事期间，忌食动物的肉、油	【布依族】@［W6667.2.1.6］举哀三天期间，"摩师"和孝家不吃荤
W6688.2.6.5.3.1	本家族的人葬期要停止食肉	【侗族】
W6688.2.6.5.3.2	孝家七日内忌沾荤菜以示其忠孝	【仡佬族】
W6688.2.6.5.4	死者下葬开荤后才能恢复正常饮食	【侗族】
W6688.2.6.5.5	丧葬期间只能吃特定食物	
W6688.2.6.5.5.1	葬期只能吃鱼、黄豆及豆制品	【侗族】
W6688.2.6.5.5.2	老人去世未入土前，同一"卜腊"的人忌吃肉类和蔬菜，只能吃酸鱼饭	【侗族】
W6688.2.6.5.6	葬期不同的人饮食禁忌不同	
W6688.2.6.5.6.1	葬期全房族忌荤但忌法不同，如潘、杨、吴家等可吃鱼，王家忌鱼	【侗族】
W6688.2.6.5.7	停尸时忌吃饱	
W6688.2.6.5.7.1	停尸时，一天只吃一顿饭	【藏族】
W6688.2.6.6	丧葬中待客禁忌	
W6688.2.6.6.1	举行葬礼的家中不留客	【傈僳族】
W6688.2.6.7	丧葬忌清扫	【关联】②
W6688.2.6.7.1	人死后，七天之内不准扫地	【白族（那马）】
W6688.2.6.7.2	死者入葬前忌扫地和向外泼水	【侗族】

① 【傈僳族】@［W6515.2.6.1］忌食辛辣食物；［W6660.6.2.1］人死未埋前，全村人不能吃辣椒，否则是对死者的不敬。

② ［W6611.9.2.1.3］过年时忌清扫；［W6667.1.3.3］出殡结束后清扫死者房间。

W 编码	母题描述	关联项
W6688.2.6.7.3	守孝期间忌刷扫房子	【锡伯族】
W6688.2.6	丧葬中看的禁忌	
W6688.2.6.1	从坟地回家不许回头张望	【布依族】
W6688.2.7	丧葬中的语言禁忌（丧葬用语禁忌）	［W6658.6.7.1］报丧时忌直说“死”字，而用“断了”“终了”“百岁”等词代之
W6688.2.7.1	人死后忌说“死人”“亡命”等，故抬死人的木架和木杠叫作“龙”和“龙杠”，抬死人叫做“抬龙”或“抬重”	【白族】
W6688.2.7.1a	老年人死后忌讳说“死”字，慰称“百年归天”“闭封”“落平”	
W6688.2.7.1b	萨满“死”要说他“上尚德”了	【达斡尔族】
W6688.2.7.2	人死后要呼喊死者鬼名	【傈僳族】@［W6633.3.2.1］孕妇临蓐时，丈夫呼祖先之鬼名而祝告之
W6688.2.7.3	从坟地回家忌同过路人说话	【布依族】
W6688.2.7.4	丧葬时忌说特定民族语言	
W6688.2.7.4.1	办丧事绕棺时，在场者忌说汉语	【仡佬族】
W6688.2.8	丧葬中的事象禁忌	
W6688.2.8.1	家中死人忌屋内火塘的火熄灭，否则众鬼会乘机作祟，连续死人	【独龙族】
W6688.2.8.2	死者未满月家中不能向外花钱	【侗族】
W6688.2.9	丧葬中的其他事项禁忌	
W6688.2.9.1	丧葬时防鬼	【独龙族】@［W6667.1.2.9.1］从埋葬之日起，要连续在坟前点火十天，并砍一根竹子折为两截，分别插入坟上和屋内以防御鬼魂的侵扰
W6688.2.9.2	丧葬用品禁忌	

W 编码	母题描述	关联项
W6688.2.9.2.1	丧葬用品忌带回家	［W6664.6.2.3.3.1］抬棺用的杠子可带回家继续用作抬东西用，但忌用作打制其他工具
W6688.2.9.2.2	丧葬用品忌留用	
W6688.2.9.2.2.1	给死者指路的竹竿用后压断	【怒族】
W6688.2.9.2.2.2	丧葬用品要烧掉	
W6688.2.9.2.2.2.1	洗尸布要用火烤干以木棒夹着烧化	【仡佬族】
W6688.2.9.2.2.3	丧葬用的动物要卖掉	
W6688.2.9.2.2.3.1	丧葬中的“驮魂马”等办完丧事要卖掉	【布依族】
W6688.2.9.2.3	丧葬用品有特定用途	
W6688.2.9.2.3.1	下葬时使用的站棺鸡养满一百天时，宰鸡祭供	【布依族】
W6688.2.9.2.4	殉葬品禁忌	
W6688.2.9.2.4.1	殉葬品忌取用，取之不祥	【仡佬族】
W6688.2.9.3	丧葬中的动物禁忌	
W6688.2.9.3.1	丧葬中忌猫	【民族，关联】①
W6688.2.9.4	丧葬中忌笑	【侗族】
W6688.2.9.5	丧葬中忌雷声	【民族，关联】②
W6688.2.9.6	人死埋下地以后忌再挖出	【仡佬族】
W6688.3	丧葬禁忌的功能	
W6688.4	与丧葬禁忌有关的其他母题	【关联】③
W6688.4.1	丧葬时防鬼	
W6688.4.1.1	人死的当晚要通夜在屋内生火，以防“鬼”来吃掉尸体，要有一个人常在屋外大喊	【独龙族】

① 【仡佬族】@［W6657.5.1.1］人死后忌黑狗、黑猫跳越尸体；［W6669.1.9.2.2.2］停棺时禁忌猫狗；［W6687.6.3.1.1］忌用猫血、狗血浇坟。

② 【侗族】@［W6656.7.6.1.1］人临终时怕打雷；［W6669.1.9.2.2.4］停棺时忌雷声。

③ ［W0912.2.1］葬礼防御鬼魂；［W6667.2］丧葬后禁忌。

W 编码	母题描述	关联项
W6688.4.2	丧葬禁忌的解除	
W6688.4.2.1	出殡结束后孝子孝孙依次跪于灵堂前，阴阳先生递给每人一块猪肉表示开荤	【布依族】
W6688.4.2.2	埋葬后十三天满，要请布摩念经，念到中途就可开荤	【布依族】
W6688.4.3	丧葬中的禁忌差异	
W6688.4.3.1	母亲死后禁忌比父亲时间长	【布依族】
W6689	**与丧葬有关的其他母题**	
W6689.0	特定人物的丧葬	
W6689.0.1	特定身份者的丧葬	
W6689.0.1.1	宗教人物的丧葬	
W6689.0.1.1.1	东巴教主丁巴什罗的丧葬	【纳西族】
W6689.0.1.1.2	萨满的丧葬	
W6689.0.1.1.2.1	为萨满送葬时，要遗体端坐在爬犁上，把神鼓面打破后夹握已故萨满的手中运往墓地	【鄂温克族】
W6689.0.1.1.2.2	萨满入殓后放进井中，井口用碾盘覆盖	【鄂温克族】
W6689.0.1.1.2.3	萨满死后进行风葬或火葬	【达斡尔族】
W6689.0.1.1.2.4	萨满丧葬时喇嘛为之超度	【锡伯族】
W6689.0.1.1.3	巫师的丧葬	[W6677.4.1] 巫师死后，到野外进行天葬
W6689.0.1.1.3.1	女巫入殓时四肢下面各放一个碟子	【壮族】
W6689.0.1.2	父母的丧葬	
W6689.0.1.2.1	父母死亡很重要	【傈僳族】@［W6668.2.1.1.1.2.2］儿子只关心父亲的丧事
W6689.0.1.2.2	父亲死亡后儿子不当大事	【傈僳族】

W 编码	母题描述	关联项
W6689.0.1.3	兄弟姐妹的丧葬	
W6689.0.1.3.1	兄弟姐妹死亡不重要	【傈僳族】
W6689.0.1.4	医生忌送终	【仡佬族】
W6689.0.2	婴儿的丧葬（夭折者的丧葬）	【关联】①
W6689.0.2.1	儿童死亡后要放在反扣的畚箕之上	【白族】
W6689.0.2.2	夭折者的坟堆上要反扣着一个畚箕	【白族】
W6689.0.2.3	夭折者的丧葬忌哭	［W6689.9.4］哭死者（哭灵）
W6689.0.2.3.1	未满月的死婴埋葬时父母不能哭	【基诺族】
W6689.0.2.4	丧葬夭折者不声张	【侗族】
W6689.0.2.5	10岁以下小孩死亡不办丧开路，用几块木板钉一个小棺材，抬上山埋掉，不做坟堆	【布依族】
W6689.0.2.6	儿童及未成家青年人死后割几块木板或杉木皮裹尸，只能葬在荒野山上	【侗族】
W6689.0.2.7	夭折者不埋葬不火葬，要用襁褓和柳枝裹一层后抛野外供飞禽走兽食之	【锡伯族】
W6689.0.2a	高龄者的丧葬（长寿者的丧葬；喜丧）	
W6689.0.2a.1	八十岁以上的高龄者的丧葬全寨人人送葬，无任何禁忌	【侗族】
W6689.0.2a.2	长者去世为喜丧	【鄂伦春族】
W6689.0.2a.3	高龄者的喜丧时可以弹琴唱歌	【侗族】
W6689.0.3	太阳人的葬礼	
W6689.0.3.1	人到天上参加太阳人的葬礼	【景颇族】

① ［W6671.4.2］夭折者需抛尸葬；［W6674.3a.1］夭折者要火葬；［W6678.4.1.1］未满月死婴放在竹篮内挂在树上。

W 编码	母题描述	关联项
W6689.0.4	非正常死亡者的丧葬（凶死者的丧葬）	【关联】①
W6689.0.4.1	非正常死亡者要尽快埋葬	
W6689.0.4.1.1	非正常死亡者当天死当天埋	
W6689.0.4.1.2	非正常死亡者当天死，次日埋	【布依族】
W6689.0.4.2	为非正常死亡者举行“破地狱”巫术	【布依族】
W6689.0.4.3	非正常死亡者不能屋里装棺材	【布依族】
W6689.0.4.4	非正常死亡者安埋时要焚尸拣骨另换新棺入葬	【侗族】
W6689.0.4.5	非正常死亡者安葬后，阴阳先生在墓地周围举行请神，烧疏，买地等。将填上姓名的诸物火化	【布依族】
W6689.0.4.6	凶死夭折者丧事极简，开路、入棺、安葬了事	【布依族】
W6689.0.4.7	非正常死亡者需要送魂	【达斡尔族】
W6689.0.4.8	凶死者葬前先禳解	【藏族】
W6689.0.4.9	与凶死者的丧葬有关的其他母题	
W6689.0.4.9.1	凶死者没有丧葬仪式	【壮族】
W6689.0.4.9.2	对非正常死亡者一般要用桐油灌其嘴	【侗族】
W6689.0.5	英雄的丧葬	
W6689.0.6	其他特定人物的丧葬	
W6689.0.6.1	为正义死亡者的丧葬	【仡佬族】
W6689.0.6.1.1	为正义而死者要像老人葬礼一样对待隆重哀悼	【仡佬族】
W6689.0.6.2	单身汉的丧葬（光棍的丧葬）	［W6689.7.1.4.2］不务正业而死的青年或无忠无孝的光棍汉，简单安埋

① ［W6664.7.1］非正常死亡者不能正门抬棺；［W6666.3.1］埋葬在祖坟地；［W6666.6.1］非正常死亡的人不能入祖坟（凶死者忌入祖坟）。

W 编码	母题描述	关联项
W6689.0.6.2.1	埋葬独身汉要在其坟旁挖一深坑，里面埋一块木头	【达斡尔族】
W6689.1	丧葬日期（丧葬时间；丧葬各环节时间的确定）	
W6689.1.0	丧葬的开始时间	
W6689.1.0.1	人落气后即宣告丧事开始	【侗族】
W6689.1.1	占卜确定丧葬的日期	
W6689.1.1.1	占卜选择丧葬日子和时辰	【侗族】
W6689.1.2	观天象确定丧葬的日期	
W6689.1.3	特定人物确定丧葬各环节时间	
W6689.1.3.1	道士确定死者入殓、开路、安葬等的时辰	【羌族】
W6689.1.3.2	鬼师测定丧葬时间	【侗族】
W6689.1.4	葬期的改变	
W6689.1.4.1	葬期的推迟	
W6689.1.4.1.1	祭祀期间，村寨遇死人不吉事要改期丧葬	【彝族（撒尼）】
W6689.1.5	丧葬有特定持续时间（服丧时间；孝期）	
W6689.1.5.1	三年丧毕（服丧三年；居丧3年）	【中华民族】【仡佬族】@［W6667.1.6.1］丧葬后祭墓三年（丧葬后祭坟三年）
W6689.1.5.1.1	舜为尧帝服丧三年	【中华民族】
W6689.1.5.2	孝期的计算	
W6689.1.5.2.1	灵柩的香厅要摆供3年，其时间以死者死后第一个秋收季节算起，3年后烧完香厅后才算真正渡过孝期	【布依族】
W6689.2	丧葬地点	［W6666.3］埋葬的地点
W6689.2.1	近葬	

W 编码	母题描述	关联项
W6689.2.1.1	在住房附近埋葬亲人	【珞巴族】
W6689.2.2	远葬	
W6689.2.2.1	凶死者须远葬	【怒族】
W6689.2.3	其他具体丧葬地点	
W6689.2.3.1	特定人物埋葬在特定的山上	
W6689.2.3.1.1	孔明安葬在定军山	【汉族】
W6689.2.4	丧葬地点禁忌	
W6689.2.4.1	产妇死后忌葬路旁	【仡佬族】@［W6689.7.1.2］难产死亡的产妇要简葬
W6689.2.4.2	忌将坟葬入神山	【侗族】
W6689.3	奇特的葬俗（离奇的丧葬；丧葬中的怪事）	
W6689.3.1	人死后要敲锣打鼓	【汉族】
W6689.3.2	丧葬时尸变（丧葬时尸体不翼而飞；尸体回归图腾）	
W6689.3.2.1	埋葬老头时，他变成了一只白虎升了天	【土家族】
W6689.3.3	尸化	
W6689.3.3.1	埋葬的尸体变成人类生活需要的一切东西	【珞巴族】
W6689.3.3.2	鲧的尸首尸化为三只脚的鳖	【汉族】
W6689.3.3.3	盘古尸化为万物（盘古垂死化生）	【中华民族】【汉族】
W6689.3.4	不同凡响的丧葬（奇特的丧葬）	
W6689.3.4.1	惊天动地的丧葬	
W6689.3.4.1.1	黄帝的丧葬感动各路神灵	【汉族】
W6689.3.5	丧葬的干扰（丧葬节外生枝）	
W6689.3.5.1	丧葬的捣乱者	
W6689.3.5.1.1	“煞”专门在丧事中捣乱	【汉族】
W6689.3.5.2	丧葬节外生枝的情形	

W 编码	母题描述	关联项
W6689.3.5.3	丧葬不顺的消除（顺利办丧事预案）	
W6689.3.5.3.1	通过“斋煞”祈求恶煞丧葬时不来作怪	【汉族】
W6689.4	葬人以外其他对象（特定的丧葬对象；特定对象的丧葬）	
W6689.4.0	葬神（葬神性人物）	
W6689.4.0.1	葬特定的神	
W6689.4.0.2	葬特定的神性人物	
W6689.4.0.2.1	葬精怪	
W6689.4.0.2.1.1	葬鲥鱼精	【汉族】
W6689.4.1	葬动物（动物的丧葬；动物的葬礼）	
W6689.4.1.1	葬马	
W6689.4.1.1.1	为感马恩葬马	【白族】
W6689.4.1.2	葬熊	
W6689.4.1.3	葬青蛙（葬蚂拐）	【壮族】
W6689.4.1.4	葬狗	
W6689.4.1.4.1	葬狗时要栽一棵树	【高山族】
W6689.4.1.4.2	给狗修坟墓	【汉族】【藏族】
W6689.4.1.5	葬龙	
W6689.4.1.5.1	人为感激降雨被杀的乌龙葬之	【汉族】
W6689.4.1.6	葬鼠	
W6689.4.1.6.1	人参加黑刁鼠的葬礼	【景颇族】
W6689.4.1.7	葬牛	
W6689.4.1.7.1	老牛病故后哭牛	【侗族】
W6689.4.1.7.2	尧王葬牝牛	【汉族】
W6689.4.1.8	葬虎	
W6689.4.1.8.1	黄帝葬虎	

W 编码	母题描述	关联项
W6689.4.1.8.1.1	姬轩辕以贵人礼遇把病逝的坐骑白虎葬于黄帝城外	【中华民族】
W6689.4.2	葬植物（植物的丧葬；植物的葬礼）	
W6689.4.3	自然物的丧葬	
W6689.4.3.1	太阳的葬礼	【景颇族】
W6689.4.4	无生命物的丧葬	
W6689.4.5	其他特定物的丧葬	
W6689.4.6	葬其他特定物	
W6689.5	分葬与合葬	
W6689.5.1	分葬	
W6689.5.1.1	成年死者与小孩分葬	
W6689.5.1.1.1 *	西安半坡出土的成年死者与小孩分葬和同性合葬是母系氏族群婚和对偶婚的表现	【中华民族】
W6689.5.2	合葬	
W6689.5.2.1	合葬的产生（合葬的原因）	
W6689.5.2.2	合葬的方法	［W6669.1.8.1.1.2］男女合葬的石棺有大小之分
W6689.5.2.3	特定的合葬	
W6689.5.2.3.1	夫妻合葬（夫妻葬）	【汉族】【朝鲜族】
W6689.5.2.3.1.1	夫妻合葬的原因	
W6689.5.2.3.1.1.1 *	一夫一妻制家庭确立后，盛行夫妻合葬	【中华民族】
W6689.5.2.3.1.2	夫妻合葬的方法	
W6689.5.2.3.1.2.1	夫妻葬异棺同穴	【锡伯族】
W6689.5.2.3.1.2.2	夫妻两个棺材男左女右排放	【鄂伦春族】【锡伯族】
W6689.5.2.3.1.2.3 *	炎帝时期开始，男子死后埋葬在女方部族的墓地里	【中华民族】
W6689.5.2.3.1.3	与夫妻合葬有关的其他母题	

W 编码	母题描述	关联项
W6689.5.2.3.1.3.1	特定地方不兴夫妻合葬	
W6689.5.2.3.1.3.1.1	独龙人无夫妻合葬习俗	【独龙族】
W6689.5.2.3.1.3.2	夫妻要采用同样的丧葬方式	【锡伯族】
W6689.5.2.3.2	家庭成员合葬	
W6689.5.2.3.3	其他特定关系人合葬	
W6689.5.2.3.3.1	颛顼与帝喾的坟称“二帝陵”	【汉族】
W6689.5.2.3.4	同性合葬	
W6689.5.2.3.4.1 *	同性合葬现象是母系氏族群婚和对偶婚的表现	【中华民族】
W6689.6	葬俗的变化（葬俗的改变；丧葬方法的演变；葬礼的变化）	
W6689.6.1	用土葬代替食人葬	［W6592］食人习俗（食人葬）
W6689.6.1.1	英雄德领发明用土葬代替吃老人肉	【布依族】
W6689.6.2	火葬改为土葬	
W6689.6.2.1	纳西族崇善火葬而流官倡行土葬，学汉俗把火葬改土葬	【纳西族】
W6689.7	丧葬的标准（丧葬的规格）	
W6689.7.1	薄葬（简葬）	
W6689.7.1.0	薄葬的产生（薄葬的原因）	
W6689.7.1.0.1	当事人要求薄葬	
W6689.7.1.0.1.1	大禹遗嘱说死后薄葬于茅山	【中华民族】
W6689.7.1.1	夭折的婴儿要简葬	
W6689.7.1.1.1	未满月的死婴儿须赶快用破布或草席包起草草埋葬	【基诺族】
W6689.7.1.1.2	未成年者仅用木匣（散板）安葬	【布依族】
W6689.7.1.1.2.1	小孩死亡用杉木做个箱匣安葬	【仡佬族】
W6689.7.1.1.2a	小孩夭折装竹编畚箕埋葬	【仡佬族】

W 编码	母题描述	关联项
W6689.7.1.1.3	小孩夭折用几块薄板装殓葬荒郊野地	【侗族】
W6689.7.1.2	难产死亡的产妇要简葬	
W6689.7.1.2.1	难产死亡的产妇用草席裹尸或以薄板装殓随便埋掉	【白族】
W6689.7.1.3	凶死者简葬	【布依族】@［W6689.0.4.6］凶死夭折者丧事极简，开路、入棺、安葬了事
W6689.7.1.4	其他情形的简葬	
W6689.7.1.4.1	特定的病死者简葬	
W6689.7.1.4.1.1	不满五十岁的病死者一般不举办丧事（50 岁以上的老人死后才能办丧事）	【布依族】@［W6667.1.2.9.2.1.1］死者年满 36 岁可在神龛上设位供奉，不满 36 岁的，不能上神龛
W6689.7.1.4.2	不务正业而死的青年或无忠无孝的光棍汉，简单安埋	【仡佬族】
W6689.7.1.4.3	年轻人死后薄葬	【布依族】
W6689.7.1.4.3.1	三十岁以下十岁以上的死者用板盒从简埋葬	【侗族】
W6689.7.1.4.4	超度神树的仪式后人死要简葬	【布依族】
W6689.7.1.4.5	未婚者简葬	【布依族】
W6689.7.1.4.5.1	未婚的人死亡只能用单杠抬出入葬	【侗族】
W6689.7.1.4.5.2	未婚青年死亡，只请端公或道士进行“超度”完事	【仡佬族】
W6689.7.1.4.6	有子女的中年人死亡丧葬程序正常但一切从简	【侗族】
W6689.7.1.5	简葬的特征	
W6689.7.1.5.1	简葬不举行葬仪	
W6689.7.1.5.1.1	溺水死者就地埋葬无葬仪	【鄂温克族】
W6689.7.1.6	简葬的情形	

W 编码	母题描述	关联项
W6689.7.1.6.1	少年儿童死亡不请道士，不用棺木，只拿木盒子殓后去荒坡埋掉	【侗族】
W6689.7.1.6.2	草草埋葬	
W6689.7.1.6.2.1	非正常死亡的出血者要草草埋葬	【侗族】
W6689.7.1.6.3	大禹的葬礼极简，衣衾三领，桐棺三寸，埋得很浅	【中华民族】
W6689.7.1.7	简葬的结果	
W6689.7.1.8	与简葬有关的其他母题	
W6689.7.2	厚葬	
W6689.7.2.1	厚葬的原因	
W6689.7.2.1.1	人死只是肉体的死亡而灵魂永生不灭，所以对死者的安葬要庄重	【傈僳族】
W6689.7.2.1.2	通过倾尽全部家产的殉葬可使凶死者获得回归祖先居地的机会	【基诺族】
W6689.7.2.1.3 *	厚葬是古代祖先崇拜的反映	【中华民族】
W6689.7.2.1.4 *	厚葬源于敬畏祖先灵魂	【阿昌族】
W6689.7.2.1.5	厚葬求吉昌	【汉族】
W6689.7.2.2	特定的厚葬	
W6689.7.2.2.1	老人需厚葬	【羌族】
W6689.7.2.2.1.1	老人丧事办得好坏会影响子孙后代家运的兴衰	【白族】
W6689.7.2.2.2	天下龙的子孙厚葬伏羲	【汉族】
W6689.7.2.2.3	对有功者厚葬	【汉族】
W6689.7.2.2.4	有威望的人去世厚葬	【羌族】
W6689.7.2.3	厚葬的方法（厚葬的情形）	
W6689.7.2.3.1	荡尽家财葬父	【汉族】
W6689.7.2.4	厚葬的情形	
W6689.7.2.4.1	厚葬时集亲宾，杀马数十匹	【藏族】

W 编码	母题描述	关联项
W6689.7.2.4.2	隆重的葬礼	【汉族】@［W6689.0.6.1.1］为正义而死者要像老人葬礼一样对待隆重哀悼
W6689.7.2.4.3	炎帝神农氏的葬礼有多人送葬，几十个抬柩的人，坐十多条木排跟着沸水上来，非常隆重	【汉族】
W6689.7.2.4.4	舜为尧的儿子丹朱举行隆重葬礼	【汉族】
W6689.7.2.5	厚葬的结果	
W6689.7.2.6	与厚葬有关的其他母题	
W6689.7.2.6.1	大葬	
W6689.7.2.6.1.1	死后一年方始大葬	【藏族】
W6689.7.2.6.2	羊葬仪式是最高级的葬礼	【哈尼族】
W6689.8	丧葬中的重要活动	
W6689.8.1	丧宴	
W6689.8.1.1	丧宴的产生	
W6689.8.1.2	丧宴的特征	
W6689.8.1.2.1	丧宴时本家亲戚吃饭人多	【哈尼族】
W6689.8.1.2.2	为丧家帮忙的人吃饭时不用请，鸣锣为号	【仡佬族】
W6689.8.1.3	特定环节的丧宴	［W6667.1.1.1］丧葬后设宴
W6689.8.1.3.1	吊丧时设丧宴	
W6689.8.1.3.1.1	丧家设宴招待前来吊丧的亲戚、端公、盔甲、道士等	【羌族】
W6689.8.1.3.2	发丧返家后摩师念《回灵经》后孝家举行开荤仪式	【布依族】
W6689.8.1.3.3	下葬当天丧家和亲族们漱口开荤设宴款待众帮忙者	【布依族】
W6689.8.1.3.4	送葬结束后，丧家对吊丧送葬的所有人办酒席酬谢	【仡佬族】
W6689.8.1.4	丧宴禁忌	

W 编码	母题描述	关联项
W6689.8.1.4.1	与丧宴有关的其他母题	
W6689.8.1.4.1.1	葬礼时杀牲待客	【怒族】
W6689.8.1.5	丧宴时间	
W6689.8.1.5.1	出柩当天祭奠后共餐	【侗族】
W6689.8.1.6	丧宴地点	
W6689.8.1.7	丧宴的情形	
W6689.8.1.8	与丧宴有关的其他母题	［W6667.1.1.3］丧葬后聚餐
W6689.8.1.8.1	丧事席宴称“白喜”	【侗族】
W6689.8.1.8.2	丧宴饭菜要携带一点回家给小孩吃（“赶寿”）	【仡佬族】
W6689.9	丧葬中的其他母题	
W6689.9.1	死者的祭品	
W6689.9.1.1	死者祭品的制作（死者的祭品）	
W6689.9.1.1.1	丧葬时煮饭作为祭品	【傈僳族】
W6689.9.1.1.2	用猪内脏做死者祭品	【傈僳族】
W6689.9.1.1.3	用竹筒装米或插上茅草祭祖	【仡佬族】
W6689.9.1.1.4	姑娘出嫁生子后，女婿为岳父母酿一缸“老人酒”作为将来老人过世时所敬供的上品	【侗族】
W6689.9.1.2	死者祭品的选择（死者祭品的制作）	
W6689.9.1.2.1	根据占卜选择死者的祭品	
W6689.9.1.2.1.1	看死者是死于哪一种病魔，视其鬼的种类决定用什么祭品	【傈僳族】
W6689.9.1.2.2	丧葬时男女祭品不同	
W6689.9.1.2.2.1	女死者的祭品是抓七把米，男的则抓九把米	【傈僳族】
W6689.9.1.2.3	丧葬时杀牲的雌雄	
W6689.9.1.2.3.1	死者为男性杀牡羊，女性则杀牝羊	【羌族】

W 编码	母题描述	关联项
W6689.9.1.2.4	根据死者的年岁选择祭器	
W6689.9.1.2.4.1	死者在 60 岁以上要摆出石刀一把，60 岁以下则改放铜刀一把	【仡佬族】
W6689.9.1.2.5	死者的祭品要特定处理	
W6689.9.1.2.5.1	祭品猪要是杀死后刮毛的全猪	【布依族】
W6689.9.1.3	祭死者祭品的使用	
W6689.9.1.3.1	祭品要正抓反放	【傈僳族】
W6689.9.1.3.2	祭品放在坟墓前	【傈僳族】@［W6687.3.3.3.4］坟墓上放死者的所需用品
W6689.9.1.3.3	祭品放在死者头部	【傈僳族】
W6689.9.1.3.4	死者的“斋饭”用手捏成十二团，红布包起来	【彝族（腊罗、摩察、纳苏、给尼、葛泼）】
W6689.9.1.4	死者的特定祭品	
W6689.9.1.4.1	死者祭品有特定数量	
W6689.9.1.4.1.1	祭桌上摆 9 道素菜和 9 道荤菜供奉死者	【布依族】
W6689.9.1.4.2	死者祭品有特定性别要求	
W6689.9.1.4.2.1	祭死者亡灵要用母鸡	【仡佬族】
W6689.9.1.4.3	必须的祭品	
W6689.9.1.4.3.1	祭品除有酒、饭、菜和果品外，鱼必不可少	【侗族】
W6689.9.1.4.4	五谷及荤腥作为死者祭品	【壮族】
W6689.9.1.4.5	死者的精神祭品	
W6689.9.1.4.5.1	画有供品的纸牌属于死者的精神祭品	【藏族】
W6689.9.1.5	死者祭品的处理	
W6689.9.1.5.1	分食祭死者的牺牲肉	【藏族】
W6689.9.1.5.1.1	为亡灵做斋砍牛祭后分发祭品	【布依族】

W 编码	母题描述	关联项
W6689.9.1.5.1.2	祭祀者砍牛的分配是女婿砍牛要分得牛颈，舅舅合分一条牛腿，其余牛肉煮熟后给参加丧葬活动的人吃	【布依族】
W6689.9.1.5.2	祭品自己不能食用要送人	【布依族】
W6689.9.1.5.3	埋葬死者的“谢土”仪式后，敬供酒肉可在山上吃，也可带回家吃	【布依族】
W6689.9.1.5.4	焚烧祭品	
W6689.9.1.5.4.1	焚烧车马人时，满人面北，汉人面南	【满族】
W6689.9.1.6	与死者祭品有关的其他母题	［W6657.6.5］死者的食物禁忌（死者的祭品禁忌）
W6689.9.2	丧葬中的音乐（丧葬时奏乐；哀乐；丧乐）	
W6689.9.2.1	丧葬时，死者生前好友必请一班乐队吹打	【傈僳族】
W6689.9.2.2	丧葬期间吹唢呐	
W6689.9.2.2.1	丧葬期间的唢呐均为女婿所请	【布依族】
W6689.9.2.2.1.1	治丧期间“八仙”（唢呐班子）吹奏丧曲	【布依族】
W6689.9.2.2.2	丧期三日只吹唢呐，唱孝歌，不敲锣鼓	【仡佬族】
W6689.9.2.3	打丧鼓（击鼓行丧）	【古代民族】
W6689.9.2.3.1	打丧鼓源于哄小孩不哭	【汉族】
W6689.9.2.4	丧期吹五管芦笙	【仡佬族】
W6689.9.2.5	丧葬中击钟止哭	【古代民族】
W6689.9.3	死者的纪念（纪念死者）	【关联】①
W6689.9.3.1	为死者塑像（刻亡者像）	
W6689.9.3.1.1	用死者骨粉做成塑像	【朝鲜族】

① ［W6685.7］丧葬中缅怀死者；［W6685.7.1］丧葬时缅怀死者功绩。

W 编码	母题描述	关联项
W6689.9.3.1.2	木刻先妣先考像置于堂屋神龛壁洞中烧香献饭	【傈僳族】
W6689.9.3.1.2a	埋葬父母后刻像供养	【彝族】
W6689.9.3.1.3	刻母亲生前一模一样的木像跪拜	【汉族】
W6689.9.4	哭死者（哭灵）	【汉族】@［W6685.5.9.2］哭丧
W6689.9.4.1	大哭死者为什么要在鸡叫时刻	
W6689.9.4.1.1	鸡鸣时大哭死者是因为鸡叫时灵魂听力最好	【怒族（若柔人）】
W6689.9.4.2	不同死者哭法不同	
W6689.9.4.2.1	老死者哭的人多，久病死去者少有人哭	【羌族】
W6689.9.4.3	死者断气时亲人要放声大哭	【基诺族】
W6689.9.4.4	哭死者的内容	
W6689.9.4.4.1	死者的亲属用哭调恸哭死者生前给自己的恩惠	【彝族】
W6689.9.5	差异性丧葬（丧葬中的差异）	
W6689.9.5.1	丧葬中男女有别	【关联】①
W6689.9.5.1.1	男人死后可在太阳落后埋葬，女人只能在白天埋葬	【基诺族】
W6689.9.6	与丧葬有关的称谓（特定丧葬的名称）	
W6689.9.6.1	中、青年（18—35 岁）死亡办丧事称办“凄凉事”	【仡佬族】
W6689.9.7	丧葬费用（丧葬中的支出）	
W6689.9.7.1	使金用银办丧葬	【彝族】
W6689.9.8	葬俗的消失	

① ［W6657.4.5.2］死者的口含物男女有别；［W6669.13.2.1.1］随葬品男女有别；［W6687.3.3.3.3.3］坟前所放生前用品男女有别。

6.5.8 其他常见习俗
【W6690 ~ W6694】

W 编码	母题描述	关联项
W6690	**结交习俗**	【汉族】
W6691	**拜亲习俗**	
W6691.1	拜动物为父母	【哈尼族】@［W5100］父母与孩子
W6691.2	拜植物为父母	【哈尼族】
W6692	**杀亲习俗**	
W6692.1	杀死老人的习俗	【柯尔克孜族】@［W6692.4.2］老人被轻视
W6692.1.1	杀死老人的原因	
W6692.1.1.1	以前，摔死老人是神圣的宗法	【锡伯族】
W6692.1.1.2	饥荒时杀死老人	【汤普森】S110.1
W6692.1.1.3	因老人无用杀死老人	
W6692.1.1.3.1	以前人的寿命很长，人们认为老人没用处了，就用羊尾巴把他们都活活堵死	【鄂温克族】
W6692.1.1.4 *	屠杀老人是为了减少地球上日益增加的人口	【壮族】
W6692.1.2	杀死老人的时间（老人被杀死的时间）	
W6692.1.2.1	老人体力衰竭时要自杀	【汤普森】P674
W6692.1.2.2	古时候，老人 60 岁要被杀死	【达斡尔族】
W6692.1.3	杀死老人的地点	
W6692.1.4	杀死老人的方法	
W6692.1.5	杀死老人的情形	

W 编码	母题描述	关联项
W6692.1.5.1	摔死老人	
W6692.1.5.1.1	古时候实行花甲葬，人到60岁时，不死就扔到房顶让其滚下来摔死	【达斡尔族】
W6692.1.5.2	饿死老人	
W6692.1.5.2.1	无儿无女的老人要被饿死	
W6692.1.5.2.1.1	无儿无女的老女人一定年龄时要被饿死	【蒙古族（布里亚特）】
W6692.1.6	杀死老人的结果	
W6692.1.7	与杀死老人的有关的其他母题	［W6698.1.1］废除杀死老人的习俗
W6692.2	杀死小孩的习俗	
W6692.2.1	饥荒时杀死小孩	【汤普森】S110.1.1
W6692.3	为取悦客人杀死亲子	【高山族】
W6692.4	与杀亲有关的其他母题	
W6692.4.1	人年老后被抛弃	【汤普森】S140.1
W6692.4.2	老人被轻视	【汉族】@［W6977.8.3.1］轻视老人（贱长贵壮）
W6693	**争战习俗**	【汤普森】P667；【关联】①
W6694	**其他常见习俗**	
W6694.1	猎头习俗（猎人头习俗）	
W6694.1.1	猎头习俗的产生	
W6694.1.1.1	佤族猎头习俗源于对受骗的报复	【佤族】
W6694.1.2	猎头习俗的特征	
W6694.1.3	猎头习俗的情形	
W6694.1.4	与猎头习俗有关的其他母题	

① ［W8726］战前占卜；［W8727］战前祭祀；［W8995］争战中的禁忌。

6.5.9 与习俗有关的其他母题【W6695 ~ W6699】

W 编码	母题描述	关联项
W6695	**习俗的特征（习俗的功能）**	
W6695.1	习俗为什么有差异	
W6695.1.1	因地域不同导致习俗差异（为什么不同地方习俗不同）	
W6695.1.1.1	72 对兄妹吹到 72 个地方婚生后代，各地方的人风俗不同	【民族，关联】①
W6695.2	特定的时间有特定的习俗（习俗具有时间性）	
W6695.2.1	特定时间以家畜饲鹰习俗	【仫佬族（疑为“仡佬族”）】
W6695.2.2 *	从史前到夏商周三代，华夏崇玉风俗大发展	【中华民族】
W6695.3	特定的地点有特定的习俗（特定的地区有特定的习俗；习俗具有地方性）	
W6695.3.1	隔河不同俗	
W6695.3.1.1	河东河西人家的婚丧喜事习俗不同	【汉族】
W6695.3.2	有的村寨通过挂牛角显示荣耀的习俗	【侗族】
W6695.3.3	地方性习俗的产生	
W6695.3.3.1	地方性习俗与地方性事件有关	

① 【回族】@［W6724.4.2.1］72 对兄妹被吹到 72 个地方，各地方语言不同；［W6742.4.1.1］72 对兄妹被吹到 72 个地方，各地方文字不同。

W 编码	母题描述	关联项
W6695.3.3.1.1	泰山吹箫的人还很多源于舜曾在此发明箫	【汉族】
W6695.4	特定的群体有特定的习俗	
W6695.5	特定性质的习俗	
W6695.5.1	与巫术有关的习俗	
W6695.5.1.1	放蛊习俗	
W6695.5.1.1.1	放蛊者看见对方吃辣子后就不会再轻易下手	【壮族】@［W6595.3.1］敬酒自己先喝的习俗与放蛊有关
W6695.6	同俗者易聚	【汉族】
W6696	**习俗的其他类型**	
W6696.1	特定时代的习俗	
W6696.2	特定地域的叙事	
W6696.3	特定群体的习俗	
W6696.3.1	民族习俗①	［W5536］民族的生活习俗
W6696.3.1.1	民族习俗的产生	
W6696.3.1.2	民族习俗的特征	
W6696.3.1.3	特定民族的习俗	
W6696.3.1.3.1	阿昌族习俗，无理抢亲就在该家门椽上砍一刀以示羞耻	【阿昌族】
W6696.4	语言类习俗	
W6696.4.1	自诩性能力强的习俗	【汤普森】P665；［W6377.4］生殖器崇拜（性崇拜）
W6696.5	其他维度分类的习俗	
W6697	**习俗的变化（习俗的演变；风俗的变化；移风易俗）**	【关联】②

① 民族习俗，中国各民族的民族习俗种类繁多，在此只做编目提示，一些具体的民族习俗可参见“民族”母题列举的部分实例。

② ［W6592.7］食人习俗的改变（食人习俗的废除）；［W6595.1］饮食习俗的改变。

W 编码	母题描述	关联项
W6697.1	习俗改变的原因	［W6665］葬俗的变化
W6697.1.1	时空变化导致习俗演变	
W6697.1.1.1	9 对兄妹分居不同地方后因，山水阻隔很难往来，形成了不同的习俗	【怒族】
W6697.1.2	人的智慧改变旧俗（人靠智慧改变旧俗）	【汉族】
W6697.1.2.1	人的“挂壶认亲”的计谋替代先生孩子再结婚的旧习俗	【汉族】
W6697.1.2.2	人用马肉替代分食父母尸体的习俗	【壮族】
W6697.1.3	斗争改变习俗	
W6697.1.3.1	通过斗败习俗规定者改变习俗	【壮族】
W6697.1.4	生产方式的进步使人改变旧俗	【高山族】
W6697.1.5	特定人物改变陈规陋习	【仡佬族】
W6697.1.6	社会制度的变化导致习俗变化	
W6697.1.6.1	新社会兴自由婚姻，男女双方可以自挑对象，就不顶盖头	【汉族】
W6697.1.7	习俗变化的其他原因	
W6697.1.8	习俗变化的情形	
W6697.1.8.0	特定习俗的变化	【关联】①
W6697.1.8.1	移风易俗比生孩子还难	【彝族】
W6697.1.8.2	特定地区习俗的变化	【中华民族】
W6697.1.9	与习俗变化有关的其他母题	
W6697.1.9.1	改变习俗的方法	
W6697.1.9.1.1	通过特定人物的移居改变习俗	
W6697.1.9.1.1.1	舜把共工流放到幽陵以同化北狄的风俗	【中华民族】

① ［W6595.1］饮食习俗的改变；［W6611.9.9.1］过年习俗的变化。

W 编码	母题描述	关联项
W6697.1.9.1.1.2	舜把驩兜流放到崇山以同化南蛮的风俗	【中华民族】
W6697.1.9.1.1.3	舜把三苗迁徙到三危山以教化西戎的风俗	【中华民族】
W6697.1.9.1.1.4	舜把鲧流放到羽山以改变东夷的风俗	【中华民族】
W6698	**习俗的消失**	
W6698.1	特定习俗的消失	
W6698.1.1	废除杀死老人的习俗	【赫哲族】@［W6692.1］杀死老人的习俗
W6698.1.1.1	父母教给丞相识马、用线穿珠等方法，丞相请国王废除了老人70岁要活葬的法令	【朝鲜族】
W6698.1.2	废除兄妹婚习俗	【佤族】
W6699	**与习俗有关的其他母题**	
W6699.1	特定事象蕴含着特定习俗	
W6699.1.1	特定名称蕴含着特定习俗	
W6699.1.1.1	“雅王”名称反映了尊重母权的遗风	【布依族】

中国神话：文化母题（W6）数据目录

中国神话数据库建设关键词索引

A Motif Catalogue of China's Mythical Culture

（3–3）

王宪昭　著

中国社会科学出版社

3－3　基本母题检索

6.6　语言文字（文学）【W6700～W6819】

6.6.1　语言的产生【W6700～W6714】

6.6.2　语言的类型与特征【W6715～W6729】

6.6.3 文字的产生【W6730～W6739】

6.6.4 文字的特征与类型【W6740～W6759】

6.6.5　文学概说
【W6760 ~ W6769】

6.6.6　神话、史诗（诗歌）
【W6770 ~ W6789】

6.6.7 传说故事（童话；寓言）【W6790～W6799】

6.6.8 其他常见文类【W6800～W6809】

6.6.9 与语言文字有关的其他母题【W6810～W6819】

6.7 姓氏与命名【W6820～W6899】

6.7.1 姓氏的产生【W6820～W6829】

6.7.2　姓氏命名方法（命名姓氏的方法；姓氏划分方式）【W6830～W6839】

6.7.3　百家姓与姓氏数量【W6840～W6849】

6.7.4 姓氏特征（功能）与常见姓氏【W6850～W6854】

6.7.5 与姓氏有关的其他母题【W6855～W6859】

6.7.6 名称（姓名）与命名【W6860～W6869】

6.7.7 人的名字（人的姓名）【W6870～W6884】

6.7.8 其他常见的命名【W6885～W6894】

6.7.9 与姓氏、命名有关的其他母题【W6895～W6899】

6.8 其他常见的文化现象【W6900～W6949】

6.8.1 知识与智慧【W6900～W6904】

6.8.2 文具

【W6905～W6909】

6.8.3 音乐（乐器）

【W6910～W6919】

6.8.4 体育（舞蹈）

【W6920～W6924】

6.8.5 美术（绘画、雕塑等）

【W6925～W6929】

6.8.6 表演艺术（戏剧）【W6930～W6934】

6.8.7 游艺（游戏）【W6935～W6939】

6.8.8 其他常见的文化现象【W6940～W6944】

6.8.9 与文化现象有关的其他母题【W6945～W6949】

6.9 与文化有关的其他母题【W6950～W6999】

6.9.1 火的产生（火的发明；火的创造；火的获取）【W6950～W6959】

6.9.2 度量衡的发明【W6960～W6964】

6.9.3 其他代表性文化发明【W6965～W6969】

6.9.4 教育（文化教育）【W6970～W6974】

6.9.5 伦理道德【W6975～W6979】

3 –3

【₩6700 ~ ₩6999】

6.6 语言文字（文学）【W6700 ~ W6819】

6.6.1 语言的产生【W6700 ~ W6714】

W 编码	母题描述	关联项
✿ **W6700**	**语言（言语；说话）**	
✻ **W6701**	**语言的产生**	【汤普森】A1482
W6702	**人最早不会说话（以前没有语言）**	【汤普森】A1101.2.3；【汉族】
W6702.0	以前万物不会说话	
W6702.0.1	以前，世界上万物都不会说话只会吼叫	【汉族】
W6702.1	人刚产生时不会说话	
W6702.1.1	人从石洞里出来时不会说话	【佤族】@［W6708.4.1］人从圣洞中走出后的第三天由于洗了脸才会说话
W6702.1.1a	人从地洞里出来时不会说话	【佤族】
W6702.1.2	婚生人类时不会说话	
W6702.1.2.1	洪水后，人与天女婚生的 3 个孩子初不能言	【彝族】
W6702.1.2.2	洪水后，兄妹婚生的怪胎变成人后不会说话	【布朗族】

W 编码	母题描述	关联项
W6702. 1. 3	女天神最早造成的泥人成活后不会说话	【维吾尔族】
W6702. 1. 4	类人猿进化为人以后不会说话	【汉族】
W6702. 2	祖先不会说话	【哈尼族】
W6702. 3	古时候，人和动物都不会说话	【汉族】
W6703	**语言产生的原因**	
W6703. 1	语言的产生是交流的需要	
W6703. 2	语言的产生是记事的需要	
W6703. 3	语言是神赋予人的能力	
W6703. 3. 1	天神地神把最好的话和声音放进人祖恰乞形阿玛的嗓管里，所以人有语言能力	【哈尼族】
W6703. 4	人改正错误后获得说话能力	
W6703. 5	语言产生于管理的需要	
W6703. 5. 1	为管理动物产生语言	
W6703. 5. 1. 1	天帝决定挑一种聪明的动物让他有说话的本领做万物首领	【汉族】
W6703. 5. 2	为管理世界产生语言	
W6703. 5. 2. 1	天帝让开口说话的动物获得治理世上的本领	【汉族】
W6703. 6	人因为有牙齿会说话	【壮族等】
W6703. 7	人因为鼻腔里长毛会说话	【壮族】
W6704	**人产生时自然会说话**	**【佤族】**
W6704. 1	造人时造的人会说话	［W6708. 2］造的人吹气后会说话
W6704. 1. 1	造人时捏上嘴巴会说话	【独龙族】
W6704. 1. 2	女娲造的泥人成活后，同女娲一样也会说话	【汉族】
W6704. 1. 3	女娲造的泥人成活后会喊妈妈	【汉族】

W 编码	母题描述	关联项
W6704.2	人生的怪胎会说话	
W6704.2.1	相两相芒兄妹婚生的怪胎成为会说话的五支公，六支奶	【苗族】
W6704.3	人出生后就会说话	
W6704.3.1	兰竹筒中爆出的人生出就会说话	【彝族】
W6704.3.2	瓜生的男女生而能言	【傈僳族】
W6705	**特定人物教人语言（特定人物发明语言；语言的发明者；特定人物规定语言）**	
W6705.1	神教人语言（神赋予人语言）	【哈尼族】
W6705.1.1	天神赐语言（天神教人语言）	
W6705.1.1.1	天神格蒙分配语言	【独龙族】@［W6733.1.1.1］天神格蒙分配文字
W6705.1.1.2	皇天姆教人语言	【畲族】
W6705.1.1.3	天神摩咪把地上的七兄弟召天上教他们各种话语	【哈尼族】
W6705.1.1.4	天神赐兄妹婚生的22个哑巴孩子22种话	【傈僳族】
W6705.1.1.5	神造人时向造出人的叫喊后人学会说话	【彝族】
W6705.1.2	猴子向女神学语言	
W6705.1.2.1	女神扎深木生的猴子向她学语言	【门巴族】
W6705.1.3	夫妻神赋予造的人语言	
W6705.1.3.1	一对夫妻神布桑该、雅桑该赋予造出的人语言	【傣族】
W6705.1.3.1a	布尚改、雅尚改教给造的人语言	【傣族】
W6705.2	神性人物教人语言（神性人物发明语言）	［W6719b.1.1］神或神性人物规定语音

W 编码	母题描述	关联项
W6705.2.1	造人者教人说话	
W6705.2.1.1	夫妻神教造出的一对男女语言	【傣族】
W6705.2.2	生育人类的祖先教后代说话	【布朗族】
W6705.2.3	祖先教人语言（祖先规定语言）	
W6705.2.3.1	布洛陀规定人的语言（保洛陀规定人有人话，兽有兽语）	【壮族】
W6705.2.4	盘古教自己造的人说话	【汉族】
W6705.2.4a	盘古王教自己造的两个泥人说话	【汉族】
W6705.2.5	有巢氏发明语言	
W6705.2.5.1	有巢氏按照鸟音长短高低的变化规定了统一的打招呼信号，发明了语言	【汉族】
W6705.2.6	女娲教人语言	
W6705.2.6.1	女娲教造的人说话知人性	【汉族】
W6705.2.6.2	娲娘教人学会说话	【汉族】
W6705.2.7	安拉赋予人言语能力	【塔吉克族】
W6705.2.8	神仙教人语言	
W6705.2.8.1	铁拐李下凡教人语言	【畲族】
W6705.2.8.2	八仙下凡从四面八方分头教人说话	【畲族】@［W6733.1.3］仙人传文字
W6705.2.9	其他神性人物教人语言	
W6705.2.9.1	皇天姆教人语言	
W6705.2.9.1.1	皇天姆吹竹管教人学会说话	【畲族】
W6705.3	特定的人教人语言	
W6705.3.1	父母教孩子说话	
W6705.3.1.1	兄妹婚生的怪胎变成人后，兄妹俩教他们说话	【布朗族】
W6705.3.1.2	孩子向母亲学语言（母亲教语言）	【门巴族】【纳西族】@［W6705.1.2.1］女神扎深木生的猴子向她学语言

W 编码	母题描述	关联项
W6705.3.2	特定职业者教人说话	
W6705.3.2.1	首领教人语言	
W6705.3.2.2	帝王教人语言	【畲族】@［W6709.1.1.1］高辛皇帝听到树叶响知道了教人说话
W6705.3.3	向特定的人学说话	
W6705.3.3.1	向小孩学说话	【汉族】
W6705.3.4	特定名称的人传授语言	
W6705.3.4.1	彝族的语文是佶绿传授	【彝族】
W6705.4	动物教人说话（人向动物学习语言）	
W6705.4.1	人向鸟学说话（人从鸟那里学会语言）	【高山族】@［W6737.1.3］人向鸟学习文字
W6705.4.1.1	加格鸟教会人们说话	【珞巴族】
W6705.4.1.2	向燕子学会语言	【彝族】
W6705.4.1.3	向八哥学会语言	【白族】
W6705.4.1.4	有巢氏学着鸟音的长短高低，发明了相互间的联络方法	【汉族】
W6705.4.2	动物（狗、鸟等）从天上偷听到说话的方法	【彝族】
W6705.4.3	人向动物伙伴学语言	
W6705.4.3.1	老祖宗昂姑咪阿斯同雀鸟蜂蝶、鱼虾甲虫交朋友后一起生活，学会了伙伴们的话	【纳西族（摩梭）】
W6705.5	其他人物教人语言	
W6705.6	教授语言的方法	
W6705.6.1	借助特定工具教人语言	
W6705.6.1.1	皇天姆吹七根长短不同的竹管、竹哨，教人学讲话	【畲族】
W6705.7	教授语言的结果	

W 编码	母题描述	关联项
W6705.8	与教授语言有关的其他母题	
W6705.8.1	学习其他民族产生语言	
W6705.8.1.1	傣族学着讲布朗话和基诺话	【基诺族】
W6706	**通过特定的水获得语言能力**	［W1897.5］能赋予语言能力的水
W6706.1	人喝源头的水获得说话能力	
W6706.1.1	人找到源头水喝后鼻腔里长出毛来，所以能永远说话	【壮族】
W6706.2	人喝了特殊的水开始说话	
W6706.2.1	人喝能获得语言能力的水	【汉族】
W6706.2.1.1	人喝了天门前能使动物说话的浑水后会说话	【汉族】@［W6706.5.1.2］天门前的两缸水，浑水是能使动物说话的水
W6706.2.2	人喝了太白金星的水开始说话	
W6706.2.2.1	洪水后 3 对夫妻喝了太白金星的水产生语言	【汉族】
W6706.2.3	人喝了天王能说话的水开始说话	【彝族】
W6706.2.3.1	人受青蛙指点喝了天王能说话的水保留了说话的能力	【彝族】
W6706.2.4	人喝了仙水获得说话能力	【汉族】
W6706.2.4.1	人受青蛙指点喝了能让动物会说话的仙水	【汉族】
W6706.2.5	人喝了浑水获得说话能力	
W6706.2.5.1	人喝了天神的浑水获得说话能力	【汉族】
W6706.2.5.2	人受青蛙指点喝了浑水会说话	【汉族】
W6706.2.5.3	人喝的获得说话能力的浑水是瑶池里的琼浆玉液	【汉族】

W 编码	母题描述	关联项
W6706.2.6	人喝了特定缸里的水获得说话能力	
W6706.2.6.1	人受青蛙指点喝了传令神缸里的能说话的水嗓子发痒说出音节	【汉族】
W6706.2.7	人喝了特定的雨水后开始会说话	【汉族】
W6706.2.8	人喝了“话水”会说话	【汉族】
W6706.3	人接触特定的水后获得说话能力	
W6706.3.1	人在特定水域洗浴后会说话	
W6706.3.1.1	人在阿维河里洗手和脸后开始说话	【佤族】
W6706.4	人喝水不变哑的原因	
W6706.5	与喝水产生语言有关的其他母题	［W6724.5.1］喝特定的水造成语言不同
W6706.5.1	让人说话的水很独特	
W6706.5.1.1	神台放着千万碗水，只有一碗又浑又脏的水喝了能讲话	【汉族】
W6706.5.1.2	天门前的两缸水，浑水是能使动物说话的水	【汉族】
W6707	**吃特定的东西获得语言能力**	
W6707.1	吃圣者所赐之谷后产生语言	
W6707.1.1	变人的猴子吃圣者所赐之谷后产生语言	【藏族】
W6707.2	吃特定果实获得语言能力	
W6707.2.1	人吃采华树能通万国之言	【汉族】
W6707.3	吃药后会说话	
W6707.3.1	哑巴吃天上的一种药后会说话	【彝族】
W6708	**通过外界启发产生语言（通过刺激学会语言）**	

W 编码	母题描述	关联项
W6708.1	人受到外界的刺激后开始说话	
W6708.1.1	哑巴孩子听爆竹声开始说话	【苗族】【彝族】
W6708.1.1.1	3 个哑巴孩子听到爆竹声后开始会说话	【傈僳族】【彝族】@［W6723.1.2.2］3 个哑巴儿子听到烧爆发出的 3 个不同响声后，老大发出“宾子里银”的声音，老二发出“沈狄沈懂懂”的声音，老三发出“阿子格”的声音
W6708.1.1.1.1	兄妹婚生的 3 个男孩听烧竹竿的声音会说汉、彝、傈僳族三种语言	【傈僳族】
W6708.1.1.1a	兄妹婚生的 3 个男孩听烧爆涨草后会说话	【彝族】
W6708.1.1.2	阿仰兄妹婚生 9 个哑巴儿子，烧 9 个节的闷林竹子，爆一节就有一个儿子会说话	【仡佬族】@［W6723.1.2.3］阿仰兄妹婚生的 9 个哑巴儿子听爆竹节后开始会说话，但各人讲的不同，相互听不懂
W6708.1.1.3	姐弟婚后生 9 个哑娃，通过烧竹子的爆声会说不同民族的语言	【傈僳族】
W6708.1.1.4	独姆兄妹婚生的 36 个哑巴儿女听烧爆的 36 根竹节的声音，发出不同的语言	【彝族】
W6708.1.1.5	兄妹生的哑巴孩子通过听点燃竹子的声音学会说话	【苗族】
W6708.1.1.6	人和天女婚生 3 个哑巴儿子通过听点燃竹子的声音学会说话	【彝族】
W6708.1.2	人的皮肤受刺激后开始说话	【彝族】@［W6721.6.1.1］3 个哑巴儿子被烫发出不同声音形成不同民族语言
W6708.1.2.1	始祖的孩子被石板烫后开始说话	【普米族】

W 编码	母题描述	关联项
W6708.1.2.2	小孩风吹后会说话	【汉族】
W6708.1.2.3	哑巴身上溅到火星后突然说话	【彝族】
W6708.1.3	人受特定事件刺激后开始说话	【纳西族】
W6708.1.3.1	人听到树枝响知道说话	【畲族】
W6708.1.4	人特定场景刺激后会说话	
W6708.1.4.1	母亲的叫喊与鸟的受惊激发出孩子的语言	【彝族】
W6708.1.5	受其他刺激产生语言	
W6708.1.5.1	根据竹枝摩擦的声音学会说话	【瑶族】
W6708.1.6	与受刺激产生语言有关的其他母题	［W6728.3.1］因惊吓失去语言
W6708.2	造的人吹气后会说话	
W6708.2.1	盘古朝他捏的泥人吹了一口气，全会说话	【汉族】
W6708.2.2	盘古兄妹造泥人，妹妹朝泥人一吹气后泥人会说话	【汉族】
W6708.2.3	女神造的泥人吹气后会说话	【维吾尔族】
W6708.3	看到特定事物产生语言	
W6708.3.1	哑巴观马吃草开始说话	【纳西族】@［W6710.5.1］三个孩子看到马吃蔓菁很着急，就开始说话
W6708.3.2	贴的画像引发语言	
W6708.3.2.1	墙上贴孩子放爆仗的画使哑巴儿子都会说话	【汉族】
W6708.4	人洗脸后产生语言	
W6708.4.1	人从圣洞中走出后的第三天由于洗了脸才会说话	【佤族】
W6709	**通过模仿学会语言**	
W6709.1	人模仿大自然的声音形成语言	
W6709.1.1	人受树叶响得启发造语言	

W 编码	母题描述	关联项
W6709. 1. 1. 1	高辛皇帝听到树叶响知道了教人说话	【畲族】
W6709. 1. 2	兄妹让孩子去模仿大自然的声音，有学风声的、有学水声的、有学各种动物叫的	【布朗族】
W6709. 1. 3	模仿水声学会语言	
W6709. 1. 3. 1	葫芦生的孩子模仿水声学会说话	【基诺族】
W6709. 1. 3. 2	人向流水学习语言	【彝族】
W6710	**语言产生的其他方式**	
W6710. 1	通过学习学会语言	【汉族】
W6710. 1. 1	向特定人物学习语言	［W6705. 4］动物教人说话（人向动物学习语言）
W6710. 1. 2	学习文字后产生语言	
W6710. 1. 2. 1	哑巴学习文字后会说话	【彝族】
W6710. 1. 2a	学文字要先学语言	【佤族】
W6710. 1. 3	人勤劳学会语言	【佤族】
W6710. 2	通过特定的行为习得语言（通过特定仪式开始说话）	
W6710. 2. 1	最早的人都是哑巴，在阿维河洗澡后会说话	【佤族】
W6710. 3	通过祭祀获得语言	
W6710. 3. 1	利恩、衬红夫妻照天神的秘方祭天，哑巴孩子说出不同的语言	【纳西族】
W6710. 3. 2	利恩若与波白命通过祭天哑巴孩子会说话	【纳西族】
W6710. 4	人的交往中产生语言	
W6710. 4. 1	人类学会了种庄稼后，彼此往来出现了语言	【纳西族】
W6710. 5	人因着急开始说话	

W 编码	母题描述	关联项
W6710.5.1	三个孩子看到马吃蔓菁很着急，就开始说话	【纳西族】
W6710.6	特定物变成语言	
W6710.6.1	风吹进泥人的嘴里产生了语言	【彝族（阿细）】@［W6708.1.2.2］小孩风吹后会说话
W6711	**语言产生的时间**	［W6734.7.2］造字的时间（文字产生的时间）
W6712	**语言产生的地点**	［W6734.7.3］造字的地点
W6713	**语言产生的结果**	【关联】①
W6714	**与语言产生有关的其他母题**	
W6714.1	语言产生的情形	
W6714.2	特定语言的产生	【汤普森】A1616；［W5469］根据语言划分民族
W6714.2.1	特定民族语的产生	
W6714.3	最早的语言	
W6714.3.1	最早的语言像独弦胡一样哼	【佤族】
W6714.3.2	最早会说话者（最早会说话的人）	
W6714.3.2.1	以前只有女娲会说话	【藏族】
W6714.3.2.2	特定的祖先会说话	［W6702.2］祖先不会说话
W6714.4.3.2.1	很早以前，子君的老祖先已经学会说话	【彝族（撒梅人）】
W6714.4	语言产生源于气	
W6714.4.1	人若没有气，就不会说话	【彝族】

① ［W6734.7.7］造字的结果（造字的数量）；［W6737.1.8］学习文字的结果。

6.6.2 语言的类型与特征
【W6715 ~ W6729】

W 编码	母题描述	关联项
*** W6715**	**语言的类型（特定类型的语言；特定的语言；语言的种类）**	
W6715.1	语言类型的产生	
W6715.1.1	人模仿不同对象形成不同语言	
W6715.1.1.1	模仿自然界不同声音形成不同语言	【布朗族】
W6716	**神的语言**	【关联】①
W6717	**人的语言**	
W6717.1	人最早时说动物语言	【哈尼族】
W6718	**动植物的语言**	
W6718.1	动物的语言	
W6718.1.1	动物语言的产生	
W6718.1.1.1	动物吃特定食物学会说话	
W6718.1.1.1.1	猴子得到充足的食物后慢慢能说话	【藏族】
W6718.1.1.1.2	鸟喝了特定的水有了语言	【拉祜族】
W6718.1.2	动物语言的特征	
W6718.1.2.1	动物的语言只有动物懂	
W6718.1.2.1.1	人为什么听不懂兽的叫声	【拉祜族】
W6718.1.3	动物语言的类型（特定的动物语言）	

① ［W0085］神的语言；［W9119.1］魔力的语言。

W 编码	母题描述	关联项
W6718.1.3.1	鸟语	
W6718.1.3.1.1	公冶长懂鸟语	【汉族】
W6718.1.3.1.1.1	公冶长能听懂麻雀说话	【汉族】
W6718.1.3.1.1.2	公冶长能翻译乌鸦叫声	【汉族】
W6718.1.3.1.2	支格阿龙（文化英雄名）懂鸟语	【彝族】
W6718.1.3.1.3	一位老人懂鸟话	【汉族】
W6718.1.3.2	兽语	
W6718.1.3.2.1	树上有牡猴能说出字音	【彝族】
W6718.1.3.2.2	懂兽语者	
W6718.1.3.2.2.1	伯益通晓禽兽的语言	【汉族】
W6718.1.3.3	六畜的语言	
W6718.1.3.3.1	东方介氏国的人数数解六畜之语	【汉族】
W6718.1.4	与动物语言有关的其他母题	
W6718.2	植物的语言	
W6718.2.1	植物语言的产生	
W6718.2.2	植物语言的特征	
W6718.2.3	植物语言的类型（特定的植物语言）	
W6718.2.4	与植物语言有关的其他母题	
W6719	**其他特定类型的语言**	［W9119.1］魔力的语言
W6719.1	无生命物的语言	
W6719.2	肢体语言（哑语；手语）	
W6719.2.1	点头表意	
W6719.2.1.1	以前的祖先阿培话不会说，见着就点头	【哈尼族】
W6719.2.2	多种肢体动作与语言并用	【汉族】
W6719.3	旗语	
W6719.4	暗语（隐语）	

W 编码	母题描述	关联项
W6719.4.1	暗语的产生	
W6719.4.1.1	为骗鬼产生暗语	【傈僳族】
W6719.4.1.2	为做特定事说暗语	【朝鲜族】
W6719.4.1.3	因禁忌说暗语	
W6719.4.1.3.1	杀死图腾说是图腾睡了	【鄂温克族】
W6719.4.1.4	尧王的大臣制定统一的暗语	【汉族】
W6719.4.2	暗语的特征	
W6719.4.2.1	通过暗语分辨自己人与外来者	【汉族】
W6719.4.3	特定的暗语	
W6719.4.3.1	性交隐语	
W6719.4.3.1.1	性交隐语为“打脚碓”	【纳西族】
W6719.4.3.2	柳是爱情中的隐语	【苗族】
W6719.4.4	暗语的使用	
W6719.4.4.1	说图腾时要用暗语	【鄂伦春族】
W6719.5	与暗语有关的其他母题	
W6719.5	誓言	
W6719.5.1	誓言的产生	
W6719.5.2	誓言的特征（誓言的功能）	
W6719.5.2.1	誓言难违	【汉族】
W6719.5.3	誓言的表达（发誓）	
W6719.5.3.1	发誓的时间	
W6719.5.3.1.1	临别时发誓	【藏族】
W6719.5.3.2	发誓的地点	
W6719.5.3.2.1	特定的树下发誓（宣誓树）	【珞巴族】
W6719.5.3.3	发誓的内容	
W6719.5.3.3.1	发誓来日做夫妻	【藏族】
W6719.5.3.4	发誓的方法（发誓的对象）	
W6719.5.3.4.1	向天发誓	【汉族】

W 编码	母题描述	关联项
W6719.5.3.4.1a	向太阳发誓	【鄂伦春族】
W6719.5.3.4.2	向列祖列宗发誓	
W6719.5.3.4.3	向特定关系人发誓	
W6719.5.3.4.4	掷物宣誓	
W6719.5.3.4.4.1	刀劈竹筒掷于地发誓	【苗族】
W6719.5.3.4.5	砍物发誓	
W6719.5.3.4.5.1	刀竹子发誓	【苗族】
W6719.5.3.4.6	暗中发誓	【汉族】
W6719.5.3.4.7	盟誓	
W6719.5.3.4.7.1	盟誓时祭祀	【中华民族】
W6719.5.4	发誓的结果	
W6719.5.4.1	发誓成真	【汉族】
W6719.5.5	特定的誓言	
W6719.5.5.1	毒誓	【纳西族】
W6719.5.5.2	死誓	【汉族】
W6719.5.6	与誓言有关的其他母题	
W6719.5.6.1	誓约（约定）	
W6719.5.6.1.1	大禹与妻子约定闻鼓声送饭	【汉族】
W6719.6	箴言	
W6719.7	黑话（江湖黑话；切口；春点；寸点；唇点；唇典）	
W6719.7.1	黑话的产生	
W6719.7.2	黑话的特征	
W6719.7.3	黑话的使用	
W6719.7.3.1	纳西人祭天时要说黑话	【纳西族】
W6719.7.4	黑话的类型（特定的黑话）	
W6719.7.4.1	名称类黑话	
W6719.7.4.2	动作类黑话	

W 编码	母题描述	关联项
W6719.7.4.3	生意中的黑话	
W6719.7.5	与黑话有关的其他母题	
W6719.8	行话	
W6719.9	与特定语言有关的其他母题	
W6719.9.1	借代语（借用语；词语的借代）	［W6719.4］暗语
W6719.9.1.1	特定的事情要用借代语	
W6719.9.1.1.1	请祭师到门前时不能擅自入其家，要在门口大喊“请借个火!”	【傈僳族】
W6719.9.1.2	特定的借代语	
W6719.9.1.2.1	尧年喻长寿	【中华民族】
W6719.9.2	大话（说大话）	
W6719.9.2.1	女娲为说大话感到羞悔	【汉族】
W6719.9.3	假话	
W6719.9.4	咒语	
W6719.9.4.1	咒语的产生	
W6719.9.4.2	咒语的特征（咒语的功能）	
W6719.9.4.2.1	咒语可实现特定愿望	
W6719.9.4.2.2	咒语能招来特定物	
W6719.9.4.2.2.1	念咒语引下来山上的石磨	【仫佬族】
W6719.9.4.2.3	咒语使特定物变形	
W6719.9.4.2.3.1	咒语使人变成驴	【汉族】
W6719.9.4.2.4	咒语改变特定物性貌	
W6719.9.4.2.4.1	神农念咒语让庄稼不秀穗	【汉族】
W6719.9.4.2.5	咒语帮助生产	
W6719.9.4.2.5.1	用咒语除草	【汉族】
W6719.9.4.2.6	咒语使人得病得灾	

W 编码	母题描述	关联项
W6719.9.4.2.7	咒语剥夺人的生命	
W6719.9.4.2.7.1	毕摩开口能把人咒死，闭口也能把人咒死	【彝族】
W6719.9.4.2.8	咒语威力巨大	
W6719.9.4.2.8.1	咒语能改变自然现象	
W6719.9.4.2.8.1.1	毕摩能咒得大山倾倒，江水断流	【彝族】
W6719.9.4.3	咒语的使用（咒语的实现）	
W6719.9.4.3.1	龙使咒语实现	【黎族】
W6719.9.4.3.2	咒语要说特定的次数	
W6719.9.4.3.2.1	咒语说七七四十九遍才管用	【汉族】
W6719.9.4.4	咒语的解除（咒语失灵）	
W6719.9.4.4.1	特定人物能解除咒语	
W6719.9.4.4.1.1	玉帝废掉人念咒锄草的咒语	【汉族】
W6719.9.4.4.2	特定行为导致咒语失灵	
W6719.9.4.4.2.1	人变懒后除草咒语失灵	【汉族】
W6719.9.4.5	特定的咒语	
W6719.9.4.5.1	祈愿咒语	
W6719.9.4.5.1.1	新房立好架子后要请掌墨师傅念诵祈愿咒语	【侗族】
W6719.9.4.5.2	驱邪咒语	
W6719.9.4.5.2.1	小孩出远门时要念驱邪咒语	【侗族】
W6719.9.4.6	与咒语有关的其他母题	［W6814.5.7］咒语书
W6719.9.5	反话（说反话）	
W6719.9.5.1	因心急语言说反	【珞巴族】
W6719.9.5.2	因禁忌说反话	
W6719.9.5.2.1	杀图腾的枪说成是打不死任何动物的工具	【鄂温克族】
W6719.9.6	骂人的话（恶言；恶语）	
W6719.9.6.1	特定的话成为骂人的话	

W 编码	母题描述	关联项
W6719.9.6.1.1	二十五、二十六过小年成了骂人话	【汉族】
W6719.9.6.2	特定的名词是骂人的话	
W6719.9.6.2.1	“王八”成了骂人的话	【汉族】
W6719.9.7	预言	
W6719.9.7.1	预言的产生	
W6719.9.7.2	预言的特征	
W6719.9.7.3	预言的消除	
W6719.9.7.3.1	预言中的人物死亡预言失效	
W6719.9.7.3.1.1	黑龙一死，王母说的“凡人五百年遭一次劫难”的话失灵	【汉族】
W6719.9.7.4	与预言有关的其他母题	［W6778.8.1.2.3.3.1＊］洪水神话中预言者角色的演变
W6719a	**语言的种类**	
W6719a.1	语言种类的产生	
W6719a.2	语言只有1种	
W6719a.2.1	以前只有1种语言	【拉祜族】@［W5522］原来各民族只有一种语言
W6719a.3	不同数量的语言	
W6719a.3.1	2种语言	
W6719a.3.2	3种语言	【傈僳族】@［W6708.1.1.1.1］兄妹婚生的3个男孩听烧竹竿的声音会说汉、彝、傈僳族三种语言
W6719a.3.3	4种语言	
W6719a.3.4	5种语言	
W6719a.3.5	6种语言	
W6719a.3.6	7种语言	

W 编码	母题描述	关联项
W6719a. 3. 7	8 种语言	【蒙古族】@［W6724. 4. 2. 2］8 对夫妻分别居于南、北、东、西，因气候和食物不同语言慢慢不一样了
W6719a. 3. 8	9 种语言	
W6719a. 3. 8. 1	兄妹婚生 9 子形成 9 种语言	【仡佬族】
W6719a. 3. 9	10 种语言	【鄂温克族】@［W6724. 4. 2. 3］10 兄弟从天上掉下来散落到世界各地形成不同的语言
W6719a. 3. 10	语言有多种	【关联】①
W6719a. 3. 10. 1	22 种语言	【傈僳族】@［W6705. 1. 1. 4］天神赐兄妹婚生的 22 个哑巴孩子 22 种话
W6719a. 4	按国家划分的语言	
W6719a. 4. 1	中国话	
W6719a. 4. 2	外国话（外国语；外语；外国语言）	
W6719a. 4. 2. 1	外语的产生	
W6719a. 4. 2. 2	外语的特征	
W6719a. 4. 2. 2. 1	两国语言不同	【苗族】
W6719a. 4. 2. 3	外语能力的获得	
W6719a. 4. 2. 3. 1	吃特定物会外语	【汉族】@［W6707. 2. 1］人吃采华树能通万国之言
W6719a. 5	按民族划分的语言	
W6719a. 5. 0	不同民族选择不同语言	
W6719a. 5. 0. 1	天神让七个兄弟民族选择不同多语言	【哈尼族】
W6719a. 5. 1	汉语（汉话）	

① 【仡佬族】@［W6724. 4. 2. 1］72 对兄妹被吹到 72 个地方，各地方语言不同；［W6727. 7. 1］观音用法术让语言相同的众兄弟各操一种语言。

W 编码	母题描述	关联项
W6719a. 5. 1. 1	汉语的产生	
W6719a. 5. 1. 1. 1	三弟兄和三妯娌喝了太白金星做了手脚的水，有两夫妇开始说汉话	【关联】①
W6719a. 5. 1. 1. 2	人产生时自然讲汉语	
W6719a. 5. 1. 1. 2. 1	丈良、丈美兄妹婚后怪胎变成人后，有的讲汉语	【侗族】
W6719a. 5. 1. 1. 2. 2	汉语是原生语言	【仫佬族】
W6719a. 5. 1. 1. 3	天神教汉语	
W6719a. 5. 1. 1. 3. 1	天神教七兄弟中的老大学会了汉话汉文	【哈尼族】
W6719a. 5. 1. 2	汉语的特征	
W6719a. 5. 1. 2. 1	汉族人说话像唱歌是因为他们爱学画眉说话	【佤族】
W6719a. 5. 1. 3	特定的汉语	
W6719a. 5. 1. 3. 1	古代汉语	【汉族】
W6719a. 5. 1. 3. 2	现代汉语	【汉族】
W6719a. 5. 1. 3. 3	客家语（客家话）	【汉族】
W6719a. 5. 1. 4	与汉语有关的其他母题	
W6719a. 6	少数民族语言（民族语言）	
W6719a. 6. 0	民族语言的产生	
W6719a. 6. 0. 1	特定民族到特定地方学语言	
W6719a. 6. 0. 1. 1	佤族、傣族、汉族三兄弟向海中庙宇中的智慧老人学语言	【佤族】
W6719a. 6. 0. 1. 2	汉族、彝族、傣族、哈尼族、苗族、藏族、纳西族七兄弟从天神摩咪那里学会各自的语言	【哈尼族】
W6719a. 6. 0a	民族语言的特征	
W6719a. 6. 0b	民族语言的数量	

① 【苗族】@［W6719a. 6. 34. 1］三弟兄和三妯娌喝了太白金星做了手脚的水，有两夫妇开始说苗话；［W6719a. 6. 52. 1］三弟兄和三妯娌喝了太白金星做了手脚的水，有两夫妇开始说彝话。

W 编码	母题描述	关联项
W6719a.6.0b.1	特定民族的语言不多	【布朗族】
W6719a.6.1	阿昌族语言	【阿昌族】
W6719a.6.2	白族语言	【白族】
W6719a.6.3	保安族语言	【保安族】
W6719a.6.4	布朗族语言	【布朗族】
W6719a.6.4.1	布朗人模仿水声说话，因此布朗话“咕噜咕噜”的像流水声音一样	【基诺族】
W6719a.6.5	布依族语言	【布依族】
W6719a.6.6	朝鲜族语言	【朝鲜族】
W6719a.6.7	达斡尔族语言	【达斡尔】
W6719a.6.8	傣族语言	【傣族】
W6719a.6.8.1	傣话为什么好听	
W6719a.6.8.1.1	傣族话好听是因为学习其他民族语言的结果	【基诺族】
W6719a.6.8.1.2	傣人说话甜蜜蜜是因为他们爱学蜜蜂说话	【佤族】
W6719a.6.8.1.3	天神教七兄弟中的老三学会傣语	【哈尼族】@［W6719a.6.0.1.2］汉族、彝族、傣族、哈尼族、苗族、藏族、纳西族七兄弟从天神摩咪那里学会各自的语言
W6719a.6.9	德昂族语言	【德昂族】
W6719a.6.10	东乡族语言	【东乡族】
W6719a.6.11	侗族语言	【侗族】
W6719a.6.11.1	人产生时自然讲侗语	
W6719a.6.11.1.1	丈良、丈美兄妹婚后怪胎变成人后，有的讲侗语	【侗族】
W6719a.6.11.2	侗语用汉字记音	【侗族】
W6719a.6.12	独龙族语言	【独龙族】

W 编码	母题描述	关联项
W6719a. 6. 13	俄罗斯族语言	【俄罗斯族】
W6719a. 6. 14	鄂伦春族语言	【鄂伦春族】
W6719a. 6. 15	鄂温克族语言	【鄂温克族】
W6719a. 6. 16	高山族语言	【高山族】
W6719a. 6. 17	仡佬族语言	【仡佬族】
W6719a. 6. 18	哈尼族语言	
W6719a. 6. 18. 1	哈尼族语言优美	【哈尼族】@［W6720. 2. 2. 1. 1］哈尼说话最好听
W6719a. 6. 18. 2	天神教七兄弟中的老四学会哈尼语	【哈尼族】@［W6719a. 6. 0. 1. 2］汉族、彝族、傣族、哈尼族、苗族、藏族、纳西族七兄弟从天神摩咪那里学会各自的语言
W6719a. 6. 19	哈萨克族语言	【哈萨克族】
W6719a. 6. 20	赫哲族语言	【赫哲族】
W6719a. 6. 21	回族语言	【回族】
W6719a. 6. 22	基诺族语言	
W6719a. 6. 22. 1	洪水后幸存的玛黑玛妞兄妹教会婚生的孩子基诺话	【基诺族】
W6719a. 6. 23	京族语言	【京族】
W6719a. 6. 24	景颇族语言	【景颇族】
W6719a. 6. 25	柯尔克孜族语言	【柯尔克孜族】
W6719a. 6. 26	拉祜族语言	【拉祜族】
W6719a. 6. 27	黎族语言	【黎族】
W6719a. 6. 28	傈僳族语言	【傈僳族】
W6719a. 6. 29	珞巴族语言	【珞巴族】
W6719a. 6. 30	满族语言	【满族】
W6719a. 6. 31	毛南族语言	【毛南族】
W6719a. 6. 32	门巴族语言	【门巴族】

W 编码	母题描述	关联项
W6719a.6.33	蒙古族语言（蒙古语）	【蒙古族】
W6719a.6.34	苗族语言（苗语）	
W6719a.6.34.1	三弟兄和三妯娌喝了太白金星做了手脚的水，有两夫妇开始说苗话	【苗族】@［W6719a.6.52.1］三弟兄和三妯娌喝了太白金星做了手脚的水，有两夫妇开始说彝话
W6719a.6.34.2	丈良、丈美兄妹婚后怪胎变成人后，有的讲苗语	【侗族】
W6719a.6.34.3	天神教七兄弟中的老五学会苗语	【哈尼族】
W6719a.6.35	仫佬族语言	【仫佬族】
W6719a.6.36	纳西族语言	【纳西族】
W6719a.6.36.1	天神教七兄弟中的老七学会纳西语	【哈尼族】
W6719a.6.37	怒族语言	【怒族】
W6719a.6.38	普米族语言	【普米族】
W6719a.6.39	羌族语言	【羌族】
W6719a.6.40	撒拉族语言	【撒拉族】
W6719a.6.41	畲族语言	【畲族】
W6719a.6.42	水族语言	【水族】
W6719a.6.43	塔吉克族语言	【塔吉克族】
W6719a.6.44	塔塔尔族语言	【塔塔尔族】
W6719a.6.45	土家族语言	【土家族】
W6719a.6.46	土族语言	【土族】
W6719a.6.47	佤族语言	
W6719a.6.47.1	岩佤人说话拗嘴拗舌是因为他们爱学牛说话	【佤族】
W6719a.6.48	维吾尔族语言	【维吾尔族】
W6719a.6.49	乌孜别克族语言	【乌孜别克族】
W6719a.6.50	锡伯族语言	【锡伯族】

W 编码	母题描述	关联项
W6719a. 6. 51	瑶族语言	【瑶族】
W6719a. 6. 51. 1	人产生时自然讲瑶语	
W6719a. 6. 51. 1. 1	丈良、丈美兄妹婚后怪胎变成人后，有的讲瑶语	【侗族】
W6719a. 6. 52	彝族语言（彝语）	【彝族】@［W6719a. 8. 1. 1］藏语、汉语和彝语同源
W6719a. 6. 52. 1	三弟兄和三妯娌喝了太白金星做了手脚的水，有两夫妇开始说彝话	【苗族】
W6719a. 6. 52. 2	尼文（彝族）人说话紧慢不一是因为他们爱学斑鸠说话	【佤族】
W6719a. 6. 52. 3	从天神摩咪那里学彝语	【哈尼族】@［W6719a. 6. 0. 1. 2］汉族、彝族、傣族、哈尼族、苗族、藏族、纳西族七兄弟从天神摩咪那里学会各自的语言
W6719a. 6. 53	裕固族语言	【裕固族】
W6719a. 6. 54	藏族语言（藏语）	【藏族】
W6719a. 6. 54. 1	天神传授七兄弟中的老六学会藏语	【哈尼族】
W6719a. 6. 55	壮族语言（壮语）	【壮族】
W6719a. 7	按区域划分的语言	
W6719a. 7. 1	普通话	
W6719a. 7. 2	方言	
W6719a. 8	与语言种类有关的其他母题	
W6719a. 8. 1	同源的语言	
W6719a. 8. 1. 1	藏语、汉语和彝语同源	【彝族】
W6719b	**语音**	
W6719b. 1	语音的产生（字音；语音的确定）	

W 编码	母题描述	关联项
W6719b.1.1	神或神性人物规定语音	
W6719b.1.2	根据特定的声音定字音	
W6719b.1.2.1	根据动物的叫声名字音	【彝族】
W6719b.1.3	语音产生的其他方式	
W6719b.1.4	与语音产生有关的其他母题	
W6719b.1.4.1	语音产生的时间	
W6719b.2	语音的特征	
W6719b.2.1	文字的写法表明语音	
W6719b.2.2	有些字造字的含义与语音不符	【汉族】
W6719b.2.3	特殊的发音	
W6719b.2.3.1	特定群体发音与众不同	【汉族】
W6719b.4	特定语言构成	
W6719b.4.1	音节	
W6719b.4.1.1	音节的产生	
W6719b.5	与语音有关的其他母题	
W6719b.5.1	谐音	
W6719b.5.1.1	谐音引发特定结果	【汉族】
W6719c	**语义**	
W6719c.1	语义的产生	
W6719c.2	语义的特征	【汉族】
W6719c.2.1	语义可以变化	
W6719c.2.1.1	语义会不断延伸	【哈尼族】
W6719c.3	与语义有关的其他母题	
W6719d	**词语**	
W6719d.1	词语的产生（语词的产生）	
W6719d.2	词语的特征	
W6719d.3	特定的词语	
W6719d.3.1	特定语词的产生	

W 编码	母题描述	关联项
W6719d. 3. 1. 1	阿咪由佛带上天于是有了“阿咪驮佛”这个词	【汉族】
W6719d. 3. 2	谦辞	
W6719d. 3. 3	敬词	
W6719d. 3. 3. 1	王是敬词	
W6719d. 3. 3. 1. 1 *	苗族诗歌中如雷王、蟹王、太阳王等“王”字是对人物的敬称	【苗族】
W6719d. 4	与词语有关的其他母题	【汉族】
* **W6720**	**语言的特征（语言的功能）**	
W6720. 1	语言有神力（神圣的语言；语言有能量）	
W6720. 1. 1	语言能变成现实	
W6720. 1. 1. 1	特定人物不经意的话成为现实	【汉族】
W6720. 1. 2	语言具有无形的威力	
W6720. 1. 2. 1	语言能发出令动物感觉到的威严	【汉族】
W6720. 1. 3	语言能改变特定对象	
W6720. 1. 3. 1	语言能开山	【汉族】
W6720. 1. 4	语言神力的其他表现	
W6720. 1. 4. 1	特定人物的话有神力	
W6720. 1. 4. 1. 1	帝王的话能使事物改变本性	【汉族】
W6720. 1. 5	特定的有神力的语音	
W6720. 1. 5. 1	特定的鸟语是神力语言	【佤族】
W6720. 1. 6	与语言有神力有关的其他母题	［W6728. 4. 3］神力语言的失灵
W6720. 2	语言好听	
W6720. 2. 1	语言流畅	

W 编码	母题描述	关联项
W6720.2.1.1	语言像流水的声音	【基诺族】@［W6709.1.3.1］葫芦生的孩子模仿水声学会说话
W6720.2.2	优美的语言	
W6720.2.2.1	特定群体的语言优美	
W6720.2.2.1.1	哈尼说话最好听	【哈尼族】
W6720.3	语言好记	
W6720.4	语言的简单与复杂	
W6720.4.1	人最早的语言很单调	【佤族】
W6721	**语言的差异**	【关联】①
W6721.1	以前的语言没有差异	
W6721.1.1	以前各种人都说同样的话	
W6721.1.2	原来各民族说同样的语言	【拉祜族】
W6721.2	世界上的语言不同	
W6721.2.1	娲儿公主和太极、无极造人时没有教他们语言，所以后来世界上的语言不同	【汉族】
W6721.2.2	不同世界的语言不通	【苗族】
W6721.3	语言的时间性差异	
W6721.3.1	人早期语言与现在不同	
W6721.3.1.1	人最早的语言不是人话	
W6721.3.1.1.1	最早的语言只有动物能听懂	【哈尼族】
W6721.4	语言的地区性差异	
W6721.4.1	不同地方的人喝不同的雨水造成语言不同	【汉族】
W6721.5	语言的个体性差异	
W6721.5.1	仫佬族人的祖先讲的话和皇帝不同	【仫佬族】

① ［W6724］人的语言差异的来历（为什么不同的人语言不同）；［W6727］语言的改变（语言的变化；语言的发展；语言的演变；语音的演变；语言的变异）。

W 编码	母题描述	关联项
W6721.6	语言的群体性差异	
W6721.6.1	不同民族语言不同	【彝族】
W6721.6.1.1	3 个哑巴儿子被烫发出不同声音形成不同民族语言	【彝族】
W6721.7	不同特征的人语言不同	
W6721.7.1	不同肤色的人语言不同	【畲族】
W6722	**人与神的语言不同（人与神性人物的语言不通）**	
W6722.1	人听不懂神的话	【鄂温克族】
W6722.2	人听不懂鬼的话	
W6722.2.1	人听不懂鬼的话，鬼却听得懂人的话	【哈尼族】@［W6726.1.1］以前，人可以和鬼说话
W6723	**人与其他特定对象语言不同**	
W6723.1	人之间的语言不同	
W6723.1.1	兄弟姐妹间的语言不同	
W6723.1.1.1	创世兄妹婚生讲不同语言的子女	【拉祜族】
W6723.1.2	兄弟间的不同语言	
W6723.1.2.1	女子与蛇婚生的儿子说不同的话	【白族】
W6723.1.2.2	3 个哑巴儿子听到烧爆发出的 3 个不同响声后，老大发出“宾子里银”的声音，老二发出“沈狄沈懂懂”的声音，老三发出“阿子格”的声音	【彝族】@［W6708.1.1.1］3 个哑巴孩子听到爆竹声后开始会说话
W6723.1.2.3	阿仰兄妹婚生的 9 个哑巴儿子听爆竹节后开始会说话，但各人讲的不同，相互听不懂	【仡佬族】
W6723.2	人与动物语言不同的来历	

W 编码	母题描述	关联项
W6723.2.1	文化始祖规定人有人话，兽有兽语	【壮族】@［W6705.2.3.1］布洛陀规定人的语言（保洛陀规定人有人话，兽有兽语）
W6723.2.2	喝特定的水人与动物语言不再相通	
W6723.2.2.1	世神让禽兽和人到一眼泉边去喝水后，鸟有鸟言，兽有兽语，人有人语	【汉族】
W6723.2.3	玉皇大帝降旨人类不再与禽兽通语言	【汉族】
W6724	**人的语言差异的来历（为什么不同的人语言不同）**	【民族，关联】①
W6724.1	人的语言差异源于特定任务的规定	
W6724.1.1	神规定了各民族的语言	【民族，关联】②
W6724.2	语言不同源于语言分配的差异	
W6724.2.1	神为众兄弟分配不同的语言（兄弟间语言不同的来历）	
W6724.3	因教语言的方法不同造成语言不同	
W6724.3.1	教语言的工具不同造成语言差异	
W6724.3.1.1	神用不同的竹管、竹哨教人学语言形成南腔北调	【畲族】
W6724.4	因地域不同造成语言差异	
W6724.4.1	人的迁徙造成语言差异	
W6724.4.2	人的居住地点的改变造成语言差异	

① 【白族】【蒙古族】【畲族】@［W5521.1］神分配各民族的语言；［W5522］原来各民族只有一种语言；［W6722］人与神的语言不同（人与神性人物的语言不通）。

② 【苗族】【彝族】@［W5520］民族语言。

W 编码	母题描述	关联项
W6724.4.2.1	72 对兄妹被吹到 72 个地方，各地方语言不同	【民族，关联】①
W6724.4.2.2	8 对夫妻分别居于南、北、东、西，因气候和食物不同语言慢慢不一样了	【蒙古族】
W6724.4.2.3	10 兄弟从天上掉下来散落到世界各地形成不同的语言	【鄂温克族】
W6724.5	因饮食特定物造成语言差异	
W6724.5.1	喝特定的水造成语言不同	【民族，关联】②
W6724.5.1.1	众兄弟喝水后形成不同语言	【仡佬族】
W6724.5.1.2	太白金星让 3 对夫妻喝了做了手脚的水，每对夫妻开始说不同的语言	【汉族】@［W6727.1.1.1］3 对夫妻喝了太白金星做了手脚的水后语言都变了
W6724.5.1.3	不同的人分别喝赤、橙、黄、绿、青、蓝、紫、白等不同颜色雨水导致说不同的话	【汉族】
W6724.6	因水土原因造成语言不同	
W6724.6.1	因气候和食物造成语言差异	
W6724.6.1.1	8 对夫妻分别居于四方，因气候和食物不同形成不同语言	【蒙古族】
W6724.7	人的不同语言是因为受到的刺激不同	［W6708.1］人受到外界的刺激后开始说话
W6724.8	特定人物让人语差异	
W6724.8.1	天神让人说不同语言	【拉祜族】
W6724.9	与人的语言差异产生有关的其他母题	［W6721］语言的差异
W6725	**与语言差异有关的其他母题**	

① 【回族】@［W6695.1.1.1］72 对兄妹吹到 72 个地方婚生后代，各地方的人风俗不同；［W6742.4.1.1］72 对兄妹被吹到 72 个地方，各地方文字不同。

② 【仫佬族】@［W6706］通过特定的水获得语言能力；［W6729.3.4.1］人喝特定的水后改变声音（人喝特定的水后改变语言）。

W 编码	母题描述	关联项
W6725.1	语言差异的结果	
W6725.1.1	语言差异导致人的分化	【苗族】
W6725.1.2	语言差异的消除	
W6726	**相通的语言**	
W6726.0	语言相通的原因	
W6726.0.1	因同样的饮食形成语言相通	
W6726.0.1.1	喝了同一色雨水的人语言相通	【汉族】@［W6724.5.1.3］不同的人分别喝赤、橙、黄、绿、青、蓝、紫、白等不同颜色雨水导致说不同的话
W6726.1	人与神语言相通（人神共用一种语言；人与鬼语言相通）	【关联】①
W6726.1.1	以前，人可以和鬼说话	【哈尼族】
W6726.1.2	从前，人说话是通神的	【汉族】
W6726.1a	万物语言相通（万物同语）	
W6726.1a.1	以前万物与人语言相通	【布朗族】
W6726.2	人与人语言相通	
W6726.2.1	民族间语言相通	
W6726.2.1.1	怒族人都会讲傈僳话	【怒族】
W6726.3	人与动物语言相通	【蒙古族】
W6726.3.1	人能听懂动物的语言（懂鸟语的人）	【民族，关联】②
W6726.3.1.1	古代人类和禽兽语言相通	【汉族】@［W6718.1.3.1.1］公冶长懂鸟语
W6726.3.1.2	东巴阿明什罗能听懂乌鸦的语言	【纳西族】
W6726.3.1.3	最早的一个女子沙壹会鸟语，识龙音	【白族】

① ［W6182］人神杂居（人鬼杂居）；［W6722］人与神的语言不同（人与神性人物的语言不通）。

② 【汉族】【彝族】@［W3083.3］懂得人话的动物；［W6718.1.3.1.1］公冶长懂鸟语；［W6718.1.3.1.2］支格阿龙（文化英雄名）懂鸟语。

W 编码	母题描述	关联项
W6726.3.1.4	人与鸟对话	【汉族】
W6726.3.1.5	黄帝知道用什么方式或语言与动物沟通	【汉族】
W6726.3.2	会说话的动物与人联姻	［W6290］动物图腾
W6726.3.2.1	能说话的蛇变小伙与砍柴女结婚生蛇氏族	【怒族】
W6726.3.3	以前人与动物语言互通	【汉族】@［W6723.2］人与动物语言不同的来历
W6726.3.3.1	女始祖昂姑咪与雀鸟蜂蝶、鱼虾甲虫语言互通	【纳西族（摩梭）】
W6726.3.4	与人和动物语言相通有关的其他母题	
W6726.3.4.1	大神竺妞能听懂松鼠的语言	【苗族】
W6726.4	人与植物语言相通	
W6726.4.1	人能听懂植物的语言	
W6726.4.1.1	以前人树对话	【普米族】
W6726.5	人与自然物语言相通	
W6726.1.1	人能听懂自然物的语言	
W6726.6	其他类型的原因相通	
W6726.6.1	动物能听懂神的话	【德昂族】
W6726.6.1.1	以前鸟兽能听懂天神的话	
W6726.6.2	人能听懂大自然语言	
W6726.6.2.1	人最初能听得懂大自然的语言，诸如鸟语、风声、雨声、动物的对话等	【民族，关联】①
W6726.7	与语言相通有关的其他母题	
W6727	**语言的改变（语言的变化；语言的发展；语言的演变；语音的演变；语言的变异）**	［W5472］因语言变化形成不同民族

① 【纳西族】@［W0916.1］万物有灵；［W1534.5］万物有灵。

W 编码	母题描述	关联项
W6727.1	喝改变语言的水后改变了语言	
W6727.1.1	喝了特定人物设局的水语言发生变化	
W6727.1.1.1	3 对夫妻喝了太白金星做了手脚的水后语言都变了	【苗族】
W6727.1.2	喝了特定水域的水语言发生变化	
W6727.1.2.1	众兄弟喝了九泉河的水说话就变了	【仫佬族】@［W6723.2.2.1］世神让禽兽和人到一眼泉边去喝水后，鸟有鸟言，兽有兽语，人有人语
W6727.2	因犯忌而改变了语言	【汤普森】①C771；②C966
W6727.3	语言的改进	
W6727.3.1	通过借鉴其他民族改进语言	
W6727.3.1.1	傣族借鉴其他民族语改进语言	【基诺族】
W6727.4	因时间长形成语音变化（音变）	［W6995.3.1.2.2.1］因年代久远产生音变
W6727.4.1	卵生的“彭呼”因年代久远叫成了“盘古”	【汉族】
W6727.4.2	语言随时间发生变化	
W6727.4.2.1	鸟语会逐年改变	【蒙古族】
W6727.5	因多话音杂造成语音变化	
W6727.5.1	盘古生的“先”和“末”因多话音杂叫成“兄”和“妹”	【汉族】
W6727.6	因水土不同造成语言变化	【蒙古族】
W6727.7	特定人物让人的语言发生变异	
W6727.7.1	观音用法术让语言相同的众兄弟各操一种语言	【仡佬族】
W6727.8	以讹传讹造成语言变异（说转了嘴产生语言变化）	

W 编码	母题描述	关联项
W6727.8.1	“正月剃头思舅舅”以讹传讹，把“思”变成了“死”	【汉族】
W6727.8.2	人们说转了嘴，把“盘古寺”叫成了“盘谷寺”	【汉族】
W6727.8.3	老百姓中流传时把“美”叫转了音变成了“煤”	
W6727.9	与语言变化有关的其他母题	［W6724］人的语言差异的来历（为什么不同的人语言不同）
W6727.9.1	因迁徙造成语言变化	
W6727.9.1.1	人往外地迁徙各朝西东，年代久远后语言不同	【傣族】
W6727.9.1a	人心变化导致语言变化	
W6727.9.1a.1	人因有了防人之心发生语言变化	【蒙古族】
W6727.9.2	语言的转化	
W6727.9.2.1	表述对象变化语言需要转化	
W6727.9.2.1.1	中青年夭折称“死”，婴幼儿死亡要说“逃了”“丢了”	【仡佬族】
W6727.9.2.2	不同场合用语不同	
W6728	**语言的消失（语言的丧失；语言的丢失）**	
W6728.0	特定人物导致语言丧失	
W6728.0.1	特定的人物让动物失去语言	
W6728.0.1.1	天神让动物失去语言	【汉族】
W6728.1	特定事件导致语言丧失	
W6728.1.1	特定交易造成语言丧失	
W6728.1.1.1	特定动物不会说话是因为把话给了别人	【佤族】
W6728.2	因吃特定的物失去语言	

W 编码	母题描述	关联项
W6728.2.1	动物因为喝哑水丧失语言	【民族，关联】①
W6728.2.1.1	动物喝天门前一个缸中的清水丧失语言	【汉族】
W6728.2.1.2	哑水是装到好的容器里的干净的水	【彝族】
W6728.2.1.3	青蛙帮助人类使人没有喝哑水	【彝族】
W6728.2.1.4	神认为动物说话太烦，决定让他们喝哑水	
W6728.2.1.5	动物原来会说话，喝哑水后说话能力丧失	
W6728.3	其他特定行为导致语言丢失	
W6728.3.1	因惊吓失去语言	
W6728.3.2	因哭啼造成语言丢失	
W6728.3.2.1	母亲死后儿女们哭干了泪水，忘记了阿妈教会的语言	【纳西族】
W6728.4	与语言丧失有关的其他母题	
W6728.4.1	神用泥巴堵住树的嘴后树不再说话	
W6728.4.2	语言能力没有丧失的原因	
W6728.4.2.1	喝水前祭水神后人喝水不变哑	【景颇族】
W6728.4.3	神力语言的失灵	
W6728.4.3.1	不良品质导致语言丧失神力	【汉族】
W6729	**与语言有关的其他母题**	
W6729.0	语言错误（错误的语言；语误）	
W6729.0.1	语言错误的产生	
W6729.0.1.1	特定原因造成语言错误	
W6729.0.1.2	传错话	
W6729.0.1.2.1	传错话的原因	
W6729.0.1.2.1.1	因紧张传错话	

① 【汉族】@［W1897.3］哑水；［W6248.2.2］哑药使动植物失去说话能力。

W 编码	母题描述	关联项
W6729.0.1.2.2	特定人物传错话（特定的传错话者）	
W6729.0.1.2.2.1	神传错话	
W6729.0.1.2.2.2	神性人物传错话	
W6729.0.1.2.2.3	人传错话	
W6729.0.1.2.2.4	动物传错话	
W6729.0.1.2.2.4.1	牛传错话	【民族，关联】①
W6729.0.1.2.2.5	其他特定人物传错话	
W6729.0.2	特定的语言错误（语言错误的表现）	
W6729.0.2.1	语音错误	
W6729.0.2.2	语义错误	
W6729.0.2.3	语法错误	
W6729.0.3	语言错误的结果	
W6729.0.4	与语言错误有关的其他母题	
W6729.0.4.1	误说	
W6729.0.4.2	误听	
W6729.0.4.2.1	神农听岔了音	【汉族】
W6729.1	语言障碍	
W6729.1.1	为什么有的人有语言障碍	
W6729.1.1.1	人天生有语言障碍	【彝族】
W6729.1.1.2	人受到惩罚出现语言障碍（语言障碍源于特定的惩罚）	
W6729.1.1.2.1	属老鼠的人因为有人割掉一只老鼠的舌头后子孙出现语障	【珞巴族】
W6729.1.2	结巴	
W6729.1.2.1	结巴的来历	

① 【土族】@［W6591.2.3.1］牛传错话形成一日三餐；［W6599.1.1.1］牛传错话形成每天吃三顿饭，洗一次脸。

W 编码	母题描述	关联项
W6729.1.3	哑巴	［W6702］人最早不会说话（以前没有语言）
W6729.1.3.1	人没有变成哑巴是因为没有喝哑水	【汉族】
W6729.1.3.2	以前，全世界都是哑巴	【汉族】
W6729.1.4	说话不清楚（讲话吐啦）	【珞巴族】
W6729.2	语言的混乱	【汤普森】A1333
W6729.2.1	众兄弟会说话后相互听不懂	【仡佬族】
W6729.3	人的声音	
W6729.3.1	人的声音的产生	
W6729.3.2	人的声音的特征（声音的功能）	
W6729.3.2.1	声音产生力量	
W6729.3.2.1.1	哭声哭倒雷峰塔	【汉族】
W6729.3.3	人的特定声音	
W6729.3.3.1	人的哭声	
W6729.3.3.2	人的笑声（动物的笑声）	
W6729.3.3.2a	猴子抢桃发出笑声	【汉族】
W6729.3.3.3	人的呼吸声	
W6729.3.3.4	人的心跳声	
W6729.3.3.5	人的鼾声	
W6729.3.3.6	人的其他声音	
W6729.3.3.7	与人的特定声音有关的其他母题	
W6729.3.3.7.1	人的哭笑声音相似的原因	
W6729.3.3.7.1.1	人的哭笑声音相同源于皇天爷和皇天姆的传授	【畲族】
W6729.3.4	人的声音的变化（人的声音的演变；人的声音的改变）	
W6729.3.4.1	人喝特定的水后改变声音（人喝特定的水后改变语言）	［W6723.2.2］喝特定的水人与动物语言不再相通

W 编码	母题描述	关联项
W6729. 3. 4. 1. 1	9 兄弟喝了九泉河的水边后说的话就变了，一个一种声音，相互听不懂	【仡佬族】
W6729. 3. 4. 1. 2	三弟兄和三妯娌喝太白金星的水各自变了语言	【苗族】
W6729. 3. 5	与人的声音有关的其他母题	
W6729. 4	金贵的语言	
W6729. 4. 1	金口玉言（说了算数的话；龙牙玉口）	【汉族】【维吾尔族】@［W6720. 1. 4. 1］特定人物的话有神力
W6729. 4. 1. 1	特定人物金口玉言	【汉族】
W6729. 4. 1. 1. 1	朱蒙金口玉言说话成真	【朝鲜族】
W6729. 4. 1. 1. 2	炎帝金口玉言	【汉族】
W6729. 4. 1. 1. 2. 1	炎帝金口玉言造成炎帝岭上没有蚂蚁	【汉族】@［W6729. 4. 1. 2. 1. 2］神农说一句准一句，所有的蝗虫、蚂蚁都到山上
W6729. 4. 1. 1. 2a	神农金口玉言	【汉族】
W6729. 4. 1. 1. 3	尧金口玉言	【汉族】
W6729. 4. 1. 1. 3. 1	尧说话成真	【汉族】
W6729. 4. 1. 1. 4	舜金口玉言	【汉族】
W6729. 4. 1. 1. 5	特定的神的自言自语	
W6729. 4. 1. 1. 5. 1	积石山神的大禹得天下的自言自语成真	【汉族】
W6729. 4. 1. 2	金口玉言的特征	
W6729. 4. 1. 2. 1	金口讲什么都会实现	【汉族】
W6729. 4. 1. 2. 1. 1	舜让骡子不再下驹后，骡子就再也不下驹	【汉族】
W6729. 4. 1. 2. 1. 2	神农说一句准一句，所有的蝗虫、蚂蚁都到山上	【汉族】

W 编码	母题描述	关联项
W6729.4.1.3	与金口玉言有关的其他母题	[W6805.3.2.1] “睁一眼，闭一眼”源于舜对后母说的金口玉言
W6729.4.1.3.1	金口玉牙	【汉族】
W6729.4a	奇怪的语言（奇特的语言）	
W6729.4a.1	灵验的语言	
W6729.4a.1.1	大禹娘娘说话很灵验	【汉族】
W6729.4b	口诀（秘诀）	
W6729.4b.1	口诀的产生	
W6729.4b.2	口诀的特征	
W6729.4b.3	特定的口诀	
W6729.4b.3.1	能除草的口诀	【汉族】
W6729.4b.4	与口诀有关的其他母题	
W6729.4b.4.1	口诀的消失	
W6729.4b.4.1.1	玉皇大帝收回口诀	【汉族】
W6729.5	语言的使用	
W6729.5.1	特定语言有特定的使用场合	
W6729.5.2	不经意的话成为现实	
W6729.5.3	诉说	
W6729.5.3.1	诉苦	
W6729.5.3.1.1	人向动物诉苦	【汉族】
W6729.5.4	语言的借用（语言的替代）	【民族，关联】①
W6729.5.4.1 *	言语的替代性表达	【藏族】
W6729.5.5	语言表达的转化	[W6727.9.2] 语言的转化
W6729.5.5.1	山上砍树不能直说，要改说“给树洗脚，让它躺下歇息”	【侗族】
W6729.5.6	语言的翻译	【汉族】
W6729.5.6.1	语言翻译的产生	

① 【布朗族】@ [W6719.9.1] 借代语（借用语；词语的借代）；[W6739.3.5.1] 布朗族没有自己的文字，借用傣文。

W 编码	母题描述	关联项
W6729.5.6.2	语言翻译的特征	
W6729.5.6.3	翻译特定语言	
W6729.5.6.3.1	特定群体语言的翻译（民族语翻译）	
W6729.5.6.3.1.1	姬轩辕让女孩翻译夏族语言	【中华民族】
W6729.5.7	语言的传播（语言的传递；语言的传承）	
W6729.5.7.1	语言顺着喝水传到远方	【彝族】
W6729.5.7.2 *	口头传播最需要的人体感官活动	【各民族】
W6729.5.8	语言表达技术	
W6729.5.8.1	口技	【哈尼族】
W6729.5.9	与语言使用有关的其他母题	
W6729.5.9.1	说谎（谎言）	［W9648.3.1］谎言的产生
W6729.5.9.1.0	顺口说出的谎言	【汉族】
W6729.5.9.1.1	杀死图腾要谎称是其他人杀死的	【鄂温克族】
W6729.5.9.1.2	吃图腾时要谎称是其他人在吃	【鄂温克族】
W6729.5.9.1.3	谎言被揭穿	【彝族】
W6729.5.9.2	真话（真言）	
W6729.5.9.2.1	死前吐真言	【汉族】
W6729.5.9.3	口头传统	
W6729.5.9.3.1 *	口头传统以万年为单位	【多民族】
W6729.5.9.3.2 *	文字产生以前，人用口传面授来记忆历史	【各民族】
W6729.5.9.3.3 *	最早出现的“经典”来自口传媒介	【中华民族】
W6729.5a	语言的载体（语言的保存）	
W6729.5a.1	语言附着在特定物上	
W6729.5a.1.1	语言在水中	
W6729.5a.1.1.11	语言水	

W 编码	母题描述	关联项
W6729.5a.1.1.2	语言雨	【汉族】
W6729.5a.2	用特定物装语言	
W6729.5a.2.1	用竹筒装语言	【哈尼族】
W6729.5a.3	语言在人的嗓子	
W6729.5a.3.1	天神地神把语言放进人祖的嗓子	【哈尼族】
W6729.6	特定的用语	
W6729.6.1	特定场合说特定的用语	
W6729.6.1.1	人遇到称心满意的事，一定要双手合十念“谢天谢地”	【汉族】
W6729.7	语言研究	
W6729.7.1	语言学	
W6729.7.1.1 *	语言学与文学并不相近，而与历史考古学关系密切	【各民族】

6.6.3 文字的产生
【W6730 ~ W6739】

W 编码	母题描述	关联项
* **W6730**	**文字**	
W6731	**文字的产生**	【汤普森】A1484.2
W6731.1	以前没有文字	【民族】①
W6731.1.1	以前没有文字的情形	［W6811.3.1.1］以前因为没有文字，人要靠结绳记事
W6731.1.1.1	以前的人因没有文字全靠记忆过日子	【汉族】
W6731.1.1.2	以前民间没有文字	【满族】
W6731.1.1.3	人从石洞出来时没有文字	【佤族】

① 【傣族】【哈尼族】【汉族】【纳西族】【佤族】【彝族】。

W 编码	母题描述	关联项
W6731.1.1.4	以前，多个民族都没有文字	【佤族】
W6731.1.2	为什么有的人没有文字（有些民族没有文字）	
W6731.1.2.1	僜人没有文字是因为分家时吃掉字条	【藏族】
W6731.1.3	特定的地方的人没文字	
W6731.1.3.1	古时候，哀牢山区的彝家没有文字	【彝族】
W6731.1.4	没有文字的结果	【多民族】@［W6790.1.2＊］因以前没有文字，产生传说
W6732	**文字产生的原因**	
W6732.1	因记不住语言产生文字	【汉族】
W6732.2	文字产生的基础	
W6732.2.1	伏羲创八卦为文字产生打下基础	【汉族】@［W6734.7.2.7.1］八卦图是中国最早的文字
W6732.3	因其他记忆方法不行造字	
W6732.3.1	因结绳记事容易出错造文字	
W6732.3.1.1	仓颉结绳记事出错受黄帝指责后决心造一种简单易记的符号	【汉族】
W6732.4	文字产生是神的旨意	
W6732.4.1	上帝让祭司造文字	【彝族】
W6732.5	文字产生是特定人物的旨意	
W6732.5.1	黄帝让人造字	【汉族】
W6732.6	文字的产生源于特定的启发	
W6732.6.1	仓颉看到龟背上的花纹就起了造字的念头	【汉族】@［W6743.4.2.1.2］神龟背上的文字
W6732.7	文字产生源于传递知识的需要	
W6732.7.1	文字产生是为了将人们的思想、智慧传至远方和后代	【彝族】
W6732.8	与文字产生原因有关的其他母题	［W6734.7.1］造字的原因

W 编码	母题描述	关联项
W6733	**文字源于某个地方**	
W6733.0	文字源于天上	
W6733.0.1	天女把天上的文字带到人间	【彝族】@［W6733.1.3.1］天神让一个管文字的仙女下凡传播文字
W6733.0.2	特定的人到天上学文字	
W6733.0.2.1	汉族、藏族和纳西族到天上学文字	【纳西族】
W6733.1	从神或神性人物那里得到文字（神教人文字；神教人写字）	
W6733.1.0	从神那里得到文字（文字神赐）	
W6733.1.0.1	祖先得到神赐的文字书	【蒙古族（布里亚特）】
W6733.1.1	从天神那里得到文字（天神赐文字）	【民族，关联】①
W6733.1.1.1	天神格蒙分配文字	【独龙族】@［W6705.1.1.1］天神格蒙分配语言
W6733.1.1.2	天神为达斡尔人送文字	【达斡尔族】
W6733.1.1.3	天神爷教人们用筷子拼出字	【汉族】
W6733.1.1.4	天神摩咪教人文字	【哈尼族】@［W6737.1.6.1.1］天神摩咪把地上的人召到天上教他们各种文字
W6733.1.1.5	汉人和藏人从天上神仙那里学文字	【纳西族】
W6733.1.1.6	人找天神帕召讨求文字	【傣族】
W6733.1.2	从祖先那里得到文字（祖先给人文字）	
W6733.1.2.1	从祖先火葬时完好的肝脏上获得文字	【珞巴族】

① 【傈僳族】@［W6748.2.1.1.1］天神让各种民族领取各自不同的文字并教会他们；［W6813.1.1］天神赐书。

W 编码	母题描述	关联项
W6733.1.2.2	祖先留下字书	【哈尼族】
W6733.1.2.3	祖先曾蒙神赐与文字书	【蒙古族（布里亚特）】
W6733.1.3	仙人传文字	
W6733.1.3.1	天神让一个管文字的仙女下凡传播文字	【彝族】
W6733.1.3.2	仙人教人识字	【彝族】
W6733.1.3.3	仙女教儿子画字	【彝族】
W6733.1.4	从佛祖那里得到文字（佛祖赐文字）	
W6733.1.4.1	汉族、傣族同时从佛祖那里得到文字	【傣族】
W6733.1.4.2	佛祖分文字	
W6733.1.4.2.1	佛祖分给汉族、傣族、佤族各一本字书	【佤族】
W6733.2	从特定的人那里得到文字	
W6733.2.1	从老人那里得到文字	
W6733.2.1.1	从庙里的智慧老人那里得到文字	【佤族】
W6733.2.1.2	文字在遥远东方的老人那里	【佤族】
W6733.2.2	从天上的牺牲那里学得文字	
W6733.2.2.1	伏羲兄妹生苗族、汉族、彝族的老祖先后，请天上的先生教他们念书识字	【苗族】
W6733.2.3	从巫师那里得到文字（从毕摩那里得到文字）	
W6733.2.3.1	从贝玛那里得到文字	【哈尼族】@［W6743.0.3.1.1］文字保存在贝玛阿波肚子里
W6733.2.4	分配文字	［W6733.1.4.2］佛祖分文字
W6733.2.4.1	人与神分文字	

W 编码	母题描述	关联项
W6733.2.4.1.1	文字只有一份，人与神做草节抽签分文字时，文字被神拿走	【彝族】
W6733.2.4.2	人神莫伟给人分文字	【佤族】
W6733.3	从动物那里获得文字（文字源于动物）	【彝族】
W6733.3.1	人从蛇那里获得文字	
W6733.3.1.1	蛇吐文字	【佤族】
W6733.3.2	人从鸟那里获得文字	［W6734.4.1.2］凤凰衔来文字
W6733.3.2.1	人学会鸟写在叶子上的文字	【彝族】
W6733.3.2.2	人学会鸟写在石板上的文字	【彝族】@［W6737.1.3.2］人学会鹊鸟画在石板上的文字
W6733.3.2.3	人从白头翁鸟那里获得文字	【彝族（撒尼）】@［W6734.7.4.5.1.1］女巫师根据白头翁的足迹和声音造字
W6733.3.2.4	牡鸡吐黑血画出字样	【彝族】
W6733.3.3	人从乌龟那里获得文字	
W6733.3.3.1	仓颉从乌龟那里得到文字	
W6733.3.3.1.1	灵龟负书丹甲青文授仓颉	【汉族】
W6733.3.3.2	伏羲从神龟背上得到文字	【汉族】
W6733.3.3.3	黄帝从神龟背上得到文字	【汉族】
W6733.3.3.3.1	黄帝龟背得洛书	【汉族】
W6733.3.3.4	黄帝从黑龟口中得到文字	【汉族】
W6733.3.3.5	河精使者玄龟身上有字	【汉族】
W6733.4	从植物那里获得文字（文字源于植物）	
W6733.4.1	从树上得到文字	【侗族】
W6733.4.1.1	树叶上长出文字	【侗族】
W6733.5	从无生命物那里获得文字（文字源于无生命物）	

W 编码	母题描述	关联项
W6733.5.1	文字源于陨石	
W6733.5.1.1	各族人分“星星肉”（陨石）都分到了文字	【佤族】
W6733.6	从特定的场所得到文字	
W6733.6.1	从庙里得到文字	【佤族】@［W6733.2.1.1］从庙里的老人那里得到文字
W6733.6.2	从特定石穴中得到文字	【汉族】
W6733.7	从其他某个地方得到文字	
W6733.7.1	文字源于神奇的书	［W6815.1］神奇的书（奇书）
W6733.7.1.1	洛出书	【汉族】
W6733.7.1.1.1	洛书（龟书）	
W6733.7.1.1.1.1	禹治洪水得赐洛书	【汉族】@［W6733.3.3.3.1］黄帝龟背得洛书
W6733.7.1.1.1.2	神龟送大禹洛书	【汉族】
W6733.7.1.1.1.3	上帝赠大禹洛书	【汉族】
W6733.7.1.1.1.4	洛书源于古代天文核心基础十天数	【汉族】
W6733.7.1.1.1.5	洛书外圆而内方	【汉族】
W6733.7.2	文字源于特定器物中	
W6733.7.2.1	文字在特定的红皮箱中	【彝族】@［W6814.2.6.2.2］天书装在天神的红皮箱中
W6733.7.2.1.1	装有文字的红皮箱在青云山的大森林里	【彝族】
W6733.7.2.1.2	装有文字的红皮箱在红蟒的肚子里	【彝族】
W6733.8	文字源于其他特定地方	
W6733.9	与文字源于特定地方有关的其他母题	
W6733.9.1	寻找文字	【彝族】
W6733.9.1.1	鬼向孔圣人讨字	【汉族】

W 编码	母题描述	关联项
W6733.9.2	采集文字	
W6733.9.2.1	仓颉采集文字	【汉族】@［W6753.0.2.2］仓颉多方听取众人的意见采集象形文字并认真记录
W6734	**文字是创造的（文字是发明的）**	
W6734.1	神造文字（神发明文字）	【汉族】
W6734.1.1	天神造字	
W6734.1.1.1	天神分配了文字	【独龙族】
W6734.1.1.2	住天上的蒂刀创造了字	【苗族】
W6734.1.2	雷神造字	
W6734.1.2.1	石头中的文字是雷神爷为人们造的	【汉族】
W6734.1.3	海神造字	【俄罗斯族】
W6734.1.4	其他神造文字	
W6734.2	神性人物造字	【满族】【壮族】
W6734.2.1	盘古造字	
W6734.2.1.1	盘古造出文字分给人使用	【畲族】
W6734.2.1.2	盘古造第一个文字	【汉族】@［W6734.7.2.7.3］第一个文字
W6734.2.2	始祖造字（祖先造字）	
W6734.2.2.1	男祖先造字	
W6734.2.2.1.1	布洛陀造文字	【壮族】
W6734.2.2.1.1.1	布洛陀为壮族造字	【壮族】
W6734.2.2.2	女祖先造字	
W6734.2.2.3	其他特定名称的祖先造字	
W6734.2.2.3.1	阿什拉祖造字	【彝族】
W6734.2.3	伏羲女娲造字	
W6734.2.3a	伏羲造字	

W 编码	母题描述	关联项
W6734.2.3a.1	伏羲在天台山顶上造字	【汉族】
W6734.2.3a.2	伏羲造出几百个文字	【汉族】
W6734.2.3a.3	伏羲仿照动物身上的花纹造字	【汉族】
W6734.2.3a.4	伏羲初以木刻字	【中华民族】
W6734.2.3a.5	伏羲命子襄造六书	【中华民族】
W6734.2.3b	女娲造字	
W6734.2.3b.1	女娲娘娘会造字	【汉族】
W6734.2.4	黄帝造字	
W6734.2.4.1	黄帝带人发明文字	【汉族】
W6734.2.4.2 *	黄帝始创文字属于托始	【中华民族】
W6734.2.5	宗教人物造字（民间信仰人物造字）	
W6734.2.5.1	萨满懂得文字	【民族，关联】①
W6734.2.6	其他神性人物造字	
W6734.2.6.1	天上的先生教人识字	【苗族】
W6734.2.6.2	舜造字	
W6734.2.6.2.1	舜为造的竹喇叭造“箫”字	【汉族】
W6734.2.6.3	仙人造字	
W6734.2.6.3.1	陆铎修炼成仙后造字	【水族】
W6734.3	特定的人物造字（造字者）	
W6734.3.1	仓颉造字	【中华民族】【汉族】
W6734.3.1.0	仓颉的身份	［W6734.3.1.8.5］仓颉的有关信息
W6734.3.1.0.1	黄帝的大臣仓颉造字	【汉族】
W6734.3.1.0.2	造字的仓颉在黄帝手下当官（造字的仓颉是个官）	【汉族】
W6734.3.1.0.3	仓颉为有熊国史臣	【中华民族】

① 【满族】@［W0768.12］萨满神；［W6737.1.2.2］向萨满学文字；［W9146］萨满。

W 编码	母题描述	关联项
W6734.3.1.0.4＊	仓颉是古之王	【中华民族】
W6734.3.1.0.5＊	仓颉可能是整理文字的一个著名人物	【中华民族】
W6734.3.1.1	仓颉造字的原因	［W6732.3.1.1］仓颉结绳记事出错受黄帝指责后决心造一种简单易记的符号
W6734.3.1.1.1	仓颉作书以辩治百官，领理万事	【汉族】
W6734.3.1.1.2	仓颉被捉告急为求救创造文字	【汉族】
W6734.3.1.1.3	黄帝让仓颉造字	【汉族】@［W6734.3.1.8.5.2］仓颉是黄帝的史官
W6734.3.1.1.3.1	黄帝让仓颉不要随军打仗，专门留下来画图造字	【汉族】
W6734.3.1.1.3a	尧让仓颉造文字	【汉族】
W6734.3.1.1.4	仓颉为造福人类造字	【汉族】
W6734.3.1.1.5	仓颉因作战时记错一些数字险些误大事，受刺激后造字	【汉族】
W6734.3.1.1.6	仓颉为改进记事方法造字	
W6734.3.1.1.6.1	仓颉见画的东西记事有困难，给人造字	【汉族】
W6734.3.1.2	仓颉造字的时间	
W6734.3.1.2.1	仓颉在黄帝时期造字	【汉族】
W6734.3.1.2.2＊	造字的仓颉生活在神农、黄帝之间	【中华民族】
W6734.3.1.2.3＊	造字的仓颉生活在炎帝之世	【中华民族】
W6734.3.1.2.4＊	造字的仓颉生活在庖牺、苍帝之世	【中华民族】
W6734.3.1.2.5＊	造字的仓颉在获麟前二十七万六千余年	【中华民族】
W6734.3.1.2.6	与仓颉造字时间有关的其他母题	［W6734.7.2.5.1］5千多年前仓颉造字
W6734.3.1.2.6.1＊	仓颉名字的出现始于战国时期	

W 编码	母题描述	关联项
W6734.3.1.2.6.1.1＊	荀卿的《荀子·解蔽》中最早提到仓颉	【中华民族】
W6734.3.1.3	仓颉造字的地点	
W6734.3.1.3.1	仓颉在造字台造字多年	【汉族】
W6734.3.1.3.1.1	汴梁仓颉造字台	
W6734.3.1.3.1.2	黄帝为仓颉修筑造字台	【中华民族】
W6734.3.1.3.1a	仓颉在风台寺造字	【汉族】
W6734.3.1.3.2	仓颉在墙壁上画符造字	【汉族】
W6734.3.1.3.3	仓颉在开封柳园口附近造汉字	【中华民族】
W6734.3.1.3.4	仓颉在清水南岸高岗上的房子里造字	【汉族】
W6734.3.1.4	仓颉造字的方法	
W6734.3.1.4.0	仓颉通过观察造字	【汉族】
W6734.3.1.4.0.1	仓颉通过观天象造字	【汉族】
W6734.3.1.4.0.2	仓颉观鸟迹以作文字	【汉族】@［W6814.6.8.1.3］仓颉始视鸟迹之文造书契
W6734.3.1.4.0.2a	仓颉本鸟迹为字	【中华民族】
W6734.3.1.4.0.2b	史官仓颉取象鸟迹，始作文字	【中华民族】
W6734.3.1.4.0.3	仓颉受看到鱼的印迹的启发找到造字方法	【中华民族】
W6734.3.1.4.0.4	参见观看天空中奎星的圆形曲线、山川起伏的形状、乌龟背上的花纹、小鸟留下的足迹发明了文字	【中华民族】
W6734.3.1.4.0a	仓颉通过到外面开眼界开窍后造字	【汉族】
W6734.3.1.4.1	仓颉造字时想出很多符号、图形来代表事物	【汉族】
W6734.3.1.4.1.1	仓颉通过创造新的符号发明最初的文字	【汉族】

W 编码	母题描述	关联项
W6734.3.1.4.1.2	仓颉画图造字	【汉族】
W6734.3.1.4.1.2.1	仓颉抓住事物的特点用图样画出来，据此造字	【汉族】
W6734.3.1.4.2	仓颉造字是向他的贤惠的媳妇学的	【汉族】@［W6734.3.1.8.2］仓颉的妻子造字
W6734.3.1.4.2a	仓颉造象形字是从他媳妇那里东挪西借引出来的	【汉族】【满族】
W6734.3.1.4.3	仓颉据形造字	【汉族】@［W6746.1.1］象形字的产生
W6734.3.1.4.3.1	仓颉通过辨认虎豹豺狼熊罴貔貅的蹄子想出据形造字的方法	【汉族】
W6734.3.1.4.3.2	仓颉见鱼掉在泥地上印的印迹，刻下来成了“鱼”字	【汉族】@［W6734.3.1.4.0.3］仓颉受看到鱼的印迹的启发找到造字方法
W6734.3.1.4.3.3	仓颉观察鱼虫鸟兽各样东西根据象形造出字	【汉族】
W6734.3.1.4.3.3.1	仓颉观察着鸟兽的爪印造出“爪”字	【汉族】
W6734.3.1.4.3.3.2	仓颉看到雪地中鸟兽印迹形成造字的思路	【汉族】
W6734.3.1.4.3.4	仓颉初作书依类象形	【中华民族】
W6734.3.1.4.4	仓颉受特定物启发发明造字方法	
W6734.3.1.4.4.1	仓颉受天书启示发明了象形文字	【汉族】
W6734.3.1.4.4.2	仓颉受动物脚印辨别动物的启发造字	【汉族】
W6734.3.1.4.5	仓颉根据几个字意思的关联造字	【汉族】
W6734.3.1.4.6	仓颉根据特定的事造字	【汉族】@［W6738.6.1.1］仓颉看到女人扫地就把扫“帚”和“女”人联起来造了个“婦”（妇）字
W6734.3.1.4.6.1	仓颉因女娲造人时女的造少了些，就造了“妙”字	【汉族】

W 编码	母题描述	关联项
W6734.3.1.4.7	仓颉造字时征求众人意见	【汉族】@［W6753.0.2.2］仓颉多方听取众人的意见采集象形文字并认真记录
W6734.3.1.4.8	仓颉按画的样子造字	【汉族】
W6734.3.1.4.9	仓颉造字的其他方法	
W6734.3.1.4.9.1	仓颉根据人的形象造字	【汉族】
W6734.3.1.4.9.2	仓颉模仿造字	
W6734.3.1.4.9.2.1	仓颉仿照万物的形态造字	【汉族】
W6734.3.1.4.9.2.2	仓颉按人画的画造字	【汉族】
W6734.3.1.4.9.3	仓颉抓特定对象的特征造字	【汉族】
W6734.3.1.4.9.4	仓颉造字时两只眼造字，两只眼休息	【汉族】
W6734.3.1.4.9.5	仓颉造字融入文化内涵	
W6734.3.1.4.9.5.1	仓颉根据人的身份地位造“祖”时在“且”字加上了布衣旁	【汉族】
W6734.3.1.5	仓颉造字的帮助者（仓颉造字的合作者）	
W6734.3.1.5.0	仓颉的妻子帮仓颉造字	【汉族】
W6734.3.1.5.0.1	仓颉的妻子帮他刻了许多字	【汉族】
W6734.3.1.5.0.2	仓颉与妻子共同造字	【汉族】
W6734.3.1.5.0.3	仓颉的妻子与仓颉一起研究文字	【汉族】
W6734.3.1.5.0.4	仓颉的妻子帮仓颉造象形字	【满族】
W6734.3.1.5.0.5	仓颉的妻子协助仓颉造字	【汉族】
W6734.3.1.5.1	仓颉和仓伦弟兄两个造字	【汉族】
W6734.3.1.5.2	动物帮助仓颉造字	
W6734.3.1.5.2.1	凤凰指引仓颉造字	【汉族】
W6734.3.1.5.2.2	乌龟帮仓颉造字	
W6734.3.1.5.2.2.1	乌龟为帮仓颉造字偷来刻字石碑	【汉族】
W6734.3.1.6	仓颉造字的过程（仓颉造字的情形）	

W 编码	母题描述	关联项
W6734.3.1.6.1	仓颉用尖石把字刻在骨头上保存下来	【汉族】
W6734.3.1.6.1a	仓颉用木炭描画文字	【汉族】@［W6734.7.4.1.1.1］哑巴小孩描摹鸟吐在树叶上的血迹成为文字
W6734.3.1.6.2	仓颉造字时弟弟仓伦评字，使字不断完善	【汉族】
W6734.3.1.6.3	仓颉造象形字东挪西借	【汉族】
W6734.3.1.6.4	仓颉造字废寝忘食	
W6734.3.1.6.4.1	仓颉为造字忙得顾不上娶媳妇	【汉族】
W6734.3.1.6.5	仓颉造字时排除一切外界干扰	
W6734.3.1.6.5.1	仓颉造字时，他不让亲朋知晓，不让妻子近身，连吃饭也不回家	【汉族】
W6734.3.1.6.5.2	仓颉造字时，孤身住在沟内	【汉族】
W6734.3.1.6.6	仓颉的墙上、屋山上画满羊头马头和各式各样的符号	【汉族】
W6734.3.1.6.7	仓颉每造一个字都要将字义反复推敲征求意见	【汉族】
W6734.3.1.6.8	仓颉造字舍生忘死	
W6734.3.1.6.8.1	仓颉在造字台造字千多年，积劳成疾	【汉族】
W6734.3.1.7	仓颉造字的结果	【汉族】@［W6742.9.1.1.1］仓颉造了10万8千个文字
W6734.3.1.7.1	仓颉把文字传到每个部落	【汉族】
W6734.3.1.7.2	仓颉造的字弯弯曲曲，有人称它叫蝌蚪文	【汉族】
W6734.3.1.7.3	仓颉把所创的文字全盘交给黄帝	【汉族】
W6734.3.1.7.4	仓颉造古文	【中华民族】
W6734.3.1.7.5	仓颉始制文字，以代结绳之政	【中华民族】
W6734.3.1.7.6	仓颉造字有六书	

W 编码	母题描述	关联项
W6734.3.1.7.6.1	仓颉造字形成象形、假借、指事、会意、转注、谐声六书	【中华民族】
W6734.3.1.7.7	仓颉造出一套简单的文字	【汉族】
W6734.3.1.7.8	仓颉造字之后，人就变聪明	【汉族】
W6734.3.1.8	与仓颉造字有关的其他母题	【关联】①
W6734.3.1.8.0	仓颉作书	【中华民族】
W6734.3.1.8.0.1	好书者众，仓颉独传	【中华民族】
W6734.3.1.8.1	“字”的名称源于仓颉	
W6734.3.1.8.1.1	仓颉把想出的代表事物的符号、图形取名“字”	【汉族】
W6734.3.1.8.2	仓颉的妻子造字	［W6734.3.1.4.2］仓颉造字是向他的贤惠的媳妇学的
W6734.3.1.8.3	仓颉造字存在问题	
W6734.3.1.8.3.1	女娲指出仓颉造字轻视女人的毛病	【汉族】
W6734.3.1.8.4	仓颉被尊为造字的祖师爷	【汉族】
W6734.3.1.8.5	仓颉的有关信息	
W6734.3.1.8.5.1	史皇仓颉	【汉族】
W6734.3.1.8.5.1.1	仓帝史皇氏名颉，姓侯冈	【汉族】
W6734.3.1.8.5.1.1a	仓帝史皇氏名吉，姓侯冈	【汉族】
W6734.3.1.8.5.2	仓颉是黄帝的史官	【汉族】
W6734.3.1.8.5.2a	仓颉是黄帝主管祭祀的官	【汉族】
W6734.3.1.8.5.2b	仓颉被称为史皇	【汉族】
W6734.3.1.8.5.2b.1	仓颉即仓帝史皇氏	【汉族】
W6734.3.1.8.5.2c	仓颉是主管祭祀的史官	【汉族】
W6734.3.1.8.5.2d	仓颉是黄帝手下的一个官	【汉族】
W6734.3.1.8.5.3	仓颉的特征	

① ［W6432.2.1.1］世人对会造象形文字的仓颉顶礼膜拜；［W6734.6.1.1.1］众多造字者中仓颉造的字最多；［W6739.2.5.2.1］仓颉办学堂传播文字；［W6739.4.1＊］仓颉创造文字标志着中国有文字记载的华夏文明出现。

W 编码	母题描述	关联项
W6734.3.1.8.5.3.0	仓颉龙颜侈哆，四目灵光，实有睿德，生而能书	【汉族】
W6734.3.1.8.5.3.1	仓颉的头特别大	【汉族】
W6734.3.1.8.5.3.2	仓颉的肚子特别大	【汉族】
W6734.3.1.8.5.3.3	仓颉四只眼	【汉族】
W6734.3.1.8.5.3.4	仓颉生而能书	【汉族】
W6734.3.1.8.5.4	仓颉造字有功被黄帝封为仓王	【汉族】
W6734.3.1.8.5.4.1	仓王冢（仓颉墓）	【汉族】
W6734.3.1.8.5.4.1.1	汴梁城北仓颉墓	【中华民族】
W6734.3.1.8.5.4.1.2	后人缅怀仓颉称其墓地为仓皇陵	【中华民族】
W6734.3.1.8.5.4.2	仓王城	
W6734.3.1.8.5.4.2.1	汴梁城北仓王城	【中华民族】
W6734.3.1.8.5.4.3	仓颉村	
W6734.3.1.8.5.4.3.1	虞城王集有仓颉村	【汉族】
W6734.3.1.8.5.5	仓颉被称为造书六祖、史皇	【汉族】
W6734.3.1.8.5.6	仓颉是天上文曲星投胎凡间	【汉族】
W6734.3.1.8.5.7	众人造字时仓颉造的最多	【汉族】@［W6734.3.7.1］所有的人都是造字者（集体造字；众人造字）
W6734.3.1.8.5.8	仓颉与书	
W6734.3.1.8.5.8.1	《仓颉书》	［W6734.3.1.8.0］仓颉作书
W6734.3.1.8.5.8.1.1	仓颉所作《仓颉书》内容为黄帝战胜末代炎帝及蚩尤的纪功之辞	【中华民族】
W6734.3.2	简狄造字	【汉族】@［W6735.2.1.1］简狄通过黑鸟遗卵的五色文获得字
W6734.3.3	老人造字	
W6734.3.3.1	庙宇里一个老人会文字	【佤族】
W6734.3.4	特定身份的人造字	

W 编码	母题描述	关联项
W6734.3.4.1	首领造字（王造字）	
W6734.3.4.1.1	康王造字	【壮族】
W6734.3.4.2	管祭祀的人造字	
W6734.3.4.2.1	黄帝让仓颉做管祭奠的官儿后仓颉造字	【汉族】@［W6734.3.1.8.5.2c］仓颉是主管祭祀的史官
W6734.3.4.3	史官造字	【汉族】@［W6734.3.1.8.5.2］仓颉是黄帝的史官
W6734.3.4.4	祭祀官发明文字	【汉族】
W6734.3.4.5	巫师造字	
W6734.3.4.5.1	女萨满发明文字	【满族】
W6734.3.5	孔子造字	【汉族】@［W6753.4.1］孔夫子仓颉造的字全部翻改成现在通用的汉字
W6734.3.5.1	孔夫子把“天”字造成“靝”	【汉族】
W6734.3.5.2	孔圣人造字	【汉族】
W6734.3.6	其他特定名称的人造字	
W6734.3.6.1	孟杰造字	
W6734.3.6.1.1	孟杰发明竹简刻字	【白族】
W6734.3.6.2	阿苏拉吉造字	【彝族】@［W6748.5.29.1.1］阿苏拉吉创造彝文者
W6734.3.6.3	兀室造字	【满族】@［W6748.5.17.1.1］女萨满兀室造女真文字
W6734.3.7	与特定的人造字有关的其他母题	
W6734.3.7.1	所有的人都是造字者（集体造字；众人造字）	【民族，关联】①
W6734.3.7.1.1	黄帝让天下人都来造字	【汉族】
W6734.3.7.2	黄帝和群臣造字	【汉族】
W6734.3.7.3＊	炎帝氏族发明文字	【中华民族】

① 【汉族】@［W6734.3.1.4.7］仓颉造字时征求众人意见；［W6753.0.2.2］仓颉多方听取众人的意见采集象形文字并认真记录。

W 编码	母题描述	关联项
W6734.3.7.4＊	文字不可能由一人创造	【中华民族】
W6734.4	动物造字（动物创造文字）	
W6734.4.1	鸟造字	
W6734.4.1.1	垄奴戈补鸟写出文字	【彝族】
W6734.4.1.2	凤凰衔来文字	【汉族】
W6734.5	其他特定人物造字	
W6734.5.1	兄弟造字	
W6734.5.1.1	阿美人与汉人是骨肉兄弟，两者商定创制文字	【高山族（阿美人）】
W6734.6	与造字者有关的其他母题	
W6734.6.1	造字的参与者	
W6734.6.1.1	多人造字	
W6734.6.1.1.1	众多造字者中仓颉造的字最多	【汉族】
W6734.6.1.1.2	沮诵、仓颉造字	【汉族】
W6734.6.2	造字的帮助者	
W6734.6.2.1	动物帮助造字	【汉族】@［W6734.3.1.5.2］动物帮助仓颉造字
W6734.6.2.2	特定人物帮助造字	［W6734.3.1.5.0.1］仓颉的妻子帮他刻了许多字
W6734.6.2.2.1	仓颉造字得到帝王的肯定和支持	【汉族】
W6734.6.2.3	众人帮助造字	
W6734.6.2.3.1	众人作为仓颉造字帮助者	【汉族】
W6734.6.2.4	神帮助造字	
W6734.6.2.4.1	仓颉造字得到上天的帮助	【汉族】
W6734.6.3	造字的破坏者	
W6734.6.4	人对造字者的态度	
W6734.6.4.1	造字者受尊敬	【彝族】
W6734.6.4.2	仓颉造字，黄帝器重，人人称赞	【汉族】
W6734.7	与造字有关的其他母题	

W 编码	母题描述	关联项
W6734.7.1	造字的原因	
W6734.7.1.1	根据特定人物的指令造字	
W6734.7.1.1.1	酋长指令仓颉造字	【汉族】
W6734.7.1.1.2	黄帝命令仓颉造字	【汉族】
W6734.7.1.2	为了促成某件事情造字（为特定目的造字）	
W6734.7.1.2.1	盘古为了让男女成婚造字	【汉族】
W6734.7.1.2.2	造字是为了传递人类智慧	【彝族】
W6734.7.1.2.3	仓颉为传递信息画字	【汉族】
W6734.7.1.3	特定人物为应急造字	【汉族】@［W6734.3.1.1.2］仓颉被捉告急为求救创造文字
W6734.7.1.4	为了记事造字	
W6734.7.1.4.1	为改变结绳记事造字	【汉族】
W6734.7.1.4.1.1	黄帝感到结绳记事方法不够用了就命大臣仓颉造字	【汉族】
W6734.7.1.4a	为记账造字	【汉族】
W6734.7.1.4b	为记历史造字	【汉族】
W6734.7.1.5	为了造福人类造字	
W6734.7.1.5.1	仓颉发现老百姓划记号太麻烦决定为人造字	【汉族】
W6734.7.1.5.2	仓颉发现老百姓画画记事易混乱决定为人造字	【汉族】
W6734.7.1.5.3	为方便人类生活造字	
W6734.7.1.5.3.1	仓颉和仓伦看到人没有字不方便就想法造字	【汉族】
W6734.7.1.6	原来的字不好，人决定自己造字	
W6734.7.1.6.1	伏羲认为大神伏羲造错字，决定自己造字	【汉族】
W6734.7.1.7	人看到特定物后造字	【汉族】

W 编码	母题描述	关联项
W6734.7.2	造字的时间（文字产生的时间）	［W6734.3.1.2］仓颉造字的时间
W6734.7.2.1	黄帝时产生文字	【汉族】@［W6734.3.1.2.1］仓颉在黄帝时期造字
W6734.7.2.1.1	轩辕黄帝在统一中华之后开始造字	【汉族】
W6734.7.2.1.2 *	黄帝时代已有原始文字	【中华民族】
W6734.7.2.2	夏朝时产生文字	
W6734.7.2.3	商朝产生文字	
W6734.7.2.3.1	商朝初期产生文字	【汉族】
W6734.7.2.4	4千多年前造字	【彝族】
W6734.7.2.4.1 *	文字时间产生约5300—4000年	【中华民族】
W6734.7.2.4.2 *	文字距今4300—4000年	【中华民族】
W6734.7.2.4.3 *	文字的发生远在夏以前，至少在四五千年前	【中华民族】
W6734.7.2.4.4 *	距今四千多年的黄帝时代，应该有文字雏形存在	【中华民族】
W6734.7.2.5	5千多年前造字	
W6734.7.2.5.1	5千多年前仓颉造字	【汉族】@［W6734.3.1.2］仓颉造字的时间
W6734.7.2.6 *	伏羲、女娲、神农三世时造文字	【中华民族】
W6734.7.2.7	最早的文字	
W6734.7.2.7.1	八卦图是中国最早的文字	【汉族】
W6734.7.2.7.2	十二地支是最早造的字	【汉族】
W6734.7.2.7.3	第一个文字	［W6734.2.1.2］盘古造第一个文字
W6734.7.2.7.3.1	第一个文字是画的读“ruá”的图画	【汉族】
W6734.7.2.7a	早期的文字	

W 编码	母题描述	关联项
W6734.7.2.7a.1	姬轩辕时的文字是图案	【中华民族】
W6734.7.2.8	造字需要特定的时间	
W6734.7.2.8.1	文字6年造成	【水族】
W6734.7.2.9	与文字产生时间有关的其他母题	
W6734.7.2.9.1 *	原始文字记录的出现距今七八千年以前的裴李岗文化	【中华民族】
W6734.7.3	造字的地点	［W6734.3.1.3］仓颉造字的地点
W6734.7.3.1	在祭坛上发明文字	
W6734.7.3.1.1	黄帝和群臣在祭坛上发明文字	【汉族】
W6734.7.4	造字的方法（造字方法；造字法；文字产生的方法）	
W6734.7.4.0	造字方法的获得	
W6734.7.4.0.1	拜师访友学造字	【彝族（撒梅人）】
W6734.7.4.1	根据实物的形体造字	【汉族】@［W6734.3.1.4.3.1］仓颉通过辨认虎豹豺狼熊罴貔貅的蹄子想出据形造字的方法
W6734.7.4.1.1	照葫芦画瓢式造字	【民族，关联】①
W6734.7.4.1.1.1	哑巴小孩描摹鸟吐在树叶上的血迹成为文字	【彝族】
W6734.7.4.1.1.2	根据三个高大的丘陵造“垚”字	【汉族】
W6734.7.4.1.1a	根据影子造字	
W6734.7.4.1.1a.1	仓颉根据人的影子造“人”字	【汉族】
W6734.7.4.1.1b	取实物的一部分造字	
W6734.7.4.1.1b.1	仓颉取羊、鸡、牛的头部画下来当文字	【汉族】

① 【汉族】【彝族（撒梅）】@［W6734.3.1.4.3.2］仓颉见鱼摔在泥地上印的印迹，刻下来成了“鱼”字；［W6737.1.1.2］仓颉仿照大伙画的画造字。

W 编码	母题描述	关联项
W6734.7.4.2	根据特定的事件造字	【汉族】@［W6738.2.1.1］伏羲常年在外打猎头上顶个石窝窝回家中，因孩子不认识很羞，仓颉据此造“舅”字
W6734.7.4.2.1	根据造船八口人造船这件事造“船”字	【汉族】
W6734.7.4.2.2	为纪念尧王治水，人们在“垚”字下面添了笔画成为“尧”字	【汉族】
W6734.7.4.3	根据意思联想造字	【汉族】@［W6738.5.1.1］仓颉看到田头下力的都是些男人，就把田字和“男”字
W6734.7.4.3.1	写意式造字	【汉族】
W6734.7.4.4	通过绘画知道创造文字	
W6734.7.4.4.1	仓颉在树皮上画了人被绑的画求救知道了创造文字	【汉族】
W6734.7.4.5	受启发学会造字方法	
W6734.7.4.5.1	受鸟的启发学会造字	【汉族】@［W6734.3.1.4.0.2］仓颉观鸟迹以作文字
W6734.7.4.5.1.1	女巫师根据白头翁的足迹和声音造字	【彝族（撒尼）】
W6734.7.4.5.1a	受动物脚印启发知道造字方法	【汉族】@［W6746.1.1.3］仓颉受到老人看野兽脚印认定动物的启发发明象形字
W6734.7.4.5.2	仓颉从天书中得到启示发明象形文字	【汉族】
W6734.7.4.6	根据特定人物造特定的字	
W6734.7.4.6.1	橹是鲁班发明的又是用木头做的，造“橹”字	【汉族】
W6734.7.4.6.2	根据特定对象的特征造字（造字抓特征）	【汉族】
W6734.7.4.6.2.1	根据蚩尤的相貌造“尤”字	【汉族】

W 编码	母题描述	关联项
W6734.7.4.6.2.2	仓颉抓住万事万物的特征画出图像造成字	【汉族】
W6734.7.4.6.2.2a	仓颉观察万物取其特征，画以符号形成文字	【汉族】
W6734.7.4.7	其他造字方法	
W6734.7.4.7.1	综合风俗习惯组合成字	
W6734.7.4.7.1.1	综合吃米、穿布，用土钵和竹筷吃饭组合成“彝”字	【汉族】
W6734.7.4.8	与造字方法有关的其他母题	
W6734.7.4.8.1	多种造字方法并用	【汉族】
W6734.7.4.8.2	探讨造字方法（造字中的质疑）	【汉族】
W6734.7.4.8.2.1	仓颉和仓伦弟兄一起造字时，仓颉造字仓伦评	【汉族】
W6734.7.4.8.3	造字时避免外界干扰（造字时的禁忌）	【汉族】
W6734.7.4.8.3.1	仓颉封闭起来造字	【汉族】
W6734.7.4.8.4	造字前外出开阔眼界（造字前调查研究）	【汉族】
W6734.7.4.8.5	把众人创造的符号集中起来造文字	【汉族】@［W6734.3.7.1］所有的人都是造字者（集体造字；众人造字）
W6734.7.4.8.6	利用魔法造字	【汉族】
W6734.7.4.8.7	根据描述造字	【汉族】
W6734.7.5	造字的材料（造字的工具）	
W6734.7.5.1	用土和灰造文字	【俄罗斯族】@［W6756.2.1.1］用土和灰造文字沉入海底失去了文字
W6734.7.5.2	用筷子拼出字	【汉族】@［W6733.1.1.3］天神爷教人们用筷子拼出字
W6734.7.6	造字的过程（造字的情形）	

W 编码	母题描述	关联项
W6734.7.6.1	造字很艰辛	
W6734.7.6.1.1	仓颉造字时昼夜加班，废寝忘食	【汉族】
W6734.7.6.1.2	仓颉造字时寝食难安	【汉族】
W6734.7.6.2	造字过程中反复推敲，多方求证	【汉族】
W6734.7.6.3 *	文字是在社会长期实践逐步产生形成的	【中华民族】
W6734.7.7	造字的结果（造字的数量）	【关联】①
W6734.7.7.1	造出特定数量的字	
W6734.7.7.1.1	造一千八百多个字	【彝族】
W6734.7.7.2	造字惊天动地	【汉族】@［W6432.2.1］文字崇拜
W6734.7.7.2.1	造字后天为雨粟，鬼为夜哭，龙乃潜藏	【汉族】
W6734.7.7.3	造的字不够用	【汉族】
W6734.7.7.4	长时间造字没有成功	【汉族】
W6734.7.8	造字符	
W6734.7.8.1	仓颉受动物脚印启发造字符	【汉族】
W6735	**文字源于某种痕迹**	
W6735.1	文字源于特定物的纹理	［W6759.5.1］五种像字纹：首文曰德，翼文曰顺，背文曰义，腹文曰信，膺文曰仁
W6735.1.1	文字源于石头中的纹路	
W6735.1.1.1	雷爆裂的石头中一条条裂开的纹路就是文字	【汉族】
W6735.2	文字源于图案	
W6735.2.1	仿照物体上的图案造字	【汉族】
W6735.2.1.1	简狄通过黑鸟遗卵的五色文获得字	【汉族】

① ［W6734.3.1.8.5.7］众人造字时仓颉造的最多；［W6753.1］文字数量的变化。

W 编码	母题描述	关联项
W6735.2.2	仿照动物的花纹造字	【汉族】@［W6738.4.1.1］仓颉仿照龟背上整齐排列的方格子造出了“龟”字
W6735.2.3	仿照植物图案创造文字	
W6735.2.3.1	通过描画花朵学会文字	【彝族】
W6735.2.4	仿照图画造字	
W6735.2.5	图样形成文字	
W6735.2.5.1	仓颉画的图样成为昨早的文字	【汉族】
W6735.3	文字源于动物活动的痕迹	
W6735.3.1	人根据小虫在贝叶面上留下痕迹发明文字	【傣族】
W6735.3.2	根据动物粪便的痕迹造字	
W6735.3.2.1	傣族照着芭蕉叶上绿斑鸠的屎造字	【基诺族】@［W6748.5.5.2.2］傣族文字像绿斑鸠的屎又细又弯
W6736	**文字源于生育（文字是生出来的；生育文字）**	
W6736.1	特定人物生育文字	
W6736.1.1	祖先生文字	
W6736.1.1.1	祖先鱼生出了“生”字	【哈尼族】
W6737	**文字产生的其他方式**	
W6737.0	文字是变化产生的（变化产生文字）	
W6737.0.1	画变为字（画演变成文字）	【多民族】
W6737.0.1.1	仓颉画的“口”成为后来的“口”字	【汉族】
W6737.0.1.2	仓颉画的“牙”成为后来的“牙”字	【汉族】
W6737.0.2	特定物变成文字	

W 编码	母题描述	关联项
W6737.0.2.1	特定的鸟吐出的血丝成为文字	【彝族】
W6737.0.3＊	文字原始是由绘画演进变化而来	【中华民族】
W6737.1	文字源于学习（学习写字）	
W6737.1.1	学绘画过程学会文字	
W6737.1.1.1	仙女的儿子通过描画六千朵金花银花学会文字	【彝族】
W6737.1.1.2	仓颉仿照大伙画的画造字	【汉族】
W6737.1.2	向特定的人学文字	
W6737.1.2.1	向仓颉学文字	【汉族】
W6737.1.2.2	向萨满学文字	
W6737.1.2.2.1	萨满一个字一个字地教人识字	【满族】
W6737.1.2.3	向巫师学习文字	
W6737.1.2.3.1	释比教禹读书识字	【中华民族】
W6737.1.3	人向鸟学习文字	［W6705.4.1］人向鸟学说话（人从鸟那里学会语言）
W6737.1.3.1	人学会鸟写在叶子上的文字	【彝族】
W6737.1.3.2	人学会鹊鸟画在石板上的文字	【彝族】
W6737.1.3.3	鸟吐唾液如丝，在沙滩上往来飞舞，教毕摩写字	【彝族】
W6737.1.3.4	向龙头山上的洛龙歌布曲神鸟学习文字	【彝族】
W6737.1.3.4a	向垄奴戈补鸟学习文字	【彝族】
W6737.1.4	人向其他人物学习文字	
W6737.1.4.1	人向其他民族学习文字	［W6705.8.1］学习其他民族产生语言
W6737.1.4.1.1	陆铎公公把古老文字名泐虽传入水族	【水族】
W6737.1.5	学习文字的时间	
W6737.1.6	学习文字的地点	

W 编码	母题描述	关联项
W6737.1.6.1	人到天上学习文字	
W6737.1.6.1.1	天神摩咪把地上的人召到天上教他们各种文字	【哈尼族】
W6737.1.6.1.2	汉族、藏族和纳西族一起上天学文字	【纳西族】
W6737.1.6.1a	人到天上没有学到写字的本领	【纳西族】
W6737.1.7	学习文字的情形	
W6737.1.8	学习文字的结果	
W6737.1.9	与学习文字有关的其他母题	
W6737.1.9.1	文字的认识（识字；文字的识别）	
W6737.1.9.1.1	识字者	
W6737.1.9.1.1.1	只有孔夫子能识完仓颉造的字	【汉族】
W6737.1.9.1.1.2	识字最多的人	
W6737.1.9.1.1.2.1	孔子识字最多	
W6737.1.9.1.1.2.1.1	仓颉造字一斗米，孔子认了九升七	【汉族】@［W6737.1.9.1.1.1］只有孔夫子能识完仓颉造的字
W6737.1.9.1.1.3	动物能辨析文字	
W6737.1.9.1.1.3.1	神雀能识别文字	【侗族】
W6737.1.9.1.2	文字的分析（说文解字；文字的解释）	
W6737.1.9.1.2.1	通过文字的构成解析字义	
W6737.1.9.1.2.1.1	“妈”字是把当妈的人说成是女马	【汉族】
W6737.1.9.1.2.2 *	文字巧解	【汉族】
W6737.1.9.1.3	特定人物教人识字	
W6737.1.9.1.3.1	父母教孩子识字	【彝族】@［W6759.7.1］父母教孩子识文字字母
W6737.1.9.1.3.1.1	父亲教子女文字	【哈尼族】

W 编码	母题描述	关联项
W6737.1.9.1.3.1.2	父亲教儿子文字	【彝族】
W6737.1.9.1.4	老子教人写字（老君教人识字）	
W6737.1.9.1.4.1	老君教毕摩写字	【彝族（撒梅人）】
W6737.2	文字源于特定的书	
W6737.2.1	文字源于圣书	
W6737.2.1.1	人祖阿普笃慕读了圣书后产生文字	【彝族】
W6737.3	文字源于八卦	
W6737.3.1	伏羲创造记事的符号八卦是文字的起源	【汉族】@［W6732.2.1］伏羲创八卦为文字产生打下基础
W6737.4	文字是人类智慧的结晶	【汉族】
W6738	**特定文字的产生（具体文字的来历）**①	
W6738.1	火字的产生	
W6738.1.1	人们为了表示对火的敬意，故在“人”字两边各加一点造出了“火”字，似人的眼睛	【汉族】
W6738.2	舅字的产生	
W6738.2.1	舅字源于特定的事件	
W6738.2.1.1	伏羲常年在外打猎头上顶个石窝窝回家中，因孩子不认识很羞，仓颉据此造“舅”字	【汉族】
W6738.3	鱼字的产生	
W6738.3.1	照鱼画鱼形成“鱼”字	【民族，关联】②
W6738.3.1.1	仓颉照鱼画鱼造出“鱼”字	【汉族】
W6738.4	龟字的产生	

① 特定文字的产生，从目前见到的作品中对特定文字来源的解释种类繁多，内容丰富。在此只列举一些有代表性的文字，作为读者了解此类母题的一个线索。

② 【汉族】@［W6734.3.1.4.3.2］仓颉见鱼掉在泥地上印的印迹，刻下来成了“鱼”字；［W6746.1］象形字。

W 编码	母题描述	关联项
W6738. 4. 1	仿照龟背的图案造龟字	
W6738. 4. 1. 1	仓颉仿照龟背上整齐排列的方格子造出了“龟”字	【汉族】@［W6743. 4a. 1］仓颉把字刻在龟背上的方格子里
W6738. 5	男字的产生	
W6738. 5. 1	男字源于意义联想	
W6738. 5. 1. 1	仓颉看到田头下力的都是些男人，就把田字和力字合起来造出“男”字	【汉族】
W6738. 6	妇字的产生	
W6738. 6. 1	妇字源于女人做事情	
W6738. 6. 1. 1	仓颉看到女人扫地就把扫“帚”和“女”人联起来造了个“婦”（妇）字	【汉族】
W6738. 7	酒字的产生	
W6738. 7. 1	仓颉命名香而淳厚、饮而得神的水为“酒”字	【汉族】
W6738. 7. 2	书生造酒字	
W6738. 7. 2. 1	书生认为玉液为“水”，鸡为“酉”，相并合成“酒”字	【汉族】
W6738. 7. 3	大禹造酒字	
W6738. 7. 3. 1	禹王用水酉的名字合成一个字叫“酒”	【汉族】
W6738. 7. 3. 2	众人把水酉两字合起来作为对水酉制作糜粥的纪念就是“酒”字	【汉族】
W6738. 7. 4	酒字与大禹的女儿有关	
W6738. 7. 4. 1	大禹的女儿水婴造的神奇的水命名为“九”，后来演变成“酒”	【汉族】
W6738. 8	日字的产生（月字的产生）	【汉族】
W6738. 8. 1	“日”字是仓颉照着太阳红圆红圆的模样勾的	【汉族】

W 编码	母题描述	关联项
W6738.8.2	月字是仓颉仿着月亮牙儿的形态描画出来的	【汉族】
W6738.9	其他特定文字的产生	
W6738.9.1	蛇字的产生	
W6738.9.1.1	蛇从虫而长，象冤曲垂尾形	【汉族】
W6738.9.2	好字的产生	
W6738.9.2.1	仓颉为了一说“好”字，想到女子造“好”字	【汉族】@［W6759.1.1.3］仓颉把“好”字造错
W6738.9.2.2	仓颉造为赞美女子造“好”字	【汉族】
W6738.9.2.3	仓颉因黄帝娶嫫母情投意合造了一个“好”字	【中华民族】
W6738.9.3	娘字的产生	
W6738.9.3.1	仓颉为赞美母亲造了娘字	【汉族】
W6739	**与文字产生有关的其他母题**	［W6432.2.1］文字崇拜
W6739.0	最早发明文字者（最早造字者）	
W6739.0.1 *	黄帝的父辈少典氏可能是最早发明文字的人	【中华民族】
W6739.1	文字的记忆（记忆文字）	
W6739.1.1	记忆文字的方法	
W6739.1.1.1	文字作为图像标号形象具体，人多画几遍就能记住	【彝族（撒梅）】
W6739.1.2	文字的遗忘	
W6739.2	文字的传播（文字的传承）	
W6739.2.1	仓颉造的字传到国外	
W6739.2.1.1	各国的国王向仓颉索要造好的字	【汉族】
W6739.2.2	仓颉造的字传到其他部落	［W6734.3.1.8.0.1］好书者众，仓颉独传
W6739.2.2.1	黄帝令仓颉到各个部落传授文字	【汉族】

W 编码	母题描述	关联项
W6739.2.3	文字传播到其他地方	
W6739.2.3.1	仓颉到外地给人教字	
W6739.2.3.1.1	仓颉在长安、河南、山东、河北各地教人文字	【汉族】
W6739.2.4	文字的传播者	
W6739.2.4.1	首领作为文字传播者	
W6739.2.4.1.1	黄帝让九州酋长传播文字	【汉族】
W6739.2.4.1.1a	黄帝让各部落酋长传播文字	【汉族】
W6739.2.4.1.2	黄帝把仓颉画的文字公布出来	【汉族】
W6739.2.4.2	帝王让造字者传播文字	
W6739.2.4.2.1	黄帝让造字者仓颉到各地传授文字	【汉族】
W6739.2.4.3	造字者传播文字	
W6739.2.4.3.1	仓颉把文字传授给部落酋长	【汉族】
W6739.2.4.3.2	仓颉教外地人学文字	【汉族】
W6739.2.4.3.3	好书者仓颉独传	【中华民族】
W6739.2.4.4	神仙传播文字	
W6739.2.4.4.1	仙女传播文字	【彝族】
W6739.2.5	文字传播的方法	
W6739.2.5.1	收徒传字	
W6739.2.5.1.1	仓颉收徒传文字	【汉族】
W6739.2.5.2	办学传文字	
W6739.2.5.2.1	仓颉办学堂传播文字	【汉族】
W6739.2.5.3	造字者化身传文字	
W6739.2.5.3.1	造字者死后变成鸟教儿子学会彝文	【彝族】
W6739.2.5.4	把文字传给特定的人	
W6739.2.5.4.1	造字者把文字传给女儿	【彝族】
W6739.2.5.5	文字在国家间传播	

W 编码	母题描述	关联项
W6739.2.5.5.1	各国索求文字	
W6739.2.5.5.1.1	各国的国王向仓颉索求文字	【汉族】
W6739.2.6	文字传播的帮助者	
W6739.2.6.1	帝王推广文字	
W6739.2.6.1.1	黄帝推广仓颉造的文字	【中华民族】
W6739.2.7	文字传播的破坏者（文字传承的阻挠者）	
W6739.2.7.1	天皇不让文字传承	【水族】
W6739.2.8	文字传播的结果	
W6739.2.9	与文字传播有关的其他母题	
W6739.2.9.1	传播文字的条件	
W6739.2.9.1.1	文字得到认可后才能传授	【汉族】
W6739.2.9.1.2	买卖文字	
W6739.2.9.1.3	无偿传授文字（免费传授文字）	【水族】
W6739.2.9.2	传播成就文字	【汉族】
W6739.2.9.3	文字的历史	
W6739.2.9.3.1＊	文字书写的历史以千年为单位	【多民族】
W6739.3	文字的使用	
W6739.3.1	有些文字的使用将错就错	
W6739.3.1.1	仓颉告诉伏羲，有些错字不必改，习惯成自然	【汉族】
W6739.3.1.2	错字一旦传播就无法修改	【汉族】
W6739.3.2	裁字	
W6739.3.2.1	整整齐齐地把字裁出来	【哈尼族】
W6739.3.3	一字多用	【彝族（撒梅）】
W6739.3.4	文字的使用范围	
W6739.3.4.1	文字使用范围不断扩大	
W6739.3.4.1.1＊	文字的使用到了东周普遍化，不复为王族公族所专用	【中华民族】

W 编码	母题描述	关联项
W6739.3.5	借用其他民族文字	
W6739.3.5.1	布朗族没有自己的文字，借用傣文	【布朗族】
W6739.3.6	标点符号	
W6739.3.6.1	标点符号的产生	
W6739.3.6.2	标点符号的特征	
W6739.3.6.3	标点符号的使用	
W6739.3.6.3.1	不使用标点符号	
W6739.3.6.3.1.1	禹王碑碑文无标点符号	【中华民族】
W6739.3.6.4	与标点符号有关的其他母题	
W6739.4	文字产生的意义	
W6739.4.1 *	仓颉创造文字标志着中国有文字记载的华夏文明出现	【中华民族】

6.6.4 文字的特征与类型
【W6740 ~ W6759】

W 编码	母题描述	关联项
* **W6740**	**文字的特征（文字的特点；文字的功能）**	
W6741	**文字特征的产生**	
W6741.1	文字的特征源于实用（文字的功能源于实用）	
W6741.1.1	文字的记载功能源于实用	【高山族（阿美人）】
W6742	**文字的一般特征（文字的功能）**	
W6742.1	字音（文字的读音）	

W 编码	母题描述	关联项
W6742.1.1	字音的产生	
W6742.1.1.1	根据特定物发出的声音确定字音	
W6742.1.1.1.1	天降的一种害人的怪物发出“祸、祸”的叫声，人就称它“祸”	【汉族】
W6742.1.1.2	特定人物规定字音	
W6742.1.1.2.1	玉帝规定字音	【汉族】
W6742.1.1.2.2	特定的人规定字音	
W6742.1.1.2.2.1	仓颉的弟弟说出“牙”的读音	【汉族】
W6742.1.2	字音的特征	
W6742.1.2.1	不同民族文字为什么读音相同（不同字同音）	
W6742.1.2.1.1	汉文与傣文读音相同因为都源于佛祖	【傣族】
W6742.1.2.1.2	傣文和汉文同源虽文字不同但许多读音相同	【傣族】
W6742.1.3	与字音有关的其他母题	
W6742.1.3.1	同音字	
W6742.1.3.1.1	同音字源于特定的事件	【汉族】
W6742.2	字义（文字的意义；文字的记载功能；文字的表意功能）	
W6742.2.1	字义是特定人物规定的	
W6742.2.1.1	造字者规定字义	【汉族】
W6742.2.2	字义是抽象出来的	
W6742.2.2.1	祖先鱼生出了“生”后，“生”的东西很多，阿妈生小娃是“生”，大田里庄稼发蓬，长高，也是“生”，乌沙梨还小，吃不得涩酸，也是“生”	【哈尼族】
W6742.2.3	字义的记载功能	

W 编码	母题描述	关联项
W6742. 2. 3. 1	文字记载农时日历	【高山族（阿美人）】
W6742. 2. 3. 2	文字能把事记清楚	【彝族】
W6742. 2. 3. 3	文字可以记音	【侗族】
W6742. 2. 3. 4	文字记载着天上的事	【怒族】【彝族】
W6742. 2. 3. 5	文字记载古老的事	
W6742. 2. 3. 5. 1	文字记载神话	【中华民族】
W6742. 2. 4	字义应吻合	【汉族】
W6742. 2. 5	字义的引申	
W6742. 2. 5. 1 *	作为太阳的“日”引申为作为天数的“日”	【中华民族】
W6742. 2a	字形	［W6742. 9. 4］文字的字形字义符合道理
W6742. 2a. 1	字形美观	【彝族】@［W6748. 5. 29. 2. 2］彝文像花一样美丽
W6742. 2a. 2	字形能表意	【汉族】
W6742. 2a. 3	字形相近文字的来历	
W6742. 2a. 3. 1	造字时斟酌字义产生字形相近文字	
W6742. 2a. 3. 1. 1	造字时斟酌造成“半”和“牛”字形相近	【汉族】
W6742. 3	不同民族文字特征不同	【关联】①
W6742. 3. 1	因载体不同造成民族文字不同	
W6742. 3. 1. 1	汉族、傣族相同的文字分别写在纸上的文字和刻在贝叶上，后来因变形，出现了傣文和汉文两种不同的文字	【傣族】@［W6748. 3. 1］以前不同民族使用同一种文字
W6742. 4	不同地区文字不同的来历	
W6742. 4. 1	关系人到不同地区形成不同文字	

① ［W5660. 1］东巴文字是象形字；［W5711. 5］藏文一字多音。

W 编码	母题描述	关联项
W6742.4.1.1	72 对兄妹被吹到 72 个地方，各地方文字不同	【回族】@［W6695.1.1.1］72 对兄妹吹到 72 个地方婚生后代，各地方的人风俗不同
W6742.5	文字具有记录功能（文字的记忆功能；文字能反映特定对象）	【汉族】
W6742.5.1	文字可以记事体	【汉族】
W6742.5.1.1	彝家千千万万的事都要用字去记	【彝族】
W6742.5.2	字如其人（文如其人）	
W6742.5.2.1	文字能反映被描述者的心理	
W6742.5.2.1.1	仓颉认为女人气量小，爱啰唆，嫉妒心重，遂造“嫉”字	【汉族】
W6742.5.3	文字记录语言	【汉族】
W6742.6	文字是符号	
W6742.6.1	文字是代表世间万事万物的各种符号	【汉族】
W6742.6.2	特定文字是音节符号	
W6742.6.2.1	撒梅彝文是一种表示撒梅语言的音节符号	【汉族】
W6742.7	文字好认好记（文字应易懂易记）	［W6739.1］文字的记忆（记忆文字）
W6742.7.1	仓颉造的字好认好记	【汉族】
W6742.7.2	奴比懈么创造的图像标号形象具体，人们一看就懂	【彝族（撒梅）】
W6742.8	文字有特定的格式	
W6742.8.1	汉文竖写的来历	［W6748.5.30.2.1］藏文为什么横着写
W6742.8.1.1	天神看到汉族认字时不停地抬头又低头，就规定汉族的经书竖写	【纳西族】
W6742.8.1.2	汉人学字时不住地点头形成汉字竖写	【纳西族】
W6742.9	与文字的特征有关的其他母题	

W 编码	母题描述	关联项
W6742.9.1	文字的数量	【关联】①
W6742.9.1.1	文字有特定的数量	
W6742.9.1.1.1	仓颉造了10万8千个文字	【汉族】
W6742.9.1.2	文字有大约的数量	
W6742.9.1.2.1	仓颉造了一斗黄米数量的字	【汉族】
W6742.9.1.2.1a	仓颉造了一斗油菜籽数量的字	【汉族】
W6742.9.1.2.2	最早时的字有几百个字	【汉族】@［W6734.2.3a.2］伏羲造出几百个文字
W6742.9.1.2.3	陆铎公公最早带给水族的字成箱成垛堆满一屋子	【水族】
W6742.9.1.3	不同国家文字数量不同（不同群体文字数量不同的原因）	
W6742.9.1.3.1	为什么中国文字最多	
W6742.9.1.3.1.1	仓颉造字后因中国的国王离得最近，得到的文字最多	【汉族】
W6742.9.2	文字的感情色彩（文字含义的褒贬）	
W6742.9.2.1	文字的感情色彩与造字者心理有关	【汉族】
W6742.9.2.2	文字构成中暗含好恶	【汉族】
W6742.9.2.2.1	“盐”字表达了人们对特定人物的敬爱之情	【汉族】
W6742.9.2.2.2	仓颉认为“最毒妇人心”女人最奸诈，于是造了“奸”字	【汉族】
W6742.9.3 *	文字是文明的标志	【多民族】
W6742.9.3.1	文字使人对待朋友更加礼貌谦逊	【中华民族】
W6742.9.4	文字的字形字义符合道理	【汉族】@［W6813.2.6］书让人懂得道理
W6742.9.5	文字具有震慑力	

① ［W6734.7.7］造字的结果（造字的数量）；［W6753.1］文字数量的变化。

W 编码	母题描述	关联项
W6742.9.5.1	仓颉造的字具有震慑鬼怪的巨大威力	【中华民族】
W6742.9.5a	文字具有神力（文字神圣）	［W6734.7.7.2.1］造字后天为雨粟，鬼为夜哭，龙乃潜藏
W6742.9.5a.1	孔圣人刚写完“出”字，鬼就跑掉出去	【汉族】
W6742.9.6	文字的颜色	【汉族】
W6742.9.6.1	赤文绿字	【汉族】
W6742.9.6.2	文字能发光	【中华民族】
W6742.9.7	文字的实证功能	
W6742.9.7.1 *	甲骨文可以印证“纸上的材料”	【中华民族】
W6742.9.8	文字要统一稳定	
W6742.9.8.1	伏羲立制号而同文	【中华民族】
W6742.9.9	文字的其他特征或功能	
W6742.9.9.1 *	特定文字有深远文化内涵	【中华民族】
W6742.9.9.2	有了文字，天地间的秘密就无法保住	【汉族】
W6742.9.9.3	文字有助教育	
W6742.9.9.3.1	文字益于教后嗣	【中华民族】
W6743	**文字的载体（文字的载体特征；文字的保存）**	［W6907.3.1］纸的产生（文字载体的来历）
W6743.0	文字保存在特定人物那里	
W6743.0.1	文字保存在神那里	
W6743.0.2	文字保存在神性人物那里	
W6743.0.3	文字保存在特定的人那里	
W6743.0.3.1	文字保存在巫师那里（文字保存在毕摩那里）	
W6743.0.3.1.1	文字保存在贝玛阿波肚子里	【哈尼族】

W 编码	母题描述	关联项
W6743.1	植物作为文字载体（字写在植物上）	
W6743.1.1	叶子作为文字载体（字写在叶子上；植物叶子上写字）	【彝族】
W6743.1.1.1	树叶作为文字载体（字写特定的树叶在上）	
W6743.1.1.1.1	贝叶作为文字载体（字写在贝叶上）	【民族，关联】①
W6743.1.1.2	芭蕉叶作为文字载体	【基诺族】【佤族】
W6743.1.1.3	傣族带着树叶去抄文字	【景颇族】
W6743.1.2	特定的树木作为文字载体（字写在特定的树木上）	
W6743.1.2.1	竹子作为文字载体（字写竹板在上；竹简）	
W6743.1.2.1.0	少典氏把字刻于竹木片上，用藤葛串联起来保存	【中华民族】
W6743.1.2.1.1	字刻在竹板上很不方便	【汉族】
W6743.1.2.1.2	竹简刻字	
W6743.1.2.1.2.1	孟伶发明了竹简刻字	【白族】
W6743.1.2.2	文字记在木头上	［W6748.5.27.2.1］锡伯族祖先记一件重要事情的方法是往木头上刻一个符号
W6743.1.2.2.1	文字刻制在削好的木片上	【高山族（阿美人）】
W6743.1.2.3	字写在木板上太笨重	【汉族】
W6743.2	石头作为文字载体（字写在石头上；文字写在沙上）	
W6743.2.1	文字记在石壁上	【汉族】
W6743.2.1.1	仓颉发明文字刻于岩壁上	【中华民族】@［W6743.8.3.1］仓颉把文字写在山洞的墙壁脚地上

① 【傣族】@［W6742.3.1.1］汉族、傣族相同的文字分别写在纸上的文字和刻在贝叶上，后来因变形，出现了傣文和汉文两种不同的文字；［W6750.2］贝叶文。

W 编码	母题描述	关联项
W6743.2.2	文字刻在石头上	【傈僳族】
W6743.2.2.1	有的字写在石板上	【傈僳族】
W6743.2.2.2	石匠照仓颉画的样子把字刻在一块平滑的大石上	【汉族】@［W6814.2.1.5.2］黄帝命仓颉把“赤文绿字”画在石板上成为“天书”
W6743.2.2.2.1	黄帝命仓颉用木炭先把“赤文绿字”画在石板上，然后让石匠刻下来	【汉族】
W6743.2.2.3	阿美人为使文字永世长存将其刻制在磐石上	【高山族（阿美人）】
W6743.2.2.4	文字刻在岩壁上	［W6817.1］岩画
W6743.2.2.4.1	大禹用神斧把文字刻在岩壁上	【汉族】
W6743.2.2.5	文字刻到石碑上	
W6743.2.2.5.1	玉帝怕人偷书烧掉书后把文字都刻到石碑上	【汉族】
W6743.2.2.6	字在石头上拿不动	【汉族】
W6743.2.3	文字刻在砂片上	
W6743.2.3.1	用羊肝石把字刻在砂片上	【彝族（撒梅人）】
W6743.3	动物的皮作为文字载体（字写在特定动物的皮上）	【傈僳族】
W6743.3.1	文字写在牛皮上	【佤族】
W6743.3.1.1	景颇族的文字原来写在牛皮上	【景颇族】@［W6757.1.1.1］景颇族没文字是因为原来写在牛皮上的文字被吃掉了
W6743.3.1.2	哈尼族文字写在牛皮上	【傣族】
W6743.3.1.3	神把基诺族的文字写在牛皮上	【基诺族】
W6743.3.2	文字写在兽皮上	【独龙族】
W6743.3.2.1	文字写在獐皮上	【傈僳族】
W6743.3.2.2	字写在兽皮上不合适	【汉族】
W6743.3.3	文字写在羊皮上	

W 编码	母题描述	关联项
W6743.3.3.1	放牛娃画出一个字后就用紫土把字记在羊皮上	【彝族（撒梅人）】
W6743.3.3.2	文字写在羚羊皮上	
W6743.3.3.2.1	祖先达尼将写有珞文的一张羚羊皮交给儿子	【珞巴族】
W6743.4	骨头作为文字载体（文字保存在骨骼上）	
W6743.4.1	文字刻在骨头上	
W6743.4.1.1	仓颉把文字刻在骨头上	【汉族】@［W6734.3.1.6.1］仓颉用尖石把字刻在骨头上保存下来
W6743.4.2	动物的骨骼作为文字载体（字写在动物的骨骼上；字写在动物的甲壳上）	
W6743.4.2.1	文字记在龟甲上（文字刻在龟壳上）	【中华民族】@［W6750.1］甲骨文
W6743.4.2.1.1	仓颉把字用小刀刻在龟壳上，再用绳子穿起来	【汉族】
W6743.4.2.1.2	神龟背上的文字	【汉族】@［W6738.4.1.1］仓颉仿照龟背上整齐排列的方格子造出了“龟”字
W6743.4.2.2	文字记在兽骨上	
W6743.4.2.3	文字记在羊骨上	
W6743.4.2.3.1	被羊吃掉的神赐的文字书印在羊的肩胛骨上	【蒙古族（布里亚特）】
W6743.4a	字刻在龟背上	
W6743.4a.1	仓颉把字刻在龟背上的方格子里	【汉族】@［W6743.4.2.1.2］神龟背上的文字
W6743.4a.2	仓颉把字刻在一堆龟甲上	【中华民族】
W6743.5	器物作为文字载体（字写在器物上）	

W 编码	母题描述	关联项
W6743.5.1	字写在陶器上	
W6743.5.1.1	仓颉发明文字刻于陶器上	【中华民族】
W6743.5.2	字写在铜器上	
W6743.5.3	字写在铁器上	
W6743.5.4	字刻在其他器物上	
W6743.5.4.1	金简玉字	【汉族】
W6743.6	特定食物作为文字载体（文字写在食物上）	
W6743.6.1	有些民族从天神那里领到写在粑粑上的文字	【傈僳族】
W6743.6.1.1	布朗族的文字写在麦面粑粑上	【基诺族】
W6743.7	纸张作为文字载体（字写在纸上；书作为文字载体；文字保存在书中）	
W6743.7.1	文字保存在特定的纸上	
W6743.7.1.1	汉字写在纸上	【景颇族】【傣族】
W6743.7.1.2	汉字写在做油伞的纸上	【佤族】
W6743.7.2	文字保存在特定的书中	
W6743.7.2.1	文字保存在经书中	【哈尼族】
W6743.8	文字保存在其他特定物中	
W6743.8.1	文字保存在特定建筑物中	
W6743.8.1.1	保存文字的石楼	
W6743.8.1.1.1	玉皇大帝给仓颉托梦让把文字保存在石楼中	【汉族】
W6743.8.2	文字写在布上（布作为文字的载体）	
W6743.8.2.1	汉人把字写在白布上	【傈僳族】
W6743.8.2.2	傣族在白布上写字	【佤族】
W6743.8.2.3	老彝文写在黑布上	【傈僳族】

W 编码	母题描述	关联项
W6743.8.2a	文字写在衣服上	［W6748.5.29.2.1］最早的彝族文字写在衣服上
W6743.8.2a.1	毕摩阿苏拉吉将字记在衣服上	【彝族】
W6743.8.2a.2	毕阿将字记在衣上	【彝族】
W6743.8.2b	文字写在绢上	
W6743.8.2b.1	文字记在帛书中	
W6743.8.2b.1.1 *	楚帛书文字	【中华民族】
W6743.8.3	文字写在墙壁上	【关联】①
W6743.8.3.1	仓颉把文字写在山洞的墙壁脚地上	【汉族】
W6743.8.4	文字要写在既软且薄的东西上	【佤族】
W6743.8.5	文字藏在特定的兽腹中	【汉族】
W6743.8.6	文字保存在特定人物的肚子里	
W6743.8.6.1	文字保存在巫师的肚子里	
W6743.8.6.1.1	哈尼先祖传下的字书就化在贝玛阿波肚子里	【哈尼族】
W6743.8.7	文字保存在心里	
W6743.8.7.1	仓颉造出的三窑字儿往心里记	【汉族】
W6743.9	与文字的保存有关的其他母题	
W6743.9.0	文字有多种载体	
W6743.9.0.1	天神把文字写在不同的物体上	【傈僳族】
W6743.9.1	文字保存良好	
W6743.9.1.1	汉、傣、彝、回、白、蒙、苗、藏8个民族的经书没有被烧毁所以后代有文字	【哈尼族】
W6743.9.2	文字保存在记忆中	
W6743.9.2.1	文字要记心里	【汉族】
W6743.9.3	特定情形下的文字保存	

① ［W6734.3.1.3.2］仓颉在墙壁上画符造字；［W6743.2.2.4］文字刻在岩壁上；［W6743.9.4.1］字刻在墙上不成功。

W 编码	母题描述	关联项
W6743.9.3.1	洪水时，哈尼族把自己的文字揉成纸团含在嘴里	【哈尼族】
W6743.9.3.2	洪水时，汉族把自己的文字包好扎稳在头上	【哈尼族】
W6743.9.4	文字的不成功的载体	
W6743.9.4.1	字刻在墙上不成功	［W6743.8.3］文字写在墙壁上
W6743.9.4.1.1	墙上刻的文字被雨水冲掉	【汉族】
W6743.9.4.2	字画在地上不成功	
W6743.9.4.2.1	仓颉用石头尖画在地面上的字风一吹、人一踩就看不见了	【汉族】
W6743.9.4.3	字写在叶子上不成功	
W6743.9.4.3.1	写在野芭蕉叶和其他树叶上的信因叶子干枯破碎	【傣族】
W6743.9.5	文字山	
W6743.9.5.1	文字山上有各种纹路的文字	【汉族】
W6744	**文字的书写（文字的书写特征）**	［W6907.1.1］笔的产生
W6744.1	书写的产生	
W6744.1.1	特定人物传授书写（人向特定人物学写字）	
W6744.1.1.1	人向鸟学写字	【彝族】@［W6705.4.1］人向鸟学说话（人从鸟那里学会语言）
W6744.1.1.1.1	鸟吐唾液如丝在沙滩上往来飞舞，教毕阿写字	【彝族】
W6744.1.2	特定事件中学会书写	
W6744.1.2.1	取经习得文字书写	【纳西族】@［W6815.2.1.2］经书在特定地方（到特定地方取经）

W 编码	母题描述	关联项
W6744.1.3	最早的书写是画出来的	【汉族】@［W6734.3.1.6.1a］仓颉用木炭描画文字
W6744.1.3.1	描摹画文字	【彝族】@［W6734.7.4.1.1.1］哑巴小孩描摹鸟吐在树叶上的血迹成为文字
W6744.1.3.2	仓颉观看飞禽走兽取其特征画出图像造出字	【汉族】
W6744.2	书写的特征	
W6744.2.1	书写的气韵	
W6744.2.1.1	玉帝动笔写的字自带仙气	【汉族】
W6744.3	与书写有关的其他母题	
W6744.3.1	神奇的书写	【汤普森】F883
＊W6745	**文字的类型**	
W6746	**按造字法划分的文字类型**	
W6746.1	象形字（象形文字）	
W6746.1.1	象形字的产生	［W6734.7.4.1］根据实物的形体造字
W6746.1.1.1	仓颉造象形字	【汉族】@［W6734.3.1.4.4.1］仓颉受天书启示发明了象形文字
W6746.1.1.2	仓颉向妻子学会造象形字（仓颉的妻子造象形字）	【民族，关联】①
W6746.1.1.3	仓颉受到老人看野兽脚印认定动物的启发发明象形字	【汉族】
W6746.1.1.3a	仓颉仿造物的形象造的都是象形文字	【汉族】
W6746.1.1.3b	仓颉观察虫鱼鸟兽创造象形文字	【汉族】

① 【汉族】@［W6734.3.1.4.2］仓颉造字是向他的贤惠的媳妇学的；［W6734.3.1.8.2］仓颉的妻子造字。

W 编码	母题描述	关联项
W6746.1.1.3c	仓颉从天书中得到启示发明象形文字	【汉族】
W6746.1.1.3d	仓颉从得到日常现象的启发发明象形文字	【汉族】
W6746.1.1.3e	仓颉受到动物图画的启发发明象形文字	【汉族】
W6746.1.1.3f	黄帝命仓颉刻勒有十二种动物形象的“十二像石”	【中华民族】
W6746.1.1.4	龟赐象形字	【汉族】
W6746.1.1.5	象形字产生的其他方式	
W6746.1.1.5.1	看见什么画什么字	【纳西族】
W6746.1.1.6	与象形字的产生有关的其他母题	
W6746.1.1.6.1	象形字产生于黄帝时期	【汉族】
W6746.1.2	象形字的特征	
W6746.1.2.1	象形字让人一看就明白	【汉族】
W6746.1.2.2	象形字是世界上最古老美丽的文字	【汉族】
W6746.1.3	特定的象形字	
W6746.1.3.1	象形东巴文	【纳西族】
W6746.1.3.2	象形字“龟”	
W6746.1.3.2.1	仓颉照龟的形象造了个“龟”字	【汉族】@［W6738.4.1.1］仓颉仿照龟背上整齐排列的方格子造出了“龟”字
W6746.1.4	与象形字有关的其他母题	［W6759.4.3.1］象形符号（形象符号）
W6746.2	会意字	
W6746.2.1	会意字的产生	
W6746.2.1.0	仓颉发明会意字	
W6746.2.1.0.1	仓颉认为会意方法造字很重要	【汉族】

W 编码	母题描述	关联项
W6746. 2. 1. 1	仓颉在造的象形字基础上造出会意字	【汉族】
W6746. 2. 1. 2	仓颉把两个、三个木字合起来造出了“林”字、“森”字	【汉族】
W6746. 2. 1. 3	特定的字添加新的意思形成会意字	
W6746. 2. 1. 3. 1	“鸟”字加翅膀形成“鸡”字	【汉族】【满族】
W6746. 2. 1. 4	仓颉画能表达人意的图像造字	【汉族】
W6746. 2. 2	会意字的特征	
W6746. 2. 2. 1	会意字能望文生义	【汉族】
W6746. 2. 2. 2	会意字里有故事	【汉族】@［W6734. 7. 4. 2. 1］根据造船八口人造船这件事造“船”字
W6746. 2. 3	特定的会意字	
W6746. 2. 3. 1	仓颉根据会意造“秃”字	【汉族】
W6746. 3	形声字	
W6746. 3. 1	特定文字中有形声字	
W6746. 3. 1. 1	东巴文有少数的形声字	【纳西族】@［W6746. 1. 3. 1］象形东巴文
W6746. 4	通假字	
W6746. 5	假借字	
W6746. 5. 1	东巴文有时使用同音假借的方法	【纳西族】
W6746. 6	转注字	
W6747	**按形态划分的文字类型**	
W6747. 1	表意文字	
W6747. 2	拼音文字	
W6747. 3 *	楔形文字	【民族无考】

W 编码	母题描述	关联项
W6748	**按民族划分的文字类型（按文字使用者划分文字；按文字使用主体划分文字）**	
W6748.1	汉字（汉文）①	
W6748.1.1	汉字的产生	
W6748.1.1.1	特定的人造汉字	［W6734.3］特定的人物造字（造字者）
W6748.1.1.2	佛祖给汉族汉字	【傣族】
W6748.1.1.3	天神摩咪教人学会汉话汉文	【哈尼族】
W6748.1.1.4 *	玉教的信仰催生一些汉字	【中华民族】
W6748.1.2	汉字的特征（汉字的特点）	
W6748.1.2.1	汉字一字一音的来历	【藏族】
W6748.1.2.1.1	天神看到汉族记性好，规定一个汉字就是一个音	【纳西族】
W6748.1.2.2	汉字表意的来历	【民族，关联】②
W6748.1.2.3	汉字为什么竖着写	
W6748.1.2.3.1	汉人在天上听神仙讲经时不住地点头称赞，回来写字便从上到下竖起写	【纳西族】
W6748.1.2.4	汉字是方块字	
W6748.1.2.4.1	仓颉把汉字搞成方块字	【汉族】
W6748.1.2.5	汉字难学	
W6748.1.2.5.1	汉字是表意文字，字多，学起来很困难	【纳西族】
W6748.1.2.6	汉字像鸡爪	【傣族】

① 汉字（汉文），是中文的代表性记录符号，不仅在汉族中广泛使用，也在许多少数民族中广泛流传，甚至也在日文、朝鲜文等文字中多有出现。其产生历史久远，现存最早的汉字是约公元前1300年殷商时期的甲骨文，稍后出现了金文、大篆、小篆、隶书、草书、楷书、行书等。汉字的产生与传承是一个动态发展的过程，这个过程曾衍生出如西夏文、女真文、契丹文等历史上曾存在的不同文字。汉字流传发展情况非常复杂，在神话叙事中的往往会产生不同的母题。

② 【汉族】@［W6735.2.4］仿照图画造字；［W6746.1.1.3e］仓颉受到动物图画的启发发明象形文字。

W 编码	母题描述	关联项
W6748.1.3	与汉字有关的其他母题	［W6743.7.1.1］汉字写在纸上
W6748.2	民族文字	
W6748.2.1	民族文字的产生（民族文字的来历）	［W5524］民族文字
W6748.2.1.1	天神为各民族分配文字	［W6705.1.1.1］天神格蒙分配语言
W6748.2.1.1.1	天神让各种民族领取各自不同的文字并教会他们	【傈僳族】
W6748.3	民族文字的特征（民族文字的功能）	
W6748.3.1	以前不同民族使用同一种文字	【傣族】@［W6742.3.1.1］汉族、傣族相同的文字分别写在纸上的文字和刻在贝叶上，后来因变形，出现了傣文和汉文两种不同的文字
W6748.4	民族文字的发展（民族文字的变化）	【彝族】@［W6748.5.29.2.6.1］彝文不完全源于造字者母亲的偶然干扰
W6748.5	特定的民族文字（民族文字的类型）①	
W6748.5.1	汉族文字（汉字）	
W6748.5.2	白族文字（老白文、新创白文）	
W6748.5.2.1	白族文字的产生（白族文字的来历）	

① 特定的民族文字（民族文字的类型），由于民族交往的悠久性和生活聚居的复杂性，有的民族可能会使用多种文字，有的民族有语言而没有文字，有的民族以往使用的文字后来消失或改用其他民族文字等等。据资料显示，至1949年中华人民共和国成立前，使用文字的民族有22个，如朝鲜族、蒙古族、藏族、维吾尔族、哈萨克族、柯尔克孜族、彝族、傣族、拉祜族、景颇族、锡伯族、俄罗斯族等民族各有自己的文字，文字类型有24种。新中国成立后，又有壮族、布依族、苗族、侗族、哈尼族、傈僳族、佤族、黎族、纳西族、白族、土族、瑶族、景颇族中的载瓦语的人等又使用新创制民族拼音文字，我国各民族现行文字达到40余种。而一些民族曾经使用的突厥文、回鹘文、察合台文、于阗文、八思巴字、西夏文等退出应用。无论是民族古文字，还是后来新创造的文字，都可能出现在民间神话叙事中。故在此做些列举。

W 编码	母题描述	关联项
W6748.5.2.2	白族文字的特征	
W6748.5.2.3	与白族文字有关的其他母题	
W6748.5.3	布朗族文字（新创布依文）	［W6743.6.1.1］布朗族的文字写在麦面粑粑上
W6748.5.3.1	布朗族文字的产生（布朗族文字的来历）	
W6748.5.3.1.1	布朗族青年到远方学会布朗文	【布朗族】
W6748.5.3.2	布朗族文字的特征	
W6748.5.3.2.1	布朗族没有文字	【布朗族】@［W6739.3.5.1］布朗族没有自己的文字，借用傣文
W6748.5.3.3	与布朗族文字有关的其他母题	
W6748.5.3.3.1	布朗族没有文字是因为写有文字的粑粑被吃掉了	【基诺族】@［W6743.6.1.1］布朗族的文字写在麦面粑粑上
W6748.5.3a	布依族文字（新创布依文）	
W6748.5.3a.1	布依族文字的产生（布依族文字的来历）	
W6748.5.3a.2	布依族文字的特征	
W6748.5.3a.3	与布依族文字有关的其他母题	
W6748.5.4	朝鲜族文字（朝鲜文）	
W6748.5.4.1	朝鲜族文字的产生（朝鲜族文字的来历）	
W6748.5.4.2	朝鲜族文字的特征	
W6748.5.4.3	与朝鲜族文字有关的其他母题	
W6748.5.5	傣族文字（傣文；老傣仂文；新傣仂文；老傣那文；新傣那文；傣绷文）	
W6748.5.5.1	傣族文字的产生（傣族文字的来历）	

W 编码	母题描述	关联项
W6748.5.5.1.1	傣族从佛祖那里取得刻在贝叶上的文字	【傣族】
W6748.5.5.1.2	从摩咪送的傣书中学傣文	【哈尼族】
W6748.5.5.2	傣族文字的特征	
W6748.5.5.2.1	傣族文字像绣花	【傣族】
W6748.5.5.2.2	傣族文字像绿斑鸠的屎又细又弯	【基诺族】
W6748.5.5.2.3	傣文写在布上	【佤族】
W6748.5.5.2.4	傣族文字有模有样	【傣族】
W6748.5.5.3	与傣族文字有关的其他母题	
W6748.5.6	侗族文字（新创侗文）	
W6748.5.6.1	侗族文字的产生（侗族文字的来历）	
W6748.5.6.2	侗族文字的特征	
W6748.5.6.3	与侗族文字有关的其他母题	
W6748.5.7	高山族文字	
W6748.5.7.1	高山族文字的产生（高山族文字的来历）	
W6748.5.7.2	高山族文字的特征	
W6748.5.7.2.1	阿美人没有文字	
W6748.5.7.2.1.1	阿美人没有文字是因为刻在石头上的文字被洪水淹没消失了	【高山族（阿美人】
W6748.5.7.3	与高山族文字有关的其他母题	
W6748.5.8	独龙族文字（新创独龙文）	
W6748.5.8.1	独龙族文字的产生（独龙族文字的来历）	
W6748.5.8.2	独龙族文字的特征	
W6748.5.8.3	与独龙族文字有关的其他母题	
W6748.5.8a	俄罗斯族文字（俄文）	
W6748.5.8a.1	俄罗斯族文字的产生（俄罗斯族文字的来历）	

W 编码	母题描述	关联项
W6748.5.8a.2	俄罗斯族文字的特征	
W6748.5.8a.3	与俄罗斯族文字有关的其他母题	
W6748.5.9	哈尼族文字（哈雅文；碧卡文）	
W6748.5.9.1	哈尼族文字的产生（哈尼族文字的来历）	
W6748.5.9.1.1	哈尼族以前无文字	【哈尼族】
W6748.5.9.2	哈尼族文字的特征	【哈尼族】
W6748.5.9.2.1	哈尼族的“贝玛文”残缺不全	【哈尼族】
W6748.5.9.2.2	哈尼文有二十四个字母	【哈尼族】
W6748.5.9.3	与哈尼族文字有关的其他母题	［W6743.3.1.2］哈尼族文字写在牛皮上
W6748.5.9.3.1	哈尼族没有文字是因为写有文字的纸不小心被吃掉了	【哈尼族】
W6748.5.9.3.1.1	哈尼族没有文字是因为写有文字的纸被吃掉后在肚子里化掉了	【哈尼族】
W6748.5.9.3.1.2	哈尼族没有文字是因为祖传下的字书化在贝玛阿波肚子里	【哈尼族】
W6748.5.9.3.2	哈尼族没有文字是因为被火烧掉了	【哈尼族】
W6748.5.9.3.3	哈尼族没有文字是因为迁徙过程中丢失了	【哈尼族】
W6748.5.10	哈萨克族文字（哈萨克文；哈萨克老文字；哈萨克新文字）	
W6748.5.10.1	哈萨克族文字的产生（哈萨克族文字的来历）	
W6748.5.10.2	哈萨克族文字的特征	
W6748.5.10.3	与哈萨克族文字有关的其他母题	
W6748.5.11	基诺族文字（新创基诺文）	
W6748.5.11.1	基诺族文字的产生（基诺族文字的来历）	

W 编码	母题描述	关联项
W6748.5.11.1.1	女始祖尧白请人为基诺族造字	【基诺族】
W6748.5.11.2	基诺族文字的特征	
W6748.5.11.2.1	基诺族没有文字	
W6748.5.11.2.1.1	基诺族没有文字是因为把写有字的牛皮烤焦吃掉了	【基诺族】
W6748.5.11.3	与基诺族文字有关的其他母题	
W6748.5.12	景颇族文字（景颇文；载瓦文）	
W6748.5.12.1	景颇族文字的产生（景颇族文字的来历）	
W6748.5.12.2	景颇族文字的特征	
W6748.5.12.2.1	景颇族没有文字	
W6748.5.12.2.1.1	景颇族文字写在牛皮上被吃掉	【景颇族】
W6748.5.12.3	与景颇族文字有关的其他母题	
W6748.5.13	柯尔克孜族文字（柯尔克孜文）	
W6748.5.13.1	柯尔克孜族文字的产生（柯尔克孜族文字的来历）	
W6748.5.13.2	柯尔克孜族文字的特征	
W6748.5.13.3	与柯尔克孜族文字有关的其他母题	
W6748.5.14	拉祜族文字（拉祜文）	
W6748.5.14.1	拉祜族文字的产生（拉祜族文字的来历）	
W6748.5.14.2	拉祜族文字的特征	
W6748.5.14.3	与拉祜族文字有关的其他母题	
W6748.5.15	傈僳族文字（老傈僳文；新傈僳文）	
W6748.5.15.1	傈僳族文字的产生（傈僳族文字的来历）	
W6748.5.15.2	傈僳族文字的特征	
W6748.5.15.3	与傈僳族文字有关的其他母题	

W 编码	母题描述	关联项
W6748.5.15.3.1	傈僳族没有文字是因为写有文字的麂子皮被狗咬吃掉了	【傈僳族】@［W6748.6.1］傈僳族为什么没有文字
W6748.5.15.3.2	傈僳族没有文字是因为写有文字的獐皮被狗吃掉了	
W6748.5.16	黎族文字（黎文）	
W6748.5.16.1	黎族文字的产生（黎族文字的来历）	
W6748.5.16.2	黎族文字的特征	
W6748.5.16.3	与黎族文字有关的其他母题	
W6748.5.16a	珞巴族文字	
W6748.5.16a.1	珞巴族文字的产生（珞巴族文字的来历）	
W6748.5.16a.1.1	迦龙人的祖先米尼有文字	【珞巴族】
W6748.5.16a.2	珞巴族文字的特征	
W6748.5.16a.2.1	珞巴族迦龙人没有文字	
W6748.5.16a.2.1.1	珞巴族迦龙人没有文字是因为把写有字的牛皮吃掉了	【珞巴族】
W6748.5.16a.2.2	珞巴族饥饿时把写在羚羊皮上的文字煮熟吃掉了	【珞巴族】
W6748.5.16a.3	与珞巴族文字有关的其他母题	
W6748.5.17	满族文字（满文；老满文）	
W6748.5.17.1	满族文字的产生（满族文字的来历）	
W6748.5.17.1.1	女萨满兀室造女真文字	【满族】
W6748.5.17.2	满族文字的特征	
W6748.5.17.3	与满族文字有关的其他母题	
W6748.5.18	蒙古族文字（传统蒙古文；托忒文）	
W6748.5.18.1	蒙古族文字的产生（蒙古族文字的来历）	

W 编码	母题描述	关联项
W6748.5.18.2	蒙古族文字的特征	
W6748.5.18.3	与蒙古族文字有关的其他母题	
W6748.5.19	苗族文字（老苗文）	
W6748.5.19.1	苗族文字的产生（苗族文字的来历）	
W6748.5.19.1.1	人向天神摩咪学会苗文	【哈尼族】
W6748.5.19.2	苗族文字的特征	
W6748.5.19.3	与苗族文字有关的其他母题	
W6748.5.19.3.1	黔东苗文	
W6748.5.19.3.2	湘西苗文	
W6748.5.19.3.3	川黔滇苗文	
W6748.5.19.3.4	滇东北苗文	
W6748.5.20	纳西族文字（东巴文；哥巴文；玛丽萨文；新创纳西文）	
W6748.5.20.1	纳西族文字的产生（纳西族文字的来历）	
W6748.5.20.1.1	东巴山兰自创东巴文	【纳西族】
W6748.5.20.1.2	东巴戛拉画象形符号形成东巴文	【纳西族】
W6748.5.20.1.3	向天神摩咪学习纳西文	【哈尼族】
W6748.5.20.2	纳西族文字的特征	
W6748.5.20.2.1	东巴文是象形文字	【民族，关联】①
W6748.5.20.2.2	东巴文却既不同汉文，也不同藏文	【纳西族】
W6748.5.20.3	与纳西族文字有关的其他母题	
W6748.5.20a	怒族文字	
W6748.5.20a.1	怒族文字的产生（怒族文字的来历）	
W6748.5.20a.2	怒族文字的特征	
W6748.5.20a.2.1	怒族没有文字	

① 【纳西族】@［W6746.1.3.1］象形东巴文；［W6746.3.1.1］东巴文有少数的形声字。

W 编码	母题描述	关联项
W6748.5.20a.2.1.1	怒族没有文字是因为老师的书被烧了	【怒族】@［W6756.1.2.1］怒族没有文字是因为烧了学堂和书
W6748.5.20a.3	与怒族文字有关的其他母题	
W6748.5.21	羌族文字（新创羌文）	
W6748.5.21.1	羌族文字的产生（羌族文字的来历）	
W6748.5.21.2	羌族文字的特征	
W6748.5.21.3	与羌族文字有关的其他母题	
W6748.5.22	水族文字（水书）	
W6748.5.22.1	水族文字的产生（水族文字的来历）	
W6748.5.22.1.1	水族文字由外地传入	【水族】@［W6737.1.4.1.1］陆铎公公把古老文字名泐虽传入水族
W6748.5.22.2	水族文字的特征	
W6748.5.22.2.1	水族文字只有几百字	【水族】
W6748.5.22.3	与水族文字有关的其他母题	
W6748.5.22.3.1	水族的古老文字名泐虽	【水族】
W6748.5.23	土家族文字（新创土家文）	
W6748.5.23.1	土家族文字的产生（土家族文字的来历）	
W6748.5.23.2	土家族文字的特征	
W6748.5.23.3	与土家族文字有关的其他母题	
W6748.5.24	土族文字（新创土文）	
W6748.5.24.1	土族文字的产生（土族文字的来历）	
W6748.5.24.2	土族文字的特征	
W6748.5.24.3	与土族文字有关的其他母题	
W6748.5.25	佤族文字（新创佤文）	

W 编码	母题描述	关联项
W6748.5.25.1	佤族文字的产生	
W6748.5.25.1.1	向庙里的老人学会佤文	【佤族】@［W6733.2.1.1］从庙里的智慧老人那里得到文字
W6748.5.25.2	佤族文字的特征	
W6748.5.25.3	与佤族文字有关的其他母题	
W6748.5.25.3.1	佤族没有文字是因为分得了文字写在牛皮上被烧吃了	【佤族】
W6748.5.26	维吾尔族文字（维吾尔文）	
W6748.5.26.1	维吾尔族文字的产生（维吾尔族文字的来历）	
W6748.5.26.2	维吾尔族文字的特征	
W6748.5.26.3	与维吾尔族文字有关的其他母题	
W6748.5.27	锡伯族文字（锡伯文）	
W6748.5.27.1	锡伯族文字的产生（锡伯族文字的来历）	
W6748.5.27.1.1	锡伯族祖先没有文字	【锡伯族】
W6748.5.27.2	锡伯族文字的特征	
W6748.5.27.2.1	锡伯族祖先记一件重要事情的方法是往木头上刻一个符号	【锡伯族】
W6748.5.27.3	与锡伯族文字有关的其他母题	
W6748.5.28	瑶族文字（瑶文）	
W6748.5.28.1	瑶族文字的产生（瑶族文字的来历）	
W6748.5.28.2	瑶族文字的特征	
W6748.5.28.3	与瑶族文字有关的其他母题	
W6748.5.28.3.1	瑶族勉方言文字	
W6748.5.29	彝族文字（老彝文；爨文；规范彝文）	

W 编码	母题描述	关联项
W6748.5.29.1	彝族文字的产生（彝族文字的来历）	
W6748.5.29.1.1	阿苏拉吉创造彝文	【彝族】
W6748.5.29.1.1a	彝文创造者阿什拉祖（阿塞拉子创造倮文）	【彝族】
W6748.5.29.1.1b	奴比懈么是创造撒尼文字的先人	【彝族（撒梅）】
W6748.5.29.1.1c	阿苏拉则造许多彝文	【彝族】
W6748.5.29.1.2	女巫师收养的牛生的神童根据动物印迹和叫声创作彝文字母	【彝族（撒尼）】
W6748.5.29.1.3	仙女的丈夫和儿子传彝文	【彝族】
W6748.5.29.1.4	摩咪教彝文	【哈尼族】
W6748.5.29.1.5	祭司密阿叠造文字	【彝族】
W6748.5.29.2	彝族文字的特征	
W6748.5.29.2.0	古时候，彝族没有文字	【彝族】
W6748.5.29.2.1	最早的彝族文字写在衣服上	【彝族】
W6748.5.29.2.2	彝文像花一样美丽	【彝族】
W6748.5.29.2.3	彝文像羊肠（羊肠文）	【彝族（撒梅人）】
W6748.5.29.2.4	彝文像牛角（牛角文）	【彝族（撒梅人）】
W6748.5.29.2.5	老彝文像蝌蚪文（蝌蚪文）	【汉族】
W6748.5.29.2.6	彝文不完全的原因	
W6748.5.29.2.6.1	彝文不完全源于造字者母亲的偶然干扰	【彝族】
W6748.5.29.2.7	彝文有些不够用	【彝族】
W6748.5.29.3	与彝族文字有关的其他母题	
W6748.5.29.3.1	彝文只有一千八百多个	【彝族】
W6748.5.29.3.2	彝文有 6 千字	【彝族】
W6748.5.29.3.3	毕摩文	【彝族（撒梅人）】
W6748.5.29.3.3.1	毕老创造毕摩文	【彝族（撒梅人）】
W6748.5.29.3.4	老彝文	

W 编码	母题描述	关联项
W6748.5.29.3.4.1	诺苏的老彝文	【傈僳族】@［W6743.8.2.3］老彝文写在黑布上
W6748.5.29.3.5	撒尼人是彝族支系中唯一有自己文字者	【彝族（撒梅）】
W6748.5.30	藏族文字（藏文）	
W6748.5.30.1	藏族文字的产生（藏族文字的来历）	
W6748.5.30.2	藏族文字的特征	
W6748.5.30.2.1	藏文为什么横着写	【纳西族】@［W6742.8.1］汉文竖写的来历
W6748.5.30.2.1.1	藏人天上听神仙讲经总是摇头晃脑，结果他回来写字就从左到右横起写	【纳西族】@［W6748.1.2.3.1］汉人在天上听神仙讲经时不住地点头称赞，回来写字便从上到下竖起写
W6748.5.30.2.2	藏文容易学	
W6748.5.30.2.2.1	藏文字母少，学起来很容易	【纳西族】
W6748.5.30.2.3	藏文一个符号读不同的音	【纳西族】
W6748.5.30.3	与藏族文字有关的其他母题	
W6748.5.31	壮族文字（方块壮字；新壮文）	
W6748.5.31.1	壮族文字的产生（壮族文字的来历）	
W6748.5.31.1.1	布洛陀造壮字	【壮族】@［W6734.2.2.1.1.1］布洛陀为壮族造字
W6748.5.31.2	壮族文字的特征	
W6748.5.31.3	与壮族文字有关的其他母题	
W6748.6	特定民族没有文字（为什么有的民族没有文字；特定民族文字的消失）	
W6748.6.1	傈僳族为什么没有文字	
W6748.6.1.1	狗吃掉傈僳族写有文字的獐皮后傈僳族就失去了文字	【傈僳族】

W 编码	母题描述	关联项
W6748.6.2	佤族为什么没有文字	
W6748.6.2.1	佤族向老人学会的瓦文后来丢失了	【佤族】
W6748.6.3	基诺族为什么没有文字	【基诺族】@［W6757.1.1.3］基诺族文字的丢失是因为汉族帮基诺族写在牛皮上的文字被吃掉
W6748.6.4	怒族为什么没有文字	【怒族】@［W6756.1.2.1］怒族没有文字是因为烧了学堂和书
W6748.6.5	珞巴族为什么没有文字	
W6748.6.5.1	珞巴族没有文字是因为吃掉了写有文字的鹿皮	【珞巴族】
W6748.7	与民族文字有关的其他母题	
W6748.7.1	有的民族把得到的文字吃掉了就成了没有文字的民族	【傈僳族】
W6749	**按国别划分的文字类型**	
W6749.1	中国文字	【汉族】@［W6742.9.1.3.1］为什么中国文字最多
W6749.2	外国文字	［W6719a.4.2］外国话（外国语；外语；外国语言）
W6749.2.1	外国文字的产生	
W6749.2.1.1	外国文字是向中国学的	【汉族】@［W6739.2.1.1］各国的国王向仓颉索要造好的字
W6749.2.1.2	仓颉造的字撒到国外成为外国文字	【汉族】
W6749.2.1.3	外国文字是捡的仓颉造的不完整的字	【汉族】
W6749.2.2	外国文字的特征	
W6749.2.2.1	外国文字为什么只有26个字母	

W 编码	母题描述	关联项
W6749.2.2.1.1	外国文字只有 26 个字母仓颉分字的结果	【汉族】
W6749.2.3	特定的外国文字	
W6749.2.3.1	日本字	
W6749.2.3.1.1	日本字缺胳膊少腿是仓颉造的字变形的结果	【汉族】
W6749.2.4	与外国文字有关的其他母题	
W6750	**按载体划分的文字类型**	
W6750.1	甲骨文	【中华民族】@［W6743.4.2.1］文字记在龟甲上（文字刻在龟壳上）
W6750.1.1	甲骨文的产生	
W6750.1.1.1	甲骨文产生于黄帝时期	
W6750.1.2	甲骨文的特征（甲骨文的功能）	
W6750.1.2.1	甲骨文是重要史料	【中华民族】［W6742.9.7.1 *］甲骨文可以印证“纸上的材料”
W6750.1.2.1.1 *	甲骨文使殷商一代的历史有了地下的证据	【中华民族】
W6750.1.3	与甲骨文有关的其他母题	
W6750.2	贝叶文	【傣族】
W6750.3	竹书	【中华民族】
W6751	**按文字的形体划分的文字类型（按文字的形态划分的文字类型）**	
W6751.0	文字有多种形态（文字有多种表达方式）	
W6751.0.1	汉字历经打磨形成了离合、增损、象形、会意等多种方式	【汉族】
W6751.1	图画式文字	

W 编码	母题描述	关联项
W6751.2	表意文字	[W6742.2a.2] 字形能表意
W6751.3	表音文字	
W6751.4	楔形文字	
W6751.5	蝌蚪文	【中华民族】
W6751.6	按字体划分文字	
W6751.6.1	楷书	
W6751.6.2	行书	
W6751.6.3	草书	【中华民族】
W6751.6.4	隶书	【中华民族】
W6751.6.4.1	郡人王次仲变仓颉旧文为今隶书	【汉族】
W6751.6.5	篆书	
W6751.6.5.1	缪篆	【中华民族】
W6751.6.5.2	大篆	
W6751.6.5.2.1 *	大篆为周宣王时史籀所作，故亦名籀文或籀书	【中华民族】
W6751.6.5.3 *	鸟虫篆	【中华民族】
W6751.6.5.4 *	非篆非蝌	【中华民族】
W6751.6.5.5 *	首家符篆	【中华民族】
W6751.7	与按写法划分文字有关的其他母题	
W6751.7.1	虫书	【中华民族】
W6752	**其他文字类型**	
W6752.1	特定性别使用的文字	
W6752.1.1	女书（女人的文字）	【汉族】
W6752.2	奇怪的文字（奇特的文字）	
W6752.3	神奇的文字	
W6752.3.1	有魔力的文字	
W6752.3.1.1	文字成真	
W6752.3.1.1.1	盘古写的“日”“月”成真	【汉族】

W 编码	母题描述	关联项
W6752.4	按书写的时间划分的文字	
W6752.4.1	古文字	
W6752.4.2	今文字	
W6753	**文字的发展演变（文字的变化；文字的改进）**	［W6748.4］民族文字的发展（民族文字的变化）
W6753.0	文字变化的原因（改进文字的方法）	
W6753.0.1	文字因载体不同发生变化	
W6753.0.1.1	写在不同贝叶和纸上的文字因水浸湿变形形成不同文字	【傣族】
W6753.0.2	集思广益后改进文字	
W6753.0.2.1	造字者听取人们的建议对繁乱的标号进行简化，使文字简单易画易看	【彝族（撒梅）】
W6753.0.2.2	仓颉多方听取众人的意见采集象形文字并认真记录	【汉族】
W6753.0.3	文字因语音导致变化	
W6753.0.3.1	人们把“路”错传成“橹”	【汉族】
W6753.0.3a	文字因表意导致变化	【汉族】
W6753.0.3a.1	雨神说他名叫“雨”是地上的一条虫，人们就把他的名字写成“禹”	【汉族】
W6753.0.3a.2	按实事求是的表意修改文字	
W6753.0.3a.2.1	仓颉造字认为人不能受制于虎，把玉帝给虎写的字变成现在的“寅”字	【汉族】
W6753.0.4	修改错字	［W6739.3.1.2］错字一旦传播就无法修改
W6753.0.4.1	仓颉继续伏羲造字并改正了伏羲造的错字	【中华民族】

W 编码	母题描述	关联项
W6753.1	文字数量的变化	
W6753.1.1	文字越来越多	
W6753.1.1.1 *	最初字数很少，经几千年广大劳动人民的努力字数渐渐丰富	【中华民族】
W6753.1.2	文字的减少	
W6753.1.2.1	文字愈传愈少	【水族】
W6753.1.2.1.1	仓颉造出一斗油菜籽那么多的字，后来孔圣人也只学了七升	【汉族】
W6753.2	文字写法的变化	
W6753.2.1	文字的写法所时间发生变化	
W6753.2.1.1	仓颉最早造的“秃”字是“禾”苗的“禾”下加“人”字，随着时间推移演变成现在的“秃”	【汉族】
W6753.2.2 *	文字写法由繁到简	【中华民族】
W6753.3	文字表意的变化	
W6753.3.1	文字表意越来越准确	
W6753.4	改进文字的情形（改进文字的方法）	
W6753.4.1	孔夫子仓颉造的字全部翻改成现在通用的汉字	【汉族】
*** W6754**	**文字的丢失（文字的消失）**	［W6748.6］特定民族没有文字（为什么有的民族没有文字；特定民族文字的消失）
W6755	**文字被特定人物毁灭**	
W6756	**文字因特定事件丢失**	［W6733.2.4.1.1］文字只有一份，人与神做草节抽签分文字时，文字被神拿走
W6756.1	记录文字的材料被烧掉后文字消失	【哈尼族】
W6756.1.1	记录文字的书被毁掉	【苗族】

W 编码	母题描述	关联项
W6756.1.1.1	没有文字是因为经书被烧毁	【哈尼族】@［W6743.9.1.1］汉、傣、彝、回、白、蒙、苗、藏8个民族的经书没有被烧毁所以后代有文字
W6756.1.2	文字被烧掉	【水族】
W6756.1.2.1	怒族没有文字是因为烧了学堂和书	【怒族】
W6756.1.3	文字被羊吃掉	
W6756.1.3.1	神赐予文字书被羊吃掉	【蒙古族（布里亚特）】
W6756.1.4	记文字的树叶揉碎造成文字消失	【彝族（撒梅人）】
W6756.2	文字因保存不当丢失	［W6743］文字的载体（文字的载体特征；文字的保存）
W6756.2.1	造文字的材料被水融化后失去文字	
W6756.2.1.1	用土和灰造文字沉入海底失去了文字	【俄罗斯族】
W6756.2.2	装文字的容器掉入水中失去文字	
W6756.2.2.1	因装文字的铁箱沉入水中失去文字	【达斡尔族】
W6756.3	文字在灾难中丢失	
W6756.3.1	文字被洪水淹没	【高山族（阿美人）】@［W6748.5.7.2.1.1］阿美人没有文字是因为刻在石头上的文字被洪水淹没消失了
W6757	**文字被吃掉后文字丢失**	
W6757.1	写在动物皮上的文字被吃掉失去文字	
W6757.1.1	写在牛皮上的文字被吃掉	【佤族】
W6757.1.1.1	景颇族没文字是因为原来写在牛皮上的文字被吃掉了	【景颇族】@［W6748.5.12.2.1.1］景颇族文字写在牛皮上被吃掉

W 编码	母题描述	关联项
W6757.1.1.2	迦龙人（珞巴族部落）没有文字是因为吃掉了父亲写着字的牛皮	【珞巴族】
W6757.1.1.3	基诺族文字的丢失是因为汉族帮基诺族写在牛皮上的文字被吃掉	【基诺族】
W6757.1.1.4	佤族分的文字写在牛皮上，洪水上涨时烧吃	【佤族】
W6757.1.2	写有文字的鹿皮吃掉丢失了文字	【珞巴族】@［W6748.6.5.1］珞巴族没有文字是因为吃掉了写有文字的鹿皮
W6757.1.3	写有文字的獐子皮吃掉丢失了文字	［W6748.6.1.1］狗吃掉傈僳族写有文字的獐皮后傈僳族就失去了文字
W6757.2	写在植物上的文字被吃掉失去文字	
W6757.3	写在其他特定物上的文字被吃掉失去文字	
W6758	**与文字丢失有关的其他母题**	
W6758.1	文字的不能辨认	
W6758.1.1	造字者死后文字没人能认识	【彝族】
W6758.2	抢救文字	
W6758.2.1	烘干被浸湿的文字	【佤族】
W6759	**与文字有关的其他母题**	
W6759.0	文字的名称	
W6759.0.1	字的名称的来历	
W6759.0.1.1	仓颉给造出的图形和符号起名叫“字”	【汉族】
W6759.1	不成功的文字	
W6759.1.1	错字	
W6759.1.1.1	仓颉造出很多错字	【汉族】

W 编码	母题描述	关联项
W6759. 1. 1. 2	仓颉找出伏羲造的字的错误	【汉族】
W6759. 1. 1. 3	仓颉把“好”字造错	【汉族】
W6759. 1. 1. 4	错字的处理	［W6739. 3. 1. 2］错字一旦传播就无法修改
W6759. 1. 1. 4. 1	仓颉改错字	【汉族】
W6759. 1. 1. 4. 2	小孩为孔子纠正错字	【汉族】
W6759. 1. 2	表意颠倒的文字	
W6759. 1. 2. 1	仓颉造“鱼”字时写成“牛”样，造“牛”字时写成“鱼”样	【汉族】
W6759. 1. 3	难字	
W6759. 1. 3. 1	无法释义的字（难识读的字）	【汉族】
W6759. 2	异体字	
W6759. 2. 1	异体字的产生	
W6759. 2. 1. 1	追求表意形成异体字	【汉族】@［W6734. 3. 5. 1］孔夫子把“天”字造成“靝”
W6759. 3	繁体字	
W6759. 3a	不合规则的字	
W6759. 3a. 1	仓颉粗心大意造出不合规则的字	【汉族】
W6759. 3b	不完整的字	
W6759. 3b. 1	因字的载体损坏造成不完整的字	
W6759. 3b. 1. 1	刻字的骨片碎裂造成不完整的字	【汉族】
W6759. 3c	混用的字	
W6759. 3c. 1	因语音导致文字混用	
W6759. 3c. 1. 1 *	蟾蜍之蜍与兔音易混，蟾蜍变为蟾兔	【汉族】
W6759. 4	记号（符号）	
W6759. 4. 1	记号的误记	
W6759. 4. 1. 1	因记号误记造成失误	
W6759. 4. 1. 1. 1	鬼误记记号吃掉自己的孩子	【怒族】

W 编码	母题描述	关联项
W6759.4.2	特定物作为符号	［W6742.6］文字是符号
W6759.4.2.1 *	玉石为精灵的符号	【多民族】
W6759.4.2.2	用石头和泥巴做记号	
W6759.4.2.2.1	因没有文字，用石头和泥巴在树桠上作记号	【羌族】
W6759.4.3	特定的符合（符合的类型）	
W6759.4.3.1	象形符号（形象符号）	
W6759.4.3.1.1 *	玦与璜同龙蛇形象一起是沟通天人的中介符号	【中华民族】
W6759.5	像字纹	［W6743.9.5.1］文字山上有各种纹路的文字
W6759.5.1	五种像字纹：首文曰德，翼文曰顺，背文曰义，腹文曰信，膺文曰仁	【汉族】
W6759.6	文字的关联物	
W6759.6.1	文字与语言的关系	
W6759.6.1.1	以前有语言却没有文字	【彝族（撒梅人）】
W6759.6.1.2 *	文字的发展远落后于语言的发展	【中华民族】
W6759.7	字母	
W6759.7.1	父母教孩子识文字字母	【彝族】@［W6705.3.1］父母教孩子说话
W6759.8	文字的书写（写字）	
W6759.8.1	写字的产生	【关联】①
W6759.8.2	写字的方法	
W6759.8.2.1	悬腕写字	
W6759.8.2.1.1	仓颉教人悬腕写字	【汉族】

① ［W6737.1.6.1a］人到天上没有学到写字的本领；［W6737.1.9.1.4.1］老君教毕摩写字。

6.6.5 文学概说
【W6760 ~ W6769】

W 编码	母题描述	关联项
* **W6760**	**文学（文学的产生）**	【汤普森】A1462
W6761	**文学产生的原因**	
W6762	**神创造文学**	［W6773.1］神创造神话
W6763	**神性人物创造文学**	［W6773.2］神性人物创造神话
W6764	**其他特定人物创造文学**	
W6765	**与文学产生有关的其他母题**	
W6766	**文学的特征**	
W6766.1	文学有思想性	【各民族】
W6766.2	文学有艺术性	【各民族】
W6766.3	文学有时代性	【各民族】
W6767	**文学的功能**	
W6767.1	文学有教育功能	【多民族】
W6767.2	文学有审美功能	【多民族】
W6768	**文学创作方法**	［W6773.5.4 *］神话中特定形象的创作方法
W6769	**与文学有关的其他母题**	
W6769.1	文学流派	
W6769.2 *	文学原型	
W6769.2.1 *	文学的原型在史前文明	

W 编码	母题描述	关联项
W6769.2.1.1＊	文学中一切有关宝石的叙事原型是前文明时代某种圣化的石头	【多民族】
W6769.2.2＊	各大文明中最基本的文化编码原型	【中华民族】
W6769.3	文学研究	
W6769.3.1	文学研究方法	
W6769.3.2	文学研究的特征	
W6769.3.2.1＊	文学不是严格的科学	【各民族】

6.6.6 神话、诗歌（史诗）【W6770～W6789】

W 编码	母题描述	关联项
✿ **W6770**	**神话**	
❈ **W6771**	**神话的产生**	
W6771.1	神话产生的原因	
W6771.1.1＊	神话是信仰的产物	【多民族】@［W6779.9.1.1＊］属于原始人的原始信仰的神话
W6771.1.2＊	神话源于原始人民强烈好奇心与迷信	【多民族】
W6771.1.3＊	神话源于对奇怪现象的解释	
W6771.1.3.1＊	初民见天地万物变异不常，其诸现象又出于人力所能以上，则自造神话以解释	【多民族】
W6771.1.4＊	神话的产生与感恩特定的神有关	

W 编码	母题描述	关联项
W6771.1.4.1 *	人常常因感恩而尊所感的人如医家祭华佗、扁鹊，戏子祭唐明皇等为神	【多民族】
W6771.1.5 *	信仰孕育神话	
W6771.1.5.1 *	上古时代的信仰演化为神话	【多民族】
W6771.1.6 *	特定神话源于特定崇拜	【中华民族】
W6771.2	神话产生的条件	
W6771.2.1 *	原始音乐、歌谣、舞蹈和造型艺术以及原始科学和原始巫术是神话产生时代的文化基础	【多民族】
W6771.2.2 *	神的诞生是神话诞生的前提	【各民族】
W6771.2.2.1 *	神话产生以特定的神为基础	
W6771.2.2.1.1 *	神话的产生以创世神为基础	【多民族】
W6771.2.3 *	神话产生条件是特定思维	［W6778.8.1.1.5.1 *］神话发展是与人类思维能力的发展相适应的
W6771.2.3.1 *	神话产生的认识基础是原始人普遍信奉的“万物有灵论”	【各民族】
W6771.2.4 *	神话产生的社会基础	
W6771.2.4.1 *	神话产生的社会基础是氏族社会的出现	【各民族】
W6771.2.4.2 *	神话的产生和发展是原始氏族社会的现实反映	【多民族】
W6771.2.4.3 *	氏族社会婚姻形态是原始神话应运而生的时代条件之一	【多民族】
W6771.2.5 *	神话产生条件是特定的经验	
W6771.2.5.1 *	神话是信仰的产物，信仰又是经验的产物	【多民族】
W6771.2.6 *	神话产生条件是特定事件	
W6771.2.6.1 *	神话总是因冲突而产生	【多民族】

W 编码	母题描述	关联项
W6772	**神话源于特定事象（神话源于特定地方）**	
W6772.1	神话从天上来	【苗族】
W6772.2 *	神话源于巫术	【多民族】
W6772.3 *	神话源于特定思维（神话源于特定意识）	
W6772.3.1 *	原始神话是“前逻辑思维”的产物	【多民族】
W6772.3.2 *	神话源于潜意识	
W6772.3.2.1 *	神话是人的所谓“潜意识”的反映	【多民族】
W6772.4 *	神话源于特定客观现象	
W6772.4.1 *	十日神话源自十干纪日	【多民族】
W6772.4.2 *	神话起源于习俗	【多民族】
W6772.5 *	神话源于客观事物	
W6772.5.1 *	神话是由于实在的事物而生之幻想的故事	【各民族】
W6772.6 *	神话起源于“言语之病”	
W6772.6.1 *	自然现象原有许多名称后来废弃而成语流存，因意义不明便以为是神灵的专名，为一切神话的根源	【多民族】
W6772.7 *	神话源于特定事象的其他情形	
W6772.8 *	与神话源于特定事象有关的其他母题	
W6772.8.1 *	神话具有多源性	【多民族】
W6773	**神话是创作的（神话的创作者）**	

W 编码	母题描述	关联项
W6773.0	神话创作的产生（神话创作的原因；神话创作的目的）	
W6773.0.1 *	好奇心与求知心是造作神话的动机	【中华民族】
W6773.0.2 *	特定信仰支配神话创作	
W6773.0.2.1 *	玉教信仰支配的神话叙事	【中华民族】
W6773.1	神创造神话	
W6773.2	神性人物创造神话	
W6773.3	特定的人创作神话	
W6773.3.1	神话是特定的人创作的	
W6773.3.2	神话是众人创作的	
W6773.3.2.1 *	盘古神话是几个民族的先民所共创	【多民族】
W6773.3.2.2 *	神话由集体所赋予并由集体所编织	【各民族】
W6773.3.2.2.1 *	原始神话是最大程度上的集体认识的表现	【多民族】@［W6772.3.1 *］原始神话是“前逻辑思维”的产物
W6773.3.2.2.2 *	神话是人类集体无意识	【多民族】
W6773.3.2.3 *	人民群众创造神话	【多民族】
W6773.3.2.4 *	神话是民间创作	【多民族】
W6773.3.3	巫师创作神话	
W6773.3.3.1 *	神话是原始巫师的艺术加工的结果	【各民族】
W6773.3.4	歌手创作神话	
W6773.3.5	民间艺人创作神话	
W6773.3.6	首领创作神话	
W6773.3.7	智者创作神话	
W6773.3.7.1 *	神话起初大约是由蛮族中的“智者”想象出来	【中华民族】

W 编码	母题描述	关联项
W6773.3.8	文人创作神话	
W6773.3.8.1	文人改编神话（文人整理神话）	
W6773.3.8.2	作家创作神话	
W6773.3.8.3	文人创作神话的性质	
W6773.3.8.3.1＊	文人创作的神话不属于口承神话	【汉族】
W6773.3.9	其他特定身份的人创作神话	
W6773.3.9.1＊	战国之际的诸子创作神话	【中华民族】
W6773.4	其他特定人物创造神话	
W6773.5	神话创作的方法	
W6773.5.1＊	神话是对原始神祭的语言遗存不自觉的艺术加工	【各民族】
W6773.5.2＊	神话创作对象的神话化	［W6778.8.1.4.2］神话的历史化
W6773.5.2.1＊	历史的人物变成神话的人物	【多民族】
W6773.5.2.2＊	神话创作有现实生活作基础	【各民族】
W6773.5.2.3＊	祖先被神话化	
W6773.5.2.3.1＊	国敬祖宗的思想本极占势力，把祖宗想象、传说为神人是很平常的	【中华民族】
W6773.5.3＊	神话创作依靠感性经验的积淀和联想	【多民族】
W6773.5.3.1＊	神话是在真实人物故事的基础上敷演而成的	【多民族】
W6773.5.4＊	神话中特定形象的创作方法	
W6773.5.4.1＊	神话创作把人变成神	
W6773.5.4.1.1＊	殷周之际的一位骊山女，到唐宋后将她改造成一位女仙，尊为骊山老母	【中华民族】
W6773.5.4.1.2＊	神话中的怪异生物是现实中的生物变形后产生的想象性存在	【多民族】

W 编码	母题描述	关联项
W6773.5.4.2＊	神演化出众多人物	
W6773.5.4.2.1＊	盘古开天、女娲造人到炎帝、黄帝、虞舜、帝尧、帝禹等都是神演化	【中华民族】
W6773.5.5＊	神话创作的整合	
W6773.5.5.1＊	许多关于伏羲创制文明的神话传说中，与燧人、神农、黄帝、太昊，甚至仓颉的创造发明神话相合并	【多民族】
W6773.5.5.2＊	神话创作中的神话人物的集约化	
W6773.5.5.2.1＊	神话创作中的神话人物集约化即将历史上累积的许多文化机制，采用压缩、隐含的手法，重新整合并安置在某一神祇或数代神祇的身上	【多民族】
W6773.5.5.3＊	不同神话人物的合并（神话人物的名称合并）	
W6773.5.5.3.1＊	炎帝与神农的合并	【中华民族】@［W6778.8.1.2.3.6.1＊］炎帝与神农氏合二为一与延伸
W6773.5.6＊	神话创作的具体手法	
W6773.5.6.1＊	神话创作的拟人化	【中华民族】
W6773.5.6.1.1＊	西王母是中原人想象中的昆仑山和田宝玉的神话化和人格化	【中华民族】
W6773.5.6.1a＊	神话创作的人格化	【多民族】
W6773.5.6.2＊	神话创作的幻想	【各民族】
W6773.5.6.3＊	神话创作中的原始思维	【多民族】
W6773.5.6.3.1＊	神话是“前逻辑思维”的产物	

W 编码	母题描述	关联项
W6773.5.6.3.1.1 *	“前逻辑思维”中的“互渗”指原始思维中的人与物可以互化借用	【多民族】
W6773.6	神话创作的过程	
W6773.6.1 *	神话不是一时一人所造，并且也不一定都是在文字发明以后所产生	【多民族】
W6773.7	与创作神话有关的其他母题	
W6773.7.0 *	神话创作的性质（神话创作的特征）	
W6773.7.0.1 *	神话创作并非出于宣传宗教的作用，倒是已有的宗教信仰的表现	【中华民族】
W6773.7.0.2 *	神话是人类思维的创造，并非实证的描述	【多民族】
W6773.7.1 *	客观事件变成神话	
W6773.7.1.1 *	大禹治水是人事变成神话	【中华民族】
W6773.7.2 *	特定神话的创作与特定时代有关	
W6773.7.2.1 *	周人除诉诸听觉的凤鸣神话，还建构了诉诸视觉的“凤凰衔书”神话	【中华民族】
W6773.7.3 *	特定神话的创作与图腾有关	
W6773.7.3.1 *	羲和神话基于图腾信仰	【中华民族】
W6773.7.4	神话思维（原始思维）	
W6773.7.4.1 *	神话思维的象征性	［W6780.3.3.9.2.4 *］神话的象征性阐释（神话的寓意阐释）
W6773.7.4.2 *	神话思维与模仿巫术有关	【多民族】
W6773.7.4.3 *	神话思维的类比原则	【多民族】
W6773.7.4.3.1 *	神话思维形式因素是以直观形象为基础的类比意象	【多民族】
W6773.7.4.4 *	神话思维的想象	【多民族】

W 编码	母题描述	关联项
W6773.7.4.4.1＊	神话思维是原始先民用想象和借助想象认识对象世界的一种现存实践的思维	【多民族】
W6773.7.4.5＊	神话思维的演绎阐释	【多民族】
W6773.7.4.6＊	原始思维中存在着生死互变的观念	【各民族】
W6773.7.4.7＊	神话思维具有原逻辑性和神秘属性	【多民族】
W6773.7.4.8＊	原始思维中形成虚实混同、真假参半的表象，即“互渗律”	【多民族】
W6773.7.4.9＊	与神话思维有关的其他母题	
W6773.7.4.9.1＊	神话思维可为考古提供文化观念上的支撑	【各民族】
W6773.7.4.9.2＊	神话思维注重具体的表象和感情的体验	【多民族】
W6773.7.4.9.3＊	神话思维方式是一种直观的思维方式	【多民族】
W6773.7.4.9.4＊	神话思维形式因素是以直观形象为基础的集体表象	【多民族】
W6773.7.4.9.5＊	神话思维具有综合、分析、分类排比的能力	【多民族】
W6773.7.5	神话的再创造（神话的再生产）	
W6773.7.5.1＊	神话再创造会与原初的主题内容相背离	【多民族】
W6773.7.5.2＊	中国长期的封建社会中随时产生了许多新的神话	【多民族】
W6774	**神话是传授产生的（神话源于特定人物的讲述）**	
W6774.1	神话的传授者（神话的讲述者）	
W6774.1.1	神是神话神授者	

W 编码	母题描述	关联项
W6774.1.1.1	祖先神的事情是祖先神亲口告诉巫师的	【阿昌族】@［W6774.1.5.1.1］遮帕麻与遮米麻神话是天公遮帕麻亲口告诉阿昌的活袍（巫师），再由活袍世世代代口传下来的
W6774.1.2	神性人物是神话传授者	
W6774.1.2.1	祖先传授神话	
W6774.1.2.1.1	人的祖先传下人类再生的神话	【瑶族】
W6774.1.3	特定身份的人是神话传授者	
W6774.1.3.1	巫师传授神话	【阿昌族】@［W6774.1.5.1.1］遮帕麻与遮米麻神话是天公遮帕麻亲口告诉阿昌的活袍（巫师），再由活袍世世代代口传下来的
W6774.1.3.2	萨满讲神话	【满族】
W6774.1.4	其他特定人物是神话传授者	
W6774.1.5	传授神话的方法	
W6774.1.5.1	不同的传授者传授神话	
W6774.1.5.1.1	遮帕麻与遮米麻神话是天公遮帕麻亲口告诉阿昌的活袍（巫师），再由活袍世世代代口传下来的	【阿昌族】
W6774.1.6	传授神话的情形	
W6774.1.7	传授神话的结果	
W6774.1.8	与传授产生神话有关的其他母题	
W6775	**与神话的产生有关的其他母题**	
W6775.1	神话产生的时间	
W6775.1.1	神话产生说不清时间	【哈尼族】
W6775.1.2＊	神话产生于古老氏族时代	【多民族】

W 编码	母题描述	关联项
W6775. 1. 2a＊	神话产生于古老的氏族公社时代	【多民族】
W6775. 1. 2b＊	神话产生于自然和历史未被人们实际支配的时代	【多民族】@［W6778. 8. 2. 1. 2. 2＊］自然和历史被人们实际支配之后，神话就会消失
W6775. 1. 2c＊	神话产生于原始社会	
W6775. 1. 2c. 1＊	神话是原始社会人类童年时期的精神产物	【多民族】
W6775. 1. 2d＊	神话产生于神话时代	【多民族】
W6775. 1. 3＊	神话产生时间与文献记录时间有差异	
W6775. 1. 3. 1＊	记录神话的时间先后，并不等同神话的产生先后	【多民族】
W6775. 1. 3. 2＊	中国古代神话的“历史时期”与“文献记载时期”的顺序相反	【中华民族】
W6775. 1. 3. 3＊	中国产生时代越早的神话，在文献中出现越晚	【中华民族】
W6775. 1. 4＊	神话产生于上古时代	
W6775. 1. 4. 1＊	各民族的神话是各民族在上古时代（或原始时代）的生活和思想的产物	【多民族】
W6775. 2	神话产生的地点	
W6775. 2. 1＊	特定神话有特定的产生地域	
W6775. 2. 1. 1＊	女娲的神话大概发生在中国北部	【中华民族】
W6775. 3	最古老的神话（最早产生的神话）	
W6775. 3. 1＊	各类神话中开辟神话最古老	【多民族】
W6775. 3. 1. 1＊	开辟的神话即天、地、人类及动植物等的起源的神话	【多民族】
W6775. 3. 2＊	最早的神话是图腾神话	【各民族】
W6775. 4	神话产生方式的类型	

W 编码	母题描述	关联项
W6775.4.1＊	神话的发生方式有自然的和人为的两种	
W6775.4.1.1＊	自然的发生的神话	
W6775.4.1.1.1＊	自然的发生的神话，因神话本身是历史传说，历史传说在传递中不自觉被神化，既是历史又是神话	【多民族】
W6775.4.1.2＊	人为的神话	
W6775.4.1.2.1＊	人为的神话即所谓神道设教	【多民族】
W6776	**神话的特征（神话的性质）**	
W6776.1	神话为什么神圣	【苗族】
W6776.1.1＊	神话是一种意识形态	【多民族】
W6776.2	神话内容的丰富性	
W6776.3	神话形式的多样性（神话的形式特征）	
W6776.3.1＊	神话文本具有差异性	
W6776.3.1.1＊	因神话讲述者经验不同，产生不同的神话	【多民族】
W6776.3.2＊	存在形式是立体的	【多民族】
W6776.4	神话是虚假的（神话是荒诞的叙事）	
W6776.4.1＊	原始人创造荒诞的故事以合理解释自然现象	【多民族】
W6776.4.2＊	认为神话荒诞本身是荒诞的	
W6776.4.2.1＊	对神话不作历史的研究，却去下法律的判断，认为神话是荒唐无稽的话是错误的	【多民族】

W 编码	母题描述	关联项
W6776.4.3 *	神话是一种虚构	【民族，关联】①
W6776.4.3a *	神话带有虚构性	【多民族】
W6776.4a *	神话是真实的（神话是可信的；神话具有真实性）	【多民族】@［W6780.4.1.1 *］神话反映历史
W6776.4a.0 *	神话具有真实性的原因	
W6776.4a.0.1 *	神话是对发生于尘世的事情的朴素记载	【多民族】
W6776.4a.1 *	原始人深信神话真确	【各民族】
W6776.4a.1.1 *	原始人对神话关于大自然的解释深信不疑	【多民族】
W6776.4a.2 *	神话具有事实性	
W6776.4a.2.1 *	神话由于采取了历史化的发展方式而被赋予了事实性	【多民族】
W6776.4a.3 *	神话是实在的	【多民族】
W6776.4b *	神话是感性的	
W6776.4b.1 *	神话的真正基质不是思维的基质，而是情感的基质	【多民族】
W6776.4b.2 *	神话是原始人对自然界和社会的感性的表象的认识	【多民族】
W6776.4c *	神话是表象的	【多民族】
W6776.4d *	神话是说明性的	【多民族】
W6776.5 *	神话反映现实	
W6776.5.1 *	神话是客观现实和生活斗争的反映	【各民族】
W6776.5a *	神话具有理性	［W6779.4.1.2.5 *］中国神话充满一种内向的忧患意识和理性的反省思考
W6776.5a.1 *	神话表达特定理念	
W6776.5a.1.1 *	神话蕴含着观念	【中华民族】

① 【多民族】@［W6779.9.2.2.2.2］盘古神话是虚构；［W6780.5.1.2.3 *］神话是虚构的故事，传说有相当的历史事实作根据。

W 编码	母题描述	关联项
W6776.5a.1.2＊	借神话言主张	【中华民族】
W6776.5a.1.3＊	神话表达思想	
W6776.5a.1.3.1＊	神话是思想的表达工具	【中华民族】
W6776.5b＊	神话具有先验性	
W6776.6＊	神话是艺术	
W6776.6.1＊	神话具有永久性的艺术魅力	【各民族】
W6776.6.2＊	神话是语言艺术	［W6780.3.1.4.2＊］神话是原始人通过原始思维不自觉地把自然界和社会生活加以形象化、人格化而形成的，与原始信仰相关联的一种特殊的幻想神奇的语言艺术
W6776.6.2.1＊	神话是最古的文学	【中华民族】
W6776.6.2.2＊	神话不单是原人的文学，也是最有趣味的文学	【多民族】
W6776.6.2.3＊	神话是表征着特定群体的神圣信仰的语言艺术	【各民族】
W6776.6.3＊	神话是艺术的宝库	【多民族】
W6776.6a＊	神话缺乏艺术	
W6776.6a.1＊	神话的文辞粗野简陋	【多民族】
W6776.6a.2＊	神话前文后语缺乏条理	【多民族】
W6776.7＊	神话的共性	
W6776.7.1＊	神话代表着一个群体的情感意愿	【多民族】
W6776.7.2＊	多民族共有的神话	【多民族】
W6776.7.3＊	神话在民族间互相征服同化	【多民族】
W6776.8＊	神话的个性（神话的差异性）	
W6776.8.1＊	因自然环境、气候条件、生活方式和社会文化不同造成神话的差异	【多民族】

W 编码	母题描述	关联项
W6776.8.2 ∗	神话的相对独立性	
W6776.8.2.1 ∗	不同神话类型具有相对独立性	【中华民族】
W6776.8.2.2 ∗	神话本身构成一种独立的实体性文化	【多民族】
W6776.8.3 ∗	每个民族都可能有自己的神话	【中华民族】
W6776.8.4 ∗	神话叙事的差异	
W6776.8.4.1 ∗	神话叙事色彩的差异	
W6776.8.4.1.1 ∗	希腊神话与中国神话所表现的色彩截然不同	【多民族】
W6776.9 ∗	与神话的特征有关的其他母题	
W6776.9.1 ∗	神的特征	
W6776.9.1.1 ∗	神的来历与其神性的本质具有创世性和神秘性	【多民族】
W6776.9.2 ∗	神话的时代特征	
W6776.9.2.1 ∗	神话跨时代	【多民族】
W6776.9.3 ∗	神话的空间特征（神话的地域性特征）	
W6776.9.3.1 ∗	神话时空广阔	
W6776.9.3.1.1 ∗	神话的时间和空间的视野广阔，往往并不局限于一时一隅	【多民族】
W6776.9.3.2 ∗	一地方有一地方的神话	【多民族】
W6776.9.4 ∗	神话的民族特征	［W6776.8.3 ∗］每个民族都可能有自己的神话
W6776.9.4.1 ∗	周人西羌之神多属善良，而殷人东夷之神多属淫佚	【古代民族】
W6776.9.4.2 ∗	每个民族都有自己的神话	【多民族】
W6776.9.4.3 ∗	神话反映民族文化性格	【多民族】
W6776.9.4.4 ∗	特定的神话民族特征明显	
W6776.9.4.4.1 ∗	各种不同亚型的洪水神话民族性鲜明	【多民族】@［W6779.9.4.1.1 ∗］洪水神话亚型

W 编码	母题描述	关联项
W6776.9.5＊	神话有变异性（神话的不稳定性）	【多民族】
W6776.9.6＊	神话是文化大传统	
W6776.9.6.1＊	中医人体观的大传统的渊源来自石器时代先民的神话宇宙观	【多民族】
W6776.9.6.2＊	神话研究应将口传文化与大传统的神话观贯通起来	【各民族】
W6777	**神话的功能（神话的作用）**	
W6777.1	神话可以祈福	
W6777.2	神话可以消灾避祸	
W6777.2.1	神话可以驱瘟疫	
W6777.2.1.1	讲关于瘟神的神话可避瘟疫	【蒙古族（布里亚特）】
W6777.3	神话可以记载历史	【关联】①
W6777.3.1＊	从神话传说中提取古史	【多民族】
W6777.4	神话是知识载体（神话是科学）	
W6777.4.1	神话是教科书	
W6777.4.1.1＊	神话是第一种书	【中华民族】
W6777.4.2＊	神话蕴含着知识	【多民族】
W6777.4.3＊	神话可以传授知识	【多民族】
W6777.4.4＊	神话是初民的知识的积累	【多民族】
W6777.4.5＊	神话是科学知识	
W6777.4.5.1＊	古人之视神话犹如今人之视科学的知识	【多民族】
W6777.4.6＊	神话是哲学	
W6777.4.6.1＊	神话是原人的哲学	【多民族】
W6777.5	神话的教化功能（神话的教育作用）	

① ［W6780.4.1.1＊］神话反映历史（神话是历史的镜子）；［W6780.4.1.1.3＊］神话记忆历史。

W 编码	母题描述	关联项
W6777.5.1 *	神话可以教育后人	
W6777.5.2 *	神话有礼仪教化功能	【多民族】
W6777.5.3 *	神话宜于儿童教育	
W6777.5.3.1 *	神话适于儿童的心理和培养儿童的想象力	【多民族】
W6777.6	神话可以怀念祖先	
W6777.6.1 *	神话中的祖先建构	【中华民族】
W6777.7	神话作用于特定对象	
W6777.7.1 *	神话可以规范巫术	【多民族】
W6777.7.2 *	神话支撑民俗	
W6777.7.2.1 *	古代季节性仪式的施行时需传说神话的支持	【多民族】
W6777.7.3 *	神话对节日有助推功能	
W6777.7.3.1 *	节日加上些神话，采格外美	【中华民族】
W6777.7.4 *	神话是文化的重要支撑	［W6780.3.1.1.7 *］ 神话是文化的反映
W6777.7.4.1 *	文化思想的发表最初靠语言，次靠神话，又次才靠文字	【多民族】
W6777.7.4.2 *	神话文化是人类文化的源头	
W6777.7.4.2.1 *	原始文化往往是一种被神化了的文化	【各民族】
W6777.7.5 *	神话作用于艺术	
W6777.7.5.1 *	神话为美术所由起	【多民族】
W6777.8	神话的社会作用	
W6777.8.1 *	神话有多种是社会功能	
W6777.8.1.1 *	上古神话的社会作用体现在它是解释系统、礼仪系统和操作系统	【多民族】
W6777.8.1.1.1 *	神话的实践功能	
W6777.8.1.1.1.1 *	神话是操作系统即指神话在先民手中是一种巫术的实践力量	【多民族】

W 编码	母题描述	关联项
W6777.8.2＊	神话有利于培育精神	
W6777.8.2.1＊	神话可以凝聚精神	［W6780.4.7.2＊］玉石神话信仰在促进华夏统一国家认同方面起到的作用
W6777.8.2.2＊	一国之神话于人心有莫大之影响	【多民族】
W6777.8.3＊	神话可以增强斗志	
W6777.8.3.1＊	神话在氏族制时代是鼓舞人们和自然力作斗争的精神力量	【多民族】
W6777.8.4＊	神话可以证明现存政治结构的合理性	【多民族】
W6777.8.5＊	神话建构制度	
W6777.8.5.1＊	神话的法典功能	【多民族】
W6777.8.5.2＊	神话对原始人起着行动准则、道德规范的作用	【多民族】
W6777.8.5.3＊	神话对原始人有控制行为准则建立习俗与赋予一种制度以尊严的规范力量	【多民族】
W6777.9	与神话功能有关的其他母题	
W6777.9.1	神话的文化功能	
W6777.9.1.1＊	神话影响文化	
W6777.9.1.1.1＊	神话影响民族文化	
W6777.9.1.1.1.1＊	古神话经诗人加工后以自己的形式对民族文化品格的形成施加巨大影响	【多民族】
W6777.9.1.2＊	神话是民族文化的根	【多民族】
W6777.9.1.3＊	神话造就信仰	【多民族】
W6777.9.2	神话的解释功能	
W6777.9.2.1＊	神话是说明和诠释宇宙、人类、生死、民俗以及一些具有神秘性质事物的起源	【各民族】

W 编码	母题描述	关联项
W6777.9.2.2＊	初民常以神话解释宇宙万类传其远祖故事	【多民族】
W6777.9.2.3＊	神话有助于解释民族之源	【多民族】
W6777.9.2.4＊	神话是解释系统	
W6777.9.2.4.1＊	神话是远古先民的“哲学”和“科学”。可解释社会与自然	【多民族】
W6777.9.2.5＊	神话解决的是终极问题	
W6777.9.2.5.1＊	神话解释宇宙起源、人类产生等终极问题	【多民族】
W6777.9.3	神话的学术功能	
W6777.9.3.1＊	神话有助于对早期人类的心理分析	【多民族】
W6777.9.4	神话的其他功能	
W6777.9.5	神话功能的演变	
W6777.9.5.1＊	宗教影响导致神话功能的变化	【多民族】
W6778	**神话的讲述（神话的传承；神话的传播；神话的流传；神话的传承者）**	
W6778.0	神话传承的原因	
W6778.0a	影响神话传承的因素（神话讲述的条件）	
W6778.0a.1＊	地域影响神话的流传	
W6778.0a.1.1＊	屈原时代北方的黄帝蚩尤神话未盛行于中部的长江流域	【中华民族】
W6778.0a.2＊	商业流通导致神话的传播	
W6778.0a.2.1＊	抽丝织绸缎与远销把牛郎织女的故事传到各地	【汉族】
W6778.0a.3＊	讲述特定神话有特定的语境	
W6778.0a.3.1＊	讲述特定神话有性别限制	【高山族】

W 编码	母题描述	关联项
W6778.1	神话的讲述者（神话的传承者）	［W6774.1］神话的传授者（神话的讲述者）
W6778.1.1	神话讲述者的来历	
W6778.1.1.1	大和袍（神授的阴传巫师）做歌手没有师傅传授	【阿昌族】
W6778.1.1.2	特定人物大病一场后会讲述神话故事	【阿昌族】
W6778.1.2	神是神话讲述者	
W6778.1.2.1	神话由神自身讲述	【阿昌族】
W6778.1.3	神性人物是神话讲述者	
W6778.1.3.1	神话由始祖传承	【阿昌族】
W6778.1.3.2	黄帝亲口叙述的创世神话	【中华民族】
W6778.1.4	特定的人是神话讲述者	
W6778.1.4.1	特定身份的人是神话讲述者	
W6778.1.4.1.1	毕摩（巫师）讲述神话	【彝族】
W6778.1.4.1.2	师公讲述神话	【壮族】
W6778.1.4.1.3	祭司神话讲述者	【布依族】
W6778.1.4.2	特定性别的人是神话讲述者	
W6778.1.4.2.1	神话只能男性去讲	【高山族（布农、泰雅）】
W6778.1.4.3	特定身体特征的人是神话讲述者	
W6778.1.4.3.1	瞎子是神话讲述者	
W6778.1.5	动物是神话讲述者	
W6778.1.6	其他特定的神话讲述者	
W6778.1.7	与神话讲述者有关的其他母题	
W6778.2	神话的听众	
W6778.2.1	神话唱给死者	【彝族】
W6778.2.1.1	《亚鲁王》唱给死者	【苗族】
W6778.3	神话讲述的时间地点	
W6778.3.1	神话讲述的时间	

W 编码	母题描述	关联项
W6778.3.1.1＊	在举行法事活动时演述神话	【壮族】
W6778.3.2	神话讲述的地点	
W6778.3.2.1＊	对神话流传地域要辩证分析	【中华民族】
W6778.4	神话讲述的相关事象	
W6778.4.1	神话讲述的环境	
W6778.4.1.1	特定仪式上讲神话	
W6778.4.1.1.1	火祭仪式上讲火神神话	【满族】
W6778.4.2	神话讲述禁忌	
W6778.4.2.1	神话不能乱讲	
W6778.4.2.1.1＊	苗族神话创世史诗平时不许随便唱	【苗族】
W6778.5	神话讲述的特征（神话传承的特征）	
W6778.5.1＊	神话传承的选择性	【中华民族】
W6778.5.2＊	不同人物对神话的取舍不同	
W6778.5.2.1＊	孔子墨子俱道尧舜而取舍不同	【中华民族】
W6778.5.3＊	神话的跨地域传播	
W6778.5.3.1＊	因争战导致神话的跨地域传播	
W6778.5.3.1.1＊	中原民族自周昭王以后因封建交战而渐渐与南方民族交通导致大禹神话传播	【中华民族】
W6778.5.4＊	神话跨民族传播（神话在民族间的传播）	
W6778.5.4.1＊	关于山神的神话多半由西北方面各民族自印度输入中国的	【多民族】
W6778.5.4.2＊	海南黎人的狗祖传说由广西的瑶人传入	【黎族】
W6778.5.5＊	神话在不同阶层间传播	
W6778.5.5.1＊	统治阶级的神话最易流行	【多民族】

W 编码	母题描述	关联项
W6778.6	神话传承的方法（神话传承的情形）	
W6778.6.1	神话世代相传	【哈萨克族】
W6778.6.2	神话口耳相承	［W6942.4.2＊］最初的历史用口耳相传的方法流传下来
W6778.6.2.1＊	神话的代代相传主要靠口头语言	【多民族】
W6778.6.2.2＊	任何神话在被文字记录之前总要先经历长期的口传过程	【多民族】
W6778.6.3	神话传男不传女	【高山族】
W6778.6.4	神话在特定群体传承	
W6778.6.4.1	神话只在巫师间传承	
W6778.6.4.1.1	神话只在萨满间传承	【满族】
W6778.6.4.2	神话在民族间传承	
W6778.6.4.2.1＊	汉族假借苗祖伏羲神农为古帝王	【中华民族】
W6778.6.5	神话讲述有特定规矩（神话传承的规矩）	
W6778.6.5.1	萨满之间传承神话时必须在祖先神前焚香、洗手、漱口后跪在神前听老萨满讲述，听者忌插话、乱问，听懂多少是多少，过后不补课	【满族】
W6778.6.5.2	神话借助与特定工具传播	
W6778.6.5.2.1	通过面具促进神话讲唱	
W6778.6.5.2.1.1＊	师公戴各种神灵面具唱酬神故事	【壮族】
W6778.6.6	神话借助风物传承	［W6778.9.3.1］特定的风物是神话事件的遗迹
W6778.6.6.1＊	讲述女娲补天神话者说女娲在当地的昆山顶补天	【汉族】
W6778.6.6.2＊	口头神话依附于自然山水传承	【多民族】
W6778.6.7	神话发散式传播	

W 编码	母题描述	关联项
W6778.6.7.1 ∗	盘古神话就如种子撒播式的到处繁衍滋生	【中华民族】
W6778.6.8	神话其他传承方法	
W6778.6.9	与神话传播方法有关的其他母题	
W6778.7	神话的传承载体（神话传承的形式）	
W6778.7.1	口头作为神话载体（口头文本作为神话载体）	［W6779.6.1］口头神话（口承神话；口传神话；活态神话）
W6778.7.1.1	传说中的神话	【关联】①
W6778.7.1.2	故事中的神话	［W6780.5.2］神话与故事
W6778.7.1.3	史诗中的神话	［W6785.3.6］神话史诗
W6778.7.1.4	诗歌中的神话	［W6781］诗（诗歌；诗的产生）
W6778.7.1.5	谚语中的神话	［W6806］谚语
W6778.7.1.6	俗语中的神话	【汉族】@［W6805］俗语
W6778.7.1.7	说唱中的神话	【民族，关联】②
W6778.7.1.8	神话口头文本的特征	［W6729.5.9.3］口头传统
W6778.7.1.8.1 ∗	神话口传文本不一定就是该文本原始形态的忠实“遗留物”	【多民族】
W6778.7.1.9	与神话口头文本有关的其他母题	
W6778.7.2	文献文本作为神话载体	［W6779.6.2］文献神话（典籍神话）
W6778.7.2.1 ∗	借助于文字书写，讲述和表演中的神话被固定为经典	【多民族】
W6778.7.2.2 ∗	文献神话文本大大拓展了神话的社会传播范围与规模	【多民族】
W6778.7.3	文物作为神话载体	［W6779.6.3］文物神话（图像神话；雕塑神话；岩画神话）

① ［W6780.5.1］神话与传说；［W6780.5.1.1.2 ∗］古史传说中有最早的创世纪神话。

② 【汉族】@［W6933.1］说唱（民间说唱；民间曲艺）；［W6933.1.2.1.1］唱罢三皇唱盘古。

W 编码	母题描述	关联项
W6778.7.4	民俗作为神话载体	［W6779.6.4］民俗神话（仪式神话）
W6778.7.4.1	神话传说通过祭祀仪式得以保存下来	【彝族（撒尼）】
W6778.7.5	新媒体作为神话载体	［W6779.6.5］新媒体神话（影视神话；神话游戏）
W6778.7.6	大脑作为神话载体	
W6778.7.7	与神话载体有关的其他母题	
W6778.7.7.1	神话异文	
W6778.7.7.1.1＊	同一个神话叙事会有不同异文	【汉族】
W6778.7.7.1.2＊	古典神话异文	
W6778.7.7.1.2.1＊	古典神话异文与反映新的社会阶段的思想意识的“神话”不能混为一谈	【多民族】
W6778.8	神话传承的结果	
W6778.8.0	神话的存活（神话的存继性）	
W6778.8.0.1＊	民族的神话一旦形成，只要民族不解体，神话就不会解体	【多民族】
W6778.8.1	神话的演变（神话的变化；神话的发展）	【关联】①
W6778.8.1.1	神话演变的原因	
W6778.8.1.1.0＊	时空和文化社会环境导致神话演变	【多民族】
W6778.8.1.1.1＊	神话因时间而变	【中华民族】@［W6779.9.2.4.2.1＊］西周出现的凤凰神话的建构是自史前到殷商时代特别崇拜的鸱鸦神鸟被逐渐取代和替换的过程
W6778.8.1.1.1.0＊	时代越古，神话越少而单一，反之则越多而繁复	【多民族】

① ［W6792.4］传说的演变；［W6795.4］故事的演变。

W 编码	母题描述	关联项
W6778.8.1.1.1＊	神话因时代而变	［W6780.3.3.8.1.2＊］探讨神话随时代变迁而产生的流变却不去实地考察其在群众中的流传情况很难收到实效
W6778.8.1.1.1.1.1＊	各姓的部族文化发展到建立了国家或王朝时，各姓始祖神变成时代共同的帝王	【多民族】
W6778.8.1.1.1.1.2＊	大禹出生神话随时代发生变化	【中华民族】
W6778.8.1.1.2＊	神话因地域而变	【多民族】
W6778.8.1.1.2.1＊	盘古神话因地域不同发生变化	【多民族】
W6778.8.1.1.3＊	神话的变异性与生俱来	【中华民族】
W6778.8.1.1.3a＊	神话都不是一成不变的	【多民族】
W6778.8.1.1.4＊	因口头传承不稳定造成神话的变化	【多民族】
W6778.8.1.1.4.1＊	神话口传遂分衍化，由于口传一事，言人人殊，故一事分化为数事，各异面目	【多民族】
W6778.8.1.1.4.2＊	不同时代、不同人的口头传述导致神话发生或大或小的变化	【多民族】
W6778.8.1.1.5＊	神话的发展源于思维方式的变化	
W6778.8.1.1.5.1＊	神话发展是与人类思维能力的发展相适应的	【多民族】
W6778.8.1.1.6＊	神话发展离不开血缘这个根基	【多民族】
W6778.8.1.1.7＊	神话的解释是神话演化的原动力	【各民族】
W6778.8.1.1.7a＊	神话解读的消解	【多民族】
W6778.8.1.1.8＊	神话随文明发展的轨迹而变异	【多民族】
W6778.8.1.1.9	神话变化的其他原因	
W6778.8.1.1.9.1＊	神话长期的流传中，由于民族的发展与分化与各民族文化价值取向的不同导致变化	【多民族】

W 编码	母题描述	关联项
W6778.8.1.1.9.1.1＊	民族融合导致神祇神性的淘汰与重组	【中华民族】
W6778.8.1.1.9.2＊	政治与亲属制度之演进造成神话变化	【多民族】
W6778.8.1.1.9.3＊	社会形态的变化造成神话变化	
W6778.8.1.1.9.3.1＊	原始社会由部落联盟进入军事民主制阶段后演化出炎帝、黄帝、虞舜、帝尧、帝禹诸神	【中华民族】
W6778.8.1.1.9.4＊	神话因人为因素发生变化	【关联】①
W6778.8.1.1.9.4.1＊	特定人物对神话的篡改导致神话变化	【多民族】
W6778.8.1.1.9.5＊	神话因语言的变化发生演变	
W6778.8.1.1.9.5.1＊	神话由于语言本身的发展、演变，原来的含义被人遗忘曲解，变得怪诞离奇	【多民族】
W6778.8.1.1a	神话演化的方法	［W6778.8.1.4.2＊］神话的历史化
W6778.8.1.1a.1＊	神话通过自觉创新演化	【多民族】
W6778.8.1.1a.2＊	神话的伦理化	
W6778.8.1.1a.2.1＊	神话的伦理化是神话发展阶梯必有的现象	【中华民族】
W6778.8.1.1a.3＊	神话的世俗化	【多民族】
W6778.8.1.1a.4	神话的改写（神话的改编）	
W6778.8.1.1a.4.1＊	司马迁是改写神话的第一人	【中华民族】
W6778.8.1.1b	神话演变的特征	
W6778.8.1.1b.1＊	神话演变有多种形态（神话变化的多种方式）	
W6778.8.1.1b.1.1＊	神话演变包括神话的分化、复合、添加、加工、附会、变异、篡改等主要渠道	【多民族】

① ［W6775.4.1.2＊］人为的神话；［W6778.8.2.1.6＊］人为的删减造成神话消失；［W6780.4.1.7.4.1＊］神话大禹娶涂山氏及治水在《史记》中变为历史。

W 编码	母题描述	关联项
W6778.8.1.1b.2 *	神话呈现出向容易传播演化的趋势	【多民族】
W6778.8.1.2	神话内容的变化	
W6778.8.1.2.1 *	神话内容的增加	
W6778.8.1.2.1.1 *	神话增加了新的成分或要素	【多民族】
W6778.8.1.2.2 *	神话内容的删减	
W6778.8.1.2.3 *	神话人物的变化（神话人物的演变）	【民族，关联】①
W6778.8.1.2.3.0 *	神话不稳定的口头流传造成人物角色的变异和增加	【多民族】
W6778.8.1.2.3.1 *	上帝分化演变出尧舜	
W6778.8.1.2.3.1.1 *	春秋前历史上最高最古的人物是上帝和禹，到春秋战国间禹之上又演化出尧舜	【中华民族】
W6778.8.1.2.3.2 *	人物职能的需要导致人物变化	【中华民族】
W6778.8.1.2.3.2.1 *	女娲是最古的开辟神，后来这一职能的主人公变成盘古	【中华民族】
W6778.8.1.2.3.2.2 *	炎黄职能的变化	【中华民族】
W6778.8.1.2.3.3 *	特定神话特定角色的变化	
W6778.8.1.2.3.3.1 *	洪水神话中预言者角色的演变	【汉族】
W6778.8.1.2.3.4 *	神话人物事迹的叠加（箭垛式人物）	
W6778.8.1.2.3.4.1 *	神话人物盘瓠有不少汉人的传说添增、堆垛或附会	【古代南方民族】
W6778.8.1.2.3.4a *	神话人物事迹的相互借鉴	【中华民族】
W6778.8.1.2.3.5 *	一部分神话人物变成历史人物	【中华民族】
W6778.8.1.2.3.6 *	神话人物的融合与延伸	
W6778.8.1.2.3.6.1 *	炎帝与神农氏合二为一与延伸	【中华民族】
W6778.8.1.2.4 *	神话的情节的变化	【多民族】

① 【多民族】@［W6778.8.1.4.3］神话人物的本质发生变化；［W6779.9.2.2.8］盘古神话的演变。

W 编码	母题描述	关联项
W6778.8.1.2.4.1＊	禹平水土遍及九州的说法是后人所加	【中华民族】
W6778.8.1.2.4.2＊	神话情节会随着时代的发展、社会文化的变迁以及演述人旨趣的不同而变异	【多民族】
W6778.8.1.2.4.3＊	神话借用其他民间故事的情节来增饰其原有内容	【多民族】
W6778.8.1.2.5＊	神话结局的变化	
W6778.8.1.2.6＊	神话演变的哲理化	
W6778.8.1.2.6.1＊	三皇传说由上帝神话哲理化演变而成	【中华民族】
W6778.8.1.2.7＊	神话的延伸	［W6719c.2.1.1］语义会不断延伸
W6778.8.1.2.7.1＊	槃瓠神话是“神犬生人”神话的继续	【多民族】
W6778.8.1.2.8＊	神话内容的借代、移栽、交叉、混杂、转套现象	【多民族】
W6778.8.1.3	神话形式的变化	
W6778.8.1.3.0＊	神话向传说的演化	【中华民族】
W6778.8.1.3.1＊	神话的诗化	
W6778.8.1.3.1.1＊	神话诗化使神话变得瑰丽多姿	【中华民族】
W6778.8.1.3.1.2＊	神话诗化使神话散亡	【中华民族】
W6778.8.1.3.1.3＊	古神话经诗人之手走出它的蒙昧、朴野阶段	【多民族】
W6778.8.1.3.2＊	神话语言的变化	【多民族】
W6778.8.1.3.3＊	神话母题的变化	【多民族】
W6778.8.1.3.4＊	神话情节的变化	【多民族】
W6778.8.1.3.5＊	神话主题的变化	【多民族】
W6778.8.1.4	神话本质的变化	
W6778.8.1.4.1＊	诗人当歌颂记叙之际，不免有所粉饰，失神话之本来	【多民族】

W 编码	母题描述	关联项
W6778.8.1.4.2	神话的历史化	
W6778.8.1.4.2.1 *	东周时代神话之历史化是人文主义与文艺复兴运动的结果	【中华民族】
W6778.8.1.4.2.2 *	神话的历史化即将神话变成民族的历史	【多民族】
W6778.8.1.4.2.3 *	古代神话的历史化是神话演变的一种必然	【多民族】
W6778.8.1.4.2.4 *	古代神话的历史化并非某个历史人物所能为	【多民族】
W6778.8.1.4.2.5 *	神话的历史化太早，容易使得神话僵死	【多民族】
W6778.8.1.4.2.6 *	特定神话的历史化	
W6778.8.1.4.2.6.1 *	黄帝神话的历史化	【中华民族】
W6778.8.1.4.3	神话人物的本质发生变化	
W6778.8.1.4.3.1 *	盘古由祖先变成开辟神	【中华民族】
W6778.8.1.4.3.2 *	伏羲演变为盘古	【中华民族】
W6778.8.1.4.4 *	神话变为史事	【多民族】
W6778.8.1.4.5 *	神话经跨时空的口耳相传失了原形，变更了原意	【多民族】
W6778.8.1.4.6 *	神话因后世篡改失掉其本来面目	【多民族】
W6778.8.1.5	神话的复合	
W6778.8.1.5.1 *	神话的复合使原始形态单纯的神话变得复杂	【多民族】
W6778.8.1.6	神话的创新	
W6778.8.1.6.1 *	神话的创新性发展	【各民族】
W6778.8.1.7	神话的融合（神话的合并；神话的糅合）	
W6778.8.1.7.1	炎帝神话和神农神话融合在一起	【汉族】
W6778.8.1.7.2	“河图”“洛书”两个神话融合在一起	【汉族】

W 编码	母题描述	关联项
W6778.8.1.7.3＊	神话融合表现为对流行神话的认同	
W6778.8.1.7.3.1＊	对流行神话的认同源于神话作为一种意识形态的相对独立性	【多民族】
W6778.8.1.7.3a＊	神话类型的融合	
W6778.8.1.7.3a.1＊	开辟神话与洪水神话的融合	【苗族】
W6778.8.1.7.4＊	神话的合并	
W6778.8.1.7.4.1＊	鲧（共工）禹（后土）神话是大地潜水者神话与托地者神话的并合型神话	【中华民族】
W6778.8.1.7.5＊	神话的重叠	
W6778.8.1.7.5.1＊	伏羲、女娲为洪水创世之神是与夏代的禹、涂山氏的洪水创世神话及双龙神话相重叠的结果	【中华民族】
W6778.8.1.7.5.2＊	神话人物事迹的重叠	
W6778.8.1.7.5.2.1＊	帝俊的事迹与上古诸神往往有重叠	【中华民族】
W6778.8.1.7.6＊	多个神话的衔接对应	
W6778.8.1.7.6.1＊	盘古开天辟地、女娲造人补天与伏羲、神农、黄帝、炎帝、共工、蚩尤、颛顼、唐尧、虞舜、大禹等神话人物活动相衔接对应	【中华民族】
W6778.8.1.7.7＊	神话与传说的糅合	
W6778.8.1.7.7.1＊	大水伏羲女娲兄妹婚神话把女娲抟土造人神话和女娲兄妹成婚繁衍人类的传说糅合在一起	【中华民族】
W6778.8.1.7.8＊	神话的交流借鉴	
W6778.8.1.7.8.1＊	神话在不同民族间影响借鉴	【多民族】
W6778.8.1.8	神话的混杂型演变	
W6778.8.1.8.1＊	鲧禹神话先为造地神话，后与历史上发生的江河泛滥相混并传	【多民族】

W 编码	母题描述	关联项
W6778.8.1.8.2 *	羲和神话演变表现为职能与名称两个方面	【中华民族】
W6778.8.1.9	神话变化的其他情形	［W6779.9.2.2.8］盘古神话的演变
W6778.8.1.9.0 *	神话会经历一个由简到繁，由纷杂散乱到渐成体系的过程	【多民族】
W6778.8.1.9.1 *	神话的寓言化	【多民族】@［W6778.8.1.3.1 *］神话的诗化
W6778.8.1.9.2 *	神话发展史（神话发展分期）	［W6779.4.1.8］中国神话发展阶段（中国神话发展分期）
W6778.8.1.9.2.1 *	猎人神话（公元前 20000—前 8000 年）发展到农人神话（公元前 8000—前 4000 年）	【各民族】
W6778.8.1.9.2.2 *	中国原始神话是按母系氏族社会、父系氏族社会、家长奴隶制、部族军事民主制等本来进程产生的	【中华民族】
W6778.8.1.9.3 *	神话在创作和流传中始终处于变化、发展的状态	【多民族】
W6778.8.1.9.4 *	神话的移位	
W6778.8.1.9.4.1 *	文献材料的先殷的神话，实际是殷周时代的神话	【中华民族】
W6778.8.1.9.5 *	神话进化	
W6778.8.1.9.5.1 *	神话进化的层级	
W6778.8.1.9.5.1.1 *	神话进化有生殖崇拜神话、祖先崇拜神话、自然崇拜神话到英雄崇拜神话 4 个层级	【多民族】
W6778.8.2	神话的消失（神话消解）	
W6778.8.2.1	神话消失的原因	
W6778.8.2.1.1	神话消失是因为讲述人死亡	
W6778.8.2.1.2	神话因时过境迁消失	

W 编码	母题描述	关联项
W6778.8.2.1.2.1	神话消失是因为生活中不再发生那样的故事	【彝族】
W6778.8.2.1.2.2＊	自然和历史被人们实际支配之后，神话就会消失	【多民族】
W6778.8.2.1.2.2.1＊	人可以支配自然时，神话同时消灭	【多民族】
W6778.8.2.1.3＊	神话传承附着于诗导致消失	［W6778.8.1.3.1.2＊］神话诗化使神话散亡
W6778.8.2.1.3.1＊	神话托诗歌以光大以存留，亦因之而改易而销歇	【中华民族】
W6778.8.2.1.4＊	神话因地理人文环境导致消失	
W6778.8.2.1.4.1＊	中国神话因华土之民先居黄河流域，重实际而黜玄想，不能集古传以成大文	【中华民族】
W6778.8.2.1.5＊	神话因特定文化观念消失	
W6778.8.2.1.5.1＊	中国神话为儒者所不道，故其后不特无所光大而又有散亡	【中华民族】
W6778.8.2.1.6＊	人为的删减造成神话消失	【中华民族】
W6778.8.2.1.7＊	文人关注度不高造成神话消失	【多民族】
W6778.8.2.1.8＊	神话的历史化导致神话僵死	【多民族】
W6778.8.2.1.8a＊	神话的历史化导致中国北部神话较早销歇	【中华民族】
W6778.8.2.1.9＊	神话消失的其他原因	
W6778.8.2.1.9.1＊	因人的思维发达，知识丰富导致神话消失	【多民族】
W6778.8.2.1.9.2＊	因神话没被激活消失	
W6778.8.2.1.9.2.1＊	因社会上没有激动全民族心灵的大事件以诱引“神代诗人”的产生导致神话消失	【中华民族】
W6778.8.2.2	神话消失的情形	

W 编码	母题描述	关联项
W6778.8.2.2.1＊	神话到半神话，最后逐步脱离了神话	【多民族】
W6778.8.2.2.2＊	特定神话的出现标志某种神话的消失	
W6778.8.2.2.2.1＊	反映先民对付旱涝灾害的“后羿射日”和“鲧禹治水”的出现标志中国描述性神话的终结	【多民族】
W6778.8.2.3	神话消失的结果	
W6778.8.2.4	与神话消失有关的其他母题	
W6778.8.2.4.1＊	神话的消解	
W6778.8.2.4.2＊	神话不会消失（神话不会消亡）	
W6778.8.2.4.2.1＊	因经济基础和文化发展的不平衡，神话不会过早地就“销歇”或“歇灭”	【多民族】
W6778.8.2.4.2.2＊	只要有宗教存在，神话就不会消亡	【多民族】
W6778.8.2.4.2.3＊	神话在任何社会形态中都不会消失	【多民族】
W6778.8.2.4.2.3.1＊	神话并非到了阶级社会就消亡	【多民族】
W6778.9	与神话传承有关的其他母题	
W6778.9.0	神话传承的特征（神话传承的特点）	
W6778.9.0.1＊	神话传承具有生命力	
W6778.9.0.1.1＊	王朝灭亡，其神话并未一同殉葬，而以强大的生命力继续存活着	【多民族】
W6778.9.0.2＊	神话传承的跨时空性	【多民族】
W6778.9.1	神话传承禁忌	
W6778.9.2	神谕①	

① 神谕，俗称神本子，是最有权威的老萨满通过各种方式悟出的关于宇宙、自然、人生的道理和满族诸姓传统祭祀中，由本姓萨满世代创造并传承下来的祈神祝赞神语。参见郭淑云《满族古文化遗存探考》，载《满族研究》1991 年第 3 期。

W 编码	母题描述	关联项
W6778.9.2.1	神谕记载祖先历史	【满族】
W6778.9.2.2	神谕记载生产生活经验	【满族】
W6778.9.2.3	神谕记载民俗	【满族】
W6778.9.2.4	神谕的其他内容	
W6778.9.2.5	神谕的功能	
W6778.9.2.5.1＊	满族神谕规范了满族诸姓萨满祭程、祭礼、祭器、禁忌等	【满族】
W6778.9.3	神话遗迹	
W6778.9.3.1	特定的风物是神话事件的遗迹	【汉族】
W6778.9.3.1.1	与盘古有关的盘古山	
W6778.9.3.1.2	与盘古有关的盘古村	【汉族】【壮族】
W6778.9.4	神话的复活（神话复原）	
W6778.9.4.1	神话在特定环境下激活	
W6778.9.4.1.1	神话在祭祀仪式中被激活	【仡佬族】
W6778.9.5	神话的保存（神话的载体）	
W6778.9.5.0	神话有多种保存方法	
W6778.9.5.0.1＊	神话通过口头的或书面的方式保存下来	【多民族】
W6778.9.5.1	神话保存在特定文献中	［W6779.6.2.3＊］特定的文献神话（文献神话的代表性载体）
W6778.9.5.1.1＊	前代的神话一部分被收录于比较古老的某些文献	【多民族】
W6778.9.5.1.2＊	前代的神话大部分保留在较后起的文籍	【多民族】
W6778.9.5.1.3＊	中国许多神话保存在古代著作中	【中华民族】
W6778.9.5.1.3.1＊	《离骚》《招魂》《庄子》《吕氏春秋》等战国晚年诸著作都含有神话与传说	【中华民族】

W 编码	母题描述	关联项
W6778.9.5.1.3.1a＊	《庄子》《列子》《淮南子》《离骚》和《九歌》，都有零星的神话记载	【中华民族】
W6778.9.5.1.3.1a.1＊	燧人、伏牺和神农的神话传说最早已见于《庄子》	【中华民族】
W6778.9.5.1.3.1a.2＊	夏启佩玉璜升天得《九歌》	【中华民族】
W6778.9.5.1.3.2＊	《诗经》中的《玄鸟》《生民》等尚存一些史事化的神话	【中华民族】
W6778.9.5.1.3.3＊	《淮南王书》《春秋元命苞》《春秋命历序》《春秋连斗枢》《春秋保乾图》《尚书中候》《易通卦验》《易乾坤凿度》《礼含文嘉》《诗含神雾》中有不少神话	【中华民族】
W6778.9.5.1.3.3.1＊	《尚书》叙述的历史从唐尧和虞舜开始	【中华民族】
W6778.9.5.1.3.4＊	《神异经》《说苑》《列女传》《山海经》《论衡》《穆天子传》《竹书纪年》等书中记录了不少神话	【中华民族】@［W6779.6.2.3.1＊］神话文献《山海经》
W6778.9.5.1.3.4a＊	《山海经》《博物志》《述异记》等都是包含神话最多的书	【中华民族】
W6778.9.5.1.3.5＊	《路史》《绎史》集合了古史的神话	【中华民族】
W6778.9.5.1.4＊	神话保存在经书中	
W6778.9.5.1.4.1＊	有文字民族的创世神话和创世史诗往往被当作经书的重要内容保存在原始宗教的“经书”中	【多民族】
W6778.9.5.1.5	神话的抄本（神话手抄本）	
W6778.9.5.1.5.1＊	神话的山歌手抄本	【壮族】
W6778.9.5.1.6	神话唱本	
W6778.9.5.1.6.1＊	盘古神话唱本	【壮族】

W编码	母题描述	关联项
W6778.9.5.2	神话保存在口头中	
W6778.9.5.2.1＊	神话保存在民间的口碑中	【多民族】
W6778.9.5.2.2＊	无文字民族把创世神话当作祭祀的诵词	【多民族】
W6778.9.5.2.3＊	歌中保存神话	
W6778.9.5.2.3.1＊	古代的祀神歌大都是神话	【多民族】
W6778.9.5.3＊	神话保存在文物中	【关联】①
W6778.9.5.4＊	神话保存在民俗中	
W6778.9.5.5＊	神话保存在其他特定事象中	
W6778.9.5.5.1＊	特定祭祀活动保存了神话	
W6778.9.5.5.1.1＊	节日时、婚丧期间、战争前夕举行祭祀保存了神话	【多民族】
W6778.9.5.6＊	神话保存在特定的文类中	
W6778.9.5.6.1＊	特定的歌中保存神话	
W6778.9.5.6.1.1＊	婚礼歌保存了神话	
W6778.9.5.7＊	特定人物是神话保存者	
W6778.9.5.7.1＊	神话由巫师或萨满保存下来	【多民族】
W6778.9.5.8	神话保存的方法	
W6778.9.5.8.1＊	记录采集神话时需作立体描写	【多民族】
W6778.9.5.9	与神话的保存有关的其他母题	
W6778.9.5.9.1＊	神话的抢救	
W6778.9.6	神话群	
W6778.9.6.1	特定地域形成特定的神话群	
W6778.9.6.1.1＊	中国西南部和东南部许多少数民族的现代口头传承中形成一种“洪水后兄妹（或姊弟）再殖人类”的神话群	【南方民族】
W6778.9.6.1.2＊	中原地区大禹治水神话群	【汉族】

① ［W6778.7.3］文物作为神话载体；［W6779.6.3.3＊］特定的神话文物。

W 编码	母题描述	关联项
W6778.9.7＊	神话教学	
W6778.9.7.1＊	中国神话的无史教学	【中华民族】
W6779	**神话的类型（神话的分类）**	
W6779.1	按神话内容划分神话（按神话叙述的对象划分神话）	
W6779.1.1	神的起源神话（诸神起源神话）	【多民族】
W6779.1.1.1	诸神起源神话的产生	
W6779.1.1.2	诸神起源神话的特征	
W6779.1.1.3	常见的诸神起源神话	
W6779.1.1.4	与诸神起源神话有关的其他母题	
W6779.1.1.4.1＊	神仙类神话	【中华民族】
W6779.1.1.4.1.1＊	神仙世界神话	【中华民族】@［W6779.9.6.2.2a.1＊］商周的神话分为自然神话、神仙世界的神话与神仙世界之与人间世界分裂的神话、天灾的神话与救世的神话及祖先英雄事迹系裔的神话四类
W6779.1.2	世界起源神话（创世神话；宇宙起源神话；开辟神话）	
W6779.1.2.1	世界起源神话的产生	
W6779.1.2.1.1＊	开辟神话通过原始初民的天真幻想，解释天地及自然万物的生成	【多民族】
W6779.1.2.1.2＊	创世神话是人类未开化阶段的原始思维的产物	【各民族】
W6779.1.2.2	世界起源神话的特征	
W6779.1.2.2.1＊	开辟神话是神话中最古老的部分	【多民族】
W6779.1.2.2.2＊	创世神话是先民对天地开创、万物生成、人类由来所作的朴野而又幼稚的解释	【各民族】

W 编码	母题描述	关联项
W6779.1.2.2.2a＊	创世神话即宇宙自然现象构成之来源的解释	【多民族】
W6779.1.2.2.3＊	创世神话在每一民族神话中都占有重要地位	【各民族】
W6779.1.2.2.4＊	创世神话是世界神话的基本母题	【各民族】
W6779.1.2.2.5＊	开辟神话主要是人类早期创作的解释天地开辟、人类起源等问题的幻想性故事	【多民族】
W6779.1.2.3	常见的世界起源神话（特定的创世神话）	
W6779.1.2.3.1	中国创世神话	［W6779.4.1.2.2.1.2＊］中国文献资料中的创世神话少
W6779.1.2.3.1.1＊	中国良渚文化的创世神话可与世界其他民族的创世神话相比	【中华民族】
W6779.1.2.3.1.1.1＊	良渚文化中的创世神话是目前所知中国最早的创世神话	【中华民族】
W6779.1.2.3.1.1a＊	开辟创世神话在中原地区被发现	【中华民族】
W6779.1.2.3.1.2＊	中国各民族都有创世神话	【中华民族】
W6779.1.2.3.1.3＊	华夏创世神话	
W6779.1.2.3.1.3.1＊	华夏创世神话的原创地在河南省济源市邵原镇	【中华民族】
W6779.1.2.3.1.4＊	中国创生神话	
W6779.1.2.3.1.4.1＊	中国创生类神话主要由女娲创世和盘古创世两大序列组成	【中华民族】
W6779.1.2.3.1.4.1a＊	中国创始神话主要由盘古创世和女娲创世两大系列组成	【中华民族】
W6779.1.2.3.1.5＊	中国创世神话的代表	［W6779.1.2.3.2.1＊］中国创世神话最有代表性的是“女娲补天”和“盘古开天地”

W 编码	母题描述	关联项
W6779.1.2.3.1.5.1 ∗	盘古开天辟地是现存中国神话体系中唯一完整的创世神话	【中华民族】@［W6779.9.2.2.6.3.6 ∗］盘古开天地的神话是中国创世神话的典型代表
W6779.1.2.3.1.5.2 ∗	中国创世神话的代表有盘古开天辟地兼创人类的神话和女娲创造人类兼创万物的神话	【中华民族】
W6779.1.2.3.1.6 ∗	有外国研究者认为中国可能是主要的古代文明社会中唯一没有真正的创世神话的国家	【国外民族】
W6779.1.2.3.2	创世神话代表性作品	
W6779.1.2.3.2.1 ∗	中国创世神话最有代表性的是“女娲补天”和“盘古开天地”	【中华民族】
W6779.1.2.3.2.1a ∗	女娲创世和盘古创世	
W6779.1.2.3.2.1a.1 ∗	女娲创世和盘古创世两大序列分别代表着中国南北方两种关于起源问题的不同文化心态	【中华民族】
W6779.1.2.3.3	宇宙起源神话	
W6779.1.2.3.3.1 ∗	宇宙起源神话又称开辟的神话	【多民族】
W6779.1.2.4	与世界起源神话有关的其他母题	
W6779.1.2.4.1 ∗	神话中造物者的形象总是正面的	【中华民族】
W6779.1.2.4.2 ∗	创世神话亦即开天辟地神话	【各民族】
W6779.1.2.4.3 ∗	开辟神话也称世界神话	【多民族】
W6779.1.3	人类起源神话（人的产生神话）	［W2000］人类的产生（人的产生）
W6779.1.3.1	人类起源神话的产生	
W6779.1.3.1.1 ∗	人类为自我定位创作人类起源神话	
W6779.1.3.1.2 ∗	特定的环境促成特定的人类起源神话	

W编码	母题描述	关联项
W6779.1.3.1.2.1＊	“只知有母，不知有父”的年代产生女娲抟土造人的神话	【中华民族】
W6779.1.3.2	人类起源神话的特征	
W6779.1.3.3	常见的人类起源神话	
W6779.1.3.3.1＊	人祖神话（祖先神话）	【民族，关联】①
W6779.1.3.3.1.1＊	人祖神话是每一个民族都传有的一种因袭的神话	【多民族】
W6779.1.3.3.1.2＊	商周以后派生和重构出以黄帝为首的五帝神话——祖先神话	【中华民族】
W6779.1.3.3.2＊	自然产生人神话	［W2020.1］人自然产生
W6779.1.3.3.3＊	造人神话	［W2030］人是造出来的（造人）
W6779.1.3.3.4＊	生人神话	
W6779.1.3.3.4.1＊	神生人神话	［W2131］神生人
W6779.1.3.3.4.2＊	特定的人生人神话	［W2150］人生人
W6779.1.3.3.4.3＊	动物生人神话	【多民族】@［W2155］动物生人
W6779.1.3.3.4.4＊	植物生人神话	［W2170］植物生人
W6779.1.3.3.4.5＊	无生命物生人神话	［W2200］无生命物生人
W6779.1.3.3.5＊	变化产生人神话（变人神话）	［W2300］人是变化产生的（变人）
W6779.1.3.3.6＊	婚生人神话	【关联】②
W6779.1.3.3.7＊	人类再生神话	【瑶族】@［W6774.1.2.1.1］人的祖先传下人类再生的神话
W6779.1.3.4	与人类起源神话有关的其他母题	［W6779.6.6.5.1＊］解释天地起源、人类起源的神话应该是高级形态神话

① 【多民族】@［W0640］祖先；［W0641］祖先神；［W0642］祖先的产生；［W0654］祖先的特征。

② ［W2400］神婚生人；［W2407］神性人物婚生人；［W2415］人与神婚生人；［W2420］人正常婚生人；［W2435］人的血缘婚生人；［W2450］人与动物婚生人；［W2475］人与树婚生人；［W2485］动物与动物婚生人；［W2486］植物与植物婚生人；［W2488］其他特殊的婚生人。

W 编码	母题描述	关联项
W6779.1.4	动植物起源神话（动植物产生神话；动物起源神话；植物起源神话）	
W6779.1.4.1	动植物起源神话	
W6779.1.4.1.1	动植物起源神话动植物起源神话的产生	
W6779.1.4.1.2	动植物起源神话的特征	
W6779.1.4.1.3	常见的动植物起源神话	
W6779.1.4.2	动物起源神话	［W3001］动物的产生
W6779.1.4.2.1	动物起源的产生	
W6779.1.4.2.2	动物起源的特征	
W6779.1.4.2.3	常见的动物起源	
W6779.1.4.2.4	与动物起源有关的其他母题	
W6779.1.4.3	植物起源神话	［W3600］植物的产生
W6779.1.4.3.1	植物起源神话的产生	
W6779.1.4.3.2	植物起源神话的特征	
W6779.1.4.3.3	常见的植物起源神话	
W6779.1.4.3.4	与植物起源神话有关的其他母题	
W6779.1.4.4	与动植物起源神话有关的其他母题	
W6779.1.5	自然现象起源神话（自然秩序起源神话）	［W4000］自然现象的产生
W6779.1.5.1	自然现象起源神话的产生	
W6779.1.5.2	自然现象起源神话的特征	
W6779.1.5.3	常见的自然现象起源神话	
W6779.1.5.3.1 *	定期的自然变迁及季候神话	【多民族】
W6779.1.5.3.2 *	反常的自然现象神话	【多民族】
W6779.1.5.3.3 *	关于自然世界的神话	

W 编码	母题描述	关联项
W6779.1.5.3.3.1＊	商周文献中关于自然世界的神话是文明开始前原始中国社会泛灵信仰的遗留与进一步的发展	【中华民族】
W6779.1.5.4	与自然现象起源神话有关的其他母题	
W6779.1.5.5	自然秩序起源神话	
W6779.1.6	社会现象起源神话（社会秩序起源神话）	［W5000］人类（社会）秩序
W6779.1.6.1	社会现象起源神话的产生	
W6779.1.6.2	社会现象起源神话的特征	
W6779.1.6.3	常见的社会现象起源神话	
W6779.1.6.4	与社会现象起源神话有关的其他母题	
W6779.1.6.4.1	社会秩序起源神话	
W6779.1.7	文化起源神话（文明起源神话）	［W6000］文化的产生（文化的获得）
W6779.1.7.1	文化起源神话的产生	
W6779.1.7.1.1＊	中国关于文明创造的神话多出自晚周战国之际诸子的创作	【中华民族】
W6779.1.7.2	文化起源神话的特征	
W6779.1.7.3	常见的文化起源神话	
W6779.1.7.4	与文化起源神话有关的其他母题	
W6779.1.7.4.1	文明起源神话	
W6779.1.8	婚爱神话（婚爱起源神话；婚姻起源神话；性爱起源神话）	［W7130］性爱
W6779.1.8.1	婚爱神话的产生	
W6779.1.8.2	婚爱神话的特征	
W6779.1.8.3	常见的婚爱神话	
W6779.1.8.3.1＊	兄妹婚姻型神话	【关联】①

①［W2436］兄妹婚生人；［W6779.9.8.1.1＊］兄妹婚姻神话兼人类起源神话和洪水神话两类；［W7300］兄妹婚。

W 编码	母题描述	关联项
W6779.1.8.3.1.1＊	兄妹婚姻型神话反射了远古血缘家族时期兄弟姐妹婚姻制度	【多民族】
W6779.1.8.3.2＊	血缘婚姻型神话	【关联】①
W6779.1.8.3.2.1＊	血缘婚姻型神话有多种形态	【多民族】
W6779.1.8.4	与婚爱神话有关的其他母题	［W6780.2.7.1＊］各民族原始神话几乎无不涉及民族社会婚姻形态
W6779.1.9	灾难与争战神话	【关联】②
W6779.1.9.1	灾难神话	
W6779.1.9.1.1	灾难神话的产生	
W6779.1.9.1.2	灾难神话的特征	
W6779.1.9.1.3	常见的灾难神话	
W6779.1.9.1.3.1＊	洪水神话	【中华民族】@［W8100］洪水
W6779.1.9.1.3.1.0	洪水神话的产生	
W6779.1.9.1.3.1.0.1＊	一个民族为追寻文化来源创作追溯到洪水	【多民族】
W6779.1.9.1.3.1.1＊	洪水神话在中国各民族分布广泛	【中华民族】
W6779.1.9.1.3.1.2＊	中国较早的洪水神话为《吕氏春秋》所记的伊尹故事	【中华民族】
W6779.1.9.1.3.1.3＊	洪水神话的本质	
W6779.1.9.1.3.1.3.1＊	洪水神话中的洪水并非实指自然界中的洪水灾害，而指创世之前或创世之初以原始大水为象征的非秩序状态	【中华民族】
W6779.1.9.1.3.1.4＊	洪水神话的解释	
W6779.1.9.1.3.1.4.1＊	解释中国所发生的洪水的性质应该注意到掘井技术发明相当晚近以及地球上的雨量有周期性	【中华民族】

① ［W2435］人的血缘婚生人；［W7285］血缘婚。

② ［W8000］世界灾难；［W8700］争战。

W 编码	母题描述	关联项
W6779.1.9.1.3.1.4.2 *	洪水神话有其历史及地理的背景	【多民族】
W6779.1.9.1.4	与灾难神话有关的其他母题	
W6779.1.9.2	征战神话（争战神话）	［W8700］争战
W6779.1.9.2.1	征战神话的产生	
W6779.1.9.2.2	征战神话的特征	
W6779.1.9.2.3	常见的征战神话	
W6779.1.9.2.4	与征战神话有关的其他母题	
W6779.1.9.3	与灾难与争战神话有关的其他母题	
W6779.1.10	按神话内容划分神话的其他情形	【关联】①
W6779.1.10.0	按神话内容划分神话的其他划分方法	
W6779.1.10.0.1 *	按神话内容可划分出创世神话、有关自然现象及其变化的神话、有关诸神的神话、动物神话等类型	【多民族】
W6779.1.10.1	有关特定地方的神话	
W6779.1.10.1.1 *	冥界的神话	【民族，关联】②
W6779.1.10.1.2 *	历史事件神话	【多民族】
W6779.1.10.2	推源神话	
W6779.1.10.2.1 *	中国推源神话约系统化至盘古已基本完成	【中华民族】
W6779.2	按神话的族属划分神话	
W6779.2.0	中华民族神话	
W6779.2.0.1	中华民族神话的产生	
W6779.2.0.2	中华民族神话的特征	

① ［W6457.4.1］宗教神话；［W6779.2.2.56.1 *］中国少数民族族神话分为宇宙开辟、人类起源、万物起源、民族族源四大类。

② 【多民族】@［W1079］下界（地狱、阴间）的产生；［W1080］下界的特征（阴间的特征）。

W 编码	母题描述	关联项
W6779.2.0.2.1	中华民族神话反映了中华民族精神	
W6779.2.0.2.1.1＊	盘古开天等神话反映了中国人民勇于追求和实现梦想的精神	【中华民族】
W6779.2.0.3	中华民族神话的分类	
W6779.2.0.4	中华民族神话示例	
W6779.2.0.4.1	盘古开天	【民族，关联】①
W6779.2.0.4.2	女娲补天	【民族，关联】②
W6779.2.0.4.2.1	伏羲给孩子讲女娲补天、抟土造人的故事	【汉族】
W6779.2.0.4.3	伏羲画卦	【中华民族】
W6779.2.0.4.4	神农尝草	【中华民族】
W6779.2.0.4.5	夸父追日	【中华民族】
W6779.2.0.4.6	精卫填海	【中华民族】
W6779.2.0.4.6.1＊	“精卫填海”属于炎帝族少女的一种成人巫术仪式传承中的变形	【中华民族】
W6779.2.0.4.7	愚公移山	【中华民族】
W6779.2.0.5	与中华民族神话有关的其他母题	［W6779.4.1］中国神话
W6779.2.1	汉族神话	
W6779.2.1.1	汉族神话的产生	
W6779.2.1.2	汉族神话的特征	
W6779.2.1.3	汉族神话示例	
W6779.2.1.3.1＊	汉族神话《黑暗传》	【汉族】
W6779.2.1.3.1.0＊	《黑暗传》的产生	
W6779.2.1.3.1.0.1＊	《黑暗传》形成于明代	【汉族】

① 【中华民族】@［W6779.9.2.2］盘古神话；［W6779.9.2.2.2.5.1＊］盘古神话是民族神话的“第一页”和中华民族神话史的发端点。

② 【中华民族】@［W6778.6.6.1＊］讲述女娲补天神话者说女娲在当地的昆山顶补天；［W6779.1.2.3.2.1＊］中国创世神话最有代表性的是“女娲补天”和“盘古开天地”；［W6780.3.3.2.2.2.1＊］女娲补天神话的“五色石”得到实物的印证。

W 编码	母题描述	关联项
W6779.2.1.3.1.0.2＊	《黑暗传》的产生与明代叙述神话、历史的通俗小说有关联	【汉族】
W6779.2.1.3.1.0.3＊	《黑暗传》产生于民间的口头文学	【汉族】
W6779.2.1.3.1.0.4＊	《黑暗传》吸纳了土家族等少数民族“跳丧鼓、唱丧歌”的风习	【汉族】
W6779.2.1.3.1.0.5＊	《黑暗传》内容来源众多	
W6779.2.1.3.1.0.5.1＊	《黑暗传》内容来源有中原神话，又杂有道家思想、阴阳五行家思想乃至佛教思想	【汉族】
W6779.2.1.3.1.1＊	《黑暗传》长达3千多行，以民间诗歌形式从盘古开天辟地一直唱到明代	【中华民族】
W6779.2.1.3.1.2＊	《黑暗传》是关于天地起源、盘古开天辟地、三皇五帝尤其是炎帝神农氏的古老神话历史传说	【汉族等】
W6779.2.1.3.1.3＊	《黑暗传》有多种口头与书面（抄本）异文	【汉族】
W6779.2.1.3.1.4＊	《黑暗传》流传于鄂西北、鄂西南的广大地区	【汉族】
W6779.2.1.3.1.5＊	《黑暗传》是一种“活态史诗”	【汉族】
W6779.2.1.3.1.6＊	《黑暗传》最初是供人们吟唱的歌本，由歌师演唱	【汉族】
W6779.2.1.3.1.6.1＊	《黑暗传》歌本定型于明代	【汉族】
W6779.2.1.3.1.7＊	田头演唱的《黑暗传》多为散歌	【汉族】
W6779.2.1.3.1.7a＊	《黑暗传》多以歌手对唱，甚至打擂台为主	【汉族】
W6779.2.1.3.1.8＊	《黑暗传》的形式承袭了楚地丧诗《招魂》《国殇》等传统	【汉族】
W6779.2.1.3.1.9＊	与《黑暗传》有关的其他母题	
W6779.2.1.3.1.9.1＊	《黑暗传》的名称	

W 编码	母题描述	关联项
W6779.2.1.3.1.9.1.1＊	《黑暗传》又称“褥草锣鼓”	【汉族】
W6779.2.1.3.1.9.2＊	《黑暗传》演唱时间	
W6779.2.1.3.1.9.2.1＊	《黑暗传》主要为打“丧鼓”时所唱	【汉族】
W6779.2.2	少数民族神话①	
W6779.2.2.0	少数民族神话的界定	
W6779.2.2.0a	少数民族神话的特征	
W6779.2.2.0a.1＊	中国少数民族神话是一座蕴藏极其丰富的宝库	【中华民族】
W6779.2.2.1	阿昌族神话	
W6779.2.2.1.1	阿昌族神话《遮帕麻和遮米麻》	
W6779.2.2.1.1.1＊	阿昌族把《遮帕麻和遮米麻》史诗称作“我们的根谱”或“历史的歌”	【阿昌族】
W6779.2.2.1.1.2	阿昌族神话《九种蛮夷本是一家人》	【阿昌族】
W6779.2.2.2	白族神话	
W6779.2.2.2.1	白族神话《创世纪》	【白族】
W6779.2.2.2.2	白族神话《人类和万物的起源》	【白族】
W6779.2.2.3	保安族神话	
W6779.2.2.3.1	保安族神话《神马》	【保安族】
W6779.2.2.3.2	保安族神话《三邻舍》	【保安族】
W6779.2.2.4	布朗族神话	
W6779.2.2.4.1	布朗族神话《顾米亚》	【布朗族】
W6779.2.2.4.2	布朗族神话《布朗族的来历》	【布朗族】
W6779.2.2.5	布依族神话	

① 少数民族神话。目前发现的中国少数民族神话数以万计，我们通过出版物看到的不同时期、不同地域、不同民族支系的神话文本只能是冰山一角，民间流传的大量的神话作品往往又会因讲述人、采录者等方面的差异而产生大量的异文，这些神话资源既有相对稳定性，又会随着生产生活方式的改变出现创造性转化与创新性发展。故在此只能列举一些民族的具有代表性的神话作品，以作示例。

W 编码	母题描述	关联项
W6779.2.2.5.1	布依族神话《力戛撑天》	【布依族】
W6779.2.2.5.2	布依族神话《伏羲兄妹》	【布依族】
W6779.2.2.6	朝鲜族神话	
W6779.2.2.6.1	朝鲜族神话《檀君》	【朝鲜族】
W6779.2.2.6.1.1 *	朝鲜族神话《檀君》表现了熊图腾	【朝鲜族】
W6779.2.2.6.2	朝鲜族神话《东明王朱蒙》	【朝鲜族】
W6779.2.2.7	达斡尔族神话	
W6779.2.2.7.1	达斡尔族神话《天神与莽盖》	【达斡尔族】
W6779.2.2.7.2	达斡尔族神话《吉雅其神的由来》	【达斡尔族】
W6779.2.2.8	傣族神话	
W6779.2.2.8.1	傣族神话《英叭开天辟地》	【傣族】
W6779.2.2.8.2	傣族神话《桑戛西与桑戛赛造天地、创人类》	【傣族】
W6779.2.2.9	德昂族神话	
W6779.2.2.9.1	德昂族神话《祖先创世纪》	【德昂族】
W6779.2.2.9.2	德昂族神话《百片树叶百个人》	【德昂族】
W6779.2.2.10	东乡族神话	
W6779.2.2.10.1	东乡族神话《赤孜拉妩》	【东乡族】
W6779.2.2.10.2	东乡族神话《璐妇人斩蟒》	【东乡族】
W6779.2.2.11	侗族神话	
W6779.2.2.11.1	侗族神话《创世女神萨天巴》	【侗族】
W6779.2.2.11.2	侗族神话《姜良姜妹》	【侗族】
W6779.2.2.12	独龙族神话	
W6779.2.2.12.1	独龙族神话《大蚂蚁把天地分开》	【独龙族】
W6779.2.2.12.2	独龙族神话《创世纪》	【独龙族】
W6779.2.2.13	俄罗斯族神话	

W 编码	母题描述	关联项
W6779.2.2.13.1	俄罗斯族神话《荞麦姑娘》	【俄罗斯族】
W6779.2.2.14	鄂伦春族神话	
W6779.2.2.14.1	鄂伦春族神话《鄂伦春人是怎么来的》	【鄂伦春族】
W6779.2.2.14.2	鄂伦春族神话《恩都力创造了鄂伦春人》	【鄂伦春族】
W6779.2.2.15	鄂温克族神话	
W6779.2.2.15.1	鄂温克族神话《鄂温克人的起源》	【鄂温克族】
W6779.2.2.15.2	鄂温克族神话《开天辟地的传说》	【鄂温克族】
W6779.2.2.16	高山族神话	
W6779.2.2.16.1	高山族神话《万物的由来》	【高山族】
W6779.2.2.16.2	高山族神话《月亮和太阳》	【高山族】
W6779.2.2.17	仡佬族神话	
W6779.2.2.17.1	仡佬族神话《四曹人》	【仡佬族】
W6779.2.2.17.2	仡佬族神话《阿仰兄妹制人烟》	【仡佬族】
W6779.2.2.18	哈尼族神话	
W6779.2.2.18.1	哈尼族神话《烟本霍本》	【哈尼族】
W6779.2.2.18.2	哈尼族神话《兄妹传人类》	【哈尼族】
W6779.2.2.19	哈萨克族神话	
W6779.2.2.19.1	哈萨克族神话《迦萨甘创世》	【哈萨克族】
W6779.2.2.19.2	哈萨克族神话《牧羊人和天鹅女》	【哈萨克族】
W6779.2.2.20	赫哲族神话	
W6779.2.2.20.1	赫哲族神话《姐弟俩》	【赫哲族】
W6779.2.2.20.2	赫哲族神话《长虫兄妹》	【赫哲族】
W6779.2.2.21	回族神话	
W6779.2.2.21.1	回族神话《阿当寻火种》	【回族】

W 编码	母题描述	关联项
W6779.2.2.21.2	回族神话《阿丹和海尔玛》	【回族】
W6779.2.2.22	基诺族神话	
W6779.2.2.22.1	基诺族神话《阿嫫晓白》	【基诺族】
W6779.2.2.22.2	基诺族神话《敬献祖先的来历》	【基诺族】
W6779.2.2.23	京族神话	
W6779.2.2.23.1	京族神话《日月分道》	【京族】
W6779.2.2.23.2	京族神话《天神赎罪》	【京族】
W6779.2.2.24	景颇族神话	
W6779.2.2.24.1	景颇族神话《宁贯娃改天整地》	【景颇族】
W6779.2.2.24.2	景颇族神话《驾驭太阳的母亲》	【景颇族】
W6779.2.2.25	柯尔克孜族神话	
W6779.2.2.25.1	柯尔克孜族神话《创世的传说》	【柯尔克孜族】
W6779.2.2.25.2	柯尔克孜族神话《四十个姑娘》	【柯尔克孜族】
W6779.2.2.26	拉祜族神话	
W6779.2.2.26.1	拉祜族神话《牡帕密帕》	【拉祜族】
W6779.2.2.26.2	拉祜族神话《厄雅莎雅造天地》	【拉祜族】
W6779.2.2.27	黎族	
W6779.2.2.27.1	黎族神话《黎母的神话》	【黎族】
W6779.2.2.27.2	黎族神话《伟代造动物》	【黎族】
W6779.2.2.28	傈僳族神话	
W6779.2.2.28.1	傈僳族神话《木布帕造天地人》	【傈僳族】
W6779.2.2.28.2	傈僳族神话《人类的起源》	【傈僳族】
W6779.2.2.29	珞巴族神话	
W6779.2.2.29.1	珞巴族神话《阿巴达尼和阿巴达洛》	【珞巴族】
W6779.2.2.29.2	珞巴族神话《斯金金巴巴娜达明和金尼麦包》	【珞巴族】
W6779.2.2.30	满族神话	

W 编码	母题描述	关联项
W6779.2.2.30.1	满族神话《天宫大战》	【满族】
W6779.2.2.30.2	满族神话《阿不凯恩都哩创世》	【满族】
W6779.2.2.31	毛南族神话	
W6779.2.2.31.1	毛南族神话《盘哥古妹》	【毛南族】
W6779.2.2.31.2	毛南族神话《格射日月》	【毛南族】
W6779.2.2.32	门巴族神话	
W6779.2.2.32.1	门巴族神话《猴子变人》	【门巴族】
W6779.2.2.32.2	门巴族神话《门巴族的来源》	【门巴族】
W6779.2.2.33	蒙古族神话	
W6779.2.2.33.1	蒙古族神话《天女之惠》	【蒙古族】
W6779.2.2.33.2	蒙古族神话《麦德尔创世》	【蒙古族（卫拉特）】
W6779.2.2.34	苗族神话	
W6779.2.2.34.1	苗族神话《开天立地》	【苗族】
W6779.2.2.34.2	苗族神话《汉苗彝的来历》	【苗族】
W6779.2.2.35	仫佬族神话	
W6779.2.2.35.1	仫佬族神话《天是怎样升高起来的》	【仫佬族】
W6779.2.2.35.2	仫佬族神话《伏羲兄妹》	【仫佬族】
W6779.2.2.36	纳西族神话	
W6779.2.2.36.1	纳西族神话《创世纪》	【纳西族】
W6779.2.2.36.2	纳西族神话《东术争战记》	【纳西族】
W6779.2.2.37	怒族神话	
W6779.2.2.37.1	怒族神话《洪水滔天》	【怒族】
W6779.2.2.37.2	怒族神话《聪明勇敢的朋更朋》	【怒族】
W6779.2.2.38	普米族神话	
W6779.2.2.38.1	普米族神话《简锦祖杀马鹿》	【普米族】
W6779.2.2.38.2	普米族神话《洪水滔天》	【普米族】
W6779.2.2.39	羌族神话	

W 编码	母题描述	关联项
W6779.2.2.39.1	羌族神话《白石神的故事》	【羌族】
W6779.2.2.39.2	羌族神话《木姐珠和斗安珠》	【羌族】
W6779.2.2.40	撒拉族神话	
W6779.2.2.40.1	撒拉族神话《耶尔太热根东布合》	【撒拉族】
W6779.2.2.40.2	撒拉族神话《洪水破天》	【撒拉族】
W6779.2.2.41	畲族神话	
W6779.2.2.41.1	畲族神话《高辛与龙王》	【畲族】
W6779.2.2.41.2	畲族神话《高皇歌》	【畲族】
W6779.2.2.42	水族神话	
W6779.2.2.42.1	水族神话《牙线剪纸造人》	【水族】
W6779.2.2.42.2	水族神话《阿晅送火种》	【水族】
W6779.2.2.43	塔吉克族神话	
W6779.2.2.43.1	塔吉克族神话《为什么有地震》	【塔吉克族】
W6779.2.2.43.2	塔吉克族神话《汉日天种》	【塔吉克族】
W6779.2.2.44	塔塔尔族神话	
W6779.2.2.44.1	塔塔尔族神话《青牛顶大地》	【塔塔尔族】
W6779.2.2.45	土家族神话	
W6779.2.2.45.1	土家族神话《张古老制天，李古娘制地》	【土家族】
W6779.2.2.45.2	土家族神话《依罗娘娘造人》	【土家族】
W6779.2.2.46	土族神话	
W6779.2.2.46.1	土族神话《阳世的形成》	【土族】
W6779.2.2.46.2	土族神话《狗、猴子和人》	【土族】
W6779.2.2.47	佤族神话	
W6779.2.2.47.1	佤族神话《司岗里》	【佤族】
W6779.2.2.47.2	佤族神话《葫芦里出来的人烟》	【佤族】
W6779.2.2.48	维吾尔族神话	

W 编码	母题描述	关联项
W6779.2.2.48.1	维吾尔族神话《女天神创世》	【维吾尔族】
W6779.2.2.48.2	维吾尔族神话《人是怎样开始种庄稼的》	【维吾尔族】
W6779.2.2.49	乌孜别克族神话	
W6779.2.2.49.1	乌孜别克族神话《金翅膀的夜莺》	【乌孜别克族】
W6779.2.2.50	锡伯族神话	
W6779.2.2.50.1	锡伯族神话《喜利妈妈》	【锡伯族】
W6779.2.2.50.2	锡伯族神话《老人为什么受尊敬》	【锡伯族】
W6779.2.2.51	瑶族神话	
W6779.2.2.51.1	瑶族神话《密洛陀》	【瑶族】
W6779.2.2.51.2	瑶族神话《伏羲兄妹》	【瑶族】
W6779.2.2.52	彝族神话	
W6779.2.2.52.1	彝族神话《勒俄特依》	【彝族】
W6779.2.2.52.2	彝族神话《创造万物的巨人支格阿鲁》	【彝族】
W6779.2.2.53	裕固族神话	
W6779.2.2.53.1	裕固族神话《莫拉》	【裕固族】
W6779.2.2.53.2	裕固族神话《日母月父》	【裕固族】
W6779.2.2.54	藏族神话	
W6779.2.2.54.1	藏族神话《开天辟地》	【藏族】
W6779.2.2.54.2	藏族神话《僜人祖先的来历》	【藏族】
W6779.2.2.55	壮族神话	
W6779.2.2.55.1	壮族神话《布洛陀》	【壮族】
W6779.2.2.55.2	壮族神话《妈勒访天边》	【壮族】
W6779.2.2.56	与中国少数民族神话有关的其他母题	

W 编码	母题描述	关联项
W6779.2.2.56.1＊	中国少数民族神话分为宇宙开辟、人类起源、万物起源、民族族源四大类	【中华民族】
W6779.3	按神话的地域划分神话	
W6779.3.0	中国神话分为北中南三部	
W6779.3.0.1＊	中国北中南三部的神话本来各自成为独立的系统	【中华民族】
W6779.3.0.2＊	中国北中南三部的神话均以各种原因而歇灭，都存了断片	【中华民族】
W6779.3.1	北方神话	
W6779.3.1.1＊	中国北部的神话，大概在商周之交已历史化得很完备	【中华民族】@［W6780.4.1.5＊］神话的历史化
W6779.3.2	南方神话	
W6779.3.3	中原神话	
W6779.4	按神话的国别划分神话	
W6779.4.1	中国神话①	
W6779.4.1.1	中国神话的产生	
W6779.4.1.2	中国神话的特征（中国神话的价值）	
W6779.4.1.2.1	中国神话多	
W6779.4.1.2.1.1＊	中国神话蕴藏十分丰富，神话品种和类型齐全	【中华民族】
W6779.4.1.2.1.2＊	中国特定的神话类型神话数量多	
W6779.4.1.2.1.2.1＊	中国的宇宙神话瑰奇而丰富	【中华民族】
W6779.4.1.2.2	中国神话少	［W6778.8.2.1.4.1＊］中国神话因华土之民先居黄河流域，重实际而黜玄想，不能集古传以成大文

① 中国神话，中国神话的类型极其丰富，可以找到世界所有神话类型，同时许多神话叙事中又表现出中国特色，很难完全列举甚至难以从某些单一的角度为之划分出合适的类型。因此这里只选择列举出一些常见的描述作为母题，作为考察此类问题的一种参考。

W 编码	母题描述	关联项
W6779.4.1.2.2.1＊	中国特定的神话类型神话数量少	
W6779.4.1.2.2.1.1＊	中国古代自然创造神话少是因为古代中国人对人类社会政治关系之集中注意及相应的对自然世界的疏略	【中华民族】
W6779.4.1.2.2.1.2＊	中国文献资料中的创世神话少	
W6779.4.1.2.2.1.2.1＊	中国文献资料中的创世神话比较贫乏，且支离破碎与周文化的洗礼有关	【中华民族】
W6779.4.1.2.2.2＊	中国神话贫乏	
W6779.4.1.2.2.2.1＊	中国神话贫乏的原因是殷周时代已开始将神话化为祖先的言行录，没有诗人艺术家发扬光大	【中华民族】
W6779.4.1.2.2.2.2＊	中国神话在量与质两方面都是贫乏的	【中华民族】
W6779.4.1.2.2.3＊	中国比较古老的文献所保存的神话传说，有过于缺略或破碎之嫌	【中华民族】
W6779.4.1.2.2.4＊	中国是文明古国中唯一没有真正的创世神话的国家	【美国人】
W6779.4.1.2.3＊	中国神话是“仙术的”	【中华民族】
W6779.4.1.2.4＊	中国神话简单且缺少庄严灵异	
W6779.4.1.2.4.1＊	中国神话如盘古神话，最简枯而乏崇大高秀、庄严灵异之致	【中华民族】
W6779.4.1.2.5＊	中国神话充满一种内向的忧患意识和理性的反省思考	【中华民族】
W6779.4.1.2.6＊	中国神话具有人本主义精神	
W6779.4.1.2.6.1＊	中国神话中的人本主义精神主要是通过英雄表现出来	【中华民族】
W6779.4.1.2.7＊	中国神话人物的特征	
W6779.4.1.2.7.1＊	中国神话所歌颂的具有威望的神或是神性的英雄都是劳动者的形象	【中华民族】

W 编码	母题描述	关联项
W6779.4.1.2.8＊	中国神话的内容特征	
W6779.4.1.2.8.1＊	中国古代的神话是围绕天神地祇的故事	【中华民族】
W6779.4.1.3	中国神话的内容	
W6779.4.1.3.1＊	中国远古神话反映出对世界的普遍原则的某些看法	【中华民族】
W6779.4.1.3.2＊	中国神话蕴含原始人或古代人的信仰	【中华民族】
W6779.4.1.4	中国神话的常见情形	
W6779.4.1.4.1＊	中国神话的发展阶段	
W6779.4.1.4.1.1＊	中国神话中神祇形象和属性的发展可归纳为动物崇拜、人神同形、神与人同质和神的观念中融入社会关系四个阶段	【中华民族】
W6779.4.1.5	特定名称的中国神话	
W6779.4.1.5.1	华夏神话	
W6779.4.1.5.1.1＊	华夏神话认为天体是玉石所造，有炼石补天的想象叙事	【华夏民族】
W6779.4.1.5.1.2	华夏特定的神话传统	
W6779.4.1.5.1.2.1＊	华夏玉石神话传统	【中华民族】
W6779.4.1.5.2＊	中国神话按内容可分为天神、地祇（并幽冥界）、人鬼、物魅等	【中华民族】
W6779.4.1.5.3	中华神话	
W6779.4.1.5.3.1＊	中华神话具有完整体系	【中华民族】
W6779.4.1.5.3.2＊	中华神话能展现中华民族生生不息的文化基因和精神特质	【中华民族】
W6779.4.1.6	中国神话体系（中国神话系统）	
W6779.4.1.6.1＊	中国神话有特定的谱系	【中华民族】@［W6779.4.1.5.3.1＊］中华神话具有完整体系

W 编码	母题描述	关联项
W6779.4.1.6.1.0＊	中国神话系统的构建	
W6779.4.1.6.1.0.1＊	归纳中国古代的神谱和传说人物的系统，祭祀系统是入手处	【中华民族】
W6779.4.1.6.1.0.2＊	“三皇五帝”神谱系统的构建	【中华民族】
W6779.4.1.6.1.1＊	中国神话大致上可分为南北两大系统	
W6779.4.1.6.1.1.1＊	中国北方型神话系统	
W6779.4.1.6.1.1.1.1＊	中国北方型神话系统以中原的女娲、伏羲兄妹故事为代表	【中华民族】
W6779.4.1.6.1.1.2＊	中国南方型神话系统	
W6779.4.1.6.1.1.2.1＊	中国南方型神话系统以珠江流域的盘古兄妹故事为代表	【中华民族】
W6779.4.1.6.1.2＊	盘古神话与女娲神话综合形成了一个中国式的“独身神神话”体系	【中华民族】
W6779.4.1.6.2＊	中国神话不成体系	
W6779.4.1.6.2.1＊	中国神话片段不复成系统	【中华民族】
W6779.4.1.6.2.2＊	中国本身没有一个系统的神话	【中华民族】
W6779.4.1.6.2.3＊	不能根据中国文献神话缺略或破碎就断定中华民族不会产生比较有体系的或情节完整的神话和传说	【中华民族】
W6779.4.1.7	中国神话研究	
W6779.4.1.7.1＊	分析每一神祇当考其系统、名字、状貌性格、功业作为等	【中华民族】
W6779.4.1.8	中国神话发展阶段（中国神话发展分期）	

W 编码	母题描述	关联项
W6779.4.1.8.1＊	中国神话可以划分为大约自有中华民族起至三国、从两晋（佛教输入前后）起至两晋以后两个阶段	【中华民族】
W6779.4.1.8.2＊	商周两代的神话史可分为殷、西周和东周三个大的阶段	【中华民族】
W6779.4.1.8.3＊	中国远古神话	［W6779.4.1.3.1＊］中国远古神话反映出对世界的普遍原则的某些看法
W6779.4.1.8.3.1＊	中国远古神话有新旧两个神祇体系	【中华民族】
W6779.4.1.8.4＊	中国古代神话的分期	
W6779.4.1.8.4.1＊	中国古代神话可划分为原始神话、道教神话、佛教神话和民间神话等若干时期	【中华民族】@［W6772.3.1＊］原始神话是“前逻辑思维”的产物
W6779.4.1.8.4.1.1＊	中国原始神话	
W6779.4.1.8.4.1.1.1＊	中国原始神话为“自然神话时代”的神话	【中华民族】
W6779.4.1.8.4.2＊	中国古代神话析为三期：第一期自上古至周末之书，第二期秦汉之书，第三期六朝之书	【中华民族】
W6779.4.1.9	与中国神话有关的其他母题	
W6779.4.2	外国神话（域外神话）	
W6779.5	按神话的洲别划分神话	
W6779.5.1	亚洲神话	［W6779.4.1］中国神话
W6779.5.2	欧洲神话	
W6779.5.2.1	北欧神话	
W6779.5.2.2	东欧神话	
W6779.5.3	非洲神话	
W6779.5.4	北美洲神话	

W 编码	母题描述	关联项
W6779.5.5	南美洲神话	
W6779.5a	按神话的其他归属划分神话	
W6779.5a.1 *	民众的神话	【多民族】
W6779.5a.2 *	统治者的神话（统治阶级的神话）	【多民族】
W6779.5a.2.1 *	统治阶级的神话在古代神话中始终处于支配地位	【多民族】@［W6778.5.5.1 *］统治阶级的神话最易流行
W6779.5a.3 *	氏族神话	
W6779.5a.3.1 *	氏族社会中所产生的神话集中体现在氏族源起以及某些具有神的特性的部族首领之首的纷争	【多民族】
W6779.6	按神话形态划分神话	
W6779.6.1	口头神话（口承神话；口传神话；活态神话）	［W6773.3.8.3.1］文人创作的神话不属于口承神话
W6779.6.1.1 *	口头神话的产生	
W6779.6.1.2 *	口头神话的特征	［W6778.8.1.1.4 *］因口头传承不稳定造成神话的变化
W6779.6.1.2.1 *	民间口头神话具有很高的科学价值	【多民族】
W6779.6.1.2.2 *	民间口头神话具有强大生命力	【多民族】
W6779.6.1.2.3 *	口头神话存在于特定语境中	
W6779.6.1.2.3.1 *	活态神话在现代化的国家中大多已不存在	【多民族】
W6779.6.1.2.3.2 *	活态神话在第三世界国家的偏远农村、山区仍然存在	【多民族】
W6779.6.1.2.4 *	口头神话存在于特定人群中	
W6779.6.1.2.4.1 *	口碑神话流传于农夫、樵子、渔妇口中	【多民族】
W6779.6.1.2.5 *	民间口碑的叙事难以溯源于史前期	【各民族】

W 编码	母题描述	关联项
W6779.6.1.2.6 *	活态神话中蕴含着丰富的材料	【多民族】
W6779.6.1.3 *	与口头神话有关的其他母题	
W6779.6.1.3.1 *	口头神话可以补充文献的不足	【多民族】
W6779.6.2	文献神话（典籍神话）	【中华民族】@［W6742.2.3.5.1］文字记载神话
W6779.6.2.1 *	文献神话的产生	
W6779.6.2.2 *	文献神话的特征	
W6779.6.2.2.1 *	文籍中的神话是许多神话组成的压缩饼干	【多民族】
W6779.6.2.2.2 *	文献神话的标注时间会存在错位现象	【中华民族】
W6779.6.2.3 *	特定的文献神话（文献神话的代表性载体）	
W6779.6.2.3.1 *	神话文献《山海经》	
W6779.6.2.3.1.0 *	禹主治水，益主记异物作《山海经》	【中华民族】
W6779.6.2.3.1.1 *	《山海经》中的神话纷杂众多，毫无系统	【中华民族】
W6779.6.2.3.1.2 *	《山海经》中神话类型有哲学的、科学的、宗教的、社会的和历史的五种	【中华民族】
W6779.6.2.3.1.3 *	《山海经》中的神话属于东夷系统	【中华民族】
W6779.6.2.3.1.3a *	《山海经》可能是巴、蜀地域所流传的代表巴、蜀文化的古籍	【中华民族】
W6779.6.2.3.1.4 *	将《山海经》作神话研究，可以得心理表现的资料	【中华民族】
W6779.6.2.3.1.5 *	《山海经》涉猎历史、地理、生物、矿产、医药、天文、历法、气象、占验、神灵、祀神的仪式和祭品、帝王的世系及葬地、器物的发明制作等	【中华民族】

W 编码	母题描述	关联项
W6779.6.2.3.1.5a＊	《山海经》集地理志、博物志（矿产、动植物）、民族志、民俗志于一身	【中华民族】
W6779.6.2.3.1.5b＊	《山海经》中记载了种种于人有害的动植物、与风雨有关的山岳和神人、祠祭神灵的正法、有利于人的动植物和异物以及奇形怪状的异方之民	【中华民族】
W6779.6.2.3.1.6＊	《山海经》是中国最早的类书	【中华民族】
W6779.6.2.3.1.6a＊	《山海经》是一部巫书	【中华民族】
W6779.6.2.3.1.7＊	《山海经》夹杂着一些神话和传说，但更多的是上古社会的实况记录	【中华民族】
W6779.6.2.3.1.8＊	《山海经》有图有文	【中华民族】
W6779.6.2.3.1.9＊	与《山海经》有关的其他母题	
W6779.6.2.3.1.9.1＊	《山海经》中神话与传说特多	【中华民族】
W6779.6.2.3.2＊	神话文献《淮南子》	
W6779.6.2.3.2.1＊	《淮南子》中的神话属于东夷系统	【中华民族】
W6779.6.2.3.3＊	史书作为神话文献	
W6779.6.2.3.3.1＊	二十四史可谓神话大观	【中华民族】
W6779.6.2.3.4＊	神话文献纬书	
W6779.6.2.3.4.1＊	纬书中包含许多古代对于宇宙的起源和人类社会的发生的解释	【中华民族】
W6779.6.2.4＊	与文献神话有关的其他母题	
W6779.6.2.4.1＊	神话文献的甄别	
W6779.6.2.4.1.1＊	商周神话辨伪	【中华民族】
W6779.6.3	文物神话（图像神话；雕塑神话；岩画神话）	
W6779.6.3.1＊	文物神话的产生	

W 编码	母题描述	关联项
W6779.6.3.2＊	文物神话的特征	
W6779.6.3.3＊	特定的神话文物	
W6779.6.3.3.1＊	玉器石刻	
W6779.6.3.3.1.1＊	良渚文化中的玉器刻符包含创世神话	【中华民族】
W6779.6.3.3.2＊	神话图像	
W6779.6.3.3.2.1＊	画像石	
W6779.6.3.3.2.1.1＊	汉画像石中的神话	【多民族】
W6779.6.3.3.2.1.1.1＊	河南现存汉画中有伏羲、女娲、盘古、羲和常羲、西王母和东王公、羿射十日、嫦娥奔月、神荼和郁垒、黄帝战蚩尤、鲧化黄熊、夏禹化熊和启母化石、玄鸟生商等众多远古神话	【中华民族】
W6779.6.3.3.2.2＊	特定的神话图像形象	
W6779.6.3.3.2.2.1＊	汉人画像石中的羽人图像	【中华民族】
W6779.6.3.3.2.3＊	出土文物中特定的神话形象	
W6779.6.3.3.2.3.1＊	三星堆出土的“青铜神树”就是《山海经》中的扶桑	【中华民族】
W6779.6.3.4＊	与文物神话有关的其他母题	
W6779.6.3.4.1＊	神话衍生的文物	【中华民族】
W6779.6.4	民俗神话（仪式神话）	
W6779.6.4.1＊	民俗神话的产生	
W6779.6.4.2＊	民俗神话的特征	
W6779.6.4.3＊	与民俗神话有关的其他母题	
W6779.6.5	新媒体神话（影视神话；神话游戏）	
W6779.6.5.1＊	新媒体神话的产生	
W6779.6.5.2＊	新媒体神话的特征	
W6779.6.5.3＊	与新媒体神话有关的其他母题	

W 编码	母题描述	关联项
W6779.6.6	其他形态的神话	
W6779.6.6.1 *	半神话	【多民族】
W6779.6.6.2 *	描述性神话	【多民族】
W6779.6.6.3 *	原始形态神话	
W6779.6.6.3.1 *	一个神话比较典型地保存了神话的基本特征和比较完整的活的形态，就是原始形态神话	【多民族】
W6779.6.6.4 *	低级形态神话	
W6779.6.6.5 *	高级形态神话	
W6779.6.6.5.1 *	解释天地起源、人类起源的神话应该是高级形态神话	【多民族】
W6779.7	按神话产生情形划分神话	
W6779.7.1	原生神话	
W6779.7.2	次生神话（拟神话）	
W6779.7.3	新神话	
W6779.7.3.1 *	新神话不断产生	
W6779.7.3.1.1 *	到某时代，新的神话又发生	【中华民族】
W6779.8	按神话的语言等表现形式划分神话	
W6779.8.1	韵体神话（韵文神话）	
W6779.8.1.1	神话诗	［W6785.3.6］神话史诗
W6779.8.2	散体神话（散体文神话）	
W6779.8.3	韵散结合体神话	
W6779.8.3.1	神话说唱	
W6779.9	与神话类型有关的其他母题	［W6778.8.1.7.3a *］神话类型的融合
W6779.9.1	按神话的功能划分神话	
W6779.9.1.1 *	属于原始人的原始信仰的神话	【多民族】
W6779.9.2	按神话叙事的主体划分神话	

W 编码	母题描述	关联项
W6779.9.2.1＊	洪水神话	
W6779.9.2.1.1＊	洪水神话的产生	
W6779.9.2.1.1.1＊	洪水神话相对的时间大约全在农业的初期	【多民族】
W6779.9.2.1.2＊	洪水神话的特征	［W6779.1.9.1.3.1＊］洪水神话在中国各民族分布广泛
W6779.9.2.1.2.1＊	洪水神话与文明和社会组织的建构有关	【中华民族】
W6779.9.2.1.2.1.1＊	洪水神话是一部神化了的历史	【多民族】
W6779.9.2.1.2.1.2＊	各民族的洪水神话是一部口碑历史	【多民族】
W6779.9.2.1.2.2＊	洪水神话是世界性的文化现象	【中华民族】
W6779.9.2.1.2.3＊	特定洪水神话有特定的特征	
W6779.9.2.1.2.3.1＊	中国洪水神话诸特点中，葫芦占极特殊的地位	【中华民族】
W6779.9.2.1.2.4＊	洪水神话内容宽泛	
W6779.9.2.1.2.4.1＊	洪水神话的内容不限于洪水本身，还包括了人类起源、地球变迁、天灾人祸、生产斗争和各种风俗	【多民族】
W6779.9.2.1.3＊	特定的洪水神话	
W6779.9.2.1.3.1＊	大禹治水神话	
W6779.9.2.1.4＊	与洪水神话有关的其他母题	
W6779.9.2.1.4.1＊	洪水神话通常被神话研究者归入创世神话	【多民族】
W6779.9.2.2	盘古神话①	
W6779.9.2.2.1	盘古神话的产生	
W6779.9.2.2.1.1	盘古神话产生的原因（盘古神话产生的条件）	

① 盘古神话，这里应“盘古神话”作为神话人物为分类视角的例证，可以发现任何一个神话人物的叙事都可能具有很复杂的话语背景。这些背景又会促成不同的母题分析结构或话语体系，其母题体系的建构对形成具有分析价值的该神话人物的数据集成具有积极意义。

W 编码	母题描述	关联项
W6779.9.2.2.1.1.1＊	盘古神话有中国远古文化之根	【多民族】
W6779.9.2.2.1.1.2＊	盘古神话源于汉族文人对少数民族相关神话的加工整合	［W6779.9.2.2.1.1.6＊］盘古神话的形成与文人加工创作有关
W6779.9.2.2.1.1.3＊	人与自然可以相互转化的原始思维，是盘古垂死化身神话母题的心理基础	【多民族】
W6779.9.2.2.1.1.4	盘古神话的产生源于特定文化	
W6779.9.2.2.1.1.4.1＊	《黑暗传》中的盘古神话与楚文化有密切联系	【中华民族】
W6779.9.2.2.1.1.4.2＊	《黑暗传》中的盘古神话传说渊源于楚文化	【汉族等】
W6779.9.2.2.1.1.4.3＊	盘古开天辟地神话的基础是浑天说	【中华民族】
W6779.9.2.2.1.1.4.4＊	盘古开天辟地神话是多民族文化融合的结晶	【中华民族】
W6779.9.2.2.1.1.5	盘古神话属于集体创造	
W6779.9.2.2.1.1.5.1＊	盘古神话是几个民族的先民所共创	【多民族】
W6779.9.2.2.1.1.5.2＊	盘古神话是中国古代各民族交融中自己创造的宇宙天地开辟神话	【中华民族】
W6779.9.2.2.1.1.6＊	盘古神话的形成与文人加工创作有关	【关联】①
W6779.9.2.2.1.1.6.1＊	三国时代徐整笔下的盘古是根据南方苗、瑶等民族的民间传说并综合上古神话中一些开天辟地资料塑造出来的	【多民族】
W6779.9.2.2.1.1.6.2＊	《三五历记》中的盘古是徐整杜撰	【中华民族】

① ［W6779.9.2.2.4.1.7＊］明代周游《开辟衍绎》的记述把盘古开天辟地的神话从抽象神秘的理念中解放出来；［W6779.9.2.2.4.1.8.1.1＊］盘古神话在文人笔下被剔剥得只剩了一些筋骨失去活泼的生命；［W6779.9.2.2.8.4.1＊］文人创作导致盘古神格演变。

W 编码	母题描述	关联项
W6779.9.2.2.1.1.6.3＊	盘古创世神话明显存在文人加工藻饰的痕迹	【汉族】@［W6779.9.2.2.1.9.3.2＊］盘古神话是民众以自己的主观想象的原始理解以及文人又对其进行加工演化的结果
W6779.9.2.2.1.2	盘古神话产生的时间	
W6779.9.2.2.1.2.0＊	盘古神话早于汉代	
W6779.9.2.2.1.2.0.1＊	盘古神话的萌芽最早出现在山顶洞人时期	【中华民族】
W6779.9.2.2.1.2.0.2＊	盘古开辟天地神话在长江流域发展和形成的年代早在春秋战国时，至迟在秦汉之间	【汉族等】
W6779.9.2.2.1.2.0.2.1＊	作为盘古原型的混沌出现在春秋时期	【中华民族】
W6779.9.2.2.1.2.0.2.2＊	盘古神话可能在先秦时期已经流传	【中华民族】
W6779.9.2.2.1.2.0.3＊	盘古神话早在秦汉之前已在民间口头流传	【汉族】
W6779.9.2.2.1.2.0.3a＊	盘古神话的内容因子先秦两汉的文献早有记载	【中华民族】
W6779.9.2.2.1.2.0.4＊	盘古神话的文献年龄起于公元三世纪	【多民族】
W6779.9.2.2.1.2.0a＊	盘古神话的产生也不应很晚	【中华民族】
W6779.9.2.2.1.2.0a.1＊	盘古神话的产生时代不比盘瓠晚	【中华民族】
W6779.9.2.2.1.2.0b＊	盘古开天辟地神话只能产生于战国之后而不可能产生于战国之前	【中华民族】
W6779.9.2.2.1.2.1＊	盘古开天在两汉后期的史书中有记载	【中华民族】

W 编码	母题描述	关联项
W6779. 9. 2. 2. 1. 2. 1a＊	有研究者把盘古神话流传时代的下限从三国提前到东汉时期	【中华民族】
W6779. 9. 2. 2. 1. 2. 1b＊	盘古之神话最迟必产生于东汉以前	【多民族】
W6779. 9. 2. 2. 1. 2. 1c＊	盘古神话产生流传时间的下限在三国时代	【中华民族】
W6779. 9. 2. 2. 1. 2. 2＊	宋以前有关于盘古的记载	【汉族】
W6779. 9. 2. 2. 1. 2. 3＊	目前找不出三国以前记载盘古的论据	【汉族】
W6779. 9. 2. 2. 1. 2. 3a＊	盘古有图且施之壁画在三国以前早已存在	【中华民族】
W6779. 9. 2. 2. 1. 2. 4＊	先秦典籍中不可能有关于盘古的记载	【汉族】
W6779. 9. 2. 2. 1. 2. 5	特定时代已流传盘古神话	
W6779. 9. 2. 2. 1. 2. 5. 1＊	盘古神话流传于秦汉间	
W6779. 9. 2. 2. 1. 2. 5. 1. 1＊	盘古开天地的神话广泛流传在秦汉间	【多民族】
W6779. 9. 2. 2. 1. 2. 5. 1. 2＊	盘古神话的内容因素在先秦两汉典籍中都有记载	【中华民族】
W6779. 9. 2. 2. 1. 2. 5. 1. 3＊	盘古神话产生于汉代	【中华民族】
W6779. 9. 2. 2. 1. 2. 5. 1. 4＊	盘古神话产生于东汉	【中华民族】
W6779. 9. 2. 2. 1. 2. 5. 1. 5＊	盘古神话的形成晚于秦汉	【中华民族】
W6779. 9. 2. 2. 1. 2. 5. 2＊	三国时代产生盘古开天辟地和化生万物神话	【中华民族】
W6779. 9. 2. 2. 1. 2. 5. 3＊	南北朝时期梁朝时，盘古神话已在苗、瑶、壮、越等兄弟民族中广为流传	【多民族】
W6779. 9. 2. 2. 1. 2. 6	盘古神话出现较晚	

W 编码	母题描述	关联项
W6779. 9. 2. 2. 1. 2. 6. 1 *	盘古在创业诸神中出现的较晚	【中华民族】
W6779. 9. 2. 2. 1. 3	盘古神话产生的地点（盘古神话发源于特定地区；盘古神话的发源地）	
W6779. 9. 2. 2. 1. 3. 0 *	盘古神话的起源地众说纷纭	
W6779. 9. 2. 2. 1. 3. 0. 1 *	盘古神话起源地目前有印度说、巴比伦说、西北说、南方说、苗族说、瑶族说、中原说、环太平洋文化因子说等八种	【多民族】
W6779. 9. 2. 2. 1. 3. 0. 1. 1 *	盘古神话起源于印度	【中华民族】
W6779. 9. 2. 2. 1. 3. 0. 1. 1. 1 *	盘古神话原型实是来自古印度创世神话中的梵摩神创生宇宙故事	【中华民族】
W6779. 9. 2. 2. 1. 3. 0. 1a *	尸体化生型盘古神话不能说它是完全的舶来品	【多民族】
W6779. 9. 2. 2. 1. 3. 0. 1b *	盘古神话来源于印度的“西来说”当休	【中华民族】
W6779. 9. 2. 2. 1. 3. 1 *	盘古开辟天地神话产生于南方	【汉族】
W6779. 9. 2. 2. 1. 3. 1. 1 *	盘古神话产生地的南方历来为蛮夷之地	【中华民族】
W6779. 9. 2. 2. 1. 3. 1. 2 *	盘古开天辟地和再造人类的神话可能最早出现在珠江流域	【壮族】
W6779. 9. 2. 2. 1. 3. 1. 3 *	盘古神话源于远古聚居在以沅水为中心的南方各部落	【古代南方民族】
W6779. 9. 2. 2. 1. 3. 1. 4 *	盘古开天辟地是流传在苗蛮集团中的始祖神话传说	【南方民族】
W6779. 9. 2. 2. 1. 3. 1. 5 *	盘古神话本产生于南方而后渐渐北行	【中华民族】
W6779. 9. 2. 2. 1. 3. 1. 6 *	盘古神话产生于岭南地区	【多民族】

W 编码	母题描述	关联项
W6779. 9. 2. 2. 1. 3. 1. 7 ∗	盘古神话直接出自南方	【中华民族】
W6779. 9. 2. 2. 1. 3. 1. 8 ∗	不能说盘古开辟天地神话起源于南方苗族	【汉族等】
W6779. 9. 2. 2. 1. 3. 2 ∗	盘古不可能产生于中原地区	【民族，关联】①
W6779. 9. 2. 2. 1. 3. 2. 1 ∗	中原既无盘古遗迹又无记载，盘古神话产生于中原的可能性最小	【中华民族】
W6779. 9. 2. 2. 1. 3. 2. 2 ∗	秦汉之后，盘古开天辟地、化生万物的神话传入中原	【中华民族】
W6779. 9. 2. 2. 1. 3. 2a ∗	盘古神话产生于南方的说法不符合实际，中原的盘古神话自成体系	【中华民族】
W6779. 9. 2. 2. 1. 3. 2a. 1 ∗	盘古神话在中原出现最早	
W6779. 9.2.2.1.3.2a. 1.1 ∗	盘古神话在中原出现最早并形成两个系统，山系的桐柏山、太行山；水系的淮河流域、黄河流域	【中华民族】
W6779. 9. 2. 2. 1. 3. 3 ∗	盘古神话源于“南海盘古国”	【多民族】
W6779. 9. 2. 2. 1. 3. 3. 1 ∗	“南海”当指秦汉时期的南海郡，即岭南一带	【多民族】
W6779. 9. 2. 2. 1. 3. 4 ∗	盘古开天辟地神话源于我国南方的两粤地区	【中华民族】@［W6779. 9. 2. 2. 6. 6. 1. 2 ∗］盘古属于两粤民间传说
W6779. 9. 2. 2. 1. 3. 4. 1 ∗	盘古神话在粤北地区流传很广	【汉族】
W6779. 9. 2. 2. 1. 3. 5 ∗	盘古开天辟地的神话源于我国西北	【中华民族】@［W6779. 9. 2. 2. 1. 9. 2. 1 ∗］盘古神话虽源出西北夏民族神话，最终在三国以前的长江流域及其以南的地区而完成

① 【中华民族】@［W6779. 9. 2. 2. 1. 6. 1 ∗］盘古神话源于汉族；［W6779. 9. 2. 2. 7. 3. 5. 1］盘古神话从北方传到南方。

W 编码	母题描述	关联项
W6779.9.2.2.1.4	盘古神话源于特定事件	
W6779.9.2.2.1.4.1 *	佛教在中国传播日广促成了盘古神话的产生	【中华民族】
W6779.9.2.2.1.5	盘古神话源于其他神话	【关联】①
W6779.9.2.2.1.5.1 *	盘古源于昆仑神话	【中华民族】
W6779.9.2.2.1.5.2 *	盘古神话的源头是伏羲神话	【中华民族】
W6779.9.2.2.1.5.2.0 *	盘古和盘瓠都是伏羲之音转	【中华民族】
W6779.9.2.2.1.5.2.1 *	盘古自伏羲“分身”而来，伏羲自女娲“分身”而来	【中华民族】
W6779.9.2.2.1.5.2.1.1 *	盘古神话的历史渊源是女娲神话	【中华民族】
W6779.9.2.2.1.5.2.1.1.1 *	盘古“垂死化身”是东周女娲化生宇宙神话的发展	【中华民族】
W6779.9.2.2.1.5.2.2 *	盘古取代伏羲开天辟地的始祖神形象	【中华民族】
W6779.9.2.2.1.5.2.3 *	伏羲神话为原生态，盘古神话和盘瓠神话同源异流为次生态	【多民族】
W6779.9.2.2.1.5.2.3a *	从内容或特征而言，伏羲与盘古、槃瓠在最开始时都不属于同类型的神话	【中华民族】
W6779.9.2.2.1.5.3 *	盘古神话源于盘瓠神话	
W6779.9.2.2.1.5.3.0 *	盘古神话可能吸纳了盘瓠传说的某些因素	【中华民族】
W6779.9.2.2.1.5.3.1 *	“盘古”神话事实上是对“盘瓠”神话的搜集整理加上些中原文化和哲理色彩	【中华民族】
W6779.9.2.2.1.5.3.2 *	盘瓠神话传入中土变为盘古神话	【中华民族】

① ［W6779.9.2.2.6.3.0 *］盘古开辟天地神话是源于西北夏民族的神话；［W6779.9.2.2.8.3.2 *］烛龙烛阴神话随楚民族传入长江流域后发展成为盘古开辟天地的神话。

W 编码	母题描述	关联项
W6779.9.2.2.1.5.3.2a＊	盘古神话源于南方少数民族的盘瓠神话	【中华民族】
W6779.9.2.2.1.5.3.3＊	盘古神话与盘瓠神话区别	［W6779.9.2.2.9.1.4.1＊］盘古神话不能被当作是盘瓠故事——一个身份鉴别神话
W6779.9.2.2.1.5.3.3.1＊	盘瓠神话是图腾生育神话，盘古神话是创世神话	【多民族】
W6779.9.2.2.1.5.3.3.2＊	盘古传说反映的是群婚制的血缘家庭形式，而盘瓠传说则反映成对配偶的对偶家庭形式	【多民族】
W6779.9.2.2.1.5.3.4＊	盘古神话不可能源于盘瓠神话	【中华民族】
W6779.9.2.2.1.5.4＊	盘古神话源于其他特定神话	【中华民族】
W6779.9.2.2.1.5.4.1＊	盘古神话是女娲创世神话的置换变形	【中华民族】
W6779.9.2.2.1.5.4.2＊	盘古神话直接的源是《山海经》中的烛龙烛阴神话	【汉族】
W6779.9.2.2.1.5.5＊	盘古神话源于多个神话	
W6779.9.2.2.1.5.5.1＊	盘古神话的产生烛龙神话是基础，同时吸收了佛经神话	【中华民族】
W6779.9.2.2.1.5.5.2＊	盘古神话可能源于华南珠江流域的原住民族壮族及同源的布依族、水族、侬佬族、毛南族、侗族等民族的远古神话	【多民族】
W6779.9.2.2.1.5.6＊	盘古神话在其他神话基础上的发展线索	
W6779.9.2.2.1.5.6.1＊	《山海经》烛龙烛阴神话到《五运历年记》“盘古之君”神话，再到《五运历年记》“垂死化身”的盘古开辟天地神话	【多民族】
W6779.9.2.2.1.6	盘古神话源于特定的民族	
W6779.9.2.2.1.6.0＊	盘古传说的始作者可能与南方少数民族的关系更密切	【多民族】

W 编码	母题描述	关联项
W6779.9.2.2.1.6.1＊	盘古神话源于汉族	【中华民族】【多民族】
W6779.9.2.2.1.6.1.1＊	盘古神话的首创者是夏人	【中华民族】
W6779.9.2.2.1.6.2＊	岭南民族创造了盘古开辟天地神话	【中华民族】
W6779.9.2.2.1.6.3＊	盘古神话源于两粤土著居民（乌浒）	【壮族】
W6779.9.2.2.1.6.4＊	盘古神话源于壮族先民	【壮族】
W6779.9.2.2.1.6.5＊	盘古神话源于苗族	
W6779.9.2.2.1.6.5.1＊	不能根据苗瑶族地区有盘古庙就认为盘古开天辟地神话起源于苗族	【多民族】
W6779.9.2.2.1.6.6	盘古神话源于其他特定民族	
W6779.9.2.2.1.6.6.1＊	盘古神话是瑶族先民的神话	【中华民族】
W6779.9.2.2.1.6.7	盘古神话产生于多个民族	
W6779.9.2.2.1.6.7.1＊	盘古神话最初产生于南方苗、瑶等民族	【南方民族】
W6779.9.2.2.1.7	盘古神话的产生源于多种文化融合（特定盘古神话叙事源于特定的影响）	
W6779.9.2.2.1.7.1＊	盘古开天辟地神话吸收了南方少数民族盘瓠或盘古的传说	【多民族】
W6779.9.2.2.1.7.2＊	盘古既是中外文化交流的产物，又是中原文化与南方原始文化交融的结果	【中华民族】
W6779.9.2.2.1.7.3＊	盘古神话内容上是儒、道、佛、巫（原始文化）四者合一	【中华民族】
W6779.9.2.2.1.8	盘古神话产生的其他情况	
W6779.9.2.2.1.8.1＊	盘古神话的起源不在中国本土	

W 编码	母题描述	关联项
W6779.9.2.2.1.8.1.1＊	盘古开辟天地神话最早出自西亚巴比伦创世史诗	【多民族】
W6779.9.2.2.1.8.1.2＊	盘古神话是东汉中叶以后取道西南传到中夏的西亚、印度神话	【古代民族】
W6779.9.2.2.1.9	与盘古神话的产生有关的其他母题	［W6773.3.2.1＊］盘古神话是几个民族的先民所共创
W6779.9.2.2.1.9.0＊	盘古神话是民族神话史的发端点	【中华民族】
W6779.9.2.2.1.9.1＊	盘古、伏羲（女娲）、槃瓠神话同出一源	【汉族】
W6779.9.2.2.1.9.2	盘古神话的最终形成	
W6779.9.2.2.1.9.2.1＊	盘古神话虽源出西北夏民族神话，最终在三国以前的长江流域及其以南的地区而完成	【汉族等】@［W6779.9.2.2.1.3.5＊］盘古开天辟地的神话源于我国西北
W6779.9.2.2.1.9.2.2＊	特定人物对特定神话的改造形成盘古神话	
W6779.9.2.2.1.9.2.2.1＊	文人吸收南方各族“盘古”入汉族神话形成盘古神话	【民族，关联】①
W6779.9.2.2.1.9.3	盘古神话的创作方法	
W6779.9.2.2.1.9.3.1＊	通过幻想和虚构把自然力加以形象化创造了开天辟地的造物大神盘古	【多民族】
W6779.9.2.2.1.9.3.1.1＊	盘古尸变叙事纯属主观虚构	【多民族】@［W6779.9.2.2.2.2］盘古神话是虚构
W6779.9.2.2.1.9.3.2＊	盘古神话是民众以自己的主观想象的原始理解以及文人又对其进行加工演化的结果	【中华民族】
W6779.9.2.2.1.9.4	原生型盘古神话	
W6779.9.2.2.1.9.4.1＊	“盘勾”或“盘咕”是盘古神话的一种原生型	【多民族】

① 【中华民族】@［W6779.9.2.2.7.3.0＊］盘古神话多流传于长江以南的广大地区；［W6779.9.2.2.8.9.4.1＊］南方盘古神话经中部文人的采用修改成为中华民族的神话。

W 编码	母题描述	关联项
W6779.9.2.2.2	盘古神话的特征（盘古神话的性质）	
W6779.9.2.2.2.1	盘古神话是历史真实	
W6779.9.2.2.2.1.1 *	盘古神话可还原历史真实	【多民族】
W6779.9.2.2.2.1.2 *	盘古神话是可信的	【中华民族】
W6779.9.2.2.2.1a *	盘古的神话作为正史不当	【中华民族】
W6779.9.2.2.2.2	盘古神话是虚构	［W6780.5.1.2.3 *］神话是虚构的故事，传说有相当的历史事实作根据
W6779.9.2.2.2.2.1 *	盘古是我国远古时代一个神话传说人物，不是一个真实存在的人物	【中华民族】
W6779.9.2.2.2.3 *	盘古神话因地域或民族而异	【多民族】
W6779.9.2.2.2.3.1 *	盘古神话在中国各民族中均有出现，但内涵有所不同	【中华民族】
W6779.9.2.2.2.3.2 *	布依族地区流传的盘古神话比汉族地区流传的盘古开天辟地更为古朴	【布依族】
W6779.9.2.2.2.3.3 *	盘古神话流传南方多些，北方少些；少数民族多些，汉族少些	【多民族】
W6779.9.2.2.2.4	盘古神话是一种象征	
W6779.9.2.2.2.4.1 *	盘古神话是中华民族历史文化伟大开端的一个不朽的象征	【中华民族】
W6779.9.2.2.2.5 *	盘古神话永远是中国的第一神话	【中华民族】
W6779.9.2.2.2.5.1 *	盘古神话是民族神话的“第一页”和中华民族神话史的发端点	【中华民族】
W6779.9.2.2.2.6 *	盘古神话具有创世性，原生性，悠久性，完整性等特点	【中华民族】
W6779.9.2.2.2.7 *	盘古神话的本质是创世神话	［W6779.9.2.2.6.3.5 *］盘古开天辟地是中华民族最为壮丽的创世神话

W 编码	母题描述	关联项
W6779.9.2.2.2.7.1 *	盘古神话属于世界创生神话	【中华民族】
W6779.9.2.2.2.7.1.1 *	盘古神话是中国唯一的宇宙创生神话	【中华民族】
W6779.9.2.2.2.7.1.2 *	由浑沌到盘古开天地才构成中国的宇宙创生神话	【中华民族】
W6779.9.2.2.2.7.2 *	盘古神话是开辟神话的代名词	【多民族】
W6779.9.2.2.2.7.3 *	盘古神话是典籍中中国创生类神话的代表	【中华民族】
W6779.9.2.2.2.7.4 *	盘古神话是中国创始神话	【中华民族】
W6779.9.2.2.2.7.4.1 *	盘古神话包括盘古化生神话和再造人类神话	【多民族】
W6779.9.2.2.2.7a *	盘古神话是否中国土产还是外来，根本不应被看做是创世的神话	【中华民族】
W6779.9.2.2.2.7b *	盘古神话的实质是浑沌的人格化	【中华民族】
W6779.9.2.2.2.7c *	浑沌盘古神话是中国古代的原始哲学	【中华民族】
W6779.9.2.2.2.7c.1 *	盘古神话的思想内核表达了原始人对宇宙本质、宇宙的本源、宇宙的发展过程等终极问题的看法	【中华民族】
W6779.9.2.2.2.7c.2 *	盘古神话体现了天人合一的哲学思想	【中华民族】
W6779.9.2.2.2.7c.3 *	盘古神话有辩证的哲学思想	【汉族】@［W6779.9.2.2.3.8.4 *］汉族盘古神话中已有了清浊、阴阳、生殖等观念
W6779.9.2.2.2.7d *	盘古神话是中国推原神话	【中华民族】
W6779.9.2.2.2.7d.1 *	盘古神话是我国先民对宇宙的起源和形成的最早解读	【中华民族】
W6779.9.2.2.2.7e *	盘古神话属于世界神话母题“宇宙之卵”	【中华民族】
W6779.9.2.2.2.7f *	盘古神话是英雄神话	【中华民族】

W 编码	母题描述	关联项
W6779.9.2.2.2.7g＊	盘古神话是壮族先民俚僚的神话	【壮族】
W6779.9.2.2.2.8＊	盘古神话是文化遗产	
W6779.9.2.2.2.8.1＊	盘古神话是中华民族共同的文化遗产	【中华民族】
W6779.9.2.2.2.9	与盘古神话的特征有关的其他母题	[W6779.1.2.3.1.5.1＊] 盘古开天辟地是现存中国神话体系中唯一完整的创世神话
W6779.9.2.2.2.9.0＊	盘古神话情节是完整的，构制是智慧的	【中华民族】
W6779.9.2.2.2.9.1＊	盘古神话是古代民间神话	【中华民族】
W6779.9.2.2.2.9.2＊	盘古神话在某些地区流布具有多民族共同性和体系性、普遍性、丰富性	【壮族等】
W6779.9.2.2.2.9.3＊	盘古神话与全球各民族许多关于“宇宙卵”的神话一致	【中华民族】
W6779.9.2.2.2.9.4＊	盘古神话既符合世界各地原始人类的思维的特点，又有中华民族的传统特色	【中华民族】
W6779.9.2.2.2.9.5＊	盘古神话是对人与自然关系的诗意描述、情感体验以及历史经验和直观经验的形象概括	【中华民族】
W6779.9.2.2.2.9.6＊	盘古和女娲神话传说具有劳动创世、阴阳互补、崇尚自然和体系完整等特征	【汉族】
W6779.9.2.2.2.9.7	盘古神话的形式特征（盘古神话的结构特征）	
W6779.9.2.2.2.9.7.1＊	盘古神话形式上是混沌、阴阳、烛龙、槃瓠与梵摩的大统一	【中华民族】
W6779.9.2.2.2.9.7.2＊	盘古神话很可能是壮族洪水神话体系的开端	【壮族】
W6779.9.2.2.3	盘古神话的含义（盘古神话的主题）	

W 编码	母题描述	关联项
W6779.9.2.2.3.1 *	盘古神话反映了古代人们对自然界的幼稚认识	【中华民族】
W6779.9.2.2.3.1.1 *	盘古女娲神话解释人类与宇宙万物的由来反映了一种万物有灵的泛神论思想	【汉族】
W6779.9.2.2.3.1.2 *	盘古神话表现了对宇宙天地的幻想、解释和探索精神	【中华民族】
W6779.9.2.2.3.1.2.1 *	鸡形盘古神话出现在古越地是初民对鸡、日、人和万物关系幻想的产物	【中华民族】
W6779.9.2.2.3.1.3 *	盘古化生神话反映出原始时代肢解分食首子的信仰崇拜	【多民族】
W6779.9.2.2.3.2 *	盘古神话体现了中华民族开拓创新、敢于担当、无私奉献、大爱包容等精神	【汉族】
W6779.9.2.2.3.2.1 *	盘古神话表现出一种崇高无私的“大公”精神	【中华民族】
W6779.9.2.2.3.3 *	盘古神话体现出原始社会劳动人民纯朴道德风尚和基本准则	【中华民族】
W6779.9.2.2.3.4 *	盘古神话充满斗争精神	【中华民族】
W6779.9.2.2.3.5 *	盘古神话与后世创新创造精神契合	【多民族】
W6779.9.2.2.3.6 *	盘古神话沉淀着先秦以来中国文化对自然的基本观念	
W6779.9.2.2.3.6.1 *	盘古神话反映出世界的本原观和终极论、人与万物同源同性、物我同胞天人一体、万物有灵、万物和谐相等观念	【中华民族】
W6779.9.2.2.3.7 *	盘古神话主要包含宇宙之卵和垂死化身两个母题	【多民族】
W6779.9.2.2.3.8 *	盘古神话的其他含义	

W 编码	母题描述	关联项
W6779.9.2.2.3.8.1 *	盘古神话蕴含着非常丰富的关于远古社会、经济、文化等方面的内容	【壮族】
W6779.9.2.2.3.8.2 *	“盘古” 就是向朗发展的意识心自身	【中华民族】
W6779.9.2.2.3.8.3 *	盘古传说是历史的缩影	
W6779.9.2.2.3.8.3.1 *	盘古传说是反映瑶族先民原始社会已由母系氏族社会家庭阶段向父系社会前进的一个缩影	【瑶族】
W6779.9.2.2.3.8.4 *	汉族盘古神话中已有了清浊、阴阳、生殖等观念	【汉族】
W6779.9.2.2.3.9	与盘古神话含义有关的其他母题	
W6779.9.2.2.3.9.1 *	盘古神话的出现反映了男性已取代女性，具有父系氏族社会某些本质特点	【汉族】
W6779.9.2.2.3.9.2 *	盘古神话反映出民族文化融合	【中华民族】
W6779.9.2.2.4	盘古神话的载体	
W6779.9.2.2.4.1	文献中的盘古神话	
W6779.9.2.2.4.1.1 *	《资治通鉴外纪》引《三五历记》及《述异记》标志盘古第一次进入史籍	【中华民族】@ ［W6779.9.2.2.1.2.0.4 *］盘古神话的文献年龄起于公元三世纪
W6779.9.2.2.4.1.2 *	古代各地盘古神话文字虽所述有异，但基点一致	【中华民族】
W6779.9.2.2.4.1.3	盘古神话抄本	
W6779.9.2.2.4.1.3.1	广西柳州市柳江县融安县大将镇东潭村盘古化身神话的山歌手抄本	【壮族】
W6779.9.2.2.4.1.4 *	记载盘古的文献最基本的只有《三五历记》《述异记》二书	【中华民族】
W6779.9.2.2.4.1.5 *	盘古神话最早见于文字是三国吴人徐整所著的《三五历记》和《五运历年记》	【汉族】

W 编码	母题描述	关联项
W6779.9.2.2.4.1.6＊	较早记录盘古神话且情节较完整的当首推晋人范晔的《后汉书·南蛮列传》	【多民族】
W6779.9.2.2.4.1.7＊	明代周游《开辟衍绎》的记述把盘古开天辟地的神话从抽象神秘的理念中解放出来	【多民族】
W6779.9.2.2.4.1.8	盘古文献神话的特征	
W6779.9.2.2.4.1.8.1＊	盘古文献神话生命力缺失	
W6779.9.2.2.4.1.8.1.1＊	盘古神话在文人笔下被剔剥得只剩了一些筋骨失去活泼的生命	【中华民族】
W6779.9.2.2.4.1.9	与盘古文献有关的其他母题	
W6779.9.2.2.4.1.9.1	盘古经文	
W6779.9.2.2.4.1.9.1.1	家传盘古经文	【汉族】
W6779.9.2.2.4.1.9.2	地方志文献记载的盘古	【汉族】
W6779.9.2.2.4.2	口头文本中的盘古神话	
W6779.9.2.2.4.2.1	民间口头长诗中叙述盘古神话	
W6779.9.2.2.4.2.1.1	《黑暗传》中说盘古	【汉族等】
W6779.9.2.2.4.3	文物中的盘古神话	
W6779.9.2.2.4.3.1	文物图画中的盘古神话	【中华民族】
W6779.9.2.2.4.3.1.1	南阳汉画像石中有盘古夫妻斗兽图	【中华民族】
W6779.9.2.2.4.3.1.2＊	南阳汉画像石中有盘古令伏羲女娲兄妹结婚图	【汉族】
W6779.9.2.2.4.4	民俗中的盘古神话	
W6779.9.2.2.4.4.1	壮族祭祀盘古	【汉族、壮族等】
W6779.9.2.2.4.4.2	瑶族祭盘古王	

W 编码	母题描述	关联项
W6779.9.2.2.4.5	多媒体中的盘古神话（新媒体中的盘古神话）	
W6779.9.2.2.4.5.1	盘古神话音频	
W6779.9.2.2.4.5.2	盘古神话影视	
W6779.9.2.2.4.5.3	盘古神话游戏（与盘古有关的游戏）	
W6779.9.2.2.4.5.3.1	“石狮子吞小孩”游戏与盘古有关	【汉族】
W6779.9.2.2.4.5.4	盘古神话景观（盘古相关景观）	
W6779.9.2.2.4.5.4.1	广东肇庆盘古公园	【多民族】
W6779.9.2.2.4.5.4.2	河北青县盘古广场	【汉族】
W6779.9.2.2.4.5.4.3	河南泌阳县拜祖广场	【汉族】
W6779.9.2.2.4.5.4.4	广西来宾市良塘乡盘古文化生态园	【汉族、壮族】
W6779.9.2.2.4.5.4.5	盘古图腾柱	【汉族】
W6779.9.2.2.6	特定的盘古神话（盘古神话的类型；盘古神话归属）	
W6779.9.2.2.6.0	盘古神话有多种类型	
W6779.9.2.2.6.0.1 *	盘古神话有“宇宙蛋创世型”“肢体化解创世型”“斧凿开劈型”三种类型	【多民族】
W6779.9.2.2.6.0.2 *	盘古神话分为尸体化生神话和天地分离神话	【中华民族】
W6779.9.2.2.6.0.3 *	盘古神话与原人神话都不是单纯的卵生型	【中华民族】
W6779.9.2.2.6.1	盘古创世神话	【汉族】@［W6779.9.2.2.7.3.2.2］河南西华县流传许多盘古女娲的创世神话
W6779.9.2.2.6.2 *	“般”和“鼓”（通“盘古”）的神话传说	【中华民族】
W6779.9.2.2.6.3	盘古开天地神话	

W 编码	母题描述	关联项
W6779.9.2.2.6.3.0＊	盘古开辟天地神话是源于西北夏民族的神话	【汉族等】
W6779.9.2.2.6.3.1＊	盘古开天地神话是汉族和少数民族地区影响最大的开辟神话	【中华民族】
W6779.9.2.2.6.3.2＊	盘古开天地的神话描述的宇宙起源约经历了300亿—150亿年	【中华民族】
W6779.9.2.2.6.3.3＊	盘古开天辟地神话是世界父母型神话	【中华民族】
W6779.9.2.2.6.3.4＊	盘古开天辟地神话版本并不统一	【中华民族】
W6779.9.2.2.6.3.5＊	盘古开天辟地是中华民族最为壮丽的创世神话	【汉族】@［W6779.9.2.2.2.7a＊］盘古神话是否中国土产还是外来，根本不应被看做是创世的神话
W6779.9.2.2.6.3.6＊	盘古开天地的神话是中国创世神话的典型代表	【多民族】
W6779.9.2.2.6.3.7＊	盘古开天辟地是现存中国神话体系中唯一完整的创世神话	【中华民族】@［W6779.9.2.2.2.7.1.1＊］盘古神话是中国唯一的宇宙创生神话
W6779.9.2.2.6.3.8＊	盘古开天辟地神话比较接近原始形态	【多民族】
W6779.9.2.2.6.4	盘古再生创世型神话	
W6779.9.2.2.6.4.1＊	盘古再生创世型神话主要源于壮侗语民族的兄妹结婚再造人类神话	【南方民族】
W6779.9.2.2.6.5	其他以叙事主题或内容划分的盘古神话	
W6779.9.2.2.6.5.1	盘古化生神话（盘古垂死化生神话）	
W6779.9.2.2.6.5.1.1＊	盘古化生神话反映了初民的生命观	【多民族】
W6779.9.2.2.6.5.1.2＊	盘古“垂死化生创世”在古越人中有多种说法	【壮族】

W 编码	母题描述	关联项
W6779.9.2.2.6.5.1.3＊	盘古死后化身神话是初民对人文地理现象的一种解释	【多民族】
W6779.9.2.2.6.5.2＊	盘古兄妹再造人类型洪水神话	【多民族】
W6779.9.2.2.6.6	按地域划分的盘古神话	
W6779.9.2.2.6.6.1	华南盘古神话	
W6779.9.2.2.6.6.1.1＊	华南的盘古神话包括开天辟地神话、化身为山川日月神话、洪水遗民兄妹婚再造人类神话等	【多民族】
W6779.9.2.2.6.6.1.2＊	盘古属于两粤民间传说	【多民族】
W6779.9.2.2.6.7	按盘古分期划分的盘古神话	
W6779.9.2.2.6.7.1	上元盘古期神话	
W6779.9.2.2.6.7.1.1＊	上元盘古期为宇宙开辟的盘古神话	【中华民族】
W6779.9.2.2.6.7.2	中元盘古期神话	
W6779.9.2.2.6.7.2.1＊	中元盘古期为创世内容的盘古神话	【中华民族】
W6779.9.2.2.6.7.3	下元盘古期神话	
W6779.9.2.2.6.7.3.1＊	下元盘古期为洪水型盘古神话	【中华民族】
W6779.9.2.2.7	盘古神话的传播（盘古神话的流传地）	
W6779.9.2.2.7.0	盘古神话传播的原因（盘古神话传播的条件）	
W6779.9.2.2.7.0.1	盘古因道教传播	【多民族】@［W6779.9.2.2.9.1.2＊］浑沌盘古神话成为中国天道哲学的理论本源
W6779.9.2.2.7.0.1.1＊	盘古神话与道教神话的结合使之焕发了新的活力	【中华民族】
W6779.9.2.2.7.0.1.2＊	道教宣传促进盘古神话传播	【中华民族】【多民族】

W 编码	母题描述	关联项
W6779. 9. 2. 2. 7. 0. 1a *	盘古因佛教传播	【中华民族】
W6779. 9. 2. 2. 7. 0. 1b *	佛教传入之前盘古神话已在中华大地广为流传	【中华民族】
W6779. 9. 2. 2. 7. 0. 1c *	盘古神话因建庙传播	
W6779. 9. 2. 2. 7. 0. 1c. 1 *	修建盘古庙后，盘古爷和盘古奶的故事在各地传开	【汉族】
W6779. 9. 2. 2. 7. 0. 2	盘古神话的传播与政治、经济活动等有关	
W6779. 9. 2. 2. 7. 0. 2. 1 *	秦汉以后，随着南方经济的发展特别是吴蜀对南方的开发，岭南地区的盘古神话北渐流入中原	【中华民族】
W6779. 9. 2. 2. 7. 0. 3	民族迁徙为盘古神话传播创造条件	
W6779. 9. 2. 2. 7. 0. 3. 1 *	夏民族的盘古神话随着诸夏的大迁徙远播于长江流域	【多民族】
	【中华民族】	
W6779. 9. 2. 2. 7. 0. 4 *	盘古神话之所以能传承几千年源于它是“立体的文学”	【多民族】
W6779. 9. 2. 2. 7. 0. 5 *	民族交往导致盘古神话传播	【彝族】
W6779. 9. 2. 2. 7. 0a	盘古神话传承的形式（盘古神话传播的多种渠道）	
W6779. 9. 2. 2. 7. 0a. 1 *	盘古神话的庙宇传承	【壮族等】
W6779. 9. 2. 2. 7. 0a. 2 *	盘古神话的宗教传承（盘古神话通过民间信仰传承）	【壮族等】
W6779. 9. 2. 2. 7. 0a. 2. 1 *	盘古神话传说因盘古信仰习俗这一载体得到丰富和传承	【壮族】
W6779. 9. 2. 2. 7. 0a. 3 *	盘古神话的讲唱传承	【壮族等】
W6779. 9. 2. 2. 7. 0a. 3. 1 *	口传心授的盘古神话	【中华民族】

W 编码	母题描述	关联项
W6779. 9. 2. 2. 7. 0a. 4 *	盘古神话的仪俗传承	【壮族等】
W6779. 9. 2. 2. 7. 0a. 5 *	盘古神话的地名传承，景观传承	【壮族等】
W6779. 9. 2. 2. 7. 0a. 6 *	盘古神话的景观传承	【壮族等】@［W6779. 9. 2. 2. 4. 5. 4］盘古神话景观（盘古相关景观）
W6779. 9. 2. 2. 7. 0b	盘古神话特定时间流传于特定地区	
W6779. 9. 2. 2. 7. 0b. 1 *	三国时盘古神话主要流传在岭南两粤地区	【多民族】@［W6779. 9. 2. 2. 1. 6. 2 *］岭南民族创造了盘古开辟天地神话
W6779. 9. 2. 2. 7. 0b. 2 *	三国时盘古神话流传到吴越	【中华民族】
W6779. 9. 2. 2. 7. 1	盘古创世神话流传于盘古山一带	【汉族】
W6779. 9. 2. 2. 7. 2 *	汉族、瑶族神话中的盘古是一个人	【多民族】
W6779. 9. 2. 2. 7. 3	盘古在特定地区传播	
W6779. 9. 2. 2. 7. 3. 0 *	盘古神话多流传于长江以南的广大地区	【中华民族】
W6779. 9. 2. 2. 7. 3. 0a *	盘古神话主要是流传在南方	【汉族】【南方民族】
W6779. 9. 2. 2. 7. 3. 0a. 1 *	盘古神话主要是在南方，同时遍及四川、云南、贵州、广西、广东、湖南、湖北、江西、安徽、江苏、浙江、河南、河北等地	【中华民族】
W6779. 9. 2. 2. 7. 3. 0a. 2 *	盘古神话广泛在华南几个民族中流传	【中华民族】
W6779. 9. 2. 2. 7. 3. 0b *	盘古神话流传于大江南北	【中华民族】
W6779. 9. 2. 2. 7. 3. 1	盘古在贵州流传	
W6779. 9. 2. 2. 7. 3. 1. 1 *	贵州等地的苗族由于与汉族长期的文化交流采用了盘古说	【苗族】
W6779. 9. 2. 2. 7. 3. 2	盘古在河南流传	
W6779. 9. 2. 2. 7. 3. 2. 1	河南盘古山一带流传盘古神话	【汉族】

W 编码	母题描述	关联项
W6779. 9. 2. 2. 7. 3. 2. 2	河南西华县流传许多盘古女娲的创世神话	【汉族】
W6779. 9. 2. 2. 7. 3. 2. 3	河南省桐柏县和泌阳县当地民间至今仍流传大量盘古神话传说	【汉族】
W6779. 9. 2. 2. 7. 3. 2. 4	河南省济源市克井镇一带流传盘古神话	【汉族】
W6779. 9. 2. 2. 7. 3. 3	盘古在广西流传	
W6779. 9. 2. 2. 7. 3. 3. 1	广西来宾市象州县妙皇乡盘古村一带盘古兄妹结婚造人伦等神话传说广为流传	【壮族】
W6779. 9. 2. 2. 7. 3. 4	盘古在其他特定地区流传	
W6779. 9. 2. 2. 7. 3. 4. 1	盘古神话在云南流传	
W6779. 9. 2. 2. 7. 3. 4. 1. 1	德宏傣族景颇族自治州流传着盘古开天辟地神话	【多民族】
W6779. 9. 2. 2. 7. 3. 4. 2	盘古神话在福建流传	
W6779. 9. 2. 2. 7. 3. 4. 2. 1 *	盘古神话由北而南流传在整个福建地区	【多民族】
W6779. 9. 2. 2. 7. 3. 4. 3	盘古神话在湖南流传	
W6779. 9. 2. 2. 7. 3. 4. 3. 1 *	盘古开天辟地的神话在三湘四水许多地方都有流传	【汉族】
W6779. 9. 2. 2. 7. 3. 5	盘古从一个地区传到另一个地区	
W6779. 9. 2. 2. 7. 3. 5. 1	盘古神话从北方传到南方	
W6779. 9. 2. 2. 7. 3. 5. 1. 1 *	汉族盘古神话随着汉族人民的向南迁徙而流播于南方	【多民族】
W6779. 9. 2. 2. 7. 3. 5. 2	盘古的神话产生于南方，逐渐北传至吴越，南传至越南	【中华民族】
W6779. 9. 2. 2. 7. 3. 5. 3 *	盘古神话首先起于北方汉族	【北方民族】
W6779. 9. 2. 2. 7. 4	盘古在特定群体传播（盘古在特定民族传播）	
W6779. 9. 2. 2. 7. 4. 0 *	盘古在多民族流传	【多民族】

W 编码	母题描述	关联项
W6779.9.2.2.7.4.0.1＊	盘古在苗族、汉族等传播	【多民族】
W6779.9.2.2.7.4.0.2＊	盘古在客家和畲族、瑶族中传播	【多民族】
W6779.9.2.2.7.4.0.3＊	盘古神话流传于南方瑶、苗、壮、侗、布依、布朗、普米、哈尼、白、彝各族及汉族	【中华民族】
W6779.9.2.2.7.4.0.4＊	盘古神话流传于汉、白、毛难、苗、土家、畲、瑶、布朗、朝鲜等许多民族中	【中华民族】
W6779.9.2.2.7.4.0.5＊	盘古开辟天地与兄妹再造人类的洪水神话流行与南方或苗族地区以及西南各民族中	【多民族】
W6779.9.2.2.7.4.0.6＊	盘古开辟天地的神话不仅只在某一地区、某一民族流传，而是在楚地各个民族中流传	【汉族等】
W6779.9.2.2.7.4.0.6a＊	“盘古氏夫妻”神话明确记为“吴楚间说”	【中华民族】
W6779.9.2.2.7.4.0.7＊	少数民族流传的盘古神话分别见于瑶族的《过山榜》、苗族的《盘古》、白族和侗族的《开天辟地》	【中华民族】
W6779.9.2.2.7.4.0.8＊	夏、彝、白族流传盘古神话	【汉族】
W6779.9.2.2.7.4.1＊	盘古在特定民族中传播	
W6779.9.2.2.7.4.1.0	盘古神话在汉族中传播	【汉族】
W6779.9.2.2.7.4.1.1＊	盘古在苗族中传播	【中华民族】
W6779.9.2.2.7.4.1.1.1＊	苗族各方言区都传承有盘古神话	【苗族】
W6779.9.2.2.7.4.1.2＊	盘古在瑶族中传播	

W 编码	母题描述	关联项
W6779. 9. 2. 2. 7. 4. 1. 2. 1 *	盘古几乎在桂中、桂北的所有瑶族的历史诗都有叙述	【瑶族】
W6779. 9. 2. 2. 7. 4. 1. 2. 2 *	盘古神话在荆楚地区的“五溪蛮”民族之一的瑶族中流传	【多民族】
W6779. 9. 2. 2. 7. 4. 1. 3 *	盘古神话在古越人后裔山越或乌浒人流传	【南方古代民族】
W6779. 9. 2. 2. 7. 4. 1. 3a *	盘古神话在古越人后裔壮侗语族各民族流传	【中华民族】
W6779. 9. 2. 2. 7. 4. 2	盘古由一个民族传到其他民族	
W6779. 9. 2. 2. 7. 4. 2. 1	盘古由一个民族支系传到另一个民族支系	
W6779. 9. 2. 2. 7. 4. 2. 1. 1 *	由安南瑶人传播于鸦雀苗	【苗族（鸦雀）】
W6779. 9. 2. 2. 7. 4. 2. 2 *	土家族的开天辟地神话受到其他民族的盘古开天辟地神话影响	【土家族】
W6779. 9. 2. 2. 7. 4. 2. 3 *	作为首生的盘古、天地万物人类之始的盘古与壮族的开天辟地、洪水遗民神话有联系	【壮族】
W6779. 9. 2. 2. 7. 4. 2. 4	盘古神话从汉族传播到少数民族	【汉族等】@［W6779. 9. 2. 2. 7. 3. 5. 1. 1 *］汉族盘古神话随着汉族人民的向南迁徙而流播于南方
W6779. 9. 2. 2. 7. 4. 2. 4. 1 *	夏民族的盘古神话的影响直达西南，在彝族和白族的史诗都有留存	【多民族】@［W6779. 9. 2. 2. 8. 9. 2. 1 *］生万物的盘古神话在我国西南地区流传中有着繁富的变体
W6779. 9. 2. 2. 7. 4. 2. 4. 2 *	彝族盘古造天地之说可能受汉族神话影响	【彝族】
W6779. 9. 2. 2. 7. 4. 2. 5	盘古神话从少数民族传播到汉族	

W 编码	母题描述	关联项
W6779.9.2.2.7.4.2.5.1＊	盘古神话最早流传于我国南方越人及其后裔——壮、布依、仡佬、毛南、水、侗等民族中，后来传入中原及北方汉族地区	【中华民族】
W6779.9.2.2.7.4.2.5.2＊	汉族接纳了蛮越族崇拜的盘古	【中华民族】
W6779.9.2.2.7.4.2.5.3＊	汉族盘古开辟天地神话来自苗蛮的神话传说	【中华民族】
W6779.9.2.2.7.5	盘古在特定载体中传播	
W6779.9.2.2.7.5.1	盘古在经诗中传播	
W6779.9.2.2.7.5.1.1＊	盘古在《布洛陀经诗》中传播	【壮族】
W6779.9.2.2.7.5.1a	盘古在经歌中传播	
W6779.9.2.2.7.5.1a.1＊	西华民间流传的盘古女娲创世故事与创世经歌内容大体一致	【汉族】
W6779.9.2.2.7.5.1a.2＊	盘古创世经歌是为创世文化的“活化石”	【汉族】
W6779.9.2.2.7.5.2	盘古通过诗歌传播	【中华民族】@［W6779.9.2.2.7.4.1.2.1＊］盘古几乎在桂中、桂北的所有瑶族的历史诗都有叙述
W6779.9.2.2.7.5.2.1	毛南族《盘古歌》	【毛南族】
W6779.9.2.2.7.5.2.1a	哈尼族撒尼人有盘古歌	【多民族】
W6779.9.2.2.7.5.2.2	瑶族《盘王歌》	
W6779.9.2.2.7.5.2.2.1	瑶族《盘王歌》歌辞从“盘古开天辟地”唱到瑶族的迁徙和猎牧农耕活动	【瑶族】
W6779.9.2.2.7.5.2.2.2＊	瑶族《盘王大歌》也称《盘王歌》《盘古歌》或《大歌书》	【瑶族】

W 编码	母题描述	关联项
W6779. 9. 2. 2. 7. 5. 2. 3	汉族《黑暗传》唱盘古	
W6779. 9. 2. 2. 7. 5. 2. 4	苗族居住最集中的黔东南地区流传《盘古歌》	【苗族】@［W6779. 9. 2. 2. 7. 7. 2. 1 *］瑶族《歌堂曲》中关于盘古故事的叙述与苗族《盘古歌》和侗族《开天辟地歌》同出一源
W6779. 9. 2. 2. 7. 5. 2. 5	《盘古歌》（《龙皇歌》《高皇歌》）在畲族民间流传甚广	【畲族】
W6779. 9. 2. 2. 7. 5. 2. 5. 1	畲族姓氏族谱中有《盘古歌》	【畲族】
W6779. 9. 2. 2. 7. 5. 2. 6	咏盘古特定事象的诗	【中华民族】
W6779. 9. 2. 2. 7. 5. 2. 6. 1	《盘古庙诗》	【中华民族】
W6779. 9. 2. 2. 7. 5. 2. 7	盘古通过民谣传播	【汉族】
W6779. 9. 2. 2. 7. 5. 3	盘古通过唱本传播	
W6779. 9. 2. 2. 7. 5. 3. 1	毛南族师公唱本《肥套》记录着盘古	【毛南族】
W6779. 9. 2. 2. 7. 5. 3. 2	瑶族《歌堂曲》开唱部分的《迎神曲》先唱盘古王	【瑶族】
W6779. 9. 2. 2. 7. 5. 3. 3	多民族《盘古经》唱本	【多民族】
W6779. 9. 2. 2. 7. 5. 3. 4	壮族《水泡天门》师公唱本中有盘古开天地、造人伦的神话	【壮族】
W6779. 9. 2. 2. 7. 5. 4	盘古神话出现在民间宗教文献中	【汉族】
W6779. 9. 2. 2. 7. 6	盘古神话在特定场合传播（盘古神话传播的语境）	
W6779. 9. 2. 2. 7. 6. 1	盘古在婚礼上传播	【毛南族】
W6779. 9. 2. 2. 7. 6. 1. 1	壮族地区流传的《盘和古》长歌是婚宴上必唱的歌	【壮族】
W6779. 9. 2. 2. 7. 6. 2	盘古神话在庙会上传播	
W6779. 9. 2. 2. 7. 6. 2. 1	三月初三庙会对唱山歌活动赞颂盘古开天地	【壮族】

W 编码	母题描述	关联项
W6779. 9. 2. 2. 7. 6. 3	祭祀时传播盘古神话	
W6779. 9. 2. 2. 7. 6. 3. 1	还盘王愿时唱盘古开辟天地神话	【南方古代民族】
W6779. 9. 2. 2. 7. 7＊	盘古神话通过多渠道传播	
W6779. 9. 2. 2. 7. 7. 1＊	盘古神话在多民族、多地区通过多形态传播	【中华民族】
W6779. 9. 2. 2. 7. 7. 2＊	盘古神话传播一元多流	
W6779. 9. 2. 2. 7. 7. 2. 1＊	瑶族《歌堂曲》中关于盘古故事的叙述与苗族《盘古歌》和侗族《开天辟地歌》同出一源	【多民族】
W6779. 9. 2. 2. 7. 8	与盘古神话传播有关的其他母题	
W6779. 9. 2. 2. 7. 8. 1＊	盘古神话群	
W6779. 9. 2. 2. 7. 8. 1. 1＊	中原盘古神话群	【中华民族】
W6779. 9. 2. 2. 7. 8. 2	盘古神话传播路径	
W6779. 9. 2. 2. 7. 8. 2. 1＊	盘古神话从黄河中下游进入长江流域，再深入西南、岭南、华东以及东北诸地的二十多个民族中	【汉族】
W6779. 9. 2. 2. 8	盘古神话的演变	
W6779. 9. 2. 2. 8. 1＊	盘古神话的内容不断增加	【中华民族】
W6779. 9. 2. 2. 8. 1. 1＊	盘古神话在传播中得到补充	
W6779. 9. 2. 2. 8. 1. 1. 1＊	夏民族的盘古神话远播于长江流域，并得到楚民族的补充	【多民族】
W6779. 9. 2. 2. 8. 1. 2＊	盘古神话民间流传时各地附会成各地人	【多民族】
W6779. 9. 2. 2. 8. 1. 3＊	盘古神话存在层叠现象	【多民族】
W6779. 9. 2. 2. 8. 1. 4＊	后来的盘古开天实为后人附丽而成	【中华民族】
W6779. 9. 2. 2. 8. 1. 5＊	盘古神话从“开天辟地”，不断增加了“垂死化身”“洪水遗民”“兄妹婚”等	【中华民族】

W 编码	母题描述	关联项
W6779. 9. 2. 2. 8. 2 ＊	盘古与盘瓠是一个同一母体故事流传的变异	【中华民族】@［W6779. 9. 2. 2. 8. 7. 1a. 2 ＊］盘古神话与盘瓠神话都起源于对盘瓠器的崇拜
W6779. 9. 2. 2. 8. 3 ＊	盘古神话受民族或地区文化交往影响发生演变	
W6779. 9. 2. 2. 8. 3. 1 ＊	盘古神话形成及演变在民族交往中受到多民族开辟神话的影响	【多民族】
W6779. 9. 2. 2. 8. 3. 2 ＊	烛龙烛阴神话随楚民族传入长江流域后发展成为盘古开辟天地的神话	【汉族等】
W6779. 9. 2. 2. 8. 4	盘古神格的演变	
W6779. 9. 2. 2. 8. 4. 1 ＊	文人创作导致盘古神格演变	【中华民族】
W6779. 9. 2. 2. 8. 4. 1. 1 ＊	《枕中书》中将神话人物盘古加上了道教神仙尊称	【汉族】
W6779. 9. 2. 2. 8. 4. 1. 2 ＊	经文人对盘古的改头换面的过程使之逐渐演变为道教的最高神“三清”之一	【汉族】
W6779. 9. 2. 2. 8. 4. 2 ＊	盘古神格的降低	
W6779. 9. 2. 2. 8. 4. 2. 1 ＊	盘古神话演变和融合中，盘古有时不再是至高无上的神，而是趋向世俗化	【中华民族】
W6779. 9. 2. 2. 8. 4. 3 ＊	盘古神格的具体演变情况	
W6779. 9. 2. 2. 8. 4. 3. 1 ＊	盘古在高辛帝喾时代演变成一个古老的部落联盟或其酋长	【中华民族】
W6779. 9. 2. 2. 8. 4. 3. 2 ＊	道教最高神元始天尊由盘古开天辟地神话演变而来	【中华民族】
W6779. 9. 2. 2. 8. 5	盘古神话与多种神话融合	【中华民族】
W6779. 9. 2. 2. 8. 5. 1 ＊	盘古不是孤立的神话事件，它与同宗同代、传宗接代的相关先祖群体沿袭相承	

W 编码	母题描述	关联项
W6779.9.2.2.8.5.1.1＊	盘古神话与伏羲、神农、黄帝、炎帝、共工、蚩尤、颛顼、唐尧、虞舜、大禹等神话人物活动相衔接对应	【中华民族】
W6779.9.2.2.8.5.2＊	盘古神话是少数民族文化与汉族文化融合的典范	【中华民族】
W6779.9.2.2.8.5.3＊	少数民族盘古神话形成中会融进其他民族的文化因素，特别是汉文化的因素	【壮族】
W6779.9.2.2.8.6＊	盘古神话的程式化（盘古神话的规范化）	
W6779.9.2.2.8.6.1＊	古越人盘古神话最早时有多种说法，最后经过巫师的整合才逐渐趋于规范化	【壮族】
W6779.9.2.2.8.7＊	盘古神话演变与神话分化有关	
W6779.9.2.2.8.7.1＊	盘古神话与另一个不同系统的神话形象盘瓠是同一神话的分化	【多民族】@［W6779.9.2.2.8.2＊］盘古与盘瓠是一个同一母体故事流传的变异
W6779.9.2.2.8.7.1a＊	盘古神话与盘瓠神话同源	【汉族】
W6779.9.2.2.8.7.1a.1＊	盘古神话的出现晚于盘瓠神话	【中华民族】
W6779.9.2.2.8.7.1a.2＊	盘古神话与盘瓠神话都起源于对盘瓠器的崇拜	【多民族】
W6779.9.2.2.8.7.1b＊	伏羲神话、盘古神话和盘瓠神话间具有渊源关系，是同一远古神话在不同历史时期的分化与异传	【多民族】
W6779.9.2.2.8.7.1c＊	盘古神话在地域上和炎帝诸女神话吻合	【中华民族】
W6779.9.2.2.8.8＊	盘古神话因以讹传讹而变化	
W6779.9.2.2.8.8.1＊	苗瑶语族中的某些上层以讹传讹，将本民族原来的“盘古”神话附托于“盘瓠”传说	【苗族】

W 编码	母题描述	关联项
W6779. 9. 2. 2. 8. 9	盘古神话演变的其他情形	［W6779. 9. 2. 2. 1. 9. 2. 2. 1 *］文人吸收南方各族“盘古”入汉族神话形成盘古神话
W6779. 9. 2. 2. 8. 9. 1 *	苗瑶民族中流传的盘瓠神话、盘古神话和伏羲女娲神话有相混的情况	【苗族、瑶族等】
W6779. 9. 2. 2. 8. 9. 1. 1 *	白族打歌《催菜蔬》中将伏羲女娲演变而为盘古、盘生	【白族】
W6779. 9. 2. 2. 8. 9. 2 *	盘古神话的变体	
W6779. 9. 2. 2. 8. 9. 2. 1 *	生万物的盘古神话在我国西南地区流传中有着繁富的变体	【中华民族】
W6779. 9. 2. 2. 8. 9. 3 *	盘古神话的异文	
W6779. 9. 2. 2. 8. 9. 3. 1 *	河南桐柏县发现的大量盘古神话的异文已经传说化、世俗化、系列化，与文献盘古神话有异	【汉族】
W6779. 9. 2. 2. 8. 9. 3. 2 *	郭璞对《山海经》注释把烛龙烛阴神话当作盘古神话的“异文”	【汉族】
W6779. 9. 2. 2. 8. 9. 4	盘古传播范围的扩大	
W6779. 9. 2. 2. 8. 9. 4. 1 *	南方盘古神话经中部文人的采用修改成为中华民族的神话	【多民族】
W6779. 9. 2. 2. 8. 9. 4. 2 *	盘古神话的域外传播	【中华民族】
W6779. 9. 2. 2. 8. 9. 5	盘古神话人物形象的演变	
W6779. 9. 2. 2. 8. 9. 5. 1 *	原生型“盘勾”或“盘咕”演变为盘古神话中的“盘古兄妹”“盘古氏夫妻”	【多民族】@［W6779. 9. 2. 2. 1. 9. 4. 1 *］“盘勾”或“盘咕”是盘古神话的一种原生型
W6779. 9. 2. 2. 8. 9. 6	盘古神话母题的演变	【中华民族】
W6779. 9. 2. 2. 9	与盘古神话有关的其他母题	
W6779. 9. 2. 2. 9. 0	盘古神话的采集整理	

W 编码	母题描述	关联项
W6779.9.2.2.9.0.1＊	到三国时，盘古神话采完整地记录下来	【汉族】
W6779.9.2.2.9.1	盘古神话的影响（盘古神话的价值）	
W6779.9.2.2.9.1.1＊	《苗族史诗》中出现盘古是受了汉族“盘古开天地”神话的影响	【中华民族】
W6779.9.2.2.9.1.2＊	浑沌盘古神话成为中国天道哲学的理论本源	【中华民族】
W6779.9.2.2.9.1.3	盘古神话的意义和地位	
W6779.9.2.2.9.1.3.1＊	盘古神话在中国宇宙神话中有无可取代的地位	【中华民族】
W6779.9.2.2.9.1.4	盘古神话与盘瓠叙事	
W6779.9.2.2.9.1.4.1＊	盘古神话不能被当作是盘瓠故事——一个身份鉴别神话	【中华民族】
W6779.9.2.2.9.1.4.2＊	盘瓠神话与伏羲神话、盘古神话相通	【中华民族】
W6779.9.2.2a＊	盘瓠神话（槃瓠神话）	
W6779.9.2.2a.1＊	盘瓠神话的产生	
W6779.9.2.2a.1.1＊	槃瓠神话发源于长沙武陵蛮地区	【多民族】
W6779.9.2.2a.1.2＊	神犬崇拜、神犬生人神话发展成为“槃瓠神犬生人”神话	
W6779.9.2.2a.2＊	盘瓠神话的特征	
W6779.9.2.2a.2.1＊	盘瓠神话是南方神话系统中的重要一支	【多民族】
W6779.9.2.2a.2.2＊	盘瓠神话是一种图腾神话的代表作	【多民族】
W6779.9.2.2a.2.2a＊	槃瓠神话是“图腾生人”神话	【多民族】
W6779.9.2.2a.2.2b＊	盘瓠神话是一种动物图腾神话	【多民族】
W6779.9.2.2a.2.3＊	盘瓠神话具有神话成熟时期的种种特征	【多民族】

W 编码	母题描述	关联项
W6779. 9. 2. 2a. 3 ∗	盘瓠神话的内容（盘瓠神话的主要母题）	
W6779. 9. 2. 2a. 3. 1 ∗	槃瓠神话的主要母题是以女为酬、女和图腾婚配、乱伦、图腾生人	【多民族】
W6779. 9. 2. 2a. 4 ∗	盘瓠神话的流传	
W6779. 9. 2. 2a. 4. 1 ∗	盘瓠神话曾流传于苗、侗、壮、瑶、畲、水、土家等民族中	【多民族】
W6779. 9. 2. 2a. 4. 2 ∗	槃瓠神话流传面极广，不仅南方的苗、瑶、畲、土家等许多民族有，东北、台湾也有	【多民族】
W6779. 9. 2. 2a. 5 ∗	与盘瓠神话有关的其他母题	［W6779. 9. 2. 2. 1. 5. 2. 3 ∗］伏羲神话为原生态，盘古神话和盘瓠神话同源异流为次生态
W6779. 9. 2. 2a. 5. 1 ∗	槃瓠神话型传说	【多民族】
W6779. 9. 2. 3 ∗	玉石神话（玉神话）	
W6779. 9. 2. 3. 1	玉石神话的产生	
W6779. 9. 2. 3. 1. 1 ∗	玉石神话源于玉石崇拜	【中华民族】
W6779. 9. 2. 3. 1. 2 ∗	玉石神话伴随共生的是农耕文化的起源	【国外民族】
W6779. 9. 2. 3. 1. 3 ∗	玉石神话产生时代久远	
W6779. 9. 2. 3. 1. 3. 1 ∗	玉石神话存在之久可从出土的史前玉器生产实物得到求证	【中华民族】
W6779. 9. 2. 3. 2	玉石神话的内涵	
W6779. 9. 2. 3. 2. 1 ∗	玉石神话包含以玉祭祀神明和祖灵的巫教仪式行为	【中华民族】
W6779. 9. 2. 3. 2. 2 ∗	玉石神话包含崇玉礼玉的传说故事	【中华民族】
W6779. 9. 2. 3. 2. 3 ∗	玉石神话包含由玉石引申出的人格理想（玉德说）和教育学习范式（切磋琢磨）	【中华民族】

W 编码	母题描述	关联项
W6779.9.2.3.2.4＊	玉石神话包含以佩玉为尚的社会规则（君子必佩玉）	【中华民族】
W6779.9.2.3.2.5＊	玉石神话包含围绕玉石的终极价值而形成的语言习俗	
W6779.9.2.3.2.5.1＊	玉石神话形成的语言习俗包括以玉（或者玉器）为名为号（从玉女、颛顼到琼瑶、唐圭璋）	【中华民族】
W6779.9.2.3.2.5.2＊	玉石神话形成的语言习俗包括以玉为偏旁的大量汉字生产	【中华民族】
W6779.9.2.3.2.5.3＊	玉石神话形成的语言习俗包括以玉石神话为核心价值的各种成语、俗语	【中华民族】
W6779.9.2.3.2.5.3.1＊	美玉作为显圣物和神灵、永生的必然联想，是制造古汉语中此类的神话语汇的温床	【中华民族】
W6779.9.2.3.3	玉石神话的特征（玉石神话的功能）	
W6779.9.2.3.3.1＊	玉石神话铸就意识形态	
W6779.9.2.3.3.1.1＊	玉石神话铸就意识形态包括以玉为神、以玉为天体象征、以玉为生命永生的象征等概念要素	【中华民族】
W6779.9.2.3.3.2＊	玉石神话观的传播起到奠定文化认同基石的作用	【中华民族】
W6779.9.2.3.3.2a＊	玉器神话信仰奠定华夏统一的认同基础	【中华民族】
W6779.9.2.3.3.2b＊	玉石为天为神的信仰是华夏认同的根本	【中华民族】
W6779.9.2.3.3.3＊	玉石神话占据了史前宗教意识形态的核心地位	【中华民族】
W6779.9.2.3.4	特定的玉石神话	
W6779.9.2.3.4.1	珥蛇珥玉神话	
W6779.9.2.3.4.1.1＊	玉玦、玉斧距今 8000 年	【华夏民族】

W 编码	母题描述	关联项
W6779. 9. 2. 3. 4. 2	虹龙神话	
W6779. 9. 2. 3. 4. 2. 1 *	玉璜、玉镑距今 7000 年	【华夏民族】
W6779. 9. 2. 3. 4. 3	王权神话	
W6779. 9. 2. 3. 4. 3. 1 *	玉钺、玉圭距今 6000 年	【华夏民族】
W6779. 9. 2. 3. 4. 4	黄帝食玉神话	
W6779. 9. 2. 3. 4. 4. 1 *	玉英、玉璧距今 5000 年	【华夏民族】
W6779. 9. 2. 3. 4. 5	尧舜班瑞神话	
W6779. 9. 2. 3. 4. 5. 1 *	玉璋、玉戈距今 4200 年	【华夏民族】
W6779. 9. 2. 3. 4. 6	夏禹玄圭神话	
W6779. 9. 2. 3. 4. 6. 1 *	金玉组合礼器距今 4000 年	【华夏民族】
W6779. 9. 2. 3. 4. 7	商纣王天智玉神话	
W6779. 9. 2. 3. 4. 7. 1 *	商纣王天智玉神话距今 3200 年	【华夏民族】
W6779. 9. 2. 3. 4. 8	姜太公钓玉璜神话	
W6779. 9. 2. 3. 4. 8. 1 *	姜太公钓玉璜神话，距今 3000 年	【华夏民族】
W6779. 9. 2. 3. 4. 9	其他特定的玉石神话	
W6779. 9. 2. 3. 4. 9. 1 *	周穆王昆仑访玉神话	
W6779. 9. 2. 3. 4. 9. 1. 1 *	周穆王昆仑访玉神话距今 2800 年	【华夏民族】
W6779. 9. 2. 3. 4. 9. 2 *	楚王得和氏璧神话	
W6779. 9. 2. 3. 4. 9. 2. 1 *	楚王得和氏璧神话距今 2500 年	【华夏民族】
W6779. 9. 2. 3. 4. 9. 3 *	秦昭王求和氏璧神话	
W6779. 9. 2. 3. 4. 9. 3. 1 *	秦昭王求和氏璧神话距今 2300 年	【华夏民族】
W6779. 9. 2. 3. 4. 9. 4 *	秦始皇传国玉玺神话	
W6779. 9. 2. 3. 4. 9. 4. 1 *	秦始皇传国玉玺距今 2200 年	【华夏民族】
W6779. 9. 2. 3. 5	与玉石神话有关的其他母题	
W6779. 9. 2. 3. 5. 1 *	神话化的石头	

W 编码	母题描述	关联项
W6779.9.2.3.5.1.1＊	黑曜石是最初的神话化石头	【国外民族】
W6779.9.2.4	龙凤神话	
W6779.9.2.4.1	龙神话	
W6779.9.2.4.1.1＊	龙神话的产生	
W6779.9.2.4.1.1.1＊	先民通过对龙图腾的崇拜而导致出许多有关龙的神话	【中华民族】
W6779.9.2.4.1.2＊	龙神话的特征	
W6779.9.2.4.1.3＊	特定的龙神话	
W6779.9.2.4.1.4＊	与龙神话有关的其他母题	
W6779.9.2.4.2	凤神话	
W6779.9.2.4.2.1＊	西周出现的凤凰神话的建构是自史前到殷商时代特别崇拜的鸱鸦神鸟被逐渐取代和替换的过程	【中华民族】
W6779.9.2.5＊	图腾神话	
W6779.9.2.5.1＊	图腾神话的产生	［W6775.3.2＊］最早的神话是图腾神话
W6779.9.2.5.1.1＊	由于人神与动物的关系太密切逐渐就产生了对动物（或植物、非生物）的崇拜，遂产生图腾神话	【多民族】
W6779.9.2.5.1.2＊	图腾神话是由图腾观念衍生的	【各民族】
W6779.9.2.5.2＊	图腾神话的特征	
W6779.9.2.5.3＊	特定的图腾神话	
W6779.9.2.5.3.1＊	动物图腾神话	
W6779.9.2.5.3.1.1＊	狗女婚配生其族是蛮人的图腾神话	【多民族】
W6779.9.2.5.4＊	与图腾神话有关的其他母题	
W6779.9.2.6＊	英雄神话（文化英雄神话）	
W6779.9.2.6.1＊	商周神话中的英雄故事可以分成亲族群始祖诞生的神话和英雄的事迹及彼此之间的系裔关系的神话两个大类	【中华民族】

W 编码	母题描述	关联项
W6779. 9. 2. 6. 2 *	英雄神话即关于历史的神话	
W6779. 9. 2. 6. 2. 1 *	历史的神话或称传说，或称英雄的神话	【多民族】
W6779. 9. 2. 6a *	圣人神话	
W6779. 9. 2. 6a. 1 *	以尧舜禹为代表的圣王/圣人神话	【中华民族】
W6779. 9. 2. 7	日月神话	
W6779. 9. 2. 7. 1 *	日月神话的产生	
W6779. 9. 2. 7. 1. 1 *	作为“元意识”的女娲神话为日月神话的产生奠定了思想基础	【中华民族】
W6779. 9. 2. 7. 1. 2 *	中国太阳神话的发生最早只能追溯到殷商时代	【中华民族】
W6779. 9. 2. 7. 2 *	日月神话的特征	
W6779. 9. 2. 7. 3 *	特定的日月神话	
W6779. 9. 2. 7. 3. 1 *	十日神话	【中华民族】
W6779. 9. 2. 7. 4 *	与日月神话有关的其他母题	
W6779. 9. 3	按神话的主次划分神话	
W6779. 9. 3. 1 *	主流神话	
W6779. 9. 3. 1. 1 *	在一个特定的时代，只有一种神话是主旋律	【多民族】
W6779. 9. 3. 2 *	支流神话	【多民族】
W6779. 9. 3a	按神话叙事的主题划分神话（按神话主要情节划分神话）	
W6779. 9. 3a. 1 *	洪水型人类再生神话	
W6779. 9. 3a. 2	绝地天通神话	
W6779. 9. 3a. 2. 1	命重、黎绝地天通神话	【中华民族】
W6779. 9. 4	按神话类型的层次划分神话	
W6779. 9. 4. 1 *	特定神话的亚型	
W6779. 9. 4. 1. 1 *	洪水神话亚型	
W6779. 9. 4. 1. 1. 1 *	兄妹婚姻型洪水神话	【中华民族】

W 编码	母题描述	关联项
W6779.9.4.1.1.1.1＊	洪水后兄妹结婚再殖人类型神话（洪水后兄妹婚再生人类神话）	【多民族】【壮族】
W6779.9.4.1.1.1a＊	兄妹配偶型的洪水故事	【苗族】
W6779.9.4.1.1.2＊	“洪水后兄妹（或姊弟）再殖人类”神话是产生于血缘婚流行的时期	【多民族】
W6779.9.4.1.1.3＊	同胞配偶型洪水神话	【多民族】
W6779.9.4.1.1.3.1＊	同胞配偶型洪水传说起源于古代居于中国南部大陆的古印度尼西亚人	【古代民族】
W6779.9.4.1.1.4＊	中国古代洪水神话的亚型	
W6779.9.4.1.1.4.1＊	中国古代洪水神话有禹的传说、台骀的传说、女娲的传说、共工的传说、蚩尤的传说和混淆式传说6种亚型	【中华民族】
W6779.9.4.1.2＊	始祖神话的亚型	
W6779.9.4.1.2.1＊	中国始祖神话的第一级次是关于全人类的共祖的神话，第二级次是关于本族团的始祖神的神话	【中华民族】
W6779.9.4.2＊	史前神话有两个类型和四个种类	
W6779.9.4.2.1＊	史前神话的两个类型是天地开辟神话和种族和文明起源的传说	【多民族】
W6779.9.4.2.1.1＊	天地开辟神话分为解释大宇宙起源和解释天地之间各种自然现象起源	【多民族】
W6779.9.4.2.1.2＊	种族和文明起源神话分为解释人类及本族始祖起源和解释人类文明（风俗、伦理、器用、技术）起源	【多民族】
W6779.9.5	按神话产生的关系划分神话	

W 编码	母题描述	关联项
W6779.9.5.1＊	原生神话（原生态神话）	【多民族】@［W6779.9.6.1＊］原始社会神话（原始神话）
W6779.9.5.1.1＊	神话的无序性是原生形态特点	【多民族】
W6779.9.5.2	次生神话（次生态神话）	【多民族】
W6779.9.5.3＊	拟神话	
W6779.9.6	按神话产生或传承的时代划分神话	
W6779.9.6.1＊	原始社会神话（原始神话）	【关联】①
W6779.9.6.1.1＊	原始神话是新石器时期所创作的故事	【各民族】
W6779.9.6.1.2＊	原始神话距今约10000—5000年之间	【各民族】
W6779.9.6.1.3＊	原始神话中很难发现个人的因素	【多民族】
W6779.9.6.1.4＊	原始神话关系最密切的氏族宗教形态是图腾制和图腾崇拜	【多民族】
W6779.9.6.2＊	古代神话	
W6779.9.6.2.0＊	史前神话	【多民族】@［W6779.9.4.2.1＊］史前神话的两个类型是天地开辟神话和种族和文明起源的传说
W6779.9.6.2.1＊	夏代神话	
W6779.9.6.2.2＊	商代神话	
W6779.9.6.2.2.1＊	商代神话以氏族始祖之诞生及自然神祇之组织为最主要的主题	【中华民族】
W6779.9.6.2.2.2＊	商代神话中神界的上帝至尊神或为先祖的抽象观念或与某一个先祖相叠合	【中华民族】
W6779.9.6.2.2a＊	商周神话	

①［W6772.3.1＊］原始神话是“前逻辑思维”的产物；［W6779.6.6.3＊］原始形态神话。

W 编码	母题描述	关联项
W6779.9.6.2.2a.1＊	商周的神话分为自然神话、神仙世界的神话与神仙世界之与人间世界分裂的神话、天灾的神话与救世的神话及祖先英雄事迹系裔的神话四类	【中华民族】
W6779.9.6.2.3＊	周代神话	
W6779.9.6.2.3.1＊	西周神话	
W6779.9.6.2.3.1.1＊	西周有氏族始祖神话及自然诸神之神话，但其他神话诸型则仍未出现	【中华民族】
W6779.9.6.2.3.1.2＊	西周神话不再把人王之先祖与上帝合而为一	【中华民族】
W6779.9.6.2.3.2＊	东周神话	
W6779.9.6.2.3.2.1＊	东周神话先祖英雄神话在文献中陡然增加	【中华民族】@［W6779.9.2.6.1＊］商周神话中的英雄故事可以分成亲族群始祖诞生的神话和英雄的事迹及彼此之间的系裔关系的神话两个大类
W6779.9.6.2.3.2.2＊	东周神话中很多超自然世界中的神祇灵物“人化”为传说历史上的英雄人物	【中华民族】
W6779.9.6.2.3.2.3＊	东周神话中的先祖英雄常互相有亲戚关系，可以溯为少数的几个系谱	【中华民族】
W6779.9.6.2.3.2.4＊	东周神话中可划分出先祖的世界与神的世界	
W6779.9.6.2.3.2.4.1＊	东周神话中的自然的世界完全与人的世界分开	【中华民族】
W6779.9.6.2.3.2.4.2＊	东周神话中先祖的世界与神的世界各自朝着不同的方向发展与复杂化，出现天降灾祸继为先祖之英雄所消灭	【中华民族】

W 编码	母题描述	关联项
W6779. 9. 6. 2. 3. 2. 5 ∗	东周时期形成解释自然的世界形成、结构与起源的一套宇宙生成神话	【中华民族】
W6779. 9. 6. 2. 4 ∗	战国时期神话	
W6779. 9. 6. 2. 5 ∗	汉代神话	
W6779. 9. 6. 2. 6 ∗	魏晋南北朝时期神话	
W6779. 9. 6. 2. 7 ∗	唐宋时期神话	
W6779. 9. 6. 2. 8 ∗	元明清时期神话	
W6779. 9. 6. 3 ∗	现代神话（新神话）	
W6779. 9. 6. 3. 1	现代神话的产生（新神话的产生）	
W6779. 9. 6. 3. 2	现代神话的特征	
W6779. 9. 6. 3. 3	现代神话的类型（特定的新神话）	
W6779. 9. 6. 3. 3. 1 ∗	新媒体神话	
W6779. 9. 6. 3. 4	与现代神话有关的其他母题	
W6779. 9. 6. 3. 4. 1 ∗	新神话分子比原始神话多几倍	【中华民族】
W6779. 9. 7	神话的其他分类	
W6779. 9. 7. 1	推原神活	[W6779. 9. 2. 2. 2. 7d ∗] 盘古神话是中国推原神话
W6779. 9. 7. 1. 1 ∗	推原神活又称创始神话	【各民族】
W6779. 9. 8	神话类型的特征	
W6779. 9. 8. 1 ∗	神话的跨类型现象	
W6779. 9. 8. 1. 1 ∗	兄妹婚姻神话兼人类起源神话和洪水神话两类	【中华民族】
W6779. 9. 8. 2 ∗	神话类型往往是混杂的	【多民族】
W6780	**与神话有关的其他母题**	
W6780. 1	神话体系	
W6780. 1. 1 ∗	神话体系的产生	

W 编码	母题描述	关联项
W6780. 1. 1. 1 ＊	神话体系是神话发展到后期的产物	【多民族】
W6780. 1. 2 ＊	神话体系的特征	
W6780. 1. 2. 1 ＊	神话是一个庞大而复杂的体系	【多民族】
W6780. 1. 2. 2 ＊	神话体系的产生标志着原始人类对宇宙万物认识论的完成，或一种系统的解释	【多民族】
W6780. 1. 2. 3 ＊	神话体系的产生标志着原始人类对宇宙万物的一种系统的解释	【多民族】
W6780. 1. 3 ＊	特定的神话体系	［W6779. 4. 1. 6］中国神话体系（中国神话系统）
W6780. 1. 3. 1 ＊	昆仑神话体系	
W6780. 1. 3. 2 ＊	蓬莱神话体系	
W6780. 1. 4 ＊	与神话体系有关的其他母题	
W6780. 1. 4. 1 ＊	神话体系的子系统	
W6780. 1. 4. 1. 1 ＊	各民族、各地区、各种内容、各种类型的神话是构成神话体系的子系统	【多民族】
W6780. 1. 4. 2 ＊	当神话体系出现之后，各民族神话的发展就会相对处于停滞状态	【多民族】
W6780. 1. 4. 3 ＊	上古神话人物的世系	【中华民族】
W6780. 2	神话的内容（神话内容）	
W6780. 2. 1	神话中的时间	
W6780. 2. 2	神话中的地点	
W6780. 2. 3	神话形象	
W6780. 2. 3. 0	特定神话内容的产生	
W6780. 2. 3. 0. 1 ＊	神话中的羽民国或鸟民国是古器图像上的鸟人图或羽人图的一种说明	【中华民族】
W6780. 2. 3. 1	神话中的神	

W 编码	母题描述	关联项
W6780. 2. 3. 2	神话中的神性人物	
W6780. 2. 3. 3	神话中的物	
W6780. 2. 4	神话情节	
W6780. 2. 4. 1 *	神话大抵以一“神格”为中枢推演为叙说	【中华民族】
W6780. 2. 5	神话母题	
W6780. 2. 5. 1	神话母题的产生	
W6780. 2. 5. 2	神话母题的特征	
W6780. 2. 5. 2. 1 *	神话母题神话叙事过程中最自然的基本元素	【多民族】
W6780. 2. 5. 2. 2 *	神话母题在神话创作独立存在	【多民族】
W6780. 2. 5. 2. 3 *	神话母题在多种文类传承渠道中独立存在	【多民族】
W6780. 2. 5. 2. 4 *	神话母题具有客观性	【多民族】
W6780. 2. 5. 2. 5 *	神话母题具有直观性	【多民族】
W6780. 2. 5. 2. 6 *	神话母题具有组合性	【多民族】
W6780. 2. 5. 2. 7 *	神话母题具有流动性（神话母题具有传承性）	【多民族】
W6780. 2. 5. 2. 8 *	神话母题具有典型性	【多民族】
W6780. 2. 5. 2. 9	神话母题的其他特征	
W6780. 2. 5. 2. 9. 1 *	神话母题具有普遍性	【多民族】
W6780. 2. 5. 2. 9. 2 *	神话母题会变化（神话母题的演变）	
W6780. 2. 5. 2. 9. 2. 1 *	神话母题传承中会随时随地改变	【多民族】
W6780. 2. 5. 2. 9. 2. 2 *	神话的传说化或历史化导致原有母题特性生发、联想而后转化	【多民族】
W6780. 2. 5. 3	神话母题的功能	
W6780. 2. 5. 3. 1 *	神话母题的表意性	【多民族】
W6780. 2. 5. 3. 2 *	神话母题的具有可分析性	【多民族】
W6780. 2. 5. 4	神话母题的类型	

W 编码	母题描述	关联项
W6780. 2. 5. 4. 1 *	按母题的性质划分母题	
W6780. 2. 5. 4. 1. 1 *	名称性母题	【多民族】
W6780. 2. 5. 4. 1. 2 *	语境性母题	【多民族】
W6780. 2. 5. 4. 1. 3 *	情节性母题	【多民族】
W6780. 2. 5. 4. 1. 4 *	概念性母题	【多民族】
W6780. 2. 5. 4. 2 *	按母题的意义划分母题	
W6780. 2. 5. 4. 2. 0 *	神话人物母题	【多民族】
W6780. 2. 5. 4. 2. 0. 1 *	神话人物母题的标准	
W6780. 2. 5. 4. 2. 0. 1. 1 *	神话人物可以作为一个寻常的凡人出现，但其行动或行为则是常人所不能的	【多民族】
W6780. 2. 5. 4. 2. 0. 1. 2 *	半人半神为神话人物	【中华民族】
W6780. 2. 5. 4. 2. 0. 2 *	神话人物母题产生的方法	
W6780. 2. 5. 4. 2. 0. 2. 1 *	祖先被神化	【多民族】
W6780. 2. 5. 4. 2. 0. 2. 2 *	神话人物的托名	
W6780. 2. 5. 4. 2. 0. 2. 2. 1 *	战国到汉代尝把农事、兵法、饮食等等事情托名于神农	【中华民族】
W6780. 2. 5. 4. 2. 0. 2. 2. 2 *	司马迁写历史托始于黄帝	【中华民族】
W6780. 2. 5. 4. 2. 0. 3 *	神话人物母题的特征	
W6780. 2. 5. 4. 2. 0. 3. 1 *	神话人物名称会存在混淆形象	【中华民族】
W6780. 2. 5. 4. 2. 0. 3. 1. 1 *	神话人物关系的混乱	
W6780. 2. 5. 4. 2. 0. 3. 1. 1. 1 *	舜妻娥皇附于帝俊	【中华民族】
W6780. 2. 5. 4. 2. 0. 3. 2 *	神话人物有特定的含义	【中华民族】@［W6780. 4. 1. 5. 2 *］神话人物被解释为客观人物

W 编码	母题描述	关联项
W6780. 2. 5. 4. 2. 0. 4 ∗	神话人物母题的类型	
W6780. 2. 5. 4. 2. 0. 5	与神话人物母题有关的其他情形	
W6780. 2. 5. 4. 2. 0. 5. 1 ∗	神话人物进入占卜辞	【中华民族】
W6780. 2. 5. 4. 2. 1 ∗	创世神话母题	【多民族】
W6780. 2. 5. 4. 2. 2 ∗	人类起源神话母题	【多民族】
W6780. 2. 5. 4. 2. 3 ∗	动植物起源神话母题	【多民族】
W6780. 2. 5. 4. 2. 4 ∗	自然现象与秩序神话母题	【多民族】
W6780. 2. 5. 4. 2. 5 ∗	社会现象与秩序神话母题	【多民族】
W6780. 2. 5. 4. 2. 6 ∗	文化起源神话母题	【多民族】
W6780. 2. 5. 4. 2. 7 ∗	婚爱神话母题	【多民族】
W6780. 2. 5. 4. 2. 8 ∗	灾难与争战神话母题	【多民族】
W6780. 2. 5. 4. 2. 9 ∗	其他神话母题	【多民族】
W6780. 2. 5. 5	特定的神话母题	
W6780. 2. 5. 5. 1 ∗	名词母题	【多民族】
W6780. 2. 5. 5. 2 ∗	名词性词组母题	【多民族】
W6780. 2. 5. 5. 3 ∗	名词性短语母题	【多民族】
W6780. 2. 5. 5. 4 ∗	判断句母题	【多民族】
W6780. 2. 5. 6	与神话母题有关的其他母题	［W6780. 3. 3. 7. 1. 7 ∗］ 神话母题比较研究
W6780. 2. 5. 6. 1 ∗	神话母题探源	【中华民族】
W6780. 2. 5. 6. 2 ∗	神话母题与神话类型的关系	
W6780. 2. 5. 6. 2. 1 ∗	母题（Motif）不等于类型（Type）	【多民族】
W6780. 2. 5. 6. 2. 2 ∗	有时一个单一的母题可以成为一个类型	【多民族】
W6780. 2. 6	神话叙述的内容	
W6780. 2. 6. 1 ∗	神话记载其族之古事	【中华民族】
W6780. 2. 6. 2 ∗	神话所述是“神们的行事”	【多民族】

W 编码	母题描述	关联项
W6780. 2. 6. 3＊	神话是初民智识的积累	【多民族】
W6780. 2. 7	神话内容涉及特定领域	［W6780. 4. 1. 1＊］神话反映历史（神话是历史的镜子）
W6780. 2. 7. 1＊	各民族原始神话几乎无不涉及民族社会婚姻形态	【多民族】
W6780. 2. 7. 2＊	神话内容涉及文化	【中华民族】
W6780. 2. 7. 2. 1＊	神话充满文化反思	【中华民族】
W6780. 2. 7. 2. 2＊	神话体现着一种民族文化的原始意象	【中华民族】
W6780. 2. 8	神话内容的特征	
W6780. 2. 8. 1＊	神话内容的对立统一	【多民族】
W6780. 2. 9	与神话内容有关的其他母题	
W6780. 3	神话研究	
W6780. 3. 0＊	神话学	
W6780. 3. 0. 1＊	神话学的产生	
W6780. 3. 0. 1. 1＊	神话学主要由文化人类学、比较文学、比较宗教学和比较语言学等多学科视角的研究会通而成	【多民族】
W6780. 3. 0. 1. 2＊	神话学诞生于 19 世纪后期	【多民族】
W6780. 3. 0. 2＊	神话学的特征	
W6780. 3. 0. 2. 1＊	神话学具有很强的实践性	【多民族】
W6780. 3. 0. 2. 2＊	神话学缤纷多彩	
W6780. 3. 0. 2. 2. 1＊	因神话研究中不同的时代和地域中有不同的视角和态度形成了缤纷多彩的神话学	【多民族】
W6780. 3. 0. 2. 3＊	神话学与历史学、考古学、语言学、艺术史具有互动研究的特点	【各民族】
W6780. 3. 0. 3＊	神话学的类型	
W6780. 3. 0. 3. 1＊	中国现代神话学	

W 编码	母题描述	关联项
W6780. 3. 0. 3. 1. 1 ＊	鲁迅是中国现代神话学的重要开创者	【中华民族】
W6780. 3. 0. 3. 1. 1. 1 ＊	鲁迅的《破恶声论》集中体现了早年鲁迅的神话观	【中华民族】
W6780. 3. 0. 4 ＊	与神话学有关的其他母题	
W6780. 3. 0. 4. 1 ＊	神话学又称比较神话学	【多民族】
W6780. 3. 1	神话的定义（神话的概念）	
W6780. 3. 1. 0	以前没有神话概念	
W6780. 3. 1. 0. 1 ＊	“神话” 这名词，在中国向来是没有的	【中华民族】
W6780. 3. 1. 1	从神话的内容定义神话	
W6780. 3. 1. 1. 1 ＊	神话是个关于神祇们的故事	【多民族】
W6780. 3. 1. 1. 2 ＊	神话是关于超自然存在的故事	【多民族】
W6780. 3. 1. 1. 3 ＊	神话是关于神祇和英雄的故事、传说	【各民族】
W6780. 3. 1. 1. 4 ＊	神话是后人所记述而成的史前人或原始人中长期流传的一种神奇故事	【各民族】
W6780. 3. 1. 1. 5 ＊	神话是自然和社会	
W6780. 3. 1. 1. 5. 1 ＊	神话是通过人民的幻想用一种不自觉的艺术方式加工过的自然和社会形式本身	【各民族】
W6780. 3. 1. 1. 6 ＊	神话是原始人群中传述的带有宗教色彩的文化历史知识	【多民族】
W6780. 3. 1. 1. 7 ＊	神话是文化的反映	【多民族】@［W6776. 9. 6 ＊］神话是文化大传统
W6780. 3. 1. 1. 7a ＊	神话是人类古老社会文化的一种遗留物	【多民族】
W6780. 3. 1. 1. 7b ＊	神话是若干极重要的文化势力	【多民族】
W6780. 3. 1. 2	从神话的形式定义神话	
W6780. 3. 1. 2. 1 ＊	神话是符号编码	

W 编码	母题描述	关联项
W6780. 3. 1. 2. 1. 1 ＊	神话是具有文化发生期原型编码作用的思维和符号载体	【各民族】
W6780. 3. 1. 3	从神话的创作方法定义神话	
W6780. 3. 1. 3. 1 ＊	神话是原始先民按照人类世界的模式所创造出来的神灵世界	【多民族】
W6780. 3. 1. 3. 2 ＊	神话是非科学但却联系着科学的幻想的虚构	【多民族】
W6780. 3. 1. 3. 3 ＊	神话是初民对异常现象的解释	【各民族】
W6780. 3. 1. 3. 4 ＊	神话是古人创造的反映自然界、人与自然的关系以及社会形态的具有高度幻想性的故事	【各民族】
W6780. 3. 1. 3. 5 ＊	创作方法定义神话的其他情形	
W6780. 3. 1. 3. 6 ＊	创作方法定义神话的特征	
W6780. 3. 1. 3. 6. 1 ＊	从创作角度定义神话有多种方式	【多民族】
W6780. 3. 1. 4	综合性定义神话	
W6780. 3. 1. 4. 1 ＊	神话是用想象和借助想象以征服自然力，支配自然力，把自然力加以形象化	【各民族】
W6780. 3. 1. 4. 2 ＊	神话是原始人通过原始思维不自觉地把自然界和社会生活加以形象化、人格化而形成的，与原始信仰相关联的一种特殊的幻想神奇的语言艺术	【各民族】
W6780. 3. 1. 5	描述性定义神话	
W6780. 3. 1. 5. 1 ＊	神话是表现了人神同台来演出这一出出幻想中壮丽宏伟的戏剧	【各民族】
W6780. 3. 1. 5. 2 ＊	《四库提要》所谓的“神怪”约略相当于现在所说的神话	【中华民族】
W6780. 3. 1. 5. 3 ＊	神话是先民们第一次思考“自己”并试图解答“自己的”问题	【多民族】
W6780. 3. 1. 5. 4 ＊	神话是一个民族集体的梦	【各民族】

W 编码	母题描述	关联项
W6780. 3. 1. 5. 4a ∗	神话传说是古老民族的梦想	【多民族】
W6780. 3. 1. 5. 4b ∗	神话传说是民族历史发展的幻影	【多民族】
W6780. 3. 1. 5. 5 ∗	神话是人化了的神	【多民族】
W6780. 3. 1. 5. 6 ∗	神话是人对自然界的第二个认识阶段	【多民族】
W6780. 3. 1. 6	从定义本身定义神话	
W6780. 3. 1. 6. 1 ∗	狭义神话	
W6780. 3. 1. 6. 1. 1 ∗	狭义神话指史前时期创作的神话	
W6780. 3. 1. 6. 1. 2 ∗	狭义的神话可以作为学者研究神话的核心	【多民族】
W6780. 3. 1. 6. 2 ∗	广义神话（广义的神话）	
W6780. 3. 1. 6. 2. 1 ∗	历代创作中的模拟神话、假借传说中的神反映现实或讽喻现实的作品也称神话	【各民族】
W6780. 3. 1. 6. 2. 2 ∗	传说是神话从狭义走向广义的开始	【多民族】
W6780. 3. 1. 6. 2. 3 ∗	广义神话基于神话经历的时间长，涉及的方面广	【多民族】
W6780. 3. 1. 6. 2. 4 ∗	广义神话包括了狭义神话，却不否定狭义神话	【多民族】
W6780. 3. 1. 7	神话定义的其他方法	
W6780. 3. 1. 8	与神话的定义有关的其他母题	
W6780. 3. 1. 8. 1 ∗	老一辈学者中解说“神话”一词的有其严格的古典主义的界限	【多民族】
W6780. 3. 2	神话研究的目的（神话研究的对象）	
W6780. 3. 2. 1 ∗	神话价值研究	
W6780. 3. 2. 2 ∗	神话溯源研究	【多民族】

W 编码	母题描述	关联项
W6780.3.3	神话研究方法①	
W6780.3.3.1 *	按不同学科方法划分神话研究方法	
W6780.3.3.1.1 *	神话研究哲学方法	
W6780.3.3.1.1.1 *	神话研究马克思主义方法	【多民族】
W6780.3.3.1.1.2 *	神话研究的辩证方法	【中华民族】
W6780.3.3.1.2 *	神话研究历史学方法	
W6780.3.3.1.2.1 *	神话研究历史考证方法	【多民族】
W6780.3.3.1.2.1.1 *	考证洪水神话中的苗族迁徙情况	【苗族】
W6780.3.3.1.2.2 *	神话研究的人类学的历史方法	
W6780.3.3.1.2.2.1 *	神话研究人类学的历史方法即通过民族间的神话传说故事的比较察见部落间互相影响的证据	【多民族】
W6780.3.3.1.2.3 *	神话研究历史学方法中的“剥皮主义”方法	
W6780.3.3.1.2.3.1 *	神话的历史学研究者注重“层累地造成的古史”	【中华民族】
W6780.3.3.1.3 *	神话研究社会学方法	
W6780.3.3.1.3.1 *	神话研究人类社会学方法	【多民族】
W6780.3.3.1.3.2 *	神话研究社会民俗学方法	【多民族】
W6780.3.3.1.3.2.1 *	用民俗学的方法剖析神话，用神话记载补充民俗，是研究上古史和上古神话的不二法门	【多民族】
W6780.3.3.1.3.2.2 *	神话的民俗学研究包括口述神话书面神话的语言研究，物象的研究以及民俗行为的研究	【多民族】

① 神话研究方法，有时也可以称为“神话学研究方法”。因神话本身是人类最早出现的百科全书式的文化形式，从理论上讲，目前任何一种方法包括非科学的方法都可以作为神话的研究方法。然而目前到底有多少学科和有多少研究方法，是一个难以厘清的问题，因为方法本身有些可以说是公器，而有些则属于个体性的独创。由此对研究方法分类更显得是公婆各有理，画虎难画骨，所以本书也采取不纠结的处理方式，只列举出几个研究方法方面的例子，至于这些例子是否戴错帽子站错队，只能是善纠错者喜欢的事情了。

W 编码	母题描述	关联项
W6780. 3. 3. 1. 3. 3 *	真正明了社会的结构和土人的观念，才会真正了解神话与社会的连带关系	【多民族】
W6780. 3. 3. 1. 3a *	神话研究人类学方法	
W6780. 3. 3. 1. 3a. 1 *	人类学法解释神话才能豁然贯通	【中华民族】
W6780. 3. 3. 1. 3a. 2 *	神话研究的文化人类学方法	【多民族】
W6780. 3. 3. 1. 4 *	神话研究宗教学方法	【多民族】
W6780. 3. 3. 1. 5 *	神话研究心理学方法	【关联】①
W6780. 3. 3. 1. 5. 1 *	神话研究精神分析法	【多民族】
W6780. 3. 3. 1. 5. 2 *	神话是心理学的一种早期形式	【各民族】
W6780. 3. 3. 1. 6 *	神话研究民俗学方法	
W6780. 3. 3. 1. 7 *	神话研究语言学方法	［W6778. 8. 1. 1. 9. 5 *］神话因语言的变化发生演变
W6780. 3. 3. 1. 7. 1 *	神话研究语病研究法	【多民族】
W6780. 3. 3. 1. 7. 2 *	神话研究训诂学的方法	【多民族】
W6780. 3. 3. 1. 7. 3 *	神话的比较语言学研究	【古代民族】
W6780. 3. 3. 1. 7. 4 *	特定神话研究很难使用语言学方法	
W6780. 3. 3. 1. 7. 4. 1 *	伏羲女娲族别归属很难找到他们的骨骼与语言	【中华民族】
W6780. 3. 3. 1. 8 *	神话研究考古学方法（神话考古）	【中华民族】
W6780. 3. 3. 1. 8. 1 *	依靠考古学重建一部“神话史前史”	【各民族】
W6780. 3. 3. 1. 8. 2 *	殷周的考古与历史则是研究殷周神话所不可不用的文化背景	【中华民族】
W6780. 3. 3. 1. 9 *	神话研究的其他学科方法	
W6780. 3. 3. 1. 9. 1 *	神话版本学研究方法（神话文献学研究方法）	

① ［W6772. 3. 2. 1 *］神话是人的所谓“潜意识”的反映；［W6779. 6. 2. 3. 1. 4 *］将《山海经》作神话研究，可以得心理表现的资料。

W 编码	母题描述	关联项
W6780.3.3.1.9.1.1＊	神话文献辨伪	
W6780.3.3.1.9.1.1.1＊	世传为商周的文献不一定真为商周文献	【中华民族】
W6780.3.3.1.9.2＊	从文学角度分析神话	【多民族】@［W6780.4.2］神话与文学
W6780.3.3.2＊	按神话内容划分神话研究方法	
W6780.3.3.2.1＊	神话主题学研究方法	【多民族】
W6780.3.3.2.2＊	神话原型研究方法	【多民族】
W6780.3.3.2.2.1＊	许多口传神话都能找到原型物	【中华民族】
W6780.3.3.2.2.2＊	特定神话形象原型可得到实物的印证	
W6780.3.3.2.2.2.1＊	女娲补天神话的“五色石”得到实物的印证	【中华民族】@［W6778.6.6.1＊］讲述女娲补天神话者说女娲在当地的昆山顶补天
W6780.3.3.2.2.3＊	越到后来神话原型的置换变形的幅度越大	【各民族】
W6780.3.3.2.2.4＊	古史中的圣帝贤臣可从神话中找到上帝、社神、稷神、日神火神、河伯水神、岳神、金神刑神、鸟兽草木神等原型	【中华民族】
W6780.3.3.3＊	按形式划分神话研究方法	
W6780.3.3.3.1＊	神话结构主义研究方法	【多民族】
W6780.3.3.3.2＊	神话类型学研究方法	【多民族】
W6780.3.3.3.3＊	神话母题研究方法	【多民族】
W6780.3.3.3.4＊	神话演述程式研究方法	【多民族】
W6780.3.3.4＊	按神话性质、价值等特定研究划分神话研究方法	
W6780.3.3.4.1＊	神话功能研究方法（功能主义）	【多民族】
W6780.3.3.4.2＊	神话传播研究	【多民族】

W 编码	母题描述	关联项
W6780. 3. 3. 4. 2. 1 *	神话传播研究包括传播者研究、传播内容研究、传播渠道研究和受传者研究	【中华民族】
W6780. 3. 3. 4. 2. 2 *	神话传播热点的更迭	
W6780. 3. 3. 4. 2. 2. 1 *	特定神话人物传播的热点会随时代发生变化	【中华民族】
W6780. 3. 3. 4. 2. 3 *	神话传播的研究就是研究神话伴随着口头性、集体性、变异性而发生的传播过程和规律	【各民族】
W6780. 3. 3. 4. 3 *	神话关系研究	
W6780. 3. 3. 4. 3. 1 *	神话与宗教关系研究	【多民族】@［W6777. 9. 5. 1 *］宗教影响导致神话功能的变化
W6780. 3. 3. 4. 3. 2 *	神话与巫术关系研究	【多民族】
W6780. 3. 3. 4. 3. 2. 1 *	一定的巫术仪式总以相应的神话体系作为“理论”前提	【多民族】
W6780. 3. 3. 4. 3. 2. 2 *	绝地天通开启了神话与巫术融合的历史时期	【多民族】
W6780. 3. 3. 4. 3. 2. 3 *	神话与原始时期的仪式、巫术密不可分	【多民族】
W6780. 3. 3. 4. 3. 3 *	神话与仪式关系研究	【多民族】
W6780. 3. 3. 4. 3. 3. 1 *	传说神话的出现是用来支持仪式的执行	【多民族】
W6780. 3. 3. 4. 3. 3. 1. 1 *	传说神话支持古代季节性仪式的施行	【中华民族】
W6780. 3. 3. 4. 3. 4 *	神话的亲缘物研究	
W6780. 3. 3. 4. 3. 4. 1 *	神话与礼俗关系研究	
W6780. 3. 3. 4. 3. 4. 1. 1 *	神话与礼俗相连	【中华民族】
W6780. 3. 3. 5 *	按神话研究时间划分神话研究方法	

W 编码	母题描述	关联项
W6780.3.3.5.1＊	神话学古代研究方法（神话的传统研究方法）	
W6780.3.3.5.1.1＊	古典神话学研究方法	【多民族】
W6780.3.3.5.2＊	神话学近代研究方法	【多民族】
W6780.3.3.5.3＊	神话学现代研究方法	【多民族】
W6780.3.3.5.4＊	神话学当代研究方法	【多民族】
W6780.3.3.5.4.1＊	神话大数据研究	【多民族】
W6780.3.3.6＊	按代表性研究者国家归属划分神话研究方法	
W6780.3.3.6.1＊	国外神话研究方法	【多民族】
W6780.3.3.6.2＊	国内神话研究方法	【多民族】
W6780.3.3.7＊	某些综合性的神话研究方法	
W6780.3.3.7.1＊	神话比较研究方法	
W6780.3.3.7.1.1＊	中外神话比较研究	【多民族】
W6780.3.3.7.1.1.1＊	中国与希腊神话比较	【多民族】
W6780.3.3.7.1.2＊	同类型神话比较研究	【多民族】
W6780.3.3.7.1.2a＊	神话类型比较研究	
W6780.3.3.7.1.2a.1＊	从类型比较来看，中国神话中的盘古型、伏羲型（伏羲女娲型）、羿射日型、夸父逐日型、黄帝型、帝俊型、洪水型、始祖型等神话在少数民族地区流布广泛	【中华民族】
W6780.3.3.7.1.3＊	跨地域神话比较研究	【多民族】
W6780.3.3.7.1.4＊	神话跨文类比较研究	【多民族】
W6780.3.3.7.1.5＊	神话跨民族比较研究	【多民族】
W6780.3.3.7.1.6＊	神话人物比较研究	
W6780.3.3.7.1.6.1＊	汉族神话中的共工，相当于苗族所传的雷神	【中华民族】

W 编码	母题描述	关联项
W6780. 3. 3. 7. 1. 7 *	神话母题比较研究	【多民族】
W6780. 3. 3. 7. 2 *	神话研究历史 - 地理方法	【多民族】
W6780. 3. 3. 7. 2. 1 *	运用历史地理学派方法研究洪水神话	【多民族】
W6780. 3. 3. 7. 3 *	神话审美研究方法	【多民族】
W6780. 3. 3. 7. 4 *	神话的多学科结合研究方法	
W6780. 3. 3. 7. 4. 1 *	运用人类学的田野材料与历史学的文献材料、考古学的实物材料相互参证的“三重证据法”研究神话	【多民族】
W6780. 3. 3. 7. 4. 2 *	神话的研究应伴以哲学、宗教学、语言学和艺术学等多学科的研究	【各民族】
W6780. 3. 3. 7. 4. 3 *	神话研究中人类学与历史学相结合	【多民族】
W6780. 3. 3. 7. 4. 4 *	特定神话类型的研究需多学科	
W6780. 3. 3. 7. 4. 4. 1 *	中原神话的考察要多学科、多角度、多层次进行	【多民族】
W6780. 3. 3. 8 *	神话其他一些研究方法	
W6780. 3. 3. 8. 1 *	神话田野调查法（神话社会调查法）	【多民族】
W6780. 3. 3. 8. 1. 1 *	神话研究民族志方法	【多民族】
W6780. 3. 3. 8. 1. 2 *	探讨神话随时代变迁而产生的流变却不去实地考察其在群众中的流传情况很难收到实效	【多民族】@［W6778. 8. 1. 1. 1. 1 *］神话因时代而变
W6780. 3. 3. 8. 2 *	神话研究考据法	
W6780. 3. 3. 8. 2. 0 *	神话研究二重证据法	
W6780. 3. 3. 8. 2. 0. 1 *	神话研究二重证据即纸上之材料和地下新材料	【多民族】

W 编码	母题描述	关联项
W6780.3.3.8.2.1 *	神话研究四重证据法	【多民族】@［W6780.3.3.7.4.1 *］运用人类学的田野材料与历史学的文献材料、考古学的实物材料相互参证的“三重证据法”研究神话
W6780.3.3.8.2.1.1 *	神话研究的四重证据即传世文献、出土文献、民族志和口传文化和出土实物及图像	【各民族】
W6780.3.3.8.2.2 *	证据法讲究证据的充分合理	
W6780.3.3.8.2.2.1 *	以“三百篇”没有神话的遗迹以论定中国古代（北方）民族没有神话的做法证据不足	【中华民族】
W6780.3.3.8.2.3 *	神话的互证	【多民族】
W6780.3.3.8.3 *	神话研究细读辨析法	
W6780.3.3.8.3.1 *	神话研究因辨析神鬼差异	【多民族】
W6780.3.3.8.4 *	神话研究的符号研究方法	
W6780.3.3.8.4.1 *	上古神话的符号系统研究	【多民族】
W6780.3.3.8.4.2 *	神话可以作为原始人认识世界的一种特殊符号形式	【多民族】
W6780.3.3.8.5 *	神话放在文化系统中进行考察、分析和研究	【多民族】
W6780.3.3.9 *	与神话研究方法有关的其他母题	
W6780.3.3.9.0	神话研究的错误方法	
W6780.3.3.9.0.1 *	排斥神话是错误做法	【多民族】
W6780.3.3.9.0.1.1 *	认为神话全是古代的祭司或妖人所造以宣传迷信颠倒因果	【多民族】
W6780.3.3.9.1 *	因神话年代久远，神人杂糅，其研究不可以理求	【多民族】
W6780.3.3.9.2	神话的阐释	
W6780.3.3.9.2.1 *	孔子阐释黄帝神话	

W 编码	母题描述	关联项
W6780. 3. 3. 9. 2. 1. 1 ∗	孔子阐释黄帝四面	【中华民族】
W6780. 3. 3. 9. 2. 1. 2 ∗	孔子阐释黄帝三百年	【中华民族】
W6780. 3. 3. 9. 2. 2 ∗	孔子阐释夔一足	【中华民族】
W6780. 3. 3. 9. 2. 3 ∗	神话阐释学质疑	
W6780. 3. 3. 9. 2. 3. 1 ∗	孔子阐释神话是造了孔子的假话和古代的伪史来破除神话	【中华民族】
W6780. 3. 3. 9. 2. 4 ∗	神话的象征性阐释（神话的寓意阐释）	［W6779. 9. 2. 3. 3. 1. 1 ∗］玉石神话铸就意识形态包括以玉为神、以玉为天体象征、以玉为生命永生的象征等概念要素
W6780. 3. 3. 9. 2. 4. 1 ∗	把“天命玄鸟，降而生商”阐释为死而复生的寓言	【中华民族】
W6780. 3. 3. 9. 2. 5 ∗	神话观（神话观念）	［W6780. 4. 6. 8 ∗］任何民族的原始宗教的教义或信条就是神话或神话观念
W6780. 3. 3. 9. 2. 5. 1 ∗	天人合一神话观	
W6780. 3. 3. 9. 2. 5. 1. 1 ∗	以天人沟通为前提的天人合一神话观	【中华民族】
W6780. 3. 3. 9. 2. 5. 1. 2 ∗	以“天下”观为特征的神话地理观为基础催生的“中国”观和“九州”观距今 5000—3000 年	【中华民族】
W6780. 3. 3. 9. 2. 5. 2 ∗	神话地理观	
W6780. 3. 3. 9. 2. 5. 2. 1 ∗	神话地理观距今 5000—4000 年	【中华民族】
W6780. 3. 3. 9. 2. 5. 3 ∗	永生的神话信念	【多民族】
W6780. 3. 3. 9. 2. 5. 4 ∗	神话中的民族共同体意识	【苗族】
W6780. 3. 3. 9. 2. 5. 4. 1 ∗	神话与文化认同的关键联系在于铸塑意识形态的特定文化元素	【多民族】
W6780. 3. 3. 9. 2. 5. 5 ∗	“神话历史”观	
W6780. 3. 3. 9. 2. 5. 5. 1 ∗	“神话历史”观念对考察中国古史具有适用性	【中华民族】

W 编码	母题描述	关联项
W6780.3.3.9.2.6 *	神话史（神话发展史）	［W6779.4.1.8.2 *］商周两代的神话史可分为殷、西周和东周三个大的阶段
W6780.3.3.9.2.6.1 *	神话的发展史有一个新陈代谢的过程	【多民族】
W6780.3.3.9.2.6.2 *	神话史的兼容性	【多民族】
W6780.3.4	神话研究趋势	
W6780.3.4.1 *	神话研究需要学术自觉	【中华民族】
W6780.3.4.2 *	神话研究要重视田野	【多民族】
W6780.3.4.3 *	神话研究需要引入新技术	【多民族】
W6780.3.5	神话研究成果	
W6780.3.5.1 *	神话研究的观点	
W6780.3.5.2 *	神话研究的原理	
W6780.3.5.3 *	神话研究论文	
W6780.3.5.4 *	神话研究著作	
W6780.3.5.4.1 *	1892 年格奥尔吉耶夫斯基的《中国人的神话观与神话》为“世界上第一部研究中国神话的专著”	【民族无考】
W6780.3.5.5 *	神话研究其他类型的成果	
W6780.3.5.6 *	神话研究成果不佳	
W6780.3.5.6.1 *	两汉以来许多学者钻研古籍中的神话片段这些奇怪的材料但始终没有正确的解答	【中华民族】
W6780.3.6	神话研究的特征	
W6780.3.6.1 *	神话研究多种方法并存	
W6780.3.6.2 *	神话研究多种方法互动	【各民族】
W6780.3.7	与神话研究有关的其他母题	
W6780.3.7.1 *	神话研究的重点	
W6780.3.7.1.1 *	今后整理或重纪中国神话须由殷周文字以迄春秋战国诸子	【中华民族】

W 编码	母题描述	关联项
W6780. 4	神话与其他学科	
W6780. 4. 1	神话与历史	
W6780. 4. 1. 1＊	神话反映历史（神话是历史的镜子）	【中华民族】
W6780. 4. 1. 1. 1＊	因神道设教，人史赖神话以传，故人史尽皆神话	【多民族】
W6780. 4. 1. 1. 2＊	神话是人类从蒙昧时代到野蛮时代的历史遗迹	【多民族】
W6780. 4. 1. 1. 3＊	神话记忆历史	【中华民族】@［W6729. 5. 9. 3. 2＊］文字产生以前，人用口传面授来记忆历史
W6780. 4. 1. 1. 3. 1＊	各种事物之间的现实关系在神话中被理解为人类社会的氏族关系	【多民族】
W6780. 4. 1. 1. 4＊	所有兄妹婚姻型神话传说都不同程度地反射了远古血缘家族时期兄弟姐妹婚姻制度的影子	【多民族】
W6780. 4. 1. 1. 5＊	由现存较落后群团的生活和思想中（神话）去恢复人类过去的文化与历史	【多民族】
W6780. 4. 1. 1. 6＊	一切神话等皆本于历史的事实	【多民族】
W6780. 4. 1. 2＊	神话是历史	【关联】①
W6780. 4. 1. 2. 1＊	神话称为一种“准历史学”	【各民族】
W6780. 4. 1. 2. 2＊	神话开历史之先	【多民族】
W6780. 4. 1. 2. 2. 1＊	神话是各个国家和民族的历史编年的最初几页	【多民族】
W6780. 4. 1. 2. 3＊	神话是历史生活的记忆	【多民族】
W6780. 4. 1. 2. 4＊	神话是历史之源	【中华民族】
W6780. 4. 1. 2a＊	神话事关历史	【多民族】@［W6780. 6. 5. 2＊］神话中包含着宗教和历史的事实

① ［W6779. 9. 2. 1. 2. 1. 1＊］洪水神话是一部神化了的历史；［W6779. 9. 2. 1. 2. 1. 2＊］各民族的洪水神话是一部口碑历史。

W 编码	母题描述	关联项
W6780.4.1.2a.1＊	汉代的三皇说中的“燧人、伏牺、神农”可以看成古史整理的延续	【中华民族】
W6780.4.1.2b＊	神话与历史相关联	
W6780.4.1.2b.1＊	既不能把神话视为“信史”，也不能否认一部分神话有历史的事实做基础	【多民族】
W6780.4.1.2b.2＊	神话涉及的是已被遗忘的事物的起源，这种起源与某些历史事实有关	【多民族】
W6780.4.1.2b.3＊	神话虽然不是真实的历史，但与历史如影随形不可分割	【多民族】
W6780.4.1.2b.4＊	历史借神话得以流传下来	【多民族】
W6780.4.1.2b.5＊	很难划清神话和历史的界线	【中华民族】
W6780.4.1.2b.6＊	有些神话被附会于古史	【中华民族】
W6780.4.1.2b.7＊	洗刷掉材料的神话外壳可找出可信的历史核心	【中华民族】
W6780.4.1.3＊	神话不是历史	
W6780.4.1.3.1＊	神话与历史不能混为一谈	【多民族】
W6780.4.1.3.2＊	神话是伪史	【多民族】
W6780.4.1.3.2.1＊	从黄帝到大禹的帝系是伪古史	【中华民族】
W6780.4.1.3.2a＊	把黄帝、神农、尧、舜、禹、羿当做历史人物，是中国神话的一大厄运	【中华民族】
W6780.4.1.3.3＊	神话的超现实属性和历史的现实特质是不相容的	【多民族】
W6780.4.1.3.4＊	把神话与历史合在一起以致历史很不正确	【中华民族】
W6780.4.1.4＊	历史的神话化	【关联】①

① ［W6779.1.10.1.2＊］历史事件神话；［W6779.9.2.1.2.1.1＊］洪水神话是一部神化了的历史。

W 编码	母题描述	关联项
W6780. 4. 1. 4. 1 ∗	“历史的神话化”是唯物主义的认识论	【多民族】
W6780. 4. 1. 4. 2 ∗	历史神话化是战国之后出现的观点	【中华民族】
W6780. 4. 1. 5 ∗	神话的历史化	【关联】①
W6780. 4. 1. 5. 1 ∗	“神话的历史化”是唯心主义的认识论	【多民族】
W6780. 4. 1. 5. 2 ∗	神话人物被解释为客观人物	［W6778. 8. 1. 4. 4 ∗］神话变为史事
W6780. 4. 1. 5. 2. 1 ∗	黄帝、尧、舜原是天神，被新旧史家点化成为现实的人物	【中华民族】
W6780. 4. 1. 5. 3 ∗	神话的历史化是战国之后出现的观点	【中华民族】
W6780. 4. 1. 5. 4 ∗	绝地天通开启了神话历史化的序曲	【多民族】
W6780. 4. 1. 5. 5 ∗	历史化的趋向在神话中普遍存在	【中华民族】
W6780. 4. 1. 5. 6 ∗	神话历史化弱化了神话的生命力	【多民族】
W6780. 4. 1. 6 ∗	神话传说与古史往往混杂	【中华民族】
W6780. 4. 1. 7 ∗	神话与历史的其他情形	
W6780. 4. 1. 7. 1 ∗	神话与历史有包含关系	
W6780. 4. 1. 7. 1. 1 ∗	古史中包含神话	【中华民族】
W6780. 4. 1. 7. 1. 2 ∗	神话作为原始宇宙观出现于历史中	【各民族】
W6780. 4. 1. 7. 2 ∗	神话是历史的缩影	【瑶族】
W6780. 4. 1. 7. 3 ∗	神话是无字的历史	
W6780. 4. 1. 7. 3. 1 ∗	神话传说可视为初民之无文书历史	【多民族】
W6780. 4. 1. 7. 4 ∗	神话转化为历史	
W6780. 4. 1. 7. 4. 1 ∗	神话大禹娶涂山氏及治水在《史记》中变为历史	【中华民族】

① ［W6778. 8. 1. 2. 3. 5 ∗］一部分神话人物变成历史人物；［W6779. 3. 1. 1 ∗］中国北部的神话，大概在商周之交已历史化得很完备。

W 编码	母题描述	关联项
W6780.4.1.7.4.2＊	神话的超现实特质如何消融转化为历史的事态没有一定轨迹	【多民族】
W6780.4.1.7.4a＊	神话变成史实	
W6780.4.1.7.4a.1＊	根据神话出现纪念性的各种遗址遗迹后，在一定程度上神话就变成了一种史实	【多民族】
W6780.4.1.7.5＊	神话与历史是同步的	【中华民族】
W6780.4.1.8＊	神话是历史的原型	
W6780.4.1.8.1＊	夏以前古史传说的原型出神话	【中华民族】
W6780.4.1.9＊	神话与历史有关的其他母题	
W6780.4.1.9.1＊	在特定的时代，神话和历史是没有严格界限	
W6780.4.1.9.1.1＊	春秋战国时代，神话和历史是没有严格界限	【中华民族】
W6780.4.1.9.2＊	从神话体系中可探源古代民族原始生活	【多民族】
W6780.4.2	神话与文学	［W6780.3.3.1.9.2＊］从文学角度分析神话
W6780.4.2.1＊	神话与特定文类关系密切	
W6780.4.2.1.1＊	童话本质与神话实为一体	【中华民族】
W6780.4.2.2＊	不同地域的文学神话元素不同	
W6780.4.2.2.1＊	疆域越往南，文学中神话的分子就越多	【中华民族】
W6780.4.2.3＊	神话是民间文学的一种形式	【各民族】
W6780.4.2.4＊	神话当作古代文学	【多民族】
W6780.4.2.5＊	神话是口头文学	
W6780.4.2.5.1＊	神话是一种活态的口头文学	【多民族】
W6780.4.2.6＊	神话为文章之渊源	【多民族】
W6780.4.3	神话与哲学	【多民族】@［W6777.4.6＊］神话是哲学

W 编码	母题描述	关联项
W6780. 4. 3. 1＊	神话孕育哲学	
W6780. 4. 3. 1. 1＊	盘古神话为以道家为代表的天道哲学提供了理论前提	【中华民族】
W6780. 4. 3. 2＊	中国古代神话中包含十分丰富的哲学思想因素	【中华民族】
W6780. 4. 3. 2. 1＊	中国远古神话传说中包含了唯物主义倾向、唯心主义倾向	【中华民族】
W6780. 4. 3. 3＊	中国远古神话传说是中国哲学的胚胎和萌芽	【中华民族】
W6780. 4. 3. 4＊	中国远古神话传说对中国哲学产生了巨大影响	【中华民族】
W6780. 4. 3. 5＊	浑沌盘古神话就是中国古代的原始哲学	【中华民族】
W6780. 4. 4	神话与民族	［W6778. 8. 1. 4. 2. 2＊］神话的历史化即将神话变成民族的历史
W6780. 4. 4. 1＊	神话是一个民族的“本”	【各民族】
W6780. 4. 4. 2＊	神话是一个民族的记忆和血性	【各民族】
W6780. 4. 4. 3＊	神话是民族世代相承的优良传统	【中华民族】
W6780. 4. 4. 4＊	从神话中可以考察民族文化	【多民族】
W6780. 4. 4. 5＊	要了解一个民族，最好从其神话入手	【中华民族】
W6780. 4. 5	神话与民俗	【多民族】@［W6777. 7. 2＊］神话支撑民俗
W6780. 4. 5. 1＊	民俗性的神话	【多民族】
W6780. 4. 5. 2＊	中国民俗性的神话属于“英雄神话时代”的神话	【中华民族】
W6780. 4. 6	神话与宗教	
W6780. 4. 6. 1＊	神话与宗教共存	【多民族】
W6780. 4. 6. 1. 1＊	原始初民时期，宗教与神话总是相辅相成地依存	【多民族】

W 编码	母题描述	关联项
W6780.4.6.2＊	神话与宗教是孪生姊妹	【多民族】
W6780.4.6.2.1＊	阿昌族语言中没有“宗教观念”或“神话史诗”一词，把原始宗教观念和神话统称为“万物的道理”	【阿昌族】
W6780.4.6.3＊	从总体看，神话不能完全等同于原始人的宗教的象征	【多民族】
W6780.4.6.4＊	原始宗教早于原始神话	【多民族】
W6780.4.6.5＊	神话与宗教既相互渗透，又有不完全融合的特殊关系	【多民族】
W6780.4.6.6＊	神话与宗教相互作用	
W6780.4.6.6.1＊	宗教意识衍生神话，神话又激发宗教观念	【多民族】
W6780.4.6.7＊	中国远古神话反映了原始人的宗教观念	【中华民族】
W6780.4.6.7a＊	神话中包含宗教观念	【各民族】@［W6780.6.5.2＊］神话中包含着宗教和历史的事实
W6780.4.6.7a.1＊	神话中包含原始宗教观念	【多民族】
W6780.4.6.7b＊	宗教中包含神话	
W6780.4.6.7b.1＊	神话是宗教的第一个要素	【多民族】
W6780.4.6.8＊	任何民族的原始宗教的教义或信条就是神话或神话观念	【多民族】
W6780.4.6.9＊	神话与宗教有关的其他母题	［W6780.3.3.4.3.1＊］神话与宗教关系研究
W6780.4.6.9.1＊	神话为宗教之萌芽	【多民族】
W6780.4.7	神话与信仰	
W6780.4.7.1＊	神话塑造崇拜	【华夏民族】
W6780.4.7.2＊	玉石神话信仰在促进华夏统一国家认同方面起到的作用	【中华民族】
W6780.4.7.3＊	神话是信仰的源头	【多民族】

W 编码	母题描述	关联项
W6780. 4. 8	神话与人类学	
W6780. 4. 9	神话与学科有关的其他情形	
W6780. 4. 9. 1 *	舞蹈与神话有联系	【多民族】
W6780. 5	神话与其他文类	
W6780. 5. 1	神话与传说	
W6780. 5. 1. 1 *	神话与传说的联系	
W6780. 5. 1. 1. 1 *	同一传说在甲地为神话者，在乙地则降为童话	【多民族】
W6780. 5. 1. 1. 2 *	古史传说中有最早的创世纪神话	【中华民族】
W6780. 5. 1. 1. 3 *	神话与传说形式相同	【多民族】
W6780. 5. 1. 1. 4 *	传说里面所掺杂神话的多少，大致是越古越多，越近越少	【多民族】
W6780. 5. 1. 1. 5 *	神话掺杂在传说中	【多民族】
W6780. 5. 1. 2 *	神话与传说的区别	
W6780. 5. 1. 2. 1 *	传说与神话相邻近但不能混为一谈	【多民族】
W6780. 5. 1. 2. 1. 1 *	神话自神话，传说自传说	【多民族】
W6780. 5. 1. 2. 1. 2 *	神话与传说的叙事主体不同	
W6780. 5. 1. 2. 1. 2. 1 *	神话所叙是神或半神的超人所行之事，传说则为一民族的古代英雄所行的事	【多民族】
W6780. 5. 1. 2. 1. 2. 2 *	传说有别于神话的是主人公渐接近于人性	【多民族】
W6780. 5. 1. 2. 2 *	古代的传说本质上是一种世系传说，神话只是掺杂其中	【中华民族】
W6780. 5. 1. 2. 3 *	神话是虚构的故事，传说有相当的历史事实作根据	【多民族】
W6780. 5. 1. 2. 4 *	神话是有意编造的，传说则是远古以来口耳相传的历史故事	【多民族】
W6780. 5. 1. 3	与神话与传说关系有关的其他母题	［W6780. 3. 1. 6. 2. 2 *］传说是神话从狭义走向广义的开始

W 编码	母题描述	关联项
W6780.5.1.3.1＊	神话与传说故事之类易于混淆	【中华民族】
W6780.5.1.3.2＊	神话有起于传说之后者	【多民族】
W6780.5.2	神话与故事	
W6780.5.3	神话与史诗	
W6780.5.4	神话与寓言	
W6780.5.5	神话与童话	
W6780.5.5.1＊	神话与童话都是民间文学	【多民族】
W6780.5.5.2＊	神话与童话都是带幻想的故事	【多民族】
W6780.5.6	神话与鬼话	
W6780.5.7	神话与仙话	
W6780.5.7.1＊	仙话有消极倾向，神话则鼓励人战胜自然，克服人类的弱点	【多民族】
W6780.5.8	神话与后世文学	
W6780.6	神话的价值（神话的意义）	
W6780.6.1＊	神话具有实践价值	
W6780.6.1.1＊	神话的应用	
W6780.6.1.1.1＊	民俗造神多是直接取材于神话	【多民族】
W6780.6.1.1.2＊	神话应用在丧葬中	
W6780.6.1.1.2.1＊	墓穴中的神话现象	【中华民族】
W6780.6.1.2＊	神话与民族尊严联系	【多民族】
W6780.6.2＊	神话具有终极的价值	
W6780.6.2.1＊	神话对于生活于其规范作用中的人们而言，具有终极的价值	【多民族】
W6780.6.2.2＊	神话是人类一切文化的最初源泉	【各民族】
W6780.6.2a＊	神话的审美价值（神话的诗学价值）	
W6780.6.2a.1＊	神话是艺术的一种规范和高不可及的范本	【各民族】
W6780.6.3＊	神话蕴含特定的观念	

W 编码	母题描述	关联项
W6780. 6. 3. 1 ＊	兄妹婚姻型洪水神话表现出非血缘婚姻观念	【中华民族】
W6780. 6. 3. 2 ＊	神话是人类思想的原料	【多民族】
W6780. 6. 3. 3 ＊	神话中有初民的宇宙观、宗教思想、道德标准等	【多民族】
W6780. 6. 3. 3. 1 ＊	神话蕴含道德	【多民族】
W6780. 6. 3. 4 ＊	神话叙事目的是建立一个社会基本的世界观和价值观	【多民族】
W6780. 6. 4 ＊	神话的思想价值	
W6780. 6. 4. 1 ＊	神话是发表思想的工具	
W6780. 6. 4. 1. 1 ＊	语言文字之后，发表思想的工具最重要的是神话	【多民族】
W6780. 6. 4. 2 ＊	神话有助于追寻人类最古的思想	【多民族】
W6780. 6. 5 ＊	神话的含义（神话的内涵）	
W6780. 6. 5. 1 ＊	神话的所指与能指	
W6780. 6. 5. 1. 1 ＊	不能把神话所反映的特定民族社会的生活内容、思想和后来演变中保留的原人意识的痕迹等同起来	【多民族】
W6780. 6. 5. 2 ＊	神话中包含着宗教和历史的事实	【各民族】
W6780. 6. 5. 3 ＊	神话是一定的文化与社会的表现	
W6780. 6. 5. 3. 1 ＊	神话反映一个部落记录神话时的文化程度	【多民族】
W6780. 6. 5. 4 ＊	特定神话有特定的内涵	［W6779. 9. 2. 2. 3］盘古神话的含义（盘古神话的主题）
W6780. 6. 5. 4. 1 ＊	天帝之都的神话地理意蕴	【中华民族】
W6780. 6. 5. 5 ＊	一则神话会包含多重含义	
W6780. 6. 5. 5. 1 ＊	羲和生十日包括三层含义	【中华民族】
W6780. 6. 6 ＊	神话的宗教价值	
W6780. 6. 6. 1 ＊	神话能表现宗教信仰	【多民族】

W 编码	母题描述	关联项
W6780. 6. 7 *	神话的文化价值	
W6780. 6. 7. 1 *	神话在民族文化发展史上具有重要意义	【多民族】
W6780. 6. 7. 2 *	神话是一个民族古老的文化遗产	【多民族】
W6780. 6. 7. 3 *	神话是文化的源泉	【多民族】
W6780. 6. 8 *	神话的学术价值	
W6780. 6. 8. 1 *	神话蕴含着民族的哲学、艺术、宗教、风俗、习惯以及整个价值体系的起源	【多民族】
W6780. 6. 9 *	神话的其他价值	
W6780. 6. 9. 1 *	神话的文学价值	
W6780. 6. 9. 1. 1 *	古代神话在内容上、在创作方法上对中国文学有多方面的、长远的影响	【中华民族】
W6780. 6. 9. 1. 1. 1 *	神话影响志怪小说创作	【中华民族】
W6780. 6. 9. 1. 1. 2 *	神话进入现代诗歌创作	【多民族】
W6780. 6. 9. 1. 2 *	神话对绘画具有影响	【多民族】
W6780. 7	神话的当今实践	
W6780. 7. 1 *	神话主义（新神话主义）	
W6780. 7. 2 *	神话对各民族的文学、艺术的发展会产生有益的影响	【多民族】
W6780. 8	神话资料（神话材料；神话语料）	
W6780. 8. 1	神话资料的产生	
W6780. 8. 1. 1 *	墓刻作为神话研究资料	【中华民族】
W6780. 8. 2	神话资料的特征	
W6780. 8. 3	神话材料的标准（神话材料的辨别）	
W6780. 8. 3. 1 *	神话的材料必须牵涉“非常”的人物或事件或世界	【多民族】

W 编码	母题描述	关联项
W6780.8.4	神话资料的保存	
W6780.8.4.1 *	中国片段的神话的材料散见于古籍甚多	【中华民族】
W6781	**诗（诗歌；诗的产生）**	【汤普森】A1464.1
W6781.1	诗源于特定的地方	
W6781.2	特定人物发明诗（特定人物创作诗）	
W6781.2.1	祖先造诗	
W6781.2.1.1	阿剖宏音是最先造诗的先祖	【苗族】@［W6913.3.3］祖先造歌（祖先教人唱歌）
W6781.2.1.2	刑天创作诗歌“丰年”	【汉族】@［W0765］刑天
W6781.3	诗是特定人物传授的	
W6781.4	通过学习作诗	
W6781.4.1	通过学文化后会作诗	【布朗族】
W6782	**诗的特征**	
W6782.1	诗有韵律	
W6782.2	诗容易传唱	
W6782.2.1	诗为什么朗朗上口	
W6782.3	诗有固定格式（口头程式）	
W6782.4	诗便于记忆	
W6782.5	诗吸引人	
W6782.6	诗能感动人	
W6783	**诗歌的功能（诗的作用）**	
W6783.1	诗言志	【中华民族】
W6783.2	诗记录历史	【阿昌族】
W6783.3	诗有特定力量	
W6783.3.1 *	赋诗的证明力量绝不亚于引经据典式的书证	【中华民族】
W6783.4	诗有歌颂功能	

W 编码	母题描述	关联项
W6783.4.1＊	周代诗人讴歌姜、姬二姓祖先	【中华民族】
W6784	**歌谣**	
W6784.1	歌谣	
W6784.1.1	歌谣的产生	
W6784.2	民歌	
W6784.2.1	民歌的产生	
W6784.3	民谣	
W6784.3.1	民谣的产生	
W6784.4	儿歌	
W6784.4.1	儿歌的产生	
W6784.5	童谣	
W6784.5.1	童谣的产生	
W6784.5.2	童谣的特征	
W6784.5.3	与童谣有关的其他母题	
W6784.5.3.1	童谣应用于习俗	【汉族】
W6785	**史诗**	
W6785.1	史诗的产生	
W6785.1.1	说唱史诗源于神授	【藏族】
W6785.2	史诗的特征（史诗的功能）	
W6785.2.1	史诗是民族的根谱	【彝族】
W6785.2.2	史诗内涵丰富	
W6785.2.2.1＊	史诗蕴藏一个民族的历史、宗教、语言、习俗、文学艺术、伦理道德等等内涵	【多民族】@［W6785.3.7.1.1＊］原始性史诗会反映民族的历史
W6785.2.2.2＊	史诗是关于范例的伟大叙事	【多民族】
W6785.2.2.3＊	史诗作为超故事被专门的歌手最初表演	【多民族】
W6785.2.2.4＊	史诗在接受史诗的群体中具有认同表达源泉的功能	【多民族】

W 编码	母题描述	关联项
W6785. 2. 2. 5	唱史诗可赢得神的欢心	
W6785. 2. 2. 5. 1	猎人演唱史诗，森林神会很高兴	【蒙古族（布里亚特）】
W6785. 3	史诗的类型	
W6785. 3. 1	创世史诗	
W6785. 3. 1. 1	创世史诗是民族的根谱	【彝族】
W6785. 3. 1. 2	创世史诗讲智慧无比的天神，开辟宇宙、天体和大地，创造山川、河流和湖海以及植物、动物和人类等	【傣族】
W6785. 3. 1. 3	祭祖时唱创世史诗	【白族】
W6785. 3. 1. 4＊	创世史诗对创世神话有着重要的固化作用	【多民族】
W6785. 3. 2	英雄史诗	
W6785. 3. 3	迁徙史诗（民族迁徙史诗）	
W6785. 3. 4	爱情史诗	
W6785. 3. 5	混合型史诗（综合型史诗）	
W6785. 3. 6	神话史诗	
W6785. 3. 6. 1＊	神话史诗的产生	
W6785. 3. 6. 2＊	神话史诗的特征	
W6785. 3. 6. 2. 1＊	神话史诗有适合口耳相传的特殊结构形式（神话史诗的口头程式）	【阿昌族】
W6785. 3. 6. 2. 2＊	神话史诗的演述由特定的语境	【阿昌族】
W6785. 3. 6. 2. 3＊	神话史诗有特定的演唱方式	【阿昌族】
W6785. 3. 6. 3＊	特定的神话史诗	
W6785. 3. 6. 3. 1＊	阿昌族神话史诗《遮帕麻和遮米麻》是一部创世纪的神话史诗	【阿昌族】
W6785. 3. 6. 3. 1a＊	阿昌族创世神话史诗《遮帕麻和遮米麻》是原始宗教巫师在族人参加的大型宗教活动中的念词	【阿昌族】

W 编码	母题描述	关联项
W6785. 3. 7	按史诗性质划分史诗	
W6785. 3. 7. 1 *	原始性史诗	
W6785. 3. 7. 1. 1 *	原始性史诗会反映民族的历史	【多民族】
W6785. 3. 8	以民族划分的史诗	
W6785. 3. 8. 1 *	汉族史诗《黑暗传》	【汉族】
W6785. 3. 8. 2 *	苗族史诗	【中华民族】
W6785. 3. 9	其他方式划分的史诗类型	
W6785. 3. 9. 1 *	按史诗的表达方式划分史诗	
W6785. 3. 9. 1. 1 *	问答体史诗	
W6785. 3. 9. 1. 1. 1 *	在两千三百多年前战国时代的楚国，民间已有问答体史诗	【汉族】
W6785. 4	常见的史诗①	
W6785. 4. 1	三大史诗	
W6785. 4. 1. 1	《格萨尔》（《格斯尔》）	
W6785. 4. 1. 2	《江格尔》	
W6785. 4. 1. 3	《玛纳斯》	
W6785. 4. 2	《黑暗转》	
W6785. 5	史诗的演唱（史诗的演述）	
W6785. 5. 1	史诗演唱的时间	
W6785. 5. 1. 1	特定的节日唱史诗	
W6785. 5. 1. 1. 1	清明唱史诗	【白族】
W6785. 5. 2	史诗演唱的地点	
W6785. 5. 3	史诗演唱的环境（史诗演述语境）	
W6785. 5. 3. 1	特定史诗在祭祀时诵唱	【羌族】
W6785. 5. 3. 2	史诗演述有特定条件	
W6785. 5. 3. 2. 1	史诗演述要有特定道具	

① 常见的史诗，中国各民族的史诗不仅流传时间长，而其内容和叙事非常丰富。本书主要参照中华人民共和国文化部公布的非物质文化遗产名录中的有关篇目选取一定数量的史诗作为案例。

W 编码	母题描述	关联项
W6785. 5. 3. 2. 1. 1	演唱艺人没有帽子和手杖这两个道具就无法演唱史诗《格萨尔》	【藏族】
W6785. 5. 4	史诗演唱者	
W6785. 5. 4. 1	巫师演唱史诗	【壮族】
W6785. 5. 5	史诗演唱的方法（史诗演唱的情形）	
W6785. 5. 5. 1	史诗要严肃地演唱	
W6785. 5. 5. 1. 1 *	巫师把创世史诗《布洛陀》当成教义或经书诵唱	【壮族】
W6785. 5. 5. 2	史诗要有选择地演唱	
W6785. 5. 5. 2. 1 *	创世史诗《布洛陀》每次并不唱全诗	【壮族】
W6785. 5. 5. 2. 2 *	人病死时唱创世史诗《布洛陀》中的“造人”，牛病死就唱该史诗中的“造牛”	【壮族】
W6785. 5. 6	史诗演唱禁忌	
W6785. 5. 6. 1	演唱史诗必须一次唱完	
W6785. 5. 6. 2	只有看到特定星星时才能演唱史诗	【蒙古族（布里亚特）】
W6785. 5. 7	与史诗演唱有关的其他母题	
W6785. 6	史诗的传承	
W6785. 6. 1 *	史诗口耳相传	【多民族】
W6785. 6. 2 *	史诗传承会受多种因素影响	【汉族】
W6786	**经诗**	
W6786. 1	经诗的产生	［W6815. 2］经书（经；经文）
W6786. 2	经诗的特征	
W6786. 3	特定的经诗	
W6786. 4	与经诗有关的其他母题	
W6787	**长诗**	

W 编码	母题描述	关联项
W6787.1	长诗的产生	
W6787.2	长诗的特征	
W6787.3	特定的长诗	
W6787.4	与长诗有关的其他母题	
W6788	**其他常见的诗歌类型**①	
W6788.1	按内容分类的诗	
W6788.1.1	赞美诗	
W6788.1.1.1	给神唱赞美诗	【怒族】
W6788.2	按形式分类的诗	
W6788.3	按创作方法分类的诗	
W6788.4	其他方法划分的诗	
W6788.4.1	长歌	【壮族】
W6788.4.2	短歌	
W6788.4.3	按产生时间划分的诗	
W6788.4.3.1	古诗	【汉族】
W6788.5	一些代表性诗	
W6788.5.1	丰年	
W6788.5.1.1	刑天作“丰年”	【汉族】
W6789	**与诗有关的其他母题**	
W6789.1	诗歌研究	

① 其他常见的诗歌类型，关于诗歌的类型有多种不同的划分方法，如从诗的语言上分，有歌谣、格律诗、自由体诗等，其中“歌谣”又有民歌、民谣、儿歌、童谣等不同说法；如果从诗歌产生的时间分，可以划分出古诗和新诗；从篇幅长短上划分，有长诗、短诗、微型诗等；按内容与表现手法分，有叙事诗、抒情诗、哲理诗等。此外，还可以从主题、题材、风格等方面划分。当然从神话叙事本身而言，很难与上面的诗歌学术分类相对应。在此，只选取一些与神话有关联的情形，举例相应的母题。

6. 6. 7 传说故事（童话；寓言）
【W6790 ~ W6799】

W 编码	母题描述	关联项
W6790	**传说（传说的产生）**	
W6790. 1	传说产生的原因	
W6790. 1. 1	创作传说是为了解释人的疑问	
W6790. 1. 1. 1 *	用传说解释寒食借熄火、冷食、再生火来象征季节的交替的抽象仪式	【中华民族】
W6790. 1. 2 *	因以前没有文字，产生传说	【多民族】
W6790. 1. 3	因崇拜产生传说	
W6790. 1. 3. 1 *	太阳崇拜形成“扶桑”传说	【中华民族】
W6790. 2	传说源于特定的地方	
W6790. 3	传说是特定人物传来下的	［W6792. 3. 3］传说的讲述人
W6790. 3. 1	传说是神或神性人物传下来的	
W6790. 3. 2	传说是特定的人传下来的	
W6790. 3. 3	传说是动物传下来的	
W6790. 3. 3. 1	传说是老母虫和蜈蚣虫传下来的	【藏族（白马）】
W6790. 3. 4	传说是其他特定人物传下来的	
W6790. 4	传说是创造出来的	
W6790. 4. 1	特定人物创作传说	
W6790. 4. 1. 1 *	孔门后学创作舜弹五弦歌《南风》的传说	【中华民族】
W6790. 5	传说是采集的	
W6790. 5. 1	特定传说是特定人物采集的结果	
W6790. 5. 1. 1 *	黄帝传说来自司马迁在民间采集的口传叙事	【中华民族】

W 编码	母题描述	关联项
W6790.6 *	传说的产生源于托古	
W6790.6.1 *	为道者必托之于神农、黄帝而后能入说	【中华民族】
W6790.7	与传说的产生有关的其他母题	
W6790.7.1 *	传说的时间一般晚于传说对象	
W6791	**传说的特征**	
W6791.1	传说是一种记忆	[W6731.1.1.1] 以前的人因没有文字全靠记忆过日子
W6791.1.1	传说是关于历史的记忆	
W6791.1.2	传说是关于祖先的记忆	【怒族】
W6791.1.3	传说是关于历史的记忆	
W6791.2	传说不是虚构	
W6791.2.1 *	古代传说并非虚构，总有历史方面的质素	【多民族】
W6791.3	同事物会有不同传说	
W6791.3.1	一个神或神性人物有不同传说	
W6791.3.1.1	盐婆婆有多种传说	【汉族】
W6791.3.1.2 *	传说人物的事迹由不同附会叠加形成	[W6778.8.1.2.3.4 *] 神话人物事迹的叠加（箭垛式人物）
W6791.3.1.2.1 *	传说中许多发明创造都附会在炎黄的身上	【中华民族】
W6791.3.2	特定的人有不同传说	
W6791.3.3	一个动物有不同传说	
W6791.3.3.1	阳鸟有大如山岗、小若蜜蜂、形似鹤鹰、灵胜凤凰等不同传说	【畲族】
W6791.4	传说的应用会有取舍	
W6791.4.1 *	孔子、墨子俱道尧舜而取舍不同	【中华民族】
W6791.5	传说会借助于客观物	

W 编码	母题描述	关联项
W6791. 5. 1 *	传说必有纪念物	【多民族】
W6791. 6 *	传说是以专名为核心的叙事体裁	【中华民族】
W6791. 7 *	传说以记忆为中介，以口耳相传为手段	【中华民族】
W6792	**与传说有关的其他母题**	
W6792. 1	传说的类型（特定的传说；常见的传说①）	
W6792. 1. 1	按传说的内容划分传说（按传说的主体划分传说）	
W6792. 1. 1. 1	人物传说	
W6792. 1. 1. 1. 1	神与神性人物的传说（神仙传说）	
W6792. 1. 1. 1. 2	三皇五帝传说	【中华民族】
W6792. 1. 1. 1. 2. 1	尧舜传说	【中华民族】
W6792. 1. 1. 1. 2. 2	炎帝传说	
W6792. 1. 1. 1. 2. 2. 1 *	炎帝是最具真实性与代表性的史前传说	【汉族】
W6792. 1. 1. 1. 2. 3	黄帝传说	［W6790. 5. 1. 1 *］黄帝传说来自司马迁在民间采集的口传叙事
W6792. 1. 1. 1. 2. 3. 1 *	陕西、河南甚至山东、湖南都有黄帝的遗迹和传说	【中华民族】
W6792. 1. 1. 1. 3	名人传说	
W6792. 1. 1. 1. 4	帝王将相传说	
W6792. 1. 1. 1. 4. 1	大禹显圣传说	【汉族】@［W0751］禹（大禹）
W6792. 1. 1. 1. 5	历史人物传说	
W6792. 1. 1. 1. 5. 1 *	三皇五帝都是传说人物	【中华民族】

① 常见的传说，中国各民族的传说非常丰富，本书主要参照中华人民共和国文化部公布的非物质文化遗产名录及有关出版物中的一些篇目作为案例。

W 编码	母题描述	关联项
W6792. 1. 1. 1. 5. 2 *	历史人物传说的产生晚于该人物所处时代	
W6792. 1. 1. 1. 5. 2. 1 *	伏羲氏造书契代结绳的传说不一定完全是在伏羲时代完成的	【中华民族】@［W6811. 4. 6. 1. 1］伏羲时代刻木记事
W6792. 1. 1. 1. 6	英雄传说	
W6792. 1. 1. 1. 6. 1	英雄柯阿汗仙除蟒猊传说	【鄂伦春族】
W6792. 1. 1. 1. 7	附会的人物传说	【汉族】
W6792. 1. 1. 1. 7. 1	董永传说	
W6792. 1. 1. 2	动植物传说	
W6792. 1. 1. 3	风物传说	
W6792. 1. 1. 4	物产传说	
W6792. 1. 1. 5	风俗传说（习俗传说）	
W6792. 1. 1. 5. 1	生产习俗传说	
W6792. 1. 1. 5. 2	生活习俗传说	
W6792. 1. 1. 5. 2. 1	婚丧习俗传说	
W6792. 1. 1. 5. 3	节日习俗传说	
W6792. 1. 1. 6	历史传说	
W6792. 1. 1. 6. 1 *	古史传说可以区分为殷人—东夷和周人—西戎两大系统	【中华民族】
W6792. 1. 1. 6. 2 *	历史传说具有一定史影	【中华民族】
W6792. 1. 2	按传说的归属划分传说	
W6792. 1. 2. 1	特定地域的传说（地方性传说）	
W6792. 1. 2. 1. 1	“陷巢州，长庐州”传说	【汉族】
W6792. 1. 2. 2	特定民族的传说	
W6792. 1. 2a	按产生的时间划分传说	
W6792. 1. 2a. 1	史前传说	
W6792. 1. 2a. 1. 1	祖先在还没有创造文字以前的历史被统称为史前传说	【汉族】

W 编码	母题描述	关联项
W6792. 1. 3	特定名称的传说（常见的经典传说）	
W6792. 1. 3. 1	鲤鱼跳龙门传说	【汉族】
W6792. 1. 3. 2	四大爱情传说	
W6792. 1. 3. 2. 1	牛郎织女	【汉族】
W6792. 1. 3. 2. 2	孟姜女	【汉族】
W6792. 1. 3. 2. 3	梁山伯与祝英台	【汉族】
W6792. 1. 3. 2. 4	白蛇传	【汉族】
W6792. 1. 3. 3	大禹治水传说	
W6792. 1. 3. 3. 1	夏县大禹治水传说	【中华民族】
W6792. 2	传说的功能（传说的价值；传说的意义）	【关联】①
W6792. 2. 1 *	最早的古史传说反映中华文明	【中华民族】
W6792. 3	传说的传承（传说的保存；传说的应用）	
W6792. 3. 1	传说的讲述时间	
W6792. 3. 2	传说的讲述地点（传说的讲述环境）	
W6792. 3. 2. 1	祭神时讲与神有关的神话传说	【汉族、壮族等】
W6792. 3. 3	传说的讲述人	
W6792. 3. 4	传说传承的方法	
W6792. 3. 4. 1	传说口传心授	
W6792. 3. 4. 1. 1 *	古史传说“口传心授”的师承相传有着严格的要求	【中华民族】
W6792. 3. 4. 2	传说传承与现实相结合	［W6791. 5］传说会借助于客观物
W6792. 3. 4. 2. 1 *	轩辕黄帝祭天处传说有相应的地方风物	【汉族】
W6792. 3. 5	传说的载体	

① ［W6939. 2. 1. 1］游乐源于特定的传说；［W6939. 2. 1. 1. 1］每年玩龙灯源于五龙抢珠传说。

W 编码	母题描述	关联项
W6792. 3. 5. 1	仪式中的传说	
W6792. 3. 5. 1. 1	女子成年仪式喂狗反映了古老传说	【纳西族】
W6792. 3. 6	传说的采集者	
W6792. 3. 6. 1	东巴教的教主收集纳西族民间传说	【纳西族】
W6792. 4	传说的演变	【关联】①
W6792. 4. 1 *	一个传说的母题可能没有改变，但其情节无形中会增多了	【多民族】
W6792. 4. 2 *	传说中的人物名称产生变化	
W6792. 4. 2. 1 *	传说中的黄帝、炎帝变成“神农”	【中华民族】
W6792. 4. 3 *	传说的地方化	
W6792. 4. 3. 1 *	炎帝、黄帝在湖南被地方化	【中华民族】
W6792. 5	传说的消失	
W6792. 6	传说研究	
W6792. 6. 1	传说研究的意义	
W6792. 6. 1. 1	传说具有研究价值	
W6792. 6. 1. 1. 1 *	黄帝大臣常先发明战鼓的传说具有研究远古战争器具史的重要价值	【汉族】
W6792. 6. 2	传说的研究方法	
W6792. 6. 2. 1 *	顾颉刚用历史演进的见解来观察历史上的传说	【各民族】
W6792. 6. 3	传说的解读	
W6792. 6. 3. 1 *	解读传说要首先了解历史	【中华民族】
W6792. 6. 4	传说研究的态度	
W6792. 6. 4. 1 *	把传说当作真人真事进行烦琐考证	【多民族】

① ［W6778. 8. 1］神话的演变（神话的变化；神话的发展）；［W6791. 4. 1 *］孔子、墨子俱道尧舜而取舍不同；［W6795. 4］故事的演变。

W 编码	母题描述	关联项
W6792. 6. 4. 2 ＊	对传说材料持全盘否定的态度	【多民族】
W6792. 7	传说的关系	
W6792. 7. 1	传说与神话	【民族，关联】①
W6792. 7. 2	传说与故事	［W6780. 5. 1. 3. 1 ＊］神话与传说故事之类易于混淆
W6792. 7. 3	传说与仪式	［W6945. 9. 1］仪式
W6792. 7. 3. 1 ＊	仪式与传说本来无真正的关联	【中华民族】
W6792. 7. 4	传说与历史	
W6792. 7. 4. 1 ＊	传说是历史	
W6792. 7. 4. 1. 1 ＊	传说可组成有系统的史料	【多民族】
W6792. 7. 4. 1. 2 ＊	许多古史传说都是口耳相传的结果，是真实的历史存在	【中华民族】
W6792. 7. 4. 2 ＊	传说的历史真实要客观分析	
W6792. 7. 4. 2. 1 ＊	说炎帝传说有其真实史影，并非说其每一细节都是真实的	【汉族】
W6792. 7. 4. 3 ＊	传说与历史关系密切	
W6792. 7. 4. 3. 1 ＊	各民族最先历史中断难脱离“传说”	【多民族】
W6792. 7. 4. 3. 2 ＊	传说中有真实的历史，也有古人的智慧和后人的想象	【中华民族】
W6792. 7. 4. 4 ＊	传说与历史具有明显区别	
W6792. 7. 4. 4. 1 ＊	中华最早的古史传说不能覆盖中华文明所有源头	【中华民族】
W6792. 7. 4. 4. 2 ＊	舜帝和舜葬九嶷传说是重构的历史，不能成为信史	【中华民族】
W6792. 8	传说的应验	【关联】②

① 【多民族】@［W6778. 8. 1. 7. 7 ＊］神话与传说的糅合；［W6780. 5. 1］神话与传说；［W6780. 5. 1. 1 ＊］神话与传说的联系；［W6780. 5. 1. 1. 3 ＊］神话与传说形式相同；［W6780. 5. 1. 2 ＊］神话与传说的区别；［W6780. 5. 1. 2. 1. 2 ＊］神话与传说的叙事主体不同。

② ［W6496. 1. 5. 6. 1］祭祀的应验；［W6506. 8. 1］祈祷的应验。

W 编码	母题描述	关联项
W6792. 8. 1	生产生活中的事象证明了传说的真实性	［W6776. 4a *］神话是真实的（神话是可信的；神话具有真实性）
W6792. 8. 1. 1	人们发现传说的救过盘古爷和盘古奶的牛的节角	【汉族】
W6792. 9	与传说有关的其他母题	
W6792. 9. 1	传说时代	
W6792. 9. 1. 1 *	盘庚迁殷前约一千余年可叫作传说时代	【中华民族】
W6792. 9. 2	传闻	
W6792. 9. 2. 1	奇闻轶事	【汉族】
W6793	**故事（故事的产生）**	
W6793. 0	以前，没有故事	【珞巴族】
W6793. 0. 1	以前，哈尼族不会唱歌、跳舞、讲故事	【哈尼族】
W6793. 1	特定的人物传授故事	
W6793. 1. 1	祖辈流传下来故事	【满族】
W6793. 2	为了记忆特定的事讲故事	
W6793. 3	因为没有文字讲故事	【独龙族】@［W6995. 3. 1. 1. 1. 1］独龙族过去没有文字，所以只会讲故事，唱调子
W6793. 4	编造故事（编故事；创作故事）	
W6793. 4. 1	故事源于真实事件	
W6793. 4. 1. 1	晚辈根据当地人物编出牛郎星、织女星下凡的故事	【汉族】
W6793. 5	特定物让人会讲故事	
W6793. 5. 1	三姊妹寻找到金色的花后，学会讲故事	【哈尼族】
W6793. 6	一些故事的产生与神话传说有关	

W 编码	母题描述	关联项
W6793. 6. 1 ∗	现代故事中的一些情节是从古代传说中脱胎而来	【多民族】
W6794	**故事的特征（故事的功能）**	
W6794. 1	故事是真的	
W6794. 2	故事是假的	
W6794. 3	故事源远流长	［W6795. 3. 3. 4］口头故事流传悠久
W6794. 3. 1	故事流传的时间很长	
W6794. 3. 1. 1	祖辈传下来的海伦格格补天故事，谁也说不清有多少年	【满族】@［W6995. 3. 1. 2. 1. 1］兄妹俩补天的故事发生在何时，连头发最白的老人也说不清楚
W6794. 4	故事神圣（神圣的故事）	
W6794. 4. 1	各姓氏都有关于本姓氏神的神圣故事	【满族】
W6794. 5	讲故事有回报	
W6794. 5. 1	向神讲故事可以有所获得	
W6794. 5. 1. 1	向森林神讲故事可以获得更多猎物	【蒙古族（布里亚特）】
W6794. 6	故事有教育作用	
W6794. 6. 1	故事教育后人	
W6794. 6. 1. 1	女娲通过讲故事教子	
W6794. 6. 1. 1. 1	女娲通过故事让儿女都懂得尊敬祖先	【汉族】
W6794. 6. 2	讲特定故事教育特定对象	
W6794. 6. 2. 1	婚礼前后讲特定故事防止对婚姻姑娘三心二意	【景颇族】
W6794. 7	讲故事可以解闷	【珞巴族】
W6794. 8	故事中蕴含特定知识	

W 编码	母题描述	关联项
W6794. 8. 1 ＊	炎帝“咒鸟识谷”“捋穗选种”“神鸟送嘉禾”等故事表面上荒诞不经，实际上反映出人类受鸟类食谷的启发，辨别谷物、发明农耕的过程	【中华民族】
W6795	**与故事有关的其他母题**	
W6795. 0	故事的定义（讲故事的名称）	
W6795. 0. 1	讲故事称款古	【布依族】
W6795. 1	故事的含义	
W6795. 2	故事的类型	
W6795. 2. 1	老故事	
W6795. 2. 1. 1	前五百年的故事	【汉族】
W6795. 2. 2	口头故事	
W6795. 2. 2. 1	口头洪水故事	【高山族】
W6795. 2. 3	按故事的内容划分的故事	
W6795. 2. 3. 1	关于特定人物的故事	
W6795. 2. 3. 1. 1	鬼神的故事	【关联】①
W6795. 2. 3. 1. 2	祖先的故事	【汉族】＠［W0640］祖先
W6795. 2. 3. 1. 3	英雄故事	【蒙古族】＠［W0560］文化英雄
W6795. 2. 3. 2	爱情故事	【关联】②
W6795. 2. 3. 3	灵验故事	【关联】③
W6795. 2. 3. 3. 1	关公显圣故事	【民族，关联】④
W6795. 3	故事的传承（故事的传播；故事的应用；讲故事）	
W6795. 3. 1	故事的讲述时间	

① ［W0000］神；［W0870］灵魂（鬼）。

② ［W7187］爱情奇缘；［W7979］婚姻悲剧（爱情悲剧）。

③ ［W0783. 2］民间宗教神的灵验；［W0898. 2］死者显灵；［W9093. 7］魔物显灵示真相；［W9188. 2. 1］咒语显灵。

④ 【汉族】＠［W0782. 4］关公；［W0782. 4. 1］关公显圣。

W 编码	母题描述	关联项
W6795. 3. 1. 1	节日时讲故事	
W6795. 3. 1. 1. 1	人类祖先翁戛规定，过节时老年人讲故事	【布依族】
W6795. 3. 1. 1. 2	腊八这天讲腊八粥的故事	【汉族】
W6795. 3. 2	故事的讲述地点	
W6795. 3. 2. 1	火塘边讲故事	【布依族】
W6795. 3. 2. 2	丧葬守灵时讲故事	【鄂温克族】
W6795. 3. 3	故事传承的特征（故事传承的方法）	
W6795. 3. 3. 1	故事靠口头传承	［W6779. 6. 1］口头神话（口承神话；口传神话；活态神话）
W6795. 3. 3. 1. 1	故事从曾祖传到太爷爷，又从太爷爷传到爷爷、阿玛，代代传诵	【满族】
W6795. 3. 3. 2	讲故事有特定的仪式	
W6795. 3. 3. 2. 1	讲故事时要祭献	【蒙古族（布里亚特）】
W6795. 3. 3. 3	故事代代相传	
W6795. 3. 3. 3. 1	棒槌孩的故事由爷爷传给儿子，儿子又传给孙子，一代一代传下来	【达斡尔族】
W6795. 3. 3. 3. 2	英雄的故事世代传扬	【蒙古族】
W6795. 3. 3. 4	口头故事流传悠久	
W6795. 3. 3. 4. 1	石碑不见，故事流传	
W6795. 3. 3. 4. 1. 1	仓颉造字的石碑不再，但故事流传不衰	【汉族】
W6795. 3. 3. 4. 2	境过时迁故事仍流传	【汉族】
W6795. 3. 4	故事的讲述人（故事家；讲故事者）	
W6795. 3. 4. 0	神讲故事	【羌族】
W6795. 3. 4. 1	讲故事者盘古	【汉族】

W 编码	母题描述	关联项
W6795.3.4.2	老人讲故事	【高山族】
W6795.3.4.2.1	老人才能向神讲故事	【蒙古族（布里亚特）】
W6795.3.4.3	动物讲故事	
W6795.3.4.3.1	森林之王狮子带着老虎、灰狼、狐狸讲故事	【汉族】
W6795.3.4.3	其他特定的故事讲述人	
W6795.3.4.4	故事讲述人的多重身份	
W6795.3.4.4.1	故事讲述家又是歌手、巫师、医生、能人和智者	【阿昌族】
W6795.3.5	故事的受众（听故事者）	
W6795.3.5.1	神作为听故事者	【蒙古族（布里亚特）】@［W6794.5.1.1］向森林神讲故事可以获得更多猎物
W6795.3.5.2	鬼听故事	【珞巴族】
W6795.3.6	故事传承的方法（故事的讲述环境）	
W6795.3.6.1	因庙传开的故事	【汉族】
W6795.3.6.2	在特定的音乐中讲特定的故事	【赫哲族】
W6795.3.6.3	故事编成曲子传唱	【藏族】
W6795.3.7	与故事传播有关的其他母题	
W6795.3.7.1	锣鼓书	【汉族】
W6795.3.7.2	讲故事效果的评判	
W6795.3.7.2.1	猎人讲故事时犬吠说明神喜欢这个故事	【蒙古族（布里亚特）】
W6795.3.7.3	故事与民俗相结合传播	【汉族】
W6795.4	故事的演变	【关联】①
W6795.5	故事的消失	［W6778.8.2］神话的消失（神话消解）
W6795.6	故事研究	

① ［W6778.8.1］神话的演变（神话的变化；神话的发展）；［W6792.4］传说的演变。

W 编码	母题描述	关联项
W6795. 6. 1	故事研究的意义	
W6795. 6. 2	故事的研究方法	
W6795. 6. 3	故事的解读	
W6795. 7	故事的关系	
W6795. 7. 1	故事与神话	［W6780. 5. 2］神话与故事
W6795. 7. 2	故事与传说	［W6792. 7. 2］传说与故事
W6795. 8	常见的故事①	
W6795. 9	与故事有关的其他母题	
W6796	**童话**	
W6796. 1	童话的定义	【多民族】
W6796. 2	童话的产生	
W6796. 3	童话的特征	
W6796. 4	童话的类型	
W6796. 5	童话的功能（童话的价值；童话的意义）	
W6796. 5. 1	童话的教育功能	【多民族】
W6796. 5. 2	童话的娱乐功能	【多民族】
W6796. 6	童话的传承（童话的应用）	
W6796. 6. 1	童话讲述人	【汉族】
W6796. 7	童话研究	
W6796. 7. 1	童话研究的意义	
W6796. 7. 2	童话的研究方法	
W6796. 7. 3	童话的解读	
W6796. 8	童话的关系	

① 常见的故事，中国各民族的故事非常丰富，且不同的研究者对故事的界定并无统一的说法，目前许多公开出版物如《中国民间故事集成》《中华民族故事大系》等，均将神话、传说列入“故事”的范围之中。本书主要参照中华人民共和国文化部公布的非物质文化遗产名录中的有关篇目选取一定数量的故事作为案例。如 2006 年 5 月文化部公布的“第一批国家级非物质文化遗产名录”中的河北省藁城市的《耿村民间故事》、湖北省丹江口市的《伍家沟民间故事》、湖北省宜昌市夷陵区的《下堡坪民间故事》、重庆市九龙坡区的《走马镇民间故事》、辽宁省大洼县的《古渔雁民间故事》、辽宁省喀喇沁左翼蒙古族自治县的《喀左东蒙民间故事》、辽宁省新民市的《谭振山民间故事》等。

W 编码	母题描述	关联项
W6796.8.1	童话与神话	【多民族】@［W6780.5.5］神话与童话
W6796.8.2	童话与传说	
W6796.8.3	童话与故事	
W6796.9	与童话有关的其他母题	
W6796.9.1	童话大王	【汉族】
W6797	**鬼话**	［W0870］灵魂（鬼）
W6797.1	鬼话的定义	
W6797.2	鬼话的产生	
W6797.2.1	老百姓创作鬼话	
W6797.2.1.1 *	在君子以为人道，在百姓以为鬼事	【多民族】
W6797.3	鬼话的特征	
W6797.4	常见的鬼话	
W6797.4.1	吊死鬼的故事	【汉族】@［W0907.6］吊死鬼
W6797.5	与鬼话有关的其他母题	【关联】①
W6798	**仙话**	［W0800］仙人
W6798.1	仙话的定义	
W6798.2	仙话的产生	［W0801］仙的产生
W6798.3	仙话的特征	［W0815］仙的能力或事迹
W6798.3.1 *	仙话是神话有机的组成部分	【多民族】
W6798.4	常见的仙话（代表性仙话）	
W6798.4.1 *	八仙过海	【汉族】
W6798.5	与仙话有关的其他母题	［W0504］狐神（仙）
W6799	**寓言**	
W6799.1	寓言的定义	
W6799.2	寓言的产生	

① ［W0912］驱鬼（捉鬼）；［W7248］鬼的婚姻；［W8827］人鬼之战。

W 编码	母题描述	关联项
W6799. 2. 1 ＊	神话解释为寓言	【多民族】@［W6780. 3. 3. 9. 2. 4. 1 ＊］把“天命玄鸟，降而生商”阐释为死而复生的寓言
W6799. 3	寓言的特征	
W6799. 3. 1 ＊	寓言具有哲理性	【多民族】
W6799. 4	常见的寓言	
W6799. 4. 1	愚公移山	【中华民族】
W6799. 5	与寓言有关的其他母题	【多民族】@［W6778. 8. 1. 9. 1 ＊］神话的寓言化

6.6.8 其他常见文类【W6800 ~ W6809】

W 编码	母题描述	关联项
W6800	**小说（神话小说；小说的产生）**	
W6801	**小说的类型**	
W6801.1	神话小说	［W6770］神话
W6801.2	神魔小说	【关联】①
W6801.3	志怪小说	［W9957］灵异（怪异）
W6801.4	志异小说	［W9957］灵异（怪异）
W6802	**与小说有关的其他母题**	
W6803	**散文（文章；散文的产生）**	

① ［W0830］妖魔；［W1007.1.2］神魔争斗创世。

W 编码	母题描述	关联项
W6804	**与散文有关的其他母题**	
W6805	**俗语**	
W6805.1	俗语的产生	
W6805.1.1	俗语源于很早以前的真实事情	【汉族】
W6805.1.1a	俗语源于历史事件	
W6805.1.1a.1	俗语“鬼打黄帝城”源于黄帝战蚩尤	【汉族】
W6805.1.2	巫师会讲俗语	【藏族】
W6805.1.3	俗语源于人类祖先	
W6805.1.3.1	“蚂蚱爷”“蚂蚱奶”传源于当初兄妹配亲时对蚂蚱说的求情话	【汉族】
W6805.1.3a	俗语源于神话传说	
W6805.1.3a.1	俗语“没角掐了”源于伏羲给老天爷的奏本	【汉族】
W6805.1.4 *	俗语源于现实生活	【汉族】
W6805.2	俗语的特征（俗语的功能）	
W6805.2.1	特定俗语有特定的含义	
W6805.2.1.1	“谢天谢地”就是谢天下翁和天下婆	【汉族】
W6805.3	常见的俗语示例	
W6805.3.1	没角（诀）掐了	
W6805.3.1.1	“没角（诀）掐了”与人祖伏羲让老天爷去掉人的角有关	【汉族】
W6805.3.2	睁一眼，闭一眼	
W6805.3.2.1	“睁一眼，闭一眼”源于舜对后母说的金口玉言	【汉族】
W6805.3.3	狗腿子	
W6805.3.3.1	“狗腿子”与孟姜女的儿子报仇为差人安狗腿有关	【汉族】
W6805.4	与俗语有关的其他母题	

W 编码	母题描述	关联项
W6806	**谚语**①	
W6806.1	谚语的产生	
W6806.1.1	谚语产生于特定人物人生体验	【汉族】
W6806.2	谚语的特征（谚语的功能）	
W6806.3	常见的谚语	
W6806.3.1	与人有关的谚语	
W6806.3.1.1	六十六，阎王请去吃块肉；七十三，八十四，阎王不请自己去	【汉族】
W6806.3.2	与节俗有关的谚语	
W6806.3.2.1	清明不插柳，是个老黄狗	【汉族】
W6806.4	与谚语有关的其他母题	
W6807	**谜语**	［W9276］谜语式预言
W6807.1	谜语的产生	
W6807.2	谜语的特征（谜语的功能）	
W6807.3	常见的谜语	
W6807.3.1	灯谜	
W6807.3.1.1	元宵灯节的“灯谜”	【汉族】
W6807.4	与谜语有关的其他母题	
W6808	**书信**	
W6808.1	书信的产生	
W6808.2	书信的特征（书信的功能）	
W6808.3	常见的书信	
W6808.3.1	家书	

① 谚语，有的称“俗谚”“俗语”“俗话说”等，有时与“俗语”混杂，在民间往往有边界不清的很多说法。一般认为是民间集体创造、广为流传、言简意赅并较为定性的艺术语句，是民众的丰富智慧和普遍经验的规律性总结。许多神话在传承过程中也往往会涉及此类母题。从其分类而言，也很复杂，因其反映的内容涉及社会生活的各个方面，所以会有很多不同的角度，如描述的对象而言，可以划分出社会生活、农业、气象、卫生、学习、特定行业等。从揭示的事理方面看，有可以划分出哲理类、规则类、劝善类、节约类、学习类、惜时类、立志类、动手类、环保类等等。因其过于庞杂，此处只列举一些代表性的简单母题作为样例。

W 编码	母题描述	关联项
W6808.3.1.1	家书的产生	
W6808.3.1.2	家书的特征	
W6808.3.1.3	特定的家书	
W6808.3.1.4	家书的使用	
W6808.3.1.5	与家书有关的其他母题	
W6808.3.2	情书	［W7130］性爱
W6808.3.2.1	情书的产生	［W7131］性爱的产生
W6808.3.2.2	情书的特征	
W6808.3.2.2.1	情书写在特定载体上	
W6808.3.2.2.2	情书写在树叶上	【傣族】
W6808.3.2.3	特定的情书	
W6808.3.2.4	情书的使用	
W6808.3.2.4.1	鸿雁传情书	［W3395.3.3］鸿雁传书
W6808.3.2.4.2	金鹦鹉传情书	【傣族】
W6808.3.2.5	与情书有关的其他母题	［W7179］神之间的爱情
W6808.4	与书信有关的其他母题	
W6809	**其他常见文类**	［W6932］戏剧（戏；戏曲）
W6809.1	文书	
W6809.1.1	文书的产生	
W6809.1.2	文书的特征	
W6809.1.3	特定的文书	
W6809.1.3.1	战书	
W6809.1.3.2	檄文	
W6809.1.3.3	榜文	
W6809.1.3.3.1	斗妖榜文	【东乡族】
W6809.1.4	与文书有关的其他母题	
W6809.2	文章	
W6809.2.1	文章源于学习圣书	

W 编码	母题描述	关联项
W6809.2.1.1	人祖阿普笃慕读了圣书后产生文章	【彝族】@［W6737.2.1.1］人祖阿普笃慕读了圣书后产生文字
W6809.3	论辩	
W6809.4	古话	
W6809.4.1	老百姓相信古话	【汉族】
W6809.5	成语	
W6809.5.1	成语的产生	
W6809.5.1.1	成语源于特定传说故事	
W6809.5.1.1.1	“愿者上钩”源于姜子牙钓鱼	【汉族】
W6809.5.1.2	成语源于特定事件（特定成语源于典故）	【汉族】
W6809.5.1.2.1	“手足胝服”源于大禹治水	【中华民族】
W6809.5.2	成语的特征	
W6809.5.3	与成语有关的其他母题	
W6809.6	典故	
W6809.6.1	特定历史事件成为典故	
W6809.6.1.1	因梦成典	
W6809.6.1.1.1	文王“夜梦飞熊”	【汉族】

6.6.9 与语言文字有关的其他母题【W6810～W6819】

W 编码	母题描述	关联项
＊**W6810**	**记事方法（记事方法的产生）**	
W6811	**记事方法的类型**	

W 编码	母题描述	关联项
W6811.1	口传记事	
W6811.2	刻木结绳记事	【彝族】
W6811.2.1	以前人们都靠结绳刻木记事	【哈尼族】
W6811.2.1.1	遥远的年代人世间没有文字，只得靠刻木结绳来记事	【傣族】
W6811.3	结绳记事	
W6811.3.1	结绳记事产生的原因	
W6811.3.1.1	以前因为没有文字，人要靠结绳记事	【汉族】
W6811.3.1.2	因为丢了文字只好刻木结绳记事	【哈尼族】
W6811.3.1.3	为传令结绳记事	【汉族】
W6811.3.2	结绳记事的产生	
W6811.3.2.1	结绳记事为古传的老办法	
W6811.3.2.1.1	仓颉用祖传结绳记事的老办法记载史实	【汉族】
W6811.3.2.1.1a	仓颉发明结绳记事	【汉族】
W6811.3.2.2	伏羲女娲兄妹造的人靠结绳记事	【汉族】
W6811.3.2.3	盘古氏发明结绳记事	【汉族】
W6811.3.3	结绳记事的方法	
W6811.3.3.1	结绳记事时，多一只羊，打一个小结；多一头牛，打一个大结	【汉族】
W6811.3.3.1a	母猪下三只崽就在一根绳上打三个结	【中华民族】
W6811.3.3.2	古时候结绳记事时大事打个大结，小事打个小结；横绳表物，竖绳记数	【汉族】
W6811.3.3.2.1	仓颉用草拧成绳，打结记事，小祭结个小疙瘩，大祭结个大疙瘩	【汉族】
W6811.3.3.2.1a	绳子上结疙瘩记事	【彝族】

W 编码	母题描述	关联项
W6811.3.3.2.1b	用绳子记事时，大事打一大结，小事打一小结，特大要事就打一个特大的结	【汉族】
W6811.3.3.3	仓颉用各种不同颜色的绳子表示各种不同的牲口、食物，打结表示数量	【汉族】
W6811.3.3.4	结绳记事时找特定物辅助	
W6811.3.3.4.1	结绳记事时借贝壳来辅助	【汉族】
W6811.3.3.5	结绳头记事	【汉族】
W6811.3.3.6	结绳记事的其他方法	
W6811.3.3.6.1	麻线上结一个疙瘩为一月	【彝族（撒梅人）】
W6811.3.3.6.2	细藤打结记事	【彝族（撒梅人）】
W6811.3.3.6.2.1	走过一座山就用细藤结一个疙瘩	【傣族】
W6811.3.4	结绳记事的特征（结绳记事的功能）	
W6811.3.4.1	结绳记事很繁琐难用	【哈尼族】
W6811.3.4.1a	结绳记事很麻烦	【汉族】
W6811.3.4.1b	记事的木块草绳装满屋子	【彝族】
W6811.3.4.2	结绳记事很不方便	【汉族】
W6811.3.4.3	结绳记事不准确	【汉族】
W6811.3.4.3a	结绳记事难记清楚	【汉族】
W6811.3.4.3a.1	仓颉草绳上的疙瘩越结越多颜色褪去后分不清不同的年月记的事	【汉族】
W6811.3.4.3a.2	结绳记事常常记错或忘掉	【汉族】
W6811.3.4.3a.3	仓颉的大大小小、奇形怪状的绳结连他自己也没法辨认	【汉族】@［W6732.3.1.1］仓颉结绳记事出错受黄帝指责后决心造一种简单易记的符号
W6811.3.4.4	结绳记事造恶果	【汉族】
W6811.3.4.4.1	打仗时用结绳纪事会出大乱子	【汉族】

W 编码	母题描述	关联项
W6811.3.4.4.2	仓颉结绳记事记录的战事不清让自己部落受了损失	【汉族】
W6811.3.4.5	结绳记事不安全	【汉族】
W6811.3.4.6	结绳记事能辨识特定物	
W6811.3.4.6.1	结绳辨识果实	
W6811.3.4.6.1.1	猴子辨识果实酸甜后结绳做标记	【彝族】
W6811.3.5	与结绳记事有关的其他母题	
W6811.3.5.1	结绳记事的时间	
W6811.3.5.1.1	人类之初靠结绳记事	【汉族】
W6811.3.5.1.2	从前，人是用结绳记事	【汉族】
W6811.3.5.1.3	黄帝时结绳记事	【汉族】
W6811.3.5.1.4	祭祀时结绳记事	【汉族】
W6811.3.5.1.5	容成氏、大庭氏、伯皇氏、中央氏、栗陆氏、骊畜氏、轩辕氏、赫胥氏、尊卢氏、祝融氏、伏羲氏、神农氏时，民结绳记事	【汉族】
W6811.3.5.1.5.1	神农氏时，民结绳而用之	【中华民族】
W6811.3.5.2	结绳记数	
W6811.3.5.2.1	结绳满十个就打个圈，十个圈就是一百	【汉族】
W6811.3.5.3	结绳记事的结果	
W6811.3.5.3.1	结绳记事失败	
W6811.3.5.3.1.1	结绳记事的绳子被老鼠咬坏	【汉族】
W6811.3.5.3.1.2	结绳记事时间长了以后无法辨认	【汉族】
W6811.4	刻木记事	【哈尼族】【彝族】
W6811.4.1	刻木记事产生的原因	
W6811.4.2	刻木记事的产生	
W6811.4.2.1	女祖先教人刻木记事（母亲教刻木记事）	

W 编码	母题描述	关联项
W6811.4.2.1.1	地母遮米麻教孩子刻木记事	【阿昌族】
W6811.4.2.2	旨示老告诉人刻木记事	【苗族】
W6811.4.2.3	黄帝的臣民刻木记事	【汉族】
W6811.4.2.4	首领让人刻木记事	【苗族】
W6811.4.3	刻木记事的方法	
W6811.4.3.1	刻木格记事	【彝族】
W6811.4.3.2	在竹子或木板上刻记事的豁口有大有小，有深有浅	【汉族】
W6811.4.4	刻木记事的特征	
W6811.4.4.1	刻木记事的木块堆成山	【哈尼族】
W6811.4.4.2	刻木记事很不方便	【佤族】
W6811.4.4.3	刻木记事容易毁坏丢失	【佤族】
W6811.4.5	刻木记事的内容	【哈尼族】
W6811.4.5.1	木刻记载劳作过程	
W6811.4.6	与刻木记事有关的其他母题	
W6811.4.6.1	刻木记事的时间	
W6811.4.6.1.1	伏羲时代刻木记事	【中华民族】
W6811.4.6.1.2	黄帝时代刻木记事	【汉族】
W6811.4.6.2	刻木记事的结果	
W6811.4.6.2.1	刻木记事日子久了全忘记	【哈尼族】
W6811.4.6.3	刻木作为标记	【羌族】
W6811.4.6.4	刻划记事	
W6811.4.6.4.1	有人在石壁上刻划记事	【汉族】
W6811.5	画图记事（绘画记事）	【汉族】
W6811.5.1	画图记事的原因	
W6811.5.1.1	为救急画图记事	【汉族】
W6811.5.1.2	因用藤子打记号不方便，就用黑树浆涂画在身上记事记路	【傣族】

W 编码	母题描述	关联项
W6811.5.2	画图记事的产生	
W6811.5.2.1	最早时，脑壳灵光的人会画画记事	【汉族】
W6811.5.2.1.1	打猎的事画座山，打鱼的事画条河	【汉族】
W6811.5.2.2	仓颉发明刻画记事的新办法	【汉族】
W6811.5.3	画图记事的特征	
W6811.5.3.1	画画记事容易遗忘	【汉族】
W6811.5.3.2	画画记事容易混乱	【汉族】@［W6734.7.1.5.2］仓颉发现老百姓画画记事易混乱决定为人造字
W6811.5.4	画图记事的方法	
W6811.5.4.1	仓颉用烧过的树枝在树皮上画画记事	【汉族】
W6811.5.4.2	白天做的事上画太阳，晚上碰到的事画月亮	【汉族】
W6811.5.5	通过特定的画记事	
W6811.5.5.1	通过岩画记事	【汉族】
W6811.5.6	与画图记事有关的其他母题	［W6811.7.2］文身记事
W6811.6	用特定物记事	
W6811.6.1	堆石子记事（堆石记事）	【中华民族】
W6811.6.1.1	堆石子记事容易遗忘	【佤族】
W6811.6.1.2	门口放一块小石头表示一日	【彝族（撒梅人）】
W6811.6.1.3	汉族用石头做记号	【汉族】
W6811.6.2	苗族用草结做地盘的记号	【汉族】
W6811.6.3	彝族用树桩做记号	【汉族】
W6811.7	记事的其他方法	
W6811.7.1	用动物名记事	
W6811.7.1.1	用鸟名记事	【汉族】

W 编码	母题描述	关联项
W6811.7.2	文身记事	【傣族】@［W6811.5.1.2］因用藤子打记号不方便，就用黑树浆涂画在身上记事记路
W6811.7.3＊	符号记事	【中华民族】
W6811.8	与记事方法有关的其他母题	
W6811.8.1	记事的载体	
W6811.8.1.1	在兽皮上画记号	【汉族】【满族】
W6812	**与记事方法有关的其他母题**	
W6812.1	记事方法的变化	
W6812.2	记数	【关联】①
W6812.2.1	用特定物记数	［W6963.8.1.1］结绳记数
W6812.2.1.1	用千千万万颗麻亮和豌豆记数	【傣族】
＊**W6813**	**书籍（书；文献；书籍的产生；书的产生）**	
W6813.1	书的产生（书产生的原因）	
W6813.1.0	以前没有书	
W6813.1.0.1	以前特定的时代没有书	
W6813.1.0.1.1	直眼睛人的时代没有书	【彝族】
W6813.1.1	天神赐书	
W6813.1.1.1	天神给人祖阿普笃慕圣书	【彝族】
W6813.1.1.2	天神木崩格给女儿女婿一本书	【独龙族】
W6813.1.2	其他特定人物给人书	
W6813.1.2.1	龙王给人书	【彝族】
W6813.1.2.2	书由特定人物传下来	
W6813.1.2.2.1	字书是阿朴独姆西传下来	【彝族】

① ［W6963］数字（数字的产生；数的来历）；［W6963.8.1］数数（计数；记数）。

W 编码	母题描述	关联项
W6813.1.2.3	宝龟呈书	【汉族】
W6813.1.3	人于特定地点得书	
W6813.1.3.1	赤帝九山东南天柱得书简	【汉族】
W6813.1.4	特定人物造书（特定人物写书）	
W6813.1.4.1	天神造书	【景颇族】
W6813.1.4.2	孔子造书劝世人	【壮族】
W6813.1.5	书产生的其他情形	
W6813.1.6	与书的产生有关的其他母题	
W6813.1.6.1＊	先有图后有书	【多民族】
W6813.2	书的特征（书的功能）	
W6813.2.1	书使人变聪明	［W6902.0.3］智慧源于书
W6813.2.1.1	贝玛把字书教给后人，使人变聪明	【哈尼族】
W6813.2.2	书有生命（书是生命）	
W6813.2.2.1	仙女的性命全靠她怀中的那本书	【哈萨克族】
W6813.2.3	给使用者本领	
W6813.2.3.1	仙女的本事全凭她怀中的那本书	【哈萨克族】
W6813.2.4	书教人解决生产生活问题的方法	
W6813.2.4.1	特定的书可选择吉日，查看疾病，检定方位	【彝族】
W6813.2.5	书是宝贝	［W6815.3.2.1］书与保管者形影不离
W6813.2.5.1	书是祖先的传家宝	【哈尼族】@［W6815.3.3.1］祖先的书代代相传
W6813.2.6	书让人懂得道理	【彝族】
W6813.2.7	书用来记录与区别名称	【彝族】
W6813.2.8	书具有神圣性	
W6813.2.8.1	书比天地还重要	【彝族】
W6813.2.9	与书的特征有关的其他母题	
W6813.2.9.1＊	书记载民族文化	【多民族】

W 编码	母题描述	关联项
W6814	**书籍的类型（常见的书的类型）①**	
W6814.1	古书	
W6814.2	天书②	
W6814.2.1	天书的产生（天书的获得）	
W6814.2.1.0	天降天书	
W6814.2.1.0.1	盘古兄妹得到从天上飘下的一张天书	【汉族】
W6814.2.1.0.2	尧得到从天上飘下的一张天书	【汉族】
W6814.2.1.0.3	老天爷降天书	【汉族】
W6814.2.1.1	特定人物送天书	
W6814.2.1.1.1	瑶姬送天书	
W6814.2.1.1.1.1	瑶姬派仙女把 3 册天书授给治水的大禹	【汉族】
W6814.2.1.1.1.1a	云华夫人命侍女陵容授禹天书	【民族无考】
W6814.2.1.1.1a	西王母授天书	【汉族】
W6814.2.1.1.2	动物送来天书	
W6814.2.1.2	天书从水中出	
W6814.2.1.2.1	洛水出天书	【汉族】@［W6814.2.2.1.1］洛水出现丹笔书写的天书

① 书籍的类型（书的类型），书籍的类型源于书籍的产生（书的产生），它与语言文字和书写工具、文字载体的产生密切相关，应该属于人类进入文明时期的产物。之所以把它列为神话母题的内容，因为许多神话在传承中会涉及与书有关的内容，这既表现出民间的文字崇拜与智慧崇拜，也体现出神话在后世叙事中的创造性转化与创新性发展。如果按当今文字载体的不同形态标准，可以把书籍分为不同的类型，如（1）从学科角度可分为社会科学和自然科学图书；（2）从文字的种类可以划分出中文图书和外文图书；（3）从书的功能或用途可划分为普通图书和工具书；（4）从书籍记载的内容可划分出儿童读物、科普读物、专业书、工具书等；（5）从书的制作方法可划分出线装书、精装书、平装书、袋装书、电子书、有声读物、盲文书；（6）从书的制作出版时间可划分出古籍、现当代图书，等等。当然神话中一般不会出现上述时髦的概念，本书只选取神话叙事中出现的一些具有代表性的书籍类型作为样例加以呈现。

② 天书，关于“天书”的内容和作用在神话中叙述复杂，有的说“天书”是人类文字和知识的来源，有的说“天书”可以预测未来，有的说“天书”是神使用的书，等等。具体情形参见《中国文化起源神话母题数据索引》。

W 编码	母题描述	关联项
W6814.2.1.3	盗天书	【汉族】
W6814.2.1.3.1	蝙蝠天上盗天书	【藏族】
W6814.2.1.4	特定事件中产生天书	
W6814.2.1.4.1	人被闪电击毙后身上必附着“天书”	【彝族（撒尼）】
W6814.2.1.5	撰写天书（特定人物制作天书）	
W6814.2.1.5.1	天帝写天书	【维吾尔族】
W6814.2.1.5.2	黄帝命仓颉把“赤文绿字”画在石板上成为“天书”	【汉族】
W6814.2.1.5.3	九天玄女轩辕母造天书	【汉族】
W6814.2.1.6	天书的其他产生方式	
W6814.2.1.6.1	巧遇天书	【维吾尔族】
W6814.2.1.6.1.1	金童玉女偶得天书	【汉族】
W6814.2.2	天书的特征	
W6814.2.2.1	天书用丹笔书写	
W6814.2.2.1.1	洛水出现丹笔书写的天书	【汉族】
W6814.2.2.2	天书难认	
W6814.2.2.3	天书字迹奇怪	【维吾尔族】
W6814.2.2.4	天书无所不能（万能的天书）	【彝族】
W6814.2.2.5	天书一页页有问有答	【汉族】
W6814.2.2.6	天书的学问深奥	【汉族】
W6814.2.2.7	天书有特定载体	
W6814.2.2.7.1	天书写在黄色绢布上	【汉族】
W6814.2.2.7.2	天书写在黄纸上	【汉族】
W6814.2.3	天书的功能	
W6814.2.3.1	天书能指导作战	
W6814.2.3.1.1	完颜部起兵反辽得到天书的指点	【满族】
W6814.2.3.2	天书能指导人造字	

W 编码	母题描述	关联项
W6814. 2. 3. 2. 1	仓颉通过天书学会造字	【汉族】@［W6734. 3. 1. 4. 4. 1］仓颉受天书启示发明了象形文字
W6814. 2. 3. 3	天书记载天上事	【彝族】
W6814. 2. 3. 4	天书能解释难题	【彝族】
W6814. 2. 3. 5	天书能使人逢凶化吉	【汉族】
W6814. 2. 3. 6	天书解民疾苦	【汉族】
W6814. 2. 3. 7	天书指导人的重要行为	
W6814. 2. 3. 7. 1	天书告诉人功成身退	【汉族】
W6814. 2. 3. 7. 2	天书劝盘古男和盘古女成婚	【汉族】
W6814. 2. 3. 7. 3	天书教授治水方法	【汉族】
W6814. 2. 3. 8	天书能占卜	
W6814. 2. 3. 8. 1	天书能占卜人间、天上所有一切事	【汉族】
W6814. 2. 3. 9	天书的其他功能	
W6814. 2. 3. 9. 1	天书指导人脱险	【汉族】
W6814. 2. 3. 9. 2	天书指导大禹奠定五岳，划了九州	【中华民族】
W6814. 2. 4	特定的天书	
W6814. 2. 4. 1	无字天书	【汉族】@［W6814. 6. 1］无字书
W6814. 2. 4. 1. 1	奥妙无穷的无字天书	【汉族】
W6814. 2. 4. 2	鬼谷子的天书	【汉族】
W6814. 2. 5	天书的毁掉（失落的天书）	
W6814. 2. 5. 1	老鼠咬烂天书	【汉族】【彝族】
W6814. 2. 5. 2	天书被烧掉后人不再知道天上的事	【彝族】@［W6742. 2. 3. 4］文字记载着天上的事
W6814. 2. 6	与天书有关的其他母题	
W6814. 2. 6. 1	辨识天书（识读天书）	

W 编码	母题描述	关联项
W6814.2.6.1.1	只有毕摩能识读天书（只有西波能识读天书）	【彝族】
W6814.2.6.2	天书的存放（天书的保存）	
W6814.2.6.2.1	天书装在天神的红皮箱中	【彝族】
W6814.2.6.2.2	天书装在红玉小箱中	【民族无考】
W6814.2.6.2.3	“石屋”里的天书	【汉族】
W6814.3	卜书（卦书；巫书；占卜书）	［W9190～W9199］占卜
W6814.3.1	卦书的产生	
W6814.3.1.1	乌从神那里要来巫卜书	【纳西族】
W6814.3.1.1.1	18层天上的盘珠沙美女神送给白蝙蝠卜书	【纳西族】
W6814.3.2	卦书的特征	
W6814.3.2.1	为什么一般人看不懂卜书	
W6814.3.3	卦书的类型（卦书的内容）	
W6814.3.3.1	卜命运的卦书	
W6814.3.3.2	卜财气的卦书	
W6814.3.3.3	治疗疾病的卜卦书	【纳西族】
W6814.3.3.4	卜婚姻的书	【彝族】
W6814.3.4	卦书的数量	
W6814.3.4.1	卜书360种	【纳西族】
W6814.3.5	特定的卦书	
W6814.3.6	与卦书有关的其他母题	
W6814.3.6.1	会预言的书	
W6814.3.6.1.1	书中记载着人的死亡时间	【哈萨克族】
W6814.4	画书	［W6927.1］绘画（图；画；图画）
W6814.5	其他专业用书（特定行业的书）	
W6814.5.1	农书	
W6814.5.1.1	《神农教田相土耕种》	【汉族】

W 编码	母题描述	关联项
W6814.5.2	医书	
W6814.5.2.1	神农著医书	【汉族】
W6814.5.2.2	黄帝著医书	【汉族】
W6814.5.2.2.1	黄帝整理中国最早的《医案》《本草》	【汉族】
W6814.5.2.3	其他特定人物发明医书	
W6814.5.2.4	医书的特征	
W6814.5.2.5	特定的医书	
W6814.5.2.5.1	《祝由科》	
W6814.5.2.5.1.1	黄帝在五千年前就写下人类第一部中医中药著作《祝由科》	【汉族】
W6814.5.2.5.2	《黄帝内经》	【汉族】
W6814.5.2.5.2.1	为纪念黄帝，人们综合黄帝时期的名药和名医的医术定名为《黄帝内经》	【汉族】
W6814.5.2.5.3	《黄帝外经》	【汉族】
W6814.5.3	兵书	
W6814.5.3.1	风后将八卦阵势写成《握奇经》	【汉族】
W6814.5.4	符书	
W6814.5.4.1	神女授符书给大禹	【汉族】
W6814.5.5	四书	
W6814.5.6	五典	
W6814.5.6.1	少昊、颛顼、高辛、唐、虞之书，谓之“五典”	【汉族】
W6814.5.7	咒语书	
W6814.5.7.1	端公跳神时诵咒语源于咒语书	【彝族】
W6814.6	其他特定的书	
W6814.6.1	无字书	【汉族】@［W6814.2.4.1］无字天书

W 编码	母题描述	关联项
W6814.6.1.1	九天玄女给黄帝的兵法《阴符经》是无字书	【汉族】
W6814.6.2	圣书	［W6902.0.3.1］圣书给人智慧
W6814.6.2.1	一对代表阴阳的天鬼汪拉（男）和能班木占（女）创造了给人以聪明才智的“圣书”	【景颇族】
W6814.6.2.2	圣书是天神给的书	【彝族】@［W6813.1.1.1］天神给人祖阿普笃慕圣书
W6814.6.3	治病的书	［W6249.4］药书
W6814.6.3.1	卜卦书治病	【纳西族】
W6814.6.4	玉书	
W6814.6.4.1	黑玉书	
W6814.6.4.1.1	夏禹得黑玉书	【汉族】
W6814.6.4.2	金简玉书	
W6814.6.4.2.1	大禹在仙翁指点下得到治水的金简玉书	【中华民族】
W6814.6.5	丹书	
W6814.6.5.1	赤乌衔丹书集于周社	【中华民族】
W6814.6.6	凤书	［W6815.1.2.1］黄帝得龙凤之图书
W6814.6.6.1	凤书表肆类之运	【中华民族】
W6814.6.7	以特定人物命名的书	
W6814.6.7.1	《神农》	【汉族】
W6814.6.7.2	《尧典》	
W6814.6.7.2.1	尧作《尧典》	【中华民族】
W6814.6.8	特定功能的书	
W6814.6.8.1	书契	
W6814.6.8.1.1	羲、农以前，未有书契	【中华民族】
W6814.6.8.1.2	伏羲造书契（伏牺氏造书契）	【中华民族】

W 编码	母题描述	关联项
W6814.6.8.1.2.1	伏羲命朱襄为造书契	【中华民族】
W6814.6.8.1.2.2	伏羲氏造书契代结绳	【中华民族】
W6814.6.8.1.3	仓颉始视鸟迹之文造书契	【中华民族】
W6814.6.8.1.3a	黄帝之史仓颉初造书契	【中华民族】
W6814.6.8.1.3b	仓颉始作文字后，史官记言行，策而藏之为书契	【中华民族】
W6814.6.8.1.3c	鸟迹明而仓颉造书契作	【中华民族】
W6814.6.8.1.4	后世圣人造书契	
W6814.6.8.1.5	沮诵造书契	
W6814.6.8.1.5.1	黄帝时，沮诵、仓颉始作书契	【中华民族】
W6815	**与书有关的其他母题**	
W6815.1	神奇的书（奇书）	【汤普森】F833.1；［W6744.3.1］神奇的书写；［W6814.2］天书
W6815.1.1	金书玉简	
W6815.1.1.1	上帝命云华夫人授禹金书玉简	【汉族】
W6815.1.2	龙凤之图书	
W6815.1.2.1	黄帝得龙凤之图书	【汉族】
W6815.1.3	神书	
W6815.1.3.1	神书中的字发出亮光	【汉族】
W6815.2	经书（经；经文）	
W6815.2.1	经书的产生（经书的来历）	
W6815.2.1.1	特定人物传经（特定人物送经）	
W6815.2.1.1.1	天神给人的经	【羌族】
W6815.2.1.1.2	神秘人物传经书	
W6815.2.1.1.2.1	白发老翁给大禹讲解《水经》	【汉族】
W6815.2.1.2	经书在特定地方（到特定地方取经）	
W6815.2.1.2.1	端公始祖锡勒去西天取经	【羌族】

W 编码	母题描述	关联项
W6815.2.1.2.1a	观音菩萨去西方极乐世界取经	【纳西族】
W6815.2.1.2.2	丁巴什罗从天国十八层带来经书	【纳西族】
W6815.2.1.2.3	三个巫师从天上带来经书	【彝族】
W6815.2.1.2.4	动物从上天十八国的女神盘祖萨美那里求取经书	【纳西族】
W6815.2.1.2.5	汉族、藏族和纳西族一起上天找经书	【纳西族】
W6815.2.1.2.6	盘古传经	【汉族】
W6815.2.1.2.6.1	盘古爷传真经	【汉族】
W6815.2.1.3	盗来经书	
W6815.2.1.3.1	从其他教派盗得经书	【纳西族】
W6815.2.2	经书的特征（经书的内容）	
W6815.2.2.1	经文讲述族的历史	【傈僳族】
W6815.2.2.2	特定经书有特定特征	
W6815.2.2.2.1	毕摩经书空两篇纸没有字	【彝族】
W6815.2.2.2.1a	毕摩的经典后面都要空两页	【彝族】
W6815.2.2.2.2	东巴经残缺不全的来历	【纳西族】
W6815.2.2.3	经书有法力	
W6815.2.2.3.1	经书是毕摩法力的主要来源	【彝族】
W6815.2.2.4	经书神圣	【彝族】
W6815.2.3	经书的功能	
W6815.2.3.1	经书可用于占卜	【纳西族】
W6815.2.3.2	不同的经书作用不同	【藏族】
W6815.2.3.3	经书传播多种知识	【壮族】
W6815.2.4	经书的使用（念经）	
W6815.2.4.1	诵经者（念经人）	
W6815.2.4.1.1	直系亲属作为诵经者	【傈僳族】
W6815.2.4.1.2	毕摩念经	【彝族】

W 编码	母题描述	关联项
W6815.2.4.1.3	巫师念经	【壮族】
W6815.2.4.1.4	喇嘛念经	【鄂温克族】
W6815.2.4.2	诵经的功能（念经的作用）	
W6815.2.4.2.1	念经可以增福寿，早超升	【彝族（撒尼）】
W6815.2.4.2.2	念经消灾祛病	【高山族（卑南）】
W6815.2.4.2.2.1	皇帝犯了灾星，需要老方丈念经	【汉族】
W6815.2.4.2.3	诵经能心想事成	【柯尔克孜族】
W6815.2.4.2.4	念经能到极乐世界	
W6815.2.4.2.4.1	念诵阿弥陀佛名号，临终时阿弥陀佛就会手托莲台前来接引去极乐世界	【多民族】
W6815.2.4.2a	念经的对象	
W6815.2.4.2a.1	为死者念经	【鄂温克族】
W6815.2.4.3	诵经的时间	
W6815.2.4.3.1	东巴做道场时念经	【傈僳族】
W6815.2.4.3.2	喇嘛正月初九至十四念经祈丰收	【锡伯族】
W6815.2.4.3.3	喇嘛七月初一至初四念经庆丰收	【锡伯族】
W6815.2.4.3.4	喇嘛十月十八至二十四日念经祈亡灵转世	【锡伯族】
W6815.2.4.4	诵经的地点	
W6815.2.4.4.1	庙里诵经	【傈僳族】
W6815.2.4.5	诵经方法	
W6815.2.4.5.0	徒弟向师傅学念经	【彝族】
W6815.2.4.5.1	特定事件念特定的经	
W6815.2.4.5.1.1	巫师作法时要演唱《扫地安神经》	【羌族】
W6815.2.4.5.2	诵经时击鼓鸣金	【藏族】
W6815.2.4.5.2a	念经时敲木鱼	

W 编码	母题描述	关联项
W6815.2.4.5.2a.1	和尚念经用小木棒敲木鱼源于唐僧	【汉族】
W6815.2.4.5.3	蒙古族和尚念经没有书	【蒙古族】
W6815.2.4.6	讲经	
W6815.2.4.6.1	讲经者	
W6815.2.4.6.1.1	神仙讲经	【纳西族】@［W6748.1.2.3.1］汉人在天上听神仙讲经时不住地点头称赞，回来写字便从上到下竖起写
W6815.2.4.6.1.2	观音大士讲经说法	【白族】@［W6815.2.4.6.3.2］观音到北方到处讲经说法
W6815.2.4.6.2	讲经书的时间	
W6815.2.4.6.3	传授经书的地点	
W6815.2.4.6.3.1	在寺庙传授经书	【汉族】
W6815.2.4.6.3.2	观音到北方到处讲经说法	【汉族】
W6815.2.4.7	念特定的经	
W6815.2.4.7.1	请山神经	【羌族】
W6815.2.4.7.2	念不知所云的经	【藏族】
W6815.2.4.8	与经书的使用有关的其他母题	
W6815.2.4.8.1	听经	
W6815.2.4.8.1.1	张天师到西天听如来佛讲经	【汉族】
W6815.2.5	特定的经书（经书的类型）	
W6815.2.5.0	真经	［W6815.2.1.2.6.1］盘古爷传真经
W6815.2.5.0.1	老天爷传真经	
W6815.2.5.0.1.1	老天爷传给天下人一句关于除草的真经	【汉族】
W6815.2.5.0.2	从西天取真经	

W 编码	母题描述	关联项
W6815.2.5.0.2.1	唐三藏从西天取真经《人间凡事》	【汉族】
W6815.2.5.1	指路经	【傈僳族】
W6815.2.5.1.1	指路经规定死者的归途	【藏族】
W6815.2.5.1.2	指路经为亡灵指路	【藏族】
W6815.2.5.2	易经	
W6815.2.5.2.1	圣人作《易》	【汉族】
W6815.2.5.2.2	炎帝发明《连山易》	【汉族】
W6815.2.5.3	用于丧葬的经书	
W6815.2.5.3.1	丧葬用经文《砍牛经》	【布依族】
W6815.2.5.3.2	用于丧葬仪式活动超度亡灵的经典《殡亡经》	【布依族】
W6815.2.5.4	特定民族的经书	
W6815.2.5.4.1	纳西族东巴经	【纳西族】
W6815.2.5.5	特定载体的经书	
W6815.2.5.5.1	贝叶经	［W6743.1.1.1.1］贝叶作为文字载体（字写在贝叶上）
W6815.2.5.5.1.1	傣族的贝叶经书	【傣族】
W6815.2.5.5.2	汉族和尚的经文写在纸上	【蒙古族】
W6815.2.5.5.3	蒙古族和尚的经文写在羊皮上	【蒙古族】
W6815.2.5.6	特定体裁的经	
W6815.2.5.6.1	经歌	
W6815.2.5.6.1.1	关于盘古女娲的经歌	【汉族】
W6815.2.5.6.2	山歌体经书	【壮族】
W6815.2.5.7	日常行为类的经	
W6815.2.5.7.1	过桥经	【汉族】
W6815.2.5.8	用于其他特定场合的经	
W6815.2.5.8.1	招魂经	【彝族】
W6815.2.5.8.2	巫经	【壮族】

W 编码	母题描述	关联项
W6815.2.5.8.2.1	巫师所念巫经多带有故事性	【壮族】
W6815.2.5.9	与特定的经书有关的其他母题	
W6815.2.5.9.1	一个民族有多种形式的经书	
W6815.2.5.9.1.1	藏族巫师需学会几种藏文经典	【藏族】
W6815.2.5.9.2	无字经书	【关联】①
W6815.2.6	经书的数量	
W6815.2.6.1	九十九部经书	【纳西族】
W6815.2.6.2	二十四种罪恶经	【彝族】
W6815.2.7	经书的消失	
W6815.2.7.1	经书被动物吃掉	【羌族】
W6815.2.7.1.1	经书被羊吃掉	【羌族】
W6815.2.7.2	经书被盗走	
W6815.2.7.3	经书丢失（经书的遗失）	
W6815.2.7.4	经书的文字消退	
W6815.2.7.5	经书消失的其他情形	
W6815.2.7.5.1	经书被烧掉	【布依族】
W6815.2.7.6	与经书消失有关的其他母题	
W6815.2.7.7	经书失而复得（经书复原）	
W6815.2.7.7.1	吃了吃经书的动物恢复经书的内容	【羌族】
W6815.2.8	与经书有关的其他母题	
W6815.2.8.1	不同群体共有的经	
W6815.2.8.1.1	《妖勒妖斯底经》是张、杨两姓共同祭祀山神时念的经	【傈僳族】
W6815.3	书的保存（书的保管；书的存放）	
W6815.3.1	书的保管者	
W6815.3.1.1	特定人物保管书	

① 【蒙古族】@［W6814.2.4.1］无字天书；［W6814.6.1］无字书。

W 编码	母题描述	关联项
W6815.3.1.1.1	字书由贝玛保管	【哈尼族】
W6815.3.2	书的保存方法	
W6815.3.2.1	书与保管者形影不离	【哈尼族】
W6815.3.3	与书的保管有关的其他母题	
W6815.3.3.1	祖先的书代代相传	【彝族】
W6815.4	书的丢失（书的毁坏）	［W6754］文字的丢失（文字的消失）
W6815.4.1	书丢失的原因	
W6815.4.2	书丢失的情形	
W6815.4.2.1	书被烧掉	【纳西族】
W6815.4.3	书丢失的结果	
W6815.4.3.1	书丢失后只剩下特定的数量	【纳西族】
W6815.4.4	与书丢失有关的其他母题	
＊**W6816**	**图画（图；绘画；图画的产生）**	
W6816.1	图画从某个地方而来	
W6816.2	特定人物教绘画	
W6816.3	人通过模仿学会绘画	【侗族】
W6816.4	梦中得图	
W6816.4.1	嫘祖梦中得一张织布机图	【汉族】
W6816.5	与图画产生有关的其他母题	
W6817	**特定的图（特定图画；图画的类型）**	［W6927.1.6］特定的绘画（特定的图）
W6817.1	岩画	【汉族】【蒙古族】【壮族】
W6817.1.1	岩画的产生（岩画的来历）	
W6817.1.1.1	龙女教会人们画崖画	【佤族】
W6817.1.1.2	崖画是为了记录祖先的生活	【佤族】
W6817.1.1.3	特定人物幻化为岩画	

W 编码	母题描述	关联项
W6817.1.1.3.1	阿亚莫日根幻变为岩画中的恩都力	【鄂伦春族】
W6817.1.2	岩画的特征	
W6817.2	神图	
W6817.3	祖图	
W6817.3.1	畲族祖图	【畲族】
W6817.4	绿图（图箓）	
W6817.4.1	河（黄河）出绿图（天赐的图箓）	【汉族】
W6817.5	玄玉图	
W6817.5.1	昌意遇黑龙负玄玉图	【汉族】
W6817.6	社稷图	
W6817.6.1	尧从龙王那里得到江山社稷图	【汉族】
W6818	**与图画有关的其他母题**	［W6927.1］绘画（图；画；图画）
W6818.1	河图	
W6818.1.1	河图的产生	
W6818.1.1.1	河图是河伯绘画的	【汉族】
W6818.1.1.2	黄龙负图出于河，黄帝谓之河图书	【汉族】
W6818.1.1.2a *	河图发明的最后完成在黄帝时期	【中华民族】
W6818.1.1.3	龟为大禹送河图	【汉族】
W6818.1.1.3a	河精授禹《河图》	【汉族】
W6818.1.1.4	舜继位时黄龙负河图	【汉族】
W6818.1.1.5	伏羲氏王天下时，神龙负图出于黄河	【中华民族】
W6818.1.1.5a *	河图的最初采撷者是上古圣人伏羲氏	【中华民族】
W6818.1.2	河图的特征（河图的功能）	

W 编码	母题描述	关联项
W6818.1.2.1	河图能推阴阳之道	【中华民族】
W6818.1.2.2	河图能知吉凶所在	【中华民族】
W6818.1.3	与河图有关的其他母题	
W6818.1.3.1	龟背上刻着“河图洛书”	【汉族】
W6818.1.3.2	河络图	
W6818.1.3.2.1	鲧化龟为治水的儿子大禹画成“河络图”	【汉族】
W6818.1.3.3 *	先秦时的河图洛书说，是一种祥瑞之兆	【中华民族】
W6818.2	八卦图	
W6818.2.1	伏羲画八卦图（伏羲画卦）	【民族，关联】①
W6818.2.1.1	伏羲听八风之气画八卦	【汉族】
W6818.2.1.2	伏羲用龟作八卦	【汉族】
W6818.2.2	八卦图的特征（八卦的功能）	
W6818.2.2.1	八卦让人知天文地理、鸟兽草木等万物之情	【中华民族】
W6818.2.2.2	八卦就像天象地理图	【中华民族】
W6818.3	图像	
W6818.3.1 *	图像有证明作用	【各民族】
W6818.4	图形	
W6818.4.1	宝树叶子现图形	【汉族】
W6819	**与语言文字有关的其他母题**	
W6819.1	读写的产生	【汤普森】A1484

① 【汉族】［W0679.1.1］伏羲作八卦；［W6737.3.1］伏羲创造记事的符号八卦是文字的起源；［W9198.1］八卦。

6.7 姓氏与命名
【W6820～W6899】

6.7.1 姓氏[①]的产生
【W6820～W6829】

W 编码	母题描述	关联项
* **W6820**	**姓氏（姓氏的产生）**	【汤普森】A1577
W6820.1	人不用姓氏（人以前没有姓氏）	【苗族】@［W6862］以前没有名称（以前没有姓名）
W6820.1.1	有的佤族人不用姓	【佤族】
W6820.1.2	以前海南岛的人一直没姓氏	【黎族】
W6820.1.3	人类祖先翁戛分好了年月日时辰，却没有分姓氏	【布依族】
W6821	**姓氏产生的时间**	
W6821.0	人类产生时产生姓氏	
W6821.0.1	造人时产生姓氏	
W6821.0.1.1	盘古夫妻造人时规定姓氏	【汉族】
W6821.0.1.1.1	盘古和玉帝三女儿兄妹造人时分出桃、李、石、何等姓	【汉族】

① 姓氏，一般认为，“姓”与“氏”是两个不同的概念。“姓”的起源可以追溯到原始社会的母系氏族制度时期。到父系氏族社会以后，血缘关系改为按父系计算，父系族体中又会分裂出新的支族，这就导致了“氏”的产生。氏是新的男姓氏族首领的标记。每一个氏族首领的产生，往往同土地、权力的分配有关，“氏”名常常又是地名或官职名。从“氏”的含义而言，可以有多种意义，有时可以指称个人，有时也可以指一些上古的部族或家庭组织，还可以专指血缘亲族组织。因“姓”“氏”的本质都是血缘亲属组织，故常常“姓”“氏”通用。神话中涉及的姓、氏问题非常复杂，此类表述中合为“姓氏”。

W 编码	母题描述	关联项
W6821.0.1.2	胡玉人和胡玉姐兄妹结婚后捏泥人出现不同姓氏	【汉族】
W6821.0.2	生人时产生姓氏	
W6821.0.3	变化产生人时产生姓氏	
W6821.0.3.1	怪胎变人时产生姓氏	【水族】
W6821.0.3.1.1	伏羲兄妹婚生的怪胎变成人时产生姓氏	【汉族】
W6821.0.3.1.2	盘瓠与公主婚生的肉块肉变成人时划分出姓氏	【瑶族】
W6821.0.3.1.3	姐弟结婚生的怪胎变成人时形成不同姓氏	【苗族】
W6821.0.3.1.3a	爸龙德龙兄妹婚生的怪胎变成人时形成不同姓氏	【苗族】
W6821.0.3.1.4	兄妹婚生的怪胎砍碎后变成人时，各以尸块所书字为姓	【苗族（花苗）】
W6821.1	出现氏族后产生姓氏（出现氏族和家族后有了姓氏）	【佤族】@ ［W6856.1.1］氏族分化造成姓氏演变
W6821.1.1 *	姓作为氏族公社时期氏族部落的标志符号而产生	【中华民族】
W6821.1.2 *	姓产生于母系社会	［W6858.4.1 *］母系氏族时期形成的“姓”一直传到父系社会初期
W6821.1.2.1 *	上古，“姓”的萌芽大约产生于五六千年以前的母系氏族社会	【中华民族】
W6821.2	出现部落后产生姓氏	［W5230］部落的产生
W6821.3	出现家族后产生姓氏	［W5085］家庭（家族）
W6821.4	出现婚姻后产生姓氏	［W7001］婚姻的产生
W6821.4.1	异辈婚后为子女划分姓氏	［W7291］人的异辈血缘婚
W6821.4.1.1	女子与一位长辈婚生 7 子分 7 姓	【鄂温克族】
W6821.4.2	人与天女婚后的子女分出姓氏	【关联】①

① ［W2416.1］人与天女婚生人；［W7267］人与天女婚。

W 编码	母题描述	关联项
W6821.4.2.1	猎人三兄弟与天女三姐妹各自婚生的 1 子成为 3 姓	【满族】
W6821.5	特定的事件后产生姓氏	
W6821.5.1	灾难后人类再生时产生姓氏	【瑶族】
W6821.5.1.1	人类毁灭后幸存者结婚再生 9 大姓	【鄂伦春族】
W6821.5.1.2	洪水后人类再生时产生姓氏	【布依族】【土家族】【壮族】
W6821.5.2	人成家立业后产生姓氏	
W6821.5.2.1	1 对夫妻生的 5 子各自成家立业分成 5 个姓氏	【鄂伦春族】@［W6839.4］兄弟分姓（兄弟姐妹分姓）
W6821.5.3	兄弟分家后产生姓氏	
W6821.5.3.1	兄弟三人分出的三支人各支都有了各自的姓	【满族】
W6821.5.4	人定居后产生姓氏	
W6821.5.4.1	兄弟三人定居后后代越来越多，产生了各自的姓	【满族】
W6821.6	人学会本领后命名姓氏	
W6821.6.1	盘古兄妹婚后造的人学会本领后有了姓氏	【汉族】
W6821.7	与姓氏产生时间有关的其他母题	
W6821.7.1	有了民族后产生姓氏	
W6821.7.1.1	人种多了分出民族，分了民族后又分百姓	【瑶族（布努）】
W6821.7.2	特定的朝代出现姓氏	
W6821.7.2.1 *	壮族原本有名无姓，隋唐才开始有姓有名	【壮族】
W6821.7.2.2	姓氏始于黄帝	【汉族】
W6821.7.2.3 *	华夏姓氏前 100 大姓的祖姓都出自神话时代的古姓	【中华民族】
W6821.7.3	产生年节之后产生姓氏	【布依族】

W 编码	母题描述	关联项
W6821.7.4	最早的姓氏（第一个姓氏）	
W6821.7.4.1	“风”姓是华夏民族第一个姓氏	【中华民族】
W6822	**姓氏产生的原因（定姓氏的目的）**	［W6851］姓氏的功能
W6822.1	为了与族称有所区别定姓氏	【佤族】
W6822.2	为区分子女定姓氏（为人的辨识命名姓氏）	［W6861.2］为了区别事物命名
W6822.2.1	兄妹婚生的怪胎变成很多人，为了区分划分姓氏	【傈僳族】
W6822.2.2	因子女太多分不清定姓氏	【汉族】
W6822.2.2.1	伏羲女娲生50对男女，怕分不清为每个人取姓	【汉族】@［W6898.3.1.1］伏羲和女娲婚生100个孩子，不让孩子随自己的姓
W6822.3	为了抚养孩子定姓氏	【汉族】
W6822.3.1	最早生的孩子因为没有起名字常常丢失	【佤族】
W6822.4	为了人口管理定姓氏	
W6822.4.1	人口越来越多，羲皇就给人封姓氏	【汉族】
W6822.4.2	因人多重名划分姓氏	【佤族】@［W6833.1.1.1］姐弟造人多了怕记不住就按人的模样安排了姓氏
W6822.5	人自己要获得姓氏（人有得到姓氏的需求）	
W6822.5.1	兄妹造出的人在分别时闹着要姓氏	【汉族】
W6822.6	因分家划分姓氏	
W6822.6.1	人与仙女生的子女因分家分出姓氏	【彝族】
W6822.6.2	兄弟分家形成不同姓氏	

W 编码	母题描述	关联项
W6822.6.2.1	兄弟三人的后代家口越来越多，三支人分开后各支都有自己的姓	【满族】
W6822.6a	氏族分化产生姓氏	
W6822.6a.1	炎黄时代氏族不断分化衍生出很多新的姓氏	【中华民族】
W6822.7	姓氏产生的其他原因	
W6822.7.1	为了便于称呼命名姓氏	【黎族】
W6822.7.2	为纪念祖先命名姓氏	【佤族】
W6822.7.3	为了分居的兄弟相认明确姓氏（为记住祖先命名姓氏）	【瑶族（布努）】
W6822.7.4	为了分配土地产生姓氏	【汉族】
W6822.7.5 *	姓的起源是原始社会的婚姻制度和图腾崇拜两者相结合的产物	【中华民族】@［W6837.6］以图腾物为姓（姓氏源于图腾）
W6822.7.5.1 *	称姓、称氏出于对图腾祖先的追念	【中华民族】
W6822.7.5.2 *	华夏姓氏滥觞于远古神话时代是图腾崇拜的结果	【中华民族】
W6822.8	与姓氏产生原因有关的其他母题	
W6822.8.1	姓氏产生源于文字	【民族，关联】①
W6823	**自然存在姓氏（姓氏源于特定的地方）**	
W6823.0	特定的地方自然存在姓氏	
W6823.0.1	天上存在姓氏	【壮族】@［W6848.11.1］天上有12个姓氏
W6823.0.2	特定物上写有姓氏	
W6823.0.2.1	老公公的竹片上写有99姓	【壮族】
W6823.1	人出生后自然出现姓氏	【满族】

① 【苗族（花苗）】@［W6821.0.3.1.4］兄妹婚生的怪胎砍碎后变成人时，各以尸块所书字为姓；［W6837.6.2 *］文字出现后图腾转化为姓。

W 编码	母题描述	关联项
W6823.2	人类产生时有了姓氏	【汉族】【苗族】
W6823.2.1	自然存在的五龙氏	【汉族】@［W6876.1.1.1］五龙氏男女生中华儿女，后称为“龙的子孙”
W6823.3	到特定的地方获取姓氏	
W6823.3.1	皇帝殿里去讨姓	【畲族】
W6823.4	姓氏源于洞穴	
W6823.4.1	不同姓氏源于不同洞穴	
W6823.4.1.1	巴氏源于赤穴，樊氏等源于黑穴	【土家族】@［W6848.5.2.1］巴郡南郡蛮有巴氏、樊氏等五姓，巴氏出赤穴，其他四姓生黑穴
W6823.5	无交代原因的姓	【汉族】
W6824	**神或神性人物制定姓氏（神或神性人物是姓氏的命名者）**	
W6824.1	神或神性人物划分姓氏（神或神性人物分发姓氏）	
W6824.1.1	特定的神分发姓氏	
W6824.1.2	造人者命名姓氏（造人者划分姓氏）	［W2050］造人者
W6824.1.3	祖先划分姓氏（文化始祖分姓氏）	
W6824.1.3.1	女祖先分姓氏	［W0654.2］女祖先
W6824.1.3.1.1	女祖先姆洛甲分姓	【壮族】@［W6835.3.1.1］姆洛甲根据人们送她的礼物分姓，送桃子的让姓陶，送柚子的姓朴（壮语“柚子”）、送谷米的姓侯（壮语“谷米”），送马的姓马

W 编码	母题描述	关联项
W6824.1.4	其他特定的神或神性人物划分姓氏	
W6824.2	神或神性人物命名姓氏（神或神性人物封姓；神是姓氏命名者；神性人物是姓氏命名者）	
W6824.2.1	神规定姓氏（神封姓）	
W6824.2.1.1	天神定姓氏（天神命名姓氏）	
W6824.2.1.1.1	兄妹俩按照天神的安排给自己的孩子取名定姓	【拉祜族】
W6824.2.1.1.2	天神木比塔给兄妹婚生的孩子命出石、林、何等姓氏	【羌族】
W6824.2.1.2	天王定姓氏	【侗族】
W6824.2.1.3	罗神娘与罗神公定姓氏	［W6844.1.2］罗神爷爷和罗神娘娘婚生百家姓
W6824.2.1.3.1	罗神娘与罗神公抛撒婚生的怪胎变人时命姓“丢过沟的姓刘，丢过路的姓赵，丢过渠的姓徐”	【汉族】
W6824.2.2	神性人物封姓（神性人物划分姓氏；神性人物命名姓氏；神性人物分配姓氏）	
W6824.2.2.0	祖先命名姓氏（祖先是姓氏的命名者；文化始祖定姓氏）	
W6824.2.2.0.1	始祖布洛陀定姓氏	【壮族】@［W6848.12.2.1］布洛陀给人安了72个姓氏
W6824.2.2.0.2	女始祖密洛陀为后代杀猪分姓	【瑶族（布努）】
W6824.2.2.0.3	始祖赐姓	
W6824.2.2.0.3.1 *	“始祖赐姓说”源于伏羲女娲神话	【中华民族】
W6824.2.2.1	女娲封姓	【汉族】@［W6855.2.4.1］女娲封凤凰姓“凤”
W6824.2.2.1.1	女娲为区别不同的人封姓	【汉族】

W 编码	母题描述	关联项
W6824.2.2.2	伏羲封姓	【汉族】@［W6843.2.2.1］伏羲造人后形成百家姓
W6824.2.2.2.1	太昊伏羲氏正姓氏	【中华民族】
W6824.2.2.2.2	伏羲正姓氏	【中华民族】
W6824.2.2.3	洪钧老祖命名姓氏	【民族，关联】①
W6824.2.2.4	盘古命名姓氏（盘古定姓氏）	【畲族】
W6824.2.2.4.1	盘古姐弟婚生百人，盘古命名姓氏	【汉族】
W6824.2.2.5	天女定姓氏（天女是姓氏命名者）	【民族，关联】②
W6824.2.2.5.1	天皇的女儿为后代命名姓氏	【黎族】
W6824.2.2.5.2	九天玄女分姓氏	【壮族】@［W6846.1.1］九天玄女分100姓
W6824.2.2.6	老君命名姓氏	【壮族】@［W6848.12.6.1］老君给伏羲的子女安300个姓氏
W6824.2.3	造人者命名姓氏（造人者划分姓氏；造人者分配姓氏）	【布依族】【侗族】【黎族】【满族】【彝族】@［W6839.4］兄弟分姓（兄弟姐妹分姓）
W6824.2.3.1	阿根和阿莲造人后为每个人道姓指名	【汉族】
W6824.2.3.2	洪钧老祖为自己造的男女繁衍的后代定姓氏	【汉族】
W6824.3	神或神性人物赐姓	
W6824.3.1	神赐姓	
W6824.3.2	神性人物赐姓	
W6824.3.2.1	白云格格赐姓	【满族】

① 【汉族】@［W6824.2.3.2］洪钧老祖为自己造的男女繁衍的后代定姓氏；［W6837.8.1.1］洪钧老祖指草木、石头为姓氏。

② 【黎族】【满族】@［W6853.125.2］天女根据行为命名林姓；［W6873.2.4］天女为人取名。

W 编码	母题描述	关联项
W6824.4	与神或神性人物制定姓氏有关的其他母题	
W6825	**特定的人制定姓氏（人是姓氏命名者）**	【彝族】
W6825.0	灾难幸存者命名姓氏（再生人类者命名姓氏）	
W6825.0.1	洪水幸存者命名姓氏	
W6825.0.1.1	洪水幸存的小弟弟发给男人、女人不同的姓	【彝族】@［W6825.2］父亲定姓氏（父亲命名姓氏；父辈定姓氏）
W6825.1	父母命名姓氏（祖辈命名姓氏）	【苗族】
W6825.1.1	父母为孩子分配姓氏	【鄂温克族】
W6825.1.1.1	兄妹将婚生的怪胎切碎从东往西一路摆放变成人后形成水户人家各姓	【水族】@［W6837.1.4.1］根据为孩子分配的居处命名姓氏
W6825.1.2	特定的父母为子女命名姓氏	
W6825.1.2.1	伏羲女娲为婚生的50对男女取姓氏	【汉族】
W6825.2	父亲定姓氏（父亲命名姓氏；父辈定姓氏）	【民族，关联】①
W6825.2.1	姐弟婚生的孩子由弟弟命名姓氏	【汉族】@［W6824.2.2.4.1］盘古姐弟婚生百人，盘古命名姓氏
W6825.2.1.1	姐弟婚生的怪胎变成人后，弟弟分别以张、王、董等命姓	【汉族】
W6825.3	母亲命名姓氏（母亲为孩子命名姓氏）	【鄂伦春族】【畲族】
W6825.3.1	随母亲的姓氏	【蒙古族】【维吾尔族】

① 【鄂伦春族】【畲族】@［W6825.0.1.1］洪水幸存的小弟弟发给男人、女人不同的姓；［W6838.8.1］一个被推入坑中发出“扑冬”一声，父亲就让他姓“冬”。

W 编码	母题描述	关联项
W6825.3.2	仙女佛库伦为儿子取姓爱新觉罗	【满族】@［W6873.3.4.2］仙女佛库伦为儿子取名布库里雍顺
W6825.4	祖父母为后代命名姓氏	
W6825.4.1	祖母命名姓氏	
W6825.4.1.1	祖母召集子孙命名姓氏	【汉族】
W6825.5	外祖父为外孙命姓（外公赐姓）	
W6825.5.1	高辛帝给外孙们赐姓	【民族，关联】①
W6825.5.2	盘瓠的儿女由外公赐瑶家十二姓	【瑶族】
W6825.5a	其他亲属关系者命名姓氏	
W6825.6	特定身份的人命名姓氏（特定职业者定姓氏）	
W6825.6.1	首领分配姓氏	
W6825.6.2	巫师命名姓氏	
W6825.6.3	接生婆定姓氏	［W2598.12］接生婆
W6825.6.3.1	接生的仙婆给兄妹婚生的 100 个孩子封姓	【汉族】
W6825.6.4	皇帝命名姓氏（帝王赐姓；皇帝赐姓；王赐姓；王后赐姓；王和王后共同赐姓）	【畲族】@［W6823.3.1］皇帝殿里去讨姓
W6825.6.4.0	赐姓的原因	
W6825.6.4.0.1	帝王为有功者赐姓	【中华民族】
W6825.6.4.1	高辛皇帝命名姓氏	【畲族】@［W6825.5.1］高辛帝给外孙们赐姓
W6825.6.4.2	评王和王后赐盘瓠儿女为盘、沈、包、黄、李、邓、周、赵、胡、雷、冯、唐等瑶家 12 姓	【瑶族】
W6825.6.4.3	王开姓	【侗族】

① 【畲族】@［W6825.6.4.1］高辛皇帝命名姓氏；［W6853.169a.3.2］高辛帝为外孙赐姓其中有盘姓。

W 编码	母题描述	关联项
W6825.6.4.4	羲皇封姓	【民族，关联】①
W6825.6.4.4.1	太昊时代，伏羲在卦台山上为创造的人类封姓	【汉族】
W6825.6.4.5	舜赐姓	【汉族】
W6825.6.4.6	黄帝赐姓氏	
W6825.6.4.6.1	黄帝赐一个掌管驱疫驱鬼的臣子为缙云氏	【民族无考】
W6825.6.4.6.2	姬轩辕赐颉姓“仓”	【中华民族】
W6825.7	自己命名姓氏（自报姓氏）	【民族，关联】②
W6825.7.1	始祖给自己命名姓氏	【藏族】
W6825.7.1.1 *	伏羲自定“风”姓	【中华民族】
W6825.7.2	怪胎变成人后自报姓氏	
W6825.7.2.1	女娲生的卵中生出的100个娃从赵钱孙李自报姓氏	【汉族】
W6825.7.2.2	盘古和三皇五帝问兄妹婚生的怪胎变成的人姓氏，他们说姓王	【苗族】
W6825.7.2.3	伏羲女娲兄妹生的怪胎变成人后自报姓氏	【汉族】
W6825.7.3	特定人物给自己命名姓氏	
W6825.7.3.1	老子出生时给自己命名“李”	【汉族】
W6825.8	其他特定的人制定姓氏	
W6825.8.1	众人命名姓氏	
W6825.8.1.1	人们命名跟随大禹的姑娘为涂山氏	【汉族】
W6826	**其他特定人物制定姓氏**	
W6826.1	动物命名姓氏	
W6826.1.1	龙王为人命名姓氏	【畲族】

① 【汉族】@［W6822.4.1］人口越来越多，羲皇就给人封姓氏；［W6824.2.2.2.1］太昊伏羲氏正姓氏；［W6824.2.2.2.2］伏羲正姓氏；［W6873.3.2.1.3］伏羲女娲为生育的男女编了姓和名。

② 【汉族】@［W6866.3］人自己为自己命名（本人是命名者）；［W6881.2.2.1］一株柳树修炼成人形，自己根据叶子在风中发出的声音给自己取名“佛赫”；［W6885.2.1］神给自己取名。

W 编码	母题描述	关联项
W6827	**根据婚姻产生姓氏**	
W6827.1	婚姻后产生姓氏	
W6827.1.1	以所嫁的对象作为子女的姓氏	
W6827.1.1.1	女子找着荞子为对象的，生的后代就姓荞	【傈僳族】
W6827.2	不同的婚姻形成不同的姓氏	
W6827.2.1	两个家族的 10 对男女婚生 10 姓	【白族】
W6828	**姓氏产生的其他方式（命名姓氏的其他方法）**	
W6828.1	根据人产生时的情形命名姓氏（根据人出生的情形命名姓氏）	
W6828.1.1	以人产生时靠近的东西确定姓氏	【关联】①
W6828.1.1.1	怪胎变成人时，他们靠近什么东西就以什么东西做自己的姓	【白族】
W6828.1.2	生育的怪胎变人时划分不同姓氏	【关联】②
W6828.1.2.1	伏羲兄妹婚生怪娃娃，砍成不同姓氏	【仡佬族】
W6828.1.2.2	达提卡木与小母牛婚生的怪胎变成不同的人命名不同姓氏	【佤族】
W6828.1.3	根据出生的母体的形状命名姓氏	
W6828.1.3.1	生赫居世王的卵象瓠，国人叫瓠为朴	【朝鲜族】
W6828.1.3.2	金卵化生的男孩以金为姓	【朝鲜族】
W6828.1.3a	根据出生的母体的名称命名姓氏	
W6828.1.3a.1	竹子生的孩子以竹为姓	【汉族】
W6828.1.4	尸体化生人时划分不同姓氏	
W6828.1.4.1	妹妹的尸体切成小块变成豆姓、日姓、风姓的祖先	【高山族】

① ［W6833.3.1］以第一眼看到东西取姓定名；［W6839.1.3］以物名取姓。

② ［W2313］人的怪胎变成人；［W2600］人生怪胎。

W 编码	母题描述	关联项
W6828.1.5	根据出生地命名姓氏	［W6875.1］根据人出生时的情形取名
W6828.1.5.1	以出生地命名氏	［W6878.1］根据人的出生地点命名（以人的出生地取名）
W6828.1.5.1.1	炎帝长于姜水，因以氏焉	【汉族】
W6828.1.5.1.2	炎帝长于姜水，因以姜为姓	【汉族】
W6828.2	变形产生的姓氏	【阿昌族】
W6828.3	演化出姓氏	
W6828.3.1	不同孩子衍生出不同的姓氏	【民族，关联】①
W6828.3.1.1	5 个孩子演化出 5 姓	【鄂伦春族】
W6828.3.1.2	7 兄弟繁衍 7 姓	【赫哲族】
W6828.3.1.3	9 对兄弟姐妹婚生 9 个姓氏	【鄂伦春族】
W6828.4	以祖先的谥号为姓	
W6828.4.1	禹氏为夏禹之后，支庶以谥为姓	【汉族】
W6828.5	合并产生姓氏（复合姓氏）	
W6828.5.1	姓姜的与姓孟的两家生的女孩合姓称“孟姜女”	【汉族】
W6828.5.2	芍花仙子与白花匠婚生的孩子起名叫“白芍”	【汉族】
W6828.6	吹律定姓	
W6828.6.1	古时圣人“吹律定姓”，以记其族	【中华民族】
W6829	**与姓氏的产生有关的其他母题**	
W6829.0	姓氏产生有多种情形	【中华民族】
W6829.0.1	姓的产生有多种情形	
W6829.0.1.1	同生而异姓	

① 【纳西族】@［W6821.5.2.1］1 对夫妻生的 5 子各自成家立业分成 5 个姓氏；［W6839.4］兄弟分姓（兄弟姐妹分姓）。

W 编码	母题描述	关联项
W6829.0.1.1.1	黄帝之子二十五宗惟青阳与仓林氏同于黄帝，皆为姬姓	【中华民族】
W6829.0.2	氏的产生有多种情形	
W6829.0.2.1 *	氏的产生有以姓为氏、以国名为氏，以邑名氏，以乡、亭之名为氏，以先人的字或名为氏，以次第为氏等	【中华民族】
W6829.1	特定姓氏的来历	
W6829.1.1	雷姓是人和蛇的后代	【汉族】
W6829.2	各姓祖先的来历	【水族】@［W0640］祖先
W6829.3	氏的产生	
W6829.3.1	氏产生的方式	
W6829.3.1.0	以地名命名氏	［W6837.1］以地名为姓（根据地点命名姓氏）
W6829.3.1.0.1	神农居姜水，因以为氏	【中华民族】
W6829.3.1.1	封氏	
W6829.3.1.1.1	以封地名称封氏	
W6829.3.1.1.1.1	姬俊封地称“高辛”，姬俊就被颛顼封为“高辛氏”	【汉族】
W6829.3.1.2	以封的采邑为氏	
W6829.3.1.2.1	采邑中的人有的继之为氏	【中华民族】
W6829.3.1.3	以次第为氏	
W6829.3.1.3.1	老大的氏曰伯或孟，老二曰仲，老三曰叔，老四曰季	【中华民族】
W6829.3.1.4	以官职为氏	
W6829.3.1.4.1	司徒、司马、司空、司士、司寇等是以官职为氏	【中华民族】
W6829.3.1.4.2	籍、谏、库、仓、军、厨等是以官职为氏	【中华民族】
W6829.3.1.5	以技艺为氏	

W 编码	母题描述	关联项
W6829.3.1.5.1	巫、卜、陶、匠、屠等是以技艺为氏	【中华民族】
W6829.3.1.6	因婚姻产生氏	
W6829.3.1.6.1 *	母系社会中，男子出嫁给女子后以女家的氏为氏	【多民族】
W6829.3.1.7	以氏族名命名氏	【关联】①
W6829.3.1.7.1 *	少典氏中的“少典”为氏族名	【中华民族】
W6829.3.1.7a	以部落名命名氏	
W6829.3.1.7a.1 *	最初的“氏”是氏族部落的名称	【中华民族】
W6829.3.2	氏的特征（氏的功能）	
W6829.3.2.1 *	氏是整个氏族成员的标识	【中华民族】
W6829.3.3	与氏有关的其他母题	
W6829.3.3.1 *	氏演变为部落英雄人物的尊号	【中华民族】
W6829.4	族下面分姓氏	
W6829.4.1	六大族各自分成上、中、下三种族姓，共为十八姓	【藏族】
W6829.5	古今姓氏	
W6829.5.1	古姓氏	
W6829.5.1.1	姓氏与神话人物有关	【中华民族】@［W6894.2.2］借神话人物命名
W6829.5.2	现代姓氏	
W6829.6	认领姓氏	［W6825.1.1］父母为孩子分配姓氏
W6829.6.1	七男长大后各认一姓	【古南方民族】
W6829.7	同音替代形成姓氏	【民族，关联】②

① ［W6883.7.1.1.7.4 *］人物名号常常以氏族公名的形式出现；［W6883.7.2.2.1 *］名号兼有氏族名称和个人名称的双重意义。

② 【土家族】@［W6853.68.6.1］上古时，黄、王同音，故有的王姓改为黄姓；［W6853.115.1］因同音产生郎姓；［W6853.290.1］余姓源于“鱼”的同音。

6. 7. 2 姓氏命名方法（命名姓氏的方法；姓氏划分方式）【W6830～W6839】

W 编码	母题描述	关联项
W6830	**根据人的来历定姓氏（根据人的出生命名姓氏）**	【布依族】
W6830. 1	以人的生育母体命名姓氏（以人的出生来源命名姓氏）	［W6828. 1. 3］根据出生的母体的形状命名姓氏
W6830. 1. 1	竹子生的男儿以竹为姓	【布依族】@［W2172］竹生人
W6830. 1. 2	葡萄中生出的人姓陶	
W6830. 1. 2. 1	兄妹婚生一串葡萄，葡萄生出陶、李等姓	【土家族】
W6830. 1. 3	金花鸡的蛋孵化出的人就姓鸡	【白族】
W6830. 2	以人的化生母体命名姓氏	
W6830. 2. 1	金卵化生的男孩以金为姓	【朝鲜族】
W6830. 3	以人的感生母体命名姓氏	
W6830. 3. 1	以母亲所感的动物命名姓氏	
W6830. 3. 1. 1	感虎生子以虎为姓	【关联】①
W6830. 3. 1. 1. 1	女子梦与虎交而生的男孩以虎为姓	【白族】
W6830. 3. 2	以母亲所吃的特定物命名姓氏	［W6875. 4. 1. 1］老婆婆吃青枣和红枣孕生的1对男女，分别取名“青哥”“红姐”
W6830. 3. 2. 1	女子因食荞受孕生子繁衍荞氏族	【傈僳族】

① ［W2236］感虎孕生人；［W6838. 1. 1. 1］姑娘与虎生的孩子叫“虎”后来演变成姓“胡”。

W 编码	母题描述	关联项
W6830.3.2.2	女子吃李子生老子，母亲让其姓李	【汉族】
W6831	**根据人产生时接触的东西命名姓氏**	【土家族】
W6831.1	以孩子出生时接触到的特定物命名姓氏	【汉族】@［W6835.4.1］规定把自己提的肉挂在或放在什么地方就以那种东西的名称为姓氏
W6831.1.1	以出生时接触到的动物定姓氏	
W6831.1.2	以出生时接触到的植物定姓氏	【傈僳族】
W6831.1.2.1	根据人产生时接触的桃树、李树等形成陶、李等姓氏	【羌族】
W6831.1.3	怪胎变成人接触什么就以什么为姓	［W6831.3.1］怪胎变成人挂什么树上就以什么树命名姓氏
W6831.1.3.1	兄妹生的肉坨坨爆开变成许多人，溅到什么上就姓什么	【傈僳族】
W6831.2	以孩子放置的器物定姓氏	
W6831.2.1	孩子放在篮中，遂赐姓篮	【畲族】@［W6853.114.2.1］龙王让装在篮子里的孩子姓篮
W6831.2.2	孩子放在盘子里，遂赐姓盘	【畲族】
W6831.3	根据孩子产生时放置的物体定姓氏	
W6831.3.1	怪胎变成人挂什么树上就以什么树命名姓氏	
W6831.3.1.1	伏羲女娲婚生的怪胎剁成百块变成人时挂什么树就是什么姓	【汉族】
W6831.3.1.2	兄妹生的怪胎变成人时，靠在樟树上的就姓章，靠在李树上的就姓李，长在檀树上的就姓谭	【土家族】

W 编码	母题描述	关联项
W6832	**根据特定人物的意志命名姓氏**	
W6832.1	根据神的意志命名姓氏	
W6832.2	根据神性人物的意志命名姓氏	
W6832.3	根据特定的人的意志命名姓氏	
W6832.3.1	国王赐姓	【畲族】【瑶族】
W6832.3.2	首领封姓	
W6832.3.2	特定关系人赐姓	
W6832.3.2.1	外祖父赐姓	【瑶族】
W6832.3.2.1.1	龙王外祖父为外孙命名姓氏	【畲族】
W6832.4	根据其他特定人物的意志命名姓氏	
W6832.5	特定的赐姓者	[W6825.6.4] 皇帝命名姓氏（帝王赐姓；皇帝赐姓；王赐姓；王后赐姓；王和王后共同赐姓）
W6832.5.1	上天赐姓	【满族】
W6833	**根据人的特征命名姓氏（根据人的体征命名姓氏；根据人的行为确定姓氏）**	
W6833.1	根据人的外貌定姓氏（根据人的模样命名姓氏）	【关联】①
W6833.1.1	造人者根据人的模样命名姓氏	
W6833.1.1.1	姐弟造人多了怕记不住就按人的模样安排了姓氏	【满族】

① [W6828.1.3] 根据出生的母体的形状命名姓氏；[W6883.7.3.2.1] 根据人的特征命名外号。

W 编码	母题描述	关联项
W6833.1.2	用人的部位特征定姓氏（用人的特定体征命名姓氏）	【汉族】@［W6883.7.3.2.1.1］尧瞎了一只眼的儿子人们称之“单珠”
W6833.1.2.1	人鸟首，名曰鸟氏	【汉族】
W6833.2	根据人的服饰命名姓氏	
W6833.2.1	根据人头上戴的东西分出不同的姓	
W6833.2.1.1	天女按人头上戴的物名分姓，下大雨时头上戴树枝竹叶的就姓“符”、姓“林”	【黎族】
W6833.3	以看到的东西命名姓氏	
W6833.3.1	以第一眼看到东西取姓定名	【阿昌族】@［W6828.1.1］以人产生时靠近的东西确定姓氏
W6833.3.1.1	遮帕麻和遮咪麻用孩子们第一眼看到东西为他们取姓定名	【阿昌族】
W6833.3.2	根据特定时间见到的特定物命名	
W6833.3.2.1	皇娥生少昊时有凤鸟集于庭前，所以少昊号为“凤鸟氏”	【汉族】
W6833.4	根据行为的语音命名姓氏	［W6883.8.1.3］根据人从事的事情为人命名（根据人的行为确定称谓）
W6833.4.1	老大劝弟弟们寻找阿爸的下落，“寻找”的纳西话是“梅”，“梅”就成了老大一支的姓氏	【纳西族】
W6833.5	根据行为的语义命名姓氏	
W6833.5.1	天女规定躲到他妈妈怀里的孩子姓“孙”	【黎族】
W6834	**根据自然现象命名姓氏（根据自然物命名姓氏）**	【佤族】
W6834.1	以风雨雷电命名姓氏	

W 编码	母题描述	关联项
W6834.1.1	降生时打雷，就以雷为姓	【畲族】
W6834.2	生育时出现云以“云”为姓	
W6834.3	以天空的颜色命名姓氏	
W6834.3.1	外祖父见外孙时一片蓝天就赐姓蓝	【畲族】
W6834.4	以山川河流命名姓氏	
W6834.4.1	以山命名姓氏	【汉族】@［W6837.1.6.1］大禹与嫁自己的姑娘在涂山相遇遂称其涂山氏
W6834.5	以日月星辰命名姓氏	
W6834.6	以地貌命名姓氏	
W6834.6.1	伏羲采用地貌为庶民定姓	【中华民族】
W6834.7	以景物命名姓氏	
W6834.7.1	伏羲采用景物为庶民定姓	【中华民族】
W6835	**根据特定事件命名姓氏**	
W6835.1	姓氏是抓阄抓来的（抓字定姓）	
W6835.1.1	父母让子女抓字定姓	
W6835.1.1.1	伏羲女娲婚生 100 个孩子，让孩子去抓刻着 100 个字的小石头确定自己的姓	【汉族】
W6835.2	特殊的经历形成的姓氏	
W6835.2.1	5 条龙护送的葫芦生的人姓五龙氏	【关联】①
W6835.3	根据送的礼物名命名姓氏	
W6835.3.1	女祖先根据不同人送的不同礼物名命名姓氏	

① 【汉族】@［W6823.2.1］自然存在的五龙氏；［W6876.1.1.1］五龙氏男女生中华儿女，后称为“龙的子孙”。

W 编码	母题描述	关联项
W6835.3.1.1	姆洛甲根据人们送她的礼物分姓，送桃子的让姓陶，送柚子的姓朴（壮语“柚子”）、送谷米的姓侯（壮语“谷米”），送马的姓马	【壮族】
W6835.4	根据为物件选取的地方命名姓氏	
W6835.4.1	规定把自己提的肉挂在或放在什么地方就以那种东西的名称为姓氏	［W6831.1］以孩子出生时接触到的特定物命名姓氏
W6835.4.1.1	首领定姓氏时，规定把自己提的肉挂“梨”树上的姓“李”，“葫芦”的姓“胡”，“蜜蜂”就姓“蜂”，“獐子”就姓“张”	【佤族】
W6835.5	根据寻找的特定对象命名姓氏	
W6835.5.1	老大告诉兄弟寻找阿爸的下落，纳西语“梅”（寻找）就成了老大一支的姓氏	【纳西族】
W6835.6	以事件命名姓氏的其他情形	
W6835.6.1	以人的处事背景命名姓氏	
W6835.6.1.1	因昔日强取他人宝地而得昔姓	【朝鲜族】
W6835.6.2	因起得早姓早	【阿昌族】
W6835.7	与根据事件命名姓氏有关的其他母题	［W6879］根据特定的事件命名人名（根据人的行为命名；通过特定的仪式命名）
W6836	**根据社会关系确定姓氏**	［W6881.1］根据特定的关系命名（根据社会关系命名；通过亲属关系联名；联名的产生；联名制）

W 编码	母题描述	关联项
W6836.1	以祖先姓氏为姓氏（以祖先名为姓；以祖先名字的第一个字为姓氏）	【民族，关联】①
W6836.1.1	昌意的后代以昌氏为姓氏	【汉族】@［W6853.15a.1.1］昌氏，黄帝子昌意之后
W6836.1.2	以父辈男子的第一个字为姓	【瑶族（布努）】
W6836.1.3 *	以先人的字或名为氏	【中华民族】
W6836.1a	以祖先的职务为姓氏	【佤族】
W6836.2	以父母姓为姓	
W6836.2.1	父母不让儿女随父母的姓	
W6836.2.2	母姓	
W6836.2.2.1	儿子随母姓（子女随母姓）	【汤普森】T148.1；【汉族】【西北古代民族】@［W6825.3］母亲命名姓氏（母亲为孩子命名姓氏）
W6836.2.2.1.1	舜和同父异母弟弟各随母姓	【中华民族】
W6836.2.2.1.2 *	禹从母姓，故有莘氏姒姓	【中华民族】
W6836.2.2.2	母姓可以改	【景颇族】
W6836.2.2.3 *	母权制氏族社会时以母亲为姓	【中华民族】
W6836.2.3	父姓	
W6836.2.3.1	儿子随父姓（子女随父姓）	【布依族】
W6836.2.3.1.1	5个仙女分别嫁给邓、蒋、李、赵、黄等5姓男子就成了现在的这5个姓氏	【苗族】
W6836.2.3.1.2	伏羲是龙，长子青龙氏，二子白龙氏，三子赤龙氏，四子黑龙氏	【汉族】
W6836.2.3.2	父姓不能改	【景颇族】

① 【佤族】@［W6828.4］以祖先的谥号为姓；［W6853.181a.1.1］黄帝孙侨极之后命名侨氏；［W6876.1］根据祖先的身份命名（以祖先身份取名）；［W6881.1.2］父子联名。

W 编码	母题描述	关联项
W6836.2.4	子女随养父母姓氏	[W6876.2.3] 根据养母的身份命名
W6836.3	以夫妻关系命名姓氏	
W6836.3.1	妻随夫姓（妇随夫姓）	
W6836.3.1.1	高辛帝赐外孙女长大嫁夫随夫姓	【畲族】
W6836.3.1.2	女子嫁后以丈夫的名称为姓	【白族】@ [W6837.3.1.2] 女子嫁给动物后随动物的姓
W6836.3.1.3	女人的丈夫姓夏，人称之夏婆婆	【汉族】
W6836.3.2	夫随妻性	
W6837	**根据特定物命名姓氏（以特定名称作为姓氏）**	
W6837.0	以神名为姓（根据神的名称命名姓氏）	
W6837.0.1 *	某氏族之灶神即某氏族之祖先与姓氏	【多民族】
W6837.1	以地名为姓（根据地点命名姓氏）	【傈僳族】
W6837.1.1	以居住的地方为姓氏（根据居住地命名姓氏）	【鄂伦春族】【苗族】【佤族】【中华民族】@ [W6883.7.1.1.3] 根据居住地命名定名号（以封地为号）
W6837.1.1.1	父母根据子女所住的地方命名姓氏	
W6837.1.1.1.1	1 对夫妻生的 9 对子女互婚，父母根据他们所住的地方立了姓氏	【鄂伦春族】
W6837.1.1.2	城氏，氏于居者，城、郭、园、池，皆姓	【汉族】
W6837.1.1.3	用与居住地有关的词语命名姓氏	【布依族】
W6837.1.1.3.1	以地名称豕韦氏	【中华民族】
W6837.1.2	以经过的地名命名姓氏	[W6893.1.3.1] 以地名命名部落

W 编码	母题描述	关联项
W6837.1.2.1	有氏族以曾经走过或居住过的地方为姓氏	【佤族】
W6837.1.3	以人出生的地点命名姓氏（以变化产生人的地点命名姓氏）	【汉族】【藏族】
W6837.1.3.0	根据泥人成活的地点命名姓氏（以变成人的地点命姓氏）	【汉族】@［W6853.321.1］根据人产生的地点命名祝姓
W6837.1.3.1	以怪胎变成人的地点命名姓氏	【民族】①
W6837.1.3.1.0	伏羲兄妹婚生的肉瘤劈碎分撒，按变成人的地点成李、陶、杨、祝、石、田等姓	【瑶族】
W6837.1.3.1.1	伏羲女娲兄妹生的肉团砍成100块变成100人，落到什么地方就姓什么姓	【汉族】
W6837.1.3.1.2	洪水后姐弟婚生的肉坨坨割碎挂到百种树上后有了陶、李等百家姓（以怪胎变成人时所在的树名为姓氏）	【羌族】
W6837.1.3.1.2a	洪水后姐弟婚生的肉球砍碎挂在不同的地方形成田、彭、栗不同姓氏	【民族，关联】②
W6837.1.3.1.3	葫芦变成人时不同的地方命名不同的姓氏	
W6837.1.3.1.3.1	剁碎姑侄婚生的葫芦到处乱撒变成人时，撒在火塘的叫唐，撒在凳子的叫邓，撒在盆里的叫盘，撒在箩筐的叫罗，撒在房门的叫房	【瑶族】

① 【汉族】【苗族】【土家族】【瑶族】【彝族】。

② 【土家族】@［W6853.120b.1.1］姐弟砍碎婚生的怪胎变成人时撒在栗树上的姓栗；［W6853.173.1.1］姐弟砍碎婚生的怪胎变成人时撒在蓬子上的姓彭；［W6853.232.1.1］姐弟砍碎婚生的怪胎变成人时撒在田里的姓田。

W 编码	母题描述	关联项
W6837.1.3.1.4	盘古兄妹捏泥造人，根据成活后所玩耍的地方取名，爬到桃树上的叫桃，爬到李树上的叫李，坐在石头上的叫石	【汉族】
W6837.1.4	根据居所命名姓氏（以处所命名姓氏）	【鄂伦春族】
W6837.1.4.1	根据为孩子分配的居处命名姓氏	
W6837.1.4.1.1	女子给自己撒在不同地方的孩子起了名字：撒在火塘的叫唐，撒在凳子的叫邓，撒在盆里的叫盘，撒在箩筐的叫罗，撒在房门的叫房，后来把名改为姓氏	【瑶族】@［W6839.5.2］命名的人名后改为姓氏
W6837.1.4.2	以婴儿的居所命姓氏	
W6837.1.4.2.1	婴儿睡在篮子里定为姓蓝	【畲族】
W6837.1.4.2.2	人居住在什么树下就命什么姓	【民族，关联】①
W6837.1.5	根据地点的特征命名姓氏（根据人产生的地点的关联物定姓氏）	
W6837.1.5.1	怪胎变成人时，把撒上山的以牛、马为姓，放进水的以余（鱼）、夏（虾）为姓，挂上树的以陶（桃）李为姓，带回家的，以朱（猪）、苟（狗）为姓	【汉族】
W6837.1.6	根据相遇的地名命名姓氏	【关联】②
W6837.1.6.1	大禹与嫁自己的姑娘在涂山相遇遂称其涂山氏	【汉族】@［W6825.8.1.1］人们命名跟随大禹的姑娘为涂山氏
W6837.1.7	以怀孕地点命名姓氏	

① 【汉族】@［W6853.68.1.1］兄妹造人时放黄荆树下的人，就姓黄；［W6853.119.1］居住在梨树下的人命名姓黎；［W6853.120.3］生人时依据李树命名李姓（怪胎挂在李树上变成的人姓李）；［W6853.142.1.1］兄妹造人时放在马桑树下的人就姓马。

② ［W6837.1.2］以经过的地名命名姓氏；［W6893.1.3.1］以地名命名部落。

W 编码	母题描述	关联项
W6837.1.7.1	姐弟俩是妈妈在水潭边怀的孕遂以谭为姓	【土家族】
W6837.1.8	与根据地名命名姓氏有关的其他母题	［W6878］根据地点命名人名
W6837.1.8.1	根据封地命名姓氏	
W6837.1.8.1.1	尧原封于唐，故称陶唐氏	【民族，关联】①
W6837.2	以官职为姓	【佤族】
W6837.2.1	以鸟命名的官名为姓	【中华民族】@［W6853.304.1］翟古写为“翟鸟”，是少昊鸟国四大官职之一，为凤系
W6837.3	以动物名命名姓氏	［W6868.2.1］借动物的名称命名
W6837.3.1	以图腾动物命名姓氏（以图腾动物为姓）	
W6837.3.1.1	以獐子为图腾者姓獐子	【彝族】@［W6853.307a.1.1］夫妇及其后代奉獐子为祖先而姓獐子
W6837.3.1.2	女子嫁给动物后随动物的姓	【白族】
W6837.3.2	以动物的音转命名姓氏	［W6895.5.2.1］音转形成现在的名称
W6837.3.2.1	郎姓源于“狼”	【满族】@［W6853.115.1.1］满族钮祜禄氏的满语意为“狼”，故以“郎”字为姓（哈喇）
W6837.3.3	以特定关联动物命名姓氏	
W6837.3.3.1	伏羲是龙，长子青龙氏	【汉族】
W6837.4	用植物命名姓氏（以植物名命名姓氏）	

① 【汉族】@［W6858.1.2.1.1＊］“陶唐氏”非姓而是部落名称；［W6883.7.1.1.3.4］帝尧号陶唐氏源于尧曾居陶地。

W 编码	母题描述	关联项
W6837.4.1	用与人的产生时有关的植物命名姓氏	【布依族】
W6837.4.1.1	因人变形时与植物有关命姓氏	【羌族】
W6837.4.1.2	生的怪胎丢在姜梓树下变成人，就命这里的人姓姜梓树（以树名为姓）	【傈僳族】
W6837.4.2	因人居住的地方与植物有关命姓氏	【汉族】
W6837.4.3	以图腾植物为姓	
W6837.4.3.1	兄妹婚生的桃树姓“桃”，杨树姓“杨”	【苗族】
W6837.4.4	女子嫁给植物生的后代就以该植物为姓	【傈僳族】@［W6827.1.1.1］女子找着荞子为对象的，生的后代就姓荞
W6837.4.5	以生育人的植物命名姓氏	
W6837.4.5.1	兄妹婚生的树生桃、杨等树，遂命桃树姓“桃”，杨树姓“杨”	【苗族（青苗）】
W6837.4.6	根据人吃的蔬菜命名姓氏	
W6837.4.6.1	孩子面前放一百种菜，偷吃了啥菜就姓啥	【汉族】
W6837.4.7	用植物命名姓氏的其他情形	
W6837.4.7.1	伏羲用动植物为庶民定姓	【中华民族】
W6837.5	用无生命物命名姓氏（以无生命物名命名姓氏；以自然物为姓）	
W6837.5.1	以河流为姓	
W6837.5.1.1	以黄河为姓	【藏族】
W6837.6	以图腾物为姓（姓氏源于图腾）	【民族，关联】①
W6837.6.1 *	姓即原始社会之图腾	【中华民族】
W6837.6.1.1 *	图腾是文字出现以前的“姓”	【中华民族】

① 【中华民族】【彝族】@［W6822.7.5 *］姓的起源是原始社会的婚姻制度和图腾崇拜两者相结合的产物；［W6851.1.3］同姓实即同图腾。

W 编码	母题描述	关联项
W6837.6.2＊	文字出现后图腾转化为姓	【中华民族】
W6837.6a	以崇拜物为姓（姓氏源于崇拜）	［W6880.6］以崇拜物命名人名（以图腾物命名人名）
W6837.6a.1＊	姜、羌之姓与羊崇拜有关	【汉族】
W6837.7	用颜色命名姓氏	［W6834.3］以天空的颜色命名姓氏
W6837.7.1	按植物的不同颜色命姓氏	
W6837.7.1.1	洪水后幸存的小弟弟按众多青藤的颜色发给人不同的“姓”	【彝族】
W6837.8	根据特定物命名姓氏的其他情形	
W6837.8.1	根据多种物命名姓氏	
W6837.8.1.1	洪钧老祖指草木、石头为姓氏	【汉族】@［W6824.2.3.2］洪钧老祖为自己造的男女繁衍的后代定姓氏
W6837.9	与根据特定物命名姓氏有关的其他母题	［W6839.1.3］以物名取姓
W6837.9.1	以贵重的东西命名姓氏	
W6837.9.1.1	因金子贵重遂命名姓爱新觉罗（金）	【满族】
W6838	**根据声音命名姓氏（根据语言命名姓氏）**	［W6881.2］根据特定的语言命名人名（根据声音命名）
W6838.1	根据谐音命名定姓氏	【民族，关联】①
W6838.1.1	音变形成的姓氏	
W6838.1.1.1	姑娘与虎生的孩子叫“虎”后来演变成姓“胡”	【土家族】
W6838.1.2	根据特定的语音形成姓氏	
W6838.1.2.1	变化产生人时因“撂”产生“廖”姓	【苗族】@［W6853.121.1.1］兄妹用刀切怪胎变人时最后一块撂去，成了廖姓

① 【汉族】@［W6853.224.1.1］兄妹生的怪胎变成人时，长在檀树上的就姓谭；［W6853.307.1.1］兄妹生的怪胎变成人时，靠在樟树上的就姓章。

W 编码	母题描述	关联项
W6838.1.2.2	兄妹婚生的怪胎变成人时居核桃树下者姓郝	【羌族】
W6838.1.3	根据名字中的谐音命名姓氏	
W6838.1.3.1	老二打到一只狍子，父亲给他取名“古兰”（公狍子），老二就姓“关”	【鄂伦春族】
W6838.1.3.2	掉在灶头上的人就姓赵	【瑶族】
W6838.1.4	根据名字中的第一个字命名姓氏	【纳西族】
W6838.1.4.1	老大用红木头做五张弓，父亲给他起了个名字叫“魏拉依嫩”（红木头），老大就姓魏	【鄂伦春族】
W6838.2	出生时叫的是什么声音就以什么为姓	［W6875.1.5］根据出生时的声音命名
W6838.2.1	兄妹刀切怪胎变成人时，叫的是什么声音就是什么姓	【苗族】
W6838.3	根据出生时听到的声音命名姓氏	［W6875.1.5］根据出生时的声音命名。
W6838.3.1	孩子出生时听到钟声遂命名钟姓	【畲族】
W6838.3.1.1	三公主和龙王婚生的孩子落地时传来钟声，三公主就让孩子姓钟	【畲族】
W6838.4	根据相关语义命名姓氏	
W6838.4.1	商议寻父时，老二趣若吕说：“我们想得太迟了”，“迟”纳西话是“禾”，“禾”就成了趣若吕这一支的姓氏	【纳西族】
W6838.5	根据命名姓氏时听到的声音定姓氏	
W6838.5.1	伏羲封姓时正好小石子掉进了河里发出“咕咚”一声，羲皇就封了“谷”和“董”两个姓	【汉族】@［W6825.6.4.4］羲皇封姓
W6838.6	根据特定人物的语言命名姓氏	【纳西族】

W 编码	母题描述	关联项
W6838.6.1	因皇帝的话命名	【布朗族】@［W6825.6.4］皇帝命名姓氏（帝王赐姓；皇帝赐姓；王赐姓；王后赐姓；王和王后共同赐姓）
W6838.7	根据其他声音或语言命名姓氏	
W6838.7.1	小弟用壮话喊“喂、喂、喂”于是就让他姓韦	【瑶族（布努）】
W6838.8	根据拟音命名姓氏	
W6838.8.1	一个被推入坑中发出“扑冬”一声，父亲就让他姓“冬”	【汉族】
W6838.9	与根据声音命名姓氏有关的其他母题	【关联】①
W6839	**与姓氏命名有关的其他母题**	
W6839.0	根据事迹命名姓氏	
W6839.0.1	发明火以后才命名燧人氏	【汉族】
W6839.1	根据专有名称命名姓氏	
W6839.1.1	以名作姓	【瑶族】
W6839.1.1.1	盘古夫妻给造的泥人起的名字成了这些泥人的子孙的姓	【汉族】
W6839.1.1.2	以特定人物的名字作为姓氏	
W6839.1.1.2.1	姓氏源于部落首领的名字	【中华民族】
W6839.1.2	以国名为姓（姓氏源于国名；以国名为氏）	【中华民族】
W6839.1.2.1	飞廉氏因飞廉国命名姓氏	【汉族】
W6839.1.2.2 *	有的瑶族盘古国的盘字为姓	【瑶族】
W6839.1.2.3	禹的后代分封用国为姓	【中华民族】

① ［W6875.2.3］父亲给生的100个孩子按出生次序和每个孩子出生时发出的不同声音定姓名；［W6881.2］根据特定的语言命名人名（根据声音命名）。

W 编码	母题描述	关联项
W6839.1.2.4＊	齐、鲁、晋、宋、郑、吴、越、秦、楚、卫、韩、赵、魏、燕、陈、蔡、曹、胡、许等都是以国名为氏	【中华民族】
W6839.1.2.5	盘古国以盘古为姓	【南方古代民族】
W6839.1.2.6	用国为姓而有褒氏	【中华民族】
W6839.1.2a	以地方名为姓	
W6839.1.2a.1＊	中国古姓有的源于邑地	【中华民族】
W6839.1.3	以物名取姓	
W6839.1.3.1	阿伏和阿兮兄妹把婚生的肉块剁碎变成人时以物名取姓	【仡佬族】
W6839.1.3.2	兄妹婚生的肉团变成人后按桃树、李树、石头为姓	【拉祜族】
W6839.1.4	以族号为姓	
W6839.1.4.1＊	中国古姓有的源于族号	【中华民族】
W6839.1.5	以官职为姓	［W6829.3.1.4.1］司徒、司、司空、司士、司寇等是以官职为氏
W6839.1.5.1＊	中国古姓有的源于官职	【中华民族】
W6839.1.6	以谥号为姓	
W6839.1.6.1＊	中国古姓有的源于谥号	【中华民族】
W6839.2	以特定群体名称为姓（以某族名为姓；借用其他族的姓氏）	
W6839.2.1	以母族为姓	
W6839.2.1.1	讷都六娶10妻生子皆以母族为姓	【西北古代民族】
W6839.2.2	少数民族借用汉族姓氏	
W6839.2.2.1	佤族用汉族姓氏	
W6839.2.2.1.1	佤族有的借用汉族的李、胡、赵、王、陈等姓氏	【佤族】
W6839.3	为感激某物以该物命名姓氏	

W 编码	母题描述	关联项
W6839.3.1	为感谢鱼姓余	
W6839.3.1.1	三兄弟为表示对鲤鱼帮助渡江的感谢姓余	【傈僳族】
W6839.3.2	为感恩动物以该动物为姓	［W6881.1.8.2.1］人为感恩用动物名称称特定亲属
W6839.3.2.1	1 对夫妇及其后代为感恩獐子救命姓獐子	【彝族】
W6839.4	兄弟分姓（兄弟姐妹分姓）	【西北古代民族】
W6839.4.1	3 个孩子分出 3 个姓	
W6839.4.2	7 子分 7 姓	【鄂温克族】
W6839.4.3	7 个儿女繁衍 7 姓	【土家族】
W6839.4.4	三兄弟婚后各生 1 子，分为三支成为 3 姓	【满族】
W6839.4.5	4 兄妹分成 4 姓	
W6839.4.5.1	公主生 3 男 1 女，分成 4 姓	【畲族】
W6839.4.6	多个兄妹分成多个姓	［W6844.2.8.1］1 对兄妹婚生 10 子，10 子又各生 10 子形成百家姓
W6839.4.7	与兄弟分姓有关的其他母题	［W6821.5.2.1］1 对夫妻生的 5 子各自成家立业分成 5 个姓氏
W6839.5	名字变成姓（名字成为姓氏；名字改成姓氏）	
W6839.5.1	特定人物把名改为姓	
W6839.5.1.1	盘古夫妻给造的人取桃、梨、石、河等名字，后来盘古夫妻把泥人的名字当姓	【汉族】
W6839.5.1.2	盘古兄妹为孩子取桃、李、石等名字，以后这些人又生子孙，将名字改为姓	【汉族】
W6839.5.2	命名的人名后改为姓氏	

W 编码	母题描述	关联项
W6839.5.2.1	女子先用孩子分配的地方命名，后来把名作为姓	【瑶族】
W6839.5.3	寨子名变成姓	
W6839.5.3.1	伏羲兄妹把生的怪胎砍成 99 块变成了 99 个寨子，99 个寨子成了 99 个姓	【布依族】
W6839.5.3.2	有的氏族以走过或居住过的村寨为姓氏	【佤族】
W6839.5.4	其他名称变成姓	
W6839.5.5	与名字变成姓有关的其他母题	［W6869.5.1］人开始时有名，但没有姓
W6839.5.5.1	名字就是姓氏（名就是姓）	
W6839.5.5.1.1	盘古奶生的 100 男女成为 100 对夫妻。一对夫妻一个名，一个名就是一个姓	【汉族】

6.7.3 百家姓与姓氏数量【W6840 ~ W6849】

W 编码	母题描述	关联项
*** W6840**	**百家姓（百家姓的产生）**	［* W6820］姓氏（姓氏的产生）
W6841	**百家姓产生的原因**	
W6842	**特定数量的人形成百家姓**	【苗族】
W6842.1	100 人形成 100 姓	【汉族】@［W6825.6.3.1］接生的仙婆给兄妹婚生的 100 个孩子封姓

W 编码	母题描述	关联项
W6842.1.1	100 个男女形成百家姓	【民族，关联】①
W6842.1.2	50 男 50 女成为百家姓	【汉族】
W6842.1.3	100 个娃娃自己报出姓氏成为百家姓	【汉族】
W6842.2	100 户人家命名一百个姓氏	【汉族】
W6842.3	100 对夫妻命名一百个姓氏	
W6842.3.1	父母让 100 对儿女成婚并命名一百个姓氏形成百家姓	【汉族】
W6843	**造人后形成百家姓（特定人物造人时产生百家姓）**	【汉族】
W6843.1	神造人后产生百家姓	
W6843.2	神性人物造人后产生百家姓	
W6843.2.1	盘古造人后产生百家姓	
W6843.2.1.1	盘古与天女造人后形成百家姓	【汉族】
W6843.2.2	伏羲女娲造人后形成百家姓	
W6843.2.2.1	伏羲造人后形成百家姓	【汉族】
W6843.2.3	娘娘造人时形成百家姓	
W6843.2.3.1	娘娘造 100 对男女，他们配成 100 对，形成百家姓	【汉族】
W6843.3	特定的人造人后产生百家姓	
W6843.3.1	兄妹造人后产生百家姓	
W6843.3.1.1	兄妹造人后命名 100 个姓形成百家姓	【汉族】
W6843.3.2	姐弟造人后产生百家姓	【汉族】@［W6845.3.1］天塌地陷后，幸存的姐弟俩婚后造的 100 对泥人成为 100 个姓

① 【汉族】@［W6835.1.1.1］伏羲女娲婚生 100 个孩子，让孩子去抓刻着 100 个字的小石头确定自己的姓；［W6844.2.4.1］伏羲兄妹给婚生的 100 个男女各取一个姓形成百家姓。

W 编码	母题描述	关联项
W6843.4	其他特定人物造人后形成百家姓	
W6843.5	与造人后产生百家姓有关的其他母题	
W6843a	**变化产生人时产生百家姓**	
W6843a.1	神或神性人物变人时产生百家姓	［W6844.2.10.2a］盘古姐弟婚生的怪胎变成100个人成为百家姓
W6843a.2	动物变人时产生百家姓	
W6843a.3	植物变人时产生百家姓	
W6843a.3.1	树叶变成的一百人每人取一个姓形成百家姓	【德昂族】
W6843a.4	婚生的怪胎变成人产生百家姓	
W6843a.4.1	罗神爷爷和罗神娘娘兄妹婚生的葡萄变成人产生百家姓	【土家族】
W6843a.4.2	兄妹婚生一团肉坨坨变成人产生百家姓	
W6843a.4.2.1	兄妹婚生一团肉坨坨变成一百家，一家一个姓产生百家姓	【白族】
W6843a.5	其他特定物变人时产生百家姓	［W6844.2.10.2a］盘古姐弟婚生的怪胎变成100个人成为百家姓
W6843a.6	与变人时产生百家姓有关的其他母题	
W6844	**特定婚姻形成百家姓**	【鄂温克族】
W6844.1	神的婚姻形成百家姓	
W6844.1.1	夫妻神婚生百家姓	
W6844.1.1.1	天公地母婚生百家姓	【阿昌族】
W6844.1.1.1.1	天公地母兄妹婚繁衍百家姓	【阿昌族】
W6844.1.1.1.1.1	天公地母兄妹遮帕麻与遮咪麻兄妹婚繁衍百家姓	【阿昌族】［W5541.1］遮帕麻和遮米麻婚生阿昌族

W 编码	母题描述	关联项
W6844. 1. 2	罗神爷爷和罗神娘娘婚生百家姓	【土家族】@［W6824. 2. 1. 3. 1］罗神娘与罗神公抛撒婚生的怪胎变人时命姓“丢过沟的姓刘，丢过路的姓赵，丢过渠的姓徐”
W6844. 1. 2. 1	罗神爷爷和罗神娘娘婚生的怪胎变成人形成百家姓	【土家族】
W6844. 2	神性人物的婚姻形成百家姓	
W6844. 2. 1	盘古婚生百家姓	［W6843. 2. 1. 1］盘古与天女造人后形成百家姓
W6844. 2. 1. 1	盘古姐弟婚生百家姓	
W6844. 2. 1. 1. 1	盘古和姐姐生的 99 个孩子加上 1 个造的人形成百家姓	【汉族】
W6844. 2. 1. 1. 2	盘古姐弟俩婚生人配成 100 对夫妻，一对夫妻一个姓氏，形成百家姓	【汉族】
W6844. 2. 1. 2	盘古女娲婚生百家姓	
W6844. 2. 2	伏羲女娲婚生百家姓	
W6844. 2. 2. 1	伏羲女娲兄妹婚生百家姓	【汉族】@［W6837. 1. 3. 1. 1］伏羲女娲兄妹生的肉团砍成 100 块变成 100 人，落到什么地方就姓什么姓
W6844. 2. 2. 1. 1	伏羲女娲兄妹婚生的孩子变成百家姓	
W6844. 2. 2. 1. 1. 1	伏羲女娲兄妹婚生的 100 个孩子形成百家姓	【汉族】
W6844. 2. 2. 1. 1. 1. 1	洪水后，伏羲女娲兄妹婚生的肉团变成的 100 个孩子形成百家姓	【汉族】
W6844. 2. 3	女娲伏羲成亲后形成百家姓	【汉族】
W6844. 2. 4	伏羲兄妹婚生百家姓	

W 编码	母题描述	关联项
W6844.2.4.1	伏羲兄妹给婚生的 100 个男女各取一个姓形成百家姓	【汉族】
W6844.2.5	人与神的婚姻形成百家姓	
W6844.2.6	人与人的婚姻形成百家姓	
W6844.2.6.1	人的异辈血缘婚繁衍百家姓	
W6844.2.7	兄妹婚生百家姓	【汉族】
W6844.2.7.1	兄妹婚的 100 个孩子形成百家姓	【汉族】
W6844.2.7.2	兄妹婚生的怪胎演化出百家姓	【白族】
W6844.2.7.2.1	兄妹婚生的怪胎生的 10 子又各生了 10 个孙子，各自立姓形成百家姓	【白族】
W6844.2.7.3	兄妹婚生的大肉蛋繁衍出百家姓	【汉族】
W6844.2.8	与兄妹婚生百家姓有关的其他母题	
W6844.2.8.1	1 对兄妹婚生 10 子，10 子又各生 10 子形成百家姓	【白族】
W6844.2.8.2	兄妹婚生的 9 对子女互婚生的九九八十一个孩子，再加上各自父母形成百家姓	【傈僳族】
W6844.2.9	姐弟婚生百家姓	
W6844.2.9.1	姐弟婚生的怪胎演变出百家姓	
W6844.2.9.1.1	姐弟婚生的两肉蛋中生 100 对男女形成百家姓	【汉族】
W6844.2.10	特定来历的人婚配形成百家姓	
W6844.2.10.1	娘娘造的 100 对男女互相婚配形成百家姓	【汉族】
W6844.2.10.2	盘古与盘古奶生的 100 个男女婚生百家姓	【汉族】@［W6839.5.5.1.1］盘古奶生的 100 男女成为 100 对夫妻。一对夫妻一个名，一个名就是一个姓

W 编码	母题描述	关联项
W6844.2.10.2a	盘古姐弟婚生的怪胎变成 100 个人成为百家姓	【汉族】
W6844.2.10.3	1 对兄妹造的泥人成活后婚生百家姓	【汉族】
W6844.2.11	特定人的婚姻形成百家姓	
W6844.3	人与动物的婚姻形成百家姓	【关联】①
W6844.4	其他特定的婚姻形成百家姓	
W6844.4.1	动物与动物的婚姻形成百家姓	
W6844.5	与婚姻形成百家姓有关的其他母题	
W6844.5.1	100 对男女成婚形成百家姓	【汉族】
W6844.5.2	100 个不同姓氏的人结婚形成百家姓	【汉族】
W6845	**人类再生时产生百家姓②**	
W6845.1	灾难后人类再生时产生百家姓	
W6845.2	洪水后人类再生时产生百家姓	
W6845.2.1	洪水后造人产生百家姓	【关联】③
W6845.2.2	洪水后通过婚姻产生百家姓（洪水后婚生百家姓）	
W6845.2.2.1	洪水后，兄妹婚生百家姓	【民族，关联】④
W6845.2.2.1.1	洪水后，伏羲兄妹婚生百家姓	【汉族】@［W6845.2.2.2.1］洪水后伏羲兄妹婚生的怪胎变成百家姓
W6845.2.2.2	洪水后，幸存的兄妹婚生的怪胎变成百家姓	【汉族】【苗族】【苗族（花苗）】@［W7342］兄妹婚生怪胎

① ［W2450］人与动物婚生人；［W7401］人与动物婚。

②

③ ［W2038.2］烈日洪水后造人；［W2533］洪水后人再造人类。

④ 【白族】@［W7300］兄妹婚；［W8400］洪水幸存者。

W 编码	母题描述	关联项
W6845.2.2.2.0	洪水后，幸存的姐妹哥（兄妹）婚生的肉丸切成100粒变成的100人形成百家姓	【汉族】
W6845.2.2.2.0a	洪水后，幸存的兄妹婚生的肉坨切成100份形成百家姓	【白族】
W6845.2.2.2.0b	洪水后，幸存的兄妹婚生的怪人切成100份形成百家姓	【苗族】【苗族（花苗）】
W6845.2.2.2.0c	洪水后，幸存的兄妹婚生的肉球切成100多块肉块形成百家姓	【汉族】
W6845.2.2.2.0d	洪水后，兄妹婚生的狗皮口袋生10子，10个儿子又各生了10个孙子成了百家，各立一姓	【白族】
W6845.2.2.2.1	洪水后，伏羲兄妹婚生的怪胎变成百家姓	【汉族】
W6845.2.2.2.1.1	伏羲兄妹结婚生肉团砍成100个肉坨变成100个人，每人一姓成百家姓	【汉族】
W6845.2.2.2.2	洪水后，伏羲女娲兄妹婚生的怪胎变成百家姓	【汉族】
W6845.2.2.2.3	洪水后，伏牺兄妹婚生的冬瓜砍成360块变成百家姓（洪水后伏羲兄妹婚生的冬瓜砍成360块变成百家姓）	【瑶族】
W6845.2.2.2.4	洪水后，伏羲兄妹婚生的肉砣砣砍成99块成为99姓，加上伏羲兄妹的一个姓成为百家姓	【布依族】
W6845.2.2.2.5	洪水后，伏羲女娲兄妹婚生的肉球变成的50对男女命名姓氏后形成百家姓	【汉族】
W6845.2.2.2.6	洪水后，伏羲女娲兄妹婚生的肉球生的100个孩子形成百家姓	【汉族】

W 编码	母题描述	关联项
W6845.2.2.2.6a	洪水后，伏羲女娲兄妹婚生的肉团砍成 100 块变成的 100 个孩子形成百家姓	【汉族】
W6845.2.2.2.7	洪水后，伏羲兄妹婚生的怪胎变成的 12 对男女繁衍百家姓	【苗族】
W6845.2.2.2.7a	洪水后，伏羲兄妹婚生的怪胎变成 12 对男女置百家姓	【苗族】
W6845.2.2.3	洪水后，幸存的兄妹婚生的肉球剁成 100 多块后形成百家姓	【汉族】
W6845.2.2.4	洪水后，幸存的兄妹婚生的怪人变成百家姓	
W6845.2.2.4.1	洪水后，幸存的兄妹婚生的怪人分成 100 块变成百家姓	【苗族】
W6845.2.2.5	洪水后，姐弟婚生百家姓	
W6845.2.2.5.1	洪水后，幸存的姐弟婚生的怪胎变成百家姓	
W6845.2.2.5.1.1	洪水后，幸存的姐弟婚生的肉坨坨挂到 100 种树上形成百家姓	【羌族】
W6845.2.2.6	洪水后，兄妹繁衍的百个子孙形成百家姓	【白族】
W6845.2.2.7	洪水后，其他特定名称的血缘婚繁衍百家姓	
W6845.2.2.7.1	洪水后，迪进、迪颖兄妹婚生的怪胎形成百家姓	【布依族】
W6845.2.3	洪水后卵生百家姓	
W6845.2.3.1	洪水后，女娲卵生百家姓	【汉族】@［W6825.7.2.1］女娲生的卵中生出的 100 个娃从赵钱孙李自报姓氏
W6845.3	天塌地陷后人类再生时产生百家姓	
W6845.3.1	天塌地陷后，幸存的姐弟俩婚后造的 100 对泥人成为 100 个姓	【汉族】

W 编码	母题描述	关联项
W6845.3.2	天塌地陷后，幸存一对兄妹婚后繁衍百家姓	【汉族】
W6845.4	多种灾难后人类再生时产生百家姓	
W6845.5	其他特定灾难后人类再生时产生百家姓	
W6845.6	其他特定背景下人类再生时产生百家姓	
W6846	**百家姓产生的其他方式**	
W6846.1	特定人物规定百家姓	
W6846.1.1	九天玄女分 100 姓	【壮族】
W6846.2	姓氏变化产生百家姓	
W6846.2.1	120 姓变成百家姓	
W6846.2.1.1	洪水后，幸存的伏羲两姊妹婚后繁衍出 120 个姓氏，晒死二十姓人后形成百家姓	【土家族】
W6847	**与百家姓产生有关的其他母题**	
W6847.1	特定数量的姓氏经变化形成百家姓	
W6847.1.1	姓氏经增加形成百家姓	
W6847.1.2	姓氏经减少形成百家姓	
W6847.1.2.1	120 姓晒死了 20 姓形成百家姓	【土家族】
W6847.2	特定称谓的百家姓	
W6847.2.1	百家花姓	
W6847.2.1.1	布越的花和姓兄妹婚生黄帝后撒的芝麻籽变成很多人形成百家花姓	【壮族】
W6847.3	百姓	
W6847.3.0	百姓的产生	

W 编码	母题描述	关联项
W6847.3.0.1 *	“百姓”和“黎民”之称以已有的“姓”为基础产生	【中华民族】
W6847.3.0.2 *	“百姓”经黄帝战蚩尤的历史事件后产生	【中华民族】
W6847.3.1 *	黄、炎、夷三个部落军事大联盟中的人群称为“百姓”	【中华民族】
W6847.3.1.1 *	黄、炎部落联盟的氏族被称做“百姓”	【中华民族】
W6847.3.1.2 *	黄、炎、夷三个部落的联盟由大约一百个氏族构成，故统称“百姓”	【中华民族】
W6847.3.2 *	“黎民”与“百姓”的区别	
W6847.3.2.1 *	炎黄时期，“百姓”与“黎民”地位不同	【中华民族】
W6847.3.2.1.1 *	“百姓”与后世之百姓不同，指有一定社会地位的贵族总称，	【中华民族】
W6847.3.2.1.2 *	“黎民”简称为“民”，是奴隶	【中华民族】
W6847.3.3 *	“百姓”的含义	
W6847.3.3.1 *	“百姓”泛指广大的普通群众	【中华民族】
W6848	**姓氏的数量**	
W6848.0	特定时期有特定的数量的姓氏	
W6848.0.1 *	先秦时期“姓”的数目有限	
W6848.0.1.1 *	见于《春秋左传》中的姓有22个	【中华民族】
W6848.0.1.2 *	西周青铜器铭文中可考定的“姓”不到30个	【中华民族】
W6848.1	1个姓氏	
W6848.2	2个姓氏	
W6848.3	3个姓氏	【保安族】
W6848.3.1	三兄弟婚后繁衍3个姓氏	【满族】

W 编码	母题描述	关联项
W6848.3.2	帝王赐3姓	
W6848.3.2.1	高辛帝赐公主生的3个男孩盘、篮、雷3姓	【畲族】
W6848.3.3	人与龙女婚生3姓	
W6848.3.3.1	人与龙女婚生蓝、雷、钟3姓	【畲族】
W6848.4	4个姓氏	
W6848.4.1	4个子女形成4个姓氏	
W6848.4.1.1	高辛皇帝给龙王与公主生的3男1女赐4个姓氏	【畲族】
W6848.4.1.2	盘瓠与公主生的3男1女形成4姓	【畲族】
W6848.4.2	龙犬与公主生的3男1女形成4姓	
W6848.4.3	龙麟与公主生的3男1女形成4姓	
W6848.4.4	与4姓有关的其他母题	
W6848.4.4.1	一宗4姓	【畲族】
W6848.5	5个姓氏	[W6821.5.2.1] 1对夫妻生的5子各自成家立业分成5个姓氏
W6848.5.1	仙女与人婚生5个姓氏	【苗族】
W6848.5.2	5个姓氏源于不同地方	
W6848.5.2.1	巴郡南郡蛮有巴氏、樊氏等五姓，巴氏出赤穴，其他四姓生黑穴	【土家族】
W6848.5.3	特定的婚姻产生5个姓氏	
W6848.5.3.1	犬与公主婚后生5子，皇帝赐雷、蓝、钟、鼓、盘5姓	【民族，关联】①
W6848.5.4	最早的5个姓氏	
W6848.5.4.1	苗族五姓吴、龙、石、麻、廖，算是世上先来人	【苗族】

① 【畲族】@［W6848.3.2.1］高辛帝赐公主生的3个男孩盘、篮、雷3姓；［W6848.3.3.1］人与龙女婚生蓝、雷、钟3姓；［W6848.4.1.1］高辛皇帝给龙王与公主生的3男1女赐4个姓氏；［W6848.4.1.2］盘瓠与公主生的3男1女形成4姓。

W 编码	母题描述	关联项
W6848.6	6 个姓氏	
W6848.7	7 个姓氏	【民族，关联】①
W6848.7.1	父女婚生的 7 个儿子分为 7 姓	【鄂温克族】
W6848.7.2	公主与犬婚生的 7 块肉分 7 姓	【瑶族】@［W6848.9.2］姑侄婚生的肉团分 9 块化为 9 姓
W6848.7.2.1	虎与人婚生 7 姓	
W6848.7.2.1.1	白虎神与女子婚生 7 个儿女繁衍土家族田、杨、覃、向、彭、王、冉 7 姓	【土家族】
W6848.7.3	7 兄弟繁衍 7 姓	【赫哲族】
W6848.8	8 个姓氏	
W6848.8.1	龙犬与宫女婚生四男四女分为八姓	【瑶族（板瑶）】
W6848.8.2	八兄妹发展成为佤族八大姓氏	
W6848.8.2.1	佤族八大姓氏为蕊、龙、露、呸、梭、普、伟、迫	【佤族】
W6848.9	9 个姓氏	
W6848.9.1	人类再生时产生 9 大姓氏	【民族，关联】②
W6848.9.2	姑侄婚生的肉团分 9 块化为 9 姓	【瑶族】
W6848.9.3	9 对兄弟姐妹祭拜 9 个姓氏	【鄂伦春族】
W6848.10	10 个姓氏	【白族】@［W6827.2.1］两个家族的 10 对男女婚生 10 姓
W6848.10.1	10 人繁衍 10 姓	
W6848.10.1.1	男子与母狼婚生的 10 男娶妻后繁衍 10 姓	【西北古代民族】
W6848.11	12 个姓氏	
W6848.11.1	天上有 12 个姓氏	【壮族】

① 【鄂温克族】@［W6821.4.1.1］女子与一位长辈婚生 7 子分 7 姓；［W6839.4.3］7 个儿女繁衍 7 姓。

② 【鄂伦春族】@［W6821.5.1.1］人类毁灭后幸存者结婚再生 9 大姓；［W6828.3.1.3］9 对兄弟姐妹婚生 9 个姓氏。

W 编码	母题描述	关联项
W6848.11.2	瑶家 12 姓	【瑶族】@［W6825.5.2］盘瓠的儿女由外公赐瑶家十二姓
W6848.11.2.1	龙犬与公主婚生 12 子繁衍瑶家 12 姓	【瑶族】
W6848.11.2.2	盘古（盘瓠）繁衍瑶族 12 姓	【瑶族】
W6848.11.3	6 对男女婚生 12 姓	
W6848.11.3.1	龙犬与公主婚生的 6 男 6 女成为瑶族 12 姓	【瑶族】
W6848.11.3.2	洪水后，兄妹婚生 6 男 6 女成为瑶族 12 姓	【瑶族】
W6848.11.4	皇帝赐 12 个姓氏（王赐姓 12 姓）	
W6848.11.4.1	皇帝为龙犬与公主婚生的 6 男 6 女赐盘、沈、包、黄、雷、李、邓、周，唐、冯、赵、胡等 12 姓	【瑶族（勉）】@［W6825.6.4.2］评王和王后赐盘瓠儿女为盘、沈、包、黄、李、邓、周、赵、胡、雷、冯、唐等瑶家 12 姓
W6848.11.4.2	评王赐瑶家 12 姓	【瑶族】
W6848.11.4.2.1	评王赐盘瓠儿女盘、沈、包、黄、李、邓、周、赵、胡、雷、冯、唐为瑶家 12 姓	【瑶族】
W6848.12	产生其他数量的姓氏	
W6848.12.1	18 个姓氏	
W6848.12.1.1	洪水后，兄妹结婚繁衍土家族 18 个大姓	【土家族】
W6848.12.1a	20 个姓氏	
W6848.12.1a.1	兄妹婚生的圆肉球砍碎后变成 20 姓	【苗族】
W6848.12.1b	36 个姓氏	
W6848.12.2	72 个姓氏	

W 编码	母题描述	关联项
W6848.12.2.1	布洛陀给人安了 72 个姓氏	【壮族】
W6848.12.2a	77 个姓氏	
W6848.12.2a.1	神仙踏婆生百人，神仙模米生千人后男女婚生 77 种姓	【哈尼族】
W6848.12.2b	80 个姓氏	
W6848.12.2b.1	三皇到尧舜有 80 多个氏	【汉族】
W6848.12.3	99 个姓氏	【侗族】
W6848.12.3.1	99 个寨子 99 个姓	【布依族】@［W6839.5.3.1］伏羲兄妹把生的怪胎砍成 99 块变成了 99 个寨子，99 个寨子成了 99 个姓
W6848.12.3.2	特定物上规定了 99 个姓氏	【壮族】@［W6823.0.2.1］老公公的竹片上写有 99 姓
W6848.12.4	120 个姓氏	
W6848.12.4.1	甫梭和冗妮兄妹把婚生的肉瘩瘩砍成 120 块形成 120 个姓	【土家族】
W6848.12.4.1a	伏羲兄妹生的怪胎砍成 120 块形成 120 个姓	【土家族】
W6848.12.4.1a.1	伏羲女娲婚生 120 子，各认一姓	【汉族】
W6848.12.4.2	百家姓与外来的 20 姓合成 120 姓	【土家族】
W6848.12.4.3	人与仙女生的子女最后成 120 姓	【彝族】
W6848.12.4.4	伏羲兄妹婚生 120 子，各认一姓成 120 姓	【中华民族】
W6848.12.4.5	洪水后王姜兄妹婚生 120 姓	【布依族】
W6848.12.5	148 个姓氏	
W6848.12.5.1	姐弟婚把生的怪胎切成 148 块，变成 148 姓	【苗族】
W6848.12.6	300 个姓氏	
W6848.12.6.1	老君给伏羲的子女安 300 个姓氏	【壮族】
W6848.12.7	360 个姓氏	【壮族】

W 编码	母题描述	关联项
W6848.12.7.1	伏羲兄妹婚生的怪胎劈开后产生360姓	【瑶族】
W6848.12.7.2	伏羲（福兮）女娲兄妹婚生肉团，砍后生360姓	【壮族】
W6848.12.7.3	盘古开天地后天下形成360姓	【瑶族】
W6848.12.7.4	马公开山岳，马婆开江河后天下形成360姓	【侗族】
W6848.12.8	408个姓氏	
W6848.12.8.1	郎种郎意兄妹婚后造408姓	【壮族】
W6848.12.9	其他数量的姓氏	
W6848.12.9.1 *	中华民族的姓氏达11969个	【中华民族】
W6849	**与姓氏数量有关的其他母题**	
W6849.1	姓氏数量的变化	【傈僳族】@［W6844.2.8.2］兄妹婚生的9对子女互婚生的九九八十一个孩子，再加上各自父母形成百家姓

6.7.4 姓氏的特征（功能）与常见姓氏【W6850～W6854】

W 编码	母题描述	关联项
W6850	**姓氏的特征**	
W6850.1	姓氏具有神圣性	
W6850.2	姓氏不能改变	［W6856］姓氏的变化
W6850.3	姓氏可以改变	【景颇族】@［W6836.2.2.2］母姓可以改
W6850.3.1	拜父后改姓	

W 编码	母题描述	关联项
W6850. 3. 1. 1	小孩为免灾拜干爹后改为干爹的姓	【布依族】@［W6873. 3. 5. 2］小孩拜的干爹要以自己的姓为孩子重新取一个名字
W6850. 3. 2	因迁居改姓	［W6850. 7. 4］姓氏的迁徙
W6850. 3. 2. 1	迁居后改为居住地人口多的姓氏	【壮族】
W6850. 4	姓氏有美好寓意	［W6895］名称的特征（命名的特征；名称的意义；名称的含义；名称的功能）
W6850. 4. 1	有的姓氏寓意好品格	
W6850. 4. 1. 1	蒙古语“乞颜”意为“高崖上流下来的急流”，用“乞颜”做姓氏，以表意志坚强，英勇果敢	【蒙古族】
W6850. 5	姓氏有相应的规则	
W6850. 5. 1	每个姓氏都有自己的神	【傈僳族】
W6850. 5. 2	同姓则同德	【中华民族】
W6850. 5. 2. 1	人只能有一个姓	
W6850. 5. 2. 1. 1	男子只能有一个姓	【彝族】
W6850. 6	姓氏的差异（姓氏不同的来历）	［W6895. 5］名称具有差异性（名称具有变化性）
W6850. 6. 1	姓氏产生的不同背景导致姓氏不同	【民族，关联】①
W6850. 6. 2	姓氏不同的情形	
W6850. 6. 2. 1	兄弟姓氏不同	
W6850. 6. 2. 1. 1	兄弟被赐不同的姓	【鄂温克族】
W6850. 6. 2. 1. 2	兄弟命名不同的姓氏	【鄂伦春族】
W6850. 7	姓氏的分布	
W6850. 7. 1	姓氏聚居的原因	
W6850. 7. 1. 1	同姓要聚居	［W6850. 5. 2］同姓则同德

① 【多民族】［W6821. 0. 3. 1. 3］姐弟结婚生的怪胎变成人时形成不同姓氏；［W6822. 6. 2］兄弟分家形成不同姓氏；［W6823. 4. 1］不同姓氏源于不同洞穴；［W6828. 1. 2］生育的怪胎变人时划分不同姓氏；［W6828. 1. 4］尸体化生人时划分不同姓氏。

W 编码	母题描述	关联项
W6850.7.1.1.1	人类祖先规定同姓聚居	【布依族】
W6850.7.2	特定地方为单一姓氏	
W6850.7.3	多姓氏杂居	［W6182］人神杂居（人与神共处，人鬼杂居；以前人神杂居）
W6850.7.4	姓氏的迁徙	［W6189］人的居所的变化（住所的改变；迁居；迁徙）
W6850.7.4.1	战争引发姓氏迁徙	【中华民族】
W6850.7.5	为什么有的姓人多	
W6850.7.5.1	高祖公从张王李刘孙开始点化使这五个姓人口最多	【汉族】
W6850.8	特定姓氏有特定关系（姓氏的关联）	
W6850.8.1	姒与风本是一姓，禹与伏羲原是一家人	【中华民族】
W6850.9	与姓氏的特征有关的其他母题	
W6850.9.1	男女均有姓氏	
W6850.9.1.1	高辛帝赐六男六女 12 个姓	【瑶族】
W6850.9.2	每个姓氏有其特定的规则	
W6850.9.2.1 *	每个种姓各有大神，以为其民族先祖	【中华民族】
W6850.9.2.1.1	各姓氏供奉的神偶不同	【满族】
W6850.9.2.2	不同的姓氏有不同的神歌	【鄂伦春族】
W6850.9.3	姓氏的贵贱	［W6882.5］名字的贵贱
W6850.9.3.1	高贵的姓氏	
W6850.9.3.1.1	三公之姓	【汉族】
W6850.9.4	姓氏的异同	
W6850.9.4.1	姓氏相同	［W6850.5.2］同姓则同德
W6850.9.4.1.1	姓氏相同的情形	［W6851.1.2］同源同姓
W6850.9.4.1.1.1	同居住地姓氏相同	【布依族】@［W6850.7.1.1］同姓要聚居

W 编码	母题描述	关联项
W6850.9.4.1.1.2 *	五帝三王皆同姓	【中华民族】
W6850.9.4.1.1.2.1 *	黄帝到舜、禹，都是同姓	【中华民族】
W6850.9.4.2	姓氏相异	［W6850.6］姓氏的差异（姓氏不同的来历）
W6850.9.4.2.1	同父而姓异	
W6850.9.4.2.1.1 *	黄帝子孙同父而各姓其姓	【中华民族】
W6850.9.5	姓氏谱牒	
W6850.9.5.1 *	炎帝和黄帝奠定了中国历史上谱牒姓氏的主要来源	【中华民族】
W6851	**姓氏的功能**	［W6822］姓氏产生的原因（定姓氏的目的）
W6851.1	姓氏的身份功能	［W6851.4.1］姓氏以明血缘、别婚姻
W6851.1.1	姓氏标志身份	［W6853.90.5.2 *］除姬姓是黄帝轩辕氏本族外，其余皆为外族
W6851.1.1.1 *	姓氏是家族或特定族群的一种标志或符号	【多民族】
W6851.1.1.2 *	姓氏区分氏族及其分支的特殊标志	【中华民族】
W6851.1.1.3 *	姓是身份标志	【中华民族】
W6851.1.2	同源同姓	【关联】①
W6851.1.3	同姓实即同图腾	【中华民族】
W6851.1.4	姓氏决定地位	
W6851.1.4.1	黄帝生二十五子，其中 14 个得姓者即为诸侯	【中华民族】
W6851.1.4.1a	黄帝二十五子中与黄帝族有血缘关系的有 14 个，黄帝共加封了 14 个部族，赐姓 12 个	【中华民族】
W6851.1.5	氏可能区别贵贱	

① ［W6850.5.2］同姓则同德；［W6850.7.1.1］同姓要聚居；［W6855.4.1.1］一个族体共同的姓氏。

W 编码	母题描述	关联项
W6851.1.5.1＊	氏所以别贵贱，贵者有氏，贱者有名无氏	【中华民族】
W6851.2	姓氏的记忆功能（姓氏的辨识作用）	
W6851.2.1	造人者命名姓氏是为了好记安排姓氏	【满族】
W6851.2.1.1	姐弟造人后为了好记	
W6851.3	男女各有姓	【瑶族】
W6851.3.1	公主婚生 3 男 1 女，分成 4 姓	【畲族】
W6851.4	姓氏有婚姻鉴别功能	
W6851.4.1	姓氏以明血缘、别婚姻	【中华民族】
W6851.4.1.1＊	“同姓不婚”是姓氏的最基本功能	【中华民族】
W6851.4.2	氏同姓不同者可通婚，姓同氏不同者不可通婚姻	【中华民族】
W6851.5	姓氏的标志功能	
W6851.5.1＊	神话时代的“姓”与“氏”是一种血缘与地缘的标志	【中华民族】
W6852	**姓氏同源**	［W6851.1.2］同源同姓
W6852.1	多姓氏同源	【畲族】
W6852.1.1	2 个姓氏同源	
W6852.1.2	3 个姓氏同源	【满族】
W6852.1.3	4 个姓氏同源	
W6852.1.4	5 个姓氏同源	【鄂伦春族】
W6852.1.5	6 个姓氏同源	
W6852.1.6	7 个姓氏同源	【鄂温克族】
W6852.1.7	8 个姓氏同源	
W6852.1.8	9 个姓氏同源	【鄂伦春族】
W6852.1.9	更多姓氏同源	

W 编码	母题描述	关联项
W6852.2	同寨同姓	【民族，关联】①
W6853	**常见姓氏（特定姓氏的产生；具体姓氏的来历；常见姓氏起源）②**	
W6853.1	艾姓的产生（姓艾的来历）	
W6853.2	安姓的产生（姓安的来历）	
W6853.3	白姓的产生（姓白的来历）	
W6853.3.1	居住在柏树下的人命名姓白	【苗族】@［W6853.119.1］居住在梨树下的人命名姓黎
W6853.3.2	因居住白杨树下姓白	
W6853.3.2.1	婚生的怪胎变成人后白杨树底下的那家人姓白	【羌族】
W6853.4	百里姓的产生（姓百里的来历）	
W6853.5	班姓的产生（姓班的来历）	
W6853.6	包姓的产生（姓包的来历）	
W6853.6.1	帝王赐包姓	【瑶族（勉）】@［W6848.11.4.1］皇帝为龙犬与公主婚生的6男6女赐盘、沈、包、黄、雷、李、邓、周，唐、冯、赵、胡等12姓
W6853.6.1.1	评王和王后为盘瓠儿女赐姓有“包”姓	【瑶族】@［W6825.6.4.2］评王和王后赐盘瓠儿女为盘、沈、包、黄、李、邓、周、赵、胡、雷、冯、唐等瑶家12姓
W6853.6.1.2	评王赐的12个瑶姓中有包姓	【瑶族】
W6853.7	鲍姓的产生（姓鲍的来历）	

① 【布依族】@［W6850.5.2］同姓则同德；［W6850.7.1.1］同姓要聚居；［W6851.1.2］同源同姓。

② 特定姓氏的产生，之所以把一些“姓氏的来源”列入神话母题，是因为许多关于姓氏来源的传说中常常会为了强调特定姓氏的神圣来历，而带有神话色彩，有些姓氏源于古老的图腾，与神话具有密切的关系。这里只选择一些常见的姓氏，按姓氏的音序排列。

W 编码	母题描述	关联项
W6853.7.1	鲍姓是特定人物的后裔	
W6853.7.1.1	鲍姓是大禹后裔	【汉族】
W6853.7a	巴姓的产生（姓巴的来历；巴氏的产生）	
W6853.7a.1	巴姓源于特定洞穴	
W6853.7a.1.1	巴氏源于赤穴	【土家族】@［W6848.5.2.1］巴郡南郡蛮有巴氏、樊氏等五姓，巴氏出赤穴，其他四姓生黑穴
W6853.8	毕姓的产生（姓毕的来历）	
W6853.9	卞姓的产生（姓卞的来历）	
W6853.10	薄姓的产生（姓薄的来历）	
W6853.10a	卜姓的产生（姓卜的来历）	
W6853.10a.1	卜是以技艺为氏	【中华民族】@［W6829.3.1.5.1］巫、卜、陶、匠、屠等是以技艺为氏
W6853.11	蔡姓的产生（姓蔡的来历）	
W6853.11.1 *	蔡姓源于黄帝姬姓	［W6853.90.1］姬姓源于黄帝
W6853.11.1.1 *	蔡姓源于黄帝的姬姓周族或部分源自周族	【中华民族】
W6853.12	苍姓的产生（姓苍的来历）	
W6853.13	曹姓的产生（姓曹的来历）	
W6853.13.1	特定物变成曹姓	
W6853.13.1.1	木人变成曹姓	【阿昌族】
W6853.13.2 *	曹姓是以国名为姓	【中华民族】@［W6839.1.2.4 *］齐、鲁、晋、宋、郑、吴、越、秦、楚、卫、韩、赵、魏、燕、陈、蔡、曹、胡、许等都是以国名为氏
W6853.13.3	曹姓祖陆融	【中华民族】

W 编码	母题描述	关联项
W6853.13.4	吴回之子繁衍曹姓	【中华民族】
W6853.14	柴姓的产生（姓柴的来历）	
W6853.14.1	根据与柴有关的事情命名柴姓	
W6853.14.1.1	女娲让生的子女中砍柴的孩子姓柴	【汉族】@［W6855.1.4.2.3］女娲让生的子女中捉虾的姓虾，赶牛的姓牛，赶猪的姓猪，放羊的姓羊，刷锅的姓锅
W6853.14a	单于姓的产生（姓单于的来历）	
W6853.15	常姓的产生（姓常的来历）	
W6853.15.1 *	常姓源于黄帝姬姓	［W6853.90.1］姬姓源于黄帝
W6853.15.1.1 *	常姓源于黄帝的姬姓周族或部分源自周族	【中华民族】
W6853.15a	昌姓的产生（昌氏的来历）	
W6853.15a.1	根据父辈命名昌氏	
W6853.15a.1.1	昌氏，黄帝子昌意之后	【汉族】
W6853.16	晁姓的产生（姓晁的来历）	
W6853.17	车姓的产生（姓车的来历）	
W6853.17.1	车姓为舜的后代	【中华民族】
W6853.18	陈姓的产生（姓陈的来历）	
W6853.18.1	造人时产生陈姓	
W6853.18.1.1	娘娘造人时形成陈姓	【汉族】@［W6843.2.3］娘娘造人时形成百家姓
W6853.18.1.1.1	娘娘造100对男女，他们配成100对，每配一对就给个姓，其中有陈姓	【汉族】
W6853.18.2	特定的婚姻产生陈姓	
W6853.18.3	特定人物命名陈姓	
W6853.18.3.1	仙婆封陈姓	

W 编码	母题描述	关联项
W6853.18.3.1.1	接生的仙婆给兄妹婚生的 100 个孩子封姓，包括陈姓	【汉族】@［W6853.237.5.1.1］接生的仙婆给兄妹婚生的 100 个孩子封姓，包括王姓
W6853.18.4	舜后裔有陈姓	【中华民族】
W6853.18.4.1 *	陈姓源自舜后裔中的妫姓	【中华民族】@［W6853.67b.1 *］妫姓为帝舜后裔之姓
W6853.19	程姓的产生（姓程的来历）	
W6853.19.1 *	程姓源于黄帝姬姓	［W6853.90.1］姬姓源于黄帝
W6853.19.1.1 *	程姓源于黄帝的姬姓周族或部分源自周族	【中华民族】
W6853.19a	成姓的产生（姓成的来历）	
W6853.20	初姓的产生（姓初的来历）	
W6853.20a	楚姓的产生（姓楚的来历）	
W6853.20a.1 *	楚姓是以国名为姓	【中华民族】@［W6839.1.2.4 *］齐、鲁、晋、宋、郑、吴、越、秦、楚、卫、韩、赵、魏、燕、陈、蔡、曹、胡、许等都是以国名为氏
W6853.20b	储姓的产生（姓的来历）	
W6853.21	池姓的产生（姓池的来历）	
W6853.21.1	根据居住地形成池姓	
W6853.21.1.1	居住城池者命名池姓	【民族，关联】①
W6853.22	迟姓的产生（姓迟的来历）	
W6853.22a	刀姓的产生（姓刀的来历）	
W6853.22a.1	以看见刀子命名刀姓	

① 【汉族】@［W6837.1.1.2］城氏，氏于居者，城、郭、园、池，皆姓；［W6853.30.1.1］居住城郭者命名郭姓。

W 编码	母题描述	关联项
W6853.22a.1.1	遮帕麻和遮咪麻让第一眼看到看到刀子的孩子姓刀	【阿昌族】@［W6833.3.1.1］遮帕麻和遮咪麻用孩子们第一眼看到东西为他们取姓定名
W6853.22b	达姓的产生	
W6853.22b.1	达摆卡木的后代以“达”为姓	【佤族】@［W6822.7.2］为纪念祖先命名姓氏
W6853.23	戴姓的产生（姓戴的来历）	
W6853.23.1 *	从子姓中分化出戴姓	【中华民族】@［W6853.326］子姓的产生（姓子的来历）
W6853.23.2 *	戴姓源于黄帝姬姓	［W6853.90.1］姬姓源于黄帝
W6853.23.2.1 *	戴姓源于黄帝的姬姓周族或部分源自周族	【中华民族】
W6853.24	党姓的产生（姓党的来历）	
W6853.25	邓姓的产生（姓邓的来历）	
W6853.25.1	变人时形成邓姓	
W6853.25.1.1	葫芦变人时撒在凳子的姓邓	【瑶族】@［W6837.1.3.1.3.1］剁碎姑侄婚生的葫芦到处乱撒变成人时，撒在火塘的叫唐，撒在凳子的叫邓，撒在盆里的叫盘，撒在箩筐的叫罗，撒在房门的叫房
W6853.25.2	因与邓姓男子婚姻繁衍邓姓	【苗族】@［W6836.2.3.1.1］5 个仙女分别嫁给邓、蒋、李、赵、黄等 5 姓男子就成了现在的这 5 个姓氏
W6853.25.3	根据为孩子分配的居处命名姓邓	

W 编码	母题描述	关联项
W6853.25.3.1	撒在凳子上的孩子叫“邓”，后来把“邓”改为姓	【瑶族】@［W6837.1.4.1.1］女子给自己撒在不同地方的孩子起了名字：撒在火塘的叫唐，撒在凳子的叫邓，撒在盆里的叫盘，撒在箩筐的叫罗，撒在房门的叫房，后来把名改为姓氏
W6853.25.4	帝王赐邓姓	
W6853.25.4.1	评王和王后为盘瓠儿女赐姓有“邓”姓	【瑶族】@［W6825.6.4.2］评王和王后赐盘瓠儿女为盘、沈、包、黄、李、邓、周、赵、胡、雷、冯、唐等瑶家12姓
W6853.25.4.2	评王赐的12个瑶姓中有邓姓	【瑶族】
W6853.25.5	邓姓出自姒姓	【中华民族】@［W6853.217a］姒姓的产生（姓姒的来历）
W6853.25.6 *	从子姓中分化出邓姓	【中华民族】@［W6853.326］子姓的产生（姓子的来历）
W6853.26	狄姓的产生（姓狄的来历）	
W6853.27	刁姓的产生（姓刁的来历）	
W6853.28	丁姓的产生（姓丁的来历）	
W6853.28.1 *	丁姓来自炎帝姜姓	【中华民族】
W6853.29	东方姓的产生（姓东方的来历）	
W6853.30	东郭姓的产生（姓东郭的来历）	
W6853.30.1	根据居住地形成郭姓	
W6853.30.1.1	居住城郭者命名郭姓	【汉族】@［W6837.1.1.2］城氏，氏于居者，城、郭、园、池，皆姓
W6853.31	董姓的产生（姓董的来历）	

W 编码	母题描述	关联项
W6853.31.1	变化产生人时出现董姓	
W6853.31.1.1	姐弟婚生的怪胎变成人后，弟弟命名的姓氏中有董姓	【汉族】@［W6825.2.1.1］姐弟婚生的怪胎变成人后，弟弟分别以张、王、董等命姓
W6853.31.2	羲皇封董姓	
W6853.31.2.1	羲皇封姓时听到“咕咚”一声，遂封谷和董两姓	【汉族】
W6853.31.3	董姓是黄帝后裔	
W6853.31.3.1	董姓始祖董父是黄帝裔孙	【中华民族】
W6853.31.4	董姓发源地为今河南临颍	【中华民族】
W6853.31a	冬姓的产生（姓冬的来历）	
W6853.31a.1	根据声音命名冬姓	
W6853.31a.1.1	因听到“咚”的声音形成冬姓	【汉族】@［W6838.8.1］一个被推入坑中发出“扑冬”一声，父亲就让他姓“冬”
W6853.32	窦姓的产生（姓窦的来历）	
W6853.32a	豆姓的产生（姓豆的来历）	
W6853.32a.1	洪水后兄妹婚生豆姓	【高山族（赛夏人）】@［W6828.1.4.1］妹妹的尸体切成小块变成豆姓、日姓、风姓的祖先
W6853.33	杜姓的产生（姓杜的来历）	
W6853.33.1	杜姓是尧的后裔	【中华民族】
W6853.34	端木姓的产生（姓端木的来历）	
W6853.35	段姓的产生（姓段的来历）	
W6853.35.1	不同家族的男女婚繁衍段姓	【白族】@［W6855.5.1.9.1］沙壹生的10个兄弟和另一家的10姐妹婚生董、杨、赵、李、段、何、施、洪、严、尹十大姓
W6853.35.2	段姓是感龙而生的后代	【白族】

W 编码	母题描述	关联项
W6853.35.3＊	段姓源于黄帝姬姓	［W6853.90.1］姬姓源于黄帝
W6853.35.3.1＊	段姓源于黄帝的姬姓周族或部分源自周族	【中华民族】
W6853.36	符姓的产生（姓符的来历）	
W6853.36.1	天女根据行为命名符姓	
W6853.36.1.1	天女命名下大雨时头上戴树枝竹叶的人姓“符”	【黎族】@［W6833.2.1.1］天女按人头上戴的物名分姓，下大雨时头上戴树枝竹叶的就姓“符”、姓“林”
W6853.37	富姓的产生（姓富的来历）	
W6853.37.1	皇帝赐富姓	
W6853.37.1.1	评王和王后为盘瓠儿女赐姓，其中有“富”姓	【瑶族】
W6853.38	傅姓的产生（姓傅的来历；付姓的来历）	
W6853.38.1	傅姓为尧的后代	【中华民族】
W6853.39	丰姓的产生（姓丰的来历）	
W6853.40	房姓的产生（姓房的来历）	
W6853.40.1	变人时形成房姓	
W6853.40.1.1	葫芦变人时撒在房门的姓房	【瑶族】@［W6837.1.3.1.3.1］剁碎姑侄婚生的葫芦到处乱撒变成人时，撒在火塘的叫唐，撒在凳子的叫邓，撒在盆里的叫盘，撒在箩筐的叫罗，撒在房门的叫房
W6853.40.2	根据为孩子分配的居处命名房姓	
W6853.40.2.1	撒在房门的孩子叫“房”，后来把“房”改为姓	【瑶族】@［W6837.1.4.1］女子给自己撒在不同地方的孩子起了名字：撒在火塘的叫唐，撒在凳子的叫邓，撒在盆里的叫盘，撒在箩筐的叫罗，撒在房门的叫房，后来把名改为姓氏

W 编码	母题描述	关联项
W6853.41	范姓的产生（姓范的来历）	
W6853.41.1	范姓是尧、舜后裔	【中华民族】
W6853.42	方姓的产生（姓方的来历）	
W6853.42.1	方姓为炎帝神农氏后裔	
W6853.42.1.1	方姓为“方雷氏之后”	【中华民族】
W6853.42.1.1.1	方雷氏为炎帝神农氏八世孙帝榆罔之长子	【中华民族】
W6853.42.1.2＊	方姓来自炎帝姜姓	【中华民族】
W6853.42.2	方姓祖先因封方山得方姓	【中华民族】
W6853.42.3＊	方姓源于黄帝姬姓	［W6853.90.1］姬姓源于黄帝
W6853.42.3.1＊	方姓源于黄帝的姬姓周族或部分源自周族	【中华民族】
W6853.43	风姓的产生（姓风的来历）	【汉族】
W6853.43.1	特定人物命名风姓	
W6853.43.1.1	女娲为凤凰加姓“凤”	【汉族】
W6853.43a	风姓的产生（姓风的来历）	
W6853.43a.1	变化产生人时出现风姓	【高山族】@［W6828.1.4.1］妹妹的尸体切成小块变成豆姓、日姓、风姓的祖先
W6853.43a.2	特定人物繁衍风姓（特定物生风姓）	
W6853.43a.2.1	风姓祖太皞	【中华民族】
W6853.43a.2.2	洪水后幸存的兄妹繁衍风姓	【高山族（赛夏）】
W6853.43a.2.3	匏生风姓	【多民族】
W6853.43a.3	与风姓有关的其他母题	［W6821.7.4.1］“风”姓是华夏民族第一个姓氏
W6853.43a.3.1	伏羲姓风（太昊为风姓）	【民族，关联】①
W6853.43a.3.1.1	伏羲自称“风”姓	【中华民族】
W6853.43a.3.1.2＊	伏羲风姓源于其来自西方鸟图腾部落	【中华民族】

① 【汉族】【中华民族】@［W0683.1.1］伏羲风姓；［W6825.7.1.1＊］伏羲自定“风”姓；［W6850.8.1］姒与风本是一姓，禹与伏羲原是一家人。

W 编码	母题描述	关联项
W6853.43a.3.2＊	风姓的图腾是凤凰	【中华民族】
W6853.43a.3.3＊	风姓是华夏民族的第一个姓氏	【中华民族】
W6853.43a.3.3.1＊	中国第一古姓“风”是图腾崇拜的结果	【中华民族】
W6853.43a.3.4＊	伏羲“风”姓有解释为“凤”姓	【中华民族】
W6853.44	冯姓的产生（姓冯的来历）	
W6853.44.1	帝王赐冯姓	
W6853.44.1.1	评王和王后为盘瓠儿女赐姓有“冯”姓	【瑶族】@［W6825.6.4.2］评王和王后赐盘瓠儿女为盘、沈、包、黄、李、邓、周、赵、胡、雷、冯、唐等瑶家12姓
W6853.44.1.2	评王赐的12个瑶姓中有冯姓	【瑶族】
W6853.44.2＊	冯姓源于黄帝姬姓	［W6853.90.1］姬姓源于黄帝
W6853.44.2.1＊	冯姓源于黄帝的姬姓周族或部分源自周族	【中华民族】
W6853.44a	蜂姓的产生（姓蜂的来历）	
W6853.44a.1	根据所提的东西放置的地方命名出蜂姓	［W6831.1］以孩子出生时接触到的特定物命名姓氏
W6853.44a.1.1	首领定姓氏时，规定把自己提的肉放在“蜜蜂”上的就姓“蜂”	【佤族】@［W6835.4.1.1］首领定姓氏时，规定把自己提的肉挂“梨”树上的姓“李”，“葫芦”的姓“胡”，“蜜蜂”就姓“蜂”，“獐子”就姓“张”
W6853.45	费姓的产生（姓费的来历）	
W6853.46	伏姓的产生（姓伏的来历）	
W6853.47	樊姓的产生（姓樊的来历）	
W6853.47.1	樊姓源于特定洞穴	
W6853.47.1.1	樊氏源于黑穴	【土家族】@［W6848.5.2.1］巴郡南郡蛮有巴氏、樊氏等五姓，巴氏出赤穴，其他四姓生黑穴

W 编码	母题描述	关联项
W6853.48	盖姓的产生（姓盖的来历）	
W6853.49	甘姓的产生（姓甘的来历）	
W6853.49.1	根据人产生时的地点命名甘姓	
W6853.49.1.1	姐弟婚生的怪胎变成人时从柑果树上下来的就姓甘	【彝族】
W6853.49a	干姓的产生（姓干的来历）	
W6853.50	高姓的产生（姓高的来历）	
W6853.50.1	特定人物命名高姓	
W6853.50.1.1	伏羲正姓氏时，命名高姓	【中华民族】
W6853.51	葛姓的产生（姓葛的来历）	
W6853.52	耿姓的产生（姓耿的来历）	
W6853.53	公姓的产生（姓公的来历）	
W6853.54	公孙姓的产生（姓公孙的来历）	
W6853.54.1	特定的人物命名孙姓	
W6853.54.1.1	天女命名孙姓	【黎族】@［W6833.5.1］天女规定躲到他妈妈怀里的孩子姓“孙”
W6853.55	公羊姓的产生（姓公羊的来历）	
W6853.55.1	公羊姓源于姬姓	［W6853.90.1］姬姓源于黄帝
W6853.55.1.1	公羊出于姬姓，以祖上名字为氏	【汉族】
W6853.56	宫姓的产生（姓宫的来历）	
W6853.57	龚姓的产生（姓龚的来历）	
W6853.57.1 *	龚姓源于黄帝姬姓	［W6853.90.1］姬姓源于黄帝
W6853.57.1.1 *	龚姓源于黄帝的姬姓周族或部分源自周族	【中华民族】
W6853.58	巩姓的产生（姓巩的来历）	
W6853.59	苟姓的产生（姓苟的来历）	
W6853.59.1	根据人产生的地点的关联物形成苟姓	

W 编码	母题描述	关联项
W6853.59.1.1	洪水后兄妹婚生怪胎，切碎的怪胎带回家变成的人以苟（狗）为姓	【汉族】@［W6837.1.5.1］怪胎变成人时，把撒上山的以牛、马为姓，放进水的以余（鱼）、夏（虾）为姓，挂上树的以陶（桃）李为姓，带回家的，以朱（猪）、苟（狗）为姓
W6853.59a	狗封氏的产生（狗封氏的来历）	
W6853.59a.1	高辛氏有美女为狗封氏	【汉族】
W6853.60	贡姓的产生（姓贡的来历）	
W6853.61	古姓的产生（姓古的来历）	
W6853.61a	鼓姓的产生（姓鼓的来历）	
W6853.61a.1	特定的婚姻产生鼓姓	
W6853.61a.1.1	犬与公主婚后生5子皇帝赐5姓，其中有蓝姓	【畲族】@［W6848.5.3.1］犬与公主婚后生5子，皇帝赐雷、蓝、钟、鼓、盘5姓
W6853.62	谷姓的产生（姓谷的来历）	
W6853.62.1	根据人产生时接触的东西命名谷姓	
W6853.62.1.1	兄妹婚生的怪胎变成人时溅到谷子上面的就定为姓谷	【傈僳族】@［W6831.1］以孩子出生时接触到的特定物命名姓氏
W6853.62.2	羲皇封谷姓	【汉族】
W6853.63	顾姓的产生（姓顾的来历）	
W6853.63.1	顾姓出自姒姓	【中华民族】@［W6853.217a］姒姓的产生（姓姒的来历）
W6853.64	关姓的产生（姓关的来历）	
W6853.64.1	关姓是“古兰”的和音	【鄂伦春族】@［W6838.1.3.1］老二打到一只狍子，父亲给他取名“古兰”（公狍子），老二就姓“关”

W 编码	母题描述	关联项
W6853.65	管姓的产生（姓管的来历）	
W6853.66	郭姓的产生（姓郭的来历）	
W6853.66.1 *	郭姓源于黄帝姬姓	［W6853.90.1］姬姓源于黄帝
W6853.66.1.1 *	郭姓源于黄帝的姬姓周族或部分源自周族	【中华民族】
W6853.67	国姓的产生（姓国的来历）	
W6853.67a	过姓的产生（姓过的来历）	
W6853.67a.1 *	过姓源自任姓	【中华民族】@［W6853.192］任姓的产生（姓任的来历）
W6853.67b	妫姓的产生（姓妫的来历）	
W6853.67b.1 *	妫姓为帝舜后裔之姓	【中华民族】
W6853.68	黄姓的产生（姓黄的来历）	
W6853.68.1	造人时产生黄姓	
W6853.68.1.1	兄妹造人时放黄荆树下的人，就姓黄	【民族，关联】①
W6853.68.2	特定的婚姻产生黄姓	
W6853.68.2.1	因与黄姓男子婚姻繁衍黄姓	【苗族】@［W6836.2.3.1.1］5 个仙女分别嫁给邓、蒋、李、赵、黄等 5 姓男子就成了现在的这 5 个姓氏
W6853.68.3	帝王赐黄姓	
W6853.68.3.1	评王和王后为盘瓠儿女赐姓有“黄”姓	【瑶族】@［W6825.6.4.2］评王和王后赐盘瓠儿女为盘、沈、包、黄、李、邓、周、赵、胡、雷、冯、唐等瑶家 12 姓
W6853.68.3.2	评王赐的 12 个瑶姓中有黄姓	【瑶族】
W6853.68.4	根据孩子吃的东西命名黄姓	

① 【汉族】@［W6843.3.1］兄妹造人后产生百家姓；［W6853.142.1.1］兄妹造人时放在马桑树下的人就姓马。

W 编码	母题描述	关联项
W6853.68.4.1	祖母规定谁家的娃娃偷吃了黄瓜这一家就姓黄	【汉族】@［W6853.139.3.1］祖母规定谁家的娃娃偷吃了萝卜这一家就姓罗
W6853.68.5	以国号黄命名黄氏	【汉族】
W6853.68.5.1	远古时，黄人从河南黄水西迁到山西汾水下游建立黄国，以国为姓	【汉族】
W6853.68.6	王姓改为黄姓	
W6853.68.6.1	上古时，黄、王同音，故有的王姓改为黄姓	【汉族】
W6853.68.7	黄氏起源于金天氏之后	【汉族】
W6853.68.8	黄姓产生的其他方式	
W6853.68.8.1	少数民族姓氏分化出黄姓	
W6853.68.8.1.1	满族吴扎拉氏分衍出四支汉姓，其中有黄氏	【满族】
W6853.68.8.2	官名演化出黄姓	
W6853.68.8.2.1	黄龙师之后裔子孙有的以先祖官称为姓氏，称黄龙氏，后分为单姓黄氏、龙氏等	【汉族】@［W6853.130.5.5］伏羲九子黄龙氏
W6853.68.8.3	住在黄土山脚的人就姓黄	【苗族】
W6853.68.9	与黄姓有关的其他母题	
W6853.68.9.1	黄氏的世系	
W6853.68.9.1.1	黄氏第一世为昌意（黄帝之子）	【汉族】
W6853.69	胡姓的产生（姓胡的来历）	
W6853.69.1	罗神爷爷和罗神娘娘婚生葡萄，扔在湖边变成的人就姓胡	【土家族】@［W6844.1.2.1］罗神爷爷和罗神娘娘婚生的怪胎变成人形成百家姓
W6853.69.2	帝王赐胡姓	【瑶族（勉）】@［W6848.11.4.1］皇帝为龙犬与公主婚生的6男6女赐盘、沈、包、黄、雷、李、邓、周，唐、冯、赵、胡等12姓

W 编码	母题描述	关联项
W6853.69.2.1	评王和王后为盘瓠儿女赐姓有“胡”姓	【瑶族】@［W6825.6.4.2］评王和王后赐盘瓠儿女为盘、沈、包、黄、李、邓、周、赵、胡、雷、冯、唐等瑶家12姓
W6853.69.2.2	评王赐的12个瑶姓中有胡姓	【瑶族】
W6853.69.3	音变产生胡姓	
W6853.69.3.1	名字叫“虎”的汉族演变成“胡”姓	【土家族】@［W6838.1.1.1］姑娘与虎生的孩子叫“虎”后来演变成姓“胡”
W6853.69.4	根据所提的东西放置的地方命名出胡姓	［W6831.1］以孩子出生时接触到的特定物命名姓氏
W6853.69.4.1	首领定姓氏时，规定把自己提的肉放在“葫芦”上的姓“胡”	【佤族】@［W6835.4.1.1］首领定姓氏时，规定把自己提的肉挂“梨”树上的姓“李”，“葫芦”的姓“胡”，“蜜蜂”就姓“蜂”，“獐子”就姓“张”
W6853.69.5	胡姓为舜的后裔	【中华民族】
W6853.69.5.1＊	胡姓源自舜后裔中的妫姓	【中华民族】@［W6853.67b.1＊］妫姓为帝舜后裔之姓
W6853.69.6	胡姓源于黄帝姬姓	［W6853.90.1］姬姓源于黄帝
W6853.69.6.1＊	胡姓源于黄帝的姬姓周族或部分源自周族	【中华民族】
W6853.69a	虎姓的产生（姓虎的来历）	
W6853.69a.1	洪水后兄妹为婚生的孩子取虎姓	【哈尼族】@［W6294.3.1.1］洪水后兄妹生的孩子以虎为姓氏
W6853.69b	扈姓的产生（姓扈的来历）	
W6853.69b.1	扈姓与鳸鸟有关	【中华民族】

W 编码	母题描述	关联项
W6853.69c	户姓的产生（姓户的来历）	
W6853.69d	呼延姓的产生（姓呼延的来历）	
W6853.70	洪姓的产生（姓洪的来历）	
W6853.70.1	不同家族的男女婚繁衍洪姓	【白族】@［W6855.5.1.9.1］沙壹生的10个兄弟和另一家的10姐妹婚生董、杨、赵、李、段、何、施、洪、严、尹十大姓
W6853.70.2	洪姓是炎帝的后裔	
W6853.70.2.1	洪姓始祖共工是炎帝的后裔	【中华民族】
W6853.70.3 *	洪姓源于黄帝姬姓	［W6853.90.1］姬姓源于黄帝
W6853.70.3.1 *	洪姓源于黄帝的姬姓周族或部分源自周族	【中华民族】
W6853.70.4	洪姓始祖共工做过水官故在“共”旁加上“水”，成为“洪”姓	【中华民族】
W6853.71	后姓的产生（姓后的来历）	
W6853.72	侯姓的产生（姓侯的来历）	
W6853.72.1	根据送的物品名划分出侯姓	
W6853.72.1.1	女祖先姆洛甲让送谷米的姓侯（壮语“谷米”）	【壮族】@［W6835.3.1.1］姆洛甲根据人们送她的礼物分姓，送桃子的让姓陶，送柚子的姓朴（壮语“柚子”）、送谷米的姓侯（壮语“谷米”），送马的姓马
W6853.73	惠姓的产生（姓惠的来历）	
W6853.74	花姓的产生（姓花的来历）	【关联】①
W6853.74.1	特定人物生花姓	
W6853.74.1.1	仙女生的肉口袋剖开后生出花姓	【彝族】
W6853.74.2	人产生时与花有关产生花姓	

① ［W6847.2.1］百家花姓；［W6884.5.1］两兄妹女的叫花，男的叫姓。

W 编码	母题描述	关联项
W6853.74.2.1	人与仙女婚生的怪胎丢在花枝上落地变成的一家人就姓花	【彝族】
W6853.74.3	特定人物命名花姓	
W6853.74.3.1	伏羲正姓氏时，命名花姓	【中华民族】
W6853.75	郝姓的产生（姓郝的来历）	
W6853.75.1	婚生的怪胎变成人后核桃树底下的那家人姓郝	【羌族】@［W6853.3.2.1］婚生的怪胎变成人后白杨树底下的那家人姓白
W6853.75.2 *	郝是以乡、亭之名为氏	【中华民族】@［W6853.168.1 *］欧阳是以乡、亭之名为氏
W6853.75.3	郝姓的祖先郝省氏	
W6853.75.3.1	郝省氏是太昊之佐（助手）	【中华民族】
W6853.75.3.2 *	从子姓中分化出郝姓	【中华民族】@［W6853.326］子姓的产生（姓子的来历）
W6853.76	和姓的产生（姓和的来历）	
W6853.76.1	因谐音产生何姓	
W6853.76.1.1	生人时看到河的孩子以和为姓	【阿昌族】
W6853.76a	禾姓的产生（姓禾的来历）	
W6853.76a.1	因语义的关联产生禾姓	
W6853.76a.1.1	因“迟”的纳西话是“禾”，“禾”就成了姓氏	【纳西族】@［W6838.4.1］商议寻父时，老二趣若吕说：“我们想得太迟了”，“迟”纳西话是“禾”，“禾”就成了趣若吕这一支的姓氏
W6853.77	贺姓的产生（姓贺的来历）	
W6853.77.1 *	贺姓来自炎帝姜姓	【中华民族】
W6853.78	霍姓的产生（姓霍的来历）	
W6853.79	华姓的产生（姓华的来历）	

W 编码	母题描述	关联项
W6853.80	何姓的产生（姓何的来历）	
W6853.80.1	造人时产生何姓	
W6853.80.1.1	盘古与天女造人后产生何姓	【汉族】@［W6821.0.1.1.1］盘古和玉帝三女儿兄妹造人时分出桃、李、石、何等姓
W6853.80.2	特定的婚姻产生何姓	
W6853.80.2.1	洪水后，伏羲女娲兄妹婚生的怪胎形成的百家姓中包括何姓	【汉族】@［W6845.2.2.2.2］洪水后，伏羲女娲兄妹婚生的怪胎变成百家姓
W6853.80.2.2	罗神爷爷和罗神娘娘婚生葡萄，扔在河边变成的人就姓何	【土家族】@［W6844.1.2.1］罗神爷爷和罗神娘娘婚生的怪胎变成人形成百家姓
W6853.80.3	天神命名何姓	
W6853.80.3.1	兄妹生的怪胎变成人时，天神命名甩在水里的人何姓	【羌族】@［W6824.2.1.1.2］天神木比塔给兄妹婚生的孩子命出石、林、何等姓氏
W6853.80.4	女娲命名何姓	
W6853.80.4.1	女娲造人后让站在河边的姓何	【汉族】
W6853.80.5 *	何姓源于黄帝姬姓	［W6853.90.1］姬姓源于黄帝
W6853.80.5.1 *	何姓源于黄帝的姬姓周族或部分源自周族	【中华民族】
W6853.80a	河姓的产生（姓河的来历）	
W6853.80a.1	以名当姓形成河姓	
W6853.80a.1.1	盘古夫妻给造的人取名河，后来把河当姓	【汉族】@［W6839.5.1.1］盘古夫妻给造的人取桃、梨、石、河等名字，后来盘古夫妻把泥人的名字当姓
W6853.80a.1.2	因看管河命名河姓	【汉族】@［W6855.1.4.1.1］看杨树的，看桃树的，看石头的，看菜的，管河、管湖的，谁管什么就以什么为姓

W 编码	母题描述	关联项
W6853. 80a. 1. 3	怪胎化生人时撒在水中的姓河	【羌族】
W6853. 82	韩姓的产生（姓韩的来历）	
W6853. 82. 1 *	韩姓源于黄帝姬姓	［W6853. 90. 1］姬姓源于黄帝
W6853. 82. 1. 1 *	韩姓源于黄帝的姬姓周族或部分源自周族	【中华民族】
W6853. 83	皇甫姓的产生（姓皇甫的来历）	
W6853. 84	吉姓的产生（姓吉的来历）	
W6853. 85	景姓的产生（姓景的来历）	
W6853. 86	季姓的产生（姓季的来历）	
W6853. 86. 1 *	季姓源于黄帝姬姓	［W6853. 90. 1］姬姓源于黄帝
W6853. 86. 1. 1 *	季姓源于黄帝的姬姓周族或部分源自周族	【中华民族】
W6853. 87	嵇姓的产生（姓嵇的来历）	
W6853. 88	居姓的产生（姓居的来历）	
W6853. 89	焦姓的产生（姓焦的来历）	
W6853. 89. 1	帝王封焦姓	
W6853. 89. 1. 1	西周成王封神农嫡系后人为焦氏	【中华民族】
W6853. 90	姬姓的产生（姓姬的来历）	
W6853. 90. 1	姬姓源于黄帝	【中华民族】
W6853. 90. 1. 1	黄帝长于姬水因而姓姬	【汉族】
W6853. 90. 2	姬姓源于地名	
W6853. 90. 2. 1	姬姓是以居住在姬水附近而得姓	【中华民族】
W6853. 90. 2. 2	黄帝长于姬水故以姬为姓	【汉族】
W6853. 90. 2. 2a	黄帝以姬水成，故黄帝为姬	【中华民族】
W6853. 90. 2. 3 *	西北部姬水流域姬姓部落的首领随部落取姓姬	【中华民族】
W6853. 90. 3	姬姓源于姜姓	
W6853. 90. 3. 1	姬姓部落原是姜姓部落的一支	【中华民族】
W6853. 90. 3. 2	姬姓祖姜嫄	【中华民族】

W 编码	母题描述	关联项
W6853.90.4	姬姓产生的其他情形	
W6853.90.4.1	伏羲正姓氏时，命名姬姓	【中华民族】
W6853.90.5	与姬姓有关的其他母题	［W6853.55.1］公羊姓源于姬姓
W6853.90.5.1	姬姓的聚居地	
W6853.90.5.1.1	姬姓之族初居今山西闻喜	【中华民族】
W6853.90.5.1.2 *	姬姓起源神话是商与西周两代的氏族始祖神话	【中华民族】
W6853.90.5.1.3 *	黄帝支的姬姓建国偏于北方	【中华民族】
W6853.90.5.2 *	除姬姓是黄帝轩辕氏本族外，其余皆为外族	【中华民族】
W6853.90.5.3 *	黄帝十二姓，姬姓是核心	【中华民族】
W6853.91	计姓的产生（姓计的来历）	
W6853.91a	己姓的产生（姓己的来历）	
W6853.91a.1	己姓源于少皞	【中华民族】
W6853.91a.2	己姓是以国为姓	
W6853.91a.2.1	周代己姓有莒、苏、温、董诸国	【中华民族】
W6853.91a.3 *	己姓为姒姓之别	【中华民族】
W6853.91a.4	特定人物己姓	
W6853.91a.4.1	黄帝次妃彤鱼氏生夷鼓，己姓	【中华民族】
W6853.91b	姞姓的产生（姓姞的来历）	
W6853.91b.1	姞姓是以国为姓	
W6853.91b.1.1	周代姞姓有燕、巢、密须诸国	【中华民族】
W6853.91b.1.2	姞姓为黄帝之裔十二姓之一	【中华民族】
W6853.91b.3	黄帝封姞姓	
W6853.91b.3.1 *	黄帝加封黄帝族有血缘关系的部族姞姓	【中华民族】
W6853.92	家姓的产生（姓家的来历）	
W6853.93	蒋姓的产生（姓蒋的来历）	

W 编码	母题描述	关联项
W6853. 93. 1	因与蒋姓男子婚姻繁衍蒋姓	【苗族】@［W6836. 2. 3. 1. 1］5 个仙女分别嫁给邓、蒋、李、赵、黄等 5 姓男子就成了现在的这 5 个姓氏
W6853. 93. 2 *	蒋姓源于黄帝姬姓	［W6853. 90. 1］姬姓源于黄帝
W6853. 93. 2. 1 *	蒋姓源于黄帝的姬姓周族或部分源自周族	【中华民族】
W6853. 94	贾姓的产生（姓贾的来历）	
W6853. 94. 1 *	贾姓源于黄帝姬姓	［W6853. 90. 1］姬姓源于黄帝
W6853. 94. 1. 1 *	贾姓源于黄帝的姬姓周族或部分源自周族	【中华民族】
W6853. 95	纪姓的产生（姓纪的来历）	
W6853. 95a	蹇姓的产生（姓蹇的来历）	
W6853. 95a. 1 *	蹇氏是伏羲臣蹇修的后代	【中华民族】
W6853. 96	江姓的产生（姓江的来历）	
W6853. 96. 1	与江有关的人姓江	
W6853. 96. 1. 1	兄妹造人时，江里抱出来孩子的姓江	【汉族】
W6853. 96. 2	特定人物命名江姓	
W6853. 96. 2. 1	伏羲正姓氏时，命名江姓	【中华民族】
W6853. 97	姜姓的产生（姓姜的来历）	
W6853. 97. 1	根据居住地姓姜	
W6853. 97. 1. 1	神农居姜水以为姜姓	【汉族】@［W6855. 1. 6. 1］神农皇帝本姓姜，指水为姓氏
W6853. 97. 1. 1a	炎帝育于姜水，故姜为姓	【中华民族】
W6853. 97. 1. 2	羊水是姜姓部落发祥地	【中华民族】
W6853. 97. 1. 3 *	姜姓发源于太岳或四岳（山西霍山）	【中华民族】
W6853. 97. 2	姜姓是特定人物的后代	

W 编码	母题描述	关联项
W6853.97.2.1	姜姓为炎帝之后	【中华民族】
W6853.97.2.1.1	姜姓是炎帝的直系子孙	【中华民族】
W6853.97.2.2	姜姓为神农之后	【中华民族】
W6853.97.2.3	姜姓为太岳之后	【中华民族】@［W6853.97.5.3.1］姜姓部落奉“岳”为始祖神
W6853.97.2.3a	姜姓祖太岳	【中华民族】
W6853.97.2.4	姜姓为伯夷之后（姜为伯夷之后）	【中华民族】
W6853.97.3	赐姓为姜	
W6853.97.3.1	祚四岳国，命以侯伯，赐姓曰“姜”	【中华民族】
W6853.97.4	姜姓产生的其他情形	
W6853.97.4.1	姜姓源于羊崇拜	【汉族】@［W6837.6a.1 *］姜、羌之姓与羊崇拜有关
W6853.97.4.2 *	神农姓姜源于种姜	【中华民族】
W6853.97.4.3	伏羲正姓氏时，命名姜姓	【中华民族】
W6853.97.5	与姜姓有关的其他母题	
W6853.97.5.1	姜姓的分支（姜姓的支系）	
W6853.97.5.1.1	明姜是由昏羌演变来	【汉族】
W6853.97.5.1.2	姜姓一支随大禹治水	【汉族】
W6853.97.5.1.3	蚩尤为姜姓部落一支	【中华民族】
W6853.97.5.1.4	马羌是姜姓的一支	【中华民族】
W6853.97.5.2	姜姓的图腾崇拜	
W6853.97.5.2.1	姜姓以羊为图腾	【中华民族】
W6853.97.5.3	姜姓的祖神	
W6853.97.5.3.1	姜姓部落奉“岳”为始祖神	【中华民族】
W6853.97.5.4	特定人物为姜姓	
W6853.97.5.4.1	太公望吕尚姓姜	【中华民族】
W6853.97.5.5	姜姓的生活地域	

W 编码	母题描述	关联项
W6853.97.5.5.1	姜姓至尧舜时生活于太岳山一带	【汉族】
W6853.97.5.6	姜姓文化	
W6853.97.5.6.1 *	姜姓从女，羊声，与古老的母系社会遗存有关	【中华民族】
W6853.98	靳姓的产生（姓靳的来历）	
W6853.99	井姓的产生（姓井的来历）	
W6853.100	敬姓的产生（姓敬的来历）	
W6853.101	简姓的产生（姓简的来历）	
W6853.102	鞠姓的产生（姓鞠的来历）	
W6853.103	蓟姓的产生（姓蓟的来历）	
W6853.104	荆姓的产生（姓荆的来历）	
W6853.105	冀姓的产生（姓冀的来历）	
W6853.106	金姓的产生（姓金的来历）	
W6853.106.1	根据人产生的来源形成金姓	
W6853.106.1.1	人的产生与金有关命名姓金	【朝鲜族】@［W6828.1.3.2］金卵化生的男孩以金为姓
W6853.106.1.1.1	从金柜中生出男孩取姓为金	【朝鲜族】
W6853.106.1.2 *	金姓一支出自匈奴族	【中华民族】
W6853.106a	晋姓的产生（姓晋的来历）	
W6853.106a.1 *	晋姓是以国名为姓	【中华民族】@［W6839.1.2.4 *］齐、鲁、晋、宋、郑、吴、越、秦、楚、卫、韩、赵、魏、燕、陈、蔡、曹、胡、许等都是以国名为氏
W6853.107	康姓的产生（姓康的来历）	
W6853.107.1 *	康姓源于黄帝姬姓	［W6853.90.1］姬姓源于黄帝
W6853.107.1.1 *	康姓源于黄帝的姬姓周族或部分源自周族	【中华民族】
W6853.108	匡姓的产生（姓匡的来历）	

W 编码	母题描述	关联项
W6853.109	寇姓的产生（姓寇的来历）	
W6853.110	夔姓的产生（姓夔的来历）	
W6853.111	阚姓的产生（姓阚的来历）	
W6853.112	孔姓的产生（姓孔的来历）	
W6853.112.1 *	从子姓中分化出孔姓	【中华民族】@［W6853.326］子姓的产生（姓子的来历）
W6853.112a	空桐姓的产生（空桐氏的来历）	
W6853.112a.1	空桐氏源于子姓	
W6853.112a.1.1	子姓后代分封以国为姓，有空桐氏	【中华民族】
W6853.113	赖姓的产生（姓赖的来历）	
W6853.113.1 *	赖姓来自炎帝姜姓	【中华民族】
W6853.113.2 *	赖姓源于黄帝姬姓	［W6853.90.1］姬姓源于黄帝
W6853.113.2.1 *	赖姓源于黄帝的姬姓周族或部分源自周族	【中华民族】
W6853.113a	来姓的产生（姓来的来历）	
W6853.113a.1	因地名产生来姓	
W6853.113a.1.1	居住在西“来集”的人就以“来”字为姓	【汉族】
W6853.113a.2	来氏源于子姓	
W6853.113a.2.1	子姓后代分封以国为姓，有来氏	【中华民族】
W6853.114	蓝姓的产生（篮姓的产生；姓蓝的来历；姓篮的来历）	
W6853.114.1	因为孩子讨姓时用篮子装命名蓝姓	【畲族】
W6853.114.2	装在篮子里的孩子命名篮	
W6853.114.2.1	龙王让装在篮子里的孩子姓篮	【畲族】
W6853.114.3	因为孩子讨姓时一片蓝天命名蓝姓	【畲族】@［W6834.3.1］外祖父见外孙时一片蓝天就赐姓蓝

W 编码	母题描述	关联项
W6853.114.4	帝王赐蓝姓	
W6853.114.4.1	高辛帝为外孙赐姓其中有蓝姓	【民族，关联】①
W6853.114.5	特定的婚姻产生蓝姓	
W6853.114.5.1	凤凰蛋生的阿郎与东海龙女生 3 子分 3 姓其中有蓝姓	【畲族】@［W6848.3.3.1］人与龙女婚生蓝、雷、钟 3 姓
W6853.114.5.2	犬与公主婚后生 5 子皇帝赐 5 姓，其中有蓝姓	【畲族】@［W6848.5.3.1］犬与公主婚后生 5 子，皇帝赐雷、蓝、钟、鼓、盘 5 姓
W6853.114a	兰姓的产生（姓兰的来历）	
W6853.114a.1	根据人产生时接触的东西命名兰姓	
W6853.114a.1.1	兄妹婚生的怪胎变成人时溅在兰草上的定为姓兰	【傈僳族】@［W6831.1］以孩子出生时接触到的特定物命名姓氏
W6853.114a.2 *	兰姓源于黄帝姬姓	［W6853.90.1］姬姓源于黄帝
W6853.114a.2.1 *	兰姓源于黄帝的姬姓周族或部分源自周族	【中华民族】
W6853.115	郎姓的产生（姓郎的来历）	
W6853.115.1	因同音产生郎姓	［W6853.68.6.1］上古时，黄、王同音，故有的王姓改为黄姓
W6853.115.1.1	满族钮祜禄氏的满语意为“狼”，故以“郎”字为姓（哈喇）	【满族】
W6853.116	劳姓的产生（姓劳的来历）	
W6853.117	雷姓的产生（姓雷的来历）	
W6853.117.1	为孩子讨姓遇打雷遂取姓“雷”	【畲族】@［W6834.1.1］降生时打雷，就以雷为姓
W6853.117.2	帝王赐雷姓	

① 【畲族】@［W6825.5.1］高辛帝给外孙们赐姓；［W6825.6.4.1］高辛皇帝命名姓氏；［W6853.169a.3.2］高辛帝为外孙赐姓其中有盘姓。

W 编码	母题描述	关联项
W6853.117.2.1	评王和王后为盘瓠儿女赐姓有“雷”姓	【瑶族】@［W6825.6.4.2］评王和王后赐盘瓠儿女为盘、沈、包、黄、李、邓、周、赵、胡、雷、冯、唐等瑶家12姓
W6853.117.2.1a	评王赐的12个瑶姓中有雷姓	【瑶族】
W6853.117.2.2	高辛帝为外孙赐姓其中有雷姓	【民族，关联】①
W6853.117.3	特定的婚姻生育雷姓	
W6853.117.3.1	女子和蛇的后代形成雷姓	【汉族】@［W6829.1.1］雷姓是人和蛇的后代
W6853.117.3.2	凤凰蛋生的阿郎与东海龙女生3子分3姓其中有雷姓	【畲族】@［W6848.3.3.1］人与龙女婚生蓝、雷、钟3姓
W6853.117.3.3	犬与公主婚后生5子皇帝赐5姓其中有雷姓	【畲族】@［W6848.5.3.1］犬与公主婚后生5子，皇帝赐雷、蓝、钟、鼓、盘5姓
W6853.117.3.4	盘瓠与公主婚生的七男中有雷姓	【古南方民族】@［W6853.146b.1］盘瓠与公主婚生的七男中有蒙姓
W6853.117.4＊	雷姓来自炎帝姜姓	【中华民族】
W6853.118	冷姓的产生（姓冷的来历）	
W6853.119	黎姓的产生（姓黎的来历）	
W6853.119.1	居住在梨树下的人命名姓黎	【苗族】
W6853.119.2	黎姓与“犁”有关	
W6853.119.2.1	黎氏亦作“犁”	【汉族】
W6853.119.3	黎氏有一支是少数民族改姓	【汉族】
W6853.119.4	黎姓产生的其他情形	
W6853.119.5	与黎姓有关的其他母题	
W6853.119.5.1	黎氏之族曾迁徙多地	【汉族】

① 【畲族】@［W6825.5.1］高辛帝给外孙们赐姓；［W6825.6.4.1］高辛皇帝命名姓氏；［W6853.169a.3.2］高辛帝为外孙赐姓其中有盘姓。

W 编码	母题描述	关联项
W6853. 120	李姓的产生（姓李的来历）	
W6853. 120. 1	造人时产生李姓	
W6853. 120. 1. 1	盘古与天女造人后产生李姓	【民族，关联】①
W6853. 120. 1. 1. 1	盘古兄妹造的人爬到李树上的叫李，其后代就姓李	【汉族】
W6853. 120. 1. 2	娘娘造人时形成李姓	【汉族】@［W6843. 2. 3］娘娘造人时形成百家姓
W6853. 120. 1. 2. 1	娘娘造 100 对男女，他们配成 100 对，每配一对就给个姓，其中有李姓	【汉族】
W6853. 120. 1. 3	女娲造人后让站在李树边的姓李	【汉族】@［W6853. 80. 4. 1］女娲造人后让站在河边的姓何
W6853. 120. 2	特定的婚姻产生李姓	
W6853. 120. 2. 1	洪水后，伏羲女娲兄妹婚生的怪胎形成的百家姓中包括李姓	【汉族】@［W6845. 2. 2. 2. 2］洪水后，伏羲女娲兄妹婚生的怪胎变成百家姓
W6853. 120. 2. 2	罗神爷爷和罗神娘娘婚生葡萄，扔在李树下变成的人就姓李	【土家族】@［W6844. 1. 2. 1］罗神爷爷和罗神娘娘婚生的怪胎变成人形成百家姓
W6853. 120. 2. 3	因与李姓男子婚姻繁衍李姓	【苗族】@［W6836. 2. 3. 1. 1］5 个仙女分别嫁给邓、蒋、李、赵、黄等 5 姓男子就成了现在的这 5 个姓氏
W6853. 120. 3	生人时依据李树命名李姓（怪胎挂在李树上变成的人姓李）	
W6853. 120. 3. 1	夫妻把生的怪胎挂在李树上变成的人命名姓李	【苗族】【彝族】
W6853. 120. 3. 2	兄妹婚生的肉团变成人后据李树命名李姓	【拉祜族】

① 【汉族】@［W6821. 0. 1. 1. 1］盘古和玉帝三女儿兄妹造人时分出桃、李、石、何等姓；［W6843. 2. 1. 1］盘古与天女造人后形成百家姓。

W 编码	母题描述	关联项
W6853.120.3.3	兄妹生的怪胎变成人时，靠在李树上的就姓李	【土家族】@［W6831.3.1.2］兄妹生的怪胎变成人时，靠在樟树上的就姓章，靠在李树上的就姓李，长在檀树上的就姓谭
W6853.120.3a	根据人产生的地点的关联物形成李姓	
W6853.120.3a.1	洪水后兄妹婚生的怪胎变成人时，挂上树的以李为姓	【汉族】@［W6837.1.5.1］怪胎变成人时，把撒上山的以牛、马为姓，放进水的以余（鱼）、夏（虾）为姓，挂上树的以陶（桃）李为姓，带回家的，以朱（猪）、苟（狗）为姓
W6853.120.4	帝王赐李姓	
W6853.120.4.1	评王和王后为盘瓠儿女赐姓有“李”姓	【瑶族】@［W6825.6.4.2］评王和王后赐盘瓠儿女为盘、沈、包、黄、李、邓、周、赵、胡、雷、冯、唐等瑶家12姓
W6853.120.4.2	评王赐的12个瑶姓中有李姓	【瑶族】
W6853.120.5	根据所提的东西放置的地方命名出李姓	［W6831.1］以孩子出生时接触到的特定物命名姓氏
W6853.120.5.1	首领定姓氏时，规定把自己提的肉挂“梨”树上的姓“李”	【佤族】@［W6835.4.1.1］首领定姓氏时，规定把自己提的肉挂“梨”树上的姓“李”，“葫芦”的姓“胡”，“蜜蜂”就姓“蜂”，“獐子”就姓“张”
W6853.120.6	李姓产生的其他方式	
W6853.120.6.1	居住在李树下的人命名姓李	【布依族】【苗族】【羌族】@［W6853.119.1］居住在梨树下的人命名姓黎

W 编码	母题描述	关联项
W6853. 120. 6. 2	婚生的怪胎变成人后李树底下的那家人姓李	【羌族】@［W6853. 3. 2. 1］婚生的怪胎变成人后白杨树底下的那家人姓白
W6853. 120. 6. 3	人刚产生时看见李树的就姓李	【阿昌族】
W6853. 120. 6. 4	让感李子而生的姓李	【汉族】
W6853. 120. 6. 5	伏羲女娲兄妹为子女命名姓氏时指着李树就让姓李	【汉族】
W6853. 120. 7	与李姓有关的其他母题	
W6853. 120. 7. 1	李姓分三支	【彝族】
W6853. 120. 7. 2	李姓氏为龙系	【中华民族】
W6853. 120a	厉姓的产生（姓厉的来历）	
W6853. 120b	栗姓的产生（姓栗的来历）	【土家族】
W6853. 120b. 1	根据人的产生地点产生栗姓	
W6853. 120b. 1. 1	姐弟砍碎婚生的怪胎变成人时撒在栗树上的姓栗	【民族，关联】①
W6853. 120c	梨姓的产生（姓梨的来历）	
W6853. 120c. 1	以名当姓形成梨姓	
W6853. 120c. 1. 1	盘古夫妻给造的人取名梨，后来把梨当姓	【汉族】@［W6839. 5. 1. 1］盘古夫妻给造的人取桃、梨、石、河等名字，后来盘古夫妻把泥人的名字当姓
W6853. 120d	狸姓的产生（姓狸的来历）	
W6853. 120d. 1	狸姓为丹朱之后	【中华民族】
W6853. 121	廖姓的产生（姓廖的来历）	
W6853. 121. 1	根据语音形成廖姓	
W6853. 121. 1. 1	兄妹用刀切怪胎变人时最后一块撂去，成了廖姓	【苗族】
W6853. 121. 2	根据人产生的地点命名廖姓	

① 【土家族】@［W6853. 173. 1. 1］姐弟砍碎婚生的怪胎变成人时撒在蓬子上的姓彭；［W6853. 232. 1. 1］姐弟砍碎婚生的怪胎变成人时撒在田里的姓田。

W 编码	母题描述	关联项
W6853.121.2.1	兄妹婚生的怪胎变成人时悬在寥草上的就姓廖	【苗族】@［W6853.211.2.3］兄妹婚生的怪胎变成人时摆在石头上的就姓石
W6853.122	连姓的产生（姓连的来历）	
W6853.123	廉姓的产生（姓廉的来历）	
W6853.124	梁姓的产生（姓梁的来历）	
W6853.124.1	造人时产生梁姓	
W6853.124.1.1	娘娘造人时形成梁姓	【汉族】@［W6843.2.3］娘娘造人时形成百家姓
W6853.124.1.1.1	娘娘造100对男女，他们配成100对，每配一对就给个姓，其中有梁姓	【汉族】
W6853.124.2	特定的婚姻产生梁姓	
W6853.125	林姓的产生（姓林的来历）	
W6853.125.1	天神命名林姓	【羌族】@［W6824.2.1.1.2］天神木比塔给兄妹婚生的孩子命出石、林、何等姓氏
W6853.125.1.1	兄妹生的怪胎变成人时，天神命名甩在树林里的人姓林	
W6853.125.2	天女根据行为命名林姓	
W6853.125.2.1	天女命名下大雨时头上戴树枝竹叶的人姓“林”	【黎族】@［W6833.2.1.1］天女按人头上戴的物名分姓，下大雨时头上戴树枝竹叶的就姓“符”、姓“林”
W6853.125.3 *	从子姓中分化出林姓	【中华民族】@［W6853.326］子姓的产生（姓子的来历）
W6853.125.4 *	林姓源于黄帝姬姓	［W6853.90.1］姬姓源于黄帝
W6853.125.4.1 *	林姓源于黄帝的姬姓周族或部分源自周族	【中华民族】
W6853.125a	蔺姓的产生（姓蔺的来历）	

W 编码	母题描述	关联项
W6853.126	凌姓的产生（姓凌的来历）	
W6853.127	令狐姓的产生（姓令狐的来历）	
W6853.128	刘姓的产生（姓刘的来历）	
W6853.128.1	神命名刘姓	
W6853.128.1.1	罗神娘与罗神公生的怪胎变人时命名姓刘	【汉族】@［W6824.2.1.3.1］罗神娘与罗神公抛撒婚生的怪胎变人时命姓“丢过沟的姓刘，丢过路的姓赵，丢过渠的姓徐”
W6853.128.2	特定的姓氏分化出刘姓	
W6853.128.2.1	刘氏出自祁姓，帝尧陶唐氏子孙	【中华民族】
W6853.128.3	根据居住地点产生刘姓	
W6853.128.3.1	祖先让住在小河边的人姓刘	【布依族】
W6853.128.3.2	帝尧陶唐氏长子监明受帝舜封于刘得刘姓	【中华民族】
W6853.128.4 *	刘姓一支出自匈奴	【中华民族】
W6853.128.5 *	刘姓一支由匈奴族和汉族结合产生	【中华民族】
W6853.129	柳姓的产生（姓柳的来历）	
W6853.129.1	人类产生时与柳树有关的就姓柳	【彝族】
W6853.129.1.1	兄妹婚生的怪胎变人时挂在柳树上的就姓柳	【汉族】
W6853.129.2	伏羲女娲兄妹为子女命名姓氏时指着柳树就让姓柳	【汉族】
W6853.130	龙姓的产生（姓龙的来历；龙氏的产生）	
W6853.130.1	变化产生人时出现龙姓	
W6853.130.1.1	爸龙德龙兄妹婚生的怪胎变成人命名姓氏，其中有龙姓	【苗族】
W6853.130.1.2	兄妹婚生的怪胎变成人时放在龙山地的成为龙姓一脉人	【苗族】

W 编码	母题描述	关联项
W6853.130.2	官名演化出龙姓	
W6853.130.2.1	黄龙师之后演化出龙氏	【汉族】@［W6853.68.8.2.1］黄龙师之后裔子孙有的以先祖官称为姓氏，称黄龙氏，后分为单姓黄氏、龙氏等
W6853.130.3	龙生龙姓	
W6853.130.3.1	伏羲是龙，生不同龙氏	【汉族】@［W6836.2.3.1.2］伏羲是龙，长子青龙氏，二子白龙氏，三子赤龙氏，四子黑龙氏
W6853.130.4	龙姓产生的其他情形	
W6853.130.4.1 *	龙姓得姓于舜帝的一位大臣	【中华民族】
W6853.130.5	与龙姓有关的其他母题	
W6853.130.5.1	伏羲长子青龙氏	【汉族】
W6853.130.5.2	伏羲二子白龙氏	【汉族】
W6853.130.5.3	伏羲三子赤龙氏	【汉族】
W6853.130.5.4	伏羲四子黑龙氏	【汉族】
W6853.130.5.5	伏羲九子黄龙氏	【汉族】@［W6853.68.8.2.1］黄龙师之后裔子孙有的以先祖官称为姓氏，称黄龙氏，后分为单姓黄氏、龙氏等
W6853.130.5.6	龙姓是佤族八大姓氏之一	【佤族】@［W6848.8.2.1］佤族八大姓氏为蕊、龙、露、呸、梭、普伟、迫
W6853.131	娄姓的产生（姓娄的来历）	
W6853.131.1	娄姓是特定人物的后裔	
W6853.131.1.1	娄姓是大禹后裔	【汉族】
W6853.132	卢姓的产生（姓卢的来历）	
W6853.132.1 *	卢姓来自炎帝姜姓	【中华民族】
W6853.133	鲁姓的产生（姓鲁的来历）	

W 编码	母题描述	关联项
W6853. 133. 1 ＊	鲁姓源于黄帝姬姓	［W6853. 90. 1］姬姓源于黄帝
W6853. 133. 1. 1 ＊	鲁姓源于黄帝的姬姓周族或部分源自周族	【中华民族】
W6853. 134	陆姓的产生（姓陆的来历）	
W6853. 134. 1 ＊	陆是以乡、亭之名为氏	【中华民族】@［W6853. 168. 1 ＊］欧阳是以乡、亭之名为氏
W6853. 135	路姓的产生（姓路的来历）	
W6853. 136	闾丘姓的产生（姓闾丘的来历）	
W6853. 137	吕姓的产生（姓吕的来历）	
W6853. 137. 1	吕姓源于炎帝	【中华民族】
W6853. 137. 1. 1 ＊	吕姓来自炎帝姜姓	【中华民族】
W6853. 137. 2 ＊	吕姓是炎帝族后裔的分支	【中华民族】
W6853. 137. 2. 1 ＊	炎帝后代至周时以国为姓，其中有吕姓	【中华民族】
W6853. 138	栾姓的产生（姓栾的来历）	
W6853. 139	罗姓的产生（姓罗的来历）	
W6853. 139. 1	变人时形成罗姓	
W6853. 139. 1. 1	葫芦变人时撒在箩筐的姓罗	【瑶族】@［W6837. 1. 3. 1. 3. 1］剁碎姑侄婚生的葫芦到处乱撒变成人时，撒在火塘的叫唐，撒在凳子的叫邓，撒在盆里的叫盘，撒在箩筐的叫罗，撒在房门的叫房
W6853. 139. 2	根据为孩子分配的居处命名罗姓	
W6853. 139. 2. 1	撒在箩筐里的孩子叫“罗”，后来把“罗”改为姓	【瑶族】@［W6837. 1. 4. 1. 1］女子给自己撒在不同地方的孩子起了名字：撒在火塘的叫唐，撒在凳子的叫邓，撒在盆里的叫盘，撒在箩筐的叫罗，撒在房门的叫房，后来把名改为姓氏

W 编码	母题描述	关联项
W6853.139.3	根据孩子吃的东西命名罗姓	
W6853.139.3.1	祖母规定谁家的娃娃偷吃了萝卜这一家就姓罗	【汉族】
W6853.140	骆姓的产生（姓骆的来历）	
W6853.141	麻姓的产生（姓麻的来历）	
W6853.141.1	变化产生人时出现麻姓	
W6853.141.1.1	爸龙德龙兄妹婚生的怪胎变成人命名姓氏，其中有麻姓	【苗族】@［W6853.130.1.1］爸龙德龙兄妹婚生的怪胎变成人命名姓氏，其中有龙姓
W6853.141.1.2	兄妹婚生的怪胎变成人时放在麻园地的姓麻	【苗族】
W6853.142	马姓的产生（姓马的来历）	
W6853.142.1	造人时产生马姓	
W6853.142.1.1	兄妹造人时放在马桑树下的人就姓马	【民族，关联】①
W6853.142.2	根据送的物品名划分出马姓	
W6853.142.2.1	女祖先姆洛甲让送马的人的姓马	【壮族】@［W6835.3.1.1］姆洛甲根据人们送她的礼物分姓，送桃子的让姓陶，送柚子的姓朴（壮语“柚子”）、送谷米的姓侯（壮语“谷米”），送马的姓马
W6853.142.3	特定人物命名马姓	
W6853.142.3.1	伏羲正姓氏时，命名马姓	【中华民族】
W6853.143	满姓的产生（姓满的来历）	
W6853.144	毛姓的产生（姓毛的来历）	
W6853.144.1＊	毛姓源于黄帝姬姓	［W6853.90.1］姬姓源于黄帝

① 【汉族】@［W6843.3.1］兄妹造人后产生百家姓；［W6853.230a.2.1］兄妹婚生的肉团变成人后据桃树命名桃姓。

W 编码	母题描述	关联项
W6853.144.1.1 *	毛姓源于黄帝的姬姓周族或部分源自周族	【中华民族】
W6853.145	茅姓的产生（姓茅的来历）	
W6853.146	梅姓的产生（姓梅的来历）	
W6853.146.1	以看见梅命名梅姓	
W6853.146.1.1	遮帕麻和遮咪麻让第一眼看到看到梅树的孩子姓梅	【阿昌族】@［W6833.3.1.1］遮帕麻和遮咪麻用孩子们第一眼看到东西为他们取姓定名
W6853.146.1.2	纳西族的“梅”姓源于“寻找”	【纳西族】@［W6833.4.1］老大劝弟弟们寻找阿爸的下落，“寻找”的纳西话是“梅”，“梅”就成了老大一支的姓氏
W6853.146a	孟姓的产生（姓孟的来历）	
W6853.146a.1	根据排序次第命名孟姓	
W6853.146a.1.1	老大的氏命名孟	【中华民族】@［W6829.3.1.3.1］老大的氏曰伯或孟，老二曰仲，老三曰叔，老四曰季
W6853.146a.2 *	孟姓源于黄帝姬姓	［W6853.90.1］姬姓源于黄帝
W6853.146a.2.1 *	孟姓源于黄帝的姬姓周族或部分源自周族	【中华民族】
W6853.146b	蒙姓的产生（姓蒙的来历）	
W6853.146b.1	盘瓠与公主婚生的七男中有蒙姓	【古南方民族】
W6853.146c	门姓的产生（姓门的来历）	
W6853.146c.1	门姓是以居住地命名的姓氏	【中华民族】@［W6837.1.1］以居住的地方为姓氏（根据居住地命名姓氏）
W6853.147	米姓的产生（姓米的来历）	

W 编码	母题描述	关联项
W6853.148	宓姓的产生（姓宓的来历）	
W6853.149	芈姓的产生（姓芈的来历）	
W6853.149.1	芈姓源于吴回之子陆终剖腹产的第六子季连姓芈	【中华民族】
W6853.150	苗姓的产生（姓苗的来历）	
W6853.151	闵姓的产生（姓闵的来历）	
W6853.152	明姓的产生（姓明的来历）	
W6853.153	缪姓的产生（姓缪的来历）	
W6853.154	莫姓的产生（姓莫的来历）	
W6853.155	万俟姓的产生（姓万俟的来历）	
W6853.156	木姓的产生（姓木的来历）	
W6853.157	穆姓的产生（姓穆的来历）	
W6853.158	那姓的产生（姓那的来历）	
W6853.159	南宫姓的产生（姓南宫的来历）	
W6853.160	能姓的产生（姓能的来历）	
W6853.161	倪姓的产生（姓倪的来历）	
W6853.161a	泥姓的产生（姓泥的来历）	
W6853.161a.1	怪胎变成人时撒在土中的姓泥	【羌族】
W6853.162	聂姓的产生（姓聂的来历）	
W6853.163	乜姓的产生（姓乜的来历）	
W6853.164	宁姓的产生（姓宁的来历）	
W6853.165	牛姓的产生（姓牛的来历）	
W6853.165.1	根据人产生的地点的关联物形成牛姓	
W6853.165.1.1	洪水后兄妹婚生的怪胎变成人时，把撒上山的人以牛为姓	【汉族】@［W6837.1.5.1］怪胎变成人时，把撒上山的以牛、马为姓，放进水的以余（鱼）、夏（虾）为姓，挂上树的以陶（桃）李为姓，带回家的，以朱（猪）、苟（狗）为姓

W 编码	母题描述	关联项
W6853.165.2	根据人居住的地点的命名牛姓	
W6853.165.2.1	住在“牛集”的人随了牛姓	【汉族】
W6853.165.3	根据与牛有关的职业命名牛姓	
W6853.165.3.1	女娲让生的子女中赶牛的孩子姓牛	【汉族】@［W6855.1.4.2.3］女娲让生的子女中捉虾的姓虾，赶牛的姓牛，赶猪的姓猪，放羊的姓羊，刷锅的姓锅
W6853.165.4＊	从子姓中分化出牛姓	【中华民族】@［W6853.326］子姓的产生（姓子的来历）
W6853.165a	牛钮姓的产生（姓牛钮的来历）	
W6853.166	农姓的产生（姓农的来历）	
W6853.167	欧姓的产生（姓欧的来历）	
W6853.167.1	欧姓是特定人物的后裔	
W6853.167.1.1	欧姓是大禹后裔	【汉族】
W6853.168	欧阳姓的产生（姓欧阳的来历）	
W6853.168.1＊	欧阳是以乡、亭之名为氏	【中华民族】
W6853.168.2＊	欧阳姓是特定人物的后裔	
W6853.168.2.1＊	欧阳姓是大禹后裔	【汉族】@［W6853.167.1.1］欧姓是大禹后裔
W6853.169	潘姓的产生（姓潘的来历）	
W6853.169.1＊	潘姓源于黄帝姬姓	［W6853.90.1］姬姓源于黄帝
W6853.169.1.1＊	潘姓源于黄帝的姬姓周族或部分源自周族	【中华民族】
W6853.169a	盘姓的产生（姓盘的来历）	
W6853.169a.0	盘姓源于盘古	
W6853.169a.0.1	盘姓源于开天辟地的盘古	【壮族】
W6853.169a.0.2	盘姓人是盘古的后裔	【壮族】
W6853.169a.1	变人时形成盘姓	

W 编码	母题描述	关联项
W6853. 169a. 1. 1	葫芦变人时撒在盆里的姓盘	【瑶族】@［W6837. 1. 3. 1. 3. 1］剁碎姑侄婚生的葫芦到处乱撒变成人时，撒在火塘的叫唐，撒在凳子的叫邓，撒在盆里的叫盘，撒在箩筐的叫罗，撒在房门的叫房
W6853. 169a. 2	根据孩子放的器物命盘姓	［W6831. 2］以孩子放置的器物定姓氏
W6853. 169a. 2. 1	因出生的孩子放盘子里姓盘	【畲族】@［W6831. 2. 2］孩子放在盘子里，遂赐姓盘
W6853. 169a. 3	帝王赐盘姓	【瑶族（勉）】@［W6848. 11. 4. 1］皇帝为龙犬与公主婚生的 6 男 6 女赐盘、沈、包、黄、雷、李、邓、周，唐、冯、赵、胡等 12 姓
W6853. 169a. 3. 1	评王和王后为盘瓠儿女赐姓有“盘”姓	【瑶族】@［W6825. 6. 4. 2］评王和王后赐盘瓠儿女为盘、沈、包、黄、李、邓、周、赵、胡、雷、冯、唐等瑶家 12 姓
W6853. 169a. 3. 1a	评王赐的 12 个瑶姓中有盘姓	【瑶族】
W6853. 169a. 3. 2	高辛帝为外孙赐姓其中有盘姓	【畲族】
W6853. 169a. 4	根据为孩子分配的居处命名盘姓	
W6853. 169a. 4. 1	撒在盆里的孩子叫“盘”，后来把“盘”改为姓	【瑶族】@［W6837. 1. 4. 1. 1］女子给自己撒在不同地方的孩子起了名字：撒在火塘的叫唐，撒在凳子的叫邓，撒在盆里的叫盘，撒在箩筐的叫罗，撒在房门的叫房，后来把名改为姓氏
W6853. 169a. 5	特定的婚姻产生盘姓	

W 编码	母题描述	关联项
W6853.169a.5.1	犬与公主婚后生5子皇帝赐5姓，其中有盘姓	【畲族】@［W6848.5.3.1］犬与公主婚后生5子，皇帝赐雷、蓝、钟、鼓、盘5姓
W6853.169a.6	盘姓与盘古有关	
W6853.169a.6.1	盘古国皆以盘古为姓（以盘古的盘为姓）	【壮族】
W6853.169a.7	盘姓产生的其他情形	
W6853.169a.7.1	盘姓源于混沌氏	【瑶族】
W6853.169a.7.2	嫌姓犬名“槃”不雅改为“盘”	【瑶族】
W6853.169a.8	与盘姓有关的其他母题	
W6853.169a.8.1 *	盘姓为万姓之先	【中华民族】
W6853.169b	槃姓的产生（姓槃的来历）	
W6853.169b.1	槃姓即匏生	【多民族】
W6853.169b.2	皇帝为外孙赐槃姓	【畲族】
W6853.170	庞姓的产生（姓庞的来历）	
W6853.170.1 *	庞姓源于黄帝姬姓	［W6853.90.1］姬姓源于黄帝
W6853.170.1.1 *	庞姓源于黄帝的姬姓周族或部分源自周族	【中华民族】
W6853.171	逄姓的产生（姓逄的来历）	
W6853.172	裴姓的产生（姓裴的来历）	
W6853.172.1 *	裴是以乡、亭之名为氏	【中华民族】@［W6853.168.1 *］欧阳是以乡、亭之名为氏
W6853.173	彭姓的产生（姓彭的来历）	
W6853.173.1	根据人产生的地点命名彭姓	
W6853.173.1.1	姐弟砍碎婚生的怪胎变成人时撒在蓬子上的姓彭	【民族，关联】①
W6853.173.2	特定的婚姻产生彭姓	【土家族】

① 【土家族】@［W6853.120b.1.1］姐弟砍碎婚生的怪胎变成人时撒在栗树上的姓栗；［W6853.232.1.1］姐弟砍碎婚生的怪胎变成人时撒在田里的姓田。

W 编码	母题描述	关联项
W6853.173.2.1	白虎神与女子婚生的子女中有彭姓	【土家族】
W6853.173.3	彭姓是伏羲的姓	【中华民族】
W6853.173.4	彭姓产生的其情形	
W6853.173.4.1	根据同音替代产生彭姓	［W6829.7］同音替代形成姓氏
W6853.173.4.1.1	兄妹婚生的怪胎变成人时撒到树蓬里是彭家	【土家族】
W6853.173.5	与彭姓有关的其他母题	
W6853.173.5.1	彭姓有彭祖、豕韦、诸稽等	【中华民族】
W6853.174	皮姓的产生（姓皮的来历）	
W6853.174a	朴姓的产生（姓朴的来历）	
W6853.174a.1	根据送的物品名划分出朴姓	
W6853.174a1.1.1	女祖先姆洛甲让送柚子的人姓朴（壮语“柚子”）	【壮族】@［W6835.3.1.1］姆洛甲根据人们送她的礼物分姓，送桃子的让姓陶，送柚子的姓朴（壮语“柚子”）、送谷米的姓侯（壮语“谷米”），送马的姓马
W6853.174a.2	生赫居世的卵像瓢，人们以瓢为朴，取朴姓	【朝鲜族】
W6853.174a.2.1	赫居世为朝鲜族朴姓始祖	【朝鲜族】
W6853.175	蒲姓的产生（姓蒲的来历）	
W6853.176	濮姓的产生（姓濮的来历）	
W6853.177	戚姓的产生（姓戚的来历）	
W6853.178	祁姓的产生（姓祁的来历）	
W6853.178.1	祁姓是尧的后代	【中华民族】
W6853.178.1.1	祁姓祖帝尧	【中华民族】@［W6853.128.2.1］刘氏出自祁姓，帝尧陶唐氏子孙

W 编码	母题描述	关联项
W6853. 178. 2	黄帝封祁姓	
W6853. 178. 2. 1 *	黄帝加封黄帝族有血缘关系的部族祁姓	【中华民族】
W6853. 179	齐姓的产生（姓齐的来历）	
W6853. 179. 1 *	齐姓是炎帝族后裔的分支	【中华民族】
W6853. 179. 2 *	炎帝后代至周时以国为姓，其中有齐姓	【中华民族】
W6853. 179a	漆姓的产生（姓漆的来历）	
W6853. 179a. 1 *	漆姓虞夏商为汪芒氏	【汉族】
W6853. 179a. 2 *	漆姓在周为长狄	【汉族】
W6853. 180	钱姓的产生（姓钱的来历）	
W6853. 180. 1	姐弟婚生九男九女中有钱姓	【汉族】
W6853. 181	乔姓的产生（姓乔的来历）	
W6853. 181a	侨姓的产生（侨氏的来历）	
W6853. 181a. 1	因祖先姓名命名侨氏	
W6853. 181a. 1. 1	黄帝孙侨极之后命名侨氏	【汉族】@［W6836. 1］以祖先姓氏为姓氏（以祖先名为姓；以祖先名字的第一个字为姓氏）
W6853. 182	秦姓的产生（姓秦的来历）	
W6853. 182. 1 *	秦姓源于黄帝姬姓	［W6853. 90. 1］姬姓源于黄帝
W6853. 182. 1. 1 *	秦姓源于黄帝的姬姓周族或部分源自周族	【中华民族】
W6853. 182a	覃姓的产生（姓覃的来历）	
W6853. 182a. 1	特定的婚姻产生覃姓	
W6853. 182a. 1. 1	白虎神与女子婚生的子女中有覃姓	【土家族】
W6853. 183	邱姓的产生（姓邱的来历）	

W 编码	母题描述	关联项
W6853.183.1	邱姓是以居住地命名的姓氏	【中华民族】@［W6837.1.1］以居住的地方为姓氏（根据居住地命名姓氏）
W6853.183.2	邱姓出自姒姓	【中华民族】@［W6853.217a］姒姓的产生（姓姒的来历）
W6853.183.3	邱姓源自帝舜	
W6853.183.3.1＊	邱姓源自舜后裔中的妫姓	【中华民族】@［W6853.67b.1＊］妫姓为帝舜后裔之姓
W6853.184	秋姓的产生（姓秋的来历）	
W6853.185	仇姓的产生（姓仇的来历）	
W6853.185.1	仇姓出自九吾氏	【中华民族】
W6853.186	裘姓的产生（姓裘的来历）	
W6853.186.1	裘姓由仇姓演化而来	【中华民族】
W6853.187	曲姓的产生（姓曲的来历）	
W6853.187.1	曲姓源于姬姓	【中华民族】
W6853.187.2	曲姓源于曲沃恒叔	【中华民族】
W6853.188	屈姓的产生（姓屈的来历）	
W6853.189	全姓的产生（姓全的来历）	
W6853.190	权姓的产生（姓权的来历）	
W6853.191	冉姓的产生（姓冉的来历）	
W6853.191.1	特定的婚姻产生冉姓	
W6853.191.1.1	白虎神与女子婚生的子女中有冉姓	【土家族】
W6853.192	任姓的产生（姓任的来历）	
W6853.192.1	任姓为风姓之后	【中华民族】
W6853.192.1a	任姓为太昊之后	
W6853.192.1a.1＊	任为风姓之国，太昊之后也，以国为氏	【中华民族】

W 编码	母题描述	关联项
W6853. 192. 2	黄帝封任姓	
W6853. 192. 2. 1 *	黄帝加封黄帝族有血缘关系的部族任姓	【中华民族】
W6853. 192. 2. 2 *	黄帝孙颛顼少子阳封于任	【中华民族】
W6853. 192. 3 *	任姓出自黄帝少子禹阳，受封于任因以为姓	【中华民族】
W6853. 192. 3a *	黄帝次妃嫫母生禺阳，受封于任为任姓	【中华民族】
W6853. 192. 3b *	颛帝少子阳封于任，其后以国为氏	【中华民族】
W6853. 192. 3c *	任为黄帝少子禺阳始封之地，即以为姓	【中华民族】
W6853. 192. 4	黄帝二十五子中十二人以德为姓，一为任氏	【中华民族】
W6853. 192. 4. 1	黄帝二十五子得姓为任者，其后以姓为氏	【中华民族】
W6853. 192. 5	任姓之任与任国之任，子孙皆以任为氏	【中华民族】
W6853. 192. 6	任姓产生的其他情形	
W6853. 192. 7	任姓的演化	
W6853. 192. 7. 1	任姓演化出谢、章、昌、采、祝、结、泉、卑、过、狂大氏等	【中华民族】
W6853. 192a	妊姓的产生（姓妊的来历）	
W6853. 192a. 1	妊姓祖奚仲	【中华民族】
W6853. 193	戎姓的产生（姓戎的来历）	
W6853. 193. 1	戎姓是以官职作姓	【中华民族】
W6853. 194	荣姓的产生（姓荣的来历）	
W6853. 195	容姓的产生（姓容的来历）	
W6853. 195. 1	容姓是舜的后裔，出自虞姓	【中华民族】

W 编码	母题描述	关联项
W6853.195.2	容姓源于虞姓	【中华民族】
W6853.196	阮姓的产生（姓阮的来历）	
W6853.197	芮姓的产生（姓芮的来历）	
W6853.198	桑姓的产生（姓桑的来历）	
W6853.198.1	桑姓源于炎帝之妻桑氏	【中华民族】
W6853.198.2	桑姓是以先祖名字为姓氏	【中华民族】
W6853.199	沙姓的产生（姓沙的来历）	
W6853.199.1	特定人物命名沙姓	
W6853.199.1.1	伏羲正姓氏时，命名沙姓	【中华民族】
W6853.200	山姓的产生（姓山的来历）	
W6853.201	单姓的产生（姓单的来历）	
W6853.201.1	单姓源于姬姓	【中华民族】
W6853.201.2	单姓是以邑名为氏	【中华民族】
W6853.202	上官姓的产生（姓上官的来历）	
W6853.202.1	上官姓源于芈姓	【中华民族】
W6853.203	尚姓的产生（姓尚的来历）	
W6853.204	邵姓的产生（姓邵的来历）	
W6853.204.1	邵姓源于古刀氏族	【中华民族】
W6853.204.2	邵姓源于召公（熊）的徙封	【中华民族】
W6853.204.3 *	邵姓源于黄帝姬姓	[W6853.90.1] 姬姓源于黄帝
W6853.204.3.1 *	邵姓源于黄帝的姬姓周族或部分源自周族	【中华民族】
W6853.205	申姓的产生（姓申的来历）	
W6853.205.1 *	申姓出自炎帝	【中华民族】
W6853.205.1.1 *	申姓是炎帝族后裔的分支	【中华民族】
W6853.205.1.2 *	炎帝后代至周时以国为姓，其中有申姓	【中华民族】
W6853.206	申屠姓的产生（姓申屠的来历）	
W6853.207	沈姓的产生（姓沈的来历）	

W 编码	母题描述	关联项
W6853.207.1	帝王赐沈姓	【瑶族（勉）】@［W6848.11.4.1］皇帝为龙犬与公主婚生的6男6女赐盘、沈、包、黄、雷、李、邓、周，唐、冯、赵、胡等12姓
W6853.207.1.1	评王和王后为盘瓠儿女赐姓有“沈”姓	【瑶族】@［W6825.6.4.2］评王和王后赐盘瓠儿女为盘、沈、包、黄、李、邓、周、赵、胡、雷、冯、唐等瑶家12姓
W6853.207.1.2	评王赐的12个瑶姓中有沈姓	【瑶族】
W6853.207.2 *	沈姓源于黄帝姬姓	［W6853.90.1］姬姓源于黄帝
W6853.207.2.1 *	沈姓源于黄帝的姬姓周族或部分源自周族	【中华民族】
W6853.208	盛姓的产生（姓盛的来历）	
W6853.208.1	盛姓源于姬姓	【中华民族】
W6853.209	师姓的产生（姓师的来历）	
W6853.210	施姓的产生（姓施的来历）	
W6853.210.1	不同家族的男女婚繁衍施姓	【白族】@［W6855.5.1.9.1］沙壹生的10个兄弟和另一家的10姐妹婚生董、杨、赵、李、段、何、施、洪、严、尹十大姓
W6853.210.2	施姓是感龙而生的后代	【白族】
W6853.210.3 *	从子姓中分化出施姓	【中华民族】@［W6853.326］子姓的产生（姓子的来历）
W6853.210.4 *	施姓源于黄帝姬姓	［W6853.90.1］姬姓源于黄帝
W6853.210.4.1 *	施姓源于黄帝的姬姓周族或部分源自周族	【中华民族】
W6853.211	石姓的产生（姓石的来历）	

W 编码	母题描述	关联项
W6853.211.1	造人时产生石姓	
W6853.211.1.1	盘古与天女造人后产生石姓	【汉族】@［W6843.2.1.1］盘古与天女造人后形成百家姓
W6853.211.1.2	兄妹造人时放在石头上的人就姓石	【汉族】@［W6843.3.1］兄妹造人后产生百家姓
W6853.211.1.3	盘古兄妹造的人跑到石头上的人就姓石	【汉族】@［W6839.5.1.1］盘古兄妹为孩子取桃、李、石等名字，以后这些人又生子孙，将名字改为姓
W6853.211.2	生人时依据石头命名石姓（怪胎落在石头上变成的人姓石）	
W6853.211.2.1	夫妻把生的怪胎扔在石头上变成的人命名姓石	【彝族】
W6853.211.2.2	兄妹婚生的肉团变成人后据石头命名石姓	【拉祜族】
W6853.211.2.3	兄妹婚生的怪胎变成人时摆在石头上的就姓石	【苗族】
W6853.211.3	以看见石头命名石姓	
W6853.211.3.1	遮帕麻和遮咪麻让第一眼看到看到石头的孩子姓石	【阿昌族】@［W6833.3.1.1］遮帕麻和遮咪麻用孩子们第一眼看到东西为他们取姓定名
W6853.211.3.1a	因看管石头命名姓石	【汉族】@［W6855.1.4.1.1］看杨树的，看桃树的，看石头的，看菜的，管河、管湖的，谁管什么就以什么为姓
W6853.211.4	天神命名石姓	［W6824.2.1.1.2］天神木比塔给兄妹婚生的孩子命出石、林、何等姓氏
W6853.211.4.1	天神木比塔让撒在石头上的肉坨坨变成的人家姓石	【羌族】
W6853.211.4a	伏羲正姓氏时，命名石姓	【中华民族】

W 编码	母题描述	关联项
W6853.211.5	以名当姓形成石姓	
W6853.211.5.1	盘古夫妻给造的人取名石，后来把石当姓	【汉族】@［W6839.5.1.1］盘古夫妻给造的人取桃、梨、石、河等名字，后来盘古夫妻把泥人的名字当姓
W6853.211.6	根据声音命名石姓	
W6853.211.6.1	根据怪胎变成人时叫的声音命名姓氏，其中有石姓	【苗族】
W6853.211.7	特定的婚姻产生石姓	
W6853.211.7.1	伏羲兄妹婚生的怪胎变成人分姓氏，其中有石姓	【苗族】@［W6853.232.2.2］伏羲兄妹婚生的怪胎变成人分姓氏，其中有田姓
W6853.211.8	石姓产生的其他情形	
W6853.211.8.1	伏羲女娲兄妹为子女定姓氏时看见石头就规定姓石	【汉族】
W6853.211.8.2 *	石姓源于黄帝姬姓	［W6853.90.1］姬姓源于黄帝
W6853.211.8.2.1 *	石姓源于黄帝的姬姓周族或部分源自周族	【中华民族】
W6853.211.9	与石姓有关的其他母题	
W6853.211.9.1	石氏人物	【汉族】
W6853.212	时姓的产生（姓时的来历）	
W6853.213	史姓的产生（姓史的来历）	
W6853.213a	士姓的产生（姓士的来历）	
W6853.213a.1	士姓为尧的后代	【中华民族】
W6853.214	舒姓的产生（姓舒的来历）	
W6853.214a	束姓的产生（姓束的来历）	
W6853.214a.1	因语义的关联产生束姓	
W6853.214a.1.1	商议寻父时，老三趣若斯说："恐怕阿爸的尸体都已经萎缩了"，"萎缩"纳西话是"束"，"束"就成了趣若斯一支的姓氏	【纳西族】@［W6838.4.1］商议寻父时，老二趣若吕说："我们想得太迟了"，"迟"纳西话是"禾"，"禾"就成了趣若吕这一支的姓氏

W 编码	母题描述	关联项
W6853.215	双姓的产生（姓双的来历）	
W6853.216	水姓的产生（姓水的来历）	
W6853.216.1	根据与水有关的事情命名水姓	
W6853.216.1.1	女娲让生的子女中抬水的孩子姓水	【汉族】@［W6855.1.4.2.3］女娲让生的子女中捉虾的姓虾，赶牛的姓牛，赶猪的姓猪，放羊的姓羊，刷锅的姓锅
W6853.217	司姓的产生（姓司的来历）	
W6853.217.1	司姓源于官职	【中华民族】@［W6829.3.1.4.1］司徒、司马、司空、司士、司寇等是以官职为氏
W6853.217a	姒姓的产生（姓姒的来历）	
W6853.217a.1	姒姓祖禹	【中华民族】@［W6856.1.2.2］禹为姒姓，后代分化出夏后氏、有扈氏
W6853.217a.1.1	姓“姒”者是大禹后人	【汉族】
W6853.217a.2	“姒”姓为夏禹之姓	［W6836.2.2.1.2＊］禹从母姓，故有莘氏姒姓
W6853.217a.2.1	禹母食薏苡而生禹，帝舜赐禹姒姓	【中华民族】
W6853.217a.2.2	姒姓是大禹后裔	【汉族】
W6853.217a.3	伏羲正姓氏时，命名姒姓	【中华民族】
W6853.217a.4	夏人姒姓，即黄帝十二姓的己姓	【中华民族】
W6853.218	司空姓的产生（姓司空的来历）	
W6853.218.1	司空姓源于官职	【中华民族】@［W6829.3.1.4.1］司徒、司马、司空、司士、司寇等是以官职为氏
W6853.219	司马姓的产生（姓司马的来历）	
W6853.219.1	根据人产生的地点的关联物形成马姓	

W 编码	母题描述	关联项
W6853.219.1.1	洪水后兄妹婚生的怪胎变成人时，把撒上山的人以马为姓	【汉族】@［W6837.1.5.1］怪胎变成人时，把撒上山的以牛、马为姓，放进水的以余（鱼）、夏（虾）为姓，挂上树的以陶（桃）李为姓，带回家的，以朱（猪）、苟（狗）为姓
W6853.220	宋姓的产生（姓宋的来历）	
W6853.220.1	宋姓源于子姓	
W6853.220.1.1	子姓后代分封以国为姓，有宋氏	【中华民族】
W6853.220.2	宋姓以国名为姓	
W6853.220.2.1	宋姓祖微子为宋国第一代国公	【中华民族】
W6853.221	苏姓的产生（姓苏的来历）	
W6853.221.1	以封地为苏姓	
W6853.221.1.1 *	司寇岔生封采邑于苏，其后代便姓苏	【中华民族】
W6853.222	孙姓的产生（姓孙的来历）	
W6853.222.1	孙姓源自帝舜	
W6853.222.1.1 *	孙姓源自舜后裔中的妫姓	【中华民族】@［W6853.67b.1 *］妫姓为帝舜后裔之姓
W6853.222.2 *	孙姓源于黄帝姬姓	［W6853.90.1］姬姓源于黄帝
W6853.222.2.1 *	孙姓源于黄帝的姬姓周族或部分源自周族	【中华民族】
W6853.223	索姓的产生（姓索的来历）	
W6853.223a	随姓的产生（姓随的来历）	
W6853.223a.1	随姓为尧的后代	【中华民族】
W6853.224	谭姓的产生（姓谭的来历）	
W6853.224.1	以人产生时的地点命名谭姓	

W 编码	母题描述	关联项
W6853.224.1.1	兄妹生的怪胎变成人时，长在檀树上的就姓谭	【民族，关联】①
W6853.224.2	因与水潭有关命名姓谭	【土家族】@［W6837.1.7.1］姐弟俩是妈妈在水潭边怀的孕遂以谭为姓
W6853.224.3	谭姓出自姒姓	【中华民族】@［W6853.217a］姒姓的产生（姓姒的来历）
W6853.225	台姓的产生（姓台的来历）	
W6853.225a	郜姓的产生（姓郜的来历）	
W6853.225a.1	郜为炎帝之后，姜姓所封	【中华民族】
W6853.225b	太叔姓的产生（姓太叔的来历）	
W6853.226	谈姓的产生（姓谈的来历）	
W6853.226.1	谈姓源于姬姓	【中华民族】
W6853.226.2	谈姓源于郯国谈君	【中华民族】
W6853.227	谭姓的产生（姓谭的来历）	
W6853.227.1	谭姓源于姒姓	【中华民族】
W6853.228	汤姓的产生（姓汤的来历）	
W6853.229	唐姓的产生（姓唐的来历）	
W6853.229.1	变人时形成唐姓	
W6853.229.1.1	变人时撒在火塘的姓唐	【瑶族】@［W6837.1.3.1.3.1］剁碎姑侄婚生的葫芦到处乱撒变成人时，撒在火塘的叫唐，撒在凳子的叫邓，撒在盆里的叫盘，撒在箩筐的叫罗，撒在房门的叫房
W6853.229.2	根据为孩子分配的居处命名姓唐	

① 【土家族】@［W6831.3.1.2］兄妹生的怪胎变成人时，靠在樟树上的就姓章，靠在李树上的就姓李，长在檀树上的就姓谭；［W6838.1］根据谐音命名定姓氏。

W 编码	母题描述	关联项
W6853.229.2.1	撒在火塘的孩子叫“唐”，后来把“唐”改为姓	【瑶族】@［W6837.1.4.1.1］女子给自己撒在不同地方的孩子起了名字：撒在火塘的叫唐，撒在凳子的叫邓，撒在盆里的叫盘，撒在箩筐的叫罗，撒在房门的叫房，后来把名改为姓氏
W6853.229.3	帝王赐唐姓	
W6853.229.3.1	评王和王后为盘瓠儿女赐姓有“唐”姓	【瑶族】@［W6825.6.4.2］评王和王后赐盘瓠儿女为盘、沈、包、黄、李、邓、周、赵、胡、雷、冯、唐等瑶家12姓
W6853.229.3.2	评王赐的12个瑶姓中有唐姓	【瑶族】
W6853.230	陶姓的产生（姓陶的来历）	
W6853.230.1	造人时形成陶姓	
W6853.230.1.1	盘古与天女造人后产生陶姓	【汉族】@［W6843.2.1.1］盘古与天女造人后形成百家姓
W6853.230.1a	生人时形成陶姓	
W6853.230.1a.1	兄妹婚生的葡萄繁衍陶姓	【土家族】@［W6830.1.2.1］兄妹婚生一串葡萄，葡萄生出陶、李等姓
W6853.230.2	特定的婚姻产生陶姓	
W6853.230.2.1	洪水后，伏羲女娲兄妹婚生的怪胎形成的百家姓中包括陶姓	【汉族】@［W6845.2.2.2.2］洪水后，伏羲女娲兄妹婚生的怪胎变成百家姓
W6853.230.2.2	罗神爷爷和罗神娘娘婚生葡萄，扔在桃树下变成的人就姓陶	【土家族】@［W6844.1.2.1］罗神爷爷和罗神娘娘婚生的怪胎变成人形成百家姓
W6853.230.3	怪胎挂在桃树上变成的人姓陶（在桃树下变成的人姓陶）	【土家族】

W 编码	母题描述	关联项
W6853.230.3.1	夫妻把生的怪胎挂在桃树上变成的人命名姓陶	【彝族】
W6853.230.3.2	怪胎变成人时从桃树下来的姓陶	【彝族】
W6853.230.4	以看见桃树命名陶姓	
W6853.230.4.1	遮帕麻和遮咪麻让第一眼看到看到桃树的孩子姓桃	【阿昌族】@［W6833.3.1.1］遮帕麻和遮咪麻用孩子们第一眼看到东西为他们取姓定名
W6853.230.5	特定人物生陶姓	
W6853.230.5.1	仙女生的肉口袋剖开后生出陶姓	【彝族】
W6853.230.6	根据送的物品名划分出陶姓	
W6853.230.6.1	女祖先姆洛甲让送桃子的人姓陶	【壮族】@［W6835.3.1.1］姆洛甲根据人们送她的礼物分姓，送桃子的让姓陶，送柚子的姓朴（壮语“柚子”）、送谷米的姓侯（壮语“谷米”），送马的姓马
W6853.230.7	根据人产生的地点的关联物形成陶姓	
W6853.230.7.1	洪水后兄妹婚生的怪胎变成人时，挂上树的以陶（桃）为姓	【汉族】@［W6837.1.5.1］怪胎变成人时，把撒上山的以牛、马为姓，放进水的以余（鱼）、夏（虾）为姓，挂上树的以陶（桃）李为姓，带回家的，以朱（猪）、苟（狗）为姓
W6853.230.7.2	居住在桃树下的人命名姓陶	【苗族】@［W6853.119.1］居住在梨树下的人命名姓黎
W6853.230.7.2.1	婚生的怪胎变成人后桃树底下的那家人姓陶	【羌族】@［W6853.3.2.1］婚生的怪胎变成人后白杨树底下的那家人姓白

W 编码	母题描述	关联项
W6853.230.7.3	兄妹婚生的怪胎变成人时装在陶罐里的就姓陶	【苗族】
W6853.230.8	陶是以技艺为氏	【中华民族】@［W6829.3.1.5.1］巫、卜、陶、匠、屠等是以技艺为氏
W6853.230a	桃姓的产生（姓桃的来历）	
W6853.230a.1	造人时形成桃姓	【汉族】@［W6821.0.1.1.1］盘古和玉帝三女儿兄妹造人时分出桃、李、石、何等姓
W6853.230a.1.1	盘古兄妹造的人爬到桃树上的叫桃，其后代就姓桃	【汉族】
W6853.230a.2	生人时形成桃姓	
W6853.230a.2.1	兄妹婚生的肉团变成人后据桃树命名桃姓	【拉祜族】
W6853.230a.3	以名当姓形成桃姓	
W6853.230a.3.1	盘古夫妻给造的人取名桃，后来把桃当姓	【汉族】@［W6839.5.1.1］盘古夫妻给造的人取桃、梨、石、河等名字，后来盘古夫妻把泥人的名字当姓
W6853.230a.4	因看管桃树命名桃姓	【汉族】@［W6855.1.4.1.1］看杨树的，看桃树的，看石头的，看菜的，管河、管湖的，谁管什么就以什么为姓
W6853.231	滕姓的产生（姓滕的来历）	
W6853.231.1	黄帝封滕姓	
W6853.231.1.1 *	黄帝加封黄帝族有血缘关系的部族滕姓	【中华民族】
W6853.232	田姓的产生（姓田的来历）	

W 编码	母题描述	关联项
W6853.232.1	根据人产生的地点命名田姓	【瑶族】@［W6837.1.3.1.0］伏羲兄妹婚生的肉瘤劈碎分撒，按变成人的地点成李、陶、杨、祝、石、田等姓
W6853.232.1.1	姐弟砍碎婚生的怪胎变成人时撒在田里的姓田	【土家族】
W6853.232.2	特定的婚姻产生田姓	
W6853.232.2.1	白虎神与女子婚生的子女中有田姓	【土家族】
W6853.232.2.2	伏羲兄妹婚生的怪胎变成人分姓氏，其中有田姓	【苗族】
W6853.232.2.3	盘瓠与公主婚生的七男中有田姓	【古南方民族】@［W6853.146b.1］盘瓠与公主婚生的七男中有蒙姓
W6853.232.3	田氏属于姬姓，为黄帝族	【中华民族】
W6853.232.4	田姓源自帝舜	
W6853.232.4.1＊	田姓源自舜后裔中的妫姓	【中华民族】@［W6853.67b.1＊］妫姓为帝舜后裔之姓
W6853.233	屠姓的产生（姓屠的来历）	
W6853.233.1	屠是以技艺为氏	【中华民族】@［W6829.3.1.5.1］巫、卜、陶、匠、屠等是以技艺为氏
W6853.233a	涂姓的产生（姓涂的来历）	
W6853.234	拓跋姓的产生（姓拓跋的来历）	
W6853.235	万姓的产生（姓万的来历）	
W6853.235.1＊	万姓源于黄帝姬姓	［W6853.90.1］姬姓源于黄帝
W6853.235.1.1＊	万姓源于黄帝的姬姓周族或部分源自周族	【中华民族】
W6853.236	汪姓的产生（姓汪的来历）	
W6853.236.1＊	汪姓源于黄帝姬姓	［W6853.90.1］姬姓源于黄帝

W 编码	母题描述	关联项
W6853.236.1.1 *	汪姓源于黄帝的姬姓周族或部分源自周族	【中华民族】
W6853.237	王姓的产生（姓王的来历）	
W6853.237.1	造人时产生王姓	
W6853.237.1.1	娘娘造人时形成王姓	【汉族】@［W6843.2.3］娘娘造人时形成百家姓
W6853.237.1.2	娘娘造100对男女，他们配成100对，每配一对就给个姓，其中有王姓	【汉族】
W6853.237.2	因父亲为王命名王姓	【黎族】
W6853.237.2.1	女子与狗尾王婚生的子孙即以王为姓，故凡生黎皆王姓	【黎族】
W6853.237.3	特定的婚姻产生王姓	
W6853.237.3.1	白虎神与女子婚生的子女中有王姓	【土家族】
W6853.237.3.2	王为龙、凤合和而生	【中华民族】
W6853.237.4	变化产生人时出现王姓	
W6853.237.4.1	姐弟婚生的怪胎变成人后，弟弟命名的姓氏中有王姓	【汉族】@［W6825.2.1.1］姐弟婚生的怪胎变成人后，弟弟分别以张、王、董等命姓
W6853.237.4.2	兄妹婚生的怪胎变成人时出现王姓	【苗族】W6825.7.2.2 盘古和三皇五帝问兄妹婚生的怪胎变成的人姓氏，他们说姓王
W6853.237.5	特定人物命名王姓	
W6853.237.5.1	仙婆封王姓	
W6853.237.5.1.1	接生的仙婆给兄妹婚生的100个孩子封姓，包括王姓	【汉族】
W6853.237.6	王姓是感龙而生的后代	【白族】
W6853.237.7	其他姓演变成王姓	
W6853.237.7.1	姓凹后来演变成王姓	【汉族】

W 编码	母题描述	关联项
W6853.237.7.2＊	王姓源自舜后裔中的妫姓	【中华民族】@［W6853.67b.1＊］妫姓为帝舜后裔之姓
W6853.237.7.2a＊	王姓源自黄帝后裔中的妫姓	【中华民族】
W6853.237.7.2b＊	王姓源于黄帝姬姓	［W6853.90.1］姬姓源于黄帝
W6853.237.7.2b.1＊	王姓源于黄帝的姬姓周族或部分源自周族	【中华民族】
W6853.237.7.3＊	王姓源自黄帝后裔中的子姓	【中华民族】
W6853.237.7.4＊	王姓源自黄帝后裔中的姬姓	【中华民族】
W6853.237.8	与王姓有关的其他母题	
W6853.237.8.1	王姓是舜的后裔	【中华民族】
W6853.238	魏姓的产生（姓魏的来历）	
W6853.238.1	魏姓源于父亲取的名字	
W6853.238.1.1	鄂伦春族魏姓源于父亲为儿子取的“魏拉依嫩”名字的第一个字	【鄂伦春族】@［W6838.1.4.1］老大用红木头做五张弓，父亲给他起了个名字叫“魏拉依嫩”（红木头），老大就姓魏
W6853.238.2＊	魏姓源于黄帝姬姓	［W6853.90.1］姬姓源于黄帝
W6853.238.2.1＊	魏姓源于黄帝的姬姓周族或部分源自周族	【中华民族】
W6853.239	韦姓的产生（姓韦的来历）	
W6853.239.1	祖先让住在芦草中的人姓韦	【布依族】
W6853.239a	卫姓的产生（姓卫的来历）	
W6853.239a.1＊	卫姓是以国名为姓	【中华民族】@［W6839.1.2.4＊］齐、鲁、晋、宋、郑、吴、越、秦、楚、卫、韩、赵、魏、燕、陈、蔡、曹、胡、许等都是以国名为氏
W6853.240	闻姓的产生（姓闻的来历）	

W 编码	母题描述	关联项
W6853.241	文姓的产生（姓文的来历）	
W6853.241.1 *	文姓源于黄帝姬姓	［W6853.90.1］姬姓源于黄帝
W6853.241.1.1 *	文姓源于黄帝的姬姓周族或部分源自周族	【中华民族】
W6853.241a	温姓的产生（姓温的来历）	
W6853.241a.1 *	温姓源于黄帝姬姓	［W6853.90.1］姬姓源于黄帝
W6853.241a.1.1 *	温姓源于黄帝的姬姓周族或部分源自周族	【中华民族】
W6853.242	翁姓的产生（姓翁的来历）	
W6853.243	乌姓的产生（姓乌的来历）	
W6853.244	姓邬的产生（姓邬的来历）	
W6853.245	巫姓的产生（姓巫的来历）	
W6853.245.1	巫是以技艺为氏	【中华民族】@［W6829.3.1.5.1］巫、卜、陶、匠、屠等是以技艺为氏
W6853.246	吴姓的产生（姓吴的来历）	
W6853.246.1	变化产生人时出现吴姓	
W6853.246.1.1	爸龙德龙兄妹婚生的怪胎变成人命名姓氏，其中有吴姓	【苗族】@［W6853.130.1.1］爸龙德龙兄妹婚生的怪胎变成人命名姓氏，其中有龙姓
W6853.246.2	分封吴姓	
W6853.246.2.1	兄妹婚生的怪胎变成人时，放在堂屋内的封作吴姓	【苗族】@［W6848.5.4.1］苗族五姓吴、龙、石、麻、廖，算是世上先来人
W6853.246.3 *	吴姓源于虞舜	【中华民族】
W6853.246.4 *	吴姓源于黄帝姬姓	［W6853.90.1］姬姓源于黄帝
W6853.246.4.1 *	吴姓源于黄帝的姬姓周族或部分源自周族	【中华民族】
W6853.247	伍姓的产生（姓伍的来历）	

W 编码	母题描述	关联项
W6853.248	武姓的产生（姓武的来历）	
W6853.248.1	造人时产生武姓	
W6853.248.1.1	娘娘造人时形成武姓	【汉族】@［W6843.2.3］娘娘造人时形成百家姓
W6853.248.1.1.1	娘娘造100对男女，他们配成100对，每配一对就给个姓，其中有武姓	【汉族】
W6853.248.2	特定的婚姻产生武姓	
W6853.248a	五龙姓的产生（五龙氏的来历）	［W6823.2.1］自然存在的五龙氏
W6853.248a.1	因与龙有关产生五龙氏	
W6853.248a.1.1	1对男女得到5条龙的保护命名五龙氏	【民族，关联】①
W6853.248a.2	人皇以后有五龙氏	【汉族】
W6853.249	郗姓的产生（姓郗的来历）	
W6853.250	西门姓的产生（姓西门的来历）	
W6853.251	习姓的产生（姓习的来历）	
W6853.252	席姓的产生（姓席的来历）	
W6853.252a	昔姓的产生（姓昔的来历）	［W6835.6.1.1］因昔日强取他人宝地而得昔姓
W6853.252a.1	卵生的男孩命名昔脱解，因鹊开柜故去鸟字，取昔姓	【朝鲜族】
W6853.252b	僖姓的产生（姓僖的来历）	
W6853.252b.1	黄帝封僖姓	
W6853.252b.1.1 *	黄帝加封黄帝族有血缘关系的部族僖姓	【中华民族】
W6853.253	夏姓的产生（姓夏的来历）	
W6853.253.1	根据人产生的地点的关联物形成夏姓	

① 【汉族】@［W6823.2.1］自然存在的五龙氏；［W6835.2.1］5条龙护送的葫芦生的人姓五龙氏；［W6876.1.1.1］五龙氏男女生中华儿女，后称为“龙的子孙”。

W 编码	母题描述	关联项
W6853.253.1.1	洪水后兄妹婚生的怪胎变成人时，放进水的以夏（虾）为姓	【汉族】@［W6837.1.5.1］怪胎变成人时，把撒上山的以牛、马为姓，放进水的以余（鱼）、夏（虾）为姓，挂上树的以陶（桃）李为姓，带回家的，以朱（猪）、苟（狗）为姓
W6853.253.1.2	夏姓源自帝舜	
W6853.253.1.2.1 *	夏姓源自舜后裔中的妫姓	【中华民族】@［W6853.67b.1 *］妫姓为帝舜后裔之姓
W6853.253.1.2.2 *	夏姓是大禹后裔	【汉族】
W6853.253.1.3 *	夏姓一支是由夏后氏省文而形成的	【中华民族】
W6853.253.1.4	夏姓的发源地在夏店河村	【汉族】
W6853.254	夏侯姓的产生（姓夏侯的来历）	
W6853.254.1	侯姓出自姒姓	【中华民族】@［W6853.217a］姒姓的产生（姓姒的来历）
W6853.254.2 *	侯姓源于黄帝姬姓	［W6853.90.1］姬姓源于黄帝
W6853.254.2.1 *	侯姓源于黄帝的姬姓周族或部分源自周族	【中华民族】
W6853.255	鲜于姓的产生（姓鲜于的来历）	
W6853.256	向姓的产生（姓向的来历）	
W6853.256.1	特定的婚姻产生向姓	
W6853.256.1.1	白虎神与女子婚生的子女中有向姓	【土家族】
W6853.256.1.2	盘瓠与公主婚生的七男中有向姓	【古南方民族】@［W6853.146b.1］盘瓠与公主婚生的七男中有蒙姓
W6853.256.2	根据同音替代产生向姓	［W6829.7］同音替代形成姓氏

W 编码	母题描述	关联项
W6853.256.2.1	兄妹婚生的怪胎变成人时撒在象上是向家	【土家族】
W6853.257	项姓的产生（姓项的来历）	
W6853.258	萧姓的产生（姓萧的来历，肖姓的来历）	
W6853.258.1 *	从子姓中分化出萧姓	【中华民族】@［W6853.326］子姓的产生（姓子的来历）
W6853.259	谢姓的产生（姓谢的来历）	
W6853.259.1	谢姓源于黄帝	
W6853.259.1a *	谢姓主要出自炎帝和黄帝	【中华民族】
W6853.259.1b *	谢姓是姜姓部落的后裔	【中华民族】
W6853.259.2 *	先秦时期姓氏中的“射氏”后来写作“谢”姓	【中华民族】
W6853.259.3	少数民族中的谢姓	
W6853.259.3.1 *	少数民族谢姓源于牂牁郡	【中华民族】
W6853.259.3.2 *	瑶族谢姓一部分与先秦时迁居谢沐的谢人有关	【中华民族】
W6853.259.3.3 *	壮族谢姓主要由当初谢蛮人的后裔融入而来	【中华民族】
W6853.259.3.4 *	侗族谢姓与隋唐时东谢蛮活动有关	【中华民族】
W6853.259.3.5 *	满族谢姓与明代居于辽东的谢姓汉人有关	【中华民族】
W6853.259.4 *	谢姓源自任姓	【中华民族】@［W6853.192］任姓的产生（姓任的来历）
W6853.259.4.1 *	谢氏出于黄帝子族任姓	【中华民族】
W6853.260	解姓的产生（姓解的来历）	
W6853.260.1.1	解氏出于姬姓，可追溯到始祖轩辕黄帝	【汉族】

W 编码	母题描述	关联项
W6853.260.1	解姓源于姬姓	【中华民族】
W6853.260.2	解姓源于古代地名解	【中华民族】
W6853.261	幸姓的产生（姓幸的来历）	
W6853.262	邢姓的产生（姓邢的来历）	
W6853.263	熊姓的产生（姓熊的来历）	
W6853.263.1	“熊”姓始祖为“有熊氏”黄帝	【中华民族】
W6853.263.2	“熊”姓出自黄帝的子孙鬻熊（商人）的字“熊”	【中华民族】
W6853.264	胥姓的产生（姓胥的来历）	
W6853.264.1	胥姓源于姬姓	【中华民族】
W6853.264.2	胥姓是上古氏族华胥氏、赫胥氏后代	【中华民族】
W6853.265	徐姓的产生（姓徐的来历）	
W6853.265.1	神命名徐姓	
W6853.265.1.1	罗神娘与罗神公生的怪胎变人时命名徐姓	【汉族】@［W6824.2.1.3.1］罗神娘与罗神公抛撒婚生的怪胎变人时命姓“丢过沟的姓刘，丢过路的姓赵，丢过渠的姓徐”
W6853.266	许姓的产生（姓许的来历）	
W6853.266.1 *	许姓是以国名为姓	【中华民族】@［W6839.1.2.4 *］齐、鲁、晋、宋、郑、吴、越、秦、楚、卫、韩、赵、魏、燕、陈、蔡、曹、胡、许等都是以国名为氏
W6853.266.1.1 *	炎帝后代至周时以国为姓，其中有许姓	【中华民族】
W6853.266.2 *	许姓是炎帝族后裔的分支	【中华民族】
W6853.267	轩辕姓的产生（姓轩辕的来历）	
W6853.268	宣姓的产生（姓宣的来历）	

W 编码	母题描述	关联项
W6853.269	薛姓的产生（姓薛的来历）	
W6853.269.1 *	薛氏出自任姓	【中华民族】@［W6853.192］任姓的产生（姓任的来历）
W6853.269.2 *	薛是任姓	【中华民族】
W6853.269.3 *	薛姓源自帝舜	
W6853.269.3.1 *	薛姓源自舜后裔中的妫姓	【中华民族】@［W6853.67b.1 *］妫姓为帝舜后裔之姓
W6853.270	荀姓的产生（姓荀的来历）	
W6853.270.1	黄帝封荀姓	
W6853.270.1.1 *	黄帝加封黄帝族有血缘关系的部族荀姓	【中华民族】
W6853.271	严姓的产生（姓严的来历）	
W6853.271.1 *	严姓源于黄帝姬姓	［W6853.90.1］姬姓源于黄帝
W6853.271.1.1 *	严姓源于黄帝的姬姓周族或部分源自周族	【中华民族】
W6853.272	阎姓的产生（姓阎的来历；闫姓的来历）	
W6853.272.1 *	阎是以乡、亭之名为氏	【中华民族】@［W6853.168.1 *］欧阳是以乡、亭之名为氏
W6853.272.2 *	阎姓源于黄帝姬姓	［W6853.90.1］姬姓源于黄帝
W6853.272.2.1 *	阎姓源于黄帝的姬姓周族或部分源自周族	【中华民族】
W6853.273	颜姓的产生（姓颜的来历）	
W6853.274	晏姓的产生（姓晏的来历）	
W6853.275	燕姓的产生（姓燕的来历）	
W6853.275a	偃姓的产生（姓偃的来历）	
W6853.275a.1	偃姓源于皋陶（偃姓祖皋陶）	【中华民族】

W 编码	母题描述	关联项
W6853.276	羊姓的产生（姓羊的来历）	
W6853.276.1	根据与羊有关的职业命名羊姓	
W6853.276.1.1	女娲让生的子女中放羊的孩子姓羊	【汉族】@［W6855.1.4.2.3］女娲让生的子女中捉虾的姓虾，赶牛的姓牛，赶猪的姓猪，放羊的姓羊，刷锅的姓锅
W6853.277	阳姓的产生（姓阳的来历）	
W6853.278	杨姓的产生（姓杨的来历）	
W6853.278.1	特定物变成杨姓	
W6853.278.1.1	景颇变成杨姓	【阿昌族】@［W6503.5.6.1.1］杨姓是景颇变的，祭祀用牛
W6853.278.2	特定的婚姻产生杨姓	
W6853.278.2.1	白虎神与女子婚生的子女中有杨姓	【土家族】
W6853.278.3	变化产生杨姓（音变产生杨姓）	
W6853.278.3.1	“母绵羊”为图腾的彝族其初汉姓为“羊”后改成“杨”	【彝族】
W6853.278.4	与杨姓有关的其他的母题	
W6853.278.4.1	人生的杨树姓“杨”	【苗族（青苗）】@［W6837.4.5.1］兄妹婚生的树生桃、杨等树，遂命桃树姓“桃”，杨树姓“杨”
W6853.278.4.2	因看管杨树命名杨姓	【汉族】@［W6855.1.4.1.1］看杨树的，看桃树的，看石头的，看菜的，管河、管湖的，谁管什么就以什么为姓
W6853.278.4.3	兄妹婚生的怪胎变成人时挂在杨柳树上的人姓杨	【苗族】

W 编码	母题描述	关联项
W6853.278.4.4	伏羲女娲兄妹为子女命名姓氏时指着杨树就说姓杨	【汉族】
W6853.278.4.5	姓氏杨属龙系	【中华民族】
W6853.278.4.6	特定人物命名杨姓	
W6853.278.4.6.1	伏羲正姓氏时，命名杨姓	【中华民族】
W6853.278.4.7	杨姓源于黄帝姬姓	［W6853.90.1］姬姓源于黄帝
W6853.278.4.7.1 *	杨姓源于黄帝的姬姓周族或部分源自周族	【中华民族】
W6853.279	姚姓的产生（姓姚的来历）	
W6853.279.1	姚姓源于特定人物	
W6853.279.1.1	帝舜姚姓其先出自颛顼	【中华民族】
W6853.279.1.2	姚姓或妫姓祖帝舜	【中华民族】
W6853.279.2	姚姓源于占卜	
W6853.279.2.1 *	有虞氏之所以为姚姓可能和占卜有关	【中华民族】
W6853.279.3	姚姓产生的其他方式	
W6853.279.3.1 *	从子姓中分化出姚姓	【中华民族】@［W6853.326］子姓的产生（姓子的来历）
W6853.279.3.2 *	姚姓源自帝舜	
W6853.279.3.2.1 *	姚姓源自舜后裔中的妫姓	【中华民族】@［W6853.67b.1 *］妫姓为帝舜后裔之姓
W6853.279.4	特定人物姚姓	
W6853.279.4.1	大舜姓姚	【汉族】
W6853.279.5	与姚姓有关的其他母题	
W6853.279.5.1 *	虞人姚姓即黄帝十二姓的酉姓	【中华民族】
W6853.279.5.2 *	伏羲正姓氏时，命名姚姓	【中华民族】
W6853.280	叶姓的产生（姓叶的来历）	
W6853.280.1	特定人物生叶姓	

W 编码	母题描述	关联项
W6853.280.1.1	仙女生的肉口袋剖开后生出叶姓	【彝族】
W6853.280.2	因语义的关联产生叶姓	
W6853.280.2.1	商议寻父时，老四趣若鲁说“可能阿爸的尸体已经腐烂了”。“腐烂”纳西话是“叶”，“叶”成了趣若鲁一支的姓氏	【民族，关联】①
W6853.280.3	根据人产生时的情形命名叶姓	
W6853.280.3.1	兄妹生的怪胎砍碎变成人时落在树叶上的姓叶	【汉族】【土家族】【彝族】
W6853.280.4 *	叶姓源于黄帝姬姓	［W6853.90.1］姬姓源于黄帝
W6853.280.4.1 *	叶姓源于黄帝的姬姓周族或部分源自周族	【中华民族】
W6853.281	伊姓的产生（姓伊的来历）	
W6853.282	易姓的产生（姓易的来历）	
W6853.282.1	易姓源于姜姓	【中华民族】
W6853.282.2	易姓源于姬姓	【中华民族】
W6853.282.3	易姓源于易水名	【中华民族】
W6853.283	羿姓的产生（姓羿的来历）	
W6853.283.1	羿姓源于后羿	【中华民族】
W6853.284	阴姓的产生（姓阴的来历）	
W6853.285	殷姓的产生（姓殷的来历）	
W6853.285.1	殷氏源于子姓	
W6853.285.1.1	子姓后代分封以国为姓，有殷氏	【中华民族】
W6853.286	尹姓的产生（姓尹的来历）	
W6853.286.1	不同家族的男女婚繁衍尹姓	【白族】@［W6855.5.1.9.1］沙壹生的10个兄弟和另一家的10姐妹婚生董、杨、赵、李、段、何、施、洪、严、尹十大姓

① 【纳西族】@［W6838.4.1］商议寻父时，老二趣若吕说“我们想得太迟了”，“迟”纳西话是“禾”，“禾”就成了趣若吕这一支的姓氏；［W6853.214a.1.1］商议寻父时，老三趣若斯说“恐怕阿爸的尸体都已经萎缩了”，“萎缩”纳西话是“束”，“束”就成了趣若斯一支的姓氏。

W 编码	母题描述	关联项
W6853.286a	嬴姓的产生（姓嬴的来历；嬴氏的产生）	
W6853.286a.1	舜赐姓嬴氏	
W6853.286a.1.1	大费佐舜调驯鸟兽，舜赐姓嬴氏	【汉族】
W6853.286a.2	嬴姓祖少皞	【中华民族】
W6853.287	尤姓的产生（姓尤的来历）	
W6853.288	游姓的产生（姓游的来历）	
W6853.289	于姓的产生（姓于的来历）	
W6853.289.1 *	于姓源于黄帝姬姓	［W6853.90.1］姬姓源于黄帝
W6853.289.1.1 *	于姓源于黄帝的姬姓周族或部分源自周族	【中华民族】
W6853.290	余姓的产生（姓余的来历）	
W6853.290.1	余姓源于“鱼”的同音	［W6853.290.3.1］洪水后兄妹婚生的怪胎变成人时，放进水的以余（鱼）为姓
W6853.290.1.1	女娲造的人看见鱼的就姓余	【汉族】
W6853.290.2	姓余源于对鱼的感激	【傈僳族】@［W6839.3.1.1］三兄弟为表示对鲤鱼帮助渡江的感谢姓余
W6853.290.3	根据人产生的地点的关联物形成余姓	
W6853.290.3.1	洪水后兄妹婚生的怪胎变成人时，放进水的以余（鱼）为姓	【汉族】@［W6837.1.5.1］怪胎变成人时，把撒上山的以牛、马为姓，放进水的以余（鱼）、夏（虾）为姓，挂上树的以陶（桃）李为姓，带回家的，以朱（猪）、苟（狗）为姓
W6853.290.4	特定姓氏改为余姓	
W6853.290.4.1	涂山氏的“涂”改为“余”	【汉族】
W6853.290.5	余姓是特定人物的后裔	

W 编码	母题描述	关联项
W6853.290.5.1	余姓是大禹后裔	【汉族】
W6853.290.6 *	余姓源于黄帝姬姓	［W6853.90.1］姬姓源于黄帝
W6853.290.6.1 *	余姓源于黄帝的姬姓周族或部分源自周族	【中华民族】
W6853.291	鱼姓的产生（姓鱼的来历）	
W6853.291.1	根据与鱼有关的事情命名鱼姓	
W6853.291.1.1	女娲让生的子女中拎着鱼的孩子姓鱼	【汉族】@［W6855.1.4.2.3］女娲让生的子女中捉虾的姓虾，赶牛的姓牛，赶猪的姓猪，放羊的姓羊，刷锅的姓锅
W6853.292	俞姓的产生（姓俞的来历）	
W6853.293	喻姓的产生（姓喻的来历）	
W6853.294	虞姓的产生（姓虞的来历）	
W6853.294.1	虞姓是舜的后裔	【中华民族】
W6853.295	禹姓的产生（姓禹的来历）	
W6853.296	郁姓的产生（姓郁的来历）	
W6853.297	袁姓的产生（姓袁的来历）	
W6853.297.1	袁姓是舜的后裔	【中华民族】
W6853.297.1.1 *	袁姓源自舜后裔中的妫姓	【中华民族】@［W6853.67b.1 *］妫姓为帝舜后裔之姓
W6853.297a	元姓的产生（姓元的来历）	
W6853.297a.1	孝文帝拓跋宏改拓跋氏为元氏	【中华民族】
W6853.298	岳姓的产生（姓岳的来历）	
W6853.298.1	岳姓源于姜姓	【中华民族】
W6853.298a	乐姓的产生（姓乐的来历）	
W6853.298b	越姓的产生（姓越的来历）	

W 编码	母题描述	关联项
W6853.298b.1	越姓是以国名为姓	【中华民族】@［W6839.1.2.4*］齐、鲁、晋、宋、郑、吴、越、秦、楚、卫、韩、赵、魏、燕、陈、蔡、曹、胡、许等都是以国名为氏
W6853.299	云姓的产生（姓云的来历）	
W6853.300	赵姓的产生（姓赵的来历）	
W6853.300.1	造人时产生赵姓	
W6853.300.1.1	娘娘造人时形成赵姓	【汉族】@［W6843.2.3］娘娘造人时形成百家姓
W6853.300.1.1.1	娘娘造100对男女，他们配成100对，每配一对就给个姓，其中有赵姓	【汉族】
W6853.300.2	特定的婚姻产生赵姓	
W6853.300.2.1	因与赵姓男子婚姻繁衍赵姓	【苗族】@［W6836.2.3.1.1］5个仙女分别嫁给邓、蒋、李、赵、黄等5姓男子就成了现在的这5个姓氏
W6853.300.3	帝王赐赵姓	
W6853.300.3.1	评王和王后为盘瓠儿女赐姓有“赵”姓	【瑶族】@［W6825.6.4.2］评王和王后赐盘瓠儿女为盘、沈、包、黄、李、邓、周、赵、胡、雷、冯、唐等瑶家12姓
W6853.300.3.2	评王赐的12个瑶姓中有赵姓	【瑶族】
W6853.300.4	神命名赵姓	
W6853.300.4.1	罗神娘与罗神公生的怪胎变人时命名赵姓	【汉族】@［W6824.2.1.3.1］罗神娘与罗神公抛撒婚生的怪胎变人时命姓“丢过沟的姓刘，丢过路的姓赵，丢过渠的姓徐”

W 编码	母题描述	关联项
W6853. 300. 5 *	赵姓是以国名为姓	【中华民族】@［W6839. 1. 2.4 *］齐、鲁、晋、宋、郑、吴、越、秦、楚、卫、韩、赵、魏、燕、陈、蔡、曹、胡、许等都是以国名为氏
W6853. 301	宰父姓的产生（姓宰父的来历）	
W6853. 302	臧姓的产生（姓臧的来历）	
W6853. 303	曾姓的产生（姓曾的来历）	
W6853. 303. 1	曾姓出自姒姓	【中华民族】@［W6853. 217a］姒姓的产生（姓姒的来历）
W6853. 304	翟姓的产生（翟姓的来历）	
W6853. 304. 1	翟古写为“翟鸟”，是少昊鸟国四大官职之一，为风系	【中华民族】
W6853. 305	詹姓的产生（姓詹的来历）	
W6853. 306	张姓的产生（姓张的来历）	
W6853. 306. 1	造人时产生张姓	
W6853. 306. 1. 1	娘娘造人时形成张姓	【汉族】@［W6843. 2. 3］娘娘造人时形成百家姓
W6853. 306. 1. 2	娘娘造 100 对男女，他们配成 100 对，每配一对就给个姓，其中有张姓	【汉族】
W6853. 306. 2	生人时产生张姓	
W6853. 306. 3	变化产生人时出现张姓	
W6853. 306. 3. 1	姐弟婚生的怪胎变成人后，弟弟命名的姓氏中有张姓	【汉族】@［W6825. 2. 1. 1］姐弟婚生的怪胎变成人后，弟弟分别以张、王、董等命姓
W6853. 306. 4	特定的婚姻产生张姓	
W6853. 306. 5	特定人物命名张姓	
W6853. 306. 5. 1	仙婆封张姓	

W 编码	母题描述	关联项
W6853.306.5.1.1	接生的仙婆给兄妹婚生的 100 个孩子封姓，包括张姓	【民族，关联】①
W6853.306.6	根据所提的东西放置的地方命名出张姓	［W6831.1］以孩子出生时接触到的特定物命名姓氏
W6853.306.6.1	首领定姓氏时，规定把自己提的肉放在“獐子”上的就姓“张”	【佤族】@［W6835.4.1.1］首领定姓氏时，规定把自己提的肉挂“梨”树上的姓“李”，“葫芦”的姓“胡”，“蜜蜂”就姓“蜂”，“獐子”就姓“张”
W6853.306.7 *	张姓得姓始祖挥是黄帝之孙	【中华民族】
W6853.306.8 *	张姓的发源地	
W6853.306.8.1 *	张姓发源地在今河南濮阳	【中华民族】
W6853.307	章姓的产生（姓章的来历）	
W6853.307.1	以人产生时的地点命名章姓	
W6853.307.1.1	兄妹生的怪胎变成人时，靠在樟树上的就姓章	【土家族】@［W6831.3.1.2］兄妹生的怪胎变成人时，靠在樟树上的就姓章，靠在李树上的就姓李，长在檀树上的就姓谭
W6853.307.1.2 *	章姓源自任姓	【中华民族】@［W6853.192］任姓的产生（姓任的来历）
W6853.307a	獐姓的产生（姓獐子的来历）	
W6853.307a.1	因獐子图腾姓獐子	
W6853.307a.1.1	夫妇及其后代奉獐子为祖先而姓獐子	【彝族】
W6853.308	查姓的产生（姓查的来历）	
W6853.308.1	查姓源于姜氏	【中华民族】

① 【汉族】@［W6853.18.3.1.1］接生的仙婆给兄妹婚生的 100 个孩子封姓，包括陈姓；［W6853.237.5.1.1］接生的仙婆给兄妹婚生的 100 个孩子封姓，包括王姓。

W 编码	母题描述	关联项
W6853.308.2	查姓是炎帝的后裔	【中华民族】
W6853.308.3	查姓源于封地查邑	【中华民族】
W6853.309	长孙姓的产生（姓长孙的来历）	
W6853.309.1	长孙姓源于拓跋氏	【中华民族】
W6853.310	甄姓的产生（姓甄的来历）	
W6853.311	郑姓的产生（姓郑的来历）	
W6853.311.1 *	郑姓源于黄帝姬姓	［W6853.90.1］姬姓源于黄帝
W6853.311.1.1 *	郑姓源于黄帝的姬姓周族或部分源自周族	【中华民族】
W6853.312	支姓的产生（姓支的来历）	
W6853.313	钟姓的产生（姓钟的来历）	
W6853.313.1	因钟声产生钟姓	【畲族】@［W6838.3.1.1］三公主和龙王婚生的孩子落地时传来钟声，三公主就让孩子姓钟
W6853.313.2	帝王赐钟姓	
W6853.313.2.1	高辛帝为外孙赐姓其中有钟姓	【民族，关联】①
W6853.313.3	特定的婚姻产生钟姓	
W6853.313.3.1	凤凰蛋生的阿郎与东海龙女生 3 子分 3 姓其中有钟姓	【畲族】@［W6848.3.3.1］人与龙女婚生蓝、雷、钟 3 姓
W6853.313.3.2	犬与公主婚后生 5 子皇帝赐 5 姓，其中有钟姓	【畲族】@［W6848.5.3.1］犬与公主婚后生 5 子，皇帝赐雷、蓝、钟、鼓、盘 5 姓
W6853.313.4 *	从子姓中分化出钟姓	【中华民族】@［W6853.326］子姓的产生（姓子的来历）
W6853.314	钟离姓的产生（姓钟离的来历）	
W6853.315	仲姓的产生（姓仲的来历）	

① 【畲族】@［W6825.5.1］高辛帝给外孙们赐姓；［W6825.6.4.1］高辛皇帝命名姓氏；［W6853.169a.3.2］高辛帝为外孙赐姓其中有盘姓。

W 编码	母题描述	关联项
W6853.316	周姓的产生（姓周的来历）	
W6853.316.1	造人时产生周姓	
W6853.316.1.1	娘娘造人时形成周姓	【汉族】@［W6843.2.3］娘娘造人时形成百家姓
W6853.316.1.1.1	娘娘造100对男女，他们配成100对，每配一对就给个姓，其中有周姓	【汉族】
W6853.316.2	特定的婚姻产生周姓	
W6853.316.3	帝王赐周姓	
W6853.316.3.1	评王和王后为盘瓠儿女赐姓有“周”姓	【瑶族】@［W6825.6.4.2］评王和王后赐盘瓠儿女为盘、沈、包、黄、李、邓、周、赵、胡、雷、冯、唐等瑶家12姓
W6853.316.3.2	评王赐的12个瑶姓中有周姓	【瑶族】
W6853.316.4 *	周姓源于黄帝姬姓	［W6853.90.1］姬姓源于黄帝
W6853.316.4.1 *	周姓源于黄帝的姬姓周族或部分源自周族	【中华民族】
W6853.317	朱姓的产生（姓朱的来历）	
W6853.317.1	根据人产生的地点的关联物形成朱姓	
W6853.317.1.1	洪水后兄妹婚生怪胎，切碎的怪胎带回家变成的人以朱（猪）为姓	【汉族】@［W6837.1.5.1］怪胎变成人时，把撒上山的以牛、马为姓，放进水的以余（鱼）、夏（虾）为姓，挂上树的以陶（桃）李为姓，带回家的，以朱（猪）、苟（狗）为姓
W6853.317.2	因居住红色的地方姓朱	
W6853.317.2.1	祖先规定住在红岩脚下的就姓朱	【布依族】

W 编码	母题描述	关联项
W6853.317.3	根据同音替代产生朱姓	［W6829.7］同音替代形成姓氏
W6853.317.3.1	兄妹婚生的怪胎变成人时撒到猪上是朱家	【土家族】
W6853.317.4 *	朱姓得姓于舜帝的一位大臣	【中华民族】
W6853.317a	竹姓的产生（姓竹的来历）	
W6853.317a.1	洪水后兄妹生的孩子以竹为姓	【哈尼族】@［W6299.6.4.1.1］洪水后兄妹生的孩子以野猪为姓氏
W6853.317a.2	竹子生的男儿以竹为姓	【古代民族】【汉族】@［W6828.1.3a.1］竹子生的孩子以竹为姓
W6853.317a.3	因人来源于竹以竹为姓	【苗族】
W6853.318	诸姓的产生（姓诸的来历）	
W6853.319	诸葛姓的产生（姓诸葛的来历）	
W6853.319.1	诸葛姓是有熊氏后裔	【中华民族】
W6853.320	竺姓的产生（姓竺的来历）	
W6853.321	祝姓的产生（姓祝的来历）	
W6853.321.1	根据人产生的地点命名祝姓	【瑶族】@［W6837.1.3.1.0］伏羲兄妹婚生的肉瘤劈碎分撒，按变成人的地点成李、陶、杨、祝、石、田等姓
W6853.321.2 *	祝姓源自任姓	【中华民族】@［W6853.192］任姓的产生（姓任的来历）
W6853.322	颛孙姓的产生（姓颛孙的来历）	
W6853.322.1	颛孙姓源于妫姓	【中华民族】
W6853.323	庄姓的产生（姓庄的来历）	
W6853.323.1	庄姓源于芈姓	【中华民族】
W6853.324	宗姓的产生（姓宗的来历）	

W 编码	母题描述	关联项
W6853.325	邹姓的产生（姓邹的来历）	
W6853.325.1 *	邹姓始祖为炎帝的后裔蚩尤住居邹屠的一支	【中华民族】
W6853.325.2 *	从子姓中分化出邹姓	【中华民族】@［W6853.326］子姓的产生（姓子的来历）
W6853.326	子姓的产生（姓子的来历）	
W6853.326.1	子姓的高祖夔，有宋、萧、戴、谭诸国	【中华民族】
W6853.326.2 *	子姓出自黄帝的后代帝喾高辛氏	【中华民族】
W6853.326a	资姓的产生（姓资的来历）	
W6853.326a.1	资姓为尧的后代	【中华民族】
W6853.326a.2	资姓为黄帝后	【中华民族】
W6853.327	祖姓的产生（姓祖的来历）	
W6853.328	左姓的产生（姓左的来历）	
W6853.328.1	特定人物命名左姓	
W6853.328.1.1	伏羲正姓氏时，命名左姓	【中华民族】
W6854	**与常见姓氏有关的其他母题**	

6.7.5 与姓氏有关的其他母题【W6855 ~ W6859】

W 编码	母题描述	关联项
W6855	**姓氏的类型**	
W6855.0	姓氏有多种类型	

W 编码	母题描述	关联项
W6855.0.1＊	姓氏名号有以德类、以图腾崇拜类、以地类、以事类、以特征类、以官名异化类等多种类型	【中华民族】
W6855.1	按姓氏来源划分的姓氏类型①	
W6855.1.1	图腾崇拜类姓氏	［W6853.130］龙姓的产生（姓龙的来历；龙氏的产生）
W6855.1.2	祖先名或字类姓氏	【民族，关联】②
W6855.1.3	地名或国名类姓氏	【民族，关联】③
W6855.1.4	职业类姓氏（以职业命名姓氏）	［W6853.10a.1］卜是以技艺为氏
W6855.1.4.1	以管理的对象命名姓	
W6855.1.4.1.1	看杨树的，看桃树的，看石头的，看菜的，管河、管湖的，谁管什么就以什么为姓	【汉族】
W6855.1.4.2	以从事的职业命名姓氏（以干的事命名姓氏）	
W6855.1.4.2.1	养龙者赐氏曰御龙	【中华民族】
W6855.1.4.2.2	古者畜龙，故国有豢龙氏、御龙氏	【汉族】
W6855.1.4.2.3	女娲让生的子女中捉虾的姓虾，赶牛的姓牛，赶猪的姓猪，放羊的姓羊，刷锅的姓锅	【汉族】
W6855.1.4.2.4	蜀王喂很多蚕子，自名为蚕丛氏	【汉族】
W6855.1.5	官名类姓氏	【民族，关联】④
W6855.1.6	自然物类姓氏（山水类姓氏）	【民族，关联】⑤

① 按姓氏来源划分的姓氏类型，姓氏的来源非常复杂，关于这种类型的解释不同的研究者往往会有不同的划分方法和结果。这里提取的母题只选取一家之言，不准确之处已经发现，将及时改正。

② ［W6853.50］高姓的产生（姓高的来历）；［W6853.291］鱼姓的产生（姓鱼的来历）。

③ ［W6853.300］赵姓的产生（姓赵的来历）；［W6853.133］鲁姓的产生（姓鲁的来历）。

④ ［W6853.219］司马姓的产生（姓司马的来历）；［W6853.202］上官姓的产生（姓上官的来历）。

⑤ ［W6853.97］姜姓的产生（姓姜的来历）；［W6853.181］乔姓的产生（姓乔的来历）。

W 编码	母题描述	关联项
W6855.1.6.1	神农皇帝本姓姜，指水为姓氏	【汉族】
W6855.1.7	居所名称类姓氏	【民族，关联】①
W6855.1.7.1	以村寨为单位命名姓氏	【布依族】@［W6839.5.3］寨子名变成姓
W6855.1.8	部落名称类姓氏	［W6853.69d］呼延姓的产生（姓呼延的来历）
W6855.1.9	谥号名称类姓氏	【民族，关联】②
W6855.1.10	民族音译姓氏	
W6855.1.10.1	满族爱新觉罗氏汉译姓为“金”“赵”等	
W6855.2	按姓氏的对象划分的姓氏类型	
W6855.2.1	神的姓氏	
W6855.2.2	神性人物的姓氏	
W6855.2.3	人的姓氏（特定的人的姓氏）	
W6855.2.4	动物的姓氏（动物姓氏的来历）	
W6855.2.4.1	女娲封凤凰姓“凤”	【汉族】
W6855.2.5	植物的姓氏	
W6855.2.6	无生命物的姓氏	
W6855.2.7	其他特定人物的姓氏	
W6855.3	按汉语姓氏划分的姓氏类型	
W6855.3.1	单姓	
W6855.3.2	复姓③	
W6855.3.2.1	2 字姓（双字姓）	
W6855.3.2.1.1	伊祁氏	

① ［W6853.30］东郭姓的产生（姓东郭的来历）；［W6853.250］西门姓的产生（姓西门的来历）。

② ［W6853.157］穆姓的产生（姓穆的来历）；［W6859.1］谥姓。

③ 复姓，由两个及以上的汉字组成的姓氏。如司马、欧阳、上官、西门。复姓的来源较为复杂，其中既有官名、地名、职业行业等方面的来源，也有少数民族按音改姓或改为的汉语姓氏。据《中华姓氏大辞典》中的介绍，中国古今各民族用汉字记录的双字姓 4329 个、三字姓 1615 个、四字姓 569 个、五字姓 96 个、六字姓 22 个、七字姓 7 个、八字姓 3 个、九字姓 7 个。参见《中华姓氏大辞典》及 https：//zhidao. baidu. com。

W 编码	母题描述	关联项
W6855.3.2.1.1.1	尧姓伊祁氏	【中华民族】
W6855.3.2.1.2	伊耆	
W6855.3.2.1.2.1	炎帝神农氏姓伊耆	【中华民族】
W6855.3.2.2	3 字姓	
W6855.3.2.3	4 字姓	
W6855.3.2.4	5 字姓	
W6855.3.2.5	6 字姓	
W6855.3.2.6	7 字姓	
W6855.3.2.7	8 字姓	
W6855.3.2.8	9 字姓	
W6855.3.2.9	10 字姓	
W6855.4	姓氏的其他分类	
W6855.4.1	按姓氏的使用分类	
W6855.4.1.1	一个族体共同的姓氏	【仡佬族】@［W6884.2］不同人物使用同一名称（同名；共同的名称）
W6855.4.1.2	妇女姓氏的使用	
W6855.4.1.2.1	妇人国下系姓	
W6855.4.1.2.1.1 *	妇人国下系姓表示不忘本，且别他族	【中华民族】
W6855.4.2	按姓氏主体身份分类	
W6855.4.2.1	按中华民族划分姓氏	
W6855.4.2.1.1	汉族姓氏	
W6855.4.2.1.1.1 *	目前通用的汉姓约 3000 个	【中华民族】
W6855.4.2.1.2	少数民族姓氏	［W6839.2.2］少数民族借用汉族姓氏
W6855.4.2.2	按国别划分姓氏	
W6855.4.2.2.1	中国姓氏	
W6855.4.2.2.2	外国姓氏	

W 编码	母题描述	关联项
W6855.5	与姓氏分类有关的其他母题	
W6855.5.1	大姓	
W6855.5.1.1	两大姓	
W6855.5.1.2	三大姓	
W6855.5.1.3	四大姓	
W6855.5.1.4	五大姓	
W6855.5.1.5	六大姓	
W6855.5.1.6	七大姓	
W6855.5.1.7	八大姓	
W6855.5.1.8	九大姓	
W6855.5.1.9	十大姓	
W6855.5.1.9.1	沙壹生的10个兄弟和另一家的10个姐妹；婚生董、杨、赵、李、段、何、施、洪、严、尹十大姓	【白族】
W6855.5.2	小姓	
W6855.5.3	中华姓氏	
W6855.5.3.1	中华姓氏的产生	
W6855.5.3.1.1 *	伏羲姓氏族号绝大多数成为中华姓氏之源	【中华民族】
W6855.5.3.2	中华姓氏的特征	
W6855.5.3.3	与中华姓氏有关的其他母题	
W6856	**姓氏的变化**	
W6856.1	姓氏的演变（姓的演化）	
W6856.1.1	氏族分化造成姓氏演变	
W6856.1.1.1	祖先的姓氏亚木分裂为觉、界、究、简、恩五个分支氏族	【佤族】
W6856.1.2	一个姓氏演变为多个姓氏	
W6856.1.2.1	人与仙女婚生的子女先分出66姓，后来一姓变二姓形成120姓	【彝族】

W 编码	母题描述	关联项
W6856.1.2.2	禹为姒姓，后代分化出夏后氏、有扈氏	【中华民族】
W6856.1.3	大姓中分化出小姓	【瑶族（布努）】
W6856.1.4	一个姓演变成另一个姓	
W6856.1.4.1	竹姓后来演化成朱姓	【汉族】
W6856.2	姓氏的更改（姓的改变；改姓）	
W6856.2.1	改姓的原因（改变姓氏的目的）	
W6856.2.1.1	为延续某姓烟火改姓	【畲族】
W6856.2.1.2	因婚姻改变姓氏	
W6856.2.1.2.1	妻改夫姓	【汉族】@［W6836.3.1］妻随夫姓（妇随夫姓）
W6856.2.1.3	因战败改变姓氏	［W8785］战败者
W6856.2.1.4	为避祸改姓	【蒙古族】
W6856.2.1.4.1	杀人后怕追查改性	【瑶族（布努）】
W6856.2.1.4.2	为避免被杀改性	
W6856.2.1.4.2.1	李洞宾为避免武则天残杀之乱改姓吕	【汉族】
W6856.2.1.5	因其他特定需要改姓	
W6856.2.1.5.1	姓田的人因幼时生病拜神石为干爹，改为姓“石”	【白族】
W6856.2.1.5.2	因有罪改姓	【多民族】
W6856.2.1.5.3	嫌原来的姓土气改姓	【汉族】
W6856.2.1.5.4	因担心后人谋权改姓	【汉族】
W6856.2.2	改姓的情形（改姓的类型）	
W6856.2.2.1	父姓不能改	【景颇族】
W6856.2.2.2	阿妈死了母姓可改	【景颇族】
W6856.2.2.3	少数民族改汉姓	
W6856.2.2.3.1	傈僳族的竹氏族改汉姓为祝	【傈僳族】

W 编码	母题描述	关联项
W6856.2.2.3.2	粮种鱼氏族称为“旺扒”或“旺渣扒”，汉姓称为“余”	【傈僳族】
W6856.2.2.4	特定人物改姓（名人改姓）	
W6856.2.2.4.1 *	黄帝初姓公孙，后改姓姬	【中华民族】
W6856.3	姓氏的合并	
W6856.3.1	夫妻合姓的来历	
W6856.4	姓氏多变（一个姓氏发生多种变化）	［W6856.1.2］一个姓氏演变为多个姓氏
W6856.4.1	特定姓氏前后不一姓	
W6856.4.1.1 *	豕韦氏前后不一姓、不一族	【中华民族】
W6856.4.2	姓氏随时代变化	
W6856.4.2.1 *	陶唐氏在夏为御龙氏，在商为豕韦氏，在周为唐杜氏，晋主夏盟为范氏	【中华民族】
W6856.5	因投胎改变姓氏	
W6856.5.1	老和尚投胎成为李员外家遂改姓李	【汉族】
W6856.6	姓氏变化的其他情形	
W6856.6.1 *	氏名可变，而族姓不变	【中华民族】
W6856.7	姓氏变化的结果	
W6856.8	与姓氏变化有关的其他母题	
W6856.8.1	原姓（本姓）	
W6856.8.1.1	济公和尚原本姓李	【汉族】
W6856.8.2	正诸侯之姓氏	【关联】①
W6856.8.2.1 *	正诸侯之姓氏以重新确定部族的姓氏名号	【中华民族】
W6857	**姓氏的消失（姓氏的丢失）**	

① ［W6824.2.2.2.1］太昊伏羲氏正姓氏；［W6824.2.2.2.2］伏羲正姓氏。

W 编码	母题描述	关联项
W6857.1	姓氏消失的原因	
W6857.1.1	年代久远，儿孙不知祖先的姓	【瑶族（布努）】
W6857.2	姓氏消失的情形	
W6857.3	与姓氏消失有关的其他母题	
W6858	**姓氏文化**	
W6858.1	姓与氏的关系	
W6858.1.0	姓与氏的先后	［W6896.2］姓与名产生的先后
W6858.1.0.1	先有姓后有氏	［W6858.1.3.2］氏是从姓中派生出来
W6858.1.0.1.1 *	“氏”追上去是“姓”	【中华民族】
W6858.1.0.2 *	姓与氏同时存在	【中华民族】
W6858.1.1	姓与氏的区别	
W6858.1.1.1 *	夏商周三代以前，姓氏分而为二	【中华民族】
W6858.1.1.2 *	夏商周三代以前，男子称氏，妇人称姓	【中华民族】
W6858.1.1.2a *	男子称氏，女子称姓	【中华民族】
W6858.1.1.2b *	中国进入父系社会以后男子只称“氏”，唯妇人乃称“姓”	【中华民族】
W6858.1.1.3 *	姓可呼为氏，氏不可呼为姓	【中华民族】
W6858.1.1.4 *	氏一再传而可变，姓千年而不变	【中华民族】
W6858.1.1.4.1 *	“姓”统系百世而不变	【中华民族】
W6858.1.1.5 *	黄帝姓姬，氏之以公孙，非姓	【中华民族】@［W6856.2.2.4.1 *］黄帝初姓公孙，后改姓姬
W6858.1.1.6 *	姓与氏范围不同	
W6858.1.1.6.1 *	姓的范围较大，氏或族是姓的分支	【中华民族】
W6858.1.2	姓与氏的混合（姓与氏的联系）	
W6858.1.2.1	姓与氏含义的混淆	

W 编码	母题描述	关联项
W6858.1.2.1.1 *	“陶唐氏”非姓而是部落名称	【汉族】
W6858.1.2.1.2 *	秦汉以后，姓氏混一	【中华民族】
W6858.1.2.2	姓与氏同义	
W6858.1.2.2.1 *	“氏”与“姓”同义从神农开始	【中华民族】
W6858.1.2.3 *	夏商周三代之后，姓氏合而为一	【中华民族】
W6858.1.2.4 *	司马迁大致以为上古姓、氏一义	【中华民族】
W6858.1.2.5 *	上古言女子有时姓与氏并用	
W6858.1.2.5.1 *	上古卜辞有妇好称姓，有妇楚称氏	【中华民族】
W6858.1.2.6 *	“氏”与“姓”分支、衍派出不同的“支氏”与“他姓”都有相同的血缘	【中华民族】
W6858.1.3	姓与氏的分开	
W6858.1.3.1	三代以前姓与氏分而用之	【中华民族】
W6858.1.3.2	氏是从姓中派生出来	【中华民族】
W6858.1.3.3 *	春秋时代，女子皆称姓而不再称氏	【中华民族】
W6858.1.4	姓与氏性质相同	
W6858.1.4.1 *	氏族公社时，姓与氏以及族都是氏族组织	【中华民族】
W6858.1a	姓与宗的关系	
W6858.1a.1 *	亲生血缘称“姓”，后来发展到完全以父系（男系）计算的血缘关系时出现了“宗”	【中华民族】
W6858.1b	姓氏与国号的关系	
W6858.1b.1 *	从黄帝起，国号与姓氏不相混	【中华民族】
W6858.2	姓的特定标志	
W6858.2.1	特定的姓选取实物做标志	

W 编码	母题描述	关联项
W6858.2.1.1	密且人每一姓都认定一株树作为族树	【彝族】
W6858.3	姓氏融合	
W6858.3.1	少数民族的汉姓	
W6858.3.1.1	傈僳族虎氏族的汉姓称为“腊”或“胡”	【傈僳族】
W6858.4	姓氏的传承（姓氏的继承）	
W6858.4.1 *	母系氏族时期形成的“姓”一直传到父系社会初期	【中华民族】
W6858.4.2 *	母亲的氏和姓分派给二女	
W6858.4.2.1 *	娥皇、女英是把尧妻的氏和姓分派给二女	【中华民族】
W6858.5	姓氏之学（姓氏研究）	
W6858.5.1 *	姓氏之学最盛于唐	【中华民族】
W6858.5.2	姓氏研究成果	
W6858.5.2.1 *	《中华姓氏大辞典》	【中华民族】
W6858.6	特定的姓氏文化	
W6859	**与姓氏有关的其他母题（与姓有关的其他母题）**	
W6859.1	谥姓	【汉族】@［W6883.3.1］谥号
W6859.2	别姓	
W6859.2.1	后稷别姓“姬氏”	【汉族】
W6859.3	姓氏研究	
W6859.3.1	姓氏研究的意义	
W6859.3.1.1 *	姓氏研究可以追寻人类历史、人类文化发生发展进程	【多民族】

6.7.6 名称（姓名）与命名
【W6860～W6869】

W 编码	母题描述	关联项
* **W6860**	**名称（名称的产生；名字的产生；姓名的产生；取名）**①	名字的产生
W6861	**名称产生的原因（取名的原因）**	
W6861.1	名称源于纪念的需要	
W6861.1.1	为怀念祖先确定名字	【藏族】
W6861.2	为了区别事物命名	
W6861.3	为了光宗耀祖取名	
W6861.4	为了消灾取名	
W6861.4.1	取特定的名字祛病	【彝族（撒尼）】@［W6880.1.2.3.2］小孩有病时，父母带孩子去祭献一块石头并以石头为孩子的名字
W6861.4.1.1	因婴儿夜啼拜寄绵羊名	【彝族】
W6861.3	名字产生的其他原因	【关联】②
W6862	**以前没有名称（以前没有姓名）**	［W6820.1］人不用姓氏（人以前没有姓氏）
W6862.1	以前万物没有名字	【壮族】

① 名称（名称的产生；名字的产生；姓名的产生；取名）这里涉及的“名称”“名字”“姓名”三个概念有区别又有密切联系，在许多神话叙事又往往相互借用，甚至在有的神话中“姓”与“名”混为一谈，为避免该类母题的重复繁杂，合并一起列出。

② ［W6881.1.1］母子联名（母女联名；母子连名）；［W6881.1.2］父子联名（父子连名）。

W 编码	母题描述	关联项
W6862.1.1	父母不会为孩子取名	【傈僳族】@［W6873.3.2］父母为孩子取名（父母是命名者）
W6862.1.2	神生不知名的东西	【哈尼族】
W6862.2	以前的人没有姓名	【水族】@［W6820.1］人不用姓氏（人以前没有姓氏）
W6863	**名字自然出现**	
W6863.1	出生后自然出现姓名	【满族】【汉族】
W6863.1.1	鬼生下来时说出自己名字	【珞巴族】
W6863.1.2	桃核生出1男1女，男的叫杨佬，女的叫杨芳	【苗族】
W6863a	**名字源于特定地方**	
W6863a.1	名称源于书中	
W6863a.1.1	祖传的书中记载万物名称	【彝族】
＊**W6864**	**取名的方法（命名方法；特定的命名者）**	【汤普森】T596
W6865	**神或神性人物给特定物命名（神是取名者；神性人物是取名者）**	
W6865.1	神给特定物命名	【关联】①
W6865.1.1	神给万物命名	
W6865.1.2	天神是命名者	
W6865.1.2.1	灵山建好后，天神为它取名为居那若倮	【纳西族】
W6865.1.2.2	第一代天神阿布凯赫赫为柳树命名	【满族】
W6865.1.2.3	天神为第一代人取名	【彝族】
W6865.1.2.4	天神厄莎给葫芦生的两个娃娃取名	【拉祜族】

① ［W1535.2］神或神性人物为万物命名；［W6873.1］神为人取名；［W6873.2］神性人物为人取名。

W 编码	母题描述	关联项
W6865.1.3	神王是命名者	
W6865.1.3.1	最高的神王阿匹梅烟女神给自己的9个女儿取名字	【哈尼族】@［W6873.3.4］母亲为孩子取名（妈妈为子女取名）
W6865.1.4	雷神是命名者（雷公取名）	
W6865.1.4.1	雷公给卵生的女子取名黎母	【黎族】
W6865.1.5	神为造出的人命名	【独龙族】
W6865.1.5.1	大神德绕高造出的人取名“阿加尼”	【藏族】
W6865.1.6	神是命名者的其他情形	
W6865.1.7	与神是命名者有关的其他母题	
W6865.1.7.1	萨满代表神给人授名	【蒙古族】
W6865.2	神性人物给特定物命名	
W6865.2.1	祖先是命名者	
W6865.2.1.1	祖先为万物命名	
W6865.2.1.2	盘古为造的人命名	【汉族】
W6865.2.1.2a	盘古兄妹为造的人命名	【汉族】
W6865.2.1.3	盘古为女娲取名	【汉族】
W6865.2.2	真主作为命名者	
W6865.2.2.1	真主传授万物名称	【回族】
W6865.2.2.2	真主为最早的女人赐名“海尔玛”	【回族】
W6865.2.3	鬼作为命名者	
W6865.2.3.1	恶鬼得知婴儿降生后会抢先给婴儿命名	【基诺族】
W6865.2.4	神的儿子是命名者	
W6865.2.4.1	女神密洛陀的第九个儿子邮友郁夺给万事安名	【瑶族（布努）】
W6865.2.5	仙女是取名者	

W 编码	母题描述	关联项
W6865.2.5.1	孩子要请“仙姬”命名	【白族】
W6865.2.6	造人者是命名者	［W6866.2.5］造人者命名
W6865.2.6.1	造人者为泥巴人取名字	【汉族】
W6865.2.6.2	大神英叭为造出一对男女命名	【傣族】
W6865.2.7	洪钧老祖是命名者	【汉族】
W6865.2.8	三皇五帝是命名者	
W6865.2.8.1	羲皇、燧人始名物虫鸟兽之名	【中华民族】
W6865.2.8.2	黄帝正名百物	【中华民族】
W6865.2.8.2a	黄帝以物作名，正名其体	【中华民族】
W6865.2.9	其他特定神性人物作为命名者	
W6865.2.9.1	玄黄为劈出的男女取名	【汉族】
W6865.2.9.2	天皇取名	
W6865.2.9.2.1	后羿之名天皇取	【汉族】
W6866	**特定的人命名（人是命名者）**	
W6866.1	长辈命名	［W6873.3］特定关系人为人命名
W6866.1.1	长辈为婴儿取名	
W6866.1.1.1	吃祭祀的公鸡后长辈为婴儿取名字	【彝族】
W6866.2	特定身份的人命名	
W6866.2.1	帝王命名（帝王题名）	【关联】①
W6866.2.1.1	高王为大黄狗取名盘瓠	【瑶族】
W6866.2.1.2	周穆王题字：“西王母之山”	【汉族】
W6866.2.2	族长命名	
W6866.2.2.1	族长为特定的婴儿取名	【仫佬族】
W6866.2.3	巫师命名	

① ［W6873.4.2］帝王为人取名；［W6880.1.2.3.1］因皇帝的话命以石头为名。

W 编码	母题描述	关联项
W6866.2.4	占卜者命名	
W6866.2.5	造人者命名	［W6824.1.2］造人者命名姓氏（造人者划分姓氏）
W6866.2.5.1	一个叫岩胆的男人刻木变成姑娘后起名玉双罕	【布朗族】
W6866.2.5.2	喇嘛为造出的人命名	
W6866.2.5.2.1	喇嘛造一个名叫伊优木的男子和一个名叫特登的女人	【蒙古族】
W6866.2.5.2.2	扎萨喇嘛为造的男人取名叫布日额	【蒙古族】
W6866.2.5.3	女娲娘娘把自己造的娃儿叫做“人”	【汉族】
W6866.2.5.4	真主为造的人取名阿丹	【回族】
W6866.2.5.5	造人者为造出的男女命名	【独龙族】
W6866.2.5.6	夫妻神布桑戛西和雅桑戛赛为造出的一对男女取名古里玛和古玛列	【傣族】
W6866.2.5.6a	男神阿热和女神阿咪为造的成活的男女取名阿达米和野娃	【彝族（阿细）】
W6866.2.6	老人为人取名（老寿星是人的命名者）	
W6866.2.6.1	老寿星为一对老夫妻生的儿子取名	【鄂温克族】
W6866.2.6.2	老两口给从桑树上得到的女孩起名嫘祖	【汉族】
W6866.2.7	抚养者为孩子取名	［W6873.3.4.6］养母为收养的孩子取名
W6866.2.7.1	百鸟给抚养的娃娃取名阿郎	【畲族】
W6866.2.8	父母为子女命名（父母为孩子定姓命名）	［W6873.3.2］父母为孩子取名（父母是命名者）
W6866.2.8.1	姐弟为婚生的一对子女命名姓名	【汉族】

W 编码	母题描述	关联项
W6866.2.8.1a	女娲夫妻为生育的 108 个孩子命名	【汉族】
W6866.2.8.2	母亲为孩子命名	
W6866.2.8.2.1	父亲让孩子的母亲为孩子命名	【土家族】
W6866.2.8.2.2	母亲为儿子定姓名	【满族】
W6866.2.8.2.2.1	天神之母蒲依为生出了人模人样的小男孩取名“更”	【彝族】
W6866.2.8.2.3	母亲为养子命名	
W6866.2.8.2.3.1	寡妇阿匹野外捡到的一个白猴成了她的儿子后第一件事就是给儿子取名字	【哈尼族】
W6866.2.8.2.4	母亲为女儿取名	
W6866.2.8.2.4.1	神王阿匹梅烟为生的九个姑娘取名字	【哈尼族】
W6866.2.8.2.5	母亲为生的儿女命名	
W6866.2.8.2.5.1	佘香香为梦老鹰生的姑娘取名芝兰，男娃取名天飞	【土家族】
W6866.2.8.3	父亲为孩子命名	
W6866.2.8.3.1	鲧给儿子取名禹	【中华民族】
W6866.2.8a	祖父为孩子命名（外祖父为孩子定姓命名）	
W6866.2.8a.1	庆都的父亲为孩子取名放勋	【汉族】
W6866.2.8a.2	祖父为归来的孙子取名	【佤族】
W6866.2.8a.3	祖辈为婴儿取名	【彝族（俚颇）】
W6866.2.9	其他特定的人命名	
W6866.2.9.1	东巴为新生儿命名	【纳西族】
W6866.2.9.2	师傅是命名者	【汉族】
W6866.2.9.3	请造字者取名	
W6866.2.9.3.1	造字者仓颉给龟起名字	【汉族】

W 编码	母题描述	关联项
W6866.3	人自己为自己命名（本人是命名者）	【民族，关联】①
W6866.3.1	世界的第一个人为自己命名	
W6866.3.1.1	天地混沌中“彭”地炸出的一个人给自己取名“彭呼”	【汉族】
W6866.3.2	盘古给自己命名	【汉族】
W6866.3.3	李姑娘、张古老给自己命名	【土家族】
W6866.3.4	帝喾出生后自言其名曰“夋”	【汉族】
W6866.4	有特定经历的人作为命名者（特定来历的人为人命名）	
W6866.4.1	婴儿请闯进家来的人命名	【基诺族】
W6866.4.1.1	婴儿出生后由犯忌闯入者为婴儿取名	【傈僳族】
W6866.4.2	婴儿产生后由第一个送礼者为婴儿取名	【傈僳族】
W6866.4.3	请在特定地方遇见的人为孩子取名	
W6866.4.3.1	请第一个过桥的人给孩子取名	【傈僳族】
W6866.4.4	不知来历的人告知名称	【仡佬族】
W6866.5	人为万物命名	【彝族】
W6867	**其他特定人物命名（与命名者有关的其他母题）**	
W6867.1	命名的帮助者	
W6867.1.1	请文化人帮助命名	
W6867.1.1.1	密洛陀给儿子命名时邀尚则依郎（通汉文的汉族古人名字）帮助	【瑶族（布努）】
W6868	**名称产生的方式（命名的方式；命名的方法）**	［W6874］人的命名方法

① 【汉族】【纳西族】@［W6825.7.1］自己命名姓氏（自报姓氏）；［W6881.2.2.1］一株柳树修炼成人形，自己根据叶子在风中发出的声音给自己取名“佛赫”；［W6885.2.1］神给自己取名。

W 编码	母题描述	关联项
W6868.1	亲属间姓名的传承	
W6868.1.1	女子随父名	
W6868.1.1.1	年轻妇女的父名叫叭戛玛塔	【傣族】
W6868.2	借特定物的名称命名（根据特定物取名）	［W6837］根据特定物命名姓氏（以特定名称作为姓氏）
W6868.2.0	人借各种物命名	
W6868.2.0.1	人最早用万物命名	【白族】
W6868.2.1	借动物的名称命名	【关联】①
W6868.2.1.1	以鸟命名	【汉族】
W6868.2.1.1.1	少昊纪于鸟师而鸟名	【汉族】
W6868.2.1.1.2	因凤鸟集于帝庭因曰“凤鸟氏”	【中华民族】
W6868.2.2	借卦名作民族名称（卦名作部落名称）	
W6868.2.2.1	且舍是离坎二卦的卦名，也是彝族先民的部落名称	【彝族】
W6868.2.3	借路名命名	
W6868.2.3.1	婴儿以路为名，路的鬼就会保护孩子	【基诺族】
W6868.2.4	仿照行业惯例命名	
W6868.2.4.1	仿照鲁班的名字称木匠叫“掌班”	【汉族】
W6868.2.5	根据人造物命名	
W6868.2.5.1	大禹铸九鼎命名“九州”	【汉族】
W6868.2.6	以玉命名	
W6868.2.6.1 *	玉女、瑶母、颛顼等皆以玉为名	【中华民族】
W6868.3	借地名命名	【关联】②
W6868.3.1	“海夸尼”（家鬼名）是沧江的一个地名	【傈僳族】

① ［W6837.3］以动物名命名姓氏；［W6873.3.2.2.1］父母用动物名称为儿女取名；［W6880.1.4］借动物的名称命名人名（人取动物名字）；［W6881.1.8.2］人用动物名称称特定亲属。

② ［W6837.1.2］以经过的地名命名姓氏；［W6893.1.3.1］以地名命名部落。

W 编码	母题描述	关联项
W6868.3.2	借埋葬地点命名	
W6868.3.2.1	黄帝陶正死后葬之宁北山中，故谓之宁封子	【中华民族】
W6868.3a	借族名命名	
W6868.3b	借国名命名	［W6839.1.2］以国名为姓
W6868.3b.1	人以国名为名	
W6868.3b.1.1	华胥氏之国的女子就叫华胥氏姑娘	【汉族】
W6868.4	借汉字命名（借汉语命名）	
W6868.4.1	吉叶苏洛贝山的汉名黄茅埂	【彝族】
W6868.5	根据征兆取名	
W6868.5.1	梦兆取名	
W6868.5.1.1	小孩降生前夕，若父亲或母亲做了好梦，父亲则将梦中所见的东西为孩子取名	【彝族】
W6868.6	学习命名（特定人物传授命名方法）	
W6868.6.1	少数民族向汉族学习取名	
W6868.6.1.1	瑶族向汉族学习取名	【瑶族】
W6868.7	根据特定事件命名	
W6868.7.1	因特定的肉变成兔子的岭取名“兔儿岭”	【汉族】
W6868.8	根据神话传说命名	
W6868.8.1	按照神话联想将北斗七星取名“帝车”	【中华民族】
W6868.8.2	太一星又名“东皇”	【中华民族】
W6868.9	与命名方法有关的其他母题	
W6868.9.1	用谐音命名	［W6838.1］根据谐音命名定姓氏

W 编码	母题描述	关联项
W6868.9.1.1	很惨的虫子取名“蚕”	【汉族】
W6868.9.2	语音隐喻式命名	
W6868.9.2.1＊	初祖黄帝隐喻了“黄—璜”	【华夏民族】
W6868.9.3	组字命名（合字命名；合名命名；合成的名字）	【关联】①
W6868.9.3.1	天虫二字合起来形成“蚕”	【汉族】
W6868.9.3.2	杜鹃是两个人的名字合成的	【汉族】
W6868.9.4	根据衣着特征命名	
W6868.9.4.1	神的女儿长大后喜欢穿红艳艳的衣裙取名底诗底妮吾司木（红云黄云天仙女）	【彝族】
W6868.9.5	根据职业命名	【关联】②
W6868.9.5.1	黄帝的正妃嫘祖发明养蚕，故称“先蚕娘娘”	【汉族】
W6868.9.5.2	爱屋及乌的职业性命名	
W6868.9.5.2.1	蜀王爱养蚕，把王妃的名字改成蚕娥	【汉族】
W6868.9.5.3	因技为名	
W6868.9.5.3.1＊	皋陶是陶灶的发明者，故称咎繇	【中华民族】
W6868.9.5a	根据发明的东西命名	
W6868.9.5a.1＊	仓颉、隶首、容成等命名源于其发明	【中华民族】
W6868.9.6	因德为名	［W6883.7.2.1］命号以彰其功德
W6868.9.6.1＊	尧（伊放勋）意味高瞻远瞩的君主	【中华民族】

① ［W6869.6］组合产生姓名（名称的组合）；［W6893.2.1.4］为纪念大大和石善二人造桥，取名“大石桥”。

② ［W6855.1.4］职业类姓氏（以职业命名姓氏）；［W6883.2b.2］以身份命名昵称（以从事的职业命名昵称）。

W 编码	母题描述	关联项
W6868.9.7	追忆产生的名称	
W6868.9.7.1 *	“华胥”是后人依据世代传说追记的名称	【中华民族】
W6869	**与名称的产生有关的其他母题（与姓名的产生有关的其他母题；与取名有关的其他母题）**	
W6869.1	命名的时间（取名时间）	
W6869.1.1	人出生前取名	
W6869.1.1.1	分娩之前找算命先生给孩子取一个名字	【白族】
W6869.1.2	孩子出生后特定时间命名	
W6869.1.2.0	婴儿出生辨出性别后马上取名	【基诺族】
W6869.1.2.0a	婴儿出生当天取名	【纳西族】
W6869.1.2.1	婴儿出生三天后取名	【纳西族】
W6869.1.2.1a	婴儿出生满三天要取名	【彝族（俚颇）】
W6869.1.2.2	小孩出生满 14 天后举行取名仪式（开余；开本吐）	【纳西族】
W6869.1.3	孩子长大后取名	【白族】
W6869.1.4	人在特定年龄取名	［W6884.7.3.3.1］特定年龄的孩子没有名字
W6869.1.4.1	男孩到了青年请求取楼名，年龄要逢单数，如十三岁、十五岁、十七岁	【侗族】
W6869.1.4.2	男孩十岁该有名字	【汉族】
W6869.1.4.3	孩子的命名一年两次	

W 编码	母题描述	关联项
W6869. 1. 4. 3. 1	孩子的一次为春节期间，一次是栽秧完毕举行田家乐表演时	【白族】
W6869. 1. 5	特定的日子命名（特定的时辰命名）	
W6869. 1. 5. 1	牛日或羊日举行取名仪式	【纳西族】
W6869. 1. 5. 2	新年时给小孩取名	【侗族】
W6869. 1. 5. 3	正月初一取名	【侗族】
W6869. 1. 6	特定事件时命名	
W6869. 1. 6. 1	男子在结婚时由父亲命名	【怒族】
W6869. 1. 6. 2	人类再生时命名	
W6869. 1. 6. 3	为孩子庆生时命名	【蒙古族】
W6869. 1. 7	特定人物时代出现姓名	
W6869. 1. 7. 1	伏羲造人成活后懂得安姓叫名	【壮族】
W6869. 2	命名的地点（取名的场合）	
W6869. 2. 1	在特定的场所命名	
W6869. 2. 1. 1	祭献的同时，要当着古树、奇石给孩子“命名”	【仡佬族】
W6869. 2. 1. 2	为婴儿在松树林中取名字，荞子花中取名字	【彝族】
W6869. 2. 1. 3	孩子满三朝时在床边给孩子取名	【仡佬族】
W6869. 2. 2	在天涯海角石门子命名姓氏	
W6869. 2. 2. 1	天皇的女儿在天涯海角石门子为后代命名姓氏	【黎族】
W6869. 2. 3	在庆生宴上取名	【蒙古族】@［W6869. 1. 6. 3］为孩子庆生时命名
W6869. 3	取名的次数（命名的次数）	
W6869. 3. 1	男子一生有三次命名	

W 编码	母题描述	关联项
W6869.3.1.1	男子一生的三次命名，第一次是出生后，第二次是参加同女伴们的社交活动时，第三次是结婚时	【怒族】
W6869.3.2	两次取名（重新取名）	［W6894.4.2.1］饺子变成的小孩战胜了恶狼，父母重新给他取名“饺子英雄”
W6869.3.2.1	取名后出现反常现象要重新取名	【傈僳族】
W6869.4	偶然得知自己的名字	
W6869.4.1	英雄第一次奇遇知道了自己的名字	【汤普森】①J1730.1；②T617.2；［W0560］文化英雄
W6869.5	先有名后有姓	【瑶族（布努）】
W6869.5.1	人开始时有名，但没有姓	【民族，关联】①
W6869.5.2	盘古爷姐弟的子女先有名后有姓	【汉族】
W6869.6	组合产生姓名（名称的组合）	
W6869.6.1	用多民族文字合成名字	【纳西族】
W6869.6.2	合字取名（融合式命名）	
W6869.6.2.1	东巴根据母亲的年龄、属相及孩子出生相关神名等合字取名	【纳西族】
W6869.6.2.2	人名和他的职务连起来称呼	【哈尼族】@［W6876.1.3］根据祖先的职务命名
W6869.6.3	合成简化为特定名称	
W6869.6.3.1	三个儿子上元一品九气天官紫微大帝、中元二品七气地官清虚大帝、下元三品五气水官洞阴大帝合称“三元”	【汉族】

① 【壮族】@［W6820.1］人不用姓氏（人以前没有姓氏）；［W6839.5］名字变成姓（名字成为姓氏；名字改成姓氏）。

W 编码	母题描述	关联项
W6869.6.3.2	句曲而有芒角故云句芒	【中华民族】
W6869.6.4	名字组合有原则	
W6869.6.4.1	名字相合才成	【景颇族】
W6869.7	姓名的拆解	
W6869.8	取名有关事象	
W6869.8.1	取名前占卜	
W6869.8.1.1	取名前占卜三次都一致才能定名	【傈僳族】
W6869.8.2	取名后占卜	
W6869.8.2.1	婴儿取名后占卜，名不吉者须另取名	【白族（那马）】
W6869.8.3	取名前先祭神	【纳西族】
W6869.8.4	取名时祭祖先	【仡佬族】
W6869.8.5	取名时祭其他特定物	
W6869.8.5.1	老祖为婴儿取名时先祭马樱枝	【彝族（俚颇）】
W6869.9	与取名有关的其他情形	
W6869.9.1	酬谢取名者	【傈僳族】
W6869.9.2	名字的确定（定名；名字的认定）	［W6869.8.1.1］取名前占卜三次都一致才能定名
W6869.9.2.1	为婴儿命名时婴儿应答才能认定该名	【纳西族】
W6869.9.2.2	通过打卦认定婴儿的命名	【侗族】
W6869.9.3	姓名的判定（姓名的鉴别）	
W6869.9.3.1	神农判出七十二毒神姓名	【中华民族】
W6869.9.4	为特定来历的人取特定的名	
W6869.9.4.1	为魔鬼投胎出生的姑娘取名叫检收	【哈尼族】

6.7.7 人的名字（人的姓名）

【W6870 ~ W6884】

W 编码	母题描述	关联项
※ **W6870**	**人的命名（人的姓名的产生；人的名字的来历）**①	
W6870.1	人的命名的原因（人名产生的原因）	
W6870.1.1	人的命名是特定人物的安排	
W6870.1.2	为了人的区别命名	
W6870.1.3	孩子长大后要求有名字	
W6870.1.3.1	5 个儿子长大后让父亲起名字	【鄂伦春族】
W6870.1.4	人的名字是用来怀念祖先	
W6870.1.4.1	取名“尼玛”（太阳）、“达瓦”（月亮）、“朵尔玛”（星星）是为了怀念祖先	【藏族】
W6870.1.5	人的名字是用来报仇	
W6870.1.5.1	母亲被九龙闹水淹死，父亲为独生儿子起名九龙，盼他长大除恶龙报仇	【汉族】
W6870.2	人的名字产生的条件	

① 人的命名，人的名称的产生在历史上经历了复杂的演变过程。一般而言，中国远古时代的人名、族名和地名常常合而为一。如黄帝号称轩辕氏，又号称有熊氏，这里的“轩辕氏”即天鼋氏，是以大鳖为图腾的族体；而“有熊氏”则是以熊、虎等为图腾的族体。人类早期不可能每个人都有具体的名字，实际上也没有必要。因此，“黄帝”这个名称并不是一个人的专指，而是作为一个族群的统一的称呼，即“黄帝族”。这样被派往任何一个地方从事治理任务的“黄帝族”的“人”，代表的都是这个族体，人们都可以称之为“黄帝”，我们今天的不同地区之所以出现很多以“黄帝陵”等命名的遗迹，都是因为有“黄帝族”的人或后裔到此生活过。类似的情况，如炎帝、蚩尤、尧、舜、大禹等亦然。如此看来，如果了解了神话传说中的姓氏文化和人的命名，许多地方行政者也根本没有必要争夺历史名人专属权的必要。需要保持一个“各美其美，美人之美，美美与共”的正确文化态度。

W 编码	母题描述	关联项
W6870.3	人的名字产生的时间（人的命名的时间；人的姓名产生的时间）	
W6870.3.1	婴儿出生看清性别后要马上命名	
W6870.3.1.1	婴儿生下看清性别后要将婴儿抱起唤他第一声名，否则恶鬼就要给他起名把婴儿带走	【基诺族】
W6870.3.2	男女结婚之后巫师举行命名仪式	【基诺族】
W6870.3.3	成年礼时命名	
W6870.3.3.1	成年礼时取楼名程序包括请求命名、念取名经、命名宴三个环节	【侗族】
W6870.3.4	人在特定年代产生姓名	
W6870.3.4.1	人类产生时出现姓名	
W6870.3.4.2	特定的朝代产生姓名	
W6870.3.5	人死后命名	
W6870.3.5.1 *	“宁封”是此人去世后人们给他起的名字	【汉族】
W6870.4	人的名字产生的地点	
W6871	**人以前没有名字**	
W6871.1	人以前不知道万物的名字	
W6871.1.1	人以前树木名字不晓得，山川名字不会分	【彝族】
W6871.2	无名氏	
W6871.2.1	一个无名的巨人	【汉族】
W6871.3	以前不为孩子取名	
W6871.3.1	女始祖把生的前几胎孩子弄丢，故不给娃娃起名字	【佤族】
W6872	**人的名字自然产生**	
W6872.1	人自然有名字	【汉族】

W 编码	母题描述	关联项
W6873	**人的命名者（特定人物为人命名）**	［W6866］特定的人命名（人是命名者）
W6873.1	神为人取名	
W6873.1.1	天神地神为人取名	【哈尼族】
W6873.1.2	天神为人取名	【傈僳族】
W6873.1.2.1	天神为神蛋神生的人取名“召阿力米地亚”	【傣族】
W6873.1.2.2	天神把造出的男的叫“普”，女的叫“姆”	【独龙族】@［W6873.2.2］造人者为造的人取名字
W6873.1.3	生育神为人取名	
W6873.1.3.1	管生育的神仙雷都仙念为洛神乔生的7个儿子取名	【瑶族】
W6873.1.4	创世女神为人取名	
W6873.1.4.1	创世女神厄莎为葫芦生的男女取名	【拉祜族】
W6873.2	神性人物为人取名	
W6873.2.1	祖先为人取名	
W6873.2.2	造人者为造的人取名字	【白族】【汉族】
W6873.2.2.0	盘古安名安姓	【瑶族】@［W6824.2.2.4］盘古命名姓氏（盘古定姓氏）
W6873.2.2.1	女娲把自己造的孩子叫做“人”	【汉族】@［W1535.2.3］智慧神给万物取名
W6873.2.2.1a	女娲为造的人命名姓名	【汉族】
W6873.2.2.1b	女娲造一对男女，把男的叫布，女的叫都	【汉族】
W6873.2.2.2	安拉为先后造出2个人分别取名亚丹、尔洼	【回族】
W6873.2.2.3	真主给自己造的人取名阿丹	【回族】
W6873.2.2.4	胡大用泥土捏了个人形取名阿丹	【撒拉族】

W 编码	母题描述	关联项
W6873.2.2.5	造人的夫妻神布桑戛西和雅桑戛赛为造的男子取名古里玛，女子取名古玛列	【傣族】
W6873.2.2.5a	布尚改、雅尚改给他们造的人起名字叫“人”	【傣族】
W6873.2.3	天使为人取名	【汤普森】T569.1
W6873.2.4	天女为人取名	
W6873.2.4.1	天女为儿子取姓名	【满族】
W6873.2.5	真主为人取名	【回族】【撒拉族】
W6873.2.6	英雄为人取名	
W6873.2.7	神仙为人取名	
W6873.2.7.1	请仙家为孩子取名	【傣族】
W6873.3	特定关系人为人命名	
W6873.3.1	祖父母为后代取名（祖父为儿孙取名；祖母为儿孙取名；外祖父母命名）	
W6873.3.1.1	祖父母为儿孙取名	
W6873.3.1.2	外祖父为外孙取名	【民族，关联】①
W6873.3.1.2.1	婴儿满月之后，请外公起名	【侗族】
W6873.3.2	父母为孩子取名（父母是命名者）	【拉祜族】【苗族】【满族】
W6873.3.2.1	父母共同为孩子取名	【白族】【彝族】
W6873.3.2.1.1	夫妻神索依迪朗给生的第一个儿子取名安耶节毕·托慢姆祖	【羌族】@［W6866.2.5.6］夫妻神布桑戛西和雅桑戛赛为造出的一对男女取名古里玛和古玛列
W6873.3.2.1.2	兄妹为婚生的孩子命名姓名	【彝族】
W6873.3.2.1.2.1	张良、张妹兄妹为婚生的孩子定姓名	【侗族】

① 【纳西族】［W6825.5］外祖父为外孙命姓（外公赐姓）；［W6873.5.1.2］外公和本家班辈大的老人给新生婴儿取名。

W 编码	母题描述	关联项
W6873.3.2.1.2.2	盘古兄妹为婚生的孩子取名	【汉族】
W6873.3.2.1.2a	姐弟为婚生的孩子取名	【汉族】
W6873.3.2.1.3	伏羲女娲为生育的男女编了姓和名	【汉族】@［W6825.6.4.4］羲皇封姓
W6873.3.2.1.3.1	伏羲女娲为婚生的五十对男女一个个取名字	【汉族】
W6873.3.2.1.4	猎人与仙女为婚生的儿子取名尼施	【彝族】
W6873.3.2.2	父母为孩子取名的方法	
W6873.3.2.2.1	父母用动物名称为儿女取名	【白族】
W6873.3.2.3	与父母为孩子取名有关的其他母题	［W6825.1］父母命名姓氏
W6873.3.2.3.1	以前父母不会为孩子取名	【傈僳族】
W6873.3.2.3.2	夫妻俩商量了七天七夜为儿女取名	【纳西族（摩梭）】
W6873.3.2.3.3	干父母为干儿干女取名	【布依族】
W6873.3.2.3.4	父母为养子取名	
W6873.3.2.3.4.1	一对老夫妻为捡到的女孩起名嫘祖	【汉族】
W6873.3.3	父亲为孩子取名（父亲是孩子的命名者）	【独龙族】【哈尼族】【彝族】@［W6875.1.1.1］大禹的孩子是石头裂开降生的，大禹取名“启”
W6873.3.3.1	父亲为孩子取名的原因	
W6873.3.3.1.1	孩子要求父亲取名	【鄂伦春族】
W6873.3.3.1.2	因母亲死亡，父亲为儿子取名	【汉族】
W6873.3.3.2	父辈为孩子取一个终身使用的名字	【怒族】
W6873.3.3.3	男女天鬼婚生儿子，男女天鬼给儿子取名	【景颇族】
W6873.3.3.4	大禹给儿子提前取名启	【中华民族】

W 编码	母题描述	关联项
W6873.3.3.5	父亲为养子取名	［W6866.2.8.2.3］母亲为养子命名
W6873.3.3.5.1	密西把给收养的干儿取名“伏羲”	【彝族】
W6873.3.4	母亲为孩子取名（妈妈为子女取名；母亲是取名者）	【民族，关联】①
W6873.3.4.0	母亲为孩子命名的原因	
W6873.3.4.0.1	母亲因没有丈夫为儿子取名	
W6873.3.4.0.1.1	昊天圣母为吃三个龙蛋生的三子命名	【汉族】
W6873.3.4.1	母猴给两个娃娃取名	【藏族】
W6873.3.4.2	仙女佛库伦为儿子取名布库里雍顺	【民族，关联】②
W6873.3.4.2a	天女佛库伦为感生的儿子取名库布里雍舜	【满族】
W6873.3.4.3	天鹅仙女为11个儿子一一起了名	【蒙古族】【蒙古族（布里亚特人）】
W6873.3.4.4	姑娘为她与白熊生的孩子取名艾里·库尔班	【维吾尔族】
W6873.3.4.5	母亲把自己的名字赠给女儿	
W6873.3.4.5.1	因女儿与自己相似，母亲把自己的名字赠给女儿	【藏族】
W6873.3.4.5.2	母亲把自己的名字赠给女儿，愿她在异地外寨不给她丢脸	【藏族】
W6873.3.4.6	养母为收养的孩子取名	【哈尼族】
W6873.3.4.7	母亲为感生的孩子取名	【朝鲜族】【羌族】
W6873.3.5	名义父母为孩子命名	
W6873.3.5.1	婴儿的干爹为婴儿取名	【傈僳族】

① 【汉族】【蒙古族】【维吾尔族】@［W6825.3］母亲命名姓氏（母亲为孩子命名姓氏）；［W6865.1.3.1］最高的神王阿匹梅烟女神给自己的9个女儿取名字；［W6875.3.4.1］女人把怀了三年的儿子取名老子。

② 【满族】@［W6825.3.2］仙女佛库伦为儿子取姓爱新觉罗；［W6880.1.2.2.2］仙女佛库伦生男孩时望见布库里山就取名“布库里雍顺”。

W 编码	母题描述	关联项
W6873.3.5.2	小孩拜的干爹要以自己的姓为孩子重新取一个名字	【布依族】@［W6850.3.1.1］小孩为免灾拜干爹后改为干爹的姓
W6873.4	特定身份的人为人取名	［W6866.2］特定身份的人命名
W6873.4.1	首领为人取名	
W6873.4.2	帝王为人取名	［W6880.1.2.3.1］因皇帝的话命以石头为名
W6873.4.3	宗教人士为人取名（宗教人物作为命名者）	
W6873.4.3.1	巫师为人取名	
W6873.4.3.1.1	婴儿一般请巫师取名	【傈僳族】
W6873.4.3.1.2	大师鲁珠为希望赎罪者取名德诀桑布	【藏族】
W6873.4.3.2	毛拉为孩子命名	【哈萨克族】
W6873.4.4	长老为人取名	【独龙族】
W6873.4.5	夫妻中的妻子是命名者	
W6873.4.5.1	夫妻神造好一对男女后，由妻子取名	【傣族】
W6873.5	其他特定的人为人取名	
W6873.5.1	众人为人取名	
W6873.5.1.1	树生5个男孩，当地各部落给孩子各取一名	【维吾尔族】
W6873.5.1.2	外公和本家班辈大的老人给新生婴儿取名	【侗族】
W6873.5.1.3	人们为公主起名叫“月亮”	【蒙古族】
W6873.5.2	盘古为人命名	
W6873.5.2.1	盘古王把猴群中那个机灵的男猴封为伏羲	【汉族】
W6873.5.3	女子为男子取名	［W6873.4.5］夫妻中的妻子是命名者

W 编码	母题描述	关联项
W6873.5.3.1	姑娘为同辈男子取名	【怒族】
W6873.6	动物为人取名（动物是人的命名者）	
W6873.6.1	天鹅为人取名	
W6873.6.1.1	天鹅为破开的葫芦中出现的巨人取名字“俄沙扒莫”	【傈僳族】
＊W6874	**人的命名方法（人取名的方式）**	［W6864］取名的方法（命名方法；特定的命名者）
W6875	**根据人产生时的情况命名人名（与人的产生有关的命名）**	【拉祜族】
W6875.1	根据人出生时的情形取名	［W6883.7.1.1.6.3］以出生时的情形命名称号
W6875.1.1	石开而出的孩子叫“启”	
W6875.1.1.1	大禹的孩子是石头裂开降生的，大禹取名“启”	【汉族】
W6875.1.2	第一个出生的男孩取名“首露”	【朝鲜族】
W6875.1.3	根据出生时所在的地点名称为人取名	
W6875.1.3.1	盘古夫妻造人成活后爬到桃树上的叫桃，爬到梨树上的叫梨，坐在石头上叫石，站在河边上的叫河	【汉族】
W6875.1.4	根据造人的情形命名人的名称（根据造人的特定环节命名）	
W6875.1.4.1	伏羲女娲用黄泥造人放在日头底下晒过，故后人称“炎黄子孙”	【汉族】
W6875.1.5	根据出生时的声音命名	【汉族】@［W6866.3.1.1］天地混沌中“彭”地炸出的一个人给自己取名“彭呼”

W 编码	母题描述	关联项
W6875.1.5.1	太阳的大女儿临产时婴儿“唉咳，唉咳”地坠下母胎，所以把婴儿叫作“孩子”	【蒙古族】
W6875.1.5.2	太阳的大女儿临产时婴儿“安啊，安啊”地坠下母胎，因此把婴儿叫作“安昂”	【蒙古族】
W6875.1.5.3	婴儿出生时听到特定的叫声命名	
W6875.1.5.3.1	小孩出生时听到“精卫”鸟叫声，遂取名“精卫”	【汉族】
W6875.1.6	概括出生的情况命名	
W6875.1.6.1	因男孩是解柜脱卵而生，老妪为他取名脱解	【朝鲜族】
W6875.1.7	根据人产生时接触到的特定物命名（根据出生时见到的物命名）	［W6831.1］以孩子出生时接触到的特定物命名姓氏
W6875.1.7.1	盘古夫妻造人，盘古把爬到桃树上的人叫桃，爬到李树上的叫李，坐到石头上的叫石，站在河边上的叫河	【汉族】
W6875.1.7.2	女子出生时恰巧檀树倒在水上，遂取名檀姑	【汉族】
W6875.1.8	根据人出生时环境命名	
W6875.1.8.1	握登的出生时姚墟上开着一种木瑾花，因该花又叫舜故取名“舜”	【中华民族】
W6875.1.9	根据人出生时的其他情形命名	
W6875.1.9.1	根据人出生时遇到的事命名	
W6875.1.9.1.1	傅姓种的三亩地萝卜只收了一个，遂给生的儿子取名傅萝卜	【汉族】@［W6853.139.3.1］祖母规定谁家的娃娃偷吃了萝卜这一家就姓罗
W6875.1.9.2	根据父母孩子出生时度孩子的态度命名	

W 编码	母题描述	关联项
W6875.1.9.2.1	尧帝对刚出生的儿子稀罕得像掌上明珠，遂起名丹珠	【汉族】@［W6881.4.2.1］唐尧的大儿子，出生时皮肤、毛发有些发红取名“丹朱”
W6875.1.9.3	根据出生时的形态取名	
W6875.1.9.3.1	盘古出生时盘曲故名盘古	【汉族】
W6875.1.9.4	根据出生时的饮食情形命名	
W6875.1.9.4.1	发现的吃树的奶汁的孩子取名“错罗斯”（木头管子）	【蒙古族】
W6875.2	根据出生的顺序和声音取名字	
W6875.2.1	按出生顺序的数字取名	
W6875.2.1.1	头胎生的叫老大；第二胎生的老二	【佤族】
W6875.2.2	按出生的先后取名	
W6875.2.2.1	“彭呼”（盘古）生1对男女，男孩在先就叫“先”，女孩生在后就叫“末”	【汉族】
W6875.2.3	父亲给生的100个孩子按出生次序和每个孩子出生时发出的不同声音定姓名	【汉族】
W6875.3	根据出生的时间的命名	
W6875.3.1	根据出生的时辰名命名	【满族】
W6875.3.1.1	生于龙时的孩子命名“龙”	
W6875.3.1.1.1	生在龙年、龙月、龙日、龙时的孩子起名叫“支格阿鲁”	【彝族】
W6875.3.1.1.2	生在龙年、龙月、龙日、龙时的儿子起名叫“支格阿龙”	【彝族】
W6875.3.1.1.3	生在龙年龙月龙日生的儿子取名叫“尼支甲洛（龙）”	【彝族（罗罗泼）】
W6875.3.1a	根据出生的日期名命名	
W6875.3.1a.1	因女孩九月九日生，父母给她起名叫九菊	【汉族】

W 编码	母题描述	关联项
W6875.3.2	根据出生的先后命名不同名字	
W6875.3.2.1	后人把先出现的女人叫作劳泰	【白族】
W6875.3.2.2	后人把后出现的男人叫作劳谷	【白族】
W6875.3.3	根据出生时的节气命名	【满族】
W6875.3.4	根据怀孕时间取名	
W6875.3.4.1	女人把怀了三年的儿子取名老子	【羌族】@［W6881.4.2.6.1］孩子生下来须发眉毛都是白的，故后人称他“老子”
W6875.4	根据人的来历命名	［W6830］根据人的来历定姓氏（根据人的出生命名姓氏）
W6875.4.1	根据人产生的感生物命名	【民族，关联】①
W6875.4.1.1	老婆婆吃青枣和红枣孕生的1对男女，分别取名“青哥”“红姐”	【汉族】
W6875.4.1.2	女人吃杨梅生的孩子取名杨梅仔	【瑶族】
W6875.4.1a	根据与感生有关的人物命名	
W6875.4.1a.1	女子吃紫燕衔来的草生的女孩起名叫“紫燕”	【汉族】
W6875.4.2	根据孩子来历的其他情形取名	
W6875.4.2.1	一对老夫妻为从天上掉下来的孩子起名天使（天赐）	【汉族】
W6875.4.2.2	青蛙变成的小男孩取名青蛙儿子	【蒙古族】
W6875.4.2.3	根据孩子出生时的梦命名	【关联】②
W6875.4.2.3.1	女儿出生时，梦观音老母送来的芙蓉花，于是起名芙蓉	【汉族】
W6875.4.2.4	综合受孕与出生时体征取名	
W6875.4.2.4.1	雨夜受孕生的皮肤红黑的儿子取名黑龙	【汉族】

① 【土家族】@［W6830.3］以人的感生母体命名姓氏；［W6838.1.1.1］姑娘与虎生的孩子叫“虎”后来演变成姓“胡”。

② ［W6830.3.1.1.1］女子梦与虎交而生的男孩以虎为姓；［W6880.1.4.4.3］用梦中见到的动物为孩子命名。

W 编码	母题描述	关联项
W6875.4.2.5	根据孩子的来源地情形命名	
W6875.4.2.5.1	为不知是从哪里来的孩子取名“天的外甥”	【蒙古族】
W6875.4.2.6	根据所得孩子的本来名称取名	
W6875.4.2.6.1	寡妇捡的一个白猴做儿子取名“玛麦”	【哈尼族】
W6875.5	根据人的产生命名的其他情形	
W6875.5.1	根据生人的母体的形状命名（以人的出生的来源命名）	［W6828.1.3］根据出生的母体的形状命名姓氏
W6875.5.1.1	东山的紫瓜生的小伙子和西山的白瓜生的小姑娘分别命名“东瓜小伙”和“西瓜姑娘”	【白族】
W6875.5.2	孔子生于尼丘遂命名丘	【汉族】
W6875.5.3	以出生时祖父年龄命名	
W6875.5.3.1	婴儿以出生时祖父年龄命名，如“六十八”“七十三”	【满族】
W6875.6	与根据人产生时的情况命名有关的其他母题	［W6828.1］根据人产生时的情形命名姓氏（根据人出生的情形命名姓氏）
W6875.6.1	根据出生时的征兆命名	
W6875.6.1.1	根据出生时的祥兆取名“赫居世”	【朝鲜族】
W6875.6.2	根据人孕育时的情形命名	
W6875.6.2.1	最早的人是盘在胎体里面长大的，取名“盘”（盘古）	
W6875.6.2.2	地母出生时像旋涡一样旋在里面取名“涡”（女娲）	【汉族】
W6876	**根据人的身份命名人名（根据人的身世命名；根据人的社会关系命名）**	

W 编码	母题描述	关联项
W6876.1	根据祖先的身份命名（以祖先身份取名）	［W6828.4］以祖先的谥号为姓
W6876.1.1	中华民族称为“龙的子孙”的来历	
W6876.1.1.1	五龙氏男女生中华儿女，后称为“龙的子孙”	【汉族】
W6876.1.2	因为是龙的后代取名龙	【羌族】
W6876.1.2.1	天龙的后代取名补摩（神龙爷爷）	【羌族】
W6876.1.3	根据祖先的职务命名	［W6836.1a］以祖先的职务为姓氏
W6876.2	根据父母的身份命名（以父母身份取名）	
W6876.2.1	以父亲的身份取名	
W6876.2.1.1	姑娘与熊结婚生的儿子取名“乌帕饶”（熊儿）	【傈僳族】
W6876.2.1.2	女子梦与虎交而生的男孩取名罗尚才（白语“罗罗”即虎）	【民族，关联】①
W6876.2.2	以母亲的身份取名（以生育者的身份命名）	［W6830.3.1］以母亲所感的动物命名姓氏
W6876.2.2.1	人因养母是一头母牛就用牛命名	【傣族】
W6876.2.2.2	白天鹅变的女子与人生儿子取名“哈萨克”（白天鹅）	【哈萨克族】
W6876.2.2.3	一匹黑骒马生的小男孩取名“黑马”	【土族】
W6876.2.3	根据养母的身份命名	
W6876.2.3.1	一个卵生的人因养母是一头母牛，所以名叫“戛沙八窝相”	【傣族】
W6876.2.4	虎的孩子以虎取名	【赫哲族】
W6876.3	根据人的自身身份命名	

① 【白族】@［W6830.3.1.1.1］女子梦与虎交而生的男孩以虎为姓；［W6880.1.4.4.3］用梦中见到的动物为孩子命名。

W 编码	母题描述	关联项
W6876.3.1	一个放牧牛的人被大家称作“牛郎”	【汉族】
W6876.3.2	根据姓氏取名	
W6876.3.2.1	根据父母给自己指定的姓氏起名字	【汉族】
W6876.3.2.2	吴姓男子的二十多岁儿子无名，人们都管他叫吴孩	【汉族】
W6876.3.3	根据人的预测身份命名	【汉族】
W6876.4	根据子孙的身份为前辈命名	
W6876.4.1	女神姜顿生的儿子自名龙的后代，故为龙取名“补摩”（神龙爷爷）	【羌族】
W6876.5	根据人的职位命名（根据人的官职命名；因官为名）	【汉族】
W6876.5.1 *	以官名异化命名	【中华民族】
W6876.5.2	黎为高辛氏火正，故命之曰“祝融”	【中华民族】
W6876.5.3 *	因以官职称名，故弃就叫后稷	【中华民族】
W6876.5.4 *	因以官职称名，故垂叫共工	【中华民族】
W6876.6	根据人的族属命名人名（根据民族属性命名人名）	
W6876.6.1	人的名字中加族称	
W6876.6.1.1	怒族命名时在男子名前普遍冠以“腊”字和“拉”字、女子名前则普遍冠以“丫”和“亚”字这些表示族属的称谓	【怒族】
W6876.6.2	以部落命名人名	
W6876.6.2.1	因禹是夏后氏部落的人取名“夏禹”	【汉族】
W6876.7	根据抚养者的名字命名	【拉祜族】@［W6866.2.7］抚养者为孩子取名
W6876.8	以发明的事物命名发明者	

W 编码	母题描述	关联项
W6876.8.1	发明养蚕的嫘祖被称为“先蚕娘娘”	【汉族】
W6877	**根据时间命名人名**	
W6877.1	根据产生时间命名人名	
W6877.1.1	以人出生时的时辰取名	【彝族】@［W0728.3.2］盘古叫“盘古”是因为出现最古
W6877.1.2	以出生先后命名	
W6877.1.2.1	囝先生叫“先”，囡后生叫“末”	【汉族】
W6877.2	用出生排行加上时辰命名	
W6877.2.1	有的佤族人不用姓，只是以男女出生排行加上时辰命名	【佤族】
W6877.2.2	以排行命名	
W6877.2.2.1	天神阿布卡恩都力的女儿白云格格排行老三，所以又叫伊兰吉格格	【满族】
W6877.3	根据出生时遇到的事件的时间命名	
W6877.3.1	天张开时生的孩子取名“张天时”	【汉族】
W6877.4	根据时间命名人名的其他情形	
W6877.5	与根据时间命名人名有关的其他母题	
W6877.5.1	以季节名称命名人名	【汉族】
W6878	**根据地点命名人名**	【瑶族】
W6878.1	根据人的出生地点命名（以人的出生地取名）	【关联】①
W6878.1.0	神农生于烈山谓之烈山氏	【汉族】

① ［W6828.1.5］根据出生地命名姓氏；［W6837.1.3］以人出生的地点命名姓氏（以变化产生人的地点命名姓氏）。

W 编码	母题描述	关联项
W6878.1.0a	黄帝的曾孙喾因生于高辛，亦称“高辛”	【中华民族】
W6878.1.1	因生在布库里山下取名布库里雍顺	【满族】
W6878.1.2	女孩因生于阏英井旁故取名阏英	【朝鲜族】
W6878.1.3	以造人成活的地点命名	［W6824.2.1.3.1］罗神娘与罗神公抛撒婚生的怪胎变人时命姓“丢过沟的姓刘，丢过路的姓赵，丢过渠的姓徐”
W6878.1.3.1	盘古夫妻造的人成活，爬到桃树上的叫桃，爬到梨树上的叫梨，坐在石头上的就叫石	【汉族】
W6878.1.3.1a	盘古兄妹造的泥人成活时，坐李树、桃树、石、河畔各处，遂以“李”、“桃”、“石”、“河（何）”名之	【汉族】
W6878.1.4	根据出生地点的特征的命名	
W6878.1.4.1	帝喾得悉妃子庆都生子，因孩子出生在遥远的唐地遂取名尧	【汉族】
W6878.2	根据人的生存地点命名（以人的生存环境命名；以人的活动地取名）	
W6878.2.1	男子为生活在雪水和山间的孩子取名柯尔盖孜（山中的岁月）	【柯尔克孜族】
W6878.3	根据造人成活的地点命名	
W6878.3.1	盘古兄妹造的泥人成活爬到李树上、桃树上、石头上、河边等地方，遂以相应地点命名	【汉族】
W6878.4	根据变化产生人的地点命名姓氏	［W6883.5.1.3］根据居住的地点命名别名
W6878.4.1	根据怪胎变化成人时的地点命名姓氏	【土家族】

W 编码	母题描述	关联项
W6878.5	根据出生和抚养的地点命名人名	
W6878.5.1	孩子在箱子里出世，在箱子里养，后来起名叫韩箱（湘）子	【汉族】
W6879	**根据特定的事件命名人名（根据人的行为命名；通过特定的仪式命名）**	【鄂伦春族】
W6879.1	根据人的事迹命名（根据人的战功命名）	
W6879.2	根据人的行为命名（根据人做的事情命名名字）	［W6833.4］根据行为的语音命名姓氏
W6879.2.1	父亲根据儿子的行为命名	
W6879.2.1.1	黄龙为小儿子取名“九隆”，“九”是背的意思，“隆”是陪坐的意思	【白族】@［W6853.130.5.5］伏羲九子黄龙氏
W6879.2.1.1a	龙给背龙而坐的小儿子取名习农乐	【古代民族】
W6879.2.1.2	与龙陪坐的小儿子取名“元隆”（陪坐）	【汉族】
W6879.2.2	洪水时木臼逃生者的后代统称“木臼传人”	【高山族】
W6879.2.3	根据人做工时使用的特定材料命名	
W6879.2.3.1	父亲为用红木头做弓的儿子命名“魏拉依嫩”，即“红木头”	【鄂伦春族】
W6879.2.4	根据人打到的猎物命名	
W6879.2.4.1	父亲为打到狍子的儿子命名“古兰”，即“公狍子”	【鄂伦春族】
W6879.2a	根据人的品行命名（根据人的性格命名名字）	
W6879.2a.1	人们给忠厚、善良、勤劳的无名小伙取名“小好子”	【汉族】

W 编码	母题描述	关联项
W6879.2b	根据人的生活状态命名	
W6879.2b.1	一个靠东家讨点吃的西家要点喝的乞讨者取名狗生子	【彝族】@［W6882.5.2］低贱的名字（贱名；题贱名）
W6879.2c	根据人的本领命名	［W6897.1.7.5.1］名字由原来的“田儿”改为“能嗣”以说明已有传宗接代的本领
W6879.2c.1	有能的人名之曰能	【高山族】
W6879.3	通过占卜命名	【纳西族】
W6879.3.1	问卜定名	【畲族】
W6879.3.2	用特定物占卜取名	
W6879.3.2.1	女子生子后，人们抓鸡来取名“亚鲁”	【苗族】@［W6890.6.6.1］亚鲁捉鸡为疆土命名
W6879.4	人为感恩某物命名	
W6879.4.1	人为感恩动物以该动物命名	【关联】①
W6879.4.1.1	为感水獭保护之恩遂命名为“海伦”（水獭）	【满族】
W6879.5	以人受到的刑法命名	
W6879.5.1	一个没有名字的巨人被黄帝砍掉了脑袋，人们就叫他做“刑天”（断头者）	【汉族】
W6879.6	根据父母所做的事命名孩子	
W6879.6.1	通过架桥所得儿子命名“桥生”、“桥来”	【侗族】
W6879.7	根据人的能力命名	
W6879.7.1 *	“尧”本谓高	【中华民族】
W6879.8	根据人的爱好命名	
W6879.8.1	爱种梅花的道士被称为“梅道士”	【汉族】

① ［W6839.3.2］为感恩动物以该动物为姓；［W6881.1.8.2.1］人为感恩用动物名称称特定亲属。

W 编码	母题描述	关联项
W6879.9	与根据特定的事件命名人名有关的其他母题	
W6879.9.1	根据人的经历命名	
W6879.9.1.1	吃百家饭长大的苦孩子被取名“苦生”	【汉族】
W6879.9.2	根据家中的情形命名人名	
W6879.9.2.1	因收养孩子时家中养有一百头奶牛为孩子取名百牛奶	【汉族】
W6880	**根据特定的名称命名人名**	
W6880.1	借特定物名称命名人名	
W6880.1.1	借神圣名称命名（借神的名字命名人名；用神的名称命名）	［W6837.0］以神名为姓（根据神的名称命名姓氏）
W6880.1.1.1	以太阳保、山神保、水神保、火神保、树神保等神的名字作为名字	【羌族】
W6880.1.1.2	用山神的名字命名	
W6880.1.1.2.1	当地人的名字多取山神“夏吾”之名，以示对山神的敬爱	【藏族】
W6880.1.2	借自然物取名（用自然物命名人名）	【白族】
W6880.1.2.1	以日月星辰为名	【彝族】
W6880.1.2.1.1	乌古斯可汗与蓝光生的女子婚生3个男孩，分别取名太阳、月亮和星星	【西北古代民族】【维吾尔族】
W6880.1.2.1.2 *	“中华民族”得名源于“重华”（太阳）	【中华民族】
W6880.1.2.1.3 *	“大汉”得名源于“天汉”（银河）	【中华民族】
W6880.1.2.2	以山河湖海为名	

W 编码	母题描述	关联项
W6880.1.2.2.1	乌古斯可汗与树生的女子浑身个3个男孩分别取名天、山和海	【维吾尔族】
W6880.1.2.2.2	仙女佛库伦生男孩时望见布库里山就取名“布库里雍顺”	【满族】
W6880.1.2.3	以石为名	
W6880.1.2.3.1	因皇帝的话命以石头为名	【布朗族】
W6880.1.2.3.2	小孩有病时，父母带孩子去祭献一块石头并以石头为孩子的名字	【彝族（撒尼）】
W6880.1.2.4	以河为名	
W6880.1.2.4.1	盘古夫妻造的人站在河边的就叫河	【汉族】
W6880.1.2.5	用木槽命名	
W6880.1.2.5.1	孩子吃的奶是树干上的木槽供给的，故取名“错罗斯”（木头管子）	【蒙古族】@［W6875.1.9.4.1］发现的吃树的奶汁的孩子取名“错罗斯”（木头管子）
W6880.1.3	借特定人物的名字命名	
W6880.1.3.1	用父母名命名	【佤族】
W6880.1.3.2	根据母亲的名字取名	【傣族】
W6880.1.4	借动物的名称命名人名（人取动物名字；用动物名称为人命名）	【民族，关联】①
W6880.1.4.1	用不同动物给不同的孩子命名	［W6873.3.2.2.1］父母用动物名称为儿女取名
W6880.1.4.1.1	公主的4个儿子分别命名盘龙、篮虎、雷豹和钟熊	【畲族】
W6880.1.4.2	用野兽名称给孩子取名	
W6880.1.4.2.1	兄妹婚后按照山中野兽的名称给第一对孩子取名叫“压提”（野猪），第二对孩子叫“豪乌”（老熊），第三对孩子叫“豪勒”（虎）	【哈尼族】

① 【苗族】@［W1695.1.3］用动物命名不同的太阳；［W6868.2.1］借动物的名称命名。

W 编码	母题描述	关联项
W6880.1.4.3	什么动物抚养孩子就以此动物取名	【民族，关联】①
W6880.1.4.4	以见到的动物为婴儿取名（用孩子认拜的动物命名）	
W6880.1.4.4.1	为婴儿拦干爹时如果碰到一头牛、一只狗、一只鹿，就以该动物命名	【傈僳族】
W6880.1.4.4.2	婴儿拜寄于狗的，男孩名有狗儿、小狗儿，女孩名有狗女	【彝族】
W6880.1.4.4.3	用梦中见到的动物为孩子命名	
W6880.1.4.4.3.1	妻梦小雌猴入怀产一女，因取名曰“恒玛塔”（猴娃）	【傈僳族】
W6880.1.4.5	以与人有特定关系的动物取名	［W6880.1.4.3］什么动物抚养孩子就以此动物取名
W6880.1.4.5.1	人与龙是一家人，故常常用“龙”取名字	【汉族】
W6880.1.4.6	用人的居住地身边的动物取名	【白族】
W6880.1.5	借植物的名称命名（用植物命名人名）	［W6837.4］用植物命名姓氏（以植物名命名姓氏）
W6880.1.5.1	兄妹为婚生的第四对孩子取名“豪热”（竹子）	【哈尼族】
W6880.1.5.2	用生活中的重要植物取名	
W6880.1.5.2.1	与青竹林相依为命者为儿子取名“方竹”	【汉族】
W6880.1.6	同时借多种物命名	
W6880.1.6.1	借动植物和自然物命名多个孩子	【白族】
W6880.2	借族名作为人名	
W6880.2.1	本族族名作为人名	

① 【拉祜族】@［W6290］动物图腾；［W6822.3］为了抚养孩子定姓氏；［W6883.8.1.3.1］救助并抚养断尾龙的孤寡老妇人被称为“龙母”。

W 编码	母题描述	关联项
W6880. 2. 1. 1	腾格里赐予雅菲瑟的 11 个儿子，名字是秦、萨格拉布、古玛勒、突厥、哈拉吉、哈尔思、俄罗斯、萨迪散、海尔巴、罗吉和满萨赫，其中突厥最聪明成了兄弟们的首领	【西北古代民族】
W6880. 2. 2	借其他民族人名命名人名	
W6880. 3	借数字命名人名	【汤普森】T596. 2；【汉族】@［W6875. 3. 1a. 1］因女孩九月九日生，父母给她起名叫九菊
W6880. 4	借象征物命名人名	
W6880. 5	根据五行取名	
W6880. 5. 1	用五行中的字命名	
W6880. 5. 1. 1	算孩子的生辰八字，看“五行”所缺，取带这个字的名字	【彝族】
W6880. 6	以崇拜物命名人名（以图腾物命名人名）	
W6880. 6. 1	崇拜虎者以虎命名	
W6880. 6. 1. 1	摩梭人崇虎，自古以来多以虎（喇）为其姓名	【纳西族（摩梭）】
W6880. 6. 2	崇拜黄色以黄命名	
W6880. 6. 2. 1	有熊国首领少典与附宝生一个男孩，因有熊国崇尚黄色的土，故名“黄帝”	【汉族】
W6880. 6. 3	以图腾动物命名人名	
W6880. 6. 3. 1	“伯夷”即“伯羠”，是以图腾夷羊命名	【中华民族】
W6880. 6. 4 *	崇拜太阳以太阳有关的词语命名	
W6880. 6. 4. 1 *	太昊、少昊名称源于对太阳神的崇拜	【中华民族】

W 编码	母题描述	关联项
W6880.7	根据特定的关系人命名	［W6880.1.3.1］用父母名命名
W6880.7.1	女子以夫姓为名	【汉族】@［W6836.3.1］妻随夫姓（妇随夫姓）
W6880.7.2	根据关系人的行为命名	
W6880.7.2.1	根据父亲的为人取名	
W6880.7.2.1.1	人们给心地善良一生行善者的儿子取名黄善生	【汉族】
W6881	**与人的命名方法有关的其他母题**	
W6881.1	根据特定的关系命名（根据社会关系命名；通过亲属关系联名；联名的产生；联名制）	
W6881.1.0	联名的来历（联名制的产生）	
W6881.1.0.1	联名制源于特定的规矩	
W6881.1.0.1.1	人们剖开大鱼的八层装的是一串链子表达了一条规矩：哈尼人在取儿孙名字时，要像链子一样连着取	【哈尼族】
W6881.1.0.2	从最早的四姐妹开始形成联名制	【哈尼族】
W6881.1.1	母子联名（母女联名；母子连名）	【佤族】
W6881.1.1.1	母子联名的产生	
W6881.1.1.2	特定的母子联名（特定的母女联名）	
W6881.1.1.2.1	白姓女祖连名	【纳西族】
W6881.1.2	父子联名（父子连名）	【哈尼族】【纳西族】@［W6836.1］以祖先姓氏为姓氏（以祖先名为姓；以祖先名字的第一个字为姓氏）

W 编码	母题描述	关联项
W6881.1.2.1	父子联名制的产生	
W6881.1.2.2	父子联名的方法（父子连名的情形）	
W6881.1.2.2.1	父子联名的祖辈是神	
W6881.1.2.2.2	父子十世联名	【彝族】
W6881.1.2.2.3	父亲名字的最末一、二个音节冠于儿子名字之首	【怒族】
W6881.1.2.3	与父子联名有关的其他母题	
W6881.1.2.3.1	纳西族的远古祖先谱系是父子联名	【纳西族】
W6881.1.2.3.2	不与父连名	
W6881.1.2.3.2.1	不与父连名是为了自身繁衍借用他族语言为名	【基诺族】
W6881.1.2.3.2.2	分娩时脐带背在婴儿背上的婴儿不能父子连名	【基诺族】
W6881.1.3	父女联名	【佤族】
W6881.1.3.1	东方天神沽色尼的女儿尼友咪补，南方天神洛色娄的女儿娄友咪多	【彝族】
W6881.1.3.2	女子的名字因连父名，所以只能连父一代，其下一代的儿女不连母名而连父名	【基诺族】
W6881.1.3a	人与其他民族联名	
W6881.1.3a.1	基诺族婴儿取名时，与布朗族族称“破”（基诺族称布朗族为破）联名	【基诺族】
W6881.1.3b	人与巫师联名	
W6881.1.3b.1	婴儿出生后，经丕嫫（女始祖）所赐的名连的巫师的名	【基诺族】
W6881.1.3c	联名的其他情形	
W6881.1.3c.1	混合联名制	
W6881.1.3c.1.1	父子母子混合联名制	【哈尼族】

W 编码	母题描述	关联项
W6881.1.3d	联名制的特征（联名制的功能）	
W6881.1.3d.1 *	联名制反映人类历史	【哈尼族】
W6881.1.3d.2 *	连名制是人类的一种口传记忆方式	【多民族】
W6881.1.3d.3 *	联名制可追溯多代祖先	【彝族】
W6881.1.3e	与联名制有关的其他母题	
W6881.1.3e.1 *	连名制的形式在表现财产继承关系中得到发展	【哈尼族】
W6881.1.4	根据夫妻关系命名	［W6836］根据社会关系确定姓氏
W6881.1.4.1	根据丈夫的身份命名妻子	
W6881.1.4.1.1	哈尼头人把自己的独生女儿嫁给狗，从此哈尼族的媳妇就称为“克玛”（狗的妻子）	【哈尼族】
W6881.1.5	根据父亲的名称为儿子取名	
W6881.1.5.1	姑娘与虎生的儿子起名“阿克坚克”（虎的孩子）	【赫哲族（那乃人）】
W6881.1.5.2	少昊是金星的儿子，故称“金天氏”	【汉族】
W6881.1.5.3	用父亲的属类命名	
W6881.1.5.3.1	牛的儿子取名莫一（黄牛）	【壮族】
W6881.1.6	根据母亲的名称为儿子取名	
W6881.1.7	根据特定的关系命名的其他方式	
W6881.1.7.1	根据祖先的名称定姓氏	【佤族】@［W6876.1］根据祖先的身份命名（以祖先身份取名）
W6881.1.8	与根据特定的关系命名有关的其他母题	
W6881.1.8.1	人用亲属名称称特定动物	［W6887.3.3］动物取人的名字

W 编码	母题描述	关联项
W6881.1.8.1.1	珞巴人称老虎为哥哥以免伤害自己	【珞巴族】
W6881.1.8.2	人用动物名称称特定亲属	［W6873.3.2.2.1］父母用动物名称为儿女取名
W6881.1.8.2.1	人为感恩用动物名称称特定亲属	［W6890.4］为纪念命名地名（为感恩命名地名）
W6881.1.8.2.1.1	麻城人不忘龟母的恩德将自己的儿子唤作“龟子”	
W6881.2	根据特定的语言命名人名（根据声音命名）	
W6881.2.1	根据使用的语言命名	
W6881.2.2	根据发出的声音命名	
W6881.2.2.1	一株柳树修炼成人形，自己根据叶子在风中发出的声音给自己取名“佛赫”	【满族】
W6881.2.3	因谐音产生的名字	【关联】①
W6881.2.3.1	神农命名的“查”，后来讹为“茶”	【汉族】
W6881.2.3.2	“神牛沟”后来慢慢讹传为“水牛沟”	【汉族】
W6881.2.3.3	“锅河”后来讹称为“涡河”	【汉族】
W6881.2.3.4	“五姑撒粮”传得久了改称为“五谷杂粮”	【汉族】
W6881.2.3.5	粘合剂开始叫做“不要”，后来变成“鱼鳔”	【汉族】
W6881.2.3.6	“搬舅”传成“斑鸠”	【汉族】
W6881.2.4	根据语义命名	
W6881.2.5	使用特定的字命名	
W6881.2.5.1	为纪念特定人物命名人名时加特定的字	［W6883.2.3.2］加特定的字表示尊称（加特定的敬词表述尊称）

① ［W0737.2.1］“神龙”流传中变成“神农”；［W6838.1］根据谐音命名定姓氏。

W 编码	母题描述	关联项
W6881.2.5.1.1	拜某姓人为干爹时取名中要加该姓	
W6881.2.5.1.1.1	孩子拜刘老爷为寄爹，取名的中间一字是“刘”字	【汉族】
W6881.3	根据造人时的情形命名人名	
W6881.3.1	造的人成活源于一个老爷爷，故取名阿丹	【景颇族】
W6881.4	根据人的特征命名	［W6833］根据人的特征命名姓氏（根据人的体征命名姓氏；根据人的行为确定姓氏）
W6881.4.1	根据人的性情命名	
W6881.4.1.1	花生的女子很聪明，故后人叫她姝六甲	【汉族】
W6881.4.2	根据人的外貌命名（根据人的模样命名；根据人的相貌命名；根据人的体征取名）	［W6833.1］根据人的外貌定姓氏（根据人的模样命名姓氏）
W6881.4.2.1	唐尧的大儿子，出生时皮肤、毛发有些发红取名“丹朱”	【汉族】@［W6883.7.3.2.1.1］尧瞎了一只眼的儿子人们称之“单珠”
W6881.4.2.2	老子耳朵有三寸多长，故又叫“李耳”	【汉族】
W6881.4.2.3	根据人的肤色体形命名	【藏族】
W6881.4.2.4	生得五大三粗的孩子取名“铁塔”	【土家族】
W6881.4.2.5	握登生的男孩因目含双瞳，故名“重华”	【中华民族】@［W6880.1.2.1.2＊］“中华民族”得名源于“重华”（太阳）
W6881.4.2.5a	舜的眼睛里有两个瞳仁故取名重华	【汉族】
W6881.4.2.6	根据孩子出生时的面貌取名	
W6881.4.2.6.1	孩子生下来须发眉毛都是白的，故后人称他“老子”	【汉族】

W 编码	母题描述	关联项
W6881.4.2.6.2	女子根据孩子出生时浑身雪白、脊背上长着鳞片取名银龙	【汉族】
W6881.4.2.6.3	妈妈见孩子生下来浑身长毛一副猴相，取名热比娃（猴人）	【羌族】
W6881.4.2.6.4	人和虎婚生下的孩子的脸一半像人一半像虎，人们就叫他“虎儿娃”	【土家族】
W6881.4.3	根据人的肤色命名	［W6881.4.2.1］唐尧的大儿子，出生时皮肤、毛发有些发红取名“丹朱”
W6881.4.3.1	肤色白的取名“米新巴”，肤色黑的取名“米古巴”	【珞巴族】
W6881.4.3.2	老婆婆把捡到的浑身冻成紫色的女婴取名紫花	【汉族】
W6881.4a	根据人的服饰命名	
W6881.4a.1	以人的服装颜色命名	
W6881.4a.1.1	身穿白色衣裳的老太太命名“赛音”（白色女子）	【满族】
W6881.5	根据综合考量命名	
W6881.5.1	根据多方面生辰属相和规则图表命名	
W6881.5.1.1	东巴根据小孩的生辰和产妇的属相等对照“巴格”图取名	【纳西族】
W6881.5.2	根据已有姓氏和身份命名	
W6881.5.2.1	壮族有姓田的，七仙女中的七妹遂被称为田七妹。	【壮族】
W6881.6	根据属相命名（根据生肖命名）	【拉祜族】
W6881.6.1	人知道生肖后就以此给小孩取名字	【纳西族】
W6881.7	地名加本名命名	
W6881.7.1＊	崇伯鲧属于地名加本名命名	【中华民族】

W 编码	母题描述	关联项
W6881.8	根据人所处的环境命名	
W6881.8.1	女娲认为孩子是在自己最困顿时产生，取名“屯”	【汉族】
W6881.9	与人的命名方法有关的其他母题	
W6882	**人的名字的特征（人的名字的功能）**	
W6882.1	人的名字具有神圣性	［W6895.1］名称具有神圣性
W6882.1.1	分娩后第一声唤的婴儿名具有神圣性	
W6882.1.1.1	分娩后第一声唤的婴儿名具有神圣性不能更改，否则危及婴儿生命	【基诺族】
W6882.1.2	名字与灵魂有关	
W6882.1.2.1	特定地点呼叫婴儿的名字能招魂	【汉族】
W6882.2	人的名字与运气有关	
W6882.3	人的名字有关身份	
W6882.3.1	新名字中增加身份	【哈萨克族】@［W6894.4.1］给特定人物冠以特定身份
W6882.3.2	取名便于识别孩子	【彝族】
W6882.4	人的名字的长短	
W6882.4.1	以前的名字很长	
W6882.4.1.1	上劫时名字都很长一串，不好记	【满族】
W6882.5	名字的贵贱	
W6882.5.1	高贵的名称	
W6882.5.2	低贱的名字（贱名；题贱名）	
W6882.5.2.1	取贱名好养活	【侗族】@［W6883.7.3.2.2］给孩子取“贱狗”之类的诨名好养活
W6882.5.2.2	取牲畜名	

W 编码	母题描述	关联项
W6882.5.2.2.1	婴儿命官不佳时，向牲畜敬酒肉而题“牛儿子”“青马儿”“小狗儿”等牲畜名	【彝族】
W6882.6	人名的时代特征	
W6882.6.1	特定时代的名称具有相应的特征	
W6882.6.1.1 *	神话中女子的姓氏名号大都带有“女”字或偏旁	【中华民族】
W6882.6.2	不同时期有不同名字	
W6882.6.2.1 *	人不同阶段有不同名字	【汉族】@［W6883.1］奶名（乳名）
W6882.7 *	名字表达性格	【中华民族】
W6882.8	人各有姓名	［W6851.3］男女各有姓
W6882.8.1	兄妹婚生的怪胎变成百人千人，人各有姓名	【壮族】
W6882.8.2 *	姓，人所生也	【中华民族】@［W6882.9.2.1 *］姓者，生也
W6882.9	与人的姓名特征有关的其他母题	
W6882.9.1 *	双音字的姓名	
W6882.9.1.1 *	双音字姓名始于春秋战国时期	【中华民族】
W6882.9.2 *	姓的含义	
W6882.9.2.1 *	姓者，生也	【中华民族】
W6882.9.2.2 *	姓中带“女”字旁者来自母系	【中华民族】
W6882.9.3	人的名字要响亮又吉祥	【白族】【高山族】
W6883	**人的名字的类型（人的常见称谓）**	
W6883.1	奶名（乳名）①	
W6883.1.1	奶名的来历（乳名的产生）	
W6883.1.1.1	天神地神给人祖取奶名	【哈尼族】

① 奶名（乳名），又可称之为“小名”，有些地区的哈尼族“奶名”又称为“蛋名”。

W 编码	母题描述	关联项
W6883.1.2	乳名命名方法	
W6883.1.2.1	以贱物命名乳名	
W6883.1.2.1.1	用猪、狗等好养的动物和粪、石头、岩石等贱物来起乳名可以抵挡恶鬼侵扰	【朝鲜族】
W6883.1.3	乳名的特征	
W6883.1.3.1	乳名不能改变，鸡就是鸡，虎就是虎	【白族】
W6883.1.4	乳名的功能（乳名的作用）	
W6883.1.5	与乳名有关的其他母题	［W6884.6.1］金鸡氏族内部都叫唤乳名
W6883.2	尊称（敬称）	
W6883.2.0	尊称的产生	
W6883.2.0.1	为表达感激尊称	【汉族】
W6883.2.1	有功者被赋以尊称	［W6883.8.1.4.1］为纪念炎帝的功绩，敬称他为“神农”
W6883.2.1.1	阏伯教会商地的人用火，这里尊称他为火神爷	【汉族】
W6883.2.1.2	祝融以火教化百姓，因火赤色，尊称“赤帝”	【汉族】
W6883.2.1.3	女娲补天被尊称为“娲皇”	【汉族】
W6883.2.1.4	仓颉造字被尊称为“文祖”	【中华民族】
W6883.2.1.5	人们为纪念伏羲的功德，称其“人祖爷”	【汉族】
W6883.2.1.6	为纪念“三界”（人名）教给养牛的功劳，尊他为“三界公爷”	【毛南族】
W6883.2.1.7	为纪念发现盐水的志玛姑娘，尊称她为“开山娘娘”	【藏族】
W6883.2.1.8	为纪念嫘祖发明养蚕纺丝的功绩，将她尊称为“先蚕娘娘”	【汉族】
W6883.2.2	有能者被赋以尊称	

W 编码	母题描述	关联项
W6883.2.2.1	人们把养蚕织丝的嫘凤称为嫘祖	【汉族】
W6883.2.2a	有恩者被赋以尊称	
W6883.2.2a.1	为谢神农尝百草的恩德尊他为“药王神”	【汉族】
W6883.2.3	尊称的方法（其他情形的敬称；尊称的其他情形）	
W6883.2.3.1	加长辈的成为表示尊称	
W6883.2.3.1.1	尊称某英雄为爷爷	【羌族】
W6883.2.3.1.2	把特定物的发明者尊称“祖”或“皇”	
W6883.2.3.1.2.1	后世人为了纪念发明造酒的杜康，尊他为酿酒始祖	【汉族】
W6883.2.3.1.2.2	人们尊称造字的仓颉为造书六祖、史皇	【汉族】
W6883.2.3.1.2.3	神农被尊称为“医药之祖”	【中华民族】
W6883.2.3.2	加特定的字表示尊称（加特定的敬词表述尊称）	
W6883.2.3.2.1	稷是五谷之长人们就尊他为“后稷”	【汉族】
W6883.2.3.2.2	名字前加“大”表示尊称	
W6883.2.3.2.2.1	人们尊敬地称禹为“大禹”	【汉族】
W6883.2.3.2.3	名字前加“老”表示尊称	
W6883.2.3.2.4	名字前加“神”表示尊称	
W6883.2.3.2.4.1	华佗发明麻沸散，被称为“神医”	【汉族】
W6883.2.3.2.5	称谓后加“爷”表示尊称	
W6883.2.3.2.5.1	神农氏首创医药，后人称为“药王爷”	【汉族】
W6883.2.3.3	加封地名称表示尊称	
W6883.2.3.3.1	黄帝让宁封当“五岳丈人”，人们尊称他为“宁封丈人”	【汉族】

W 编码	母题描述	关联项
W6883.2.3.3.2	天帝封冯夷为黄河水神，称为河伯	【汉族】
W6883.2.3.4	加特定的身份词表述尊称	
W6883.2.3.4.1	人们对年轻的姑娘多龙很尊敬，称她为多龙格格	【满族】
W6883.2.3.4.2	观音心底慈善，人们尊称她为“观音菩萨”	【汉族】
W6883.2.3.4a	加特定人物的发明表示尊称（加特定人物的事迹表示尊称）	
W6883.2.3.4a.1	嫘祖教民植桑养蚕被尊为“蚕姑圣母”	【汉族】
W6883.2.3.4a.2	炎帝发明药被尊称“药王”	【汉族】
W6883.2.3.5	加特定的神佛称谓表述尊称	
W6883.2.3.5.1	人们不忘记拯救百姓的神农，称他为“药王菩萨”	【汉族】
W6883.2.3.5.2	人为了谢神农尝百草的恩德尊他为“药王神”	【汉族】
W6883.2.3.6	用特定的语言表示尊称（用特定的民族语表示尊称）	
W6883.2.3.6.1	拉依明汝古普是纳西人对神仙的尊称	【纳西族】
W6883.2.3.6.2	人们尊称取粮种的神龙为“阿巴补摩”	【羌族】
W6883.2.3.6.3	天神英叭后来被尊为“英叭召”	【傣族】
W6883.2.3.7	用特定的修饰词表示尊称	
W6883.2.3.7.1	哈萨克人把万能的迦萨甘尊为慈善之神	【哈萨克族】
W6883.2.3.8	用特定的崇拜物表示尊称	
W6883.2.3.8.1	尊称女人为“老母狗”	【哈尼族】
W6883.2.4	敬称的使用	
W6883.2.4.1	对长者要使用敬称	

W 编码	母题描述	关联项
W6883.2.4.2	对地位高者要使用敬称	
W6883.2.4.3	交往场合要使用敬称	
W6883.2.5	与敬称有关的其他母题	［W6885.5.2］神的尊称
W6883.2.5.1	一些少数民族的敬称类似汉族的别号	【苗族】
W6883.2a	俗称	
W6883.2a.1	南京十宝殿盘护王俗称狗王	【瑶族】
W6883.2b	昵称	
W6883.2b.1	白鹤独子是对纳西族祖先崇仁丽恩的昵称	【纳西族】
W6883.2b.2	以身份命名昵称（以从事的职业命名昵称）	［W6855.1.4］职业类姓氏（以职业命名姓氏）
W6883.2b.2.1	山民称能剪善绣的女子“绣姐”	【汉族】
W6883.2b.2.2	人们称会制作蜡染衣裙的染妹为“蜡染姑娘”	【布依族】
W6883.2b.2.3	砍柴的被称为“砍柴大哥”“柴哥”	【汉族】
W6883.2b.3	根据事情的内在联系命名昵称	
W6883.2b.3.1	孩子被父母称为“心肝”	
W6883.2b.3.1.1	孩子被父母称为“心肝”是因为女人生的人是自己的心肝变成的	【彝族】
W6883.2c	美称（美名）	
W6883.2c.1	白鹤独子是对纳西族祖先崇仁丽恩的美称	【纳西族】
W6883.2c.2	因喜欢赋予美称	
W6883.2c.2.1	猎人喜欢青年伦吉善称他为阿亚尼苦（好汉）	【鄂伦春族】
W6883.2c.3	因有功赋予美名	
W6883.2c.3.1	因柯阿汗有功赋予“恩都力柯阿汗仙”美名	【鄂伦春族】

W 编码	母题描述	关联项
W6883.2d	孬称（丑名）	
W6883.2d.1	给娃儿取丑名字源于怕阎王抓	【汉族】
W6883.2d.2	小娃儿都有一个如牛娃子、狗娃子、猫娃子之类的丑名字	【汉族】
W6883.3	人死后的名称（人死后的称谓；人死后的称号）	
W6883.3.1	谥号	［W6859.1］谥姓
W6883.3.1.1	谥号的产生（谥号的来历；谥号的命名）	【汉族】【苗族】
W6883.3.1.1.1	王封谥号	
W6883.3.1.1.1.1	禹王误斩防风氏后敕封防风氏为“灵德明王”	【汉族】
W6883.3.1.1.2	子孙为死去的先辈定谥号	
W6883.3.1.1.2.1	“尧”是死后封的谥号	【汉族】
W6883.3.1.1.2.2	伽价公主和犬丈夫翼洛死后，孩子商议尊封阿咪伽价为“奶妫”（神母），阿爸为“马勾”（狗父）	【苗族】
W6883.3.1.1.3	以事迹命名谥号	
W6883.3.1.1.3.1	放勋发明窑，死后谥号“尧”	【汉族】
W6883.3.1.1.4	以性情命名谥号	
W6883.3.1.1.4.1	周文王谥号中的“文”因其性格中温良恭俭让五样俱全	【汉族】
W6883.3.1.1.5	身份荣誉性谥号	
W6883.3.1.1.5.1	造字的仓颉死后，黄帝封其为仓王	【汉族】
W6883.3.1.1.6	褒扬性谥号	
W6883.3.1.1.7	谥号前冠以地名	
W6883.3.1.1.7.1	黄帝的陶正封子葬于宁北山中，故谓之“宁封子”	【中华民族】
W6883.3.1.1.8	谥号的其他情形	

W 编码	母题描述	关联项
W6883.3.1.1.9	与谥号有关的其他母题	［W6839.1.6］以谥号为姓
W6883.3.2	阴间名	
W6883.3.2.1	人死会有一个阴间名	【布依族】
W6883.4	谦称	
W6883.5	别称（别名）	
W6883.5.1	别名的产生	
W6883.5.1.1	特定人物别名的来历（特定物别名的产生）	
W6883.5.1.1.1	丝瓜藤长到天上带来天上清甜的露水，人们都叫丝瓜为天露瓜	【汉族】
W6883.5.1.1.2	孩子产生时的样子比别人都老故称“老君”	【汉族】
W6883.5.1.2	别称源于特定物	
W6883.5.1.2.1 *	西王母别称“瑶母”得名于昆仑山美玉之名	【中华民族】
W6883.5.1.3	根据居住的地点命名别名	
W6883.5.1.3.1	居月亮中的嫦娥取名“月奶奶”	【汉族】
W6883.5.1.4	根据从事的事情命名别名	
W6883.5.1.4.1	舂药的嫦娥取名“药奶奶”	【汉族】
W6883.5.2	别名的特征（别名的功能）	
W6883.5.3	特定的别名	
W6883.5.3.1	事件类的别名	
W6883.5.3.1.1	女子怀孕称“有喜”	【汉族】
W6883.5.3.2	物象类的别名	
W6883.5.3.2.1	北极神别名“天一”“太一”	【中华民族】
W6883.5.3.3	人物类的别名	
W6883.5.3.3.1	女娲称为“泥妈娘娘”	【汉族】
W6883.5.3.3.2	西王母的别名“瑶母”	【汉族】
W6883.5.3.3.3	嫦娥又称“药奶奶”“月奶奶”	【汉族】

W 编码	母题描述	关联项
W6883.5.3.3.4	神农人称“药王爷”	【汉族】
W6883.5.3.3.5	人们把养蚕织丝的嫘凤称为“嫘祖”	【汉族】
W6883.5.3.3.5a	嫘祖又称“蚕娘”	【汉族】
W6883.5.3.4	官职类的别名	
W6883.5.3.5	动物类的别名	
W6883.5.3.6	植物类的别名	
W6883.5.3.6.1	天麻别名“仙人脚”	【汉族】
W6883.5.4	与别名有关的其他母题	
W6883.6	代称（替代的名称；替代名）	
W6883.6.1	代称的产生	
W6883.6.1.1	为特定目的产生代称	
W6883.6.1.2	因忌讳找替代名称	
W6883.6.1.2.1	因忌狗进入祭天场禁说“狗”字，所以见到狗要说“翘尾巴”	【纳西族】
W6883.6.2	代称的特征（特定的功能）	
W6883.6.2.1	特定语境时使用代称	
W6883.6.2.1.1	夫妻的一方亡后哭称“姊妹”	【汉族】
W6883.6.2.1.1a	姊妹代称夫妻是因为夫妻俩的前世是姊妹	【汉族】
W6883.6.2.1.1b	女娲告诉伏羲夫妻可称兄道妹	【汉族】
W6883.6.2.1.1c	夫妻哭丧互称兄妹源于伏羲兄妹婚生人类	【汉族】
W6883.6.2.1.1d	姊妹代称夫妻源于人祖爷和人祖奶（伏羲与女娲）是姊妹俩结婚	【汉族】
W6883.6.3	代称的常见方式	
W6883.6.3.1	用名人的名字代称	
W6883.6.3.1.1	因姜央是智慧的化身，后来人就常用他的名字代称聪明能干的人	【苗族】

W 编码	母题描述	关联项
W6883.6.3.2	因形似者的名称作为代称	［W6897.3.2.1.1］以“犬”代称“狼”
W6883.6.3.3	“苍牙”是“伏羲”的代称	【中华民族】
W6883.6.3.4	用特定词代称不便明说的对象	
W6883.6.3.4.1	脚尾指母亲生育器官	【纳西族】
W6883.6.4	与代称有关的其他母题	【关联】①
W6883.7	号（封号；名号）	
W6883.7.1	号的产生（封号的产生；名号的来历）	
W6883.7.1.0	根据人的行为事迹命名号	
W6883.7.1.0.1	得乎中央，别而能全，宿而有成，因号伏羲	【中华民族】
W6883.7.1.0.2	服牛乘马，因号伏牺	【中华民族】
W6883.7.1.0.3	取牺牲以充庖，因号庖牺	【中华民族】
W6883.7.1.1	封号（加封称号；命名称号）	
W6883.7.1.1.0	号产生的原因（封号产生的原因）	
W6883.7.1.1.0.1	为弥补过失为特定人物封号	
W6883.7.1.1.0.1.1	禹王因错杀防风下令敕封防风氏为“灵德明王”	【汉族】
W6883.7.1.1.1	特定人物赐封号	
W6883.7.1.1.1.0	神给人封号	【哈尼族】
W6883.7.1.1.1.0.1	玉皇大帝封炼丹的老君为“太上老君”	【汉族】
W6883.7.1.1.1.1	帝王赐封号（王侯赐特定物封号）	【古代民族】
W6883.7.1.1.1.1.1	颛顼封氏得到王位的高辛号称帝喾王	【汉族】
W6883.7.1.1.1.1.2	帝喾王让儿子阏伯到一个地方管火，封号为“商”	【汉族】

① ［W6719.9.1］借代语（借用语；词语的借代）；［W6895a.2.1.1］特定场所女子称呼丈夫的代称。

W 编码	母题描述	关联项
W6883.7.1.1.1.1.3	皇上加封医术高超的女子“千手观世音”	【汉族】
W6883.7.1.1.1.1.4	皇上加封老鼠“老叔”（老鼠）	【汉族】
W6883.7.1.1.1.1.5	齐桓公赐封号“车前草”	【汉族】
W6883.7.1.1.1.1.6	黄帝封青城山为“五岳丈人”	【汉族】
W6883.7.1.1.1.1.6a	黄帝把女儿封为“骡祖”（嫘祖）	【汉族】
W6883.7.1.1.1.2	西王母赐封号	
W6883.7.1.1.1.2.1	西王母把女儿瑶姬封为云华上官夫人	【汉族】
W6883.7.1.1.2	根据取得的东西定名号	【鄂伦春族】
W6883.7.1.1.3	根据居住地命名定名号（以封地为号）	
W6883.7.1.1.3.1	突厥居金山之阳，金山形似兜鍪，俗号兜鍪为“突厥”，遂因以为号	【西北古代民族】
W6883.7.1.1.3.2	黄帝居轩辕之丘，遂以轩辕为号	【汉族】
W6883.7.1.1.3.3	黄帝号有熊氏为以地为号	【中华民族】
W6883.7.1.1.3.4	帝尧号陶唐氏源于尧曾居陶地	【中华民族】@［W6858.1.2.1.1 *］“陶唐氏”非姓而是部落名称
W6883.7.1.1.3.5	帝喾以封地为帝号	
W6883.7.1.1.3.5.1 *	帝喾高辛氏，高辛即以地名为号	【汉族】
W6883.7.1.1.3.5.2 *	黄帝的曾孙喾因封于高辛，亦称“高辛”	【中华民族】
W6883.7.1.1.4	子女为父母封号	
W6883.7.1.1.4.1	伽价公主死后，子女尊封为“奶奶”	【苗族】
W6883.7.1.1.5	人为拥戴者封号	
W6883.7.1.1.5.1	人为造巢取火者取号“有巢氏”“燧人氏”	【中华民族】

W 编码	母题描述	关联项
W6883.7.1.1.5a	因群众崇拜获得封号	【仡佬族】
W6883.7.1.1.6	号的产生的其他方式	
W6883.7.1.1.6.1	以国号为号	［W6839.1.2］以国名为姓（姓氏源于国名；以国名为氏）
W6883.7.1.1.6.1.1	合国号为号	
W6883.7.1.1.6.1.1.1	炎帝神农氏其初国伊，又国耆，合而称之号伊耆氏	【汉族】
W6883.7.1.1.6.1.2	帝王立国后命名特定的号	［W6893.1.6.1.2＊］帝称谓的完整模式为“帝号＋氏族姓氏＋首领的名字”
W6883.7.1.1.6.1.2.1＊	黄帝之号有熊、颛顼之号高阳、帝喾之号高辛、尧之号陶唐、舜之号有虞，皆因各自立国后异其号	【中华民族】
W6883.7.1.1.6.2	以特定物作为名号	
W6883.7.1.1.6.2.1＊	黄帝号轩辕是以车舆为原型	【中华民族】@［W6883.7.1.1.6.4.1］黄帝造车故号“轩辕氏”
W6883.7.1.1.6.3	以出生时的情形命名称号	
W6883.7.1.1.6.3.1	盘中产生的龙犬号称槃瓠	【畲族】
W6883.7.1.1.6.4	以发明的特定物命名名号	
W6883.7.1.1.6.4.1	黄帝造车故号“轩辕氏”	【中华民族】
W6883.7.1.1.6.5	用求助的神灵命名号	
W6883.7.1.1.6.5.1	到龙王庙中求保佑的孩子便获得“信士弟子”的称号	【汉族】
W6883.7.1.1.6.6	自己为自己命名号（自号）	
W6883.7.1.1.6.6.1	蚩尤赶走炎帝榆罔后，自己号炎帝	【中华民族】
W6883.7.1.1.7	与号的产生有关的其他母题	

W 编码	母题描述	关联项
W6883.7.1.1.7.1	乱加封号	
W6883.7.1.1.7.1.1	朵西在做法事时，往往对本主神胡乱加以各种封号以显示自己神通广大	【白族】
W6883.7.1.1.7.2 *	以图腾为名号	【中华民族】@［W6837.6］以图腾物为姓（姓氏源于图腾）
W6883.7.1.1.7.2.1 *	图腾鸟成为有穷氏族的名号	【中华民族】
W6883.7.1.1.7.3	名号源于服饰	
W6883.7.1.1.7.3.1 *	神话中的名号源于舞服	【多民族】
W6883.7.1.1.7.4 *	人物名号常常以氏族公名的形式出现	【中华民族】@［W6883.7.2.2.1 *］名号兼有氏族名称和个人名称的双重意义
W6883.7.2	号的特征（名号的功能）	
W6883.7.2.1	命号以彰其功德	
W6883.7.2.1.1	尧因为后稷发展农业有功，使其号“后稷”	【汉族】
W6883.7.2.1.2	黄帝号有熊，独宏大道德	【中华民族】
W6883.7.2.1.3 *	黄帝以五行之中的土德而王故为“黄帝”	【中华民族】
W6883.7.2.2	名号含义丰富	
W6883.7.2.2.1 *	名号兼有氏族名称和个人名称的双重意义	【中华民族】
W6883.7.2.3	特定时代的名号有特定意义	
W6883.7.2.3.1 *	传说时代的人物的名号是作为某一氏族部落的代表专名	【中华民族】
W6883.7.3	特定的号（号的类型）	［W6883.3.1］谥号
W6883.7.3.1	尊号	
W6883.7.3.1.1	畲族对盘瓠的尊号是“狗头王”	【畲族】
W6883.7.3.2	绰号（外号；混号；诨号；诨名）	

W 编码	母题描述	关联项
W6883.7.3.2.1	根据人的特征命名外号	[W6884.1.1.3] 人因体征的变化更名
W6883.7.3.2.1.1	尧瞎了一只眼的儿子人们称之“单珠”	【汉族】
W6883.7.3.2.1.2	头秃者绰号“小秃子”	【汉族】
W6883.7.3.2.1.2a	孩子在幼年时生了一头疮，人称“小癞子”	【汉族】
W6883.7.3.2.1.3	能举五百斤石担，伸手能摸天的人绰号王拆天	【汉族】
W6883.7.3.2.1.4	长得又黑又壮的人送外号“黑娃”	【汉族】
W6883.7.3.2.1.5	贪欲无厌者，人称之为“贪心”	【汉族】
W6883.7.3.2.1.6	翻脸不认人的赵员外，人送外号“赵白眼”	【汉族】
W6883.7.3.2.2	给孩子取“贱狗”之类的诨名好养活	【侗族】
W6883.7.3.2.3	地方性绰号	
W6883.7.3.2.3.1	当地人都称老子的母亲为“玄妙玉女”	【汉族】
W6883.7.3.2.4	职业性绰号	
W6883.7.3.2.4.1 *	玄冥是治水者的“职业的绰号”	【中华民族】
W6883.7.3.2.4.2	打猎好的青年被称“神箭手”	【汉族】
W6883.7.3.2.5	一个人物有多种绰号	
W6883.7.3.2.5.1	萨兰吉·腾格里有13个别名绰号	【蒙古族（布里亚特）】
W6883.7.3.2.6	隐喻式绰号	
W6883.7.3.2.6.1	不好惹的女人绰号叫“尖辣椒”	【汉族】
W6883.7.3.2.7	其他形式命名的绰号	
W6883.7.3.2.7.1	人活到七十岁叫“老狗”	
W6883.7.3.2.7.1.1	人活到七十岁叫“老狗”，因为活到了狗的年龄	【汉族】

W 编码	母题描述	关联项
W6883.7.3.2.8	绰号的变化	
W6883.7.3.2.8.1	吕洞宾绰号吕三变成吕四	【汉族】
W6883.7.3.2.8.2	铁拐李原来不瘸时叫“铁李子”	【汉族】
W6883.7.3.2.9	与绰号有关的其他母题	
W6883.7.3.2.9.1	特定的绰号（特定的诨号）	
W6883.7.3.2.9.1.1 *	“夏人”本是“黄帝族”的诨号	【中华民族】
W6883.7.3.3	国号（国名）	
W6883.7.3.3.1	黄帝至尧舜皆同姓而其异其国号，以章明德	【汉族】
W6883.7.3.3.2	有熊为氏号所建立的国家取名“有熊国”	【中华民族】
W6883.7.4	特定人物的名号	
W6883.7.4.1	神的号	
W6883.7.4.1.1	依神的状貌定神的称号	
W6883.7.4.1.1.1 *	关公在唐代也称关三郎	【中华民族】
W6883.7.4.2	神性人物的号	
W6883.7.4.2.1	元始天王与太元圣母婚生天皇，号“扶桑大帝东王公”	【汉族】
W6883.7.4.2.2	九光元女号“太真西王母”	【汉族】
W6883.7.4.2.3	伏羲号黄熊	【中华民族】
W6883.7.4.2.3a	女娲的号	
W6883.7.4.2.3a.1	女娲一号女希	【中华民族】
W6883.7.4.2.4	黄帝号有熊	【中华民族】
W6883.7.4.3	特定的人的号	
W6883.7.4.4	帝王的名号（帝号）	【关联】①
W6883.7.4.4.1 *	黄帝得名于玉璜	【中华民族】
W6883.7.4.4.2 *	黄帝的由来为“璜玉之神”	【华夏民族】
W6883.7.4.4.3	帝号的变化	

① ［W6883.7.1.1.6.1.2］帝王立国后命名特定的号；［W6893.1.6］帝王命名（古帝王名称的表达）。

W 编码	母题描述	关联项
W6883.7.4.4.3.1＊	黄帝到舜、禹立国后的称号各不相同	【中华民族】
W6883.7.4.5	其他名号	
W6883.7.5	与名号有关的其他母题	
W6883.7.5.1	名号并存（同时命名名号）	
W6883.7.5.1.1	高辛皇赐龙犬名龙期，号称盘瓠	【畲族】
W6883.7.5.1.2	为虫子变成的龙取名龙麒，号曰盘瓠	【畲族】
W6883.7.5.2	名号的沿用（号的传承）	
W6883.7.5.2.1	部落首领殁后，其部落继承人沿用同一个名号	
W6883.7.5.2.1.1	神农氏既是部落的称谓，也是部落首领的称谓	【汉族】
W6883.7.5.2.2	特定的号有相应传承时间	
W6883.7.5.2.2.1＊	女娲至无怀十五君，袭包牺氏之号一千一百五十年	【中华民族】
W6883.7.5.2.3	号的借用（号的袭用）	
W6883.7.5.2.3.1＊	蚩尤在战胜炎帝后，曾袭用炎帝称号	【中华民族】
W6883.7.5.2.3.2	蚩尤逐炎帝而自号炎帝	【中华民族】
W6883.7.5.2.4	一人多号	
W6883.7.5.2.4.1	一人两号	
W6883.7.5.2.4.1.1＊	黄帝有“轩辕”和“有熊”两个雅号	【中华民族】
W6883.7.5.2.5＊	世号（代号）	【中华民族】
W6883.7.5.2.5.1＊	太昊身号，伏羲代（世）号	【中华民族】
W6883.7.5.2.5.2＊	颛顼世号共工	【中华民族】
W6883.7.5.2.5.3＊	“炎帝即神农氏”中的“神农”为代号	【中华民族】
W6883.7.5.2.6	身号	

W 编码	母题描述	关联项
W6883.7.5.2.6.1＊	“太昊”为世号，“伏羲”为身号	【中华民族】
W6883.7.5.2.6.1.1＊	伏羲是身号	【中华民族】
W6883.7.5.2.6.2＊	颛顼身号高阳	【中华民族】
W6883.7.5.2.6.3＊	“炎帝即神农氏”中的“炎帝”为身号	【中华民族】
W6883.7.5.2.7	圣号	
W6883.7.5.2.7.1＊	“尧”的繁体字写作“堯”，这个字本不代表姓氏，而是一个圣号	【中华民族】
W6883.7.5.2.8	种号	
W6883.7.5.2.8.1＊	父名母姓为种号	【古羌人】
W6883.7.5.2.9	名号的其他情形	
W6883.7.5.2.9.1	法号	
W6883.7.5.2.9.1.1	张天师法号虚靖	【汉族】
W6883.7.5.2.9.2＊	不同名号易造成混乱	【中华民族】
W6883.8	称号（称呼；称谓）	
W6883.8.1	称号的产生（称号的获得；称谓的来历）	
W6883.8.1.1	打死吃人的老虎的小伙被族人称为射弄法（驯虎的大虎）	【傣族】
W6883.8.1.2	众人送的称号	
W6883.8.1.2.1	天狗投胎后人称“盘瓠王”	【畲族】
W6883.8.1.3	根据人从事的事情为人命名（根据人的行为确定称谓）	
W6883.8.1.3.1	救助并抚养断尾龙的孤寡老妇人被称为“龙母”	【壮族】
W6883.8.1.3.2	炎帝教人种五谷，人们称他为“神农”	【汉族】
W6883.8.1.4	根据事迹定称谓	
W6883.8.1.4.1	为纪念炎帝的功绩，敬称他为“神农”	【汉族】

W 编码	母题描述	关联项
W6883.8.1.4.2	后人为纪念嫘祖栽桑养蚕的功绩称她为“先蚕娘娘”	【汉族】
W6883.8.1.5	世袭称号	
W6883.8.1.5.1	“岐伯”为该氏族首领的世袭称号	【中华民族】
W6883.8.2	称号的功能（称号的情形）	
W6883.8.3	特定的称谓（特定的称号）	
W6883.8.3.1	与年龄有关的称谓	
W6883.8.3.1.1	年过花甲的人就称乾老公、坤老母	【汉族】
W6883.8.3.2	荣誉称号	
W6883.8.3.2.1	因技艺高超获得荣誉称号	
W6883.8.3.2.1.1	药很灵的采药老人被誉为槐山仙人	【汉族】
W6883.8.4	与称号有关的其他母题	
W6883.9	与人的称谓有关的其他母题	
W6883.9.1	一人多个称谓（一人多个称号；一物多称）	【关联】①
W6883.9.1.1	少昊号为“凤鸟氏”又称“金天氏”	【汉族】
W6883.9.1.2	舜是传说中古帝有虞氏	【中华民族】
W6883.9.1.3	女娲又称“泥妈娘娘”	【汉族】
W6883.9.2	人的名字的大小	
W6883.9.2.1	大名	
W6883.9.2.1.1	众人为特定人物取大名	
W6883.9.2.1.1.1	大家为发现了石头取火方法的“黎”取大名“祝融”	【汉族】
W6883.9.2.2	小名	［W6883.1］奶名（乳名）

① ［W6883.7.5.2.4］一人多号；［W6884.3］一人多名（同一个对象有不同名称；一个人有多个名字）。

W 编码	母题描述	关联项
W6883.9.2.2.1	未出生前取的名字是小名	【白族】@［W6869.1.1.1］分娩之前找算命先生给孩子取一个名字
W6883.9.2.2.2	没有后代的人就要叫小名	【壮族】
W6883.9.3	喜名	
W6883.9.3.1	结婚头晚，家长要给新郎取个喜名	【白族】
W6883.9.4	化名	【汉族】
W6883.9.5	本名（人的原名）	［W6895.5.2］现名与原名的差异（使用名与曾用名）
W6883.9.5.1	唐尧名字叫放勋	【汉族】
W6883.9.6	特定人物的专有称呼	
W6883.9.6.1	千金小姐的来历	［W6883.6］代称（替代的名称；替代名）
W6883.9.6.1.1	盘古命名千金小姐	【汉族】
W6883.9.7	人的字	［W6836.1.3＊］以先人的字或名为氏
W6883.9.7.1	人的字有特定含义	【中华民族】
W6884	**与人的命名有关的其他母题（与姓名有关的其他母题）**	
W6884.1	人的名称的修改（人的命名的变化；人的更名）	
W6884.1.1	人更名的原因	
W6884.1.1.1	人因年龄的变化	
W6884.1.1.2	人因地点的变化更名	
W6884.1.1.3	人因体征的变化更名	
W6884.1.1.3.1	钟郎（人名）浑身发金光后改称“金郎”	【汉族】
W6884.1.1.4	人因身份的变化更名	

W 编码	母题描述	关联项
W6884. 1. 1. 5	人因忌讳更名	【汉族】
W6884. 1. 2	人更名的方法（人更名的情形）	
W6884. 1. 2. 1	人使用谐音更名	【汉族】
W6884. 1. 3	人更名的次数	
W6884. 1. 3. 1	第二次命名	
W6884. 1. 3. 2	多次更名	
W6884. 1. 4	与人的更名有关的其他母题	［W6897. 1］名称的更改（改名；更名；姓名的变化）
W6884. 2	不同人物使用同一名称（同名；共同的名称）	
W6884. 2. 1	兄妹同名	
W6884. 2. 1. 1	两个龙蛋生出的 1 对兄妹俩都叫盘古	【汉族】
W6884. 2. 2	不同氏族有共同的称谓	
W6884. 2. 2. 1	十余个女儿氏族寨有一个共同的称谓——阿希	【基诺族】
W6884. 2. 3	一群人共用一名	
W6884. 2. 3. 1	白族祖先有虎家、龙家、蛇家、马家、牛家、鸡家等名称	【白族】
W6884. 3	一人多名（同一个对象有不同名称；一个人有多个名字）	【民族，关联】①
W6884. 3. 1	一人双名	
W6884. 3. 1. 1	满族称妈妈为“额娘”	【满族】
W6884. 3. 1. 2	嫦娥又叫常仪	【汉族】
W6884. 3. 1. 3 *	少昊名契，又名挚	【汉族】
W6884. 3. 1. 4 *	重黎或黎和祝融是一人二名	【中华民族】
W6884. 3. 2	人有三个名字	
W6884. 3. 2. 1	彝人的三个名字代表三个灵魂	【彝族】

① 【汉族】【纳西族】@［W6850. 5. 2. 1］人只能有一个姓；［W6899. 1］一物多名（同一事物有不同名称）。

W 编码	母题描述	关联项
W6884.3.2.3	侗族人在一生有小名、鼓楼名、亲子从名三个名字	【侗族】
W6884.3.2.4 *	魁隗氏又为农皇，或帝炎	【中华民族】
W6884.3.3	苗族比较著名的人物都有两个或两个以上的名字	【苗族】
W6884.3.4	人的名与字	
W6884.3.4.1	名字不合	【景颇族】
W6884.4	性别名称（性别相关物的命名）	
W6884.4.1	男冠以女称	【哈尼族】
W6884.4.2	女子冠特定字表示身份	
W6884.4.2.1	女娲让女子有关的有些东西加上“凤”字以示尊贵	【汉族】
W6884.5	人的一些特色命名	
W6884.5.1	两兄妹女的叫花，男的叫姓	【壮族】@［W6853.74］花姓的产生（姓花的来历）
W6884.5.2	人的鬼名	
W6884.5.2.1	人死时要呼之鬼名	【傈僳族】
W6884.6	人的特定的名有特定的用途（人的特定名字有特定语境）	
W6884.6.1	金鸡氏族内部都叫唤乳名	【白族】
W6884.7	姓名权（名字的权益）	
W6884.7.1	姓名权的产生	
W6884.7.2	姓名权的特征	
W6884.7.3	特定的姓名权（姓名权的情形）	
W6884.7.3.1	地位低下者不能有姓名	
W6884.7.3.2	女人不能有姓名	
W6884.7.3.2.1	女人只有姓没有名	【汉族】
W6884.7.3.3	其他特定的人没有姓名	
W6884.7.3.3.1	特定年龄的孩子没有名字	【汉族】

W 编码	母题描述	关联项
W6884.7.3.4	一类人只有特定的人有名字	
W6884.7.3.4.1	众儿子只有长子有名	【瑶族（布努）】
W6884.7.4	与姓名权有关的其他母题	
W6884.8	名字的重要性	
W6884.8.1	不知鬼的名字不能禳解治病	【纳西族】
W6884.8.2	名字事关人的关系	
W6884.8.2.1	名字不合相互不能嫁娶	【景颇族】
W6884.8.3	名字事关人的生命	
W6884.8.3.1	如果特定册子上的名字被勾掉就会死亡	【白族（勒墨）】
W6884.9	与名称有关的其他情形	
W6884.9.1	特定人物有对应的星名	
W6884.9.1.1	轩辕对应天上轩辕星	【中华民族】
W6884.9.2	特定职业者的命名	
W6884.9.2.1	白净皮肉披白色袈裟的和尚称之“白和尚”	【汉族】
W6884.9.3	人的名字的确定	
W6884.9.3.1	取名后通过唤名确定是否能作为名字	
W6884.9.3.1.1	东巴为新生儿取名后喊到第三声时，外祖母代婴儿答应后方算确定	【纳西族】
W6884.9.3.1.2	新生儿由东巴取名后，由小孩的祖父呼名，产妇在自己房间代儿答应	【纳西族】
W6884.9.4	人的名字的消失	
W6884.9.4.1	母亲和新生儿的属相互相冲犯，就要向外人寄名	【纳西族】

6.7.8 其他常见的命名
【W6885 ~ W6894】

W 编码	母题描述	关联项
W6885	**神的命名**	
W6885.1	神的命名原因（神的名称的产生）	
W6885.2	神的命名者	
W6885.2.1	神给自己取名	【满族】【纳西族】@［W6881.2.2.1］一株柳树修炼成人形，自己根据叶子在风中发出的声音给自己取名“佛赫”
W6885.2.2	创世者为神命名	
W6885.2.2.1	开创天地的英叭为造出的男女两个神命名“布桑戛西”和“雅桑戛赛”	【傣族】
W6885.2.3	太阳神为男神女神命名	【高山族】
W6885.3	神的命名的方式	
W6885.3.1	根据职能命名神的名称	
W6885.3.1.1	两个造天地的神，一个叫天造，一个叫地合	【汉族】
W6885.3.2	根据神脱胎的物质命名神名	
W6885.3.2.1	气体、烟雾和狂风变成的神取名英叭	【傣族】
W6885.3.3	根据地名命名神名	
W6885.3.3.1	各寨山神各神依地名命名	【藏族】
W6885.4	神的名称的分类（特定的神的名称）	
W6885.4.1	特定的神的名称很具体	

W 编码	母题描述	关联项
W6885.4.1.1	铁三脚之神称“机佐加翁卖”，火塘与床之神称“重佐、打佐”	【白族（那马）】
W6885.5	与神或神性人物命名有关的其他母题	【关联】①
W6885.5.1	神的简称	
W6885.5.1.1	铁三脚、火塘与床之神等可简称为“佐”	【白族（那马）】
W6885.5.2	神的尊称	
W6885.5.2.1	“白龙老爷”俗称“九隆天子”，尊称“九隆天子懋德懋仁宏慈景帝”	【白族】
W6886	**神性人物的命名**	
W6886.1	神性人物的命名原因（神性人物的名称的产生）	
W6886.2	神性人物的命名者	
W6886.3	神性人物的命名方式	
W6886.3.1	按神性人物的形状命名	
W6886.3.1.1	头似龙、身似马的妖怪取名“龙马”	【汉族】
W6886.3.1.2	伏羲把像龙又像马的动物取名“龙马”	【汉族】
W6886.3.1.3	有一千只手的观音取名“千手观音”	【汉族】
W6886.3.2	根据神性人物的事迹命名	
W6886.3.2.1	炎帝因尝百草、种五谷被称为“神农”	【汉族】
W6886.3.2.2	发明火智者被称为“燧人氏”	【汉族】
W6886.3.3	根据神性人物的功能命名	
W6886.3.3.1	专为人们送子造福的观音取名“送子观音”	【汉族】

① ［W1133.3.3］9 个同名的神造天；［W1852.1.3］黄山因黄帝得名。

W 编码	母题描述	关联项
W6886.3.4	神性人物自己命名	
W6886.3.4.1	乌佑生下来对母亲说自己叫“禅图”	【珞巴族】
W6886.3.5	根据特定原因命名神性人物	
W6886.3.5.1	以人的死因为变成的鬼命名	【藏族】
W6886.4	特定神性人物的命名	
W6886.4.1	祖先名字的来历	
W6886.4.1.1	神为祖先命名	
W6886.4.1.1.1	天神地神许给人的先祖一个最好的名字“德摩诗匹”	【哈尼族】
W6886.5	与神性人物命名有关的其他母题	
W6887	**动物的命名**①	【汤普森】A2571
W6887.1	动物命名的产生（为动物取名的原因）	
W6887.1.1	按神的安排给动物命名	
W6887.1.1.1	洪水后兄妹俩按天神的安排为每个动物取名	【拉祜族】
W6887.1.2	为感恩动物为之取名	
W6887.1.2.1	为感谢送火的鸟给它取名“嘿必士”	【高山族（布农）】
W6887.2	动物的命名者（为动物命名者）	
W6887.2.1	神或神性人物为动物命名	【藏族】【壮族】
W6887.2.1.1	玉帝为动物命名	【鄂伦春族】
W6887.2.1.2	舜为特定动物命名	【汉族】@［W6887.2.1.2］舜为老虎命名
W6887.2.2	人为动物命名	【彝族】
W6887.2.2.1	帝王为动物命名	

① 动物的命名，此类母题与下面的“植物的命名”“无生命物的命名”等，在名称来历方面有些与人的名称相似，但具体情况非常复杂，一些具体典型实例参见《中国动植物神话母题（W3）数据索引》相关动植物或无生命物的所列举的条目。

W 编码	母题描述	关联项
W6887.2.2.1.1	皇帝圣旨赐名“金龙”	【畲族】
W6887.2.3	动物自己命名	
W6887.2.3.1	白蛋生白鸡自名为东家的恩余恩曼	【纳西族】
W6887.2.3.2	银蛋生出的一只山鹰，自己给自己取名格美神鹰	【纳西族】
W6887.2.3.3	蛋黄变成的姑娘给自己取名“格古命”（鹰蛋女）	【纳西族】
W6887.2.4	动物为子女命名	
W6887.2.4.1	大雁为孵出的 3 只小雁取名“鸡”“雪鸡”“麻鸡”	【哈萨克族】
W6887.3	动物的命名方式	
W6887.3.1	根据动物的特征命名	【汤普森】A2571.0.4；［W6833］根据人的特征命名姓氏（根据人的体征命名姓氏；根据人的行为确定姓氏）
W6887.3.1.1	因王八是圆形的，古称“老圆”	【汉族】
W6887.3.1.2	因王八总是憋在水里不出来，故称“鳖”	【汉族】
W6887.3.1.3	除端午节前后其他季节看不见的鱼取名“鲥鱼”	【汉族】
W6887.3.1.4	根据动物有关的声音命名	
W6887.3.1.4.1	舜为撬起种谷塘呼呼作响的动物取名“老呼”（老虎）	【汉族】
W6887.3.2	以动物的来历命名	
W6887.3.2.1	叫王八儿的人变的动物取名“王八”	【汉族】
W6887.3.2.2	昌和许蒲化成的鱼取名“菖蒲鱼”	【汉族】
W6887.3.3	动物取人的名字	【汤普森】≈Z53
W6887.3.4	根据特定的事件的命名动物（根据事件性质命名动物）	

W 编码	母题描述	关联项
W6887.3.4.1	嫘祖认为女伴被马皮裹走变成动物很惨就取名为“蚕”	【汉族】
W6887.3.4.2	蚕是白马的马皮缠着一个姑娘变成的，人们就称蚕子为“马缠（蚕）娘娘”	【汉族】
W6887.3.4.3	根据动物的居所命名	［W6831.2］以孩子放置的器物定姓氏
W6887.3.4.3.1	化犬的虫置以瓠篱，复之以盘，因名盘瓠	【南蛮（古代民族）】
W6887.4	特定动物的命名（特定动物名字的来历；动物命名的类型）	
W6887.4.1	兽类的命名	
W6887.4.2	家畜的命名	
W6887.4.2.1	狗的命名	【汉族】
W6887.4.3	鸟的命名	
W6887.4.3.1	织女为报喜讯的鸟取名“喜鹊”	【汉族】
W6887.4.3.2	山民把丁飞宝化身的小鸟取名“丁飞宝”	【汉族】
W6887.4.3.3	根据鸟的叫声命名	
W6887.4.3.3.1	山里人根据叫声取名“叮当鸟”	【汉族】
W6887.4.3.3.2	一种能发出小牛一样声音大的鸟取名“地里牛”	【汉族】
W6887.4.3.4	根据鸟的特征命名	
W6887.4.3.4.1 *	猫头鹰又名“鬼冬瓜”源于其会转动的头颅和眼睛	【中华民族】
W6887.4.3.4.2 *	猫头鹰又名“玄鸟”源于其会转动的头颅和眼睛	【中华民族】
W6887.4.4	水中动物的命名	
W6887.4.4.1	特定的鱼的命名	
W6887.4.4.1.1	头像蛇的鱼取名“蛇鱼”	【汉族】
W6887.4.4.1.2	因鱼是蛇变的，取名“蛇鱼”	【维吾尔族】

W 编码	母题描述	关联项
W6887.4.5	爬行动物的命名	
W6887.4.6	昆虫的命名	
W6887.4.6.1	花蛾外形花哨，取名“花逗娘”“花大姐”“花媳妇”	【汉族】
W6887.4.6.2	蚕的命名	［W6868.9.3.1］天虫二字合起来形成“蚕”
W6887.4.6.2.1	无名氏为“蚕”命名	
W6887.5	与动物命名有关的其他母题	【关联】①
W6887.5.1	动物的特殊名称的来历	
W6887.5.1.1	为了让后代知道贪婪自私的财主其其巷，在保安语中把老鼠叫“其其巷”	【保安族】
W6888	**植物的命名**	［W3687］植物的辨识
W6888.0	以前植物无名	
W6888.0.1	以前特定人物不知植物名	
W6888.0.1.1	以前猴子认不出树的名字	【彝族】
W6888.1	植物命名的产生（为植物取名的原因）	
W6888.1.1	植物命名是神的安排	
W6888.1.1.1	一对兄妹按天神的安排给植物命名	【拉祜族】
W6888.1.2	植物命名是神性人物的意志	
W6888.2	植物的命名者（为植物命名者）	
W6888.2.1	神为植物命名	
W6888.2.2	神性人物为植物命名	
W6888.2.2.1	神农命名“葛藤”	【汉族】
W6888.2.3	发现植物的人为植物命名	
W6888.2.3.1	发现作物者为作物命名	

① ［W3080.4.1］动物的辨识；［W6897.2.4.3.1］特点地方的动物名称与今不同。

W 编码	母题描述	关联项
W6888.2.3.1.1	女能人遮努把找到的作物分别命名玉麦、谷子和高粱	【哈尼族】
W6888.2.4	特定的人为植物命名	
W6888.2.4.1	洪水后幸存的兄妹为植物命名	【拉祜族】@［W6888.1.1.1］一对兄妹按天神的安排给植物命名
W6888.2.4.2	特定身份的人为植物命名	
W6888.2.4.2.1	帝王为植物赐名	
W6888.2.4.2.1.1	晋文公赐名清明柳	【汉族】
W6888.2.4.2.1.2	皇帝为花赐名“虞美人”	【汉族】
W6888.2.5	植物自己命名	【满族】@［W6881.2.2.1］一株柳树修炼成人形，自己根据叶子在风中发出的声音给自己取名“佛赫”
W6888.2.6	其他特定人物为植物命名	
W6888.3	植物的命名方式	
W6888.3.0	根据植物的来源命名植物	
W6888.3.0.1	包姑变成的植物取名“包姑”（苞谷）	【汉族】
W6888.3.0.2	因草籽是在山谷中拣来的，故取名“谷子”	【汉族】
W6888.3.1	以植物的发现者命名植物	【汉族】@［W6888.2.3］发现植物的人为植物命名
W6888.3.1.1	姓乔的人发现的麦子称之为“荞麦”	【汉族】
W6888.3.1.2	姓何的人发现的使人头发黑的中药命名“何首乌”	【汉族】
W6888.3.1.3	凤仙姑娘发现并传下来的花起名“凤仙花”	【汉族】
W6888.3.1.4	姓蒲的渔翁和女儿英儿发现的草药取名“蒲公英”	【汉族】

W 编码	母题描述	关联项
W6888.3.1.5	发现“何首乌”功能的人名变成药名	【汉族】
W6888.3.2	以植物的地点命名植物	
W6888.3.2.1	谷子发现于山谷故称“谷子”	【汉族】
W6888.3.2.2	产于滁州的菊人称“滁菊”	【汉族】
W6888.3.3	以植物的管理者命名植物（以作物的耕种者命名作物）	
W6888.3.3.1	人们把稷种的庄稼叫稷，把稻种的庄稼叫稻，把黍种的庄稼叫黍，把麦的庄稼叫麦，把菽种的庄稼叫菽，把麻种的庄稼叫麻	【汉族】
W6888.3.3.2	仙人管的果树取名“仙人果”	【汉族】
W6888.3.4	以植物发现时的情形命名	
W6888.3.4.1	苞谷是回转来时遇见的，就取名“丝苟”（苗语，回转来）	【苗族】
W6888.3.5	用人名或姓氏命名特定植物	
W6888.3.5.1	为纪念毕罗两家的情谊把茶叶取名“毕罗春”	【汉族】
W6888.3.5.2	为纪念叫藿香的女子命名“藿香”	【汉族】
W6888.3.6	根据植物的特征命名（根据植物的性能命名）	［W6887.3.1］根据动物的特征命名
W6888.3.6.1	不开花只结果的树取名“无花果”	【汉族】
W6888.3.6.2	凤仙花的叶像桃叶又俗称“小桃红”	【汉族】
W6888.3.6.3	杜鹃花开起来映得满山通红故叫做“映山红”	【汉族】
W6888.3.6.4	根据植物的生长时间命名	
W6888.3.6.4.1	药草在春末初夏出现，取名“半夏”	【汉族】

W 编码	母题描述	关联项
W6888.3.6.5	神农称能查毒的植物为“查”（茶）	【汉族】
W6888.3.6.5a	神农早时发现的“茶”因嚼起它涩嘴，就叫它“涩”	【汉族】
W6888.3.6.6	芝麻的根是红的故又名“血参”	【汉族】
W6888.3.6.7	根据蕨树外形取名“手爪爪”	【彝族（阿细）】
W6888.3.6.8	草取名“绿茵茵”	【彝族（阿细）】
W6888.3.7	以特定事件中的现象命名植物	
W6888.3.7.1	黄瓜取名“机里”意为“找粮种走得很远”	【苗族】
W6888.3.8	以纪念的人物名命名植物	
W6888.3.8.1	为纪念死去的女子九菊把花叫“山菊花”	【汉族】
W6888.4	特定植物的命名（特定植物名字的来历；植物命名的类型）	
W6888.4.1	特定树的命名	
W6888.4.1.1	特定人物命名树名	
W6888.4.1.1.1	玉皇大帝命名“婆罗籽”	
W6888.4.1.2	为纪念特定人物命名树名	
W6888.4.1.2.1	白果树的名称源于纪念洪水中救人的白果姑娘	【汉族】
W6888.4.1.3	根据树的来历命名树名	【汉族】
W6888.4.1.3.1	恶龙死的地方长出的一棵树取名“恶龙树”	
W6888.4.1.4	以生长地点命名树名	
W6888.4.1.4.1	琅琊山上庙前殿后长的榆树取名“琅琊榆”	【汉族】
W6888.4.2	特定瓜的命名	
W6888.4.2.1	为怀念纹香姑娘把香瓜更名为“网纹香”	【汉族】

W 编码	母题描述	关联项
W6888.4.3	特定果的命名	
W6888.4.4	特定花的命名	
W6888.4.5	特定草的命名	
W6888.4.5.1	草是胡的人家用的柴，取名“柴胡”	【汉族】
W6888.4.6	特定作物的命名	
W6888.4.6.1	炎帝命名姜	
W6888.4.6.1.1	炎帝将自己的姜姓给了使自己获得第二次生命的生姜	【中华民族】
W6888.4.6.2	叫“稻”者种的庄稼叫“稻”	【汉族】
W6888.4.6.3	地域性作物加地名命名	
W6888.4.6.3.1	凤凰台一带的稻谷取名“凤台仙大米”	【汉族】
W6888.4.6.3.2	在百草洼最先种植的谷子命名“百草洼谷子”	【汉族】
W6888.4.6.4	小麦的命名	
W6888.4.6.4.1	因麦穗不大取名“小麦”	【汉族】
W6888.4.7	其他特定植物的命名	
W6888.5	与植物命名有关的其他母题	
W6889	**自然物的命名**	
W6889.1	自然物命名的产生（为自然物取名的原因）	
W6889.2	自然物的命名者	
W6889.2.1	神为自然物命名	
W6889.2.2	神性人物为自然物命名	
W6889.2.2.1	黄帝命名“雄黄”	【汉族】
W6889.3	自然物命名的方式	
W6889.3.1	以人的名称命名自然物的	
W6889.3.1.1	为了纪念一位舍己为人的好后生阿里把一座秃山改名叫阿里山	【高山族】

W 编码	母题描述	关联项
W6889.3.2	以出现的特定物命名自然物	
W6889.3.2.1	大雁经过那道山口取名“雁门关”	【汉族】
W6889.3.2.2	神龙飞腾而上的地方取名“龙门”	【汉族】
W6889.3.3	根据性质为自然物取名	
W6889.3.3.1	太阳取名“热又热”	【彝族（阿细）】
W6889.3.3.2	月亮取名“亮又亮”	【彝族（阿细）】
W6889.3.3.3	星星取名“明又明”	【彝族（阿细）】
W6889.3.3.4	云彩取名“平又平”	【彝族（阿细）】
W6889.3.4	根据样貌为自然物取名（根据外形为自然物取名）	
W6889.3.4.1	土山取名“团镳镳”	【彝族（阿细）】
W6889.3.4.2	石山取名“尖溜溜”	【彝族（阿细）】
W6889.3.4.3	石头取名“长条条”	【彝族（阿细）】
W6889.4	天体的命名（日月星辰名称的来历）	
W6889.4.1	天体命名的原因	
W6889.4.2	天体的命名者（日月星辰的命名者）	
W6889.4.3	天体的命名方式	
W6889.4.4	日月的命名	
W6889.4.4.1	人为日月命名	
W6889.4.4.1.1	人把太阳叫“当婉”，月亮叫“冗令”	【布依族】
W6889.4.5	太阳的命名	
W6889.4.5.1	10 个太阳分别以虎、龙、大象、黑牛等 10 种动物为名	【苗族】
W6889.4.6	星星的命名（特定星星名称的来历）	［W1730］特定星星的产生

W 编码	母题描述	关联项
W6889.4.7	其他天体现象的命名	
W6889.4.8	与天体命名有关的其他母题	
W6889.5	山的命名（山石的命名；山名的来历；石头的命名）	［W1850～W1854］常见的特定名称的山
W6889.5.1	命名山的原因	
W6889.5.1.1	因山与雷公有关命名雷公山	【苗族】
W6889.5.2	山的命名者	
W6889.5.2.1	神命名山名	
W6889.5.2.2	神性人物命名山名	
W6889.5.2.2.1	大禹命名山名	
W6889.5.2.2.1.1	大禹命名“太室山”与“少室山”	【汉族】
W6889.5.2.2.1.2	大禹命名五岳	【汉族】
W6889.5.2.2.1.3	大禹命名三十六山	【汉族】
W6889.5.2.2.2	神农命名桐柏山	【汉族】
W6889.5.2.2.3	黄帝封山名	
W6889.5.2.2.3.1	黄帝封安葬炎帝的天台山为“西泰山”	【中华民族】
W6889.5.2.3	特定人物封山名（山名是封的）	
W6889.5.2.3.1	恒山被封为北岳	【汉族】
W6889.5.2.3.2	成吉思汗为记住战事命名成吉思汗山	【汉族】
W6889.5.3	山的命名方式	
W6889.5.3.1	以形状命名的山	
W6889.5.3.1.1	双乳山（双乳山的来历）	【汉族】
W6889.5.3.1.2	扁担山（扁担山的来历）	【汉族】
W6889.5.3.1.3	形状像大海螺的山命名螺峰山	【白族】
W6889.5.3.1.3a	像一粒泥螺趴在泥涂上的小山取名“泥螺山”	【汉族】

W 编码	母题描述	关联项
W6889.5.3.1.4	山形如帝王的车顶取名“王屋山”	【汉族】
W6889.5.3.1.5	山像簸箕命名“簸箕山”（箕山）	【汉族】
W6889.5.3.1.6	像龙的山取名“龙山”	【中华民族】
W6889.5.3.1.6.1	像青龙的山取名“青龙山”	【汉族】
W6889.5.3.1a	根据山的性质命名	
W6889.5.3.1a.1	只有星星大一点地方的山取名“基尔基日山”	【彝族】
W6889.5.3.2	以特定的人物的名字命名的山	
W6889.5.3.2.1	尊凤凰神女为主之后把村后的山取名凤凰山	【白族】
W6889.5.3.2.2	为纪念祖先以祖先名命名山名	【黎族】
W6889.5.3.2.2a	为纪念特定人物命名山名	
W6889.5.3.2.2a.1	为纪念嫘祖命名“奶头山”	【汉族】
W6889.5.3.2.2a.2	为纪念解除旱情降雨的小白龙命名“玉龙山”	【汉族】
W6889.5.3.2.2a.3	为纪念石公、石婆，称太湖西山为“石公山”	【汉族】
W6889.5.3.2.2a.4	为纪念欧冶子铸剑，把山改称“冶父山”	【汉族】
W6889.5.3.2.2a.5	为纪念老龙，取名“龙山”	【汉族】
W6889.5.3.2.2a.6	为纪念炎帝尝百草找把鳖背口称作“药柜山”	【汉族】
W6889.5.3.2.2a.7	为纪念洪水救人的母子命名“母山”“子山”	【汉族】
W6889.5.3.2.2a.8	大隗真人修道的具茨山又称“大隗山”	【汉族】
W6889.5.3.2.3	以有功者名字命名山名	【汉族】@［W6889.5.3.2.6］以有功者的封号命名山名

W 编码	母题描述	关联项
W6889.5.3.2.3.1	为了纪念大禹劈山引水之功把河西那座山称作禹王山	【汉族】@［W6889.3.1.1］为了纪念一位舍己为人的好后生阿里把一座秃山改名叫阿里山
W6889.5.3.2.3.2	为纪念垦王功绩命名“垦王山”	【仫佬族】
W6889.5.3.2.3a	以有地位者名字命名山名	
W6889.5.3.2.3a.1	几座大山以黄帝的大将命名以示纪念，如大隗山、风后岭、具茨山	【汉族】
W6889.5.3.2.4	为纪念阿青、阿龙两兄弟变成的像龙的山命名青龙山	【彝族】
W6889.5.3.2.5	特定人物居住过的山以该人物命名	［W6897.1.2.7.1］盘古生活居住的石狮子山被后人叫做“盘古山”
W6889.5.3.2.5.1	公盘古山和母盘古山源于盘古男女	【汉族】
W6889.5.3.2.5.2	神农住过的那个山头取名“神农山”	【汉族】
W6889.5.3.2.5.3	人们把尧的儿子资子住过的山取名“资山”	【汉族】
W6889.5.3.2.6	以有功者的封号命名山名	
W6889.5.3.2.6.1	宁封助黄帝战蚩尤立功封他为“五岳丈人”，并把青城山叫“丈人山”	【汉族】@［W6883.2.3.3.1］黄帝让宁封当“五岳丈人”，人们尊称他为“宁封丈人”
W6889.5.3.2.7	根据特定人物的特定身份命名山名	
W6889.5.3.2.7.1	大禹妻子所居的山取名太室山，妻子妹妹住的地方叫少室山	【汉族】
W6889.5.3.3	以动物命名的山	［W1823.6.2.1.1］凤凰堆
W6889.5.3.3.1	尊特定的动物为神之后把山名改为该动物的名字	【白族】

W 编码	母题描述	关联项
W6889.5.3.3.2	用动物肢体命名山河	【布朗族】
W6889.5.3.3.3	三脚马变成的山命名“白马山”	【仫佬族】
W6889.5.3.3.4	为纪念特定动物命名的山	
W6889.5.3.3.4.1	把蚂蚁咬死大力神的那座山取名“蚂蚁山”	【汉族】
W6889.5.3.4	以山的产生原因命名（根据山的特征的来历命名山）	
W6889.5.3.4.1	夸父把鞋中物倒出形成一座小山，现在人们叫它“振履堆”	【汉族】
W6889.5.3.4.2	夸父的三块支锅石变成的三座大山取名“贾釜山”	【汉族】@［W6889.5.4.2.1］二郎神鏊子烙馍变成的山取名“鏊子山”
W6889.5.3.4.3	老汉的九个儿子形成的山取名“九子山”	【汉族】
W6889.5.3.4.4	老君踩歪的山头取名“歪嘴山”	【汉族】
W6889.5.3.4.5	虎变成的山取名“虎山”	【汉族】
W6889.5.3.5	因特定的事件命名山名	【汉族】
W6889.5.3.5.1	因特定物埋在山下以该物命名此山	
W6889.5.3.5.1.1	埋白象的山包叫做象山	【傣族】
W6889.5.3.5.2	杨戬从鞋中倒土化成的小山岗命名破鞋冈	【汉族】
W6889.5.3.5.3	因大禹的手掌留在了山上取名“五指岭”	【汉族】
W6889.5.3.5.4	炎帝种五谷的山取名“百谷山”	【汉族】
W6889.5.3.5.5	因山上安葬的人命名山名	
W6889.5.3.5.5.1	泥螺王安葬在山上取名“泥螺山”	【汉族】
W6889.5.3.5.5.2	河蚌姑娘葬在山上取名“蚌山”	【汉族】
W6889.5.3.5.6	白狼曾长期蹲守的山取名“狼山”	【汉族】

W 编码	母题描述	关联项
W6889.5.3.5.7	因小山丘是部落祭神的地方，取名“神山”	【汉族】
W6889.5.3.5.8	大人集会的山取名大人之市（山名）	【汉族】
W6889.5.3.5.9	以事件命名山名的其情形	
W6889.5.3.5.9.1	根据山在洪水中的情形命名山名	【彝族】
W6889.5.3.6	为感恩命名山名（为纪念特定人物命名山名）	［W6889.5.3.2.2a］为纪念特定人物命名山名
W6889.5.3.6.1	为感恩猴子命名“猴山”	【汉族】
W6889.5.3.6.2	为不忘玉皇的恩德，取名“玉皇山”	【汉族】
W6889.5.3.6.3	为纪念凤凰为挡住洪水变成大山命名“凤凰山”	【汉族】
W6889.5.3.6.4	为歌颂纪念炎帝族的功德命名“九连山”	【汉族】
W6889.5.3.7	根据山上的风物命名山名	
W6889.5.3.7.1	大土丘上有棵老古槐取名“槐山”	【汉族】
W6889.5.3.7.2	山上多黑石取名“黟山”	【汉族】
W6889.5.3.7.3	因山上有桐柏，说的次数多了说成“桐柏山”	【汉族】
W6889.5.3.7.4	因山上有石狮命名“石狮子山”	【汉族】
W6889.5.3.7.5	山顶有一口大金钟的山取名“金钟山”	【白族】
W6889.5.3.8	以山的颜色命名	
W6889.5.3.8.1	“黟山”意即山色如黛	【汉族】@［W6889.5.3.7.2］山上多黑石取名“黟山”
W6889.5.3.9	山的命名方法的其他情形	
W6889.5.3.9.1	以山的方位命名山名	
W6889.5.3.9.1.1	东西两座山分别取名“东山”和“西山”	【汉族】

W 编码	母题描述	关联项
W6889.5.3.9.2	根据音变形成山名	
W6889.5.3.9.2.1	“秃山”音变为“土山”	【汉族】
W6889.5.3.9.3	以国号命名山名	
W6889.5.3.9.3.1 *	不周山得名于周人国号	【中华民族】
W6889.5.3.9.4	因图画命名山名	
W6889.5.3.9.4.1	画有九龙的山命名“九陇山”	【汉族】
W6889.5.4	特定的山的命名（特定山名的来历）	
W6889.5.4.1	泰山名称的来历	
W6889.5.4.1.1	勇士泰山的骨头变成的石头取名“泰山”	【汉族】
W6889.5.4.2	鏊子山名称的来历	
W6889.5.4.2.1	二郎神鏊子烙馍变成的山取名“鏊子山”	【汉族】
W6889.5.4.3	二郎山名称的来历	
W6889.5.4.3.1	杨二郎当年歇脚的山取名“二郎山”	【汉族】
W6889.5.4.3.2	为纪念二郎，把他担来的山叫“二郎山”	【汉族】
W6889.5.4.4	历山的来历	
W6889.5.4.4.1	虞舜打鱼晒网的地方取名沥网山（历山）	【汉族】
W6889.5.5	特定石的命名	
W6889.5.5.1	飞来石名称的来历	
W6889.5.5.2	望夫石名称的来历	【汉族】
W6889.5.5.3	以特定的事件命名时	
W6889.5.5.3.1	启母石	
W6889.5.5.3.1.1	一块巨石据说是夏启的母亲涂山氏变的，故称启母石	【汉族】
W6889.5.5.3.2	诞子石	

W 编码	母题描述	关联项
W6889.5.5.3.2.1	“诞子石”（弹子石）源于石生启	【中华民族】
W6889.5.5.3.3	呼归石（夫归石）	
W6889.5.5.3.3.1	“呼归石”源于涂山氏等候治水的大禹	【中华民族】
W6889.5.5.4	以特定人物的名或姓氏命名石	
W6889.5.5.4.1	与螃蟹精有关的石头命名“螃蟹石”	【侗族】
W6889.5.5.4.2	风姓石因伏羲风姓而得名	【汉族】
W6889.5.5.5	特定人物命名石名	
W6889.5.5.5.1	舜帝把灵石命名为“安王石”	【汉族】
W6889.5.6	山名的变化（山名的更替）	
W6889.5.6.1	北岳由原来的河北恒山移祀山西恒山	【汉族】
W6889.5.7	岭的命名	
W6889.5.7.1	根据形状命名岭	
W6889.5.7.2	根据事件命名岭	
W6889.5.7.2.1	石人帽子所落的岭取名“帽儿岭”	【汉族】
W6889.5.7.2.2	太白金星到过的岭取名“太白岭”	【汉族】
W6889.5.7.2.3	蚩尤撤兵逃跑的岭取名“撤兵岭”	【汉族】
W6889.5.7.2.4	炎帝曾骑宝经过的山岗叫成“跑马岭”	【汉族】
W6889.5.7.3	因封地命名岭	
W6889.5.7.3.1	黄帝因风后功劳大，把具茨山改名“风后岭”封给风后	【汉族】
W6889.5.7.4	为纪念特定人物命名岭	
W6889.5.7.4.1	为纪念分水子取名“分水岭”	【汉族】

W 编码	母题描述	关联项
W6889.5.7.4.2	为纪念黄帝取名“黄帝岭”	【汉族】@［W6889.5.8b.2］人们不忘黄帝恩情，把他炼丹的山岭起名“黄帝岭”
W6889.5.7.5	以岭的特征命名岭	
W6889.5.7.5.1	霞光四射是疑有神光的岭取名“神光岭”	【汉族】
W6889.5.8	峰的命名	
W6889.5.8.1	根据特定人物的经历命名峰名	
W6889.5.8.1.1	祝融居住过的最高峰取名“祝融峰”	【汉族】
W6889.5.8.1.2	容成子采集柴薪的山峰取名“容成峰”	【汉族】
W6889.5.8.1.3	黄帝演兵的峰取名“轩辕峰”	【汉族】
W6889.5.8.1.4	因山峰与仙螺有关，命名“翠螺”“碧螺”“黛螺”等	【汉族】
W6889.5.8.1.5	为纪念“宁封丈人”，把他烧陶的那座山峰叫“丈人峰”	【汉族】
W6889.5.8.2	根据峰的形状命名	
W6889.5.8.2.1	像仙桃的峰命名“仙桃峰”	【汉族】
W6889.5.8a	山丘的命名	
W6889.5.8a.1	见大蛇中断的山丘取名断蛇丘	【汉族】
W6889.5.8b	山岭的命名	
W6889.5.8b.1	炎帝亲口封的岭叫做“炎帝岭”	【汉族】
W6889.5.8b.2	人们不忘黄帝恩情，把他炼丹的山岭起名“黄帝岭”	【汉族】
W6889.5.9	与山的命名有关的其他母题	［W6899.1.2.1.3］一山多名
W6889.5.9.1	山中特定风物的命名	
W6889.5.9.1.1	把公鸡站过的石梁取名“鸡公嘴”	【中华民族】
W6889.5.9.2	山谷的命名（峪的命名）	

W 编码	母题描述	关联项
W6889.5.9.2.1	黄帝将从车仓里发明指南车的大山峪命名“车仓峪”	【汉族】
W6889.5.9.3	山坡的命名	
W6889.5.9.3.1	尧少时经常在打猎制陶的山坡取名“尧王坡”	【汉族】
W6889.6	江河湖泊的命名（江河湖泊名称的来历）	［W1941～W1944］特定的江河的产生
W6889.6.1	命名江河湖泊的原因	
W6889.6.2	江河湖泊的命名者	
W6889.6.3	江河湖泊的命名方式	
W6889.6.3.1	因特定事件命名江河湖海	
W6889.6.3.1.1	用手掌劈出的江命名“掌江”	【汉族】@［W6897.2.1.1］大汉用巨掌劈的水流叫“掌江”，年代一长就叫成“长江”
W6889.6.3.2	根据江河湖海开辟者身份命名	
W6889.6.3.2.1	皇帝用脚蹬出的河取名“皇河”	【汉族】
W6889.6.3.2.2	淮夷部落的人开的河人们就把它叫“淮河”	【汉族】
W6889.6.4	特定的江的命名	
W6889.6.4.1	因与特定人物有关命名江名	
W6889.6.4.1.1	尧的儿子丹珠坟墓面对的大河取名“丹江”	【汉族】
W6889.6.4.1.2	海和兰二人在江边合力杀死恶魔遂命此江曰“海兰江”	【朝鲜族】
W6889.6.4.1.3	螺女江与螺女有关	【汉族】
W6889.6.4.2	为纪念命名江名	
W6889.6.4.2.1	为纪念喜鹊命名“鹊江”	【汉族】
W6889.6.4.2.2	为纪念穆丹取名“穆丹江”（牡丹江）	【满族】
W6889.6.4.3	以特定事件命名江名	

W 编码	母题描述	关联项
W6889.6.4.3.1	龙马跳下的江命名龙马江	【哈尼族】
W6889.6.5	特定的河的命名	
W6889.6.5.1	特定的人物命名河的名字	
W6889.6.5.1.1	高僧命名河的名字	【布朗族】
W6889.6.5.1.2	大禹命名河名	［W6889.5.2.2.1］大禹命名山名
W6889.6.5.1.2.1	大禹命名“洛河”	
W6889.6.5.2	以河的开辟者命名河流	
W6889.6.5.2.1	人们把淮夷部落的人开的河叫做淮河	【汉族】
W6889.6.5.3	河的命名的其他方式	
W6889.6.5.3.1	用特定人物的姓氏命名河名	【汉族】
W6889.6.5.3.1.1	人们把舜到过的江叫舜江，因为虞舜姓姚今称姚江	【汉族】
W6889.6.5.3.2	用特定人物的名字命名河名	
W6889.6.5.3.2.1	黄帝用部将武定的名字命名“武定河”	【汉族】
W6889.6.5.3.2.2	为纪念找水的塔里木把阿娜河叫作“塔里木河”	【汉族】
W6889.6.5.3.2.3	找水的叶尔羌别变成的河命名“叶尔羌河”	【汉族】
W6889.6.5.3.2.4	人们把尧的儿子资子治理过的水取名“资水”	【汉族】
W6889.6.5.3.3	为纪念特定物命名河名	
W6889.6.5.3.3.1	大禹为纪念帮他治水的鸿雁命名“鸿雁河”	【汉族】
W6889.6.5.3.4	为纪念特定事件命名河名	
W6889.6.5.3.4.1	大禹除蟒治水时形成的河取名“蟒河”	【汉族】
W6889.6.5.3.5	根据河的特征命名	
W6889.6.5.3.5.1	因金子布满河道命名“金沟河”	【汉族】

W 编码	母题描述	关联项
W6889.6.5.3.5.2	天河碧水清清，银粼闪闪，故又称“银河”	【汉族】
W6889.6.5.4	特定河名的来历	
W6889.6.5.4.1	母亲河名称的来历	【汉族】
W6889.6.6	特定的湖的命名	
W6889.6.7	特定的海的命名	
W6889.6.8	其他特定水体的命名	
W6889.6.9	与江河湖泊命名有关的其他母题	
W6889.6.9.1	滩名	
W6889.6.9.1.1	望娘滩名字源于龙探母	【侗族】
W6889.6.9.2	泉名（泉的命名）	
W6889.6.9.2.1	根据泉的特征命名	
W6889.6.9.2.1.1	水甘美的泉命名“甘泉”	【壮族】
W6889.6.9.2.2	为感恩命名泉	
W6889.6.9.2.2.1	为纪念老三的辛劳与恩德，把眼泉取名“三子泉”	【汉族】
W6889.6.9.2.3	为纪念特定人物命名泉	
W6889.6.9.2.3.1	为纪念尧取名“尧泉”	【汉族】
W6889.6.9.2.3.2	为怀念炎帝神农把他开的泉称作“神农泉”	【汉族】
W6889.6.9.3	池塘名（池的命名）	
W6889.6.9.3.1	为怀念日吉纳姑娘把与她有关的水池取名“天池”	【汉族】
W6889.6.9.3.2	伏羲养白龟的坑取名“白龟池”	【汉族】
W6889.6.9.4	坝名	
W6889.6.9.4.1	恶龙霉烂的地方取名霉龙坝（梅龙坝）	【汉族】
W6889.6.9.4.2	凤凰降落的坝取名“凤羽”	【白族】
W6889.6.9.5	潭的命名	

W 编码	母题描述	关联项
W6889.6.9.5.1	因曾有一条乌龙在潭中嬉戏的潭取“名黑龙潭”	【汉族】
W6889.6.9.6	渡口名	
W6889.6.9.6.1	风后陵墓所在的渡口取名“风陵渡”	【中华民族】
W6889.7	其他自然物或无生命物名称的来历	
W6889.7.1	林地的命名	
W6889.7.1.1	神农做手脚架的一片茫茫林海取名为“神农架”	【汉族】
W6889.7.2	土堆的命名	
W6889.7.2.1	李二郎担山倒出鞋中的沙子形成土堆，因马家人最先上去开垦故名“马家墩子”	【汉族】
W6889.7.2.2	杨二郎没有吸完的烟灰形成的土墩取名“烟墩子”	【汉族】
W6889.7.3	洞的命名	
W6889.7.3.1	山洞的命名	
W6889.7.3.1.1	以特定人物命名山洞	
W6889.7.3.1.1.1	牛郎居住的地方取名“牛郎洞”	【汉族】
6889.7.3.1.1.2	为纪念尧和尧母，就把他俩住过的山洞叫作“尧母洞”	【汉族】
W6889.7.3.2	根据洞里出现的特定物命名洞名	
W6889.7.3.2.1	曾出现“龙”“马”的洞取名“龙马洞”	【汉族】
W6889.7.3.3	根据洞里发生的事件命名洞名	
W6889.7.3.3.1	桂娃还珠与龙王的洞遂名“还珠洞”	【汉族】
W6889.7.4	沟的命名	
W6889.7.4.1	根据沟的来历命名沟名	

W 编码	母题描述	关联项
W6889.7.4.1.1	杨二郎的担山扁担化成的深沟取名“扁担沟”	【汉族】
W6889.7.4.1.2	神农用宝剑劈成的深沟叫“神农涧”	【汉族】
W6889.7.4.1.3	神农用拐棍儿戳出的涧称为“神农涧”	【汉族】
W6889.7.4.2	为感恩特定人物命名沟名	
W6889.7.4.2.1	为感恩龙王消除旱灾取名“龙王沟”	【汉族】
W6889.7.4.2.2	为纪念老君为民造福驾牛耕山取名“神降沟”	【汉族】
W6889.7.4.3	根据沟的特征命名沟名	
W6889.7.4.3.1	沟里有一个像将军头一样的山包，取名“人头沟”	【汉族】
W6889.7.4.4	根据特定事件命名沟名	
W6889.7.4.4.1	黄帝掉靴的地方取名“靴沟”	【汉族】
W6889.7.4.4.2	埋掉死蛇的沟取名“埋蛇沟”	【汉族】
W6889.7.5	道路的命名	
W6889.7.5.1	尧开辟出来的道路取名“贤人道”	【汉族】
W6889.8	与自然物命名有关的其他母题	
W6889.8.1	火的命名	
W6889.8.1.1	为纪念为人类盗火而献身的阿扎把火叫作“阿扎”	【哈尼族】
W6890	**地名的产生（特定地名的来历）**	
W6890.0	以特定地方的来历命名地名（地名有特定来历）	
W6890.0.1	禹用鞭梢儿削平的山头儿叫做“禹王坪”	【汉族】

W 编码	母题描述	关联项
W6890.0.2	凤凰翅膀划出的两条沟，取名“双沟”	【汉族】
W6890.1	以事件命名地名（地名源于特定事件）	
W6890.1.1	以神话事件命名地名	
W6890.1.1.1	与滚磨成婚的地方取名“落磨寺村”	
W6890.1.1.1.1	洪水后，幸存的姐弟滚磨成婚繁衍人类，把形成的村寨取名“落磨寺”	【汉族】
W6890.1.1.2	伏羲拴龙马的地方，后人叫它“马庄（桩）”	【汉族】
W6890.1.1.3	神农种五谷的地点取名“羊头山”	【中华民族】
W6890.1.1.4	炎帝搭架采药的地方取名“神农架”	【汉族】
W6890.1.2	以传说事件命名地名	
W6890.1.2.1	商伯为保存火种修的土丘命名“商丘”	【汉族】
W6890.1.2.2	变成龙的儿子回头看望母亲的地方命名“望娘滩”	【汉族】【侗族】
W6890.1.2.3	因传说白鹤劝婚才有大理遂把大理城叫做“鹤拓”	【白族】
W6890.1.3	以历史事实命名地名	
W6890.1.3.1	人在迁徙中在一个地方的困了六个月，维吾尔人把这个地方叫作阿勒泰（六个月）	【维吾尔族】
W6890.1.4	以现实事件命名地名	
W6890.1.5	以虚构的事件命名地名	
W6890.1.5.1	因吉萨格来在某处为除妖磨刀而命名该地方为“磨刀”	【门巴族】

W 编码	母题描述	关联项
W6890.1.5.2	镇妖建庙的地方命名“斯木淌丹拢巴”（门巴语，镇压妖女的地方）	【门巴族】
W6890.2	以神迹命名地名（以特定人物的足迹命名）	
W6890.2.1	人们把炎帝得到禾苗的地方取名“嘉禾”	【汉族】
W6890.2.2	因神性人物到过某地命名地名	
W6890.2.2.1	神农架源于神农氏当年在那里架梯子尝百草	【汉族】
W6890.3	以人物名称命名地名（以人名命名地名）	
W6890.3.1	根据历史人物命名地名	
W6890.3.1.1	以古人命名地名（以古帝王名命名地名）	
W6890.3.1.1.1	余姚、上虞两县皆以舜得名	【汉族】
W6890.3.1.1.1.1	因虞舜姓姚，他留下的家族生活的地方命名余姚	【汉族】
W6890.3.2	根据地方名人命名地名	
W6890.3.2.1	众人赞誉徐家夫妻的美德将其居住的地方取名“徐口子”	【汉族】
W6890.3.3	根据英雄人物名称命名地名	
W6890.3.3.1	把英雄赤孜和拉妩赶走水妖的地方叫赤孜拉妩	【东乡族】
W6890.3.3.2	九隆所居之地取名“九隆”	【古代民族】
W6890.3.4	以人的肢体命名地名	【高山族】
W6890.3.5	弟弟“岗”（人名）和姐姐“里”居住的洞命名“岗里洞”	【佤族】
W6890.3.6	特定地方的命名加入开辟者名称	
W6890.3.6.1	第一个开辟了耿马的女子的儿女称耿马为“耿妈”，意为妈妈的田地、地方	【佤族】

W 编码	母题描述	关联项
W6890.3.7	因特定人物到过某地以此人命名	
W6890.3.7.1 *	殷墟卜辞中有叫“鹿”的地名常为商王所至	【中华民族】
W6890.3.8	据首领名命名地名	
W6890.3.8.1	勇敢的首领召海出现后，把坝子的名字叫做勐海	【傣族】
W6890.3.9	与以人物名称命名地名有关的其他母题	
W6890.3.9.1	地名与特定人物的姓氏有关	
W6890.3a	以动物名称命名地名	
W6890.3a.1	凤凰飞过的地方取名“凤翔”	【汉族】
W6890.3b	以植物命名地名	
W6890.3b.1	侗族收到的3颗谷种第一年收了3穗，后来命名三穗县	【侗族】
W6890.3c	以其他特定物命名地名	
W6890.3c.1	最古代的地名大部是图腾的名字	【中华民族】
W6890.3c.2	以部落名命名地名	
W6890.3c.2.1	蚩尤族大酋长虺带建立了一个叫“冀”的部落，所以那个地方后来被称为“冀州”	【中华民族】
W6890.4	为纪念命名地名（为感恩命名地名）	
W6890.4.1	为纪念特定人物命地名	
W6890.4.1.1	人们不忘神农氏救民的功德就取名“神农涧”	【汉族】
W6890.4.1.2	为纪念尧王找到泉水的功德，把水池起名“尧王池”	【汉族】
W6890.4.1.3	水族先民为感谢九位仙女把其下凡助人的地方取名“纠散”（九仙，汉语为九阡）	【水族】

W 编码	母题描述	关联项
W6890.4.1.4	人们为纪念尧的儿子资子，把他住的周围命名“资中”	【汉族】
W6890.4.2	为感恩救命物命名地名	
W6890.4.2.1	大花缸洪水中救姐弟俩，将此地取名缸固庄	【汉族】
W6890.5	根据居住情形命名地名	
W6890.5.1	根据居住的姓氏命名地名	
W6890.5.1.1	住着 3 个姓氏的地方命名“三姓”	【满族】
W6890.5.2	因封地命名地名	
W6890.5.2.1	黄帝封风后的具茨山后改名“风后岭”	【汉族】
W6890.5.2.2	阏伯的封号是“商”，后来有了地名“商丘”	【汉族】@［W6890.1.2.1］商伯为保存火种修的土丘命名“商丘”
W6890.6	命名地名的其他方式	
W6890.6.1	以数字命名地名	
W6890.6.1.1	用特定数量命名地名	
W6890.6.1.1.1	用妖魔的数量命名地名	【门巴族】
W6890.6.2	以时间命名地名	【门巴族】
W6890.6.2.1	以受困的时间命名地名	【维吾尔族】@［W6890.1.3.1］人在迁徙中在一个地方的困了六个月，维吾尔人把这个地方叫作阿勒泰（六个月）
W6890.6.2.2	用特定事件的时间命名地名	
W6890.6.2.2.1	当晚发现脚印的地方命名为“当晚”	【门巴族】
W6890.6.3	用特定形状命名地名	
W6890.6.3.1	用脚印的形状命名地名	【门巴族】

W 编码	母题描述	关联项
W6890.6.4	用颜色命名地名	
W6890.6.4.1		
W6890.6.5	用其他做参照命名地名	
W6890.6.5.1	用图腾命名地名	
W6890.6.5.1.1	以虎为图腾的始祖用虎命名居住的地方	【纳西族（摩梭）】
W6890.6.6	占卜命名地名	
W6890.6.6.1	亚鲁捉鸡为疆土命名	【苗族】
W6890.6.7	用国名命名地名	
W6890.6.7.1 *	“高”是邦国转化为地名	【中华民族】
W6890.6.8	以事件命名地名	
W6890.6.8.1	丢狗的地方后来就叫丢狗坨	【苗族】
W6890.6.8.2	盘瓠被冲到的那个地方就叫黄狗坨	【苗族】
W6890.6.8.3	九条龙焚烧的山沟命名“黑山沟”	【汉族】
W6890.6.8.4	蚩尤被肢解的地方取名“解州”	【汉族】
W6890.7	特定人物命名地名（地名的命名者）	
W6890.7.1	神或神性人物命名地名	
W6890.7.2	特定的人命名地名	
W6890.7.2.1	帝王赐地名	
W6890.7a	地名的类型（特定的地名）①	
W6890.7a.1	国名	
W6890.7a.2	州府名（区域名）	
W6890.7a.2.1	特定区域名称与特定人物有关	

① 地名的类型（特定的地名）。关于地名的类型与情形非常复杂，许多地方志中对地名的介绍不少会涉及神话人物、历史人物等因素，各类神话、传说、故事混杂其中，有些地名又会经历不同历史时期的各种变化等情形，很难形成具有逻辑归类的母题。根据这种客观事实，本书只以某一角度为视角，选择一些具有代表性的母题作为示例。仅为地名专题相关研究者提供某些提示。

W 编码	母题描述	关联项
W6890.7a.2.1.1	吴或吴越与吴刚有关	【汉族】
W6890.7a.2.2	以地方特色命名	
W6890.7a.2.2.1	长有铃铛刺果的地方取名“铁干里克”	【汉族】
W6890.7a.3	县名（区名；乡名；乡镇名）	
W6890.7a.3.1	为纪念二郎神担山赶太阳取名“二郎庙乡”	【汉族】
W6890.7a.3.1a	为纪念为人带来幸福的麦盖提取名“麦盖提”镇	【维吾尔族】@［W6893.1.3.3.1］为纪念杀怪兽的米格提把部落取名为“米格提”（现名“麦盖提”）
W6890.7a.3.1b	为纪念带领人们逃生该地的麦盖提，以他的名字给本地取名为“麦盖提”	【汉族】
W6890.7a.3.2	为纪念商伯把火神台周围的地方称为“商丘”	【汉族】@［W6890.1.2.1］商伯为保存火种修的土丘命名“商丘”
W6890.7a.3.3	因阏伯的封号是“商”，把与之有关的土丘称为“商丘”	【汉族】
W6890.7a.3.4	涂山氏还阳的地方取名“还阳镇”	【汉族】
W6890.7a.3.5	“龙华桥”周围的地区取名龙华	【汉族】
W6890.7a.3.6 *	拟声词“咕通”音变成地名“奎屯”	【汉族】
W6890.7a.3.7	因特定人物的语言命名集镇名	
W6890.7a.3.7.1	虞舜呼喊“百官”的地方取名“百官”集镇	【汉族】
W6890.7a.4	村名（村寨名）	
W6890.7a.4.1	特定人物命名村名	
W6890.7a.4.1.1	大禹命名“高山村”	【汉族】
W6890.7a.4.2	根据特定事件命名村名	【汉族】

W 编码	母题描述	关联项
W6890.7a.4.3	村名与特定人物有关	
W6890.7a.4.3.1	用有功者的名字命名村名	【汉族】
W6890.7a.4.3.2	黄帝为纪念风后的功绩把赵村改名为“风陵”	【汉族】
W6890.7a.4.3.3	为纪念英雄阿喇把村改名为阿喇卡	【彝族】
W6890.7a.4.3.4	以祖先命名村名	
W6890.7a.4.3.4.1	祖先布洛陀曾耕种的田垌后人称之为“洛陀垌”（村名）	【壮族】
W6890.7a.4.4	村名与特定事件有关	
W6890.7a.4.4.1	东马庄、西马店与黄帝拴马有关	【汉族】
W6890.7a.4.4.2	为感恩龙治水命名“龙王村”	【汉族】
W6890.7a.4.4.3	曾经二龙相斗的村子取名“双龙寨”	【汉族】
W6890.7a.4.4.4	为纪念轩辕黄帝驾临此村取名“散驾村”	【汉族】
W6890.7a.4.4.5	为纪念黄帝摆八卦阵取名叫“八卦村”	【汉族】
W6890.7a.4.5	村名与生产方式有关	
W6890.7a.4.5.1	饲牛的村叫牛庄，养马的村叫“马庄”	【汉族】
W6890.7a.4.6	以居住者的姓氏命名村名	
W6890.7a.4.6.1	有熊氏居住的地方叫“熊庄”	【汉族】
W6890.7a.4.7	以村子的特征命名	
W6890.7a.4.7.1	以村子特有的风物命名	
W6890.7a.4.7.1.1	建有“百神庙”的村子取名“百神庙村”	【汉族】
W6890.7a.5	巷名	
W6890.7a.5.1	因老中医配制神曲，人们称他所在的街为“神曲巷”	【汉族】

W 编码	母题描述	关联项
W6890.7a.6	特定的城市名（城池名）	
W6890.7a.6.1	以纪念的人物命名城池名	
W6890.7a.6.1.1	为纪念尧，把与他有关的城取名“尧城”	【汉族】
W6890.7a.6.2	根据特定人物有关的事件命名城池	
W6890.7a.6.2.1	“丹朱城”与因丹朱有关	【汉族】
W6890.7b	地名的保存（地名的流传）	
W6890.7b.1	人命名地名要记在书上	【彝族】
W6890.8	地名的变化	
W6890.8.1	地名的改变	
W6890.8.1.1	因特定事件改变地名	
W6890.8.1.1.1	一个原来叫勐弟密牙的坝子因两个魔鬼的尸体掉在坝子中间的大湖里便改名勐遮	【傣族】
W6890.8.1.1.2	因为肤施曾经是佛祖尸毗割下肌肤施救鹰和鸽子的地方改名延安	【汉族】
W6890.8.1.2	为纪念特定的人物改名	
W6890.8.1.2.1	人们为纪念神农氏的曾孙女，把她曾居住过的“辟支岩”改称“禾婆岩”	【汉族】
W6890.8.1.2.2	因帝尧圣君的降临，“窑峪村”易名“尧寓村”	【汉族】
W6890.8.1.3	因语言变化引起地名变化（语音造成地名改变）	
W6890.8.1.3.1	“盘古寺”说转了嘴变成“盘谷寺”	【汉族】
W6890.8.1.3.2	按照维吾尔语的发音，汉语将“皮匠河”称为“孔雀河”	【汉族】
W6890.8.1.3.3	人们把“困龙山”叫成了“昆仑山”	【中华民族】

W 编码	母题描述	关联项
W6890.8.1.4	时代变迁出现地名变化	
W6890.8.1.4.1	黄帝时的地名“有熊”现在叫做“新郑”	【汉族】@［W6883.7.4.2.4］黄帝号有熊
W6890.8.1.4.2	古兖州一带在伏羲时代称“东海”，尧舜时称“西南海”	【中华民族】
W6890.8.1.4.3 *	曲阜以前称“空桑”	【中华民族】
W6890.8.1.5	因某种原因改名	
W6890.8.1.5.1	“义乡县”改名为“桐柏县”	【汉族】
W6890.8.2	地名的消失	
W6890.9	与地名有关的其他母题	
W6890.9.1	地名的特征	
W6890.9.1.1 *	地名是一种文化符号	【多民族】
W6890.9.1.2 *	地名是一个民族的文化积淀和历史印记	【多民族】
W6890.9.1.3	特定地名有特定的含义	
W6890.9.1.3.1	上海称“申”与猴子有关	【汉族】
W6890.9.2	地名的功能	
W6890.9.2.1	取特定地名镇压邪气	【汉族】
W6890.9.3	特定人物名是地名	
W6890.9.3.1 *	盘古为地名	【中华民族】
W6891	**生产事象中的命名**	
W6892	**生活事象中的命名**	
W6893	**其他特定名称的来历**	［W9960 ~ W9979］特定风物的来历
W6893.0	风物的命名	［W6889.5.9.1］山中特定风物的命名
W6893.0.1	以事件命名风物	
W6893.0.1.1	测量羊子的山谷叫做量羊谷	【白族】

W 编码	母题描述	关联项
W6893.0.1.2	黄帝和嫘祖在具茨山的风后顶上恋爱时经常坐的两块青灰色巨石，取名鸳鸯石	【汉族】
W6893.1	社会组织的命名（社会群体的命名）	
W6893.1.1	家族的命名（家庭的命名）	
W6893.1.1.1	家族命名的产生	
W6893.1.1.2	家族命名的方法（特定的家族命名）	
W6893.1.1.2.1	用动物命名家族名	［W6880.1.4］借动物的名称命名人名（人取动物名字；用动物名称为人命名）
W6893.1.1.2.1.1	用狗奶命名家族名	【哈尼族】
W6893.1.1.3	与家族命名有关的其他母题	
W6893.1.1.3.1	家族的称号	
W6893.1.1.3.1.1	氏族称号成为家族的称号	【佤族】
W6893.1.2	氏族的命名	【关联】①
W6893.1.2.1	兄妹婚生的孩子长大后找羊为对象的，生下的后代就是羊族	【民族，关联】②
W6893.1.2.1.1	兄妹婚生的孩子长大后找绵羊为对象的，生下的后代就是绵羊族	【傈僳族】
W6893.1.2.2	兄妹婚生的孩子长大后找猪为对象的，生下的后代就是猪族	【民族，关联】③
W6893.1.2.3	兄妹婚生的孩子长大后找牛为对象的，生下的后代就是牛族	【傈僳族】@［W6297］牛图腾
W6893.1.2.4	兄妹婚生的孩子长大后找马为对象的，生下的后代就是马族	【傈僳族】@［W6299.4］马图腾
W6893.1.2.5	兄妹婚生的孩子长大后找玉米为对象的，生下的后代就是玉米族	【傈僳族】@［W6330］植物图腾

① ［W5250］氏族；［W5269］与氏族产生有关的其他母题。

② 【傈僳族】@［W2459.2］人与羊婚生人；［W6299.3］羊图腾；［W7458.6］人与羊婚。

③ 【傈僳族】@［W6299.6］猪图腾；［W7458.7］人与猪婚。

W 编码	母题描述	关联项
W6893.1.2.6	为纪念特定物命名氏族名	
W6893.1.2.6.1	兄妹通过木臼洪水逃生，婚生的各部落阿美人被系谱化统称“木臼传人”	【高山族（阿美人）】@［W6346］人造物图腾（器物图腾）
W6893.1.2.7	氏族因养特定动物得名	
W6893.1.2.7.1	男孩养两只猛虎使本族兴盛遂命名虎族	【汉族】
W6893.1.2.8	氏族的其他命名方式	
W6893.1.2.8.1	用图腾命名氏族名	@［W6890.6.5.1］用图腾命名地名
W6893.1.2.8.1.1	夷人自名喇人（摩梭人称虎为“喇”）	【纳西族（摩梭）】
W6893.1.2.8.1.2	马图腾的姜姓之族命名“马羌”	【中华民族】
W6893.1.2.9	与氏族命名有关的其他母题	
W6893.1.2.9.1	族号	
W6893.1.2.9.1.1	氏族以“达”为姓，成为一种氏族族号	【佤族】
W6893.1.3	部落的命名（部落名称）	
W6893.1.3.1	以地名命名部落	［W6837.1］以地名为姓（根据地点命名姓氏）
W6893.1.3.1.1	因先祖最初藏身一个名叫额尔捷涅·孔的山巅，所以后来人们就把这支乃蛮称做额尔捷涅·孔乃蛮	【哈萨克族（乃蛮部）】
W6893.1.3.2	以抚养祖先的动物命名部落（因感恩某物用某物命名部落）	【关联】①
W6893.1.3.2.1	母鹿抚养的两个孩子的后代形成的部落命名“布古”（“鹿”）	【柯尔克孜族】
W6893.1.3.3	为纪念特定人物命名部落名	

① ［W6822.3］为了抚养孩子定姓氏；［W6879.4］人为感恩某物命名；［W6880.1.4.3］什么动物抚养孩子就以此动物取名；［W6883.8.1.3.1］救助并抚养断尾龙的孤寡老妇人被称为“龙母”。

W 编码	母题描述	关联项
W6893. 1. 3. 3. 1	为纪念杀怪兽的米格提把部落取名为“米格提”（现名“麦盖提”）	【汉族】@［W6890. 7a. 3. 1a］为纪念为人带来幸福的麦盖提取名“麦盖提”镇
W6893. 1. 3. 4	部落命名的其他情形	
W6893. 1. 3. 4. 1	为纪念特定人物以其名字命名部落	
W6893. 1. 3. 4. 1. 1	为纪念英雄，以英雄的名字命名部落	【汉族】
W6893. 1. 3. 5	与部落命名有关的其他母题	
W6893. 1. 3. 5. 1	部落名和部落首长的个人名通常不分	【中华民族】
W6893. 1. 3. 5. 2	部落名称跨不同时代	【中华民族】
W6893. 1. 4	民族的命名	
W6893. 1. 4. 1	以崇拜的动物命名民族名	
W6893. 1. 4. 1. 1	以白天鹅命名民族名	【哈萨克族】
W6893. 1. 4. 2	祖先名作为民族名	
W6893. 1. 4. 2. 1	“阿佤”“佤族”源于祖先名	【佤族】
W6893. 1. 5	族名	
W6893. 1. 5. 1	神名作为族名	
W6893. 1. 5. 1. 1	羲和既是神名，也是族名	【中华民族】
W6893. 1. 5. 2	用变人的自然物命名族名	
W6893. 1. 5. 2. 1	红雪变成的雪族的种类命名雪族十二种	【彝族】
W6893. 1. 6	帝王命名（古帝王名称的表达）	［W6883. 7. 4. 4］帝王的名号
W6893. 1. 6. 1	帝王命名模式	
W6893. 1. 6. 1. 1 *	帝王称谓基本模式为“某帝 + 担当某帝的那个氏族的姓氏”	
W6893. 1. 6. 1. 1. 1 *	炎帝称“炎帝神农氏”	【中华民族】
W6893. 1. 6. 1. 2 *	帝称谓的完整模式为“帝号 + 氏族姓氏 + 首领的名字”	

W 编码	母题描述	关联项
W6893.1.6.1.2.1＊	炎帝称谓的完整模式为炎帝神农氏帝承	【中华民族】
W6893.2	人造物的命名	
W6893.2.1	以纪念为目的为人造物命名	
W6893.2.1.1	为纪念龙取名“龙桥”	【侗族】@［W6227.5.1.1］为纪念花龙战胜螃蟹精建的桥命名回龙桥
W6893.2.1.2	为纪念青龙取名“龙头桥”	【汉族】
W6893.2.1.2a	为纪念白龙公主取名“云龙桥”	【汉族】
W6893.2.1.3	为纪念造桥人的功德，取名“长寿桥”	【汉族】
W6893.2.1.4	为纪念大大和石善二人造桥，取名“大石桥”	【汉族】@［W6868.9.3］组字命名（合字命名；合名命名）
W6893.2.1.5	为纪念特定人物的经历命名特定物	
W6893.2.1.5.1	尧访舜经过的桥取名“访舜桥”（方顺桥）	【汉族】
W6893.2.1.5.2	为纪念观世音菩萨在小桥上卖提篮取名“提篮桥”	【汉族】
W6893.2.1.5.2a	人们为纪念观世音菩萨用提篮收妖鱼建的桥取名“提篮桥”	【汉族】
W6893.2.1.6	为纪念人造物的发明者命名发明物	
W6893.2.1.6.1	为纪念芦卡芦雅制造竹笙定名“芦笙”	【侗族】
W6893.2.1.6.2	为纪念“三皇”三人发明并改进的三根弦乐器取名“三贤”	【汉族】
W6893.2.2	以发出的声音为人造物命名	
W6893.2.2.1	人在桥上喊出“呀萨木”桥被取名“呀萨木”（门巴语，呀桥）	【门巴族】

W 编码	母题描述	关联项
W6893.2.3	以特定人物的关联名为人造物命名	
W6893.2.3.1	皇帝是龙，把皇帝走过桥命名“龙桥”	【汉族】
W6893.2.4	以人造物的某些特征命名	
W6893.2.4.1	桥桩上有个石头刻的龙头遂取名“龙头桥”	【汉族】@［W6893.2.1.2］为纪念青龙取名“龙头桥”
W6893.2.5	以人造物的来历命名	
W6893.2.5.1	人把显灵化成的寺院叫作“显化禅寺”	【汉族】
W6893.2.6	根据与人造物有关的事件命名	
W6893.2.6.1	黄帝会宁封的桥取名“宁封桥”	【汉族】
W6893.2.6.2	根据传说的事件命名“仙槎桥”	【汉族】
W6893.2.7	为祈好运气用特定名称命名人造物	
W6893.2.7.1	为粘仙气以八仙命名“八仙桥”	【汉族】@［W6897.1.2.7.2］把八仙争食的小木桥改名“八仙桥”
W6893.2.8	人造物的制造者为造出的物件命名	
W6893.2.8.1	舜把造的能吹奏音乐的竹筒取名“箫”	【汉族】
W6894	**与命名类型有关的其他母题**	［W6890.7a.4］村名（村寨名）
W6894.1	万物的命名	
W6894.1.1	特定人物为万物命名	
W6894.1.1.1	神为万物命名	
W6894.1.1.1.1	天神何赛泼为造好的万物命名	【彝族】
W6894.1.1.2	神性人物为万物命名	
W6894.1.1.2.1	天鬼潘瓦能桑给万物取名字	【景颇族】

W 编码	母题描述	关联项
W6894.1.1.2.2	圣人阿丹为所有的一切分类、取名	【撒拉族】
W6894.1.1.2.3	万物的名字罗阿玛写出来	【彝族】
W6894.1.1.3	祖先为万物命名	
W6894.1.1.3.1	男始祖布洛陀给花草树木鸟兽鱼虫和人畜定姓名	【壮族】
W6894.1.1.3.1a	布洛陀为万物定姓名	【壮族】
W6894.1.1.4	特定的人为万物命名	
W6894.1.1.4.1	史皇氏仓颉为万物命名	【汉族】
W6894.1.2	特定人物传授万物名称	
W6894.1.2.1	真主把万物的名称都教授给阿丹圣人	【回族】
W6894.2	与神话传说有关的命名	
W6894.2.1	据说嵊县一带的石团子是夏禹的余粮变的，人们就叫它“禹余粮”	【汉族】
W6894.2.2	借神话人物命名	
W6894.2.2.1	女娲补天后曾在潮湿的渔船上垫个木板子歇息，所以船舱里的板子叫娲板	【汉族】
W6894.3	笼统的命名（大而化之的命名；糊涂的命名）	
W6894.3.1	开天辟地的神仙说不清名字，人们就叫他老天爷	【汉族】
W6894.4	冠名（增加的名字）	
W6894.4.1	给特定人物冠以特定身份	[W6882.3.1] 新名字中增加身份
W6894.4.1.1	给人冠以勇士之名	
W6894.4.1.1.1	本领高强乐于助人的猎手肯得克依被冠名“骑黑骏马的肯得克依勇士”	【哈萨克族】

W 编码	母题描述	关联项
W6894.4.2	名字中冠“英雄”	
W6894.4.2.1	饺子变成的小孩战胜了恶狼，父母重新给他取名“饺子英雄”	【维吾尔族】
W6894.4.3	给特定对象冠以关系人名称（给特定对象冠以关系物名称）	
W6894.4.3.1	尧帝发现的泉水叫作“尧泉”	【汉族】
W6894.4.3.2	白鹅戏水的泉取名“白鹅泉”	【壮族】
W6894.5	难以命名者（无名；佚名）	［W6871.2］无名氏

6.7.9 与姓氏、命名有关的其他母题【W6895～W6899】

W 编码	母题描述	关联项
W6895	**名称的特征（命名的特征；名称的意义；名称的含义；名称的功能）**	
W6895.1	名称具有神圣性	【关联】①
W6895.1.1	姓名不能被冒犯	
W6895.1.2	特定的名称有神力	
W6895.1.2.1	父母名称有神力	
W6895.1.2.1.1	遇险喊爹娘可以得到护佑	【壮族】
W6895.2	名称的定位功能（名称能标志身份；名称的辨识功能）	
W6895.2.1	为每种事物命名是为了好辨别	【瑶族（布努）】
W6895.3	名称具有护佑功能	

① ［W6837.0］以神名为姓（根据神的名称命名姓氏）；［W6880.1.1］借神圣名称命名（借神的名字命名人名；用神的名称命名）；［W6882.1］人的名字具有神圣性；［W6884.8.3］名字事关人的生命。

W 编码	母题描述	关联项
W6895.3.1	念诵开天辟地的神灵、祖先之名可以战胜敌人、避邪免灾	【佤族】
W6895.3.2	特定的名称具有护佑功能	
W6895.3.2.1	婴儿命官不好，为预防夭折以汉显宦、异族、巫师、乞丐、小窃等特殊人物题名	【彝族】
W6895.4	名称具有分类功能	
W6895.4.1	万物有了名字，才能分出种类	【瑶族】
W6895.5	名称具有差异性（名称具有变化性）	【关联】①
W6895.5.1	因语言造成名称差异	
W6895.5.1.1	贡山怒族由于语言差异造成鬼神的名称各异	【怒族】
W6895.5.2	现名与原名的差异（使用名与曾用名）	
W6895.5.2.1	音转形成现在的名称	【汉族】@［W6897.2.1］因语音导致的名称演变（名称的音变；音转造成名称变化）
W6895.5.2.2	人母“涡”即“女涡”，渐渐转成了“女娲”	【汉族】
W6895.6	名称有特定的含义	
W6895.6.1	名字代表灵魂	
W6895.6.1.1	彝人过去皆有3个名字分别代表3个灵魂	【彝族】
W6895.6.2	命名的表象并非表意	
W6895.6.2.1	以动物命名的含义并非动物	
W6895.6.2.1.1	后世之乌彪、犬子、豹奴、虎犯云者，非狗犬	【古代民族】
W6895.6.3	名字表达特定希望	【高山族】@［W6897.1.6.2］为表达美好愿望改名

① ［W6850.6］姓氏的差异（姓氏不同的来历）；［W6897］名称的变化（名字的变化；特定物名称的改变；命名方式的改变）。

W 编码	母题描述	关联项
W6895.6.3.1	父母为孩子取英雄的名字希望孩子成为英雄	【哈尼族】
W6895.6.4 *	人的姓名符号是一种文化现象、文化行为	【中华民族】
W6895.6.5 *	特定历史时期的姓名反映一定历史时期的文化特征	【中华民族】
W6895.7	以前称谓不分男女	
W6895.7.1	以前对女性也称师兄师弟，而不称师姐师妹	【满族】
W6895.8	名称具有纪念的性质	【关联】①
W6895.9	与名称的特征有关的其他母题	［W6882］人的名字的特征（人的名字的功能）
W6895.9.1	有故事的命名	
W6895.9.1.1	“奶头山”名称有故事	【汉族】
W6895.9.2	以前只有女人有名字	
W6895.9.2.1	哈尼人里有四兄妹中阿哥无名，三个妹妹各有其名	【哈尼族】
W6895.9.3	名称具有抽象性	
W6895.9.3.1 *	神农的名称具有抽象性	【中华民族】
W6895.9.4	名称具有稳定性	
W6895.9.5	取名要响亮吉祥	
W6895.9.5.1	男女始祖为孩子取名时认为名字尧响亮又吉祥	【白族】
W6895a	**名称的使用（姓名的使用；名字的使用）**	
W6895a.1	名称使用有对象要求	
W6895a.1.1	人的姓名只有特定的人能	
W6895a.1.1.1	只有父母能直呼孩子的名字	【汉族】
W6895a.2	名称使用有场所要求	

① ［W6157.8.1.2］为了纪念海娃，人们把水中的盐取名“海盐”。

W 编码	母题描述	关联项
W6895a.2.1	特定场所使用特定名称	
W6895a.2.1.1	特定场所女子称呼丈夫的代称	
W6895a.2.1.1.1	女的丈夫死了要哭喊“青天”	【汉族】
W6895a.3	姓名使用禁忌（姓名使用受阻）	［W6898］名称禁忌（姓名禁忌；姓氏禁忌）
W6895a.3.1	隐姓埋名	
W6895a.3.1.1	隐姓	
W6895a.3.1.2	埋名	
W6895a.3.1.2.1	婴儿在出生后第三天早晨得其“埋”名或魂名	【傈僳族】
W6895a.3.2	子女不能姓父母的姓氏	
W6895a.3.2.1	为了让孩子忘记父母是谁，伏羲和女娲不让他们随自己的姓	【汉族】
W6895a.4	姓名使用的时间	
W6895a.4.1	人特定阶段使用特定的名字	
W6895a.4.2	人的终生使用的名	
W6895a.4.2.1	男子一生有三次命名，第一次是男孩出生后由父辈取的一个终身使用的名字	【怒族】
W6895a.5	一名多用	［W6899.1］一物多名（同一事物有不同名称）
W6895a.5.1 *	部落首领有多重含义，有部落名、特定的部落首领名、部落首领的通名等含义	【中华民族】
W6895a.6	名称共享（共同使用的名称）	
W6895a.6.1 *	黄帝不是一位部落首领的称呼，而是多代继任者共同使用的名号	【中华民族】
W6895a.6a	名称的借用（借用其他称谓）	［W6883.7.5.2.3］号的借用（号的袭用）
W6895a.6a.1	男性使用女性称谓	【哈尼族】

W 编码	母题描述	关联项
W6895a.7	人的名字经特定人物认可后使用	
W6895a.7.1 *	名字经族长认可后使用	
W6895a.8	人的名字使用的其他情形	
W6895a.8.1	名称的传承（名称的传袭）	［W6883.8.1.5］世袭称号
W6895a.8.1.1 *	黄帝传世 300 年说明黄帝之称是传袭后世的	【中华民族】
W6895a.9	与人的名字的使用有关的其他母题	
W6895a.9.1	人的名字的保存	
W6895a.9.1.1	人出生后，花名册上就写上了他的名字	【白族（勒墨）】
W6896	**名与姓的关系**	
W6896.1	姓与名合一（姓名合一）	
W6896.1.1	佤族最早无姓氏，以名为姓，后来姓名合而为一	【佤族】
W6896.1.2	盘古夫妻把泥人的名字当作姓	【汉族】
W6896.2	姓与名产生的先后	
W6896.2.1	人先有名，后来才有姓	【壮族】
W6896.3	姓与名可对换	
W6896.3.1	兄弟间的姓与名互换	【彝族】
W6897	**名称的变化（名字的变化；特定物名称的改变；命名方式的改变）**	
W6897.1	名称的更改（改名；更名；改名的原因；姓名的变化）	
W6897.1.0	因避讳改名（因禁忌改名）	
W6897.1.0.1	因避讳启，把“避启山”改名“箕山”	【汉族】
W6897.1.0.2	为避讳王莽，把“蟒岭”改作“邙岭”	【汉族】

W 编码	母题描述	关联项
W6897.1.0.3	因图腾禁忌改名	
W6897.1.0.3.1	牛图腾者不直呼其名，多易其称	【侗族】
W6897.1.1	因婚姻改名	［W6856］姓氏的变化
W6897.1.1.1	女子嫁后改为夫家的名字	
W6897.1.1.2	女子嫁狗后改称狗的妻子	【哈尼族】
W6897.1.1.3	兄妹结婚前改变姓名	［W7300］兄妹婚
W6897.1.2	因纪念特定人或事改名（因特定事件改名）	
W6897.1.2.1	为了感谢忽必烈带来玉米种子解决饥荒的恩惠把玉米改称“皇帝麦子”	【纳西族】
W6897.1.2.2	为纪念为把日月送上天变成山的一对夫妻把这两座山改名叫日月山	【汉族】
W6897.1.2.3	人们感激神医让种杏树代替医疗费的医德把银山改称杏山	【汉族】
W6897.1.2.3a	为纪念为人治病的白秀姑和金鸡，把巾子山改名为“金鸡山”	【汉族】
W6897.1.2.4	为纪念尧的儿子丹珠治水，把“黑河”改名“丹江”	【汉族】
W6897.1.2.4a	龙太子的血染红黑河，人们就把黑河改称“丹江”	【汉族】
W6897.1.2.4b	为纪念为献身的青年石宝把“金钟山”改名为“石宝山”	【白族】
W6897.1.2.4c	为记着芍花仙子的恩情把芍花改名“芍药花”	【汉族】
W6897.1.2.5	为纪念神农尝百草把“百草地”改叫“白草地”	【汉族】
W6897.1.2.6	为感谢观音娘娘降子降福将庵改名“百子庵”	【汉族】
W6897.1.2.7	因特定人物的经历改名	

W 编码	母题描述	关联项
W6897.1.2.7.1	盘古生活居住的石狮子山被后人叫做“盘古山”	【汉族】
W6897.1.2.7.2	把八仙争食的小木桥改名“八仙桥”	【汉族】
W6897.1.2.7.3	因九龙太子曾在龙泉河住过，遂改名“九龙河”	【汉族】
W6897.1.2.7.4	因黄帝在黟山炼丹改名“黄山”	【民族，关联】①
W6897.1.2.7.4a	后人不忘黄帝恩德，把他生活的具茨山改为“轩辕丘”“寿丘”	【汉族】
W6897.1.2.7.4b	人们把黄帝炼丹的山岭改名为“黄帝岭”	【汉族】@［W6889.5.7.4.2］为纪念黄帝取名“黄帝岭”
W6897.1.2.7.5	小灰龙成为母猪龙山的山王把山名改为“灰龙山”	【白族】
W6897.1.2.8	为纪念特定事件改名	
W6897.1.2.8.1	为纪念夏禹的余粮变成的山改山名为“余粮山”	【中华民族】
W6897.1.2.8.2	蛟河烧干后改为“焦河”	【汉族】
W6897.1.2.8.3	蚩尤撤兵的槐树岭改成“撤兵岭”	【汉族】
W6897.1.2.9	纪念性改名的其他情形	
W6897.1.2.9.1	因有功改名	
W6897.1.2.9.1.1	因禹治水功高盖世，世人改称“大禹”	【中华民族】@［W6883.2.3.2.2］名字前加“大”表示尊称
W6897.1.2.9.2	因名人改山名	
W6897.1.2.9.2.1	庆都生尧的黑龙山改名为庆都山	【汉族】
W6897.1.3	因地点改变改名	
W6897.1.3.1	人被抓进龙宫后被改变姓名	【纳西族】

① 【汉族】@［W6889.5.3.7.2］山上多黑石取名“黟山”；［W6889.5.8b.2］人们不忘黄帝恩情，把他炼丹的山岭起名“黄帝岭”。

W 编码	母题描述	关联项
W6897.1.4	为了繁衍后代改名（为传宗接代改名）	
W6897.1.4.1	天神之子与凡女成婚无生育，改名后又与天女成婚繁衍人类	【哈尼族】
W6897.1.5	为隐藏身份改名	
W6897.1.5a	因不好听改名	
W6897.1.5a.1	村名“可讨”二字不大好听，改成“可陶村”	【汉族】
W6897.1.6	改名的具体方法	
W6897.1.6.1	根据被命名者的性状改名	
W6897.1.6.1.1	把“芍花”火字旁的“灼”改为草字头的“芍”	【汉族】
W6897.1.6.2	为表达美好愿望改名	
W6897.1.6.2.1	为祝愿灵魂太平把“贺橹桥”改为“太平桥”	【汉族】
W6897.1.6.3	基于特征改名	
W6897.1.6.3.1	因富贵花能像丝绵一样纺织做衣裳把它改名“棉花”	【汉族】
W6897.1.6.3.2	苞谷因籽粒颜色如玉，味道像米，改名为“玉米”	【汉族】
W6897.1.6.3.3	白梨因色白如雪，改名“雪梨”	【汉族】
W6897.1.6.4	根据谐音更名	
W6897.1.6.4.1	祁与蕲谐音，改字不改音蕲门改为“祁门”	【汉族】
W6897.1.7	改名的其他情形	
W6897.1.7.1	不同的时间姓名不同	
W6897.1.7.1.1	高楞趣被抓进龙宫后白天叫他“工早贡公”，夜里叫他“果倮班毒”	【纳西族】
W6897.1.7.1.2	猎神峨高楞被抓到山神家中之后，白天叫“阿老板都”（大力士），晚上叫“义早九高”（小仆人）	【纳西族】

W 编码	母题描述	关联项
W6897.1.7.2	后来的人为特定对象改名	
W6897.1.7.2.1	后人把村名“拼磨”改成“平陌”	【汉族】
W6897.1.7.2.2	后人把村名“平魔”改成“平陌”	【汉族】
W6897.1.7.3	因名字不雅改名	
W6897.1.7.3.1	因“掮龙”皇帝名字不雅，改成谐音的“乾隆”	【汉族】
W6897.1.7.4	为特定的利益改名	［W6890.5.2.1］黄帝封风后的具茨山后改名“风后岭”
W6897.1.7.5	因自身能力的变化改名	
W6897.1.7.5.1	名字由原来的“田儿”改为“能嗣”以说明已有传宗接代的本领	【汉族】
W6897.1.7.6	因不像名改名	
W6897.1.7.6.1	因“细心”不像中药名字遂改名为“细辛”	【汉族】
W6897.1.7.7	根据有关建议改名	
W6897.1.7.7.1	因绣娘的建议把“金四娘殿”给为“金师娘殿”	【汉族】
W6897.1.8	特定的改名	
W6897.1.8.1	神改名	
W6897.1.8.2	神性人物改名	
W6897.1.8.2.1	特定神性人物改名后音同字不同	
W6897.1.8.2.1.1	下雨王转世为“夏禹王”	【汉族】
W6897.1.8.3	特定的人改名	［W6884.1］人的名称的修改（人的命名的变化；人的更名）
W6897.1.8.4	动物改名	
W6897.1.8.5	植物改名	

W 编码	母题描述	关联项
W6897.1.8.5.1	玉米改名	【纳西族】@［W6897.1.2.1］为了感谢忽必烈带来玉米种子解决饥荒的恩惠把玉米改称“皇帝麦子”
W6897.1.8.6	自然物与无生命物改名	
W6897.1.8.6.1	人们把庆都生尧的黑龙山改名“庆都山”	【汉族】
W6897.1.8.7	地名改名	
W6897.1.8.7.1	村寨因新立的本主改名	【白族】
W6897.1.8.7.2	村名因本主消失改名	【白族】
W6897.1.8.7.2.1	凤阳邑村自凤凰神女本主飞走后，改名为庄窑	
W6897.1.9	与改名有关的其他母题	［W6890.8.1］地名的改变
W6897.1.9.1	改的名字成为使用名称	
W6897.1.9.1.1	“黎”改名“祝融”后，大家改叫他祝融	【汉族】@［W6883.9.2.1.1］大家为发现了石头取火方法的“黎”取大名“祝融”
W6897.1.9.2	原名	［W6883.9.5］本名（人的原名）
W6897.1.9.2.1	“丹江”原名“黑河”	【汉族】@［W6897.1.2.4］为纪念尧的儿子丹珠治水，把“黑河”改名“丹江”
W6897.1.9.2.2	“横庙”原名“金山庙”	【汉族】
W6897.1.9.2.3	“茶”的原名叫“涩”	【汉族】
W6897.1.9.3	重新取名（重新命名）	
W6897.1.9.3.1	孩子多病时要重新取名	【白族】
W6897.1.9.3.2	后代医生重新命名“狗己”为“枸杞子”	【汉族】
W6897.1.9.3.3	因特定需要重新命名（因特定事件重新命名）	

W 编码	母题描述	关联项
W6897.1.9.3.3.1	黄帝获胜后把宇内著名的山峰、地物重新予以命名	【汉族】
W6897.1.9.4	换名（名字的交换）	
W6897.1.9.4.1	看清婴儿性别后马上唤名	【基诺族】
W6897.2	名称的演变（名称的变化）	【关联】①
W6897.2.1	因语音导致的名称演变（名称的音变；音转造成名称变化）	
W6897.2.1.1	大汉用巨掌劈的水流叫“掌江”，年代一长就叫成“长江”	【汉族】
W6897.2.1.2	没登位的皇帝用脚蹬出的河取名“皇河”，年代一久就叫成了“黄河”	【汉族】
W6897.2.1.3	盘古先生的男孩取名“先”，女孩生在后就叫“末”，后来人们把音说转了变成“兄”“妹”	【汉族】
W6897.2.1.4	“哈孜阿克”因后来读音的转化读成了“哈萨克”	【哈萨克族】
W6897.2.1.5	叫“吴桂”的动物传来传去传成“乌龟”	【汉族】
W6897.2.1.6	一种叫“暗号”的草时间一长变成了“艾蒿”	【汉族】
W6897.2.1.7	古栋山叫俗了变成了“谷朵山”	【汉族】
W6897.2.1.8	为了顺口，人们渐渐把“普啕”称为“葡萄”	【维吾尔族】
W6897.2.1.9	因语音导致名称演变的其他情形	［W6890.7a.3.6＊］拟声词“咕通”音变成地名“奎屯”
W6897.2.1.9.1	纪念夏海的“夏海庙”变成“下海庙”	【汉族】
W6897.2.1.9.2	因卡仙和柯阿汗仙的字音相似，恩都力柯阿汗仙被叫成卡仙（嘎仙）	【鄂伦春族】

① ［W6856.1］姓氏的演变（姓的演化）；［W6895.5］名称具有差异性（名称具有变化性）。

W 编码	母题描述	关联项
W6897.2.2	因语义导致的名称演变	
W6897.2.2.1	因避讳名字中的某字造成名称变化	
W6897.2.2.1.1	观自在、观世自在因避讳唐王李世民略去“世”字简称观音	【汉族】
W6897.2.3	因字形导致的名称演变	
W6897.2.3.1	黄帝封女儿为“骡祖”，也就是嫘祖	【汉族】
W6897.2.3.2	因文字通假导致名称变化	
W6897.2.3.2.1 *	因古文字相为通假，导致伏羲亦作伏戏、虙戏、宓羲、包牺、庖牺等诸种称谓	【中华民族】
W6897.2.4	因其他原因导致的名称演变	
W6897.2.4.1	因遗忘导致名称变化	
W6897.2.4.1.1	人们忘掉乌班而称公输般为鲁班	【汉族】
W6897.2.4.2	因误传误称导致名称变化（因讹传造成变成名称变化）	[W6881.2.3.2]“神牛沟”后来慢慢讹传为“水牛沟”
W6897.2.4.2.1	后人把“钦赐娘殿”误称为“钦赐仰殿”	【汉族】
W6897.2.4.3	因时间导致名称变化	
W6897.2.4.3.1	特点地方的动物名称与今不同	
W6897.2.4.3.1.1	以前称虫为蛇，称蛇为鱼	【汉族】
W6897.2.5	名称演变的情形	
W6897.2.5.1	名称的简化（名称的缩写）	
W6897.2.5.1.1	观世音略去“世”字简称观音	【汉族】
W6897.2.5.2	名称语音不变写法变化（名称中的文字变化；同名异字）	【汉族】
W6897.2.5.2.1	“龙化桥”变成“龙华桥”	【汉族】
W6897.2.5.2.2	“马儿崖”随时间推移被叫转成“马耳崖”	【汉族】

W 编码	母题描述	关联项
W6897.2.5.2.3	“漏底村”演变成“娄底村”	【汉族】
W6897.2.5.2.4	“碧螺春”写作“碧萝春”	【汉族】
W6897.2.5.2.5	“叔叔”改写成“秫秫”	【汉族】
W6897.2.5.2.6	“神降沟”现写成“神江沟”	【汉族】
W6897.2.5.3	名称变化明显	
W6897.2.5.3.1	“白龙江”的名称变成“黑龙江”	
W6897.2.5.3.1.1	为纪念为百姓安危勇于献身的青年英雄黑龙，把白龙江改名“黑龙江”	【汉族】
W6897.2.5.4	名称性质的变化	
W6897.2.5.4.1	星星名转为神名	
W6897.2.5.4.1.1	南斗、北斗由星宿名转为神名	【汉族】
W6897.3	名称的交换（名称的替代；名称的替换）	
W6897.3.1	名称交换的原因（名称替代的原因）	
W6897.3.1.1	因忌讳替代名称	【蒙古族】
W6897.3.1.2 *	表述性的名称替换	
W6897.3.1.2.1 *	司马迁《史记》中为照顾刘邦的情感，将“赤帝”替换“炎帝”	【中华民族】
W6897.3.2	名称交换的情形	
W6897.3.2.1	动物名称互换	
W6897.3.2.1.1	以“犬”代称“狼”	【蒙古族】
W6897.3.2.2	称动物其他名字	
W6897.3.2.2.1	称“虎”为“利”	【土家族】
W6897.3.2.3	名称中的同音字替代	
W6897.3.2.3.1	后人用同音的“弦”字代替了“三贤”中的“贤”字	【汉族】
W6897.4	名称的书写（名称的保存；名称的记录）	

W 编码	母题描述	关联项
W6897.4.1	名称的载体	
W6897.4.1.1	名称记在特定的地方	
W6897.4.2	名称的写法	
W6897.4.2.1	名称写法的变化	
W6897.4.2.1.1	开始时为了永远纪念巴图给谷物起名“祭子”，后来在“祭”字左边加个“禾”成了“稷子”	【达斡尔族】
W6897.5	名称的消失（姓名的消失）	
W6897.5.1	因姓名秘而不宣导致名称消失	
W6897.5.1.1	晚辈忌直呼老人的姓名，导致很多幼辈至死不知道爷辈的姓名	【锡伯族】
W6898	**名称禁忌（姓名禁忌；姓氏禁忌）**	
W6898.0	名称禁忌的原因（姓名禁忌的原因）	
W6898.0.1	自己的名字和出生年、月、日等告诉别人，可能被人用施行巫术	【侗族】
W6898.1	忌说出长辈的名字	
W6898.1.1	青年、晚辈不能直呼老人的姓名	【锡伯族】
W6898.1.2	避讳祖先的名字	
W6898.1.2.1 *	始祖之名是因为祖名是一种图腾	【多民族】
W6898.1.2.2	避讳祖先的名称罗罗	【西南古代民族】
W6898.2	忌祖先姓名（祖先名称禁忌）	
W6898.2.1	不慎说出祖先的名字，祖先会出来作祟使人生病	【黎族】
W6898.2.2	取名避父连祖	【侗族】
W6898.3	姓氏传袭禁忌	
W6898.3.1	父母不让儿女随父母的姓	

W 编码	母题描述	关联项
W6898.3.1.1	伏羲和女娲婚生 100 个孩子，不让孩子随自己的姓	【汉族】@［W6822.2.2.1］伏羲女娲生 50 对男女，怕分不清白为每个人取姓
W6898.4	特定的事件中忌异姓	
W6898.4.1	丧葬中的异姓禁忌	
W6898.4.1.1	异姓不能同葬	【佤族】@［W6687.6.1.1］同姓的人才能葬在一起
W6898.4.2	女人们在山间采集时忌呼唤伙伴名字	【基诺族】
W6898.5	特定的情形中的名称禁忌	
W6898.5.1	不同情境中同一个事物要说不同名称	
W6898.5.1.1	闪电在布里亚特语中称作“萨希日干”，但在打雷时则不说此称，要说腾格里布乌加阿（天神下凡）	【蒙古族（布里亚特）】
W6898.5.2	夜间喊名忌应答	
W6898.5.2.1	夜间听到喊自己的名字忌回答，以免灵魂被鬼勾去	【壮族】
W6898.6	名称禁忌的其他情形	
W6898.6.1	一些名称忌直呼其名	
W6898.6.1.1	特定的神不能直呼其名	
W6898.6.1.1.1	因害怕不敢直呼其名	
W6898.6.1.1.1.1	因害怕勒拿河魂灵主神祖日亥因·埃热恩忌直呼其名	【蒙古族（布里亚特）】
W6898.6.1.2	某些动物不能直呼其名	
W6898.6.1.2.1	狐狸不能直呼其名	【锡伯族】
W6899	**与姓氏、命名有关的其他母题（与命名有关的其他母题）**	【关联】①

① ［W5894.1］国王的封号；［W5905.1］国号的来历。

W 编码	母题描述	关联项
W6899.1	一物多名（同一事物有不同名称）	［W6884.3］一人多名（同一个对象有不同名称）
W6899.1.1	一神多名（一个神性人物多名）	
W6899.1.1.1	灶神又名“福水善火定福府君”	【多民族】
W6899.1.1.2 *	神农氏与炎帝是同一部族或其首领的不同称呼	【中华民族】
W6899.1.1.3	西王母亦称金母、蚕姑圣母、后土皇帝	【汉族】
W6899.1.1.4	人们把菩萨叫作老爷	【汉族】
W6899.1.1.5	天神的女儿白云格格，又叫伊兰吉格格	【满族】
W6899.1.1.6 *	祝融为火神，亦即日神	【中华民族】
W6899.1.2	一个具体物有多个名称	
W6899.1.2.1	一种自然物多名	
W6899.1.2.1.1	太阳有多个名称	
W6899.1.2.1.1.1	太阳有老虎、龙、大象、黑牛、老蛇、狮子、猛马、鸭精、乌龟和雷公10个名称	【苗族】
W6899.1.2.1.2	天河又称万福沟、天沟叉	【汉族】
W6899.1.2.1.3	一山多名	
W6899.1.2.1.3.1	大腹山又名太白顶、石狮子山、九龙山	【汉族】
W6899.1.2.1.3.2	不周之山亦即丕周之山	【中华民族】
W6899.1.2.2	一庙多名	
W6899.1.2.2.1	阏伯庙又称火神庙	【汉族】
W6899.1.2.2.2	伯益庙又名稽山庙	【汉族】
W6899.1.2.2.3	雷王庙也叫盘古庙	【壮族等】
W6899.1.2.2.4	尼姑庵被人称作“草庵”	【汉族】
W6899.1.2.2a	“堂萨”又称“社稷坛”	【侗族】
W6899.1.2.3	一种动物多名	

W 编码	母题描述	关联项
W6899. 1. 2. 3. 1 ＊	黄能即黄熊，陆居曰熊，水居曰能	【中华民族】
W6899. 1. 2. 4	一种植物多名	
W6899. 1. 2. 4. 1	艾蒿原称蒿子	【汉族】
W6899. 1. 2. 5	一个人造物有不同名称	
W6899. 1. 2. 5. 1	“尧井”又记作“古尧泉”	【汉族】
W6899. 1. 3	一物有本民族语名和非本民族语名称	
W6899. 1. 3. 1	彝语地名阿闭自，汉语意思为“神树”	【彝族】
W6899. 1a	一事多名（一件事情多种说法）	
W6899. 1a. 1	安设“堂萨”又称安社稷坛、安神堂、建宫等	【侗族】
W6899. 1b	一个职业多名（一个身份有多种说法）	
W6899. 1b. 1	珊蛮，女真语巫妪	【满族】
W6899. 2	多物同名	［W6884. 2］不同人物使用同一名称（同名）
W6899. 3	名称的类型	［W6883］人的名字的类型（人的常见称谓）
W6899. 3. 1	总称	
W6899. 3. 1. 1	稷、黍、麦、菽和谷总称“五谷”	【汉族】
W6899. 3. 2	公名	
W6899. 3. 2. 1 ＊	嫘祖、仓颉，还是隶首、容成都可视为是一种代表集体智慧的“公名”	【中华民族】
W6899. 3. 3	私名（个人名）	【中华民族】@［W6883. 7. 2. 2. 1 ＊］名号兼有氏族名称和个人名称的双重意义

W 编码	母题描述	关联项
W6899.3.3.1＊	半信史时代的“自我名”为个人所占有，此即“私名”	【中华民族】
W6899.4	特定称谓	
W6899.4.1	兄妹称谓的来历	【汉族】@［W5165］兄妹
W6899.4.2	夫妻间的特定称谓	
W6899.4.2.1	妻子为什么把丈夫称“天”	
W6899.4.2.1.1	伏羲在天上，女娲地下，夫妻便有天地之称，女子死了丈夫时总要哭“天”	【汉族】
W6899.4.2.2	夫妻间称兄道	【汉族】
W6899.5	命名仪式	
W6899.5.1	命名仪式的时间	［W6870.3.2］男女结婚之后巫师举行命名仪式
W6899.5.1.1	男孩出生后第七天举行婴孩命名仪式	【独龙族】
W6899.5.1.2	女孩出生后第九天举行婴孩命名仪式	【独龙族】
W6899.5.2	命名仪式的地点	
W6899.5.3	命名仪式的情形	
W6899.5.4	特定的命名仪式	
W6899.5.5	与命名仪式有关的其他母题	
W6899.6	命名的效果	
W6899.6.1	名副其实（名如其人）	
W6899.6.1.1	一个叫“百忍”的人恰如忍者神龟	【汉族】
W6899.6.2	名不副实	
W6899.6.2.1	取名“高明”的人性情迟钝	【藏族】
W6899.6.2.2	特定称号名不副实	
W6899.6.2.2.1	亳州城地藏庵号称“天下第一庙”，其实并不大	【汉族】

W 编码	母题描述	关联项
W6899.7	名称的传播（命名的传扬）	
W6899.7.1	名称传播的原因	
W6899.7.2	名称传播的方法（名称传播的情形）	
W6899.7.2.1	名称秘密传开	【汉族】
W6899.7.3	与名称传播有关的其他母题	

6.8 其他常见的文化现象
【W6900 ~ W6949】

6.8.1 知识与智慧
【W6900 ~ W6904】

W 编码	母题描述	关联项
W6900	**知识（知识的产生）**	
W6900.0	以前没有知识	
W6900.0.1	人以前很傻	【汉族】
W6900.0.2	人类最早时愚昧	【汉族】
W6900.0.2.1	盘古开天辟地之后，人类愚昧	【中华民族】
W6900.0.3	人以前搞不懂自然现象	
W6900.0.3.1	人以前无法说清楚风、雨、雷、电、水、火等	【中华民族】
W6900.1	知识源于特定地方	
W6900.1.1	知识源于天上	
W6900.1.1.1	知识源于天宫	【彝族】
W6900.2	特定人物传授给人类知识	【汤普森】①A1404；②≈D1810.9
W6900.2.1	神传授给人知识	
W6900.2.1.1	女神传授给人知识	【汤普森】≈D1810.10
W6900.2.2	神性人物传给人类知识	
W6900.2.2.1	从魔法师那里学得知识	【汤普森】≈D1810.4

W 编码	母题描述	关联项
W6900. 2. 2. 2	从祖先那里学得知识	
W6900. 2. 2. 2. 1	祖先的灵魂传授知识	
W6900. 2. 2. 2. 1. 1	父亲鲧的英灵传授大禹治水方法	【汉族】
W6900. 2. 2. 3	神农教人生活知识	【汉族】
W6900. 2. 2. 4	大禹向河伯绘求教治水方法	【汉族】
W6900. 2. 3	特定的人传授知识	
W6900. 2. 3. 1	父母传授知识	
W6900. 2. 3. 1. 1	伏羲拜认的干父亲密西把传授给他知识	【彝族】
W6900. 2. 3. 1. 2	向母亲求教	【侗族】
W6900. 2. 3. 2	神向人学习知识	
W6900. 2. 3. 2. 1	南海龙王带龙子到老百姓中间请教治水火方法	【汉族】
W6900. 2. 3. 3	向宗教人物学习知识	【藏族】
W6900. 2. 3. 3. 1	老和尚传授知识	【汉族】
W6900. 2. 3. 3. 2	贝玛传授知识	
W6900. 2. 3. 3. 2. 1	一代代贝玛通过嘴巴把字书记载的知识传授给后人	【哈尼族】
W6900. 2. 3. 4	教书先生传授知识	【水族】
W6900. 2. 3. 5	传授知识的其他情形	［W6977. 3. 3. 2. 1］孔子向老子虚心求教
W6900. 2. 4	动物传授知识（向动物求教）	
W6900. 2. 4. 1	向虎学习知识	【纳西族】
W6900. 2. 4. 2	龙王送给人知识	【彝族】
W6900. 2. 4. 3	伏羲请教白龟	【汉族】
W6900. 2. 5	其他特定人物传授知识	
W6900. 2. 6	传授知识的方法	
W6900. 2. 6. 1	知识梦授	【汤普森】≈D1810. 8；【关联】①

① ［W6023. 0. 2. 1］梦授狩猎方法（托梦学会狩猎）；［W6065. 5. 1. 3. 1］梦授养蚕方法。

W 编码	母题描述	关联项
W6900.2.6.2	读书（读书学习）	
W6900.2.6.2.1	读书方法	
W6900.2.6.2.1.1	读书要用心	【彝族】
W6900.2.7	传授知识的结果	
W6900.2.8	与传授知识有关的其他母题	
W6900.2.8.1	知识的传播	
W6900.2.8.1.1	老子收徒传播知识	【彝族（撒梅人）】
W6900.3	知识源于特定物质	
W6900.3.1	人的知识来源于知识肉	
W6900.3.1.1	动物舔神仙带来的知识肉获得知识	【藏族】@［W6900.5.2］知识肉
W6900.3.2	知识源于沐浴圣水	【汤普森】≈D1810.6
W6900.4	通过吃特定物获得知识	
W6900.4.1	通过吃吃了经书的羊重新得到经书知识	【羌族】
W6900.5	与知识的产生有关的其他母题	
W6900.5.1	宝物给人带来知识（能带来知识的宝物）	【藏族】@［W9650］宝物
W6900.5.2	知识肉	【藏族】@［W6150.1.1］给力的食物
W6900.5.3	日月告知人类分辨事物的方法	
W6900.5.3.1	太阳、月亮传授祖先杀鸡卜鸡肝卦识别乌佑、祭神跳鬼、祛灾招益的本领	【珞巴族】
W6900.5.4	获得知识的地点（获得知识的场所；学习的场所）	
W6900.5.4.1	学校	
W6900.5.4.1.1	天上的学校（到天上读书）	【独龙族】【彝族】
W6900.5.4.2	书堂	
W6900.5.4.2.1	黄帝史仓颉造书堂	【中华民族】

W 编码	母题描述	关联项
W6900.5.5	检验知识	
W6900.5.5.1	考试	
W6900.5.5.1.1	黄帝选接班人时下令天下人来应试	【汉族】
W6901	**知识的特征（知识的类型；知识的表现）**	
W6901.1	知识的特征（知识的功能；知识的作用）	
W6901.1.1	有魔力的知识	【汤普森】D1810；［W9119.1］魔力的语言
W6901.1.2	神与神性人物的魔力知识	【汤普森】D1810.0.3
W6901.1.3	知识改变命运	
W6901.1.4	知识改变生活	【藏族】@［W6276.1.1.1］有了知识后生活改善
W6901.1.5	知识有传承性	
W6901.1.5.1	知识世代相传	【高山族】
W6901.1.6	知识有发散性	
W6901.1.6.1	知识通过文字传播	
W6901.1.6.1.1	知识通过汉字传播	【彝族】
W6901.1.7	知识是人变得聪明	【哈尼族】
W6901.2	知识的类型	
W6901.2.1	生产知识	
W6901.2.1.1	生产知识的产生	
W6901.2.1.1.1	特定人物传授生产知识	
W6901.2.1.1.1.1	稷的稻、黍、麦、菽、麻五位侍从总结出一套耕作经验分头去四方教人耕种	【汉族】
W6901.2.1.2	生产知识的特征（生产知识的功能）	

W 编码	母题描述	关联项
W6901.2.1.3	特定的生产知识	
W6901.2.1.3.1	辨别植物的知识	
W6901.2.1.3.1.1	人从动物那里获得辨别植物有没有毒的知识	【纳西族】
W6901.2.1.3.1.2	天鹅教人选择无毒有益的野菜	【哈尼族】
W6901.2.2	生活知识	
W6901.2.2.1	生活知识的产生	
W6901.2.2.1.1	特定的人传授生活知识	【汉族】@［W6900.2.2.3］神农教人生活知识
W6901.2.2.1.1.1	神农教人知百草之滋味，水泉之甘苦	【汉族】
W6901.2.2.2	生活知识的特征（生活知识的功能）	
W6901.2.2.3	特定的生活知识	
W6901.2.2.3.1	食物辨识知识	
W6901.2.2.3.2	健康养生知识	［W6249.2.1.1］神农教人用啥药治啥病
W6901.2.2.3.3	性爱知识	【关联】①
W6901.2.2.3.4	婚育知识	
W6901.2.2.3.4.1	夫妻神受雌雄神鸟交尾的启示懂得了男女间生育孩子的奥妙	【高山族（阿美人）】
W6901.2.2.3.5	其他生活知识	
W6901.2.2.4	与生活知识有关的其他母题	
W6901.2.3	直接知识与间接知识	
W6901.2.4	主观知识与客观知识	
W6901.2.5	感性知识与理性知识	
W6901.2.6	个体知识与公众知识	
W6901.2.7	显性知识与隐性知识	
W6901.2.8	其他科学知识（特定的学科）	

①［W7130］性爱；［W7131］性爱的产生。

W 编码	母题描述	关联项
W6901.2.8.1	有关自然的知识	
W6901.2.8.1.0	人以前不懂自然知识	【汉族】
W6901.2.8.1.1	伏羲揭示天地阴阳、世间万物的对立统一规律	【中华民族】
W6901.2.9	与知识类型有关的其他母题	【关联】①
W6901.2.9.1	管理知识	
W6901.2.9.1.1	凭证	［W6977.5.9.2］印章
W6901.2.9.1.1.1	黄帝最先发明用指纹作凭证	【汉族】
W6901.3	知识的数量	
W6901.3.1	知识有很多种	
W6901.3.2	知识有一定的数量	
W6901.3.2.1	知识有 12 种	【彝族】
W6901.4	知识图谱	
W6901.4.1	龙王画出万物知识图谱	【彝族】
W6902	**智慧（人的智慧；智慧的产生；智慧的获得）②**	【汤普森】≈D1811；①A1480；②J0；［W2925］智者
W6902.0	智慧源于特定地方（从特定地方获得智慧）	
W6902.0.0	人原来没有智慧	【珞巴族】
W6902.0.0.1	从前大地浑浑，人智慧不开	【汉族】
W6902.0.0.2	第八代先祖时人的脑子不开窍	【哈尼族】
W6902.0.1	从天上获得智慧	
W6902.0.2	从非凡生命那里获得智慧	【汤普森】≈D1811.2
W6902.0.3	智慧源于书	［W6813.2.1］书使人变聪明
W6902.0.3.1	圣书给人智慧	【民族，关联】③

① ［W6940］天文；［W6941］历法（历法的产生；历法知识的产生）。

② 智慧的获得，关于“智慧的获得”的母题在《汤普森母题索引》中分散在不同的类型之中，鉴于该类母题涉及领域的复杂性，本编码的各级分类并没有按严格的内容逻辑关系进行细分，只是列举了一些较为典型的情况。

③ 【景颇族】@［W6814.2］天书；［W6814.6.2］圣书。

W 编码	母题描述	关联项
W6902.0.4	人的智慧与生俱来	【彝族】
W6902.1	神或神性人物传授智慧	【汤普森】J164
W6902.1.1	神给人智慧（神奖励给人智慧）	
W6902.1.1.1	神化作老人传递智慧	【汤普森】J151.3
W6902.1.1.2	宇宙神的儿子帕雅英赋予人类智慧和热情	【布朗族】
W6902.1.1.3	天神给人智慧	【彝族】
W6902.1.1.3.1	女天神赋予人智慧	【维吾尔族】
W6902.1.1.3.2	天神造出人类后给人智慧及权力	【彝族】
W6902.1.1.4	女祖神萨天巴赐予人智慧和力量	【侗族】
W6902.1.2	造人者送给人智慧	
W6902.1.2.1	造人的伢俣造人把愚蠢留给兽类，把智慧送给人	【水族】
W6902.1.3	文化英雄传授智慧	【汤普森】J153
W6902.1.4	从魔鬼那里得到智慧	【汤普森】J176
W6902.1.5	天神的弟子给人智慧	
W6902.1.5.1	阿不凯恩都哩的弟子僧格恩都哩给人智慧树枝后人有了灵气	【满族】
W6902.1.6	祖先给人智慧	
W6902.1.6.1	女祖先姆洛甲是聪明人的师傅	【壮族】
W6902.1.7	民间信仰人物给人智慧	
W6902.1.7.1	安拉给人类智慧	【塔吉克族】
W6902.1.8	祈求精灵获得智慧	【蒙古族】
W6902.2	从特定的人那里获得智慧	
W6902.2.1	从老人那里获得智慧	【汤普森】J151
W6902.2.1.1	老人是生活的参谋	【汤普森】J151.2
W6902.2.1.1.1	智慧老人（有智慧的老者）	【畲族】
W6902.2.2	从女人那里获得智慧	【汤普森】J155
W6902.2.3	父母传智慧	

W 编码	母题描述	关联项
W6902.2.3.1	阿妈把开天辟地的智慧传授给儿女们	【纳西族】
W6902.3	从动物那里获得智慧（知识）	【汤普森】J130
W6902.3.1	动物给人类做示范	【汤普森】J133
W6902.3.2	吃特定的动物获得智慧	
W6902.3.2.1	吃鱼获得智慧	【汤普森】B162.1
W6902.4	从植物那里获得智慧	
W6902.4.1	通过树上的智慧果获得智慧	【汤普森】J162
W6902.4.2	人从分到的智慧树枝中得到智慧	【满族】@［W3798.2］智慧树
W6902.4.3	从特定的草那里获得智慧	
W6902.4.4	从其他植物那里获得智慧	
W6902.4.5	与从植物那里获得智慧有关的其他母题	
W6902.4.5.1	智慧树	
W6902.4.5.1.1	专供天神智慧的智慧树叫做灵丹树	【满族】
W6902.5	吃特定的东西获得智慧（吃特定物变聪明）	［W6900.3.1］人的知识来源于知识肉
W6902.5.1	吃魔物获得智慧	【汤普森】≈M315
W6902.5.2	喝特定的水获得智慧	【彝族】
W6902.5.2.1	喝智慧水获得智慧	【汤普森】≈D1811.1；【藏族】
W6902.5.2.1.1	人聪明是因为喝了善神的智慧水	【纳西族】
W6902.5.2.1.1.1	善神美利董阿普给人智慧水	【纳西族】
W6902.5.2.1.2	青蛙舅舅给人喝智慧水	【普米族】
W6902.5.2.2	喝特定的泉水变聪明	
W6902.5.2.2.1	夫妻喝过玉泉水后代聪明又有劲	【满族】
W6902.5.3	吃盐使人变聪明	
W6902.5.4	吃特定果实获得智慧	

W 编码	母题描述	关联项
W6902.5.4.1	人吃了长青果后有了智慧	【汉族】
W6902.5.4.1.1	伏羲因吃了长青果心明眼亮，知晓天下事	【汉族】
W6902.5.5	吃其他特定的对象获得智慧	
W6902.5.5.1	动物吃观音给的叫做“智慧”的食物变聪明	【藏族】
W6902.6	通过特定行为获得智慧	
W6902.6.1	到外面长见识	
W6902.6.1.1	世上转转获得智慧和力量（行万里路获得智慧）	【畲族】
W6902.6.2	佩戴特定物获得智慧	
W6902.6.2.1	女子佩戴金花后心里豁然开朗变聪明	【哈尼族】
W6902.6.3	人因为劳动有了智慧	
W6902.6.3.1	人因为常常劳动所以最聪明最富有智慧	【彝族】
W6902.7	通过特定事件获得智慧	
W6902.7.1	通过某种经历获得智慧	【汤普森】J10
W6902.7.1.1	遭打击后获得智慧	【汤普森】J18
W6902.7.2	看到某物后获得智慧	【汤普森】J50
W6902.7.3	通过梦获得智慧	【汤普森】J157
W6902.7.4	特定事件催生人类的智慧	
W6902.7.4.1	文字的产生使人变聪明	【汉族】
W6902.8	其他获得智慧的方式	【汤普森】J150
W6902.8.1	风和气送给密洛陀力量和智慧	【瑶族（布努）】
W6902.8.2	劳动创造智慧	
W6902.8.2.1	人常常劳动，所以人最富有智慧	【彝族】
W6902.9	与智慧的产生有关的其他母题	
W6902.9.1	只有人能够得到智慧	【汤普森】A1481

W 编码	母题描述	关联项
W6902.9.1.1	自从人有气、有力，就有了思想	【彝族】
W6902.9.2	人有智慧只因为有灵魂（人有了灵魂后变聪明）	
W6902.9.2.1	玉皇大帝命令元始天尊让人类有灵魂后人变聪明	【汉族】
W6902.9.3	分配智慧	
W6902.9.3.1	陆色二神给人匀分智慧	【纳西族】
W6902.9.4	智慧锁（智慧钥匙）	
W6902.9.4.1	智慧锁在特定地方	
W6902.9.4.1.1	大蛙身上的智慧锁	【纳西族】
W6902.9.4.2	智慧金钥匙	
W6902.9.4.2.1	蝙蝠取智慧金钥匙	【纳西族】
W6902.9.5	智慧石	【纳西族】
W6902.9.6	智慧水	【彝族】@［W6902.5.2］喝特定的水获得智慧
W6902.9.6.1	美利达吉海的智慧水	【纳西族】
W6903	**智慧的特征（智慧的功能）**	【关联】①
W6903.1	智慧的大小	
W6903.1.1	智慧的计量（智慧的测量）	
W6903.1.1.1	人的智慧只有一碗水的分量	【纳西族】
W6903a	**特定的智慧（智慧的类型）**	
W6903a.1	生产智慧	
W6903a.2	生活智慧	
W6903a.3	生存智慧	
W6903a.4	其他特定的智慧	
W6903a.5	有智慧的表现	
W6903a.5.1	有计谋	

① ［W1168.13.2］智慧之天；［W2925］智者；［W2927］傻子。

W 编码	母题描述	关联项
W6903a. 5. 1. 1	玉帝授人计谋	【汉族】
W6904	**与知识、智慧有关的其他母题**	
W6904. 0	聪明	
W6904. 0. 1	聪明的产生	
W6904. 0. 1. 1	文字使人变聪明	【汉族】
W6904. 0. 2	聪明的特征	
W6904. 0. 3	聪明的表现	
W6904. 0. 4	与聪明有关的其他母题	
W6904. 0. 4. 1	小聪明（耍心眼）	
W6904. 0. 4. 1. 1	小聪明大损失（聪明反被聪明误）	【汉族】
W6904. 1	知识的变化（智慧的变化）	
W6904. 1. 1	知识的增长	【汉族】
W6904. 2	知识的保存（知识的管理）	
W6904. 2. 1	装知识的袋子（智囊）	
W6904. 2. 1. 1	雷老爷爷头脑里的智囊袋子	【畲族】
W6904. 2. 2	知识借助语言保存	
W6904. 2. 3	知识借助文字保存	【彝族】@［W6901. 1. 6. 1］知识通过文字传播
W6904. 2. 4	道士掌管知识	【藏族】
W6904. 3	无知（没文化；愚蠢）	【汤普森】J1730；【关联】①
W6904. 4	人的判断力的获得	
W6904. 4. 1	推理	【汉族】
W6904. 5	科学的产生	【汤普森】A1487；［W6940］天文
W6904. 6	知识的消失	
W6904. 6. 1	智慧的丧失	

① ［W2927］傻子；［W7002］人以前不知道婚姻。

W 编码	母题描述	关联项
W6904.6.1.1	女人智慧的丧失	
W6904.6.1.1.1	女人本来很聪明，张果老用一块布围住了她们的智慧	【汉族】
W6904.6.1.2	天神关闭了人的慧眼	【汉族】
W6904.7	有智慧者（有知识者；知识分子）	
W6904.7.1	智慧老人受尊重	【壮族】

6.8.2 文具
【W6905～W6909】

W 编码	母题描述	关联项
W6905	**文具（文具的产生）**	
W6906	**文具的特征**	
W6907	**常见文具的产生**	
W6907.1	笔	
W6907.1.1	笔的产生	［W6744］文字的书写（文字的书写特征）
W6907.1.1.0	笔在特定地方（特定地方有笔；特定人物有笔）	
W6907.1.1.0a	特定人物给予笔	
W6907.1.1.0a.1	神仙泥沽赐女娲一根笔	【汉族】
W6907.1.1.1	神用牛的三节骨头做笔	【哈尼族】
W6907.1.1.2	仓颉造字时折来树枝做笔	【汉族】
W6907.1.1.3	蒙恬造笔	【汉族】
W6907.1.1.3.1	蒙恬让特定地方的人造笔	【汉族】
W6907.1.1.3.2	善连村造笔与蒙恬有关	【汉族】

W 编码	母题描述	关联项
W6907.1.1.4	其他特定人物造笔	
W6907.1.1.4.1	七仙女造笔	【苗族】
W6907.1.1.4.2	阿妈造笔	【彝族】
W6907.1.1.5	造笔的方法	
W6907.1.1.5.1	七仙女剪下一缕头发用根细竹条一绑成一支笔	【苗族】
W6907.1.1.5.2	造笔时，竹子做笔管，麝毛做笔头	【彝族】@［W6907.1.1.6.3］用竹子麝毛造笔
W6907.1.1.6	造笔的材料	
W6907.1.1.6.1	用竹枝做笔	【彝族】
W6907.1.1.6.1.1	用细竹条造笔	【苗族】
W6907.1.1.6.2	用骨头造笔	【哈尼族】
W6907.1.1.6.3	用竹子麝毛造笔	【彝族】
W6907.1.1.7	特定物当做笔	
W6907.1.1.7.1	箐鸡毛当笔	【彝族】
W6907.1.2	笔的特征（笔的功能）	
W6907.1.2.1	笔的大小	
W6907.1.2.2	笔的形状	
W6907.1.2.3	笔的颜色（特定颜色的笔）	
W6907.1.2.3.1	五色笔	【汉族】
W6907.1.2.4	笔的功能	
W6907.1.2.4.1	笔用于读书写字	【彝族】
W6907.1.3	特定的笔	
W6907.1.3.1	神笔	【汉族】
W6907.1.3.1.1	神笔的产生	
W6907.1.3.1.1.1	炉中炼出的阴阳五形金造神笔	【汉族】
W6907.1.3.1.2	神笔的特征	
W6907.1.3.1.3	特定的神笔	

W 编码	母题描述	关联项
W6907.1.3.1.3.0	画笔	
W6907.1.3.1.3.0.1	盘古给儿子四支画笔	【汉族】
W6907.1.3.1.3.1	画天笔	
W6907.1.3.1.3.1.1	画天笔画出日月与星辰	【汉族】
W6907.1.3.1.3.2	画地笔	
W6907.1.3.1.3.2.1	画地笔能画出江河与山林	【汉族】
W6907.1.3.1.3.3	画人笔	【汉族】
W6907.1.3.2	毛笔	
W6907.1.3.2.1	毛笔的产生	
W6907.1.3.2.1.1	用竹管、兔毫，造出第一批毛笔	【汉族】
W6907.1.3.2.2	毛笔的特征	
W6907.1.3.2.3	特定的毛笔	
W6907.1.3.2.3.1	宣笔	【汉族】
W6907.1.3.2.4	与毛笔有关的其他母题	
W6907.1.3.3	聿	
W6907.1.3.3.1	战国时用竹条削成书写工具，叫作“聿”	【汉族】
W6907.1.4	笔的构成	
W6907.1.4.1	笔管	【彝族】
W6907.1.4.2	笔头	【彝族】
W6907.1.5	与笔有关的事件	
W6907.1.5.1	汉族分家时得到笔	【傈僳族】
W6907.1.6	与笔有关的其他母题	
W6907.1.6.1	神笔马良	【汉族】
W6907.2	墨	
W6907.2.1	墨的产生	
W6907.2.1.1	烧炭成墨	【汉族】
W6907.2.1.2	红土加水当墨汁	【彝族】

W 编码	母题描述	关联项
W6907.2.1.3	锅灰用水调成墨汁	
W6907.2.1.3.1	七仙女从锅底取下锅灰，用水调成了汁	【苗族】
W6907.2.2	墨的特征（墨的功能）	
W6907.2.3	特定的墨	
W6907.2.4	墨的使用方法	
W6907.2.4.1	研墨	
W6907.2.4.1.1	乌鸦磨墨	【彝族】
W6907.2.5	与墨有关的事件	
W6907.2.6	与墨有关的其他母题	
W6907.3	纸	
W6907.3.1	纸的产生（文字载体的来历）	
W6907.3.1.1	从特定的地方得到纸	
W6907.3.1.1.1	切开鱼尾得到纸、铁、棉纱、棉线	【珞巴族】
W6907.3.1.1.2	纸从雾中来	【布依族】
W6907.3.1.2	造纸	
W6907.3.1.2.0	造纸者	
W6907.3.1.2.0.1	孔丹造纸	【汉族】
W6907.3.1.2.0.2	蔡伦造纸（蔡伦发明纸）	
W6907.3.1.2.0.2.1	穷秀才向蔡伦学习造纸技术	【汉族】
W6907.3.1.2.1	用木头造纸	【苗族】
W6907.3.1.2.1.1	用树皮造纸	【彝族】
W6907.3.1.2.2	动物造纸	
W6907.3.1.2.2.1	啄木鸟造纸	【彝族】
W6907.3.1.2.3	用多种材料混合造纸	
W6907.3.1.2.3.1	用檀树皮和燎草造纸	【汉族】

W 编码	母题描述	关联项
W6907.3.1.2.4	用其他材料造纸	
W6907.3.1.2.5	造纸方法	
W6907.3.1.2.5.1	造纸时把皮草晒干、揉制、蒸煮	【汉族】
W6907.3.1.2.5.2	用石滚碾竹子、纸树、青冈树打成的纸棒造纸	【彝族】
W6907.3.1.2.5.3	用杨桃花树汁液做皮纸的分张剂造纸	【汉族】
W6907.3.1.3	特定物当做纸	
W6907.3.1.3.1	贝叶做纸（文字写在贝叶）	
W6907.3.1.3.1.1	青年受小虫在贝叶面上缓留下痕迹的启发发明了贝叶上写信写书	【傣族】
W6907.3.1.3.2	岩石当作纸	
W6907.3.1.3.2.1	好汉立栋哈劈破岩坡成为远古纸	【苗族】
W6907.3.1.3.3	用布当纸	
W6907.3.1.3.3.1	阿妈用织好的布当纸	【彝族】
W6907.3.1.4	纸产生的其他方式	
W6907.3.1.5	与纸的产生有关的其他母题	
W6907.3.1.5.1	纸产生的时间	
W6907.3.2	纸的特征	
W6907.3.2.1	纸比竹书检阅容易	【中华民族】
W6907.3.3	特定的纸（纸的类型）	
W6907.3.3.1	宣纸	
W6907.3.3.1.1	四尺丹	【汉族】
W6907.3.4	纸的使用方法	
W6907.3.5	与纸有关的事件	
W6907.3.6	与纸有关的其他母题	
W6907.4	砚（砚台）	
W6907.4.1	砚的产生	
W6907.4.1.1	特定的石头做砚台	

W 编码	母题描述	关联项
W6907.4.1.1.1	盘古诞生时蹬碎的石头做砚台	【汉族】
W6907.4.2	砚的特征	
W6907.4.3	特定的砚（砚的类型）	
W6907.4.4	砚的使用方法	
W6907.4.5	与砚有关的事件	
W6907.4.5.1	采砚石时要祭山神	【汉族】
W6907.4.6	与砚有关的其他母题	
W6908	**其他文房用品**	
W6908.1	镇纸	【汉族】
W6908.2	水滴	【汉族】
W6909	**与文具有关的其他母题**	
W6909.1	文具的变化	【汉族】

6.8.3 音乐（乐器）
【W6910 ~ W6919】

W 编码	母题描述	关联项
W6910	**音乐（音乐的产生）**	【汤普森】A1461
W6910.1	音乐产生的原因	
W6910.1.1 *	最早的音乐源于祭祀仪式	【中华民族】
W6910.2	音乐源于特定地方或音乐自然产生	
W6910.2.1	音乐源于特定地方（从某个地方学来音乐）	
W6910.2.1.1	音乐源于天上	
W6910.2.1.2	远方传来的音乐	【侗族】
W6910.2.2	音乐自然产生	

W 编码	母题描述	关联项
W6910.2.2.1	风吹铃铛刺果形成音乐	【汉族】
W6910.2.2.2	劳动中发现音乐	【汉族】
W6910.3	特定人物发明音乐（特定人物创造音乐；音乐的创造者）	
W6910.3.1	神发明音乐	
W6910.3.1.1	盘古发明音乐	【汉族】
W6910.3.2	神性人物发明音乐	
W6910.3.2.1	炎帝发明音乐	【汉族】
W6910.3.2.1.1 *	炎帝削桐为琴，开中国原始音乐之先河	【中华民族】
W6910.3.2.2	夔始作乐，以赏诸侯	【中华民族】
W6910.3.2.3	女娲的臣属制音乐	
W6910.3.2.3.1	女娲氏命娥陵氏制音乐	【汉族】
W6910.3.2.4	神仙造音乐	【汤普森】F262
W6910.3.3	特定的人发明音乐	
W6910.3.3.1	黄帝命伶伦作律吕	【汉族】
W6910.3.3.2	炎帝四世孙鼓、延为乐风	【中华民族】
W6910.3.3.3	帝喾发明音乐	【汉族】
W6910.3.3.4	祝融氏作乐歌	【汉族】@［W6911.2.1.1］神听祝融氏的乐歌，后心平气和
W6910.3.3.4a	融的儿子太子长琴作乐风	【汉族】
W6910.3.4	其他特定人物发明音乐	
W6910.3.5	与特定人物发明音乐有关的其他母题	
W6910.4	特定人物传授音乐	
W6910.4.1	神教给人们音乐	
W6910.4.1.1	大力神教女祖先弹（吹）口弦	【佤族】
W6910.4.2	神性人物教人音乐	

W 编码	母题描述	关联项
W6910.4.2.1	舜以乐传教于天下	【中华民族】
W6910.4.3	特定的人教人音乐	
W6910.4.3.1	舅舅教音乐	【佤族】@［W6917.3.6.1.2］舅舅教女祖先安木拐弹吹口弦
W6910.4.4	动物教人音乐	
W6910.4.4.1	凤凰教人音乐	
W6910.4.4.1.1	黄帝的臣子伶伦从凤和凰那里学会音乐	【汉族】
W6910.4.4.1.2	圣人伶伦要向凤凰学习音乐	【中华民族】
W6910.4.5	其他特定人物教人音乐	
W6910.5	通过模仿产生音乐	
W6910.5.1	模仿动物的叫声产生音乐	
W6910.5.1.1 *	模仿凤鸣产生笙箫类丝竹管弦	【中华民族】
W6910.5.1.2	萧史教弄玉作凤鸣	【中华民族】
W6910.5.1.3	伶伦模仿鸟的叫声吹竹管	【汉族】@［W6917.2.3.8.0］把两根竹管子合起来做成羌笛
W6910.6	音乐产生的其他方式	
W6910.7	音乐产生的过程（音乐产生的情形）	
W6910.8	与音乐的产生有关的其他母题	
W6910.8.1	音乐产生的时间	
W6910.8.1.1 *	音律创始于黄帝时期	【中华民族】
W6910.8.2	音乐产生的地点	
W6911	**音乐的特征（音乐的功能；音乐的作用）**	【关联】①
W6911.1	音乐给人带来享受（音乐给人快乐；音乐愉悦身心）	【白族】【维吾尔族】

① ［W0913.4］音乐使灵魂安静；［W6270］乐器的产生。

W 编码	母题描述	关联项
W6911.1.1	音乐为什么悦耳	
W6911.1.2	人为什么听音乐会开心	
W6911.1.2.1	因音乐能抑制人的灵魂，所以听音乐会开心	【维吾尔族】
W6911.1.3	人听到吹喇叭很开心	【汉族】
W6911.2	音乐使人懂礼仪（礼乐治国）	【汉族】
W6911.2.1	音乐使人安静	【维吾尔族】
W6911.2.1.1	神听祝融氏的乐歌，后心平气和	【汉族】
W6911.2.1.2	舜吹竹喇叭让抢庄稼人停止行为	【汉族】
W6911.2.2	以音律省土风	【中华民族】
W6911.3	音乐是聚会的组成部分	
W6911.3.1	庆祝盛典需要音乐	【汉族】
W6911.4	音乐带来幻境	【裕固族】
W6911.4.1	音乐使灵魂如醉如痴	【维吾尔族】
W6911.5	音乐有教化功能（音乐可以劝善）	
W6911.5.1	舜用音乐劝人放下武器和睦相处	【汉族】
W6911.5.2	音乐开智化愚	【汉族】@［W6917.4.2.4.1］笙能开教化，育子孙
W6911.5.3	音乐教人团结	
W6911.5.3.1	和谐的音律感染人们友好团结	【汉族】
W6911.6	音乐可以消除疲劳（音乐解乏）	
W6911.6.1	舜吹喇叭忘却了劳累	【汉族】
W6911.6.2	宓妃用优美乐曲驱散众人的疲劳	【汉族】
W6911.6.3	炎帝的妻子弹琴为炎帝解除疲劳	【汉族】
W6911.7	音乐可以解忧（音乐解决矛盾）	【维吾尔族】
W6911.7.1	舜吹喇叭忘却了烦恼	【汉族】
W6911.7.2	音乐化解纷争	【汉族】

W 编码	母题描述	关联项
W6911.7.2.1	人们听了乐曲《大章》开始心平气和，减少了许多无谓的争端	【汉族】
W6911.8	音乐的其他功能	
W6911.8.1	音乐可以治病	
W6911.8.2	音乐的管理功能	
W6911.8.2.1	音乐抑制着人们的灵魂	【维吾尔族】
W6911.8.2.2	以乐治国	【中华民族】
W6911.8.3	音乐表达感情（音乐传达感情；音乐传情）	【羌族】
W6911.8.3.1	音乐可以表达思念	【中华民族】
W6911.8.3.1.1	用弹口弦表达对亲人的思念	【彝族】
W6911.8.3.2	音乐能传达出欣喜、愤怒、哀愁和欢乐	【彝族】
W6911.8.4	音乐鼓舞斗志	
W6911.8.4.1	吹东巴鼓舞斗志	【景颇族】
W6911.8.4.2	音乐激发劳动干劲	【汉族】
W6911.8.5	音乐用于祭祀	
W6911.8.5.1	作《大章》以祭上帝	【中华民族】
W6911.8.6	特定音乐有特定功能	【普米族】@［W6917.3.14.1.2.1］弹三弦能镇妖
W6911.8.7	音乐能用于争战	
W6911.8.7.1	音乐能退兵	【汉族】
W6911.8.8	音乐能用于祭祀	
W6911.8.8.1	用音乐请神（用音乐娱神）	
W6911.8.8.1.1	用音乐请天神和地灵	【汉族】
W6911.8.9	与音乐功能有关的其他母题	
W6911.8.9.1	相同音乐效果不同	
W6911.8.9.1.1	同一种笛声对不同的人效果各异	【塔吉克族】
W6911.9	与音乐的特征有关的其他母题	

W 编码	母题描述	关联项
W6911.9.1	音色	
W6911.9.1.1	音色的产生	
W6911.9.1.2	音色的特征	
W6911.9.1.3	特定的音色	
W6911.9.1.3.1	自然之音	【汉族】
W6911.9.1.4	与音色有关的气体母题	
W6911.9.2	音调	
W6911.9.2.1	音调的产生	
W6911.9.2.2	音调的特征	
W6911.9.2.2.1	音调具有差异性	【侗族】@［W6913.4.4.1］神雀识别树叶上长出的侗歌字纹唱出各种不同音调的侗歌
W6911.9.2.2.2	七个音调	【侗族】
W6911.9.2.3	与音调有关的其他母题	
W6911.9.2.3.1	曲调	
W6911.9.2.3.1.1	东巴乐曲调	【景颇族】
W6911.9.3	音高	
W6911.9.4	音律	
W6911.9.4.1	音律的产生	
W6911.9.4.1.1	夔正六律	【中华民族】
W6911.9.4.1.2	伏羲按照五行定律音	【汉族】
W6911.9.4.1.3	听凤皇之鸣以别十二律	【中华民族】
W6911.9.4.1.4	黄帝令伶伦作律	【汉族】
W6911.9.4.1.4.1 *	伶伦作“凤律”	【中华民族】
W6911.9.4.1.4.2	伶伦根据凤凰鸣叫的两个六声创制出音乐十二音律	【汉族】
W6911.9.4.1.5	与音律的产生有关的其他母题	［W6961.4.4.3.3.5.1］古代音律的确定采用黍尺
W6911.9.4.2	音律的特征（音律的特征）	

W 编码	母题描述	关联项
W6911.9.4.2.1	音律可考察民情	【中华民族】
W6911.9.4.3	特定的音律	
W6911.9.4.3.1	五音	
W6911.9.4.3.1.1	宫商角徵羽	【汉族】
W6911.9.4.3.1.1.1	五龙出世带来宫商角徵羽	【汉族】
W6911.9.4.3.1.2	百鸟百雀分五音五色	【汉族】
W6911.9.4.3.1.3	西方的音乐为商	【汉族】
W6911.9.4.3.2	八音	
W6911.9.4.3.2.1	舞，节八音而行八风	【中华民族】
W6911.9.4.3.2.2	丝竹八音	【汉族】
W6911.9.4.3.3	十二律	
W6911.9.4.3.3.1	听凤皇之鸣以别十二律	【中华民族】
W6911.9.5	音节	
W6911.9.5.1	音节的产生	
W6911.9.5.1.1	特定人物规定音节	
W6911.9.5.1.1.1	伶伦把竹截成长短不同 12 段，按照声音清浊分为 12 音阶（律吕）	【汉族】
W6912	**常见的音乐类型（音乐的类型；特定的音乐）**①	
W6912.1	以音乐的使用者划分音乐的类型	
W6912.1.1	仙乐	
W6912.1.1.1	仙乐悠然，仙女翩翩	【汉族】
W6912.1.1.2	黄帝闻仙乐	【汉族】
W6912.1.2	以乐器划分音乐的类型	
W6912.1.2.1	弦乐	

① 常见的音乐类型，关于音乐类型如果按现代的划分方法，主要参照的是音乐作品在整体上呈现出的具有代表性的独特面貌，如古典音乐、宗教音乐、流行音乐、重金属音乐、摇滚乐、电子音乐、爵士乐、蓝调等；还有按国别、演唱者身份等不同的分类方法。这些方法与神话中对音乐的叙述是很难接轨的。因此本书只是根据神话中出现的一些与音乐有关的叙事，选取相应的概念对音乐类型作出样例式母题描述。

W 编码	母题描述	关联项
W6912.1.3	以音乐的内容等分类音乐	
W6912.1.3.1	强国之音	
W6912.1.3.2	亡国之音	
W6912.1.3.2.1	桑间濮上之音为亡国之音	【中华民族】
W6912.1.4	以音乐的功能划分音乐类型	
W6912.1.4.1	舞乐	
W6912.1.4.1.1	帝尧亲自创作舞乐《大章》	【汉族】
＊W6913	**歌（歌曲；歌的产生）**	
W6913.0	以前没有歌	
W6913.0.1	以前没有特定的歌	
W6913.0.1.1	以前嫁姑娘、接媳妇，都不兴唱吃酒歌	【水族】
W6913.1	歌产生的原因	
W6913.1.1	为敬神产生歌	
W6913.2	歌源于某个特定的地方	
W6913.2.1	歌在天上	【侗族】@［W6914.2.1.1.1］山鸟告诉人天上有一株歌树
W6913.2.1.1	到天上偷歌种（到天上学歌）	
W6913.2.1.1.1	人和雄鹰、喜鹊、画眉鸟等到天上偷歌种	【侗族】
W6913.2.1.1.2	小伙到天上讨歌	【侗族】
W6913.2.1.2	蝉把天上的歌种带到人间	【侗族】
W6913.2.1.3	到天上找歌	【苗族】
W6913.2.2	歌在龙宫中	【侗族】@［W6914.3.1.1］水獭到龙宫中取回歌本
W6913.3	神或神性人物发明歌（神或神性人物教人唱歌；特定的人物有歌）	
W6913.3.1	天司歌舞	
W6913.3.1.1	9个都那兀尔巴拜是司歌舞之天	【蒙古族】

W 编码	母题描述	关联项
W6913.3.2	以前只有天上的神仙会唱歌	【侗族】@［W6913.5.3.1］小伙金毕到天上的神仙那里买歌
W6913.3.3	祖先造歌（祖先教人唱歌）	
W6913.3.3.1	阿娘凤缓是最先造歌的先祖	【苗族】
W6913.3.4	龙女教人唱歌	【水族】
W6913.3.4.1	龙女教唱人盘歌又教排歌	【水族】
W6913.3.4.2	人们学龙王女儿的唱法	【布依族】
W6913.3.5	天神教人歌	
W6913.3.5.1	摩咪教人唱最好听的歌	【哈尼族】
W6913.3.5.2	天上的托罗神和沙罗神两个大神教会造出的人唱歌	【彝族】
W6913.3.6	黄帝创作乐曲	
W6913.3.6.1	黄帝创作乐曲《㭊鼓之曲》	【中华民族】
W6913.3a	特定的人发明歌（人创作歌）	
W6913.3a.1	帝喾的臣下作歌	
W6913.3a.1.1	帝喾命咸黑作为声歌	【中华民族】
W6913.3a.1.2	刘三姐造歌（刘三妹造歌）	【汉族】【瑶族】【壮族】
W6913.4	动物是歌的创造者	
W6913.4.1	仿照鸟的叫声造歌（人向鸟学会了歌）	【布依族】
W6913.4.1.1	第二代祖先勒灵教人仿照鸟的叫声造歌	【布依族】
W6913.4.1.2	学画眉唱歌	［W6913.2.1.1.1］人和雄鹰、喜鹊、画眉鸟等到天上偷歌种
W6913.4.1.2.1	染妹学林中画眉的叫声唱歌	【布依族】
W6913.4.1.2.2	几米然和细肝飘姐弟学画眉鸟唱歌	【白族】
W6913.4.2	学百鸟叫声创造了歌	【畲族】
W6913.4.2.1	始祖向百鸟学唱歌	【佤族】

W 编码	母题描述	关联项
W6913.4.3	特定的鸟教特定的歌	
W6913.4.3.1	基白鸟教会人们唱勃鲁歌	【珞巴族】
W6913.4.3.2	傣族第一个歌手向“糯哥洛”学会唱歌	【傣族】
W6913.4.3.3	鹦鹉教阿郎唱歌	【畲族】
W6913.4.4	神鸟发明歌	
W6913.4.4.1	神雀识别树叶上长出的侗歌字纹唱出各种不同音调的侗歌	【侗族】@［W6913.7.12.1］树叶上长出侗歌字纹
W6913.4.5	动物帮人找到歌	
W6913.4.5.1	人在水獭的帮助下重新找到歌	【侗族】
W6913.5	歌产生的其他方式	
W6913.5.1	人吃特定物后会唱歌	
W6913.5.1.1	人吃了吞掉歌叶歌果的鱼产生了歌	【侗族】
W6913.5.2	人佩戴特定物学会唱歌	
W6913.5.2.1	三姊妹把一种金色的花戴到头上就学会了唱歌跳舞	【哈尼族】
W6913.5.3	买歌	【侗族】
W6913.5.3.1	小伙金毕到天上的神仙那里买歌	【侗族】
W6913.5.3.1a	热心替众人办事的金必带钱到天上讨歌	【侗族】
W6913.5.4	得到特定物产生歌	
W6913.5.4.1	得到萩叶后会唱歌	【苗族】
W6913.5.5	树生歌	
W6913.5.5.1	一棵树的树叶上长出密密麻麻的侗歌字纹	【侗族】@［W6913.4.4.1］神雀识别树叶上长出的侗歌字纹唱出各种不同音调的侗歌
W6913.5.6	学歌（学习唱歌）	
W6913.5.6.1	向鸟学习唱歌	
W6913.5.6.1.1	向特定的鸟学歌	【侗族】

W 编码	母题描述	关联项
W6913.5.6.2	向鸟学歌不成功	
W6913.5.6.2.1	向丢归神鸟学歌不成功	【布依族】@［W6913.7.12.2a］侗家男女向几只叫丢归的神雀学唱侗歌
W6913.5.7	歌的创作	
W6913.5.7.1	歌的创作者	
W6913.5.7.1.1	祝融氏创作歌	
W6913.5.7.1.1.1	祝融氏听鸟音，作乐歌	【汉族】
W6913.5.7.1.2	巫师创作歌	
W6913.5.7.1.2.1	羌族巫师结合汉族女神唱词和时比的经文编歌曲	【羌族】
W6913.5.7.2	在特定地点作歌	
W6913.5.7.2.1	天穆之野，始歌《九招》	【汉族】
W6913.6	歌的类型（特定的歌；特定功能的歌曲）	【汤普森】A1464.2.1；［W6468.6］宗教歌曲
W6913.6.1	情歌（恋歌）	【汤普森】D1355.1.1；【羌族】
W6913.6.1.1	情歌的来历	【汤普森】A1554；［W7186.2.2］对歌恋爱的来历
W6913.6.1.1.1	女神教给人情歌	【羌族】
W6913.6.1.1.2	西王母思念周穆王唱出如泣如诉的歌	【汉族】
W6913.6.1.2	情歌的特征（情歌的功能）	
W6913.6.1.2.1	恋歌使人忘情	【彝族】
W6913.6.1.3	情歌的结构	
W6913.6.1.3.1	情歌分自我介绍、赞美、求婚、私奔、互爱五部	【苗族】
W6913.6.1.4	情歌的咏唱	
W6913.6.1.4.1	唱情歌的时间	
W6913.6.1.4.1.1	节日时唱情歌	

W 编码	母题描述	关联项
W6913.6.1.4.1.1.1	八月十五日敬仙奶时，青年男女唱情歌	【壮族】
W6913.6.1.4.2	唱情歌的地点	
W6913.6.1.4.2.1	祭祖后在象征生殖器的地方唱情歌	【壮族】
W6913.6.1a	思念类的歌（相思歌）	
W6913.6.1a.1	思念亲人的歌	【高山族】
W6913.6.2	婚嫁歌（婚礼歌）	［W6913.6.8.3.1］哭嫁歌
W6913.6.2.1	毛南族婚礼歌有《盘古歌》《女娲歌》《天地歌》等	【毛南族】
W6913.6.3	丧葬歌（丧歌）	
W6913.6.3.1	丧葬歌的来历	【关联】①
W6913.6.3.1.1	唱哭丧歌是表示向死者哀悼	【珞巴族】
W6913.6.4	劳动歌	
W6913.6.5	酒歌	
W6913.6.5.1	酒歌述历史	【苗族】
W6913.6.5.2	过节时唱哈八（酒歌）	【哈尼族】
W6913.6.6	颂歌（赞歌）	
W6913.6.6.1	为英雄编唱颂歌	【纳西族（摩梭）】【壮族】
W6913.6.6.2	歌颂特康射日的歌	【壮族】
W6913.6.6a	其他特定功能的歌	
W6913.6.6a.1	纪念性质的歌	
W6913.6.6a.1.1	纪念祖先的歌	【纳西族（摩梭）】
W6913.6.6a.2	咒歌	
W6913.6.6a.2.1	祭月请神的妇女唱咒歌，相当于巫师施行巫术时念的咒语，用来召神、迎神、安神、送神	【壮族】

① ［W6640］丧葬（葬俗）；［W6667.1.7.1］丧葬后唱歌诉家史；［W6685.5.2.1］丧葬时击鼓唱歌，男女围尸跳跃；［W6685.5.3］丧葬中的唱歌（哀歌；挽歌；丧歌；孝歌）。

W 编码	母题描述	关联项
W6913.6.6a.2.2	咒歌分为请神咒、迷魂咒、送神咒三种	【壮族】
W6913.6.7	有关民族历史的歌	
W6913.6.7.1	创世歌	
W6913.6.7.1.1	祭祀瘟神时歌唱创世歌	【怒族】
W6913.6.7.2	迁徙歌	
W6913.6.8	表达不同情感的歌	
W6913.6.8.1	欢歌（喜歌）	
W6913.6.8.2	悲歌	［W6913.6.1.1.2］西王母思念周穆王唱出如泣如诉的歌
W6913.6.8.2.1	天神更资感到很孤独唱让人伤感的歌	【彝族】
W6913.6.8.3	哭歌	
W6913.6.8.3.1	哭嫁歌	【土家族】
W6913.6.8.4	怨歌	
W6913.6.9	与歌的类型有关的其他母题	
W6913.6.9.1	预言歌	
W6913.6.9.1.1	天姑用歌给觉如（格萨尔）降下预言	【藏族】
W6913.6.9.2	古歌	【纳西族（摩梭）】
W6913.6.9.2.1 *	古歌没有逻辑	【苗族】
W6913.6.9.2.2	古歌是先人所作	【汉族】
W6913.6.9.3	山歌	
W6913.6.9.3.1	天女传授山歌是为了帮助人的劳动	【羌族】
W6913.6.9.3.2	张良是唱山歌的祖师爷	【汉族】
W6913.6.9.4	特定职业者的歌（特定仪式中的歌）	
W6913.6.9.4.1	神歌	
W6913.6.9.4.1.1	萨满神歌	【赫哲族】

W 编码	母题描述	关联项
W6913.6.9.4.1.1.1	春祭时，萨满所唱神歌各姓不一	【鄂伦春族】
W6913.6.9.4.1.1.2	神歌多为即兴演唱，以表达对神灵的感激之情	【鄂伦春族】
W6913.6.9.4.1.1.3	萨满唱神歌一人独自先唱，众人随声和之	【赫哲族】
W6913.6.9.4.1.1.4	特定的萨满神歌	
W6913.6.9.4.1.1.4.1	萨满跳鹿神时，组成的神队在行进路上唱鸠神歌	【赫哲族】
W6913.6.9.4.2	经歌	【纳西族】
W6913.6.9.5	按唱的特定时间或语境划分的歌	
W6913.6.9.5.1	年歌	【羌族】
W6913.6.9.5.2	鸟歌	【羌族】
W6913.6.9.5.3	端午歌	【羌族】
W6913.6.9.6	特定人物划分歌的类型	
W6913.6.9.6.1	后生把侗族分为即叙事歌、劝世歌、情歌、酒歌四大类	【侗族】
W6913.6.9.7	按歌的内容或性质划分类型	
W6913.6.9.7.1	歌谣	
W6913.6.9.7.1.1	童谣（儿歌）	
W6913.6.9.7.1.1.1	童谣唱出预言	【汉族】
W6913.7	特定民族的歌（特定民族的音乐）	
W6913.7.1	汉族歌	
W6913.7.2	阿昌族歌	
W6913.7.3	白族歌	
W6913.7.4	保安族歌	
W6913.7.5	布朗族歌	
W6913.7.6	布依族歌	
W6913.7.6.1	布依族山歌	

W 编码	母题描述	关联项
W6913.7.6.1.1	布依族小伙英笛捡到山歌	【布依族】
W6913.7.7	朝鲜族歌	
W6913.7.8	达斡尔族歌	
W6913.7.9	傣族歌	
W6913.7.10	德昂族歌	
W6913.7.11	东乡族歌	
W6913.7.12	侗族歌（侗歌）	［W6913.6.9.6.1］后生把侗族分为即叙事歌、劝世歌、情歌、酒歌四大类
W6913.7.12.1	树叶上长出侗歌字纹	【侗族】
W6913.7.12.2	丢归雀为把记载的侗歌全教给人	【侗族】
W6913.7.12.2a	侗家男女向几只叫丢归的神雀学唱侗歌	【侗族】
W6913.7.12.3	侗族踩歌堂	
W6913.7.12.3.1	踩歌堂像生活中的盐	【侗族】
W6913.7.13	独龙族歌	
W6913.7.14	俄罗斯族歌	
W6913.7.15	鄂伦春族歌	
W6913.7.16	鄂温克族歌	
W6913.7.17	高山族歌	
W6913.7.18	仡佬族歌	
W6913.7.18.1	仡佬族田娘舞歌	【仡佬族】
W6913.7.19	哈尼族歌	
W6913.7.20	哈萨克族歌	
W6913.7.21	赫哲族歌	
W6913.7.22	回族歌	
W6913.7.23	基诺族歌	
W6913.7.24	京族歌	
W6913.7.25	景颇族歌	

W 编码	母题描述	关联项
W6913.7.26	柯尔克孜族歌	
W6913.7.27	拉祜族歌	
W6913.7.28	黎族歌	
W6913.7.29	傈僳族歌	
W6913.7.20	珞巴族歌	
W6913.7.31	满族歌	
W6913.7.32	毛南族歌	
W6913.7.32.1	毛南族《创世歌》	【毛南族】
W6913.7.32.2	毛南族《盘古歌》	【毛南族】
W6913.7.32.3	毛南族《女娲歌》	【毛南族】
W6913.7.33	门巴族歌	
W6913.7.34	蒙古族歌	
W6913.7.35	苗族歌	
W6913.7.35.1	苗族的歌神戕云	【苗族】
W6913.7.35.2	《苗族古歌》	【苗族】
W6913.7.36	仫佬族歌	
W6913.7.37	纳西族歌	
W6913.7.37.1	唱颂女始祖昂姑咪的“阿哈巴腊”	【纳西族（摩梭）】
W6913.7.38	怒族歌	
W6913.7.39	普米族歌	
W6913.7.40	羌族歌	
W6913.7.41	撒拉族歌	
W6913.7.42	畲族歌	
W6913.7.43	水族歌	
W6913.7.44	塔吉克族歌	
W6913.7.45	塔塔尔族歌	
W6913.7.46	土家族歌	

W 编码	母题描述	关联项
W6913.7.47	土族歌	
W6913.7.48	佤族歌	
W6913.7.49	维吾尔族歌	
W6913.7.50	乌孜别克族歌	
W6913.7.51	锡伯族歌	
W6913.7.52	瑶族歌	
W6913.7.53	彝族歌	
W6913.7.54	裕固族歌	
W6913.7.55	藏族歌	
W6913.7.56	壮族歌	
W6913.7.57	其他古代民族的歌	
W6913.7	特定名称的歌	［W6914.4.3］特定名称的歌舞（歌舞的类型）
W6913.7.1	候人歌	【中华民族】
W6913.7.2	五子之歌	【中华民族】
W6913.8	与歌的产生有关的其他母题	
W6913.8.1	歌的产生时间	
W6913.8.2	歌产生的地点	
W6913.8.3	歌的产生过程	
W6913.8.3.1	买歌过程中歌丢失	【侗族】
W6913.8.4	歌的内容来源（歌的原型）	
W6913.8.4.1	歌曲源于特定的故事	【俄罗斯族】
W6914	**与歌有关的其他母题**	［W6781］诗（诗歌；诗的产生）
W6914.1	歌的特征（歌的功能；歌曲的功能）	
W6914.1.1	歌为什么好听	
W6914.1.1.1	迷人的歌	

W 编码	母题描述	关联项
W6914.1.1.1.1	迷人的歌吸引异性	【羌族】
W6914.1.2	唱的东西为什么比说的容易记住	
W6914.1.3	为什么有不同的歌	
W6914.1.3.1	不同群体存在歌的差异	
W6914.1.3.1.1	不同民族唱歌不同	
W6914.1.3.1.1.1	侗歌与苗族歌不同	【侗族】
W6914.1.3.2	同一民族各地唱歌不同	
W6914.1.3.2.1	因为各人分得的歌不同，侗歌和苗歌不相同，各地的侗歌也不完全一样	【侗族】
W6914.1.4	相似的歌	
W6914.1.4.1	为什么侗家、苗家的歌相似	
W6914.1.4.1.1	侗家、苗家的歌是一起从天上得到的所以相似	【苗族】
W6914.1.5	歌有特定功能	
W6914.1.5.1	歌有记忆功能	
W6914.1.5.1.1	歌记载历史	
W6914.1.5.1.1.1	歌用来传扬祖先事迹	【纳西族·摩梭人】
W6914.1.5.2	歌是诗的起源	
W6914.1.5.2.1	太昊网罟之歌为诗之始	【中华民族】
W6914.1.5.3	歌唱消灾	【白族】
W6914.1.5.4	歌烘托节日气氛	【侗族】
W6914.1.5.5	歌能解乏	
W6914.1.5.5.1	大禹治水时，姑娘唱山歌给大家解乏	【汉族】
W6914.1.6	歌的色彩（看得见的歌；歌的颜色）	
W6914.1.6.1	亮晃晃的歌夹在石缝里	【侗族】
W6914.1.7	歌的声音（歌声）	

W 编码	母题描述	关联项
W6914.1.7.1	不屈的歌声	【侗族】
W6914.1.7.2	动人的歌声	【汉族】
W6914.1.7.2.1	歌声感动了白鹅的心	【壮族】
W6914.1.7.3	迷人的歌声	［W6914.1.1.1］迷人的歌
W6914.1.7.3.1	歌声使流水驻足	【彝族】
W6914.1.7.4	优美的歌声	【仫佬族】
W6914.1.7.5	有神力的歌声	
W6914.1.7.5.1	歌声能使恶龙的魔法失灵	【白族】
W6914.1.7.5.2	歌声使人忘掉疲劳	【汉族】
W6914.1.8	歌的数量	
W6914.1.8.1	歌的数量十万有余	【汉族】
W6914.2	歌树	
W6914.2.1	歌树的产生	
W6914.2.1.1	歌树在天上	
W6914.2.1.1.1	山鸟告诉人天上有一株歌树	【侗族】
W6914.2.2	歌树的特征（歌树的功能）	
W6914.2.2.1	歌树能结出歌的种子	【侗族】
W6914.2.3	与歌树有关的其他母题	
W6914.3	歌本（歌书）	【侗族】
W6914.3.1	歌本的产生	
W6914.3.1.1	水獭到龙宫中取回歌本	【侗族】
W6914.3.2	歌本的特征（歌本的功能）	
W6914.3.2.1	歌书能传歌	【侗族】
W6914.3.3	歌本的数量（歌书的数量）	
W6914.3.3.1	歌书有三千七百本	【汉族】
W6914.3.4	歌本的类型（特定的歌书）	
W6914.3.5	与歌本有关的其他母题	
W6914.3.5.1	歌谱	

W 编码	母题描述	关联项
W6914.3.5.1.1	从鸟那里记下歌谱	【布依族】
W6914.3.5.2	歌书的丢失	
W6914.3.5.2.1	歌书被水冲走	【布依族】
W6914.4	歌舞（唱歌跳舞）	
W6914.4.0	以前没有歌舞（人以前不会歌舞）	【哈尼族】
W6914.4.0.1	以前，侗家没有踩歌堂，过节时没有歌舞，日子像煮菜没放盐	【侗族】
W6914.4.0.2	以前，人不会歌舞，只能听喜鹊“唱歌”，看蛤蟆“跳舞”	【苗族】
W6914.4.1	歌舞的产生	
W6914.4.1.0	天神教人歌舞	
W6914.4.1.0.1	天神摩咪教儿子歌舞	【哈尼族】
W6914.4.1.1	只有天上的神仙会“确”（歌舞）	【侗族】
W6914.4.1.2	达摆卡木（人类首领）手把手教人学会唱歌跳舞	【佤族】
W6914.4.1.2a	首领创编歌舞	【土家族】
W6914.4.1.3	向动物学习歌舞	【独龙族】
W6914.4.1.3.1	向鸟学习歌舞	【普米族】@［W6913.4.1］仿照鸟的叫声造歌（人向鸟学会了歌）
W6914.4.1.3.1.1	向阿里山的一种吉祥鸟学歌舞	【高山族】
W6914.4.1.4	精怪教人歌舞	
W6914.4.1.4.1	蛤蟆精教人吹笙踏月	【苗族】
W6914.4.1.5	仙女告诉人学会歌舞的方法	
W6914.4.1.5.1	仙女告诉三姊妹找到一枝金色的花就会唱歌、跳舞、讲故事	【哈尼族】
W6914.4.1.6	特定人物创造歌舞	
W6914.4.1.6.1	帝俊的8个儿子始创歌舞	【汉族】
W6914.4.1.7	特定物教人歌舞	

W 编码	母题描述	关联项
W6914.4.1.7.1	铜鼓引领人唱歌跳舞	【壮族】
W6914.4.1.8	人自然会歌舞	
W6914.4.1.8.1	神母造的人自然会歌舞	【汉族】
W6914.4.1.9	与歌舞产生有关的其他母题	
W6914.4.2	歌舞的特征（歌舞的功能；歌舞的情形）	
W6914.4.2.1	歌舞种类繁多	【侗族】
W6914.4.2.2	用歌舞教人耕种	
W6914.4.2.2.1	酋长将种庄稼的季节和方法编成歌舞动作教给大家	【土家族】
W6914.4.3	特定名称的歌舞（歌舞的类型）	
W6914.4.3.1	空行母歌舞	
W6914.4.3.1.1	卵生的少女发明空行母歌舞	【藏族】
W6914.4.3.2	民间歌舞	【汉族】
W6914.4.3.3	特定民族的歌舞（民族歌舞）	
W6914.4.3.4	地方性歌舞	
W6914.4.3.5	纪念性歌舞	
W6914.4.3.5.1	纪念盗天火献身的小伙的歌舞活动“查蹉”	【普米族】
W6914.4.4	特定的歌舞者	
W6914.4.4.1	神或神性人物的歌舞	
W6914.4.4.1.1	仙女唱歌跳舞	【侗族】
W6914.4.4.2	特定的人的歌舞	
W6914.4.4.3	动物的歌舞	
W6914.4.4.3.1	百鸟的歌舞	【景颇族】
W6914.4.5	歌舞的表演	
W6914.4.5.1	表演歌舞的时间	
W6914.4.5.2	表演歌舞的地点	
W6914.4.5.3	表演歌舞的情形	

W 编码	母题描述	关联项
W6914.4.6	歌舞的传承	
W6914.4.6.1	特定的人物传播歌舞	
W6914.4.6.1.1	三姊妹传播歌舞	【哈尼族】
W6914.4.7	与歌舞有关的其他母题	
W6914.5	歌的演唱（歌的演唱方式）	
W6914.5.0	唱歌的时间	
W6914.5.0a	唱歌的地点（唱歌的语境）	
W6914.5.0a.1	劳动时唱歌	【苗族】
W6914.5.1	对歌	
W6914.5.1.0	对歌的原因	
W6914.5.1.0a	对歌的时间	
W6914.5.1.0a.1	恋爱时对歌	
W6914.5.1.0a.2	生产时对歌	
W6914.5.1.0a.3	特定节日时对歌	
W6914.5.1.0a.3.1	正月蛙婆节时对歌	【壮族】
W6914.5.1.0a.3.2	正月初三送祖可以对歌	【布依族】
W6914.5.1.0a.4	特定的时间对歌	
W6914.5.1.0a.4.1	夜间对歌	【壮族】
W6914.5.1.0b	对歌的地点	
W6914.5.1.0b.1	到其他寨子找人对歌	【布依族】
W6914.5.1.0c	对歌者	
W6914.5.1.0c.1	对歌不分老少	【壮族】
W6914.5.1.0c.2	青年人对歌	【布依族】
W6914.5.1.1	对歌的形式	
W6914.5.1.1.1	唱求雨歌时要分成两班对歌	【羌族】
W6914.5.1.1.2	对唱男女一般为三五十对	【壮族】
W6914.5.1.1.3	人与神对歌	

W 编码	母题描述	关联项
W6914.5.1.1.3.1	请月姑娘下凡仪式时，月神的替身与各个歌队对歌	【壮族】
W6914.5.1.2	对歌有特定功能	
W6914.5.1.2.1	人们每年都上山对歌防止恶龙作孽	【白族】
W6914.5.1.3	对歌的情形	
W6914.5.1.3.1	对歌八天八夜	【景颇族】
W6914.5.1.4	对歌特定的歌	
W6914.5.1.5	与对歌有关的其他母题	
W6914.5.2	歌伴舞	
W6914.5.2.1	萨满唱萨满神歌时必伴之以萨满舞	【赫哲族】
W6914.5.3	唱歌时的表演	
W6914.5.3.1	唱歌有入场仪式	
W6914.5.3.1.1	歌郎拿一套歌本龙行虎步，走进歌场	【汉族】
W6914.6	歌的演唱者（歌唱者；歌手）	
W6914.6.1	歌神	
W6914.6.1.1	歌神唱歌不学自会	【苗族】
W6914.6.2	歌仙	
W6914.6.2.1	歌仙刘三姐	【壮族】@［W6913.3a.1.2］刘三姐造歌（刘三妹造歌）
W6914.6.3	歌圣	
W6914.6.4	歌师	
W6914.6.4.1	歌师不请自登门	【侗族】
W6914.6.5	歌手	
W6914.6.5.1 *	歌手有忠实的保存和传播者、创造型的歌手两种类型	【多民族】
W6914.6.5.2	优秀歌手	【裕固族】
W6914.6.6	歌者	

W 编码	母题描述	关联项
W6914.6.6.1	有个性的歌者	
W6914.6.6.6.1	山神爷大礼请不动的歌者	【汉族】
W6914.6.7	与唱歌者有关的其他母题	
W6914.6.7.1	喜欢唱歌的人	
W6914.6.7.6.1	苗族人喜唱歌	【苗族】
W6914.7	歌的听众	
W6914.7.1	神或神性人物听歌	
W6914.7.2	特定的人听歌	
W6914.7.3	动物听歌	［W6919.3.5.3.1］河中动物听丢归雀唱歌
W6914.7.3.1	天鹅听牧童唱歌	【裕固族】
W6914.8	歌的传承（传歌）	
W6914.8.1	小伙走村串寨传歌	【布依族】
W6914.8.2	挑着歌书到处传歌	【侗族】@［W6914.3.2.1］歌书能传歌
W6914.8.3	传歌有特定仪式	
W6914.8.3.1	传歌仪式很讲究，接歌路线、哪个地方唱什么歌、由哪些人传唱等，都有着严格的规定	【羌族】
W6914.9	与歌有关的其他情形	
W6914.9.1	歌的识别	
W6914.9.1.1	歌只有神鸟能识别	【侗族】
W6914.9.2	歌的保存	
W6914.9.2.1	包头巾把歌绑紧	【侗族】
W6914.9.2.2	歌被夹在龙潭下的石缝里	【侗族】
W6914.9.3	歌的消失（歌的丢失）	
W6914.9.3.1	歌风吹得无影无踪	【侗族】
*** W6915**	**乐器（乐器的产生）**	［W6910］音乐（音乐的产生）

W 编码	母题描述	关联项
W6915.0	以前没有乐器	
W6915.0.1	以前，裕固人只会唱歌，没有乐器伴奏	【裕固族】
W6915.1	乐器产生的原因	
W6915.1.1	为保护特定物造特定乐器	
W6915.1.1.1	为保护谷子驱赶山雀造东巴	【景颇族】
W6915.1.2	为驱赶特定物造乐器	
W6915.1.2.1	为驱赶飞禽走兽造乐器	【汉族】
W6915.1.3	为娱乐造乐器	【汉族】
W6915.1.4	为教化造乐器	【汉族】
W6915.2	乐器源于特定地方	
W6915.2.1	乐器源于天上	
W6915.2.1.1	神把乐器从天上带到地上	【苗族】
W6915.3	乐器的发明者（造乐器；乐器的制作者）	
W6915.3.1	神造乐器	
W6915.3.2	神性人物造乐器	
W6915.3.2.1	祖先造乐器	【布依族】
W6915.3.2.1.1	祖先咤牧造乐器	【苗族】
W6915.3.2.2	女娲造乐器（女娲发明乐器）	【汉族】@［W6917.4.4.1.1］女娲制作葫芦笙（女娲造葫芦笙）
W6915.3.2.3	伏羲造乐器（伏羲发明乐器）	
W6915.3.2.3.1	伏羲发明泥泥狗乐器哩噜	【汉族】
W6915.3.2.4	天皇当首领时发明乐器	【汉族】
W6915.3.2.5	三皇共同发明乐器	【汉族】
W6915.3.3	特定的人发明乐器	
W6915.3.3.1	孟优发明乐器	【白族】
W6915.3.3.2	伶伦发明乐器	［W6917.6.1.1.1a］黄帝命伶伦与荣将铸十二钟

W 编码	母题描述	关联项
W6915. 3. 3. 2. 1	伶伦按律吕制成各种乐器	【汉族】
W6915. 3. 4	其他特定人物造乐器	
W6915. 3. 4. 1	动物造乐器	
W6915. 3. 5	造乐器的方法	
W6915. 3. 5. 1	受启发制造乐器	
W6915. 3. 5. 1. 1	根据犀鸟的叫声做出东巴乐器	【景颇族】
W6915. 3. 5. 2	特定的人物教人造乐器	
W6915. 3. 5. 3	造乐器后要捉声音	【苗族】
W6915. 3. 5. 4	仿制乐器	
W6915. 3. 5. 4. 1	兄弟俩以姑娘的竹笙做样品	【侗族】
W6915. 4	乐器是变化产生的（变化产生乐器）	［W6917. 3. 10. 1. 1］天鹅的骨架变成天鹅琴
W6915. 5	乐器产生的其他方法	
W6915. 5. 1	多次试验发明乐器	【汉族】
W6915. 5. 1. 1	人皇经过数十次的摸索发明三根弦的乐器	【汉族】
W6915. 6	与乐器产生有关的其他母题	
W6916	**乐器的特征（乐器的功能）**	
W6916. 1	乐器能发出声音	
W6916. 1. 1	祭祀后乐器发声	
W6916. 1. 1. 1	用女人的血祭乐器后才发出声响	【苗族】
W6916. 1. 2	乐器能发声是因为把特定动物的声音装到乐器里面	【苗族】@［W6917. 4. 3. 2. 1. 1］芦笙能发音是因为把公鹅、蝉的声音放进了竹管中
W6916a	**乐器的种类（乐器的类型）**	
W6916a. 1	乐器种类的产生	

W 编码	母题描述	关联项
W6916a.2	乐器的种类	
W6916a.2.1	乐器有 2 种	
W6916a.2.2	乐器有 6 种	
W6916a.2.3	乐器有 12 种	
W6916a.2.3.1	祖先吒牧造 12 种乐器	【苗族】
W6917	**常见的乐器（特定的乐器）**	
W6917.1	鼓（鼓的产生）	【汤普森】A2824
W6917.1.1	鼓产生的原因	
W6917.1.1.1	鼓用来娱乐	
W6917.1.1.1.1	天神生老给铜鼓送给嫁到人间的女神用来娱乐	【苗族】
W6917.1.1.2	为祭祀造鼓	
W6917.1.1.2.1	为祭祖造鼓	【苗族】
W6917.1.1.3	为作战获胜造鼓	
W6917.1.1.3.1	为助战造鼓	【满族】
W6917.1.1.3.2	黄帝为战胜蚩尤造鼓	【汉族】
W6917.1.2	鼓源于特定地方	
W6917.1.2.1	鼓源于天上	【壮族】
W6917.1.2.1.1	用野藤索子从天上把鼓吊下来	【苗族】
W6917.1.2.2	鼓源于地下	【壮族】
W6917.1.2a	特定人物给人鼓（特定人物有鼓）	
W6917.1.2a.1	洪水时，母亲给一对兄妹逃生的鼓	【汉族】
W6917.1.2a.2	玉皇大帝的鼓	
W6917.1.2a.2.1	龙母敲的鼓是玉皇大帝失落在大海的鼓	【瑶族】
W6917.1.2a.3	雷王有鼓	【壮族】

W 编码	母题描述	关联项
W6917.1.2a.3.1	雷鼓	【壮族】
W6917.1.2a.4	金母赐鼓	
W6917.1.2a.4.1	金母给黄帝鼓	【汉族】
W6917.1.3	鼓是造出来的	
W6917.1.3.0	造鼓的原因	
W6917.1.3.0.1	为玩乐造鼓	【汉族】
W6917.1.3.0.2	为比赛造鼓	【壮族】
W6917.1.3.0.3	为取得胜仗造鼓	【汉族】
W6917.1.3.1	造鼓者（特定的人物造鼓）	
W6917.1.3.1.1	黄帝造鼓	【汉族】
W6917.1.3.1.2	常先造鼓（常先发明鼓）	【汉族】
W6917.1.3.1.2.1	黄帝的大臣常先杀野牛，用牛皮搭在空心木墩上发明鼓	【汉族】@［W6917.1.11.2.1］黄帝的大臣常先造战鼓
W6917.1.3.1.2.2	黄帝的大臣常先杀总结实践经验造鼓	【汉族】
W6917.1.3.1.3	天神造鼓	【羌族】
W6917.1.3.1.4	帝喾造鼓	
W6917.1.3.1.4.1	帝喾作鼙鼓	【中华民族】
W6917.1.3.1.5	尧造鼓	
W6917.1.3.1.5.1	尧任命的工师倕造鼓	【汉族】
W6917.1.3.2	造鼓方法（鼓的制作方法）	
W6917.1.3.2.0	受特定启发知道造鼓方法	【汉族】
W6917.1.3.2.1	砍树做鼓（砍木造鼓）	【景颇族】@［W6917.1.3.3.4］用特定木材造鼓
W6917.1.3.2.1.1	砍三棵萨树造鼓	【纳西族】
W6917.1.3.2.1.2	用磨盘大的空心树桩造鼓	【汉族】
W6917.1.3.2.1.3	把一棵树干掏空造鼓	【汉族】
W6917.1.3.2.2	神教给人做长鼓的方法	【景颇族】
W6917.1.3.2.2.1	太阳神和天神告诉人造鼓方法	【景颇族】

W 编码	母题描述	关联项
W6917.1.3.2.2a	始祖布洛陀教人造鼓	【壮族】
W6917.1.3.2.2b	动物告诉人造鼓方法	
W6917.1.3.2.2b.1	老牛告诉牛郎造鼓方法	【汉族】
W6917.1.3.2.2b.2	金钱猴指示朵觋造鼓	【彝族】
W6917.1.3.2.3	砍大树掏空树心，两头蒙上牛皮造鼓	【苗族】
W6917.1.3.2.4	用尿脬造鼓	
W6917.1.3.2.4.1	用大个动物体内的尿脬张在木筒上当鼓	【汉族】
W6917.1.3.2.5	其他造鼓方法	
W6917.1.3.2.5.1	人照豹的声音造了一面鼓	【汉族】
W6917.1.3.2.6	造鼓方法的改进	
W6917.1.3.2.6.1	提高鼓的声音	
W6917.1.3.2.6.1.1	根据老匠人建议，把一个铜鼓改成两个，高高挂起后声音变大	【水族】
W6917.1.3.3	造鼓材料（造鼓的材料；造鼓的工具）	
W6917.1.3.3.1	用特定的皮造鼓	［W6917.1b.1.1］用特定的皮蒙鼓面
W6917.1.3.3.1.1	用夔的皮造鼓	【汉族】
W6917.1.3.3.1.2	用动物皮造鼓	
W6917.1.3.3.1.2.1	用羊皮造鼓	【羌族】
W6917.1.3.3.1.2.2	用野牛皮造鼓	【中华民族】
W6917.1.3.3.1.2.2.1	黄帝的大臣常先把扒下的野牛皮随手搭在一个木墩上发明了鼓	【汉族】
W6917.1.3.3.2	用自然物造鼓	
W6917.1.3.3.2.1	用天做鼓，山做鼓槌	【满族】
W6917.1.3.3.3	特定物的肝肺做鼓	
W6917.1.3.3.3.1	神牛的肝肺做鼓	【哈尼族】

W 编码	母题描述	关联项
W6917.1.3.3.4	用特定木材造鼓	［W6917.1.9.2.4］用枫木做牛皮鼓
W6917.1.3.3.4.1	取蜀中桐材造鼓	【汉族】
W6917.1.3.3.4.2	伐樟树造大鼓	【汉族】
W6917.1.3.4	与造鼓有关的其他母题	
W6917.1.4	鼓是变化产生的	
W6917.1.5	与鼓的产生有关的其他母题	
W6917.1.5.1	鼓产生的时间	
W6917.1.5.1.1	玉皇大帝的鼓有一万八千年	【瑶族】
W6917.1.6	木鼓	
W6917.1.6.1	木鼓的产生	
W6917.1.6.1.1	摹仿啄木鸟啄树的声音造木鼓	【布依族】
W6917.1.6.1.1a	受神的启发造木鼓	【佤族】
W6917.1.6.1.1b	受蟋蟀启发造木鼓	【佤族】
W6917.1.6.1.2	洪水前，白胡子老头让弟弟造木鼓	【苗族】
W6917.1.6.1.3	兄妹把苦果树掏空做成一只木鼓	【基诺族】
W6917.1.6.1.4	女首领照着自己的肚子的样子凿成木鼓	【佤族】
W6917.1.6.2	木鼓的特征（木鼓的功能）	［W6467.2.1］木鼓是通天神器
W6917.1.6.3	特定的木鼓	
W6917.1.6.3.1	牛皮木鼓	
W6917.1.6.3.1.1	牛皮木鼓是创世母亲再造人类的神器	
W6917.1.6.4	与木鼓有关的其他母题	【关联】①
W6917.1.6.4.1	木鼓也叫皮鼓	【苗族】
W6917.1.7	铜鼓	
W6917.1.7.1	铜鼓的产生	

① ［W6432.1.1］木鼓崇拜；［W6456.2.2.1］木鼓是通天神器；［W6917.1.6］木鼓。

W 编码	母题描述	关联项
W6917.1.7.1.1	铜鼓来源于天上	【水族】
W6917.1.7.1.1.1	铜鼓是天上传下来的	【苗族】
W6917.1.7.1.1.2	天王让九仙把铜鼓带到人间	【水族】
W6917.1.7.1.1.3	向天神讨要铜鼓	【布依族】
W6917.1.7.1.1.3a	铜鼓在天上	【布依族】
W6917.1.7.1.2	铜鼓来源于龙宫	【水族】
W6917.1.7.1.2a	特定人物送铜鼓（特定人物赐铜鼓）	
W6917.1.7.1.2a.1	天王赐铜鼓	【苗族】
W6917.1.7.1.2a.2	天神赐铜鼓	【布依族】
W6917.1.7.1.2a.3	龙王赠送铜鼓	【布依族】
W6917.1.7.1.2a.4	孔明赠送铜鼓	【水族】
W6917.1.7.1.3	铜鼓是生育产生的（生铜鼓）	
W6917.1.7.1.3.1	虎生铜鼓	【壮族】
W6917.1.7.1.3.1.1	母老虎怀孕满一千年那天生下一个铜鼓	
W6917.1.7.1.4	铜鼓是造出来的（造铜鼓）	
W6917.1.7.1.4.0	特定人物发明造铜鼓（特定人物教人造铜鼓）	
W6917.1.7.1.4.0.1	工匠造铜鼓	
W6917.1.7.1.4.0.1.1	水王让工匠造出铜鼓	【水族】
W6917.1.7.1.4.0.2	祖先造铜鼓	【苗族】
W6917.1.7.1.4.0.2.1	从祖先布洛陀那里学会造铜鼓	【壮族】
W6917.1.7.1.4.0.2.1a	村村寨寨照祖先布洛陀造的铜鼓的样子造铜鼓	【壮族】
W6917.1.7.1.4.0.3	青蛙教人造铜鼓	
W6917.1.7.1.4.0.3.1	青蛙教人造出配备六只青蛙的大铜鼓	【壮族】
W6917.1.7.1.4.0.4	蚩尤族会制作铜鼓	【中华民族】

W 编码	母题描述	关联项
W6917. 1. 7. 1. 4. 1	滴血炼成红铜鼓	【壮族】
W6917. 1. 7. 1. 4. 2	用树木造铜鼓	
W6917. 1. 7. 1. 4. 3	铸造铜鼓	
W6917. 1. 7. 1. 4. 3. 1	男祖先保洛陀带人铸造铜鼓	【壮族】
W6917. 1. 7. 1. 4. 4	用金皮蒙铜鼓	【汉族】
W6917. 1. 7. 1. 5	铜鼓是变化产生的（变铜鼓）	
W6917. 1. 7. 1. 5. 1	树桩变成铜鼓	【苗族】
W6917. 1. 7. 1. 6	铜鼓产生的其他方式	
W6917. 1. 7. 1. 7	与铜鼓的产生有关的其他母题	
W6917. 1. 7. 1. 7. 1	铜鼓从炊具铜釜演变为乐器	【壮族】
W6917. 1. 7. 1. 7. 2	特定人物有铜鼓	
W6917. 1. 7. 1. 7. 2. 1	只有老仙婆务侯乜有铜鼓	【苗族】
W6917. 1. 7. 1. 7. 3	铜鼓是布杰性命换来的	【布依族】
W6917. 1. 7. 2	铜鼓的特征	
W6917. 1. 7. 2. 1	铜鼓是特定的物	
W6917. 1. 7. 2. 1. 1	铜鼓是地上的星星	【壮族】
W6917. 1. 7. 2. 1. 1. 1	铜鼓是祖先布洛陀为震慑妖魔造出的地上的星星	【壮族】
W6917. 1. 7. 2. 1. 2	铜鼓是神物（铜鼓神圣）	【布依族】
W6917. 1. 7. 2. 1. 2. 1	铜鼓能通神	
W6917. 1. 7. 2. 1. 2. 1. 1	天神能听到铜鼓声	【布依族】
W6917. 1. 7. 2. 1. 2. 1. 2	铜鼓能呼天唤地	【布依族】
W6917. 1. 7. 2. 1. 3	铜鼓是其他特定物	
W6917. 1. 7. 2. 1. 3. 1	铜鼓是法器	
W6917. 1. 7. 2. 1. 3. 1. 1	铜鼓是祭祀鬼神的法器	【壮族】
W6917. 1. 7. 2. 1. 3. 2	铜鼓是宝物	
W6917. 1. 7. 2. 1. 3. 2. 1	铜鼓是水族的传家宝	【水族】

W 编码	母题描述	关联项
W6917.1.7.2.1.3.2.2	铜鼓是能吸水成金、装土变银的宝物	【布依族】
W6917.1.7.2.1.3.2.3	铜鼓是传令宝	【水族】
W6917.1.7.2.2	铜鼓的外形（铜鼓上的图案）	
W6917.1.7.2.2.1	铜鼓上有蛙	
W6917.1.7.2.2.1.1	雷王的铜鼓六边铸有 6 个青蛙	【壮族】
W6917.1.7.2.2.2	铜鼓古朴精美	【中华民族】
W6917.1.7.2.3	铜鼓的大小	
W6917.1.7.2.3.1	大铜鼓	【壮族】
W6917.1.7.2.4	铜鼓的声音	
W6917.1.7.2.4.1	铜鼓声音洪亮	【壮族】
W6917.1.7.2.4.2	铜鼓音传万里	【布依族】@［W6917.1.11.5.4］夔牛鼓一震五百里，连震三千八百里
W6917.1.7.2.4.3	铜鼓的声音震动山谷	【苗族】
W6917.1.7.2.4.4	铜鼓的声音让人与动物兴奋	【苗族】
W6917.1.7.2.5	鼓的质量	
W6917.1.7.2.5.1	优良的鼓	
W6917.1.7.2.5.2	质量差的鼓	
W6917.1.7.2.5.2.1	雷公九兄弟的铜鼓一打就破	【汉族】
W6917.1.7.2.6	特定铜鼓有特定标记	
W6917.1.7.2.6.1	铜鼓上标记制造者名字	【水族】
W6917.1.7.2.7	铜鼓的装饰	
W6917.1.7.2.7.1	铜鼓花纹细致	【苗族】
W6917.1.7.2.7.2	铜鼓有黄猄角	【壮族】
W6917.1.7.2.8	铜鼓的其他特征	［W6917.1a.1.1］铜鼓分雌、雄两种
W6917.1.7.2.8.1	铜鼓有洞	
W6917.1.7.2.8.1.1	天降铜鼓时一面跌破一洞	【布依族】

W 编码	母题描述	关联项
W6917.1.7.2.8.2	铜鼓金贵	【布依族】
W6917.1.7.2.8.3	铜鼓有生命	【壮族】
W6917.1.7.3	铜鼓的功能（铜鼓有特殊的能力；铜鼓有神力）	
W6917.1.7.3.1	铜鼓的声音震住蟒蛇	【瑶族】
W6917.1.7.3.2	铜鼓可以震慑水鬼	【壮族】
W6917.1.7.3.3	铜鼓可以驱邪保平安	【壮族】
W6917.1.7.3.3.1	铜鼓可以杀死妖魔鬼怪保护村寨	【壮族】
W6917.1.7.3.3.2	铜鼓能驱赶毒虫恶兽和妖魔鬼怪	【壮族】
W6917.1.7.3.4	铜鼓杀蛟龙	
W6917.1.7.3.4.1	铜鼓变后生杀蛟龙	【壮族】
W6917.1.7.3.5	敲铜鼓能通天神	【水族】
W6917.1.7.3.6	铜鼓的其他功能	
W6917.1.7.3.6.1	铜鼓能助战	【壮族】@［W6917.1.7.3.6.6］铜鼓能带来神助
W6917.1.7.3.6.2	铜鼓作为御敌信号	【布依族】
W6917.1.7.3.6.3	铜鼓成为寨中议事的信号	【布依族】
W6917.1.7.3.6.4	铜鼓有多种功能	
W6917.1.7.3.6.4.1	军队造饭、做菜铜、盛米、装水用铜鼓	【水族】
W6917.1.7.3.6.5	铜鼓能超度人	
W6917.1.7.3.6.5.1	铜鼓能超度老人升天	【布依族】
W6917.1.7.3.6.6	铜鼓能带来神助	【水族】
W6917.1.7.3.7	铜鼓是权利和财产的象征	
W6917.1.7.3.7.1	铜鼓是权利和财产的象征因为通过敲鼓听音占土地	【布依族】
W6917.1.7.3.8	铜鼓传承文化	
W6917.1.7.3.8.1	通过器物的图案传承文化	【壮族】
W6917.1.7.4	铜鼓会变化（铜鼓的演化）	

W 编码	母题描述	关联项
W6917.1.7.4.1	铜鼓变成后生	【壮族】
W6917.1.7.5	铜鼓的保存（铜鼓的管理）	
W6917.1.7.5.1	防铜鼓逃走黄猄角穿进铜鼓耳朵	【壮族】
W6917.1.7.5.2	人埋藏铜鼓	
W6917.1.7.5.2.1	人把铜鼓埋起来，用时挖出来敲	【壮族】
W6917.1.7.5.3	铜鼓挂在特定地方	
W6917.1.7.5.3.1	铜鼓平时悬挂在屋梁上	【布依族】
W6917.1.7.5.3.2	铜鼓挂在皇宫门外	【水族】
W6917.1.7.5.3.3	铜鼓挂大门外	【水族】
W6917.1.7.5.4	铜鼓藏地下	
W6917.1.7.5.4.1	铜鼓以前在地上，后来都钻下地	【壮族】
W6917.1.7.6	与铜鼓有关的其他母题	
W6917.1.7.6.1	铜鼓的名称	
W6917.1.7.6.1.1	壮语铜鼓叫阿冉	【壮族】
W6917.1.7.6.2	铜鼓禁忌	
W6917.1.7.6.2.1	铜鼓平时不轻易乱敲	【布依族】
W6917.1.8	太阳鼓	［W1575.3］鼓变成太阳
W6917.1.9	皮鼓	
W6917.1.9.1	羊皮鼓	［W6917.1.3.3.1.2.1］用羊皮造鼓
W6917.1.9.1.1	黄泥羊皮鼓的来历	
W6917.1.9.1.1.1	盘瓠的妻子三公主为报仇山羊让儿子用山羊皮制成黄泥羊皮鼓	【瑶族】
W6917.1.9.1.2	朵觋取白羊皮为鼓	【民族，关联】①
W6917.1.9.1.3	众人用黑山羊造鼓	【白族】
W6917.1.9.1.4	释比杀掉吃经书的羊，扒下羊皮来做羊皮鼓	【羌族】

① 【彝族】@［W6917.1a.2.3］朵兮见羊皮鼓灵异，便用于驱鬼除邪；［W6917.1b.1.1.3.1］用山羊皮做鼓面。

W 编码	母题描述	关联项
W6917.1.9.2	牛皮鼓	［W6917.1b.1.1.5］用牛皮做鼓面
W6917.1.9.2.1	掏空大树树心，两头蒙上牛皮做成牛皮鼓	【基诺族】
W6917.1.9.2.2	杀一头白蹄的公牦牛剥下牛皮，做成皮鼓	【纳西族】
W6917.1.9.2.3	轩辕为振军威用牛皮做了80面鼓	【汉族】
W6917.1.9.2.4	用枫木做牛皮鼓	【苗族】
W6917.1.9.2.5	牛皮大鼓	
W6917.1.9.2.5.1	牛皮大鼓声音如雷	【汉族】
W6917.1.10	长鼓	
W6917.1.10.1	神教给人做长鼓	【景颇族】@［W6917.1.3.2.2］神教给人做长鼓的方法
W6917.1.10.2	盘护王的妻子让子女做长鼓纪念父亲	【瑶族】
W6917.1.10.3	牛皮长鼓	
W6917.1.10.3.1	丈二牛皮长鼓	【苗族】
W6917.1.10.4	用楠木和楸木做长鼓	
W6917.1.10.4.1	太阳神和天神告诉人用楠木和楸木做长鼓	【景颇族】
W6917.1.11	其他特定的鼓	
W6917.1.11.1	象脚鼓	
W6917.1.11.2	战鼓（军鼓）	
W6917.1.11.2.1	黄帝的大臣常先造战鼓	【汉族】
W6917.1.11.2.1a	炎黄用魅的皮和雷神的骨头做战鼓	【中华民族】@［W6917.1b.1.1.7.1］黄帝剥独脚怪兽的皮做成战鼓
W6917.1.11.2.2 *	战鼓是中国古代战争中不可缺少的用具	【汉族】
W6917.1.11.2.3	黄帝按照仙女的法旨制成了一面军鼓	【汉族】

W 编码	母题描述	关联项
W6917.1.11.2.4	一连擂了九道军鼓，比打雷还响，连八百里洞庭都听得见	【汉族】
W6917.1.11.2.5	军鼓声传八百里洞庭	【汉族】
W6917.1.11.2.6	战鼓鼓舞士气	【中华民族】
W6917.1.11.3	单面鼓	
W6917.1.11.3.1	尼桑萨满的神鼓被鬼魂抓破一面后变成单面鼓	【鄂温克族】
W6917.1.11.4	双面鼓	【鄂温克族】
W6917.1.11.5	夔牛鼓	
W6917.1.11.5.0	金母（西王母、后土皇帝）给黄帝夔牛鼓	【汉族】
W6917.1.11.5.1	夔牛鼓震响千百里（鼓声传千里）	【汉族】
W6917.1.11.5.2	常伯操夔牛鼓	【汉族】
W6917.1.11.5.3	玄女制夔牛鼓	【汉族】
W6917.1.11.5.3a	玄女为黄帝制馗牛鼓	【中华民族】
W6917.1.11.5.4	夔牛鼓一震五百里，连震三千八百里	【汉族】
W6917.1.11.6	天鼓	
W6917.1.11.6.1	七月初七响天鼓	【汉族】
W6917.1.11.6.2	天鼓有音如雷非雷	【汉族】
W6917.1.11.7	泥鼓	
W6917.1.11.7.1	黄泥鼓	
W6917.1.11.7.1.1	为报仇杀死山羊用它的皮做成黄泥鼓	【瑶族】
W6917.1.11.7.1.2	三公主用山羊皮做黄泥鼓	【瑶族】
W6917.1.11.7.1.3	三公主让儿子做黄泥鼓	【瑶族】
W6917.1.11.7.1.4	三公主用山羊皮蒙鼓，糊之以黄泥浆造黄泥鼓	【瑶族】
W6917.1.11.7.1.5	重击黄泥鼓以惩肇祸者	【瑶族】

W 编码	母题描述	关联项
W6917.1.11.7a	石鼓	
W6917.1.11.7a.1	石鼓打之无声	【汉族】
W6917.1.11.7a.2	涂山氏擂响岷江边上的一面石鼓为大禹战乌龙助威	【羌族】
W6917.1.11.8	鼍鼓	
W6917.1.11.8.1	用猪婆龙的皮做“鼍鼓”	【汉族】
W6917.1.11.9	其他特定名称的鼓	【关联】①
W6917.1.11.9.1	土鼓	【中华民族】
W6917.1.11.9.2	自鸣鼓	
W6917.1.11.9.2.1	旃檀鼓能自鸣	【汉族】
W6917.1.11.9.3	法鼓	【关联】②
W6917.1.11.9.3.1	固汝普鲁制作墨玉石般黑的法鼓	【纳西族】
W6917.1.11.9.3.2	法鼓专门用来镇鬼	【纳西族】
W6917.1.11.9.4	无形鼓	
W6917.1.11.9.4.1	莫一大王有无形鼓	【壮族】
W6917.1.11.9.4.2	无形鼓也叫猎鼓	【壮族】
W6917.1.11.9.5	召仙鼓	【汉族】
W6917.1.11.9.6	灵鼓	
W6917.1.11.9.6.1	天子遗其灵鼓化为黄蛇	【中华民族】
W6917.1.11.9.6a	圣鼓	
W6917.1.11.9.6a.1	圣鼓会飞	【汉族】
W6917.1.11.9.7	龙凤鼓	【汉族】
W6917.1.11.9.8	花鼓	
W6917.1.11.9.8.1	凤阳花鼓源于燃灯	【汉族】
W6917.1.11.9.9	腰鼓	
W6917.1.11.9.9.1	细腰鼓	【汉族】

① ［W0965］神鼓；［W6917.1.2a.3.1］雷鼓。

② ［W6917.1.7.2.1.3.1.1］铜鼓是祭祀鬼神的法器；［W6939.3.5.1］金黄色法鼓专门用来娱人。

W 编码	母题描述	关联项
W6917.1a	鼓的特征（鼓的功能；鼓的作用）	
W6917.1a.0	鼓的形状	
W6917.1a.0.1	鼓圆形	【壮族】
W6917.1a.1	鼓的性别（鼓有公母）	【羌族】
W6917.1a.1.1	铜鼓分雌、雄两种	
W6917.1a.1.1.1	母鼓（雌鼓）	
W6917.1a.1.1.1.1	用德亨树做八抓（一抓约三寸）长的大鼓（母鼓）	【瑶族】
W6917.1a.1.1.1.2	雌鼓声音尖脆	【布依族】
W6917.1a.1.1.2	公鼓（雄鼓）	
W6917.1a.1.1.2.1	用柏纳树做十三抓长的长鼓（公鼓）	【瑶族】
W6917.1a.1.1.2.2	雄鼓低阔辽远	【布依族】
W6917.1a.2	鼓能驱邪	【羌族】@［W6917.1.11.9.3.2］法鼓专门用来镇鬼
W6917.1a.2.1	击鼓驱鬼治病	【壮族】
W6917.1a.2.2	鼓驱魔赶邪	【瑶族】
W6917.1a.2.3	朵兮见羊皮鼓灵异，便用于驱鬼除邪	【白族】
W6917.1a.2a	鼓能驱赶动物	
W6917.1a.2a.1	鼓能驱虎	【壮族】
W6917.1a.2b	鼓能惩恶	
W6917.1a.2b.1	击鼓可报复特定对象	【瑶族】
W6917.1a.3	鼓作为标志	
W6917.1a.3.1	鼓是权利标志	
W6917.1a.3.1.1	鼓为称王的标志	【壮族】
W6917.1a.4	鼓作为救助者	
W6917.1a.4.1	洪水时，伏羲兄妹躲进鼓里避洪水	【苗族】

W 编码	母题描述	关联项
W6917. 1a. 5	鼓作为特定的纪念	
W6917. 1a. 5. 1	兄妹后幸存的兄妹把鼓作为逃生的纪念	【汉族】
W6917. 1a. 6	鼓作为特定的用品	
W6917. 1a. 6. 1	鼓作为追悼盘护王的用品	【瑶族】
W6917. 1a. 6. 2	鼓可以是乐器	【多民族】
W6917. 1a. 6. 3	鼓可以是礼器	【多民族】
W6917. 1a. 6. 3. 1	鼓用于祈祷祭祀	【瑶族】
W6917. 1a. 6. 4	鼓用于战争中的指挥	【多民族】@［W6917. 1. 7. 3. 6. 1］铜鼓能助战
W6917. 1a. 7	鼓能教化人（鼓人改变人的性格）	
W6917. 1a. 7. 1	鼓声使人变乖	【瑶族】
W6917. 1a. 8	鼓能助兴	
W6917. 1a. 8. 1	鼓激发歌舞气氛	【景颇族】
W6917. 1a. 9	与鼓的特征或功能有关的其他母题	
W6917. 1a. 9. 1	鼓有管理特定人物的功能	
W6917. 1a. 9. 1. 1	鼓能招各路神仙返回天宫	【汉族】
W6917. 1a. 9. 1. 2	鼓为作战号令	【壮族】
W6917. 1a. 9. 2	鼓的声音	［W6917. 1. 9. 2. 5. 1］牛皮大鼓声音如雷
W6917. 1a. 9. 2. 1	鼓音传千里	【汉族】@［W6917. 1. 11. 5. 4］夔牛鼓一震五百里，连震三千八百里
W6917. 1a. 9. 2. 2	鼓音传五百里	【中华民族】
W6917. 1a. 9. 2. 3	鼓声威力无比	【中华民族】
W6917. 1a. 9. 3	鼓能传信（击鼓传信）	【布依族】【苗族】
W6917. 1a. 9. 3. 1	鼓可以驱疫	【汉族】
W6917. 1a. 9. 4	鼓是崇拜物	

W 编码	母题描述	关联项
W6917.1a.9.4.1	鼓是苗族崇拜的神物	【汉族】@［W6917.1.7.2.1.2］铜鼓是神物（铜鼓神圣）
W6917.1b	鼓的构成（鼓的构件）	
W6917.1b.1	鼓面	
W6917.1b.1.1	用特定的皮蒙鼓面	［W6917.1.7.1.4.4］用金皮蒙铜鼓
W6917.1b.1.1.1	黄帝命人用夔的皮做鼓面	【中华民族】
W6917.1b.1.1.2	剥下魔鬼的皮蒙鼓	【苗族】
W6917.1b.1.1.2.1	用勒钦斯普鬼的皮蒙鼓面	【纳西族】
W6917.1b.1.1.3	用羊皮做鼓面	［W6917.1a.2.3］朵兮见羊皮鼓灵异，便用于驱鬼除邪
W6917.1b.1.1.3.1	用山羊皮做鼓面	【瑶族】@［W6917.1.9.1］羊皮鼓
W6917.1b.1.1.3.2	用白羊皮做鼓面	【羌族】
W6917.1b.1.1.4	剥人皮蒙鼓	【汉族】
W6917.1b.1.1.5	用牛皮做鼓面	【汉族】@［W6917.1.9.2］牛皮鼓
W6917.1b.1.1.5.1	以馗牛皮造鼓	【关联】①
W6917.1b.1.1.5.1.1	蚩尤以馗牛皮为鼓	【汉族】
W6917.1b.1.1.5.1a	用夔牛皮造鼓	
W6917.1b.1.1.5.1a.1	黄帝让力牧去东海捉夔牛以皮做鼓	【汉族】
W6917.1b.1.1.5.1a.2	黄帝得夔的皮，做百面大鼓	【汉族】
W6917.1b.1.1.5.2	一位母亲用牛皮蒙成大鼓	【汉族】
W6917.1b.1.1.6	用马皮做鼓面	
W6917.1b.1.1.6.1	把马皮蒙在空筒上造鼓	【壮族】
W6917.1b.1.1.6.2	布洛陀教人用马皮造鼓	【壮族】
W6917.1b.1.1.7	用兽皮做鼓面	【汉族】

① ［W6917.1.11.5］夔牛鼓；［W6917.1.11.5.3a］玄女为黄帝制馗牛鼓。

W 编码	母题描述	关联项
W6917.1b.1.1.7.1	黄帝剥独脚怪兽的皮做成战鼓	【中华民族】
W6917.1b.2	鼓锤（鼓槌）	
W6917.1b.2.1	用特定的骨头做鼓锤	
W6917.1b.2.1.1	用雷兽最大的骨头当鼓槌	【汉族】
W6917.1b.2.1.1a	用雷泽的神兽骨做鼓槌	【汉族】
W6917.1b.2.1.1b	黄帝命人做成雷兽鼓槌一百六十根	【汉族】
W6917.1b.2.1.1c	黄帝以雷兽之骨击鼓	【中华民族】
W6917.1b.2.1.2	用夔的一根骨头做成鼓槌	【汉族】
W6917.1b.2.1.3	用勒钦斯普鬼的骨做鼓槌	【纳西族】
W6917.1b.2.2	用木棒作鼓槌	【中华民族】
W6917.1b.3	鼓把	
W6917.1b.3.1	用魔鬼的四大骨做鼓把	【苗族】
W6917.1c	鼓的使用	［W6917.1a.6］鼓作为特定的用品
W6917.1c.1	击鼓助威	
W6917.1c.1.1	击鼓使人勇猛无比，冲杀敌人	【布依族】
W6917.1c.1.2	鼓威震天下	【中华民族】
W6917.1c.2	鼓的使用禁忌	
W6917.1c.2.1	铜鼓忌任何人乱摸乱敲	【布依族】@［W6917.1.7.6.2.1］铜鼓平时不轻易乱敲
W6917.1c.3	特定事件时使用鼓	
W6917.1c.3.1	喜庆丰收时击鼓	【瑶族】
W6917.1c.3.2	节日时使用鼓	
W6917.1c.3.2.1	在春节时击鼓	【布依族】
W6917.1c.3.2.2	喜庆节日上离不开鼓	【汉族】
W6917.1c.3.3	在老人去世时击鼓	【布依族】
W6917.1c.3.3.1	报丧时击铜鼓	【布依族】
W6917.1c.3.4	在民族危难时击鼓	【布依族】

W 编码	母题描述	关联项
W6917.1c.3.5	请神时击鼓（击鼓请神；鼓能通神）	［W6917.1.7.2.1.2.1］铜鼓能通神
W6917.1c.3.5.1	一连敲十二下铜鼓，表示请龙王来陪祖宗吃年饭	【布依族】
W6917.1c.3.5.2 *	鼓声闻于天，沟通天人	【多民族】
W6917.1c.4	击鼓有特定的时间	
W6917.1c.4.1	鸡啼三更时拿槌来擂鼓	【苗族】
W6917.1d	与鼓有关的其他母题	
W6917.2	笛子（笛子的产生；笛子的来历）	
W6917.2.1	笛子的制作（笛子的发明；造笛子）	
W6917.2.1.1	天神造笛子	【苗族】
W6917.2.1.2	祖先造笛子	
W6917.2.1.2.1	布依族祖先翁嘎造笛子	【关联】①
W6917.2.1.3	特定的人用特定物做笛子	
W6917.2.1.3.1	用乌尤达杜的小腿骨做成笛子	【珞巴族（德根等部落）】
W6917.2.1.3.2	会做篾活的人用竹子中间的部分拿来做笛子	【彝族】
W6917.2.1.4	造笛子的方法	
W6917.2.1.4.1	竹节烙洞洞造笛子	【彝族】
W6917.2.2	笛子的特征（笛子的功能）	
W6917.2.2.1	笛子为什么发出响声	【汉族】
W6917.2.2.2	笛子的声音	
W6917.2.2.2.1	神奇的笛声	
W6917.2.2.2.1.1	笛声能召唤动物	【塔吉克族】
W6917.2.3	笛子的类型（特定的笛子）	
W6917.2.3.1	横笛	

① 【布依族】@［W6917.3.11.1.1.1］布依族祖先翁嘎造月琴；［W6917.5.1.1.1.1］布依族祖先翁嘎造箫。

W 编码	母题描述	关联项
W6917.2.3.2	竖笛	
W6917.2.3.3	长笛	
W6917.2.3.4	金笛	
W6917.2.3.4.1	天神生老送给嫁到人间的女神金笛	【苗族】@［W6917.4.3.1.2.1］天神生老送给嫁到人间的女神芦笙
W6917.2.3.5	鹰笛	
W6917.2.3.5.1	塔吉克人有鹰笛	【塔吉克族】
W6917.2.3.5.2	鹰笛的制作	
W6917.2.3.5.2.1	取鹰翅最大的空心骨做成三眼鹰笛	【塔吉克族】
W6917.2.3.5.2.2	杀鹰取骨做笛	【塔吉克族】
W6917.2.3.6	奇怪的笛子	
W6917.2.3.6.1	发出人的声音的笛子	【藏族】
W6917.2.3.7	柳笛	【汉族】
W6917.2.3.7.1	伏羲发明柳笛	【汉族】
W6917.2.3.7.2	伏羲用柳枝造柳笛	【汉族】
W6917.2.3.8	羌笛	
W6917.2.3.8.0	把两根竹管子合起来做成羌笛	【羌族】
W6917.2.3.8.1	古羌笛七孔	【羌族】
W6917.2.3.8.2	羌笛能吹出七种音调	【羌族】
W6917.2.3.9	其他特定名称的笛子	
W6917.2.3.9.1	骨笛	
W6917.2.3.9.1.1	用“妈妈”的腿骨做成笛子	【壮族】
W6917.2.3.9.1.2	七音阶骨笛	
W6917.2.3.9.1.2.1 *	河南贾湖遗址出土7800年前的七音阶骨笛	【中华民族】
W6917.2.3.9.2	竹笛（竹管）	

W 编码	母题描述	关联项
W6917.2.3.9.2.1	伶伦发明笛子竹管	［W6910.5.1.3］伶伦模仿鸟的叫声吹竹管
W6917.2.3.9.2.1.1	黄帝的乐官伶伦用厚薄均匀的懈谷之竹做成竹管	【汉族】
W6917.2.4	与笛子有关的其他母题	
W6917.2.4.1	管（管子）	
W6917.2.4.1.1	女娲氏命娥陵氏制都良管	【汉族】@［W6910.3.2.3.1］女娲氏命娥陵氏制音乐
W6917.2.4.1.2	女娲氏命圣氏为斑管	【汉族】
W6917.2.4.1.2a	尧任命工师倕造管	【汉族】
W6917.2.4.1.3	管六孔，十二月之音	【中华民族】
W6917.3	琴（琴的产生，琴瑟的来历）	【中华民族】
W6917.3.1	神或神性人物造琴（神或神性人物造琴瑟）	
W6917.3.1.1	神造琴	
W6917.3.1.2	神性人物造琴	
W6917.3.1.2.1	神农造琴（神农作琴）	【汉族】@［W6917.3.13.0］神农作五弦琴
W6917.3.1.2.1.1	神农初作琴以归神	【中华民族】
W6917.3.1.2.2	舜造琴	【民族，关联】①
W6917.3.1.2.3	神童造琴瑟	【汉族】
W6917.3.1.2.3.1	白帝之子神童伐梓造琴瑟	【汉族】
W6917.3.1.2.4	少昊造琴瑟	
W6917.3.1.2.4.1	少昊为侄子颛顼幼制作了琴瑟	【汉族】
W6917.3.1.2.5	炎帝造琴	［W6910.3.2.1］炎帝发明音乐
W6917.3.1.2.5.1	炎帝削桐为琴	【汉族】
W6917.3.1.2.6	伏羲造琴瑟	【关联】②

① 【汉族】@［W6917.3.13.1］舜作五弦琴；［W6917.5.1.1.2］舜制作箫（舜造箫；舜发明箫）。
② ［W6918.6.1.1］宓羲作瑟（神农造瑟）；［W6918.6.1.2］伏羲造瑟。

W 编码	母题描述	关联项
W6917.3.1.2.6.1	伏牺造琴瑟以谐律吕	【中华民族】
W6917.3.1.2.6.2	女娲让伏羲造琴瑟	【汉族】
W6917.3.1.2.6.3	伏羲作琴	【汉族】
W6917.3.1.2.7	祝融造琴	
W6917.3.1.2.7.1	祝融取榣山之梓作琴	【汉族】
W6917.3.2	特定的人造琴（特定的人造琴）	
W6917.3.3	变化产生琴	
W6917.3.3.1	动物化琴	
W6917.3.3.1.1	天鹅的骨架变琴，肠子变成六根弦	【裕固族】
W6917.3.3.2	特定物变成琴	
W6917.3.3.2.1	广寒宫里的侍女失落了一截琴上穗子变成琴	【汉族】
W6917.3.3a	偶然得到琴	
W6917.3.3a.1	捡到琴	
W6917.3.3a.1.1	卖身为奴的孤儿李福捡到一架琴	【汉族】
W6917.3.3b	生琴瑟	
W6917.3.3b.1	帝俊生晏龙，晏龙为琴瑟	【中华民族】@［W6917.3.14.4.1］帝俊之子晏龙有六把良琴
W6917.3.4	与琴的产生有关的其他母题（与琴瑟产生有关的其他母题）	
W6917.3.4.1	造琴要选好木料	【汉族】
W6917.3.4.2	用特定木材造琴	
W6917.3.4.2.1	削桐为琴	【中华民族】
W6917.3.4.2.2	用松木造琴	【哈萨克族】
W6917.3.4.3	琴的其他构件的产生	
W6917.3.4.3.1	琴弦的制作	
W6917.3.4.3.1.1	造琴绳丝为弦	【中华民族】

W 编码	母题描述	关联项
W6917.3.4.3.1.2	伏羲造的琴五条琴弦相五行	【汉族】
W6917.3.4.3.1.3	羊肠子做成琴弦	【哈萨克族】
W6917.3.4.3.2	琴头	
W6917.3.4.3.2.1	琴头造成像天鹅头	【裕固族】
W6917.3.4.3.3	琴面	
W6917.3.4.3.3.1	伏羲造的琴面圆底平天地形	【汉族】
W6917.3.5	琴的特征（琴瑟的特征；琴的功能）	
W6917.3.5.1	琴有特定数量的弦	
W6917.3.5.1.1	五弦之琴	
W6917.3.5.1.1.1	舜作五弦之琴	【中华民族】
W6917.3.5.2	优美的琴声（琴发出特定声音）	
W6917.3.5.2.1	优美的琴声让树上的鸟不叫，地上的泉不流	【汉族】
W6917.3.5.2.2	赤水女儿的琴声清悠入耳	【汉族】
W6917.3.5.2.3	美妙的琴声可以召唤心上人	【裕固族】
W6917.3.5.2.4	琴弹之有异声	
W6917.3.5.2.4.1	琴发出的异声能致五色鸟舞于庭中	【汉族】
W6917.3.5.2.5	优美的琴声能招来特定动物	
W6917.3.5.2.5.1	祝融做的琴可致皇来	【汉族】
W6917.3.5.2.5.2	祝融做的琴可致鸾来	【汉族】
W6917.3.5.2.5.3	祝融做的琴可致凤来	【汉族】
W6917.3.5.3	琴瑟为八音之首	【中华民族】
W6917.3.5.4	琴有特定长度	
W6917.3.5.4.1	七尺二寸之琴	【中华民族】
W6917.3.5.4.2	伏羲造的琴长有七尺三寸零	【汉族】
W6917.3.5.5	琴的文化功能	
W6917.3.5.5.1	琴能通神明之德，合天人之和	【中华民族】

W 编码	母题描述	关联项
W6917.3.5.5.2	神农造琴以定神，去邪欲	【汉族】
W6917.3.5.6	琴的娱乐功能	
W6917.3.5.6.1	琴能怡情	【汉族】
W6917.3.5.6.2	琴声能带来欢乐	【汉族】
W6917.3.5.6.3	弹琴说英雄	【哈萨克族】
W6917.3.5.7	琴的其他功能	
W6917.3.5.7.1	琴可通天达地神，修人身调气平	【汉族】
W6917.3.6	口弦琴（口弦）	
W6917.3.6.1	口弦琴的产生	
W6917.3.6.1.1	老人照着鱼叉的形状做口弦琴	【赫哲族】
W6917.3.6.1.2	舅舅教女祖先安木拐弹吹口弦	【佤族】
W6917.3.6.1.3	尼傲从上辈传下来口弦琴	【赫哲族】@［W6910.4.1.1］大力神教女祖先弹（吹）口弦
W6917.3.6.1.4	老妈妈削竹造口弦	【彝族】
W6917.3.6.1.5	口弦琴产生的其他情形	
W6917.3.6.2	口弦琴的特征	
W6917.3.6.2.1	口弦琴声音奇幻	【赫哲族】
W6917.3.6.3	与口弦琴有关的其他母题	
W6917.3.6.3.1	赫哲话中的口弦琴叫空康吉	【赫哲族】
W6917.3.7	胡琴（二胡）	
W6917.3.7.1	二胡的产生	
W6917.3.7.1.1	黄帝制作二胡	【汉族】
W6917.3.7.2	二胡的特征	
W6917.3.7.2.1	二胡像哭声	【汉族】
W6917.3.7.3	与二胡有关的其他母题	
W6917.3.8	马头琴	
W6917.3.8.1	巴特尔按照宝马在梦中的指点做成马头琴	【蒙古族】

W 编码	母题描述	关联项
W6917.3.8.2	苏和按梦中马的话，拿它的骨头、筋、尾做成一把琴，琴头雕一个马头	【蒙古族】
W6917.3.9	瑶琴	
W6917.3.9.1	瑶琴的产生	
W6917.3.9.1.1	用梧桐树做瑶琴	【汉族】
W6917.3.9.1.1.1	伏羲时代一个能工巧匠用梧桐树做瑶琴	【汉族】
W6917.3.9.1.1.2	尧王命人造瑶琴	
W6917.3.9.1.1.2.1	尧王命人砍梧桐树投入瑶池沤些日子用来做瑶琴	【汉族】
W6917.3.9.1.1.2.2	尧王让人用一年三百六十天做成瑶琴	【汉族】
W6917.3.9.1.2	瑶琴要经过七七四十九天才能做成	【汉族】
W6917.3.9.2	瑶琴的特征	
W6917.3.9.2.1	瑶琴按天、地、人三才做成金童头、玉女腰的模样	【汉族】
W6917.3.9.2.2	瑶琴的声音像凤凰叫声	【汉族】
W6917.3.9.2.3	瑶琴长三尺六寸	【汉族】
W6917.3.9.2.4	瑶琴的五根弦代表金、木、水、火、土，五行	【汉族】@［W6917.3.9.2.6.1］瑶琴有5根弦
W6917.3.9.2.5	瑶琴发出宫、商、角、徵、羽五音	【汉族】
W6917.3.9.2.5a	瑶琴发出宫、商、角、半徵、徵、羽、半宫七音	【汉族】
W6917.3.9.2.6	瑶琴有特定的弦数	
W6917.3.9.2.6.1	瑶琴有5根弦	【汉族】
W6917.3.9.2.6.2	瑶琴有7根弦	【汉族】
W6917.3.9.2.6.2.1	周武王把瑶琴做成七根弦	【汉族】

W 编码	母题描述	关联项
W6917.3.9.3	与瑶琴有关的其他母题	［W6918a.1.1.1］周公旦为瑶琴添了老弦和子弦两根弦
W6917.3.9.3.1	尧王命名“瑶琴”	【汉族】
W6917.3.9.3.2	瑶琴的改进	
W6917.3.9.3.2.1	瑶琴原来五根弦，周文王添了一根弦变成六弦琴	【汉族】@［W6917.3.9.2.6.2.1］周武王把瑶琴做成七根弦
W6917.3.10	天鹅琴	
W6917.3.10.1	天鹅琴的产生	
W6917.3.10.1.1	天鹅的骨架变成天鹅琴，肠子变成六根弦	【裕固族】
W6917.3.10.2	天鹅琴的特征	【裕固族】@［W6917.3.15.1.3.1］天鹅琴拨不同的弦效果不同
W6917.3.10.3	与天鹅琴有关的其他母题	
W6917.3.11	月琴	
W6917.3.11.1	月琴的产生	
W6917.3.11.1.1	月琴的制造者	
W6917.3.11.1.1.1	布依族祖先翁嘎造月琴	【布依族】@［W6917.5.1.1.1.1］布依族祖先翁嘎造箫
W6917.3.11.1.1.2	布依族第二代祖先勒灵教人造月琴	【布依族】
W6917.3.11.1.1.3	蛤蟆教人造月琴	【彝族】
W6917.3.11.1.2	月琴的制作方法	
W6917.3.11.1.2.1	仿照在水里月亮的影子造月琴	【布依族】
W6917.3.11.1.2.2	用柏杨木制成月琴	【布依族】
W6917.3.11.1.2.3	把蛤蟆皮剖下来，蒙在空心木头上造成月琴	【彝族】
W6917.3.11.1.2.4	用恶龙的头、骨、筋、皮制成月琴	【汉族】

W 编码	母题描述	关联项
W6917.3.11.2	月琴的特征	
W6917.3.11.2.1	弹月琴能表达思念	【彝族】
W6917.3.11.3	与月琴有关的其他母题	
W6917.3.12	口玄琴	
W6917.3.13	五弦琴	
W6917.3.13.0	神农作五弦琴	【汉族】
W6917.3.13.1	舜作五弦琴	【汉族】
W6917.3.13.1.1	舜用五弦琴以歌《南风》	【汉族】
W6917.3.13.1.1.1	改用五弦琴歌《南风》诗，始自舜	【中华民族】
W6917.3.13.2	烈山氏造五弦琴	【中华民族】
W6917.3.14	其他特定的琴	
W6917.3.14.0	独弦琴	
W6917.3.14.0.1	独弦琴是宝物	【京族】
W6917.3.14.1	三弦（三弦琴）	
W6917.3.14.1.1	三弦的产生	
W6917.3.14.1.1.1	伏羲造三弦	【汉族】
W6917.3.14.1.1.2	天皇开始、地皇发展、人皇（伏羲）最后制作完成三弦	【汉族】
W6917.3.14.1.2	三弦的特征（三弦的功能）	
W6917.3.14.1.2.1	弹三弦能镇妖	【普米族】
W6917.3.14.1.2.2	艺人们说书时弹拨三弦	【汉族】
W6917.3.14.1.3	特定的三弦	
W6917.3.14.1.3.1	龙头三弦	
W6917.3.14.1.3.1.1	龙头三弦用龙头作琴头，龙骨作琴杆，龙皮蒙琴鼓，龙筋作琴弦，龙爪作拨珠	【白族】
W6917.3.14.1.4	与三弦有关的其他母题	
W6917.3.14.1.4.1	三弦原名“三贤”	【汉族】

W 编码	母题描述	关联项
W6917.3.14.1a	三十二弦琴	
W6917.3.14.1a.1	混西迦天神背着三十二弦琴	【傣族】
W6917.3.14.2	电母琴	
W6917.3.14.2.1	帝俊的琴名电母	【汉族】
W6917.3.14.2.2	电母琴在夏月电光一照能自鸣	【汉族】
W6917.3.14.3	焦尾琴	
W6917.3.14.3.1	吴人烧桐做成焦尾琴	【汉族】
W6917.3.14.4	良琴	
W6917.3.14.4.1	帝俊之子晏龙有六把良琴	［W6917.3.3b.1］帝俊生晏龙，晏龙为琴瑟
W6917.3.14.4.1.1	晏龙有良琴菌首	【汉族】
W6917.3.14.4.1.2	晏龙有良琴义辅	【汉族】
W6917.3.14.4.1.3	晏龙有良琴蓬明	【汉族】
W6917.3.14.4.1.4	晏龙有良琴白民	【汉族】
W6917.3.14.4.1.5	晏龙有良琴简开	【汉族】
W6917.3.14.4.1.6	晏龙有良琴垂漆	【汉族】
W6917.3.14.5	宝琴	
W6917.3.14.5.1	祝融做的宝琴	【汉族】
W6917.3.15	与琴有关的其他母题	［W6918.6］瑟
W6917.3.15.1	琴的使用（弹琴）	
W6917.3.15.1.1	向山泉学弹琴	【白族】
W6917.3.15.1.2	女娲出世会弹琴	【汉族】
W6917.3.15.1.3	特定的琴不同的弹法会有不同的音效	
W6917.3.15.1.3.1	天鹅琴拨不同的弦效果不同	
W6917.3.15.1.3.1.1	天鹅琴拨第一弦，晴日忽降大雨	【裕固族】
W6917.3.15.1.3.1.2	天鹅琴拨第二弦，雨住云收	【裕固族】
W6917.3.15.1.3.1.3	天鹅琴第三弦，眼前出现彩虹	【裕固族】

W 编码	母题描述	关联项
W6917.3.15.1.3.1.4	天鹅琴第四弦，远野传来动听歌声	【裕固族】
W6917.3.15.1.3.1.5	天鹅琴第五弦，一匹骏马奔驰而来	【裕固族】
W6917.3.15.1.3.1.6	天鹅琴第六弦，姑娘飞降云彩间	【裕固族】
W6917.4	笙（笙簧）	
W6917.4.1	笙的产生	
W6917.4.1.1	特定人物发明笙	
W6917.4.1.1.1	女娲创造笙簧（女娲作笙簧）	【中华民族】【汉族】
W6917.4.1.1.1.1	女娲用葫芦造成笙	【汉族】
W6917.4.1.1.2	女娲的属臣做笙	【汉族】
W6917.4.1.1.3	用匏做笙	【汉族】
W6917.4.1.1.4	天上管乐器的仙女传授竹笙	【侗族】
W6917.4.2	笙的特征	
W6917.4.2.1	笙像凤	【汉族】
W6917.4.2.2	笙有特定的构成	【汉族】@［W6918.2.1.1］女娲作簧
W6917.4.2.2.1	笙用葫芦做成，里面插 13 根管子，形状像凤凰的尾巴	【汉族】
W6917.4.2.3	笙有 13 至 19 个簧	【汉族】
W6917.4.2.4	笙有特定功能	
W6917.4.2.4.1	笙能开教化，育子孙	【汉族】
W6917.4.3	芦笙	
W6917.4.3.1	芦笙的产生	
W6917.4.3.1.0	芦笙产生的原因	
W6917.4.3.1.0.1	为悼念死者造芦笙	【彝族】
W6917.4.3.1.0.2	为了求婚做芦笙	【仡佬族】
W6917.4.3.1.1	神仙教人芦笙	【苗族】
W6917.4.3.1.2	天神造芦笙	

W 编码	母题描述	关联项
W6917.4.3.1.2.1	天神生老送给嫁到人间的女神芦笙	【苗族】
W6917.4.3.1.3	天女造芦笙	
W6917.4.3.1.3.1	天女用自己的六个手指和一条手臂做芦笙	【苗族】
W6917.4.3.1.3a	仙女造芦笙	
W6917.4.3.1.3a.1	天上管乐器的仙女教人造芦笙	【侗族】
W6917.4.3.1.3a.2	仙女让砍竹子造芦笙	【苗族】
W6917.4.3.1.4	女娲造芦笙	【藏族】
W6917.4.3.1.4.1	女娲根据河水唱歌制作芦笙	【藏族】
W6917.4.3.1.4a	其他特定人物造芦笙	
W6917.4.3.1.4a.1	篙确老人采来竹子造芦笙	【苗族】
W6917.4.3.1.4a.2	蚩尤族造芦笙	
W6917.4.3.1.4a.2.1	蚩尤族用青铜簧片造芦笙	【中华民族】
W6917.4.3.1.5	通过模仿造芦笙	
W6917.4.3.1.5.1	仿照月亮的样子造芦笙	【布依族】
W6917.4.3.1.5.2	人仿照天上神仙的芦笙的样子造出芦笙	【侗族】
W6917.4.3.1.5.3	仿鸭子的头做成芦笙的嘴，仿鸭子的身子做成芦笙的把，照鸭子的尾巴翘一点做模子	【苗族】
W6917.4.3.1.6	芦笙产生的其他方法	
W6917.4.3.1.6.1	受柱子发声的启发造芦笙	【苗族】
W6917.4.3.1.6.2	天上的客人带来芦笙	【苗族】
W6917.4.3.1.6.3	用蟒蛇皮扎好几节长短各异的竹子做成芦管，用虎尾巴当作吹气管，插进葫芦蜂巢里做成芦笙	【彝族】
W6917.4.3.1.7	与芦笙的产生有关的其他母题	
W6917.4.3.1.7.1	第一把芦笙	

W 编码	母题描述	关联项
W6917.4.3.1.7.1.1	人的老祖公固外西造出苗家的第一把芦笙	【苗族】
W6917.4.3.2	芦笙的特征	
W6917.4.3.2.1	芦笙能发音的来历	
W6917.4.3.2.1.1	芦笙能发音是因为把公鹅、蝉的声音放进了竹管中	【苗族】
W6917.4.3.2.2	芦笙五音六律	【彝族】
W6917.4.3.2.3	芦笙能吓跑野兽	【苗族】
W6917.4.3.3	芦笙的演奏	【苗族】@［W6914.4.1.4.1］蛤蟆精教人吹笙踏月
W6917.4.3.4	特定的芦笙	
W6917.4.3.4.1	金芦笙	
W6917.4.3.4.1.1	金芦笙源于巨石的石坑下	【瑶族】
W6917.4.3.5	与芦笙有关的其他母题	［W6432.5.3.1］芦笙是苗族的母亲
W6917.4.3.5.1	芦笙的名称	
W6917.4.3.5.1.1	唐代南诏乐器有壶卢笙又叫芦笙	【多民族】
W6917.4.3.5.1.2	芦笙又称瓢笙	【多民族】
W6917.4.3.5.1.3	芦笙又称葫笙	【多民族】
W6917.4.4	葫芦笙	
W6917.4.4.1	葫芦笙的产生	
W6917.4.4.1.0	葫芦笙产生的原因	
W6917.4.4.1.0.1	为呼唤人造葫芦笙	【拉祜族】
W6917.4.4.1.1	女娲制作葫芦笙（女娲造葫芦笙）	【藏族】@［W0710］女娲
W6917.4.4.1.1a	女娲娘娘造葫芦笙	【汉族】
W6917.4.4.1.2	会做篾活的人用竹头做葫芦笙	【彝族】
W6917.4.4.1.3	其他人物造葫芦笙	
W6917.4.4.1.3.1	傣族做成葫芦笙	【彝族】

W 编码	母题描述	关联项
W6917.4.4.1.3.2	拉祜族五兄弟造葫芦笙	【拉祜族】
W6917.4.4.1.4	造葫芦笙的方法	
W6917.4.4.1.4.1	葫芦配竹子做成葫芦笙，葫芦心是竹子削成响舌子	【彝族】
W6917.4.4.1.4.2	用长短不齐的竹管插在葫芦里，再用荆竹做簧造出葫芦笙	【拉祜族】
W6917.4.4.2	葫芦笙的特征	
W6917.4.4.2.1 *	葫芦笙与象征伏羲、女娲的葫芦崇拜有关	【中华民族】
W6917.4.4.2.2	葫芦笙的音传得远	【拉祜族】
W6917.4.4.2.3	节日大典使用葫芦笙	【拉祜族】
W6917.4.4.3	特定的葫芦笙	
W6917.4.4.4	与葫芦笙有关的其他母题	
W6917.4.4.4.1	葫芦笙的名称	
W6917.4.4.4.1.1 *	葫芦笙简称芦笙或笙	【中华民族】
W6917.4.5	其他特定的笙	
W6917.4.5.1	竹笙	
W6917.4.5.1.1	竹笙使用牛角簧片	【侗族】
W6917.5	箫	
W6917.5.1	箫的产生（箫的获得）	
W6917.5.1.1	箫的制造者（箫的发明者）	
W6917.5.1.1.1	祖先造箫	【布依族】
W6917.5.1.1.1.1	布依族祖先翁嘎造箫	【布依族】@［W6917.3.11.1.1.1］布依族祖先翁嘎造月琴
W6917.5.1.1.2	舜制作箫（舜造箫；舜发明箫）	【汉族】@［W6917.3.1.2.2］舜造琴
W6917.5.1.1.2.1	舜是第一个做箫的人	【汉族】
W6917.5.1.2	从特定人物处得到箫	

W 编码	母题描述	关联项
W6917.5.1.2.1	外老爷祖传给韩湘子箫	【汉族】
W6917.5.1.3	箫产生的其他情形	
W6917.5.1.3.1	人仿照凤凰的声音造了一管箫	【汉族】
W6917.5.1.4	箫产生的地点（箫的发源地）	
W6917.5.1.4.1	箫产生于泰山	【汉族】
W6917.5.2	箫的特征	
W6917.5.2.1	箫形参差像凤翼	【汉族】
W6917.5.2.2	箫长二尺	【汉族】
W6917.5.2.3	箫声动听	
W6917.5.2.3.1	箫声吸引来小龙女	【汉族】
W6917.5.3	特定的箫	
W6917.5.3.1	姊妹箫	
W6917.5.3.1.1	祖先教人仿照蜜蜂在竹竿上蛰洞眼的情景制成姊妹箫	【布依族】
W6917.5.4	与箫有关的其他母题	
W6917.5.4.1	箫的名称	
W6917.5.4.1.1	舜为箫命名	【汉族】@［W6917.5.1.1.2］舜制作箫（舜造箫；舜发明箫）
W6917.6	钟（编钟）	
W6917.6.1	钟的产生	
W6917.6.1.0	钟源于特定地方	
W6917.6.1.1	特定的人物造钟	
W6917.6.1.1.1	黄帝的工人垂造钟	【汉族】
W6917.6.1.1.1a	黄帝命伶伦与荣将铸十二钟	【汉族】
W6917.6.1.1.2	炎帝四世孙鼓、延造钟	【中华民族】@［W6910.3.3.2］炎帝四世孙鼓、延为乐风
W6917.6.1.1.3	神农的重孙鼓制造了钟	【中华民族】

W 编码	母题描述	关联项
W6917.6.1.1.4	尧任命工师倕造钟	【汉族】
W6917.6.1.2	造钟的方法	
W6917.6.1.2.1	炼铜造钟	【仫佬族】
W6917.6.2	钟的特征	
W6917.6.2.1	钟的声音有特定功能	
W6917.6.2.1.1	钟声能消灾免难	【白族】
W6917.6.3	特定的钟	
W6917.6.3.1	特定材料的钟	
W6917.6.3.1.1	金钟	
W6917.6.3.1.1.1	金钟的声音能传很远	【白族】
W6917.6.3.1.2	银钟	
W6917.6.3.1.3	铜钟	
W6917.6.3.1.4	铁钟	
W6917.6.3.2	特定功能的钟	
W6917.6.3.3	其他特定性质的钟	
W6917.6.3.3.1	会飞的钟	【汉族】
W6917.6.4	与钟有关的其他母题	
W6918	**其他特定乐器（其他特定乐器的产生）**	
W6918.1	冬不拉	
W6918.1.1	冬不拉的产生	
W6918.1.1.1	用显灵性的松树做冬不拉	【哈萨克族】
W6918.1.1.2	根据王子与黑熊在森林里搏斗的情景制作冬不拉琴	【哈萨克族】
W6918.1.2	冬不拉的特征	
W6918.1.2.1	冬不拉是会说话的乐器	【哈萨克族】
W6918.1.3	与冬不拉有关的其他母题	
W6918.2	簧（簧片）	

W 编码	母题描述	关联项
W6918.2.1	簧的产生	
W6918.2.1.1	女娲作簧	【汉族】
W6918.2.1.2	用铜制作簧片	【侗族】@［W6918a.1.4.1］造竹笙用牛角簧片替代竹制簧片
W6918.2.2	簧的特征	
W6918.2.3	与簧有关的其他母题	［W6917.4.5.1.1］竹笙使用牛角簧片
W6918.3	锣	
W6918.3.1	锣的产生	
W6918.3.1.1	人根据铜盆的声响发明铜钹铜锣	【汉族】
W6918.3.1.2	特定物变成锣	
W6918.3.1.2.1	太上老君的帽子变成锣	【汉族】
W6918.3.1.3	人仿照狮子的声音造锣	【汉族】
W6918.3.2	锣的特征	
W6918.3.2.1	用锣传递信息	
W6918.3.2.1.1	用锣鼓传递信息	【汉族】
W6918.3.3	特定的锣	
W6918.3.3.1	铜锣	
W6918.3.3.1.1	大禹的神铜锣	【中华民族】
W6918.3.3.1.2	有系子的铜锣	【汉族】
W6918.3.4	与锣有关的其他母题	
W6918.3.4.1	神奇的锣	【汉族】
W6918.3.4.2	锣鼓	
W6918.3.4.2.1	山神老爷的锣鼓	【普米族】
W6918.4	琵琶	
W6918.4.1	琵琶的产生	
W6918.4.2	琵琶的特征	
W6918.4.3	与琵琶有关的其他母题	

W 编码	母题描述	关联项
W6918.5	哨（哨子）	
W6918.5.1	哨的产生	
W6918.5.2	哨的特征（哨的功能）	
W6918.5.2.1	哨声委婉地听	【汉族】
W6918.5.3	与哨有关的其他母题	
W6918.5.3.1	吹口哨	
W6918.5.3.1.1	用吹口哨放羊	【汉族】
W6918.6	瑟	
W6918.6.1	瑟的产生	
W6918.6.1.1	宓羲作瑟（神农造瑟）	【汉族】@［W6917.3.1.2.1］神农造琴
W6918.6.1.2	伏羲造瑟	【汉族】
W6918.6.1.2.1	伏羲作瑟 36 弦	【汉族】
W6918.6.1.2.2	伏羲用木头和弦造瑟	【汉族】
W6918.6.1.3	炎帝神农氏作五弦之瑟	【汉族】
W6918.6.1.4	神农作瑟	【汉族】
W6918.6.2	瑟的特征	
W6918.6.2.1	瑟长 8 尺 1 寸	【汉族】
W6918.6.2.2	瑟有 15 根弦	【汉族】
W6918.6.2.3	瑟有 36 根弦	【汉族】
W6918.6.2.4	23 弦之瑟	【中华民族】
W6918.6.2.5	五弦瑟	【汉族】
W6918.6.2.6	瑟有其他数量的弦	
W6918.6.2.6.1	庖羲瑟 50 弦	【汉族】
W6918.6.3	与瑟有关的其他母题	
W6918.7	喇叭	
W6918.7.1	喇叭的产生	
W6918.7.1.1	用特定人物嘴做喇叭	【珞巴族（德根等部落）】

W 编码	母题描述	关联项
W6918.7.1.2	舜为治乱造喇叭	【汉族】
W6918.7.1.3	舜捡了一根虫打几个眼儿的竹棍儿做成喇叭	【汉族】
W6918.7.2	喇叭的特征	
W6918.7.3	特定的喇叭	
W6918.7.3.1	竹喇叭	
W6918.7.3.1.1	舜做竹喇叭	【汉族】@［W6911.2.1.2］舜吹竹喇叭让抢庄稼人停止行为
W6918.7.3.2	银喇叭	
W6918.7.3.2.1	银喇叭一吹响，金牛会变成活牛	【汉族】
W6918.7.4	与喇叭有关的其他母题	
W6918.8	竽	
W6918.8.1	竽的产生	
W6918.8.2	竽的特征	
W6918.8.2.1	竽为笙之大者	【汉族】
W6918.8.3	与竽有关的其他母题	
W6918.8	筝	
W6918.8.1	筝的产生	
W6918.8.2	筝的特征	
W6918.8.3	与筝有关的其他母题	
W6918.9	其他常见的乐器	
W6918.9.1	响篾	
W6918.9.1.1	响篾的产生	
W6918.9.1.1.1	天神生老送给嫁到人间的女神响篾	【民族，关联】①
W6918.9.2	埙	

① 【苗族】@［W6917.2.3.4.1］天神生老送给嫁到人间的女神金笛；［W6917.4.3.1.2.1］天神生老送给嫁到人间的女神芦笙。

W 编码	母题描述	关联项
W6918.9.2.1	埙的产生	
W6918.9.2.1.1	灼土为埙	【中华民族】
W6918.9.2.2	埙的特征	
W6918.9.2.3	特定的埙	
W6918.9.2.3.1	石埙	【汉族】
W6918.9.2.4	与埙有关的其他母题	
W6918.9.3	唢呐	
W6918.9.3.1	唢呐的产生	
W6918.9.3.1.1	竹笛改成唢呐	【彝族】
W6918.9.3.2	唢呐的特征	
W6918.9.3.2.1	能吹奏出七十二个调子的唢呐	【彝族】
W6918.9.3.3	与唢呐有关的其他母题	
W6918.9.4	以材质划分的乐器	
W6918.9.4.1	青铜乐器	
W6918.9.4.1.1	商代青铜乐器主要是铃和铙	【中华民族】
W6918.9.4.2	玉质乐器	
W6918.9.4.2.1	玉琯	
W6918.9.4.2.1.1	西王母献白环玉琯	【中华民族】
W6918.9.4.3	泥质乐器	
W6918.9.4.3.1	伏羲发明能吹出三个音的泥泥狗	【汉族】
W6918.9.4.4	竹质乐器	【汉族】@［W6918.7.1.3］舜捡了一根虫打几个眼儿的竹棍儿做成喇叭
W6918.9.4.4.1	莽筒	【苗族】
W6918.9.4.4.2	竹喇叭	【汉族】
W6918.9.5	以使用主体划分的乐器	
W6918.9.5.1	民族乐器	
W6918.9.5.1.1	景颇族东巴	【景颇族】

W 编码	母题描述	关联项
W6918.9.6	以乐器的主要构件划分的乐器	
W6918.9.6.1	弦乐（弦类乐器）	
W6918.9.6.1.1	一根弦的乐器	【汉族】
W6918.9.6.2	管乐（管类乐器）	
W6918.9.6.2.1	笳	
W6918.9.6.2.1.1	人们照老虎的声音造了一管笳	【汉族】
W6918.9.7	以乐器的使用方法划分的乐器	
W6918.9.7.1	打击乐器	
W6918.9.7.1.1	磬	
W6918.9.7.1.1.1	神农的重孙延制造磬	【中华民族】
W6918.9.7.1.1.1a	尧任命工师倕造磬	【汉族】
W6918.9.7.1.1.2	石磬	【汉族】
W6918.9.7.2	吹奏乐器	
W6918.9.7.2.1	号（号角）	
W6918.9.7.2.1.1	号的产生	
W6918.9.7.2.1.1.1	牛角做号角	【哈尼族】
W6918.9.7.2.1.2	号的特征	
W6918.9.7.2.1.3	特定的号	
W6918.9.7.2.1.3.1	金号	【汉族】
W6918.9.7.2.1.3.2	牛角号	【哈尼族】
W6918.9.7.2.1.3.3	螺号	【汉族】
W6918.9.7.2.1.4	与号有关的其他母题	
W6918a.1	乐器的改进	
W6918a.1.1	把简单的乐器改进复杂	【汉族】
W6918a.1.1.1	周公旦为瑶琴添了老弦和子弦两根弦	【汉族】
W6918a.1.1.2	三弦有一弦二弦改进而成	【汉族】
W6918a.1.2	改进乐器制作材料	

W 编码	母题描述	关联项
W6918a. 1. 2. 1	制作芦笙嘴用白铜代替盖脸虫的薄壳	【苗族】
W6918a. 1. 3	乐器改进的结果	
W6918a. 1. 3. 1	乐器改进后更动听	【汉族】【苗族】
W6918a. 1. 4	改进乐器的局部工艺	
W6918a. 1. 4. 1	造竹笙用牛角簧片替代竹制簧片	【侗族】@［W6917. 4. 5. 1. 1］竹笙使用牛角簧片
W6918a. 2	乐器的消失	
W6918a. 2. 1	乐器逃回天上	【苗族】
W6919	**与音乐有关的母题（与乐器有关的母题）**	
W6919. 1	乐声	
W6919. 1. 1	为什么吹树叶能发出好听的声音	【侗族】【苗族】
W6919. 2	乐曲（曲谱）	
W6919. 2. 1	乐曲的产生（曲谱的产生；作曲）	
W6919. 2. 1. 1	特定人物创作乐曲（特定人物教人曲谱）	
W6919. 2. 1. 1. 1	天上的飞龙作乐曲	【汉族】
W6919. 2. 1. 1. 2	伏羲作乐曲	【汉族】@［W6919. 2. 3. 1. 1］伏羲制《扶桑》
W6919. 2. 1. 1. 2. 1	伏羲作曲，神女用瑟弹奏	【汉族】
W6919. 2. 2	乐曲的特征（乐曲的功能）	
W6919. 2. 2. 1	乐曲表达特定心情	【汉族】
W6919. 2. 2. 2	乐曲有歌颂功能	
W6919. 2. 2. 2. 1	乐曲《扶犁》赞颂当时太平的生活	【中华民族】
W6919. 2. 2. 3	乐曲有感染力	
W6919. 2. 2. 3. 1	《九招》招来美丽的凤凰随乐声盘旋起舞	【中华民族】

W 编码	母题描述	关联项
W6919.2.3	特定的乐曲（特定名称的古乐；特定名称的曲谱）	
W6919.2.3.1	扶桑	
W6919.2.3.1.1	伏羲制《扶桑》	【汉族】
W6919.2.3.2	驾辩	
W6919.2.3.2.1	伏羲造《驾辩》之曲	【中华民族】
W6919.2.3.3	南风	【中华民族】
W6919.2.3.3.1	舜弹五弦歌《南风》	【中华民族】
W6919.2.3.3.2	《南风》是孝子之诗	【中华民族】
W6919.2.3.3a	南音	
W6919.2.3.3a.1	涂山女始作南音	【中华民族】
W6919.2.3.3a.2	“候人兮猗”为南音之始	【汉族】
W6919.2.3.4	承云	
W6919.2.3.4.1	颛顼命飞龙作《承云》以祭上帝	【汉族】
W6919.2.3.4.2 *	颛顼以《承云之歌》祭祀黄帝	【中华民族】
W6919.2.3.5	九招	
W6919.2.3.5.1	帝喾命咸黑作《九招》	【汉族】
W6919.2.3.5.2	夏后开舞《九招》	【汉族】
W6919.2.3.5.3	大禹创制乐曲《九招》	【中华民族】
W6919.2.3.5.3a	大禹创制乐曲《九韶》	【中华民族】
W6919.2.3.6	扶犁	［W6919.2.2.2.1］乐曲《扶犁》赞颂当时太平的生活
W6919.2.3.6.1	神农命刑天作“扶犁”之乐	【汉族】
W6919.2.3.6.2	扶犁又叫“凤来”	【汉族】
W6919.2.3.7	清商	
W6919.2.3.7.1	黄帝诵唱并命名《清商》	【汉族】
W6919.2.3.8	以内容或功能命名的乐曲	
W6919.2.3.8.1	哀乐	

W 编码	母题描述	关联项
W6919.2.3.8.1.1	蜘蛛精鼓起肚子奏哀乐	【汉族】
W6919.2.3.8.1.2	哀乐使将士无心作战	【汉族】
W6919.2.4	与乐曲有关的其他母题	
W6919.2.4.1	不同古帝各有其代表乐曲	
W6919.2.4.1.1	伏牺有网罟之歌，神农有丰年之咏，黄帝有龙衮之颂，尧有大唐之歌	【中华民族】
W6919.3	音乐的演奏（音乐的使用）	
W6919.3.1	音乐演奏的时间	
W6919.3.1.1	祭祀时奏乐	
W6919.3.1.2	节日时奏乐	
W6919.3.1.3	特定的乐器在特定时间演奏	
W6919.3.1.3.1	每年谷子成熟时，守地的人都要吹奏东巴	【景颇族】
W6919.3.1.4	闲暇时玩音乐	【汉族】
W6919.3.2	音乐演奏的地点（音乐使用的场合）	
W6919.3.2.1	音乐用于庆典	
W6919.3.2.2	音乐用于特定仪式	
W6919.3.2.3	音乐用于战争	【汉族】
W6919.3.3	音乐演奏的指挥者	
W6919.3.3.1	夔龙主持音乐	
W6919.3.3.1.1	大禹治水庆功会上夔龙主持音乐	【汉族】
W6919.3.4	音乐演奏者（乐师；奏乐者）	
W6919.3.4.1	颛顼让猪龙婆当乐师	【汉族】
W6919.3.4.2	天使是奏乐者	【维吾尔族】
W6919.3.4.3	女祖先是乐师	【彝族（俚颇）】
W6919.3.5	音乐的欣赏者（音乐的听众）	［W6914.7］歌的听众
W6919.3.5.1	特定的神听音乐	

W 编码	母题描述	关联项
W6919.3.5.2	特定的人听音乐	
W6919.3.5.3	特定的动物听音乐	
W6919.3.5.3.1	河中动物听丢归雀唱歌	【侗族】
W6919.3.5.3.2	一大群猪听女子吹笛子	【羌族】
W6919.3.6	乐器演奏方法	
W6919.3.6.1	乐器协奏	【侗族】
W6919.3.6.2	黄帝要求每个女人都得学会演奏	【汉族】
W6919.4	音乐的搭档	
W6919.4.1	音乐与舞蹈相结合	【汉族】
W6919.4.1.1	伏羲有网罟之咏，葛天八阕	【中华民族】
W6919.5	与音乐有关的人员	
W6919.5.1	音乐的管理者	
W6919.5.1.1	乐官	
W6919.5.1.1.1	夔做尧的乐官	【汉族】
W6919.5.2	音乐爱好者	
W6919.5.2.1	刑天是炎帝手下酷爱音乐的臣子	【中华民族】
W6919.5.3	音乐达人	
W6919.5.3.1	炎帝的大臣刑天精通音乐	【汉族】

6.8.4 体育（舞蹈）【W6920 ~ W6924】

W 编码	母题描述	关联项
* **W6920**	**体育（体育的产生）**	
W69220.1	特定的人物传授体育	
W69220.2	特定的体育源于模仿	

W 编码	母题描述	关联项
W69220.2.1＊	“熊戏”教导人们按照仿生学道理去学习熊的活动姿势	【多民族】@［W6931.1.5.1.1］熊舞源于模仿熊
W6921	**体育的特征（体育的功能）**	
W6922	**常见的体育类型**	
W6922.1	棋（棋类）	
W6922.1.1	棋类的产生	
W6922.1.1.1	为教育人发明棋	【汉族】
W6922.1.1.1.1	尧为教育儿子发明棋	【汉族】
W6922.1.1.2	棋的发明者	
W6922.1.1.2.1	尧发明棋	【汉族】@［W6922.1.3.2.1.1］尧让羲和造围棋
W6922.1.1.3	棋的制作	
W6922.1.1.3.1	用文桑作棋局，用犀角和象牙做棋子	【汉族】
W6922.1.2	棋的特征（棋的功能）	
W6922.1.2.1	下棋可改善性情	【汉族】
W6922.1.2.1.1	下棋可使人变得稳重多思	【汉族】
W6922.1.2.2	下棋玩耍休闲	【汉族】
W6922.1.2.3	下棋可测试智力和德行	【汉族】
W6922.1.2a	棋的构成（下棋的构件）	
W6922.1.2a.1	棋子	
W6922.1.2a.1.1	犀角棋子	【汉族】
W6922.1.2a.1.2	象牙棋子	【汉族】
W6922.1.2a.2	棋盘	
W6922.1.2a.2.1	金龟和嘉鱼凿出棋盘石	【汉族】
W6922.1.2b	棋的使用（下棋方法）	
W6922.1.2b.1	特定人物教人下棋	
W6922.1.2b.1.1	尧王的老师蒲畛告诉行弈方法	【汉族】

W 编码	母题描述	关联项
W6922.1.2b.2	棋经	
W6922.1.2b.2.1	尧王的老师蒲畛的棋论《烂柯经》	【汉族】
W6922.1.2b.3	棋艺	
W6922.1.2b.3.1	尧传授棋艺	【汉族】
W6922.1.2b.3.2	切磋棋艺	【汉族】
W6922.1.3	棋的类型（特定的棋）	
W6922.1.3.1	象棋	
W6922.1.3.1.1	象棋的产生	【汤普森】A1468.1
W6922.1.3.2	围棋	
W6922.1.3.2.1	围棋的产生	
W6922.1.3.2.1.1	尧让羲和造围棋	【汉族】
W6922.1.3.2.1.1a	尧管天文历法的大臣羲和造围棋	【汉族】
W6922.1.3.2.1.2	尧王的老师蒲畛造围棋	【汉族】
W6922.1.3.2.1.3	尧发明围棋（尧造围棋）	【汉族】
W6922.1.3.2.1.3.1	尧为教育儿子发明围棋	【汉族】
W6922.1.3.2.1.4	神农发明围棋	
W6922.1.3.2.1.4.1	神农根据“填方”的道理发明围棋	【汉族】
W6922.1.3.2.1.5	炎帝发明围棋	【汉族】
W6922.1.3.2.2	围棋的特征（围棋的功能）	【汉族】
W6922.1.3.2.2.1	围棋纵横十九道，三百六十个点	【汉族】
W6922.1.3.2.2.2	围棋有助于培养安分守己的性情	【汉族】
W6922.1.3.2.2.3	围棋中有天地人的道理	【中华民族】
W6922.1.3.2.3	特定的围棋	
W6922.1.3.2.4	与围棋有关的其他母题	
W6922.1.3.2.4.1	尧王推广围棋	【汉族】
W6922.1.4	与棋有关的其他母题	

W 编码	母题描述	关联项
W6922.1.4.1	下棋者（棋友）	
W6922.1.4.1.1	仙人下棋	【汉族】
W6922.1.4.1.1.1	洪钧、洪蒙两位大仙下棋	【汉族】
W6922.1.4.1.2	得道高僧与太上老君是棋友	【汉族】
W6922.1.4.1.3	老翁下棋	【汉族】
W6922.1.4.2	下棋情形	
W6922.1.4.2.1	一盘棋要下八百年	【汉族】
W6922.1.4.2.2	下不完的棋	【汉族】
W6922.1.4.2.3	边下棋边吃桃子喝酒	【汉族】
W6922.2	球（球类）	
W6922.2.1	球类的产生	【汤普森】A1495.1
W6922.2.22	球的特征	
W6922.2.3	球的类型（特定的球）	
W6922.2.3.1	足球	
W6922.2.3.1.1	足球的产生	
W6922.2.3.2	曲棍球	
W6922.2.3.2.1	曲棍球的产生	【达斡尔族】
W6922.3	游泳	
W6922.3.1	游泳的产生（人为什么会游泳）	
W6922.3.2	游泳的特征	
W6922.3.3	游泳的方法	
W6922.3.3.1	尧会各种游泳方法	【汉族】
W6922.3.4	游泳的类型	
W6922.3.4.1	侧泳	【汉族】
W6922.3.4.2	仰泳	【汉族】
W6922.3.4.3	蛙泳	【汉族】
W6922.3.5	与游泳有关的其他母题	
W6922.4	武术（武艺）	

W 编码	母题描述	关联项
W6922.4.1	武术的产生	
W6922.4.1.1	武术产生的原因	
W6922.4.1.1.1	习武为了惩治恶人	【蒙古族】
W6922.4.1.2	特定人物传授武术	
W6922.4.1.2.1	族长向老太太学武艺	【满族】
W6922.4.2	武术的特征（武术的功能）	
W6922.4.3	武术技能的获得（练武；学习武术；学武艺）	
W6922.4.3.1	习武的前提	
W6922.4.3.1.1	习武要有德	
W6922.4.3.1.2	习武要坚韧	【蒙古族】
W6922.4.3.2	习武的方法	
W6922.4.3.3	习武的情形	
W6922.4.3.4	与习武有关的其他母题	
W6922.4.4	武术的类型（特定的武术）	
W6922.4.4.1	拳术	
W6922.4.4.2	刀术	
W6922.4.4.3	棍术	
W6922.4.4.4	剑术	【汉族】
W6922.4.4.5	鞭术	
W6922.4.5	与武术有关的其他母题	
W6923	**其他体育活动**	
W6923.1	舞狮	
W6923.1.1	舞狮的产生	
W6923.1.1.1	“玩狮子”源于天塌地陷后石狮救姐弟俩	【汉族】
W6923.1.1.2 *	隋唐时期从波斯传来舞狮子	【中华民族】
W6924	**与体育有关的其他母题**	

6.8.5 美术（绘画、雕塑等）【W6925～W6929】

W 编码	母题描述	关联项
W6925	**美术的产生**	
W6926	**美术的特征**	
W6927	**常见的美术**	
W6927.1	绘画（图；画；图画）	
W6927.1.1	绘画的产生（图画的产生）	
W6927.1.1.1	黄帝从凤凰那里上图画	【汉族】
W6927.1.1.2	黄帝于洛水得大鸟衔图	【汉族】
W6927.1.1.3	龙马负图	【汉族】
W6927.1.1.4	特定的人物画图	
W6927.1.1.4.1	龙王画图写书文	【彝族】
W6927.1.1.4.2	史皇作图	【汉族】@［W6734.3.1.8.5.1］史皇仓颉
W6927.1.1.4.2.1	黄帝臣史皇作图	【汉族】
W6927.1.1.4.3	仙女作画	
W6927.1.1.4.3.1	七仙女为自己画像	【苗族】
W6927.1.2	绘画的特征（绘画的功能）	
W6927.1.2.1	绘画的色彩	
W6927.1.2.2	巫画驱鬼	【白族】
W6927.1.3	绘画的功能（绘画的作用）	
W6927.1.3.1	通过绘画记事（画画记事）	

W 编码	母题描述	关联项
W6927.1.3.1.1	以前的聪明人白天做的事就在壁壁上画太阳，晚上碰到的事就画上个月亮弯弯，打猎的事就画座山，打鱼的事就画条河	【汉族】
W6927.1.4	绘画者（特定的绘画者）	［W6927.1.1.4］特定的人物画图
W6927.1.4.1	河伯（黄河水神）画黄河水情图	【汉族】
W6927.1.4.2	画师（画匠）	【汉族】
W6927.1.4.3	动物作画	
W6927.1.4.3.1	七只鸽画七圣画	【汉族】
W6927.1.4a	绘画的方法	
W6927.1.4a.1	七仙女造纸笔画画	【苗族】
W6927.1.4a.2	模仿绘画	
W6927.1.4a.2.1	仿真画	【汉族】
W6927.1.4a.3	刺绣绘画	【汉族】
W6927.1.4b	绘画的情形	
W6927.1.4b.1	七仙女对镜将自己的画像画在白绢上	【苗族】
W6927.1.5	绘画的类型	
W6927.1.5.1	以绘画载体划分的绘画	
W6927.1.5.1.1	陶器上绘画	【汉族】
W6927.1.5.1.2	岩画	
W6927.1.5.1.2.1	岩画的产生	
W6927.1.5.1.2.2	岩画的特征（岩画的功能）	
W6927.1.5.1.2.2.1＊	岩画有助于解读神话	【中华民族】
W6927.1.5.1.2.3	特定的岩画	
W6927.1.5.1.2.3.1	防风山岩画	
W6927.1.5.1.2.3.1.1＊	防风山岩画是防风氏神话的现实遗存	【中华民族】

W 编码	母题描述	关联项
W6927.1.5.1.2.4	与岩画有关的其他母题	
W6927.1.5.1.3	帛画	【中华民族】
W6927.1.5.2	以绘画内容划分的绘画	
W6927.1.5.2.1	历史图画	【满族】
W6927.1.5.2.2	巫画	
W6927.1.5.2.2.1	巫师都有一幅巫画	【彝族】
W6927.1.5.2.3	卦画	
W6927.1.5.2.3.1	盘古氏发明卦画	【汉族】
W6927.1.5.3	以绘画方法划分的绘画	
W6927.1.5.3.1	彩绘（彩画）	
W6927.1.5.3.1.1	彩绘蟠龙陶盘	【中华民族】
W6927.1.5.3.1.2	划天老祖作彩画	【汉族】
W6927.1.6	特定的绘画（特定的图）	【关联】①
W6927.1.6.1	特定图的产生	
W6927.1.6.1.1	神龟负图	【汉族】
W6927.1.6.1.2	黄龙负图	【汉族】
W6927.1.6.2	九州图	
W6927.1.6.2.1	黄帝绘制九州图	【汉族】
W6927.1.6.3	太极图	
W6927.1.6.3.1	太极图的产生	
W6927.1.6.3.1.1	天爷赐给盘古太极图	【汉族】
W6927.1.6.3.2	太极图的功能	
W6927.1.6.3.2.1	太极图能照亮世间	【汉族】
W6927.1.6.4	其他特定的图	
W6927.1.6.4.1	地图	
W6927.1.6.4.1.1	地图的产生	
W6927.1.6.4.1.1.1	特定人物给予地图	

① ［W6816］图画（图；绘画；图画的产生）；［W6818.1］河图。

W 编码	母题描述	关联项
W6927. 1. 6. 4. 1. 1. 1. 1	西王母授舜治国地图	【汉族】
W6927. 1. 6. 4. 1. 1. 2	特定人物绘制地图	
W6927. 1. 6. 4. 1. 1. 2. 1	神农时白阜绘地图	【汉族】
W6927. 1. 6. 4. 1. 2	地图的特征	
W6927. 1. 6. 4. 1. 3	特定的地图	［W6818. 1］河图
W6927. 1. 6. 4. 1. 3. 1	玉版方尺	
W6927. 1. 6. 4. 1. 3. 1. 1	尧的玉版方尺，图天地之形	【汉族】
W6927. 1. 6. 4. 1. 3. 2	治水地图	
W6927. 1. 6. 4. 1. 3. 2. 1	大禹的妻子女娇绣九州治水地图	【中华民族】
W6927. 1. 6. 4. 1. 4	与地图有关的其他母题	
W6927. 1. 6. 4. 2	秘图	
W6927. 1. 6. 4. 3	凡界鬼怪图	
W6927. 1. 6. 4. 3. 1	轩辕命白泽绘凡界鬼怪图	【汉族】
W6927. 1. 6. 4. 4	山海图	【中华民族】
W6927. 1. 6. 4. 5	作战图	
W6927. 1. 6. 4. 5. 1	黄帝战蚩尤的作战图	【汉族】
W6927. 1. 6. 4. 6	生肖图	
W6927. 1. 6. 4. 6. 1	黄帝让仓颉刻勒十二生肖图	【汉族】
W6927. 1. 6. 5	帛画	
W6927. 1. 6. 5. 1 *	长沙楚墓帛画	【中华民族】
W6927. 1. 6. 6	神画（圣画）	【汉族】
W6927. 1. 6. 6. 1	神仙给人神画	【汉族】
W6927. 1. 6. 7	年画	
W6927. 1. 6. 7. 1	年画的产生	
W6927. 1. 6. 7. 2	年画的特征（年画的功能）	
W6927. 1. 6. 7. 2. 1 *	年画记忆神话历史	【汉族】
W6927. 1. 6. 7. 3	特定的年画	
W6927. 1. 6. 7. 4	与年画有关的其他母题	

W 编码	母题描述	关联项
W6927.1.6.8	画像	
W6927.1.6.8.1	画像的产生	
W6927.1.6.8.2	画像的特征（画像的功能）	
W6927.1.6.8.2.1 *	通过画像威服天下	【中华民族】
W6927.1.6.8.3	特定的画像	
W6927.1.6.8.3.1	祖先画像	【中华民族】
W6927.1.6.8.3.2	蚩尤画像	【中华民族】
W6927.1.6.8.3.3	女娲像	
W6927.1.6.8.3.3.1	女娲之象为妇人之形	【中华民族】
W6927.1.6.8.4	与画像有关的其他母题	【中华民族】
W6927.1.6.8.4.1	汉画像石	
W6927.1.6.8.4.1.1	汉画像石承当着重要的神话意识形态建构功能	【中华民族】
W6927.1.7	与绘画有关的其他母题（与图画有关的其他母题）	
W6927.1.7.1	奇特的画	
W6927.1.7.1.1	画人物成活（画物成活；绘画成真）	
W6927.1.7.1.1.1	画上的仙女走出画中	【汉族】
W6927.1.7.1.1.2	画中人成活	【汉族】
W6927.1.7.1.1.3	画龙点睛后成活	【汉族】
W6927.1.7.1.1.3a	画龙成真	【汉族】
W6927.1.7.1.1.4	画中的马每夜出食人禾	【汉族】
W6927.1.7.1.1.5	绣的凤凰成活	【汉族】
W6927.1.7.2	不能画出来的东西	【彝族】
W6927.2	雕塑（雕刻艺术）	
W6927.2.1	雕塑的产生	
W6927.2.2	雕塑的特征	
W6927.2.2.1	真实的雕塑	

W 编码	母题描述	关联项
W6927.2.2.2	夸张的雕塑	【汉族】
W6927.2.2.3	艺术的雕塑	
W6927.2.2.3.1	神像塑得眉清目秀，威武端庄	【汉族】
W6927.2.2.4	怪异的雕塑	
W6927.2.2.4.1	神农氏的塑像青脸红须，瞪目龇牙，模样吓人	【汉族】
W6927.2.2.4.2	雷公塑成一个人身九个脑袋	【汉族】
W6927.2.3	雕塑的功能（雕刻的作用）	
W6927.2.3.1	雕塑有保佑功能	
W6927.2.3.1.1	高山族认为百步蛇和西稀利鸟是祖先的化身，用具上雕刻百步蛇和西稀利的纹饰是为祈求祖先保佑	【高山族】
W6927.2.4	特定的雕塑（雕塑的类型）	
W6927.2.4.1	神的雕塑	
W6927.2.4.2	神性人物的雕塑	
W6927.2.4.2.1	高山族用具上雕刻象征祖先的百步蛇和西稀利鸟纹饰	【高山族】@［W6927.2.3.1.1］高山族认为百步蛇和西稀利鸟是祖先的化身，用具上雕刻百步蛇和西稀利的纹饰是为祈求祖先保佑
W6927.2.4.3	其他人物的雕刻	
W6927.2.4.4	以雕刻材料划分的雕刻	
W6927.2.4.4.1	石雕（石刻）	
W6927.2.4.4.1.1	雕刻石狮子	
W6927.2.4.4.1.1.1	盘古兄妹雕刻石狮子	【汉族】
W6927.2.4.4.1.2	大禹刻石	【中华民族】
W6927.2.4.4.2	木雕	
W6927.2.4.4.3	砖雕	

W 编码	母题描述	关联项
W6927.2.4.4.4	骨雕	
W6927.2.4.4.5	牙雕	
W6927.2.4.4.5.1	象牙雕	
W6927.2.4.4.5.1.1 *	河姆渡遗址发现7000年前象牙雕	【中华民族】
W6927.2.4.5	以雕刻技法划分的雕刻	
W6927.2.4.5.1	浮雕	
W6927.2.4.5.1.1 *	玉冠形器浮雕	【中华民族】
W6927.2.5	与雕塑有关的其他母题	
W6928	**美术用品**	
W6929	**与美术有关的其他母题**	

6.8.6 表演艺术（戏剧）【W6930 ~ W6934】

W 编码	母题描述	关联项
✻ **W6930**	**表演艺术（表演艺术的产生）**	
W6931	**舞蹈**	【汤普森】A1462
W6931.1	舞蹈的产生（跳舞的起源）	
W6931.1.1	从特定的人那里学会舞蹈	
W6931.1.1.1	神教人舞蹈	
W6931.1.1.1.1	月亮神约白在夜晚领着哈尼人跳舞	【哈尼族】
W6931.1.1.1.2	天神教人舞蹈	
W6931.1.1.1.2.1	摩咪教人跳最好看的舞	【哈尼族】
W6931.1.1.2	神性人物教人舞蹈	

W 编码	母题描述	关联项
W6931.1.1.3	首领教人学会跳舞	【佤族】
W6931.1.1.4	卵生的女子教人跳舞	【藏族】
W6931.1.1.5	姑娘们向古丽米热学会跳舞	【塔吉克族】
W6931.1.2	从动物那里学会舞蹈	
W6931.1.2.1	从鸟兽那里学会舞蹈	【独龙族】
W6931.1.2.1.1	始祖向白鹇学习甩发舞	【佤族】
W6931.1.2.1.1a	女祖先安木拐向百鸟学跳舞	【佤族】
W6931.1.2.1.2	从孔雀和鸡那里学会舞蹈	【景颇族】
W6931.1.2.1.2a	鸟教会天神的儿子舞蹈	【景颇族】
W6931.1.2.1.3	向鹰学会舞蹈	
W6931.1.2.1.3.1	通过学山鹰飞翔练会了舞蹈	【塔吉克族】
W6931.1.2.2	祖先向水中瓢虫学跳舞	【苗族】
W6931.1.2.3	祖先向蜜蜂学跳舞	【苗族】
W6931.1.2.4	女子向锦鸡学跳舞	【布依族】
W6931.1.2.5	向蝴蝶学跳舞	【白族】
W6931.1.3	得到特定的东西学会舞蹈	
W6931.1.3.1	得到一种金色花戴到头上学会跳舞	【哈尼族】@［W6913.5.2.1］三姊妹把一种金色的花戴到头上就学会了唱歌跳舞
W6931.1.4	为庆贺特定事件形成舞蹈	
W6931.1.4.1	为庆祝火的产生形成舞蹈	【羌族】
W6931.1.5	舞蹈源于模仿	
W6931.1.5.1	模仿动物产生舞蹈	
W6931.1.5.1.1	熊舞源于模仿熊	【鄂伦春族】
W6931.1.6	特定仪式演化为舞蹈	
W6931.1.6.1	祭祖仪式演变成猎捕舞	【畲族】
W6931.2	舞蹈的特征（跳舞的功能）	
W6931.2.1	跳舞娱神	

W 编码	母题描述	关联项
W6931.2.2 *	舞蹈中有原始信仰	【汉族】
W6931.2.3	舞蹈驱恶扬善，祝贺吉祥幸福	【景颇族】
W6931.2.4	舞蹈表达快乐	【裕固族】
W6931.2.5	舞蹈表达爱情	
W6931.2.5.1	跳月表达爱情	【苗族】
W6931.2.6	跳舞祈福	
W6931.2.6.1	跳舞求神助丰收	【壮族】
W6931.3	舞蹈的类型（特定的舞蹈）①	
W6931.3.0	按跳舞者划分舞蹈	
W6931.3.0.1	独舞	
W6931.3.0.2	双人舞	
W6931.3.0.3	多人舞（群舞）	
W6931.3.0.4	巫舞	
W6931.3.0.4.1 *	巫舞与傩舞关系密切	【多民族】@［W6931.3.0a.6］傩舞
W6931.3.0a	按功能划分舞蹈（舞蹈按性质分类）	
W6931.3.0a.1	娱乐性质的舞蹈	
W6931.3.0a.2	祭祀性质的舞蹈	
W6931.3.0a.3	宗教舞蹈（民间信仰类舞蹈）	【纳西族】
W6931.3.0a.3.1	巫舞担经挑	【汉族】
W6931.3.0a.4	萨满跳太平神	【北方民族】
W6931.3.0a.5	与农事有关的舞蹈	

① 舞蹈的类型（特定的舞蹈），舞蹈是一个高度时空化的艺术种类，与时俱进，变化多端，其分类也是众说纷纭，动态难定，如有人认为，按历史发展不同阶段划分有古代舞、现代舞等；按不同的风格、特点划分有古典舞（古典芭蕾）、芭蕾舞、民间舞、现代舞等；按舞蹈的不同体裁划分有叙事舞蹈、抒情舞蹈等；按舞蹈的表现形式划有独舞、双人舞、集体舞、组舞、舞剧，等等。这些划分方法虽然不错，但与很多神话叙事对应起来，往往有刻舟求剑、削足适履之感，所以本书采取笼统描述的方式做些大致分类，行家里手可以对此进一步加工改造，差别化使用。

W 编码	母题描述	关联项
W6931.3.0a.5.1	土家族的“小摆手”又叫农事摆手	【土家族】
W6931.3.0a.6	傩舞	【关联】①
W6931.3.0a.6.1	炎帝神农氏创立傩舞	【中华民族】
W6931.3.0b	按舞蹈内容划分舞蹈	
W6931.3.0b.1	婚礼舞蹈	
W6931.3.0b.1.1	婚礼仪式舞蹈与表演野合有关	【怒族】
W6931.3.0b.2	战争舞	
W6931.3.0b.2.1	将士出征或祝捷时跳战争舞	【纳西族】
W6931.3.0b.3	猎捕舞	【畲族】
W6931.3.0c	按舞蹈动作划分舞蹈	
W6931.3.0c.1	乳舞	【满族】
W6931.3.0c.2	独脚舞	[W6931.3.6.5.1] 禹步
W6931.3.0c.2.1	独脚舞是祭祀大禹时的一种舞蹈	【汉族】
W6931.3.0c.2.2	独脚舞源于人们在祭祀大禹时模仿独角龙的动作	【汉族】
W6931.3.0c.2.3	独脚舞人们模仿大禹治水的动作演化而来	【汉族】
W6931.3.0d	按舞蹈的用具划分舞蹈	
W6931.3.0d.1	铜鼓舞	
W6931.3.0d.1.1	贵州丹寨苗族的铜鼓舞是蚩尤族当年的遗风	【中华民族】
W6931.3.1	舞龙	【汉族】【苗族】
W6931.3.1.1	舞龙的产生	
W6931.3.1.1.1	舞龙源于大禹治水火烧蛟龙	【汉族】
W6931.3.1.2	舞龙的特征	
W6931.3.1.3	特定的舞龙	
W6931.3.1.3.1	舞彩龙	【汉族】

① [W6931.3.0.4.1*] 巫舞与傩舞关系密切；[W6932.3.1.1.1.1] 傩堂戏是由原始巫教的傩舞演变而成。

W 编码	母题描述	关联项
W6931.3.1.3.2	舞火龙	【汉族】
W6931.3.1.3.3	舞黄荆龙	【汉族】
W6931.3.1.3.4	舞柑子龙	【汉族】
W6931.3.1.3.5	舞草龙	【汉族】
W6931.3.1.3.6	舞扁担龙	【汉族】
W6931.3.2	狮子舞	
W6931.3.3	锅庄舞	【藏族】
W6931.3.4	仙舞	【汤普森】F261
W6931.3.5	跳神	【满族】@［W6931.3.0a.3］宗教舞蹈（民间信仰类舞蹈）
W6931.3.5.1	男子与众女子性交累病之后，女人们为他做起跳鬼仪式	【珞巴族】
W6931.3.5.2	羌姆（跳神）的来历	【藏族】
W6931.3.5.3	跳神治病	
W6931.3.5.3.1	跳神治病时索要实物作为报酬	【鄂伦春族】
W6931.3.6	其他特定舞蹈	
W6931.3.6.1	踩堂	【侗族】
W6931.3.6.2	棕扇舞	【哈尼族】
W6931.3.6.3	大鼓舞	【基诺族】
W6931.3.6.4	左脚舞	【汉族】
W6931.3.6.5	以舞蹈涉及的人物命名的舞蹈	
W6931.3.6.5.1	禹步	【汉族】
W6931.3.6.5.1.1	禹步源于大禹治水落下腿疾形成的痛苦和艰难的步态	【中华民族】
W6931.3.6.5.1.2	禹步是一种祭祀舞蹈中的步法	【中华民族】@［W6931.3.0c.2.1］独脚舞是祭祀大禹时的一种舞蹈
W6931.3.6.5.2	盘古舞	

W 编码	母题描述	关联项
W6931.3.6.5.2.1	《盘古舞》即现存傩戏里的《开山（舞）》	【中华民族】
W6931.3.6.6	以舞蹈使用的工具命名的舞蹈	
W6931.3.6.6.1	刀舞	
W6931.3.6.6.1.1	神刀舞	
W6931.3.6.6.1.1.1	萨满表演神刀舞	【满族】
W6931.4	特定民族的舞蹈	
W6931.4.1	汉族舞蹈	
W6931.4.1.1	担经挑	［W6931.3.0a.3.1］巫舞担经挑
W6931.4.1.1.1	担经挑是为了纪念华胥姑娘踩巨人脚印生伏羲	【汉族】
W6931.4.1.1.2	担经挑是民间求子的一种形式	【汉族】
W6931.4.1.1.3	担经挑大多为巫人表演	【汉族】
W6931.4.1.1.4	担经挑又称“担花篮”	【汉族】
W6931.4.1.1.5 *	担经挑有两龙（蛇）交尾意蕴	【汉族】［W6931.7.1.3.3.1］二月太昊陵庙会跳担经挑
W6931.4.2	阿昌族舞蹈	
W6931.4.3	白族舞蹈	
W6931.4.3.1	白族巫舞	
W6931.4.3.1.1	二月初二日在大王庙酬神仪式上巫师跳巫舞	【白族】
W6931.4.4	保安族舞蹈	
W6931.4.5	布朗族舞蹈	
W6931.4.6	布依族舞蹈	
W6931.4.7	朝鲜族舞蹈	
W6931.4.8	达斡尔族舞蹈	
W6931.4.9	傣族舞蹈	

W 编码	母题描述	关联项
W6931.4.10	德昂族舞蹈	
W6931.4.11	东乡族舞蹈	
W6931.4.12	侗族舞蹈	
W6931.4.13	独龙族舞蹈	
W6931.4.14	俄罗斯族舞蹈	
W6931.4.15	鄂伦春族舞蹈	
W6931.4.15.1	鄂伦春族“依和纳仁”舞	【鄂伦春族】
W6931.4.16	鄂温克族舞蹈	
W6931.4.17	高山族舞蹈	
W6931.4.18	仡佬族舞蹈	
W6931.4.19	哈尼族舞蹈	
W6931.4.20	哈萨克族舞蹈	
W6931.4.21	赫哲族舞蹈	
W6931.4.22	回族舞蹈	
W6931.4.23	基诺族舞蹈	
W6931.4.24	京族舞蹈	
W6931.4.25	景颇族舞蹈	
W6931.4.25.1	景颇人目脑纵歌	【景颇族】
W6931.4.25.1.1	景颇族目脑纵歌用来驱恶扬善，祝贺吉祥幸福	【景颇族】
W6931.4.26	柯尔克孜族舞蹈	
W6931.4.27	拉祜族舞蹈	
W6931.4.28	黎族舞蹈	
W6931.4.29	傈僳族舞蹈	
W6931.4.30	珞巴族舞蹈	
W6931.4.31	满族舞蹈	
W6931.4.31.1	满族著名的舞步八字步	【满族】
W6931.4.31.2	满族手鼓舞	

W 编码	母题描述	关联项
W6931.4.31.2.1	手鼓舞是萨满舞发展而来的喜庆式集体表演舞	【满族】
W6931.4.31.3	满族蝴蝶舞	
W6931.4.31.3.1	蝴蝶舞是丰宁县特有的一种满族花会表演形式	【满族】
W6931.4.32	毛南族舞蹈	
W6931.4.33	门巴族舞蹈	
W6931.4.34	蒙古族舞蹈	
W6931.4.35	苗族舞蹈	
W6931.4.35.1	苗族跳月	【关联】@［W6931.2.5.1］跳月表达爱情
W6931.4.35.1.1	苗俗每岁孟春，男女丽服相率跳月	【苗族】
W6931.4.36	仫佬族舞蹈	
W6931.4.37	纳西族舞蹈	
W6931.4.37.1	纳西族求寿仪式、求威灵仪式或大型法会中跳鸟兽虫舞	【纳西族】
W6931.4.37.2	丁巴什罗神舞	【纳西族】
W6931.4.38	怒族舞蹈	
W6931.4.39	普米族舞蹈	
W6931.4.40	羌族舞蹈	
W6931.4.40.1	羌族锅庄舞	【羌族】
W6931.4.40.1.1	羌族为庆贺得到火种跳锅庄舞	【羌族】
W6931.4.41	撒拉族舞蹈	
W6931.4.42	畲族舞蹈	
W6931.4.43	水族舞蹈	
W6931.4.44	塔吉克族舞蹈	
W6931.4.45	塔塔尔族舞蹈	
W6931.4.46	土家族舞蹈	

W 编码	母题描述	关联项
W6931.4.46.1	土家族摆手舞	【土家族】
W6931.4.46.2	土家族摆手舞在土王庙前的摆手堂举行	【土家族】
W6931.4.46.3	土家人摆手舞与祭祀祖先、祈求丰收有关	【土家族】
W6931.4.46.4	土家人“摆手”叫“社巴”，又称“调年”	【土家族】
W6931.4.47	土族舞蹈	
W6931.4.48	佤族舞蹈	
W6931.4.48.1	佤族甩发舞	
W6931.4.48.1.1	佤族女祖先安木拐向白鹇学习甩发舞	【佤族】
W6931.4.49	维吾尔族舞蹈	
W6931.4.50	乌孜别克族舞蹈	
W6931.4.51	锡伯族舞蹈	
W6931.4.52	瑶族舞蹈	
W6931.4.53	彝族舞蹈	
W6931.4.53.1	彝族跳老虎笙	
W6931.4.53.1.1	为感谢老虎带来风调雨顺跳老虎笙	【彝族】
W6931.4.54	裕固族舞蹈	
W6931.4.55	藏族舞蹈	
W6931.4.55.1	藏族百兽舞	【藏族】
W6931.4.56	壮族舞蹈	
W6931.4.56.1	壮族牛头舞	【壮族】
W6931.4.57	其他古代民族的舞蹈	
W6931.4.58	多民族共同的舞蹈	
W6931.4.58.1	葫芦笙舞是苗、瑶、傣、拉祜、傈僳、哈尼、布朗等民族喜爱的一种舞蹈	【多民族】

W 编码	母题描述	关联项
W6931.5	舞蹈的构成（舞蹈动作）	
W6931.5.1	舞步	
W6931.5.1.1	舞步是模仿崇拜的动物	【满族】
W6931.5.2	舞蹈服装（舞蹈服饰）	
W6931.5.2.1	舞蹈有特定装饰	
W6931.5.2.1.1	领舞人的冠上插上孔雀和鸡的羽毛	【景颇族】
W6931.5.2.1.2	跳芦笙舞头上插一根白野鸡毛	【苗族】
W6931.5.2.2 *	文身而舞（文舞）	【多民族】
W6931.5.3	舞蹈的伴奏	
W6931.5.3.1	吹起芦笙跳起舞	【拉祜族】
W6931.5.3.2	跳目脑舞时要吹奏东巴乐器	【景颇族】
W6931.5.4	舞蹈的面具（戴面具舞）	【鄂伦春族】
W6931.5.4.1	舞蹈面具的产生（舞蹈面具的制作）	
W6931.5.4.2	舞蹈面具的特征（舞蹈面具的功能）	
W6931.5.4.3	舞蹈面具的使用	
W6931.5.4.3.1	舞蹈面具使用要裹紧	【彝族】
W6931.5.4.4	舞蹈面具的类型（特定的舞蹈面具）	
W6931.5.4.4.1	特定人物形象作为舞蹈面具	
W6931.5.4.4.1.1	戴祖先面具	【彝族】
W6931.5.4.4.2	戴动物面具	
W6931.5.4.4.2.1 *	头戴野兽面具跳舞	【多民族】
W6931.5.4.5	与舞蹈面具有关的其他母题	
W6931.6	舞蹈者（舞者）	
W6931.6.1	神的舞蹈	【纳西族】@［W6931.4.37.2］丁巴什罗神舞

W 编码	母题描述	关联项
W6931.6.2	神性人物的舞蹈	
W6931.6.2.1	仙女跳舞	【侗族】
W6931.6.2.2	群魔乱舞	
W6931.6.2.3	优玛天将舞	【纳西族】
W6931.6.3	人的舞蹈	
W6931.6.3.1	特定性别的人作为舞蹈者	
W6931.6.3.1.1	特定场合女子作为舞蹈者	
W6931.6.3.1.1.1	“吃新节”祭天地和祖先时长者带领一簇女孩载歌载舞	【仡佬族】
W6931.6.4	动物的舞蹈	
W6931.6.5	其他人物的舞蹈	
W6931.6.6	混合型舞蹈（异类间跳舞）	
W6931.6.6.1	人与动物共舞	【苗族】
W6931.6.6.1.1	与狼共舞	
W6931.6.6.1.2	击石拊石，百兽率舞	【中华民族】@［W6931.7.3.1］戴面具跳舞
W6931.6.6.2	人与鬼共舞	【纳西族】
W6931.6.7	特定的舞蹈者（舞蹈者的分工）	
W6931.6.7.1	领舞	
W6931.6.7.1.1	领舞者有特定身份	
W6931.6.7.1.2	领舞者有特定人数	
W6931.6.7.1.2.1	目脑纵歌领舞者 4 人	【景颇族】
W6931.7	与舞蹈有关的其他母题	
W6931.7.1	舞蹈的时间（跳舞时间）	
W6931.7.1.1	特定的日子跳舞	
W6931.7.1.1.1	特定舞蹈要单日开始，单日结束	【土家族】
W6931.7.1.2	节日时跳舞	
W6931.7.1.2.1	目脑节时跳目脑舞	【景颇族】

W 编码	母题描述	关联项
W6931.7.1.3	特定活动中跳舞（特定的事件时跳舞）	
W6931.7.1.3.1	祭祀时跳舞	【鄂伦春族】
W6931.7.1.3.1.1	仡佬族“吃新节”祭天地和祖先时跳舞	【仡佬族】
W6931.7.1.3.2	丧葬时跳舞	
W6931.7.1.3.3	庙会上跳舞	
W6931.7.1.3.3.1	二月太昊陵庙会跳担经挑	【汉族】
W6931.7.2	舞蹈的地点（跳舞地点）	
W6931.7.2.1	针尖上跳舞	【塔吉克族】
W6931.7.2.2	庙前舞蹈	
W6931.7.2.2.1	禹王庙前打锣鼓、跳花灯	【汉族】
W6931.7.3	跳舞的方法	
W6931.7.3.1	戴面具跳舞	［W6931.6.6.1.2］击石拊石，百兽率舞
W6931.7.3.1.1	戴神的面具跳舞	【鄂温克族】
W6931.7.3.2	特定舞蹈动作的来历	
W6931.7.3.2.1	萨满表演雕神舞蹈中，一只胳膊要作下垂动作的来历	【满族】
W6931.7.3.3	手持特定物跳舞（使用特定舞具舞蹈）	
W6931.7.3.3.1	手持羽毛跳舞	［W6931.5.2.1.1］领舞人的冠上插上孔雀和鸡的羽毛
W6931.7.4	舞蹈的传承	
W6931.7.4.1	特定舞蹈的传承有性别限制	
W6931.7.4.1.1	担经挑舞蹈只传女不传男	【中华民族】
W6932	**戏剧（戏；戏曲）**	
W6932.1	戏的产生（戏剧的产生）	【民族】①
W6932.1.1	神或神性人物创造戏	

① 【白族】【汉族】【毛南族】【藏族】。

W 编码	母题描述	关联项
W6932. 1. 1. 1	伏羲为戏皇	【汉族】@［W0679］伏羲的职能
W6932. 2	戏的特征（戏的功能）	
W6932. 2. 1	演戏娱神	
W6932. 2. 1. 1	戏娱雷神	
W6932. 2. 1. 1. 1	农历六月二十四日为雷神的诞日时演戏娱雷神	【汉族】
W6932. 2. 2	演戏敬神	【汉族】
W6932. 3	戏的种类（戏剧的种类，特定的戏）	
W6932. 3. 1	以戏的性质划分戏的种类	
W6932. 3. 1. 1	傩戏（傩堂戏）	
W6932. 3. 1. 1. 1	傩戏的产生	【侗族】【汉族】【土家族】
W6932. 3. 1. 1. 1. 1	傩堂戏是由原始巫教的傩舞演变而成	【仡佬族】
W6932. 3. 1. 1. 1. 2	表演傩戏祈福	【侗族】
W6932. 3. 1. 1. 2	傩戏的特征（傩戏的功能）	
W6932. 3. 1. 1. 2. 1	傩戏可以求神驱鬼，消灾灭祸	【仡佬族】
W6932. 3. 1. 1. 2. 2 *	傩戏就是唱故事	【仡佬族】
W6932. 3. 1. 1. 2. 3 *	傩戏兼属巫、佛两教	【仡佬族】
W6932. 3. 1. 1. 3	傩戏表演	
W6932. 3. 1. 1. 3. 1	傩戏的道具	
W6932. 3. 1. 1. 3. 1. 1	傩戏的道具分神坛、案子、脸壳和小道具四类	【仡佬族】
W6932. 3. 1. 1. 3. 1. 1. 1	傩戏道具中的神坛	【仡佬族】
W6932. 3. 1. 1. 3. 1. 1. 2	傩戏道具中的案子	【仡佬族】
W6932. 3. 1. 1. 3. 1. 1. 3	傩戏道具中的脸壳	【仡佬族】
W6932. 3. 1. 1. 3. 1. 1. 4	傩戏道具中的小道具包括师刀、排带、神棍、卦、牛角、令牌、印等	【仡佬族】

W 编码	母题描述	关联项
W6932.3.1.1.3.2	傩戏的内容构成	
W6932.3.1.1.3.2.1	傩戏中的送花	
W6932.3.1.1.3.2.1.1	傩戏中的送花是“做祧”和“架桥”的中心内容	【布依族】
W6932.3.1.1.3.3	傩戏环节	
W6932.3.1.1.3.3.1	傩戏《撮特几》环节为首先向祖先祈祷，中间插表演生育过程，最后表演收获	【彝族】
W6932.3.1.1.3.3.1.1	傩戏《撮特几》首先是向祖先祈祷环节包括跳铃铛舞向祖先表示敬意，用对白叙述本族的迁徙史，扫瘟、去灾、买耕牛、播种、收获荞子的全过程	【彝族】
W6932.3.1.1.3.3.1.2	傩戏《撮特几》中间环节有男女交媾、给孩子喂奶等情节，最后背荞子进仓，向荞子的兄弟、姐妹进酒，跳狮子舞	【彝族】
W6932.3.1.1.3.3.1.3	傩戏《撮特几》最后环节为背荞子进仓，向荞子的兄弟、姐妹进酒，跳狮子舞	【彝族】
W6932.3.1.1.3.4	傩戏表演者	
W6932.3.1.1.3.4.1 *	汉朝的大傩仪由方相氏、十二兽及选自中黄门子弟的傀子执行	【南方民族】
W6932.3.1.1.4	傩戏的类型（傩戏的分类）	
W6932.3.1.1.4.1	傩戏前十二戏	
W6932.3.1.1.4.1.1	傩戏有二十四戏，其中有十二戏戴脸壳，又称前十二戏	【仡佬族】
W6932.3.1.1.4.2	傩戏后十二戏	
W6932.3.1.1.4.2.1	傩戏有二十四戏，其中有十二戏不戴脸壳，称后十二戏	【仡佬族】
W6932.3.1.1.4.3	傩戏分为开坛、开洞两部分	

W 编码	母题描述	关联项
W6932.3.1.1.4.3.1	傩戏开坛属于祭祀部分；二是开洞，属于戏剧部分	【仡佬族】
W6932.3.1.1.4.3.2	傩戏开洞属于戏剧部分	【仡佬族】
W6932.3.1.1.4.4	傩坛戏	【南方民族】
W6932.3.1.1.5	与傩戏有关的其他母题	
W6932.3.1.1.5.1	傩戏的名称	
W6932.3.1.1.5.1.1	傩戏又称脸壳戏、冲傩或者杠神	【仡佬族】
W6932.3.1.1.5.2 *	傩戏信奉张天师和释迦牟尼	【仡佬族】
W6932.3.1.1.5.2	傩戏表演时间	
W6932.3.1.1.5.2.1	农历正月初一到十五表演傩戏	【侗族】
W6932.3.1.1.5.3	傩戏表演地点	
W6932.3.1.1.5.3.1	傩坛	【仡佬族】
W6932.3.2	以戏的表演者划分戏的种类	
W6932.3.2.1	师公戏（师公剧）	
W6932.3.2.1.1	师公戏的来历	【壮族】
W6932.3.2.1.1.1	师公戏由师公法事活动跳神演变而来	【壮族】
W6932.3.2.1.2	师公戏的特征	
W6932.3.2.1.3	与师公戏有关的其他母题	
W6932.3.2.1.3.1	师公剧又称壮师剧	【壮族】
W6932.3.3	以戏产生的时间划分戏的种类	
W6932.3.3.1	古代戏	
W6932.3.4	以戏的流传地划分戏的种类	
W6932.3.4.1		
W6932.3.5	以戏的内容划分戏的种类	
W6932.3.5.1	以表演的主人公命名戏名	
W6932.3.5.1.1	蚩尤戏	【汉族】
W6932.3.5.1.1.1	原始戏剧蚩尤戏源于庆祝黄帝杀蚩尤	【汉族】

W 编码	母题描述	关联项
W6932.3.5.1.1.2	蚩尤戏的情形	
W6932.3.5.1.1.2.1	“蚩尤戏”表演时人两两三三，头戴牛角而相抵	【中华民族】
W6932.3.6	以戏的形式划分戏的种类	
W6932.3.6.1		
W6932.3.7	以戏的结构划分戏的种类	
W6932.3.7.1	正戏	【仡佬族】
W6932.3.7.2	外戏	
W6932.3.7.2.1 *	外戏是在跳神中的祭祀仪式的正戏表演结束后在舞台上不戴面具表演的戏	【仡佬族】
W6932.4	戏的表演	
W6932.4.1	戏的表演者	
W6932.4.2	戏的表演方法	
W6932.4.2.1	演戏为什么要戴面具	
W6932.4.3	戏剧的表演环境	
W6932.4.3.1 *	特定的戏在特定的仪式中表演	【仡佬族】
W6932.5	演戏的时间（唱戏的时间）	
W6932.5.1	祭祀时演戏	
W6932.5.2	节日时演戏	
W6932.6	演戏的地点（唱戏的地点）	
W6932.6.1	在庙中演戏	
W6932.6.1.1	在社庙唱戏	
W6932.6.1.2	在家庙唱戏	
W6932.6.2	在神林演戏	
W6932.6.3	在祭台演戏	
W6932.6.4	在其他地点演戏	
W6932.6.5	戏台	
W6932.6.5.1	庙中建戏台	【羌族】

W 编码	母题描述	关联项
W6932.7	与戏有关的人	
W6932.7.1	戏的参与者	
W6932.7.2	戏的创作者	
W6932.7.3	戏的指挥者（戏的导演）	
W6932.7.3.1	端公先生既是傩堂戏的导演又是演员	【仡佬族】
W6932.7.4	戏的表演者（演戏人；戏子）	
W6932.7.4.1	戏的表演者的产生	
W6932.7.4.2	戏的表演者的特征	
W6932.7.4.3	特定的戏剧表演者	
W6932.7.4.3.1	戏剧角色	
W6932.7.4.3.2	戏班子	
W6932.7.4.4	与戏的表演者有关的其他母题	
W6932.7.4.4.1	戏班子敬老帝神唐明皇	【汉族】
W6932.7.5	戏的辅助人员	
W6932.7.6	戏的观众	
W6932.8	演戏的情形	
W6932.8.1	戏中的禁忌	
W6932.9	与戏有关的其他母题	
W6932.9.1	皮影	
W6932.9.1.1	观音为让游牧的人听讲经造皮影	【汉族】
W6932.9.1.2	皮影中唱影的管剧本还叫影卷	【汉族】
W6932.9.1.3	皮影中管挂的灯叫海灯	【汉族】
W6933	**其他表演艺术**	
W6933.1	说唱（民间说唱；民间曲艺）	
W6933.1.1	说唱的产生	【汉族】【藏族】
W6933.1.2	说唱的特征	
W6933.1.2.1	通过说唱唱古	

W 编码	母题描述	关联项
W6933.1.2.1.1	唱罢三皇唱盘古	【汉族】
W6933.1.2.2	说唱英雄	【汉族】
W6933.1.2.3	说唱其他特定内容	
W6933.1.2.4	冗长的说唱	【汉族】
W6933.1.3	特定说唱类型	
W6933.1.3.1	乌力格尔的来历	【蒙古族】
W6933.1.3.2	达斯坦的来历	【维吾尔族】
W6933.1.3.3	三弦书	［W6917.3.14.1.2.2］艺人们说书时弹拨三弦
W6933.1.3.3.1	南阳地区的民间曲种“三弦书”至今有四五千年	【汉族】
W6933.1.4	说唱的方法	
W6933.1.4.1	说书时的伴奏	【汉族】
W6933.1.5	说唱的情形	
W6933.1.6	与说唱有关的其他母题	［W6948.3.2］讲唱艺人
W6933.2	演唱	
W6933.3	演讲	
W6933.3.1	演讲的产生	
W6933.3.1.1	蛋生的头人发明演讲	【藏族】
W6934	**与表演艺术有关的其他母题**	
W6934.1	唱诵	
W6934.1.1	特定仪式时唱诵	
W6934.1.1.1	萨满在送魂仪式时，要不停地说着唱	【赫哲族】

6.8.7 游艺（游戏）
【W6935 ~ W6939】

W 编码	母题描述	关联项
＊**W6935**	**游艺**	
W6936	**游艺的产生（游戏的产生）**	
W6936.1	游艺产生的原因	
W6936.1.1	为了快乐产生游戏	【汉族】
W6936.1.2	为增长智慧和本领发明游戏	【汉族】
W6936.2	特定人物制定游艺	
W6936.2.1	尧王的老师蒲畛发明游戏	【汉族】
W6936.2.2	尧把争斗改编成游戏	【汉族】
W6936.3	游艺起源于特定事件	
W6936.3.1	游艺源于惩罚	
W6936.3.1.1	神仙为了惩罚人形成打磨秋	【哈尼族】
W6937	**游艺的特征（游戏的功能）**	
W6937.1	游艺能益智	
W6937.2	游艺能健身	
W6937.3	游戏是文化	
W6937.3.1	游戏有深厚的文化渊源	【壮族】
W6937.4	游戏是人生的思考	
W6937.4.1＊	“游戏”精神贯穿于其关于劳动和人的生成的思考之中	【多民族】
W6937.5	游戏有特定的条件	

W 编码	母题描述	关联项
W6937.5.1	萨满祭祀集会时，青少年可以把学跳神当作娱乐游戏	【鄂伦春族】
W6938	**其他常见的游艺（其他常见的游戏）**	
W6938.1	生产类游艺	
W6938.2	生活类游艺	
W6938.3	节俗类游艺	
W6938.3.1	要龙灯游戏	
W6938.3.1.1	人们喜欢要龙灯游戏是要老龙向人赔罪，借此庆贺降服老龙喜获丰收	【回族】
W6938.4	休闲类游艺	
W6938.4.1	休闲	
W6938.4.1.1	向动物学习休闲	
W6938.4.1.1.1	向蝴蝶学习休闲	【纳西族】
W6938.4.2	捉迷藏	【汉族】
W6938.4.3	捉老鳖	【汉族】
W6938.5	益智类游艺	
W6938.5.1	填方（顶方）	【汉族】
W6938.6	常见的游艺	
W6938.6.1	秋千（荡秋千）	
W6938.6.2	风筝（放风筝）	
W6938.6.3	跳吊索	
W6938.6.3.1	魔鬼玩跳吊索时绳索一端拴在高大的日崩树上，另一端拴在天柱上	【珞巴族】
W6938.6.4	老虎吃绵羊	【汉族】
W6938.6.5	捉鳖	【汉族】
W6938.6.6	吊球	【汉族】

W 编码	母题描述	关联项
W6938.7	特定人物的游戏	
W6938.7.1	神的游戏	
W6938.7.2	鬼魂的游戏	【彝族】
W6939	**与游艺有关的其他母题（与游戏有关的其他母题）**	
W6939.1	游玩（旅游）	
W6939.1.1	游玩的产生	
W6939.1.1.1	因好奇游玩	【汉族】
W6939.1.1.2	因闲着没事游玩	
W6939.1.1.2.1	观音老母闲着无事到凡界游玩	【汉族】
W6939.1.2	游玩的时间	
W6939.1.2.1	春游	
W6939.1.3	游玩的地点	
W6939.1.3.1	游山玩水	【汉族】
W6939.1.3.2	到特定的山游玩	
W6939.1.3.2.1	老天爷到昆仑山游玩	【汉族】
W6939.1.3.2.2	文殊菩萨游黄山	【汉族】
W6939.1.3.2.3	玉皇大帝游黄山	【汉族】
W6939.1.3.3	游阴间	【汉族】
W6939.1.3.4	游太空	
W6939.1.3.4.1	大仙在太空遨游	【汉族】
W6939.1.4	游玩的特征（游玩的功能）	
W6939.1.5	游玩者	
W6939.1.5.1	神的游玩	
W6939.1.5.2	神性人物游玩	【汉族】
W6939.1.5.2.1	八仙游玩	
W6939.1.5.2.1.1	吕洞宾喜欢到人间游玩	【汉族】

W 编码	母题描述	关联项
W6939.1.5.3	特定的人游玩	
W6939.1.5.4	特定动物游玩	
W6939.1.5.5	特定自然物或无生命物游玩	
W6939.1.5.5.1	太阳出门游玩	【维吾尔族】
W6939.1.6	游玩的情形	
W6939.1.7	游玩的类型（特定的游玩）	
W6939.1.7.1	云游	【汉族】
W6939.1.7.1.1	神医铁拐李云游四海	
W6939.1.8	与游玩有关的其他母题	
W6939.2	游乐	
W6939.2.1	游乐的产生	
W6939.2.1.1	游乐源于特定的传说	
W6939.2.1.1.1	每年玩龙灯源于五龙抢珠传说	【汉族】
W6939.2.2	游乐的特征	
W6939.2.3	游乐的类型	
W6939.2.4	与游乐有关的其他母题	
W6939.3	娱乐	
W6939.3.1	人以前不知道娱乐	
W6939.3.1.1	人以前只知道谋生不知娱乐	【汉族】
W6939.3.2	娱乐的产生	
W6939.3.3	娱乐的特征	
W6939.3.4	娱乐的方法（娱乐的情形）	
W6939.3.4.1	人神同乐	
W6939.3.4.1.1	神的替身与凡人同乐	【壮族】
W6939.3.5	娱乐用品	
W6939.3.5.1	金黄色法鼓专门用来娱人	【纳西族】
W6939.3.6	娱乐的类型	
W6939.3.6.1	娱神	

W 编码	母题描述	关联项
W6939.3.6.1.1	鼓舞娱神	【中华民族】
W6939.3.6.2	娱人	
W6939.3.6.3	特定的娱乐形式	
W6939.3.6.3.1	踩高跷	
W6939.3.6.3.1.1	正月十五元宵节踩高跷是为了纪念孙膑	【汉族】
W6939.3.6.3.2	划旱船（跑旱船）	
W6939.3.6.3.2.1	为了纪念治水有功划旱船	【汉族】
W6939.3.6.3.2.2	丰收时节跑旱船源于推当时治水做的木船祝愿来年如意，永世太平	【汉族】
W6939.3.7	与娱乐有关的其他母题	

6.8.8 其他常见的文化现象
【W6940 ~ W6944】

W 编码	母题描述	关联项
W6940	**天文**①	【汤普森】A1487.1；［W9195.2.1］占星术的产生
W6940.1	天文知识的产生	
W6940.1.1	天文知识源于特定地方	
W6940.1.1.1	天文知识源于树叶	
W6940.1.1.1.1	一棵大古树每片树叶现有天文地理的图纹	【汉族】
W6940.1.2	特定人物传授天文知识	

① 天文，在历史文献中天文、历法往往并提。据考古资料，5000 多年前，已经出现在春分前后通过观察辰星的出没来确定农时的历法，这种关于农耕的历法在现在的山东、安徽、湖北等地已被普遍采用。故“天文”、“历法”也可以看作是神话叙事中出现的对象，属于人类知识的有机组成部分。

W 编码	母题描述	关联项
W6940.1.2.1	神或神性人物传授天文知识	
W6940.1.2.1.1	地母神的第一个女儿创业女神教会人类狩猎、采集、疾驰、远望等本领	【满族】
W6940.1.2.2	特定的人传授天文知识	
W6940.1.2.2.1	首领传授知识	
W6940.1.2.2.1.1	酋长传授知识	
W6940.1.2.2.1.1.1	女酋长多龙传授知识	【满族】
W6940.1.2.2.2	伏羲的干父亲密西把给他传授百般武艺和占卜吉凶等天文术	【彝族】@［W6900.2.3.1.1］伏羲拜认的干父亲密西把传授给他知识
W6940.1.2.3	动物传授天文知识	
W6940.1.3	特定人物发明天文知识（特定人物通晓天文）	
W6940.1.3.1	女祖米里几德通晓天文	【基诺族】
W6940.1.3.2	黄帝让臣下大挠制定干支甲子，用以推算天文	【汉族】
W6940.1.4	学习天文知识	
W6940.1.4.1	女娲出世学会观天象	【汉族】
W6940.2	天文知识的特征	
W6940.2.1 *	天文知识隐含特定观念	
W6940.2.1.1 *	中国早期天文学体现出一种最原始的天命观	【中华民族】
W6940.2.2 *	天文知识重要	
W6940.2.2.1 *	知地者智，知天者圣	【中华民族】
W6940.2.3	天文知识神秘	【多民族】
W6940.3	天文知识的功能	
W6940.3.1	知天文能判断天气	【基诺族】
W6940.3.2	通过天文分五行	
W6940.3.2.1	天文点化盘古分五行	【汉族】

W 编码	母题描述	关联项
W6940.3.3	通过天文计时	
W6940.3.3.1	大挠推算天文计算年月	【汉族】
W6940.3.4	天文知识服务农业	
W6940.3.4.1	天文知识可帮助人们种田	【汉族】
W6940.4	天文知识有关的设施（天文知识有关的事象）	
W6940.4.1	观象台	
W6940.4.1.1	阏伯（商王契）建观天象之高台	【中华民族】
W6940.4.1.2	观象台建在陡峭上升的石阶上	【中华民族】
W6940.4.1.3	观象台刻有玉璧符号	【中华民族】
W6940.4.2	子午谷	
W6940.4.2.1	长安有子午谷	【中华民族】
W6940.5	天文知识的类型	
W6940.5.1	星象	
W6940.5.1.1	中宫天极星	【中华民族】
W6940.5.2	太一星	
W6940.5.2.1	太一星在天一南半度	【中华民族】
W6940.5.3	四宫二十八宿	
W6940.5.3.1	四宫二十八宿完整的形式最早见于汉代	【中华民族】
W6940.5.3.2	东宫七宿	
W6940.5.3.2.1	东宫七宿为苍龙	【中华民族】
W6940.5.3.2.2	东宫七宿包括角、亢、氐、房、心、尾、箕	【中华民族】
W6940.5.3.3	西宫七宿	
W6940.5.3.3.1	西宫七宿为白虎	【中华民族】
W6940.5.3.3.2	西宫七宿包括奎、娄、胃、昴、毕、觜、参	【中华民族】
W6940.5.3.4	南宫七宿	

W 编码	母题描述	关联项
W6940.5.3.4.1	南宫七宿为朱雀	【中华民族】
W6940.5.3.4.2	南宫七宿包括井、鬼、柳、星、张、翼、轸	【中华民族】
W6940.5.3.5	北宫七宿	
W6940.5.3.5.1	北宫七宿为玄武	【中华民族】
W6940.5.3.5.2	北宫七宿包括斗、牛、女、虚、危、室、壁	【中华民族】
W6940.5.4	轩辕十七星	【中华民族】
W6940.5.5	天象	
W6940.5.5.1	伏羲观天象	【汉族】
W6940.6	天文知识的使用	
W6940.6.1	二十八宿与四灵相配	【中华民族】
W6940.6.2 *	圭表测影	【中华民族】
W6940.6.3 *	用龙解释天象	
W6940.6.3.1 *	“见龙在田”的“田”即为天田星	【中华民族】
W6940.6.3.2 *	龙，春分而登天，秋分而潜渊	【中华民族】
W6940.6.4	特定人物重视天文	
W6940.6.4.1	尧重视天文	【中华民族】
W6940.6.5	天文知识的表述	
W6940.6.5.1 *	中国早期天文学描述一般天体形成的同时具有强烈的政治倾向	【中华民族】
W6940.6.6	特定身份者使用天文	
W6940.6.6.1 *	早期社会中，天文知识为极少数巫觋所垄断	【多民族】
W6940.6.6.2	造秤的祖师爷知天文日月星	【汉族】
W6940.6.6a	天文知识的拥有者	
W6940.6.6a.1	神农精通天文	【汉族】
W6940.7	与天文知识有关的其他母题	

W 编码	母题描述	关联项
W6940.7.1	气象知识	[W6941.7.1] 造鼎观气象
W6940.7.1.1	人根据云的颜色判断降雨	【汉族】
W6940.7.2 *	两汉时期，“天文”一词指“天象”或“天空的现象”	【中华民族】
W6941	**历法（历法的产生；历法知识的产生）**	[W4810] 二十四节气
W6941.0	以前没有历法	
W6941.0.1	古时候没有历头，人一年到头瞎忙活	【汉族】
W6941.0.2	以前，老百姓没历图，一年种收全凭着眼看日头、月亮	【汉族】
W6941.1	历法产生的原因	
W6941.1.1	根据特定工作需要产生历法	
W6941.1.1.1	大禹为治水制定历法	【汉族】
W6941.1.1.2	大禹为指导农业生产制定历法	【汉族】
W6941.2	神制定历法	
W6941.2.1	天神制定日历	
W6941.2.1.1	天上的神蒂刀规定了日历	【苗族】
W6941.2.1.2	天神俄玛发明历法	
W6941.2.1.2.1	俄玛根据动物的足迹定出新的历法十二属相法	【哈尼族】
W6941.2.2	地神之子制定十月年历法	
W6941.2.2.1	地神之子制定彝族十月年历法	【彝族】
W6941.2.3	农神制定历法	
W6941.2.4	留在地上的神制历法	【德昂族】
W6941.3	神性人物制定历法	
W6941.3.0	伏羲发明历法	[W6941.8.1.2.1] 伏羲发明十月太阳历法
W6941.3.0.1	伏羲制作八卦后出现历法	【汉族】

W 编码	母题描述	关联项
W6941.3.0.2	太昊伏羲氏建造甲子以命岁时	【中华民族】
W6941.3.0.2a	伏羲在位之时，潜龙氏昊英造甲历	【中华民族】
W6941.3.0.3 *	伏羲是古代历法的肇始者	【中华民族】
W6941.3.0.4	包羲立周天历度	【中华民族】
W6941.3.0.5	伏羲建寅	【中华民族】
W6941.3.1	黄帝发明历法	
W6941.3.1.1	黄帝发明天干地支与历法	【汉族】
W6941.3.1.2	黄帝发明天干地支历法	【汉族】
W6941.3.1.2.1	黄帝受天书启示发明了天干地支历法	【汉族】
W6941.3.1.2.2	黄帝发明的天干地支历法中天干地支搭配起来轮转一圈为六十年	【汉族】
W6941.3.1.3	黄帝发明我国最初的“历法”	【汉族】@［W6941.3.8.2］人神烟蝶蝶玛发明最早的人类历法
W6941.3.1.4	黄帝建子	【中华民族】
W6941.3.1.5	黄帝的臣下大挠制定干支甲子，用以推算天文，计算年月	【汉族】
W6941.3.1.6	黄帝命大桡、鬼臾区、容成等人观测日月星辰运行规律，制定历法	【中华民族】
W6941.3.1a	炎帝发明历法	［W6941.7.4.1］炎帝羊头山立杆以测日影
W6941.3.1a.1	炎帝立历日，正节气	【汉族】
W6941.3.1a.2	炎帝创制天元甲子历	【中华民族】
W6941.3.2	颛顼造历书	【畲族】
W6941.3.3	尧发明历法	【关联】①
W6941.3.3.1	尧根据蓂荚草的习性制定月历	【汉族】

① ［W6941.4.2］尧的部下制历法；［W6941.8.8.3］尧历。

W 编码	母题描述	关联项
W6941.3.3.1a	尧根据历荚草的习性制定日历	【汉族】
W6941.3.3.2	尧规定期三百有六旬有六日，以闰月定四时	【中华民族】
W6941.3.3.3	尧命羲和掌管天文时令，制定历法	【汉族】
W6941.3.3.4	尧帝命令羲氏与和氏根据日月运行与星辰位次制定历法	【中华民族】
W6941.3.3.5	帝尧告诉人 366 日为一周年，剩下的天数用润月的办法解决	【汉族】
W6941.3.4	舜发明历法	
W6941.3.5	禹发明历法	
W6941.3.5a	大禹制定历法	【汉族】
W6941.3.5a.1	大禹制定完整的历法夏小正	【汉族】
W6941.3.6	祖先发明历法（始祖造历书）	
W6941.3.6.1	女祖米里几德通晓历法	【基诺族】
W6941.3.7	布洛陀造历书	【壮族】
W6941.3.8	人神烟蝶蝶玛发明历法	
W6941.3.8.1	人神烟蝶蝶玛根据草本植物茨菇的根、茎、叶、花的数目定下历法	【哈尼族】
W6941.3.8.2	人神烟蝶蝶玛发明最早的人类历法	【哈尼族】
W6941.3.9	其他特定神性人物发明历法	
W6941.4	人发明历法	
W6941.4.1	女子发明历法	
W6941.4.1.1	能人姑娘遮姒创造原始历法	【哈尼族】
W6941.4.2	尧的部下制历法	
W6941.4.2.1	尧派羲仲、羲叔、和仲、和叔观天象制历法	【汉族】
W6941.4.3	人根据特定动物的形体发明历法	

W 编码	母题描述	关联项
W6941.4.3.1	人根据怪物年的形象制成十二地支代表年的各个部位制年历	【汉族】
W6941.5	动物发明历法	
W6941.6	历法的其他发明者	
W6941.6.1	特定群体发明历法	
W6941.6.1.1	哈尼族与其他民族按照树的树杆、树枝、树叶数制定年月日时间的历法	【哈尼族】
W6941.7	与历法的产生有关的其他母题	
W6941.7.1	造鼎观气象	【汉族】
W6941.7.2	历法源于生产生活	
W6941.7.2.1	彝族的纪日十二兽历法源于原始母系氏族时代的狩猎、牧畜、农耕等生产及图腾崇拜	【彝族】
W6941.7.2.2 *	人类以十二计月源于对自然现象的观察	【中华民族】
W6941.7.3	历法产生的时间	
W6941.7.3.1	特定祖先时出现历法	
W6941.7.3.1.1	始祖美令东主时找到天干地支的运用，年月日的推算	【纳西族】
W6941.7.3.2	尧时出现历法	【汉族】@［W6941.3.3］尧发明历法
W6941.7.3.3 *	炎帝于公元前5037年甲子创制天元甲子历	【中华民族】
W6941.7.4	测量时长	
W6941.7.4.1	炎帝羊头山立杆以测日影	【汉族】
W6941.7a	历法的特征	
W6941.7a.1	历法有特定的时间计算方法	
W6941.7a1.1.1	太阴历十二月为一年	【中华民族】
W6941.7b	历法的功能	［W6941.1.1.1］大禹为治水制定历法

W 编码	母题描述	关联项
W6941.7b.1	历法能指导人耕种	【汉族】@［W6941.1.1.2］大禹为指导农业生产制定历法
W6941.7b.2	历法使民知寒暑之变	【汉族】
W6941.7b.3	历法关系人的衣食住行	
W6941.7b.3.1	出门看黄历	【汉族】
W6941.7c	历法的使用（历法的管理）	
W6941.7c.1	历法的管理者	
W6941.7c.1.1	权力仅次于天王的捧麻远冉在天上专管历法	【傣族】
W6941.8	常见的历法	［W4772］季节的来历
W6941.8.1	十月历（火历）	【民族，关联】①
W6941.8.1.1	十月历的来历	
W6941.8.1.1.1	彝族十月年历法	【彝族】@［W6941.2.2.1］地神之子制定彝族十月年历法
W6941.8.1.2	十月太阳历法	
W6941.8.1.2.1	伏羲发明十月太阳历法	【彝族】
W6941.8.1.2.1.1	首领伏羲发明的十月太阳历法的“八方之年”“十二兽纪日”循环系统中把虎列为首位	【彝族】
W6941.8.1.3	天神俄玛发明以十月为岁首的哈尼族十月历法	【哈尼族】
W6941.8.2	黄历	
W6941.8.3	颛顼历	
W6941.8.4	夏历	
W6941.8.4.1	夏历即夏小正	【汉族】@［W6941.3.5a.1］大禹制定完整的历法夏小正
W6941.8.4.2	夏历又叫农历	【汉族】

① 【苗族】【彝族】@［W4659.2］十月年的来历。

W 编码	母题描述	关联项
W6941.8.4.3	夏历又叫阴历	【汉族】
W6941.8.4.4	夏历又叫禹历	【汉族】
W6941.8.5	特定民族的历法	
W6941.8.5.1	彝族历法	
W6941.8.5.1.1	彝族历法每年分为十月，每月三转，共三十六日，十月过年	【彝族】
W6941.8.5.1.2	彝族十月历（彝夏十月历；彝夏太阳历）	
W6941.8.5.1.2.1	彝族十月历计量时间的方法与一般历法不同。其纪日不按一、二、三、四等序数而是用虎、兔、龙等十二属相	【彝族】
W6941.8.5.1.2.2	彝族十月历又称地平历	【彝族】
W6941.8.5.1.2.3	彝族十月历又称定点历	【彝族】
W6941.8.5.1.2.4	彝族十月历又称山头历	【彝族】
W6941.8.5.2	哈尼族十二属相历法	【哈尼族】@［W6941.8.7］十二神兽历法
W6941.8.6	年历	
W6941.8.6.1	年历的顺序：正月见寅（即年头为虎），二月见卯，三月见辰，四月见巳，五月见午，六月见未，七月见申，八月见酉，九月见戌，十月见亥，冬月见子，腊月见丑	【汉族】
W6941.8.6a	月历	
W6941.8.6a.1	月历牌	
W6941.8.6b	日历	［W6941.2.1］天神制定日历
W6941.8.6b.1	吉祥神奇的瑞草成了尧的活动日历	【汉族】
W6941.8.6c	万年历	
W6941.8.6c.1	以历法者万年的名字命名万年历	【汉族】

W 编码	母题描述	关联项
W6941.8.7	十二神兽历法	［W6941.8.5.2］哈尼族十二属相历法
W6941.8.7.1＊	九黎三苗部落集团时发明了十二神兽历法	【中华民族】
W6941.8.8	其他特定的历法	
W6941.8.8.1	上古太阴历	【中华民族】
W6941.8.8.1.1＊	两昊部落发明太阴历	【中华民族】
W6941.8.8.2	原始历法	【中华民族】
W6941.8.8.3	尧历	［W6941.3.3］尧发明历法
W6941.8.8.3.1	尧历沿用了几千年	【汉族】
W6941.9	与历法有关的其他母题	
W6941.9.1	历书	
W6941.9.1.1	八月十五，天王降下历书	【彝族】
W6941.9.1.2	阴阳历书	
W6941.9.1.2.1	风水先生的阴阳历书	【汉族】
W6941.9.2	纪年方法	
W6941.9.2.1	干支纪年	【汉族】
W6942	**历史（历史文化）**	
W6942.1	以前的人不知道历史	
W6942.2	历史文化的产生（历史的来历）	
W6942.2.1	特定人物记录历史	
W6942.2.1.1	史官记录历史	
W6942.2.2	特定对象转化为历史	
W6942.2.2.1	神话改造成历史	
W6942.2.2.1.1＊	商代人制造出夏代的神话后来周人改认成历史	【中华民族】
W6942.3	历史的特征（历史的功能）	
W6942.3.1＊	历史是有关过去发生事件的话语	【各民族】
W6942.3.2＊	以史为鉴可以知兴替	【中华民族】

W 编码	母题描述	关联项
W6942.3.3	历史具有系统性	
W6942.3.3.1 *	中华古史系统	【古华夏】
W6942.3.4	历史有特定载体	
W6942.3.4.1	文献中的历史	
W6942.3.4.2	文物中的历史	
W6942.3.4.3	口传历史	
W6942.3.4.3.1	神话历史	【各民族】
W6942.4	历史的记忆（历史的传承）	
W6942.4.1	讲述历史	【壮族】
W6942.4.2 *	最初的历史用口耳相传的方法流传下来	【中华民族】@［W6729.5.9.3.2 *］文字产生以前，人用口传面授来记忆历史
W6942.4.3	历史记忆模糊	
W6942.4.3.1	记不清祖先的样子	【哈尼族】
W6942.5	特定的历史	
W6942.5.1	以时间划分的历史	
W6942.5.2	以地区划分的历史	
W6942.5.3	以内容划分的历史	
W6942.5.3.1	文明史	
W6942.5.3.2	婚姻史	
W6942.5.4	以叙事主体划分的历史	
W6942.5.4.1	个人史	
W6942.5.4.2	家史（家族史）	
W6942.5.4.2.1	父亲讲家史	【汉族】
W6942.5.4.3	民族史（特定民族的历史）	
W6942.5.4.4	国史	
W6942.5.4.5	人类史	
W6942.5.4.6	特定行业史	

W 编码	母题描述	关联项
W6942.5.4.7	以叙事主体划分的其他历史	
W6942.5.4.7.1	村史	
W6942.5.5	特定学科的历史	
W6942.6	历史研究	
W6942.6.1	特定的历史研究	
W6942.6.1.1	神话历史研究	
W6942.6.1.1.1 *	神话历史的整合研究有助于分析文字小传统背后的大传统	【各民族】
W6942.6.2	历史研究方法	
W6942.6.2.1 *	信古（相信历史）	【中华民族】
W6942.6.2.2 *	疑古（疑古派；怀疑历史）	【中华民族】
W6942.7	与历史有关的其他母题	
W6943	**其他常见的科学文化（其他学科知识）**	
W6943.1	语文	
W6943.1.1	语文的产生	
W6943.1.2	语文的特征（语文的功能）	
W6943.1.3	特定的语文	
W6943.1.4	与语文有关的其题目太	
W6943.2	数算（数学；算术）	
W6943.2.1	数算的产生	
W6943.2.1.1	特定人物发明算数	
W6943.2.1.1.1	黄帝发明数学	
W6943.2.1.1.1.1	黄帝时，隶首从天书中得到启示发明了算数	【汉族】
W6943.2.1.1.1.1a	轩辕命隶首作算术	【汉族】
W6943.2.1.1.1.2	黄帝定三数为十等	【中华民族】
W6943.2.1.1.2	伏羲发明数学	【中华民族】

W 编码	母题描述	关联项
W6943.2.1.1.2a	伏羲发明算法	
W6943.2.1.1.2a.1	虑羲作九九之数	【中华民族】
W6943.2.2	数算的特征	
W6943.2.3	与数算有关的其他母题	
W6943.2.3.1	术数	
W6943.2.3.1.1	九天玄女被道教奉为术数神	【中华民族】
W6943.3	考古（博物）	
W6943.3.1	考古的产生	
W6943.3.2	考古的特征	
W6943.3.3	考古的功能	
W6943.3.4	考古的方法	
W6943.3.4.1 *	考古需要跨学科比较	【中华民族】
W6943.3.5	特定的考古（考古的对象）	
W6943.3.5.1	神话考古	
W6943.3.6	考古的结果	
W6943.3.7	与考古有关的其他母题	
W6943.4	地理	
W6943.5	物理（格物）	
W6944	**其他文化现象**	

6.8.9 与文化现象有关的其他母题【W6945～W6949】

W 编码	母题描述	关联项
W6945	礼仪（仪礼；礼节）	

W 编码	母题描述	关联项
W6945.1	仪礼的产生（礼仪的产生；礼节的来历）	
W6945.1.1	仪礼产生的原因	
W6945.1.2	神制定礼仪	
W6945.1.2.1	门神制定礼节	［W0554］门神
W6945.1.2.1.1	陆门神和色门神制订人的规矩礼节	【纳西族】
W6945.1.2.2	女神制定礼节	【关联】①
W6945.1.2.2.1	神生出制作规矩的姑娘	【哈尼族】
W6945.1.3	神性人物制定礼仪	
W6945.1.3.0	黄帝制定礼仪	【中华民族】
W6945.1.3.1	尧立孝慈仁爱	【汉族】
W6945.1.3.2	女娲教儿孙们懂得礼数	【汉族】
W6945.1.3.3	伏羲制定礼仪（庖牺立礼教）	【中华民族】
W6945.1.4	特定的人制定礼仪	
W6945.1.4.1	人皇分礼仪与人伦	【汉族】
W6945.1.4.2	虞舜布功散德制礼	【中华民族】
W6945.1.4.3	周公造礼仪	【中华民族】【壮族】
W6945.1.5	礼仪是培养出来的	
W6945.1.5.1	通过音乐培养礼仪	【汉族】@［W6911.2］音乐使人懂礼仪（礼乐治国）
W6945.1.5.1.1	舜讲道理教人吹笛子使人懂礼仪	【汉族】
W6945.1.6	上下六合二仪成	【汉族】
W6945.1.7	礼仪产生的其他情形	
W6945.1.8	与礼仪的产生有关的其他母题	
W6945.1.8.1 *	黄帝时代礼制已走向规范化	【中华民族】
W6945.2	仪礼的特征（礼仪的功能）	
W6945.2.1	礼仪使人有秩序	

① ［W4867.2］女神管理地；［W5004.2］女神建立社会秩序。

W 编码	母题描述	关联项
W6945.2.2	礼仪繁琐难分	
W6945.2.2.1	十二样礼节难分清	【彝族】
W6945.2.2.2	天上礼数多	【汉族】
W6945.2.3	礼仪与颜色有关联	
W6945.2.3.1	丹朱代表仪礼	【汉族】
W6945.2.4	礼节让人有规矩	
W6945.3	一般性仪礼	
W6945.3.1	神或神性人物制定仪礼	
W6945.3.1.1	伏羲造礼仪	【汉族】@［W6975.2.1］伏羲兄妹造人伦
W6945.4	社会性仪礼（行业仪礼）	【汤普森】A1530
W6945.4.1	社会礼节的产生	【汤普森】A1537
W6945.4.1.1	特定的人物制定社会礼节	【纳西族】@［W6945.1.2.1.1］陆门神和色门神制订人的规矩礼节
W6945.4.2	交往仪礼	
W6945.4.2.1	神或神性人物制定社交礼仪	
W6945.4.2.2	见面礼	
W6945.4.2.2.1	见面握手的来历	【汉族】
W6945.4.2.2.2	抱拳	
W6945.4.2.2.2.1	抱拳作为问候亲朋好友见面礼节源于尧	【汉族】
W6945.4.2.3	拥抱礼仪	
W6945.4.2.4	交往礼仪的原则	
W6945.4.2.4.1	礼尚往来	【汉族】
W6945.4.2.4.1.1	别人送礼后要回礼	【珞巴族】
W6945.4.2.4.2	喜客爱朋	【彝族】
W6945.4.3	商贾仪礼	
W6945.4.4	出游仪礼	

W 编码	母题描述	关联项
W6945.4.4.1	出行前送行	【汉族】
W6945.4.5	结交仪礼	
W6945.4.5.1	结义礼	
W6945.4.5.2	结拜礼	
W6945.4.5.2a	结拜文化	【汉族】
W6945.4.5.2a.1	认干亲	
W6945.4.5.2a.1.1	认石头为父可治病	【壮族】
W6945.4.5.2a.2	认树为父母	【彝族】
W6945.4.6	主客间的礼仪（待客礼仪）	［W6597.3.2］待客的方式
W6945.4.6.0	以前没有待客礼仪	
W6945.4.6.0.1	人以前见客不懂待客的礼仪	【纳西族】
W6945.4.6.0a	主客礼仪源于主客之分	
W6945.4.6.0a.1	通过狗分清主客	【纳西族】
W6945.4.6.1	迎接客人	［W6597.3.2.3.1］特定人物穿特定衣服迎客
W6945.4.6.1.1	舜在明堂四门接待宾客	【中华民族】
W6945.4.6.2	招待客人	
W6945.4.6.2.1	杀牲待客	
W6945.4.6.2.1.1	怒族待客习惯是要杀鸡、杀猪甚至杀牛羊来招待客人	【怒族】
W6945.4.6.2.2	招待客人要有酒	［W6594.2］待客敬酒（向客人敬酒）
W6945.4.6.2.2.1	让客人醉酒的来历	【瑶族（布努）】@［W6594.2］待客敬酒（向客人敬酒）
W6945.4.6.2.3	鸡头待客的来历	【水族】
W6945.4.6.3	拜见客人（拜访特定人物；造访礼仪；拜访礼节）	
W6945.4.6.3.1	见岳父前净身	【纳西族】

W 编码	母题描述	关联项
W6945.4.6.3.2	日月造访星星	【珞巴族】
W6945.4.6.3.3	拜访要走特定地方	【纳西族】
W6945.4.6.4	邀请做客	
W6945.4.6.4.1	应邀小人国做客	【苗族】
W6945.4.7	性别间的礼仪	
W6945.4.7.1	性别尊卑	
W6945.4.7.1.1	男尊女卑仪礼	
W6945.4.7.1.1.1	女人吃饭不上桌的来历	【汉族】
W6945.4.8	社会等级礼仪	
W6945.4.8.1	君臣父子夫妇之礼仪	
W6945.4.8.1.1	伏羲氏正君臣父子夫妇之义	【中华民族】
W6945.4.9	社会性礼仪的其他母题	
W6945.4.9.1	上下君臣之义，父子兄弟之礼，夫妻妃匹之合	【中华民族】
W6945.5	家庭性仪礼	
W6945.5.1	孝慈仁爱	
W6945.5.1.1	尧立孝慈仁爱	【汉族】
W6945.5.2	长幼秩序	
W6945.5.2.1	布洛陀制定家庭秩序	【壮族】
W6945.5.3	尊敬爹妈	【彝族】
W6945.6	宗教性仪礼（民间信仰性礼仪）	［W6452］宗教仪式
W6945.6.1	礼拜的来历	
W6945.6.2	成年礼（割礼）	【纳西族】
W6945.6.2.1	成年礼的产生	
W6945.6.2.1.1		
W6945.6.2.2	成年礼的时间	
W6945.6.2.2.1	成年礼的时间由成年未婚男子社团的首领决定	【基诺族】

W 编码	母题描述	关联项
W6945.6.2.2.2	男子成年礼时间（男子举行成年礼的年龄）	
W6945.6.2.2.2.1	男子成年礼年限是 16 岁	【基诺族】
W6945.6.2.2.3	女子成年礼时间（女子举行成年礼的年龄）	
W6945.6.2.2.3.1	女子成年礼的年限是 15 岁	【基诺族】
W6945.6.2.2.3.2	以女子月经来潮定为女子成年礼的举行时间	【基诺族】
W6945.6.2.3	成年礼的地点	
W6945.6.2.4	成年礼的功能（成年礼的意义）	
W6945.6.2.4.1	男子成年礼后会得到鬼的认同	【基诺族】
W6945.6.2.4.2	成年礼是婚姻的条件	
W6945.6.2.5	成年礼的实施者	
W6945.6.2.6	成年礼的情形	
W6945.6.2.6.1	男子成年礼仪式兼有暴力劫持和文娱活动的特点	【基诺族】
W6945.6.2.7	与成年礼有关的其他母题	
W6945.6.2.7.1	女子要举行三次成年礼	【基诺族】
W6945.6.3	渡劫（度戒）	
W6945.6.3.1	师傅为弟子度戒	【瑶族】
W6945.6.4	巫术礼仪	
W6945.6.4.1 *	仪式化了的舞蹈即巫术礼仪	【多民族】
W6945.6.4.2 *	人的一生要经历系列巫术仪式	【壮族】
W6945.7	生产生活仪礼	
W6945.7.1	餐饮礼仪	
W6945.7.1.1	用餐礼俗	【纳西族】
W6945.7.1.2	敬酒礼仪	
W6945.7.1.2.1	别人给客人斟酒，客人弯曲中指和食指在桌面上轻叩几下以示谢意	【汉族】@［W6945.9.1.2.4］仪式的象征性

W 编码	母题描述	关联项
W6945.7.2	服饰仪礼	
W6945.7.2.1	黄帝创“上衣下裙”的礼制	【中华民族】
W6945.7.3	起居行为仪礼	
W6945.7.3.1	坐仪	
W6945.7.3.1.1	不同身份座位不同	
W6945.7.3.1.1.1	白彝毕摩坐下方，黑彝毕摩坐上方，学徒毕摩坐中央	【彝族】
W6945.7a	其他标准划分的礼仪	
W6945.7a.1	按产生时间划分礼仪	
W6945.7a.1.1	传统礼仪	
W6945.7a.1.1.1	黄帝的时代的礼仪	
W6945.7a.1.1.1.1 *	汉武帝行黄帝以来传统礼法	【中华民族】
W6945.7a.2	五种礼节	
W6945.7a.2.1	吉、凶、宾、军、嘉五种礼节	
W6945.7a.2.1.1	舜制定吉、凶、宾、军、嘉五种礼节	【中华民族】
W6945.8	礼仪的主持者（礼仪的管理者）	
W6945.8.1	神或神性人物主持仪式	
W6945.8.2	宗教人物主持仪式	
W6945.8.3	特定的人主持仪式	
W6945.8.3.1	舜帝任命伯夷主管礼仪	【中华民族】
W6945.8.4	动物主持仪式	
W6945.8.4.1	鸟主持着人的仪式	【珞巴族】
W6945.9	与仪礼有关的其他母题	［W6260～W6269］生活仪礼（礼节）
W6945.9.0	礼仪的数量（礼节的种类）	
W6945.9.0.1	十二样礼节	
W6945.9.0.1.1	十二样礼节中磕头作揖第一样	【彝族】
W6945.9.1	仪式	

W 编码	母题描述	关联项
W6945.9.1.1	仪式的产生	［W6453］宗教仪式的产生
W6945.9.1.1.1	上帝规定特定仪式	【哈萨克族】
W6945.9.1.2	仪式的特征	
W6945.9.1.2.1	仪式的神圣性	
W6945.9.1.2.2	仪式的规范性（仪式的程式化）	
W6945.9.1.2.2.1	仪式有特定的时间	
W6945.9.1.2.2.2	仪式有特定的地点	
W6945.9.1.2.2.3	仪式有特定的参与者	
W6945.9.1.2.3	仪式的程序性	
W6945.9.1.2.4	仪式的象征性	［W6505.4.3］象征性的祭祀（祭祀仪式中的象征）
W6945.9.1.2.4.1	萨满特定的仪式表示万能的神下凡	【鄂伦春族】
W6945.9.1.3	仪式的类型	［W6452］宗教仪式
W6945.9.1.3.1	生产中的仪式	［W6572.2.2］收获时要举行仪式的习俗
W6945.9.1.3.2	生活中的仪式	
W6945.9.1.3.3	其他特定文化现象中的仪式	
W6945.9.1.3.3.1	祭祀中的仪式	
W6945.9.1.3.3.1.1	招龙仪式	【侗族】
W6945.9.1.4	仪式的演变	
W6945.9.1.5	与仪式有关的其他母题	
W6945.9.2	礼品	
W6945.9.2.1	礼品的产生	
W6945.9.2.2	礼品的特征	
W6945.9.2.3	礼品的使用（送礼）	
W6945.9.2.3.1	找张天师求雨要送一笔厚礼	【汉族】
W6945.9.2.4	特定的礼品	
W6945.9.2.4.1	寿礼	

W 编码	母题描述	关联项
W6945.9.2.4.2	订婚聘礼	
W6945.9.2.4.2.1	嫁娶以俪皮为礼（鹿皮作为订婚礼品）	【中华民族】
W6945.9.2.5	与礼品有关的其他母题	
W6946	**常见的民间仪礼（常见的民间仪式；常见民族民间礼仪）**	
W6946.1	丧葬中的仪礼	【民族，关联】①
W6946.2	绑多拜礼仪	
W6946.2.1	阿丹夫妇遭贬下凡后每天四更后二人都礼绑多拜形成绑多拜礼仪	【回族】
W6947	**艺术**	
W6947.1	艺术的产生	
W6947.1.1	特定人物创造艺术（特定人物发明艺术）	
W6947.1.1.1	特定的神创造艺术	
W6947.1.1.2	特定的神性人物创造艺术	
W6947.1.1.2.1	神人创造艺术	
W6947.1.1.2.1.1	最早担任贝玛职务的神德摩诗琵人创造各种规矩和艺术	【哈尼族】
W6947.1.2 *	艺术产生于劳动	【汉族】
W6947.1.3 *	艺术源于模仿	
W6947.1.4 *	艺术源于游戏	
W6947.2	艺术的特征	
W6947.3	特定的艺术	
W6947.3.1	综合型的艺术	
W6947.3.2	生产方面的艺术	

① 【多民族】@［W6655］丧葬的内容（丧葬环节；丧葬的程序）；［W6688］丧葬禁忌（丧葬的禁忌；葬礼禁忌；）。

W 编码	母题描述	关联项
W6947.3.2.1	建造艺术	
W6947.3.3	生活方面的艺术	
W6947.3.4	其他特定名称的艺术	
W6947.3.4.1 *	装饰艺术	【中华民族】
W6947.4	与艺术有关的其他母题	
W6948	**艺人**	
W6948.1	艺人的产生	
W6948.2	艺人的特征	
W6948.3	特定的艺人	
W6948.3.1	变戏法艺人	【汉族】
W6948.3.2	讲唱艺人	
W6948.3.2.1	说书艺人（说书人）	
W6948.3.2.1.1	三弦说书艺人	【汉族】
W6948.3.2.1.2	说书人的祖师爷李庄王	【汉族】
W6949	**其他文化现象**	

6.9 与文化有关的其他母题【W6950～W6999】

6.9.1 火的产生（火的发明；火的创造；火的获取）【W6950～W6959】

W 编码	母题描述	关联项
W6950	**火的产生（火的发明；火的创造；火的取得；取火）**①	【汤普森】A1414
W6950.1	以前没有火	【民族】②
W6950.1.1	以前没有火的原因	
W6950.1.1.1	人类没有火是神对人的惩罚	【汤普森】A1415.0.1
W6950.1.2	特定的群体没有火	
W6950.1.2.1	以前，裕固人没有火	【裕固族】
W6950.1.2.2	古时候，独龙人没有火烤	【独龙族】
W6950.1.3	很古的时候，世间没有火（很古的时候，人间没有火）	【拉祜族】【普米族】
W6950.1.3a	以前，大地无火	【水族】
W6950.1.4	特定的时代没有火	

① 火的产生（火的发明；火的创造；火的取得；取火），火，由于视角不同，“火”既可以是一种自然现象，也可以是一种社会文化现象。据考古证明，距今170万年的元谋人，已经知道用火。甚至距今180万年山西芮城县西侯度遗址，也发现人工砍砸过的餐鹿角和一些烧骨。这些史实印证了神话叙事中关于火的母题现实依据。

② 【哈尼族】【拉祜族】【蒙古族】【彝族】【壮族】。

W 编码	母题描述	关联项
W6950.1.4.1	人会飞的时代没有火	【傣族（布角人）】
W6950.1.4.2	人采集、捕鱼时代没有火	【景颇族】
W6950.1.4.3	洪荒之世，天下无火	【哈尼族】
W6950.1.5	具体的时间没有火	
W6950.1.6	没有火的其他情形	
W6950.1.6.1	最古的时候，人不知道什么是火	【景颇族】
W6950.1.7	没有火的结果	
W6950.1.7.1	没有火，生活很困难	【高山族（排湾族）】
W6950.1.7.1.1	没有火，过的生食冷饮的生活很困难	【水族】
W6950.1.7.1.2	太古时，人无火种，取暖煮食十分困难	【高山族】
W6950.1.7.2	洪水后，兄妹俩因没有火十分苦恼和为难	【高山族】
W6950.1.8	与没有火有关的其他母题	［W6958.6.1］人以前不会使用火
W6950.1.8.1	因没有火，人生吃食物	【汉族】【布朗族】【回族】
W6950.1.8.2	因没有火，人在严寒中生活	【哈尼族】
W6950a	**火产生的原因**	
W6950a.1	为取暖产生火（为御寒取火）	【汉族】
W6951	**火自然产生（火源于某个地方；火在特定的地方）**	
W6951.1	火自然产生（火自然存在）	
W6951.1.1		
W6951.2	火源于天上（天降火；火从天降；火在天上）	【汤普森】F962.2；【民族，关联】①

① 【蒙古族】【佤族】@［W6922.1.2］神从天上带来火；［W6958.1.2.5.1］天上的人有火；［W6958.7.11.1.1.1］火为什么在天上；［W6959.3.4.3.1］天上有真火，但人没法去取。

W 编码	母题描述	关联项
W6951.2.1	到天上找火	【汤普森】H1264；【苗族】【佤族】@［W6958.7.11.1.1］火在天上
W6951.2.1.1	从天宫把火带到人间	【水族】
W6951.2.1.2	到天庭的神火炉中取火	【羌族】
W6951.2.1.3	糯师颖到天庭取了三把火带到人间	【彝族】
W6951.2.2	火在天边	【布朗族】
W6951.2.3	火在太阳宫	【民族，关联】①
W6951.2.3.1	大鸟告诉燧人氏太阳宫里有火	【汉族】
W6951.2.3a	火在太阳中	【景颇族】
W6951.2.4	打雷时火从天降	
W6951.2.4.1	天上打雷时掉下火钻进老树根里	【彝族（撒尼）】
W6951.3	火源于地下（地生火）	
W6951.3.1	中界的火是下界给的	【壮族】
W6951.4	火在山上（山生火）	
W6951.4.1	特定的山产生火	
W6951.4.1.1	火源于火山中（火山有火）	【鄂伦春族】
W6951.4.1.1.1	以前，人发现一些山火不认识，也不敢靠近	【满族】
W6951.4.2	南方炎火山产生火	【汉族】@［W1840］火山
W6951.5	火在石中（石生火；石头生火）	［W6953.3］钻木取火（钻石取火）
W6951.5.1	火在白石中	
W6951.5.1.1	火神蒙格西把神火藏在白石里面	【羌族】
W6951.5.1.2	托阿告诉人白石头里有火	【满族】
W6951.5.2	火在火石中	［W6958.2］火石
W6951.5.3	宝石生火	

① 【汉族】@［W6953.6.2.1.1］到天上的太阳宫找火；［W6958.2.1.1.5］太阳宫的太阳公主有火石。

W 编码	母题描述	关联项
W6951.5.3.1	太阳公主给燧人氏一块生火的宝石	【汉族】
W6951.6	火在水中（水生火；水中生火）	
W6951.6.1	火原来在水中	
W6951.6.2	水撞击产生火	
W6951.6.2.1	大小不等的水球互相撞击产生火花	【满族】
W6951.6.3	马踏水产生火	
W6951.6.3.1	麦德尔神女的神马四蹄踏动水面，放射出火星	【蒙古族】
W6951.7	火在树中（木生火）	【民族，关联】①
W6951.7.1	从雷劈的树中发现火	【壮族】
W6951.7.1.1	猴子从雷劈的树中发现火	【拉祜族】
W6951.7.1.1a	飞鼠从雷劈的树中得到火	【拉祜族】
W6951.7.1.2	祖先芒萨看到霹雳引起的火烧山林知道取火用火	【哈尼族】
W6951.7.1.3	大榕树被雷电劈倒后燃起火	【壮族】@［W6951.7.2.1］火在榕树根部
W6951.7.2	火在树的根部	【彝族（撒尼）】@［W6951.2.4.1］天上打雷时掉下火钻进老树根里
W6951.7.2.1	火在榕树根部	【壮族】
W6951.8	火在特定人物那里（火在特定人物的身上）	
W6951.8.1	神的身上有火（特定的神有火）	
W6951.8.1.1	天上雷神阿呼南波能发出火	【哈尼族】
W6951.8.1.2	神火在天神阿布卡恩都力的心中	【满族】@［W6959.3.5.1.1］美女盗阿布卡恩都力心中的神火
W6951.8.1.3	达赛（雷神）有火	【佤族】

① 【汉族】@［W6953.3］钻木取火（钻石取火）；［W6958.7.6.4］火保存在树中（火藏在树中）。

W 编码	母题描述	关联项
W6951.8.1.4	居住在西方的美利术家有火	【纳西族】
W6951.8.2	火在特定神性人物那里	
W6951.8.2.1	特定的妖魔有火	【哈尼族】@［W6958.1.2.2］妖魔有火种
W6951.8.3	从人的身体发现了火	【汤普森】A1414.2
W6951.8.4	火在特定动物身上	【关联】①
W6951.8.4.1	不会飞翔的飞罗鸟有火	【傣族（布角人）】
W6951.8.5	火在特定植物中	
W6951.8.5.1	松树上有火	
W6951.8.5.1.1	雷公把布（人名）化身的松树产生火	【汉族】
W6951.8.6	火在其他特定物中	
W6951.8.6.1	龙须中有火	【汉族】
W6951.9	火在其他特定的地方	
W6951.9.1	火在很远的地方（火在远方）	【关联】②
W6951.9.1.1	火在海的对岸	【高山族（鲁凯人）】@［W6956.1.4.4.1］羚羊从海的对岸取火
W6951.9.1.2	很远很远的地方有火种（很远的地方有火）	【布朗族】【哈尼族】
W6951.9.2	火在妖魔那里	【裕固族】
W6951.9.2.1	火在妖魔眼里	【裕固族】
W6951.9.3	火在特定的方位	
W6951.9.3.1	火在东方	【汉族】
W6951.9.3.2	火在西方	【关联】③
W6951.9.3.2.1	居住在西方的美利术家有火	【纳西族】
W6951.9.4	火在特定器皿中	

① ［W6955.2.4.1］猴子用皮毛从飞鼠那里换来了火；［W3495］萤火虫。

② 【汉族】【布朗族】@［W6952.4.1.1］远方飞来的鸟送火种；［W6956.1.3.4.2.1］孤儿岩多到远方取火。

③ ［W6953.5.3.2.1］鸟啄西方燧明国的一棵大树发出火；［W6958.4.1.1.2］火镰源于西天边。

W 编码	母题描述	关联项
W6951.9.4.1	火在雾里的火盆中	【汉族】
W6952	**火是给予的（送火者；送火种者；赐火者）**	
W6952.1	神给人火（神送火）	【满族】
W6952.1.1	火是神给人的礼物	【汤普森】A1414.4
W6952.1.2	神从天上带来火	
W6952.1.2.1	每年秋季，天神阿不凯恩都哩率部巡视大地时会从天上带来火种	【满族】
W6952.1.3	天神赐火	
W6952.1.3.1	天神晁增利恩、倩红褒到人间后留下不灭的火	【纳西族】
W6952.1.3.2	天上的神官变成六翅蝇仙到人间为人搧出火种	【彝族】
W6952.1.3.3	天赐给人火	【蒙古族（布里亚特）】
W6952.1.3.4	天向大地投了火	【傣族】
W6952.1.4	火神送火（火神送火种）	
W6952.1.4.1	火神蒙格西送火	【羌族】
W6952.1.4.2	火神祝融给人送火种	【汉族】
W6952.1.4.3	拖亚拉哈大神给人送火种	【满族】
W6952.1.4.4	火神透欧博如坎送火	【鄂伦春族】
W6952.1.5	雷公送火种（雷神送火；雷神赐火）	【彝族（撒尼）】【壮族】
W6952.1.5.1	从雷公那里取火种	【回族】
W6952.1.5.2	向雷公借火种	【回族】
W6952.1.5.2.1	黎母向雷公借来火种	【黎族】
W6952.1.5.3	雷神放天火后人知道了用火	【普米族】
W6952.1.5.4	雷公劈树赐火	【壮族】
W6952.1.5.5	上天派雷公为人间送烟火送	【壮族】
W6952.1.5.6	女娲令雷神给人间送天火	【汉族】

W 编码	母题描述	关联项
W6952.1.5.7	天上的雷神赐予人火	【彝族（撒尼）】
W6952.1.5.8	雷神送火不成功	【汉族】
W6952.1.6	其他神送火种	
W6952.1.6.1	天上管火的火神商伯往人间扔火	【汉族】
W6952.2	神性人物给人火	【汉族】【满族】【水族】
W6952.2.1	佛祖赐神火	
W6952.2.1.1	佛祖送给海伦格格神火	【满族】
W6952.2.2	造世老君给人火	【汉族】
W6952.2.3	仙女送火种	
W6952.2.3.1	九位仙女下凡为水族先民送火种	【水族】
W6952.2.4	太阳公主送火石	
W6952.2.5	太上老君教人取火	
W6952.2.5.1	太上老君为人间点化了生火方法	【汉族】@［W6958.4.1.2.2.1］太上老君引导铁匠打造火镰
W6952.2.6	盘古送火	
W6952.2.6.1	盘古王送火种给天神的子女	【布依族】
W6952.2.7	神鸡给人火	【纳西族】
W6952.3	特定的人给予火	
W6952.4	动物给人火	
W6952.4.1	鸟送火种	【民族，关联】①
W6952.4.1.1	远方飞来的鸟送火种	【高山族（布农）】
W6952.4.1.2	神奇小鸟送来火种	【高山族】
W6952.4.2	火龙传火	【汉族】@［W3583.1］火龙（喷火的龙）
W6952.4.3	老鼠给人火	
W6952.4.3.1	会飞的老鼠给人带来火	【拉祜族】

① 【高山族】@［W6956.1.2.1］神鸟取火；［W6958.2.1.3.1］鸟为人类取火石；［W6958.2.1.4.1］鸟送火石。

W 编码	母题描述	关联项
W6952.4.4	甲虫给人送火	
W6952.4.4.1	甲虫口内衔着一根火绳给人送火	【高山族（排湾族）】
W6952.5	其他人物给人类火	
W6953	**火是造出来的（火是发明出来的；造火）**	
W6953.1	火的制造者	
W6953.1.1	神或神性人物造火	【关联】①
W6953.1.1.1	雷神能发出火	【哈尼族】@［W0305］雷神
W6953.1.1.1.1	雷神会摩擦取火	【佤族】@［W6956.1.4.5.1］蚱蜢求火时学会雷神摩擦取火的方法
W6953.1.1.2	火神发明火	【苗族】@［W6953.5.2.1.1］火神火耐用敲打石头的方法取火
W6953.1.1.2.1	火神祝融传火种	【汉族】
W6953.1.1.3	释火神生火	【裕固族】
W6953.1.1.4	布洛陀教人造火	【壮族】
W6953.1.1.4a	布洛陀让儿子甘歌上山造火	【壮族】
W6953.1.2	特定的人造火	
W6953.1.2.1	一对兄妹发明火	【苗族】【苗族（大花苗）】
W6953.1.2.1.1	伏羲兄妹造火	【瑶族】
W6953.1.2.1.1.1	伏羲和妹妹用石头锤山石，锤出火	【汉族】
W6953.1.2.2	伏羲的妹妹造火	【瑶族】
W6953.1.3	动物造火	
W6953.1.3.1	苍蝇用脚相磨产生火	【独龙族】@［W6953.4］摩擦产生火（摩擦取火）
W6953.1.4	与造火有关的其他母题	［W6953.5.2］击石取火（撞击石头产生火）

① ［W0767.2］祝融发明火；［W6953.2.1］神与神性人物发明火。

W 编码	母题描述	关联项
W6953.1.4.1	从海里搅出火	【门巴族】
W6953.1.4.2	神石可以打出火	【白族】
W6953.2	火的发明者（火是发明的；造火者）①	
W6953.2.1	神与神性人物发明火	［W0767.2］祝融发明火
W6953.2.1.1	神教人用火	
W6953.2.1.1.1	恩都力莫里根神教鄂伦春人用火	【鄂伦春族】
W6953.2.1.2	燧人氏发明火	【民族，关联】②
W6953.2.1.2.1	燧人氏发现取小枝以取火	【中华民族】
W6953.2.1.3	盘古发明火	【民族，关联】③
W6953.2.1.4	祖先发明火	
W6953.2.1.4.1	祖先布洛陀从雷公劈树赐火中学会取火	【壮族】
W6953.2.1.4.2	伏羲发明用火	
W6953.2.1.4.2.1	伏羲帮女娲照顾地上的火堆时，无意中知道了用火	【汉族】
W6953.2.1.4.3	祖先给人留下不灭的火	【纳西族】
W6953.2.1.5	文化英雄发明火	
W6953.2.1.5.1	半神半人的火亚发明火	【苗族】
W6953.2.1.6 *	祝融似是火的发明家	【民族，关联】④
W6953.2.1.7	炎帝发明火	【中华民族】
W6953.2.2	人发明火	
W6953.2.2.1	首领教人生火	［W5030］首领
W6953.2.2.1.1	首领来墨尔根出世后教人生火	【鄂温克族】
W6953.2.2.2	一对夫妻造火	【壮族】

① 火的发明，该母题并不是严格意义上的“发明”，其中也包含“火的发现”。在此表述为“火的发明”。具体区别参见《中国文化起源母题 W6 数据索引》。

② 【汉族】@［W0738］燧人氏；［W6951.5.3.1］太阳公主给燧人氏一块生火的宝石；［W6956.1.2.4］燧人氏取火；［W6956.2.1.4.3.1］火龙太子教燧人氏取火方法。

③ 【瑶族】@［W6952.2.6］盘古送火；［W6953.4.1.3］盘古皇摩擦一节节树木取火。

④ 【中华民族】@［W0767.2］祝融发明火；［W6953.5.2.2.3］祝融发明击石取火。

W 编码	母题描述	关联项
W6953.2.2.2.1	一对老公公和老婆婆造了火（一对老人造火）	【壮族】
W6953.2.2.3	一对兄妹发明火	
W6953.2.2.3.1	洪水后，一对兄妹发明摩擦取火	【高山族（排湾人）】
W6953.2.2.4	一对男女发明火	
W6953.2.2.4.1	后生名麻堵和姑娘名麻团引燃火花旁的干草与树叶得火	【景颇族】
W6953.2.3	动物发明火	
W6953.2.3.1	猴子发明火	［W6951.7.1.1］猴子从雷劈的树中发现火
W6953.2.3.1.1	人从猴子那里学会用火	【傣族】
W6953.2.3.1.2	弃婴变成猴子后碰撞两块石头发现了火	【傣族】
W6953.2.3.1.3	红毛短尾巴的猴子发明火	【珞巴族】
W6953.2.3.2	癞蛤蟆发明火	
W6953.2.3.2.1	癞疙宝（癞蛤蟆）在树上磨石头磨出火	【羌族】
W6953.3	钻木取火（钻石取火）	【汤普森】A1414.1.1
W6953.3.1	钻木取火的产生	
W6953.3.1.1	受到鸟啄木头的启发发明钻木取火	
W6953.3.2	钻木取火者（钻木取火的发明者；钻石取火者）	
W6953.3.2.0	盘古钻木取火	【汉族、壮族等】
W6953.3.2.1	燧人氏钻木取火	【民族，关联】①
W6953.3.2.1.1	燧人氏钻木取火教万民	【汉族】
W6953.3.2.1.2	一个聪明人发明了钻木取火方法，尊称为“燧人氏”	【中华民族】
W6953.3.2.1a	燧人钻木取火	【汉族】@［W6959.3.9.6.1］燧人初作燧火

① 【汉族】@［W6953.2.1.2］燧人氏发明火；［W6953.3.6.2.1.1］燧人氏钻燧取火，以化腥臊。

W 编码	母题描述	关联项
W6953.3.2.1b	燧人钻木燧取火（燧人氏钻木燧取火）	【汉族】@［W6953.3.6.2.1.1］燧人氏钻燧取火，以化腥臊
W6953.3.2.1c	燧人下察五木以为火	【汉族】
W6953.3.2.1d	燧王钻木取火种	【毛南族】
W6953.3.2.2	伏羲女娲钻木取火	【汉族】
W6953.3.2.2.1	伏羲钻木取火	【汉族】
W6953.3.2.3	炎帝钻木取火	【汉族】
W6953.3.2.3.1	炎帝有钻火之术	【汉族】
W6953.3.2.4	黄帝钻木取火	【汉族】
W6953.3.2.4a	黄帝钻燧生火	【汉族】
W6953.3.2.5	人祖爷和人祖奶奶钻木取火	【汉族】
W6953.3.2.6	有智慧的人发明钻木取火	【汉族】
W6953.3.2.7	黎用钻木头的办法取火	【汉族】
W6953.3.3	钻木取火的方法（钻木取火的情形）	
W6953.3.3.0	钻木取火方法的获得	【关联】①
W6953.3.3.0.1	人向黑蜂学会钻木取火	【彝族】
W6953.3.3.0.1a	人向啄木鸟学会钻木取火	【汉族】
W6953.3.3.0.1b	燧人氏受鸟用长嘴在树上敲虫子吃的启发知道钻木取火	【汉族】
W6953.3.3.0.2	神教人钻木取火	
W6953.3.3.0.2.1	太白金星教人钻木取火	【彝族】
W6953.3.3.0.2.2	天帝策格兹教给阿普笃慕钻木取火的方法	【彝族】
W6953.3.3.0.3	到燧明国学会钻木取火方法	【汉族】
W6953.3.3.1	几个人骑在一棵大树上用小树枝钻木取火	【汉族】
W6953.3.3.2	用春杨夏柘取火	【汉族】

① ［W6953.4.0］摩擦取火方法的获得；［W6953.5.2.6.0］击石取火方法的获得。

W 编码	母题描述	关联项
W6953.3.3.2.1	燧人氏夏取枣杏之火	【汉族】
W6953.3.3.3	用秋杏冬檀取火星	【汉族】
W6953.3.3.4	用干燥的树枝钻一段木头取火	【汉族】
W6953.3.3.4a	燧人氏用小树枝钻磨大树枝取火	【汉族】
W6953.3.3.4b	用一根硬木枝在燧木上钻木取火	【中华民族】
W6953.3.3.5	用特定的树枝钻木取火	
W6953.3.3.5.1	洪水幸存的兄妹把树枝折断钻取火种	【高山族（排湾）】
W6953.3.3.6	用干蒿子秆儿钻枯木取火	【彝族】
W6953.3.4	钻木取火的工具	
W6953.3.4.1	用尖石头钻木取火	【汉族】
W6953.3.5	钻木取火的结果	
W6953.3.5.1	人发明钻木取火后，开烘炉打制出了铁铲	【汉族】
W6953.3.6	与钻木取火有关的其他母题	
W6953.3.6.1	锯木产生火	【侗族】
W6953.3.6.2	钻燧取火	
W6953.3.6.2.1	燧人氏钻燧取火	
W6953.3.6.2.1.1	燧人氏钻燧取火，以化腥臊	【中华民族】
W6953.3.6.3	钻木取火的时间	
W6953.3.6.3.1 *	钻木取火的时间应该晚于从山林里取天然的雷火	【中华民族】
W6953.4	摩擦产生火（摩擦取火）	【高山族（排湾人）】
W6953.4.0	摩擦取火方法的获得	［W6953.5.2.6.0］击石取火方法的获得
W6953.4.0.1	受动物启发摩擦生火	
W6953.4.0.1.1	受苍蝇搓腿启发发明摩擦生火	【独龙族】
W6953.4.0.2	特定人物教人摩擦取火	
W6953.4.0.2.1	神仙梦授用二块竹片相摩擦取火	【高山族】

W 编码	母题描述	关联项
W6953.4.0.2.2	天上的人告诉人竹片摩擦取火的方法	【景颇族】
W6953.4.0.2.3	雷告诉人把藤子用力在木头上拉取火	【佤族】
W6953.4.0.2.4	火神王告诉人摩擦取火方法	【景颇族】
W6953.4.0.3	集体智慧发明摩擦取火	【高山族】
W6953.4.0.4	受摩擦发热的启示摩擦取火	【仡佬族】
W6953.4.0.5	雷告诉小鸟摩擦取火的方法	【佤族】
W6953.4.0.6	火神告诉摩擦取火的方法	【景颇族】
W6953.4.0.7	苍蝇告诉摩擦取火的方法	
W6953.4.0.7.1	苍蝇告诉雷公、金龙及老虎摩擦两物取火	【水族】
W6953.4.1	摩擦木棍取火（摩擦树枝取火；摩擦木头取火）	【汤普森】A1414.1；【瑶族】【壮族】
W6953.4.1.0	人看见苍蝇以脚搓痒悟出以木棍摩擦生火之理	【关联】①
W6953.4.1.1	树干摩擦产生火	
W6953.4.1.1.1	用干树锯干竹取火	【佤族】
W6953.4.1.2	狂风时，树枝相互撞击、摩擦产生火	【高山族】
W6953.4.1.3	盘古皇摩擦一节节树木取火	【瑶族】
W6953.4.1.4	始祖布洛陀教人摩擦木头取火	【壮族】
W6953.4.1.5	用锯子锯树取火（用锯子锯木取火）	
W6953.4.1.5.1	王素用锯子锯珙桐树发出火	【侗族】
W6953.4.1.6	摩擦两节粗糙的树枝取火	【高山族】
W6953.4.1.7	树碰树磨出火	
W6953.4.1.7.1	大风刮的树碰树磨出火	【汉族】
W6953.4.2	摩擦竹片取火	【景颇族】

① ［W6953.1.3.1］苍蝇用脚相磨产生火；［W6953.4.11］木棍摩擦布片取火。

W 编码	母题描述	关联项
W6953.4.2.1	南木里（人名）学会用干竹片摩擦取火的办法	【景颇族】
W6953.4.2.2	女孩麻吐和男孩麻都摩擦两块竹片取火	【景颇族】
W6953.4.2a	摩擦木片取火	【壮族】@［W6955.7.4.2］两人造火放艾花，两块木头反复摩擦，冒出第一颗火星
W6953.4.3	藤子摩擦树干取火	［W6953.5.9.1］石头上击干藤取火
W6953.4.3.1	用藤拉干木取火	【珞巴族】
W6953.4.3.1.1	最早的一个男人木彭哥用藤子在树干上磨出火	【独龙族】
W6953.4.3.1.2	雷告诉人把藤子用力在木头上拉出火	【民族，关联】①
W6953.4.3.1.3	用粗糙的野藤与龟裂的树枝相互摩擦取火	【高山族（阿美）】
W6953.4.3.1.4	一对兄妹取野藤与树木用摩擦的方法取火	【高山族】
W6953.4.3.1.5	缠绕在树干上的古藤摩擦取火	【高山族】
W6953.4.3.1.6	女子牙东用藤篾腰箍来回拉干树产生火	【佤族】
W6953.4.3.1.7	藤子摩擦木头取火	【佤族】
W6953.4.3a	摩擦特定的树取火	
W6953.4.3a.1	用老树相摩擦取火	【壮族】
W6953.4.3b	用不同的树木摩擦取火	
W6953.4.3b.1	用樟树搓榕树造火	【壮族】
W6953.4.4	石头相磨取火（摩擦石头产生火；石磨摩擦取火）	【佤族】@［W6953.5.2］击石取火（撞击石头产生火）
W6953.4.4.1	九天女磨石头迸出的火星燃着干草产生了火	【满族】

① 【佤族】@［W6953.5.2.6.0.4.1］雷神教蚱蜢石头上敲击干藤取火；［W6956.1.4.5.1］蚱蜢求火时学会雷神摩擦取火的方法。

W 编码	母题描述	关联项
W6953.4.4.2	人弟弟和虎哥哥打猎时拿两块石头使劲摩擦擦出火星	【珞巴族】@［W6953.5.2.3.3a.1］大地生的普苏达东和罗马达当兄弟俩用石头相碰出现火花
W6953.4.4.3	磨转着空磨喷射出一股股火星子	【纳西族】
W6953.4.4.4	达蔫（男子名）拿石头猛擦石头，火星点着了火草取火	【佤族】
W6953.4.5	草摩擦石头取火	
W6953.4.5.1	草放在两块石头中间磨出火	【珞巴族】
W6953.4.5.2	石头和草碰在一起就会发出火星	【拉祜族】
W6953.4.6	摩擦火草取火	
W6953.4.6.1	牛角摩擦火草取火	【景颇族】@［W6953.5.5］铁、石和草相碰产生火（金属撞击石头产生火）
W6953.4.7	石头摩擦缸取火	
W6953.4.7.1	石头与摩擦木缸取火	
W6953.4.7.1.1	两兄妹把大木缸在石头上旋转取火	【拉祜族】
W6953.4.8	棍棒摩擦树取火	
W6953.4.8.1	干蒿枝棍在杉木上反复捅出火	【拉祜族】
W6953.4.9	木头摩擦石头取火	
W6953.4.9.1	石头搓木头产生火	
W6953.4.9.1.1	洪水后，阿仰兄妹用一块石板压在石头上搓木桠搓出火	【仡佬族】
W6953.4.9.2	竹子摩擦石头取火	【怒族】
W6953.4.10	叶子和树枝在石板摩擦生火	
W6953.4.10.1	人在石板上反复搓火麻叶和树枝，火麻叶产生火	【水族】
W6953.4.11	木棍摩擦布片取火	

W 编码	母题描述	关联项
W6953.4.11.1	洪水后，幸存的兄妹用木棍与麻布衣片摩擦出火	【独龙族】
W6953.4.12	其他摩擦取火的方法	［W6953.1.3.1］苍蝇用脚相磨产生火
W6953.4.13	摩擦取火的特征	
W6953.4.13.1	摩擦取火费力又繁杂	【高山族】
W6953.4.14	摩擦取火的结果	
W6953.4.14.1	摩擦取火成功	
W6953.4.14.2	摩擦取火不成功	
W6953.4.14.2.1	用野藤与树木摩擦取火不成功	【高山族】
W6953.4.15	与摩擦取火有关的其他母题	【关联】①
W6953.4.15.1	摩擦取火方法繁琐费力	【高山族】
W6953.4.15.2	用拉火棍取火	【汉族】
W6953.5	击打产生火（击打取火；撞击产生火）	【瑶族】@［W6953.2.3.1.2］弃婴变成猴子后碰撞两块石头发现了火
W6953.5.0	击打产生火的发明者	
W6953.5.0.1	神是击打产生火的发明者	
W6953.5.0.2	神性人物是击打产生火的发明者	
W6953.5.0.2.1	先人打石头时发明了火	【布依族】
W6953.5.0.2.2	盘古王的女儿用9样东西在黑石块上猛击发出火花点燃火草叶	【民族，关联】②
W6953.5.0.3	特定的人是击打产生火的发明者	
W6953.5.0.3.1	那是尤让发现撞击取火	【瑶族】
W6953.5.0.4	动物是击打产生火的发明者	
W6953.5.0.5	击打产生火的其他发明者	
W6953.5.1	滚石头时产生火	【傈僳族】

① ［W6953.1.1.1.1］雷神会摩擦取火；［W6956.1.4.5.1］蚱蜢求火时学会雷神摩擦取火的方法。

② 【布依族】@［W6953.4.6.1］牛角摩擦火草取火；［W6953.5.5］铁、石和草相碰产生火（金属撞击石头产生火）。

W 编码	母题描述	关联项
W6953.5.2	击石取火（撞击石头产生火；击石取火的产生）	【汤普森】≈A1414.3；【民族】①
W6953.5.2.0	击石取火的产生	
W6953.5.2.0.1	释迦牟尼受摔石头启发知道击石取火	【畲族】
W6953.5.2.1	神击石取火	
W6953.5.2.1.1	火神火耐用敲打石头的方法取火	【苗族】@［W6953.5.2.2.5］神人火耐发明击石取火
W6953.5.2.1.2	地母遮米麻（女始祖）用两块石头相碰得到第一个火种	【阿昌族】
W6953.5.2.2	神性人物击石取火	［W6953.5.2.0.1］释迦牟尼受摔石头启发知道击石取火
W6953.5.2.2.1	祖先击石取火	
W6953.5.2.2.1.1	第二代祖先勒灵捡来石块相碰迸出火星造火	【布依族】
W6953.5.2.2.1.2	伏羲兄妹用石头锤山石，锤出的火星点燃了火	【民族，关联】②
W6953.5.2.2.2	燧人氏击石取火	【民族，关联】③
W6953.5.2.2.2.1	燧人氏用太阳宫拿来的宝石发明击石取火	【汉族】
W6953.5.2.2.3	祝融发明击石取火	【汉族】@［W6958.1.2.1.2］祝融有火种
W6953.5.2.2.4	黎击石取火	
W6953.5.2.2.4.1	氏族酋长的儿子黎击石取火	【汉族】@［W6956.2.4.4.1］氏族酋长的儿子黎由钻木取火改为击石取火
W6953.5.2.2.5	神人火耐发明击石取火	【苗族】
W6953.5.2.3	特定的人击石取火	【彝族（撒尼）】

① 【布依族】【傣族】【独龙族】【羌族】【佤族】【裕固族】。

② 【汉族】@［W6953.1.2.1.1.1］伏羲和妹妹用石头锤山石，锤出火；［W6953.3.2.2］伏羲女娲钻木取火。

③ 【汉族】@［W6953.2.1.2］燧人氏发明火；［W6953.3.2.1b］燧人钻木燧取火（燧人氏钻木燧取火）。

W 编码	母题描述	关联项
W6953.5.2.3.0	特定人物告诉人击石取火	
W6953.5.2.3.0.1	螳螂告诉人击石取火	【傣族】
W6953.5.2.3.1	一个叫石燧的人击石产生了火	【壮族】@［W6953.5.2.2.2］燧人氏击石取火
W6953.5.2.3.2	一对父子击石取火	
W6953.5.2.3.2.1	知识广博的安王赞吉的父亲和儿子找来石头相撞打出了火	【裕固族】
W6953.5.2.3.2a	父母传授击石取火方法	【高山族】
W6953.5.2.3.3	一对兄妹击石取火	【高山族】
W6953.5.2.3.3.1	洪水后，幸存的兄妹发明击石取火	【高山族（阿美人）】
W6953.5.2.3.3.2	洪水后，一对兄妹受红鸟衔红铁坠地出火星的启发悟出击石取火	【苗族（花苗）】
W6953.5.2.3.3a	一对兄弟击石取火	
W6953.5.2.3.3a.1	大地生的普苏达东和罗马达当兄弟俩用石头相碰出现火花	【珞巴族】
W6953.5.2.3.3b	一对夫妻击石取火	
W6953.5.2.3.3b.1	一对夫妻把石头丢来丢去，发现石头碰在一起会发出一点火花	【高山族（阿美）】
W6953.5.2.3.3c	一对姐弟击石取火	
W6953.5.2.3.3c.1	姐弟俩用石打鸟偶然发现击石取火	【彝族】
W6953.5.2.3.4	鹿埃姆（人名）教人用石头互相撞击取火	【佤族】
W6953.5.2.3.5	小王子用石头打出火星	【乌孜别克族】
W6953.5.2.3.6	两个独龙年轻人玩耍石头时无意中创火种	【独龙族】
W6953.5.2.3.7	大伙儿去撬石头时石头碰石头，冒出火花	【布依族】
W6953.5.2.3.8	猎人击石取火	【傣族】
W6953.5.2.4	动物击石取火	

W 编码	母题描述	关联项
W6953.5.2.4.1	红毛短尾巴的猴子击石取火	【珞巴族】
W6953.5.2.4.2	猴妈妈击石取火	【彝族】
W6953.5.2.4.3	地母生的猴子撞击石头产生火	【珞巴族】
W6953.5.2.5	其他特定人物击石取火	
W6953.5.2.5.1	伏羲的妹妹和猴子拿石头打鸟，石头碰石头起火	【汉族】
W6953.5.2.6	击石取火的方法	
W6953.5.2.6.0	击石取火方法的获得	
W6953.5.2.6.0.0	特定人物发明击石取火法	
W6953.5.2.6.0.0.1	黎发明敲石头取火的方法	【汉族】
W6953.5.2.6.0.1	从打铁虫那里得到击石取火方法	【景颇族】
W6953.5.2.6.0.1a	人学蚱蜢知道石头上敲击干藤取火	【佤族】
W6953.5.2.6.0.2	太阳公主暗示击石取火方法	【汉族】
W6953.5.2.6.0.3	太上老君点化击石取火的新法	【汉族】
W6953.5.2.6.0.4	雷神教击石取火	
W6953.5.2.6.0.4.1	雷神教蚱蜢石头上敲击干藤取火	【佤族】
W6953.5.2.6.0.5	土地公公告诉人火种在石头中，人开始击石取火	【畲族】
W6953.5.2.6.1	石头击石头取火	
W6953.5.2.6.1.1	独眼人石头砸着石头溅出火星后知道了用火	【彝族】
W6953.5.2.6.2	两块石头相击取火	
W6953.5.2.6.2.1	地母用两块石头相碰找到火种	【阿昌族】
W6953.5.2.6.2.2	女娲的孩子“屯”移山填海时石块撞击发现火种	【汉族】
W6953.5.2.6.2.3	燧人氏用宝石击大石头后知道击石取火	【汉族】
W6953.5.2.6.3	石杵撞击石臼产生火	【高山族】
W6953.5.2.6.4	石板搓石头搓出火	【仡佬族】

W 编码	母题描述	关联项
W6953.5.2.6.5	拣硬岩石相撞击出火星	【苗族】
W6953.5.2.6.6	火石相击取火（击火石取火）	【水族】
W6953.5.2.6.6.1	熊英雄用火石互相敲打发出火，点着干草和腐烂的琐碎物	【哈萨克族】
W6953.5.2.6.6.2	火石击打小铜镯取火	【汉族】
W6953.5.2.6.6.3	火石击打小刀取火	【苗族】
W6953.5.2.6.7	偶然撞击石头得到火	【苗族】
W6953.5.2.6.8	击石燃草取火	
W6953.5.2.6.8.1	罕王击石燃艾草取火	【壮族】
W6953.5.2.6.9	击石取火的其他方法	
W6953.5.2.6.9.1	击石燃特定物取火	
W6953.5.2.6.9.1.1	黎用两块尖石头靠着芦花敲击取火	【汉族】@［W6953.4.4.4］达蔫（男子名）拿石头猛擦石头，火星点着了火草取火
W6953.5.2.6.9.1.1.1	黎用两块石头相击点燃芦花取火很方便	【汉族】
W6953.5.2.6.9.1.1.1a	祝融用盖子击打石罐下火星点燃芦花絮取火成功	【汉族】
W6953.5.2.6.9.1.2	击石燃烧干枯的落叶取火	【高山族】
W6953.5.2.6.9.2	用马牙石碰撞取火	【景颇族】
W6953.5.2.6.9.3	用太阳公主给的宝石碰撞取火	【汉族】
W6953.5.2.6.9.4	巨石相互撞击取火	【珞巴族】
W6953.5.2.6.9.5	击石出现火星后用树枝引火	【傣族】
W6953.5.2.6.9.5a	击石出现火星后用枯草引火	【高山族（阿美人）】
W6953.5.2.6.9.6	铁石击打岩石产生火	
W6953.5.2.6.9.6.1	一对兄妹用铁石打鸡时击在岩石微缝处产生的火星燃艾草发现火	【苗族（大花苗）】
W6953.5.2.6.9.7	白石相击取火	
W6953.5.2.6.9.7.1	白石相碰发出火花	【羌族】@［W6951.5.1］火在白石中

W 编码	母题描述	关联项
W6953.5.2.6.9.7a	火链打白石迸出火星	【纳西族】
W6953.5.2.6.9.7b	用力击打白石出来火星	【满族】
W6953.5.2.6.9.7c	黑石相击取火	［W6958.1.4.1.2］火种是黑石头
W6953.5.2.6.9.7c.1	人在生活实践中先后发现用一种黑色易剥裂的石块相互敲打能撞击出火星	【中华民族】
W6953.5.2.6.9.8	钻头碰击岩石溅出火星	【汉族】
W6953.5.2.7	与击石取火有关的其他母题	
W6953.5.2.7.1	老寿星雷姆会用石头生火	【壮族】
W6953.5.2.7.2	击石取火不成功	
W6953.5.2.7.2.1	击石取火的火星一眨眼就灭，点不燃干柴	【景颇族】
W6953.5.3	击木取火（击木产生火）	［W6958.1.1.9.2.2］敲击树木取得火种
W6953.5.3.1	雷击树木产生火	［W6958.1.1.9.2.1］雷劈树发现火种
W6953.5.3.1.1	雷击枯树产生火	【怒族】
W6953.5.3.1.1a	雷击古树产生火（雷击老树产生火）	【彝族（阿细）】
W6953.5.3.1.2	雷击森林产生火	【壮族】
W6953.5.3.1.2a	雷王劈森林产生火	【壮族】
W6953.5.3.2	鸟啄木产生火	
W6953.5.3.2.1	鸟啄西方燧明国的一棵大树发出火	【民族，关联】①
W6953.5.3.3	砍木取火	
W6953.5.3.3.1	布洛陀用神斧砍木取火	【壮族】
W6953.5.3.4	击打木棍取火	［W6953.4.1］摩擦木棍取火（摩擦树枝取火；摩擦木头取火）

① 【汉族】@［W6951.9.3.2］火在西方；［W6958.4.1.1.2］火镰源于西天边。

W 编码	母题描述	关联项
W6953.5.3.4.1	盘古教女娲击打木棍取火	【汉族】
W6953.5.3.5	击朽木取火	
W6953.5.3.5.1	人不意击打朽木发烟出火	【苗族（大花苗）】
W6953.5.3.5.2	打击糟木头取火	
W6953.5.3.5.2.1	毛猴用干篙枝棍戳糟木头产生火	【拉祜族】
W6953.5.4	刀撞击石头产生火	【珞巴族】
W6953.5.5	铁、石和草相碰产生火（金属撞击石头产生火）	【藏族】
W6953.5.5.1	召亚（人名）扔钥匙碰在石岩上的火星燃着一笼火草	【苗族】
W6953.5.6	火石击打铁片取火	
W6953.5.6.1	有个精灵用火石击打铁片发明了火	【珞巴族】
W6953.5.6.1.1	有个长得像人的乌佑用火石击打铁片发明火	【珞巴族】
W6953.5.6.2	石头与铁巴打出火	【彝族】
W6953.5.6a	铁击撞石头取火	
W6953.5.6a.1	一对兄妹看到乌衔块旧铁击撞石头迸出火星，发现取火方法	【苗族（花苗）】
W6953.5.7	击卵取火	
W6953.5.7.1	光轮敲打发亮的卵产生火	【藏族】
W6953.5.8	石头上击毛取火	
W6953.5.8.1	猴子在石头上敲击猴毛敲出火	
W6953.5.8.1.1	红毛短尾巴猴子把身上的毛放一块大岩石上用一块石头敲出火	【珞巴族】
W6953.5.9	与击打产生火有关的其他母题	
W6953.5.9.1	石头上击干藤取火	【佤族】@［W6956.2.1.1.2.1］雷神教人在石头上敲击干藤取火
W6953.5.9.2	用石头敲击毛发取火	【珞巴族】

W 编码	母题描述	关联项
W6953.5.9.2a	石头敲硬果产生火	【彝族】
W6953.5.9.3	用火铳打火	
W6953.5.9.3.1	龙教人用火铳打火	
W6953.5.9.3.1.1	天上的老龙教地上的第三代人用火铳打火	【彝族】
W6953.6	寻找火（通过寻找发现火）	
W6953.6.1	找火者（火的寻找者）	【关联】①
W6953.6.1.1	祖先找火	
W6953.6.1.1.1	人祖兄妹找到一粒火种	【傈僳族】
W6953.6.1.2	最早的一代人独眼人找到火种	【彝族】
W6953.6.1.3	鸟找火	
W6953.6.1.3.1	山雀找到火种	【黎族】
W6953.6.1.3.2	小鸟找到火种	【高山族】
W6953.6.1.4	神农找火	
W6953.6.1.4.1	神农寻找天火	【汉族】
W6953.6.1.5	其他特定的找火者	
W6953.6.1.5.1	老天爷的儿子阏伯找火	【汉族】
W6953.6.1.6	特定身份的人找火	
W6953.6.1.6.1	智慧老人萨吉阿代·乌博盖恩第一个用火镰从燧石里敲出了火星	【蒙古族（布里亚特）】
W6953.6.1.7	与找火者有关的其他母题	［W6956.1.3］人取火（特定的人取火种；特定名称的人取火；人作为取火者）
W6953.6.2	找火的地点	
W6953.6.2.0	找火地点的获得	
W6953.6.2.0.1	特定人物告诉取火地点	
W6953.6.2.0.1.1	燕子告诉火种地点	【回族】
W6953.6.2.1	从天上找到火	

① ［W6956.1.2.4.3］燧人氏找火；［W6956.1.3.3.5］钟郎寻找被火龙吸去的火。

W 编码	母题描述	关联项
W6953.6.2.1.1	到天上的太阳宫找火	【汉族】@［W6953.5.2.2.2.1］燧人氏用太阳宫拿来的宝石发明击石取火
W6953.6.2.2	从地上找到火	【傈僳族】
W6953.6.3	找火的方法	
W6953.6.4	找火的结果	
W6953.6.5	与找火有关的其他母题	
W6953.6.5.1	找火的帮助者	
W6953.6.5.1.1	燕子帮人找火	【回族】
W6953.6.5.1.2	小鸟帮人找火	
W6953.6.5.1.2.1	捕鱼的小鸟告诉找火的兄妹黑石、白石里面有火	【苗族】
W6953.6.5.2	向特定人物要火（要挟特定人物给火）	
W6953.6.5.2.1	捉雷公要火	
W6953.6.5.2.1.1	燧人氏拉住雷神向他要火	【汉族】
W6953.7	与火的发明制造有关的其他母题	［W6149.3.2.2］熟食的产生
W6953.7.1	火是偶然发现的	
W6953.7.2	造火时扇风	
W6953.7.2.1	钻木取火时，蝴蝶翅膀扇出火苗	【彝族】
W6953.7.3 *	火的发明是一种文化	【多民族】
W6955	**与火的产生有关的其他母题**	
W6955.1	火是变化产生的（变化产生火）	
W6955.1.1	特定的人物变成火	
W6955.1.1.1	天女变成火	
W6955.1.1.1.1	管火种的天女阿晅变成的石山成为火种	【水族】
W6955.1.2	特定的物变成火	

W 编码	母题描述	关联项
W6955.1.2.1	神的怒气变成火	
W6955.1.2.2	冰变成火	
W6955.1.2.3	眼睛变成火	
W6955.1.2.3.1	死去的乌佑波隆索波的眼睛变成火	【珞巴族】
W6955.2	火是交换来的（交换产生火）	
W6955.2.1	人与神交换得到火	
W6955.2.2	人与人交换得到火	
W6955.2.3	人与动物交换得到火	［W9958］交换
W6955.2.3.1	人与动物交换肢体换来火	
W6955.2.3.1.1	人用翅膀从无翅膀的鸟那里换来火	【傣族】
W6955.2.3.1.1.1	猎人用翅膀换得飞罗鸟的火	【傣族（布角人）】@［W6951.8.4.1］不会飞翔的飞罗鸟有火
W6955.2.3.1.2	人用翅膀从老鹰那里换来了火	【景颇族】
W6955.2.3.1.3	人用翅膀向鼠换火种	【拉祜族】
W6955.2.3.1.4	人用翅膀与飞猡（飞鼠）交换得到火	【哈尼族】
W6955.2.4	动物与动物交换得到火	
W6955.2.4.1	猴子用皮毛从飞鼠那里换来了火	【拉祜族】
W6955.2.5	与交换得到火有关的其他母题	
W6955.2.5.1	毛猴用一身茸毛换取火种	【拉祜族】
W6955.3	特定物演化成火	［W6955.1］火是变化产生的（变化产生火）
W6955.3.1	阳气聚集成为火	【汉族】
W6955.3.1.1	积阳之热气生火	【汉族】
W6955.4	化身融合产生火	
W6955.4.1	人与山融化为火	

W 编码	母题描述	关联项
W6955.4.1.1	女始祖与大山熔为一体后产生火	【纳西族】
W6955.4.2	铁、石和草相拼形成火	
W6955.4.2.1	父亲是铁的化身，母亲是石的化身，儿子是草的化身，铁、石和草相拼形成了火	【藏族】
W6955.4.3	木、火、土、铁、水化合的卵产生火	
W6955.4.3.1	赤杰曲巴用一个光轮敲打木、火、土、铁、水化合的卵化合的发亮的卵，产生火	【藏族】
W6955.5	借火	
W6955.5.1	伏羲从雷神那里借火种	【汉族】@［W6958.7.10.2.1］火种存放在雷神府的金盆中
W6955.6	通过巫术产生火	
W6955.6.1	靠口诀产生火	［W6958.8.5.1.2］有口诀灭火
W6955.6.1.1	燧人氏拿起龙须一念口诀就出火	【汉族】
W6955.6.2	巫师的儿子用弯刀在地上砍三下生出三塘火	【彝族】
W6955.7	造火	
W6955.7.1	造火的原因	
W6955.7.2	造火的时间	
W6955.7.3	造火的地点	
W6955.7.3.1	木缸中造火	【拉祜族】
W6955.7.3.2	到山上造火	【壮族】
W6955.7.3.3	在艾草根下造火	【壮族】
W6955.7.3.4	在无花果树下造火	【壮族】
W6955.7.4	造火的方法	
W6955.7.4.1	通过转动木缸造火	【拉祜族】

W 编码	母题描述	关联项
W6955.7.4.2	两人造火放艾花，两块木头反复摩擦，冒出第一颗火星	【壮族】
W6955.7.5	造火者	【关联】①
W6955.7.5.0	神造火	
W6955.7.5.0.1	腾格里创造火（天神造火）	【蒙古族】
W6955.7.5.1	兄妹造火	【拉祜族】
W6955.7.5.2	龙女造火	
W6955.7.5.2.1	龙女舞宝剑产生火	【苗族】
W6955.7.5.3	布洛陀的儿子甘歌造火	【壮族】
W6955.7.6	造火的结果	
W6955.7.7	与造火有关的其他母题	[W6953.4.7] 石头摩擦缸取火
W6955.7.7.1	人们把木缸造火说成钻木取火	【拉祜族】
W6955.8	火的产生的时间（火的产生时间）	
W6955.8.1	火的产生历史悠久	
W6955.8.1.1 *	从100多万年前的元谋人到50万年前的北京人都有用火的遗迹	【中华民族】
W6955.8.1.2 *	距今8000年左右的跨湖桥文化遗址中已有弓钻取火的工具	【中华民族】@ [W6956.2.2.4] 用弓取火
W6955.8.1.3	天地分离时产生火	【蒙古族】
W6956	**取火**②	
W6956.0	取火的原因（取火的背景）	
W6956.0.1	因世界黑暗取火	
W6956.0.1.1	为照亮黑夜取火种	【纳西族】
W6956.0.1.2	为让黑夜也变成白天找寻火种	【纳西族】
W6956.0.2	因火丢失取火	

① [W6953.2] 火的发明者（火是发明的；造火者）；[W6953.2.2.2] 一对夫妻造火。

② 取火，据考古资料，距今5万—1万年的晚期智人，已进入旧石器时代晚期。人工取火是该时代两大重要发明之一。

W 编码	母题描述	关联项
W6956.0.3	发现火是好东西后取火	
W6956.0.4	为生产取火	
W6956.0.4.1	为烧荒种地，兄妹俩到天上取火种	【佤族】
W6956.1	取火者（取火种者；盗火者）	
W6956.1.0	取火的原因（盗火的原因）	
W6956.1.0.1	为造福众生盗火	【水族】
W6956.1.1	神取火（神取火种）	
W6956.1.1.1	山神取火	【黎族】
W6956.1.1.2	女神扎深木和男神江求深巴从天神那里取火种	【门巴族】
W6956.1.1.3	火神的孩子是取火者	【羌族】
W6956.1.1.4	闪电娘娘盗火根	【汉族】@［W6956.1.9.2.1］闪电娘娘取得火种烧自身
W6956.1.2	神性人物取火（神性人物取火种）	
W6956.1.2.1	神鸟取火	【高山族】@［W6956.1.4.1］鸟取火
W6956.1.2.1.1	神鸟将火种送给布农人	【高山族（布农人）】
W6956.1.2.2	文化英雄取火	【裕固族】
W6956.1.2.2a	天女盗火	［W6958.1.1.1.7.1］天女在人间发现了火种
W6956.1.2.2a.1	天上管火种的仙女阿晅把天上的火种偷给凡间	【水族】
W6956.1.2.3	祖先取火	【傈僳族】
W6956.1.2.3.1	兄妹始祖取火种	【佤族】
W6956.1.2.3.2	男始祖布洛陀为人取火	【壮族】
W6956.1.2.3.3	黎母取火种	【黎族】@［W6952.1.5.2.1］黎母向雷公借来火种

W 编码	母题描述	关联项
W6956.1.2.3.4	男始祖布洛陀取火种	【壮族】
W6956.1.2.3.5	女娲取火	【汉族】
W6956.1.2.3.5a	伏羲取火	［W6953.3.2.2.1］伏羲钻木取火
W6956.1.2.3.5a.1 *	伏羲取得的火大约是大雷雨后山林里燃烧起来的天然火	【中华民族】
W6956.1.2.3.5a.2	伏羲盗玉皇的火种	【汉族】
W6956.1.2.3.5a.3	伏羲把山林间自然发生的雷火送给人类	【汉族】
W6956.1.2.4	燧人氏取火	【关联】①
W6956.1.2.4.1	燧人氏从火龙太子那里得到火	【汉族】@［W6956.2.1.4.3.1］火龙太子教燧人氏取火方法
W6956.1.2.4.2	燧人氏从太阳公主那里得到火	【汉族】@［W6951.5.3.1］太阳公主给燧人氏一块生火的宝石
W6956.1.2.4.3	燧人氏找火	
W6956.1.2.4.3.1	燧人氏领着人到处找火	【汉族】
W6956.1.2.4.3.2	燧人氏骑大鸟到太阳宫找火	【汉族】@［W6953.6.2.1.1］到天上的太阳宫找火
W6956.1.2.4.4	燧王取火	【毛南族】
W6956.1.2.5	妖魔取火	
W6956.1.2.5.1	风魔涅龙也崩取来火种	【珞巴族】
W6956.1.2.6	巨人取火	
W6956.1.2.6.1	巨人布和都到太阳神那里取火	【汉族】
W6956.1.2.7	英雄盗火	
W6956.1.2.7.1	英雄许瓦增古苴到鬼地盗火	【纳西族】
W6956.1.2.8	释迦牟尼找火种	
W6956.1.2.8.1	火种再次丢失后，释迦牟尼又去找火种	【畲族】

① ［W0738］燧人氏；［W6953.2.1.2］燧人氏发明火。

W 编码	母题描述	关联项
W6956.1.2.9	其他特定神性人物取火	
W6956.1.2.9.1	火神的儿子取火	
W6956.1.2.9.1.1	天上的火神与女首领的儿子燃比娃到天上取火	【羌族】
W6956.1.3	人取火（特定的人取火种；特定名称的人取火；人作为取火者）	
W6956.1.3.1	特定体征的人取火	
W6956.1.3.1.1	第一代独眼人找到火	【彝族】@［W2828］独眼人
W6956.1.3.2	特定本领的人取火（特定身份的人取火）	
W6956.1.3.2.1	取天火者是女首领阿勿巴吉吃了天庭火神蒙格西孕生的儿子	【羌族】
W6956.1.3.3	有名字的人取火（特定名字的取火者）	
W6956.1.3.3.1	阿丹找火种（阿丹取火）	【回族】
W6956.1.3.3.1.1	众人派年轻的小伙子阿丹寻找火种	【回族】
W6956.1.3.3.1a	阿当找火种（阿当取火）	【回族】
W6956.1.3.3.2	布洛陀取火	【壮族】
W6956.1.3.3.2.1	布洛陀取回雷公劈倒大榕树产生的火种	【壮族】
W6956.1.3.3.3	斋瓦取火	【景颇族】
W6956.1.3.3.4	高辛三公主的三儿子雷豹为人类找火	【畲族】
W6956.1.3.3.5	钟郎寻找被火龙吸去的火	【畲族】@［W6958.8.2.1.1］火龙游到地上吸光地上的火
W6956.1.3.3.6	商伯取火（商伯取天火）	【汉族】@［W6956.2.2.1.1］商伯用一根蒿草绳点着火把火种带到人间
W6956.1.3.3.7	索蒿到天上要火种	【苗族】

W 编码	母题描述	关联项
W6956.1.3.3.8	小伙艾多在小松鼠帮助下取到火种	【布朗族】
W6956.1.3.4	其他特定的人取火	
W6956.1.3.4.1	年轻人取火	
W6956.1.3.4.1.1	除妖的年轻人取火	【裕固族】
W6956.1.3.4.2	孤儿取火	
W6956.1.3.4.2.1	孤儿岩多到远方取火	【布朗族】@［W6952.4.1.1］远方飞来的鸟送火种
W6956.1.3.4.3	兄妹取火	【佤族】
W6956.1.3.4.4	鹰蛋女取火	【纳西族】
W6956.1.3.4.5	盘古的女儿找到火	【布依族】
W6956.1.3.4.6	其他女子取火	
W6956.1.3.4.6.1	金石化身的女子为女娲上天取得太阳火	【汉族】
W6956.1.4	动物取火（动物取火种）	【民族，关联】①
W6956.1.4.0	动物到天神恩体谷兹家取火	【彝族】@［W6958.7.11.1.1］火在天上
W6956.1.4.1	鸟取火	【民族，关联】②
W6956.1.4.1.1	燕子取火	［W6953.6.5.1.1］燕子帮人找火
W6956.1.4.1.1.1	燕子到天上盗火种	【蒙古族】
W6956.1.4.1.1.2	燕子冒险为人类弄到第一把火	【蒙古族（布里亚特）】
W6956.1.4.1.2	古尤西鸟叼来火种	【高山族（曹人）】
W6956.1.4.1.3	鹰取火	［W6958.1.2.3.2.1］以前只有老鹰有火
W6956.1.4.1.3.1	阿布卡赫赫让一只母鹰从太阳那里为人取火	【满族】

① 【高山族】【汉族】【蒙古族】【佤族】【壮族】@［W6952.4］动物给人火；［W6958.8.5.3］动物取火半途熄灭。

② 【高山族】【佤族】@［W6956.1.2.1］神鸟取火；［W6958.1.1.2.4］鸟取火种；［W6958.2.1.3.1］鸟为人类取火石。

W 编码	母题描述	关联项
W6956.1.4.1.3.2	鹰从太阳那里取火	【蒙古族（雅库特）】
W6956.1.4.1.4	飞鸟叼来火种	【高山族（布农人）】
W6956.1.4.1.5	海皮斯鸟把火取	【高山族（布农人）】
W6956.1.4.1.6	蝙蝠盗火	
W6956.1.4.1.6.1	蝙蝠为人类到太阳那里偷来火种	【纳西族】
W6956.1.4.1.7	山雀找来火	
W6956.1.4.1.7.1	山雀找来火放在自己的草窝里燃烧，人有了火种	【黎族】
W6956.1.4.1.8	猫头鹰找雷神求火	【佤族】
W6956.1.4.1.9	其他特定的鸟取火	
W6956.1.4.1.9.1	小鸟“哈北丝”取火	【高山族】
W6956.1.4.2	狗取火种	
W6956.1.4.3	萤火虫取火	
W6956.1.4.3.1	萤火虫祖宗把火种带到沙石关	【苗族】
W6956.1.4.3.2	萤火虫传火种	【壮族】
W6956.1.4.3.2a	萤火虫为人偷火	【壮族】
W6956.1.4.4	羊取火	
W6956.1.4.4.1	羚羊从海的对岸取火	【高山族】
W6956.1.4.5	蚱蜢取火	
W6956.1.4.5.1	蚱蜢求火时学会雷神摩擦取火的方法	【佤族】
W6956.1.4.6	蜈蚣取火	
W6956.1.4.6.1	蜈蚣把天火带到下界	【壮族】
W6956.1.4.7	火亮虫取火	
W6956.1.4.7.1	火亮虫的火星是天上背来的	【佤族】
W6956.1.4.8	猴子取火种	【拉祜族】【彝族】
W6956.1.4.9	其他特定动物取火	
W6956.1.4.9.1	瘦羌（动物名）取火	【高山族】

W 编码	母题描述	关联项
W6956.1.5	多种人物共同取火	
W6956.1.6	其他特定的取火者	
W6956.1.7	取火的帮助者	
W6956.1.7.1	神作为取火的帮助者	
W6956.1.7.1.1	弥勒大神帮助人们取火	【朝鲜族】
W6956.1.7.2	神性人物作为取火的帮助者	
W6956.1.7.2.1	洪钧老祖帮助盘老大到天上取火	【苗族】
W6956.1.7.2.2	仙女帮取火者取火	
W6956.1.7.2.2.1	仙女变成小白鹿帮阿扎取火	【哈尼族】
W6956.1.7.3	特定的人作为取火的帮助者	
W6956.1.7.4	动物作为取火的帮助者	
W6956.1.7.4.1	萤火虫帮助取火	【高山族】
W6956.1.7.4.2	喜鹊、老鼠、乌鸦帮人取火	【彝族】
W6956.1.7.4.2.1	老鼠同意帮人偷火种	【纳西族】
W6956.1.7.4.2.2	松鼠帮人取火	【布朗族】
W6956.1.7.4.2.3	喜鹊帮人取火	【羌族】
W6956.1.7.4.2a	青蛙、鹰、喜鹊、老鼠帮人击石取火	【彝族】
W6956.1.7.4.3	马帮人找火种	【回族】
W6956.1.7.4.4	鸟帮燧人氏取火	【汉族】
W6956.1.8	取火的引导者	
W6956.1.8.1	白鹿引导人取火种	【哈尼族】
W6956.1.9	与取火者有关的其他母题	
W6956.1.9.0	取火者的身份	
W6956.1.9.0.1	取火者是火神的儿子	【羌族】
W6956.1.9.1	不成功的取火者	
W6956.1.9.1.1	青蛙取火不成功	【高山族（布农人）】
W6956.1.9.1.2	熊取火不成功	【高山族】

W 编码	母题描述	关联项
W6956. 1. 9. 1. 3	老鼠取不到火种	【纳西族】
W6956. 1. 9. 2	取火者献身	【纳西族（摩梭）】@［W6957. 2. 6. 4］盗火者献身（盗火者体征的变化）
W6956. 1. 9. 2. 1	闪电娘娘取得火种烧自身	【汉族】
W6956. 1. 9. 2. 2	取火者化为火	【纳西族（摩梭）】
W6956. 1. 9. 2. 2. 1	鹰蛋女找到火种把火球紧紧地搂抱在怀里，自己烧成了一个火球	【纳西族】
W6956. 1. 9. 3	纪念取火者	
W6956. 1. 9. 3. 1	独龙人为纪念以生命换火种者，各家各户火塘里都要插三个石头	【独龙族】
W6956. 2	取火方法（取火的方法）①	
W6956. 2. 1	取火方法的获得	
W6956. 2. 1. 1	神教人取火方法	【瑶族】
W6956. 2. 1. 1. 1	天神教人取火方法	
W6956. 2. 1. 1. 1. 1	最早的一个男人木彭哥祷告天神求得取火方法	【独龙族】
W6956. 2. 1. 1. 2	雷神教人取火方法	【佤族】
W6956. 2. 1. 1. 2. 1	雷神教人在石头上敲击干藤取火	【佤族】
W6956. 2. 1. 1. 3	从恼土等神教人取火	【瑶族】@［W6958. 6. 2. 1. 2］从恼土等神教人用火
W6956. 2. 1. 1. 4	太白神教人取火方法	
W6956. 2. 1. 1. 4. 1	太白神变成大黑蜂蜇木头，左右钻三钻木头就冒烟，人学会钻木取火	【彝族】
W6956. 2. 1. 1. 5	女神教人取火	
W6956. 2. 1. 1. 5. 1	女神教人敲击白石点燃艾绒取火	【苗族】
W6956. 2. 1. 2	神性人物教人取火方法	

① 取火方法（取火的方法），关于取火的方法经常与“火的产生”“造火”“火的发明”“取火者”等母题联系在一起。此处依据神话分析中的习惯做法加以单列。

W 编码	母题描述	关联项
W6956.2.1.2.1	太上老君教人击石取火	【汉族】
W6956.2.1.3	特定的人教人取火方法	
W6956.2.1.3.1	伏羲偷偷从妹妹那里学会造火	【瑶族】@［W6953.1.2.2］伏羲的妹妹造火
W6956.2.1.3.2	远方的人教人取火	
W6956.2.1.3.2.1	一个远方的旅客教会遂明国的人怎样取火	【汉族】
W6956.2.1.4	动物教人取火方法	
W6956.2.1.4.1	动物偷来取火的办法	
W6956.2.1.4.1.1	动物勒眯从天神那里为人偷来击石取火方法	【彝族】
W6956.2.1.4.2	受动物启发知道取火方法	
W6956.2.1.4.2.1	人受苍蝇用脚相磨产生火的启示知道取火方法	【独龙族】
W6956.2.1.4.2.2	人受黑蜂刺蜇木头的启发知道取火方法	【彝族】@［W6956.2.1.1.4.1］太白神变成大黑蜂刺蜇木头，左右钻三钻木头就冒烟，人学会钻木取火
W6956.2.1.4.2.3	兄妹两人受萤火虫启示用两根树枝相摩擦	【高山族（鲁凯人）】@［W6956.1.4.3］萤火虫取火
W6956.2.1.4.3	龙教人取火	［W6953.5.9.3.1］龙教人用火铳打火
W6956.2.1.4.3.1	火龙太子教燧人氏取火方法	【民族，关联】①
W6956.2.1.4.3.2	恶龙为求饶命告诉取火者取火之法	【回族】
W6956.2.1.4.4	牛告诉人取火方法	【景颇族】
W6956.2.1.5	太阳告诉人取火方法	【珞巴族】
W6956.2.1.6	通过偷窥获得取火方法	

① 【汉族】@［W6952.4.2］火龙传火；［W6956.1.2.4.1］燧人氏从火龙太子那里得到火。

W 编码	母题描述	关联项
W6956.2.1.6.1	动物勒眯用腋窝下的眼睛偷看到天神用一块石头与铁巴打火，用火草绒点燃	【彝族】
W6956.2.1.7	获得取火方法的其他情形	
W6956.2.1.8	与获得取火方法有关的其他母题	【关联】①
W6956.2.2	取火的工具（用特定工具取火；取火的用品）	
W6956.2.2.0	以前，没有取火工具	【汉族】
W6956.2.2.1	用草绳取火	
W6956.2.2.1.1	商伯用一根蒿草绳点着火把火种带到人间	【汉族】
W6956.2.2.2	用树皮取火	
W6956.2.2.2.1	先人用树皮把火接住石头迸出的火	【布依族】
W6956.2.2.3	用石取火	［W6953.3.4.1］用尖石头钻木取火
W6956.2.2.3.1	太阳告诉人用石取火	【珞巴族】
W6956.2.2.4	用弓取火	
W6956.2.2.5	用火把取火	
W6956.2.2.5.1	天神用一把油竹伸入炉中燃成一炬火把交给来天上取火的儿子	【羌族】
W6956.2.2.6	用其他特定物取火	
W6956.2.2.7	与取火工具有关的其他母题	［W6953.3.4］钻木取火的工具
W6956.2.3	综合性的取火方法	
W6956.2.3.1	洪水幸存者武吾劈柴，找火石、火草、火链后燃起篝火	【彝族】@［W6958.6.4.1］居木伍午（人名）劈一根干树枝，从喜鹊那里找来火石，从老鼠那里找来生火用的火草，从乌鸦那里找来火镰，烧起一小堆篝火

① ［W6953.3.3.0］钻木取火方法的获得；［W6953.4.0］摩擦取火方法的获得；［W6953.5.2.6.0］击石取火方法的获得。

W 编码	母题描述	关联项
W6956.2.3.2	取火要克服重重难关	
W6956.2.3.2.1	取火种要昼夜兼程并凿通神山	【纳西族】
W6956.2.4	与取火方法有关的其他母题	【关联】①
W6956.2.4.1	母鹰从太阳那里把光和火装进羽毛里带给人类	【满族】@［W6956.1.4.1.3.1］阿布卡赫赫让一只母鹰从太阳那里为人取火
W6956.2.4.2	阿丹取火种时把火种装在雷公斧背上的盒子里	［W6958.1.2.1.1.1］火种装在雷公斧背上的盒子里
W6956.2.4.3	特定时间取特定地方的火	
W6956.2.4.3.1	燧人氏夏取枣杏之火	【汉族】
W6956.2.4.4	取火方法的改进	
W6956.2.4.4.1	氏族酋长的儿子黎由钻木取火改为击石取火	【汉族】
W6956.2.4.5	人工取火	
W6956.2.4.5.1	古史传说中，人工取火的发明者是人类的圣王燧人氏	【中华民族】
W6956.2.4.5.2	人用坚硬而尖锐的木头钻另一块硬木，钻出火星，掌握了人工取火的方法	【中华民族】
W6956.2.4.5.3	人把燧石敲敲打打，敲出火来，最终掌握了人工取火的方法	【中华民族】
W6956.3	取火过程（取火的经历；取火的情形）	
W6956.3.0	取火的准备（取火前的准备）	［W6957.4.1］盗火前的准备
W6956.3.0.1	取火前准备工具粮草	【布朗族】
W6956.3.1	取火经历巨大艰辛	
W6956.3.1.0	取火艰辛的综合描述	
W6956.3.1.0.1	取火时，逢岩攀登，遇水飞渡，经三年三月，精疲力竭却不知火在何处	【羌族】

① ［W6953.3］钻木取火（钻石取火）；［W6953.4］摩擦产生火（摩擦取火）；［W6953.5］击打产生火（击打取火）。

W 编码	母题描述	关联项
W6956.3.1.0.2	取火者越七十七坡，渡七十七河，穿七十七个森林，均未见有火种	【回族】
W6956.3.1.0.3	取火者逢山爬山，有河涉水，不知轮回了多少岁月，累倒死而复生九十九次，找到火	【布朗族】
W6956.3.1.1	取火路途遥远	
W6956.3.1.1.1	取火路上要经过 99 座悬崖	【布朗族】
W6956.3.1.1.2	取火种要攀过 999 堵峭壁	【哈尼族】
W6956.3.1.1.3	凿通神山才能找到火种	【纳西族】
W6956.3.1.2	渡海取火	
W6956.3.1.2.1	人渡海取火被滚滚波涛阻挡	【高山族】
W6956.3.2	取火路上要经历多次搏斗	
W6956.3.3	取火要经历多次难题考验	
W6956.3.4	取火过程要抵御多种诱惑	
W6956.3.5	取火途中取火者九死一生	
W6956.3.5.1	取火者路上累倒 99 次	【布朗族】
W6956.3.6	取火中被迷惑	
W6956.3.6.1	女子取火时老妖施法迷惑	【裕固族】
W6956.4	取火的结果（取火结果）	
W6956.4.1	取火成功	【仡佬族】@［W6957］盗火
W6956.4.1.1	向太阳要火种成功	【景颇族】［W6951.2］火源于天上
W6956.4.1.1.1	天仙老祖让人搓火草到太阳边去点火	【仡佬族】
W6956.4.2	取火失败（取火不成功）	［W6956.1.9.1］不成功的取火者
W6956.4.2.1	熊、豹等各种动物到孤岛上取火种失败	【高山族】@［W6958.1.1.1.4］火种在孤岛上
W6956.4.2.1.1	猫头鹰取火失败	【纳西族】
W6956.4.2.2	第一次取火种失败	【高山族】

W 编码	母题描述	关联项
W6956.4.2.3	小鸟小虫跨海取火不成功	【高山族】
W6956.5	与取火有关的其他母题	
W6956.5.1	取火的时间	
W6956.5.1.1	洪水后取火	
W6956.5.1.1.1	洪水泛滥失去火后，天神取火种	【傣族】
W6956.5.2	取火的地点（盗火的地点）	
W6956.5.2.1	到天上取火	
W6956.5.2.1.1	到天庭的神火炉中取火	【羌族】@［W6959.3.5.3.1］天庭的神火炉
W6956.5.2.1.2	雷打索子从天上吊火	【苗族】
W6956.5.2.1.3	从天庭偷火种	【汉族】
W6956.5.2.1.4	到天神的金房盗火种	【普米族】
W6956.5.2.2	到鬼那里盗火	【纳西族】@［W6956.1.2.7.1］英雄许瓦增古直到鬼地盗火
W6956.5.2.3	到特定人物的家中盗火	
W6956.5.2.3.1	到居住在西方的美利术家中盗火	【纳西族】
W6956.5.2.4	从太阳那里取火	【满族】@［W6951.2.3a］火在太阳中
W6956.5.2.4.1	阏伯从太阳上取火	【汉族】
W6956.5.2.4.2	宁冠娃从太阳那里取火	【景颇族】
W6956.5.2.5	到雷神那里取火	
W6956.5.2.5.1	动物到太阳寨达赛（雷神）那里求火	【佤族】
W6956.5.2.6	到特定的地点取火	
W6956.5.2.6.1	到深山找火	【高山族】
W6956.5.2.7	到特定物中取火	
W6956.5.2.7.1	到神火炉中取火	【羌族】
W6956.5.2.7.2	从树中取火	［W6951.7］火在树中（木生火）

W 编码	母题描述	关联项
W6956. 5. 2. 7. 2. 1	女人用大竹竿从老树中撬出火	【彝族（撒尼）】
W6956. 5. 2. 8	到特定方位取火	
W6956. 5. 2. 8. 1	到东方取火	【高山族】
W6956. 5. 2. 8. 2	去太阳运行的方向取火	【羌族】
W6957	**盗火**	【汤普森】A1415
W6957. 1	火的看守者（火神的看守）	
W6957. 1. 1	恶龙是火的看守者	【回族】
W6957. 1. 2	蛇是火的看守者	
W6957. 1. 3	鸟是火的守护者	【汤普森】A1414. 6
W6957. 1. 4	魔鬼是火的看守者	【哈尼族】【珞巴族】
W6957. 1. 4. 1	火魔看守着火	
W6957. 1. 4. 1. 1	六只脚、八只手、十个头的火魔看守火库	【布朗族】
W6957. 1. 5	天神的儿子看守火	
W6957. 1. 5. 1	天宫守火的是天神的儿子昂神	【纳西族（摩梭）】
W6957. 1. 6	天火有天兵看守	
W6957. 1. 6. 1	天上太阳宫里的有天兵天将严格把守	【汉族】
W6957. 2	盗火者	
W6957. 2. 1	神或其他神性人物盗火	
W6957. 2. 1. 1	神盗火	
W6957. 2. 1. 1. 1	火神盗天火	【羌族】
W6957. 2. 1. 1. 2	“其其旦”女神盗火	【满族】
W6957. 2. 1. 2	天女盗火	
W6957. 2. 1. 2. 1	仙女阿晅与水族小伙子阿宝盗天上火种	【水族】
W6957. 2. 1. 3	仙女盗火	
W6957. 2. 1. 3. 1	看管天火的“其其旦”仙女给人盗天火	【满族】

W 编码	母题描述	关联项
W6957.2.1.4	风魔取火种	
W6957.2.1.4.1	最早的兄妹请风魔涅龙也崩取来火种	【珞巴族】
W6957.2.2	文化英雄盗火	［W6956.1.2.2］文化英雄取火
W6957.2.2.1	阿当盗火	【回族】
W6957.2.2.2	商伯盗火	【汉族】
W6957.2.2.2.1	商伯盗天火	【汉族】@［W6957.3.2.5.1］天上火神商伯以蒿绳燃火藏之衣下带至凡间
W6957.2.2.2.2	商丘县城西三里火神台为商伯盗火处	【汉族】
W6957.2.2.3	托阿盗火	
W6957.2.2.3.1	托阿偷天火留给人间	【满族】
W6957.2.2.4	盘老大偷天火	【瑶族】@［W6956.1.7.2.1］洪钧老祖帮助盘老大到天上取火
W6957.2.2.4a	盘老大决心找来天神收回的火种	【苗族】
W6957.2.3	人盗火	
W6957.2.3.1	人从魔怪那里夺来火	【哈尼族】
W6957.2.3.2	特定名称的人盗火	
W6957.2.4	动物盗火	【汤普森】A1415.2
W6957.2.4.1	鸟盗火	【汤普森】A1415.2.1；【民族，关联】①
W6957.2.4.2	苍蝇盗火	
W6957.2.5	人与动物一起盗火	
W6957.2.6	与盗火者有关的其他母题	［W6956.1.9］与取火者有关的其他母题

① 【高山族】@［W6956.1.4.1］鸟取火；［W6956.1.4.1.1.1］燕子到天上盗火种；［W6956.1.4.1.6］蝙蝠盗火。

W 编码	母题描述	关联项
W6957.2.6.1	盗火者的助手（盗火的帮助者）	［W6956.1.7］取火的帮助者
W6957.2.6.1.1	松鼠帮孤儿艾多取火	【布朗族】
W6957.2.6.1.2	众姊妹帮助仙女阿晅盗天火	【水族】
W6957.2.6.1a	盗火的合作者	
W6957.2.6.1a.1	人和鸟共同盗火	【满族】
W6957.2.6.2	失败的取火者	
W6957.2.6.2.1	青蛙盗火失败	【高山族】
W6957.2.6.2.1.1	青蛙渡海取火不成功	【高山族】
W6957.2.6.3	盗火者遭惩罚（盗火者受刑）	［W9912］偷盗被惩罚
W6957.2.6.3.1	盗天火者盘老大被罚遭老鸹老鹰啄肚皮、肠子和心	【苗族】
W6957.2.6.3.2	盗火者托阿抓到天上绑在天树尖上，头朝下悬了起来	【满族】
W6957.2.6.3.3	盗火者被罚在天上做打石头的苦工	【满族】
W6957.2.6.4	盗火者献身（盗火者体征的变化）	
W6957.2.6.4.1	盗火者变成异物	
W6957.2.6.4.1.1	盗火者被变成怪物	
W6957.2.6.4.1.1.1	“其其旦”女神盗神火途中被烧成虎目、虎耳、豹头、豹须、獾身、鹰爪、猞猁尾的一只怪兽	【满族】
W6957.2.6.4.2	盗火者化为火	
W6957.2.6.4.2.1	盗火者鹰蛋女同火球熔成一体变成火种	【纳西族】
W6957.2.6.4.2.2	盗火者为盗火吞下火种变成一个火球	【普米族】
W6957.2.6.4.2.3	盗火者用竹刀剖开胸膛把火种带到人间	【哈尼族】
W6957.2.6.5	盗火者的纪念	

W 编码	母题描述	关联项
W6957.3	盗火方法	
W6957.3.1	盗火方法的获得	
W6957.3.1.1	神或神性人物教人盗火	
W6957.3.1.2	动物教人盗火的方法	
W6957.3.1.2.1	松鼠教人盗火的办法	【布朗族】
W6957.3.2	盗火时把火藏在特定物中（盗火时把火藏在身体的特定地方）	
W6957.3.2.1	盗火时把火藏在石中	
W6957.3.2.1.1	用白石取回神火	【羌族】@［W6428.3.6］白石崇拜
W6957.3.2.2	盗火时把火藏在指甲中	【汤普森】A1415.1.1
W6957.3.2.3	盗火时把火藏在腹中	
W6957.3.2.3.1	拖亚拉哈女神盗天神心中的神火后把神火吞进肚子里	【满族】
W6957.3.2.3.2	“其其旦”女神盗神火下凡时，把神火吞进肚里	【满族】
W6957.3.2.3.3	阿扎怕魔怪夺去火种，把火珠吞进肚里	【哈尼族】
W6957.3.2.3a	盗火时把火藏在口中	
W6957.3.2.3a.1	瘦羌把孤岛上的火种含在口中带回	【高山族】
W6957.3.2.3b	盗火时把火放在胸膛	
W6957.3.2.3b.1	阿扎盗火时把火种放进自己的胸膛	【哈尼族】@［W6957.3.2.3.3］阿扎怕魔怪夺去火种，把火珠吞进肚里
W6957.3.2.3c	盗火时把火藏在怀里	
W6957.3.2.3c.1	阏伯把天上的火揣在怀里	【汉族】
W6957.3.2.4	盗火时把火藏在尾巴中	
W6957.3.2.4.1	蝙蝠偷火种时把火种藏到尾巴上	【纳西族】
W6957.3.2.5	用蒿绳带火到人间	

W 编码	母题描述	关联项
W6957.3.2.5.1	天上火神商伯以蒿绳燃火藏之衣下带至凡间	【汉族】
W6957.3.3	用燃烧的绳把火种带到了凡间	
W6957.3.4	盗火时把火藏在特定的地方	
W6957.3.5	盗火的其他情形	
W6957.3.6	与盗火方法有关的其他母题	
W6957.3.6.1	战魔王后取火	【畲族】
W6957.4	盗火过程	
W6957.4.1	盗火前的准备	
W6957.4.2	盗火经历艰难险阻	
W6957.4.3	盗火时的争斗	
W6957.4.3.1	盗火者与火的看守者搏斗	
W6957.5	盗火的结果	
W6957.5.1	盗火成功	
W6957.5.2	盗火失败	［W6957.2.6.2.1］青蛙盗火失败
W6957.5.2.1	商伯多次向人间投下火种，但都没有成功	【汉族】
W6957.5.3	盗火后把火放在特定地方	
W6957.5.3.1	盗火后把火种撒在山顶的树上	【汉族】
W6957.6	与盗火有关的其他母题	
W6958	**与火有关的事象**	［W6534.12］火的禁忌
W6958.1	火种	
W6958.1.1	火种的产生	
W6958.1.1.1	火种在特定的地方	［W6951］火自然产生（火源于某个地方；火在特定的地方）
W6958.1.1.1.1	火种在天上	【民族，关联】①
W6958.1.1.1.1.1	火种在太阳那里	【景颇族】

① 【门巴族】【佤族】@［W6951.2］火源于天上（天降火；火从天降；火在天上）；［W6956.1］取火者（取火种者；盗火者）。

W 编码	母题描述	关联项
W6958.1.1.1.1.2	天降火种	【回族】
W6958.1.1.1.1.3	女始祖昂姑咪去天上讨光亮、火种	【纳西族（摩梭人）】
W6958.1.1.1.1.4	种是天上掉下来的	【回族】
W6958.1.1.1.1.5	以前，火种只存在天上	【满族】
W6958.1.1.1.1.6	火种在天庭	【汉族】@［W6956.5.2.1.3］从天庭偷火种
W6958.1.1.1.1.7	天上的火种带到人间，燃起来火势很大	【水族】
W6958.1.1.1.2	火种在特定的山上	
W6958.1.1.1.2.1	火种在西边天脚的火焰山上	【回族】@［W6958.1.3.4.1］火种是火焰山的火
W6958.1.1.1.3	火种在光明宫里	【汉族】
W6958.1.1.1.4	火种在孤岛上	【高山族】
W6958.1.1.1.5	火种在鬼那里	【纳西族】
W6958.1.1.1.6	火种在特定的山上	
W6958.1.1.1.6.1	火种在火焰山	【回族】
W6958.1.1.1.6.2	火种在一座叫石门山的高山上	【哈尼族】
W6958.1.1.1.7	火种在人间	【布依族】
W6958.1.1.1.7.1	天女在人间发现了火种	【布依族】
W6958.1.1.1.8	火种在别的地方	
W6958.1.1.1.8.1	火种是风从别处吹来的	【回族】
W6958.1.1.1.9	与火种在特定的地方有关的其他母题	
W6958.1.1.1.9.1	火种在很远的大海对岸闪着红光的地方	【高山族】
W6958.1.1.2	特定人物送火种（特定人物带来火种；特定人物取火种）	
W6958.1.1.2.1	天神、天兵天将巡视大地时从天上带来火种	【满族】

W 编码	母题描述	关联项
W6958.1.1.2.1.1	天神赐火种	【门巴族】
W6958.1.1.2.2	风魔送火种	【珞巴族】
W6958.1.1.2.2a	向妖精求火种	
W6958.1.1.2.2a.1	向一食人肉喝人血的妖精求火种	【裕固族】
W6958.1.1.2.3	特定的动物送火	
W6958.1.1.2.3.1	鸟送火种	【高山族（布农）】
W6958.1.1.2.3.2	老鼠送火	
W6958.1.1.2.3.2.1	老鼠为感恩为居木武吾送火	【彝族】
W6958.1.1.2.4	鸟取火种	［W6956.1.4.1］鸟取火
W6958.1.1.2.4.1	乌胡古鸟取来火种	【高山族】
W6958.1.1.2.4.2	火鸟取火	【高山族】
W6958.1.1.2.5	特定的人取火种	【关联】①
W6958.1.1.2.5.1	许由让儿子下山去采取火种	【汉族】
W6958.1.1.3	造火种	
W6958.1.1.3.1	埋藏引燃的干牛粪于灰堆中作为火种	【裕固族】
W6958.1.1.3.2	燧人氏钻石取火种	
W6958.1.1.3.2.1	盘古让燧人氏钻石取火种	【汉族】
W6958.1.1.4	从海里搅出火种	［W6951.6］火在水中（水生火；水中生火）
W6958.1.1.4.1	天神兄弟俩用法棍在海水里搅出的陶罐中装着太阳的火种	【门巴族】
W6958.1.1.5	火种是风从别处吹来的	【回族】
W6958.1.1.6	天火作为火种	
W6958.1.1.6.1	以前的把保存的天火作为火种	【汉族】
W6958.1.1.7	山火作为火种	
W6958.1.1.7.1	山火烧熟食物后人把山火作为火种	【佤族】

① ［W6956.1.3］人取火（特定的人取火种；特定名称的人取火；人作为取火者）。

W 编码	母题描述	关联项
W6958.1.1.7.2	人想法取得打雷闪电、山火爆发的火	【汉族】
W6958.1.1.8	风吹来火种	【回族】@［W6958.1.1.2.2］风魔送火种
W6958.1.1.9	与火种的产生有关的其他母题	
W6958.1.1.9.1	夺取火种（夺火种）	
W6958.1.1.9.1.1	夺取红蛇拿着的火种	【纳西族】
W6958.1.1.9.1.2	三公主魔宫夺火	【畲族】
W6958.1.1.9.1a	选取火种（选火种）	
W6958.1.1.9.1a.1	新的火种一般都是到几十年甚至几代人都没有失过火的人家去要	【景颇族】
W6958.1.1.9.2	特定现象中产生火种（特定事件中产生火种）	
W6958.1.1.9.2.1	雷劈树发现火种	【哈尼族】@［W6953.5.3.1］雷击树木产生火
W6958.1.1.9.2.1.1	人拾取雷电击树产生的余火当火种	【布依族】
W6958.1.1.9.2.2	敲击树木取得火种	［W6953.5.3］击木取火（击木产生火）
W6958.1.1.9.2.2.1	卜冬寒用青冈木敲击枫木得到火种	【壮族】
W6958.1.2	火种的持有者	
W6958.1.2.1	神或神性人物有火种	
W6958.1.2.1.1	雷公有火种	［W6952.1.5］雷公送火种（雷神送火；雷神赐火）
W6958.1.2.1.1.1	火种装在雷公斧背上的盒子里	【回族】
W6958.1.2.1.2	祝融有火种	【汉族】@［W6958.7.2.1.1］祝融叫人把火种埋在地下
W6958.1.2.1.3	盘古王有火种	【布依族】
W6958.1.2.1.4	火神有火种	【羌族】
W6958.1.2.1.4.1	火种在火神的宫殿	【汉族】

W 编码	母题描述	关联项
W6958.1.2.1.5	天神有火种	【普米族】
W6958.1.2.2	妖魔有火种	【哈尼族】
W6958.1.2.2.1	一个妖精那里有火种	【裕固族】
W6958.1.2.2.1.1	一个吃人肉、喝人血的妖精那里有火种	【裕固族】
W6958.1.2.2.2	送火种的老奶奶是个妖魔	【裕固族】
W6958.1.2.3	特定的动物有火种	
W6958.1.2.3.1	老鼠有火种	
W6958.1.2.3.1.1	人从鼠那里找到火种	【民族，关联】①
W6958.1.2.3.2	特定的鸟有火	
W6958.1.2.3.2.1	以前只有老鹰有火	【景颇族】
W6958.1.2.3.2.1.1	没有脚和翅膀的石嫩（老鹰的前身）有火	【景颇族】
W6958.1.2.3.3	蛇有火种	【纳西族】
W6958.1.2.4	太阳有火种	【门巴族】@［W6958.1.1.4.1］天神兄弟俩用法棍在海水里搅出的陶罐中装着太阳的火种
W6958.1.2.5	其他特定人物有火	
W6958.1.2.5.1	天上的人有火	【景颇族】
W6958.1.3	火种是特定的东西	
W6958.1.3.1	宝珠是火种（珠子是火种）	［W6958.4b］火珠
W6958.1.3.1.1	火种是一颗红色的亮珠	【哈尼族】
W6958.1.3.1.2	火种是火珠	【哈尼族】
W6958.1.3.2	火种是火石	【回族】@［W6958.2］火石
W6958.1.3.3	火种是灯	
W6958.1.3.3.1	火种是魔怪头上的一盏眉心灯	
W6958.1.3.4	山火是火种	

① 【拉祜族】@［W6952.4.3］老鼠给人火；［W6958.3.1.1.1］从老鼠那里得到火草。

W 编码	母题描述	关联项
W6958.1.3.4.1	火种是火焰山的火	【回族】@［W6958.1.1.1.2.1］火种在西边天脚的火焰山上
W6958.1.3.4.2	山上突然起火为人留下火种	【佤族】
W6958.1.3.5	雷火是火种	【佤族】@［W6953.3.6.3.1*］钻木取火的时间应该晚于从山林里取天然的雷火
W6958.1.3.6	火镰是火种	【回族】@［W6958.4.2.1］火镰是雷公斧
W6958.1.3.7	火堆作为火种	
W6958.1.3.7.1	一对夫妇在锅灶里添满牛羊粪和骆驼粪之类的燃料长年煨上火，作为火种	【裕固族】
W6958.1.3.8	羽毛是火种	
W6958.1.3.8.1	凤凰的羽毛是火种	【白族】
W6958.1.3.9	其他特定物是火种	
W6958.1.3.9.1	胡须作为火种	
W6958.1.3.9.1.1	火龙须作为火种	【汉族】@［W6951.8.6.1］龙须中有火
W6958.1.4	与火种有关的其他母题	【关联】①
W6958.1.4.1	火种的特征	
W6958.1.4.1.1	火种是红宝石	【高山族】
W6958.1.4.1.2	火种是黑石头	【水族】@［W6953.5.0.2.2］盘古王的女儿用9样东西在黑石块上猛击发出火花点燃火草叶
W6958.1.4.2	火种的类型	
W6958.1.4.3	火种的收回	［W6958.8］火的熄灭（火的丢失）

① ［W1748.3］流星是风神抛出的火石；［W1867.1.7］燃石；［W1866.2a］火石。

W 编码	母题描述	关联项
W6958.1.4.3.1	天神误以为苗家小气将火种收回天上	【苗族】
W6958.1.4.3.2	天神阿不凯恩都哩下令把所有山洞里的火种全部收回	【满族】
W6958.1.4.4	抢火种	
W6958.1.4.4.1	龙神抢火种	【独龙族】
W6958.1.4.5	第一个火种	
W6958.1.4.5.1	地母遮米麻找到第一个火种	【阿昌族】@［W6953.5.2.6.2.1］地母用两块石头相碰找到火种
W6958.1.4.6	得不到的火种	
W6958.1.4.6.1	人昨早发现一些山火不认识，也不敢靠近	【满族】@［W6958.1.1.7］山火作为火种
W6958.2	火石	［W6958.1］火种
W6958.2.1	火石的产生	
W6958.2.1.1	火石源于特定的地方	
W6958.2.1.1.1	从天上扔下的火种成为火石	【苗族】
W6958.2.1.1.1.1	阏伯从天上扔下的火块成了火石	【汉族】
W6958.2.1.1.2	从喜鹊那里得到火石	【彝族】@［W6956.2.3.1］洪水幸存者武吾劈柴，找火石、火草、火链后燃起篝火
W6958.2.1.1.3	造世的老君离开人间时掉下一块火石	【汉族】@［W6952.2.2］造世老君给人火
W6958.2.1.1.4	天女把天宫的火石送到人间	【水族】
W6958.2.1.1.4.1	司火种的仙女阿today窃天宫中的几粒火石带回人间	【水族】
W6958.2.1.1.5	太阳宫的太阳公主有火石	［W6953.6.2.1.1］到天上的太阳宫找火
W6958.2.1.1.5.1	燧人氏从太阳宫的太阳公主那里得到一块生火的宝石	【汉族】

W 编码	母题描述	关联项
W6958.2.1.1.5.1a	燧人氏把火石猛摔到石头上火光四溅，人又多了一种取火方法	【汉族】
W6958.2.1.1.6	祖先发明火石	【珞巴族】
W6958.2.1.1.7	特定动物那里有火石	
W6958.2.1.1.7.1	从喜鹊那里找来火石	【彝族】
W6958.2.1.2	变化产生火石	
W6958.2.1.2.1	天女化为火石	【水族】
W6958.2.1.2.2	天火灰灰变成火石子	【苗族】
W6958.2.1.2.3	特定人物的眼珠变成火石	
W6958.2.1.2.3.1	寿星的眼珠变成火石	【苗族】
W6958.2.1.2.4	血变成火石	
W6958.2.1.2.4.1	精灵死后心脏喷出的血变成火石	【珞巴族】
W6958.2.1.2.5	火石是火逃到石头里形成的	【珞巴族】
W6958.2.1.3	特定人物取火石	
W6958.2.1.3.1	鸟为人类取火石	【高山族】
W6958.2.1.4	特定人物送火石（特定人物赐火石）	
W6958.2.1.4.1	鸟送火石	
W6958.2.1.4.1.1	乌马依鸟（火神鸟）和胡兀鹫丢下白的和红的两块火石	【哈萨克族】
W6958.2.2	火石的特征（火石的功能）	
W6958.2.2.1	特定的石头是火石	
W6958.2.2.1.1	宝石是火石	
W6958.2.2.1.1.1	水潭中的红宝石是火石	【高山族】
W6958.2.2.2	火石是火种	［W6958.2］火石
W6958.2.2.2.1	火镰包里的火石是火种	【回族】
W6958.2.2.2.2	天宫偷几颗火石做火种	【水族】
W6958.2.2.3	火石又黑又硬	【汉族】

W 编码	母题描述	关联项
W6958.2.3	火石的使用（火石取火的方法）	［W6953.5.2.6.6］火石相击取火（击火石取火）
W6958.2.3.1	几颗火石变成一堆黑石头，象座黑岩山燃起熊熊大火	【民族，关联】①
W6958.2.3.2	用火石击打特定物取火	【民族，关联】②
W6958.2.4	特定的火石	
W6958.2.4.1	燧石	［W6958.7.4.3］火放燧石中
W6958.2.4.1.1	能敲出火星的石头叫“燧石”	【畲族】
W6958.2.5	与火石有关的其他母题	【关联】③
W6958.2.5.1	生火的宝石	
W6958.2.5.1.1	太阳公主给燧人氏一块生火的宝石	【汉族】
W6958.3	火草	【仡佬族】
W6958.3.1	火草的产生	
W6958.3.1.1	火草源于特定的地方	［W6953.5.5.1］召亚（人名）扔钥匙碰在石岩上的火星燃着一笼火草
W6958.3.1.1.1	从老鼠那里得到火草	【彝族】
W6958.3.1.2	变化产生火草	
W6958.3.1.2.1	特定物变成火草	
W6958.3.1.2.1.1	寿星的眼膜变成火草	【苗族】
W6958.3.1.2.1.2	血变成火草	
W6958.3.1.2.1.2.1	莲目老祖母口吹竹笛吹得滴下的鲜血变成满山的火草	【彝族】
W6958.3.2	火草的特征	
W6958.3.2.1	火草能生火	【佤族】

① 【水族】@［W6953.5.0.2.2］盘古王的女儿用9样东西在黑石块上猛击发出火花点燃火草叶；［W6958.1.4.1.2］火种是黑石头。

② 【苗族】@［W6953.5.2.6.6.2］火石击打小铜镯取火；［W6953.5.2.6.6.3］火石击打小刀取火。

③ ［W6951.5.2］火在火石中；［W6953.5.2.6.6］火石相击取火（击火石取火）；［W6958.1.3.2］火种是火石。

W 编码	母题描述	关联项
W6958.3.3	与火草有关的其他母题	【关联】①
W6958.4	火镰（火刀）	
W6958.4.1	火镰的产生	
W6958.4.1.1	火镰源于特定地方	
W6958.4.1.1.1	从乌鸦那里得到火镰	【彝族】
W6958.4.1.1.2	火镰源于西天边	【回族】@［W6951.9.3.2］火在西方
W6958.4.1.2	造火镰	
W6958.4.1.2.1	祖先造火镰	
W6958.4.1.2.1.1	第三代人铜罗与萨会制造火镰	【侗族】
W6958.4.1.2.1.2	祖先受击石产生火的启示发明了火镰	【珞巴族】
W6958.4.1.2.2	铁匠造火镰	
W6958.4.1.2.2.1	太上老君引导铁匠打造火镰	【汉族】
W6958.4.1.2.3	老君爷李耳造火镰	【汉族】
W6958.4.1.3	生火镰	
W6958.4.1.3.1	流星生火镰	【苗族】
W6958.4.1.4	变化产生火镰	
W6958.4.1.4.1	寿星的眼膜变成火镰	【苗族】
W6958.4.1.5	特定人物赐给火镰	
W6958.4.1.5.1	龙给人火镰	【彝族】
W6958.4.1.6	特定人物发明火镰取火	
W6958.4.1.6.1	一对兄妹发现火镰取火	【苗族】
W6958.4.2	火镰的特征	
W6958.4.2.1	火镰是雷公斧	［W6085.4.3.2］雷公斧
W6958.4.2.1.1	生火用的火镰子是阿丹带回的雷公斧	【回族】

① ［W6953.4.6］摩擦火草取火；［W6953.5.5］铁、石和草相碰产生火（金属撞击石头产生火）。

W 编码	母题描述	关联项
W6958.4.2.1.2	阿当找到的火镰是雷公斧	【回族】@［W6958.7.10.3］火种保存在雷公斧中
W6958.4.2.2	火镰为月牙形	【汉族】
W6958.4.3	火镰的使用	
W6958.4.3.1	用火镰划石取火	【珞巴族】
W6958.4.3.2	用火镰猛擦白尖石，火星落到下边放的火纸媒产生火	【汉族】
W6958.4.3.3	雷母打起火镰	【布依族】
W6958.4.3.4	打着火镰取火	【壮族】
W6958.4.4	与火镰有关的其他母题	
W6958.4.4.1	火镰的其他名称	
W6958.4.4.1.1	火钩	
W6958.4.4.1.1.1	火钩又叫如意钩	【汉族】
W6958.4a	火链	
W6958.4a.1	用火链取火	［W6953.5.2.6.9.7a］火链打白石迸出火星
W6958.4a.1.1	丁巴什罗法师敲打金火链取火	【纳西族】
W6958.4a.1.2	天神厄莎用火链打火	【拉祜族】
W6958.4b	火珠	［W6958.1.3.1.1］火种是一颗红色的亮珠
W6958.4b.1	从特定的地方取火珠	
W6958.4b.1.1	阿扎从魔怪那里夺来火珠	【哈尼族】
W6958.4c	火柴	
W6958.4c.1	从前，裕固族人没有火柴	【裕固族】
W6958.4d	引火物（助燃物）	
W6958.4d.1	火绳（引火绳）	［W6952.4.4.1］甲虫口内衔着一根火绳给人送火
W6958.4d.1.0	神农为保存天火发明火绳	【汉族】
W6958.4d.1.1	流星妈妈扭拧杉木成火绳	【苗族】

W 编码	母题描述	关联项
W6958.4d.1.2	神农用艾蒿拧成火绳引火	【汉族】
W6958.4d.2	用杂草引燃火苗	【壮族】
W6958.4d.3	木炭末是助燃物	【汉族】
W6958.4d.4	松香是助燃物	【汉族】
W6958.4d.5	硫磺是助燃物	【汉族】
W6958.4d.6	用树皮引火	［W6953.5.2.6.9.5］击石出现火星后用树枝引火
W6958.4d.6.1	用杉树皮引火	【布依族】
W6958.4e	吹火筒	
W6958.4e.1	仙风老人背来一根吹火筒	【苗族】
W6958.4f	燃料	
W6958.4f.1	柴草（柴火）	
W6958.4f.1.1	用干柴生火	【苗族（花苗）】
W6958.4f.1.2	干草和树枝做燃料	【羌族】
W6958.4f.1.3	干草枯柴做燃料	【壮族】
W6958.4f.2	粪作为燃料	
W6958.4f.2.1	牛羊粪做燃料	【裕固族】
W6958.4f.3	蜂蜡做燃料	
W6958.4f.3.1	燃蜂蜡照明	【拉祜族】
W6958.5	火的管理	
W6958.5.1	火的管理者（管火者；火种的管理者）	［W0493.10］灶王为人们看家管火
W6958.5.1.1	神管理火（神是火的管理者）	
W6958.5.1.1.1	火神管火	［W0466］火神
W6958.5.1.1.2	天上管火的神蒙格西	【羌族】
W6958.5.1.2	神性人物管火（神性人物是火的管理者）	
W6958.5.1.2.1	天女管火	
W6958.5.1.2.1.1	天女阿晅管火种	【水族】

W 编码	母题描述	关联项
W6958.5.1.2.1.1a	仙女阿晅管火种	【水族】
W6958.5.1.2.2	精灵把火据为己有	【珞巴族】
W6958.5.1.2.3	神仙管火	
W6958.5.1.2.3.1	天上管火海子的仙人叫阳念波	【民族，关联】①
W6958.5.1.2.3.2	仙人司火	
W6958.5.1.2.3.2.1	阳念波时天上司火海子的仙人	【水族】
W6958.5.1.2.4	阏伯管火	
W6958.5.1.2.4.1	阏伯在天上管火	【汉族】
W6958.5.1.2.4.1.1	天帝的儿子阏伯在天上负责管火	【汉族】
W6958.5.1.2.4.2	帝王让阏伯管理火种	【汉族】
W6958.5.1.2.5	黎管火	
W6958.5.1.2.5.1	管火的能手黎管的火起风下雨都不得熄	【汉族】
W6958.5.1.2.6	伏羲管理火	
W6958.5.1.2.6.1	女娲补天熔炼七彩石时，伏羲帮她照顾地上的火堆	【汉族】
W6958.5.1.2.7	燧人氏管火	
W6958.5.1.2.7.1	女娲让燧人氏掌管真火	【汉族】
W6958.5.1.2.8	祝融负责管理火种	【汉族】
W6958.5.1.2.8.1	黄帝让祝融负责管理火种	【汉族】
W6958.5.1.2.9	其他神或神性人物是火的管理者	
W6958.5.1.2.9.1	灶王管火	
W6958.5.1.2.9.1.1	天仙老祖派灶王管理火	【仡佬族】
W6958.5.1.3	特定的人是火的管理者（特定的人管理火）	
W6958.5.1.3.1	阿哥托阿被阿不凯恩都哩看中后召到天上掌管天火库	【满族】
W6958.5.1.3.2	洪水后幸存的三兄妹互婚生 3 子，其中一个红脸的专管治火	【壮族】

① 【水族】@［W6958.7.11.1.1］火在天上；［W6958.7.11.3.1］天上有火海子。

W 编码	母题描述	关联项
W6958.5.1.4	动物是火的管理者	
W6958.5.1.4.1	动物掌管火种	【汤普森】B294.4
W6958.5.1.5	火的其他管理者	
W6958.5.2	火的管理方法	
W6958.5.2.1	魔物掌控着火	【汤普森】D1566
W6958.5.2.2	魔法掌控着火（魔力掌控着火）	【汤普森】D2158
W6958.5.3	看管火的情形	
W6958.5.3.1	没看管好火造成火灾	【壮族】
W6958.5.4	与火的管理有关的其他母题	
W6958.6	火的使用	
W6958.6.1	人以前不会使用火	【满族】
W6958.6.1.1	人开始不知道火的准确使用方法	【壮族】
W6958.6.2	火的使用方法的获得	
W6958.6.2.1	特定人物教人用火	
W6958.6.2.1.1	天神教人用火	【鄂伦春族】
W6958.6.2.1.2	丛恼土等神教人用火	【瑶族】
W6958.6.2.1.3	火神商伯下凡后教人用火	【汉族】@［W6956.1.3.3.6］商伯取火（商伯取天火）
W6958.6.2.1.4	火正传授用火知识	【汉族】
W6958.6.2.1.5	火神祝融教人用火方法	【汉族】@［W6953.1.1.2.1］火神祝融传火种
W6958.6.2.1.5.1	祝融教南方人如何使用火	【汉族】
W6958.6.2.1.6	祖先教人用火方法	
W6958.6.2.1.6.1	祖先翁戛告诉火的使用方法	【布依族】
W6958.6.2.1.6.2	女娲教人用火	【汉族】@［W6956.1.2.3.5］女娲取火
W6958.6.2.1.6.2.1	女娲教人们用火取暖	【汉族】
W6958.6.2.1.7	神农氏教人用火技艺	【中华民族】
W6958.6.2.1.7a	炎帝把用火方法传授给族人	【中华民族】

W 编码	母题描述	关联项
W6958.6.2.1.8	李老君把用火镰取火的法子传给周围邻居	【汉族】
W6958.6.2.1.9	其他特定人物教人用火	
W6958.6.2.1.9.1	天神“其其旦”教会人们如何使用火	【满族】
W6958.6.2.1.9.2	天上的管火官托阿教人们如何用火	【满族】
W6958.6.2.2	人在特定事件中知道用火	
W6958.6.2.2.1	人在山林失火时知道用火烤食物	【汉族】@［W6149.3.2.2］熟食的产生
W6958.6.2.3	到特定地方学习用火	
W6958.6.2.3.1	到天上学习用火	
W6958.6.2.3.1.1	小伙托阿到天上管理火库，学习用火的方法	【满族】
W6958.6.2.4	引火种的方法	
W6958.6.2.4.1	失火后要请祭师来作法引火种	【景颇族】
W6958.6.2.4.2	引火种有特定的禁忌和仪式	【景颇族】
W6958.6.2.5	与火的使用有关的其他母题	
W6958.6.2.5.1	火的使用时间	
W6958.6.2.5.2	火的使用地点	
W6958.6.2.5.2.1	在山洞里使用火	【满族】
W6958.6.2.5.3	特定人物善于用火	
W6958.6.2.5.3.1	太上老君精通火功	【汉族】
W6958.6.3	生火的材料（火的燃料；火引子）	
W6958.6.3.1	木头做燃料	
W6958.6.3.1.1	松枝做燃料	
W6958.6.3.1.1.1	洪水后，兄妹用松树脂为燃煤终于点燃火	【高山族（鲁凯人）】
W6958.6.3.1.2	黄帝炼铁烧木柴	【汉族】

W 编码	母题描述	关联项
W6958.6.3.2	油作为燃料	
W6958.6.3.3	煤作为燃料	
W6958.6.3.3.1	黄帝发现蚩尤炼铁烧的黑石头，仓颉命名为“煤”	【汉族】
W6958.6.3.4	纸作为燃料	
W6958.6.3.5	草作为燃料	
W6958.6.3.5.1	干草做燃料	【哈萨克族】
W6958.6.3.5.2	干青苔当作火线	【独龙族】
W6958.6.3.6	其他特定物作为燃料	
W6958.6.3.6.1	腐烂的琐碎物做燃料	【哈萨克族】
W6958.6.4	用火的情形	
W6958.6.4.1	居木伍午（人名）劈一根干树枝，从喜鹊那里找来火石，从老鼠那里找来生火用的火草，从乌鸦那里找来火镰，烧起一小堆篝火	【彝族】
W6958.6.4.2	用石头碰撞出火花落到干燥的枯草上，冒烟后对着冒烟的地方吹气生出火	【高山族（阿美）】
W6958.6.4.3	石头相击碰出的火星燃着了干草，火势越来越猛	【珞巴族】
W6958.6.4.4	做火灶烧火	【壮族】
W6958.6.5	用火的结果	
W6958.6.5.1	用火带来快乐	
W6958.6.5.1.1	洪水后，幸存在兄妹学会用火后快乐生活	【高山族（鲁凯人）】
W6958.6.6	火的使用时间	
W6958.6.7	火的使用地点	
W6958.6.7.1	火在洞里使用	

W 编码	母题描述	关联项
W6958.6.7.1.1	人怕天神看见收回天火，只能在山洞里偷偷使用	【满族】
W6958.6.7.1.2	在岩洞中烧火	【独龙族】
W6958.6.8	使用火的禁忌	［W6534.12］火的禁忌
W6958.6.8.1	使用火时不能有不洁行为	【蒙古族（布里亚特）】
W6958.6.8.2	忌利器挑火	【蒙古族（布里亚特）】
W6958.6.8.3	忌用脚去整理炭木或踩炭和灰	【蒙古族（布里亚特）】
W6958.6.9	与火的使用有关的其他母题	
W6958.6.9.1	人间不能使用天火	【景颇族】@［W6534.12］火的禁忌
W6958.6.9.2	用火的能手	
W6958.6.9.2.1	黎十几岁就成了用火的能手	【汉族】
W6958.7	火的保存（火的保管；火种的保存）①	【汤普森】A1414.7
W6958.7.0	火的保存方法的获得	
W6958.7.0.0	以前不会保存火	
W6958.7.0.0.1	黄帝时候会钻木取火但不会保存火	【汉族】
W6958.7.0.0.2	黄帝时，人只知道用火却不会保存火种	【汉族】
W6958.7.0.1	神教人保存火的方法	
W6958.7.0.2	神性人物教人保存火的方法	
W6958.7.0.3	特定的人教人保存火的方法	
W6958.7.0.3.1	帝喾王的儿子阏伯教会“商”人学会保存火种	【汉族】
W6958.7.0.4	其他特定人物教人保存火的方法	
W6958.7.1	特定人物保存火种（火的保存者；火种的保存者）	

① 火的保存，据考古资料，距今71万—23万年的北京人，不仅懂得用火，而且还知道如何保存火种，已经具备管理火的能力。

W 编码	母题描述	关联项
W6958.7.1.1	祖先保存火种	［W6956.1.2.3］祖先取火
W6958.7.1.1.1	洪水时，祖先藏火种	【傣族】
W6958.7.1.1.2	火祖保存雷火	【壮族】@［W6959.3.6.2］雷火会熄灭
W6958.7.1.2	神仙保存火	
W6958.7.1.2.1	南方三气火道药和仙君是火的保存者	【彝族（撒尼）】
W6958.7.1.3	天神保存火种	
W6958.7.1.3.1	火为洪水淹灭时，天神取火种而藏	【傣族】
W6958.7.2	火保存在大地的某个地方	
W6958.7.2.1	火种保存在地下	
W6958.7.2.1.1	祝融叫人把火种埋在地下	【民族，关联】①
W6958.7.3	火保存在动物中	
W6958.7.3.1	火保存在特定动物身体中	
W6958.7.3.2	火保存在动物的羽毛中	
W6958.7.3.2.1	鹰神把火放进自己的羽毛中	【满族】
W6958.7.3.3	火保存在动物口中	
W6958.7.3.3.1	瘦羌（动物名）把孤岛上的火种含在口中带给人	【民族，关联】②
W6958.7.4	火保存在石头中（火藏在石头中）	【汤普森】①A1414.7.2；②D2158.1.2；【畲族】
W6958.7.4.1	火钻入铁和石头中	【珞巴族】
W6958.7.4.2	火藏在石头中	
W6958.7.4.2.1	祖先火藏在石头中	【傣族】
W6958.7.4.2.2	火神把火藏在白石里	【羌族】@［W6951.5.1］火在白石中

① 【汉族】@［W6953.5.2.2.3］祝融发明击石取火；［W6958.1.2.1.2］祝融有火种。

② 【高山族】@［W6956.4.2.1］熊、豹等各种动物到孤岛上取火种失败；［W6958.1.1.1.4］火种在孤岛上。

W 编码	母题描述	关联项
W6958.7.4.2.3	火藏在一种叫马杜拉拉的石头里	【珞巴族】
W6958.7.4.3	火放燧石中	
W6958.7.4.3.1	天赐给人的火种放入燧石中	【蒙古族（布里亚特）】
W6958.7.4.4	盗火者托阿把火装石头中	【满族】
W6958.7.5	火保存在洞中（火藏在洞中）	【汤普森】A1414.7.3
W6958.7.5.1	火保存在山洞中（火种保存在山洞）	【汉族】【傣族】
W6958.7.5.1.1	祖先芒萨把山上的火种藏在石岩洞中	【哈尼族】
W6958.7.5.1.2	天宫的火锁在阳赤山石洞中	【纳西族（摩梭）】
W6958.7.5.2	火种保存在岩洞	【独龙族】
W6958.7.5.2.1	火拿到岩洞里养起来	【壮族】
W6958.7.5.3	炎帝和黄帝把火保存在洞穴中	【中华民族】
W6958.7.6	火保存在植物中	［W6958.7.3］火保存在动物中
W6958.7.6.1	火保存在葫芦中（火藏在葫芦中）	【满族】
W6958.7.6.1.1	洪水后，姐弟从葫芦中取出火种	【土家族】
W6958.7.6.1.2	天上的管火者托阿为人偷出一葫芦火种	【满族】
W6958.7.6.2	火保存在树叶中	
W6958.7.6.2.1	人把火种埋在枯枝黄叶里	【高山族】【高山族（布农）】
W6958.7.6.3	用树皮保存火	【布依族】
W6958.7.6.4	火保存在树中（火藏在树中）	【汤普森】A1414.7.1；［W6956.5.2.7.2］从树中取火
W6958.7.6.5	用艾花包裹火种	【壮族】
W6958.7.7	火保存在土台中	
W6958.7.7.1	火保存在特意修造的土台中	

W 编码	母题描述	关联项
W6958.7.7.1.1	洪水时，商伯让人垫土台子把火种放在上面	【民族，关联】①
W6958.7.7.1.2	商伯从天上盗火后怕天帝收回，筑起大土台藏火	【汉族】
W6958.7.7.2	火存放在土丘上	
W6958.7.7.2.1	帝喾的儿子阏伯把火种置放在土丘上	【汉族】
W6958.7.7.2.2	阏伯堆成一个大土丘，把火种放在土丘上	【汉族】@［W6958.7.7.1.2］商伯从天上盗火后怕天帝收回，筑起大土台藏火
W6958.7.7.3	火存放在土堆上	
W6958.7.7.3.1	炎帝和黄帝把火保存在土堆中	【中华民族】
W6958.7.8	火保存在灶台中（火保存在火灶中）	
W6958.7.8.1	造灶膛藏火	
W6958.7.8.1.1	布洛陀造灶膛藏火	【壮族】
W6958.7.8.2	特定人物发明火灶	
W6958.7.8.2.1	布洛陀教人使用火灶	【壮族】
W6958.7.8.3	火保存在火塘中	
W6958.7.8.3.1	火放在火塘中早晚放干柴，一年四季不熄灭	【景颇族】
W6958.7.8a	火保存在灰堆中	
W6958.7.8a.1	把一段木头烧燃放在灰堆里，然后用茅草盖在上面再蒙上一层厚薄均匀的灰	【苗族】
W6958.7.8a.2	保存火种先放一层灰，再放了一层羊粪，羊粪上放一层火，最上面盖一层灰	【裕固族】
W6958.7.8a.3	炎帝和黄帝把火保存在灰堆中	【中华民族】

① 【汉族】@［W6956.1.3.3.6］商伯取火（商伯取天火）；［W6958.6.2.1.3］火神商伯下凡后教人用火。

W 编码	母题描述	关联项
W6958.7.9	火保存在粪便中	
W6958.7.9.1	火种保存在牛粪中	
W6958.7.9.1.1	裕固族人捡取牛粪引燃后埋在灰中作为火种	【裕固族】
W6958.7.9.2	借牛羊粪及骆驼粪作燃料长年煨之以为火种	【裕固族】
W6958.7.10	火保存在特定器物中	
W6958.7.10.1	火种保存在陶罐中	【门巴族】@［W6958.1.1.4.1］天神兄弟俩用法棍在海水里搅出的陶罐中装着太阳的火种
W6958.7.10.1.1	嫫母把火种保存在小陶罐中	【汉族】
W6958.7.10.1a	火种保存在石罐中	
W6958.7.10.1a.1	祝融把火种放到一个有盖儿的小石罐里	【汉族】
W6958.7.10.2	火保存在盆中	
W6958.7.10.2.1	火种存放在雷神府的金盆中	【苗族】
W6958.7.10.2.2	火放在瓦盆中	【羌族】
W6958.7.10.3	火种保存在雷公斧中	［W6958.4.2.1］火镰是雷公斧
W6958.7.10.3.1	雷公斧的背上钢盖子下面是个盒子，只有把火种装在这个盒子里才能保存	【回族】
W6958.7.10.4	火装在盒子中	
W6958.7.10.4.1	火镰包是阿当装火种的盒子	【回族】
W6958.7.10.5	火保存在衣物中	
W6958.7.10.5.1	取火时把火包在围腰帕中	【苗族】
W6958.7.11	与火的保存有关的其他母题	［W6956.2.2.2.1］先人用树皮把火接住石头迸出的火
W6958.7.11.1	火有特定居所	［W4587］火自然存在

W 编码	母题描述	关联项
W6958.7.11.1.1	火在天上	【民族，关联】①
W6958.7.11.1.1.1	火为什么在天上	【汉族】
W6958.7.11.1.2	火在特定的宫中	［W6951.2.3］火在太阳宫
W6958.7.11.1.2a	火在天宫中	【水族】@［W6951.2.1.1］从天宫把火带到人间
W6958.7.11.1.2b	火在天堂中	
W6958.7.11.1.2b.1	自从盘古开天地，火就存在天堂中	【汉族】
W6958.7.11.1.2c	火保存在房屋中	【壮族】
W6958.7.11.1.3	火在洞中	［W6958.7.5.1］火保存在山洞中（火种保存在山洞）
W6958.7.11.1.3.1	火在山洞中	
W6958.7.11.1.3.1.1	天宫的火锁在阳赤山石洞中	［W6958.7.11.1.2a］火在天宫中
W6958.7.11.1.4	火在树洞里	
W6958.7.11.1.5	火在山顶上	
W6958.7.11.1.6	火在下界	
W6958.7.11.1.6.1	保洛陀向下界祈火	【壮族】
W6958.7.11.2	火塘（灶火；炉灶；火炉；火盆）	
W6958.7.11.2.1	火塘的产生	
W6958.7.11.2.1.1	第三代人铜罗与萨会制造火塘	【侗族】@［W6958.4.1.2.1.1］第三代人铜罗与萨会制造火镰
W6958.7.11.2.1.2	特定人物教人造炉灶	
W6958.7.11.2.1.2.1	布洛陀教人造炉灶	【壮族】
W6958.7.11.2.2	火塘的特征	
W6958.7.11.2.2.1	火塘为天的一部分，是一家之中“最大的主人”	【独龙族】

① 【蒙古族】@［W6951.2.1］到天上找火；［W6956.1.4.0］动物到天神恩体谷兹家取火；［W6958.7.11.3.1］天上有火海子。

W 编码	母题描述	关联项
W6958.7.11.2.2.2	火塘中的石头	【独龙族】
W6958.7.11.2.2.1	火塘里都要插上三个石头表示对取火者的敬重	【独龙族】
W6958.7.11.2.3	火塘的使用	
W6958.7.11.2.4	火塘禁忌	
W6958.7.11.2.4.1	忌火塘不敬之举	【白族（那马）】@［W6534.12.5.1.3］忌将脚伸进火塘
W6958.7.11.2.4.2	忌火盆上烤脚	【达斡尔族】
W6958.7.11.2.4.3	忌往火坑中倒水	【藏族】
W6958.7.11.3	火海子	
W6958.7.11.3.1	天上有火海子	【水族】
W6958.7.11.4	火的其他储存器物（火的其他保存方法）	
W6958.7.11.4.1	手捧火种	【纳西族（摩梭）】
W6958.7.11.5	保持火不熄灭	
W6958.7.11.5.1	每天加柴不让洞中的火熄灭	【汉族】
W6958.7.11.5.2	特定可燃物能使火经久不灭	
W6958.7.11.5.2.1	晒干桦树下长得像蘑菇似的“包霍克特”燃瓤，火经久不灭	【鄂伦春族】
W6958.7.11.6	火种保存须精心	
W6958.7.11.6.1	家家慎保火种	【裕固族】
W6958.7.11.7	埋火种	
W6958.7.11.7.1	老君爷李耳打铁靠埋火种生火	【汉族】
W6958.7.11.8	火不能随身带	【瑶族】
W6958.7.11.9	火的保存的其他情形	
W6958.7.11.9.1	发明石头取火的方法后，就用不着千方百计保存火种了	【汉族】@［W6953.5.2.6.0.0.1］黎发明敲石头取火的方法
W6958.8	火的熄灭（火的丢失；火的死亡）	【汤普森】D2158.2

W 编码	母题描述	关联项
W6958.8.1	水导致火的丢失（水把火熄灭）	
W6958.8.1.1	雨浇灭火种	【畲族】
W6958.8.1.1.1	火被雨淋后熄灭	【佤族】
W6958.8.1.1.1.1	裕固族东迁时火被雨淋灭	【裕固族】
W6958.8.1.1.2	火被大雨淋灭	【壮族】
W6958.8.1.2	洪水熄灭火种	【汉族】【高山族（布农人）】
W6958.8.1.2.1	火祖保存的火被洪水冲灭	【壮族】
W6958.8.1.2.2	火在洪水中丢失	【汉族】
W6958.8.1.2.3	洪水淹熄了火种	【独龙族】
W6958.8.1.2.3.1	天帝发洪水熄灭人间的火种	【汉族】
W6958.8.1.2.4	洪水过后，灶里再无火种	【彝族】
W6958.8.1.3	海水熄灭火种	【高山族】
W6958.8.1.4	人用水泼灭大火后，火种消失	【畲族】
W6958.8.2	特定人物造成火的丢失（特定人物造成没有火）	
W6958.8.2.1	火龙导致火的消失	
W6958.8.2.1.1	火龙游到地上吸光地上的火	【畲族】
W6958.8.2.2	妖魔导致火的消失	
W6958.8.2.2.1	魔王把火锁到魔宫后人间没有了火	【畲族】
W6958.8.2.2.1.1	火被住在北方的天角边的魔王夺走	【畲族】
W6958.8.2.2.2	专门吃火的妖魔吃掉所到之处的火	【汉族】
W6958.8.2.2a	龙神鬼王用狂风暴雨把火种扑灭	【独龙族】
W6958.8.2.3	天神藏火	【傣族】
W6958.8.2.3.1	阿不凯恩都哩把全部火种收回	【满族】
W6958.8.2.4	特定的精灵霸占火	
W6958.8.2.4.1	乌佑塞迪波特把火据为己有	【珞巴族】

W 编码	母题描述	关联项
W6958.8.2.5	玉皇大帝毁灭人间的火种	
W6958.8.2.5.1	玉皇大帝派精通火功的太上老君去灭人间的火种	【汉族】
W6958.8.2.6	发现火的人死后火丢失	【布依族】
W6958.8.2.7	雷王不给人间天火	【壮族】
W6958.8.3	特定行为造成火的丢失	
W6958.8.3.1	人把火打死后失去了火	【景颇族】
W6958.8.3.2	因疏忽或没有办法失去火种	
W6958.8.3.2.1	没有谁留下火山的火种	【回族】
W6958.8.4	特定事件造成火的丢失	
W6958.8.4.1	火烧了房子后，人失去了火	【景颇族】
W6958.8.4.2	因火种的看守不善导致火消失	【中华民族】
W6958.8.5	与火的熄灭有关的其他母题	［W6958.1.4.3］火种的收回
W6958.8.5.1	通过特定的行为灭火	［W8636］火灾的消除
W6958.8.5.1.1	火灾时，女人要脱下裤子以求止风熄火	【毛南族】
W6958.8.5.1.2	有口诀灭火	【汉族】
W6958.8.5.1.3	房屋失火后把火打灭，人失去火	【景颇族】
W6958.8.5.1a	通过特定工具灭火	
W6958.8.5.1a.1	用扇子灭火	
W6958.8.5.1a.1.1	孙悟空借芭蕉扇扇熄火焰山的火	【汉族】
W6958.8.5.1b	通过特定物灭火	
W6958.8.5.1b.1	蚩尤氏吐的太阴精气能灭五岳之火	【汉族】
W6958.8.5.2	因燃料匮乏火种丢失	
W6958.8.5.2.1	柴草供不上火都灭了	【汉族】
W6958.8.5.3	动物取火半途熄灭	［W6956.1.4］动物取火（动物取火种）

W 编码	母题描述	关联项
W6958.8.5.3.1	老鼠、猫头鹰、雄鹰取火半途熄灭	【彝族】
W6958.8.5.4	火消失后的情形	
W6958.8.5.4.1	失去火后，家人没熟食吃，口味败了，人也瘦了	【苗族】
W6958.8.5.5	火的失而复得	【畲族】
W6958.8.5.6	特定火的熄灭（特定的火的消失）	
W6958.8.5.6.1	一场大雨才把天火扑灭	【汉族】
W6959	**与火的发明有关的其他母题（与火有关的其他母题）**	【关联】①
W6959.0	火的名称的来历	
W6959.0.1	以取火者为火命名	【布依族】
W6959.0.1.1	阿扎为人取火献身，哈尼人就把火叫作阿扎	【哈尼族】
W6959.1	火的特征	
W6959.1.1	火为什么发热	【汉族】
W6959.1.2	火为什么发光	
W6959.1.3	为什么水火不容	
W6959.1.4	火不分阴阳	【珞巴族】
W6959.1.5	火苗为什么跳跃	
W6959.1.6	火有象征意义	
W6959.1.6.1	火是光明的象征	【哈萨克族】
W6959.1.7	与火的特征有关的其他母题	
W6959.1.7.1	火是特定的人或物的财产	【汤普森】A1415.0.2
W6959.2	火的作用（火的功能）	
W6959.2.1	火为人消除寒冷（火能驱寒；或能取暖）	

① ［W0916.3］鬼火；［W9245.2］火是光明的象征。

W 编码	母题描述	关联项
W6959.2.1.1	人用火把赶走寒冷	【高山族（布农）】
W6959.2.1.2	用火取暖	【汉族】
W6959.2.1.2.1	冬天用火取暖	【汉族】【傣族（布角人）】【满族】
W6959.2.1.2.2	人冷了烤火（冷时用火取暖）	【布朗族】【独龙族】【瑶族】
W6959.2.1a	火能驱赶黑暗和寒冷	【景颇族】
W6959.2.2	火可以驱赶特定物	
W6959.2.2.1	火帮人驱赶野兽（火能防御野兽）	【汉族】【哈尼族】
W6959.2.2.1.1	女娲教人燃把火赶走猛兽	【汉族】
W6959.2.2.1.2	火能驱走豺狗、豹子、老虎	【彝族（撒尼）】
W6959.2.2.1.3	再凶的野兽见了火都害怕	【景颇族】
W6959.2.2.1.4	用火黑夜中能驱走猛兽	【傣族（布角人）】
W6959.2.2.2	热天里用火熏蚊虫	【汉族】
W6959.2.3	火改变了人的饮食	
W6959.2.3.1	人会用火后不再吃生肉	【布依族】
W6959.2.3.1.1	火可以烧熟肉吃	【瑶族】
W6959.2.3.1.2	用火烧烤鱼虾	【汉族】
W6959.2.3.2	火使食物变香	
W6959.2.3.2.0	火烧的野物变香	【回族】
W6959.2.3.2.1	火烧的野猪散发香味	【汉族】
W6959.2.3.2.2	火烧的兔子比生吃好吃	【汉族】
W6959.2.3.2.3	生肉用火烤又香又脆	【景颇族】
W6959.2.3.2.4	火烧老鼠味道美	【拉祜族】
W6959.2.3.3	人知道火可以烧肉吃	【鄂伦春族】
W6959.2.3.4	火化腥臊	【中华民族】

W 编码	母题描述	关联项
W6959.2.3.4.1	用火烤熟猎来的野猪山羊，避免吃腥臭的兽肉	【高山族】
W6959.2.3.5	火使人学会了煮吃和炒吃	【拉祜族】
W6959.2.3.6	火让人天天能吃上熟食	【傣族（布角人）】
W6959.2.3.7	用火水煮食物更好吃	【汉族】
W6959.2.3.8	用火烧水	
W6959.2.3.8.1	伏羲女娲姊妹俩钻木取火烧茶喝	【汉族】
W6959.2.4	火驱逐黑暗	
W6959.2.4.1	火可以照明	【汉族】@［W6958.4f.3.1］燃蜂蜡照明
W6959.2.4.1.1	以前人们靠钻木取火照明	【汉族】
W6959.2.4.1.2	人用火照明山洞和道路	【高山族（布农）】
W6959.2.4.1.3	夜里用火照亮	【汉族】
W6959.2.4.2	火给人带来光明	【哈尼族】
W6959.2.5	火使人变得文明	
W6959.2.5.1	用火取牺牲以供庖厨	【中华民族】
W6959.2.5.2	使用火是人类进入文明	【羌族】
W6959.2.6	用火烧荒	
W6959.2.6.1	用火种烧毁野草	【汉族】
W6959.2.7	火能占卜	
W6959.2.7.1	火有预决吉凶的能力	【彝族（撒尼）】
W6959.2.8	用火护卫	
W6959.2.8.1	用火御敌	【多民族】
W6959.2.9	火的其他功能	［W6959.3.4.4.3］三昧真火能化四海之冰
W6959.2.9.1	用火祭祀	【满族】
W6959.2.9.2	火使人健康成长	【汉族】
W6959.2.9.2.1	黄帝发明火后，民食熟食无肠胃之病	【汉族】@［W6953.3.2.4a］黄帝钻燧生火

W 编码	母题描述	关联项
W6959.2.9.3	火可减少疾病	【彝族】
W6959.2.9.4	用火打仗	【汉族】
W6959.2.9.5	火扩大了人的食物来源	【汉族】
W6959.2.9a	火的危害	
W6959.2.9a.1	火的危害（火灾）	［W6958.5.3.1］没看管好火造成火灾
W6959.2.9a.1.1	特定时间会产生火灾	
W6959.2.9a.1.1.1	每年春季产生火灾	【满族】
W6959.3	火的类型（特定的火；特定名称的火）	
W6959.3.1	天火	【关联】①
W6959.3.1.1	雷神放天火	【普米族】
W6959.3.1.2	南天火	
W6959.3.1.2.1	赤帝管的火是南天火	【汉族】
W6959.3.1.3	天火的特征	
W6959.3.1.3.1	人间不能用天火	【景颇族】
W6959.3.1.3.2	天火成块状	【汉族】
W6959.3.1.3.3	天火威力大	【水族】@［W6958.1.1.1.1.7］天上的火种带到人间，燃起来火势很大
W6959.3.2	地火	
W6959.3.2.1	地火是天火的后裔	【苗族】
W6959.3.2a	山火	［W6958.1.1.7］山火作为火种
W6959.3.2a.1	天神教人使用山火	【鄂伦春族】
W6959.3.3	人火	
W6959.3.3.1	人火是地火的后裔	【苗族】
W6959.3.4	真火（五味真火）	

① ［W6957.2.1.3.1］看管天火的“其其旦”仙女给人盗天火；［W6958.1.1.6］天火作为火种。

W 编码	母题描述	关联项
W6959.3.4.1	五味真火的产生	
W6959.3.4.1.1	观音菩萨吹出五味真火	【汉族】
W6959.3.4.2	五味真火的特征	
W6959.3.4.3	与五味真火有关的其他母题	
W6959.3.4.3.1	天上有真火，但人没法去取	【满族】
W6959.3.4.4	三昧真火	
W6959.3.4.4.1	火龙喷是太阳三昧真火	【汉族】
W6959.3.4.4.2	三昧火平日里不见火焰	【汉族】
W6959.3.4.4.3	三昧真火能化四海之冰	【汉族】
W6959.3.4.4.4	三昧火能够让土成金	【汉族】
W6959.3.4.4.5	三昧火能够造福世间	【汉族】
W6959.3.4.4.6	三昧真火为太阳、太阴和霹雳	【汉族】
W6959.3.5	神火	【民族，联 1】①
W6959.3.5.1	神火的产生	【关联】②
W6959.3.5.1.1	美女盗阿布卡恩都力心中的神火	【满族】
W6959.3.5.2	神火的特征	
W6959.3.5.3	与神火有关的其他母题	
W6959.3.5.3.1	天庭的神火炉	【羌族】
W6959.3.6	雷火	【关联】③
W6959.3.6.1	人最早用的火是雷火	【佤族】
W6959.3.6.2	雷火会熄灭	【佤族】
W6959.3.6.3	雷公霹雳火	【汉族】
W6959.3.6a	自然火	［W6956.1.2.3.5a.1 *］伏羲取得的火大约是大雷雨后山林里燃烧起来的天然火

① 【民族】满族@［W0916.3］鬼火；［W1534.2.3a］神火使万物生长；［W6956.5.2.1.1］到天庭的神火炉中取火。

② ［W6952.2.1］佛祖赐神火；［W6957.3.2.1.1］用白石取回神火。

③ ［W6953.3.6.3.1 *］钻木取火的时间应该晚于从山林里取天然的雷火；［W6958.1.3.5］雷火是火种；［W6958.7.1.1.2］火祖保存雷火。

W 编码	母题描述	关联项
W6959.3.6a.1	打雷闪电和刮风等自然原因，形成天然火	【汉族】
W6959.3.7	太阳火	【汉族】
W6959.3.7.1	太阳火的产生	
W6959.3.7.1.1	女萨满勒顿妈妈敲第四声神鼓点起了红色的太阳火	【满族】
W6959.3.8	鬼火（邪火）	
W6959.3.9	其他特定的火	
W6959.3.9.1	大火	
W6959.3.9.1.1	大火烧山	【瑶族】@［W8620］火灾
W6959.3.9.2	小火	
W6959.3.9.3	急火	
W6959.3.9.4	文火	
W6959.3.9.5	月亮水晶阴中火（阴火）	【汉族】
W6959.3.9.5.1	电火引着地下阴火	【汉族】
W6959.3.9.6	燧火	
W6959.3.9.6.1	燧人初作燧火	【古代民族】
W6959.3.9.7	五岳之火	
W6959.3.9.7.1	蚩尤氏吐的太阴精气能灭五岳之火	【汉族】
W6959.4	神奇的火	【汤普森】F882；［W0916.3］鬼火
W6959.4.1	会行走的火	
W6959.5	神圣的火（圣火）	【汤普森】V1.6.3.1；［W6432］火崇拜
W6959.6	与火有关的事象	
W6959.6.1	取新火仪式	【佤族】
W6959.7	与火有关的制品	
W6959.7.1	火把	

W 编码	母题描述	关联项
W6959.7.1.1	砍九棵黄梨树扎成一把黄火把；砍九棵白栗树扎成一把白火把	【苗族】

6.9.2 度量衡的发明
【W6960 ~ W6964】

W 编码	母题描述	关联项
W6960	**度量衡的发明（测量的产生）**	
W6960.1	以前人不会测量	
W6960.2	测量产生的原因	
W6960.3	特定人物发明测量	
W6960.3.1	首领发明计量	
W6960.3.1.1	蛋生的头人发明文算	【藏族】
W6960.3.2	黄帝时期，隶首制定度量衡	【汉族】
W6960.3.2.1	黄帝立步亩制	【中华民族】
W6960.4	人受启发学会测量	
W6960.5	学习测量	
W6960.6	测量产生的其他情形	
W6960.7	度量衡单位的产生（测量标的产生）	【汤普森】A1471.2；［W1396.1］天地的测量（丈量世界）
W6960.7.1	计量单位	
W6960.7.1.1	巨龟诞生时形成计算单位	【藏族】
W6960.7.2	长度单位的产生	
W6960.7.2.1	八海螺声闻之地为一里	【蒙古族】
W6960.7.2.2	七麦籽为一寸	【蒙古族】

W 编码	母题描述	关联项
W6960.7.2.3	庹	
W6960.7.2.4	以箭程计量长度	【蒙古族】
W6960.7.3	重量单位的产生（质量单位的产生；重量的测量）	
W6960.7.3.1	“克”是珞巴族计量单位	【珞巴族】
W6960.7.4	时间单位的产生（测年龄大小）	
W6960.7.4.1	看影子长短测试间	
W6960.7.4.1.1	看日影测试时间	
W6960.7.4.2	以牙齿测年龄	
W6960.7.4.2.1	缺了 17 颗牙齿的老阿波（人名）	【哈尼族】
W6960.7.4.3	测量特定时间的其他工具	
W6960.7.4.3.1	用“贯月槎”测年份	【汉族】
W6960.7.5	面积大小单位（地域大小；地方大小；方圆大小）	
W6960.7.5.1		
W6960.7.6	其他度量衡单位的产生	［W4635］时间的产生
W6960.7.7	与度量衡单位有关的其他母题	
W6960.8	与测量的产生有关的其他母题	
W6960a	**测量的对象**	
W6960a.1	测量自然现象	［W6962.1］观测天象（观天象）
W6960a.1.1	测量天地	
W6960a.1.1.1	天神厄莎要测量天高地厚	【拉祜族】
W6960a.1.2	测量山坡山岭	
W6960a.2	测量特定物体	
W6960b	**测量者**	
W6960b.1	神作为测量者	
W6960b.2	神性人物作为测量者	
W6960b.2.1	大禹测量天地	【汉族】

W 编码	母题描述	关联项
W6960b.2.2	善神生的白蛋孵出丈量师	【纳西族】
W6960b.3	特定的人作为测量者	
W6960b.4	动物作为测量者	
W6960b.4.1	穿山甲测量天高地厚	【拉祜族】
W6960b.5	植物作为测量者	
W6960b.6	其他特定人物作为测量者	
W6960c	**测量方法**	
W6960c.1	测量方法的获得（测量方法的产生）	
W6960c.2	通过观察测量	
W6960c.2.1	通过观察测量工具测量	［W6961］度量衡工具（测量工具；测量工具的来历）
W6960c.2.2	通过感官观察测量	
W6960c.3	通过计算测量	
W6960c.4	通过占卜测量	
W6960c.5	通过比较测量	
W6960c.5.1	通过两物相比测量	
W6960c.5.1.1	地上国的石头比天上的石头重	【满族】
W6960d	**测量过程**	
W6961	**度量衡工具（测量工具；测量工具的来历）**	
W6961.1	测量工具源于特定地方	
W6961.2	特定人物发明测量工具	
W6961.2.1	黄帝的部下制定度量衡	
W6961.2.1.1	黄帝有熊氏命隶首定数，律度量衡	【汉族】
W6961.3	测量工具产生的方法	
W6961.4	长度测量工具（长度测量工具的产生）	

W 编码	母题描述	关联项
W6961.4.1	特定人物给长度测量工具	
W6961.4.2	用人的身体的特定部位测量	
W6961.4.2.1	用手测量	
W6961.4.2.1.1	布手知尺	
W6961.4.2.1.2	掬手成升	
W6961.4.2.2	用脚测量	
W6961.4.2.2.1	举足为跬	
W6961.4.2.2.2	禹使太章步自东极至于西极	【中华民族】
W6961.4.2.3	用人骨测量	
W6961.4.2.3.1 *	古人认为髀的长度为八尺	【中华民族】
W6961.4.3	用动物测量（用动物做尺子）	
W6961.4.3.1	用麻蛇做量地的尺子	【景颇族】
W6961.4.3.2	用牛皮丈量	【珞巴族】
W6961.4.4	人造物作为测量长度的工具	
W6961.4.4.1	用绳子测量长度	【珞巴族】
W6961.4.4.2	玉简作为测量长度的工具	
W6961.4.4.2.1	伏羲给禹 1 尺 2 寸长的玉简度量天地	【汉族】
W6961.4.4.3	用尺子测量长度（尺子）	
W6961.4.4.3.1	尺子的发明	
W6961.4.4.3.2	尺子的使用	
W6961.4.4.3.3	特定的尺子	
W6961.4.4.3.3.1	黄金量尺	
W6961.4.4.3.3.1.1	天女册恒布白命用黄金量尺量地面	【纳西族】
W6961.4.4.3.3.2	矩尺	
W6961.4.4.3.3.2.1	女娲用矩尺测量洪水的高低	【汉族】
W6961.4.4.3.3.3	直尺	【回族】

W 编码	母题描述	关联项
W6961.4.4.3.3.4	拐尺	
W6961.4.4.3.3.4.1	鲁班的直尺压成九十度的拐尺	【回族】
W6961.4.4.3.3.5	黍尺	
W6961.4.4.3.3.5.1	古代音律的确定采用黍尺	【汉族】
W6961.4.4.3.3.5.1.1	黍度为尺，以定黄钟	【汉族】
W6961.4.4.3.3.5.2	横排百颗黍粒的长度为1尺	【汉族】
W6961.4.4.4	用布测量	
W6961.4.4.4.1	截取特定的布测量长度	【傈僳族】
W6961.4.5	杆子作为测量长度的工具（特定的杆作为测量长度的工具；特定的棍棒作为测量长度的工具）	
W6961.4.5.1	祖先崇仁丽恩用白银丈杆去丈天空	【纳西族】
W6961.4.6	规矩作为测量长度的工具（规矩的产生）	
W6961.4.6.1	特定人物发明规矩（规矩的使用者）	
W6961.4.6.1.1	始祖布洛陀制定人间规矩	【壮族】
W6961.4.6.1.2	禹王用规矩左右前后丈量水势	【汉族】
W6961.4.6.2	规的发明	
W6961.4.6.2.1	伏羲持规	【汉族】
W6961.4.6.3	矩的发明	
W6961.4.6.3.1	女娲持矩	【汉族】@［W6961.4.4.3.3.2.1］女娲用矩尺测量洪水的高低
W6961.4.7	测量特定的长度	
W6961.4.7.1	测量日影长度的工具	
W6961.4.7.1.1	目测日影	
W6961.4.7.1.2	土圭测日影	
W6961.5	测量重量的工具	

W 编码	母题描述	关联项
W6961.5.1	秤	［W1129.6］天地的重量
W6961.5.1.0	以前，没有秤	【汉族】
W6961.5.1.1	秤的产生	
W6961.5.1.1.1	特定人物造秤	
W6961.5.1.1.1.1	二郎神造秤	【汉族】
W6961.5.1.1.1.1a	女始祖密洛陀造秤砣	【瑶族（布努）】
W6961.5.1.1.1.1b	造秤的祖师爷千人平造秤	【汉族】
W6961.5.1.1.1.1c	铁匠木匠合作造秤	【汉族】
W6961.5.1.1.1.2	王愚制秤分斤两	【毛南族】
W6961.5.1.1.1.3	陶朱公造秤	
W6961.5.1.1.1.3.1	陶朱公受横木打水的启发造秤	【汉族】
W6961.5.1.1.1.4	一个老人造秤	
W6961.5.1.1.1.4.1	老头为给卖盐的人和卖长刀的人平分银子造出最早的秤	【景颇族】
W6961.5.1.1.2	用特定物造秤	
W6961.5.1.1.2.1	用牛的心做秤砣	
W6961.5.1.1.2.1.1	众神用查牛的心做称天地的秤砣	【哈尼族】
W6961.5.1.1.2.2	众神用查牛的一截大肠做称天地的秤杆	【哈尼族】
W6961.5.1.1.2.3	造秤时月牙做秤钩，石头当秤砣，木头做砰杆，北斗七星、南勺六星和人间的福、禄、寿星当秤星	【汉族】
W6961.5.1.2	秤的特征（秤的功能）	
W6961.5.1.2.1	最早的秤是十三两制	【汉族】
W6961.5.1.3	特定的秤	
W6961.5.1.3.1	“千人平”秤	【汉族】@［W6961.5.1.1.1.1b］造秤的祖师爷千人平造秤
W6961.5.1.3.1.1	“千人平”秤秤标十六两	【汉族】

W 编码	母题描述	关联项
W6961.5.1.3.2	神秤	
W6961.5.1.3.2.1	天下第一杆神秤	【汉族】
W6961.5.1.3.3	称地秤	
W6961.5.1.3.3.1	山坡山岭生称地秤	【苗族】
W6961.5.1.4	秤的特定测量对象	
W6961.5.1.4.1	布洛陀用秤称万物	【壮族】
W6961.5.1.4.2	二郎神用秤称山	【汉族】
W6961.5.1.5	秤的构件	
W6961.5.1.5.1	秤杆	
W6961.5.1.5.1.1	秤杆上的秤星由南斗六星、北斗七星共计十三星组成	【汉族】
W6961.5.1.5.1.2	木匠刮秤杆	【汉族】
W6961.5.1.5.2	秤砣	【哈尼族】@［W6961.5.1.1.2.1］用牛的心做秤砣
W6961.5.1.5.3	秤星（秤眼）	
W6961.5.1.5.3.1	十六秤星	【汉族】
W6961.5.1.5.3.2	天上的北斗七星、南勺六星和人间的福、禄、寿星当秤星	【汉族】
W6961.5.1.5.3.3	木匠钻秤眼	【汉族】
W6961.5.1.5.4	秤钩	
W6961.5.1.5.4.1	铁匠打秤钩	【汉族】
W6961.5.1.5.5	秤盘	
W6961.5.1.5.5.1	铁匠做秤盘	【汉族】
W6961.5.1.6	与秤有关的其他母题	［W6981.2.7.3.1］神秤最公道
W6961.5.1.6.1	秤的名称	
W6961.5.1.6.1.1	陶朱公取名“秤”	【汉族】
W6961.5.1.6.2	秤的管理者	
W6961.5.1.6.2.1	千人平上天当了秤官	【汉族】

W 编码	母题描述	关联项
W6961.5.2	用船称重	
W6961.6	测量温度的工具	
W6961.7	测量速度的工具	
W6961.8	测量时间的工具	
W6961.8.1	立杆测量时间	
W6961.8.2	沙漏测量时间	
W6961.8.3	日晷	【汉族】
W6961.9	测量其他特定物的工具	
W6961.9.1	水的测量	
W6961.9.1.1	天女用身体量海水	【蒙古族】
W6961.10	与测量工具有关的其他母题	［W6960c.2.1］通过观察测量工具测量
W6961.10.1	测量人心	［W9525.6.2］神变形试探人心
W6962	**度量衡的有关情形**	
W6962.1	观测天象（观天象）	
W6962.1.1	观测天象的原因	
W6962.1.2	观测天象的时间	
W6962.1.2.1	七月初七、初八、初九三天观看天象	【彝族】
W6962.1.3	观测天象的地点	
W6962.1.3.1	黎的儿子噎到大荒西极日月山上的吴姖天门中观天象	【汉族】
W6962.1.4	观测天象者	
W6962.1.4.1	黄帝观天象	
W6962.1.4.1.1	黄帝造指南针观察天象	【汉族】
W6962.1.4.2	管理地的大神黎的儿子噎是观测天象者	【民族，关联】①

① 【汉族】@［W6962.1.3.1］黎的儿子噎到大荒西极日月山上的吴姖天门中观天象；［W6962.1.5.1.2］噎观测日月星运行规律。

W 编码	母题描述	关联项
W6962.1.4.3	舜观测天象	
W6962.1.4.3.1	舜使用璇玑玉衡观测天象	【中华民族】
W6962.1.4.3.2	舜观测天象，定准日月及金木水火土五星的位置	【中华民族】
W6962.1.5	观测天象的内容	
W6962.1.5.1	观测日月星辰运行	
W6962.1.5.1.1	四根天柱四兄弟观测日月星运行规律	【毛南族】
W6962.1.5.1.2	噎观测日月星运行规律	【汉族】
W6962.1.6	观测天象的方法	
W6962.1.7	观测天象的结果	
W6962.1.8	与观测天象有关的其他母题	【关联】①
W6963	**数字（数字的产生；数的来历）**	
W6963.1	以前没有数字	
W6963.2	数字产生的原因	
W6963.3	数字产生的方式	
W6963.3.1	数字源于特定的地方	
W6963.3.2	特定人物发明数字	
W6963.3.2.1	伏羲造数字	
W6963.3.2.1.1	伏羲在天台山顶上造出计数的数字	【汉族】
W6963.3.2.1.2	伏羲造的字画后来成为数字	【中华民族】
W6963.3.3	特定的人物教人识数	
W6963.3.3.1	神教人识数	
W6963.3.3.1.1	大力神教女祖先识数	【佤族】
W6963.3.4	生育数字（演化出数字）	

① ［W6960a.1］测量自然现象；［W9206］天象（自然现象）作为征兆。

W 编码	母题描述	关联项
W6963.3.4.1	道生一	【汉族】
W6963.3.4.2	一生二	【汉族】
W6963.3.5	数字产生有特定规则	
W6963.3.5.1	数起于一，立于三，成于五，盛于七，极于九	【汉族】
W6963.3.6	数字产生的其他方式	
W6963.3.7	与数字的产生有关的其他母题	
W6963.3.7.1	数字始于1	【汉族】
W6963.3.7.2	炎黄时代出现数字刻符	【中华民族】
W6963.4	数字的特征（数字的功能）	
W6963.4.1	数字为什么数不完	
W6963.5	特定的数字	
W6963.5.1	最小的数字	
W6963.5.2	最大的数字（最多的数字）	
W6963.5.2.1	9 是最大的数字	【汉族】
W6963.5.2.2	99 是最大的数字	【藏族】
W6963.5.2.3	20 是数目中的大数	【珞巴族】
W6963.5.3	神圣的数字	［W6436］数字崇拜
W6963.5.3.1	3 是神圣数字	
W6963.5.3.1.1	毛昆达 3 天后祭祀了 3 神	【满族】
W6963.5.4	神秘的数字	
W6963.5.4.1	3 是神秘数字	
W6963.5.4.1.1	3 是布里亚特神话的神秘数字	【蒙古族（布里亚特人）】
W6963.5.4.2	9 是神秘数字	
W6963.5.4.2.1	9 是布里亚特神话的神秘数字	【蒙古族（布里亚特人）】
W6963.5.5	美好的数字（吉祥数字；吉祥数）	
W6963.5.5.1	特定的数是吉祥数	

W 编码	母题描述	关联项
W6963.5.5.1.1	“13”在藏俗中象征着神圣和吉祥	【藏族】
W6963.5.5.2	特定事件有特定的吉祥数	
W6963.5.5.2.1	封墓时3或5块盖板为吉祥数，象征“三多五福”	【白族】
W6963.5.6	特定物有特定的数字	
W6963.5.6.1	天地之数五十有五	【汉族】
W6963.5.7	不好的数字（忌讳的数字）	
W6963.5.7.1	4是不好的数字	
W6963.7	惯用的数字（常用的数字）	
W6963.7.1	3是常用数字	［W6436.3］数字“3”崇拜
W6963.7.2	6是常用数字	［W6436.6］数字“6”崇拜
W6963.7.3	9是常用数字	【关联】①
W6963.7.4	99是常用数字	
W6963.7.4.1	莫日根射日爬过了99座高山，迈过了99条河穿过了99个峡谷	【赫哲族】
W6963.8	与数字有关的其他母题	［W6538.2］特定的数字禁忌
W6963.8.1	数数（计数；记数）	
W6963.8.1.1	结绳记数	［W6811.3］结绳记事
W6963.8.1.1.1	以前结绳计数时，结满十个就打个圈，十个圈就是一百	【汉族】
W6964	**与度量衡有关的其他母题**	
W6964.1	测量的产生	
W6964.2	测量方法	
W6964.3	无法测量的事物	［W1157.1.2］天无法测量

① ［W6436.9］数字“9”崇拜；［W6436.9.1］9是最大的数字；［W6436.9.2］“9”被视为吉祥数。

6.9.3 其他代表性文化发明
【W6965 ~ W6969】

W 编码	母题描述	关联项
✻ **W6965**	**弓箭的发明（弓箭的产生；弓的产生；箭的产生）**①	
W6965.0	弓箭产生的原因（造弓箭的原因）	
W6965.0.1	为射日月造弓箭	【关联】②
W6965.0.1.1	为射太阳造弓箭	【汉族】【满族】
W6965.0.1.1.1	羿为射日发明弓箭	【汉族】
W6965.0.1.1.1.1	仡射为射日发明弓	【苗族】
W6965.0.1.1.2	一个人为射日头造弓箭	【畲族】
W6965.0.2	为征战造弓箭	
W6965.0.2.1	为击退妖魔造弓箭	
W6965.0.2.1.1	造弓矢退魔鬼	【鄂伦春族】
W6965.0.2.2	为抵御外来的侵害造弓箭	【汉族】
W6965.0.3	为体现神的意志造弓箭	
W6965.0.3.1	天神为让男人胜过女人教男人造弓箭	【鄂伦春族】
W6965.0.4	为狩猎造弓箭	【珞巴族】
W6965.0.5	为射妖造弓箭	
W6965.0.5.1	为射妖鹏造弓箭	【满族】

① 弓箭的发明（弓箭的产生；弓的产生；箭的产生），据考古资料，距今5万~1万年的晚期智人，已进入旧石器时代晚期。制造弓箭是该时代两大重要发明之一。此类母题也包含少数“弩”的母题，因弓弩相近，不再单列，具体情形见母题表述部分。

② 【壮族】@［W6967.1.1.12.1］火神昌朗为射日砍密精树造大弓；［W6968.2.5.0.1］盘古王的一对儿女为射日造12支金箭。

W 编码	母题描述	关联项
W6965.1	弓箭源于特定地方	
W6965.1.1	到天上获得神箭	【水族】
W6965.1.1.1	仓巴和夹金两兄弟神返回天界带来神箭	【珞巴族】
W6965.1.2	卵生箭	
W6965.1.2.1	恰刚央扎和什贝东桑玛夫妇生的金卵中有青绿色羽毛尾翼的金色箭	【藏族】
W6965.1.3	从特定物中得到箭	
W6965.1.3.1	从烧裂的石钟中得到锋利无比的金箭	【汉族】
W6965.1.4	从某个特定地点得到箭	
W6965.1.4.1	射日者在青根山脚找到十支神箭	【土家族】
W6965.1.4.2	从水中得到弓箭	
W6965.1.4.2.1	河水中得到箭	【彝族】@［W6968.2.5.0.2］水中出现一枝金箭
W6965.2	特定人物赐予弓箭	
W6965.2.1	玉帝赐弓	
W6965.2.1.1	玉皇大帝赐给后羿为人民造福的红色的弓	【汉族】
W6965.2.2	老人赠弓箭	
W6965.2.2.1	老人馈给勇士乌恩铁臂神弓和穿云箭	【蒙古族】
W6965.3	变化产生弓箭	
W6965.3.1	变化产生弓	
W6965.3.2	变化产生箭（箭是变化产生的）	【满族】
W6965.3.2.1	一支箭能变百支箭	
W6965.4	生育弓箭	
W6965.4.1	婚配生育弓箭	

W 编码	母题描述	关联项
W6965.4.1.1	白昼瓦囊宁推和黑夜宁星依锐相配生弯弓	【景颇族】
W6965.5	与弓箭产生有关的其他母题	
W6966	**弓箭发明者（特定人物发明弓箭；造弓箭者；造弓者；造箭者；造弓箭的传授者；弓箭制作方法的获得）**	
W6966.1	神发明弓箭	【鄂温克族】
W6966.1.1	天神教人造弓箭	【鄂伦春族】
W6966.1.1.1	天神恩都力教人类制弓矢	【鄂伦春族】
W6966.1.2	从神那里得到弓箭	【水族】
W6966.1.3	神顾米亚造弓箭	
W6966.1.3.1	顾米亚射日月时，用青皮树做弓，把阿卡解麻搓成弦，把箭竹削成箭	【布朗族】
W6966.1.4	天公遮帕麻造弓箭	
W6966.1.4.1	遮帕麻砍来黄栗树做弓，砍来大龙竹做箭	【阿昌族】
W6966.1.5	神族首领造弓箭	
W6966.1.5.1	神族首领美令东主用犏牛和牦牛的肋骨做坚弓，牛皮绳做弓绳，牛筋索绕箭头	【纳西族】
W6966.1.6	雷神造箭	
W6966.1.6.1	雷公炉内打铁，打成四五根快箭	【苗族】
W6966.2	神性人物造弓箭	
W6966.2.1	巨人造弓箭	
W6966.2.1.1	巨人简锦祖造弯弓和利箭	【普米族】
W6966.2.2	山主教人造弓箭	

W 编码	母题描述	关联项
W6966.2.2.1	长白山主教人造弓箭	【满族】
W6966.2.3	祖先教人造弓箭	［W6966.6.2.2.1］祖爷被藤绊了一跤受启发制成了弓箭
W6966.2.3.1	布洛陀教人们做弓箭	【壮族】
W6966.2.3.2	祖先猴人造弓箭	【羌族】@［W6966.5.1.1］祖先人猿的心变成的小猴造弓箭
W6966.2.4	三皇五帝造弓箭	
W6966.2.4.1	黄帝造弓箭	【汉族】
W6966.2.4.1a *	黄帝为部落联盟制造弓弩箭戟刀矛箭棍兵器	【中华民族】
W6966.2.4.2	尧造弓箭	【汉族】
W6966.2.4.3	舜造弓箭	【汉族】
W6966.2.5	盘古造箭	
W6966.2.6	伏羲造箭	
W6966.2.7	女娲造箭（女娲是造箭者；女娲发明弓箭）	【汉族】
W6966.2.7.1	女娲炼出一支神箭	【汉族】
W6966.2.7.2	女娲发明的弓箭能射平地上的走兽和天上的飞鸟	【汉族】
W6966.2.7.3	女娲用夙条制成强韧有力的箭杆	【中华民族】
W6966.2.8	英雄造箭（文化英雄造弓箭）	［W9777.1］射日者造弓箭
W6966.2.8.1	亚鲁王磨箭	【苗族】
W6966.2.8.2	后羿造弓箭	
W6966.2.8.2.1	后羿用扶桑大树作弯弓，撑天竹子作雕翎	【汉族】
W6966.2.8.2.2	后羿发明弓箭，弯弓射日斩妖星	【汉族】
W6966.3	特定的人造弓箭	
W6966.3.1	族长造弓箭	
W6966.3.1.1	族长鄂多教族人造弓箭	【满族】

W 编码	母题描述	关联项
W6966.3.2	老人造弓箭	【仡佬族】
W6966.3.2.1	老人教人造弓箭方法	
W6966.3.2.1.1	神奇出现的老人告知弓箭制作方法	【汉族】
W6966.3.2.2	老人用7天7夜7制成一个弓，12支神箭	【仡佬族】
W6966.3.3	猎手造弓箭	
W6966.3.3.1	猎手受动物启发造弓箭	【珞巴族】
W6966.3.4	长辈教后代造弓箭	
W6966.3.4.1	造弓箭时请教岳父	【苗族】
W6966.3.5	女人造弓箭	［W6966.4.1.1］女子变的猫头鹰教哈尼人做弓，教彝家人做箭
W6966.3.5.1	女人教男人造弓箭	
W6966.3.5.1.1	姐姐给弟弟造弓箭	
W6966.3.5.1.1.1	洪水后，姐姐给弟弟造弓箭让他去射鸟	【赫哲族】
W6966.3.5.2	共工的女儿发明弓箭	【汉族】
W6966.3.6	男人造弓箭	
W6966.3.6.1	男人教女人造弓箭	
W6966.3.7	特定名称的人造弓箭	
W6966.3.7.1	少昊的儿子般发明弓箭	【汉族】
W6966.3.7.2	桑勒也和桑勒宜兄弟射日月时用松树制成弓，把柏树做成箭	【瑶族（布努）】
W6966.3.7.3	射手雅拉用虎尾做弓，虎筋做弦，鹿角做箭	【瑶族】
W6966.3.7.4	黄帝命挥作盖弓，夷牟造矢	【汉族】
W6966.3.7.5	一个叫仡箭的人发明箭	【苗族】
W6966.3.7.6	特定的民族的人会造弩箭	
W6966.3.7.6.1	苦聪人阿惹造弩箭	【哈尼族】

W 编码	母题描述	关联项
W6966.3.7.7	般是始为弓矢	【中华民族】
W6966.4	动物造弓箭	
W6966.4.1	猫头鹰教人造弓箭	
W6966.4.1.1	女子变的猫头鹰教哈尼人做弓，教彝家人做箭	【哈尼族】@［W6966.3.5］女人造弓箭
W6966.5	其他特定人物造弓箭	
W6966.5.1	人猿造弓箭	
W6966.5.1.1	祖先人猿的心变成的小猴造弓箭	【布依族】@［W6966.2.3.2］祖先猴人造弓箭
W6966.6	与弓箭的发明有关的其他母题（与制作弓箭方法有关的其他母题）	
W6966.6.1	梦中发明弓箭	
W6966.6.2	受启发造弓箭	
W6966.6.2.1	受藤子的启发制造弓箭	
W6966.6.2.1.1	猎手受到动物启发将竹片弯成月牙形，绷上了藤绳制成弓	【珞巴族】【珞巴族（博嘎尔部落）】@［W6966.3.3.1］猎手受动物启发造弓箭
W6966.6.2.1.2	祖先受被树藤绊的启示发明弓箭	【珞巴族】
W6966.6.2.2	受竹子绊人的启发发明了弓	【珞巴族】
W6966.6.2.2.1	祖爷被藤绊了一跤受启发制成了弓箭	【珞巴族】
W6966.6.2.3	受鼹鼠、鸟和猴子的启发做成弓	【珞巴族】
W6966.6.3	炼制弓箭	
W6966.6.3.1	后羿炼制宝弓和神箭	【汉族】
W6966.6.3.2	炼石成箭	【傣族】
W6966.6.4	合作造弓箭	
W6966.6.4.1	神性人物友罗造弓子、鲍公造箭头、宇郁造弓弦	【苗族】
W6967	**弓箭的制作（造弓箭）**	［W9773］用弓箭射日

W 编码	母题描述	关联项
W6967.0	弓箭制作的材料（造弓箭的材料）	
W6967.0.0	用石头造弓箭	
W6967.0.0.1	鄂伦春人用石头做弓箭	【鄂伦春族】
W6967.0.0.1.1	用石造箭	【中华民族】
W6967.0.1	用树木造弓箭（用木头造弓箭）	
W6967.0.1.1	弦木为弧，剡木为矢	【汉族】
W6967.0.1.2	阳雀用麻秧树的树干造弓，用树枝造箭	【苗族】
W6967.0.1.3	用马桑树造弓箭	【苗族】
W6967.0.2	用树木做弓，用竹子做箭	
W6967.0.2.1	巨人简锦祖拿桑树做弯弓，拿箐竹做利箭	【普米族】
W6967.0.2.2	用大楠竹做箭	【民族，关联】①
W6967.0.2.3	金竹根做箭	【羌族】
W6967.0.3	用青皮树做弓，用箭竹做箭	
W6967.0.3.1	顾米亚用西尼麻（树青皮树）做成弓，用阿卡解麻（野生藤）搓成弦，把阿里麻（箭竹）削成箭	【布朗族】
W6967.0.4	用竹子造弓箭	【关联】②
W6967.0.4.1	灵竹当弓箭	【彝族】
W6967.0.4.2	兄弟俩用竹尾做箭，用竹中间部分做成箭筒，竹的下部做弓	【珞巴族（德根等部落）】
W6967.0.4.3	用大叶的竹子做箭	【瑶族】
W6967.0.4.4	把竹片捂成月牙儿形绷上绳索做成弓，把竹条磨尖做成了箭	【珞巴族】
W6967.0.4.5	把竹竿的一头磨尖作为箭	【汉族】
W6967.0.5	用动物骨头和动物的筋造弓箭	

① 【毛南族】@［W6967.1.1.1］竹子做弓；［W6968.2.9.2.1.2.2］射日者用二十蔸大楠竹做成二十支神箭。

② ［W6967.0.2.2］用大楠竹做箭；［W6968.2a.5.1］青竹制弯弓。

W 编码	母题描述	关联项
W6967.0.5.1	后羿的弓是用老虎的骨头绷的，弦是用龙王的筋绷的	【汉族】
W6967.0.5.2	后羿的神弓用虎脊梁骨做弓，用龙筋做弦	【汉族】
W6967.0.6	用动物的角和动物尾巴造弓箭	
W6967.0.6.1	猎人用鹿角做箭，虎尾做弦	【汉族】
W6967.0.7	用动物的角和动物的皮造弓箭	
W6967.0.7.1	用犏牛牦牛的角做硬弓，用牛皮做弓弦	【纳西族】@［W6966.1.5.1］神族首领美令东主用犏牛和牦牛的肋骨做坚弓，牛皮绳做弓绳，牛筋索绕箭头
W6967.0.8	用其他特定物造弓箭	
W6967.0.8.1	羿用青山竹做弓箭，用龙猪筋做弦	【汉族】
W6967.0.8.2	用动物的羽毛造箭	
W6967.0.8.2.1	凤凰羽毛做箭	【羌族】
W6967.0.8.3	刚星木做弓，野麻皮做弓弦	【瑶族】
W6967.0.8.4	用玉造箭	
W6967.0.9	与造弓箭材料有关的其他母题	
W6967.0.9.1	不成功的造弓箭的材料	
W6967.0.9.1.1	用栗木与黄竹做弓箭不成功	【哈尼族】
W6967.0a	造弓箭的方法	
W6967.0a.1	炼造弓箭	
W6967.0a.1.1	八卦炉里炼成弓箭	【汉族】
W6967.1	弓的制作（造弓的材料）	
W6967.1.0	用树造弓	
W6967.1.0.1	用大树造弓	【满族】
W6967.1.1	用特定树木做弓	【阿昌族】
W6967.1.1.1	竹子做弓	【汉族】

W 编码	母题描述	关联项
W6967.1.1.1.1	金竹做弓	【苗族】
W6967.1.1.1.1.1	猎人从昆仑山砍金竹做弓	【汉族】
W6967.1.1.1.2	灵竹当弓	【彝族】@［W6967.0.4.1］灵竹当弓箭
W6967.1.1.2	桑木做弓（桑木弓）	【侗族】【纳西族】【普米族】
W6967.1.1.2a	桑木硬弓	【纳西族】
W6967.1.1.2b	桑木弯弓	【纳西族】
W6967.1.1.2c	桑柘做弓	【汉族】
W6967.1.1.3	松树做弓	【鄂伦春族】
W6967.1.1.4	黄栗树做弓	
W6967.1.1.4.1	黄栗树做千斤弓	【阿昌族】@［W6966.1.4.1］遮帕麻砍来黄栗树做弓，砍来大龙竹做箭
W6967.1.1.5	青皮树做弓	
W6967.1.1.5.1	创世者顾米亚用青皮树做弓	【布朗族】@［W6967.0.3.1］顾米亚用西尼麻（树青皮树）做成弓，用阿卡解麻（野生藤）搓成弦，把阿里麻（箭竹）削成箭
W6967.1.1.6	高娃树做弓	【布依族】
W6967.1.1.7	柳树做弓（柳木造弓）	
W6967.1.1.7.1	用万年柳做弓	【满族】
W6967.1.1.7.2	将柳椽经过修整、熏烤制成弓背	【汉族】
W6967.1.1.8	麻秧树做弓	【苗族】@［W6967.0.1.2］阳雀用麻秧树的树干造弓，用树枝造箭
W6967.1.1.9	用桑树做弓	［W6967.1.1.2］桑木做弓（桑木弓）

W 编码	母题描述	关联项
W6967.1.1.9.1	巨人用桑树做弓	【普米族】@［W6967.0.2.1］巨人简锦祖拿桑树做弯弓，拿箐竹做利箭
W6967.1.1.9a	岩桑树做弓	【苗族】
W6967.1.1.9a.1	英雄阿鲁举热用岩桑做弓	【彝族】
W6967.1.1.9b	扶桑树做弓	【汉族】
W6967.1.1.9b.1	后羿用扶桑大树作弯弓	【汉族】
W6967.1.1.10	桃树做弓	【土家族】
W6967.1.1.11	檀木做弓	
W6967.1.1.11.1	能人选又绵又硬的檀木做大弓	【土家族】
W6967.1.1.12	密精树做弓	
W6967.1.1.12.1	火神昌朗为射日砍密精树造大弓	【瑶族】@［W6968.2.5.0.1］盘古王的一对儿女为射日造12支金箭
W6967.1.1.13	其他树木做弓	
W6967.1.1.13.1	用若木做弓	【汉族】
W6967.1.2	其他材料做弓	
W6967.1.2.1	牛角做弓	【纳西族】
W6967.1.2.1a	鹿角做弓	
W6967.1.2.1a.1	用七十个鹿角做成弓	【蒙古族】
W6967.1.2.2	虎骨做弓	
W6967.1.2.2.1	后羿用虎骨做弓	【汉族】
W6967.1.2.3	虎尾做弓	【回族】
W6967.1.2.4	用山做弓	
W6967.1.2.4.1	地仙拿一座弯形的铜岩山作弓	【水族】
W6967.1.2.5	用藤条制成弓	【汉族】
W6967.1.3	用多种材料造弓	

W 编码	母题描述	关联项
W6967.1.3.1	用竹子和藤绳造弓	【珞巴族（博嘎尔部落）】@［W6966.6.2.1.1］猎手受到动物启发将竹片弯成月牙形，绷上了藤绳制成弓
W6967.1.3.2	用牦牛角做弓，牛皮做弓绳做成强弓	【纳西族】@［W6966.1.5.1］神族首领美令东主用犏牛和牦牛的肋骨做坚弓，牛皮绳做弓绳，牛筋索绕箭头
W6967.1.3.3	人的祖宗头抽来神牛的筋，砍来竹木做成弓	【畲族】
W6967.1.4	特定材料不能造弓（不成功的造弓材料）	
W6967.1.4.1	枫木不能造弓	【苗族】
W6967.1.4.2	松木不能造弓	【苗族】
W6967.1.5	造弓的方法（造弓的过程；造弓的情形）	
W6967.1.5.1	猎手造的一手好弓	【汉族】
W6967.1.5.2	娲娘造了天底下第一张弓	【汉族】
W6967.1.5.3	不成功的造弓方法（制弓失败）	
W6967.1.6	造弓的结果	
W6967.1.7	与弓的制作有关的其他母题	
W6967.2	箭的制作	
W6967.2.1	树木做箭	
W6967.2.1.1	白桦树做箭	【鄂伦春族】
W6967.2.1.2	用铁松做成箭杆	【满族】
W6967.2.1.3	麻秧树树枝做箭	【苗族】@［W6967.0.1.2］阳雀用麻秧树的树干造弓，用树枝造箭
W6967.2.1.4	用岩桑树的枝杆做箭	【苗族】
W6967.2.1.5	树尖做箭杆	【苗族】

W 编码	母题描述	关联项
W6967.2.1.6	柳树做箭	【土家族】
W6967.2.1.7	桄榔木做箭	【壮族】
W6967.2.1.8	金刚木做箭	
W6967.2.1.8.1	射日者从峨眉山伐金刚木做箭	【汉族】
W6967.2.1.9	与用树造箭有关的其他母题	［W6967.9.1.2.4.1］俄浦普罗教人用9棵杉树削制成9支弩箭
W6967.2.1.9.1	桂枝做箭杆	【汉族】
W6967.2.2	竹子做箭	
W6967.2.2.1	大龙竹做九庹长的箭	【阿昌族】@［W6966.1.4.1］遮帕麻砍来黄栗树做弓，砍来大龙竹做箭
W6967.2.2.2	箭竹做箭	
W6967.2.2.2.1	创世者顾米亚用箭竹做箭	【布朗族】@［W6967.0.3.1］顾米亚用西尼麻（树青皮树）做成弓，用阿卡解麻（野生藤）搓成弦，把阿里麻（箭竹）削成箭
W6967.2.2.3	用硬竹竿做箭	【布依族】
W6967.2.2.4	矢竹做箭	
W6967.2.2.4.1	姜良、姜妹兄妹射太阳时用矢竹做箭	【侗族】
W6967.2.2.5	大楠竹做箭	【毛南族】
W6967.2.2.6	箐竹做箭	［W6967.0.2.1］巨人简锦祖拿桑树做弯弓，拿箐竹做利箭
W6967.2.2.6.1	巨人简锦祖拿箐竹做成利箭	【普米族】
W6967.2.2.7	楠竹做箭	【土家族】
W6967.2.2.8	金丝竹做箭	【瑶族】

W 编码	母题描述	关联项
W6967.2.2.9	灵竹做箭	【彝族】@［W6967.0.4.1］灵竹当弓箭
W6967.2.2.10	磨竹成箭	【珞巴族】
W6967.2.2.11	削竹成箭	
W6967.2.2.11.1	猎人把参天大竹削成箭	【普米族】
W6967.2.3	用草做箭（草箭）	
W6967.2.3.1	茅草杆做箭	【布依族】
W6967.2.3.2	阿妈用一根竹子做弓，拔一根头发作弦，捡了一把草制成几支箭	【藏族】
W6967.2.4	用石头做箭（造石箭；磨制石箭）	［W6968.2.1］石箭
W6967.2.4.1	石头磨成石箭	【傣族】@［W6968.2.1.1.2.1］青年6年磨成石箭
W6967.2.4.1.1	箭头磨得小指一般细	【苗族】
W6967.2.4.1.2	伏羲女娲教人石头磨制成箭	【汉族】
W6967.2.4.1.3	硬石磨出神箭	【傣族】
W6967.2.4.2	烧石成汁炼成箭	【傣族】
W6967.2.4.3	神箭手用金刚石磨成箭	【满族】
W6967.2.5	用动物的特定部位做箭	
W6967.2.5.1	用动物的角做箭	
W6967.2.5.1.1	鹿角做箭	【回族】【瑶族】
W6967.2.5.1.1.1	猎人用鹿角做箭	【汉族】@［W6967.0.6.1］猎人用鹿角做箭，虎尾做弦
W6967.2.5.1.2	龙角做箭	
W6967.2.5.1.2.1	女人把龙角上七杈八丫的小丫杈磨掉做成箭	【汉族】
W6967.2.5.2	龙骨做箭杆，虎骨做箭头	【汉族】
W6967.2.5.3	用大象的牙做箭	【苗族】
W6967.2.5.4	鹅毛做箭	

W 编码	母题描述	关联项
W6967.2.5.4.1	英雄阿鲁举热用鹅毛做箭	【彝族】
W6967.2.5.5	猪骨做箭	【珞巴族】
W6967.2.6	用铁做箭（铁箭）	
W6967.2.6.1	人发明炼铁后造箭	
W6967.2.6.1.1	大地生的普苏达东和罗马达兄弟会炼铁后造出铁箭镞	【珞巴族】
W6967.2.6.2	铁匠发明铁箭头	【珞巴族】@［W0459.3］铁匠神
W6967.2.6.3	哥哥教弟弟炼铁造铁箭头的方法	【珞巴族】
W6967.2.6.4	七斤重的铁箭	【纳西族】
W6967.2.6.5	树做弓，铁做箭	【布依族】
W6967.2.7	用多种材料造箭	
W6967.2.7.1	用流星和树枝做箭	
W6967.2.7.1.1	仙女用流星做箭头，吴刚用桂花树枝做箭杆	【汉族】
W6967.2.8	做箭的其他材料	
W6967.2.8.1	木棍作为箭	【珞巴族】
W6967.2.8.2	筷子作箭头	【白族】
W6967.2.9	与箭的制作有关的其他母题	
W6967.2.9.1	箭的加工	
W6967.2.9.1.1	用狗血泡箭	【壮族】
W6967.2.9.2	箭的装饰	
W6967.2.9.2.1	箭镶赤色玉石	【中华民族】
W6967.3	弓弦的制作	
W6967.3.0	弓弦制作的产生	
W6967.3.1	植物做弓弦	
W6967.3.1.1	野生的藤搓成弓弦	【布朗族】
W6967.3.1.2	藤子做弓弦	【苗族】

W 编码	母题描述	关联项
W6967.3.1.2.1	创世者顾米亚用阿卡解麻（野生藤）搓成弓弦	【布朗族】@［W6967.0.3.1］顾米亚用西尼麻（树青皮树）做成弓，用阿卡解麻（野生藤）搓成弦，把阿里麻（箭竹）削成箭
W6967.3.1.3	其他植物做弓弦	
W6967.3.1.3.1	椴树里皮和藤条做弦	【满族】
W6967.3.1.3.2	苎麻搓绳做弓弦	【瑶族】
W6967.3.2	动物的毛做弓弦	
W6967.3.2.1	用犀牛毛当弓弦	【仫佬族】
W6967.3.2.2	龙筋做弦	
W6967.3.2.2.1	男人把龙筋搓成一根筋索当弓弦	【汉族】
W6967.3.2.2.2	后羿用龙王的筋做弓弦	【汉族】
W6967.3.2.3	虎尾做弓弦	
W6967.3.2.3.1	猎人用虎尾做弓弦	【汉族】@［W6967.0.6.1］猎人用鹿角做箭，虎尾做弦
W6967.3.3	动物的皮做弓弦（动物的皮筋做弓弦；兽皮做弓弦）	【布依族】
W6967.3.3.1	牛皮做弓弦	【纳西族】
W6967.3.3.1.1	用牛皮索做弓弦	【纳西族】
W6967.3.3.2	虎筋做弓弦	【瑶族】
W6967.3.3.2a	牛腿筋做弓弦	【苗族】
W6967.3.3.3	龙筋做弓弦	【回族】
W6967.3.3.3.1	后羿用龙王的筋绷成弓弦	【汉族】@［W6967.0.5.1］后羿的弓是用老虎的骨头绷的，弦是用龙王的筋绷的
W6967.3.3.3.2	把龙筋搓成一根筋索当弓弦	【汉族】
W6967.3.3.4	神牛的筋做弓弦	
W6967.3.3.4.1	祖宗头抽神牛的筋做弓弦	【汉族】

W 编码	母题描述	关联项
W6967.3.3.5	兽皮制成弓弦	【汉族】
W6967.3.3.5.1	用兽皮割成条条做弓弦	【汉族】
W6967.3.4	头发做弓弦	【彝族】
W6967.3.4.1	嫦娥用头发造弓弦	
W6967.3.4.1.1	嫦娥为帮后羿射日剪下头发剪搓成弓弦	【汉族】
W6967.3.4.2	七姐妹用她们的头发做成弓弦	【傣族】
W6967.3.5	其他特定物做弓弦	
W6967.3.5.1	制胶做弓弦	
W6967.3.5.1.1	续弦胶做弓弦	【汉族】
W6967.3.6	特定的弓弦	
W6967.3.6.1	人弦	
W6967.3.6.1.1	红弓配上人弦方能射得到太阳	【汉族】
W6967.3.7	与弓弦的制作有关的其他母题	
W6967.4	弓箭其他配件的产生（弓箭构件）	
W6967.4.1	弓箭的扳机	
W6967.4.1.1	神弓用王八精爪子做扳机	【壮族】
W6967.4.2	弓机	
W6967.4.2.1	柚子木做弓机	【瑶族】
W6967.4.3	箭头（箭镞）	［W6967.2.6.1.1］大地生的普苏达东和罗马达兄弟会炼铁后造出铁箭镞
W6967.4.3.1	磨制箭镞	【藏族】
W6967.4.3.2	打制箭镞	
W6967.4.3.2.1	打造铁箭镞（铁箭头）	
W6967.4.3.2.1.1	兄弟俩炼出铁后，用石砧石锤敲打出许多铁箭镞	【珞巴族】
W6967.4.4	箭杆	

W 编码	母题描述	关联项
W6967.4.4.1		
W6967.4.5	箭翎	
W6967.4.5.1	用动物毛做箭翎	
W6967.4.5.1.1	恶神用鸡毛做箭翎	【纳西族】
W6967.4.6	箭囊	
W6967.4.6.1	制作箭囊	
W6967.4.6.1.1	祖先从忍利恩用虎皮做箭囊	【纳西族】
W6967.5	弓箭产生的时间（造弓箭的时间）	
W6967.5.1	弓箭产生的时间	
W6967.5.2	造弓箭用很长时间	
W6967.5.2.1	射日者用了半年工夫才造出一把大弓好和 99 枚箭	【畲族】
W6967.6	弓箭产生的地点（造弓箭的地点）	
W6967.7	造弓箭的过程（造弓箭的环节）	［W6967.1.5］造弓的方法（造弓的过程；造弓的情形）
W6967.8	造弓箭的情形	
W6967.9	与弓箭产生有关的其他母题（与弓箭制作有关的其他母题）	［W9773］用弓箭射日
W6967.9.1	弩（弓弩）	
W6967.9.1.1	弩的产生（弩的发明；弩产生的原因）	
W6967.9.1.1.1	为射杀大的动物造弩	【布依族】
W6967.9.1.1.2	蚩尤兄弟创制出一种新型箭弓叫弩	【汉族】
W6967.9.1.1.3	特定人物给予弩	
W6967.9.1.1.3.1	猎手嘎则的弩是阿爸所传	【拉祜族（苦聪人）】
W6967.9.1.2	弩的制作（造弩）	
W6967.9.1.2.1	用神树做弩	【苗族】

W 编码	母题描述	关联项
W6967.9.1.2.2	用岩桑的树身做弩	
W6967.9.1.2.2.1	用岩桑的树身做弩，枝杆做箭	【苗族】
W6967.9.1.2.2.2	猎人用岩桑做成大弩	【独龙族】
W6967.9.1.2.3	用扶桑做弩	
W6967.9.1.2.3.1	猎人用扶桑做成巨弩	【独龙族】
W6967.9.1.2.4	用杉树做弩箭	
W6967.9.1.2.4.1	俄浦普罗教人用 9 棵杉树削制成 9 支弩箭	【哈尼族】
W6967.9.1.2.5	用青杠树作弩	
W6967.9.1.2.5.1	祖先教人砍青杠树作弩，割兽皮作弦	【布依族】
W6967.9.1.2.6	用其他材料造弩	
W6967.9.1.2.6.1	密洛陀的儿子把樟树制成弩	【瑶族（布努）】
W6967.9.1.2.6.2	竹子做弩	
W6967.9.1.2.6.2.1	老竹弩	【壮族】
W6967.9.1.2.6.2.2	白竹弩	【古代民族】
W6967.9.1.2.6.3	骨头做弓弩	【壮族】
W6967.9.1.2.6.4	栗木做大弩，黄竹削成箭	【哈尼族】@［W6967.9.1.4.3.1.1］弩身是铁栗树做成
W6967.9.1.2.7	弩的其他产生方式	
W6967.9.1.2.7.1	向猴子学会做弓弩	【白族】
W6967.9.1.2.7.2	特定的人会造弓弩	
W6967.9.1.2.7.2.1	母鸡人阿嘎弩弓造得最好	【哈尼族】
W6967.9.1.2.7.2.2	蚩尤兄弟造弓弩	【中华民族】
W6967.9.1.3	弩的特征	
W6967.9.1.3.1	弹力很强的大弩	【哈尼族】
W6967.9.1.3.2	精准的弓弩	【中华民族】
W6967.9.1.3.3	弩是一种有更远射击力的先进弓箭	【汉族】

W 编码	母题描述	关联项
W6967.9.1.4	与弩有关的其他母题	
W6967.9.1.4.1	弩箭	［W6967.9.1.2.4］用杉树做弩箭
W6967.9.1.4.1.1	水神的女儿给人弩箭	【藏族】
W6967.9.1.4.1.2	用发红的石头制成发火的弩箭	【满族】
W6967.9.1.4.2	神弩	
W6967.9.1.4.2.1	神弩一发杀三百人	【汉族】
W6967.9.1.4.3	弩的构成	
W6967.9.1.4.3.1	弩身	
W6967.9.1.4.3.1.1	弩身是铁栗树做成	【拉祜族（苦聪人）】
W6967.9.1.4.3.2	弩绳	
W6967.9.1.4.3.2.1	弩绳是最好的麻搓成	【拉祜族（苦聪人）】
W6967.9.1.4.3.3	弩弓	
W6967.9.1.4.3.3.1	弩弓是最老的竹子制成	【拉祜族（苦聪人）】
W6967.9.1.4.3.4	弩拴	
W6967.9.1.4.3.4.1	弩拴是牛角磨成	【拉祜族（苦聪人）】
W6967.9.1.4.4	弩的使用	
W6967.9.1.4.4.1	老竹弩搭上梨木马蜂箭	【壮族】
W6967.9.1.4.4.2	弩的一头抵在地上，另一头抵在树桩上，搭上弩绳和利箭向上射出去	【拉祜族（苦聪人）】
W6968	**与弓箭有关的其他母题**	
W6968.1	弓箭的特征（弓箭的功能）	
W6968.1.1	巨大的弓箭（巨大的弓；巨大的箭）	
W6968.1.1.0	重量巨大的弓箭	
W6968.1.1.0.1	万斤弓千斤箭	【壮族】
W6968.1.1.1	重量巨大的弓	
W6968.1.1.1.1	1万5千斤的弓	【傣族】

W 编码	母题描述	关联项
W6968.1.1.1.2	弓由多人才抬得动	【鄂温克族】@［W6968.4.2］英雄的弓箭其他人拉不开
W6968.1.1.1.3	10 万斤重的弓	【傣族】
W6968.1.1.2	长度巨大的弓	
W6968.1.1.2.1	12 丈长的弓	【壮族】
W6968.1.1.3	弹力巨大的弓	［W6967.9.1.3.1］弹力很强的大弩
W6968.1.1.3.1	大弓几个人才拉得动	【黎族】
W6968.1.1.3.2	众人拉不开的弓	
W6968.1.1.3.2.1	20 人合伙也拉不开神箭手的弓	【满族】
W6968.1.1.4	与巨大的弓箭有关的其他母题	
W6968.1.1.4.1	巨大的箭包	
W6968.1.1.4.1.1	魔王的箭包可容一条大牛	【傈僳族】
W6968.1.1a	很小的弓箭（微型的弓；微型的箭）	
W6968.1.1a.1	妈妈为朱蒙做了一张手巴掌大的小弓，用竹签当箭	【朝鲜族】
W6968.1.2	无坚不摧的箭（威力巨大的箭）	
W6968.1.2.1	能射穿天地的箭	【哈尼族】
W6968.1.3	神奇无比的箭（奇特的箭）	【汤普森】F831；［W6968.2.9.1］能回头的箭
W6968.1.3.1	自己会飞的箭（飞箭）	
W6968.1.3.1.1	黄帝的飞箭	【中华民族】
W6968.1.3.2	箭能自己射向敌手	
W6968.1.3.3	百步穿杨的箭	【苗族】
W6968.1.3.4	能自己寻找目标的箭	
W6968.1.3.5	吃特定物的箭	
W6968.1.3.5.1	三支神箭中一支专门啃骨头，一支专门吃肉，一支专门喝血	【普米族】
W6968.1.3.6	回头箭	

W 编码	母题描述	关联项
W6968.1.3.6.1	能飞去来兮的箭	【瑶族】
W6968.1.4	弓箭能射杀猎物	
W6968.1.4.1	能专门猎杀特定物的箭	
W6968.1.4.2	弓箭能射鸟兽	【汉族】@［W6966.2.7.2］女娲发明的弓箭能射平地上的走兽和天上的飞鸟
W6968.1.4.3	弓箭能制服凶恶的野兽	【珞巴族】
W6968.1.4.4	用弓箭能打到更多野兽	【珞巴族】
W6968.1.5	特定材料的弓箭（特定性能的弓箭）	
W6968.1.5.1	金弓银箭	【汉族】@［W6968.2a.4.1］天帝帝俊赐神箭手羿金弓银箭
W6968.1.5.1a	金弓银弩	【彝族】
W6968.1.5.2	神弓神箭	
W6968.1.5.2.1	后羿有一把“飞天”神弓，23 枝“赞天”神箭	【汉族】
W6968.1.5.2.1a	天宫有射日月神弓神箭	【纳西族】
W6968.1.5.2.2	神弓	
W6968.1.5.2.2.1	神弓的产生	【民族，关联】①
W6968.1.5.2.2.1.1	盘古送给女娲娘一把神弓	【汉族】
W6968.1.5.2.2.2	神弓的特征	
W6968.1.5.2.2.2.1	铁臂神弓	【蒙古族】
W6968.1.5.2.2.2.2	神弓威力无边	【汉族】
W6968.1.5.2.2.2.2.1	神弓能射落天上的众多火球	【汉族】
W6968.1.5.2.2.2.2.2	神弓能一箭射穿妖魔	【汉族】
W6968.1.5.2.2.3	与神弓有关的其他母题	
W6968.1.5.3	天弓神箭	
W6968.1.5.3.1	后羿使用天弓神箭	【汉族】

① 【汉族】【壮族】@［W6967.0.5.2］后羿的神弓用虎脊梁骨做弓，用龙筋做弦；［W6967.4.1.1］神弓用王八精爪子做扳机。

W 编码	母题描述	关联项
W6968.1.5.3.2	天弓	
W6968.1.5.3.2.1	镇山天弓	
W6968.1.5.3.2.1.1	白山主给多龙格格姑娘一张镇山天弓	【满族】
W6968.1.5.4	铁弓铁箭	【苗族】
W6968.1.5.4.1	阿妈为神箭手儿子制成铁弓铁箭	【藏族】
W6968.1.5.5	硬弓利箭	
W6968.1.5.5.1	大力神造硬弓利箭	【黎族】
W6968.1.5.6	镇妖弓和穿妖箭	【满族】
W6968.1.6	特定颜色的弓箭	
W6968.1.6.1	红弓白箭	
W6968.1.6.1.1	东方天帝帝俊赐给羿一张红色的弓，一袋白色的箭	【汉族】
W6968.1.6.1.2	红色的弓	
W6968.1.6.1.2.1	玉皇大帝赐给后羿红色的弓	【汉族】
W6968.1.6.1.3	彤弓	
W6968.1.6.1.3.1	帝俊赐羿彤弓素矰	【汉族】
W6968.1.6.2	素箭	
W6968.1.6.2.1	后羿有许多白色的素箭	【汉族】
W6968.1.6.3	青绿色的箭	
W6968.1.6.3.1	带有金色羽毛尾翼的青绿色的箭	【藏族】
W6968.1.7	弓箭的其他特定的功能	
W6968.1.7.1	射日月的箭	【汉族】
W6968.1.7.2	射天星的箭	【仫佬族】
W6968.1.7.3 *	弓箭在人类的生产、生活和斗争中发挥了巨大的作用	【汉族】
W6968.1.7.3.1 *	弓箭是古代人们猎取鸟兽、进行战争和防御外患的锐利武器	【汉族】
W6968.1.8	与弓箭特征有关的其他母题	

W 编码	母题描述	关联项
W6968.2	箭的类型（特定名称的箭；特定的箭）	
W6968.2.1	石箭	
W6968.2.1.1	石箭的产生	
W6968.2.1.1.1	特定人物教人造石箭	
W6968.2.1.1.1.1	开山格格教人造石箭	【满族】
W6968.2.1.1.2	磨成石箭	［W6967.2.4.1］石头磨成石箭
W6968.2.1.1.2.1	青年6年磨成石箭	【傣族】
W6968.2.1.1.2.2	人的祖宗头磨利苍石簇作成箭	【汉族】
W6968.2.1.1.2.3	人的祖宗头磨苍石作为箭	【畲族】
W6968.2.1.1.2.4	把岩石磨成弩箭	【傣族】
W6968.2.1.2	石箭的特征	
W6968.2.1.2.1	1万8千斤的大石箭	【傣族】
W6968.2.1.3	与石箭有关的其他母题	
W6968.2.2	铁箭	
W6968.2.2.1	铁箭的产生	
W6968.2.2.1.1	三兄弟用铁石头炼造铁箭	【哈尼族】
W6968.2.2.2	铁箭的特征	
W6968.2.2.3	与铁箭有关的其他母题	
W6968.2.2.3.1	铁箭镞	
W6968.2.2.3.1.1	两兄弟炼造铁箭镞	【珞巴族】
W6968.2.2.3.1.2	猎人阿崩嘎仁把达帕竹箭换成了铁箭头	【珞巴族】
W6968.2.2.3.2	生铁箭	【蒙古族】
W6968.2.3	铜箭	
W6968.2.3.1	铜箭的产生	
W6968.2.3.2	铜箭的特征	
W6968.2.3.3	与铜箭有关的其他母题	

W 编码	母题描述	关联项
W6968.2.4	木箭（竹箭）	
W6968.2.4.1	木箭的产生	
W6968.2.4.2	木箭的特征	
W6968.2.4.3	特定的木箭（特定的竹箭）	
W6968.2.4.3.1	金竹箭	
W6968.2.4.3.1.1	天子用金竹箭套上铁箭镞射大黄蛙	【纳西族】
W6968.2.4.3.2	梨木马蜂箭	【壮族】
W6968.2.4.4	与木箭有关的其他母题	
W6968.2.5	其他质料的箭	
W6968.2.5.0	金箭	
W6968.2.5.0.1	盘古王的一对儿女为射日造12支金箭	【布依族】
W6968.2.5.0.2	水中出现一枝金箭	【彝族】
W6968.2.5.0.3	玉羽金箭	【藏族】
W6968.2.5.0.4	舜的金箭	【汉族】
W6968.2.5.1	银箭	
W6968.2.5.1.1	武士身背一袋银箭	【汉族】
W6968.2.5.2	草箭	［W6967.2.3］用草做箭（草箭）
W6968.2.5.3	羽翎箭	
W6968.2.5.3.1	米利东主用铁杉树和白箐鸡做羽翎箭	【纳西族】
W6968.2.5.4	羽毛当箭	【彝族】
W6968.2.5.4.1	雁毛当箭	
W6968.2.5.4.1.1	雁毛当箭能开山	【彝族】
W6968.2.6	毒箭（箭毒的制作）	【布朗族】【佤族】
W6968.2.6.1	毒箭的产生（毒箭的制作）	

W 编码	母题描述	关联项
W6968.2.6.1.1	怪物告知制作毒箭的方法	【珞巴族】
W6968.2.6.1.2	用有毒的草造毒箭（用毒草制作箭毒）	【珞巴族】
W6968.2.6.1.2.1	密洛陀告诉儿子用草药做毒箭	【瑶族】
W6968.2.6.1.3	用有毒的竹子造毒箭	【珞巴族】
W6968.2.6.1.4	用蛇毒制作箭毒	【珞巴族】
W6968.2.6.1.4.1	两兄弟射日月时请来白蛇、黑蛇等吐出毒汁制成毒箭	【瑶族（布努）】
W6968.2.6.1.5	用毒水制作毒箭	
W6968.2.6.1.5.1	箭头抹上有毒的龙潭水	【布朗族】
W6968.2.6.1.5.2	用“箭毒木”树的毒液制作毒箭	【傣族】
W6968.2.6.1.5.2a	用有毒的树液制作毒箭	【傣族】
W6968.2.6.1.6	用多种毒物制作毒箭	
W6968.2.6.1.6.1	弓箭神昌郎仪射日时箭头都蘸上毒蛇、毒蜂的毒汁	【瑶族】
W6968.2.6.1.6.2	制毒箭时用曼陀罗果籽、草乌头、天南星、配药装箭头上	【汉族】
W6968.2.6.1.7	用见血封喉药造毒箭	【毛南族】
W6968.2.6.2	毒箭的特征	
W6968.2.6.2.1	毒箭能射死猛虎	【傣族】
W6968.2.6.2.1.1	毒箭让猛虎跳不出三步倒地而死	【傣族】
W6968.2.6.3	与毒箭有关的其他母题	
W6968.2.7	响箭（响尾箭）	【哈尼族】
W6968.2.7.1	响箭的产生	
W6968.2.7.1.1	稼有三支大响箭	【仫佬族】
W6968.2.7.2	响箭的特征	
W6968.2.7.3	与响箭有关的其他母题	
W6968.2.8	其他特定名称的弓箭	
W6968.2.8.1	带绳的箭	

W 编码	母题描述	关联项
W6968.2.8.1.1	羿缴（一种带绳的箭）大风	【汉族】
W6968.2.8.2	双头箭	
W6968.2.8.3	射日的弓箭	【哈尼族】
W6968.2.8.4	穿云箭	【蒙古族】@［W6965.2.2.1］老人馈给勇士乌恩铁臂神弓和穿云箭
W6968.2.8.4.1	哪吒射穿云箭	【汉族】
W6968.2.8.4.2	乌恩得到穿云箭	【蒙古族】
W6968.2.8.5	定水箭	
W6968.2.8.5.1	定水箭使河水风平浪静	【汉族】
W6968.2.8.6	羽箭（带羽的箭）	［W6968.2.5.3］羽翎箭
W6968.2.8.6.1	射日月者造带羽的大箭	【毛南族】
W6968.2.8.6.1a	带羽的神箭	【毛南族】
W6968.2.8.6.2	凤羽箭	
W6968.2.8.6.2.1	凤羽箭可射龙宫	【布依族】
W6968.2.8.6.3	金色尾羽箭	
W6968.2.8.6.3.1	祭祀时使用金色尾羽箭	【藏族】
W6968.2.8.6.4	老鹰羽毛做成的利箭	【羌族】
W6968.2.8.7	开山箭	
W6968.2.8.7.1	神射手阿不泰用开山箭射妖鹏	【满族】
W6968.2.8.8	麻药箭	
W6968.2.8.8.1	麻药箭射虎	【汉族】
W6968.2.9	与特定的箭有关的其他母题	
W6968.2.9.1	能回头的箭	
W6968.2.9.2	神箭	
W6968.2.9.2.1	神箭的产生	
W6968.2.9.2.1.1	特定人物有神箭	
W6968.2.9.2.1.1.1	天女佛库伦的神箭能震慑天狼星	【满族】

W 编码	母题描述	关联项
W6968. 2. 9. 2. 1. 1. 2	祖先赐大羿神箭	【汉族】
W6968. 2. 9. 2. 1. 2	造神箭	
W6968. 2. 9. 2. 1. 2. 1	英雄花了七七四十九天造好三支神箭	【侗族】
W6968. 2. 9. 2. 1. 2. 2	射日者用二十蔸大楠竹做成二十支神箭	【毛南族】
W6968. 2. 9. 2. 2	神箭的特征（神箭的功能）	
W6968. 2. 9. 2. 2. 1	神箭能百发百中	【裕固族】
W6968. 2. 9. 2. 2. 2	特定功能的神箭	
W6968. 2. 9. 2. 2. 2. 1	射妖神箭	【满族】
W6968. 2. 9. 2. 3	与神箭有关的其他母题	［W6968. 1. 5. 2. 2］神弓
W6968. 2. 9. 3	弧矢	
W6968. 2. 9. 3. 1	黄帝始制弧矢	【中华民族】
W6968. 2. 9. 4	连发箭	
W6968. 2. 9. 4. 1	用发红的石头制成发火的连发箭	【满族】
W6968. 2a	弓的类型（特定名称的弓；特定的弓）	
W6968. 2a. 1	竹弓	
W6968. 2a. 2	铁弓	【藏族】@［W6968. 1. 5. 4. 1］阿妈为神箭手儿子制成铁弓铁箭
W6968. 2a. 3	铜弓	
W6968. 2a. 4	金弓	
W6968. 2a. 4. 1	天帝帝俊赐神箭手羿金弓银箭	【汉族】
W6968. 2a. 5	弯弓	
W6968. 2a. 5. 1	青竹制弯弓	【瑶族（布努）】
W6968. 2a. 6	其他特定的弓	
W6968. 2a. 6. 1	牛皮弓	【藏族】
W6968. 2a. 6. 2	钢弓	【蒙古族】

W 编码	母题描述	关联项
W6968.2a.6.3	刘庄弓	【汉族】
W6968.2a.6.4	乌号（乌号弓）	【汉族】
W6968.2a.6.4.1	黄帝的乌号弓	【中华民族】
W6968.2a.6.5	葛藤弓	
W6968.2a.6.5.1	葛藤弓一拉就断	【汉族】
W6968.2a.7	与特定的弓有关的其他母题	
W6968.2a.7.1	宝弓	［W6966.6.3.1］后羿炼制宝弓和神箭
W6968.2a.7.1.1	宝弓能射杀山中猛虎和云中大鹏	【撒拉族】
W6968.3	射箭方法（箭法；箭术；射箭技能；射箭方法的获得）	
W6968.3.0	神或神性人物教人射箭	
W6968.3.0.1	水神的女儿教洪水后幸存的男子练习射箭	【藏族】
W6968.3.0.2	多龙妈妈教人箭法	【满族】
W6968.3.0.2a	多龙格格把箭术传给族人	【满族】
W6968.3.1	老人教给人箭法	
W6968.3.1.1	长白山来的老人教人练射箭	【满族】@［W6966.2.2.1］长白山主教人造弓箭
W6968.3.2	首领教人使用弓箭	
W6968.3.2.1	首领来墨尔根出世后教人使用弓箭	【鄂温克族】
W6968.3.2.2	女酋长传授箭术	【满族】
W6968.3.3	向动物学箭法	
W6968.3.3.1	族长向仙鹤学箭法	【侗族】
W6968.3.4	其他特定人物教人射箭	
W6968.3.4.1	向后羿学箭法	
W6968.3.4.1.1	逄蒙为夺嫦娥向后羿学习箭法	【汉族】
W6968.3.4.2	二郎神拜九个师傅学射箭	【汉族】

W 编码	母题描述	关联项
W6968.3.5	通过练习获得射箭本领	【瑶族】
W6968.3.5.1	莫日根天天练习弓箭练出硬功夫	【赫哲族】
W6968.3.5.2	父亲传授射箭方法	
W6968.3.5.2.1	父亲把弓箭教会长子	【瑶族（布努）】
W6968.3.5.3	练习射箭充满艰辛	
W6968.3.5.3.1	莫日根天天练习弓箭，一年拉断了99张弓，射飞了9万9千支箭	【赫哲族】
W6968.3.5.4	学射箭先练眼力	【汉族】
W6968.3.5.5	射箭要练眼力，练臂力和腿功	【满族】
W6968.3.6	到特定地方学箭术	
W6968.3.6.1	女酋长多龙到长白山学箭术	【满族】
W6968.3.7	获得箭术的其他方式	
W6968.3.8	常见的箭术（常见射箭方法）	
W6968.3.8.1	多箭齐发（万箭齐发）	【汉族】
W6968.3.8.2	啮镞法	【汉族】
W6968.3.9	与射箭方法有关的其他母题	［W9779.1.1］兄妹共同拉弓箭射日
W6968.3.9.1	暗箭	【裕固族】
W6968.3.9.1.1	防御暗箭	
W6968.3.9.1.1.1	羿防过徒弟逢蒙的暗箭	【汉族】
W6968.3.9.2	苦练箭术	【满族】
W6968.4	箭有特定的主人	
W6968.4.1	只有它的主人能拉开的弓	【汤普森】D1651.1
W6968.4.2	英雄的弓箭其他人拉不开	［W6968.1］弓箭的特征（弓箭的功能）
W6968.4.2.1	英雄的弓箭20个人合伙拉不开	【满族】
W6968.5	射箭者（射手；善射者；神射手；好射手）	【侗族】【汉族】
W6968.5.1	好射手的条件（神箭手的本领）	［W6968.1.1.3.2.1］20人合伙也拉不开神箭手的弓

W 编码	母题描述	关联项
W6968.5.1.1	好的射手不光有臂力和箭法，更要有眼力和智慧	【汉族】
W6968.5.1.2	神射手将七斤重的铁镞箭直直地射向天空	【纳西族】
W6968.5.1.3	神箭手射箭开山	
W6968.5.1.3.1	英雄阿朵射出的神箭把山射开	【彝族】
W6968.5.1.4	神箭手能隔山射物	【羌族】
W6968.5.1.5	好射手能射穿岩石	【纳西族】
W6968.5.2	射手的分类	
W6968.5.2.1	射手分三等	
W6968.5.2.1.1	下等射手能把鸟射伤，中等射能把鸟射死，上等射手能射中鸟目得到活鸟	【汉族】
W6968.5.2.1.1.1	三兄弟中的老三射出的箭能射中最小的飞鸟眼睛	【朝鲜族】
W6968.5.3	常见的射箭达人（神射手）	
W6968.5.3.1	后羿（羿）	【汉族】
W6968.5.3.1.1	后羿射箭百发百中	【汉族】
W6968.5.3.1.2	羿有抓飞虫的能力	
W6968.5.3.1.3	羿是尧时一个以狩猎打雁为生的神射手	【汉族】
W6968.5.3.2	逄蒙（逢门）	【汉族】
W6968.5.3.2.1	逄蒙善射	【汉族】
W6968.5.3.3	米拉尕黑	
W6968.5.3.3.1	米拉尕黑射的箭百发百中	【东乡族】
W6968.5.3.4	朱蒙	
W6968.5.3.4.1	朱蒙射苍蝇箭箭不落空	【朝鲜族】
W6968.5.3.5	有名的神箭手后生勒戛	【布依族】
W6968.5.3.6	厄赫的弩箭法最好	【哈尼族（艾乐人）】

W 编码	母题描述	关联项
W6968.5.3.7	神箭手阿尔泰	【汉族】
W6968.5.3.8	“百步穿杨”的射箭能手养由基	【汉族】
W6968.5.4	动物是神箭手	
W6968.5.4.1	猴子神箭手	
W6968.5.4.1.1	猴子的射箭可穿过珠眼	【珞巴族】
W6968.5.5	特定的身份神射手	
W6968.5.5.1	首领是神射手	
W6968.5.5.1.1	族长多龙格格是好射手	【满族】
W6968.5.5.2	猎人是神射手	
W6968.5.5.2.1	猎人柯阿汗有力气，箭法好，每发必中	【鄂伦春族】
W6968.5.5.3	创世者是神箭手	
W6968.5.5.3.1	创世的巨灵鄂尔德穆是神箭手	【鄂伦春族】
W6968.5.5.4	海神的四儿子是神箭手	【汉族】
W6968.5.6	其他神射手	
W6968.5.6.1	有专长的神射手	
W6968.5.6.1.1	专射大鹏的神箭手	【满族】
W6968.5.7	与神射手有关的其他母题	
W6968.6	射特定物	
W6968.6.1	射空中物	
W6968.6.1.1	射日月	【汉族】
W6968.6.2	射地上物	
W6968.6.2.1	射动物	
W6968.6.2.1.1	女神让四位天子射大黄蛙	【纳西族】
W6968.6.2.1.2	射雕	
W6968.6.2.1.3	射鹏	【满族】
W6968.6.3	射水中物	
W6968.6.4	射想象中的物	

W 编码	母题描述	关联项
W6969	**其他文化发明**	
W6969.1	火药	
W6969.1.1	火药的发明（火药的产生）	
W6969.1.1.1	神或神性人物发明火药	
W6969.1.1.2	嫫母发明火药	【汉族】
W6969.1.1.2.1	黄帝的妃子嫫母发明用木炭、硫磺、松香造火药	【汉族】
W6969.1.1.3	黄帝请人研究火药	【汉族】
W6969.1.2	火药的特征（火药的功能）	
W6969.1.3	特定的火药	
W6969.1.4	与火药有关的其他母题	
W6969.1.4.1	火药又称“明火”	【汉族】
W6969.1a	爆竹（鞭炮）	
W6969.1a.1	鞭炮的产生	
W6969.1a.1.1	鞭炮的产生的原因	
W6969.1a.1.1.1	有人发明用火药做成小炮，代替烧竹子	【汉族】
W6969.1a.1.1.2	因烧竹子太浪费就造了鞭炮	【汉族】
W6969.1a.1.2	鞭炮的发明（鞭炮的制作；造鞭炮）	
W6969.1a.1.2.1	人们仿照竹竿管的样子做成鞭炮	【汉族】
W6969.1a.1.2.2	祝融发明鞭炮	【汉族】
W6969.1a.2	鞭炮的特征	
W6969.1a.3	特定的鞭炮	
W6969.1a.4	与鞭炮有关的其他母题	
W6969.1a.4.1	鞭炮的名称	
W6969.1a.4.1.1	鞭炮又称爆竹	【汉族】
W6969.2	指南针	
W6969.2.1	指南针的产生	

W 编码	母题描述	关联项
W6969.2.1.1	黄帝发明指南针	【汉族】
W6969.2.1.1.1	黄帝受一个白胡子老头的启发，观察天象造出指南针	【汉族】
W6969.2.2	指南针的特征	
W6969.2.3	与指南针有关的其他母题	［W6216.3.2］指南车

6.9.4 教育（文化教育）【W6970 ~ W6974】

W 编码	母题描述	关联项
※W6970	**教育（教育的产生；文化教育的产生）**	
W6970.1	特定人物发明文教	
W6970.1.1	伏羲修文教	【中华民族】
W6970.2	教育的发明（特定的教育者）	
W6970.2.1	特定人物发明教育	
W6970.2.1.1	女娲教子有方	【汉族】
W6970.2.2	母亲是教育者	
W6970.2.2.1	母亲教儿子生存本领	【汉族】
W6970.3	教化的发明（特定的教化者）	
W6970.3.1	伏羲教化人	
W6970.3.1.1	伏羲作十世之教，以厚君民之别	【中华民族】
W6971	**教育的特征（教育的功能）**	
W6972	**教育方法（教育过程）**	
W6972.1	以特定方式化人	

W 编码	母题描述	关联项
W6972.1.1	教化	
W6972.1.1.1	祝融以火施化	【汉族】
W6972.1.1.2	通过特定人物形象教化	
W6972.1.1.2.1	黄帝把夔的形象画在战旗上，铸在青铜器上教化天下人	【中华民族】
W6972.1.2	点化	
W6972.1.2.1	后土奶奶点化人间有罪恶的人来修玉皇殿	【汉族】
W6972.2	言传身教	
W6972.2.1 *	教育的核心渠道是口耳相传	【中华民族】
W6972.3	不同人物教育方式不同	
W6972.3.1	伏羲神农教而不诛，黄帝、尧、舜诛而不怒	【中华民族】
W6973	**教育的类型**	
W6973.1	家庭教育	
W6973.2	学校教育	
W6973.2.1	尧将贵族卿士子弟到称作“庠”的学校集中接受教育	【汉族】
W6973.3	特殊教育	
W6973.3.1	劳动改造	
W6973.3.1.1	尧为囚儿子丹朱以劳动方法改造他	【汉族】
W6974	**与教育有关的其他母题**	
W6974.1	教育的结果	
W6974.1.1	成功的教育	
W6974.1.2	失败的教育	
W6974.1.2.1	溺爱害子	【汉族】
W6974.2	教育的管理者	
W6974.2.1	尧命舜做司徒掌管教育	【汉族】

6.9.5 伦理道德[①]

【W6975～W6979】

W 编码	母题描述	关联项
W6975	**伦理（人伦；伦理的产生）**	
W6975.0	以前没有伦理	
W6975.0.1	古人起初如禽兽，无理无义无伦纲	【壮族】
W6975.1	伦理源于特定的地方	
W6975.1.1	书中有伦理	
W6975.1.1.1	圣书传伦理	【彝族】@［W6976.7.1.1］人祖阿普笃慕读了天神给的圣书后，有了道德
W6975.2	特定人物制定人伦	
W6975.2.0	盘古制定伦理	【汉族】【壮族等】
W6975.2.1	伏羲兄妹造人伦	【布依族】【壮族】@［W0675］伏羲
W6975.2.2	伏羲发明礼义人伦	【汉族】
W6975.2.2a	伏羲氏造人伦	【中华民族】
W6975.2.3	盘古兄妹造人伦	
W6975.2.3.1	盘古兄妹结婚造人伦	【壮族】
W6975.2.3.2	盘古建伦理	【汉族】【壮族等】

① 伦理道德，从严格意义上说，“伦理”与“道德”是两个既有联系又有区别的概念，属于一个动态的历史的范畴，在当今学术研究中甚至可以归属为两个不同的学科。针对以民间流传为主体的神话而言，人们基本上会把二者视为一个概念。虽然“伦理”更强调行为事实方面的规则规律，“道德”更侧重于规范人们自身的心理品德与修养，但二者都表现出类似的共性特征，即都是对人们的行为的指向性规范，强调的是应该而非必须的非法律性质的规范。故在此列举神话叙事或神话研究中与之相关的一定数量的母题，供使用者参考。

W 编码	母题描述	关联项
W6975.2.4	人皇九弟兄制纲常，立人伦	【汉族】
W6975.2.5	尧倡导人伦	
W6975.2.5.1	尧让同父异母的兄弟契和合五教，敦化人伦	【中华民族】
W6975.3	人伦产生的其他方式	
W6975.3.1	特定人物传授人伦	
W6975.4	与人伦产生有关的其他母题	
W6975.4.1	人伦二次产生	
W6975.4.1.1	天地重开置人伦	【汉族】
W6975.5	人伦的特征（人伦的内容）	
W6975.5.1	人伦有特定的管理者	
W6975.5.1.1	君臣掌管人伦	【彝族】
W6975.5.2	人伦五教	
W6975.5.2.0	舜任用八元的后代在全国推行五教	【中华民族】
W6975.5.2.0a	舜命契为司徒“敬敷五教”	【中华民族】@［W6975.2.5.1］尧让同父异母的兄弟契和合五教，敦化人伦
W6975.5.2.0b	舜帝命契以五伦教化百姓	【中华民族】
W6975.5.2.1	人伦五教为父义、母慈、兄友、弟恭、子孝	【中华民族】
W6975.5.2.1a	五教指父亲的仁义，做母亲的慈爱，做兄长的友善，做弟弟的恭谨，做儿子的孝顺	【中华民族】
W6975.6	与人伦有关的其他母题	
W6975.6.1	纲常	
W6975.6.1.1	女娲教儿孙懂纲常	【汉族】
W6975.6.2	人伦的变化	
* **W6976**	**道德（道德的产生）**	

W 编码	母题描述	关联项
W6976.1	道德产生的原因	
W6976.1.1	道德是神的意志	
W6976.1.2	人为了自我约束产生道德	
W6976.2	道德自然产生	
W6976.2.1	始祖生而有道德	【朝鲜族】
W6976.3	神规定人间的道德	
W6976.4	神性人物制定道德	
W6976.4.1	文化祖先规定人间的道德	
W6976.5	其他特定人物制定道德（特定的人传授道德）	
W6976.5.1	圣人教人懂道德	【汉族】
W6976.6	通过学习产生道德（道德的培养；道德的养成）	【关联】①
W6976.6.1	人向神学习做人的道理	
W6976.6.1.1	女祖先向大力神学做人	【佤族】
W6976.6.2	积德（通过积累修德）	
W6976.6.2.1	积德的原因	
W6976.6.2.1.1	积德为了脱凡尘	【汉族】
W6976.6.2.1.2	积德祈子	【侗族】
W6976.6.2.2	积德的方法	
W6976.6.2.2.1	暗中助人积德	【侗族】
W6976.6.2.3	积德的结果	
W6976.6.2.3.1	积德有良好体验	
W6976.6.2.3.1.1	积德行善苦中乐	【汉族】
W6976.6.2.4	与积德有关的其他母题	［W6979.2.1.1］积阴德
W6976.7	书中传授道德	
W6976.7.1	圣书传道德	

① ［W6945.1.5］礼仪是培养出来的；［W6979.1］道德修养（素质提升）。

W 编码	母题描述	关联项
W6976.7.1.1	人祖阿普笃慕读了天神给的圣书后，有了道德	【彝族】
W6976.8	与道德产生有关的其他母题	
W6976.8.1	特定人物是道德的典范	
W6976.8.1.1	神以能有明德	【汉族】
W6976.8.2	修身	
W6976.8.3 *	通过蒙学、家训、祠堂与神灵崇拜等辅助系统培养道德	【中华民族】
W6977	**优良道德（优秀品质）**	【汤普森】W0
W6977.1	仁（仁义；仁爱；恻隐）	
W6977.1.1	仁的产生（仁的原因）	
W6977.1.2	仁的特征	
W6977.1.3	仁的情形（仁的表现）	
W6977.1.3.1	仁政	
W6977.1.3.1.1	尧勤政爱民	【汉族】
W6977.1.3.2	仁义者专为他人办事情	【汉族】
W6977.1.3.3	讲仁义见义勇为	
W6977.1.3.3.1	鲁班为救人立刻造木龙制服金牛	【彝族】
W6977.1.4	仁的结果	
W6977.1.5	不仁的情形（不仁的表现）	
W6977.1.6	不仁的结果	
W6977.1.7	仁者代表人物	
W6977.1.7.1	仁者神龟	【汉族】
W6977.1.7.2	鲁班仁义	【彝族】
W6977.1.8	不仁者代表人物	
W6977.1.9	与仁有关的其他母题	
W6977.2	义（正义；道义；忠义；羞恶之心）	
W6977.2.1	义的产生（义的原因）	

W 编码	母题描述	关联项
W6977.2.2	义的特征	
W6977.2.3	义的情形（义的表现）	
W6977.2.3.1	行正道	
W6977.2.3.1.1	做人行正道	【汉族】
W6977.2.3.2	男人要讲义气，看到不平事，拔刀相助留美名	【汉族】
W6977.2.3.3	舍生取义	【中华民族】
W6977.2.4	义的结果	
W6977.2.5	不义的情形（不义的表现）	
W6977.2.5.1	见利忘义	【汉族】
W6977.2.5.2	忘恩负义	【汉族】
W6977.2.6	不义的结果	
W6977.2.6.1	多行不义必自毙	
W6977.2.6.1.1	行不义会被送到阎王殿受刑惩	【汉族】
W6977.2.7	义者代表人物	
W6977.2.8	不义者代表人物	
W6977.2.9	与义有关的其他母题	
W6977.2.9.1	讲义气	
W6977.2.9.1.1	打抱不平	【纳西族】
W6977.3	礼（礼貌；礼让；谦和；辞让之心）	
W6977.3.1	礼的产生（礼的原因）	
W6977.3.2	礼的特征	
W6977.3.3	礼的情形（礼的表现）	
W6977.3.3.1	克己复礼	
W6977.3.3.2	谦虚（虚心）	
W6977.3.3.2.1	孔子向老子虚心求教	【汉族】
W6977.3.3.3	谦让	

W 编码	母题描述	关联项
W6977.3.3.3.1	禅让	
W6977.3.3.3.1.1	禹成水功遂受舜禅以家天下	【中华民族】
W6977.3.4	礼的结果	
W6977.3.5	不礼的情形（不礼的表现；非礼的表现）	
W6977.3.6	非礼的结果	
W6977.3.7	守礼者代表人物	
W6977.3.8	非礼者代表人物	
W6977.3.9	与礼有关的其他母题	
W6977.4	智（明智；格物；睿智；是非之心）	
W6977.4.1	智的产生（智的原因）	
W6977.4.2	明智的特征	
W6977.4.3	智的情形（智的表现）	［W8864.3］智斗妖魔
W6977.4.4	智的结果	
W6977.4.5	不智的情形（不智的表现）	
W6977.4.5.1	吃套在脖子的饼只知道吃前半边	【汉族】
W6977.4.6	不智的结果	
W6977.4.7	智者代表人物	
W6977.4.7.1	阿凡提	【维吾尔族】
W6977.4.8	不智者代表人物（传统叙事事中的傻子）	
W6977.4.8.1	傻女婿	【多民族】
W6977.4.8.2	傻老婆	【多民族】
W6977.4.8.3	傻儿子	【多民族】
W6977.4.9	与智有关的其他母题	
W6977.5	信（诚信；信义）	
W6977.5.1	信义的产生（信的原因）	
W6977.5.2	信义的特征（信义的性质）	

W 编码	母题描述	关联项
W6977.5.3	信义的情形（信义的表现）	
W6977.5.3.1	许诺	【民族，关联】①
W6977.5.3.1.1	特定环境下许诺	【汉族】
W6977.5.3.1.1.1	病痛时许诺	【彝族】
W6977.5.3.1.2	一诺千金	
W6977.5.3.1.3	不忘诺言（实践诺言）	【基诺族】
W6977.5.3.1.4	厚道讲信用	【汉族】
W6977.5.4	信义的结果	
W6977.5.5	不守信的情形（不守信的表现）	
W6977.5.5.1	不守诺言（食言）	
W6977.5.5.1.1	天神木比塔一次次推翻了自己的许诺	【羌族】
W6977.5.5.1.2	碍于私利毁约	【苗族】
W6977.5.5.1.2.1	父亲因招婿是异类，食言许婚	【汉族】
W6977.5.5.1.3	告密	【汉族】
W6977.5.5.2	借物不还	【苗族】
W6977.5.5.3	不诚信	
W6977.5.5.3.1	赖账（老赖）	【布依族】
W6977.5.6	不守信的结果	
W6977.5.6.1	不守信借物法诀失灵	【汉族】
W6977.5.7	守信者代表人物	
W6977.5.8	不守信者代表人物	
W6977.5.9	与信有关的其他母题	
W6977.5.9.1	守约（签约）	
W6977.5.9.1.1	签约仪式	
W6977.5.9.1.1.1	特定时间在特定地点为特定事件签约	【白族】
W6977.5.9.1.2	验证诺言	【汉族】

① 【苗族】@［W6719.5］誓言；［W6455.5.0］许愿。

W 编码	母题描述	关联项
W6977.5.9.2	印章	【土家族】@［W6901.2.9.1］管理知识
W6977.5.9.2.1	风后造印章	
W6977.5.9.2.1.1	黄帝让仓颉用雪白玉石刻印章	【汉族】
W6977.5.9.2.2	印章可以防止作假	【汉族】
W6977.6	真诚（真诚）	
W6977.6.1	真诚的产生（真诚的原因）	
W6977.6.2	真诚的特征	
W6977.6.3	真诚的情形（真诚的表现）	
W6977.6.4	真诚的结果	
W6977.6.4.1	诚心感动神仙	【藏族】
W6977.6.5	不真诚的情形（不真诚的表现）	
W6977.6.6	不真诚的结果	
W6977.6.7	真诚者代表人物	
W6977.6.8	不诚实者代表人物	
W6977.6.9	与真诚有关的其他母题	
W6977.7	善良（善心；和善；和蔼；慈善；仁慈；慈悲之心）	
W6977.7.1	善良的产生（善良的原因）	［W6986.4.2.6］善的产生
W6977.7.1.1	善心源于知感恩	【汉族】
W6977.7.2	善良的特征	
W6977.7.3	善良的情形（善良的表现）	
W6977.7.3.1	对生命有爱心（敬畏生命）	
W6977.7.3.1.1	救助受伤小鸟	【汉族】
W6977.7.3.1.2	明知蝎子蜇人却不杀害它	【汉族】
W6977.7.3.1.3	善良者耕田舍不得打牛	【汉族】
W6977.7.3.2	善良者有正气	
W6977.7.3.2.1	气之清者清明慈仁	【汉族】
W6977.7.3.3	善良者外表凶狠	【汉族】

W 编码	母题描述	关联项
W6977.7.4	善良的结果	
W6977.7.4.1	有善心人才能福报平安	【汉族】
W6977.7.4.2	心善者有神佑能免灾	【汉族】
W6977.7.4.3	舜博爱感化农人	【中华民族】
W6977.7.5	不善良的情形（不善良的表现）	
W6977.7.6	不善良的结果	
W6977.7.6.1	人心不好的人受惩罚	【汉族】
W6977.7.7	特定的善良者	
W6977.7.7.1	天上教书的母萨先生是口慈心善的人	【彝族】
W6977.7.7.2	玉皇大帝有慈悲之心	【汉族】
W6977.7.7.3	菩萨慈悲	【汉族】
W6977.7.7.4	文王是慈善人	【汉族】
W6977.7.7.5	盘古女娲行大善	【汉族】
W6977.7.7.6	尧仁慈	
W6977.7.7.6.1	尧不虐待俘虏	【汉族】
W6977.7.7.7	菩萨善心（菩萨心肠）	【汉族】
W6977.7.8	特定的不善良者（常见的坏良心者）	
W6977.7.8.1	蚂蚱直眼睛时代的直眼睛人良心不好	【彝族】
W6977.7.9	与善良有关的其他母题	
W6977.7.9.1	良心发现	
W6977.7.9.1.1	听故事后良心发现	【珞巴族】
W6977.7.9.2	人有情义（人有情感）	
W6977.7.9.2.1	人有情源于女娲造人	【汉族】
W6977.8	孝悌（孝敬；孝顺；尊老；敬老）	
W6977.8.1	孝的产生（孝的原因）	
W6977.8.1.1	特定人物教人行孝	

W 编码	母题描述	关联项
W6977.8.1.2	受到动物启发知道孝	
W6977.8.1.2.1	不肖儿子通过小乌鸦寻食喂母知道孝敬母亲	【纳西族（鲁鲁）】
W6977.8.1.2.1a	不孝子看到母乌鸦衔食喂小乌鸦知道孝敬阿妈	【纳西族（摩梭）】
W6977.8.1.2.1b	不孝子看到树上大麻雀喂小麻雀知道应该孝母	【汉族】
W6977.8.1.2.2	人通过雀鸟知道老养小、小尊老的道理	【彝族（腊鲁）】
W6977.8.1.2.3	人通过小羊吃奶懂得孝道	【汉族】
W6977.8.1.3	父母教子女孝敬	
W6977.8.1.3.1	子不孝父之过	【汉族】
W6977.8.2	孝的特征	
W6977.8.2.1 *	孝是人与动物的重要区别	【汉族】
W6977.8.2.2	百善孝为先	【汉族】
W6977.8.2.3	孝敬父母为第一要务	【布依族】
W6977.8.2.4	孝能尽忠	【汉族】
W6977.8.3	孝的情形（孝的表现）	
W6977.8.3.1	二十四孝	
W6977.8.3.1.1	孝感动天	【汉族】
W6977.8.3.1.2	戏彩娱亲	【汉族】
W6977.8.3.1.3	鹿乳奉亲	【汉族】
W6977.8.3.1.4	百里负米	【汉族】
W6977.8.3.1.5	啮指痛心	【汉族】
W6977.8.3.1.6	芦衣顺母	【汉族】
W6977.8.3.1.7	亲尝汤药	【汉族】
W6977.8.3.1.8	拾葚异器	【汉族】
W6977.8.3.1.9	埋儿奉母	【汉族】
W6977.8.3.1.10	卖身葬父	【汉族】

W 编码	母题描述	关联项
W6977.8.3.1.11	刻木事亲	【汉族】
W6977.8.3.1.12	涌泉跃鲤	【汉族】
W6977.8.3.1.13	怀橘遗亲	【汉族】
W6977.8.3.1.14	扇枕温衾	【汉族】
W6977.8.3.1.15	行佣供母	【汉族】
W6977.8.3.1.16	闻雷泣墓	【汉族】
W6977.8.3.1.17	哭竹生笋	【汉族】
W6977.8.3.1.18	卧冰求鲤	【汉族】
W6977.8.3.1.19	扼虎救父	【汉族】
W6977.8.3.1.20	恣蚊饱血	【汉族】
W6977.8.3.1.21	尝粪忧心	【汉族】
W6977.8.3.1.22	乳姑不怠	【汉族】
W6977.8.3.1.23	涤亲溺器	【汉族】
W6977.8.3.1.24	弃官寻母	【汉族】
W6977.8.3.2	割肉食母	【汉族】
W6977.8.3.3	孝敬父母	
W6977.8.3.3.1	把老人带来身边侍奉	
W6977.8.3.3.1.1	带着母亲打猎	【彝族】
W6977.8.3.3.2	父母地位高于身份	
W6977.8.3.3.2.1	先敬萨满的父母再礼敬萨满	【赫哲族】
W6977.8.3.3.3	恪守父母之言	
W6977.8.3.3.3.1	舜尊母命	【汉族】
W6977.8.3.4	孝敬没有血缘关系的老人（老吾老以及人之老）	
W6977.8.3.4.1	认养陌生老人如母亲	【鄂伦春族】
W6977.8.3.5	衣食住行中母亲之至上	
W6977.8.3.5.1	穷小伙好吃好喝敬母亲	【汉族】
W6977.8.3.6	对长辈以恩报怨	

W 编码	母题描述	关联项
W6977.8.3.6.1	舜发现后母打他不疼感觉到后母年老无力了而大哭	【汉族】
W6977.8.4	孝的结果（孝敬的结果）	
W6977.8.4.1	孝子受封	
W6977.8.4.1.1	女娲封孝子坐龙廷	【汉族】
W6977.8.4.2	因孝得重用	
W6977.8.4.2.1	舜因孝得帝位	【汉族】
W6977.8.4.2.2	舜不计后娘前嫌	【汉族】
W6977.8.4.2.3	舜忠孝两全	
W6977.8.4.2.3.1	舜下班后亲自为父亲洗衣	【汉族】
W6977.8.5	不孝的情形（不孝的表现）	
W6977.8.5.1	轻视老人（贱长贵壮）	【汉族】@［W6986.4.4.2.3］不善待老人
W6977.8.5.2	娶了媳妇忘了娘	【汉族】
W6977.8.5.3	殴打父母（虐待父母）	
W6977.8.5.3.1	殴打母亲	【汉族】
W6977.8.5.3.1.1	因母亲送饭迟殴打母亲	【汉族】
W6977.8.5.4	让父母等死	
W6977.8.5.4.1	雷公不背摔伤的母亲回家	【苗族】
W6977.8.6	不孝的结果（不孝敬的结果）	
W6977.8.6.1	不孝者下地狱，挨鞭打	【汉族】
W6977.8.6.2	不孝者下油锅，点天灯	【汉族】
W6977.8.6.3	不孝顺的人二月二被龙抓	【汉族】
W6977.8.6.4	不孝者被变成异物	
W6977.8.6.4.1	捉弄母亲的人被变成月亮上的阴影	【苗族】
W6977.8.6.5	不孝者被驱逐	【哈尼族】
W6977.8.7	特定的孝子	
W6977.8.7.1	孝子乌鸦	【汉族】

W 编码	母题描述	关联项
W6977.8.7.2	孝子兔子	【汉族】
W6977.8.7.3	孝子羊羔	【汉族】
W6977.8.7.4	孝贤者舜	【汉族】
W6977.8.7.4.1	舜年二十以孝闻	【中华民族】
W6977.8.7.5	羿是大孝子	【汉族】@［W6968.5.3.1］后羿（羿）
W6977.8.8	特定的不孝者（逆子；叛逆者）	
W6977.8.8.1	不孝郎喜鹊	【汉族】
W6977.8.8.2	九华山的逆子不受人教受鬼教	【汉族】
W6977.8.8.3	曲蟮不孝	
W6977.8.8.3.1	不孝敬母亲的曲蟮	【汉族】
W6977.8.9	与孝有关的其他母题	【关联】①
W6977.8.9.1	孝歌	
W6977.8.9.1.1	孝歌《南风》	【中华民族】
W6977.8.9.2	特定时间为老人“填缺”尽孝	【汉族】
W6977.9	宽容（宽恕）	
W6977.9.1	宽容的产生（宽容的原因）	
W6977.9.2	宽容的特征	
W6977.9.3	宽容的情形（宽容的表现）	
W6977.9.3.1	不计前嫌	【汉族】
W6977.9.3.1.1	仇家的男女相爱	【藏族】
W6977.9.4	宽容的结果	
W6977.9.5	不宽容的情形（不宽容的表现）	
W6977.9.6	不宽容的结果	
W6977.9.7	特定的宽容者	
W6977.9.8	特定的不宽容者	
W6977.9.9	与宽容有关的其他母题	

① ［W6979.2.2.1］阴德包括孝敬父母、敬天地、讲诚信、和睦四邻、老幼无欺等；［W6996.3.2］孝文化（孝道文化）。

W 编码	母题描述	关联项
W6977.10	感恩（报恩）	［W9425］报恩
W6977.10.1	感恩的产生（感恩的原因）	
W6977.10.2	感恩的特征	
W6977.10.3	感恩的情形（感恩的表现）	
W6977.10.3.1	知恩善报	
W6977.10.3.1.1	女孩报答村里乡邻的养育之恩	【汉族】
W6977.10.4	感恩的结果	
W6977.10.5	不感恩的情形的结果（不感恩的表现）	
W6977.10.6	不感恩的结果	
W6977.10.7	特定的感恩者	［W2689.9］弃婴报恩
W6977.10.7.1	动物知道感恩	【民族，关联】①
W6977.10.7.2	植物知道感恩	【多民族】@［W9444］植物报恩
W6977.10.7.3	无生命物知道感恩	【多民族】@［W9445］无生命物报恩
W6977.10.7.4	其他特定的物报恩知道感恩	【多民族】@［W9446］其他特定的物报恩
W6977.10.8	特定的忘恩负义者	【汉族】@［W6977.2.5.2］忘恩负义
W6977.10.9	与感恩有关的其他母题	
W6977.11	奉献（无私奉献；献身）	【汤普森】W28；［W6503.4.3.4］女子替父母献身恶龙
W6977.11.1	奉献的产生（奉献的原因）	［W6507.3.8］体罚求雨（献身祈雨）
W6977.11.2	奉献的特征	
W6977.11.3	奉献的情形（奉献的表现）	
W6977.11.3.1	献身给神	

① 【多民族】@［W9429］动物报恩；［W9430］老虎报恩；［W9431］狗报恩；［W9432］牛报恩；［W9433］狐狸报恩；［W9436］龙报恩；［W9437］蛇报恩；［W9438］鸟报恩；［W9441］鱼报恩；［W9443］其他动物报恩。

W 编码	母题描述	关联项
W6977.11.3.2	献身为人（忘我工作）	
W6977.11.3.2.1	大禹治水三过家门而不入	【汉族】
W6977.11.3.2.2	炎帝为人尝药献出生命	【汉族】
W6977.11.3.3	把幸福留给别人	【裕固族】
W6977.11.3.4	为奉献变形	
W6977.11.3.4.1	金四娘化身蚯蚓帮人翻泥土	【汉族】
W6977.11.3.5	舍身饲虎	【汉族】
W6977.11.4	奉献的结果	
W6977.11.5	不奉献的情形（不奉献的表现；自私的表现）	
W6977.11.6	不奉献的结果	
W6977.11.7	特定的奉献者	【关联】①
W6977.11.7.1	商汤献身	【汉族】@［W6507.3.8.2］自焚祈雨（商汤自焚祈雨）
W6977.11.8	特定的自私者	
W6977.11.9	与奉献有关的其他母题	
W6977.12	勇敢（英勇）	【汤普森】W32
W6977.12.1	勇敢的产生（的原因）	
W6977.12.2	勇敢的特征	
W6977.12.3	勇敢的情形（勇敢的表现）	
W6977.12.4	勇敢的结果	
W6977.12.5	不勇敢的情形（不勇敢的表现；怯懦的表现）	［W6978.4］怯懦（苟且；胆小；怯弱）
W6977.12.6	不勇敢的结果（怯懦的结果）	
W6977.12.7	特定的勇敢者	
W6977.12.8	特定的怯懦者	
W6977.12.9	与勇敢有关的其他母题	［W2910］人的勇敢性格的来历

① ［W6956.1.9.2］取火者献身；［W6957.2.6.4］盗火者献身（盗火者体征的变化）；［W6959.0.1.1］阿扎为人取火献身，哈尼人就把火叫作阿扎。

W 编码	母题描述	关联项
W6977.12.9.1	勇气	
W6977.12.9.1.1	杀的神牛的胆汁变成勇气	【哈尼族】
W6977.13	忠诚（忠贞；坚贞）	【汤普森】W34
W6977.13.1	忠诚的产生（忠诚的原因）	
W6977.13.2	忠诚的特征	
W6977.13.3	忠诚的情形（忠诚的表现）	
W6977.13.4	忠诚的结果	
W6977.13.4.1	忠诚受封	
W6977.13.4.1.1	忠诚老实的人死后被上神封为土地老爷	【汉族】
W6977.13.5	不忠诚的情形（不忠诚的表现）	
W6977.13.5.1	夫妻一方情移第三者	【多民族】
W6977.13.6	不忠的结果	
W6977.13.7	特定的忠诚者	
W6977.13.7.1	忠犬	【哈萨克族】@［W3117.1］狗为什么对人忠诚
W6977.13.8	特定的不忠者	【汉族】@［W3332.1］蝙蝠是告密者
W6977.13.8.1	不忠的丈夫	【汉族】
W6977.13.8.2	背叛的妻子	【汉族】
W6977.13.9	与忠诚有关的其他母题	［W9605.1］丈夫考验妻子是否忠诚
W6977.14	坚韧（恒心；持之以恒）	
W6977.14.1	坚韧的产生（坚韧的原因）	
W6977.14.2	坚韧的特征	
W6977.14.3	坚韧的情形（坚韧的表现）	
W6977.14.3.1	重重困难面前不言败	【拉祜族】
W6977.14.4	坚韧的结果	
W6977.14.5	不坚韧的情形（不坚韧的表现）	

W 编码	母题描述	关联项
W6977.14.6	不坚韧的结果	
W6977.14.7	特定的坚韧者	
W6977.14.8	特定的不坚韧者	
W6977.14.9	与坚韧有关的其他母题	
W6977.14.9.1	吃苦耐劳	
W6977.14.9.1.1	父母告诫孩子要吃苦耐劳	【哈萨克族】
W6977.15	节俭（节约；简朴）	
W6977.15.1	节俭的产生（节俭的原因）	
W6977.15.1.1	特定人物教人节俭	
W6977.15.1.1.1	孔子时常教育弟子不要讲吃穿	【汉族】
W6977.15.1.2	教训面前变勤俭	【汉族】
W6977.15.2	节俭的特征	
W6977.15.3	节俭的情形（节俭的表现）	
W6977.15.3.1	节约粮食	【汉族】
W6977.15.3.2	身居高位但坐骑简陋	【汉族】
W6977.15.4	节俭的结果	
W6977.15.5	不节俭的情形（不节俭的表现）	
W6977.15.5.1	糟蹋五谷粮食，谷子拿去打埂子，麦粑粑拿去堵水口，用苦荞面、甜荞面糊墙	【彝族】
W6977.15.6	不节俭的结果	
W6977.15.6.1	糟蹋粮食要被“五谷神”“老爷”切鼻子	【汉族】
W6977.15.7	特定的节俭者	
W6977.15.7.1	尧生活俭朴	【汉族】
W6977.15.7.1.1	尧一日三餐糙米饭和野菜汤，还吃剩饭	【汉族】
W6977.15.8	特定的不节俭者	
W6977.15.9	与节俭有关的其他母题	

W 编码	母题描述	关联项
W6977.15.9.1	勤俭	【汉族】@［W6977.15.1.2］教训面前变勤俭
W6977.15.9.1.1	勤俭是做人根本	【汉族】
W6977.15.9.2	勤劳	
W6977.15.9.2.1	最早时，人都很勤劳	【汉族】
W6977.16	舍己为人（施舍）	
W6977.16.1	舍己为人的产生（舍己为人的原因）	
W6977.16.2	舍己为人的特征	
W6977.16.3	舍己为人的情形（舍己为人的表现）	
W6977.16.3.1	施舍	
W6977.16.3.1.1	割肉食鹰	【塔吉克族】
W6977.16.4	舍己为人的结果	
W6977.16.5	特定的舍己为人者	
W6977.16.6	与舍己为人有关的其他母题	
W6977.17	爱心（人间大爱）	
W6977.17.1	爱心的产生（爱心的原因）	
W6977.17.2	爱心的特征	
W6977.17.3	爱心的情形（爱心的表现）	
W6977.17.3.1	扫地恐伤蝼蚁命	【汉族】
W6977.17.3.2	爱惜飞蛾纱照灯	【汉族】
W6977.17.4	爱心的结果	
W6977.17.5	特定的爱心者	
W6977.17.6	与爱心有关的其他母题	［W6981.2］价值观
W6977.18	与良好道德有关的其他母题（与优秀品质有关的其他母题）	
W6977.18.1	顺从	【汤普森】W31
W6977.18.2	有志向（有理想）	

W 编码	母题描述	关联项
W6977.18.2.1	人微志气高	【塔吉克族】
W6977.18.3	独立（独立自强）	
W6977.18.3.1	人长大后独自谋生	【畲族】
W6977.18.3.2	父母把子女赶出家门谋生	【拉祜族】
W6977.18.4	积极进取（心理健康；争胜心；进取心）	
W6977.18.5	尊重上级	【朝鲜族】
W6977.18.6	包容（心胸开阔）	
W6977.18.6.1	不计前嫌	【珞巴族】
W6977.18.7	担当（敢说敢干）	
W6977.18.7.1	河蚌姑娘为渔民冒死斗恶龙	【汉族】
W6977.18.8	团结	
W6977.18.8.1	长辈告诫孩子团结	【哈萨克族】
W6978	**不良道德（不良品质；恶的品质；不良行为）**	【汤普森】W100；［W2750］人的特征
W6978.1	懒惰	【汤普森】W111；［W2905.1］人的懒惰性格的原因
W6978.1.1	懒惰的产生（懒惰的原因）	
W6978.1.1.1	因有了节余变懒	【汉族】
W6978.1.1.2	生性懒惰	【汉族】
W6978.1.1.3	因闲生懒	
W6978.1.1.3.1	以前，人们干活不用费力且够吃，越闲越懒	【汉族】
W6978.1.2	懒惰的特征	
W6978.1.3	懒惰的情形（懒惰的表现）	
W6978.1.3.1	劳动时间困懒觉	【汉族】
W6978.1.4	懒惰的结果	
W6978.1.4.1	因懒惰遭受惩罚	

W 编码	母题描述	关联项
W6978.1.4.1.1	因人的懒惰天上不再降食物	【汉族】
W6978.1.4.1.1a	因人的懒惰泉中不再流出谷子	【汉族】
W6978.1.4.1.2	懒惰被饿死	【汉族】
W6978.1.4.1.3	懒惰被罚变形	
W6978.1.4.1.3.1	懒惰者被盘古变成“屎壳螂”	【汉族】
W6978.1.4.2	懒惰使人变贫穷	【汉族】
W6978.1.5	特定的懒惰者	
W6978.1.6	与懒惰有关的其他母题	
W6978.2	虚荣（虚伪）	【汤普森】W116；【关联】①
W6978.2.1	虚荣的产生（虚荣的原因）	
W6978.2.2	虚荣的特征	
W6978.2.3	虚荣的情形（虚荣的表现）	［W1626.5］爱打扮的月亮
W6978.2.4	虚荣的结果	
W6978.2.5	特定的虚荣者	【关联】②
W6978.2.6	与虚荣有关的其他母题	
W6978.2.6.1	伪装	
W6978.2.6.1.1	为生存学会伪装	【侗族】
W6978.2.6.2	以貌取人	
W6978.2.6.2.1	王母娘娘以貌轻视神牛	【汉族】
W6978.3	自负（自夸；自傲；自满；自大；骄傲自大）	【汤普森】W117
W6978.3.1	自负的产生（自负的原因）	
W6978.3.2	自负的特征	
W6978.3.3	自负的情形（自负的表现）	
W6978.3.4	自负的结果	
W6978.3.4.1	自负导致做事不认真	
W6978.3.4.1.1	仓颉造字被黄帝器重后头脑发热，造字马虎起来	【汉族】

① ［W2929.1］虚荣的人；［W3350.6］公鸡爱虚荣。

② ［W2929.1］虚荣的人；［W3350.6］公鸡爱虚荣；［W3353.2］孔雀爱虚荣。

W 编码	母题描述	关联项
W6978.3.5	特定的自负者	【关联】①
W6978.3.6	与自负有关的其他母题	
W6978.4	怯懦（苟且；胆小；怯弱）	【关联】②
W6978.4.1	怯懦的产生（怯懦的原因）	
W6978.4.2	怯懦的特征	
W6978.4.3	怯懦的情形（怯懦的表现）	
W6978.4.3.1	胆小怕事	【多民族】
W6978.4.4	怯懦的结果	
W6978.4.5	特定的怯懦者	［W2929.3］胆小鬼
W6978.4.6	与怯懦有关的其他母题	
W6978.5	忘恩（忘恩负义；背信弃义；恩将仇报）	【汤普森】W154；［W9425］报恩
W6978.5.1	忘恩的产生（忘恩的原因）	
W6978.5.2	忘恩的特征	
W6978.5.3	忘恩的情形（忘恩的表现）	
W6978.5.4	忘恩的结果	
W6978.5.5	特定的忘恩者	
W6978.5.5.1	羿的爱徒逄蒙暗算师傅	【汉族】
W6978.5.5.2	中山狼	【汉族】
W6978.5.5.3	冻僵的蛇	【汉族】
W6978.5.6	与忘恩有关的其他母题	
W6978.6	嫉妒（红眼病；小心眼；心胸狭隘）	【汤普森】①W181；②W195；［W2787.4］女人爱嫉妒
W6978.6.1	嫉妒的产生（嫉妒的原因）	
W6978.6.1.1	因美貌引发的嫉妒	【撒拉族】

① ［W2929.2］自负的人；［W3048.1.1］自负的动物。

② ［W2929.3］胆小鬼；［W3048.1.2］怯懦的动物。

W 编码	母题描述	关联项
W6978.6.2	嫉妒的特征	
W6978.6.2.1	对小事耿耿于怀	【汉族】
W6978.6.3	特定的嫉妒者（特定的心胸狭隘者）	
W6978.6.3.1	神嫉妒人	
W6978.6.3.1.1	雷神嫉妒人吃得好	【壮族】
W6978.6.3.1.2	雷王嫉妒人的好日子	【壮族】
W6978.6.3.1.3	天王嫉妒人过美好的生活	【彝族】
W6978.6.3.2	王母娘娘气量小	
W6978.6.3.2.1	王母娘娘对惹她者一辈子耿耿于怀，必找茬儿报复	【汉族】
W6978.6.3.3	姊妹间的嫉妒者	【汉族】
W6978.6.4	嫉妒的情形（嫉妒的表现）	
W6978.6.4.1	嫉贤妒能（武大郎开店）	
W6978.6.4.1.1	嫉妒外族能人	【珞巴族（德根等部落）】
W6978.6.4.2	嫉妒英雄	
W6978.6.4.2.1	嫉妒英雄的本领高强	【朝鲜族】
W6978.6.4.3	嫉妒特定关系人（嫉妒利益关系人）	
W6978.6.4.3.1	亲缘间的嫉妒	
W6978.6.4.3.1.1	姐姐嫉妒妹妹找到金龟婿	【汉族】
W6978.6.4.3.2	朋友间的嫉妒	
W6978.6.4.3.3	师徒间的嫉妒	
W6978.6.4.3.3.1	逄蒙嫉妒师傅羿的射箭技能	【汉族】
W6978.6.4.4	区域间的嫉妒	
W6978.6.4.4.1	天上嫉妒地上	【汉族】
W6978.6.5	嫉妒的结果	［W5215.3］兄弟因斗气分家
W6978.6.5.1	嫉妒生恨（羡慕嫉妒恨）	
W6978.6.5.1.1	王子嫉妒朱蒙狩猎技能就惩罚他	【朝鲜族】

W 编码	母题描述	关联项
W6978.6.5.2	嫉妒引发杀机	【傣族】【蒙古族】
W6978.6.5.2.1	两个哥哥见三王子找到了神鸟带来美丽公主非常嫉妒，决意害死三弟	【乌孜别克族】
W6978.6.5.2.2	嫉妒者要害死师傅	【彝族】
W6978.6.5.3	嫉妒使人丧失理智（嫉妒使人疯狂）	【彝族】
W6978.6.5.4	嫉妒者变成异类	
W6978.6.5.4.1	嫉妒者变成害人的白虎精	【汉族】
W6978.6.6	特定的嫉妒	
W6978.6.6.1	嫉妒别人财产（妒财）	
W6978.6.6.2	嫉妒别人美色（妒色）	
W6978.6.6.2.1	见朋友有漂亮妻子就起了坏心	【汉族】
W6978.6.6.3	嫉妒别人地位（嫉妒他人权利）	
W6978.6.6.4	嫉妒别人名誉	
W6978.6.6.5	嫉妒别人的宝物	【汉族】
W6978.6.7	与嫉妒有关的其他母题	
W6978.7	贪婪（贪心；贪欲）	【汤普森】W151
W6978.7.1	贪婪的产生（贪婪的原因）	
W6978.7.2	贪婪的特征	
W6978.7.3	贪婪的情形（贪婪的表现）	
W6978.7.3.1	贪财（财迷）	
W6978.7.3.1.1	娥皇、女英的哥哥汤新搜刮金银财宝	【汉族】
W6978.7.3.1.2	灶王爷见钱眼开	【汉族】
W6978.7.3.2	贪色（好色）	
W6978.7.3.3	贪玩	【汉族】
W6978.7.4	贪婪的结果	
W6978.7.4.1	贪婪者被所获取的东西压死	

W 编码	母题描述	关联项
W6978.7.4.1.1	贪心捡金子者被金子压死	【汉族】
W6978.7.4.2	玩物丧志	【汉族】
W6978.7.5	特定的贪婪者	
W6978.7.5.1	鲧贪财好色	【汉族】
W6978.7.6	与贪婪有关的其他母题	
W6978.7.6.1	争强好胜	【撒拉族】@［W6977.18.4］积极进取（心理健康；争胜心；进取心）
W6978.7.6.2	贪心的戒除	
W6978.7.6.2.1	心洗干净能戒贪	【汉族】
W6978.7.6.3	贪吃（嘴馋）	
W6978.7.6.3.1	人越闲越懒，越吃越馋	【汉族】
W6978.8	小气（吝啬）	【汤普森】W153
W6978.8.1	吝啬的产生（小气的原因）	
W6978.8.2	吝啬的特征	
W6978.8.3	吝啬的情形（吝啬的表现）	
W6978.8.3.1	过度节俭	【汉族】
W6978.8.4	吝啬的结果	
W6978.8.5	特定的吝啬者	［W0192.3］小气的天神
W6978.8.5.1	小气鬼	【汉族】
W6978.8.6	与吝啬有关的其他母题	
W6978.9	蒙骗（欺骗；欺诈；撒谎；造谣；不诚实）	【汤普森】W157
W6978.9.1	蒙骗的产生（蒙骗的原因）	
W6978.9.2	蒙骗的特征	
W6978.9.2.1	弄虚作假	【汉族】
W6978.9.3	蒙骗的情形（蒙骗的表现）	
W6978.9.3.1	骗了东家骗西家	【汉族】
W6978.9.4	蒙骗的结果	

W 编码	母题描述	关联项
W6978.9.4.1	坑蒙拐骗被女娲割下身上肉	【汉族】
W6978.9.5	特定的蒙骗者	
W6978.9.6	与蒙骗有关的其他母题	
W6978.9.6.1	鳄鱼的眼泪	【汉族】
W6978.10	傲慢（骄横；自大）	【汤普森】W187
W6978.10.1	傲慢的产生（傲慢的原因）	
W6978.10.2	傲慢的特征	
W6978.10.3	傲慢的情形（傲慢的表现）	
W6978.10.4	傲慢的结果	【关联】①
W6978.10.5	特定的傲慢者	［W0585.5］居功自傲的英雄
W6978.10.5.1	舜的傲慢弟弟象	【中华民族】
W6978.10.6	与傲慢有关的其他母题	
W6978.11	好斗（好胜；好强）	【汤普森】W212
W6978.11.1	好斗的产生（好斗的原因）	
W6978.11.2	好斗的特征	
W6978.11.3	好斗的情形（好斗的表现）	
W6978.11.4	好斗的结果	
W6978.11.5	特定的好斗者	【关联】②
W6978.11.5.1	好斗的公鸡	【汉族】@［W3048.6.1］好斗的动物
W6978.11.6	与好斗有关的其他母题	
W6978.12	浪费	
W6978.12.1	浪费的产生（浪费的原因）	
W6978.12.1.1	因粮食吃不完用不尽浪费粮食	【汉族】
W6978.12.1.2	因粮食多浪费粮食	【汉族】
W6978.12.1.3	因粮食来得容易浪费	【汉族】
W6978.12.2	浪费的特征	

① ［W8625.2］人的傲慢引起火灾；［W8786.1］骄傲失势。

② ［W0383.1］好斗的冬神；［W8739.3.1］圣斗士。

W 编码	母题描述	关联项
W6978.12.3	浪费的情形（浪费的表现）	
W6978.12.3.1	任意糟蹋粮食	【汉族】
W6978.12.3.1.1	人到处糟蹋粮食，制成用具，当垫子坐，当枕头枕，当小孩玩的东西	【汉族】
W6978.12.3.1.1.1	用白面垫茅坑	【汉族】
W6978.12.3.2	用一团白面擦屁股	【汉族】
W6978.12.3.2a	用白面烙大饼给小孩子焙屁股	【汉族】
W6978.12.3.3	米面到处乱撒	【汉族】
W6978.12.3.4	人让动物随意糟蹋粮食	【汉族】
W6978.12.3.5	用粮食喂牲口	【汉族】
W6978.12.4	浪费的结果	
W6978.12.4.1	浪费粮食遭惩罚	【汉族】
W6978.12.4.1.1	人把食物四处乱扔，天神把大部分麦子收了回去	【汉族】
W6978.12.5	特定的浪费者	
W6978.12.6	与浪费有关的其他母题	
W6978.13	其他不良道德（其他不良品质；其他不良行为）	
W6978.13.1	轻信	
W6978.13.1.1	听信谣言	【柯尔克孜族】
W6978.13.2	欺软怕硬	【中华民族】【布依族】
W6978.13.3	赌博	
W6978.13.3.1	神是赌博者	【彝族】
W6978.14	道德不良的结果	
W6978.14.1	作恶受惩罚	
W6978.14.1.1	作恶者被洪水淹死	【苗族（花苗）】
W6979	**与道德有关的其他母题（与品质有关的其他母题）**	

W 编码	母题描述	关联项
W6979.0	道德的特征（道德的象征物）	
W6979.0.1	道德如玉	
W6979.0.1.1 *	君子比德于玉	【中华民族】
W6979.0.1.2 *	玉有五德	【中华民族】
W6979.0.1.3 *	玉器被视为人们道德品行的象征	【中华民族】
W6979.0.1.4 *	儒家的君子观和传统的神玉信仰相结合	【中华民族】
W6979.0.2	不同的主体道德标准不同	
W6979.0.2.1	男女各有其道德标准	
W6979.0.2.1.1	男德（男人的道德）	
W6979.0.2.1.2	女德（女人的道德）	
W6979.0.2.1.2.1	女人有三从四德	
W6979.0.2.1.2.2	好女不嫁二夫	【汉族】
W6979.0.2.1.2.3	女子无才是有德	
W6979.0.3	道德至上	
W6979.0.3.1	万事品行为先	【鄂伦春族】
W6979.0a	道德的功能	
W6979.0a.1 *	德，始生也	【中华民族】
W6979.0b	道德的含义（道德的评价）	
W6979.0c	有德者（有道德者；有德之人；大德之人）	
W6979.0c.1	有德者的表现	
W6979.0c.1.1 *	人有厚德，无问其小节	【中华民族】
W6979.0c.2	特定名称的有德者	
W6979.0c.2.1	舜德大明	【中华民族】
W6979.0c.2.2	尧是贤君	【汉族】
W6979.1	道德修养（素质提升）	
W6979.1.1	反省自身	

W 编码	母题描述	关联项
W6979.1.1.1	忏悔	
W6979.1.1.1.1	盘古因开天辟地功夫浅苦了众生而忏悔	【汉族】
W6979.1.2	自我约束	
W6979.1.3	修行（修炼）	
W6979.1.3.1	修行的原因	
W6979.1.3.2	修行的时间（修行需要的时间）	
W6979.1.3.2.1	修行三年	
W6979.1.3.2.2	修行十年	
W6979.1.3.2.3	修行百年	
W6979.1.3.2.4	修行千年	【汉族】
W6979.1.3.3	修行的地点	
W6979.1.3.3.1	到山中修行	【汉族】
W6979.1.3.3.1.1	到特定的山上修行	
W6979.1.3.3.1.1.1	到泰山修行	
W6979.1.3.3.1.1.1.1	吕洞宾等泰山上居住修仙	【汉族】
W6979.1.3.3.2	到洞中修行	
W6979.1.3.3.2.1	黄帝到具茨山西麓的神仙洞修道	【汉族】
W6979.1.3.3.3	到寺庙修行	【汉族】
W6979.1.3.4	修行的目标（修行的内容）	
W6979.1.3.4.1	修仙	【汉族】@［W6979.1.3.6.3.1］老和尚历经修炼成半仙
W6979.1.3.4.2	修成观音	【汉族】
W6979.1.3.5	修行的方法	
W6979.1.3.5.1	通过炼丹修炼	
W6979.1.3.5.1.1 *	以气功修炼人体称为内丹	【多民族】
W6979.1.3.5.1.2 *	以火炼药石称为外丹	【多民族】
W6979.1.3.6	修炼者	

W 编码	母题描述	关联项
W6979.1.3.6.1	神作为修炼者	
W6979.1.3.6.2	神性人物作为修炼者	
W6979.1.3.6.2.1	修炼千年的蛇精	【汉族】
W6979.1.3.6.3	特定的人作为修炼者	
W6979.1.3.6.3.1	老和尚历经修炼成半仙	【汉族】
W6979.1.3.6.4	动物作为修炼者	
W6979.1.3.6.4.1	白水獭修道成了白水獭精	【汉族】
W6979.1.3.6.5	其他特定物作为修炼者	
W6979.1.4	道德品质的变化（品质的改变）	
W6979.1.4.1	道德标准的变化	
W6979.1.4.2	道德品质行为的变化	
W6979.1.4.3	道德品质变化的情形	
W6979.1.4.3.1	君子变小人	【彝族】
W6979.2	阴德	
W6979.2.1	阴德的产生	
W6979.2.1.1	积阴德	
W6979.2.1.1.1	做好事积阴德	
W6979.2.1.1.1.1	主动清洗脏井水能修阴积德	【侗族】
W6979.2.1.1.2	路边放脚木凳（乞儿凳）是那些无儿无女的人修的“阴功”积的“阴德”	【侗族】
W6979.2.2	阴德的内容	
W6979.2.2.1	阴德包括孝敬父母、敬天地、讲诚信、和睦四邻、老幼无欺等	【汉族】
W6979.2.3	阴德的特征（阴德的功能；阴德的作用）	
W6979.2.3.1	不积阴德折阳寿	
W6979.2.3.1.1	东岳大帝告诉申冤的鬼魂“不积阴德折阳寿”	【汉族】

W 编码	母题描述	关联项
W6979.3	常见优良品质	
W6979.3.1	意志坚强	
W6979.3.1.1	英雄不屈不挠斗恶龙	【畲族】
W6979.3.2	自信（信心满满）	
W6979.3.3	勤奋	
W6979.3.3.1	尧舜是勤奋的榜样	【中华民族】
W6979.3.4	知错必改（改错；自省）	
W6979.3.4.1	通过吃腊八粥痛改前非变得勤俭	【汉族】
W6979.3.4.2	知错后主动将功折罪	【汉族】
W6979.4	本性（本心；初心）	
W6979.4.1	本性的产生	
W6979.4.2	本性的表现	
W6979.4.2.1	迷失本性	【汉族】
W6979.4.3	与本性有关的其他母题	
W6979.4.3.1	初心不改	【汉族】
W6979.5	品格的变化	
W6979.5.1	丧失信心	
W6979.5.1.1	失败后失去信心	【高山族】
W6979.5.2	提升品质（修炼；修炼素质）	
W6979.5.2.1	动物修炼	
W6979.5.2.1.1	猴子强久松巴是静修之人	【藏族】
W6979.5.2.2	修成正果	【维吾尔族】

6.9.6 观念信仰

【W6980 ~ W6984】

W 编码	母题描述	关联项
* **W6980**	观念（观念的产生）	

W 编码	母题描述	关联项
W6981	**常见的观念**	
W6981.1	世界观	
W6981.1.1	世界观的产生	
W6981.1.2	世界观的特征	
W6981.1.3	世界观的表现	
W6981.1.4	特定的世界观（世界观的类型）	
W6981.1.4.1	唯物主义世界观（唯物的表现）	
W6981.1.4.1.1	不信神	【汉族】
W6981.1.4.2	唯心主义世界观	
W6981.1.5	与世界观有关的其他母题	
W6981.2	价值观	
W6981.2.1	富强	【中华民族】
W6981.2.1.1	富强的产生	
W6981.2.1.2	富强的特征	
W6981.2.1.3	富强的标准	
W6981.2.1.4	富强的表现	
W6981.2.1.5	与富强有关的其他母题	
W6981.2.2	民主	【中华民族】
W6981.2.2.1	民主的产生	
W6981.2.2.2	民主的特征	
W6981.2.2.3	民主的标准	
W6981.2.2.4	民主的表现	
W6981.2.2.5	与民主有关的其他母题	
W6981.2.3	文明	【中华民族】
W6981.2.3.1	文明的产生（文明起源）	
W6981.2.3.1.1	三皇五帝开启人类文明	【汉族】
W6981.2.3.1.2 *	古文明都是经历了自史前到文明的发生演化期孕育出来	【多民族】

W 编码	母题描述	关联项
W6981.2.3.1.3＊	尧倡导文明	【汉族】
W6981.2.3.2	文明的特征	
W6981.2.3.3	文明的标准	
W6981.2.3.3.1	文明产生的标志	
W6981.2.3.3.1.1＊	文明产生的标志是城市、青铜器和文字	【中华民族】
W6981.2.3.4	文明的表现	
W6981.2.3.4.1	文明表现为温和体贴	【汉族】
W6981.2.3.4.2	文明有多种表现	
W6981.2.3.4.2.1	文明表现为讲道德，男女有别，讲诚信，以诚待人，讲礼貌，互相尊重等	【汉族】
W6981.2.3.5	特定的文明	
W6981.2.3.5.1	中华文明（中国文明）	
W6981.2.3.5.1.1	中华文明的产生	
W6981.2.3.5.1.1.1＊	各地、各族都是中华文明的缔造者	【中华民族】
W6981.2.3.5.1.2＊	中华文明进程可以表述为太古蒙明（洪荒时代）→燧人（用火）→有巢（建屋）→伏羲（渔猎婚姻）→神农（农业）	【中华民族】
W6981.2.3.5.1.3＊	黄帝时代形成众多中华文明	【中华民族】
W6981.2.3.5.1.4＊	中华文明始于炎黄	【中华民族】
W6981.2.3.5.1.4.1＊	中华文明滥觞始于炎帝	【中华民族】
W6981.2.3.5.2	黄河文明	
W6981.2.3.5.2.1＊	后李文化、北辛文化、大汶口文化、龙山文化、岳石文化及历朝代文化合称黄河文明	【中华民族】
W6981.2.3.5.3	华夏文明	［W6998.1.1］华夏文化
W6981.2.3.5.3.0＊	华夏文明产生的时间	

W 编码	母题描述	关联项
W6981.2.3.5.3.0.1＊	华夏文明肇始于黄帝和黄帝时代	【中华民族】
W6981.2.3.5.3.1＊	华夏远古文明主要源于河南省及其附近地区	【中华民族】
W6981.2.3.5.3.2＊	华夏文明出现在东部	【中华民族】
W6981.2.3.5.3.3＊	华夏文明的其他发源地	
W6981.2.3.5.3.3.1＊	华夏文明由中原华夏农耕文化、游牧文化、游耕文化、渔猎文化，以及东南沿海海洋文化融合汇成	【中华民族】
W6981.2.3.5.3.4＊	华夏文明的特征	
W6981.2.3.5.3.5＊	华夏文明的内涵	
W6981.2.3.5.3.5.1＊	黄帝文明	［W6996.3.1.6］黄帝文化
W6981.2.3.5.3.5.1.1＊	黄帝文明是龙山文化、良渚文化与仰韶文化、屈家岭文化共同融汇而成的文明	【中华民族】
W6981.2.3.5.3.6＊	与华夏文明有关的其他母题	
W6981.2.3.6	文明探源	
W6981.2.3.6.1＊	研究文明起源重在探讨早期价值观	【中华民族】
W6981.2.3.7	与文明有关的其他母题	
W6981.2.4	和谐	【中华民族】
W6981.2.4.1	和谐的产生	
W6981.2.4.2	和谐的特征	
W6981.2.4.3	和谐的标准	
W6981.2.4.4	和谐的表现	
W6981.2.4.5	与和谐有关的其他母题	【中华民族】
W6981.2.5	自由	
W6981.2.5.1	自由的产生	
W6981.2.5.2	自由的特征	
W6981.2.5.3	自由的标准	

W 编码	母题描述	关联项
W6981.2.5.4	自由的表现	
W6981.2.5.5	与自由有关的其他母题	
W6981.2.6	平等	【中华民族】
W6981.2.6.1	平等的产生	
W6981.2.6.2	平等的特征	
W6981.2.6.3	平等的标准	
W6981.2.6.4	平等的表现	
W6981.2.6.4.1	男女平等	【汉族】
W6981.2.6.5	与平等有关的其他母题	
W6981.2.7	公正（公平；公平正义）	【汤普森】W35
W6981.2.7.1	公正的产生	
W6981.2.7.2	公正的特征	
W6981.2.7.3	公正的标准	
W6981.2.7.3.1	神秤最公道	【汉族】
W6981.2.7.4	公正的情形	
W6981.2.7.4.1	不贪赃不枉法	【汉族】
W6981.2.7.5	公正者	
W6981.2.7.6	公正的结果	
W6981.2.7.6.1	女娲封公正的善人成了神	【汉族】
W6981.2.7.7	与公正有关的其他母题	
W6981.2.7.7.1	不公正（不公平）	
W6981.2.7.7.1.1	玉帝偏听偏信	【汉族】
W6981.2.7.7.1.2	不公平短寿	【汉族】
6981.2.7.7.2	心术不正	【汉族】
W6981.2.8	法治（法律；律法）	
W6981.2.8.1	法治的产生	【中华民族】
W6981.2.8.2	法治的特征	
W6981.2.8.3	法治的标准	

W 编码	母题描述	关联项
W6981.2.8.4	法治的表现	
W6981.2.8.4.1	神农、伏牺不施赏罚而民不为非	【中华民族】
W6981.2.8.5	与法治有关的其他母题	
W6981.2.9	爱国	【中华民族】
W6981.2.9.1	爱国的产生	
W6981.2.9.2	爱国的特征	
W6981.2.9.3	爱国的标准	
W6981.2.9.4	爱国的表现	
W6981.2.9.5	爱国者	
W6981.2.9.5.1	爱国者屈原	【中华民族】
W6981.2.9.5.1.1	楚国灭亡后，屈原投汨罗江自杀	【汉族】
W6981.2.9.6	与爱国有关的其他母题	
W6981.2.10	敬业	【中华民族】
W6981.2.10.1	敬业的产生	
W6981.2.10.2	敬业的特征	
W6981.2.10.3	敬业的标准	
W6981.2.10.4	敬业的表现	
W6981.2.10.5	与敬业有关的其他母题	
W6981.2.11	诚信（诚实）	【中华民族】
W6981.2.11.1	诚信的产生	
W6981.2.11.1.1	特定人物教人诚信	
W6981.2.11.1.1.1	父亲教子女诚信	【汉族】
W6981.2.11.2	诚信的特征	
W6981.2.11.3	诚信的标准	
W6981.2.11.4	诚信的表现	
W6981.2.11.4.1	神农的把女儿守约不悔婚嫁给狗	【苗族】
W6981.2.11.4.2	观音看不惯父亲报喜不报忧的虚假行为	【汉族】

W 编码	母题描述	关联项
W6981.2.11.5	特定的诚实者	
W6981.2.11.5.1	忠厚、诚实的小伙子	【汉族】
W6981.2.11.6	诚信的结果	
W6981.2.11.6.1	心诚则灵	
W6981.2.11.6.1.1	因心诚得宝	【汉族】
W6981.2.11.7	与诚信有关的其他母题	
W6981.2.12	友善（友爱；友好；和睦）	
W6981.2.12.1	友善的产生	
W6981.2.12.1.1	卵生的能人使人民和睦	【哈尼族】
W6981.2.12.2	友善的特征	
W6981.2.12.3	友善的标准	
W6981.2.12.4	友善的表现	
W6981.2.12.5	与友善有关的其他母题	
W6981.3	人生观	
W6981.3.0	人生观的产生	
W6981.3.0.1 *	通过说教培育人生观	【多民族】
W6981.3.1	集体主义人生观（共产主义人生观）	
W6981.3.1.1	集体主义的产生	
W6981.3.1.2	集体主义的特征	
W6981.3.1.3	集体主义的表现	［W6995.6］文化认同
W6981.3.1.4	与集体主义有关的其他母题	
W6981.3.2	个人主义人生观	［W2911.5］人的嫉妒与自私的产生
W6981.3.2.1	个人主义的产生	
W6981.3.2.2	个人主义的特征	
W6981.3.2.3	个人主义的表现	
W6981.3.2.4	与个人主义有关的其他母题	［W0192.2］自私的天神

W 编码	母题描述	关联项
W6981.3.3	享乐主义人生观	
W6981.3.3.1	享乐主义的产生	
W6981.3.3.2	享乐主义的特征	
W6981.3.3.3	享乐主义的表现	
W6981.3.3.4	与享乐主义有关的其他母题	
W6981.3.4	厌世主义人生观	
W6981.3.4.1	厌世主义的产生	
W6981.3.4.2	厌世主义的特征	
W6981.3.4.3	厌世主义的表现	
W6981.3.4.4	与厌世主义有关的其他母题	
W6981.3.5	禁欲主义人生观	[W6513.1] 禁欲
W6981.3.5.1	禁欲主义的产生	
W6981.3.5.2	禁欲主义的特征	
W6981.3.5.3	禁欲主义的表现	
W6981.3.5.4	与禁欲主义有关的其他母题	[W6523.1] 禁果
W6981.3.6	乐观主义人生观（乐观主义）	
W6981.3.6.1	乐观主义的产生	
W6981.3.6.2	乐观主义的特征	
W6981.3.6.3	乐观主义的表现	[W2987.2] 快乐的死亡
W6981.3.6.4	与乐观主义有关的其他母题	
W6981.4	是非观	
W6981.4.1	好与坏（好坏；好孬）	
W6981.4.1.1	好与坏的产生（好坏的划分）	
W6981.4.1.1.1	天使萨赛辨好坏	【哈萨克族】
W6981.4.1.1.2	特定人物裁决是非	
W6981.4.1.1.2.1	女娲裁决是非	
W6981.4.1.1.3	特定人物教人辨是非	【中华民族】
W6981.4.1.1.3.1	女娲教人辨别是非	【汉族】

W 编码	母题描述	关联项
W6981.4.1.2	好坏的特征	
W6981.4.1.2.1	好事不用记，坏事传千里	【纳西族】
W6981.4.1.3	好与坏的表现	
W6981.4.1.3.1	好的表现	
W6981.4.1.3.2	坏的表现	
W6981.4.1.4	与好坏有关的其他母题	
W6981.4.1.4.1	好坏并存	
W6981.4.1.4.1.1	腾格里创造的世界上好与坏是双生的，缺一不可	【哈萨克族】
W6981.4.2	羞耻	
W6981.4.2.1	羞耻的产生	
W6981.4.2.1.1	天神英叭在地上造的8个人中有2个人摘吃了树上的果子知道了害羞	【民族，关联】①
W6981.4.2.1.2	神教人知羞耻	
W6981.4.2.1.2.1	金岗天神教人知羞耻	【中华民族】
W6981.4.2.2	羞耻心（羞愧之心）	
W6981.4.2.2.1	出现光亮后男女有了羞耻心	【回族】
W6981.4.2.2.2	吃特定物产生羞耻心	
W6981.4.2.2.2.1	伏羲女娲吃了长青果后产生羞耻心	【汉族】
W6981.4.2.2.3	男女各有羞愧之心	【傣族】
W6981.4.2.3	以特定的事情为羞耻	
W6981.4.2.3.1	兄妹成婚羞死人	【哈尼族（豪尼）】
W6981.4.2.3.2	女人裸露为耻	
W6981.4.2.3.2.1	男人认为女人裸体是丑八怪	【彝族】
W6982	**其他特定观念**	

① 【傣族】@［W6117.2］人知道害羞后开始穿衣；［W6986.5.2.5.1］人吃灵醒果心眼就开窍后懂得了羞丑。

W 编码	母题描述	关联项
W6981.1	历史观	
W6983	**信仰**	
W6983.1	信仰的产生	[W6460] 民间信仰的产生
W6983.2	信仰的特征	[W6461] 民间信仰的特征（信仰的功能）
W6983.3	信仰的类型（特定的信仰）①	[W6463] 民间信仰的类型
W6983.3.1	民间信仰（原始信仰）	
W6983.3.1.1	万物有灵信仰	
W6983.3.1.2	天地君亲师信仰	【瑶族】
W6983.4	信仰的变化	
W6983.5	信仰的丢失	
W6983.5.1	羌人在流亡期间丢失了神林信仰	【羌族】
W6984	**与观念、信仰有关的其他母题**	
W6984.1	处世之道	
W6984.1.1	防人之心不可无	【锡伯族】
W6984.2	风水（风水观）	
W6984.2.1	风水的产生	
W6984.2.2	风水的特征	
W6984.2.3	风水的应用	
W6984.2.3.1	建筑时涉及风水	[W6458.1.4.2.1] 在风水好的地方建庙
W6984.2.3.2	丧葬时关注风水	【汉族】
W6984.2.3.3	特定人物会观察风水	
W6984.2.3.3.1	风水先生看风水（阴阳先生）	【汉族】

① 信仰的类型（特定的信仰），由于信仰内容的丰富性和复杂性，学术界对信仰的分类会有不同的角度，如有人把信仰划分为原始信仰、宗教信仰、哲学信仰、政治信仰等类型；从神话叙事的角度，也可以分为无神信仰、一神信仰、多神信仰、泛神信仰等不同类型。鉴于此，本书只选取一些类型作为信仰类型的样例加以展示。

W 编码	母题描述	关联项
W6984.2.3.3.2	和尚会看风水	【汉族】
W6984.2.4	特定的风水观	
W6984.2.5	与风水有关的其他母题	

6.9.7 审美（审美文化）【W6985～W6989】

W 编码	母题描述	关联项
＊**W6985**	**审美（审美的产生）**	
W6985.1	劳动中产生审美	【多民族】
W6986	**审美的类型**	
W6986.1	审美心理	
W6986.1.1	审美心理的产生	
W6986.1.2	审美心理的特点	
W6986.1.3	特定的审美心理（审美心理的表现）	
W6986.1.4	与审美心理有关的其他母题	
W6986.2	审美情趣（审美趣味）	
W6986.2.1	审美情趣的产生	
W6986.2.2	审美情趣的特点	
W6986.2.3	特定的审美情趣（审美情趣的表现）	
W6986.2.4	与审美情趣有关的其他母题	
W6986.3	真与假	【纳西族】
W6986.3.1	以前不分真假	
W6986.3.2	真假的产生	
W6986.3.2.1	最早世界的三样影子中产生真假	【纳西族】

W 编码	母题描述	关联项
W6986.3.2.2	真的产生（真的辨别）	
W6986.3.2.3	假的产生（假的辨别）	
W6986.3.3	真假的标准（真假的判断）	
W6986.3.4	真假的情形（真假的表现）	
W6986.3.4.1	真的表现	
W6986.3.4.2	假的表现	
W6986.3.4.2.1	报喜不报忧	【汉族】
W6986.3.5	真与假的结果	
W6986.3.6	与真假有关的其他母题	
W6986.3.6.1	真与假的转化	
W6986.4	善与恶（善良与恶毒）	
W6986.4.1	以前没有善恶（以前不分善恶）	
W6986.4.2	善恶的产生	
W6986.4.2.1	决定善恶（善恶的掌管者）	
W6986.4.2.1.1	天神腾格里掌管着人间的善与恶	【哈萨克族】
W6986.4.2.2	特定人物教人分清善恶	
W6986.4.2.2.1	洪水后幸存的陆和色兄妹俩教人分清善恶	【纳西族】
W6986.4.2.3	特定事件后分出善恶	
W6986.4.2.3.1	三番洪水分善恶	【汉族】
W6986.4.2.3.2	经历洪水后360种人中产生善恶	【壮族】
W6986.4.2.4	人通过特定渠道分辨善恶	
W6986.4.2.4.1	人有了书后能分辨善恶	【彝族】
W6986.4.2.5	善恶产生的其他情形	
W6986.4.2.6	善的产生	【关联】①
W6986.4.2.6.1	为了特定目的行善	
W6986.4.2.6.1.1	一位想成仙的人为了成仙多行善事	【汉族】

① ［W6911.5］音乐有教化功能（音乐可以劝善）；［W6981.2.12.1］友善的产生。

W 编码	母题描述	关联项
W6986.4.2.6.1.2	为人过留名，雁过留声行善	【汉族】
W6986.4.2.6.2	特定人物劝善	
W6986.4.2.6.2.1	神讲道劝善	【汉族】
W6986.4.2.6.2.2	盘古劝善	【汉族】
W6986.4.2.6.2.3	父母劝善	
W6986.4.2.6.2.3.1	妈妈劝懒媳妇	【汉族】
W6986.4.2.6.2.3.2	老人劝不善的儿子行善	【汉族】
W6986.4.2.6.3	经书劝善	
W6986.4.2.6.3.1	《行善经》劝善	【汉族】
W6986.4.2.6.4	女娲种善心	【汉族】
W6986.4.2.7	恶的产生	
W6986.4.2.7.1	由贪念引起邪恶	【汉族】
W6986.4.3	善恶的标准（善恶的判断）	
W6986.4.3.1	以行为分善恶	
W6986.4.3.2	以喜好分善恶	
W6986.4.3.3	善恶的分辨者	
W6986.4.3.3.1	月亮能照见分清善与恶	【汉族】
W6986.4.3.3.2	特定动物能分清善与恶	
W6986.4.3.3.2.1	马能分清善与恶	【汉族】
W6986.4.3.3.3	王母化身乞讨婆婆试凡人的善恶	【汉族】
W6986.4.4	善恶的情形（善恶的表现）	
W6986.4.4.1	善行（善心；心地善良）	
W6986.4.4.1.1	舜用牛犁地时善待牛	【汉族】
W6986.4.4.1.2	捐献行善	
W6986.4.4.1.2.1	捐钱修路	
W6986.4.4.1.2.2	捐身修桥	【汉族】
W6986.4.4.1.2.2a	空闲时为人修桥补路	【汉族】
W6986.4.4.1.2.3	捐物救灾	

W 编码	母题描述	关联项
W6986.4.4.1.3	放生	
W6986.4.4.1.3.1	每逢农历初一放生	【汉族】
W6986.4.4.1.4	救济穷人	【彝族】
W6986.4.4.2	恶行（心地险恶）	
W6986.4.4.2.1	见色起歹心	【哈萨克族】
W6986.4.4.2.2	以强欺弱	【满族】
W6986.4.4.2.3	不善待老人	【彝族】
W6986.4.4.2.4	为所欲为	【汉族】
W6986.4.4.2.5	欺男霸女	
W6986.4.4.2.5.1	远古时，主人对手下欺男霸女	【珞巴族】
W6986.4.4.3	世上善恶并存	【壮族】
W6986.4.5	善与恶的结果	
W6986.4.5.1	善的结果（行善的结果）	［W9401］善有善报
W6986.4.5.1.1	行善事可求子	【侗族】
W6986.4.5.1.2	行善之家有余庆	【汉族】
W6986.4.5.1.3	积善成福	【汉族】
W6986.4.5.1.4	做善事一定得好报	【汉族】
W6986.4.5.2	恶的结果	
W6986.4.5.2.1	恶引起灾难	【汉族】
W6986.4.5.2.2	作恶会走路掉进万丈坑	【汉族】
W6986.4.5.2.3	恶霸在十八层地狱里受尽苦难	【汉族】
W6986.4.5.2.4	恶人遭火神爷阏伯惩罚	【汉族】
W6986.4.5.2.5	作恶者被玉帝毒死	【汉族】
W6986.4.5.3	善恶结果迥异	
W6986.4.5.3.1	洪水时，恶的死灭善者存	【汉族】
W6986.4.6	与善恶有关的其他母题	［W6977.7］善良（善心；和善；和蔼；慈善；慈悲之心）
W6986.4.6.1	善的培养	

W 编码	母题描述	关联项
W6986.4.6.1.1	劝善成善	【京族】
W6986.4.6.2	丑恶的辨别	
W6986.4.6.2.1	天使萨赛分丑恶	【哈萨克族】
W6986.4.6.2.2	财神爷能识别谁是善人，谁是恶人	【汉族】
W6986.4.6.3	善恶的表现（善恶的标准）	
W6986.4.6.3.1	用颜色标志善恶	
W6986.4.6.3.1.1	白色为善，黑色为恶	
W6986.4.6.3.1.1.1	黑牦牛是妖怪，白牦牛是神仙	【纳西族】
W6986.4.6.4	常见的善者	
W6986.4.6.5	常见的恶者（恶人的恶代表）	
W6986.4.6.5.1	恶毒的后母	【汉族】
W6986.5	美与丑	
W6986.5.1	以前没有美丑（人以前美丑不分）	【汉族】【水族】
W6986.5.1.1	灾难幸存者亚当和爱娃姐弟俩不知道身丑	【汉族】
W6986.5.2	美丑的产生	
W6986.5.2.1	美丑自然产生	
W6986.5.2.2	特定人物规定美丑	
W6986.5.2.2.1	盘古把自己捏的人分成美和丑两类	【汉族】
W6986.5.2.3	美丑源于外在作用	
W6986.5.2.4	美丑源于内心	
W6986.5.2.5	人饮食特定物后知道美丑	
W6986.5.2.5.1	人吃灵醒果心眼就开窍后懂得了羞丑	【汉族】
W6986.5.2.5.2	爱娃吃无花果后知道了遮丑	【汉族】
W6986.5.2.6	看到水中的影子后知美丑	

W 编码	母题描述	关联项
W6986.5.2.6.1	盘古兄妹看到水中的影子后知美丑	【汉族】
W6986.5.3	美的产生（美的辨别）	
W6986.5.4	丑的产生（丑的辨别）	
W6986.5.5	美丑的特征	
W6986.5.5.1	美丑只能他人判断	
W6986.5.5.1.1	人无法判断自己的美丑	【彝族】
W6986.5.6	美丑的标准（美丑的判断；美丑的辨别）	
W6986.5.6.1	美丑标准的产生	
W6986.5.6.2	美丑标准的情形	
W6986.5.6.2.1	以前与现在美丑相反	［W9959.7］相反的事物
W6986.5.6.2.2	以美为丑	
W6986.5.6.2.3	以丑为美	
W6986.5.6.3	错误的美丑标准	【汉族】@［W6978.2.6.2］以貌取人
W6986.5.7	美丑的情形	
W6986.5.7.1	不公平的美丑	
W6986.5.7.1.1	丑者善，美者恶	【纳西族】
W6986.5.8	与美丑有关的其他母题	
W6987	**常见的审美现象**	
W6987.1	美体（身体审美）	
W6987.2	容颜审美（美容）	
W6987.3	美发	［W6139.4.1］发髻的来历
W6987.3.1	特定的发型为美	
W6987.4	与体貌类审美有关的其他母题	【关联】①
W6987.4.1	特定头型的来历	
W6987.4.1.1	寿星头的来历	

① ［W6139.5］身上的佩戴物；［W6139.8］打扮。

W 编码	母题描述	关联项
W6987.4.1.1.1	葫芦生出人时，兄妹用刀削去了一个人的头皮，由此出现了脑门光亮的寿星头	【哈尼族】
W6987.4.2	美甲	
W6987.5	服饰审美	
W6987.6	心灵审美	
W6988	**审美文化**	
W6988.1	审美文化的产生	
W6988.2	审美文化的特征	
W6988.3	与审美文化有关的其他母题	
W6989	**与审美有关的其他母题**	
W6989.1	清与浊	【满族】

6.9.8 生肖文化（属相）

【W6990 ~ W6994】

W 编码	母题描述	关联项
* **W6990**	**生肖（属相）**①	
W6991	**生肖的产生（属相的来历）**	
W6991.1	生肖产生的原因	
W6991.1.1	为了计算产生生肖	
W6991.1.1.1	天仙为计算年龄造属相	【撒拉族】
W6991.1.1.2	玉皇大帝为计算人的生辰年龄造生肖	【汉族】

① 生肖（属相），根据生肖产生的情况，有些并不能确定其神话母题性质。但从动物图腾或生肖的动物特征中的神话元素考虑，又具有一定的关联性，故在此列出，以便对照分析。

W 编码	母题描述	关联项
W6991.2	特定的人物制定生肖（生肖的制定者）	
W6991.2.1	神制定生肖（神创造属相）	
W6991.2.1.1	掌管天干地支的神定属相	【锡伯族】
W6991.2.1.2	盘古定生肖	
W6991.2.1.2.1	盘古按照先来后到定出十二生肖	【苗族】
W6991.2.1.2.2	盘古开天时定成十二个时辰生肖	【苗族】
W6991.2.2	神性人物制定生肖（神性人物创造属相）	
W6991.2.2.1	天仙造属相	【撒拉族】@［W6991.1.1.1］天仙为计算年龄造属相
W6991.2.2.2	玉帝制定生肖	【汉族】
W6991.2.2.3	黄帝让仓颉选十二个得物作为生肖名称	【汉族】
W6991.3	制定生肖的方法	
W6991.3.1	根据图腾造出生肖	
W6991.3.2	根据树枝纹理确定属相	【纳西族】
W6991.3.3	通过比赛确定生肖	
W6991.3.3.1	天太白金星请玉帝传旨，通过百兽赛跑，选前十二名作为人类出生年龄的属相	【汉族】
W6991.4	生肖产生的情形	
W6991.4.1	子鼠的产生	
W6991.4.1.1	因比赛时老鼠跑在第一玉皇大帝封其排第一位	【汉族】
W6991.4.1.2	老鼠作弊斩获生肖第一把交椅	【汉族】
W6991.4.2	丑牛的产生	
W6991.4.2.1	因老鼠抢了第一，牛只好屈居第二	【汉族】
W6991.4.3	寅虎的产生	

W 编码	母题描述	关联项
W6991.4.4	卯兔的产生	
W6991.4.5	辰龙的产生	
W6991.4.5.1	玉帝封生肖时，惩罚龙失职，把“晨”上面“日”字去掉	【汉族】
W6991.4.6	巳蛇的产生	
W6991.4.7	午马的产生	
W6991.4.8	未羊的产生	
W6991.4.9	申猴的产生	
W6991.4.10	酉鸡的产生	
W6991.4.10.1	玉帝说的“油”成了鸡的时辰音	【汉族】
W6991.4.11	戌狗的产生	
W6991.4.12	亥猪的产生	
W6991.4.12.1	玉帝金口玉言换字不换音，“亥”“害”同音，亥时就属猪	【汉族】
W6991.4.12.2	玉皇大帝盘算在生肖时辰封位中把猪排在第一	【汉族】
W6991.5	与生肖的产生有关的其他母题	
W6991.5.1	生肖产生的时间	
W6991a	**生肖的特征（属相的特征；生肖的功能）**	
W6991a.1	属相有相应的方位	【纳西族】
W6991a.2	生肖中没有特定动物	
W6991a.2.1	鲁班算出十二属相中没有属驴的	【回族】
W6991a.2.2	十二属相中没有骆驼	【汉族】
W6991a.3	十二属相各有其优缺点	
W6991a.3.1	十二属相中的老鼠有眼无睛，鼠目寸光	【汉族】
W6991a.3.2	十二属相中的牛没有上牙	【汉族】
W6991a.3.3	十二属相中的老虎没脖子	【汉族】

W 编码	母题描述	关联项
W6991a. 3. 4	十二属相中的兔子无上唇	【汉族】
W6991a. 3. 5	十二属相中的龙无耳	【汉族】
W6991a. 3. 6	十二属相中的蛇无足	【汉族】
W6991a. 3. 7	十二属相中的马无弯肠	【汉族】
W6991a. 3. 8	十二属相中的羊缺上齿	【汉族】
W6991a. 3. 9	十二属相中的猴无腮帮，尖嘴猴腮	【汉族】
W6991a. 3. 10	十二属相中的鸡无肾，扁尿同出一路	【汉族】
W6991a. 3. 11	十二属相中的狗无胃，每隔几日要翻洗肠子	【汉族】
W6991a. 3. 12	十二属相中的猪无筋	【汉族】
W6992	**十二生肖（十二生肖的产生；十二属相的来历）**	
W6992. 1	特定人物制定 12 生肖（特定人物发明十二生肖）	
W6992. 1. 1	玉帝排定十二生肖	【汉族】
W6992. 1. 2	伏羲十二兽纪日	
W6992. 1. 3	姜太公的部下想出用十二地支（时辰）配上十二种禽兽作为人的属相	【汉族】
W6992. 1. 4	黄帝发明十二生肖	【民族，关联】①
W6992. 2	根据树枝的 12 片叶子定出 12 生肖	
W6992. 3	根据经历的地点定出 12 属相	
W6992. 3. 1	人经过的鼠、麒麟、虎、兔、龙、蛇、马、羊、猴、鸡、狗、象等 12 种动物的居处形成 12 属相	【傣族】

① 【汉族】@［W6991. 2. 2. 3］黄帝让仓颉选十二个得物作为生肖名称；［W6994. 6. 1. 1］临潼骊山人祖庙的“十二像石”是黄帝命仓颉刻勒。

W 编码	母题描述	关联项
W6992.4	根据出现的动物定出 12 生肖	
W6992.4.1	洪水里救起的鼠、牛、虎、兔、龙、蛇、马、羊、猴、鸡、乌鸦和青蛙等 12 种动物形成 12 生肖	【彝族】
W6992.5	根据特定的树的 12 个枝定出 12 属相	
W6992.5.1	含英宝达树（神树）分成十二枝形成十二属相	【纳西族】
W6992.6	根据生灵的守时值班产生 12 个生肖	
W6992.6.1	天神派 12 个生灵守时值班后产生 12 个生肖	【满族】
W6993	**生肖排序的来历**	
W6993.0	特定人物为生肖排序	
W6993.0.1	太上老君排十二生肖次序	【汉族】
W6993.0.2	仓颉制定十二属相动物的名次	【中华民族】@［W6994.6.1.1］临潼骊山人祖庙的“十二像石”是黄帝命仓颉刻勒
W6993.1	生肖的具体排列顺序	
W6993.1.1	子鼠、丑牛、寅虎、卯兔、辰龙、巳蛇、午马、未羊、申猴、酉鸡、戌狗、亥猪排序的来历	【汉族】
W6993.1.2	动物到泰山顶上仙台旁聚会排班论辈排除顺序为鼠、牛、虎、兔、龙、蛇、马、羊、猴、鸡、狗、猪	【汉族】
W6993.2	鼠为什么排在 12 生肖之首	
W6993.2.1	鼠排在 12 生肖之首是因为鼠有功	
W6993.2.1.1	因老鼠偷稻种有功，人们老鼠排在 12 生肖的第一位	【汉族】

W 编码	母题描述	关联项
W6993.2.1.2	老鼠用牙咬开了天门立了大功，被封为12生肖第一位	【汉族】
W6993.2.1.3	老鼠救了黄帝的命，黄帝让老鼠排在12生肖的第一位	【中华民族】
W6993.2.2	鼠排在12生肖之首是特定人物的安排	［W6991.4.1.1］因比赛时老鼠跑在第一玉皇大帝封其排第一位
W6993.2.2.1	神把12属相中的第一个属相分配给鼠	【蒙古族】
W6993.2.3	鼠弄虚作假排在了12生肖之首	
W6993.2.3.1	老鼠借谐音欺骗牛排在牛的前面成为12生肖之首	【汉族】
W6993.3	动物在12生肖排位时争位次	
W6993.3a	根据动物到会的先后确定属相的位次	【汉族】@［W6993.1.2］动物到泰山顶上仙台旁聚会排班论辈排除顺序为鼠、牛、虎、兔、龙、蛇、马、羊、猴、鸡、狗、猪
W6993.3a.1	十二生肖的位次排列按到场先后的顺序决定	【汉族】
W6993.3b	十三种禽兽争生肖被踢出一个	【汉族】
W6993.3c	根据动物比赛的先后确定属相的位次	
W6993.3c.1	玉皇大帝为十二生肖封位时的顺序以先来排前，后来排后	【汉族】
W6993.4	生肖排序的调整	
W6993.4.1	十二生肖开始排名次时，大家公认牛老实应排老大，老鼠个头小应排在老末	【汉族】
W6993.5	与生肖排序有关的其他母题	
W6993.5.1	生肖排序的不同表达	

W 编码	母题描述	关联项
W6993.5.1.1	满语 12 生肖是子为“兴格勒”（鼠），丑为“依早”（牛），寅为“塔斯哈”（虎），卯为“古鲁马浑”（兔），辰为“谋都烈”（龙），巳为“妹个”（蛇），午为“莫林”（马），未为“霍尼”（羊）。申为“莫尼”（猴），酉为“撮货”（鸡），戌为“音达浑”（狗），亥为“影给”（猪）	【满族】
W6994	**与生肖有关的其他母题**	【关联】①
W6994.0	生肖的其他名称	
W6994.0.1	十二生肖，又叫作十二辰	【中华民族】
W6994.1	说法不同的生肖	
W6994.2	生肖与时辰相对应	
W6994.2.1	天有 12 时辰，人有 12 属相	【满族】
W6994.2.1.1	特定生肖动物对应不同时辰的来历	
W6994.2.1.1.1	早晨是龙行云布雨的时辰，所以龙在 12 生肖中领了辰时牌	【满族】
W6994.2.1.1.2	马是阴物，向来不歇晌就领了午时牌	【满族】
W6994.3	为什么一些动物没列入生肖	
W6994.3.1	天神气恨水牛和山羊私奔人间把它们排除 12 生肖之外	【纳西族】
W6994.4	用动物计时（用动物计日）	
W6994.4.1	伏羲十二兽纪日	
W6994.4.1.1	伏羲为了让后人记住老虎之恩十二兽纪日中把虎列为首位	【彝族】
W6994.5	生肖相克（相克的生肖；相克的属相）	

① ［W1577.4.5］特定属相日出现太阳；［W6927.1.6.4.6.1］黄帝让仓颉刻勒十二生肖图。

W 编码	母题描述	关联项
W6994.5.1	某些生肖相克	
W6994.5.1.1	虎与猴、马与鼠、牛与羊、龙与狗、鸡和兔等都相生相克	【傈僳族】
W6994.5.2	特定生肖在特定时间相克	
W6994.5.2.1	鼠日临到时，属马与属蛇、属狗的相克	【彝族】
W6994.5.3	特定生肖在特定事件中相克	
W6994.5.3.1	属牛与属羊的人的婚姻相克	【白族】
W6994.6	与生肖有关的风物	
W6994.6.1	十二生肖像石碑	
W6994.6.1.1	临潼骊山人祖庙的“十二像石”是黄帝命仓颉刻勒	【汉族】

6.9.9 与文化有关的其他母题【W6995 ~ W6999】

W 编码	母题描述	关联项
W6995	**文化传统（文化的传承）**	［W6998.1.2］文化遗产
W6995.1	文化传统的产生	［W6000］文化的产生（文化的获得）
W6995.2	文化传统的特征（文化传承的特征）	
W6995.3	文化传承的形式	
W6995.3.1	口头传统（文化的口头传承）	
W6995.3.1.1	口头传统的产生	
W6995.3.1.1.1	因没有文字产生口头传统	
W6995.3.1.1.1.1	独龙族过去没有文字，所以只会讲故事，唱调子	【独龙族】

W 编码	母题描述	关联项
W6995.3.1.2	口头传统的特征	
W6995.3.1.2.1	口头传统历史悠久	
W6995.3.1.2.1.1	兄妹俩补天的故事发生在何时，连头发最白的老人也说不清楚	【哈尼族】
W6995.3.1.2.2	口头传承为什么会出现音变	
W6995.3.1.2.2.1	因年代久远产生音变	【汉族】
W6995.3.1.2.3	口头传承为什么会程式化	
W6995.3.1.2.3.1	口头传承的程式化是为了便于记忆	
W6995.3.1.2.4	口头传统的内容会有取舍	
W6995.3.1.2.4.1	口传只传颂成功者	【汉族】
W6995.3.1.2.4.1.1	口头传统中没有成功的人和事不会有人颂扬	【汉族】
W6995.3.1.3	口头传承	
W6995.3.1.4	口头传统的类型	
W6995.3.1.4.1	口头说唱（民间讲唱）	
W6995.3.1.4.1.1	因为没有文字产生民间讲唱	【独龙族】@［W6995.3.1.1.1.1］独龙族过去没有文字，所以只会讲故事，唱调子
W6995.3.2	书写传统（文化的文献传承）	
W6995.3.3	文化的跨时代传承	
W6995.3.3.1 *	汉代熊文化沿袭了自黄帝以来的中央熊神的文化记忆	【中华民族】
W6995.3.3.2	古事代代传承	【布依族】
W6995.3.4	文化的跨地区传承	
W6995.3.5	文化的跨民族传承	
W6995.3.6	用特定载体传承文化	
W6995.3.6.1	用特定语言传承特定文化	
W6995.3.6.1.1	用本民族语传承神谕	【满族】

W 编码	母题描述	关联项
W6995.3.6.2	用器物的图案传承文化	
W6995.3.6.2.1	祖先布洛陀用铜鼓上的图案向人传授文化	【壮族】
W6995.3.7	文化的综合型传承	
W6995.3.7.1	民俗文化传统	
W6995.3.7.2	仪式文化传统	
W6995.4	文化传承者	
W6995.4.1	文化传承者的产生	
W6995.4.2	文化传承者的特征	
W6995.4.3	特定的文化传承者	
W6995.4.3.1	首领是文化传承者	【关联】①
W6995.4.3.2	巫师是文化传承者	【关联】②
W6995.4.3.3	祭师是文化传承者（祭司是文化传承中）	[W6491.3.4.3] 祭师
W6995.4.3.4	歌手是文化传承者	[W6914.6] 歌的演唱者（歌唱者；歌手）
W6995.4.3.5	特定关系人是文化传承者	
W6995.4.3.5.1	长辈是文化传承者	
W6995.4.3.6	特定性别者是文化传承者	
W6995.4.3.7	外来者是文化传承者	
W6995.4.3.8	圣人传承文化	【中华民族】
W6995.4.3.9	其他特定的人是文化传承者	
W6995.5	文化传统的类型（文化传承的类型）	
W6995.5.1	文化大传统	【多民族】
W6995.5.2	文化小传统	【多民族】
W6995.6	文化认同	

① [W5030] 首领；[W5064] 首领有特定身份；[W6705.3.2.1] 首领教人语言；[W6931.1.1.3] 首领教人学会跳舞。

② [W6491.3.4.2] 巫祝；[W9120] 巫师；[W9144.4] 巫师能咏唱；[W9190.3] 巫师教占卜。

W 编码	母题描述	关联项
W6995.6.1	文化认同的产生	
W6995.6.2	文化认同的特征	
W6995.6.3	文化认同的方法	
W6995.6.3.1	中华文化认同	【中华民族】
W6995.6.4	文化认同的类型（文化认同的表现）	
W6995.6.4.1	中华文化认同	
W6995.6.4.1.1 *	“炎黄子孙”体现出中华文化认同	【中华民族】
W6995.6.5	文化认同研究	
W6995.6.5.1 *	华夏文明认同文化基因有玉石神话、天人合一神话、虹龙神话、天下观神话、圣人神话等 5 种神话观	【中华民族】
W6995.6.6	与文化认同有关的其他母题	
W6996	**文化的类型（文化类型；文化分类；文化分期）**①	
W6996.1	按文化产生的时代划分的文化类型	
W6996.1.1	石器文化（石器时代）	
W6996.1.1.1	石器文化的产生	
W6996.1.1.2	石器文化的特征	
W6996.1.1.2.1 *	石器时代的人处于神话式思维阶段	【多民族】
W6996.1.1.3	石器文化的分期	

① 文化的类型（文化类型；文化分类；文化分期），由于文化本身相互关联，博大精深，其界定具有复杂性和非体系性。直到目前人们对文化的分类也没有统一的说法，如百度百科把“文化类型”解释为“由于自然环境和生存方式差异，以及观念、信仰、兴趣、行为、习惯、智力发展方向和心理性格不同而形成的具有相似文化特征或文化素质的地理单元”。事实上，如何看待这些不同的维度，不同的人往往有很大差异。对此，本母题编目只能选择一些具有代表性的观点，做一点抛砖引玉式的描述。

W 编码	母题描述	关联项
W6996. 1. 1. 3. 1	旧石器时代	
W6996. 1. 1. 3. 2	新石器时代	
W6996. 1. 1. 3. 2. 1 *	新石器时代文化包括兴隆洼文化、赵宝沟文化、裴李岗文化、河姆渡文化、马家浜文化、大溪文化、仰韶文化等	【中华民族】
W6996. 1. 1. 4	与石器文化有关的其他母题	
W6996. 1. 2	玉器文化（玉器时代；玉文化）	
W6996. 1. 2. 1	玉器文化的产生	
W6996. 1. 2. 1. 1 *	玉文化产生早于文字、城市、青铜器	【中华民族】
W6996. 1. 2. 2	玉器文化的特征	
W6996. 1. 2. 3	玉器文化的分期	
W6996. 1. 2. 3. 1	玉器时代第一期	
W6996. 1. 2. 3. 2	玉器时代第二期	
W6996. 1. 2. 3. 3	玉器时代第三期	
W6996. 1. 2. 3. 3. 1 *	玉器时代第三期以玉圭、玉璋、玉璧、玉璜、玉柄形器为主要种类	【中华民族】
W6996. 1. 2. 4	与玉器文化有关的其他母题	
W6996. 1. 2. 4. 1	玉文化交流（玉器流通）	
W6996. 1. 2. 4. 1. 1 *	玉之路先于丝绸之路 2000 年	【中华民族】
W6996. 1. 3	陶器文化（陶器时代）	［W6073. 1. 1］制陶（陶艺；陶器）
W6996. 1. 3. 1	陶器文化的产生	
W6996. 1. 3. 2	陶器文化的特征	［W6073. 1. 1. 3］制陶的方法（制陶方法；制陶的情形）
W6996. 1. 3. 3	陶器文化的分期	
W6996. 1. 3. 4	与陶器文化有关的其他母题	
W6996. 1. 4	青铜文化（青铜时代）	［W6093. 4］青铜器

W 编码	母题描述	关联项
W6996.1.4.1	青铜文化的产生	
W6996.1.4.1.1 *	青铜时代的兴起距今约 4000 至 3000 年	【中华民族】
W6996.1.4.2	青铜文化的特征	
W6996.1.4.3	青铜文化的分期	
W6996.1.4.4	与青铜文化有关的其他母题	［W6076.5.2.5.1］蚩尤炼青铜
W6996.1.4.4.1 *	玉器时代的终结期与青铜时代的兴起相互重叠	【中华民族】
W6996.1.5	铁器文化（铁器时代）	【关联】①
W6996.1.5.1	铁器文化的产生	［W6076.6.1］炼铁的产生
W6996.1.5.2	铁器文化的特征	［W6076.6.3］炼铁的方法（炼铁的情形；炼铁的过程）
W6996.1.5.3	铁器文化的分期	
W6996.1.5.4	与铁器文化有关的其他母题	
W6996.1.6	按文化所处的时代命名文化	
W6996.1.6.1 *	夏文化	【中华民族】
W6996.1.7	其他特定时代的文化	
W6996.1.7.1 *	铜石并用时代	【中华民族】
W6996.1.7.2	金属时代	［W6076］冶炼（金属冶炼的产生）
W6996.1.7.2.1 *	在金属时代之前有一个“黄帝之时以玉为兵”的时代	【中华民族】
W6996.2	按文化的产生渠道划分文化（按文化来源划分文化类型）	
W6996.2.1	传统文化	
W6996.2.1.1	中国传统文化	［W6981.2.3.5.1］中华文明（中国文明）
W6996.2.1.1.1	中国传统文化的产生（中国传统文化的形成）	

① ［W6076.6］炼铁（制铁）；［W6093.5］铁器（铁制工具；铁制农具）。

W 编码	母题描述	关联项
W6996.2.1.1.2	中国传统文化的特征	
W6996.2.1.1.2.1 *	中国传统文化的一个特征是崇尚大一统	【中华民族】
W6996.2.2	外来文化	
W6996.3	按文化主体划分的文化类型（按文的内容划分文化类型）	
W6996.3.1	以特定人物名称命名文化	
W6996.3.1.1	盘古文化	【民族，关联】①
W6996.3.1.2	伏羲文化	【民族，关联】②
W6996.3.1.3	女娲文化	【民族，关联】③
W6996.3.1.4	神农文化	【民族，关联】④
W6996.3.1.5	炎帝文化	【中华民族】@［W0742］炎帝
W6996.3.1.5.0	炎帝文化的产生	
W6996.3.1.5.0.1 *	炎帝文化最早诞生于湖南	【中华民族】
W6996.3.1.5.1 *	炎帝文化是中华优秀国学文化	【汉族】
W6996.3.1.5.2 *	炎帝文化是农耕文化	【中华民族】
W6996.3.1.5.3 *	炎帝神农氏时代的文化	
W6996.3.1.5.3.1 *	炎帝神农氏时代的和谐文化包括物我和谐、人伦和谐、礼乐和谐和身心和谐	【中华民族】@［W6998.1.1a.2.2 *］炎黄文化催生和合文化
W6996.3.1.6	黄帝文化	【民族，关联】⑤
W6996.3.1.6.1 *	黄帝文化是游牧文化	【中华民族】
W6996.3.1.7	尧舜文化	【民族，关联】⑥
W6996.3.1.8	禹文化	【中华民族】@［W0751］禹（大禹）

① 【中华民族】@［W0720］盘古；［W0723.2.1］盘古是人的始祖；［W6004.2.1］盘古发明特定文化。
② 【中华民族】@［W0675］伏羲；［W0681.3］伏羲是人祖；［W6004.2.2.1］伏羲发明多种文化。
③ 【中华民族】@［W0710］女娲；［W0713.7］女娲是人祖；［W6004.2.3］女娲发明特定文化。
④ 【中华民族】@［W0731］神农；［W6004.2.4］神农发明特定文化。
⑤ 【中华民族】@［W0690］黄帝；［W0697.7］黄帝是发明者。
⑥ 【中华民族】@［W0747］尧；［W0739］舜。

W 编码	母题描述	关联项
W6996.3.1.9	其他以人名命名的文化	
W6996.3.2	孝文化（孝道文化）	［W6977.8］孝悌（孝敬；孝顺；尊老；敬老）
W6996.3.3	始祖文化	［W0640］祖先
W6996.3.4	乡村文化	
W6996.3.5	民间文化	
W6996.3.5.1	民间文化的产生	
W6996.3.5.2	民间文化的特征	
W6996.3.5.3	特定的民间文化	【关联】①
W6996.3.5.3.1	阴阳五行	
W6996.3.5.3.1.1	阴阳	［W4755］阴阳的产生
W6996.3.5.3.1.1.1	娲娘还教人懂得阴阳	【汉族】
W6996.3.5.3.1.2	五行	【关联】②
W6996.3.6	官方文化	
W6996.3.7	社区文化	
W6996.3.8	性文化	【关联】③
W6996.3.8.1	性文化源于生活	【佤族】
W6996.4	按文化形态划分的文化类型	
W6996.4.1	物质文化（生产文化；显性文化）④	［W6008.8.1］物质文化（有形文化）
W6996.4.2	非物质文化（精神文化）⑤	［W6008.8.2］非物质文化（无形文化）
W6996.5	按文化行业归属划分文化	
W6996.5.1	农业文化	［W6008.2.3］农耕文化

① ［W6770］神话；［W6790］传说（传说的产生）；［W6995.3.1.4.1］口头说唱（民间讲唱）。

② ［W4768］五行；［W6911.9.4.1.2］伏羲按照五行定律音。

③ ［W6901.2.2.3.3］性爱知识；［W7130］性爱。

④ 物质文化（生产文化；显性文化），这类文化一般是可以直接感知的文化，由物化的知识力量构成，是人物质生产活动及其产品的总和，具有物质实体或可感知性。如人类创造的物质文明，包括交通工具、服饰、日常用品等。

⑤ 非物质文化（精神文化），又称“非物质文化遗产”“精神财富”等，其内容非常庞杂，一般认为可以包括宗教、信仰、风俗习惯、道德情操、学术思想、文学艺术、科学技术、各种制度等。

W 编码	母题描述	关联项
W6996.5.1.1	稻作文化	
W6996.5.1.2	粟作文化	
W6996.5.1.2.1 *	粟作文化的开创者是包括姜炎部族在内的北方先民	【中华民族】
W6996.5.2	游牧文化	［W6075］放牧（游牧；畜牧）
W6996.5.3	商业文化	
W6996.5.3.1	商业文化的产生	
W6996.5.3.1.1	女始祖密洛陀造街市百货	【瑶族】
W6996.5.3.2	商业文化的特征	
W6996.5.3.3	特定的商业文化	
W6996.5.3.4	与商业文化有关的其他母题	
W6996.5.3.4.1	钱币文化	
W6996.5.3.4.1.1	伏羲时，棘币外圆法天，内方法地，以益轻重，以通有亡	【中华民族】
W6996.6	按文化的结构划分文化类型	
W6996.6.1	物态文化	
W6996.6.2	制度文化	
W6996.6.2.1	制度文化的产生	
W6996.6.2.1.1	盘古立规矩	［W0723.4］盘古是特定的管理者
W6996.6.2.1.2	女娲定规矩	【汉族】
W6996.6.2.1.3	上帝让祭司密阿叠立典章，设律科	【彝族】
W6996.6.2.2	制度文化的特征	
W6996.6.2.2.1	制度文化与时俱进	【汉族】
W6996.6.2.3	与制度文化有关的其他母题	
W6996.6.3	行为文化	［W6521］行为禁忌（生活禁忌；特定事件中的禁忌；处理特定事务中的禁忌）

W 编码	母题描述	关联项
W6996.6.4	心态文化	
W6996.7	按文化的性质划分文化类型	
W6996.7.1	雅文化	
W6996.7.2	俗文化（通俗文化）	
W6996.7.3	礼乐文化	［W6911.2］音乐使人懂礼仪（礼乐治国）
W6996.7.3.1＊	礼乐文化源于借助玉或玉礼器实现天人沟通、神人沟通	【中华民族】
W6996.8	文化的其他划分方式	
W6996.8.1	按文化的逻辑层次互粉文化类型	
W6996.8.1.1	高级文化①	
W6996.8.1.2	大众文化②	
W6996.8.1.3	深层文化③	
W6996.8.2	按文化的特定对象划分文化（按文化的主体命名文化）	
W6996.8.2.1	龙虎文化	【关联】④
W6996.8.2.1.1＊	中华民族龙虎文化始自远古女娲、伏羲	【中华民族】
W6996.8.2.2	龙凤文化	【关联】⑤
W6996.8.2.2.1	龙凤文化的产生	
W6996.8.2.2.2	龙凤文化的特征	
W6996.8.2.2.3	特定的龙凤文化	
W6996.8.2.2.4	与龙凤文化有关的其他母题	

① 高级文化，主要指哲学、文学、艺术、宗教等，是意识形态中有意识创作的产物。

② 大众文化，主要指习俗、仪式以及包括衣、食、住、行、人际交往、人际关系等方面的生活方式。

③ 深层文化，主要指价值观的美丑定义，时间取向、生活节奏、解决问题的方式以及与性别、阶层、职业、亲属关系相关的个人角色。深层文化的某一概念可以以一种习俗或生活方式反映在大众文化中，以一种艺术形式或文学主题反映在高级文化中。

④ ［W6385］虎崇拜；［W6398.1］龙崇拜。

⑤ ［W6398.1］龙崇拜；［W6398.2］凤凰崇拜。

W 编码	母题描述	关联项
W6996.8.2.2.4.1 *	菏泽牡丹区胡集镇集中了中华龙凤文化、伏羲、炎帝、颛顼、帝尧、帝舜、帝禹	【汉族】
W6996.8.3	按文化的特定形式划分文化	
W6996.8.3.1	傩文化	【关联】①
W6996.8.3.1.1 *	“傩文化”实质是“鬼神文化”	【南方民族】
W6996.8.4	按文化产生的地点划分文化（按文化所属地域命名文化）	
W6996.8.4.1	中华文化	【中华民族】@［W6995.6.4.1］中华文化认同
W6996.8.4.1.1 *	黄帝是中华文化的重要创造者	【中华民族】
W6996.8.4.2	中原文化	【中华民族】
W6996.8.4.2.1 *	中原文化传统始于黄帝	【中华民族】
W6996.8.4.2.2 *	黄河中原文化经历几千年成为中华民族文化的正尊	【中华民族】
W6996.8.4.2.3 *	中原文化具有包容性	
W6996.8.4.2.3.1 *	中原文化融入许多黄河流域以外的氏族部落和宗族的传说以各种不同的文化形式	【中华民族】
W6996.8.4.3	黄河文化	【中华民族】
W6996.8.4.4	泰山文化	【中华民族】
W6996.8.4.5	巴蜀文化	
W6996.8.4.5.1 *	巴蜀文化是与黄帝文化有着千丝万缕联系的复合型文化	【中华民族】
W6996.8.4.5.2 *	巴文化	
W6996.8.4.5.2.1 *	巴文化是华夏文化的重要来源	【中华民族】
W6996.8.5	以考古地点命名文化	

① ［W0146］傩公傩母；［W6931.3.0a.6］傩舞；［W6932.3.1.1］傩戏（傩堂戏）。

W 编码	母题描述	关联项
W6996.8.5.1	仰韶文化	【中华民族】@［W6981.2.3.5.3.5.1.1＊］黄帝文明是龙山文化、良渚文化与仰韶文化、屈家岭文化共同融汇而成的文明
W6996.8.5.1.1＊	仰韶文化继承了黄帝族和炎帝族文化	【中华民族】
W6996.8.5.1.2＊	仰韶文化距今约7000—5500年	【中华民族】
W6996.8.5.1.3＊	仰韶文化遍及整个黄土高原	【中华民族】
W6996.8.5.2	龙虬文化	【中华民族】
W6996.8.5.3	河姆渡文化	【中华民族】
W6996.8.5.4	半坡文化	【中华民族】
W6996.8.5.5	大汶口文化	【中华民族】
W6996.8.5.6	良渚文化	【中华民族】
W6996.8.5.7	三星堆文化	【中华民族】
W6996.8.5.8	龙山文化	【中华民族】
W6996.8.5.9	其他特定的考古文化	
W6996.8.5.9.1	二里头文化	【中华民族】
W6996.8.5.9.2	楼兰文化	【中华民族】
W6996.8.5.9.3	二里岗文化	【中华民族】
W6996.8.5.9.4	殷墟文化	【中华民族】
W6996.8.6	按文化研究者身份划分文化	
W6996.8.6.1	学者文化	
W6996.8.7	按文化事件的目的划分文化	
W6996.8.7.1	寻根文化	
W6996.8.7.1.1	寻根山西洪洞大槐树	【汉族】
W6996.9	与文化类型有关的其题目	
W6997	**文化的发展（文化的演变；常见文化活动）**	

W 编码	母题描述	关联项
W6997.1	文化交流	
W6997.1.1	文化交流的产生	
W6997.1.2	文化交流的特征	
W6997.1.3	文化交流的方法（文化交流渠道）	
W6997.1.3.1	通过特定物实现文化交流	
W6997.1.3.1.1 *	中原与巴蜀、青海、新疆等地的文化交流在丝绸之路兴起之前就存在玉石之路	【中华民族】
W6997.1.3.2 *	炎帝部落和黄帝部落之间的征战、迁移、融合促进两个部落文化的交流	【中华民族】
W6997.1.4	文化交流的结果	
W6997.2	文化交往	
W6997.2.1	文化交往的产生	
W6997.2.2	文化交往的特征	
W6997.2.3	文化交往的方法	
W6997.3	文化融合	
W6997.3.1	文化融合的产生	［W5781］民族的融合
W6997.3.2	文化融合的特征	
W6997.3.2.1 *	文化融合增活力	
W6997.3.2.1.1 *	蚩尤文化给已经衰微的炎帝文化注入新的活力	【中华民族】
W6997.3.3	文化融合的方法	
W6997.3.3.1	通过联姻实现文化融合	
W6997.3.3.1.1 *	姜炎族与姬周族联姻后文化上逐渐融合起来	【中华民族】
W6997.3.3.1.2 *	姜炎部族通婚使姬黄文化与姜炎文化的进一步交融	【中华民族】
W6997.3.4	文化融合的结果	［W6995.6］文化认同

W 编码	母题描述	关联项
W6997.3.4.1 *	两者文化融合形成新文化	
W6997.3.4.1.1 *	姬黄文化与姜炎文化交融产生了更为先进的农耕文化—先周文化	【中华民族】
W6997.3.4.2 *	两者文化融合后原文化被取代	
W6997.3.4.2.1 *	姬黄文化与姜炎文化交融产生先周文化后，姜炎文化被先周文化取代	【中华民族】
W6997.3.5	特定的文化融合	
W6997.3.5.1 *	炎黄文化的融合	【中华民族】
W6997.3.5.2 *	蚩尤文化与炎帝文化的融合	【中华民族】
W6998	**文化研究**	
W6998.1	文化观念研究（文化概念研究）	
W6998.1.1	华夏文化	[W6981.2.3.5.3] 华夏文明
W6998.1.1.0	华夏文化的界定	
W6998.1.1.0.1 *	华夏族、华夏文化指炎黄二帝部族和文化	【中华民族】
W6998.1.1.1	华夏文化的产生	[W6996.8.4.5.2.1 *] 巴文化是华夏文化的重要来源
W6998.1.1.1.1	华夏文化源头在中原腹地	
W6998.1.1.1.1.1	伏羲文化活动中心之一的淮阳的口承神话中证明华夏文化源头在中原腹地	【汉族】
W6998.1.1.1.2	华夏文化源于渭水流域	
W6998.1.1.1.2.1 *	陕西宝鸡地区是华夏文化的孕育地	【中华民族】
W6998.1.1.2	华夏文化的特征	
W6998.1.1.3	与华夏文化有关的其他母题	【关联】①
W6998.1.1a	炎黄文化	

① [W6998.1.1a.4 *] 炎黄文化即早期华夏文化；[W6998.1.1a.5 *] 炎黄文化是早期华夏文化的代称。

W 编码	母题描述	关联项
W6998.1.1a.1	炎黄文化的产生	[W6997.3.5.1 *] 炎黄文化的融合
W6998.1.1a.1.1 *	炎黄文化的时间	
W6998.1.1a.1.1.1 *	炎黄文化距今约7000—5500年	【中华民族】
W6998.1.1a.1.1.2 *	炎黄文化已有八千多年的历史	【中华民族】
W6998.1.1a.1.2 *	炎黄文化的起源地	
W6998.1.1a.1.2.1 *	炎黄文化的源头在渭水中游	【中华民族】
W6998.1.1a.1.2.2 *	炎黄文化的形成在中原	【中华民族】
W6998.1.1a.1.3 *	炎黄文化是古典时期以亲缘关系作为基础的社会关系得以形成的人文因素	【中华民族】
W6998.1.1a.2	炎黄文化的特征	
W6998.1.1a.2.1 *	炎黄文化是东亚人陆特有的农业型文化	【中华民族】
W6998.1.1a.2.2 *	炎黄文化催生和合文化	【中华民族】
W6998.1.1a.2.3 *	炎黄文化是中华民族历史文化的主干	【中华民族】
W6998.1.1a.2.3a *	炎黄文化是中国文化的源头	【中华民族】
W6998.1.1a.2.4 *	炎黄文化是古典时期以亲缘关系为基础的社会关系得以形成的重要的人文因素	【中华民族】
W6998.1.1a.2.5	炎黄文化的共同体意识	
W6998.1.1a.2.5.1 *	大一统观念萌芽于炎黄时代	
W6998.1.1a.2.5.1.1 *	大一统观念萌芽于炎黄时代，初步形成于周代，最终确立于秦汉时期	【中华民族】
W6998.1.1a.2.5.2 *	炎黄文化是中华民族的向心合力源远流长的最好证明	【中华民族】
W6998.1.1a.2.5.3 *	炎黄文化是汉族和许多少数民族以及国外一些民族的共同历史文化之根	【中华民族】

W 编码	母题描述	关联项
W6998.1.1a.3＊	炎黄文化可能与黄土崇拜有关	【中华民族】
W6998.1.1a.4＊	炎黄文化即早期华夏文化	【中华民族】
W6998.1.1a.5＊	炎黄文化是早期华夏文化的代称	【中华民族】
W6998.1.1a.6＊	炎黄文化是勤劳、智慧、创造、进取的民族融合体的代称	【中华民族】
W6998.1.1a.7＊	华夏族占据中原后向四方征伐，炎黄文化向四方传播	【中华民族】
W6998.1.1a.7.1＊	炎黄文化遍及整个黄土高原	【中华民族】
W6998.1.1a.8＊	炎黄文化与炎黄祭祀密切相关	【中华民族】
W6998.1.1a.9	与炎黄文化有关的其他母题	
W6998.1.1a.9.1＊	狭义的炎黄文化指上古时代由古史传说中的炎帝和黄帝所创造的文化	【中华民族】
W6998.1.1a.9.2＊	广义的炎黄文化指战国秦汉以来中华民族的文化	【中华民族】
W6998.1.1a.9.3＊	华夏文化是指炎黄二帝的文化	【中华民族】
W6998.1.1a.9.4＊	炎黄文化是中国文化的源头	【中华民族】
W6998.1.1a.9.5	炎黄文化的标志	
W6998.1.1a.9.5.1＊	大河村遗址出土的仰韶文化时期双连壶正是炎黄文化的代表符号	【中华民族】
W6998.1.1a.9.6＊	炎黄文化与东夷文化、苗蛮文化齐名	【中华民族】
W6998.1.1a.9.7	炎黄文化的传播	
W6998.1.1a.9.7.1＊	华夏族占据中原后向四方征伐，炎黄文化向四方传播	【中华民族】
W6998.1.2	文化遗产	［W6995］文化传统（文化的传承）
W6998.1.3	文化符号	
W6998.1.3.1	文化符号的产生	
W6998.1.3.2	文化符号的特征	

W 编码	母题描述	关联项
W6998. 1. 3. 3	特定的文化符号	［W6811. 7. 3 *］符号记事
W6998. 1. 3. 3. 1	特定名称作为文化符号	
W6998. 1. 3. 3. 2	特定物作为文化符号	
W6998. 1. 3. 3. 2. 1	龙作为文化符号	
W6998. 1. 3. 3. 2. 2	凤作为文化符号	
W6998. 1. 3. 3. 2. 3	特定颜色的物作为文化符号	
W6998. 1. 3. 3. 2. 3. 1	挂红布表示生育女孩	【锡伯族】
W6998. 1. 3. 3. 3	特定事物作为文化符号（特定行为作为文化符号）	
W6998. 1. 3. 3. 4	文化祖先名称作为文化符号	
W6998. 1. 3. 3. 4. 1 *	炎黄子孙作为文化符号	【中华民族】
W6998. 1. 3. 4	与符号有关的其他母题	［W9240］象征物
W6998. 1. 4	文化原型（原型）	
W6998. 1. 4. 1	原型的产生	
W6998. 1. 4. 2	原型的特征（原型的功能）	
W6998. 1. 4. 2. 1 *	原型具有古老性（原型具有初始性）	
W6998. 1. 4. 2. 2 *	一个神话形象可能有多个原型	【多民族】
W6998. 1. 4. 3	原型的应用	
W6998. 1. 4. 3. 1	许多文物可找到上古原型	【中华民族】
W6998. 1. 4. 4	特定的原型	
W6998. 1. 4. 5	与文化原型有关的其他母题	
W6998. 1. 5	文化母题（母题）	
W6998. 1. 5. 1	母题的产生	
W6998. 1. 5. 2	母题的特征	
W6998. 1. 5. 2. 1 *	母题是分析单位	【各民族】
W6998. 1. 5. 2. 2 *	母题是文化测量工具	【各民族】
W6998. 1. 5. 3	母题的应用	

W 编码	母题描述	关联项
W6998.1.5.4	母题的类型（特定的母题）	
W6998.1.5.5	与母题有关的其他问题	
W6998.2	文化功能研究	［W6767］文学的功能
W6998.3	文化现象研究	
W6998.3a	文化溯源研究	
W6998.3a.1 *	中华民族龙虎文化溯源	【中华民族】
W6998.4	与文化研究有关的其他母题	
W6998.4.1	思考（思考能力）	
W6998.4.1.1	安拉赋予人思考的能力	【塔吉克族】
W6998.4.2	分析（分析能力）	
W6998.4.3	逻辑	
W6998.4.3.1	归纳（归纳能力）	
W6999	**与文化有关的其他母题**	
W6999.0	文化自信	
W6999.0.1	文化自信的产生	
W6999.0.2	文化自信的特征（文化自信的功能）	
W6999.0.2.1	文化自信是力量	
W6999.0.2.1.1 *	文化自信是更基本、更深沉、更持久的力量	【中华民族】
W6999.0.3	与文化自信有关的其他母题	
W6999.1	文化的管理	
W6999.1.1	文化的管理者	
W6999.1.1.1	魁星主文	【汉族】
W6999.2	旗帜（旆；旗帜文化）	
W6999.2.1	旗帜的产生	
W6999.2.1.1	特定人物赐旗	
W6999.2.1.1.1	金母给黄帝赤旆	【汉族】

W 编码	母题描述	关联项
W6999.2.1.2	特定人物造旗（特定人物发明旗）	
W6999.2.1.2.1	黄帝作旃	【汉族】
W6999.2.2	旗帜的特征（旗帜的功能）	
W6999.2.2.1	旗帜上的特定图案	
W6999.2.2.1.1	周武王伐纣渡河时有大蜂状如丹鸟飞集王舟，因以鸟画其旗	【汉族】
W6999.2.2.1.2	挂绣有狼头的旗帜	【维吾尔族】
W6999.2.2.1.3	炎帝发明旗上图案	【回族】
W6999.2.2.1.4	黄帝把夔的形象画在战旗上	【中华民族】
W6999.2.2.1.5	熊虎为旗	【中华民族】
W6999.2.2a	旗帜的使用	
W6999.2.2a.1	旗帜的悬挂	
W6999.2.2a.1.1	旗帜悬挂在官方的地方	【中华民族】
W6999.2.2a.1.2	旗帜悬挂在建筑物的高处	【中华民族】
W6999.2.3	特定的旗帜（旗的类型）	
W6999.2.3.1	龙旗	
W6999.2.3.2	凤旗	
W6999.2.3.3	蚩尤旗	
W6999.2.3.3.1	黄帝把蚩尤的形象画上旗帜做的蚩尤旗用以辟邪驱祟	【汉族】
W6999.2.4	旗帜文化	
W6999.2.4.1	东方之旗以日	【中华民族】
W6999.2.4.2	西方之旗以月	【中华民族】
W6999.2.4.3	南方之旗以蛇	【中华民族】
W6999.2.4.4	中正之旗以熊	【中华民族】
W6999.2.4.5	北方之旗以鸟	【中华民族】
W6999.2.4.5a	北方法玄蛇，曰旗	【中华民族】
W6999.2.5	与旗帜有关的其他母题	

W 编码	母题描述	关联项
W6999.2.5.1	旗号	
W6999.2.5.1.1	禹然后始为旗号	【中华民族】
W6999.3	常见的文化观念（常见的传统观念）	
W6999.3.1	天人合一观（天人相应观）	［W2938.3.1］天人相合
W6999.3.1.1	天有九重，人亦有九窍	【汉族】
W6999.3.2	真理	
W6999.3.2.1	真理源于特定地方	
W6999.3.2.2	特定人物传授真理	
W6999.3.2.2.1	神传真理	
W6999.3.2.2.1.1	元始天尊神传真理	【汉族】
W6999.3.3	道理（道；规律）	［W6976.6.1］人向神学习做人的道理
W6999.3.3.1	道理的产生	【壮族】@［W4631.2］文化始祖制定万物生存规律
W6999.3.3.1.1	道理源于特定地方	［W4852.1］神掌握天地规律
W6999.3.3.1.2	特定人物发明道理（特定人物传授道理）	［W4853.1］帝王掌握天地规律
W6999.3.3.1.2.1	天神创造道理	【哈尼族】
W6999.3.3.1.2.2	伏羲教人讲道理	【畲族】
W6999.3.3.1.3	问道	
W6999.3.3.1.3.1	黄帝问宁封龙蹻飞行之道	【汉族】
W6999.3.3.2	道理的特征	
W6999.3.3.3	特定的道理（特定的规律）	
W6999.3.3.3.1	中庸之道	
W6999.3.3.3.2	对立统一（矛盾；辩证；主客关系）	
W6999.3.4	家国观	［W5830］国家

W 编码	母题描述	关联项
W6999.3.5	婚姻观	
W6999.3.5.1	婚姻须门当户对	【汉族】
W6999.3.6	相克（相冲）	［W6994.5］生肖相克（相克的生肖；相克的属相）
W6999.3.6.1	特定时间与特定人物相冲	【彝族】
W6999.3.6.2	岁位相克	
W6999.3.6.2.1	岁位冲撞会生鬼	【彝族】
W6999.3.6.3	生辰八字相克	
W6999.3.6.4	特定人物间相克	
W6999.3.6.4.1	婴儿与父母兄弟相克	【布依族】
W6999.4	记忆（文化记忆）	
W6999.4.1	记忆的产生（文化记忆的来历）	
W6999.4.1.1	特定人物教人记忆	
W6999.4.1.1.1	老人教伏羲女娲兄妹放一根柴火留作记号	【汉族】
W6999.4.2	文化记忆的特征	
W6999.4.3	记忆的功能（文化记忆的功能）	
W6999.4.4	记忆的方法	
W6999.4.4.1	通过特定方法记忆	［W6739.1］文字的记忆（记忆文字）
W6999.4.4.1.1	借特定物记忆（以特定物记事）	
W6999.4.4.1.1.1	仓颉在绳子上打圈圈，在圈子里挂上各式各样的贝壳，来记忆所管的东西	【汉族】
W6999.4.4.2	唤醒记忆	
W6999.4.4.2.1	通过特定物唤醒记忆	
W6999.4.4.2.1.1	宝镜让人恢复记忆	【东乡族】
W6999.4.4.2.2	通过特定事件唤醒记忆	
W6999.4.5	特定的记忆（特定的文化记忆）	

W 编码	母题描述	关联项
W6999.4.6	与记忆有关的其他母题	
W6999.4.6.1	档案	
W6999.4.6.1.1	阎王的神簿	【汉族】
W6999.4.6.2	记性	
W6999.4.6.2.1	记性差	
W6999.4.6.2.1.1	地藏王记性孬	【汉族】
W6999.5	纪念（文化纪念）	
W6999.5.1	纪念的原因	
W6999.5.1.1	为感恩纪念	【汉族】
W6999.5.1.2	纪念特定事件	
W6999.5.1.2.1	纪念关公显灵	【汉族】
W6999.5.1.2.2	纪念特定历史事件	【蒙古族】
W6999.5.1.3	纪念有功者	【汉族】
W6999.5.2	纪念的特征（纪念的功能）	
W6999.5.3	纪念的方法（纪念的形式）	
W6999.5.3.1	立碑纪念（纪念碑）	
W6999.5.3.1.1	立石碑纪念成功	【纳西族】
W6999.5.3.1.2	建庙竖碑纪念	
W6999.5.3.1.2.1	皇帝建庙竖碑纪念被误杀的渔民	【汉族】
W6999.5.3.1.3	舜帝庙中立大石碑纪念舜在此教民烧制陶器	【汉族】
W6999.5.3.1.4	立碑纪念关公	【汉族】
W6999.5.3.1.5	立碑的方法	
W6999.5.3.1.5.1	立碑用特定的碑座	
W6999.5.3.1.5.1.1	因乌龟偷偷来文字碑，后人立石碑常用石龟做底座	【汉族】
W6999.5.3.2	立牌位纪念	
W6999.5.3.2.1	织布机上敬着嫘祖的牌位以示纪念	【汉族】

W 编码	母题描述	关联项
W6999.5.3.3	通过冠名纪念	
W6999.5.3.3.1	为纪念仓颉把他造字的高台取名“凤凰衔书台”	【汉族】
W6999.5.3.4	演唱时纪念	
W6999.5.3.4.1	唱歌开头唱特定人名表示纪念	【基诺族】
W6999.5.3.5	通过仪式纪念	
W6999.5.3.5.1	以特定的仪式歌纪念特定人物	【东乡族】
W6999.5.3.6	通过塑像纪念	
W6999.5.3.6.1	盖庙塑像纪念仓颉造字之功	【汉族】

附录 1

《中国神话母题 W 编目》10 大类型简目[①]

0 神与神性人物（代码 W0000 ~ W0999）

0.1 神的概述（W0000 ~ W0179）

0.1.1 神的产生（W0000 ~ W0059）

0.1.2 神的特征（W0060 ~ W0089）

0.1.3 神的生活（W0090 ~ W0119）

0.1.4 神的地位与性质（W0120 ~ W0129）

0.1.5 神的能力（W0130 ~ W0134）

0.1.6 神的工具与武器（W0135 ~ W0139）

0.1.7 神的关系（W0140 ~ W0174）

0.1.8 神的寿命与死亡（W0175 ~ W0179）

0.2 与方位相关的神（W0180 ~ W0269）

0.2.1 天神（W0180 ~ W0229）

0.2.2 地神（W0230 ~ W0239）

0.2.3 冥神（W0240 ~ W0249）

0.2.4 其他方位神（W0250 ~ W0269）

0.3 与自然现象（物）有关的神（W0270 ~ W0419）

0.3.1 日月星辰神（W0270 ~ W0289）

0.3.2 与天气有关的神（W0290 ~ W0389）

0.3.3 与自然物有关的神（W0390 ~ W0419）

0.4 与职能、行业相关的神（W0420 ~ W0499）

0.4.1 创造神与破坏神（W0420 ~ W0429）

0.4.2 与管理或保护有关的神（W0430 ~ W0449）

0.4.3 与功能或行业有关的神（W0450 ~ W0499）

---

① 本简目中只列举了《中国神话母题 W 编目》10 大类型中的基本母题类型。借此可以帮助读者了解本书"中华传统文化母题（W6）数据目录（代码 W6000 ~ W6999）"之外其他 9 个母题类型及编目范围，以便于关联母题及母题实例的查找和对叙事结构的总体认知。该 10 种类型的三级母题详目常见《中国神话母题 W 编目》（中国社会科学出版社 2013 年版）。该编目母题三个层级的母题数量总数为 33469 个，其中，一级母题 3398 个，二级母题 13832，三级母题 15468 个。其中人类起源神话母题总数为 3357 个，包括一级母题 421 个，二级母题 1488，三级母题 1448 个。在此后的 10 大类型的"实例与索引"创作过程中，对原来《中国神话母题 W 编目》（2013 年版）进行了全面修订，增加为 4 个母题层级，母题总数量为 130000 余个，其中文化母题编码数量由原书中的 3336 个扩展为 58712 个。

0.5 与具体的物相关的神（W0500 ~ W0559）

0.5.1 动物神（W0500 ~ W0539）

0.5.2 植物神（W0540 ~ W0549）

0.5.3 无生命物神（W0550 ~ W0599）

0.6 神性人物（W0560 ~ W0769）

0.6.1 文化英雄（W0560 ~ W0629）

0.6.2 半神半人与合体神（W0630 ~ W0639）

0.6.3 祖先（祖先神、始祖神）（W0640 ~ W0659）

0.6.4 巨人（W0660 ~ W0669）

0.6.5 常见的典型神性人物（W0670 ~ W0769）

0.7 与民间信仰相关的神或神性人物（W0770 ~ W0829）

0.7.1 常见民间信仰中的神或神性人物（W0770 ~ W0784）

0.7.2 一般民间信仰中的神或神性人物（W0785 ~ W0799）

0.7.3 仙人（神仙）（W0800 ~ W0829）

0.8 妖魔与怪物（W0830 ~ W0919）

0.8.1 妖魔（W0830 ~ W0854）

0.8.2 怪人、怪物（W0855 ~ W0869）

0.8.3 灵魂（鬼）（W0870 ~ W0919）

0.9 神或神性人物的其他母题（W0920 ~ W0999）

0.9.1 神物（W0920 ~ W0969）

0.9.2 与神或神性人物有关的其他母题（W0970 ~ W0999）

1 世界与自然物（代码 W1000 ~ W1999）

1.1 世界（宇宙）起源概说（W1000 ~ W1099）

1.1.1 世界的产生（W1000 ~ W1009）

1.1.2 世界的创造与创世者（W1010 ~ W1034）

1.1.3 世界最早的情形（W1035 ~ W1059）

1.1.4 世界的特征（W1060 ~ W1069）

1.1.5 三界及相关母题（W1070 ~ W1089）

1.1.6 与世界有关的其他母题（W1090 ~ W1099）

1.2 天地（W1090 ~ W1099）

1.2.1 天地的产生与特征（W1100 ~ W1129）

1.2.2 天的产生与特征（W1130 ~ W1169）

1.2.3 地的产生与特征（W1170 ~ W1269）

1.2.4 天地的合离与支撑（W1270 ~ W1359）

1.2.5 天地的修整（W1360 ~ W1399）

1.2.6 天地通（W1400 ~ W1424）

1.2.7 天梯与其他上天工具（W1425 ~ W1489）

1.2.8 与天地有关的其他母题（W1490 ~ W1499）

1.3 万物（W1500 ~ W1539）

1.3.1 万物的产生（W1500 ~ W1529）

1.3.2 万物的特征（W1530 ~ W1534）

1.3.3 与万物有关的母题（W1535 ~ W1539）

1.4 日月（W1540 ~ W1699）

1.4.1 日月的产生（W1540 ~ W1599）

1.4.2 日月的特征（W1600 ~ W1629）

1.4.3 日月的数量（W1630 ~ W1669）

1.4.4 日月的关系（W1670 ~ W1689）

1.4.5 与日月相关的其他母题（W1690 ~ W1699）

1.5 星辰（W1700 ~ W1779）

1.5.1 星星的产生（W1700 ~ W1729）

1.5.2 特定星星的产生（W1730 ~ W1754）

1.5.3 星星的特征（W1755 ~ W1769）

3 动物与植物（代码 W3000～W3999）

3.3.2 常见的鸟（W3330～W3384）

3.3.3 一般鸟类（W3385～W3399）

3.4 水中动物（W3400～W3449）

3.4.1 水中动物概说（W3400～W3409）

3.4.2 鱼、虾、蟹（W3410～W3439）

3.4.3 其他水中动物（W3440～W3449）

3.5 昆虫（W3450～W3499）

3.5.1 昆虫概说（W3450～W3459）

3.5.2 常见的昆虫（W3460～W3479）

3.5.3 一般昆虫（W3480～W3499）

3.6 两栖、爬行与其他动物（W3500～W3599）

3.6.1 两栖与爬行类动物概说（W3500～W3504）

3.6.2 常见的两栖与爬行类动物（W3505～W3549）

3.6.3 龙、凤类动物（W3550～W3594）

3.6.4 其他一些难以分类的动物（W3595～W3599）

3.7 植物概说（W3600～W3699）

3.7.1 植物的产生（W3600～W3639）

3.7.2 植物的特征及成因（W3640～W3684）

3.7.3 与植物相关的其他母题（W3685～W3699）

3.8 各类植物（W3700～W3899）

3.8.1 树木概说及常见的树木（W3700～W3799）

3.8.2 花草概说及常见的花草（W3800～W3839）

3.8.3 作物概说及常见的作物（W3840～W3879）

3.8.4 果蔬概说及常见的果蔬（W3880～W3899）

3.9 与植物相关的其他母题（W3900～3999）

3.9.1 种子（粮种）概说（W3900～W3949）

3.9.2 种子的获取（盗取）（W3950～W3999）

4 自然现象与自然秩序（代码 W4000～W4999）

4.1 自然现象概说（W4000～W4099）

4.1.1 一般自然现象（W4000～W4079）

4.1.2 神奇的自然现象（W4080～W4099）

4.2 与日月有关的自然现象（W4100～W4249）

4.2.1 与太阳相关的现象（W4100～W4124）

4.2.2 与月亮相关的现象（W4125～W4199）

4.2.3 与星星有关的现象（W4200～W4209）

4.2.4 日食月食与其他母题（W4210～W4249）

4.3 天气与其他自然现象（W4250～W4619）

4.3.1 天气现象概说（W4250～W4259）

4.3.2 风雨（W4260～W4374）

4.3.3 雷电（W4375～W4439）

4.3.4 云霞霓虹（W4440～W4509）

4.3.5 雪霜雾露等（W4510～W4559）

4.3.6 与天气相关的其他母题（W4560～W4569）

4.3.7 无具体形态的现象（W4570～W4619）

4.4 秩序与自然秩序概说（W4620～W4769）

4.4.1 秩序概说（W4620～W4634）

4.4.2 时间秩序（W4635～W4699）

4.4.3 空间秩序（W4700～W4754）

4.4.4 抽象的秩序（W4755～W4769）

4.5 季节（W4770～W4849）

4.5.1 季节的来历（W4770～W4799）

4.5.2 季节的管理（W4800～W4809）

4.5.3 二十四节气（W4810～W4839）

4.5.4 与季节有关的其他母题（W4840～W4849）

4.6 天体的秩序（W4850～W4969）

4.6.1 天地的秩序与管理（W4850～W4869）

4.6.2 日月的秩序（W4870～W4959）

4.6.3 与天体运行和秩序有关的其他母题（W4960～W4969）

4.7 与自然秩序有关的其他母题（W4970～W4999）

4.7.1 山川河流等的秩序与管理（W4970～W4979）

4.7.2 动物的秩序与管理（W4980～W4989）

4.7.3 植物的秩序与管理（W4990～W4999）

5 社会组织与社会秩序（代码 W5000～W5999）

5.1 社会秩序概说（W5000～W5084）

5.1.1 社会秩序的建立（W5000～W5029）

5.1.2 首领与首领的产生（W5030～W5074）

5.1.3 与社会秩序有关的其他母题（W5075～W5084）

5.2 家庭、村庄（W5085～W5249）

5.2.1 家庭的产生（W5085～W5094）

5.2.2 家庭与社会关系成员（W5095～W5199）

5.2.3 与家庭相关的其他母题（W5200～W5229）

5.2.4 村寨与城池（W5230～W5249）

5.3 氏族、部落（W5250～W5399）

5.3.1 氏族（W5250～W5299）

5.3.2 部落（W5300～W5359）

5.3.3 泛指的族体及有关母题（W5360～W5399）

5.4 民族（W5400～W5829）

5.4.1 民族的产生（W5400～W5459）

5.4.2 民族的识别（W5460～W5489）

5.4.3 民族的特征（W5490～W5539）

5.4.4 特定民族的产生与特征（W5540～W5729）

5.4.5 与民族有关的其他母题（W5730～W5829）

5.5 国家（W5830～W5959）

5.5.1 国家的产生（W5830～W5859）

5.5.2 国王与臣民（W5860～W5899）

5.5.3 与国家有关的其他母题（W5900～W5959）

5.6 与社会秩序相关的其他母题（W5960～W5999）

5.6.1 神界与动物界秩序（W5960～W5974）

5.6.2 契约与誓约（W5975～W5984）

5.6.3 律法与规则（W5985～W5999）

6　中华传统文化（代码 W6000 ~ W6999）

6.0　文化概说（W6000 ~ W6009）

6.0.1　文化概说（W6000 ~ W6009）

6.1　与生产有关的文化（W6010 ~ W6109）

6.1.1　采集（W6010 ~ W6014）

6.1.2　渔猎（W6015 ~ W6034）

6.1.3　耕种（农耕，农业）（W6035 ~ W6054）

6.1.4　饲养（W6055 ~ W6069）

6.1.5　手工制作（W6070 ~ W6074）

6.1.6　其他生产方式（W6075 ~ W6079）

6.1.7　生产工具（W6080 ~ W6094）

6.1.8　与生产有关的其他母题（W6095 ~ W6099）

6.2　与生活有关的文化（W6100 ~ W6279）

6.2.1　衣（衣服，服饰等）（W6100 ~ W6139）

6.2.2　食（饮食，食物，食品）（W6140 ~ W6159）

6.2.3　住（人的居所，住所）（W6160 ~ W6209）

6.2.4　行（人的出行，人的行走）（W6210 ~ W6229）

6.2.5　医药（医术）（W6230 ~ W6249）

6.2.6　特定生活用品（器物）（W6250 ~ W6259）

6.2.7　生活仪礼（礼节）（W6260 ~ W6269）

6.2.8　习惯（爱好）（W6270 ~ W6274）

6.2.9　与生活有关的其他文化现象（W6275 ~ W6279）

6.3　图腾与崇拜（W6280 ~ W6449）

6.3.1　图腾概说（W6280 ~ W6289）

6.3.2　常见的图腾物（W6290 ~ W6349）

6.3.3　与图腾有关的其他母题（W6250 ~ W6359）

6.3.4　崇拜的产生（W6360 ~ W6369）

6.3.5　常见的崇拜物（W6370 ~ W6434）

6.3.6　与崇拜有关的其他母题（W6435 ~ W6439）

6.3.7　与图腾崇拜有关的现象（W6440 ~ W6449）

6.4　民间文化（W6450 ~ W6549）

6.4.1　宗教文化概说（W6450 ~ W6459）

6.4.2　民间信仰概说（W6460 ~ W6464）

6.4.3　常见的民间信仰（W6465 ~ W6469）

6.4.4　庆典（W6470 ~ W6479）

6.4.5　祭祀（W6480 ~ W6509）

6.4.6　禁忌（W6510 ~ W6539）

6.4.7　娱乐（W6540 ~ W6544）

6.4.8　与民间文化有关的其他母题（W6545 ~ W6549）

6.5　习俗（风俗）（W6550 ~ W6699）

6.5.1　习俗的产生（W6550 ~ W6559）

6.5.2　生产习俗（W6560 ~ W6579）

6.5.3　生活习俗（W6580 ~ W6599）

6.5.4　节日习俗（W6600 ~ W6629）

6.5.5　生育习俗（W6630 ~ W6634）

6.5.6　成长习俗（养育习俗）（W6635 ~ W6639）

6.5.7　丧葬习俗（W6640 ~ W6689）

6.5.8　其他常见习俗（W6690 ~ W6694）

6.5.9　与习俗有关的其他母题（W6695 ~ W6699）

6.6 语言文字（文学）（W6700～W6819）

6.6.1 语言的产生（W6700～W6714）
6.6.2 语言的类型与特征（W6715～W6729）
6.6.3 文字的产生（W6730～W6739）
6.6.4 文字的特征与类型（W6740～W6759）
6.6.5 文学概说（W6760～W6769）
6.6.6 神话、史诗（诗歌）（W6770～W6789）
6.6.7 传说故事（童话；寓言）（W6790～W6799）
6.6.8 其他常见文类（W6800～W6809）
6.6.9 与语言文字有关的其他母题（W6810～W6819）

6.7 姓氏与命名（W6820～W6899）

6.7.1 姓氏的产生（W6820～W6829）
6.7.2 姓氏命名方法（姓氏划分方式）（W6830～W6839）
6.7.3 百家姓与姓氏数量（W6840～W6849）
6.7.4 姓氏特征（功能）与常见姓氏（W6850～W6854）
6.7.5 与姓氏有关的其他母题（W6855～W6859）
6.7.6 名称（姓名）与命名（W6860～W6869）
6.7.7 人的名字（人的姓名）（W6870～W6884）
6.7.8 其他常见的命名（W6885～W6894）
6.7.9 与姓氏、命名有关的其他母题（W6895～W6899）

6.8 其他常见的文化现象（W6900～W6949）

6.8.1 知识与智慧（W6900～W6904）
6.8.2 文具（W6905～W6909）
6.8.3 音乐（乐器）（W6910～W6919）
6.8.4 体育（舞蹈）（W6920～W6924）
6.8.5 美术（绘画、雕塑等）（W6925～W6929）
6.8.6 表演艺术（戏剧）（W6930～W6934）
6.8.7 游艺（游戏）（W6935～W6939）
6.8.8 其他常见的文化现象（W6940～W6944）
6.8.9 与文化现象有关的其他母题（W6945～W6949）

6.9 与文化有关的其他母题（W6950～W6999）

6.9.1 火的产生（火的发明，火的创造，火的获取）（W6950～W6959）
6.9.2 度量衡的发明（W6960～W6964）
6.9.3 其他代表性文化发明（W6965～W6969）
6.9.4 教育（文化教育）（W6970～W6974）
6.9.5 伦理道德（W6975～W6979）
6.9.6 观念信仰（W6980～W6984）
6.9.7 审美文化（W6985～W6989）
6.9.8 生肖文化（属相）（W6990～W6994）
6.9.9 与文化有关的其他母题（W6995～W6999）

7 婚姻与性爱（代码W7000～W7999）

7.1 婚姻概说（W7000～W7129）

7.1.1 婚姻的产生（W7000～W7019）
7.1.2 婚姻中的人物（W7020～W7049）
7.1.3 婚姻中的事件（W7050～W7099）
7.1.4 与婚姻有关的其他母题（W7100～W7129）

7.2 性爱（W7130～W7199）

7.2.1 性爱的产生（W7130～W7169）

7.2.2 性爱的特征与类型（W7170～W7184）

7.2.3 与性爱有关的其他母题（W7185～W7199）

7.3 神或神性人物之间的婚姻（W7200～W7259）

7.3.1 神的婚姻（W7200～W7239）

7.3.2 神性人物的婚姻（W7240～W7254）

7.3.3 与神或神性人物婚姻有关的其他母题（W7255～W7259）

7.4 人的婚姻（W7260～W7399）

7.4.1 人与神或神性人物的婚姻（W7260～W7284）

7.4.2 血缘婚、人的异辈血缘婚（W7285～W7299）

7.4.3 人的同辈血缘婚（W7300～W7359）

7.4.4 正常男女婚（W7360～W7379）

7.4.5 群体间的婚姻（W7380～W7389）

7.4.6 与人的婚姻相关的其他母题（W7390～W7399）

7.5 其他特殊的婚母题（W7400～W7539）

7.5.1 人与动物的婚配（W7400～W7489）

7.5.2 人与植物的婚配（W7490～W7499）

7.5.3 人与自然物、无生命物的婚配（W7500～W7509）

7.5.4 动物之间的婚配（W7510～W7529）

7.5.5 与婚配有关的其他母题（W7530～W7539）

7.6 婚配的条件与实现（W7540～W7699）

7.6.1 与指令、裁决有关的婚姻（W7540～W7559）

7.6.2 与媒人、劝说有关的婚姻（W7560～W7599）

7.6.3 与求婚（求爱）、巧遇有关的婚姻（W7600～W7659）

7.6.4 与命运、机缘有关的婚姻（W7660～W7669）

7.6.5 与婚姻的条件与形成有关的其他母题（W7670～W7699）

7.7 婚姻难题考验或验证天意（W7700～W7899）

7.7.1 婚姻难题考验（W7700～W7739）

7.7.2 婚前出难题者（W7740～W7759）

7.7.3 婚前难题的形式（W7760～W7819）

7.7.4 婚前难题的解决（W7820～W7859）

7.7.5 婚前占卜或询问（W7860～W7889）

7.7.6 与婚姻难题有关的其他母题（W7890～W7899）

7.8 与婚姻、性爱有关的其他母题（W7900～W7999）

7.8.1 婚中的变形（W7900～W7909）

7.8.2 婚后的情形（W7910～W7939）

7.8.3 婚姻、性爱的其他母题（W7940～W7999）

8 灾难与争战（代码W8000～W8999）

8.1 灾难概说（W8000～W8099）

8.1.1 灾难的时间（W8000～W8004）

8.1.2 灾难的地点（W8005～W8009）

8.1.3 灾难的原因（W8010～W8029）

8.1.4 灾难的预言与征兆（W8030～W8059）
8.1.5 灾难制造者（W8060～W8064）
8.1.6 躲避灾难（W8065～W8079）
8.1.7 灾难幸存与丧生（W8080～W8094）
8.1.8 灾难的消除与结果（W8095～W8099）

8.2 洪水（W8100～W8549）

8.2.1 洪水时间、地点（W8100～W8114）
8.2.2 洪水原因（W8115～W8199）
8.2.3 洪水预言（W8200～W8269）
8.2.4 洪水制造者（W8270～W8289）
8.2.5 洪水的情形（W8290～W8299）
8.2.6 避水方式与工具（W8300～W8399）
8.2.7 洪水幸存者与丧生者（W8400～W8499）
8.2.8 洪水的消除（W8500～W8539）
8.2.9 与洪水相关的其他母题（W8540～W8549）

8.3 常见的灾难（W8550～W8699）

8.3.1 地震（W8550～W8569）
8.3.2 天塌地陷（W8570～W8589）
8.3.3 城陷为湖（陆地陷海、陆沉）（W8590～W8599）
8.3.4 旱灾（W8600～W8619）
8.3.5 火灾（W8620～W8639）
8.3.6 瘟疫、疾病（W8640～W8659）
8.3.7 黑暗、寒冷（W8660～W8669）
8.3.8 世界末日（W8670～W8674）
8.3.9 与灾难有关的其他母题（W8675～W8699）

8.4 争战概说（W8700～W8789）

8.4.1 争战的时间与原因（W8700～W8719）
8.4.2 争战预言与准备（W8720～W8729）
8.4.3 军队与战士（W8730～W8739）
8.4.4 武器（W8740～W8754）
8.4.5 争战的手段（W8755～W8769）
8.4.6 争战中的帮助者（W8770～W8779）
8.4.7 争战的结果（W8780～W8789）

8.5 与神或神性人物有关的争战（W8790～W8899）

8.5.1 神的战争（W8790～W8799）
8.5.2 神性人物间的争斗（W8800～W8819）
8.5.3 人与神、神性人物之争（W8820～W8829）
8.5.4 斗妖魔（W8830～W8869）
8.5.5 斗雷公（W8870～W8879）
8.5.6 斗龙（W8880～W8894）
8.5.7 与神或神性人物之争有关的其他母题（W8895～W8899）

8.6 人之间的争战（矛盾）（W8900～W8949）

8.6.1 人的群体间的争战（W8900～W8919）
8.6.2 家庭内部之争（残杀）（W8920～W8939）
8.6.3 与人的矛盾有关的其他母题（W8940～W8949）

8.7 与争战有关的其他母题（W8950～W8999）

8.7.1 与动植物、无生命物有关的争战（矛盾）（W8950～W8959）
8.7.2 争吵与纠纷（W8960～W8969）
8.7.3 抓捕与关押（W8970～W8979）
8.7.4 营救与逃脱（W8980～W8989）
8.7.5 与争战有关的其他母题（W8990～W8999）

9 其他母题（代码 W9000～W9999）

9.1 魔法与巫术（W9000～W9199）

9.1.1 魔法（W9000～W9014）
9.1.2 魔物（W9015～W9099）
9.1.3 魔力（W9100～W9119）
9.1.4 巫师（W9120～W9149）
9.1.5 巫术、咒语（W9150～W9189）
9.1.6 占卜（W9190～W9199）

9.2 征兆与预言（W9200～W9299）

9.2.1 征兆（W9200～W9239）
9.2.2 象征（W9240～W9249）
9.2.3 预言（W9250～W9289）
9.2.4 梦（W9290～W9299）

9.3 复活与转世（W9300～W9399）

9.3.1 复活（再生）（W9300～W9349）
9.3.2 转世、投胎（W9350～W9379）
9.3.3 复原（W9380～W9399）

9.4 因果与命运（W9400～W9499）

9.4.1 因果报应（W9400～W9424）
9.4.2 报恩与报复（W9425～W9479）
9.4.3 命运（W9480～W9499）

9.5 变形与化生（W9500～W9599）

9.5.1 变形概说（W9500～W9524）
9.5.2 神与神性人物的变形（W9525～W9529）
9.5.3 人的变形（W9530～W9559）
9.5.4 动植物的变形（W9560～W9574）
9.5.5 自然物、无生命物的变形（W9575～W9579）
9.5.6 与变形有关的其他母题（W9580～W9589）
9.5.7 与化生有关母题（W9590～W9599）

9.6 考验与欺骗（W9600～W9649）

9.6.1 考验（W9600～W9619）
9.6.2 竞赛（比赛）（W9620～W9634）
9.6.3 欺骗（W9635～W9649）

9.7 宝物（W9650～W9699）

9.7.1 宝物概说（W9650～W9669）
9.7.2 器物工具类宝物（W9670～W9689）
9.7.3 动植物类宝物（W9690～W9694）
9.7.4 其他宝物（W9695～W9699）

9.8 射日月与救日月（W9700～W9899）

9.8.1 射日（月）的原因与时间（W9700～W9714）
9.8.2 射日者（W9715～W9764）
9.8.3 射日（月）的过程（W9765～W9789）
9.8.4 射日（月）的结果（W9790～W9799）
9.8.5 找日月（W9800～W9854）
9.8.6 救日月（W9855～W9864）
9.8.7 与射日月有关的其他母题（W9865～W9899）

9.9 其他典型事件母题（W9900～W9999）

9.9.1 奖励与惩罚（W9900～W9929）
9.9.2 寻找与巧遇（W9930～W9949）
9.9.3 其他典型事件（W9950～W9959）
9.9.4 特定风物的来历（W9960～W9979）
9.9.5 其他难以归类的母题（W9980～W9999）

附录 2

汤普森民间文学母题类型表*

序号①	代码	编号范围	名称	基本类型示例②
1	A	A0 – A2899	神话	造物主、三界神、半神、文化英雄、世界起源、世界灾难、自然秩序、人类起源、动植物起源，等。
2	B	B0 – B899	动物	神话中的动物、特异的动物、有人的特征的动物、友好的动物、人与动物婚、想象的动物，等。
3	C	C0 – C999	禁忌	与超自然有关的禁忌、性的禁忌、饮食禁忌、视听禁忌、接触禁忌、等级禁忌、奇特的禁律、犯禁受罚，等。
4	D	D0 – D2199	魔法	变形、魔力的消除、法宝、魔力及表现，等。
5	E	E0 – E799	死亡	复活、鬼与幽灵、再生、灵魂，等。
6	F	F0 – F1099	奇异	到另一个世界、奇异的灵怪、奇异的人、奇异的地点、奇异的物质、奇异的事情，等。
7	G	G0 – G699	妖魔	妖魔的种类、吃人和吃同类的妖魔、陷身魔网、战胜妖魔，等。
8	H	H0 – H1599	考验	识别身份、检验真假、考验婚姻、考验智勇、考验能力，等。
9	J	J0 – J2799	聪明与愚蠢	智慧的获得、聪明与愚蠢的表现、智者与傻瓜，等。

* 汤普森母题类型表，译自 Stith Thompson, *Motif-index of Folk-literature: A Classification of Narrative Elements in Folktales, Ballads, Myths, Fables, Mediaeval Romances, Exempla, Fabliaux, Jestbooks, and Local Legends*(VI – 6), Bloomington, Indiana Universty Press, 1989.

① 序号，原书中并无序号，此处是本书根据表述的需要加的，以便读者观察汤氏母题类型的次序。

② 因汤普森母题分类设计的每一个大类之下的基本类型较为庞杂，此处只采取示例的方法，选取一些具有代表性的类目加以说明。

续表

序号	代码	编号范围	名称	基本类型示例
10	K	K0 – K2399	欺骗	靠欺骗获胜、靠欺骗逃生、骗取财物、骗婚、骗子自食其果，等。
11	L	L0 – L499	命运颠倒	幼者胜出、败势逆转、谦卑得赏、弱者获胜、倨傲遭贬，等。
12	M	M0 – M499	注定未来	命运天定、誓言、协议、承诺、预言、咒语，等。
13	N	N0 – N899	机遇与命运	运气博弈、走运与倒运、幸运的事情、意外遭遇、帮助者，等。
14	P	P0 – P799	社会	皇室贵族、社会各界、家庭亲缘、行业工艺、政府、习俗，等。
15	Q	Q0 – Q599	奖励与惩罚	受奖的行为、奖赏的性质、受罚的行为、惩罚的类型，等。
16	R	R0 – R399	被俘与逃脱	身陷囹圄、营救、逃脱与追捕、避难、第二次被捉，等。
17	S	S0 – S499	残虐	残忍的亲属、谋杀与残害、残酷的祭献、抛弃与残害童孩、虐待，等。
18	T	T0 – T699	性（婚爱）	爱情、婚姻、贞洁与禁欲、不正当的性关系、怀孕与生育、照管童孩，等。
19	U	U0 – U299	生命的本性	人的不同本性的来历、动物的不同本性的来历、贫贱及罪恶等本性，等。
20	V	V0 – V599	宗教	神职人员、宗教仪式、宗教场所、宗教信仰、施舍与戒律，等。
21	W	W0 – W299	品格	优秀的品格、恶劣的品格、其他。
22	X	X0 – X1899	笑话	关于困窘的笑话、身体残障的笑话、社会各界笑话、性笑话、醉酒笑话、骗子笑话。
23	Z	Z0 – Z599	其他母题	规则母题、象征母题、英雄母题、特例母题、历史地理生物类母题、恐怖故事母题。